# Nouveaux gîtes ruraux 2004

*Plus de 2700 nouvelles adresses de gîtes ruraux créés en 2003 parmi les 42000 gîtes ruraux existants*

*Il existe par ailleurs 95 guides départementaux recensant les autres gîtes existants.*

## Maison des Gîtes de France et du Tourisme Vert

59, rue St-Lazare - 75439 PARIS Cédex 09
Métro Trinité
Tél. 01 49 70 75 75 - Fax 01 42 81 28 53
Ouvert du lundi au vendredi de 10h à 18h30
et le samedi de 10h à 13h et de 14h à 18h30
E.Mail : info@gites-de-france.fr
**www.gites-de-france.com**
**3615 Gîtes de France (0,2 €/mn)**

## Edité par Gîtes de France Services
59, rue Saint-Lazare - 75439 Paris Cédex 09

**Directrice Edition :** Clotilde MALLARD
**Responsable fabrication :** Marie-France MICHON
**Avec la collaboration de :** Sonia DUDAL, Dominique BOILEAU, Jean-Christophe MARTINA, Christelle QUENEHERVE et Nadège BEJAOUI.
**Traduction anglaise :** Jonathan TUSZINSKY
**Traduction allemande :** Barbara STRAUSS-GATON
**Publicité :** Guillaume WILTZ
**Conception de la couverture :** AVIS DE TEMPETE
**Composition et photogravure :** COMPOS-JULIOT
**Maquette :** COLORPRESS COMMUNICATION

**Illustrations :** 1ère de couverture : © Gîtes de France. 4ème de couverture : © Gîtes de France - JP Rainaut/N. Devillers. Pages intérieures : © Gîtes de France

N°ISBN : 2-913140-51-3

Conformément à une jurisprudence constante (Toulouse, 14.01.1887), les erreurs ou omissions involontaires qui auraient pu subsister dans ce guide, malgré nos soins et les contrôles des équipes de rédaction et d'éxécution, ne sauraient engager la responsabilité de Gîtes de France Services.

# Som**maire**

| | |
|---|---|
| 4 | Carte de France des régions<br>France Map / Frankreichkarte |
| 5 | Index des départements |
| 6 | Le gîte rural - Le classement |
| 8 | comment utiliser le guide |
| 10 | Informations pratiques |
| 12 | Pictogrammes et Abréviations<br>Leisure facilities / Bedeutung der Piktogramme |
| 14 | Comment lire un descriptif - glossaire<br>Example / glossary - Anschaungbeispiel - Wörterverzeichnis |
| **15** | **LES NOUVEAUX GÎTES RURAUX 2004** |
| 544 | What is a gîte rural ? |
| 546 | How to use this guide book |
| 548 | Die ferienunterkunft auf dem lande |
| 550 | Wie wird der führer gebraucht |
| 552 | Conditions générales de réservation |
| 554 | Les relais départementaux gîtes de france |

**ILE-DE-FRANCE**
page 215

**NORD-PAS-DE-CALAIS**
page 324

**PICARDIE**
page 388

**CHAMPAGNE - ARDENNE**
page 182

**NORMANDIE**
page 338

**ALSACE-LORRAINE**
page 15

**BRETAGNE**
page 115

**CENTRE**
page 159

**FRANCHE-COMTÉ**
page 199

**PAYS DE LOIRE**
page 367

**BOURGOGNE**
page 100

**POITOU-CHARENTES**
page 395

**RHÔNE-ALPES**
page 460

**LIMOUSIN**
page 260

**AUVERGNE**
page 66

**AQUITAINE**
page 39

**CORSE**
page 188

**MIDI-PYRÉNÉES**
page 280

**PROVENCE-ALPES CÔTE D'AZUR**
page 417

**LANGUEDOC-ROUSSILLON**
page 223

**RÉUNION**
page 541

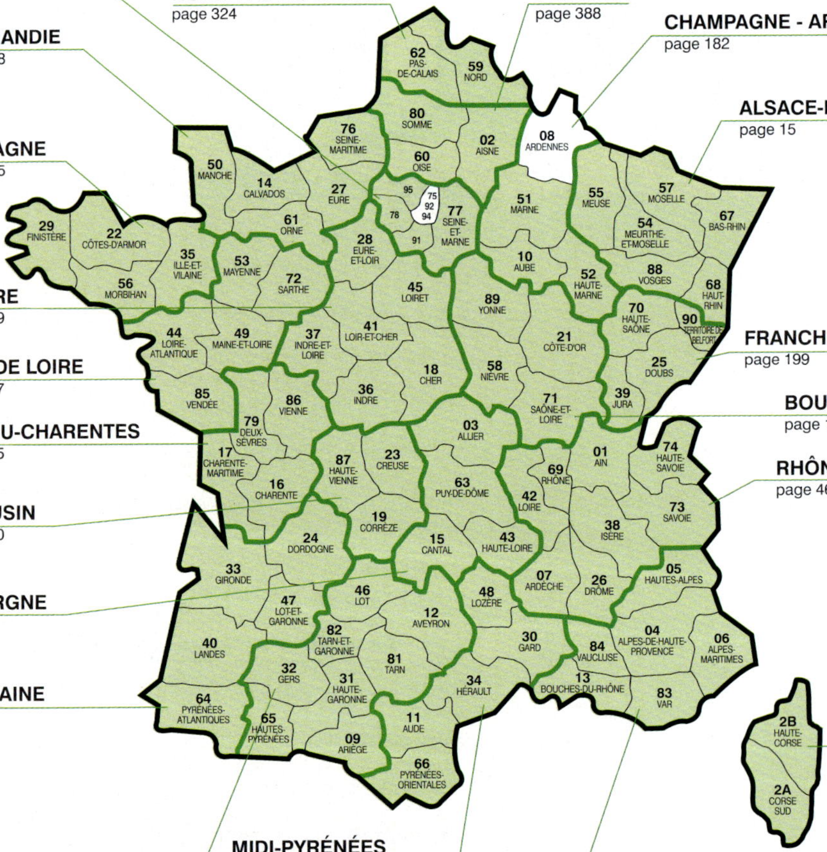

# Index des départements

- 01 Ain .................... 461
- 02 Aisne .................. 389
- 03 Allier .................. 67
- 04 Alpes-de-Hte-Provence 418
- 05 Hautes-Alpes ............ 428
- 06 Alpes-Maritimes ........ 436
- 07 Ardèche ................ 464
- 09 Ariège ................. 281
- 10 Aube ................... 183
- 11 Aude ................... 224
- 12 Aveyron ................ 284
- 13 Bouches-du-Rhône ....... 444
- 14 Calvados ............... 339
- 15 Cantal .................. 76
- 16 Charente ............... 396
- 17 Charente-Maritime ...... 402
- 18 Cher ................... 160
- 19 Corrèze ................ 261
- 20 Corse .................. 189
- 21 Côte-d'Or .............. 101
- 22 Côtes-d'Armor .......... 116
- 23 Creuse ................. 272
- 24 Dordogne ................ 40
- 25 Doubs .................. 200
- 26 Drôme .................. 490
- 27 Eure ................... 348
- 28 Eure-et-Loir ........... 162
- 29 Finistère .............. 133
- 30 Gard ................... 233
- 31 Haute-Garonne .......... 290
- 32 Gers ................... 298
- 33 Gironde ................. 42
- 34 Hérault ................ 237
- 35 Ille-et-Vilaine ........ 146
- 36 Indre .................. 164
- 37 Indre-et-Loire ......... 165
- 38 Isère .................. 499
- 39 Jura ................... 205
- 40 Landes .................. 46
- 41 Loir-et-Cher ........... 175
- 42 Loire .................. 507
- 43 Haute-Loire ............. 89
- 44 Loire-Atlantique ....... 368
- 45 Loiret ................. 179
- 46 Lot .................... 301
- 47 Lot-et-Garonne .......... 54
- 48 Lozère ................. 248
- 49 Maine-et-Loire ......... 372
- 50 Manche ................. 352
- 51 Marne .................. 184
- 52 Haute-Marne ............ 186
- 53 Mayenne ................ 379
- 54 Meurthe-et-Moselle ..... 16
- 55 Meuse ................... 18
- 56 Morbihan ............... 150
- 57 Moselle ................. 19
- 58 Nièvre ................. 104
- 59 Nord ................... 325
- 60 Oise ................... 391
- 61 Orne ................... 356
- 62 Pas-de-Calais .......... 332
- 63 Puy-de-Dôme ............. 93
- 64 Pyrénées-Atlantiques ... 57
- 65 Hautes-Pyrénées ....... 304
- 66 Pyrénées-Orientales ... 253
- 67 Bas-Rhin ................ 21
- 68 Haut-Rhin ............... 24
- 69 Rhône .................. 513
- 70 Haute-Saône ............ 212
- 71 Saône-et-Loire ......... 108
- 72 Sarthe ................. 380
- 73 Savoie ................. 519
- 74 Haute-Savoie ........... 530
- 76 Seine-Maritime ......... 361
- 77 Seine-et-Marne ......... 216
- 78 Yvelines ............... 220
- 79 Deux-Sèvres ............ 408
- 80 Somme .................. 392
- 81 Tarn ................... 314
- 82 Tarn-et-Garonne ........ 320
- 83 Var .................... 449
- 84 Vaucluse ............... 456
- 85 Vendée ................. 382
- 86 Vienne ................. 413
- 87 Haute-Vienne ........... 274
- 88 Vosges .................. 33
- 89 Yonne .................. 114
- 90 Territoire de Belfort .. 214
- 91 Essonne ................ 221
- 95 Val-d'Oise ............. 222
- 974 Réunion ............... 542

# Le Gîte **Rural**

Situé à la campagne, à la mer ou à la montagne, le gîte rural est un appartement ou une maison indépendante comportant une ou plusieurs chambres, un salon/salle à manger, une kitchenette ou une cuisine ainsi que les sanitaires correspondants. Le label de qualité Gîtes de France vous garantit des normes de confort précises et le respect d'une charte nationale. Le gîte rural peut être loué pour quelques jours, pour un week-end, et le plus souvent pour une ou plusieurs semaines, notamment durant les périodes de vacances scolaires.

Les gîtes ruraux de ce guide sont des meublés de tourisme classés en application de l'arrêté du 28/12/1976 modifié et sont désormais, lorsqu'ils comportent le sigle NN (nouvelles normes), classés de 1 à 5 épis.

## LES EPIS NOUVELLES NORMES

### 1 épi
Mini-four ou rôtissoire, table de cuisson, autocuiseur, réfrigérateur, ustensiles de ménage et produits de nettoyage de base, fer à repasser, siège bébé à la demande, salon de jardin ; une salle d'eau et wc jusqu'à 6 personnes, deuxième salle d'eau à partir de 7 personnes.

### 2 épis
en plus ou à la place du 1 épi : mixeur, cafetière électrique, lave-linge à partir de 6 personnes, prise d'antenne TV, barbecue (sauf interdiction locale), draps, linge de table et linge de toilette à la demande*.

### 3 épis
en plus ou à la place du 2 épis : accès indépendant et jardin privatif, four, lave-linge, lave-vaisselle à partir de 5 personnes*, TV couleur*, téléphone* ; 2 wc à partir de 7 personnes, service de ménage à la demande.

### 4 épis
en plus ou à la place du 3 épis : maison de caractère, environnement et décoration intérieure de grande qualité, cheminée ou poêle à bois (sauf dérogation locale); four micro-ondes, réfrigérateur avec compartiment conservateur, sèche-linge électrique à partir de 6 personnes.

### 5 épis
en plus ou à la place du 4 épis : parc ou jardin paysager privatif, garage ou abri couvert, mise à disposition d'équipement de loisirs (tel que tennis, piscine, sauna ou jacuzzi) ; à partir de 3 personnes, lave-vaisselle et sèche-linge électrique, chaîne hi-fi, magnétoscope, téléphone sans fil.

**EC** : indique que le gîte est en cours de classement

* à titre dérogatoire, ces équipements ou services peuvent ne pas être présents ou proposés dans certains hébergements ; dans ce cas, leur absence sera signalée dès la réservation du gîte.

# Préparez vos vacances avec les magazines de vos régions !

4 n<sup>os</sup> + 1 HS par an
**27 €** au lieu de 37 €*

 **Balades et randonnées**

 **Idées week-end et bonnes adresses**

 **Portraits et reportages**

 **Culture et traditions**

6 n<sup>os</sup> + 2 HS par an
**43 €** au lieu de 55,50 €*

4 n<sup>os</sup> + 1 HS par an
**27 €** au lieu de 37 €*

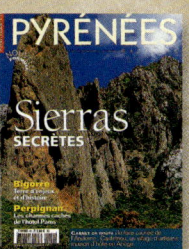

6 n<sup>os</sup> + 2 HS par an
**43 €** au lieu de 55,50 €*

4 n<sup>os</sup> par an
**25,60 €** au lieu de 32,50 €*

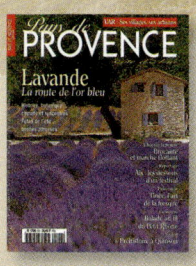

6 n<sup>os</sup> + 2 HS par an
**43 €** au lieu de 55,50 €*

*Prix de vente au numéro ; prix du hors-série : 6,90 €

**Abonnez-vous vite au 0 826 20 20 20
et bénéficiez de plus de 20% de réduction
+ un superbe magazine spécial Plisson !**

# Comment utiliser le guide

## Pour chercher votre gîte rural

Les gîtes ruraux de ce guide sont classés par régions, puis par ordre alphabétique de départements, et enfin par localités. Pour vous aider dans votre choix, une carte (p. 4) et un index (p. 5) sont à votre disposition.

## Pour réserver

Par téléphone ou par courrier : contactez le Service Réservation du département ou le propriétaire directement (les coordonnées de réservation sont indiquées dans chaque descriptif). Un contrat de location vous sera adressé.

Par minitel : vous pouvez effectuer la réservation de votre gîte avec le 3615 gites de france (0,2 €/mn) dans de nombreux départements. Nous les avons signalés par un pictogramme en tête du département.
Dans tous les cas, vous pouvez vous adresser au Service Réservation qui représente les propriétaires. Il vous conseillera dans vos choix et simplifiera vos démarches.

## Les prix

Ils sont indiqués dans chaque descriptif et correspondent au coût global de la location du gîte. C'est un prix à la semaine (du samedi après-midi 16h au samedi matin 10h), ou au week-end. Selon le classement, la fourniture de draps, de linge de maison et la prestation service de ménage peuvent être proposés à la demande. Des pictogrammes vous permettront facilement de repérer ces gîtes.

## Le chauffage

Il est très rarement compris dans le prix de location. Toute précision à ce sujet doit être mentionnée dans le contrat de location.
Il est souhaitable de demander au propriétaire une estimation journalière du prix du chauffage.

## Le week-end détente

Du vendredi 18h au dimanche 18h. De nombreux départements proposent cette formule qui vous permet de profiter au maximum de votre week-end:
- le gîte est chauffé à votre arrivée
- les draps, les produits d'entretien et l'épicerie de base sont fournis
- pas de ménage à faire à la fin de votre week-end !

Lorsque la mention «détente» n'est pas indiquée, contactez le propriétaire ou le service de réservation pour connaître les jours et heures d'arrivée et de départ.

### Le pictogramme Téléphone

Ce pictogramme indique la possibilité de téléphoner depuis le gîte. Si vous êtes titulaire d'une carte France Telecom, pensez à vous en munir pour téléphoner où vous le souhaitez ; le coût de la communication sera dès lors imputé directement sur votre facture France Telecom.

### Le pictogramme Chèques-Vacances

La plupart des services de réserva-tion et de nombreux propriétaires acceptent les Chèques-Vacances. Nous avons signalé par un pictogramme, les adresses pour lequels le règlement est possible avec les Chèques-Vacances.

# LE MAGAZINE DU VOYAGE EN GÎTES ET CHAMBRES D'HÔTES SUR ...

# www.destinationsprivees.fr

A chaque numéro, un thème, une région et la rubrique Cave Privée pour des séjours en vignobles

**ET EN KIOSQUE TOUS LES DEUX MOIS**

# Infos pratiques

**Zone A**
Académies de Caen, Clermont-Ferrand, Grenoble, Lyon, Montpellier, Nancy/Metz, Nantes, Rennes, Toulouse.

**Zone B**
Académies d'Aix/Marseille, Amiens, Besançon, Dijon, Lille, Limoges, Nice, Orléans/Tours, Poitiers, Reims, Rouen, Strasbourg.

**Zone C**
Académies de Bordeaux, Créteil, Paris, Versailles.

|  | Zone A | Zone B | Zone C |
|---|---|---|---|
| Rentrée scolaire | 2 septembre 2003 | 2 septembre 2003 | 2 septembre 2003 |
| TOUSSAINT | du 22/10 au 3/11/2003 | du 22/10 au 3/11/2003 | du 22/10 au 3/11/2003 |
| NOËL | du 20/12/2003 au 5/01/2004 | du 20/12/2003 au 5/01/2004 | du 20/12/2003 au 5/01/2004 |
| HIVER | du 7 au 23/02/2004 | du 21/02 au 8/03/2004 | du 14/02 au 1/03/2004 |
| PRINTEMPS | du 3 au 19/04/2004 | du 17/04 au 3/05/2004 | du 10 au 26/04/2004 |
| Vacances d'été | 30 juin 2004 | 30 juin 2004 | 30 juin 2004 |

## Tableau de Conversion Euros - Francs

(base 1 EURO = 6,55957 F)

| Euros | Francs |
|---|---|
| 152 | 1000 |
| 191 | 1250 |
| 229 | 1500 |
| 267 | 1750 |
| 305 | 2000 |
| 343 | 2250 |

| Euros | Francs |
|---|---|
| 381 | 2500 |
| 419 | 2750 |
| 457 | 3000 |
| 495 | 3250 |
| 534 | 3500 |
| 572 | 3750 |

| Euros | Francs |
|---|---|
| 610 | 4000 |
| 648 | 4250 |
| 686 | 4500 |
| 762 | 5000 |
| 838 | 5500 |
| 915 | 6000 |

# GUIDES
# Balades nature

## Promenez-vous dans les plus beaux sites naturels de France

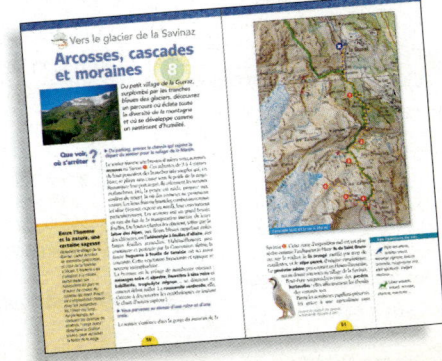

Des itinéraires et des balades accessibles à tous pour entrer dans l'intimité de la vie sauvage.

**Un guide d'observation pour apprendre à reconnaître les animaux.**

**Au catalogue :**
- Alsace
- Baie de Somme
- Bretagne
- Cévennes
- Corse
- Cotentin Bessin
- Grands lacs de Champagne
- Fontainebleau
- Hautes-Pyrénées
- Ile-de-France
- Jura
- Languedoc-Roussillon
- Les plus belles Balades Nature de France
- Limousin
- Marais Poitevin
- Normandie
- Paris
- Pas-de-Calais
- Pays Basque
- Provence
- Rhône-Alpes (5 volumes)
- Volcans d'Auvergne

**DAKOTA ÉDITIONS**

En vente en librairie • 128 pages, 12,80 € • informations au 01 55 28 37 00

# Pictogrammes

**Epis**
Ears of corn / Ähren

**EC En cours de classement**
Awaiting classification / Auf der Warteliste zur Klassifizierung

**Gîte de grande capacité**
High-capacity gîte / Grossräumiger Gîte

**Animaux admis**
Pets admitted / Haustiere willkommen

**Animaux non admis**
No pets / Haustiere verboten

**Auberge**
Inn / Herberge

**Téléphone**
Phone facilities / Telefon

**CM Carte Michelin**
Michelin map / Michelinkarte

**Chèques vacances acceptés**

**Carte bancaire acceptée**
Credit card accepted / Kreditkarten werden angenommen

**Langues parlées**
Foreign languages spoken / Fremdsprachen mächtig

**Dégustation de vin**
Wine-tasting / Weinprobe

**Jeux d'enfants**
children's games / Kinderspielplatz

**Piscine privée**
Private swimming pool / Privat Schwimmbad

**Tennis privé**
Private tennis court / Privater Tennisplatz

**Barbecue**
Barbecue / Feuerstelle

**Chauffage central (gaz ou fioul)**
Central heating (gas or oil-fired) / Zentralheizung (gas oder Öl)

**Cheminée**
Fireplace / Kamin

**Draps fournis (éventuellement en service payant)**
Sheets provided / Bettwäsche gestellt

**Gîte + (linge de maison fourni et service de ménage prévu**
Gîte + (household linen and may be made for this service) / Gîte + (Hausreinigung vorgesehen)

**Lave-linge**
Washing machine / Waschmaschine

**Lave-vaisselle**
Dishwasher / Geschirrspülmaschine

**Salon de jardin**
Garden furniture / Gartenmöbel

**Service de ménage**
Cleaning service / Haureinigungsdienst

**Télévision**
Television / Fernseher

**Aéroport**
Airport / Flughafen

**Baignade (bain, plage…)**
Bathing (swimming, beach…) / Baden (Schwimmen, Strand…)

**Canoë-kayak**
Canoeing / Kanoe

**Equitation**
Horse riding / Reiten

**Escalade (varappe)**
Climbing (rock climbing) / Klettern (Kletterwand)

**Forêt**
Forest / Wald

**Golf**
Golf / Golf

**Mer, océan**
Sea, ocean / Meer,

**Montagne**
Mountain / Gebirge

**Parc d'attractions**
Leisure parc / Freizeit park

**Pêche**
Fishing / Angeln

**Piscine**
Swimming pool / Hallenbad

**Plan d'eau (étang, lac, rivière..)**
Stretch of water (pond, lake, river...) / Wasserfläche (Weiher, See, Fluß...)

**Randonnée pédestre**
Hiking / Wanderwege

**Restaurant**
Restaurant / Restaurant

**Site (château, grotte…)**
Historical site / Geschichtl.Stätte

**Ski de fond**
Cross-country skiing / Langlaufschi

**Ski de piste**
Downhill skiing / Abfahrtski

**Sports aériens**
Aerial sports / Flugsport

**Sports d'eau vive (rafting…)**
Freshwater sports (rafting...) / Wildwassersport (rafting...)

**Sports nautiques**
Water sports / Wassersport

**Tennis**
Tennis / Tennis

**Thermes**
Thermal baths / Thermalbad

**Voile**
Sailing / Segeln

**VTT/vélo (loc. de vélos…)**
Mountain bikes/bikes (bicycles hire...) / Mountainbike/Radfahren (Fahrradverleih...)

**Commerces**
Shops / Geschäfte

**Gare**
Railway station / Bahnhof

Pour chaque descriptif, le pictogramme loisirs est suivi de la distance en km **(SP = sur place)**
In each entry, the pictogram is followed by the distance in kilometres **(SP = on the premises)**
Bei jeder Beschreibung steht nach dem Piktogramm die Entfernung in Km **(SP = am Ort)**

# TERRE SAUVAGE, LE MONDE GRANDEUR NATURE

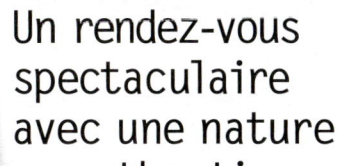

## Un rendez-vous spectaculaire avec une nature authentique

La nature écrit de multiples histoires extraordinaires. Terre sauvage les raconte et les éclaire.
Face-à-face avec la faune sauvage, aventures dans le sillage des expéditions scientifiques, rencontres avec des peuples respectueux de leur environnement naturel, découverte de la logique secrète des écosystèmes...

**Terre Sauvage** 4,90 € le numéro
**45,80€** l'abonnement 1 an 11 numéros
Pour vous abonner, téléphonez au
**0 825 825 836***
ou tapez www.bayardweb.com

## Vivre en harmonie avec la nature

Terre Sauvage vous invite au voyage dans des contrées lointaines et préservées ou à des escapades proches pour découvrir un milieu naturel. Vivez la nature au quotidien : tout ce que vous pouvez observer près de chez vous, agenda, associations... Terre Sauvage enquête sur la protection de l'environnement, ouvre des perspectives et dénonce s'il le faut.

## sentiers sauvages
## Des balades et des randonnées pour découvrir la France au naturel

Chaque mois, partez à la découverte d'un territoire de France, de sa nature préservée, en empruntant des sentiers sauvages. Partagez les émotions de nos reporters et de nos photographes.
Cartes détaillées et détachables, descriptifs d'itinéraires, de la faune et de la flore, bonnes adresses...

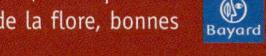

**Commandez les numéros de Terre Sauvage sur la région de vos vacances sur**
www.bayardweb.com ou dans le numéro du mois
Corse, Bretagne, Alpes, Dom-Tom, Pyrénées, Massif Central... **50 numéros disponibles**

## EXEMPLE DE DESCRIPTIF
### EXAMPLE / ANSCHAUUNGSBEISPIEL

## GLOSSAIRE

**GLOSSARY (a few words for a better understanding if the guide)**
**WÖRTERVERZEICHNIS (einige Wörter zum besseren Verständnis des Führers)**

| | | | | | | |
|---|---|---|---|---|---|---|
| **abri couvert** | shelter | bedachter Platz | **ferme** | farm | Bauernhof |
| **aire de jeux** | playground | Spielplatz | **lac** | lake | See |
| **à proximité de** | | | **lit** | bed | Bett |
| **près de** | near | nah bei | **lits superposés** | bunk beds | Stockbetten |
| **proche** | close to | in der Nähe von | **loc. de bicyclettes** | bike rental | Verleih von Fahrrädern |
| **bois** | wood | Wald | **machine à laver** | washing machine | Waschmaschine |
| **boisé** | wooded | bewaldet | **maison** | house | Haus |
| **canapé** | couch | Sofa | **ombragé** | shaded | Schatten |
| **convertible** | sofabed | Bettcouch | **rivière** | river | Fluß |
| **chambre** | bedroom | Zimmer | **salle à manger** | dining room | Eßzimmer |
| **chauffage** | heating | Heizung | **salle de bains** | bathroom | Badezimmer |
| **cheminée** | fireplace | Kamin | **salon de jardin** | garden furniture | Gartenmöbel |
| **coin cuisine** | cooking area | Küchenecke | **sanitaires** | bathroom facilities | sanitäre Einrichtungen |
| **dans** | in | in | **sentiers** | footpath | Fußwege |
| **draps** | sheets | Bettlaken (Bettuch) | **surplombant** | overhanging | überragend |
| **en bordure** | along | am Rand | **terrain** | ground | Grundstück |
| **étang** | pond | Weiher | **tous commerces** | full range of shops | alle Geschäfte |
| **plan d'eau** | stretch of water | Wasserfläche | **vallonné (accidenté)** | undulating (hilly) | hügelig (schroff) |

# ALSACE-LORRAINE

## Pour réserver, écrire ou téléphoner :

### 54 - MEURTHE ET MOSELLE
GITES DE FRANCE - Service Réservation
Chambre d'Agriculture
5, rue de la Vologne - 54524 LAXOU Cédex
Tél. 03 83 93 34 91 - Fax. 03 83 93 34 90
E.mail : gites-de-france54@wanadoo.fr
www.gites54.com

### 55 - MEUSE
GITES DE FRANCE - Service Réservation
5, place de la République
55120 Clermont-en-Argonne
Tél. 03 29 88 44 12 - Fax. 03 29 87 40 01

### 57 - MOSELLE
GITES DE FRANCE
6, rue de l'Abattoir
57630 VIC-SUR-SEILLE
Tél. 03 87 01 18 50 - Fax. 03 87 01 17 09
E.mail : gitesdefrance.moselle@wanadoo.fr

### 67 - BAS-RHIN
GITES DE FRANCE - Service Réservation
7, place des Meuniers - 67000 STRASBOURG
Tél. 03 88 75 56 50 - Fax. 03 88 23 00 97
E.mail : alsace@gites67.com
www.gites67.com

### 68 - HAUT-RHIN
LOISIRS ACCUEIL - Service Réservation
1, rue Schlumberger - B.P. 371
68007 COLMAR Cédex
Tél. 03 89 20 10 62 ou 03 89 20 10 60
Fax. 03 89 23 33 91
E.mail : gitesdefrance68@tourisme68.com

### 88 - VOSGES
GITES DE FRANCE - Service Réservation
13, rue Aristide Briand - B.P. 405
88010 EPINAL Cédex
Tél. 03 29 35 50 34 - Fax. 03 29 35 68 11
E.mail : gites-88@wanadoo.fr
www.vosges-gites.com

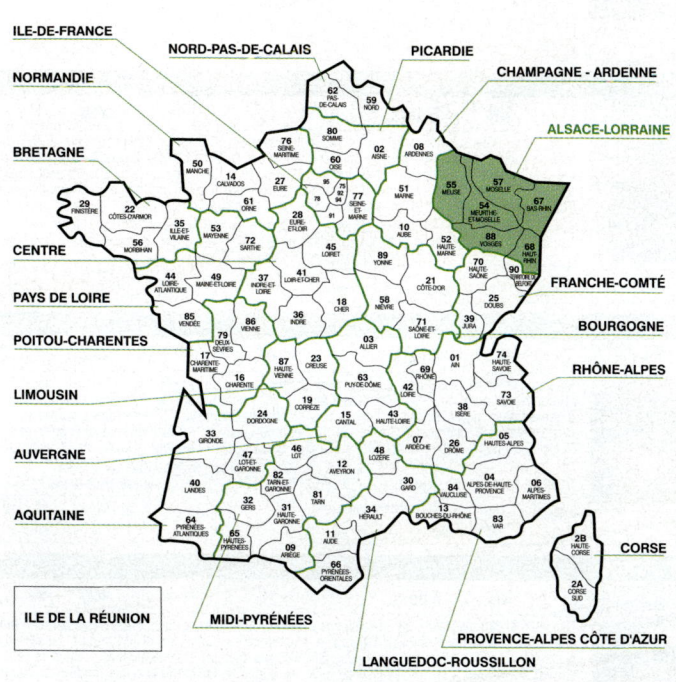

# MEURTHE ET MOSELLE - 54

**GITES DE FRANCE** - Service Réservation - Chambre d'Agriculture
5, rue de la Vologne - 54524 LAXOU Cédex
Tél. 03 83 93 34 91 - Fax. 03 83 93 34 90
E.mail : gites-de-france54@wanadoo.fr - www.gites54.com

### N° 184 ALLAMPS — CM 242 pli 141
**EC  NN  5 pers.**
Nancy 40 km. Gîte mitoyen à la maison du propriétaire. Plain-pied : grande pièce à vivre donnant sur une terrasse. Salon avec bibliothèque. Coin-repas avec cuisine intégrée (micro-ondes, congélateur). 1 ch (1 lit 2 pers.), 1 ch (2 lits 1 pers.). Salle de jeux avec couchage (1 lit 1 pers.+ 1 lit enft). Salle d'eau avec WC. Chauff. central gaz. Jardin clos, tonnelle. Situé au cœur du village, à la lisière de la forêt. A visiter : Vannes-Le-Châtel et sa cristallerie, Toul, son musée d'Art et d'Histoire, le cloître, les fortifications. Dans le pays de la mirabelle sur la route des vins.
GITES DE FRANCE-SERVICE RESERVATION - Chambre d'agriculture - 5 rue de la Vologne - 54524 LAXOU Cedex
Tél. : 03 83 93 34 91 - Fax : 03 83 93 34 90 - Tél. : PROP : 03 83 25 42 47 - Email : gites-de-france54@wanadoo.fr - www.gites54.com

| MOY. SAIS. | HTE SAIS. | VAC. SCOL. | BASSE SAIS. | WEEK-END |  |  |  |  |  |  |  |  |
|---|---|---|---|---|---|---|---|---|---|---|---|---|
| 245 | 295 | 250 | 200 | 150 | 3 | 3 | SP | SP | 18 | 20 | 40 | 6 | 18 | SP |

### N° 179 ANDILLY — CM 62 pli 4
**NN  4 pers.**
Nancy 30 km. Ancienne ferme lorraine rénovée : gîte dans la même maison que le propriétaire, à l'entrée du village. 80 m2 R.D.C. : coin-cuisine/séjour (micro-ondes, congélateur) - Salon avec canapé conv. + magnétoscope à dispo. Poêle élect. contemporain - Salle d'eau + WC ind. ETAGE : 1 ch (2 lits 1 pers.), 1 ch (1 lit 2 pers.). Chauff. élect. Radio -Jardin clos. Le cadre vous assure calme et détente. Ce gîte à la décoration soignée vous fera profiter de la vie à la ferme en compagnie de vos hôtes Estelle & Pascal, élus Meilleur Accueil de l'année 2001. Ouvert toute l'année.
GITES DE FRANCE-SERVICE RESERVATION - Chambre d'agriculture - 5 rue de la Vologne - 54524 LAXOU Cedex
Tél. : 03 83 93 34 91 - Fax : 03 83 93 34 90 - Tél. : PROP : 03 83 62 85 28 - Email : gites-de-france54@wanadoo.fr - www.gites54.com

| MOY. SAIS. | HTE SAIS. | VAC. SCOL. | BASSE SAIS. | WEEK-END |  |  |  |  |  |  |  |  |
|---|---|---|---|---|---|---|---|---|---|---|---|---|
| 210 | 250 | 215 | 200 | 120 | SP | 12 | SP | SP | 10 | 10 | 12 | 10 | 12 | SP |

### N° 183 AVRAINVILLE
**EC  NN  6 pers.**
Nancy 25 km. Gîte mitoyen à la maison du propriétaire. R.D.C. : cuisine équipée (micro-ondes). Salon avec bibliothèque & jeux de société. 1 ch (1 lit 1 pers.) - Salle d'eau et WC. ETAGE : 1 ch (1 lit 2 pers.), 1 ch (3 lits 1 pers.). Salle de bain + WC ind. Espace détente - Lit BB. Draps fournis. Chauff. élect. Terrasse donnant sur un petit jardin paysager. Le village est agrémenté d'un golf de 9 trous et d'une aire de jeux à quelques mètres du gîte à la grande joie de vos enfants. A visiter : Toul, son musée d'Art et d'Histoire, le cloître, les fortifications et ses caves.
GITES DE FRANCE-SERVICE RESERVATION - Chambre d'agriculture - 5 rue de la Vologne - 54524 LAXOU Cedex
Tél. : 03 83 93 34 91 - Fax : 03 83 93 34 90 - Tél. : PROP : 03 83 62 97 97 - Email : gites-de-france54@wanadoo.fr - www.gites54.com

| MOY. SAIS. | HTE SAIS. | VAC. SCOL. | BASSE SAIS. | WEEK-END |  |  |  |  |  |  |  |
|---|---|---|---|---|---|---|---|---|---|---|---|
| 305 | 390 | 305 | 260 | 160 | SP | 6 | 1 | SP | 12 | 10 | 7 | 12 | 7 |

### N° 181 BADONVILLER — CM 242 pli 23
**NN  4 pers.**
Maison à ossature bois indép. de plain-pied. Grande pièce à vivre avec cuisine intégrée équipée, séjour, salon (1 banquette lit) donnant sur une véranda. 2 ch. (1 lit 2 pers., 2 lits 1 pers.), s. d'eau + WC ind. - Garage, cellier - Jardin clos agrémenté d'une terrasse dallée et salon d'ext. - Draps fournis. Gîte situé à 3 kms des Lacs de Pierre-Percée, à 15 kms des Cristalleries de Baccarat et à 30 kms du Château de Lunéville. Au pied du massif vosgien et à prox. de l'Alsace et de la Moselle, de nombreuses randonnées pédestres et cyclo sont possibles. Ouvert du 11 avril au 15 novembre.
GITES DE FRANCE-SERVICE RESERVATION - Chambre d'agriculture - 5 rue de la Vologne - 54524 LAXOU Cedex
Tél. : 03 83 93 34 91 - Fax : 03 83 93 34 90 - Tél. : PROP : 03 83 26 34 88 - Email : gites-de-france54@wanadoo.fr - www.gites54.com

| MOY. SAIS. | HTE SAIS. | VAC. SCOL. | BASSE SAIS. | WEEK-END |  |  |  |  |  |  |  |
|---|---|---|---|---|---|---|---|---|---|---|---|
| 325 | 395 | 325 | 300 | 190 | 7 | 3 | SP | SP | 15 | 6 | 7 | SP | 14 | SP |

### N° 177 BLENOD-LES-TOUL — CM 62 pli 4
**NN  6 pers.**
Gîte indépendant de plain-pied en voisinage avec le propriétaire. Le gîte s'organise autour d'un patio avec cuisine, séjour, 2 chambres (1 lit 2 pers. et 2 lits 1 pers.) + 1 chambre en mezzanine (1 lit 2 pers.). 2 salles d'eau avec WC. Chauffage électrique au sol. Jardinet avec barbecue. Sur la Route des Vins et de la Mirabelle, le gîte se situe dans un secteur calme à l'arrière du village. A visiter : l'église du XVIe, les Loges, le lavoir et l'enceinte fortifiée du village. Ouvert toute l'année.
GITES DE FRANCE-SERVICE RESERVATION - Chambre d'agriculture - 5 rue de la Vologne - 54524 LAXOU Cedex
Tél. : 03 83 93 34 91 - Fax : 03 83 93 34 90 - Tél. : PROP : 03 83 62 54 81 - Email : gites-de-france54@wanadoo.fr - www.gites54.com

| MOY. SAIS. | HTE SAIS. | VAC. SCOL. | BASSE SAIS. | WEEK-END |  |  |  |  |  |  |  |
|---|---|---|---|---|---|---|---|---|---|---|---|
| 220 | 280 | 220 | 200 | 105 | 10 | 10 | SP | SP | 10 | 10 | 10 | 10 | SP |

## MEURTHE ET MOSELLE - 54

### N° 186 — CHOLOY-MENILLOT — Le Château

| EC | NN | 2 pers. | | | | | | |

Situé dans une annexe du château ce petit pavillon est aménagé d'un R.D.C comprenant une pièce à vivre avec cuisine équipée (micro-ondes) et un espace détente avec cheminée. ETAGE : une chambre (1 lit 2 pers.), possibilité de couchage d'un enfant dans une petite annexe. Salle d'eau avec WC. Chauff. élect. Vélos à dispo. Accès au parc du château de 6 ha clos de murs avec étang (pêche possible). La propriétaire possède 2,4 ha de vignes dans les Côtes de Toul et propose la visite guidée de son vignoble et de la cave de Mt-Le-Vignoble. Dégustation des vins & initiation par son mari.

GITES DE FRANCE-SERVICE RESERVATION – Chambre d'agriculture - 5 rue de la Vologne – 54524 LAXOU Cedex
Tél. : 03 83 93 34 91 - Fax : 03 83 93 34 90 - Tél. : PROP : 03 83 43 11 69 - Email : gites-de-france54@wanadoo.fr - www.gites54.com

| MOY. SAIS. | HTE SAIS. | VAC. SCOL. | BASSE SAIS. | | | | | | | | | |
|---|---|---|---|---|---|---|---|---|---|---|---|---|
| 210 | 240 | 230 | 180 | SP | 15 | 1 | 1 | 6 | 6 | 6 | 6 | SP |

### N° 182 — CREZILLES — CM 242

| | NN | 4 pers. | | | | |

Nancy 30 km. Gîte mitoyen à la maison du propriétaire. Plain-pied : pièce à vivre avec cuisine intégrée, coin-repas, espace détente avec salon et cheminée. Véranda. 1 ch (1 lit 2 pers.), 1 ch (2 lits 1 pers.) avec accès direct sur le jardin. Salle de bain avec WC. Chauff. élect. Grand jardin d'agrément clos de 1800 m2, portique. Uue sur la campagne touloise, cadre calme et reposant. A visiter : Toul, son musée d'Art et d'Histoire, le cloître, les fortifications et les caves tout au long de la Route des vins. Ouvert toute l'année.

GITES DE FRANCE-SERVICE RESERVATION – Chambre d'agriculture - 5 rue de la Vologne – 54524 LAXOU Cedex
Tél. : 03 83 93 34 91 - Fax : 03 83 93 34 90 - Tél. : PROP : 03 83 62 58 41 - Email : gites-de-france54@wanadoo.fr - www.gites54.com

| MOY. SAIS. | HTE SAIS. | VAC. SCOL. | BASSE SAIS. | WEEK-END | | | | | | | |
|---|---|---|---|---|---|---|---|---|---|---|---|
| 200 | 230 | 210 | 170 | 150 | 5 | 13 | 1,5 | 1,2 | 10 | 12 | 15 | 7 | 5 |

### N° 185 — DOMEVRE-EN-HAYE

| EC | NN | 2 pers. | | | |

Nancy 25 km. Pont-a-Mousson 18 km. Gîte dans la même maison que le propriétaire - Entrée avec accès indépendant. R.D.C : Coin-cuisine équipé avec insert. ETAGE : un bureau en mezzanine avec un canapé. Un salon. Une chambre (1 lit 2 pers.). Salle d'eau + WC indépendant. Chauffage électrique. Jardin clos commun, cour. Abri voiture. Vélos à disposition. Draps fournis. Gîte situé dans le Parc Naturel Régional de Lorraine. A visiter : Toul, son musée d'Art et d'Histoire, le cloître, les fortifications.

GITES DE FRANCE-SERVICE RESERVATION – Chambre d'agriculture - 5 rue de la Vologne – 54524 LAXOU Cedex
Tél. : 03 83 93 34 91 - Fax : 03 83 93 34 90 - Tél. : PROP : 03 83 23 11 09 - Email : gites-de-france54@wanadoo.fr - www.gites54.com

| MOY. SAIS. | HTE SAIS. | VAC. SCOL. | BASSE SAIS. | WEEK-END | | | | | | | | |
|---|---|---|---|---|---|---|---|---|---|---|---|---|
| 200 | 250 | 230 | 170 | 90 | 5 | 20 | SP | 5 | 18 | 15 | 20 | 18 | SP |

**ALSACE-LORRAINE** — Pictos voir p. 12

## MEUSE - 55

GITES DE FRANCE - Service Réservation - 5, place de la République
55120 Clermont-en-Argonne - Tél. 03 29 88 44 12 - Fax. 03 29 87 40 01

**ALSACE-LORRAINE**

### PERIODES TARIFAIRES

HAUTE-SAISON : juillet et août - MOYENNE-SAISON : juin et septembre - HORS-SAISON : janvier, mars, octobre et novembre - VACANCES HORS-SAISON : Toussaint, Noël, hiver et Pâques.

Pictos voir p. 12

---

**N° 476  BEAUSITE**  Seraucourt  **CM 241**

NN    5 pers.

Verdun 30 km. Bar-le-Duc 25 km. Maison mitoyenne de 130m2 de plain-pied. Cuisine, salle à manger/salon, tv, 2 chambres(1 lit 2pers., 1 lit 1pers, 1 lit 2 pers), salle de bain, wc. Verger privatif, terrasse aménagée. Ouvert toute l'année.

GITES DE FRANCE-SERVICE RESERVATION - 5, place de la République - 55120 CLERMONT-EN-ARGONNE
Tél. 03 29 88 44 12 - Fax : 03 29 87 40 01 - Email : gdf05@wanadoo.fr

| JUIN/SEPT. | JUIL./AOUT | HORS SAIS. | VAC. SCOL. |
|---|---|---|---|
| 200 | 245 | 170 | 170 |

| | | | | | | | |
|---|---|---|---|---|---|---|---|
| SP | 5 | 15 | 15 | 30 | 30 | 10 | 30 | 10 |

---

**N° 479  MAXEY-SUR-VAISE**  **CM 242 pli 1**

NN    2 pers.

Domrémy-la-pucelle 10 km. Nancy 50 km. Petite maison dans une ruelle, 50m2, de plain-pied. Petit jardin fermé avec terrasse, 1 chambre, cuisine, séjour salle de bains, wc. Chauffage électrique et poêle à bois vitré. Draps et ménage sur demande en supplément. Animaux admis sur demande. Au pays de Jeanne d'Arc, dans un village typique, à l'écart de la route. Blotti au pied de la colline, boisée et traversée par la rivière où la truite abonde (réserve). Ouvert toute l'année.

Danielle NOISETTE - 27 grande rue - 55140 MAXEY-SUR-VAISE
Tél. 03 29 90 85 19 - 03 29 90 82 88

| JUIN/SEPT. | JUIL./AOUT | HORS SAIS. | VAC. SCOL. |
|---|---|---|---|
| 170 | 200 | 150 | 170 |

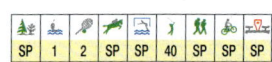

| | | | | | | |
|---|---|---|---|---|---|---|
| SP | 1 | 2 | SP | SP | 40 | SP | SP | SP |

# MOSELLE - 57

**GITES DE FRANCE** - 6, rue de l'Abattoir - 57630 VIC-SUR-SEILLE
Tél. 03 87 01 18 50 - Fax. 03 87 01 17 09
E.mail : gitesdefrance.moselle@wanadoo.fr

**ALSACE-LORRAINE**

Pictos voir p. 12

## N°2 ABRESCHVILLER

**EC   NN   5 pers.**

Sarrebourg 15 km. Rhodes 28 km. Dabo 18 km. Aux "Lucioles", vous êtes dans la verdure même lorsque vous lisez dans le salon, déjeunez dans la cuisine aménagée ou paressez dans une des 2 romantiques chambres : toutes les grandes baies laissent passer la nature et la lumière jusqu'à l'intérieur. Dans le jardin, sur la terrasse, vous vous reposerez à l'ombre du grand orme. A l'orée de la forêt, ce site tranquille dans la vallée des loups à Abreschviller vous enchantera. Electricité 8 kw/jour compris, ménage 40 €. Ouvert toute l'année.
Lou et Chantal DORKEL - 11 vallée des loups - 57560 ABRESCHVILLER
Tél. : 03 87 03 74 04 - Fax : 03 87 03 74 04

| BASSE SAIS. | MOY. SAIS. | HTE SAIS. | TRES HTE SAIS. | WEEK-END |
|---|---|---|---|---|
| 300 | 350 | 400 | 400 | 150 |

| | | | | | | |
|---|---|---|---|---|---|---|
| 2 | 2 | 0,5 | 2 | 15 | 15 | SP |

## N°196 BUHL-LORRAINE — Le Jungforst

**EC   NN   6 pers.**

Petit train d'Abreschviller 15 km. Sarrebourg 6 km, Dabo 25 km. Hébergement sur 2 niveaux + jardin/terrasse. R.D.C : entrée, wc, accueil déjeuner, cuis., ch 1, wc, salon, salle à manger, accès terrasse, couloir. Etage : Mezzanine, ch 2. Chauff. central au gaz par le sol, équipement bébé, téléphone (carte), draps et ménage sur demande. Ancienne batisse agricole construction 1870. Indépendant tout confort. Surface au sol 130 m2, parking indép. 2 voitures, propriété 10000 m2 close. Calme, lieu anti-stress, foret. Voie unique sans issue privée. Jeux enfants. Petits animaux acceptés. Ouvert toute l'année.
Pierre et Micheline HICK - Ferme de Jungforst - 57400 BUHL-LORRAINE
Tél. : 03 87 03 82 95 - 06 80 72 36 11 - Fax : 03 87 03 82 95

| BASSE SAIS. | VAC. SCOL. | MOY. SAIS. | HTE SAIS. | TRES HTE SAIS. | WEEK-END |
|---|---|---|---|---|---|
| 280 | 290 | 300 | 330 | 350 | 150 |

| | | | | | | | | |
|---|---|---|---|---|---|---|---|---|
| 15 | 6 | 1 | 6 | SP | 4 | 6 | 15 | 7 | 2 |

## N°1 GOETZENBRUCK

**EC   NN   4 pers.**

Bitche 10 km. Sur 40 ares de terrain, uaison indépendante : superficie 185 m2, grand séjour, salle-télé, cuisine, salle d'eau (douche, lavabo, bidet), wc séparé. Etage : Ch 1 (2 lits 1 pers.), ch 2 (2 lits 1 pers.), salle de bains (baignoire, lavabo, wc). Grand dégagement + placards. Lit bébé et chaise haute sur demande. 2 terrasses, 2 salons de jardin. Garage 1 voiture, bibliothèque, jeux de société. Lits faits. Ouvert du 1er mars au 31 octobre.

Elise FOUCHS - 7 rue de l'Eglise - 57720 EPPING
Tél. : 03 87 96 70 62

| BASSE SAIS. | VAC. SCOL. | MOY. SAIS. | HTE SAIS. | TRES HTE SAIS. |
|---|---|---|---|---|
| 400 | 450 | 450 | 500 | 500 |

| | | | | |
|---|---|---|---|---|
| 10 | 22 | SP | SP | 10 | SP |

## N°3 MALLING

**EC   NN   2 pers.**

Mondorf-les-bains 10 km. Luxembourg-ville 25 km. Metz 30 km. Il accueille confortablement 2 personnes et offre une grande chambre avec dressing et salle d'eau. Salon, séjour avec coin-cuisine équipée. Téléphone/fax, linge de maison fourni. Intérieur chaleureux avec sols en terre cuite et mobilier en pin. Terrasse surplombant un ruisseau. Aux confins du Luxembourg et de l'Allemagne. Moulin lorrain bati en 1460, au coeur d'un parc boisé de 1 ha, rafraichi par un petit étang et un bief. Piscine chauffée du 15/05 au 15/09.
Gérard et Nicole ERHARD-BIACCHI - Moulin de Malling - 25 rue de la gare - 57480 MALLING
Tél. : 03 82 50 15 32 - 06 89 90 42 16 - Fax : 03 82 50 18 19

| BASSE SAIS. | MOY. SAIS. | HTE SAIS. | TRES HTE SAIS. |
|---|---|---|---|
| 300 | 350 | 400 | 450 |

| | | | |
|---|---|---|---|
| 1 | 10 | 15 | SP | 5 |

## N°192 ROHBACH-LES-BITCHE

**EC   NN   4 pers.**

Bitche 13 km. Maison indépendante. 2 chambres, séjour.

**SERVICE RESERVATION - METZ** - Hôtel du Département - BP 11096 - 57036 METZ Cedex 1
Tél. : 03 87 37 57 63 - Fax : 03 87 37 58 84

| BASSE SAIS. | VAC. SCOL. | HTE SAIS. | TRES HTE SAIS. | WEEK-END |
|---|---|---|---|---|
| 240 | 250 | 280 | 310 | 130 |

| | | | | | | |
|---|---|---|---|---|---|---|
| 0,5 | 8 | 1 | 3 | 13 | 3 | 0,3 |

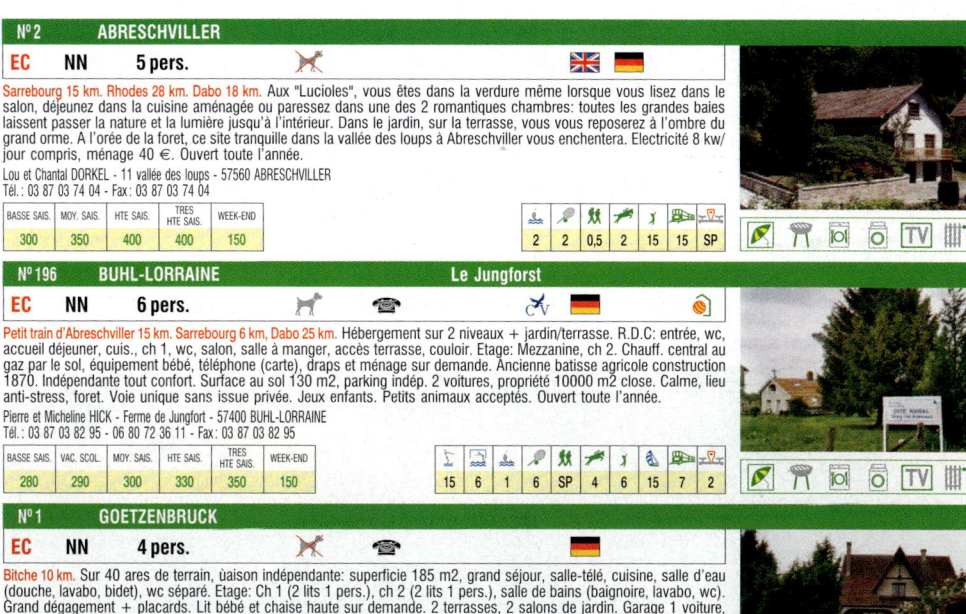
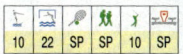

## MOSELLE - 57

**ALSACE-LORRAINE**

### N° 191 SCY-CHAZELLES

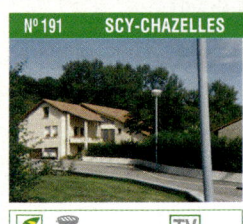

| | NN | 4 pers. | | |
|---|---|---|---|---|

Metz 6 km. Nancy 50 km. Gîte situé au R.D.C, entrée indépendante. Superficie d'environ 90 m2 comprenant cuisine, salon-salle à manger, 1 chambre (1 lit 2 pers.), 1 chambre (2 lits 1 pers.), salle de bains avec douche, wc. Terrasse. Caution 150 €. Ouvert du 3 janvier au 20 décembre.

Denise JOACHIM - 7 rue du Baoeton - 57160 CHAZELLES
Tél. : 03 87 60 08 12 - 06 72 30 06 05

| BASSE SAIS. | HTE SAIS. | WEEK-END |
|---|---|---|
| 225 | 260 | 120 |

| | | | | |
|---|---|---|---|---|
| 6 | 2 | SP | 6 | 8 | 0,5 |

### N° 195 TURQUESTEIN — Storindhal

| EC | NN | 5 pers. | | | 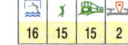 | | |
|---|---|---|---|---|---|---|---|

Sarrebourg 15 km. Strasbourg 60 km. Metz/Nancy 70 km. Chalet bois, indépendant situé en bordure de foret, au pied du Donon. Proche de St-Quirin reconnu comme étant l'un des plus beaux villages de France. Cuisine équipée, séjour, 2 chambres (1 lit 2 pers., 2 lits 1 pers., lit de bébé, 1 lit convertible), salle de bains, 2 wc, cheminée, terrasse. Ouvert toute l'année.

SERVICE RESERVATION - METZ - Hôtel du Département - BP 11096 - 57036 METZ Cedex 1
Tél. : 03 87 37 57 63 - Fax : 03 87 37 58 84

| VAC. SCOL. | MOY. SAIS. | HTE SAIS. | WEEK-END |
|---|---|---|---|
| 270 | 250 | 335 | 122 |

| | | | |
|---|---|---|---|
| 16 | 15 | 15 | 2 |

Pictos voir p. 12

GITES DE FRANCE - Service Réservation - 7, place des Meuniers
67000 STRASBOURG - Tél. 03 88 75 56 50 - Fax. 03 88 23 00 97
E.mail : alsace@gites67.com - www.gites67.com

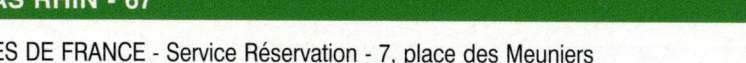

## PERIODES TARIFAIRES

HAUTE SAISON : juillet et août - MOYENNE SAISON : mai, juin, septembre et décembre - HORS SAISON : janvier, mars, octobre et novembre - VACANCES SCOLAIRES : Toussaint, Noël, hiver (février) et printemps (Pâques).

### N° 1629 BERNARDVILLE — CM 87 pli 16

NN 4 pers.

Gîte indépendant aménagé à l'étage d'une maison mitoyenne à celle du propriétaire-viticulteur située au coeur du vignoble, en périphérie du village. CH1 (1 lit 2 pers.), CH2 (2 lits 1 pers.), cuisine (micro-ondes), séjour (TV câblée), s.d.b. avec wc et douche, 2e wc. Ch. central au sol en sus. Lits faits à l'arrivée. Terrasse accessible par le séjour et la cuisine (mob. de jardin, barbecue électr.). En commun : cour, espace vert, terrain, tennis privé, parking. Visite de cave avec dégustation. Ouvert toute l'année.

Barthel A.L.N.A.T.A. - 31 rue Principale - 67140 BERNARDVILLE
Tél. : 03 88 85 51 26 - Fax : 03 88 57 82 05

| HTE SAIS. | MOY. SAIS. | NOËL | PAQUES | TOUSSAINT | FEV. | HORS SAIS. |
|---|---|---|---|---|---|---|
| 395 | 305 | 305 | 305 | 305 | 305 | 305 |

| | | | | | | |
|---|---|---|---|---|---|---|
| 6 | 6 | 2 | SP | 3 | 6 | 5 |

TV

### N° 1632 BOOFZHEIM — CM 87 pli 6

4 pers.

Maison indépendante à colombage située dans le village. CH1 (1 lit 2 pers.), CH2 (2 lits 1 pers.), cuisine (micro-ondes), espace repas, séjour (prise TV), salle de bains avec wc (sèche linge). Ch. élect. en sus. Lits faits à l'arrivée. Equipement bébé. Espace vert, préau couvert avec barbecue, mob. de jardin, ping-pong, parking dans cour fermée. Ouvert toute l'année. Supplément animaux : 3 €/jour/animal.

LOISIRS ET TOURISME VERT EN ALSACE - 7 place des Meuniers - 67000 STRASBOURG
Tél. : 03 88 75 56 50 - Fax : 03 88 23 00 97 - Email : alsace@gites67.com - www.gites67.com

| HTE SAIS. | MOY. SAIS. | NOËL | PAQUES | TOUSSAINT | FEV. | HORS SAIS. | WEEK-END |
|---|---|---|---|---|---|---|---|
| 350 | 245 | 245 | 245 | 210 | 210 | 180 | 120 |

| | | | | | | | | |
|---|---|---|---|---|---|---|---|---|
| 6 | 4 | SP | 10 | 10 | SP | 10 | 10 | SP |

### N° 1643 BUST — CM 87 pli 13

6 pers.

Maison mitoyenne à celle du propriétaire située dans le petit village. 2e niv. : CH3 (2 lits 1 pers.), CH2 (1 lit 2 pers.), petite mezzanine, s.d'eau avec wc. 1er niv. : CH1 (2 lits 1 pers.), cuisine américaine donnant sur séjour avec accès sur terrasse, s.d.b., wc. Ch. central au sol inclus. Lits faits à l'arrivée. Mobilier de jardin. Barbecue, garage. En commun avec le prop. : cour fermée, jardin. Ouvert toute l'année.

LOISIRS ET TOURISME VERT EN ALSACE - 7 place des Meuniers - 67000 STRASBOURG
Tél. : 03 88 75 56 50 - Fax : 03 88 23 00 97 - Email : alsace@gites67.com - www.gites67.com

| HTE SAIS. | MOY. SAIS. | NOËL | PAQUES | TOUSSAINT | FEV. | HORS SAIS. | WEEK-END |
|---|---|---|---|---|---|---|---|
| 400 | 290 | 300 | 300 | 290 | 290 | 220 | 150 |

| | | | | | | | | |
|---|---|---|---|---|---|---|---|---|
| 8 | 6 | 8 | 18 | 8 | 8 | 8 | 15 | 2 |

TV

### N° 1636 CHATENOIS — CM 87 pli 16

4 pers.

Gîte avec entrée indépendante aménagé dans une maison à colombage. Logement de la fille du propr. à côté. Au 1er niv. : séjour (clic-clac 2 pers., 1 couche 1 pers., prise TV). Au 2e niv. : cuisine, s.d'eau avec wc. Au 3e niv. : 1 ch. (1 lit 2 pers.). Ch. élect. en sus. Lits faits à l'arrivée. Poss. lit bébé. Parking à 50 m. Ouvert toute l'année.

LOISIRS ET TOURISME VERT EN ALSACE - 7 place des Meuniers - 67000 STRASBOURG
Tél. : 03 88 75 56 50 - Fax : 03 88 23 00 97 - Email : alsace@gites67.com - www.gites67.com

| HTE SAIS. | MOY. SAIS. | NOËL | PAQUES | TOUSSAINT | FEV. | HORS SAIS. |
|---|---|---|---|---|---|---|
| 310 | 280 | 280 | 280 | 280 | 280 | 280 |

| | | | | | | | | | |
|---|---|---|---|---|---|---|---|---|---|
| 1 | 2 | 2 | 5 | 12 | SP | 2 | 2 | 5 | SP |

TV

### N° 1608 DAMBACH-LA-VILLE — CM 87 pli 16

NN 5 pers.

Gîte avec entrée indépendante, aménagé de plain-pied dans une ancienne dépendance viticole située au centre du village. Présence de 4 autres gîtes sur la même propriété. CH1 prévue pour handicapés (2 lits 1 pers., s.d'eau avec wc), CH2 (4 lits 1 pers., s.d'eau avec wc). séjour, cuisine. Ch. électr. en sus. Linge de toilette. Lits faits à l'arrivée. Mobilier de jardin. En commun : espaces verts, jeux extérieurs pour enf., balançoire, barbecue, parking dans cour fermée. Ouvert toute l'année.

Roland ROESCH - La Cour Zaepffel - 19 rue de la Paix - 67650 DAMBACH-LA-VILLE
Tél. : 03 88 92 40 26 - 03 88 92 09 34 - Fax : 03 88 92 40 26 - Email : nroesch@free.fr

| HTE SAIS. | MOY. SAIS. | NOËL | PAQUES | TOUSSAINT | FEV. | HORS SAIS. |
|---|---|---|---|---|---|---|
| 540 | 430 | 445 | 445 | 430 | 430 | 430 |

| | | | | | | | | | |
|---|---|---|---|---|---|---|---|---|---|
| 15 | 10 | SP | 7 | 15 | SP | SP | SP | SP | SP |

TV

# BAS RHIN - 67

Périodes tarifaires p. 21

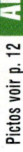

## N° 1609 DAMBACH-LA-VILLE
CM 87 pli 16

**NN** — 6 pers.

Gîte avec entrée indépendante, aménagé à l'étage d'une dépendance viticole située au centre du village. Présence de 4 autres gîtes sur la même propriété. CH1 (2 lits 1 pers.), CH2 (2 lits 1 pers.), CH3 (3 lits 1 pers.), cuisine, séjour-s. à manger (Terrasse avec mob. de jardin), s.d'eau avec wc, s.d.b. (L.linge), wc. Ch. élect. en sus. Linge de toilette inclus. Lits faits à l'arrivée. Mob. de jardin. En commun : barbecue, jeux extérieurs pour enf., balançoire, espaces verts, parking dans la cour fermée. Ouvert toute l'année.
Roland ROESCH - La Cour Zaepffel - 19 rue de la Paix - 67650 DAMBACH-LA-VILLE
Tél. : 03 88 92 40 26 - 03 88 92 09 34 - Fax : 03 88 92 40 26 - Email : nroesch@free.fr

| HTE SAIS. | MOY. SAIS. | NOËL | PAQUES | TOUSSAINT | FEV. | HORS SAIS. |
|---|---|---|---|---|---|---|
| 585 | 445 | 465 | 465 | 445 | 445 | 445 |

| | | | | | | | | |
|---|---|---|---|---|---|---|---|---|
| 15 | 10 | SP | 7 | 15 | SP | SP | SP | SP |

## N° 1626 LALAYE
Blanc Noyer — 600 m

10 pers.

Maison indépendante située en pleine forêt, hameau de résidences sec. (600m de ch. forestier pour accéder). 2e niv (esc raide): CH4 (1 lit 1 pers.), CH3 (1 lit 2 pers., 2 lits 1 pers., balcon couvert), s.d'eau avec wc. 1er niv (esc meun.) : CH2: 1 lit 2 pers., séjour (prise TV, chem., balcon), s.d'eau, wc. Au rdc: CH1 (1 lit 2 pers.,1 lit 1 pers.). S. d'eau avec wc, s.à manger, cuisine (micro-ondes). Ch. central en sus sauf moyenne saison. Lits faits à l'arrivée. Congél. Mob. de jardin, barbecue, balançoire. Parking, garage 2 voitures. Ouvert toute l'année.
LOISIRS ET TOURISME VERT EN ALSACE - 7 place des Meuniers - 67000 STRASBOURG
Tél. : 03 88 75 56 50 - Fax : 03 88 23 00 97 - Email : alsace@gites67.com - www.gites67.com

| HTE SAIS. | MOY. SAIS. | NOËL | PAQUES | TOUSSAINT | FEV. | HORS SAIS. | WEEK-END |
|---|---|---|---|---|---|---|---|
| 620 | 450 | 450 | 450 | 450 | 450 | 370 | 250 |

| | | | | | | | | |
|---|---|---|---|---|---|---|---|---|
| 20 | 20 | 20 | 7 | 20 | SP | 7 | 7 | 20 | 7 |

## N° 1634 LALAYE
Charbes — CM 87 pli 16

6 pers.

Maison indépendante située à 1 km du village, (hameau de résidences secondaires), à la lisière de la forêt,dans un cadre de moyenne montagne. Pl.-pied : CH1 donnant sur terrasse (1 lit 2 pers., lit d'app. 1 pers., kitchenette), s.d'eau avec wc. 1er niv: CH2 (1 lit 2 pers.), CH3 (2 lits 1 pers.), cuisine (micro-ondes). Séjour (conv.2 pers., TV sat) donnant sur 2ème terrasse, s.d.b., wc. Lits faits à l'arrivée. Ch. électr. en sus. Equipement bébé. Espace vert, mob. de jardin, barbecue, chaises longues, ping-pong. Parking, garage.  Ouvert toute l'année.
LOISIRS ET TOURISME VERT EN ALSACE - 7 place des Meuniers - 67000 STRASBOURG
Tél. : 03 88 75 56 50 - Fax : 03 88 23 00 97 - Email : alsace@gites67.com - www.gites67.com

| HTE SAIS. | MOY. SAIS. | NOËL | PAQUES | TOUSSAINT | FEV. | HORS SAIS. | WEEK-END |
|---|---|---|---|---|---|---|---|
| 395 | 240 | 255 | 255 | 255 | 255 | 205 | 125 |

| | | | | | | | | |
|---|---|---|---|---|---|---|---|---|
| 10 | 10 | 1 | 4 | 15 | SP | 4 | 4 | 20 | 5 |

## N° 1640 NOTHALTEN
CM 87 pli 16

4 pers.

Maison mitoyenne à la maison du propriétaire située sur la Route du Vin. Présence du G1250 et 2 ch. d'hôtes dans la maison du propr. CH1 (1 lit 2 pers., balcon), CH2 (2 lits 1 pers.), séjour, cuisine (micro-ondes), donnant sur balcon (mob. de jardin, barbecue électr.), s.d.b., wc. Ch. central inclus. Lits faits à l'arrivée. Parking dans petite cour fermée. Sur demande équipement bébé, espace vert à l'arrière de la maison en commun. Petits animaux acceptés : 3 €/jour. Location de VTT sur place. Ouvert toute l'année.
LOISIRS ET TOURISME VERT EN ALSACE - 7 place des Meuniers - 67000 STRASBOURG
Tél. : 03 88 75 56 50 - Fax : 03 88 23 00 97 - Email : alsace@gites67.com - www.gites67.com

| HTE SAIS. | MOY. SAIS. | NOËL | PAQUES | TOUSSAINT | FEV. | HORS SAIS. |
|---|---|---|---|---|---|---|
| 425 | 385 | 400 | 400 | 400 | 400 | 385 |

| | | | | | | | | |
|---|---|---|---|---|---|---|---|---|
| 15 | 25 | 8 | 15 | 15 | SP | 8 | SP | 3 | 3 |

## N° 1639 ORSCHWILLER
CM 87 pli 16

**NN** — 11 pers.

Maison indépendante située sur la Route des Vins, au pied du Haut Koenigsbourg. Etage: CH1 (1 lit 2 pers., balcon), CH2 (1 lit 2 pers.), CH3 (2 lits 1 pers., CH4: 3 lits 1 pers.), s.d.b. + douche, wc séparé. Au rdc: CH5 (1 lit 2 pers.), cuisine (micro-ondes), séjour donnant sur extér. (billard). Ch. central. Lits faits à l'arrivée. Poss. lit bébé. Espace vert, mob. de jardin, barbecue, parking dans la cour fermée. Taxe de séjour en sus. Ouvert toute l'année.
LOISIRS ET TOURISME VERT EN ALSACE - 7 place des Meuniers - 67000 STRASBOURG
Tél. : 03 88 75 56 50 - Fax : 03 88 23 00 97 - Email : alsace@gites67.com - www.gites67.com

| HTE SAIS. | MOY. SAIS. | NOËL | PAQUES | TOUSSAINT | FEV. | HORS SAIS. |
|---|---|---|---|---|---|---|
| 750 | 720 | 720 | 720 | 720 | 720 | 700 |

| | | | | | | | | |
|---|---|---|---|---|---|---|---|---|
| 5 | 5 | 5 | 6 | 5 | 2 | 6 | 6 | 2 |

## N° 1628 ROUNTZENHEIM
CM 87 pli 3-4

**NN** — 5 pers.

Maison indépendante à colombage, typique de l'Outre-Forêt, située à proximité de celle du propriétaire dans le petit village traditionnel. A l'étage: CH2 (1 lit 2 pers.), palier aménagé en espace pour enf. (1 lit 1 pers.). Au rdc: CH1 (1 lit 2 pers.), séjour-salon (prise TV), cuisine (micro-ondes), s. d'eau avec wc. Ch. central inclus. Lits faits à l'arrivée. Poss. lit bébé. Mobilier de jardin, barbecue, cour fermée, parking. Ouvert toute l'année.
LOISIRS ET TOURISME VERT EN ALSACE - 7 place des Meuniers - 67000 STRASBOURG
Tél. : 03 88 75 56 50 - Fax : 03 88 23 00 97 - Email : alsace@gites67.com - www.gites67.com

| HTE SAIS. | MOY. SAIS. | NOËL | PAQUES | TOUSSAINT | FEV. | HORS SAIS. | WEEK-END |
|---|---|---|---|---|---|---|---|
| 380 | 280 | 270 | 270 | 270 | 270 | 250 | 120 |

| | | | | | | |
|---|---|---|---|---|---|---|
| 1 | 12 | 3 | 1 | 3 | 1 | 3 |

# BAS RHIN - 67

Périodes tarifaires p. 21

## N° 1627 SAASENHEIM
**NN** — 6 pers. — CM 87 pli 6

Maison indépendante située dans un petit village du Ried. A l'étage: CH3 (2 lits 1 pers.), CH2 (2 lits 1 pers.), salle de bains, wc séparé. Au rdc: CH1 (1 lit 2 pers.), cuisine (micro-ondes), séjour avec coin repas et espace détente (TV), wc. Ch. électr. en sus. Lit bébé. Lits faits à l'arrivée. Buanderie au s.sol. Cour fermée, espace vert. Mob. de jardin, barbecue, ping-pong, bac à sable, chaises longues, abri pour 2 voitures, parking. Ouvert toute l'année.

LOISIRS ET TOURISME VERT EN ALSACE - 7 place des Meuniers - 67000 STRASBOURG
Tél.: 03 88 75 56 50 - Fax: 03 88 23 00 97 - Email: alsace@gites67.com - www.gites67.com

| HTE SAIS. | MOY. SAIS. | NOËL | PAQUES | TOUSSAINT | FEV. | HORS SAIS. | WEEK-END |
|---|---|---|---|---|---|---|---|
| 400 | 300 | 280 | 280 | 280 | 280 | 220 | 120 |

| | | | | | | | | | |
|---|---|---|---|---|---|---|---|---|---|
| 14 | 15 | 2 | 10 | 4 | 15 | 3 | SP | 15 | 3 |

## N° 1606 SAULXURES
10 pers. — 500 m — CM 87 pli 16

Maison indép. de caractère située près de l'église dans le petit village de montagne. 2e niv.: CH5 (3 lits 1 pers.), mezzanine aménagée en coin détente pour enf, s.d.b. 1er niv.: CH4 (1 lit 1 pers.), CH3 (1 lit 2 pers.), CH2 (1 lit 2 pers.), CH1 (2 lits 1 pers.). Accès CH4 par CH3 et CH2 par CH1. 2e coin détente, s.d'eau avec wc (s.linge). Rdc: cuis. donnant sur s. à manger (micro-ondes), séjour (magnét.), wc. Ch. central inclus. Lits faits à l'arrivée. Equipement bébé. 1 lit bébé et 1 lit enf à dispo. Espace vert, mob. de jardin, barbecue, portique, parking. Ouvert toute l'année. Supp. animaux : 3 €/jour/animal.

LOISIRS ET TOURISME VERT EN ALSACE - 7 place des Meuniers - 67000 STRASBOURG
Tél.: 03 88 75 56 50 - Fax: 03 88 23 00 97 - Email: alsace@gites67.com - www.gites67.com

| HTE SAIS. | MOY. SAIS. | NOËL | PAQUES | TOUSSAINT | FEV. | HORS SAIS. | WEEK-END |
|---|---|---|---|---|---|---|---|
| 670 | 510 | 670 | 670 | 602 | 602 | 430 | 290 |

| | | | | | | | |
|---|---|---|---|---|---|---|---|
| 9 | SP | 7 | SP | SP | 3 | 1 | SP |

## N° 1637 SOULTZ-LES-BAINS
**NN** — 2 pers. — CM 87 pli 5

Studio avec entrée indépendante, aménagé à l'étage d'une maison située sur le terrain du propriétaire. Présence de 3 autres gîtes dans la même maison. Kitchenette, 1 lit 2 pers., prise TV, s.d'eau avec wc. Ch. électr. en sus. Linge de toilette et de maison inclus, lit fait à l'arrivée. Terrasse (mobilier de jardin). En commun : 2 l-linges et sèche-linge dans buanderie, espace vert, barbecue, parking. Taxe de séjour en sus. Ouvert toute l'année.

Marie-Antoinette KAUFFMANN - 2 rue du Fort - 67120 SOULTZ-LES-BAINS
Tél.: 03 88 38 62 19

| HTE SAIS. | MOY. SAIS. | NOËL | PAQUES | TOUSSAINT | FEV. | HORS SAIS. | WEEK-END |
|---|---|---|---|---|---|---|---|
| 265 | 200 | 200 | 200 | 200 | 200 | 200 | 88 |

| | | | | |
|---|---|---|---|---|
| 4 | 2 | 4 | 4 | 4 |

## N° 1611 UTTENHOFFEN
7 pers. — CM 87 pli 3

Maison à colombage aménagée dans un ancien corps de ferme rénové par le propriétaire, située dans un petit village typique. Présence d'un 2e gîte sur place. A l'étage: CH4 (lit 2 pers., s.d'eau avec wc) CH3 (2 lits 1 pers., s.d.b. avec wc). Au rdc: CH2 via CH1 (1 lit 2 pers., s.d.b. avec wc), CH1 (1 lit 1 pers., lit bébé), cuisine avec cellier. WC, séjour-s. à manger (TV-sat., magnét.). Ch. central en sus. Lits faits à l'arrivée. Mobilier de jardin, barbecue. En commun : cour fermée, garage. Poss. tarif dégressif en dehors vac scol. selon le nombre de pers. Ouvert toute l'année.

LOISIRS ET TOURISME VERT EN ALSACE - 7 place des Meuniers - 67000 STRASBOURG
Tél.: 03 88 75 56 50 - Fax: 03 88 23 00 97 - Email: alsace@gites67.com - www.gites67.com

| HTE SAIS. | MOY. SAIS. | NOËL | PAQUES | TOUSSAINT | FEV. | HORS SAIS. | WEEK-END |
|---|---|---|---|---|---|---|---|
| 503 | 385 | 307 | 307 | 323 | 323 | 307 | 154 |

| | | | |
|---|---|---|---|
| 10 | 5 | 2 | 3 | 5 |

## N° 1624 UTTENHOFFEN
6 pers. — CM 87 pli 3

Maison à colombage, mitoyenne à celle du prop., aménagée dans un ancien corps de ferme rénové, située dans un petit village typique. Présence d'un 2e gîte sur place. 3e niv: CH3 (1 lit 2 pers.), CH2 (2 lits 1 pers.), s.d.b. avec wc. 2e niv: cuisine ouverte sur séjour (L.vaiss., TV sat. ASTRA, terrasse couverte avec mob. de jardin et barbecue. 1er niv: CH1 (1 lit 2 pers., lavabo, douche), wc. Ch. central en sus. Lits faits à l'arrivée. En commun : cour fermée, parking. Poss. tarif dégressif en dehors vac scol. selon le nombre de pers. Ouvert toute l'année. Supp. animaux : 3 €/jour/animal.

LOISIRS ET TOURISME VERT EN ALSACE - 7 place des Meuniers - 67000 STRASBOURG
Tél.: 03 88 75 56 50 - Fax: 03 88 23 00 97 - Email: alsace@gites67.com - www.gites67.com

| HTE SAIS. | MOY. SAIS. | NOËL | PAQUES | TOUSSAINT | FEV. | HORS SAIS. | WEEK-END |
|---|---|---|---|---|---|---|---|
| 503 | 385 | 452 | 452 | 385 | 385 | 335 | 167 |

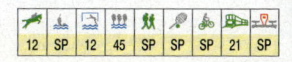

| | | | |
|---|---|---|---|
| 10 | 5 | 2 | 3 | 5 |

## N° 1641 WANGENBOURG-ENGENTHAL
**NN** — 4 pers. — CM 87 pli 14

Gîte mitoyen à la maison du propriétaire situé dans un cadre de moyenne montagne, près de la forêt et des sentiers de randonnées. A l'étage: CH sous combles (2 lits 1 pers.), balcon. De plain-pied: CH1 (2 lits 1 pers., jumeaux, cabinet de toilette), séjour avec accès direct sur l'extérieur (mob.de jardin, barbecue, chaises longues), espace cuisine. Sèche-linge, micro-ondes), s.d.b. avec wc et douche. Ch. central, bois de cheminée et linge de toilette inclus. Lits faits à l'arrivée. Equipement bébé. Espace extérieur, abri-voiture. Salle avec ping-pong. Pour 2 ad.+2enf. Ouvert toute l'année.

LOISIRS ET TOURISME VERT EN ALSACE - 7 place des Meuniers - 67000 STRASBOURG
Tél.: 03 88 75 56 50 - Fax: 03 88 23 00 97 - Email: alsace@gites67.com - www.gites67.com

| HTE SAIS. | MOY. SAIS. | NOËL | PAQUES | TOUSSAINT | FEV. | HORS SAIS. | WEEK-END |
|---|---|---|---|---|---|---|---|
| 370 | 280 | 280 | 280 | 280 | 280 | 220 | 120 |

| | | | | | | | |
|---|---|---|---|---|---|---|---|
| 12 | SP | 12 | 45 | SP | SP | 21 | SP |

ALSACE-LORRAINE

Pictos voir p. 12

# HAUT RHIN - 68

**LOISIRS ACCUEIL** - Service Réservation - 1, rue Schlumberger
B.P. 371 - 68007 COLMAR Cédex - Tél. 03 89 20 10 62 ou 03 89 20 10 60
Fax. 03 89 23 33 91 - E.mail : gitesdefrance68@tourisme68.asso.com

**ALSACE-LORRAINE**

## PERIODES TARIFAIRES
**HAUTE SAISON** : juillet et août - **AVANT/APRÈS SAISON** : mai, juin, septembre et octobre - **VACANCES SCOLAIRES** : Toussaint, Noël, Hiver (février) et printemps (Pâques) - **HORS SAISON** : reste de l'année.

### N° 3887 — AMMERSCHWIHR — CM 87 pli 17
NN — 2 pers.

Gîte indépendant situé dans maison à colombage datant de 1724, au coeur du vignoble, dans quartier calme. Le gîte en demi-étage se compose d'une cuisine équipée, d'un coin salon aménagé d'un canapé lit (1 personne). A l'étage, sous forme de mezzanine 1 chambre (1 lit 2 personnes). A proximité, jardin des vignes, sentiers viticoles. Possibilité de visites de cave avec dégustation. Ouvert toute l'année.

Patrick FREYBURGER - 32 Grand'Rue - 68770 AMMERSCHWIHR
Tél. : 03 89 47 39 94 - www.chambres.com.fr/freyburger

| BASSE SAIS. | HTE SAIS. | HORS SAIS. | VAC. SCOL. | WEEK-END |
|---|---|---|---|---|
| 280 | 280 | 280 | 280 | 84 |

| | | | | | | | | | | |
|---|---|---|---|---|---|---|---|---|---|---|
| 3 | 3 | SP | SP | 4 | 1 | 1,5 | 20 | 8 | SP | |

### N° 1902 — AUBURE — 800 m — CM 87 pli 17
NN — 6 pers.

Gîte au premier étage de la maison du propriétaire comprenant 1 deuxième gîte. 3 chambres (3 lits 2 personnes, 1 lit enfant), séjour (couchage pour 2 personnes), cuisine, salle d'eau, terrasse. Espace extérieur, jeux enfants, salon de jardin, proximité des sentiers de randonnée. Ouvert toute l'année.

Louis BARADEL - 5 route de Sainte-Marie-Mines - 68150 AUBURE
Tél. : 03 89 73 90 70

| BASSE SAIS. | HTE SAIS. | HORS SAIS. | VAC. SCOL. | WEEK-END |
|---|---|---|---|---|
| 480 | 480 | 480 | 480 | 170 |

| | | | | | | | | | | |
|---|---|---|---|---|---|---|---|---|---|---|
| 12 | 12 | 7 | 7 | SP | 12 | 18 | SP | 18 | 12 | |

### N° 4855 — BOLLWILLER — CM 87 pli 17
NN — 4 pers.

Maison indépendante dans le village. Cuisine indépendante, séjour convertible. 2 chambres (1 lit 2 personnes, 2 lits 1 personne), lit enfant à disposition. Salle de bains, WC, douche. Cour, garage privatif, espace extérieur. Ouvert toute l'année.

SERVICE LOISIRS ACCUEIL HAUT-RHIN - 1, rue de Schlumberger - BP 371 - 68007 COLMAR Cedex
Tél. : 03 89 20 10 62 - 03 89 20 10 60 - Fax : 03 89 23 33 91 - Email : gitesdefrance68@tourisme68.asso.fr

| BASSE SAIS. | HTE SAIS. | HORS SAIS. | VAC. SCOL. | W-E DETENTE |
|---|---|---|---|---|
| 350 | 420 | 350 | 385 | 110 |

| | | | | | | | |
|---|---|---|---|---|---|---|---|
| 8 | 8 | 1 | 1 | 10 | 25 | 0,5 | SP |

### N° 1903 — LE BONHOMME — Faurupt — 900 m — CM 87 pli 17
NN — 7 pers.

Ancienne ferme Vosgienne rénovée comprenant un beau gîte indépendant. 2 chambres (2 lits 2 personnes et 3 lits 1 personne dont 1 lit superposé, 1 lit bébé), grande cuisine équipée, salon avec cheminée, salle d'eau, TV satellite. Vue exceptionnelle, jardin, terrasse, espace jeux pour enfants. Produits de la ferme, vente sur Ouvert toute l'année.

Gérard CLAUDEPIERRE - 159 Faurupt - 68650 LE BONHOMME
Tél. : 03 89 47 55 04 - Fax : 03 89 47 55 04

| BASSE SAIS. | HTE SAIS. | HORS SAIS. | WEEK-END |
|---|---|---|---|
| 360 | 500 | 360 | 220 |

| | | | | | | |
|---|---|---|---|---|---|---|
| 10 | 10 | 8 | 10 | SP | 15 | 25 | 5 |

### N° 1911 — LE BONHOMME — Faurupt — 700 m — CM 87 pli 17
NN — 8 pers.

Maison indépendante sur terrain comprenant un grand gîte. 4 chambres (3 lits 2 personnes et 2 lits 1 personne), cuisine équipée, salon, salle à manger (magnétoscope). Cheminée, 2 salles d'eau avec baignoire, 2 wc. Jardin arboré, étang à disposition, départ pour la randonnée, parking privatif. Ouvert toute l'année.

Christophe S'BURA GSCHAFT - KLEITZ - 78 route de Lapoutroie - 68240 KAYSERSBERG
Tél. : 03 89 78 17 17 - Fax : 03 89 78 16 06 - Email : kleitz.christophe@wanadoo.fr - http://ferme.faurupt.free.fr

| BASSE SAIS. | HTE SAIS. | HORS SAIS. | VAC. SCOL. | WEEK-END | W-E DETENTE |
|---|---|---|---|---|---|
| 400 | 550 | 400 | 500 | 200 | 250 |

| | | | | | | | |
|---|---|---|---|---|---|---|---|
| 10 | 10 | 5 | SP | 10 | SP | 15 | SP | 25 | 0,5 |

# HAUT RHIN - 68

*Périodes tarifaires p. 24*

## N° 1918 LE BONHOMME — La Grande Ferme — 800 m — CM 87 pli 17

**NN — 6 pers.**

Maison indépendante neuve, sur 2 étage. Au rez de chaussée, séjour (convertible), cuisine, 1 chambre (1 lit de 2 personnes), à l'étage 2 chambres (1 lit 2 personnes, 2 lits de 2 personnes), salle d'eau. Jardin, parking, espace vert. Hébergement situé en pleine nature, proche des stations de ski et du lac Blanc. Ouvert toute l'année.

Christian HILBERT - 2 rue du 3ème Spahis Algérien - 68650 LE BONHOMME
Tél.: 03 89 47 22 87

| BASSE SAIS. | HTE SAIS. | HORS SAIS. | VAC. SCOL. | WEEK-END |
|---|---|---|---|---|
| 340 | 360 | 340 | 360 | 150 |

| | | | | | | | | |
|---|---|---|---|---|---|---|---|---|
| 14 | 14 | 10 | SP | 10 | SP | 20 | SP | 30 | 4 |

## N° 2795 DOLLEREN — CM 87 pli 17

**NN — 4 pers.**

Gîte mitoyen à la maison du propriétaire, en étage. 1 grande chambre (1 lit 2 personnes, 1 lit 1 personne), 1 lit 1 personne dans le séjour, cuisine équipée, salle d'eau, wc indépendant, magnétoscope. Jardin, espace vert, barbecue, parking privatif, salon de jardin. Ouvert toute l'année.

Lucien ILTIS - 25 rue de la 1ère DFL - 68290 DOLLEREN
Tél.: 03 89 82 09 12

| BASSE SAIS. | HTE SAIS. | HORS SAIS. | VAC. SCOL. | WEEK-END |
|---|---|---|---|---|
| 275 | 300 | 260 | 275 | 90 |

| | | | | | |
|---|---|---|---|---|---|
| 6 | 0,5 | SP | 6 | 6 |

## N° 3879 EGUISHEIM — CM 87 pli 17

**NN — 5 pers.**

Gîte traditionnel rénové dans les remparts d'Eguisheim. A l'étage, cuisine équipée, salon (1 couchage 1 personne)/ salle à manger, 1 chambre en forme d'alcove (1 lit de 2 personnes), salle d'eau, 1 chambre (1 lit 2 personnes). Espace extérieur. Village touristique. Ouvert toute l'année.

Katia SCHMITT - 5 rue du Drotfeld - 68250 PFAFFENHEIM
Tél.: 03 89 49 64 94 - www.prospectiv.net/alcove

| BASSE SAIS. | HTE SAIS. | HORS SAIS. | WEEK-END | W.-E. DETENTE |
|---|---|---|---|---|
| 395 | 510 | 370 | 170 | 210 |

| | | | | | | | | |
|---|---|---|---|---|---|---|---|---|
| 5 | 5 | SP | 7 | SP | 13 | 30 | 4 | SP |

## N° 3880 EGUISHEIM — CM 87 pli 17

**NN — 5 pers.**

Gîte rénové dans les remparts d'Eguisheim. Au 2ème étage, cuisine équipée, salon (1 couchage 1 personne)/ salle à manger, 1 chambre en forme d'alcove (1 lit de 2 personnes), salle d'eau, 1 chambre (1 lit 2 personnes). Espace extérieur. Village touristique. Ouvert toute l'année.

Katia SCHMITT - 5 rue du Drotfeld - 68250 PFAFFENHEIM
Tél.: 03 89 49 64 94 - www.prospectiv.net/alcove

| BASSE SAIS. | HTE SAIS. | HORS SAIS. | VAC. SCOL. | WEEK-END | W.-E. DETENTE |
|---|---|---|---|---|---|
| 395 | 510 | 370 | 560 | 90 | 170 |

| | | | | | | | | |
|---|---|---|---|---|---|---|---|---|
| 5 | 5 | SP | 7 | SP | 13 | 30 | 4 | SP |

## N° 2797 FELLERING — 800 m — CM 87 pli 18

**NN — 2 pers.**

Gîte au rez-de-chaussée, dans le chalet du propriétaire, entrée indépendante, vue panoramique : 1 chambre (2 lits 1 personne), séjour coin cuisine équipée, salle d'eau avec wc, emplacement voiture, petite terrasse, salon de jardin. Gîte non fumeur. Ouvert toute l'année.

Jacques et Esther SZTAJNERT - 1 chemin du Relais - 68470 FELLERING
Tél.: 03 89 38 25 68 - Fax : 03 89 38 25 68 - Email : jacques.sztajnert@wanadoo.fr

| BASSE SAIS. | HTE SAIS. | HORS SAIS. | VAC. SCOL. | W.-E. DETENTE |
|---|---|---|---|---|
| 200 | 275 | 250 | 275 | 250 |

| | | | | | | | | |
|---|---|---|---|---|---|---|---|---|
| 2 | 2 | 0,5 | 3 | 20 | SP | 25 | 0,5 | 1 | 1 |

## N° 5790 FERRETTE — 550 m — CM 87 pli 20

**NN — 2 pers.**

Gîte indépendant de caractère situé dans les remparts de Ferrette. 1 grande pièce séparée en deux parties: Séjour avec convertible 2 personnes, coin-cuisine, une partie couchage avec 1 lits 2 personnes. Salle d'eau et wc. Espace extérieur, parking à proximité. Ouvert toute l'année.

Béatrice KIELWASSER - 1 rue du Chenil - 68870 BRINCKHEIM
Tél.: 03 89 68 23 20

| BASSE SAIS. | HTE SAIS. | HORS SAIS. | VAC. SCOL. | WEEK-END | W.-E. DETENTE |
|---|---|---|---|---|---|
| 250 | 280 | 280 | 280 | 80 | 130 |

| | | | | | | | | |
|---|---|---|---|---|---|---|---|---|
| 1 | 1 | 0,5 | 10 | 0,5 | 10 | 10 | 26 | SP |

*ALSACE-LORRAINE — Pictos voir p. 12*

# HAUT RHIN - 68

Périodes tarifaires p. 24

## N° 2798 — HUSSEREN-WESSERLING — CM 87 pli 18

**NN — 6 pers.**

Gîte indépendant dans la maison du propriétaire, à l'étage 1 chambre (1 lit 2 personnes, 2 lits 1 personne), 2 chambres (2 lits de 1 personne et 1 lit 2 personnes) séjour, coin-cuisine équipée, salon-séjour, salle d'eau, wc. Jardin et cour non clos, parking privatif. Ouvert toute l'année.

Marc KOENSGEN - 20 Grand Rue - 68470 HUSSEREN-WESSERLING
Tél. : 03 89 38 20 52

| BASSE SAIS. | HTE SAIS. | HORS SAIS. | VAC. SCOL. | WEEK-END |
|---|---|---|---|---|
| 350 | 400 | 400 | 400 | 125 |

| | | | | | | | |
|---|---|---|---|---|---|---|---|
| 1 | 1 | 1 | 1 | SP | SP | 25 | SP | 4 |

## N° 3886 — KATZENTHAL — Katzelberg — CM 87 pli 17

**NN — 4 pers.**

Grand gîte neuf à l'étage d'une maison mitoyenne à celle du propriétaire. 1 chambre (1 lit de 2 personnes), cuisine équipée, grand séjour, salle d'eau. Balcon, cour fermée. Ouvert toute l'année.

Jean-Paul KLUR - 61 rue d'Ammerschwihr - 68230 KATZENTHAL
Tél. : 03 89 27 22 51 - Fax : 03 89 27 10 57

| BASSE SAIS. | HTE SAIS. | HORS SAIS. | VAC. SCOL. |
|---|---|---|---|
| 330 | 330 | 330 | 330 |

| | | | | | | |
|---|---|---|---|---|---|---|
| 6 | 6 | 3 | 8 | 4 | 6 | 2 |

## N° 1905 — LABAROCHE — Basse Baroche — 600 m — CM 87 pli 17

**NN — 2 pers.**

Gîte de caractère indépendant situé dans un hameau, au calme, dans une ancienne ferme rénovée du 18 ème siècle, de plein pieds, mitoyen à la maison du propriétaire. Cuisine équipée, séjour avec couchage pour 2 personnes et 1 convertible 2 personnes, lit bébé, salle d'eau, wc. Chauffage bois et électrique. Petite terrasse, salon de jardin, jeux enfants. Ouvert toute l'année.

Josiane et Manuel STEINLE - 31 lieu Basse-Baroche - 68910 LABAROCHE
Tél. : 03 89 78 92 18 - Email : steinle@wanadoo.fr - http://steinle.free.fr/

| BASSE SAIS. | HTE SAIS. | HORS SAIS. | VAC. SCOL. | WEEK-END |
|---|---|---|---|---|
| 190 | 235 | 190 | 235 | 78 |

| | | | | | | | |
|---|---|---|---|---|---|---|---|
| 10 | 10 | 10 | 6 | 3 | SP | 5 | 3 | 17 | 3 |

## N° 5787 — LIEBSDORF — CM 87 pli 19

**3 pers.**

Gîte rural aménagé au rez-de-chaussée d'une maison indépendante, 2ème gîte à l'étage. Cuisine, séjour, salon (convertible 2 personnes), salle d'eau, wc, 1 chambre (1 lit de 2 personnes, 1 lit 1 personne). Equipement bébé. Chauffage électrique. Cour, espace vert. Terrasse. Ouvert toute l'année.

Luc et Esther RICHARD - Le Liebenstein - 68480 LIEBSDORF
Tél. : 03 89 08 10 99 - Email : liebenstein@free.fr - http://liebenstein.free.fr

| BASSE SAIS. | HTE SAIS. | HORS SAIS. | VAC. SCOL. | WEEK-END |
|---|---|---|---|---|
| 220 | 290 | 200 | 290 | 120 |

| | | | | | | | |
|---|---|---|---|---|---|---|---|
| 8 | 8 | 8 | 1 | 3 | 8 | 3 | 5 | 20 | 1 |

## N° 5788 — LIEBSDORF — Liebenstein — 550 m — CM 87 pli 19

**8 pers.**

Gîte rural aménagé au 1er étage d'une maison indépendante, 2ème gîte au rez-de-chaussée. Au 1er, cuisine, séjour, salon (convertible 2 personnes), salle d'eau, wc indépendant, au 2 ème, 3 chambres (6 lits de 1 personne), wc. Espace jeux convertible 2 personnes. Equipement bébé. Chauffage électrique. Cour, espace vert. Ouvert toute l'année.

Luc et Esther RICHARD - Le Liebenstein - 68480 LIEBSDORF
Tél. : 03 89 08 10 99 - Email : liebenstein@free.fr - http://liebenstein.free.fr

| BASSE SAIS. | HTE SAIS. | HORS SAIS. | VAC. SCOL. | WEEK-END |
|---|---|---|---|---|
| 450 | 510 | 400 | 510 | 220 |

| | | | | | | | |
|---|---|---|---|---|---|---|---|
| 8 | 8 | 8 | 1 | 3 | 8 | 3 | 5 | 20 | 1 |

## N° 4854 — LOGELHEIM — CM 87 pli 17

**NN — 2 pers.**

Beau gîte indépendant à 10 km de Colmar, à côté de l'habitation du propriétaire. Accès par la tour, au rez de chaussée buanderie, à l'étage mezzanine aménagée (2 lits superposés 190 x 80). Dans le gîte, cuisine équipée en séjour, une salle d'eau, une chambre ( 1 lit 2 personnes). Chauffage électrique, espace vert privatif, parking privatif. Ouvert toute l'année.

Jean-Maurice HAEN - 16A rue d'Appenwihr - 68520 LOGELHEIM
Tél. : 03 89 22 08 90 - Email : haen.j-maurice@calixo.net - www.homelidays.com/location3164

| BASSE SAIS. | HTE SAIS. | HORS SAIS. | VAC. SCOL. |
|---|---|---|---|
| 260 | 310 | 260 | 260 |

| | | | | | | |
|---|---|---|---|---|---|---|
| 10 | 10 | 10 | 6 | 20 | 30 | 10 | 3 |

# HAUT RHIN - 68

*Périodes tarifaires p. 24*

## N° 1910  METZERAL
**NN** — 7 pers. — 500 m — CM 87 pli 17

Gîte dans une maison indépendante. 4 chambres (2 lits 2 personnes et 3 lits 1 personne), cuisine, salon-séjour, 2 wc, 2 salles d'eau. Jardin privatif, garage, parking, pré. Tarifs dégressifs pour 2-3 personnes. Cour fermée. Ouvert toute l'année.

Marthe ZINGLE - 4 rue Altenhof - 68380 METZERAL
Tél : 03 89 77 60 93 - Fax : 03 89 77 60 93

| BASSE SAIS. | HTE SAIS. | HORS SAIS. | VAC. SCOL. |
|---|---|---|---|
| 250 | 305 | 295 | 305 |

| | | | | | | | | | |
|---|---|---|---|---|---|---|---|---|---|
| 6 | 6 | SP | SP | 6 | 25 | SP | 0,2 | SP | |

## N° 1916  MITTLACH
**NN** — 4 pers. — 550 m — CM 87 pli 18

Gîte neuf dans une maison mitoyenne situé dans un petit village. Au rez-de-chaussée, cuisine équipée, salon indépendant, wc. A l'étage, 2 chambres (1 lit de 2 personnes, 2 lits 1 personne), une salle d'eau. Départ pour les randonnées, espace vert, parking, potager. Ouvert toute l'année.

Jean-Pierre ACKERMANN - 4 rue du Schlatt - 68140 GRIESBACH-AU-VAL
Tél : 03 89 77 25 21

| BASSE SAIS. | HTE SAIS. | HORS SAIS. | VAC. SCOL. | WEEK-END |
|---|---|---|---|---|
| 380 | 426 | 380 | 426 | 120 |

| 12 | 12 | 6 | 4 | 10 | SP | 30 | SP | 5 | SP |
|---|---|---|---|---|---|---|---|---|---|

## N° 4853  OBERHERGHEIM
**NN** — 4 pers. — CM 87 pli 18

A l'étage d'une maison mitoyenne à celle du propriétaire. Cuisine équipée /séjour (micro-ondes), salle d'eau, wc, 2 chambres (2 lits de 2 personnes). Jardin, cour, parking privatif, garage sur demande. Ouvert toute l'année.

Max ARCAMONE - 4 rue de Rouffach - 68127 OBERHERGHEIM
Tél : 03 89 49 42 20

| HTE SAIS. | HORS SAIS. | WEEK-END |
|---|---|---|
| 280 | 260 | 95 |

| 12 | 12 | SP | SP | 7 | SP | 4 | 35 | 7 | 6 |
|---|---|---|---|---|---|---|---|---|---|

## N° 2799  ODEREN
**NN** — 4 pers. — CM 87 pli 17

Gîte à l'étage de la maison du propriétaire, 2 chambres (2 lits 2 personnes), coin-cuisine, salon, salle à manger, salle d'eau, WC. Jardin, cour. Piste cyclable à proximité. Ouvert toute l'année.

Paul MARRER - 17 rue Saint-Nicolas - 68830 ODEREN
Tél : 03 89 82 62 16

| BASSE SAIS. | HTE SAIS. | HORS SAIS. | VAC. SCOL. |
|---|---|---|---|
| 275 | 305 | 305 | 305 |

| 3 | 3 | 3 | 1 | SP | 7 | 0,2 | 0,3 |
|---|---|---|---|---|---|---|---|

## N° 1145  ORBEY
**NN** — 4 pers. — 500 m — CM 87 pli 17

Gîte dans la maison du propriétaire, en étage. 2 chambres (2 lits 2 personnes et 1 lit enfant), cuisine, séjour, prise TV, salle d'eau, wc. Jardin cour, parking. Ouvert toute l'année.

Martine MARCHAND - 33 rue du Général Dufieux - 68650 LAPOUTROIE
Tél : 03 89 47 59 65 - Email : MARTINE-MARCHAND@wanadoo.fr - http://www.gite-marchand.com

| BASSE SAIS. | HTE SAIS. | HORS SAIS. | VAC. SCOL. | WEEK-END |
|---|---|---|---|---|
| 250 | 270 | 240 | 250 | 95 |

| 8 | 8 | 1 | 7 | 5 | SP | 14 | 7 | 22 | 0,4 |
|---|---|---|---|---|---|---|---|---|---|

## N° 1826  ORBEY
**NN** — 4 pers. — 500 m — CM 87 pli 17

Maison comprenant 2 gîtes. En étage, cuisine à l'américaine ouverte sur le séjour, prise TV. 2 chambres (1 lit 2 personnes et 2 lits 1 personne), salle d'eau, wc. Cour,parking. Ouvert toute l'année.

Martine MARCHAND - 33 rue du Général Dufieux - 68650 LAPOUTROIE
Tél : 03 89 47 59 65 - Email : MARTINE-MARCHAND@wanadoo.fr - http://www.gite-marchand.com

| BASSE SAIS. | HTE SAIS. | HORS SAIS. | VAC. SCOL. | WEEK-END |
|---|---|---|---|---|
| 250 | 270 | 240 | 250 | 95 |

| 8 | 8 | 1 | 7 | 5 | SP | 14 | 7 | 22 | 0,4 |
|---|---|---|---|---|---|---|---|---|---|

ALSACE-LORRAINE

*Pictos voir p. 12*

# HAUT RHIN - 68

*Périodes tarifaires p. 24*

ALSACE-LORRAINE
Pictos voir p. 12

## N° 1904 ORBEY — Noirupt — 650 m — CM 87 pli 17

NN — 5 pers.

Gîte au rez-de-chaussée de la maison du propriétaire. Coin-cuisine, séjour, canapé, salon. 2 chambres (2 lits 2 personnes, 2 lits de 1 personne), salle d'eau. Espace extérieur, parking, terrain non clos, salon de jardin, barbecue. Ouvert toute l'année.

Betty MANSUY - 312 Noirupt - 68370 ORBEY
Tél. : 03 89 71 30 14 - Email : Betty@noirupt.com - www.noirupt.com

| BASSE SAIS. | HTE SAIS. | HORS SAIS. | VAC. SCOL. | W.-E. DETENTE |
|---|---|---|---|---|
| 325 | 375 | 325 | 375 | 170 |

| | | | | | | | | | |
|---|---|---|---|---|---|---|---|---|---|
| 8 | 8 | 5 | SP | 0,5 | SP | 20 | 8 | 30 | 3 |

## N° 1909 ORBEY — 600 m — CM 87 pli 17

NN — 8 pers.

Maison indépendante comprenant un cuisine équipée, deux salles d'eau/bains, un salon salle à manger, 4 chambres (4 lits 2 personnes). Terrain non clos, parking, barbecue, salon de jardin. Ouvert toute l'année.

Bernard ANCEL - 82 rue Charles de Gaulle - 68370 ORBEY
Tél. : 03 89 71 21 06

| BASSE SAIS. | HTE SAIS. | HORS SAIS. | VAC. SCOL. |
|---|---|---|---|
| 400 | 470 | 410 | 425 |

| | | | | | | | | |
|---|---|---|---|---|---|---|---|---|
| 10 | 10 | 1 | 3 | SP | 10 | SP | 20 | 2 |

## N° 3881 ORSCHWIHR — CM 87 pli 17

NN — 3 pers.

Deux gîtes à l'étage dans une maison mitoyenne à celle du propriétaire viticulteur. 1 chambre (1 lit 2 personnes, 1 lit 1 personne), cuisine, salon (1 canapé lit 2 personnes), salle d'eau. Cour commune close, jardin, parking. Visites et dégustation de vins. Ouvert toute l'année.

Michel FUGLER - 8 rue de l'Eglise - 68500 ORSCHWIHR
Tél. : 03 89 74 24 09 - Fax : 03 89 74 61 09

| BASSE SAIS. | HTE SAIS. | HORS SAIS. | VAC. SCOL. | WEEK-END |
|---|---|---|---|---|
| 300 | 310 | 350 | 295 | 95 |

| | | | | | | | | | |
|---|---|---|---|---|---|---|---|---|---|
| 6 | 6 | 10 | 20 | 6 | SP | 12 | 30 | 20 | SP |

## N° 3882 ORSCHWIHR — CM 87 pli 17

NN — 2 pers.

Deux gîtes à l'étage dans une maison mitoyenne à celle du propriétaire viticulteur. 1 chambre (1 lit 2 personnes) et 1 clic-clac, cuisine, salle d'eau. Cour commune close, jardin, parking. Ouvert toute l'année.

SERVICE LOISIRS ACCUEIL HAUT-RHIN - 1, rue de Schlumberger - BP 371 - 68007 COLMAR Cedex
Tél. : 03 89 20 10 62 - 03 89 20 10 60 - Fax : 03 89 23 33 91 - Email : gitesdefrance@tourisme68.asso.fr

| BASSE SAIS. | HTE SAIS. | HORS SAIS. | VAC. SCOL. | WEEK-END |
|---|---|---|---|---|
| 280 | 290 | 330 | 275 | 95 |

| | | | | | | | | | |
|---|---|---|---|---|---|---|---|---|---|
| 6 | 6 | 10 | 20 | 6 | SP | 12 | 30 | 20 | SP |

## N° 3883 ORSCHWIHR — CM 87 pli 17

NN — 4 pers.

Deux gîtes à l'étage dans une maison mitoyenne à celle du propriétaire viticulteur. 2 chambres (1 lit 2 personnes et 2 lits de 1 personne), cuisine équipée, salon séjour, salle de bains, balcon, climatisation. Cour commune close, jardin, parking. Dégustation et visite du domaine, sentier viticole sur place. Ouvert toute l'année.

Christophe BRAUN - 1 rue du Général de Gaulle - 68500 ORSCHWIHR
Tél. : 03 89 76 18 24 - Fax : 03 89 74 35 03 - Email : cbraun@terre-net.fr - www.camille-braun.com

| BASSE SAIS. | HTE SAIS. | HORS SAIS. | VAC. SCOL. | WEEK-END |
|---|---|---|---|---|
| 340 | 375 | 270 | 340 | 110 |

| | | | | | | | | | |
|---|---|---|---|---|---|---|---|---|---|
| 5 | 5 | SP | 6 | 6 | SP | 10 | 30 | 25 | SP |

## N° 3884 ORSCHWIHR — CM 87 pli 17

NN — 4 pers.

Deux gîtes à l'étage dans une maison mitoyenne à celle du propriétaire viticulteur. 2 chambres (1 lit 2 personnes et 2 lits de 1 personne) dont une ouverte sur le séjour, cuisine équipée, salon séjour, salle de bains, climatisation. Cour commune close, jardin, parking. Dégustation et visite de cave, sentier viticole sur place. Ouvert toute l'année.

Christophe BRAUN - 1 rue du Général de Gaulle - 68500 ORSCHWIHR
Tél. : 03 89 76 18 24 - Fax : 03 89 74 35 03 - Email : cbraun@terre-net.fr - www.camille-braun.com

| BASSE SAIS. | HTE SAIS. | HORS SAIS. | VAC. SCOL. | WEEK-END |
|---|---|---|---|---|
| 300 | 350 | 250 | 300 | 100 |

| | | | | | | | | | |
|---|---|---|---|---|---|---|---|---|---|
| 5 | 5 | SP | 6 | 6 | SP | 10 | 30 | 25 | SP |

# HAUT RHIN - 68

*Périodes tarifaires p. 24*

## N° 2800 — RANSPACH

**NN  6 pers.**

Chalet indépendant à proximité de la maison du propriétaire. Entrée indépendante, rez-de-chaussée avec balcon, cuisine équipée, séjour, salle d'eau et wc, 1 chambre (2 lits de 1 personne). A l'étage 2 chambres (1 lit de 2 personnes avec balcon et 2 lits de 1 personne). Espaces verts, piscine privée, jeux de boules, salon de jardin, parking. Ouvert toute l'année.

Gabriel SIMON - 37b rue Creuse - 68470 RANSPACH
Tél. : 03 89 38 22 27 - Email : simongabriel@wanadoo.fr - www.rose-des-pres.com

| BASSE SAIS. | HTE SAIS. | HORS SAIS. | VAC. SCOL. |
|---|---|---|---|
| 395 | 485 | 395 | 450 |

| | | | | | | | | | |
|---|---|---|---|---|---|---|---|---|---|
| 2 | 2 | 2 | 1 | 2 | SP | 30 | 1 | 1 | 1 |

CM 87 pli 18

## N° 2802 — RODEREN

**NN  5 pers.**

Maison indépendante à proximité de la maison du propriétaire, comprenant 2 gîtes à l'étage. Séjour coin cuisine, salle d'eau et wc indépendant, 1 chambre (1 lit 2 personnes). Au second 1 chambre (3 lits de 1 personnes). Entrée commune au res-de-chaussée. Cour, situé à 4 km de la Route des Vins. Ouvert toute l'année.

SERVICE LOISIRS ACCUEIL HAUT-RHIN - 1, rue de Schlumberger - BP 371 - 68007 COLMAR Cedex
Tél. : 03 89 20 10 62 - 03 89 20 10 60 - Fax : 03 89 23 33 91 - Email : gitesdefrance68@tourisme68.asso.fr

| BASSE SAIS. | HTE SAIS. | HORS SAIS. | VAC. SCOL. | WEEK-END |
|---|---|---|---|---|
| 260 | 305 | 260 | 305 | 110 |

| | | | | | | | | |
|---|---|---|---|---|---|---|---|---|
| 4 | 4 | 4 | SP | 8 | SP | 13 | 25 | 4 | SP |

CM 87 pli 18

## N° 2803 — RODEREN

**NN  5 pers.**

Maison indépendante, à proximité de la maison du propriétaire, comprenant 2 gîtes en étage. Séjour, cuisine séparée, salle d'eau, wc indépendant, 1 chambre (1 lit de 2 personnes). Au second, 1 chambre (3 lits de 1 personnes). Entrée commune au rez-de-chaussée. Cour, situé à 4 km de la Route des Vins. Ouvert toute l'année.

Martine et Marcel JENN - 65 rue du Ruisseau - 68800 RODEREN
Tél. : 03 89 37 96 97 - Email : gitesroderen@hotmail.com - www.gites-roderen.fr.st

| BASSE SAIS. | HTE SAIS. | HORS SAIS. | VAC. SCOL. | WEEK-END |
|---|---|---|---|---|
| 260 | 305 | 260 | 305 | 110 |

| | | | | | | | | |
|---|---|---|---|---|---|---|---|---|
| 4 | 4 | 4 | SP | 8 | SP | 13 | 25 | 4 | SP |

CM 87 pli 18

## N° 2796 — SENTHEIM

**NN  4 pers.**

Gîte neuf dans une maison indépendante. Cuisine équipée (four catalyse, micro-ondes), salon-séjour (convertible 2 personnes), salle d'eau, wc. 2 chambres (2 lits 2 personnes), chauffage électrique. Terrasse fermée, cour, parking. Ouvert toute l'année.

Jean-Luc BERNIGAUD - 15 rue des Vignes - 68780 SENTHEIM
Tél. : 03 89 82 58 91 - 03 89 82 53 96 - Fax : 03 89 82 89 59 - Email : jean-luc.bernigaud@laposte.net - http://perso.wanadoo.fr/gite.bernigaud.ballonalsace/

| BASSE SAIS. | HTE SAIS. | HORS SAIS. | VAC. SCOL. | WEEK-END |
|---|---|---|---|---|
| 260 | 290 | 230 | 260 | 110 |

| | | | | | | | | |
|---|---|---|---|---|---|---|---|---|
| 5 | 5 | SP | SP | 15 | SP | 8 | 27 | 22 | SP |

CM 87 pli 17

## N° 3889 — SIGOLSHEIM

**NN  4 pers.**

Gîte neuf dans la maison mitoyenne du propriétaire, sur exploitation viticole. Au 2ème étage, cuisine équipée, salle de séjour avec salon, 2 chambres (1 lit 2 personnes et 2 lits 1 personne), salle d'eau. Terrasse privative, parking, cour. Ouvert toute l'année.

Claudine et Alain KUEHN - 29 rue de Bennwihr - 68240 SIGOLSHEIM
Tél. : 03 89 47 32 82 - Fax : 03 89 47 32 82

| BASSE SAIS. | HTE SAIS. | HORS SAIS. | VAC. SCOL. |
|---|---|---|---|
| 310 | 320 | 310 | 310 |

| | | | | | | | | |
|---|---|---|---|---|---|---|---|---|
| 5 | 5 | 3 | 5 | 5 | SP | 3 | 20 | 10 | SP |

CM 87 pli 17

## N° 1898 — SONDERNACH

**NN  5 pers.**  800 m

Gîte traditionnel dans un chalet comportant un deuxième gîte, cuisine équipée, salle d'eau, 2 chambres (1 lit 2 personnes et 2 lits de 1 personne et 1 lit d'appoint), wc, poêle à bois. Dépendance pour les vélos, ski. Espace vert, vue exceptionnelle, proche de la station de ski, départ de nombreuses randonnées. Salon de jardin, barbecue. Location des 2 gîtes possible. Ouvert toute l'année.

SERVICE LOISIRS ACCUEIL HAUT-RHIN - 1, rue de Schlumberger - BP 371 - 68007 COLMAR Cedex
Tél. : 03 89 20 10 62 - 03 89 20 10 60 - Fax : 03 89 23 33 91 - Email : gitesdefrance68@tourisme68.asso.fr

| BASSE SAIS. | HTE SAIS. | HORS SAIS. | VAC. SCOL. |
|---|---|---|---|
| 430 | 460 | 430 | 450 |

| | | | | | | | | |
|---|---|---|---|---|---|---|---|---|
| 12 | 12 | 6 | 4 | 10 | SP | 30 | SP | 5 | 5 |

CM 87 pli 18

*ALSACE-LORRAINE*

*Pictos voir p. 12*

# HAUT RHIN - 68

Périodes tarifaires p. 24

## ALSACE-LORRAINE

### N° 1899 SONDERNACH — 800 m — CM 87 pli 18

NN — 5 pers.

Gîte traditionnel dans un chalet comportant un deuxième gîte, cuisine équipée, salle d'eau, 2 chambres (1 lit 2 personnes et 2 lits de 1 personne et 1 lit en mezzanine, lit bébé), wc indépendant. Poêle à bois. Grande dépendance pour les skis, vélos. Espace vert, vue exceptionnelle, proche de la station de ski, départ de nombreuses randonnées. Salon de jardin, barbecue. Location des 2 gîtes possible. Ouvert toute l'année.

SERVICE LOISIRS ACCUEIL HAUT-RHIN - 1, rue de Schlumberger - BP 371 - 68007 COLMAR Cedex
Tél. : 03 89 20 10 62 - 03 89 20 10 60 - Fax : 03 89 23 33 91 - Email : gitesdefrance68@tourisme68.asso.fr

| BASSE SAIS. | HTE SAIS. | HORS SAIS. | VAC. SCOL. |
|---|---|---|---|
| 430 | 460 | 430 | 450 |

| | | | | | | | | | |
|---|---|---|---|---|---|---|---|---|---|
| 12 | 12 | 6 | 4 | 10 | SP | 30 | SP | 5 | 5 |

### N° 1917 SONDERNACH — 700 m — CM 87 pli 18

NN — 6 pers.

Grand gîte dans une maison mitoyenne à celle du propriétaire. Rez-de-chaussée, cuisine indépendante, séjour, 1 chambre (1 lit de 2 personnes), wc. A l'étage, 2 chambres (1 lit 2 personnes et 2 lits 1 personne), salle de bains. Espace extérieur, cour. Proche de la station de ski du Schnepfenried. Ouvert toute l'année.

Raymond FELLER - 21 rue Principale - 68380 SONDERNACH
Tél. : 03 89 77 63 75

| BASSE SAIS. | HTE SAIS. | HORS SAIS. | VAC. SCOL. | WEEK-END |
|---|---|---|---|---|
| 380 | 460 | 380 | 420 | 120 |

| | | | | | | | | | |
|---|---|---|---|---|---|---|---|---|---|
| 7 | 7 | 1,5 | 0,5 | 2 | 7 | 20 | SP | 2 | SP |

### N° 1906 SOULTZEREN — Eichwaeldlé — 700 m — CM 87 pli 17

NN — 6 pers.

Chalet neuf indépendant à proximité de 2 autres chalets. 3 chambres (4 lits 1 personne, 1 lit 2 personnes, lit bébé), grand séjour avec mezzanine (clic-clac), coin-cuisine, salle d'eau. Chauffage électrique et poêle à bois. Grand balcon, jardin, salon de jardin, cour, parking privatif, terrain de pétanque, départ pour la randonnée. Vue panoramique, sentier de randonnée (GR 531), possibilité de restauration. Ouvert toute l'année.

Patrick ONIMUS - Route de la Schlucht - Eichwaeldlé - 68140 SOULTZEREN
Tél. : 03 89 77 31 87 - Fax : 03 89 77 06 34 - Email : direction@hotel-restaurant-bellevue.fr - www.locations-chalets.com

| BASSE SAIS. | HTE SAIS. | HORS SAIS. | VAC. SCOL. |
|---|---|---|---|
| 580 | 686 | 473 | 686 |

| | | | | | | | | | |
|---|---|---|---|---|---|---|---|---|---|
| 8 | 8 | 6 | 2 | 10 | SP | 25 | 7 | 8 | SP |

### N° 1907 SOULTZEREN — Eichwaeldlé — 700 m — CM 87 pli 17

NN — 5 pers.

Chalet neuf indépendant à proximité de 2 autres chalets. 1 chambre et grande mezzanine (3 lits 1 personne, 1 lit 2 personnes), séjour, coin-cuisine, salle d'eau. Chauffage électrique et poêle à bois. Espace privatif, jardin, salon de jardin, cour, parking privatif, terrain de pétanque, départ pour la randonnée GR531. Possibilité de restauration. Vue panoramique. Ouvert toute l'année.

Patrick ONIMUS - Route de la Schlucht - Eichwaeldlé - 68140 SOULTZEREN
Tél. : 03 89 77 31 87 - Fax : 03 89 77 06 34 - Email : direction@hotel-restaurant-bellevue.fr - www.locations-chalets.com

| BASSE SAIS. | HTE SAIS. | HORS SAIS. | VAC. SCOL. |
|---|---|---|---|
| 397 | 458 | 336 | 458 |

| | | | | | | | | | |
|---|---|---|---|---|---|---|---|---|---|
| 8 | 8 | 6 | 2 | 10 | SP | 25 | 7 | 8 | SP |

### N° 1908 SOULTZEREN — Eichwaeldlé — 700 m — CM 87 pli 17

NN — 5 pers.

Chalet neuf indépendant à proximité de 2 autres chalets. 1 chambre et grande mezzanine (3 lits 1 personne, 1 lit 2 personnes) séjour, coin-cuisine, salle d'eau. Chauffage électrique et poêle à bois. Espace privatif, jardin, salon de jardin, cour, parking privatif, terrain de pétanque, départ pour la randonnée GR 531. Possibilité de restauration. Vue panoramique. Ouvert toute l'année.

Patrick ONIMUS - Route de la Schlucht - Eichwaeldlé - 68140 SOULTZEREN
Tél. : 03 89 77 31 87 - Fax : 03 89 77 06 34 - Email : direction@hotel-restaurant-bellevue.fr - www.locations-chalets.com

| BASSE SAIS. | HTE SAIS. | HORS SAIS. | VAC. SCOL. |
|---|---|---|---|
| 397 | 458 | 336 | 458 |

| | | | | | | | | | |
|---|---|---|---|---|---|---|---|---|---|
| 8 | 8 | 6 | 2 | 10 | SP | 25 | 7 | 8 | SP |

### N° 1914 SOULTZEREN — 600 m — CM 87 pli 17

NN — 2 pers.

Grand gîte indépendant au rez-de-chaussée de la maison du propriétaire. Cuisine équipée, salon et salle à manger (possibilité de couchage pour 2 personnes), salle d'eau, wc, 1 chambre (2 lits jumeaux 1 personne). Draps fournis. Espace et environnement extérieur remarquable. Départ pour les randonnées, prairies, forêts. Ouvert toute l'année.

Jean-Claude RAMPONI - 31 chemin du Butcheren - 68140 SOULTZEREN
Tél. : 03 89 77 38 06 - Email : micheleramponi@hotmail.com

| BASSE SAIS. | HTE SAIS. | HORS SAIS. | VAC. SCOL. |
|---|---|---|---|
| 315 | 350 | 315 | 350 |

| | | | | | | | |
|---|---|---|---|---|---|---|---|
| 6 | 6 | 6 | SP | 5 | 6 | 4 | 0,5 |

# HAUT RHIN - 68

Périodes tarifaires p. 24

**ALSACE-LORRAINE**

Pictos voir p. 12

---

### N° 4856 — STE-CROIX-EN-PLAINE
CM 87 pli 17

| EC | NN | 6 pers. | | | | | |

Gîte dans la maison mitoyenne, entrée indépendante, duplex. 3 chambres (2 lits 2 personnes, 2 lits 1 personne), séjour, coin-cuisine, salle d'eau. Equipement bébé. Draps et forfait ménage sur demande. Cour. Autres logements dans le bâtiment. Ouvert toute l'année.

Tisano SQUIZZATO - 8 rue de Neuf-Brisach - 68127 STE-CROIX-EN-PLAINE
Tél. : 03 89 22 00 42 - Fax : 03 89 22 00 42

| BASSE SAIS. | HTE SAIS. | HORS SAIS. | VAC. SCOL. |
|---|---|---|---|
| 275 | 320 | 275 | 320 |

| | | | | | | | | |
|---|---|---|---|---|---|---|---|---|
| 10 | 10 | SP | SP | SP | 15 | 15 | 10 | SP |

---

### N° 1912 — STE-MARIE-AUX-MINES
560 m — CM 87 pli 16

| | NN | 12 pers. | | | | | |

Gîte dans un château surplombant le village. Rez-de-chaussée, 2 chambres (2 lits de 2 pers.), cuisine, 2 wc, 2 salles d'eau, 2 salons, une salle à manger, une véranda. Au 2 étage, 4 chambres (3 lits de 2 pers. 2 lits de 1 pers.) salle d'eau et wc indépendant. Terrasse extérieure, salle de détente, sauna, douches. Possibilité de louer le rez-de-chaussée pour 4 pers. Salon de jardin, barbecue, table de ping-pong. Ouvert toute l'année.

Fabienne WENGER - Château de la Croix de Mission - 68160 STE-MARIE-AUX-MINES
Tél. : 03 89 58 62 43 - 06 89 60 06 36

| BASSE SAIS. | HTE SAIS. | HORS SAIS. | VAC. SCOL. | WEEK-END |
|---|---|---|---|---|
| 770 | 880 | 770 | 880 | 445 |

| | | | | | | |
|---|---|---|---|---|---|---|
| 2 | 2 | 5 | SP | 20 | 18 | 20 | 2 |

---

### N° 1913 — STOSSWIHR
CM 87 pli 17

| | NN | 4 pers. | |  | | | |

Belle maison indépendante du type chalet. 2 chambres (2 lits 1 personne, 1 lit de 2 personnes, 1 lit enfant), cuisine équipée, salon, salle de bains. Espace jeux extérieur, grande pelouse, abri couvert, balcon. Ouvert toute l'année.

Jean-Claude RAMPONI - 31 chemin du Butcheren - 68140 SOULTZEREN
Tél. : 03 89 77 38 06 - Email : micheleramponi@hotmail.com

| BASSE SAIS. | HTE SAIS. | HORS SAIS. | VAC. SCOL. |
|---|---|---|---|
| 315 | 350 | 315 | 350 |

| | | | | | | | | |
|---|---|---|---|---|---|---|---|---|
| 3 | 3 | SP | SP | 5 | SP | SP | 3 | 3 |

---

### N° 1915 — STOSSWIHR — Ampfersbach
CM 87 pli 17

| | NN | 7 pers. | | |  | | |

Grande maison indépendante, accessible aux personnes handicapées. Rez-de-chaussée grand salon/séjour, cuisine équipée, salle d'eau, 1 chambre (1 lit de 2 personnes). A l'étage, 2 chambres (3 lits de 1 personne, 1 lit de 2 personnes, 1 lit bébé), salle de bains, wc. Chauffage central au sol. Abri voiture, buanderie, terrain avec jardin. Ouvert toute l'année.

SERVICE LOISIRS ACCUEIL HAUT-RHIN - 1, rue de Schlumberger - BP 371 - 68007 COLMAR Cedex
Tél. : 03 89 20 10 62 - 03 89 20 10 60 - Fax : 03 89 23 33 91 - Email : gitesdefrance@tourisme68.asso.fr

| BASSE SAIS. | HTE SAIS. | HORS SAIS. | VAC. SCOL. | WEEK-END | W.-E. DETENTE |
|---|---|---|---|---|---|
| 460 | 575 | 403 | 575 | 200 | 300 |

| | | | | | | | |
|---|---|---|---|---|---|---|---|
| 3 | 3 | SP | SP | 5 | SP | 15 | 8 | 3 | 3 |

---

### N° 2801 — THANN
CM 87 pli 18

| | NN | 4 pers. |  | |  | | |

Gîte à l'étage de la maison du propriétaire. 2 chambres (1 lit 2 personnes, 2 lits 1 personne), salle de séjour et salon, cuisine, salle de bains, wc indépendant. Cour fleurie, espace extérieur, emplacement de parking. Ouvert toute l'année.

Martine KIENY - 128 rue Kléber - 68800 THANN
Tél. : 03 89 37 26 04

| BASSE SAIS. | HTE SAIS. | HORS SAIS. | VAC. SCOL. | WEEK-END |
|---|---|---|---|---|
| 290 | 330 | 290 | 310 | 84 |

| | | | | | | | |
|---|---|---|---|---|---|---|---|
| 1 | 1 | SP | 5 | SP | 15 | 20 | 1 | 1 |

---

### N° 3890 — VOEGTLINSHOFFEN
CM 87 pli 18

| | NN | 6 pers. | |  | |  | |

Maison neuve indépendante à proximité de celle du propriétaire, vue sur la plaine d'Alsace. 3 chambres (2 lits 2 personnes et 2 lits 1 personne), séjour coin cuisine, salle d'eau, chauffage électrique, lit bébé sur demande. Cour, terrasse. Ouvert toute l'année.

Daniel FUCHS - 11 rue des Vignes - 68420 VOEGTLINSHOFFEN
Tél. : 03 89 86 45 22 - Email : fucdan@aol.com

| BASSE SAIS. | HTE SAIS. | HORS SAIS. | VAC. SCOL. | WEEK-END |
|---|---|---|---|---|
| 380 | 430 | 320 | 360 | 130 |

| | | | | | | | | |
|---|---|---|---|---|---|---|---|---|
| 10 | 10 | SP | 10 | SP | 15 | 40 | 10 | SP |

# HAUT RHIN - 68

Périodes tarifaires p. 24

## ALSACE-LORRAINE

### N° 1919 WALBACH
CM 87 pli 17

NN    5 pers.

Gîte a l'étage de la maison du propriétaire, vue sur le massif des Vosges. Cuisine, petit séjour, 3 grandes chambres (3 lits de 2 personnes), salle d'eau, wc. De nombreuses plantes vertes. Grand jardin, parc arboré, salon de jardin, barbecue, garage. Petits animaux acceptés. Ouvert toute l'année.

SERVICE LOISIRS ACCUEIL HAUT-RHIN - 1, rue de Schlumberger - BP 371 - 68007 COLMAR Cedex
Tél. : 03 89 20 10 62 - 03 89 20 10 60 - Fax : 03 89 23 33 91 - Email : gitesdefrance68@tourisme68.asso.fr

| BASSE SAIS. | HTE SAIS. | HORS SAIS. | VAC. SCOL. |
|---|---|---|---|
| 299 | 333 | 299 | 333 |

| | | | | | | | | | | |
|---|---|---|---|---|---|---|---|---|---|---|
| 5 | 12 | 1 | 1 | 1 | SP | 6 | 9 | 1 | 1 | |

### N° 5789 WALHEIM
CM 87 pli 19

NN    4 pers.

Maison indépendante dans le village. A l'étage, 2 chambres (2 lits 1 personne, 1 lit de 2 personnes), au rez-de-chaussée, cuisine, salon séjour, salle d'eau. Jardin, terrain clos, petit espace vert, garage, route à proximité. Ouvert toute l'année.

Marie-Reine MANGIN - 5 rue des Vergers - 68130 WALHEIM
Tél. : 03 89 40 26 13

| BASSE SAIS. | HTE SAIS. | HORS SAIS. | VAC. SCOL. | WEEK-END |
|---|---|---|---|---|
| 270 | 275 | 270 | 230 | 100 |

| | | | | | | | | |
|---|---|---|---|---|---|---|---|---|
| 2 | 2 | 2 | SP | 7 | SP | 11 | 40 | 2,6 | 2 |

### N° 4852 WOLFGANTZEN
CM 87 pli 9

NN    5 pers.

Beau gîte en maison indépendante rénovée en 2002. Au rez-de-chaussée, séjour coin cuisine équipée, TV parabole, petite chambre, débarras, petite cave. A l'étage, sur palier, coin lecture clic-clac, 2 chambres (2 lits de 2 personnes), 2 salles d'eau, sèche-linge. Parking privatif, cour fermée. De préférence non fumeurs. Ouvert toute l'année.

Valentin WITTMANN - 2 rue Robert Heitz - 67202 WOLFISHEIM
Tél. : 03 88 77 11 22 - 03 88 36 40 36 - Fax : 03 88 37 00 39 - Email : valentin.wittmann@mazars.fr

| BASSE SAIS. | HTE SAIS. | HORS SAIS. | VAC. SCOL. | WEEK-END |
|---|---|---|---|---|
| 495 | 550 | 478 | 500 | 200 |

| | | | | | | | | |
|---|---|---|---|---|---|---|---|---|
| 3 | 3 | SP | 1 | 3 | SP | 20 | 40 | 15 | 1 |

### N° 3885 ZELLENBERG
CM 87 pli 17

NN    2 pers.

Gîte indépendant à proximité de la maison du propriétaire. A l'étage petite cuisine équipée, salon (convertible 2 personnes), salle d'eau, wc. 1 chambre (1 lit 2 personnes), petit espace pour couchage. Jardin, salon de jardin, espace vert, barbecue, parking privatif. Ouvert toute l'année.

Jean-Paul CASPARD - 11 Hartweg - 68340 ZELLENBERG
Tél. : 03 89 47 92 40 - Fax : 03 89 47 94 48 - Email : antensat@wanadoo.fr

| BASSE SAIS. | HTE SAIS. | HORS SAIS. | VAC. SCOL. | WEEK-END |
|---|---|---|---|---|
| 275 | 335 | 275 | 275 | 80 |

| | | | | | | | | |
|---|---|---|---|---|---|---|---|---|
| 2 | 2 | 1 | 7 | 2 | SP | 15 | 12 | 3 | 3 |

## VOSGES - 88

**GITES DE FRANCE** - Service Réservation - 13, rue Aristide Briand
B.P. 405 - 88010 EPINAL Cédex - Tél. 03 29 35 50 34
Fax. 03 29 35 68 11 - E.mail : gites-88@wanadoo.fr
www.vosges-gites.com

### PERIODES TARIFAIRES

**TRÈS HAUTE-SAISON** : du 24.07 au 14.08. - **HAUTE-SAISON** : du 3.07 au 24.07, du 14.08 au 28.07. - **TRÈS BASSE-SAISON** : 3.01 au 7.02, du 6.03 au 3.04, du 2.10 au 18.12. - **BASSE-SAISON (PRINTEMPS/ÉTÉ)** : du 3.04 au 3.07, du 28.08 au 2.10. - **VACANCES HIVER** : du 7.02 au 6.03. - **FÊTES DE FIN D'ANNÉE** : du 18.12 au 1.01.05. - **WEEK-END** (classique 2 nuits) - **WEEK-END DE FÊTES** 2/3 nuits (mai, pentecôte, ascension ... et week-end de dernière minute pendant les vacances scolaires).

*ALSACE-LORRAINE*

---

### N° 11980  BAN-DE-LAVELINE    CM 62 pli 18

**NN   6 pers.**

Gérardmer 30 km. Saint-Dié 15 km. Maison style savoyard avec garage du propriétaire. R.d.c. et 1er étage : 3 chambres (1 lit 160 X 200, 2 lits 2 pers., 1 lit bébé). Salle à manger, coin-cuisine. Salon, TV couleur. Salle de bains. LL. MO. Chauffage central fuel. Terrain privatif. Barbecue. Charges comprises. Location draps (fournis pour lit 160 et lit bébé) et linge. Week-end fêtes : 170 €. Alim., médecin 500 m. Cette maison située à prox. de l'axe qui traverse le village, possède un style et une atmosphère personnalisés où le bois a acquis une grande place.
GITES DE FRANCE-SERVICE RESERVATION - 13 rue Aristide Briand - BP 405 - 88010 EPINAL Cedex
Tél. : 03 29 35 50 34 - Fax : 03 29 35 68 11 - Email : gites-88@wanadoo.fr - http://www.vosges-gites.com

| BASSE SAIS. | HTE SAIS. | TRES HTE SAIS. | TRES BAS. SAIS. | VAC. HIV. | NOEL/NOUV. AN | WEEK-END | | | | | | | | | | | | | |
|---|---|---|---|---|---|---|---|---|---|---|---|---|---|---|---|---|---|---|---|
| 280 | 400 | 480 | 300 | 460 | 460 | 120 | | 34 | 34 | 34 | 0,5 | 15 | 0,5 | 5 | 0,5 | 10 | 0,5 | | |

---

### N° 11973  LA BRESSE    780 m    CM 62 pli 17

**NN   8 pers.**

La Bresse 2,5 km. Ancienne ferme comportant un gîte et un logement. 1er et 2ème étages : 3 ch. (3 lits 2 pers., 2 lits 1 pers.). Séjour, coin-cuisine, TV couleur, cheminée (insert). 2 salles d'eau. 2 wc. LL. LV. MO. Ch. élect. Terrain. Barbecue. Ping-pong. Charges non comprises. Location draps et linge. Week-end fêtes : 300 €. Alim., médecin 2,5 km. Gîte neuf, spacieux et confortable idéal pour des vacances en famille ou entre amis. Vous pourrez consommer sans modération toutes les activités sportives de la région et goûter aux plaisirs de la glisse en hiver.
GITES DE FRANCE-SERVICE RESERVATION - 13 rue Aristide Briand - BP 405 - 88010 EPINAL Cedex
Tél. : 03 29 35 50 34 - Fax : 03 29 35 68 11 - Email : gites-88@wanadoo.fr - http://www.vosges-gites.com

| BASSE SAIS. | HTE SAIS. | TRES HTE SAIS. | TRES BAS. SAIS. | VAC. HIV. | NOEL/NOUV. AN | WEEK-END | | | | | | | | | | | | | |
|---|---|---|---|---|---|---|---|---|---|---|---|---|---|---|---|---|---|---|---|
| 320 | 500 | 500 | 320 | 500 | 500 | 200 | | 5 | 5 | 10 | 0,2 | 3 | 3 | 15 | 0,1 | 2,5 | 2,5 | | |

---

### N° 11974  CLEURIE    500 m    CM 62 pli 16/17

**NN   5 pers.**

Remiremont 10 km. Gérardmer 15 km. Chalet individuel. Rez-de-jardin, r.d.c., 1er étage : 3 chambres (2 lits 2 pers., 2 lits 1 pers., 1 lit bébé). Séjour, coin-cuisine, cheminée, TV couleur. Salle d'eau. LL. LV. Chauffage électrique. Balcon. Terrasse. Terrain. Barbecue. Charges comprises. Location draps et linge. Week-end fêtes : 220 €. Alimentation 1 km. Médecin 5 km. Avec une vue imprenable sur la vallée, venez séjourner dans ce chalet neuf, confortable et bien équipé implanté sur la petite commune de Cleurie et à quelques kilomètres de Gérardmer et des activités de pleine nature.
GITES DE FRANCE-SERVICE RESERVATION - 13 rue Aristide Briand - BP 405 - 88010 EPINAL Cedex
Tél. : 03 29 35 50 34 - Fax : 03 29 35 68 11 - Email : gites-88@wanadoo.fr - http://www.vosges-gites.com

| BASSE SAIS. | HTE SAIS. | TRES HTE SAIS. | TRES BAS. SAIS. | VAC. HIV. | NOEL/NOUV. AN | WEEK-END | | | | | | | | | | | | | |
|---|---|---|---|---|---|---|---|---|---|---|---|---|---|---|---|---|---|---|---|
| 350 | 490 | 510 | 300 | 450 | 530 | 180 | | 15 | 15 | 13 | 0,5 | 8 | 1 | 5 | 0,5 | 1 | 10 | 1 | |

---

### N° 11968  FRAIZE    610 m    CM 62 pli 18

**NN   2 pers.**

St-Dié 16 km. Gérardmer 24 km. Maison individuelle de style chalet comportant 2 gîtes pouvant être loués ensemble. Entrée indép. R.d.c. surélevé (seconde entrée plain-pied) : 1 chambre (1 lit 2 pers.). Séjour, coin-cuisine, cheminée, TV. S. d'eau. LL. LV. MO. Ch. élect. Terrasse. Terrain, barbecue communs. Charges comprises. Draps, linge fournis sur demande. Lit, chaise bébé sur demande. W.E fêtes : 110 €. Médecin 3 km. Sur les hauteurs de Fraize, gîte confortable, bien équipé dans une entrée indép. de plain-pied et un accès direct sur la terrasse.
GITES DE FRANCE-SERVICE RESERVATION - 13 rue Aristide Briand - BP 405 - 88010 EPINAL Cedex
Tél. : 03 29 35 50 34 - Fax : 03 29 35 68 11 - Email : gites-88@wanadoo.fr - http://www.vosges-gites.com

| BASSE SAIS. | HTE SAIS. | TRES HTE SAIS. | TRES BAS. SAIS. | VAC. HIV. | NOEL/NOUV. AN | WEEK-END | | | | | | | | | | | | | |
|---|---|---|---|---|---|---|---|---|---|---|---|---|---|---|---|---|---|---|---|
| 250 | 330 | 400 | 225 | 340 | 340 | 92 | | 14 | 14 | 24 | 3 | 16 | 3 | 16 | 3 | | | | |

---

### N° 12968  FRAIZE    610 m    CM 62 pli 18

**NN   4 pers.**

St-Dié 16 km. Gérardmer 24 km. Maison individuelle de style chalet comportant 2 gîtes. Entrée indép. 1er ét. et 1/2 niveau : 2 ch. (1 lit 2 pers., 2 lits 1 pers. superp.). Coin salon, séjour, coin-cuisine, cheminée, TV coul. S.d.b. LL. SL. LV. MO. Ch. élect. Garage. Balcon. Terrain, barbecue communs. Charges comprises. Draps et linge fournis sur demande. Lit et chaise bébé sur demande. W.E fêtes : 150 €. Médecin 3 km. Gîte très lumineux et bien agencé, avec une vue dominante depuis le balcon sur le village de Fraize et bénéficiant d'un grand terrain commun arboré et entouré d'une haie.
GITES DE FRANCE-SERVICE RESERVATION - 13 rue Aristide Briand - BP 405 - 88010 EPINAL Cedex
Tél. : 03 29 35 50 34 - Fax : 03 29 35 68 11 - Email : gites-88@wanadoo.fr - http://www.vosges-gites.com

| BASSE SAIS. | HTE SAIS. | TRES HTE SAIS. | TRES BAS. SAIS. | VAC. HIV. | NOEL/NOUV. AN | WEEK-END | | | | | | | | | | | | | |
|---|---|---|---|---|---|---|---|---|---|---|---|---|---|---|---|---|---|---|---|
| 280 | 370 | 420 | 255 | 400 | 400 | 130 | | 14 | 14 | 24 | 3 | 16 | 3 | 16 | 3 | | | | |

# VOSGES - 88

Périodes tarifaires p. 33

## ALSACE-LORRAINE

Pictos voir p. 12

### N° 11972 FRAPELLE — CM 62 pli 18

NN — 3 pers.

St-Dié 10 km. Gérardmer 35 km. Chalet individuel. R.d.c. surélevé et 1er étage : 2 chambres (1 lit 140 X 200, 2 lits 90 X 200, 1 lit bébé). Coin-cuisine, séjour, poêle, four à pizza, TV. Salle d'eau. LL. LV. MO. Chauffage électrique. Abri voiture. Balcon. Terrasse. Grand terrain. Barbecue. Charges non comprises. Draps et linge maison fournis. Loc. linge de toilette. Chaise bébé. Portable. W.E fêtes : 145 €. Médecin 2,5 km. Alliant la proximité du village et l'accès direct aux petits chemins de promenades, chalet aux couleurs atypiques avec un espace de vie agréable et lumineux.

GITES DE FRANCE-SERVICE RESERVATION – 13 rue Aristide Briand - BP 405 – 88010 EPINAL Cedex
Tél. : 03 29 35 50 34 - Fax : 03 29 35 68 11 - Email : gites-88@wanadoo.fr - http://vosges-gites.com

| BASSE SAIS. | HTE SAIS. | TRES HTE SAIS. | TRES BAS. SAIS. | VAC. HIV. | NOEL/ NOUV.AN | WEEK-END | | | | | | | | | | |
|---|---|---|---|---|---|---|---|---|---|---|---|---|---|---|---|---|
| 260 | 388 | 410 | 226 | 375 | 388 | 130 | 35 | 35 | 35 | 0,3 | 10 | 10 | 3 | 5 | 2,5 | 2,5 |

### N° 11967 FRESSE-SUR-MOSELLE — 600 m — CM 66 pli 8

NN — 6 pers.

Le Thillot 4 km. Gérardmer 30 km. Gîte mitoyen à la maison du propriétaire. Entrée indépendante de plain-pied. 1er et 2° étages : 2 chambres (2 lits 140 X 200, 2 lits 1 pers., 1 lit bébé). Cuisine. Salon. TV. Magnétoscope. Salle d'eau. LL. LV. Chauffage central fuel. Grand terrain non attenant. Barbecue. Charges comprises. Draps fournis. Location linge. Week-end fêtes : 155 €. Alim., médecin 1,5 km. En bordure d'une route de campagne, gîte atypique, à l'intérieur moderne et coloré. Au coeur des stations de ski de Bussang, St-Maurice, Ventron et à prox. des sentiers balisés par le club vosgien.

GITES DE FRANCE-SERVICE RESERVATION – 13 rue Aristide Briand - BP 405 – 88010 EPINAL Cedex
Tél. : 03 29 35 50 34 - Fax : 03 29 35 68 11 - Email : gites-88@wanadoo.fr - http://vosges-gites.com

| BASSE SAIS. | HTE SAIS. | TRES HTE SAIS. | TRES BAS. SAIS. | VAC. HIV. | NOEL/ NOUV.AN | WEEK-END | | | | | | | | | | |
|---|---|---|---|---|---|---|---|---|---|---|---|---|---|---|---|---|
| 250 | 435 | 450 | 250 | 450 | 450 | 155 | 15 | 0,5 | 30 | 1,5 | 5 | 5 | 5 | SP | 25 | 1,5 |

### N° 11958 GERARDMER — Les Bas Rupts — 790 m — CM 62 pli 17

NN — 4 pers.

Gérardmer 2,5 km. Remiremont 30 km. Ancienne ferme rénovée comportant 2 gîtes (entrée commune au r.d.c.) et le logement des parents du propriétaire. R.d.c., 1er et 2° étages : 2 chambres (1 lit 2 pers., 2 lits 1 pers.). Séjour, coin-cuisine. Cheminée (insert). Prise TV. S. d'eau. LL commun. Ch. central fuel. Terrain. Barbecue. Jeux communs avec aire de camping. Charges comprises. Loc. draps et linge Week-end fêtes : 120 €. Alim., médecin 2,5 km. Ce gîte neuf, fonctionnel et agréable se situe à proximité d'une aire naturelle de camping de 12 emplacements.

GITES DE FRANCE-SERVICE RESERVATION – 13 rue Aristide Briand - BP 405 – 88010 EPINAL Cedex
Tél. : 03 29 35 50 34 - Fax : 03 29 35 68 11 - Email : gites-88@wanadoo.fr - http://vosges-gites.com

| BASSE SAIS. | HTE SAIS. | TRES HTE SAIS. | TRES BAS. SAIS. | VAC. HIV. | NOEL/ NOUV.AN | WEEK-END | | | | | | | | | | |
|---|---|---|---|---|---|---|---|---|---|---|---|---|---|---|---|---|
| 280 | 351 | 351 | 300 | 351 | 351 | 100 | 2 | 0,5 | 2,5 | 0,5 | 2,5 | 2,5 | 0,2 | 30 | 2,5 | |

### N° 11978 GERARDMER — 650 m — CM 62 pli 17

NN — 5 pers.

Gérardmer 1 km. Chalet individuel. R.d.c. surélevé et 1er étage. 3 chambres (2 lits 2 pers., 1 lit 1 pers., 1 lit bébé). Séjour, coin-cuisine, TV couleur. Salle d'eau. 2 wc. LL. LV. MO. Ch. électrique. Local skis et vélos. Balcon. Terrasse. Terrain. Barbecue. Charges non comprises. Draps et linge de cuisine fournis sur demande. Location linge de toilette. Week-end fêtes : 180 €. Alim. 500 m. Médecin 1 km. Agréable chalet, bien équipé et confortable situé dans un quartier proche du centre de Gérardmer et des commodités et des activités sportives (ski, lac, sentiers...).

GITES DE FRANCE-SERVICE RESERVATION – 13 rue Aristide Briand - BP 405 – 88010 EPINAL Cedex
Tél. : 03 29 35 50 34 - Fax : 03 29 35 68 11 - Email : gites-88@wanadoo.fr - http://vosges-gites.com

| BASSE SAIS. | HTE SAIS. | TRES HTE SAIS. | TRES BAS. SAIS. | VAC. HIV. | NOEL/ NOUV.AN | WEEK-END | | | | | | | | | | |
|---|---|---|---|---|---|---|---|---|---|---|---|---|---|---|---|---|
| 330 | 540 | 580 | 310 | 550 | 560 | 120 | 3 | 3 | 2,5 | 2 | 2 | 2 | 4 | 1 | 2 | 0,5 |

### N° 12958 GERARDMER — Les Bas Rupts — 790 m — CM 62 pli 17

NN — 4 pers.

Gérardmer 2,5 km. Remiremont 30 km. Ancienne ferme rénovée comportant 2 gîtes (entrée commune au r.d.c.) et le logement des parents du propriétaire. R.d.c., 1er et 2° étages : 2 chambres (1 lit 2 pers., 2 lits 1 pers.). Séjour, coin-cuisine. Cheminée (insert). Prise TV. S. d'eau. LL commun. Ch. central fuel. Terrain. Barbecue. Jeux communs avec aire de camping. Charges comprises. Loc. draps et linge Week-end fêtes : 120 €. Alim., médecin 2,5 km. Situé en pleine nature, dans un cadre privilégié, à proximité d'une aire naturelle de camping, gîte neuf et sympathique, pistes de ski à 500 m.

GITES DE FRANCE-SERVICE RESERVATION – 13 rue Aristide Briand - BP 405 – 88010 EPINAL Cedex
Tél. : 03 29 35 50 34 - Fax : 03 29 35 68 11 - Email : gites-88@wanadoo.fr - http://vosges-gites.com

| BASSE SAIS. | HTE SAIS. | TRES HTE SAIS. | TRES BAS. SAIS. | VAC. HIV. | NOEL/ NOUV.AN | WEEK-END | | | | | | | | | | |
|---|---|---|---|---|---|---|---|---|---|---|---|---|---|---|---|---|
| 280 | 351 | 351 | 300 | 351 | 351 | 100 | 2 | 0,5 | 2,5 | 0,5 | 2,5 | 2,5 | 0,2 | 30 | 2,5 | |

### N° 12919 LIEZEY — 700 m — CM 62 pli 17

NN — 8 pers.

Gérardmer 8 km. Remiremont 15 km. Chalet individuel. R.d.c. surélevé et 1er étage : 3 chambres (3 lits 2 pers., 2 lits 1 pers.). Séjour, coin-cuisine, cheminée (insert), TV coul. Salle de bains. Salle d'eau. 2 wc. LL. LV. Chauffage électrique. Terrasses dont 1 couverte. Barbecue. Terrain. Charges comprises. Location de draps et linge. Alim. 2,5 km. Médecin 2 km. Dans cette région de montagne, vous trouverez nature, verdure, air pur, tranquillité et espace. Chalet de bon confort, idéal pour un séjour en famille, entre amis. A quelques minutes de Gérardmer, station réputée pour son domaine skiable et son lac.

GITES DE FRANCE-SERVICE RESERVATION – 13 rue Aristide Briand - BP 405 – 88010 EPINAL Cedex
Tél. : 03 29 35 50 34 - Fax : 03 29 35 68 11 - Email : gites-88@wanadoo.fr - http://vosges-gites.com

| BASSE SAIS. | HTE SAIS. | TRES HTE SAIS. | TRES BAS. SAIS. | VAC. HIV. | NOEL/ NOUV.AN | WEEK-END | | | | | | | | | | |
|---|---|---|---|---|---|---|---|---|---|---|---|---|---|---|---|---|
| 420 | 580 | 600 | 400 | 580 | 600 | 260 | 10 | 10 | 8 | 8 | 8 | 8 | 8 | SP | 8 | 2,5 |

# VOSGES - 88

*Périodes tarifaires p. 33*

## N° 42485 — MANDRES-SUR-VAIR

**NN — 5 pers.**

CM 62 pli 14

Deux gîtes et un logement dans la maison du propriétaire. 1er et 2º ét. : 2 ch. (1 lit 2 pers., 3 lits 1 pers.). Séjour avec coin-cuisine. TV coul. Salle d'eau. 2 wc. LL privatif dans local commun. LV. MO. Ch. central fuel et bois. Cour et vaste terrain communs. Barbecue, portique, toboggan, ping-pong communs. Charges comprises. Loc. draps et linge. Alim., médecin 5 km. Non loin de la ville thermale de Vittel, venez séjourner dans ce gîte confortable et bien équipé (entrée indépendante au rez-de-chaussée), implanté au cœur d'un petit village de l'ouest vosgien. Week-end fêtes : 155 €.

GITES DE FRANCE-SERVICE RESERVATION - 13 rue Aristide Briand - BP 405 - 88010 EPINAL Cedex
Tél. : 03 29 35 50 34 - Fax : 03 29 35 68 11 - Email : gites-88@wanadoo.fr - http://www.vosges-gites.com

| BASSE SAIS. | HTE SAIS. | TRES HTE SAIS. | TRES BAS. SAIS. | VAC. HIV. | NOEL/NOUV.AN | WEEK-END |
|---|---|---|---|---|---|---|
| 250 | 275 | 330 | 250 | 260 | 293 | 115 |

86 | 86 | 5 | 5 | 0,5 | 4 | 1 | 5 | 5

## N° 11962 — LE MENIL

**NN — 6 pers.** — 550 m — CM 66 pli 8

Le Thillot 4 km. Chalet individuel. R.d.c. et 1er ét. : 3 ch. (2 lits 2 pers., 2 lits 1 pers. superp., 1 lit bébé). Coin-détente, séjour, coin-cuisine, TV coul., cheminée. 2 s. d'eau. 2 wc. LL. LV. MO. Ch. élect. Balcon. Terrasse fermée. Barbecue. Bac à sable. Terrain, maisonnette enfants, terrain boules, jeu quilles, ping-pong, balançoire communs aux gîtes voisins. Week-end fêtes 145 €. Charges non comprises. Loc. draps et linge. Matériel bébé. Alim., médecin 200 m.

André COLLE - 6 rue des Lieux Romains - 88160 LE MENIL-THILLOT
Tél. : 03 29 25 17 54 - 06 23 40 33 21 - Email : mccolle@aol.com - http://site.voila.fr/chaletcascade

| BASSE SAIS. | HTE SAIS. | TRES HTE SAIS. | TRES BAS. SAIS. | VAC. HIV. | NOEL/NOUV.AN | WEEK-END |
|---|---|---|---|---|---|---|
| 266 | 386 | 390 | 220 | 386 | 390 | 116 |

15 | 15 | 13 | 0,2 | 3,5 | 0,3 | 3 | SP | 5 | 0,5

## N° 11975 — LE MENIL

**NN — 10 pers.** — 570 m — CM 66 pli 8

La Bresse 12 km. Le Thillot 6 km. Chalet individuel. R.d.c. et 1er étage : 4 chambres (3 lits 2 pers., 5 lits 1 pers. dont 1 superp., 1 lit bébé). Grand séjour, coin-cuisine, poêle cheminée, TV. 2 salles d'eau. 2 wc. LL. LV. MO. Ch. élect. Terrasse couverte. Terrain. Barbecue. Portique commun à 2 gîtes. Charges non comprises. Location draps et linge. Week-end fêtes : 260 €. Alimentation, médecin 1,5 km. Propriété comportant 2 chalets, avec étang clos. Ce chalet allie l'espace et le confort. Il dispose d'un séjour lumineux orienté plein sud. Nombreuses activités : sentiers, ski, lacs, piste pour vélos.

GITES DE FRANCE-SERVICE RESERVATION - 13 rue Aristide Briand - BP 405 - 88010 EPINAL Cedex
Tél. : 03 29 35 50 34 - Fax : 03 29 35 68 11 - Email : gites-88@wanadoo.fr - http://www.vosges-gites.com

| BASSE SAIS. | HTE SAIS. | TRES HTE SAIS. | TRES BAS. SAIS. | VAC. HIV. | NOEL/NOUV.AN | WEEK-END |
|---|---|---|---|---|---|---|
| 350 | 600 | 650 | 300 | 600 | 650 | 200 |

10 | 10 | 13 | 5 | 1,5 | 5 | 1 | 12 | 1,5

## N° 11976 — LE MENIL

**NN — 10 pers.** — 570 m — CM 66 pli 8

La Bresse 12 km. Le Thillot 6 km. Chalet individuel. R.d.c. et 1er étage : 4 chambres (4 lits 2 pers., 3 lits 1 pers. dont 1 superp., 1 lit bébé). Grand séjour, coin-cuisine, poêle cheminée, TV. 2 salles d'eau. 2 wc. LL. LV. MO. Ch. élect. Terrasse couverte. Terrain. Barbecue. Portique commun aux 2 gîtes. Charges non comprises. Location draps et linge. Week-end fêtes : 260 €. Alimentation, médecin 1,5 km. A proximité de l'axe touristique La Bresse/Le Thillot. Étang sécurisé sur la propriété.

Denise et Francis BADONNEL/CLAUDEPIERRE - 77 rue de la Coucelle - ZA Les Amias - 88290 SAULXURES-SUR-MOSELOTTE
Tél. : 03 29 24 56 37 - 06 86 84 21 63 - Email : lamoselotte@hotmail.com

| BASSE SAIS. | HTE SAIS. | TRES HTE SAIS. | TRES BAS. SAIS. | VAC. HIV. | NOEL/NOUV.AN | WEEK-END |
|---|---|---|---|---|---|---|
| 350 | 600 | 650 | 300 | 600 | 650 | 200 |

10 | 10 | 13 | 5 | 1,5 | 5 | 1 | 12 | 1,5

## N° 41969 — MOYEMONT

**NN — 6 pers.** — CM 62 pli 6

Ferme rénovée comportant deux gîtes mitoyens. Entrée indép. R.d.c. et 1er étage : 3 ch. (1 lit 2 pers., 4 lits 1 pers.). Cuisine intégrée avec espace repas ouverte sur salon, cheminée, TV. S.d.b. 2 wc. LL. LV. MO. Ch. élect. Garage. Abri. Terrain commun. Barbecue. Charges comprises. Loc. draps et linge. Matériel bébé sur demande. W.E fêtes : 150 €. Alim., médecin 8 km. Christine et Denis seront heureux de vous présenter leur région et vous serez accueillis dans un gîte rénové avec goût, espace et confort. Ambiance rustique et chaleureuse. Les 2 gîtes peuvent communiquer.

GITES DE FRANCE-SERVICE RESERVATION - 13 rue Aristide Briand - BP 405 - 88010 EPINAL Cedex
Tél. : 03 29 35 50 34 - Fax : 03 29 35 68 11 - Email : gites-88@wanadoo.fr - http://www.vosges-gites.com

| BASSE SAIS. | HTE SAIS. | TRES HTE SAIS. | TRES BAS. SAIS. | VAC. HIV. | NOEL/NOUV.AN | WEEK-END |
|---|---|---|---|---|---|---|
| 280 | 320 | 340 | 260 | 300 | 340 | 130 |

50 | 50 | 50 | 1 | 8 | 8 | 8 | 0,2 | 28 | 8

## N° 42969 — MOYEMONT

**NN — 4 pers.** — CM 62 pli 6

Ferme rénovée comportant deux gîtes mitoyens. Entrée indép. R.d.c. et 1er étage : 2 ch. (1 lit 2 pers., 2 lits 1 pers.). Cuisine intégrée ouverte sur salon, cheminée, TV. S.d.b. LV. MO. Ch. élect. Garage. Terrasse. Grand terrain commun. Barbecue. Charges comprises. Loc. draps et linge. Matériel bébé sur demande. Week-end fêtes : 120 €. Alim., médecin 8 km. Goûtez les Vosges au travers de ce petit village de la région rambuvetaise et soyez les bienvenus dans le gîte de Christine et Denis qui ont tout prévu pour rendre votre séjour agréable.

GITES DE FRANCE-SERVICE RESERVATION - 13 rue Aristide Briand - BP 405 - 88010 EPINAL Cedex
Tél. : 03 29 35 50 34 - Fax : 03 29 35 68 11 - Email : gites-88@wanadoo.fr - http://www.vosges-gites.com

| BASSE SAIS. | HTE SAIS. | TRES HTE SAIS. | TRES BAS. SAIS. | VAC. HIV. | NOEL/NOUV.AN | WEEK-END |
|---|---|---|---|---|---|---|
| 240 | 280 | 300 | 230 | 250 | 300 | 100 |

50 | 50 | 50 | 1 | 8 | 8 | 8 | 0,2 | 28 | 8

*ALSACE-LORRAINE — Pictos voir p. 12*

# VOSGES - 88

*Périodes tarifaires p. 33*

**ALSACE-LORRAINE**

Pictos voir p. 12

## N° 41957 — SERCOEUR

CM 62 pli 16

NN — 2 pers.

**Epinal 12 km.** Gîte dans la maison du propriétaire. Rez-de-jardin : 1 chambre (1 lit 2 pers.). Séjour, coin-cuisine, prise TV. Salle d'eau. LL commun propriétaire à disposition. Chauffage central fuel. Petite terrasse couverte. Terrain. Barbecue. Portique. Charges comprises. Location draps et linge. Week-end fêtes : 100 €. Alim. 10 km. Médecin 50 m. Uniquement petits animaux acceptés.

Marie-Claude GITZHOFFER - 100 route de Châtel - 88600 SERCOEUR
Tél. : 03 29 31 50 62 - Email : m.gitzhoffer@voila.fr

| BASSE SAIS. | HTE SAIS. | TRES HTE SAIS. | TRES BAS. SAIS. | VAC. HIV. | NOEL/ NOUV.AN | WEEK-END |
|---|---|---|---|---|---|---|
| 210 | 210 | 260 | 210 | 210 | 210 | 80 |

| | | | | | | | | | | | |
|---|---|---|---|---|---|---|---|---|---|---|---|
| 49 | 49 | 25 | 0,3 | 12 | 9 | 12 | SP | 12 | 12 |

## N° 41961 — SIONNE

CM 62 pli 3

NN — 6 pers.

**Neufchâteau 6 km. Domrémy-la-Pucelle 8 km.** Maison individuelle, mitoyenne de caractère. R.d.c. et 1er ét. : 3 ch. (2 lits 2 pers., 2 lits 1 pers., 1 lit bébé). Salon, salle à manger, cuisine. Cheminée à l'âtre (bois fourni), TV. S.d.b., s. d'eau, 2 wc. LL. LV. MO. Ch. élect. Garage. Cour intérieure. Verger pentu. Barbecue. Charges non comprises. Loc. draps et linge. TV portable. Matériel bébé. Alim. 3 km. Médecin 4 km. Dominique et J-Marc vous accueillent dans leur gîte qu'il ont rénové dans le confort en préservant le caractère authentique, à quelques minutes de Domrémy et du site gallo romain de Grand.

GITES DE FRANCE-SERVICE RESERVATION - 13 rue Aristide Briand - BP 405 - 88010 EPINAL Cedex
Tél. : 03 29 35 50 34 - Fax : 03 29 35 68 11 - Email : gites-88@wanadoo.fr - http://vosges-gites.com

| BASSE SAIS. | HTE SAIS. | TRES HTE SAIS. | TRES BAS. SAIS. | VAC. HIV. | NOEL/ NOUV.AN |
|---|---|---|---|---|---|
| 280 | 370 | 420 | 250 | 340 | 390 |

| | | | | | | |
|---|---|---|---|---|---|---|
| 30 | 0,3 | 6 | 6 | 6 | SP | 6 | 3 |

## N° 11981 — TAINTRUX

CM 62 pli 17

NN — 6 pers.

**St-Dié 7 km. Gérardmer 20 km.** Chalet individuel. R.d.c. et 1er étage : 3 chambres (2 lits 2 pers., 2 lits 1 pers.). Mezzanine. Séjour, coin-cuisine, cheminée (insert), prise TV. Salle d'eau. LL. LV. MO. Ch. élect. Balcon. Abri couvert. Terrasse. Terrain. Barbecue. Charges comprises. Loc. draps et linge. Week-end fêtes : 175 €. Alim 5 km. Médecin 3 km. En sortie de village, ce chalet neuf, confortable et bien équipé vous offre un cadre agéable. Situé à 8 km de la ville de St-Dié et 20 km de Gérardmer, il vous permettra de profiter de la station de ski mais aussi des nombreuses activités de cette région.

GITES DE FRANCE-SERVICE RESERVATION - 13 rue Aristide Briand - BP 405 - 88010 EPINAL Cedex
Tél. : 03 29 35 50 34 - Fax : 03 29 35 68 11 - Email : gites-88@wanadoo.fr - http://vosges-gites.com

| BASSE SAIS. | HTE SAIS. | TRES HTE SAIS. | TRES BAS. SAIS. | VAC. HIV. | NOEL/ NOUV.AN | WEEK-END |
|---|---|---|---|---|---|---|
| 320 | 470 | 520 | 320 | 460 | 520 | 120 |

| | | | | | | | | | |
|---|---|---|---|---|---|---|---|---|---|
| 20 | 20 | 20 | 1 | 9 | 3 | 9 | SP | 9 | 5 |

## N° 11979 — TENDON

530 m — CM 62 pli 16

NN — 2 pers.

**Gérardmer 20 km. Epinal 17,5 km.** Chalet individuel. Rez-de-chaussée : 1 chambre (1 lit 2 pers.). Coin-cuisine avec espace repas, espace salon. TV couleur. Salle d'eau. LL. LV. MO. Chauffage au sol au gaz. Abri voiture. Terrasse. Terrain. Barbecue. Charges comprises. Location draps et linge. Couchages supplémentaires sur mezzanine (2 lits 1 pers.). Week-end fêtes : 145 €. Alim. 4 km. Médecin 6 km. Idéal pour 2 personnes, ce chalet neuf en rondins est agréable et bien équipé. A mi-chemin entre Epinal et Gérardmer, non loin de la fameuse cascade de Tendon et proche des sentiers.

GITES DE FRANCE-SERVICE RESERVATION - 13 rue Aristide Briand - BP 405 - 88010 EPINAL Cedex
Tél. : 03 29 35 50 34 - Fax : 03 29 35 68 11 - Email : gites-88@wanadoo.fr - http://vosges-gites.com

| BASSE SAIS. | HTE SAIS. | TRES HTE SAIS. | TRES BAS. SAIS. | VAC. HIV. | NOEL/ NOUV.AN | WEEK-END |
|---|---|---|---|---|---|---|
| 226 | 350 | 400 | 226 | 380 | 380 | 100 |

| | | | | | | | | | |
|---|---|---|---|---|---|---|---|---|---|
| 20 | 8 | 20 | 1 | 20 | 20 | 20 | SP | 17,5 | 4 |

## N° 11959 — LE THOLY

700 m — CM 62 pli 17

NN — 4 pers.

**Gérardmer 10 km. Remiremont 18 km.** Chalet comporatnt deux gîtes. Rez-de-jardin : 2 chambres (1 lit 2 pers., 2 lits 1 pers., 1 lit bébé). Cuisine. Salon, prise TV. Salle de bains (baignoire et douche). Lave-linge. Chauffage électrique. Terrasse couverte. Cour. Barbecue. Charges comprises. Location draps et linge. Week-end fêtes : 200 €. Alim., médecin 1 km. A peine arrivés et la vue sur la montagne vosgienne accapare votre regard avec au loin le sommet du Hohneck. Entrée indép., l'intérieur couleur soleil vous offre un espace bien aménagé. Accès direct sur la forêt et les sentiers de marche.

GITES DE FRANCE-SERVICE RESERVATION - 13 rue Aristide Briand - BP 405 - 88010 EPINAL Cedex
Tél. : 03 29 35 50 34 - Fax : 03 29 35 68 11 - Email : gites-88@wanadoo.fr - http://vosges-gites.com

| BASSE SAIS. | HTE SAIS. | TRES HTE SAIS. | TRES BAS. SAIS. | VAC. HIV. | NOEL/ NOUV.AN | WEEK-END |
|---|---|---|---|---|---|---|
| 249 | 349 | 390 | 249 | 400 | 420 | 150 |

| | | | | | | | | | |
|---|---|---|---|---|---|---|---|---|---|
| 12 | 12 | 10 | 1 | 10 | 10 | 10 | SP | 18 | 1 |

## N° 11960 — LE THOLY

600 m — CM 62 pli 17

NN — 7 pers.

**Gérardmer 8 km. Remiremont 19 km.** Maison individuelle, style chalet. R.d.c. et 1er étage : 3 chambres (3 lits 2 pers., 1 lit 1 pers., 1 lit bébé). Cuisine intégrée ouverte sur séjour, salon, TV coul., cheminée. S.d.b. (baignoire, douche). S. d'eau. 2 wc. LL. SL. LV. MO. Ch. au sol et élect. Garage. Balcon. Terrain. Terrasse. Barbecue. Charges comprises. Loc. draps, linge. Chaise bébé. W.E fêtes : 240 €. Médecin 2 km. Situé sur les hauteurs du village du Tholy, proche de la forêt, cette belle maison vous offre une vue ouverte sur la vallée. Aménagé avec goût, qualité et confort. Gérardmer à 10 mn.

GITES DE FRANCE-SERVICE RESERVATION - 13 rue Aristide Briand - BP 405 - 88010 EPINAL Cedex
Tél. : 03 29 35 50 34 - Fax : 03 29 35 68 11 - Email : gites-88@wanadoo.fr - http://vosges-gites.com

| BASSE SAIS. | HTE SAIS. | TRES HTE SAIS. | TRES BAS. SAIS. | VAC. HIV. | NOEL/ NOUV.AN | WEEK-END |
|---|---|---|---|---|---|---|
| 430 | 550 | 595 | 300 | 595 | 610 | 160 |

| | | | | | | | | | |
|---|---|---|---|---|---|---|---|---|---|
| 12 | 12 | 8 | 0,5 | 12 | 8 | 12 | SP | 12 | 2 |

# VOSGES - 88

*Périodes tarifaires p. 33*

## N° 11970 — LE VAL-D'AJOL — CM 62 pli 16

**NN — 4 pers.**

Plombières-les-Bains 6 km. Remiremont 14 km. Maison individuelle. R.d.c. et 1er étage : 1 chambre mansardée (1 lit 2 pers., 1 lit 1 pers., 1 lit bébé). Cuisine. Séjour avec clic-clac 130, prise TV, cheminée. S. d'eau. LL. LV. Ch. élect. Terrasse clôturée. Barbecue. Terrain, balançoires, ping-pong, toboggans, bac à sable communs avec les gîtes voisins. Charges non comprises. Loc. draps et linge. Matériel bébé. Alim., médecin 3,5 km. 543 €/3 semaines louées hors vacances scolaires. Week-end fêtes : 153 €. Maisonnette idéalement située pour un séjour au grand air où les balades ne manquent pas.

GITES DE FRANCE-SERVICE RESERVATION - 13 rue Aristide Briand - BP 405 - 88010 EPINAL Cedex
Tél. : 03 29 35 50 34 - Fax : 03 29 35 68 11 - Email : gites-88@wanadoo.fr - http://vosges-gites.com

| BASSE SAIS. | HTE SAIS. | TRES HTE SAIS. | TRES BAS. SAIS. | VAC. HIV. | NOEL/ NOUV.AN | WEEK-END | | | | | | | | | | | | | | |
|---|---|---|---|---|---|---|---|---|---|---|---|---|---|---|---|---|---|---|---|---|
| 215 | 323 | 339 | 181 | 323 | 339 | 136 | 42 | 42 | 40 | 0,5 | 4 | 4 | 3 | 3 | 8 | 3,5 | | | | |

## N° 12970 — LE VAL-D'AJOL — CM 62 pli 16

**NN — 5 pers.**

Plombières-les-Bains 6 km. Remiremont 14 km. Cinq gîtes mitoyens, neufs dans vaste maison rurale rénovée. Entrée indép. R.d.c. et 1er ét. : 2 ch. (2 lits 2 pers., 1 lit 1 pers., 1 lit bébé). Cuis., séj., chem., prise TV. S. d'eau. LL, LV. Ch. élect. Coin terrasse, barbecue. Terrain, balançoires, bac à sable, ping-pong, toboggans communs. Charges non comprises. Loc. draps et linge. W.E fêtes : 136 €. Matériel bébé. Alim., médecin 3,5 km. 543 €/3 semaines louées hors vac. scol. Grosse maison en sortie du village. Gîtes fonctionnels et bien équipés. Chacun dispose d'un coin terrasse privatif.

GITES DE FRANCE-SERVICE RESERVATION - 13 rue Aristide Briand - BP 405 - 88010 EPINAL Cedex
Tél. : 03 29 35 50 34 - Fax : 03 29 35 68 11 - Email : gites-88@wanadoo.fr - http://vosges-gites.com

| BASSE SAIS. | HTE SAIS. | TRES HTE SAIS. | TRES BAS. SAIS. | VAC. HIV. | NOEL/ NOUV.AN | WEEK-END |
|---|---|---|---|---|---|---|
| 215 | 317 | 328 | 215 | 317 | 323 | 113 |

42 42 40 0,5 4 4 3 3 8 3,5

## N° 13970 — LE VAL-D'AJOL — CM 62 pli 16

**NN — 6 pers.**

Plombières-les-Bains 6 km. Remiremont 14 km. Cinq gîtes mitoyens, neufs dans une vaste maison rurale rénovée. Entrée indép. R.d.c. et 1er étage : 2 chambres (2 lits 2 pers., 2 lits 1 pers., 1 lit bébé). Cuisine, séjour, cheminée, prise TV. S. d'eau. LL. LV. Ch. élect. Coin terrasse, barbecue. Terrain, toboggans, balançoires, ping-pong communs. Charges non comprises. Loc. draps et linge. Matériel bébé. Alim., médecin 3,5 km 543 €/3 semaines louées hors vacances scolaires. Week-end fêtes : 170 €. La région offre au visiteur un savant mélange de paysages et un patrimoine important.

GITES DE FRANCE-SERVICE RESERVATION - 13 rue Aristide Briand - BP 405 - 88010 EPINAL Cedex
Tél. : 03 29 35 50 34 - Fax : 03 29 35 68 11 - Email : gites-88@wanadoo.fr - http://vosges-gites.com

| BASSE SAIS. | HTE SAIS. | TRES HTE SAIS. | TRES BAS. SAIS. | VAC. HIV. | NOEL/ NOUV.AN | WEEK-END |
|---|---|---|---|---|---|---|
| 226 | 323 | 339 | 204 | 339 | 385 | 147 |

42 42 40 0,5 4 4 3 3 8 3,5

## N° 14970 — LE VAL-D'AJOL — CM 62 pli 16

**NN — 4 pers.**

Plombières-les-Bains 6 km. Remiremont 14 km. Cinq gîtes mitoyens, neufs dans une vaste maison rurale rénovée. Entrée indép. R.d.c. et 1er étage : 2 ch. (1 lit 2 pers., 2 lits 1 pers., 1 lit bébé). Séjour, coin-cuisine, cheminée, prise TV. S. d'eau. LL. LV. Ch. élect. Coin terrasse. Terrain, barbecue, bac à sable. Balançoires, ping pong, toboggans communs. Charges non comprises. Loc. draps et linge. Matériel bébé. Alim., médecin 3,5 km. 543 €/3 semaines louées hors vac. scol. Week-end fêtes : 136 €. Vacances rime avec gastronomie. Fumé vosgien, munster fermier embaument les marchés locaux.

GITES DE FRANCE-SERVICE RESERVATION - 13 rue Aristide Briand - BP 405 - 88010 EPINAL Cedex
Tél. : 03 29 35 50 34 - Fax : 03 29 35 68 11 - Email : gites-88@wanadoo.fr - http://vosges-gites.com

| BASSE SAIS. | HTE SAIS. | TRES HTE SAIS. | TRES BAS. SAIS. | VAC. HIV. | NOEL/ NOUV.AN | WEEK-END |
|---|---|---|---|---|---|---|
| 215 | 306 | 317 | 204 | 317 | 323 | 113 |

42 42 40 0,5 4 4 3 3 8 3,5

## N° 15970 — LE VAL-D'AJOL — CM 62 pli 16

**NN — 5 pers.**

Plombières-les-Bains 6 km. Remiremont 14 km. Cinq gîtes mitoyens, neufs dans une vaste maison rurale rénovée. Entrée indép. R.d.c. et 1er ét. : 2 ch. (2 lits 2 pers., 1 lit 1 pers., 1 lit bébé). Séjour, coin-cuisine, cheminée, prise TV. S. d'eau. LL. LV. Ch. élect. Coin terrasse. Terrain, barbecue, bac à sable. Balançoires, ping-pong, toboggans communs. Charges non comprises. Loc. draps et linge. Matériel bébé. Alim., médecin 3,5 km. 543 €/3 semaines louées hors vacances scolaires. Week-end fêtes : 136 €. Vous êtes ici aux portes de la Franche-Comté avec Fougerolles, le pays de la Cerise et son kirsch.

GITES DE FRANCE-SERVICE RESERVATION - 13 rue Aristide Briand - BP 405 - 88010 EPINAL Cedex
Tél. : 03 29 35 50 34 - Fax : 03 29 35 68 11 - Email : gites-88@wanadoo.fr - http://vosges-gites.com

| BASSE SAIS. | HTE SAIS. | TRES HTE SAIS. | TRES BAS. SAIS. | VAC. HIV. | NOEL/ NOUV.AN | WEEK-END |
|---|---|---|---|---|---|---|
| 215 | 317 | 328 | 215 | 317 | 323 | 113 |

42 42 40 0,5 4 4 3 3 8 3,5

## N° 16970 — LE VAL-D'AJOL — CM 62 pli 16

**NN — 8 pers.**

Plombières-les-Bains 6 km. Remiremont 14 km. Cinq gîtes mitoyens, neufs dans une vaste maison rurale rénovée. Entrée indép. R.d.c. surélevé : 3 ch. (2 lits 2 pers., 4 lits 1 pers., 1 lit bébé). Séjour, coin-cuisine, cheminée, prise TV. S.d.b. S. d'eau. 2 wc. LL. LV. MO. Ch. élect. Terrasse, espace privatif clos. Terrain, barbecue, bac à sable. Balançoires, ping-pong, toboggans communs. Week-end fêtes : 170 €. Charges non comprises. Loc. de draps et linge. Matériel bébé. Alim., médecin 3,5 km. 566 €/3 semaines louées hors vac. scol. Gîte idéal pour vous réunir en famille ou entre amis.

GITES DE FRANCE-SERVICE RESERVATION - 13 rue Aristide Briand - BP 405 - 88010 EPINAL Cedex
Tél. : 03 29 35 50 34 - Fax : 03 29 35 68 11 - Email : gites-88@wanadoo.fr - http://vosges-gites.com

| BASSE SAIS. | HTE SAIS. | TRES HTE SAIS. | TRES BAS. SAIS. | VAC. HIV. | NOEL/ NOUV.AN | WEEK-END |
|---|---|---|---|---|---|---|
| 249 | 430 | 430 | 215 | 430 | 453 | 147 |

42 42 40 0,5 4 4 3 3 8 3,5

*ALSACE-LORRAINE*

*Pictos voir p. 12*

# VOSGES - 88

Périodes tarifaires p. 33

## N° 11971 VECOUX — Chaude Fontaine — 600 m — CM 62 pli 16

**NN — 6 pers.**

Remiremont 10 km. Gérardmer 30 km. Gîte dans la maison du propriétaire. Gîte de ferme. Rez-de-chaussée : séjour, cheminée, TV. 1er étage : 2 chambres (2 lits 2 pers., 2 lits 1 pers., 1 lit bébé). Cuisine. Salle d'eau. LL. MO. Chauffage central bois. Garage. Terrain. Barbecue. Ping-pong. Charges comprises. Location de draps et de linge. Week-end fêtes : 76 €. Alim. 4 km. Médecin 10 km.

Roger PERRIN - 45 route de Chaudefontaine - 88200 VECOUX
Tél. : 03 29 61 05 41

| BASSE SAIS. | HTE SAIS. | TRES HTE SAIS. | TRES BAS. SAIS. | VAC. HIV. | NOEL/ NOUV AN | WEEK-END |
|---|---|---|---|---|---|---|
| 183 | 229 | 229 | 183 | 229 | 229 | 76 |

| | | | | | | | | | | |
|---|---|---|---|---|---|---|---|---|---|---|
| 35 | 10 | 10 | 4 | 10 | 10 | 10 | SP | 10 | 4 | |

## N° 13930 VENTRON — 700 m — CM 62 pli 17

**NN — 3 pers.**

La Bresse 10 km. 3 gîtes dans maison du propriétaire. Entrée indép. R.d.c. : 2 ch. (2 lits 2 pers.). Cuis. Séj. TV coul. S. d'eau. LL. SL. LV. MO. Ch. élect. Terrasse. Barbecue. Terrain, portique, toboggan, terrain de boules communs. Charges comprises (forfait 30 € inclus, au-delà consommation facturée). Loc. draps et linge. Chaise et lit bébé sur demande. W.E fêtes : 130 €. Alim. 500 m. Médecin 5 km. Conçu de façon indépendante, stationnement voiture, entrée et terrasse privatifs, intérieur charmant et joliment décoré, spacieux et bien équipé. Séjour plein sud avec accès direct sur la terrasse.

GITES DE FRANCE-SERVICE RESERVATION - 13 rue Aristide Briand - BP 405 - 88010 EPINAL Cedex
Tél. : 03 29 35 50 34 - Fax : 03 29 35 68 11 - Email : gites-88@wanadoo.fr - http://vosges-gites.com

| BASSE SAIS. | HTE SAIS. | TRES HTE SAIS. | TRES BAS. SAIS. | VAC. HIV. | NOEL/ NOUV AN | WEEK-END |
|---|---|---|---|---|---|---|
| 200 | 250 | 300 | 220 | 340 | 380 | 100 |

| | | | | | | | | | | |
|---|---|---|---|---|---|---|---|---|---|---|
| 3 | 3 | 8 | SP | 10 | 1 | 1 | SP | 10 | 0,5 | |

## N° 13922 XONRUPT-LONGEMER — 980 m — CM 62 pli 17

**NN — 6 pers.**

Gérardmer 4 km. Maison individuelle. R.d.c. et 1er étage : 3 chambres (2 lits 160 X 200, 2 lits 1 pers.). Séjour avec espace salon, coin-cuisine, cheminée (bois fourni), TV couleur. Salle de bains (baignoire et douche). LL. LV. MO. Chauffage électrique au sol. Terrain. Barbecue. Chauffage non compris. Location draps et linge. Tél. portable. Week-end fêtes : 350 €. Alim., médecin 2 km. Ce gîte vous offre une jolie vue sur les crêtes vosgiennes. Près de la forêt et non loin du lac de Longemer, il bénéficie d'un environnement préservé. Confortable et bien équipé. Equipements voiture obligatoires en hiver.

GITES DE FRANCE-SERVICE RESERVATION - 13 rue Aristide Briand - BP 405 - 88010 EPINAL Cedex
Tél. : 03 29 35 50 34 - Fax : 03 29 35 68 11 - Email : gites-88@wanadoo.fr - http://vosges-gites.com

| BASSE SAIS. | HTE SAIS. | TRES HTE SAIS. | TRES BAS. SAIS. | VAC. HIV. | NOEL/ NOUV AN |
|---|---|---|---|---|---|
| 400 | 500 | 700 | 400 | 700 | 800 |

| | | | | | | | | | | |
|---|---|---|---|---|---|---|---|---|---|---|
| 2 | SP | 1 | 1 | 4 | 4 | 4 | SP | 4 | 2 | |

# AQUITAINE

Pour réserver, écrire ou téléphoner :

## 24 - DORDOGNE
LOISIRS ACCUEIL - Service Réservation
25, rue Wilson - B.P. 2063
24002 PERIGUEUX Cédex
Tél. 05 53 35 50 00 ou 05 53 35 50 24
Fax. 05 53 35 50 41
E.mail : dordogne.perigord.tourisme@wanadoo.fr
www.resinfrance.com/perigord/

3615 Gîtes de France
RESA - 0,2 €/mn

## 33 - GIRONDE
GITES DE FRANCE - Service Réservation
Maison du Tourisme
21, Cours de l'Intendance - 33000 BORDEAUX
Tél. 05 56 81 54 23 - Fax. 05 56 51 67 13
E.mail : gites-de-france-gironde@wanadoo.fr
www.gites-de-france-gironde.com

3615 Gîtes de France
RESA - 0,2 €/mn

## 40 - LANDES
GITES DE FRANCE - Service Réservation
Accueil Landes
Chambre d'Agriculture - Cité Galliane B.P. 279
40005 MONT-DE-MARSAN Cédex
Tél. 05 58 85 44 44 - Fax. 05 58 85 44 45
E.mail : resa40@landes.chambagri.fr
www.gites-de-france-landes.com

3615 Gîtes de France
RESA - 0,2 €/mn

## 47 - LOT ET GARONNE
GITES DE FRANCE
11, rue des Droits de l'Homme - 47000 AGEN
Tél. 05 53 47 80 87 - Fax. 05 53 66 88 29
E.mail : gites-de-france.47@wanadoo.fr
www.gites-de-france-47.com

## 64 - PYRENEES-ATLANTIQUES
GITES DE FRANCE - Service Réservation
20, rue Gassion - 64000 PAU
Tél. 05 59 11 20 64 ou 05 59 46 37 00
Fax. 05 59 11 20 60
E.mail : gites.de.france64@wanadoo.fr
www.gites-de-france-64.com

3615 Gîtes de France
RESA - 0,2 €/mn

# DORDOGNE - 24

**LOISIRS ACCUEIL - Service Réservation**
25, rue Wilson - B.P. 2063 - 24002 PERIGUEUX Cédex
Tél. 05 53 35 50 00 ou 05 53 35 50 24 - Fax. 05 53 35 50 41
E.mail : dordogne.perigord.tourisme@wanadoo.fr
www.resinfrance.com/perigord

3615 Gîtes de France
RESA - 0,2 €/mn

## PERIODES TARIFAIRES
**MOYENNE SAISON ÉTÉ** : du 29.05 au 26.06 - **HAUTE SAISON ÉTÉ** : du 26.06 au 31.07 - **TRÈS HAUTE SAISON ÉTÉ** : du 31.07 au 28.08 - **MOYENNE SAISON HIVER** : du 28.08 au 25.09 - **BASSE SAISON HIVER** : du 27.12.03 au 29.05 et du 25.09 au 25.12.04.

### N° 061061 BORREZE — Pech Mezel — CM 75 pli 18
NN — 6 pers.

Sarlat 20 km. Lascaux 30 km. Montignac 30 km. Maison mitoyenne à des bâtiments inoccupés. R.D.C surrélevé : séjour avec coin-cuisine, congélateur. 1 chambre (1 lit 2 pers.), salle d'eau, wc. Etage : 2 chambres (2 lits 1 pers., 1 lit 2 pers., 1 lit enfant), salle d'eau avec wc. Chauffage électrique. Terrain. Location de draps et linge de maison. Belle maison du 12è siècle restaurée dans le style périgourdin, indépendante en bordure d'un hameau. Exposition ouest avec vue sur une noyeraie. Ouvert du 13 mars au 13 novembre.

LOISIRS ACCUEIL-SERVICE RESERVATION - 25 rue Wilson - BP 2063 - 24002 PERIGUEUX Cedex
Tél. : 05 53 35 50 00 - 05 53 35 50 24 - Fax : 05 53 35 50 41 - Email : dordogne.perigord.tourisme@wanadoo.fr - www.resinfrance.com/perigord

| MOY. SAIS. ETE | HTE SAIS. ETE | TRES HTE SAIS. | MOY. SAIS. HIV. | B. SAIS. HIV. |
|---|---|---|---|---|
| 316 | 563 | 624 | 316 | 303 |

10 12 12 12 6 12 10 12 12

### N° 067067 LES EYZIES — Le Queylou — CM 75 pli 16
NN — 3 pers.

Sarlat 22 km. Montignac 24 km. Lascaux 24 km. Périgueux 45 km. Maison mitoyenne à des bâtiments inoccupés. R.D.C : séjour avec coin-cuisine, congélateur, magnétoscope. Etage : 1 chambre (1 lit 1 pers., 1 lit 2 pers.), salle d'eau, wc. Cour close. Location de draps et linge de maison. Ancienne grange en pierre restaurée dans la Vallée de la Vézère. Région idéale pour les amateurs de visites de sites préhistoriques. À voir : Musée National de la Préhistoire, Grottes de Lascaux... Ouvert du 1er mai au 25 septembre.

LOISIRS ACCUEIL-SERVICE RESERVATION - 25 rue Wilson - BP 2063 - 24002 PERIGUEUX Cedex
Tél. : 05 53 35 50 00 - 05 53 35 50 24 - Fax : 05 53 35 50 41 - Email : dordogne.perigord.tourisme@wanadoo.fr - www.resinfrance.com/perigord

| MOY. SAIS. ETE | HTE SAIS. ETE | TRES HTE SAIS. | MOY. SAIS. HIV. | B. SAIS. HIV. | WEEK-END |
|---|---|---|---|---|---|
| 306 | 450 | 550 | 306 | 271 | 142 |

15 10 4 4 10 4 10 23 4

### N° 152152 FLORIMONT-GAUMIER — Les Balats La Tamière — CM 75 pli 17
NN — 6 pers.

Château de Castelnaud 20 km. Sarlat 30 km. Maison indépendante à proximité d'une habitation. R.D.C : cuisine, micro-ondes, congélateur. Séjour, téléphone service restreint. 1 chambre (1 lit 2 pers., 1 lit bébé), salle d'eau,wc. Etage : 2 chambres (4 lits 1 pers.),salle de bains,wc. Chauffage électrique et chauffage au sol. Abri couvert. Terrain clos, balançoire, bac à sable. Location de draps et linge de maison. La situation touristique, à la limite du Périgord Noir et du Lot ainsi que la qualité de la rénovation font de cette maison un lieu de séjour particulièrement agréable. Ouvert du 3 avril au 30 octobre.

LOISIRS ACCUEIL-SERVICE RESERVATION - 25 rue Wilson - BP 2063 - 24002 PERIGUEUX Cedex
Tél. : 05 53 35 50 00 - 05 53 35 50 24 - Fax : 05 53 35 50 41 - Email : dordogne.perigord.tourisme@wanadoo.fr - www.resinfrance.com/perigord

| MOY. SAIS. ETE | HTE SAIS. ETE | TRES HTE SAIS. | MOY. SAIS. HIV. | B. SAIS. HIV. |
|---|---|---|---|---|
| 330 | 504 | 504 | 330 | 277 |

10 6 6 6 6 6 10 21 6

### N° 066066 LEMPZOURS — Pioriol — CM 75 pli 6
NN — 6 pers.

Brantôme, Venise verte du Périgord 17 km. Périgueux 26 km. Maison indépendante à proximité d'autres habitations. R.D.C : séjour avec coin-cuisine, congélateur, 3 chambres (2 lits 1 pers., 2 lits 2 pers., 1 lit enfant), salle de bains, wc. Chauffage central électrique. Terrain. Location de draps et linge de maison. Ancienne ferme restaurée avec des champs en état de culture au 1er plan et plus loin la forêt de tous les côtés. A visiter : Abbaye de Brantôme, Chateau de Bourdeilles, Musée du Foie gras à Thiviers... Château de Hautefort 40 km. Ouvert toute l'année.

LOISIRS ACCUEIL-SERVICE RESERVATION - 25 rue Wilson - BP 2063 - 24002 PERIGUEUX Cedex
Tél. : 05 53 35 50 00 - 05 53 35 50 24 - Fax : 05 53 35 50 41 - Email : dordogne.perigord.tourisme@wanadoo.fr - www.resinfrance.com/perigord

| MOY. SAIS. ETE | HTE SAIS. ETE | TRES HTE SAIS. | MOY. SAIS. HIV. | B. SAIS. HIV. |
|---|---|---|---|---|
| 353 | 559 | 559 | 353 | 300 |

25 6 25 5 6 5 3 3

### N° 005005 MONTFERRAND-DU-PERIGORD — Minjou — CM 75 pli 16
NN — 4 pers.

Montpazier 9 km. Beaumont du Périgord 11 km. Abbaye de Cadouin 8 km. Maison indépendante dans un corps de ferme non-active. R.D.C. Séjour avec coin-cuisine, micro-ondes, téléphone portable à carte, cheminée avec insert, 2 chambres (2 lits 1 pers., 1 lit 2 pers., 1 lit enfant). Salle d'eau, wc, chauffage d'appoint électrique. Abri couvert. Terrain. Location de draps et linge de maison. Ancienne fermette rénovée sur la route des Bastides du Périgord Pourpre. Excellente situation touristique à mi-chemin entre Sarlat et Bergerac. Ouvert toute l'année.

LOISIRS ACCUEIL-SERVICE RESERVATION - 25 rue Wilson - BP 2063 - 24002 PERIGUEUX Cedex
Tél. : 05 53 35 50 00 - 05 53 35 50 24 - Fax : 05 53 35 50 41 - Email : dordogne.perigord.tourisme@wanadoo.fr - www.resinfrance.com/perigord

| MOY. SAIS. ETE | HTE SAIS. ETE | TRES HTE SAIS. | MOY. SAIS. HIV. | B. SAIS. HIV. | WEEK-END |
|---|---|---|---|---|---|
| 318 | 469 | 469 | 318 | 255 | 130 |

15 12 15 12 12 2 7 20 7

# DORDOGNE - 24

*Périodes tarifaires p. 40*

## N° 126126 ORLIAGUET — Castang — CM 75 pli 18

**NN** — 4 pers.

Sarlat 16 km. Lascaux 32 km. Montignac 32 km. Maison indépendante à proximité d'une ferme en activité. R.D.C: séjour avec coin-cuisine, micro-ondes, congélateur. Salle de bains, wc. Etage: 2 chambres (2 lits 1 pers., 1 lit 2 pers., 1 lit bébé). Chauffage central au fuel. Buanderie, sèche-linge, wc. Abri couvert. Terrain, balançoire, bac à sable. Location de draps et linge de maison. Ce gîte est le point de départ idéal de nombreuses excursions dans le Périgord noir (Sarlat, Lascaux, Les Eyzies, Vallée de la Dordogne...) ou dans le Lot (Rocamadour, Padirac, Lacave...). Ouvert toute l'année.

LOISIRS ACCUEIL-SERVICE RESERVATION - 25 rue Wilson - BP 2063 - 24002 PERIGUEUX Cedex
Tél.: 05 53 35 50 00 - 05 53 35 50 24 - Fax: 05 53 35 50 41 - Email: dordogne.perigord.tourisme@wanadoo.fr - www.resinfrance.com/perigord

| MOY. SAIS. ETE | HTE SAIS. ETE | TRES HTE SAIS. | MOY. SAIS. HIV. | B. SAIS. HIV. | WEEK-END |
|---|---|---|---|---|---|
| 353 | 506 | 538 | 353 | 300 | 142 |

| | | | | | | | | | |
|---|---|---|---|---|---|---|---|---|---|
| 12 | 12 | 7 | 7 | 9 | 5 | 7 | 12 | 7 | |

## N° 068068 ROUFFIGNAC — Le Château — CM 75 pli 6

**NN** — 4 pers.

Montignac 22 km. Lascaux 22 km. Les Eyzies 15 km. Perigueux 35 km. Maison indépendante dans un corps de ferme non-active. R.D.C. cuisine, séjour, prise tv, téléphone portable à carte. 2 chambres (2 lits 1 pers., 1 lit 2 pers.). Salle d'eau, wc. Chauffage électrique. Abri couvert. Terrain. Location de draps et linge de maison. Ce gîte, hors le fait qu'il soit très confortable présente l'avantage d'être très bien situé pour les visites dans le Périgord Noir, à environ 15 min de la Vallée de la Vézère et des sites préhistoriques. Ouvert toute l'année.

LOISIRS ACCUEIL-SERVICE RESERVATION - 25 rue Wilson - BP 2063 - 24002 PERIGUEUX Cedex
Tél.: 05 53 35 50 00 - 05 53 35 50 24 - Fax: 05 53 35 50 41 - Email: dordogne.perigord.tourisme@wanadoo.fr - www.resinfrance.com/perigord

| MOY. SAIS. ETE | HTE SAIS. ETE | TRES HTE SAIS. | MOY. SAIS. HIV. | B. SAIS. HIV. |
|---|---|---|---|---|
| 324 | 449 | 449 | 324 | 269 |

| | | | | | | | | |
|---|---|---|---|---|---|---|---|---|
| 10 | 10 | 16 | 10 | 4 | 16 | 2 | 25 | 4 |

## N° 004004 SORGES — La Peyrasse — CM 75 pli 6

**NN** — 7 pers.

Ecomusée de la Truffe à Sorges 2 km. Périgueux 21 km. Maison indépendant dans un corps de ferme en activité. R.D.C: cuisine, micro-ondes, congélateur. Séjour, magnétoscope, téléphone portable à carte, wc. 1er étage: 2 chambres (2 lits 2 pers., 1 lit bébé), salle d'eau, wc. 2è étage: 2 chambres (3 lits 1 pers.), salle de bains. Chauffage électrique. Terrain clos, balançoire. Draps et linge de maison fournis. Sorges, pays de la truffe noire du Périgord. Les sentiers pédestres serpentent parmi les pittoresques bories de pierre sèche jusqu'aux rives de l'Isle propice à la pêche. Ouvert du 28/02 au 13/11.

LOISIRS ACCUEIL-SERVICE RESERVATION - 25 rue Wilson - BP 2063 - 24002 PERIGUEUX Cedex
Tél.: 05 53 35 50 00 - 05 53 35 50 24 - Fax: 05 53 35 50 41 - Email: dordogne.perigord.tourisme@wanadoo.fr - www.resinfrance.com/perigord

| MOY. SAIS. ETE | HTE SAIS. ETE | TRES HTE SAIS. | MOY. SAIS. HIV. | B. SAIS. HIV. | WEEK-END |
|---|---|---|---|---|---|
| 471 | 706 | 706 | 471 | 471 | 206 |

| | | | | | | | | |
|---|---|---|---|---|---|---|---|---|
| 25 | 2 | 25 | 4 | 2 | 4 | 15 | 15 | 2 |

## N° 596328 ST AUBIN DE NABIRAT — CM 75 pli 17

**NN** — 6 pers.

Sarlat 22 km. La Roque Gageac 12 km. Maison mitoyenne à une grange inoccupée. R.D.C surélevé. Séjour avec coin-cuisine, micro-ondes, congélateur, prise TV. 2 chambres (3 lits 2 pers.), salle d'eau, wc. Chauffage électrique. Abri couvert, garage. Terrain. Location de draps. Cette maison périgourdine est le point de départ idéal de visites dans le Périgord Noir. Dans la Vallée de la Dordogne, vous apprécierez la beauté des paysages, la chaleur des villages anciens et les visites des châteaux. A voir également dans le Lot: Rocamadour et Padirac. Ouvert toute l'année.

LOISIRS ACCUEIL-SERVICE RESERVATION - 25 rue Wilson - BP 2063 - 24002 PERIGUEUX Cedex
Tél.: 05 53 35 50 00 - 05 53 35 50 24 - Fax: 05 53 35 50 41 - Email: dordogne.perigord.tourisme@wanadoo.fr - www.resinfrance.com/perigord

| MOY. SAIS. ETE | HTE SAIS. ETE | TRES HTE SAIS. | MOY. SAIS. HIV. | B. SAIS. HIV. | WEEK-END |
|---|---|---|---|---|---|
| 288 | 457 | 468 | 288 | 259 | 163 |

| | | | | | | | | |
|---|---|---|---|---|---|---|---|---|
| 15 | 10 | 9 | 9 | 10 | 2 | 5 | 10 | 3 |

## N° 052052 ST FELIX DE REILHAC — Les Joinies — CM 75 pli 16

**NN** — 6 pers.

Les Eyzies 15 km. Périgueux 30 km. Sarlat 30 km. Maison indépendante dans un corps de ferme non-active. R.D.C: séjour avec coin-cuisine, micro-ondes, magnétoscope. 1 chambre (1 lit 2 pers.), salle d'eau, wc. Etage: 2 chambres (2 lits 1 pers., 1 lit 2 pers.), chauffage électrique. Terrain clos, portique. Location de draps et linge de maison. Ancien relais de poste sur la route de la Vallée de la Dordogne (Limeuil, un des plus beaux villages de France, Cingle-de-Trémolat...) et la Vallée de la Vézère et ses nombreux sites préhistoriques. Ouvert du 1er mai au 30 octobre.

LOISIRS ACCUEIL-SERVICE RESERVATION - 25 rue Wilson - BP 2063 - 24002 PERIGUEUX Cedex
Tél.: 05 53 35 50 00 - 05 53 35 50 24 - Fax: 05 53 35 50 41 - Email: dordogne.perigord.tourisme@wanadoo.fr - www.resinfrance.com/perigord

| MOY. SAIS. ETE | HTE SAIS. ETE | TRES HTE SAIS. | MOY. SAIS. HIV. | B. SAIS. HIV. | WEEK-END |
|---|---|---|---|---|---|
| 495 | 659 | 777 | 495 | 400 | 165 |

| | | | | | | | | |
|---|---|---|---|---|---|---|---|---|
| 0,5 | 0,5 | 10 | 10 | 0,5 | 5 | 10 | 10 | |

*AQUITAINE — Pictos voir p. 12*

Préparez vos vacances en vous connectant sur notre site internet et partez à la découverte de l'univers des Gîtes de France !

**http://www.gites-de-france.fr**
**e-mail : info@gites-de-france.fr**

# GIRONDE - 33

**GITES DE FRANCE** - Service Réservation - Maison du Tourisme
21, Cours de l'Intendance - 33000 BORDEAUX
Tél. 05 56 81 54 23 - Fax. 05 56 51 67 13
E.mail : gites-de-france-gironde@wanadoo.fr
www.gites-de-france-gironde.com

3615 Gites de France
RESA - 0,2 €/mn

## PERIODES TARIFAIRES
JUILLET/AOÛT : du 3.07 au 28.08 - JUIN/SEPTEMBRE/VACANCES SCOLAIRES - MOYENNE-SAISON - HORS-SAISON : autres périodes - WEEK-END : période hors-saison

### N° 1162 AVENSAN

NN  4 pers.

Maison typiquement médocaine du 19 ème mitoyenne au propriétaire, située entre vignoble et mer, dans un hameau, terrain. Cuisine avec cellier (sèche-linge), salle à manger, salon (canapé clic-clac 2 pers.). 2 chambres (1 lit 2 pers., 2 lits 1 pers.). Salle de bains/douche, wc. Chauffage central gaz. Location de draps 6 €/paire/semaine. Boulanger ambulant.

GITES DE FRANCE-SERVICE RESERVATION - Maison du Tourisme - 21 Cours de l'Intendance - 33000 BORDEAUX
Tél. : 05 56 81 54 23 - Fax : 05 56 51 67 13 - Email : gites-de-france-gironde@wanadoo.fr - www.gites-de-france-gironde.com

| HTE SAIS. | MOY. SAIS. | HORS SAIS. | WEEK-END | TRES HTE SAIS. | | | | | | | | | |
|---|---|---|---|---|---|---|---|---|---|---|---|---|---|
| 480 | 320 | 260 | 150 | 480 | 30 | 25 | 15 | 10 | 10 | 10 | 1 | 18 | 3 |

### N° 3140 BELLEFOND

NN  6 pers.

Ancienne grange familiale restaurée avec passion, au coeur du petit village de Bellefond avec jardin clos et terrain. Belle pièce à vivre avec cuisine intégrée/salle à manger/salon, wc. A l'étage : 1 chambre (1 lit 180) avec salle de bains et 1 cabine balnéo/wc, 2 chambres (1 lit 2 pers., 1 lit 160) avec salle d'eau/wc privatifs. Chauffage central par le sol. Linge de toilette et de maison fournis. Télévision avec lecteur de cassette dans chaque chambre. Accessible aux enfants à partir de 7 ans. Week-end 3 nuits : 460 €. Ouvert du 1er juin au 30 septembre.

GITES DE FRANCE-SERVICE RESERVATION - Maison du Tourisme - 21 Cours de l'Intendance - 33000 BORDEAUX
Tél. : 05 56 81 54 23 - Fax : 05 56 51 67 13 - Email : gites-de-france-gironde@wanadoo.fr - www.gites-de-france-gironde.com

| HTE SAIS. | MOY. SAIS. | HORS SAIS. | W.-E DETENTE | TRES HTE SAIS. | | | | | | | | | |
|---|---|---|---|---|---|---|---|---|---|---|---|---|---|
| 1227 | 1114 | 1144 | 409 | 1227 | 6 | 15 | 10 | 1 | 8 | 30 | 0,1 | 20 | 6 |

### N° 4186 BEYCHAC-ET-CAILLAU — Teynac

NN  4 pers.

Maison ancienne rénovée, située sur un golf 18 trous avec practice, mitoyenne à maison du propriétaire et bâtiment, avec jardin. Cuisine intégrée (micro onde), salon. A l'étage : 2 chambres (1 lit 2 pers., 2 lits 1 pers.), salle de bains, wc. Chauffage central fuel, forfait de 38 € par semaine.Possibilité location de draps (7 €/paire) et linge de maison (4 €/pers.). Possibilité de cours de golf : individuelle 20 € 1/2 heure ou 40 €/heure. collective 20 € les 2 heures.

GITES DE FRANCE-SERVICE RESERVATION - Maison du Tourisme - 21 Cours de l'Intendance - 33000 BORDEAUX
Tél. : 05 56 81 54 23 - Fax : 05 56 51 67 13 - Email : gites-de-france-gironde@wanadoo.fr - www.gites-de-france-gironde.com

| HTE SAIS. | MOY. SAIS. | HORS SAIS. | WEEK-END | TRES HTE SAIS. | | | | | | | | | |
|---|---|---|---|---|---|---|---|---|---|---|---|---|---|
| 366 | 304 | 229 | 137 | 366 | 70 | 15 | 8 | 5 | SP | 2 | 15 | 1,5 | |

### N° 2076 CAPTIEUX — Courregelongue

NN  6 pers.

Gîte aménagé dans une ancienne étable, sur une exploitation agricole biologique, à proximité de la maison de propriétaires avec 2 chambres d'hôtes. Piscine clôturée sur place avec pool house à disposition, terrain, forêt. Au coeur du Parc régional des Landes de Gascognes. Abris voitures. Cuisine aménagée (micro-ondes), coin-repas, salon. 1 chambre avec salle de bains privative (2 lits 80). 2 chambres (1 lit 2 pers., 2 lits 1 pers.). 1 salle d'eau/wc inclus. 1 wc. Magnétoscope. TARIF PROMOTIONNEL PETITES VACANCES SCOLAIRES 427 € la semaine. Location draps 7 €/paire, linge de toilette 4 €/pers.

GITES DE FRANCE-SERVICE RESERVATION - Maison du Tourisme - 21 Cours de l'Intendance - 33000 BORDEAUX
Tél. : 05 56 81 54 23 - Fax : 05 56 51 67 13 - Email : gites-de-france-gironde@wanadoo.fr - www.gites-de-france-gironde.com

| HTE SAIS. | MOY. SAIS. | HORS SAIS. | WEEK-END | W.-E DETENTE | TRES HTE SAIS. | | | | | | | | |
|---|---|---|---|---|---|---|---|---|---|---|---|---|---|
| 915 | 550 | 320 | 200 | 280 | 915 | 30 | SP | 5 | 5 | 5 | 25 | 4 | 25 | 4 |

### N° 4182 CARTELEGUE

EC  NN  4 pers.

Gîte mitoyen aux propriétaires aménagé dans un bâtiment du début du XIXème, dans le village, à proximité de la boulangerie. Grand terrain non clos, terrasse. Au rez-de-chaussée : Pièce à vivre (climatisation) cuisine aménagée/coin-salon/repas. 1er niveau : 1 chambre (1 lit 2 pers.), salle d'eau/wc. A l'étage : 1 chambre (1 lit 2 pers.), wc, espace enfant (1 lit 1 pers. d'appoint et 1 banquette convertible). Chauffage électrique régulé. Animaux acceptés avec caution de 107 €.

GITES DE FRANCE-SERVICE RESERVATION - Maison du Tourisme - 21 Cours de l'Intendance - 33000 BORDEAUX
Tél. : 05 56 81 54 23 - Fax : 05 56 51 67 13 - Email : gites-de-france-gironde@wanadoo.fr - www.gites-de-france-gironde.com

| HTE SAIS. | MOY. SAIS. | HORS SAIS. | WEEK-END | TRES HTE SAIS. | | | | | | |
|---|---|---|---|---|---|---|---|---|---|---|
| 382 | 305 | 214 | 138 | 382 | 40 | 12 | 12 | 2 | 2 | SP | 25 | SP |

# GIRONDE - 33

Périodes tarifaires p. 42

## N°1163 CUSSAC-FORT-MEDOC — Château Micalet

NN — 6 pers.

Gîte situé à l'étage d'une maison indépendante (rez de chaussée inhabité) datant de 1900 sur une exploitation viticole avec cour et jardinet. Cuisine, salon/salle à manger, 3 chambres (1 lit 2 pers., 4 lits 1 pers. dont 2 superposés), salle de bains, wc. Forfait chauffage central fuel 38 €/semaine. Possibilité location draps 6 €/paire et linge de toilette 4 €/pers. Possibilité forfait ménage fin de séjour 30 €. Location week-end sur demande.

GITES DE FRANCE-SERVICE RESERVATION - Maison du Tourisme - 21 Cours de l'Intendance 33000 BORDEAUX
Tél. : 05 56 81 54 23 - Fax : 05 56 51 67 13 - Email : gites-de-france-gironde@wanadoo.fr - www.gites-de-france-gironde.com

| HTE SAIS. | MOY. SAIS. | HORS SAIS. | TRES HTE SAIS. |
|---|---|---|---|
| 420 | 380 | 300 | 420 |

| | | | | | | | |
|---|---|---|---|---|---|---|---|
| 40 | 35 | 10 | 2 | 10 | 0,5 | 5 | 0,2 |

## N°1161 GAILLAN

NN — 4 pers.

Maison mitoyenne au propriétaire, jardin semi-clos, parking, terrasse. Grande pièce de vie : salon/salle à manger/cuisine séparée par un comptoir. 2 chambres (2 lits 2 pers.). Possibilité lit d'appoint 1 pers.. Salle de bains et douche. WC. Chauffage par le sol. Draps fournis pour les locations week-end. Possibilité de location de draps : 15.24 €/semaine. Location de linge de maison et toilette : 15.24 €/par semaine.

GITES DE FRANCE-SERVICE RESERVATION - Maison du Tourisme - 21 Cours de l'Intendance - 33000 BORDEAUX
Tél. : 05 56 81 54 23 - Fax : 05 56 51 67 13 - Email : gites-de-france-gironde@wanadoo.fr - www.gites-de-france-gironde.com

| HTE SAIS. | MOY. SAIS. | HORS SAIS. | WEEK-END | TRES HTE SAIS. |
|---|---|---|---|---|
| 686 | 514 | 514 | 183 | 686 |

| | | | | | | | |
|---|---|---|---|---|---|---|---|
| 15 | 15 | 4 | 7 | 2 | 3 | 4 | 3 |

## N°2079 LIGNAN-DE-BAZAS — Le Balastrein

NN — 4 pers.

Maison ancienne restaurée indépendante, à proximité de l'habitation des propriétaires, avec jardin semi clos. 2 chambres (1 lit 2 pers., 2 lits 1 pers.), salle de bains/wc, cuisine intégrée, salon/salle à manger. Chauffage central gaz. Draps et linge de toilette fournis. Forfait ménage en option (23 €).Possibilité accueil de chevaux (8 € par jour). Ouvert toute l'année.

GITES DE FRANCE-SERVICE RESERVATION - Maison du Tourisme - 21 Cours de l'Intendance - 33000 BORDEAUX
Tél. : 05 56 81 54 23 - Fax : 05 56 51 67 13 - Email : gites-de-france-gironde@wanadoo.fr - www.gites-de-france-gironde.com

| HTE SAIS. | MOY. SAIS. | HORS SAIS. | WEEK-END | W.-E. DETENTE | TRES HTE SAIS. |
|---|---|---|---|---|---|
| 520 | 380 | 320 | 180 | 240 | 520 |

| | | | | | | | | |
|---|---|---|---|---|---|---|---|---|
| 90 | 30 | 5 | 3 | 3 | 10 | 15 | 5 | 15 |

## N°3001 MONSEGUR

NN — 2 pers.

Ancienne tour de garde sur les remparts de Monségur, indépendant, sur plusieurs niveaux, point de vue, terrasse, terrain clos, cheminée/barbecue dans remise. Cuisine/salle à manger, salon en mezzanine (canapé-convertible 2 pers.). Une chambre (2 lits 1 pers.) située à l'étage inférieur, salle d'eau/wc. Chauffage électrique. Location draps forfait 15 € par semaine. Linge de maison et toilette 25 €.

GITES DE FRANCE-SERVICE RESERVATION - Maison du Tourisme - 21 Cours de l'Intendance - 33000 BORDEAUX
Tél. : 05 56 81 54 23 - Fax : 05 56 51 67 13 - Email : gites-de-france-gironde@wanadoo.fr - www.gites-de-france-gironde.com

| HTE SAIS. | MOY. SAIS. | HORS SAIS. | WEEK-END | W.-E. DETENTE | TRES HTE SAIS. |
|---|---|---|---|---|---|
| 400 | 315 | 200 | 100 | 140 | 400 |

| | | | | | | | | |
|---|---|---|---|---|---|---|---|---|
| 11 | 1 | 1 | 1 | 1 | 25 | 1 | 15 | 0,3 |

## N°1159 ORDONNAC — Potensac

NN — 5 pers.

Gîte aménagé à l'étage d'un ancien bâtiment agricole et mitoyen à une autre habitation, situé dans un hameau à proximité d'une route départementale, terrain commun et clos. Cuisine/espace repas et salon, 2 chambres (2 lits 2 pers., 1 lit 1 pers.), salle d'eau, wc. Chauffage électrique. Animal accepté avec caution de 107 €. Ouvert du 29 mars au 15 novembre.

GITES DE FRANCE-SERVICE RESERVATION - Maison du Tourisme - 21 Cours de l'Intendance - 33000 BORDEAUX
Tél. : 05 56 81 54 23 - Fax : 05 56 51 67 13 - Email : gites-de-france-gironde@wanadoo.fr - www.gites-de-france-gironde.com

| HTE SAIS. | MOY. SAIS. | HORS SAIS. | WEEK-END | TRES HTE SAIS. |
|---|---|---|---|---|
| 382 | 305 | 305 | 152 | 382 |

| | | | | | | | |
|---|---|---|---|---|---|---|---|
| 28 | 28 | 6 | 5 | 8 | 60 | 6 | 6 | 5 |

## N°3141 PIAN-SUR-GARONNE — Château la Piolette

NN — 2 pers.

Dépendance rénovée, indépendante, à proximité de l'habitation des propriétaires, située sur une exploitation viticole. Cour commune avec les propriétaires. Terrasse couverte avec vue sur vallons et barbecue communs avec propriétaires. Pièce à vivre avec cuisine américaine/espace détente (2 fauteuils), 1 chambre(1 lit 2 pers.) avec salle d'eau/wc. Draps et linge de toilette fournis. Buanderie attenante non communicante (lave linge, petit congélateur). Chauffage central fuel inclus. GITE BACCHUS.

GITES DE FRANCE-SERVICE RESERVATION - Maison du Tourisme - 21 Cours de l'Intendance - 33000 BORDEAUX
Tél. : 05 56 81 54 23 - Fax : 05 56 51 67 13 - Email : gites-de-france-gironde@wanadoo.fr - www.gites-de-france-gironde.com

| HTE SAIS. | MOY. SAIS. | HORS SAIS. | TRES HTE SAIS. |
|---|---|---|---|
| 280 | 260 | 230 | 280 |

| | | | | | | | |
|---|---|---|---|---|---|---|---|
| 80 | 25 | 8 | 25 | 0,6 | 2 | 5 | 2 | 5 | 3 |

AQUITAINE

Pictos voir p. 12

# GIRONDE - 33

Périodes tarifaires p. 42

## N° 4189 PINEUILH

**NN — 4 pers.**

Maison ancienne restaurée, pierres apparentes, indépendant, sur un plateau plein sud avec vue sur vignes, bois et petit village. Terrain et piscine (5x10) communs avec 2 autres gîtes sur le site. Terrasse ombragée. Parcours VTT. Cuisine équipée/repas/salon. 2 chambres (2 lits 2 pers.), salle de bains, wc. Chauffage électrique.

GITES DE FRANCE-SERVICE RESERVATION – Maison du Tourisme – 21 Cours de l'Intendance – 33000 BORDEAUX
Tél.: 05 56 81 54 23 - Fax: 05 56 51 67 13 - Email: gites-de-france-gironde@wanadoo.fr - www.gites-de-france-gironde.com

| HTE SAIS. | MOY. SAIS. | HORS SAIS. | WEEK-END | W.-E. DETENTE | TRES HTE SAIS. |
|---|---|---|---|---|---|
| 600 | 350 | 300 | 200 | 300 | 600 |

| | | | | | | | | | |
|---|---|---|---|---|---|---|---|---|---|
| 12 | SP | 5 | 5 | 18 | 8 | 2 | 5 | 5 | |

## N° 4188 PRIGNAC-MARCAMPS

**NN — 4 pers.**

Ancien chai joliment restauré, situé au cœur du vignoble des Côtes de Bourg, sur une propriété viticole, vue sur les vignes, verger, jardin clos, terrasse garage ouvert. Cuisine aménagée séparée par un comptoir/salle à manger/salon (magnétoscope) cellier, 2 chambres (1 lit 2 pers., 2 lits 1 pers.), salle d'eau, wc. Chauffage électrique. Animaux acceptés caution de 150 €. Location draps 7 €/lit. Ouvert toute l'année.

GITES DE FRANCE-SERVICE RESERVATION – Maison du Tourisme – 21 Cours de l'Intendance – 33000 BORDEAUX
Tél.: 05 56 81 54 23 - Fax: 05 56 51 67 13 - Email: gites-de-france-gironde@wanadoo.fr - www.gites-de-france-gironde.com

| HTE SAIS. | MOY. SAIS. | HORS SAIS. | WEEK-END | W.-E. DETENTE | TRES HTE SAIS. |
|---|---|---|---|---|---|
| 385 | 300 | 240 | 110 | 150 | 385 |

| | | | | | | | | | |
|---|---|---|---|---|---|---|---|---|---|
| 80 | 11 | 5 | 1 | 3 | 25 | 1 | 5 | SP | |

## N° 4187 ST-EMILION — Fortin

**NN — 6 pers.**

Spacieuse maison de famille restaurée, située au grand calme, au cœur du vignoble de St-Emilion avec jardin paysagé. 1er niveau: Grande terrasse plein sud, cuisine (micro onde), salle à manger, salon/bibliothèque, salon/boudoir, cellier (séche-linge), wc. A l'étage: 3 chambres (2 lits 2 pers., 2 lits 1 pers.) dont 1 avec salle d'eau privative, salle de bains, wc. Chauffage central fioul. Possibilité de location de draps (7 €/paire). Gîte avec alarme.

GITES DE FRANCE-SERVICE RESERVATION – Maison du Tourisme – 21 Cours de l'Intendance – 33000 BORDEAUX
Tél.: 05 56 81 54 23 - Fax: 05 56 51 67 13 - Email: gites-de-france-gironde@wanadoo.fr - www.gites-de-france-gironde.com

| HTE SAIS. | MOY. SAIS. | HORS SAIS. | WEEK-END | TRES HTE SAIS. |
|---|---|---|---|---|
| 950 | 850 | 750 | | 950 |

| | | | | |
|---|---|---|---|---|
| 5 | 15 | 20 | 5 | 5 | 2 |

## N° 4185 STE-RADEGONDE

**NN — 3 pers.**

Maison ancienne restaurée, mitoyenne à celle du propriétaire, avec jardin clos en campagne vallonnée. Cuisine/séjour/salon (convertible 2 pers.), salle d'eau, chambre/mezzanine (1 lit 2 pers., 1 lit 1 pers.). Chauffage central fuel compris. Draps, linge de toilette et 2 vélos adultes fournis.

GITES DE FRANCE-SERVICE RESERVATION – Maison du Tourisme – 21 Cours de l'Intendance – 33000 BORDEAUX
Tél.: 05 56 81 54 23 - Fax: 05 56 51 67 13 - Email: gites-de-france-gironde@wanadoo.fr - www.gites-de-france-gironde.com

| HTE SAIS. | MOY. SAIS. | HORS SAIS. | WEEK-END | TRES HTE SAIS. |
|---|---|---|---|---|
| 320 | 290 | 290 | 125 | 320 |

| | | | | | | |
|---|---|---|---|---|---|---|
| 9 | 9 | 2 | 2 | 9 | 5 | 9 | 5 |

## N° 4172 STE-TERRE — Lavagnac

**NN — 2 pers.**

Gîte mitoyen au propriétaire, dans une maison du XVIIIème, 2 chambres d'hôtes sur la propriété, située dans un grand parc, jardin et terrasse privés. Pièce à vivre cuisine aménagée/salon. A l'étage: 1 chambre (1 lit 160), possibilité 2 lits supplémentaires en mezzanine (2 lits 1 pers.), salle d'eau, wc.

France PRAT - Lavagnac - 33350 STE-TERRE
Tél.: 05 57 47 13 74 - Email: france.prat@wanadoo.fr - http://perso.wanadoo.fr/france.prat

| HTE SAIS. | MOY. SAIS. | HORS SAIS. | WEEK-END |
|---|---|---|---|
| 356 | 356 | 290 | 142 |

| | | | | | | | |
|---|---|---|---|---|---|---|---|
| 60 | 2 | 7 | 7 | SP | 1 | 30 | 2 | 10 | SP |

## N° 4190 ST-GENES-DE-CASTILLON — Le Grand Maine

**NN — 6 pers.**

Maison ancienne du 19ème adossée à des chais viticoles et mitoyenne à autre habitation située dans un hameau avec jardin sur différents niveaux et cour close. Cuisine (micro onde), salle à manger, salon, wc. A l'étage: 2 chambres (3 lits 2 pers., 1 lit bébé), salle d'eau. Chauffage central gaz (forfait 60 €/semaine). Possibilité location de draps (7 €/paire). Location draps et linge de toilette 38 €.

GITES DE FRANCE-SERVICE RESERVATION – Maison du Tourisme – 21 Cours de l'Intendance – 33000 BORDEAUX
Tél.: 05 56 81 54 23 - Fax: 05 56 51 67 13 - Email: gites-de-france-gironde@wanadoo.fr - www.gites-de-france-gironde.com

| HTE SAIS. | MOY. SAIS. | HORS SAIS. | TRES HTE SAIS. |
|---|---|---|---|
| 400 | 290 | 250 | 400 |

| | | | | | |
|---|---|---|---|---|---|
| 15 | 6 | 6 | 6 | 1 | 10 | 6 |

# GIRONDE - 33

Périodes tarifaires p. 42

### N° 2080    ST-SYMPHORIEN    Les Crabeys

| NN | 4 pers. | | | | | |

Maison de pays du 18ème indépendante, entièrement restaurée, située dans un airial du Parc Naturel des Landes de Gascogne avec grand terrain arboré, aux abords de la forêt. Cuisine intégrée/repas, salon, 2 chambres (2 lits 1 pers., 1 lit 160), salle de bains, wc, abri couvert. Chauffage central gaz. Piste cyclable à 500m. Location draps 8 €. Linge de toilette 5 €/pers.

GITES DE FRANCE-SERVICE RESERVATION - Maison du Tourisme - 21 Cours de l'Intendance - 33000 BORDEAUX
Tél. : 05 56 81 54 23 - Fax : 05 56 51 67 13 - Email : gites-de-france-gironde@wanadoo.fr

| HTE SAIS. | MOY. SAIS. | HORS SAIS. | TRES HTE SAIS. | | | | | | | | | |
|---|---|---|---|---|---|---|---|---|---|---|---|---|
| 540 | 420 | 370 | 540 | 50 | 7 | 15 | 15 | 7 | 6 | 25 | 6 | 25 | 6 |

### N° 4183    ST-YZAN-DE-SOUDIAC

| NN | 6 pers. | | | | |

Gite aménagé dans une maison du XIXème, mitoyen au propriétaire, au coeur de la campagne, grand jardin arboré, abri voiture et vélos, véranda/salon d'été, 2 vélos à disposition. Cuisine aménagée (micro ondes), cellier, salle à manger/salon (magnétoscope), 2 chambres (2 lits 2 pers., 1 lit 1 pers., 1 lit appoint 1 pers.), salle de bains (douche hydro-jet), wc. Chauffage.

GITES DE FRANCE-SERVICE RESERVATION - Maison du Tourisme - 21 Cours de l'Intendance - 33000 BORDEAUX
Tél. : 05 56 81 54 23 - Fax : 05 56 51 67 13 - Email : gites-de-france-gironde@wanadoo.fr - www.gites-de-france-gironde.com

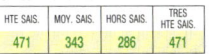

| HTE SAIS. | MOY. SAIS. | HORS SAIS. | TRES HTE SAIS. | | | | | | | | |
|---|---|---|---|---|---|---|---|---|---|---|---|
| 471 | 343 | 286 | 471 | 70 | 6 | 15 | 10 | 3 | 1 | 10 | 3 | 3 | 3 |

### N° 4191    TARNES

| EC | NN | 6 pers. | | | |

Maison rénovée indépendante située dans le vignoble du Fronsadais et des Bordeaux, à proximité des propriétaires, terrain privatif sur propriété close, terrasse, garage. Cuisine aménagée, salon/salle à manger, 3 chambres (3 lits 2 pers.), salle d'eau, wc. Chauffage électrique. Linge de maison et de toilette fournis.

GITES DE FRANCE-SERVICE RESERVATION - Maison du Tourisme - 21 Cours de l'Intendance - 33000 BORDEAUX
Tél. : 05 56 81 54 23 - Fax : 05 56 51 67 13 - Email : gites-de-france-gironde@wanadoo.fr - www.gites-de-france-gironde.com

| HTE SAIS. | MOY. SAIS. | HORS SAIS. | WEEK-END | | | | | | | | |
|---|---|---|---|---|---|---|---|---|---|---|---|
| 535 | 427 | 335 | 200 | 65 | 15 | 3 | 5 | 30 | 0,5 | 5 | 3 |

### N° 1153    VENDAYS-MONTALIVET    Le Dehes

| NN | 4 pers. | | | | | | |

Gite mitoyen au propriétaire, 3 chambres d'hôtes sur place. Terrasse couverte. Cour en cailloux lavés semi-clos. Pièce à vivre avec espace cuisine (micro ondes), cellier, coin-repas, salon avec canapé clic-clac (2 pers.). 2 chambres (1 lit 2 pers., 2 lits 1 pers.), salle d'eau/wc. Chauffage électrique. Chaise bébé. Possibilité location linge de toilette. Draps fournis.

GITES DE FRANCE-SERVICE RESERVATION - Maison du Tourisme - 21 Cours de l'Intendance - 33000 BORDEAUX
Tél. : 05 56 81 54 23 - Fax : 05 56 51 67 13 - Email : gites-de-france-gironde@wanadoo.fr - www.gites-de-france-gironde.com

| HTE SAIS. | MOY. SAIS. | HORS SAIS. | TRES HTE SAIS. | | | | | | | | |
|---|---|---|---|---|---|---|---|---|---|---|---|
| 574 | 436 | 436 | 574 | 10 | 10 | 12 | 10 | 6 | 50 | 2 | 12 | 2 |

**AQUITAINE**    Pictos voir p. 12

# LANDES - 40

GITES DE FRANCE - Service Réservation - Accueil Landes
Chambre d'Agriculture - Cité Galliane B.P. 279 - 40005 MONT-DE-MARSAN Cédex
Tél. 05 58 85 44 44 - Fax. 05 58 85 44 45
E-mail : resa40@landes.chambagri.fr - www.gites-de-france-landes.com

---

### N° 10280 BELIS — CM 79 pli 11
**NN — 5 pers.**

Gîte indépendant en rez de chaussée et étage sur terrain non-clos de 3500 m2, salon, salle de séjour coin-cuisine, salle d'eau, 3 chambres (1 lit 90, 2 lits 140), congélateur, téléphone, chauffage gaz, terrasse couverte, abri et piscine commune avec propriétaire. Ouvert toute l'année.

GITES DE FRANCE-SERVICE RESERVATION – Chambre d'Agriculture - Cité Galliane - BP 279 - 40005 MONT-DE-MARSAN Cedex
Tél. : 05 58 85 44 44 - Fax : 05 58 85 44 45 - Email : resa40@landes.chambagri.fr - www.gites-de-france-landes.com

| BASSE SAIS. | VAC. SCOL. | MOY. SAIS. | HTE SAIS. | WEEK-END | | | | | | | | |
|---|---|---|---|---|---|---|---|---|---|---|---|---|
| 315 | 315 | 450 | 530 | 155 | 20 | 70 | 5 | SP | 5 | 65 | 25 | 4,5 |

---

### N° 10525 BELUS — Ber Air — CM 78 pli 17
**NN — 4 pers.**

Dans maison de maitre du 18ème gîte mitoyen au propriétaire, rez de chaussée, salle de séjour coin-cuisine, salle d'eau, 2 chambres (2 lits 90, 1 lit 140), micro-ondes, chauffage au fuel, draps fournis, terrain non clos de 1000 m2, terrasse, balançoire. Ouvert toute l'année.

GITES DE FRANCE-SERVICE RESERVATION – Chambre d'Agriculture - Cité Galliane - BP 279 - 40005 MONT-DE-MARSAN Cedex
Tél. : 05 58 85 44 44 - Fax : 05 58 85 44 45 - Email : resa40@landes.chambagri.fr - www.gites-de-france-landes.com

| BASSE SAIS. | VAC. SCOL. | MOY. SAIS. | HTE SAIS. | WEEK-END | | | | | | | | |
|---|---|---|---|---|---|---|---|---|---|---|---|---|
| 230 | 305 | 385 | 535 | 155 | 6 | 10 | 35 | 30 | 6 | 6 | 30 | 6 | 6 |

---

### N° 20457 BONNEGARDE — CM 78 pli 7
**NN — 8 pers.**

Gîte indépendant en rez de chaussée et étage, cuisine, salon/salle à manger, salle de jeux, salles d'eau, 4 chambres (à l'étage, 2 lits 160, 1 lit 140, 2 lits 90), micro-ondes, chauffage au gaz, terrain non clos, terrasse, piscine commune avec propriétaires. Ouvert toute l'année.

Michel & Marie-Josée CAZAUX – 282 chemin de Sallespisses - 40330 BONNEGARDE
Tél. : 05 58 89 24 13 - Fax : 05 58 89 24 13

| BASSE SAIS. | VAC. SCOL. | MOY. SAIS. | HTE SAIS. | WEEK-END | | | | | | | | |
|---|---|---|---|---|---|---|---|---|---|---|---|---|
| 305 | 380 | 460 | 610 | 230 | 10 | 10 | 25 | 80 | 4 | SP | 4 | 90 | 10 | 4 |

---

### N° 10312 BORDERES-ET-LAMENSANS — CM 82 pli 1
**NN — 5 pers.**

Gîte mitoyen à un autre en rez de chaussée et étage sur terrain non clos, cuisine, séjour/salon, salle d'eau, 2 chambres (1 lit 120, 2 lits 140, lit bébé), micro-ondes, congélateur, téléphone, chauffage électrique, terrasse, cour close, abri couvert. Ouvert toute l'année.

GITES DE FRANCE-SERVICE RESERVATION – Chambre d'Agriculture - Cité Galliane - BP 279 - 40005 MONT-DE-MARSAN Cedex
Tél. : 05 58 85 44 44 - Fax : 05 58 85 44 45 - Email : resa40@landes.chambagri.fr - www.gites-de-france-landes.com

| BASSE SAIS. | VAC. SCOL. | MOY. SAIS. | HTE SAIS. | WEEK-END | | | | | | | |
|---|---|---|---|---|---|---|---|---|---|---|---|
| 250 | 250 | 315 | 450 | 120 | 15 | 15 | 15 | 90 | 2 | 2 | 15 | 5 |

---

### N° 10313 BORDERES-ET-LAMENSANS — CM 82 pli 1
**NN — 6 pers.**

Gîte mitoyen à un autre en rez de chaussée et étage sur terrain non clos, cuisine, salle à manger coin-salon, salle d'eau, 3 chambres (2 lit 120, 2 lits 140, lit bébé), micro-ondes, congélateur, téléphone, chauffage électrique, terrasse, cour close. Ouvert toute l'année.

GITES DE FRANCE-SERVICE RESERVATION – Chambre d'Agriculture - Cité Galliane - BP 279 - 40005 MONT-DE-MARSAN Cedex
Tél. : 05 58 85 44 44 - Fax : 05 58 85 44 45 - Email : resa40@landes.chambagri.fr - www.gites-de-france-landes.com

| BASSE SAIS. | VAC. SCOL. | MOY. SAIS. | HTE SAIS. | WEEK-END | | | | | | | |
|---|---|---|---|---|---|---|---|---|---|---|---|
| 275 | 275 | 345 | 485 | 145 | 15 | 15 | 15 | 90 | 2 | 2 | 15 | 5 |

# LANDES - 40

## N° 10526 — CAGNOTTE — Au Tuc — CM 78 pli 7

**NN — 4 pers.**

Gîte mitoyen au propriétaire en rez de chaussée, salle de séjour coin cuisine, 1 chambre + mezzanine (1 lit 140, 2 lits 90, 1 lit enfant), salle d'eau, chauffage au fuel, micro-ondes, congélateur, portable, terrain partiellement clos, terrasse, piscine commune avec propriétaire. Ouvert toute l'année.

GITES DE FRANCE-SERVICE RESERVATION - Chambre d'Agriculture - Cité Galliane - BP 279 - 40005 MONT-DE-MARSAN Cedex
Tél. : 05 58 85 44 44 - Fax: 05 58 85 44 45 - Email: resa40@landes.chambagri.fr - www.gites-de-france-landes.com

| BASSE SAIS. | VAC. SCOL. | MOY. SAIS. | HTE SAIS. | WEEK-END |
|---|---|---|---|---|
| 205 | 245 | 340 | 405 | 95 |

| | | | | | | | | | |
|---|---|---|---|---|---|---|---|---|---|
| 8 | 6 | 25 | 25 | 6 | SP | 5 | 25 | 6 | 1 |

## N° 10275 — CAMPET-LAMOLERE — Jean Baylet — CM 78 pli 6

**NN — 6 pers.**

Ferme restaurée du 17ème siècle en rez de chaussée, salon, salle de séjour-coin cuisine, salle d'eau, salle de bains dans 1 des chambres, 3 chambres (4 lits 90, 1 lit 140), terrain clos de 1.8 ha, terrasse, abri couvert, micro-ondes, congélateur, parabole, téléphone restreint, draps fournis. Chauffage électrique. Ouvert toute l'année.

GITES DE FRANCE-SERVICE RESERVATION - Chambre d'Agriculture - Cité Galliane - BP 279 - 40005 MONT-DE-MARSAN Cedex
Tél. : 05 58 85 44 44 - Fax: 05 58 85 44 45 - Email: resa40@landes.chambagri.fr - www.gites-de-france-landes.com

| BASSE SAIS. | VAC. SCOL. | MOY. SAIS. | HTE SAIS. | WEEK-END |
|---|---|---|---|---|
| 280 | 380 | 450 | 520 | 145 |

| | | | | | | | | | |
|---|---|---|---|---|---|---|---|---|---|
| 4 | 1 | 10 | 70 | 0,8 | 4 | 4 | 90 | 5 | 4 |

## N° 10477 — CASSEN — Pipé — CM 78 pli 6

**NN — 6 pers.**

Gîte indépendant en rez de chaussée et étage (2 chambres), cuisine, salle à manger, salon, salle d'eau, 3 chambres (3 lits 140), micro-ondes, téléphone téléséjour, terrasse, cour, balançoire, poêles à bois. Ouvert toute l'année.

GITES DE FRANCE-SERVICE RESERVATION - Chambre d'Agriculture - Cité Galliane - BP 279 - 40005 MONT-DE-MARSAN Cedex
Tél. : 05 58 85 44 44 - Fax: 05 58 85 44 45 - Email: resa40@landes.chambagri.fr - www.gites-de-france-landes.com

| BASSE SAIS. | VAC. SCOL. | MOY. SAIS. | HTE SAIS. | WEEK-END |
|---|---|---|---|---|
| 225 | 240 | 340 | 450 | 140 |

| | | | | | | | | | |
|---|---|---|---|---|---|---|---|---|---|
| 1 | 6 | 60 | 50 | 0,4 | 5 | 2 | 60 | 15 | 8 |

## N° 10478 — FARGUES — CM 82 pli 1

**NN — 6 pers.**

Gîte mitoyen à d'autres bâtiments en rez de chaussée et étage, cuisine, salle à manger, salon, salle de bains, 3 chambres (2 lits 140, 2 lits 90), poele à bois dans le salon, chauffage électrique, terrain clos, terrasse, garage, cour, téléphone. Ouvert toute l'année.

GITES DE FRANCE-SERVICE RESERVATION - Chambre d'Agriculture - Cité Galliane - BP 279 - 40005 MONT-DE-MARSAN Cedex
Tél. : 05 58 85 44 44 - Fax: 05 58 85 44 45 - Email: resa40@landes.chambagri.fr - www.gites-de-france-landes.com

| BASSE SAIS. | VAC. SCOL. | MOY. SAIS. | HTE SAIS. |
|---|---|---|---|
| 175 | 195 | 225 | 335 |

| | | | | | | |
|---|---|---|---|---|---|---|
| 15 | 15 | 10 | 90 | 5 | 6 | 6 | 20 | 6 |

## N° 20623 — GASTES — CM 78 pli 13

**NN — 5 pers.**

Gîte mitoyen à un autre hébergement, en rez de chaussée, salle de séjour coin cuisine, salle d'eau, 2 chambres (2 lits 140, 1 lit 90), chauffage électrique, congélateur, prise télévision, terrain clos, terrasse, cour. Ouvert toute l'année.

Chantal OBAYA - 406 rue de Hillot - 40160 GASTES
Tél. : 05 58 09 73 84

| BASSE SAIS. | VAC. SCOL. | MOY. SAIS. | HTE SAIS. | WEEK-END |
|---|---|---|---|---|
| 135 | 140 | 150 | 365 | 95 |

| | | | | | | | | | |
|---|---|---|---|---|---|---|---|---|---|
| 9 | 3 | 18 | 20 | 0,3 | 16 | 1,5 | 0,3 | 20 | 9 |

## N° 10717 — GOURBERA — Petit Rabel — CM 78 pli 6

**NN — 6 pers.**

Gîte indépendant en totalité en rez de chaussée, sur terrain de 800 M2, cuisine, salon-salle à manger, salle de bains, 3 chambres (2 lits 140 et 2 lits 90, lit enfant sur demande), micro-ondes, congélateur, abri couvert, chauffage au gaz. Ouvert toute l'année.

GITES DE FRANCE-SERVICE RESERVATION - Chambre d'Agriculture - Cité Galliane - BP 279 - 40005 MONT-DE-MARSAN Cedex
Tél. : 05 58 85 44 44 - Fax: 05 58 85 44 45 - Email: resa40@landes.chambagri.fr - www.gites-de-france-landes.com

| BASSE SAIS. | VAC. SCOL. | MOY. SAIS. | HTE SAIS. | WEEK-END |
|---|---|---|---|---|
| 265 | 315 | 375 | 440 | 145 |

| | | | | | | | | |
|---|---|---|---|---|---|---|---|---|
| 22 | 10 | 22 | 30 | 13 | 12 | 1,5 | 35 | 13 | 7 |

AQUITAINE — Pictos voir p. 12

# LANDES - 40

## N° 10435 LARBEY — Peyrouton — CM 78 pli 7

**NN  6 pers.**

Gîte indépendant sur exploitation agricole, en rez de chaussée et étage, cuisine, cheminée-insert, salon, salle à manger, salle de bains (baignoire sabot), 3 chambres (3 lits 140, 1 lit bébé), chauffage au fuel, micro-ondes, terrain non clos, terrasse, abri garage. Ouvert toute l'année.

GITES DE FRANCE-SERVICE RESERVATION - Chambre d'Agriculture - Cité Galliane - BP 279 - 40005 MONT-DE-MARSAN Cedex
Tél. : 05 58 85 84 44 - Fax : 05 58 85 44 45 - Email : resa40@landes.chambagri.fr - www.gites-de-france-landes.com

| BASSE SAIS. | VAC. SCOL. | MOY. SAIS. | HTE SAIS. | WEEK-END |
|---|---|---|---|---|
| 180 | 210 | 240 | 400 | 110 |

| | | | | | | | | | | |
|---|---|---|---|---|---|---|---|---|---|---|
| 15 | 8 | 30 | 60 | 2 | 12 | 12 | 50 | 30 | 8 | |

## N° 10723 LESPERON — Maou — CM 78 pli 5

**NN  6 pers.**

Belle maison de caractère à colombage, indépendante sur un terrain de 8500 m², salle de séjour coin-cuisine et coin-salon, 2 salles d'eau, 3 chambres (1 lit 140, 4 lits 90), micro-ondes, téléphone, chauffage électrique, matériel bébé, terrasse, piscine commune avec les propriétaires, toboggan, draps fournis... Ouvert à partir de début février.

GITES DE FRANCE-SERVICE RESERVATION - Chambre d'Agriculture - Cité Galliane - BP 279 - 40005 MONT-DE-MARSAN Cedex
Tél. : 05 58 85 84 44 - Fax : 05 58 85 44 45 - Email : resa40@landes.chambagri.fr - www.gites-de-france-landes.com

| BASSE SAIS. | VAC. SCOL. | MOY. SAIS. | HTE SAIS. |
|---|---|---|---|
| 295 | 295 | 390 | 580 |

| | | | | | | | | | |
|---|---|---|---|---|---|---|---|---|---|
| 13 | 10 | 25 | 22 | SP | 3 | 17 | 25 | 3 | |

## N° 10725 LESPERON — Rouncaou — CM 78 pli 5

**NN  5 pers.**

Gîte indépendant en rez de chaussée et mezzanine (2 lits 90) sur exploitation agricole, salle de séjour coin cuisine, 2 salles d'eau, 2 chambres (2 lits 140), micro-ondes, chauffage électrique, terrain non clos, ping-pong. Draps fournis. Ouvert toute l'année.

GITES DE FRANCE-SERVICE RESERVATION - Chambre d'Agriculture - Cité Galliane - BP 279 - 40005 MONT-DE-MARSAN Cedex
Tél. : 05 58 85 84 44 - Fax : 05 58 85 44 45 - Email : resa40@landes.chambagri.fr - www.gites-de-france-landes.com

| BASSE SAIS. | VAC. SCOL. | MOY. SAIS. | HTE SAIS. | WEEK-END |
|---|---|---|---|---|
| 375 | 375 | 380 | 545 | 185 |

| | | | | | | | | |
|---|---|---|---|---|---|---|---|---|
| 7 | 15 | 30 | 25 | 7 | 15 | 6 | 20 | 20 | 7 |

## N° 10721 LINXE — CM 78 pli 15

**NN  2 pers.**

Gîte situé dans un quartier résidentiel, mitoyen à la maison des propriétaires en rez de chaussée, cuisine, chambre (lit 140), salle d'eau, micro-ondes, chauffage électrique, terrain clos avec partie privative, terrasse, abri vélo. Ouvert toute l'année.

GITES DE FRANCE-SERVICE RESERVATION - Chambre d'Agriculture - Cité Galliane - BP 279 - 40005 MONT-DE-MARSAN Cedex
Tél. : 05 58 85 84 44 - Fax : 05 58 85 44 45 - Email : resa40@landes.chambagri.fr - www.gites-de-france-landes.com

| BASSE SAIS. | VAC. SCOL. | MOY. SAIS. | HTE SAIS. | WEEK-END |
|---|---|---|---|---|
| 170 | 205 | 240 | 345 | 110 |

| | | | | | | | | | |
|---|---|---|---|---|---|---|---|---|---|
| 5 | 5 | 10 | 10 | 5 | 25 | 0,5 | 5 | 32 | 0,5 |

## N° 10724 LINXE — CM 78 pli 15

**NN  2 pers.**

Gîte mitoyen à d'autres bâtiments en rez de chaussée sur terrain clos, salle de séjour coin-cuisine, cabine (1 lit 140), salle de bains, lave-linge et sèche-linge commun, chauffage électrique, terrasse. Draps fournis. Ouvert toute l'année.

GITES DE FRANCE-SERVICE RESERVATION - Chambre d'Agriculture - Cité Galliane - BP 279 - 40005 MONT-DE-MARSAN Cedex
Tél. : 05 58 85 84 44 - Fax : 05 58 85 44 45 - Email : resa40@landes.chambagri.fr - www.gites-de-france-landes.com

| BASSE SAIS. | VAC. SCOL. | MOY. SAIS. | HTE SAIS. | WEEK-END |
|---|---|---|---|---|
| 235 | 235 | 275 | 400 | 120 |

| | | | | | | | | | |
|---|---|---|---|---|---|---|---|---|---|
| 10 | 10 | 25 | 18 | 10 | 30 | 9 | 20 | 30 | 7 |

## N° 10279 LUGLON — Bos de Bise — CM 78 pli 5

**NN  5 pers.**

Gîte indépendant en rez de chaussée sur airial non clos, salon, salle de séjour coin-cuisine, salle d'eau, 3 chambres (2 lits 140, 1 lit 120), téléphone, micro-ondes, congélateur, cheminée insert, chauffage électrique et au fuel, terrasse, abri couvert, balançoire. Ouvert toute l'année.

GITES DE FRANCE-SERVICE RESERVATION - Chambre d'Agriculture - Cité Galliane - BP 279 - 40005 MONT-DE-MARSAN Cedex
Tél. : 05 58 85 84 44 - Fax : 05 58 85 44 45 - Email : resa40@landes.chambagri.fr - www.gites-de-france-landes.com

| BASSE SAIS. | VAC. SCOL. | MOY. SAIS. | HTE SAIS. | WEEK-END |
|---|---|---|---|---|
| 365 | 395 | 440 | 590 | 120 |

| | | | | | | | | | |
|---|---|---|---|---|---|---|---|---|---|
| 12 | 10 | 32 | 50 | 15 | 6 | 1 | 45 | 20 | 6 |

# LANDES - 40

## N° 10841 MAGESCQ — CM 78 pli 16
**NN — 4 pers.**

Gîte mitoyen à d'autres bâtiments, salle de séjour coin cuisine, salle d'eau, 1 chambre (2 lits 90, 1 lit bébé), 1 lit tiroir dans le séjour (2 lits 90), micro-ondes, chauffage électrique, terrasse, cour, terrain non clos. Draps fournis. Ouvert toute l'année.

GITES DE FRANCE-SERVICE RESERVATION - Chambre d'Agriculture - Cité Galliane - BP 279 - 40005 MONT-DE-MARSAN Cedex
Tél. : 05 58 85 44 44 - Fax : 05 58 85 44 45 - Email : resa40@landes.chambagri.fr - www.gites-de-france-landes.com

| BASSE SAIS. | VAC. SCOL. | MOY. SAIS. | HTE SAIS. | WEEK-END |
|---|---|---|---|---|
| 275 | 330 | 395 | 610 | 110 |

| | | | | | | | | | |
|---|---|---|---|---|---|---|---|---|---|
| 15 | 15 | 12 | 3 | 15 | 2 | 12 | 15 | 2 | |

## N° 20857 MAGESCQ — Le Cassouat — CM 78 pli 16
**NN — 2 pers.**

Gîte mitoyen au propriétaire en rez de chaussée sur exploitation agricole, cuisine, salle d'eau, 1 chambre (1 lit 140), combiné four micro-ondes, chauffage au fuel, parc, terrasse, étang. Ouvert toute l'année.

Marlène DESBIEYS - 314 route d'Herm - Le Cassouat - 40140 MAGESCQ
Tél. : 05 58 47 71 55

| BASSE SAIS. | VAC. SCOL. | MOY. SAIS. | HTE SAIS. | WEEK-END |
|---|---|---|---|---|
| 250 | 300 | 350 | 460 | 110 |

| | | | | | | | | | |
|---|---|---|---|---|---|---|---|---|---|
| 18 | 10 | 17 | 18 | SP | 12 | 1,5 | 10 | 15 | 1,5 |

## N° 10480 MAYLIS — Ferme St-Germain — CM 78 pli 7
**NN — 4 pers.**

Gîte mitoyen à un autre en rez de chaussée et étage, sur exploitation agricole, salle de séjour coin-cuisine, salon, salle de bains, 2 chambres (1 lit 140, 2 lits 90), micro-ondes, portable, chauffage électrique, terrain non clos, meubles de jardin, terrasse, cour. Ouvert toute l'année.

GITES DE FRANCE-SERVICE RESERVATION - Chambre d'Agriculture - Cité Galliane - BP 279 - 40005 MONT-DE-MARSAN Cedex
Tél. : 05 58 85 44 44 - Fax : 05 58 85 44 45 - Email : resa40@landes.chambagri.fr - www.gites-de-france-landes.com

| BASSE SAIS. | VAC. SCOL. | MOY. SAIS. | HTE SAIS. |
|---|---|---|---|
| 225 | 240 | 300 | 450 |

| | | | | | | | | | |
|---|---|---|---|---|---|---|---|---|---|
| 15 | 10 | 9 | 60 | 1 | 10 | 9 | 60 | 30 | 7 |

## N° 10481 MAYLIS — Ferme St-Germain — CM 78 pli 7
**NN — 6 pers.**

Gîte mitoyen à un autre en rez de chaussée et étage, sur exploitation agricole, salle de séjour coin-cuisine, salon, salle de bains, salle d'eau, 3 chambres (3 lits 140), micro-ondes, portable, chauffage électrique, terrain non clos, terrasse, cour. Ouvert toute l'année.

GITES DE FRANCE-SERVICE RESERVATION - Chambre d'Agriculture - Cité Galliane - BP 279 - 40005 MONT-DE-MARSAN Cedex
Tél. : 05 58 85 44 44 - Fax : 05 58 85 44 45 - Email : resa40@landes.chambagri.fr - www.gites-de-france-landes.com

| BASSE SAIS. | VAC. SCOL. | MOY. SAIS. | HTE SAIS. |
|---|---|---|---|
| 245 | 260 | 365 | 490 |

| | | | | | | | | | |
|---|---|---|---|---|---|---|---|---|---|
| 15 | 10 | 9 | 60 | 1 | 10 | 9 | 60 | 30 | 7 |

## N° 20859 MESSANGES — Carraou — CM 78 pli 16
**NN — 3 pers.**

Gîte mitoyen à un autre en rez de chaussée, salle de séjour coin-cuisine, salle d'eau, 1 chambre (1 lit 140, 1 lit 90), terrain clos, meubles de jardin, barbecue, terrasse, abri couvert, chauffage électrique, micro-ondes, prise télévision. Ouvert toute l'année.

Claude MORA - Couchitre - 40140 SOUSTONS
Tél. : 05 58 48 05 64 - 06 82 18 49 64 - Fax : 05 58 48 27 78 - Email : moraclaude@wanadoo.fr

| BASSE SAIS. | VAC. SCOL. | MOY. SAIS. | HTE SAIS. | WEEK-END |
|---|---|---|---|---|
| 150 | 180 | 220 | 305 | 100 |

| | | | | | | | | | |
|---|---|---|---|---|---|---|---|---|---|
| 8 | 3 | 3 | 2,5 | 2 | 2 | 2 | 2 | 25 | 1 |

## N° 20860 MESSANGES — Petit Carraou — CM 78 pli 16
**NN — 3 pers.**

Gîte mitoyen à un autre en rez de chaussée, salle de séjour coin-cuisine, salle d'eau, 1 chambre (1 lit 140, 1 lit 90), terrain clos, meubles de jardin, barbecue, terrasse, abri couvert, chauffage électrique, micro-ondes, prise télévision. Ouvert toute l'année.

Claude MORA - Couchitre - 40140 SOUSTONS
Tél. : 05 58 48 05 64 - 06 82 18 49 64 - Fax : 05 58 48 27 78 - Email : moraclaude@wanadoo.fr

| BASSE SAIS. | VAC. SCOL. | MOY. SAIS. | HTE SAIS. | WEEK-END |
|---|---|---|---|---|
| 150 | 180 | 220 | 305 | 100 |

| | | | | | | | | | |
|---|---|---|---|---|---|---|---|---|---|
| 8 | 3 | 3 | 2,5 | 2 | 2 | 2 | 2 | 25 | 1 |

# LANDES - 40

## N° 10476 MIMBASTE — CM 78 pli 7

**NN  4 pers.**

Gîte mitoyen au garage de la propriétaire sur un terrain non clos en rez-de-chaussée et étage, salle de séjour coin-cuisine, salon, salle de bains, 2 chambres (1 lit 140, 2 lits 90), micro ondes, téléphone sce restreint, chauffage électrique, abri couvert. Draps fournis Ouvert toute l'année.

GITES DE FRANCE-SERVICE RESERVATION – Chambre d'Agriculture - Cité Galliane - BP 279 – 40005 MONT-DE-MARSAN Cedex
Tél. : 05 58 85 44 44 - Fax : 05 58 85 44 45 - Email : resa40@landes.chambagri.fr - www.gites-de-france-landes.com

| BASSE SAIS. | VAC. SCOL. | MOY. SAIS. | HTE SAIS. | WEEK-END |
|---|---|---|---|---|
| 235 | 285 | 330 | 470 | 150 |

| | | | | | | | | | | |
|---|---|---|---|---|---|---|---|---|---|---|
| 15 | 11 | 50 | 50 | 1 | 8 | 2 | 50 | 11 | 2 |

## N° 10314 MIRAMONT-SENSACQ — Petit Marsan-Ferme du Marsan — CM 82 pli 1

**NN  2 pers.**

Gîte mitoyen à un autre, à l'étage à proximité d'un chemin de Saint Jacques de Compostelle sur exploitation agricole, salle de séjour coin-cuisine, salle d'eau, 1 chambre (1 lit 140), micro- ondes, chauffage électrique, matériel bébé sur demande, terrain non clos, terrasse sur le balcon, cour, ping-pong. Ouvert toute l'année.

GITES DE FRANCE-SERVICE RESERVATION – Chambre d'Agriculture - Cité Galliane - BP 279 – 40005 MONT-DE-MARSAN Cedex
Tél. : 05 58 85 44 44 - Fax : 05 58 85 44 45 - Email : resa40@landes.chambagri.fr

| BASSE SAIS. | VAC. SCOL. | MOY. SAIS. | HTE SAIS. | WEEK-END |
|---|---|---|---|---|
| 105 | 105 | 125 | 180 | 85 |

| | | | | | | | | |
|---|---|---|---|---|---|---|---|---|
| 20 | 10 | 10 | 100 | 5 | 6 | 6 | 35 | 6 |

## N° 10315 MIRAMONT-SENSACQ — Grand Marsan-Ferme du Marsan — CM 82 pli 1

**NN  8 pers.**

Gîte mitoyen à un autre en rez de chaussée et étage sur exploitation agricole, salle de séjour coin-cuisine, salle de bains, salle d'eau, 4 chambres (2 lits 140, 4 lits 90), micro- ondes, télévision, terrasse, terrain non clos, chauffage électrique, matériel bébé sur demande, sèche-linge. Ouvert toute l'année.

GITES DE FRANCE-SERVICE RESERVATION – Chambre d'Agriculture - Cité Galliane - BP 279 – 40005 MONT-DE-MARSAN Cedex
Tél. : 05 58 85 44 44 - Fax : 05 58 85 44 45 - Email : resa40@landes.chambagri.fr - www.gites-de-france-landes.com

| BASSE SAIS. | VAC. SCOL. | MOY. SAIS. | HTE SAIS. | WEEK-END |
|---|---|---|---|---|
| 265 | 265 | 290 | 490 | 235 |

| | | | | | | | |
|---|---|---|---|---|---|---|---|
| 20 | 10 | 10 | 5 | 6 | 6 | 35 | 6 |

## N° 10621 ONESSE-ET-LAHARIE — CM 78 pli 5

**4 pers.**

Gîte mitoyen à d'autres bâtiments, sur exploitation agricole, en rez de chaussée, salle de séjour-coin cuisine, salle de bains, 2 chambres (4 lits 90), terrain non clos, terrasse, abri couvert, chauffage électrique. Ouvert toute l'année sauf du 1er mars au 10 juin.

GITES DE FRANCE-SERVICE RESERVATION – Chambre d'Agriculture - Cité Galliane - BP 279 – 40005 MONT-DE-MARSAN Cedex
Tél. : 05 58 85 44 44 - Fax : 05 58 85 44 45 - Email : resa40@landes.chambagri.fr - www.gites-de-france-landes.com

| BASSE SAIS. | VAC. SCOL. | MOY. SAIS. | HTE SAIS. | WEEK-END |
|---|---|---|---|---|
| 135 | 165 | 190 | 305 | 91 |

| | | | | | | | |
|---|---|---|---|---|---|---|---|
| 10 | 15 | 25 | 6 | 15 | 6 | 20 | 15 | 6 |

## N° 10528 ORTHEVIELLE — Loustaou — CM 78 pli 17

**NN  6 pers.**

Gîte mitoyen à d'autres bâtiments, salle de séjour coin cuisine, salle d'eau, 3 chambres (2 lits 140, 2 lits 90, 1 lit bébé), sèche-linge, micro-ondes, congélateur, téléphone téléséjour, chauffage électrique (climatisation réversible), terrain privatif clos de 320 m2, terrasse, balançoire. Ouvert toute l'année.

GITES DE FRANCE-SERVICE RESERVATION – Chambre d'Agriculture - Cité Galliane - BP 279 – 40005 MONT-DE-MARSAN Cedex
Tél. : 05 58 85 44 44 - Fax : 05 58 85 44 45 - Email : resa40@landes.chambagri.fr - www.gites-de-france-landes.com

| BASSE SAIS. | VAC. SCOL. | MOY. SAIS. | HTE SAIS. | WEEK-END |
|---|---|---|---|---|
| 295 | 295 | 375 | 535 | 115 |

| | | | | | | | | | | |
|---|---|---|---|---|---|---|---|---|---|---|
| 3 | 10 | 30 | 30 | 1,5 | 3 | 3 | 30 | 3 | 3 |

## N° 10529 ORTHEVIELLE — Spalette — CM 78 pli 17

**NN  6 pers.**

Gîte indépendant en rez de chaussée, salle de séjour coin cuisine, salle d'eau, 3 chambres (2 lits 140, 2 lits 90), chauffage électrique, congélateur, téléphone, terrain non clos, cour. Ouvert toute l'année.

GITES DE FRANCE-SERVICE RESERVATION – Chambre d'Agriculture - Cité Galliane - BP 279 – 40005 MONT-DE-MARSAN Cedex
Tél. : 05 58 85 44 44 - Fax : 05 58 85 44 45 - Email : resa40@landes.chambagri.fr - www.gites-de-france-landes.com

| BASSE SAIS. | VAC. SCOL. | MOY. SAIS. | HTE SAIS. | WEEK-END |
|---|---|---|---|---|
| 250 | 265 | 365 | 485 | 150 |

| | | | | | | | | |
|---|---|---|---|---|---|---|---|---|
| 5 | 10 | 27 | 27 | 2 | 5 | 2 | 30 | 5 | 3 |

# LANDES - 40

## N° 10834 — ORX — L'Isle — CM 78 pli 17
**5 pers.**

Gîte mitoyen au propriétaire, cuisine, séjour/salon, salle d'eau, 2 chambres (2 lits 140, 1 lit 90,1 lit bébé), terrain non clos, terrasse, cour, piscine commune (12x6), micro-ondes, chauffage électrique. Ouvert du 1er mai à fin septembre.

GITES DE FRANCE-SERVICE RESERVATION - Chambre d'Agriculture - Cité Galliane - BP 279 - 40005 MONT-DE-MARSAN Cedex
Tél. : 05 58 85 44 44 - Fax : 05 58 85 44 45 - Email : resa40@landes.chambagri.fr - www.gites-de-france-landes.com

| BASSE SAIS. | VAC. SCOL. | MOY. SAIS. | HTE SAIS. | WEEK-END |
|---|---|---|---|---|
| 360 | 425 | 495 | 710 | 165 |

| | | | | | | | | |
|---|---|---|---|---|---|---|---|---|
| 10 | 8 | 10 | 8 | 1 | SP | 4 | 8 | 8 | 5 |

## N° 20862 — ORX — Maury — CM 78 pli 17
**NN — 4 pers.**

Gîte mitoyen à d'autres hébergements en rez de chaussée, salle de séjour coin cuisine, salle d'eau, 1 chambre (1 lit 140), 2 lits 90 superposés dans l'entrée, lave-linge, lave-vaisselle, micro-ondes, congélateur, télévision, téléphone service restreint, meubles de jardin, barbecue, terrasse, terrain non clos, chauffage électrique. Ouvert toute l'année.

Francis LAPEBIE - Maison Maury - 40230 ORX
Tél. : 05 58 77 93 14 - Fax : 05 58 77 93 14 - Email : alouettefdl@cario.fr

| BASSE SAIS. | VAC. SCOL. | MOY. SAIS. | HTE SAIS. | WEEK-END |
|---|---|---|---|---|
| 200 | 240 | 280 | 400 | 100 |

| | | | | | | | |
|---|---|---|---|---|---|---|---|
| 8 | 10 | 8 | 0,4 | 7 | 8 | 12 | 5 | 5 |

## N° 10629 — PARENTIS-EN-BORN — CM 78 pli 3
**NN — 4 pers.**

Gîte indépendant en rez de chaussée sur terrain clos, salle de séjour coin-cuisine, salle d'eau, 2 chambres (2 lits 140), micro-ondes, chauffage électrique, poêle à bois, terrasse couverte, abri. Ouvert d'avril à fin septembre.

GITES DE FRANCE-SERVICE RESERVATION - Chambre d'Agriculture - Cité Galliane - BP 279 - 40005 MONT-DE-MARSAN Cedex
Tél. : 05 58 85 44 44 - Fax : 05 58 85 44 45 - Email : resa40@landes.chambagri.fr - www.gites-de-france-landes.com

| VAC. SCOL. | MOY. SAIS. | HTE SAIS. |
|---|---|---|
| 260 | 260 | 450 |

| | | | | | | | |
|---|---|---|---|---|---|---|---|
| 10 | 15 | 25 | 2 | 7 | 1 | 2 | 12 | 1 |

## N° 10465 — POYANNE — Petit Rimbez — CM 78 pli 6
**NN — 4 pers.**

Gîte jumelé à un autre en rez de chaussée, cuisine, salon/salle à manger, salle d'eau, 2 chambres (1 lit 140, 2 lits 90), chauffage électrique, micro-ondes, sèche-linge commun avec l'autre gîte, téléphone, terrain non clos, terrasse, cour, garage. Ouvert toute l'année.

GITES DE FRANCE-SERVICE RESERVATION - Chambre d'Agriculture - Cité Galliane - BP 279 - 40005 MONT-DE-MARSAN Cedex
Tél. : 05 58 85 44 44 - Fax : 05 58 85 44 45 - Email : resa40@landes.chambagri.fr - www.gites-de-france-landes.com

| BASSE SAIS. | VAC. SCOL. | MOY. SAIS. | HTE SAIS. | WEEK-END |
|---|---|---|---|---|
| 210 | 240 | 270 | 395 | 130 |

| | | | | | | | |
|---|---|---|---|---|---|---|---|
| 15 | 11 | 45 | 40 | 1 | 7 | 5 | 45 | 25 | 5 |

## N° 10466 — POYANNE — Rimbez — CM 78 pli 6
**NN — 6 pers.**

Gîte jumelé à un autre en rez de chaussée et étage, salle de séjour coin cuisine, salle de bains, 3 chambres (1 lit 140, 5 lits 90 dont 2 superposés), chauffage électrique, micro-ondes, sèche-linge commun avec l'autre gîte, téléphone téléséjour, terrain non clos, terrasse. Ouvert toute l'année.

GITES DE FRANCE-SERVICE RESERVATION - Chambre d'Agriculture - Cité Galliane - BP 279 - 40005 MONT-DE-MARSAN Cedex
Tél. : 05 58 85 44 44 - Fax : 05 58 85 44 45 - Email : resa40@landes.chambagri.fr - www.gites-de-france-landes.com

| BASSE SAIS. | VAC. SCOL. | MOY. SAIS. | HTE SAIS. | WEEK-END |
|---|---|---|---|---|
| 220 | 250 | 280 | 410 | 145 |

| | | | | | | | |
|---|---|---|---|---|---|---|---|
| 15 | 11 | 45 | 40 | 1 | 7 | 5 | 45 | 25 | 5 |

## N° 10311 — SAMADET — Le Chalet — CM 82 pli 1
**NN — 6 pers.**

Gîte sur exploitation agricole, mitoyen à un autre gîte, en rez de chaussée, séjour/coin-cuisine avec coin-salon, 3 chambres (2 lits 140 et 2 lits 90), salle d'eau, micro-ondes, cheminée insert, téléphone portable, chauffage électrique, terrasse, espace vert privatif et commun, barbecue commun. Ouvert toute l'année.

GITES DE FRANCE-SERVICE RESERVATION - Chambre d'Agriculture - Cité Galliane - BP 279 - 40005 MONT-DE-MARSAN Cedex
Tél. : 05 58 85 44 44 - Fax : 05 58 85 44 45 - Email : resa40@landes.chambagri.fr - www.gites-de-france-landes.com

| BASSE SAIS. | VAC. SCOL. | MOY. SAIS. | HTE SAIS. | WEEK-END |
|---|---|---|---|---|
| 190 | 225 | 290 | 390 | 180 |

| | | | | | | | |
|---|---|---|---|---|---|---|---|
| 20 | 6 | 80 | SP | 6 | 6 | 30 | 3 |

# LANDES - 40

## N° 10626 — STE-EULALIE-EN-BORN — CM 78 pli 14
**NN — 6 pers.**

Gîte indépendant en rez de chaussée sur terrain clos, salle de séjour coin cuisine, salon, salle d'eau, 2 chambres (2 lits 90, 2 lits 140, lit enfant), micro-ondes, chauffage électrique, terrasse couverte, ping-pong. Ouvert toute l'année.

GITES DE FRANCE-SERVICE RESERVATION — Chambre d'Agriculture - Cité Galliane - BP 279 - 40005 MONT-DE-MARSAN Cedex
Tél. : 05 58 85 44 44 - Fax : 05 58 85 44 45 - Email : resa40@landes.chambagri.fr - www.gites-de-france-landes.com

| BASSE SAIS. | VAC. SCOL. | MOY. SAIS. | HTE SAIS. | WEEK-END |
|---|---|---|---|---|
| 205 | 260 | 280 | 560 | 150 |

| | | | | | | | | | | |
|---|---|---|---|---|---|---|---|---|---|---|
| 4 | 2 | 8 | 14 | 4 | 8 | 0,3 | 4 | 25 | 0,3 | |

## N° 10627 — STE-EULALIE-EN-BORN — CM 78 pli 14
**NN — 4 pers.**

Gîte mitoyen à un autre en rez de chaussée, salon, salle de séjour coin cuisine, salle d'eau, 2 chambres (1 lit 140, 2 lits 90 superposés), micro-ondes, chauffage électrique, terrain clos, terrasse, abri couvert, ping-pong. Ouvert toute l'année.

GITES DE FRANCE-SERVICE RESERVATION — Chambre d'Agriculture - Cité Galliane - BP 279 - 40005 MONT-DE-MARSAN Cedex
Tél. : 05 58 85 44 44 - Fax : 05 58 85 44 45 - Email : resa40@landes.chambagri.fr - www.gites-de-france-landes.com

| BASSE SAIS. | VAC. SCOL. | MOY. SAIS. | HTE SAIS. | WEEK-END |
|---|---|---|---|---|
| 155 | 190 | 200 | 450 | 130 |

| 4 | 2 | 8 | 14 | 4 | 8 | 0,3 | 4 | 25 | 0,3 |
|---|---|---|---|---|---|---|---|---|---|

## N° 10628 — STE-EULALIE-EN-BORN — CM 78 pli 14
**NN — 3 pers.**

Gîte mitoyen à un autre en rez de chaussée, salle de séjour coin-cuisine, salle d'eau, 1 chambre (1 lit 140, 1 lit enfant), mezzanine (1 lit 140), micro ondes, chauffage électrique, terrain clos, cour. Ouvert toute l'année.

GITES DE FRANCE-SERVICE RESERVATION — Chambre d'Agriculture - Cité Galliane - BP 279 - 40005 MONT-DE-MARSAN Cedex
Tél. : 05 58 85 44 44 - Fax : 05 58 85 44 45 - Email : resa40@landes.chambagri.fr - www.gites-de-france-landes.com

| BASSE SAIS. | VAC. SCOL. | MOY. SAIS. | HTE SAIS. | WEEK-END |
|---|---|---|---|---|
| 130 | 155 | 180 | 415 | 100 |

| 4 | 2 | 8 | 14 | 4 | 8 | 0,3 | 4 | 25 | 0,3 |
|---|---|---|---|---|---|---|---|---|---|

## N° 20522 — ST-ETIENNE-D'ORTHE — La Forestière — CM 78 pli 17
**NN — 4 pers.**

gîte mitoyen au propriétaire et à des chambres d'hôtes en rez de chaussée et étage sur terrain non clos, cuisine, salle de séjour/salon, salle de bains, 1 chambre (1 lit 90, 1 lit 140), mezzanine (1 lit 120), chauffage au fuel, cour, abri couvert, ping-pong. Ouvert toute l'année.

Marie-Thérèse OUSTALE - La Forestière - 40300 ST-ETIENNE-D'ORTHE
Tél. : 05 58 89 15 62

| BASSE SAIS. | VAC. SCOL. | MOY. SAIS. | HTE SAIS. |
|---|---|---|---|
| 275 | 300 | 365 | 385 |

| 12 | 20 | 25 | 2 | 7 | 0,2 | 20 | 7 | 6 |
|---|---|---|---|---|---|---|---|---|

## N° 10840 — ST-JEAN-DE-MARSACQ — Lavignasse — CM 78 pli 17
**NN — 6 pers.**

Gîte indépendant, terrain privatif non clos, sur exploitation agricole (elevage et maïs), salle de séjour coin-cuisine, 4 chambres (4 lits 90), salle d'eau, cellier (douche), garage, micro-ondes, congélateur, chauffage électrique, cheminée insert, equipement bébé, terrasse, portiques. Ouvert toute l'année.

GITES DE FRANCE-SERVICE RESERVATION — Chambre d'Agriculture - Cité Galliane - BP 279 - 40005 MONT-DE-MARSAN Cedex
Tél. : 05 58 85 44 44 - Fax : 05 58 85 44 45 - Email : resa40@landes.chambagri.fr - www.gites-de-france-landes.com

| BASSE SAIS. | VAC. SCOL. | MOY. SAIS. | HTE SAIS. | WEEK-END |
|---|---|---|---|---|
| 275 | 300 | 365 | 605 | 150 |

| 1,5 | 15 | 15 | 1 | 20 | 6 | 20 | 5 | 2 |
|---|---|---|---|---|---|---|---|---|

## N° 20625 — ST-JULIEN-EN-BORN — Bertranot — CM 78 pli 15
**NN — 4 pers.**

Gîte mitoyen, rez de chaussée, salle de séjour avec coin-cuisine, salle d'eau, 2 chambres (2 lits 90, 1 lit 140), terrain non clos, terrasse couverte, micro-ondes. Ouvert de juin à septembre.

Annie CASTELNAU - 13 allée des jumelles - 40140 SOUSTONS
Tél. : 05 58 41 17 78

| MOY. SAIS. | HTE SAIS. |
|---|---|
| 320 | 475 |

| 3 | 6 | 30 | 10 | 1 | 18 | 4 | 18 | 20 | 2 |
|---|---|---|---|---|---|---|---|---|---|

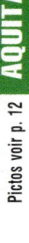
AQUITAINE

# LANDES - 40

### N° 20626  ST-JULIEN-EN-BORN  Bertranot  CM 78 pli 15

NN  3 pers.

Gîte mitoyen, rez de chaussée, salle de séjour avec coin-cuisine, salle d'eau, 1 chambre (1 lit 140, 1 lit 90), terrain non clos, terrasse, micro-ondes, congélateur, chauffage électrique. Ouvert toute l'année.

Annie CASTELNAU - 13 allée des jumelles - 40140 SOUSTONS
Tél. : 05 58 41 17 78

| BASSE SAIS. | VAC. SCOL. | MOY. SAIS. | HTE SAIS. | WEEK-END | | | | | | | | |
|---|---|---|---|---|---|---|---|---|---|---|---|---|
| 230 | 230 | 280 | 430 | 90 | 3 | 6 | 30 | 10 | 1 | 18 | 4 | 18 | 20 | 2 |

### N° 20863  ST-MARTIN-DE-HINX  CM 78 pli 17

NN  8 pers.

Gîte indépendant en rez de chaussée et étage, cuisine, salon, salle à manger, salle de bains, salle d'eau, 4 chambres (3 lits 160, 4 lits 90), chauffage électrique, lave-linge, lave-vaisselle, congélateur, télévision, cheminée insert, téléphone service restreint, terrain non clos, meubles de jardin, terrasse, cour, abri couvert. Ouvert toute l'année.

Catherine LAVAYSSIERE - 36 quai de Jemmapes - 75010 PARIS
Tél. : 01 42 00 13 68 - 06 03 35 66 06 - Email : catherinelavayssiere@hotmail.com

| BASSE SAIS. | VAC. SCOL. | MOY. SAIS. | HTE SAIS. | WEEK-END | | | | | | | | |
|---|---|---|---|---|---|---|---|---|---|---|---|---|
| 320 | 385 | 450 | 635 | 180 | 15 | 1 | 22 | 18 | 3 | 15 | 0,3 | 18 | 10 | 1 |

### N° 10479  ST-SEVER  CM 78 pli 6

NN  8 pers.

Gîte mitoyen à une grange inoccupée, terrain non clos, en rez de chaussée et étage, cuisine américaine, salle à manger/salon, salle d'eau, salle de bains, 4 chambres (4 lits 140), micro-ondes, téléphone, balançoire. Ouvert toute l'année.

**GITES DE FRANCE-SERVICE RESERVATION** - Chambre d'Agriculture - Cité Galliane - BP 279 - 40005 MONT-DE-MARSAN Cedex
Tél. : 05 58 85 44 44 - Fax : 05 58 85 44 45 - Email : resa40@landes.chambagri.fr - www.gites-de-france-landes.com

| BASSE SAIS. | VAC. SCOL. | MOY. SAIS. | HTE SAIS. | WEEK-END | | | | | | |
|---|---|---|---|---|---|---|---|---|---|---|
| 295 | 360 | 390 | 580 | 180 | 5 | 20 | 1,5 | 1 | 1 | 18 | 0,5 |

### N° 20861  TARNOS  CM 78 pli 18

NN  2 pers.

Gîte mitoyen aux propriétaires en rez de chaussée sur terrain clos, salle de séjour coin-cuisine, 1 chambre (1 lit 140), salle d'eau, lave-linge, micro-ondes, chauffage au gaz, matériel bébé, meubles de jardin, barbecue, terrasse, balançoire, ping-pong. Ouvert toute l'année.

Marie BISCAY - 320 route de Baudonne - 40220 TARNOS
Tél. : 05 59 55 48 01 - Fax : 05 59 55 48 01

| BASSE SAIS. | VAC. SCOL. | MOY. SAIS. | HTE SAIS. | WEEK-END | | | | | | | | |
|---|---|---|---|---|---|---|---|---|---|---|---|---|
| 200 | 200 | 280 | 400 | 84 | 40 | 7 | 12 | 9 | 2 | 4 | 4 | 20 | 5 | 3 |

**AQUITAINE** — Pictos voir p. 12

# LOT ET GARONNE - 47

**GITES DE FRANCE** - 11, rue des Droits de l'Homme - 47000 AGEN
Tél. 05 53 47 80 87 - Fax. 05 53 66 88 29
E-mail : gites-de-france.47@wanadoo.fr - www.gites-de-france-47.com

## PERIODES TARIFAIRES
**TRÈS HAUTE SAISON** : du 17.07 au 21.08 - **HAUTE SAISON** : du 3.07 au 17.07 et du 21.08 au 28.08 - **MOYENNE SAISON** : du 29.05 au 3.07 et du 28.08 au 2.10 - **HORS SAISON** : du 1.01 au 29.05 et du 2.10 au 31.12

### N° 734 ALLONS — Largenté
NN — 12 pers.

Lourdes 130 km. Biscarrosse 120 km. 6 chambres (4 à l'étage), lits (5 lits 2 pers. et 2 lits 1 pers.). 1 salon au rez-de-chaussée, magnétoscope. 1 salon à l'étage. Cuisine (micro-ondes, four), 1 salle de bains, 1 salle d'eau. Située au cœur de la forêt landaise, vous serez accueillis sous le regard des biches dans une ancienne maison rénovée dans le style traditionnel. Ouvert toute l'année.

GITES DE FRANCE-SERVICE RESERVATION - 11 rue des Droits de l'Homme - 47000 AGEN
Tél. 05 53 47 80 87 - Fax : 05 53 66 88 29 - Email : gites-de-france.47@wanadoo.fr - gites-de-france-47.com

| TRES HTE SAIS. | HTE SAIS. | MOY. SAIS. | HORS SAIS. | | | | | | | | | | |
|---|---|---|---|---|---|---|---|---|---|---|---|---|---|
| 1300 | 1220 | 760 | 460 | | 20 | 20 | 20 | 20 | 10 | 20 | 10 | 40 | 10 |

### N° 725 CASTELNAU-SUR-GUPIE — La Gazaille
NN — 4 pers.

Château de Buras 12 km. Une pièce coin cuisine. Salon. S. d'eau avec wc. 1 ch. (1 lit 2 pers.). A l'étage, ch. mansardée (2 lits 1 pers.). Chauffage électrique. Terrasse couverte. Terrain non clos arboré et fleuri. Sur la propriété présence de chiens, de chats et d'ânes. Gîte rural situé entre Guyenne et Gascogne, à 2 pas du Massif landais, des vignobles bordelais et des Côtes du Marmandais. Au cœur d'une propriété vallonnée de 23 ha, à 3 km du village. Ce gîte rénové proche de l'habitation des propriétaires vous offrira calme, détente et la douceur d'une vue sur prairies et forêts. Ouvert toute l'année.

GITES DE FRANCE-SERVICE RESERVATION - 11 rue des Droits de l'Homme - 47000 AGEN
Tél. 05 53 47 80 87 - Fax : 05 53 66 88 29 - Email : gites-de-france.47@wanadoo.fr - gites-de-france-47.com

| TRES HTE SAIS. | HTE SAIS. | MOY. SAIS. | HORS SAIS. | | | | | | | | | | |
|---|---|---|---|---|---|---|---|---|---|---|---|---|---|
| 400 | 400 | 335 | 305 | | 12 | 12 | 30 | 3 | 7 | 3 | 3 | 12 | 3 |

### N° 728 CONDEZAYGUES — Monsempron Libos
NN — 6 pers.

Biron 22 km. Monpazier 30 km. Penne 16 km. Monflanquin 17 km. Gîte de 155 m². Entrée par pièce à vivre. Séjour avec coin cuisine avec séparation. Espace repas. Espace salon. Au r.d.c. : 2 ch. (2 lits 2 pers.), salle de bains, wc indépendant. Mezzanine (2 lits 1 pers.) avec cabinet de toilette. Cellier. Terrasse couverte. Barbecue. Salon de jardin. Abri de voiture. Maison rénovée dans le style régional. Campagne vallonnée où calme et authenticité sont garantis, à 3 km du Lot. Ouvert du 12 juin au 18 septembre.

GITES DE FRANCE-SERVICE RESERVATION - 11 rue des Droits de l'Homme - 47000 AGEN
Tél. 05 53 47 80 87 - Fax : 05 53 66 88 29 - Email : gites-de-france.47@wanadoo.fr - gites-de-france-47.com

| TRES HTE SAIS. | HTE SAIS. | MOY. SAIS. | | | | | | | | | | |
|---|---|---|---|---|---|---|---|---|---|---|---|---|
| 530 | 530 | 350 | | 7 | 4 | 25 | 4 | 7 | 4 | 7 | 7 | 4 | 4 |

### N° 735 DOLMAYRAC — Cantete
NN — 3 pers.

Ste-Livrade 4 km. Bergerac 80 km. Gîte de plain-pied avec table modulable. Cuisine américaine (réfrigérateur-congélateur, cuisinière électrique, micro-ondes, cafetière, bouilloire). R.D.C : chambre (2 lits 80) avec armoire, douche, wc. Etage : chambre pour un jeune (1 lit 1 pers.). Possibilité lit bébé, parc, poussette, bicyclettes. Propriété sur la commune de Dolmayrac, en dehors du village. Sur 1.2 ha de terrain. Vallonnement agréable, aéré, arboré. Environnement calme. Attrayant pour activités diverses, le Lot offrant pêche et baignade. Ouvert toute l'année.

GITES DE FRANCE-SERVICE RESERVATION - 11 rue des Droits de l'Homme - 47000 AGEN
Tél. 05 53 47 80 87 - Fax : 05 53 66 88 29 - Email : gites-de-france.47@wanadoo.fr - gites-de-france-47.com

| TRES HTE SAIS. | HTE SAIS. | MOY. SAIS. | HORS SAIS. | WEEK-END | | | | | | | | | |
|---|---|---|---|---|---|---|---|---|---|---|---|---|---|
| 350 | 300 | 250 | 200 | 100 | | 10 | 5 | 25 | 4 | 10 | SP | 4 | 10 | 25 | 4 |

### N° 737 DURANCE
NN — 4 pers.

Nerac 20 km. Gîte mitoyen de plain-pied. Accès indépendant. Cuisine et salon : 25 m2. 2 chambres (1 lit 2 pers., 1 lit 120, 1 lit 1 pers.), salle d'eau, wc. Chauffage électrique. Salon de jardin, barbecue. Terrasse privative. Piscine commune cloturée. Situé dans un village typique au cœur de la forêt landaise, ce gîte harmonieusement restauré vous sera ouvert toute l'année. Ouvert toute l'année.

GITES DE FRANCE-SERVICE RESERVATION - 11 rue des Droits de l'Homme - 47000 AGEN
Tél. 05 53 47 80 87 - Fax : 05 53 66 88 29 - Email : gites-de-france.47@wanadoo.fr - gites-de-france-47.com

| TRES HTE SAIS. | HTE SAIS. | MOY. SAIS. | HORS SAIS. | WEEK-END | | | | | | | | | |
|---|---|---|---|---|---|---|---|---|---|---|---|---|---|
| 550 | 550 | 350 | 200 | 87 | | 20 | 20 | 10 | 10 | SP | 20 | SP | 20 | 40 | 12 |

# LOT ET GARONNE - 47

*Périodes tarifaires p. 54*

## N° 729   LACEPEDE — Le Terrail

**NN — 4 pers.**

Vallée du Lot 20 km. 2 chambres (1 lit 160, 2 lits 1 pers.). Salon (canapé). Cuisine équipée (micro-ondes, petit électroménager). Barbecue, salon de jardin. Possibilité de garage. Chauffage central. Quand rêve et réalité se cotoient... Un panorama exceptionnel pour cette maison mitoyenne située au cœur d'une ferme. Calme et détente sont assurés dans ce lieu authentique qui vous offre un gîte indépendant confortablement aménagé. Fruits, fleurs, végétation luxuriante dans parc paysagé. Ouvert toute l'année.

Robert LAINE - Le Terrail - 47360 LACEPEBE
Tél. : 05 53 95 01 72 - www.geocities.com/le-terrail

| TRES HTE SAIS. | HTE SAIS. | MOY. SAIS. | HORS SAIS. |
|---|---|---|---|
| 530 | 530 | 430 | 305 |

| | | | | | | | | | |
|---|---|---|---|---|---|---|---|---|---|
| 10 | 5 | 10 | 10 | SP | 5 | SP | 22 | 5 | |

## N° 723   MONCRABEAU

**NN — 4 pers.**

Pays d'Albret 10 km. Gers 4 km. Auch 50 km. Gîte avec une pièce à vivre avec cuisine américaine et salon. 1 ch. (1 lit 2 pers.), 1 ch. (2 lits 1 pers.). Salle d'eau, wc. Chauffage électrique. Gîte de 60 m². Terrasse, terrain clos arboré 2200 m². Piscine hors sol, 3,50 m de diamètre. Garage. Gîte situé en périphérie du village de Moncrabeau, "Station Verte de Vacances", et point de départ de sentier pédestres et d'escapades sur le Pays d'Albret ou sur le Gers, tout proche. Ouvert toute l'année.

GITES DE FRANCE-SERVICE RESERVATION - 11 rue des Droits de l'Homme - 47000 AGEN
Tél. : 05 53 47 80 87 - Fax: 05 53 66 88 29 - Email : gites-de-france.47@wanadoo.fr - gites-de-france-47.com

| TRES HTE SAIS. | HTE SAIS. | MOY. SAIS. | HORS SAIS. | WEEK-END | W.E. DETENTE |
|---|---|---|---|---|---|
| 385 | 335 | 275 | 225 | 105 | 140 |

| | | | | | | | | | |
|---|---|---|---|---|---|---|---|---|---|
| 15 | 8 | 20 | 0,5 | 0,3 | 0,3 | 0,3 | 0,3 | 40 | 10 |

## N° 742   MONTAGNAC-SUR-LEDE — Montagnac sur Lede

**NN — 5 pers.**

Bergerac 45 km. Agen 45 km. Clair et spacieux, chauffage électrique à inertie, cuisinière, congélateur, sèche-linge, salon de jardin, barbecue. Cuisine équipée. Chambre 18 m² (1 lit pers., 1 lit 2 pers.), salle d'eau avec douche ouverte carrelée, wc. A l'étage mezzanine avec lit en 160, vue en pignon sur la vallée. Pour les vacances au calme, dans un cadre qui vous ravira, "Binou", situé sur le circuit des Bastides à la limite de la Dordogne. A l'intérieur, pièce principale très tendance avec poêle à bois sur lequel vous pourrez cuisiner en hiver. Ouvert toute l'année.

GITES DE FRANCE-SERVICE RESERVATION - 11 rue des Droits de l'Homme - 47000 AGEN
Tél. : 05 53 47 80 87 - Fax: 05 53 66 88 29 - Email : gites-de-france.47@wanadoo.fr - gites-de-france-47.com

| TRES HTE SAIS. | HTE SAIS. | MOY. SAIS. | HORS SAIS. | WEEK-END |
|---|---|---|---|---|
| 950 | 950 | 700 | 550 | 250 |

| | | | | | | | |
|---|---|---|---|---|---|---|---|
| 15 | 7 | 18 | SP | SP | 7 | 7 | 15 | 7 |

## N° 740   MONTAYRAL — Cavaille

**NN — 4 pers.**

Cahors 50 km. Agen 60 km. Villeneuve-sur-Lot 30 km. Bergerac 60 km. Cuisine, séjour. Micro-ondes. 2 chambres (2 lits 2 pers.), salle d'eau, wc. Chauffage central au fuel. Superficie: 63 m2. Sur les hauteurs de Montayral, à l'endroit même où commence la vallée du Lot, ce gîte mitoyen situé en rez-de-chaussée de la maison des propriétaires avec entrée indépendante, vous accueillera au cœur d'un très beau terrain doucement vallonée et arboré sur un hectare. Ouvert toute l'année.

GITES DE FRANCE-SERVICE RESERVATION - 11 rue des Droits de l'Homme - 47000 AGEN
Tél. : 05 53 47 80 87 - Fax: 05 53 66 88 29 - Email : gites-de-france.47@wanadoo.fr - gites-de-france-47.com

| TRES HTE SAIS. | HTE SAIS. | MOY. SAIS. | HORS SAIS. |
|---|---|---|---|
| 381 | 381 | 282 | 210 |

| | | | | | | | |
|---|---|---|---|---|---|---|---|
| 8 | 3 | 4 | 8 | 2,5 | 2 | 8 | 8 | 2,5 |

## N° 722   NERAC — Nazareth

**NN — 7 pers.**

Nerac 1,5 km. Walibi 20 km. Gîte comprenant entrée, bureau, cuisine, s. à manger et salon. 1 ch. (1 lit 2 pers.). Salle de bains, cellier, wc. A l'étage, 1 ch. (1 lit 2 pers.) avec salle d'eau privée. 1 ch. (1 lit 2 pers.) avec cab. de toilette, 1 ch. (1 lit 1 pers.), wc. Chauff. central au fuel. Terrasse, terrain clos arboré de 700 m². Garage. A disposition : 2 vélos enfants. Point de départ de sentiers pédestres et d'escapades sur le pays d'Albret ou sur le département du Gers, Nérac s'étend sur les rives de la Baïse, propice à la pêche ou aux promenades fluviales. A découvrir : Nérac, son château et ses tanneries.

Jean-Pierre DUGOUJON - Le Grué - 47170 REAUP-LISSE
Tél. : 05 53 97 25 85 - Email : jp.dugoujon@libertysurf.fr

| TRES HTE SAIS. | HTE SAIS. | MOY. SAIS. | HORS SAIS. | WEEK-END |
|---|---|---|---|---|
| 460 | 460 | 350 | 243 | 26 |

| | | | | | | | |
|---|---|---|---|---|---|---|---|
| 12 | 2 | 8 | 0,2 | 2 | 0,1 | 30 | 1,5 |

## N° 724A   PUYSSERAMPION

**NN — 5 pers.**

Duras 10 km. Monflanquin 28 km. Marmande 21 km. Bergerac 35 km. Cuisine indépendante, évier, 2 bacs, gazinière, micro-ondes. Un réfrigérateur avec congélateur. Petit micromélangeur. Salle à manger et salon : 1 canapé, 2 fauteuils, table, armoire, placard, meuble. 2 ch. (3x120, 1x160). Salle de bains, double lavabo, wc indépendant à l'étage. Salon de jardin, barbecue. Piscine avec pool house, douche, wc et coin cuisine. Espace piscine commun aux 2 gîtes, scindée en 2 gîtes parfaitement isolés, cette maison de maître située à mi-coteau est légèrement à l'écart du bourg. Ouvert toute l'année.

GITES DE FRANCE-SERVICE RESERVATION - 11 rue des Droits de l'Homme - 47000 AGEN
Tél. : 05 53 47 80 87 - Fax: 05 53 66 88 29 - Email : gites-de-france.47@wanadoo.fr - gites-de-france-47.com

| TRES HTE SAIS. | HTE SAIS. | MOY. SAIS. | HORS SAIS. |
|---|---|---|---|
| 790 | 730 | 550 | 390 |

| | | | | | | | | |
|---|---|---|---|---|---|---|---|---|
| 7 | 8 | 10 | 3,5 | SP | 3,5 | 5 | SP | 2 | 3,5 |

*AQUITAINE — Pictos voir p. 12*

# LOT ET GARONNE - 47

Périodes tarifaires p. 54

## N° 724B PUYSSERAMPION

**NN** — 5 pers.

Duras 10 km. Marmande 21 km. Monflanquin 28 km. Bergerac 35 km. Cuisine indépendante, évier 2 bacs, gazinière, micro-ondes, réfrigérateur avec congélateur, petit électroménager. Salle à manger et salon : 1 canapé, 2 fauteuils, table, armoire, placard, meuble. 2 ch. (1 lit 160, 1 lit 130, 1 lit 2 pers.) salle de bains, baignoire, double lavabo, wc indépendant à l'étage. Salon de jardin, barbecue. Piscine avec pool house, douche, wc et coin cuisine. Espace piscine commun aux 2 gîtes. Scindée en 2 gîtes isolés, cette maison de maître domine le vallon de Puysserampion. Terrasse, terrain clos arboré. Piscine commune.

GITES DE FRANCE-SERVICE RESERVATION - 11 rue des Droits de l'Homme - 47000 AGEN
Tél. : 05 53 47 80 87 - Fax : 05 53 66 88 29 - Email : gites-de-france.47@wanadoo.fr - Web : gites-de-france-47.com

| TRES HTE SAIS. | HTE SAIS. | MOY. SAIS. | HORS SAIS. |
|---|---|---|---|
| 790 | 730 | 550 | 390 |

| | | | | | | | |
|---|---|---|---|---|---|---|---|
| 7 | 8 | 16 | 3,5 | SP | 3,5 | 5 | SP | 21 | 3,5 |

## N° 726 LA SAUVETAT-DE-SAVERES — St Damien

**NN** — 4 pers.

Gîte avec espace cuisine, meubles intégrés. Espace salle à manger, salon, wc. A l'étage : 2 ch. (1 lit 2 pers., 2 lits 1 pers.), salle d'eau. Climatisation réversible. Terrasse panoramique, barbecue construit, ancien four. Piscine à débordement clôturée. Ancien corps de ferme du 17è s., à l'entrée du hameau de St-Damien. Bâtiment agencés autour d'une cour comprenant la résidence du propriétaire et le gîte. Gîte restauré dans le style traditionnel. Exposé au Sud-Est avec vue panoramique sur la vallée de la Séaune. Ouvert toute l'année.

GITES DE FRANCE-SERVICE RESERVATION - 11 rue des Droits de l'Homme - 47000 AGEN
Tél. : 05 53 47 80 87 - Fax : 05 53 66 88 29 - Email : gites-de-france.47@wanadoo.fr - Web : gites-de-france-47.com

| TRES HTE SAIS. | HTE SAIS. | MOY. SAIS. | HORS SAIS. | WEEK-END | W.-E. DETENTE |
|---|---|---|---|---|---|
| 790 | 790 | 520 | 380 | 110 | 150 |

| | | | | | | | |
|---|---|---|---|---|---|---|---|
| 12 | SP | 10 | 2 | SP | SP | 5 | SP | 18 | 18 |

## N° 732 ST-QUENTIN-DU-DROPT — Lalot

**NN** — 11 pers.

Sarlat 40 km. Bordeaux 150 km. 6 ch. (2 lits 2 pers., 1x230, 5 lits 1 pers.). Maisonpérigoudine 350 ans. R.d.c. : salle de bains, balnéo. 3 ch. cuisine, salle à manger, 1 salon avec cheminée. Autres ch. et salle de bains à l'étage. Située au calme de la campagne avec une vue sur, vous serez accueillis dans une ancienne maison de plus de 350 ans d'âge, rénovée dans le style traditionnel. Ouvert toute l'année.

Corinne AMAGAT - Route Villeneuve les Boulac - 31620 CASTELNAUD-D'ESTRETEFONDS
Tél. : 05 61 74 96 57 - 05 61 74 67 42

| TRES HTE SAIS. | HTE SAIS. | MOY. SAIS. | HORS SAIS. | WEEK-END |
|---|---|---|---|---|
| 2004 | 2004 | 2000 | 1200 | 500 |

| | | | | | | | |
|---|---|---|---|---|---|---|---|
| 4 | 5 | 30 | 2 | SP | SP | 3 | SP | 25 | 3 |

# PYRÉNÉES ATLANTIQUES - 64

**GITES DE FRANCE** - Service Réservation
20, rue Gassion - 64000 PAU
Tél. 05 59 11 20 64 ou 05 59 46 37 00 - Fax. 05 59 11 20 60
E.mail : resa@gites64.com - www.gites-de-france-64.com

3615 Gîtes de France
RESA - 0,2 €/mn

## PÉRIODES TARIFAIRES

**TRÈS HAUTE-SAISON :** du 10.07 au 21.08. - **HAUTE-SAISON :** du 26.06 au 10.07 et du 21.08 au 4.09 - **MOYENNE SAISON** (Juin, Septembre et vacances scolaires) - **BASSE-SAISON :** autres périodes. - **WEEK-END :** 2 nuits ou en semaine.

### N° 112052  AAS                                                           595 m

NN    6 pers.

Gourette 8 km. Artouste 12 km. Maison indép. typique dans petit village de montagne. R.d.c. Garage. 1er ét. avec accès en rez-de-jardin. Cuisine intégrée (micro-ondes, frigo-congél.), coin-repas (cheminée avec poêle à bois), salon (TV coul. magnétoscope). Salle d'eau/wc. S.d.b. wc. 3 ch. (3 lits 2 pers.). Ch. élect. et bois en suppl. Lits faits à l'arrivée l'hiver. Terrasse, terrain clos. Gîte à 1/4 d'heure des pistes de ski. Ouvert toute l'année.

GITES DE FRANCE-SERVICE RESERVATION - 20 rue Gassion - BP 337 - 64010 PAU Cedex
Tél. : 05 59 11 20 64 - Fax : 05 59 11 20 60 - Email : resa@gites64.com - www.gites-de-france-64.com

| TRÈS HTE SAIS. | HTE SAIS. | MOY. SAIS. | BASSE SAIS. |   |   |   |   |   |   |   |
|---|---|---|---|---|---|---|---|---|---|---|
| 550 | 450 | 550 | 275 | 7 | 8 | 2 | 20 | 50 | 8 | 8 | 50 | 2 |

### N° 151045  AHETZE

NN    2 pers.

Biarritz 6 km. Gîte aménagé dans une petite maison indépendante en pleine campagne, à 10 minutes de Biarritz et de Bidart. Cuisine équipée (micro-ondes, canapé, TV coul.), 1 ch. (1 lit 2 pers.), salle d'eau/wc. Ch. élect. en suppl. Terrain clos. Idéal pour un couple. Plain pied. Ouvert toute l'année.

GITES DE FRANCE-SERVICE RESERVATION - 20 rue Gassion - BP 337 - 64010 PAU Cedex
Tél. : 05 59 11 20 64 - Fax : 05 59 11 20 60 - Email : resa@gites64.com - www.gites-de-france-64.com

| TRÈS HTE SAIS. | HTE SAIS. | MOY. SAIS. | BASSE SAIS. | WEEK-END |   |   |   |   |   |   |   |   |
|---|---|---|---|---|---|---|---|---|---|---|---|---|
| 360 | 310 | 250 | 180 | 107 | 6 | 10 | 6 | 5 | 5 | 6 | 80 | 5 | 1,5 |

### N° 132044  ALCAY                                                         500 m

NN    8 pers.

Tardets 9 km. Ahusquy 5 km. Gîte isolé aménagé dans une maison typique souletine. Vue panoramique sur les montagnes. R.d.c. Coin-cuisine équipé (frigo-congél, micro-ondes), coin-repas. Salon, débarras, s. d'eau/Wc. 4 ch. (4 lits 2 pers.). S.d.b. Wc. Terrasse, terrain pentu clos. Chauffage gaz et bois inclus. Parking. Randonnées sur place. Route de transhumance vers Ahusquy. Ouvert toute l'année.

GITES DE FRANCE-SERVICE RESERVATION - 20 rue Gassion - BP 337 - 64010 PAU Cedex
Tél. : 05 59 11 20 64 - Fax : 05 59 11 20 60 - Email : resa@gites64.com - www.gites-de-france-64.com

| TRÈS HTE SAIS. | HTE SAIS. | MOY. SAIS. | BASSE SAIS. |   |   |   |   |   |   |
|---|---|---|---|---|---|---|---|---|---|
| 550 | 550 | 375 | 295 | 20 | 20 | 8 | 60 | 30 | 20 | 8 |

### N° 121076  ANDOINS

NN    4 pers.

Pau 12 km. Soumoulou 5 km. Morlaas 4 km. Gîte mitoyen à la maison des propriétaires avec cour commune. Plain-pied. Cuisine de type intégré (micro-ondes, frigo-congélateur), coin-salon, 2 ch. (1 lit 2 pers. 2 lits 1 pers. superposés), salle d'eau, wc. Ch. élect. + gaz en suppl. Jardin privatif clos. Balançoire. Gîte agréable et chaleureux au calme, à la campagne tout en étant aux portes de Pau. Ouvert toute l'année.

GITES DE FRANCE-SERVICE RESERVATION - 20 rue Gassion - BP 337 - 64010 PAU Cedex
Tél. : 05 59 11 20 64 - Fax : 05 59 11 20 60 - Email : resa@gites64.com - www.gites-de-france-64.com

| TRÈS HTE SAIS. | HTE SAIS. | MOY. SAIS. | BASSE SAIS. | WEEK-END |   |   |   |   |   |   |   |
|---|---|---|---|---|---|---|---|---|---|---|---|
| 395 | 335 | 275 | 198 | 110 | 30 | 4 | 4 | 4 | 12 | 60 | 60 | 12 | 4 |

### N° 151044  ARBONNE

EC   NN   4 pers.

Beau gîte indép. de plain-pied. Présence d'un logement réservé au propriétaire. Cuisine équipée (micro-ondes), salon (TV coul., chaîne hi-fi), cellier (sèche-linge, frigo-congél.), 2 ch. (2 lits 2 pers.), s.d.b. (baignoire et douche), wc. Ch. gaz en suppl. Terrasse, parking, terrain non clos, cour. Pédalo. Pottok. A prox. d'un bois et des golfs d'Arcangues et Bassussary. Poss. loc. draps, linge maison et toilette. Ouvert toute l'année.

GITES DE FRANCE-SERVICE RESERVATION - 20 rue Gassion - BP 337 - 64010 PAU Cedex
Tél. : 05 59 11 20 64 - Fax : 05 59 11 20 60 - Email : resa@gites64.com - www.gites-de-france-64.com

| TRÈS HTE SAIS. | HTE SAIS. | MOY. SAIS. | BASSE SAIS. |   |   |   |   |   |   |   |
|---|---|---|---|---|---|---|---|---|---|---|
| 545 | 545 | 360 | 330 | 3 | 12 | 5 | 5 | 4 | 80 | 4 | 1,5 |

# PYRÉNÉES ATLANTIQUES - 64

*Périodes tarifaires p. 57*

## N° 152093  ARCANGUES

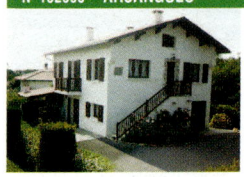

**NN  4 pers.**

Bayonne, Biarritz 8 km. Gîte au r.d.c. de la maison des propriétaires dans un quartier calme. Cuisine (frigo-congél, micro-ondes). Séjour. Coin-salon (TV coul.). 2 ch. (1 lit 2 pers. 2 lits 1 pers.). S. d'eau. WC. Ch. au fuel compris. Terrasse couverte. Cour fermée. Jardin. Ping-pong. Balançoire. Poss. loc. draps, linge maison et toilette. Ouvert toute l'année.

GITES DE FRANCE-SERVICE RESERVATION - 20 rue Gassion - BP 537 - 64010 PAU Cedex
Tél. : 05 59 11 20 64 - Fax : 05 59 11 20 60 - Email : resa@gites64.com - www.gites-de-france-64.com

| TRES HTE SAIS. | HTE SAIS. | MOY. SAIS. | BASSE SAIS. | WEEK-END |
|---|---|---|---|---|
| 450 | 380 | 300 | 250 | 128 |

| | | | | | | | | |
|---|---|---|---|---|---|---|---|---|
| 10 | 10 | 10 | 3 | 4 | 1,5 | 80 | 7 | 3 |

## N° 143029  ARMENDARITZ

**NN  6 pers.**

St-Palais 17 km. Gîte à l'étage, mitoyen à la ferme rénovée des propriétaires (exploitation en activité). Cuisine équipée (micro-ondes). Séjour, coin-salon (TV couleur, cheminée insert). 3 ch. (2 lits 2 pers, 1 lit 80, 1 lit 100). Salle de bains. WC. Cour et terrain non clos communs. Ch. élect. et bois inclus. Parking. Ferme entretenue dans site calme et verdoyant. Ouvert toute l'année.

GITES DE FRANCE-SERVICE RESERVATION - 20 rue Gassion - BP 537 - 64010 PAU Cedex
Tél. : 05 59 11 20 64 - Fax : 05 59 11 20 60 - Email : resa@gites64.com - www.gites-de-france-64.com

| TRES HTE SAIS. | HTE SAIS. | MOY. SAIS. | BASSE SAIS. |
|---|---|---|---|
| 450 | 415 | 310 | 310 |

| | | | | | | |
|---|---|---|---|---|---|---|
| 45 | 35 | 17 | 17 | 17 | 45 | 16 | 1 |

## N° 121069  ARTIGUELOUTAN

**NN  6 pers.**

Pau 10 km. Tarbes 20 km. Lourdes 20 km. Maison indép. des années 60 dans village. Plain pied. Cuisine ( micro-ondes), séjour, coin-salon (TV coul.). 3 ch. (2 lits 2 pers. 2 lits 1 pers.), salle d'eau (douche handicapée), wc. Ch. fuel en suppl. (forfait 30 €/semaine). Abri voiture, terrain clos, terrasse couverte. Ouvert toute l'année.

GITES DE FRANCE-SERVICE RESERVATION - 20 rue Gassion - BP 537 - 64010 PAU Cedex
Tél. : 05 59 11 20 64 - Fax : 05 59 11 20 60 - Email : resa@gites64.com - www.gites-de-france-64.com

| TRES HTE SAIS. | HTE SAIS. | MOY. SAIS. | BASSE SAIS. | WEEK-END |
|---|---|---|---|---|
| 460 | 380 | 300 | 230 | 130 |

| | | | | | | | | |
|---|---|---|---|---|---|---|---|---|
| 20 | 7 | 1 | 10 | 10 | 40 | 40 | 10 | 2 |

## N° 152097  ASCAIN

**NN  6 pers.**

St-Jean-de-Luz 6 km. Gîte spacieux aménagé à l'étage de la maison des propriétaires dans un quartier calme avec vue sur la petite Rhune. Coin-cuisine équipé (frigo-congél.). Grand séjour, coin-salon (TV coul.). 3 ch. dont 2 avec douche et lavabo (3 lits 2 pers.). Salle de bains/wc. 1 wc indép. Débarras. Terrain non clos. Parking. Petit barbecue. Chauffage fuel en sus. Randonnées pédestres et à VTT au départ du gîte. Ouvert de Juin à Septembre.

GITES DE FRANCE-SERVICE RESERVATION - 20 rue Gassion - BP 537 - 64010 PAU Cedex
Tél. : 05 59 11 20 64 - Fax : 05 59 11 20 60 - Email : resa@gites64.com - www.gites-de-france-64.com

| TRES HTE SAIS. | HTE SAIS. | BASSE SAIS. |
|---|---|---|
| 600 | 540 | 400 |

| | | | | | | | |
|---|---|---|---|---|---|---|---|
| 6 | 15 | 1 | 1 | 8 | 5 | 85 | 6 | 1,5 |

## N° 152098  ASCAIN

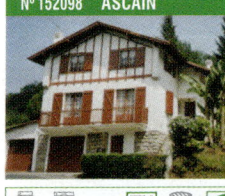

**NN  4 pers.**

St-Jean-de-Luz 6 km. Biarritz 20 km. Espagne 6 km. Gîte aménagé au second niveau d'une maison située à proximité de la D4 (vers Col de St Ignace). Coin-cuisine équipé (micro-ondes), coin-repas, salon (TV coul.). 2 ch. (1 lit 2 pers., 2 lits 1 pers.). Salle d'eau. WC. Buanderie. Ch. au gaz en suppl. Terrasse au premier niveau. Terrain pentu. Garage (petite voiture). Parking. Ouvert toute l'année.

GITES DE FRANCE-SERVICE RESERVATION - 20 rue Gassion - BP 537 - 64010 PAU Cedex
Tél. : 05 59 11 20 64 - Fax : 05 59 11 20 60 - Email : resa@gites64.com - www.gites-de-france-64.com

| TRES HTE SAIS. | HTE SAIS. | MOY. SAIS. | BASSE SAIS. | WEEK-END |
|---|---|---|---|---|
| 435 | 435 | 275 | 240 | 120 |

| | | | | | | | | |
|---|---|---|---|---|---|---|---|---|
| 6 | 7 | 0,5 | 0,5 | 7 | 4 | 85 | 6 | 0,5 |

## N° 131067  ASCARAT

**NN  4 pers.**

St-Jean-Pied-de-Port 2 km. St-Etienne-de-Baïgorry 7 km. Gîte aménagé au rez-de-chaussée de la maison des propriétaires. Cuisine (micro-ondes, TV coul.). 2 ch. (2 lits 2 pers. 1 lit bébé). Salle d'eau (douche). WC. Ch. fuel inclus. Parking. Terrasse fermée privative. Belle vue sur la vallée et les vignobles d'Irouleguy. Nombreux sentiers de randonnées au départ du gîte. Visite de la citadelle de St Jean Pied de Port, et de la cave coopérative. Ouvert toute l'année.

GITES DE FRANCE-SERVICE RESERVATION - 20 rue Gassion - BP 537 - 64010 PAU Cedex
Tél. : 05 59 11 20 64 - Fax : 05 59 11 20 60 - Email : resa@gites64.com - www.gites-de-france-64.com

| TRES HTE SAIS. | HTE SAIS. | MOY. SAIS. | BASSE SAIS. | WEEK-END |
|---|---|---|---|---|
| 415 | 375 | 290 | 210 | 125 |

| | | | | | | | | |
|---|---|---|---|---|---|---|---|---|
| 50 | 40 | 2,5 | 2,5 | 6 | 45 | 75 | 35 | 3 | 2 |

# PYRÉNÉES ATLANTIQUES - 64

Périodes tarifaires p. 57

## N° 121070 AUBERTIN

**NN 6 pers.**

Pau 14 km. Lescar 6 km. Maison indép. R.d.c. Cuisine équipée (frigo-congél. micro-ondes), coin-repas, buanderie, coin-salon (TV coul.), s.d.b. ch. 1 (1 lit 2 pers. 1 lit bébé). Et. 3 ch. (1 lit 2 pers. 2 lits 120), wc. Ch. fuel en suppl. (11 €/jour). Cour fermée, terrain clos/terrasse. Abri/ping-pong. Maison ancienne (1646) restaurée, ancienne halte de Compostelle. Vous serez au coeur des vignobles de Jurançon. Ouvert toute l'année.

GITES DE FRANCE-SERVICE RESERVATION - 20 rue Gassion - BP 537 - 64010 PAU Cedex
Tél. : 05 59 11 20 64 - Fax: 05 59 11 20 60 - Email : resa@gites64.com - www.gites-de-france-64.com

| TRES HTE SAIS. | HTE SAIS. | MOY. SAIS. | BASSE SAIS. |
|---|---|---|---|
| 450 | 310 | 270 | 230 |

| | | | | | | | |
|---|---|---|---|---|---|---|---|
| 15 | 3 | 1,5 | 5 | 5 | 70 | 70 | 15 | 5 |

## N° 121073 AUBERTIN

**NN 7 pers.**

Pau 15 km. Parc aquatique Aquabéarn 15 km. Maison indép. isolée au coeur des vignobles de Jurançon. Vue dégagée sur les Pyrénées. Belle exposition sur côteaux. R.d.c. Cuisine, séjour, coin-salon (TV coul. cheminée/insert), salle d'eau/wc. Et. 3 ch. (3 lits 2 pers. 1 lit 1 pers. 1 lit bébé), s.d.b/wc. Ch. élect. + bois en suppl. Terrasse, terrain clos. Abri voiture. Ping-pong. Poutres et pierres apparentes. Poss. location draps. Ouvert toute l'année.

GITES DE FRANCE-SERVICE RESERVATION - 20 rue Gassion - BP 537 - 64010 PAU Cedex
Tél. : 05 59 11 20 64 - Fax: 05 59 11 20 60 - Email : resa@gites64.com - www.gites-de-france-64.com

| TRES HTE SAIS. | HTE SAIS. | MOY. SAIS. | BASSE SAIS. |
|---|---|---|---|
| 455 | 410 | 318 | 227 |

| 15 | 7 | 3 | 3 | 8 | 40 | 40 | 15 | 3 |
|---|---|---|---|---|---|---|---|---|

## N° 111044 AYDIUS 700 m

**NN 6 pers.**

Joli gîte indép. décoré avec goût, situé dans petit village typique de la vallée d'Aspe. Belle exposition. Garage. R.d.c. Entrée, 2 ch. (1 lit 2 pers. 2 lits 1 pers.), s.d.b., wc. Etage : Séjour, coin-salon (cheminée/insert) ouvrant sur baie-vitrée et terrasse (jolie vue), cuisine intégrée (micro-ondes, frigo-congél.). Salle d'eau/wc. 1 ch. (1 lit 2 pers.). Ch. élect.+bois en suppl. Terrain non clos. Ouvert toute l'année.

GITES DE FRANCE-SERVICE RESERVATION - 20 rue Gassion - BP 537 - 64010 PAU Cedex
Tél. : 05 59 11 20 64 - Fax: 05 59 11 20 60 - Email : resa@gites64.com - www.gites-de-france-64.com

| TRES HTE SAIS. | HTE SAIS. | MOY. SAIS. | BASSE SAIS. | WEEK-END |
|---|---|---|---|---|
| 535 | 425 | 320 | 245 | 140 |

| 40 | 30 | 10 | 10 | 70 | 30 | 25 | 30 | 6 |
|---|---|---|---|---|---|---|---|---|

## N° 142084 AYHERRE — Moulin Urketa

**NN 2 pers.**

Hasparren, Labastide-Clairence 4 km. Biarritz 30 km. Gîte à l'étage, mitoyen à la maison de caractère du propriétaire (présence de chambres d'hôtes). Séjour, coin-cuisine équipé (TV coul.). Canapé convertible ). 1 ch. (1 lit 2 pers.). Salle de bains. WC. Ch. élect. en suppl. Parking. Terrasse privée en bordure de rivière. Sur place, moulin à eau du XIVe. Pont à 2 arches enjambant les chutes d'eau. Gîte 2/3 pers. Ouvert toute l'année.

GITES DE FRANCE-SERVICE RESERVATION - 20 rue Gassion - BP 537 - 64010 PAU Cedex
Tél. : 05 59 11 20 64 - Fax: 05 59 11 20 60 - Email : resa@gites64.com - www.gites-de-france-64.com

| TRES HTE SAIS. | HTE SAIS. | MOY. SAIS. | BASSE SAIS. | WEEK-END |
|---|---|---|---|---|
| 415 | 380 | 300 | 220 | 125 |

| 25 | 18 | 4 | 4 | 15 | 25 | 60 | 25 | 4 |
|---|---|---|---|---|---|---|---|---|

## N° 142085 AYHERRE — Maison Negutea

**NN 8 pers.**

Hasparren, Labastide-Clairence 4 km. Biarritz 25 km. Beau gîte aménagé dans une maison indép. rénovée, à l'entrée du village. R.d.c. Coin-cuisine équipé (micro-ondes), séjour, coin-salon (TV coul.), 1 ch. (1 lit 2 pers.), s. d'eau, wc. Et. 3 ch. (1 lit 2 pers. 4 lits 1 pers.), s.d.b. WC. Palier (clic-clac). Cellier (sèche-linge). Ch. élect. et bois en suppl. Abri voiture. Terrasse couverte, terrain non clos. Nombreuses balades et visites alentours. Ouvert toute l'année.

GITES DE FRANCE-SERVICE RESERVATION - 20 rue Gassion - BP 537 - 64010 PAU Cedex
Tél. : 05 59 11 20 64 - Fax: 05 59 11 20 60 - Email : resa@gites64.com - www.gites-de-france-64.com

| TRES HTE SAIS. | HTE SAIS. | MOY. SAIS. | BASSE SAIS. | WEEK-END |
|---|---|---|---|---|
| 755 | 680 | 550 | 425 | 235 |

| 25 | 18 | 4 | 4 | 15 | 25 | 70 | 25 | 4 |
|---|---|---|---|---|---|---|---|---|

## N° 142071 BARDOS

**NN 2 pers.**

Bidache 6 km. Bayonne 25 km. Gîte de caractère en r.d.c. d'une ancienne ferme typique comprenant un autre gîte et mitoyenne au propriétaire. Séjour, coin-salon, coin-cuisine (micro-ondes grill). 1 ch. (1 lit 2 pers.). S. d'eau/WC. Ch. élect. en suppl. Terrasse privative sans vis à vis. Grand parc commun. Poss. loc. draps, linge maison, toilette. Ouvert toute l'année.

GITES DE FRANCE-SERVICE RESERVATION - 20 rue Gassion - BP 537 - 64010 PAU Cedex
Tél. : 05 59 11 20 64 - Fax: 05 59 11 20 60 - Email : resa@gites64.com - www.gites-de-france-64.com

| TRES HTE SAIS. | HTE SAIS. | MOY. SAIS. | BASSE SAIS. | WEEK-END |
|---|---|---|---|---|
| 400 | 380 | 290 | 230 | 124 |

| 25 | 7 | 6 | 6 | 4 | 30 | 90 | 60 | 25 | 2,5 |
|---|---|---|---|---|---|---|---|---|---|

AQUITAINE — Pictos voir p. 12

# PYRÉNÉES ATLANTIQUES - 64

*Périodes tarifaires p. 57*

## N° 121075 BORDERES

**NN** — 5 pers.

Pau 15 km. Tarbes et Lourdes 20 km. Maison indép. avec granges du propriétaire à prox. dans petit village à 15 mn de Pau. R.d.c. Cuisine (frigo-congél. micro-ondes), salon, salle d'eau, wc. Et. 3 ch. (2 lits 2 pers. 1 lit 1 pers.) dont 1 ch. avec douche et wc privatifs. Ch. élect. en suppl. Cour fermée. Abri voiture. Possibilité location vélos sur place. Ouvert toute l'année.

GITES DE FRANCE-SERVICE RESERVATION - 20 rue Gassion - BP 537 - 64010 PAU Cedex
Tél. : 05 59 11 20 64 - Fax : 05 59 11 20 60 - Email : resa@gites-de-france-64.com

| TRES HTE SAIS. | HTE SAIS. | MOY. SAIS. | BASSE SAIS. | WEEK-END |
|---|---|---|---|---|
| 430 | 400 | 290 | 260 | 130 |

| | | | | | | | | |
|---|---|---|---|---|---|---|---|---|
| 4 | 4 | 0,2 | 4 | 22 | 55 | 55 | 4 | 4 |

## N° 131069 BUSSUNARITZ

**NN** — 4 pers.

St-Jean-Pied-de-Port 6 km. Gîte mitoyen à une location à l'année, aménagé dans une petite maison indépendante. Séjour, coin-cuisine (micro-ondes, TV coul.) canapé. 2 ch. (1 lit 2 pers. 2 lits 1 pers. gigogne, 1 lit bébé). S. d'eau. WC. Débarras. Ch. élect. en suppl. Cour fermée, jardin clos. Belle vue sur montagne et château de Bussunaritz. Ouvert toute l'année.

GITES DE FRANCE-SERVICE RESERVATION - 20 rue Gassion - BP 537 - 64010 PAU Cedex
Tél. : 05 59 11 20 64 - Fax : 05 59 11 20 60 - Email : resa@gites64.com - www.gites-de-france-64.com

| TRES HTE SAIS. | HTE SAIS. | MOY. SAIS. | BASSE SAIS. |
|---|---|---|---|
| 350 | 350 | 290 | 220 |

| | | | | | | | |
|---|---|---|---|---|---|---|---|
| 65 | 2 | 6 | 6 | 6 | 65 | 25 | 6 | 6 |

## N° 142086 CAME — Ferme Lamothe

**NN** — 6 pers.

Biarritz, Capbreton 35 km. Bidache 4 km. Beau gîte spacieux et lumineux. Maison indépendante idéalement située pour visiter le Pays Basque, le Béarn et les Landes. Coin-cuisine équipé (micro-ondes, frigo-congél.), séjour, salon (TV coul.). 3 ch. (2 lits 2 pers. 2 lits 1 pers.) chacune équipée de sanitaires complets privatifs (douche, lavabo, wc) et de TV. Buanderie (sèche-linge). WC. Terrasse, jardin clos. Bois de cheminée et chauffage inclus. Lits faits à l'arrivée, linge de toilette et de maison fournis. Ouvert toute l'année.

GITES DE FRANCE-SERVICE RESERVATION - 20 rue Gassion - BP 537 - 64010 PAU Cedex
Tél. : 05 59 11 20 64 - Fax : 05 59 11 20 60 - Email : resa@gites-de-france-64.com

| TRES HTE SAIS. | HTE SAIS. | MOY. SAIS. | BASSE SAIS. | WEEK-END |
|---|---|---|---|---|
| 690 | 550 | 450 | 320 | 250 |

| | | | | | | | |
|---|---|---|---|---|---|---|---|
| 35 | 6 | 4 | 4 | 1 | 17 | 60 | 35 | 4 |

## N° 124037 CORBERES — Au Casterot

**NN** — 8 pers.

Ancienne grange restaurée dans corps de ferme. Grand gîte spacieux indép. à prox. ferme en activité : élevage traditionnel d'oie. R.d.c. Coin-cuisine (micro-ondes, frigo-congél.), séjour, coin-salon, cellier, salle d'eau/wc. Et. 4 ch. (2 lits 2 pers. 3 lits 1 pers. 1 lit 130), 2 salles d'eau, wc. Ch. élect. en suppl. Terrain clos privatif (1000m2), terrasse abritée. Poss. initiation à préparation du confit et du foie gras d'oie. Ouvert toute l'année.

GITES DE FRANCE-SERVICE RESERVATION - 20 rue Gassion - BP 537 - 64010 PAU Cedex
Tél. : 05 59 11 20 64 - Fax : 05 59 11 20 60 - Email : resa@gites-de-france-64.com

| TRES HTE SAIS. | HTE SAIS. | MOY. SAIS. | BASSE SAIS. | WEEK-END |
|---|---|---|---|---|
| 640 | 570 | 365 | 275 | 156 |

| | | | | | | | |
|---|---|---|---|---|---|---|---|
| 0,5 | 3 | 3 | 10 | 15 | 90 | 90 | 35 | 3 |

## N° 122071 ESCOS — Le Crabe

**NN** — 4 pers.

Salies-de-Béarn, Sauveterre et St-Palais 12 km. Gave d'Oloron 150 m. Maison indép. entourée de 3 ha de prairies. Petit cours d'eau et bosquet dans la propriété. Plain-pied. Très grand séjour, salon, cuisine intégrée (micro-ondes, frigo-congél.), chaufferie, ch. (2 lits 1 pers. 1 lit 2 pers.), salle d'eau, wc. Ch. fuel en suppl. (compteur). Terrain clos. Baignoire bébé. Ping-pong. Ouvert toute l'année.

GITES DE FRANCE-SERVICE RESERVATION - 20 rue Gassion - BP 537 - 64010 PAU Cedex
Tél. : 05 59 11 20 64 - Fax : 05 59 11 20 60 - Email : resa@gites-de-france-64.com

| TRES HTE SAIS. | HTE SAIS. | MOY. SAIS. | BASSE SAIS. | WEEK-END |
|---|---|---|---|---|
| 375 | 325 | 250 | 200 | 110 |

| | | | | | | | | |
|---|---|---|---|---|---|---|---|---|
| 60 | 30 | 11 | 12 | 12 | 70 | 70 | 15 | 5 |

## N° 141033 ESPELETTE

**NN** — 2 pers.

Cambo-les-Bains 3 km. Espelette 2 km. Gîte aménagé en r.d.c. mitoyen au propriétaire, dans une maison ancienne rénovée en pleine campagne. Coin-cuisine équipé (micro-ondes, maxi-four), coin repas-coin salon (TV couleurs). 1 ch. ( 1 lit 2 pers.). S. d'eau (douche, wc). Ch. élect. inclus. Parking. Situé à 5 min. de Cambo-les-bains, idéal pour les curistes. Ouvert toute l'année.

GITES DE FRANCE-SERVICE RESERVATION - 20 rue Gassion - BP 537 - 64010 PAU Cedex
Tél. : 05 59 11 20 64 - Fax : 05 59 11 20 60 - Email : resa@gites-de-france-64.com

| TRES HTE SAIS. | HTE SAIS. | MOY. SAIS. | BASSE SAIS. |
|---|---|---|---|
| 329 | 299 | 269 | 249 |

| | | | | | | |
|---|---|---|---|---|---|---|
| 25 | 9 | 4 | 4 | 3 | 7 | 4 | 2 |

# PYRÉNÉES ATLANTIQUES - 64

Périodes tarifaires p. 57

## N° 132047  IDAUX-MENDY — Gîte Iagaya

NN — 4 pers.

**Mauléon 6 km. Ahusquy 18 km.** Gîte aménagé dans une ancienne maison dans le bourg, sur exploitation agricole en activité. R.d.c. Grande pièce d'entrée, coin-cuisine équipé (micro-ondes, frigo-congél.), séjour, coin-salon (TV coul) Cabinet de toilette (WC). Etage. 2 ch. (1 lit 2 pers., 2 lits 120), s.d.b /wc. Ch. élect. en suppl. Draps, linge toilette et maison fournis. Grande cour fermée, terrasse. Randonnées à prox. (Ahusquy, Col d'Osquich, Kakouetta, Olzarte). Ouvert toute l'année.

GITES DE FRANCE-SERVICE RESERVATION – 20 rue Gassion - BP 337 - 64010 PAU Cedex
Tél. : 05 59 11 20 64 - Fax: 05 59 11 20 60 - Email : resa@gites-de-france-64.com

| TRES HTE SAIS. | HTE SAIS. | MOY. SAIS. | BASSE SAIS. | WEEK-END | | | | | | | | | |
|---|---|---|---|---|---|---|---|---|---|---|---|---|---|
| 425 | 425 | 295 | 250 | 125 | 85 | 40 | 6 | 6 | 1,5 | 60 | 50 | 50 | 6 | 6 |

## N° 143026  IHOLDY

NN — 6 pers.

**Grottes d'Isturitz et d'Oxocelhaya 3 km. St-Jean-Pied-de-Port 17 km.** Gîte mitoyen à l'appartement du propriétaire, aménagé dans une ancienne ferme. R.d.c. Cuisine équipée (micro-ondes), séjour, coin-salon (TV couleur). Et. 3 ch. (3 lits 2 pers. 1 lit 1 pers.) avec sanitaires privatifs (douche ou baignoire/wc). Chauff. en suppl. (5 €/jour). Jardin non clos. Ouvert toute l'année.

GITES DE FRANCE-SERVICE RESERVATION – 20 rue Gassion - BP 337 - 64010 PAU Cedex
Tél. : 05 59 11 20 64 - Fax: 05 59 11 20 60 - Email : resa@gites64.com

| TRES HTE SAIS. | HTE SAIS. | MOY. SAIS. | BASSE SAIS. | WEEK-END | | | | | | | | | |
|---|---|---|---|---|---|---|---|---|---|---|---|---|---|
| 460 | 380 | 305 | 230 | 130 | 40 | 0,2 | 17 | 17 | 17 | 20 | 70 | 40 | 20 | 0,2 |

## N° 131064  IROULEGUY

NN — 6 pers.

Très beau gîte aménagé dans une ancienne maison du XVe siècle, isolée, avec vue imprenable surplombant la vallée, au cœur des vignobles d'Irouléguy. Plain-pied. Gîte access. handicapés. Coin-cuisine équipé (micro-ondes, frigo-congél.), séjour, coin-salon (TV coul.), cellier (l-linge). 3 ch. (3 lits 2 pers. 1 lit 1 pers.). Salle d'eau, wc. Ch. fuel compris. Grande terrasse abritée, parking et cour fermée. A 400 m ferme des propriétaires. Endroit très calme. Lits faits à l'arrivée hors Juillet/Août. Ouvert toute l'année.

GITES DE FRANCE-SERVICE RESERVATION – 20 rue Gassion - BP 337 - 64010 PAU Cedex
Tél. : 05 59 11 20 64 - Fax: 05 59 11 20 60 - Email : resa@gites-de-france-64.com

| TRES HTE SAIS. | HTE SAIS. | MOY. SAIS. | BASSE SAIS. | WEEK-END | | | | | | | | | |
|---|---|---|---|---|---|---|---|---|---|---|---|---|---|
| 600 | 580 | 490 | 460 | 210 | 60 | 8 | 6 | 6 | 8 | 60 | 30 | 6 | 5 |

## N° 122072  LAAS

NN — 6 pers.

**Sauveterre-de-Béarn 8 km.** Beau gîte aménagé dans une maison mitoyenne dans un village de caractère à proximité du Gave. R.d.c. Cuisine équipée (micro-ondes). Séjour, coin-salon (TV coul.). Cellier. Et. 3 ch. (2 lits 2 pers. 2 lits 1 pers.). S.d.b. WC. Ch. fuel en suppl. (30 €/sem). Cour. Terrain privatif clos non attenant. Parking. Nombreuses activités sur place (labyrinthe, Rosalie/circuits organisés dans les rues du village en vélos 4 places). Ouvert toute l'année.

GITES DE FRANCE-SERVICE RESERVATION – 20 rue Gassion - BP 337 - 64010 PAU Cedex
Tél. : 05 59 11 20 64 - Fax: 05 59 11 20 60 - Email : resa@gites-de-france-64.com

| TRES HTE SAIS. | HTE SAIS. | MOY. SAIS. | BASSE SAIS. | WEEK-END | | | | | | | | | |
|---|---|---|---|---|---|---|---|---|---|---|---|---|---|
| 350 | 320 | 245 | 200 | 105 | 60 | 18 | 10 | SP | 6 | 15 | 55 | 55 | 17 | 8 |

## N° 121072  LAROIN — Au Bord du Ruisseau

NN — 4 pers.

**Pau 7 km.** Maison contemporaine indép. ds village. Piscine 11 x 6 m à partager avec propriétaire à 200m. R.d.c. Coin-cuisine (micro-ondes), coin-repas, coin-salon (TV coul. Tél. accès sélectif modulable), salle d'eau, 1 ch. (1 lit 2 pers.). Et. 1 ch. (2 lits 1 pers.), poss. lit 1 pers. sur mezz. Ch. élect. en suppl. Garage fermé. Terrasse. Jardin clos 1000m2 avec palmiers. Aire de jeux ombragée sur place. Gave avec berges aménagées (promenade, pêche). Poss. location au mois charges en plus. Poss. location de draps. Ouvert toute l'année.

GITES DE FRANCE-SERVICE RESERVATION – 20 rue Gassion - BP 337 - 64010 PAU Cedex
Tél. : 05 59 11 20 64 - Fax: 05 59 11 20 60 - Email : resa@gites-de-france-64.com

| TRES HTE SAIS. | HTE SAIS. | MOY. SAIS. | BASSE SAIS. | WEEK-END | | | | | | | | | |
|---|---|---|---|---|---|---|---|---|---|---|---|---|---|
| 615 | 600 | 330 | 275 | 140 | SP | SP | 0,5 | 0,5 | 1,5 | 60 | 60 | 7 | 0,5 |

## N° 121077  LAROIN

NN — 5 pers.

**Pau 7 km.** Gîte à l'ét. d'une maison comportant 1 autre gîte au r.d.c. Cuisine (micro-ondes), séjour, coin-salon (TV coul. cheminée foyer ouvert), 3 ch. (2 lits 2 pers. 1 lit 1 pers.), salle de bains, wc. Chaufferie. Ch. central au fuel compris. Grand jardin clos et balançoire à partager. Salon de jardin et barbecue privatif. Ouvert toute l'année.

GITES DE FRANCE-SERVICE RESERVATION – 20 rue Gassion - BP 337 - 64010 PAU Cedex
Tél. : 05 59 11 20 64 - Fax: 05 59 11 20 60 - Email : resa@gites-de-france-64.com

| TRES HTE SAIS. | HTE SAIS. | MOY. SAIS. | BASSE SAIS. | WEEK-END | | | | | | | | |
|---|---|---|---|---|---|---|---|---|---|---|---|---|
| 455 | 440 | 390 | 335 | 170 | 1 | 4 | 1 | 1 | 2 | 60 | 60 | 7 | 1 |

AQUITAINE

Pictos voir p. 12

# PYRÉNÉES ATLANTIQUES - 64

*Périodes tarifaires p. 57*

## N° 122070 — LEDEUIX

**NN — 5 pers.**

Oloron-Sainte-Marie 3 km. Villa indép. des années 70 dans quartier calme aux portes de la ville d'Oloron. R.d.c. Cuisine (micro-ondes), séjour, salon (TV coul.). Et. 3 ch. (2 lits 2 pers. 1 lit 1 pers. 1 lit bébé), s.d.b. wc. Ch. élect. en suppl. Garage (sèche-linge, congélateur). Jardin clos ombragé et fleuri, terrasse sous pergola. Terrain de 2600 m2 en bordure d'un petit ruisseau. Ouvert toute l'année.

GITES DE FRANCE-SERVICE RESERVATION – 20 rue Gassion – BP 537 – 64010 PAU Cedex
Tél. : 05 59 11 20 64 - Fax : 05 59 11 20 60 - Email : resa@gites64.com – www.gites-de-france.64.com

| TRES HTE SAIS. | HTE SAIS. | MOY. SAIS. | BASSE SAIS. | WEEK-END |
|---|---|---|---|---|
| 335 | 300 | 235 | 170 | 100 |

| | | | | | | | |
|---|---|---|---|---|---|---|---|
| 5 | 3 | SP | 3 | 35 | 50 | 50 | 3 | 3 |

## N° 111043 — LESCUN — 700 m

**NN — 6 pers.**

Maison indép. ancienne restaurée dans le style local sur les hauteurs du village de Lescun. R.d.c. Coin-cuisine (micro-ondes), séjour, coin-salon (cheminée/insert, TV coul.), wc. 1er ét. 2 ch. (1 lit 2 pers. 1 lit 1 pers.), s.d.b. (douche et baignoire), wc. 2e ét. 1 ch. (1 lit 2 pers. 1 lit 1 pers.). Terrain non clos non attenant à partager avec 1 autre gîte. Balcon avec vue imprenable sur le cirque de Lescun. Ch. élect. & bois en sus. Ouvert toute l'année.

GITES DE FRANCE-SERVICE RESERVATION – 20 rue Gassion – BP 537 – 64010 PAU Cedex
Tél. : 05 59 11 20 64 - Fax : 05 59 11 20 60 - Email : resa@gites64.com – www.gites-de-france.64.com

| TRES HTE SAIS. | HTE SAIS. | MOY. SAIS. | BASSE SAIS. |
|---|---|---|---|
| 415 | 375 | 290 | 210 |

| 45 | 36 | 12 | 5 | 70 | 25 | 25 | 36 | SP |

## N° 121078 — LIVRON — Le Vieux Logis

**EC — 6 pers.**

Pau, Tarbes et Lourdes 20 km. Dans petit village paisible, gîte convivial à caract. béarnais dans ancien corps de ferme. Maison indép. Cadre calme et authentique. R.d.c. Cellier (sèche-linge, frigo-congél.), coin-cuisine, coin-repas, coin-salon (chemin foyer ouvert), salle d'eau, s.d.b. wc. Et. 3 ch. (2 lits 2 pers. 2 lits 1 pers.), wc. Ch. élect. + bois en sus. Jardin clos ombragé, terrasse. Balançoire/toboggan. Ouvert toute l'année.

GITES DE FRANCE-SERVICE RESERVATION – 20 rue Gassion – BP 537 – 64010 PAU Cedex
Tél. : 05 59 11 20 64 - Fax : 05 59 11 20 60 - Email : resa@gites64.com – www.gites-de-france.64.com

| TRES HTE SAIS. | HTE SAIS. | MOY. SAIS. | BASSE SAIS. | WEEK-END |
|---|---|---|---|---|
| 430 | 390 | 280 | 230 | 120 |

| 10 | 5 | 2 | 25 | 30 | 80 | 80 | 25 | 5 |

## N° 123022 — LOUBIENG — Gîte Laubaret

**NN — 6 pers.**

Orthez, Lac de Biron, la Saligue aux oiseaux 7 km. Gîte confortable et agréable, aménagé dans une maison indép. mitoyenne à la ferme des propriétaires. R.d.c. Coin-cuisine équipé (micro-ondes, frigo-congél.), coin-repas, salon (TV coul.), salle d'eau/wc, cellier. Et. 3 ch. (3 lits 2 pers.), salle d'eau/wc. Ch. élect. en suppl. Terrasse, petit jardin clos. Gîte sur exploitation agricole en activité. Ouvert toute l'année.

GITES DE FRANCE-SERVICE RESERVATION – 20 rue Gassion – BP 537 – 64010 PAU Cedex
Tél. : 05 59 11 20 64 - Fax : 05 59 11 20 60 - Email : resa@gites64.com – www.gites-de-france.64.com

| TRES HTE SAIS. | HTE SAIS. | MOY. SAIS. | BASSE SAIS. | WEEK-END |
|---|---|---|---|---|
| 400 | 320 | 280 | 200 | 120 |

| 77 | 8 | 7 | 7 | 7 | 15 | 70 | 70 | 7 | 7 |

## N° 111042 — LOURDIOS

**NN — 6 pers.**

Maison indép. à prox. du Gave (pêche) et de la forêt d'Issaux, entourée de prairies et montagnes. Intérieur rustique. Débarras. R.d.c. Coin-cuisine intégré (micro-ondes, frigo & congél.). Séjour, coin-salon (cheminée foyer ouvert). Salle d'eau. 1 ch. (1 lit 2 pers.). Et. 2 ch. (1 lit 2 pers. 2 lits 1 pers.), wc. Terrain non clos en pente, terrasse en cailloux. Ch. élect. + bois en suppl. Aux portes vallée d'Aspe. Ouvert toute l'année.

GITES DE FRANCE-SERVICE RESERVATION – 20 rue Gassion – BP 537 – 64010 PAU Cedex
Tél. : 05 59 11 20 64 - Fax : 05 59 11 20 60 - Email : resa@gites64.com – www.gites-de-france.64.com

| TRES HTE SAIS. | HTE SAIS. | MOY. SAIS. | BASSE SAIS. | WEEK-END |
|---|---|---|---|---|
| 450 | 360 | 350 | 250 | 150 |

| 40 | 15 | 10 | 0,5 | 60 | 40 | 35 | 25 | 15 |

## N° 111045 — LOURDIOS-ARETTE — Maison Maysou — 500 m

**NN — 6 pers.**

Maison indép. isolée au milieu de prairies. Jolie vue sur montagnes. R.d.c. Coin-cuisine (micro-ondes), coin-repas (cheminée/poêle à bois), coin-salon (TV coul. Tél. accès sélectif), débarras, salle d'eau/wc. Et. S.d.b. (baignoire sabot, wc. 3 ch. (2 lits 1 pers. superposés, 2 lits 2 pers.). Ch. élect. + bois en sus. Terrasse plein sud, terrain clos. Garage. Ouvert toute l'année.

GITES DE FRANCE-SERVICE RESERVATION – 20 rue Gassion – BP 537 – 64010 PAU Cedex
Tél. : 05 59 11 20 64 - Fax : 05 59 11 20 60 - Email : resa@gites64.com – www.gites-de-france.64.com

| TRES HTE SAIS. | HTE SAIS. | MOY. SAIS. | BASSE SAIS. | WEEK-END |
|---|---|---|---|---|
| 385 | 345 | 270 | 195 | 115 |

| 30 | 15 | 10 | 15 | 50 | 30 | 30 | 20 | 7 |

# PYRÉNÉES ATLANTIQUES - 64

*Périodes tarifaires p. 57*

## N° 122073 LUCQ-DE-BEARN

**NN** — 8 pers.

Oloron 14 km. Aquabéarn 10 km. Belle maison béarnaise typique, indép. très spacieuse, dans petit village paisible des coteaux béarnais, à prox. vignobles de Jurançon. R.d.c. Garage (sèche-linge). Coin-cuisine (frigo-congél. micro-ondes), séjour, coin-salon (TV coul. cheminée foyer ouvert), 1 ch. (1 lit 2 pers.), s.d.b/wc. Et. 3 ch. (2 lits 2 pers. 2 lits 1 pers. 1 lit bébé). Salle d'eau/wc. Cour fermée abritée, jardin clos arboré. Ch. central fuel. Ouvert de juin à octobre.

GITES DE FRANCE-SERVICE RESERVATION – 20 rue Gassion - BP 537 - 64010 PAU CEDEX
Tél. : 05 59 11 20 64 - Fax : 05 59 11 20 60 - Email : resa@gites64.com - www.gites-de-france-64.com

| TRES HTE SAIS. | HTE SAIS. | MOY. SAIS. | | | | | | | | |
|---|---|---|---|---|---|---|---|---|---|---|
| 630 | 630 | 460 | | 20 | 10 | 14 | 3 | 20 | 60 | 60 | 14 | SP |

## N° 122074 LUCQ-DE-BEARN

**NN** — 6 pers.

Grande maison béarnaise face maison des propriétaires comportant des chambres d'hôtes. Gîte indép. dans corps de ferme. R.d.c. Coin-cuisine équipée (frigo-congél. micro-ondes), séjour, coin-salon, salle d'eau, wc. Et. 3 ch. (2 lits 2 pers. 2 lits 1 pers.), coin-salon sur mezz. S.d.b. wc. Ch. élect. en sus. Cour commune, terrasse, terrain clos privatif. Gîte sur exploitation agricole en activité. Ouvert toute l'année.

GITES DE FRANCE-SERVICE RESERVATION - 20 rue Gassion - BP 537 - 64010 PAU Cedex
Tél. : 05 59 11 20 64 - Fax : 05 59 11 20 60 - Email : resa@gites64.com - www.gites-de-france-64.com

| TRES HTE SAIS. | HTE SAIS. | MOY. SAIS. | BASSE SAIS. | WEEK-END |
|---|---|---|---|---|
| 500 | 500 | 400 | 290 | 170 |

| | | | | | | | | | |
|---|---|---|---|---|---|---|---|---|---|
| 4 | 5 | 5 | 5 | 40 | 60 | 60 | 5 | 5 | |

## N° 152100 MOUGUERRE

**NN** — 5 pers.

Bayonne 7 km. Biarritz 15 km. Gîte aménagé au rez de chaussée de la maison du propriétaire (accès par marches). Cuisine (micro-ondes), coin-salon (TV coul.). 2 ch. (2 lits 2 pers. 1 lit 1 pers.). Poss. 1 lit bébé. Salle d'eau (l-linge). WC. Ch. élect. en suppl. Jardin clos commun. Salon de jardin, barbecue. Portique. Parking. Gîte calme situé à deux pas du bourg et 15 minutes de la mer. Ouvert toute l'année.

GITES DE FRANCE-SERVICE RESERVATION - 20 rue Gassion - BP 537 - 64010 PAU Cedex
Tél. : 05 59 11 20 64 - Fax : 05 59 11 20 60 - Email : resa@gites64.com - www.gites-de-france-64.com

| TRES HTE SAIS. | HTE SAIS. | MOY. SAIS. | BASSE SAIS. |
|---|---|---|---|
| 410 | 410 | 305 | 220 |

| | | | | | | | |
|---|---|---|---|---|---|---|---|
| 12 | 25 | 7 | SP | 6 | 12 | 90 | 7 | 2 |

## N° 132045 ORDIARP

**NN** — 4 pers.

St-Jean-Pied-de-Port 25 km. Forêt d'Iraty 35 km. Kakuetta 20 km. Jolie maison indépendante dans un quartier isolé (mitoyen gîte de groupe). Rdc. Coin cuisine équipé (frigo américain, micro-ondes), séjour, coin-salon (cheminée insert, TV coul., magnétoscope). Et. 2 ch. avec sanitaires privés (1 lit 2 pers. 2 lits 1 pers.), Wc, débarras, coin lecture. Ch. élect. et en supplément. Terrasse, parking, fronton, mini-golf communs. Nbreuses randonnées au départ du gîte. Ouvert toute l'année.

GITES DE FRANCE-SERVICE RESERVATION – 20 rue Gassion - BP 537 - 64010 PAU Cedex
Tél. : 05 59 11 20 64 - Fax : 05 59 11 20 60 - Email : resa@gites64.com - www.gites-de-france-64.com

| TRES HTE SAIS. | HTE SAIS. | MOY. SAIS. | BASSE SAIS. | WEEK-END |
|---|---|---|---|---|
| 415 | 385 | 295 | 295 | 130 |

| | | | | | | | | |
|---|---|---|---|---|---|---|---|---|
| 80 | 10 | 12 | 12 | 5 | 50 | 35 | 12 | 12 |

## N° 124036 PONTACQ

**NN** — 6 pers.

Pau 25 km. Lourdes 12 km. Maison indépendant à 2 km du village. R.d.c. Cuisine (micro-ondes), séjour, coin-salon (TV coul.), salle d'eau et salle de bains, wc. 3 ch. (2 lits 1 pers. 2 lits 2 pers.). Ch. central mazout en suppl. (forfait 40 €/ semaine à régler sur place). Véranda ouvrant sur jardin agréable et fleuri. Toutes les commodités au village. Poss. de découvrir les Hautes Pyrénées très proches. Ouvert toute l'année.

GITES DE FRANCE-SERVICE RESERVATION - 20 rue Gassion - BP 537 - 64010 PAU Cedex
Tél. : 05 59 11 20 64 - Fax : 05 59 11 20 60 - Email : resa@gites64.com - www.gites-de-france-64.com

| TRES HTE SAIS. | HTE SAIS. | MOY. SAIS. | BASSE SAIS. |
|---|---|---|---|
| 396 | 356 | 280 | 200 |

| | | | | | | | |
|---|---|---|---|---|---|---|---|
| 12 | 2 | 2 | 5 | 12 | 40 | 40 | 2 | 2 |

## N° 152092 SARE

**NN** — 5 pers.

St-Jean-de-Luz 15 km. Espagne 3 km. Gîte de plain-pied, dans la maison du propriétaire. Cuisine équipée (cheminée/insert, micro-ondes, frigo-congél. TV coul.), séjour, coin-salon, 3 ch. (2 lits 2 pers. 2 lits 1 pers.), s.d.b., wc. Ch. élect. en suppl. Bois fourni. Terrasse, cour, terrain non clos. Environnement calme, en campagne. Poss. loc. draps et linge de toilette. Petits animaux de la ferme sur place (moutons, volailles). Ouvert toute l'année.

GITES DE FRANCE-SERVICE RESERVATION - 20 rue Gassion - BP 537 - 64010 PAU Cedex
Tél. : 05 59 11 20 64 - Fax : 05 59 11 20 60 - Email : resa@gites64.com - www.gites-de-france-64.com

| TRES HTE SAIS. | HTE SAIS. | MOY. SAIS. | BASSE SAIS. | WEEK-END |
|---|---|---|---|---|
| 440 | 400 | 280 | 220 | 120 |

| | | | | | | | | |
|---|---|---|---|---|---|---|---|---|
| 15 | 8 | 4 | 4 | SP | 4 | 80 | 14 | 4 |

**AQUITAINE**

# PYRÉNÉES ATLANTIQUES - 64

Périodes tarifaires p. 57

## N° 152099 SARE

**NN — 2 pers.**

St-Jean-de-Luz 14 km. Biarritz 25 km. Joli gîte aménagé à l'étage de la maison du propriétaire, sur une exploitation agricole en activité. Coin-cuisine équipé (micro-ondes, l-vaisselle, frigo-congél. plaques vitrocéramiques), coin-repas, coin-salon (TV coul.). 1 ch. (1 lit 2 pers. 1 lit bébé). S. d'eau (l-linge). WC. Ch. en suppl. Terrasse, parking, jardin non clos. Cour, salon de jardin, barbecue. Poss. s-linge commun. A 10 mn de Sare, par le chemin romain récemment rénové. Ouvert toute l'année.

GITES DE FRANCE-SERVICE RESERVATION - 20 rue Gassion - BP 537 - 64010 PAU Cedex
Tél. : 05 59 11 20 64 - Fax : 05 59 11 20 60 - Email : resa@gites64.com - www.gites-de-france-64.com

| TRES HTE SAIS. | HTE SAIS. | MOY. SAIS. | BASSE SAIS. | WEEK-END |
|---|---|---|---|---|
| 360 | 360 | 245 | 230 | 105 |

| | | | | | | | |
|---|---|---|---|---|---|---|---|
| 14 | 9 | 1 | 1 | 1 | 14 | 80 | 14 | 1 |

## N° 111037 SARRANCE — 500 m

**NN — 6 pers.**

Col du Somport et Espagne 35 km. Maison indép. typique, 6/8 pers. isolée en montagne à 4 km du village. Vue superbe. R.d.c. Coin-salon (cheminée/poêle à bois, canapé), coin-cuisine (micro-ondes, frigo-congél.), tél. accès sélectif à dispos. Coin-repas. Douche, wc. Buanderie. 1er ét. 2 ch. (2 lits 2 pers.) s. d'eau, wc. 2ème ét. 1 ch. (2 lits 110x170). 1 ch. (2 lits 1 pers.). Ch. élect. et bois en suppl. Terrasse, terrain. Ouvert toute l'année.

GITES DE FRANCE-SERVICE RESERVATION - 20 rue Gassion - BP 537 - 64010 PAU Cedex
Tél. : 05 59 11 20 64 - Fax : 05 59 11 20 60 - Email : resa@gites64.com - www.gites-de-france-64.com

| TRES HTE SAIS. | HTE SAIS. | MOY. SAIS. | BASSE SAIS. |
|---|---|---|---|
| 535 | 500 | 300 | 220 |

| 25 | 10 | 9 | 10 | 60 | 40 | 35 | 10 | 10 |
|---|---|---|---|---|---|---|---|---|

Pictos voir p. 12

## N° 112054 STE-COLOME — Le Cot

**NN — 9 pers.**

Parc National des Pyrénées 30 Km. Gourette 30 km. Lourdes 30 km. Ancienne grange spacieuse rénovée, sur le chemin de St-Jacques avec belle vue sur les Pyrénées. Gîte accessible aux handicapés. R.d.c. accessible : coin-cuisine (frigo-congél. micro-ondes), grand séjour avec salon confortable. 2 ch. (4 lits 1 pers.), salle d'eau, wc. Cellier. Et. 2 ch. (1 lit 2 pers. 1 lit 160, 1 lit 1 pers.). S.d.b. WC. Jeux pour enfants. Jardin privatif, terrasse. Ch. élect. en sus. Idéal pour les amoureux de la nature. Parc National des Pyrénées à prox. Poss. baby-sitting. Ouvert toute l'année.

GITES DE FRANCE-SERVICE RESERVATION - 20 rue Gassion - BP 537 - 64010 PAU Cedex
Tél. : 05 59 11 20 64 - Fax : 05 59 11 20 60 - Email : resa@gites64.com - www.gites-de-france-64.com

| TRES HTE SAIS. | HTE SAIS. | MOY. SAIS. | BASSE SAIS. | WEEK-END |
|---|---|---|---|---|
| 645 | 520 | 450 | 320 | 195 |

| 10 | 8 | 8 | 5 | 30 | 30 | 30 | 25 | 8 |
|---|---|---|---|---|---|---|---|---|

## N° 132046 STE-ENGRACE — 750 m

**EC NN — 5 pers.**

Ste-Engrâce 3 km. Gorges de Kakuetta 3 km. Gîte aménagé dans une maison indép. isolée, en pierres apparentes avec un splendide point de vue. R.d.c. Coin-cuisine équipé, cellier (frigo-congél.). Séjour, coin-salon (cheminée foyer ouvert, prise TV), wc. Etage. 2 ch. (2 lits 2 pers. 1 lit bébé), pallier (1 lit 1 pers). S. d'eau/wc. Ch. central au gaz en suppl. Terrasse, jardin. Nombreux sentiers de randonnées au départ du gîte. Ouvert toute l'année.

GITES DE FRANCE-SERVICE RESERVATION - 20 rue Gassion - BP 537 - 64010 PAU Cedex
Tél. : 05 59 11 20 64 - Fax : 05 59 11 20 60 - Email : resa@gites64.com - www.gites-de-france-64.com

| TRES HTE SAIS. | HTE SAIS. | MOY. SAIS. | BASSE SAIS. | WEEK-END |
|---|---|---|---|---|
| 370 | 370 | 280 | 260 | 120 |

| 90 | 30 | 30 | 20 | 80 | 10 | 10 | 30 | 20 |
|---|---|---|---|---|---|---|---|---|

## N° 142083 ST-ESTEBEN

**NN — 7 pers.**

Hasparren 10 km. Biarritz 40 km. Gîte spacieux mitoyen à l'appartement du propriétaire, dans quartier calme avec vue sur village (présence d'une location à l'année en rez-de-jardin). R.d.c. Coin-cuisine (micro-ondes, frigo-congél.). Séjour, coin salon (TV coul.). 2 ch. (1 lit 2 pers. 1 lit 1 pers.). S.d.b. et s. d'eau. WC. Et. 2 ch. (1 lit 2 pers. 2 lits 1 pers.). WC. Balcon. Terrain non attenant (balançoire). Terrasse. Chauffage au gaz inclus. Parking. Ouvert toute l'année.

GITES DE FRANCE-SERVICE RESERVATION - 20 rue Gassion - BP 537 - 64010 PAU Cedex
Tél. : 05 59 11 20 64 - Fax : 05 59 11 20 60 - Email : resa@gites64.com - www.gites-de-france-64.com

| TRES HTE SAIS. | HTE SAIS. | MOY. SAIS. | BASSE SAIS. | WEEK-END |
|---|---|---|---|---|
| 500 | 400 | 300 | 230 | 110 |

| 40 | 10 | 10 | 10 | 45 | 50 | 35 | 10 |
|---|---|---|---|---|---|---|---|

## N° 133037 ST-ETIENNE-DE-BAIGORRY

**NN — 2 pers.**

St-Jean-Pied-de-Port 8 km. Espagne 8 km. Joli gîte aménagé à l'étage d'une maison de quartier, mitoyen à un autre gîte. Cuisine équipée (micro-ondes), séjour-coin salon (TV coul.). 2 ch. (1 lit 1 pers., 1 lit 2 pers.). Salle d'eau/wc. Ch. élect. en suppl. Terrasse, garage. Tous loisirs de montagne à prox. Ouvert toute l'année.

GITES DE FRANCE-SERVICE RESERVATION - 20 rue Gassion - BP 537 - 64010 PAU Cedex
Tél. : 05 59 11 20 64 - Fax : 05 59 11 20 60 - Email : resa@gites64.com - www.gites-de-france-64.com

| TRES HTE SAIS. | HTE SAIS. | MOY. SAIS. | BASSE SAIS. | WEEK-END |
|---|---|---|---|---|
| 420 | 410 | 295 | 245 | 135 |

| 45 | 30 | 0,2 | 0,2 | 30 | 30 | 70 | 30 | 8 | 0,2 |
|---|---|---|---|---|---|---|---|---|---|

# PYRÉNÉES ATLANTIQUES - 64

*Périodes tarifaires p. 57*

## N° 131066  ST-JEAN-PIED-DE-PORT — Gure Etchola

NN — 6 pers.

**St-Jean-Pied-de-Port 1,5 km. Espagne 6 km.** Joli gîte aménagé dans une maison indépendante, isolée. R.d.c. Cuisine (micro-ondes). Séjour, coin-salon (TV coul.). WC. Etage (accès plain pied). 3 ch. (2 lits 2 pers. 2 lits 1 pers. 1 lit bébé). Salle de bains (wc). Ch. élect. en suppl. Parking. Terrasse fermée, terrain privatif non clos (pentu). Ancienne maison de famille rénovée à deux pas du bourg et de la citadelle de St Jean Pied de Port (rues artisanales, rempart,...). Ouvert de mars à octobre.

GITES DE FRANCE-SERVICE RESERVATION - 20 rue Gassion - BP 537 - 64010 PAU Cedex
Tél. : 05 59 11 20 64 - Fax : 05 59 11 20 60 - Email : resa@gites64.com - www.gites-de-france-64.com

| TRES HTE SAIS. | HTE SAIS. | MOY. SAIS. | WEEK-END |
|---|---|---|---|
| 530 | 440 | 320 | 137 |

| | | | | | | | |
|---|---|---|---|---|---|---|---|
| 50 | 50 | 1,5 | 1,5 | 3 | 50 | 30 | 2 | 1,5 |

## N° 152096  ST-PEE-SUR-NIVELLE

NN — 5 pers.

**St-Jean-de-Luz 15 km.** Gîte aménagé à l'ét. d'une maison indép. dans un quartier calme à 2,5 km du bourg. Cuisine équipée (micro-ondes). Grand séjour. Salon (TV coul.). 3 ch. (1 lit 2 pers. 2 lits 1 pers. 1 lit 130). S.d.b. (baignoire, douche). WC. Ch. au fuel en suppl. (31 €/semaine). Garage (congél.). Grande terrasse. Cour non close.

GITES DE FRANCE-SERVICE RESERVATION - 20 rue Gassion - BP 537 - 64010 PAU Cedex
Tél. : 05 59 11 20 64 - Fax : 05 59 11 20 60 - Email : resa@gites64.com - www.gites-de-france-64.com

| TRES HTE SAIS. | HTE SAIS. | MOY. SAIS. | BASSE SAIS. |
|---|---|---|---|
| 608 | 500 | 400 | 335 |

| | | | | | | | |
|---|---|---|---|---|---|---|---|
| 15 | 5 | 5 | 2,5 | 3,5 | 10 | 75 | 15 | 2,5 |

## N° 131063  UHART-CIZE

NN — 6 pers.

**St-Jean-Pied-de-Port 5 km. Espagne 2 km.** Très beau gîte indép. mitoyen à l'appartement des propriétaires, dans une ancienne ferme. Accés de plain pied. Coin-cuisine (micro-ondes), séjour, coin-salon. 3 ch. (3 lits 2 pers.) dont 1 avec sanitaires privatifs (douche/wc), s. d'eau/wc. Débarras. Ch. fuel inclus. Jardin privatif clos. Site calme au milieu de la nature. Ingrédients de base et produits d'entretien fournis. Poss. location draps et linge. Ouvert toute l'année.

GITES DE FRANCE-SERVICE RESERVATION - 20 rue Gassion - BP 537 - 64010 PAU Cedex
Tél. : 05 59 11 20 64 - Fax : 05 59 11 20 60 - Email : resa@gites64.com - www.gites-de-france-64.com

| TRES HTE SAIS. | HTE SAIS. | MOY. SAIS. | BASSE SAIS. | WEEK-END |
|---|---|---|---|---|
| 640 | 540 | 390 | 315 | 165 |

| | | | | | | | | |
|---|---|---|---|---|---|---|---|---|
| 55 | 10 | 5 | | 25 | 55 | 70 | 25 | 5,5 | 2 |

## N° 111039  URDOS

760 m

NN — 6 pers.

**Col du Somport et Espagne 12 km.** Gîte indép. dans petit village de la vallée d'Aspe. R.d.c Entrée. 1er niv. Cuisine équipée (micro-ondes, frigo-congél.), cellier, séjour, coin-salon (cheminée/poêle à bois, TV coul. tél. accès sélectif modulable), local à ski, wc. 2ème niv. 3 ch. (2 lits 2 pers. 2 lits 1 pers.), s. d'eau/wc. Ch. élect. + bois en suppl. Terrasse couverte privative. Parking privé. Le gîte aux 3 marches est une ancienne ferme rénovée, sur le chemin de St-Jacques de Compostelle. Ouvert toute l'année.

GITES DE FRANCE-SERVICE RESERVATION - 20 rue Gassion - BP 537 - 64010 PAU Cedex
Tél. : 05 59 11 20 64 - Fax : 05 59 11 20 60 - Email : resa@gites64.com - www.gites-de-france-64.com

| TRES HTE SAIS. | HTE SAIS. | MOY. SAIS. | BASSE SAIS. | WEEK-END |
|---|---|---|---|---|
| 450 | 360 | 315 | 225 | 135 |

| | | | | | | | |
|---|---|---|---|---|---|---|---|
| 40 | 0,5 | 10 | 75 | 12 | 10 | 40 | 1 |

## N° 152095  USTARITZ

NN — 3 pers.

**Biarritz 11 km.** Gîte dans la maison du propriétaire, mitoyen à 2 autres gîtes. R.d.c. Grand séjour, coin-salon et coin-cuisine (micro-ondes, TV coul.). S. d'eau (douche, wc). Et. 1 ch. (1 lit 2 pers.), 1 ch. enfant (1 lit 2 pers.), wc. Ch. central fuel compris. Terrasse. Poss. loc. draps, linge maison et toilette. Petite ferme avec moutons, chèvres et volailles, dans un quartier d'Ustaritz, village basque situé à une dizaine de kilomètres de la Côte. Ouvert toute l'année.

GITES DE FRANCE-SERVICE RESERVATION - 20 rue Gassion - BP 537 - 64010 PAU Cedex
Tél. : 05 59 11 20 64 - Fax : 05 59 11 20 60 - Email : resa@gites64.com - www.gites-de-france-64.com

| TRES HTE SAIS. | HTE SAIS. | MOY. SAIS. | BASSE SAIS. | WEEK-END |
|---|---|---|---|---|
| 380 | 315 | 280 | 280 | 115 |

| | | | | | | | |
|---|---|---|---|---|---|---|---|
| 11 | 10 | 4 | 3 | 6 | 3 | 70 | 10 | 3 |

Pour préparer vos vacances, ayez le réflexe Minitel et gagnez des séjours et de nombreux lots en consultant le 36.15 Gîtes de France (0,2 €/mn)

*AQUITAINE — Pictos voir p. 12*

# AUVERGNE

## Pour réserver, écrire ou téléphoner :

### 03 - ALLIER
GITES DE FRANCE - Loisirs Accueil
Pavillon des marronniers - Parc de Bellevue
B.P. 65 - 03402 YZEURE Cédex
Tél. 04 70 46 81 60 - Fax. 04 70 46 00 22
E-mail : cdt-sla@pays-allier.com
www.gites-de-france-allier.com

3615 Gîtes de France
RESA - 0,2 €/mn

### 15 - CANTAL
GITES DE FRANCE - Service Réservation
50, avenue des Pupilles de la Nation
B.P. 738 - 15007 AURILLAC Cédex
Tél. 04 71 48 64 20 - Fax. 04 71 48 64 21
E-mail : gites-de-france-cantal@wanadoo.fr
www.itea.fr/GDF/15

3615 Gîtes de France
RESA - 0,2 €/mn

### 43 - HAUTE-LOIRE
LOISIRS ACCUEIL - Service Réservation
Hôtel du Département
1, place Monseigneur de Galard - B.P. 332
43012 LE PUY-EN-VELAY Cedex
Tél. 04 71 07 41 65 - Fax. 04 71 07 41 66
E-mail : loisirsaccueil43@free.fr
www.auvergnevacances.com

3615 Gîtes de France
RESA - 0,2 €/mn

### 63 - PUY-DE-DÔME
GITES DE FRANCE - Service Réservation
Puy-de-Dôme Tourisme
22, rue Saint-Genès
63038 CLERMONT-FERRAND Cedex 1
Tél. 04 73 90 00 15 - Fax. 04 73 92 83 75
E-mail : puydedometourisme@wanadoo.fr
www.resinfrance.com

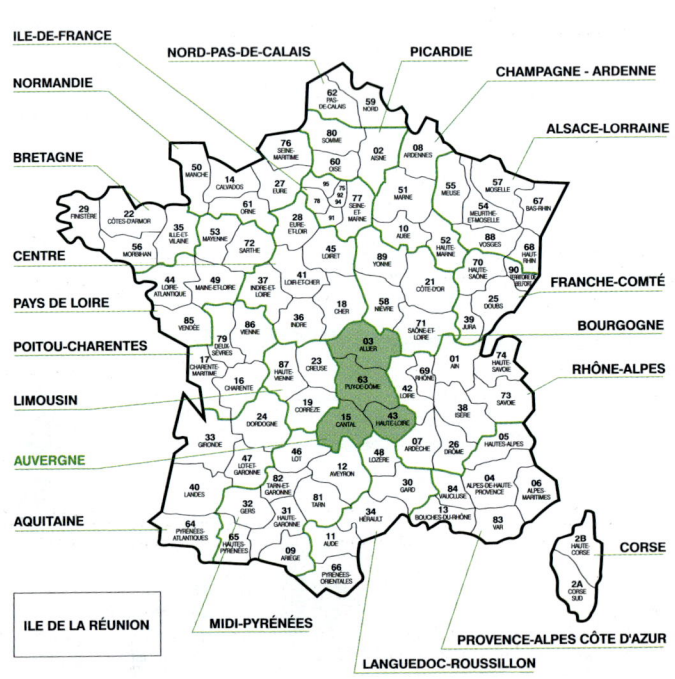

# ALLIER - 03

**GITES DE FRANCE** - Loisirs Accueil - Pavillon des marronniers
Parc de Bellevue - B.P. 65 - 03402 YZEURE Cédex
Tél. 04 70 46 81 60 - Fax. 04 70 46 00 22
E.mail : cdt-sla@pays-allier.com - www.gites-de-france-allier.com

## PERIODES TARIFAIRES
**HAUTE SAISON :** du 3.07 au 28.08 - **MOYENNE SAISON :** du 7.02 au 6.03, du 3.04 au 1er.05, du 29.05 au 3.07, du 28.08 au 2.10, du 25.10 au 1.11 et du 20.12 au 7.01.05 - **HAUTE SAISON :** du 3.07 au 28.08 - **BASSE SAISON :** autres périodes non mentionnées ci-dessus.

### N° 3978 — ARRONNES — Le Grand Cossange — CM 73 pli 5
EC  NN  4 pers.

Vichy 12 km. Vulcania 60 km. Gîte indépendant attenant à une maison occupée occasionnellement dans un hameau de la Montagne Bourbonnaise. R.D.C/1 étage : séjour, coin-cuisine. Etage : 1 ch. (1 lit 2 pers.), 1 ch. (2 lits 1 pers.), salle d'eau, wc. Mezzanine dans grenier aménagé (2 lits 1 pers.). Loc TV. Chauffage électrique. Espace vert attenant clos avec pelouse, barbecue. CAUTION. Ouvert du 1er avril au 31 octobre.

GITES DE FRANCE-LOISIRS ACCUEIL - Pavillon des Marronniers - Parc de Bellevue - BP 65 - 03402 YZEURE Cedex
Tél. : 04 70 46 81 60 - Fax : 04 70 46 00 22 - Email : cdt-sla@pays-allier.com - www.gites-de-france-allier.com

| MOY. SAIS. | HTE SAIS. | HORS SAIS. | WEEK-END |
|---|---|---|---|
| 320 | 390 | 290 | 180 |

| | | | | | | | | |
|---|---|---|---|---|---|---|---|---|
| 1 | 8 | 8 | 12 | 12 | 10 | 12 | 12 | 12 |

### N° 1921 — AUDES — Les Quéras — CM 69 pli 11
NN  6 pers.

Montluçon 20 km. Vallon-en-Sully 11 km. Maison de caractère indép. en pleine campagne donnant sur une vaste cour fermée fortifiée (3000m²) et à l'arrière sur un jardin arborée (1 hectare). R.D.C : Cuisine, séjour, 1 ch. (1 lit 2 pers.), 1 ch. (2 lits 1 pers. jumeaux), 1 ch. (1 lit 2 pers.), salle de bains/wc, sèche-linge. Chauffage central gaz. Tel portable à carte sur demande. Lit bébé sur demande. Abri voiture, barbecue, étangs privés sur place. CAUTION. Ouvert toute l'année.

GITES DE FRANCE-LOISIRS ACCUEIL - Pavillon des Marronniers - Parc de Bellevue - BP 65 - 03402 YZEURE Cedex
Tél. : 04 70 46 81 60 - Fax : 04 70 46 00 22 - Email : cdt-sla@pays-allier.com - www.gites-de-france-allier.com

| MOY. SAIS. | HTE SAIS. | HORS SAIS. | WEEK-END | MID-WEEK |
|---|---|---|---|---|
| 473 | 503 | 442 | 297 | 370 |

| | | | | | | | | |
|---|---|---|---|---|---|---|---|---|
| 5 | 20 | 7 | 25 | 25 | 2 | 20 | 25 | 20 | 2 |

### N° 2957 — AUROUER — CM 69 pli 14
NN  5 pers.

Villeneuve-sur-Allier 5 km. Moulins 17 km. Dans un village de la Sologne Bourbonnaise, petite maison indépendante avec jardin ombragé et clos. R.D.C : Séjour, coin-cuisine, 1 ch. (1 lit 2 pers.), 1 ch. (3 lits 1 pers.), salle d'eau, wc. Tél portable à carte. Chauffage électrique. Draps fournis. Barbecue. CAUTION. Ouvert toute l'année.

GITES DE FRANCE-LOISIRS ACCUEIL - Pavillon des Marronniers - Parc de Bellevue - BP 65 - 03402 YZEURE Cedex
Tél. : 04 70 46 81 60 - Fax : 04 70 46 00 22 - Email : cdt-sla@pays-allier.com - www.gites-de-france-allier.com

| MOY. SAIS. | HTE SAIS. | HORS SAIS. | WEEK-END |
|---|---|---|---|
| 250 | 295 | 190 | 125 |

| | | | | | | | |
|---|---|---|---|---|---|---|---|
| 2 | 17 | 5 | 17 | 2 | 17 | 17 | 5 |

### N° 4934 — BILLY — CM 73 pli 5
NN  4 pers.

Vichy 14 km. Dans un petit village, proche d'un chateau, gîte indépendant au rez de chaussée d'une maison. R.D.C : coin-cuisine, séjour (canapé clic-clac), 1 chambre (1 lit 2 pers.), salle d'eau/wc. Chauffage central compris. Sèche-linge. Terrasse, espace vert avec pelouse clos. Garage à proximité, barbecue. Ouvert toute l'année.

GITES DE FRANCE-LOISIRS ACCUEIL - Pavillon des Marronniers - Parc de Bellevue - BP 65 - 03402 YZEURE Cedex
Tél. : 04 70 46 81 60 - Fax : 04 70 46 00 22 - Email : cdt-sla@pays-allier.com - www.gites-de-france-allier.com

| MOY. SAIS. | HTE SAIS. | HORS SAIS. | WEEK-END |
|---|---|---|---|
| 259 | 360 | 259 | 180 |

| | | | | | | | |
|---|---|---|---|---|---|---|---|
| SP | 14 | 1 | 14 | 14 | 4 | 14 | 14 | 5 | SP |

### N° 4959 — BIOZAT — Les Cluzeaux — CM 73 pli 4/5
EC  NN  6 pers.

Vichy 15 km. Gîte indépendant attenant à un autre gîte dans un hameau. R.D.C/1er étage : cuisine intégrée, grand séjour, salle de bains, wc. Etage : chambres mansardées 1 ch. (1 lit 2 pers., lit bébé), 2 ch. (2 lits 1 pers.), wc. Chauffage électrique. Espace avec terrasse et pelouse privatif clos, barbecue. Festival international de folklore à Gannat. CAUTION. Ouvert toute l'année.

GITES DE FRANCE-LOISIRS ACCUEIL - Pavillon des Marronniers - Parc de Bellevue - BP 65 - 03402 YZEURE Cedex
Tél. : 04 70 46 81 60 - Fax : 04 70 46 00 22 - Email : cdt-sla@pays-allier.com - www.gites-de-france-allier.com

| MOY. SAIS. | HTE SAIS. | HORS SAIS. | WEEK-END | MID-WEEK |
|---|---|---|---|---|
| 350 | 400 | 330 | 175 | 233 |

| | | | | | | | |
|---|---|---|---|---|---|---|---|
| 3 | 7 | 7 | 15 | 15 | 9 | 7 | 14 | 7 | 7 |

# ALLIER - 03

Périodes tarifaires p. 67

## N° 1981 CHAPPES — La Roche

CM 69 pli 13

**EC** NN 6 pers.

Moulins 40 km. Cosne d'Allier 15 km. Grande maison de ferme dans un hameau. R.D.C surelevé : grande cuisine, séjour, poêle à bois, 2 ch. (2 lits 2 pers., 1 lit bébé), 1 ch. (2 lits 1 pers.), salle de bains/wc. Possibilité location TV. Chauffage électrique. Espace vert avec pelouse à demi clos, abri voiture. CAUTION. Ouvert de mai à octobre.

GITES DE FRANCE-LOISIRS ACCUEIL - Pavillon des Marronniers - Parc de Bellevue - BP 65 - 03402 YZEURE Cedex
Tél. : 04 70 46 81 60 - Fax : 04 70 46 00 22 - Email : cdt-sla@pays-allier.com - www.gites-de-france-allier.com

| MOY. SAIS. | HTE SAIS. | HORS SAIS. | WEEK-END | | | | | | | | | |
|---|---|---|---|---|---|---|---|---|---|---|---|---|
| 320 | 400 | 270 | 160 | | SP | 15 | 8 | 25 | 40 | 40 | 8 | |

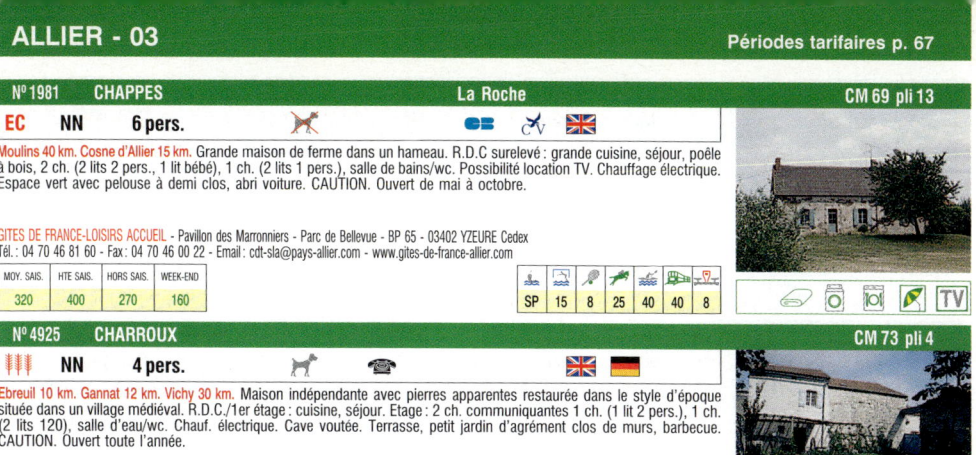

## N° 4925 CHARROUX

CM 73 pli 4

NN 4 pers.

Ebreuil 10 km. Gannat 12 km. Vichy 30 km. Maison indépendante avec pierres apparentes restaurée dans le style d'époque située dans un village médiéval. R.D.C/1er étage : cuisine, séjour. Etage : 2 ch. communiquantes 1 ch. (1 lit 2 pers.), 1 ch. (2 lits 120), salle d'eau/wc. Chauf. électrique. Cave voutée. Terrasse, petit jardin d'agrément clos de murs, barbecue. CAUTION. Ouvert toute l'année.

Henrik OLESEN - 1 route de Montmarault - 03330 BELLENAVES
Tél. : 04 70 58 31 41 - Email : olesen.bellenaves@wanadoo.fr

| MOY. SAIS. | HTE SAIS. | HORS SAIS. | | | | | | | | | |
|---|---|---|---|---|---|---|---|---|---|---|---|
| 400 | 450 | 400 | | 4 | 12 | 5 | 9 | 30 | 10 | 10 | 10 | 30 | 0,5 |

## N° 4979 CHARROUX

CM 73 pli 4

NN 4 pers.

Vichy 27 km. Ebreuil 12 km. Gannat 15 km. Près de la Tour de l'horloge en plein coeur du village médiéval, maison indépendante en pierres. R.D.C/1er étage : séjour, poêle à bois, coin-cuisine, wc. Etage : 1 ch. (1 lit 2 pers.), 1 ch. (2 lits 1 pers.), salle d'eau/wc. Loc TV. Chauffage électrique. Espace vert avec pelouse non attenant, barbecue. Ouvert du 1er avril au 31 octobre.

GITES DE FRANCE-LOISIRS ACCUEIL - Pavillon des Marronniers - Parc de Bellevue - BP 65 - 03402 YZEURE Cedex
Tél. : 04 70 46 81 60 - Fax : 04 70 46 00 22 - Email : cdt-sla@pays-allier.com - www.gites-de-france-allier.com

| MOY. SAIS. | HTE SAIS. | HORS SAIS. | WEEK-END | MID-WEEK | | | | | | | | | |
|---|---|---|---|---|---|---|---|---|---|---|---|---|---|
| 280 | 340 | 220 | 140 | 187 | 6 | 15 | 6 | 12 | 25 | 6 | 10 | 12 | 15 | 0,5 |

## N° 1954 CRESSANGES — L'Erain

CM 69 pli 13/14

NN 4 pers.

Moulins 22 km. St-Pourçain-sur-Sioule 18 km. Sauvigny 10 km. Dans une ancienne grange bourbonnaise, gîte indépendant attenant à un autre gîte avec cour et espace vert (1000 m²) privatif, à proximité de l'exploitation agricole du propriétaire. R.D.C : Séjour, coin-cuisine, 1 ch. (1 lit 2 pers., lit bébé), 1 ch. (2 lits 1 pers.), salle d'eau, wc. Chauffage au mazout compris. Tél Portable. Terrasse, barbecue. Les 2 gîtes bénéficiant d'un grand espace vert commun clos avec pelouse, parking, portique, bac à sable. Caution. Ouvert toute l'année.

GITES DE FRANCE-LOISIRS ACCUEIL - Pavillon des Marronniers - Parc de Bellevue - BP 65 - 03402 YZEURE Cedex
Tél. : 04 70 46 81 60 - Fax : 04 70 46 00 22 - Email : cdt-sla@pays-allier.com - www.gites-de-france-allier.com

| MOY. SAIS. | HTE SAIS. | HORS SAIS. | WEEK-END | MID-WEEK | | | | | | | | | |
|---|---|---|---|---|---|---|---|---|---|---|---|---|---|
| 290 | 350 | 250 | 145 | 195 | SP | 18 | 5 | 10 | 40 | 3 | 18 | 22 | 22 | 2 |

## N° 1955 CRESSANGES — L'Erain

CM 69 pli 13/14

NN 5 pers.

Moulins 22 km. St-Pourçain-sur-Sioule 18 km. Souvigny 10 km. Gîte indép. aménagé en pignon d'une ancienne grange bourbonnaise, attenant à un autre gîte. R.D.C : Séjour, coin-cuisine, 1 ch. (1 lit 2 pers.), 1 ch. (2 lits 1 pers.), 1 ch. accessible handicapé (1 lit 1 pers.), salle d'eau/wc. Chauffage au mazout compris. Tél portable. Les 2 gîtes bénéficiant d'un grand espace vert commun clos avec portique, bac à sable et parking. Un espace vert privatif avec pelouse, terrasse, barbecue. Exploitation Agricole du propriétaire à proximité. CAUTION. Ouvert toute l'année.

GITES DE FRANCE-LOISIRS ACCUEIL - Pavillon des Marronniers - Parc de Bellevue - BP 65 - 03402 YZEURE Cedex
Tél. : 04 70 46 81 60 - Fax : 04 70 46 00 22 - Email : cdt-sla@pays-allier.com - www.gites-de-france-allier.com

| MOY. SAIS. | HTE SAIS. | HORS SAIS. | WEEK-END | MID-WEEK | | | | | | | | | |
|---|---|---|---|---|---|---|---|---|---|---|---|---|---|
| 330 | 390 | 290 | 165 | 220 | SP | 18 | 5 | 10 | 40 | 3 | 18 | 22 | 22 | 2 |

## N° 4930 EBREUIL — Saint Foy

CM 73 pli 4

**EC** NN 12 pers.

Maison indépendante en pierres apparentes entièrement rénovée, dans un petit hameau surplombant la Vallée de la Sioule. R.D.C/1er/2ème étage : Salle à manger, coin-cuisine américaine, salon. wc. 1er étage : 2 ch. (1 lit 2 pers.), douche/wc, 1 ch. (2 lits jumeaux 1 pers.), douche/wc. 2ème étage : 1 ch. (2 lits 2 pers.), douche/wc, 1 ch. (1 lit 2 pers.), douche/wc. Lingerie (sèche-linge). Chauf. électrique. Petite cour fermée. CAUTION. Ouvert toute l'année.

Anne-Marie ROUSSEAU - Chavagnat - 03450 EBREUIL
Tél. : 04 70 90 73 56 - Fax : 04 70 90 73 56

| MOY. SAIS. | HTE SAIS. | WEEK-END | MID-WEEK | | | | | | | | |
|---|---|---|---|---|---|---|---|---|---|---|---|
| 470 | 580 | 330 | 390 | 2 | 12 | 2 | 2 | 30 | 2 | 2 | 12 | 2 |

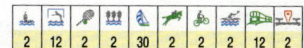

**AUVERGNE**

# ALLIER - 03

*Périodes tarifaires p. 67*

---

## N° 2983 — GANNAY-SUR-LOIRE — Domaine du Bourg — CM 69 pli 5

**EC  NN  5 pers.**

Moulins 30 km. Le Pal (parc d'attraction) 20 km. Bourbon-Lancy 15 km. Dans les dépendances d'un domaine, ancienne maison en pierres du 17è siècle rénovée. R.D.C./1er étage : séjour, coin-cuisine, poêle à bois, 1 ch. (1 lit 2 pers.), salle d'eau wc. Etage accès escalier de meunier : 1 ch. en mezzanine aménagée dans les combles composée de 2 pièces (2 lits 1 pers.,1 lit 120), lit bébé sur demande. L-linge collectif. Chauffage électrique. Espace vert mi-clos, barbecue, bac à sable, abri voiture. Sur place : petit camping (6 emplacements), 5 chambres d'hôtes. CAUTION. Ouvert toute l'année.

Trudi et Peter DE LANGE - Le Domaine du Bourg - 03230 GANNAY-SUR-LOIRE
Tél. : 04 70 43 49 01 - Fax : 04 70 43 43 01 - Email : info@domainedubourg.com

| MOY. SAIS. | HTE SAIS. | HORS SAIS. |
|---|---|---|
| 340 | 420 | 100 |

| | | | | | | | | | |
|---|---|---|---|---|---|---|---|---|---|
| 1 | SP | 1 | 10 | 15 | 15 | SP | 17 | 17 | 0,1 |

---

## N° 1931 — GIPCY — Les Chaumes — CM 69 pli 13

**NN  5 pers.**

Moulins 25 km. Bourbon-l'Archambault 12 km. Vieure 10 km. Gîte indépendant attenant à la maison du propriétaire dans un parc arboré clos avec vue sur le bocage bourbonnais. R.D.C./1er étage : Grand séjour avec coin-cuisine aménagée, wc. 3 ch. (1 lit 2 pers.), salle d'eau, wc. Prise TV. Chauf. électrique dans les chambres. Chauf. central dans le séjour, poêle à bois. Espace vert clos avec pelouse. Barbecue, garage. CAUTION. Ouvert du 6 mars au 13 novembre.

Marie-Françoise METENIER - 03230 CHEZY
Tél. : 04 70 42 40 21

| MOY. SAIS. | HTE SAIS. | HORS SAIS. | WEEK-END | MID-WEEK |
|---|---|---|---|---|
| 240 | 280 | 220 | 140 | 160 |

| | | | | | | | | | |
|---|---|---|---|---|---|---|---|---|---|
| 3 | 12 | 12 | 10 | 10 | 20 | SP | 25 | 25 | 0,1 |

---

## N° 3891 — LA GUILLERMIE — Fumoux — 730 m — CM 73 pli 6

**NN  2 pers.**

Vichy 35 km. Petite maison indépendante dans un hameau de montagne. R.D.C/1er étage : séjour, coin-cuisine, 1 clic-clac, 1 chambre (1 lit 2 pers.), salle d'eau/wc. Chauffage au bois. Location linge sur demande. Petit jardinet. Taxe de séjour. Barbecue. Parking. Charges comprises. CAUTION. Ouvert du 1er avril au 31 octobre.

Frédérique & Manfred SEILER - 3 rue du Nord - 68150 HUNAWIHR
Tél. : 03 89 73 70 19 - Fax : 03 89 73 70 19

| MOY. SAIS. | HTE SAIS. | HORS SAIS. |
|---|---|---|
| 230 | 230 | 230 |

| | | | | | | | | | |
|---|---|---|---|---|---|---|---|---|---|
| 1 | 21 | 9 | 16 | 30 | 24 | 10 | 30 | 37 | 9 |

---

## N° 3937 — LA GUILLERMIE — Vesse — 730 m — CM 73 pli 6

**NN  5 pers.**

Vichy 33 km. Maison indépendante dans un hameau de la Montagne Bourbonnaise. R.D.C/1er étage : grande cuisine avec coin-repas, salon, salle d'eau/wc. Etage : 1 chambre (1 lit 2 pers., 1 lit 1 pers.), 1 chambre (1 lit 2 pers.). Chauffage électrique. Cour et espace vert clos, terrasse couverte, garage, barbecue, taxe de séjour. Animal : 8 €/semaine. CAUTION. Ouvert du 31 mai au 29 septembre.

GITES DE FRANCE-LOISIRS ACCUEIL - Pavillon des Marronniers - Parc de Bellevue - BP 65 - 03402 YZEURE Cedex
Tél. : 04 70 46 81 60 - Fax : 04 70 46 00 22 - Email : cdt-sla@pays-allier.com - www.gites-de-france-allier.com

| MOY. SAIS. | HTE SAIS. |
|---|---|
| 220 | 250 |

| | | | | | | | | | |
|---|---|---|---|---|---|---|---|---|---|
| 2 | 22 | 10 | 17 | 31 | 27 | 11 | 32 | 33 | 15 |

---

## N° 3984 — LA GUILLERMIE — Béchemore — 730 m — CM 73 pli 6

**EC  NN  8 pers.**

Vichy 35 km. Vulcania 100 km. Grande maison indépendante en pierre de pays située bout d'un hameau de la Montagne Bourbonnaise. R.D.C/1er étage : Cuisine, espace repas, salon, salle d'eau, wc. Etage : 2 ch. (1 lit 2 pers.), 1 ch. (2 lits 120), 1 ch. (2 lits 1 pers.), salle d'eau/wc. Chauf. électrique. Terrasse, barbecue. Espace naturel non-attenant. CAUTION. Ouvert toute l'année.

GITES DE FRANCE-LOISIRS ACCUEIL - Pavillon des Marronniers - Parc de Bellevue - BP 65 - 03402 YZEURE Cedex
Tél. : 04 70 46 81 60 - Fax : 04 70 46 00 22 - Email : cdt-sla@pays-allier.com - www.gites-de-france-allier.com

| MOY. SAIS. | HTE SAIS. | HORS SAIS. |
|---|---|---|
| 380 | 420 | 325 |

| | | | | | | | | | |
|---|---|---|---|---|---|---|---|---|---|
| 4 | 24 | 12 | 19 | 33 | 29 | 15 | 19 | 34 | 19 |

---

## N° 1949 — HERISSON — La Cote de Chateloy — CM 69 pli 12

**NN  6 pers.**

Forêt de Tronçais 15 km. Montluçon 28 km. Ferme bourbonnaise indépendante avec vue sur la Vallée de l'Aumance et l'église de Chateloy. R.D.C surélevé/1er étage : cuisine, salle à manger, salon. wc. Etage : 1 ch. (1 lit 160), 1 ch. (3 lits 1 pers.), 1 ch. (1 lit 1 pers., lit bébé)., salle de bains/wc. TV satellite. Chauffage central au gaz. Jardin d'agrément clos, barbecue, portique. CAUTION. Ouvert toute l'année.

Louis-François PAULIN - 115 boulevard des Poilus - 44000 NANTES
Tél. : 06 63 94 63 00 - Email : v.paulin@wanadoo.fr

| MOY. SAIS. | HTE SAIS. | HORS SAIS. |
|---|---|---|
| 600 | 800 | 400 |

| | | | | | | | | | |
|---|---|---|---|---|---|---|---|---|---|
| 2 | SP | 5 | 15 | 15 | 10 | 15 | 17 | 10 | 5 |

# ALLIER - 03

*Périodes tarifaires p. 67*

## N° 5927 — LALIZOLLE — 525 m — CM 73 pli 11

**NN — 6 pers.**

Vichy 35 km. Gannat 15 km. Maison indép. située dans un bocage vallonné entre la vallée de la Sioule et la Forêt des Colettes avec vue sur le Puy de Dome et la chaine des Puys. R.D.C./1er étage : cuisine, séjour, 1 ch. (1 lit 2 pers.), salle d'eau,wc. Etage : 1 ch. (1 lit 2 pers., 1 lit pers.), 1 ch. palière (1 lit 1 pers.).Chauf. central au gaz compris. Jardin avec pelouse,terrasse, barbecue. Départ de randonnées sur place. Pré pour accueil de chevaux possible. Ouvert toute l'année.

GITES DE FRANCE-LOISIRS ACCUEIL - Pavillon des Marronniers - Parc de Bellevue - BP 65 - 03402 YZEURE Cedex
Tél. : 04 70 46 81 60 - Fax: 04 70 46 00 22 - Email: cdt-sla@pays-allier.com - www.gites-de-france-allier.com

| MOY. SAIS. | HTE SAIS. | HORS SAIS. | WEEK-END | MID-WEEK |   |   |   |   |   |   |   |   |
|---|---|---|---|---|---|---|---|---|---|---|---|---|
| 280 | 375 | 200 | 140 | 190 | 6 | 15 | 7 | 7 | 7 | 6 | 15 | 2 |

## N° 3929 — LAVOINE — 933 m — CM 73 pli 6

**NN — 11 pers.**

Vichy 35 km. Lapalisse 20 km. Maison indépendante dans un petit village de la montagne bourbonnaise avec vue sur le Rocher St-Vincent. R.D.C/1er étage : coin-cuisine avec espace repas (poêle à bois), grand séjour avec poêle à bois, 1 ch. (2 lits 1 pers.), salle d'eau/wc. Etage : 2 ch. (1 lit 2 pers., 1 lit 1 pers.), salle de bains, wc. 1 ch. (1 lit 2 pers., 1 lit 1 pers.) salle de bains/wc privés. Chauf central mazout. Terrasse, barbecue, garage, petit espace vert. Ouvert toute l'année.

GITES DE FRANCE-LOISIRS ACCUEIL - Pavillon des Marronniers - Parc de Bellevue - BP 65 - 03402 YZEURE Cedex
Tél. : 04 70 46 81 60 - Fax: 04 70 46 00 22 - Email: cdt-sla@pays-allier.com - www.gites-de-france-allier.com

| MOY. SAIS. | HTE SAIS. | HORS SAIS. | WEEK-END | MID-WEEK |   |   |   |   |   |   |   |   |
|---|---|---|---|---|---|---|---|---|---|---|---|---|
| 442 | 488 | 381 | 221 | 295 | 0,5 | 20 | 8 | 15 | 23 | 15 | 2 | 35 | 4 |

## N° 1982 — MAILLET — Le Petit Piray — CM 69 pli 12

**NN — 8 pers.**

Cosnes d'Allier 15 km. Vallon-en-Sully 5 km. Rivière le Cher 4 km. Située sur les coteaux de la rive droite de la Vallée du Cher, ancienne maison de ferme, en pierres roses de pays entièrement restaurée. R.D.C./1er étage : cuisine avec espace repas, salon, 1 ch. (1 lit 2 pers.), salle de bains, wc. Etage : 1 ch. (2 lits 2 pers.), 1 ch. (1 lit 2 pers., lit bébé), salle d'eau/wc. Chauf. électrique. Sèche linge. Grand espace vert clos avec verger, pelouse, cour et 2 terrasses, barbecue. CAUTION. Ouvert toute l'année.

GITES DE FRANCE-LOISIRS ACCUEIL - Pavillon des Marronniers - Parc de Bellevue - BP 65 - 03402 YZEURE Cedex
Tél. : 04 70 46 81 60 - Fax: 04 70 46 00 22 - Email: cdt-sla@pays-allier.com - www.gites-de-france-allier.com

| MOY. SAIS. | HTE SAIS. | HORS SAIS. | WEEK-END |   |   |   |   |   |   |   |   |
|---|---|---|---|---|---|---|---|---|---|---|---|
| 420 | 480 | 390 | 210 | 4 | 15 | 5 | 15 | 15 | 8 | 15 | 10 | 5 | 5 |

## N° 5936 — MARCILLAT-EN-COMBRAILLE — 500 m — CM 73 pli 2

**NN — 4 pers.**

Evaux-les-Bains 12 km. Montluçon 20 km. Maison indépendante à la sortie du village. R.D.C. : Cuisine, séjour, 1 chambre (1 lit 2 pers., 2 lits 1 pers.), salle d'eau, wc. Lit bébé sur demande. Chauffage central au mazout. Cour et espace vert clos, barbecue, abri voiture. Petit étang pour la pêche à la sortie du village. Karting à 1 km. CAUTION. Pêche en rivière 1ère et 2ème catégorie à 5 Km. 5 % de réduction pour 3 semaines de cure en dehors juillet aout. 10% réduction pour 3 semaines consécutives pour juillet août. Ouvert toute l'année.

GITES DE FRANCE-LOISIRS ACCUEIL - Pavillon des Marronniers - Parc de Bellevue - BP 65 - 03402 YZEURE Cedex
Tél. : 04 70 46 81 60 - Fax: 04 70 46 00 22 - Email: cdt-sla@pays-allier.com - www.gites-de-france-allier.com

| MOY. SAIS. | HTE SAIS. | HORS SAIS. | WEEK-END | MID-WEEK |   |   |   |   |   |   |   |   |
|---|---|---|---|---|---|---|---|---|---|---|---|---|
| 235 | 275 | 185 | 118 | 157 | 0,5 | 12 | 0,5 | 20 | 20 | 5 | 12 | 20 | 20 | 0,3 |

## N° 5896 — MONTMARAULT — Concize — CM 69 pli 13

**NN — 10 pers.**

Montluçon et Moulins 35 km. Maison indépendante avec espace vert arboré et clos (1000 m²). R.D.C./1er étage : coin-cuisine, séjour avec poêle à bois, 1 ch. (2 lits 1 pers.), 1 ch. (1 lit 2 pers.), douche/wc. Etage : 1 ch. (1 lit 2 pers., 1 lit 1 pers.), 1 ch. (1 lit 2 pers., 1 lit 1 pers.), bains, wc. Chauf. électrique. Barbecue. Loc de linge. CAUTION. Ouvert toute l'année.

GITES DE FRANCE-LOISIRS ACCUEIL - Pavillon des Marronniers - Parc de Bellevue - BP 65 - 03402 YZEURE Cedex
Tél. : 04 70 46 81 60 - Fax: 04 70 46 00 22 - Email: cdt-sla@pays-allier.com - www.gites-de-france-allier.com

| MOY. SAIS. | HTE SAIS. | HORS SAIS. | WEEK-END | MID-WEEK |   |   |   |   |   |   |   |
|---|---|---|---|---|---|---|---|---|---|---|---|
| 365 | 457 | 305 | 185 | 245 | 2 | 20 | 2 | 26 | 26 | 31 | 15 | 35 | 2 |

## N° 4905 — MONTOLDRE — Les Lenais — CM 69 pli 14/15

**NN — 5 pers.**

Vichy 25 km. St-Pourçain-sur-Sioule 10 km. Gîte de caractère aménagé dans une tour avec vue sur la plaine de la Besbre. R.D.C./2 niveaux : Séjour, coin-cuisine. 1er étage : coin-détente 1 ch. en mezzanine avec escalier meunier (1 lit 2 pers.), bains, wc. 2ème étage : 1 ch. (3 lits 1 pers.), salle d'eau/wc privatifs. Loc TV. Tél accès restreint. Chauf. central mazout. Espace vert avec verger et pelouse à demi-clos. Maison non fumeur (sauf extérieur). CAUTION. Ouvert de 15 avril au 31 décembre.

GITES DE FRANCE-LOISIRS ACCUEIL - Pavillon des Marronniers - Parc de Bellevue - BP 65 - 03402 YZEURE Cedex
Tél. : 04 70 46 81 60 - Fax: 04 70 46 00 22 - Email: cdt-sla@pays-allier.com - www.gites-de-france-allier.com

| MOY. SAIS. | HTE SAIS. | HORS SAIS. | WEEK-END | MID-WEEK |   |   |   |   |   |   |   |   |
|---|---|---|---|---|---|---|---|---|---|---|---|---|
| 300 | 380 | 260 | 200 | 230 | 5 | 3,5 | 0,6 | 0,6 | 25 | 25 | 10 | 25 | 3,5 | 3,5 |

*AUVERGNE — Pictos voir p. 12*

# ALLIER - 03

Périodes tarifaires p. 67

## N° 1953 NEUVY — Patry — CM 69 pli 14

NN — 6 pers.

Souvigny 10 km. Bourbon-l'Archambault 15 km. Grande maison indépendante avec espace vert clos en bordure d'une route départementale. R.D.C/1er étage : cuisine/salle à manger, salon, wc. Etage : 3 ch. (1 lit 2 pers.), salle de bains, et salle d'eau, wc. Chauf. central au mazout compris. Barbecue, terrasse. Ouvert toute l'année.

GITES DE FRANCE-LOISIRS ACCUEIL - Pavillon des Marronniers - Parc de Bellevue - BP 65 - 03402 YZEURE Cedex
Tél. : 04 70 46 81 60 - Fax: 04 70 46 00 22 - Email : cdt-sla@pays-allier.com - www.gites-de-france-allier.com

| MOY. SAIS. | HTE SAIS. | HORS SAIS. | WEEK-END | MID-WEEK |
|---|---|---|---|---|
| 280 | 360 | 260 | 140 | 185 |

| | | | | | | | | |
|---|---|---|---|---|---|---|---|---|
| 5 | 5 | 1,5 | 5 | 5 | 5 | 5 | 9 | 3,6 |

## N° 1990 NEUVY — Grand Pressoir — CM 69 pli 14

NN — 4 pers.

Moulins 6 km. Souvigny 10 km. Gîte indépendant attenant à la maison des propriétaires dans un hameau avec vue dégagée sur la campagne. R.D.C/1er étage : Séjour, cuisine à américaine, salle de bains, wc. Etage : 1 ch. (2 lits 1 pers.), 1 ch. (2 lits 80). Chauffage central électrique. Espace vert clos avec pelouse, garage, barbecue. CAUTION. Ouvert toute l'année.

GITES DE FRANCE-LOISIRS ACCUEIL - Pavillon des Marronniers - Parc de Bellevue - BP 65 - 03402 YZEURE Cedex
Tél. : 04 70 46 81 60 - Fax: 04 70 46 00 22 - Email : cdt-sla@pays-allier.com - www.gites-de-france-allier.com

| MOY. SAIS. | HTE SAIS. | HORS SAIS. | WEEK-END | MID-WEEK |
|---|---|---|---|---|
| 250 | 270 | 250 | 125 | 167 |

| | | | | | | | | |
|---|---|---|---|---|---|---|---|---|
| 5 | 5 | 5 | 5 | 5 | 5 | 5 | 6 | 5 |

## N° 1933 SOUVIGNY — Les Couillons — CM 69 pli 13/14

NN — 9 pers.

Moulins 12 km. Maison indépendante à proximité d'une ferme (vaches laitières, basse-cour, lapins...). R.D.C/1er ét. : séjour, 1 ch (2 lits jumeaux 1 pers.), salle d'eau/wc privatifs, 1 ch. (2 lits jumeaux 1 pers.), salle de bains, wc. Etage : 1 ch. (3 lits 1 pers., lit bébé, 1 ch. (2 lits jumeaux 1 pers.). Chauf. central mazout, espace vert avec terrasse. Linge de maison fournis. Loc TV sur demande. SP : Etangs, vie à la ferme, production de fromage. CAUTION. Ouvert de juin à septembre.

GITES DE FRANCE-LOISIRS ACCUEIL - Pavillon des Marronniers - Parc de Bellevue - BP 65 - 03402 YZEURE Cedex
Tél. : 04 70 46 81 60 - Fax: 04 70 46 00 22 - Email : cdt-sla@pays-allier.com - www.gites-de-france-allier.com

| MOY. SAIS. | HTE SAIS. | HORS SAIS. | WEEK-END |
|---|---|---|---|
| 452 | 474 | 429 | 226 |

| | | | | | | | | |
|---|---|---|---|---|---|---|---|---|
| SP | 16 | 6 | 19 | 30 | 5 | 6 | 20 | 20 | 6 |

## N° 5940 ST-ANGEL — CM 69 pli 12

NN — 4 pers.

Commentry 8 km. Néris-les-Bains 10 km. Maison indépendante dans un petit hameau à la campagne. R.D.C. : Séjour avec cuisine intégrée. 1 ch. (1 lit 2 pers.), 1 ch. (1 lit 120, 1 lit 1 pers., lit bébé), salle d'eau, wc. Tél portable à carte avec caution. Chauf. central au gaz. Cour dallée et petit espace vert clos, barbecue, portique, bac à sable. Etangs communaux à 3 km. Sup animal : 23 €/semaine. Autoroute A71 à 4 km. CAUTION. Ouvert toute l'année.

GITES DE FRANCE-LOISIRS ACCUEIL - Pavillon des Marronniers - Parc de Bellevue - BP 65 - 03402 YZEURE Cedex
Tél. : 04 70 46 81 60 - Fax: 04 70 46 00 22 - Email : cdt-sla@pays-allier.com - www.gites-de-france-allier.com

| MOY. SAIS. | HTE SAIS. | HORS SAIS. | WEEK-END | MID-WEEK |
|---|---|---|---|---|
| 228 | 300 | 182 | 114 | 152 |

| | | | | | | | | |
|---|---|---|---|---|---|---|---|---|
| 3 | 8 | 8 | 10 | 10 | 12 | 12 | 30 | 10 | 8 |

## N° 4926 ST-BONNET-DE-ROCHEFORT — Chalignat — CM 73 pli 4

NN — 5 pers.

Vichy 30 km. Ancienne maison de ferme restaurée dans un hameau avec cour et espace vert clos. R.D.C/1er étage : Salle à manger, coin-cuisine intégrée, salon, wc. Etage : 1 ch. (1 lit 2 pers., 1 lit 1 pers. lit bébé) 1 ch. (2 lits 1 pers.), salle d'eau. Chauf. électrique, tél mobicarte sur demande. garage, barbecue. CAUTION. Ouvert toute l'année.

GITES DE FRANCE-LOISIRS ACCUEIL - Pavillon des Marronniers - Parc de Bellevue - BP 65 - 03402 YZEURE Cedex
Tél. : 04 70 46 81 60 - Fax: 04 70 46 00 22 - Email : cdt-sla@pays-allier.com - www.gites-de-france-allier.com

| MOY. SAIS. | HTE SAIS. | HORS SAIS. | WEEK-END | MID-WEEK |
|---|---|---|---|---|
| 240 | 340 | 200 | 120 | 160 |

| | | | | | | | | |
|---|---|---|---|---|---|---|---|---|
| 4 | 12 | 7 | 7 | 30 | 7 | 7 | 7 | 14 | 2 |

## N° 1935 ST-BONNET-TRONCAIS — CM 69 pli 12

NN — 4 pers.

St-Amand-Montron 15 km. Petite maison mitoyenne en bordure de route à la sortie du village. R.D.C/1er étage : séjour, cuisine, salle d'eau (baignoire sabot)/wc. 2e étage : grande chambre (1 lit 2 pers., 1 lit 1 pers., 1 lit gigogne 1 pers.), wc. Petite cour close, grand espace vert avec pelouse, barbecue. Accès plan d'eau par la forêt à 800 m. CAUTION. Ouvert toute l'année.

GITES DE FRANCE-LOISIRS ACCUEIL - Pavillon des Marronniers - Parc de Bellevue - BP 65 - 03402 YZEURE Cedex
Tél. : 04 70 46 81 60 - Fax: 04 70 46 00 22 - Email : cdt-sla@pays-allier.com - www.gites-de-france-allier.com

| MOY. SAIS. | HTE SAIS. | HORS SAIS. | WEEK-END | MID-WEEK |
|---|---|---|---|---|
| 229 | 266 | 198 | 115 | 153 |

| | | | | | | | | |
|---|---|---|---|---|---|---|---|---|
| SP | 20 | 0,8 | 0,8 | 0,8 | 13 | 0,8 | 20 | 0,8 |

AUVERGNE

# ALLIER - 03

Périodes tarifaires p. 67

### N° 1989  ST-BONNET-TRONCAIS — Les Bois Jaubin — CM 69 pli 12

NN  6 pers.

St-Amand-Montrond 20 km. Maison indépendante face à la forêt de Tronçais, à proximité d'un plan d'eau à la sortie du village. R.D.C : cuisine, séjour, 1 ch. (1 lit 2 pers., lavabo, 1 ch. (1 lit 2 pers., lit bébé), 1 ch. (2 lits 1 pers.), salle de bains, wc. Sèche-linge, magnétoscope. Chauffage électrique. Grand espace vert clos, barbecue. CAUTION. Ouvert toute l'année.

GITES DE FRANCE-LOISIRS ACCUEIL - Pavillon des Marronniers - Parc de Bellevue - BP 65 - 03402 YZEURE Cedex
Tél. : 04 70 46 81 60 - Fax : 04 70 46 00 22 - Email : cdt-sla@pays-allier.com - www.gites-de-france-allier.com

| MOY. SAIS. | HTE SAIS. | HORS SAIS. | WEEK-END | MID-WEEK |   |    |     |     |     |   |     |     |
|---|---|---|---|---|---|---|---|---|---|---|---|---|
| 350 | 380 | 305 | 175 | 235 | 0,3 | 15 | 0,3 | 0,3 | 0,3 | 2 | 0,3 | 20 | 0,3 |

### N° 1928  ST-DESIRE — Le Plaix — CM 69 pli 11

NN  6 pers.

Montluçon 30 km. Culan 7 km. Maison indépendante avec vue sur plan d'eau et cultures. R.D.C : cuisine à l'américaine, séjour, 1 ch. (1 lit 1 pers.), 1 ch. (1 lit 2 pers., 1 lit 1 pers.), 1 ch. (1 lit 160, lit bébé), salle de bains avec douche et baignoire, wc. Chauf. central mazout compris. Cour, Espace vert avec verger, terrasse, barbecue, abri voiture. Plan d'eau sur place. CAUTION. Ouvert toute l'année.

Antoine et Geneviève HARTEEL - Le Plaix - 03370 ST-DESIRE
Tél. : 04 70 07 17 01 - 06 72 63 42 32 - Fax : 04 70 07 17 01 - Email : famille.harteel@wanadoo.fr

| MOY. SAIS. | HTE SAIS. | HORS SAIS. | WEEK-END | MID-WEEK |   |    |   |    |    |   |   |    |   |
|---|---|---|---|---|---|---|---|---|---|---|---|---|---|
| 259 | 350 | 213 | 130 | 172 | SP | 30 | 5 | 13 | 13 | 6 | 6 | 13 | 30 | 5 |

### N° 5974  ST-FARGEOL — 550 m — CM 73 pli 2

NN  8 pers.

Néris-les-bains 25 km. Montluçon 35 km. Dans un paisible bourg des Combrailles, fermette indépendante rénovée. R.D.C/1er étage : salle à manger, coin-cuisine, salon, 1 ch. (2 lits 1 pers.), salle d'eau, wc. Etage : 3 ch. (1 lits 2 pers., lit bébé), salle de bains/wc. Chauffage central mazout compris. Espace vert clos avec pelouse, cour, terrasse, barbecue. CAUTION. Ouvert toute l'année.

GITES DE FRANCE-LOISIRS ACCUEIL - Pavillon des Marronniers - Parc de Bellevue - BP 65 - 03402 YZEURE Cedex
Tél. : 04 70 46 81 60 - Fax : 04 70 46 00 22 - Email : cdt-sla@pays-allier.com - www.gites-de-france-allier.com

| MOY. SAIS. | HTE SAIS. | HORS SAIS. | WEEK-END |   |    |   |    |   |    |   |
|---|---|---|---|---|---|---|---|---|---|---|
| 330 | 420 | 250 | 165 | 2 | 20 | 5 | 20 | 35 | 5 | 28 | 35 | 5 |

### N° 4986  ST-GERMAIN-DE-SALLES — L'Orangerie — CM 73 pli 4

NN  6 pers.

Vichy 20 km. Gannat 10 km. A proximité de la rivière Sioule, dans un ancien corps de ferme rénové, un gîte indépendant attenant à 1 autre gîte, proche de la maison bourbonnaise des propriétaires et d'un parc arboré. R.D.C/1er étage : cuisine, séjour, poêle à bois, 1 ch. (1 lit 160), Etage : 2 ch. (2 lits 1 pers.), salle d'eau, wc. L-linge commun. Chauf. central au gaz. Lits faits. Espace privatif. Chambres d'hôtes sur place. CAUTION. Ouvert toute l'année.

GITES DE FRANCE-LOISIRS ACCUEIL - Pavillon des Marronniers - Parc de Bellevue - BP 65 - 03402 YZEURE Cedex
Tél. : 04 70 46 81 60 - Fax : 04 70 46 00 22 - Email : cdt-sla@pays-allier.com - www.gites-de-france-allier.com

| MOY. SAIS. | HTE SAIS. | HORS SAIS. |   |    |   |    |   |    |   |    |
|---|---|---|---|---|---|---|---|---|---|---|
| 485 | 655 | 340 | SP | 10 | 6 | SP | 16 | 5 | 10 | SP | 10 | 10 |

### N° 4987  ST-GERMAIN-DE-SALLES — La Fleurie — CM 73 pli 4

EC  NN  6 pers.

Vichy 20 km. Gannat 10 km. A proximité de la rivière Sioule, dans un ancien corps de ferme rénové, un gîte indépendant attenant à 1 autre gîte, proche de la maison bourbonnaise des propriétaires et d'un parc arboré. R.D.C/1er étage : cuisine, séjour, poêle à bois, salle d'eau, wc. Etage : 1 ch. (2 lits 1 pers.), 1 ch. (1 lit 160). L-linge commun. Chauffage central au gaz. Espace privatif. Chambres d'hôtes sur place. CAUTION. Ouvert toute l'année.

Elisabeth et Bart GIELENS - 1 Allée des Gandins - 03140 ST-GERMAIN-DE-SALLES
Tél. : 04 70 56 80 75 - Fax : 04 70 56 80 75 - Email : lesgandins@wanadoo.fr

| MOY. SAIS. | HTE SAIS. | HORS SAIS. |   |    |   |    |   |    |   |    |
|---|---|---|---|---|---|---|---|---|---|---|
| 460 | 620 | 325 | SP | 10 | 6 | SP | 16 | 5 | 10 | SP | 10 | 10 |

### N° 4988  ST-GERMAIN-DE-SALLES — Le Bois Le Duc — CM 73 pli 4

EC  NN  11 pers.

Vichy 20 km. Gannat 10 km. A proximité de la rivière Sioule, dans un ancien corps de ferme rénové, un gîte indépendant, proche de la maison bourbonnaise des propriétaires et d'un parc arboré. R.D.C/1er étage : 2 salle d'eaux, 2 wc. Séjour : séjour, cuisine à l'américaine, 5 ch. (2 lits 1 pers.), 1 ch. (1 lit 160). Chauffage central au gaz. Chambres d'hôtes sur place. Espace privatif. CAUTION. Ouvert toute l'année.

Elisabeth et Bart GIELENS - 1 Allée des Gandins - 03140 ST-GERMAIN-DE-SALLES
Tél. : 04 70 56 80 75 - Fax : 04 70 56 80 75 - Email : lesgandins@wanadoo.fr

| MOY. SAIS. | HTE SAIS. | HORS SAIS. |   |    |   |    |   |    |   |    |
|---|---|---|---|---|---|---|---|---|---|---|
| 550 | 750 | 380 | SP | 10 | 5 | SP | 16 | 5 | 10 | SP | 10 | 10 |

AUVERGNE — Pictos voir p. 12

# ALLIER - 03

Périodes tarifaires p. 67

### N° 1976    VERNEIX

NN    6 pers.

CM 69 pli 12

Vieure 20 km. Néris-les-Bains 20 km. Ancienne fermette rénovée indépendante dans un hameau dispersé. R.D.C : Cuisine, séjour, 3 chambres (1 lit 2 pers.), salle de bains, wc. Chauffage central au gaz. Espace vert arboré clos avec pelouse et cour terrasse, barbecue, garage. Ouvert toute l'année.

GITES DE FRANCE-LOISIRS ACCUEIL - Pavillon des Marronniers - Parc de Bellevue - BP 65 - 03402 YZEURE Cedex
Tél. : 04 70 46 81 00 - Fax : 04 70 46 00 22 - Email : cdt-sla@pays-allier.com - www.gites-de-france-allier.com

| MOY. SAIS. | HTE SAIS. | HORS SAIS. | WEEK-END | | | | | | | | | | | | | | |
|---|---|---|---|---|---|---|---|---|---|---|---|---|---|---|---|---|---|
| 290 | 380 | 260 | 145 | | 10 | 15 | 15 | 20 | 20 | 5 | 15 | 15 | 15 | 5 | | | |

### N° 5952    VILLEBRET

NN    4 pers.

CM 73 pli 2

Montluçon 8 km. Néris-les-Bains 3 km. Ancienne grange entièrement aménagée dans le bourg qui domine la vallée du Cher et Montluçon en Combraille Bourbonnaise. R.D.C/1er étage : Séjour, cuisine, salle d'eau, wc. étage : 1 chambre (1 lit 2 pers.), 1 chambre (1 lit 2 pers.), salon en mézzanine, wc. Chauffage central au gaz compris. Espace vert clos, terasse couverte, barbecue. 10% de réduction pour 3 semaines consécutives de location. CAUTION. Ouvert toute l'année.

GITES DE FRANCE-LOISIRS ACCUEIL - Pavillon des Marronniers - Parc de Bellevue - BP 65 - 03402 YZEURE Cedex
Tél. : 04 70 46 81 00 - Fax : 04 70 46 00 22 - Email : cdt-sla@pays-allier.com - www.gites-de-france-allier.com

| MOY. SAIS. | HTE SAIS. | HORS SAIS. | WEEK-END | MID-WEEK | | | | | | | | |
|---|---|---|---|---|---|---|---|---|---|---|---|---|
| 280 | 350 | 250 | 140 | 185 | 3 | 3 | 2 | 8 | 8 | 0,5 | 8 | 8 | 8 | 3 |

**AUVERGNE**

# CANTAL - 15

3615 Gîtes de France
RESA - 0,2 €/mn

**GITES DE FRANCE - Service Réservation**
50, avenue des Pupilles de la Nation - B.P. 738 - 15007 AURILLAC Cédex
Tél. 04 71 48 64 20 - Fax. 04 71 48 64 21
E.mail : gites-de-france-cantal@wanadoo.fr - www.itea.fr/GDF/15

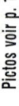
Pictos voir p. 12 — AUVERGNE

## N° 353 ALBEPIERRE-BREDONS — Auzolles Bas — 950 m — CM 76 pli 3
**NN — 2 pers.**

Murat 4 km. St-Flour 25 km. Maison indép. de caractère de 1850 rénovée en 2002 mitoyenne à une résidence secondaire. Séjour (1 convertible 2 pers.), coin-cuisine. 1 chambre avec 1 lit 2 pers. Salle d'eau. 1 wc indép. Ch. électrique, cheminée avec poêle (bois gratuit). Terrain clos. Linge de maison sur demande. Commerces à Murat. Maison de la faune à Murat. Super Lioran. Plomb du Cantal. Parc des Volcans d'Auvergne.

Léon TOUZET - 7 rue de la Coste - 15300 MURAT
Tél. : 04 71 20 15 48

| JUILLET | AOUT | JUIN/SEPT. | NOËL | FEV. | PRINT. | HORS SAIS. | | | | | | | | | |
|---|---|---|---|---|---|---|---|---|---|---|---|---|---|---|---|
| 350 | 360 | 275 | 340 | 340 | 340 | 270 | 3 | 3 | 15 | 25 | 1 | 5 | 5 | 4 | 4 |

## N° 7 ALBEPIERRE-BREDONS — Bredons — 1000 m — CM 76 pli 3
**NN — 8 pers.**

St-Flour 20 km. Aurillac 50 km. Super-Lioran 10 km. Maison mitoyenne de 1900 rénovée en 2003. Séjour, coin-cuisine. 1 ch. avec 1 lit 2 pers., 2 ch. avec 1 lit 2 pers. et 1 lit 1 pers. 1 lit bébé. 2 s. d'eau dont 1 avec wc. 1 wc indép. Ch. fuel. Congélateur. Tél. portable avec carte. Cour fermée. Tarifs chauffage compris. Linge de maison sur dde. Commerces à Murat. Mini golf et cinéma à 2km. Eglises Romanes. Maison de la faune à Murat. Gîte de neige.

GITES DE FRANCE-SERVICE RESERVATION – 50 av. Pupilles de la Nation - BP 738 - 15007 AURILLAC Cedex
Tél. : 04 71 48 64 20 - Fax : 04 71 48 64 21 - Email : gites-de-france-cantal@wanadoo.fr - www.itea.fr/GDF/15

| JUILLET | AOUT | JUIN/SEPT. | NOËL | FEV. | PRINT. | HORS SAIS. | | | | | | | | | |
|---|---|---|---|---|---|---|---|---|---|---|---|---|---|---|---|
| 460 | 480 | 305 | 450 | 480 | 380 | 305 | 2 | 2 | 15 | 26 | 1 | 5 | 5 | 10 | 2 | 2 |

## N° 51 ALLANCHE — 985 m — CM 76 pli 4
**NN — 6 pers.**

Neussargues 10 km. Murat 22 km. Massiac 22 km. Maison mitoyenne rénovée en 2000. Séjour, coin-cuisine. 2 ch. avec 1 lit 2 pers., 1 ch. avec 2 lits 1 pers., 1 lit bébé. Salle d'eau. 2 wc indép. Ch. fuel. Micro-ondes. Cabine téléphonique dans le bourg. Terrasse couverte, terrain clos. Linge de maison fourni. Tarifs chauffage compris. Commerces à Allanche. Véloralil. Estive. Foire à la brocante en août. Parc des Volcans. Randonnées.

GITES DE FRANCE-SERVICE RESERVATION – 50 av. Pupilles de la Nation - BP 738 - 15007 AURILLAC Cedex
Tél. : 04 71 48 64 20 - Fax : 04 71 48 64 21 - Email : gites-de-france-cantal@wanadoo.fr - www.itea.fr/GDF/15

| JUILLET | AOUT | JUIN/SEPT. | NOËL | FEV. | PRINT. | HORS SAIS. | | | | | | | | | |
|---|---|---|---|---|---|---|---|---|---|---|---|---|---|---|---|
| 530 | 530 | 330 | 380 | 380 | 380 | 300 | 1 | 20 | 5 | 45 | 0,1 | 10 | 5 | 35 | 9 | SP |

## N° 82 ALLANCHE — Maillargues — 1050 m — CM 76 pli 4
**NN — 7 pers.**

Neussargues 9 km. Murat 22 km. Massiac 22 km. Maison rénovée en 2001 mitoyenne à une maison. Séjour, coin-cuisine. 2 ch. avec 1 lit 2 pers., 1 ch. avec 1 lit 1 pers. et 2 lits gigognes. 2 lits bébé. S. d'eau avec wc, s.d.b. 1 wc indép. Ch. élect. Poêle bois (40 €/m3). Micro-ondes. Cour et terrain clos. Linge de maison fournis sur dde. Commerces à Allanche. Véloralil. Estive. Foire à la brocante en août. Parc des Volcans. VTT. Randonnées. Gîte de neige.

GITES DE FRANCE-SERVICE RESERVATION – 50 av. Pupilles de la Nation - BP 738 - 15007 AURILLAC Cedex
Tél. : 04 71 48 64 20 - Fax : 04 71 48 64 21 - Email : gites-de-france-cantal@wanadoo.fr - www.itea.fr/GDF/15

| JUILLET | AOUT | JUIN/SEPT. | NOËL | FEV. | PRINT. | HORS SAIS. | | | | | | | | | |
|---|---|---|---|---|---|---|---|---|---|---|---|---|---|---|---|
| 580 | 580 | 450 | 570 | 450 | 450 | 450 | 1 | 22 | 6 | 45 | 2 | 30 | 4 | 28 | 9 | 2 |

## N° 284 ANGLARDS-DE-SALERS — Montclard — 650 m — CM 76 pli 2
**NN — 8 pers.**

Mauriac 9 km. Salers 10 km. Aurillac 50 km. Maison indép. de caractère de 1830 rénovée en 2003. Séjour, coin-cuisine. 3 ch. avec 1 lit 2 pers., 1 ch. avec 2 lits 1 pers. superposés, 2 salles d'eau dont 1 avec wc, 1 wc indép. Ch. fuel (20 €/semaine), cheminée avec insert bois gratuit. Micro-ondes. Terrain clos de 3000 m². Linge de maison sur demande. Commerces à Anglards-de-Salers. Parc des Volcans. Puy Mary. Col d'Aulac. Cascade de Salins.

GITES DE FRANCE-SERVICE RESERVATION – 50 av. Pupilles de la Nation - BP 738 - 15007 AURILLAC Cedex
Tél. : 04 71 48 64 20 - Fax : 04 71 48 64 21 - Email : gites-de-france-cantal@wanadoo.fr - www.itea.fr/GDF/15

| JUILLET | AOUT | JUIN/SEPT. | NOËL | FEV. | PRINT. | HORS SAIS. | | | | | | | | | |
|---|---|---|---|---|---|---|---|---|---|---|---|---|---|---|---|
| 610 | 610 | 320 | 380 | 380 | 380 | 250 | 2 | 9 | 9 | 30 | 2 | 9 | 20 | 80 | 9 | 2 |

# CANTAL - 15

## N° 654 — ANGLARDS-DE-SALERS — Baliergues — 650 m — CM 76 pli 2
**NN — 5 pers.**

Mauriac 10 km. Aurillac 55 km. Salers 12 km. Maison indép. de caractère de 1818 rénovée en 2002 mitoyenne à une ancienne grange non utilisée. Séjour, coin-cuisine. 1 chambre (1 lit 2 pers.) 1 chambre (1 lit 2 pers., 1 lit 1 pers.). S.d.b. 2 wc ind. Ch. élect. Cheminée avec poêle à bois (bois 46 €/m3). Micro-ondes. Terrasse. Terrain non clos (800m²). Linge de maison sur demande. Commerces à Anglards de Salers. Situé dans la vallée du Mars, dans le parc des Volcans. Puy Mary. Col d'Aulac.

GITES DE FRANCE-SERVICE RESERVATION – 50 av. Pupilles de la Nation - BP 738 - 15007 AURILLAC Cedex
Tél. : 04 71 48 64 20 - Fax : 04 71 48 64 21 - Email : gites-de-france-cantal@wanadoo.fr - www.itea.fr/GDF/15

| JUILLET | AOUT | JUIN/SEPT. | NOËL | FEV. | PRINT. | HORS SAIS. | | | | | | | | | |
|---|---|---|---|---|---|---|---|---|---|---|---|---|---|---|---|
| 460 | 460 | 320 | 320 | 320 | 320 | 320 | 3 | 11 | 11 | 25 | 1 | 10 | 20 | 50 | 11 | 3 |

## N° 339 — ARNAC — 630 m — CM 76 pli 1
**NN — 2 pers.**

La Roquebrou 17 km. Pleaux 17 km. Appartement au 1er étage d'une maison de caractère du XIXe rénovée en 1985 comprenant cinq logements. Séjour (1 convertible 2 personnes) coin-cuisine. 1 chambre avec 1 lit deux pers. Salle d'eau. 1 wc indép. Chauffage électrique. Prise TV. Tarifs toutes charges comprises. Commerces à La Roquebrou. Tours de Merle.

GITES DE FRANCE-SERVICE RESERVATION – 50 av. Pupilles de la Nation - BP 738 - 15007 AURILLAC Cedex
Tél. : 04 71 48 64 20 - Fax : 04 71 48 64 21 - Email : gites-de-france-cantal@wanadoo.fr - www.itea.fr/GDF/15

| JUILLET | AOUT | JUIN/SEPT. | NOËL | FEV. | PRINT. | HORS SAIS. | | | | | | | | | |
|---|---|---|---|---|---|---|---|---|---|---|---|---|---|---|---|
| 210 | 210 | 115 | 135 | 135 | 135 | 115 | 4 | 4 | 4 | 4 | 4 | 35 | 80 | 17 | 17 |

## N° 753 — ARPAJON-SUR-CERE — Cabrières — 620 m — CM 76 pli 12
**NN — 5 pers.**

Arpajon-sur-Cère 7 km. Aurillac 7 km. Maison indép. de caractère rénovée en 2002. Séjour, coin-cuisine. 1 ch. (1 lit 2 pers.), 1 ch. (1 lit 1 pers.), 1 ch. (2 lits 1 pers). S.d.b. + wc, s. d'eau + wc. WC indép. Ch. élect. Cheminée avec poêle à bois gratuit. Sèche-linge, micro-ondes, magnétoscope. Garage, terrasse, terrain privé dans enclos du propriétaire. Linge de maison sur demande. Taxe de séjour. Commerces à Arpajon sur Cère. Golf à Sansac de Marmiesse 6 km et à Vézac 12 km. Château de Conros. Monts du Cantal. Salers. Conques. Vallée du Lot. Tarifs toutes charges comprises.

GITES DE FRANCE-SERVICE RESERVATION – 50 av. Pupilles de la Nation - BP 738 - 15007 AURILLAC Cedex
Tél. : 04 71 48 64 20 - Fax : 04 71 48 64 21 - Email : gites-de-france-cantal@wanadoo.fr - www.itea.fr/GDF/15

| JUILLET | AOUT | JUIN/SEPT. | NOËL | FEV. | PRINT. | HORS SAIS. | | | | | | | | | |
|---|---|---|---|---|---|---|---|---|---|---|---|---|---|---|---|
| 700 | 700 | 600 | 700 | 700 | 700 | 500 | 7 | 7 | 15 | 15 | 0,5 | 7 | 30 | 35 | 7 | 7 |

## N° 302 — BASSIGNAC — Charlus — 600 m — CM 76 pli 2
**NN — 4 pers.**

Bort-les-Orgues 14 km. Mauriac 15 km. Vulcania 80 km. Champagnac 3 km. Maison indépendante. Séjour, coin-cuisine. 2 chambres avec 1 lit 2 pers. Salle d'eau, wc indépendant. Chauffage central fuel (20 €/semaine). Micro-ondes. Garage, terrain clos. Commerces à Champagnac, vélorail. Château de Val. Château d'Auzers. Musée de la mine à Champagnac. Plan d'eau à Mauriac. Gorges de la Dordogne.

GITES DE FRANCE-SERVICE RESERVATION – 50 av. Pupilles de la Nation - BP 738 - 15007 AURILLAC Cedex
Tél. : 04 71 48 64 20 - Fax : 04 71 48 64 21 - Email : gites-de-france-cantal@wanadoo.fr - www.itea.fr/GDF/15

| JUILLET | AOUT | JUIN/SEPT. | NOËL | FEV. | PRINT. | HORS SAIS. | | | | | | |
|---|---|---|---|---|---|---|---|---|---|---|---|---|
| 290 | 290 | 259 | 290 | 290 | 290 | 259 | 6 | 14 | 14 | 2 | 14 | 3 |

## N° 445 — BEAULIEU — Jardin des Thynières — 700 m — CM 76 pli 2
**NN — 6 pers.**

Lanobre 5 km. Chalet de 1990. Séjour, coin-cuisine. 2 ch. avec 1 lit 2 pers. 1 ch. avec 2 lits 1 pers. 2 salles d'eau. 2 wc indép. Ch. élect. Micro-ondes. Garage, terrain clos. Linge de maison sur dde. Commerces à Lanobres. Musée de la radio à Lanobre. Barrage de Bort. Parc des Volcans. Château de Val. Vue sur le lac.

Georges DUGOUT - 22 allée Georges Récipon - 75019 PARIS
Tél. : 01 42 45 17 39 - Fax : 01 42 45 17 39

| JUILLET | AOUT | JUIN/SEPT. | | | | | | | |
|---|---|---|---|---|---|---|---|---|---|
| 470 | 470 | 390 | 5 | 10 | 0,5 | 0,5 | 0,5 | 10 | 40 | 40 | 10 | 5 |

## N° 735 — CALVINET — 500 m — CM 76 pli 11
**NN — 4 pers.**

Maurs 18 km. Montsalvy 18 km. Aurillac 35 km. Vieillevie 20 km. Maison indép. de plain-pied de 1850 rénovée en 2002. Séjour, coin-cuisine. 1 chambre avec 1 lit 160, 1 chambre avec 2 lits 1 pers., 1 lit bébé. Salle d'eau. 1 wc indép. Ch. central fuel. Micro-ondes. Terrain clos. Tarifs ttes charges comprises. Gîte de pêche. Linge de maison sur demande. Taxe de séjour. Commerces à Calvinet. Vallées du Célé et du Lot. Conques. Rocamadour. Padirac. Maison de la châtaigne à Mourjou 5 km.

GITES DE FRANCE-SERVICE RESERVATION – 50 av. Pupilles de la Nation - BP 738 - 15007 AURILLAC Cedex
Tél. : 04 71 48 64 20 - Fax : 04 71 48 64 21 - Email : gites-de-france-cantal@wanadoo.fr - www.itea.fr/GDF/15

| JUILLET | AOUT | JUIN/SEPT. | NOËL | FEV. | PRINT. | HORS SAIS. | | | | | | | | | |
|---|---|---|---|---|---|---|---|---|---|---|---|---|---|---|---|
| 500 | 500 | 300 | 300 | 300 | 300 | 250 | 1 | 0,5 | 0,5 | 40 | 0,5 | 15 | 50 | 80 | 35 | SP |

AUVERGNE

# CANTAL - 15

## N° 831 — CARLAT — La Serbe — 750 m — CM 76 pli 12
**NN — 5 pers.**

Aurillac 17 km. Maison indép. de caractère de 1849 rénovée en 2003. Séjour, coin-cuisine. 1 ch. (1 lit 2 pers). 1 ch. (1 lit 2 pers., 1 lit 1 pers). Lit bébé sur dde. S. d'eau. 2 wc indép. Ch. central fuel, cheminée (bois 35 €/m3). Micro-ondes, magnétoscope, mini chaine hi-fi. Terrasse couverte, terrain clos. Linge de maison sur demande. Commerces à Arpajon sur Cère. Golf à Vézac. Escalade sur place.

GITES DE FRANCE-SERVICE RESERVATION - 50 av. Pupilles de la Nation - BP 738 - 15007 AURILLAC Cedex
Tél. : 04 71 48 64 20 - Fax : 04 71 48 64 21 - Email : gites-de-france-cantal@wanadoo.fr - www.itea.fr/GDF/15

| JUILLET | AOUT | JUIN/SEPT. | NOËL | FEV. | PRINT. | HORS SAIS. |
|---|---|---|---|---|---|---|
| 430 | 490 | 260 | 290 | 290 | 290 | 220 |

| | | | | | | | | | | |
|---|---|---|---|---|---|---|---|---|---|---|
| 6 | 18 | 30 | 30 | 1 | 16 | 25 | 35 | 17 | 12 |

## N° 246 — CHAMPS-SUR-TARENTAINE — CM 76 pli 2
**NN — 4 pers.**

Bort-Les-Orgues 9 km. Gîte avec entrée indép. au 1er étage de la maison du propriétaire de 1871 rénovée en 2002. Séjour, coin-cuisine. 2 chambres avec 1 lit 2 pers. 1 lit bébé. Salle d'eau. 1 wc indép. Chauffage électrique. Congélateur. Terrain non clos. Linge de maison sur demande. Commerces à Champs-sur-Tarentaine. Plan d'eau, château de Val. Parc des Volcans d'Auvergne.

GITES DE FRANCE-SERVICE RESERVATION - 50 av. Pupilles de la Nation - BP 738 - 15007 AURILLAC Cedex
Tél. : 04 71 48 64 20 - Fax : 04 71 48 64 21 - Email : gites-de-france-cantal@wanadoo.fr - www.itea.fr/GDF/15

| JUILLET | AOUT | JUIN/SEPT. | NOËL | FEV. | PRINT. | HORS SAIS. |
|---|---|---|---|---|---|---|
| 420 | 420 | 270 | 300 | 300 | 300 | 200 |

| | | | | | | | | | | |
|---|---|---|---|---|---|---|---|---|---|---|
| SP | SP | 4 | 4 | 1 | 4 | 40 | 40 | 9 | SP |

## N° 277 — CHANTERELLE — Labro — 1100 m — CM 76 pli 3
**NN — 3 pers.**

Condat 10 km. Maison indépendante (65 m² habitables) de caractère de 1870 rénovée en 2002. Séjour, coin-cuisine. 2 coins couchage en alcôve avec 1x2 lits superposés et 1 lit 115, 1 convertible 2 pers. S.d.b. avec wc. Ch. élect. Cheminée avec insert (bois 55 €/m3). Réfrigérateur avec compartiment congélateur. Terrain non clos de 1000m². Linge de maison sur demande. Commerces à Condat. Parc des Volcans d'Auvergne. Vue superbe sur les Monts du Cantal.

Alain ZAUGG - Tridos - 48200 LES BESSONS
Tél. : 04 66 31 35 82

| JUILLET | AOUT | JUIN/SEPT. | PRINT. |
|---|---|---|---|
| 350 | 350 | 250 | 250 |

| | | | | | | | |
|---|---|---|---|---|---|---|---|
| 10 | 10 | 10 | 22 | SP | 10 | 25 | 25 | 35 | 10 |

## N° 456 — LA CHAPELLE-D'ALAGNON — 800 m — CM 76 pli 3
**NN — 12 pers.**

St-Flour 20 km. Murat 2 km. Maison indép. de caractère de 1830 rénovée en 2002. Séjour, coin-cuisine. 2 ch. (1 lit 2 pers.). 1 ch. (1 lit 2 pers., 1 lit 1 pers.). 1 ch. (1x2 lits superp., 1 lit 1 pers.). 1 ch. (2 lits 1 pers). Lit bébé. S.d.b, s. d'eau + wc. WC indép. S-linge, micro-ondes. Ch. fuel, cheminée, bois 45 €/m3. Cour, terrain clos (600 m²). S. de jeux. Linge de maison sur demande. Commerces à Murat. Plomb du Cantal, église de Bredons. En bordure de la rivière l'Alagnon. Cabine téléphonique dans le bourg. Tarifs ttes charges comprises sauf bois. Gîte accessible aux personnes handicapées.

GITES DE FRANCE-SERVICE RESERVATION - 50 av. Pupilles de la Nation - BP 738 - 15007 AURILLAC Cedex
Tél. : 04 71 48 64 20 - Fax : 04 71 48 64 21 - Email : gites-de-france-cantal@wanadoo.fr - www.itea.fr/GDF/15

| JUILLET | AOUT | JUIN/SEPT. | NOËL | FEV. | PRINT. | HORS SAIS. |
|---|---|---|---|---|---|---|
| 980 | 980 | 732 | 914 | 980 | 763 | 640 |

| | | | | | | | | | |
|---|---|---|---|---|---|---|---|---|---|
| 2 | 2 | 15 | 25 | 0,2 | 7 | 12 | 12 | 2 | 2 |

## N° 61 — LA CHAPELLE-LAURENT — Chaliac — 950 m — CM 76 pli 5
**NN — 5 pers.**

Massiac 15 km. St-Flour 30 km. Brioude 25 km. Maison indépendante de 1820 rénovée en 2003. Séjour, cuisine, coin détente avec cheminée (bois 10 E/m3). 1 ch. avec 1 lit 2 pers., 1 ch. avec 1 lit 120, 1 ch. avec 1x2 lits superposés. Salle d'eau avec wc, 1 wc indép. Ch. électrique. Micro-ondes. Téléphone portable. Terrain non clos de 5000 m². Linge de maison sur demande. Commerces à La Chapelle Laurent. Canoë à 20 km.

GITES DE FRANCE-SERVICE RESERVATION - 50 av. Pupilles de la Nation - BP 738 - 15007 AURILLAC Cedex
Tél. : 04 71 48 64 20 - Fax : 04 71 48 64 21 - Email : gites-de-france-cantal@wanadoo.fr - www.itea.fr/GDF/15

| JUILLET | AOUT | JUIN/SEPT. | NOËL | FEV. | PRINT. | HORS SAIS. |
|---|---|---|---|---|---|---|
| 460 | 460 | 380 | 350 | 350 | 350 | 300 |

| | | | | | | | | | |
|---|---|---|---|---|---|---|---|---|---|
| 15 | 15 | 30 | 30 | 2 | 30 | 50 | 50 | 15 | 2,5 |

## N° 259 — CHAVAGNAC — 1050 m — CM 76 pli 3
**NN — 10 pers.**

Murat 10 km. Maison indép. de caractère de 1832 rénovée en 2002. Séjour, coin-cuisine. 3 ch. (1 lit 2 pers.) 1 ch. (2 lits 1 pers. et 1x2 lits superposés). 1 lit bébé. 2 s. d'eau dont 1 avec wc. WC indép. Ch. élect., cheminée avec insert (bois : 38 €/m3). Congélateur. Garage. Terrain clos de 800 m². Equipement bébé. Linge de maison sur demande. Commerces à Murat. Eglises classées. Vieux châteaux. VTT au lac du Pêcher. Parc des Volcans d'Auvergne. Puy Mary. Plomb du Cantal. Cabine téléphonique dans le bourg.

GITES DE FRANCE-SERVICE RESERVATION - 50 av. Pupilles de la Nation - BP 738 - 15007 AURILLAC Cedex
Tél. : 04 71 48 64 20 - Fax : 04 71 48 64 21 - Email : gites-de-france-cantal@wanadoo.fr - www.itea.fr/GDF/15

| JUILLET | AOUT | JUIN/SEPT. | NOËL | FEV. | PRINT. | HORS SAIS. |
|---|---|---|---|---|---|---|
| 610 | 610 | 427 | 534 | 534 | 427 | 305 |

| | | | | | | | | | |
|---|---|---|---|---|---|---|---|---|---|
| 10 | 10 | 5 | 40 | 0,2 | 28 | 5 | 17 | 10 | 10 |

# CANTAL - 15

## N° 79    CHAVAGNAC     1050 m     CM 76 pli 3

**NN   6 pers.**

Maison indépendante rénovée en 2003. Séjour, coin-cuisine. 2 chambres (1 lit 2 pers.), 1 chambre (1x2 lits superposés). Salle d'eau, 2 wc indépendants. Chauffage électrique, cheminée avec insert (bois: 38 €/m3). Congélateur. prise TV. Terrain non clos. Linge de maison sur demande. Commerces à Murat. Eglises classées. Vieux châteaux. VTT au lac du Pêcher. Parc des Volcans d'Auvergne. Puy Mary. Plomb du Cantal.

GITES DE FRANCE-SERVICE RESERVATION - 50 av. Pupilles de la Nation - BP 738 - 15007 AURILLAC Cedex
Tél. : 04 71 48 64 20 - Fax: 04 71 48 64 21 - Email: gites-de-france-cantal@wanadoo.fr - www.itea.fr/GDF/15

| JUILLET | AOUT | JUIN/SEPT. | NOËL | FEV. | PRINT. | HORS SAIS. | | | | | | | | | |
|---|---|---|---|---|---|---|---|---|---|---|---|---|---|---|---|
| 427 | 427 | 274 | 335 | 335 | 274 | 200 | 10 | 10 | 5 | 40 | 0,2 | 28 | 5 | 17 | 10 | 10 |

## N° 588    LE CLAUX     Eybarithoux     1150 m     CM 76 pli 3

**NN   6 pers.**

Riom-es-Montagnes 16 km. Murat 18 km. Maison indépendante de 1865 rénovée en 2000. Séjour, coin-cuisine. 3 ch. avec 2 lits 1 pers. (90 x 200). Salle de bains. 2 wc indép. Ch. électrique. Sèche-linge, micro-ondes. TV par satellite. Chaîne Hi-fi. Cheminée avec insert (bois gratuit). Terrain non clos de 950 m². Linge de maison sur demande. Commerces au Claux. Ecole de parapente. Escalade. VTT. Raquettes à neige. Eglises. Châteaux. Chapelles. Vue panoramique. Lits faits à l'arrivée.

Jan BOON - Contact : Mr LACASSAGNE - Eybarithoux - 15400 LE CLAUX
Tél. : 04 71 78 92 82 - Fax: 04 71 78 25 14 - Email: lacassagne.chris@wanadoo.fr

| JUILLET | AOUT | JUIN/SEPT. | NOËL | FEV. | PRINT. | HORS SAIS. | | | | | | | | | |
|---|---|---|---|---|---|---|---|---|---|---|---|---|---|---|---|
| 590 | 630 | 530 | 430 | 340 | 430 | 340 | 4 | 16 | 25 | 25 | SP | 4 | 4 | 30 | 22 | 4 |

## N° 864    COLTINES     950 m     CM 76 pli 3

**NN   5 pers.**

St-Flour 12 km. Gîte avec entrée indépendante au rez-de-chaussée de la maison du propriétaire de 1975 rénovée en 1995. Séjour coin-cuisine. 2 chambres. 2 lits 2 pers., 1 lit 1 pers. 2 salles d'eau avec wc. Chauffage électrique. Micro-ondes. Prise TV. Terrasse. Commerces à Coltines. Château du Sailhant. Maison de la Faune à Murat. Bassin nautique. Mur d'escalade. Tir à l'arc. VTT. Animations à Coltines.

Raymond/Elisabeth CIVADIER/MARS - Le Bourg - 15170 COLTINES
Tél. : 04 71 73 26 43

| JUILLET | AOUT | JUIN/SEPT. | NOËL | FEV. | PRINT. | HORS SAIS. | | | | | | | | |
|---|---|---|---|---|---|---|---|---|---|---|---|---|---|---|
| 280 | 300 | 180 | 180 | 180 | 180 | 150 | SP | SP | 20 | 20 | 7 | SP | 10 | 20 | 7 | SP |

## N° 705    LE FALGOUX     Cher Soubro     950 m     CM 76 pli 2

**NN   4 pers.**

Mauriac 28 km. Puy Mary 11 km. Maison de caractère du XIXe rénovée en 1999 mitoyenne à une résidence secondaire. Séjour. Coin-cuisine. 1 ch. avec 1 lit 2 pers., 1 ch. avec 2 lits 120. S.d.b. 2 wc indép. Chauffage fuel, cheminée bois gratuit. Congélateur. Terrain non clos non attenant. Tarifs ttes charges comprises. Linge de maison sur dde. Commerces au Falgoux. Départ GR à 20m.

GITES DE FRANCE-SERVICE RESERVATION - 50 av. Pupilles de la Nation - BP 738 - 15007 AURILLAC Cedex
Tél. : 04 71 48 64 20 - Fax: 04 71 48 64 21 - Email: gites-de-france-cantal@wanadoo.fr - www.itea.fr/GDF/15

| JUILLET | AOUT | JUIN/SEPT. | NOËL | HORS SAIS. | | | | | | | |
|---|---|---|---|---|---|---|---|---|---|---|---|
| 360 | 360 | 255 | 255 | 190 | 0,3 | 28 | 30 | 30 | 0,5 | 5 | SP | 28 | 0,3 |

## N° 794    LE FALGOUX     La Maréthie     900 m     CM 76 pli 2

**NN   6 pers.**

Mauriac 30 km. Salers 15 km. Maison mitoyenne de 1884 rénovée en 2002. Séjour, coin-cuisine. 2 ch. avec 1 lit 2 pers., 1 ch. avec 2 lits 1 pers. S. d'eau avec wc. Ch. central gaz, cheminée (bois : 15 €/semaine). Micro-ondes. Terrain clos. Tarifs ttes charges comprises sauf bois. Linge de maison sur dde. Commerces au Falgoux. Puy Mary. GR 400. Parc des Volcans. Gîte de pêche.

Emmanuel BRAY - Rue de Barrouze - 15140 SALERS
Tél. : 04 71 40 78 08 - http://monsite.wanadoo.fr/gite.falgoux.bray

| JUILLET | AOUT | JUIN/SEPT. | NOËL | FEV. | PRINT. | HORS SAIS. | | | | | | | | |
|---|---|---|---|---|---|---|---|---|---|---|---|---|---|---|
| 430 | 570 | 380 | 400 | 350 | 350 | 350 | SP | 30 | 30 | SP | 30 | SP | 80 | 30 | 1 |

## N° 706    FONTANGES     Le Rocher     650 m     CM 76 pli 2

**NN   6 pers.**

Mauriac 26 km. Salers 5 km. Maison indép. de caractère de 1700 rénovée en 2002. Séjour, coin-cuisine. 2 ch. avec 1 lit 2 pers. et 1 ch. avec 1 lit 1 pers. et 1 lit 120. Salle d'eau avec wc. Ch. électrique, cheminée (bois : 38 €/m3). Micro-ondes, congélateur. Terrasse, terrain clos (250 m²). Linge de maison sur demande. Commerces à Fontanges. Chapelle Monolithe. Parc des Volcans. Cabine téléphonique dans le bourg.

GITES DE FRANCE-SERVICE RESERVATION - 50 av. Pupilles de la Nation - BP 738 - 15007 AURILLAC Cedex
Tél. : 04 71 48 64 20 - Fax: 04 71 48 64 21 - Email: gites-de-france-cantal@wanadoo.fr - www.itea.fr/GDF/15

| JUILLET | AOUT | JUIN/SEPT. | NOËL | FEV. | PRINT. | HORS SAIS. | | | | | | | | |
|---|---|---|---|---|---|---|---|---|---|---|---|---|---|---|
| 458 | 458 | 282 | 366 | 366 | 335 | 282 | 0,4 | 8 | 30 | 60 | 0,4 | 8 | 12 | 35 | 38 | 0,4 |

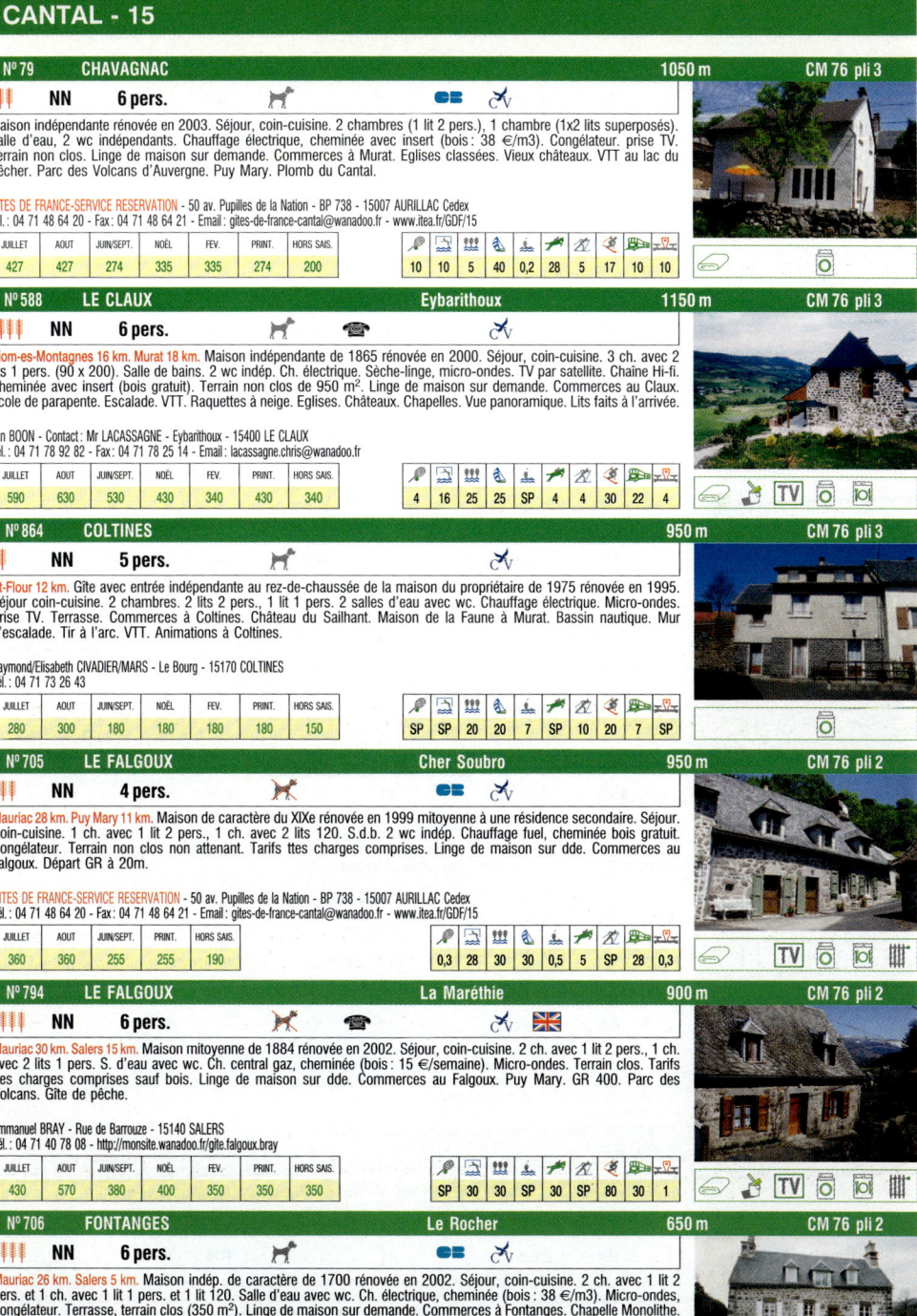

AUVERGNE — Pictos voir p. 12

# CANTAL - 15

## N° 832 — FREIX-ANGLARDS — Vernuéjouls — 650 m — CM 76 pli 11
**NN — 4 pers.**

Aurillac 13 km. Maison indépendante de caractère de 1777 rénovée en 1988. Séjour, coin-cuisine. 2 chambres avec 1 lit 2 pers. Salle d'eau. 1 wc indép. Chauffage électrique, cheminée avec insert (bois 20 €/m3). Terrasse, terrain clos. Linge de maison sur demande. Commerces à Jussac. Château d'Anjony. Parc des Volcans d'Auvergne. Salers. Puy Mary.

GITES DE FRANCE-SERVICE RESERVATION - 50 av. Pupilles de la Nation - BP 738 - 15007 AURILLAC Cedex
Tél.: 04 71 48 64 20 - Fax: 04 71 48 64 21 - Email: gites-de-france-cantal@wanadoo.fr - www.itea.fr/GDF/15

| JUILLET | AOUT | JUIN/SEPT. | PRINT. | HORS SAIS. |
|---|---|---|---|---|
| 400 | 400 | 250 | 250 | 200 |

| | | | | | | | | | | |
|---|---|---|---|---|---|---|---|---|---|---|
| 5 | 12 | 36 | 36 | 3 | 5 | 35 | 55 | 13 | 5 |

## N° 172 — JABRUN — La Bessette — 1000 m — CM 76 pli 13
**NN — 8 pers.**

Chaudes-Aigues 8 km. St-Flour 40 km. Maison indép. de caractère de 1851 rénovée en 2003. Salon, salle à manger coin-cuisine. 3 ch. avec 1 lit 2 pers., 1 ch. avec 2 lits 1 pers. Salle d'eau, salle de bains, 3 wc indép. Ch. central fuel. Garage. Terrain clos. Tarifs toutes charges comprises. Linge de maison sur demande. Commerces à Chaudes Aigues. Barrage de Sarrans. Lac de la Truyère. Viaduc de Garabit. Château d'Alleuze. Cirque de Mallet. Gorges du Bès. Plateau de l'Aubrac.

GITES DE FRANCE-SERVICE RESERVATION - 50 av. Pupilles de la Nation - BP 738 - 15007 AURILLAC Cedex
Tél.: 04 71 48 64 20 - Fax: 04 71 48 64 21 - Email: gites-de-france-cantal@wanadoo.fr - www.itea.fr/GDF/15

| JUILLET | AOUT | JUIN/SEPT. | NOËL | FEV. | PRINT. | HORS SAIS. |
|---|---|---|---|---|---|---|
| 600 | 600 | 400 | 500 | 500 | 500 | 400 |

| | | | | | | | | |
|---|---|---|---|---|---|---|---|---|
| 8 | 8 | 12 | 0,3 | 30 | 30 | 40 | 8 |

## N° 240 — JABRUN — La Moulette — 1080 m — CM 76 pli 13
**NN — 5 pers.**

Chaudes-Aigues 12 km. St-Flour 40 km. Maison de 1920 rénovée en 2003 mitoyenne à la maison du propriétaire. Séjour, coin-cuisine. 1 ch. avec 1 lit 2 pers., 1 ch. avec 1 lit 1 pers. et 1x2 lits superposés. Salle d'eau avec wc, 1 wc indép. Ch. électrique, cheminée avec insert bois gratuit. Micro-ondes. Terrain clos. Linge de maison sur demande. Commerces à Chaudes Aigues. Barrage de Sarrans. Lac de la Truyère. Viaduc de Garabit. Château d'Alleuze. Cirque de Mallet. Gorges du Bès. Plateau de l'Aubrac.

GITES DE FRANCE-SERVICE RESERVATION - 50 av. Pupilles de la Nation - BP 738 - 15007 AURILLAC Cedex
Tél.: 04 71 48 64 20 - Fax: 04 71 48 64 21 - Email: gites-de-france-cantal@wanadoo.fr - www.itea.fr/GDF/15

| JUILLET | AOUT | JUIN/SEPT. | NOËL | FEV. | PRINT. | HORS SAIS. |
|---|---|---|---|---|---|---|
| 460 | 460 | 305 | 210 | 210 | 210 | 210 |

| | | | | | | | | |
|---|---|---|---|---|---|---|---|---|
| 12 | 12 | 15 | 15 | 40 | 25 | 25 | 40 | 12 |

## N° 771 — JALEYRAC — Embrassac — 600 m — CM 76 pli 1
**NN — 4 pers.**

Vulcania 80 km. Mauriac 7 km. Maison de 1870 rénovée en 2003 mitoyenne à un autre gîte. Séjour, cuisine. 1 ch. avec 1 lit 2 pers. 1 ch. avec 2 lits 1 pers. 1 lit bébé. S.d.b. avec wc. 1 wc indép. Ch. central gaz. Téléphone portable avec carte. Terrain privatif non clos. Linge de maison sur demande. Tarifs chauffage compris. Commerces à Mauriac Barrage de Bort les Orgues. Château de Val. Monts du Cantal. Salers. Puy Mary.

GITES DE FRANCE-SERVICE RESERVATION - 50 av. Pupilles de la Nation - BP 738 - 15007 AURILLAC Cedex
Tél.: 04 71 48 64 20 - Fax: 04 71 48 64 21 - Email: gites-de-france-cantal@wanadoo.fr - www.itea.fr/GDF/15

| JUILLET | AOUT | JUIN/SEPT. | NOËL | FEV. | PRINT. | HORS SAIS. |
|---|---|---|---|---|---|---|
| 450 | 480 | 300 | 300 | 300 | 300 | 300 |

| | | | | | | | | |
|---|---|---|---|---|---|---|---|---|
| 4 | 7 | 11 | 25 | 1 | 5 | 30 | 90 | 7 | 7 |

## N° 54 — JOU-SOUS-MONJOU — Peyre — 900 m — CM 76 pli 12
**NN — 6 pers.**

Aurillac 22 km. Maison indépendante de caractère rénovée en 1995. Séjour, coin-cuisine. 3 ch. 2 lits 2 pers, 2 lits 100, 1 lit bébé. Salle d'eau, wc indép. Chauffage central gaz, cheminée avec insert (bois 53 €/m3). Lave-linge, lave-vaisselle. TV, téléphone téléséjour. Cour et terrain clos. Draps, linge de maison et service de ménage sur dde. Commerces à Raulhac 5 km. Vic sur Cère 15 km. Monts du Cantal.

Josette CAYROU - 9 impasse des Paquerettes - Les Prades - 15800 POLMINHAC
Tél.: 04 71 47 43 24

| JUILLET | AOUT | JUIN/SEPT. | NOËL | FEV. | PRINT. | HORS SAIS. |
|---|---|---|---|---|---|---|
| 410 | 410 | 244 | 300 | 310 | 254 | 200 |

| | | | | | | | | |
|---|---|---|---|---|---|---|---|---|
| 5 | 15 | 30 | 30 | 1 | 15 | 3 | 30 | 15 | 5 |

## N° 583 — JUSSAC — 670 m — CM 76 pli 12
**NN — 2 pers.**

Maison mitoyenne de 1850 rénovée en 2002. Salon (1 convertible 130), cuisine. 1 chambre avec 1 lit 2 personnes. Salle d'eau avec wc. Chauffage électrique. Congélateur, magnétoscope, mini chaine hi-fi. Cour fermée. Linge de maison sur demande. Taxe de séjour. Commerces à Jussac. Château de Sedaiges. Château d'Anjony. Monts du Cantal.

GITES DE FRANCE-SERVICE RESERVATION - 50 av. Pupilles de la Nation - BP 738 - 15007 AURILLAC Cedex
Tél.: 04 71 48 64 20 - Fax: 04 71 48 64 21 - Email: gites-de-france-cantal@wanadoo.fr - www.itea.fr/GDF/15

| JUILLET | AOUT | JUIN/SEPT. | NOËL | FEV. | PRINT. | HORS SAIS. |
|---|---|---|---|---|---|---|
| 320 | 320 | 213 | 275 | 275 | 213 | 183 |

| | | | | | | | | |
|---|---|---|---|---|---|---|---|---|
| SP | 10 | 25 | 25 | SP | 10 | 20 | 45 | 10 | SP |

# CANTAL - 15

## N° 870 — LAPEYRUGUE — 500 m — CM 76 pli 12
**NN — 6 pers.**

Aurillac 30 km. Maison indépendante de caractère de 1905 rénovée en 2003. Séjour, cuisine. 2 ch. avec 1 lit 2 pers. 1 ch. avec 2 lits 1 pers. S. d'eau. 1 wc indép. Ch. central fuel (50 €/semaine). Micro-ondes, congélateur. Cour non fermée. Linge de maison sur demande. Taxe de séjour. Commerces à Montsalvy. Gorges de la Truyère. Vallée du Goul. Conques, Rocamadour, Padirac.

GITES DE FRANCE-SERVICE RESERVATION – 50 av. Pupilles de la Nation - BP 738 - 15007 AURILLAC Cedex
Tél. : 04 71 48 64 20 - Fax : 04 71 48 64 21 — Email : gites-de-france-cantal@wanadoo.fr - www.itea.fr/GDF/15

| JUILLET | AOUT | JUIN/SEPT. | NOËL | FEV. | PRINT. | HORS SAIS. |   |   |   |   |   |   |   |
|---|---|---|---|---|---|---|---|---|---|---|---|---|---|
| 450 | 450 | 280 | 290 | 290 | 290 | 215 | 6 | 6 | 6 | 4 | 60 | 60 | 30 | 6 |

## N° 338 — LAVIGERIE — Pradel — 1137 m — CM 76 pli 3
**NN — 6 pers.**

Murat 15 km. St-Flour 37 km. Maison indépendante de 1957 rénovée en 2003. Séjour, coin-cuisine. 2 ch. avec 1 lit 2 pers., 1 ch. avec 2 lits 120. Salle d'eau, 1 wc indép. Ch. central fuel, cheminée avec insert bois gratuit. Mini chaîne hi-fi. Terrain clos (700m²). Linge de maison sur dde. Commerces à Murat. Puy Mary. Monts du Cantal. Parc des Volcans d'Auvergne.

GITES DE FRANCE-SERVICE RESERVATION – 50 av. Pupilles de la Nation - BP 738 - 15007 AURILLAC Cedex
Tél. : 04 71 48 64 20 - Fax : 04 71 48 64 21 — Email : gites-de-france-cantal@wanadoo.fr - www.itea.fr/GDF/15

| JUILLET | AOUT | JUIN/SEPT. | NOËL | FEV. | PRINT. | HORS SAIS. |   |   |   |   |   |   |   |   |
|---|---|---|---|---|---|---|---|---|---|---|---|---|---|---|
| 470 | 490 | 315 | 440 | 440 | 300 | 270 | 15 | 15 | 13 | 52 | SP | 37 | 8 | 22 | 15 | 15 |

## N° 6 — LEUCAMP — La Comparnie — 600 m — CM 76 pli 12
**NN — 2 pers.**

Leucamp 1 km. Montsalvy 13 km. Aurillac 20 km. Maison indépendante de caractère (micro-gîte) de 1850 rénovée en 2003. Séjour, coin-cuisine. Mezzanine avec 1 lit 2 pers. Salle d'eau. 1 wc indép. Chauffage électrique, poêle (bois gratuit). Micro-ondes. Téléphone portable avec carte. Terrain clos. Linge de maison sur demande. Commerces à Leucamp et Montsalvy. Gorges de la Truyère. Quad à 12 km.

GITES DE FRANCE-SERVICE RESERVATION – 50 av. Pupilles de la Nation - BP 738 - 15007 AURILLAC Cedex
Tél. : 04 71 48 64 20 - Fax : 04 71 48 64 21 — Email : gites-de-france-cantal@wanadoo.fr - www.itea.fr/GDF/15

| JUILLET | AOUT | JUIN/SEPT. | NOËL | FEV. | PRINT. | HORS SAIS. |   |   |   |   |   |   |   |
|---|---|---|---|---|---|---|---|---|---|---|---|---|---|
| 350 | 350 | 200 | 280 | 280 | 280 | 200 | 7 | 13 | 4 | 4 | 12 | 60 | 60 | 20 | 13 |

## N° 390 — LEYNHAC — CM 76 pli 11
**NN — 2 pers.**

Maurs 12 km. Maison indépendante de caractère rénovée en 1977. Séjour (1 convertible 2 pers), coin-cuisine. 1 chambre. 1 lit 2 pers. Salle d'eau. 1 wc indép. Ch. électrique. Prise TV. Terrain non clos. Linge de maison sur demande. Tarifs ttes charges comprises. Commerces à Calvinet. Chapelle. Vallée du Lot. Conques. Poterie du Don. Lac de Saint Etienne Cantalès. Mini golf à 0,5 km.

GITES DE FRANCE-SERVICE RESERVATION – 50 av. Pupilles de la Nation - BP 738 - 15007 AURILLAC Cedex
Tél. : 04 71 48 64 20 - Fax : 04 71 48 64 21 — Email : gites-de-france-cantal@wanadoo.fr - www.itea.fr/GDF/15

| JUILLET | AOUT | JUIN/SEPT. |   |   |   |   |   |   |   |   |
|---|---|---|---|---|---|---|---|---|---|---|
| 325 | 325 | 190 | 0,5 | 8 | 15 | 45 | 0,5 | 4 | 80 | 80 | 12 | 8 |

## N° 141 — LIEUTADES — 980 m — CM 76 pli 13
**NN — 4 pers.**

Lacalm 9 km. Chaudes-Aigues 15 km. Maison de caractère mitoyenne à un autre gîte. Séjour, coin-cuisine. 1 ch. avec 1 lit 2 pers., 1 ch. avec 1 lit 160 (2x80). 2 salles d'eau dont 1 avec baignoire et douche, 2 wc indép. Ch. central fuel. Micro-ondes. Terrain privatif. Piscine commune. Tarifs toutes charges comprises. Linge de maison sur demande. Commerces à Lacalm. Garabit, Cirque de Mallet, Lac de la Truyère, Gorges du Bès.

GITES DE FRANCE-SERVICE RESERVATION – 50 av. Pupilles de la Nation - BP 738 - 15007 AURILLAC Cedex
Tél. : 04 71 48 64 20 - Fax : 04 71 48 64 21 — Email : gites-de-france-cantal@wanadoo.fr - www.itea.fr/GDF/15

| JUILLET | AOUT | JUIN/SEPT. | NOËL | FEV. | PRINT. | HORS SAIS. |   |   |   |   |   |   |   |   |
|---|---|---|---|---|---|---|---|---|---|---|---|---|---|---|
| 450 | 540 | 360 | 360 | 360 | 360 | 370 | SP | SP | 4 | 40 | 1 | 30 | 22 | 22 | 40 | 9 |

## N° 300 — MARCHASTEL — Laquérie — 1000 m — CM 76 pli 3
**NN — 6 pers.**

Riom-es-Montagnes 11 km. Maison indépendante rénovée en 2000. Séjour, coin-cuisine. 2 chambres avec 1 lit 2 pers. 1 chambre avec 2 lits 1 pers. 1 lit bébé. Salle de bains. 1 wc indép. Chauffage électrique, cheminée avec poêle (bois 55 €/m3). Congélateur. Terrasse. Cour et terrain clos. Linge de maison sur demande. Commerces à Cheylade. Mur d'escalade. Parc des Volcans. VTT. Randonnées.

GITES DE FRANCE-SERVICE RESERVATION – 50 av. Pupilles de la Nation - BP 738 - 15007 AURILLAC Cedex
Tél. : 04 71 48 64 20 - Fax : 04 71 48 64 21 — Email : gites-de-france-cantal@wanadoo.fr - www.itea.fr/GDF/15

| JUILLET | AOUT | JUIN/SEPT. | NOËL | FEV. | PRINT. | HORS SAIS. |   |   |   |   |   |   |   |   |
|---|---|---|---|---|---|---|---|---|---|---|---|---|---|---|
| 350 | 396 | 237 | 237 | 237 | 237 | 212 | 5 | 11 | 10 | 35 | 0,5 | 9 | 16 | 40 | 11 | 8 |

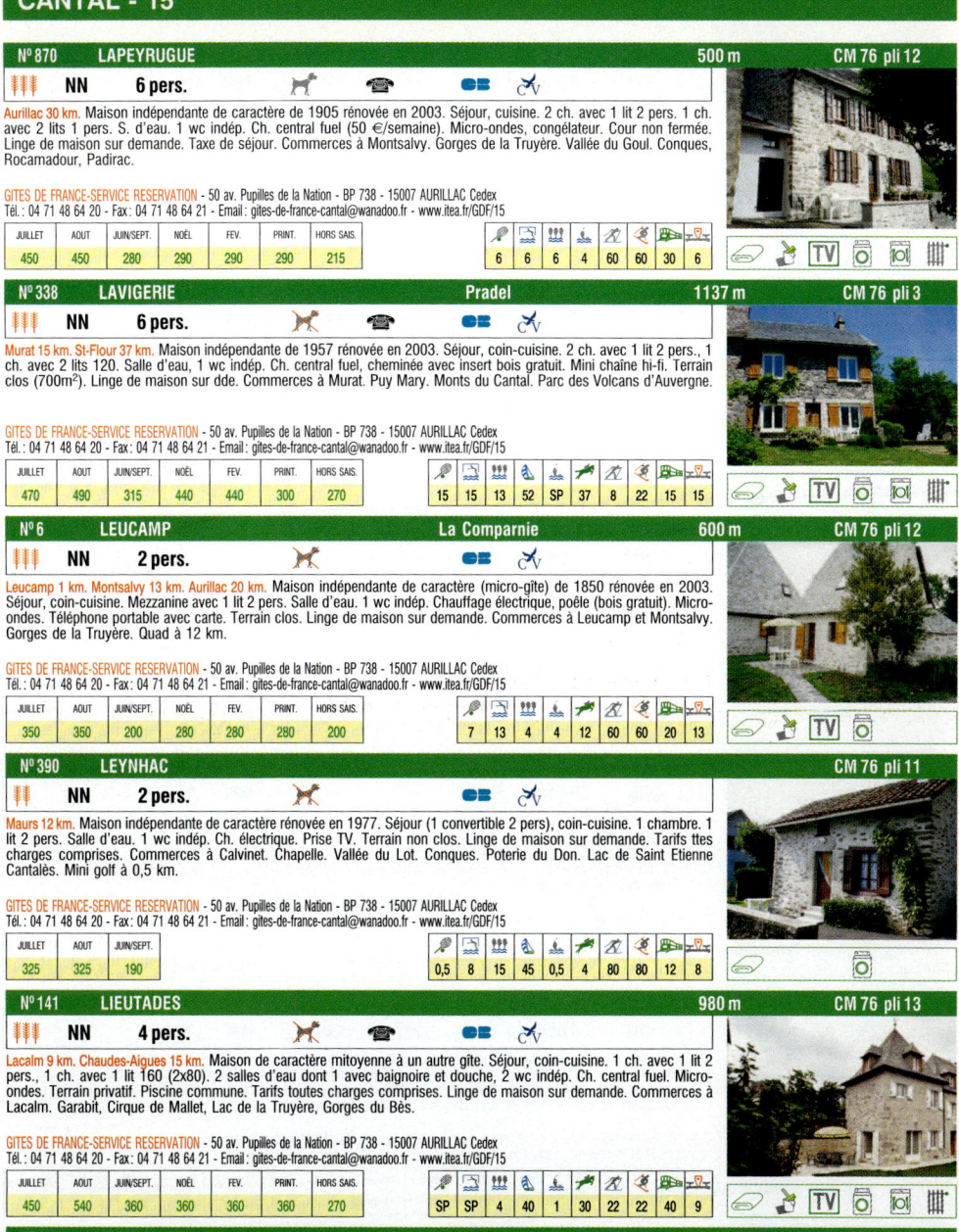

AUVERGNE — Pictos voir p. 12

81

# CANTAL - 15

## N° 391 — MARCHASTEL — 900 m — CM 76 pli 3
**NN 4 pers.**

**Riom-es-Montagnes 10 km.** Maison indép. de caractère de 1843 rénovée en 2003. Séjour, coin-cuisine. 1 ch. avec 1 lit 2 pers. 2 ch. avec 1 lit 1 pers. Salle d'eau, 2 wc indép. Ch. électrique, cheminée avec poêle (bois 30 €/m3). Sèche linge, micro-ondes. Petite terrasse. Terrain clos. Linge de maison sur dde. Commerces à Riom Es Montagnes. Mur d'escalade. Parc des Volcans. VTT. Randonnées.

GITES DE FRANCE-SERVICE RESERVATION - 50 av. Pupilles de la Nation - BP 738 - 15007 AURILLAC Cedex
Tél. : 04 71 48 64 20 - Fax : 04 71 48 64 21 - Email : gites-de-france-cantal@wanadoo.fr - www.itea.fr/GDF/15

| JUILLET | AOUT | JUIN/SEPT. | NOEL | FEV. | PRINT. | HORS SAIS. |
|---|---|---|---|---|---|---|
| 450 | 450 | 320 | 350 | 350 | 350 | 300 |

| | | | | | | | | |
|---|---|---|---|---|---|---|---|---|
| 10 | 10 | 30 | 0,5 | 5 | 16 | 40 | 10 | 10 |

## N° 838 — MARCOLES — Faubourg St-Martin — 750 m — CM 76 pli 11
**NN 5 pers.**

**St-Mamet 15 km.** Maison mitoyenne du XIXe rénovée en 2003. Séjour, coin-cuisine. 2 ch. avec 1 lit 2 pers. Mezz. avec 1 lit 1 pers. Salle d'eau. 2 wc indép. Ch. électrique, cheminée avec insert (bois gratuit). Congélateur, micro-ondes. Petit garage. Tarifs toutes charges comprises. Linge de maison sur demande. Commerces à Marcolès. Eglise gothique de Saint-Mamet. Visite guidée de Marcolès, cité médiévale. Vallée du Lot. Conques, Figeac.

GITES DE FRANCE-SERVICE RESERVATION - 50 av. Pupilles de la Nation - BP 738 - 15007 AURILLAC Cedex
Tél. : 04 71 48 64 20 - Fax : 04 71 48 64 21 - Email : gites-de-france-cantal@wanadoo.fr - www.itea.fr/GDF/15

| JUILLET | AOUT | JUIN/SEPT. | PRINT. | HORS SAIS. |
|---|---|---|---|---|
| 520 | 520 | 370 | 370 | 310 |

| | | | | | | | |
|---|---|---|---|---|---|---|---|
| SP | 15 | 20 | 20 | SP | 20 | 65 | 65 | 25 | SP |

## N° 114 — MARMANHAC — Péruéjouls — 650 m — CM 76 pli 12
**NN 2 pers.**

**Aurillac 15 km.** Maison de 1980 rénovée en 1994 mitoyenne à la maison du propriétaire. Salon avec 1 convertible 2 pers., cuisine. 1 ch. avec 1 lit 2 pers. 1 lit bébé. Salle de bains. 1 wc indép. Ch. électrique. Prise TV, prise téléphone. Terrasse. Terrain clos de 2 500 m². Equipement bébé. Tarifs toutes charges comprises. Linge de maison sur demande. Taxe de séjour. Commerces à Jussac. Monts du Cantal.

Patrick MONGINOUS - Peruejouls - 15250 MARMANHAC
Tél. : 04 71 46 63 92 - Email : patmong23@hotmail.com

| JUILLET | AOUT | JUIN/SEPT. | NOEL | FEV. | PRINT. | HORS SAIS. |
|---|---|---|---|---|---|---|
| 335 | 335 | 229 | 259 | 259 | 259 | 198 |

| | | | | | | | | |
|---|---|---|---|---|---|---|---|---|
| 2 | 15 | 10 | 25 | 1 | 2 | 15 | 45 | 15 | 5 |

## N° 57 — MAURINES — Pradastier — 950 m — CM 76 pli 13
**NN 9 pers.**

**Chaudes-Aigues 10 km. St-Flour 30 km.** Maison indép. de caractère de 1870 rénovée en 2001. Salon, salle à manger coin-cuisine. 1 ch. (1 lit 2 pers.), 1 ch. (1 lit 2 pers., 2 lits superposés), 1 ch. (3 lits 1 pers). Lit bébé. 2 s. d'eau, 1 avec wc. 1 wc. fuel, cheminée bois gratuit. Tél. portable, micro-ondes, congélateur, Terrasse. Terrain non clos 3000m². Linge de maison sur demande. Commerces à Chaudes Aigues. Barrages. Château d'Alleuze. Cirque de Mallet. Gorges du Bès. Tarifs toutes charges comprises.

GITES DE FRANCE-SERVICE RESERVATION - 50 av. Pupilles de la Nation - BP 738 - 15007 AURILLAC Cedex
Tél. : 04 71 48 64 20 - Fax : 04 71 48 64 21 - Email : gites-de-france-cantal@wanadoo.fr - www.itea.fr/GDF/15

| JUILLET | AOUT | JUIN/SEPT. | NOEL | FEV. | PRINT. | HORS SAIS. |
|---|---|---|---|---|---|---|
| 555 | 555 | 427 | 500 | 500 | 500 | 427 |

| | | | | | | | | |
|---|---|---|---|---|---|---|---|---|
| 10 | 10 | 6 | 6 | 5 | 13 | 25 | 40 | 10 |

## N° 301 — MOURJOU — Le Mas — CM 76 pli 11
**NN 5 pers.**

**Maurs 15 km. Figeac 35 km.** Maison indépendante de caractère du XIXe rénovée en 2002. Séjour, cuisine. 1 ch. (1 lit 2 pers. et 1 lit 1 pers.), 1 ch. (2 lits 1 pers.), 1 lit bébé. S. d'eau. 2 wc indép. Ch. électrique. Micro-ondes, congélateur. Terrain clos. Linge de maison sur demande. Commerces à Calvinet. Canoë Kayak à Vieillevie. A proximité du Lot et de l'Aveyron. Conques. Vallée du Lot. Maison de la châtaigne à Mourjou. Randonnées.

GITES DE FRANCE-SERVICE RESERVATION - 50 av. Pupilles de la Nation - BP 738 - 15007 AURILLAC Cedex
Tél. : 04 71 48 64 20 - Fax : 04 71 48 64 21 - Email : gites-de-france-cantal@wanadoo.fr - www.itea.fr/GDF/15

| JUILLET | AOUT | JUIN/SEPT. | NOEL | FEV. | PRINT. | HORS SAIS. |
|---|---|---|---|---|---|---|
| 450 | 450 | 300 | 320 | 320 | 320 | 270 |

| | | | | | | | | |
|---|---|---|---|---|---|---|---|---|
| 4 | 4 | 7 | 45 | 1 | 15 | 80 | 80 | 15 | 4 |

## N° 698 — NAUCELLES — Varet Haut — 650 m — CM 76 pli 12
**NN 5 pers.**

**Aurillac 6 km.** Maison indépendante de 1880 rénovée en 1998. Séjour, coin-cuisine. 1 chambre avec 1 lit 2 pers., 1 chambre avec 2 lits 120 et 1 lit 1 pers. Salle de bains. 1 wc indép. Chauffage central fuel. Prise TV. Terrain semi-clos. Tarifs chauffage compris. Linge de maison sur demande. Taxe de séjour. Commerces à Naucelles. Monts du Cantal. Barrages. Châteaux.

Marc et Béatrice FOURNIER - Varet-Haut - 15250 NAUCELLES
Tél. : 04 71 63 01 63 - Fax : 04 71 63 00 90 - Email : accueil@arranis.com - www.arranis.com

| JUILLET | AOUT | JUIN/SEPT. | NOEL | FEV. | PRINT. | HORS SAIS. |
|---|---|---|---|---|---|---|
| 450 | 450 | 300 | 350 | 350 | 350 | 300 |

| | | | | | | | | |
|---|---|---|---|---|---|---|---|---|
| 1 | 6 | 15 | 15 | SP | 6 | 30 | 30 | 6 | 1 |

# CANTAL - 15

## N° 233 PAILHEROLS — Pailhes — 1100 m — CM 76 pli 13
**NN — 8 pers.**

Raulhac 8 km. Vic-sur-Cère 13 km. Mur-de-Barrez 20 km. Maison indép. de caractère de 1800 rénovée en 2002. Séjour, coin-cuisine. 2 ch. (1 lit 2 pers.) 2 ch. (2 lits 1 pers.) 1 lit bébé. S.d.b. avec wc, s. d'eau. 1 wc indép. Ch. gaz (5,60 €/m3), cheminée (bois 40 €/m3). S-linge, micro-ondes. Magnétoscope. Tél. portable avec carte. Terrasse. Terrain non clos (500m²). Linge de maison sur demande. Commerces à Raulhac. Parc des Volcans d'Auvergne. Randonnées, VTT. Foyer de ski de fond à Pailherols. Visite de nombreux châteaux.

GITES DE FRANCE-SERVICE RESERVATION - 50 av. Pupilles de la Nation - BP 738 - 15007 AURILLAC Cedex
Tél. : 04 71 48 64 20 - Fax: 04 71 48 64 21 - Email: gites-de-france-cantal@wanadoo.fr - www.itea.fr/GDF/15

| JUILLET | AOUT | JUIN/SEPT. | NOËL | FEV. | PRINT. | HORS SAIS. |
|---|---|---|---|---|---|---|
| 620 | 620 | 390 | 400 | 400 | 400 | 350 |

| | | | | | | | | | |
|---|---|---|---|---|---|---|---|---|---|
| 8 | 13 | 25 | 25 | SP | 20 | 0,4 | 30 | 13 | 8 |

## N° 105 PARLAN — Les Ols — 570 m — CM 76 pli 11
**NN — 5 pers.**

Le Rouget 7 km. Maurs 16 km. Aurillac 25 km. Maison indépendante de caractère du XIXe rénovée en 2003. Séjour, coin-cuisine. Coin-détente en mezzanine. 1 ch. avec 1 lit 2 pers. 1 ch. avec 1 lit 2 pers. et 1 lit 1 pers. Salle d'eau avec wc, wc indép. Ch. électrique, insert bois gratuit. Congélateur. Terrasse, terrain semi-clos. Linge de maison sur demande. Commerces à Parlan.

GITES DE FRANCE-SERVICE RESERVATION - 50 av. Pupilles de la Nation - BP 738 - 15007 AURILLAC Cedex
Tél. : 04 71 48 64 20 - Fax: 04 71 48 64 21 - Email: gites-de-france-cantal@wanadoo.fr - www.itea.fr/GDF/15

| JUILLET | AOUT | JUIN/SEPT. | NOËL | FEV. | PRINT. | HORS SAIS. |
|---|---|---|---|---|---|---|
| 450 | 450 | 300 | 260 | 260 | 260 | 220 |

| | | | | | | | | | |
|---|---|---|---|---|---|---|---|---|---|
| 2 | 7 | 7 | 15 | 7 | 20 | 40 | 40 | 7 | 2 |

## N° 673 PARLAN — Moulin de Maurian — 630 m — CM 76 pli 11
**NN — 4 pers.**

Le Rouget 5 km. Aurillac 28 km. Maison indépendante (micro-gîte) de 1700 rénovée en 2002. Séjour, coin-cuisine. 1 chambre avec 1 lit 2 pers. Mezzanine avec 2 lits 1 pers. Salle d'eau avec wc. Chauffage électrique. Congélateur, micro-ondes. Téléphone portable avec carte. Terrasse, terrain non clos de 500 m². Gîte à la ferme. Linge de maison sur demande. Commerces à Parlan. Ancien moulin en bordure d'étang (non clôturé).

GITES DE FRANCE-SERVICE RESERVATION - 50 av. Pupilles de la Nation - BP 738 - 15007 AURILLAC Cedex
Tél. : 04 71 48 64 20 - Fax: 04 71 48 64 21 - Email: gites-de-france-cantal@wanadoo.fr - www.itea.fr/GDF/15

| JUILLET | AOUT | JUIN/SEPT. | NOËL | FEV. | PRINT. | HORS SAIS. |
|---|---|---|---|---|---|---|
| 382 | 382 | 230 | 245 | 245 | 245 | 183 |

| | | | | | | | | | |
|---|---|---|---|---|---|---|---|---|---|
| 2,5 | 5 | 15 | 15 | SP | 25 | 50 | 70 | 5 | 2,5 |

## N° 488 PAULHENC — 950 m — CM 76 pli 13
**NN — 4 pers.**

Pierrefort 5 km. St-Flour 35 km. Maison indép. rénovée en 1998, mitoyenne à une maison d'habitation. Gîte en étage avec accès de plain-pied. Séjour avec 1 convertible 130, coin-cuisine. 1 chambre avec 1 lit 2 pers, 1 chambre avec 2 lits 1 pers. 1 lit bébé. Salle d'eau. 1 wc indép. Ch. central au fuel. Terrain non clos. Tarifs ttes charges comprises. Linge de maison sur demande. Commerces à Pierrefort. Vallée de Brezons. Viaduc de Garabit. Barrage de Grandval. Gorges de la Truyère.

GITES DE FRANCE-SERVICE RESERVATION - 50 av. Pupilles de la Nation - BP 738 - 15007 AURILLAC Cedex
Tél. : 04 71 48 64 20 - Fax: 04 71 48 64 21 - Email: gites-de-france-cantal@wanadoo.fr - www.itea.fr/GDF/15

| JUILLET | AOUT | JUIN/SEPT. | NOËL | FEV. | PRINT. | HORS SAIS. |
|---|---|---|---|---|---|---|
| 381 | 381 | 305 | 274 | 274 | 274 | 229 |

| | | | | | | | | |
|---|---|---|---|---|---|---|---|---|
| 5 | SP | 5 | 5 | 5 | 35 | 15 | 30 | 35 | 5 |

## N° 535 PERS — Viescamp Les Acacias — 600 m — CM 76 pli 11
**NN — 5 pers.**

Aurillac 22 km. Gîte de 1997 dans une grange de 1834 comprenant 5 gîtes et des ch. hôtes. Séjour (insert bois gratuit), coin-cuisine équipé avec micro-ondes, congélateur. 1 ch. 1 lit 2 pers. Mezz. 1 lit 110 et 2 lits 1 pers. S. d'eau. WC indép. Ch. élect. Terrasse couverte, salon de jardin, terrain avec barbecue privatif. Toutes charges comprises. Linge de maison sur demande. Commerces au Rouget. Barrage de Saint Etienne Cantalès. Châteaux. Sur place, étang privé, jeux pour enfants, piscine, location barque à moteur. Cabine téléphonique dans le bourg. Location de chalets.

Famille LACAZE FERME ACCUEIL DE VIESCAMP - 15290 PERS
Tél. : 04 71 62 25 14 - Fax: 04 71 62 28 66 - Email: lacaze@viescampers.com - www.viescampers.com

| JUILLET | AOUT | JUIN/SEPT. | NOËL | FEV. | PRINT. | HORS SAIS. |
|---|---|---|---|---|---|---|
| 430 | 450 | 390 | 390 | 390 | 390 | 330 |

| | | | | | | | | |
|---|---|---|---|---|---|---|---|---|
| 5 | SP | 0,5 | 4 | SP | 6 | 60 | 60 | 5 | 5 |

## N° 545 PERS — Viescamp-Les Bruyères — 600 m — CM 76 pli 11
**NN — 2 pers.**

Aurillac 22 km. Gîte de 1993 mitoyen à 1 autre gîte, séparés par des haies, dans une grange de 1834 avec 5 gîtes et des ch. hôtes. Séjour (insert bois gratuit). Coin cuisine équipé avec micro-ondes. 1 ch. en mezz. (2 lits 1 pers.). S. d'eau. WC indép. Ch. élect. Terrasse couverte, salon de jardin, terrain avec barbecue privatif. Linge de maison sur demande. Commerces au Rouget. Barrage de Saint Etienne Cantalès. Nombreux sites touristiques. Sur place, jeux pour enfants, piscine, étang privé. Cabine téléphonique dans le bourg. Tarifs toutes charges comprises.

Famille LACAZE FERME ACCUEIL DE VIESCAMP - 15290 PERS
Tél. : 04 71 62 25 14 - Fax: 04 71 62 28 66 - Email: lacaze@viescampers.com - www.viescampers.com

| JUILLET | AOUT | JUIN/SEPT. | NOËL | FEV. | PRINT. | HORS SAIS. |
|---|---|---|---|---|---|---|
| 340 | 370 | 280 | 280 | 280 | 280 | 260 |

| | | | | | | | | |
|---|---|---|---|---|---|---|---|---|
| 5 | SP | 0,5 | 4 | SP | 6 | 60 | 60 | 5 | 5 |

AUVERGNE

# CANTAL - 15

## N° 770 — PRUNET — Trémoulines — 630 m — CM 76 pli 12

**NN — 6 pers.**

Arpajon-sur-Cère 12 km. Aurillac 15 km. Maison indép. de caractère de 1798 rénovée en 2002. Séjour, coin-cuisine. 2 ch. avec 1 lit 2 pers., 1 ch. avec 2 lits 1 pers. S.d.b., salle d'eau avec wc. 1 wc indép. Ch. central fuel, cheminée avec insert bois gratuit. Congélateur. Cour et terrain clos. Tarifs ttes charges comprises. Linge de maison sur demande. Taxe de séjour. Commerces à Lafeuillade en Vézie. Monts du Cantal. Salers. Conques. Vallée du Lot.

GITES DE FRANCE-SERVICE RESERVATION – 50 av. Pupilles de la Nation - BP 738 - 15007 AURILLAC Cedex
Tél. : 04 71 48 64 20 - Fax : 04 71 48 64 21 - Email : gites-de-france-cantal@wanadoo.fr - www.itea.fr/GDF/15

| JUILLET | AOUT | JUIN/SEPT. | HORS SAIS. |
|---|---|---|---|
| 540 | 540 | 400 | 400 |

| | | | | | | | | |
|---|---|---|---|---|---|---|---|---|
| 12 | 15 | 30 | 30 | 2 | 15 | 45 | 15 | 7 |

## N° 733 — RAULHAC — Esquies — CM 76 pli 12

**NN — 9 pers.**

Mur-de-Barrez 13 km. Vic-sur-Cère 16 km. Maison indép. de caractère de 1876 rénovée en 2002. Séjour, coin-cuisine. 2 ch. avec 1 lit 2 pers., 1 ch. avec 2 lits 1 pers., 1 ch. avec 3 lits 1 pers. S. d'eau, s.d.b., 2 wc indép. Ch. élect. Cheminée avec poêle (bois 40 €/m3). Micro-ondes. Téléphone portable avec carte. Terrain non clos. Linge de maison sur demande. Commerces à Raulhac. Parc des Volcans d'Auvergne.

GITES DE FRANCE-SERVICE RESERVATION – 50 av. Pupilles de la Nation - BP 738 - 15007 AURILLAC Cedex
Tél. : 04 71 48 64 20 - Fax : 04 71 48 64 21 - Email : gites-de-france-cantal@wanadoo.fr - www.itea.fr/GDF/15

| JUILLET | AOUT | JUIN/SEPT. | NOËL | FEV. | PRINT. | HORS SAIS. |
|---|---|---|---|---|---|---|
| 650 | 650 | 420 | 460 | 460 | 420 | 390 |

| | | | | | | | | |
|---|---|---|---|---|---|---|---|---|
| 5 | 16 | 25 | 25 | 1 | 20 | 9 | 30 | 16 | 5 |

## N° 327 — ROANNES-SAINT-MARY — St-Mary — 700 m — CM 76 pli 11

**NN — 8 pers.**

Aurillac 15 km. St-Mamet 10 km. Maison indép. de caractère de 1636 rénovée en 2003. Salon, salle à manger coin-cuisine. 2 ch. avec 1 lit 2 pers., 2 ch. avec 2 lits 1 pers. 2 salles d'eau, 2 wc indép. Ch. fuel, cheminée bois gratuit. Micro-ondes. Terrain non clos de 400 m². Tarifs toutes charges comprises. Linge de maison sur demande. Commerces à Roannes St-Mary. Rocamadour. Conques.

GITES DE FRANCE-SERVICE RESERVATION – 50 av. Pupilles de la Nation - BP 738 - 15007 AURILLAC Cedex
Tél. : 04 71 48 64 20 - Fax : 04 71 48 64 21 - Email : gites-de-france-cantal@wanadoo.fr - www.itea.fr/GDF/15

| JUILLET | AOUT | JUIN/SEPT. | NOËL | FEV. | PRINT. | HORS SAIS. |
|---|---|---|---|---|---|---|
| 610 | 610 | 420 | 520 | 520 | 480 | 350 |

| | | | | | | | | |
|---|---|---|---|---|---|---|---|---|
| 10 | 10 | 20 | 20 | 5 | 15 | 35 | 45 | 15 | 5 |

## N° 594 — ROUMEGOUX — Le Refrus — 670 m — CM 76 pli 11

**NN — 4 pers.**

Laroquebrou 10 km. Aurillac 30 km. Barrage St-Etienne-Cantales 10 km. Chalet de 2002. Séjour, coin-cuisine. 1 ch. avec 1 lit 2 pers. 1 ch. avec 2 lits 1 pers. Salle d'eau. 1 wc indép. Ch. électrique. Micro-ondes, congélateur, tél. portable. Terrasse. Terrain privatif dans enclos commun de 2000 m². Linge de maison sur demande. Commerces au Rouget. Karting à Pers. Etang de pêche privé de 1 ha. Barque à disposition. Rocamadour. Padirac.

Jacques et Odile LASSALLE - Vaurs - 15130 ARPAJON-SUR-CERE
Tél. : 04 71 63 61 64 - 04 71 63 79 60 - Email : ML.Lassalle@wanadoo.fr - www.locations-campagne.com

| JUILLET | AOUT | JUIN/SEPT. | NOËL | FEV. | PRINT. | HORS SAIS. |
|---|---|---|---|---|---|---|
| 430 | 450 | 300 | 300 | 270 | 270 | 250 |

| | | | | | | | | |
|---|---|---|---|---|---|---|---|---|
| 5 | 5 | 10 | 10 | 10 | 60 | 60 | 5 | 5 |

## N° 762 — ROUMEGOUX — Le Madelbos — 650 m — CM 76 pli 11

**NN — 5 pers.**

Aurillac 28 km. Barrage de St-Etienne-de-Cantales 15 km. Maison indép. de 1885 rénovée en 2002. Séjour, coin-cuisine. 1 chambre avec 1 lit 2 pers. 1 chambre avec 1 lit 160 et 1 lit 1 pers. Salle d'eau. 1 wc indép. Ch. central fuel, cheminée bois gratuit. Micro-ondes, congélateur. Terrasse, terrain clos. Tarifs toutes charges comprises. Linge de maison sur demande. Commerces au Rouget. Karting à Pers. Rocamadour. Padirac.

GITES DE FRANCE-SERVICE RESERVATION – 50 av. Pupilles de la Nation - BP 738 - 15007 AURILLAC Cedex
Tél. : 04 71 48 64 20 - Fax : 04 71 48 64 21 - Email : gites-de-france-cantal@wanadoo.fr - www.itea.fr/GDF/15

| JUILLET | AOUT | JUIN/SEPT. | NOËL | FEV. | PRINT. | HORS SAIS. |
|---|---|---|---|---|---|---|
| 427 | 458 | 304 | 289 | 289 | 260 | 245 |

| | | | | | | | | |
|---|---|---|---|---|---|---|---|---|
| 5 | 5 | 5 | 15 | 7 | 28 | 60 | 60 | 5 | 5 |

## N° 60 — SAIGNES — CM 76 pli 2

**NN — 5 pers.**

Mauriac 20 km. Bort-les-Orgues 9 km. Riom-es-Montagnes 20 km. Maison mitoyenne de caractère. Salle à manger coin-cuisine en véranda. 2 ch. (1 lit 2 pers.). Mezzanine (1 lit 120 et 1 lit 80). 1 lit bébé. 2 salles d'eau avec wc. Ch. central gaz, cheminée bois gratuit. Linge de maison sur demande. Tarifs toutes charges comprises. Commerces à Saignes. Parc des Volcans. Eglises romanes. Golf à 20 km. Ski nautique à 10 km. Parapente escalade à 20 km.

Claude GRIFFOULIERE - 7 place de l'Eglise - 15240 SAIGNES
Tél. : 04 71 40 67 84

| JUILLET | AOUT | JUIN/SEPT. | NOËL | FEV. | PRINT. | HORS SAIS. |
|---|---|---|---|---|---|---|
| 458 | 458 | 458 | 382 | 382 | 382 | 305 |

| | | | | | | | | |
|---|---|---|---|---|---|---|---|---|
| SP | SP | 10 | 10 | SP | 15 | 60 | 60 | 9 | SP |

# CANTAL - 15

## N° 779 — SALERS — Rue Charbonille — 950 m — CM 76 pli 2
**NN** — 4 pers.

Mauriac 15 km. Aurillac 40 km. Maison mitoyenne rénovée en 2000. Séjour coin-cuisine. 1 ch. avec 1 lit 2 pers. Mezzanine avec 1 lit 2 pers. 1 lit bébé. S. d'eau. 1 wc indép. Ch. élect., cheminée avec insert (bois : 15 €/semaine). Micro-ondes. Local de rangement. Balcon. Terrain clos. Tarifs toutes charges comprises sauf bois. Linge de maison sur demande. Taxe de séjour. Commerces à Salers. Parc des Volcans d'Auvergne. Cité médiévale de Salers. Site remarquable du goût : viande, fromage, gentiane...

Nathalie BRAY - Rue de Barrouze - 15140 SALERS
Tél. : 04 71 40 78 08 - http://monsite.wanadoo.fr/gite.salers.bray

| JUILLET | AOUT | JUIN/SEPT. | NOËL | FEV. | PRINT. | HORS SAIS. |
|---|---|---|---|---|---|---|
| 420 | 530 | 345 | 375 | 330 | 330 | 330 |

| | | | | | | | |
|---|---|---|---|---|---|---|---|
| SP | 8 | 30 | 3 | 10 | 10 | 40 | SP |

## N° 402 — SANSAC-DE-MARMIESSE — Le Puech — 630 m — CM 76 pli 11
**NN** — 3 pers.

Aurillac 10 km. Maison indép. de caractère de 1900 rénovée en 2003. Séjour, coin-cuisine. 1 ch. avec 1 lit 2 pers. et 1 lit 1 pers. Salle d'eau avec wc. Chauffage électrique, cheminée bois gratuit. Micro-ondes, congélateur. Téléphone portable mobicarte. Terrain clos. Gîte à la ferme. Linge de maison sur demande. Taxe de séjour. Commerces à Sansac de Marmiesse. Golf 18 trous à Sansac de Marmiesse. Location d'ânes bâtés pour randonnées. Accès par chemin carrossable.

GITES DE FRANCE-SERVICE RESERVATION - 50 av. Pupilles de la Nation - BP 738 - 15007 AURILLAC Cedex
Tél. : 04 71 48 64 20 - Fax : 04 71 48 64 21 - Email : gites-de-france-cantal@wanadoo.fr - www.itea.fr/GDF/15

| JUILLET | AOUT | JUIN/SEPT. | NOËL | FEV. | PRINT. | HORS SAIS. |
|---|---|---|---|---|---|---|
| 320 | 320 | 220 | 224 | 224 | 224 | 190 |

| | | | | | | | |
|---|---|---|---|---|---|---|---|
| 1,5 | 7 | 7 | 7 | 2 | 8 | 30 | 60 | 10 | 1,5 |

## N° 5 — SIRAN — Lasbordes — 630 m — CM 75 pli 20
**NN** — 5 pers.

La Roquebrou 7 km. Aurillac 30 km. Maison indép. de caractère de 1854 rénovée en 2003. Séjour, coin-cuisine. 1 ch. avec 1 lit 2 pers. 1 ch. avec 1 lit 2 pers. et 1 lit 1 pers. Salle d'eau avec wc. Ch. électrique, cheminée (bois 40 €/m3). Téléphone portable avec carte. Balcon, terrain clos. Linge de maison sur demande. Commerces à Siran. Barrage de St Etienne Cantalès.

GITES DE FRANCE-SERVICE RESERVATION - 50 av. Pupilles de la Nation - BP 738 - 15007 AURILLAC Cedex
Tél. : 04 71 48 64 20 - Fax : 04 71 48 64 21 - Email : gites-de-france-cantal@wanadoo.fr - www.itea.fr/GDF/15

| JUILLET | AOUT | JUIN/SEPT. | NOËL | FEV. | PRINT. | HORS SAIS. |
|---|---|---|---|---|---|---|
| 420 | 420 | 250 | 250 | 250 | 250 | 210 |

| 1,5 | 9 | 9 | 9 | 7 | 70 | 70 | 7 | 1,5 |
|---|---|---|---|---|---|---|---|---|

## N° 709 — ST-CHRISTOPHE-LES-GORGES — Le Pont De Crozat — 500 m — CM 76 pli 1
**NN** — 2 pers.

Gîte avec entrée indép. au r.d.c. d'une maison de 1850 rénovée en 1983 comprenant 1 autre gîte à l'étage et 2 logements mitoyens. Séjour avec 1 lit 1 pers. et 1 convertible 1 pers. Coin-cuisine. 1 ch. avec 1 lit 2 pers. S. d'eau. 1 wc indép. Prise TV. Chauffage d'appoint. Cheminée avec godin (bois 40 €/m3). Terrain non clos commun. Linge de maison sur demande. Taxe de séjour. Commerces à Ally. Randonnées pédestres. Accès par chemin carrossable. En bordure de la rivière "La Maronne". Salers. Monts du Cantal.

GITES DE FRANCE-SERVICE RESERVATION - 50 av. Pupilles de la Nation - BP 738 - 15007 AURILLAC Cedex
Tél. : 04 71 48 64 20 - Fax : 04 71 48 64 21 - Email : gites-de-france-cantal@wanadoo.fr - www.itea.fr/GDF/15

| JUILLET | AOUT | JUIN/SEPT. |
|---|---|---|
| 230 | 230 | 180 |

| 10 | 10 | 8 | 50 | SP | 15 | 20 | 10 |
|---|---|---|---|---|---|---|---|

## N° 303 — ST-CIRGUES-DE-MALBERT — L'Hôpital — 750 m — CM 76 pli 1
**NN** — 8 pers.

Maison indépendante de caractère de 1850 rénovée en 2003. Séjour, coin-cuisine. 3 ch. avec 1 lit 2 pers., 2 ch. avec 1 lit 1 pers. 2 salles d'eau dont 1 avec wc, 1 wc indép. Ch. électrique. Micro-ondes. Tél. portable. Terrain clos. Linge de maison sur demande. Commerces à Saint-Martin Valmeroux. Salers et Monts du Cantal. Parc des Volcans d'Auvergne.

GITES DE FRANCE-SERVICE RESERVATION - 50 av. Pupilles de la Nation - BP 738 - 15007 AURILLAC Cedex
Tél. : 04 71 48 64 20 - Fax : 04 71 48 64 21 - Email : gites-de-france-cantal@wanadoo.fr - www.itea.fr/GDF/15

| JUILLET | AOUT | JUIN/SEPT. | NOËL | FEV. | PRINT. | HORS SAIS. |
|---|---|---|---|---|---|---|
| 540 | 540 | 350 | 350 | 350 | 350 | 300 |

| 3,5 | 3,5 | 12 | 3 | 4 | 22 | 60 | 28 | 3,5 |
|---|---|---|---|---|---|---|---|---|

## N° 355 — ST-CIRGUES-DE-MALBERT — St-Cirgues — 600 m — CM 76 pli 1
**NN** — 6 pers.

St-Martin-Valmeroux 9 km. Maison indépendante de caractère de 1750 rénovée en 2002. Séjour, coin-cuisine. 1 ch. avec 1 lit 2 pers. et 1 lit 1 pers. 1 ch. avec 3 lits 1 pers. S. d'eau. 2 wc indép. Ch. électrique, cheminée (bois 38 €/m3). Cour et terrain non clos. Linge de maison sur demande. Commerces à St-Martin-Valmeroux. Salers et Monts du Cantal. Parc des Volcans d'Auvergne.

GITES DE FRANCE-SERVICE RESERVATION - 50 av. Pupilles de la Nation - BP 738 - 15007 AURILLAC Cedex
Tél. : 04 71 48 64 20 - Fax : 04 71 48 64 21 - Email : gites-de-france-cantal@wanadoo.fr - www.itea.fr/GDF/15

| JUILLET | AOUT | JUIN/SEPT. | NOËL | FEV. | PRINT. | HORS SAIS. |
|---|---|---|---|---|---|---|
| 385 | 385 | 225 | 245 | 245 | 245 | 195 |

| 9 | 9 | 17 | 0,5 | 9 | 17 | 75 | 26 | 9 |
|---|---|---|---|---|---|---|---|---|

**AUVERGNE** — Pictos voir p. 12

# CANTAL - 15

## N° 497 — ST-ETIENNE-DE-MAURS — Brocausse — CM 76 pli 11

**NN — 3 pers.**

Maurs 3,5 km. Figeac 20 km. Aurillac 48 km. Maison indép. de caractère du XIXe rénovée en 2002. Séjour, coin-cuisine. Mezz. (1 lit 2 pers. et 1 lit 1 pers.). Salle d'eau. 1 wc indép. Ch. électrique, cheminée avec insert bois gratuit. Micro-ondes, congélateur. Téléphone portable mobicarte. Terrasse. Terrain non clos. Linge de maison sur demande. Commerces à Maurs. Plan d'eau à Figeac. Conques.

GITES DE FRANCE-SERVICE RESERVATION – 50 av. Pupilles de la Nation - BP 738 - 15007 AURILLAC Cedex
Tél. : 04 71 48 64 20 - Fax : 04 71 48 64 21 - Email : gites-de-france-cantal@wanadoo.fr - www.itea.fr/GDF/15

| JUILLET | AOUT | JUIN/SEPT. | PRINT. | HORS SAIS. |  |  |  |  |  |  |  |  |
|---|---|---|---|---|---|---|---|---|---|---|---|---|
| 330 | 360 | 250 | 250 | 220 | 3 | 3,5 | 25 | 25 | 2 | 3,5 | 95 | 95 | 3,5 | 3,5 |

## N° 26 — ST-GERONS — Maurel — 650 m — CM 76 pli 11

**NN — 6 pers.**

La Roquebrou 6 km. Le Rouget 80 km. Aurillac 30 km. Maison indép. de caractère de 1600 rénovée en 2001. Salon, salle à manger, coin-cuisine. 3 ch. (1 lit 2 pers). 2 lits enfants. S.d.b., petite s. d'eau avec wc dans les combles. 2 wc indép. Ch. gaz, cheminée avec poêle bois gratuit. Micro-ondes. Cour et terrain non clos. Tarifs toutes charges comprises. Linge de maison sur demande. Taxe de séjour. Commerces à La Roquebrou. Barrage de St Etienne Cantalès. Karting. Châteaux. Salle de jeux.

GITES DE FRANCE-SERVICE RESERVATION – 50 av. Pupilles de la Nation - BP 738 - 15007 AURILLAC Cedex
Tél. : 04 71 48 64 20 - Fax : 04 71 48 64 21 - Email : gites-de-france-cantal@wanadoo.fr - www.itea.fr/GDF/15

| JUILLET | AOUT | JUIN/SEPT. |  |  |  |  |  |  |  |  |  |
|---|---|---|---|---|---|---|---|---|---|---|---|
| 530 | 530 | 530 | 6 | 5 | 3 | 6 | 3 | 0,2 | 50 | 50 | 6 | 6 |

## N° 382 — ST-JACQUES-DES-BLATS — Les Chazes — 1200 m — CM 76 pli 12

**NN — 4 pers.**

St-Jacques-des-Blats 2,5 km. Aurillac 35 km. Maison indép. de caractère de 1869 rénovée en 2001. Séjour, coin-cuisine. 1 ch. avec 1 lit 2 pers. Mezz. avec 2 lits 1 pers. 1 lit bébé. Salle de bains avec wc. WC indép. Ch. électrique, cheminée avec insert (bois 46 € m3). Micro-ondes, magnétoscope, tél. portable mobicarte. Terrain non clos. Linge de maison sur demande. Taxe de séjour. Commerces à St Jacques des Blats. Parc des volcans. Super Lioran. Au pied du Puy Griou. Vue sur la vallée de la Cère et sur le Plomb du Cantal.

GITES DE FRANCE-SERVICE RESERVATION – 50 av. Pupilles de la Nation - BP 738 - 15007 AURILLAC Cedex
Tél. : 04 71 48 64 20 - Fax : 04 71 48 64 21 - Email : gites-de-france-cantal@wanadoo.fr - www.itea.fr/GDF/15

| JUILLET | AOUT | JUIN/SEPT. | FEV. | PRINT. | HORS SAIS. |  |  |  |  |  |  |  |  |
|---|---|---|---|---|---|---|---|---|---|---|---|---|---|
| 449 | 449 | 381 | 440 | 381 | 335 | 3 | 12 | 40 | 50 | SP | 6 | 3 | 3 | 3 | 2,5 |

## N° 452 — ST-JACQUES-DES-BLATS — Les Gardes — 1200 m — CM 76 pli 12

**NN — 6 pers.**

Aurillac 35 km. Maison indép. de caractère de 1802 rénovée en 2002 mitoyenne à une résidence secondaire. Séjour, coin-cuisine. 1 ch. (1 lit 160). 2 ch. (2 lits 1 pers.). S. d'eau avec wc. WC indép. Ch. fuel (38 €/semaine), cheminée avec poêle bois gratuit. Micro-ondes, congélateur. Tél. portable mobicarte. Terrasse. Terrain clos. Linge de maison sur demande. Taxe de séjour. Commerces à Saint-Jacques des Blats. Parc des Volcans d'Auvergne. Super Lioran. Au pied du Plomb du Cantal. Local à skis.

GITES DE FRANCE-SERVICE RESERVATION – 50 av. Pupilles de la Nation - BP 738 - 15007 AURILLAC Cedex
Tél. : 04 71 48 64 20 - Fax : 04 71 48 64 21 - Email : gites-de-france-cantal@wanadoo.fr - www.itea.fr/GDF/15

| JUILLET | AOUT | JUIN/SEPT. | NOËL | FEV. | PRINT. | HORS SAIS. |  |  |  |  |  |  |  |  |
|---|---|---|---|---|---|---|---|---|---|---|---|---|---|---|
| 535 | 570 | 330 | 458 | 518 | 410 | 330 | 2 | 6 | 30 | 30 | SP | 6 | 6 | 6 | 2 |

## N° 732 — ST-JACQUES-DES-BLATS — Compaing — 1050 m — CM 76 pli 12

**NN — 10 pers.**

Aurillac 35 km. Maison indép. de caractère de 1930 rénovée en 2002. Séjour, coin-cuisine. 2 ch. (1 lit 2 pers.), 1 ch. (2 lits 1 pers.), mezz. (1 lit 2 pers., 2 lits 1 pers.), coin-couchage avec 2 wc indép. Ch. fuel, 30 €/semaine. Lit bébé. S.d.b. S. d'eau. 2 wc indép. Ch. fuel, 30 €/semaine. Cheminée avec insert, bois 38 €/m3. Sèche-linge, micro-ondes. Tél. portable à carte. Terrain non clos. Linge de maison sur demande. Taxe de séjour. Commerces à Saint-Jacques des Blats. Parc des volcans. Super Lioran. Puy Griou. Vallée de la Cère. Plomb du Cantal. Gîte à la ferme. Gîte de neige.

GITES DE FRANCE-SERVICE RESERVATION – 50 av. Pupilles de la Nation - BP 738 - 15007 AURILLAC Cedex
Tél. : 04 71 48 64 20 - Fax : 04 71 48 64 21 - Email : gites-de-france-cantal@wanadoo.fr - www.itea.fr/GDF/15

| JUILLET | AOUT | JUIN/SEPT. | NOËL | FEV. | PRINT. | HORS SAIS. |  |  |  |  |  |  |  |  |
|---|---|---|---|---|---|---|---|---|---|---|---|---|---|---|
| 650 | 650 | 450 | 650 | 650 | 600 | 430 | 3 | 10 | 40 | 40 | SP | 10 | 8 | 8 | 3 |

## N° 789 — ST-JACQUES-DES-BLATS — 1000 m — CM 76 pli 12

**NN — 6 pers.**

Aurillac 35 km. Maison rénovée en 1988 mitoyenne à maison d'habitation. Séjour, coin-cuisine. 2 chambres avec 1 lit 2 pers., 1 chambre avec 1 lit 1 pers., coin-couchage avec 1 lit 1 pers. Salle d'eau avec wc. WC indép. Chauffage électrique, cheminée avec insert (bois gratuit). Mini lave-linge. Cour fermée. Tarifs toutes charges comprises. Taxe de séjour. Commerces à Saint Jacques des Blats. Parc des volcans. Super Lioran. Vallée de la Cère. Plomb du Cantal.

René MICHEL – 12 impasse des Caillotières – 18120 MEREAU
Tél. : 02 48 75 52 98

| JUILLET | AOUT | JUIN/SEPT. | NOËL | FEV. | PRINT. | HORS SAIS. |  |  |  |  |  |  |  |  |
|---|---|---|---|---|---|---|---|---|---|---|---|---|---|---|
| 380 | 380 | 250 | 380 | 460 | 250 | 250 | SP | 15 | 40 | 40 | SP | 15 | 8 | 7 | 8 |

# CANTAL - 15

## N° 485 — ST-JULIEN-DE-JORDANNE — Laveissière — 930 m — CM 76 pli 2

**NN — 6 pers.**

St-Julien-de-Jordanne 1,5 km. Aurillac 25 km. Maison indép. de caractère de 1724 rénovée en 2001, mitoyenne à résidence secondaire. Salon. Salle à manger coin-cuisine. 3 chambres avec 1 lit 2 pers. 1 lit bébé. Salle d'eau, s.d.b. 2 wc indép. Ch. élect, cheminée bois (40 €/m3). Cour non fermée. Linge de maison sur demande. Taxe de séjour. Commerces à Saint Julien de Jordanne. Puy Mary, cascade de Liadouze, cirque de Mandailles. Parc des Volcans.

GITES DE FRANCE-SERVICE RESERVATION - 50 av. Pupilles de la Nation - BP 738 - 15007 AURILLAC Cedex
Tél. : 04 71 48 64 20 - Fax : 04 71 48 64 21 - Email : gites-de-france-cantal@wanadoo.fr - www.itea.fr/GDF/15

| JUILLET | AOUT | JUIN/SEPT. | NOËL | FEV. | PRINT. | HORS SAIS. |        |    |    |    |     |    |    |    |     |
|---------|------|-----------|------|------|--------|------------|--------|----|----|----|-----|----|----|----|-----|
| 490     | 530  | 320       | 390  | 390  | 320    | 320        | 3      | 25 | 40 | 40 | 0,5 | 25 | 20 | 20 | 25  | 1,5 |

## N° 471 — ST-PAUL-DE-SALERS — Récusset — 1050 m — CM 76 pli 2

**NN — 4 pers.**

Salers 11 km. Mauriac 30 km. Gîte avec entrée indép. de plain-pied dans maison rénovée en 2002, comprenant 1 autre gîte au même niveau. Séjour (2 lits gigogne), coin-cuisine. 1 ch. avec 1 lit 2 pers., 1 ch. avec 2 lits 1 pers. S. d'eau. 1 wc indép. Ch. central gaz. Micro-ondes, congélateur. Terrain non clos. Tarifs ttes charges comprises. Linge de maison sur demande. Commerces à Salers. Puy Mary, Puy Violent. Châteaux. Parc des Volcans d'Auvergne. Local communal au rez de chaussée servant de dépôt. Gîte accessible aux personnes handicapées.

GITES DE FRANCE-SERVICE RESERVATION - 50 av. Pupilles de la Nation - BP 738 - 15007 AURILLAC Cedex
Tél. : 04 71 48 64 20 - Fax : 04 71 48 64 21 - Email : gites-de-france-cantal@wanadoo.fr - www.itea.fr/GDF/15

| JUILLET | AOUT | JUIN/SEPT. | NOËL | FEV. | PRINT. | HORS SAIS. |    |    |    |    |    |    |    |    |
|---------|------|-----------|------|------|--------|------------|----|----|----|----|----|----|----|----|
| 420     | 420  | 230       | 350  | 350  | 350    | 220        | 11 | 15 | 40 | 50 | SP | 15 | 10 | 30 | 11 |

## N° 504 — ST-SANTIN-CANTALES — 630 m — CM 76 pli 11

**NN — 5 pers.**

Laroquebrou 12 km. Gîte avec entrée indépendante au 1er étage de la maison du propriétaire de 1850 rénovée en 2002. Séjour, cuisine. 2 chambres. 2 lits 2 personnes, 1 lit une personne. Salle d'eau avec wc. Chauffage d'appoint. Prise TV. Terrain clos. Linge de maison sur demande. Tarifs ttes charges comprises. Commerces à La Roquebrou. Barrages d'Enchanet et de Saint-Etienne Cantalès. Salers.

Pierre BROS - 28 rue Delambre - 75014 PARIS
Tél. : 01 43 20 98 13 - 04 71 62 91 57

| JUILLET | AOUT | JUIN/SEPT. |    |    |    |    |    |    |    |    |
|---------|------|-----------|----|----|----|----|----|----|----|----|
| 380     | 380  | 198       | 10 | 12 | 14 | 14 | 4  | 12 | 50 | 50 | 12 | 12 |

## N° 785 — ST-SANTIN-CANTALES — Sagnabous — 630 m — CM 76 pli 11

**NN — 5 pers.**

St-Santin-Cantalès 11 km. Aurillac 24 km. Maison indép. rénovée en 2003. Séjour, coin-cuisine. 1 ch. avec 1 lit 160, 1 ch. avec 1 lit 1 pers. et 1x2 lits superposés. Salle de bains avec wc (baignoire de 1,20m). Ch. élect., poêle (bois : 38 €/m3). Micro-ondes. Tél. portable avec carte. Terrasse. Terrain clos. Linge de maison sur demande. Commerces à La Roquebrou. Barrages de Saint Etienne Cantalès et d'Enchanet. Karting à Pers 14 km.

GITES DE FRANCE-SERVICE RESERVATION - 50 av. Pupilles de la Nation - BP 738 - 15007 AURILLAC Cedex
Tél. : 04 71 48 64 20 - Fax : 04 71 48 64 21 - Email : gites-de-france-cantal@wanadoo.fr - www.itea.fr/GDF/15

| JUILLET | AOUT | JUIN/SEPT. | NOËL | FEV. | PRINT. | HORS SAIS. |   |    |    |    |     |    |    |    |   |
|---------|------|-----------|------|------|--------|------------|---|----|----|----|-----|----|----|----|---|
| 440     | 440  | 230       | 290  | 290  | 290    | 230        | 6 | 13 | 10 | 10 | 0,2 | 14 | 60 | 60 | 6 | 6 |

## N° 307 — ST-SAURY — 650 m — CM 76 pli 20

**NN — 5 pers.**

Aurillac 30 km. Maison indép. de 1900 rénovée en 2000. Gîte en étage. Salle à manger, coin-cuisine. 2 ch. avec 1 lit 2 personnes, 1 ch. avec 1 lit 130. Salle de bains avec wc. Ch. central au fuel. Cheminée avec insert (bois : 38 €/m3). Prise TV, micro-ondes. Terrain non clos (1000 m²). Tarifs ttes charges comprises sauf bois. Micro-ondes, congélateur. Cantal. Barrage de Saint Etienne Cantalès. St-Céré. Padirac. Rocamadour. Châteaux.

GITES DE FRANCE-SERVICE RESERVATION - 50 av. Pupilles de la Nation - BP 738 - 15007 AURILLAC Cedex
Tél. : 04 71 48 64 20 - Fax : 04 71 48 64 21 - Email : gites-de-france-cantal@wanadoo.fr - www.itea.fr/GDF/15

| JUILLET | AOUT | JUIN/SEPT. | HORS SAIS. |    |    |    |    |   |    |    |    |    |
|---------|------|-----------|-----------|----|----|----|----|---|----|----|----|----|
| 381     | 381  | 274       | 274       | 10 | 10 | 10 | 15 | 2 | 30 | 65 | 65 | 10 |

## N° 875 — ST-SIMON — Rouffiac - Laforce — 750 m — CM 76 pli 12

**NN — 10 pers.**

Aurillac 8 km. Maison indép. de caractère de 1800 rénovée en 1990. Salon. Cuisine. 3 ch. (1 lit 2 pers.), 2 ch. (2 lits 1 pers.), 1 lit bébé. S.d.b, s. d'eau. 2 wc indép. Ch. élect., cheminée avec insert (bois gratuit). Micro-ondes, congélateur. Terrasse, terrain clos. Linge de maison sur demande. Taxe de séjour. Commerces à Saint Simon. Vallée de la Jordanne. Départ de nombreuses visites et randonnées : Aurillac, Salers, Puy Mary. Pêche en rivière et au lac des Graves.

Antoine et Geneviève BONAL - Rouffiac - 15130 ST-SIMON
Tél. : 04 71 47 13 70 - Email : Antoine.Bonal@club-internet.fr

| JUILLET | AOUT | JUIN/SEPT. | NOËL | FEV. | PRINT. | HORS SAIS. |   |   |    |    |   |   |    |    |   |
|---------|------|-----------|------|------|--------|------------|---|---|----|----|---|---|----|----|---|
| 750     | 750  | 500       | 500  | 500  | 500    | 500        | 8 | 8 | 35 | 35 | 4 | 8 | 20 | 55 | 8 | 3 |

AUVERGNE — Pictos voir p. 12

# CANTAL - 15

## N° 729 THIEZAC — La Croizette — 800 m — CM 76 pli 13

**NN — 4 pers.**

Aurillac 25 km. Super-Lioran 10 km. Vic-sur-Cère 5 km. Maison indép. de 1800 rénovée en 2002. Séjour, coin-cuisine. 2 chambres avec 1 lit 2 pers. 1 lit bébé. Salle d'eau. 1 wc indép. Chauffage central gaz. Micro-ondes. Cour non-fermée. Tarifs ttes charges comprises. Cabine téléphonique dans le bourg. Linge de maison sur dde. Commerces à Thiezac. Parc des Volcans d'Auvergne. Gorges de la Cère. Eglises romanes. Châteaux. Nombreuses fêtes et marchés de pays.

GITES DE FRANCE-SERVICE RESERVATION - 50 av. Pupilles de la Nation - BP 738 - 15007 AURILLAC Cedex
Tél.: 04 71 48 64 20 - Fax: 04 71 48 64 21 - Email: gites-de-france-cantal@wanadoo.fr - www.itea.fr/GDF/15

| JUILLET | AOUT | JUIN/SEPT. | NOËL | FEV. | PRINT. | HORS SAIS. |
|---|---|---|---|---|---|---|
| 390 | 390 | 300 | 390 | 390 | 300 | 300 |

| | | | | | | | | | | | |
|---|---|---|---|---|---|---|---|---|---|---|---|
| 0,3 | 6 | 50 | 50 | 0,3 | 5 | 6 | 11 | 6 | 0,3 |

## N° 446 LE TRIOULOU — La Darse — CM 76 pli 11

**NN — 6 pers.**

Bagnac-sur-Célé 1,5 km. Maurs 7 km. Figeac 15 km. Maison indép. de caractère de 1905 rénovée en 2002. Séjour, cuisine. 1 ch. avec 1 lit 2 pers., 1 ch. avec 1 lit 2 pers. et 1 lit 1 pers., 1 ch. avec 1 lit 100, 1 lit bébé. Salle d'eau. 1 wc indép. Chauffage central fuel. Micro-ondes. Cour et terrain clos. Gîte à la ferme. Tarifs ttes charges comprises. Linge de maison sur demande. Commerces à Bagnac sur Célé. Padirac. Rocamadour. Conques.

GITES DE FRANCE-SERVICE RESERVATION - 50 av. Pupilles de la Nation - BP 738 - 15007 AURILLAC Cedex
Tél.: 04 71 48 64 20 - Fax: 04 71 48 64 21 - Email: gites-de-france-cantal@wanadoo.fr - www.itea.fr/GDF/15

| JUILLET | AOUT | JUIN/SEPT. | NOËL | FEV. | PRINT. | HORS SAIS. |
|---|---|---|---|---|---|---|
| 427 | 488 | 305 | 305 | 305 | 305 | 275 |

| | | | | | | | | | | | |
|---|---|---|---|---|---|---|---|---|---|---|---|
| 1,5 | 1,5 | 20 | 20 | 0,5 | 5 | 80 | 80 | 1,5 | 1,5 |

## N° 381 TRIZAC — 965 m — CM 76 pli 2

**NN — 7 pers.**

Riom-es-Montagnes 13 km. Mauriac 22 km. Maison mitoyenne de 1930 rénovée en 2000. Séjour, coin-cuisine. 1 ch. avec 1 lit 2 pers., 1 ch. avec 2 lits 1 pers., 1 ch. avec 1 lit 2 pers. et 1 lit 1 pers. Salle de bains, salle d'eau avec wc. 1 wc indép. Chauffage électrique. Prise TV. Garage, devant de porte. Linge de maison sur demande. Commerces à Trizac. Marché de pays en juillet-août, château d'Auzers, Puy Mary, églises, expositions. Plan d'eau sur place.

GITES DE FRANCE-SERVICE RESERVATION - 50 av. Pupilles de la Nation - BP 738 - 15007 AURILLAC Cedex
Tél.: 04 71 48 64 20 - Fax: 04 71 48 64 21 - Email: gites-de-france-cantal@wanadoo.fr - www.itea.fr/GDF/15

| JUILLET | AOUT | JUIN/SEPT. | NOËL | FEV. | PRINT. | HORS SAIS. |
|---|---|---|---|---|---|---|
| 385 | 385 | 320 | 381 | 381 | 350 | 320 |

| | | | | | | | | | | | |
|---|---|---|---|---|---|---|---|---|---|---|---|
| SP | 13 | 25 | 25 | SP | 20 | 13 | 50 | 13 | SP |

## N° 792 VALUEJOLS — 1064 m — CM 76 pli 3

**NN — 6 pers.**

Neussargues 12 km. Gîte au r.d.c. d'une maison de 1943 rénovée en 1984 comprenant un autre gîte à l'étage. Entrée indépendante. Cuisine. 1 chambre avec 1 lit 2 pers., 1 chambre avec 1 lit 2 pers. et 2 lits 1 pers. Salle d'eau. 1 wc indép. Chauffage électrique. Cour fermée. Tarifs toutes charges comprises. Commerces à Valuéjols. Viaduc de Garabit. Châteaux.

Roger CHARBONNEL - Route d'Ussel - 15300 VALUEJOLS
Tél.: 04 71 73 22 03

| JUILLET | AOUT | JUIN/SEPT. | NOËL | FEV. | PRINT. | HORS SAIS. |
|---|---|---|---|---|---|---|
| 205 | 205 | 182 | 228 | 228 | 190 | 182 |

| | | | | | | | | | | | |
|---|---|---|---|---|---|---|---|---|---|---|---|
| SP | 12 | 15 | 20 | SP | 5 | SP | 15 | 12 | SP |

# HAUTE LOIRE - 43

**LOISIRS ACCUEIL** - Service Réservation - Hôtel du Département
1, place Monseigneur de Galard - B.P. 332 - 43012 LE PUY-EN-VELAY Cédex
Tél. 04 71 07 41 65 - Fax. 04 71 07 41 66
E.mail : loisirsaccueil43@free.fr - www.auvergnevacances.com

## PERIODES TARIFAIRES
**HAUTE SAISON :** du 17.07 au 20.08 - **MOYENNE SAISON ÉTÉ :** du 3.07 au 16.07 et du 21.08 au 27.08 - **MOYENNE SAISON :** du 28.08 au 24.09, du 20.12 au 2.01, du 7.02 au 5.03 et du 29.05 au 2.07 - **BASSE SAISON :** du 25.09 au 19.12, du 3.01 au 6.02, du 6.03 au 28.05

---

### N° 2276 — ALLEYRAS — Vabres — 700 m — CM 331 pli E4
**NN  4 pers.**

Gorges de l'Allier 2 km. Lac du Bouchet 18 km. Maison indépendante, mitoyenne à une grange inoccupée, dans un village, à proximité de la résidence secondaire du propriétaire, dans les gorges de l'Allier. Rez-de-chaussée : séjour, cuisine. 1er étage : 2 chambres (2 lits 2 pers.), salle d'eau, wc. Chauffage électrique. Jardin clos. Salon de jardin. Ouvert toute l'année.

LOISIRS ACCUEIL-HAUTE LOIRE - Hôtel du Département - BP 332 - 1 place Monseigneur de Galard - 43012 LE PUY-EN-VELAY Cedex
Tél. : 04 71 07 41 65 - Fax : 04 71 07 41 66 - Email : loisirsaccueil43@free.fr - www.auvergnevacances.com

| HTE SAIS. | MOY. SAIS. ETE | MOY. SAIS. | BASSE SAIS. | WEEK-END |
|---|---|---|---|---|
| 375 | 302 | 250 | 230 | 120 |

SP | SP | SP | SP | 1,8 | 1,8

---

### N° 1172 — BLAVOZY — Sainzelle — 700 m — CM 331 pli G4
**NN  5 pers.**

Le Puy-en-Velay 10 km. Maison indépendante dans un hameau très calme. Belle vue sur la campagne. Rez-de-chaussée : séjour, cuisine. 1er étage : 2 chambres (2 lits 2 pers., 1 lit 1 pers.), salle de bains, wc. Chauffage central. Service de ménage. Cour fermée, salon de jardin, chaises longues, garage. Taxe de séjour. Ouvert toute l'année.

LOISIRS ACCUEIL-HAUTE LOIRE - Hôtel du Département - BP 332 - 1 place Monseigneur de Galard - 43012 LE PUY-EN-VELAY Cedex
Tél. : 04 71 07 41 65 - Fax : 04 71 07 41 66 - Email : loisirsaccueil43@free.fr - www.auvergnevacances.com

| HTE SAIS. | MOY. SAIS. ETE | MOY. SAIS. | BASSE SAIS. | WEEK-END |
|---|---|---|---|---|
| 405 | 300 | 250 | 230 | 185 |

SP | 1 | 2 | 8 | 15 | 25 | 5 | 10 | 5

---

### N° 2278 — COHADE — La Genièvre — CM 331 pli C2
**NN  2 pers.**

Brioude 3 km. Gorges de l'Allier 5 km. Maison indépendante dans les environs de Brioude, en direction de Clermont-Fd. Rez-de-chaussée : séjour/cuisine. 2 chambres (2 lits 2 pers.), salle de bains, wc. Buanderie. Chauffage électrique. Service ménage. Grand terrain clos arboré et fleuri, terrasse, salon de jardin, garage. Ouvert toute l'année.

LOISIRS ACCUEIL-HAUTE LOIRE - Hôtel du Département - BP 332 - 1 place Monseigneur de Galard - 43012 LE PUY-EN-VELAY Cedex
Tél. : 04 71 07 41 65 - Fax : 04 71 07 41 66 - Email : loisirsaccueil43@free.fr - www.auvergnevacances.com

| HTE SAIS. | MOY. SAIS. ETE | MOY. SAIS. | BASSE SAIS. | WEEK-END |
|---|---|---|---|---|
| 325 | 310 | 245 | 205 | 120 |

5 | 1 | 1 | 1 | 3 | 2 | 3 | 2

---

### N° 1170 — COUBON — Gendriac — 615 m — CM 331 pli G4
**NN  4 pers.**

Le Puy-en-Velay 5 km. Maison indépendante à proximité de la résidence secondaire du propriétaire et à proximité immédiate de la Loire. Rez-de-chaussée : séjour/cuisine. 2 chambres (1 lit 2 pers., 2 lits 1 pers.), salle d'eau, wc. Chauffage central (forfait 46 €). Terrain non clos, terrasse, parking, salon de jardin, chaises longues. Taxe de séjour. Ouvert de mai à fin septembre.

LOISIRS ACCUEIL-HAUTE LOIRE - Hôtel du Département - BP 332 - 1 place Monseigneur de Galard - 43012 LE PUY-EN-VELAY Cedex
Tél. : 04 71 07 41 65 - Fax : 04 71 07 41 66 - Email : loisirsaccueil43@free.fr - www.auvergnevacances.com

| HTE SAIS. | MOY. SAIS. ETE | MOY. SAIS. | BASSE SAIS. | WEEK-END |
|---|---|---|---|---|
| 381 | 351 | 220 | 200 | 260 |

SP | 2 | SP | 3 | 5 | 10 | 20 | 5 | 3 | 5

---

### N° 5339 — LES ESTABLES — 1350 m — CM 331 pli H4
**NN  6 pers.**

Mont-Mézenc 3 km. Gerbier de Jonc 12 km. Maison mitoyenne à une résidence secondaire dans une station de ski alpin. Rez-de-chaussée : buanderie, chambre (1 lit 2 pers.), wc, salle de bains. 1er étage de plain-pied avec petite cour fermée : séjour/cuisine. 2ème étage : 2 chambres mansardées (1 lit 2 pers., 2 lits 1 pers.), wc. Chauffage électrique. Terrasse fermée, salon de jardin. Service de ménage. 40 €. Taxe de séjour. Ouvert du 1er avril au 15 décembre.

LOISIRS ACCUEIL-HAUTE LOIRE - Hôtel du Département - BP 332 - 1 place Monseigneur de Galard - 43012 LE PUY-EN-VELAY Cedex
Tél. : 04 71 07 41 65 - Fax : 04 71 07 41 66 - Email : loisirsaccueil43@free.fr - www.auvergnevacances.com

| HTE SAIS. | MOY. SAIS. ETE | MOY. SAIS. | BASSE SAIS. | WEEK-END |
|---|---|---|---|---|
| 427 | 375 | 335 | 274 | |

SP | 15 | 2 | SP | SP | SP | 30 | SP

# HAUTE LOIRE - 43

Périodes tarifaires p. 89

## N° 5336 FREYCENET-LACUCHE — Largentière — 1200 m — CM 331 pli H5
**NN 4 pers.**

Les Estables 8 km. Lac d'Issarlès 14 km. Maison comprenant le gîte et un autre logement locatif, dans un hameau calme au cœur du Massif du Mézenc. Rez-de-chaussée : séjour/cuisine, salle d'eau, wc. 1er étage : 2 chambres mansardées (2 lits 2 pers.). Chauffage électrique. Petite terrasse non close, salon de jardin. Taxe de séjour. Ouvert toute l'année.

Lucien LAMBOTTIN - Le Bourg - 43150 FREYCENET-LACUCHE
Tél. : 04 71 03 93 07

| HTE SAIS. | MOY. SAIS. ETE | MOY. SAIS. | BASSE SAIS. | WEEK-END |
|---|---|---|---|---|
| 265 | 230 | 265 | 200 | 145 |

| | | | | | | | | | | |
|---|---|---|---|---|---|---|---|---|---|---|
| SP | 3 | SP | 14 | 12 | 8 | 8 | 8 | 30 | 12 | |

## N° 6178 LANDOS — Le Malzieu — 1100 m — CM 331 pli F5
**NN 6 pers.**

Pradelles 6 km. Plan d'eau de Naussac 15 km. Maison mitoyenne à la résidence secondaire du propriétaire, dans un village tranquille. Belle vue sur la campagne. Rez-de-chaussée : séjour/cuisine (poêle à bois, convertible), buanderie, salle d'eau, wc. 1er étage : 3 chambres (3 lits 2 pers.), salle de bains, wc. Chauffage gaz compris. 2 cours fermées, salon de jardin. Service de ménage : 30 €. Ouvert toute l'année.

LOISIRS ACCUEIL-HAUTE LOIRE - Hôtel du Département - BP 322 - 1 place Monseigneur de Galard - 43012 LE PUY-EN-VELAY Cedex
Tél. : 04 71 07 41 65 - Fax : 04 71 07 41 66 - Email : loisirsaccueil43@free.fr - www.auvergnevacances.com

| HTE SAIS. | MOY. SAIS. ETE | MOY. SAIS. | BASSE SAIS. | WEEK-END |
|---|---|---|---|---|
| 430 | 390 | 350 | 280 | 210 |

| | | | | | | | | | | |
|---|---|---|---|---|---|---|---|---|---|---|
| SP | SP | SP | 6 | 6 | 6 | 15 | 4 | | | |

## N° 6177 LISSAC — 850 m — CM 331 pli F3
**NN 5 pers.**

St-Paulien 4 km. Le Puy-en-Velay 15 km. Maison indépendante dans un village. Rez-de-chaussée : séjour/cuisine, 3 chambres (2 lits 2 pers., 1 lit 1 pers.), salle d'eau. Cour fermée, terrasse, salon de jardin, garage. Chauffage central compris. Chats non admis. Service de ménage : 35 €. Taxe de séjour. Ouvert du 3 janvier au 19 décembre.

LOISIRS ACCUEIL-HAUTE LOIRE - Hôtel du Département - BP 322 - 1 place Monseigneur de Galard - 43012 LE PUY-EN-VELAY Cedex
Tél. : 04 71 07 41 65 - Fax : 04 71 07 41 66 - Email : loisirsaccueil43@free.fr - www.auvergnevacances.com

| HTE SAIS. | MOY. SAIS. ETE | MOY. SAIS. | BASSE SAIS. |
|---|---|---|---|
| 420 | 360 | 270 | 240 |

| | | | | | | | | | |
|---|---|---|---|---|---|---|---|---|---|
| SP | 1 | 1 | 4 | 10 | 3 | 3 | 4 | | |

## N° 3111 MONLET — Le Martinet — 1100 m — CM 331 pli E3
**NN 8 pers.**

La Chaise-Dieu 12 km. Maison indépendante dans un hameau à proximité de la résidence du propriétaire. rez-de-chaussée : séjour/cuisine, buanderie, wc. 1er étage : 3 chambres (3 lits 2 pers., 2 lits 1 pers.), salle de bains, salle d'eau. Chauffage central compris. Cour fermée, salon de jardin, parking. Service de ménage : 30 €. Equipement bébé. Taxe de séjour. Ouvert toute l'année.

LOISIRS ACCUEIL-HAUTE LOIRE - Hôtel du Département - BP 322 - 1 place Monseigneur de Galard - 43012 LE PUY-EN-VELAY Cedex
Tél. : 04 71 07 41 65 - Fax : 04 71 07 41 66 - Email : loisirsaccueil43@free.fr - www.auvergnevacances.com

| HTE SAIS. | MOY. SAIS. ETE | MOY. SAIS. | BASSE SAIS. | WEEK-END |
|---|---|---|---|---|
| 430 | 390 | 300 | 240 | 190 |

| | | | | | | | | | |
|---|---|---|---|---|---|---|---|---|---|
| SP | 12 | 2 | 12 | 12 | 15 | 6 | | | |

## N° 5343 LE PERTUIS — Moulin de Riouffreyt — 1000 m
**NN 4 pers.**

Yssingeaux 8 km. Le Puy-en-Velay 20 km. Maison indépendant, proche de la résidence du propriétaire et d'un second gîte dans un petit hameau. Bel environnement, calme. Rez-de-chaussée : séjour/cuisine. 1er étage : salon, 2 chambres (1 lit 2 pers., 2 lits 1 pers.), wc, salle d'eau. Mezzanine (salle de jeux). Chauffage électrique. Terrain, salon de jardin, chaises longues, parking. Taxe de séjour. Ouvert toute l'année.

LOISIRS ACCUEIL-HAUTE LOIRE - Hôtel du Département - BP 322 - 1 place Monseigneur de Galard - 43012 LE PUY-EN-VELAY Cedex
Tél. : 04 71 07 41 65 - Fax : 04 71 07 41 66 - Email : loisirsaccueil43@free.fr - www.auvergnevacances.com

| HTE SAIS. | MOY. SAIS. ETE | MOY. SAIS. | BASSE SAIS. | WEEK-END |
|---|---|---|---|---|
| 390 | 260 | 230 | 190 | 150 |

| | | | | | | | | |
|---|---|---|---|---|---|---|---|---|
| SP | 10 | 12 | 20 | 12 | 10 | 35 | 8 | 3 |

## N° 5344 LE PERTUIS — Moulin de Riouffreyt — 1000 m — CM 331
**NN 2 pers.**

Yssingeaux 8 km. Le Puy-en-Velay 20 km. Maison indépendante proche de la maison du propriétaire et d'un second gîte dans un hameau. Bel environnement calme. Accès par escalier. Séjour, cuisine. 1er étage : 1 chambre (1 lit 2 pers.), salle d'eau, wc. Chauffage électrique. Terrain non clos, salon de jardin, chaises longues, parking. Abri vélo. Taxe de séjour. Ouvert toute l'année.

LOISIRS ACCUEIL-HAUTE LOIRE - Hôtel du Département - BP 322 - 1 place Monseigneur de Galard - 43012 LE PUY-EN-VELAY Cedex
Tél. : 04 71 07 41 65 - Fax : 04 71 07 41 66 - Email : loisirsaccueil43@free.fr - www.auvergnevacances.com

| HTE SAIS. | MOY. SAIS. ETE | MOY. SAIS. | BASSE SAIS. | WEEK-END |
|---|---|---|---|---|
| 330 | 240 | 210 | 170 | 100 |

| | | | | | | | | |
|---|---|---|---|---|---|---|---|---|
| SP | 10 | 12 | 20 | 12 | 10 | 35 | 8 | 3 |

# HAUTE LOIRE - 43

Périodes tarifaires p. 89

## N° 1171 — RETOURNAC — 500 m — CM 331 pli G3
**NN — 5 pers.**

Chalencon 5 km. Les Gorges de la Loire 7 km. Maison dans un quartier très calme d'un gros bourg dans la vallée de la Loire. Rez-de-chaussée : Chaufferie, grand hall. 1er étage : cuisine, séjour, wc, 2 chambres (2 lits 2 pers., 1 lit 1 pers.), salle de bain. Terrain clos, terrasse, salon de jardin, garage. Chauffage central : forfait 40 €. Taxe de séjour. Equipement bébé.

LOISIRS ACCUEIL-HAUTE LOIRE - Hôtel du Département - BP 332 - 1 place Monseigneur de Galard - 43012 LE PUY-EN-VELAY Cedex
Tél. : 04 71 07 41 65 - Fax : 04 71 07 41 66 - Email : loisirsaccueil43@free.fr - www.auvergnevacances.com

| HTE SAIS. | MOY. SAIS. ÉTÉ | MOY. SAIS. | BASSE SAIS. | WEEK-END |
|---|---|---|---|---|
| 360 | 280 | 250 | 200 | 140 |

SP 1 1 1 1 10 1 0,5

## N° 4108 — SAUGUES — Domaison — 1000 m — CM 331 pli D4
**NN — 6 pers.**

Saugues 2 km. Langeac 20 km. Maison indépendante dans un hameau, comprenant 2 corps de bâtiment reliés par une terrasse couverte. Rez-de-chaussée : séjour/cuisine (poêle à bois), salle d'eau, wc. 1er étage : chambre (1 lit 2 pers.). Dans 2ème corps de bâtiment : 1 chambre (1 lit 2 pers., 2 lit 1 pers.), wc. Chauffage électrique. Service de ménage : 40 €. Cour fermée, salon de jardin, parking. A proximité de Saugues, patrie de Robert Sabatier et pays de la bête du Gévaudan. Ouvert toute l'année.

LOISIRS ACCUEIL-HAUTE LOIRE - Hôtel du Département - BP 332 - 1 place Monseigneur de Galard - 43012 LE PUY-EN-VELAY Cedex
Tél. : 04 71 07 41 65 - Fax : 04 71 07 41 66 - Email : loisirsaccueil43@free.fr - www.auvergnevacances.com

| HTE SAIS. | MOY. SAIS. ÉTÉ | BASSE SAIS. |
|---|---|---|
| 400 | 305 | 280 |

SP 0,5 0,5 15 2 8 2 15 2

## N° 2277 — ST-CHRISTOPHE-D'ALLIER — Le Moulin — 1000 m — CM 331 pli E5
**NN — 6 pers.**

Gorges de l'Allier 6 km. Barrage de Naussac 15 km. Maison indépendante dans un hameau. Bel environnement calme, à proximité des Gorges de l'Allier. Rez-de-chaussée : séjour/cuisine, salle de bains, wc. 1er étage : 3 chambres (2 lits 2 pers., 2 lits 1 pers.). Chauffage central. Cour, grand pré, salon de jardin, garage. Chauffage électrique. Service de ménage : 40 €.

Chantal RANC - Chemin de Clary - La Lente - 43000 ESPALY-SAINT-MARCEL
Tél. : 04 71 04 07 21

| HTE SAIS. | MOY. SAIS. ÉTÉ | MOY. SAIS. | BASSE SAIS. | WEEK-END |
|---|---|---|---|---|
| 350 | 300 | 260 | 260 | 150 |

SP SP SP 5 15 8 3 5 3

## N° 2279 — ST-DIDIER-D'ALLIER — Le Chier — 1050 m — CM 331 pli E4
**NN — 8 pers.**

Gorges de l'Allier 8 Km. Le Puy-en-Velay 19 km. Sur le chemin de St Jacques de Compostelle, maison indépendante de caractère sur un terrain, en bordure d'un village tranquille. Rez-de-chaussée : séjour/cuisine, wc, salle d'eau. 1er étage : 4 chambres (2 lits 2 pers., 4 lits 1 pers., 1 lit enfant), wc, salle d'eau. Chauffage électrique. Garage, cour fermée, jeux d'enfants, salon de jardin. Service de ménage : 50 €. Beau panorama sur les Gorges de l'Allier. Ouvert de Pâques à la Toussaint.

LOISIRS ACCUEIL-HAUTE LOIRE - Hôtel du Département - BP 332 - 1 place Monseigneur de Galard - 43012 LE PUY-EN-VELAY Cedex
Tél. : 04 71 07 41 65 - Fax : 04 71 07 41 66 - Email : loisirsaccueil43@free.fr - www.auvergnevacances.com

| HTE SAIS. | MOY. SAIS. ÉTÉ | MOY. SAIS. |
|---|---|---|
| 520 | 450 | 280 |

SP 8 8 8 21 19 8 2,5

## N° 2282 — ST-GEORGES-D'AURAC — Azinières — 650 m
**EC — NN — 6 pers.**

Chavaniac-Lafayette 5 km. Brioude 20 km. Dans un hameau préservé et tranquille, espace de vie contemporain, dans une maison de village authentique. Rez-de-chaussée : salle à manger/cuisine ouvrant sur patio, salon en mezzanine, chambre (1 lit 2 pers.), salle d'eau, wc. 1er étage : 2 chambres (4 lits 1 pers.), salle de bains, wc. Chauffage central. Salon de jardin, petite terrasse, garage, service de ménage. Ouvert toute l'année.

LOISIRS ACCUEIL-HAUTE LOIRE - Hôtel du Département - BP 332 - 1 place Monseigneur de Galard - 43012 LE PUY-EN-VELAY Cedex
Tél. : 04 71 07 41 65 - Fax : 04 71 07 41 66 - Email : loisirsaccueil43@free.fr - www.auvergnevacances.com

| HTE SAIS. | MOY. SAIS. ÉTÉ | MOY. SAIS. | BASSE SAIS. |
|---|---|---|---|
| 400 | 330 | 220 | 180 |

SP 10 10 10 10 2,5 2,5

## N° 2280 — ST-ILPIZE — Maison de Marinou — CM 331 pli C3
**NN — 6 pers.**

Brioude 13 km. Maison de caractère mitoyenne à la résidence du propriétaire dans un village pittoresque des Gorges de l'Allier. Rez-de-chaussée : salon, wc. 1er étage : cuisine ouvrant sur terrasses, 3 chambres (1 lit 160, 4 lits 1 pers.), salon, salle de bains, wc. Chauffage électrique, service de ménage : 46 €. Salon de jardin, chaises longues. Equipement bébé. Ouvert du 2 mai à la Toussaint.

LOISIRS ACCUEIL-HAUTE LOIRE - Hôtel du Département - BP 332 - 1 place Monseigneur de Galard - 43012 LE PUY-EN-VELAY Cedex
Tél. : 04 71 07 41 65 - Fax : 04 71 07 41 66 - Email : loisirsaccueil43@free.fr - www.auvergnevacances.com

| HTE SAIS. | MOY. SAIS. ÉTÉ | MOY. SAIS. | BASSE SAIS. |
|---|---|---|---|
| 530 | 460 | 360 | 300 |

SP 0,3 0,3 0,8 13 3 13 1

# HAUTE LOIRE - 43

Périodes tarifaires p. 89

## N° 2281 ST-ILPIZE — Le Bancillon — CM 331 pli C3

NN — 5 pers.

Gorges de l'Allier 2 km. Langeac 16 km. Maison mitoyenne à la résidence du propriétaire, dans un hameau des pittoresques Gorges de l'Allier. Rez-de-chaussée : séjour/cuisine (clic-clac). 1er étage : 2 chambres (1 lit 2 pers., 3 lits 1 pers.), salle de bains, wc. Chauffage électrique. Service de ménage : 35 €. 3 terrasses, balcon, salon de jardin, chaises longues, parking. Taxe de séjour. Ouvert toute l'année.

Martine DEFAY - Le Bancillon - 43380 ST-ILPIZE
Tél. : 04 71 76 65 85

| HTE SAIS. | MOY. SAIS. ETE | MOY. SAIS. | BASSE SAIS. | WEEK-END | | | | | | | | |
|---|---|---|---|---|---|---|---|---|---|---|---|---|
| 381 | 350 | 280 | 240 | 110 | SP | 2 | 2 | 5 | 16 | 10 | 16 | 5 |

## N° 3110 ST-JULIEN-D'ANCE — Louspis — 850 m — CM 331 pli F2

NN — 6 pers.

Chalencon 6 km. La Chaise-Dieu 28 km. Maison indépendante dans un petit village tranquille, à proximité de la résidence du propriétaire. Rez-de-chaussée : séjour, cuisine, wc. 1er étage : 3 chambres (1 lit 2 pers., 4 lits 1 pers.), salle de bains, wc. Chauffage électrique. Cour fermée, salon de jardin. Forfait ménage : 20 €. Ouvert toute l'année.

LOISIRS ACCUEIL-HAUTE LOIRE - Hôtel du Département - BP 332 - 1 place Monseigneur de Galard - 43012 LE PUY-EN-VELAY Cedex
Tél. : 04 71 07 41 65 - Fax : 04 71 07 41 66 - Email : loisirsaccueil43@free.fr - www.auvergnevacances.com

| HTE SAIS. | MOY. SAIS. ETE | MOY. SAIS. | BASSE SAIS. | WEEK-END | | | | | | | | |
|---|---|---|---|---|---|---|---|---|---|---|---|---|
| 430 | 390 | 275 | 250 | 180 | SP | 3 | 3 | 11 | 3 | 15 | 4 | |

## N° 6175 ST-PAULIEN — Champagne — 785 m — CM 331 pli F3

NN — 10 pers.

Le Puy-en-Velay 14 km. Maison mitoyenne à la résidence secondaire du propriétaire, isolée dans un bel environnement. Rez-de-chaussée : séjour, cuisine, buanderie, wc. 1er étage : 2 chambres (2 lits 2 pers., 1 lit 1 pers.), 2 salles de bains, 2 wc. 2ème étage : 2 chambres (2 lits 2 pers., 1 lit 1 pers.), 2 salles de bains, 2 wc. Chauffage électrique. Terrasse. Grand terrain non clos avec 2 étangs à 35 m du gîte à disposition des locataires. Salon de jardin, chaises longues, local pêche, parking. Forfait ménage : 40 €. Taxe de séjour. Ouvert toute l'année.

LOISIRS ACCUEIL-HAUTE LOIRE - Hôtel du Département - BP 332 - 1 place Monseigneur de Galard - 43012 LE PUY-EN-VELAY Cedex
Tél. : 04 71 07 41 65 - Fax : 04 71 07 41 66 - Email : loisirsaccueil43@free.fr - www.auvergnevacances.com

| HTE SAIS. | MOY. SAIS. ETE | MOY. SAIS. | BASSE SAIS. | WEEK-END | | | | | | | | |
|---|---|---|---|---|---|---|---|---|---|---|---|---|
| 660 | 620 | 580 | 460 | 380 | SP | SP | SP | 20 | 2 | 2 | 12 | 2 |

## N° 5345 ST-PIERRE-EYNAC — Montoing — 750 m — CM 331 pli G4

EC NN — 6 pers.

St-Julien-Chapteuil 5 km. Le Puy-en-Velay 13 km. Maison indépendant à l'extrémité d'un petit hameau du Massif du Meygal. Rez-de-chaussée : séjour/cuisine, wc, buanderie. 1er étage : 3 chambres (2 lits 2 pers., 2 lits 1 pers.), salle de bains, wc. Chauffage central. Terrasse, salon de jardin, cour fermée, garage. Service de ménage : 50 €. Taxe de séjour. Ouvert toute l'année.

Robert LHOSTE - 13 rue du Garay - 43700 BRIVES-CHARENSAC
Tél. : 04 71 09 47 23 - Fax : 04 71 09 47 23

| HTE SAIS. | MOY. SAIS. ETE | MOY. SAIS. | BASSE SAIS. | | | | | | | | |
|---|---|---|---|---|---|---|---|---|---|---|---|
| 610 | 610 | 534 | 534 | | SP | 7 | 7 | 7 | 5 | 10 | 7 |

## N° 5340 YSSINGEAUX — Le Suc d'Achon — 1000 m — CM 331 pli H3

EC NN — 4 pers.

Yssingeaux 6 km. Maison indépendante isolée (accès chemin forestier), très belle vue sur l'Yssingelais. Rez-de-chaussée : séjour/cuisine. 2 chambres (1 lit 2 pers., 2 lits 1 pers.), salle d'eau, wc. Chauffage électrique. Terrasse fermée, terrain non clos, salon de jardin, parking. Service de ménage. Taxe de séjour. Equipement bébé. Ouvert toute l'année.

LOISIRS ACCUEIL-HAUTE LOIRE - Hôtel du Département - BP 332 - 1 place Monseigneur de Galard - 43012 LE PUY-EN-VELAY Cedex
Tél. : 04 71 07 41 65 - Fax : 04 71 07 41 66 - Email : loisirsaccueil43@free.fr - www.auvergnevacances.com

| HTE SAIS. | MOY. SAIS. ETE | MOY. SAIS. | BASSE SAIS. | WEEK-END | | | | | | | | |
|---|---|---|---|---|---|---|---|---|---|---|---|---|
| 395 | 319 | 260 | 235 | 120 | SP | 1 | 1 | 5 | 10 | 30 | 5 | 15 | 6 |

**Préparez vos vacances en vous connectant sur notre site internet et partez à la découverte de l'univers des Gîtes de France !**

www.gites-de-france.fr
e-mail : info@gites-de-france.fr

# PUY DE DÔME - 63

**GITES DE FRANCE** - Service Réservation - Puy-de-Dôme Tourisme
22, rue Saint-Genès - 63038 CLERMONT-FERRAND Cedex 1
Tél. 04 73 90 00 15 - Fax. 04 73 92 83 75
E.mail : puydedometourisme@wanadoo.fr - www.resinfrance.com

## PERIODES TARIFAIRES
**HAUTE SAISON ÉTÉ** : du 3.07 au 28.08 - **MOYENNE SAISON** : du 1er.05 au 3.07, du 28.08 au 25.09 - **HAUTE SAISON HIVER** : du 20.12 au 3.01, du 7.02 au 6.03 - **PÂQUES** : du 3.04 au 1er.05 - **BASSE SAISON** : toutes les autres semaines.

### N° 63-457  AUTHEZAT — CM 73 pli 14
**NN  2 pers.**

Maison indépendante au RDC 57 m². Salle de séjour/coin cuisine, 1 chambre (1 lit 2 pers., 1 lit bébé). Salle d'eau, WC. Terrasse. Abri voiture. Jardin arboré. Chauffage électrique en supplément. Le Bourg est situé dans les Limagnes du Sud dominées à l'ouest par les Monts Dore et à l'est par ceux du Livradois. Mise à disposition de 2 VTT et un canoë pour la pêche. Ouvert toute l'année.

GITES DE FRANCE-SERVICE RESERVATION - Puy de Dôme Tourisme - 22 rue Saint-Genès - 63038 CLERMONT-FERRAND Cedex 1
Tél. : 04 73 90 00 15 - Fax : 04 73 92 83 75 - Email : puydedometourisme@wanadoo.fr

| HTE SAIS. ETE | MOY. SAIS. ETE | HTE SAIS. HIV. | PAQUES | BASSE SAIS. |
|---|---|---|---|---|
| 335 | 275 | 300 | 250 | 200 |

| | | | | | | |
|---|---|---|---|---|---|---|
| 13 | SP | 10 | SP | 9 | 24 | SP |

### N° 63-454  AYDAT — Fohet — 815 m — CM 73 pli 14
**NN  5 pers.**

Ancienne ferme restaurée indépendante (92 m²). Au RDC : cuisine, salle à manger, salon, WC. Au 1er étage : 3 chambres (1 lit 2 pers., 3 lits 1 pers.), 1 salle d'eau avec WC. Terrain attenant fermé, garage. Chauffage au fuel en supplément. Supplément animal 10 €. Gîte situé dans le Parc régional des Volcans d'Auvergne. Randonnées et baignade à proximité. Le Puy-de-Dôme à proximité. Taxe de séjour. Ouvert toute l'année.

GITES DE FRANCE-SERVICE RESERVATION - Puy de Dôme Tourisme - 22 rue Saint-Genès - 63038 CLERMONT-FERRAND Cedex 1
Tél. : 04 73 90 00 15 - Fax : 04 73 92 83 75 - Email : puydedometourisme@wanadoo.fr

| HTE SAIS. ETE | MOY. SAIS. ETE | HTE SAIS. HIV. | PAQUES | BASSE SAIS. |
|---|---|---|---|---|
| 480 | 330 | 350 | 200 | 200 |

| | | | | | | |
|---|---|---|---|---|---|---|
| 5 | SP | SP | 4 | 7 | 12 | 5 |

### N° 63-459  BAFFIE — 850 m — CM 73 pli 17
**NN  4 pers.**

Maison indépendante divisée en 3 gîtes avec entrées indépendantes. Gîte de 95 m² aux RDC et 1er étage. Cuisine. Salle de séjour, 3 chambres (1 lit 2 pers., 2 lits 1 pers.). Salle d'eau, WC. Espace extérieur fermé commun. Chauffage électrique en supplément. Animal : 13 €. Gîte situé dans le Parc régional du Livradois-Forez. Taxe de séjour. Ouvert du 3 avril au 25 septembre.

GITES DE FRANCE-SERVICE RESERVATION - Puy de Dôme Tourisme - 22 rue Saint-Genès - 63038 CLERMONT-FERRAND Cedex 1
Tél. : 04 73 90 00 15 - Fax : 04 73 92 83 75 - Email : puydedometourisme@wanadoo.fr

| HTE SAIS. ETE | MOY. SAIS. ETE | PAQUES |
|---|---|---|
| 310 | 250 | 150 |

| | | | | |
|---|---|---|---|---|
| 18 | SP | SP | 8 | 22 | 8 |

### N° 461  BAGNOLS — Domaine de Bos — 850 m — CM 73 pli 12
**NN  3 pers.**

Maison mitoyenne avec l'habitation des propriétaires qui comprend 5 chambres d'hôtes. En rez-de-chaussée studio comprenant coin cuisine, coin salon, coin chambre (1 lit 1 pers. et 1 lit 2 pers.), salle d'eau/WC. Lave-linge collectif. Chauffage au gaz compris. Taxe de séjour. A proximité du Domaine de Bos vous pourrez pratiquer tous les types de randonnée : pédestre, VTT, équestre et balades nocturnes (guidées) en été.

Ans et Kees VAN DE GOOR - Domaine de Bos - 63810 BAGNOLS
Tél. : 04 73 22 27 83 - Email : domainedebos@wanadoo.fr

| HTE SAIS. ETE | MOY. SAIS. ETE | HTE SAIS. HIV. | PAQUES | BASSE SAIS. |
|---|---|---|---|---|
| 336 | 300 | 336 | 300 | 250 |

| | | | | | | |
|---|---|---|---|---|---|---|
| 7 | SP | 3 | 10 | 5 | 10 | 11 | 8 |

### N° 453  CEILLOUX — Le Bost — 630 m — CM 73 pli 15
**NN  4 pers.**

Maison mitoyenne avec une grange appartenant au propriétaire sur 3 niveaux. Au RDC : 1 salon, salle d'eau, 1 chambre (1 lit 2 pers. + 1 lit bébé). Au 1er étage : salle de séjour/coin cuisine. Au 2ème étage : 1 chambre (1 lit 2 pers.). Terrasses Nord et Sud et petit jardin. Chauffage central au mazout en supplément. Parking privé. Taxe de séjour. Gîte situé dans le Parc Régional du Livradois -Forez. Ouvert toute l'année.

Raymund SCHWAN - Le Bost - 63520 CEILLOUX
Tél. : 04 73 70 72 47

| HTE SAIS. ETE | MOY. SAIS. ETE | HTE SAIS. HIV. | PAQUES | BASSE SAIS. |
|---|---|---|---|---|
| 350 | 190 | 140 | 160 | 130 |

| | | | | |
|---|---|---|---|---|
| 5 | SP | 5 | 5 | 1 | 5 |

AUVERGNE

# PUY DE DÔME - 63

Périodes tarifaires p. 93

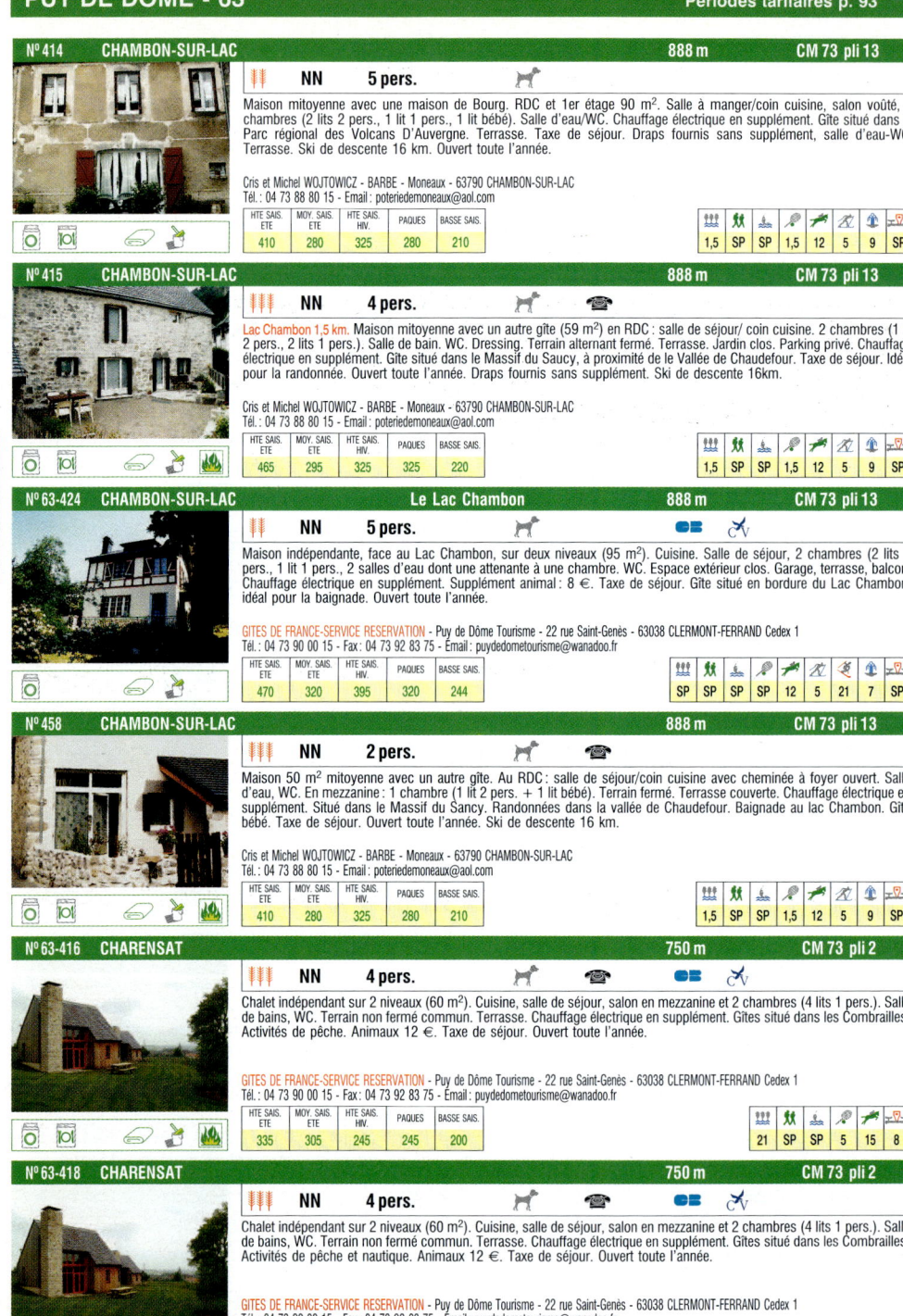

## N° 414 CHAMBON-SUR-LAC — 888 m — CM 73 pli 13

**NN — 5 pers.**

Maison mitoyenne avec une maison de Bourg. RDC et 1er étage 90 m². Salle à manger/coin cuisine, salon voûté, 3 chambres (2 lits 2 pers., 1 lit 1 pers., 1 lit bébé). Salle d'eau/WC. Chauffage électrique en supplément. Gîte situé dans le Parc régional des Volcans D'Auvergne. Terrasse. Taxe de séjour. Draps fournis sans supplément, salle d'eau-WC. Terrasse. Ski de descente 16 km. Ouvert toute l'année.

Cris et Michel WOJTOWICZ - BARBE - Moneaux - 63790 CHAMBON-SUR-LAC
Tél. : 04 73 88 80 15 - Email : poteriedemoneaux@aol.com

| HTE SAIS. ETE | MOY. SAIS. ETE | HTE SAIS. HIV. | PAQUES | BASSE SAIS. | | | | | | | |
|---|---|---|---|---|---|---|---|---|---|---|---|
| 410 | 280 | 325 | 280 | 210 | | 1,5 | SP | SP | 1,5 | 12 | 5 | 9 | SP |

## N° 415 CHAMBON-SUR-LAC — 888 m — CM 73 pli 13

**NN — 4 pers.**

Lac Chambon 1,5 km. Maison mitoyenne avec un autre gîte (59 m²) en RDC : salle de séjour/ coin cuisine. 2 chambres (1 lit 2 pers., 2 lits 1 pers.). Salle de bain. WC. Dressing. Terrain alternant fermé. Terrasse. Jardin clos. Parking privé. Chauffage électrique en supplément. Gîte situé dans le Massif du Saucy, à proximité de le Vallée de Chaudefour. Taxe de séjour. Idéal pour la randonnée. Ouvert toute l'année. Draps fournis sans supplément. Ski de descente 16km.

Cris et Michel WOJTOWICZ - BARBE - Moneaux - 63790 CHAMBON-SUR-LAC
Tél. : 04 73 88 80 15 - Email : poteriedemoneaux@aol.com

| HTE SAIS. ETE | MOY. SAIS. ETE | HTE SAIS. HIV. | PAQUES | BASSE SAIS. | | | | | | | |
|---|---|---|---|---|---|---|---|---|---|---|---|
| 465 | 295 | 325 | 325 | 220 | | 1,5 | SP | SP | 1,5 | 12 | 5 | 9 | SP |

## N° 63-424 CHAMBON-SUR-LAC — Le Lac Chambon — 888 m — CM 73 pli 13

**NN — 5 pers.**

Maison indépandante, face au Lac Chambon, sur deux niveaux (95 m²). Cuisine. Salle de séjour, 2 chambres (2 lits 2 pers., 1 lit 1 pers., 2 salles d'eau dont une attenante à une chambre. WC. Espace extérieur clos. Garage, terrasse, balcon. Chauffage électrique en supplément. Supplément animal : 8 €. Taxe de séjour. Gîte situé en bordure du Lac Chambon, idéal pour la baignade. Ouvert toute l'année.

GITES DE FRANCE-SERVICE RESERVATION - Puy de Dôme Tourisme - 22 rue Saint-Genès - 63038 CLERMONT-FERRAND Cedex 1
Tél. : 04 73 90 00 15 - Fax : 04 73 92 83 75 - Email : puydedometourisme@wanadoo.fr

| HTE SAIS. ETE | MOY. SAIS. ETE | HTE SAIS. HIV. | PAQUES | BASSE SAIS. | | | | | | | |
|---|---|---|---|---|---|---|---|---|---|---|---|
| 470 | 320 | 395 | 320 | 244 | | SP | SP | SP | SP | 12 | 5 | 21 | 7 | SP |

## N° 458 CHAMBON-SUR-LAC — 888 m — CM 73 pli 13

**NN — 2 pers.**

Maison 50 m² mitoyenne avec un autre gîte. Au RDC : salle de séjour/coin cuisine avec cheminée à foyer ouvert. Salle d'eau, WC. En mezzanine : 1 chambre (1 lit 2 pers. + 1 lit bébé). Terrain fermé. Terrasse couverte. Chauffage électrique en supplément. Situé dans le Massif du Sancy. Randonnées dans la vallée de Chaudefour. Baignade au lac Chambon. Gîte bébé. Taxe de séjour. Ouvert toute l'année. Ski de descente 16 km.

Cris et Michel WOJTOWICZ - BARBE - Moneaux - 63790 CHAMBON-SUR-LAC
Tél. : 04 73 88 80 15 - Email : poteriedemoneaux@aol.com

| HTE SAIS. ETE | MOY. SAIS. ETE | HTE SAIS. HIV. | PAQUES | BASSE SAIS. | | | | | | | |
|---|---|---|---|---|---|---|---|---|---|---|---|
| 410 | 280 | 325 | 280 | 210 | | 1,5 | SP | SP | 1,5 | 12 | 5 | 9 | SP |

## N° 63-416 CHARENSAT — 750 m — CM 73 pli 2

**NN — 4 pers.**

Chalet indépandant sur 2 niveaux (60 m²). Cuisine, salle de séjour, salon en mezzanine et 2 chambres (4 lits 1 pers.). Salle de bains, WC. Terrain non fermé commun. Terrasse. Chauffage électrique en supplément. Gîtes situé dans les Combrailles. Activités de pêche. Animaux 12 €. Taxe de séjour. Ouvert toute l'année.

GITES DE FRANCE-SERVICE RESERVATION - Puy de Dôme Tourisme - 22 rue Saint-Genès - 63038 CLERMONT-FERRAND Cedex 1
Tél. : 04 73 90 00 15 - Fax : 04 73 92 83 75 - Email : puydedometourisme@wanadoo.fr

| HTE SAIS. ETE | MOY. SAIS. ETE | HTE SAIS. HIV. | PAQUES | BASSE SAIS. | | | | | |
|---|---|---|---|---|---|---|---|---|---|
| 335 | 305 | 245 | 245 | 200 | | 21 | SP | SP | 5 | 15 | 8 |

## N° 63-418 CHARENSAT — 750 m — CM 73 pli 2

**NN — 4 pers.**

Chalet indépandant sur 2 niveaux (60 m²). Cuisine, salle de séjour, salon en mezzanine et 2 chambres (4 lits 1 pers.). Salle de bains, WC. Terrain non fermé commun. Terrasse. Chauffage électrique en supplément. Gîtes situé dans les Combrailles. Activités de pêche et nautique. Animaux 12 €. Taxe de séjour. Ouvert toute l'année.

GITES DE FRANCE-SERVICE RESERVATION - Puy de Dôme Tourisme - 22 rue Saint-Genès - 63038 CLERMONT-FERRAND Cedex 1
Tél. : 04 73 90 00 15 - Fax : 04 73 92 83 75 - Email : puydedometourisme@wanadoo.fr

| HTE SAIS. ETE | MOY. SAIS. ETE | HTE SAIS. HIV. | PAQUES | BASSE SAIS. | | | | | |
|---|---|---|---|---|---|---|---|---|---|
| 335 | 305 | 245 | 245 | 200 | | 21 | SP | SP | 5 | 15 | 8 |

# PUY DE DÔME - 63

Périodes tarifaires p. 93

## N° 63-425 CHASSAGNE — Vaissière — 950 m — CM 73 pli 14

**NN — 9 pers.**

Maison indépendante (165 m²) en RDC. 1er ét. et 2ème ét. : salle à manger/coin cuisine, salon avec cheminée. 4 chambres (2 lits 2 pers., 5 lits 1 pers. + 1 lit bébé). 2 salles d'eau, 1 sdb, 2 WC. Terrasse. Terrain attenant non fermé. Chauffage au gaz en supp. Gîte à thèmes : carton, mousse, peinture sur verre, encadrement, animés par la propriétaire. Taxe de séjour. Ouvert toute l'année.

GITES DE FRANCE-SERVICE RESERVATION - Puy de Dôme Tourisme - 22 rue Saint-Genès - 63038 CLERMONT-FERRAND Cedex 1
Tél. : 04 73 90 00 15 - Fax : 04 73 92 83 75 - Email : puydedometourisme@wanadoo.fr

| HTE SAIS. ETE | MOY. SAIS. ETE | HTE SAIS. HIV. | PAQUES | BASSE SAIS. | | | | | | |
|---|---|---|---|---|---|---|---|---|---|---|
| 550 | 495 | 533 | 495 | 440 | 28 | SP | SP | 17 | 17 | 25 | 28 | 8 |

## N° 63-408 CROS — Fouillat — 798 m — CM 73 pli 12

**NN — 7 pers.**

Ancienne ferme rénovée indépendante sur 3 niveaux. Salle de séjour/coin cuisine. 4 chambres dont 1 ch. en r.d.c. (2 lits 2 pers., 3 lits 1 pers., 1 lit bébé). Salle de bain privative à 1 chambre et salle d'eau. 3 WC. Salle de jeux. Espace extérieur clos. Terrasse. Chauffage au fuel en supplément. Taxe de séjour. Gîte situé dans le Massif Montdorien et à proximité du plan d'eau de Bort les Orgues. Ouvert toute l'année. Gîte bébé.

GITES DE FRANCE-SERVICE RESERVATION - Puy de Dôme Tourisme - 22 rue Saint-Genès - 63038 CLERMONT-FERRAND Cedex 1
Tél. : 04 73 90 00 15 - Fax : 04 73 92 83 75 - Email : puydedometourisme@wanadoo.fr

| HTE SAIS. ETE | MOY. SAIS. ETE | HTE SAIS. HIV. | PAQUES | BASSE SAIS. | | | | | | |
|---|---|---|---|---|---|---|---|---|---|---|
| 500 | 375 | 375 | 300 | 250 | 17,5 | SP | SP | 9,5 | 9,5 | 25 | 25 | 5 |

## N° 63-462 CROS — Esplanchat — 798 m — CM 73 pli 12

**NN — 6 pers.**

Maison indépendante aux RDC et rez de jardin. Salle de séjour/coin cuisine, 3 chambres (2 lits 2 pers., 2 lits 1 pers., 1 lit bébé). Salle de bains/salle d'eau, 2 WC, sèche-linge. Cour et terrain non fermé, terrasse, parking. Chauffage électrique en supplément. Situé dans le Massif du Sancy, nombreux randonnées et possibilité de baignade à la Tour d'Auvergne. Taxe de séjour. Ouvert toute l'année.

GITES DE FRANCE-SERVICE RESERVATION - Puy de Dôme Tourisme - 22 rue Saint-Genès - 63038 CLERMONT-FERRAND Cedex 1
Tél. : 04 73 90 00 15 - Fax : 04 73 92 83 75 - Email : puydedometourisme@wanadoo.fr

| HTE SAIS. ETE | MOY. SAIS. ETE | HTE SAIS. HIV. | PAQUES | BASSE SAIS. | | | | | | | |
|---|---|---|---|---|---|---|---|---|---|---|---|
| 480 | 360 | 360 | 290 | 190 | 14 | SP | 4 | 6,5 | 10 | 20 | 25 | 25 | 2 |

## N° 63-446 GOUTTIERES — Bialloux — 725 m — CM 73 pli 3

**NN — 8 pers.**

Logement situé dans une ferme typique des Combrailles comprenant une salle "Hors Sac" et un autre gîte. Cuisine, salle à manger, salon, 4 chambres (2 lits 2 pers., 4 lits 1 pers.), 2 salles de bains, 2 WC. Terrain attenant non fermé. Chauffage électrique en supplément. Salle de jeux à disposition. Taxe de séjour. Possibilité de louer une salle pour une capacité de 70 personnes. 2 étangs privés sur la propriété avec accès libre et gratuit à la pêche. Ouvert toute l'année.

GITES DE FRANCE-SERVICE RESERVATION - Puy de Dôme Tourisme - 22 rue Saint-Genès - 63038 CLERMONT-FERRAND Cedex 1
Tél. : 04 73 90 00 15 - Fax : 04 73 92 83 75 - Email : puydedometourisme@wanadoo.fr

| HTE SAIS. ETE | MOY. SAIS. ETE | HTE SAIS. HIV. | PAQUES | BASSE SAIS. | | | | | |
|---|---|---|---|---|---|---|---|---|---|
| 580 | 500 | 500 | 480 | 430 | 7 | SP | SP | 7 | 12 | 7 |

## N° 63-447 GOUTTIERES — Bialloux — 725 m — CM 73 pli 3

**NN — 10 pers.**

Logement situé dans une ferme typique des Combrailles comprenant une salle "Hors Sac" et un autre gîte. Cuisine/salle à manger, salon. 5 chambres (3 lits 2 pers., 4 lits 1 pers.), 2 salles de bains, 2 WC, salle d'eau. Chauffage électrique en supplément. Salle de jeux à disposition. Taxe de séjour. Possibilité de louer une salle pour une capacité de 70 personnes. 2 étangs privés sur la propriété avec accès libre et gratuit à la pêche. Ouvert toute l'année. Terrain attenant non fermé.

GITES DE FRANCE-SERVICE RESERVATION - Puy de Dôme Tourisme - 22 rue Saint-Genès - 63038 CLERMONT-FERRAND Cedex 1
Tél. : 04 73 90 00 15 - Fax : 04 73 92 83 75 - Email : puydedometourisme@wanadoo.fr

| HTE SAIS. ETE | MOY. SAIS. ETE | HTE SAIS. HIV. | PAQUES | BASSE SAIS. | | | | | |
|---|---|---|---|---|---|---|---|---|---|
| 600 | 520 | 520 | 500 | 250 | 7 | SP | SP | 7 | 12 | 7 |

## N° 63-444 HERMENT — Le Villevaud — 823 m — CM 73 pli 12

**NN — 7 pers.**

Ancienne ferme rénovée mitoyenne avec une grange, située sur une exploitation agricole. Salle à manger/coin cuisine, salon. 4 chambres (2 lits 2 pers., 3 lits 1 pers.). Salle d'eau, salle de bain, 2 WC. Terrain non fermé, garage. Terrasse. Chauffage central au gaz en supplément. Gîte situé aux confins de l'Auvergne et du Limousin sur les plateaux de l'ouest du Massif Central. Ouvert toute l'année.

GITES DE FRANCE-SERVICE RESERVATION - Puy de Dôme Tourisme - 22 rue Saint-Genès - 63038 CLERMONT-FERRAND Cedex 1
Tél. : 04 73 90 00 15 - Fax : 04 73 92 83 75 - Email : puydedometourisme@wanadoo.fr

| HTE SAIS. ETE | MOY. SAIS. ETE | HTE SAIS. HIV. | PAQUES | BASSE SAIS. | | | | | |
|---|---|---|---|---|---|---|---|---|---|
| 450 | 350 | 335 | 335 | 290 | 10 | SP | SP | 1 | 6 | 1 |

AUVERGNE — Pictos voir p. 12

# PUY DE DÔME - 63

Périodes tarifaires p. 93

### N° 63-428 MAZAYES — Coheix — 800 m — CM 73 pli 13
NN 5 pers.

Vulcania 15 km. Puy-de-Dôme 8 km. Maison indépendante (79 m²). Salle de séjour, cuisine. 2 chambres (2 lits 2 pers., 1 lit 1 pers., 1 lit bébé). Salle de bain, WC. Terrasse attenante non fermée. Local de rangement. Chauffage électrique en supplément. Situé dans le Parc Régional des Volcans d'Auvergne. Découverte de la nature, randonnées. Taxe de séjour. Ouvert toute l'année.

GITES DE FRANCE-SERVICE RESERVATION - Puy de Dôme Tourisme - 22 rue Saint-Genès - 63038 CLERMONT-FERRAND Cedex 1
Tél. : 04 73 90 00 15 - Fax : 04 73 92 83 75 - Email : puydedometourisme@wanadoo.fr

| HTE SAIS. ETE | MOY. SAIS. ETE | HTE SAIS. HIV. | PAQUES | BASSE SAIS. |
|---|---|---|---|---|
| 350 | 275 | 260 | 270 | 240 |

| | | | | | | |
|---|---|---|---|---|---|---|
| 15 | SP | SP | 5 | 4 | 17 | 2 |

### N° 63-442 MONTAIGUT-LE-BLANC — Gîte des Templiers — 550 m — CM 73 pli 14
NN 4 pers.

Station thermale de Saint Nectaire 13 km. Maison indépendante au rez-de-chaussée et 1er étage (80 m²). Cuisine, salle à manger, salon. 2 chambres (1 lit 2 pers., 2 lits 1 pers.) dont une avec accès sur le jardin, salle d'eau, WC. Garage. Cour fermée avec terrasse. Chauffage au gaz en supplément. Autrefois fortifié, le village est accroché à une pente et dominé par un imposant château (XIIe-XVe). Ouvert toute l'année.

GITES DE FRANCE-SERVICE RESERVATION - Puy de Dôme Tourisme - 22 rue Saint-Genès - 63038 CLERMONT-FERRAND Cedex 1
Tél. : 04 73 90 00 15 - Fax : 04 73 92 83 75 - Email : puydedometourisme@wanadoo.fr

| HTE SAIS. ETE | MOY. SAIS. ETE | HTE SAIS. HIV. | PAQUES | BASSE SAIS. |
|---|---|---|---|---|
| 440 | 385 | 440 | 385 | 305 |

| | | | | | | |
|---|---|---|---|---|---|---|
| SP | SP | SP | 3 | 25 | 25 | 13 | SP |

### N° 63-427 NEBOUZAT — Anterioux — 950 m — CM 73 pli 13
NN 5 pers.

Puy-de-Dôme 15 km. Vulcania 20 km. Maison mitoyenne avec la maison de la propriétaire en RDC et 1er étage (84 m²). Salle de séjour, coin cuisine. 3 chambres (2 lits 2 pers., 1 lit 1 pers.). Salle d'eau, WC. Terrain attenant non fermé. Chauffage électrique en supplément. Situé dans le Parc Régional des Volcans d'Auvergne à proximité du Puy-de-Dôme. Taxe de séjour. Ouvert toute l'année.

GITES DE FRANCE-SERVICE RESERVATION - Puy de Dôme Tourisme - 22 rue Saint-Genès - 63038 CLERMONT-FERRAND Cedex 1
Tél. : 04 73 90 00 15 - Fax : 04 73 92 83 75 - Email : puydedometourisme@wanadoo.fr

| HTE SAIS. ETE | MOY. SAIS. ETE | HTE SAIS. HIV. | PAQUES | BASSE SAIS. |
|---|---|---|---|---|
| 430 | 280 | 346 | 346 | 250 |

| | | | | | | |
|---|---|---|---|---|---|---|
| 11 | SP | SP | 22 | 35 | 22 | 35 | 2 |

### N° 63-410 OLBY — Bravant — 700 m — CM 73 pli 13
NN 5 pers.

Maison indépendante en RDC et 1er étage (82 m²). Cuisine, salle de séjour/coin salon. 2 chambres (1 lit 2 pers., 3 lits 1 pers.). Salle d'eau, WC. Terrain non fermé. Chauffage électrique en supplément. Gîte situé dans le Parc Régional des Volcans et à proximité de Vulcania. Puy-de-Dôme à proximité. Taxe de séjour. Ouvert toute l'année.

GITES DE FRANCE-SERVICE RESERVATION - Puy de Dôme Tourisme - 22 rue Saint-Genès - 63038 CLERMONT-FERRAND Cedex 1
Tél. : 04 73 90 00 15 - Fax : 04 73 92 83 75 - Email : puydedometourisme@wanadoo.fr

| HTE SAIS. ETE | MOY. SAIS. ETE | HTE SAIS. HIV. | PAQUES | BASSE SAIS. |
|---|---|---|---|---|
| 360 | 305 | 260 | 260 | 229 |

| | | | | | | |
|---|---|---|---|---|---|---|
| 13 | SP | 13 | 6 | 3 | 17 | 2 |

### N° 6-450 RENTIERES — L'Esplantade — 740 m — CM 76 pli 31
NN 9 pers.

Maison indépendante sur 2 niveaux (135 m²). RDC : salle de séjour/coin cuisine/salon. 2 chambres (2 lits 2 pers., 1 lit 1 pers., 1 lit bébé), WC et salle d'eau privative pour chaque chambre. Au 1er étage mansardé : 2 chambres (4 lits 1 pers.), salles d'eau privatives avec WC séparés. Terrain clos, terrasse. Chauffage au sol et fuel en supplément. Gîte situé dans la très sauvage Vallée de la Couze d'Ardes. Découverte de la nature et randonnées dans le Cézallier. Ouvert toute l'année.

GITES DE FRANCE-SERVICE RESERVATION - Puy de Dôme Tourisme - 22 rue Saint-Genès - 63038 CLERMONT-FERRAND Cedex 1
Tél. : 04 73 90 00 15 - Fax : 04 73 92 83 75 - Email : puydedometourisme@wanadoo.fr

| HTE SAIS. ETE | MOY. SAIS. ETE | HTE SAIS. HIV. | PAQUES | BASSE SAIS. |
|---|---|---|---|---|
| 580 | 430 | 545 | 335 | 298 |

| | | | | | | |
|---|---|---|---|---|---|---|
| 26 | SP | SP | 4 | 7 | 25 | 4 |

### N° 429 SAILLANT — Le Crozet — 1000 m — CM 73 pli 17
NN 3 pers.

Gîte mitoyen avec une résidence non occupée (50 m²). Salle de séjour/coin cuisine. 1 chambre (1 lit 2 pers., 1 lit 1 pers.). Salle d'eau, WC. Abri voiture. Jardin fermé et terrain non attenant non fermé. Chauffage mazout en supplément. Situé dans le parc du Livradois-Forez. Ouvert toute l'année.

Huguette et Georges CHOVET - Le Crozet - 63840 SAILLANT
Tél. : 04 73 95 95 07 - Fax : 04 73 95 95 07 - www.aubergeledroubliei.com

| HTE SAIS. ETE | MOY. SAIS. ETE | HTE SAIS. HIV. | PAQUES | BASSE SAIS. |
|---|---|---|---|---|
| 275 | 220 | 200 | 200 | 170 |

| | | | | | | |
|---|---|---|---|---|---|---|
| 10 | SP | 3 | 7 | 12 | 10 | 19,5 | 2 |

# PUY DE DÔME - 63

Périodes tarifaires p. 93

## N° 63-448  SERMENTIZON

CM 73 pli 15

**NN  3 pers.**

Deux gîtes mitoyens avec entrée indépendante. Au RDC : coin cuisine, salle de séjour, WC. Au 1er étage : 1 chambre en mezzanine (1 lit 2 pers.), 1 chambre (1 lit 1 pers.), salle de bain, WC. Cour attenante fermée. Chauffage électrique en supplément. Gîte situé dans le Parc du Livradois-Forez. Ouvert toute l'année.

GITES DE FRANCE-SERVICE RESERVATION - Puy de Dôme Tourisme - 22 rue St-Genès - 63038 CLERMONT-FERRAND Cedex 1
Tél. : 04 73 90 00 15 - Fax : 04 73 92 83 75 - Email : puydedometourisme@wanadoo.fr

| HTE SAIS. ETE | MOY. SAIS. ETE | HTE SAIS. HIV. | PAQUES | BASSE SAIS. |
|---|---|---|---|---|
| 270 | 220 | 220 | 220 | 200 |

| | | | | |
|---|---|---|---|---|
| 11 | SP | 11 | 5 | 5 |

## N° 63-449  SERMENTIZON

CM 73 pli 15

**NN  3 pers.**

Deux gîtes mitoyens avec entrée indépendante. Au RDC : coin cuisine/ salle de séjour, WC. Au 1er étage : 1 chambre en mezzanine (1 lit 2 pers.), 1 chambre (1 lit 1 pers.), salle de bain, WC. Cour attenante fermée. Chauffage électrique en supplément. Gîtes situés dans le Parc du Livradois-Forez. Ouvert toute l'année.

GITES DE FRANCE-SERVICE RESERVATION - Puy de Dôme Tourisme - 22 rue St-Genès - 63038 CLERMONT-FERRAND Cedex 1
Tél. : 04 73 90 00 15 - Fax : 04 73 92 83 75 - Email : puydedometourisme@wanadoo.fr

| HTE SAIS. ETE | MOY. SAIS. ETE | HTE SAIS. HIV. | PAQUES | BASSE SAIS. |
|---|---|---|---|---|
| 270 | 220 | 220 | 220 | 200 |

| | | | | |
|---|---|---|---|---|
| 11 | SP | 11 | 5 | 5 |

## N° 63-456  SERVANT     La Cassière     550 m

CM 73 pli 3

**NN  6 pers.**

Maison indépendante (104 m²). Au RDC, cuisine. Salle à manger/coin salon, salle d'eau, WC, buanderie. Au 1er étage 3 chambres (3 lits 2 pers.), salle d'eau, WC. Terrain attenant fermé. Terrasse. Local indépendant : salle de jeux. Chauffage électrique en supplément. Le gîte est situé dans la Basse Combraille aux confins de l'Auvergne et du Bourbonnais à proximité des gorges de la Sioule : pêche, activités nautiques. Ouvert du 1er mai au 25 septembre.

GITES DE FRANCE-SERVICE RESERVATION - Puy de Dôme Tourisme - 22 rue St-Genès - 63038 CLERMONT-FERRAND Cedex 1
Tél. : 04 73 90 00 15 - Fax : 04 73 92 83 75 - Email : puydedometourisme@wanadoo.fr

| HTE SAIS. ETE | MOY. SAIS. ETE |
|---|---|
| 350 | 280 |

| | | | | | |
|---|---|---|---|---|---|
| 2 | SP | 2 | 2 | 15 | 2 |

## N° 63-455  ST-ALYRE-ES-MONTAGNE     Jassy     1140 m

CM 76 pli 3

**NN  8 pers.**

Maison indépendant sur 3 niveaux (130 m²). Salle de séjour, cuisine. 4 chambres (2 lits 2 pers., 4 lits 1 pers.). Salle d'eau, salle de bain. 3 WC. Terrain attenant non fermé. Chauffage central mazout compris. Gîte situé sur le vaste plateau du Cézallier d'où vous pouvez rejoindre le Massif de Sancy. Ouvert toute l'année.

GITES DE FRANCE-SERVICE RESERVATION - Puy de Dôme Tourisme - 22 rue St-Genès - 63038 CLERMONT-FERRAND Cedex 1
Tél. : 04 73 90 00 15 - Fax : 04 73 92 83 75 - Email : puydedometourisme@wanadoo.fr

| HTE SAIS. ETE | MOY. SAIS. ETE | HTE SAIS. HIV. | PAQUES | BASSE SAIS. |
|---|---|---|---|---|
| 450 | 230 | 427 | 305 | 200 |

| | | | | | |
|---|---|---|---|---|---|
| SP | SP | 18 | 20 | 6 | 27 | 18 |

## N° 439  ST-ANTHEME     Seignibrard     943 m

CM 73 pli 17

**NN  6 pers.**

Maison mitoyenne avec la résidence du propriétaire. En rez-de-jardin : salle à manger/coin cuisine, salon, 3 chambres (3 lits 2 pers., 1 lit bébé). Salle de bains, WC. Parking privé. Chauffage en supplément (électrique et fuel). Gîte situé dans le Parc régional du Livradois-Forez. Taxe de séjour. Ouvert toute l'année.

Jean-Marie DELHAYE - Seignibrard - 63660 ST-ANTHEME
Tél. : 04 73 95 45 18

| HTE SAIS. ETE | MOY. SAIS. ETE | HTE SAIS. HIV. | PAQUES | BASSE SAIS. |
|---|---|---|---|---|
| 290 | 230 | 260 | 250 | 220 |

| | | | | | | |
|---|---|---|---|---|---|---|
| 7 | SP | 7 | 7 | 16 | 16 | 7 |

## N° 63-460  ST-BONNET-LE-BOURG     La Bardelle     830 m

CM 76 pli 6

**NN  10 pers.**

Maison indépendante (237 m²) sur 3 niveaux. Au RDC : salle à manger, WC, cuisine, salon. Au 1er étage : salon, 3 chambres (2 lits 2 pers., 2 lits 1 pers.), salle de bain, WC. Au 2ème étage : 2 chambres (4 lits 1 pers.). Salle d'eau, WC. Salle de billard. 2 terrasses, terrain non fermé. Chauffage central au mazout selon consommation. Gîte situé dans le Parc Régional du Livradois-Forez. Ouvert toute l'année.

GITES DE FRANCE-SERVICE RESERVATION - Puy de Dôme Tourisme - 22 rue St-Genès - 63038 CLERMONT-FERRAND Cedex 1
Tél. : 04 73 90 00 15 - Fax : 04 73 92 83 75 - Email : puydedometourisme@wanadoo.fr

| HTE SAIS. ETE | MOY. SAIS. ETE | HTE SAIS. HIV. | PAQUES | BASSE SAIS. |
|---|---|---|---|---|
| 610 | 480 | 485 | 420 | 290 |

| | | | | | | |
|---|---|---|---|---|---|---|
| 14 | SP | SP | 5 | 5 | 12 | 4 |

AUVERGNE

# PUY DE DÔME - 63

Périodes tarifaires p. 93

### N° 63-409 ST-BONNET-PRES-ORCIVAL — Villejacques — 810 m — CM 73 pli 13
**NN 4 pers.**

Orcival (église romane) 3,5 km. Maison mitoyenne avec un autre gîte. Gîte au RDC et 1er étage mansardé. Salle à manger/coin cuisine, salon en mezzanine. 2 chambres (1 lit 2 pers., 2 lits 1 pers.). Salle d'eau, WC. Terrain fermé. Chauffage électrique en supplément. Gîte situé dans le Parc Régional des Volcans. Taxe de séjour. Ouvert toute l'année.

GITES DE FRANCE-SERVICE RESERVATION - Puy de Dôme Tourisme - 22 rue Saint-Genès - 63038 CLERMONT-FERRAND Cedex 1
Tél. : 04 73 90 00 15 - Fax : 04 73 92 83 75 - Email : puydedometourisme@wanadoo.fr

| HTE SAIS. ETE | MOY. SAIS. ETE | HTE SAIS. HIV. | PAQUES | BASSE SAIS. | | | | | | | |
|---|---|---|---|---|---|---|---|---|---|---|---|
| 297 | 275 | 237 | 237 | 168 | 16 | SP | SP | 5 | 7 | 13 | 26 | 1 |

### N° 441 ST-GENES-CHAMPANELLE — Laschamps — 960 m — CM 73 pli 13
**NN 4 pers.**

Vulcania 10 km. Maison de Bourg mitoyenne avec deux habitations sur 3 niveaux (70 m²). Au RDC : salle à manger/coin cuisine. Au 1er étage : salon indépendant avec balcon. Salle d'eau, WC. Au 2ème étage : 2 chambres dont 1 en mezzanine non fermée (1 lit 2 pers., 2 lits 1 pers. superposés). Terrasse. Terrain clos non attenant. Chauffage compris. Taxe de séjour. Gîte situé dans le Parc régional des Volcans d'Auvergne. Ouvert toute l'année.

Françoise SIMONNEAU - 2 place du Bonnet - 63122 ST-GENES-CHAMPANELLE
Tél. : 04 73 62 18 84

| HTE SAIS. ETE | MOY. SAIS. ETE | HTE SAIS. HIV. | PAQUES | BASSE SAIS. | | | | | | | |
|---|---|---|---|---|---|---|---|---|---|---|---|
| 380 | 260 | 260 | 260 | 220 | 10 | SP | 6 | 6 | SP | 13 | 35 | 6 |

### N° 63-451 ST-GENES-CHAMPANELLE — Laschamps — 960 m — CM 73 pli 13
**NN 8 pers.**

Maison mitoyenne avec la résidence secondaire de la propriétaire. Au RDC : 4 chambres (2 lits 2 pers., 4 lits 1 pers.). Salle d'eau, salle de bain, WC. Au rez de jardin : cuisine, salle de séjour, salon, WC. Terrain clos. Garage 2 voitures. Chauffage électrique en supplément. Taxe de séjour. Gîte situé dans le Parc Régional des Volcans. Nombreuses randonnées sur place. Ouvert toute l'année.

GITES DE FRANCE-SERVICE RESERVATION - Puy de Dôme Tourisme - 22 rue Saint-Genès - 63038 CLERMONT-FERRAND Cedex 1
Tél. : 04 73 90 00 15 - Fax : 04 73 92 83 75 - Email : puydedometourisme@wanadoo.fr

| HTE SAIS. ETE | MOY. SAIS. ETE | HTE SAIS. HIV. | PAQUES | BASSE SAIS. | | | | | | | |
|---|---|---|---|---|---|---|---|---|---|---|---|
| 520 | 420 | 520 | 500 | 400 | 10 | SP | 6 | 6 | SP | 13 | 35 | 6 |

### N° 440 ST-GERVAZY — Segonzat — 600 m — CM 76 pli 4
**NN 5 pers.**

Maison indépendante. Salle de séjour/coin cuisine. 2 chambres avec balcon. 1 chambre (1 lit 2 pers.), 1 chambre (3 lits 1 pers.), salle d'eau, WC. Chauffage électrique en supplément. Abri voiture. Terrain fermé. Gîte situé entre le Parc régional des Volcans et le Parc régional du Livradois-Forez. Ouvert du 1er mai au 25 septembre.

Jean-Claude MERLE - Segonzat - 63340 ST-GERVAZY
Tél. : 04 73 96 44 50

| HTE SAIS. ETE | MOY. SAIS. ETE | | | | | | | |
|---|---|---|---|---|---|---|---|---|
| 265 | 160 | | | | 18 | SP | 5 | 9 | 3 |

### N° 437 ST-HILAIRE-LA-CROIX — Bournet — 557 m — CM 73 pli 4
**NN 6 pers.**

Maison mitoyenne avec des bâtiments non occupés. Gîte au RDC et 1er étage. 106 m². Salle à manger/coin cuisine. Salon, 3 chambres (3 lits 2 pers. + 1 lit bébé). Salle d'eau, WC, local. Chauffage central au gaz avec supplément. Terrain ombragé à l'arrière de 1500 m² non fermé. Taxe de séjour. Gîte situé dans les Combrailles avec des paysages variés et contrastés. Possibilité de pêche dans les gorges de la Sioule. Ouvert toute l'année.

Augustin FAURE - 38 rue Poulain - 63200 LA MOUTADE
Tél. : 04 73 97 24 15

| HTE SAIS. ETE | MOY. SAIS. ETE | HTE SAIS. HIV. | PAQUES | BASSE SAIS. | | | | | | | |
|---|---|---|---|---|---|---|---|---|---|---|---|
| 350 | 280 | 250 | 250 | 220 | 13 | SP | 4 | 8 | 19 | 19 | 8 |

### N° 430 ST-NECTAIRE — Les Granges — 760 m — CM 73 pli 14
**NN 5 pers.**

Maison indépendante. Gîte au RDC et 1er étage. Cuisine, salle de séjour, 3 chambres (2 lits 2 pers., 1 lit 1 pers.), salle de bain, WC, WC indépendant. Chauffage électrique en supplément. Terrain non fermé, terrasse, garage. Gîte situé dans le Parc régional des Volcans à proximité de Saint Nectaire, ville thermale. Taxe de séjour. Ouvert toute l'année.

André LAPORTE - 63790 ST-VICTOR-LA-RIVIERE
Tél. : 04 73 88 62 66

| HTE SAIS. ETE | MOY. SAIS. ETE | HTE SAIS. HIV. | PAQUES | BASSE SAIS. | | | | | | | |
|---|---|---|---|---|---|---|---|---|---|---|---|
| 400 | 300 | 400 | 240 | 220 | 11 | SP | SP | 2 | 4 | 11 | 23 | 2 | 2 |

# PUY DE DÔME - 63

Périodes tarifaires p. 93

## N° 431  ST-PIERRE-COLAMINE  Ourcières  800 m  CM 73 pli 14

NN  6 pers.

Besse et Saint-Anastaise 7 km. Maison mitoyenne avec la résidence secondaire du propriétaire. Au RDC : cuisine, salle de séjour, 1 chambre (1 lit 2 pers.). Au 1er étage : 3 chambres (4 lits 1 pers.), salle de bains, WC. Terrain non fermé. Chauffage mazout compris. Gîte situé dans le Parc régional des Volcans. Idéal pour randonnée. Ouvert du 1er mai au 25 septembre.

Guy RICHARD - Chemin du Bois-Les Marguerites - 63500 ISSOIRE
Tél. : 04 73 89 61 63

| HTE SAIS. ÉTÉ | MOY. SAIS. ÉTÉ |
|---|---|
| 420 | 280 |

| | | | | |
|---|---|---|---|---|
| 7 | SP | SP | 7 | 8 | 7 |

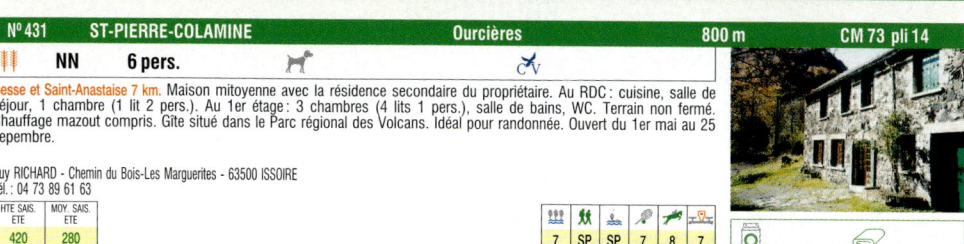

## N° 63-411  ST-VICTOR-LA-RIVIERE  Bessolles  1017 m  CM 73 pli 13

NN  3 pers.

Maison indépendante. Gîte en RDC et 1er étage voûté (50 m²). Salle de séjour/coin cuisine, 1 chambre (1 lit 2 pers., 1 lit 1 pers., 1 lit bébé), salle d'eau, WC indépendant. Garage, terrasse. Jardin clos. Chauffage électrique en supplément. Supplément animal : 20 €. Taxe de séjour. Gîte situé dans le Parc Régional des Volcans d'Auvergne. Ouvert toute l'année. Gîte bébé.

GÎTES DE FRANCE-SERVICE RESERVATION - Puy de Dôme Tourisme - 22 rue Saint-Genès - 63038 CLERMONT-FERRAND Cedex 1
Tél. : 04 73 90 00 15 - Fax : 04 73 92 83 75 - Mél : puydedometourisme@wanadoo.fr

| HTE SAIS. ÉTÉ | MOY. SAIS. ÉTÉ | HTE SAIS. HIV. | PAQUES | BASSE SAIS. |
|---|---|---|---|---|
| 430 | 290 | 360 | 260 | 195 |

| | | | | | | | |
|---|---|---|---|---|---|---|---|
| 5 | SP | 5 | 1,5 | 7 | 10 | 15 | 8 | 1,5 |

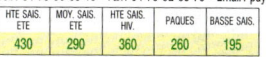  

## N° 63-423  TEILHET  Le Bouchat  681 m  CM 73 pli 3

NN  6 pers.

Maison indépendante, RDC, demi niveau et 1er étage mansardé (104 m²). Salle de séjour/coin cuisine, 3 chambres (2 lits 2 pers., 2 lits 1 pers. 1 lit bébé). Salle d'eau, WC. Espace extérieur non clos. Garage. Chauffage électrique en supplément. Prêt de 4 VTT pour randonnée mis à disposition gracieusement. Ouvert toute l'année.

GÎTES DE FRANCE-SERVICE RESERVATION - Puy de Dôme Tourisme - 22 rue Saint-Genès - 63038 CLERMONT-FERRAND Cedex 1
Tél. : 04 73 90 00 15 - Fax : 04 73 92 83 75 - Mél : puydedometourisme@wanadoo.fr

| HTE SAIS. ÉTÉ | MOY. SAIS. ÉTÉ | HTE SAIS. HIV. | PAQUES | BASSE SAIS. |
|---|---|---|---|---|
| 450 | 320 | 376 | 376 | 230 |

| | | | | | | |
|---|---|---|---|---|---|---|
| 10 | SP | 10 | 2 | 14 | 10 |

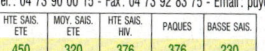  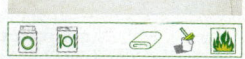

## N° 443  LA TOUR-D'AUVERGNE  St-Pardoux  1000 m  CM 73 pli 13

NN  5 pers.

Maison mitoyenne avec une maison d'habitation. Rez-de-chaussée, rez de jardin et 1er étage. Cuisine. Salle de séjour. 3 chambres dont une en mezzanine non fermée (2 lits 2 pers., 1 lit 1 pers.). Salle de bain, WC. Terrain fermé. 2 terrasses, garage. Chauffage central au gaz en supplément. Situé dans le Massif du Sancy, nombreuses randonnées et baignade sur place. Taxe de séjour. Ouvert toute l'année.

Jakline et Bernard GENESTOUX-SEPCHAT - La Motte au Vicomte - 35650 LE RHEU
Tél. : 02 23 48 52 78 - 06 70 37 54 15 - http://monsite.wanadoo.fr/gitelatour63

| HTE SAIS. ÉTÉ | MOY. SAIS. ÉTÉ | HTE SAIS. HIV. | PAQUES | BASSE SAIS. |
|---|---|---|---|---|
| 400 | 300 | 390 | 300 | 260 |

| | | | | | | | |
|---|---|---|---|---|---|---|---|
| 1 | SP | 1 | 1 | 3 | 7 | 14,5 | 1,5 |

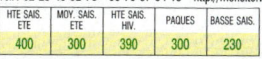 

## N° 701  LA TOUR-D'AUVERGNE  Fereyrolles  1050 m  CM 73 pli 13

NN  4 pers.

Gîte mitoyen avec la grange et le garage des propriétaires en RDC : coin cuisine/séjour, 2 chambres (2 lits 2 pers.), salle d'eau, WC. Terrasse. Terrain non fermé. Chauffage électrique en supplément. Gîte situé dans le Massif du Sancy à proximité de la ville Thermale de la Bourboule. Taxe de séjour. Ouvert toute l'année.

Paul TEILLOT - Fereyrolles - 63680 LA TOUR-D'AUVERGNE
Tél. : 04 73 21 51 49

| HTE SAIS. ÉTÉ | MOY. SAIS. ÉTÉ | HTE SAIS. HIV. | PAQUES | BASSE SAIS. |
|---|---|---|---|---|
| 320 | 275 | 320 | 245 | 220 |

| | | | | | | |
|---|---|---|---|---|---|---|
| 3 | SP | 3 | 3 | 6 | 9 | 3 |

## N° 63-452  VILLOSSANGES  Au Barre  642 m  CM 73 pli 2

NN  6 pers.

Maison mitoyenne (140 m²) avec un garage appartenant au propriétaire. Au RDC : salle à manger, cuisine, salon, salle de séjour, salle d'eau, WC. Au 1er ét. : 4 ch. (2 lits 2 pers., 2 lits 1 pers., 1 lit bébé). Terrain attenant non clos. Chauffage électrique en supp. Gîte situé au coeur de la Haute Combraille où les bois alternent avec les étangs, randonnées, pêche. Ouvert toute l'année.

GÎTES DE FRANCE-SERVICE RESERVATION - Puy de Dôme Tourisme - 22 rue Saint-Genès - 63038 CLERMONT-FERRAND Cedex 1
Tél. : 04 73 90 00 15 - Fax : 04 73 92 83 75 - Mél : puydedometourisme@wanadoo.fr

| HTE SAIS. ÉTÉ | MOY. SAIS. ÉTÉ | HTE SAIS. HIV. | PAQUES | BASSE SAIS. |
|---|---|---|---|---|
| 370 | 350 | 280 | 280 | 230 |

| | | | | | |
|---|---|---|---|---|---|
| 10 | SP | 6 | 1 | 10 | 1 |

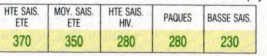 

AUVERGNE

Pictos voir p. 12

# BOURGOGNE

Pour réserver, écrire ou téléphoner :

### 21 - CÔTE-D'OR
GITES DE FRANCE - Service Réservation
15, rue de l'Arquebuse - BP 90452 - 21004 DIJON Cédex
Tél. 03 80 45 97 15 - Fax. 03 80 45 97 16
www.gites-de-france.fr

3615 Gîtes de France
RESA - 0,2 €/mn

### 58 - NIEVRE
LOISIRS ACCUEIL - Service Réservation
3, rue du Sort - 58000 NEVERS
Tél. 03 86 59 14 22 - Fax. 03 86 59 90 67
E.mail : srla-nievre@wanadoo.fr
www.gites-de-france-nievre.com

3615 Gîtes de France
RESA - 0,2 €/mn

### 71 - SAÔNE-ET-LOIRE
GITES DE FRANCE - Service Réservation
Esplanade du Breuil - B.P. 522 - 71010 MACON Cédex
Tél. 03 85 29 55 60 - Fax. 03 85 38 61 98
www.gites-de-france.fr

3615 Gîtes de France
RESA - 0,2 €/mn

### 89 - YONNE
Loisirs Accueil - Service Réservation
1-2, quai de la République - 89000 AUXERRE
Tél. 03 86 72 92 15 - Fax : 03 86 72 92 14

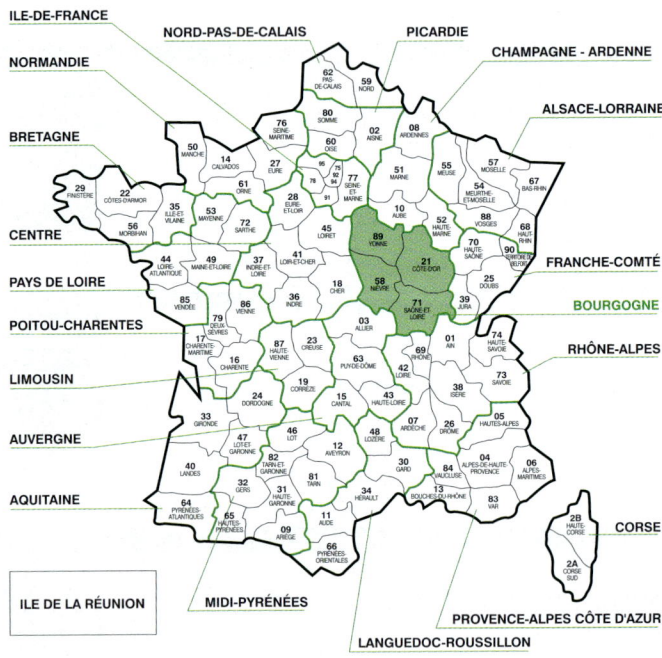

# CÔTE D'OR - 21

**GITES DE FRANCE - Service Réservation**
15, rue de l'Arquebuse - BP 90452 - 21004 DIJON Cédex
Tél. 03 80 45 97 15 - Fax. 03 80 45 97 16 - www.gites-de-france.fr

3615 Gîtes de France
RESA - 0,2 €/mn

## PÉRIODES TARIFAIRES
**HAUTE SAISON** : du 3.07 au 28.08 - **MOYENNE SAISON** : du 7.02 au 6.03, du 3.04 au 3.07, du 28.08 au 2.10, du 20.10 au 30.10, du 18.12 au 8.01.15 - **BASSE-SAISON** : du 3.01 au 7.02, du 6.03 au 3.04, du 2.10 au 20.10, du 30.10 au 18.12 - **MID-WEEK** : 4 nuits (du lundi 16h00 au vendredi 10h00) - **WEEK-END** : 2 nuits - **WEEK-END DÉTENTE** : 2 nuits en gîte +

### N° 523  AUBIGNY-LES-SOMBERNON                                CM 243 pli 2
**8 pers.**

Maison ancienne indépendante, mitoyenne fort bien rénovée et très soignée. R.d.c. et 1er étage. Séjour avec cuisine équipée donnant sur terrasse. 4 chambres (6 lits 1 pers. 1 lit 2 pers.) 2 avec cabinet de toilette. Salle de bains (baignoire et douche). Salle d'eau avec wc. WC. Chauffage central au fuel. Poêle "Jotul". Sèche linge. Jardin clos privé. Chauffage : 8 à 15 €/jour selon la période. Bois : 30 € le stère. Taxe de séjour : 0,76 €/jour/pers.

GITES DE FRANCE-SERVICE RESERVATION - 15 rue de l'Arquebuse - BP 90452 - 21004 DIJON Cedex
Tél. : 03 80 45 97 15 - Fax : 03 80 45 97 16 - www.gites-de-france.fr

| BASSE SAIS. | MOY. SAIS. | HTE SAIS. | WEEK-END | W.-E. DETENTE |
|---|---|---|---|---|
| 500 | 550 | 600 | 330 | 330 |

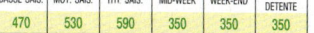

| | | | | | | | | | |
|---|---|---|---|---|---|---|---|---|---|
| 15 | 15 | 1 | 1 | 4 | 6 | 10 | 1,5 | 35 | 5 |

### N° 525  BLESSEY                                              CM 243 pli 15
**10 pers.**

Dans un petit village, maison de caractère, ancienne et indépendante, aménagée en r.d.c. et 1er étage. Cuisine avec ancien four à pain. Salle à manger. Petit salon avec alcôve. Salon en mezzanine. 4 ch. (6 lits 90 jumelables, 2 lits 160, lit enf.- 3 ans), 3 salles d'eau, 1 salle de bains. 2 wc. Ch. central. Jardin clos. Grand pré avec balançoire derrière le gîte. Bois offert. Chauffage : 8 à 12 €/jour selon la période. Sèche-linge. Lecteur DVD. Poss. pêche en étang privé à 3 km. Gîte au calme en pleine campagne. Charmant lavoir au village. Circuits VTT.

GITES DE FRANCE-SERVICE RESERVATION - 15 rue de l'Arquebuse - BP 90452 - 21004 DIJON Cedex
Tél. : 03 80 45 97 15 - Fax : 03 80 45 97 16 - www.gites-de-france.fr

| BASSE SAIS. | MOY. SAIS. | HTE SAIS. | MID-WEEK | WEEK-END | W.-E. DETENTE |
|---|---|---|---|---|---|
| 470 | 530 | 590 | 350 | 350 | 350 |

| | | | | | | | | |
|---|---|---|---|---|---|---|---|---|
| 12 | 6 | 3 | 0,5 | 0,1 | 10 | 12 | 30 | 12 |

### N° 524  BROCHON                                              CM 243 pli 16
**3 pers.**

Dans un petit village aux portes de Dijon, gîte mitoyen à la maison des propriétaires aménagé en rez de chaussée et 1er étage. Séjour avec coin-cuisine. 1 chambre en mezzanine (1 lit 2 pers. 1 lit 1 pers.). Salle d'eau avec wc. Chauffage central. Petite terrasse. Cour commune fermée. Chauffage : 6 € par jour. Taxe de séjour : 0,60 €/jour/pers.

GITES DE FRANCE-SERVICE RESERVATION - 15 rue de l'Arquebuse - BP 90452 - 21004 DIJON Cedex
Tél. : 03 80 45 97 15 - Fax : 03 80 45 97 16 - www.gites-de-france.fr

| BASSE SAIS. | MOY. SAIS. | HTE SAIS. | WEEK-END | W.-E. DETENTE |
|---|---|---|---|---|
| 220 | 250 | 280 | 100 | 100 |

| | | | | | | | | |
|---|---|---|---|---|---|---|---|---|
| 10 | 2 | 10 | 0,1 | 1 | 5 | 0,5 | 10 | 2 | 1 |

### N° 526  COMMARIN                    Solle                    CM 243 pli 15
**EC   3 pers.**

En pleine campagne, deux chalets aménagées dans un grand terrain entièrement clos. Séjour avec coin-cuisine. 1 chambre (1 lit 2 pers.) en mezzanine. Salle d'eau avec wc. Chauffage électrique. Terrasse couverte. Parking. Grand espace en commun. Taxe de séjour : 0,61 €/jour/pers. Lac de Panthier à 1 km. Château de Commarin, village médiéval de Châteauneuf-en-Auxois à proximité.

GITES DE FRANCE-SERVICE RESERVATION - 15 rue de l'Arquebuse - BP 90452 - 21004 DIJON Cedex
Tél. : 03 80 45 97 15 - Fax : 03 80 45 97 16 - www.gites-de-france.fr

| BASSE SAIS. | MOY. SAIS. | HTE SAIS. | WEEK-END | W.-E. DETENTE |
|---|---|---|---|---|
| 200 | 250 | 400 | 150 | 150 |

| | | | | | | | |
|---|---|---|---|---|---|---|---|
| 25 | 10 | 2 | 5 | 0,5 | 10 | 12 | 1 | 35 | 10 |

### N° 527  COMMARIN                    Solle                    CM 243 pli 15
**EC   3 pers.**

En pleine campagne, deux chalets aménagées dans un grand terrain entièrement clos. Séjour avec coin-cuisine. 1 chambre (1 lit 2 pers.) en mezzanine. Salle d'eau avec wc. Chauffage électrique. Terrasse couverte. Parking. Grand espace en commun. Taxe de séjour : 0,61 €/jour/pers. Lac de Panthier à 1 km. Château de Commarin, village médiéval de Châteauneuf-en-Auxois à proximité.

GITES DE FRANCE-SERVICE RESERVATION - 15 rue de l'Arquebuse - BP 90452 - 21004 DIJON Cedex
Tél. : 03 80 45 97 15 - Fax : 03 80 45 97 16 - www.gites-de-france.fr

| BASSE SAIS. | MOY. SAIS. | HTE SAIS. | WEEK-END | W.-E. DETENTE |
|---|---|---|---|---|
| 200 | 250 | 400 | 150 | 150 |

| | | | | | | | |
|---|---|---|---|---|---|---|---|
| 25 | 10 | 2 | 5 | 0,5 | 10 | 12 | 1 | 35 | 10 |

**BOURGOGNE**

Pictos voir p. 12

# CÔTE D'OR - 21

Périodes tarifaires p. 101

## N° 513 CONCOEUR-ET-CORBOIN — Concoeur — CM 243 pli 15/16

**6 pers.**

Située dans les Hautes-Côtes de Nuits, maison ancienne rénovée, haut de gamme indépendante et mitoyenne, aménagée en rez-de-chaussée et 1er étage. Salle à manger avec cuisine équipée. Salon. 3 chambres (2 lits 2 pers. 2 lits 1 pers.) dont 1 avec salle d'eau. Salle de bains. 2 wc. Chauffage électrique. Grande terrasse. Cour et jardin clos privatifs. Linge de toilette fourni gratuitement. Bois : 38 € le stère. Taxe de séjour : 0,80 €/jour/pers. Dégustation possible des vins du domaine à proximité.

GITES DE FRANCE-SERVICE RESERVATION - 15 rue de l'Arquebuse - BP 90452 - 21004 DIJON Cedex
Tél. : 03 80 45 97 15 - Fax : 03 80 45 97 16 - www.gites-de-france.fr

| BASSE SAIS. | MOY. SAIS. | HTE SAIS. |
|---|---|---|
| 440 | 470 | 520 |

| | | | | | | | | |
|---|---|---|---|---|---|---|---|---|
| 5 | 4 | 5 | 0,3 | 0,1 | 5 | 10 | 8 | 5 | 4 |

## N° 520 ESSEY — CM 243 pli 14

**NN 17 pers.**

Gîte de groupe fonctionnel aménagé dans une maison ancienne restaurée et indépendante, situé à proximité d'un agréable plan d'eau communal. R.d.c. et 1er étage. Coin-cuisine/salle à manger. Salon. 5 chambres (11 lits 1 pers. 3 x 2 lits 1 pers. superposés). 5 salles d'eau dont 3 avec wc + 2 wc indépts. Chauffage élect. Terrasse avec barbecue. Cour non fermée. Abri couvert. Location VTC sur demande. Taxe de séjour : 0.15 €/jour/pers. Une chambre est accessible aux personnes handicapées avec sanitaires privés. Possibilité ménage en fin de séjour avec supplément. Tarif ménage : 70 €.

GITES DE FRANCE-SERVICE RESERVATION - 15 rue de l'Arquebuse - BP 90452 - 21004 DIJON Cedex
Tél. : 03 80 45 97 15 - Fax : 03 80 45 97 16 - www.gites-de-france.fr

| BASSE SAIS. | MOY. SAIS. | HTE SAIS. | MID-WEEK | WEEK-END |
|---|---|---|---|---|
| 824 | 944 | 1225 | 429 | 429 |

| | | | | | | | |
|---|---|---|---|---|---|---|---|
| 25 | 0,1 | 0,1 | 1 | 0,1 | 10 | 10 | 50 | 7 |

## N° 518 LADOIX-SERRIGNY — Ladoix — CM 243 pli 15

**2 pers.**

Beaune 5 km. Dans un village viticole, maison indépendante mitoyenne, appartenant à des viticulteurs, aménagée en rez-de-chaussée et 1er étage. Séjour avec coin-cuisine. 1 chambre (1 lit 2 pers. 1 lit 1 pers. sup). Salle d'eau. WC. Chauffage central au gaz. Parking à 50 m. Chauffage, électricité et linge de toilette inclus dans les tarifs. Cabine téléphonique à 150 m. Taxe de séjour : 0.35 €/jour/pers. Le gîte est situé dans une petite rue au calme à proximité d'un bief.

GITES DE FRANCE-SERVICE RESERVATION - 15 rue de l'Arquebuse - BP 90452 - 21004 DIJON Cedex
Tél. : 03 80 45 97 15 - Fax : 03 80 45 97 16 - www.gites-de-france.fr

| BASSE SAIS. | MOY. SAIS. | HTE SAIS. | MID-WEEK | WEEK-END | W.-E. DETENTE |
|---|---|---|---|---|---|
| 350 | 350 | 350 | 200 | 200 | 200 |

| | | | | |
|---|---|---|---|---|
| 5 | 5 | 2 | 5 | 5 | 0,2 |

## N° 533 LADOIX-SERRIGNY — Ladoix — CM 243 pli 15

**EC 4 pers.**

Beaune 5 km. Dans un village viticole, maison récente indépendante appartenant à des viticulteurs, aménagée en rez-de-chaussée et 1er étage. Séjour avec coin-cuisine. 2 chambres (1 lit 2 pers. 2 lits 1 pers. 1 lit enfant -3 ans). Salle d'eau. Wc. Chauffage électrique. Cour privative avec terrasse couverte. Linge de toilette, chauffage et ménage inclus dans les tarifs. Taxe de séjour : 0.50 €/jour/pers. Le gîte est situé dans une petite rue au calme. Cabine téléphonique à 150 m.

GITES DE FRANCE-SERVICE RESERVATION - 15 rue de l'Arquebuse - BP 90452 - 21004 DIJON Cedex
Tél. : 03 80 45 97 15 - Fax : 03 80 45 97 16 - www.gites-de-france.fr

| BASSE SAIS. | MOY. SAIS. | HTE SAIS. | MID-WEEK | WEEK-END | W.-E. DETENTE |
|---|---|---|---|---|---|
| 500 | 500 | 500 | 300 | 300 | 300 |

| | | | | |
|---|---|---|---|---|
| 5 | 5 | 5 | 2 | 5 | 0,2 |

## N° 529 LAMARCHE-SUR-SAONE — CM 66 pli 13

**EC 8 pers.**

En bord de Saône, maison ancienne et rénovée, indépendante et mitoyenne, aménagée sur 3 niveaux. R.d.c. : 1 chambre. WC. 1er étage : salle à manger avec coin-cuisine donnant sur une grande terrasse. Salon. 1 chambre. Salle de bains (+ douche). WC. 2e étage : 2 chambres. Salle d'eau avec wc. Chauffage central. Garage. Jardin clos privé. Chauffage : 4 à 8 €/jour selon la période. Bois : 23 € le stère. Taxe de séjour : 0.15 €/jour/pers. Accès direct à la rivière à partir du jardin, protégé par une barrière.

GITES DE FRANCE-SERVICE RESERVATION - 15 rue de l'Arquebuse - BP 90452 - 21004 DIJON Cedex
Tél. : 03 80 45 97 15 - Fax : 03 80 45 97 16 - www.gites-de-france.fr

| BASSE SAIS. | MOY. SAIS. | HTE SAIS. | MID-WEEK | WEEK-END | W.-E. DETENTE |
|---|---|---|---|---|---|
| 360 | 450 | 540 | 275 | 275 | 275 |

| | | | | | | | |
|---|---|---|---|---|---|---|---|
| 8 | 0,5 | SP | 0,5 | 10 | 35 | 0,5 | 10 | 3 |

## N° 516 MERCEUIL — Cissey — CM 243 pli 27

**6 pers.**

Maison récente indépendante aménagée de plain-pied. Séjour avec espace cuisine équipé. 3 chambres (1 lit 2 pers. 4 lits 1 pers. 1 lit bébé). Salle de bains (douche et baignoire). 2 wc. TV satellite. Chaine hifi. Sèche linge. Chauffage central. Cour et jardin privés. Prairie. Chauffage, électricité, bois et toutes charges inclus dans les tarifs. Balancelle. Jeux pour enfants (balançoire, bac à sable). Table ping-pong. Table de billard dans séjour. Tennis communal gratuit à 2 km.

GITES DE FRANCE-SERVICE RESERVATION - 15 rue de l'Arquebuse - BP 90452 - 21004 DIJON Cedex
Tél. : 03 80 45 97 15 - Fax : 03 80 45 97 16 - www.gites-de-france.fr

| BASSE SAIS. | MOY. SAIS. | HTE SAIS. | MID-WEEK | WEEK-END | W.-E. DETENTE |
|---|---|---|---|---|---|
| 390 | 460 | 550 | 250 | 250 | 250 |

| | | | | | | | |
|---|---|---|---|---|---|---|---|
| 10 | 2 | 1 | 0,5 | 15 | 6 | 20 | 10 | 8 |

# CÔTE D'OR - 21

*Périodes tarifaires p. 101*

## N° 531 — MEURSAULT

**4 pers.**

Au coeur du prestigieux village de Meursault renommé pour ses vins blancs, gîte aménagé dans un ensemble de bâtiments, mitoyen à la maison des propriétaires. Rez-de-chaussée et 1er étage. Séjour (convertible) avec coin-cuisine. 1 chambre (1 lit 2 pers.). Salle d'eau avec wc. Chauffage central et électrique inclus dans les prix. Terrasse privée et fermée. Cabine téléphonique à 500 m.

GITES DE FRANCE-SERVICE RESERVATION - 15 rue de l'Arquebuse - BP 90452 - 21004 DIJON Cedex
Tél. : 03 80 45 97 15 - Fax : 03 80 45 97 16 - www.gites-de-france.fr

CM 243 pli 27

| BASSE SAIS. | MOY. SAIS. | HTE SAIS. | MID-WEEK | WEEK-END | W-E DETENTE |  |  |  |  |  |  |  |  |
|---|---|---|---|---|---|---|---|---|---|---|---|---|---|
| 260 | 350 | 350 | 150 | 150 | 150 | 7 | 1 | 5 | 2 | 0,5 | 10 | 7 | 5 | 8 | 0,1 |

## N° 521 — PONTAILLER-SUR-SAONE — Le Paquier du Bois

**5 pers.**

Chalet indépendant aménagé sur 2 étages à 50 m du bord de Saône. Séjour avec cuisine équipée donnant sur grande terrasse abritée. 3 chambres (3 lits 2 pers.). Salle d'eau avec wc. Wc. Chauffage électrique. Jardin non clos. Garage. Site calme et agréable propice à la pêche. Possibilité ménage en fin de séjour avec supplément. Ponton en bord de Saône à disposition. Tarif ménage : 31 €.

GITES DE FRANCE-SERVICE RESERVATION - 15 rue de l'Arquebuse - BP 90452 - 21004 DIJON Cedex
Tél. : 03 80 45 97 15 - Fax : 03 80 45 97 16 - www.gites-de-france.fr

CM 243 pli 17

| BASSE SAIS. | MOY. SAIS. | HTE SAIS. | MID-WEEK | WEEK-END |  |  |  |  |  |  |  |
|---|---|---|---|---|---|---|---|---|---|---|---|
| 300 | 300 | 395 | 200 | 200 | 12 | 0,3 | SP | 0,1 | 8 | 35 | 0,1 | 14 | 1 |

## N° 528 — RENEVE

**5 pers.**

Maison ancienne rénovée, aménagée en rez-de-chaussée et 1er étage, mitoyenne aux propriétaires, avec entrée indépendante. Petite cuisine. Séjour. Coin-salon à l'étage. 2 chambres (3 lits 1 pers. 1 lit 2 pers. 1 lit enfant - 3 ans). Salle de bains avec wc. WC. Chauffage électrique. Sèche-linge. Parking. Cour commune fermée. Jardin privé clos en partie. Chauffage : 4 à 7,5 €/jour/pers. Escalier en colimaçon pour accéder à l'étage. Cabine téléphonique à 50 m.

GITES DE FRANCE-SERVICE RESERVATION - 15 rue de l'Arquebuse - BP 90452 - 21004 DIJON Cedex
Tél. : 03 80 45 97 15 - Fax : 03 80 45 97 16 - www.gites-de-france.fr

CM 243 pli 17

| BASSE SAIS. | MOY. SAIS. | HTE SAIS. | MID-WEEK | WEEK-END | W-E DETENTE |  |  |  |  |  |
|---|---|---|---|---|---|---|---|---|---|---|---|
| 275 | 305 | 350 | 175 | 175 | 175 | 7 | 7 | 1 | 36 | 7 |

## N° 530 — SALIVES

EC   NN   **19 pers.**

Situé dans un village fortifié, avec donjon datant de l'An Mil, beau gîte de groupe indépendant aménagé en r.d.c et sur 2 étages. Entrée. Séjour. Coin-cuisine. Salon. Espace détente à chaque étage. 6 chambres (13 lits en 80 jumelables et 3 x 2 superposés en 80). Salle de bains, 4 salles d'eau, 3 wc. Chauffage central. Sèche-linge. Cour fermée privée. Parking. Chauffage et électricité inclus dans les tarifs. La chambre au rez-de-chaussée est accessible aux personnes handicapées, lits gigognes en 80. La piscine dans le village est ouverte uniquement l'été. Piscine à 5 km.

GITES DE FRANCE-SERVICE RESERVATION - 15 rue de l'Arquebuse - BP 90452 - 21004 DIJON Cedex
Tél. : 03 80 45 97 15 - Fax : 03 80 45 97 16 - www.gites-de-france.fr

CM 65 pli 9/10

| BASSE SAIS. | MOY. SAIS. | HTE SAIS. | MID-WEEK | WEEK-END | W-E DETENTE |  |  |  |  |  |  |
|---|---|---|---|---|---|---|---|---|---|---|---|---|
| 692 | 795 | 1163 | 408 | 408 | 408 | 5 | 2 | SP | SP | SP | 17 | 17 |

## N° 522 — VARANGES

**3 pers.**

Gîte aménagé au 1er étage d'une maison indépendante située dans un ensemble de bâtiments, rez-de-chaussée occupé. Séjour avec coin-cuisine. 1 chambre (1 lit 2 pers. 1 lit 1 pers.). Salle d'eau avec wc. Chauffage électrique. Grande cour commune. Jardin privatif. Cabine téléphonique à 200 m. Possibilité de pêche en étang communal à 500 m.

GITES DE FRANCE-SERVICE RESERVATION - 15 rue de l'Arquebuse - BP 90452 - 21004 DIJON Cedex
Tél. : 03 80 45 97 15 - Fax : 03 80 45 97 16 - www.gites-de-france.fr

CM 243 pli 16

| BASSE SAIS. | MOY. SAIS. | HTE SAIS. | MID-WEEK | WEEK-END | W-E DETENTE |  |  |  |  |  |  |  |
|---|---|---|---|---|---|---|---|---|---|---|---|---|---|
| 195 | 230 | 275 | 125 | 125 | 125 | 3 | 3 | 0,5 | 10 | 4 | 17 | 5 | 2 | 2 |

## N° 519 — VOLNAY

**4 pers.**

Dans un joli village viticole, ancienne maison vigneronne appartenant à des viticulteurs, aménagée en 1er et 2e étage au dessus d'une cuverie. Séjour avec coin-cuisine. 2 chambres (1 lit 2 pers. 2 lits 1 pers.). Salle de bains. 2 wc. Chauffage central. Petite cour fermée privative. Garage. Chauffage : 3,5 à 5 €/jour selon la période.

GITES DE FRANCE-SERVICE RESERVATION - 15 rue de l'Arquebuse - BP 90452 - 21004 DIJON Cedex
Tél. : 03 80 45 97 15 - Fax : 03 80 45 97 16 - www.gites-de-france.fr

CM 243 pli 27

| BASSE SAIS. | MOY. SAIS. | HTE SAIS. | MID-WEEK | WEEK-END | W-E DETENTE |  |  |  |  |  |  |  |  |
|---|---|---|---|---|---|---|---|---|---|---|---|---|---|---|
| 310 | 340 | 370 | 185 | 185 | 185 | 5 | 0,3 | 0,5 | 0,1 | 8 | 20 | 15 | 4 | 2 |

**BOURGOGNE**

# NIÈVRE - 58

**LOISIRS ACCUEIL** - Service Réservation
3, rue du Sort - 58000 NEVERS - Tél. 03 86 59 14 22 - Fax. 03 86 59 90 67
E.mail : srla-nievre@wanadoo.fr - www.resinfrance.com

3615 Gîtes de France
RESA - 0,2 €/mn

## N° 704 AMAZY — Chevannes — CM 65 pli 15

NN — 4 pers.

Vézelay 15 km. Canal du Nivernais 2 km. Maison indépendante de plain pied située dans un parc de 7 ha clos, à proximité du Château du propriétaire du XIXᵉ siècle, comprenant une cuisine, séjour, 2 chambres (2 lits 1 pers, 1 lit 2 pers), salle d'eau, wc, possibilité lit bébé. Chauffage électrique + bois (38 € le stère). Possibilité ménage fin de séjour : 35 €. À proximité de Clamecy et sa collégiale, Roches de Varappes de Surgy à 13 km. Proche de Guédelon. Ouvert toute l'année.

LOISIRS ACCUEIL - NIEVRE - 3 rue du Sort - 58000 NEVERS
Tél. : 03 86 59 14 22 - Fax : 03 86 59 90 67 - Email : srla-nievre@wanadoo.fr - www.resinfrance.com

| BASSE SAIS. | MOY. SAIS. | HTE SAIS. | WEEK-END |
|---|---|---|---|
| 325 | 340 | 410 | 200 |

| | | | | | | | | | |
|---|---|---|---|---|---|---|---|---|---|
| 9 | 9 | 2 | SP | SP | 15 | 2 | 25 | 9 | 2 |

## N° 718 ARTHEL — La Grand Chaume — CM 65 pli 14

NN — 15 pers.

Etangs de Vaux et Baye 25 km. Dans village classé, maison de Charme du XVIIIe indépendante entourée d'un parc clos de 2.5 ha. Au rdc : séjour, salon, cuisine de château, salle de billard, 1 ch (2 lits 1 pers), salle de bains, wc. A l'étage : 7 ch (5 lits 2 pers, 3 lits 1 pers), 2 salles d'eau, 1 salle de bains, wc, chauffage central (240 €/semaine). Terrasse. Ménage : 10 € de l'heure. Très jolie maison pour grandes familles ou groupes d'amis au coeur du village d'Arthel dominé par son Château. A proximité du site de Montenoison et du site gallo-romain de Compierre. Tennis et billard dans la propriété.

LOISIRS ACCUEIL - NIEVRE - 3 rue du Sort - 58000 NEVERS
Tél. : 03 86 59 14 22 - Fax : 03 86 59 90 67 - Email : srla-nievre@wanadoo.fr - www.resinfrance.com

| BASSE SAIS. | MOY. SAIS. | HTE SAIS. | WEEK-END |
|---|---|---|---|
| 1400 | 1400 | 1750 | 900 |

| | | | | | | | | | |
|---|---|---|---|---|---|---|---|---|---|
| 40 | SP | SP | SP | SP | 15 | 30 | 10 | 40 | 10 |

## N° 703 BAZOCHES — CM 65 pli 16

NN — 4 pers.

Vézelay 10 Km. Au pied du Château de Bazoches, gîte de plain pied comprenant séjour avec salon, cuisine, 2 chambres (2 lits 1 pers, 1 lit 2 pers, 1 lit bébé), salle d'eau, wc, chauffage central électrique. Vézelay haut lieu de Bourgogne, au pied du Château de Vauban. Aux portes du Morvan, proche du Canal du Nivernais. Ouvert toute l'année.

Evelyne et Georges PAQUIS - Bourg Bassot - 58190 BAZOCHES
Tél. : 03 86 22 17 20 - Fax : 03 86 22 12 08 - Email : contact@bazelec.com

| BASSE SAIS. | MOY. SAIS. | HTE SAIS. | WEEK-END |
|---|---|---|---|
| 230 | 230 | 260 | 140 |

| | | | | | | | | | |
|---|---|---|---|---|---|---|---|---|---|
| 18 | 10 | 6 | SP | SP | 8 | 10 | 25 | 18 | 10 |

## N° 691 BILLY-SUR-OISY — La Vignelle

NN — 6 pers.

Ancienne ferme bourguignonne restaurée, indépendante située dans un hameau aux abords de la forêt avec 4500 m² de terrain ombragé de fruitiers. Au rez-de-chaussée, salle à manger/séjour avec cheminée (magnétoscope). salon/chambre (1 lit 2 pers), cuisine, sdb. A l'étage : 2 ch (2 lits 1 pers, 1 lit 2 pers), 2 lits enfants. Chaises bébé. A proximité, château fort du XIII siècle en construction, potiers, villes médiévales, marchés, lacs et aux portes du Morvan. Différents vignobles à proximité. Fêtes locales et vides greniers. Ouvert toute l'année.

LOISIRS ACCUEIL - NIEVRE - 3 rue du Sort - 58000 NEVERS
Tél. : 03 86 59 14 22 - Fax : 03 86 59 90 67 - Email : srla-nievre@wanadoo.fr - www.resinfrance.com

| BASSE SAIS. | MOY. SAIS. | HTE SAIS. | WEEK-END |
|---|---|---|---|
| 352 | 383 | 415 | 184 |

| | | | | | | | | | |
|---|---|---|---|---|---|---|---|---|---|
| 5 | 5 | 5 | 0,3 | 0,1 | 5 | 15 | 20 | 13 | 10 |

## N° 696 CERVON — CM 65 pli 16

NN — 5 pers.

Maison indépendante située au centre du bourg. Au rez-de-chaussée surélevé comprenant une véranda avec salon d'été, un grand séjour et coin cuisine, 2 chambres ( 2 lits 2 pers., 1 lit 1 pers), salle d'eau, wc, lit et chaise bébé. Chauffage central au fuel. Terrain clos, salon de jardin, terrasse ombragée et éclairée. Restaurants dans le bourg. Abbaye de Corbigny, visite guidée en été. Parc Naturel du Morvan à proximité. Lac de Pannecière à 17 km, lormes à 8 km, sites culturels à 30 km comme Vézelay, Clamecy, Bibracte, Chateau-Chinon. Ouvert toute l'année.

Béatrice RENAULT - Le Bas du Bourg - 58800 CERVON
Tél. : 03 86 20 10 65 - www.gites-de-france-nievre.com/hortensias

| BASSE SAIS. | MOY. SAIS. | HTE SAIS. | WEEK-END |
|---|---|---|---|
| 245 | 275 | 325 | 160 |

| | | | | | | | | | |
|---|---|---|---|---|---|---|---|---|---|
| 35 | 5 | 4 | 2 | 0,3 | 5 | 15 | 17 | 6 | 5 |

# NIÈVRE - 58

## N° 720 — CHATILLON-EN-BAZOIS — Raviziy
**EC    NN    4 pers.**

Canal du Nivernais 1 km. Etangs de Baye et Vaux. Pannecière 40 km. Maison indépendante à 3 km de Châtillon. Séjour avec canapé lit 2 pers, cuisine, 2 chambres (4 lits 1 pers), salle d'eau, wc indépendant. Chauffage central. Terrasse, grande cour de ferme, salon de jardin. 30 € le stère de bois. Ménage fin de séjour : 26 €. Parc Régional du Morvan. Possibilité VTT. Ouvert toute l'année.

LOISIRS ACCUEIL - NIEVRE - 3 rue du Sort - 58000 NEVERS
Tél. : 03 86 59 14 22 - Fax: 03 86 59 90 67 - Email : srla-nievre@wanadoo.fr - www.resinfrance.com

| BASSE SAIS. | MOY. SAIS. | HTE SAIS. | WEEK-END |
|---|---|---|---|
| 225 | 286 | 347 | 150 |

| | | | | |
|---|---|---|---|---|
| 3 | 3 | 15 | 40 | 3 |

## N° 716 — DUN-LES-PLACES — Mézauguichard
**NN    7 pers.**    CM 65 pli 16

Gîte indépendant. Séjour (clic-clac), cuisine, 3 chambres (3 lits 1 pers, 2 lits 2 pers), salle d'eau, wc. Chauffage électrique. Terrasse, terrain clos. Ménage fin de séjour : 50 €. Sur place : quad, rafting, équitation, pêche, randonnées, VTT. A proximité : visites du patrimoine historique (abbaye, théatre antique, centre archéologique et culturel). Loisirs : escalade, 4x4, ski nautique. Tradition gourmande : restaurants. Ouvert toute l'année.

LOISIRS ACCUEIL - NIEVRE - 3 rue du Sort - 58000 NEVERS
Tél. : 03 86 59 14 22 - Fax: 03 86 59 90 67 - Email : srla-nievre@wanadoo.fr - www.resinfrance.com

| BASSE SAIS. | MOY. SAIS. | HTE SAIS. | WEEK-END |
|---|---|---|---|
| 400 | 550 | 700 | 400 |

| | | | | | | | | |
|---|---|---|---|---|---|---|---|---|
| 20 | 15 | 0,5 | SP | SP | 0,2 | 60 | 15 | 30 | 1,5 |

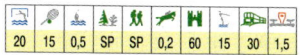

## N° 724 — DUN-LES-PLACES — Mézauguichard
**NN    7 pers.**

Gîte indépendant. Séjour, cuisine, 3 chambres (1 lit 1 pers, 2 lits 2 pers, 2 lits superposés), salle d'eau, wc. Chauffage électrique. Terrasse, terrain clos. Ménage fin de séjour : 50 €. Sur place : quad, rafting, équitation, pêche, randonnées, VTT. A proximité : visites patrimoine historique et culturel (abbaye, théatre antique, centre archéologique), loisirs (escalade, 4x4, ski nautique), tradition gourmande (nombreux restaurants).

LOISIRS ACCUEIL - NIEVRE - 3 rue du Sort - 58000 NEVERS
Tél. : 03 86 59 14 22 - Fax: 03 86 59 90 67 - Email : srla-nievre@wanadoo.fr - www.resinfrance.com

| BASSE SAIS. | MOY. SAIS. | HTE SAIS. | WEEK-END |
|---|---|---|---|
| 400 | 550 | 700 | 400 |

| | | | | | | | | |
|---|---|---|---|---|---|---|---|---|
| 20 | 15 | 0,5 | SP | SP | 0,2 | 60 | 15 | 30 | 1,5 |

## N° 713 — LAROCHEMILLAY — Le Ruault
**NN    5 pers.**    CM 69 pli 19

Lacs du Morvan 40 km. Autun 30 km. Au pied du Château de Larochemillay, dans un hameau. Gîte agréablement restauré à l'ancienne, face à un four à pain, attenant à la grange d'un voisin. Très belle vue. Au r.d.c. : séjour, coin-cuisine, chambre (1 lit 2 pers), salle de bains, wc. Au 1er étage: mezzanine (1 lit 1 pers) chambre (2 lit 1 pers). Chauffage électrique en sus. A 10 km de l'ancienne ville éduenne de Bibracte-Mont Beuvray (fouilles, musée). Possibilité achat de bois (5 € le panier) et de ménage fin de séjour : 30 €. Ouvert toute l'année.

LOISIRS ACCUEIL - NIEVRE - 3 rue du Sort - 58000 NEVERS
Tél. : 03 86 59 14 22 - Fax: 03 86 59 90 67 - Email : srla-nievre@wanadoo.fr - www.resinfrance.com

| BASSE SAIS. | MOY. SAIS. | HTE SAIS. | WEEK-END |
|---|---|---|---|
| 235 | 270 | 335 | 150 |

| | | | | | | | | |
|---|---|---|---|---|---|---|---|---|
| 11 | 11 | 1 | 0,5 | 0,5 | 11 | 50 | 30 | 11 | 2 |

## N° 698 — LURCY-LE-BOURG — Boulon
**NN    6 pers.**    CM 65 pli 14

Nevers 30 mn. Vézelay 1 h. Gîte très lumineux situé en retrait dans immense cour. Etat neuf : 90 m². Grande salle avec coin-cuisine, coin-salon, salle de bains, deux chambres (3 lits 1 pers chacune). Possibilité d'une chambre supplémentaire indépendante avec salle d'eau. Belle campagne, à proximité : plusieurs lieux de pêche et de baignade, vue panoramique, sentiers, forêts et châteaux. Vignobles de Pouilly, du Morvan, à 1/4 heure de la base de loisirs de Baye, à 10 mn du poney-club et de la ferme équestre.

LOISIRS ACCUEIL - NIEVRE - 3 rue du Sort - 58000 NEVERS
Tél. : 03 86 59 14 22 - Fax: 03 86 59 90 67 - Email : srla-nievre@wanadoo.fr - www.resinfrance.com

| MOY. SAIS. | HTE SAIS. | WEEK-END |
|---|---|---|
| 249 | 359 | 168 |

| | | | | | | | | |
|---|---|---|---|---|---|---|---|---|
| 25 | 6 | 2 | 2 | 0,5 | 11 | 28 | 14 | 35 | 6 |

## N° 723 — MARIGNY-SUR-YONNE
**NN    6 pers.**    CM 65 pli 15

A 15 km des portes du Morvan, maison indépendante située dans village traversé par le canal du Nivernais et la rivière Yonne, avec terrain de 1000 m² clos. Séjour (canapé convertible), cuisine, 2 chambres (1 lit 2 pers, 2 lits superposés 1 pers), salle d'eau, wc, chauffage central (20 €/semaine), terrasse, salon de jardin, garage, pétanque. Maison familiale entièrement rénovée, avec vue sur les monts du Morvan et un environnement très calme. Maison située au départ d'itinéraires de randonnée à pied, à cheval, en canoë et lieu d'étape de la véloroute du Canal du Nivernais. Ouvert toute l'année.

ROUSSEAU - Courcelanges - Chitry les Mines - 58800 CORBIGNY
Tél. : 03 86 20 17 18 - Email : sbenedit@club-internet.fr

| BASSE SAIS. | MOY. SAIS. | HTE SAIS. | WEEK-END |
|---|---|---|---|
| 230 | 260 | 305 | 155 |

| | | | | | | | | |
|---|---|---|---|---|---|---|---|---|
| 25 | 3 | SP | SP | SP | 5 | 15 | 12 | 3 | 3 |

BOURGOGNE — Pictos voir p. 12 — 105

# NIÈVRE - 58

## N° 728 MAUX — Chandioux — CM 69 pli 6

**NN  4 pers.**

Station thermale et Casino de St Honoré les Bains 15 km. Gîte indépendant dans la cour d'un château du XIIIème siècle. Salle à manger - salon avec cheminée (insert), cuisine, salle de bains, wc indépendant, 1 chambre 1 lit 2 pers, 1 chambre 2 lits 1 pers. Terrasse avec salon de jardin, petite cour fermée. Ménage : 46 €. Location draps : 6 €, linge de maison : 5 €. Stère de bois : 38 €. Mont Beuvray, Vézelay, saut du Gouloux à proximité, restaurant à 3 km. Ouvert toute l'année.

LOISIRS ACCUEIL - NIEVRE - 3 rue du Sort - 58000 NEVERS
Tél. : 03 86 59 14 22 - Fax : 03 86 59 90 67 - Email : srla-nievre@wanadoo.fr - www.resinfrance.com

| BASSE SAIS. | MOY. SAIS. | HTE SAIS. | WEEK-END |
|---|---|---|---|
| 251 | 298 | 380 | 181 |

| | | | | | | | | | |
|---|---|---|---|---|---|---|---|---|---|
| 8 | 15 | 1 | 0,1 | 1 | 3 | 20 | 30 | 8 | |

## N° 689 NOLAY — L'Abbaye — CM 69 pli 4

**NN  4 pers.**

Gîte indépendant mitoyen à la maison du propriétaire, sans vis à vis ni promiscuité. Rez-de-chaussée : séjour, cuisine, salon (magnétoscope), salle d'eau, wc. A l'étage : 2 chambres (1 lit 2 pers, 2 lits 1 pers). Chauffage électrique. Terrasse, bassin d'ornement, salon de jardin, terrain de boules et badminton, jeux pour enfants. Au coeur d'un parc paysagé et ombragé avec magnifique vue sur la campagne environnante, domaine clos, arboré et fleuri. Parking réservé. Prix charges comprises. Ouvert toute l'année.

LOISIRS ACCUEIL - NIEVRE - 3 rue du Sort - 58000 NEVERS
Tél. : 03 86 59 14 22 - Fax : 03 86 59 90 67 - Email : srla-nievre@wanadoo.fr - www.resinfrance.com

| BASSE SAIS. | MOY. SAIS. | HTE SAIS. | WEEK-END |
|---|---|---|---|
| 260 | 291 | 362 | 148 |

| | | | | | | | | |
|---|---|---|---|---|---|---|---|---|
| 24 | 7 | 7 | 1 | 1 | 3 | 28 | 2 | |

## N° 700 PARIGNY-LES-VAUX — Château de Mimont — CM 69 pli 3

**NN  6 pers.**

La Charité sur Loire 10 km. Gîte de caractère dans une aile de Château du XVIII siècle. Au rez-de-chaussée : séjour avec grand coin-cuisine, 2 chambres (2 lits 2 pers), salle de bains avec wc. Au 1er étage : 1 chambre (1 lit 2 pers), grand salon (75 m²) avec poutres apparentes, chauffage central au fuel (54 €). Meubles de jardin. Ménage fin de séjour 40 €. Vue imprenable sur la vallée de la Loire, parc paysagé de 30 ha. A 11 km de Nevers, Ville d'Art et d'Histoire. Ouvert toute l'année.

LOISIRS ACCUEIL - NIEVRE - 3 rue du Sort - 58000 NEVERS
Tél. : 03 86 59 14 22 - Fax : 03 86 59 90 67 - Email : srla-nievre@wanadoo.fr - www.resinfrance.com

| BASSE SAIS. | MOY. SAIS. | HTE SAIS. | WEEK-END |
|---|---|---|---|
| 370 | 470 | 600 | 280 |

| | | | | | | | | |
|---|---|---|---|---|---|---|---|---|
| SP | SP | 6 | SP | SP | 20 | 12 | 11 | 3 |

## N° 701 PARIGNY-LES-VAUX — Château de Mimont — CM 69 pli 3

**EC  NN  4 pers.**

Nevers 12 km. La Charité sur Loire 10 km. Maison indépendante dans le parc du Château de Mimont. Séjour avec coin cuisine, 2 chambres (2 lits 1 pers, 1 lit 2 pers), salle d'eau, wc. Chauffage central au fuel (30 €/semaine). Terrain clos, salon de jardin, piscine, tennis. Ménage fin de séjour : 40 €. Parc paysagé de 30 ha. Nevers : ville d'Art et d'Histoire. Ouvert toute l'année.

LOISIRS ACCUEIL - NIEVRE - 3 rue du Sort - 58000 NEVERS
Tél. : 03 86 59 14 22 - Fax : 03 86 59 90 67 - Email : srla-nievre@wanadoo.fr - www.resinfrance.com

| BASSE SAIS. | MOY. SAIS. | HTE SAIS. | WEEK-END |
|---|---|---|---|
| 260 | 330 | 420 | 275 |

| | | | | | | | | |
|---|---|---|---|---|---|---|---|---|
| SP | SP | 6 | SP | SP | 10 | 20 | 12 | 3 |

## N° 729 REMILLY — Mont — CM 69 pli 6

**NN  4 pers.**

Maison indépendante de plain pied comprenant séjour (canapé convertible 2 pers), possibilité lit enfant (dépliant), une chambre (1 lit 2 pers), salle d'eau (douche), wc indépendant. Chauffage électrique (35 € par semaine). Terrasse, salon de jardin. Draps inclus dans le tarif. Possibilité ménage fin de séjour : 35 €. Gîte situé dans le Parc Régional Naturel du Morvan, à proximité de Chateau-Chinon (musée du Septennat et du Costume), du musée de la Mine à la Machine, du lac des Settons et de la ville Gallo-romaine d'Autun. Ouvert toute l'année.

Everardus VAN STRAATEN - Mont - 58250 REMILLY
Tél. : 03 86 30 92 98 - Email : marjoleinened@tele2.fr

| BASSE SAIS. | MOY. SAIS. | HTE SAIS. | WEEK-END |
|---|---|---|---|
| 245 | 245 | 245 | 145 |

| | | | | | | | |
|---|---|---|---|---|---|---|---|
| 11 | 11 | 1 | SP | SP | 11 | 7 | 2 | 15 |

## N° 710 SEMELAY — La Baume — CM 69 pli 6

**NN  6 pers.**

Mont Beuvray 25 km. Maison indépendante typiquement morvandelle et parfaitement restaurée, de plain pied. Séjour avec coin cuisine, salon, 3 ch. (1 lit 2 pers, 4 lits 1 pers), salle d'eau, wc, chauffage au fuel, garage, salon de jardin, terrain clos. Possibilité ménage fin de séjour : 30 €. Stère de bois : 32 €. Station thermale de Saint Honoré les Bains, tous les loisirs, au coeur des chemins de randonnée. Ouvert toute l'année sauf les week-end d'hiver.

Jean-Pierre DE SEROUX - Les Bouillons - 58360 SEMELAY
Tél. : 03 86 30 91 56 - Fax : 03 86 30 91 56

| BASSE SAIS. | MOY. SAIS. | HTE SAIS. | WEEK-END |
|---|---|---|---|
| 350 | 350 | 400 | |

| | | | | | | | | |
|---|---|---|---|---|---|---|---|---|
| 11 | 11 | 10 | SP | SP | 11 | 90 | 40 | 14 | 11 |

# NIÈVRE - 58

## N° 702 — ST-AMAND-EN-PUISAYE — Les Buttots
CM 65 pli 3

NN — 4 pers.

Maison indépendante de caractère tout confort dans cadre calme et arboré. Séjour, salon, cuisine, 2 chambres (1 lit 2 pers, 2 lits 1 pers), salle d'eau, wc. Chauffage électrique, terrain clos. Magnétoscope, salon de jardin, portique. Possibilité ménage fin de séjour : 35 €. Location de draps : 10 € par lit. A Saint Amand en Puisaye, Pays des Potiers, à proximité : Saint Fargeau (son et lumières en juillet-août), chantier médiéval de Guédelon, Parc de Boutissaint, lac du Bourdon. Ouvert toute l'année.

Gérard BOBET - Les Buttots - 58310 ST-AMAND-EN-PUISAYE
Tél. : 03 86 39 77 34 - 06 80 89 95 94 - Email : paribob@wanadoo.fr

| BASSE SAIS. | MOY. SAIS. | HTE SAIS. | WEEK-END | | | | | | | | | |
|---|---|---|---|---|---|---|---|---|---|---|---|---|
| 280 | 295 | 295 | 145 | 12 | 2 | 2 | SP | SP | 12 | 25 | 12 | 15 | 2 |

## N° 731 — ST-ELOI — Trangy
CM 69 pli 4

NN — 12 pers.

Nevers 6 km. Circuit de Nevers/Magny-Cours 15 mn. Maison de maître construite au tout début du XIXe siècle dans un parc de 4 ha aux essences variées. 6 chambres confortables, grande cuisine et salle à manger, grand salon, 3 salles d'eau + 3 wc permettent d'accueillir 12 pers. Mobilier de style et décoration créent une ambiance très familiale. Maison mitoyenne mais sans promiscuité ni vis à vis. A proximité, le Poney-club et le centre équestre permettent une pratique à tous âges et tous niveaux. L'immense forêt domaniale et randonnées balisées sur place. A Nevers ville d'art et d'histoire.

Guy et Chantal DE VALMONT - 8 route de Trangy - 58000 ST-ELOI
Tél. : 03 86 37 11 27 - Fax : 03 86 37 18 75 - Email : chantalguy.devalmont@free.fr - www.gitetrangy.free.fr

| BASSE SAIS. | MOY. SAIS. | HTE SAIS. | WEEK-END | | | | | | | | | |
|---|---|---|---|---|---|---|---|---|---|---|---|---|
| 780 | 780 | 780 | 400 | 4 | 4 | SP | 2 | 2 | SP | 30 | 45 | 6 | 4 |

## N° 722 — ST-GRATIEN-SAVIGNY
CM 69 pli 5

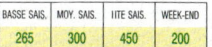

NN — 6 pers.

Parc régional du Morvan 15 km. Canal du Nivernais 3 km. Ancien moulin du 17ème siècle transformé en ferme au 19ème, restauré en 2001 et 2002, sur 5000 m² de terrain partiellement clos, sans voisinage. Photos et informations : www.nousautres.net/moulin. Grand séjour/cuisine, 3 chambres (2 lits 2 pers, 2 lits 1 pers), lit, chaise et baignoire pour bébé, salle d'eau, wc. Chauffage central fuel et poêle à bois. A 3 km Cercy la Tour (gare, tous commerces et services). Proche de nombreuses rivières et de forêts, chemins de randonnées, chemins de halage (idéal pour promenades à vélo).

LOISIRS ACCUEIL - NIEVRE - 3 rue du Sort - 58000 NEVERS
Tél. : 03 86 59 14 22 - Fax : 03 86 59 90 67 - Email : srla-nievre@wanadoo.fr - www.resinfrance.com

| BASSE SAIS. | MOY. SAIS. | HTE SAIS. | WEEK-END | | | | | | | | | |
|---|---|---|---|---|---|---|---|---|---|---|---|---|
| 265 | 300 | 450 | 200 | 3 | 3 | SP | SP | SP | 3 | 80 | 15 | 3 | 3 |

## N° 719 — ST-SAULGE — Ramceau
CM 69 pli 5

NN — 4 pers.

Maison indépendante comprenant au rez-de-chaussée séjour, cuisine, une salle de bains, wc. A l'étage : 2 chambres (2 lits 1 pers, 1 lit 2 pers), une salle d'eau, wc. Chauffage cuisinière au fuel sans manipulation, radiateurs électriques (inclus dans le tarif). Terrasse, salon de jardin. Terrain clos. Proche des étangs de Vaux et de Baye où l'on peut pratiquer pêche et voile, du Canal du Nivernais (navigation de plaisance). A mi-chemin entre le Parc Régional du Morvan et le Val de Loire riche en histoire. Ouvert à partir du 1er avril jusqu'au 1er novembre.

LOISIRS ACCUEIL - NIEVRE - 3 rue du Sort - 58000 NEVERS
Tél. : 03 86 59 14 22 - Fax : 03 86 59 90 67 - Email : srla-nievre@wanadoo.fr - www.resinfrance.com

| BASSE SAIS. | MOY. SAIS. | HTE SAIS. | WEEK-END | | | | | | | | | |
|---|---|---|---|---|---|---|---|---|---|---|---|---|
| 210 | 240 | 320 | 155 | 14 | 2 | SP | SP | SP | 10 | 20 | 30 | 2 |

## N° 727 — VARENNES-BOURG — Le Champ Barreau
CM 69 pli 4

NN — 6 pers.

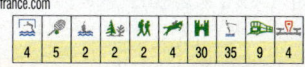

Maison indépendante entourée d'un jardin et d'un terrain clos. Séjour cuisine, salon, 1 chambre (1 lit 2 pers), salle de bains, wc. A l'étage : 2 chambres (1 lit 2 pers dans la 1ère, 2 lits 1 pers dans la seconde), mezzanine : salon, salle d'eau. Chauffage au fuel (7,65 € la semaine). Terrasse, salon de jardin. Possibilité ménage : 23 €. Tous loisirs à Nevers, ville d'Art et d'Histoire. Circuit automobile de F1 à 15 km. Parcours de santé au CRAPA, bois de la Brosse. Etang de Niffon à proximité. A 4 km du Casino de Pougues les Eaux. A 1 km de l'A 77. Ouvert du 29 mai au 2 octobre.

LOISIRS ACCUEIL - NIEVRE - 3 rue du Sort - 58000 NEVERS
Tél. : 03 86 59 14 22 - Fax : 03 86 59 90 67 - Email : srla-nievre@wanadoo.fr - www.resinfrance.com

| MOY. SAIS. | HTE SAIS. | WEEK-END | | | | | | | | | |
|---|---|---|---|---|---|---|---|---|---|---|---|
| 291 | 342 | 179 | 4 | 5 | 2 | 2 | 2 | 4 | 30 | 35 | 9 | 4 |

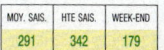

**BOURGOGNE** — Pictos voir p. 12

Préparez vos vacances en vous connectant sur notre site internet et partez à la découverte de l'univers des Gîtes de France !
http://www.gites-de-france.fr
e-mail : info@gites-de-france.fr

# SAÔNE ET LOIRE - 71

**GITES DE FRANCE** - Service Réservation
Esplanade du Breuil - B.P. 522 - 71010 MACON Cédex
Tél. 03 85 29 55 60 - Fax. 03 85 38 61 98 - www.gites-de-france.fr

*3615 Gîtes de France RESA - 0,2 €/mn*

## N° 1104 ANOST — CM 69 pli 7

**EC — NN — 8 pers.**

Vaste maison bourgeoise restaurée et décorée avec soin situé au coeur d'un petit bourg movandiaux. Au rez-de-chaussée : cuisine équipée, salon, salle à manger, 1 chambre (1 lit 2 pers.), salle d'eau et wc. Au 1er étage : 4 chambres (3 lits 1 pers. 2 lits 2 pers.), salle de bains (baignoire et douche), wc. Au 2è étage: salle de jeux (ping-pong, baby-foot). Chauffage compris. Cour et terrain clos. Garage. Tennis, baignade, forêt 1 km. Piscine 20 km. Commerces et services sur place.

GITES DE FRANCE-SERVICE RESERVATION - Esplanade du Breuil - BP 522 - 71010 MACON Cedex
Tél. : 03 85 29 55 60 - Fax : 03 85 38 61 98 - www.gites-de-france.fr

| BASSE SAIS. | MOY. SAIS. | HTE SAIS. | WEEK-END | MID-WEEK |     |   |   |   |    |     |   |     |    |    |
|---|---|---|---|---|---|---|---|---|---|---|---|---|---|---|
| 400 | 480 | 600 | 240 | 240 | 20 | 1 | 1 | 1 | SP | 0,2 | 1 | 0,5 | 20 | SP |

## N° 1088 LES BIZOTS — Les Gandards — CM 69 pli 8

**EC — NN — 5 pers.**

Dans une ancienne ferme restaurée disposant d'une jolie vue dégagée sur la campagne, gîte de plain-pied aménagé à proximité du propriétaire. Séjour, coin-salon, cuisine équipée (convertible 2 pers.), cuisine équipée (micro-ondes), 2 chambres (2 lits 2 pers. 1 lit 1 pers. 160x220 cm), salle de bains (douche et baignoire), wc. Chauffage central. Commerces et services 3 km. Forfait chauff. 38 €/semaine.

GITES DE FRANCE-SERVICE RESERVATION - Esplanade du Breuil - BP 522 - 71010 MACON Cedex
Tél. : 03 85 29 55 60 - Fax : 03 85 38 61 98 - www.gites-de-france.fr

| BASSE SAIS. | MOY. SAIS. | HTE SAIS. | WEEK-END | MID-WEEK |    |   |   |    |    |    |   |    |   |
|---|---|---|---|---|---|---|---|---|---|---|---|---|---|
| 220 | 275 | 300 | 137 | 137 | 10 | 6 | 4 | 10 | 12 | 10 | 2 | 10 | 3 |

## N° 1076 BOURGVILAIN — Corcelles — CM 69 pli 19

**NN — 4 pers.**

A quelques kilomètres de Cluny, maison ancienne de caractère restaurée avec goût, totalement indépendante située dans un joli hameau et disposant d'une très belle vue. Au rez-de-chaussée : Séjour (coin-repas et salon, poêle cheminée), cuisine équipée (réfrigérateur/congélateur), salle d'eau, wc. Au 1er étage : 2 chambres (2 lits 1 pers., 1 lit 2 pers.), wc, chauffage électrique. 2 terrasses, jardin aménagé non clos.

GITES DE FRANCE-SERVICE RESERVATION - Esplanade du Breuil - BP 522 - 71010 MACON Cedex
Tél. : 03 85 29 55 60 - Fax : 03 85 38 61 98 - www.gites-de-france.fr

| BASSE SAIS. | MOY. SAIS. | HTE SAIS. | WEEK-END | MID-WEEK |    |    |   |     |     |   |   |    |   |
|---|---|---|---|---|---|---|---|---|---|---|---|---|---|
| 243 | 304 | 380 | 152 | 152 | 10 | 10 | 4 | 0,5 | 0,5 | 3 | 8 | 20 | 3 |

## N° 1081 CHAMPAGNY-SOUS-UXELLES — CM 69 pli 19

**EC — NN — 2 pers.**

Petit gîte entièrement rénové à proximité du propriétaire dans un village très calme situé près de Cormatin et Chapaize. Au rez-de-chaussée : séjour avec coin-cuisine (convertible 2 pers.), salle d'eau, wc. Au 1er étage accessible par escalier de meunier : 1 chambre (1 lit 2 pers.), espace repos dans véranda. Coin bibliothèque. Chauffage central. Terrasse et jardin non clos. Vélos à disposition. Pêche, forêt 2 km. Tennis, équitation 5 km. Plan d'eau 10 km. Voie Verte 8 km. Commerces et services 10 km. Chauffage central et électrique. Forfait chauff. 38 €/semaine.

Christel GUMEZ - Le Bourg - 71460 CHAMPAGNY-SOUS-UXELLES
Tél. : 03 85 92 65 31 - http://gitechampagny.free.fr

| BASSE SAIS. | MOY. SAIS. | HTE SAIS. | WEEK-END | MID-WEEK |    |   |   |    |   |    |   |    |    |
|---|---|---|---|---|---|---|---|---|---|---|---|---|---|
| 165 | 200 | 250 | 105 | 105 | 15 | 5 | 2 | 2 | SP | 5 | 10 | 8 | 15 | 10 |

## N° 1099 CHEVAGNY-SUR-GUYE — CM 69 pli 18

**EC — NN — 4 pers.**

Aux confins du Clunysois et des monts du charolais, charmante maison de pays restaurée avec soin, située à proximité des propriétaires dans un petit village très calme. Au Rez-de-chaussée, salon (convertible 2 pers.), cuisine équipée (réfrigérateur-congélateur), salle de bains (douche et baignoire), wc. Au 1er étage, 2 chambres (1 lit 2 pers.160x200 cm, 2 lits 1 pers.), lavabo, wc. Chauffage central et électrique. Terrasse et jardin arboré non clos. Lac 10 km, Voie Verte 20 km. Commerces et service 6 km. Anglai et espagnol parlés. Forfait chauff. 35 €/semaine.

GITES DE FRANCE-SERVICE RESERVATION - Esplanade du Breuil - BP 522 - 71010 MACON Cedex
Tél. : 03 85 29 55 60 - Fax : 03 85 38 61 98 - www.gites-de-france.fr

| BASSE SAIS. | MOY. SAIS. | HTE SAIS. | WEEK-END | MID-WEEK |    |    |    |   |    |    |    |    |   |
|---|---|---|---|---|---|---|---|---|---|---|---|---|---|
| 220 | 280 | 300 | 140 | 140 | 25 | 10 | 10 | 2 | SP | 25 | 10 | 25 | 35 | 6 |

BOURGOGNE
Pictos voir p. 12

# SAÔNE ET LOIRE - 71

## N° 1085 COUCHES — Les Gobillots
CM 699 pli 8

**NN** — 6 pers.

Maison ancienne entièrement rénovée, de très bon confort, située dans hameau du vignoble couchois près du propriétaire. Rez-de-chaussée : Cuisine avec cellier (réfrigérateur/congélateur), séjour avec salon. À l'étage : 3 chambres (2 lits 2 pers., 2 lits 1 pers. convertible 2 pers.) dont 1 avec wc et salle d'eau privatifs + salle d'eau et wc. Chauffage électrique. Cheminée avec poêle à bois. Terrain clos. Table de ping-pong sur place. Tennis, pêche, forêt, baignade, commerces 1 km. Sentiers, vignoble sur place. Draps fournis gratuitement. Possibilité ménage en supplément.

GITES DE FRANCE-SERVICE RESERVATION - Esplanade du Breuil - BP 522 - 71010 MACON Cedex
Tél. : 03 85 29 55 60 - Fax : 03 85 38 61 98 - www.gites-de-france.fr

| BASSE SAIS. | MOY. SAIS. | HTE SAIS. | WEEK-END | MID-WEEK |
|---|---|---|---|---|
| 365 | 400 | 500 | 195 | 195 |

| | | | | | | | | |
|---|---|---|---|---|---|---|---|---|
| 10 | 1 | 1 | 1 | SP | 20 | 10 | SP | 5 | 1 |

## N° 1075 DYO
CM 69 pli 17

**NN** — 2 pers.

Petit gîte de plain-pied, aménagé dans les dépendances d'un ancien moulin traversé par la Conche et au bord d'un petit étang. Séjour avec coin-cuisine, 1 chambre (1 lit 2 pers.), salle d'eau, wc. Chauffage électrique. Terrasse, cour fermée, terrain non clos. Pêche sur place. Piscine, tennis, vélos 8 km. Lac 11 km. Produits fermiers sur place (Volailles, charcuterie, boeuf). Possibilité visite de l'exploitation. Commerces et services 2 et 8 km.

GITES DE FRANCE-SERVICE RESERVATION - Esplanade du Breuil - BP 522 - 71010 MACON Cedex
Tél. : 03 85 29 55 60 - Fax : 03 85 38 61 98 - www.gites-de-france.fr

| BASSE SAIS. | MOY. SAIS. | HTE SAIS. | WEEK-END | MID-WEEK |
|---|---|---|---|---|
| 152 | 183 | 215 | 90 | 90 |

| | | | | | | | | |
|---|---|---|---|---|---|---|---|---|
| 8 | 8 | SP | SP | SP | 6 | 11 | 11 | 2 |

## N° 1084 FLEURY-LA-MONTAGNE
CM 73 pli 8

**NN** — 9 pers.

Gîte exceptionnel, de grand confort dans maison indépendante, avec piscine couverte privative de 32 m². Vaste cuisine équipée (congélateur etc...), buanderie (sèche-linge), salle à manger, grand salon. Chambre accessible aux handicapés avec coin salon, salle d'eau et wc privatifs (1 lit 2 pers.). Aux 1er et 2ème étages : 4 chambres avec salle d'eau et wc privatifs (4 lits 1 pers. 2 lits 2 pers.). Chauffage central compris. Terrasse, terrain. Abri couvert. Sentiers, tennis 0.5 km. Commerces 0.5 km. Services 6 km.

GITES DE FRANCE-SERVICE RESERVATION - Esplanade du Breuil - BP 522 - 71010 MACON Cedex
Tél. : 03 85 29 55 60 - Fax : 03 85 38 61 98 - www.gites-de-france.fr

| BASSE SAIS. | MOY. SAIS. | HTE SAIS. | WEEK-END |
|---|---|---|---|
| 1300 | 1500 | 1700 | 730 |

| | | | | | | | |
|---|---|---|---|---|---|---|---|
| SP | 0,5 | 5 | SP | 15 | 25 | 7 | 30 | 0,5 |

## N° 1101 GERMOLLES-SUR-GROSNE — Les Thozets
CM 69 pli 18

**EC** — **NN** — 5 pers.

Entre Mâconnais et Beaujolais, gîte indépendant aménagé dans une maison de pays entièrement rénovée à proximité du propriétaire. Rez-de-chaussée surélevé comprenant un séjour avec coin cuisine intégrée, coin salon, 2 chambres (1 lit 2 pers. 160x200 cm, 3 lits 1 pers.), salle d'eau, wc. Chauffage central. Cour close. Abri voiture. Forfait chauff. 50 €/semaine.

GITES DE FRANCE-SERVICE RESERVATION - Esplanade du Breuil - BP 522 - 71010 MACON Cedex
Tél. : 03 85 29 55 60 - Fax : 03 85 38 61 98 - www.gites-de-france.fr

| BASSE SAIS. | MOY. SAIS. | HTE SAIS. | WEEK-END | MID-WEEK |
|---|---|---|---|---|
| 250 | 302 | 368 | 150 | 150 |

| | | | | | | | |
|---|---|---|---|---|---|---|---|
| 11 | 5 | 0,1 | 0,8 | SP | 5 | 10 | 5 | 22 | 5 |

## N° 1080 LA GRANDE-VERRIERE — Les Tréaux
CM 69 pli 7

**EC** — **NN** — 4 pers.

Gîte totalement indépendant disposant d'une très jolie vue dégagée sur un petit village au coeur du Parc du Morvan. Rez-de-chaussée surélévé comprenant une cuisine équipée, une salle à manger avec coin-salon, 2 chambres (1 lit 2 pers. 2 lits 1 pers.), salle de bains et wc. Chauffage central compris. Garage.

GITES DE FRANCE-SERVICE RESERVATION - Esplanade du Breuil - BP 522 - 71010 MACON Cedex
Tél. : 03 85 29 55 60 - Fax : 03 85 38 61 98 - www.gites-de-france.fr

| BASSE SAIS. | MOY. SAIS. | HTE SAIS. | WEEK-END | MID-WEEK |
|---|---|---|---|---|
| 210 | 250 | 305 | 118 | 118 |

| | | | | | | | | |
|---|---|---|---|---|---|---|---|---|
| 14 | 14 | 0,5 | 0,5 | SP | 6 | 14 | 14 | 0,5 |

## N° 1102 HURIGNY — Salornay
CM 69 pli 19

**EC** — **NN** — 5 pers.

Maison ancienne restaurée avec soin comprenant 2 gîtes mitoyens, dans le cadre de la ferme du Château de Salornay. Au rez-de-chaussée, cuisine équipée (réfrigérateur-congélateur), salon (magnétoscope), wc. Au 1er étage, 2 chambres (1 lit 2 pers. 3 lits 1 pers. 1 convertible 1 pers.), salle d'eau, wc. Chauffage central compris. Terrasse, cour et jardin.

GITES DE FRANCE-SERVICE RESERVATION - Esplanade du Breuil - BP 522 - 71010 MACON Cedex
Tél. : 03 85 29 55 60 - Fax : 03 85 38 61 98 - www.gites-de-france.fr

| BASSE SAIS. | MOY. SAIS. | HTE SAIS. | WEEK-END |
|---|---|---|---|
| 368 | 368 | 418 | 250 |

| | | | | | | | |
|---|---|---|---|---|---|---|---|
| 4 | 0,2 | 4 | 5 | SP | 4 | 15 | SP | 4 | 2 |

**BOURGOGNE**

# SAÔNE ET LOIRE - 71

## N° 1103 — HURIGNY — Salornay — CM 69 pli 19

**EC   NN   5 pers.**

Maison ancienne restaurée avec soin comprenant 2 gîtes mitoyens, dans le cadre de la ferme du Château de Salornay. Au rez-de-chaussée, cuisine équipée (réfrigérateur/congélateur), salon-salle à manger (magnétoscope), wc. Au 1er étage, 1 chambre (1 lit 2 pers.), salle d'eau, wc. Au 2è étage, 1 chambre (3 lits 1 pers.), wc. Chauffage central compris. Lits faits à l'arrivée. Terrasse, abri couvert. Cour et jardin. Voie Verte 1 km. Commerces et services 2 km.

GITES DE FRANCE-SERVICE RESERVATION - Esplanade du Breuil - BP 522 - 71010 MACON Cedex
Tél. : 03 85 29 55 60 - Fax : 03 85 38 61 98 - www.gites-de-france.fr

| BASSE SAIS. | MOY. SAIS. | HTE SAIS. | WEEK-END |
|---|---|---|---|
| 368 | 368 | 418 | 250 |

| | | | | | | | | | |
|---|---|---|---|---|---|---|---|---|---|
| 4 | 0,2 | 4 | 5 | SP | 4 | 15 | SP | 4 | 2 |

## N° 1096 — IGORNAY — CM 69 pli 8

**EC   NN   2 pers.**

Aux portes du Parc du Morvan et d'Autun, dans un petit village, gîte mitoyen avec le propriétaire au 1er étage comprenant séjour avec coin cuisine intégrée, 1 chambre (1 lit 2 pers.), salle d'eau et wc. Chauffage électrique. Cour close privative. Sentiers, forêts, pêche sur place. Commerces sur place. Autres loisirs et services 12 km.

Xavier GUENOT - Le bourg - 71540 IGORNAY
Tél. : 03 85 82 82 33 - 03 85 82 82 58 - Email : xavier.guenot@wanadoo.fr

| BASSE SAIS. | MOY. SAIS. | HTE SAIS. | WEEK-END | MID-WEEK |
|---|---|---|---|---|
| 120 | 150 | 180 | 75 | 75 |

| | | | | | | | | |
|---|---|---|---|---|---|---|---|---|
| 12 | 0,5 | SP | SP | SP | 12 | 12 | 12 | SP |

## N° 1082 — LUGNY — Fissy — CM 69 pli 19

**EC   NN   2 pers.**

Gîte aménagé à proximité du propriétaire au rez-de-chaussée d'un ancien et vaste domaine viticole du mâconnais. Plain-pied comprenant cuisine, salon (convertible 2 pers.), 1 chambre (1 lit 2 pers.), salle d'eau et wc. Chauffage électrique. Vaste terrain clos ombragé. Galerie couverte. Garage.

Christiane et Max DE PAZ - Fissy - Cidex 1284 - 71260 LUGNY
Tél. : 03 85 33 20 20

| BASSE SAIS. | MOY. SAIS. | HTE SAIS. |
|---|---|---|
| 135 | 185 | 230 |

| | | | | | | | | |
|---|---|---|---|---|---|---|---|---|
| 11 | 2,5 | 1 | 3 | SP | 11 | 8 | 11 | 3 |

## N° 1089 — MARY — Les Champs Dessus — CM 69 pli 18

**EC   NN   2 pers.**

Dans maison neuve du propriétaire au rez-de-chaussée, gîte comprenant une pièce commune (convertible 2 pers.) avec kitchenette aménagée. 1 chambre (1 lit 2 pers.). Chauffage géothermique par le sol compris. Cour. Forêt, sentiers 0.3 km. Commerces 3 km. Services 13 km. Gîte non fumeur.

| BASSE SAIS. | MOY. SAIS. | HTE SAIS. | WEEK-END | MID-WEEK |
|---|---|---|---|---|
| 200 | 200 | 220 | 120 | 120 |

| | | | | | | | | |
|---|---|---|---|---|---|---|---|---|
| 13 | 13 | 6 | 0,3 | 0,3 | 12 | 6 | 15 | 3 |

## N° 1094 — MUSSY-SOUS-DUN — Le Vigneau — 580 m — CM 73 pli 8

**EC   NN   5 pers.**

Sous la Montagne de Dun, au milieu des prés et des bois, maison totalement indépendante comprenant au Rez-de-chaussée : cuisine, séjour, salon, salle de bains et wc. A l'étage : 2 chambres (2 lits 2 pers, 1 lit 1 pers.). Chauffage central. Cour close. Sentiers et forêts sur place. Pêche 3 km. Piscine, tennis 8 km. Commerces et services 8 km. Forfait chauffage : 35 €/semaine.

GITES DE FRANCE-SERVICE RESERVATION - Esplanade du Breuil - BP 522 - 71010 MACON Cedex
Tél. : 03 85 29 55 60 - Fax : 03 85 38 61 98 - www.gites-de-france.fr

| BASSE SAIS. | MOY. SAIS. | HTE SAIS. |
|---|---|---|
| 200 | 240 | 290 |

| | | | | | | | |
|---|---|---|---|---|---|---|---|
| 8 | 8 | 3 | SP | SP | 12 | 9 | 8 | 8 |

## N° 1079 — PERREUIL — Etevoux

**NN   5 pers.**

Dans vieille demeure de caractère du XVIIè de type Bourguignon, mitoyenne du propriétaire. Rez-de-chaussée comprenant un grand séjour (convertible) avec cuisine américaine (congélateur, poêle lorrain). Salle d'eau, wc. A l'étage : 2 chambres (1 lit 2 pers., 2 lits 1 pers.), mezzanine (1 lit 1 pers.) salle de bains, wc. Cour close avec abri voiture indépendant. Sentiers sur place. Tennis 1 km. Pêche 2 km. Port fluvial sur canal à 4 km. Commerces et services 4 km.

GITES DE FRANCE-SERVICE RESERVATION - Esplanade du Breuil - BP 522 - 71010 MACON Cedex
Tél. : 03 85 29 55 60 - Fax : 03 85 38 61 98 - www.gites-de-france.fr

| BASSE SAIS. | MOY. SAIS. | HTE SAIS. | WEEK-END |
|---|---|---|---|
| 330 | 360 | 400 | 160 |

| | | | | | | | |
|---|---|---|---|---|---|---|---|
| 11 | 1 | 2 | 5 | SP | 4 | 8 | 11 | 1 |

BOURGOGNE — Pictos voir p. 12

# SAÔNE ET LOIRE - 71

## N° 1093 PIERRE-DE-BRESSE — Grandmont — CM 70 pli 39

**EC** **NN** **4 pers.**

En Bresse Bourguignonne, à quelques kilomètres du Jura et de la Côte d'Or, chalet indépendant aménagé dans un hameau très calme du village à proximité de l'exploitation. Rez-de-chaussée surélevé comprenant une grande terrasse couverte (plein sud), séjour avec coin cuisine (congélateur), coin salon (convertible 2 pers.). 2 chambres (1 lit 2 pers., pers. 2 lits 1 pers.), salle d'eau, wc. Chauffage électrique. Vaste terrain arboré. Etang privé à disposition (4 km). Pêche en doubs (4 km). Sentiers balisés, tennis, vélos 2 km. Lac 30 km. Commerces et services 2 km.

Françoise MANGIN - GAEC de la Sigraie - 20 rue de la Sigraie - 71270 PIERRE-DE-BRESSE
Tél. : 03 85 72 85 13 - 06 78 77 41 36 - Fax : 03 85 72 85 13 - Email : sigraie@wanadoo.fr - www.isasite.net/ferme-de-la-sigraie

| BASSE SAIS. | MOY. SAIS. | HTE SAIS. | WEEK-END | MID-WEEK | | | | | | | | | |
|---|---|---|---|---|---|---|---|---|---|---|---|---|---|
| 256 | 320 | 400 | 115 | 115 | 15 | 2 | 4 | 2 | 2 | 15 | 30 | 2 | 20 | 2 |

## N° 1098 PLOTTES — CM 69 pli 19

**EC** **NN** **4 pers.**

Maison ancienne restaurée située dans un joli village du Tournugeois, dans le cadre d'une vieille propriété du XVIème siècle à proximité de la propriétaire. Rez-de-chaussée surélevé comprenant une galerie couverte, 1 cuisine équipée, 1 salon avec coin bibliothèque (poêle cheminée), 2 chambres (1 lit 2 pers. 2 lits 1 pers.), 1 salle d'eau, wc. Chauffage électrique. Cour et terrain clos. Lac 10 km. Golf 15km. Commerces et services 5 km. Senties balisés, découverte du patrimoine naturel et rural de Plottes, ateliers restauration de cadoles et lavoirs. Gîte non fumeur.

GITES DE FRANCE-SERVICE RESERVATION - Esplanade du Breuil - BP 522 - 71010 MACON Cedex
Tél. : 03 85 29 55 60 - Fax : 03 85 38 61 98 - www.gites-de-france.fr

| MOY. SAIS. | HTE SAIS. | WEEK-END | | | | | | | | |
|---|---|---|---|---|---|---|---|---|---|---|
| 300 | 320 | 150 | 5 | 5 | 5 | 1 | SP | 15 | 10 | 5 | 5 |

## N° 1105 ROUSSILLON-EN-MORVAN — Le Chezet — CM 69 pli 7

**EC** **NN** **8 pers.**

Gîte totalement indépendant de grand confort, aménagé dans une ferme de pays disposant d'une vue magnifique sur le massif du Morvan. Rez-de-chaussée : salon, salle à manger, cuisine équipée, wc. Au 1er étage : 4 chambres (2 lits 2 pers. 4 lits 1 pers.), 2 salles de bains, 2 wc. Chauffage central compris. Cour et terrain clos.

GITES DE FRANCE-SERVICE RESERVATION - Esplanade du Breuil - BP 522 - 71010 MACON Cedex
Tél. : 03 85 29 55 60 - Fax : 03 85 38 61 98 - www.gites-de-france.fr

| BASSE SAIS. | MOY. SAIS. | HTE SAIS. | WEEK-END | MID-WEEK | | | | | | | | | |
|---|---|---|---|---|---|---|---|---|---|---|---|---|---|
| 400 | 480 | 600 | 240 | 240 | 20 | 10 | 8 | 0,5 | SP | 15 | 10 | 25 | 10 | 20 | 10 |

## N° 1092 ST-BOIL — La Tuilerie — CM 69 pli 19

**EC** **NN** **3 pers.**

Dans le cadre d'une ancienne tuilerie artisanale, Marie-Laure, céramiste, a aménagé avec simplicité un petit gîte de plain-pied situé à quelques centaines de mètres de la Voie Verte. Logement mitoyen comprenant 1 cuisine équipée, 1 chambre (1 lit 2 pers.), salon (1 lit 1 pers. 1 convertible 2 pers.), salle d'eau et wc. Chauffage central gaz et électrique. Terrasse et vaste terrain asrbord non clos. Equitation 5 km. Piscine 2 km. Lac 15 km. Vélos 7 km. Voie Verte à 100 m. Commerces et services 1 et 7 km. Forfait chauff. 50 E/semaine.

GITES DE FRANCE-SERVICE RESERVATION - Esplanade du Breuil - BP 522 - 71010 MACON Cedex
Tél. : 03 85 29 55 60 - Fax : 03 85 38 61 98 - www.gites-de-france.fr

| BASSE SAIS. | MOY. SAIS. | HTE SAIS. | WEEK-END | MID-WEEK | | | | | | | | | |
|---|---|---|---|---|---|---|---|---|---|---|---|---|---|
| 218 | 268 | 301 | 134 | 134 | 5 | 7 | 6 | 2 | SP | 5 | 15 | 7 | 20 | 1 |

## N° 1087 ST-CLEMENT-SUR-GUYE — CM 69 pli 18

**NN** **4 pers.**

Maison ancienne typique restaurée, située dans un joli petit village à quelques kilomètres de Saint-Gengoux. Rez-de-chaussée surélevé : petite galerie couverte, séjour comprenant un coin cuisine (congélateur, micro-ondes), un coin salon (cheminée à insert, magnétoscope). Au 1er étage : 2 chambres (1 lit 2 pers. 2 lits 1 pers.), salle de bains, wc. Chauffage électrique compris. Jardinet clos. Randonnées Quads sur place. Commerces et services 3 km.

GITES DE FRANCE-SERVICE RESERVATION - Esplanade du Breuil - BP 522 - 71010 MACON Cedex
Tél. : 03 85 29 55 60 - Fax : 03 85 38 61 98 - www.gites-de-france.fr

| BASSE SAIS. | MOY. SAIS. | HTE SAIS. | | | | | | | | |
|---|---|---|---|---|---|---|---|---|---|---|
| 208 | 260 | 312 | 12 | 3 | 3 | 0,2 | SP | 1 | 7 | 25 | 3 |

## N° 1091 ST-DIDIER-SUR-ARROUX — La Croix aux Vernes — CM 69 pli 7

**EC** **NN** **5 pers.**

Fermette typique totalement indépendante située dans un hameau très calme aux portes du Parc du Morvan. Le gîte dispose d'une très jolie vue. Plain-pied comprenant une cuisine équipée, un salon (1 lit 1 pers.), 2 chambres (2 lits 1 pers. 1 lit 2 pers.). Possibilité d'une chambre d'appoint pour enfants accessible par un escalier escamotable. Salle d'eau, wc. Chauffage central. Terrain clos. Garage. Lac 1 km. Piscine, tennis, vélos 7 km. Commerces et services 7 km. Forfait chauff. 40 €/semaine.

GITES DE FRANCE-SERVICE RESERVATION - Esplanade du Breuil - BP 522 - 71010 MACON Cedex
Tél. : 03 85 29 55 60 - Fax : 03 85 38 61 98 - www.gites-de-france.fr

| BASSE SAIS. | MOY. SAIS. | HTE SAIS. | WEEK-END | MID-WEEK | | | | | | | | |
|---|---|---|---|---|---|---|---|---|---|---|---|---|
| 215 | 270 | 335 | 135 | 135 | 7 | 7 | 1 | 10 | SP | 10 | 1 | 7 | 7 |

BOURGOGNE

Pictos voir p. 12

# SAÔNE ET LOIRE - 71

## N° 1090 VERZE — Château d'Escolles — CM 69 pli 19

**EC　NN　10 pers.**

Dans le cadre d'une jolie propriété situé au coeur du vignoble mâconnais, vaste gîte aménagé dans une dépendance du château à proximité du propriétaire et d'un autre bâtiment comportant 4 chambres d'hôtes. Rez-de-chaussée comprenant une cuisine équipée (sèche-linge), salle à manger. Au 1er étage, 5 chambres avec salle de bains privative pour chaque chambre. Chauffage central gaz compris. Grand parc clos et arboré. Cour ombragée. Parking intérieur. Equitation, tennis 4 km. Lac 15 km. Commerces et services 3 km.

GITES DE FRANCE-SERVICE RESERVATION - Esplanade du Breuil - BP 522 - 71010 MACON Cedex
Tél. : 03 85 29 55 60 - Fax : 03 85 38 61 98 - www.gites-de-france.fr

| BASSE SAIS. | MOY. SAIS. | HTE SAIS. | WEEK-END |
|---|---|---|---|
| 765 | 765 | 900 | 382 |

| | | | | | | | | | |
|---|---|---|---|---|---|---|---|---|---|
| 12 | 4 | 3 | 0,5 | SP | 4 | 15 | 10 | 7 | 3 |

## N° 1097 VINCELLES — CM 70 pli 13

**EC　NN　2 pers.**

Fermette bressanne restaurée située dans un ensemble de bâtiments comprenant 2 gîtes. Plain-pied comprenant 1 cuisine équipée, 1 salon (1 couchage d'appoint 1 pers.), 1 chambre (2 lits 1 pers.), 1 salle d'eau, wc. Chauffage électrique. Cour et terrain privatif non clos. 2 VTT à disposition. Plan d'eau aménagé pour la pêche 500 m. Loisirs 5 km. Commerces et services 5 km. Forfait chauff. 25 €/semaine.

GITES DE FRANCE-SERVICE RESERVATION - Esplanade du Breuil - BP 522 - 71010 MACON Cedex
Tél. : 03 85 29 55 60 - Fax : 03 85 38 61 98 - www.gites-de-france.fr

| BASSE SAIS. | MOY. SAIS. | HTE SAIS. | WEEK-END | MID-WEEK |
|---|---|---|---|---|
| 200 | 230 | 275 | 160 | 160 |

| | | | | | | | |
|---|---|---|---|---|---|---|---|
| 5 | 5 | 1 | 0,5 | 0,1 | 10 | SP | 5 | 5 |

# YONNE - 89

Loisirs Accueil - Service Réservation
1-2, quai de la République - 89000 AUXERRE
Tél. 03 86 72 92 15 - Fax : 03 86 72 92 14

## PERIODES TARIFAIRES
**HAUTE SAISON** : du 3.07 au 28.08 - **MOYENNE SAISON** : vacances scolaires et (mai, juin, septembre) - **BASSE SAISON** : autres périodes.

### N° 339    CHAMPS-SUR-YONNE    CM 65 pli 5

EC   NN   4 pers.

Maison indépendante sur terrain clos au bord de l'eau. Séjour avec cheminée, cuisine, salle d'eau avec wc, 2 chambres (1 lit 2 pers., 2 lits 1 pers.). Chauffage électrique (compris). Congélateur au sous sol ainsi que local pour vélos et matériel de pêche. Micro-ondes. Parc arboré. Salon de jardin, barbecue, portique et terrain de boules. Accès à la rivière avec ponton. Ouvert du 1er mars au 30 septembre.

Albert GUYOT - 51 route de Petit Vaux - 89290 CHAMPS-SUR-YONNE
Tél. : 03 86 53 81 47

| BASSE SAIS. | MOY. SAIS. | HTE SAIS. |
|---|---|---|
| 250 | 270 | 310 |

| | | | | | | | | |
|---|---|---|---|---|---|---|---|---|
| 5 | 5 | SP | 10 | 10 | 5 | 20 | 40 | 5 | SP |

### N° 343    VIGNES    CM 65 pli 17

EC   NN   4 pers.

Maison indépendante. Rez de chausssée: Cuisine/séjour avec poêle à bois (convertible), 1 chambre (1 lit 2 pers.), salle de bains. Au 1er étage: 1 chambre avec acces extérieur (2 lits 1 pers.). Chauffage électrique (charges non comprises). Terrain clos. Parking. Salon de jardin, barbecue, micro-ondes. Ouvert de mars à novembre.

Carine PLATEVOET - 10 route de Toutry - 89420 VIGNES
Tél. : 03 86 32 58 24 - Fax: 03 86 32 58 24 - Email : jean.vignes@free.fr

| BASSE SAIS. | MOY. SAIS. | HTE SAIS. | WEEK-END |
|---|---|---|---|
| 227 | 250 | 290 | 130 |

| | | | | | | | |
|---|---|---|---|---|---|---|---|
| 6 | 2 | 1 | 1 | SP | 12 | 6 | 15 | 2,5 |

### N° 347    VILLIERS-SUR-THOLON

EC   NN   5 pers.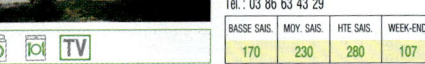

Maison indépendant au rez de chaussée. Cuisine/séjour/salon (convertible). 3 chambres (2 lits 2 pers., 1 lit 1 pers.). Salle d'eau, wc. Chauffage à gaz (non compris). Micro-ondes. Jardin clos, salon de jardin, portique, barbecue. Parking. Ouvert toute l'année.

Pierre MAQUAIRE - 34 rue Saint Jean - 89110 VILLIERS-SUR-THOLON
Tél. : 03 86 63 43 29

| BASSE SAIS. | MOY. SAIS. | HTE SAIS. | WEEK-END |
|---|---|---|---|
| 170 | 230 | 280 | 107 |

| | | | | | | | |
|---|---|---|---|---|---|---|---|
| 2 | 2 | SP | SP | SP | 8 | 6 | 12 | 2 |

BOURGOGNE

# BRETAGNE

Pour réserver, écrire ou téléphoner :

## 22 - CÔTES-D'ARMOR

GITES DE FRANCE - Service Réservation
7, rue Benoit - B.P. 4536
22045 SAINT-BRIEUC Cédex 2
Tél. 02 96 62 21 73 ou 02 96 62 21 74
Fax. 02 96 61 20 16
E.mail : gites-de-france-22@armornet.tm.fr
www.gitesdarmor.com

3615 Gîtes de France
RESA - 0,2 €/mn

## 35 - ILLE-ET-VILAINE

GITES DE France - Service Réservation
107, avenue Henri Fréville - B.P. 70336
35203 RENNES Cédex 2
Tél. 02 99 22 68 68 - Fax. 02 99 68 69
E.mail : sla.gitesdefrance35@wanadoo.fr
www.gitesdefrance35.com

3615 Gîtes de France
RESA - 0,2 €/mn

## 29 - FINISTERE

GITES DE FRANCE - Service Réservation
5, allée Sully - 29322 QUIMPER Cédex
Tél. 02 98 64 20 20 - Fax. 02 98 64 20 29
E.mail : info@gites-de-france-finistere.fr
www.gites-de-france-finistere.fr

3615 Gîtes de France
RESA - 0,2 €/mn

## 56 - MORBIHAN

GITES DE FRANCE - Service Réservation
42, avenue Wilson - B.P. 30318
56403 AURAY Cédex
Tél. 02 97 56 48 12 - Fax. 02 97 50 70 07
E.mail : gites-de-france.morbihan@wanadoo.fr
www.gites-de-france-morbihan.com

3615 Gîtes de France
RESA - 0,2 €/mn

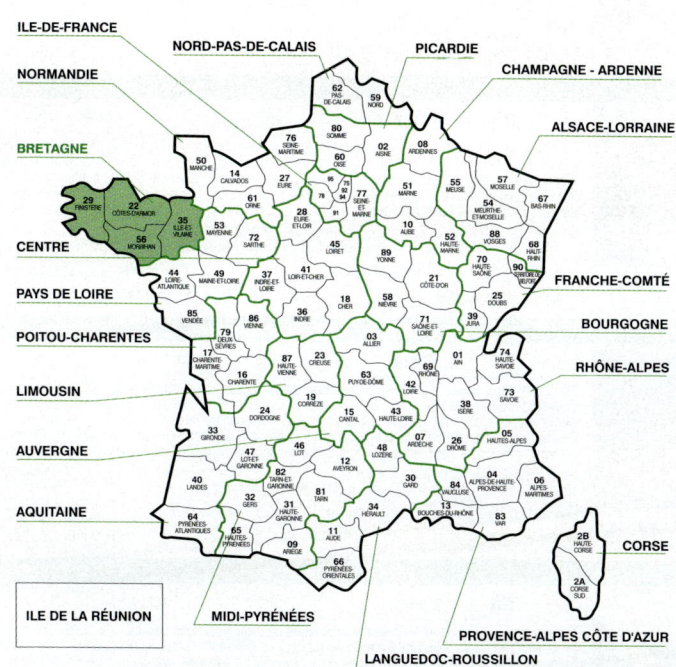

# CÔTES D'ARMOR - 22

**GITES DE FRANCE** - Service Réservation
7, rue Benoit - B.P. 4536 - 22045 SAINT-BRIEUC Cédex 2
Tél. 02 96 62 21 73 ou 02 96 62 21 74 - Fax. 02 96 61 20 16
E-mail : gites-de-france-22@armornet.tm.fr - www.gitesdarmor.com

## PÉRIODES TARIFAIRES
**TRÈS HAUTE SAISON** : du 10.07 au 20.08 - **HAUTE SAISON** : du 26.06 au 9.07, du 21.08 au 27.08 - **MOYENNE SAISON** : du 1er 05 au 25.06, du 28.08 au 24.09 - **VACANCES SCOLAIRES** : Toussaint, Noël, Nouvel An, Printemps - **BASSE SAISON** : Autres périodes y compris vacances scolaires de Février - **WEEK-END** : Hors vacances scolaires, 1 week-end : 2 nuits - 3 jours. Au-delà : nuit en supplément.

---

### N° 180304 BOQUEHO — La Bouexière — CM 59 pli 2-3

NN 2 pers.

Au cœur d'un domaine vallonné et boisé de 6 ha avec ruisseau, étang et sources, dépendance d'une ancienne ferme-manoir rénovée en 2002 avec terrasse et pelouse privative. R.d.c : séjour avec belle cuisine aménagée et larges baies orientées sur la vallée, salon avec pierres apparentes comprenant poêle à bois et clic-clac, buanderie, salle d'eau avec wc. Etage : 1 ch. en mezzanine (1 lit 2 pers.). Lit bébé sur demande. Petit animal accepté sous conditions. Les propriétaires, sur place, s'occupent de chevaux et poneys au repos. Hébergement possible de votre cheval dans des boxes.
GITES DE FRANCE-SERVICE RESERVATION - 7 rue Saint-Benoit - BP 4536 - 22045 SAINT-BRIEUC Cedex 2
Tél : 02 96 62 21 73 - 02 96 62 21 74 - Fax : 02 96 61 20 16 - Email : gites-de-france-22@armornet.tm.fr - www.gitesdarmor.com

| MOY. SAIS. | TRES HTE SAIS. | HTE SAIS. | BASSE SAIS. | VAC. SCOL. | WEEK-END | | | | | | | |
|---|---|---|---|---|---|---|---|---|---|---|---|---|
| 259 | 380 | 335 | 213 | 259 | 106 | 25 | 25 | 0,5 | 20 | 10 | 5 | 15 | 25 | 3,5 |

---

### N° 410104 CAUREL — Keriven — CM 59 pli 12

NN 4 pers.

Petite maison indépendante, avec garage, cour et jardin. Séjour salon avec cheminée (insert), 1 chambre (1 lit de 2 pers., 1 lit bébé en bois), salle d'eau, wc. Etage : 1 ch.(1 lit 2 pers.), wc. A la demande, possibilité de location de draps et de linge de maison. Gîte situé près du beau site touristique nautique du Lac de Guerlédan, activités nautiques, chasse, randonnée, bon restaurant.
GITES DE FRANCE-SERVICE RESERVATION - 7 rue Saint-Benoit - BP 4536 - 22045 SAINT-BRIEUC Cedex 2
Tél : 02 96 62 21 73 - 02 96 62 21 74 - Fax : 02 96 61 20 16 - Email : gites-de-france-22@armornet.tm.fr - www.gitesdarmor.com

| MOY. SAIS. | TRES HTE SAIS. | HTE SAIS. | BASSE SAIS. | VAC. SCOL. | WEEK-END | | | | | | | |
|---|---|---|---|---|---|---|---|---|---|---|---|---|
| 243 | 300 | 285 | 243 | 243 | 77 | 50 | 50 | 15 | 10 | 2 | 1,5 | 20 | 5 |

---

### N° 410204 CORLAY — CM 59 pli 12

NN 4 pers.

Gîte plain-pied situé dans longère en pierre comprenant également l'habitation des prop., avec cour privative et terrain privatif de 400 m². R.d.c. : cuisine, séjour-salon, 2 ch. (2 lits 2 pers.), s.d.b. et wc. Lit bébé en bois, chaise et baignoire à dispo. Bac à sable et portique. Jeu de boules. Ce gîte se situe à 2 km de Corlay, petite commune où le cheval est roi. A 14 km, vous rejoindrez Mûr-de-Bretagne, appréciée pour son lac, le Lac de Guerlédan, le plus grand de Bretagne, qui s'étire sur 12 km, avec sa base nautique et à 15 km de Quintin cité de caractère avec son plan d'eau sa piscine ludique.
GITES DE FRANCE-SERVICE RESERVATION - 7 rue Saint-Benoit - BP 4536 - 22045 SAINT-BRIEUC Cedex 2
Tél : 02 96 62 21 73 - 02 96 62 21 74 - Fax : 02 96 61 20 16 - Email : gites-de-france-22@armornet.tm.fr - www.gitesdarmor.com

| MOY. SAIS. | TRES HTE SAIS. | HTE SAIS. | BASSE SAIS. | VAC. SCOL. | WEEK-END | | | | | | | |
|---|---|---|---|---|---|---|---|---|---|---|---|---|
| 220 | 396 | 300 | 190 | 225 | 130 | 40 | 14 | 2 | 14 | 2 | 10 | 14 | 14 | 35 | 2 |

---

### N° 520312 CORSEUL — La Julerie - La Vieille Ferme — CM 59 pli 5

NN 5 pers.

Gîte situé dans ancien corps de ferme, comportant 4 gîtes, avec entrée priv. RDC : salle de séjour avec coin-cuisine et coin-salon, salle d'eau avec wc. Et. : 3 ch. (3 lits 1 pers., 1 lit 2 pers.), sdb avec wc. Equip. bébé. Terrasse 60 m², cour commune 400 m². A 1 km de la petite gare de Languenan/Corseul, entre Dinan 8 km (ville médiévale) et la côte de Penthièvre. La Julerie, c'est le village parfait pour passer vos vacances entre mer et terre. Recréée et désignée comme une maison familiale de haut confort et très chaleureuse, même quand la cheminée n'est pas allumée. Jardin privé.
Robert NORMAN - Ville Aulay - 22650 PLOUBALAY
Tél : 02 96 27 24 23 - Fax : 02 96 27 93 99 - Email : robdnorman@hotmail.com

| MOY. SAIS. | TRES HTE SAIS. | HTE SAIS. | BASSE SAIS. | VAC. SCOL. | | | | | | | | |
|---|---|---|---|---|---|---|---|---|---|---|---|---|
| 560 | 750 | 675 | 400 | 560 | 15 | 15 | 8 | 10 | 0,5 | 5 | 6 | 1 | 2 |

---

### N° 350147 ERQUY — La Ville Louis — CM 59 pli 4

NN 2 pers.

Maisonnette indépendante en grès rose dominant un village calme et paisible, sur terrain privatif, dans un ensemble avec le propriétaire qui vit de son exploitation agricole (bovins et laitières). R.d.c. séjour-cuisine 19 m² (réfrigérateur-conservateur). Etage : 1 chambre (2 lit 90x190), salle d'eau avec wc. Buanderie avec lave-linge en commun aux 4 gîtes. Tel portable/demande.
J-Paul LE BRETON - La Ville Louis - 22430 ERQUY
Tél : 02 96 72 38 57 - Fax : 02 96 72 38 57

| MOY. SAIS. | TRES HTE SAIS. | HTE SAIS. | BASSE SAIS. | VAC. SCOL. | WEEK-END | | | | | | | |
|---|---|---|---|---|---|---|---|---|---|---|---|---|
| 215 | 280 | 280 | 185 | 215 | 120 | 2 | 2 | 2 | 10 | 4 | 10 | 5 | 25 | 1,5 |

# CÔTES D'ARMOR - 22

Périodes tarifaires p. 116

## N° 350148 ERQUY
**EC** | **NN** | **2 pers.**

CM 59 pli 4

Gîte récent (1991), indépendant et de plain-pied, situé sur un terrain clos paysager de 312 m². Séjour-salon avec coin cuisine aménagé, 1 ch (1 lit 2 pers.), salle d'eau et wc. Lit bébé en toile à disposition. Draps, linge de maison et linge de toilette fournis. Téléphone service téléséjour. Ce gîte se situe à 3 km du centre d'Erquy, agréable station balnéaire. Du gîte, vous rejoindrez les plages de la Fosse Eyrand et de St-Michel, à 500 mètres. Erquy est également très renommée pour son Cap, haut de 60 mètres, riche de bruyères, de landes et de dunes, propices à de splendides excursions.

GITES DE FRANCE-SERVICE RESERVATION - 7 rue Saint-Benoit - BP 4536 - 22045 SAINT-BRIEUC Cedex 2
Tél. : 02 96 62 21 73 - 02 96 62 21 74 - Fax: 02 96 61 20 16 - Email : gites-de-france-22@armornet.tm.fr - www.gitesdarmor.com

| MOY. SAIS. | TRES HTE SAIS. | HTE SAIS. | BASSE SAIS. | VAC. SCOL. | | | | | | | |
|---|---|---|---|---|---|---|---|---|---|---|---|
| 220 | 380 | 340 | 190 | 225 | 0,5 | 0,5 | 0,5 | 20 | 3 | 30 | 3 |

## N° 350149 ERQUY — La Citaye
**NN** | **6 pers.**

CM 59 pli 4

Dans cette bâtisse du XIXème siècle en grès rose au centre d'Erquy, gîte mitoyen à la maison de la propriétaire. Jardin indépendant, jeux d'enfants. R.d.c : séjour-cuisine, wc. Etage 1 : 2 ch. (2 lits 2 pers.), salle d'eau. Etage 2 : 1 ch. (2 lits 1 pers.). Colette et sa famille feront tout pour vous rendre votre séjour agréable. Jeux pour enfants, livres pour tous les âges, d'Elmer à Godot en passant par Harry Potter. A Erquy vous trouverez toutes les activités souhaitées pour les sportifs, et, pour les amoureux de la farniente, vous n'aurez que l'embarras du choix entre l'une des 7 plages de sable fin.
Colette DE GUIBERT - 1 rue de l'enfer - 22430 ERQUY
Tél. : 02 96 72 01 66

| MOY. SAIS. | TRES HTE SAIS. | HTE SAIS. | BASSE SAIS. | VAC. SCOL. | WEEK-END | | | | | | | |
|---|---|---|---|---|---|---|---|---|---|---|---|---|
| 400 | 900 | 750 | 300 | 500 | 150 | 0,5 | 0,5 | 0,5 | 24 | 1 | 10 | 10 | 24 | 0,3 |

## N° 160608 LE FAOUET
**NN** | **2 pers.**

CM 59 pli 2

Ensemble de 3 gîtes mitoyens aménagés dans une longère de style du Pays entièrement rénovée en 2001, située à l'entrée du petit bourg de Le Faouet. Terrain commun de 516 m² et petite courette privative. R.d.c : salle de séjour avec salon (cheminée) et coin cuisine. Etage : 1 ch.(1 lit 2 pers.), salle d'eau avec wc. Possibilité forfait ménage 31 €. Le Faouet est un petit bourg qui se trouve à 15 mn en voiture de la Côte avec ses falaises, ses jolies baies et ses nombreuses plages de sable, à 30 km (nord-ouest) de St-Brieuc et à 17 km (sud-ouest) de Paimpol, entre Lanvollon et Pontrieux.
SCI DU FAOUET - Monsieur Jacques BUHOUR - 8, Kervilin - 22470 PLOUEZEC
Tél. : 02 96 22 44 54 - Email : didier.buhour@wanadoo.fr - www.fr-gite.com

| MOY. SAIS. | TRES HTE SAIS. | HTE SAIS. | BASSE SAIS. | VAC. SCOL. | WEEK-END | | | | | | | |
|---|---|---|---|---|---|---|---|---|---|---|---|---|
| 275 | 395 | 395 | 200 | 275 | 100 | 13 | 13 | 13 | 18 | 10 | 5 | 10 | 18 | 0,1 |

## N° 350414 HENANSAL — Le Frost
**NN** | **6 pers.**

CM 59 pli 4

Grande longère totalement rénovée en 2001 comprenant 2 gîtes mitoyens de grand confort où l'indép. de chaque famille est préservée. Cette propr. de 12500 m², d'espace vert dont un verger et un plan d'eau avec poss. de pêche se situe à 12 km de la mer et à 7 km de Lamballe. R.d.c : séjour-salon avec coin-cuisine de gd-confort, 1 ch. (1 lit 160X200), salle d'eau et WC. Etage : 2 ch. (1 lit 160x200, 2 lits 100 X 200), salle d'eau avec wc, s.d.b., de wc. Salle bb, chaise et table à dispo. Lits faits à l'arrivée. Vous pourrez profiter des belles plages et criques des Côtes de Penthièvre et d'Emeraude.

GITES DE FRANCE-SERVICE RESERVATION - 7 rue Saint-Benoit - BP 4536 - 22045 SAINT-BRIEUC Cedex 2
Tél. : 02 96 62 21 73 - 02 96 62 21 74 - Fax: 02 96 61 20 16 - Email : gites-de-france-22@armornet.tm.fr - www.gitesdarmor.com

| MOY. SAIS. | TRES HTE SAIS. | HTE SAIS. | BASSE SAIS. | VAC. SCOL. | WEEK-END | | | | | | | |
|---|---|---|---|---|---|---|---|---|---|---|---|---|
| 320 | 662 | 527 | 297 | 365 | 239 | 12 | 15 | 7 | 7 | 3 | 7 | 15 | 7 | 3,3 |

## N° 130316 KERBORS — Poul ar Faouen
**NN** | **9 pers.**

CM 59 pli 1/2

Grande longère comprenant 4 gîtes, orientée sud, située en bordure de la D20 à 500 m du bourg. Garages privatifs, cour commune et petit jardin privatif de 56 m². Gîte rénové en 1990. R.d.c : séjour-salon avec coin-cuisine (réfrigérateur/conservateur), salle d'eau et wc. Etage 1 : 2 ch (1 lit 2 pers, 1 lit 2 pers.). Etage 2 : 2 ch (5 lits 1 pers), s.d.b. et wc. Lit et chaise bébé à disposition. Portique et allée de boules de 200 m². Cette longère se situe dans une zone maraîchère, à 700 m du bourg, 6 km de Lézardrieux et 7 km de Tréguier, jolie cité de caractère. Paimpol à 15 km.

GITES DE FRANCE-SERVICE RESERVATION - 7 rue Saint-Benoit - BP 4536 - 22045 SAINT-BRIEUC Cedex 2
Tél. : 02 96 62 21 73 - 02 96 62 21 74 - Fax: 02 96 61 20 16 - Email : gites-de-france-22@armornet.tm.fr - www.gitesdarmor.com

| MOY. SAIS. | TRES HTE SAIS. | HTE SAIS. | BASSE SAIS. | VAC. SCOL. | WEEK-END | | | | | | | |
|---|---|---|---|---|---|---|---|---|---|---|---|---|
| 320 | 850 | 700 | 320 | 400 | 250 | 2 | 2 | 2 | 7 | 4 | 10 | 20 | 0,5 |

## N° 130317 KERBORS
**NN** | **5 pers.**

CM 59 pli 1/2

Ancienne longère indépendante, entièrement rénovée dans le style local, avec cour de 90 m² et pelouse close de 120 m². R.d.c : cuisine aménagée, séjour-salon rustique de 42 m² avec cheminée (insert), s.d.b. et wc. Etage : 3 ch. (2 lits 2 pers., 1 lit 1 pers.), wc. Lit bébé en toile à disposition. Vous apprécierez l'emplacement de cette longère, exposée plein sud. A 1,5 km du bourg de Kerbors, 1,2 km de la petite plage de l'Ile à Poule et à seulement 800 m de la plage de Kerlizou. Vous profiterez de votre séjour pour visiter l'allée couverte de Men Ar Rompet. A 5 km de Pleubian, 9 km de Tréguier.

GITES DE FRANCE-SERVICE RESERVATION - 7 rue Saint-Benoit - BP 4536 - 22045 SAINT-BRIEUC Cedex 2
Tél. : 02 96 62 21 73 - 02 96 62 21 74 - Fax: 02 96 61 20 16 - Email : gites-de-france-22@armornet.tm.fr - www.gitesdarmor.com

| MOY. SAIS. | TRES HTE SAIS. | HTE SAIS. | BASSE SAIS. | VAC. SCOL. | WEEK-END | | | | | | | |
|---|---|---|---|---|---|---|---|---|---|---|---|---|
| 329 | 521 | 521 | 295 | 365 | 153 | 0,5 | 1,2 | 0,5 | 9 | 5 | 12 | 35 | 2 | 1,5 |

# CÔTES D'ARMOR - 22

Périodes tarifaires p. 116

## N° 130318  KERBORS — CM 59 pli 1/2

**NN   4 pers.**

Maison bretonne, indépendante, entièrement rénovée en 2003, de bon confort, avec terrasse exposée plein-sud, jardin privatif de 100 m² clos en façade et aire de jeux de 1000 m². R.d.c: séjour-salon avec cheminée, coin-cuisine aménagé, 1 ch. (1 lit 2 pers.), salle d'eau et wc. Etage : 1 ch. (2 lits 90 X 200), salle d'eau avec wc. Lit bébé à disposition. Vous bénéficierez d'une vue imprenable sur l'estuaire du Jaudy et pourrez rejoindre la plage de L'Ile à Poule à 300 m. Vous vous promènerez sur le chemin de randonnée à proximité. A 4 km de Pleubian, au coeur de la Presqu'île Sauvage.
GITES DE FRANCE-SERVICE RESERVATION — 7 rue Saint-Benoît - BP 4536 — 22045 SAINT-BRIEUC Cedex 2
Tél.: 02 96 62 21 73 - 02 96 62 21 74 - Fax: 02 96 61 20 16 - Email : gites-de-france-22@armornet.tm.fr - www.gitesdarmor.com

| MOY. SAIS. | TRES HTE SAIS. | HTE SAIS. | BASSE SAIS. | VAC. SCOL. |
|---|---|---|---|---|
| 320 | 541 | 541 | 240 | 320 |

| | | | | | | | |
|---|---|---|---|---|---|---|---|
| 0,3 | 8 | 0,3 | 8 | 4 | 10 | 25 | 15 | 1 |

## N° 140802  KERITY — CM 59 pli 2

**NN   4 pers.**

Gîte très indépendant, rénové en 2000, avec un jardin privatif clos de 734 m² et cour de 309 m², terrasse. R.d.c : séjour avec coin-cuisine et coin-salon (cheminée avec insert), s.d.b. avec wc. Etage : 2 ch. (1 lit 2 pers., 2 lits 1 pers., lit bébé en toile). Le gîte est situé dans un endroit calme à 6 km de la plage (sable), 5,5 km de Paimpol, 3 km de L'Abbaye de Beauport et à 12 km de l'embarcadère pour l'Ile de Bréhat.
GITES DE FRANCE-SERVICE RESERVATION — 7 rue Saint-Benoît - BP 4536 — 22045 SAINT-BRIEUC Cedex 2
Tél.: 02 96 62 21 73 - 02 96 62 21 74 - Fax: 02 96 61 20 16 - Email : gites-de-france-22@armornet.tm.fr - www.gitesdarmor.com

| MOY. SAIS. | TRES HTE SAIS. | HTE SAIS. | BASSE SAIS. | VAC. SCOL. |
|---|---|---|---|---|
| 348 | 507 | 507 | 348 | |

| | | | | | | | |
|---|---|---|---|---|---|---|---|
| 2,5 | 2,5 | 7 | 2,5 | 12 | 25 | 5,5 | 1,5 |

## N° 130610  LANMODEZ — CM 59 pli 2

**NN   6 pers.**

Maison indépendante, de grand confort, rénovée en 2002, au calme, à 100 m de la mer et de la plage, donnant sur le site exceptionnel de l'archipel de Bréhat et sur le GR34. Cour close de 250 m² et jardin de 1000 m². R.d.c: cuisine, salle de séjour avec coin-salon, s.d.b., wc. Etage : 3 ch. (2 lits 2 pers., 2 lits 1 pers.). Equipement bébé: lit toile, chaise, etc... Gîte situé au Coeur de la Presqu'île Sauvage à 1,5 km du village de Lanmodez, du Sillon du Talberg (site unique au monde) et du centre équestre, du village de Kermouster avec sa chapelle dominant l'estuaire du Trieux à 7 km de Lézardrieux.
GITES DE FRANCE-SERVICE RESERVATION — 7 rue Saint-Benoît - BP 4536 — 22045 SAINT-BRIEUC Cedex 2
Tél.: 02 96 62 21 73 - 02 96 62 21 74 - Fax: 02 96 61 20 16 - Email : gites-de-france-22@armornet.tm.fr - www.gitesdarmor.com

| MOY. SAIS. | TRES HTE SAIS. | HTE SAIS. | BASSE SAIS. | VAC. SCOL. | WEEK-END |
|---|---|---|---|---|---|
| 376 | 712 | 712 | 312 | 454 | 174 |

| | | | | | | | |
|---|---|---|---|---|---|---|---|
| 0,1 | 6 | 0,1 | 15 | 4 | 1,5 | 35 | 15 | 1,5 |

## N° 130611  LANMODEZ — Crec'h Martin - Min Croas — CM 59 pli 2

**NN   4 pers.**

Jolie maison en pierre du XIXe, indépendante, entièrement rénovée en 2003, située sur une propriété close de 1000 m². R.d.c: belle cuisine aménagée conviviale avec cheminée pouvant servir de barbecue, séjour-salon avec vue sur les îles, salle d'eau avec wc. Etage : 1 ch. (1 lit 160x200) avec vue sur mer et 1 ch. (2 lits 1 pers.), s.d.b. et wc. Matériel bébé à disposition. Ce gîte vous séduira par son aménagement intérieur très agréable, son exposition plein sud et par sa situation privilégiée : à 100 m de la petite plage de sable fin de «Beg Sable», à proximité d'un petit port et du sentier de littoral.
GITES DE FRANCE-SERVICE RESERVATION — 7 rue Saint-Benoît - BP 4536 — 22045 SAINT-BRIEUC Cedex 2
Tél.: 02 96 62 21 73 - 02 96 62 21 74 - Fax: 02 96 61 20 16 - Email : gites-de-france-22@armornet.tm.fr - www.gitesdarmor.com

| MOY. SAIS. | TRES HTE SAIS. | HTE SAIS. | BASSE SAIS. | VAC. SCOL. | WEEK-END |
|---|---|---|---|---|---|
| 381 | 870 | 870 | 330 | 390 | 230 |

| | | | | | | | |
|---|---|---|---|---|---|---|---|
| 0,1 | 0,1 | 0,1 | 9 | 3,5 | 1,5 | 30 | 12 | 1 |

## N° 170507  LANTIC — Notre Dame de la Cour — CM 59 pli 3

**NN   7 pers.**

Maison indépendante, spacieuse, au calme, située sur un terrain clos et arboré de 2000 m². Terrasse. A 6 km de la mer, 2 km d'un golf de 18 trous, piscine ludique à 5 km. R.d.c: cuisine, salle de séjour et coin-salon (magnétoscope), 1 ch. (1 lit 2 pers.), s.d.b., wc. Buanderie avec coin douche. Etage : 3 ch. (2 lits 2 pers., 1 lit 1 pers., 1 lit bébé en bois), WC. Salle de jeux.

Pierre Jean LAMBERT - 9 rue du Chenan - 08350 CHEVEUGES
Tél.: 03 24 26 04 95 - Email : vpjlamb@aol.com

| MOY. SAIS. | TRES HTE SAIS. | HTE SAIS. | BASSE SAIS. | VAC. SCOL. | WEEK-END |
|---|---|---|---|---|---|
| 310 | 575 | 575 | 230 | 310 | 160 |

| | | | | | | | |
|---|---|---|---|---|---|---|---|
| 6 | 6 | 2 | 20 | 6 | 2 | 2 | 20 | 0,3 |

## N° 131026  LARMOR-PLEUBIAN — CM 59 pli 2

**NN   5 pers.**

Maison en pierre, indépendante, rénovée en 2003, exposée plein sud, entourée d'un jardin clos de 1000 m², terrasse et cour de 76 m², située au coeur de la presqu'île sauvage. R.d.c : cuisine, salle de séjour avec coin-salon, s.d.b., wc. Etage : 3 ch. (1 lit 2 pers., 3 lits 1 pers.). Equipement bébé : lit en bois, chaise, table à langer, baignoire. Ce gîte est proche du Sillon de Talbert, site unique en Europe. A 1,5 km du bourg de Pleubian et 10 km de Tréguier. Les sentiers de randonnées qui longent le littoral vous feront découvrir de merveilleux paysages qui changent au gré des marées.
GITES DE FRANCE-SERVICE RESERVATION — 7 rue Saint-Benoît - BP 4536 — 22045 SAINT-BRIEUC Cedex 2
Tél.: 02 96 62 21 73 - 02 96 62 21 74 - Fax: 02 96 61 20 16 - Email : gites-de-france-22@armornet.tm.fr - www.gitesdarmor.com

| MOY. SAIS. | TRES HTE SAIS. | HTE SAIS. | BASSE SAIS. | VAC. SCOL. | WEEK-END |
|---|---|---|---|---|---|
| 370 | 616 | 540 | 270 | 365 | 175 |

| | | | | | | | |
|---|---|---|---|---|---|---|---|
| 0,7 | 12 | 0,7 | 10 | 1,5 | 4 | 20 | 12 | 0,5 |

# CÔTES D'ARMOR - 22

Périodes tarifaires p. 116

## N° 130715 — LEZARDRIEUX
CM 59 pli 2

**NN** — 6 pers.

Maison indép., rénovée en 2002, avec jardin clos 225 m² et terrasse de 30 m², à 500 m d'une petite plage, des sentiers de randonnées à proximité du port de plaisance et à 10 km de l'embarcadère pour l'Ile de Bréhat. RDC : salle de séjour avec coin-cuisine, salon, salle d'eau et wc. Etage : 3 ch. (2 lits 2 pers. dont 1 160, 2 lits 1 pers., lit bébé en bois), sdb et WC. Equipement bébé. Draps fournis. Forfait chauffage 7 €/jour. Téléphone restreint à carte.

GITES DE FRANCE-SERVICE RESERVATION - 7 rue Saint-Benoit - BP 4536 - 22045 SAINT-BRIEUC Cedex 2
Tél. : 02 96 62 21 73 - 02 96 62 21 74 - Fax : 02 96 61 20 16 - Email : gites-de-france-22@armornet.fr - www.gitesdarmor.com

| MOY. SAIS. | TRES HTE SAIS. | HTE SAIS. | BASSE SAIS. | VAC. SCOL. |
|---|---|---|---|---|
| 348 | 582 | 582 | 261 | 348 |

| | | | | | | | | |
|---|---|---|---|---|---|---|---|---|
| 0,5 | 0,5 | 0,5 | 5 | 0,5 | 5 | 0,5 | | |

## N° 130716 — LEZARDRIEUX — Croas Hent
CM 59 pli 2

**NN** — 8 pers.

Maison ancienne (1766), indépendante, rénovée en 2001, située dans un environnement calme, avec cour et jardin clos, dans une région riche en paysages, en patrimoine religieux et culturel. Maison inhabitée à proximité. A 1,5 km de la mer, du Port de Plaisance et des commerces. Intérieur coquettement aménagé. RDC : salle de séjour avec coin-cuisine et coin-salon, 1 ch. (lit 2 pers.), salle d'eau, wc. Etage : 3 ch. (2 lits 2 pers., 2 lits 1 pers.), salle d'eau avec wc.

GITES DE FRANCE-SERVICE RESERVATION - 7 rue Saint-Benoit - BP 4536 - 22045 SAINT-BRIEUC Cedex 2
Tél. : 02 96 62 21 73 - 02 96 62 21 74 - Fax : 02 96 61 20 16 - Email : gites-de-france-22@armornet.fr - www.gitesdarmor.com

| MOY. SAIS. | TRES HTE SAIS. | HTE SAIS. | BASSE SAIS. | VAC. SCOL. |
|---|---|---|---|---|
| 300 | 556 | 521 | 285 | 340 |

| | | | | | | | | |
|---|---|---|---|---|---|---|---|---|
| 1 | 1,5 | 1 | 7 | 1,5 | 3,5 | 35 | 1,5 | |

## N° 130717 — LEZARDRIEUX
CM 59 pli 2

**NN** — 6 pers.

Sur une propriété de 600 m², gîte récent (1999), mitoyen par le garage à une maison jumelle occupée très occasionnellement, avec garage privatif, cour et terrain privatifs clos. R.d.c : séjour-salon avec coin-cuisine aménagé, 1 ch. (1 lit 2 pers.) salle d'eau avec wc. Etage : 2 ch. (1 lit 2 pers., 2 lits 1 pers.), s.d.b., wc. Ce gîte se situe dans environnement calme, dans une rue sans issue, à 300 m de l'estuaire du Trieux, porte d'entrée de la Prequ'île sauvage, en bordure du GR 34 dominant le Trieux et à moins d'1 km du port de plaisance de Lézardrieux où 5000 bâteaux s'amarrent chaque année.

Bertrand DUQUESNEY - Kermouster - 22740 LEZARDRIEUX
Tél. : 02 96 16 54 14 - 06 89 93 14 34 - Fax : 02 96 16 54 14 - Email : duquesney.bertrand@wanadoo.fr - www.gitesdutrieux.ipfixe.com

| MOY. SAIS. | TRES HTE SAIS. | HTE SAIS. | BASSE SAIS. | VAC. SCOL. | WEEK-END |
|---|---|---|---|---|---|
| 250 | 590 | 500 | 250 | 300 | 171 |

| | | | | | | | |
|---|---|---|---|---|---|---|---|
| 0,5 | 0,5 | 0,5 | 6 | 1,5 | 3,5 | 35 | 1 | 1 |

## N° 130718 — LEZARDRIEUX — Pont Plouzen
CM 59

**NN** — 6 pers.

Maison bretonne en pierre, comportant 2 gîtes mitoyens, avec jardin clos de 200 m². R.d.c : séjour-salon avec coin-cuisine (cheminée avec insert), 1 ch. (1 lit 2 pers.), s.d.b. et wc. Etage : 2 ch. (1 lit 160, 1 lit 2 pers., 1 lit 1 pers.), salle d'eau avec wc. Equipement bébé : lit, chaise, baignoire. Possibilité location draps s/demande. Gîte situé à 5 km de Lézardrieux, commune située sur l'estuaire du Trieux. Cette cité se distingue également par son port de plaisance réputé pour son calme. Lézardrieux est le point de départ de belles randonnées à la découverte des trésors de la Presqu'île sauvage.

Francette DORNEMIN - n°2 Keraniou - 22740 PLEUMEUR-GAUTIER
Tél. : 02 96 22 12 83 - Fax : 02 96 22 12 83

| MOY. SAIS. | TRES HTE SAIS. | HTE SAIS. | BASSE SAIS. | VAC. SCOL. | WEEK-END |
|---|---|---|---|---|---|
| 265 | 540 | 540 | 190 | 240 | 190 |

| | | | | | | | | |
|---|---|---|---|---|---|---|---|---|
| 2 | 5 | 2 | 10 | 5 | 2 | 20 | 10 | 5 |

## N° 140903 — LOGUIVY-DE-LA-MER
CM 59 pli 2

**NN** — 6 pers.

Gîte indépendant, de construction neuve et de style contemporain, situé sur un terrain clos de 800 m². R.d.c : séjour-salon de 36 m² avec partie cuisine aménagée (12 m²), 1 ch. (1 lit 2 pers.), salle d'eau, wc. Etage : 3 ch. (4 lits 1 pers.), s.d.b. avec wc. Possibilité location draps sur demande. Situé à Loguivy-de-la-Mer, petit port réputé pour ses crustacés. Cette maison vous séduira par sa vue imprenable sur l'Ile de Bréhat, à 500 m des plages et commerces. A prox. des sentiers de randonnées, et à 7 km de Paimpol, de son port de plaisance et à 6 km de l'embarcadère pour l'Ile de Bréhat.

GITES DE FRANCE-SERVICE RESERVATION - 7 rue Saint-Benoit - BP 4536 - 22045 SAINT-BRIEUC Cedex 2
Tél. : 02 96 62 21 73 - 02 96 62 21 74 - Fax : 02 96 61 20 16 - Email : gites-de-france-22@armornet.fr - www.gitesdarmor.com

| MOY. SAIS. | TRES HTE SAIS. | HTE SAIS. | BASSE SAIS. | VAC. SCOL. | WEEK-END |
|---|---|---|---|---|---|
| 364 | 716 | 716 | 319 | 412 | 202 |

| | | | | | | | |
|---|---|---|---|---|---|---|---|
| 0,5 | 0,5 | 0,5 | 7 | 4 | 20 | 8 | 0,5 |

## N° 240603 — LOHUEC — Kernescop

**NN** — 4 pers.

Sur une belle propriété, ensemble de 2 gîtes rénovés en 1999 encadrant la maison des prop., avec terrasse privative pour chacun et pelouse commune à l'arrière. R.d.c : séjour avec coin cuisine, salle d'eau et wc. Etage : mezzanine avec salon, 2 ch. (1 lit 2 pers., 2 lits 1 pers. + 1 lit bébé en toile). Sèche-linge et congel. communs aux 2 gîtes. Vélos et table de ping-pong à disposition. Vous passerez un agréable séjour dans ce gîte de bon confort, situé dans un cadre reposant et enchanteur, où tous les animaux domestiques viendront vous accueillir, à 2 pas du Parc d'Armorique.

Henri LEZEC - 8 Kernescop - 22160 LOHUEC
Tél. : 02 96 45 00 03 - Fax : 02 96 45 00 86 - www.gitesdarmor.com/lezec

| MOY. SAIS. | TRES HTE SAIS. | HTE SAIS. | BASSE SAIS. | VAC. SCOL. | WEEK-END |
|---|---|---|---|---|---|
| 351 | 397 | 351 | 305 | 305 | 114 |

| | | | | | | | |
|---|---|---|---|---|---|---|---|
| 25 | 25 | 25 | 8 | 8 | 2 | 8 | 1 |

# CÔTES D'ARMOR - 22

Périodes tarifaires p. 116

## N° 240604 — LOHUEC — Louscoat — CM 59

**NN — 6 pers.**

Sur une propriété de 1500 m², belle maison en pierre indépendante, de style néobreton, avec terrain paysager. R.d.c : cuisine, séjour-salon avec cheminée, (T.V. avec magnétoscope), 1 ch. (1 lit 2 pers.), s.d.b. et wc. Etage : 2 grandes ch. (2 lits 1 pers., 1 lit 2 pers.). Située à l'entrée du Parc d'Armorique. Cette maison de vacances offre, en plus du cadre reposant naturel, la prox. merveilleux sites, tels les Monts d'Arrée, la cité de caractère de Guerlesquin qui offre également nombreuses activités nautiques autour de l'étang du Guic. A 20 mn des plages de Plestin-les-Grèves, station verte et bleue.
GITES DE FRANCE-SERVICE RESERVATION - 7 rue Saint-Benoit - BP 4536 - 22045 SAINT-BRIEUC Cedex 2
Tél. : 02 96 62 21 73 - 02 96 62 21 74 - Fax : 02 96 61 20 16 - Email : gites-de-france-22@armornet.tm.fr - www.gitesdarmor.com

| MOY. SAIS. | TRES HTE SAIS. | HTE SAIS. | BASSE SAIS. | VAC. SCOL. |
|---|---|---|---|---|
| 262 | 382 | 360 | 262 | 300 |

| | | | | |
|---|---|---|---|---|
| 23 | 23 | 10 | 15 | 5 |

## N° 120223 — LOUANNEC — CM 59 pli 1

**NN — 7 pers.**

Sur une propriété de 1500 m², grande longère en pierre indép. située à proximité de l'habitation des prop., avec cour et pelouse privatives. R.d.c : cuisine, très grand séjour-salon avec Hi-Fi, baby-foot, salle d'eau avec wc. Etage : 3 ch. (1 lit 160 x 200, 1 lit 2 pers., 3 lits 1 pers.), s.d.b., wc. Lit et chaise bébé. Electricité sur relevé. Cette jolie longère se situe au coeur de la Côte de Granit Rose, à 1,5 km du bourg de Louannec et à 4 km de Perros-Guirec, station balnéaire du Trégor par excellence, très appréciée pour toutes les activités nautiques qu'elle propose et son port de plaisance. Lannion 7 km.
GITES DE FRANCE-SERVICE RESERVATION - 7 rue Saint-Benoit - BP 4536 - 22045 SAINT-BRIEUC Cedex 2
Tél. : 02 96 62 21 73 - 02 96 62 21 74 - Fax : 02 96 61 20 16 - Email : gites-de-france-22@armornet.tm.fr - www.gitesdarmor.com

| MOY. SAIS. | TRES HTE SAIS. | HTE SAIS. | BASSE SAIS. | VAC. SCOL. |
|---|---|---|---|---|
| 445 | 685 | 615 | 397 | 445 |

| | | | | | | | |
|---|---|---|---|---|---|---|---|
| 1 | 2 | 1 | 7 | 1,5 | 10 | 10 | 7 | 1,5 |

## N° 410003 — MAEL-CARHAIX — Kerguilhuit — CM 59

**NN — 4 pers.**

Maison en pierre rénovée en 2002 mitoyen avec une petite remise, située à proximité de l'habitation des propriétaires, avec cour, pelouse privative de 80 m². R.d.c : séjour-salon de 38 m² avec joli coin cuisine aménagé, 1 ch. avec cheminée (foyer fermé) (1 lit 2 pers.), salle d'eau et wc. Etage : 2 ch. lambrissées (2 lits 1 pers). Equip. bb lit, parc, chaise... Ce gîte vous séduira par son intérieur chaleureux, situé dans un cadre calme, à proximité de l'étang des Sources qui s'étend sur 7 hectares. Les passionnés de balades apprécieront les sites des Landes de Locarn et les Gorges du Corong.
GITES DE FRANCE-SERVICE RESERVATION - 7 rue Saint-Benoit - BP 4536 - 22045 SAINT-BRIEUC Cedex 2
Tél. : 02 96 62 21 73 - 02 96 62 21 74 - Fax : 02 96 61 20 16 - Email : gites-de-france-22@armornet.tm.fr - www.gitesdarmor.com

| MOY. SAIS. | TRES HTE SAIS. | HTE SAIS. |
|---|---|---|
| 320 | 435 | 399 |

| | | | | | |
|---|---|---|---|---|---|
| 65 | 10 | 1 | 10 | 1 | 10 | 1 |

## N° 340608 — MAROUE — CM 59 pli 14

**NN — 4 pers.**

Gîte de plain-pied, aménagé dans une jolie maison en pierre, mitoyen avec une autre habitation avec véranda de 19 m², cour et petit jardinet privatifs. R.d.c : cuisine aménagée indépendante de bon confort, (conservateur), séjour-salon, 2 ch. (2 lits 2 pers.), s.d.b. et wc. Téléphone service restreint. Ce gîte se situe à 200 m du petit bourg de Maroué et à 3 km de Lamballe, ancienne capitale du Penthièvre qui a conservé de son riche passé ses édifices religieux et quelques maisons à colombage. Lamballe vous invite à parcourir son haras, les Landes de la Poterie. Pléneuf-Val-André à 15 km.
GITES DE FRANCE-SERVICE RESERVATION - 7 rue Saint-Benoit - BP 4536 - 22045 SAINT-BRIEUC Cedex 2
Tél. : 02 96 62 21 73 - 02 96 62 21 74 - Fax : 02 96 61 20 16 - Email : gites-de-france-22@armornet.tm.fr - www.gitesdarmor.com

| MOY. SAIS. | TRES HTE SAIS. | HTE SAIS. | BASSE SAIS. | VAC. SCOL. | WEEK-END |
|---|---|---|---|---|---|
| 240 | 460 | 427 | 240 | 240 | 120 |

| | | | | | | | |
|---|---|---|---|---|---|---|---|
| 15 | 15 | 3 | 3 | 0,3 | 4 | 12 | 5 | 3 | 3 |

## N° 412002 — MELLIONNEC — Kergoran — CM 59 pli 11

**NN — 4 pers.**

Au coeur de la Bretagne le Manoir de Kergoran, corps de ferme du 16ème s. vous accueille dans 2 gîtes mitoyens, rénovés en 2002, avec terrasse et terrain de 800 m². Chambres d'hôtes sur place. R.d.c : séjour-salon avec coin-cuisine aménagé, s.d.b. avec wc. Etage : 2 ch. (1 lit 2 pers., 2 lits 1 pers.). Lit bébé, chaise et table à langer à disposition. A une heure seulement de l'ensemble des Côtes, vous plongerez au coeur de la Bretagne, dans une campagne vallonnée et préservée. Ce manoir vous proposera de passer un séjour dans le confort et le charme de ses vieilles pierres.
Jean-Pierre FLAMERY - Kergoran - 22110 MELLIONNEC
Tél. : 02 96 24 25 32 - 06 30 71 06 60 - Email : kergoran@wanadoo.fr - www.kergoran.com

| MOY. SAIS. | TRES HTE SAIS. | HTE SAIS. | BASSE SAIS. | VAC. SCOL. | WEEK-END |
|---|---|---|---|---|---|
| 380 | 460 | 460 | 300 | 380 | 150 |

| | | | | | | |
|---|---|---|---|---|---|---|
| 50 | 15 | 0,1 | 10 | 2 | 6 | 10 | 1 |

## N° 130803 — MINIHY-TREGUIER — Le Penquer — CM 59 pli 2

**NN — 4 pers.**

Sur une belle propriété comprenant 2 gîtes, joli gîte en pierres, rénové en 2003 mitoyen de l'habitation des prop., avec jardin privatif de 500 m², orienté sud-est avec vue sur l'Estuaire du Jaudy. R.d.c : Agréable séjour-salon avec cheminée, coin cuisine, buanderie et wc. Etage : 2 ch. (1 lit 2 pers., 2 lits 1 pers.), s.d.b. et wc. Lit, chaise bébé à disposition. Lits faits à l'arrivée. Chambres d'hôtes sur place. Possibilité de prestations para-hôtelières sur demande. Accès possible à Internet. Dans un rayon de 20 km, vous pourrez découvrir des sites aussi différents que la Côte de Granit Rose.
GITES DE FRANCE-SERVICE RESERVATION - 7 rue Saint-Benoit - BP 4536 - 22045 SAINT-BRIEUC Cedex 2
Tél. : 02 96 62 21 73 - 02 96 62 21 74 - Fax : 02 96 61 20 16 - Email : gites-de-france-22@armornet.tm.fr - www.gitesdarmor.com

| MOY. SAIS. | TRES HTE SAIS. | HTE SAIS. | BASSE SAIS. | VAC. SCOL. | WEEK-END |
|---|---|---|---|---|---|
| 285 | 450 | 353 | 230 | 285 | 140 |

| | | | | | | | |
|---|---|---|---|---|---|---|---|
| 11 | 11 | 11 | 4 | 4 | 2 | 25 | 19 | 3 |

# CÔTES D'ARMOR - 22

Périodes tarifaires p. 116

## N° 140215  PAIMPOL
CM 59 pli 2

**NN  2 pers.**

Gîte rénové, situé dans un ensemble à proximité de la maison des propriétaires et d'un autre gîte. R.d.c : séjour avec coin-cuisine et coin-salon, salle d'eau avec wc. Etage : 1 ch. en mezzanine (1 lit 2 pers.), Chaise et lit bébé en bois. Cour privative close de 20 m² exposée sud. Terrain 5000 m² et jeux d'enfants communs aux 2 gîtes. Location de vélos sur place. Location draps sur demande 8 €/lit. A 500 m du centre de Paimpol, 1 km de la mer et à 7 km de l'embarcadère de l'Ile de Bréhat. Sentiers de randonnées GR34 à 1 km. Taxes de séjour en supplément à l'arrivée.

Guy LE HEGARAT - 28 rue de Goudelin - 22500 PAIMPOL
Tél. : 02 96 20 52 38 - 06 83 99 43 99

| MOY. SAIS. | TRES HTE SAIS. | HTE SAIS. | BASSE SAIS. | VAC. SCOL. | WEEK-END |
|---|---|---|---|---|---|
| 230 | 320 | 320 | 190 | 230 | 110 |

| | | | | | | | | |
|---|---|---|---|---|---|---|---|---|
| 1 | 1 | 1 | 2 | 2 | 7 | 9 | 1 | 1 |

## N° 140216  PAIMPOL
CM 59 pli 2

**NN  2 pers.**

Petit gîte de plain-pied, mitoyen avec l'habitation de la propriétaire et un autre gîte (2 pers.), avec entrée indépendante, exposé sud-ouest, à 500 m de la mer et 1 km du centre ville et de toutes commodités. Séjour-cuisine, 1 ch. (1 lit 2 pers.), salle d'eau avec wc. Terrasse 14 m² et pelouse close de 48 m². Antenne TV. (Animaux admis sur demande.) A proximité : baignade, pêche, randonnées, Abbaye de Beauport, Ile de Bréhat.

Eugénie MENARD - 20 chemin de Guilben - 22500 PAIMPOL
Tél. : 02 96 20 71 32 - Fax: 02 96 20 71 32

| MOY. SAIS. | TRES HTE SAIS. | HTE SAIS. | BASSE SAIS. | VAC. SCOL. |
|---|---|---|---|---|
| 275 | 336 | 336 | 270 | 275 |

| | | | | | | | |
|---|---|---|---|---|---|---|---|
| 0,5 | 0,5 | 0,5 | 1 | 1 | 1 | 20 | 0,6 | 1 |

## N° 130919  PENVENAN
CM 59 pli 1

**NN  2 pers.**

Ambiance marine pour ce joli gîte de 2 personnes aménagé à l'étage, mitoyen avec l'habitation des propriétaires, avec entrée indépendante et jardin privatif de 400 m². Etage : séjour avec coin-cuisine et coin-salon à la décoration originale et soignée avec vue sur mer, 1 ch. (1 lit 160x200), s.d.b., wc. Draps, linge de toilette/de maison fournis. Idéalement situé, vous pourrez profiter des plages à 500 m, de la pêche à pied ainsi que de la nature particulièrement protégée et magnifique à Buguélès, adorable petit port très authentique situé à côté de Port-Blanc et à proximité de Tréguier (12 km).

GITES DE FRANCE-SERVICE RESERVATION - 7 rue Saint-Benoit - BP 4536 - 22045 SAINT-BRIEUC Cedex 2
Tél. : 02 96 62 21 73 - 02 96 62 21 74 - Fax: 02 96 61 20 16 - Email : gites-de-france-22@armornet.tm.fr - www.gitesdarmor.com

| MOY. SAIS. | TRES HTE SAIS. | HTE SAIS. | BASSE SAIS. | VAC. SCOL. | WEEK-END |
|---|---|---|---|---|---|
| 342 | 430 | 430 | 296 | 342 | 126 |

| | | | | | | | |
|---|---|---|---|---|---|---|---|
| 0,3 | 0,5 | 0,3 | 12 | 3 | 3 | 17 | 18 | 3 |

## N° 130920  PENVENAN
CM 59 pli 1/2

**NN  4 pers.**

Sur une grande propriété de 4000 m² comprenant également l'habitation des propriétaires, gîte indépendant, restauré en 2002, situé à 50 m de la plage et à 100 m du port. Vue sur mer du rez-de-chaussée. Terrasse au sud. R.d.c : cuisine aménagée, séjour-salon avec cheminée, s.d.b. et wc. Etage : 2 ch. (1 lit 160x200, 2 lits 1 pers.), mezzanine avec coin bureau et biblio. Téléphone restreint. Draps fournis. Ce gîte vous séduira par sa vue imprenable sur les îles de la baie de Port-Blanc, petit port de pêche d'où l'on peut embarquer pour la réserve naturelle des Sept-Iles. Tréguier à 12 km.

Marie-Pierre ROIGNANT - 9 rue du Port - Port-Blanc - 22710 PENVENAN
Tél. : 02 96 92 64 05 - Email : christian.roignant@wanadoo.fr

| MOY. SAIS. | TRES HTE SAIS. | HTE SAIS. | BASSE SAIS. | VAC. SCOL. |
|---|---|---|---|---|
| 390 | 600 | 500 | 310 | 390 |

| | | | | | | | |
|---|---|---|---|---|---|---|---|
| 0,1 | 0,5 | 0,5 | 12 | 0,2 | 1 | 30 | 18 | 5 |

## N° 521005  PLANCOET
Plessis meen
CM 59 pli 5

**NN  6 pers.**

Propriété comprenant : manoir du XVIIIè siècle ayant gardé son authenticité avec bois, pelouses, espace de 10 000 m² et étang de 5000 m² et 2 gîtes mitoyens avec belle vue sur parc, entrée indép. R.d.c : cuisine avec coin-repas, séjour (29 m²), salle d'eau, wc. Etage : 3 ch. (1 lit 2 pers., 4 lits 1 pers.), lit et équipement bébé. Terrasse et parkings privatifs. Dès l'entrée, vous serez séduit par l'harmonie des lieux où chacun peut méditer et se régénérer confortablement. Loisirs sur place : barque, pêche, ping-pong, billard américain, baby-foot, etc...

Raymond JOSSE - 22 rue du Pont - 22130 PLANCOET
Tél. : 02 96 84 07 07 - 02 96 84 08 09 - Email : r.josse22@libertysurf.fr - www.plessixvacances22.com

| MOY. SAIS. | TRES HTE SAIS. | HTE SAIS. | BASSE SAIS. | VAC. SCOL. | WEEK-END |
|---|---|---|---|---|---|
| 620 | 800 | 800 | 620 | 680 | 350 |

| | | | | | | |
|---|---|---|---|---|---|---|
| 12 | 5 | 15 | 15 | 7 | 5 | 5 |

## N° 350628  PLANGUENOUAL
La Croix Bernet
CM 59 pli 4

**NN  7 pers.**

Ancienne maison de marin, totalement indépendante, rénovée en 2002, sur un terrain clos de 1100 m² avec cour et pelouse, à 400 m de la plage bien abritée du Port Morvan, à 1,5 km du Port de Dahouët et 2,5 km de Pléneuf-Val-André. R.d.c : cuisine équipée et coin-repas, salon (cheminée), 1 ch. (2 lits 1 pers.), salle d'eau, wc. Etage : 3 ch. (1 lit 2 pers., 3 lits 1 pers., 1 lit bébé), s.d.b., wc. Téléphone portable s/demande. Location draps sur demande 5 €/lit. GR 34 à proximité. Possibilité location en 4 personnes : BS : 290 €/semaine. MS : 280 €/semaine.

GITES DE FRANCE-SERVICE RESERVATION - 7 rue Saint-Benoit - BP 4536 - 22045 SAINT-BRIEUC Cedex 2
Tél. : 02 96 62 21 73 - 02 96 62 21 74 - Fax: 02 96 61 20 16 - Email : gites-de-france-22@armornet.tm.fr - www.gitesdarmor.com

| MOY. SAIS. | TRES HTE SAIS. | HTE SAIS. | BASSE SAIS. | VAC. SCOL. |
|---|---|---|---|---|
| 340 | 630 | 500 | 280 | 350 |

| | | | | | | |
|---|---|---|---|---|---|---|
| 0,4 | 0,4 | 0,5 | 5 | 5 | 0,4 | 5 | 12 | 2 |

BRETAGNE

Pictos voir p. 12

121

# CÔTES D'ARMOR - 22

Périodes tarifaires p. 116

## Nº 350629 PLANGUENOUAL — La Ville Meen — CM 59 pli 4

**NN  6 pers.**

Au coeur d'un ensemble de 5 gîtes aménagés dans les dépendances d'un ancien manoir du 17è s., Le gîte La Perrière a fait l'objet d'une rénovation contemporaine. Mitoyen avec un autre gîte de 6 pers., il vous offrira calme et tranquillité grâce à sa pelouse privative de 150 m². R.d.c. : séjour-salon avec cuisine équipée, 1 ch. (1 lit 2 pers.), salle d'eau, WC. Etage : 2 ch. (4 lits 1 pers.), salle d'eau, wc. A disposition, matériel bébé sur demande. Forfait chauf. 7 € jour. Buanderie commune aux 5 gîtes Vous bénéficierez d'une localisation idéale pour profiter des plages et découvrir les sites de la région.

GITES DE FRANCE-SERVICE RESERVATION - 7 rue Saint-Benoit - BP 4536 - 22045 SAINT-BRIEUC Cedex 2
Tél. : 02 96 62 21 73 - 02 96 62 21 74 - Fax : 02 96 61 20 16 - Email : gites-de-france-22@armornet.tm.fr - www.gitesdarmor.com

| MOY. SAIS. | TRES HTE SAIS. | HTE SAIS. | BASSE SAIS. | VAC. SCOL. | WEEK-END |   |   |   |   |   |   |   |   |
|---|---|---|---|---|---|---|---|---|---|---|---|---|---|
| 390 | 615 | 550 | 290 | 390 | 180 | 4 | 7 | 1 | 9 | 3 | 5 | 3 | 10 | 1 |

## Nº 350631 PLANGUENOUAL — La Ville Meen — CM 59 pli 4

**NN  3 pers.**

Au coeur d'un ensemble de 5 gîtes aménagés dans les dépendances d'un ancien manoir du 17è s., 3 gîtes mitoyens, agréables et fonctionnels. Grande cour gravillonnée et grands espaces verts permettront à chacun de trouver son indépendance. R.d.c. : séjour-salon avec coin-cuisine, s.e. Et. : 2 ch. (2 lits 1 pers.) et (1 lit 1 pers.), wc. Mise à dispo. de matériel bébé sur demande. Buanderie commune aux 5 gîtes. En hors Saison, poss. louer sur place une salle de réception équipée. Vous bénéficierez d'une localisation idéale pour profiter des plages de la région. Pléneuf-Val-André 9 km.

GITES DE FRANCE-SERVICE RESERVATION - 7 rue Saint-Benoit - BP 4536 - 22045 SAINT-BRIEUC Cedex 2
Tél. : 02 96 62 21 73 - 02 96 62 21 74 - Fax : 02 96 61 20 16 - Email : gites-de-france-22@armornet.tm.fr - www.gitesdarmor.com

| MOY. SAIS. | TRES HTE SAIS. | HTE SAIS. | BASSE SAIS. | VAC. SCOL. | WEEK-END |   |   |   |   |   |   |   |   |
|---|---|---|---|---|---|---|---|---|---|---|---|---|---|
| 210 | 380 | 330 | 180 | 210 | 120 | 4 | 7 | 1 | 9 | 3 | 5 | 3 | 10 | 1 |

## Nº 350634 PLANGUENOUAL — Les Tilleuls — CM 59 pli 4

**NN  7 pers.**

Sur une jolie propriété close et arborée de 2000 m², gîte indépendant, de style néo-breton, rénové en 2003. R.d.c : séjour-salon ouvrant sur la terrasse, coin cuisine aménagée, 1 ch. (1 lit 160x200), s.d.b, wc. Etage : 4 ch. (1 lit 2 pers., 3 lits 1 pers.), salle d'eau avec wc. Lit en toile, chaise et baignoire bébé à disposition. Salle de jeux avec baby-foot. Ce gîte spacieux et confortable se situe dans un environnement agréable, entre mer et campagne, à 7 km de la station balnéaire de Pléneuf Val-André et à 9 km de Lamballe. Aux alentours, vous visiterez les Châteaux de Bienassis, de Nantois.

GITES DE FRANCE-SERVICE RESERVATION - 7 rue Saint-Benoit - BP 4536 - 22045 SAINT-BRIEUC Cedex 2
Tél. : 02 96 62 21 73 - 02 96 62 21 74 - Fax : 02 96 61 20 16 - Email : gites-de-france-22@armornet.tm.fr - www.gitesdarmor.com

| MOY. SAIS. | TRES HTE SAIS. | HTE SAIS. | BASSE SAIS. | VAC. SCOL. | WEEK-END |   |   |   |   |   |   |   |   |
|---|---|---|---|---|---|---|---|---|---|---|---|---|---|
| 340 | 610 | 570 | 280 | 360 | 165 | 3 | 3 | 1 | 7 | 3 | 2 | 3 | 9 | 0,5 |

## Nº 350635 PLANGUENOUAL — La Croix Bernet - L'Harmelan — CM 59 pli 4

**NN  9 pers.**

Gîte indép., de style néo-breton, avec terrasse, cour et terrain clos arboré de 750 m². Veranda. R.d.c : cuisine aménagée, séjour-salon avec cheminée, 2 ch. (2 lits 2 pers.), s.d.b. et wc. Etage : 3 ch.(3 lits 1 pers. et 1 lit 160x200), salle d'eau et wc. Equip. bébé complet à dispo. Vous apprécierez le confort et l'espace de ce gîte aménagé avec soin. Niché dans un écrin de verdure, à 3 km du bourg et à 400 m de la plage bien abritée de Pors Morvan et du sentier de randonnée GR 34, à 2 km de la station balnéaire de PLeneuf-Val-André, l'une des plus belles plages de sable de la côte nord.

GITES DE FRANCE-SERVICE RESERVATION - 7 rue Saint-Benoit - BP 4536 - 22045 SAINT-BRIEUC Cedex 2
Tél. : 02 96 62 21 73 - 02 96 62 21 74 - Fax : 02 96 61 20 16 - Email : gites-de-france-22@armornet.tm.fr - www.gitesdarmor.com

| MOY. SAIS. | TRES HTE SAIS. | HTE SAIS. | BASSE SAIS. | VAC. SCOL. | WEEK-END |   |   |   |   |   |   |   |   |
|---|---|---|---|---|---|---|---|---|---|---|---|---|---|
| 420 | 820 | 700 | 360 | 580 | 350 | 0,5 | 1,5 | 1 | 3 | 2,7 | 0,8 | 2,7 | 12 | 3 |

## Nº 350636 PLANGUENOUAL — CM 59 pli 4

**NN  3 pers.**

Gîte de plain-pied, mitoyen, avec entrée privative, terrasse et cour close de 63 m². Cuisine, salle de séjour avec coin-salon, 1 ch. (1 lit 2 pers., 1 lit 1 pers., 1 lit bébé), s.d.b., wc. Possibilité de location draps. Cette coquette longère, située à 1,2 km de la mer (dans un hameau paisible), comprend la résidence secondaire du propriétaire et un joli gîte bien équipé avec une jolie cour fleurie et close réservée aux seuls vacanciers : salon de jardin, chaises longues, parasol.

Michelle LEVEQUE - 53 bis Rue de la Ville de - Pierre - 44000 NANTES
Tél. : 02 40 14 45 02 - 02 40 48 90 03

| MOY. SAIS. | TRES HTE SAIS. | HTE SAIS. | BASSE SAIS. | VAC. SCOL. | WEEK-END |   |   |   |   |   |   |
|---|---|---|---|---|---|---|---|---|---|---|---|
| 205 | 351 | 330 | 185 | 205 | 105 | 1,2 | 7 | 7 | 8 | 1,2 | 1,3 | 6 | 10 | 2,5 |

## Nº 510319 PLEBOULLE — La Ville Guillaume — CM 59 pli 5

**NN  6 pers.**

Dans leur belle longère en grès d'Erquy, Annick et Jean-Yves ont conçu en 2003 un gîte bien équipé et chaleureux, mitoyen avec leur habitation et proche de leur exploitation. R.d.c. : séjour/salon avec coin-cuisine, 1 ch. (1 lit 2 pers.), s.d.b., wc. Etage : 2 ch. (1 lit 2 pers., 2 lits 1 pers.), ainsi qu'un petit coin salon. Equip. bébé à disposition. Location draps 8 €/lit. Loin du bruit mais non loin de la mer ce gîte rural est idéalement situé en Baie de la Fresnaye (cultures d'huîtres et de moules) à 5 mn des plages de St-Cast le Guildo et du Cap Fréhel, 30 mn de St-Malo, Dinard, Dinan et 20 mn de Lamballe.

Jean Yves et Annick BARBU - La Ville Guillaume - 22550 PLEBOULLE
Tél. : 02 96 41 08 12 - Fax : 02 96 41 08 12

| MOY. SAIS. | TRES HTE SAIS. | HTE SAIS. | BASSE SAIS. | VAC. SCOL. | WEEK-END |   |   |   |   |   |   |   |   |
|---|---|---|---|---|---|---|---|---|---|---|---|---|---|
| 290 | 560 | 500 | 250 | 300 | 250 | 2 | 5 | 5 | 7 | 2 | 3 | 7 | 26 | 2 |

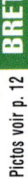
Pictos voir p. 12

# CÔTES D'ARMOR - 22

*Périodes tarifaires p. 116*

## N° 310807 PLEDRAN — Launay Prével — CM 59 pli 13

**NN — 6 pers.**

Gîte rénové en 2002, en pierre du pays, mitoyen avec l'habitation des propriétaires avec pelouse et cour privative de 350 m², sur une grande propriété de 6,5 ha. R.d.c : séjour-salon avec coin cuisine aménagé, wc. Etage : 3 ch. (2 lits 2 pers., 2 lits 1 pers.), s.d.b. et wc. Siège de bain. Lit bb toile et chaise à dispo.. Poss.prêt 2 VTC adultes avec porte bébé. Agréablement rénové, ce gîte offre de grands espaces verts, à proximité du bois de Plédran, lieu de promenades privilégié pour les amoureux de la campagne. A 14 km, plage familiale de Plérin Les Rosaires.

GITES DE FRANCE-SERVICE RESERVATION - 7 rue Saint-Benoit - BP 4536 - 22045 SAINT-BRIEUC Cedex 2
Tél. : 02 96 62 21 73 - 02 96 62 21 74 - Fax : 02 96 61 20 16 - Email : gites-de-france-22@armornet.tm.fr - www.gitesdarmor.com

| MOY. SAIS. | TRES HTE SAIS. | HTE SAIS. | BASSE SAIS. | VAC. SCOL. | | | | | | | | | |
|---|---|---|---|---|---|---|---|---|---|---|---|---|---|
| 285 | 480 | 425 | 270 | 296 | 14 | 14 | 2 | 7 | 2 | 6 | 14 | 7 | 2 |

## N° 180441 PLELO — La Corderie — CM 59 pli 2-3

**NN — 4 pers.**

Belle longère en pierre rénovée en 2001 comprenant 2 gîtes avec entrée indép., terrasse et petite pelouse privatives et closes, située à proximité des propriétaires. R.d.c : séjour-salon avec joli coin-cuisine aménagé, wc. Etage : 2 ch. (1 lit 2 pers., 2 lits 1 pers. pouvant être jumelés, 1 lit bébé), salle d'eau et wc. Lits faits à l'arrivée. Linge toilette fourni. Possibilité service petit déjeuner au prix de 6,50 €/pers. Ce gîte à l'ameublement et à la décoration soignés se situe à 3 km du bourg de Plélo, à 8 km de la Côte de Goélo avec ses plages, ports de plaisance, animations estivales, GR34.

GITES DE FRANCE-SERVICE RESERVATION - 7 rue Saint-Benoit - BP 4536 - 22045 SAINT-BRIEUC Cedex 2
Tél. : 02 96 62 21 73 - 02 96 62 21 74 - Fax : 02 96 61 20 16 - Email : gites-de-france-22@armornet.tm.fr - www.gitesdarmor.com

| MOY. SAIS. | TRES HTE SAIS. | HTE SAIS. | BASSE SAIS. | VAC. SCOL. | | | | | | | | | |
|---|---|---|---|---|---|---|---|---|---|---|---|---|---|
| 315 | 475 | 445 | 244 | 314 | 8 | 8 | 8 | 18 | 3 | 12 | 4 | 18 | 3 |

## N° 350816 PLENEUF-VAL-ANDRE — Porte Boissel — CM 59 pli 4

**NN — 4 pers.**

Gîte en pierre rose, mitoyen avec un autre gîte avec entrée indépendante. RDC : salle de séjour avec coin-cuisine, salle d'eau. Etage : 2 ch. (1 lit 2 pers., 2 lits 1 pers.), s.d.b., wc. Equipement bébé. Parking, jardin commun. Possibilité location draps s/demande. Gîte situé à 1 km de Pléneuf-Val-André et de ses plages, à 15 km de Lamballe et 25 km de St-Brieuc.

Odile LE CORGUILLE - 47 rue de Licantois - 22120 HILLION
Tél. : 02 96 32 26 58 - 06 72 62 10 10 - Fax : 02 96 32 26 58 - Email : bernard.lecorguille@libertysurf.fr

| MOY. SAIS. | TRES HTE SAIS. | HTE SAIS. | BASSE SAIS. | VAC. SCOL. | WEEK-END | | | | | | | | |
|---|---|---|---|---|---|---|---|---|---|---|---|---|---|
| 262 | 417 | 382 | 198 | 267 | 140 | 1 | 3 | 2,5 | 3 | 2 | 1 | 15 | 1,5 |

## N° 350823 PLENEUF-VAL-ANDRE — CM 59 pli 4

**NN — 5 pers.**

Gîte récent, indép., aménagé dans une maison de style néo-breton, sur une propriété de 550 m² avec pelouse, arbres d'ornement et verger clos de 200 m². R.d.c : séjour-salon avec coin-cuisine, wc. Etage : 1 mezzanine (1 lit 2 pers.,1 lit 1 pers.), 1 ch. (1 lit 2 pers), salle d'eau. Equip. bébé à disposition. Table de ping-pong. Forfait chauff. et sanitaire 7 €/jour. Lits faits. Michel et Odile vous accueilleront dans leur gîte situé entre terre et mer, avec agréable vue sur la station balnéaire de Pléneuf-Val- André, avec ses belles plages de sable fin. Nombreuses activités : circuit VT à 200 m.

GITES DE FRANCE-SERVICE RESERVATION - 7 rue Saint-Benoit - BP 4536 - 22045 SAINT-BRIEUC Cedex 2
Tél. : 02 96 62 21 73 - 02 96 62 21 74 - Fax : 02 96 61 20 16 - Email : gites-de-france-22@armornet.tm.fr - www.gitesdarmor.com

| MOY. SAIS. | TRES HTE SAIS. | HTE SAIS. | BASSE SAIS. | VAC. SCOL. | WEEK-END | | | | | | | | |
|---|---|---|---|---|---|---|---|---|---|---|---|---|---|
| 353 | 581 | 513 | 245 | 353 | 159 | 2 | 2 | 3 | 2 | 2 | 1 | 2 | 14 | 0,5 |

## N° 431014 PLESSALA — Crenol — CM 59 pli 13

**NN — 5 pers.**

Ensemble de 2 gîtes rénovés en 2002, mitoyens avec l'habitation des propriétaires, situés à proximité de leur exploitation laitière, avec grande cour commune. R.d.c : séjour-salon (cheminée) avec coin-cuisine. Etage : 3 ch. (2 lits 2 pers., 1 lit 1 pers.), salle d'eau avec wc. Chauffage au sol (géothermique) dans cuisine, séjour-salon. Cette belle rénovation se trouve à proximité de nombreux chemins de randonnées, de sites touristiques, de la forêt de Loudéac, de 2 piscines couvertes. A 15 km de Loudéac, 8 km de Plouguenast, 30 km de Lamballe, 15 km de Moncontour.

GITES DE FRANCE-SERVICE RESERVATION - 7 rue Saint-Benoit - BP 4536 - 22045 SAINT-BRIEUC Cedex 2
Tél. : 02 96 62 21 73 - 02 96 62 21 74 - Fax : 02 96 61 20 16 - Email : gites-de-france-22@armornet.tm.fr - www.gitesdarmor.com

| MOY. SAIS. | TRES HTE SAIS. | HTE SAIS. | BASSE SAIS. | VAC. SCOL. | WEEK-END | | | | | | | | |
|---|---|---|---|---|---|---|---|---|---|---|---|---|---|
| 270 | 382 | 365 | 270 | 270 | 120 | 42 | 42 | 1 | 15 | 5 | 15 | 35 | 5 |

## N° 431016 PLESSALA — CM 59 pli 13

**NN — 4 pers.**

Gîte de plain-pied, exposé sud-ouest, avec terrasse de 40 m² bordant le potager et le garage des propriétaires. R.d.c : grande pièce commune de 30 m² comprenant le coin-séjour-cuisine, salon avec baie vitrée donnant sur la terrasse, 2 ch. avec salles-d'eau privatives (1 lit 2 pers., 2 lits 1 pers.), wc. Pelouse de 160 m². Gîte lumineux, décoration soignée, à 10 km de Moncontour, petite Cité Médiévale, à 30 km des plages de la Baie de St-Brieuc, à 20 Km de Loudéac, ville importante du Centre-Bretagne qui offre un large éventail d'activités pour les adeptes du Tourisme Vert.

GITES DE FRANCE-SERVICE RESERVATION - 7 rue Saint-Benoit - BP 4536 - 22045 SAINT-BRIEUC Cedex 2
Tél. : 02 96 62 21 73 - 02 96 62 21 74 - Fax : 02 96 61 20 16 - Email : gites-de-france-22@armornet.tm.fr - www.gitesdarmor.com

| MOY. SAIS. | TRES HTE SAIS. | HTE SAIS. | BASSE SAIS. | VAC. SCOL. | WEEK-END | | | | | | | | |
|---|---|---|---|---|---|---|---|---|---|---|---|---|---|
| 239 | 399 | 367 | 210 | 239 | 127 | 30 | 30 | 0,5 | 9 | 0,4 | 20 | 35 | 20 | 0,1 |

# CÔTES D'ARMOR - 22

Périodes tarifaires p. 116

## N° 110410  PLESTIN-LES-GREVES — Kerléan — CM 59 pli 1

**NN    4 pers.**

2 gîtes mitoyens rénovés en 2001, dans une ancienne ferme classée par les bâtiments de France, mitoyen avec 1 tiers, entrée indépendante. Cour (50 m²) et jardin clos (50 m²) privatifs. R.d.c : salle de séjour avec coin-cuisine et coin-salon, wc. Etage : 2 ch. (1 lit 2 pers., 2 lits 1 pers.), salle d'eau avec wc. Equipement bébé : lit et chaise. Draps fournis. Gîte situé à 3 kms des plages, 5 km de Plestin-Les-Grèves et 16 km de Lannion.

Jean et Jeannine LIRZIN - 11 rue Fétérel - 22310 PLESTIN-LES-GREVES
Tél. : 02 96 35 05 75 - 06 22 40 39 35 - Fax: 02 96 35 05 75

| MOY. SAIS. | TRES HTE SAIS. | HTE SAIS. | BASSE SAIS. | VAC. SCOL. | WEEK-END |
|---|---|---|---|---|---|
| 290 | 470 | 430 | 210 | 290 | 130 |

| | | | | | | | | | | |
|---|---|---|---|---|---|---|---|---|---|---|
| 2,5 | 3 | 3 | 16 | 5 | 6 | SP | 16 | 5 | | |

## N° 110412  PLESTIN-LES-GREVES — Kervourdon - Les Pruniers — CM 59 pli 1

**NN    4 pers.**

Gîte aménagé dans un ensemble d'anciens bâtiments de ferme rénovés en 2002, comprenant 2 autres gîtes mitoyen avec la maison du prop. Accès indép., espace privatif et pelouse. RDC : grande salle de séjour avec cuisine intégrée et salon, salle d'eau, WC. Etage : 2 ch. (1 lit 2 pers., 2 lits 1 pers.), salle d'eau avec wc. Etage : 1 ch. bébé en toile de tente. Location draps et linge de maison sur demande. Au coeur du Trégor paisible, à 5 km de la mer et 18 km de Lannion et de Morlaix.

GITES DE FRANCE-SERVICE RESERVATION - 7 rue Saint-Benoit - BP 4536 - 22045 SAINT-BRIEUC Cedex 2
Tél. : 02 96 62 21 73 - 02 96 62 21 74 - Fax: 02 96 61 20 16 - Email : gites-de-france-22@armornet.tm.fr - www.gitesdarmor.com

| MOY. SAIS. | TRES HTE SAIS. | HTE SAIS. | BASSE SAIS. | VAC. SCOL. | WEEK-END |
|---|---|---|---|---|---|
| 280 | 463 | 420 | 210 | 280 | 140 |

| 5 | 6 | 5 | 15 | 5 | 11 | 27 | 12 | 5 |
|---|---|---|---|---|---|---|---|---|

## N° 110414  PLESTIN-LES-GREVES — CM 59 pli 1

**NN    6 pers.**

Longère en pierre indépendante, rénovée en 2002, avec terrasse, cour et terrain de 2000 m². R.d.c : séjour-salon de 35 m² avec coin-cuisine aménagé, 2 ch. (2 lits 2 pers.), salle d'eau et wc. Etage : 1 ch. (1 lit 2 pers.). Lit bébé en toile à disposition. Animaux admis sur demande. Ce gîte se situe à 4 km de Plestin-Les-Grèves, station verte et bleue qui a réussi le tour de force de regrouper sur son territoire de longues plages de sable, des petites criques et des falaises escarpées. A 15 km de Lannion et à 20 km de Morlaix.

GITES DE FRANCE-SERVICE RESERVATION - 7 rue Saint-Benoit - BP 4536 - 22045 SAINT-BRIEUC Cedex 2
Tél. : 02 96 62 21 73 - 02 96 62 21 74 - Fax: 02 96 61 20 16 - Email : gites-de-france-22@armornet.tm.fr - www.gitesdarmor.com

| MOY. SAIS. | TRES HTE SAIS. | HTE SAIS. | BASSE SAIS. | VAC. SCOL. | WEEK-END |
|---|---|---|---|---|---|
| 328 | 623 | 537 | 293 | 328 | 174 |

| 8 | 10 | 10 | 15 | 4 | 10 | 5 | 15 | 4 |
|---|---|---|---|---|---|---|---|---|

## N° 131025  PLEUBIAN — CM 59 pli 2

**NN    5 pers.**

Sur une propriété close de 1000 m², maison néobretonne, indép., bien ensoleillée, idéalement située, à 500 m de la mer et à proximité des commerces. RDC surélevé : cuisine aménagée, séjour-salon, (magnétoscope, Hifi), 3 ch. (2 lits 2 pers., 1 lit 1 pers.), salle d'eau et wc. Lit bébé en toile. Le prop. se réserve un coin potager clos de haies de 200 m². Ce gîte vous séduira par son emplacement privilégié : à 800 m de la plage de Kermagen. Pour les amateurs de marche à pied, une agréable balade peut se faire jusqu'à la pointe du Sillon du Talbert, site classé, unique sur le littoral français.

GITES DE FRANCE-SERVICE RESERVATION - 7 rue Saint-Benoit - BP 4536 - 22045 SAINT-BRIEUC Cedex 2
Tél. : 02 96 62 21 73 - 02 96 62 21 74 - Fax: 02 96 61 20 16 - Email : gites-de-france-22@armornet.tm.fr - www.gitesdarmor.com

| MOY. SAIS. | TRES HTE SAIS. | HTE SAIS. | BASSE SAIS. | VAC. SCOL. | WEEK-END |
|---|---|---|---|---|---|
| 340 | 607 | 607 | 280 | 365 | |

| 0,5 | 0,8 | 0,5 | 10 | 1 | 5 | 30 | 15 | 0,8 |
|---|---|---|---|---|---|---|---|---|

## N° 570722  PLEUDIHEN-SUR-RANCE — La Petonnière — CM 59 pli 6

**NN    4 pers.**

Grande maison en pierre, confortable, mitoyenne avec un bâtiment non habité, située sur une exploitation agricole 50 m (bovins et porcs), cour privative et abri. R.d.c : séjour avec coin-cuisine aménagée (grande cheminée), coin-salon. Etage : 3 ch. (1 lit 2 pers, 2 lits 1 pers.), s.d.b. avec wc. Equipement bébé : lit en bois, chaise, baignoire et table à manger. Draps fournis. Ce gîte est situé à 3 km du bourg de Pleudihen-Sur-Rance, connu pour son cidre et ses galettes. Vous pourrez vous promener sur les bords de la Rance, découvrir Lyvet, St-Suliac, puis continuer sur Dinan, St-Malo, Dinard, Cancale.

GITES DE FRANCE-SERVICE RESERVATION - 7 rue Saint-Benoit - BP 4536 - 22045 SAINT-BRIEUC Cedex 2
Tél. : 02 96 62 21 73 - 02 96 62 21 74 - Fax: 02 96 61 20 16 - Email : gites-de-france-22@armornet.tm.fr - www.gitesdarmor.com

| MOY. SAIS. | TRES HTE SAIS. | HTE SAIS. | BASSE SAIS. | VAC. SCOL. | WEEK-END |
|---|---|---|---|---|---|
| 320 | 450 | 400 | 250 | 320 | 150 |

| 18 | 18 | 4 | 10 | 10 | 5 | 6 | 12 | 2,5 |
|---|---|---|---|---|---|---|---|---|

## N° 120422  PLEUMEUR-BODOU — Keralies Vraz — CM 59 pli 1

**NN    5 pers.**

Très belle fermette ancienne du XVIIè en pierre, avec petite cour close sur un terrain de 1500 m², située à proximité de la D788 et d'un autre gîte, 100 m de la mer. R.d.c : cuisine, très beau séjour-salon avec pierres apparentes, wc. Etage : 3 ch. (2 lits 2 pers. dont 1 de 160x200, 2 lits 1 pers.), s.d.b. et wc. Lit bb : baignoire et chaise à disposition. Cette maison, à la décoration soignée, se situe dans un environnement très agréable avec superbe vue sur la mer que vous procure la corniche de Keralies, à 1 km de la plage de Landrellec.

GITES DE FRANCE-SERVICE RESERVATION - 7 rue Saint-Benoit - BP 4536 - 22045 SAINT-BRIEUC Cedex 2
Tél. : 02 96 62 21 73 - 02 96 62 21 74 - Fax: 02 96 61 20 16 - Email : gites-de-france-22@armornet.tm.fr - www.gitesdarmor.com

| MOY. SAIS. | TRES HTE SAIS. | HTE SAIS. | BASSE SAIS. | VAC. SCOL. | WEEK-END |
|---|---|---|---|---|---|
| 737 | 1183 | 1032 | 668 | 860 | |

| 0,1 | 1 | 0,1 | 4 | 4 | 4 | 2 | 10 | 4 |
|---|---|---|---|---|---|---|---|---|

# CÔTES D'ARMOR - 22

Périodes tarifaires p. 116

## N° 120424  PLEUMEUR-BODOU — Poulhast — CM 59 pli 1

NN  5 pers.

Gîte rénové en 2002 situé dans un corps de ferme comprenant l'habitation des propriétaires et un autre gîte avec entrée indépendante, cour et terrain privatifs de 150 m². R.d.c. : séjour avec coin-cuisine et coin-salon, wc. Etage : 2 ch. (1 lit 2 pers., 3 lits 1 pers.), salle de bains avec wc. Ce gîte se situe à 3 km de Pleumeur-Bodou, 1 km du radôme et du golf 18 trous, à 2,5 km des plages et à 12 km de Lannion. Vous visiterez la Côte de Granit Rose, Trébeurden à 8 km, l'Ile Grande à 6 km, Trégastel à 5 km et Perros-Guirec à 9 km.

Hervé JUSTIN - Poulhast - 22560 PLEUMEUR-BODOU
Tél. : 02 96 23 46 96

| MOY. SAIS. | TRES HTE SAIS. | HTE SAIS. | BASSE SAIS. | VAC. SCOL. | WEEK-END | | | | | | | | |
|---|---|---|---|---|---|---|---|---|---|---|---|---|---|
| 300 | 510 | 470 | 230 | 300 | 170 | 2 | 2 | 2 | 5 | 3 | 2 | 1 | 12 | 3 |

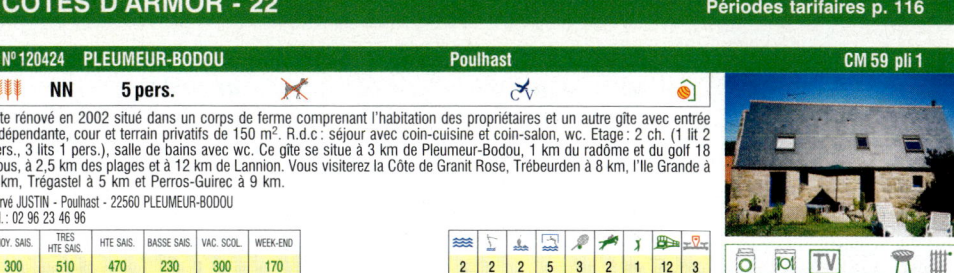

## N° 131212  PLEUMEUR-GAUTIER — Poul Courot — CM 59 pli 2

NN  4 pers.

Sur ancien corps de ferme de 1500 m² entièrement rénové, gîte aménagé en 2002 situé face à la maison et à l'atelier d'artiste peintre du prop. Cour close 150 m². Garage privatif à ouverture télécommandée communicant directement avec gîte. RDC : cuisine, buanderie, salle d'eau, WC. Etage : mezzanine composée d'un coin salon (Télé SAT, hifi, magnétoscope). Un coin séjour-lecture, 2 ch. (4 lits 90x200 pouvant être jumelés). Chaise, lit bb en bois, baignoire et parc à disposition. Draps fournis. Portique et ping-pong. Ce gîte de qualité vous séduira par sa situation, mer à 1,8 km.

GITES DE FRANCE-SERVICE RESERVATION - 7 rue Saint-Benoit - BP 4536 - 22045 SAINT-BRIEUC Cedex 2
Tél. : 02 96 62 21 73 - 02 96 62 21 74 - Fax : 02 96 61 20 16 - Email : gites-de-france-22@armornet.tm.fr - www.gitesdarmor.com

| MOY. SAIS. | TRES HTE SAIS. | HTE SAIS. | BASSE SAIS. | VAC. SCOL. | WEEK-END | | | | | | | | |
|---|---|---|---|---|---|---|---|---|---|---|---|---|---|
| 310 | 530 | 470 | 250 | 310 | 150 | 1,8 | 5,5 | 1,8 | 10 | 5,5 | 1,8 | 40 | 10 | 5,5 |

## N° 131213  PLEUMEUR-GAUTIER — CM 59 pli 2

NN  5 pers.

Maison indépendante, entièrement rénovée en 2003, avec terrasse, située sur une propriété close avec pelouse de 1000 m². R.d.c. : belle cuisine aménagée, séjour-salon, wc. Etage : 3 ch. (1 lit 2 pers. et 3 lits 1 pers.), s.d.b. avec wc. Chaise et lit bébé en bois à disposition. Cette maison vous séduira par son confort et sa jolie décoration intérieure. Idéalement située, à proximité des commerces, à 4,5 km de Lézardrieux, jolie petite commune située sur l'estuaire du Trieux, à l'entrée de la Presqu'île Sauvage et qui séduit les promeneurs. A 4 km de PLeubian, et de son fameux sillon du Talbert.

GITES DE FRANCE-SERVICE RESERVATION - 7 rue Saint-Benoit - BP 4536 - 22045 SAINT-BRIEUC Cedex 2
Tél. : 02 96 62 21 73 - 02 96 62 21 74 - Fax : 02 96 61 20 16 - Email : gites-de-france-22@armornet.tm.fr - www.gitesdarmor.com

| MOY. SAIS. | TRES HTE SAIS. | HTE SAIS. | BASSE SAIS. | VAC. SCOL. | | | | | | | | |
|---|---|---|---|---|---|---|---|---|---|---|---|---|
| 450 | 695 | 695 | 342 | 450 | 5 | 5 | 5 | 6 | 4 | 6 | 30 | 9 | 0,5 |

## N° 131214  PLEUMEUR-GAUTIER — Louannec — CM 59 pli 2

NN  5 pers.

Gîte indépendant situé à la campagne avec cour close à l'avant, jardin ombragé et un petit ruisseau derrière la maison. Garage attenant. R.d.c. : Pièce principale de 40 m2, avec cuisine à l'américaine, séjour-salon avec cheminée, s.d.b., wc. A l'étage : 1 ch.(1 lit 2 pers.), 1 ch.(3 lits 1 pers.), wc avec lavabo. Ce gîte, agréable, se situe dans un environnement reposant, à 8 km de Paimpol et de l'embarcadère pour l'Ile de Bréhat, de la Presqu'île Sauvage, site idéal pour découvrir la Côte du Goëlo et la Côte de Granit Rose.

Annick GELGON - Roz Vaillant - 22200 SQUIFFIEC
Tél. : 02 96 43 24 20 - 06 72 71 34 71

| MOY. SAIS. | TRES HTE SAIS. | HTE SAIS. | BASSE SAIS. | VAC. SCOL. | WEEK-END | | | | | | | |
|---|---|---|---|---|---|---|---|---|---|---|---|---|
| 312 | 420 | 420 | 260 | 312 | 140 | 3 | 8 | 5 | 8 | 30 | 8 | 2,5 |

## N° 521307  PLEVEN — La Rompardais — CM 59 pli 5

NN  7 pers.

Dans une longère du XIXè siècle, joli gîte rénové, mitoyen avec l'habitation des propriétaires et chambres d'hôtes avec terrasse, cour et terrain clos de 600 m². R.d.c. : séjour avec coin-cuisine, arrière cuisine, coin-repas, wc. Etage : 3 ch. (2 lits 2 pers., 3 lits 1 pers.) dont 2 ch. avec salle d'eau et wc privatifs. Situé en bordure de la forêt de la Hunaudaye, à 20 km des plages de la Côte d'Emeraude. Lits faits à l'arrivée.

Michelle BLANCHARD - La Rompardais - 22130 PLEVEN
Tél. : 02 96 84 43 08 - Fax : 02 96 84 41 86

| MOY. SAIS. | TRES HTE SAIS. | HTE SAIS. | BASSE SAIS. | VAC. SCOL. | WEEK-END | | | | | | |
|---|---|---|---|---|---|---|---|---|---|---|---|
| 457 | 610 | 580 | 381 | 580 | 228 | 20 | 20 | 1 | 17 | 1 | 10 | 20 | 17 | 1 |

## N° 521308  PLEVEN — St-Symphorien — CM 59 pli 5

NN  6 pers.

Gîte rénové en 2003, aménagé sur ancienne fermette, et situé dans ensemble avec terrasse close, cour de 200 m². R.d.c. : cuisine aménagée, séjour-salon, 1 ch. (1 lit 2 pers.), salle d'eau et wc. Etage : 3 ch. (1 lit 2 pers., (1 lit 130x190) et (1 lit 1 pers.), s.d.b., wc. Matériel bébé à dispo. Ce gîte confortable se situe à 800 m du bourg de Pléven. A 10 km de Plancoët, cité commerçante, célèbre pour son eau minérale. Les bords verdoyants de l'Arguenon garantissent d'agréables balades le long de la vallée. A 1 km du Château Médiéval de la Hunaudaye et à 15 km des stations balnéaires de St-Jacut-de-la-Mer.

GITES DE FRANCE-SERVICE RESERVATION - 7 rue Saint-Benoit - BP 4536 - 22045 SAINT-BRIEUC Cedex 2
Tél. : 02 96 62 21 73 - 02 96 62 21 74 - Fax : 02 96 61 20 16 - Email : gites-de-france-22@armornet.tm.fr - www.gitesdarmor.com

| MOY. SAIS. | TRES HTE SAIS. | HTE SAIS. | BASSE SAIS. | VAC. SCOL. | WEEK-END | | | | | | |
|---|---|---|---|---|---|---|---|---|---|---|---|
| 285 | 500 | 467 | 239 | 313 | 139 | 15 | 15 | 1 | 15 | 0,7 | 10 | 15 | 10 | 0,5 |

# CÔTES D'ARMOR - 22

Périodes tarifaires p. 116

## N° 151419 PLOEZAL — CM 59 pli 1/2

**NN 4 pers.**

Située sur une grande propriété close de 7500 m², avec pelouse de 200 m², gîte entièrement rénové en 2002, mitoyen par le garage avec résidence secondaire. R.d.c : séjour-salon avec pierres apparentes, coin cuisine, 1 ch. (1 lit 2 pers.), s.d.b. et wc. Lit bébé en toile à dispo. Etage : 1 ch. (1 lit 2 pers.), + grande pièce pouvant servir pour le repos, les enfants... Gîte joliment aménagé situé au calme, au coeur des régions touristiques que sont la Presqu'île Sauvage avec le Sillon du Talberg, la Côte de Granit Rose et l'Ile de Bréhat. A 1,5 km du château de la Roche Jagu.
GITES DE FRANCE-SERVICE RESERVATION - 7 rue Saint-Benoit - BP 4536 - 22045 SAINT-BRIEUC Cedex 2
Tél. : 02 96 62 21 73 - 02 96 62 21 74 - Fax : 02 96 61 20 16 - Email : gites-de-france-22@armornet.tm.fr - www.gitesdarmor.com

| MOY. SAIS. | TRES HTE SAIS. | HTE SAIS. | BASSE SAIS. | VAC. SCOL. | WEEK-END | | | | | | | | |
|---|---|---|---|---|---|---|---|---|---|---|---|---|---|
| 290 | 442 | 376 | 230 | 290 | 121 | 10 | 5 | 2 | 15 | 3,5 | 25 | 4 | 3 |

## N° 180610 PLOUAGAT — Manoir de Fornebello — CM 59 pli 2

**NN 5 pers.**

Sur une belle propriété, ensemble de 5 gîtes rénovés en 2001, aménagés dans les dépendances du Manoir habité par les propriétaires avec parking et terrain privatif de 230 m². R.d.c : Grand séjour avec coin-cuisine et salon, wc. Etage : 2 ch. (2 lits 2 pers., 1 lit 1 pers.), s.d.b. Sèche-linge commun. Chauf. fuel suivant consommation. Ces gîtes se situent à 2,5 km de Châtelaudren, petite Cité de Caractère qui se distingue par son architecture pittoresque. Près du centre-ville, grande réserve poissonneuse de quatre hectares avec possibilité de pratiquer la pêche et le Kayak.
Eric DE KERPEZDRON - Fornebello - 22170 PLOUAGAT
Tél. : 02 96 79 76 92 - Fax : 02 96 79 76 92

| MOY. SAIS. | TRES HTE SAIS. | HTE SAIS. | BASSE SAIS. | VAC. SCOL. | WEEK-END | | | | | | | |
|---|---|---|---|---|---|---|---|---|---|---|---|---|
| 274 | 503 | 442 | 259 | 320 | 153 | 16 | 16 | 16 | 12 | 5 | 8 | 10 | 12 | 2,5 |

## N° 180612 PLOUAGAT — Manoir de Fornebello — CM 59 pli 2

**NN 4 pers.**

Sur une belle propriété, ensemble de 5 gîtes rénovés en 2001, aménagés dans les dépendances du Manoir habité par les propriétaires, avec terrain privatif de 360 m². R.d.c : grand séjour-salon avec coin-cuisine, wc. Etage : 2 ch. (1 lit 2 pers., 2 lits 1 pers.), s.d.b. L-linge et s-linge communs à 2 autres gîtes. Eau et électricité comprises. Chauffage en plus. Ces gîtes, entièrement restaurés dans le respect de l'architecture traditionnelle bretonne se situent à 2,5 km de Chatelaudren, petite cité de caractère qui se distingue par son architecture pittoresque. A 18 km des plages de Saint-Quay-Portrieux.
Eric DE KERPEZDRON - Fornebello - 22170 PLOUAGAT
Tél. : 02 96 79 76 92 - Fax : 02 96 79 76 92

| MOY. SAIS. | TRES HTE SAIS. | HTE SAIS. | BASSE SAIS. | VAC. SCOL. | WEEK-END | | | | | | | |
|---|---|---|---|---|---|---|---|---|---|---|---|---|
| 259 | 488 | 427 | 244 | 305 | 153 | 16 | 16 | 16 | 12 | 5 | 8 | 10 | 12 | 2 |

## N° 180615 PLOUAGAT — Les Cinq Croix — CM 59 pli 2

**NN 4 pers.**

Maison en pierre, entièrement rénovée en 2002, indépendante, situé à proximitée d'une location à l'année, avec pelouse privative de 500 m² et parking privatif. R.d.c. : salle de séjour avec coin-cuisine aménagée et coin salon, salle d'eau et wc. Etage : 2 ch. (1 lit 2 pers., 2 lits 1 pers., 1 lit bébé), coin toilette. Possibilité de location de draps sur demande. Ce gîte se situe à 1 km du bourg et à 3,5 km de Châtelaudren, jolie petite Cité de caractère à l'architecture pittoresque : l'étang situé près du centre-ville est très apprécié pour sa grande réserve poissonneuse. On y pratique également le kayak.
Michel et Mireille ANDRE - 18 bis Rue des Promenades - 22170 PLELO
Tél. : 02 96 74 23 61 - 06 85 64 36 39 - Email : Michel.ANDRE27@wanadoo.fr

| MOY. SAIS. | TRES HTE SAIS. | HTE SAIS. | BASSE SAIS. | VAC. SCOL. | WEEK-END | | | | | | | |
|---|---|---|---|---|---|---|---|---|---|---|---|---|
| 280 | 450 | 380 | 240 | 310 | 145 | 18 | 5 | 12 | 4 | 10 | 18 | 12 | 1 |

## N° 560805 PLOUASNE — Le Haut Aulnay — CM 59 pli 16

**NN 6 pers.**

Sur une exploitation laitière comprenant l'habitation des propriétaires éleveurs, gîte aménagé dans une maison en pierre avec terrasse et terrain clos de 350 m². R.d.c. : cuisine aménagée, salon avec cheminée, séjour rustique, buanderie, wc. Etage : 3 ch. (2 lits 2 pers., 2 lits 1 pers.), s.d.b. avec wc. Lit et chaise bébé. Abri voitures. Vous profiterez à prox. de chemins pédestres aménagés sur l'ancienne ligne de chemin de fer, d'une piste cyclable à 1 km. Pendant votre séjour, vous visiterez la cité du livre de Becherel à 4 km, la vallée de la Rance à 5 km et Dinan, cité Médiévale à 20 km.
GITES DE FRANCE-SERVICE RESERVATION - 7 rue Saint-Benoit - BP 4536 - 22045 SAINT-BRIEUC Cedex 2
Tél. : 02 96 62 21 73 - 02 96 62 21 74 - Fax : 02 96 61 20 16 - Email : gites-de-france-22@armornet.tm.fr - www.gitesdarmor.com

| MOY. SAIS. | TRES HTE SAIS. | HTE SAIS. | BASSE SAIS. | VAC. SCOL. | | | | | | | | |
|---|---|---|---|---|---|---|---|---|---|---|---|---|
| 300 | 450 | 390 | 245 | 300 | 40 | 7 | 5 | 20 | 1 | 5 | 25 | 0,5 | 20 | 1 |

## N° 521505 PLOUBALAY — La Ville Es Anougiers — CM 59

**NN 4 pers.**

Gîte aménagé dans une jolie longère en pierre rénovée, mitoyen avec l'habitation des propriétaires, avec terrasse et terrain privatif de 1300 m² dont 1000 m² de pelouse. R.d.c. : séjour-salon, cuisine équipée, wc. Etage : 2 ch. (2 lits 1 pers. pouvant être jumelés pour couchage 180x190) et (2 lits 1 pers.), dressing, s.d.b. et wc. Equipement bébé sur demande. Ce gîte bien aménagé se situe à 4 km de Ploubalay, petite commune réputée pour les polders de la baie de Beaussais, site classé. A 6 km, vous rejoindrez la petite station balnéaire de Lancieux avec la plage de Saint-Sieu.
GITES DE FRANCE-SERVICE RESERVATION - 7 rue Saint-Benoit - BP 4536 - 22045 SAINT-BRIEUC Cedex 2
Tél. : 02 96 62 21 73 - 02 96 62 21 74 - Fax : 02 96 61 20 16 - Email : gites-de-france-22@armornet.tm.fr - www.gitesdarmor.com

| MOY. SAIS. | TRES HTE SAIS. | HTE SAIS. | BASSE SAIS. | VAC. SCOL. | | | | | | | | |
|---|---|---|---|---|---|---|---|---|---|---|---|---|
| 300 | 500 | 460 | 260 | 300 | 6 | 6 | 6 | 15 | 4 | 6 | 10 | 12 | 4 |

# CÔTES D'ARMOR - 22

Périodes tarifaires p. 116

### N° 140315  PLOUBAZLANEC

CM 59 pli 2

NN  5 pers.

Dans un petit village d'anciens Terre Neuvas, gîte indépendant, rénové en 2001, avec jardin clos de 200 m² et vue sur mer. R.d.c. : séjour-salon avec coin-cuisine aménagée, 1 ch.(1 lit 2 pers.), s.d.b. avec baignoire balnéo, wc. Etage : 3 ch. (3 lits 1 pers.). Equip. bébé à disposition. Magnétoscope. Vous séjournerez dans un gîte agréable, situé à proximité du port de pêche traditionnel de Pors Even, joli village de pêcheurs imprégné de l'aventure islandaise : à marée basse, vous découvrirez les tapis noirs de l'aquaculture.

GITES DE FRANCE-SERVICE RESERVATION - 7 rue Saint-Benoit - BP 4536 - 22045 SAINT-BRIEUC Cedex 2
Tél. : 02 96 62 21 73 - 02 96 62 21 74 - Fax: 02 96 61 20 16 - Email : gites-de-france-22@armornet.tm.fr - www.gitesdarmor.com

| MOY. SAIS. | TRES HTE SAIS. | HTE SAIS. | BASSE SAIS. | VAC. SCOL. | WEEK-END | | | | | | | | | | | | |
|---|---|---|---|---|---|---|---|---|---|---|---|---|---|---|---|---|---|
| 330 | 521 | 434 | 261 | 350 | 174 | 0,9 | 1,5 | 0,9 | 6 | 4 | 12 | 6 | 6 | | | TV | |

### N° 140316  PLOUBAZLANEC

CM 59 pli 2

NN  5 pers.

Ancien corps de ferme, confortable, de plain-pied, attenant à la maison des propriétaires avec entrée privative. Coin-cuisine équipé, séjour-salon, 3 ch. (1 lit 2 pers., 3 lits 1 pers.), s.d.b., salle d'eau, 2 wc. Equipement bébé : lit toile et baignoire. Abri voiture privatif Gîte situé dans un environnement de verdure, calme et reposant, à 2 km de la mer, 2,5 km de Paimpol, 4 km de l'embarcadère pour l'Ile de Bréhat, 5 km du centre nautique de Loguivy-de-la-Mer (joli port de pêche).

GITES DE FRANCE-SERVICE RESERVATION - 7 rue Saint-Benoit - BP 4536 - 22045 SAINT-BRIEUC Cedex 2
Tél. : 02 96 62 21 73 - 02 96 62 21 74 - Fax: 02 96 61 20 16 - Email : gites-de-france-22@armornet.tm.fr - www.gitesdarmor.com

| MOY. SAIS. | TRES HTE SAIS. | HTE SAIS. | BASSE SAIS. | VAC. SCOL. | WEEK-END | | | | | | | | | | | | |
|---|---|---|---|---|---|---|---|---|---|---|---|---|---|---|---|---|---|
| 380 | 654 | 654 | 284 | 380 | 177 | 1,5 | 5 | 3,5 | 1,5 | 2 | 25 | 3 | 3 | | | TV | |

### N° 140417  PLOUEZEC

CM 59 pli 2

NN  4 pers.

Ancienne maison de pêcheurs, mitoyenne avec le prop. (occasionnellement) et un tiers, rénovée en 2002, de bon confort, au calme, avec entrée privative. R.d.c. : salle de séjour avec coin-cuisine et coin-salon, salle d'eau et wc. Etage : 2 ch. (1 lit 2 pers., 2 lits 1 pers.). Lit et chaise bébé en bois. Cour de 110 m2, jardin de 180 m2 et terrain de 720 m2. Location draps sur demande. Forfait chauffage 37 €/semaine. Prêt portable s/demande. Située dans un hameau sur le parcours touristique des falaises et du GR34, à 2 km des plages : Port-Lazo, Bréhec, 15 km de St-Quay-Portrieux.

GITES DE FRANCE-SERVICE RESERVATION - 7 rue Saint-Benoit - BP 4536 - 22045 SAINT-BRIEUC Cedex 2
Tél. : 02 96 62 21 73 - 02 96 62 21 74 - Fax: 02 96 61 20 16 - Email : gites-de-france-22@armornet.tm.fr - www.gitesdarmor.com

| MOY. SAIS. | TRES HTE SAIS. | HTE SAIS. | BASSE SAIS. | VAC. SCOL. | WEEK-END | | | | | | | | | | | | |
|---|---|---|---|---|---|---|---|---|---|---|---|---|---|---|---|---|---|
| 297 | 504 | 470 | 228 | 314 | 140 | 2 | 2 | 9 | 8 | 10 | 5 | 8 | 3 | | | TV | |

### N° 311104  PLOUFRAGAN

CM 59 pli 3

NN  2 pers.

Sur une belle propriété close et arborée, gîte de bon confort aménagé au RDC de l'habitation des propriétaires, avec terrasse de 60 m², entrée et jardin privatifs de 250 m². R.d.c: grande cuisine aménagée avec coin repas, salon indépendant avec porte-fenêtre ouvrant sur le jardin, 1 ch. (1 lit 2 pers.), salle d'eau et wc. Lit, chaise et baignoire bébé à disposition. Ce gîte spacieux et lumineux se situe dans un environnement calme, à 3 km de PLoufragan et à proximité du Zoopôle, technopôle de notoriété internationale, à 5 km du plan d'eau du Gouët et de sa base de loisirs nautiques.

GITES DE FRANCE-SERVICE RESERVATION - 7 rue Saint-Benoit - BP 4536 - 22045 SAINT-BRIEUC Cedex 2
Tél. : 02 96 62 21 73 - 02 96 62 21 74 - Fax: 02 96 61 20 16 - Email : gites-de-france-22@armornet.tm.fr - www.gitesdarmor.com

| MOY. SAIS. | TRES HTE SAIS. | HTE SAIS. | BASSE SAIS. | VAC. SCOL. | WEEK-END | | | | | | | | | | | | |
|---|---|---|---|---|---|---|---|---|---|---|---|---|---|---|---|---|---|
| 285 | 381 | 348 | 240 | 285 | 140 | 15 | 5 | 5 | 3 | 15 | 25 | 5 | 3 | | | TV | |

### N° 131322  PLOUGRESCANT — Crec'h Run

CM 59 pli 1/2

NN  6 pers.

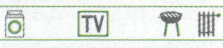

Maison récente, indépendante, de style contemporain, avec terrasse, garage, située sur un terrain de 1000 m². R.d.c : séjour-salon de 34 m² avec chaîne Hi-Fi, coin-cuisine aménagée, 1 ch. (1 lit 2 pers. 160x200), salle d'eau et wc. Etage : 2 ch. (1 lit 2 pers., 2 lits 1 pers.), s.d.b., wc. Lit bébé en toile et baignoire à disposition. Idéalement situé, à 500 mètres de la mer et à 2 km des plages, vous aurez tout le loisir de visiter Plougrescant, charmant petit bourg qui se dessine en étoile au bout de la Presqu'île Sauvage. Les randonneurs apprécieront la découverte du Gouffre de Castel Meur. A 7 km de Tréguier.
Irène LE FLOCH - Pen Ker - 22450 QUEMPERVEN
Tél. : 02 96 47 04 30

| MOY. SAIS. | TRES HTE SAIS. | HTE SAIS. | BASSE SAIS. | VAC. SCOL. | | | | | | | | | | | | | |
|---|---|---|---|---|---|---|---|---|---|---|---|---|---|---|---|---|---|
| 312 | 600 | 460 | 250 | 312 | | 0,5 | 2 | 0,5 | 7 | 1 | 10 | 35 | 26 | 1 | | TV | |

### N° 421619  PLOUGUENAST — Glegan

CM 59 pli 13

EC  NN  4 pers.

Gîte rénové, à proximité d'un gîte et une location à l'année, avec cour privative de 30 m². R.d.c : cuisine équipée-séjour, salon, 2 ch. (1 lit 2 pers., 2 lits 1 pers.), salle d'eau et wc. Possibilité location draps et serviettes. Ce gîte de bon confort, idéal pour passer des vacances reposantes, se situe dans la Vallée du Lié, près du Moulin de Guette Es Lièvres. A proximité de sentiers de pédestres et de l'église classée de Langast, à 1,5 km de Plouguenast, à 10 km de Loudéac et de sa piscine ludique, 10 km de Moncontour petite cité Médiévale, entre Baie de St-Brieuc et le Golfe du Morbihan.

GITES DE FRANCE-SERVICE RESERVATION - 7 rue Saint-Benoit - BP 4536 - 22045 SAINT-BRIEUC Cedex 2
Tél. : 02 96 62 21 73 - 02 96 62 21 74 - Fax: 02 96 61 20 16 - Email : gites-de-france-22@armornet.tm.fr - www.gitesdarmor.com

| MOY. SAIS. | TRES HTE SAIS. | HTE SAIS. | BASSE SAIS. | VAC. SCOL. | WEEK-END | | | | | | | | | | | | |
|---|---|---|---|---|---|---|---|---|---|---|---|---|---|---|---|---|---|
| 267 | 433 | 400 | 267 | 279 | 150 | 35 | 35 | 0,1 | 10 | 1,5 | 14 | 8 | 10 | 1,5 | | TV | |

# CÔTES D'ARMOR - 22

Périodes tarifaires p. 116

## N° 131415 PLOUGUIEL — La Roche Rouge - Le Bois — CM 59 pli 2

**NN** — 4 pers.

Gîte situé dans un ensemble, mitoyen avec un autre gîte et à proximité de la maison des propriétaires, dans un environnement de bois et rivière, près du site de Belvédère offrant un panorama, à 300 m, Tréguier, ville natale d'Ernest Renan classée -petite cité de caractère, à 10 mn en voiture de Plougrescant et de son site du gouffre. A 15 mn de l'embarcadère pour l'île de Bréhat -Ile aux fleurs- R.d.c : salle de séjour avec coin-cuisine et coin-salon, salle d'eau, wc. Etage : 2 ch. (1 lit 2 pers., 2 lits 1 pers., 1 lit bébé), s.d.b., wc. Entrée commune, jardin privatif de 250 m².
Christian et Martine LE CORFEC - La Roche Rouge - La Forge - 22220 PLOUGUIEL
Tél. : 02 96 92 33 72 - 06 85 29 70 42 - Fax : 02 96 92 33 72 - www.membres.lycos.fr/gites.tréguier

| MOY. SAIS. | TRES HTE SAIS. | HTE SAIS. | BASSE SAIS. | VAC. SCOL. | WEEK-END | | | | | | | | | |
|---|---|---|---|---|---|---|---|---|---|---|---|---|---|---|
| 229 | 457 | 390 | 152 | 295 | 122 | 5 | 5 | 5 | 1 | 1 | 1 | 17 | 18 | 2 |

## N° 170730 PLOUHA — CM 59 pli 3

**NN** — 2 pers.

Sur une propriété de 1500 m², ensemble de 2 gîtes rénovés intérieurement en 2002. Ce gîte de 2 personnes dispose d'une courette close de 40 m² avec salon de jardin. R.d.c : séjour-salon (cheminée avec insert) et coin-cuisine. Etage : 1 ch. (1 lit 2 pers.), salle d'eau avec wc. Ces gîtes se situent à 2,5 km du bourg de Plouha qui a su préserver de tout béton sa côte sauvage, que l'on peut contempler depuis les sentiers pédestres. De nombreuses plages invitent au farniente, à la baignade et à la pratique de multiples sports nautiques. A 7 km de St-Quay-Portrieux.
SCI KERLATOUX - Mr LE BAIL Johann - 13 Kerlatoux - 22580 PLOUHA
Tél. : 02 96 22 56 74 - 02 96 70 47 35 - Email : le.bail@free.fr - www.gites-en-bretagne.com

| MOY. SAIS. | TRES HTE SAIS. | HTE SAIS. | BASSE SAIS. | VAC. SCOL. | WEEK-END | | | | | | | | | |
|---|---|---|---|---|---|---|---|---|---|---|---|---|---|---|
| 260 | 385 | 350 | 225 | 260 | 90 | 2,5 | 7 | 2,5 | 17 | 3 | 1 | 15 | 17 | 2,5 |

## N° 170732 PLOUHA — CM 59 pli 3

**NN** — 3 pers.

Gîte mitoyen avec la maison de la prop. et une autre habitation, avec entrée indép., petite cour close indépendante et terrain clos de 500 m². 1 abri de jardin et jeux extérieurs pour enfants et ados. Parking en commun avec la propriétaire. R.d.c : Séjour-salon avec coin-cuisine, s.d.b. et wc. Etage : 2 chambres (1 lit 2 pers., 1 lit 1 pers.). Lit bébé en bois et chaise à disposition. ce gîte se situe à 2,5 km de la plage de Port Moguer, à 1 km d'un GR34, à 3 km du bourg de PLouha, à 7 km de St-Quay-Portrieux et de son port de plaisance et à 15 km de Paimpol.
Nadine PIRIOU - 17 le Turion - 22580 PLOUHA
Tél. : 02 96 22 41 15

| MOY. SAIS. | TRES HTE SAIS. | HTE SAIS. | BASSE SAIS. | VAC. SCOL. | WEEK-END | | | | | | | | | |
|---|---|---|---|---|---|---|---|---|---|---|---|---|---|---|
| 190 | 321 | 240 | 160 | 205 | 92 | 2,5 | 2,5 | 2,5 | 15 | 3 | 3 | 15 | 15 | 3 |

## N° 170733 PLOUHA — Le Moguer — CM 59 pli 3

**NN** — 9 pers.

Gîte indépendant, de style néobreton. Veranda de 12 m², terrasse, cour et terrain de 400 m². Garage. R.d.c : séjour-cuisine aménagée, salon avec cheminée (insert), 1 ch. (1 lit 2 pers.), s.d.b. et wc. Etage : 4 ch. (2 lits 2 pers., 3 lits 1 pers. dont une 120 x 200), salle d'eau avec wc. Ce gîte, confortable, se situe à 3 km de la petite plage de Gwin Zegal. Petit port très original. A 5 km de la plage du Palus, vaste plage de sable fin bordée de galets. Pendant votre séjour, vous vous promenerez le long des falaises de Plouha, les plus hautes de Bretagne.
GITES DE FRANCE-SERVICE RESERVATION - 7 rue Saint-Benoit - BP 4536 - 22045 SAINT-BRIEUC Cedex 2
Tél. : 02 96 62 21 73 - 02 96 62 21 74 - Fax : 02 96 61 20 16 - Email : gites-de-france-22@armornet.tm.fr - www.gitesdarmor.com

| MOY. SAIS. | TRES HTE SAIS. | HTE SAIS. | BASSE SAIS. | VAC. SCOL. | WEEK-END | | | | | | | | | |
|---|---|---|---|---|---|---|---|---|---|---|---|---|---|---|
| 547 | 782 | 695 | 410 | 547 | 205 | 5 | 5 | 5 | 18 | 3 | 1 | 12 | 25 | 3 |

## N° 170817 PLOURHAN — Beauregard — CM 59 pli 3

**NN** — 5 pers.

Sur une exploitation laitière, ensemble de 3 gîtes mitoyens avec entrée indépendante et terrain privatif, situé à proximité de 2 autres gîtes. R.d.c. : séjour-salon avec coin-cuisine aménagé, 1 ch. pouvant accueillir des personnes en fauteuil roulant (1 lit 2 pers.), s.d.b. avec wc attenants. Etage : 2 ch. contiguës (3 lits 1 pers., 2 lits 1 pers., 1 lit bébé en toile à disposition. Ce gîte de bon confort avec son terrain privatif de 220 m² se situe à 5 km de la station balnéaire de St-Quay-Portrieux avec son port de plaisance. A 5 km également d'Etables/Mer. Possibilité de prestations para-hôtelières.
Juliette ARTHUR - Beauregard - 22410 PLOURHAN
Tél. : 02 96 71 94 51 - Fax : 02 96 71 94 77

| MOY. SAIS. | TRES HTE SAIS. | HTE SAIS. | BASSE SAIS. | VAC. SCOL. | WEEK-END | | | | | | | | | |
|---|---|---|---|---|---|---|---|---|---|---|---|---|---|---|
| 340 | 560 | 500 | 300 | 380 | 200 | 5 | 5 | 5 | 15 | 5 | 2,5 | 15 | 2,5 | |

## N° 140613 PLOURIVO — CM 59 pli 1

**NN** — 5 pers.

Ancienne maison en pierre, indépendante, avec petite pelouse et cour close de 270 m². R.d.c. : séjour-salon avec coin-cuisine, 2 ch. (1 lit 2 pers.) (1 lit 120), salle d'eau et wc. Etage : 1 ch. (2 lits 1 pers.). Lit bébé en toile à disposition. Du jardin, à l'arrière du gîte, vous bénéficierez d'une jolie vue sur la baie de Paimpol. Cité des Islandais, située à 2 km : vous y apprécierez le port de plaisance, le centre-ville avec ses ruelles étroites et ses maisons à colombages. La visite du site de l'Abbaye de Beauport s'impose pendant votre séjour. A 8 km de l'embarcadère pour l'Ile de Bréhat.
GITES DE FRANCE-SERVICE RESERVATION - 7 rue Saint-Benoit - BP 4536 - 22045 SAINT-BRIEUC Cedex 2
Tél. : 02 96 62 21 73 - 02 96 62 21 74 - Fax : 02 96 61 20 16 - Email : gites-de-france-22@armornet.tm.fr - www.gitesdarmor.com

| MOY. SAIS. | TRES HTE SAIS. | HTE SAIS. | BASSE SAIS. | VAC. SCOL. | | | | | | | | | | |
|---|---|---|---|---|---|---|---|---|---|---|---|---|---|---|
| 308 | 513 | 457 | 259 | 330 | | 2 | 3 | 2 | 5 | 2,5 | 8 | 30 | 3 | 2,5 |

# CÔTES D'ARMOR - 22

Périodes tarifaires p. 116

## N° 351009    PLURIEN    La Ville Auffray    CM 54 pli 4

**NN**   4 pers.

Petite fermette, mitoyenne, rénovée avec soin en 2002, cour et terrain privatifs, abri couvert. R.d.c. : cuisine indépendante, salon, salle d'eau, wc. Etage : 1 ch. (1 lit 2 pers.), avec s.d.b. et wc privatifs, 1 ch. (2 lits 1 pers.), wc. Location de draps et linge de maison à la demande. Gîte très confortable situé à 4 km des Sables d'Or dans une campagne à l'environnement calme. Vous pourrez découvrir tous les beaux sites touristiques de la Côte d'Emeraude et Cote de Penthièvre sans long trajet.

Hilaire DESCLOS - 9 allée de la Forge - 22370 PLENEUF-VAL-ANDRE
Tél. : 02 96 72 25 84 - Fax : 02 96 72 25 84 - Email : h.desclos@wanadoo.fr - http : www.hilaire.DESCLOS.free.fr

| MOY. SAIS. | TRES HTE SAIS. | HTE SAIS. | BASSE SAIS. | VAC. SCOL. |
|---|---|---|---|---|
| 310 | 485 | 485 | 227 | 310 |

| | | | | | | | | |
|---|---|---|---|---|---|---|---|---|
| 4 | 4 | 4 | 11 | 3 | 3,5 | 4 | 17 | 3 |

## N° 351010    PLURIEN    Les Sables    CM 59 pli 4

**NN**   4 pers.

Gîte de style contemporain, construit en 2001, comprenant 1 gîte au r.d.c et 4 chambres d'hôtes à l'étage avec accès indépendants. Séjour avec coin-cuisine et coin-salon, 2 ch. (1 lit 2 pers., 1 lit 160, 1 lit bébé en bois), salle d'eau, wc. Gîte accessible aux personnes à mobilité réduite. Lits faits à l'arrivée. Gîte de bon confort alliant pierres et bois, au calme, dans un environnement fleuri et arboré de 3300 m². Terrasse plein sud de 30 m². Situé à 800 m de la plage des Sables d'Or et du GR34 entre le Cap d'Erquy et le Cap Fréhel.

M-Christine MEHOUAS-HOUZE - Les Sables - route de la Nonne - 22240 PLURIEN
Tél. : 02 96 72 11 12 - 06 08 94 26 26 - Fax : 02 96 72 11 12 - Email : mcmehouas@netcourrier.com - http://site.ifrance.com/mcmehouas

| MOY. SAIS. | TRES HTE SAIS. | HTE SAIS. | BASSE SAIS. | VAC. SCOL. |
|---|---|---|---|---|
| 300 | 540 | 540 | 250 | 300 |

| | | | | | | | | |
|---|---|---|---|---|---|---|---|---|
| 0,8 | 0,8 | 7 | 15 | 1 | 1 | 1 | 17 | 0,8 |

## N° 151618    POMMERIT-JAUDY    Quillevez Vraz    CM 59 pli 1/2

**NN**   6 pers.

Dans une longère d'une ancienne exploitation agricole, vous pourrez apprécier le calme de la campagne, dans un cadre fleuri avec grande cour et jardin d'agrément clos, à 1,8 km du bourg et 7 km de Tréguier. R.d.c : jolie cuisine aménagée, salle de séjour avec coin-repos, 1 ch. (1 lit 2 pers.), salle d'eau, wc. Etage : 2 chambres (1 lit 2 pers., 2 lits 1 pers.), sdb, WC. Vous apprécierez le confort de ce gîte situé dans un ensemble comprenant deux autres gîtes dans un environnement reposant, à 15 minutes de la Côte de Granit Rose, de Guingamp et de Lannion.

Georges BEAUVERGER - 40 rue du Jouet - 22450 LA ROCHE-DERRIEN
Tél. : 02 96 91 35 74 - 02 96 91 52 81

| MOY. SAIS. | TRES HTE SAIS. | HTE SAIS. | BASSE SAIS. | VAC. SCOL. |
|---|---|---|---|---|
| 350 | 420 | 380 | 250 | 350 |

| | | | | | | | | |
|---|---|---|---|---|---|---|---|---|
| 15 | 15 | 2 | 7 | 7 | 0,3 | 20 | 1,8 | |

## N° 351137    ST-ALBAN    L'Hyvoal - La Flora    CM 59 pli 4

**NN**   5 pers.

Gîte aménagé avec soin dans une longère en grès d'Erquy comprenant 5 gîtes et 1 habitation, dans environnement calme, partiellement clos, où chacun trouvera son intimité, avec terrasse privative, aire de jeux et salle de jeux communes. R.d.c. : séjour-salon 39 m², cuisine aménagée, 1 ch. (3 lits 1 pers.), salle d'eau avec wc. Etage : 1 ch. (1 lit 2 pers.), sdb avec WC. Sèche-linge commun aux 5 gîtes. Possibilité location pour 2 pers. ou pour groupe. Sur demande, équipement bébé. Tennis, poney à la ferme des propriétaires à 800 m. A 4 km des belles plages du Val-André.

FAMILLE CROLAIS/LUCAS - Gîtes de Belhêtre et du Beau - Chêne - Belletre - 22400 ST-ALBAN
Tél. : 02 96 72 95 33 - 06 07 27 43 39 - Fax : 02 96 72 83 65 - Email : anne.marie.crolais@cernet.fr - www.gitesdarmor.com/crolais

| MOY. SAIS. | TRES HTE SAIS. | HTE SAIS. | BASSE SAIS. | VAC. SCOL. | WEEK-END |
|---|---|---|---|---|---|
| 282 | 515 | 405 | 225 | 349 | 150 |

| | | | | | | | |
|---|---|---|---|---|---|---|---|
| 4 | 1 | 5 | 4 | 4 | 5 | 14 | 3 |

## N° 351139    ST-ALBAN    La Petite Ville Neen    CM 59 pli 4

**NN**   4 pers.

Agréable gîte rénové en pierre du pays, mitoyen avec l'habitation des prop. et un bâtiment, avec terrasse, cour et terrain de 500 m². R.d.c. : séjour-salon de 38 m² avec pierres apparentes, grande cheminée, joli coin-cuisine aménagée, wc. Etage : 2 ch. avec leurs sanitaires privatifs, l'une avec s.d.b., l'autre avec s.d.b. (1 lit 2 pers., 2 lits 1 pers.), WC. Equip. bébé complet à disposition. Chauffage au sol. Vous passerez un agréable séjour dans ce gîte à la décoration soignée, situé à 3 km du petit bourg de St-Alban. A 8 km, la très réputée station balnéaire de Pléneuf-Val-André, avec son golf.

Annie MORVAN - La Petite Ville Neen - 22400 ST-ALBAN
Tél. : 02 96 32 90 53 - 06 99 49 47 81 - Fax : 02 96 32 90 53

| MOY. SAIS. | TRES HTE SAIS. | HTE SAIS. | BASSE SAIS. | VAC. SCOL. | WEEK-END |
|---|---|---|---|---|---|
| 259 | 450 | 420 | 199 | 275 | 139 |

| | | | | | | | |
|---|---|---|---|---|---|---|---|
| 7 | 8 | 6 | 8 | 3 | 8 | 7 | 3 |

## N° 351140    ST-ALBAN    Beaulieu    CM 59 pli 4

**NN**   5 pers.

Maison indépendante, de plain-pied, rénovée en 2003, sur une propriété close de 960 m², à proximité d'une exploitation agricole (50 m). Cuisine, salle de séjour avec coin-salon, 3 ch. (1 lit 2 pers, 3 lits 1 pers. dont 1 130), salle d'eau et wc. Equipement bébé : lit en toile, chaise, baignoire, tapis à langer. Dans un environnement boisé et fleuri, cette Dans environnement boisé, fleuri, cette maison vous attend pour de agréables vacances où vous aurez la possib. d'aller de découvertes en découvertes : Côtes de Penthièvre, d'Emeraude et Baie de St-Brieuc.

GITES DE FRANCE-SERVICE RESERVATION - 7 rue Saint-Benoit - BP 4536 - 22045 SAINT-BRIEUC Cedex 2
Tél. : 02 96 62 21 73 - 02 96 62 21 74 - Fax : 02 96 61 20 16 - Email : gites-de-france-22@armornet.tm.fr - www.gitesdarmor.com

| MOY. SAIS. | TRES HTE SAIS. | HTE SAIS. | VAC. SCOL. |
|---|---|---|---|
| 310 | 450 | 415 | 310 |

| | | | | | | |
|---|---|---|---|---|---|---|
| 6 | 6 | 2 | 6 | 5 | 5 | 6 | 12 | 5 |

# CÔTES D'ARMOR - 22

Périodes tarifaires p. 116

## N° 351141 ST-ALBAN — Les Roches Bleues — CM 59 pli 4

NN — 4 pers.

Gîte rénové en 2003, mitoyen d'une habitation secondaire et d'un batiment inoccupé, avec entrée indépendante, cours closes à l'avant et à l'arrière. RDC : salle de séjour avec coin-cuisine et coin-salon, wc. Etage : 2 ch. (1 lit 2 pers., 2 lits 1 pers.), salle d'eau avec wc. Equipement bébé : chaise, baignoire et table à langer. Possibilité location draps sur demande. Ce gîte, bien équipé et à la décoration soignée, se situe à 4 km de la station balnéaire de Pléneuf-Val-André, à 25 km de St-Brieuc et 40 km de Dinan, jolie cité de caractère.

GITES DE FRANCE-SERVICE RESERVATION – 7 rue Saint-Benoit - BP 4536 – 22045 SAINT-BRIEUC Cedex 2
Tél. : 02 96 62 21 73 - 02 96 62 21 74 - Fax : 02 96 61 20 16 - Email : gites-de-france-22@armornet.tm.fr – www.gitesdarmor.com

| MOY. SAIS. | TRES HTE SAIS. | HTE SAIS. | BASSE SAIS. | VAC. SCOL. | WEEK-END |
|---|---|---|---|---|---|
| 260 | 460 | 430 | 210 | 260 | 180 |

| | | | | | | | | | |
|---|---|---|---|---|---|---|---|---|---|
| 5 | 5 | 0,5 | 6 | 6 | 5 | 6 | 9 | 4 | |

## N° 510509 ST-CAST-LE-GUILDO — Les Heumes — CM 59 pli 5

NN — 5 pers.

Jolie maison néo-bretonne, indépendante, située à 800 m de la plage. R.d.c : cuisine, séjour avec coin-salon, s.d.b., wc. Etage : 3 ch. (1 lit 2 pers., 3 lits 1 pers. dont 1 de 1,30m). Equipement bébé : lit, chaise, baignoire et table à langer. Draps fournis. A 2 km de St-Cast, 25 km de Dinan et de Dinard. Située sur petite colline permettant une vue panoramique vers la Côte d'Emeraude de St-Cast à St-Malo. Ce gîte aménagé avec soin pour le confort et la décoration a un jardin clos de 500 m², une terrasse. Claudine et Jean-Louis vous attendent, ils vous conseilleront sur vos souhaits de découvertes.

GITES DE FRANCE-SERVICE RESERVATION – 7 rue Saint-Benoit - BP 4536 – 22045 SAINT-BRIEUC Cedex 2
Tél. : 02 96 62 21 73 - 02 96 62 21 74 - Fax : 02 96 61 20 16 - Email : gites-de-france-22@armornet.tm.fr – www.gitesdarmor.com

| MOY. SAIS. | TRES HTE SAIS. | HTE SAIS. | BASSE SAIS. | VAC. SCOL. |
|---|---|---|---|---|
| 310 | 782 | 700 | 280 | 360 |

| | | | | | | | | |
|---|---|---|---|---|---|---|---|---|
| 0,8 | 0,8 | 3 | 2 | 2 | 2 | 1 | 25 | 2 |

## N° 311411 ST-DONAN — Le Vau Martin — CM 59 pli 3

NN — 4 pers.

Maison en pierre indépendante de plain-pied, située au calme, avec cour close et petite pelouse de 170m². Garage. R.d.c. : cuisine, séjour-salon rustique, 2 ch. (1 lit 2 pers., 2 lits 1 pers.), salle de bains et wc. Ce gîte se situe à 3 km du petit bourg de St-Donan et à 1 km du plan d'eau du Gouët, délimité par le barrage de Saint-Barthélémy : il dispose d'une base de loisirs permettant la pratique de la voile, du canoë-Kayak et de la pêche. A 9 km de Saint-Brieuc et à 16 km de la plage des Rosaires.

GITES DE FRANCE-SERVICE RESERVATION – 7 rue Saint-Benoit - BP 4536 – 22045 SAINT-BRIEUC Cedex 2
Tél. : 02 96 62 21 73 - 02 96 62 21 74 - Fax : 02 96 61 20 16 - Email : gites-de-france-22@armornet.tm.fr – www.gitesdarmor.com

| MOY. SAIS. | TRES HTE SAIS. | HTE SAIS. | BASSE SAIS. | VAC. SCOL. | WEEK-END |
|---|---|---|---|---|---|
| 260 | 433 | 399 | 230 | 260 | 140 |

| | | | | | | | | |
|---|---|---|---|---|---|---|---|---|
| 16 | 1 | 8 | 3 | 3 | 22 | 7 | 3 | |

## N° 311502 ST-JULIEN — La Forge — CM 59 pli 3

NN — 4 pers.

Ensemble de 2 gîtes mitoyens aménagés dans une ancienne maison entièrement rénovée en 2003 avec entrée indépendante, terrasse et pelouse privatives de 130 m². Parking, pelouse communs de 600 m². R.d.c. : cuisine indép., salle séjour, salon., wc. Etage : 1 ch. (1 lit 160x200) avec s.d.b., 2 ch. avec chacune 1 lit 1 pers., salle d'eau avec wc. Ces gîtes se situent à 10 km de St-Brieuc et à 17 km de la plage des Rosaires, dans un hameau calme, à 500 m du bourg où vous trouverez tous commerces. Par les sentiers de randonnées vous découvrirez les bois, l'étang et Chaos du Gouët.

GITES DE FRANCE-SERVICE RESERVATION – 7 rue Saint-Benoit - BP 4536 – 22045 SAINT-BRIEUC Cedex 2
Tél. : 02 96 62 21 73 - 02 96 62 21 74 - Fax : 02 96 61 20 16 - Email : gites-de-france-22@armornet.tm.fr – www.gitesdarmor.com

| MOY. SAIS. | TRES HTE SAIS. | HTE SAIS. | BASSE SAIS. | VAC. SCOL. |
|---|---|---|---|---|
| 304 | 490 | 460 | 252 | 330 |

| | | | | | | | | |
|---|---|---|---|---|---|---|---|---|
| 17 | 12 | 1 | 8 | 6 | 5 | 20 | 10 | 0,5 |

## N° 311504 ST-JULIEN — CM 59 pli 13

NN — 4 pers.

Gîte très confortable, situé au r.d.c de la maison néo-bretonne des propriétaires. Cuisine, salle de séjour avec coin-salon, 2 ch. avec leur salle d'eau et wc privatifs (1 lit 2 pers., 2 lits 1 pers.), wc. Lits faits à l'arrivée. Chauffage inclus dans le prix. Animaux admis sur demande. Maison située dans un hameau verdoyant, avec pelouse, verger, potager, poulailler (petite basse-cour), à 10 km de St-Brieuc, 33 km de Loudéac et 37 km de Guingamp.

GITES DE FRANCE-SERVICE RESERVATION – 7 rue Saint-Benoit - BP 4536 – 22045 SAINT-BRIEUC Cedex 2
Tél. : 02 96 62 21 73 - 02 96 62 21 74 - Fax : 02 96 61 20 16 - Email : gites-de-france-22@armornet.tm.fr – www.gitesdarmor.com

| MOY. SAIS. | TRES HTE SAIS. | HTE SAIS. | BASSE SAIS. | VAC. SCOL. |
|---|---|---|---|---|
| 285 | 417 | 388 | 230 | 320 |

| | | | | | | | | |
|---|---|---|---|---|---|---|---|---|
| 15 | 18 | 2,5 | 10 | 6 | 2 | 20 | 2 | 2 |

## N° 412605 ST-MARTIN-DES-PRES — La Ville Rouault — CM 59 pli 12

NN — 6 pers.

Sur belle propr. de 15000 m², ce Manoir du 17è vous accueille avec ses attraits de gentilhommière bretonne. Terrasse, cour close 400 m². RDC : belle cuisine aménagée, salon (30 m²), séjour (30 m²) restauré avec poutres, pierres apparentes, ouvrant sur jardin d'hiver. Et. : 3 ch. dont 2 avec s.e./s.d.b et wc attenants (1 lit 160x200, 2 lits 1 pers., 1 lit 2 pers.). Lit bébé. Ce joli Manoir se distingue par ses alentours arborés et son étang poissonneux, endroit idéal pour se reposer à vos retours d'excursions. A 5 km du plan d'eau de Bosméléac, à 20 km du lac de Guerlédan.

GITES DE FRANCE-SERVICE RESERVATION – 7 rue Saint-Benoit - BP 4536 – 22045 SAINT-BRIEUC Cedex 2
Tél. : 02 96 62 21 73 - 02 96 62 21 74 - Fax : 02 96 61 20 16 - Email : gites-de-france-22@armornet.tm.fr – www.gitesdarmor.com

| MOY. SAIS. | TRES HTE SAIS. | HTE SAIS. | BASSE SAIS. | VAC. SCOL. |
|---|---|---|---|---|
| 450 | 800 | 750 | 450 | 500 |

| | | | | | | | | |
|---|---|---|---|---|---|---|---|---|
| 35 | 20 | 0,1 | 12 | 2 | 10 | 20 | 35 | 8 |

# CÔTES D'ARMOR - 22

Périodes tarifaires p. 116

## N° 250706 ST-NICOLAS-DU-PELEM — Guern an Groc'h — CM 59 pli 12

NN — 4 pers.

Maison bretonne en granit, indépendante, située à proximité du propriétaire. Jardin 500 m², terrasse, parking. R.d.c : cuisine aménagée, salon (chaîne hifi-magnétoscope), 1 ch. (1 lit 2 pers.), s.d.b. avec wc. Etage : 1 ch. (1 lit 110x190, 1 lit 130x190), salle de jeux, bibliothèque (vaste choix de livres, CD, vidéo). Equip. bébé complet sur demande. Local à vélos, boulodrome. Cette maison de pays saura vous séduire dans son cadre fleuri, par le calme de sa campagne boisée et vallonnée. Le propriétaire vous proposera des cartes itinéraires et à l'occasion pourra vous accompagner en randonnée.
GITES DE FRANCE-SERVICE RESERVATION - 7 rue Saint-Benoit - BP 4536 - 22045 SAINT-BRIEUC Cedex 2
Tél. : 02 96 62 21 73 - 02 96 62 21 74 - Fax : 02 96 61 20 16 - Email : gites-de-france-22@armornet.tm.fr - www.gitesdarmor.com

| MOY. SAIS. | TRES HTE SAIS. | HTE SAIS. | BASSE SAIS. | VAC. SCOL. | WEEK-END |
|---|---|---|---|---|---|
| 245 | 335 | 295 | 195 | 245 | 130 |

| | | | | | | | |
|---|---|---|---|---|---|---|---|
| 45 | 6 | 3 | 3 | 3 | 6 | 31 | 3 |

## N° 510607 ST-POTAN — Le Guilleu — CM 59 pli 5

NN — 5 pers.

Manoir du XVIè siècle, situé dans un ensemble, à proximité des propriétaires. R.d.c : grand séjour avec coin-cuisine et coin-salon, cheminée, 1 ch. (1 lit 2 pers.), s.d.b. et wc. Etage : 2 ch. dont 1 avec cheminée (1 lit 1 pers., 2 lits de coin 1 pers. ( 110 x 180), salle d'eau avec wc. Ce manoir à conservé son charme d'antan, avec pierres, poutres, cheminées sculptées, environnement calme et très agréable, avec terrain privatif clos de 1000 m² et cour de 300 m². Garage. Gîte situé à 7 km des plages de St-Cast-Le-Guildo. Dinard, St-Malo et Dinan à 25 km, Cap Fréhel à 14 km.
GITES DE FRANCE-SERVICE RESERVATION - 7 rue Saint-Benoit - BP 4536 - 22045 SAINT-BRIEUC Cedex 2
Tél. : 02 96 62 21 73 - 02 96 62 21 74 - Fax : 02 96 61 20 16 - Email : gites-de-france-22@armornet.tm.fr - www.gitesdarmor.com

| MOY. SAIS. | TRES HTE SAIS. | HTE SAIS. | BASSE SAIS. | VAC. SCOL. | WEEK-END |
|---|---|---|---|---|---|
| 285 | 514 | 456 | 274 | 285 | 170 |

| | | | | | | | |
|---|---|---|---|---|---|---|---|
| 8 | 7 | 2 | 8 | 7 | 7 | 25 | 1 |

## N° 120807 ST-QUAY-PERROS — CM 59 pli 1

NN — 4 pers.

Ancien presbytère du XVIe, restauré avec soin : pierres et poutres apparentes, situé à la campagne dans endroit calme et reposant, à 4 km de la mer et 5 km des plages de la Côte de Granit Rose. R.d.c : coin-cuisine (réfrigérateur-conservateur), séjour avec coin-salon (poêle à bois dans cheminée). Etage : 2 ch. (1 lit 160 X 200, 2 lits 1 pers., 1 lit bébé en toile). 1 mezzanine avec banquette et TV, salle d'eau et wc. Draps et linge de maison fournis. Jardin de 100 m², terrasse 20 m² et cour privative de 50 m². Gîte situé à 6 km de Perros Guirec, 7 km de Lannion et 18 km de Tréguier.
Loïc ROBARD - 7 route du Malfos - 22700 LOUANNEC
Tél. : 02 96 48 84 22 - Email : dl.robard@tiscali.fr

| MOY. SAIS. | TRES HTE SAIS. | HTE SAIS. | BASSE SAIS. | VAC. SCOL. | WEEK-END |
|---|---|---|---|---|---|
| 260 | 472 | 430 | 200 | 270 | 120 |

| | | | | | | | |
|---|---|---|---|---|---|---|---|
| 4 | 5 | 4 | 7 | 2 | 8 | 8 | 2 |

## N° 121404 TREBEURDEN — CM 59 pli 1

NN — 4 pers.

Petite maison bretonne en pierre avec vue sur mer, terrain privatif de 300 m², plage à 1 km. R.d.c : salle de séjour avec coin-cuisine et coin-salon, salle d'eau avec wc. Etage : 2 ch. (1 lit 2 pers., 2 lits 1 pers.). Véranda 2,70 m². Située à 7 km de Trégastel, 10 km de Lannion et 13 km de Perros-Guirec.

Yvon et Chantal MOREAU - 36 route de Lan Ar Cleis - 22560 TREBEURDEN
Tél. : 02 96 23 61 96 - Email : yvon.moreau@free.fr

| MOY. SAIS. | TRES HTE SAIS. | HTE SAIS. | BASSE SAIS. | VAC. SCOL. |
|---|---|---|---|---|
| 274 | 396 | 365 | 228 | 274 |

| | | | | | | | |
|---|---|---|---|---|---|---|---|
| 1,5 | 1,5 | 1,5 | 7 | 1,5 | 8 | 5 | 10 | 1,5 |

## N° 131519 TREDARZEC — Ker Hervy — CM 59 pli 2

NN — 9 pers.

Gîte indépendant, aménagé dans un ancien corps de ferme rénové en 2002, avec cour (200 m²) et jardin privatif (800 m²). R.d.c : séjour de 32 m² avec baie vitrée et coin-cuisine aménagée, salon indépendant de 27 m², 1 ch.(1 lit 2 pers.) avec s.d.b. privative et wc. Etage : 3 ch. (2 lits 2 pers. et 3 lits 1 pers.), mezzanine, s.d.e. avec wc. Lit et chaise bébé. Ce gîte se situe à 2 km du petit bourg de Trédarzec et à 5 km de la Cité de caractère de Tréguier, bercée par 2 rivières, le Jaudy et le Guindy : le charme de ses vieilles ruelles aux maisons à colombages.
GITES DE FRANCE-SERVICE RESERVATION - 7 rue Saint-Benoit - BP 4536 - 22045 SAINT-BRIEUC Cedex 2
Tél. : 02 96 62 21 73 - 02 96 62 21 74 - Fax : 02 96 61 20 16 - Email : gites-de-france-22@armornet.tm.fr - www.gitesdarmor.com

| MOY. SAIS. | TRES HTE SAIS. | HTE SAIS. | BASSE SAIS. | VAC. SCOL. | WEEK-END |
|---|---|---|---|---|---|
| 521 | 869 | 782 | 347 | 555 | 433 |

| | | | | | |
|---|---|---|---|---|---|
| 5 | 5 | 12 | 2 | 5 | 5 |

## N° 131520 TREDARZEC — Lannou — CM 59 pli 1

NN — 4 pers.

Gîte aménagé dans une ancienne fermette en pierre, entièrement rénovée en 2002, avec cour, jardin et terrain privatifs de 1500 m², mitoyen à une autre habitation et à proximité d'une exploitation maraîchère (+ quelques vaches laitières). R.d.c : pièce à vivre avec coin-cuisine aménagé, salon. Etage : 2 ch. (1 lit 2 pers., 2 lits 1 pers.), s.d.b. avec wc. Lit bébé et chaise à disposition. A la frontière de la Côte de Goëlo et de la Côte de Granit Rose, ce gîte offre une situation confortable grâce à sa proximité des villes touristiques telles que Tréguier (6 km), Lannion à 35 km, Perros-Guirec, Paimpol (16 km).
Eric FELICE - 28 rue du 8 Mai 1945 - 93700 DRANCY
Tél. : 01 48 96 84 36 - 06 16 16 14 66

| MOY. SAIS. | TRES HTE SAIS. | HTE SAIS. | VAC. SCOL. |
|---|---|---|---|
| 350 | 500 | 480 | 350 |

| | | | | | | | |
|---|---|---|---|---|---|---|---|
| 5 | 5 | 5 | 6 | 7 | 40 | 16 | 2 |

BRETAGNE

131

# CÔTES D'ARMOR - 22

Périodes tarifaires p. 116

## N° 111508 TREDREZ-LOCQUEMEAU — CM 59 pli 1

**NN — 6 pers.**

Maison indép. des années 30, exposée plein sud, entièrement rénovée en 2003, située dans un cadre agréable, avec cour et jardin de 250 m², à 300 m de la plage et du bourg. RDC : cuisine, séjour avec coin-salon 35 m², 1 ch. (1 lit 135), s.d.b., wc. Etage : 2 ch. (1 lit 2 pers., 1 lit 160, 1 lit 1 pers.), c.t. Garage. Equip. bébé à disposition. Ce gîte agréablement aménagé bénéficie d'une vue imprenable sur le petit port de pêche de Locquemeau. A proximité, vous rejoindrez les sentiers des randonnées, les circuits VTT. A 10 km de Plestin-Les-Grèves, 12 km de Lannion et 20 km de Perros-Guirec.

GITES DE FRANCE-SERVICE RESERVATION - 7 rue Saint-Benoit - BP 4536 - 22045 SAINT-BRIEUC Cedex 2
Tél. : 02 96 62 21 73 - 02 96 62 21 74 - Fax: 02 96 61 20 16 - Email : gites-de-france-22@armornet.tm.fr - www.gitesdarmor.com

| MOY. SAIS. | TRES HTE SAIS. | HTE SAIS. | BASSE SAIS. | VAC. SCOL. | WEEK-END | | | | | | | |
|---|---|---|---|---|---|---|---|---|---|---|---|---|
| 460 | 800 | 685 | 345 | 460 | 270 | 0,3 | 0,5 | 0,3 | 22 | 0,1 | 6 | 20 | 12 | 0,3 |

## N° 131702 TRELEVERN — Castel Bian — CM 59 pli 1

**NN — 6 pers.**

Jolie maison bretonne en pierre du pays, indépendante, entièrement rénovée en 2002, avec pelouse privative à l'arrière de 500 m². R.d.c : séjour-salon avec coin cuisine aménagé, salle d'eau et wc. Etage : 3 ch. (2 lits 2 pers., 2 lits 1 pers.), salle d'eau et wc. Lit et chaise bébé à disposition. Vous apprécierez le confort de ce gîte, le soir vous rejoindrez les sentiers d'excursions Bien situé, à 3,5 km des plages de Trestel et à 8 km de Perros-Guirec, agréable station balnéaire avec son port de plaisance, nombreux sentiers de randonnées. A 10 km, Tréguier, charmante cité de caractère.

GITES DE FRANCE-SERVICE RESERVATION - 7 rue Saint-Benoit - BP 4536 - 22045 SAINT-BRIEUC Cedex 2
Tél. : 02 96 62 21 73 - 02 96 62 21 74 - Fax : 02 96 61 20 16 - Email : gites-de-france-22@armornet.tm.fr - www.gitesdarmor.com

| MOY. SAIS. | TRES HTE SAIS. | HTE SAIS. | BASSE SAIS. | VAC. SCOL. | WEEK-END | | | | | | | |
|---|---|---|---|---|---|---|---|---|---|---|---|---|
| 320 | 661 | 610 | 290 | 320 | 157 | 3,5 | 3,5 | 3,5 | 10 | 2 | 6 | 20 | 10 | 2 |

## N° 570501 TRESSAINT-LANVALLAY — La Ville Ameline — CM 59 pli 15/16

**NN — 4 pers.**

Dans notre exploitation laitière, Huguette et Yvon vous proposent un ensemble de 3 gîtes mitoyens en pierre, rénovés en 2002, avec chacun cour et pelouse closes. R.d.c : séjour-salon (cheminée) avec coin cuisine aménagée, wc. Etage : 2 ch. avec leurs sanitaires privatifs. L'une avec s.d.b., l'autre avec salle d'eau (1 lit 180x200, 2 lits 90x200). Possibilité de lit bébé sur demande. Vous apprécierez le confort et l'aménagement soigné de ces gîtes à vos retours de promenades. Durant votre séjour vous visiterez Dinan, ville d'art et d'histoire, idéalement située au bord de la Rance. A 25 km de St-Malo.

Huguette et Yvon LEMARCHAND - La Ville Ameline - 22100 TRESSAINT-LANVALLAY
Tél. : 02 96 39 33 69 - Fax : 02 96 39 33 69 - Email : lemarchand.huguette@wanadoo.fr - http://perso.wanadoo.fr/lavilleameline/gites

| MOY. SAIS. | TRES HTE SAIS. | HTE SAIS. | BASSE SAIS. | VAC. SCOL. | WEEK-END | | | | | | | |
|---|---|---|---|---|---|---|---|---|---|---|---|---|
| 350 | 450 | 396 | 274 | 350 | 150 | 25 | 8 | 3 | 3 | 1 | 6 | 15 | 7 | 3 |

## N° 131807 TREVOU-TREGUIGNEC — CM 59 pli 1

**NN — 4 pers.**

E TI MAZUD, maison traditionnelle indépendante, de plain-pied, située sur La Côte de Granit Rose, entre Perros-Guirec et Tréguier, (nombreux circuits pédestres) exposée plein-sud, avec jardin clos (cour 200 m², pelouse 1200 m²), véranda, garage. Cuisine, séjour-salon, 2 ch. (1 lit 2 pers., 2 lits 1 pers.). Située à 1,2 km de la plage de sable fin de Trestel ou de la plage et du port du Royau pour la pêche à pied. Eau, gaz, électricité compris dans le prix (sauf chauffage).

Guy COURIEUX - 10 rue de Lann-Treiz - 22660 TREVOU-TREGUIGNEC
Tél. : 02 96 23 71 64 - Fax : 02 96 23 71 64

| MOY. SAIS. | TRES HTE SAIS. | HTE SAIS. | BASSE SAIS. | VAC. SCOL. | WEEK-END | | | | | | | |
|---|---|---|---|---|---|---|---|---|---|---|---|---|
| 320 | 480 | 458 | | | | 1,2 | 3,5 | 10 | 1,2 | 3 | 20 | 16 | 2,5 |

## N° 131808 TREVOU-TREGUIGNEC — CM 59 pli 1

**NN — 4 pers.**

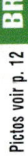

Sur une propriété de 800 m², gîte indépendant, exposé plein sud, un environnement calme, sans vis à vis, jardin ombragé. R.d.c : cuisine aménagée, salon, 2 ch. (1 lit 2 pers., 1 lit 1 pers.), wc. Etage : 1 ch. (1 lit 1 pers.), salle d'eau. Forfait chauffage de 6 € par jour. Vous apprécierez l'environnement de ce gîte, idéalement situé, 500 m de la plage de sable fin de Trestel, à proximité du bourg et du port. A 10 km de la station balnéaire de Perros-Guirec et de la splendide Côte de Granit Rose et à 9 km de la petite cité de caractère de Tréguier.

GITES DE FRANCE-SERVICE RESERVATION - 7 rue Saint-Benoit - BP 4536 - 22045 SAINT-BRIEUC Cedex 2
Tél. : 02 96 62 21 73 - 02 96 62 21 74 - Fax : 02 96 61 20 16 - Email : gites-de-france-22@armornet.tm.fr - www.gitesdarmor.com

| MOY. SAIS. | TRES HTE SAIS. | HTE SAIS. | BASSE SAIS. | VAC. SCOL. | WEEK-END | | | | | | | |
|---|---|---|---|---|---|---|---|---|---|---|---|---|
| 273 | 490 | 490 | 228 | 273 | | 0,5 | 0,5 | 0,5 | 10 | 1 | 5 | 5 | 13 | 0,1 |

## N° 522502 VILDE-GUINGALAN — La Croix Nergan — CM 59 pli 15

**NN — 6 pers.**

Maison familiale de la Fontein en granit du pays, bâtie en 1838, mitoyenne avec une maison non habitée, exposée Sud, rénovée en 2003. Jardin clos avec pelouse de 500 m², garage. R.d.c : cuisine, salle de séjour avec coin salon avec poutres apparentes, wc, salle d'eau. Etage : 3 ch. (1 lit 2 pers. avec lit bébé en bois, 4 lits 1 pers.), wc, s.d.b. Lits faits à l'arrivée. Catherine et Marcel vous accueilleront dans ce gîte confortable et calme, à l'intérieur chaleureux. Vous êtes à 10 km de la cité médiévale de Dinan, 20 km de la mer, 40 km de St-Malo.

GITES DE FRANCE-SERVICE RESERVATION - 7 rue Saint-Benoit - BP 4536 - 22045 SAINT-BRIEUC Cedex 2
Tél. : 02 96 62 21 73 - 02 96 62 21 74 - Fax : 02 96 61 20 16 - Email : gites-de-france-22@armornet.tm.fr - www.gitesdarmor.com

| MOY. SAIS. | TRES HTE SAIS. | HTE SAIS. | BASSE SAIS. | VAC. SCOL. | WEEK-END | | | | | | | |
|---|---|---|---|---|---|---|---|---|---|---|---|---|
| 252 | 477 | 446 | 229 | 252 | 171 | 20 | 20 | 10 | 10 | 5 | 10 | 10 | 10 | 5 |

# FINISTÈRE - 29

3615 Gîtes de France
RESA - 0,2 €/mn

**GITES DE FRANCE** - Service Réservation
5, allée Sully - 29322 QUIMPER Cédex
Tél. 02 98 64 20 20 - Fax. 02 98 64 20 29
E.mail : info@gites-de-france-finistere.fr - www.gites-de-france-finistere.fr

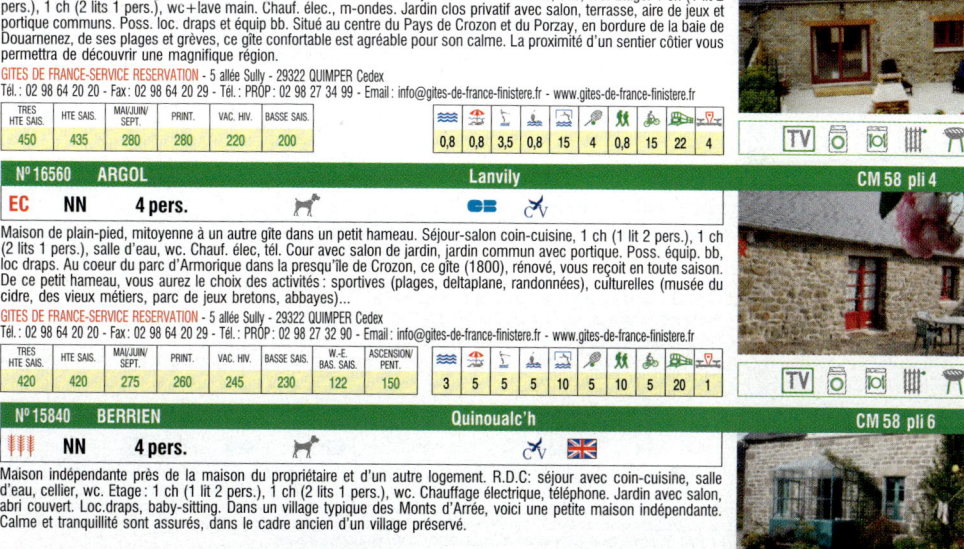

### N° 16230 ARGOL — Coat Madiou — CM 58 pli 14
**NN — 4 pers.**

Penty mitoyen à 2 autres gîtes situé sur une ancienne ferme. R.D.C : séjour avec coin-cuisine, sde, wc. Etage: 1 ch (1 lit 2 pers.), 1 ch (2 lits 1 pers.), wc+lave main. Chauf. élec., m-ondes. Jardin clos privatif avec salon, terrasse, aire de jeux et portique communs. Poss. loc. draps et équip bb. Situé au centre du Pays de Crozon et du Porzay, en bordure de la baie de Douarnenez, de ses plages et grèves, ce gîte confortable est agréable pour son calme. La proximité d'un sentier côtier vous permettra de découvrir une magnifique région.

GITES DE FRANCE-SERVICE RESERVATION - 5 allée Sully - 29322 QUIMPER Cedex
Tél.: 02 98 64 20 20 - Fax. 02 98 64 20 29 - Tél.: PROP: 02 98 27 34 99 - Email : info@gites-de-france-finistere.fr - www.gites-de-france-finistere.fr

| TRES HTE SAIS. | HTE SAIS. | MAI/JUIN/SEPT. | PRINT. | VAC. HIV. | BASSE SAIS. | | | | | | | | | |
|---|---|---|---|---|---|---|---|---|---|---|---|---|---|---|
| 450 | 435 | 280 | 280 | 220 | 200 | 0,8 | 0,8 | 3,5 | 0,8 | 15 | 4 | 0,8 | 15 | 22 | 4 |

### N° 16560 ARGOL — Lanvily — CM 58 pli 4
**EC NN — 4 pers.**

Maison de plain-pied, mitoyenne à un autre gîte dans un petit hameau. Séjour-salon coin-cuisine, 1 ch (1 lit 2 pers.), 1 ch (2 lits 1 pers.), salle d'eau, wc. Cour avec salon de jardin, jardin commun avec portique. Poss. équip. bb, loc draps. Au coeur du parc d'Armorique dans la presqu'île de Crozon, ce gîte (1800), rénové, vous reçoit en toute saison. De ce petit hameau, vous aurez le choix des activités : sportives (plages, deltaplane, randonnées), culturelles (musée du cidre, des vieux métiers, parc de jeux bretons, abbayes)...

GITES DE FRANCE-SERVICE RESERVATION - 5 allée Sully - 29322 QUIMPER Cedex
Tél.: 02 98 64 20 20 - Fax. 02 98 64 20 29 - Tél.: PROP: 02 98 27 32 90 - Email : info@gites-de-france-finistere.fr - www.gites-de-france-finistere.fr

| TRES HTE SAIS. | HTE SAIS. | MAI/JUIN/SEPT. | PRINT. | VAC. HIV. | BASSE SAIS. | W-E BAS. SAIS. | ASCENSION/PENT. | | | | | | | | |
|---|---|---|---|---|---|---|---|---|---|---|---|---|---|---|---|
| 420 | 420 | 275 | 260 | 245 | 230 | 122 | 150 | 3 | 5 | 5 | 5 | 10 | 5 | 10 | 5 | 20 | 1 |

### N° 15840 BERRIEN — Quinoualc'h — CM 58 pli 6
**NN — 4 pers.**

Maison indépendante près de la maison du propriétaire et d'un autre logement. R.D.C : séjour avec coin-cuisine, salle d'eau, cellier, wc. Etage: 1 ch (1 lit 2 pers.), 1 ch (2 lits 1 pers.), wc. Chauffage électrique, téléphone. Jardin avec salon, abri couvert. Loc.draps, baby-sitting. Dans un village typique des Monts d'Arrée, voici une petite maison indépendante. Calme et tranquillité sont assurés, dans le cadre ancien d'un village préservé.

GITES DE FRANCE-SERVICE RESERVATION - 5 allée Sully - 29322 QUIMPER Cedex
Tél.: 02 98 64 20 20 - Fax. 02 98 64 20 29 - Tél.: PROP: 02 98 99 04 10 - Email : info@gites-de-france-finistere.fr - www.gites-de-france-finistere.fr

| TRES HTE SAIS. | HTE SAIS. | MAI/JUIN/SEPT. | PRINT. | VAC. HIV. | BASSE SAIS. | W-E BAS. SAIS. | ASCENSION/PENT. | | | | | | | | |
|---|---|---|---|---|---|---|---|---|---|---|---|---|---|---|---|
| 380 | 335 | 230 | 230 | 185 | 185 | 122 | 168 | 30 | 40 | 25 | 1 | 25 | 6 | SP | 25 | 4 |

### N° 12792 CAST — Kergoff — CM 58 pli 15
**5 pers.**

Située sur la ferme, dans une longère du XIXè entièrement restaurée, ce gîte vous offre un vaste espace de vie intérieure. R.D.C: Entrée (wc, rangement), cuisine indépendante, séjour/salon. Etage: 2 ch (1 lit 2 pers.), 1 ch (2 lits 1 pers.), équip bb, sdb, wc. Chauf. élec, tél. port, Hifi, m-ondes, congél, loc linge. Cette demeure vous séduira par son confort, sa décoration, l'harmonisation de ses couleurs, ses grandes ouvertures au Sud sur terrasse et à l'Ouest sur un grand jardin privatif, clos et fleuri. Calme, détente et balades sur le site.

GITES DE FRANCE-SERVICE RESERVATION - 5 allée Sully - 29322 QUIMPER Cedex
Tél.: 02 98 64 20 20 - Fax. 02 98 64 20 29 - Tél.: PROP: 02 98 73 54 93 - Email : info@gites-de-france-finistere.fr - www.gites-de-france-finistere.fr

| TRES HTE SAIS. | HTE SAIS. | MAI/JUIN/SEPT. | PRINT. | VAC. HIV. | BASSE SAIS. | W-E BAS. SAIS. | ASCENSION/PENT. | | | | | | | | |
|---|---|---|---|---|---|---|---|---|---|---|---|---|---|---|---|
| 533 | 427 | 274 | 274 | 228 | 198 | 140 | 180 | 8 | 8 | 10 | 8 | 10 | 3 | 0,7 | 20 | 3 |

### N° 16160 CAST — Vern — CM 58 pli 15
**NN — 6 pers.**

Maison indépendante située sur la ferme du propriétaire. R.D.C: cuisine, séjour, 1 ch (1 lit 2 pers.), sde, wc. Sous-sol avec buanderie. Etage: 1 ch (2 lits 1 pers.), 1 ch (1 lit 2 pers.), sdb avec wc. S-linge, m-ondes. Jardin clos avec salon, terrasse. Poss. lit bb, loc draps. Très jolie maison à la campagne, totalement indépendante, exposée sud, tout confort, entourée d'un jardin clos de 1000m² pour un séjour à votre rythme...

GITES DE FRANCE-SERVICE RESERVATION - 5 allée Sully - 29322 QUIMPER Cedex
Tél.: 02 98 64 20 20 - Fax. 02 98 64 20 29 - Tél.: PROP: 02 98 57 74 35 - Email : info@gites-de-france-finistere.fr - www.gites-de-france-finistere.fr

| TRES HTE SAIS. | HTE SAIS. | MAI/JUIN/SEPT. | PRINT. | VAC. HIV. | BASSE SAIS. | W-E BAS. SAIS. | ASCENSION/PENT. | | | | | | | | |
|---|---|---|---|---|---|---|---|---|---|---|---|---|---|---|---|
| 550 | 520 | 280 | 280 | 250 | 220 | 130 | 200 | 13 | 13 | 20 | 6 | 6 | 6 | 3 | 7 | 7 | 3,5 |

# FINISTÈRE - 29

## N° 16240 — CHATEAUNEUF-DU-FAOU — Kermadec — CM 58 pli 16

**EC  NN  2 pers.**

Maison située sur l'exploitation laitière et avicole des propriétaires. Séjour avec coin-cuisine, 1 ch (1 lit 2 pers.), sde, wc. Chauf. élec. Jardin avec salon. Poss. équip. bb et loc. draps. Ce gîte est situé dans un cadre verdoyant et donne sur un jardin arboré qui vous mènera jusqu'au petit cours d'eau accentuant le charme du cadre. Balades pédestres, équestres ou fluviales à quelques kms. Vous pourrez sillonner le Finistère à votre guise et profiter de notre belle région (route des peintres, Parc d'Armorique, Pointe du Raz, etc.). Visite possible de l'exploitation.

GITES DE FRANCE-SERVICE RESERVATION – 5 allée Sully - 29322 QUIMPER Cedex
Tél. : 02 98 64 20 20 - Fax : 02 98 64 20 29 - Tél. : PROP : 02 98 81 82 07 - Email : info@gites-de-france-finistere.fr - www.gites-de-france-finistere.fr

| TRES HTE SAIS. | HTE SAIS. | MAI/JUIN/SEPT. | PRINT. | VAC. HIV. | BASSE SAIS. | W.-E. BAS. SAIS. | ASCENSION/PENT. | | | | | | | | |
|---|---|---|---|---|---|---|---|---|---|---|---|---|---|---|---|
| 305 | 290 | 200 | 200 | 200 | 150 | 90 | 150 | 35 | 35 | 35 | SP | 4 | 4 | SP | 4 | 20 | 4 |

## N° 16360 — CHATEAUNEUF-DU-FAOU — Ecluse de Bizernic — CM 58 pli 17

**NN  6 pers.**

Ancien moulin rénové au bord du canal. R.D.C: Hall d'entrée, cabinet de toilette et wc, cuisine, grand séjour-salon. Etage (par escalier pentu): 1 ch (2 lits 1 pers.), 2 ch (1 lit 2 pers.), sde avec wc. TV+satellite, m-ondes. Jardin avec salon, terrasse, garage. Poss. loc draps et équip. bb. Le charme et le confort d'un ancien moulin bâti auprès d'une écluse, ce gîte situé au coeur de Finistère dans un écrin de verdure, vous permettra de rayonner sur tout le département. Les nombreuses activités de loisirs disponibles sur place vous garantiront un séjour des plus agréables.

GITES DE FRANCE-SERVICE RESERVATION – 5 allée Sully - 29322 QUIMPER Cedex
Tél. : 02 98 64 20 20 - Fax : 02 98 64 20 29 - Tél. : PROP : 02 98 73 26 95 - Email : info@gites-de-france-finistere.fr - www.gites-de-france-finistere.fr

| TRES HTE SAIS. | HTE SAIS. | MAI/JUIN/SEPT. | PRINT. | VAC. HIV. | | | | | | | | | | | |
|---|---|---|---|---|---|---|---|---|---|---|---|---|---|---|---|
| 760 | 610 | 385 | 305 | 305 | | | | 35 | 35 | SP | SP | 0,5 | 0,5 | SP | 0,5 | 1 | 0,9 |

## N° 10111 — CLEDEN-CAP-SIZUN — Kertanguy — CM 58

**EC  NN  6 pers.**

Maison indépendante dans un petit hameau à 700m de la mer. R.D.C: séjour salon, cuisine aménagée,sde, wc. Etage: 1 ch (1 lit 2pers.), 2 ch (2 lits 1pers.). Chauf. élec, m-ondes. Jardin arboré et fleuri avec salon terrasse. Lave linge commun payant. 3 km, à pied par la côte, de la pointe du Raz, à 2 pas de la Baie des trépassés, magnifique plage chère au surfeurs. De bon standing et bien aménagé, ce gîte vous offre le calme d'un hameau paisible, un jardin privé fleuri et clos, dont l'intimité vous ravira après les promenades de découverte.

Yves BERRIET - 1 rue de Langroas - 29770 CLEDEN-CAP-SIZUN
Tél. : 02 98 70 62 53 - SR : 02 98 64 20 20 - Email : berriety@worldonline.fr

| TRES HTE SAIS. | HTE SAIS. | MAI/JUIN/SEPT. | PRINT. | | | | | | | | | | | | |
|---|---|---|---|---|---|---|---|---|---|---|---|---|---|---|---|
| 590 | 590 | 395 | 395 | | | | | 0,7 | 0,7 | 0,7 | 0,7 | 30 | 6 | 0,7 | 5 | 54 | 4 |

## N° 15381 — CLEDEN-POHER — Maner Ster — CM 58 pli 16

**NN  7 pers.**

Maison contiguë à un autre gîte. R.D.C: séjour avec coin-cuisine, s.eau, wc. Etage: 2 ch (1 lit 2 pers.), 1 ch (3 lits 1 pers.), s.bains, wc, poss. lit bébé. Chauff. élect., m-ondes, TV sur demande, équip. bébé. Lits faits à l'arrivée et linge de toilette fourni. Jardin clos avec salon, terrasse, portique, ping-pong/baby-foot sous abri. Pssibilité hébergement chevaux, baignade en rivière.$Ancienne écurie de caractère comportant 2 gîtes contigus mais indépendants et situés dans l'enceinte d'un manoir d'origine du XIIIème siècle à proximité du canal de Nantes à Brest.

GITES DE FRANCE-SERVICE RESERVATION – 5 allée Sully - 29322 QUIMPER Cedex
Tél. : 02 98 64 20 20 - Fax : 02 98 64 20 29 - Tél. : PROP : 02 98 93 40 09 - Email : info@gites-de-france-finistere.fr - www.gites-de-france-finistere.fr

| TRES HTE SAIS. | HTE SAIS. | MAI/JUIN/SEPT. | PRINT. | VAC. HIV. | BASSE SAIS. | W.-E. BAS. SAIS. | ASCENSION/PENT. | | | | | | | | |
|---|---|---|---|---|---|---|---|---|---|---|---|---|---|---|---|
| 550 | 480 | 320 | 320 | 250 | 210 | 155 | 210 | 50 | 50 | 50 | SP | 10 | 2 | SP | 10 | 10 | 2 |

## N° 16550 — COAT-MEAL — Castel Huel — CM 58 pli 5

**EC  NN  9 pers.**

Maison de maître, mitoyenne à la longère des propriétaires. R.D.C: Hall, cuisine-séjour, salon, buanderie, wc. 1er étage: 1 ch (1 lit 2 pers.), 1 ch (2 lits 1 pers.), sde. 2ème étage: 1 ch (1 lit 2 pers.), 1 ch (3 lits 1 pers.), sdb avec wc. Chauf. fuel, s-linge. Jardin avec salon. Lits faits à l'arrivée. Poss. équip. bb. Maison de maître édifiée sur une motte féodale, ceinturée de douves asséchées. Son vaste parc arboré (1ha) constituera le terrain de jeux idéal de vos enfants et vous permettra d'apprécier le calme et la sérénité de la campagne au pays des Abers.

GITES DE FRANCE-SERVICE RESERVATION – 5 allée Sully - 29322 QUIMPER Cedex
Tél. : 02 98 64 20 20 - Fax : 02 98 64 20 29 - Tél. : PROP : 02 98 32 72 57 - Email : info@gites-de-france-finistere.fr - www.gites-de-france-finistere.fr

| TRES HTE SAIS. | HTE SAIS. | MAI/JUIN/SEPT. | PRINT. | VAC. HIV. | BASSE SAIS. | W.-E. BAS. SAIS. | ASCENSION/PENT. | | | | | | | | |
|---|---|---|---|---|---|---|---|---|---|---|---|---|---|---|---|
| 730 | 690 | 450 | 450 | 330 | 300 | 160 | 300 | 13 | 14 | 13 | 4 | 15 | 9 | SP | 13 | 17 | 3 |

## N° 16480 — LE CONQUET — Kermergant — CM 58 pli 3

**EC  NN  5 pers.**

Maison située sur une ferme porcine à 50m de la maison des propriétaires. R.D.C: Cuisine-salle à manger, salon, cabinet de toilette avec wc. Etage: 2 ch (1 lit 2 pers.), 1 ch (1 lit 1 pers.), sdb, wc. Chauf. fuel, m-ondes. Jardin avec salon, terrasse. Poss. équip. bb. Animaux acceptés sur demande. Exposé plein sud, ce gîte situé à 800m de la pointe St Mathieu vous offrir confort et détente. Tout près, les sentiers côtiers vous emmèneront vers le Fort de Bertheaume ou jusqu'au port du Conquet, embarcadère pour les îles d'Ouessant et Molène.

GITES DE FRANCE-SERVICE RESERVATION – 5 allée Sully - 29322 QUIMPER Cedex
Tél. : 02 98 64 20 20 - Fax : 02 98 64 20 29 - Tél. : PROP : 02 98 89 13 74 - Email : info@gites-de-france-finistere.fr - www.gites-de-france-finistere.fr

| TRES HTE SAIS. | HTE SAIS. | MAI/JUIN/SEPT. | PRINT. | VAC. HIV. | BASSE SAIS. | W.-E. BAS. SAIS. | ASCENSION/PENT. | | | | | | | | |
|---|---|---|---|---|---|---|---|---|---|---|---|---|---|---|---|
| 520 | 450 | 320 | 320 | 300 | 250 | 150 | 300 | 0,9 | 1,2 | 5 | 0,9 | 5 | 2,5 | 0,2 | 15 | 25 | 2,5 |

# FINISTÈRE - 29

## N° 12553    CORAY    Kerad'hoc    CM 58 pli 16

**EC**   **NN**   **2 pers.**

Maison mitoyenne entre 2 autres gîtes, à proximité de la D15. Rdc : séjour avec coin cuisine, wc. Etage : 1ch 1lit 160 séparable, s.eau, wc. Chauff. électrique, l-linge, m-ondes, TV, équip. bébé. Petite cour close avec salon de jardin et barbecue, jardin commun, portique, baby-foot, ping-pong, salle de détente, abri couvert communs. Loc. draps.$ Pas très loin des plages du Finistère Sud et un peu à l'intérieur des terres, ce petit gîte agencé et décoré pour des vacances agréables est prêt à vous accueillir. Sa situation est idéale pour visiter ce joli coin de Bretagne.

GITES DE FRANCE-SERVICE RESERVATION - 5 allée Sully - 29322 QUIMPER Cedex
Tél. : 02 98 64 20 20 - Fax : 02 98 64 20 29 - Tél. : PROP : 02 98 59 13 03 - Email : info@gites-de-france-finistere.fr - www.gites-de-france-finistere.fr

| TRES HTE SAIS. | HTE SAIS. | | | | | | | | | | | | | |
|---|---|---|---|---|---|---|---|---|---|---|---|---|---|---|
| 303 | 244 | | | | 20 | 20 | 20 | 3 | 12 | 3 | 0,3 | 13 | 3 | |

## N° 16290    CORAY    Kermenguy    CM 58 pli 16

**NN**   **4 pers.**

Maison indépendante située sur une ancienne ferme, à proximité des propriétaires. R.D.C: séjour avec coin-cuisine, wc, buanderie. Etage: 1 ch (1 lit 2 pers.), 1 ch (2 lits 120), sde avec wc. Chauff. élec., m-ondes. Jardin avec salon, terrasse, portique. Poss équip. bb et loc draps. Parcs de loisirs.

GITES DE FRANCE-SERVICE RESERVATION - 5 allée Sully - 29322 QUIMPER Cedex
Tél. : 02 98 64 20 20 - Fax : 02 98 64 20 29 - Tél. : PROP : 02 98 59 14 77 - Email : info@gites-de-france-finistere.fr - www.gites-de-france-finistere.fr

| TRES HTE SAIS. | HTE SAIS. | MAI/JUIN/SEPT. | PRINT. | VAC. HIV. | BASSE SAIS. | W.-E. BAS. SAIS. | ASCENSION/PENT. | | | | | | | |
|---|---|---|---|---|---|---|---|---|---|---|---|---|---|---|
| 460 | 400 | 290 | 290 | 230 | 230 | 175 | 190 | 20 | 20 | 20 | 2 | 11 | 2 | 1 | 2 | 11 | 2 |

## N° 16400    CROZON    St Jean Leydez    CM 58 pli 4

**EC**   **NN**   **6 pers.**

Maison mitoyenne à un autre gîte. R.D.C: Séjour/salon et cuisine aménagée, 1 ch (1 lit 2 pers.), 1 ch (1 lit 1 pers.), salle d'eau, wc. Etage: 1 ch (1 lit 2 pers.), 1ch (1 lit 1 pers.), wc. Chauff. élec, m-ondes, congélateur. Jardin avec salon, terrasse. Dans un village calme, à l'écart des voies de grande circulation, maison bretonne en pierres, entièrement rénovée, agréable à vivre et à mi-chemin de la Rade de Brest et de la Baie de Douarnenez.

GITES DE FRANCE-SERVICE RESERVATION - 5 allée Sully - 29322 QUIMPER Cedex
Tél. : 02 98 64 20 20 - Fax : 02 98 64 20 29 - Tél. : PROP : 02 98 27 20 60 - Email : info@gites-de-france-finistere.fr - www.gites-de-france-finistere.fr

| TRES HTE SAIS. | HTE SAIS. | MAI/JUIN/SEPT. | PRINT. | VAC. HIV. | BASSE SAIS. | | | | | | | | | |
|---|---|---|---|---|---|---|---|---|---|---|---|---|---|---|
| 585 | 510 | 360 | 360 | 300 | 290 | 3 | 3 | 4,5 | 3 | 4 | 4,5 | 0,7 | 1 | 1,8 | 1,8 |

## N° 16170    DINEAULT    Kergabel    CM 58 pli 15

**NN**   **2 pers.**

Maison plain-pied mitoyenne à celle des propriétaires. Séjour avec coin-cuisine, 1 ch (1 lit 2 pers.), salle d'eau, wc. Chauffage électrique, s-linge commun, Tél. Jardin avec salon, terrasse, portique. Poss. équip. bb, loc draps. Longère de caractère dominant une vue exceptionnelle de la vallée de l'Aulne, serpentée par sa rivière. Ce gîte est décoré avec soin. Un grand jardin est mis à la disposition des vacanciers. Un cadre calme, verdoyant, fleuri, vous attend proche des circuits de randonnées.

GITES DE FRANCE-SERVICE RESERVATION - 5 allée Sully - 29322 QUIMPER Cedex
Tél. : 02 98 64 20 20 - Fax : 02 98 64 20 29 - Tél. : PROP : 02 98 86 33 51 - Email : info@gites-de-france-finistere.fr - www.gites-de-france-finistere.fr

| TRES HTE SAIS. | HTE SAIS. | MAI/JUIN/SEPT. | PRINT. | VAC. HIV. | BASSE SAIS. | W.-E. BAS. SAIS. | ASCENSION/PENT. | | | | | | | |
|---|---|---|---|---|---|---|---|---|---|---|---|---|---|---|
| 348 | 318 | 236 | 236 | 236 | 205 | 103 | 144 | 12 | 12 | 14 | 3 | 5 | 3 | 0,5 | 3 | 2,5 | 3 |

## N° 12233    ELLIANT    Kerrun Moustoir    CM 58 pli 16

**8 pers.**

Maison située près du logement du propriétaire et de 2 autres gîtes. R.D.C: Séjour avec coin-cuisine, 1 ch (1 lit 160), buanderie, sde, wc. Etage: 1 ch (1 lit 160+1 lit bb), 2ch (2 lits 1 pers.), sdb, wc. S-linge, m-ondes, Tél. port. Jardin avec salon. Poss. équip. bb, lits faits à l'arrivée. Cette ancienne maison de ferme entièrement restaurée vous charmera par sa décoration agréable : vieilles pierres, armoires bretonnes et son jardin indépendant. A 500m, dans la vallée, un parc de loisirs paysagé (accès gratuit) : plan d'eau, pêche à la truite, trampolines, pont de singe...

GITES DE FRANCE-SERVICE RESERVATION - 5 allée Sully - 29322 QUIMPER Cedex
Tél. : 02 98 64 20 20 - Fax : 02 98 64 20 29 - Tél. : PROP : 02 98 59 18 25 - Email : info@gites-de-france-finistere.fr - www.gites-de-france-finistere.fr

| TRES HTE SAIS. | HTE SAIS. | MAI/JUIN/SEPT. | PRINT. | VAC. HIV. | BASSE SAIS. | W.-E. BAS. SAIS. | ASCENSION/PENT. | | | | | | | |
|---|---|---|---|---|---|---|---|---|---|---|---|---|---|---|
| 690 | 560 | 380 | 380 | 350 | 300 | 280 | 400 | 22 | 22 | 13 | 0,5 | 8 | 8 | 5 | 12 | 12 | 8 |

## N° 15893    LA FEUILLEE    Kerhaneroff    CM 58 pli 6

**NN**   **4 pers.**

Maison située dans un ensemble de 4 gîtes. R.D.C: Séjour-salon avec cuisine aménagée, sde, wc. Etage: 1 ch (1 lit 160), 1 ch (2 lits 1 pers.), sde/wc. M-ondes. Jardin avec salon, terrasse. Draps fournis. Situé dans une demeure hospitalière, ce hâvre qui a beaucoup de caractère conviendra aux amoureux de sites légendaires et de grands espaces dont les Mt d'Arrées. Pour profiter pleinement, n'hésitez pas à consulter les passeurs maisons, ils vous inciteront au hors piste touristique... Confort, déco, originalité. A voir!

GITES DE FRANCE-SERVICE RESERVATION - 5 allée Sully - 29322 QUIMPER Cedex
Tél. : 02 98 64 20 20 - Fax : 02 98 64 20 29 - Tél. : PROP : 02 98 99 62 36 - Email : info@gites-de-france-finistere.fr - www.gites-de-france-finistere.fr

| TRES HTE SAIS. | HTE SAIS. | MAI/JUIN/SEPT. | PRINT. | VAC. HIV. | BASSE SAIS. | | | | | | | | | |
|---|---|---|---|---|---|---|---|---|---|---|---|---|---|---|
| 450 | 420 | 305 | 305 | 275 | 275 | 25 | 25 | 6 | 3 | 6 | 3 | 0,5 | 25 | |

# FINISTÈRE - 29

## N° 16420 GOULIEN — Trévern — CM 58 pli 13

EC  NN  4 pers.

Maison mitoyenne à celle des propriétaires et proche d'un autre gîte. R.D.C: Séjour avec coin-cuisine, sde, wc. Etage: 1 ch (1 lit 160), 1 ch (2 lits 1 pers.), salle d'eau avec wc. Chauff. central gaz, m-ondes, tél. Jardin avec salon, terrasse. Poss. loc draps.

GITES DE FRANCE-SERVICE RESERVATION – 5 allée Sully – 29322 QUIMPER Cedex
Tél. : 02 98 64 20 20 – Fax : 02 98 64 20 29 – Tél. : PROP: 02 98 70 44 11 – Email : info@gites-de-france-finistere.fr – www.gites-de-france-finistere.fr

| TRES HTE SAIS. | HTE SAIS. | MAI/JUIN/SEPT. | PRINT. | VAC. HIV. | BASSE SAIS. | W-E BAS. SAIS. | ASCENSION/PENT. | | | | | | | | | |
|---|---|---|---|---|---|---|---|---|---|---|---|---|---|---|---|---|
| 475 | 460 | 275 | 275 | 275 | 250 | 150 | 210 | 3 | 5 | 5 | 3 | 25 | 6 | 1 | SP | 35 | 1 |

## N° 16430 GUILER-SUR-GOYEN — Lescuz Izella — CM 58 pli 14

NN  2 pers.

Maison située à côté de celle de la propriétaire. Mini-gîte. R.D.C: séjour avec coin-cuisine, sdb, wc. Etage: 1 ch ouverte 1 lt 2 pers. Chauf. élec, m-ondes. Jardin avec salon. Poss.lit bb ou 1 pers. A 10mn des plages de la Baie d'Audierne et de la baie de Douarnenez, à côté des sites touristiques célèbres, petite dépendance de ferme ancienne rénovée. Elle est située au fond d'une vallée dans un cadre de verdure et de bois absolument enchanteur et offre une parfaite tranquillité. Parc de loisirs à 2kms.

GITES DE FRANCE-SERVICE RESERVATION – 5 allée Sully – 29322 QUIMPER Cedex
Tél. : 02 98 64 20 20 – Fax : 02 98 64 20 29 – Tél. : PROP: 02 98 91 51 44 – Email : info@gites-de-france-finistere.fr – www.gites-de-france-finistere.fr

| TRES HTE SAIS. | HTE SAIS. | MAI/JUIN/SEPT. | PRINT. | VAC. HIV. | BASSE SAIS. | W-E BAS. SAIS. | ASCENSION/PENT. | | | | | | | | | |
|---|---|---|---|---|---|---|---|---|---|---|---|---|---|---|---|---|
| 320 | 300 | 210 | 200 | 180 | 160 | 80 | 130 | 10 | 10 | 10 | 10 | 10 | 0,1 | 10 | 25 | 1 |

## N° 16630 GUILER-SUR-GOYEN — Kergaradec Ar Gorré — CM 58 pli 14

EC  NN  4 pers.

Maison indépendante de plain-pied. Cuisine, salon, 1 ch (1 lit 2 pers.), 1 ch (2 lits 1 pers.), sde, wc. Chauf. fuel, magnétoscope, m-ondes, congélateur, tél. Jardin avec salon, terrasse, aire de pétanque, jeux dans garage (ping-pong, palets, billard hollandais, biring, jeu de la grenouille...). Située entre les Baies de Douarnenez et d'Audierne, à 10mn des plages, proche des sentiers pédestres, cette maison indépendante est idéale pour vos vacances familiales. Le gîte vous accueille en toutes saisons.

GITES DE FRANCE-SERVICE RESERVATION – 5 allée Sully – 29322 QUIMPER Cedex
Tél. : 02 98 64 20 20 – Fax : 02 98 64 20 29 – Tél. : PROP: 02 98 91 37 44 – Email : info@gites-de-france-finistere.fr – www.gites-de-france-finistere.fr

| TRES HTE SAIS. | HTE SAIS. | MAI/JUIN/SEPT. | PRINT. | VAC. HIV. | BASSE SAIS. | W-E BAS. SAIS. | ASCENSION/PENT. | | | | | | | | | |
|---|---|---|---|---|---|---|---|---|---|---|---|---|---|---|---|---|
| 350 | 300 | 230 | 230 | 200 | 200 | 120 | 120 | 10 | 10 | 10 | 10 | 8 | 0,1 | 8 | 20 | 1,2 |

## N° 4605 KERLAZ — Kerroue — CM 58

NN  2 pers.

Maison contiguë à un autre gîte sur l'ancienne ferme du propriétaire. R.D.C: séjour avec coin-cuisine, salon, sde avec wc. Etage: 1 ch (1 lit 2 pers.), 1 ch loggia 1 lit bb, équip.bb. Chauff.élect., m-ondes, congélateur, tél. portable. Jardinet avec salon, terrasse, cour. Loc.draps. Aire de jeux, portique, ping-pong et abri couvert commun. Au coeur de la campagne, à deux pas de l'océan, ce gîte confortable et spacieux, niché dans un cadre verdoyant et fleuri est une invitation à la détente et au repos. Idéalement situé, il sera le point de départ de nombreuses balades à travers toute la Cornouaille.

GITES DE FRANCE-SERVICE RESERVATION – 5 allée Sully – 29322 QUIMPER Cedex
Tél. : 02 98 64 20 20 – Fax : 02 98 64 20 29 – Tél. : PROP: 02 98 92 19 16 – Email : info@gites-de-france-finistere.fr – www.gites-de-france-finistere.fr

| TRES HTE SAIS. | HTE SAIS. | MAI/JUIN/SEPT. | PRINT. | VAC. HIV. | BASSE SAIS. | W-E BAS. SAIS. | ASCENSION/PENT. | | | | | | | | |
|---|---|---|---|---|---|---|---|---|---|---|---|---|---|---|---|
| 440 | 420 | 270 | 270 | 270 | 250 | | 185 | 1,5 | 1,5 | 7 | 5 | 4 | 4 | 2,5 | 6 | 20 | 1 |

## N° 16370 KERNILIS — Toull Douar — CM 58 pli 4

NN  2 pers.

Gîte mitoyen à la maison des propriétaires avec accès indépendant. R.D.C: Séjour-salon avec coin-cuisine, salle d'eau, wc. Etage: mezzanine, 1 ch (1 lit 2 pers.). Chauffage électr., TV sur demande. Jardin avec salon, terrasse. Poss. équip. bb et lit 1 pers. Lits faits à l'arrivée. Commerce et cabine téléphonique à 500m. Venez vous ressourcer. Vous trouverez par chez vous une magnifique vallée, celle de l'Aber-Wrac'h, qui vous offrira ses couleurs, ses sentiers, ses moulins, son calme. A vélo, à pied, elle vous attend et vous conduira vers la Côte des Légendes d'un naturel sauvage.

GITES DE FRANCE-SERVICE RESERVATION – 5 allée Sully – 29322 QUIMPER Cedex
Tél. : 02 98 64 20 20 – Fax : 02 98 64 20 29 – Tél. : PROP: 02 98 25 57 87 – Email : info@gites-de-france-finistere.fr – www.gites-de-france-finistere.fr

| TRES HTE SAIS. | HTE SAIS. | MAI/JUIN/SEPT. | PRINT. | VAC. HIV. | BASSE SAIS. | W-E BAS. SAIS. | ASCENSION/PENT. | | | | | | | | | |
|---|---|---|---|---|---|---|---|---|---|---|---|---|---|---|---|---|
| 305 | 300 | 200 | 200 | 170 | 170 | 130 | 180 | 10 | 10 | 0,3 | 6 | 6 | SP | 6 | 20 | 1 |

## N° 13732 LANDEDA — Kervire-L'Aber Wrac'h — CM 58

NN  6 pers.

Maison située sur une ferme céréalière à proximité de 2 autres gîtes. R.D.C: Entrée, séjour/salon avec coin-cuisine, wc. Etage: 2 ch (1 lit 2 pers.), 1 ch (2 lits 1 pers.), sde, wc. Chauff. élec, l-linge commun. Jardin avec salon, terrasse, remise commune. Poss. équip. bb et loc draps. A 1.5 km des plages et du port de plaisance de l'Aber Wrac'h, à 500m de la rivière du même nom, sur les sentiers piétonniers, cette maison fait partie d'une restauration à caractère rustique.

Jean CAER - 7 rue de Gorrekear – 29870 LANNILIS
Tél. : 02 98 04 05 31 - SR : 02 98 64 20 20

| TRES HTE SAIS. | HTE SAIS. | MAI/JUIN/SEPT. | PRINT. | VAC. HIV. | BASSE SAIS. | W-E BAS. SAIS. | ASCENSION/PENT. | | | | | | | | | |
|---|---|---|---|---|---|---|---|---|---|---|---|---|---|---|---|---|
| 460 | 460 | 325 | 325 | 325 | 250 | | 250 | 1,5 | 1,5 | 1,5 | 0,5 | 20 | 1,5 | 0,1 | 2 | 30 | 2 |

# FINISTÈRE - 29

## N° 15810 LANDUNVEZ — Bediez — CM 58 pli 3

NN 6 pers.

Maison mitoyenne dans un hameau de 3 gîtes près de la maison du propriétaire. R.D.C: séjour avec coin-cuisine, 1 ch (2 lits 1 pers.), sdb, wc. Etage: 1 ch (1 lit 160), 1 ch (2 lits 1 pers.), sde, wc. Chauf. élec, m-ondes, TV. Poss. équip. bb. Jardin privatif avec salon, terrasse. Loc.draps. Vue sur mer. A 300m au dessus de la plage de sable blanc de Penfould, au coeur du pays des Abers, la situation exceptionnelle de ce gîte offre de nombreux avantages : baignades familiales tranquilles, surf, voile, balades le long des sentiers côtiers. Exposition plein sud et vue sur mer.

GITES DE FRANCE-SERVICE RESERVATION - 5 allée Sully - 29322 QUIMPER Cedex
Tél. : 02 98 64 20 20 - Fax : 02 98 64 20 29 - Tél. : PROP : 02 98 89 58 61 - Email : info@gites-de-france-finistere.fr - www.gites-de-france-finistere.fr

| TRES HTE SAIS. | HTE SAIS. | MAI/JUIN/SEPT. | PRINT. | VAC. HIV. | BASSE SAIS. | W-E. BAS. SAIS. | ASCENSION/PENT. | | | | | | | | | | | | | | |
|---|---|---|---|---|---|---|---|---|---|---|---|---|---|---|---|---|---|---|---|---|---|
| 530 | 480 | 315 | 310 | 300 | 245 | 160 | 240 | 0,3 | 0,3 | 1 | 0,4 | 25 | 1 | SP | SP | 27 | 1 | | | | |

## N° 15811 LANDUNVEZ — Bediez — CM 58 pli 3

NN 2 pers.

Maison mitoyenne des 2 côtés dans un hameau de 3 gîtes près de la maison du propriétaire. R.D.C: séjour avec coin-cuisine et poêle à bois, sde, wc. Etage: 1 ch (1 lit 160). Chauf élec., m-ondes. Poss. équip. bb. Jardin privatif avec salon, terrasse. Loc.draps. A 300m au dessus de la plage de sable blanc de Penfould, au coeur du pays des Abers, la situation exceptionnelle de ce gîte offre de nombreux avantages : baignades familiales tranquilles, surf, voile, balades le long des sentiers côtiers. Exposition plein sud.

GITES DE FRANCE-SERVICE RESERVATION - 5 allée Sully 29322 QUIMPER Cedex
Tél. : 02 98 64 20 20 - Fax : 02 98 64 20 29 - Tél. : PROP : 02 98 89 58 61 - Email : info@gites-de-france-finistere.fr - www.gites-de-france-finistere.fr

| TRES HTE SAIS. | HTE SAIS. | MAI/JUIN/SEPT. | PRINT. | VAC. HIV. | BASSE SAIS. | W-E. BAS. SAIS. | ASCENSION/PENT. | | | | | | | | | | |
|---|---|---|---|---|---|---|---|---|---|---|---|---|---|---|---|---|---|
| 370 | 350 | 240 | 240 | 220 | 175 | 95 | 155 | 0,3 | 0,3 | 1 | 0,4 | 25 | 1 | SP | SP | 27 | 1 |

## N° 15560 LANNEDERN — Penhuil Vras — CM 58 pli 6

NN 4 pers.

Maison indépendante de plain-pied, située dans un hameau près du logement du propriétaire. Séjour avec coin-cuisine, 1 ch (1 lit 2 pers.), 1 lit bébé et équip. bébé, 1 ch (2 lits pers. modulable), salle de bains, wc. M-ondes, TV satellite TPS, tél. service restreint. Jardin clos avec salon, terrasse, portique, loc. draps, baby-sitting. Situé dans un petit hameau restauré dans la tradition, ce gîte par sa situation géographique vous permettra de découvrir le charme typique du centre Finistère ou d'apprécier le calme de la terrasse exposée plein sud.

GITES DE FRANCE-SERVICE RESERVATION - 5 allée Sully - 29322 QUIMPER Cedex
Tél. : 02 98 64 20 20 - Fax : 02 98 64 20 29 - Tél. : PROP : 02 98 26 44 17 - Email : info@gites-de-france-finistere.fr - www.gites-de-france-finistere.fr

| TRES HTE SAIS. | HTE SAIS. | MAI/JUIN/SEPT. | PRINT. | VAC. HIV. | BASSE SAIS. | W-E. BAS. SAIS. | ASCENSION/PENT. | | | | | | | | | | |
|---|---|---|---|---|---|---|---|---|---|---|---|---|---|---|---|---|---|
| 380 | 365 | 305 | 305 | 245 | 245 | 105 | 150 | 40 | 40 | 40 | 5 | 15 | 2 | SP | SP | 20 | 2 |

## N° 16310 LANNILIS — St-Alphonse — CM 58 pli 4

NN 6 pers.

Maison mitoyenne à un autre gîte proche des propriétaires et de leurs chambres d'hôtes. R.D.C: Séjour-cuisine, 1 ch (1 lit 2 pers.) avec sde, wc. Etage: 1 ch (1 lit 2 pers.) + douche, 1 ch (2 lits 1 pers.), wc. Chauf élec, m-ondes. Jardin avec salon, terrasse, portique et jeux, s. détente. Poss. équip bb, loc draps. En zone rurale, proche de la mer, Guite et Robert vous accueillent dans des bâtiments en pierres rénovés, vous partirez à la découverte du Pays des Abers et de la Côte des Légendes, avec ses calvaires, enclos, chapelles, et les belles plages de sable blanc.

Robert CREACH - St-Alphonse - 29870 LANNILIS
Tél. : 02 98 04 14 13 - SR : 02 98 64 20 20

| TRES HTE SAIS. | HTE SAIS. | MAI/JUIN/SEPT. | PRINT. | VAC. HIV. | BASSE SAIS. | W-E. BAS. SAIS. | ASCENSION/PENT. | | | | | | | |
|---|---|---|---|---|---|---|---|---|---|---|---|---|---|---|
| 490 | 352 | 250 | 250 | 230 | 230 | 122 | 244 | 1 | 4 | 1 | 15 | 0,8 | SP | 1 | 20 | 1 |

## N° 16311 LANNILIS — St-Alphonse — CM 58 pli 4

NN 6 pers.

Maison mitoyenne à un autre gîte proche des propriétaires et de leurs chambres d'hôtes. R.D.C: Séjour-coin cuisine, 1 ch (1 lit 2 pers.), sde, wc. Etage: 1ch (1 lit 2 pers.) + douche, 1 ch (2 lits 1 pers.), wc. Chauf élec, m-ondes. Jardin avec salon, terrasse, portique et jeux, s. détente. Poss. équip bb, loc draps. En zone rurale, proche de la mer, Guite et Robert vous accueillent dans des bâtiments en pierres rénovés, vous partirez à la découverte du Pays des Abers et de la Côte des Légendes, avec ses calvaires, enclos, chapelles, et les belles plages de sable blanc.

Robert CREACH - St-Alphonse - 29870 LANNILIS
Tél. : 02 98 04 14 13 - SR : 02 98 64 20 20

| TRES HTE SAIS. | HTE SAIS. | MAI/JUIN/SEPT. | PRINT. | VAC. HIV. | BASSE SAIS. | W-E. BAS. SAIS. | ASCENSION/PENT. | | | | | | | | |
|---|---|---|---|---|---|---|---|---|---|---|---|---|---|---|---|
| 490 | 352 | 250 | 250 | 230 | 230 | 122 | 244 | 1 | 4 | 1 | 15 | 0,8 | SP | 1 | 20 | 1 |

## N° 11083 LOC-BREVALAIRE — Ruat — CM 58

EC NN 6 pers.

Maison située sur la ferme laitière à côté de la maison des propriétaires. R.D.C : séjour avec coin-cuisine, 1ch (1 lit 2 pers.), 1 ch (2 lits 1 pers.), salle d'eau, wc. Etage : 1 ch (2 lits 1 pers.), wc, chauffage électrique, micro-ondes, téléphone portable, terrasse, jardin, cour, salon de jardin, portique, abri couvert. Poss. équipement bébé.

GITES DE FRANCE-SERVICE RESERVATION - 5 allée Sully 29322 QUIMPER Cedex
Tél. : 02 98 64 20 20 - Fax : 02 98 64 20 29 - Tél. : PROP : 02 98 25 51 15 - Email : info@gites-de-france-finistere.fr - www.gites-de-france-finistere.fr

Pictos voir p. 12

| TRES HTE SAIS. | HTE SAIS. | MAI/JUIN/SEPT. | PRINT. | VAC. HIV. | BASSE SAIS. | W-E. BAS. SAIS. | ASCENSION/PENT. | | | | | | | |
|---|---|---|---|---|---|---|---|---|---|---|---|---|---|---|
| 380 | 370 | 250 | 250 | 200 | 200 | 150 | 200 | 9 | 9 | 1 | 6 | 1 | 18 | 6 |

BRETAGNE

# FINISTÈRE - 29

## N° 13452 — LOCMARIA-PLOUZANE — Kerscao — CM 58 pli 3

**6 pers.**

Gîte mitoyen à un autre gîte, dans un ensemble de 4 gîtes. R.D.C.: entrée, cuisine, séjour/salon, sdb, wc. Etage: 2 ch (1 lit 2 pers.), 1 ch (1 lit 2 pers. avec lavabo), wc. Chauf élec., m-ondes, congélateur. Tel. port. sur demande. Jardin clos avec salon, terrasse, garage, abri couvert, portique et salle de jeux communs. Poss. loc draps. Ce gîte appelé 'OUESSANT' est l'ancienne maison de ce corps de ferme entièrement rénové. Vous passerez d'agréables moments de détente dans la salle de jeux commune avec le billard, baby-foot et ping-pong. Grand espace vert commun avec portique.

Gildas QUINQUIS - Kerneguel-Huella - 29280 LOCMARIA-PLOUZANE

| TRES HTE SAIS. | HTE SAIS. | MAI/JUIN/SEPT. | PRINT. | VAC. HIV. | BASSE SAIS. | W.-E. BAS. SAIS. | ASCENSION/PENT. |
|---|---|---|---|---|---|---|---|
| 600 | 500 | 390 | 390 | 390 | 350 | 335 | 350 |

| | | | | | | | | | | | |
|---|---|---|---|---|---|---|---|---|---|---|---|
| 3 | 3 | 4 | 3 | 6 | 1,5 | SP | 6 | 15 | 1,2 | | |

## N° 13453 — LOCMARIA-PLOUZANE — Kerscao — CM 58 pli 3

**2 pers.**

Gîte de plain-pied appelé 'BENIGUET', qui est le nom d'une île en mer d'Iroise, mitoyen à un autre gîte dans un ens. de 4 gîtes. Séjour avec coin-cuisine, 1 ch (1 lit 2 pers.), sde avec wc. Chauf élec., tel. port. sur demande. Jardin avec salon, terrasse, abri couvert, garage. Poss. loc draps. Une terrasse située plein soleil avec salon de jardin et pelouse vous invite au repos. Vous apprécierez également des moments de distraction dans la salle de jeux commune aux autres gites (Billard, Baby-foot et Ping-pong). Portique commun.

Gildas QUINQUIS - Kerneguel-Huella - 29280 LOCMARIA-PLOUZANE

| TRES HTE SAIS. | HTE SAIS. | MAI/JUIN/SEPT. | PRINT. | VAC. HIV. | BASSE SAIS. | W.-E. BAS. SAIS. | ASCENSION/PENT. |
|---|---|---|---|---|---|---|---|
| 380 | 335 | 250 | 250 | 250 | 200 | 180 | 200 |

| 3 | 3 | 4 | 3 | 6 | 1,5 | SP | 6 | 15 | 1,2 |
|---|---|---|---|---|---|---|---|---|---|

## N° 16080 — LOCTUDY — CM 58 pli 15

**NN — 6 pers.**

Maison située dans une ancienne ferme. R.D.C: Cuisine, séjour/salon, 1 ch (1 lit 2 pers.) avec salle d'eau, wc, garage. Etage: 1 ch (1 lit 2 pers.), 2 ch (1 lit 1 pers.), salle de bains, wc. Jardin avec salon. Poss. lit bb. Cabine téléphonique 50m. Gîte spacieux, à 200m de la plage.

GITES DE FRANCE-SERVICE RESERVATION - 5 allée Sully - 29322 QUIMPER Cedex
Tél. : 02 98 64 20 20 - Fax : 02 98 64 20 29 - Tél. : PROP : 02 98 87 59 80 - Email : info@gites-de-france-finistere.fr - www.gites-de-france-finistere.fr

| TRES HTE SAIS. | HTE SAIS. | MAI/JUIN/SEPT. | PRINT. | VAC. HIV. |
|---|---|---|---|---|
| 690 | 690 | 460 | 460 | 330 |

| 0,2 | 0,2 | 0,3 | 0,2 | 6 | 0,5 | 1,5 | 1,5 | 30 | 1 |
|---|---|---|---|---|---|---|---|---|---|

## N° 16340 — LOCTUDY — Kerléo — CM 58 pli 15

**NN — 8 pers.**

Longère de caractère du 18è siècle avec pierres apparentes, cheminées et poutres d'origine reliée par le hall d'entrée à ancienne crèche (bâtiments en L). R.D.C: buanderie, wc, grand séjour avec cuisine, 1 ch (1 lit 160) avec sdb douche et wc. Etage: 2 ch (2 lits 1 pers.) avec sde et wc, 1 ch (1 lit 160) avec sdb, mezzanine, terrasse. Chauf. élec, s-linge, m-ondes, Terrasse, pelouse et cour clos avec salon grand espace vert. Lits faits. L'architecture est idéale pour accueillir une grande famille ou 2 familles amies, à 500m de la plage.

GITES DE FRANCE-SERVICE RESERVATION - 5 allée Sully - 29322 QUIMPER Cedex
Tél. : 02 98 64 20 20 - Fax : 02 98 64 20 29 - Tél. : PROP : 02 98 87 51 51 - Email : info@gites-de-france-finistere.fr - www.gites-de-france-finistere.fr

| TRES HTE SAIS. | HTE SAIS. | MAI/JUIN/SEPT. | PRINT. | VAC. HIV. | BASSE SAIS. | ASCENSION/PENT. |
|---|---|---|---|---|---|---|
| 1100 | 985 | 600 | 600 | 600 | 450 | 450 |

| 0,5 | 0,5 | 4 | 0,5 | 8 | 4 | SP | 4 | 30 | 4 |
|---|---|---|---|---|---|---|---|---|---|

## N° 16500 — LOGONNA-DAOULAS — Le Bretin — CM 58 pli 4

**EC — NN — 5 pers.**

Maison indépendante dans un hameau. R.D.C: Séjour avec coin-cuisine et cheminée, 1 ch (1 lit 2 pers.), sdb, wc. Etage: 1 ch (2 lits 1 pers.), 1 ch (1 lit 1 pers.), sde, wc. Chauf. élec, m-ondes. Grand jardin arboré avec salon, terrasse. Poss. équip. bb, loc. draps. La tranquillité de la campagne associée à la proximité de la mer, pour ce gîte orienté sud, authenticité et confort, vous séduiront. Sentiers côtiers pour vos randonnées, centre culturel de l'Abbaye de Daoulas, marché dominical.

GITES DE FRANCE-SERVICE RESERVATION - 5 allée Sully - 29322 QUIMPER Cedex
Tél. : 02 98 64 20 20 - Fax : 02 98 64 20 29 - Tél. : PROP : 02 98 20 64 48 - Email : info@gites-de-france-finistere.fr - www.gites-de-france-finistere.fr

| TRES HTE SAIS. | HTE SAIS. | MAI/JUIN/SEPT. | PRINT. | VAC. HIV. | BASSE SAIS. | W.-E. BAS. SAIS. | ASCENSION/PENT. |
|---|---|---|---|---|---|---|---|
| 545 | 485 | 330 | 330 | 330 | 270 | 200 | 275 |

| 3 | 20 | 4 | 3 | 17 | 3 | 4 | 17 | 17 | 3 |
|---|---|---|---|---|---|---|---|---|---|

## N° 16501 — LOGONNA-DAOULAS — Le Bretin — CM 58 pli 4

**EC — NN — 8 pers.**

Maison mitoyenne à une chambre d'hôtes dans un hameau. R.D.C: Séjour avec coin-cuisine, 1 ch (1 lit 2 pers.), 1 ch (1 lit 2 pers.), sde, wc. Etage: 1 ch (2 lits 1 pers.), 1 ch (2 lits 1 pers.), sdb, wc. Chauf. élec, m-ondes. Grand jardin arboré avec salon, terrasse, portique commun. Poss. équip. bb, loc. draps. Gîte moderne, ouvert par 3 baies vitrées sur un terrain spacieux entouré d'arbres où viennent chanter les oiseaux. Sa situation vous permet de vous rendre sur la plupart des beaux sites du département en moins d'une heure.

GITES DE FRANCE-SERVICE RESERVATION - 5 allée Sully - 29322 QUIMPER Cedex
Tél. : 02 98 64 20 20 - Fax : 02 98 64 20 29 - Tél. : PROP : 02 98 20 64 48 - Email : info@gites-de-france-finistere.fr - www.gites-de-france-finistere.fr

| TRES HTE SAIS. | HTE SAIS. | MAI/JUIN/SEPT. | PRINT. | VAC. HIV. | BASSE SAIS. | W.-E. BAS. SAIS. | ASCENSION/PENT. |
|---|---|---|---|---|---|---|---|
| 650 | 590 | 380 | 360 | 360 | 300 | 200 | 300 |

| 3 | 20 | 4 | 3 | 17 | 3 | 4 | 17 | 17 | 3 |
|---|---|---|---|---|---|---|---|---|---|

# FINISTÈRE - 29

## N° 16520 — LOPERHET — Ty Néol — CM 58 pli 4

**EC NN  8 pers.**

Maison mitoyenne à un autre gîte sur la ferme fruitière (fraises) des propriétaires, accessible aux personnes handicapées. R.D.C. Séjour avec coin-cuisine, 2 ch (1 lit 2 pers.), sde, wc. Etage: 2 ch (2 lits 1 pers. jumeaux), sde, wc. Chauf. gaz, m-ondes, tél. Jardin avec salon, terrasse, abri couvert avec ping-pong et vélos. Poss. équip. bb. Loc draps, baby-sitting, pers. supp. Ouvert de juin à septembre.

GITES DE FRANCE-SERVICE RESERVATION - 5 allée Sully - 29322 QUIMPER Cedex
Tél.: 02 98 64 20 20 - Fax: 02 98 64 20 29 - Tél.: PRÔP: 02 98 07 09 23 - Email: info@gites-de-france-finistere.fr - www.gites-de-france-finistere.fr

| TRES HTE SAIS. | HTE SAIS. | MAI/JUIN/SEPT. |
|---|---|---|
| 620 | 580 | 550 |

| | | | | | | | | |
|---|---|---|---|---|---|---|---|---|
| 4 | 4 | 4 | 4 | 6 | 6 | 1 | 6 | 6 | 2 |

## N° 14513 — MOELAN-SUR-MER — Kerduel

**NN  2 pers.**

Maison mitoyenne située dans un ensemble de 5 gîtes près de la maison du propriétaire. R.D.C. séjour avec coin-cuisine, salle d'eau avec wc. Etage: 1 ch (1 lit 2 pers.), possibilité lit sup. Chauf. élect., m-ondes, tél.carte FT commun, loc. draps. Parc ombragé, salon de jardin, aire de jeux. Poss. lit enfant. Vous pourrez visiter une boulangerie artisanale (pain bio cuit au feu de bois). Début mars, Dominique vous guidera sur les lieux de pêche (truites, saumons).

GITES DE FRANCE-SERVICE RESERVATION - 5 allée Sully - 29322 QUIMPER Cedex
Tél.: 02 98 64 20 20 - Fax: 02 98 64 20 29 - Tél.: PRÔP: 02 98 71 09 43 - Email: info@gites-de-france-finistere.fr - www.gites-de-france-finistere.fr

| TRES HTE SAIS. | HTE SAIS. | MAI/JUIN/SEPT. | PRINT. | VAC. HIV. | BASSE SAIS. | W-E. BAS. SAIS. | ASCENSION/PENT. |
|---|---|---|---|---|---|---|---|
| 320 | 310 | 240 | 240 | 240 | 240 | 120 | 240 |

| | | | | | | | | |
|---|---|---|---|---|---|---|---|---|
| 1,5 | 1,5 | 3 | 2 | 7 | 5 | 1 | 1 | 15 | 1 |

## N° 16410 — MOELAN-SUR-MER — Kerchiminer — CM 58 pli 16

**NN  4 pers.**

Maison indépendante de plain-pied surélevé, située dans un petit hameau. Séjour avec coin-cuisine, 1 ch (1 lit 2 pers.), 1 ch (2 lits 1 pers.), salle d'eau, wc, buanderie. Chauff. élec, m-ondes. Jardin clos avec salon, terrasse, abri couvert.

GITES DE FRANCE-SERVICE RESERVATION - 5 allée Sully - 29322 QUIMPER Cedex
Tél.: 02 98 64 20 20 - Fax: 02 98 64 20 29 - Tél.: PRÔP: 02 98 39 66 32 - Email: info@gites-de-france-finistere.fr - www.gites-de-france-finistere.fr

| TRES HTE SAIS. | HTE SAIS. | MAI/JUIN/SEPT. | PRINT. |
|---|---|---|---|
| 450 | 410 | 305 | 305 |

| | | | | | | | | |
|---|---|---|---|---|---|---|---|---|
| 2 | 5 | 5 | 2 | 5 | 5 | 1 | 3 | 12 | 3 |

## N° 3941 — MOELAN-SUR-MER — Kerchiminer

**4 pers.**

Maison de plain-pied contiguë à la maison du propriétaire. Cuisine avec petit coin-séjour, 1 ch (1 lit 2 pers.), 1 ch (2 lits 1 pers.), salle d'eau avec wc. Chauffage, jardin, salon de jardin, aire de jeux, abri couvert. Un grand parc fleuri, ombragé et reposant par environnement immédiat, un aménagement intérieur sobre et convivial, deux chambres lumineuses donnant sur de la verdure, ce gîte a des atouts intéressants. Le soir, quel plaisir de descendre au petit port de Doëlan !

Pierre LE MAOUT - Kerchiminer - 29350 MOELAN-SUR-MER
Tél.: 02 98 39 71 25 - SR: 02 98 64 20 20

| TRES HTE SAIS. | HTE SAIS. | MAI/JUIN/SEPT. | PRINT. | VAC. HIV. | BASSE SAIS. |
|---|---|---|---|---|---|
| 410 | 390 | 240 | 235 | 235 | 210 |

| | | | | | | | | |
|---|---|---|---|---|---|---|---|---|
| 2 | 5 | 5 | 2 | 12 | 3 | 1 | 3 | 12 | 3 |

## N° 16260 — MOTREFF — Kerouiller — CM 58 pli 17

**NN  6 pers.**

Maison mitoyenne à un autre gîte située sur une ancienne ferme, proche du logement du propriétaire. R.D.C: Séjour avec coin-cuisine, 1 ch (1 lit 2 pers.), sde, wc. Etage: 2 ch (2 lits 1 pers.), sde avec wc. Chauf. élec, m-ondes, portable. Jardin avec salon, terrasse, garage. Poss. équip. bb et loc. draps. Plan d'eau avec poss. baignade à 3kms. Entre Montagnes Noires et Monts d'Arrées, votre longère construite en pierres du pays est exposée plein sud. Dans un environnement calme et agréable au coeur de la Bretagne, ce gîte favorise la détente, le repos et la découverte de la nature.

GITES DE FRANCE-SERVICE RESERVATION - 5 allée Sully - 29322 QUIMPER Cedex
Tél.: 02 98 64 20 20 - Fax: 02 98 64 20 29 - Tél.: PRÔP: 02 98 99 56 87 - Email: info@gites-de-france-finistere.fr - www.gites-de-france-finistere.fr

| TRES HTE SAIS. | HTE SAIS. | MAI/JUIN/SEPT. | PRINT. | VAC. HIV. | BASSE SAIS. | W-E. BAS. SAIS. | ASCENSION/PENT. |
|---|---|---|---|---|---|---|---|
| 450 | 410 | 330 | 310 | 300 | 250 | 150 | 200 |

| | | | | | | | | |
|---|---|---|---|---|---|---|---|---|
| 45 | 45 | 5 | 0,1 | 10 | 10 | SP | SP | 10 | 2 |

## N° 16261 — MOTREFF — Kerouiller — CM 58 pli 17

**NN  2 pers.**

Maison mitoyenne à un autre gîte située sur une ancienne ferme, proche du logement du propriétaire. R.D.C: séjour avec coin-cuisine. Etage: 1 ch (1 lit 2 pers.), sde avec wc. Chauf. élec, m-ondes, portable. Jardin avec salon, terrasse, garage. Poss équip bb et loc. draps. Petit plan d'eau avec poss baignade à 3 km. Entre Montagnes Noires et Monts d'Arrées, votre longère construite en pierres du pays est exposée plein sud. Dans un environnement calme et agréable au coeur de la Bretagne, ce gîte favorise la détente, le repos et la découverte de la nature.

GITES DE FRANCE-SERVICE RESERVATION - 5 allée Sully - 29322 QUIMPER Cedex
Tél.: 02 98 64 20 20 - Fax: 02 98 64 20 29 - Tél.: PRÔP: 02 98 99 56 87 - Email: info@gites-de-france-finistere.fr - www.gites-de-france-finistere.fr

| TRES HTE SAIS. | HTE SAIS. | MAI/JUIN/SEPT. | PRINT. | VAC. HIV. | BASSE SAIS. | W-E. BAS. SAIS. | ASCENSION/PENT. |
|---|---|---|---|---|---|---|---|
| 265 | 260 | 240 | 220 | 210 | 200 | 95 | 140 |

| | | | | | | | | |
|---|---|---|---|---|---|---|---|---|
| 45 | 45 | 5 | 0,1 | 10 | 10 | SP | SP | 10 | 2 |

# FINISTÈRE - 29

## N° 16580 PENMARC'H — CM 58 pli 14

**EC NN 4 pers.**

Maison mitoyenne située dans le petit bourg de St-Guénolé. R.D.C: séjour-salon avec coin-cuisine et poêle à bois dans cheminée, débarras, wc. Etage: 1 ch (1 lit 2 pers.), 1 ch (2 lits 1 pers.), salle d'eau avec wc, lingerie. Chauf. élec, tél. Jardin clos avec salon, terrasse. Ancienne maison de pêcheurs restaurée dans un port de pêche du pays Bigouden, située dans une zone calme, proche de différentes plages, de sports nautiques, de chemins de randonnées : Pointe de LA TORCHE, plage de TREGUENNEC, chapelle de TRONOEN, phare d'ECKMUL.

GITES DE FRANCE-SERVICE RESERVATION - 5 allée Sully - 29322 QUIMPER Cedex
Tél.: 02 98 64 20 20 - Fax: 02 98 64 20 29 - Tél.: PROP: 02 98 84 25 78 - Email: info@gites-de-france-finistere.fr - www.gites-de-france-finistere.fr

| TRES HTE SAIS. | HTE SAIS. | MAI/JUIN/SEPT. | PRINT. | VAC. HIV. | BASSE SAIS. |
|---|---|---|---|---|---|
| 650 | 650 | 350 | 350 | 300 | 300 |

| | | | | | | | | | | |
|---|---|---|---|---|---|---|---|---|---|---|
| 0,5 | 1 | 3 | 0,5 | 12 | 2 | 0,5 | 1 | 0,5 | 0,1 | |

## N° 16570 PLEYBEN — Kerregant — CM 58 pli 4

**NN 6 pers.**

Maison totalement indépendante. R.D.C: séjour avec cuisine aménagée, salon, salle de bains, wc, buanderie. 1er étage: mezzanine, 1 ch (1 lit 2 pers.), 1lit bb. 2è étage: 1 ch (1 lit 2 pers.), 1 ch (2 lits 1 pers.). Chauf. élec, m-ondes. Grand jardin clos avec salon, barbecue fixe. Animaux acceptés sur demande. Gîte sur propriété cloturée de 5Ha avec ruisseau et petit étang où vivent en liberté ânes, poneys, montons, chèvres et lamas.

GITES DE FRANCE-SERVICE RESERVATION - 5 allée Sully - 29322 QUIMPER Cedex
Tél.: 02 98 64 20 20 - Fax: 02 98 64 20 29 - Tél.: PROP: 02 98 73 01 27 - Email: info@gites-de-france-finistere.fr - www.gites-de-france-finistere.fr

| TRES HTE SAIS. | HTE SAIS. | MAI/JUIN/SEPT. | PRINT. | VAC. HIV. | BASSE SAIS. |
|---|---|---|---|---|---|
| 400 | 400 | 330 | 330 | 330 | 300 |

| 22 | 22 | 4 | SP | 8 | 3 | SP | 8 | 8 | 3 |
|---|---|---|---|---|---|---|---|---|---|

## N° 14662 PLEYBER-CHRIST — Bulz — CM 58 pli 6

**EC 4 pers.**

Maison indépendante proche de 2 autres gîtes. R.D.C: séjour-salon, cuisine aménagée, 1 ch (2 lits 1 pers.), sdb, wc. Etage: 1 ch (1 lit 1 pers.), 1 lit gigogne, 1 ch (1 lit 160). Chauf. élec, m-ondes. Jardin avec salon, terrasse couverte, abri couvert. Poss. équip bb, loc. draps. Dans le parc régional d'Armorique, maison indépendante avec jardin privatif. Bien exposé, à la lisière des bois, ce gîte situé à 10mn de la baie de Morlaix, des enclos paroissiaux et des Monts d'Arrée invite au calme et à la détente. Aménagé avec goût, il saura vous séduire et vous faire passer un bon séjour.

GITES DE FRANCE-SERVICE RESERVATION - 5 allée Sully - 29322 QUIMPER Cedex
Tél.: 02 98 64 20 20 - Fax: 02 98 64 20 29 - Tél.: PROP: 02 98 78 50 79 - Email: info@gites-de-france-finistere.fr - www.gites-de-france-finistere.fr

| TRES HTE SAIS. | HTE SAIS. | MAI/JUIN/SEPT. | PRINT. | VAC. HIV. | BASSE SAIS. | W-E. BAS. SAIS. | ASCENSION/PENT. |
|---|---|---|---|---|---|---|---|
| 530 | 500 | 450 | 350 | 300 | 250 | 150 | 220 |

| 15 | 15 | 15 | SP | 5 | 5 | SP | 5 | 5 | 5 |
|---|---|---|---|---|---|---|---|---|---|

## N° 15072 PLOMODIERN — Lanfrank — CM 58 pli 5

**NN 5 pers.**

Maison totalement indépendante de plain-pied. Séjour avec coin-cuisine, 2 ch (1 lit 2 pers.), 1 ch (2 lits 1 pers.), sdb avec wc. Chauf. élec. (gratuit toute l'année), chaine hifi, s-linge, m-ondes. Parc ombragé, terrasse avec salon de jardin, garage (accès à l'étage pour ping-pong). Draps fournis et lits faits à l'arrivée. Cette agréable maison de vacances, exposée sud-ouest dans un vallon à l'abri des vents, laisse entrer largement la lumière dans les pièces de vie. Située à seulement 1km des plages, elle offre aussi calme et repos dans un environnement de campagne tranquille.

Pierre BRIAND - 17 rue du Lycée - 29300 QUIMPERLE
Tél.: 02 98 96 12 98 - SR: 02 98 64 20 20 - http://perso.wanadoo.fr/pierre.briand.29/

| TRES HTE SAIS. | HTE SAIS. | MAI/JUIN/SEPT. | PRINT. | VAC. HIV. | BASSE SAIS. | ASCENSION/PENT. |
|---|---|---|---|---|---|---|
| 590 | 480 | 360 | 360 | 360 | 300 | 300 |

| 1 | 1 | 3 | 1 | 15 | 5 | 1 | 15 | 15 | 5 |
|---|---|---|---|---|---|---|---|---|---|

## N° 16450 PLOMODIERN — CM 58 pli 15

**EC NN 12 pers.**

Aux portes du parc régional d'Armorique, cette ancienne gare nouvellement rénovée en gîte très confortable, saura vous séduire par son architecture authentique, ses pierres en granit rose: hall, cuisine ouverte sur séjour, salon, buanderie avec douche, wc. 1er: bibliothèque, 3 ch (1 lit 180x20), sdb, wc. 2è: 1 ch (4 lits 1 pers.), mezzanine (poss 1 lit 1 pers.), sde et wc, 1ch (1 lit 2 pers.). Chauf. fuel, SL, M-ondes. Poss. lit bb. Dans le jardin privatif clos, vous apprécierez un bon barbecue, au salon sur la terrasse, avant de rejoindre une des belles plages de sable fin.

GITES DE FRANCE-SERVICE RESERVATION - 5 allée Sully - 29322 QUIMPER Cedex
Tél.: 02 98 64 20 20 - Fax: 02 98 64 20 29 - Tél.: PROP: 02 98 73 53 25 - Email: info@gites-de-france-finistere.fr - www.gites-de-france-finistere.fr

| TRES HTE SAIS. | HTE SAIS. | MAI/JUIN/SEPT. | PRINT. | VAC. HIV. | BASSE SAIS. | W-E. BAS. SAIS. | ASCENSION/PENT. |
|---|---|---|---|---|---|---|---|
| 910 | 910 | 650 | 650 | 650 | 450 | 300 | 585 |

| 4 | 4 | 5 | 0,4 | 14 | 0,7 | 0,7 | 14 | 14 | 0,4 |
|---|---|---|---|---|---|---|---|---|---|

## N° 16390 PLONEOUR-LANVERN — Lestréguéoc — CM 58 pli 14

**NN 7 pers.**

Gîte non mitoyen situé dans ancien corps de ferme composé de 3 gîtes restaurés en 2003. R.D.C: salon, séjour-cuisine équipée, 1 ch (1 lit 2 pers.), sde, wc, buanderie. Etage: 1 ch (2 lits 1 pers.), 1 ch (3 lits 1 pers.), sdb, wc. Chauff. élec, SL, tél port/ demande. Petit espace privatif avec salon, terrasses, espaces verts et portique communs. Poss. loc draps et 1 pers en +. A 10mn des plages de la Baie d'Audierne et au coeur du Pays Bigouden, se gîte confortable et accueillant sera le point de départ idéal de vos balades : campagne, mer, sites culturels... Sentiers de randonnées à pied ou à VTT.

GITES DE FRANCE-SERVICE RESERVATION - 5 allée Sully - 29322 QUIMPER Cedex
Tél.: 02 98 64 20 20 - Fax: 02 98 64 20 29 - Tél.: PROP: 02 98 87 63 41 - Email: info@gites-de-france-finistere.fr - www.gites-de-france-finistere.fr

| TRES HTE SAIS. | HTE SAIS. | MAI/JUIN/SEPT. | PRINT. | VAC. HIV. | BASSE SAIS. | W-E. BAS. SAIS. | ASCENSION/PENT. |
|---|---|---|---|---|---|---|---|
| 650 | 600 | 380 | 420 | 335 | 270 | 185 | 280 |

| 5 | 5 | 12 | 1 | 7 | 3 | 0,3 | 3 | 18 | 3 |
|---|---|---|---|---|---|---|---|---|---|

# FINISTÈRE - 29

## N° 16391 — PLONEOUR-LANVERN — Lestréguéoc — CM 58 pli 14

**NN — 4 pers.**

Ancien corps de ferme composé de 3 gîtes restaurés en 2003. R.D.C. : Séjour-salon avec coin-cuisine, sdb, wc. Etage : 1 ch (1 lit 2 pers.), 1 ch (2 lits 1 pers.), wc. Chauff. élec, s-linge, tél. port. à la demande. Petit espace privatif avec salon, terrasses, barbecue, espaces verts et portique communs. Poss. loc draps. A 10mn des plages de la Baie d'audierne, au coeur du Pays Bigouden, ce gîte sera le point départ idéal de vos ballades : campagne, mer, sites culturels... Sentiers de randonnées à pied ou à VTT à proximité. Nous saurons vous faire apprécier la richesse de notre région.

GITES DE FRANCE-SERVICE RESERVATION - 5 allée Sully - 29322 QUIMPER Cedex
Tél. : 02 98 64 20 20 - Fax : 02 98 64 20 29 - Tél. : PROP : 02 98 87 63 41 - Email : info@gites-de-france-finistere.fr - www.gites-de-france-finistere.fr

| TRES HTE SAIS. | HTE SAIS. | MAI/JUIN/ SEPT. | PRINT. | VAC. HIV. | BASSE SAIS. | W.-E BAS. SAIS. | ASCENSION/ PENT. | | | | | | | | | | | | | |
|---|---|---|---|---|---|---|---|---|---|---|---|---|---|---|---|---|---|---|---|---|
| 510 | 480 | 360 | 360 | 290 | 240 | 150 | 210 | 5 | 5 | 12 | 1 | 7 | 3 | 0,3 | 3 | 18 | 3 | | | |

## N° 16510 — PLONEOUR-LANVERN — Kergorn — CM 58 pli 14

**NN — 5 pers.**

Maison mitoyenne à un autre logement. R.D.C. : cuisine, séjour-salon avec poêle à bois, sde, wc. Etage : 1 ch (1 lit 2 pers.), 1 ch (2 lits 1 pers.), 1 ch (1 lit 1 pers.). Chauf. élec, m-ondes. Grand jardin avec salon, terrasse. Poss. équip. bb, loc. draps. Au coeur du pays Bigouden, dans un parc arboré, cette ancienne maison de ferme entièrement rénovée, vous apportera le calme et la détente pour des vacances réussies.

GITES DE FRANCE-SERVICE RESERVATION - 5 allée Sully 29322 QUIMPER Cedex
Tél. : 02 98 64 20 20 - Fax : 02 98 64 20 29 - Tél. : PROP : 02 98 87 55 89 - Email : info@gites-de-france-finistere.fr - www.gites-de-france-finistere.fr

| TRES HTE SAIS. | HTE SAIS. | MAI/JUIN/ SEPT. | PRINT. | VAC. HIV. | BASSE SAIS. | W.-E BAS. SAIS. | ASCENSION/ PENT. | | | | | | | | | | |
|---|---|---|---|---|---|---|---|---|---|---|---|---|---|---|---|---|---|
| 475 | 445 | 310 | 310 | 310 | 255 | | 200 | 10 | 10 | 10 | 1 | 8 | 5 | 3 | 5 | 12 | 5 |

## N° 16460 — PLOUARZEL — Manoir de Lanhalla — CM 58 pli 3

**NN — 4 pers.**

Maison indépendante située près de l'habitation du propriétaire. R.D.C. : séjour avec coin-cuisine, 1 ch (1 lit 2 pers.), 1 ch (1 lit 1 pers.), salle de bains avec wc. Etage : 1 ch (1 lit 1 pers.) avec wc. M-ondes, magnétoscope. Jardin avec salon, terrasse, abri couvert, tonnelle et 2 chaises longues. Poss.loc draps. Baby-sitting. Dans la propriété, manoir du 16e siècle, ancienne seigneurerie, ce gîte, au calme dans la campagne et à proximité de la mer, vous offre toutes les conditions d'un bon séjour.

GITES DE FRANCE-SERVICE RESERVATION - 5 allée Sully - 29322 QUIMPER Cedex
Tél. : 02 98 64 20 20 - Fax : 02 98 64 20 29 - Tél. : PROP : 02 98 89 36 30 - Email : info@gites-de-france-finistere.fr - www.gites-de-france-finistere.fr

| TRES HTE SAIS. | HTE SAIS. | MAI/JUIN/ SEPT. | PRINT. | | | | ASCENSION/ PENT. | | | | | | | | | | |
|---|---|---|---|---|---|---|---|---|---|---|---|---|---|---|---|---|---|
| 518 | 468 | 440 | 400 | | | | 300 | 2,5 | 4 | 5 | 1 | 9 | 15 | SP | 3 | 25 | 3 |

## N° 16300 — PLOUEZOC'H — CM 58

**NN — 4 pers.**

Maison indépendant, à proximité de la demeure des propriétaires, ancien presbytère de 1777. R.D.C. : cuisine/salle à manger, salon/coin-détente, sde, wc. Etage : 1 ch (1 lit 160), 1 ch 1 lit 160 (poss. sép en 2lits 1pers.), wc/lavabo. Chauf. élec, l-linge séchant, m-ondes. Jardin privatif avec salon, grande terrasse. Poss lit bb et loc draps. A mi-chemin de Morlaix et des plages, ce gîte vous séduira par son confort, son originalité, le parc d'1.5 ha, la proximité aux commerces ou à diverses activités sportives, culturelles. Château du Taureau, Térenez, ostréiculture, plongée, expositions...

GITES DE FRANCE-SERVICE RESERVATION - 5 allée Sully - 29322 QUIMPER Cedex
Tél. : 02 98 64 20 20 - Fax : 02 98 64 20 29 - Tél. : PROP : 02 98 79 50 40 - Email : info@gites-de-france-finistere.fr - www.gites-de-france-finistere.fr

| TRES HTE SAIS. | HTE SAIS. | MAI/JUIN/ SEPT. | PRINT. | VAC. HIV. | BASSE SAIS. | W.-E BAS. SAIS. | ASCENSION/ PENT. | | | | | | | | | | |
|---|---|---|---|---|---|---|---|---|---|---|---|---|---|---|---|---|---|
| 690 | 650 | 535 | 460 | 460 | 415 | 197 | 280 | 2,5 | 7 | 4 | 0,5 | 9 | 0,5 | 1 | 9 | 9 | 0,1 |

## N° 16250 — PLOUGONVELIN — CM 58 pli 3

**NN — 2 pers.**

Longère située à proximité de plusieurs logements. Séjour avec coin-cuisine, 1 ch (1 lit 2 pers.), 1lit bb à la demande, sde, wc. Chauf. élec.. Jardin avec salon. Poss. équip bb et loc draps. Cette charmante longère récemment rénovée dans le style local est située au coeur du bourg de Plougonvelin, village riche en circuits de randonnées et en sites pittoresques. Vous apprécierez la décoration intérieure et l'espace privatif aménagé à l'extérieur. Le gîte vous accueille en toutes saisons.

GITES DE FRANCE-SERVICE RESERVATION - 5 allée Sully - 29322 QUIMPER Cedex
Tél. : 02 98 64 20 20 - Fax : 02 98 64 20 29 - Tél. : PROP : 02 98 89 30 34 - Email : info@gites-de-france-finistere.fr - www.gites-de-france-finistere.fr

| TRES HTE SAIS. | HTE SAIS. | MAI/JUIN/ SEPT. | PRINT. | VAC. HIV. | BASSE SAIS. | W.-E BAS. SAIS. | ASCENSION/ PENT. | | | | | | | | | |
|---|---|---|---|---|---|---|---|---|---|---|---|---|---|---|---|---|
| 380 | 360 | 280 | 265 | 230 | 215 | 100 | 145 | 1 | 1 | 1 | 1 | 1 | 1 | 1 | 20 | SP |

## N° 16090 — PLOUGONVEN — Keromnès — CM 58 pli 6

**NN — 5 pers.**

Maison indépendante à côté du logement du propriétaire. R.D.C. : Séjour avec coin-cuisine, véranda/salon, sdb+douche, wc. Etage : 1 ch (1 lit 2 pers.), 1 ch (2 lits 1 pers.), 1 ch (1 lit 1 pers.), cabinet de toilette et wc. Chauf. élec., lits faits, s-linge, m-ondes. Jardin avec salon, terrasse, portique, abri couvert. Poss équip bébé. Dans un cadre de verdure, le calme d'une ancienne maison bretonne restaurée riche et pleine de couleurs. Une spacieuse véranda ajoute confort et clarté à cette ancienne demeure. Le gîte vous accueille en toutes saisons.

GITES DE FRANCE-SERVICE RESERVATION - 5 allée Sully - 29322 QUIMPER Cedex
Tél. : 02 98 64 20 20 - Fax : 02 98 64 20 29 - Tél. : PROP : 02 98 78 66 61 - Email : info@gites-de-france-finistere.fr - www.gites-de-france-finistere.fr

| TRES HTE SAIS. | HTE SAIS. | MAI/JUIN/ SEPT. | PRINT. | VAC. HIV. | BASSE SAIS. | W.-E BAS. SAIS. | ASCENSION/ PENT. | | | | | | | | | |
|---|---|---|---|---|---|---|---|---|---|---|---|---|---|---|---|---|
| 550 | 500 | 400 | 350 | 300 | 300 | 220 | 300 | 15 | 15 | 15 | 3 | 3 | SP | 3 | 10 | 3 |

# FINISTÈRE - 29

### N° 16100 — PLOUGONVEN — Keralouant — CM 58 pli 6

**NN — 6 pers.**

Maison située dans un petit hameau. R.D.C: Séjour avec coin-cuisine, 1 ch (1 lit 2 pers.) avec salle de bains, wc. Etage: 2 ch (2 lits 1 pers.) avec salle d'eau, wc, mezzanine/salon. Chauff. élec., m-ondes. Jardin avec salon, terrasse. Poss. lit supplémentaire et loc. draps. Maison indépendante à 900m du Manoir de Mézédern, monument historique du XVè siècle (habitation des propriétaires) avec possibilité de visite. Belle vue et exposition sud. Sur place, pêche sur l'étang du Manoir.

GITES DE FRANCE-SERVICE RESERVATION - 5 allée Sully - 29322 QUIMPER Cedex
Tél. : 02 98 64 20 20 - Fax : 02 98 64 20 29 - Tél. : PROP: 02 98 78 64 90 - Email: info@gites-de-france-finistere.fr - www.gites-de-france-finistere.fr

| TRES HTE SAIS. | HTE SAIS. | MAI/JUIN/SEPT. | PRINT. | VAC. HIV. | BASSE SAIS. | W.-E. BAS. SAIS. | ASCENSION/PENT. | | | | | | | | | |
|---|---|---|---|---|---|---|---|---|---|---|---|---|---|---|---|---|
| 560 | 540 | 380 | 380 | 380 | 330 | 220 | 220 | 20 | 20 | 20 | SP | 5 | 1 | SP | 12 | 12 | 1 |

### N° 16440 — PLOUGONVEN — Kerangueven — CM 58 pli 6

**NN — 6 pers.**

Maison indépendante située dans un petit hameau. R.D.C: séjour avec coin-cuisine, 1 ch (1 lit 2 pers.) avec salle d'eau, wc. Etage: mezzanine avec salon, 1 ch (1 lit 2 pers.), 1 ch (2 lits 1 pers.), s.bains, wc. Chauf. élec, m-ondes. Jardin avec salon. Buanderie avec l-linge dans bâtiment attenant. Poss. équip. bb et lit 1 pers., loc draps. Cet ancien corps de ferme entièrement rénové en respectant l'habitat breton, exposé sud, vous accueillera dans un petit hameau calme et verdoyant. Le bourg, avec son calvaire, se situe sur le circuit des enclos paroissiaux. Vacances détente et nature assurées.

GITES DE FRANCE-SERVICE RESERVATION - 5 allée Sully - 29322 QUIMPER Cedex
Tél. : 02 98 64 20 20 - Fax : 02 98 64 20 29 - Tél. : PROP: 02 98 78 65 70 - Email: info@gites-de-france-finistere.fr - www.gites-de-france-finistere.fr

| TRES HTE SAIS. | HTE SAIS. | MAI/JUIN/SEPT. | PRINT. | VAC. HIV. | BASSE SAIS. | W.-E. BAS. SAIS. | ASCENSION/PENT. | | | | | | | | | |
|---|---|---|---|---|---|---|---|---|---|---|---|---|---|---|---|---|
| 490 | 460 | 300 | 285 | 250 | 215 | 180 | 245 | 12 | 20 | 20 | 2 | 11 | 5 | 0,5 | 10 | 12 | 5 |

### N° 8031 — PLOUGUERNEAU — Kerferre Vraz

**3 pers.**

Maison située dans un hameau à côté de la maison des propriétaires. R.D.C: séjour avec coin-cuisine, s.eau, wc, 1 ch (1 lit 2 pers.). Etage: mezzanine 2 lits 1 pers.. Chauf. élec., tél. portable, m-ondes, jardin avec salon, terrasse, abri couvert. Loc. draps, poss. équip bébé. Dans le jardin petit chalet en bois aménagé en salle de jeux pour les enfants. Non loin du phare de l'Ile vierge, dans un écrin de verdure au coeur du pays des Abers, ce gîte nous l'avons voulu douillet pour votre plaisir et celui de vos enfants. A bientôt...

Denise NICOLAS - Kerferre Vraz - 29880 PLOUGUERNEAU
Tél. : 02 98 04 79 84 - SR : 02 98 64 20 20

| TRES HTE SAIS. | HTE SAIS. | MAI/JUIN/SEPT. | PRINT. | VAC. HIV. | BASSE SAIS. | | | | | | | | |
|---|---|---|---|---|---|---|---|---|---|---|---|---|---|
| 400 | 380 | 230 | 180 | 180 | 180 | 1,8 | 2,5 | 5 | 1,8 | 15 | 1 | SP | 1 | 30 | 0,8 |

### N° 16540 — PLOUNEVEZ-LOCHRIST — Lanzéon — CM 58 pli 5

**EC NN — 8 pers.**

Maison indépendante située sur la ferme légumière et avicole des propriétaires. R.D.C: Hall, séjour avec coin-cuisine, salon, 1 ch (1 lit 2 pers.), sde, wc, buanderie. Etage: 1 ch (1 lit 2 pers.), 2 ch (2 lits 1 pers.), sdb, wc, bureau. Chauf. fuel, m-ondes. Jardin avec salon, terrasse, portique, garage. Poss. équip. bb. Au coeur de la campagne, face à la baie du Kernic, ce gîte vous apportera calme et tranquillité. A 2 pas du bord de mer, vous apprécierez les balades sur les dunes de Keremma et les nombreux sentiers de randonnées vous feront découvrir les paysages variés de la terre Léonarde.

GITES DE FRANCE-SERVICE RESERVATION - 5 allée Sully - 29322 QUIMPER Cedex
Tél. : 02 98 64 20 20 - Fax : 02 98 64 20 29 - Tél. : PROP: 02 98 61 41 99 - Email: info@gites-de-france-finistere.fr - www.gites-de-france-finistere.fr

| TRES HTE SAIS. | HTE SAIS. | MAI/JUIN/SEPT. | PRINT. | VAC. HIV. | BASSE SAIS. | W.-E. BAS. SAIS. | ASCENSION/PENT. | | | | | | | | | |
|---|---|---|---|---|---|---|---|---|---|---|---|---|---|---|---|---|
| 600 | 530 | 380 | 300 | 300 | 250 | 200 | 250 | 1,5 | 1,5 | 4 | 1,5 | 12 | 3 | 3 | 4 | 12 | 3 |

### N° 16610 — PLOUNEVEZ-LOCHRIST — Milin Donger — CM 58 pli 5

**EC NN — 7 pers.**

Maison mitoyenne d'un côté dans un ensemble de 3 gîtes. Rdc : Séjour avec coin cuisine et cheminée, sde, wc. 1er ét.: 1ch 1lit 2p, 1ch 2lits 1p, sdb (balnéo), wc. 2ème ét.: 1ch 2lits 1p, 1ch 1lit 1p, cab. toilette+wc. Chauf. élec, TV, l-linge, s-linge, l-vais, m-ondes, tél. Espaces ext. privatifs avec salon de jardin, terrasse et barbecue, jardin commun, ruisseau, abri couvert. Poss. équip bb et loc. draps.$ Ancienne maison de ferme cachée dans un îlot de verdure traversé par un ruisseau. Sa situation permet des balades vers les grandes plages de sable fin et la visite du patrimoine : chapelles, châteaux.

GITES DE FRANCE-SERVICE RESERVATION - 5 allée Sully - 29322 QUIMPER Cedex
Tél. : 02 98 64 20 20 - Fax : 02 98 64 20 29 - Tél. : PROP: 02 98 61 44 95 - Email: info@gites-de-france-finistere.fr - www.gites-de-france-finistere.fr

| TRES HTE SAIS. | HTE SAIS. | MAI/JUIN/SEPT. | PRINT. | VAC. HIV. | BASSE SAIS. | ASCENSION/PENT. | | | | | | | | |
|---|---|---|---|---|---|---|---|---|---|---|---|---|---|---|
| 600 | 550 | 380 | 380 | 320 | 290 | 305 | 5 | 5 | 7 | 2 | 10 | 1 | SP | 7 | 30 | 1 |

### N° 16280 — PLUGUFFAN — Ti Len Vihan — CM 58 pli 15

**NN — 6 pers.**

Maison totalement indépendante. Cuisine, séjour/salon, 1 ch (2 lits 1 pers.), 1 ch (1 lit 160), 1 ch (1 lit 2 pers.), salle de bains, wc. m-ondes. Jardin avec salon, terrasse, abri couvert, plan d'eau. Poss. équip. bb et loc. draps. Située dans la campagne Quimpéroise, cette maison de caractère est dressée sur un terrain de 4600m² et bordée d'un ruisseau à truites. Vous y trouverez un plan d'eau protégé et une aire de jeux : un endroit idéal pour des vacances vivifiantes et tranquilles.

GITES DE FRANCE-SERVICE RESERVATION - 5 allée Sully - 29322 QUIMPER Cedex
Tél. : 02 98 64 20 20 - Fax : 02 98 64 20 29 - Tél. : PROP: 02 98 87 91 37 - Email: info@gites-de-france-finistere.fr - www.gites-de-france-finistere.fr

| TRES HTE SAIS. | HTE SAIS. | MAI/JUIN/SEPT. | PRINT. | VAC. HIV. | BASSE SAIS. | | | | | | | | |
|---|---|---|---|---|---|---|---|---|---|---|---|---|---|
| 650 | 550 | 380 | 350 | 315 | 295 | 16 | 16 | 16 | SP | 7 | 3 | SP | 3 | 11 | 3 |

# FINISTÈRE - 29

## N° 15870  POULDREUZIC — Laraon   CM 58

**NN  5 pers.**

Gîte situé à côté de la maison du propriétaire. R.D.C: entrée, séjour avec coin-cuisine donnant sur terrasse fleurie, sde, wc/lave-mains. Etage : 1 ch (1 lit 2 pers.), 1 ch (3 lits 1 pers.), sde avec wc. Chauff. élect, m-ondes. Terrasse avec salon, Parking et abri couverts. Loc. draps. Récemment rénové dans le style local. Le verger de pommiers, propice à la détente, promet ombrage et tranquilité. A 2 pas de la plage, entre la Pointe du Raz et la Pointe de la Torche, découvrez la baie d'Audierne, riche en circuits de randonnée et en sites pittoresques.

GITES DE FRANCE-SERVICE RESERVATION - 5 allée Sully - 29322 QUIMPER Cedex
Tél. : 02 98 64 20 20 - Fax : 02 98 64 20 29 - Tél. : PROP : 02 98 54 44 89 - Email : info@gites-de-france-finistere.fr - www.gites-de-france-finistere.fr

| TRES HTE SAIS. | HTE SAIS. | MAI/JUIN/SEPT. | PRINT. |
|---|---|---|---|
| 515 | 495 | 330 | 330 |

| | | | | | | | | | |
|---|---|---|---|---|---|---|---|---|---|
| 5 | 5 | 18 | 5 | 15 | 0,8 | SP | 1,8 | 24 | 1,8 |

## N° 16350  POULDREUZIC   CM 58 pli 14

**NN  4 pers.**

Petite maison indépendante située dans une ruelle. R.D.C. séjour avec coin-cuisine, sdb, wc. Etage mansardé : 1 ch (1 lit 2 pers.), 1 ch (2 lits 1 pers.). Magnétoscope (cassettes à disposition), m-ondes. Jardin avec salon. Cellier avec vélos. Poss. équip. bb. Lits faits à l'arrivée. A 4mn de la mer A 4mn de la mer dans la plus ancienne ruelle de Pouldreuzic, village natal de l'écrivain P.J Hélias, ce penty breton vous accueille. Coquettement restauré, il garde tout son cachet.

GITES DE FRANCE-SERVICE RESERVATION - 5 allée Sully - 29322 QUIMPER Cedex
Tél. : 02 98 64 20 20 - Fax : 02 98 64 20 29 - Tél. : PROP : 02 98 54 40 86 - Email : info@gites-de-france-finistere.fr - www.gites-de-france-finistere.fr

| TRES HTE SAIS. | HTE SAIS. | MAI/JUIN/SEPT. | PRINT. | VAC. HIV. | BASSE SAIS. | W-E BAS. SAIS. | ASCENSION/PENT. |
|---|---|---|---|---|---|---|---|
| 450 | 440 | 300 | 300 | 280 | 250 | 140 | 230 |

| | | | | | | | | | |
|---|---|---|---|---|---|---|---|---|---|
| 4 | 4 | 4 | 1 | 14 | 1 | 0,3 | 0,3 | 25 | 0,4 |

## N° 16330  QUERRIEN — Coatourman Vihan   CM 58 pli 17

**NN  6 pers.**

Maison indépendante dans un hameau. R.D.C: séjour avec coin-cuisine, salon, buanderie, wc. Etage: 3 ch 1 lit 2 pers. (poss. 2lits 1p en +), sdb, wc. Chauff. élec., m-ondes, tél. portable sur demande. Jardinet avec salon, cour. Poss. loc draps. A proximité du site des Roches du Diable, ce gîte est une ancienne maison bretonne, entièrement rénovée, située dans un endroit calme et reposant. La cheminée, les poutres apparentes, la cuisine aménagée et les chambres lambrissées offrent chaleur, confort et tranquilité aux vacanciers.

GITES DE FRANCE-SERVICE RESERVATION - 5 allée Sully - 29322 QUIMPER Cedex
Tél. : 02 98 64 20 20 - Fax : 02 98 64 20 29 - Tél. : PROP : 02 98 70 19 53 - Email : info@gites-de-france-finistere.fr - www.gites-de-france-finistere.fr

| TRES HTE SAIS. | HTE SAIS. | MAI/JUIN/SEPT. | PRINT. | VAC. HIV. | BASSE SAIS. | W-E BAS. SAIS. | ASCENSION/PENT. |
|---|---|---|---|---|---|---|---|
| 510 | 495 | 330 | 320 | 300 | 280 | 195 | 240 |

| | | | | | | | | | |
|---|---|---|---|---|---|---|---|---|---|
| 17 | 17 | 17 | 3 | 13 | 4 | SP | 10 | 10 | 4 |

## N° 14682  ROSCOFF — Kerestat   CM 58 pli 6

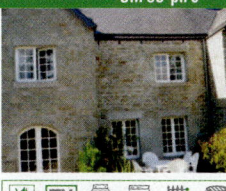

**NN  5 pers.**

Maison mitoyenne sur la ferme légumière et horticole du propriétaire. R.D.C: séjour, salon avec coin-cuisine, s.bains, wc. Etage: 1 ch (1 lit 2 pers.), 1 ch (2 lits 1 pers.), 1 ch (1 lit 1 pers.), cabinet de toilette, wc. M-ondes, tél. port. Jardin avec salon, terrasse. Poss. lit bb. Belle maison de ferme léonarde typique située dans un cadre de verdure, plein sud. Décoration intérieure soignée. En flanant à quelques pas de la maison vue magnifique sur la mer et l'île de Batz. A Roscoff, cité corsaire, belles plages, cure de Thalassothérapie, port de pêche, casino,...

GITES DE FRANCE-SERVICE RESERVATION - 5 allée Sully - 29322 QUIMPER Cedex
Tél. : 02 98 64 20 20 - Fax : 02 98 64 20 29 - Tél. : PROP : 02 98 69 76 24 - Email : info@gites-de-france-finistere.fr - www.gites-de-france-finistere.fr

| TRES HTE SAIS. | HTE SAIS. | MAI/JUIN/SEPT. | PRINT. | VAC. HIV. | BASSE SAIS. | W-E BAS. SAIS. | ASCENSION/PENT. |
|---|---|---|---|---|---|---|---|
| 515 | 495 | 350 | 350 | 295 | 275 | 130 | 160 |

| | | | | | | | | | |
|---|---|---|---|---|---|---|---|---|---|
| 1 | 1 | 2,5 | 2 | 2,5 | 2 | SP | 2,5 | 2,5 | 5 |

## N° 16210  SCAER — Lojou   CM 58 pli 16

**NN  4 pers.**

Pont-Aven 15 mn. Concarneau 25 mn. Maison indépendante située dans un petit hameau, proche du Haras de la propriétaire. Séjour et coin-cuisine, 1 ch (1 lit 2 pers.), 1 ch (2 lits 1 pers.), sdb, wc. Chauf. élec. Jardin avec salon, abri couvert. Poss loc draps. Dans un environnement calme, ce gîte est idéal pour profiter à la fois des joies de la mer et de la campagne. Nombreux chemins de randonnées sur place. Cette ancienne maison de ferme entièrement rénovée dans le style de la région, offre tout le confort pour un séjour agréable. Les chevaux des vacanciers sont les bienvenus (hébergés au haras).

GITES DE FRANCE-SERVICE RESERVATION - 5 allée Sully - 29322 QUIMPER Cedex
Tél. : 02 98 64 20 20 - Fax : 02 98 64 20 29 - Tél. : PROP : 02 98 59 07 26 - Email : info@gites-de-france-finistere.fr - www.gites-de-france-finistere.fr

| TRES HTE SAIS. | HTE SAIS. | MAI/JUIN/SEPT. | PRINT. | VAC. HIV. | BASSE SAIS. | W-E BAS. SAIS. | ASCENSION/PENT. |
|---|---|---|---|---|---|---|---|
| 450 | 450 | 370 | 370 | 310 | 310 | 150 | 280 |

| | | | | | | | | | |
|---|---|---|---|---|---|---|---|---|---|
| 24 | 24 | 24 | 5 | 5 | 5 | SP | 5 | 10 | 5 |

## N° 16620  SCRIGNAC — Pen ar Garront   CM 58 pli 6

**NN  6 pers.**

Maison mitoyenne à un autre logement. R.D.C: Séjour/salon, coin-cuisine et poêle à bois, sde, wc. Etage: 1 ch (1 lit 2 pers.), 1 lit bb, 1 ch (2lits 1 pers.), 1 ch (2 lits 1 pers. + 2lits gigognes), sdb, wc. Chauf. élec, s-linge, m-ondes. Jardin bordé de talus et d'arbres avec salon, terrasse, portique. Poss. équip. bb, loc draps, b-sitting. Exposée plein sud, au milieu d'un écrin de verdure, cette très jolie longère restaurée avec soin bénéficie de tout le confort moderne. Située dans le Parc d'Armorique mais aussi à proximité des plages du Finistère et des Côtes d'Armor.

GITES DE FRANCE-SERVICE RESERVATION - 5 allée Sully - 29322 QUIMPER Cedex
Tél. : 02 98 64 20 20 - Fax : 02 98 64 20 29 - Tél. : PROP : 02 96 35 74 24 - Email : info@gites-de-france-finistere.fr - www.gites-de-france-finistere.fr

| TRES HTE SAIS. | HTE SAIS. | MAI/JUIN/SEPT. | PRINT. | VAC. HIV. | BASSE SAIS. | W-E BAS. SAIS. | ASCENSION/PENT. |
|---|---|---|---|---|---|---|---|
| 590 | 525 | 450 | 400 | 400 | 350 | 200 | 250 |

| | | | | | | | | | |
|---|---|---|---|---|---|---|---|---|---|
| 25 | 25 | 5 | 5 | 15 | 8 | SP | 25 | 25 | 7 |

**BRETAGNE**

Pictos voir p. 12

# FINISTÈRE - 29

## N° 15860 SIZUN — Kergudon - Saint Cadou — CM 58

NN 4 pers.

Maison indépendante dans le hameau de Saint Cadou. R.D.C: séjour avec coin-cuisine, salle d'eau, wc, buanderie, garage. Etage : 1 ch (1 lit 2 pers.), 1 ch (2 lits 1 pers.). Chauffage central fuel, micro ondes, TV, loc. draps. Jardin, salon de jardin, chenil (3 boxes) à disposition des locataires chasseurs. Exposé plein sud, le gîte situé au coeur des Monts d'Arrée, est une charmante petite maison, entièrement rénovée avec soins, qui donne sur un jardin spacieux. Le Lac du Drennec avec sa base nautique, ses plages et possibilité de baignade se trouve à 2kms.

GITES DE FRANCE-SERVICE RESERVATION - 5 allée Sully - 29322 QUIMPER Cedex
Tél. : 02 98 64 20 20 - Fax : 02 98 64 20 29 - Email : info@gites-de-france-finistere.fr - www.gites-de-france-finistere.fr

| TRES HTE SAIS. | HTE SAIS. | MAI/JUIN/SEPT. | PRINT. | VAC. HIV. | BASSE SAIS. | W.-E. BAS. SAIS. | ASCENSION/PENT. | | | | | | | | | |
|---|---|---|---|---|---|---|---|---|---|---|---|---|---|---|---|---|
| 350 | 315 | 260 | 260 | 230 | 215 | 100 | 150 | 20 | 35 | 2 | 2 | 20 | 2 | SP | 20 | 6 |

## N° 16530 ST-EVARZEC — Mur Huella — CM 58 pli 15

EC NN 4 pers.

Maison indépendante dans un petit hameau. R.D.C: Séjour-salon, cuisine, wc avec lave-main. Etage: 1 ch (1 lit 2 pers.), 1 ch (2 lits 1 pers. jumeaux), sde, wc. Chauf. élec, m-ondes. Cour, jardin avec salon, terrasse. Poss. équip bb, portable, loc. draps.

GITES DE FRANCE-SERVICE RESERVATION - 5 allée Sully - 29322 QUIMPER Cedex
Tél. : 02 98 64 20 20 - Fax : 02 98 64 20 29 - Tél. : PROP: 02 98 94 72 32 - Email : info@gites-de-france-finistere.fr - www.gites-de-france-finistere.fr

| TRES HTE SAIS. | HTE SAIS. | MAI/JUIN/SEPT. | PRINT. | VAC. HIV. | BASSE SAIS. | W.-E. BAS. SAIS. | ASCENSION/PENT. | | | | | | | | | |
|---|---|---|---|---|---|---|---|---|---|---|---|---|---|---|---|---|
| 435 | 405 | 260 | 260 | 260 | 230 | 140 | 190 | 6 | 6 | 10 | 6 | 7 | 2 | 7 | 8 | 2 |

## N° 16470 ST-SAUVEUR — Kermavézan — CM 58 pli 6

NN 8 pers.

Maison indépendante rénovée dans un hameau à la campagne. R.D.C: salon séjour, cuisine, buanderie, sdb + douche, wc. Etage: 2 ch (1 lit 2 pers.), 2 ch (2 lits 1 pers.), sde, wc. Chauf. élec, m-ondes, congélateur. Grand jardin avec salon et vue sur une vallée verdoyante. Equip. bb et loc draps. Dans un environnement calme, cette maison restaurée, agréable et spacieuse, vous séduira par son mélange de style ancien et contemporain. Elle est située aux pieds des Monts d'Arrées non loin des Côtes Bretonnes et aux abords des enclos paroissiaux. Plage et centre nautique du lac du Drennec à 5km.

GITES DE FRANCE-SERVICE RESERVATION - 5 allée Sully - 29322 QUIMPER Cedex
Tél. : 02 98 64 20 20 - Fax : 02 98 64 20 29 - Tél. : PROP: 02 98 79 60 51 - Email : info@gites-de-france-finistere.fr - www.gites-de-france-finistere.fr

| TRES HTE SAIS. | HTE SAIS. | MAI/JUIN/SEPT. | PRINT. | VAC. HIV. | BASSE SAIS. | W.-E. BAS. SAIS. | ASCENSION/PENT. | | | | | | | | | |
|---|---|---|---|---|---|---|---|---|---|---|---|---|---|---|---|---|
| 520 | 500 | 320 | 320 | 320 | 290 | 200 | 250 | 30 | 30 | 5 | 5 | 12 | 5 | 5 | 12 | 3 |

## N° 12884 TELGRUC-SUR-MER — Lintan — CM 58 pli 14

EC 4 pers.

Maison mitoyenne à un autre gîte, située dans un hameau. R.D.C : séjour avec coin-cuisine, salle d'eau, wc, cellier. Etage: 1 ch (1 lit 2 pers.), 1 ch (2 lits 1 pers.), cabinet de toilette avec wc. Chauff. élec, m-ondes, congélateur. Jardin privatif avec salon, terrasse.

GITES DE FRANCE-SERVICE RESERVATION - 5 allée Sully - 29322 QUIMPER Cedex
Tél. : 02 98 64 20 20 - Fax : 02 98 64 20 29 - Tél. : PROP: 06 68 03 47 33 - Email : info@gites-de-france-finistere.fr - www.gites-de-france-finistere.fr

| TRES HTE SAIS. | HTE SAIS. | MAI/JUIN/SEPT. | PRINT. | VAC. HIV. | BASSE SAIS. | | | | | | | | |
|---|---|---|---|---|---|---|---|---|---|---|---|---|---|
| 490 | 440 | 280 | 280 | 250 | 220 | 4 | 4 | 4 | 7 | 25 | 2 | SP | 3 | 25 | 2 |

## N° 16130 TELGRUC-SUR-MER — Quinivel — CM 58 pli 14

NN 5 pers.

Maison indépendante située dans un petit hameau agricole à 100m des propriétaires. R.D.C: Séjour avec coin-cuisine, sde, wc. Etage: 1 ch (1 lit 2 pers.), 1 ch (3 lits 1 pers.), wc. Chauff. élec., m-ondes, tél portable. Jardin avec salon, terrasse, portique, abri couvert. Poss. lit bb et loc draps. Au coeur de la presqu'île de Crozon riche en sites pittoresques, ce gîte est calme, spacieux, indépendant et exposé sud. Situé non loin des grèves de la rade de Brest et des plages de la baie de Douarnenez, il sera le point de départ idéal de vos balades. A proximité : musées, Menez-Hom...

GITES DE FRANCE-SERVICE RESERVATION - 5 allée Sully - 29322 QUIMPER Cedex
Tél. : 02 98 64 20 20 - Fax : 02 98 64 20 29 - Tél. : PROP: 02 98 27 34 84 - Email : info@gites-de-france-finistere.fr - www.gites-de-france-finistere.fr

| TRES HTE SAIS. | HTE SAIS. | MAI/JUIN/SEPT. | PRINT. | VAC. HIV. | BASSE SAIS. | W.-E. BAS. SAIS. | ASCENSION/PENT. | | | | | | | | | |
|---|---|---|---|---|---|---|---|---|---|---|---|---|---|---|---|---|
| 460 | 440 | 275 | 275 | 245 | 225 | 125 | 200 | 3 | 6 | 7 | 3 | 12 | 4 | 2 | 4 | 20 | 2 |

## N° 16380 TELGRUC-SUR-MER — Kervanguen — CM 58 pli 4

EC NN 6 pers.

Gîte en pierres, exposé sud, situé sur une ancienne ferme, mitoyen à la maison des propriétaires. R.D.C : séjour avec coin-cuisine, 1 ch (2 lits 1 pers.) avec sde+wc, wc. Etage: 1 ch (1 lit 2 pers.), 1 ch (2 lits 1 pers.), wc. Chauf. élec, m-ondes. Jardin clos avec salon, terrasse. Poss. équip bb et loc. draps. En campagne, à proximité d'une exploitation laitière. Au coeur du parc régional d'Armorique, dans la presqu'île de Crozon, entre la Baie de Douarnenez et la Rade de Brest, ce gîte sera un lieu idéal pour la détente et les balades.

GITES DE FRANCE-SERVICE RESERVATION - 5 allée Sully - 29322 QUIMPER Cedex
Tél. : 02 98 64 20 20 - Fax : 02 98 64 20 29 - Tél. : PROP: 02 98 27 32 05 - Email : info@gites-de-france-finistere.fr - www.gites-de-france-finistere.fr

| TRES HTE SAIS. | HTE SAIS. | MAI/JUIN/SEPT. | PRINT. | VAC. HIV. | BASSE SAIS. | ASCENSION/PENT. | | | | | | | | | |
|---|---|---|---|---|---|---|---|---|---|---|---|---|---|---|---|
| 530 | 490 | 320 | 320 | 270 | 240 | 185 | 4,5 | 4,5 | 4,5 | 4,5 | 13 | 3,5 | 1 | 5,5 | 25 | 3,5 |

## FINISTÈRE - 29

### N° 12494 TREGUNC — Kersidan — CM 58 pli 11

**NN — 4 pers.**

Ancienne grange rénovée, mitoyenne à un autre gîte dans une ensemble de 3 gîtes. R.D.C: Séjour avec coin-cuisine, s.d.b avec wc. Étage: 1 ch (1 lit 2 pers.), 1 ch (2 lits 1 pers.), 1 lit bébé, wc. Chauffage électrique, congélateur. Jardin privatif avec salon, terrasse. Loc. draps. Gîte bien intégré dans son hameau, intérieur traditionnel et confortable en pierres apparentes. Port de Trévignon avec vente directe à l'arrivée des bateaux et réserve ornithologique à 3 kms.

GITES DE FRANCE-SERVICE RESERVATION - 5 allée Sully - 29322 QUIMPER Cedex
Tél. : 02 98 64 20 20 - Fax : 02 98 64 20 29 - Tél. : PROP : 02 98 50 06 87 - Email : info@gites-de-france-finistere.fr - www.gites-de-france-finistere.fr

| TRES HTE SAIS. | HTE SAIS. | MAI/JUIN/SEPT. | PRINT. | VAC. HIV. | BASSE SAIS. | W.-E. BAS. SAIS. | | | | | | | | |
|---|---|---|---|---|---|---|---|---|---|---|---|---|---|---|
| 500 | 440 | 290 | 310 | 245 | 230 | 130 | 0,5 | 0,5 | 0,5 | 0,5 | 10 | 6 | SP | 6 | 15 | 1,5 |

### N° 16320 TREGUNC — La Bonsaïraie — CM 58 pli 11

**NN — 4 pers.**

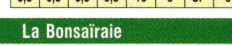

Maison mitoyenne à celle du propriétaire, botaniste et pêcheur. R.D.C: séjour coin-cuisine, véranda 'décapotable' salon, 1 ch (1 lit 2 pers.), sde-wc. Etage: 1 ch (2 lits 1 pers.), sdb-wc. Magn, chaine hifi, M-ondes. Jardin clos avec salon, 3 terrasses, portique. Poss équip bb. Lits faits. 'La Bonsaïraie de Kerlin' vous invite à partager son environnement qui vous apportera calme et sérénité. Le jardin japonisant, souvent primé, fait partie des prestigieux 'Parcs et Jardins de Bretagne'. A découvrir aussi en hors-saison.

GITES DE FRANCE-SERVICE RESERVATION - 5 allée Sully - 29322 QUIMPER Cedex
Tél. : 02 98 64 20 20 - Fax : 02 98 64 20 29 - Tél. : PROP : 02 98 50 00 83 - Email : info@gites-de-france-finistere.fr - www.gites-de-france-finistere.fr

| TRES HTE SAIS. | HTE SAIS. | MAI/JUIN/SEPT. | PRINT. | VAC. HIV. | BASSE SAIS. | W.-E. BAS. SAIS. | ASCENSION/PENT. | | | | | | | | |
|---|---|---|---|---|---|---|---|---|---|---|---|---|---|---|---|
| 600 | 530 | 340 | 340 | 290 | 260 | 180 | 250 | 0,3 | 0,3 | 3 | 0,3 | 7 | 6,5 | 0,3 | SP | 11 | 2 |

# ILLE ET VILAINE - 35

**GITES DE FRANCE - Service Réservation**
107, avenue Henri Fréville - B.P. 70336 - 35203 RENNES Cédex 2
Tél. 02 99 22 68 68 - Fax. 02 99 22 68 69
E.mail : sla.gitesdefrance35@wanadoo.fr - www.gitesdefrance35.com

---

### N° G7005 — BAIN-DE-BRETAGNE — Moulin de Pommeniac

**NN — 4 pers.**

La Longère comprend au r.d.c. : salle de séjour avec cuisine attenante, salle d'eau avec douche. Etage: une mezzanine avec 1 lit 2 pers.. Le moulin révélant son mécanisme offre au r.d.c. salon canapé-lit 2 pers. Au 1er niveau: 1 chambre avec 1 lit 2 pers. A l'extérieur: salon de jardin. Le Moulin à vent de Pommeniac, situé dans sa forêt de pins maritimes de 8 hectares, surplombe seul la campagne. 100% détente, ce site "classé" vous offre intimité et convivialité dans un batiment de caractère lumineux et aménagé de façon chaleureuse, qui peut accueillir 4 à 5 pers. Ouvert toute l'année.

GITES DE FRANCE-SERVICE RESERVATION – 107, avenue Henri Fréville - BP 70336 - 35203 RENNES Cedex 2
Tél.: 02 99 22 68 68 - Fax: 02 99 22 68 69 - Email: sla.gitesdefrance@wanadoo.fr - www.gitesdefrance35.com

| TRES HTE SAIS. | HTE SAIS. | MOY. SAIS. | BASSE SAIS. | | | | | | | | |
|---|---|---|---|---|---|---|---|---|---|---|---|
| 355 | 355 | 326 | 271 | | 60 | 7 | 7 | 7 | 7 | 30 | 7 | 7 |

---

### N° G3035 — LA BAZOUGE-DU-DESERT — Le Latay

**NN — 8 pers.**

Fougères 10 km. Mont-St-Michel 40 km. L'intérieur est confortable avec poutres anciennes, grande cheminée en granit. Rez-de-chaussée: grande salle de séjour avec salon, cuisine agencée (micro-ondes, congélateur), 1 chambre (1 lit 2 pers.), salle d'eau, wc. Etage: 3 chambres (1 lits 2 pers., 4 lits 1 pers., 1 lit bébé), salle de bain, wc. Sous-sol: local avec sèche-linge, ping-pong. Chauffage au fuel. Terrain attenant avec terrasse, salon de jardin. A la ferme basée sur l'activité laitière et pommes à cidre, il s'agit d'une ancienne batisse en pierres indépendante. Ouvert toute l'année.

GITES DE FRANCE-SERVICE RESERVATION – 107, avenue Henri Fréville - BP 70336 - 35203 RENNES Cedex 2
Tél.: 02 99 22 68 68 - Fax: 02 99 22 68 69 - Email: sla.gitesdefrance@wanadoo.fr - www.gitesdefrance35.com

| TRES HTE SAIS. | HTE SAIS. | MOY. SAIS. | BASSE SAIS. | WEEK-END | | | | | | | |
|---|---|---|---|---|---|---|---|---|---|---|---|
| 466 | 420 | 294 | 251 | 153 | 10 | 12 | 15 | 3 | 10 | 15 | 3 |

---

### N° G2014 — COMBOURG — Les Landelles

**NN — 4 pers.**

Côte d'Emeraude et Mont-St-Michel 30 mn. Dinan 20 mn. Rez-de-chaussée: salle de séjour avec salon (canapé-lit), cuisine agencée, salle d'eau et wc. Etage: 2 chambres (1 lit 2 pers., 2 lits 1 pers., 1 lit d'enfant), chauffage électrique. Proche du château de Combourg (château de Chateaubriand) et de son parc. Belle maison en pierres indépendante avec terrain attenant. Terrasse avec salon de jardin. Ouvert toute l'année.

GITES DE FRANCE-SERVICE RESERVATION – 107, avenue Henri Fréville - BP 70336 - 35203 RENNES Cedex 2
Tél.: 02 99 22 68 68 - Fax: 02 99 22 68 69 - Email: sla.gitesdefrance@wanadoo.fr - www.gitesdefrance35.com

| TRES HTE SAIS. | HTE SAIS. | MOY. SAIS. | BASSE SAIS. | WEEK-END | | | | | | | |
|---|---|---|---|---|---|---|---|---|---|---|---|
| 389 | 350 | 271 | 234 | 141 | 30 | 30 | 1 | 1 | SP | 15 | 0,5 | 2 |

---

### N° G2117 — DOL-DE-BRETAGNE — L'Aunay Begasse

**NN — 8 pers.**

St-Malo, Cancale 20 km. Baie du Mont-St-Michel 8 km. Le gîte comporte au r.d.c.: grande salle à manger avec salon, canapé, fauteuils, cuisine aménagée (micro-ondes), cheminée ouverte avec bois fourni, 1 ch. (1 lit 160), s. d'eau et wc attenants. Etage: 1 ch. (1 lit 2 pers.), 1 ch. (2 lits 1 pers.), s. d'eau avec wc attenant, 1 ch. (2 lits 1 pers.), s. d'eau avec wc attenant. Chauff. central au fuel. Ce gîte indépendant vous permet de vous détendre sur une magnifique pelouse avec terrasse et de prendre vos repas à l'extérieur (salon de jardin, balançoire pour les enfants). Ouvert toute l'année.

GITES DE FRANCE-SERVICE RESERVATION – 107, avenue Henri Fréville - BP 70336 - 35203 RENNES Cedex 2
Tél.: 02 99 22 68 68 - Fax: 02 99 22 68 69 - Email: sla.gitesdefrance@wanadoo.fr - www.gitesdefrance35.com

| TRES HTE SAIS. | HTE SAIS. | MOY. SAIS. | BASSE SAIS. | WEEK-END | | | | | | | |
|---|---|---|---|---|---|---|---|---|---|---|---|
| 605 | 545 | 425 | 365 | | 8 | 20 | 8 | 0,6 | 0,5 | 8 | 7 | 2 | 1 |

---

### N° G2015 — MARCILLE-RAOUL — Le Long Pré

**NN — 6 pers.**

Combourg 12 km. Mont-St-Michel 25 km. St-Malo 40 km. Dans une ferme laitière à la campagne, à 800m du bourg, Anne et Roland vous accueillent dans ce gîte indépendant. D'excellent confort, il comporte au r.d.c.: 1 salle de séjour avec salon, 1 cuisine aménagée avec micro-ondes, salle d'eau wc, buanderie. Etage: 1 mezzanine avec coin-détente (canapé-lit), 3 ch. (1 lit 2 pers., 4 lits 1 pers., 1 lit bébé). Salle de bains, wc, chauff. électrique par le sol au rez-de-chaussée et convecteurs à l'étage. Terrain attenant clos avec terrasse, salon de jardin. Chaise bébé. Ouvert toute l'année.

GITES DE FRANCE-SERVICE RESERVATION – 107, avenue Henri Fréville - BP 70336 - 35203 RENNES Cedex 2
Tél.: 02 99 22 68 68 - Fax: 02 99 22 68 69 - Email: sla.gitesdefrance@wanadoo.fr - www.gitesdefrance35.com

| TRES HTE SAIS. | HTE SAIS. | MOY. SAIS. | BASSE SAIS. | WEEK-END | | | | | | | |
|---|---|---|---|---|---|---|---|---|---|---|---|
| 482 | 434 | 290 | 241 | 151 | 40 | 3 | 10 | 0,8 | 3 | 16 | 10 | 0,8 |

# ILLE ET VILAINE - 35

## N° G7002 — MAURE-DE-BRETAGNE — La Bourousais

**NN 7 pers.**

Maure-de-Bretagne 5 mn. La Chapelle-Bouexic 800 m. Agréable à vivre il comporte au r.d.c. : cuisine agencée, micro-ondes, salle de séjour avec salon, sas, wc. Etage: mezzanine avec coin-détente et jeux de société, 3 ch. personnalisées à thème joliment décorées avec chacune s. d'eau et wc privés ( 2 lits 2 pers., 3 lits 1 pers.), chauff. central au fuel, bains de soleil, sèche-linge. Espace pour étendre le linge, matériel pour bébé. Au Pays de Vilaine, ce gîte mitoyen au propriétaire est situé dans un cadre paisible, reposant au coeur de la nature. Jardin clos (terrasse avec salon de jardin). Ouvert toute l'année.

GITES DE FRANCE-SERVICE RESERVATION - 107, avenue Henri Fréville - BP 70336 - 35203 RENNES Cedex 2
Tél. : 02 99 22 68 68 - Fax: 02 99 22 68 69 - Courriel : sla.gitesdefrance35@wanadoo.fr - www.gitesdefrance35.com

| TRES HTE SAIS. | HTE SAIS. | MOY. SAIS. | BASSE SAIS. | WEEK-END |
|---|---|---|---|---|
| 440 | 396 | 300 | 255 | 156 |

| | | | | | | | | |
|---|---|---|---|---|---|---|---|---|
| 80 | SP | 15 | 6,5 | SP | 20 | 16 | 0,8 | |

## N° G5026 — MEDREAC — La Mignerette

**NN 4 pers.**

Trémelin 18 km. Côte d'Emeraude 45 mn. Dinan 20 mn. Ce gîte mitoyen à la ferme du propriétaire est aménagé dans une ancienne ferme en "pisé" et "terre". Il comporte au rez-de-chaussée: 1 salle de séjour avec salon, coin-cuisine équipé. Etage: 2 chambres (1 lit 2 pers., 2 lits 1 pers.), lit et chaise bébé, salle d'eau avec wc, chauffage électrique. Pelouse commune, salon de jardin. Vélos disponibles sur place, jeux de palets et boules. Ouvert toute l'année.

GITES DE FRANCE-SERVICE RESERVATION - 107, avenue Henri Fréville - BP 70336 - 35203 RENNES Cedex 2
Tél. : 02 99 22 68 68 - Fax: 02 99 22 68 69 - Courriel : sla.gitesdefrance35@wanadoo.fr - www.gitesdefrance35.com

| TRES HTE SAIS. | HTE SAIS. | MOY. SAIS. | BASSE SAIS. | WEEK-END |
|---|---|---|---|---|
| 290 | 261 | 205 | 175 | 106 |

| | | | | | | |
|---|---|---|---|---|---|---|
| 40 | 20 | 3,5 | 20 | 3 | SP | 8 | 3 |

## N° G1068 — MINIAC-MORVAN — La Viette

**NN 6 pers.**

St-Malo 20 km. Cancale 20 km. Dol-de-Bretagne 15 km. Ce gîte confortable, comporte au r.d.c. : salle de séjour avec salon (canapé-lit), coin-cuisine aménagée (micro-ondes), débarras, s. d'eau avec douche, wc. Etage: 3 chambres (2 lits 2 pers., 2 lits 1 pers., placard-penderie), salle de bains, wc, chauffage électrique. A 15 min des grandes plages de sable fin de la Côte d'Emeraude, belle maison en pierres de pays mitoyenne au propriétaire située sur l'exploitation agricole orientation laitière. Vous trouverez votre indépendance sur une terrasse privée, pelouse fleurie, salon de jardin. Ouvert toute l'année.

GITES DE FRANCE-SERVICE RESERVATION - 107, avenue Henri Fréville - BP 70336 - 35203 RENNES Cedex 2
Tél. : 02 99 22 68 68 - Fax: 02 99 22 68 69 - Courriel : sla.gitesdefrance35@wanadoo.fr - www.gitesdefrance35.com

| TRES HTE SAIS. | HTE SAIS. | MOY. SAIS. | BASSE SAIS. | WEEK-END |
|---|---|---|---|---|
| 438 | 395 | 305 | 265 | 158 |

| | | | | | | | |
|---|---|---|---|---|---|---|---|
| 15 | 15 | 8 | 15 | 3 | 8 | 8 | 3 |

## N° G1109 — MINIAC-MORVAN — Les Hervelins

**NN 6 pers.**

St-Malo 20 km. Site de Beaufort 5 km. Mont-St-Michel 45 km. Le gîte comporte au rez-de-chaussée: une salle de séjour avec salon cheminée en service, télévision, coin-cuisine équipé avec micro-ondes, salle d'eau. Etage: 3 chambres (2 lits 2 pers., 2 lits 1 pers.), salle de bains, wc. Chauffage central au gaz. A 10 min de St-Malo, ce gîte indépendant en pierres de pays est aménagé dans un petit hameau à 5 km du site de Beaufort. Cour close avec salon de jardin. Vous êtes à mi-distance entre Dinan et Dol-de-Bretagne et à 45 km du Mont-St-Michel. Ouvert toute l'année.

GITES DE FRANCE-SERVICE RESERVATION - 107, avenue Henri Fréville - BP 70336 - 35203 RENNES Cedex 2
Tél. : 02 99 22 68 68 - Fax: 02 99 22 68 69 - Courriel : sla.gitesdefrance35@wanadoo.fr - www.gitesdefrance35.com

| TRES HTE SAIS. | HTE SAIS. | MOY. SAIS. | BASSE SAIS. | WEEK-END |
|---|---|---|---|---|
| 400 | 360 | 280 | 240 | 145 |

| | | | | | | | |
|---|---|---|---|---|---|---|---|
| 12 | 12 | 5 | 12 | 5 | 8 | 3 | 4 |

## N° G1110 — LE MINIHIC-SUR-RANCE

**EC NN 4 pers.**

Dinard 5 mn. St-Malo 10 km. Dinan 20 km. En côte d'Emeraude, à 5 mn de Dinard, station balnéaire, ce gîte mitoyen à l'habitation du propriétaire est situé sur les bords de Rance (baignade possible et sentiers piétonniers). Terrasse privative orientée sud-ouest. Ce gîte agréable et de bon confort, aménagé au rez-de-chaussée comporte: salle de séjour avec salon, cuisine (micro-ondes), salle d'eau, wc. 2 chambres (1 lit 2 pers., 2 lits 1 pers.), chauffage central au gaz, lit bébé. Ouvert toute l'année.

GITES DE FRANCE-SERVICE RESERVATION - 107, avenue Henri Fréville - BP 70336 - 35203 RENNES Cedex 2
Tél. : 02 99 22 68 68 - Fax: 02 99 22 68 69 - Courriel : sla.gitesdefrance35@wanadoo.fr - www.gitesdefrance35.com

| TRES HTE SAIS. | HTE SAIS. | MOY. SAIS. | BASSE SAIS. |
|---|---|---|---|
| 514 | 463 | 359 | 308 |

| | | | | | | |
|---|---|---|---|---|---|---|
| SP | SP | SP | 1 | SP | 10 | 10 | 1 |

## N° G2022B — MONT-DOL — Le Bout du Chemin

**NN 4 pers.**

Cancale 15 km. Baie du Mont-St-Michel 3 km. Le gîte comporte au rez-de-chaussée: 1 salle de séjour avec salon (magnétoscope), 1 cuisine agencée (micro-ondes, frigo-congélateur). Etage: 2 chambres (1 lit 2 pers., 2 lits 1 pers.), salle de bains (baignoire et douche), wc. Matériel de puériculture à la demande. Dans la baie du Mont-St-Michel, les gîtes du sillon vous accueillent pour un séjour aux calme et à la détente vous sont assurés. Ce gîte "le Soleil" est indépendant et possède une terrasse et un jardin agréablement arboré, portique. Ouvert toute l'année.

GITES DE FRANCE-SERVICE RESERVATION - 107, avenue Henri Fréville - BP 70336 - 35203 RENNES Cedex 2
Tél. : 02 99 22 68 68 - Fax: 02 99 22 68 69 - Courriel : sla.gitesdefrance35@wanadoo.fr - www.gitesdefrance35.com

| TRES HTE SAIS. | HTE SAIS. | MOY. SAIS. | BASSE SAIS. | WEEK-END |
|---|---|---|---|---|
| 550 | 475 | 381 | 325 | 198 |

| | | | | | | |
|---|---|---|---|---|---|---|
| 2 | 15 | 3 | 5 | 5 | 3 | 12 | 5 | 5 |

# ILLE ET VILAINE - 35

## N° G6015 — PIRE-SUR-SEICHE — Le Coudray
**NN — 4 pers.**

Rennes et Vitré 20 km. Le gîte comprend au rez-de-chaussée: salle de séjour avec salon, canapé-lit, fauteuils, 1 lit 1 pers., salle à manger, salle d'eau, wc, chaufferie. Etage: 1 chambre avec 1 lit 2 pers., 1 chambre avec 2 lits 1 pers., wc. Chauffage central au fuel. Salon de jardin. A proximité immédiate de l'espace naturel départemental du château de Piré (parc, promenades pédestres, étang, animaux, rivière...), cette maison indépendante est située sur un domaine privé clos avec châtaigneraie d'1 hectare. C'est un site calme et reposant de part son espace boisé avec sentiers. Ouvert toute l'année.

GITES DE FRANCE-SERVICE RESERVATION — 107, avenue Henri Fréville - BP 70336 - 35200 RENNES Cedex 2
Tél. : 02 99 22 68 68 - Fax : 02 99 22 68 69 - Email : sla.gitesdefrance35@wanadoo.fr - www.gitesdefrance35.com

| TRES HTE SAIS. | HTE SAIS. | MOY. SAIS. | BASSE SAIS. |   |   |   |   |   |   |   |   |
|---|---|---|---|---|---|---|---|---|---|---|---|
| 381 | 343 | 267 | 230 | 6 | SP | 6 | 1,5 | SP | 20 | 6 | 1,5 |

## N° 1056D — PLERGUER — Le Champ Jouan
**NN — 6 pers.**

St-Malo et Dinan 15 mn. Mont-St-Michel 30 km. Le gîte comprend au r.d.c. : salle de séjour avec coin-cuis., wc. Et. : 1 ch. (1 lit 2 pers.+coin-toilette), 1 ch. (1 lit 2 pers), 1 ch. (2 lits 1 pers+coin-toilette), s. d'eau, wc, chauff. électrique. Cette longère entièrement rénovée comporte 3 gîtes avec jardin privé, terrasse, salon de jardin et barbecue. Grand parc commun arboré pour la détente et la découverte de différentes espèces d'arbres. A 700 m du village, point de départ idéal pour découvrir les multiples activités touristiques et richesses de la région malouine et de la Baie du Mont-St-Michel. Ouvert toute l'année.

GITES DE FRANCE-SERVICE RESERVATION — 107, avenue Henri Fréville - BP 70336 - 35200 RENNES Cedex 2
Tél. : 02 99 22 68 68 - Fax : 02 99 22 68 69 - Email : sla.gitesdefrance35@wanadoo.fr - www.gitesdefrance35.com

| TRES HTE SAIS. | HTE SAIS. | MOY. SAIS. | BASSE SAIS. | WEEK-END |   |   |   |   |   |   |   |
|---|---|---|---|---|---|---|---|---|---|---|---|
| 480 | 430 | 336 | 285 | 175 | 25 | 25 | 3 | 10 | 1 | 2 | 4 | 10 | 0,8 |

## N° G1056A — PLERGUER — Le Champ Jouan
**NN — 7 pers.**

St-Malo et Dinan 15 mn. Mont-St-Michel 30 km. "Le Logis" est le plus spacieux des 3 gîtes qu'offre cette longère baignée de calme et de verdure. Sa décoration allie le charme de l'ancien à un esprit de modernité. Les ch. sont empreintes de clarté et de douceur. R.d.c. : séjour avec salon, Tv et chaines satellites gratuites étrangères, cuisine agencée, wc, chauff. électrique. Etage : 1 ch. (1 lit 160 avec s. d'eau privée), 1 ch. (1 lit 2 pers., 1 lit 1 pers.), 1 ch. (2 lits 1 pers.+coin-toilette). S. d'eau, wc. Grand parking commun, l'installation satellite "Astra" accepte votre décodeur "Canal Satellite". Ouvert toute l'année.

GITES DE FRANCE-SERVICE RESERVATION — 107, avenue Henri Fréville - BP 70336 - 35200 RENNES Cedex 2
Tél. : 02 99 22 68 68 - Fax : 02 99 22 68 69 - Email : sla.gitesdefrance35@wanadoo.fr - www.gitesdefrance35.com

| TRES HTE SAIS. | HTE SAIS. | MOY. SAIS. | BASSE SAIS. | WEEK-END |   |   |   |   |   |   |   |
|---|---|---|---|---|---|---|---|---|---|---|---|
| 505 | 454 | 353 | 298 | 183 | 25 | 25 | 3 | 10 | 1 | 2 | 4 | 10 | 0,8 |

## N° G1056B — PLERGUER — Le Champ Jouan
**NN — 5 pers.**

St-Malo et Dinan 15 mn. Mont-St-Michel 30 km. Les vieilles poutres et le mobilier ancien s'intègrent harmonieusement à l'esprit très actuel de ce gîte, le plus intime d'un ensemble de 3. L'ambiance qui se dégage de "la Sellerie" est chaleureuse et cosy. Rez-de-chaussée : salle de séjour, salon, coin cuisine, TV et chaines satellites étrangères gratuites, wc. Etage : 2 chambres (1 lit 160+coin toilette, 3 lits 1 pers.), salle d'eau, chauffage électrique. Grand parking commun, l'installation satellite "Astra" peut accepter votre décodeur "Canal Satellite". Ouvert toute l'année.

GITES DE FRANCE-SERVICE RESERVATION — 107, avenue Henri Fréville - BP 70336 - 35200 RENNES Cedex 2
Tél. : 02 99 22 68 68 - Fax : 02 99 22 68 69 - Email : sla.gitesdefrance35@wanadoo.fr - www.gitesdefrance35.com

| TRES HTE SAIS. | HTE SAIS. | MOY. SAIS. | BASSE SAIS. | WEEK-END |   |   |   |   |   |   |   |
|---|---|---|---|---|---|---|---|---|---|---|---|
| 445 | 400 | 313 | 265 | 162 | 25 | 25 | 3 | 10 | 1 | 2 | 4 | 10 | 0,8 |

## N° G1105 — PLEURTUIT — St-Antoine
**NN — 6 pers.**

St-Malo 10 mn. Roger et Marie-France vous accueillent dans ce gîte. Au rez-de-chaussée : cuisine aménagée (micro-ondes), coin-salon, coin-garage avec buanderie, salle d'eau, wc. Etage: 3 chambres joliment décorées avec 2 lits 2 pers., 2 lits 1 pers., salle de bains, wc. Chauffage géothermique par le sol. A 300m des bords de Rance, à 10 min de St-Malo, dans un authentique village calme et agréable à vivre, belle maison en pierres restaurée, mitoyenne au propriétaire, et aménagée en terrain clos (1200 m2 commun avec le propriétaire) avec salon de jardin et terrasse. Ouvert toute l'année.

GITES DE FRANCE-SERVICE RESERVATION — 107, avenue Henri Fréville - BP 70336 - 35200 RENNES Cedex 2
Tél. : 02 99 22 68 68 - Fax : 02 99 22 68 69 - Email : sla.gitesdefrance35@wanadoo.fr - www.gitesdefrance35.com

| TRES HTE SAIS. | HTE SAIS. | MOY. SAIS. | BASSE SAIS. | WEEK-END |   |   |   |   |   |   |   |
|---|---|---|---|---|---|---|---|---|---|---|---|
| 563 | 533 | 394 | 338 | 205 | 5 | 5 | 0,3 | 5 | 3 | SP | 8 | 8 | 2 |

## N° G1095 — ST-JOUAN-DES-GUERETS — Le Courtil - Le Riaudais
**NN — 2 pers.**

St-Malo 8 km. Dinard 15 km. Bord de Rance 5 mn. Le gîte comprend au r.d.c. : cuisine américaine, micro-ondes, salle de séjour avec salon, cheminée, hifi, bibliothèque. Etage : ch. (2 lits jumeaux), s. d'eau, wc. Chauff. par radiateurs électriques, terrasse avec salon de jardin. Le Courtil est un petit gîte de charme au milieu d'un vaste jardin fleuri avec ses roses anciennes, son kiosque et sa pièce d'eau. Çà et là, des fauteuils d'autrefois, des pergolas, des bancs, à l'ombre des arbres permettent de goûter la quiétude et l'harmonie de ce jardin d'amateur. L'intérieur est à l'image du parc. Ouvert toute l'année.

GITES DE FRANCE-SERVICE RESERVATION — 107, avenue Henri Fréville - BP 70336 - 35200 RENNES Cedex 2
Tél. : 02 99 22 68 68 - Fax : 02 99 22 68 69 - Email : sla.gitesdefrance35@wanadoo.fr - www.gitesdefrance35.com

| TRES HTE SAIS. | HTE SAIS. | MOY. SAIS. | BASSE SAIS. |   |   |   |   |   |   |   |   |
|---|---|---|---|---|---|---|---|---|---|---|---|
| 552 | 552 | 452 | 400 | 8 | 8 | 8 | 8 | 4 | 4 | 15 | 8 | 4 |

# ILLE ET VILAINE - 35

## N° G3038 ST-MARC-LE-BLANC — Le Champ Fleuri

**NN    6 pers.**

Mont-St-Michel 40 km. Fougères 18 km. Le gîte comporte au r.d.c. : 1 grande salle de séjour avec mezzanine (coin-lecture), mobilier ancien d'époque, salon avec canapé et fauteuils, cuisine agencée (micro-ondes), 1 ch. (1 lit 2 pers.), 1 ch. (1 lit 2 pers.), salle de bains, wc. Etage : 1 grande ch. (2 lits 1 pers.). Chauff. au fuel. Chaufferie, débarras. En pays de Fougères, belle maison en pierres de pays indépendante aménagée sur un parc d'1 hectare paysagé. Vous y trouverez calme et repos. Intérieur confortable et harmonieux (jolis meubles d'époque). Ouvert du 15 mai au 25 septembre.
GITES DE FRANCE-SERVICE RESERVATION - 107, avenue Henri Fréville - BP 70336 - 35203 RENNES Cedex 2
Tél. : 02 99 22 68 68 - Fax : 02 99 22 68 69 - Contact : sla.gitesdefrance35@wanadoo.fr - www.gitesdefrance35.com

| TRES HTE SAIS. | HTE SAIS. | MOY. SAIS. | BASSE SAIS. |
|---|---|---|---|
| 550 | 450 | 400 | 270 |

| | | | | | | |
|---|---|---|---|---|---|---|
| 35 | 18 | 3 | 18 | 8 | SP | 2 |

## N° G1034 LA VILLE-ES-NONAIS

**NN    7 pers.**

St-Malo 12 km. Dinan 10 km. Ce gîte est très spacieux, lumineux. Rez-de-chaussée : salon, TV, salle à manger avec coin-cuisine aménagée, congélateur, micro-ondes, salle de bains avec baignoire, wc, 1 chambre (1 lit 2 pers.). Etage : grande pièce 3 lits 1 pers., 1 chambre (1 lit 2 pers.), salle de bains, douche, wc. Chauffage électrique, local vélos. Très belle vue sur la Rance (50 m de la mer et petite plage) proche des sites touristiques de la côte d'Emeraude, St-Malo, Dinan, Cancale dans un environnement calme avec terrain clos, terrasse, jardin, barbecue. Ouvert toute l'année.
GITES DE FRANCE-SERVICE RESERVATION - 107, avenue Henri Fréville - BP 70336 - 35203 RENNES Cedex 2
Tél. : 02 99 22 68 68 - Fax : 02 99 22 68 69 - Contact : sla.gitesdefrance35@wanadoo.fr - www.gitesdefrance35.com

| TRES HTE SAIS. | HTE SAIS. | MOY. SAIS. | BASSE SAIS. | WEEK-END |
|---|---|---|---|---|
| 603 | 543 | 421 | 361 | 219 |

| | | | | | | |
|---|---|---|---|---|---|---|
| SP | 2 | SP | 12 | 4 | SP | 10 | 12 | 2 |

# MORBIHAN - 56

3615 Gîtes de France
RESA : 0,2 €/mn

**GITES DE FRANCE** - Service Réservation
42, avenue Wilson - B.P. 30318 - 56403 AURAY Cédex
Tél. 02 97 56 48 12 - Fax. 02 97 50 70 07
E.mail : gites-de-france.morbihan@wanadoo.fr - www.gites-de-france-morbihan.com

## PÉRIODES TARIFAIRES
TRÈS HTE SAISON : du 10.07 au 28.08 - HTE SAISON : du 26.06 au 10.07 - MI-SAISON (MAI/JUIN/SEPTEMBRE) : du 1er.05 au 26.06, du 28.08 au 2.10 - VAC. DE PRINTEMPS (AVRIL) : du 3.04 au 1er.05 - VAC. D'HIVER : du 7.02 au 6.03, du 23.10 au 6.11, du 18.12 au 1.01.2005 - BASSE-SAISON : du 3.01 au 7.02, du 6.03 au 3.04, du 2.10 au 23.10, du 4.11 au 18.12, du 1.01.2005 au 8.01.2005. Sous réserve de modifications du Ministère de l'Education Nationale. Informations données à titre indicatif.

---

### N° 46 — ARZAL — Noy — CM 63 pli 14
**5 pers.**

La Roche-Bernard 10 km. Plages de Penestin 15 km. Gîte mitoyen à un logement et situé dans un hameau à 1.5 km d'Arzal. Séjour/coin-cuisine (micro-ondes, congélateur)/coin-salon, 3 chambres (1 lit 2 pers., 3 lits 1 pers. dont 1 en 120), s.d.bains/wc, s.d'eau/wc, chauffage central au gaz. Jardin clos de 1300 m2, terrasse. Gîte avec vue sur la Vilaine. GR39 à 2 km. Marie-Odile et Alain vous accueillent dans cette ancienne ferme rénovée avec une décoration simple et un confort chaleureux et lumineux. Ouvert de janvier à novembre.
GITES DE FRANCE-SERVICE RESERVATION - 42 av. Wilson - BP 30318 - 56403 AURAY Cedex
Tél. : 02 97 56 48 12 - Fax : 02 97 50 70 07 - Email : gites-de-france.morbihan@wanadoo.fr - www.gites-de-france-morbihan.com

| BASSE SAIS. | VAC. HIV. | VAC. PRINT. | MOY. SAIS. | HTE SAIS. | TRES HTE SAIS. |
|---|---|---|---|---|---|
| 260 | 260 | 290 | 322 | 549 | 580 |

| | | | | | | | | | | |
|---|---|---|---|---|---|---|---|---|---|---|
| 15 | 2 | 2 | 10 | 1,5 | 10 | 20 | 2 | 40 | 1,5 | |

---

### N° 47 — ARZAL — CM 308 pli Q9
**6 pers.**

Penestin 15 km. Rochefort En Terre (petite cité de caractère) 30 km. Gîte indépendant au bourg d'Arzal et à 7 km de La Roche-Bernard. Séjour/coin-cuisine (micro-ondes, congélateur)/coin-salon, 3 chambres (1 lit 2 pers. en 160, 4 lits 1 pers. en 90x200), 2 salles d'eau, 2 wc, chauffage central au sol, buanderie. Terrain de 2600 m2, terrasse. GR39 à 7 km. Entre mer et campagne, à la porte du Golfe du Morbihan et du parc de la Brière, cette maison récente, en centre bourg avec son grand terrain, proche d'un port de plaisance et de sentiers de randonnées saura vous séduire. Ouvert de janvier à mi-décembre.
GITES DE FRANCE-SERVICE RESERVATION - 42 av. Wilson - BP 30318 - 56403 AURAY Cedex
Tél. : 02 97 56 48 12 - Fax : 02 97 50 70 07 - Email : gites-de-france.morbihan@wanadoo.fr - www.gites-de-france-morbihan.com

| BASSE SAIS. | VAC. HIV. | VAC. PRINT. | MOY. SAIS. | HTE SAIS. | TRES HTE SAIS. |
|---|---|---|---|---|---|
| 230 | 230 | 318 | 372 | 499 | 532 |

| | | | | | | | | | |
|---|---|---|---|---|---|---|---|---|---|
| 15 | 2 | 2 | 10 | 1 | 10 | 20 | 7 | 40 | 0,2 |

---

### N° 54 — ARZON — CM 308 pli N9
**EC — 6 pers.**

Port Navalo, Port Crousry : ports de départ pour les îles et du Golfe du Morbihan. Gîte mitoyen au logement de vacances du propriétaire, à 300 m d'Arzon. Cuisine, séjour, 3 chambres (2 lits 2 pers., 2 lits 1 pers.), salle de bains, 2 wc, ch. central au gaz. Terrain commun clos de 1300 m2. GR34 à 0.7 km. A deux pas du Golfe du Morbihan, de l'océan, des plages, de Port-Navalo... Maison simple, spacieuse et confortable située sur un grand terrain clos et calme. Tous les services et les commerces au bourg d'Arzon, typique et animé. Ouvert de mai à septembre.
GITES DE FRANCE-SERVICE RESERVATION - 42 av. Wilson - BP 30318 - 56403 AURAY Cedex
Tél. : 02 97 56 48 12 - Fax : 02 97 50 70 07 - Email : gites-de-france.morbihan@wanadoo.fr - www.gites-de-france-morbihan.com

| MOY. SAIS. | HTE SAIS. | TRES HTE SAIS. |
|---|---|---|
| 381 | 512 | 543 |

| | | | | | | | |
|---|---|---|---|---|---|---|---|
| 0,7 | 2 | 0,7 | 25 | 0,5 | 5 | 0,7 | 30 | 0,3 |

---

### N° 15212 — BELLE-ILE-EN-MER - LE PALAIS — Port Guen — CM 63 pli 1
**8 pers.**

Belle Ile la bien nommée 20 km de long, 10 km de large au paysage unique. Gîte mitoyen à des logements à proximité d'un gîte d'étape et situé dans une propriété à 2.5 km de Le Palais. Séjour/coin-cuisine (micro-ondes, congélateur)/coin-salon, 4 ch. (2 lits 2 pers, 4 lits 1 pers., 1 lit bébé), 2 s.d'eau, 2 wc, sèche-linge, ch. électrique. Jardinet privé de 100 m2, terrasse. En commun : balançoire, toboggan. Afin de faciliter les déplacements sur l'île, Monsieur Brien met à disposition gracieusement une voiture 4 places en cas de difficultés de passage. Ouvert toute l'année.
GITES DE FRANCE-SERVICE RESERVATION - 42 av. Wilson - BP 30318 - 56403 AURAY Cedex
Tél. : 02 97 56 48 12 - Fax : 02 97 50 70 07 - Email : gites-de-france.morbihan@wanadoo.fr - www.gites-de-france-morbihan.com

| BASSE SAIS. | VAC. HIV. | VAC. PRINT. | MOY. SAIS. | HTE SAIS. | TRES HTE SAIS. |
|---|---|---|---|---|---|
| 468 | 468 | 546 | 621 | 1010 | 1075 |

| | | | | | | | |
|---|---|---|---|---|---|---|---|
| 0,5 | 3 | 0,5 | 2 | 6 | 12 | 2,5 | 3 | 2,5 |

---

### N° 1144 — BELLE-ILE-EN-MER - LOCMARIA — Kervic — CM 308 pli M11
**EC — 5 pers.**

Plage des Grands Sables à 500 m. Le Palais (citadelle, port) à 10 km. Gîte mitoyen au logement du propriétaire à 4 km de Locmaria. Séj./coin-cuisine (micro-ondes, cheminée (insert), 3 ch. (2 lits 2 pers., 1 lit 1 pers.), s. d'eau/wc, s. de bains, wc, chauff. élect. Jardin commun de 1200 m2, terrasse, portique. GR34 à 0.5 km. PENSEZ A RESERVER VOTRE PASSAGE VOITURE DES RECEPTION DU CONTRAT AU 0 820 056 000. Dans un village très calme à 1 km des Grands Sables, logement spacieux et clair, grand jardin. Repos et détente garantis. Ouvert d'avril à novembre.
GITES DE FRANCE-SERVICE RESERVATION - 42 av. Wilson - BP 30318 - 56403 AURAY Cedex
Tél. : 02 97 56 48 12 - Fax : 02 97 50 70 07 - Email : gites-de-france.morbihan@wanadoo.fr - www.gites-de-france-morbihan.com

| BASSE SAIS. | VAC. HIV. | VAC. PRINT. | MOY. SAIS. | HTE SAIS. | TRES HTE SAIS. |
|---|---|---|---|---|---|
| 354 | 354 | 518 | 518 | 707 | 796 |

| | | | | | | | |
|---|---|---|---|---|---|---|---|
| 0,5 | 0,5 | 0,5 | 3 | 10 | 15 | 0,5 | 4 |

# MORBIHAN - 56

Périodes tarifaires p. 150

## N° 1316 BELZ — La Madeleine
CM 308 pli M8

**EC** — 6 pers.

Ile de St Cado (site classé) à Belz. Etel : sa barre, ses plages... Gîte indépendant à 5 km de Belz et 2 km d'Erdeven. Cuisine (micro-ondes), séjour/salon, 4 chambres (3 lits 2 pers., 2 lits enfant de 3 à 10 ans dont 1 en 0.80 x 180 et 1 en 110 x 180), salle d'eau/wc, wc, chauffage électrique. Jardin de 1000 m2. Ouvert toute l'année.

GITES DE FRANCE-SERVICE RESERVATION — 42 av. Wilson - BP 30318 - 56403 AURAY Cedex
Tél. : 02 97 56 48 12 - Fax : 02 97 50 70 07 - Email : gites-de-france.morbihan@wanadoo.fr - www.gites-de-france-morbihan.com

| BASSE SAIS. | VAC. HIV. | VAC. PRINT. | MOY. SAIS. | HTE SAIS. | TRES HTE SAIS. |
|---|---|---|---|---|---|
| 389 | 389 | 425 | 425 | 707 | 707 |

| | | | | | | | | | | |
|---|---|---|---|---|---|---|---|---|---|---|
| 5 | 5 | 5 | 10 | 2 | 2 | 2 | 12 | 2 | | |

## N° 3434 CARNAC — Le Hahon
CM 308 pli M9

**EC** NN 4 pers.

Abritée dans la baie de Quiberon, station riche en couleurs. Gîte mitoyen à une remise et situé dans un village à 6 km de Carnac. Séjour/coin-cuisine, 2 chambres (1 lit 2 pers., 2 lits 1 pers.), salle d'eau/wc, wc, chauffage électrique. En commun : parc de 5000 m2, portique et jeu de boules. Entre la baie de Quiberon et les grandes plages de l'océan. A proximité des sites mégalithiques, gîte aménagé dans un bâtiment du 17e siècle, devant la chapelle d'un calme et joli hameau de Carnac. Ouvert d'avril à fin octobre.

GITES DE FRANCE-SERVICE RESERVATION — 42 av. Wilson - BP 30318 - 56403 AURAY Cedex
Tél. : 02 97 56 48 12 - Fax : 02 97 50 70 07 - Email : gites-de-france.morbihan@wanadoo.fr - www.gites-de-france-morbihan.com

| BASSE SAIS. | VAC. HIV. | VAC. PRINT. | MOY. SAIS. | HTE SAIS. | TRES HTE SAIS. |
|---|---|---|---|---|---|
| 290 | 290 | 376 | 376 | 522 | 580 |

| 6 | 6 | 6 | 11 | 4 | 4 | 3 | 10 | 3 |
|---|---|---|---|---|---|---|---|---|

## N° 3435 CARNAC
CM 308 pli M9

**EC** NN 4 pers.

Carnac: ses plages, ses mégalithes. Auray 12 km. Gîte mitoyen au logement du propriétaire à 4 km de Carnac. Séjour (chaine Hifi)/coin-cuisine (micro-ondes, congélateur), 1 chambre (1 lit 2 pers., 1 lit bébé), 1 mezzanine (2 lits 1 pers.), salle d'eau/wc, wc, chauffage électrique. Jardin de 100 m2, terrasse. Linge de maison inclus (draps, serviettes de toilettes et torchons). Ancienne ferme rénovée, plein sud, située dans un cadre de verdure arboré, vous offre calme et tranquilité. Située au nord des mégalithes, diverses balades possible à pied et à vélo. Ouvert toute l'année.

GITES DE FRANCE-SERVICE RESERVATION — 42 av. Wilson - BP 30318 - 56403 AURAY Cedex
Tél. : 02 97 56 48 12 - Fax : 02 97 50 70 07 - Email : gites-de-france.morbihan@wanadoo.fr - www.gites-de-france-morbihan.com

| BASSE SAIS. | VAC. HIV. | VAC. PRINT. | MOY. SAIS. | HTE SAIS. | TRES HTE SAIS. |
|---|---|---|---|---|---|
| 302 | 314 | 453 | 453 | 604 | 638 |

| 4 | 4 | 4 | 10 | 2 | 5 | 5 | 12 | 3 |
|---|---|---|---|---|---|---|---|---|

## N° 3436 CARNAC — Kerogile
CM 308 pli M9

**EC** NN 5 pers.

La Presqu'île de Quuiberon, Belle Ile en mer... Plouharnel 3 km. Gîte mitoyen à un logement et contigu au logement du propriétaire à 3 km de Carnac. Séjour/coin-cuisine, 3 chambres (1 lit 2 pers., 3 lits 1 pers.), 2 salles d'eau, 2 wc, chauffage central au fuel. Jardinet privé de 60 m2. Cour de 60 m² commune avec le propriétaire. Au coeur d'un hameau calme, cette ancienne ferme rénovée en pierres, à 3 km des plages, vous offre un intérieur spacieux (salon/séjour 45 m²) et ensoleillé avec son jardin fleuri. Thalassothérapie à 3 km. Ouvert toute l'année.

GITES DE FRANCE-SERVICE RESERVATION — 42 av. Wilson - BP 30318 - 56403 AURAY Cedex
Tél. : 02 97 56 48 12 - Fax : 02 97 50 70 07 - Email : gites-de-france.morbihan@wanadoo.fr - www.gites-de-france-morbihan.com

| BASSE SAIS. | VAC. HIV. | VAC. PRINT. | MOY. SAIS. | HTE SAIS. | TRES HTE SAIS. |
|---|---|---|---|---|---|
| 290 | 348 | 377 | 377 | 550 | 580 |

| 3 | 3 | 2 | 10 | 3 | 4 | 5 | 10 | 2 |
|---|---|---|---|---|---|---|---|---|

## N° 427 COLPO — Quenhoët
CM 308 pli O8

**EC** 4 pers.

Vannes (son port, ses remparts) 30 km. Le Golfe du Morbihan 30 km. Gîte mitoyen au logement du propriétaire à 4 km de Colpo. Séjour/coin-cuisine, 2 chambres (1 lit 2 pers., 2 lits 1 pers.), salle d'eau, wc, chauffage électrique. Jardin privé de 100 m2. Le GR38 est proche du gîte et depuis la terrasse vous surplombez la Claie. Elément d'un site datant du 16e siècle. Ce gîte propose un intérieur clair, un mobilier coloré, un confort récent. Lande sauvage, campagne verdoyante, rivière riche en faune, sentiers de découverte, patrimoine varié. Ouvert d'avril à septembre.

GITES DE FRANCE-SERVICE RESERVATION — 42 av. Wilson - BP 30318 - 56403 AURAY Cedex
Tél. : 02 97 56 48 12 - Fax : 02 97 50 70 07 - Email : gites-de-france.morbihan@wanadoo.fr - www.gites-de-france-morbihan.com

| VAC. PRINT. | MOY. SAIS. | HTE SAIS. | TRES HTE SAIS. |
|---|---|---|---|
| 320 | 320 | 425 | 460 |

| 30 | 15 | SP | 10 | 4 | 10 | 25 | SP | 30 | 4 |
|---|---|---|---|---|---|---|---|---|---|

## N° 4625 CRACH — Kergo
CM 63 pli 2

NN 4 pers.

Carnac et ses plages de sable fin 15 km. Auray 7 km (ville d'histoire). Gîte mitoyen à un autre gîte, contigu à une remise, à proximité d'une exploitation agricole et situé dans un village à 3.5 km de Crach. Séjour/coin-cuisine (micro-ondes)/coin-salon, 2 ch. (1 lit 2 pers., 2 lits 1 pers., lit enfant), salle d'eau/wc, wc. électrique. Terrasses. Jardin commun de 340 m2. GR34 à 5 km. Ouvert toute l'année.

GITES DE FRANCE-SERVICE RESERVATION — 42 av. Wilson - BP 30318 - 56403 AURAY Cedex
Tél. : 02 97 56 48 12 - Fax : 02 97 50 70 07 - Email : gites-de-france.morbihan@wanadoo.fr - www.gites-de-france-morbihan.com

| BASSE SAIS. | VAC. HIV. | VAC. PRINT. | MOY. SAIS. | HTE SAIS. | TRES HTE SAIS. |
|---|---|---|---|---|---|
| 252 | 252 | 300 | 300 | 435 | 504 |

| 10 | 15 | 10 | 7 | 3,5 | 10 | 15 | 5 | 7 | 3,5 |
|---|---|---|---|---|---|---|---|---|---|

# MORBIHAN - 56

Périodes tarifaires p. 150

## N° 4626 — CRACH — Kergo — CM 63 pli 2

**NN** — 4 pers.

Plages de Saint-Philibert 10 km. La Trinité-Sur-Mer et son port 15 km. Gîte mitoyen à un autre gîte, à proximité d'une exploitation agricole et situé dans un village à 3.5 km de Crach. Séjour/coin-cuisine (micro-ondes)/coin-salon, 2 ch. (1 lit 2 pers., 2 lits 1 pers., lit enfant), salle d'eau/wc, wc, ch. électrique. Terrasses. Jardin commun de 340 m². GR 34 à 5 km. Ouvert toute l'année.

GITES DE FRANCE-SERVICE RESERVATION – 42 av. Wilson - BP 30318 - 56403 AURAY Cedex
Tél. : 02 97 56 48 12 - Fax : 02 97 50 70 07 - Email : gites-de-france.morbihan@wanadoo.fr - www.gites-de-france-morbihan.com

| BASSE SAIS. | VAC. HIV. | VAC. PRINT. | MOY. SAIS. | HTE SAIS. | TRES HTE SAIS. |
|---|---|---|---|---|---|
| 279 | 279 | 329 | 329 | 478 | 550 |

| | | | | | | | | | | |
|---|---|---|---|---|---|---|---|---|---|---|
| 10 | 15 | 10 | 7 | 3,5 | 10 | 15 | 5 | 7 | 3,5 |

## N° 577 — LE FAOUET — Coat Loret — CM 308 pli K7

4 pers.

Plouay (véloparc, au coeur des vallées du Scorff et Blavet) 17 km. Gîte mitoyen au logement de vacances du propriétaire et situé à 1.5 km de Le Faouët. Cuisine (micro-ondes), séjour/coin-salon (magnétoscope, radio), 2 chambres (2 lits 2 pers. dont 1 en 160), salle de bains, 2 wc, chauffage au fuel. Jardin de 6000 m², terrasse, abri couvert pour vélos. GR38 à 1.5 km. Grand jardin boisé et fleuri avec ancien four à pain. Situé à proximité des montagnes noires. Intérieur chaleureux et rustique. Ouvert de janvier à mi-décembre.

GITES DE FRANCE-SERVICE RESERVATION – 42 av. Wilson - BP 30318 - 56403 AURAY Cedex
Tél. : 02 97 56 48 12 - Fax : 02 97 50 70 07 - Email : gites-de-france.morbihan@wanadoo.fr - www.gites-de-france-morbihan.com

| BASSE SAIS. | VAC. HIV. | VAC. PRINT. | MOY. SAIS. | HTE SAIS. | TRES HTE SAIS. |
|---|---|---|---|---|---|
| 230 | 230 | 230 | 230 | 348 | 406 |

| | | | | | | | | | | |
|---|---|---|---|---|---|---|---|---|---|---|
| 30 | 10 | 1 | 1,5 | 1,5 | 17 | 30 | 1,5 | 30 | 1,5 |

## N° 623 — GAVRES — CM 308 pli K8

**EC** — 6 pers.

Port-Louis: ses ports, ses plages, sa citadelle, ses musées. Gîte mitoyen à un logement à 1 km de Gâvres et à 100 m du petit port. Séjour/coin-cuisine (micro-ondes), coin-salon, 3 chambres (2 lits 2 pers., 2 lits 1 pers., 1 lit bébé), salle d'eau, 2 wc, chauffage électrique. Jardin clos de 200 m², terrasse. GR341 à 20 km. Maison traditionnelle de pêcheur rénovée dans le style : meubles anciens, cheminée de pierres, poutres. Joli jardin fleuri avec arbres fruitiers. Ouvert toute l'année.

GITES DE FRANCE-SERVICE RESERVATION – 42 av. Wilson - BP 30318 - 56403 AURAY Cedex
Tél. : 02 97 56 48 12 - Fax : 02 97 50 70 07 - Email : gites-de-france.morbihan@wanadoo.fr - www.gites-de-france-morbihan.com

| BASSE SAIS. | VAC. HIV. | VAC. PRINT. | MOY. SAIS. | HTE SAIS. | TRES HTE SAIS. |
|---|---|---|---|---|---|
| 464 | 464 | 499 | 499 | 720 | 754 |

| | | | | | | | | | | |
|---|---|---|---|---|---|---|---|---|---|---|
| 0,2 | 0,1 | 0,2 | 30 | 0,3 | 15 | 30 | 20 | 25 | 1 |

## N° 675 — GRANDCHAMP — Luzulit — CM 63 pli 3

3 pers.

Vannes (ses remparts) 5 km. Le Golfe du Morbihan et ses îles. Gîte mitoyen à un autre gîte et situé dans un hameau à 7 km de Grandchamp et à 5 km de Vannes. Cuisine, salon (magnétoscope), 2 ch. (1 lit 2 pers., 1 lit 1 pers.), s. de bains, wc, sèche-linge, chauff. au sol par géothermie. Commun : cour gravillonnée de 100 m² et jardin 1800 m². GR38 à 10 km. A 10 mn de la ville, maison ouverte sur la campagne. Accès rapide vers le Golfe du Morbihan. Gîte rénové dans un endroit très calme, gîte chaleureux (mobilier traditionnel). Ouvert toute l'année.

GITES DE FRANCE-SERVICE RESERVATION – 42 av. Wilson - BP 30318 - 56403 AURAY Cedex
Tél. : 02 97 56 48 12 - Fax : 02 97 50 70 07 - Email : gites-de-france.morbihan@wanadoo.fr - www.gites-de-france-morbihan.com

| BASSE SAIS. | VAC. HIV. | VAC. PRINT. | MOY. SAIS. | HTE SAIS. | TRES HTE SAIS. |
|---|---|---|---|---|---|
| 256 | 256 | 279 | 279 | 372 | 377 |

| | | | | | | | | | | |
|---|---|---|---|---|---|---|---|---|---|---|
| 20 | 20 | 7 | 5 | 5 | 6 | 20 | 10 | 5 | 4 |

## N° 676 — GRANDCHAMP — Luzulit — CM 308 pli O8

4 pers.

Auray, son port, ses marchés... Vannes 5 km (ville d'art et d'histoire). Gîte mitoyen à un autre gîte et situé dans un hameau à 7 km de Grandchamp et à 5 km de Vannes. Cuis., séj. (magnétoscope), cheminée/insert, 3 ch. (1 lit 2 pers., 2 lits 1 pers.), s. de bains, 2 wc, chauff. au sol par géothermie. Commun : cour gravillonnée de 100 m² et jardin 1800 m². GR38 à 10 km. A 10 mn de la ville, maison ouverte sur la campagne. Ecrin de verdure à 5 km de Vannes, Golfe du Morbihan entre Vannes et Auray. Nombreuses visites sur le département : Carnac, Quiberon, Rochefort-En-Terre, Sarzeau,... Ouvert toute l'année.

GITES DE FRANCE-SERVICE RESERVATION – 42 av. Wilson - BP 30318 - 56403 AURAY Cedex
Tél. : 02 97 56 48 12 - Fax : 02 97 50 70 07 - Email : gites-de-france.morbihan@wanadoo.fr - www.gites-de-france-morbihan.com

| BASSE SAIS. | VAC. HIV. | VAC. PRINT. | MOY. SAIS. | HTE SAIS. | TRES HTE SAIS. |
|---|---|---|---|---|---|
| 279 | 279 | 308 | 308 | 447 | 447 |

| | | | | | | | | | | |
|---|---|---|---|---|---|---|---|---|---|---|
| 20 | 20 | 7 | 5 | 5 | 6 | 20 | 10 | 5 | 4 |

## N° 792 — GUILLAC — CM 308 pli Q7

6 pers.

Pays de Ploermel: portes de Brocéliande, l'étang au Duc (250 ha). Gîte mitoyen à d'autres logements au bourg de Guillac entre Josselin et Ploërmel. Séjour/coin-cuis. (m-ondes), coin-salon (poêle), 3 ch. (2 lits 2 pers., 2 lits 1 pers. dont 1 en 120), s.d.b/wc, wc, ch. électr. Jardin clos de 250 m². GR347 sur pl. Maison sur 3 niveaux où le bois domine et où la vie se déroule plein sud grâce à la terrasse. Cadre rustique et confort moderne. Vous apprécierez le charme du lit clos, du poêle dans la cheminée et des mezzanines sur 2 étages. Village calme à prox. du canal de Nantes à Brest. Ouvert toute l'année.

GITES DE FRANCE-SERVICE RESERVATION – 42 av. Wilson - BP 30318 - 56403 AURAY Cedex
Tél. : 02 97 56 48 12 - Fax : 02 97 50 70 07 - Email : gites-de-france.morbihan@wanadoo.fr - www.gites-de-france-morbihan.com

| BASSE SAIS. | VAC. HIV. | VAC. PRINT. | MOY. SAIS. | HTE SAIS. | TRES HTE SAIS. |
|---|---|---|---|---|---|
| 232 | 250 | 290 | 290 | 418 | 418 |

| | | | | | | | | | | |
|---|---|---|---|---|---|---|---|---|---|---|
| 45 | 10 | 1 | 8 | 1 | 10 | 10 | SP | 40 | 8 |

# MORBIHAN - 56

*Périodes tarifaires p. 150*

## N° 9027 INZINZAC-LOCHRIST — Kergoet — CM 63 pli 1

**EC · NN · 4 pers.**

Port-Louis (sa citadelle, ses plages) 20 km. Hennebont 10 km. Gîte indépendant à 1.5 km d'Inzinzac-Lochrist. Séjour/coin-cuisine (micro-ondes)/coin-salon (radio), 1 ch. (1 lit 2 pers.), 1 mezzanine (2 lits 1 pers.), s. d'eau/wc, chauff. élect. Jardin arboré de 6000 m2, terrasse. GR34 à 1.5 km. Grands espaces autour du gîte qui se situe en lisière de la forêt de Trémelin. Invitation au repos pour les amoureux de la nature dans un cadre calme et proche du Blavet (pêche et randonnées). A 10 mn de Lorient et à 15 mn des plages, commerces de première nécessité à Inzinzac-Lochrist. Ouvert de juin à octobre.

GITES DE FRANCE-SERVICE RESERVATION - 42 av. Wilson - BP 30318 - 56403 AURAY Cedex
Tél. : 02 97 56 48 12 - Fax : 02 97 50 70 07 - Email : gites-de-france.morbihan@wanadoo.fr

| BASSE SAIS. | VAC. HIV. | VAC. PRINT. | MOY. SAIS. | HTE SAIS. | TRES HTE SAIS. |
|---|---|---|---|---|---|
| 244 | 244 | 307 | 307 | 396 | 445 |

| | | | | | | | | |
|---|---|---|---|---|---|---|---|---|
| 20 | 4 | 4 | 10 | 3 | 10 | 20 | 1,5 | 15 | 1,5 |

## N° 9028 INZINZAC-LOCHRIST — Keroman — CM 308 pli M6

**EC · NN · 4 pers.**

Port-Louis (ses olages, sa citadelle, ses remparts) 20 km. Gîte en partie de plain-pied mitoyen à un garage et situé dans un hameau à 4 km d'Inzinzac-Lochrist. Séjour/coin-cuisine (micro-ondes)/coin-salon, 2 chambres (1 lit 2 pers., 2 lits 1 pers., 1 lit bébé), salle d'eau, wc, chauffage électrique. Jardin de 288 m2, terrasse, portique, bac à sable. GR341 à 10 km. Gîte situé sur la vallée du Blavet. A proximité, dans un terrain aménagé et très arboré vous apprécierez le jeux de boules, le ping-pong et le portique. Ouvert de mars à septembre.

GITES DE FRANCE-SERVICE RESERVATION - 42 av. Wilson - BP 30318 - 56403 AURAY Cedex
Tél. : 02 97 56 48 12 - Fax : 02 97 50 70 07 - Email : gites-de-france.morbihan@wanadoo.fr - www.gites-de-france-morbihan.com

| BASSE SAIS. | VAC. PRINT. | MOY. SAIS. | HTE SAIS. | TRES HTE SAIS. |
|---|---|---|---|---|
| 301 | 301 | 301 | 444 | 459 |

| | | | | | | | | |
|---|---|---|---|---|---|---|---|---|
| 20 | 3 | 0,5 | 10 | 4 | 1 | 20 | 10 | 10 | 4 |

## N° 9029 INZINZAC-LOCHRIST — Bugoz Izel — CM 308 pli L7

**EC · NN · 5 pers.**

Port-Louis (ses plages, sa citadelle) 25 km. Quéven 20 km. Gîte de plain-pied mitoyen au logement du propriétaire à 8 km d'Inzinzac-Lochrist. Séjour/coin-cuisine/coin-salon, 3 chambres (2 lits 2 pers., 1 lit 1 pers., 1 lit bébé), salle d'eau, wc, chauffage central au gaz. Jardin clos de 2000 m2, terrasse, filet de volley. GR38 à 0.5 km. Gîte agréable, exposé sud avec terrasse et vue sur le grand jardin mitoyen des propriétaires mais séparé par une haie de verdure. Entrée et parking privés. Calme et tranquilité pour des vacances reposantes. Ouvert toute l'année.

GITES DE FRANCE-SERVICE RESERVATION - 42 av. Wilson - BP 30318 - 56403 AURAY Cedex
Tél. : 02 97 56 48 12 - Fax : 02 97 50 70 07 - Email : gites-de-france.morbihan@wanadoo.fr - www.gites-de-france-morbihan.com

| BASSE SAIS. | VAC. HIV. | VAC. PRINT. | MOY. SAIS. | HTE SAIS. | TRES HTE SAIS. |
|---|---|---|---|---|---|
| 372 | 372 | 372 | 372 | 546 | 546 |

| | | | | | | | | |
|---|---|---|---|---|---|---|---|---|
| 25 | 8 | 4 | 15 | 8 | 6 | 20 | 0,5 | 10 | 8 |

## N° 10011 LANGONNET — Minez Lann — CM 308 pli J6

**6 pers.**

Pays de Gourin, capitale des montagnes noires, Pays de la Crêpe. La Trinité-Langonnet 1,5 km. Langonnet 8 km. Gîte totalement indépendant. Séjour avec cheminée (insert)/coin-cuisine (micro-ondes), 3 chambres (2 lits 2 pers., 2 lits 1 pers.), salle d'eau/c, wc, chauffage électrique. Véranda avec salon de jardin, barbecue. Jardin de 2500 m², garage. Ce gîte situé en limite des 3 départements bretons bénéficie d'un climat de charme, de la nature, l'espace. La véranda exposée au sud, avec double vitrage, vous apportera un plus de confort et d'agrément quelque soit le temps. Ouvert de fin mars à octobre.

GITES DE FRANCE-SERVICE RESERVATION - 42 av. Wilson - BP 30318 - 56403 AURAY Cedex
Tél. : 02 97 56 48 12 - Fax : 02 97 50 70 07 - Email : gites-de-france.morbihan@wanadoo.fr - www.gites-de-france-morbihan.com

| VAC. PRINT. | MOY. SAIS. | HTE SAIS. | TRES HTE SAIS. |
|---|---|---|---|
| 381 | 381 | 458 | 473 |

| | | | | | | | | |
|---|---|---|---|---|---|---|---|---|
| 45 | 6 | 15 | 8 | 2 | 35 | 10 | 20 | 8 |

## N° 10145 LANGUIDIC — Kergo — CM 63 pli 2

**NN · 4 pers.**

Port-Louis (sa citadelle, ses plages) 20 km. Lorient 15 km. Gîte indépendant à proximité du logement du propriétaire. Séjour/coin-cuisine (M-ondes, congélateur)/ coin-salon (hifi, magnétoscope), 2 ch. - lits faits à l'arrivée -(1 lit 2 pers., 2 lits 1 pers. dont 1 en 140, 1 lit bébé), s. d'eau, s.d.b, 2 wc, ch. électr., lave-linge, s-linge. Jardin privé 400 m2, terrasse. GR38 à 2 km. Charmante maison dans la campagne. Accès direct au chemin de randonnée. Maison de style restaurée en pleine campagne au coeur de la vallée du Blavet. Cadre idéal pour vos vacances, où vous pourrez vous détendre. Ouvert toute l'année.

GITES DE FRANCE-SERVICE RESERVATION - 42 av. Wilson - BP 30318 - 56403 AURAY Cedex
Tél. : 02 97 56 48 12 - Fax : 02 97 50 70 07 - Email : gites-de-france.morbihan@wanadoo.fr - www.gites-de-france-morbihan.com

| BASSE SAIS. | VAC. HIV. | VAC. PRINT. | MOY. SAIS. | HTE SAIS. | TRES HTE SAIS. |
|---|---|---|---|---|---|
| 267 | 279 | 279 | 318 | 455 | 455 |

| | | | | | | | | |
|---|---|---|---|---|---|---|---|---|
| 20 | 20 | 1,5 | 10 | 5 | 10 | 25 | 2 | 15 | 5 |

## N° 1091 LAUZACH — Kerdaniel — CM 308 pli P9

**EC · NN · 4 pers.**

Vannes (ses remparts, son port) 20 km. Damgan et ses plages à 15 km. Gîte mitoyen au logement du propriétaire. Séjour/coin-cuisine (congélateur), 2 chambres (1 lit 2 pers., 2 lits 1 pers., 1 lit enfant), 2 salles d'eau, 2 wc, chauffage électrique. Petite cour de 30 m2. Terrain à l'arrière de 200 m2 commun avec le propriétaire. Ouvert toute l'année.

GITES DE FRANCE-SERVICE RESERVATION - 42 av. Wilson - BP 30318 - 56403 AURAY Cedex
Tél. : 02 97 56 48 12 - Fax : 02 97 50 70 07 - Email : gites-de-france.morbihan@wanadoo.fr - www.gites-de-france-morbihan.com

| BASSE SAIS. | VAC. HIV. | VAC. PRINT. | MOY. SAIS. | HTE SAIS. | TRES HTE SAIS. |
|---|---|---|---|---|---|
| 243 | 243 | 265 | 265 | 420 | 442 |

| | | | | | | | | |
|---|---|---|---|---|---|---|---|---|
| 15 | 15 | 1 | 10 | 2,5 | 10 | 35 | 10 | 2,5 |

BRETAGNE

# MORBIHAN - 56

Périodes tarifaires p. 150

### N° 12817 MELRAND — Kergorhin — CM 308 pli M7
**NN — 6 pers.**

Le canal de Nantes à Brest. Base nautique de Pont-Augan 10 km. Gîte indépendant situé dans un hameau. Cuisine / séjour, salon, 3 chambres (2 lits 2 pers., 2 lits 1 pers., 1 lit enfant), 2 salles d'eau, 2 wc, ch. au gaz. Jardin de 200 m$^2$, terrasses, terrain de 200 m$^2$, abri couvert pour vélos. GR38 à 10 km. Dans un hameau verdoyant, vous apprécierez le confort d'une maison bretonne rénovée, très agréable à vivre. Un jardin ombragé vous invite au calme et à la détente. Des chemins pédestres, des rivières et des sites à visiter agrémenteront votre séjour. Ouvert toute l'année sauf les vacances de Noël.
GITES DE FRANCE-SERVICE RESERVATION – 42 av. Wilson - BP 30318 - 56403 AURAY Cedex
Tél. : 02 97 56 48 12 - Fax : 02 97 50 70 07 - Email : gites-de-france.morbihan@wanadoo.fr - www.gites-de-france-morbihan.com

| BASSE SAIS. | VAC. HIV. | VAC. PRINT. | MOY. SAIS. | HTE SAIS. | TRES HTE SAIS. |
|---|---|---|---|---|---|
| 228 | 228 | 296 | 296 | 431 | 453 |

| | | | | | | | | | |
|---|---|---|---|---|---|---|---|---|---|
| 45 | 10 | 0,8 | 15 | 5 | 5 | 10 | 10 | 40 | 4,5 |

### N° 1421 MOUSTOIR-REMUNGOL — Kermaux — CM 308 pli N7
**EC — 5 pers.**

Baud 10 km. Auray, son port, ses ruelles 30 km. Gîte indépendant situé dans un village à 1.5 km de Moustoir-Remungol. Séjour/coin-cuisine (micro-ondes)/coin-salon (poêle à bois), 2 chambres (2 lits 2 pers.), 1 mezzanine (1 lit 1 pers.), s.d'eau, wc, buanderie, chauffage électrique. Jardin de 300 m2, abri couvert pour vélos. GR38 à 10 km. Maison de pays à 10 km de pôles économiques et touristiques tels que Baud, Pontivy et Locminé. Un gîte spacieux et lumineux au cœur d'un tout petit village, proche de la vallée du Blavet. Ouvert d'avril à octobre.
GITES DE FRANCE-SERVICE RESERVATION – 42 av. Wilson - BP 30318 - 56403 AURAY Cedex
Tél. : 02 97 56 48 12 - Fax : 02 97 50 70 07 - Email : gites-de-france.morbihan@wanadoo.fr - www.gites-de-france-morbihan.com

| BASSE SAIS. | VAC. HIV. | VAC. PRINT. | MOY. SAIS. | HTE SAIS. | TRES HTE SAIS. |
|---|---|---|---|---|---|
| 277 | 277 | 277 | 277 | 445 | 469 |

| | | | | | | | | | |
|---|---|---|---|---|---|---|---|---|---|
| 35 | 7 | 7 | 10 | 1,5 | 15 | 15 | 10 | 30 | 5 |

### N° 14911 NOYAL-MUZILLAC — Cambocaire du Bas — CM 308 pli Q9
**4 pers.**

Damgan 13 km. Rochefort-en-Terre 20 km. Questembert 5 km. Gîte mitoyen à un futur gîte et situé dans un hameau à 5 km de Noyal-Muzillac. Séjour/coin-cuisine (congélateur), magnétoscope, 2 chambres (1 lit 2 pers., 2 lits 1 pers.), salle d'eau/wc, wc, chauffage électrique. Terrain de 1100 m2, cour gravillonnée de 70 m2. Vous apprécierez le calme de cette ancienne maison en pierres, rénovée et exposée plein sud. Sa cuisine aménagée ouverte sur un séjour spacieux et offrant une large vue sur l'extérieur. Ouvert toute l'année.
GITES DE FRANCE-SERVICE RESERVATION – 42 av. Wilson - BP 30318 - 56403 AURAY Cedex
Tél. : 02 97 56 48 12 - Fax : 02 97 50 70 07 - Email : gites-de-france.morbihan@wanadoo.fr - www.gites-de-france-morbihan.com

| BASSE SAIS. | VAC. HIV. | VAC. PRINT. | MOY. SAIS. | HTE SAIS. | TRES HTE SAIS. |
|---|---|---|---|---|---|
| 229 | 229 | 265 | 265 | 359 | 380 |

| | | | | | | | | | |
|---|---|---|---|---|---|---|---|---|---|
| 11 | 13 | 4 | 5 | 5 | 5 | 15 | 40 | 5 | |

### N° 1556 PENESTIN — CM 308 pli Q10
**EC — 5 pers.**

La Roche-Bernard, port de plaisance 15 km. La Baule 30 km. Gîte mitoyen à un logement et contigu à un garage à 1 Km de Pénestin. Séjour/coin-cuisine (congélateur)/coin-salon (chaîne Hifi/magnétoscope), 3 chambres (2 lits 160 dont 1 jumelable qui peut se séparer en 2 lits en 80, 1 lit 1 pers.), salle d'eau, wc, chauffage électrique. Jardinet de 80 m2, terrasse. GR39 à 6 km. Chemins vers le bourg ou la plage. Ouvert du 10 janvier au 11 décembre.
GITES DE FRANCE-SERVICE RESERVATION – 42 av. Wilson - BP 30318 - 56403 AURAY Cedex
Tél. : 02 97 56 48 12 - Fax : 02 97 50 70 07 - Email : gites-de-france.morbihan@wanadoo.fr - www.gites-de-france-morbihan.com

| BASSE SAIS. | VAC. HIV. | VAC. PRINT. | MOY. SAIS. | HTE SAIS. | TRES HTE SAIS. |
|---|---|---|---|---|---|
| 294 | 420 | 420 | 420 | 557 | 589 |

| | | | | | | | | | |
|---|---|---|---|---|---|---|---|---|---|
| 1,2 | 1,2 | 1,2 | 15 | 1 | 3 | 25 | 10 | 30 | 1 |

### N° 1571 PLAUDREN — Le Hayo — CM 308 pli P8
**4 pers.**

Le Golfe du Morbihan à 20 km. Meucon club de parachutistes à 5 km. Gîte mitoyen à une remise à 1.5 km de Plaudren. Cuisine (micro-ondes), séjour/cheminée (insert), 2 chambres (2 lits 2 pers., 1 lit bébé), salle de bains, wc, chauffage central gaz au sol, buanderie. Jardin de 600 m2, terrasse, abri couvert pour une voiture. L'aménagement de cette longère restaurée a tout pour vous séduire. Vous apprécierez la tranquillité et la beauté du site très boisé qui vous apporteront détente et sérénité. Ouvert de mi-mars à mi-octobre.
GITES DE FRANCE-SERVICE RESERVATION – 42 av. Wilson - BP 30318 - 56403 AURAY Cedex
Tél. : 02 97 56 48 12 - Fax : 02 97 50 70 07 - Email : gites-de-france.morbihan@wanadoo.fr - www.gites-de-france-morbihan.com

| BASSE SAIS. | VAC. HIV. | VAC. PRINT. | MOY. SAIS. | HTE SAIS. | TRES HTE SAIS. |
|---|---|---|---|---|---|
| 244 | 244 | 308 | 308 | 441 | 464 |

| | | | | | | | | | |
|---|---|---|---|---|---|---|---|---|---|
| 30 | 20 | 5 | 15 | 15 | 1,5 | 20 | 15 | 1,5 | |

### N° 1632 PLOERDUT — Penhoët Vihan — CM 308 pli L6
**EC — 4 pers.**

Guémené-sur-Scorff réputé pour sa charcuterie. Le Pays de Pourleth... Etang du Dordu 4 km. Gîte de caractère indépendant à 9 km de Ploërdut. Séjour/coin-cuisine (micro-ondes), 1 chambre (2 lits 1 pers.) et 1 mezzanine (1 lit 2 pers.), salle de bains, wc, chauffage électrique. Jardinet de 50 m2, abri-couvert pour vélos. GR38 à 18 km. Dans un espace fleuri et boisé, cet ancien bâtiment de ferme restauré vous assure la tranquillité. Le traditionnel et le moderne savamment dosés donnent un gîte lumineux et spacieux. Ouvert de février à octobre.
GITES DE FRANCE-SERVICE RESERVATION – 42 av. Wilson - BP 30318 - 56403 AURAY Cedex
Tél. : 02 97 56 48 12 - Fax : 02 97 50 70 07 - Email : gites-de-france.morbihan@wanadoo.fr - www.gites-de-france-morbihan.com

| BASSE SAIS. | VAC. HIV. | VAC. PRINT. | MOY. SAIS. | HTE SAIS. | TRES HTE SAIS. |
|---|---|---|---|---|---|
| 155 | 155 | 180 | 180 | 285 | 330 |

| | | | | | | | | | |
|---|---|---|---|---|---|---|---|---|---|
| 50 | 12 | 4 | 20 | 9 | 10 | 45 | 18 | 60 | 3 |

# MORBIHAN - 56

Périodes tarifaires p. 150

## N° 16814 PLOUHARNEL — Ste-Barbe — CM 308 pli M9

**EC** — 2 pers.

Carnac: sa thalasso, ses plages, ses mégalithes. Quiberon: Sa côte... Gîte mitoyen au logement du propriétaire et à proximité d'un autre gîte, situé dans un village à 2 km de Plouharnel. Séjour/coin-cuisine (micro-ondes), 1 chambre (1 lit 2 pers.), salle d'eau/wc, lave-linge commun avec l'autre gîte dans le garage du propriétaire, ch. central au gaz. Jardin commun de 1700 m2. Découvrez cet ancien village rural près de sa grande plage, pour y retrouver le calme et pratiquer de belles randonnées. Ouvert de mai à octobre.

GITES DE FRANCE-SERVICE RESERVATION – 42 av. Wilson - BP 30318 - 56403 AURAY Cedex
Tél.: 02 97 56 43 12 - Fax: 02 97 50 70 07 - Email: gites-de-france.morbihan@wanadoo.fr - www.gites-de-france-morbihan.com

| MOY. SAIS. | HTE SAIS. | TRES HTE SAIS. |
|---|---|---|
| 244 | 244 | 406 |

| | | | | | | | | | | |
|---|---|---|---|---|---|---|---|---|---|---|
| 1 | 4 | 1 | 12 | 2 | 7 | 6 | 1,5 | 12 | 2 |

## N° 16984 PLOUHINEC — Le Rohigo — CM 63 pli 1

**NN** — 8 pers.

Entre Etel et l'océan, Plouhinec possède un passé mégalithique. Gîte mitoyen à un logement et contigu à un futur logement à 1,5 km de Plouhinec. Séj./coin-cuis. (m-ondes, congélateur)/coin-salon, magnétoscope, 4 ch. -lits faits à l'arrivée - (3 lits 2 pers., 2 lits 1 pers., 1 lit enfant, 1 lit bébé), s.e, s.d.b, 2 wc, sèche-linge, ch. central au fioul. Jardin privé de 500 m2. En commun : terrain de 2000 m², balançoire. Chemins de randonnée GR34 et 341 en bordure de propriété. Ce gîte très confortable, situé face à la mer, bénéficie d'une vue exceptionnelle sur l'étang de Kerzine. Ouvert toute l'année.

GITES DE FRANCE-SERVICE RESERVATION – 42 av. Wilson - BP 30318 - 56403 AURAY Cedex
Tél.: 02 97 56 43 12 - Fax: 02 97 50 70 07 - Email: gites-de-france.morbihan@wanadoo.fr - www.gites-de-france-morbihan.com

| BASSE SAIS. | VAC. HIV. | VAC. PRINT. | MOY. SAIS. | HTE SAIS. | TRES HTE SAIS. |
|---|---|---|---|---|---|
| 453 | 453 | 580 | 534 | 870 | 917 |

| | | | | | | | | | | |
|---|---|---|---|---|---|---|---|---|---|---|
| 1 | 1 | 1 | 20 | 2 | 1 | 12 | 1 | 25 | 1,5 |

## N° 1702 PLOURAY — Rosterch — CM 308 pli 6

5 pers.

Quimperlé 35 km. Le Faouët, cité des peintres 15 km. Gîte à proximité d'un logement et situé dans un hameau à 2 km de Plouray. Séjour/coin-cuisine (micro-ondes, congélateur), cheminée (insert), 2 chambres - lits faits à l'arrivée - (1 lit 2 pers., 3 lits 1 pers., 1 lit enfant), s. d'eau/wc, wc, chauffage électrique. Jardin clos 360 m2, garage. GR38 à 15 km. Etang de Plouray à 2 km avec baignade et pédalos. Dans un hameau breton, à proximité d'une rivière, de la vallée de l'Ellée et du site de l'abbaye de Langonnet, vous serez séduit. Ouvert toute l'année.

GITES DE FRANCE-SERVICE RESERVATION – 42 av. Wilson - BP 30318 - 56403 AURAY Cedex
Tél.: 02 97 56 43 12 - Fax: 02 97 50 70 07 - Email: gites-de-france.morbihan@wanadoo.fr - www.gites-de-france-morbihan.com

| BASSE SAIS. | VAC. HIV. | VAC. PRINT. | MOY. SAIS. | HTE SAIS. | TRES HTE SAIS. |
|---|---|---|---|---|---|
| 192 | 192 | 268 | 268 | 365 | 383 |

| | | | | | | | | | | |
|---|---|---|---|---|---|---|---|---|---|---|
| 40 | 2 | 0,5 | 15 | 2 | 7 | 40 | 15 | 35 | 2 |

## N° 17722 PLUVIGNER — Storles — CM 63 pli 2

**EC** — 4 pers.

Auray, ville d'art et d'histoire 16 km. Erdeven et ses plages 25 km. Gîte mitoyen au logement du propriétaire et situé dans un hameau à 4 km de Pluvigner. Séjour/coin-cuisine (micro-ondes), magnétoscope, 2 ch. (1 lits 2 pers., 2 lits 1 pers., 1 lit enfant), s.d.b/wc, sèche-linge, chauffage au fuel. Grande terrasse de 150 m2. Terrain de 10000 m2 commun avec le propriétaire. GR38 à 10 km. Grande longère orientée plein sud avec vue sur la campagne pluvignoise. Ouvert toute l'année.

GITES DE FRANCE-SERVICE RESERVATION – 42 av. Wilson - BP 30318 - 56403 AURAY Cedex
Tél.: 02 97 56 43 12 - Fax: 02 97 50 70 07 - Email: gites-de-france.morbihan@wanadoo.fr - www.gites-de-france-morbihan.com

| BASSE SAIS. | VAC. HIV. | VAC. PRINT. | MOY. SAIS. | HTE SAIS. | TRES HTE SAIS. |
|---|---|---|---|---|---|
| 331 | 331 | 360 | 395 | 586 | 633 |

| | | | | | | | | | | |
|---|---|---|---|---|---|---|---|---|---|---|
| 25 | 10 | 10 | 10 | 4 | 4 | 10 | 4 | 16 | 4 |

## N° 17723 PLUVIGNER — CM 308 pli N8

**EC** — 3 pers.

Vannes: ses remparts, son port... Gîte de plain-pied mitoyen à une remise et situé dans un hameau à 5 km de Pluvigner et à 1 km de Bieuzy-Lanvaux. Séjour/coin-cuisine (M-ondes), 1 ch. - lits faits à l'arrivée - (1 lit 160, 1 lit 1 pers.), s.e, wc, ch. élect. Jardin clos de 3 ha commun avec le propriétaire. Terrasse, ping-pong, prêt de 2 VTT. GR38 à la sortie du parc à 0.5 km. Gîte au confort douillet sis dans un parc boisé de 3 ha bordant le GR38 au coeur de la forêt de Florange idéal pour randonnées pédestres et VTT. A proximité d'un étang de pêche. Calme et tranquillité assurés. Ouvert de février à novembre.

GITES DE FRANCE-SERVICE RESERVATION – 42 av. Wilson - BP 30318 - 56403 AURAY Cedex
Tél.: 02 97 56 43 12 - Fax: 02 97 50 70 07 - Email: gites-de-france.morbihan@wanadoo.fr - www.gites-de-france-morbihan.com

| BASSE SAIS. | VAC. HIV. | VAC. PRINT. | MOY. SAIS. | HTE SAIS. | TRES HTE SAIS. |
|---|---|---|---|---|---|
| 348 | 348 | 398 | 398 | 444 | 444 |

| | | | | | | | | | | |
|---|---|---|---|---|---|---|---|---|---|---|
| 30 | 2 | 2 | 8 | 6 | 5 | 15 | 0,5 | 19 | 1 |

## N° 17724 PLUVIGNER — Kergo — CM 308 pli M8

**EC** — **NN** — 7 pers.

Auray, ville d'art et d'histoire. Le Golfe du Morbihan et ses îles. Gîte mitoyen à un autre gîte dans un ensemble de bâtiments sur une exploitation agricole à 5 km de Pluvigner. Cuisine (micro-ondes), séjour/coin-salon, 3 ch. (3 lits 2 pers., 1 lit 1 pers., 1 lit enfant), 3 s.e/wc, wc, ch. au sol par géothermie. Jardin clos de 130 m2. Communs : portique, jeu de boules, bac à sable, mise à disposition de canoë-kayak. Les amoureux de la nature trouveront espace et quiétude, dans les prés et sous-bois environnants au milieu desquels coule la rivière Le Loch. Ouvert de mi-juin à mi-septembre.

GITES DE FRANCE-SERVICE RESERVATION – 42 av. Wilson - BP 30318 - 56403 AURAY Cedex
Tél.: 02 97 56 43 12 - Fax: 02 97 50 70 07 - Email: gites-de-france.morbihan@wanadoo.fr - www.gites-de-france-morbihan.com

| BASSE SAIS. | VAC. HIV. | VAC. PRINT. | MOY. SAIS. | HTE SAIS. | TRES HTE SAIS. |
|---|---|---|---|---|---|
| 268 | 268 | 295 | 295 | 510 | 535 |

| | | | | | | | | | | |
|---|---|---|---|---|---|---|---|---|---|---|
| 20 | 15 | 0,2 | 10 | 4 | 4 | 18 | 10 | 10 | 4 |

# MORBIHAN - 56

*Périodes tarifaires p. 150*

## N° 1781 PONTIVY — Manoir de Talin
**CM 308 pli N6**

**EC** — 4 pers.

Le lac de Guerlédan, le canal de Nantes à Brest, le Château des Rohan. Gîte mitoyen au logement du propriétaire à 0.2 km de Pontivy. Séjour/coin-cuisine (micro-ondes), 2 chambres (1 lit 160, 2 lits 1 pers., 1 lit enfant), s.d'eau, wc, chauffage électrique. Jardin privatif d'1 ha, terrasse. GR37 à 2 km. Vous serez accueillis dans un manoir du XVIe siècle riche d'histoire. Vous pourrez profiter de votre séjour pour faire des promenades à pied ou à vélo le long du canal de Nantes à Brest. Propriété traversée par un ruisseau sur la partie non privative au gite. Ouvert de mai à septembre.

GITES DE FRANCE-SERVICE RESERVATION - 42 av. Wilson - BP 30318 - 56403 AURAY Cedex
Tél. : 02 97 56 48 12 - Fax : 02 97 50 70 07 - Email : gites-de-france.morbihan@wanadoo.fr - www.gites-de-france-morbihan.com

| BASSE SAIS. | VAC. HIV. | VAC. PRINT. | MOY. SAIS. | HTE SAIS. | TRES HTE SAIS. | | | | | | | | |
|---|---|---|---|---|---|---|---|---|---|---|---|---|---|
| 263 | 263 | 285 | 285 | 430 | 435 | 50 | 15 | 1 | 2 | 5 | 10 | 2 | 40 | 0,2 |

## N° 18411 QUESTEMBERT — Le Haut Mounouff
**CM 308 pli Q8**

**EC** — 4 pers.

Rochefort-En-Terre, petite cité de caractère 6 km. Vannes 30 km. Gîte indépendant à l'étage, à proximité de deux autres gîtes et situé sur une exploitation agricole à 5 km de Questembert. Séjour/coin-cuisine/ coin-salon, cheminée (insert),2 chambres (2 lits 2 pers.), salle d'eau (baignoire-sabot), wc, ch. central au fuel. Jardin privatif 400 m2. En commun : terrain de 1 hectare. Garage, cellier. Base nautique du Moulin Neuf à 5 km. GR38 à 6 km. Ouvert toute l'année.

GITES DE FRANCE-SERVICE RESERVATION - 42 av. Wilson - BP 30318 - 56403 AURAY Cedex
Tél. : 02 97 56 48 12 - Fax : 02 97 50 70 07 - Email : gites-de-france.morbihan@wanadoo.fr - www.gites-de-france-morbihan.com

| BASSE SAIS. | VAC. HIV. | VAC. PRINT. | MOY. SAIS. | HTE SAIS. | TRES HTE SAIS. | | | | | | | | |
|---|---|---|---|---|---|---|---|---|---|---|---|---|---|
| 203 | 203 | 261 | 261 | 360 | 383 | 25 | 5 | 5 | 5 | 5 | 6 | 15 | 5 | 30 | 4 |

## N° 1926 REMUNGOL — St-Claude
**CM 308 pli N7**

5 pers.

Vannes, ses remparts, son port 35 km. Locminé 10 km. Gîte indépendant à 2 km de Remungol. Cuisine, séjour, cheminée (insert), 3 chambres (1 lit 2 pers., 3 lits 1 pers.), salle de bains, salle d'eau, wc, chauffage central au fuel, véranda. Jardin de 2000 m2, garage. Ancienne chaumière recouverte d'ardoise, nichée au creux de prairies que baigne une rivière. Calme et verdure : un troupeau parfois broutant dans la prairie. Espace propice au repos et aux jeux des enfants. Ouvert de mars à octobre.

GITES DE FRANCE-SERVICE RESERVATION - 42 av. Wilson - BP 30318 - 56403 AURAY Cedex
Tél. : 02 97 56 48 12 - Fax : 02 97 50 70 07 - Email : gites-de-france.morbihan@wanadoo.fr - www.gites-de-france-morbihan.com

| BASSE SAIS. | MOY. SAIS. | HTE SAIS. | TRES HTE SAIS. | | | | | | | | | |
|---|---|---|---|---|---|---|---|---|---|---|---|---|
| 256 | 348 | 460 | 460 | 45 | 20 | 0,2 | 10 | 2 | 15 | 20 | 35 | 2 |

## N° 24032 SARZEAU — Kerguillehuic
**CM 63 pli 13**

6 pers.

Le Croisty, son port, sa thalasso 6 km. Vannes 25 km. Gîte indépendant à 3 km de Sarzeau. Cuisine (micro-ondes, congélateur), séjour, 3 chambres (2 lits 2 pers., 2 lits 1 pers., 1 lit bébé), salle de bains, salle d'eau, 2 wc, ch. électrique. Terrain clos de 900 m2, terrasse, garage. GR34 à 5 km. Ce gîte très spacieux marie le confort d'une construction récente avec la chaleur de meubles anciens. En toutes saisons, la Presqu'île de Rhuys vous offre la douceur de vivre dans une nature forte. Ouvert toute l'année.

GITES DE FRANCE-SERVICE RESERVATION - 42 av. Wilson - BP 30318 - 56403 AURAY Cedex
Tél. : 02 97 56 48 12 - Fax : 02 97 50 70 07 - Email : gites-de-france.morbihan@wanadoo.fr - www.gites-de-france-morbihan.com

| BASSE SAIS. | VAC. HIV. | VAC. PRINT. | MOY. SAIS. | HTE SAIS. | TRES HTE SAIS. | | | | | | | | |
|---|---|---|---|---|---|---|---|---|---|---|---|---|---|
| 330 | 330 | 381 | 381 | 586 | 586 | 1,2 | 1,2 | 1,2 | 5 | 3 | 5 | 5 | 5 | 25 | 3 |

## N° 2039 ST-AIGNAN — Botponal
**CM 308 pli M5**

**EC** — 20 pers.

Base de loisirs de Guerdélan. Pontivy et Mur de Bretagne 15 km. Gîte indép. à prox. d'1 autre gîte à 2,5 km de St-Aignan et 1,5 km du Lac de Guerlédan. Cuis. (m-ondes), séj., chem. (insert), 10 ch. (7 lits 2 pers., 6 lits 1 pers.), 8 s.e/wc attenantes aux ch., s.e, 4 wc, ch. au gaz, S-linge. Jardin 2500 m2, terrasses (300 m2), cour (100 m2). Accueil chevaux possible (2 stalles, 1 box et 1 paddock). RDC 1 ch. acces. à pers. à mobilité réduite avec 1 lit 2 pers. et s.e/wc attenant. Anse du Sordan et ses plages artificielles à 1.5 km. Vues sur la forêt et la vallée du lac de Guerlédan. Ouvert avril à fin sept.

GITES DE FRANCE-SERVICE RESERVATION - 42 av. Wilson - BP 30318 - 56403 AURAY Cedex
Tél. : 02 97 56 48 12 - Fax : 02 97 50 70 07 - Email : gites-de-france.morbihan@wanadoo.fr - www.gites-de-france-morbihan.com

| VAC. PRINT. | MOY. SAIS. | HTE SAIS. | TRES HTE SAIS. | | | | | | | | | |
|---|---|---|---|---|---|---|---|---|---|---|---|---|
| 1113 | 1113 | 1591 | 1591 | 60 | 6 | 1,5 | 15 | 2,5 | 8 | 25 | 0,5 | 15 | 2,5 |

## N° 2132 ST-GERAND — Boscave
**CM 58 pli 12**

6 pers.

Loudéac, sa piscine ludique 6 km. Guerlédan et son lac 15 km. Gîte mitoyen à une remise, sur une expl. agricole au bord d'une petite route communale à 1 km de St-Gérand et 5 km de Pontivy. Cuisine (m-ondes), séjour (piano), 4 ch. (2 lits 2 pers., 2 lits 1 pers. dont 1 en 120, 1 lit enft), s.d.b/wc, wc, petite buanderie, S-linge, ch. électr. Jardinet clos, terrasse. Cour couverte, cour commune. Etang privé de 20 ares à 500 m. GR37 à 1 km. Tranquilité et confort. Canal de Nantes à Brest à 1 km. Bases nautiques de Valvert à 4 km, de Rohan à 6 km, d'Hilvern à 3 km. Ouvert de juin à début sept.

GITES DE FRANCE-SERVICE RESERVATION - 42 av. Wilson - BP 30318 - 56403 AURAY Cedex
Tél. : 02 97 56 48 12 - Fax : 02 97 50 70 07 - Email : gites-de-france.morbihan@wanadoo.fr - www.gites-de-france-morbihan.com

| MOY. SAIS. | HTE SAIS. | TRES HTE SAIS. | | | | | | | | | |
|---|---|---|---|---|---|---|---|---|---|---|---|
| 200 | 348 | 400 | 50 | 15 | 0,5 | 6 | 1 | 3 | 15 | 1 | 50 | 1 |

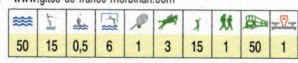

# MORBIHAN - 56

Périodes tarifaires p. 150

### N° 24823 SURZUR — Guenogil — CM 63 pli 4

**2 pers.**

Sarzeau 15 km. Vannes, ville d'art et d'histoire 15 km. Gîte mitoyen au logement du propriétaire et à sa remise, à proximité d'un autre gîte et situé dans un hameau à 2 km de Surzur. Séjour/coin-cuisine (congélateur), 1 chambre - draps fournis - (1 lit 2 pers), salle d'eau, wc, chauffage électrique. Cour gravillonnée. Jardin privatif de 500 m2. Terrain commun de 7000 m2 commun avec le propriétaire et l'autre gîte. Ouvert toute l'année.

GITES DE FRANCE-SERVICE RESERVATION - 42 av. Wilson - BP 30318 - 56403 AURAY Cedex
Tél. : 02 97 56 48 12 - Fax : 02 97 50 70 07 - Email : gites-de-france.morbihan@wanadoo.fr - www.gites-de-france-morbihan.com

| BASSE SAIS. | VAC. HIV. | VAC. PRINT. | MOY. SAIS. | HTE SAIS. | TRES HTE SAIS. |
|---|---|---|---|---|---|
| 203 | 203 | 250 | 250 | 332 | 348 |

| | | | | | | | | | |
|---|---|---|---|---|---|---|---|---|---|
| 7 | 10 | 7 | 15 | 2 | 3 | 15 | 15 | 15 | 2 |

### N° 24824 SURZUR — Kerival — CM 308 pli P9

**9 pers.**

Vannes ville d'art et d'histoire et le Golfe du Morbihan 20 km. Gîte indépendant à 4 km de Surzur. Cuisine (micro-ondes), séjour/coin-salon, 3 chambres (2 lits 2 pers., 2 lits 1 pers.), 1 chambre palière ouverte (3 lits 1 pers.), 2 salles de bains, 2 wc, buanderie, chauffage au fuel au rez-de-chaussée et chauffage électrique à l'étage. Jardin de 2000 m2, terrasse, garage. Ouvert toute l'année.

GITES DE FRANCE-SERVICE RESERVATION - 42 av. Wilson - BP 30318 - 56403 AURAY Cedex
Tél. : 02 97 56 48 12 - Fax : 02 97 50 70 07 - Email : gites-de-france.morbihan@wanadoo.fr - www.gites-de-france-morbihan.com

| BASSE SAIS. | VAC. HIV. | VAC. PRINT. | MOY. SAIS. | HTE SAIS. | TRES HTE SAIS. |
|---|---|---|---|---|---|
| 609 | 609 | 609 | 609 | 890 | 938 |

| | | | | | | | | | |
|---|---|---|---|---|---|---|---|---|---|
| 5 | 8 | 5 | 20 | 5 | 5 | 15 | 20 | 4 | |

### N° 25210 LA TOUR-DU-PARC — Le Bois de la Salle — CM 308 pli P9

**6 pers.**

La Presqu'île de Rhuys avec ses plages, le Golfe et ses îles. Gîte mitoyen à 2 autres gîtes et à proximité de 2 autres gîtes et du logement du propriétaire au bourg de Le Tour-du-Parc. Séjour/coin-cuisine, 3 ch. (1 lit 2 pers. 4 lits 1 pers. 1 lit bébé), s.e, s.d.b, 2 wc, ch. électr. Jardin privé clos 150 m2, terrasse. En commun : cour close de 1000 m2, abri couvert/voitures, 2 ping-pongs, baby-foot. GR34 à 0.8 km. Ancien corps de ferme restauré des XVIII et XIXe siècles. A 800 m de la mer, proche du Golfe du Morbihan. Aménagements neufs, intérieur lumineux et confortable. Ouvert toute l'année.

GITES DE FRANCE-SERVICE RESERVATION - 42 av. Wilson - BP 30318 - 56403 AURAY Cedex
Tél. : 02 97 56 48 12 - Fax : 02 97 50 70 07 - Email : gites-de-france.morbihan@wanadoo.fr - www.gites-de-france-morbihan.com

| BASSE SAIS. | VAC. HIV. | VAC. PRINT. | MOY. SAIS. | HTE SAIS. | TRES HTE SAIS. |
|---|---|---|---|---|---|
| 391 | 499 | 499 | 581 | 781 | 829 |

| | | | | | | | | | |
|---|---|---|---|---|---|---|---|---|---|
| 0,8 | 4,5 | 0,8 | 20 | 0,6 | 6 | 15 | 0,8 | 20 | 0,6 |

### N° 25211 LA TOUR-DU-PARC — Le Bois de la Salle — CM 308 pli P9

**10 pers.**

La Presqu'île de Rhuys avec ses plages, le Golfe et ses îles. Gîte mitoyen à un gîte et à proximité de 3 autres gîtes et du logement du propriétaire au bourg de Le Tour-du-Parc. Séjour/coin-cuisine, 4 ch. (2 lits 2 pers., 6 lits 1 pers.), s.e, s.d.b, 2 wc, ch. électr. Jardin privé clos de 250 m2, terrasse. En commun : cour close de 1000 m2, abri couvert/voitures, 2 ping-pongs, baby-foot. GR34 à 0.8 km. Ancien corps de ferme restauré des XVIII et XIXe siècles. A 800 m de la mer, proche du Golfe du Morbihan. Aménagements neufs, intérieur lumineux et confortable. Ouvert toute l'année.

GITES DE FRANCE-SERVICE RESERVATION - 42 av. Wilson - BP 30318 - 56403 AURAY Cedex
Tél. : 02 97 56 48 12 - Fax : 02 97 50 70 07 - Email : gites-de-france.morbihan@wanadoo.fr - www.gites-de-france-morbihan.com

| BASSE SAIS. | VAC. HIV. | VAC. PRINT. | MOY. SAIS. | HTE SAIS. | TRES HTE SAIS. |
|---|---|---|---|---|---|
| 603 | 628 | 706 | 706 | 920 | 1010 |

| | | | | | | | | | |
|---|---|---|---|---|---|---|---|---|---|
| 0,8 | 4,5 | 0,8 | 20 | 0,6 | 6 | 15 | 0,8 | 20 | 0,6 |

### N° 2584 LA TRINITE-SUR-MER — Kervilor — CM 308 pli M9

**EC — 6 pers.**

La Trinité-sur-mer réputée pour son port. Carnac, station balnéaire 5 km. Gîte mitoyen à un autre gîte et contigu à une remise à 1,5 km de la Trinité Sur Mer. Séjour/coin-cuisine (micro-ondes, congélateur) 3 chambres (2 lits 2 pers., 2 lits 1 pers.), 2 salles d'eau, 2 wc, lingerie, chauffage électrique. Terrasse. Jardin commun de 1000 m2 avec portique. Ouvert toute l'année.

GITES DE FRANCE-SERVICE RESERVATION - 42 av. Wilson - BP 30318 - 56403 AURAY Cedex
Tél. : 02 97 56 48 12 - Fax : 02 97 50 70 07 - Email : gites-de-france.morbihan@wanadoo.fr - www.gites-de-france-morbihan.com

| BASSE SAIS. | VAC. HIV. | VAC. PRINT. | MOY. SAIS. | HTE SAIS. | TRES HTE SAIS. |
|---|---|---|---|---|---|
| 331 | 331 | 396 | 463 | 661 | 661 |

| | | | | | | | | | |
|---|---|---|---|---|---|---|---|---|---|
| 1,5 | 1,5 | 1,5 | 12 | 2,5 | 2 | 15 | 12 | 1,5 | |

**Préparez vos vacances en vous connectant sur notre site internet et partez à la découverte de l'univers des Gîtes de France !**

HTTP://WWW.
www.gites-de-france.fr
e-mail : info@gites-de-france.fr

# CENTRE

Pour réserver, écrire ou téléphoner :

## 18 - CHER

GITES DE FRANCE - LOISIRS ACCUEIL
5, rue de Séraucourt - 18000 BOURGES
Tél. 02 48 48 00 18 - Fax. 02 48 48 00 28
E.mail : tourisme.berry@cdt18.tv
www.berrylecher.com

## 28 - EURE-ET-LOIR

SERVICE LOISIRS-ACCUEIL
10, rue du Docteur Maunoury - B.P. 67
28002 CHARTRES CEDEX
Tél. 02 37 84 01 02 - Fax. 02 37 21 47 91
E.mail : loisirs-accueil28@tourisme28.com
www.france-bonjour.com/gites-chartres/

## 36 - INDRE

LOISIRS ACCUEIL - INDRE
7 bis, rue Bourdillon - 36000 CHATEAUROUX
Tél. 02 54 27 58 61 - Fax. 02 54 27 60 00
E.mail : resa.sla36@wanadoo.fr
www.gitesdefrance36.com

## 37 - INDRE-ET-LOIRE

GITES DE FRANCE - LOISIRS ACCUEIL TOURAINE
38, rue Augustin Fresnel - B.P. 139
37171 CHAMBRAY-LES-TOURS Cédex
Tél. 02 47 27 56 10 - Fax. 02 47 48 13 39
E.mail : reservation@gites-touraine.com
www.gites-touraine.com

## 41 - LOIR-ET-CHER

GITES DE FRANCE - Service Réservation Tourisme Vert
5, rue de la Voute du Château
B.P. 249 - 41001 BLOIS Cédex
Tél. 02 54 58 81 64 - Fax. 02 54 56 04 13
E.mail : GITES41@wanadoo.fr
www.gites-de-france-blois.com

## 45 - LOIRET

GITES DE FRANCE - LOISIRS ACCUEIL LOIRET
8, rue d'Escures - 45000 ORLEANS
Tél. 02 38 62 04 88 - Fax. 02 38 62 98 37
E.mail : gitesdefrance@loiret.chambagri.fr
www.gites-de-france-loiret.com

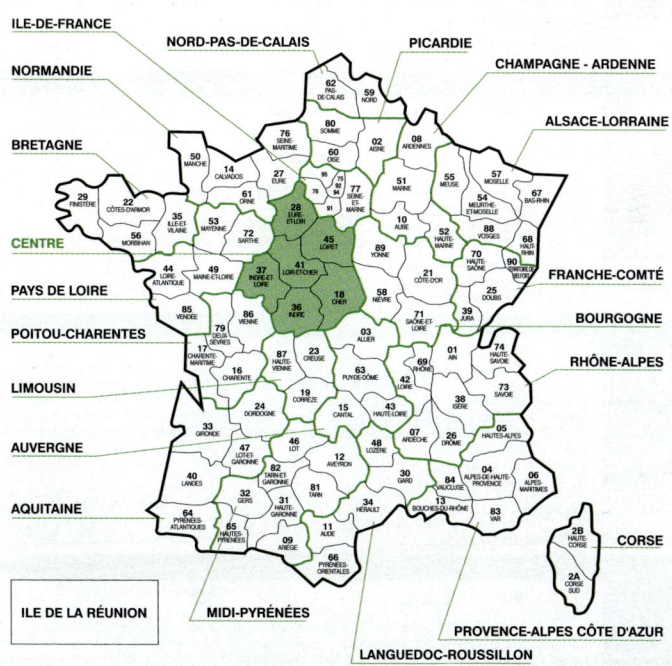

# CHER - 18

**GITES DE FRANCE - LOISIRS ACCUEIL**
5, rue de Séraucourt - 18000 BOURGES
Tél. 02 48 48 00 18 - Fax. 02 48 48 00 28
E.mail : tourisme.berry@cdt18.tv - www.berrylecher.com

---

### N° 00903 ARCOMPS — La Fontenelle — CM 238 pli 31
NN — 4 pers.

**St-Amand-Montrond 10 km.** 80 m2: gîte confortable et calme, indépendant, aménagé dans une ancienne fermette sur un terrain arboré clos de 1200 m2. Grand espace couvert avec coin-barbecue et point d'eau (cuisine d'été). Parking fermé. Séjour/salon (clic-clac), cuisine intégrée. Grande chambre ouverte sur salon (2 lits 1 pers.), 1 ch (1 lit 2 pers.), salle d'eau/wc. Micro-onde, compartiment congélateur. Possibilité lit bébé. Chauffage électrique + poêle cheminée. Ouvert toute l'année.

Joëlle et Claude ROUBAUD - Varenne - 18200 ARCOMPS
Tél. : 02 48 56 20 06 - 06 80 23 08 57

| HTE SAIS. | MOY. SAIS. | BASSE SAIS. | WEEK-END |
|---|---|---|---|
| 275 | 230 | 200 | 115 |

| | | | | | | | | | | |
|---|---|---|---|---|---|---|---|---|---|---|
| 11 | SP | 20 | 2 | 10 | 40 | 3 | 20 | 10 | 3 |

---

### N° 01902 AZY — Les Loges — CM 238 pli 19
NN — 6 pers.

**Sancerre 20 km. Bourges 35 km.** 120 m2: Ancienne fermette rénovée, indépendante, avec cour et terrain clos. Abri couvert. R.D.C: cuisine ouverte sur grand séjour/salon (canapé-lit 2 pers.), 1 ch. (1 lit 2 pers.), salle d'eau, wc. Etage: palier/salon, 2 ch. (1 lit 2 pers., 1 lit 130, 1 lit bébé), salle d'eau, wc. Micro-ondes, mini-four, compartiment congélateur. Barbecue. Ouvert toute l'année.

GITES DE FRANCE-LOISIRS ACCUEIL - 5 rue de Séraucourt - 18000 BOURGES
Tél.: 02 48 48 00 18 - Fax : 02 48 48 00 28 - Email : tourisme.berry@cdt18.tv - www.berrylecher.com

| HTE SAIS. | MOY. SAIS. | BASSE SAIS. | WEEK-END |
|---|---|---|---|
| 365 | 310 | 290 | 155 |

| | | | | | | | | | |
|---|---|---|---|---|---|---|---|---|---|
| 12 | SP | 22 | 12 | 12 | 22 | 30 | 35 | 9 |

---

### N° 10305 GRACAY — Le Rinciou — CM 238 pli 17
NN — 6 pers.

**Vierzon 25 km.** 60 m2: Ancienne fermette du 18è rénovée, face à l'habitation du propriétaire, sur une grande propriété avec pelouse, bois et rivière (pêche). Préau avec mobilier de jardin et barbecue. R.D.C: cuisine ouverte sur séjour/salon (canapé-lit 2 pers.). 1er étage: 2 ch. (1 lit 2 pers., 2 lits 1 pers.), salle d'eau/wc. Sèche-linge à disposition. Possibilité lit et chaise bébé. Hamac. Les prix comprennent le chauffage électrique. Ouvert toute l'année.

GITES DE FRANCE-LOISIRS ACCUEIL - 5 rue de Séraucourt - 18000 BOURGES
Tél.: 02 48 48 00 18 - Fax : 02 48 48 00 28 - Email : tourisme.berry@cdt18.tv - www.berrylecher.com

| HTE SAIS. | MOY. SAIS. | BASSE SAIS. | WEEK-END |
|---|---|---|---|
| 270 | 245 | 245 | 120 |

| | | | | | | | | | |
|---|---|---|---|---|---|---|---|---|---|
| 3,5 | SP | 25 | 0,2 | 10 | 25 | 3,5 | 35 | 25 | 3,5 |

---

### N° 15309 MORLAC — La Foretrie — CM 238 pli 30
NN — 4 pers.

**St-Amand-Montrond 20 km.** 70 m2: Gîte confortable, dans une partie d'une longère berrichonne, mitoyen au propriétaire, sur une exploitation agricole. Cour et grand terrain non-clos (portique). Garage. R.D.C: cuisine intégrée ouverte sur séjour/salon (insert). 1er étage: 2 ch. (1 lit 2 pers., 2 lits 1 pers.) dont une avec bain/wc et l'autre avec douche/wc. Possibilité lit bébé. Micro-ondes. Mobilier de jardin. Barbecue. Les prix comprennent linge de maison, lits faits à l'arrivée et chauffage. Ouvert toute l'année.

Arlette GENTY - La Foretrie - 18170 MORLAC
Tél. : 02 48 60 08 39 - Fax : 02 48 60 26 78

| HTE SAIS. | MOY. SAIS. | BASSE SAIS. | WEEK-END | W.-E. DETENTE |
|---|---|---|---|---|
| 320 | 260 | 260 | 130 | 170 |

| | | | | | | | | |
|---|---|---|---|---|---|---|---|---|
| 18 | SP | 35 | SP | 4 | 4 | 35 | 20 | 10 |

---

### N° 24203 SANCOINS — CM 238 pli 32
NN — 4 pers.

**Nevers 25 km.** 60 M2: Aux portes de l'Allier et de la Nièvre, gîte aménagé dans un batiment ancien, mitoyen au propriétaire. Cuisine intégrée ouverte sur séjour/salon, 2 chambres (2 lits 2 pers.), salle d'eau, wc.Micro-ondes, compartiment-congélateur. Cour et jardin clos arboré et fleuri avec piscine diam. 5.50 m, salon de jardin, transats, ping-pong et salle de musculation. Barbecue. Chauffage électrique. Accueil de groupe possible avec les chambres d'hôtes, idéal pour réunion familiales (16 pers. max). Ouvert toute l'année.

Sylvie et J-Pierre BALANGER - 48 rue de la croix blanche - 18600 SANCOINS
Tél. : 02 48 76 87 90 - 06 79 02 01 57 - Fax : 02 48 76 87 90 - Email : jean-pierre.balanger@wanadoo.fr

| HTE SAIS. | MOY. SAIS. | BASSE SAIS. | WEEK-END | W.-E. DETENTE |
|---|---|---|---|---|
| 350 | 300 | 250 | 130 | 180 |

| | | | | | | | | | |
|---|---|---|---|---|---|---|---|---|---|
| SP | SP | 15 | 0,5 | 15 | 25 | SP | 15 | 25 | SP |

# CHER - 18

## N° 19601 — ST-AIGNAN-DES-NOYERS — Les Mornes
**NN — 14 pers.** — CM 238 pli 32

Sancoins 13 km. St-Amand-Montrond 25 km. Au calme, gîte de grand confort, indép., dans une belle maison restaurée du 19è siècle. Mobilier de jardin, barbecue, balançoires, garage, parking. Prix ttes charges, loisirs compris et draps fournis. Gîte accessible aux pers. handicapées. Poss 20 pers. avec 1er étage (consulter prop pour prix). R.D.C: séjour/salon (1 lit 2 pers., DVD, home cinéma), grande cuisine aménagée (m-ondes, s-linge), 6 ch (3 lits 2 pers., 5 lits 1 pers., 2 lits 100), bureau (stéréo, convertible). 3 s de bains, 4wc. Etage: 4 ch (2 lits 2 pers., 3 lits 1 pers.), s.d.b., wc. Ouvert toute l'année.

Jean-Pierre MARRE - Les Mornes - 18600 ST-AIGNAN-DES-NOYERS
Tél.: 02 48 74 57 29 - 06 08 63 50 62 - Fax: 02 48 74 55 88 - Email: legitedesmornes@hotmail.com - www.legitedesmornes.com

| HTE SAIS. | MOY. SAIS. | BASSE SAIS. | WEEK-END |
|---|---|---|---|
| 1500 | 1500 | 1500 | 800 |

| | | | | | | | | |
|---|---|---|---|---|---|---|---|---|
| 25 | SP | 4 | 0,8 | 10 | SP | SP | 4 | 25 | 4 |

## N° 23506 — STE-SOLANGE — La Trochée
**NN — 6 pers.** — CM 238 pli 19

Bourges 15 km. 100 m2: Ancienne fermette rénovée, indépendant, sur une exploitation de polyculture-élevage (ovins-bovins) avec terrain clos de 700 m2, terrasse, en bordure de rivière (pêche). Séjour/salon avec cuisine intégrée. 3 ch. (3 lits 2 pers.), salle d'eau, wc. Micro-ondes, compartiment congélateur. Possibilité lit bébé, chauffage central électrique. Mobilier de jardin, barbecue, transats, toboggan, bascule. Ouvert toute l'année.

GITES DE FRANCE-LOISIRS ACCUEIL - 5 rue de Séraucourt - 18000 BOURGES
Tél.: 02 48 48 00 18 - Fax: 02 48 48 00 28 - Email: tourisme.cher@cdt18.tv - www.berrylecher.com

| HTE SAIS. | MOY. SAIS. | BASSE SAIS. | WEEK-END |
|---|---|---|---|
| 380 | 300 | 275 | 150 |

| | | | | | | | | |
|---|---|---|---|---|---|---|---|---|
| 7 | SP | 15 | SP | 15 | 15 | 0,5 | 15 | 15 | 0,5 |

## N° 23105 — ST-PIERRE-LES-ETIEUX — Brebeurre
**NN — 4 pers.** — CM 238 pli 31

St-Amand-Montrond 15 km. 70 m2: Gîte indépendant, à proximité de l'habitation des propriétaires, dans une ancienne dépendance de ferme entre le canal de Berry et la Marmande. Terrasse, terrain de 200 m2 clos. Parking fermé. Séjour/salon, cuisine, 2 ch. (1 lit 2 pers., 2 lits 1 pers.), salle de bains, wc. Micro-ondes, congélateur. Mobilier de jardin, barbecue. Possibilité lit bébé. Ouvert du 1er avril au 30 septembre.

GITES DE FRANCE-LOISIRS ACCUEIL - 5 rue de Séraucourt - 18000 BOURGES
Tél.: 02 48 48 00 18 - Fax: 02 48 48 00 28 - Email: tourisme.cher@cdt18.tv - www.berrylecher.com

| HTE SAIS. | MOY. SAIS. | BASSE SAIS. | WEEK-END |
|---|---|---|---|
| 270 | 210 | 178 | 110 |

| | | | | | | | | |
|---|---|---|---|---|---|---|---|---|
| 14 | SP | 8 | SP | 5 | 2,6 | 2,5 | 8 | 15 | 2,5 |

## N° 25805 — SURY-EN-VAUX — Les Giraults

**NN — 6 pers.** — CM 238 pli 20

Sancerre 10 km. 85 m2: Ancienne fermette rénovée, indépendant, dans un village de vignerons, sur un terrain de 1500 m2 clos avec terrasse et véranda. Abri couvert. Entrée, cuisine à l'américaine ouverte sur séjour, salon (clic-clac 2 pers.), 3 ch. (2 lits 2 pers., 2 lits 1 pers.), salle d'eau, wc. Possibilité lit et chaise bébé. Mobilier de jardin et barbecue. Ouvert toute l'année.

Marie-Reine et André BARRON - Les Giraults - 18300 SURY-EN-VAUX
Tél.: 02 48 79 36 04

| HTE SAIS. | MOY. SAIS. | BASSE SAIS. | WEEK-END |
|---|---|---|---|
| 400 | 340 | 300 | 170 |

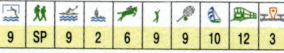
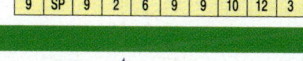

| | | | | | | | | |
|---|---|---|---|---|---|---|---|---|
| 9 | SP | 9 | 2 | 6 | 9 | 9 | 10 | 12 | 3 |

## N° 27201 — VEAUGUES
**NN — 10 pers.** — CM 238 pli 20

Sancerre 15 km. 150 M2/ Grand gîte confortable et décoré avec goût aménagé dans une belle maison bourgeoise indépendante, dans un petit bourg du sancerrois. Terrain arboré clos de 3000 m2, verger, terrasse gravillonnée, parking fermé. R.D.C: salon-salle à manger, cuisine, 1 ch. (1 lit 2 pers., 1 lit 1 pers.), wc, buanderie. Etage: 3 ch. dont 1 avec terrasse (1 lit 2 pers., 3 lits 1 pers.), 2 salles de bains, wc. Compartiment congélateur. Possibilité lit bébé. Mobilier de jardin, barbecue. Ouvert toute l'année.

GITES DE FRANCE-LOISIRS ACCUEIL - 5 rue de Séraucourt - 18000 BOURGES
Tél.: 02 48 48 00 18 - Fax: 02 48 48 00 28 - Email: tourisme.cher@cdt18.tv - www.berrylecher.com

| HTE SAIS. | MOY. SAIS. | BASSE SAIS. | WEEK-END |
|---|---|---|---|
| 480 | 392 | 344 | 196 |

| | | | | | | | | |
|---|---|---|---|---|---|---|---|---|
| 15 | SP | 15 | 6 | 6 | 15 | 15 | 20 | 25 | SP |

**CENTRE**

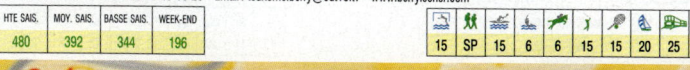
Préparez vos vacances en vous connectant sur notre site internet et partez à la découverte de l'univers des Gîtes de France !

www.gites-de-france.fr
e-mail : info@gites-de-france.fr

# EURE ET LOIR - 28

**SERVICE LOISIRS-ACCUEIL**
10, rue du Docteur Maunoury - B.P. 67 - 28002 CHARTRES CEDEX
Tél. 02 37 84 01 02 - Fax. 02 37 21 47 99
E.mail : loisirs-accueil28@tourisme28.com
www.france-bonjour.com/gites-chartres/

### N° 271 – BEROU-LA-MULOTIERE – La Pourvoirie — CM 60 pli 6
**EC – NN – 6 pers.**

Verneuil-sur-Avre 3 km. Ferté Vidame 8 Km. Dreux 40 km. Chartres 50 Km. Aux portes de la Normandie, sur un site exceptionnel dans un écrin de verdure, gîte de pêche dans maison contemporaine (130 m²) comprenant un grand séjour, salon avec cheminée suspendue, cuisine à l'américaine, débarras avec réfrigérateur. Wc indépendants, salle d'eau avec wc. 3 ch. disposant chacune (1 lit 2 pers.). Séjour avec de grandes baies vitrées donnant sur un superbe panorama de la propriété. Etang de 8 ha (carpes, brochets...) Pêche interdite sur la rivière de l'Avre. Ouvert toute l'année.
GITES DE FRANCE-SERVICE RESERVATION – 10 rue du Docteur Maunoury - BP 67 - 28002 CHARTRES Cedex
Tél. : 02 37 84 01 02 - Fax : 02 37 21 47 99 - Email : loisirs-accueil28@tourisme28.com

| HORS SAIS. | MAI/JUIN/SEPT. | JUIL./AOUT | WEEK-END |
|---|---|---|---|
| 460 | 460 | 460 | 430 |

| | | | | | | | | | | |
|---|---|---|---|---|---|---|---|---|---|---|
| 25 | 10 | SP | 3 | 10 | 10 | SP | 10 | 3 | | |

### N° 269 – BOISSY-LES-PERCHE – Philmain — CM 60 pli 6
**EC – NN – 3 pers.**

Center Park 6 km. Ferte Vidame 8 km. Dreux 45 km. Chartres 50 km. Au carrefour de Normandie et d'Ile-de-France à 3 km de Verneuil-sur-Avre (Center Park), à la frontière du PNR du Perche, dans un ancien corps de ferme, calme et tranquille, gîte de 40 m², mitoyen à 2 ch. d'hôtes, compr. une pièce à vivre avec cuisine à l'américaine, miro-ondes, réfrigérateur, TV, salle d'eau avec WC. Ch. (1 lit 2 pers. et 1 lit 1 pers.). Lave-linge possible. Jardin privatif avec salon et barbecue. Jeux intér. et extér. (billard, pétanque, ping-pong, badminton, toboggan...). Loc. de vélos. SNCF 5 km. Ouvert toute l'année.
Bob et Corinne FRENCH - La Calèche de Philmain – 28340 BOISSY-LES-PERCHE
Tél. : 02 37 37 65 38 - 06 32 57 79 11 - Email : bob-corinne@gites-boissy.org - http://gites-boissy.org

| HORS SAIS. | MAI/JUIN/SEPT. | JUIL./AOUT | WEEK-END |
|---|---|---|---|
| 210 | 230 | 256 | 125 |

| 8 | 3 | 20 | 10 | 4 | SP | 3 | SP | 5 | 3 |
|---|---|---|---|---|---|---|---|---|---|

### N° 270 – BOISSY-LES-PERCHE – Philmain — CM 60 pli 6
**EC – NN – 7 pers.**

Center Park 6 km. Ferté Vidame 8 km. Dreux 45 Km. Chartres 50 km. Au carrefour de Normandie et d'Ile-de-France à 3 km de Verneuil-sur-Avre (Center Park), à la frontière du PNR du Perche, dans un ancien corps de ferme, calme et tranquille, gîte de 100 m², mitoyen de l'habitation des propriétaires, comprenant une belle pièce à vivre avec cheminée, cuisine à l'américaine, micro-ondes, réfrigérateur/congélateur. A l'étage, 4 ch. dont 3 avec lit 2 pers., 1 lit 1 pers., lit bébé sur demande, wc indépendants, s. de bains et s. d'eau avec wc. Jardin privé avec salon. Loc. de vélos. Ouvert toute l'année.
Bob et Corinne FRENCH - La Calèche de Philmain – 28340 BOISSY-LES-PERCHE
Tél. : 02 37 37 65 38 - 06 32 57 79 11 - Email : bob-corinne@gites-boissy.org - http://gites-boissy.org

| HORS SAIS. | MAI/JUIN/SEPT. | JUIL./AOUT | WEEK-END |
|---|---|---|---|
| 294 | 326 | 380 | 188 |

| 8 | 3 | 20 | 10 | 4 | SP | 3 | SP | 5 | 3 |
|---|---|---|---|---|---|---|---|---|---|

### N° 267 – LA CROIX-DU-PERCHE – La Pimourdière — CM 60 pli 16
**EC – NN – 3/5 pers.**

Golf de Souancé au Perche 15 Km. Frazé 2 km. Nogent-le-Rotrou 20 Km. Au coeur d'un environ. boisé, gîte de caract. de 59 m² dans les dépendances d'une gentilhom. retirée à l'ombre d'un chêne bicent. et au sein d'une petite exploitation agricole qui comp. une entrée. Wc, cuisine améric. équipée et ouverte du séjour (sal. de 26 m²), poêle à bois. Canapé (1 lit gigogne 2 pers.). A l'ét. 1 ch. avec plafond "cathédrale", lit à baldaquin (160x200), lit-divan 1 pers., s.d.b. Chauff. centr. Parking, abri pour 1 voiture, mobilier de jardin. Accès indép, jardin privé en cours d'amén. Ouvert toute l'année. Prix WE : 275 €.
GITES DE FRANCE-SERVICE RESERVATION – 10 rue du Docteur Maunoury - BP 67 - 28002 CHARTRES Cedex
Tél. : 02 37 84 01 02 - Fax : 02 37 21 47 99 - Email : loisirs-accueil28@tourisme28.com

| HORS SAIS. | MAI/JUIN/SEPT. | JUIL./AOUT | WEEK-END |
|---|---|---|---|
| 275 | 325 | 375 | 225 |

| 15 | 11 | 20 | 2 | 12 | SP | 12 | SP | 12 | 11 |
|---|---|---|---|---|---|---|---|---|---|

### N° 268 – LA CROIX-DU-PERCHE – La Pilourdière — CM 60 pli 16
**EC – NN – 6 pers.**

Golf de Souancé au Perche 15 Km.Châteaux de Frazé 2 Km.Chartres 50 km. Au coeur d'un env. boisé dans la ptie Est du PNR du Perche, gîtes de caract. ds les dépend. d'une gentilhom. retirée et au sein d'une pte exploit. agric. Comp : 1 entr. avec wc, 1 cuis. équip. donnant sur s. à mang./séj./sal., chem. trad., canapé. Lits gigognes (70x2). A l'ét. 2 ch. dont 1 avec plafond "cathédrale", 3 lits (1 en mezzanine 140x200 et 2 en-dessous (80x200), l'autre avec plaf. cathédrale, charpente appar. lit 160x200. S.d.b. et s. d'eau avec lav., wc. Ch. cent. Abri pour 1 voit., mob. jard. Ouvert toute l'année. Prix WE : 275 €.
GITES DE FRANCE-SERVICE RESERVATION – 10 rue du Docteur Maunoury - BP 67 - 28002 CHARTRES Cedex
Tél. : 02 37 84 01 02 - Fax : 02 37 21 47 99 - Email : loisirs-accueil28@tourisme28.com

| HORS SAIS. | MAI/JUIN/SEPT. | JUIL./AOUT | WEEK-END |
|---|---|---|---|
| 350 | 400 | 500 | 400 |

| 15 | 11 | 20 | 2 | 12 | SP | 12 | SP | 12 |
|---|---|---|---|---|---|---|---|---|

# EURE ET LOIR - 28

## N° 265 GERMIGNONVILLE — Domaine de Cambray — CM 60 pli 18

NN — 6 pers.

Orgère en Beauce (maison de la Beauce) 6 km. Gîte dans dépendance du château de Cambray. R.d.c.: entrée, salon, salle à manger/cuisine aménagée (réfrigérateur/congélateur, plaque gaz/four électrique) wc, lavabo. Etage: 1 ch. (lit 160+lit bébé), 1 ch. (2 lits 1 pers.), 1 ch. (1 lit 2 pers., 1 lit 1 pers.), s. d'eau avec douche et wc séparés. Chauffage central gaz. Jardin + meubles de jardin. Location linge de maison. Randonnées pédestres, observation d'animaux. Bois privé sur place. Tarif court séjour 3 jrs/3 nuits : 200 €. E-mail : christine.decambray@wanadoo.fr. Ouvert toute l'année.
GITES DE FRANCE-SERVICE RESERVATION - 10 rue du Docteur Maunoury - BP 67 - 28002 CHARTRES Cedex
Tél. : 02 37 84 01 02 - Fax : 02 37 21 47 99 - Email : loisirs-accueil@tourisme28.com

| HORS SAIS. | MAI/JUIN/SEPT. | JUIL./AOUT | WEEK-END | W.-E. DETENTE |
|---|---|---|---|---|
| 250 | 300 | 360 | 170 | 250 |

| | | | | | | | | | |
|---|---|---|---|---|---|---|---|---|---|
| 50 | 3 | 30 | 30 | 40 | 15 | 15 | SP | 15 | 3 |

## N° 264 MESNIL-THOMAS — Les Epineraises — CM 60 pli 6

NN — 6 pers.

Ferté Vidame 16 Km. Senonches 6 km. Center Park 30 km. Chartres 32 km. Au coeur du PNR du Perche, dans un environnement agréable et calme qui invite au repos, gîte de plain-pied, joliment décoré comprenant séjour/salle à manger, cuisine ouverte avec micro-ondes, frigo avec compartiment congélateur, cuisinière avec four, salle d'eau avec lavabo, wc. Salle de bains, wc indépendants. 3 ch. lit bébé et chaise à disposition. Chauffage électrique, garage, mobilier de jardin. Terrain clos de 2700 m². Possibilité location linge de maison. Forfait ménage : 30 €. Ouvert toute l'année.
Annie ALBY - 27 bis Les Epineraises - 28250 MESNIL-THOMAS
Tél. : 02 37 37 98 85 - 01 42 04 53 32

| HORS SAIS. | MAI/JUIN/SEPT. | JUIL./AOUT | WEEK-END |
|---|---|---|---|
| 210 | 280 | 320 | 150 |

| | | | | | | | | |
|---|---|---|---|---|---|---|---|---|
| 7 | 6 | 6 | 6 | 16 | 6 | SP | 16 | 6 |

## N° 266 OINVILLE-SAINT-LIPHARD — Melleray — CM 60 pli 19

EC — NN — 9 pers.

Orgères en Beauce 18 Km. Chartres 35 Km. Gîte à la ferme de plain-pied de 100 m² comprenant cuisine à l'américaine (microondes), ouverte sur la salle à manger/séjour, cellier attenant avec sèche-linge. 1 salle d'eau avec wc, 1 salle de bains, wc indépendants, 4 ch. dont 2 (1 lit 2 pers.). La 3è (2 lits 80x200), la 4è (1 lit 2 pers. et en alcôve 1 lit 1 pers.). Chauff. centr. au fuel. Grand jardin clos de mur, arboré et aménagé de 900 m². Ping-pong et vélos à disposition. Linge de maison et de toilette, bois de cheminée fournis. Lit et chaise bébé sur demande. W.E 3 nuits : 390 €. Ouvert toute l'année.
GITES DE FRANCE-SERVICE RESERVATION - 10 rue du Docteur Maunoury - BP 67 - 28002 CHARTRES Cedex
Tél. : 02 37 84 01 02 - Fax : 02 37 21 47 99 - Email : loisirs-accueil@tourisme28.com

| HORS SAIS. | MAI/JUIN/SEPT. | JUIL./AOUT | W.-E. DETENTE |
|---|---|---|---|
| 310 | 360 | 450 | 350 |

| | | | | | | | | |
|---|---|---|---|---|---|---|---|---|
| 45 | 5 | 40 | 18 | 18 | SP | 5 | SP | 5 |

CENTRE — Pictos voir p. 12

# INDRE - 36

**LOISIRS ACCUEIL - INDRE**
7 bis, rue Bourdillon - 36000 CHATEAUROUX
Tél. 02 54 27 58 61 - Fax. 02 54 27 60 00
E.mail : resa.sla36@wanadoo.fr - www.gitesdefrance36.com

## PÉRIODES TARIFAIRES
**TRÈS HTE SAIS :** du 17.07 au 14.08 - **HTE SAIS :** du 26.06 au 17.07, du 14.08 au 28.08 - **MOY SAIS :** du 7.02 au 6.03, du 3.04 au 26.06, du 28.08 au 25.09 ; du 23.10 au 30.10, du 18.12 au 8.01.05 - **BASSE SAIS :** du 3.01 au 7.02, du 6.03 au 3.04, du 25.09 au 23.10 ; du 30.10 au 18.12 - **W-E :** du vend. au lun. (hors V.S.), Mid-week Moy sais : du vend. au lun. - **MID-WEEK BASSE SAIS :** du vend. au lun. - **PROMO :** - semaine "basse sais" pour les vac. de Fév. et de Toussaint au lieu du tarif "moy sais".

### N° 28003 BUZANCAIS — CM 68 pli 7

EC NN 4 pers.

Aux portes de la Brenne, maison berrichonne avec terrain privatif clos. Jardin ombragé. Cour en terrasse. Au coeur de Buzançais mais très loin des nuisances, juste le chant des oiseaux, calme assuré. RDC : cuisine. Grande salle à manger. Salon. Salle de bains. WC. 2 chambres mansardées communiquantes (1 lit 2 pers., 2 lits 1 pers., 1 lit bébé). Chauffage électrique. Barbecue, salon de jardin, chaises longues. Location de draps et linge de toilette. Forfait ménage. Ouvert toute l'année.
Pascal REVIRON - 57 rue Grande - 36500 BUZANCAIS
Tél. : 02 54 84 13 63

| TRÈS HTE SAIS. | HTE SAIS. | MOY. SAIS. | BASSE SAIS. | WEEK-END |
|---|---|---|---|---|
| 280 | 250 | 200 | 160 | 130 |

| | | | | | | | | | |
|---|---|---|---|---|---|---|---|---|---|
| 30 | 0,1 | 7,5 | 0,2 | 30 | 30 | 5 | 0,5 | 30 | 0,1 |

### N° 58010 DOUADIC — Château du Pin — CM 68 pli 13

EC NN 3 pers.

Gîte à l'étage. Entrée. Salle de bains/WC. Cuisine équipée. Salon (2 lits 90/200). Chambre indépendante (1 lit 2 pers.). Chauffage central au fuel. Grand parc du château à disposition. Salon de jardin, chaises longues. Possibilité location vélos. Sur place, 3 chambres d'hôtes au château. Ouvert du 1er avril au 15 novembre.

LOISIRS ACCUEIL-INDRE - 7 bis, rue Bourdillon - 36000 CHATEAUROUX
Tél. : 02 54 27 58 61 - Fax : 02 54 27 60 00 - Email : resa.sla36@wanadoo.fr - www.gitesdefrance36.com

| TRÈS HTE SAIS. | HTE SAIS. | MOY. SAIS. | BASSE SAIS. | WEEK-END |
|---|---|---|---|---|
| 350 | 300 | 300 | 300 | 180 |

| | | | | | | | | |
|---|---|---|---|---|---|---|---|---|
| 15 | 12 | 5 | 12 | 12 | 12 | 25 | 12 | 55 | 4 |

### N° 62008 EGUZON-CHANTOME — La Bergerie à Bousset — CM 68 pli 18

NN 4 pers.

Venez profiter du calme et de la nature dans ce gîte entouré d'un jardin et dans un site verdoyant. Situé à 2 km du lac d'Eguzon où vous pourrez pratiquer des sports nautiques. De plain-pied : séjour avec coin-cuisine équipée & coin-salon. 2 ch. (1 lit 2 pers., 2 lits 1 pers.). Salle d'eau. WC. Chauf. élec. Barbecue, salon de jardin. Parking. Lave-linge commun. Ouvert toute l'année.
Philippe et Josy HENRY - "La Bergerie à Bousset" - 36270 EGUZON-CHANTOME
Tél. : 02 54 47 37 91

| TRÈS HTE SAIS. | HTE SAIS. | MOY. SAIS. | BASSE SAIS. | WEEK-END |
|---|---|---|---|---|
| 335 | 300 | 250 | 180 | 150 |

| | | | | | | | | | |
|---|---|---|---|---|---|---|---|---|---|
| 3 | 20 | 6 | 1,5 | 3 | 3 | 40 | 0,5 | 20 | 1,5 |

### N° 123006 MARTIZAY — Les Bergereaux — CM 68 pli 6

EC NN 6 pers.

Sur 1 ha de verdure, notre demeure ancestrale ouvre ses portes pour séjourner en Brenne. Repos découverte du pays des 1 000 étangs où faune et flore vous attendent. Vous aimez la pêche, un coin de rivière est réservé à 3 km. RDC (3 marches) : grd séjour/salon/salle à manger donnant sur terrasse. Cuisine équip. WC. Etage : 3 ch. (2 lits 2 pers., 2 lits 1 pers.,1 lit enfant). Salle de bains/wc. Chauffage électrique. Grand terrain aménagé non clos (salon de jardin, barbecue). Garage. Ouvert toute l'année.
Marie-Sylvie THERET - 39 rue de la Patière - 36220 MARTIZAY
Tél. : 02 54 28 09 95 - 06 79 12 86 32 - Email : ms.the@club-internet.fr

| TRÈS HTE SAIS. | HTE SAIS. | MOY. SAIS. | BASSE SAIS. | WEEK-END |
|---|---|---|---|---|
| 430 | 390 | 300 | 220 | 180 |

| | | | | | | | |
|---|---|---|---|---|---|---|---|
| 15 | 8 | 12 | 10 | 10 | 20 | 3 | 45 | 3 |

### N° 246004 VILLENTROIS — CM 64 pli 18

EC NN 4 pers.

Située au coeur d'une région historique très riche par les châteaux de la Loire, une maison rénovée vous accueille et vous assure l'hébergement en prairie pour vos chevaux si vous aimez randonner en forêt. RDC : cuisine équipée. Salle à manger. Salle de bains/WC. Etage : 2 chambres (2 lits 2 pers., lit bébé). Dépendances. Chauffage central gaz. Abri voiture. Cour close (salon de jardin, barbecue). Bois payant. Tarifs toutes charges comprises (hors haute saison). Ouvert toute l'année.

LOISIRS ACCUEIL-INDRE - 7 bis, rue Bourdillon - 36000 CHATEAUROUX
Tél. : 02 54 27 58 61 - Fax : 02 54 27 60 00 - Email : resa.sla36@wanadoo.fr - www.gitesdefrance36.com

| TRÈS HTE SAIS. | HTE SAIS. | MOY. SAIS. | BASSE SAIS. | WEEK-END |
|---|---|---|---|---|
| 300 | 260 | 260 | 210 | 180 |

| | | | | | | | |
|---|---|---|---|---|---|---|---|
| 50 | 9 | 9 | 0,5 | 20 | 0,5 | 50 | 0,5 |

# INDRE ET LOIRE - 37

**GITES DE FRANCE - LOISIRS ACCUEIL TOURAINE**
38, rue Augustin Fresnel - B.P. 139 - 37171 CHAMBRAY-LES-TOURS Cédex
Tél. 02 47 27 56 10 - Fax. 02 47 48 13 39
E.mail : reservation@gites-touraine.com - www.gites-touraine.com

## PERIODES TARIFAIRES
**BASSE SAISON :** du 3.01 au 7.02, du 6.03 au 3.04, du 2.10 au 23.10, du 30.10 au 18.12 - **MOYENNE SAISON :** du 7.02 au 6.03, du 3.04 au 3.07, du 28.08 au 2.10, du 23.10 au 30.10, du 18.12 au 31.12 - **HAUTE SAISON :** du 3.07 au 17.07, du 21.08 au 28.08 - **TRÈS HAUTE SAISON :** du 17.07 au 21.08

### N° 13931 AMBILLOU
**EC** — 6 pers. — CM 64 pli 14

Cette longère, restaurée avec soin, est située au coeur d'un petit village de la gâtine tourangelle sur un terrain arboré et fleuri de 1000 m2 clos. R.D.C. Grande cuisine salle à manger (42 m2). Salon (canapé-convertible). Salle de bains avec wc. Etage : 1e ch. (1 lit 120, 1 lit 1 pers., lavabo). 2e ch. (1 lit 2 pers., 1 lit enfant). Chauffage central au fuel (6 à 12 €/jour). Jardin privatif clos.

Christine BERON - Le Moulin Neuf - 37340 AMBILLOU
Tél. : 02 47 24 27 40 - 02 47 24 28 12

| BASSE SAIS. | MOY. SAIS. | HTE SAIS. | TRES HTE SAIS. | WEEK-END |
|---|---|---|---|---|
| 230 | 280 | 360 | 400 | 180 |

| | | | | | | | |
|---|---|---|---|---|---|---|---|
| 13 | 0,5 | 1 | 2 | 15 | SP | 15 | 7 | 17 | SP |

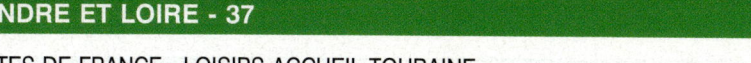

### N° 13981 ATHEE-SUR-CHER — La Boissière - Vallet
**NN** — 4 pers. — CM 64 pli 15

Ancienne dépendance d'une propriété de caractère du XVIe, le gîte de la Boissière était l'ancienne maison du jardinier, bâtie au début XXe et entièrement restaurée en 2002. Niché dans un vallon boisé, ce gîte indépendant est à 300 m du Cher (pêche), 2 km du bourg d'Athée/Cher et 5 km de Bléré (tous commerces et services). R.D.C. : Séjour-cuisine (canapé, frigo-congél.). Salle d'eau. Wc. Etage : 1e ch. (1 lit 2 pers., 1 lit bébé). 2e ch. (2 lits 1 pers.). Cabinet de toilette avec wc. Chaise bébé. Chauffage électrique. Jardin 400 m2 clos (terrasse 28 m2, barbecue). Option draps : 6 €/lit. Tél.télésejour.

LOISIRS ACCUEIL TOURAINE - 38 rue Augustin Fresnel - BP 139 - 37171 CHAMBRAY-LES-TOURS Cedex
Tél. : 02 47 27 56 10 - Fax : 02 47 48 13 39 - Email : reservation@gites-touraine.com - www.gites-touraine.com

| BASSE SAIS. | MOY. SAIS. | HTE SAIS. | TRES HTE SAIS. | WEEK-END |
|---|---|---|---|---|
| 260 | 327 | 413 | 455 | 180 |

| | | | | | | | |
|---|---|---|---|---|---|---|---|
| 5 | 2 | 0,2 | 10 | SP | 4 | 2 |

### N° 14541 AVRILLE-LES-PONCEAUX — St-Symphorien-les-Ponceaux
**EC** — 4 pers. — CM 64 pli 13

Petite maison indépendante (fin XIXe), aménagée en gîte après complète restauration. Elle est située à 11 km au nord de Langeais, dans un gros hameau comportant une église carolingienne. R.D.C. : séjour-cuisine (m-ondes, frigo-congél., convertible 2 pers.), 1e ch. (1 lit 2 pers.), 2e ch. (2 lits 1 pers.), salle d'eau, wc, débarras. Chauffage électrique. Jardin clos 1000 m2 (barbecue). Etang privé de 5 ha pour la pêche à 800 m (accès à l'étang non autorisé les week-end). Plan d'eau et base de loisirs à Rillé (10 km).

LOISIRS ACCUEIL TOURAINE - 38 rue Augustin Fresnel - BP 139 - 37171 CHAMBRAY-LES-TOURS Cedex
Tél. : 02 47 27 56 10 - Fax : 02 47 48 13 39 - Email : reservation@gites-touraine.com - www.gites-touraine.com

| BASSE SAIS. | MOY. SAIS. | HTE SAIS. | TRES HTE SAIS. | WEEK-END |
|---|---|---|---|---|
| 180 | 230 | 280 | 305 | 140 |

| | | | | | | | |
|---|---|---|---|---|---|---|---|
| 11 | 11 | 0,8 | 10 | SP | 15 | 11 | 5 |

### N° 13342 BALLAN-MIRE — Le Grand Bouchet
**EC** — 6 pers. — CM 64 pli 14

Ancienne maison du jardinier et ravissante demeure fin XVIIIe (poutres, colombages, terres cuites), ce gîte en retrait du château du Grand Bouchet a un accès indépendant. R.D.C. : séjour-salon (tél. restreint), cuisine (l-linge séchant, m-ondes), 1e ch. (1 lit 160), wc. Etage : 2e ch. (1 lit 160), 3e ch. (2 lits 1 pers.), salle de bains. Chauff. élect. (6 à 12 €/jour). Jardin privatif clos (terrasse, barbecue, mobilier jardin). A disposition : parc 10 ha, piscine privée (6 x 12 m), pool house 70 m2 (bains de soleil). Lits faits compris. Prix moyenne saison, hors piscine : 660 €/semaine.

LOISIRS ACCUEIL TOURAINE - 38 rue Augustin Fresnel - BP 139 - 37171 CHAMBRAY-LES-TOURS Cedex
Tél. : 02 47 27 56 10 - Fax : 02 47 48 13 39 - Email : reservation@gites-touraine.com - www.gites-touraine.com

| BASSE SAIS. | MOY. SAIS. | HTE SAIS. | TRES HTE SAIS. | W.-E. DETENTE |
|---|---|---|---|---|
| 480 | 840 | 975 | 1080 | 400 |

| | | | | | | | |
|---|---|---|---|---|---|---|---|
| SP | 1 | 1 | 2 | 3 | SP | 2 | 9 | 5 |

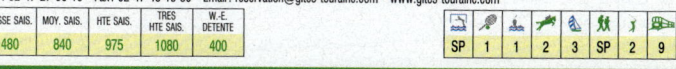

### N° 14111 BALLAN-MIRE
**NN** — 4 pers. — CM 64 pli 14

Tours et Azay-le-Rideau 15 mn. Situé dans un hameau à 1,3 km du centre de Ballan, ce gîte est aménagé dans une petite longère (1743) entièrement restaurée et indépendante, sur un beau jardin clos et privatif de 2000 m2 fleuri et arboré. R.D.C. : séjour-cuisine (m-ondes, frigo-congél., tél. restreint), 1e ch. (1 lit 2 pers., 1 lit bébé), 2e ch. (1 lit 2 pers.), salle d'eau (wc), 2nd wc. Chauff. électrique. Terrasse couverte (barbecue). Abri voiture. Option ménage (25 €). Draps inclus/lits faits. Chaise et baignoire bébé.

LOISIRS ACCUEIL TOURAINE - 38 rue Augustin Fresnel - BP 139 - 37171 CHAMBRAY-LES-TOURS Cedex
Tél. : 02 47 27 56 10 - Fax : 02 47 48 13 39 - Email : reservation@gites-touraine.com - www.gites-touraine.com

| BASSE SAIS. | MOY. SAIS. | HTE SAIS. | TRES HTE SAIS. | W.-E. DETENTE |
|---|---|---|---|---|
| 295 | 350 | 395 | 440 | 200 |

| | | | | | | | |
|---|---|---|---|---|---|---|---|
| 5 | 1,2 | 5 | 3 | 5 | SP | 2 | 1 | 1,3 |

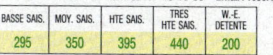

# INDRE ET LOIRE - 37

Périodes tarifaires p. 165

---

**N° 14431 — BEAUMONT-EN-VERON — La Maçonnière — CM 64 pli 13**

EC — 4 pers.

A 5 km de Chinon, dans un hameau calme à 200 m des bords de Vienne, ce gîte de caractère du début XIXe (avec meubles anciens), bénéficie d'un bel espace paysager, dans un environnement propice à la détente et aux promenades (à pied, à vélo). R.D.C : séjour-cuisine (m-ondes), salon (tél. restreint), 1e ch. (2 lits 1 pers., salle d'eau, wc). 2e ch. (1 lit 2 pers., salle de bains, wc). Lit bébé. Chauffage électrique. Grand jardin clos (terrasse). Lits faits inclus. Piste cyclable Candes-Chinon, idéal pour visiter les châteaux de la Loire.
Josiane SARFATI - Château de Danzay - 37420 BEAUMONT-EN-VERON
Tél. : 02 47 58 46 86 - Fax: 02 47 58 84 35 - Email : info@danzay.com - www.danzay.com/gite/

| MOY. SAIS. | HTE SAIS. | TRES HTE SAIS. |
|---|---|---|
| 450 | 540 | 700 |

| | | | | | | | |
|---|---|---|---|---|---|---|---|
| 3 | 3 | 0,2 | 4,5 | SP | 5 | 12 | 7 | 3 |

---

**N° 13871 — BETZ-LE-CHATEAU — La Pilaudière — CM 68 pli 5**

NN — 4 pers.

Ce gîte indépendant, aménagé dans une ancienne fermette XIXe restaurée à neuf, est situé à 800 m du village et surplombe la petite vallée du Brignon. R.D.C : salon-séjour-cuisine (banquette lit gigogne 2 x 1 pers., mini-chaine avec tuner, cd et cassette, cheminée tourangelle à insert, tél. téléséjour, m-ondes, frigo-congél.), 1e ch. (1 lit 2 pers.). 2e ch. (2 lits 1 pers.), wc, salle d'eau. Lit et chaise bébé. Chauffage électrique. Buanderie (s-linge). Jardin 1600 m2 avec verger ( barbecue, terrasse 55 m2 en partie abritée par un préau). Garage ouvert. Draps inclus (lits faits).
LOISIRS ACCUEIL TOURAINE - 38 rue Augustin Fresnel - BP 139 - 37171 CHAMBRAY-LES-TOURS Cedex
Tél. : 02 47 27 56 10 - Fax : 02 47 48 13 39 - Email : reservation@gites-touraine.com - www.gites-touraine.com

| BASSE SAIS. | MOY. SAIS. | HTE SAIS. | TRES HTE SAIS. | W.-E. DETENTE |
|---|---|---|---|---|
| 230 | 280 | 340 | 385 | 190 |

| | | | | | | |
|---|---|---|---|---|---|---|
| 10 | 1 | 1 | SP | 12 | 18 | 1 |

---

**N° 13841 — BLERE — La Haute Roche — CM 64 pli 16**

NN — 3 pers.

Amboise et Chenonceaux 10 mn. Gîte de 60 m2 aménagé à l'extrémité d'une ancienne ferme et exposé au sud, à 2 km du centre de Bléré (tous commerces et services). R.D.C : séjour-cuisine (convertible 2 pers., frigo-congél.), 1 ch. (1 lit 2 pers., 1 lit 1 pers.), salle d'eau avec wc. Lit et chaise bébé. Chauffage central fuel (2 à 4 €/jour). Jardin clos 100 m2 (barbecue). Option draps (6 €/lit). Sur place potager du propriétaire résidant à 2 km.
LOISIRS ACCUEIL TOURAINE - 38 rue Augustin Fresnel - BP 139 37171 CHAMBRAY-LES-TOURS Cedex
Tél. : 02 47 27 56 10 - Fax : 02 47 48 13 39 - Email : reservation@gites-touraine.com - www.gites-touraine.com

| BASSE SAIS. | MOY. SAIS. | HTE SAIS. | TRES HTE SAIS. | WEEK-END |
|---|---|---|---|---|
| 166 | 204 | 260 | 286 | 110 |

| | | | | | | |
|---|---|---|---|---|---|---|
| 2,5 | 2,5 | 2 | 10 | 2,5 | SP | 3 | 2 |

---

**N° 14401 — BOURGUEIL — Petit Buton — CM 64 pli 13**

EC — 4 pers.

Maison tourangelle indépendante, dans un hameau en plein coeur de la forêt de Bourgueil et à 5 mn de cette réputée cité viticole connue aussi pour son abbaye. R.D.C : séjour-cuisine (m-ondes, tél. restreint), wc, buanderie (congél). Etage : 1e ch. (2 lits 1 pers.), 2e ch. (1 lit 160, 1 lit bébé), salle d'eau, wc. Chauffage électrique. Grand espace privatif non clos de 8000 m2 en partie boisé (barbecue) sur lequel vous pourrez observer, à l'aube, quelques cervidés. Belles balades en forêt. Lits faits inclus.
LOISIRS ACCUEIL TOURAINE - 38 rue Augustin Fresnel - BP 139 37171 CHAMBRAY-LES-TOURS Cedex
Tél. : 02 47 27 56 10 - Fax : 02 47 48 13 39 - Email : reservation@gites-touraine.com - www.gites-touraine.com

| BASSE SAIS. | MOY. SAIS. | HTE SAIS. | TRES HTE SAIS. | W.-E. DETENTE |
|---|---|---|---|---|
| 230 | 280 | 350 | 385 | 150 |

| | | | | | | |
|---|---|---|---|---|---|---|
| 14 | 4 | 9 | 16 | SP | 8 | 4 |

---

**N° 14201 — CANDES-SAINT-MARTIN — CM 64 pli 13**

NN — 6 pers.

Maison de caractère du XVe, au centre de Candes (village classé), sur le flanc Est de la Collégiale. R.D.C : vaste séjour-cuisine 60 m2 (belle cheminée régence en pierre de taille, frigo-congél., tél. téléséjour), salle d'eau/wc. Etage : 1e ch. et 2e ch. (chacune 1 lit 2 pers.), 3e ch. (2 lits 1 pers.), salle de bains/wc. Lit de bébé. Chauffage électrique (6 à 12 €/jour). Jardin clos 300 m2 (barbecue) avec préau (abri 1 voiture). Intérieur avec mobilier de belle qualité et poutres apparentes. Option draps (7 €/lit).
LOISIRS ACCUEIL TOURAINE - 38 rue Augustin Fresnel - BP 139 37171 CHAMBRAY-LES-TOURS Cedex
Tél. : 02 47 27 56 10 - Fax : 02 47 48 13 39 - Email : reservation@gites-touraine.com - www.gites-touraine.com

| BASSE SAIS. | MOY. SAIS. | HTE SAIS. | TRES HTE SAIS. | WEEK-END |
|---|---|---|---|---|
| 350 | 450 | 550 | 600 | 300 |

| | | | | | | |
|---|---|---|---|---|---|---|
| 7 | 0,5 | SP | 8,5 | SP | 8 | 10 | 4 |

---

**N° 14171 — CHAMBON — La Guignardière — CM 68 pli 5**

EC — 3 pers.

A proximité de la Vienne et de la Creuse, dans une ancienne ferme où résident les propriétaires, ce gîte de 47 m2 est aménagé sur 2 niveaux dans l'une des dépendances de l'habitation. R.D.C : séjour-cuisine, salle de bains avec wc. Etage : 1 vaste chambre palière (1 lit 2 pers., 1 lit 1 pers., 1 lit bébé). Kit bébé sur demande. Chauffage électrique. Jardin clos commun 1000 m2 (barbecue, terrasse, p-pong). Option draps (6 €/lit). Grand choix de loisirs à proximité : Le Grand Pressigny (site préhistorique, château), Parc Régional de la Brenne, Futuroscope, la Roche Posay (casino, thermalisme).
LOISIRS ACCUEIL TOURAINE - 38 rue Augustin Fresnel - BP 139 - 37171 CHAMBRAY-LES-TOURS Cedex
Tél. : 02 47 27 56 10 - Fax : 02 47 48 13 39 - Email : reservation@gites-touraine.com - www.gites-touraine.com

| BASSE SAIS. | MOY. SAIS. | HTE SAIS. | TRES HTE SAIS. | WEEK-END |
|---|---|---|---|---|
| 160 | 202 | 252 | 295 | 120 |

| | | | | | | |
|---|---|---|---|---|---|---|
| 10 | 1 | 1 | 8 | SP | 15 | 8 | 25 | 2 |

# INDRE ET LOIRE - 37

## N° 12852 CHAMBRAY-LES-TOURS
**NN — 5 pers.** — CM 64 pli 15

Maison tourangelle fin XVIIIe, en pleine campagne, à 15 mn de Tours, sur jardin ombragé, comprenant aussi 1 chambre d'hôtes 4 épis dans la résidence des propriétaires. R.D.C. : séjour-cuisine 15 m2 (micro-ondes, frigo, etc...), wc. Etage : 1e ch. (1 lit 160), 2e ch. (1 lit 2 pers., 1 lit 130, 1 lit 1 pers.), toutes deux très spacieuses, elles communiquent entre elles. Salle d'eau, wc. Chauffage électrique (3 à 6 €/jour). Lit et chaise bébé. Jardin 3000 m2 clos commun (terrasse, barbecue). Draps inclus. Réduction de 50 € en MS et 70 € en HS pour 2 pers. utilisant une seule chambre.

LOISIRS ACCUEIL TOURAINE - 38 rue Augustin Fresnel - BP 139 - 37171 CHAMBRAY-LES-TOURS Cedex
Tél. : 02 47 27 56 10 - Fax : 02 47 48 13 39 - Email : reservation@gites-touraine.com - www.gites-touraine.com

| BASSE SAIS. | MOY. SAIS. | HTE SAIS. | TRES HTE SAIS. | WEEK-END |
|---|---|---|---|---|
| 240 | 320 | 410 | 450 | 200 |

| | | | | | | |
|---|---|---|---|---|---|---|
| 4 | 4 | 2 | 2 | SP | 4 | 10 | 4 |

## N° 14141 CHEDIGNY — La Joubardière
**NN — 4 pers.** — CM 64 pli 16

Aménagé dans une charmante longère XIXe indépendante, ce gîte est équipé de mobilier de caractère. Il ouvre au sud sur des champs ouverts, qui forment un plateau dominant la vallée de l'Indre (3 km). R.D.C. : cuisine, séjour-salon, 1e ch. (1 lit 2 pers.), 2e ch. (1 lit 2 pers.) salle de bains, wc, buanderie (s-linge). Lit, chaise et baignoire bébé. Chauffage central (5 à 10 €/jour). Jardin non clos paysager de 4500 m2 (terrasse, barbecue). Piano sur demande. Options : draps (6 €/lit), ménage final (25 €) et location de vélos. Téléphone.

LOISIRS ACCUEIL TOURAINE - 38 rue Augustin Fresnel - BP 139 - 37171 CHAMBRAY-LES-TOURS Cedex
Tél. : 02 47 27 56 10 - Fax : 02 47 48 13 39 - Email : reservation@gites-touraine.com - www.gites-touraine.com

| BASSE SAIS. | MOY. SAIS. | HTE SAIS. | TRES HTE SAIS. | WEEK-END |
|---|---|---|---|---|
| 300 | 360 | 400 | 440 | 160 |

| | | | | | |
|---|---|---|---|---|---|
| 14 | 3 | 3 | 6 | SP | 14 | 5 |

## N° 10202 CHEILLE — Beigneux
**NN — 5 pers.** — CM 64 pli 14

Gîte aménagé dans une ravissante maison tourangelle XIXe dont l'intérieur a bénéficié d'une très belle restauration. Le hameau de Beigneux se situe entre la vallée de l'Indre et la forêt de Chinon. R.D.C. : salon (canapé), séjour-cuisine 35 m2, salle de bains avec wc. Etage : 1e ch. (douche, wc, 1 lit 2 pers.), 2e ch. (1 lit 2 pers., 1 lit 1 pers.), Lingerie. Chauffage électrique. Parc non clos 2000 m2 (terrasse avec pergola, barbecue, portique). Option draps (7 €/lit). Location de VTT adulte, lit et chaise bébé.

LOISIRS ACCUEIL TOURAINE - 38 rue Augustin Fresnel - BP 139 - 37171 CHAMBRAY-LES-TOURS Cedex
Tél. : 02 47 27 56 10 - Fax : 02 47 48 13 39 - Email : reservation@gites-touraine.com - www.gites-touraine.com

| BASSE SAIS. | MOY. SAIS. | HTE SAIS. | TRES HTE SAIS. | WEEK-END | W.-E. DETENTE |
|---|---|---|---|---|---|
| 290 | 360 | 450 | 510 | 170 | 215 |

| | | | | | | |
|---|---|---|---|---|---|---|
| 3,5 | 2,5 | 1 | SP | 3,5 | 20 | 3 |

## N° 14351 COURCELLES-DE-TOURAINE — La Bodinière
**EC — 3 pers.** — CM 64 pli 13

Cette ferme d'élevage bio de 22 ha (bovins, ovins, volailles), propose un gîte à l'architecture originale, dans une dépendance ouverte au sud-est et située à l'opposé de l'habitation des propriétaires. R.D.C. : cuisine à l'américaine et coin-salon (39 m2, 1 canapé-lit 1 pers. large de 75 cm, m-ondes, magnéto/DVD, radio CD), 1 ch. (1 lit 2 pers.), salle de bains, wc, buanderie. Lit et chaise bébé. Chauffage électrique. Jardin clos privatif 300 m2 (terrasse, barbecue). Marre non clôturée pour pêche. 5 box pour chevaux. Options : draps (7 €/lit) et ménage (30 €).

LOISIRS ACCUEIL TOURAINE - 38 rue Augustin Fresnel - BP 139 - 37171 CHAMBRAY-LES-TOURS Cedex
Tél. : 02 47 27 56 10 - Fax : 02 47 48 13 39 - Email : reservation@gites-touraine.com - www.gites-touraine.com

| BASSE SAIS. | MOY. SAIS. | HTE SAIS. | TRES HTE SAIS. | W.-E. DETENTE |
|---|---|---|---|---|
| 220 | 260 | 320 | 340 | 260 |

| | | | | | | |
|---|---|---|---|---|---|---|
| 16 | 6 | SP | 12 | SP | 5 | 999 | 6 |

## N° 14161 CRAVANT-LES-COTEAUX — Les Chesnaies
**NN — 2 pers.** — CM 64 pli 14

Niché dans une parcelle boisée de 3500 m2 clos, ce gîte totalement indépendant a une situation exceptionnelle au milieu des vignes. Sur le coteau nord, il est exposé plein sud et domine la vallée de la Vienne. R.D.C. : séjour-cuisine 30 m2 (m-ondes, convertible 2 pers., tél. téléséjour), 1 chambre (1 lit 2 pers.), salle d'eau avec wc. Chauffage électrique. Lit et chaise bébé. Terrain clos 3500 m2 (terrasse solarium et terrasse couverte, barbecue). Cheminée utilisable d'octobre à mai. Draps inclus. Propriétaires (viticulteurs de renom) à 1 km.

LOISIRS ACCUEIL TOURAINE - 38 rue Augustin Fresnel - BP 139 - 37171 CHAMBRAY-LES-TOURS Cedex
Tél. : 02 47 27 56 10 - Fax : 02 47 48 13 39 - Email : reservation@gites-touraine.com - www.gites-touraine.com

| BASSE SAIS. | MOY. SAIS. | HTE SAIS. | TRES HTE SAIS. | W.-E. DETENTE |
|---|---|---|---|---|
| 250 | 330 | 395 | 430 | 200 |

| | | | | | |
|---|---|---|---|---|---|
| 9 | 1 | 3 | 15 | SP | 8 | 8 | 8 |

## N° 13911 CRISSAY-SUR-MANSE — La Vieille Chaume
**NN — 4 pers.** — CM 64 pli 14

Maison de 1850 restaurée, totalement indépendante, exposée plein sud et située aux carrefours de petits chemins de campagne qui aboutissent au village de Crissay (répertorié "plus beau village de France"). R.D.C. : séjour-salon 40 m2 (tél. restreint, convertible 2 pers., chaîne HiFi), cuisine (micro-ondes, four, frigo-congélateur), wc. Etage : 1e ch. (1 lit 160), 2e ch. (2 lits 1 pers.), salle de bains/wc. Lit et chaise bébé. Chauffage électrique labellisé. Jardin 700 m2 non clos (terrasse, barbecue). Option draps (6 €/lit fait). Option ménage (25 €).

LOISIRS ACCUEIL TOURAINE - 38 rue Augustin Fresnel - BP 139 - 37171 CHAMBRAY-LES-TOURS Cedex
Tél. : 02 47 27 56 10 - Fax : 02 47 48 13 39 - Email : reservation@gites-touraine.com - www.gites-touraine.com

| BASSE SAIS. | MOY. SAIS. | HTE SAIS. | TRES HTE SAIS. | W.-E. DETENTE |
|---|---|---|---|---|
| 270 | 330 | 400 | 440 | 180 |

| | | | | | | |
|---|---|---|---|---|---|---|
| 8 | 2 | 4 | 13 | SP | 8 | 9 | 4 |

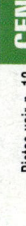

Pictos voir p. 12 — CENTRE

# INDRE ET LOIRE - 37

Périodes tarifaires p. 165

## N° 14011 DRUYE

**NN** — 5 pers.

Au sein d'un milieu naturel situé en plein cœur du Val de Loire, dans la bâtisse principale d'une ferme en activité. R.D.C : séjour-cuisine (canapé-convertible, micro-ondes, frigo-congél.). 1e ch. (1 lit 2 pers., 1 lit bébé). 2e ch. (3 lits 1 pers.). Salle de bains. Wc. Laverie (sèche-linge). Kit bébé. Chauffage d'appoint. Jardin calme. Entrée indépendante (terrasse, barbecue, portique, terrain de boules). Étang à 400 m (pêche possible de début avril à fin sept.). Produits fermiers (foie gras, terrines, rillettes, confits). Option draps (6 €/lit).

Françoise JAMENOT - 3 Les Morinières - 37190 DRUYE
Tél. : 02 47 50 11 88 - 06 85 66 68 73 - Fax : 02 47 50 11 88

| BASSE SAIS. | MOY. SAIS. | HTE SAIS. | TRES HTE SAIS. | WEEK-END |
|---|---|---|---|---|
| 256 | 320 | 355 | 395 | 155 |

| | | | | | | | | | |
|---|---|---|---|---|---|---|---|---|---|
| 8 | 4,5 | SP | 6 | 15 | SP | 8 | 12 | 15 | 4,5 |

## N° 14041 ESVRES-SUR-INDRE
CM 64 pli 15

**NN** — 5 pers.

Maison ancienne restaurée (début XIXe) indépendante perchée sur une hauteur dans le village d'Esvres à 500 m du centre bourg (environnement calme). R.D.C : Cuisine (m-ondes, frigo-congél.). Séjour-salon. 1e ch. (1 lit 2 pers.). 2e ch. (2 lits 1 pers.). 3e ch. (1 lit 1 pers., 1 lit bébé). Salle d'eau. Wc. Chauffage central au gaz (4 à 8 €/jour). Jardin clos 300 m2 (barbecue, portique, terrasse, garage). Option ménage : 30 €, option draps : 6 €/lit. Chaise + équipement complet pour bébé.

LOISIRS ACCUEIL TOURAINE - 38 rue Augustin Fresnel - BP 139 - 37171 CHAMBRAY-LES-TOURS Cedex
Tél. : 02 47 27 56 10 - Fax : 02 47 48 13 39 - Email : reservation@gites-touraine.com - www.gites-touraine.com

| BASSE SAIS. | MOY. SAIS. | HTE SAIS. | TRES HTE SAIS. | WEEK-END |
|---|---|---|---|---|
| 250 | 300 | 410 | 435 | 180 |

| | | | | | | | |
|---|---|---|---|---|---|---|---|
| 0,5 | 0,5 | 0,5 | 5 | SP | 0,5 | 0,5 | |

## N° 14151 FRANCUEIL
CM 64 pli 16

**NN** — 4 pers.

Gîte aménagé dans une grande maison de 1950, en contrebas du bourg, près d'un ruisseau. Il ouvre sur une vaste cour fermée prolongée par un espace vert de 1500 m2. Le propriétaire retraité loge sur place. R.D.C surélevé : séjour-salon, cuisine, 1e ch. (1 lit 2 pers.), 2e ch. (salle d'eau, wc, 1 lit 2 pers.). Lit et chaise bébé. Chauffage central fuel (3 à 5 €/jour). Cour prolongée par un terrrain (barbecue, portique, toboggan). Option draps (6 €/lit).

LOISIRS ACCUEIL TOURAINE - 38 rue Augustin Fresnel - BP 139 - 37171 CHAMBRAY-LES-TOURS Cedex
Tél. : 02 47 27 56 10 - Fax : 02 47 48 13 39 - Email : reservation@gites-touraine.com - www.gites-touraine.com

| BASSE SAIS. | MOY. SAIS. | HTE SAIS. | TRES HTE SAIS. | WEEK-END |
|---|---|---|---|---|
| 180 | 215 | 265 | 290 | 120 |

| | | | | | | |
|---|---|---|---|---|---|---|
| 7 | 7 | 2 | 5 | 7 | 3 | 3 |

## N° 8013 FRANCUEIL
CM 64 pli 16

**NN** — 3 pers.

Gîte situé au cœur des vignes (Touraine et Sauvignon), dans un hameau à 1 km à vol d'oiseau du château de Chenonceau. Résidence des propriétaires sur place. R.D.C : séjour-cuisine, 1e ch. avec dressing (1 lit 2 pers.), 2e ch. (1 lit 1 pers.), salle d'eau, wc, buanderie. Chauffage électrique. Petit jardin privatif (barbecue, portique) dans un ensemble de 3000 m2. Option draps avec linge de toilette (8 €/lit). Ménage (20 €). Animaux acceptés sous conditions.

LOISIRS ACCUEIL TOURAINE - 38 rue Augustin Fresnel - BP 139 - 37171 CHAMBRAY-LES-TOURS Cedex
Tél. : 02 47 27 56 10 - Fax : 02 47 48 13 39 - Email : reservation@gites-touraine.com - www.gites-touraine.com

| BASSE SAIS. | MOY. SAIS. | HTE SAIS. | TRES HTE SAIS. | WEEK-END |
|---|---|---|---|---|
| 215 | 285 | 335 | 365 | 160 |

| | | | | |
|---|---|---|---|---|
| 6 | 6 | 0,5 | SP | 3 | 4 |

## N° 5552 INGRANDES-DE-TOURAINE
CM 64 pli 13

**EC** — 9 pers.

Dans un ensemble de caractère, grange XVIIIe restaurée et indépendante au soleil levant, en contrebas d'un carré de vignes (vin de la propriété et 6 chambres d'hôtes à l'adresse). R.D.C : séjour-cuisine (tél. restreint, m-ondes), 1e ch. (2 lits 1 pers.), 2e ch. (1 lit 2 pers.), salle de bains, wc, lingerie (s-linge). Etage : 3e ch (1 lit 160, bains, wc), 4e ch. (3 lits 1 pers., 1 lit d'appoint, wc, douche). Kit bébé. Chauffage électrique. Jardin clos 500 m2 (terrasse, barbecue, portique, p-pong). Lits faits/linge fournis. Piscine privée des propriétaires (moyenne saison hors piscine : 600 €/semaine).

Michèle PINCON - Le Clos Saint André - 37140 INGRANDES-DE-TOURAINE
Tél. : 02 47 96 90 81 - 06 20 20 00 45 - Fax : 02 47 96 90 81 - Email : mmpincon@club-internet.fr

| BASSE SAIS. | MOY. SAIS. | HTE SAIS. | TRES HTE SAIS. |
|---|---|---|---|
| 550 | 760 | 950 | 1050 |

| | | | | | | | | |
|---|---|---|---|---|---|---|---|---|
| SP | 0,5 | 3 | 13 | 12 | 0,5 | 20 | 28 | 3 | 8 |

## N° 13941 LUYNES
CM 64 pli 14

**NN** — 4 pers.

Centre de Tours 15 mn. Au cœur du village de caractère de Luynes, "le vieux logis" est une ancienne grange du XVe située au fond d'un grand jardin ombragé au pied du coteau (propriétaires sur place). R.D.C : séjour-salon 55 m2 (tél. restreint). Cuisine (m-ondes, frigo-congél.), wc. Etage : 1e ch. (2 lits 110, salle de bains avec wc). 2e ch. (1 lit 160, 1 lit bébé, s d'eau). Chauff. central gaz (8 €/jour). Jardin clos (terrasse, barbecue). Chaise bébé. Lits faits et serviettes bains inclus aux prix. Hauts plafonds, poutres, mobilier ancien.

LOISIRS ACCUEIL TOURAINE - 38 rue Augustin Fresnel - BP 139 - 37171 CHAMBRAY-LES-TOURS Cedex
Tél. : 02 47 27 56 10 - Fax : 02 47 48 13 39 - Email : reservation@gites-touraine.com - www.gites-touraine.com

| BASSE SAIS. | MOY. SAIS. | HTE SAIS. | TRES HTE SAIS. | W.-E. DETENTE |
|---|---|---|---|---|
| 400 | 540 | 660 | 735 | 300 |

| | | | | | | |
|---|---|---|---|---|---|---|
| 0,5 | 0,5 | 1 | 6 | SP | 15 | 13 | SP |

# INDRE ET LOIRE - 37

### N° 182  LUZE

**NN**  3 pers.

CM 68 pli 4

Futuroscope 40 km. Gîte aménagé dans une aile de maison, avec sortie indépendante, dans une ancienne ferme du bourg. R.D.C. : séjour (lit-canapé 2 pers.), cuisine, 1 ch. (1 lit 2 pers., 1 lit 1 pers.), douche et wc. Portique, salle de jeux. Barbecue. Plan d'eau et golf miniature au bourg. Au coeur des châteaux de la Loire. Swin-golf 5 km.

Rolande FOUQUET - Le Bourg - 5 impasse des Prairies - 37120 LUZE
Tél. : 02 47 58 32 81

| BASSE SAIS. | MOY. SAIS. | HTE SAIS. | TRES HTE SAIS. | | | | | | | | | | | |
|---|---|---|---|---|---|---|---|---|---|---|---|---|---|---|
| 150 | 170 | 200 | 210 | | | 12 | SP | SP | 7 | SP | 8 | 12 | 5 | |

### N° 1061  MONTLOUIS-SUR-LOIRE
**EC**  2 pers.

CM 64 pli 15

Gîte de plain-pied dans une ancienne propriété viticole (1825), à la même adresse que les propriétaires. R.D.C. : séjour-cuisine (m-ondes, 1 lit 120), 1 chambre de 20 m2 (1 lit 2 pers.), salle de bains (baignoire et douche), wc. Chauffage central. Grande cour ombragée (pelouse, barbecue). Aquarium de Touraine, châteaux et vignobles du Val de Loire à proximité. Gare TGV 7 km.

Solange RUET - 2 rue des Sablons - 37270 MONTLOUIS-SUR-LOIRE
Tél. : 02 47 50 87 64

| BASSE SAIS. | MOY. SAIS. | HTE SAIS. | TRES HTE SAIS. | | | | | | | | |
|---|---|---|---|---|---|---|---|---|---|---|---|
| 200 | 235 | 290 | 310 | | 1 | 1 | 1,5 | 2,5 | SP | 10 | 7 | 1 |

### N° 14241  MONTLOUIS-SUR-LOIRE
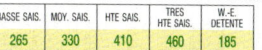
**NN**  5 pers.

CM 64 pli 15

Bénéficiant d'une situation exceptionnelle sur un chemin de randonnée dominant la Loire, cette maison restaurée, très lumineuse, est située à 500 m du centre bourg (tous commerces). R.D.C. : séjour-salon, cuisine, salle d'eau, wc. Etage : 1e ch. (1 lit 2 pers., 1 couchage canapé 120), 2e ch. (2 lits 1 pers.), salle de bains, wc. Chauffage (5 à 10 €/jour). Jardin clos 100 m2 (terrasse, barbecue). Garage. Inclus : draps (lits faits) et serviettes. Option ménage final (30 €).

LOISIRS ACCUEIL TOURAINE - 38 rue Augustin Fresnel - BP 319 - 37171 CHAMBRAY-LES-TOURS Cedex
Tél. : 02 47 27 56 10 - Fax : 02 47 48 13 39 - Email : reservation@gites-touraine.com - www.gites-touraine.com

| BASSE SAIS. | MOY. SAIS. | HTE SAIS. | TRES HTE SAIS. | W.-E. DETENTE | | | | | | | |
|---|---|---|---|---|---|---|---|---|---|---|---|
| 265 | 330 | 410 | 460 | 265 | | 2 | 2 | 1 | 2 | SP | 2 | 0,5 |

### N° 14211  MONTRESOR
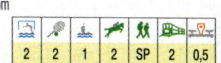  La Garenne

**NN**  8 pers.

CM 64 pli 16

Loches, Chenonceaux, Amboise et Montrichard entre 15 et 30 km. Maison sur hauteur dominant un des "plus beau village de France", sur un parc d'1 ha. Rez-de-rue : entrée, lingerie. R.D.C. : cuisine (m-ondes, frigo-congél.), salon-salle à manger (tél.), 1e ch. (1 lit 2 pers.), bains-douche, wc. Etage : 4e ch. (1 lit 2 pers.), salle de bains/wc. Chauffage central (14 €/jour). Terrain non clos (terrasse 40 m2, barbecue). Options : draps (9 €/lit) et ménage final (50 €). Cheminée : bois inclus.

LOISIRS ACCUEIL TOURAINE - 38 rue Augustin Fresnel - BP 319 - 37171 CHAMBRAY-LES-TOURS Cedex
Tél. : 02 47 27 56 10 - Fax : 02 47 48 13 39 - Email : reservation@gites-touraine.com - www.gites-touraine.com

| BASSE SAIS. | MOY. SAIS. | HTE SAIS. | TRES HTE SAIS. | | | | | | | | |
|---|---|---|---|---|---|---|---|---|---|---|---|
| 350 | 450 | 560 | 610 | | 8 | 0,3 | 0,5 | 15 | 5 | SP | 17 | 17 | 0,2 |

### N° 14281  MONTRESOR
**NN**  7 pers.

CM 64 pli 16

A la sortie de Montrésor, l'un des plus beaux village de France, ce gîte indépendant, totalement restauré, ouvre sur une cour-terrasse et un jardin exposés au soleil levant, offrant un intérieur lumineux. R.D.C. : séjour-cuisine (frigo-congél, m-ondes), salon, 1e ch. (1 lit 2 pers., 1 lit bébé), salle de bains, wc. Etage : 2e ch. (1 lit 2 pers.), 3e ch. (1 lit 2 pers., 1 lit 80), salle d'eau/wc. Chauffage électrique radiant. Equipement bébé complet. Jardin privatif clos 250 m2 (barbecue, 2 bains de soleil). Options : draps (7 €/lit), ménage final (30 €).

LOISIRS ACCUEIL TOURAINE - 38 rue Augustin Fresnel - BP 319 - 37171 CHAMBRAY-LES-TOURS Cedex
Tél. : 02 47 27 56 10 - Fax : 02 47 48 13 39 - Email : reservation@gites-touraine.com - www.gites-touraine.com

| BASSE SAIS. | MOY. SAIS. | HTE SAIS. | TRES HTE SAIS. | WEEK-END | | | | | | | |
|---|---|---|---|---|---|---|---|---|---|---|---|
| 250 | 320 | 400 | 450 | 180 | 7 | 0,5 | 0,5 | 13 | 3 | SP | 17 | 16 | SP |

### N° 14371  MONTREUIL-EN-TOURAINE
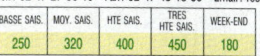
**EC**  8 pers.

CM 64 pli 16

Dans un hameau au nord de la Loire, à 15 mn d'Amboise, ce gîte rural est aménagé dans un ancien bâtiment rural restauré (à la même adresse que les propriétaires). R.D.C. : vaste séjour-cuisine 45 m2 (m-ondes, frigo.), 1e ch. (1 lit 2 pers.), 2e ch. (2 lits 1 pers.), 2 salles d'eau/wc dont une avec accès pour handicapés. Etage : mezzanine (convertible 2 pers.), cabinet toilette (lavabo, wc), 3e ch. (1 lit 2 pers.), 4e ch. (2 lits 1 pers.). Lit et chaise bébé. Chauffage électrique. Jardin clos privatif et paysager de 200 m2 avec 2 terrasses à disposition (barbecue). Option draps (7 €/lit).

LOISIRS ACCUEIL TOURAINE - 38 rue Augustin Fresnel - BP 319 - 37171 CHAMBRAY-LES-TOURS Cedex
Tél. : 02 47 27 56 10 - Fax : 02 47 48 13 39 - Email : reservation@gites-touraine.com - www.gites-touraine.com

| BASSE SAIS. | MOY. SAIS. | HTE SAIS. | TRES HTE SAIS. | WEEK-END | | | | | | | |
|---|---|---|---|---|---|---|---|---|---|---|---|
| 340 | 430 | 540 | 600 | 250 | 12 | 12 | 3 | 5 | SP | 10 | 10 | 10 |

# INDRE ET LOIRE - 37

Périodes tarifaires p. 165

## N° 14481 ORBIGNY — La Lardière — CM 64 pli 17

**NN  8 pers.**

Cet ancien relais de chasse XVe des Comtes de Montrésor (village classé à 13 km), est une demeure restaurée à l'authentique ouvrant sur un parc 1,5 ha avec piscine privée et résidence secondaire des propriétaires. R.D.C : séjour-salon 50 m2, cuisine 25 m2 (frigo-congél., m-ondes, sèche-linge), douche/wc. Etage: 1e ch. 50 m2 (1 lit 180), 2e et 3e ch. 20 et 25 m2. identiquement équipées (1 lit 2 pers., 1 lit 1 pers. et douche/wc chacune). Lit et chaise bébé. Chauff. électrique. Parc non clos (barbecue, p-pong). Prix lits faits/linge fournis. Moyenne saison hors piscine : 1030 €/semaine.

LOISIRS ACCUEIL TOURAINE - 38 rue Augustin Fresnel - BP 139 - 37171 CHAMBRAY-LES-TOURS Cedex
Tél.: 02 47 27 56 10 - Fax: 02 47 48 13 39 - E-mail: reservation@gites-touraine.com - www.gites-touraine.com

| BASSE SAIS. | MOY. SAIS. | HTE SAIS. | TRES HTE SAIS. | W.-E. DETENTE |
|---|---|---|---|---|
| 750 | 1150 | 1320 | 1500 | 500 |

| | | | | | | | | |
|---|---|---|---|---|---|---|---|---|
| SP | 4 | 11 | 12 | 15 | SP | 25 | 11 | 4 |

## N° 13901 PARCAY-SUR-VIENNE — CM 68 pli 4

**NN  5 pers.**

Cette ancienne batisse du XIXe, qui servait autrefois à héberger les journaliers agricoles, a bénéficié d'une superbe restauration. R.D.C : séjour-salon avec baies vitrées ouvrant sur la cour fleurie, cuisine intégrée (m-ondes...), 1e ch. (1 lit 2 pers.), salle d'eau, wc, remise avec congél. Etage : 2e ch. (3 lits 1 pers.). Chauffage électrique. Cour close 80 m2 et, face au gîte, jardin non attenant de 800 m2 en pelouse (grange ouverte, barbecue, mobilier de jardin). Option draps (6 €/lit).

LOISIRS ACCUEIL TOURAINE - 38 rue Augustin Fresnel - BP 139 - 37171 CHAMBRAY-LES-TOURS Cedex
Tél.: 02 47 27 56 10 - Fax: 02 47 48 13 39 - E-mail: reservation@gites-touraine.com - www.gites-touraine.com

| BASSE SAIS. | MOY. SAIS. | HTE SAIS. | TRES HTE SAIS. | WEEK-END |
|---|---|---|---|---|
| 260 | 320 | 400 | 440 | 180 |

| | | | | | | |
|---|---|---|---|---|---|---|
| 4 | 0,5 | 1 | 5 | SP | 5 | 12 | 5 |

## N° 14001 PARCAY-SUR-VIENNE — La Vinière — CM 68 pli 4

**EC  4 pers.**

La Vienne 1 km. L'Ile-Bouchard 7 km. Futuroscope 30 mn. Ensemble de bâtiments ruraux du début XIXe situé en pleine campagne. Baignade surveillée à Pouzay (3 km). Les propriétaires résident sur place. R.D.C : Séjour-cuisine. 1 ch. (1 lit 2 pers.). Salle d'eau avec wc. Etage : Mezzanine (2 lits 80 gigogne). Chaise + lit bébé. Chauffage central au gaz (3 à 5 €/jour). Jardin 500m2 clos (terrasse, barbecue). Option draps : 6 €/lit. Gîte accessible aux handicapés.

LOISIRS ACCUEIL TOURAINE - 38 rue Augustin Fresnel - BP 139 - 37171 CHAMBRAY-LES-TOURS Cedex
Tél.: 02 47 27 56 10 - Fax: 02 47 48 13 39 - E-mail: reservation@gites-touraine.com - www.gites-touraine.com

| BASSE SAIS. | MOY. SAIS. | HTE SAIS. | TRES HTE SAIS. | WEEK-END |
|---|---|---|---|---|
| 185 | 230 | 290 | 320 | 150 |

| | | | | | | |
|---|---|---|---|---|---|---|
| 7 | 3 | 1 | 3 | SP | 7 | 9 | 7 |

## N° 14441 PAULMY — La Grande Métairie — CM 68 pli 5

**EC  5 pers.**

Ouvrant sur une cour ordonnancée autour d'un gros tilleul, ce corps de bâtiments en L (début XIXe), abrite un gîte superbement restauré par le propriétaire (céréalier vivant sur place). R.D.C : salon (foyer fermé, convertible 2 pers., tél. mobicarte), séjour-cuisine (m-ondes), 1e ch. (1 lit 2 pers., 1 lit 1 pers.), 2e ch. (1 lit 2 pers.), salle d'eau, wc, lingerie. Lit et chaise bébé. Chauffage électrique. Terrain commun paysager et non clos 1000 m2. Equipements privatifs : terrasse, barbecue, portique. Option ménage final (30 €).

LOISIRS ACCUEIL TOURAINE - 38 rue Augustin Fresnel - BP 139 - 37171 CHAMBRAY-LES-TOURS Cedex
Tél.: 02 47 27 56 10 - Fax: 02 47 48 13 39 - E-mail: reservation@gites-touraine.com - www.gites-touraine.com

| BASSE SAIS. | MOY. SAIS. | HTE SAIS. | TRES HTE SAIS. | WEEK-END |
|---|---|---|---|---|
| 200 | 240 | 300 | 330 | 120 |

| | | | | | | |
|---|---|---|---|---|---|---|
| 5 | 5 | 5 | 17 | 17 | SP | 22 | 5 |

## N° 13512 PERNAY — L'Hérissaudière — CM 64 pli 14

**EC  4 pers.**

Sur domaine de 7 ha où règnent des arbres séculaires et le calme absolu, l'ancienne sellerie située à l'écart du château (propriétaires, chambres d'hôtes), est aménagée avec raffinement en gîte de charme. R.D.C : cuisine ouvrant sur séjour-salon 43 m2 (frigo-congél., m-ondes, clic-clac 2 pers.), 1e ch. (2 lits 1 pers., salle d'eau). 2e ch. (1 baldaquin 2 pers., 1 lit enfant, salle d'eau, wc), 2e wc, buanderie. Lit + chaise bébé. Chauffage fuel (10 €/jour). Terrasse sud 75 m2, prolongée par jardin privatif clos 2000 m2 (portique, barbecue). Draps inclus. Tennis privé (10 €/heure).

LOISIRS ACCUEIL TOURAINE - 38 rue Augustin Fresnel - BP 139 - 37171 CHAMBRAY-LES-TOURS Cedex
Tél.: 02 47 27 56 10 - Fax: 02 47 48 13 39 - E-mail: reservation@gites-touraine.com - www.gites-touraine.com

| BASSE SAIS. | MOY. SAIS. | HTE SAIS. | TRES HTE SAIS. | WEEK-END |
|---|---|---|---|---|
| 350 | 450 | 550 | 600 | |

| | | | | | | |
|---|---|---|---|---|---|---|
| 8 | SP | 3 | 2 | SP | 12 | 15 | 3 |

## N° 14291 PUSSIGNY — CM 68 pli 4

**NN  6 pers.**

Indépendant, ce gîte est une ancienne petite grange en retrait du bourg, à proximité de la Vienne. Il constitue une porte d'accès au Futuroscope et à nombre de châteaux de la Loire et autres sites touristiques locaux. R.D.C : séjour-cuisine (m-ondes), wc. Etage : 1e ch. (1 lit 160), 2e ch. (2 lits 120, 2 lit 1 pers. gigognes), salle d'eau/wc. Lit et chaise bébé. Chauffage électrique. Jardin privatif clos 600 m2 (terrasses sud et nord, barbecue). Option draps (7 €/lit).

LOISIRS ACCUEIL TOURAINE - 38 rue Augustin Fresnel - BP 139 - 37171 CHAMBRAY-LES-TOURS Cedex
Tél.: 02 47 27 56 10 - Fax: 02 47 48 13 39 - E-mail: reservation@gites-touraine.com - www.gites-touraine.com

| BASSE SAIS. | MOY. SAIS. | HTE SAIS. | TRES HTE SAIS. | WEEK-END |
|---|---|---|---|---|
| 240 | 290 | 360 | 395 | 180 |

| | | | | | | |
|---|---|---|---|---|---|---|
| 9 | 6 | SP | 10 | SP | 7 | 5 | 9 |

# INDRE ET LOIRE - 37

## N° 14411 REIGNAC-SUR-INDRE
**NN** — 2 pers. — CM 64 pli 15

Niché dans un cadre verdoyant et boisé, ce gîte aménagé dans une ancienne écurie restaurée, est situé au bord d'un ruisseau, face à la maison des propriétaires. Il constitue un véritable havre de tranquillité donnant sur la campagne et sur une peupleraie. R.D.C. : séjour-cuisine (m-ondes, convertible). Etage : 1 ch. (1 lit 2 pers.), salle d'eau/wc. Chauffage (sans supplément). Jardin non clos privatif 100 m2 (terrasse prolongeant le séjour et surplombant le ruisseau, barbecue. Lits faits inclus. L-linge à disposition dans dépendance chez les propriétaires.
LOISIRS ACCUEIL TOURAINE – 38 rue Augustin Fresnel - BP 139 - 37171 CHAMBRAY-LES-TOURS Cedex
Tél. : 02 47 27 56 10 - Fax : 02 47 48 13 39 - Email : reservation@gites-touraine.com - www.gites-touraine.com

| BASSE SAIS. | MOY. SAIS. | HTE SAIS. | TRES HTE SAIS. | W.-E. DETENTE | | | | | | | | |
|---|---|---|---|---|---|---|---|---|---|---|---|---|
| 285 | 285 | 325 | 360 | 250 | 13 | 1 | 1,5 | 8 | 20 | SP | 8 | 13 | 0,8 |

TV

## N° 14451 REUGNY — Mélotin
**EC** — 4 pers. — CM 64 pli 16

Ancienne maison vigneronne, sur propriété close de 6500 m2 où vivent les propriétaires, dans une petite vallée entre Amboise et Vouvray. Un site idéal pour la visite des châteaux de la Loire et des vignobles. R.D.C : salon (poêle/cheminée, magnéto., tél. restreint), séjour-cuisine (m-ondes), 1e ch. (1 lit 2 pers.), 2e ch. (2 lits 1 pers.), salle d'eau, wc. Lit et chaise bébé. Chauffage électrique (6 à 12 €/jour). Terrasse couverte sur toute la façade, p-pong, portique, barbecue. Piscine privée 4 x 8 m à partager (de juin à mi-sept). Moy. saison hors piscine : 400 €.
LOISIRS ACCUEIL TOURAINE – 38 rue Augustin Fresnel - BP 139 - 37171 CHAMBRAY-LES-TOURS Cedex
Tél. : 02 47 27 56 10 - Fax : 02 47 48 13 39 - Email : reservation@gites-touraine.com - www.gites-touraine.com

| BASSE SAIS. | MOY. SAIS. | HTE SAIS. | TRES HTE SAIS. | W.-E. DETENTE | | | | | | |
|---|---|---|---|---|---|---|---|---|---|---|
| 320 | 490 | 580 | 650 | 215 | SP | 1 | 1 | 6 | SP | 7 | 1 |

## N° 14051 RIGNY-USSE
**NN** — 5 pers. — CM 64 pli 13

Château d'Ussé 1,5 km. Anciens bâtiments de ferme (XVII et XIXe) des bords de Loire (classée patrimoine mondial de l'UNESCO) ayant 1 gîte rural donnant plein sud sur une grande cour gravillonnée 250 m2 non close (propriétaires sur place). R.D.C. : Séjour-cuis. (mini-four, m-ondes). 1e ch. (3 lits 1 pers.). 2e ch. (1 lit 130). S. de bains, wc. Buanderie. Lit + chaise bébé + table à langer. Chauff. élect. Barbecue. Garage (2 vélos). Ping-pong. Petite salle de jeux pour enfant dans ancien four à chanvre. A mi-chemin entre Langeais et Chinon. Lits faits. Tél. mobicarte.
LOISIRS ACCUEIL TOURAINE – 38 rue Augustin Fresnel - BP 139 - 37171 CHAMBRAY-LES-TOURS Cedex
Tél. : 02 47 27 56 10 - Fax : 02 47 48 13 39 - Email : reservation@gites-touraine.com - www.gites-touraine.com

| BASSE SAIS. | MOY. SAIS. | HTE SAIS. | TRES HTE SAIS. | W.-E. DETENTE | | | | | | |
|---|---|---|---|---|---|---|---|---|---|---|
| 225 | 270 | 350 | 380 | 195 | 8 | 8 | 0,1 | 8 | SP | 12 | 8 |

## N° 14121 RIVIERE
**EC** — 6 pers. — CM 64 pli 13

Cette construction de 1833 est imbriquée dans un ensemble de maisons de caractère constituant le village. Le gîte ouvre sur la Vienne et offre un espace-piscine clos de murs qui surplombe cet affluent de la Loire. R.D.C : entrée, salon-séjour-cuisine (tél. restreint, m-ondes), wc, buanderie ( s-linge). 1e étage : 2 ch. (1 lit 2 pers. chacune), salle de bains/wc. 2e étage : 3e ch. (1 lit 2 pers.). Chauffage électrique. Terrasse close paysagère 50 m2 (salle d'eau). Piscine privée du 15/06 au 15/09 (10 x 5 m). Prix piscine fermée : 600 €/semaine moyenne saison, 300 €/WE. Draps inclus.
LOISIRS ACCUEIL TOURAINE – 38 rue Augustin Fresnel - BP 139 - 37171 CHAMBRAY-LES-TOURS Cedex
Tél. : 02 47 27 56 10 - Fax : 02 47 48 13 39 - Email : reservation@gites-touraine.com - www.gites-touraine.com

| BASSE SAIS. | MOY. SAIS. | HTE SAIS. | TRES HTE SAIS. | W.-E. DETENTE | | | | | | |
|---|---|---|---|---|---|---|---|---|---|---|
| 480 | 755 | 840 | 915 | 380 | SP | 0,5 | SP | 15 | SP | 8 | 6 |

## N° 14521 ROCHECORBON
**NN** — 4 pers. — CM 64 pli 15

Exposé au sud-ouest, ce troglodyte ouvre sur un jardin ombragé et jouit d'une situation pittoresque à flanc de coteau, où il n'est accessible qu'à pied (sentier pentu de 150 m au départ d'un parking pour riverains). R.D.C. : séjour-cuisine (2 lits gigognes 1 pers., m-ondes), 1 ch. (1 lit 160), coin-bureau avec possibilité de literie, salle d'eau, wc. Lit et chaise bébé. Chauffage électrique. Jardins clos suspendus avec superbe panorama sur la Loire (terrasse, barbecue. Option draps (7 €/lit). Pas de stationnement privé. Tours à 15 mn en bus (arrêt à 150 m).
LOISIRS ACCUEIL TOURAINE – 38 rue Augustin Fresnel - BP 139 - 37171 CHAMBRAY-LES-TOURS Cedex
Tél. : 02 47 27 56 10 - Fax : 02 47 48 13 39 - Email : reservation@gites-touraine.com - www.gites-touraine.com

| BASSE SAIS. | MOY. SAIS. | HTE SAIS. | TRES HTE SAIS. | W.-E. DETENTE | | | | | | |
|---|---|---|---|---|---|---|---|---|---|---|
| 210 | 260 | 320 | 360 | 140 | 2 | 0,5 | 0,3 | 10 | SP | 1 | 8 | 0,5 |

## N° 14031 SACHE — La Tillière
**EC** — 7 pers. — CM 64 pli 14

A l'écart du village de Saché (restaurant gastronomique et musée Balzac), la Tillière est une ancienne ferme, désormais à vocation équestre, formée de bâtiments autour d'une grande cour carrée sur 13 ha de prairies. Le gîte semi-indépendant, bénéficie d'une entrée indépendante et d'un jardin clos privatif de 500 m2. R.D.C. Séjour-cuisine (m-ondes, frigo-congél.). Salon (poêle, Tél.). 1e ch. (1 lit 160, 1 lit bébé, s. d'eau). Etage: 2e ch. (1 lit 2 pers., 1 lit 1 pers). 3e ch. (2 lits 1 pers.). S. de bains, wc. Chauff. élect. Chaise + équip. complet bébé. Terrasse couverte, barbecue. Option draps : 6 €/lit.
LOISIRS ACCUEIL TOURAINE – 38 rue Augustin Fresnel - BP 139 - 37171 CHAMBRAY-LES-TOURS Cedex
Tél. : 02 47 27 56 10 - Fax : 02 47 48 13 39 - Email : reservation@gites-touraine.com - www.gites-touraine.com

| BASSE SAIS. | MOY. SAIS. | HTE SAIS. | TRES HTE SAIS. | W.-E. DETENTE | | | | | | |
|---|---|---|---|---|---|---|---|---|---|---|
| 270 | 330 | 410 | 460 | 195 | 7 | 1,5 | 1,5 | 10 | SP | 16,5 | 6 | 1,5 |

# INDRE ET LOIRE - 37

Périodes tarifaires p. 165

## N° 14021 SAVIGNY-EN-VERON — CM 64 pli 13

**NN — 3 pers.**

Au confluent de la Loire et de la Vienne, petit gîte aménagé dans une ancienne ferme du XVIIIe à côté de la maison des propriétaires. R.D.C : grande pièce à vivre (séjour-cuisine 30 m2) avec meubles anciens lui donnant un charme typiquement rural. 1 ch. (canapé convertible, 1 lit 120). Lit et chaise bébé. Chauffage électrique et poêle-cheminée (chauffage inclus). Cour close (barbecue) Terrain non attenant de 200 m2 (panneau de basket). Complexe sportif à 3 km. Option draps : 6 €/lit.

LOISIRS ACCUEIL TOURAINE - 38 rue Augustin Fresnel - BP 139 - 37171 CHAMBRAY-LES-TOURS Cedex
Tél. : 02 47 27 56 10 - Fax : 02 47 48 13 39 - Email : reservation@gites-touraine.com - www.gites-touraine.com

| BASSE SAIS. | MOY. SAIS. | HTE SAIS. | TRES HTE SAIS. | WEEK-END |  |  |  |  |  |  |  |  |
|---|---|---|---|---|---|---|---|---|---|---|---|---|
| 230 | 240 | 265 | 295 | 90 | 3 | 3 | 1 | 4 | SP | 10 | 20 | 4,5 | 3 |

## N° 14511 SAVONNIERES — CM 64 pli 14

**EC — 4 pers.**

Au coeur du village, gîte de caractère aménagé dans une petite bâtisse aux fondations du XIIIe, autour d'une cour fermée accessible par un porche. R.D.C : séjour-cuisine (m-ondes), salon (tél. téléséjour), 1e ch. (1 lit 160), salle de bains, wc. Etage : 2e ch. (1 lit 2 pers., lavabo). Chauffage par le sol. Une grande baie vitrée ouvre sur le jardin intérieur clos. Terrasse couverte, barbecue. Garage. Option draps (7 €/lits).

LOISIRS ACCUEIL TOURAINE - 38 rue Augustin Fresnel - BP 139 - 37171 CHAMBRAY-LES-TOURS Cedex
Tél. : 02 47 27 56 10 - Fax : 02 47 48 13 39 - Email : reservation@gites-touraine.com - www.gites-touraine.com

| BASSE SAIS. | MOY. SAIS. | HTE SAIS. | TRES HTE SAIS. |  |  |  |  |  |  |  |  |
|---|---|---|---|---|---|---|---|---|---|---|---|
| 270 | 330 | 415 | 460 | 7 | 0,3 | 0,5 | 5 | 7 | 5 | 3 | SP |

## N° 13951 SONZAY — La Gaillardière-Les Chouettes

**NN — 6 pers.**

Ancienne maison de Maître (début XIXe) indépendante, dans une ancienne ferme, à 400 m en retrait du village de Sonzay (quelques commerces), à mi-chemin entre Neuillé-Pont-Pierre et Château-la-Vallière. Belle vue sur la campagne et le village. R.D.C : séjour-salon (canapé, tél. restreint), cuisine (micro-ondes, frigo-congél), 1e ch (1 lit 2 pers.), salle de bains, wc. Etage : 2e ch. (1 lit 2 pers.), 3e ch. (2 lits 1 pers.). Cabinet toilette/wc. Chauffage au sol (géothermique + électrique). Jardin 800 m2 clos (barbecue abri couvert). Lits faits. Lit et chaise bébé.

LOISIRS ACCUEIL TOURAINE - 38 rue Augustin Fresnel - BP 139 - 37171 CHAMBRAY-LES-TOURS Cedex
Tél. : 02 47 27 56 10 - Fax : 02 47 48 13 39 - Email : reservation@gites-touraine.com - www.gites-touraine.com

| BASSE SAIS. | MOY. SAIS. | HTE SAIS. | TRES HTE SAIS. | W.-E. DETENTE |  |  |  |  |  |  |  |
|---|---|---|---|---|---|---|---|---|---|---|---|
| 290 | 330 | 415 | 460 | 230 | 9 | 1 | 12 | 6 | SP | 10 | 8 | 0,5 |

## N° 14261 SORIGNY — Château de Longue Plaine — CM 64 pli 15

**NN — 11 pers.**

Gîte dans aile ouest d'un château début XVIIIe (et 2 tours XVe), ouvrant sur 2 ha de jardin à la Française (domaine 500 ha dont 350 ha de forêt, 40 km d'allées pour balades, 2 étangs 5 ha). R.D.C : séjour, salon (tél. restreint), cuisine, 1e et 2e ch. (chacune 1 lit 2 pers.), salle d'eau/wc, bains/wc. Etage : 3e ch. (3 lits 1 pers.). 4e et 5e ch. (1 lit 2 pers. chacune), bains (s-linge), douche, wc. Lit + chaise bébé. Chauffage central bois (8 à 16 €/jour). Jardin (barbecue). Piscine privée 7 x 12 m (chauffée mai-sept). Gîte non fumeurs. Draps fournis. Moyenne saison hors piscine : 1400 €/semaine.

LOISIRS ACCUEIL TOURAINE - 38 rue Augustin Fresnel - BP 139 - 37171 CHAMBRAY-LES-TOURS Cedex
Tél. : 02 47 27 56 10 - Fax : 02 47 48 13 39 - Email : reservation@gites-touraine.com - www.gites-touraine.com

| BASSE SAIS. | MOY. SAIS. | HTE SAIS. | TRES HTE SAIS. | W.-E. DETENTE |  |  |  |  |  |  |
|---|---|---|---|---|---|---|---|---|---|---|
| 1000 | 1700 | 2000 | 2400 | 700 | SP | 4 | SP | 4 | SP | 4 | 4 |

## N° 14191 SOUVIGNY-DE-TOURAINE — Le Sentis — CM 64 pli 16

**NN — 8 pers.**

Maison très calme, totalement indépendante, dominant une pièce d'eau de 1500 m2 d'accès protégé (pour pêche), sur une propriété close de 4200 m2. R.D.C : salon (poêle à bois, tél. restreint), séjour-cuisine (poêle à bois, m-ondes, frigo-congél.), 1e et 2e ch. (chacune 1 lit 2 pers.), salle d'eau, wc. Etage : 3e et 4e ch. (chacune 2 lits 1 pers.), salle de bains/wc. Dressing. Lit et chaise bébé. Chauffage électrique. Jardin clos (grande terrasse sud, barbecue, p-pong, portique). Options : draps (7 €/lit) et ménage final (35 €).

LOISIRS ACCUEIL TOURAINE - 38 rue Augustin Fresnel - BP 139 - 37171 CHAMBRAY-LES-TOURS Cedex
Tél. : 02 47 27 56 10 - Fax : 02 47 48 13 39 - Email : reservation@gites-touraine.com - www.gites-touraine.com

| BASSE SAIS. | MOY. SAIS. | HTE SAIS. | TRES HTE SAIS. | W.-E. DETENTE |  |  |  |  |  |  |
|---|---|---|---|---|---|---|---|---|---|---|
| 340 | 420 | 530 | 580 | 260 | 10 | 8 | SP | 15 | SP | 10 | 10 |

## N° 14381 SOUVIGNY-DE-TOURAINE — Tournebride — CM 64 pli 16

**EC — 4 pers.**

Située à la sortie du village, cette maison tourangelle ouvre sur une grande cour fermée de 250 m², commune avec les propriétaires. R.D.C : salon (convertible 2 pers.), cuisine (m-ondes), salle d'eau, wc. Etage : 1e ch. (1 lit 2 pers.), 2e ch. (2 lits 1 pers.). Lit, chaise et baignoire bébé. Chauffage central (4 à 8 €/jour). Cour fermée de 400 m2 (1 place de parking) dont un petit jardin de 50 m2 (terrasse, barbecue). Option draps (7 € par lit).

LOISIRS ACCUEIL TOURAINE - 38 rue Augustin Fresnel - BP 139 - 37171 CHAMBRAY-LES-TOURS Cedex
Tél. : 02 47 27 56 10 - Fax : 02 47 48 13 39 - Email : reservation@gites-touraine.com - www.gites-touraine.com

| BASSE SAIS. | MOY. SAIS. | HTE SAIS. | TRES HTE SAIS. | WEEK-END |  |  |  |  |  |  |
|---|---|---|---|---|---|---|---|---|---|---|
| 230 | 300 | 370 | 390 | 170 | 9 | 5 | 0,2 | 8 | SP | 10 | 8 |

# INDRE ET LOIRE - 37

## N° 12742 ST-BENOIT-LA-FORET — Grammont
CM 64 pli 13

**NN** — 7 pers.

Chinon 4 km. Gîte semi-indépendant (résidence propriétaires et 2e gîte), dans ancienne longère XVIIIe au sein d'un prieuré XIIe au cœur de la forêt de Chinon. R.D.C : cuisine (frigo-congél., m-ondes), séjour-salon, bains, wc. Etage : palier (1 lit 1 pers.), 1e ch. (1 lit 160), 2e ch. (1 lit 2 pers.), 3e ch. (2 lits 1 pers.), douche/wc. Chauffage électrique. Jardin clos privatif ombragé 500 m2 avec terrasse plein sud (salon jardin de qualité, chiliennes, barbecue). Salle de jeux commune (p-pong, baby-foot). Chaise et lit bébé. Draps inclus/lits faits. Option ménage (30 €). S-linge commun aux 2 gîtes.
LOISIRS ACCUEIL TOURAINE - 38 rue Augustin Fresnel - BP 139 - 37171 CHAMBRAY-LES-TOURS Cedex
Tél. : 02 47 27 56 10 - Fax : 02 47 48 13 39 - Email : reservation@gites-touraine.com - www.gites-touraine.com

| BASSE SAIS. | MOY. SAIS. | HTE SAIS. | TRES HTE SAIS. | W.-E. DETENTE | | | | | | |
|---|---|---|---|---|---|---|---|---|---|---|
| 450 | 550 | 660 | 735 | 350 | 5 | 5 | 3 | 8 | SP | 4 | 3 |

## N° 14071 ST-EPAIN — Le Malhureau
CM 64 pli 14

**NN** — 8 pers.

Dans exploitation agricole en activité (céréales), en pleine campagne, gîte dans une ancienne bâtisse XVIIIe en pierre de taille, ouvert sur gde cour carrée close avec terrasse. Propriétaire sur place et sa piscine à disposition (5 x 10 m, accès protégé). R.D.C : séjour-cuisine (m-ondes, frigo-congél.), salon, 1e ch. (3 lits 1 pers.), 2e ch. (1 lit 2 pers., bains, wc). 4e ch. (2 lits 1 pers.), bains, wc. Chauff. central fuel (5 à 10 € par jour). Gd jardin sur l'arrière (barbecue, portique). Chaise bébé. Option draps (6 €/lit). Moy. saison hors piscine : 550 €/semaine.
LOISIRS ACCUEIL TOURAINE - 38 rue Augustin Fresnel - BP 139 - 37171 CHAMBRAY-LES-TOURS Cedex
Tél. : 02 47 27 56 10 - Fax : 02 47 48 13 39 - Email : reservation@gites-touraine.com - www.gites-touraine.com

| BASSE SAIS. | MOY. SAIS. | HTE SAIS. | TRES HTE SAIS. | WEEK-END | W.-E. DETENTE | | | | | | | |
|---|---|---|---|---|---|---|---|---|---|---|---|---|
| 450 | 610 | 660 | 735 | 280 | 330 | SP | 3 | 3 | 8 | SP | 8 | 20 | 7 | 3 |

## N° 14491 ST-EPAIN — Moulin
CM 64 pli 14

**EC** — 5 pers.

Cette ancienne bâtisse rurale XVIe, située au fond d'un vallon verdoyant qui rejoint la Vallée de la Manse et le village classé de Crissay (2 km), a été restaurée avec goût. R.D.C : séjour-cuisine (m-ondes, frigo-congél.), salon, 1e ch. (3 lits 1 pers.), 2e ch. (1 lit 2 pers.), salle d'eau, wc. Lit et chaise bébé. Chauffage (4 à 8 €/jour). Salle de jeux (ping-pong). Cour à l'avant et jardin clos 400 m2 à l'arrière (garage, barbecue, portique). Prix lits faits. Une dégustation de Fouées et de produits régionaux ponctuera votre accueil par les propriétaires.
LOISIRS ACCUEIL TOURAINE - 38 rue Augustin Fresnel - BP 139 - 37171 CHAMBRAY-LES-TOURS Cedex
Tél. : 02 47 27 56 10 - Fax : 02 47 48 13 39 - Email : reservation@gites-touraine.com - www.gites-touraine.com

| BASSE SAIS. | MOY. SAIS. | HTE SAIS. | TRES HTE SAIS. | W.-E. DETENTE | | | | | | |
|---|---|---|---|---|---|---|---|---|---|---|
| 215 | 265 | 330 | 380 | 150 | 10 | 2 | 2 | 7 | SP | 10 | 7 | 2 |

## N° 14501 THILOUZE — La Chaume Fortunière
CM 64 pli 14

**EC** — 6 pers.

Gîte dans un bâtiment du XVIe restauré, au cœur d'un hameau composé de plusieurs granges et d'une maison d'habitation appartenant aux seuls propriétaires du gîte. R.D.C : salon 30 m2 (superbe cheminée en briques et tuffeau, tél. restreint), séjour-cuisine 20 m2 (m-ondes, frigo- congél.), wc. Etage : 1e ch. (1 lit 160), 2e et 3e ch. (2 lits 1 pers. chacune), salle d'eau. Kit bébé (baignoire, chaise, lit). Chauffage électrique. Le terrain privatif non clos 1000 m2 (barbecue, portique) est bordé par le bois du Chatelet (répertorié ISMH). Option draps (7 €/lit).
LOISIRS ACCUEIL TOURAINE - 38 rue Augustin Fresnel - BP 139 - 37171 CHAMBRAY-LES-TOURS Cedex
Tél. : 02 47 27 56 10 - Fax : 02 47 48 13 39 - Email : reservation@gites-touraine.com - www.gites-touraine.com

| BASSE SAIS. | MOY. SAIS. | HTE SAIS. | TRES HTE SAIS. | W.-E. DETENTE | | | | | | |
|---|---|---|---|---|---|---|---|---|---|---|
| 290 | 365 | 450 | 515 | 195 | 10 | 5 | 4 | SP | 5 | 1,1 |

## N° 14271 TOURNON-SAINT-PIERRE — La Guilloterie
CM 68 pli 5

**EC** — 2 pers.

Ce charmant gîte de plain-pied planté dans un hameau minuscule, a été aménagé, avec beaucoup de soins, dans une longère qui dépendait jadis du château de Pouillé (à 500 m à vol d'oiseau). R.D.C : vaste séjour-salon avec cuisine à l'américaine (50 m2, convertible 2 pers., m-ondes), 1 ch. (1 lit 2 pers.), salle d'eau/wc. Lit et chaise bébé. Chauffage électrique. Jardin non clos (barbecue). Option draps (6 €/lit). Aux alentours : la Brenne et ses étangs, La Roche-Posay (thermalisme, golf, casino), le Futuroscope.
LOISIRS ACCUEIL TOURAINE - 38 rue Augustin Fresnel - BP 139 - 37171 CHAMBRAY-LES-TOURS Cedex
Tél. : 02 47 27 56 10 - Fax : 02 47 48 13 39 - Email : reservation@gites-touraine.com - www.gites-touraine.com

| BASSE SAIS. | MOY. SAIS. | HTE SAIS. | TRES HTE SAIS. | W.-E. DETENTE | | | | | | |
|---|---|---|---|---|---|---|---|---|---|---|
| 243 | 300 | 350 | 380 | 180 | 7 | 2,5 | 3 | 10 | SP | 3 | 7 | 45 | 2 |

## N° 14221 LA TOUR-SAINT-GELIN — La Chevallerie
CM 68 pli 4

**NN** — 2 pers.

Situé à l'extrémité d'une longère du XIXe, ce gîte de 40 m2 est exposé au soleil levant et donne sur une cour close de 50 m2. Propriétaires à la même adresse. R.D.C : séjour-cuisine (convertible 2 pers., m-ondes), 1 chambre (1 lit 2 pers.), salle d'eau/wc. Equipement bébé (lit, chaise, baignoire). Chauffage central (inclus aux prix). Cour close (barbecue). 2 VTT à disposition (sur caution). Draps inclus. Possibilité de dégustation d'asperges et de vin de Touraine par la famille des propriétaires. Mini-golf (5 km). Supérette, dépôt de pain, essence à 1 km.
LOISIRS ACCUEIL TOURAINE - 38 rue Augustin Fresnel - BP 139 - 37171 CHAMBRAY-LES-TOURS Cedex
Tél. : 02 47 27 56 10 - Fax : 02 47 48 13 39 - Email : reservation@gites-touraine.com - www.gites-touraine.com

| BASSE SAIS. | MOY. SAIS. | HTE SAIS. | TRES HTE SAIS. | WEEK-END | | | | | | |
|---|---|---|---|---|---|---|---|---|---|---|
| 150 | 150 | 180 | 210 | 75 | 10 | 1 | 10 | 14 | SP | 10 | 10 | 10 |

# INDRE ET LOIRE - 37

*Périodes tarifaires p. 165*

## Nº 14251 — VALLERES — La Graineterie — CM 64 pli 14

**NN — 5 pers.**

Gîte restauré dans un hameau situé sur la route touristique reliant Villandry et Azay-le-Rideau. Ferme des propriétaires sur place (pommes, poires, aperges) et bâtiments d'élevage bovins à 500 m. R.D.C : salon (convertible 2 pers.), séjour-cuisine (m-ondes), salle d'eau, wc. Étage : 1e ch. (1 lit 160), 2e ch. (1 lit 1 pers., 2 lits gigognes 80). Chauffage électrique. Jardin non clos 300 m2 (terrasse 40 m2, barbecue). Balades dans les vergers alentour. Remarquable site de la confluence Loire/Cher à 3 km.

LOISIRS ACCUEIL TOURAINE - 38 rue Augustin Fresnel - BP 139 - 37171 CHAMBRAY-LES-TOURS Cedex
Tél. : 02 47 27 56 10 - Fax : 02 47 48 13 39 - Email : reservation@gites-touraine.com - www.gites-touraine.com

| BASSE SAIS. | MOY. SAIS. | HTE SAIS. | TRES HTE SAIS. | WEEK-END |
|---|---|---|---|---|
| 220 | 270 | 330 | 365 | 110 |

| | | | | | | |
|---|---|---|---|---|---|---|
| 7,5 | 2 | 1,5 | 4 | SP | 6 | 2 |

## Nº 13891 — VERETZ — CM 64 pli 15

**NN — 4 pers.**

**Tours 20 mn.** Ancienne fermette XIXe, le long d'un chemin de campagne reliant Véretz à Azay-sur-Cher, dans un environnement rural calme et verdoyant. R.D.C : séjour-salon, cuisine, 1e ch. (1 lit 2 pers.), 2e ch. (2 lits 1 pers.), salle de bains, wc. Lit et chaise bébé. Chauffage électrique. Jardin 2000 m2 non clos et ombragé (tilleul à l'est, if séculaire au sud) avec barbecue. Quelques moutons et volailles des propriétaires (agriculteurs retraités) sur le site. Option draps (6 €/lit).

LOISIRS ACCUEIL TOURAINE - 38 rue Augustin Fresnel - BP 139 - 37171 CHAMBRAY-LES-TOURS Cedex
Tél. : 02 47 27 56 10 - Fax : 02 47 48 13 39 - Email : reservation@gites-touraine.com - www.gites-touraine.com

| BASSE SAIS. | MOY. SAIS. | HTE SAIS. | TRES HTE SAIS. | |
|---|---|---|---|---|
| 198 | 264 | 329 | 362 | |

| | | | | | | |
|---|---|---|---|---|---|---|
| 8 | 0,5 | 1,5 | 1 | 15 | SP | 4 | 1,5 |

## Nº 14321 — VERETZ — CM 64 pli 15

**EC — 4 pers.**

A 100 m des rives du Cher, cette petite maison d'hôtes du XVIIIe (66 m2), est située face à l'église et au pied du château de Veretz. Sur place : résidence secondaire très occasionnelle de la propriétaire. R.D.C : salon (TV sur demande), séjour-cuisine (m-ondes), wc/lavabo. Etage : 1e ch. (2 lits gigognes 1 pers.), 2e ch. (1 lit 2 pers.), salle de bains/wc. L-linge à disposition dans une dépendance. Chauffage électrique. Jardin paysager clos 1000 m2, commun avec la propriétaire, (barbecue). Option draps (6 €/lit).

LOISIRS ACCUEIL TOURAINE - 38 rue Augustin Fresnel - BP 139 - 37171 CHAMBRAY-LES-TOURS Cedex
Tél. : 02 47 27 56 10 - Fax : 02 47 48 13 39 - Email : reservation@gites-touraine.com - www.gites-touraine.com

| BASSE SAIS. | MOY. SAIS. | HTE SAIS. | TRES HTE SAIS. | WEEK-END |
|---|---|---|---|---|
| 185 | 250 | 310 | 350 | 150 |

| | | | | | | | |
|---|---|---|---|---|---|---|---|
| 5 | 1 | SP | 2 | 9 | SP | 9 | 18 | 2 | SP |

## Nº 14341 — VILLEDOMAIN

**NN — 5 pers.**

Ce gîte indépendant, aménagé sur 2 niveaux, est une ancienne maréchalerie du début XIXe. Il est situé dans une impasse aboutissant, 80 m plus loin, à un espace paysager de 7000 m2 au bord de l'Indrois (barbecue, pêche). R.D.C : 1e ch. (1 lit 2 pers.). Etage : salon (convertible 2 pers., tél. téléséjour), séjour-cuisine (m-ondes, frigo-congél.). 2e ch. (1 lit 2 pers., 1 lit 1 pers.), salle d'eau, wc. Lit et chaise bébé. Chauffage électrique. Petit jardin clos 70 m2 sur le coté ouest du gîte. Abri voiture. Option draps (6 €/lit).

LOISIRS ACCUEIL TOURAINE - 38 rue Augustin Fresnel - BP 139 - 37171 CHAMBRAY-LES-TOURS Cedex
Tél. : 02 47 27 56 10 - Fax : 02 47 48 13 39 - Email : reservation@gites-touraine.com - www.gites-touraine.com

| BASSE SAIS. | MOY. SAIS. | HTE SAIS. | TRES HTE SAIS. | WEEK-END |
|---|---|---|---|---|
| 220 | 260 | 320 | 350 | 130 |

| | | | | | | |
|---|---|---|---|---|---|---|
| 10 | 10 | SP | 10 | SP | 25 | 20 | 10 |

# LOIR ET CHER - 41

**GITES DE FRANCE** - Service Réservation Tourisme Vert
5, rue de la Voute du Château - B.P. 249 - 41001 BLOIS Cédex
Tél. 02 54 58 81 64 - Fax. 02 54 56 04 13
E.mail : GITES41@wanadoo.fr - www.gites-de-france-blois.com

## PERIODES TARIFAIRES
**BASSE-SAISON** : du 3.01 au 7.02, du 6.03 au 3.04, du 25.09 au 23.10, du 6.11 au 18.12 - **MOYENNE-SAISON** : du 7.02 au 6.03, du 3.04 au 3.07, du 28.08 au 25.09, du 23.10 au 6.11, du 18.12 au 7.01 - **HAUTE-SAISON** : du 3.07 au 17.07, du 14.08 au 28.08 - **TRÈS HAUTE SAISON** : du 17.07 au 14.08.

### N° 591 CHAMPIGNY-EN-BEAUCE
CM 64 pli 7

NN — 9 pers.

**GITE BAMBIN** Maison individuelle avec cour et terrain clos (pelouse 375 m²), à proximité des Chateaux de la Loire et du Vendomois, des charme discrets des villages de la Vallée de la Cisse. Aérodrome à 8 km. Ping-pong sur place. Rez-de-chaussée : cuisine aménagée, séjour-salon, salle d'eau, wc, 1 chambre (1 lit 160, lit bébé), 1 chambre (1 lit 2 pers.). (Salon-bibliothèque), salle de bains, wc, 1 chambre (1 lit 2 pers., lit bébé), 1 chambre (3 lits 1 pers.). Chauffage central compris. Buanderie (sèche-linge). Ch. hifi. Gîte Bambin. Sur demande : loc draps/Forfait ménage 60 €. Linge de maison.
GITES DE FRANCE-SERVICE RESERVATION - 5 rue de la Voûte du Château - BP 249 - 41001 BLOIS Cedex
Tél. : 02 54 58 81 64 - Fax : 02 54 56 04 13 - Email : GITES41@wanadoo.fr - www.gites-de-france-blois.com

| BASSE SAIS. | MOY. SAIS. | HTE SAIS. | TRES HTE SAIS. | WEEK-END |    |    |    |    |    |    |    |    |
|---|---|---|---|---|---|---|---|---|---|---|---|---|
| 460 | 535 | 640 | 720 | 390 | 13 | 2 | 13 | 2 | 16 | 16 | SP | 16 | 16 | SP |

### N° 594 CHATEAUVIEUX
CM 64 pli 17

NN — 5 pers.

Ancienne ferme restaurée mitoyenne avec des bâtiments d'exploitation, cour close, cuisine, séjour avec canapé, prise télévision, salle d'eau, 2 chambres (1 lit 2 pers. chacune, 1 lit 125). Caution 150 €. Toutes charges comprises (eau, électricité, chauffage, gaz pour la gazinière). Possibilité de location de draps : 7,50 € la paire. Possibilité de faire effectuer le ménage au départ, sur demande : forfait 30 €. Commerces ambulants. Possibilité de transfert à la gare. Taxe de séjour. Ouvert toute l'année.
Serge BARRAS - 6 chemin de la Richardière - 41110 CHATEAUVIEUX
Tél. : 02 54 75 10 91 - Email : patrice.lesaulnier@wanadoo.fr - http://perso.wanadoo.fr/patrice.lesaulnier

| BASSE SAIS. | MOY. SAIS. | HTE SAIS. | TRES HTE SAIS. | WEEK-END |    |    |    |    |    |    |    |
|---|---|---|---|---|---|---|---|---|---|---|---|
| 260 | 260 | 300 | 325 | 160 | 6 | 5 | 3 | SP | 5 | 3 | 8 | 6 |

### N° 598 FAVEROLLES-SUR-CHER
CM 64 pli 16

NN — 4 pers.

Maison mitoyenne à l'habitation du propriétaire (longère de 37 mètres de long), sur une propriété privée, avec une chapelle du 15ème siècle. Terrain privatif clos (400 m²) avec terrasse. Totalement en rez-de-chaussée : séjour-salon, coin-cuisine-repas, salle de bains avec wc, 1 chambre (1 lit 2 pers.), 1 chambre (2 lits 1 pers.). Chauffage électrique. Possibilité forfait ménage. Ouvert du 1er avril au 30 septembre.
GITES DE FRANCE-SERVICE RESERVATION - 5 rue de la Voûte du Château - BP 249 - 41001 BLOIS Cedex
Tél. : 02 54 58 81 64 - Fax : 02 54 56 04 13 - Email : GITES41@wanadoo.fr - www.gites-de-france-blois.com

| BASSE SAIS. | MOY. SAIS. | HTE SAIS. | TRES HTE SAIS. | WEEK-END |    |    |    |    |    |    |    |
|---|---|---|---|---|---|---|---|---|---|---|---|
| 220 | 290 | 360 | 390 | 130 | 12 | 4 | 2 | 0,5 | 2 | 2 | 3 | 4 | 2,5 |

### N° 593 FOSSE
CM 64 pli 7

NN — 5 pers.

**Blois 7 km.** Bati au XVIIIème siècle, le Moulin d'Arrivay est situé au bord de la Cisse sur la commune de Fossé, dans un environnement calme et agréable avec jardin privatif clos. Au rez-de-chaussée : salle à manger/cuisine, salon avec 2 canapés dont 1 convertible 2 pers., 1 chambre (2 lits 1 pers.), salle d'eau, wc. A l'étage : 1 chambre (1 lit 2 pers. 1 lit 1 pers.), salle d'eau. Abri voiture. Tarifs toutes charges comprises. Chauffage central au fuel. Ouvert toute l'année.
GITES DE FRANCE-SERVICE RESERVATION - 5 rue de la Voûte du Château - BP 249 - 41001 BLOIS Cedex
Tél. : 02 54 58 81 64 - Fax : 02 54 56 04 13 - Email : GITES41@wanadoo.fr - www.gites-de-france-blois.com

| BASSE SAIS. | MOY. SAIS. | HTE SAIS. | TRES HTE SAIS. | WEEK-END |    |    |    |    |    |    |    |
|---|---|---|---|---|---|---|---|---|---|---|---|
| 235 | 310 | 385 | 415 | 185 | 7 | 1 | 20 | 1 | 12 | 3 | 7 | 7 | 2 |

### N° 583 JOSNES
CM 64 pli 8

NN — 8 pers.

Ancienne ferme restaurée, dans un hameau entre Mer et Beaugency. Au rez-de-chaussée : grand séjour-salon, cuisine américaine (micro-ondes). Salle de bains. WC. A l'étage : 1 chambre (1 lit 2 pers.), 1 chambre (1 lit 2 pers.), 1 chambre (4 lits 1 pers. dont 2 superposés). Salle d'eau. Chauffage fuel (7 €/jour). Terrain clos (378 m²) et terrasse. Sur demande, forfait ménage : 35 €, location draps 7 €/lit. Bois inclus.
GITES DE FRANCE-SERVICE RESERVATION - 5 rue de la Voûte du Château - BP 249 - 41001 BLOIS Cedex
Tél. : 02 54 58 81 64 - Fax : 02 54 56 04 13 - Email : GITES41@wanadoo.fr - www.gites-de-france-blois.com

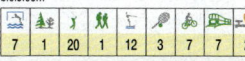   

| BASSE SAIS. | MOY. SAIS. | HTE SAIS. | TRES HTE SAIS. | WEEK-END | W.E. DETENTE |    |    |    |    |    |    |
|---|---|---|---|---|---|---|---|---|---|---|---|
| 244 | 325 | 406 | 447 | 180 | 223 | 7 | 5 | 7 | 5 | 7 | 1 |

# LOIR ET CHER - 41

Périodes tarifaires p. 175

## N° 585 LANGON — CM 64 pli 19

NN — 6 pers.

Fermette restaurée sur un terrain non clos, avec jeux d'enfants. Rez-de-chaussée : cuisine, salle à manger-salon, salle d'eau, wc, 1 chambre (1 lit 2 pers.), 1 chambre (2 lits 1 pers.). A l'étage : mezzanine avec 1 lit 2 pers. et 1 canapé-lit. Emplacement voiture. Forfait ménage 30 €. Location draps 6 €/lit. Bois 8 € la brouette.

GITES DE FRANCE-SERVICE RESERVATION - 5 rue de la Voûte du Château - BP 249 - 41001 BLOIS Cedex
Tél. : 02 54 58 81 64 - Fax : 02 54 56 04 13 - Email : GITES41@wanadoo.fr - www.gites-de-france-blois.com

| BASSE SAIS. | MOY. SAIS. | HTE SAIS. | TRES HTE SAIS. | WEEK-END | | | | | | | | | |
|---|---|---|---|---|---|---|---|---|---|---|---|---|---|
| 230 | 275 | 343 | 385 | 122 | | 7 | SP | 2 | 2 | 10 | 3 | 8 | 10 |

## N° 577 MASLIVES — CM 64 pli 7

NN — 5 pers.

A 500 mètres de l'entrée du parc de Chambord, dans une ancienne ferme, gîte mitoyen à la maison des propriétaires, avec entrée et cour close indépendantes. Rez-de-chaussée : séjour avec coin-cuisine aménagée. Salon. Salle d'eau et wc séparé. A l'étage 2 chambres, l'une (1 lit 2 pers.) et une armoire, l'autre également équipée (1 lit 2 pers.). 1 lit gigogne 0,80 m et des rangements. Possibilité équipement complet bébé. Terrasse. Chauffage central. Ouvert toute l'année.

GITES DE FRANCE-SERVICE RESERVATION - 5 rue de la Voûte du Château - BP 249 - 41001 BLOIS Cedex
Tél. : 02 54 58 81 64 - Fax : 02 54 56 04 13 - Email : GITES41@wanadoo.fr - www.gites-de-france-blois.com

| BASSE SAIS. | MOY. SAIS. | HTE SAIS. | TRES HTE SAIS. | WEEK-END | | | | | | | | | |
|---|---|---|---|---|---|---|---|---|---|---|---|---|---|
| 230 | 310 | 390 | 420 | 180 | | 16 | 0,5 | 15 | 4 | 0,5 | 10 | 0,5 | 1,5 | 16 | 0,5 |

## N° 589 NOUAN-LE-FUZELIER — La Chereautière — CM 64 pli 19

NN — 6 pers.

Maison solognote indépendante avec terrain privatif, située sur une exploitation agricole biologique. Entièrement en rez-de-chaussée : Salle à manger, cuisine, 4 chambres (2 lits 2 pers., 2 lits 1 pers., 1 lit bébé), coin détente, buanderie, salle d'eau. Animaux admis sous réserve (chenil). Ouvert toute l'année.

GITES DE FRANCE-SERVICE RESERVATION - 5 rue de la Voûte du Château - BP 249 - 41001 BLOIS Cedex
Tél. : 02 54 58 81 64 - Fax : 02 54 56 04 13 - Email : GITES41@wanadoo.fr - www.gites-de-france-blois.com

| BASSE SAIS. | MOY. SAIS. | HTE SAIS. | TRES HTE SAIS. | WEEK-END | W.-E. DETENTE | | | | | | | | |
|---|---|---|---|---|---|---|---|---|---|---|---|---|---|
| 260 | 305 | 380 | 395 | 150 | 190 | 2 | 1,5 | 20 | 1 | 1,5 | 2 | 1,5 | 2 |

## N° 581 POUILLE — La Voûte — CM 64 pli 16

NN — 6 pers.

Dans une propriété d'1,6 ha, close de murs, gîte (pouvant communiquer avec un second gîte) situé dans les dépendances du château. Exploitation viticole à proximité. Longère de caractère entièrement rénovée. Séjour, cuisine américaine, 1 chambre (2 lits de 1 pers.), 1 chambre (1 lit 160), 1 chambre (1 lit 195, 1 lit 115). Salle de bains avec wc. Jardin privatif. Chauffage central au gaz (8 €/jour). Draps et linge de toilette 8 €/lit. Sèche-linge commun avec l'autre gîte. Accès à la piscine des propriétaires de 9h00 à 12h00 et de 15h00 à 18h00. Portique. Ouvert toute l'année.

GITES DE FRANCE-SERVICE RESERVATION - 5 rue de la Voûte du Château - BP 249 - 41001 BLOIS Cedex
Tél. : 02 54 58 81 64 - Fax : 02 54 56 04 13 - Email : GITES41@wanadoo.fr - www.gites-de-france-blois.com

| BASSE SAIS. | MOY. SAIS. | HTE SAIS. | TRES HTE SAIS. | W.-E. DETENTE | | | | | | | | |
|---|---|---|---|---|---|---|---|---|---|---|---|---|
| 320 | 420 | 590 | 650 | 280 | SP | 10 | 20 | 3 | SP | 10 | 10 | 10 |

## N° 582 POUILLE — La Voûte — CM 64 pli 16

NN — 7 pers.

Dans une propriété d'1,6 ha, close de murs, gîte (pouvant communiquer avec un second gîte) situé dans les dépendances du château. Longère de caractère entièrement rénovée. Entrée, cuisine, séjour de 70 m2. A l'étage : 1 chambre (1 lit 160), 1 chambre (2 lits 1 pers.), 1 chambre (1 lit 2 pers.), 1 chambre (1 lit 120 et 1 lit 110). 2 salles de bains, 3 wc. Chauffage central au gaz (10 €/jour). Draps et linge de toilettes 8 €/lit. Sèche-linge et lave-linge commun avec l'autre gîte. Accès à la piscine des propriétaires de 9h00 à 12h00 et de 15h00 à 18h00. Portique. Caution. Ouvert toute l'année.

GITES DE FRANCE-SERVICE RESERVATION - 5 rue de la Voûte du Château - BP 249 - 41001 BLOIS Cedex
Tél. : 02 54 58 81 64 - Fax : 02 54 56 04 13 - Email : GITES41@wanadoo.fr - www.gites-de-france-blois.com

| BASSE SAIS. | MOY. SAIS. | HTE SAIS. | TRES HTE SAIS. | W.-E. DETENTE | | | | | | | | |
|---|---|---|---|---|---|---|---|---|---|---|---|---|
| 450 | 560 | 750 | 850 | 400 | SP | 10 | 20 | 3 | SP | 10 | 10 | 10 |

## N° 592 POUILLE — La Ferme Neuve — CM 64 pli 17

NN — 6 pers.

A proximité de massifs forestiers, un gîte à la ferme comprenant, au rez-de-chaussée : un grand séjour, cuisine aménagée, coin-salon donnant, au sud, sur un jardin privatif avec terrasse. A l'étage : 1 chambre (1 lit 2 pers.) et 1 chambre (1 lit 160), salle d'eau et wc, une grande mezzanine (2 lits 1 pers.). Chauffage électrique. VTT sur place. Extérieurs : 180 m². Ouvert toute l'année.

GITES DE FRANCE-SERVICE RESERVATION - 5 rue de la Voûte du Château - BP 249 - 41001 BLOIS Cedex
Tél. : 02 54 58 81 64 - Fax : 02 54 56 04 13 - Email : GITES41@wanadoo.fr - www.gites-de-france-blois.com

| BASSE SAIS. | MOY. SAIS. | HTE SAIS. | TRES HTE SAIS. | WEEK-END | W.-E. DETENTE | | | | | | | | |
|---|---|---|---|---|---|---|---|---|---|---|---|---|---|
| 260 | 340 | 420 | 460 | 200 | 250 | 12 | SP | SP | 2 | 8 | 6 | SP | 10 | 6 |

# LOIR ET CHER - 41

### N° 597  SOINGS-EN-SOLOGNE                Larre

**NN  6 pers.**

Maison indépendante à proximité de l'habitation des propriétaires. Terrain privatif non clos de 3500 m², terrasse et sous bois. Au rez-de-chaussée : séjour. Cuisine (micro-ondes et petit congélateur). 1 chambre (2 lits 1 pers.). 1 chambre (1 lit 2 pers.). 1 chambre (1 lit 2 pers.). Salle d'eau. WC. Buanderie. Garage voiture + débarras. location de draps : 8 € la paire/ draps + linge de toilette : 10 €/forfait ménage : 35 €.

GITES DE FRANCE-SERVICE RESERVATION - 5 rue de la Voûte du Château - BP 249 - 41001 BLOIS Cedex
Tél. : 02 54 58 81 64 - Fax : 02 54 56 04 13 - Email : GITES41@wanadoo.fr

CM 64 pli 18

| BASSE SAIS. | MOY. SAIS. | HTE SAIS. | TRES HTE SAIS. | WEEK-END | | | | | | | | | |
|---|---|---|---|---|---|---|---|---|---|---|---|---|---|
| 380 | 380 | 460 | 530 | 160 | 9 | SP | 12 | SP | 4 | 25 | 2 | 9 | 18 | 2 |

### N° 586  ST-GEORGES-SUR-CHER

**NN  4 pers.**

Château de Chenonceau 3 km. Longère du 18ème, rez-de-chaussée et étage. Cuisine (micro- ondes), salle à manger-salon, 2 chambres (1 lit 160, 1 lit 2 pers.), pièce intermédiaire (1 lit 0,80), salle de bains, 2 wc. Chauffage central fuel. Sèche-linge. Linge et draps fournis. Salle à manger extérieure, terrain clos, 20 ha de parc, vignes et bois privés. Piscine enterrée. Lecteur VHS, chaîne hifi, lecteur de CD. Dégustation et vente de vins de la propriété, visite du chais. Ouvert toute l'année.

Anne PINTA-LENTZ - Château des Couldraies - Route des Couldraies - 41400 ST-GEORGES-SUR-CHER
Tél. : 02 54 32 27 42 - 06 10 60 21 59 - Fax : 02 54 32 40 03 - Email : courrier@couldraies.com - www.couldraies.com

CM 64 pli 16

| BASSE SAIS. | MOY. SAIS. | HTE SAIS. | TRES HTE SAIS. | WEEK-END | W.-E. DETENTE | | | | | | | | |
|---|---|---|---|---|---|---|---|---|---|---|---|---|---|
| 400 | 400 | 450 | 500 | 200 | 250 | 8 | SP | 30 | 2 | SP | 8 | 2,5 | 3 | 1 |

### N° 578  TALCY                Morée

**NN  5 pers.**

Château de Talcy 1,5 km. Dans un hameau, gîte à la ferme, restauré. Totalement en rez-de-chaussée : cuisine aménagée, séjour-salon, 1 chambre (1 lit 2 pers.), 1 chambre (1 lit 120), 1 chambre (2 lits 1 pers.), salle de bains. Chauffage central fuel. Espace extérieur non clos donnant sur la plaine, cour de la ferme (en juillet : moisson donc passage du matériel agricole dans la cour). Ouvert toute l'année.

GITES DE FRANCE-SERVICE RESERVATION - 5 rue de la Voûte du Château - BP 249 - 41001 BLOIS Cedex
Tél. : 02 54 58 81 64 - Fax : 02 54 56 04 13 - Email : GITES41@wanadoo.fr - www.gites-de-france-blois.com

CM 64 pli 7

| MOY. SAIS. | HTE SAIS. | TRES HTE SAIS. | | | | | | | |
|---|---|---|---|---|---|---|---|---|---|
| 285 | 356 | 396 | 8 | 8 | 30 | 10 | 1,5 | 8 | 8 |

### N° 588  THEILLAY                Le Petit Monboulan

**NN  4 pers.**

Au coeur de la Sologne, sur un domaine de chasse de 300 ha, dans un bâtiment typiquement solognot, gîte entièrement rénové, proche du propriétaire, piscine et pêche sur place possible avec autorisation. Rez-de-chaussée : séjour-salon (50 m²), cuisine (20 m²), wc. A l'étage : palier, 2 chambres (1 lit 2 pers. dans chacune), salle d'eau avec wc. Linge de toilette et de maison fournis, lits faits à l'arrivée. Ménage de départ inclus. Toutes charges comprises (chauffage fuel, bois). Possibilité de louer 2 chambres d'hôtes (5 personnes sup.). Ouvert toute l'année sauf octobre et novembre.

GITES DE FRANCE-SERVICE RESERVATION - 5 rue de la Voûte du Château - BP 249 - 41001 BLOIS Cedex
Tél. : 02 54 58 81 64 - Fax : 02 54 56 04 13 - Email : GITES41@wanadoo.fr - www.gites-de-france-blois.com

CM 64 pli 19

| BASSE SAIS. | MOY. SAIS. | HTE SAIS. | TRES HTE SAIS. | W.-E. DETENTE | | | | | | | | |
|---|---|---|---|---|---|---|---|---|---|---|---|---|
| 440 | 500 | 550 | 600 | 250 | SP | SP | 15 | SP | SP | 10 | 10 | SP | 5 |

### N° 595  THENAY

**NN  4 pers.**

Appartement situé au 1er étage d'une longère restaurée, sur garage privatif. Mitoyen à la maison du propriétaire. Séjour avec canapé (clic-clac) - coin-cuisine (micro-ondes), salle de bains, wc. 1 chambre (1 lit 2 pers.), 1 chambre (2 lits 1 pers.). Buanderie avec sèche-linge. Terrasse engazonnée de 50 m2. Accès au terrain (portique). Possibilité de pêche en plan d'eau (40 m²). Chauffage central compris. Animaux admis sous réserve. Caution : 100 €.

GITES DE FRANCE-SERVICE RESERVATION - 5 rue de la Voûte du Château - BP 249 - 41001 BLOIS Cedex
Tél. : 02 54 58 81 64 - Fax : 02 54 56 04 13 - Email : GITES41@wanadoo.fr - www.gites-de-france-blois.com

CM 64 pli 17

| BASSE SAIS. | MOY. SAIS. | HTE SAIS. | TRES HTE SAIS. | WEEK-END | | | | | | | | | |
|---|---|---|---|---|---|---|---|---|---|---|---|---|---|
| 250 | 257 | 267 | 275 | 157 | 15 | 9 | 15 | 0,5 | 3 | 6 | 3,5 | 9 | 10 | 0,5 |

### N° 584  VALAIRE

**NN  6 pers.**

Maison indépendante dans le village, sur un terrain clos. Totalement en rez-de-chaussée : cuisine, séjour, salon, 1 chambre (1 lit 2 pers. et 1 lit bébé), 1 chambre (1 lit 2 pers.), 1 chambre (1 lit 2 pers.), 1 salle d'eau avec wc, 1 salle d'eau, 1 wc indépendant. Chauffage et électricité compris dans le tarif. Ouvert de début avril à fin octobre.

GITES DE FRANCE-SERVICE RESERVATION - 5 rue de la Voûte du Château - BP 249 - 41001 BLOIS Cedex
Tél. : 02 54 58 81 64 - Fax : 02 54 56 04 13 - Email : GITES41@wanadoo.fr - www.gites-de-france-blois.com

CM 64 pli 17

| BASSE SAIS. | MOY. SAIS. | HTE SAIS. | TRES HTE SAIS. | WEEK-END | | | | | | | |
|---|---|---|---|---|---|---|---|---|---|---|---|
| 550 | 550 | 550 | 610 | 200 | 15 | 1 | 15 | 2 | 20 | 3 | 15 | 8 |

# LOIR ET CHER - 41

Périodes tarifaires p. 175

## N° 596 VILLEHERVIERS — CM 64 pli 19

NN — 6 pers.

Sur une exploitation agricole en activité (élevage de moutons), maison indépendante en face des proriétaires, avec un terrain privatif non clos sans vis à vis. Totalement en rez-de-chaussée : séjour-salon (canapé-lit), cuisine (micro-ondes, congélateur), salle de bains avec wc, 1 wc indépendant, 1 chambre (2 lits 1 pers.), 1 chambre (1 lit 2 pers.) avec salle d'eau. 1 chambre (2 lits 1 pers.). Chauffage fuel compris. Abri voiture. Ouvert toute l'année.

GITES DE FRANCE-SERVICE RESERVATION - 5 rue de la Voûte du Château - BP 249 - 41001 BLOIS Cedex
Tél. : 02 54 58 81 64 - Fax : 02 54 56 04 13 - Email : GITES41@wanadoo.fr - www.gites-de-france-blois.com

| BASSE SAIS. | MOY. SAIS. | HTE SAIS. | TRES HTE SAIS. | WEEK-END |
|---|---|---|---|---|
| 300 | 380 | 450 | 480 | 200 |

| | | | | | | | |
|---|---|---|---|---|---|---|---|
| 10 | SP | 40 | 5 | SP | 5 | 10 | 10 | 5 |

## N° 590 VINEUIL — CM 64 pli 7

NN — 6 pers.

Blois 3 km. Maison dans une propriété de 2 ha en bordure de rivière. Maison datant du siècle dernier, entourée de champs et de verdure et orientée plein sud. Au rez-de-chaussée : grand salon avec 2 canapés dont 1 canapé-lit (130 x 190), salle à manger, cuisine (réfrigérateur/congélateur) micro-ondes, 1 grande chambre (1 lit 160), salle d'eau, wc. A l'étage : 1 grande chambre (4 lits 1 pers.), salle de bains, wc. Chauffage central au gaz. Magnétoscope. Animaux admis sous réserve (petit chien seulement). Ouvert toute l'année.

Pascale et André GARIN - 114 chemin des Roches - 41350 VINEUIL
Tél. : 02 54 43 53 78 - 06 60 54 22 26

| BASSE SAIS. | MOY. SAIS. | HTE SAIS. | TRES HTE SAIS. | WEEK-END | W.-E. DETENTE |
|---|---|---|---|---|---|
| 320 | 380 | 450 | 480 | 180 | 250 |

| | | | | | | | |
|---|---|---|---|---|---|---|---|
| 3 | 2 | 10 | SP | 3 | 1 | 3 | 4 | 1 |

# LOIRET - 45

**GITES DE FRANCE - LOISIRS ACCUEIL LOIRET**
8, rue d'Escures - 45000 ORLEANS
Tél. 02 38 62 04 88 - Fax. 02 38 62 98 37
E.mail : gitesdefrance@loiret.chambagri.fr - www.gites-de-france-loiret.com

## PERIODES TARIFAIRES
**HAUTE-SAISON** : juillet/août - **MOYENNE-SAISON** : avril/mai/juin/septembre et vacances scolaires - **BASSE-SAISON** : le reste de l'année.

### N° 130004 BACCON — A côté de l'Eglise
NN — 7 pers.

Château de Meung-sur-Loire 8 km. La partie du rez-de-chaussée est accessible aux handicapés avec aide. Grand séjour, salon (magnétoscope), cuisine ouverte (sèche-linge, congélateur), 1 ch. (1 lit 2 pers.), salle d'eau, wc. Etage : 1 ch. (1 lit 2 pers., 1 lit 1 pers.), 1 ch. (2 lits 1 pers), salle de bains, wc. Terrasse, terrain enherbé non clos, garage couvert, vélos à disposition. Gîte dans un ancien corps de ferme mitoyen à un autre gîte et à proximité des propriétaires. Ouvert toute l'année.

GITES DE FRANCE-LOISIRS ACCUEIL - 8 rue d'Escures - 45000 ORLEANS
Tél: 02 38 62 04 88 - Fax: 02 38 62 98 37 - Email: gitesdefrance@loiret.chambagri.fr - www.gites-de-france-loiret.com

| HTE SAIS. | MOY. SAIS. | BASSE SAIS. | W.-E. MOY. SAIS. | W.-E. BAS. SAIS. |   |   |   |   |   |   |   |   |   |
|---|---|---|---|---|---|---|---|---|---|---|---|---|---|
| 340 | 260 | 210 | 190 | 170 | 5 | 8 | 8 | 20 | 10 | 8 | 8 | 20 | 8 | 5 |

### N° 130005 BACCON — A côté de l'Eglise
NN — 7 pers.

Château de Meung-sur-Loire 8 km. Rez-de-chaussée : séjour, salon avec cuisine ouverte, micro-ondes, 1 wc. 1 ch. (2 lits 1 pers., 1 lit médicalisé possible), 1 salle d'eau. Etage : 2 ch. (1 lit 2 pers., 2 lits 1 pers., 1 lit 1 pers. en mezzanine). Chauffage électrique. Sèche-linge, magnétoscope. Terrasse, garage ouvert, vélos à disposition. Gîte dans un ancien corps de ferme mitoyen à un autre gîte. Accessible pour handicapés en fauteuil avec cour close et à proximité des propriétaires. Ouvert toute l'année.

GITES DE FRANCE-LOISIRS ACCUEIL - 8 rue d'Escures - 45000 ORLEANS
Tél: 02 38 62 04 88 - Fax: 02 38 62 98 37 - Email: gitesdefrance@loiret.chambagri.fr - www.gites-de-france-loiret.com

| HTE SAIS. | MOY. SAIS. | BASSE SAIS. | W.-E. MOY. SAIS. | W.-E. BAS. SAIS. |   |   |   |   |   |   |   |   |   |
|---|---|---|---|---|---|---|---|---|---|---|---|---|---|
| 360 | 270 | 220 | 190 | 170 | 5 | 8 | 8 | 20 | 10 | 8 | 8 | 20 | 8 | 5 |

### N° 150045 BEAULIEU-SUR-LOIRE — Les Puits d'Avenat
EC — NN — 5 pers.

Musée de la Chasse à Gien 12 km. Gîte mitoyen à un autre gîte. Rez-de-chaussée : 1 grande salle à manger avec cuisine ouverte, micro-ondes, espace salon, wc. Etage : 2 ch. (1 lit 2 pers., 3 lits 1 pers.), salle d'eau, wc. Chauffage électrique. Local à vélos. Grand espace commun avec terrasse. Caution. Hameau calme situé à 45 km du village de Beaulieu, proche de Gien, du Sancerrois et de la Route Jacques Coeur. Ouvert toute l'année.

GITES DE FRANCE-LOISIRS ACCUEIL - 8 rue d'Escures - 45000 ORLEANS
Tél: 02 38 62 04 88 - Fax: 02 38 62 98 37 - Email: gitesdefrance@loiret.chambagri.fr - www.gites-de-france-loiret.com

| HTE SAIS. | MOY. SAIS. | BASSE SAIS. | W.-E. MOY. SAIS. | W.-E. BAS. SAIS. |   |   |   |   |   |   |   |   |   |
|---|---|---|---|---|---|---|---|---|---|---|---|---|---|
| 300 | 240 | 200 | 160 | 150 | SP | 20 | 12 | SP | 4 | 12 | 6 | 40 | 12 | 4 |

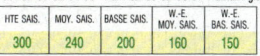

### N° 150046 BEAULIEU-SUR-LOIRE — Le Puits d'Avenat
EC — NN — 5 pers.

Musée de la Chasse à Gien 12 km. Gîte mitoyen à un autre gîte. Rez-de-chaussée : 1 grande salle à manger avec cuisine ouverte, micro-ondes, espace salon, wc. Etage : 2 ch. (1 lit 2 pers., 3 lits 1 pers.), salle d'eau, wc. Chauffage électrique. Local à vélos. Grand espace commun avec terrasse. Caution. Hameau calme situé à 4 km du village de Beaulieu, proche de Gien, du Sancerrois et de la Route Jacques Coeur. Ouvert toute l'année.

GITES DE FRANCE-LOISIRS ACCUEIL - 8 rue d'Escures - 45000 ORLEANS
Tél: 02 38 62 04 88 - Fax: 02 38 62 98 37 - Email: gitesdefrance@loiret.chambagri.fr - www.gites-de-france-loiret.com

| HTE SAIS. | MOY. SAIS. | BASSE SAIS. | W.-E. MOY. SAIS. | W.-E. BAS. SAIS. |   |   |   |   |   |   |   |   |   |
|---|---|---|---|---|---|---|---|---|---|---|---|---|---|
| 300 | 240 | 200 | 160 | 150 | SP | 20 | 12 | SP | 4 | 12 | 6 | 40 | 12 | 4 |

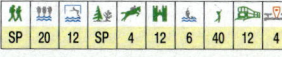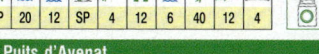

### N° 170005 BONNEE
NN — 5 pers.

Abbaye de St-Benoît-sur-Loire 5 km. Château de Sully-sur-Loire 5 km. Gîte comprenant au rez-de-chaussée : cuisine ouverte, micro-ondes, grand séjour avec coin salon (clic-clac), 1 ch. (1 lit 2 pers., 1 lit 1 pers.), salle d'eau. Etage : 1 ch. (1 lit 2 pers.). Chauffage électrique et insert. Caution. Situé sur une exploitation agricole dans une maison indépendante près de la maison des propriétaires et avec un grand espace non clos, au calme, situé entre St-Benoît-sur-Loire et Sully-sur-Loire. Ouvert toute l'année.

GITES DE FRANCE-LOISIRS ACCUEIL - 8 rue d'Escures - 45000 ORLEANS
Tél: 02 38 62 04 88 - Fax: 02 38 62 98 37 - Email: gitesdefrance@loiret.chambagri.fr - www.gites-de-france-loiret.com

| HTE SAIS. | MOY. SAIS. | BASSE SAIS. | W.-E. MOY. SAIS. | W.-E. BAS. SAIS. |   |   |   |   |   |   |   |   |   |
|---|---|---|---|---|---|---|---|---|---|---|---|---|---|
| 325 | 245 | 200 | 180 | 160 | SP | 10 | 15 | 5 | 8 | 5 | 10 | 25 | 5 |

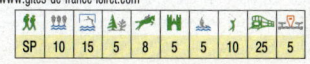

# LOIRET - 45

Périodes tarifaires p. 179

## N° 150044 — LA BUSSIERE — Le Petit Boucherot

**NN — 5 pers.**

Château-Musée de la chasse à Gien 7 km. Rez-de-chaussée : salon, salle à manger, cuisine équipée indépendante, entrée. 1 ch. (1 lit 1 pers.). Etage : 2 ch. (1 lit 2 pers., 2 lits 1 pers.), salle d'eau et salle de bains, wc indépendants. Chauffage fuel 6, 50 €/jour d'octobre à avril. Caution. Dans un environnement boisé et paysager, le gîte est aménagé avec goût. Situé dans le prolongement de la maison du propriétaire et à proximité des chambres d'hôtes avec piscine chauffée sur place. Ouvert toute l'année.

GITES DE FRANCE-LOISIRS ACCUEIL - 8 rue d'Escures - 45000 ORLEANS
Tél. : 02 38 62 04 88 - Fax : 02 38 62 98 37 - Email : gitesdefrance@loiret.chambagri.fr - www.gites-de-france-loiret.com

| HTE SAIS. | MOY. SAIS. | BASSE SAIS. | W.-E. MOY. SAIS. | W.-E. BAS. SAIS. |
|---|---|---|---|---|
| 625 | 500 | 500 | 315 | 305 |

| | | | | | | | | | |
|---|---|---|---|---|---|---|---|---|---|
| SP | 8 | SP | 10 | 10 | 7 | 3 | 15 | 7 | 7 |

## N° 130010 — CHAINGY

**NN — 6 pers.**

Cathédrale d'Orléans 9 km. Rez-de-chaussée : entrée ouverte sur cuisine intégrée (micro-ondes), salon, bibliothèque, coin repos, wc et lingerie. Etage mansardé : 2 ch. lambrissées et parquetées (2 lits 2 pers., 2 lits 1 pers.), salle d'eau, wc indépendant. Terrasse carrelée, abris voitures. Bac à sable, portique. Linge de maison fournis. Chauffage électrique. Ancienne ferme restaurée implantée dans un parc de 2 ha. avec sa jolie petite rivière, son court de tennis et sa piscine, offre calme, dans un gîte indépendant mitoyen du logis des propriétaires. Ouvert toute l'année.

GITES DE FRANCE-LOISIRS ACCUEIL - 8 rue d'Escures - 45000 ORLEANS
Tél. : 02 38 62 04 88 - Fax : 02 38 62 98 37 - Email : gitesdefrance@loiret.chambagri.fr - www.gites-de-france-loiret.com

| HTE SAIS. | MOY. SAIS. | BASSE SAIS. | W.-E. MOY. SAIS. | W.-E. BAS. SAIS. |
|---|---|---|---|---|
| 390 | 295 | 240 | 215 | 195 |

| | | | | | | | | | |
|---|---|---|---|---|---|---|---|---|---|
| SP | 1 | SP | 2 | 3 | 8 | 1 | 15 | 1 | 2 |

## N° 140025 — CHATILLON-COLIGNY

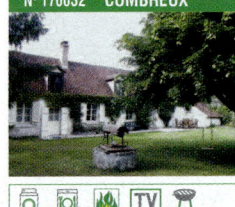

**EC NN — 4 pers.**

Rez-de-chaussée : cuisine équipée, salon, salle à manger, wc. Etage : 1 ch. (1 lit 2 pers.), 1 ch. (2 lits 1 pers.), salle de bains, wc. Décoration soignée. Chauffage électrique (6 €/jour en moyenne et basse saison). Possibilité de location draps et linge de toilette. Location vélos. Elevage de poneys sur place. Caution. A la sortie de Châtillon, sur chemin de randonnées, gîte situé près de la maison des propriétaires avec cour fermée et terrasse couverte. Ouvert toute l'année.

GITES DE FRANCE-LOISIRS ACCUEIL - 8 rue d'Escures - 45000 ORLEANS
Tél. : 02 38 62 04 88 - Fax : 02 38 62 98 37 - Email : gitesdefrance@loiret.chambagri.fr - www.gites-de-france-loiret.com

| HTE SAIS. | MOY. SAIS. | BASSE SAIS. | W.-E. MOY. SAIS. | W.-E. BAS. SAIS. |
|---|---|---|---|---|
| 295 | 225 | 185 | 165 | 155 |

| | | | | | | | | |
|---|---|---|---|---|---|---|---|---|
| SP | 25 | 25 | 25 | 7 | 10 | 0,5 | 30 | 10 | 1 |

## N° 170032 — COMBREUX

**EC NN — 6 pers.**

Gîte comprenant au rez-de-chaussée : grand séjour, salon, cuisine équipée, salle d'eau, wc. 1 ch. (1 lit 2 pers.). Etage : 1 ch. (2 lits 1 pers.), 1 ch. (1 lit 2 pers.), chauffage électrique. Caution. Charmante maison de campagne indépendante au coeur de Combreux avec jardin arboré clos. Situé à 1 km de l'étang de la Vallée, à 200 m du canal et au coeur de la forêt d'Orléans. Ouvert toute l'année.

GITES DE FRANCE-LOISIRS ACCUEIL - 8 rue d'Escures - 45000 ORLEANS
Tél. : 02 38 62 04 88 - Fax : 02 38 62 98 37 - Email : gitesdefrance@loiret.chambagri.fr - www.gites-de-france-loiret.com

| HTE SAIS. | MOY. SAIS. | BASSE SAIS. | W.-E. MOY. SAIS. | W.-E. BAS. SAIS. |
|---|---|---|---|---|
| 420 | 380 | 280 | 240 | 220 |

| | | | | | | | | | |
|---|---|---|---|---|---|---|---|---|---|
| SP | 1 | 15 | SP | 4 | 15 | 1 | 15 | 30 | 4 |

## N° 170035 — DONNERY — Les Bruyères

**EC NN — 6 pers.**

Cathédrale d'Orléans 18 km. Gîte à 1 km du village dans une grange rénovée. Rez-de-chaussée : grand séjour/salon avec cuisine ouverte (micro-ondes), wc, salle d'eau. 1 ch. (1 lit 2 pers.), 1 ch. (2 lits 1 pers.). Etage : 1 ch. (1 lit 2 pers.). Chauffage au fuel par le sol d'octobre à mai forfait 8 €/jour. Proche de la maison des propriétaires, gîte indépendant avec un grand espace enherbé clos. Idéal pour venir découvrir le Val de Loire et la Forêt d'Orléans. Ouvert toute l'année.

GITES DE FRANCE-LOISIRS ACCUEIL - 8 rue d'Escures - 45000 ORLEANS
Tél. : 02 38 62 04 88 - Fax : 02 38 62 98 37 - Email : gitesdefrance@loiret.chambagri.fr - www.gites-de-france-loiret.com

| HTE SAIS. | MOY. SAIS. | BASSE SAIS. |
|---|---|---|
| 345 | 260 | 215 |

| | | | | | | | |
|---|---|---|---|---|---|---|---|
| SP | 25 | 3 | 5 | 15 | 0,5 | 1,5 | 25 | 1 |

## N° 130012 — EPIEDS-EN-BEAUCE — Les Vanneries

**NN — 5 pers.**

Château de Meung-sur-Loire 18 km. Rez-de-chaussée : séjour avec coin cuisine (congélateur), salon, entrée, wc. Etage : 3 ch. (1 lit 2 pers., 3 lits 80), salle de bains, wc. Chauffage électrique. Caution. Gîte situé dans le prolongement de la maison du propriétaire. Un petit bois entoure la maison, très calme, bel espace ombragé non clos. Ouvert toute l'année.

GITES DE FRANCE-LOISIRS ACCUEIL - 8 rue d'Escures - 45000 ORLEANS
Tél. : 02 38 62 04 88 - Fax : 02 38 62 98 37 - Email : gitesdefrance@loiret.chambagri.fr - www.gites-de-france-loiret.com

| HTE SAIS. | MOY. SAIS. | BASSE SAIS. | W.-E. MOY. SAIS. | W.-E. BAS. SAIS. |
|---|---|---|---|---|
| 295 | 220 | 180 | 160 | 145 |

| | | | | | | | | |
|---|---|---|---|---|---|---|---|---|
| SP | 25 | 25 | 10 | 18 | 10 | 40 | 25 | 1,5 |

# LOIRET - 45

### N° 12009   ISDES — La Ferme de Brenne

**NN**  2 pers.

Gîte de plain pied avec un séjour, petite cuisine. 1 ch. (2 lits 1 pers.), salle d'eau avec wc. Chauffage électrique. Situé sur une exploitation céréalière, en pleine Sologne, à proximité de Sully-sur-Loire. Ouvert toute l'année.

GITES DE FRANCE-LOISIRS ACCUEIL - 8 rue d'Escures - 45000 ORLEANS
Tél. : 02 38 62 04 88 - Fax : 02 38 62 98 37 - Email : gitesdefrance@loiret.chambagri.fr - www.gites-de-france-loiret.com

| HTE SAIS. | MOY. SAIS. | BASSE SAIS. | W.-E. MOY. SAIS. | W.-E. BAS. SAIS. | | | | | | | | | | |
|---|---|---|---|---|---|---|---|---|---|---|---|---|---|---|
| 170 | 130 | 105 | 95 | 85 | SP | 11 | 17 | 11 | 4 | 17 | SP | 10 | 25 | 3 |

### N° 120020   MAREAU-AUX-PRES

**NN**  3 pers.

Basilique de Chéry St-André 4 km. Gîte comprenant une grande cuisine, salon avec convertible. 1ch. (1 lit 2 pers., 1 lit 120), salle d'eau, wc indépendant. Chauffage électrique. Cour commune, entrée indépendante, coin jardin avec terrasse privée. Caution. Situé dans un espace fermé, dans la cour d'une ferme en activité à proximité de la maison des propriétaires. Maceau-aux-Près est situé à mi-chemin entre Orléans et Blois. Ouvert toute l'année.

GITES DE FRANCE-LOISIRS ACCUEIL - 8 rue d'Escures - 45000 ORLEANS
Tél. : 02 38 62 04 88 - Fax : 02 38 62 98 37 - Email : gitesdefrance@loiret.chambagri.fr - www.gites-de-france-loiret.com

| HTE SAIS. | MOY. SAIS. | BASSE SAIS. | W.-E. MOY. SAIS. | W.-E. BAS. SAIS. | | | | | | | | | | |
|---|---|---|---|---|---|---|---|---|---|---|---|---|---|---|
| 205 | 175 | 135 | 115 | 105 | SP | 10 | 8 | 4 | 7 | 4 | 2 | 15 | 15 | 4 |

### N° 140019   NARGIS — Ferme au Martroy

**NN**  6 pers.

Rez-de-chaussée accessible à pers. handicapée. Séjour, coin cuisine. 1 ch. (1 lit 2 pers.), salle d'eau, wc. Etage : 1 ch. (1 lit 2 pers., 2 lits 1 pers. dont 1 gigogne), salle de bains, wc indépendant. Chauffage électrique et ou bois. Caution. Gîte de caractère proche de la Vallée du Loing, sur une exploitation agricole, près de la maison des propriétaires et d'un autre gîte indépendant donnant sur la grande cour de la ferme, non close. Ouvert toute l'année.

GITES DE FRANCE-LOISIRS ACCUEIL - 8 rue d'Escures - 45000 ORLEANS
Tél. : 02 38 62 04 88 - Fax : 02 38 62 98 37 - Email : gitesdefrance@loiret.chambagri.fr - www.gites-de-france-loiret.com

| HTE SAIS. | MOY. SAIS. | BASSE SAIS. | W.-E. MOY. SAIS. | W.-E. BAS. SAIS. | | | | | | | | | | |
|---|---|---|---|---|---|---|---|---|---|---|---|---|---|---|
| 290 | 230 | 180 | 150 | 130 | SP | 5 | 15 | 15 | 9 | 5 | 5 | 12 | 10 | 5 |

### N° 170033   ST-BENOIT-SUR-LOIRE

**EC  NN**  6 pers.

Abbaye de St-Benoît-sur-Loire 1 km. Château de Sully-sur-Loire 10 km. Gîte situé en bout de bâtiment avec au rez-de-chaussée : cuisine, salle à manger/séjour, salle d'eau, wc. Etage : 2 ch. chacune (1 lit 2 pers., 1 lit 1 pers.), lit bébé sur demande. Chauffage au gaz (6,10 €/jour de novembre à février et 5 €/jour en octobre, mars et avril). Caution. Sur place, 2 gîtes mitoyens et un autre logement avec un espace clos commun. Très bien situé pour visiter le Val de Loire. Ouvert toute l'année.

GITES DE FRANCE-LOISIRS ACCUEIL - 8 rue d'Escures - 45000 ORLEANS
Tél. : 02 38 62 04 88 - Fax : 02 38 62 98 37 - Email : gitesdefrance@loiret.chambagri.fr - www.gites-de-france-loiret.com

| HTE SAIS. | MOY. SAIS. | BASSE SAIS. | W.-E. MOY. SAIS. | W.-E. BAS. SAIS. | | | | | | | | | | |
|---|---|---|---|---|---|---|---|---|---|---|---|---|---|---|
| 315 | 250 | 235 | 180 | 170 | 1 | 2 | 18 | 10 | 1,5 | 1 | 1,5 | 15 | 35 | 1 |

### N° 170034   ST-BENOIT-SUR-LOIRE

**EC  NN**  6 pers.

Abbaye de St-Benoît-sur-Loire 1 km. Château de Sully-sur-Loire 10 km. Gîte situé dans le prolongement du bâtiment avec au rez-de-chaussée : cuisine, salle à manger/séjour, salle d'eau, wc. Etage : 2 ch. chacune (1 lit 2 pers., 1 lit 1 pers.), lit bébé sur demande. Chauffage au gaz (6,10 €/jour de novembre à février et 5 €/jour en octobre, mars et avril). Caution. Sur place, 2 gîtes mitoyens et un autre logement avec un espace clos et commun. Très bien situé pour visiter le Val de Loire. Ouvert toute l'année.

GITES DE FRANCE-LOISIRS ACCUEIL - 8 rue d'Escures - 45000 ORLEANS
Tél. : 02 38 62 04 88 - Fax : 02 38 62 98 37 - Email : gitesdefrance@loiret.chambagri.fr - www.gites-de-france-loiret.com

| HTE SAIS. | MOY. SAIS. | BASSE SAIS. | W.-E. MOY. SAIS. | W.-E. BAS. SAIS. | | | | | | | | | | |
|---|---|---|---|---|---|---|---|---|---|---|---|---|---|---|
| 315 | 250 | 235 | 180 | 170 | 1 | 2 | 18 | 10 | 1,5 | 1 | 1,5 | 15 | 35 | 1 |

### N° 140024   ST-MAURICE-SUR-AVEYRON

**EC  NN**  4 pers.

Rez-de-chaussée : grand salon, salle à manger, cuisine équipée. 1 ch. ((1 lit 160), salle de bains, wc indépendant, 1 laverie, salle d'eau. Etage : 1 ch. (1 lit 120), wc. Chauffage central. Draps et linge de maison fournis. Gîte situé à la sortie du village aux confins du Gâtinais. La maison est indépendante dans un espace arboré clos et très calme. Ouvert du 01/04 au 30/09 et vacances scolaires.

GITES DE FRANCE-LOISIRS ACCUEIL - 8 rue d'Escures - 45000 ORLEANS
Tél. : 02 38 62 04 88 - Fax : 02 38 62 98 37 - Email : gitesdefrance@loiret.chambagri.fr - www.gites-de-france-loiret.com

| HTE SAIS. | MOY. SAIS. | | | | | | | | | | | | | |
|---|---|---|---|---|---|---|---|---|---|---|---|---|---|---|
| 315 | 245 | | | | SP | 6 | 30 | 25 | 10 | 20 | SP | 35 | 25 | 0,6 |

# CHAMPAGNE-ARDENNE

Pour réserver, écrire ou téléphoner :

### 08 - ARDENNES
GITES DE FRANCE - Service Réservation
6, rue Noël - B.P. 370
08106 CHARLEVILLE-MEZIERES Cédex
Tél. 03 24 56 89 65 - Fax. 03 24 56 89 66
E.mail : contact@gitardennes.com
www.gitardennes.com

### 10 - AUBE
GITES DE FRANCE - Service Réservation
2 bis, rue Jeanne d'Arc - B.P. 4080 - 10014 TROYES Cédex
Tél. 03 25 73 00 11 - Fax. 03 25 73 94 85
www.gites-de-france-aube.com

### 51- MARNE
GITES DE FRANCE - Service Réservation
Route de Suippes - B.P. 525
51009 CHALONS-EN-CHAMPAGNE Cédex
Tél. 03 26 64 95 05 - Fax. 03 26 64 95 06
www.gites-de-france-marne.com

### 52- HAUTE-MARNE
GITES DE FRANCE - Service Réservation
Centre Administratif Départemental - Cour Marcel Baron - 52000 CHAUMONT
Tél. 03 25 30 39 08 - Fax. 03 25 30 39 05
E.mail : gites@tourisme-hautemarne.com
www.gites-de-france-hautemarne.com

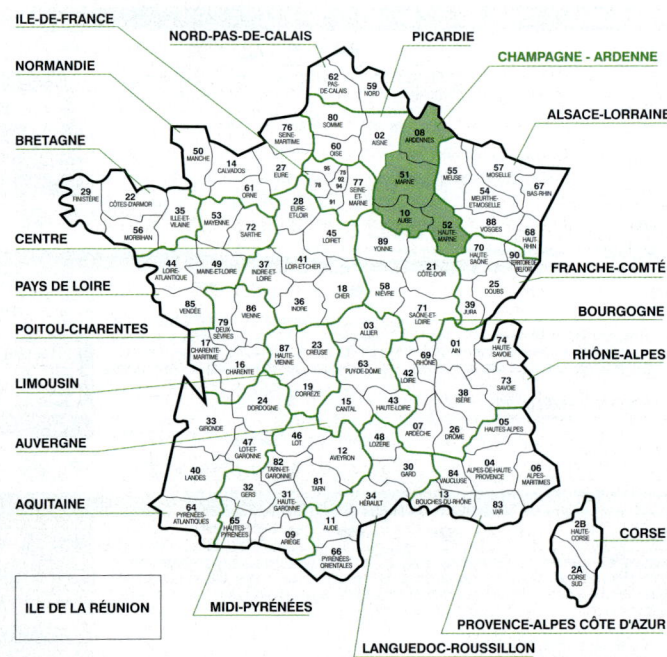

## AUBE - 10

**GITES DE FRANCE** - Service Réservation
2 bis, rue Jeanne d'Arc - B.P. 4080 - 10014 TROYES Cédex
Tél. 03 25 73 00 11 - Fax. 03 25 73 94 85
www.gites-de-france-aube.com

3615 Gîtes de France
RESA : 0,2 €/mn

**PERIODES TARIFAIRES**
HAUTE-SAISON : du 03.07 au 28.08 - BASSE-SAISON : du 03.04 au 02.05, du 29.05 au 3.07, du 28.08 au 2.10 - VACANCES TOUSSAINT ET VACANCES NOËL - HORS SAISON : reste de l'année

### N° 228 — BOUY-LUXEMBOURG — CM 61 pli 17

NN 4 pers.

Lacs de la Forêt d'Orient 10 km. Troyes 18 km. Vous profiterez du calme d'un petit village essentiellement agricole. Dans une ancienne ferme, cour fermée agréablement fleurie, gîte indépendant, tout confort. Cuisine aménagée, séjour. 1 ch. (1 lit 2 pers., lit bébé), 1 ch. (2 lits 1 pers.), salle d'eau, wc. Jardinet indépendant et fermé. Petits animaux admis. Toutes charges incluses. Ouvert toute l'année.

GITES DE FRANCE-SERVICE RESERVATION - BP 4080 - 2 bis, rue Jeanne d'Arc - 10014 TROYES Cedex
Tél. : 03 25 73 00 11 - Fax : 03 25 73 94 85 - Tél. : PROP : 03 25 46 31 60 - www.gites-de-france-aube.com

| HORS SAIS. | BASSE SAIS. | HTE SAIS. | WEEK-END | | | | | | | | | |
|---|---|---|---|---|---|---|---|---|---|---|---|---|
| 193 | 237 | 263 | 131 | 15 | 10 | 8 | 10 | 10 | 5 | SP | 10 | 5 |

### N° 229 — EAUX-PUISEAUX — CM 61 pli 6

NN 6 pers.

Dans le pays d'Othe, petit village avec son musée du cidre et son restaurant du terroir, gîte en limite des champs, entrée en rez-de-chaussée. A l'étage salle à manger/salon et coin-cuisine, 2 ch. (1 lit 2 pers.), 1 ch. (2 lits 1 pers., lit bébé), salle de bains (cabine douche avec multijets) et baignoire balnéo, wc indépendants. Terrain clos et commun aux 2 gîtes avec jeux pour enfants. Charges comprises dans le prix du séjour. Draps fournis. Ouvert toute l'année.

GITES DE FRANCE-SERVICE RESERVATION - BP 4080 - 2 bis, rue Jeanne d'Arc - 10014 TROYES Cedex
Tél. : 03 25 73 00 11 - Fax : 03 25 73 94 85 - Tél. : PROP : 03 25 42 02 94 - www.gites-de-france-aube.com

| HORS SAIS. | BASSE SAIS. | HTE SAIS. | WEEK-END | | | | | | | | | |
|---|---|---|---|---|---|---|---|---|---|---|---|---|
| 260 | 275 | 305 | 165 | 15 | 7 | SP | 15 | 15 | 3 | SP | 3 | 20 | 3 |

### N° 230 — PETIT-MESNIL — CM 61 pli 18

EC NN 4 pers.

Dienville 10 mn. Nigloland 15 mn. Maison indépendante sur terrain arboré de 500m², gîte très calme. Rez-de-chaussée : cuisine américaine séjour de 42 m². A l'étage : 1 ch. (1 lit 2 pers.), 1 ch. (2 lits 1 pers., lit bébé), lits faits, salle d'eau, wc. Chauffage électrique, charge supplémentaire : électricité. Nombreuses ballades en forêt à proximité du gîte. Ouvert toute l'année.

GITES DE FRANCE-SERVICE RESERVATION - BP 4080 - 2 bis, rue Jeanne d'Arc - 10014 TROYES Cedex
Tél. : 03 25 73 00 11 - Fax : 03 25 73 94 85 - Tél. : PROP : 03 25 92 25 68 - www.gites-de-france-aube.com

| HORS SAIS. | BASSE SAIS. | HTE SAIS. | WEEK-END | | | | | | | |
|---|---|---|---|---|---|---|---|---|---|---|
| 324 | 351 | 438 | 138 | 20 | 5 | SP | 20 | 5 | 5 | 7 | 5 |

### N° 231 — POLISY — CM 61 pli 17

EC NN 5 pers.

Chemin des Cadoles 10 km. Nigloland 30 km. Maison indépendante au coeur du village, entièrement close. En Rez de chaussée, cuisine aménagée, salle à manger et salon, salle de bains. A l'étage : 1 ch. (1 lit 2 pers.), 1 ch. (3 lits 1 pers.), wc. Cour, pelouse. Le propriétaire étant vigneron vous proposera la visite de sa cave. Circuit pédestre à 3 km. Possibilité de visite du chateau de Chacenay, de circuit VTT à 3 km. Propriétaire passionné de pêche, peut conseiller dans ce loisir. Ouvert toute l'année.

GITES DE FRANCE-SERVICE RESERVATION - BP 4080 - 2 bis, rue Jeanne d'Arc - 10014 TROYES Cedex
Tél. : 03 25 73 00 11 - Fax : 03 25 73 94 85 - Tél. : PROP : 03 25 38 52 47 - www.gites-de-france-aube.com

| HORS SAIS. | BASSE SAIS. | HTE SAIS. | MID-WEEK | | | | | | | |
|---|---|---|---|---|---|---|---|---|---|---|
| 333 | 333 | 403 | 159 | 25 | SP | SP | 25 | 25 | 5 | SP | 8 | 35 | 5 |

Pour préparer vos vacances, ayez le réflexe Minitel et gagnez des séjours et de nombreux lots en consultant le **36.15 Gîtes de France** (0,2 €/mn)

# MARNE - 51

**GITES DE FRANCE** - Service Réservation
Route de Suippes - B.P. 525 - 51009 CHALONS-EN-CHAMPAGNE Cédex
Tél. 03 26 64 95 05 - Fax. 03 26 64 95 06
www.gites-de-france-marne.com

## N° 262 CHEVIGNY

NN    12 pers.

Maison indépendante chez des viticulteurs dans un village calme, comprenant au r.d.c : cuisine (micro-ondes, congél., réfrig.), sèche- linge, 2 ch. (1 lit 2 pers.) dans chacune, salle d'eau, 2 salons, s. à manger, TV, magnétoscope. A l'étage : 4 ch. (2 ch. 1 lit 2 pers. et 2 ch. avec 2 lits 1 pers. dans chacune) dont une avec salle d'eau. Mezzanine, salon, salle d'eau. Option ménage 45 €. Possibilité location de draps 9 €. Charges comprises. Fermé en période de vendanges (du 01.09. au 05.10.) Ouvert toute l'année sauf période vendanges.
GITES DE FRANCE-SERVICE RESERVATION - Route de Suippes - BP 525 - 51009 CHALONS-EN-CHAMPAGNE Cedex
Tél. : 03 26 64 95 05 - Fax : 03 26 64 95 06 - www.gites-de-france-marne.com

| JUIL./AOUT | JUIN/SEPT. | VAC. SCOL. | HORS SAIS. | WEEK-END |
|---|---|---|---|---|
| 480 | 480 | 480 | 480 | 340 |

| | | | | | | | |
|---|---|---|---|---|---|---|---|
| 4 | 3 | 68 | 3 | 3 | 25 | 4 | |

## N° 267 FESTIGNY

NN    10 pers.

"La Boulonne". Dans hameau calme et agréable, charmante maison aux poutres apparentes, mitoyenne à celle des prop. qui vous accueillent avec convivialité. Entrée indép., décor champenois : cuis. indép. (m-ondes, s-linge, grand séj./salon (double insert), 2 wc. Et. : 4 ch. (1 ch. 3 lits 1 pers.), 1 ch. (1 lit 2 pers.). 1 ch.(1 lit 2 pers. 1 lit 1 pers.), 1 ch.(2 lits 1 pers. 2 lits suppl. 3 s. d'eau, 2 wc. Parking privé non clos, jardin, jeux plein air. Charges en sus. Poss. loc. linge toilette, draps 10 €/pers.Chauff. fuel et élect. Forf. ménage 70 €. Poss. traiteur. 1 nuit 230 €. Fermé période vendanges.
GITES DE FRANCE-SERVICE RESERVATION - Route de Suippes - BP 525 - 51009 CHALONS-EN-CHAMPAGNE Cedex
Tél. : 03 26 64 95 05 - Fax : 03 26 64 95 06 - www.gites-de-france-marne.com

| JUIL./AOUT | JUIN/SEPT. | VAC. SCOL. | HORS SAIS. | WEEK-END |
|---|---|---|---|---|
| 440 | 440 | 440 | 350 | 305 |

| | | | | | | | | |
|---|---|---|---|---|---|---|---|---|
| SP | 3 | 3 | 3 | 1 | 15 | 18 | 3 | 15 | 3 |

## N° 264 GAYE

NN    6 pers.

Au centre du village, maison indépendante avec terrain clos, en bordure de ruisseau. R.d.c. surélevé : séjour/salon, cuisine (micro-ondes). 1 ch. (1 lit 2 pers. 1 lit bébé), 1 ch. (1 lit 2 pers.), 1 ch. (2 lits 1 pers.), salle de bain, wc indépendants. Parking dans la cour. Charges et chauffage central compris. Option ménage falcultative 30 €. Poss. location draps 8 €/lit.
GITES DE FRANCE-SERVICE RESERVATION - Route de Suippes - BP 525 - 51009 CHALONS-EN-CHAMPAGNE Cedex
Tél. : 03 26 64 95 05 - Fax : 03 26 64 95 06 - www.gites-de-france-marne.com

| JUIL./AOUT | JUIN/SEPT. | VAC. SCOL. | HORS SAIS. | WEEK-END |
|---|---|---|---|---|
| 275 | 250 | 250 | 250 | 130 |

| | | | | | | |
|---|---|---|---|---|---|---|
| 10 | 12 | 4 | 0,3 | 8 | 25 | 0,2 |

## N° 265 MARGNY

NN    5 pers.

Epernay 30 km. Gîte indépendant situé dans un petit village. Séjour/salle à manger. Petite cuisine indépendante (micro-ondes), réfrig./congélateur, salle d'eau avec wc, 2 chambres. 1 ch. (3 lits 1 pers.), 1 ch. (1 lit 2 pers.). Terrain clos, indépendant. Ce gîte est idéal pour se détendre. Les enfants et les plus grands pourront découvrir les petits animaux de la ferme. Poss. location draps 8 €/lit. Chauffage central en plus 5 €/jour. Prix week-end 1 nuit 100 €. Option ménage 40 €.
GITES DE FRANCE-SERVICE RESERVATION - Route de Suippes - BP 525 - 51009 CHALONS-EN-CHAMPAGNE Cedex
Tél. : 03 26 64 95 05 - Fax : 03 26 64 95 06 - www.gites-de-france-marne.com

| JUIL./AOUT | JUIN/SEPT. | VAC. SCOL. | HORS SAIS. | WEEK-END |
|---|---|---|---|---|
| 275 | 250 | 250 | 235 | 130 |

| | | | | | | |
|---|---|---|---|---|---|---|
| 10 | 10 | 10 | 5 | 30 | 30 | 30 | 30 | 5 |

## N° 269 MONTHELON

NN    13 pers.

En plein coeur du vignoble, ancienne maison vigneronne restaurée "les 4 saisons". Gîte indép. avec cour, jardin privé (pelouse), grande cour-parking fermée. Accueil au champagne et visite de l'exploitation sur demande. R.d.c. : séjour (55 m2), salon, chaîne stéréo, cuisine équipée. 1 ch. (2 pers. 2 lits 1 pers.), salle d'eau, wc. 1 ch. (2 lits 1 pers. 2 lits superp.), s.d.b. wc. Etage : 1 ch. (2 lits 1 pers., 1 lit 1 pers.), 1 ch. (4 pers. 2 lits 1 pers. 2 lits superp.). S.d.b., wc. Lit bébé + chaise à dispo. Chauff. élect. en +. Opt. ménage 55 €. Poss. location draps linge toil. 7 €/p., 1 nuit 250 €.
GITES DE FRANCE-SERVICE RESERVATION - Route de Suippes - BP 525 - 51009 CHALONS-EN-CHAMPAGNE Cedex

| JUIL./AOUT | JUIN/SEPT. | VAC. SCOL. | HORS SAIS. | WEEK-END |
|---|---|---|---|---|
| 510 | 510 | 510 | 450 | 340 |

| | | | | | | |
|---|---|---|---|---|---|---|
| 1 | 5 | 5 | 2 | 1 | 5 | 10 | 5 | 6 | 3 |

# MARNE - 51

## N° 261 PLIVOT

**NN** — 6 pers.

Maison indépendante du 19ème avec terrasse. R.d.c. : s. de séjour, salon, insert, TV couleur, chaîne hifi, cuisine indép. (réfrig./congél., micro-ondes), wc, sèche linge. Etage : 3 ch. (1 ch. 1 lit 2 pers) avec salle d'eau et wc, 1 ch. (1 lit 130), 1 ch. (1 lit 2 pers. 1 lit 1 pers.) avec salle d'eau et wc. Mezzanine clic-clac, salle d'eau et wc. Cour fermée. Possibilité location linge de maison. Option ménage 38 €. Week-end 1 nuit : 100 €. Toutes charges comprises.

GITES DE FRANCE-SERVICE RESERVATION - Route de Suippes - BP 525 - 51009 CHALONS-EN-CHAMPAGNE Cedex
Tél. : 03 26 64 95 05 - Fax : 03 26 64 95 06 - www.gites-de-france-marne.com

| JUIL./AOUT | JUIN/SEPT. | VAC. SCOL. | HORS SAIS. | WEEK-END |
|---|---|---|---|---|
| 350 | 350 | 350 | 350 | 150 |

| | | | | | | | |
|---|---|---|---|---|---|---|---|
| 15 | 2 | 6 | SP | 10 | 10 | 4 | |

## N° 263 SARCY

**NN** — 6 pers.

Entre Reims et Epernay, dans la Vallée de l'Ardre, sur la route touristique, belle maison en pierres apparentes avec dépendances et jardin arboré privatif non clos de 3500 m2. Au r.d.c. salon (chaîne hifi) cheminée (bois gratuit), convertible, salle à manger, cuisine incorporée micro-ondes, réfrig./congél. Salle de bains, wc indép. Etage : 3 ch. (2 lits 2 pers., 2 lits 1 pers.). Babyfoot, jeux société, ping pong. Charges comprises. Poss. forfait ménage 60 €, location draps 15 €/lit. Champagne de bienvenue. Poss. visite caves. Petits animaux acceptés. Week-end nuit : 150 €. Ouvert toute l'année.

GITES DE FRANCE-SERVICE RESERVATION - Route de Suippes - BP 525 - 51009 CHALONS-EN-CHAMPAGNE Cedex
Tél. : 03 26 64 95 05 - Fax : 03 26 64 95 06 - www.gites-de-france-marne.com

| JUIL./AOUT | JUIN/SEPT. | VAC. SCOL. | HORS SAIS. | WEEK-END |
|---|---|---|---|---|
| 310 | 310 | 310 | 310 | 200 |

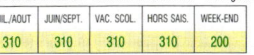

| | | | | | | |
|---|---|---|---|---|---|---|
| 1,5 | 1 | 3 | 17 | 17 | 20 | 17 | 3 |

## N° 268 VERNEUIL

**NN** — 3 pers.

Gite situé dans un village de la vallée de la Marne, au calme. A l'étage : grand séjour, clic-clac, cuisine équipée avec micro-ondes, réfrig/congél. Sèche-linge dans le garage. 2 ch. (1 ch. 1 lit 2 pers.), 1 ch. (1 lit 1 pers. 1 lit enf. - 4 ans). Salle d'eau, wc indép. Petite cour fermée. Garage. Champagne de bienvenue. Gite fermé en période de vendanges. Poss. forfait ménage : 25 €. Poss. location draps 6 €/lit. Toutes charges comprises. Week-end 1 nuit : 80 €. Ouvert toute l'année sauf période vendanges.

GITES DE FRANCE-SERVICE RESERVATION - Route de Suippes - BP 525 - 51009 CHALONS-EN-CHAMPAGNE Cedex
Tél. : 03 26 64 95 05 - Fax : 03 26 64 95 06 - www.gites-de-france-marne.com

| JUIL./AOUT | JUIN/SEPT. | VAC. SCOL. | HORS SAIS. | WEEK-END |
|---|---|---|---|---|
| 205 | 205 | 205 | 205 | 110 |

| | | | | | | | |
|---|---|---|---|---|---|---|---|
| 2 | SP | 5 | 5 | SP | 3 | 5 | 3 | 3 |

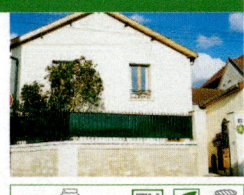

# HAUTE MARNE - 52

**GITES DE FRANCE** - Service Réservation
Centre Administratif Départemental
Cour Marcel Baron - 52000 CHAUMONT
Tél. 03 25 30 39 08 - Fax. 03 25 30 39 05
E.mail : gites@tourisme-hautemarne.com - www.gites-de-france-hautemarne.com

## PÉRIODES TARIFAIRES
JUILLET/AOÛT : du 29.06 au 31.08 - JUIN/SEPTEMBRE : du 31.05 au 29.06 et du 31.08 au 27.09 - HORS SAISON : du 28.12 au 31.05.

### N° 255 — BOURMONT

NN — 6 pers.

Gîte indépendant situé dans une jolie maison bourgeoise restaurée au coeur de la vieille ville. 3 chambres (2 lits 2 pers., 2 lits 1 pers. superposés), petite cuisine, salle à manger, salon avec cheminée, salle de bains, chauffage central, four mixte, garage, jardin clos, terrasse. Ouvert toute l'année.

GITES DE FRANCE-SERVICE RÉSERVATION – Centre Adminis. Départemental - Cour Marcel Baron - 52000 CHAUMONT
Tél. : 03 25 30 39 08 - Fax : 03 25 30 39 05 — E-mail : gites@tourisme-hautemarne.com - www.gites-de-france-hautemarne.com

| HORS SAIS. | JUIN/SEPT. | JUIL./AOÛT |  |  |  |  |  |  |  |  |
|---|---|---|---|---|---|---|---|---|---|---|
| 200 | 250 | 300 |  | 1 | 0,5 | SP | 20 | 20 | 20 | 50 | SP | SP |

### N° 256 — FRESNOY-EN-BASSIGNY

NN — 5 pers.

Source de la Meuse 6 km. Mini golf 15 km. Aventure Parc 25 km. Gîte indépendant, mitoyen à d'autres bâtiments, dans une maison ancienne restaurée en 2002. 2 chambres (1 lit 2 pers., 3 lits 1 pers. et lit bébé), cuisine, salon, salle de bains, 2 wc, chauffage électrique, garage, terrasse, terrain clos (300 m²). Ouvert toute l'année.

GITES DE FRANCE-SERVICE RÉSERVATION – Centre Adminis. Départemental - Cour Marcel Baron - 52000 CHAUMONT
Tél. : 03 25 30 39 08 - Fax : 03 25 30 39 05 — E-mail : gites@tourisme-hautemarne.com - www.gites-de-france-hautemarne.com

| HORS SAIS. | JUIN/SEPT. | JUIL./AOÛT | W.-E. HORS SAIS. |
|---|---|---|---|
| 220 | 250 | 280 | 115 |

| | | | | | | | |
|---|---|---|---|---|---|---|---|
| 0,5 | 2 | 9 | 14 | 2 | 9 | 10 |

### N° 260 — GRENANT

NN — 6 pers.

Gîte situé dans une charmante maison, rénovée en 2002, au coeur du village Grenant, berceau de la vannerie. 3 chambres (2 lits 2 pers., 2 lits 1 pers., 1 lit bébé), cuisine avec cheminée, salon, coin-détente en mezzanine, salle de bains, 2 wc, chauffage électrique, sèche-linge, m-ondes, TV, parking privatif, cour close de 130 m². Terrain clos. Terrasse, vélos. Ouvert toute l'année.

GITES DE FRANCE-SERVICE RÉSERVATION – Centre Adminis. Départemental - Cour Marcel Baron - 52000 CHAUMONT
Tél. : 03 25 30 39 08 - Fax : 03 25 30 39 05 — E-mail : gites@tourisme-hautemarne.com - www.gites-de-france-hautemarne.com

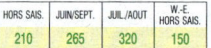

| HORS SAIS. | JUIN/SEPT. | JUIL./AOÛT | W.-E. HORS SAIS. |
|---|---|---|---|
| 210 | 265 | 320 | 150 |

| | | | | | | | |
|---|---|---|---|---|---|---|---|
| SP | SP | 4 | 12 | 14 | 20 | 20 | 13 | 8 |

### N° 261 — LEURVILLE

NN — 7 pers.

Gîte totalement indépendant situé dans une jolie maison restaurée en 2003. 3 chambres (2 lits 2 pers., 3 lits 1 pers., 1 lit bébé), cuisine, salle à manger, salon, salle de bains, salle d'eau, 2 wc, chauffage central, sèche-linge, micro-ondes, petit congélateur, parking privatif, terrasse, terrain clos, cour, chaises longues. Ouvert toute l'année.

GITES DE FRANCE-SERVICE RÉSERVATION – Centre Adminis. Départemental - Cour Marcel Baron - 52000 CHAUMONT
Tél. : 03 25 30 39 08 - Fax : 03 25 30 39 05 — E-mail : gites@tourisme-hautemarne.com - www.gites-de-france-hautemarne.com

| HORS SAIS. | JUIN/SEPT. | JUIL./AOÛT | W.-E. HORS SAIS. |
|---|---|---|---|
| 229 | 260 | 290 | 107 |

| | | | | | | | |
|---|---|---|---|---|---|---|---|
| SP | 15 | 8 | 25 | 25 | 50 | 50 | 25 | 8 |

### N° 257 — PARNOT-EN-BASSIGNY

NN — 4 pers.

Source de la Meuse 2 km. Mini golf 12 km. Aventure Parc 22 km. Gîte indépendant, mitoyen à un autre gîte, dans une maison de caractère restaurée en 2002. 2 chambres (1 lit 2 pers., 2 lits 1 pers., 1 lit bébé), cuisine, salon avec poêle à bois, salle de bains, 2 wc, chauffage électrique, m-ondes, TV avec antenne satellite, parking privatif, garage, terrasse, parc arboré clos. Ouvert toute l'année.

GITES DE FRANCE-SERVICE RÉSERVATION – Centre Adminis. Départemental - Cour Marcel Baron - 52000 CHAUMONT
Tél. : 03 25 30 39 08 - Fax : 03 25 30 39 05 — E-mail : gites@tourisme-hautemarne.com - www.gites-de-france-hautemarne.com

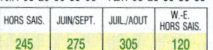

| HORS SAIS. | JUIN/SEPT. | JUIL./AOÛT | W.-E. HORS SAIS. |
|---|---|---|---|
| 245 | 275 | 305 | 120 |

| | | | | | | | |
|---|---|---|---|---|---|---|---|
| 0,5 | 6 | 13 | 15 | 13 | 6 | 30 | 7 | 13 |

# HAUTE MARNE - 52

Périodes tarifaires p. 186

**N° 258    PARNOT-EN-BASSIGNY**

| | NN | 4 pers. |  |  |  | |  |

Source de la Meuse 2 km. Mini golf 12 km. Aventure Parc 22 km. Gîte indépendant, mitoyen à un autre gîte, dans une maison de caractère restaurée en 2002. 2 chambres (1 lit 2 pers., 2 lits 1 pers., 1 lit bébé), cuisine, salon avec poêle à bois, salle de bains, 2 wc, chauffage électrique, m-ondes, TV avec antenne satellite, parking privatif, garage, terrasse, jardin arboré clos. Ouvert toute l'année.

GITES DE FRANCE-SERVICE RESERVATION - Centre Adminis. Départemental - Cour Marcel Baron - 52000 CHAUMONT
Tél. : 03 25 30 39 08 - Fax : 03 25 30 39 05 - Email : gites@tourisme-hautemarne.com - www.gites-de-france-hautemarne.com

| HORS SAIS. | JUIN/SEPT. | JUIL./AOUT | W.-E. HORS SAIS. |
|---|---|---|---|
| 245 | 275 | 305 | 120 |

| | | | | | | | |
|---|---|---|---|---|---|---|---|
| 0,5 | 6 | 13 | 15 | 13 | 6 | 30 | 7 | 13 |

**CHAMPAGNE-ARDENNE**

Pictos voir p. 12

# CORSE

## Pour réserver, écrire ou téléphoner :

**20 - CORSE**
GITES DE FRANCE SERVICES
77, cours Napoléon - B.P. 10
20181 AJACCIO Cédex 01
Tél. 04 95 10 54 32 - Fax. 04 95 10 54 38
E.mail : infos@gites-corsica.com

3615 Gîtes de France
RESA - 0,2 €/mn

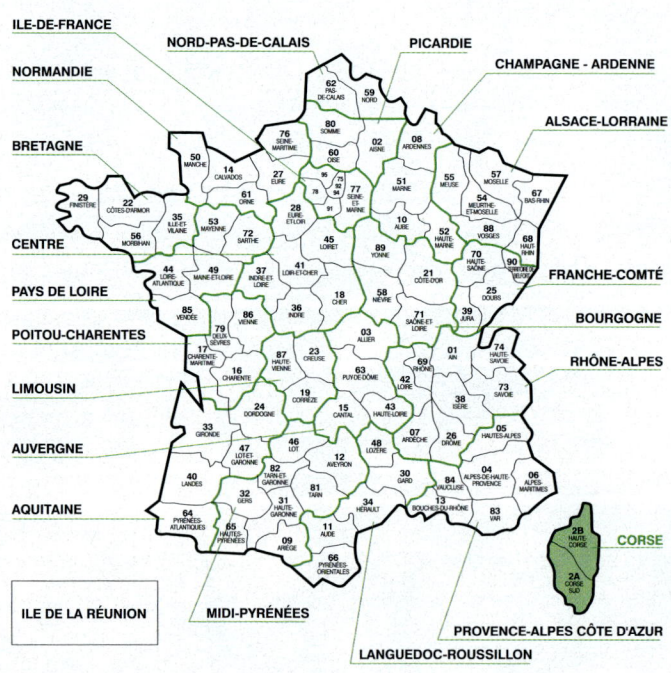

# CORSE - 20

**GITES DE FRANCE SERVICES**
77, cours Napoléon - B.P. 10 - 20181 AJACCIO Cédex 01
Tél. 04 95 10 54 32 - Fax. 04 95 10 54 38
E.mail : infos@gites-corsica.com

**PÉRIODES TARIFAIRES**
**HAUTE-SAISON :** du 3.07au 4.09 - **MOYENNE-SAISON :** du 29.05 au 3.07 et du 4.09 au 2.10 - **BASSE-SAISON :** du 4.01 au 29.05 et du 2.10 au 31.12 - **VACANCES SCOLAIRES :** Françaises hormis les vacances d'été - **WEEK-END :** (du vendredi 18h au dimanche 18h) uniquement en basse-saison - **WEEK-END DÉTENTE :** (du vendredi 18h au dimanche 18h) uniquement en basse-saison

## N° 15851    ALATA                    Fussagliolli                    CM 90 pli 16
NN  3 pers.

A la campagne, gîte de 29 m² au r.d.c de la maison des propriétaires. Séjour/cuisine (1 conv. 2 pers.), 1 ch. (1 lit 2 pers.), s.d'eau/wc. Loc. de draps (7,5 €) et linge de toilette (3 €). Terrasse de 12 m² avec barbecue, terrain privatif de 250 m². Très belle vue sur montagnes et mer. Parking. Ouvert toute l'année.

GITES DE FRANCE SERVICES - CORSE - 77 cours Napoléon - BP 10 - 20181 AJACCIO Cedex 1
Tél.: 04 95 10 54 32 - Fax: 04 95 10 54 38 - Email: infos@gites-corsica.com

| HTE SAIS. | MOY. SAIS. | BASSE SAIS. | VAC. SCOL. | WEEK-END | W.-E. DÉTENTE |
|---|---|---|---|---|---|
| 431 | 271 | 198 | 232 | 108 | 144 |

| | | | | | | | |
|---|---|---|---|---|---|---|---|
| 10 | 20 | 40 | 10 | 10 | 9 | 9 | 7 |

## N° 15861    ALATA                    Griggiola                    CM 90 pli 17
NN  4 pers.

A la campagne, gîte de 77 m² au R.D.C de la maison des propriétaires. Séjour/cuisine (1 conv. 2 pers.), 1 ch. (1 lit 2 pers.), s. de bains, wc. Micro-ondes, loc. de draps (7,5 €). Terrain clos commun, terrasse privative de 50 m², barbecue en dur. Parking. Ouvert du 29 mai au 2 octobre.

GITES DE FRANCE SERVICES - CORSE - 77 cours Napoléon - BP 10 - 20181 AJACCIO Cedex 1
Tél.: 04 95 10 54 32 - Fax: 04 95 10 54 38 - Email: infos@gites-corsica.com

| HTE SAIS. | MOY. SAIS. |
|---|---|
| 429 | 301 |

| | | | | | | | |
|---|---|---|---|---|---|---|---|
| 6 | 4 | 15 | 30 | 8 | 10 | 4 | 6 | 2 |

## N° 55791    AMPRIANI                    600 m            CM 90 pli 15
NN  5 pers.

Au cœur du village, maison indépendante en pierres de 75 m² sur 3 niveaux. R.D.C: cuisine indép., s. d'eau/wc, terrasse de 15 m² avec vue sur les montagnes, barbecue. 1er niveau : séjour (1 conv. 1 pers.), perron de 3 m². 2ème niveau : 1 ch. (1 lit 2 pers.), 1 petite ch. (2 lits 1 pers.), perron de 2 m². Congélateur, micro-ondes. Loc. de draps (4,5 € et 7,5 €) et de linge de toilette (3 €). Forfait chauffage en sus pour les périodes de basse saison et vacances scolaires (40 €/semaine). Ouvert à partir du 10 janvier.

GITES DE FRANCE SERVICES - CORSE - 77 cours Napoléon - BP 10 - 20181 AJACCIO Cedex 1
Tél.: 04 95 10 54 32 - Fax: 04 95 10 54 38 - Email: infos@gites-corsica.com

| HTE SAIS. | MOY. SAIS. | BASSE SAIS. | VAC. SCOL. | WEEK-END | W.-E. DÉTENTE |
|---|---|---|---|---|---|
| 396 | 276 | 198 | 232 | 99 | 132 |

| | | | | | | |
|---|---|---|---|---|---|---|
| 28 | 2 | 2 | 20 | 3 | 3 | 25 |

## N° 55921    AREGNO                    Place de l'église
NN  3 pers.

Dans le village, studio de 40 m² dans la maison des propriétaires. Séjour/cuisine (1 conv. 2 pers.), 1 mezzanine avec 1 lit 2 pers. (hauteur sous plafond basse, accès par une échelle de meunier), s.d'eau/wc. Congélateur, loc. de draps (7,5 €) et de linge de toilette (3 €). Terrasse couverte de 14 m², barbecue. Chauffage en sus. Gite entièrement restauré et aménagé dans ancien moulin à huile. Pièces voûtées. Ouvert du 1er mai au 16 octobre.

GITES DE FRANCE SERVICES - CORSE - 77 cours Napoléon - BP 10 - 20181 AJACCIO Cedex 1
Tél.: 04 95 10 54 32 - Fax: 04 95 10 54 38 - Email: infos@gites-corsica.com

| HTE SAIS. | MOY. SAIS. | BASSE SAIS. | VAC. SCOL. |
|---|---|---|---|
| 458 | 320 | 229 | 275 |

| | | | | | |
|---|---|---|---|---|---|
| 6 | 20 | 30 | 6 | 6 | 6 |

## N° 15931    BASTELICA                    Quartier Tricolaccia            900 m            CM 90 pli 16
NN  6 pers.

Dans le village, gîte de 77 m² sur 2 niveaux (accès par 10 marches) dans une maison indép. comprenant 1 autre appartement. R.D.C: cuisine, salon, wc. 1er niveau: 2 ch. (1 lit 2 pers. chacune), 1 ch. (2 lits 1 pers.), s.de bains (baignoire sabot)/wc. Balcon, terrain avec barbecue (droit de passage possible pour l'appart. mitoyen). Vue sur montagnes et village. Poss. loc. de draps et de linge de toilette. Parking. Chauff. en sus. Ouvert du 28 février au 30 octobre.

GITES DE FRANCE SERVICES - CORSE - 77 cours Napoléon - BP 10 - 20181 AJACCIO Cedex 1
Tél.: 04 95 10 54 32 - Fax: 04 95 10 54 38 - Email: infos@gites-corsica.com

| HTE SAIS. | MOY. SAIS. | BASSE SAIS. | VAC. SCOL. |
|---|---|---|---|
| 586 | 384 | 276 | 331 |

| | | | | |
|---|---|---|---|---|
| 30 | SP | 2 | 12 | 1 | 0,2 |

# CORSE - 20

Périodes tarifaires p. 189

## N° 16041 BASTELICA — Pigioletto — 900 m — CM 90 pli 6

**NN — 4 pers.**

Dans le haut du village, gîte de 45 m² au R.D.C de la maison des propriétaires. Séjour (1 conv. 2 pers.), cuisine, 1 ch. (1 lit 2 pers.), s.d.b., wc. L-linge (dans une petite cave), micro-ondes. Terrain clos, terrasse de 20 m² avec barbecue. Vue sur le village et les montagnes, poss. de parking devant le gîte. Forfait chauffage en basse saison et périodes vacances scolaires. Ouvert toute l'année.

GITES DE FRANCE SERVICES - CORSE - 77 cours Napoléon - BP 10 - 20181 AJACCIO Cedex 1
Tél. : 04 95 10 54 32 - Fax : 04 95 10 54 38 - Email : infos@gites-corsica.com

| HTE SAIS. | MOY. SAIS. | BASSE SAIS. | VAC. SCOL. |
|---|---|---|---|
| 380 | 260 | 226 | 237 |

| | | | | | | |
|---|---|---|---|---|---|---|
| 30 | SP | 2 | SP | 8 | 1 | SP |

## N° 15871 BASTELICACCIA — Restaja — CM 90 pli 15

**NN — 4 pers.**

Gîte de 50 m² au R.D.C de la maison des propriétaires. Cuisine, 2 ch. (1 lit 2 pers. chacune), s.d.b., wc. Micro-ondes, loc. de draps (7,5 €) et de serviettes (3 €). Terrasse de 60 m² avec vue sur campagne et Ajaccio, barbecue en dur. Parking. Chauffage en sus. Ouvert du 3 avril au 30 octobre.

GITES DE FRANCE SERVICES - CORSE - 77 cours Napoléon - BP 10 - 20181 AJACCIO Cedex 1
Tél. : 04 95 10 54 32 - Fax : 04 95 10 54 38 - Email : infos@gites-corsica.com

| HTE SAIS. | MOY. SAIS. | BASSE SAIS. | VAC. SCOL. |
|---|---|---|---|
| 499 | 333 | 243 | 311 |

| | | | | | | |
|---|---|---|---|---|---|---|
| 6 | 20 | 1 | 10 | 5 | 10 | 2 |

## N° 10995 CASAGLIONE — Canaggiola — CM 90 pli 16

**NN — 4 pers.**

A la sortie du village, gîte de 50 m² mitoyen et identique à 2 autres et à proximité d'une maison comprenant 3 gîtes. Séjour/cuisine, 1 ch. (1 lit 2 pers.), 1 ch. (2 lits 1 pers.), s.d'eau, wc. Congélateur, micro-ondes, téléphone (portable à carte), loc. de draps (7,5 € et 4,5 €) et de serviettes (4,5 €). Terrain commun de 5000 m². Terrasse privative de 9 m² avec vue dégagée sur le village, les montagnes et la vallée, barbecue. Parking. Ouvert du 3 avril au 30 octobre. Chauff. en sus.

GITES DE FRANCE SERVICES - CORSE - 77 cours Napoléon - BP 10 - 20181 AJACCIO Cedex 1
Tél. : 04 95 10 54 32 - Fax : 04 95 10 54 38 - Email : infos@gites-corsica.com

| HTE SAIS. | MOY. SAIS. | BASSE SAIS. | VAC. SCOL. |
|---|---|---|---|
| 565 | 396 | 339 | 362 |

| | | | | | | | |
|---|---|---|---|---|---|---|---|
| 6 | 2 | 9 | 25 | 3 | 6 | 20 | 30 | 6 |

## N° 10996 CASAGLIONE — Canaggiola — CM 90 pli 16

**NN — 4 pers.**

A la sortie du village, gîte de 50 m² mitoyen et identique à 2 autres et à proximité d'une maison comprenant 3 gîtes. Séjour/cuisine, 1 ch. (1 lit 2 pers.), 1 ch. (2 lits 1 pers.), s. d'eau, wc. Congélateur, micro-ondes, téléphone (portable à carte), loc. de draps (7,5 € et 4,5 €) et de serviettes (4,5 €). Terrain commun de 5000 m². Terrasse privative de 9 m² avec vue dégagée sur le village, les montagnes et la vallée, barbecue. Parking. Ouvert du 3 avril au 30 octobre. Chauff. en sus.

GITES DE FRANCE SERVICES - CORSE - 77 cours Napoléon - BP 10 - 20181 AJACCIO Cedex 1
Tél. : 04 95 10 54 32 - Fax : 04 95 10 54 38 - Email : infos@gites-corsica.com

| HTE SAIS. | MOY. SAIS. | BASSE SAIS. | VAC. SCOL. |
|---|---|---|---|
| 565 | 396 | 339 | 362 |

| | | | | | | | |
|---|---|---|---|---|---|---|---|
| 6 | 2 | 9 | 25 | 3 | 6 | 20 | 30 | 6 |

## N° 10997 CASAGLIONE — Canaggiola — CM 90 pli 16

**NN — 4 pers.**

A la sortie du village, gîte de 50 m² mitoyen et identique à 2 autres et à proximité d'une maison comprenant 3 gîtes. Séjour/cuisine, 1 ch. (1 lit 2 pers.), 1 ch. (2 lits 1 pers.), s. d'eau, wc. Congélateur, micro-ondes, téléphone (portable à carte), loc. de draps (7,5 € et 4,5 €) et de serviettes (4,5 €). Terrain commun de 5000 m². Terrasse privative de 9m² avec vue dégagée sur le village, les montagnes et la vallée, barbecue. Parking. Ouvert du 3 avril au 30 octobre. Chauff. en sus.

GITES DE FRANCE SERVICES - CORSE - 77 cours Napoléon - BP 10 - 20181 AJACCIO Cedex 1
Tél. : 04 95 10 54 32 - Fax : 04 95 10 54 38 - Email : infos@gites-corsica.com

| HTE SAIS. | MOY. SAIS. | BASSE SAIS. | VAC. SCOL. |
|---|---|---|---|
| 565 | 396 | 339 | 362 |

| | | | | | | | |
|---|---|---|---|---|---|---|---|
| 6 | 2 | 9 | 25 | 3 | 6 | 20 | 30 | 6 |

## N° 14172 CASAGLIONE — Vitustu — CM 90 pli 16

**NN — 2 pers.**

A la campagne : studio de 34 m² au r.d.c d'une maison indép. en pierres comprenant 1 autre gîte à l'étage (entrée indép.). Séjour/cuisine (1 lit 2 pers.), s. d'eau/wc. L-linge commun dans un local à l'extérieur, loc. de draps (7,5 €) et de linge de toilette (3 €). Terrain clos arboré et commun de 2000 m², barbecue, parking. Vue sur la mer et les montagnes. Chauffage en sus. Ouvert du 3 avril au 9 octobre.

GITES DE FRANCE SERVICES - CORSE - 77 cours Napoléon - BP 10 - 20181 AJACCIO Cedex 1
Tél. : 04 95 10 54 32 - Fax : 04 95 10 54 38 - Email : infos@gites-corsica.com

| HTE SAIS. | MOY. SAIS. | BASSE SAIS. | VAC. SCOL. |
|---|---|---|---|
| 371 | 251 | 200 | 231 |

| | | | | | | |
|---|---|---|---|---|---|---|
| 4 | SP | 1 | 30 | 6 | 6 | 30 | 5 |

# CORSE - 20

Périodes tarifaires p. 189

## N° 55701 — CROCE — 800 m — CM 90 pli 4

**NN** — 4 pers.

A la campagne, gîte de 45 m² dans une maison indépendante entièrement rénovée comprenant 1 autre gîte mitoyen et identique. Séjour/cuisine (1 conv. 2 pers.), 1 ch. (1 lit 2 pers.), 1 ch. (2 lits 1 pers.), s. d'eau/wc. Hotte, congélateur, loc. de draps (4,5 € et 7,5 €) et de linge de toilette (3 €). Terrain clos commun aux 2 gîtes, barbecue, parking. Ouvert toute l'année.

GITES DE FRANCE SERVICES - CORSE - 77 cours Napoléon - BP 10 - 20181 AJACCIO Cedex 1
Tél. : 04 95 10 54 32 - Fax : 04 95 10 54 38 - Email : infos@gites-corsica.com

| HTE SAIS. | MOY. SAIS. | BASSE SAIS. | VAC. SCOL. | WEEK-END |
|---|---|---|---|---|
| 345 | 240 | 170 | 205 | 90 |

25 SP 25 SP 10 50 SP 25 5

## N° 55702 — CROCE — 800 m — CM 90 pli 4

**NN** — 4 pers.

A la campagne, gîte de 45 m² dans une maison indépendante entièrement rénovée comprenant 1 autre gîte mitoyen et identique. Séjour/cuisine (1 conv. 2 pers.), 1 ch. (1 lit 2 pers.), 1 ch. (2 lits 1 pers.), s. d'eau/wc. Hotte, congélateur, loc. de draps (4,5 € et 7,5 €) et de linge de toilette (3 €). Terrain clos commun aux 2 gîtes, barbecue, parking. Ouvert toute l'année.

GITES DE FRANCE SERVICES - CORSE - 77 cours Napoléon - BP 10 - 20181 AJACCIO Cedex 1
Tél. : 04 95 10 54 32 - Fax : 04 95 10 54 38 - Email : infos@gites-corsica.com

| HTE SAIS. | MOY. SAIS. | BASSE SAIS. | VAC. SCOL. | WEEK-END |
|---|---|---|---|---|
| 345 | 240 | 170 | 205 | 90 |

25 SP 25 SP 10 50 SP 25 5

## N° 15991 — CUTTOLI — Pughjali — CM 90 pli 17

**NN** — 6 pers.

A la campagne, maison indépendante de 85 m² sur 2 niveaux. R.D.C: séjour/cuisine. 1er niveau: 2 ch. (1 lit 2 pers. chacune), 1 ch. (2 lits 1 pers.), s.d'eau/wc. Micro-ondes, congél., tél.. Loc. de draps (4,5 € et 7,5 €), loc. de linge de toilette (3 €). Terrain clos privatif de 3000 m². Terasse avec tonnelle, barbecue, véranda avec cuisine d'été et accès extérieur à une 2ème douche avec wc. Jeu de boules, ping-pong. Parking. Chauffage en sus. Très belle vue dégagée sur montagnes et campagne. Ouvert toute l'année.

GITES DE FRANCE SERVICES - CORSE - 77 cours Napoléon - BP 10 - 20181 AJACCIO Cedex 1
Tél. : 04 95 10 54 32 - Fax : 04 95 10 54 38 - Email : infos@gites-corsica.com

| HTE SAIS. | MOY. SAIS. | BASSE SAIS. | VAC. SCOL. | WEEK-END | W.-E. DETENTE |
|---|---|---|---|---|---|
| 603 | 422 | 302 | 362 | 150 | 200 |

12 5 3 10 12 4 3 3

## N° 16021 — EVISA — 800 m — CM 90 pli 15

**NN** — 4 pers.

Dans le village, gîte de 50 m² dans une maison mitoyenne. Cuisine, séjour, 1 ch. (1 lit 2 pers.), 1 ch. (2 lits 1 pers.), s. d'eau/wc. Micro-ondes, loc. de draps et de linge de toilette. Terrain de 10 m² privatif avec barbecue, balcon de 6 m² avec vue sur les montagnes. Chauff. en sus. Accès au gîte à pieds (environ 50 mètres). Ouvert du 28 février au 30 octobre.

GITES DE FRANCE SERVICES - CORSE - 77 cours Napoléon - BP 10 - 20181 AJACCIO Cedex 1
Tél. : 04 95 10 54 32 - Fax : 04 95 10 54 38 - Email : infos@gites-corsica.com

| HTE SAIS. | MOY. SAIS. | BASSE SAIS. | VAC. SCOL. |
|---|---|---|---|
| 534 | 362 | 266 | 311 |

20 SP 5 SP 1 SP

## N° 15721 — FIGARI — Piscia — CM 90

**NN** — 6 pers.

A la campagne, gîte de 65 m² au 1er étage d'une maison mitoyenne en pierres sur 2 niveaux (rez-de-chaussée inoccupé). 1er niveau: perron, séjour/cuisine (1 conv. 2 pers.), 1 ch. (1 lit 2 pers.), s.d.b/wc. 2ème niveau (échelle de meunier): 1 ch. (1 lit 2 pers.). Décoration de qualité, poutres apparentes. Congélateur. Cheminée (bois fourni). Loc. de draps (7,5 €), Tél. (portable à carte). Terrain non clos, four à pain en face du gîte pouvant servir de barbecue. Vue sur la plaine et les côtes sud de l'île. Parking. Chauffage en sus. Ouvert toute l'année.

GITES DE FRANCE SERVICES - CORSE - 77 cours Napoléon - BP 10 - 20181 AJACCIO Cedex 1
Tél. : 04 95 10 54 32 - Fax : 04 95 10 54 38 - Email : infos@gites-corsica.com

| HTE SAIS. | MOY. SAIS. | BASSE SAIS. | VAC. SCOL. | WEEK-END |
|---|---|---|---|---|
| 546 | 389 | 304 | 322 | 150 |

14 1 1 13 11 12

## N° 15921 — FIGARI — CM 90 pli 9

**EC** — **NN** — 8 pers.

Maison indép. de 127 m² sur un terrain clos de 1000 m², à proximité d'une route départementale. Séjour/cuisine intégrée. 3 ch. (1 lit 2 pers. chacune), 1 ch. (2 lits 1 pers.), 2 salles d'eau, 2 WC. Micro-ondes, congélateur, tél.. Terrasse couverte de 50 m², barbecue, loc. de draps (8 € et 10 €) et de linge de toilette (6 €), forfait ménage à la demande. Parking. Chauffage en sus. Ouvert du 28 février au 30 octobre.

GITES DE FRANCE SERVICES - CORSE - 77 cours Napoléon - BP 10 - 20181 AJACCIO Cedex 1
Tél. : 04 95 10 54 32 - Fax : 04 95 10 54 38 - Email : infos@gites-corsica.com

| HTE SAIS. | MOY. SAIS. | BASSE SAIS. | VAC. SCOL. |
|---|---|---|---|
| 1379 | 1064 | 861 | 861 |

5 15 12 1 60 0,5

# CORSE - 20

Périodes tarifaires p. 189

## N° 15961 FIGARI — Tarabucetta — CM 90 pli 19

**NN — 5 pers.**

Dans le hameau, gîte de 60 m² au 1er niveau de la maison des propriétaires. Séjour/cuisine, 1 ch. (1 lit 2 pers.), 1 ch. (1 lit 2 pers. et 1 lit 1 pers.), s.d'eau, wc séparés (comprenant 1 autre douche). Micro-ondes, loc. de draps (5 € et 8 €) de linge de toilette (3 €). Terrasse couverte de 18 m², barbecue. Parking. Poussette bébé. Ouvert toute l'année.

GITES DE FRANCE SERVICES - CORSE - 77 cours Napoléon - BP 10 - 20181 AJACCIO Cedex 1
Tél. : 04 95 10 54 32 - Fax : 04 95 10 54 38 - Email : infos@gites-corsica.com

| HTE SAIS. | MOY. SAIS. | BASSE SAIS. | VAC. SCOL. |
|---|---|---|---|
| 678 | 407 | 311 | 345 |

| | | | | | | | |
|---|---|---|---|---|---|---|---|
| 9 | 9 | 31 | 30 | 9 | 16 | 4 | 4 |

## N° 55063 GAVIGNANO — Olmi — 750 m — CM 90 pli 4

**EC NN — 6 pers.**

Dans le village, maison mitoyenne du XVe siècle de 65 m² sur deux niveaux (R.D.C. occupé par des caves). 1er étage : séjour/cuisine donnant sur terrasse avec barbecue, salon (1 convertible 2 pers.), 1 ch. (2 lits 1 pers.), s. d'eau/wc. 2ème étage sur mezzanine : 1 ch. (1 lit 2 pers.), s. d'eau/wc. Loc. de draps et de linge, cheminée avec insert (bois fourni). Chauffage en sus. Parking dans le village. Ouvert toute l'année.

GITES DE FRANCE SERVICES - CORSE - 77 cours Napoléon - BP 10 - 20181 AJACCIO Cedex 1
Tél. : 04 95 10 54 32 - Fax : 04 95 10 54 38 - Email : infos@gites-corsica.com

| HTE SAIS. | MOY. SAIS. | BASSE SAIS. | VAC. SCOL. |
|---|---|---|---|
| 486 | 362 | 259 | 371 |

| | | | | | | | | |
|---|---|---|---|---|---|---|---|---|
| 45 | 7 | 15 | 3 | 45 | 5 | 15 | 80 | 15 | 15 |

## N° 15941 LEVIE — Castaldaccia — 640 m

**NN — 6 pers.**

Dans le village, gîte de 63 m² sur 2 niveaux mitoyen à la maison des propriétaires et à un autre gîte (gîtes entièrement restaurés). R.D.C.: Séjour/cuisine (1 conv. 2 pers.). 1er étage: 1 ch. (1 lit 2 pers.), 1 ch. (2 lits 1 pers.), s. d'eau, wc. Micro-ondes, congélateur, option ménage en fin de séjour, loc. de draps (4,5 € et 7,5 €) et linge de toilette (3 €). Cour fermée, barbecue. Poss. de parking à 50 mètres du gîte. Chauffage en sus. Ouvert toute l'année.

GITES DE FRANCE SERVICES - CORSE - 77 cours Napoléon - BP 10 - 20181 AJACCIO Cedex 1
Tél. : 04 95 10 54 32 - Fax : 04 95 10 54 38 - Email : infos@gites-corsica.com

| HTE SAIS. | MOY. SAIS. | BASSE SAIS. | VAC. SCOL. | WEEK-END |
|---|---|---|---|---|
| 537 | 399 | 311 | 311 | 136 |

| | | | | | | | |
|---|---|---|---|---|---|---|---|
| 25 | 0,5 | 3 | 1,5 | 5 | 2 | 15 | 0,1 |

## N° 15942 LEVIE — Castaldaccia — 640 m

**NN — 3 pers.**

Dans le village, gîte de 44 m² sur 2 niveaux mitoyen à la maison des propriétaires à un autre gîte (gîtes entièrement restaurés). R.D.C: Séjour (1 conv. 1 pers.), cuisine. 1er étage: 1 ch. (1 lit 2 pers.), s.d'eau/wc. Micro-ondes, option ménage en fin de séjour, loc. de draps (7,5 €) et de linge de toilette (3 €). Cour fermée, barbecue. Poss. de parking à 50 mètres du gîte. Chauffage en sus. Ouvert toute l'année.

GITES DE FRANCE SERVICES - CORSE - 77 cours Napoléon - BP 10 - 20181 AJACCIO Cedex 1
Tél. : 04 95 10 54 32 - Fax : 04 95 10 54 38 - Email : infos@gites-corsica.com

| HTE SAIS. | MOY. SAIS. | BASSE SAIS. | VAC. SCOL. | WEEK-END |
|---|---|---|---|---|
| 416 | 277 | 226 | 226 | 105 |

| | | | | | | | |
|---|---|---|---|---|---|---|---|
| 25 | 0,5 | 3 | 1,5 | 5 | 2 | 15 | 0,1 |

## N° 55841 LUCCIANA — CM 90 pli 3

**NN — 4 pers.**

Dans le village, gîte de 55 m² entièrement rénové au r.d.c de la maison des propriétaires. Cuisine équipée, séjour (1 conv. 2 pers.), 1 ch. (1 lit 2 pers.), s. d'eau, wc. L-linge privatif dans une buanderie à l'extérieur, micro-ondes, congél., poss 1 couchage supplémentaire. Terrasse de 20 m² avec barbecue. Loc. de draps (4,5 et 7,5 €) et de linge de toilette (5 €), option ménage en fin de séjour. Parking à 35 mètres. Animaux de petite taille acceptés. Ouvert toute l'année.

GITES DE FRANCE SERVICES - CORSE - 77 cours Napoléon - BP 10 - 20181 AJACCIO Cedex 1
Tél. : 04 95 10 54 32 - Fax : 04 95 10 54 38 - Email : infos@gites-corsica.com

| HTE SAIS. | MOY. SAIS. | BASSE SAIS. | VAC. SCOL. | WEEK-END | W.-E. DETENTE |
|---|---|---|---|---|---|
| 516 | 310 | 224 | 276 | 125 | 158 |

| | | | | | | | |
|---|---|---|---|---|---|---|---|
| 10 | SP | 1 | 3 | 20 | 10 | 3,5 | 3 |

## N° 55871 OLMETA-DU-CAP — Marine de Negro — CM 90 pli 12

**NN — 3 pers.**

A la campagne, maison indépendante de 28 m² à proximité de la maison des propriétaires (et de 5 autres locations). Séjour (1 conv. 2 pers.), 1 ch. (1 lit 2 pers.), s.d'eau/wc. Micro-ondes, TV, buanderie commune avec l-linge, loc. de draps (10 €) et de serviettes (5 €). Terrain privatif, terrasse de 15 m² avec pergola, barbecue. Parking devant le gîte. Accès très pentu. Ouvert du 7 février au 30 octobre.

GITES DE FRANCE SERVICES - CORSE - 77 cours Napoléon - BP 10 - 20181 AJACCIO Cedex 1
Tél. : 04 95 10 54 32 - Fax : 04 95 10 54 38 - Email : infos@gites-corsica.com

| HTE SAIS. | MOY. SAIS. | BASSE SAIS. | VAC. SCOL. | WEEK-END | W.-E. DETENTE |
|---|---|---|---|---|---|
| 678 | 339 | 283 | 339 | 170 | 192 |

| | | | | |
|---|---|---|---|---|
| 0,5 | SP | 0,2 | 15 | 4 |

# CORSE - 20

Périodes tarifaires p. 189

## N° 15841 PETRETO-BICCHISANO

CM 90 pli 17

NN   3 pers.

Dans le bas du village, maison indépendante en pierres de 35 m². Séjour/cuisine (1 conv. 2 pers.), 1 ch. (1 lit 2 pers.), s.d'eau/wc. Lit et chaise bébé. Terrain clos privatif de 1000 m², terrasse couverte de 12 m². Parking fermé. Chauff. en sus. Ouvert du 3 avril au 30 octobre.

GITES DE FRANCE SERVICES - CORSE - 77 cours Napoléon - BP 10 - 20181 AJACCIO Cedex 1
Tél.: 04 95 10 54 32 - Fax: 04 95 10 54 38 - Email: infos@gites-corsica.com

| HTE SAIS. | MOY. SAIS. | BASSE SAIS. | VAC. SCOL. |   |   |   |   |   |
|---|---|---|---|---|---|---|---|---|
| 396 | 276 | 207 | 207 | 24 | 1 | 24 | 24 | 0,2 |

## N° 55881 PIGNA — Village

CM 90 pli 13

NN   3 pers.

Dans le village, gîte de 38 m² au r.d.c de la maison des propriétaires. Cuisine, salon (1 conv. 1 pers.), 1 ch. (1 lit 2 pers.), s.de bains, wc séparés. Micro-ondes. Loc. de draps et de linge de toilette, chauff. en sus. Petite terrasse de 4 m² devant l'entrée du gîte. Parking dans le village. Accès au gîte à pieds (1 mn de marche). Ouvert toute l'année.

GITES DE FRANCE SERVICES - CORSE - 77 cours Napoléon - BP 10 - 20181 AJACCIO Cedex 1
Tél.: 04 95 10 54 32 - Fax: 04 95 10 54 38 - Email: infos@gites-corsica.com

| HTE SAIS. | MOY. SAIS. | BASSE SAIS. | VAC. SCOL. |   |   |   |   |   |   |   |
|---|---|---|---|---|---|---|---|---|---|---|
| 441 | 294 | 220 | 260 | 6 | 6 | 27 | 27 | 6 | 6 | 7 |

## N° 15771 PORTICCIO

CM 90 pli 16

NN   9 pers.

Dans une résidence, maison mitoyenne de 120 m² sur 3 niveaux. R.D.C. séjour/cuisine, 1 ch. (1 lit 2 pers.), s.d.b/wc. 1er niveau: 2 ch. (1 lit 2 pers. chacune), 1 ch. (2 lits 1 pers.), s.d.b/wc. 2ème niveau: mezz. avec coin-chambre (hauteur sous plafond basse) avec 1 lit 1 pers.. Congélateur, draps et linge de toilette fournis. Option ménage en fin de séjour. 2 terrasses de 12 et 15 m² dont une avec vue imprenable sur la mer et le Golfe d'Ajaccio, barbecue. Parking. Chauffage compris. Décoration de qualité. Ouvert toute l'année.

GITES DE FRANCE SERVICES - CORSE - 77 cours Napoléon - BP 10 - 20181 AJACCIO Cedex 1
Tél.: 04 95 10 54 32 - Fax: 04 95 10 54 38 - Email: infos@gites-corsica.com

| HTE SAIS. | MOY. SAIS. | BASSE SAIS. | VAC. SCOL. |   |   |   |   |
|---|---|---|---|---|---|---|---|
| 1100 | 770 | 550 | 660 | 0,1 | 5 | 5 | 3 |

## N° 15911 PORTO-VECCHIO — Cacau

CM 90 pli 8

NN   4 pers.

A la campagne, maison indép. de 54 m² à côté d'un autre gîte indép.. Séjour/cuisine, 1 ch. (1 lit 2 pers.), 1 ch. (2 lits 1 pers.), s. d'eau/wc. Micro-ondes, congélateur, loc. de draps (6.71 € et 7.55 €) et de serviettes (3 €). Terrasse de 30 m² à moitié couverte, barbecue, bains de soleil. Parking, chemin d'accès en terre de 200 m. Chauffage en sus. Ouvert du 29 mai au 2 octobre.

GITES DE FRANCE SERVICES - CORSE - 77 cours Napoléon - BP 10 - 20181 AJACCIO Cedex 1
Tél.: 04 95 10 54 32 - Fax: 04 95 10 54 38 - Email: infos@gites-corsica.com

| HTE SAIS. | MOY. SAIS. |   |   |   |   |   |   |   |
|---|---|---|---|---|---|---|---|---|
| 971 | 542 | 5 | 5 | 8 | 14 | 3 | 5 | 5 | 2,5 | 2 |

## N° 15912 PORTO-VECCHIO — Cacau

CM 90 pli 8

NN   4 pers.

A la campagne, maison indép. de 50 m² à côté d'un autre gîte indép.. Séjour/cuisine, 1 ch. (1 lit 2 pers.), 1 ch. (2 lits 1 pers.), s.d'eau/wc. Micro-ondes, congélateur, loc. de draps (6.71 € et 7.55 €) et de serviettes (3 €). Terrasse de 30 m² à moitié couverte, barbecue, bains de soleil. Parking, chemin d'accès en terre de 200 m. Chauffage en sus. Ouvert du 29 mai au 2 octobre.

GITES DE FRANCE SERVICES - CORSE - 77 cours Napoléon - BP 10 - 20181 AJACCIO Cedex 1
Tél.: 04 95 10 54 32 - Fax: 04 95 10 54 38 - Email: infos@gites-corsica.com

| HTE SAIS. | MOY. SAIS. |   |   |   |   |   |   |   |   |
|---|---|---|---|---|---|---|---|---|---|
| 971 | 542 | 5 | 5 | 8 | 14 | 3 | 5 | 5 | 25 | 2 |

## N° 55761 PRUNELLI-DI-FIUM'ORBO — Casamozza

CM 90 pli 16

NN   5 pers.

Gîte de 60 m² situé dans une maison indépendante comprenant 2 autres gîtes. Séjour/cuisine, 1 ch. (1 lit 2 pers.), 1 ch. (1 lit 2 pers. et 1 lit 1 pers.), s d'eau, wc. Micro-ondes, congélateur, prise TV. Terrain gazonné et ombragé, terrasse de 30 m², barbecue, parking privé, ping-pong. A proximié d'une route nationale. Ouvert du 3 avril au 30 octobre.

GITES DE FRANCE SERVICES - CORSE - 77 cours Napoléon - BP 10 - 20181 AJACCIO Cedex 1
Tél.: 04 95 10 54 32 - Fax: 04 95 10 54 38 - Email: infos@gites-corsica.com

| HTE SAIS. | MOY. SAIS. | BASSE SAIS. | VAC. SCOL. |   |   |   |   |   |
|---|---|---|---|---|---|---|---|---|
| 602 | 379 | 345 | 345 | 2 | 8 | 4 | 4 | 8 | 1,5 |

# CORSE - 20

Périodes tarifaires p. 189

### N° 55762 — PRUNELLI-DI-FIUM'ORBO — Casamozza — CM 90 pli 16
NN — 5 pers.

Gîte de 60 m² situé dans une maison indépendante comprenant 2 autres gîtes. Séjour/cuisine, 1 ch. (1 lit 2 pers.), 1 ch. (1 lit 2 pers. et 1 lit 1 pers.), s d'eau, wc. Micro-ondes, congélateur, prise TV. Loc. de draps. Terrain gazonné et ombragé, terrasse de 30 m², barbecue, parking privé, ping-pong. A proximité d'une route nationale. Ouvert du 3 avril au 30 octobre.

GITES DE FRANCE SERVICES - CORSE - 77 cours Napoléon - BP 10 - 20181 AJACCIO Cedex 1
Tél. : 04 95 10 54 32 - Fax : 04 95 10 54 38 - Email : infos@gites-corsica.com

| HTE SAIS. | MOY. SAIS. | BASSE SAIS. | VAC. SCOL. |
|---|---|---|---|
| 602 | 379 | 345 | 345 |

| | | | | | |
|---|---|---|---|---|---|
| 2 | 8 | 4 | 4 | 8 | 1,5 |

### N° 55763 — PRUNELLI-DI-FIUM'ORBO — Casamozza — CM 90 pli 16
NN — 4 pers.

Gîte de 40 m² situé dans une maison indépendante comprenant 2 autres gîtes. Séjour/cuisine (1 conv. 2 pers.), 1 ch. (1 lit 2 pers. et 1 lit 1 pers.), s d'eau, wc. Micro-ondes, congélateur, prise TV. Loc. de draps. Terrain clos de 2000m² gazonné et ombragé, terrasse de 30 m², barbecue, parking privé, ping-pong. A proximité d'une route nationale. Ouvert du 1er mai au 30 octobre.

GITES DE FRANCE SERVICES - CORSE - 77 cours Napoléon - BP 10 - 20181 AJACCIO Cedex 1
Tél. : 04 95 10 54 32 - Fax : 04 95 10 54 38 - Email : infos@gites-corsica.com

| HTE SAIS. | MOY. SAIS. | BASSE SAIS. | VAC. SCOL. |
|---|---|---|---|
| 542 | 350 | 330 | 330 |

| | | | | | |
|---|---|---|---|---|---|
| 2 | 8 | 4 | 4 | 8 | 1,5 |

### N° 55602 — QUERCITELLU — Hameau de Stoppia-Nova — 800 m — CM 90 pli 4
NN — 4 pers.

Dans le hameau de Stoppia-Nova, gîte de 70 m² sur 2 niveaux au 1er étage d'une maison mitoyenne en pierres. 1er niveau : séjour/cuisine. 2ème niveau : 1 ch. (1 lit 2 pers.), 1 ch. (2 lits 1 pers.), salle de bains/wc. Poêle à bois (bois fourni), congél., micro-ondes, draps et linge de maison fournis. Chauffage compris. Terrasse, barbecue. Parking privé. Sentiers de randonnées sur place. Ouvert toute l'année.

GITES DE FRANCE SERVICES - CORSE - 77 cours Napoléon - BP 10 - 20181 AJACCIO Cedex 1
Tél. : 04 95 10 54 32 - Fax : 04 95 10 54 38 - Email : infos@gites-corsica.com

| HTE SAIS. | MOY. SAIS. | BASSE SAIS. | VAC. SCOL. | W-E. DETENTE |
|---|---|---|---|---|
| 515 | 430 | 430 | 430 | 170 |

| | | | | | | | |
|---|---|---|---|---|---|---|---|
| 25 | SP | 20 | SP | 10 | 5 | 20 | 5 |

### N° 16031 — SARROLA-CARCOPINO — Cardiccia
NN — 5 pers.

A la campagne, gîte de 40 m² mitoyen à la maison des propriétaires. Séjour/cuisine (1 conv. 2 pers.), 1 ch. (1 lit 2 pers.), 1 mezzanine (hauteur sous plafond basse) avec 2 lits 1 pers, s.d'eau/wc. Micro-ondes, loc. de draps (4,5 €) et de serviettes (3 €). Terrain non clos de 8600 m², jardinet avec gazon, barbecue. Parking. Chauffage en sus. Ouvert toute l'année.

GITES DE FRANCE SERVICES - CORSE - 77 cours Napoléon - BP 10 - 20181 AJACCIO Cedex 1
Tél. : 04 95 10 54 32 - Fax : 04 95 10 54 38 - Email : infos@gites-corsica.com

| HTE SAIS. | MOY. SAIS. | BASSE SAIS. | VAC. SCOL. |
|---|---|---|---|
| 424 | 305 | 215 | 260 |

| | | | | | |
|---|---|---|---|---|---|
| 12 | 2 | 0,2 | 4 | 1,5 | 1,5 |

### N° 15753 — SARTENE — Centre — CM 90 pli 18
NN — 4 pers.

Dans le village, maison mitoyenne sur 2 niveaux (accès par ruelle). R.D.C. : cuisine/espace repas, s. d'eau/wc. 1er niveau (accès intérieur ou extérieur) : coin salon (1 conv. 2 pers.), 1 ch. (1 lit 2 pers.). Micro-ondes, congélateur, loc. de draps (7,5 €). Devant de porte d'environ 3 m². Parking à 50 mètres (accès à pied). Ouvert du 29 mai au 2 octobre.

GITES DE FRANCE SERVICES - CORSE - 77 cours Napoléon - BP 10 - 20181 AJACCIO Cedex 1
Tél. : 04 95 10 54 32 - Fax : 04 95 10 54 38 - Email : infos@gites-corsica.com

| HTE SAIS. | MOY. SAIS. |
|---|---|
| 565 | 452 |

| | | | |
|---|---|---|---|
| 10 | 3 | 3 | 0,1 |

### N° 16001 — SARTENE — Villa l'asphodèle — CM 90 pli 18
NN — 4 pers.

Sur les hauteurs de Sartene, gîte de 55 m² au R.D.C de la maison en pierres des propriétaires. Séjour/cuisine (1 conv. 2 pers.), 1 ch. (1 lit 2 pers.), s.d.bains avec baignoire et douche, wc. L-linge (à l'extérieur), micro-ondes, congélateur, loc. de draps (7,5 €) et de linge de toilette (3 €), option ménage en fin de séjour. Jardin clos commun avec les propriétaires, terrasse couverte de 30 m², barbecue. Très belle vue sur Sartene, les montagnes et la mer. Chauffage en sus. Ouvert du 3 avril au 2 octobre.

GITES DE FRANCE SERVICES - CORSE - 77 cours Napoléon - BP 10 - 20181 AJACCIO Cedex 1
Tél. : 04 95 10 54 32 - Fax : 04 95 10 54 38 - Email : infos@gites-corsica.com

| HTE SAIS. | MOY. SAIS. | BASSE SAIS. | VAC. SCOL. |
|---|---|---|---|
| 585 | 362 | 267 | 320 |

| | | | | |
|---|---|---|---|---|
| 9 | 7 | 8 | 3 | 0,2 |

# CORSE - 20

Périodes tarifaires p. 189

## N° 15751 SERRA-DI-FERRO — Prunello
**NN — 4 pers.** — CM 90 pli 18

A la campagne, maison indépendante de 60 m² à proximité de la maison des propriétaires et d'un autre gîte. Séjour/cuisine (1 conv. 2 pers.), 1 ch. avec balcon (1 lit 2 pers.), s. d'eau/wc. Lave-linge et sèche-linge électrique communs dans une buanderie extérieure, congélateur, climatisation, micro-ondes. Loc. de draps (7.5 €), option ménage en fin de séjour. Terrain clos commun de 26000 m², terrasse privative, barbecue, Parking. Chauffage en sus. Vue sur la mer du séjour et de la chambre. Ouvert toute l'année.

GITES DE FRANCE SERVICES - CORSE - 77 cours Napoléon - BP 10 - 20181 AJACCIO Cedex 1
Tél. : 04 95 10 54 32 - Fax : 04 95 10 54 38 - Email : infos@gites-corsica.com

| HTE SAIS. | MOY. SAIS. | BASSE SAIS. | VAC. SCOL. | WEEK-END |
|---|---|---|---|---|
| 680 | 450 | 340 | 400 | 150 |

5 | SP | 7 | 10 | 7 | 25 | 35 | 7

## N° 15752 SERRA-DI-FERRO — Prunello
**NN — 5 pers.** — CM 90 pli 18

A la campagne, gîte de 70 m² (pierres apparentes) au r.d.c de la maison des propriétaires et à proximité d'un autre gîte indép.. Cuisine, séjour (1 conv. 2 pers.), 1 ch. (1 lit 2 pers.), 1 ch. (1 lit 120), s. d'eau/wc. L-linge et sèche-linge électrique communs dans une buanderie, climatisation, micro-ondes, hotte, cheminée (bois non fourni). Loc de draps (7.5 €), option ménage en fin de séjour. Espace extérieur ombragé privatif, barbecue. Terrain clos commun de 26000 m². Chauffage en sus. Parking. Ouvert toute l'année.

GITES DE FRANCE SERVICES - CORSE - 77 cours Napoléon - BP 10 - 20181 AJACCIO Cedex 1
Tél. : 04 95 10 54 32 - Fax : 04 95 10 54 38 - Email : infos@gites-corsica.com

| HTE SAIS. | MOY. SAIS. | BASSE SAIS. | VAC. SCOL. | WEEK-END |
|---|---|---|---|---|
| 680 | 450 | 340 | 400 | 150 |

5 | SP | 7 | 10 | 7 | 25 | 35 | 7

## N° 15811 SERRA-DI-FERRO — Stiliccione
**NN — 4 pers.** — CM 90 pli 18

Gîte de 50 m² dans la maison mitoyenne des propriétaires comprenant un appartement loué à l'année (entrée commune). Cuisine équipée, 2 ch. (1 lit 2 pers. chacune dont 1 avec 1 lit bébé), s. d'eau/wc. Congél., hotte, poss. loc. de draps (7,5 €/paire) et de linge de toilette (3 €/pers.). Petite terrasse de 5m². Parking. Maison en bordure de route départementale. Dans les caves de cette maison, petit dépôt de fruits et légumes appartenant au propriétaire. Ouvert toute l'année.

GITES DE FRANCE SERVICES - CORSE - 77 cours Napoléon - BP 10 - 20181 AJACCIO Cedex 1
Tél. : 04 95 10 54 32 - Fax : 04 95 10 54 38 - Email : infos@gites-corsica.com

| HTE SAIS. | MOY. SAIS. | BASSE SAIS. | VAC. SCOL. |
|---|---|---|---|
| 603 | 468 | 243 | 363 |

8 | SP | 0,1 | 20 | 6 | 20 | 8 | 20 | 45 | 8

## N° 55691 SISCO — Canavagia
**NN — 5 pers.** — CM 90 pli 1

A la campagne, gîte de 50 m² sur 2 niveaux mitoyen à 2 autres gîtes et 1 appart. loué à l'année. R.D.C: séjour/cuisine (1 conv. 2 pers.), 1 ch. (1 lit 120), s. d'eau/wc. 1er niveau: 1 mezzanine (2 lits 1 pers.). Congél., tél., draps et linge fournis, forfait ménage en fin de séjour. Jardinet privatif, barbecue. Parking, chauffage en sus. Ouvert toute l'année.

GITES DE FRANCE SERVICES - CORSE - 77 cours Napoléon - BP 10 - 20181 AJACCIO Cedex 1
Tél. : 04 95 10 54 32 - Fax : 04 95 10 54 38 - Email : infos@gites-corsica.com

| HTE SAIS. | MOY. SAIS. | BASSE SAIS. | VAC. SCOL. |
|---|---|---|---|
| 515 | 360 | 255 | 310 |

2 | 1 | 0,2 | 1 | 14 | 1

## N° 55692 SISCO — Canavagia
**NN — 6 pers.** — CM 90 pli 1

A la campagne, gîte de 52 m² sur 2 niveaux mitoyen à 2 autres gîtes et 1 appart. loué à l'année. R.D.C: séjour/cuisine (1 conv. 2 pers.), 1 ch. (1 lit 2 pers), s. d'eau/wc. 1er niveau: 1 mezzanine (2 lits 1 pers.). Congél., tél., draps et linge fournis, forfait ménage en fin de séjour. Jardinet privatif, barbecue, parking Chauffage en sus. Ouvert toute l'année.

GITES DE FRANCE SERVICES - CORSE - 77 cours Napoléon - BP 10 - 20181 AJACCIO Cedex 1
Tél. : 04 95 10 54 32 - Fax : 04 95 10 54 38 - Email : infos@gites-corsica.com

| HTE SAIS. | MOY. SAIS. | BASSE SAIS. | VAC. SCOL. |
|---|---|---|---|
| 540 | 380 | 265 | 320 |

2 | 1 | 0,2 | 1 | 14 | 1

## N° 55861 SISCO — Moline
**NN — 8 pers.** — CM 90 pli 12

A la campagne, maison indép. de 160 m² sur 2 niveaux à prox. autre gîte indép. et maison des propriétaires. R.D.C: vaste séjour/cuis., 1 ch. (1 lit 2 pers.), 1 ch. (2 lits 1 pers.), s.d.b. (douche et baignoire), wc. 1er ét.: 1 mezz. mans. (2 lits 1 pers.), 1 ch. mans. (1 lit 2 pers.). s. d'eau, wc. Congél., micro-ondes, TV par satt. Ordinateur, loc. de draps (4.5 € et 7.5 €) et de linge de toilette (3 €), option ménage en fin de séjour. Décoration soignée et de qualité, charpentes apparentes. Terrasse de 35 m², barbecue, jardin paysagé de 6000 m² (potager, jardin de senteurs). Parking. Ouvert toute l'année.

GITES DE FRANCE SERVICES - CORSE - 77 cours Napoléon - BP 10 - 20181 AJACCIO Cedex 1
Tél. : 04 95 10 54 32 - Fax : 04 95 10 54 38 - Email : infos@gites-corsica.com

| HTE SAIS. | MOY. SAIS. | BASSE SAIS. | VAC. SCOL. | WEEK-END | W.-E. DETENTE |
|---|---|---|---|---|---|
| 1593 | 1119 | 797 | 955 | 396 | 531 |

3 | SP | 0,1 | 0,5 | 7 | 14 | 3

# CORSE - 20

Périodes tarifaires p. 189

## N° 55862 SISCO — Moline — CM 90 pli 12

**NN — 4 pers.**

A la campagne, maison indépendante de 60 m² à proximité d'un autre gîte indépendant et de la maison des propriétaires. Séjour/cuisine de 35 m², 1 ch. (1 lit 2 pers.), 1 ch. (2 lits 1 pers. superposés), s. d'eau/wc. Micro-ondes, magnétoscope, congélateur, loc. de draps (4,5 € et 7,5 €) et de linge de toilette (3 €), option ménage en fin de séjour. Barbecue electrique. Jardin clos paysagé de 6000 m² (potager, jardin de senteurs). Parking. Ouvert toute l'année.

GITES DE FRANCE SERVICES - CORSE – 77 cours Napoléon - BP 10 - 20181 AJACCIO Cedex 1
Tél. : 04 95 10 54 32 - Fax : 04 95 10 54 38 - Email : infos@gites-corsica.com

| HTE SAIS. | MOY. SAIS. | BASSE SAIS. | VAC. SCOL. | WEEK-END | W.-E. DETENTE |
|---|---|---|---|---|---|
| 655 | 458 | 328 | 396 | 164 | 220 |

| | | | | | | |
|---|---|---|---|---|---|---|
| 3 | SP | 0,1 | 0,5 | 7 | 14 | 3 |

## N° 15981 SOLLACARO — Campo-Stefano

**NN — 6 pers.**

A la campagne, gîte de 90 m² au R.D.C. de la maison des propriétaires. Cuisine indép., séjour (1 conv. 2 pers.), 2 ch. (1 lit 2 pers. chacune) dont une avec salle d'eau et wc, s.d.bains, 2ème wc indép.. Micro-ondes, congél., loc. draps (10 €) et linge de toilette (3 €), option ménage en fin de séjour. Terrain clos privatif de 130 m² avec pelouse. Terrasse couverte de 35 m², barbecue. Parking. Forfait chauffage en sus en basse saison de 30 €/semaine. Site préhistorique de Filitosa 2 km. Ouvert toute l'année.

GITES DE FRANCE SERVICES - CORSE – 77 cours Napoléon - BP 10 - 20181 AJACCIO Cedex 1
Tél. : 04 95 10 54 32 - Fax : 04 95 10 54 38 - Email : infos@gites-corsica.com

| HTE SAIS. | MOY. SAIS. | BASSE SAIS. | VAC. SCOL. | WEEK-END | W.-E. DETENTE |
|---|---|---|---|---|---|
| 768 | 452 | 339 | 384 | 192 | 249 |

| | | | | | | |
|---|---|---|---|---|---|---|
| 4 | 1 | 0,2 | 7 | 20 | 4 | 19 | 7 |

## N° 15971 SOTTA — Zucallela — CM 90 pli 19

**NN — 5 pers.**

A la campagne, gîte de 50 m² au r.d.c. de la maison des propriétaires et mitoyen à 1 autre gîte. Séjour/cuisine (1 conv. 1 pers.), 1 ch. (1 lit 2 pers.), 1 ch. sans fenêtre (2 lits 1 pers.), s.d'eau, wc séparés. Micro-ondes, loc. de draps et de linge de toilette. Terrasse de 30 m², barbecue. Parking. Chauff. en sus. Ouvert toute l'année.

GITES DE FRANCE SERVICES - CORSE – 77 cours Napoléon - BP 10 - 20181 AJACCIO Cedex 1
Tél. : 04 95 10 54 32 - Fax : 04 95 10 54 38 - Email : infos@gites-corsica.com

| HTE SAIS. | MOY. SAIS. | BASSE SAIS. | VAC. SCOL. |
|---|---|---|---|
| 599 | 419 | 299 | 359 |

| | | | | | | |
|---|---|---|---|---|---|---|
| 17 | 25 | 20 | 25 | 10 | 7 | 30 | 6 |

## N° 15972 SOTTA — Zucallela — CM 90 pli 19

**NN — 4 pers.**

A la campagne, gîte de 40 m² au R.D.C. de la maison des propriétaires et mitoyen à 1 autre gîte. Séjour/cuisine (1 conv. 1 pers.), 1 ch. (1 lit 2 pers.), 1 ch. (1 lit 1 pers.), s.d'eau, wc séparés. Micro-ondes, loc. de draps et de linge de toilette. Terrasse de 25 m², barbecue. Parking. Chauff. en sus. Ouvert toute l'année.

GITES DE FRANCE SERVICES - CORSE – 77 cours Napoléon - BP 10 - 20181 AJACCIO Cedex 1
Tél. : 04 95 10 54 32 - Fax : 04 95 10 54 38 - Email : infos@gites-corsica.com

| HTE SAIS. | MOY. SAIS. | BASSE SAIS. | VAC. SCOL. |
|---|---|---|---|
| 514 | 355 | 255 | 305 |

| | | | | | | |
|---|---|---|---|---|---|---|
| 17 | 25 | 20 | 25 | 10 | 7 | 30 | 6 |

## N° 55961 SPELONCATO — Reginu — CM 90 pli 13

**4 pers.**

A la campagne, gîte de 40 m² dans une maison indép. comprenant un autre gîte mitoyen, et à proximité de 4 autres gîtes. Séjour/cuisine intégrée, (1 conv. 2 pers.), 1 ch. (1 lit 2 pers.), s. d'eau/wc. Micro-ondes, congélateur, loc. de draps (12 €). Terrain clos de 8000m², terrasse couverte de 20m², barbecue. Chauffage en sus. Ouvert toute l'année.

GITES DE FRANCE SERVICES - CORSE – 77 cours Napoléon - BP 10 - 20181 AJACCIO Cedex 1
Tél. : 04 95 10 54 32 - Fax : 04 95 10 54 38 - Email : infos@gites-corsica.com

| HTE SAIS. | MOY. SAIS. | BASSE SAIS. | VAC. SCOL. |
|---|---|---|---|
| 542 | 384 | 339 | 366 |

| | | | | | | |
|---|---|---|---|---|---|---|
| 6 | 1 | 2 | 15 | 3 | 8 | 3 | 0,6 | 3 |

## N° 55962 SPELONCATO — Reginu — CM 90 pli 13

**6 pers.**

A la campagne, gîte de 50 m² dans une maison indép. comprenant un autre gîte mitoyen, et à proximité de 4 autres gîtes. Séjour/cuisine intégrée (1 conv. 2 pers.), 1 ch. (1 lit 2 pers.), 1 ch. (2 lits 1 pers.) s. d'eau, wc. Micro-ondes, congélateur, loc. de draps (12 €). Terrain clos de 8000m², terrasse couverte de 15m², barbecue. Chauffage en sus. Ouvert toute l'année.

GITES DE FRANCE SERVICES - CORSE – 77 cours Napoléon - BP 10 - 20181 AJACCIO Cedex 1
Tél. : 04 95 10 54 32 - Fax : 04 95 10 54 38 - Email : infos@gites-corsica.com

| HTE SAIS. | MOY. SAIS. | BASSE SAIS. | VAC. SCOL. |
|---|---|---|---|
| 802 | 520 | 373 | 481 |

| | | | | | | |
|---|---|---|---|---|---|---|
| 6 | 1 | 2 | 15 | 3 | 8 | 3 | 0,6 | 3 |

# CORSE - 20

Périodes tarifaires p. 189

### N° 15731  TASSO — 800 m

| | NN | 5 pers. | | | | | | |
|---|---|---|---|---|---|---|---|---|

Dans un moulin entièrement réaménagé, gîte de 65 m² sur 2 niveaux mitoyen à un autre gîte. R.D.C: 1 ch. (1 lit 2 pers.), séjour/cuisine, s. d'eau, wc indép.. 1er niveau: 1 mezzanine (1 lit 2 pers. et 1 lit 1 pers.). Congélateur, lecteur CD, loc. de draps (4.5 € et 7.5 €) et de linge de toilette (3 €), option ménage en fin de séjour. Terrain de 130 m² commun, barbecue. Parking. 2 VTT à disposition. Ruisseau à 30 mètres. Chauffage en sus. Commerces ambulants. Ouvert toute l'année.

GITES DE FRANCE SERVICES - CORSE - 77 cours Napoléon - BP 10 - 20181 AJACCIO Cedex 1
Tél.: 04 95 10 54 32 - Fax: 04 95 10 54 38 - Email: infos@gites-corsica.com

| HTE SAIS. | MOY. SAIS. | BASSE SAIS. | VAC. SCOL. | WEEK-END | W.-E. DETENTE |
|---|---|---|---|---|---|
| 483 | 300 | 215 | 260 | 120 | 160 |

| | | | | | | | | |
|---|---|---|---|---|---|---|---|---|
| 60 | 0,1 | SP | SP | 30 | 15 | 6 | 60 | 2 |

### N° 15732  TASSO — 800 m

| | NN | 4 pers. | | | | | | |
|---|---|---|---|---|---|---|---|---|

Dans un moulin entièrement réaménagé, gîte de 45 m² sur 2 niveaux mitoyen à un autre gîte. R.D.C: séjour/cuisine (1 conv. 2 pers.). 1er niveau: 1 ch. (1 lit 2 pers.), lit bébé, s. d'eau, wc indép.. Congélateur, lecteur cd, loc. de draps (7.5 €) et de linge de toilette (3 €), option ménage en fin de séjour. Terrain de 130 m² commun aux 2 gîtes, barbecue, parking. 2 VTT à disposition. Ruisseau à 30 m. Chauffage en sus. Commerces ambulants. Ouvert toute l'année.

GITES DE FRANCE SERVICES - CORSE - 77 cours Napoléon - BP 10 - 20181 AJACCIO Cedex 1
Tél.: 04 95 10 54 32 - Fax: 04 95 10 54 38 - Email: infos@gites-corsica.com

| HTE SAIS. | MOY. SAIS. | BASSE SAIS. | VAC. SCOL. | WEEK-END | W.-E. DETENTE |
|---|---|---|---|---|---|
| 390 | 240 | 170 | 205 | 97 | 130 |

| | | | | | | | | |
|---|---|---|---|---|---|---|---|---|
| 60 | 0,1 | SP | SP | 30 | 15 | 6 | 60 | 2 |

### N° 15462  TAVERA — Frascaccia — CM 90 pli 12

| | NN | 4 pers. | | | | |
|---|---|---|---|---|---|---|

Dans le haut du village, gîte de 65 m² situé dans la maison des propriétaires qui comprend 1 autre gîte. Séjour/cuisine, 1 ch. (1 lit 2 pers.) sans fenêtre, 1 ch. (2 lits 1 pers.), s.d'eau/wc. Micro-ondes, congélateur, tél. (portable à carte), loc. de draps (4.5 € et 7.5 €) et de serviettes (3 €), option ménage en fin de séjour. Très belle terrasse couverte et fleurie de 70 m² avec petite cuisine d'été et barbecue. Poss. de parking devant le gîte. Ouvert du 3 avril au 30 octobre.

GITES DE FRANCE SERVICES - CORSE - 77 cours Napoléon - BP 10 - 20181 AJACCIO Cedex 1
Tél.: 04 95 10 54 32 - Fax: 04 95 10 54 38 - Email: infos@gites-corsica.com

| HTE SAIS. | MOY. SAIS. | BASSE SAIS. | VAC. SCOL. |
|---|---|---|---|
| 534 | 379 | 275 | 350 |

| | | | | | | | |
|---|---|---|---|---|---|---|---|
| 28 | SP | 5 | 5 | 8 | 30 | 2 | 1 |

### N° 15951  TAVERA — Strambellacce

| | NN | 3 pers. | | | |
|---|---|---|---|---|---|

Dans le hameau, gîte de 30 m² sur 2 niveaux, entièrement restauré, dans une maison mitoyenne en pierres. R.D.C: Séjour/cuisine (1 conv. 1 pers.). 1er étage: 1 mezzanine (1 lit 2 pers.), s. d'eau, wc. Micro-ondes, congélateur, loc. de draps (4.5 € et 7.5 €) et de serviettes (3 €). Terrasse de 11 m², vue sur les montagnes, barbecue. Chauffage en sus. Ouvert toute l'année.

GITES DE FRANCE SERVICES - CORSE - 77 cours Napoléon - BP 10 - 20181 AJACCIO Cedex 1
Tél.: 04 95 10 54 32 - Fax: 04 95 10 54 38 - Email: infos@gites-corsica.com

| HTE SAIS. | MOY. SAIS. | BASSE SAIS. | VAC. SCOL. |
|---|---|---|---|
| 400 | 290 | 215 | 215 |

| | | | | | | | |
|---|---|---|---|---|---|---|---|
| 28 | SP | 5 | 5 | 8 | 30 | 2 | 1 |

### N° 55801  URTACA — CM 90 pli 03

| | NN | 4 pers. | | | |
|---|---|---|---|---|---|

Dans le village, gîte de 33 m² au R.D.C de la maison des propriétaires. Séjour/cuisine, 1 ch. (1 lit 2 pers.), 1 petite ch. (2 lits 1 pers. superposés), s. d'eau, wc. Micro-ondes, hotte, TV avec parabole, loc. de draps (4.57 € et 7.62 €). Terrasse couverte de 21 m² donnant sur un terrain clos fleuri, barbecue en dur. Parking devant le gîte. Chauffage en sus. Ouvert toute l'année.

GITES DE FRANCE SERVICES - CORSE - 77 cours Napoléon - BP 10 - 20181 AJACCIO Cedex 1
Tél.: 04 95 10 54 32 - Fax: 04 95 10 54 38 - Email: infos@gites-corsica.com

| HTE SAIS. | MOY. SAIS. | BASSE SAIS. | VAC. SCOL. |
|---|---|---|---|
| 516 | 310 | 241 | 259 |

| | | | | | | | |
|---|---|---|---|---|---|---|---|
| 14 | SP | 6 | 6 | 6 | 20 | SP | |

### N° 15761  VALLE-DI-MEZZANA — CM 90 pli 16

| | NN | 4 pers. | | | |
|---|---|---|---|---|---|

A la sortie du village, gîte de 45 m² sur 2 niveaux dans une maison mitoyenne en pierres. R.D.C: cuisine, salle d'eau/wc. 1er niveau: 1 séjour (1 conv. 2 pers.), 1 ch. (1 lit 2 pers.). Congél., location de draps. Terrasse de 10 m², barbecue. Terrain clos commun avec les propriétaires, balançoire. Parking à 50 mètres du gîte. Ouvert du 1er mai au 2 octobre.

GITES DE FRANCE SERVICES - CORSE - 77 cours Napoléon - BP 10 - 20181 AJACCIO Cedex 1
Tél.: 04 95 10 54 32 - Fax: 04 95 10 54 38 - Email: infos@gites-corsica.com

| HTE SAIS. | MOY. SAIS. | BASSE SAIS. | VAC. SCOL. |
|---|---|---|---|
| 469 | 305 | 215 | 260 |

| | | | | | | | |
|---|---|---|---|---|---|---|---|
| 15 | 1 | 12 | 10 | 4 | 4 | 15 | 15 |

# CORSE - 20

Périodes tarifaires p. 189

### N° 15831 VERO — Vignola — CM 90 pli 16

**NN — 8 pers.**

A la campagne, maison indép. de 135 m² sur 2 niveaux. R.D.C.: cuisine, vaste séjour (1 conv. 2 pl.), 1 ch. (1 lit 2 pers.), 1 s.d.bains, wc. 1er niveau: 1 ch. (1 lit 2 pers.), 1 ch. (2 lits 1 pers.), s. d'eau/wc dans chaque ch.. Micro-ondes, tél.. Terrain clos de 1400m², terrasse de 40 m², barbecue, ping-pong. Parking. Chauffage en sus. Petite rivière sur place. Gîte à environ 50 mètres d'une route. Ouvert toute l'année.

GITES DE FRANCE SERVICES - CORSE - 77 cours Napoléon - BP 10 - 20181 AJACCIO Cedex 1
Tél.: 04 95 10 54 32 - Fax: 04 95 10 54 38 - Email: infos@gites-corsica.com

| HTE SAIS. | MOY. SAIS. | BASSE SAIS. | VAC. SCOL. |
|---|---|---|---|
| 947 | 663 | 475 | 568 |

| | | | | | |
|---|---|---|---|---|---|
| 15 | SP | 10 | 15 | 15 | 10 | 5 |

### N° 16051 VICO — Nesa — CM 90 pli 16

**NN — 6 pers.**

Dans le hameau, gîte de 60 m² sur 2 niveaux mitoyen à la maison des propriétaires. R.D.C (accès par 10 marches): séjour/cuisine (1 conv. 2 pers.), 1 ch. (1 lit 2 pers.), s.d'eau/wc. 1er niveau: 1 ch. mansardée (2 lits 1 pers.). Micro-ondes, hotte, loc. de draps (4,5 € et 7,5 €), linge de toilette fourni. Devant de porte de 2 m². Petite cour privative de 15m², barbecue en dur. Parking. Chauffage en sus. Ouvert toute l'année.

GITES DE FRANCE SERVICES - CORSE - 77 cours Napoléon - BP 10 - 20181 AJACCIO Cedex 1
Tél.: 04 95 10 54 32 - Fax: 04 95 10 54 38 - Email: infos@gites-corsica.com

| HTE SAIS. | MOY. SAIS. | BASSE SAIS. | VAC. SCOL. |
|---|---|---|---|
| 541 | 383 | 270 | 324 |

| | | | | | | | | |
|---|---|---|---|---|---|---|---|---|
| 14 | SP | 4 | 20 | 1 | 50 | 0,5 | 10 | 50 | 1 |

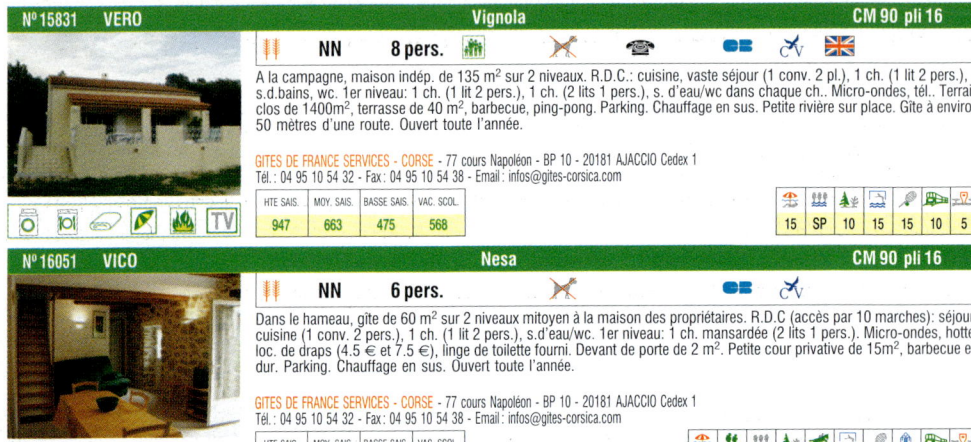

# FRANCHE-COMTÉ

## Pour réserver, écrire ou téléphoner :

### 25 - DOUBS
LOISIRS ACCUEIL - Service Réservation
4 ter, faubourg Rivotte - 25000 BESANCON
Tél. 03 81 82 80 48 - Fax. 03 81 82 38 72
E.mail : gites-de-france-doubs@wanadoo.fr
www.resinfrance.fr

### 39 - JURA
LOISIRS ACCUEIL - Service Réservation
B.P. 458 - 39006 - LONS LE SAUNIER CEDEX
Tél. 03 84 87 08 88 - Fax. 03 84 24 88 70
E.mail : reservation@jura-tourism.com
www.jura-tourism.com

### 70 - HAUTE-SAÔNE
LOISIRS ACCUEIL HAUTE SAÔNE
6, rue des Bains - 70000 VESOUL Cédex
Tél. 03 84 97 10 80 ou 03 84 97 10 81 - Fax. 03 84 97 10 71
E.mail : sla-70-90@libertysurf.fr
www.haute-saone-tourism.com ou
www.cdt-tourisme-haute-saone.fr

### 90 - TERRITOIRE DE BELFORT
GITES DE FRANCE - Service Réservation
2 bis, rue Clémenceau - 90000 BELFORT
Tél. 03 84 21 27 95 ou 03 84 97 10 80
Fax. 03 84 55 90 70

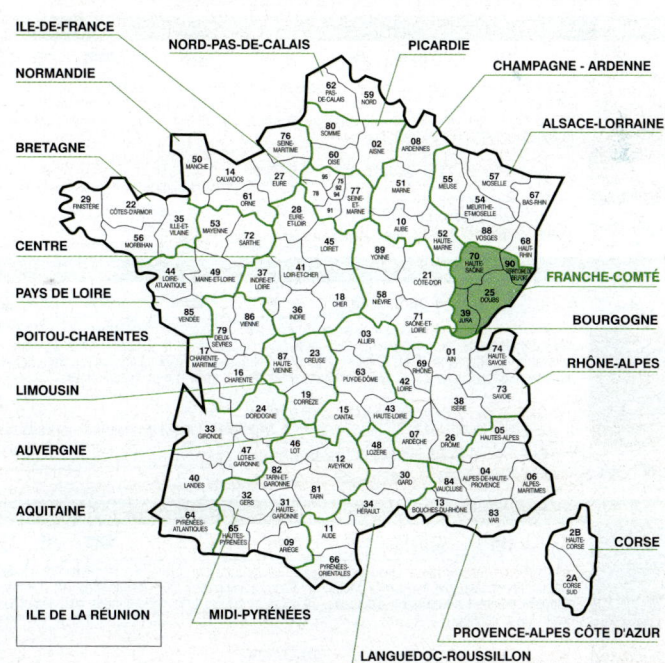

# DOUBS - 25

3615 Gîtes de France
RESA - 0,2 €/mn

**LOISIRS ACCUEIL** - Service Réservation
4 ter, faubourg Rivotte - 25000 BESANCON
Tél. 03 81 82 80 48 - Fax. 03 81 82 38 72
E.mail : gites-de-france-doubs@wanadoo.fr - www.resinfrance.fr

## PERIODES TARIFAIRES
**NOËL** : du 20.12 au 3.01 - **FÉVRIER** : du 7.02 au 6.03 - **PÂQUES** : du 3.04 au 1er.05 - **TOUSSAINT** : du 27.10 au 6.11 - **ETé** : du 3.07 au 28.08 - **MOYENNE SAISON** : du 1er.05 au 3.07 et du 28.08 au 25.09 - **BASSE SAISON** : du 3.01 au 7.02, du 6.03 au 3.04, du 25.09 au 27.10 et du 6.11 au 18.3

---

### N° 002G01 — ABBANS-DESSUS — CM 70 pli 5

NN — 6 pers.

Saline Royale 16 km. Jolie maison individuelle avec jardin privé, arboré et clos. Beau panorama. Rez-de-chaussée : cuisine intégrée ouvrant sur balcon, séjour/salon (hifi), 3 chambres (1 lit 2 pers., 1 lit 120, 3 lits 1 pers. dont 2 superposés), salle de bains, wc. Vaste jardin, terrasse. Sous-sol : garage, sèche-linge, congélateur, chauffage central fuel. Ouvert toute l'année.

LOISIRS ACCUEIL-DOUBS - 4 Ter, Faubourg Rivotte - 25000 BESANCON
Tél. : 03 81 82 80 48 - 03 81 82 80 77 - Fax : 03 81 82 38 72 - Email : gites-de-france-doubs@wanadoo.fr - www.resinfrance.fr

| NOËL | FEV. | VAC. PAQ./TOUSSAINT | VAC. SCOL. | MOY. SAIS. | BASSE SAIS. | W-E. ETE | W-E. HIV. |
|------|------|---------------------|------------|-----------|-------------|----------|-----------|
| 500 | 500 | 400 | 460 | 340 | 340 | 90 | 100 |

3,5 | 3,5 | 7 | 27 | 6,5 | 31,5 | 3 | 3,5

---

### N° 021G02 — ARC-ET-SENANS — CM 70 pli 4

NN — 6 pers.

Saline royale sur place. Jolie maison individuelle avec terrain privé non clos. Sous-sol : garage, chaufferie. Rez-de-chaussée surélevé : entrée par cuisine/séjour, 1 chambre (1 lit 2 pers.), salle de bains, wc. 1er étage : 2 chambres (1 lit 2 pers., 1 lit 1 pers.), mezzanine fermée : salon avec convertible 1 pers. Chauffage central. Ouvert toute l'année.

LOISIRS ACCUEIL-DOUBS - 4 Ter, Faubourg Rivotte - 25000 BESANCON
Tél. : 03 81 82 80 48 - 03 81 82 80 77 - Fax : 03 81 82 38 72 - Email : gites-de-france-doubs@wanadoo.fr - www.resinfrance.fr

| NOËL | FEV. | VAC. PAQ./TOUSSAINT | VAC. SCOL. | MOY. SAIS. | BASSE SAIS. | W-E. ETE | W-E. HIV. |
|------|------|---------------------|------------|-----------|-------------|----------|-----------|
| 420 | 420 | 320 | 420 | 320 | 300 | 150 | 150 |

SP | SP | 13 | 19 | 15 | SP | 8 | SP

---

### N° 025G04 — ARC-SOUS-CICON — 850 m — CM 70 pli 6

NN — 8 pers.

Abbaye de Montbenoit 15 km. Jolie villa spacieuse, sur terrain privé non clos. Rez-de-chaussée : hall d'entrée, cuisine intégrée, séjour/salon, salle d'eau, wc, 1 chambre (1 lit 2 pers.). 1er étage : 3 chambres mansardées (1 lit 2 pers., 4 lits 1 pers.), salle d'eau, wc, mezzanine (espace salon avec 1 convertible). Garage 3 voitures, vaste terrain, table de ping-pong. Chauffage central. Ouvert toute l'année.

LOISIRS ACCUEIL-DOUBS - 4 Ter, Faubourg Rivotte - 25000 BESANCON
Tél. : 03 81 82 80 48 - 03 81 82 80 77 - Fax : 03 81 82 38 72 - Email : gites-de-france-doubs@wanadoo.fr - www.resinfrance.fr

| NOËL | FEV. | VAC. PAQ./TOUSSAINT | VAC. SCOL. | MOY. SAIS. | BASSE SAIS. | W-E. ETE | W-E. HIV. |
|------|------|---------------------|------------|-----------|-------------|----------|-----------|
| 640 | 640 | 500 | 590 | 460 | 375 | 230 | 250 |

1,5 | 12 | 15 | 25 | SP | 3 | 20 | SP

---

### N° 039G02 — AVOUDREY — 730 m — CM 66 pli 17

NN — 8 pers.

Cirque de Consolation 20 km. Belle maison individuelle avec jardin arboré partiellement clos. Rez-de-chaussée : hall d'entrée, cuisine intégrée/séjour/salon ouvrant sur terrasse, 1 chambre (1 lit 2 pers.), salle de bains, wc, lingerie. 1er étage mansardé : 3 chambres (2 lits 2 pers., 1 lit 120, 2 lits 1 pers), petit salon. Salle d'eau, wc, possibilité lit bébé. Vaste terrasse, garage 2 voitures + abri. Chauffage électrique + bois. Ouvert toute l'année.

LOISIRS ACCUEIL-DOUBS - 4 Ter, Faubourg Rivotte - 25000 BESANCON
Tél. : 03 81 82 80 48 - 03 81 82 80 77 - Fax : 03 81 82 38 72 - Email : gites-de-france-doubs@wanadoo.fr - www.resinfrance.fr

| NOËL | FEV. | VAC. PAQ./TOUSSAINT | VAC. SCOL. | MOY. SAIS. | BASSE SAIS. |
|------|------|---------------------|------------|-----------|-------------|
| 450 | 450 | 370 | 490 | 350 | 270 |

4 | 7 | 8 | 9 | SP | 7

---

### N° 122G01 — CHAPELLE-D'HUIN — Le Souillot — 800 m — CM 70 pli 6

NN — 2 pers.

Les Tourbières (Frasne) 13 km. Beau gîte, agréable et confortable, aménagé à l'extrémité de l'habitation des propriétaires. Entrée indépendante par escalier extérieur. 1er étage : cuisine avec coin-détente (pris TV), 1 chambre (1 lit 2 pers. + 1 lit d'appoint enfant 1 pers.), salle d'eau, wc. Terrasse et espace pelouse communs avec les propriétaires. Chauf. central. Ouvert toute l'année.

LOISIRS ACCUEIL-DOUBS - 4 Ter, Faubourg Rivotte - 25000 BESANCON
Tél. : 03 81 82 80 48 - 03 81 82 80 77 - Fax : 03 81 82 38 72 - Email : gites-de-france-doubs@wanadoo.fr - www.resinfrance.fr

| NOËL | FEV. | VAC. PAQ./TOUSSAINT | VAC. SCOL. | MOY. SAIS. | BASSE SAIS. | W-E. ETE | W-E. HIV. |
|------|------|---------------------|------------|-----------|-------------|----------|-----------|
| 200 | 200 | 190 | 200 | 175 | 175 | 60 | 70 |

7 | 13 | 7 | 13 | 22 | 7 | 27 | 13 | 7

# DOUBS - 25

Périodes tarifaires p. 200

## N° 122G02 CHAPELLE-D'HUIN — 800 m — CM 70 pli 6
**NN 5 pers.**

Les Tourbières (Frasne) 13 km. Gîte aménagé à l'extrémité de la vaste maison des propriétaires, située sur une exploitation agricole. Entrée indépendante par véranda. Rez-de-chaussée : cuisine intégrée, séjour (convertible 1 pers.), salle d'eau, wc. 1er étage : 2 chambres (2 lits 2 pers., 1 lit 120), wc + lave-mains. Chauffage bois et éléctrique. Jardin à disposition. Ouvert toute l'année.

LOISIRS ACCUEIL-DOUBS - 4 Ter, Faubourg Rivotte - 25000 BESANCON
Tél. : 03 81 82 80 48 - 03 81 82 80 77 - Fax : 03 81 82 38 72 - Email: gites-de-france-doubs@wanadoo.fr - www.resinfrance.fr

| NOËL | FEV. | VAC. PAQ./TOUSSAINT | VAC. SCOL. | MOY. SAIS. | BASSE SAIS. | W-E. ETE | W-E. HIV. |
|---|---|---|---|---|---|---|---|
| 340 | 340 | 290 | 290 | 290 | 290 | 90 | 95 |

7 | 15 | 7 | 15 | 22 | 7 | 27 | 13 | 7

## N° 236G01 FERTANS — 550 m — CM 70 pli 5
**NN 6 pers.**

Château de Cléron 4 km. Source du Lison 14 km. Jolie maison de village avec espace pelouse non clos. 2 accès indépendants au gîte : un de plain-pied et un autre par escalier extérieur. Rez-de-chaussée : hall d'entrée, cuisine intégrée ouvrant sur balcon, séjour (1 convertible 2 pers.), 2 chambres (1 lit 2 pers., 2 lits 1 pers.), salle d'eau, wc. Chauffage électrique, petite cour, terrasse, parking privé. Ouvert toute l'année.

LOISIRS ACCUEIL-DOUBS - 4 Ter, Faubourg Rivotte - 25000 BESANCON
Tél. : 03 81 82 80 48 - 03 81 82 80 77 - Fax : 03 81 82 38 72 - Email: gites-de-france-doubs@wanadoo.fr - www.resinfrance.fr

| NOËL | FEV. | VAC. PAQ./TOUSSAINT | VAC. SCOL. | MOY. SAIS. | BASSE SAIS. | W-E. ETE | W-E. HIV. |
|---|---|---|---|---|---|---|---|
| 300 | 300 | 270 | 325 | 270 | 230 | 100 | 100 |

2 | 4 | 15 | 14 | 29 | 2

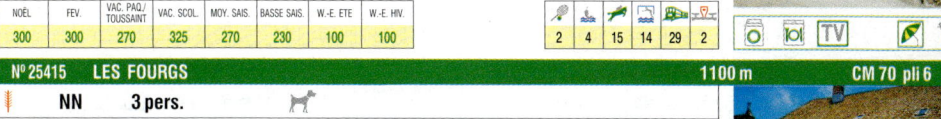

## N° 25415 LES FOURGS — 1100 m — CM 70 pli 6
**NN 3 pers.**

Château de Joux 8 km. Gîte aménagé au rez-de-chaussée de l'habitation de la propriétaire, comprenant également 2 autres locations saisonnières. R.d.c. : hall d'entrée commun, 1 chambre (1 lit 2 pers., 1 lit 1 pers.), cuisine, salle d'eau, wc, l-linge commun aux 3 gîtes. Terrasse et jardin communs clos, garage commun. Chauffage central. Ouvert toute l'année.

Thérèse BOUGNON - 61 Grande rue - 25300 LES FOURGS
Tél. : 03 81 69 41 49

| NOËL | FEV. | VAC. PAQ./TOUSSAINT | VAC. SCOL. | MOY. SAIS. | BASSE SAIS. | W-E. ETE | W-E. HIV. |
|---|---|---|---|---|---|---|---|
| 200 | 245 | 190 | 155 | 130 | 160 | 60 | 70 |

SP | 5 | 11 | 13 | 10 | SP | SP | 11 | SP

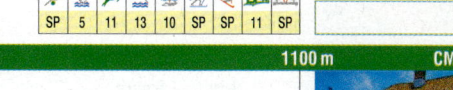

## N° 25416 LES FOURGS — 1100 m — CM 70 pli 6
**NN 5 pers.**

Château de Joux 8 km. Gîte aménagé au rez-de-chaussée de l'habitation de la propriétaire, comprenant également 2 autres locations saisonnières. R.d.c. : hall d'entrée commun, 2 chambres (2 lit 2 pers., 1 lit 1 pers.), cuisine, salle de bains, wc, l-linge commun aux 3 gîtes. Terrasse et jardin communs clos, garage commun. Chauffage central. Ouvert toute l'année.

Thérèse BOUGNON - 61 Grande rue - 25300 LES FOURGS
Tél. : 03 81 69 41 49

| NOËL | FEV. | VAC. PAQ./TOUSSAINT | VAC. SCOL. | MOY. SAIS. | BASSE SAIS. | W-E. ETE | W-E. HIV. |
|---|---|---|---|---|---|---|---|
| 220 | 270 | 195 | 190 | 140 | 180 | 70 | 80 |

SP | 5 | 11 | 13 | 10 | SP | SP | 11 | SP

## N° 25462 LES FOURGS — 1100 m — CM 70 pli 6
**NN 4 pers.**

Château de Joux 8 km. Beau gîte aménagé dans une partie de la vaste habitation des propriétaires, comprenant également 2 autres gîtes. Hall d'entrée indépendant commun aux 3 gîtes. 1er étage : entrée, 2 chambres (1 lit 2 pers., 2 lits 1 pers.), cuisine/séjour ouvrant sur balcon, salle d'eau, wc. Terrain à disposition, local matériel commun aux 3 gîtes. Chauffage central. Ouvert toute l'année.

Roland TISSOT - 95 Grande rue - 25300 LES FOURGS
Tél. : 03 81 69 40 46

| NOËL | FEV. | VAC. PAQ./TOUSSAINT | VAC. SCOL. | MOY. SAIS. | BASSE SAIS. | W-E. ETE | W-E. HIV. |
|---|---|---|---|---|---|---|---|
| 206 | 306 | 153 | 206 | 153 | 176 | 70 | 70 |

SP | 5 | 11 | 11 | 10 | SP | SP | 11 | SP

## N° 271G01 GILLEY — 860 m — CM 70 pli 7
**NN 6 pers.**

Abbaye de Montbenoit 7 km. Jolie maison individuelle surplombant le village sur vaste terrain privé non clos. Rez-de-chaussée : hall d'entrée, cuisine intégrée (micro-ondes), séjour/salon, salle de bains, wc, lingerie (congélateur). 1er étage : 4 chambres (1 lit 2 pers., 2 lits 130, 2 lits 1 pers.), cabinet de toilette. Chauffage électrique, garage. Ouvert toute l'année.

LOISIRS ACCUEIL-DOUBS - 4 Ter, Faubourg Rivotte - 25000 BESANCON
Tél. : 03 81 82 80 48 - 03 81 82 80 77 - Fax : 03 81 82 38 72 - Email: gites-de-france-doubs@wanadoo.fr - www.resinfrance.fr

| NOËL | FEV. | VAC. PAQ./TOUSSAINT | VAC. SCOL. | MOY. SAIS. | BASSE SAIS. | W-E. ETE | W-E. HIV. |
|---|---|---|---|---|---|---|---|
| 550 | 550 | 380 | 480 | 380 | 400 | 95 | 115 |

SP | 4 | 5 | 14 | SP | 2 | 1,4 | 0,5

**FRANCHE-COMTÉ**

Pictos voir p. 12

# DOUBS - 25

Périodes tarifaires p. 200

### N° 29510 — LES GRANGETTES — 900 m — CM 70 pli 6

**NN — 2/4 pers.**

Lac de St-Point (3ème lac naturel de France) 800 m. Gîte aménagé à l'extrémité de l'habitation des propriétaires. Vue panoramique sur le lac St-Point. Rez-de-chaussée (2 marches), 1er étage : entrée indépendante par cuisine (micro-ondes), 1 chambre (1 lit 2 pers., 1 lit bébé), cuisine/coin-séjour (convertible 2 pers.), salle d'eau, wc. Terrasse close. Chauffage central. Ouvert toute l'année.

Véronique BARTHET-FAVART - 5 route de Malpas - 25160 LES GRANGETTES
Tél. : 03 81 69 65 59 - 06 80 02 06 86 - Email : barthetfavart@aol.fr

| NOËL | FEV. | VAC. PAQ./ TOUSSAINT | VAC. SCOL. | MOY. SAIS. | BASSE SAIS. | W.-E. ETE | W.-E. HIV. |
|---|---|---|---|---|---|---|---|
| 240 | 265 | 220 | 240 | 158 | 148 | 98 | 110 |

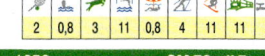

| | | | | | | | | | | | |
|---|---|---|---|---|---|---|---|---|---|---|---|
| 2 | 0,8 | 3 | 11 | 0,8 | 4 | 11 | 11 | 3 |

### N° 30313 — HAUTERIVE-LA-FRESSE — La Combe d'Hauterive — 1050 m — CM 70 pli 7

**NN — 6 pers.**

Abbaye de Montbenoit 10 km. Joli chalet individuel avec terrain privé non clos. Rez-de-chaussée : 1 chambre (1 lit 2 pers.), cuisine intégrée/séjour avec coin-salon, salle d'eau, wc. 1er étage : 1 chambre + 1 mezzanine (1 lit 2 pers., 1 convertible 2 pers.). Chauffage électrique, balcon, terrasse, garage. Ouvert toute l'année.

Gaston LIGIER - 8 route de Bassignet - Les Maitrets - 25650 LA LONGEVILLE
Tél. : 03 81 38 16 30 - Fax : 03 81 38 19 36

| NOËL | FEV. | VAC. PAQ./ TOUSSAINT | VAC. SCOL. | MOY. SAIS. | BASSE SAIS. | W.-E. ETE | W.-E. HIV. |
|---|---|---|---|---|---|---|---|
| 275 | 275 | 275 | 275 | 275 | 275 | 80 | 90 |

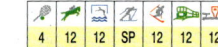

| | | | | | | |
|---|---|---|---|---|---|---|
| 4 | 12 | 12 | SP | 12 | 12 | 12 |

### N° 339G01 — LODS — CM 70 pli 7

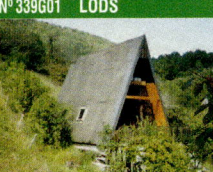

**NN — 4/6 pers.**

Ornans (musée Courbet) 12 km. Chalet delta situé dans un village typique au coeur de la vallée de Loue. Terrain privé, belle vue. R.d.c. surélevé : coin-cuisine/séjour (convertible 2 pers.), s. d'eau, wc. 1er étage : accès par escalier raide : 1 chambre (1 lit 2 pers.), espace couchage fermé (2 lits 1 pers.). Chauffage électrique, terrasse, terrain en dénivelé privé et partiellement clos. Ouvert toute l'année.

LOISIRS ACCUEIL-DOUBS - 4 Ter, Faubourg Rivotte - 25000 BESANCON
Tél. : 03 81 82 80 48 - 03 81 82 80 77 - Fax : 03 81 82 38 72 - Email : gites-de-france-doubs@wanadoo.fr - www.resinfrance.fr

| NOËL | FEV. | VAC. PAQ./ TOUSSAINT | VAC. SCOL. | MOY. SAIS. | BASSE SAIS. | W.-E. ETE | W.-E. HIV. |
|---|---|---|---|---|---|---|---|
| 280 | 280 | 280 | 340 | 340 | 250 | 125 | 125 |

| | | | | | | | |
|---|---|---|---|---|---|---|---|
| 0,4 | 20 | 19 | 4,5 | 20 | 20 | 19 | 12 |

### N° 361G03 — MALBUISSON — 900 m — CM 70 pli 6

**NN — 5 pers.**

Lac St Point (3e lac naturel de France) 500 m. Maison individuelle avec terrain privé partiellement clos. Rez-de-chaussée : cuisine intégrée (micro-ondes), séjour/salon (1 lit abattable 2 pers.), salle d'eau, wc, 2 chambres (1 lit 2 pers., 2 lits 1 pers.). Chauffage électrique, garage, sèche-linge, cabine téléphonique à 200 m. Ouvert toute l'année.

LOISIRS ACCUEIL-DOUBS - 4 Ter, Faubourg Rivotte - 25000 BESANCON
Tél. : 03 81 82 80 48 - 03 81 82 80 77 - Fax : 03 81 82 38 72 - Email : gites-de-france-doubs@wanadoo.fr - www.resinfrance.fr

| FEV. | VAC. PAQ./ TOUSSAINT | VAC. SCOL. | MOY. SAIS. | BASSE SAIS. |
|---|---|---|---|---|
| 440 | 400 | 470 | 350 | 280 |

| | | | | | | | |
|---|---|---|---|---|---|---|---|
| SP | 0,5 | 7 | 15 | 0,5 | 7 | 7 | 15 | SP |

### N° 41316 — MOUTHE — 1000 m — CM 70 pli 6

**EC NN — 8 pers.**

Source du Doubs 500 m. Harmonie du bois et des couleurs, de l'ancien et du renouveau pour ces 4 gîtes aménagés sur 2 étages, dans une ancienne ferme transformée au gré du temps. Gîte A1 : 1er étage : 3 chambres dont 1 avec douche + lavabo (8 lits 1 pers.), hall d'entrée, cuisine, lave-linge commun, salon/salle à manger, salle d'eau, 2 wc. Parking, garage en option. Jardin clos commun avec terrain de boules. Chauffage central. Tarifs Week-end sur demande. 5ème gîte en cours d'aménagement. Ouvert toute l'année.

Marie-Josèphe BERNARD-MICHEL - 19/23 rue de la Varée - 25240 MOUTHE
Tél. : 03 81 69 21 69 - Fax : 03 81 69 11 56 - Email : gite-art-randonnee@wanadoo.fr - http://perso.wanadoo.fr/gite-art-et-randonnee

| NOËL | FEV. | VAC. PAQ./ TOUSSAINT | VAC. SCOL. | MOY. SAIS. | BASSE SAIS. |
|---|---|---|---|---|---|
| 820 | 820 | 492 | 574 | 492 | 574 |

| | | | | | | |
|---|---|---|---|---|---|---|
| SP | SP | 4 | SP | 10 | SP | 30 | SP |

### N° 41317 — MOUTHE — 1000 m — CM 70 pli 6

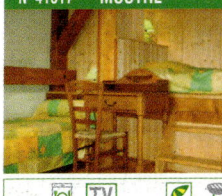

**EC NN — 5 pers.**

Source du Doubs 500 m. Harmonie du bois et des couleurs, de l'ancien et du renouveau pour ces 4 gîtes aménagés sur 2 étages, dans une ancienne ferme transformée au gré du temps. Gîte A2 : 1er étage : 2 chambres dont 1 avec lavabo (5 lits 1 pers.), hall d'entrée, cuisine, lave-linge commun/salon/salle à manger, salle de bains, wc. Parking, garage en option. Jardin clos commun avec terrain de boules. Chauffage central. Tarifs Week-end sur demande. 5ème gîte en cours d'aménagement. Ouvert toute l'année.

Marie-Josèphe BERNARD-MICHEL - 19/23 rue de la Varée - 25240 MOUTHE
Tél. : 03 81 69 21 69 - Fax : 03 81 69 11 56 - Email : gite-art-randonnee@wanadoo.fr - http://perso.wanadoo.fr/gite-art-et-randonnee

| NOËL | FEV. | VAC. PAQ./ TOUSSAINT | VAC. SCOL. | MOY. SAIS. | BASSE SAIS. |
|---|---|---|---|---|---|
| 547 | 547 | 328 | 383 | 328 | 383 |

| | | | | | | |
|---|---|---|---|---|---|---|
| SP | SP | 4 | SP | 10 | SP | 30 | SP |

# DOUBS - 25

Périodes tarifaires p. 200

## N° 41318 — MOUTHE — 1000 m — CM 70 pli 6

EC  NN  10 pers.

Source du Doubs 500 m. Harmonie du bois et des couleurs, de l'ancien et du renouveau pour ces 4 gîtes aménagés sur 2 étages, dans une ancienne ferme transformée au gré du temps. Gîte A4 : 2ème ét. : 3 ch. dont 2 avec lavabo + 1 mezzanine (2 lits 2 pers., 6 lits 1 pers.), hall d'entrée, cuisine, lave-linge commun/salon/salle à manger, 2 s. d'eau, 2 wc. Parking, garage en option. Jardin clos commun avec terrain de boules. Chauffage central. Tarifs Week-end sur demande. 5ème gîte en cours d'aménagement. Ouvert toute l'année.

Marie-Josèphe BERNARD-MICHEL - 19/23 rue de la Varée - 25240 MOUTHE
Tél. : 03 81 69 21 69 - Fax : 03 81 69 11 56 - Email : gite-art-et-randonnee@wanadoo.fr - http://perso.wanadoo.fr/gite-art-et-randonnee

| NOËL | FEV. | VAC. PAQ./TOUSSAINT | VAC. SCOL. | MOY. SAIS. | BASSE SAIS. | | | | | | | | |
|---|---|---|---|---|---|---|---|---|---|---|---|---|---|
| 960 | 984 | 591 | 689 | 591 | 689 | SP | SP | 4 | SP | 10 | SP | 30 | SP |

## N° 41319 — MOUTHE — 1000 m — CM 70 pli 6

EC  NN  7/9 pers.

Source du Doubs 500 m. Harmonie du bois et des couleurs, de l'ancien et du renouveau pour ces 4 gîtes aménagés sur 2 étages, dans une ancienne ferme transformée au gré du temps. Gîte A5 : 2ème ét. : 2 ch. + 1 espace couchage avec mezzanine (5 lits 1 pers. + conv. 2 pers.), cuisine, lave-linge commun, salon/salle à manger, 1 s. d'eau, 2 wc. Parking, garage en option. Jardin clos commun avec terrain de boules. Chauffage central. Tarifs Week-end sur demande. 5ème gîte en cours d'aménagement. Ouvert toute l'année.

Marie-Josèphe BERNARD-MICHEL - 19/23 rue de la Varée - 25240 MOUTHE
Tél. : 03 81 69 21 69 - Fax : 03 81 69 11 56 - Email : gite-art-et-randonnee@wanadoo.fr - http://perso.wanadoo.fr/gite-art-et-randonnee

| NOËL | FEV. | VAC. PAQ./TOUSSAINT | VAC. SCOL. | MOY. SAIS. | BASSE SAIS. | | | | | | | | |
|---|---|---|---|---|---|---|---|---|---|---|---|---|---|
| 930 | 930 | 558 | 651 | 558 | 651 | SP | SP | 4 | SP | 10 | SP | 30 | SP |

## N° 415G04 — MOUTHIER-HAUTEPIERRE — CM 70 pli 7

NN  5 pers.

La Source de la Loue 8 km. Jolie maison individuelle, dans un village typique. Belle vue panoramique sur la vallée de la Loue. Rez-de-chaussée : hall d'entrée, cuisine intégrée, séjour/salon, salle de bains, wc, cellier, local de rangement. 1er étage : 2 chambres (2 lits 2 pers., 1 lit 1 pers.), cabinet de toilette. Draps fournis. Chauffage électrique, balcon-terrasse. Ouvert toute l'année.

LOISIRS ACCUEIL-DOUBS - 4 Ter, Faubourg Rivotte - 25000 BESANCON
Tél. : 03 81 82 80 48 - 03 81 82 80 77 - Fax : 03 81 82 38 72 - Email : gites-de-france-doubs@wanadoo.fr - www.resinfrance.fr

| NOËL | FEV. | VAC. PAQ./TOUSSAINT | VAC. SCOL. | MOY. SAIS. | BASSE SAIS. | | | | | | |
|---|---|---|---|---|---|---|---|---|---|---|---|
| 355 | 355 | 355 | 420 | 310 | 260 | SP | 14 | 6 | 18 | 17 | 14 |

## N° 437G01 — OSSE — CM 66 pli 7

NN  4 pers.

Nancray (Musée plein air des Maisons Comtoises) 3 km. Petite maison mitoyenne, sur terrain non clos. Rez-de-chaussée : cuisine intégrée/séjour (1 convertible 2 pers.), salle d'eau, wc, 1 chambre (1 lit 2 pers. + poss. 1 lit 1 pers.), chauffage central fuel. Petite terrasse privée. Draps en service payant. Ouvert toute l'année.

LOISIRS ACCUEIL-DOUBS - 4 Ter, Faubourg Rivotte - 25000 BESANCON
Tél. : 03 81 82 80 48 - 03 81 82 80 77 - Fax : 03 81 82 38 72 - Email : gites-de-france-doubs@wanadoo.fr - www.resinfrance.fr

| NOËL | FEV. | VAC. PAQ./TOUSSAINT | VAC. SCOL. | MOY. SAIS. | BASSE SAIS. | W-E. ETE | W-E. HIV. | | | | |
|---|---|---|---|---|---|---|---|---|---|---|---|
| 255 | 255 | 225 | 270 | 210 | 190 | 85 | 95 | 3 | 3 | 18 | 18 | 3 |

## N° 442G04 — OYE-ET-PALLET — 850 m — CM 70 pli 6

NN  4 pers.

Château de Joux (la Cluse-et-Mijoux) 5 km. Gîte aménagé au rez-de-chaussée d'une jolie maison mitoyenne à celle des propriétaires, comprenant également un autre gîte. R.d.c. : hall d'entrée commun aux 2 gîtes, cuisine/séjour ouvrant sur terrasse, 1 chambre (1 lit 2 pers., 2 lits 1 pers. superposés), salle d'eau, wc. Terrain non clos commun aux 2 gîtes, garage privé. Chauffage central. Ouvert toute l'année.

LOISIRS ACCUEIL-DOUBS - 4 Ter, Faubourg Rivotte - 25000 BESANCON
Tél. : 03 81 82 80 48 - 03 81 82 80 77 - Fax : 03 81 82 38 72 - Email : gites-de-france-doubs@wanadoo.fr - www.resinfrance.fr

| NOËL | FEV. | VAC. PAQ./TOUSSAINT | VAC. SCOL. | MOY. SAIS. | BASSE SAIS. | W-E. ETE | W-E. HIV. | | | | | | |
|---|---|---|---|---|---|---|---|---|---|---|---|---|---|
| 225 | 290 | 210 | 285 | 210 | 210 | 85 | 100 | 1 | SP | 2 | 7 | SP | 15 | 7 |

## N° 52511 — ST-POINT-LAC — 850 m — CM 70 pli 6

NN  5 pers.

Lac St Point (3e lac naturel de France) 500 m. Gîte agréable aménagé au 2ème niveau de l'habitation du propriétaire. Vue sur le lac. Entrée par escalier extérieur. 2ème niveau : 2 chambres (2 lits 2 pers., 1 lit 1 pers.), cuisine, salle d'eau, wc, L-linge et s-linge communs avec les propriétaires. Chauffage électrique, terrain partiellement clos commun, local à vélos et skis. Ouvert toute l'année.

Laurent LEHNERT - 14 rue du Château - 25160 ST-POINT-LAC
Tél. : 03 81 69 64 22 - 06 08 86 56 08

| NOËL | FEV. | VAC. PAQ./TOUSSAINT | VAC. SCOL. | MOY. SAIS. | BASSE SAIS. | W-E. ETE | W-E. HIV. | | | | | | |
|---|---|---|---|---|---|---|---|---|---|---|---|---|---|
| 290 | 335 | 200 | 305 | 200 | 200 | 76 | 85 | 8 | SP | 8 | SP | 8 | 20 | 6 |

FRANCHE-COMTÉ

Pictos voir p. 12

# DOUBS - 25

Périodes tarifaires p. 200

### N° 611G05  LA VEZE
CM 66 pli 15

**NN  6 pers.**

Citadelle de Besançon 10 km. Beau gîte aménagé au 1er étage d'une ancienne ferme comtoise, comprenant également 2 autres locations saisonnières. Entrée indépendante par escalier extérieur. 1er ét. : cuisine/salon, salle d'eau, wc. 2ème ét. : mansardé : 2 chambres (2 lits 2 pers., 2 lits 1 pers.), wc + lave-mains, équipement bébé. Poss. locat. de draps. Terrain privé clos, parking. Chauf. central. Ouvert toute l'année.

LOISIRS ACCUEIL-DOUBS - 4 Ter, Faubourg Rivotte - 25000 BESANCON
Tél. : 03 81 82 80 48 - 03 81 82 80 77 - Fax : 03 81 82 38 72 - Email : gites-de-france-doubs@wanadoo.fr - www.resinfrance.fr

| NOËL | FEV. | VAC. PAQ./ TOUSSAINT | VAC. SCOL. | MOY. SAIS. | BASSE SAIS. | W-E. ETE | W-E. HIV. |
|---|---|---|---|---|---|---|---|
| 270 | 270 | 270 | 400 | 250 | 160 | 90 | 90 |

| | | | | | | | |
|---|---|---|---|---|---|---|---|
| 3 | 16 | 3 | 10 | 25 | 70 | 10 | 5 |

### N° 611G06  LA VEZE
CM 66 pli 15

**NN  6 pers.**

Citadelle de Besançon 10 km. [Beau gîte aménagé au 1er ét. d'une ancienne ferme comtoise, comprenant également 2 autres locations saisonnières. Entrée indépendante par escalier extérieur. 1er étage : cuisine intégrée/salon, wc + lave-mains, 1 chambre (1 lit 2 pers.). 2ème ét. : 2 chambres (1 lit 2 pers., 2 lits 1 pers.), wc, salle d'eau, équipement bébé, poss. locat. de draps. Terrain privé clos. Ouvert toute l'année.

LOISIRS ACCUEIL-DOUBS - 4 Ter, Faubourg Rivotte - 25000 BESANCON
Tél. : 03 81 82 80 48 - 03 81 82 80 77 - Fax : 03 81 82 38 72 - Email : gites-de-france-doubs@wanadoo.fr - www.resinfrance.fr

| NOËL | FEV. | VAC. PAQ./ TOUSSAINT | VAC. SCOL. | MOY. SAIS. | BASSE SAIS. | W-E. ETE | W-E. HIV. |
|---|---|---|---|---|---|---|---|
| 270 | 270 | 270 | 400 | 250 | 160 | 90 | 90 |

| | | | | | | | |
|---|---|---|---|---|---|---|---|
| 3 | 16 | 3 | 10 | 25 | 70 | 10 | 5 |

### N° 623G01  VILLERS-CHIEF
647 m   CM 66 pli 17

**NN  6 pers.**

Grotte de la Glacière 5 km. Belle maison individuelle aménagée avec goût, à proximité de l'habitation des propriétaires. Rez-de-chaussée : hall d'entrée, vaste cuisine, salon (convertible 1 pers.), wc + lave-mains. 1er étage : 3 chambres (1 lit 2 pers., 4 lits 1 pers.), salle d'eau, wc. Garage 2 voitures, chemin d'accès au gîte commun avec les propriétaires, jardin attenant arboré et clos. Ouvert toute l'année.

LOISIRS ACCUEIL-DOUBS - 4 Ter, Faubourg Rivotte - 25000 BESANCON
Tél. : 03 81 82 80 48 - 03 81 82 80 77 - Fax : 03 81 82 38 72 - Email : gites-de-france-doubs@wanadoo.fr - www.resinfrance.fr

| NOËL | FEV. | VAC. PAQ./ TOUSSAINT | VAC. SCOL. | MOY. SAIS. | BASSE SAIS. | W-E. ETE | W-E. HIV. |
|---|---|---|---|---|---|---|---|
| 450 | 450 | 310 | 450 | 310 | 280 | 130 | 140 |

| | | | | | | | |
|---|---|---|---|---|---|---|---|
| 4,5 | 2 | 10 | 14 | 7 | 27 | 14 | 6,5 |

### N° 62710  VILLERS-SOUS-CHALAMONT
710 m   CM 70 pli 5

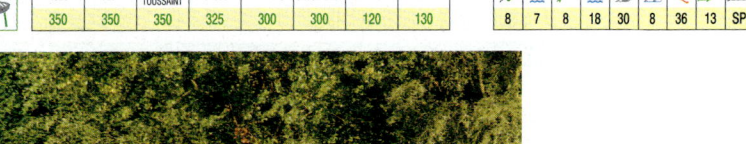

**NN  6 pers.**

Source du Lison 7 km. Frasne (les Tourbières) 13 km. Belle ferme comtoise située au centre du village, à proximité de locaux agricoles. Rez-de-chaussée : hall d'entrée, cuisine, séjour, salle de bains, wc. 1er étage : 4 chambres (3 lits 2 pers, 1 lit 120), wc. Terrasse et jardin arboré privés non clos, parking. Chauffage central. Ouvert toute l'année.

Monique DUBOZ - 3 chemin de la Prairie - 25270 VILLERS-SOUS-CHALAMONT
Tél. : 03 81 49 38 56

| NOËL | FEV. | VAC. PAQ./ TOUSSAINT | VAC. SCOL. | MOY. SAIS. | BASSE SAIS. | W-E. ETE | W-E. HIV. |
|---|---|---|---|---|---|---|---|
| 350 | 350 | 350 | 325 | 300 | 300 | 120 | 130 |

| | | | | | | | |
|---|---|---|---|---|---|---|---|
| 8 | 7 | 8 | 18 | 30 | 8 | 36 | 13 | SP |

# JURA - 39

**LOISIRS ACCUEIL - Service Réservation - B.P. 458**
**39006 - LONS LE SAUNIER CEDEX**
Tél. 03 84 87 08 88 - Fax. 03 84 24 88 70
E.mail : reservation@jura-tourism.com - www.jura-tourism.com

## PÉRIODES TARIFAIRES
**JUILLET :** du 3.07 au 30.07 - **AOÛT :** du 31.07 au 27.08 - **BASSE SAISON ÉTÉ :** du 1er.05 au 2.07, du 28.08 au 22.10 - **BASSE SAISON HIVER :** du 3.01 au 6.02, du 23.10 au 17.12 - **NOËL :** du 20.12 au 2.01 - **FÉVRIER :** du 7.02 au 5.03 - **PÂQUES :** du 3.04 au 30.04

### N° 1437 — BAUME-LES-MESSIEURS — CM 70 pli 15
NN — 5 pers.

Maison indépendante. Au RDC: cuisine avec micro-ondes, salon, séjour, canapé convertible, salle d'eau, A l'étage: ch1:1 lit 2 pl, ch2:1 lit 2 pl, ch3:1 lit 1 pl., sanitaires. Chauffage central, cour-parking, terrain attenant clos, salon de jardin, barbecue. Toutes charges comprises.

LOISIRS ACCUEIL-SERVICE RESERVATION - BP 458 - 39006 LONS-LE-SAUNIER Cedex
Tél. : 03 84 87 08 88 - Fax : 03 84 24 88 70 - Email : reservation@jura-tourism.com - www.gites-de-france-jura.com

| FEV. | NOËL | PAQUES | B. SAIS. HIV. | B. SAIS. ETE | JUILLET | AOUT | WEEK-END | | | | | | | | | |
|---|---|---|---|---|---|---|---|---|---|---|---|---|---|---|---|---|
| 400 | 400 | 380 | 350 | 330 | 450 | 450 | 110 | 20 | SP | SP | 12 | 50 | 60 | 10 | 15 | 7 |

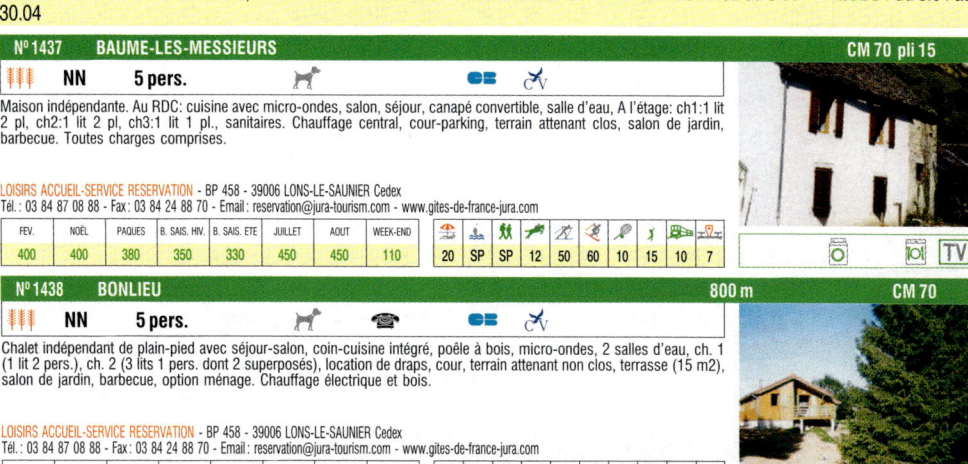

### N° 1438 — BONLIEU — 800 m — CM 70
NN — 5 pers.

Chalet indépendant de plain-pied avec séjour-salon, coin-cuisine intégré, poêle à bois, micro-ondes, 2 salles d'eau, ch. 1 (1 lit 2 pers.), ch. 2 (3 lits 1 pers. dont 2 superposés), location de draps, cour, terrain attenant non clos, terrasse (15 m2), salon de jardin, barbecue, option ménage. Chauffage électrique et bois.

LOISIRS ACCUEIL-SERVICE RESERVATION - BP 458 - 39006 LONS-LE-SAUNIER Cedex
Tél. : 03 84 87 08 88 - Fax : 03 84 24 88 70 - Email : reservation@jura-tourism.com - www.gites-de-france-jura.com

| FEV. | NOËL | PAQUES | B. SAIS. HIV. | B. SAIS. ETE | JUILLET | AOUT | WEEK-END | | | | | | | | |
|---|---|---|---|---|---|---|---|---|---|---|---|---|---|---|---|
| 390 | 400 | 360 | 340 | 340 | 465 | 465 | 130 | 5 | 3 | SP | 1 | 13 | 30 | 5 | 20 | 12 | 12 |

### N° 1441 — CERNIEBAUD — La Combe Simon — 1000 m — CM 70 pli 15
NN — 4 pers.

Chalet indépendant, rez de chaussée: séjour, coin cuisine avec micro-ondes, salle d'eau: ch1: 1 lit 2 places, 1 lit bébé, à l'étage: mezzanine, et 2 coins nuit pour 1 pers., terrain attenant non clos, cour, balcon, terrasse, barbecue, salon de jardin. Chauffage électrique.

Gérard LAMBEY - 38 rue du Bois Muré - 25220 THISE
Tél. : 03 81 61 05 54 - Email : gerardlambey@aol.com

| FEV. | NOËL | PAQUES | B. SAIS. HIV. | B. SAIS. ETE | JUILLET | AOUT | | | | | | | | |
|---|---|---|---|---|---|---|---|---|---|---|---|---|---|---|
| 385 | 255 | 255 | 225 | 210 | 330 | 330 | 15 | 3 | SP | SP | SP | 10 | 8 | 15 | 7 |

### N° 1453 — CHAMPROUGIER — CM 70 pli 5
NN — 4 pers.

Ancienne ferme entièrement rénovée, indépendante de plain-pied. Cuisine, micro-ondes, séjour-salon, magnétoscope, radiocassette/CD, canapé convertible, ch1: 1 lit 2 pl, ch2: 1 lit 2 pl, salle d'eau, équipement pour BB à disposition sur demande, chauffage central, cour, petite terrasse, grand terrain semi-clos, salon de jardin, barbecue, garage. Possibilité de randonnées au village.

LOISIRS ACCUEIL-SERVICE RESERVATION - BP 458 - 39006 LONS-LE-SAUNIER Cedex
Tél. : 03 84 87 08 88 - Fax : 03 84 24 88 70 - Email : reservation@jura-tourism.com - www.gites-de-france-jura.com

| FEV. | NOËL | PAQUES | B. SAIS. HIV. | B. SAIS. ETE | JUILLET | AOUT | | | | | | | |
|---|---|---|---|---|---|---|---|---|---|---|---|---|---|
| 330 | 330 | 330 | 260 | 260 | 360 | 360 | 20 | SP | SP | SP | 15 | 25 | 5 |

### N° 1401 — CHAPOIS — 630 m — CM 70 pli 15
NN — 5 pers.

Logement avec entrée indépendante, dans la maison des propriétaires où se trouvent d'autres gîtes. Au RDC: séjour coin-cuisine, micro-ondes, salon, salle d'eau, à l'étage: salle d'eau, ch1: 1 lit 2 pl, ch2: 3 lits 1 pl, lit bébé, terrain attenant non clos, cour, barbecue, salon de jardin, vélos à disposition, option ménage, chauffage électrique. Toutes charges comprises.

Annick VAUTEY - Route de Gardebois - 39300 CHAPOIS
Tél. : 03 84 51 46 96 - Email : gites_vautey@yahoo.fr - www.gites-vautey.fr.st

| FEV. | NOËL | PAQUES | B. SAIS. HIV. | B. SAIS. ETE | JUILLET | AOUT | WEEK-END | | | | | | | | |
|---|---|---|---|---|---|---|---|---|---|---|---|---|---|---|---|
| 284 | 268 | 241 | 228 | 211 | 263 | 263 | 90 | 10 | SP | SP | 13 | 15 | 20 | 14 | 20 | 4 | 3 |

# JURA - 39

Périodes tarifaires p. 205

## N° 1436 CLAIRVAUX-LES-LACS — 500 m — CM 70 pli 14

**NN** — 8 pers.

Maison mitoyenne. Au RDC: séjour-salon, poêle à bois, coin-cuisine intégré, micro-ondes, buanderie, sèche-linge, salle d'eau, à l'étage: ch1:1 lit 2 pl,cabinet de toilettes, ch2: 1 lit 2 pl, ch3: 2 lits 1 pl, 2 lits superposés, salle d'eau, terrain attenant, cour, terrasse, salon de jardin, barbecue. Chauffage central. Toutes charges comprises.

Michel CARREZ - 9 grande rue - 39130 BONLIEU
Tél.: 03 84 25 57 33

| FEV. | NOËL | PAQUES | B. SAIS. HIV. | B. SAIS. ETE | JUILLET | AOUT | WEEK-END |
|---|---|---|---|---|---|---|---|
| 504 | 540 | 382 | 382 | 382 | 580 | 580 | 183 |

| | | | | | | | |
|---|---|---|---|---|---|---|---|
| 1,5 | SP | SP | 6 | 1,5 | 30 | 20 | 1,2 |

## N° 1465 DAMMARTIN-MARPAIN — CM 66 pli 13

**NN** — 5 pers.

Maison mitoyenne indépendante, entièrement rénovée, cuisine, salon, salle d'eau, ch1: 3 lits 1 pl, ch2: 1 lit 2 pl, chauffage central, cour, terrain attenant non clos, salon de jardin, barbecue. Véritable havre de paix et rivière à 150 m par un sentier entièrement ombragé.

Marie-Blanche D'USSEL - 154 rue de Lourmel - 75015 PARIS
Tél.: 04 40 60 78 85 - 06 30 35 84 65 - Email: marieblanche.dussel@m6net.fr

| FEV. | NOËL | PAQUES | B. SAIS. HIV. | B. SAIS. ETE | JUILLET | AOUT |
|---|---|---|---|---|---|---|
| 260 | 260 | 260 | 200 | 240 | 340 | 340 |

| | | | | | | |
|---|---|---|---|---|---|---|
| 5 | SP | 3 | 5 | 5 | 30 | 25 | 5 |

## N° 1395 ECLANS — CM 66 pli 13

**NN** — 4 pers.

Maison indépendante de plain-pied entièrement rénovée avec séjour-salon coin-cuisine avec micro-ondes et poêle à bois, ch1: 1 lit 2 pl, ch2: 2 lits superposés + 1 canapé convertible, salle de bains. Cour et jardin privés clos, terrasse, garage, salon de jardin, barbecue. Chauffage central et bois (fourni gratuitement), forfait ménage en option. Toutes charges comprises. Sur demande: lit et chaise bébé.

LOISIRS ACCUEIL-SERVICE RESERVATION - BP 458 - 39006 LONS-LE-SAUNIER Cedex
Tél.: 03 84 87 08 88 - Fax: 03 84 24 88 70 - Email: reservation@jura-tourism.com - www.gites-de-france-jura.com

| FEV. | NOËL | PAQUES | B. SAIS. HIV. | B. SAIS. ETE | JUILLET | AOUT | WEEK-END |
|---|---|---|---|---|---|---|---|
| 300 | 300 | 300 | 270 | 270 | 350 | 350 | 110 |

| | | | | | | | |
|---|---|---|---|---|---|---|---|
| 10 | SP | SP | 10 | 4 | 15 | 10 | 7 |

## N° 1442 LE FIED — 525 m — CM 70 pli 00

**NN** — 2 pers.

Logement de plain pied, au rez-de-chaussée avec cuisine, séjour, 1 lit 1 pl, ch1: 1 lit 2 places, salle d'eau, terrain attenant clos, salon de jardin, barbecue. Chauffage électrique.

Pierre & Marie-Paule TERRIER - 11 rue Rochette - 71000 MACON
Tél.: 03 85 38 63 89 - Fax: 03 85 38 63 89 - Email: pierre-mpaule.terrier@wanadoo.fr

| B. SAIS. ETE | JUILLET | AOUT |
|---|---|---|
| 153 | 183 | 183 |

| | | | | | | |
|---|---|---|---|---|---|---|
| 10 | 9 | SP | 5 | 10 | 20 | 10 | 10 |

## N° 1448 FONCINE-LE-BAS — Le Lac à la Dame — 890 m — CM 70 pli 15

**NN** — 9 pers.

Logement au 1er étage d'une maison mitoyenne, cuisine intégrée, micro-ondes, séjour-salon, salle de bains, ch1: 1 lit 2 pl, à l'étage: ch2: 1 lit 2 pl, 1 lit 1 pl, salle d'eau, ch3: 1 lit 2 pl, ch4: 2 lits 1 pl, chauffage central, balcon, terrain non clos, salon de jardin, barbecue. Toutes charges comprises. Ménage (53 €), possibilité de location de draps.

LOISIRS ACCUEIL-SERVICE RESERVATION - BP 458 - 39006 LONS-LE-SAUNIER Cedex
Tél.: 03 84 87 08 88 - Fax: 03 84 24 88 70 - Email: reservation@jura-tourism.com - www.gites-de-france-jura.com

| FEV. | NOËL | PAQUES | B. SAIS. HIV. | B. SAIS. ETE | JUILLET | AOUT | WEEK-END |
|---|---|---|---|---|---|---|---|
| 795 | 795 | 795 | 795 | 740 | 795 | 795 | 240 |

| | | | | | | | |
|---|---|---|---|---|---|---|---|
| 15 | 5 | SP | 5 | 5 | 20 | 5 | 30 | 10 | 5 |

## N° 1455 FONCINE-LE-HAUT — Les Petetins — 1000 m — CM 70 pli 5

**NN** — 5 pers.

Chalet-loisir aménagé à proximité d'un centre équestre, dans un petit hameau et surplombant le village, séjour-salon, canapé convertible, coin cuisine, micro-ondes, salle d'eau, ch1: 1 lit 2 pl, ch2: 3 lits 1 pl, chauffage électrique, terrasse couverte, salon de jardin. Possibilité de location de draps.

Olivier et Catherine LOCQUENIE - Centre équestre - Les Petetins - 39400 FONCINE-LE-HAUT
Tél.: 03 84 51 95 42 - Email: feracheval@wanadoo.fr

| FEV. | NOËL | PAQUES | B. SAIS. HIV. | B. SAIS. ETE | JUILLET | AOUT | WEEK-END |
|---|---|---|---|---|---|---|---|
| 400 | 400 | 400 | 350 | 350 | 400 | 400 | 150 |

| | | | | | | | |
|---|---|---|---|---|---|---|---|
| 18 | 2,5 | SP | SP | 1 | 3 | 3 | 15 | 2,5 |

# JURA - 39

Périodes tarifaires p. 205

## N° 1456 FONCINE-LE-HAUT — Les Petetins — 1000 m — CM 70 pli 5

**NN** 5 pers.

Chalet-loisir aménagé à proximité d'un centre équestre, dans un petit hameau et surplombant le village, séjour-salon, canapé convertible, coin cuisine, micro-ondes, salle d'eau, ch1: 1 lit 2 pl, ch2: 3 lits 1 pl, chauffage électrique, terrasse couverte, salon de jardin. Possibilité de location de draps.

Olivier et Catherine LOCQUENIE - Centre équestre - Les Petetins - 39400 FONCINE-LE-HAUT
Tél. : 03 84 51 95 42 - Email : feracheval@wanadoo.fr

| FEV. | NOËL | PAQUES | B. SAIS. HIV. | B. SAIS. ETE | JUILLET | AOUT | WEEK-END | | | | | | | | | | |
|---|---|---|---|---|---|---|---|---|---|---|---|---|---|---|---|---|---|
| 400 | 400 | 400 | 350 | 350 | 400 | 400 | 150 | 18 | 2,5 | SP | SP | 1 | 3 | 3 | 15 | 2,5 | TV |

## N° 1398 LE FRASNOIS — 800 m — CM 70 pli 15

**NN** 4 pers.

Chalet indépendant de plain-pied. Séjour-salon avec poêle à bois, cuisine intégrée avec micro-ondes, ch1:1 lit 2 pl, ch2:2 lits 1 pl, draps fournis, salle d'eau, terrasse, jardin non clos, salon de jardin, barbecue, terrain de pétanque. Chauffage électrique et bois (fourni gratuitement). Gîte accessible aux personnes à mobilité réduite. Equipement bébé à disposition. En option : ménage et lits faits à l'arrivée (30 €).

LOISIRS ACCUEIL-SERVICE RESERVATION - BP 458 - 39006 LONS-LE-SAUNIER Cedex
Tél. : 03 84 87 08 88 - Fax : 03 84 24 88 70 - Email : reservation@jura-tourism.com - www.gites-de-france-jura.com

| FEV. | NOËL | PAQUES | B. SAIS. HIV. | B. SAIS. ETE | JUILLET | AOUT | WEEK-END | | | | | | | | | | |
|---|---|---|---|---|---|---|---|---|---|---|---|---|---|---|---|---|---|
| 405 | 405 | 315 | 285 | 285 | 515 | 515 | 140 | SP | SP | SP | SP | 7 | 25 | SP | 35 | 5 | 7 |

## N° 1399 LE FRASNOIS — 800 m — CM 70 pli 15

**NN** 4 pers.

Chalet indépendant de plain pied avec séjour-salon avec poêle à bois, cuisine intégrée avec micro-ondes, ch1: 1 lit 2 pl, ch2: 2 lits 1 pl, salle d'eau. Terrasse, jardin non clos, salon de jardin, barbecue, terrain de pétanque. Chauffage électrique et bois (fourni gratuitement). Draps fournis. Equipement pour bébé à disposition. En option : ménage et lits faits à l'arrivée (30 €).

LOISIRS ACCUEIL-SERVICE RESERVATION - BP 458 - 39006 LONS-LE-SAUNIER Cedex
Tél. : 03 84 87 08 88 - Fax : 03 84 24 88 70 - Email : reservation@jura-tourism.com

| FEV. | NOËL | PAQUES | B. SAIS. HIV. | B. SAIS. ETE | JUILLET | AOUT | WEEK-END | | | | | | | | | | |
|---|---|---|---|---|---|---|---|---|---|---|---|---|---|---|---|---|---|
| 405 | 405 | 315 | 285 | 285 | 515 | 515 | 140 | SP | SP | SP | SP | 7 | 25 | SP | 35 | 5 | 7 |

## N° 1434 GENDREY — CM 66

**NN** 4 pers.

Maison mitoyenne entièrement rénovée, séjour-salon, coin cuisine avec micro-ondes,, canapé convertible, salle de bains, ch1:1 lit 2 pl, 2 lits 1 pl superposés, chauffage électrique, salon de jardin, barbecue, petit terrain attenant. Toutes charges comprises en été.

Hugues BOUQUET - 47 rue de Richebourg - 39350 GENDREY
Tél. : 03 84 70 90 74 - 03 84 81 33 90

| FEV. | NOËL | PAQUES | B. SAIS. HIV. | B. SAIS. ETE | JUILLET | AOUT | WEEK-END | | | | | | | | |
|---|---|---|---|---|---|---|---|---|---|---|---|---|---|---|---|
| 244 | 244 | 229 | 229 | 229 | 260 | 260 | 92 | 20 | 7 | SP | 4 | 5 | 30 | 7 | 7 |

## N° 1397 LAC-DES-ROUGES-TRUITES — 930 m — CM 70 pli 15

**NN** 6 pers.

Logement dans une maison où se trouve un autre appartement. Au RDC: cuisine équipée, salon-séjour, salle de bains, à l'étage: ch1:2 lits 1 pl, ch2:1 lit 2 pl, ch3:1 lit 2 pl, cour, terrasse, salon de jardin, barbecue, terrain attenant clos, garage. Chauffage central. Toutes charges comprises. Ferme en activité à 100 m.

Daniel MARTINEZ - 136 Les Thevenins - 39150 LE LAC-DES-ROUGES-TRUITES
Tél. : 03 84 60 85 71 - 03 84 60 10 27

| FEV. | NOËL | PAQUES | B. SAIS. HIV. | B. SAIS. ETE | JUILLET | AOUT | WEEK-END | | | | | | | | | |
|---|---|---|---|---|---|---|---|---|---|---|---|---|---|---|---|---|
| 425 | 385 | 335 | 305 | 305 | 400 | 400 | 100 | 15 | 3 | SP | 6 | SP | 10 | 2 | 20 | 6 | 6 |

## N° 1463 LAJOUX — La Petite Pièce — 1000 m — CM 70 pli 15

**NN** 6 pers.

Logement indépendant dans la maison du propriétaire, RDC: séjour-salon, coin cuisine intégré, micro-ondes, poêle à bois, salle d'eau, ch1: 2 lits 1 pl jumeaux, à l'étage: ch2: 1 lit 2 pl, ch3: 2 lits 1 pl jumeaux, salle d'eau, cour, terrasse, salon de jardin, barbecue, terrain non clos. Gîte situé face au golf de la Valserine.

LOISIRS ACCUEIL-SERVICE RESERVATION - BP 458 - 39006 LONS-LE-SAUNIER Cedex
Tél. : 03 84 87 08 88 - Fax : 03 84 24 88 70 - Email : reservation@jura-tourism.com - www.gites-de-france-jura.com

| FEV. | NOËL | PAQUES | B. SAIS. HIV. | B. SAIS. ETE | JUILLET | AOUT | | | | | | | | | |
|---|---|---|---|---|---|---|---|---|---|---|---|---|---|---|---|
| 700 | 650 | 600 | 600 | 600 | 700 | 700 | 10 | SP | SP | 10 | SP | 2,5 | SP | 27 | 2,5 |

FRANCHE-COMTÉ

Pictos voir p. 12

# JURA - 39

Périodes tarifaires p. 205

## N° 1462 MACORNAY
CM 70 pli 14

**NN 4 pers.**

Petite maison indépendante dans l'enceinte d'une propriété, cuisine, congélateur, salon-séjour, canapé convertible, à l'étage: mezzanine: 1 lit 2 pl, ch1: 2 lits 1pl, lits et chaise bébé à disposition, salle de bains, cour, grand parc arboré clos, salon de jardin, barbecue, chauffage électrique.

Gérard VEYLAND - 29 rue du Mont Treillien - 39570 MACORNAY
Tél. : 03 84 43 11 54 - 06 72 85 35 37

| B. SAIS. ETE | JUILLET | AOUT | WEEK-END |
|---|---|---|---|
| 340 | 404 | 404 | 100 |

| | | | | | | | | | |
|---|---|---|---|---|---|---|---|---|---|
| 3 | 2 | SP | 2 | 60 | 70 | 2 | 3 | 3 | SP |

## N° 1443 MARIGNY
500 m  CM 70 pli 15

**NN 5 pers.**

Chalet indépendant à proximité d'un autre gîte. Au RDC: coin-cuisine, salon-séjour, micro-ondes, poêle à bois, salle de bains, lingerie, ch1: 1 lit 2 pl, à l'étage: ch2: 3 lits 1 pl, lit bébé, 1 lit d'appoint, salle de jeux, grand terrain attenant avec piscine privée cloturée, terrasse, salon de jardin, parking, barbecue, chauffage électrique et bois. Toutes charges comprises et draps fournis l'été.

LOISIRS ACCUEIL-SERVICE RESERVATION - BP 458 - 39006 LONS-LE-SAUNIER Cedex
Tél. : 03 84 87 07 88 - Fax : 03 84 24 88 70 - Email : reservation@jura-tourism.com - www.gites-de-france-jura.com

| FEV. | NOEL | PAQUES | B. SAIS. HIV. | B. SAIS. ETE | JUILLET | AOUT | WEEK-END |
|---|---|---|---|---|---|---|---|
| 400 | 400 | 350 | 250 | 350 | 610 | 700 | 150 |

| | | | | | | | | | | |
|---|---|---|---|---|---|---|---|---|---|---|
| 0,5 | 0,5 | SP | 3 | 25 | 60 | 4 | 25 | 15 | 6 |

## N° 1444 MARIGNY
500 m  CM 70 pli 15

**NN 5 pers.**

Chalet indépendant à proximité d'un autre gîte. Au RDC: coin-cuisine, salon-séjour, micro-ondes, poêle à bois, salle de bains, lingerie, ch1: 1 lit 2 pl, à l'étage: ch2: 3 lits 1 pl, lit bébé, 1 lit d'appoint, salle de jeux, grand terrain attenant avec piscine privée cloturée, terrasse, salon de jardin, parking, barbecue, chauffage électrique et bois. Toutes charges comprises et draps fournis l'été.

LOISIRS ACCUEIL-SERVICE RESERVATION - BP 458 - 39006 LONS-LE-SAUNIER Cedex
Tél. : 03 84 87 07 88 - Fax : 03 84 24 88 70 - Email : reservation@jura-tourism.com - www.gites-de-france-jura.com

| FEV. | NOEL | PAQUES | B. SAIS. HIV. | B. SAIS. ETE | JUILLET | AOUT | WEEK-END |
|---|---|---|---|---|---|---|---|
| 400 | 400 | 350 | 250 | 350 | 610 | 700 | 150 |

| | | | | | | | | | | |
|---|---|---|---|---|---|---|---|---|---|---|
| 0,5 | 0,5 | SP | 3 | 25 | 60 | 4 | 25 | 15 | 6 |

## N° 1449 MARIGNY
500 m  CM 70 pli 15

**NN 6 pers.**

Maison indépendante de plain-pied située dans un jardin de 2000m², avec un autre gîte à 25m. Intérieur bois, cuisine entièrement équipée, séjour-salon, poêle à bois, salle d'eau, ch1:1 lit 2 pl, ch2:2 lits 1 pl, ch3: 2 lits 1 pl superposés. Terrasse couverte, salon de jardin, barbecue, parking couvert. Chauffage électrique et bois. Equipement pour bébé, location de draps. Tarifs hors saison : à partir de 300 € selon la période. 580 € la 1ère semaine de juillet.

S.A LA PERGOLA - 39130 MARIGNY
Tél. : 03 84 25 70 03 - Fax : 03 84 25 75 96 - Email : gicquaire@free.fr - www.gitechalain.fr.st

| FEV. | NOEL | PAQUES | B. SAIS. HIV. | B. SAIS. ETE | JUILLET | AOUT | WEEK-END |
|---|---|---|---|---|---|---|---|
| 400 | 450 | 400 | 300 | 300 | 650 | 700 | 150 |

| | | | | | | | | | | |
|---|---|---|---|---|---|---|---|---|---|---|
| 0,5 | 0,5 | SP | 3 | 25 | 60 | 4 | 25 | 15 | 4 |

## N° 1450 MARIGNY
500 m  CM 70 pli 15

**NN 6 pers.**

Maison indépendante de plain-pied située dans un jardin de 2000m², avec un autre gîte à 25m. Intérieur bois, cuisine entièrement équipée, salon-séjour, poêle à bois, salle d'eau, ch1: 1 lit 2 pl, ch2:2 lits 1 pl, ch3: 2 lits 1 pl superposés. Terrasse couverte, salon de jardin, barbecue, parking couvert. Chauffage électrique et bois. Equipement pour bébé, location de draps. 580 € la 1ère semaine de juillet. TARIFS HORS SAISON : à partir de 300 € selon la période.

S.A LA PERGOLA - 39130 MARIGNY
Tél. : 03 84 25 70 03 - Fax : 03 84 25 75 96 - Email : gicquaire@free.fr - www.gitechalain.fr.st

| FEV. | NOEL | PAQUES | B. SAIS. HIV. | B. SAIS. ETE | JUILLET | AOUT | WEEK-END |
|---|---|---|---|---|---|---|---|
| 400 | 450 | 400 | 300 | 300 | 650 | 700 | 150 |

| | | | | | | | | | | |
|---|---|---|---|---|---|---|---|---|---|---|
| 0,5 | 0,5 | SP | 3 | 25 | 60 | 4 | 25 | 15 | 4 |

## N° 1452 MESNOIS
CM 70 pli 15

**NN 5 pers.**

Logement indépendant à l'étage d'une maison mitoyenne occupée par les propriétaires, séjour-salon, canapé-lit 1 place, coin cuisine, salle de bains, ch1: 1 lit 2 pl, ch2: 1 lit 2 pl, 2 lits BB, 2 chaises BB à disposition, cour, terrain de boules, grand terrain semi-clos, salon de jardin, barbecue. Chauffage central et électrique. Toutes charges comprises en été. Rivière à 500 m.

LOISIRS ACCUEIL-SERVICE RESERVATION - BP 458 - 39006 LONS-LE-SAUNIER Cedex
Tél. : 03 84 87 07 88 - Fax : 03 84 24 88 70 - Email : reservation@jura-tourism.com - www.gites-de-france-jura.com

| FEV. | NOEL | PAQUES | B. SAIS. HIV. | B. SAIS. ETE | JUILLET | AOUT | WEEK-END |
|---|---|---|---|---|---|---|---|
| 258 | 258 | 258 | 226 | 226 | 392 | 392 | 85 |

| | | | | | | | |
|---|---|---|---|---|---|---|---|
| 2 | 0,5 | SP | 3 | 2 | 20 | 17 | 2 |

# JURA - 39

Périodes tarifaires p. 205

## N° 1459 — LES MOLUNES — Le Pré Coquet — 1150 m — CM 70 pli 15
### NN — 6 pers.

Logement indépendant à l'étage d'une maison où il y a un autre gîte. Séjour-salon, coin cuisine intégrée, salle d'eau, à l'étage: mezzanine: 1 lit 2 pl, ch1: 1 lit 2 pla, 1 lit bébé, ch2: 2 lits 1 pl superposés, terrain attenant non clos, salon de jardin, barbecue. Chauffage électrique. Gîte situé sur une exploitation agricole. Possibilité forfait ménage.

Marjorie PERRIER - Le Pré Coquet - 39310 LES MOLUNES
Tél.: 03 84 41 60 10 - Fax: 03 84 41 69 93

| FEV | NOËL | PAQUES | B. SAIS. HIV. | B. SAIS. ETE | JUILLET | AOUT | WEEK-END |
|---|---|---|---|---|---|---|---|
| 534 | 534 | 300 | 244 | 244 | 320 | 320 | 115 |

| | | | | | | | | | |
|---|---|---|---|---|---|---|---|---|---|
| 3 | 10 | SP | 10 | SP | 3 | 3 | 15 | 20 | 3 |

## N° 1460 — LES MOLUNES — Le Pré Coquet — 1150 m — CM 70 pli 15
### NN — 6/8 pers.

Logement indépendant à l'étage d'une maison où il y a un autre gîte. Séjour-salon, coin cuisine intégrée, salle d'eau, à l'étage: ch1: 1 lit 2 pl, ch2: 1 lit 2 pl, ch3: 4 lits 1 pl dont 2 superposés, terrain attenant non clos, salon de jardin, barbecue. Chauffage central. Toutes charges comprises. Possibilité forfait ménage. Gîte situé sur une exploitation agricole.

Marjorie PERRIER - Le Pré Coquet - 39310 LES MOLUNES
Tél.: 03 84 41 60 10 - Fax: 03 84 41 69 93

| FEV | NOËL | PAQUES | B. SAIS. HIV. | B. SAIS. ETE | JUILLET | AOUT | WEEK-END |
|---|---|---|---|---|---|---|---|
| 686 | 686 | 428 | 381 | 381 | 442 | 442 | 214 |

| | | | | | | | | | |
|---|---|---|---|---|---|---|---|---|---|
| 3 | 10 | SP | 10 | SP | 3 | 3 | 15 | 20 | 3 |

## N° 1458 — MONNET-LA-VILLE — 540 m — CM 70 pli 5
### NN — 6 pers.

Maison indépendante de plein pied, entièrement rénovée, cuisine, micro-ondes, séjour-salon, canapé convertible, poêle à bois, salle de bains, ch1: 1 lit 2 pl, 1 lit 1 pl, 1 lit BB, ch2: 1 lit 2 pl, 1 lit 1 pl, salle d'eau, chauffage électrique, cour, terrain attenant non clos, salon de jardin, barbecue.

LOISIRS ACCUEIL-SERVICE RESERVATION - BP 258 - 39006 LONS-LE-SAUNIER Cedex
Tél.: 03 84 87 08 88 - Fax: 03 84 87 08 70 - Email: reservation@jura-tourism.com - www.gites-de-france-jura.com

| FEV | NOËL | PAQUES | B. SAIS. HIV. | B. SAIS. ETE | JUILLET | AOUT | WEEK-END |
|---|---|---|---|---|---|---|---|
| 457 | 457 | 457 | 442 | 442 | 505 | 505 | 106 |

| | | | | | | | | | |
|---|---|---|---|---|---|---|---|---|---|
| 6 | 2 | SP | 3 | 45 | 45 | 2 | 30 | 12 | SP |

## N° 1402 — MONTIGNY-LES-ARSURES — CM 70 pli 07
### NN — 4 pers.

Logement à l'étage avec séjour-salon, canapé convertible, coin-cuisine, micro-ondes, salle de bains, salle d'eau, ch1: 1 lit 2 places, ch2: 2 lits 1 place, draps fournis, cour, terrain attenant non clos, salon de jardin, barbecue. Chauffage central. Toutes charges comprises.

Daniel et Simone SUSTERAC - Chemin de la Tour - 39600 MONTIGNY-LES-ARSURES
Tél.: 03 84 66 21 86 - Fax: 03 84 66 21 77 - Email: susterac@club-internet.fr - http://perso.club-internet.fr/susterac

| FEV | NOËL | PAQUES | B. SAIS. HIV. | B. SAIS. ETE | JUILLET | AOUT |
|---|---|---|---|---|---|---|
| 275 | 335 | 335 | 275 | 335 | 395 | 395 |

| | | | | | | | | |
|---|---|---|---|---|---|---|---|---|
| 2 | 3 | SP | 1 | 50 | 60 | 3 | 25 | 5 | 5 |

## N° 1451 — ONOZ — Chavia — 600 m — CM 70 pli 14
### NN — 10 pers.

Chalet indépendant situé en pleine nature à 2 pas de la chartreuse engloutie. RDC: cuisine, micro-ondes, séjour-salon, poêle-cheminée, salon, à l'étage: ch1: 1 lit 2 pl, salle de bains, ch2: 3 lits 1 pl dont 2 superposés, ch3: 1 lit 2 pl, salle d'eau, ch4: 3 lits 1 pl dont 2 superposés, buanderie, bibliothèque et jeux pour enfants, sèche-linge, radio-CD. Chauffage électrique et bois. Cour, grand terrain, terrasse, salon de jardin, barbecue. Location de draps et ménage en option.

LOISIRS ACCUEIL-SERVICE RESERVATION - BP 258 - 39006 LONS-LE-SAUNIER Cedex
Tél.: 03 84 87 08 88 - Fax: 03 84 24 88 70 - Email: reservation@jura-tourism.com - www.gites-de-france-jura.com

| FEV | NOËL | PAQUES | B. SAIS. HIV. | B. SAIS. ETE | JUILLET | AOUT |
|---|---|---|---|---|---|---|
| 600 | 600 | 600 | 530 | 530 | 820 | 840 |

| | | | | | | | | |
|---|---|---|---|---|---|---|---|---|
| 2 | 2 | SP | 7 | 7 | 30 | 70 | 10 | |

## N° 1464 — LA PESSE — Le Cernetrou — 1160 m — CM 70 pli 15
### NN — 4 pers.

Logement à l'étage dans la maison du propriétaire où se trouve d'autres appartements, séjour-salon coin-cuisine, salle de bains, à l'étage: ch1: 1 lit 2 pl, alcôve: 2 lits 1 pl, location de draps, terrain attenant non clos, cour. Chauffage central. Toutes charges comprises.

Thierry et Elizabeth CROQ-GRISEL - Le Cernetrou - 39370 LA PESSE
Tél.: 03 84 42 72 60

| FEV | NOËL | PAQUES | B. SAIS. HIV. | B. SAIS. ETE | JUILLET | AOUT |
|---|---|---|---|---|---|---|
| 580 | 580 | 489 | 489 | 366 | 443 | 443 |

| | | | | | | | | | |
|---|---|---|---|---|---|---|---|---|---|
| 7 | 1 | SP | SP | SP | SP | 6 | 15 | SP | SP |

# JURA - 39

Périodes tarifaires p. 205

## Nº 1466 — LES PIARDS — 920 m — CM 70 pli 15

**NN — 3 pers.**

Logement au RDC d'une maison où se trouve un autre logement, séjour-salon, coin cuisine intégré, micro-ondes, canapé convertible, salle de bains, ch1: 1 lit 2 pl, 1 lit 1 pl, chauffage central, garage. Situé au coeur du Grandvaux, dans un village de montagne. Toutes charges comprises.

André JANOD - 3 rue du Crêt - 39150 LES PIARDS
Tél.: 03 84 60 43 51

| FEV. | NOËL | PAQUES | B. SAIS. HIV. | B. SAIS. ETE | JUILLET | AOUT |
|---|---|---|---|---|---|---|
| 385 | 385 | 280 | 260 | 260 | 305 | 305 |

| | | | | | | | |
|---|---|---|---|---|---|---|---|
| 2 | 1 | SP | 2 | SP | 4 | 2 | 17 | SP |

## Nº 1447 — PREMANON — Les Jouvencelles — 1100 m — CM 70 pli 15

**NN — 10 pers.**

Chalet indépendant. Au RDC: ch1:1 lit 2 pl, ch2:1 lit 2 pl, salle de bains, à l'étage: cuisine, micro-ondes, séjour-salon, salle d'eau, ch3:1 lit 2 pl, ch4:2 lits 1 pl superposés, ch5:2 lits 1 pl superposés, draps fournis, terrain attenant non clos, balcon, salon de jardin, barbecue. Option ménage 84 €. Chauffage central air pulsé compris. Location le WE : Hiver 260 € la journée, Eté 245 € la journée.

LOISIRS ACCUEIL-SERVICE RESERVATION – BP 458 - 39006 LONS-LE-SAUNIER Cedex
Tél.: 03 84 87 08 88 - Fax: 03 84 24 88 70 - Email : reservation@jura-tourism.com - www.gites-de-france-jura.com

| FEV. | NOËL | PAQUES | B. SAIS. HIV. | B. SAIS. ETE | JUILLET | AOUT | WEEK-END |
|---|---|---|---|---|---|---|---|
| 1680 | 1680 | 1680 | 1680 | 1590 | 1590 | 1590 | 260 |

| | | | | | | | | |
|---|---|---|---|---|---|---|---|---|
| 4 | 4 | SP | 4 | SP | SP | 4 | 15 | 4 |

## Nº 1440 — LES ROUSSES — Gouland — 1000 m — CM 70 pli 15

**NN — 10 pers.**

Maison en pierre et tavaillon typiquement jurassienne du XVIIIe, entièrement rénovée. Au RDC:grande cuisine familiale équipée, micro-ondes séjour, ch1:1 lit 2 pl, 2 lits 1 pl superposés. A l'étage: ch2:1 lit 2 pl, ch3:1 lit 2 pl ou 2 lits 1 pl, salle de bains, bibliothèque et jeux enfants. Buanderie et local pour vélos et skis. Terrain attenant non clos, salon de jardin, barbecue, jeux d'extérieurs pour enfants. Chauffage bois (fourni) et électrique (en sus). Très belle vue sur les montagnes et la faune.

LOISIRS ACCUEIL-SERVICE RESERVATION – BP 458 - 39006 LONS-LE-SAUNIER Cedex
Tél.: 03 84 87 08 88 - Fax: 03 84 24 88 70 - Email : reservation@jura-tourism.com - www.gites-de-france-jura.com

| FEV. | NOËL | PAQUES | B. SAIS. HIV. | B. SAIS. ETE | JUILLET | AOUT |
|---|---|---|---|---|---|---|
| 1200 | 1200 | 550 | 450 | 350 | 950 | 950 |

| | | | | | | | |
|---|---|---|---|---|---|---|---|
| 6 | 4 | SP | 5 | 3 | 5 | 3 | 5 | 4 | 4 |

## Nº 1445 — LES ROUSSES — Le Sagy Bas — 1100 m — CM 70 pli 16

**NN — 4 pers.**

Logement au RDC d'une maison où se trouvent d'autres appartements. Cuisine séjour avec canapé convertible, salle d'eau, ch1: 1 lit 2 pl, ch2: 1 lit 2 pl, lave-linge commun, terrain attenant non clos, terrasse, salon de jardin. Chauffage électrique.

Jeanine BENOIT-GUYOD - Le Sagy Bas - 39220 LES ROUSSES
Tél.: 03 84 60 06 95

| FEV. | NOËL | PAQUES | B. SAIS. HIV. |
|---|---|---|---|
| 500 | 400 | 350 | 300 |

| | | | | | | | |
|---|---|---|---|---|---|---|---|
| 8 | 8 | SP | 6 | 2 | 8 | 2 | 6 | 6 | 2 |

## Nº 1439 — SAFFLOZ — 660 m — CM 70

**NN — 4 pers.**

Maison mitoyenne. Au RDC: cuisine-séjour, salon, canapé convertible, poêle à bois, chaîne HI-FI, micro-ondes, à l'étage: ch1:1 lit 2 pl, ch2:2 lits 1 pl superposés, lit bébé à disposition, salle d'eau, terrain attenant clos, cour, terrasse. Chauffage électrique et bois. Toutes charges comprises.

Gilles et Anne-Marie GAVET/ROUCHON - 6 place de l'Eglise - 39130 SAFFLOZ
Tél.: 03 84 25 76 10 - 06 08 62 20 45 - Email : ggavet@wanadoo.fr

| FEV. | NOËL | PAQUES | B. SAIS. HIV. | B. SAIS. ETE | JUILLET | AOUT | WEEK-END |
|---|---|---|---|---|---|---|---|
| 425 | 395 | 380 | 380 | 380 | 455 | 455 | 122 |

| | | | | | | | | |
|---|---|---|---|---|---|---|---|---|
| 8 | 6 | SP | 6 | 20 | 40 | 8 | 30 | 15 | 8 |

## Nº 1461 — SEPTMONCEL — 1100 m — CM 70 pli 15

**NN — 9 pers.**

Logement indépendant à l'étage de la maison du propriétaire en pleine nature. Séjour-salon, coin cuisine intégrée, micro-ondes, congélateur, magnétoscope, lecteur CD, salle de bains, ch1: 1 lit 2 pl, à l'étage: petite mezzanine-salon, ch2: 2 lits 1 pl, ch3: 1 lit 2 pl, ch4: 1 lit 2 pl, 1 lit 1 pl, salle de bains. Terrain attenant non-clos, salon de jardin, barbecue, garage pour une voiture. Chauffage électrique.

LOISIRS ACCUEIL-SERVICE RESERVATION – BP 458 - 39006 LONS-LE-SAUNIER Cedex
Tél.: 03 84 87 08 88 - Fax: 03 84 24 88 70 - Email : reservation@jura-tourism.com - www.gites-de-france-jura.com

| FEV. | NOËL | PAQUES | B. SAIS. HIV. | B. SAIS. ETE | JUILLET | AOUT | WEEK-END |
|---|---|---|---|---|---|---|---|
| 1167 | 1017 | 817 | 817 | 667 | 917 | 917 | 300 |

| | | | | | | | | |
|---|---|---|---|---|---|---|---|---|
| 8 | 8 | SP | 5 | 2 | 6 | 6 | 15 | 17 | 4 |

# JURA - 39

Périodes tarifaires p. 205

## N° 1454 — ST-LOTHAIN

NN — 5 pers.

CM 70 pli 4

Maison mitoyenne. Cuisine avec, séjour-salon, magnétoscope, salle de bains, ch1: 1 lit 2 pl, 1 lit BB, ch2: 1 lit 1 pl, à l'étage: ch3: 1 lit 2 pl, à disposition 1 lit 1 pl pliant, location de draps et linges de toilette. Chauffage central, bois fourni pour la cheminée, cour close, terrain clos, salon de jardin, barbecue. Possibilité de visite de cave. Confort: radio K7CD, congélateur, autocuiseur, cafetière bouilloire électriques, grille-pain, service à fondue et raclette, mixer, sèche-cheveux, jeux de société, cassettes vidéo, balançoire. Draps 9 € la paire, linges de toilette 5 €.

LOISIRS ACCUEIL-SERVICE RESERVATION - BP 458 - 39006 LONS-LE-SAUNIER Cedex
Tél.: 03 84 87 08 88 - Fax: 03 84 24 88 70 - Email: reservation@jura-tourism.com - www.gites-de-france-jura.com

| FEV. | NOËL | PAQUES | B. SAIS. HIV. | B. SAIS. ETE | JUILLET | AOUT | WEEK-END | | | | | | | | | |
|---|---|---|---|---|---|---|---|---|---|---|---|---|---|---|---|---|
| 390 | 390 | 390 | 300 | 300 | 400 | 400 | 100 | 30 | SP | SP | SP | 60 | 60 | 7 | 25 | SP | 7 |

## N° 1400 — TOULOUSE-LE-CHATEAU — Fangy

NN — 4 pers.

CM 70 pli 4

Maison mitoyenne entièrement rénovée. Au RDC: salon, séjour, coin-cuisine, salle d'eau, à l'étage: ch1: 1 lit 2 pl, ch2: 2 lits 1 pl, salle d'eau, terrasse, salon de jardin, barbecue, terrain attenant clos, garage. Chauffage central. Toutes charges comprises. Forfait ménage 40 €.

Muriel et Bernard BOURGAIN - Fangy - 39230 TOULOUSE-LE-CHATEAU
Tél.: 03 84 25 99 87

| FEV. | NOËL | PAQUES | B. SAIS. HIV. | B. SAIS. ETE | JUILLET | AOUT | WEEK-END | | | | | | | | | |
|---|---|---|---|---|---|---|---|---|---|---|---|---|---|---|---|---|
| 332 | 332 | 332 | 316 | 316 | 364 | 364 | 100 | 10 | 2 | SP | 5 | 60 | 75 | 20 | 22 | 1 | 2 |

## N° 1446 — UXELLES

NN — 4 pers.

600 m — CM 70 pli 15

Maison mitoyenne à celle du propriétaire, indépendante et rustique. Au RDC: cuisine, micro-ondes, ch1: 1 lit 1 pl, 1clic-clac, à l'étage: mezzanine, salle d'eau, ch2: 1 lit 2 pl, 1 lit 1 pl, chauffage électrique et bois, magnétoscope et radio CD, terrasse, salon de jardin, barbecue, terrain ombragé et clos. Possibilité d'accueil de cavaliers avec terrain clos pour les chevaux.

Patricia PELLETIER - Route du Moulin des Chenes - 39130 UXELLES
Tél.: 03 84 25 52 14

| FEV. | NOËL | PAQUES | B. SAIS. HIV. | B. SAIS. ETE | JUILLET | AOUT | WEEK-END | | | | | | | | | |
|---|---|---|---|---|---|---|---|---|---|---|---|---|---|---|---|---|
| 380 | 380 | 380 | 350 | 350 | 380 | 380 | 150 | 7 | 0,3 | SP | 15 | 30 | 7 | 25 | 10 | 7 |

## N° 1457 — VERNANTOIS

NN — 3 pers.

CM 70 pli 14

Maison mitoyenne indépendante, entièrement rénovée avec un beau cachet rustique. Au RDC, buanderie, salle d'eau, à l'étage: séjour-salon, canapé convertible, coin cuisine, au 2ème étage: ch1: 2 lits 1 pl jumeaux, chauffage électrique, terrasse, petit jardin clos, salon de jardin, barbecue.

Patrice et Isabelle BOUILLER/THIBAULT - 59 rue de la Liberté - 39570 PERRIGNY
Tél.: 03 84 24 25 22 - 06 89 84 43 06

| B. SAIS. ETE | JUILLET | AOUT | WEEK-END | | | | | | | | | |
|---|---|---|---|---|---|---|---|---|---|---|---|---|
| 350 | 380 | 380 | 92 | 25 | 0,8 | SP | 1 | 60 | 70 | 1 | 1 | 8 | 3 |

FRANCHE-COMTÉ

# HAUTE SAÔNE - 70

**LOISIRS ACCUEIL HAUTE SAÔNE**
6, rue des Bains - 70000 VESOUL Cédex
Tél. 03 84 97 10 80 ou 03 84 97 10 81 - Fax. 03 84 97 10 71
E.mail : sla-70-90@libertysurf.fr - www.haute-saone-tourism.com

## PERIODES TARIFAIRES
**HAUTE SAISON ÉTÉ :** du 3.07 au 27.08 - **HAUTE SAISON HIVER :** du 20.12 au 2.01 et du 7.02 au 5.03 - **MOYENNE SAISON :** du 3.04 au 2.07, du 28.08 au 1er.10 et du 23.10 au 29.10 - **BASSE SAISON :** du 3.01 au 6.02, du 6.03 au 2.04, du 2.10 au 22.10 et du 30.10 au 19.12.

---

### N° HE080 — BROTTE-LES-RAY — CM 66 pli 4

NN — 6 pers.

Etage: 1 ch(1 lit 2 pers.et 1 lit enfant), 1 ch (1 lit 2 pers., 2 lits 1 pers.). R.D.C: cuisine intégrée et équipée, salle à manger, salon avec 2 canapés convertibles. SDB avec douche et 2 lavabos, wc indépendants. Ch électrique. Terrasse et parking. Maison indépendante située dans un petit village calme. Vue sur la campagne. La proximité de la Saône offre de nombreuses possibilités de dépaysement. Activités diverses liées à l'eau. Ouvert toute l'année.

SLA HTE-SAONE/TERRITOIRE DE BELFORT - 6 rue des Bains - 70000 VESOUL Cedex
Tél.: 03 84 97 10 80 - 03 84 97 10 81 - Fax: 03 84 97 10 71 - Email: sla-70-90@libertysurf.fr - www.haute-saone-tourism.com

| HTE SAIS. ETE | HTE SAIS. HIV. | MOY. SAIS. | BASSE SAIS. | | | | | | |
|---|---|---|---|---|---|---|---|---|---|
| 295 | 255 | 195 | 125 | 6 | 4 | 0,5 | 35 | 6 | |

---

### N° HE215 — CONFRACOURT — CM 66 pli 5

NN — 4 pers.

Logement indépendant avec cour privative fermée dans maison d'habitation des propriétaires. Cuisine/séjour: coin-salon avec canapé convertible, matériel bébé à disposition. Ch (1 lit 2 pers.) possibilité de location de draps. Salle d'eau avec wc. Chauffage central fuel. Parking. Gîte situé en Vallée de Saone. Village accueillant et calme. Richesse du "petit patrimoine" de village. Activités nautiques, et de plein-air. Ouvert toute l'année.

SLA HTE-SAONE/TERRITOIRE DE BELFORT - 6 rue des Bains - 70000 VESOUL Cedex
Tél.: 03 84 97 10 80 - 03 84 97 10 81 - Fax: 03 84 97 10 71 - Email: sla-70-90@libertysurf.fr - www.haute-saone-tourism.com

| HTE SAIS. ETE | HTE SAIS. HIV. | MOY. SAIS. | BASSE SAIS. | | | | | | | |
|---|---|---|---|---|---|---|---|---|---|---|
| 245 | 155 | 155 | 155 | 58 | 6 | 10 | 10 | 18 | 5 | 18 | 30 | SP |

---

### N° HE313 — FONDREMAND — CM 66 pli 15

EC — NN — 4 pers.

Ancienne maisonnette restaurée en 2002, situé au coeur d'un village médiéval, au pied d'un chateau du 11è s, et à côté des sources de la Romaine. R.D.C: coin-cuisine/repas, salon, 1 wc indép. Etage: 1 ch (1 lit 2 pers.), 1 ch (2 lits 1 pers.), 1 lit enfant. Chauffage électrique, appoint avec fourneau à bois. Parking et terrasse. Située dans un village très agréable. La proximité de la vallée de l'Ognon permet la pratique de nombreuses activités liées à l'eau.

SLA HTE-SAONE/TERRITOIRE DE BELFORT - 6 rue des Bains - 70000 VESOUL Cedex
Tél.: 03 84 97 10 80 - 03 84 97 10 81 - Fax: 03 84 97 10 71 - Email: sla-70-90@libertysurf.fr - www.haute-saone-tourism.com

| HTE SAIS. ETE | HTE SAIS. HIV. | | | | | | | | |
|---|---|---|---|---|---|---|---|---|---|
| 335 | 210 | 68 | SP | SP | 8 | SP | 2 | 18 | 20 |

---

### N° 336 — FOUGEROLLES — CM 66 pli 6

NN — 6 pers.

Villes thermales 10 km. Mille étangs 15 km. Maison indépendante de plain-pied jouxtant un batiment inoccupé. Gîte situé à 1 km du bourg-centre (tous commerces). Terrain privatif attenat terrasse couverte. Cuisine, séjour/salon, salle d'eau, wc indépendant. 1 ch (1 lit 2 pers.), 1 ch (1 lit 2 pers., 1 lit 1 pers.), 1 ch (2 lits 1 pers.), 1 lit bébé. Congélateur, ping-pong. Ch central, parking et abri. Fougerolles est situé à proximité des stations thermales. Haut lieu de la tradition par la diversité des produits du terroir et l'écomusée de la distillation. Ouvert toute l'année.

SLA HTE-SAONE/TERRITOIRE DE BELFORT - 6 rue des Bains - 70000 VESOUL Cedex
Tél.: 03 84 97 10 80 - 03 84 97 10 81 - Fax: 03 84 97 10 71 - Email: sla-70-90@libertysurf.fr - www.haute-saone-tourism.com

| HTE SAIS. ETE | HTE SAIS. HIV. | MOY. SAIS. | BASSE SAIS. | | | | | | | |
|---|---|---|---|---|---|---|---|---|---|---|
| 330 | 275 | 250 | 250 | 10 | SP | SP | 6 | 1 | SP | 3 | 11 | 1 |

---

### N° HE668 — MERSUAY — CM 66 pli 5

NN — 2 pers.

Maisonnette de caractère située dans la propriété des propriétaires. Cour fermée commune avec les propriétaires. Etage: ch mansardée en mezzanine (1 lit 2 pers.) et coin-salon avec 2 fauteuils. R.D.C: cuisine équipée (four + micro-ondes). Séjour/salon avec prise TV. Salle de bains avec wc. Ch élec. Parking privatif dans la cour, lave-linge, location draps possible. Gîte située dans la Vallée de la Lanterne. Environnement forêt-rivière de qualité qui permet la pratique de nombreuses activités de plein-air. Villages et bourgs riches de patrimoine. Ouvert toute l'année.

SLA HTE-SAONE/TERRITOIRE DE BELFORT - 6 rue des Bains - 70000 VESOUL Cedex
Tél.: 03 84 97 10 80 - 03 84 97 10 81 - Fax: 03 84 97 10 71 - Email: sla-70-90@libertysurf.fr - www.haute-saone-tourism.com

| HTE SAIS. ETE | HTE SAIS. HIV. | MOY. SAIS. | BASSE SAIS. | | | | | | |
|---|---|---|---|---|---|---|---|---|---|
| 225 | 225 | 140 | 140 | 3 | SP | 3 | 0,5 | 7 | 23 |

# HAUTE SAÔNE - 70

*Périodes tarifaires p. 212*

## N° 1040 — MIELLIN — Les Perrigués — 540 m — CM 66 pli 7

**EC  NN  4 pers.**

Petit chalet bois indépendant avec terrasse couverte. Abri de jardin abritant four à pain et petite fontaine. R.D.C: cuisine/séjour: coin-cuisine, coin-repas, coin-détente. Prise TV. 1 ch(1 lit 2 pers.) donnant sur balcon.1 ch (1 lit 2 pers.). ch communicants dnt 1 avec mezzanine. sde avec douche, lavabo et wc. Ch elec et fourneau à bois. Cave voutée. Petit village de montagne très calme. Idéal pour la randonnée et le ski de fond. Nombreuses possibilités d'activités culturelles. Ouvert toute l'année.

Sylvain COLLE - 10 H.L.M du centre - 88200 VECOUX
Tél. : 03 29 61 06 97

| HTE SAIS. ETE | HTE SAIS. HIV. | MOY. SAIS. | BASSE SAIS. |
|---|---|---|---|
| 260 | 225 | 200 | 150 |

40 | SP | 12 | 0,5 | SP | 3 | 28 | SP

## N° HE596 — MONTBOILLON — CM 66 pli 15

**NN  6 pers.**

Maison indépandante. R.D.C: cuisine/salle à manger. Espace détente avec cheminée, tv et hifi. Salle de bains, wc indépendants. Espace de jeux avec baby-foot, coin-repassage. Etage: 1 ch (1 lit 2 pers.et 1 lit enfant), 1 ch (2 lits 1 pers.), 1 ch (1 lit 2 pers.), wc indépendants, chauffage gaz, terrasse et parking. Maison située dans un village calme et relativement proche de Basançon. Espace non-clos arboré avec portique pour enfants. La proximité de la ville de L'Ognon permet la pratique des activités nautiques. Possibilité de découverte des vins de Charennes. Ouvert toute l'année.

SLA HTE-SAONE/TERRITOIRE DE BELFORT - 6 rue des Bains - 70000 VESOUL Cedex
Tél. : 03 84 97 10 80 - 03 84 97 10 81 - Fax : 03 84 97 10 71 - Email : sla-70-90@libertysurf.fr - www.haute-saone-tourism.com

| HTE SAIS. ETE | HTE SAIS. HIV. | MOY. SAIS. | BASSE SAIS. |
|---|---|---|---|
| 380 | 320 | 300 | 300 |

80 | SP | SP | 7 | 3 | 4 | 15 | 30 | 4

## N° HE544 — LA PROISELIERE — Ruisseau de la Goutte — CM 66 pli 6

**NN  8 pers.**

Chapelle Le Corbusier à Ronchamp 20 km. Etage: 2 ch (1 lit 2 pers.), 2 ch (2 lits 1 pers.), 1 lit enfant, salle d'eau avec douche, lavabo, wc. R.D.C: Grande pièce avec coin-cuisine, cuisine et repas. Salle d'eau avec douche, lavabo, wc indépendant. Grande terrasse avec terrain clos. Congélateur, ch électrique et bois. Petit hameau situé dans la Vallée du Haut Breuchin. Cadre offrant la tranquilité et permettant la pratique de nombreuses activités de loisirs. Ouvert toute l'année.

SLA HTE-SAONE/TERRITOIRE DE BELFORT - 6 rue des Bains - 70000 VESOUL Cedex
Tél. : 03 84 97 10 80 - 03 84 97 10 81 - Fax : 03 84 97 10 71 - Email : sla-70-90@libertysurf.fr - www.haute-saone-tourism.com

| HTE SAIS. ETE | HTE SAIS. HIV. | MOY. SAIS. | BASSE SAIS. |
|---|---|---|---|
| 450 | 360 | 300 | 280 |

15 | SP | 10 | 15 | 8 | SP | 15 | 15 | 5

## N° HE1041 — LA ROSIERE — Le Chant du Petit Pré — 630 m

**EC  NN  4 pers.**

Gîte aménagé dans une ancienne ferme rénovée et située à promité de la maison des prop. Etage: salle de jeux pr enfants. R.D.C: 1 ch (1 lit 2 pers.), 1 ch (2 lits 1 pers.), salle d'eau, 2 wc dont 1 indépendant. Douche supplémentaire avec lavabo privatif. Cuisine/séjour. Salon indépendant avec canapé-convertible, donnant sue terrasse. Ch élec. Cheminée. Gîte situé sur un beau point de vue: plateau des 1000 étangs et ligne de crête des Vosges du sud. Au sein du parc naturel Régional du Ballon des Vosges. Environnement de qualité. Ouvert de mai à octobre.

Christian BALLAND - Le Chant du Petit Pré - 70310 LA ROSIERE
Tél. : 03 84 94 44 75 - Fax : 03 84 94 44 75

| HTE SAIS. ETE | HTE SAIS. HIV. |
|---|---|
| 450 | 450 |

30 | SP | 10 | 15 | SP | 15 | 3

## N° HE934 — THEULEY-LES-LAVONCOURT — CM 66 pli 4

**NN  6 pers.**

Maison traditionnelle de village (fin 17è s). Etage: 1 ch (1 lit 2 pers.), 1 ch (2 lits 1 pers.), 1 mezzanine centrale (1 lit 2 pers.). Cuisine/séjour, salon, 2 salles d'eau, wc indépendants. Chauffage électrique, chaise et lit de bébé. Parking. Theuley-les-Lavoncourt est proche de la Saône. Ce gîte très agréable par sa rénovation et avec du mobilier d'époque, permet la pratique de nombreuses activités liées à l'eau, découverte culturelles diverses, etc... Ouvert toute l'année.

SLA HTE-SAONE/TERRITOIRE DE BELFORT - 6 rue des Bains - 70000 VESOUL Cedex
Tél. : 03 84 97 10 80 - 03 84 97 10 81 - Fax : 03 84 97 10 71 - Email : sla-70-90@libertysurf.fr - www.haute-saone-tourism.com

| HTE SAIS. ETE | HTE SAIS. HIV. | MOY. SAIS. |
|---|---|---|
| 380 | 250 | 220 |

63 | SP | 15 | 5 | 1 | SP | 30 | 1

**FRANCHE-COMTÉ**

*Pictos voir p. 12*

Préparez vos vacances en vous connectant sur notre site internet et partez à la découverte de l'univers des Gîtes de France !
HTTP://WWW.
www.gites-de-france.fr
@ e-mail : info@gites-de-france.fr

# TERRITOIRE DE BELFORT - 90

**GITES DE FRANCE** - Service Réservation
2 bis, rue Clémenceau - 90000 BELFORT
Tél. 03 84 21 27 95 ou 03 84 97 10 80 - Fax. 03 84 55 90 70

## PERIODES TARIFAIRES
**HAUTE-SAISON ÉTÉ :** du 3.07 au 27.08 - **HAUTE-SAISON HIVER :** du 20.12 au 02.01, du 7.02 au 5.03 - **MOYENNE-SAISON :** du 3.04 au 2.07, du 28.08 au 1.10, du 23.10 au 29.10 - **BASSE-SAISON :** du 3.01 au 6.02, du 6.03 au 2.04, du 2.10 au 22.10, du 30.10 au 19.12

### N° 0302 BREBOTTE — Les Colombages
NN  5 pers.

Belfort 13 km. Gîte mitoyen à la maison du propriétaire avec entrée indépendante. Au 1er étage : séjour avec coin cuisine, 1 ch. (1 lit 1 pers.) avec douche, WC. Au 2e étage : 2 grandes ch., 1 ch. (1 lit 2 pers.) et 1 ch. (2 lits 1 pers.), salle d'eau, WC. Lave-linge commun. Gîte situé dans une belle maison rénovée à colombages, aux portes de la Suisse et du Jura. Jardin attenant. Charges comprises dans le séjour. Ouvert toute l'année.

Martine EHRET - 9 rue de la Fontaine - Cidex 467 - 90140 BREBOTTE
Tél. : 03 84 23 42 91 - Fax : 03 84 23 42 91 - Email : info@colombages.com

| HTE SAIS. HIV. | HTE SAIS. ETE | MOY. SAIS. | BASSE SAIS. | WEEK-END | | | | | | |
|---|---|---|---|---|---|---|---|---|---|---|
| 420 | 420 | 380 | 280 | 170 | 9 | 10 | SP | 15 | 13 | 6 |

### N° 0301 LEPUIX-GY — Ballon d'Alsace     1100 m
NN  11 pers.

Belfort 30 km. Alsace 10 km. Maison indépendante récente sur 2 étages avec 50 ha de terrain attenant. Au r.d.c. : WC. Au 1er étage : cuisine équipée, vaste salon/salle à manger avec cheminée (bois fourni), terrasse, 1 ch. (2 lits 1 pers.) Au 2e étage : 4 ch. (lits 2 pers.), 1 ch. (1 lit 1 pers.), 1 salle de bains avec WC, 1 salle d'eau, WC. Gîte situé au coeur du Ballon d'Alsace à 1100 m, proximité des pistes du ski alpin et du ski de fond, du chemin de grandes randonnées GR5. Vue panoramique. Grande terrasse au sud. Tarifs 4 jours : 495 €. Tarifs 3 jours : 395 €. Ouvert toute l'année.

SMIBA - 2 bis rue Clémenceau - B.P. 221 - 90004 BELFORT Cedex
Tél. : 03 84 28 12 01 - SR : 03 84 21 27 95 - Fax : 03 84 21 21 95 - Email : smiba@essor-info.fr

| HTE SAIS. HIV. | HTE SAIS. ETE | MOY. SAIS. | BASSE SAIS. | WEEK-END | | | | | | | |
|---|---|---|---|---|---|---|---|---|---|---|---|
| 990 | 890 | 750 | 650 | 295 | SP | SP | SP | 12 | SP | SP | 16 | 12 |

# ILE DE FRANCE

## Pour réserver, écrire ou téléphoner :

### 77 - SEINE-ET-MARNE
GITES DE FRANCE - Service Réservation
11, rue Royale - 77300 FONTAINEBLEAU
Tél. 01 60 39 60 53 ou 01 60 39 60 54 - Fax. 01 60 39 60 40
E.mail : tocqueville@tourisme77.net
www.gites-seine-et-marne.com

### 78 - YVELINES
GITES DE FRANCE - Service Réservation
Hôtel du Département - 2, place André Mignot
78012 VERSAILLES Cédex
Tél. 01 30 21 36 73 - Fax. 01 39 07 88 56
E.mail : gitesdefrance@cg78.fr
www.gites-de-france-yvelines.com

### 91 - ESSONNE
GITES DE FRANCE - Service Réservation
19, rue des Mazières - 91000 EVRY
Tél. 01 64 97 23 81 - Fax. 01 64 97 23 70
E.mail : info@gites-de-france-essonne.com
www.gites-de-france-essonne.com

### 95 - VAL-D'OISE
GITES DE FRANCE - Service Réservation
Château de la Motte - rue François de Ganay - 95270 LUZARCHES
Tél. 01 30 29 51 00 - Fax. 01 30 29 30 86
E.mail : gites@val-doise-tourisme.com

# SEINE ET MARNE - 77

**GITES DE FRANCE - Service Réservation**
11, rue Royale - 77300 FONTAINEBLEAU
Tél. 01 60 39 60 53 - Fax. 01 60 39 60 40
E.mail : tocqueville@tourisme77.net - www.gites-seine-et-marne.com

---

### N° 24 AUBEPIERRE — CM 4077
NN — 6 pers.

Dans un joli village, à 30 km de Disneyland Paris et 3 km de Mormant, gîte mitoyen à un autre logement avec jardin non clos privatif, terrasse, meubles de jardin, barbecue et parking. Au RDC : séjour/salon avec canapé, poutres et pierres apparentes, coin cuisine, 1 chbre avec 1 lit double, WC. Au 1er : 1 chbre avec 1 lit double, 1 chbre avec 2 lits simples (lavabo dans les 2), salle d'eau, WC. Possibilité de lit bébé, chauffage électrique (en supplément). Gîte très agréable et de bon confort, décoration soignée. Ferme des propriétaires à côté.

GITES DE FRANCE-SERVICE RESERVATION - 11 rue Royale - 77300 FONTAINEBLEAU
Tél. : 01 60 39 60 53 - Fax : 01 60 39 60 40 - Email : tocqueville@tourisme77.net - www.gites-seine-et-marne.com

| BASSE SAIS. | MOY. SAIS. | HTE SAIS. | W-E BAS. SAIS. | W-E MOY. SAIS. |
|---|---|---|---|---|
| 212 | 282 | 399 | 148 | 197 |

15 | 10 | 6 | 30 | 3 | 3 | 5 | 3 | 3

---

### N° 99 BABY — CM 4077 pli G5
NN — 6 pers.

Village agréable à 25 km de la cité médiévale de Provins et 8 km de Bray sur Seine. Gîte indépendant dans la cour de la ferme des propriétaires. Terrain non clos avec meubles de jardin et barbecue. Au RDC : cuisine, séjour, salon avec canapé, 1 chbre avec 1 lit double, salle d'eau, WC. Au 1er : 1 chbre avec 1 lit double, 1 chbre avec 3 lits simples. WC. Possibilité de lit bébé et chaise haute, chauffage au fuel au compteur, en supplément.

GITES DE FRANCE-SERVICE RESERVATION - 11 rue Royale - 77300 FONTAINEBLEAU
Tél. : 01 60 39 60 53 - Fax : 01 60 39 60 40 - Email : tocqueville@tourisme77.net - www.gites-seine-et-marne.com

| BASSE SAIS. | MOY. SAIS. | HTE SAIS. | W-E BAS. SAIS. | W-E MOY. SAIS. |
|---|---|---|---|---|
| 212 | 282 | 399 | 148 | 197 |

3 | 10 | 8 | 20 | 8 | 6 | 30 | 8 | 25 | 8

---

### N° 79 BURCY — CM 4077
NN — 6 pers.

A 75 km de Paris, 15 km de Nemours et 8 km de la Base de loisirs de Buthiers, gîte mitoyen maison indépendante dans un village calme. Belle église avec vitraux créés par Folon. Jardin clos de murs, terrasse, meubles de jardin et barbecue. Au rdc : entrée, séjour/salon, coin-cuisine, WC. A l'étage : 1 chambre avec 1 lit de 2 pers. et 1 chambre avec 2 lits 1 pers. Salle de bains/WC. En mezzanine : 2 lits de 1 pers. Chauffage central en supplt. Vente de bois. Forfait ménage. Lit de bébé, chaise haute. Prêt de vélos avec caution.

GITES DE FRANCE-SERVICE RESERVATION - 11 rue Royale - 77300 FONTAINEBLEAU
Tél. : 01 60 39 60 53 - Fax : 01 60 39 60 40 - Email : tocqueville@tourisme77.net - www.gites-seine-et-marne.com

| BASSE SAIS. | MOY. SAIS. | HTE SAIS. | W-E BAS. SAIS. | W-E MOY. SAIS. |
|---|---|---|---|---|
| 212 | 282 | 399 | 141 | 188 |

10 | 10 | 15 | 8 | 6 | 4 | 12 | 6 | 15 | 6

---

### N° 48 BUSSIERES — Fontaine d'Ain — CM 4077
NN — 6 pers.

A 80 kms de Paris, 20 kms de Chateau Thierry, ferme isolée au calme dans un hameau à 2 kms de la Route du Champagne. Belle région. Le gîte est aménagé dans un batiment de la ferme avec entrée indépendante et grand terrain non clos à disposition des hôtes. Au rdc : Vaste séjour/salon. Cuisine équipée. WC. Etage : 3 ch. (1 lit 2 pers.), salle d'eau/WC. Lavabo et douche dans une chambre. Lit de Bébé et chaise haute à disposition. Chauffage électrique en supplt. Forfait ménage. Meubles de jardin et barbecue. Ouvert toute l'année.

GITES DE FRANCE-SERVICE RESERVATION - 11 rue Royale - 77300 FONTAINEBLEAU
Tél. : 01 60 39 60 53 - Fax : 01 60 39 60 40 - Email : tocqueville@tourisme77.net - www.gites-seine-et-marne.com

| BASSE SAIS. | MOY. SAIS. | HTE SAIS. | W-E BAS. SAIS. | W-E MOY. SAIS. |
|---|---|---|---|---|
| 212 | 282 | 399 | 148 | 197 |

1 | 5 | 9 | 15 | 9 | 5 | 20 | 9 | 3 | 3

---

### N° 25 CERNEUX — Le Chanoy — CM 4077
NN — 7 pers.

Hameau Le Chanoy, à 40 km de Disneyland Paris et 9 km de la cité médiévale de Provins. Très belle maison indépendante avec terrasse, jardin clos fleuri et arboré, meubles de jardin et barbecue. Au RDC : grande cuisine avec micro-ondes, vaste séjour/salon, canapé, salle d'eau avec wc. Au 1er : 2 ch. (1 lit double), salle d'eau avec WC. Au 2ème, en mezzanine (accès échelle meunier) : vaste chbre avec 3 lit simples, lavabo et WC. Chauffage au gaz en supplément. Gîte joliment meublé et décoré.

GITES DE FRANCE-SERVICE RESERVATION - 11 rue Royale - 77300 FONTAINEBLEAU
Tél. : 01 60 39 60 53 - Fax : 01 60 39 60 40 - Email : tocqueville@tourisme77.net - www.gites-seine-et-marne.com

| BASSE SAIS. | MOY. SAIS. | HTE SAIS. | W-E BAS. SAIS. | W-E MOY. SAIS. |
|---|---|---|---|---|
| 257 | 319 | 453 | 180 | 223 |

1 | 6 | 9 | 12 | 9 | 6 | 25 | 9 | 9 | 9

# SEINE ET MARNE - 77

## N° 73 CHAMPEAUX

**NN 2 pers.**

A 50 km de Paris et 35 km de Disneyland Paris, charmant village à proximité des châteaux de Vaux le Vicomte et Blandy les Tours. Dans le cadre champêtre de la ferme de la Communauté, gîte indépendant agréablement aménagé avec jardin clos et fleuri, parking, meubles de jardin, barbecue sur demande. Au RDC : séjour/salon avec canapé. Cuisine, lingerie, WC. Au 1er : 1 chbre avec 1 lit double et lit bébé, SDB avec WC. Chauffage central au gaz (à la consommation).

GITES DE FRANCE-SERVICE RESERVATION - 11 rue Royale - 77300 FONTAINEBLEAU
Tél. : 01 60 39 60 53 - Fax : 01 60 39 60 40 - Email : tocqueville@tourisme77.fr - www.gites-seine-et-marne.com

| BASSE SAIS. | MOY. SAIS. | HTE SAIS. | | | | | | | | | | |
|---|---|---|---|---|---|---|---|---|---|---|---|---|
| 150 | 200 | 300 | 14 | 15 | 12 | 25 | SP | 12 | 10 | SP | 12 | SP |

## N° 78 LA CHAPELLE-LA-REINE

**NN 4 pers.**   CM 4077 pli B6

A 12 km de Fontainebleau, de Nemours et de Milly la Forêt, village en bordure de la forêt de Fontainebleau à proximité des sites d'escalade (Dame Jouanne et 3 Pignons). Gîte mitoyen à la maison des propriétaires et à 3 chbres d'hôtes, terrain clos commun, terrasse et petit jardin privatif avec meubles de jardin et barbecue. Salon/salle à manger. Canapé, coin-cuisine, 1 chbre avec 1 lit double, 1 chbre avec 2 lits simples, salle d'eau avec WC. Chauffage électrique en suppl., lit bébé. Nombreux sites aux alentours et GR13 à 2 km

GITES DE FRANCE-SERVICE RESERVATION - 11 rue Royale - 77300 FONTAINEBLEAU
Tél. : 01 60 39 60 53 - Fax : 01 60 39 60 40 - Email : tocqueville@tourisme77.fr - www.gites-seine-et-marne.com

| BASSE SAIS. | MOY. SAIS. | HTE SAIS. | | | | | | | | | | |
|---|---|---|---|---|---|---|---|---|---|---|---|---|
| 167 | 236 | 343 | 1 | 0,5 | 12 | 12 | 0,5 | 7 | 10 | 0,3 | 12 | 0,3 |

## N° 77 CHENOU    Trémainville    CM 4077 pli B7

**EC NN 8 pers.**

A 18 km de Nemours et 6 km de Château-Landon, Trémainville est un hameau de la commune de Chenou, au coeur du Gâtinais. A proximité de la ferme des propriétaires, gîte indépendant avec jardin clos arboré, meubles de jardin et barbecue. Au RDC: entrée, cuisine, salle à manger/salon avec poêle Godin, Hifi, convertible 2 pers. 1 chbre avec 1 lit double, salle d'eau et SDB, 2 WC. Au 1er : 1 chbre avec 1 lit double, 1 chbre avec 2 lits simples. Chauffage électrique en supplément, lit bébé. Calme et détente assurés, chemin pédestre au fond du jardin.

GITES DE FRANCE-SERVICE RESERVATION - 11 rue Royale - 77300 FONTAINEBLEAU
Tél. : 01 60 39 60 53 - Fax : 01 60 39 60 40 - Email : tocqueville@tourisme77.fr - www.gites-seine-et-marne.com

| BASSE SAIS. | MOY. SAIS. | HTE SAIS. | W.-E. BAS. SAIS. | W.-E. MOY. SAIS. | | | | | | | | |
|---|---|---|---|---|---|---|---|---|---|---|---|---|
| 212 | 282 | 399 | 148 | 197 | 1 | 10 | 10 | 10 | 6 | 6 | 20 | 6 | 10 | 6 |

## N° 81 CRECY-LA-CHAPELLE    Montbardin    CM 4077 pli D2

**NN 4 pers.**

A 40 km de Paris et 10 km de Disneyland Paris, hameau de Montbarbin à 2 km de Crécy la Chapelle. Dépendance attenante à la maison des propriétaires sur vaste terrain non clos, arboré et fleuri. Accès indépendant, terrasse privée avec meubles de jardin. Petit séjour avec coin cuisine et convert., 1 chbre séparée en 2 : Coin-salon avec 1 lit double, 1 coin avec convertible, salle d'eau avec WC. Draps fournis avec lits faits, équipement bébé complet, chauffage au fuel en suppl.. Ping-pong et piscine sur place. Animaux sous réserve.
Jean-Marc et Sylvie GALINDO - 62 rue Sinoël - 77580 CRECY-LA-CHAPELLE
Tél. : 01 64 63 61 99 - 06 72 81 23 14 - Fax : 01 64 63 61 99 - Email : jm.galindo@freesurf.fr

| BASSE SAIS. | MOY. SAIS. | HTE SAIS. | W.-E. BAS. SAIS. | W.-E. MOY. SAIS. | | | | | | | | |
|---|---|---|---|---|---|---|---|---|---|---|---|---|
| 142 | 201 | 292 | 99 | 141 | 3 | 4 | 15 | 15 | 2 | 2 | 1 | 2 | 2 | 2 |

## N° 41 EVRY-GREGY    CM 4077 pli B4

**NN 6 pers.**

A 15 km de Melun, ancien prieuré bénédictin du XIIe siècle. Magnifique propriété dans un parc de 5h avec rivière et chevaux, propriétaires sur place. Gîte aménagé dans la chapelle du XIe siècle séparé du prieuré par un cloître et un jardin à l'italienne. Jardin privatif non clos face au verger avec meubles de jardin et barbecue. R.d.c. : vaste séjour/salon, cuisine avec lave-vaisselle aménagée dans la crypte romane, SDB avec WC. Au 1er : 1 grande chbre avec 1 lit double, 1 chbre / salon avec 2 lits simples et en mezzanine 1 lit double, salle d'eau avec WC. Chauffage au gaz en suppl.

GITES DE FRANCE-SERVICE RESERVATION - 11 rue Royale - 77300 FONTAINEBLEAU
Tél. : 01 60 39 60 53 - Fax : 01 60 39 60 40 - Email : tocqueville@tourisme77.fr - www.gites-seine-et-marne.com

| BASSE SAIS. | MOY. SAIS. | HTE SAIS. | W.-E. BAS. SAIS. | W.-E. MOY. SAIS. | | | | | | | | |
|---|---|---|---|---|---|---|---|---|---|---|---|---|
| 514 | 616 | 735 | 359 | 431 | 8 | SP | 3 | 20 | 2 | 0,5 | 8 | 3 | 12 | 3 |

## N° 97 EVRY-GREGY    CM 4077 pli B4

**NN 8 pers.**

A 15 km de Melun, ancien prieuré bénédictin du 12ème siècle. Magnifique propriété dans un parc de 5h avec rivière et chevaux, propriétaires sur place. Vaste cour commune, parking. Gîte mitoyen, jardin privatif non clos avec meubles de jardin et barbecue. Au RDC: cuisine avec micro-ondes, salon, canapé, salle à manger. Buanderie avec sèche-linge, WC. Au 1er : 2 chbres avec chacune 1 lit double (dont 1 de 180), dressing, SDB avec WC, douche et baignoire (dont 1 SDB avec jacuzzi et douche balnéo), 1 chbre avec 2X2 lits superposés. Chauffage gaz en suppl.

GITES DE FRANCE-SERVICE RESERVATION - 11 rue Royale - 77300 FONTAINEBLEAU
Tél. : 01 60 39 60 53 - Fax : 01 60 39 60 40 - Email : tocqueville@tourisme77.fr - www.gites-seine-et-marne.com

| BASSE SAIS. | MOY. SAIS. | HTE SAIS. | W.-E. BAS. SAIS. | W.-E. MOY. SAIS. | | | | | | | | |
|---|---|---|---|---|---|---|---|---|---|---|---|---|
| 592 | 720 | 875 | 414 | 504 | 8 | SP | 3 | 20 | 2 | 0,5 | 8 | 3 | 12 | 3 |

# SEINE ET MARNE - 77

## N° 98 — LA GENEVRAYE — Cugny — CM 4077 pli C6

**NN — 2 pers.**

Hameau de Cugny, à 80 km de Disneyland Paris et 9 km de Moret sur Loing. Belle région touristique traversée par le Loing. Gîte indépendant près de la maison du propriétaire, vaste jardin privatif non clos avec terrasse, meubles de jardin et barbecue. Au RDC : séjour/salon avec canapé, coin-cuisine avec micro-ondes. Salle d'eau avec WC. Au 1er : 1 chbre avec 1 lit double, salle d'eau avec WC. Possibilité de lit bébé et chaise haute, chauffage électrique en supplément. Haras de Cugny à 100 m.

GITES DE FRANCE-SERVICE RESERVATION - 11 rue Royale - 77300 FONTAINEBLEAU
Tél. : 01 60 39 60 53 - Fax : 01 60 39 60 40 - Email : tocqueville@tourisme77.net - www.gites-seine-et-marne.com

| BASSE SAIS. | MOY. SAIS. | HTE SAIS. | W-E. BAS. SAIS. | W-E. MOY. SAIS. |
|---|---|---|---|---|
| 167 | 236 | 343 | 117 | 165 |

| | | | | | | | | | |
|---|---|---|---|---|---|---|---|---|---|
| 0,3 | 0,1 | 9 | 20 | 1 | 0,2 | 20 | 2 | 9 | 4 |

## N° 9 — JAULNES — CM 4077

**NN — 7 pers.**

A 18 km de Provins et 3 km de Bray sur Seine, charmant village de la Bassée Montois. Sur la place de l'église, gîte mitoyen à un autre avec cour commune, meubles de jardin et barbecue. Au RDC : vaste séjour avec coin cuisine, canapé, 1 chbre avec 1 lit double, salle d'eau avec cabine de douche et WC. 1er étage : 1 ch. (1 lit double, 1 lit simple), 1 chbre avec 2 lits simples, SDB. Lit bébé et chaise haute, chauffage électrique (en supplément). Animaux : à voir avec les propriétaires.

GITES DE FRANCE-SERVICE RESERVATION - 11 rue Royale - 77300 FONTAINEBLEAU
Tél. : 01 60 39 60 53 - Fax : 01 60 39 60 40 - Email : tocqueville@tourisme77.net - www.gites-seine-et-marne.com

| BASSE SAIS. | MOY. SAIS. | HTE SAIS. | W-E. BAS. SAIS. | W-E. MOY. SAIS. |
|---|---|---|---|---|
| 240 | 296 | 407 | 168 | 207 |

| | | | | | | | | | |
|---|---|---|---|---|---|---|---|---|---|
| 0,5 | 10 | 3 | 30 | 3 | 0,1 | 25 | 3 | 11 | 3 |

## N° 74 — LARCHANT — CM 4077 pli B6

**NN — 5 pers.**

A 15 km de Fontainebleau et 7 km de Nemours, très beau village avec une magnifique basilique, en bordure de la forêt de Fontainebleau, nombreux sites touristiques à proximité. Maison de village mitoyenne avec cour arborée et fleurie, véranda avec meubles de jardin, barbecue. Au RDC : entrée, salle à manger/salon avec canapé, coin cuisine avec micro-ondes. Salle d'eau avec WC, buanderie. Au 1er : 2 chbres avec 1 lit double, 1 chbre avec 1 lit de 120. Lit bébé, chaise haute, chauffage électrique en supplément.

GITES DE FRANCE-SERVICE RESERVATION - 11 rue Royale - 77300 FONTAINEBLEAU
Tél. : 01 60 39 60 53 - Fax : 01 60 39 60 40 - Email : tocqueville@tourisme77.net - www.gites-seine-et-marne.com

| BASSE SAIS. | MOY. SAIS. | HTE SAIS. | W-E. BAS. SAIS. | W-E. MOY. SAIS. |
|---|---|---|---|---|
| 212 | 282 | 399 | 148 | 197 |

| | | | | | | | | | |
|---|---|---|---|---|---|---|---|---|---|
| 0,2 | 2 | 7 | 18 | 1 | 7 | 18 | 0,2 | 7 | 7 |

## N° 96 — LORREZ-LE-BOCAGE — Préaux — CM 4077 pli D6

**NN — 12 pers.**

A 80 km de Paris et 15 km de Nemours. A Préaux, petit village, gîte situé à l'étage d'un bâtiment de la ferme des propriétaires, accès indépendant, vaste terrain non clos avec meubles de jardin et barbecue. Entrée, vaste séjour/salon avec canapé, cuisine américaine bien équipée, 2 chbres avec 1 lit double. 4 chbres avec 2 lits simples dont 2 avec lits superposés, salle d'eau avec 2 douches, SDB, 2 WC. Lit bébé et chaise haute, chauffage fuel en supplément. Décoration soignée, poutres et pierres apparentes, endroit calme.

GITES DE FRANCE-SERVICE RESERVATION - 11 rue Royale - 77300 FONTAINEBLEAU
Tél. : 01 60 39 60 53 - Fax : 01 60 39 60 40 - Email : tocqueville@tourisme77.net - www.gites-seine-et-marne.com

| BASSE SAIS. | MOY. SAIS. | HTE SAIS. | W-E. BAS. SAIS. | W-E. MOY. SAIS. |
|---|---|---|---|---|
| 360 | 430 | 610 | 252 | 301 |

| | | | | | | | | | |
|---|---|---|---|---|---|---|---|---|---|
| 2 | 3 | 6 | 15 | 6 | 1 | 10 | 2 | 15 | 2 |

## N° 91 — MONDREVILLE — CM 4077 pli B7

**NN — 3 pers.**

A 80 km de Paris, 17 km de Nemours et 4 km de Château Landon. Dans le village, maison indépendante aménagée dans une ancienne ferme, avec vaste cour fermée, meubles de jardin et barbecue. Au RDC : séjour/salon avec convertible, petite cuisine, salle d'eau avec WC. Au 1er : 1 chbre avec 1 lit double et 1 clic-clac, WC. Lave-linge dans un bâtiment annexe, chauffage électrique en supplément. Base de loisirs de Souppes sur Loing à 10 km.

GITES DE FRANCE-SERVICE RESERVATION - 11 rue Royale - 77300 FONTAINEBLEAU
Tél. : 01 60 39 60 53 - Fax : 01 60 39 60 40 - Email : tocqueville@tourisme77.net - www.gites-seine-et-marne.com

| BASSE SAIS. | MOY. SAIS. | HTE SAIS. | W-E. BAS. SAIS. | W-E. MOY. SAIS. |
|---|---|---|---|---|
| 167 | 236 | 343 | 117 | 165 |

| | | | | | | | | | |
|---|---|---|---|---|---|---|---|---|---|
| 20 | 5 | 10 | 10 | 4 | 10 | 10 | 4 | 10 | 4 |

## N° 76 — REBAIS — CM 4077 pli F3

**NN — 5 pers.**

A 70 km de Paris, 35 km de Disneyland Paris et 12 km de Coulommiers, charmant village avec toutes commodités sur place. Maison indépendante sur un terrain clos commun avec les propriétaires. Coin terrasse, meubles de jardin et barbecue sur demande. Au RDC : séjour/salon avec canapé, coin-cuisine, salle d'eau, wc. Au 1er : 1 chbre avec 1 lit double, 1 chbre avec 3 lits simples. Possibilité de lit bébé et chaise haute, chauffage électrique (en supplément). Ouvert toute l'année.

GITES DE FRANCE-SERVICE RESERVATION - 11 rue Royale - 77300 FONTAINEBLEAU
Tél. : 01 60 39 60 53 - Fax : 01 60 39 60 40 - Email : tocqueville@tourisme77.net - www.gites-seine-et-marne.com

| BASSE SAIS. | MOY. SAIS. | HTE SAIS. | W-E. BAS. SAIS. | W-E. MOY. SAIS. |
|---|---|---|---|---|
| 200 | 260 | 370 | 140 | 182 |

| | | | | | | | | | |
|---|---|---|---|---|---|---|---|---|---|
| 15 | 5 | 17 | 7 | 0,5 | 8 | 20 | 0,1 | 17 | 0,1 |

# SEINE ET MARNE - 77

## N° 88 — ST-AUGUSTIN
**NN — 6 pers.** — CM 4077 pli E3

A 55 km de Paris, 25 km de Disneyland Paris et 7 km de Coulommiers. Dans un charmant village briard, maison indépendante avec cour fleurie, garage, beau jardin clos, meubles de jardin et barbecue. Au RDC : cuisine, salle à manger, salon, canapé, location TV, magnétoscope, bureau, WC. Au 1er : 3 chbres avec 1 lit double. 1 chbre avec 1 lit de 80, SDB, WC. Lit bébé et chaise haute, vente de bois, chauffage électrique en supplément, convecteurs. Gîte très agréable, décoration soignée. Ouvert toute l'année.

GITES DE FRANCE-SERVICE RESERVATION - 11 rue Royale - 77300 FONTAINEBLEAU
Tél. : 01 60 39 60 53 - Fax : 01 60 39 60 40 - Email : tocqueville@tourisme77.fr - www.gites-seine-et-marne.com

| BASSE SAIS. | MOY. SAIS. | HTE SAIS. | W.-E. BAS. SAIS. | W.-E. MOY. SAIS. |
|---|---|---|---|---|
| 212 | 282 | 399 | 148 | 197 |

| | | | | | | | | | |
|---|---|---|---|---|---|---|---|---|---|
| 4 | 4 | 7 | 15 | 0,5 | 2 | 11 | 7 | 5 | 0,2 |

## N° 71 — ST-MARTIN-DES-CHAMPS — La Frévillard
**NN — 10 pers.** — CM 4077 pli F3

A 75 km de Paris et 40 km de Disneyland Paris. Gîte situé à la Frévillard petit hameau à 5 km de St Martin des Champs et 3 km de la Ferté Gaucher. Maison indépendante mitoyenne à celle des propriétaires. Entrée indépendante, vaste terrain clos avec meubles de jardin et barbecue. Au RDC : entrée, vaste séjour/salon, coin-cuisine. 1 chbre avec 1 lit double, salle d'eau, WC. Au 1er : 2 chbres avec 1 lit double dont une avec salle d'eau et WC, 2 chbres avec 2 lits simples. Chauffage électrique (en suppl, convecteurs), lit bébé et chaise haute. Lieu très calme, vue sur campagne.

GITES DE FRANCE-SERVICE RESERVATION - 11 rue Royale - 77300 FONTAINEBLEAU
Tél. : 01 60 39 60 53 - Fax : 01 60 39 60 40 - Email : tocqueville@tourisme77.fr - www.gites-seine-et-marne.com

| BASSE SAIS. | MOY. SAIS. | HTE SAIS. | W.-E. BAS. SAIS. | W.-E. MOY. SAIS. |
|---|---|---|---|---|
| 270 | 340 | 470 | 189 | 238 |

| | | | | | | | | |
|---|---|---|---|---|---|---|---|---|
| 10 | 6 | 3 | 10 | 3 | 3 | 20 | 3 | 3 | 3 |

## N° 14 — VAUDOY-EN-BRIE — Ferme des Prés
**NN — 8 pers.** — CM 4077 pli E3

A 35 km de Disneyland Paris et 20 km de Coulommiers. Grande ferme briarde entièrement restaurée, abritant 7 gîtes avec vaste cour commune. Grande terrasse avec meubles de jardin et barbecue. Au RDC : entrée, séjour/salon avec canapé, cuisine. Au 1er : 2 chbres avec 1 lit double, 2 chbres avec 2 lits simples. SDB, WC. (1 douche dans l'1 des chbres). Possibilité de lit bébé, chauffage électrique (en supplément). Décoration et mobilier soignés et de très grande qualité. Week-end selon demande. Piscine couverte sur place.
Marie-Jeanne CHARPENTIER - Ferme du Fahy - 77120 CHAILLY-EN-BRIE
Tél. : 01 64 03 09 70 - Fax : 01 64 03 27 65

| BASSE SAIS. | MOY. SAIS. | HTE SAIS. |
|---|---|---|
| 318 | 379 | 509 |

| | | | | | | | | |
|---|---|---|---|---|---|---|---|---|
| 5 | 5 | 20 | 20 | 2 | 5 | 15 | 15 | 5 |

## N° 15 — VAUDOY-EN-BRIE — Ferme des Prés
**NN — 8 pers.** — CM 4077 pli E3

A 35 km de Disneyland Paris et 20 km de Coulommiers. Grande ferme briarde entièrement restaurée, abritant 7 gîtes avec vaste cour commune. Grande terrasse avec meubles de jardin et barbecue. Au RDC : entrée, séjour/salon avec canapé, cuisine. Au 1er : 2 chbres avec 1 lit double, 2 chbres avec 2 lits simples. SDB, WC. (1 douche dans l'1 des chbres). Possibilité de lit bébé, chauffage électrique (en supplément). Décoration et mobilier soignés et de très grande qualité. Week-end selon demande. Piscine couverte sur place.
Marie-Jeanne CHARPENTIER - Ferme du Fahy - 77120 CHAILLY-EN-BRIE
Tél. : 01 64 03 09 70 - Fax : 01 64 03 27 65

| BASSE SAIS. | MOY. SAIS. | HTE SAIS. |
|---|---|---|
| 318 | 379 | 509 |

| | | | | | | | | |
|---|---|---|---|---|---|---|---|---|
| 5 | 5 | 20 | 20 | 2 | 5 | 15 | 15 | 5 |

## N° 12 — VERNOU-LA-CELLE
**NN — 4 pers.** — CM 4077

A 17 km de Fontainebleau et à 7 km de Moret sur Loing, charmant village avec nombreuses activités et sites à découvrir, GR2. Maison de village en rez de jardin fleuri avec véranda, terrasse avec meubles de jardin et barbecue, parking devant le gîte. Séjour/salon avec banquette et 1 lit simple, poêle Godin, coin cuisine avec micro-ondes. 1 chbre avec 1 lit double et 1 lit simple, salle d'eau avec WC. Chauffage électrique (en supplément), lit bébé et chaise haute sur demande, location draps. Décoration très soignée, beaucoup de charme. Accrobranche à 2 km.

GITES DE FRANCE-SERVICE RESERVATION - 11 rue Royale - 77300 FONTAINEBLEAU
Tél. : 01 60 39 60 53 - Fax : 01 60 39 60 40 - Email : tocqueville@tourisme77.fr - www.gites-seine-et-marne.com

| BASSE SAIS. | MOY. SAIS. | HTE SAIS. | W.-E. BAS. SAIS. | W.-E. MOY. SAIS. |
|---|---|---|---|---|
| 167 | 236 | 343 | 117 | 165 |

| | | | | | | | | |
|---|---|---|---|---|---|---|---|---|
| 1 | 2 | 5 | 30 | 1 | 1,5 | 20 | 1 | 1,5 | 1 |

## N° 85 — VERNOU-LA-CELLE-SUR-SEINE — Ferme de Graville
**NN — 6 pers.** — CM 4077 pli D5

A 12 km de Fontainebleau et 7 km de Moret sur Loing, domaine forestier de 400 ha de bois et prairies d'un seul tenant et clos. Très beau gîte mitoyen à la ferme des propriétaires, accès indépendant, jardin clos privé, meubles de jardin. Au RDC : vaste séjour avec canapé, cuisine américaine, WC. Au 1er : 1 chbre avec 1 lit double. 1 chbre avec 1 lit double et 2 lits simples avec chacune salle d'eau et WC. Lit bébé et chaise haute, chauffage au gaz en suppl. Sur place, en suppl : piscine, tennis, équitation, VTT, visites commentées de la forêt... Ouvert toute l'année.

GITES DE FRANCE-SERVICE RESERVATION - 11 rue Royale - 77300 FONTAINEBLEAU
Tél. : 01 60 39 60 53 - Fax : 01 60 39 60 40 - Email : tocqueville@tourisme77.fr - www.gites-seine-et-marne.com

| BASSE SAIS. | MOY. SAIS. | HTE SAIS. | W.-E. BAS. SAIS. | W.-E. MOY. SAIS. |
|---|---|---|---|---|
| 257 | 319 | 453 | 180 | 223 |

| | | | | | | | | |
|---|---|---|---|---|---|---|---|---|
| SP | SP | SP | 15 | SP | 2 | 15 | 2 | 3 | 2 |

ILE DE FRANCE — Pictos voir p. 12

219

# YVELINES - 78

**GITES DE FRANCE** - Service Réservation - Hôtel du Département
2, place André Mignot - 78012 VERSAILLES Cédex
Tél. 01 30 21 36 73 - Fax. 01 39 07 88 56
E.mail : gitesdefrance@cg78.fr
www.gites-de-france-yvelines.com

## PERIODES TARIFAIRES
**HAUTE SAISON :** du 19.06 au 4.09 - **VACANCES SCOLAIRES :** du 7.02 au 6.03, du 3.04 au 1er.05, du 23.10 au 30.10, du 18.12 au 1er.01 - **BASSE SAISON :** du 3.01 au 7.02, du 6.03 au 3.04, du 1er.05 au 19.06, du 4.09 au 23.10, du 30.10 au 18.12 (sous réserve de modifications)

### N° 1092 — LOMMOYE

EC    4 pers.

Paris 70 km. Giverny 15 km. Maison de plain-pied, indépendante et agréable, située au coeur du village. Entrée, salon-salle à manger, canapé-lit 2 pers. (en dépannage), cuisine, 1 chambre (1 lit 2 pers.), 1 chambre (2 lits 1 pers.), salle de bains et wc indépendants. Jardin (2000 m²) privatif et clos, salon de jardin, barbecue, garage en sous-sol. Accès rapide par autoroute A13. Ouvert toute l'année.

GITES DE FRANCE-SERVICE RESERVATION - Hôtel du Département - 2 place André Mignot - 78012 VERSAILLES Cedex
Tél. : 01 30 21 36 73 - Fax : 01 39 07 88 56 - Email : gitesdefrance@cg78.fr

| JUIL./AOUT | VAC. SCOL. | BASSE SAIS. |
|---|---|---|
| 330 | 300 | 250 |

| | | | | | | | |
|---|---|---|---|---|---|---|---|
| 2 | 2 | 15 | 15 | 15 | 0,2 | 7 | 7 |

### N° 1091 — RAIZEUX-LA-BASTE — Château de la Baste

EC    4 pers.

Au coeur de la forêt de Rambouillet, agréable maison de charme indép. située dans un parc boisé de 22 ha et proche d'une rivière et d'un étang. Décoration raffinée. Environnement calme. Au r.d.c. : grand salon-salle à manger avec cuisine ouverte, cellier, wc indép., 2 banquette/lits 1 pers. (en dépannage). A l'ét. : 1 ch. (2 lits 1 pers.) s.d.b. et 1 ch. (2 lits 1 pers.) s. d'eau hydromassante. Chauffage électrique, satellite/magnéto. A dispos. : 2 vélos, tennis, box chevaux. Terrasse privative close, jardin, barbecue, salon de jardin. Draps, linge de maison/toilette, bois et ménage fournis. Ouvert toute l'année.

GITES DE FRANCE-SERVICE RESERVATION - Hôtel du Département - 2 place André Mignot - 78012 VERSAILLES Cedex
Tél. : 01 30 21 36 73 - Fax : 01 39 07 88 56 - Email : gitesdefrance@cg78.fr

| JUIL./AOUT | VAC. SCOL. | BASSE SAIS. | WEEK-END |
|---|---|---|---|
| 990 | 900 | 765 | 285 |

| | | | | | | | | |
|---|---|---|---|---|---|---|---|---|
| SP | 2 | 2 | SP | SP | 8 | 10 | 1 | 2 | 2 |

# ESSONNE - 91

**GITES DE FRANCE** - Service Réservation
19, rue des Mazières - 91000 EVRY
Tél. 01 64 97 23 81 - Fax. 01 64 97 23 70 -
E.mail : info@gites-de-france-essonne.com -
www.gites-de-france-essonne.com

## PERIODES TARIFAIRES
**HAUTE-SAISON :** du 3.07 au 28.08, du 18.12 au 1.01.05 - **MOYENNE-SAISON :** du 7.02 au 6.03, du 3.04 au 3.07, du 28.08 au 2.10, du 23.10 au 30.10 - **BASSE-SAISON :** du 3.01 au 7.02, du 6.03 au 3.04, du 2.10 au 23.10, du 30.10 au 18.12

### N° ESG54    BRIIS-SOUS-FORGES          Ferme d'Invilliers

**NN    4 pers.**

Arpajon 11 km. Paris 30 km. Château de Versailles 30 Km. Maison située dans un ancien corps de ferme isolée, mitoyen du gîte ESG55 et près de l'habitation des propriétaires. Grange entièrement rénovée. Gîte de plain-pied comprenant un séjour ouvert sur cuisine (+ four micro-ondes), 2 ch. (1 lit 2 pers., 2 lits 1 pers.), une salle d'eau et 1 WC. Chauffage électrique, terrasse et jardinet privatifs, barbecue, salon de jardin. Parking. A proximité : Chateaux, Vallée de Cheuvreuse, Forêts, sentiers GR11 et GR111, gares RER C et B. Ouvert toute l'année.
GITES DE FRANCE-SERVICE RESERVATION - 19 rue des Mazières - 91000 EVRY
Tél. : 01 64 97 23 81 - 01 64 97 01 81 - Fax : 01 64 97 23 70 - Email : info@gites-de-france-essonne.com - www.gites-de-france-essonne.com

| HTE SAIS. | MOY. SAIS. | BASSE SAIS. |
|---|---|---|
| 380 | 330 | 270 |

| | | | | | | | | |
|---|---|---|---|---|---|---|---|---|
| 1 | 5 | 12 | 1,5 | SP | 2 | 1,5 | 6 | 1,5 |

### N° ESG55    BRIIS-SOUS-FORGES          Ferme d'Invilliers

**NN    6 pers.**

Paris 30 km. Disneyland Paris 75 km. Château de Versailles 30 km. Ce gîte est situé dans un ancien corps de ferme isolée, mitoyen du gîte ESG54, près de l'habitation des propriétaires. Grange entièrement rénovée. Gîte comprenant : au r.d.c. : séjour ouvert sur cuisine (micro-ondes), une buanderie (douche), 1 wc. A l'étage : 1 ch. avec 1 lit double, 2 ch. (2 lits 1 pers. chacune), salle d'eau et 1 wc. Chauffage électrique. Terrasse et jardinet privatifs, barbecue, salon de jardin et parking. A proximité : Vallée de Chevreuse, sentiers GR11 et 111. Gares RER B et C. Ouvert toute l'année.
GITES DE FRANCE-SERVICE RESERVATION - 19 rue des Mazières - 91000 EVRY
Tél. : 01 64 97 23 81 - 01 64 97 01 81 - Fax : 01 64 97 23 70 - Email : info@gites-de-france-essonne.com - www.gites-de-france-essonne.com

| HTE SAIS. | MOY. SAIS. | BASSE SAIS. |
|---|---|---|
| 450 | 350 | 300 |

| | | | | | | | | |
|---|---|---|---|---|---|---|---|---|
| 1 | 5 | 12 | 1,5 | SP | 2 | 1,5 | 6 | 1,5 |

### N° ESG58    LE COUDRAY-MONTCEAUX

**NN    4 pers.**

Paris 35 km. Fontainebleau 20 km. Dans une propriété fermée de 5000 m2, ce gîte est une maison individuelle indépendante. Court de tennis dans la propriété. Tarif toutes charges comprises. Au r.d.c. : vaste séjour/salon avec de grandes baies vitrées donnant sur le jardin, cuisine équipée (four, micro-ondes), et un wc. A l'étage : 2 ch. (2 lits 1 pers. accolés), 1 wc et 1 salle de bains (sèche-linge). Terrasse et jardin privés (400 m2), salon de jardin, barbecue, ping-pong. Lits faits à l'arrivée. A proximité : promenades variées, pêche en Seine. Ouvert toute l'année.
GITES DE FRANCE-SERVICE RESERVATION - 19 rue des Mazières - 91000 EVRY
Tél. : 01 64 97 23 81 - 01 64 97 01 81 - Fax : 01 64 97 23 70 - Email : info@gites-de-france-essonne.com - www.gites-de-france-essonne.com

| HTE SAIS. | MOY. SAIS. | BASSE SAIS. | WEEK-END |
|---|---|---|---|
| 700 | 650 | 600 | 450 |

| | | | | | | | | |
|---|---|---|---|---|---|---|---|---|
| 2 | 5 | 2 | SP | SP | 0,5 | 20 | 0,5 | 0,5 | 1 |

### N° ESG27    PRUNAY-SUR-ESSONNE          Gîte des Trois Rivières

**EC    NN    7 pers.**

Paris 70 km. Milly-la-Forêt 30 km. Fontainebleau 30 km. Gîte indépendant aménagé dans une ancienne grange. Au r.d.c. : cuisine avec coin-repas. A l'étage : un salon avec poêle à bois, 2 ch. (2 lits double, 1 lit bébé), 2 salles d'eau, 2 WC. Sous les combles : 2 ch. (1 lit 1 pers., 2 lits 1 pers.). A disposition : chauffage central, TV satellite, équipement bébé, location draps : 6 €/lit. Salon de jardin, barbecue, cour aménagée. Sur place : GR1 ET GR111, rivière Essonne. A proximité : vol à voile, base de loisirs de Buthiers, RER D. Ouvert toute l'année.
GITES DE FRANCE-SERVICE RESERVATION - 19 rue des Mazières - 91000 EVRY
Tél. : 01 64 97 23 81 - 01 64 97 01 81 - Fax : 01 64 97 23 70 - Email : info@gites-de-france-essonne.com - www.gites-de-france-essonne.com

| HTE SAIS. | MOY. SAIS. | BASSE SAIS. | WEEK-END |
|---|---|---|---|
| 450 | 350 | 260 | 240 |

| | | | | | | | |
|---|---|---|---|---|---|---|---|
| 0,8 | 6 | 9 | 4 | 0,2 | 10 | 0,2 | 5 |

### N° ESG37    TORFOU

**NN    5 pers.**

Paris 35 km. Versailles 45 km. Dans le site classé de la Vallée de la Juine, ce gîte de caractère entièrement rénové est situé dans un charmant petit village. A proximité des propriétaires. Accès indépendant. Au r.d.c. : un séjour ouvert sur la cuisine, un wc. A l'étage : en mezzanine, 1 ch. (1 lit double), 1 ch. (3 lits 1 pers.), une salle de bains avec wc. Chauffage central au gaz. Jardin, terrasse, salon de jardin, barbecue et parking. A proximité GR1, RER C. Ouvert toute l'année.
GITES DE FRANCE-SERVICE RESERVATION - 19 rue des Mazières - 91000 EVRY
Tél. : 01 64 97 23 81 - 01 64 97 01 81 - Fax : 01 64 97 23 70 - Email : info@gites-de-france-essonne.com - www.gites-de-france-essonne.com

| HTE SAIS. | MOY. SAIS. | BASSE SAIS. |
|---|---|---|
| 350 | 240 | 210 |

| | | | | | | | |
|---|---|---|---|---|---|---|---|
| 0,5 | 8 | 10 | 5 | SP | 12 | 2 | 5 | 3 |

# VAL D'OISE - 95

**GITES DE FRANCE** - Service Réservation
Château de la Motte - rue François de Ganay - 95270 LUZARCHES
Tél. 01 30 29 51 00 - Fax. 01 34 71 06 65
E.mail : gites@val-doise-tourisme.com

## N° 9563 AUVERS-SUR-OISE

EC   NN   4 pers.

Pontoise-Cergy 6 km. Paris 35 km. Maison du XIXe, mitoyenne avec propriétaires. Jardin clos 550 m² commun avec espace individualisé. Parking dans la propriété. Accès indép. Gîtes de 57 m². R.d.c. : séjour/cuis. ouverte équipée. WC. Etage : s. d'eau. 2 ch. (1 lit 2 pers. 2 lits 1 pers.). Ambiance confortable et calme. Maison située à Auvers sur Oise, site international de l'impressionnisme : à 350 m du Château et parcours. Maison du Dr Gachet. Village de Van Gogh où il repose. Musée de l'absinthe. Musée Daubigny. Centre équestre. Balades en calèche. Chambre de Van Gogh. Ouvert toute l'année.
GITES DE FRANCE-SERVICE RESERVATION – Château de la Motte - Rue François de Ganay - 95270 LUZARCHES
Tél. : 01 30 29 51 00 - Fax : 01 34 71 06 65 - Email : gites@val-doise-tourisme.com

| HTE SAIS. | BASSE SAIS. | WEEK-END |
|---|---|---|
| 320 | 300 | 160 |

| | | | | | | | | | |
|---|---|---|---|---|---|---|---|---|---|
| 5 | 1 | 10 | 15 | 1 | 6 | 6 | SP | 10 | SP |

## N° 9561 CHAUSSY

EC   NN   8 pers.

Château de Villanceaux Chaussy 3 km. Giverny : Monet 8 Km. Maison rurale du XIXe, de 110 m² avec jardin clos de 115 m². Parking terrasse. R.d.c. : séjour/cuisine ouverte équipée. S. d'eau. WC. 1er étage : 2 ch. (2 x 1 lit 2 pers.). S. d'eau avec wc. 2e étage : 1 ch. (2 x 1 lit 1 pers.). Salon/bibliothèque-convertible 2 pers. Jeux. Chauffage électrique. Décor champêtre et confortable. Situé dans le périmètre du Parc Naturel Régional du Vexin français, entre le domaine de Villanceaux et le Château de la Roche Guyon. Gîte très calme dans un petit village à l'architecture typique du Vexin. Ouvert toute l'année.
GITES DE FRANCE-SERVICE RESERVATION – Château de la Motte - Rue François de Ganay - 95270 LUZARCHES
Tél. : 01 30 29 51 00 - Fax : 01 34 71 06 65 - Email : gites@val-doise-tourisme.com

| HTE SAIS. | BASSE SAIS. | WEEK-END |
|---|---|---|
| 370 | 335 | 185 |

| | | | | | | | | | |
|---|---|---|---|---|---|---|---|---|---|
| 3 | 3 | 20 | SP | 3 | 2 | 15 | 3 | 20 | 0,5 |

## N° 9562 MONTSOULT

EC   NN   6 pers.

Enghien 20 km. L'Isle Adam 10 km. Paris 25 km. Maison des années 30, de 60 m², située dans un quartier résidentiel calme. Grand jardin clos fleuri. Parking dans la cour. R.d.c. : garage et buanderie. 1er étage : accès jardin sur une grande terrasse. Salon (cheminée, magnétoscope). Cuisine équipée. 3 ch. (1 lit 2 pers. 2 lits 1 pers. et 2 lits 80). S. de bains et wc. Décor agréable et fonctionnel. Ambiance chaleureuse. Maison indépendante, située en plaine de France. Station thermale, champ de courses. Château national, musée de la Renaissance. Abbaye de Royaumont. Ouvert toute l'année.
GITES DE FRANCE-SERVICE RESERVATION – Château de la Motte - Rue François de Ganay - 95270 LUZARCHES
Tél. : 01 30 29 51 00 - Fax : 01 34 71 06 65 - Email : gites@val-doise-tourisme.com

| HTE SAIS. | BASSE SAIS. | WEEK-END |
|---|---|---|
| 346 | 290 | 173 |

| | | | | | | | | | |
|---|---|---|---|---|---|---|---|---|---|
| 1 | 1 | 7 | 1 | 7 | 3 | 7 | 1 | 0,5 | 0,5 |

# LANGUEDOC-ROUSSILLON

## Pour réserver, écrire ou téléphoner :

### 11 - AUDE
GITES DE FRANCE - Service Réservation
78 ter, rue Barbacane - 11000 CARCASSONNE
Tél. 04 68 11 40 70 - Fax. 04 68 11 40 72
E.mail : GITESDEFRANCE.AUDE@wanadoo.fr
www.gites-de-france-aude.com

### 30 - GARD
GITES DE FRANCE - Service Réservation
Maison du Tourisme - 3, place des Arènes - B.P. 39
30007 NÎMES CEDEX 4
Tél. 04 66 27 94 94 - Fax. 04 66 27 94 95
E.mail : contacts@gites-de-france-gard.asso.fr
www.gites-de-france-gard.asso.fr

### 34 - HERAULT
GITES DE FRANCE - Service Réservation
Maison du Tourisme - Avenue des Moulins
34184 MONTPELLIER Cédex 4
Tél. 04 67 67 71 62 ou 04 67 67 71 83
Fax. 04 67 67 71 69
E.mail : contact@gites-de-france-herault.asso.fr
www.gites-de-france-herault.asso.fr

### 48 - LOZERE
GITES DE FRANCE - Service Réservation
14, bd. Henri Bourrillon
48001 MENDE Cédex
Tél. 04 66 48 48 48 - Fax. 04 66 65 03 55
E.mail : sla.lozere@france48.com
www.france48.com

### 66 - PYRENEES-ORIENTALES
GITES DE FRANCE
30, rue Pierre Bretonneau
66017 PERPIGNAN Cédex
Tél. 04 68 68 42 88 - Fax. 04 68 68 42 87
E.mail : contact@gites-de-france-66.com
www.gites-de-france-66.com

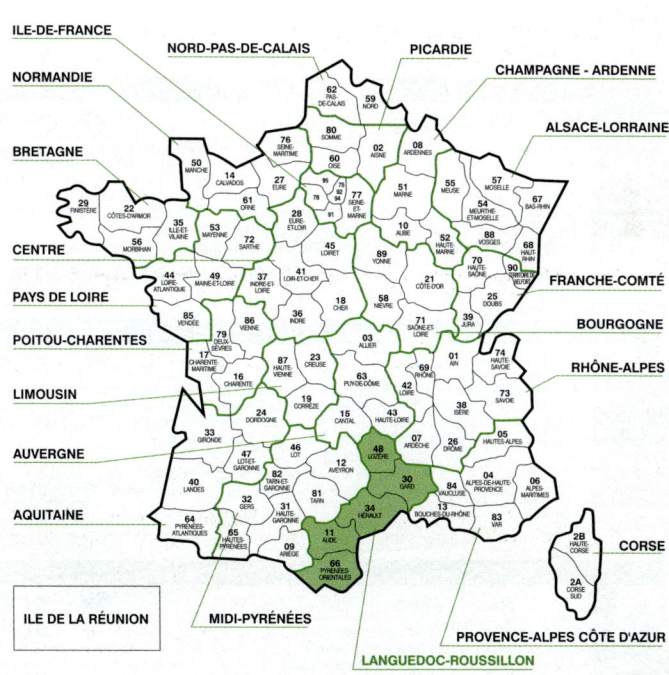

# AUDE - 11

**GITES DE FRANCE** - Service Réservation
78 ter, rue Barbacane - 11000 CARCASSONNE
Tél. 04 68 11 40 70 - Fax. 04 68 11 40 72
E.mail : GITESDEFRANCE.AUDE@wanadoo.fr
www.gites-de-france-aude.com

## N° 1338 ALBIERES — La Bergerie du Vialaret — CM 86 pli 8

NN 4 pers.

Petit gîte de caractère situé dans un cadre de pleine nature sur une ferme d'élevage en agriculture bio au coeur du pays cathare, comportant un autre petit gîte. Dans une ambiance campagnarde, de vieilles pierres et de terres cuites, vous profiterez d'une grande terrasse ouverte donnant sur les paysages des Corbières. De plain-pied avec cuisine, 1 chambre (1 lit de 2 pers.), salle de bains/wc, séjour avec cheminée, bois fournis (2 lits superposés). Lave-linge à disposition chez le propriétaire. Draps et ménage inclus.

GITES DE FRANCE-SERVICE RESERVATION – 78 ter, rue Barbacane – 11000 CARCASSONNE
Tél.: 04 68 11 40 70 - Fax. 04 68 11 40 72 - Email : GITESDEFRANCE.AUDE@wanadoo.fr - www.gites-de-france-aude.com

| HORS SAIS. | VAC. SCOL. | JUIN | JUILLET | AOUT | SEPT. |
|---|---|---|---|---|---|
| 320 | 320 | 340 | 440 | 440 | 340 |

| | | | | | | | | | | |
|---|---|---|---|---|---|---|---|---|---|---|
| 65 | 7 | 7 | SP | 20 | 1 | 45 | 15 | 45 | 10 |

## N° 1316 BAGES — CM 86 pli 10

NN 6 pers.

Sur un domaine viticole en activité, à 5 km de Narbonne, face à l'étang de Bages, gîte rural de plain pieds de grand confort avec cour et terrasse bien ensoleillée. Le domaine est situé dans un environnement naturel remarquable à quelques kms de l'abbaye de Fontfroide par des sentiers. Parcours de chasse possible hors saison. Gîte comprenant : grand séjour avec cuisine intégrée avec LL,LV,MO. 3 chambres (2 lits 2 pers., 2 lits 1 pers.). Salle d'eau. WC indépendant. Chauffage électrique. Draps et ménage en fin de séjour compris. Dégustation des vins au caveau du domaine.

GITES DE FRANCE-SERVICE RESERVATION – 78 ter, rue Barbacane – 11000 CARCASSONNE
Tél.: 04 68 11 40 70 - Fax. 04 68 11 40 72 - Email : GITESDEFRANCE.AUDE@wanadoo.fr - www.gites-de-france-aude.com

| HORS SAIS. | VAC. SCOL. | JUIN | JUILLET | AOUT | SEPT. | WEEK-END |
|---|---|---|---|---|---|---|
| 300 | 350 | 422 | 549 | 549 | 422 | 150 |

| | | | | | | | | |
|---|---|---|---|---|---|---|---|---|
| 20 | 5 | 5 | 5 | 60 | 5 | 5 | 5 |

## N° 1358 BELCAIRE — 1000 m — CM 86 pli 9

NN 9 pers.

Châlet de montagne aux abords d'un village avec tous les services, superbes vues sur les sommets pyrénéens. Vous profiterez d'un paysage de prairies et de forêts, d'un lac avec baignade, pêche et tennis en été. Les stations de Camurac (ski de fond et de piste, Ax les Thermes sont à 1/4 et 1/2 h. Gîte sur 3 niveaux. Access. par le garage avec buanderie (SL) ou par la terrasse plein sud. Au 1er, séjour avec cheminée et TV. Cuisine équipée, SE et SDB. 2 WC. A l'ét, 3 ch. et 1 mezzanine (3 lits 2 pers., 3 lits 1 pers. dont 2 superposés). Chauff électr. Draps et ménage en sup. Bois (60 €) la stère.

GITES DE FRANCE-SERVICE RESERVATION – 78 ter, rue Barbacane – 11000 CARCASSONNE
Tél.: 04 68 11 40 70 - Fax. 04 68 11 40 72 - Email : GITESDEFRANCE.AUDE@wanadoo.fr - www.gites-de-france-aude.com

| HORS SAIS. | VAC. SCOL. | JUIN | JUILLET | AOUT | SEPT. |
|---|---|---|---|---|---|
| 614 | 933 | 768 | 874 | 874 | 768 |

| | | | | | | | | | |
|---|---|---|---|---|---|---|---|---|---|
| SP | 35 | SP | 20 | SP | 70 | 20 | 30 | SP |

## N° 1344 BELPECH — Le Trauc — CM 86 pli 5

NN 6 pers.

Gîte indépendant sur un domaine agricole à 20 km de Mirepoix, avec grande terrasse et espace en prairie attenant avec de superbes points de vues sur les Pyrénées. Lac de la Ganguise et base nautique à 20 km, possibilité de pêche et de chasse à proximité. Grand séjour-cuisine (LL-LV-MO) avec une cheminée. 2 chambres (2 lits 2 pers.). Salle d'eau. WC. En étage : mézzanine (1 lit 2 pers.). Draps fournis. Toutes charges inclues en hiver.

GITES DE FRANCE-SERVICE RESERVATION – 78 ter, rue Barbacane – 11000 CARCASSONNE
Tél.: 04 68 11 40 70 - Fax. 04 68 11 40 72 - Email : GITESDEFRANCE.AUDE@wanadoo.fr - www.gites-de-france-aude.com

| HORS SAIS. | VAC. SCOL. | JUIN | JUILLET | AOUT | SEPT. | WEEK-END |
|---|---|---|---|---|---|---|
| 280 | 300 | 300 | 390 | 390 | 300 | 100 |

| | | | | | | | | |
|---|---|---|---|---|---|---|---|---|
| 5 | 20 | 20 | 1 | 55 | 20 | 20 | 5 |

## N° 1334 BIZANET — CM 86 pli 9

NN 4 pers.

Gîte de caractère dans un village proche de narbonne et de la mer, à 5 mn du site de l'abbaye de Fontfroide. Le gîte est situé dans la rue principale du village, proche des petits commerces et de la place de l'église. Accessible par un petit balcon terrasse avec possibilité d'installer un petit salon de jardin. Séjour, cuisine (LV, MO). A l'étage, 2 ch. (2 lits 1 pers., 1 lit 2 pers.), salle d'eau, WC. Lave-linge en sous-sol à la cave. Draps pouvant être fournis (6 € la paire).

GITES DE FRANCE-SERVICE RESERVATION – 78 ter, rue Barbacane – 11000 CARCASSONNE
Tél.: 04 68 11 40 70 - Fax. 04 68 11 40 72 - Email : GITESDEFRANCE.AUDE@wanadoo.fr - www.gites-de-france-aude.com

| HORS SAIS. | VAC. SCOL. | JUIN | JUILLET | AOUT | SEPT. |
|---|---|---|---|---|---|
| 250 | 280 | 350 | 450 | 450 | 350 |

| | | | | | | | | | |
|---|---|---|---|---|---|---|---|---|---|
| 22 | SP | 12 | 1 | 9 | 9 | 35 | 1 | 12 | SP |

# AUDE - 11

## N° 1355 — CAMPAGNE-SUR-AUDE — Brezilhou — CM 86 pli 7
**NN — 4 pers.**

Gîte situé sur un petit hameau, près de Quillan, en bordure de la rivière Aude, au coeur du Pays Cathare. Grand espace extérieur en prairie planté d'arbres fruitiers, salon de jardin et barbecue. Nombreuses ballades pédestres à faire. La pêche en 1er catégorie est juste devant le gîte. Possibilité de descendre Aude en canoe ou rafting, à 4 km. Séjour (canapé clic-clac) avec cheminée. Cuisine-salle à manger (LV FO). Buanderie avec lave-linge. S. d'eau. WC ind. A l'étage 2 ch. (1 lit 2 pers., 2 lits 1 pers.), espace de jeux pour les enfants. Chauff. électrique. Draps fournis. Abri auto dans la propriété.

GITES DE FRANCE-SERVICE RESERVATION - 78 ter, rue Barbacane - 11000 CARCASSONNE
Tél.: 04 68 11 40 70 - Fax: 04 68 11 40 72 - Email: GITESDEFRANCE.AUDE@wanadoo.fr - www.gites-de-france-aude.com

| HORS SAIS. | VAC. SCOL. | JUIN | JUILLET | AOUT | SEPT. | WEEK-END |
|---|---|---|---|---|---|---|
| 310 | 325 | 350 | 475 | 475 | 350 | 150 |

| | | | | | | | | |
|---|---|---|---|---|---|---|---|---|
| 90 | 4 | SP | 4 | SP | 52 | 4 | 52 | 4 |

## N° 1317 — CAMURAC — 1700 m — CM 86 pli 6
**NN — 6 pers.**

Gîte type chalet de montagne situé à 5 km de Camurac dans un environnement de prairies et de forêts, aux abord de la petite station de ski de Camurac. Le chalet est isolé, commerces à 5 km. Parcours VTT balisés à 4 km. Vues panoramiques sur les Pyrénées. Gîte avec un séjour avec cheminée donnant sur la terrasse de 12 m2 exposée plein Sud. Sde. 1 chambre (1 lit 2 pers.). Cuisine toute équipée. A l'étage, accessible par une échelle meunière, 2 chambres mansardées (2 lits 1 pers., 1 lit 2 pers.), WC ind. Bois en sus ou delà de la réserve.

Henri GAYZARD - Sainte Marie des Pins - 11250 VERZEILLE
Tél.: 04 68 69 48 24 - Fax: 04 68 69 49 96

| VAC. SCOL. | JUIN | JUILLET | AOUT | SEPT. |
|---|---|---|---|---|
| 450 | 300 | 400 | 400 | 300 |

| | | | | | | | |
|---|---|---|---|---|---|---|---|
| 6 | 40 | 6 | 40 | 6 | 95 | 35 | 35 | 4,5 |

## N° 1343 — CANET-D'AUDE — La Domeque — CM 83 pli 13
**6 pers.**

Dans un hameau à 3 km de Lézignan et à 35 km de la mer, vous séjournerez dans cette belle villa indépendante bordée d'un terrain entièrement clos. Une piscine clôturée de 32 m², avec de grandes plages est disponible. Salon de jardin, bains de soleil et pool house avec wc. Gîte comprenant : grand séjour avec salon donnant sur une terrasse plein sud. Mezzanine (1 lit 2 pers.). Cuisine intégrée avec LV, micro-ondes. 2 chambres (2 lits 1 pers., 1 lit 2 pers.). Salle de bains avec LL, wc indép. Draps fournis, ménage à la demande (35 €). Chauffage électrique. Ouvert toute l'année.

GITES DE FRANCE-SERVICE RESERVATION - 78 ter, rue Barbacane - 11000 CARCASSONNE
Tél.: 04 68 11 40 70 - Fax: 04 68 11 40 72 - Email: GITESDEFRANCE.AUDE@wanadoo.fr - www.gites-de-france-aude.com

| HORS SAIS. | VAC. SCOL. | JUIN | JUILLET | AOUT | SEPT. | WEEK-END |
|---|---|---|---|---|---|---|
| 450 | 500 | 750 | 980 | 980 | 750 | 260 |

| | | | | | | | | |
|---|---|---|---|---|---|---|---|---|
| 35 | 2 | 16 | 3 | 3 | 35 | SP | 5 | 5 |

## N° 1353 — CANET-D'AUDE — CM 83 pli 13
**NN — 6 pers.**

Gîte situé en bordure d'un petit village avec tous commerces, entre Narbonne et Lézignan, à proximité du Canal du midi. Nombreuses balades en VTT, promenades à travers les petites routes sillonnant le vignoble du Minervois. Grand jardin clos d'environ 500m2 avec salon de jardin, cuisine d'été avec barbecue. Au rez-de-chaussée : grand séjour salon avec télévision. Cuisine indépendante avec LV,MO. WC indépendant. A l'étage : 3 chambres (2 lits 2 pers., 2 lits 1 pers.). Salle de bains. Chauffage central au fioul. Mobilier bébé à disposition. Draps et ménage inclus en fin de séjour.

GITES DE FRANCE-SERVICE RESERVATION - 78 ter, rue Barbacane - 11000 CARCASSONNE
Tél.: 04 68 11 40 70 - Fax: 04 68 11 40 72 - Email: GITESDEFRANCE.AUDE@wanadoo.fr - www.gites-de-france-aude.com

| HORS SAIS. | VAC. SCOL. | JUIN | JUILLET | AOUT | SEPT. | WEEK-END |
|---|---|---|---|---|---|---|
| 275 | 420 | 420 | 549 | 549 | 420 | 180 |

| | | | | | | | | |
|---|---|---|---|---|---|---|---|---|
| 35 | SP | 15 | 15 | 2 | 50 | 15 | 7 | SP |

## N° 1369 — CASTELNAU-D'AUDE — CM 83 pli 13
**NN — 5 pers.**

Situé dans un petit village typique du Minervois à mi-chemin entre Carcassonne et Lézignan Corbières, proche du Canal du Midi à 3 km, dans un environnement de vignobles et de garrigues. Gîte à l'étage d'une remise agricole et mitoyen à la maison des propriétaires, avec une terrasse de 50m2 entièrement privative, avec salon de jardin et barbecue. Séjour-cuisine avec TV, LV et four MO. 2 chambres (1 lit 2 pers., 3 lits 1 pers.). Salle d'eau. WC ind. Chauffage central. Draps fournis et ménage en fin de séjour.

GITES DE FRANCE-SERVICE RESERVATION - 78 ter, rue Barbacane - 11000 CARCASSONNE
Tél.: 04 68 11 40 70 - Fax: 04 68 11 40 72 - Email: GITESDEFRANCE.AUDE@wanadoo.fr - www.gites-de-france-aude.com

| HORS SAIS. | VAC. SCOL. | JUIN | JUILLET | AOUT | SEPT. | WEEK-END |
|---|---|---|---|---|---|---|
| 300 | 360 | 360 | 545 | 545 | 360 | 150 |

| | | | | | | | | |
|---|---|---|---|---|---|---|---|---|
| 45 | SP | 10 | 10 | 10 | ? | 20 | 11 | SP |

## N° 1342 — CAUNES-MINERVOIS — CM 83 pli 12
**NN — 6 pers.**

Gîte neuf, indépendant, dans un des plus beaux villages du Minervois, à 500 m de l'Abbaye de Caunes Minervois. Grand terrain clos et arboré de 2000 m2 environ, terrasse de 80 m2, salon de jardin et barbecue. Vous pourrez vous promener sur les sentiers de randonnées des carrières de marbre. Garage avec lave-linge. De plain-pieds avec cuisine toute équipée (LV et MO). Séjour avec TV, cheminée insert (bois fourni). Salle d'eau. WC ind. 3 chambres (2 lits 2 pers., 2 lits 1 pers.). Draps et ménage compris.

GITES DE FRANCE-SERVICE RESERVATION - 78 ter, rue Barbacane - 11000 CARCASSONNE
Tél.: 04 68 11 40 70 - Fax: 04 68 11 40 72 - Email: GITESDEFRANCE.AUDE@wanadoo.fr - www.gites-de-france-aude.com

| HORS SAIS. | VAC. SCOL. | JUIN | JUILLET | AOUT | SEPT. |
|---|---|---|---|---|---|
| 351 | 413 | 413 | 590 | 590 | 413 |

| | | | | | | | | |
|---|---|---|---|---|---|---|---|---|
| 70 | SP | 21 | 1 | 1 | 25 | 10 | 20 | SP |

# AUDE - 11

## N° 1348 CITOU — 500 m — CM 83 pli 12

**NN  5 pers.**

Gîte situé dans un petit village de la vallée de l'Argent Double, avec balcon donnant sur les montagnes de chênes verts et les jardins du village (culture d'oignons doux et de cerisiers). Des sentiers de randonnées sont balisés dans le pays et autour de Caunes Minervois et des carrières de marbre rose et de l'abbaye. Gîte de plain-pied avec séjour-cuisine (cheminée, LV, TV, balcon de 4 m² avec barbecue). 3 ch. (2 lits 2 pers., 1 lit 1 pers.). S. de bains, wc indépendant. Chauff. électrique. Buanderie en sous-sol. Draps fournis. Août et début Novembre fête de l'oignon doux avec animations.

GITES DE FRANCE-SERVICE RESERVATION - 78 ter, rue Barbacane - 11000 CARCASSONNE
Tél. : 04 68 11 40 70 - Fax : 04 68 11 40 72 - Email : GITESDEFRANCE.AUDE@wanadoo.fr - www.gites-de-france-aude.com

| HORS SAIS. | VAC. SCOL. | JUIN | JUILLET | AOUT | SEPT. |
|---|---|---|---|---|---|
| 280 | 330 | 330 | 445 | 445 | 330 |

| | | | | | | | | | |
|---|---|---|---|---|---|---|---|---|---|
| 75 | 10 | 35 | 18 | 2 | 30 | 15 | 30 | 10 | |

## N° 1328 CLERMONT-SUR-LAUQUET — CM 86 pli 7

**NN  2 pers.**

Blotti dans la vallée du Lauquet, le petit village de Clermont sur Lauquet offre aux amoureux de la pleine nature, un cadre idéal pour la randonnée, le VTT, ou la découverte du patrimoine local. Petits coins de baignade sauvage en rivière tout au long de la route qui mène au village. Commerces à 10 minutes. Tél : 04.68.69.35.06 Gîte accessible par un jardin de 25 m2. Hall : 1 ch. (1 lit 2 pers.). Séj.-cuisine (convert. 2 places-TV) cheminée insert, donnant sur terrasse de 6 m2. SDE. WC ind. En sous-sol, garage, LL et congél. Tél. en service restreint. Draps fournis. Chauffage- charges incluses.

GITES DE FRANCE-SERVICE RESERVATION - 78 ter, rue Barbacane - 11000 CARCASSONNE
Tél. : 04 68 11 40 70 - Fax : 04 68 11 40 72 - Email : GITESDEFRANCE.AUDE@wanadoo.fr - www.gites-de-france-aude.com

| HORS SAIS. | VAC. SCOL. | JUIN | JUILLET | AOUT | SEPT. | WEEK-END |
|---|---|---|---|---|---|---|
| 225 | 260 | 270 | 300 | 300 | 270 | 145 |

| 90 | 15 | 40 | 1 | 30 | 1 | 30 | 30 | 30 | 18 |
|---|---|---|---|---|---|---|---|---|---|

## N° 1363 CUXAC-CABARDES — Domaine du Pujol — CM 83 pli 11

**NN  5 pers.**

Grand séjour cuisine avec cheminée fermée, coin salon avec convertible. A l'étage : 3 grandes chambres (1 lit 2 pers., 3 lits 1 pers.). Salle d'eau, wc ind. Chauffage électrique. Télévision dans une pièce commune aux 2 gîtes. Ménage 40 €. Draps fournis. Linge de maison à 10 €/pers. A 5 km au-dessus du village de Cuxac Cabardès dans un environnement de forêts, gîte rural mitoyen à un autre gîte, avec jardin privatif (100m2) attenant, terrasse avec salon de jardin et barbecue à disposition. Ici cohabitent de nombreux animaux de ferme dans des parcs clos.
Birgit KRIPPNER SUSSTRUNK - Domaine du Pujol - "Le Mazet" - 11390 CUXAC-CABARDES
Tél. : 04 68 26 68 60 - 06 86 60 99 73 - Email : lepujol@lepujol.com

| HORS SAIS. | VAC. SCOL. | JUIN | JUILLET | AOUT | SEPT. |
|---|---|---|---|---|---|
| 350 | 420 | 420 | 580 | 580 | 490 |

| 90 | 5 | 15 | 15 | 5 | 25 | 5 | 25 | 5 |
|---|---|---|---|---|---|---|---|---|

## N° 1356 DURBAN-DES-CORBIERES — CM 86 pli 9

**NN  6 pers.**

Situé ds un petit village avec tous commerces, et sur la route des châteaux cathares et à 25 km des plages, le gîte est aménagé à l'étage, avec une terrasse exposée au Sud (vue sur le château du village). Piscine et tennis à prox. Les propriétaires, artiste peintre et vignerons vous proposerons la visite des caves et du domaine suivis d'une dégustation. Au r.d.c. : garage et buanderie : à l'ét., séjour-cuisine avec cheminée (TV) donnant sur la terrasse (salon de jardin et barbecue). 3 ch. (4 lits 1 pers., 1 lit 2 pers.). S. d'eau-wc. 1 WC ind. Draps fournis. Chauffage électrique.

GITES DE FRANCE-SERVICE RESERVATION - 78 ter, rue Barbacane - 11000 CARCASSONNE
Tél. : 04 68 11 40 70 - Fax : 04 68 11 40 72 - Email : GITESDEFRANCE.AUDE@wanadoo.fr - www.gites-de-france-aude.com

| HORS SAIS. | VAC. SCOL. | JUIN | JUILLET | AOUT | SEPT. | WEEK-END |
|---|---|---|---|---|---|---|
| 350 | 375 | 375 | 500 | 500 | 375 | 150 |

| 25 | 1 | 25 | 1 | 1 | 1 | 32 | SP |
|---|---|---|---|---|---|---|---|

## N° 1371 DURBAN-DES-CORBIERES — CM 86 pli 9

**NN  9 pers.**

Grand gîte aménagé dans bâtisse de caractère qui borde la rue principale du village et qui mène sur les sites du Pays cathare tel qu' Aguilar, Peyrepertuse etc... Parking privé de l'autre côté de la rue. Le village dispose de tous commerces, piscine, tennis, et est situé à 1/2heure des plages. Chauff. central au fioul. Gîte sur 2 niveaux : séjour avec cheminée (bois fournis). Salle à manger. Cuisine donnant sur une cour de 30m2 clôturée avec salon de jardin et barbecue. WC. A l'ét. : 4 ch. dont 1 avec sdb-wc attenant (2 lits 2 pers., 5 lits 1 pers.), salle d'eau-wc. Draps fournis. Ménage à la demande.

GITES DE FRANCE-SERVICE RESERVATION - 78 ter, rue Barbacane - 11000 CARCASSONNE
Tél. : 04 68 11 40 70 - Fax : 04 68 11 40 72 - Email : GITESDEFRANCE.AUDE@wanadoo.fr - www.gites-de-france-aude.com

| VAC. SCOL. | JUIN | JUILLET | AOUT | SEPT. | WEEK-END |
|---|---|---|---|---|---|
| 680 | 655 | 850 | 850 | 655 | 260 |

| 25 | 0,3 | 25 | 1 | 1 | 0,3 | 25 | SP |
|---|---|---|---|---|---|---|---|

## N° 1346 ESCALES — CM 86 pli 13

**NN  8 pers.**

Gîte situé dans une belle maison de maître du 19ème siècle dans le centre du village. A quelques kms des berges du canal du Midi dans un environnement de vignobles, de pinèdes et de garrigues, vous en profiterez pour visiter Minerve et les sites principaux de ce merveilleux territoire, et déguster les bons vins du propriétaire. Sur 3 niveaux : rdc avec séjour. Cuisine. Salle à manger. Buanderie. WC. A l'étage : 2 ch. dont 1 donnant sur une terrasse de 10 m2 (2 lits 2 pers.). Salle de bains, wc. Au 2ème étage, 2 ch. (2 lits 1 pers., 1 lit 2 pers.). Salle de bains, wc. Draps fournis (6 €/lit). Ménage en sus (30 €).

GITES DE FRANCE-SERVICE RESERVATION - 78 ter, rue Barbacane - 11000 CARCASSONNE
Tél. : 04 68 11 40 70 - Fax : 04 68 11 40 72 - Email : GITESDEFRANCE.AUDE@wanadoo.fr - www.gites-de-france-aude.com

| JUIN | JUILLET | AOUT | SEPT. | WEEK-END |
|---|---|---|---|---|
| 400 | 530 | 530 | 400 | 240 |

| 40 | SP | 10 | 10 | 5 | 30 | 10 | 10 | SP |
|---|---|---|---|---|---|---|---|---|

# AUDE - 11

## N° 1359 FABREZAN — CM 86 pli 8
### NN 5 pers.

Gîte mitoyen dans un petit village des corbières, à 1/2 heure des plages. Vous profiterez du calme dans un jardin ombragé avec salon de jardin. Luc, apiculteur pourra vous faire déguster les produits de la ruche. Le gîte est de plain-pied avec salon avec TV. Cuisine bien équipée (Four MO et frigo-congélateur). Salle de bains. WC séparés. 2 chambres (2 lits 2 pers., 1 lit 1 pers.). Buanderie avec lave-linge. Chauffage électrique. Lit bébé.

Luc et Brigitte ARENS - La Miellerie - Hameau Villerouge la Cremade - 11200 FABREZAN
Tél. : 04 68 43 51 12

| HORS SAIS. | VAC. SCOL. | JUIN | JUILLET | AOUT | SEPT. | WEEK-END |
|---|---|---|---|---|---|---|
| 230 | 275 | 305 | 450 | 450 | 305 | 180 |

| | | | | | | | | | |
|---|---|---|---|---|---|---|---|---|---|
| 40 | 3 | 40 | 3 | 40 | 3 | 70 | 7 | 7 | 7 |

## N° 1345 FANJEAUX — CM 86 pli 6
### NN 7 pers.

Edifié au sommet d'un mamelon rocheux dominant la plaine lauragaise, le pittoresque village de Fanjeaux où résida Saint Dominique constitue un des hauts lieux du Pays Cathare. Gîte situé au coeur du village médiéval avec cour fermée et fleurie de 50 m², terrasse de 20 m² avec salon de jardin et barbecue. Parking. Séjour-cuisine avec insert (LV-TV-MO), salon avec bibliothèque donnant sur la terrasse. Au 1er : 2 ch. (1 lit 2 pers, 1 lit 110). S. d'eau, WC. Au 2ème : 2 ch. (2 lits 2 pers., 1 lit 2 pers.). Salle d'eau, WC dans 1 ch. Chauf. central au gaz compris. Draps fournis. Ménage à la demande (30 €).

GITES DE FRANCE-SERVICE RESERVATION - 78 ter, rue Barbacane - 11000 CARCASSONNE
Tél. : 04 68 11 40 70 - Fax : 04 68 11 40 72 - Email : GITESDEFRANCE.AUDE@wanadoo.fr - www.gites-de-france-aude.com

| HORS SAIS. | VAC. SCOL. | JUIN | JUILLET | AOUT | SEPT. |
|---|---|---|---|---|---|
| 360 | 440 | 440 | 555 | 555 | 440 |

| | | | | | | | | | |
|---|---|---|---|---|---|---|---|---|---|
| 90 | 0,5 | 30 | 30 | 30 | 10 | 10 | 0,5 | | |

## N° 1366 FONTERS-DU-RAZES — Tourtel
### NN 2 pers.

Gîte situé à l'ét. dans une dépendance de la maison des propriétaires sur domaine arboré et fleuris, proche de la ville de castelnaudary (8 km). Mirepoix, cité médiévale (18 km). Sur place, piscine privée du propr. à dispo., centre équestre sur domaine, sentiers de rando. des Crêtes passant sur le domaine. Lac de la ganguise à 15 km de Minerve. 2 courts de tennis sont à votre disposition sur place ainsi qu'un parking privé fermé. Ménage, draps, linge de maison, panier d'acceuil inclus. Gîte avec un grand-séjour, canapé convertible (cheminée avec bois fourni), TV. Une cuisine avec LV et MO. WC ind. A l'étage : 2 chambres (1 lit 2 pers., 2 lits 1 pers.). Salle de bains-wc avec LL. Charges comprises toute l'année.

GITES DE FRANCE-SERVICE RESERVATION - 78 ter, rue Barbacane - 11000 CARCASSONNE
Tél. : 04 68 11 40 70 - Fax : 04 68 11 40 72 - Email : GITESDEFRANCE.AUDE@wanadoo.fr - www.gites-de-france-aude.com

| JUIN | JUILLET | AOUT | SEPT. |
|---|---|---|---|
| 280 | 365 | 365 | 280 |

| | | | | | | |
|---|---|---|---|---|---|---|
| 8 | 15 | SP | 15 | 40 | SP | 8 | 8 |

## N° 1349 HOMPS — CM 83 pli 13
### NN 4 pers.

Au coeur du pays du Minervois,dans un petit village traversé par le Canal du Midi, avec ses berges ombragées, vous aurez plaisir à séjourner dans ce très beau gîte situé à 2 km du lac de Jouarres, à 15 km de Minerve. 2 courts de tennis sont à votre disposition sur place ainsi qu'un parking privé fermé. Ménage, draps, linge de maison, panier d'acceuil inclus. Gîte avec un grand-séjour, canapé convertible (cheminée avec bois fourni), TV. Une cuisine avec LV et MO. WC ind. A l'étage : 2 chambres (1 lit 2 pers., 2 lits 1 pers.). Salle de bains-wc avec LL. Charges comprises toute l'année.

GITES DE FRANCE-SERVICE RESERVATION - 78 ter, rue Barbacane - 11000 CARCASSONNE
Tél. : 04 68 11 40 70 - Fax : 04 68 11 40 72 - Email : GITESDEFRANCE.AUDE@wanadoo.fr - www.gites-de-france-aude.com

| HORS SAIS. | VAC. SCOL. | JUIN | JUILLET | AOUT | SEPT. | WEEK-END |
|---|---|---|---|---|---|---|
| 350 | 360 | 380 | 490 | 490 | 380 | 155 |

| | | | | | | | | |
|---|---|---|---|---|---|---|---|---|
| 40 | SP | 2 | 2 | 40 | SP | 10 | SP | |

## N° 1331 LABASTIDE-EN-VAL — CM 86 pli 8
### NN 6 pers.

Gîte situé aux abords d'un village du Val de Dagne, au coeur du pays cathare et à 15 mn du village classé de Lagrasse. Vous pourrez faire de superbes balades à pied ou à vélo. A 2 pas du gîte, vous goûterez aux joies de la baignade en rivière (non surveillée). De plain-pied et situé au-dessus de 2 garages. Séjour-cuisine (équipée) donnant sur terrasse de 50 m2, salon de jardin, barbecue. Terre-plein pour garer les voitures (servitude de passage). 3 ch. (2 lits 1 pers., 2 lits 2 pers.). Salle d'eau avec douche thalasso. WC ind. Chauff électr. Draps et ménage. Téléséjour 04 68 24 77 20

GITES DE FRANCE-SERVICE RESERVATION - 78 ter, rue Barbacane - 11000 CARCASSONNE
Tél. : 04 68 11 40 70 - Fax : 04 68 11 40 72 - Email : GITESDEFRANCE.AUDE@wanadoo.fr - www.gites-de-france-aude.com

| HORS SAIS. | VAC. SCOL. | JUIN | JUILLET | AOUT | SEPT. |
|---|---|---|---|---|---|
| 335 | 380 | 425 | 550 | 550 | 425 |

| | | | | | | | | | |
|---|---|---|---|---|---|---|---|---|---|
| 50 | 14 | 30 | 0,8 | 50 | SP | 35 | 25 | 35 | 4 |

## N° 1332 LAGRASSE — CM 86 pli 8
### NN 6 pers.

Dans les Corbières, à l'entrée des gorges de l'alsou qui mènent au remarquable village de Lagrasse, se trouve le Hameau de Villemagne. Dans cet environnement de garrigues odorantes et de pinèdes, vous aurez plaisir à séjourner dans le gîte de Roger qui vous initiera à la dégustation des vins de son domaine. Draps et ménage inclus. Chauff élec. Le gîte se situe à la croisée des routes de Lagrasse et de Rieux en Val. De plain-pied : séjour-cuisine (cheminée insert), micro-ondes, donnant sur terrasse avec jardinet clôturée. Jardin de détente. 2ch. (2 lits 2 pers., 3 lits 1 pers.). 2 s. d'eau-wc. Cellier avec LL et SL.

GITES DE FRANCE-SERVICE RESERVATION - 78 ter, rue Barbacane - 11000 CARCASSONNE
Tél. : 04 68 11 40 70 - Fax : 04 68 11 40 72 - Email : GITESDEFRANCE.AUDE@wanadoo.fr - www.gites-de-france-aude.com

| HORS SAIS. | VAC. SCOL. | JUIN | JUILLET | AOUT | SEPT. | WEEK-END |
|---|---|---|---|---|---|---|
| 280 | 393 | 423 | 550 | 550 | 423 | 160 |

| | | | | | | | | | |
|---|---|---|---|---|---|---|---|---|---|
| 60 | 2 | 60 | 8 | 70 | 8 | 30 | 12 | 28 | 3 |

# AUDE - 11

# AUDE - 11

## N° 1320 MALRAS — Les Bastides — CM 86 pli 7

**NN 5 pers.**

Gîte indépendant sur un domaine en pleine nature, au coeur des coteaux de la blanquette de Limoux, avec un point de vue sur les petits villages du pays Limouxin. Le gîte dispose d'une terrasse avec salon de jardin, barbecue. Tous les services et les commerces sont à Limoux à 7 km. Séjour-cuisine-bar toute équipée. 1 chambre (1 lit 1 pers., 1 lit 2 pers.). Salle d'eau. WC ind. A l'étage : 1 chambre mansardée (1 lit 2 pers.). Chauffage électrique. Draps fournis et ménage inclus en fin de séjour.

GITES DE FRANCE-SERVICE RESERVATION - 78 ter, rue Barbacane - 11000 CARCASSONNE
Tél.: 04 68 11 40 70 - Fax: 04 68 11 40 72 - Email: GITESDEFRANCE.AUDE@wanadoo.fr - www.gites-de-france-aude.com

| HORS SAIS. | VAC. SCOL. | JUIN | JUILLET | AOUT | SEPT. | WEEK-END |
|---|---|---|---|---|---|---|
| 330 | 340 | 345 | 440 | 440 | 345 | 120 |

| | | | | | | | | | |
|---|---|---|---|---|---|---|---|---|---|
| 95 | 7 | 30 | 7 | 7 | 3 | 35 | 7 | 7 | 5 |

## N° 1324 MONTGAILLARD — CM 86 pli 8

**4 pers.**

Gîte situé dans un petit village vigneron des hautes corbières avec vues imprenables sur le relief vallonné et sauvage de ce tranquille du Pays Cathare. Grande terrasse solarium avec salon de jardin et barbecue. Sentiers de randonnées sur place, châteaux Pays cathare à 10 km. Gîte à l'étage : séjour-cuisine toute équipée, cheminée. WC. Accès terrasse. A l'étage, 2 chambres (1 lit 2 pers., 2 lits 1 pers.). Salle d'eau-wc. En rdc, garage à vélos et laverie. Draps et ménage compris en fin de séjour.

GITES DE FRANCE-SERVICE RESERVATION - 78 ter, rue Barbacane - 11000 CARCASSONNE
Tél.: 04 68 11 40 70 - Fax: 04 68 11 40 72 - Email: GITESDEFRANCE.AUDE@wanadoo.fr - www.gites-de-france-aude.com

| HORS SAIS. | VAC. SCOL. | JUIN | JUILLET | AOUT | SEPT. |
|---|---|---|---|---|---|
| 280 | 280 | 350 | 487 | 487 | 350 |

| | | | | | | | |
|---|---|---|---|---|---|---|---|
| 60 | 18 | 5 | 5 | 55 | 18 | 45 | 10 |

## N° 1322 MONTMAUR — La Castagne — CM 82 pli 19

**NN 6 pers.**

Gîte de caractère avec jardin indépendant et terrasse aménagée sur domaine en pleine campagne Lauragaise (comprenant d'autres gîtes et chambres d'hôtes). Environnement paisible, parc, près avec chevaux, sentier botanique, randonnées pédestres, exposition de patchwork, local avec jeux et VTT à disposition. Téléphone portable à la demande. Séjour-cuisine (MO, LV, frigo-congélateur). Salon avec TV. 1 ch. (1 lit de 2 pers.). S. d'eau, wc. A l'ét : 2 ch. communiquantes (4 lits 1 pers.). Chauff. élect. Lave-linge commun aux 3 gîtes. Draps et linge de maison fournis. Ménage réalisé en fin de séjour.
Gerda et Willy VANDERZEYPEN - "La Castagne" - 11320 MONTMAUR
Tél.: 04 68 60 00 40 - Fax: 04 68 60 00 40 - Email: lacastagne@attglobal.net

| HORS SAIS. | VAC. SCOL. | JUIN | JUILLET | AOUT | SEPT. | WEEK-END | W.-E. DETENTE |
|---|---|---|---|---|---|---|---|
| 380 | 490 | 490 | 650 | 650 | 490 | 115 | 115 |

| | | | | | | | | |
|---|---|---|---|---|---|---|---|---|
| 4 | 10 | SP | 10 | 5 | 48 | 10 | 6 | 12 |

## N° 1336 MONTMAUR — Libouilles — CM 82 pli 19

**EC NN 12 pers.**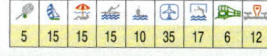

Sur un domaine agricole orienté vers la production de céréales bio, vous séjournez dans un gîte de caractère au coeur d'un environnement de pleine nature. Les extérieurs traités en prairie disposent d'une terrasse couverte avec s. jardin, barbecue. Sorties randonnées pédestres, pays cathare et culturelles sur les sites du Pays Cathare (Lastours, St Papoul, etc...). 2 niveaux : grand espace séjour cuisine, cheminée, salle à manger. Au 1er 3 ch. avec mezzanine, sanitaires privés (s. d'eau, WC). Grande mezzanine et sanitaires privés (s. d'eau, WC). Chauff. central avec charges incluses. Draps fournis.
Pierre GOMIS - Libouilles - 11320 MONTMAUR
Tél.: 04 68 60 03 07 - 06 08 43 16 03 - Fax: 04 68 60 03 07

| HORS SAIS. | VAC. SCOL. | JUIN | JUILLET | AOUT | SEPT. | WEEK-END |
|---|---|---|---|---|---|---|
| 400 | 800 | 400 | 800 | 800 | 400 | 260 |

| | | | | | | | |
|---|---|---|---|---|---|---|---|
| 5 | 15 | 15 | 15 | 10 | 35 | 17 | 6 | 7 |

## N° 1319 MONTSERET — CM 86 pli 9

**NN 6 pers.**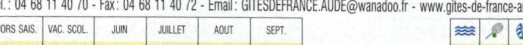

Dans un petit village des Corbières, villa indépendante de construction récente avec garage et jardin clos en verger, environ 2 000 m². Salon de jardin, barbecue. Draps fournis à la demande (8 € la paire). En RDC: cuisine indépendante (LV, MO). Grand séjour salon avec cheminée insert (bois fournis), TV. 1 ch. (1 lit 2 pers., 1 lit bébé), WC. A l'étage: 3 chambres (2 lits 2 pers.) dont 1 avec balcon et 1 avec terrasse. Grande salle de bains (douche+baignoire). WC ind. Chauffage. Ouvert toute l'année.

GITES DE FRANCE-SERVICE RESERVATION - 78 ter, rue Barbacane - 11000 CARCASSONNE
Tél.: 04 68 11 40 70 - Fax: 04 68 11 40 72 - Email: GITESDEFRANCE.AUDE@wanadoo.fr - www.gites-de-france-aude.com

| HORS SAIS. | VAC. SCOL. | JUIN | JUILLET | AOUT | SEPT. |
|---|---|---|---|---|---|
| 442 | 533 | 580 | 687 | 687 | 580 |

| | | | | | | | | |
|---|---|---|---|---|---|---|---|---|
| 30 | 3 | 25 | 8 | 8 | 35 | 15 | 15 | SP |

## N° 1365 NARBONNE — Domaine de Marchenoir — CM 83 pli 14

**NN 4 pers.**

Séjour avec coin cuisine, salle d'eau. 2 ch. (1 lit 2 pers., 2 lits 1 pers. superposés). Télévision, lave-linge commun, chauffage électrique. Salon de jardin et barbecue. Possibilité de ménage en fin de séjour (11 €/heure), draps fournis à la demande (7 € la paire). Gîte en rez de chaussée, sur un domaine situé aux portes de Narbonne, comprenant 4 hébergements. Practice de golf à 300m. Salle de jeux commune, table de ping-pong. Parc ombragé non clos. Jeux pour enfants. Présence de voie ferrée à proximité.
Monique MARCE - Domaine de Marchenoir - Ancienne Route de Coursan 11100 NARBONNE
Tél.: 04 68 32 23 00

| HORS SAIS. | VAC. SCOL. | JUIN | JUILLET | AOUT | SEPT. |
|---|---|---|---|---|---|
| 250 | 360 | 360 | 450 | 460 | 360 |

| | | | | | | | | |
|---|---|---|---|---|---|---|---|---|
| 15 | 2 | 6 | 15 | 1 | 25 | 5 | 2 | 2 |

LANGUEDOC-ROUSSILLON

Pictos voir p. 12

# AUDE - 11

## N° 1340 OUVEILLAN — Domaine de la Grangette — CM 86 pli 14

**NN 3 pers.**

Ensemble de 2 petits gîtes séparés, sur un domaine arboré face au village D'Ouveillan, comprenant d'autres résidents. Les gîtes disposent d'une terrasse pergola avec barbecue commun et parking ombragé à l'entrée du domaine. Séjour-cuisine toute équipée (LV-MO-petit congélateur). Salle d'eau-wc. 1 mezzanine basse et mansardée (1 lit 2 pers., 1 lit 1 pers.). Chauffage électrique. Draps à la demande 15 €.

Jean-Louis GUILLAUME - Domaine de la Grangette - 11590 OUVEILLAN
Tél. : 04 68 46 87 89 - Email : jean-l.guillaume@wanadoo.fr - www.domaine-de-la-grangette.com

| HORS SAIS. | VAC. SCOL. | JUIN | JUILLET | AOUT | SEPT. |
|---|---|---|---|---|---|
| 380 | 380 | 460 | 580 | 580 | 460 |

| | | | | | | | | | | | |
|---|---|---|---|---|---|---|---|---|---|---|---|
| 30 | 2 | 25 | 10 | 2 | 30 | SP | 25 | 2 | | | |

## N° 1341 OUVEILLAN — Domaine de la Grangette — CM 83 pli 14

**NN 3 pers.**

Ensemble de 2 petits gîtes séparés, sur un domaine arboré face au village d'Ouveillan, comprenant d'autres résidents. Les gîtes disposent d'une terrasse pergola avec barbecue commun et parking ombragé à l'entrée du domaine. Séjour-cuisine toute équipée (LV-MO-petit congélateur). Salle d'eau-wc. 2 petites mezzanines basses et mansardées (1 lit 2 pers., 1 lit 1 pers.). Chauffage électrique. Draps à la demande 15 €.

Jean-Louis GUILLAUME - Domaine de la Grangette - 11590 OUVEILLAN
Tél. : 04 68 46 87 89 - Email : jean-l.guillaume@wanadoo.fr - www.domaine-de-la-grangette.com

| VAC. SCOL. | JUIN | JUILLET | AOUT | SEPT. |
|---|---|---|---|---|
| 380 | 460 | 580 | 580 | 460 |

| 30 | 2 | 25 | 10 | 2 | 30 | SP | 25 | 2 |
|---|---|---|---|---|---|---|---|---|

## N° 1333 PADERN — CM 86 pli 8

**NN 4 pers.**

A 5 Km de la route des châteaux cathares, dans un environnement de vignobles en côteaux, et de forêts de chênes verts qui longent des gorges abruptes. Coins de baignades rafraîchissants. Sentiers du Pays Cathare à proximité. Petit gîte sur 2 niveaux avec séjour cuisine, prise TV. Salle d'eau, WC indépendant. A l'étage, 2 chambres donnant sur un balcon (1 lit 2 pers, 2 lits superposés). Chauffage électrique, draps fournis à la demande (8 € la paire).

GITES DE FRANCE-SERVICE RESERVATION - 78 ter, rue Barbacane - 11000 CARCASSONNE
Tél. : 04 68 11 40 70 - Fax : 04 68 11 40 72 - Email : GITESDEFRANCE.AUDE@wanadoo.fr - www.gites-de-france-aude.com

| HORS SAIS. | VAC. SCOL. | JUIN | JUILLET | AOUT | SEPT. |
|---|---|---|---|---|---|
| 210 | 240 | 250 | 310 | 310 | 250 |

| 40 | 10 | 40 | 1 | 40 | SP | 60 | 10 | 60 | SP |
|---|---|---|---|---|---|---|---|---|---|

## N° 1315 POUZOLS-MINERVOIS — CM 83 pli 13

**NN 6 pers.**

Gîte situé au coeur d'un village du Minervois. Dans un environnement de garrigues, d'oliviers et de pinèdes, vous profiterez de merveilleux sentiers de randonnées. Visites de la cave de Pouzol et de l'Oulibo à quelques kilomètres. Gîte sur 2 niveaux, au RDC 1 chambre (1 lit 2 pers). Au 1er étage : 2 chambres (1 lit 2 pers, 2 lits 1 pers.). Séjour-cuisine avec lave-linge et TV. Salle d'eau. WC indépendant.

GITES DE FRANCE-SERVICE RESERVATION - 78 ter, rue Barbacane - 11000 CARCASSONNE
Tél. : 04 68 11 40 70 - Fax : 04 68 11 40 72 - Email : GITESDEFRANCE.AUDE@wanadoo.fr - www.gites-de-france-aude.com

| JUIN | JUILLET | AOUT | SEPT. |
|---|---|---|---|
| 240 | 270 | 270 | 240 |

| 35 | 1 | 35 | 6 | 6 | 35 | 1 | 18 | SP |
|---|---|---|---|---|---|---|---|---|

## N° 1329 POUZOLS-MINERVOIS — CM 83 pli 13

**NN 4 pers.**

Gîte rural avec petite cour de 15 m2 situé au coeur d'un village du Minervois donnant sur une petite place. L'environnement de vignobles, de garrigues, d'oliveraie est merveilleux pour des vacances découvertes des produits du terroir et des balades sur les sentiers de randonnées VTT ou pédestres. Les sites touristiques de Minerve, Caunes Minervois sont tous proches. Gîte comprenant : séjour, cuisine avec cheminée pour les grillades (bois fourni), petite cour avec salon de jardin. A l'étage : 2 ch. (1 lit 2 pers., 2 lits 1 pers.), salle d'eau, wc indep. Chauff. électr. Ouvert toute l'année.

GITES DE FRANCE-SERVICE RESERVATION - 78 ter, rue Barbacane - 11000 CARCASSONNE
Tél. : 04 68 11 40 70 - Fax : 04 68 11 40 72 - Email : GITESDEFRANCE.AUDE@wanadoo.fr - www.gites-de-france-aude.com

| HORS SAIS. | VAC. SCOL. | JUIN | JUILLET | AOUT | SEPT. |
|---|---|---|---|---|---|
| 190 | 190 | 205 | 290 | 290 | 205 |

| 35 | 7 | 15 | 15 | 6 | 35 | 1 | 18 | SP |
|---|---|---|---|---|---|---|---|---|

## N° 1321 RAISSAC-SUR-LAMPY — Domaine de Contresty — CM 83 pli 11

**EC NN 7 pers.**

Gîte indépendant sur un domaine agricole à proximité immédiate de la ferme 3 épis de 6 emplacements. Dans un environnement ombragé, le gîte dispose d'une grande terrasse avec un point de vue sur la montagne noire. Accès à la piscine privée, à 100 m, à partager avec les clients du camping. Sur 2 niveaux : grand séjour-cuisine toute équipée, buanderie. Salle d'eau-wc. A l'étage, 3 chambres dont 1 en alcôve avec un vélux (2 lits 2 pers., 3 lits 1 pers.). Salle d'eau-wc. Chauffage central gaz. Draps fournis à la demande sans supplément. Ménage à la demande (50 €) en fin de séjour.

GITES DE FRANCE-SERVICE RESERVATION - 78 ter, rue Barbacane - 11000 CARCASSONNE
Tél. : 04 68 11 40 70 - Fax : 04 68 11 40 72 - Email : GITESDEFRANCE.AUDE@wanadoo.fr - www.gites-de-france-aude.com

| HORS SAIS. | VAC. SCOL. | JUIN | JUILLET | AOUT | SEPT. | WEEK-END |
|---|---|---|---|---|---|---|
| 350 | 400 | 625 | 810 | 810 | 625 | 180 |

| 90 | 3 | 25 | SP | 50 | 1 | 18 | SP | 18 |
|---|---|---|---|---|---|---|---|---|

# AUDE - 11

## N° 1335 ROQUEFORT-DES-CORBIERES
**NN — 4 pers.** — CM 86 pli 9

Au pied des moulins et de la chapelle St Martin qui dominent le village et dans un environnement de garrigue et de vignoble, à 7 km des plages, vous séjournerez dans le gîte de grand confort de Christine et Pierre. Une terrasse et patio de 18 m² avec salon de jardin et barbecue sont disponibles. Séjour-Cuisine bar, 1 ch. (2 lits 1 pers.). Salle d'eau, WC indép. et à l'étage mezzanine avec coin TV et 1 ch. (1 lit 2 pers.). Chauffage électrique. Draps fournis et ménage inclus.

GITES DE FRANCE-SERVICE RESERVATION - 78 ter, rue Barbacane - 11000 CARCASSONNE
Tél. : 04 68 11 40 70 - Fax: 04 68 11 40 72 - Email : GITESDEFRANCE.AUDE@wanadoo.fr

| HORS SAIS. | VAC. SCOL. | JUIN | JUILLET | AOUT | SEPT. |
|---|---|---|---|---|---|
| 380 | 405 | 435 | 565 | 565 | 435 |

| | | | | | | | |
|---|---|---|---|---|---|---|---|
| 7 | SP | 6 | 7 | 6 | 35 | 7 | 15 | SP |

## N° 1357 ROUFFIAC-D'AUDE
**NN — 4 pers.** — CM 86 pli 7

Gîte de grand confort mitoyen à la maison des propriétaires avec hall d'entrée commun, dans un petit village à 12 km de Carcassonne sur la route de Limoux et des sites du Pays Cathare. Grand jardin attenant clos avec piscine sécurisée et aire de jeux, communes aux propriétaires. Visites et dégustation de vins de la cave coopérative. Grand séjour avec cheminée (TV) donnant sur terrasse et sur piscine. Cuis. équipée. Cuis. d'été avec salon de jardin et barbecue. 1 ch. (1 lit 2 pers.) avec SDB attenante. WC ind. 1 mezzanine (2 lits 1 pers.). Chauff. électrique. Draps fournis. HS charges incluses.

GITES DE FRANCE-SERVICE RESERVATION - 78 ter, rue Barbacane - 11000 CARCASSONNE
Tél. : 04 68 11 40 70 - Fax: 04 68 11 40 72 - Email : GITESDEFRANCE.AUDE@wanadoo.fr - www.gites-de-france-aude.com

| HORS SAIS. | VAC. SCOL. | JUIN | JUILLET | AOUT | SEPT. |
|---|---|---|---|---|---|
| 380 | 410 | 600 | 810 | 810 | 600 |

| 85 | 15 | SP | 20 | 1 | 12 | SP | 12 | SP |
|---|---|---|---|---|---|---|---|---|

## N° 1326 ROULLENS — Le Boulbonne
**NN — 5 pers.** — CM 86 pli 7

Gîte sur un domaine agricole à 6kms de Roullens dans un environnement vallonné de forêt à 15 km de Carcassonne. Vous découvrirez le terroir viticole de la Malepère et de nombreuses promenades en forêt. Au rdc : salon avec canapé convertible (TV). Séjour-cuisine. Salle de bains. WC ind. Buanderie avec lave-linge. 1 chambre (1 lit 2 pers., 1 lit 1 pers.). 1er étage : 1 chambre (2 lits 1 pers.). Draps fournis. Ménage à la demande (25 €).

GITES DE FRANCE-SERVICE RESERVATION - 78 ter, rue Barbacane - 11000 CARCASSONNE
Tél. : 04 68 11 40 70 - Fax: 04 68 11 40 72 - Email : GITESDEFRANCE.AUDE@wanadoo.fr - www.gites-de-france-aude.com

| HORS SAIS. | VAC. SCOL. | JUIN | JUILLET | AOUT | SEPT. | WEEK-END |
|---|---|---|---|---|---|---|
| 350 | 400 | 400 | 560 | 560 | 400 | 160 |

| 60 | 15 | 15 | 15 | 5 | 18 | 15 | 16 | 5 |
|---|---|---|---|---|---|---|---|---|

## N° 1337 ST-JEAN-DE-BARROU
**NN — 7 pers.** — CM 86 pli 9

Perché sur les hauteurs d'un village des Corbières, bordé par des vignes en coteaux, gîte de grand confort neuf avec grande terrasse panoramique, exposée plein sud (salon de jardin et barbecue) un grand terrain attenant. Le village est à 15mn des plages de La Franqui, et sur la route des châteaux cathares. Gîte de plain-pied avec garage (ouverture électrique) et buanderie en sous-sol (LL et S-L). Grand séjour (TV) avec superbe point de vue sur les vignes. Coin cuisine américaine (LV-MO). 3 ch. (3 lits 2 pers. + 1 lit bébé + 1 lit 1 pers.). S. de bains. 2 WC dont 1 en sous sol. Draps, ménage compris.

GITES DE FRANCE-SERVICE RESERVATION - 78 ter, rue Barbacane - 11000 CARCASSONNE
Tél. : 04 68 11 40 70 - Fax: 04 68 11 40 72 - Email : GITESDEFRANCE.AUDE@wanadoo.fr - www.gites-de-france-aude.com

| HORS SAIS. | VAC. SCOL. | JUIN | JUILLET | AOUT | SEPT. |
|---|---|---|---|---|---|
| 430 | 480 | 515 | 665 | 665 | 515 |

| 20 | SP | 20 | 5 | 6 | 40 | 5 | 35 | 0,2 |
|---|---|---|---|---|---|---|---|---|

## N° 1330 ST-JULIA-DE-BEC
**EC NN — 4 pers.** — CM 86 pli 7

Aux abords d'un petit village de moyenne montagne, au coeur du pays Cathare, à 10 km de Quillan, gîte de plain-pied entièrement neuf, aménagé sur un terrain de 2500 m2 clos. Terrasse couverte avec salon de jardin et barbecue. Nombreux sentiers de randonnées au départ du gîte, sports d'eau vive à 10 km. Séjour-cuisine avec cheminée insert. 2 chambres (1 lit 2 pers., 2 lits 1 pers). Salle d'eau. WC indépendant. Chauffage électrique. Cellier. Draps fournis. Abri-auto.

GITES DE FRANCE-SERVICE RESERVATION - 78 ter, rue Barbacane - 11000 CARCASSONNE
Tél. : 04 68 11 40 70 - Fax: 04 68 11 40 72 - Email : GITESDEFRANCE.AUDE@wanadoo.fr - www.gites-de-france-aude.com

| VAC. SCOL. | JUIN | JUILLET | AOUT | SEPT. |
|---|---|---|---|---|
| 300 | 300 | 425 | 425 | 300 |

| 80 | 10 | 10 | 10 | 60 | 10 | 8 |
|---|---|---|---|---|---|---|

## N° 1318 ST-MARTIN-DE-VILLEREGLAN — Domaine de l'Horte
**NN — 6 pers.** — CM 86 pli 7

Gîte situé sur un domaine viticole en activité, de l'appellation Blanquette de Limoux. Le gîte est mitoyen à la maison des propriétaires et dispose d'une grande terrasse bien ensoleillée avec mobilier de jardin. Ici l'environnement de pleine nature est adapté aux vacanciers recherchant le calme et la découverte du milieu rural. Nombreuses balades pédestres autour de Limoux à 7 km. Le gîte comprend : séjour avec cheminée, TV, cuisine indépendante avec LL et LV, four MO. 3 chambres (2 lits 2 pers., 2 lits 1 pers.), salle d'eau, wc indép., draps fournis. Ménage à la demande (30 €). Chauffage électrique.

GITES DE FRANCE-SERVICE RESERVATION - 78 ter, rue Barbacane - 11000 CARCASSONNE
Tél. : 04 68 11 40 70 - Fax: 04 68 11 40 72 - Email : GITESDEFRANCE.AUDE@wanadoo.fr - www.gites-de-france-aude.com

| HORS SAIS. | VAC. SCOL. | JUIN | JUILLET | AOUT | SEPT. |
|---|---|---|---|---|---|
| 220 | 260 | 360 | 451 | 451 | 360 |

| 7 | 35 | 7 | 7 | 20 | 7 | 7 | 7 |
|---|---|---|---|---|---|---|---|

LANGUEDOC-ROUSSILLON — Pictos voir p. 12

# AUDE - 11

## N° 1323 ST-PIERRE-DES-CHAMPS — Domaine de Forodonos — CM 86 pli 8

NN 5 pers.

A 5 km de Lagrasse, un des plus beaux villages de France, au coeur du Pays Cathare, gîte aménagé sur un domaine comprenant un autre gîte, bien indépendant. Terrain attenant ombragé aménagé devant le gîte avec salon de jardin et barbecue. Possibilité de week-end chasse, sur invitation. Gîte sur 3 niveaux : séjour-cuisine (TV-LV) donnant sur un terre-plein aménagé en jardin, en contrebas 1 ch. (3 lits 1 pers.). Salle d'eau, wc ind. Au dessus du séjour, 1 chambre avec terrasse-solarium (2 lits 2 pers.). Chauffage électr. Draps à disposition, ménage en fin de séjour.

René BERTRAND - 2 rue des Lauriers - 11220 ST-PIERRE-DES-CHAMPS
Tél. : 04 68 43 11 08

| VAC. SCOL. | JUIN | JUILLET | AOUT | SEPT. | WEEK-END |
|---|---|---|---|---|---|
| 256 | 287 | 350 | 350 | 287 | 110 |

| | | | | | | | |
|---|---|---|---|---|---|---|---|
| 40 | 5 | 40 | 6 | 5 | 40 | 20 | 28 | 5 |

## N° 1364 ST-PIERRE-DES-CHAMPS — Le Château — CM 86 pli 8

NN 7 pers.

Gîte de caractère, aménagé dans une partie du château de St Pierre des Champs qui domine les gorges de l'Orbieu, en plein pays cathare, proche du village de Lagrasse, un des plus beaux villages de France, avec ses ruelles pavées et son abbaye bénédictine. Jardin et terrasse fleuris privée avec salon de jardin. Petite piscine privée pour les 2 gîtes. Parking à 50 m. Le gîte est sur 3 niveaux : au rdc, séjour-cuisine. WC. A l'ét., 2 ch. (2 lits 2 pers.) avec 2 s. d'eau-wc. Grande terrasse panoramique. Au 2ème ét., 2 ch. (4 lits 80). S. d'eau. WC. Chauffage électrique. Draps et ménage inclus en Juillet et Août.

GITES DE FRANCE-SERVICE RESERVATION - 78 ter, rue Barbacane - 11000 CARCASSONNE
Tél. : 04 68 11 40 70 - Fax: 04 68 11 40 72 - Email : GITESDEFRANCE.AUDE@wanadoo.fr - www.gites-de-france-aude.com

| HORS SAIS. | VAC. SCOL. | JUIN | JUILLET | AOUT | SEPT. |
|---|---|---|---|---|---|
| 295 | 366 | 496 | 827 | 827 | 496 |

| | | | | | | | | |
|---|---|---|---|---|---|---|---|---|
| 45 | 5 | 45 | SP | SP | 40 | SP | 15 | 5 |

## N° 905 ST-PIERRE-DES-CHAMPS — Le Château — CM 86 pli 8

NN 7 pers.

Gîte de caractère, aménagé dans une partie du château de St Pierre des Champs dominant les gorges de l'Orbieu, en plein pays cathare, proche du village de Lagrasse, un des plus beaux villages de France, avec ses ruelles pavées. Jardin d'hiver et patio fleuri de 30m2 avec salon de jardin. Piscine privée pour les 2 gîtes. Sur 2 niveaux : au rdc, séjour avec cheminée, salon avec TV. WC. A l'ét. 1 : cuisine, salle à manger. 1 ch. (1 lit 2 pers.), salle d'eau/WC. Au 2ème ét. : 3 ch. (1 lit 2 pers., 2 lits 1 pers.,1 lit 120), s. de bains/WC. Chauf. et climatisation. Draps et ménage en Juillet et Août. Sèche-linge.

GITES DE FRANCE-SERVICE RESERVATION - 78 ter, rue Barbacane - 11000 CARCASSONNE
Tél. : 04 68 11 40 70 - Fax: 04 68 11 40 72 - Email : GITESDEFRANCE.AUDE@wanadoo.fr - www.gites-de-france-aude.com

| HORS SAIS. | VAC. SCOL. | JUIN | JUILLET | AOUT | SEPT. |
|---|---|---|---|---|---|
| 250 | 310 | 420 | 700 | 700 | 420 |

| | | | | | | | | |
|---|---|---|---|---|---|---|---|---|
| 45 | 5 | 45 | SP | SP | 40 | SP | 15 | 5 |

## N° 1360 TUCHAN — CM 86 pli 9

NN 4 pers.

Gîte de plain-pied sur une exploitation viticole, dans un endroit calme du village de Tuchan. Au coeur des Corbières, village avec toutes les commodités, proche des châteaux du Pays Cathare. Piscine et tennis au village. En Rez-de-chaussée, séjour-cuisine avec Lave-vaisselle et TV, 2 chambres (1 lit 2 pers., 2 lits 1 pers.). Salle d'eau, wc. Terrasse avec salon de jardin, jardin commun avec barbecue.

Chantal LLASERA-ECHENNE - 4 rue de la Gare - 11350 TUCHAN
Tél. : 04 68 45 46 85

| HORS SAIS. | VAC. SCOL. | JUIN | JUILLET | AOUT | SEPT. | WEEK-END |
|---|---|---|---|---|---|---|
| 290 | 335 | 395 | 535 | 535 | 395 | 137 |

| | | | | | | | |
|---|---|---|---|---|---|---|---|
| 40 | SP | 40 | SP | 1 | 25 | 0,2 | 40 | SP |

## N° 1361 TUCHAN — CM 86 pli 9

NN 6 pers.

Gîte en coeur de village sur la rue principale avec un jardin fleuri et calme sur l'arrière du gîte. Au coeur des Corbières, le village a toutes les commodités, proche des châteaux Cathares. Piscine et tennis au village. Gîte au dessus d'un garage. Séjour (TV), cuisine (LV, MO), salle d'eau, wc. 4 chambres dont une en alcôve (2 lits 2 pers., 2 lits 1 pers.), lave-linge. Chauffage électrique. Jardin fleuri et aménagé.

Chantal LLASERA-ECHENNE - 4 rue de la Gare - 11350 TUCHAN
Tél. : 04 68 45 46 85

| HORS SAIS. | VAC. SCOL. | JUIN | JUILLET | AOUT | SEPT. | WEEK-END |
|---|---|---|---|---|---|---|
| 290 | 335 | 395 | 535 | 535 | 395 | 137 |

| | | | | | | | |
|---|---|---|---|---|---|---|---|
| 40 | SP | 40 | SP | 1 | 25 | 0,2 | 40 | SP |

## N° 1354 VILLEROUGE-TERMENES — CM 86 pli 8

NN 5 pers.

Dans centre du village, face château de Villerouge Termenès, gîte rural aménagé dans une jolie maison en pierres donnant sur petite montée vers l'église. Au village, une rôtisserie médiévale vous accueillera pour des repas inoubliables. Au départ du gîte, vous accéderez aux "petites vadrouilles" qui sont balisées et vous feront découvrir de superbes paysages. Le gîte comprend : séjour-cuisine cellier avec grande cheminée, TV, LL. Au 1er, 2 ch. (2 lits 2 pers., 1 lit 1 pers.). Salle de bains, WC, salon. Petit terrain non attenant pour étendre le linge à 100 m. Chauffage élect. Ménage en fin de séjour 23 €.

GITES DE FRANCE-SERVICE RESERVATION - 78 ter, rue Barbacane - 11000 CARCASSONNE
Tél. : 04 68 11 40 70 - Fax: 04 68 11 40 72 - Email : GITESDEFRANCE.AUDE@wanadoo.fr - www.gites-de-france-aude.com

| VAC. SCOL. | JUIN | JUILLET | AOUT | SEPT. |
|---|---|---|---|---|
| 250 | 261 | 340 | 340 | 261 |

| | | | | | | | | |
|---|---|---|---|---|---|---|---|---|
| 40 | SP | 40 | 15 | 1 | 55 | 33 | 33 | SP |

# GARD - 30

**GITES DE FRANCE** - Service Réservation - Maison du Tourisme
3, place des Arènes - B.P. 59 - 30007 NÎMES CEDEX 4
Tél. 04 66 27 94 94 - Fax. 04 66 27 94 95
E.mail : contacts@gites-de-france-gard.asso.fr
www.gites-de-france-gard.asso.fr

---

### N° GR2310  ALLEGRE — Le Puech

**NN  6 pers.**

Uzès 30 km. Avignon 80 km. Grand séjour, salle à manger, salle d'eau double, 3 ch. dont 2 adultes (1 couchage 160 X 200), 1 enfant (2 lits 1 pers.). Maison isolée dans la garrigue au bord d'une rivière. Proximité d'une station thermale avec de nombreuses animations estivales. Pont d'Arc, Pont du Gard. A 1 heure de la mer des Cévennes. Ouvert toute l'année.

Christophe TAULELLE - Arlinde - 30500 ALLEGRE
Tél. : 04 66 24 82 81 - Fax : 04 66 54 00 56 - SR : 04 66 27 94 94

| BASSE SAIS. | MOY. SAIS. | HTE SAIS. | WEEK-END |
|---|---|---|---|
| 400 | 500 | 650 | 100 |

| | | | | | | | | | |
|---|---|---|---|---|---|---|---|---|---|
| 5 | 5 | 2 | 1 | 1 | 10 | 100 | 1 | 20 | 0,5 |

---

### N° GR2419  ANDUZE — Mas la Dragonne

**NN  6 pers.**

Anduze 4 km. Musée du Désert 10 km. Musée des Vallées Cévenades 15 km. Appartement indépendant : cuisine (micro-ondes, l-vaisselle, l-linge...). Salon : 2 canapés, TV, meubles anciens. 2 ch. (lit double avec baldaquins) déco ancienne, mezzanine (2 lits). Terrasse avec vue ext. avec meubles teck. Piscine. Jardin 8 ha. Boulodrome. Parking. Calme. Ancienne magnanerie indépendante aménagée avec goût, décorée d'antiquités dans un mas cévenol du XVe. Séjour détente absolue dans 8 ha de bois sur les hauteurs d'Anduze. Nombreux sites et musées. Tout Confort. Ouvert toute l'année.

Thierry et Anne DESERT - 1405 chemin de Fraisal - 30140 ANDUZE
Tél. : 04 66 60 92 55 - Fax : 04 66 60 92 61 - Email : masladragonne@wanadoo.fr - www.masladragonne.fr.st - SR : 04 66 27 94 94

| BASSE SAIS. | MOY. SAIS. | HTE SAIS. | WEEK-END | W.-E. DETENTE |
|---|---|---|---|---|
| 520 | 670 | 810 | 180 | 220 |

| | | | | | | | | | |
|---|---|---|---|---|---|---|---|---|---|
| 3 | 30 | 0,5 | 0,1 | 3 | 0,1 | 50 | 3 | 9 | 2 |

---

### N° 2318  AUMESSAS — Terre Fine

**NN  5 pers.**

Caüsses et Cirque de Navacelles 12 km. Gorges du Tarn 40 km. Terrasse avec salon de jardin et barbecue. Salle à manger avec cheminée, TV, canapé. Cuisine, micro-ondes, lave-vaisselle, congélateur. 2 ch. (1 lit 2 pers.). 2 salles d'eau (douche, baignoire, machine à laver le linge), 2 WC. Gîte accessible handicapés. Calme et repos assuré, en bordure du Parc National des Cévennes, nombreux parcours de randonnées, pédestres, équestres, VTT, depuis le gîte. A proximité : rivière, pêche, coin baignade et jeux enfants. Ouvert toute l'année.

Marc LABINAL - 180 chemin des Lauzes - 34190 LAROQUE
Tél. : 04 67 73 85 46 - Fax : 04 67 73 85 46 - Email : marc.labinal@libertysurf.fr - SR : 04 66 27 94 94

| BASSE SAIS. | MOY. SAIS. | HTE SAIS. |
|---|---|---|
| 280 | 390 | 440 |

| | | | | | | | | | |
|---|---|---|---|---|---|---|---|---|---|
| 0,2 | 30 | 3 | 0,1 | 0,2 | 15 | 80 | 0,2 | 70 | 3 |

---

### N° GP0705  BEAUCAIRE — Domaine de la Tour

**NN  4/6 pers.**

Arles 18 km. N?mes 20 km. Avignon 25 km. Pont du Gard 25 km. Et. : s. de bains, baignoire, lavabo, WC, 1 ch. (2 lits 1 pers.), 1 ch. (1 lit 2 pers.). RDC : Auvent table, cuisine, l-vaisselle, l-linge, s-linge, four, s. à manger, séj., TV, clic-clac, s. d'eau, douche, lavabo, WC. Chauff. électr. Loc. draps et linge de toilette. Au coeur des vignes d'un domaine viticole en agriculture biologique du XII longé par le canal du Rhône à Sète, vous pourrez faire des promenades le long des vignes et vergers. A 6km, Beaucaire ville d'Art et d'Histoire offre beaucoup d'activités, de manifestations estivale. Ouvert du 1.04 au 30.09.

Philippe CLUZEL - Route de Bellegarde - Domaine de la Tour - 30300 BEAUCAIRE
Tél. : 04 66 01 61 86 - Fax : 04 66 01 61 86 - Email : domtour@tele2.fr

| BASSE SAIS. | MOY. SAIS. | HTE SAIS. | WEEK-END |
|---|---|---|---|
| 420 | 480 | 550 | 140 |

| | | | | | | | |
|---|---|---|---|---|---|---|---|
| 7 | 7 | 2 | 7 | 45 | 7 | 10 | 5 |

---

### N° GR2347  BEZ-ET-ESPARON — 650 m

**NN  5 pers.**

2 grandes chambres (1 lit 160, 1 lit bébé, 1 banquette BZ, lits superposés). Equipement grand confort, lave-vaisselle, four micro-ondes, lave-linge. Gîte spacieux avec grande salle de bains, placard, cuisine américaine. Pelouse et espace jardin devant gîte plein pied. Vue panoramique. Ferme isolée dans les châtaigniers et calme. Proximité rivière. Agriculture biologique, en élevage, découverte de la ferme, vente de produits fermiers. Nombreuses randonnées pédestres au départ du gîte. Millau, Roquefort.

Nicole GUY - Ferme des Chataigniers-Esparon - 30120 BEZ-ET-ESPARON
Tél. : 04 67 81 95 11 - SR : 04 66 27 94 94

| BASSE SAIS. | MOY. SAIS. | HTE SAIS. |
|---|---|---|
| 535 | 535 | 535 |

| | | | | | | | |
|---|---|---|---|---|---|---|---|
| 5 | 17 | 3 | SP | 6 | 8 | 75 | 5 |

**LANGUEDOC-ROUSSILLON**

# GARD - 30

## N° GR2341 LAMELOUZE — Les Apperets

**NN 5 pers.**

Anduze 24 km. Cuisine, salle de séjour, 2 salles d'eau et WC, lave-linge, lave-vaisselle, terrasse, loc. draps, 2 ch. (2 lits 2 pers., 1 lit 1 pers.). Gîte à la ferme dans bel ensemble bâti. Situé au coeur des Cévennes avec belle vue sur la Vallée du Galeizon. Promenade dans les chataignières, chemins de grande randonnée, baignade dans l'eau claire de rivière (La Galeizon). Ouvert toute l'année.

Jean-Luc CHABROL - Les Appenets - 30110 LAMELOUZE
Tél. : 04 66 34 17 97 - Fax: 04 66 34 17 97 - SR : 04 66 27 94 94

| BASSE SAIS. | MOY. SAIS. | HTE SAIS. | WEEK-END |
|---|---|---|---|
| 335 | 350 | 430 | 99 |

| | | | | | | | | | |
|---|---|---|---|---|---|---|---|---|---|
| 2,5 | 11 | SP | 2,5 | 11 | 80 | 11 | 11 | 11 | |

## N° 2328 MONTFAUCON

**NN 4 pers.**

Avignon 30 km. Nîmes 30 km. Séjour cuisine. 2 chambres. Coin-repos. WC. Salle de bains avec wc. Jardin, terrasse, chauffage électrique. Rez-de-chaussée. Lave-linge, lave-vaisselle, TV, location de draps, climatisation, magnétoscope. Village au bord du Rhône, à 30 mn d'Uzès, d'Avignon et de Nîmes. Vue colline de pins, surplombe la Vallée du Rhône, avec un château Médiéval, qui offre un panorama sur la Provence limitrophe. Un havre solitaire, situé à vol d'oiseau des centres culturels. Ouvert toute l'année.

Clément SERGUIER - Place de la Poste - 30150 MONTFAUCON
Tél. : 04 66 50 19 67 - Fax : 04 66 50 44 87 - Email : serguierdomus@wanadoo.fr - SR : 04 66 27 94 94

| BASSE SAIS. | MOY. SAIS. | HTE SAIS. | WEEK-END |
|---|---|---|---|
| 280 | 380 | 500 | 150 |

| | | | | | | | | | |
|---|---|---|---|---|---|---|---|---|---|
| 20 | 20 | SP | 5 | 20 | 0,1 | 60 | 0,1 | 30 | 3 |

## N° GR2313 LES PLANTIERS — Faveyrolles — 550 m

**NN 5 pers.**

St Jean du Gard 25 km. Grands Causses 30 km. Anduze 40 km. Grand séjour avec cuisine, congélateur, lave-vaisselle, télévision, cheminée cévenole, lave-linge. 1 ch. (1 lit 2 pers.), 1 ch. (lits superposés), 1 ch. pour enfant. Salle d'eau, WC séparé. Bains de soleil. Gîte avec terrasse aménagée, dans une ancienne ferme du XVIIIe avec magnanerie. Situé dans un hameau calme au bord d'un chemin de randonnée entre les hautes vallées du "Gardon" de St Jean et de "l'hérault" il vous permettra de découvrir un paysage cévenol : montagnes sauvages, vallats, muriers. Ouvert toute l'année.

Nicole STEINER - 1 place du 8 mai 45 - 30260 QUISSAC
Tél. : 06 78 78 49 56 - 04 66 77 29 24 - SR : 04 66 27 94 94 - Email : lospelos@wanadoo.fr

| BASSE SAIS. | MOY. SAIS. | HTE SAIS. | WEEK-END |
|---|---|---|---|
| 220 | 270 | 390 | 95 |

| | | | | | | | | | |
|---|---|---|---|---|---|---|---|---|---|
| 0,5 | 25 | 25 | 0,5 | 1 | 25 | 90 | 9,5 | 50 | 4,5 |

## N° 2308 ROBIAC-ROCHESSADOULE — Le Buis

**NN 2 pers.**

Grotte de la Cocalière 10 km. Gorges de l'Ardèche 14 km. Ferme biologique. Gîte mitoyen dans ensemble bâtiment. Séjour, cuisine, mezzanine, salle d'eau avec WC, terrain, terrasse, chauffage électrique, lave-linge, télévision. Location draps. Bibliothèque, ping-pong. Lit enfant, 1 ch., 1 clic-clac, 2 lits 1 pers. Très mignon idéal pour un couple ou en petite famille. Proche des rivières sauvages et magnifiques pour se baigner, randonnées pédestres (PR7, PR6, PR3) et chemins de VTT. Villages Cévenols et Eglises romanes. Ouvert toute l'année.

Pierre CHAMBON PERRIER - "La Noria" - Route du Buis - 30160 ROBIAC-ROCHESSADOULE
Tél. : 04 66 25 39 51 - Fax : 04 66 25 39 51 - Email : chambonpep@wanadoo.fr - www.cevennes-lanoria.com - SR : 04 66 27 94 94

| BASSE SAIS. | MOY. SAIS. | HTE SAIS. | WEEK-END |
|---|---|---|---|
| 210 | 210 | 310 | 100 |

| | | | | | | | | | |
|---|---|---|---|---|---|---|---|---|---|
| 2 | 8 | 1 | 2 | 0,5 | 2 | 90 | 2 | 0,5 | 0,5 |

## N° GP0706 ST-AMBROIX

**NN 7 pers.**

Vallon Pont d'Arc 30 km. Le Pont du Gard 30 km. 3 chambres, 2 salles de bain, 2 WC, cuisine équipé, tout confort, lave-vaisselle, four micro-ondes, lave-linge, télévision, grand séjour. Dans un cadre champêtre calme 3 villas sur 5000 m2 de terrain clos et arboré. Piscine 6 x 12 m à partager entre les 3 maisons. Possibilité d'accueil de 5 à 18 pers. Ouvert toute l'année.

Alain ALESSO - 68 chemin de la Station - 30500 ST-AMBROIX
Tél. : 04 66 24 33 09 - 06 10 32 67 73 - Fax : 04 66 24 33 09

| BASSE SAIS. | MOY. SAIS. | HTE SAIS. |
|---|---|---|
| 641 | 839 | 976 |

| | | | | | | | | |
|---|---|---|---|---|---|---|---|---|
| 0,3 | 0,3 | 5 | 2 | 0,3 | SP | 100 | 1 | 2 | 1 |

## N° GR2351 ST-DENIS — CM 80

**NN 6 pers.**

Cévennes 10 km. Gorges de la Cèze 10 km. Gorges de l'Ardèche 25 km. Gîte de 70 m2 : 1 ch. (1 lit 2 pers.), 1 ch. (1 lit 2 pers., 2 lits 1 pers.), 1 salle d'eau et WC indépendant. Séjour : coin salon, cuisine (lave-vaisselle, micro-ondes). Bergerie aménagé avec beaucoup de charme et confortable. De plein pied vous disposez d'un jardin pour d'agréables repas en plein air. Une splendide baignade est située à 400 m du gîte. Une plage pour petits et grands completera les délicieux instants de détente. Ouvert toute l'année.

Gilles ARNAUD - La Maison Carrée - 30500 ST-DENIS
Tél. : 04 66 24 40 94 - Fax : 04 66 24 40 94 - Email : sudloisirs@free.fr - http://lamaisoncarree.com - SR : 04 66 27 94 94

| BASSE SAIS. | MOY. SAIS. | HTE SAIS. | WEEK-END |
|---|---|---|---|
| 390 | 420 | 690 | 150 |

| | | | | | | | | | |
|---|---|---|---|---|---|---|---|---|---|
| 0,8 | 2 | 7 | 4 | 0,8 | 4 | 80 | 4 | 4 | 4 |

# GARD - 30

## N° GR2423  ST-DEZERY
**NN  6 pers.**

Uzès 15 km. Nîmes 25 km. Alée 25 km. Maison indépendante. Cuisine (lave-vaisselle, micro-ondes), salle de séjour, salon, TV, 2 chambres, salle de bains à l'étage. 1 chambre, salle de bains (lave-linge) + WC au RDC. Petit jardin clos, barbecue, cour fermée. Chauffage électrique. Accueil bébé possible. Tarifs réduits pour séjours supérieurs à 15 jours, hors saison. Bâtisse ancienne en bordure de village, calme, jardin fleuri, au cœur du vignoble gardois, à mi-chemin entre Méditerranée et Cévennes. Nombreux circuits de randonnées, escalades et tennis proches.

Annie MICHEL - Route de Moussac - 30190 ST-DEZERY
Tél. : 04 66 81 26 67 - SR : 04 66 27 94 94

| BASSE SAIS. | MOY. SAIS. | HTE SAIS. | WEEK-END |
|---|---|---|---|
| 380 | 450 | 530 | 200 |

| | | | | | | | | | |
|---|---|---|---|---|---|---|---|---|---|
| 20 | 20 | 5 | 5 | 15 | 60 | 4 | 7 | 5 | |

## N° GR2400  ST-DEZERY
**NN  4 pers.**

Uzès 15 km. Nîmes 20 km. Pont du Gard 25 km. Cévennes 35 km. RDC : cuisine, séjour, WC. Etage : 2 chambres, salle de bains, WC. Chauffage électrique, lave-linge, location draps lit enfant si demande. Abri voiture, ping-pong, piscine familiale. Gîte semi indépendant dans bâtiment domaine agricole, terrain attenant ombragé. Gîte agréable à proximité de sites touristiques variés. Ouvert toute l'année.

Lise CLEIZERGUES - Rue Marguerit - 30190 ST-DEZERY
Tél. : 04 66 81 21 27 - Fax : 04 66 81 21 27 - SR : 04 66 27 94 94

| BASSE SAIS. | MOY. SAIS. | HTE SAIS. | WEEK-END |
|---|---|---|---|
| 350 | 470 | 570 | 180 |

| | | | | | | | | |
|---|---|---|---|---|---|---|---|---|
| 10 | 20 | 10 | 5 | SP | 65 | 4 | 3 | |

## N° GR2309  STE-ANASTASIE
**NN  4/6 pers.**

Nîmes 8 km. Uzès 12 km. Pont du Gard 20 km. Camargue 25 km. Gîte indépendant dans un grand mas. Salle de séjour avec cuisine américaine. Télévision par satellite, lave-vaisselle, lave-linge. 2 chambres, 1 salle de bains avec WC, 1 salle d'eau avec WC. Terrasse avec meubles de jardin. Equipements communs : piscine, ping-pong, volleyball, pétanque. Situé entre Nîmes, Uzès et le Pont du Gard, sur le site protégé des Gorges du Gardon, le Domaine du Mazet est une exploitation agricole de 25 ha, isolée dans la garrigue. Grand calme. Ouvert toute l'année.

Guy et Dominique GARRIGUE - Domaine du Mazet - Route de Nîmes (D 418) - 30190 STE-ANASTASIE
Tél. : 04 66 63 19 59 - SR : 04 66 27 94 94 - Email : ggarrigue1@aol.com - http://ggarrigue.free.fr

| BASSE SAIS. | MOY. SAIS. | HTE SAIS. | WEEK-END |
|---|---|---|---|
| 500 | 600 | 750 | 300 |

| | | | | | | | |
|---|---|---|---|---|---|---|---|
| 0,8 | 0,8 | 0,8 | 0,8 | SP | 40 | 7 | 3 |

## N° 2312  ST-HILAIRE-D'OZILHAN
**NN  4 pers.**

Pont du Gard 5 km. Uzès 20 km. Avignon 20 km. Nîmes 25 km. Gîte 53 m2. Partie de la bastide, en pierre, cour indépendante comprenant : salon, coin cuisine, 2 chambres, salle d'eau, WC indép. Lave-linge, micro-ondes, TV, chauffage électrique. Tout pour bébé. Parking clos. Petits animaux acceptés. Poss. ménage fin séjour 30 €. Loc. draps. Forfait chauf. 30 €/sem. Pays de Vigne et d'oliviers. Vue sur Pont du Gard à proximité d'Avignon, de Nîmes, d'Uzès, Arles. Rivières et forêts à proximité. Nombreuses randonnées possibles. Ouvert toute l'année.

Yvon et Marie-Claire LAVIGNE - 5 rue Paul Blisson - 30210 ST-HILAIRE-D'OZILHAN
Tél. : 04 66 37 12 39 - 06 88 46 02 31 - SR : 04 66 27 94 94

| BASSE SAIS. | MOY. SAIS. | HTE SAIS. | WEEK-END |
|---|---|---|---|
| 275 | 380 | 440 | 100 |

| | | | | | | | | |
|---|---|---|---|---|---|---|---|---|
| 5 | 10 | 8 | 10 | 10 | 8 | 70 | 3,5 | 20 | 3 |

## N° 2346  ST-JEAN-DE-MARUEJOLS
**NN  4 pers.**

Vallon Pont d'Arc 20 km. Uzès 30 km. Cévennes 30 km. Nîmes 60 km. Séjour/coin cuisine, coin salon avec convertible. Mezzanine avec literie, 1 chambre (1 lit 2 pers.), salle d'eau, WC. Garage à vélo, lave-vaisselle, lave-linge, TV, magnétoscope, congél., micro-ondes. Draps fournis. Jardin, terrasse. A l'écart du village, dans un cadre reposant, dans une vieille grange entièrement restaurée. Et pour plus de détente notre région vous permet des promenades à pied, à cheval, en VTT. Baignade, pêche et canoë dans la Cèze ou l'Ardèche. Ouvert toute l'année.

Eric CHANTE - 4 place de la Guinguette - 30430 ST-JEAN-DE-MARUEJOLS
Tél. : 04 66 24 44 03 - Fax : 04 66 24 44 03 - Email : eric.chante@wanadoo.fr - SR : 04 66 27 94 94

| BASSE SAIS. | MOY. SAIS. | HTE SAIS. | WEEK-END |
|---|---|---|---|
| 260 | 305 | 381 | 100 |

| | | | | | | | | |
|---|---|---|---|---|---|---|---|---|
| 1 | 2 | 10 | 1 | 1 | 8 | 100 | 0,5 | 25 | 0,5 |

## N° GR2321  ST-LAURENT
**NN  6 pers.** L'Abbé

Aigues Mortes 1,5 km. Grau du Roi 6 km. Ste Maries de la Mer 30 km. Séjour, cuisine, 2 chambres, mezzanine, WC, salle de bains, terrain attenant avec pelouse, terrasse couverte, chauffage électrique, lave-linge, lave-vaisselle, télévision, jardin privatif avec vue sur étang. Situés au cœur de la Camargue à 1,5 km de la ville d'Aigues Mortes réputée pour ses remparts. Vue panoramique sur un très bel champ où vit une faune locale abondante, tranquillité et repos assurés.

Hélène et Philippe COMBE - Mas des Cygnes - 30220 ST-LAURENT D'AIGOUZE
Tél. : 04 66 53 88 70 - 06 22 13 54 44 - Fax : 04 66 53 88 70 - Email : masdescygnes@tiscali.fr - douceprovence.fr.st

| BASSE SAIS. | MOY. SAIS. | HTE SAIS. | WEEK-END |
|---|---|---|---|
| 450 | 520 | 620 | 250 |

| | | | | | | | | |
|---|---|---|---|---|---|---|---|---|
| 8 | 5 | SP | 8 | 8 | 2 | 2 | 1 | |

# GARD - 30

## N° 2315 — ST-PRIVAT-DE-CHAMPCLOS

**NN 5 pers.**

Orgnac 10 km. Gorges de l'Ardèche 15 km. Vallon Pont D'Arc 15 km. 1er niveau : séjour/salle à manger, cuisine, 1 ch. (1 lit 2 pers., 1 lit 1 pers.). 2ème niveau : séjour avec TV et convertible, 1 ch. (1 lit 2 pers.), salle d'eau, WC, chauffage électrique et cheminée à foyer fermé dans séjour/salle à manger, lave-linge, lave-vaisselle, salon de jardin pour repas sur terrasse. Proximité des sites culturels, historiques et paysagers à l'écart des concentrations touristiques, dans le cadre d'un hameau parfaitement authentique. Espace à vivre sur 3 niveaux (plus terrasse). Confortable et chaleureux. Ouvert toute l'année.

Jacques LONCHAMPT - Russargues - Hameau St Privat de Champclos - 30430 ST-PRIVAT-DE-CHAMPCLOS
Tél. : 04 66 24 53 10 - Fax : 04 66 24 53 10 - Email : djlonchampt@wanadoo.fr - SR : 04 66 27 94 94

| BASSE SAIS. | MOY. SAIS. | HTE SAIS. |
|---|---|---|
| 380 | 420 | 500 |

| | | | | | | | | |
|---|---|---|---|---|---|---|---|---|
| 5 | 5 | 8 | 6 | 5 | 3 | 95 | 1 | 35 | 3 |

## N° 2324 — SUMENE — Mas de Fontfroide

**NN 4 pers.**

Montpellier 50 km. Nîmes 60 km. Environnement de mas. Gîte mitoyen dans ensemble bâti dans maison du propriétaire. Equipement : séjour cuisine, 2 chambres, salle d'eau, WC, terrain attenant, terrasse, chauffage électrique, lave-linge, lave-vaisselle, piscine commune. Ouvert toute l'année.

Michel FOURCADE - Route de St Martial - Mas du Villaret - 30440 SUMENE
Tél. : 04 67 81 40 21 - SR : 04 66 27 94 94 - Email : fourcados@tiscali.fr

| BASSE SAIS. | MOY. SAIS. | HTE SAIS. | WEEK-END |
|---|---|---|---|
| 240 | 320 | 500 | 100 |

| | | | | | | | | |
|---|---|---|---|---|---|---|---|---|
| SP | 10 | 10 | SP | 1 | SP | 50 | 3 | 50 | 3 |

## N° 2348 — VABRES — Le Valat

**NN 4/6 pers.**

Parc des Cevennes 10 km. Anduze 12 km. Grand salon, cuisine américaine avec lave-vaisselle, lave-linge, congélateur, 1 ch. (1 lit 2 pers.), 1 ch. (2 lits 1 pers.), 1 mezzanine avec clic-clac. Douche, WC séparés. Surf. totale 100 m2. Coin bibliothèque, jeux. Gîte en pleine nature dans un vieux mas totalement indépendant face à une cascade, grand terrain, terrasse, plein sud. Chemin de randonnées. Ouvert du 1er juin au 30 septembre.

Martine LAUBRIET - Mas de Valat - 30460 VABRES
Tél. : 04 66 85 49 05 - Email : claude.laubriet@libertysurf.fr - SR : 04 66 27 94 94

| BASSE SAIS. | MOY. SAIS. | HTE SAIS. |
|---|---|---|
| 320 | 360 | 440 |

| | | | | | | | |
|---|---|---|---|---|---|---|---|
| SP | 20 | 2 | SP | SP | 70 | 0,5 | 25 | 5 |

## N° GP0695 — VENEJAN — Domaine de l'île St Georges

**NN 6 pers.**

Vallée de la Cèze 10 km. Gorges de l'Ardèche 15 km. Duché d'Uzès 30km. Env. de Mas. Gîte totalement indépendant, cuisine, salle de séj./salon, 3 ch., s. d'eau, WC, terrasse, chauff. électr., abri de voiture, l-linge, l-vaisselle, loc. draps, piscine privée commune, grande cour, TV sur demande. En bordure du Rhône, dans le domaine de l'île St Georges, le mas St Nicolas ouvre ses portes aux passionnés d'architecture au passé historique. La superbe fresque du St Nicolas reflétant sur la piscine ne laissera pas indifférents les amateurs d'arts. Ouvert toute l'année.

Francine LE ROY - Mas St Nicolas - Domaine de l'île St Georges - 30200 VENEJAN
Tél. : 04 66 39 90 30 - Fax : 04 66 39 90 30 - Email : mas.st.nicolas.venejan@wanadoo.fr

| BASSE SAIS. | MOY. SAIS. | HTE SAIS. | WEEK-END |
|---|---|---|---|
| 300 | 350 | 610 | 150 |

| | | | | | | | | |
|---|---|---|---|---|---|---|---|---|
| 10 | 10 | 2 | 12 | 0,1 | 5 | 90 | 5 | 45 | 5 |

## N° 2329 — VERGEZE — Mas de Guin

**NN 7 pers.**

Grau du Roi 20 km. Nîmes 25 km. Montpellier 30 km. Cuisine, salle de séjour, 3 ch. (2 lits 2 pers., 2 lits 1 pers., 1 lit 120), salle d'eau, salle de bains, 2 WC. Terrain, terrasse, chauffage électrique, lave-linge, lave-vaisselle, TV, climatisation, abri voiture, location draps. A proximité de la petite camargue méditerréenne à mi-chemin de Nîmes et Montpellier. C'est dans le calme de notre bâtisse mediterréene que vous aurez plaisir à vous reposer à l'ombre des oliviers et des platanes. Vous pourrez assister à notre passion : l'élevage et dressage de chevaux lusitaniens. Ouvert toute l'année.

Fernando MARTINEZ - Mas de Veyrac - 30310 VERGEZE
Tél. : 06 20 86 78 91 - Fax : 04 66 88 30 93 - SR : 04 66 27 94 94

| BASSE SAIS. | MOY. SAIS. | HTE SAIS. | WEEK-END |
|---|---|---|---|
| 400 | 550 | 700 | 300 |

| | | | | | | |
|---|---|---|---|---|---|---|
| 1 | 5 | 1 | 5 | 20 | 5 | 4 | 4 |

## N° GR2330 — VERGEZE — Mas de Guin

**NN 7 pers.**

Grau du Roi 20 km. Nîmes 25 km. Montpellier 30 km. Cuisine, salle de séjour, 3 ch. (2 lits 2 pers., 2 lits 1 pers., 1 lit 120), salle d'eau, salle de bains, 2 WC. Terrain attenant, terrasse, chauffage électrique, lave-linge, lave-vaisselle, télévision, climatisation, abri voiture, location draps. Mas méditerranéen avec grande cour intérieure. Loin des routes, tranquillité garantie. Entièrement rénové à neuf tout en gardant le charme avec poutre et beacoup de luminosité. Très coloré puisque chaque chambre a un thême de couleur différent. Très chaleureux et convivial. Ouvert toute l'année.

Isabel BROCHET MARTINEZ - 134 rue de la Poste - 30121 MUS
Tél. : 06 15 06 33 29 - Fax : 04 66 88 30 93 - SR : 04 66 27 94 94

| BASSE SAIS. | MOY. SAIS. | HTE SAIS. | WEEK-END |
|---|---|---|---|
| 400 | 550 | 700 | 300 |

| | | | | | | |
|---|---|---|---|---|---|---|
| 1 | 5 | 1 | 5 | 20 | 5 | 4 | 4 |

# HÉRAULT - 34

**GITES DE FRANCE** - Service Réservation - Maison du Tourisme
Avenue des Moulins - 34184 MONTPELLIER Cédex 4
Tél. 04 67 67 71 62 ou 04 67 67 71 83 - Fax. 04 67 67 71 69
E-mail : contact@gites-de-france-herault.asso.fr
www.gites-de-france-herault.asso.fr

3615 Gîtes de France
RESA - 0,2 €/mn

## PERIODES TARIFAIRES

**TRÈS HAUTE SAISON :** du 10.07 au 21.08 - **HAUTE SAISON :** du 26.06 au 10.07 et du 21.08 au 11.09 - **MOYENNE SAISON :** du 3.04 au 26.06, du 11.09 au 2.10, du 16.10 au 6.11 et du 18.12 au 10.01.05 - **BASSE SAISON :** du 7.02 au 6.03 - **TRÈS BASSE SAISON :** du 10.01 au 7.02, du 6.03 au 3.04, du 2.10 au 16.10 et du 6.12 au 18.12

### N° 1203 — ARGELLIERS — Domaine de Maure — CM 83 pli 6
**NN — 8 pers.**

Sur domaine de 450 hectares appartement au 2ème étage d'un château du XVIème s., rénové avec matériaux anciens, comprenant la rés., des prop. & 2 appartements. Coin-cuisine /salle de séjour, Ch1. (2 lits 80) s.e/wc. priv., Ch2.(2 lits 1 pers.) s.e. priv. Ch3. (2 lits 1 pers.), s.e. priv., Ch4. (2 lits 1 pers.) s.e. priv./WC. Chauf. central. L-linge com., Terrain non clos, s.d.j. Attraits Touristiques : Au sud des Cevennes & du Parc Naturel du Haut-Languedoc (Mont-Aigoual), proche Montpellier (universités, animations culturelles), St-Guilhem-le-Désert, circuit art roman. La Camargue, Nîmes.
GITES DE FRANCE-SERVICE RESERVATION - Maison du Tourisme - Avenue des Moulins - 34184 MONTPELLIER Cedex 4
Tél. 04 67 67 71 62 - 04 67 67 71 83 - Fax : 04 67 67 71 69 - Email : contact@gites-de-france-herault.asso.fr - www.gites-de-france-herault.asso.fr

| TRES BAS. SAIS. | BASSE SAIS. | MOY. SAIS. | HTE SAIS. | TRES HTE SAIS. | W-E. DETENTE |
|---|---|---|---|---|---|
| 590 | 590 | 850 | 1060 | 1060 | 360 |

| | | | | | | | | | |
|---|---|---|---|---|---|---|---|---|---|
| 45 | 30 | 45 | 20 | 20 | 8 | 10 | 20 | 30 | 3 |

### N° 2801 — BEDARIEUX — Mas du Cheval Vert — CM 83 pli 4
**NN — 3 pers.**

Sur les hauteurs de Bédarieux, dominant la vallée, sur 1 ha de nature, gîte mitoyen à la maison du propriétaire. R.d.c. : coin-cuisine dans salle de séjour, 1 ch. (1 lit 2 pers.), 1 ch. (1 lit 1 pers.), s.e., wc., ch. électr., téléphone port. Terrasse (belle vue sur la vallée), terrain commun non clos, parking. ATTRAITS TOURISTIQUES : Hérépian (fonderie de cloches), Villemagne l'Argentière (maisons romanes et ancienne fabrique de monnaie), Faugères (célèbre pour son vignoble AOC), Avène-Les-Bains (station thermale), proximité du département de l'Aveyron (Abbaye de Sylvanes). Ouvert toute l'année.
GITES DE FRANCE-SERVICE RESERVATION - Maison du Tourisme - Avenue des Moulins - 34184 MONTPELLIER Cedex 4
Tél. 04 67 67 71 62 - 04 67 67 71 83 - Fax : 04 67 67 71 69 - Email : contact@gites-de-france-herault.asso.fr - www.gites-de-france-herault.asso.fr

| TRES BAS. SAIS. | BASSE SAIS. | MOY. SAIS. | HTE SAIS. | TRES HTE SAIS. | WEEK-END |
|---|---|---|---|---|---|
| 250 | 250 | 350 | 400 | 430 | 110 |

| | | | | | | | | |
|---|---|---|---|---|---|---|---|---|
| 45 | 2,5 | 20 | 3 | 2,5 | 2,5 | 1,5 | 15 | 2,5 | 2,5 |

### N° 3144 — BESSAN — CM 83 pli 15
**NN — 6 pers.**

A proximité de la mer, dans ancienne propriété viticole au coeur du village, gîte mitoyen dans cour commune et fermée. R.d.ch. surelevé : Coin-cuisine dans salle de séjour, s.e, wc. Etage : ch.1 & ch.2 (1 lit 2 pers.), ch.3. (2 lits 1 pers.) salle d'eau, WC, prise TV, chauf. central, terrasse, parking, poss équipement bébé. Attraits Touristiques : Les coteaux de Pezenas, le fleuve Hérault. Centre historique de Pezenas (Hôtels particuliers), Château de Cassan, Béziers, Féria, Canal du Midi (classé patrimoine mondial Unesco). Agde, Cap d'Agde. Ouvert toute l'année.
Serge THOMAS - 1 bld de la liberté - 34550 BESSAN
Tél. : 04 67 77 56 34

| TRES BAS. SAIS. | BASSE SAIS. | MOY. SAIS. | HTE SAIS. | TRES HTE SAIS. |
|---|---|---|---|---|
| 230 | 270 | 300 | 480 | 540 |

| | | | | | | | | |
|---|---|---|---|---|---|---|---|---|
| 10 | 6 | 10 | 1 | 1 | SP | 4 | 50 | 6 | SP |

### N° 3605 — LE BOSC — St Alban du Bosc — CM 83 pli 5
**NN — 4 pers.**

Située au centre du hameau, dans un environnement de plaines et coteaux, maison mitoyenne aménagée sur plusieurs niveaux. R.D.C. surelevé. cabinet Toil. 1er. Et. : Salle séjour/coin cuisine, salon accès terrasse, ch1. (1 lit 2 pers.) chambrette attenante (1 lit 1 pers.), s. d'eau/wc. 2è Et. ch2. (1 lit 2 pers.). Chauff. élect., cheminée, parking privé à 30 m. Attraits Touristiques : Lac du Salagou, Cirque de Mourèze, Lodève (à 8 km Musée & cathédrale St Fulcran), Villeneuvette, Cirque de Navacelles, la Couvertoirade, Plateau du Larzac, Fleuve Hérault. Ouvert de mai à septembre.
Aline BARRE-BERNAT - 6 rue des Ardennes - 34500 BEZIERS
Tél. : 04 67 30 15 39

| MOY. SAIS. | HTE SAIS. | TRES HTE SAIS. |
|---|---|---|
| 238 | 295 | 325 |

| | | | | | | | | |
|---|---|---|---|---|---|---|---|---|
| 55 | 8 | 5 | 2 | 1 | 8 | 5 | 35 | 45 | 8 |

### N° 3606 — LE BOSC — Le Viala — CM 83 pli 5
**NN — 6 pers.**

Proche du lac Salagou, dans un environnement d'oliviers et de garrigues, demeure contemporaine de style languedocien comprenant 2 gîtes individuels, la résidence prop. R.D.C surelevé : coin-cuisine/séjour, Ch.1 & Ch.2 . (1 lit 2 pers., 1 lit 1 pers.), s.e, WC. Chauffage central, terrasse, parking, terrain clos commun. Attraits touristiques : Sud du Massif Central & Aveyron, Les Causses, Larzac, La Couvertoirade, Lodève : Eglise St Fulcran, Musée (archéologie & peintures) festival de musique, Pezenas (Patrimoine XIVè au XVIIIè). Ouvert toute l'année.
Gabriel DEREEPER - Le Moulin de l'Olivette - Le Viala - 34700 LE BOSC
Tél. : 04 67 88 15 65 - 06 08 36 07 09 - Fax : 04 67 88 15 65 - Email : g.dereeper.gites@wanadoo.fr

| TRES BAS. SAIS. | BASSE SAIS. | MOY. SAIS. | HTE SAIS. | TRES HTE SAIS. | WEEK-END |
|---|---|---|---|---|---|
| 320 | 320 | 400 | 500 | 630 | 140 |

| | | | | | | | | |
|---|---|---|---|---|---|---|---|---|
| 50 | SP | 10 | 6 | 6 | 25 | 35 | 40 | 6 |

**LANGUEDOC-ROUSSILLON**

# HÉRAULT - 34

Périodes tarifaires p. 237

## N° 7501 CESSERAS — 7 pers. — CM 83 pli 13

Dans le village, maison du XIXème entièrement rénovée sur 2 niveaux (propriétaire résidant à proximité). R.d.c.: coin-cuisine/salle à manger, coin-salon, 1 ch. (1 lit 2 pers.), 1 lit 1 pers.), s.e, wc, buanderie, 1er ét. : 1 ch. (1 lit 2 pers.), 1 ch. (2 lits 1 pers.), s.e att., wc, poêle à bois, ch.électr.. Jardin clos, terrasse, parking. ATTRAITS TOURISTIQUES : Minerve (cité cathare), Narbonne, Carcassonne, Abbaye de Fontfroide, la Réserve africaine à Sigean, église de Rieux Minervois, lac de Jouarres. Ouvert toute l'année.

GITES DE FRANCE-SERVICE RESERVATION - Maison du Tourisme - Avenue des Moulins - 34184 MONTPELLIER Cedex 5
Tél. : 04 67 67 71 62 - 04 67 67 71 83 - Fax : 04 67 67 71 69 - Email : contact@gites-de-france-herault.asso.fr - www.gites-de-france-herault.asso.fr

| TRES BAS. SAIS. | BASSE SAIS. | MOY. SAIS. | HTE SAIS. | TRES HTE SAIS. |
|---|---|---|---|---|
| 300 | 350 | 400 | 540 | 650 |

| | | | | | | | |
|---|---|---|---|---|---|---|---|
| 47 | 1,5 | 7 | 7 | 7 | SP | 7 | 35 | 5 |

## N° 7803 CLARET — 2 pers. — CM 83 pli 7

Entre Cévennes et Méditerranée, dans village languedocien, maison fin XVIIè, mitoyenne, comprenant plusieurs niveaux. R.d.c. : Coin-cuis./séj., (poele à bois), s. d'eau/wc. Petit devant de porte. 1er Et. : Salon-mezzanine (canapé 1 pers.), 2è Et. : ch. mansardée (1 lit 2 pers.), sèche-linge, chauf. élect. Attraits Touristiques : Les vignobles du Pic Saint-Loup, le chemin des Verriers à Claret, activités de pleine nature (vol à voile, delta-plane, escalade, spéléo, randonnées pédestres/vtt/équestres). Montpellier, Nimes, Aigues-Mortes, Camargue. Ouvert toute l'année sauf du 20 décembre au 3 janvier.

GITES DE FRANCE-SERVICE RESERVATION - Maison du Tourisme - Avenue des Moulins - 34184 MONTPELLIER Cedex 5
Tél. : 04 67 67 71 62 - 04 67 67 71 83 - Fax : 04 67 67 71 69 - Email : contact@gites-de-france-herault.asso.fr - www.gites-de-france-herault.asso.fr

| TRES BAS. SAIS. | BASSE SAIS. | MOY. SAIS. | HTE SAIS. | TRES HTE SAIS. | WEEK-END | W.-E DETENTE |
|---|---|---|---|---|---|---|
| 210 | 240 | 300 | 320 | 360 | 130 | 130 |

| | | | | | | | | |
|---|---|---|---|---|---|---|---|---|
| 40 | 12 | 40 | 12 | 20 | SP | 5 | 20 | 35 | 5 |

## N° 7902 CLERMONT-L'HERAULT — 6 pers. — CM 83 pli 5

Sur une colline, dans un environnement de vignes, de chênes et d'oliviers, authentique mas viticole entièrement rénové. R.d.c. surelevé Cuisine, séjour. Et. : Ch1. & Ch2. (1 lit 2 pers), chambrette mansardée (2 lits 1 pers. 90), mezzanine (1 lit enfant 110x180), s.d.b. et WC. Cabinet toil. & buanderie/bâtiment annexe (douche, WC), Ch. électr.. cheminée, terrasses, terrain non clos. Attraits Touristiques : Paysages contrastés : Causses, vallées, gorges de l'Hérault, Lac du Salagou, Cirque de Mourèze. Villeneuvette, Saint-Guilhem-le-Désert (Abbatiale). Cirque Navacelles, Lodève Ouvert toute l'année.

Robert PUECH - Mas du Juge - 34800 CLERMONT-L'HERAULT
Tél. : 04 67 96 05 31

| TRES BAS. SAIS. | BASSE SAIS. | MOY. SAIS. | HTE SAIS. | TRES HTE SAIS. | WEEK-END |
|---|---|---|---|---|---|
| 350 | 400 | 450 | 650 | 700 | 270 |

| | | | | | | | |
|---|---|---|---|---|---|---|---|
| 35 | 2 | 5 | 3 | 2 | 2 | 25 | 40 | 2 |

## N° 8004 COLOMBIERES-SUR-ORB — Le Château — 6 pers. — CM 83 pli 4

Au pied du Caroux, dans un décor naturel de bois et de cascades offrant un tableau vivant sur la nature, 4 gîtes aménagés dans l'aile Nord du château. LE RANDONNEUR : R.D.C. coin-cuisine/salle à manger, coin-salon 1 ch. (1 lit 180), 1er ét. : 1 ch. (1 lit 160), 1 ch. (2 lits 100cm), s.d.b, wc, ch. central compris, cheminée. Terrasse privative, parking, terrain. ATTRAITS TOURISTIQUES : pêche avec guide accompagnateur, activités de pleine nature (randonnées SP, VTT, canoë-kayak), les Gorges d'Héric, Olargues. Ouvert toute l'année.

GITES DE FRANCE-SERVICE RESERVATION - Maison du Tourisme - Avenue des Moulins - 34184 MONTPELLIER Cedex 5
Tél. : 04 67 67 71 62 - 04 67 67 71 83 - Fax : 04 67 67 71 69 - Email : contact@gites-de-france-herault.asso.fr - www.gites-de-france-herault.asso.fr

| TRES BAS. SAIS. | BASSE SAIS. | MOY. SAIS. | HTE SAIS. | TRES HTE SAIS. | WEEK-END |
|---|---|---|---|---|---|
| 600 | 700 | 875 | 1100 | 1250 | 250 |

| | | | | | | | |
|---|---|---|---|---|---|---|---|
| 60 | SP | 35 | 0,5 | SP | 4 | 8 | 4 | 15 | SP |

## N° 8005 COLOMBIERES-SUR-ORB — Le Château — 5 pers. — CM 83 pli 4

Au pied du Caroux, dans un décor naturel de bois et de cascades offrant un tableau vivant sur la nature, 4 gîtes aménagés dans l'aile Nord du château. LE PECHEUR : R.D.C. coin-cuisine/salle à manger, coin-salon, buanderie,, 1er ét : 1 ch. (1 lit 2 pers.), 1 ch. (2 lits 100), 1 ch. (1 lit 110), s.d.b, wc, ch. cent. compris, cheminée, parking, terrain. ATTRAITS TOURISTIQUES : pêche avec guide accompagnateur, activités de pleine nature (randonnées SP, VTT, canoë-kayak), les Gorges d'Héric. Ouvert toute l'année.

Thérèse SALAVIN - Le Chateau - 34390 COLOMBIERES-SUR-ORB
Tél. : 04 67 95 63 62 - Fax : 04 67 23 25 58 - Email : chateaucolomb@wanadoo.fr - www.gitesdecharme.biz

| TRES BAS. SAIS. | BASSE SAIS. | MOY. SAIS. | HTE SAIS. | TRES HTE SAIS. | WEEK-END |
|---|---|---|---|---|---|
| 600 | 700 | 875 | 1100 | 1250 | 250 |

| | | | | | | | |
|---|---|---|---|---|---|---|---|
| 60 | SP | 35 | 0,5 | SP | 4 | 8 | 4 | 15 | SP |

## N° 8006 COLOMBIERES-SUR-ORB — Le Château — 5 pers. — CM 83 pli 4

Au pied du Caroux, dans un décor naturel de bois et de cascades offrant un tableau vivant sur la nature, 4 gîtes aménagés dans l'aile Nord du château. LE PEINTRE : R.D.C. coin-cuisine/salle à manger, coin-salon, buanderie,, 1er ét. : 1 ch. (1 lit 2 pers.), 1 ch. (2 lits 100), 1 ch. (1 lit 110), s.d.b, wc, ch. cent. compris, cheminée, terrasse privative. Parking, terrain (4 ha). ATTRAITS TOURISTIQUES : pêche avec guide accompagnateur, activités de pleine nature (randonnées SP, VTT, canoë-kayak), les Gorges d'Héric. Ouvert toute l'année.

Thérèse SALAVIN - Le Chateau - 34390 COLOMBIERES-SUR-ORB
Tél. : 04 67 95 63 62 - Fax : 04 67 23 25 58 - Email : chateaucolomb@wanadoo.fr - www.gitesdecharme.biz

| TRES BAS. SAIS. | BASSE SAIS. | MOY. SAIS. | HTE SAIS. | TRES HTE SAIS. | WEEK-END |
|---|---|---|---|---|---|
| 600 | 700 | 875 | 1100 | 1250 | 250 |

| | | | | | | | |
|---|---|---|---|---|---|---|---|
| 60 | SP | 35 | 0,5 | SP | 4 | 8 | 4 | 15 | SP |

LANGUEDOC-ROUSSILLON

Pictos voir p. 12

# HÉRAULT - 34

Périodes tarifaires p. 237

## N° 8007 COLOMBIERES-SUR-ORB — Le Château — CM 83 pli 4

**NN 4 pers.**

Au pied du Caroux, dans un décor naturel de bois et de cascades offrant un tableau vivant sur la nature, 4 gîtes aménagés dans l'aile Nord du château. LE MUSICIEN : R.D.C: coin-cuisine/salle à manger, coin-salon, 1 ch. (1 lit 180), 1 ch. (2 lits 100), salle d'eau, wc, ch. central compris, cheminée, téléphone. Terrasse privative, parking, terrain. ATTRAITS TOURISTIQUES : pêche avec guide accompagnateur, activités de pleine nature (randonnées SP, VTT, canoë-kayak), les Gorges d'Héric, Olargues. Ouvert toute l'année.
GITES DE FRANCE-SERVICE RESERVATION - Maison du Tourisme - Avenue des Moulins - 34184 MONTPELLIER Cedex 4
Tél. : 04 67 67 71 62 - 04 67 67 71 83 - Fax : 04 67 67 71 69 - Email : contact@gites-de-france-herault.asso.fr - www.gites-de-france-herault.asso.fr

| TRES BAS. SAIS. | BASSE SAIS. | MOY. SAIS. | HTE SAIS. | TRES HTE SAIS. | WEEK-END |
|---|---|---|---|---|---|
| 500 | 600 | 750 | 1000 | 1100 | 250 |

| | | | | | | | | | | |
|---|---|---|---|---|---|---|---|---|---|---|
| 60 | SP | 35 | 0,5 | SP | 4 | 8 | 4 | 15 | SP | |

## N° 8102 COLOMBIERS — CM 83 pli 14

**NN 5 pers.**

A 50 m du Canal du Midi, au centre du village, maison individuelle mitoyenne récemment rénovée aménagée au 1er étage. Coin-cuisine, salle à manger, coin-salon, 1 ch. (1 lit 2 pers.), salle d'eau, wc, mezzanine (2 lits 2 pers.), ch.électrique. Terrasse. ATTRAITS TOURISTIQUES : Le Canal du Midi, classé patrimoine mondial à l'UNESCO, Béziers (féria en Août), Oppidum d'Ensérune, station balnéaire de Valras-Plage, Narbonne, Carcassonne, abbaye de Fontfroide, abbaye de Fontcaude, base de canoë-Kayak à Réals, Pézenas (ville d'art). Ouvert toute l'année.
GITES DE FRANCE-SERVICE RESERVATION - Maison du Tourisme - Avenue des Moulins - 34184 MONTPELLIER Cedex 4
Tél. : 04 67 67 71 62 - 04 67 67 71 83 - Fax : 04 67 67 71 69 - Email : contact@gites-de-france-herault.asso.fr - www.gites-de-france-herault.asso.fr

| TRES BAS. SAIS. | BASSE SAIS. | MOY. SAIS. | HTE SAIS. | TRES HTE SAIS. |
|---|---|---|---|---|
| 270 | 270 | 410 | 470 | 510 |

| | | | | | | | | | | |
|---|---|---|---|---|---|---|---|---|---|---|
| 10 | 3 | 10 | SP | SP | 1 | 20 | 8 | SP | | |

## N° 8613 COURNIOU — Prouilhe — 550 m — CM 83 pli 12

**NN 6 pers.**

Maison mitoyenne au coeur du village dans le Parc du haut Languedoc. Rez-de-chaussée : entrée/salon (canapé), 1er étage : salle de séjour, coin-cuisine, 1 ch. (1 lit 140), salle de bain, wc, 2è étage : 1 ch. (1 lit 2 pers., 2 lits 1 pers.), salle d'eau, wc, chauffage électrique. Terrasse, pièce de rangement vélos. Ouvert toute l'année sauf septembre.

Jacques SONZOGNI - rue du charbonnier - Prouilhe - 34220 ST-PONS-DE-THOMIERES
Tél. : 04 67 97 22 92

| TRES BAS. SAIS. | BASSE SAIS. | MOY. SAIS. | HTE SAIS. | TRES HTE SAIS. |
|---|---|---|---|---|
| 245 | 260 | 305 | 380 | 450 |

| | | | | | | | | | | |
|---|---|---|---|---|---|---|---|---|---|---|
| 60 | 7 | 20 | SP | 15 | 2 | 15 | 15 | 30 | 7 | |

## N° 9006 LE CRES — Mas du Pont — CM 83 pli 7

**NN 6 pers.**

Sur propriété de 55 ha, gîte aménagé dans ancien mas rénové : entrée indép. côté cour et vue sur vignobles. R.d.c. : cuis., s. de séjour, salon, 1 ch. (1 lit 2 pers.), 1 ch. (2 lits 1 pers.), 1 ch. (1 lit 2 pers., 1 lit 1 pers.) s.d.b., wc, ch. electr.. Terrain environnant, terrasse, s.d.j. SP: manade, théatre, atelier peinture, caveau, restaurant, écuries. ATTRAITS TOURISTIQUES : Petite Camargue (chevaux et taureaux), Castries (château du XVIème), site d'Ambrussum (voie domitienne et pont romain), les salins du Midi, Aigues-Mortes, les plages (Carnon, Palavas, La Grande-Motte). Ouvert toute l'année.

Didier VELLAS - SCI Mas du pont - BP 8 - 34820 TEYRAN
Tél. : 04 67 70 72 81 - 06 16 17 44 97 - Fax : 04 67 55 28 58

| TRES BAS. SAIS. | BASSE SAIS. | MOY. SAIS. | HTE SAIS. | TRES HTE SAIS. | WEEK-END | W.-E. DETENTE |
|---|---|---|---|---|---|---|
| 320 | 340 | 490 | 550 | 590 | 190 | 260 |

| | | | | | | | | | |
|---|---|---|---|---|---|---|---|---|---|
| 15 | 1 | 15 | 15 | 1 | 2 | 1,5 | 15 | 1 | |

## N° 9401 ESPONDEILHAN — CM 83 pli 15

**NN 7 pers.**

Sur 800 m² de terrain clos et arboré, villa de plain pied en rez-de-chaussée. Salle de séjour, salon, cuisine, 1 chambre (1 lit 2 pers., 1 lit 1 pers.), 1 chambre (1 lit 2 pers.), 1 chambre (2 lits 1 pers.), salle d'eau, wc, chauffage central. Terrasse. Ouvert toute l'année.

Jacques et Nathalie BAQUE - 122 rue des camps nègres - 34290 ESPONDEILHAN
Tél. : 04 67 39 21 40 - 06 83 02 77 34

| TRES BAS. SAIS. | BASSE SAIS. | MOY. SAIS. | HTE SAIS. | TRES HTE SAIS. | WEEK-END |
|---|---|---|---|---|---|
| 380 | 380 | 460 | 600 | 680 | 200 |

| | | | | | | | | | | |
|---|---|---|---|---|---|---|---|---|---|---|
| 20 | 4 | 20 | 20 | 15 | SP | 8 | 15 | 12 | 4 | |

## N° 12904 LATTES — CM 83 pli 7

**NN 2 pers.**

Gîte en R.D.C., mitoyen à la villa des propriétaires et au gîte n° 12902, au fond d'une impasse. Séjour/coin-cuisine (canapé clic-clac 2 pers.), 1 chambre (1 lit 2 pers.), salle de bains, W.C., chauffage. Terrasse, jardinet & barbecue communs aux 2 gîtes, 2 VTT à disposition, parking. Attraits touristiques : Stations balnéaires, Carnon, Palavas, Grande-Motte, aux portes de la Camargue. Montpellier (universités) & Villeneuve-les-Maguelone (saisons culturelles). Ouvert toute l'année.

Jacques VOYAT - Chemin des geraniums - 34970 LATTES
Tél. : 04 67 65 28 92 - Fax : 04 67 65 28 92 - Email : jvoyat@wanadoo.fr

| TRES BAS. SAIS. | BASSE SAIS. | MOY. SAIS. | HTE SAIS. | TRES HTE SAIS. |
|---|---|---|---|---|
| 230 | 260 | 290 | 400 | 450 |

| | | | | | | | | | | |
|---|---|---|---|---|---|---|---|---|---|---|
| 7 | 3 | 7 | 7 | 1 | 1 | 25 | 4 | 0,5 | | |

LANGUEDOC-ROUSSILLON

Pictos voir p. 12

240

# HÉRAULT - 34

Périodes tarifaires p. 237

### N° 12905  LATTES  La Cerereide  CM 83 pli 17
**NN  4 pers.**

Situé en plaine littorale, entre les étangs et la méditerranée, gîte de plain-pied, aménagé dans maison indépendante (début XXème) sur terrain maraîcher réhabilité. 1er Étage : coin-cuisine dans salle de séjour (canapé BZ 1 pers.), Ch.1 (1 lit 2 pers.), Ch.2 (1 lit 2 pers.) accès salle de bains. WC. Chauf.élect., prise TV, terrasse, parking, espace privatif clos. Attraits Touristiques : Montpellier son patrimoine (Hôtels particuliers), ses universités, manifestations culturelles (musées, festivals), piscine olympique. Plages, Camargue, Aigues-Mortes, Nîmes, Via Domitia. Ouvert toute l'année.
Gérard ANDRIEU - Chemin de la 2ème Écluse - La Cerereide - 34970 LATTES
Tél : 04 67 92 48 87

| TRES BAS. SAIS. | BASSE SAIS. | MOY. SAIS. | HTE SAIS. | TRES HTE SAIS. |
|---|---|---|---|---|
| 260 | 270 | 300 | 420 | 450 |

| | | | | | | | | | |
|---|---|---|---|---|---|---|---|---|---|
| 8 | 2 | 8 | 8 | 8 | 1 | 2 | 60 | 3 | 3 |

### N° 14404  LUNAS  Briandes  560 m  CM 83 pli 4
**NN  7 pers.**

Sur les monts de l'Escandorgues, centre hameau, maison XVIIIème comportant 2 gîtes mitoyens. R.D.C : cuisine, salle à manger, coin-détente, WC. Étage : ch1. (3 lits 1 pers.), ch2. (4 lits 1 pers.), s.d.b./wc, ch. central. Tél. Terrain non attenant, commun, aire jeux. SP ancienne bergerie rénovée, gîte séjour (28 pers.), ferme pédagogique. Attraits touristiques : montagne héraultaise, le parc naturel Haut Languedoc, plateau du Larzac, la Couvertoirade (ancienne cité templière), Lac du Salagou, Fleuve Hérault, Villeneuvette, St Guilhem-le-Désert. Ouvert toute l'année.
Ina et Didier HAMES-THARAUD - Briandes - 34650 LUNAS
Tél. : 04 67 23 73 91 - Fax : 04 67 23 73 91 - Email : contact@ferme-peda-briandes.com

| TRES BAS. SAIS. | BASSE SAIS. | MOY. SAIS. | HTE SAIS. | TRES HTE SAIS. |
|---|---|---|---|---|
| 397 | 397 | 467 | 467 | 467 |

| | | | | | | | | | |
|---|---|---|---|---|---|---|---|---|---|
| 60 | 5 | 20 | 5 | 5 | 5 | 20 | 40 | 20 | 5 |

### N° 14405  LUNAS  Briandes  560 m  CM 83 pli 4
**NN  4 pers.**

Deuxième gîte mitoyen, situé dans une maison traditionnelle. R.D.C : salle de séjour/coin-cuisine, salon (canapé) Étage : Ch1 (1 lit 2 pers.), ch2 (2 lits 80) s.d.b/wc attenante. 2ème s.d.b., wc. Chauf. central, point phone. Terrain non attenant, commun, non clos, aire jeux. Sur place gîte séjour (28 pers.), ferme pédagogique. Attraits touristiques : Découverte de la région Causses & Vallées de l'Hérault, Cirque de Mourèze, Villeneuvette, Lac du Salagou, fleuve Hérault. Cirque de Navacelles, gorges de la Vis. Parc Naturel Ouvert toute l'année.
Ina et Didier HAMES-THARAUD - Briandes - 34650 LUNAS
Tél. : 04 67 23 73 91 - Fax : 04 67 23 73 91 - Email : contact@ferme-peda-briandes.com

| TRES BAS. SAIS. | BASSE SAIS. | MOY. SAIS. | HTE SAIS. | TRES HTE SAIS. |
|---|---|---|---|---|
| 397 | 397 | 467 | 467 | 467 |

| | | | | | | | | | |
|---|---|---|---|---|---|---|---|---|---|
| 60 | 5 | 20 | 5 | 5 | 5 | 20 | 40 | 20 | 5 |

### N° 15207  MAS-DE-LONDRES  Domaine de la Borie  CM 83 pli 6
**NN  4 pers.**

Au cœur de la haute-vallée de l'Hérault, 3 gîtes dans mas languedocien du XIIe sur domaine viticole. R.D.C: séjour, coin-cuis., 1er ét.: ch1 (1 lit 2 pers., 1 lit 130 cm) ch2 (1 lit 2 pers.), s.d.b., WC. Ch. élect., L.linge et barbecue communs avec gîte mitoyen, cheminée. Cour ombragée, s.d.j. et parking privés, parc non clos commun. Terrain pour cerfs-volants sur le domaine. Attraits touristiques : Entre Cévennes & Méditerranée, proche Montpellier. Gorges fleuve Hérault. Pic Saint-Loup, centre vol à voile 3 km, centre vol libre 20 km. Ouvert toute l'année.
Guy GELLY - Domaine de la Borie - 34380 MAS-DE-LONDRES
Tél. : 04 67 55 00 35

| TRES BAS. SAIS. | BASSE SAIS. | MOY. SAIS. | HTE SAIS. | TRES HTE SAIS. |
|---|---|---|---|---|
| 395 | 395 | 460 | 535 | 535 |

| | | | | | | | | | |
|---|---|---|---|---|---|---|---|---|---|
| 40 | 10 | 40 | 8 | 1,5 | 1,5 | 3 | 15 | 25 | 1,5 |

### N° 15905  MIREVAL  L'enclos  CM 83 pli 17
**NN  4 pers.**

A 4 km de la Méditerranée, à 12 km de Montpellier et Sète, entre mer et étangs, vignes et garrigue, au centre du village, dans un parc, 5 gîtes mitoyens au logement du prop. aménagés dans un ancien chai. Gîte SAFRAN 1er ét : Séjour/coin-cuisine (conv. 2 pers.), 1 ch. (2 lits 1 pers), s.e/wc, ch.élect., L.S.linge, local de rgt communs, parking. ATTRAITS TOURISTIQUES : Mireval, village languedocien renommé par son muscat depuis l'époque romaine, à 4 kms, plage préservée, Sète, Agde, la Camargue, Aigues-Mortes. Ouvert toute l'année.
GITES DE FRANCE-SERVICE RESERVATION - Maison du Tourisme - Avenue des Moulins - 34184 MONTPELLIER Cedex 4
Tél. : 04 67 67 71 62 - 04 67 67 71 83 - Fax : 04 67 67 71 69 - Email : contact@gites-de-france-herault.asso.fr - www.gites-de-france-herault.asso.fr

| TRES BAS. SAIS. | BASSE SAIS. | MOY. SAIS. | HTE SAIS. | TRES HTE SAIS. | WEEK-END |
|---|---|---|---|---|---|
| 330 | 330 | 425 | 525 | 545 | 150 |

| | | | | | | | | | |
|---|---|---|---|---|---|---|---|---|---|
| 4 | 6 | 4 | 4 | 0,8 | 1 | 50 | 2 | SP | |

### N° 15906  MIREVAL  L'enclos  CM 83 pli 17
**NN  2 pers.**

A 4 km de la Méditerranée, à 12 km de Montpellier et Sète, entre mer et étangs, vignes et garrigue, au centre du village, dans un parc, 5 gîtes mitoyens au logement du prop. aménagés dans un ancien chai. Gîte ROMARIN 1er ét : séjour/coin-cuisine, 1 ch. (1 lit 160 ou 2 en 80), s.d.b/wc. Ch.élect., L et S.linge, local de rgt communs, parking. ATTRAITS TOURISTIQUES : Mireval, village languedocien renommé par son muscat depuis l'époque romaine, à 4 kms, plage préservée, Sète, Agde, la Camargue, Aigues-Mortes, Ouvert toute l'année.
GITES DE FRANCE-SERVICE RESERVATION - Maison du Tourisme - Avenue des Moulins - 34184 MONTPELLIER Cedex 4
Tél. : 04 67 67 71 62 - 04 67 67 71 83 - Fax : 04 67 67 71 69 - Email : contact@gites-de-france-herault.asso.fr - www.gites-de-france-herault.asso.fr

| TRES BAS. SAIS. | BASSE SAIS. | MOY. SAIS. | HTE SAIS. | TRES HTE SAIS. | WEEK-END |
|---|---|---|---|---|---|
| 260 | 260 | 320 | 390 | 425 | 130 |

| | | | | | | | | | |
|---|---|---|---|---|---|---|---|---|---|
| 4 | 6 | 4 | 4 | 0,8 | 1 | 50 | 2 | SP | |

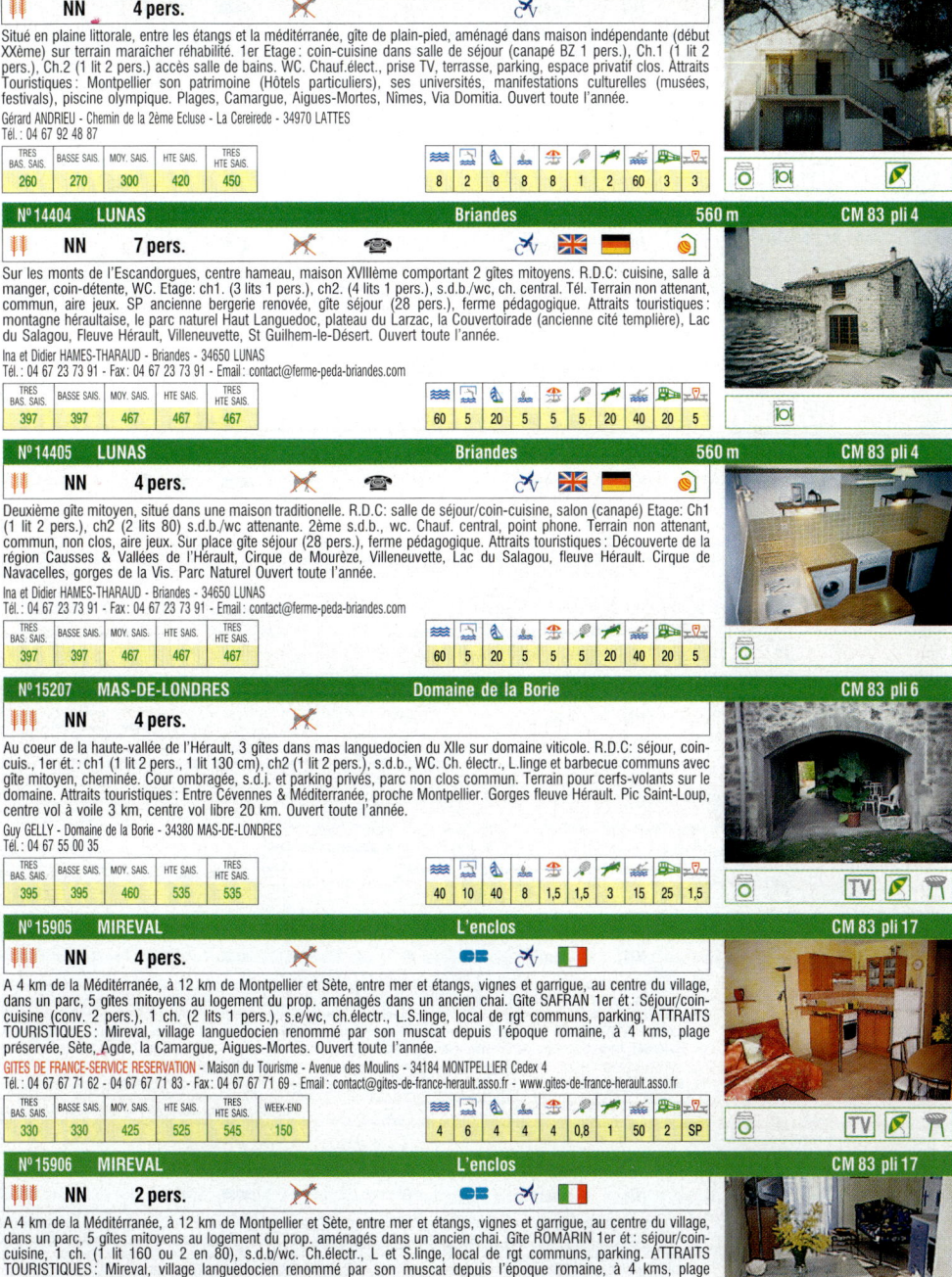

LANGUEDOC-ROUSSILLON

Pictos voir p. 12

# HÉRAULT - 34

Périodes tarifaires p. 237

## N° 15907 MIREVAL — L'enclos — CM 83 pli 17

NN — 5 pers.

A 4 km de la Méditérranée, 12 km de Montpellier et Sète, entre mer et étangs, vignes et garrigue, au centre du village, dans un parc, 5 gîtes mitoyens au logement du prop. aménagés dans un ancien chai. Gîte GENET. 1er ét : Séjour/coin-cuisine (convertible 2 pers.),1 ch. (1 lit 2 pers.), mezzanine (1 lit 2 pers.), s.e, wc, ch.électr., L.et S.linge, local de rgt communs. Parking. ATTRAITS TOURISTIQUES : Mireval, village languedocien renommé par son muscat depuis l'époque romaine, à 4 kms, plage préservée, Sète, Agde, la Camargue. Ouvert toute l'année.
GITES DE FRANCE-SERVICE RESERVATION - Maison du Tourisme - Avenue des Moulins - 34184 MONTPELLIER Cedex 4
Tél. : 04 67 67 71 62 - 04 67 67 71 83 - Fax : 04 67 67 71 69 - Email : contact@gites-de-france-herault.asso.fr - www.gites-de-france-herault.asso.fr

| TRES BAS. SAIS. | BASSE SAIS. | MOY. SAIS. | HTE SAIS. | TRES HTE SAIS. | WEEK-END |
|---|---|---|---|---|---|
| 370 | 370 | 450 | 545 | 585 | 160 |

| | | | | | | | | | | |
|---|---|---|---|---|---|---|---|---|---|---|
| 4 | 6 | 4 | 4 | 4 | 0,8 | 1 | 50 | 2 | SP | |

## N° 15908 MIREVAL — L'enclos — CM 83 pli 17

NN — 3 pers.

A 4 km de la Méditérranée, 12 km de Montpellier et Sète, entre mer et étangs, vignes et garrigue, au centre du village, dans un parc, 5 gîtes mitoyens au logement du prop. aménagés dans un ancien chai. Gîte LAVANDE 1er ét : Séjour/coin-cuisine (convertible 2 pers.), 1 lit 1 pers.) s.d.b., wc, ch. électr., TV, L.et S.linge, local de rgt communs, parking. ATTRAITS TOURISTIQUES : Mireval, village languedocien renommé par son muscat depuis l'époque romaine, à 4 kms, plage préservée, Sète, Agde, la Camargue, Aigues-Mortes. Ouvert toute l'année.
GITES DE FRANCE-SERVICE RESERVATION - Maison du Tourisme - Avenue des Moulins - 34184 MONTPELLIER Cedex 4
Tél. : 04 67 67 71 62 - 04 67 67 71 83 - Fax : 04 67 67 71 69 - Email : contact@gites-de-france-herault.asso.fr - www.gites-de-france-herault.asso.fr

| TRES BAS. SAIS. | BASSE SAIS. | MOY. SAIS. | HTE SAIS. | TRES HTE SAIS. | WEEK-END |
|---|---|---|---|---|---|
| 260 | 260 | 320 | 390 | 425 | 130 |

| | | | | | | | | | | |
|---|---|---|---|---|---|---|---|---|---|---|
| 4 | 6 | 4 | 4 | 4 | 0,8 | 1 | 50 | 2 | SP | |

## N° 15909 MIREVAL — L'enclos — CM 83 pli 17

NN — 2 pers.

A 4 km de la Méditérranée, 12 km de Montpellier et Sète, entre mer et étangs, vignes et garrigue, au centre du village, dans un parc, 5 gîtes mitoyens au logement du prop. aménagés dans un ancien chai. Gîte TILLEUL R.D.C : Séjour/coin-cuisine (canapé clic-clac), s.d.b., wc, ch. électr., TV, L.S.linge, local de rgt communs, parking. ATTRAITS TOURISTIQUES : Mireval, village languedocien renommé par son muscat depuis l'époque romaine, à 4 kms, plage préservée, Sète (patrie de Paul Valéry et Georges Brassens), Agde (la perle noire du Languedoc), la Camargue, Aigues-Mortes. Ouvert toute l'année.
GITES DE FRANCE-SERVICE RESERVATION - Maison du Tourisme - Avenue des Moulins - 34184 MONTPELLIER Cedex 4
Tél. : 04 67 67 71 62 - 04 67 67 71 83 - Fax : 04 67 67 71 69 - Email : contact@gites-de-france-herault.asso.fr - www.gites-de-france-herault.asso.fr

| TRES BAS. SAIS. | BASSE SAIS. | MOY. SAIS. | HTE SAIS. | TRES HTE SAIS. | WEEK-END |
|---|---|---|---|---|---|
| 260 | 260 | 320 | 390 | 425 | 130 |

| | | | | | | | | | | |
|---|---|---|---|---|---|---|---|---|---|---|
| 4 | 6 | 4 | 4 | 4 | 0,8 | 1 | 50 | 2 | SP | |

## N° 16010 MONS-LA-TRIVALLE — CM 83 pli 4

NN — 4 pers.

Situé au cœur des Monts de l'Espinouse et du massif du Caroux, gîte comportant cuisine, salon (canapé-lit 2 pers.), 1 chambre (1 lit 2 pers., 1 lit 1 pers.), salle d'eau, wc, chauffage électrique, lave-linge commun. Terrasse. Animaux admis sous conditions, chauffage et draps inclus. Ouvert toute l'année.

Bert et Henny DE BOER - VAN LEUSSEN - route des Gorges d'Heric - Manoir La Trivalle - 34390 MONS-LA-TRIVALLE
Tél. : 04 67 97 85 56 - 06 76 30 34 65 - Fax : 04 67 97 85 57 - Email : bert.deboer@wanadoo.fr

| TRES BAS. SAIS. | BASSE SAIS. | MOY. SAIS. | HTE SAIS. | TRES HTE SAIS. | WEEK-END |
|---|---|---|---|---|---|
| 300 | 300 | 360 | 460 | 460 | 150 |

| | | | | | | | | | | |
|---|---|---|---|---|---|---|---|---|---|---|
| 50 | SP | 30 | 1 | 1 | 1 | 0,5 | 1 | 12 | 5 | |

## N° 16204 MONTAGNAC — Domaine de Campaucels — CM 83 pli 16

NN — 4 pers.

Sur un domaine viticole, dans une pinède, maison individ. mitoyenne à la rés. du propriétaire. R.D.C. : coin-cuisine/salle de séjour, 1er ét. : ch. 1 (1 lit 2 pers.), salle de bains, wc. 2ème ét. : 1 ch. mansardée (1 lit 2 pers.), coin-toilet/wc. Ch. cent.. Parc non clos commun, terrasse, cuisine d'été, piscine. Prestations para-hôtelières. Visite de la cave, initiation à la dégustation. ATTRAITS TOURISTIQUES : Pézenas (ville où séjourna Molière), bassin de Thau (centre ostréicole, possibilité de baignade), base de loisirs de Bessille, Sète (cité de Georges Brassens, port de pêche), Agde. Ouvert toute l'année.
GITES DE FRANCE-SERVICE RESERVATION - Maison du Tourisme - Avenue des Moulins - 34184 MONTPELLIER Cedex 4
Tél. : 04 67 67 71 62 - 04 67 67 71 83 - Fax : 04 67 67 71 69 - Email : contact@gites-de-france-herault.asso.fr - www.gites-de-france-herault.asso.fr

| TRES BAS. SAIS. | BASSE SAIS. | MOY. SAIS. | HTE SAIS. | TRES HTE SAIS. | WEEK-END |
|---|---|---|---|---|---|
| 370 | 370 | 370 | 700 | 700 | |

| | | | | | | | | | | |
|---|---|---|---|---|---|---|---|---|---|---|
| 23 | 2 | 13 | 4 | 2 | 6 | 4 | 30 | 3 | | |

## N° 16205 MONTAGNAC — Les Carabottes — CM 83 pli 16

NN — 4 pers.

A 800 m du centre du village, maison totalement indépendante de plain-pied au R.D.C. Coin-cuisine dans salle de séjour, coin-salon, ch.1 (1 lit 2 pers.), ch.2 (2 lits 1 pers.), salle de bains, wc. Ch. électr. Terrain non clos aménagé avec belle vue sur la campagne, terrasse, parking. ATTRAITS TOURISTIQUES : Pézenas (ville où séjourna Molière), bassin de Thau (centre ostréicole, possibilité de baignade), base de loisirs de Bessille, Sète (cité de Georges Brassens, port de pêche et de commerce), abbaye de Valmagne, Agde (cité phocéenne), Cap d'Agde. Ouvert toute l'année.
GITES DE FRANCE-SERVICE RESERVATION - Maison du Tourisme - Avenue des Moulins - 34184 MONTPELLIER Cedex 4
Tél. : 04 67 67 71 62 - 04 67 67 71 83 - Fax : 04 67 67 71 69 - Email : contact@gites-de-france-herault.asso.fr - www.gites-de-france-herault.asso.fr

| TRES BAS. SAIS. | BASSE SAIS. | MOY. SAIS. | HTE SAIS. | TRES HTE SAIS. | WEEK-END |
|---|---|---|---|---|---|
| 300 | 320 | 350 | 450 | 540 | 150 |

| | | | | | | | | | | |
|---|---|---|---|---|---|---|---|---|---|---|
| 22 | 4 | 9 | 2 | 9 | 2 | 5 | 20 | 20 | 0,8 | |

# HÉRAULT - 34

Périodes tarifaires p. 237

## N° 16403 MONTAUD
CM 83 pli 7

**NN 3 pers.**

A la sortie du village, maison individuelle mitoyenne à l'habitation du propriétaire aménagée de plain-pied au rez de chaussée : coin-cuisine dans salle de séjour (canapé BZ 1 pers.), 1 chambre (1 lit 2 pers.), salle d'eau/wc, ch. électrique. Terrasse privative, jardin clos commun, parking. ATTRAITS TOURISTIQUES : La Camargue, Aigues-Mortes, Sommières, proximité Montpellier, Nîmes, les plages (La Grande-Motte, Carnon, Palavas), l'arrière pays (Pic St Loup, anduze : la bambouseraie, Claret : le chemin des verriers). Ouvert toute l'année.

GITES DE FRANCE-SERVICE RESERVATION - Maison du Tourisme - Avenue des Moulins - 34184 MONTPELLIER Cedex 4
Tél. : 04 67 67 71 62 - 04 67 67 71 83 - Fax : 04 67 67 71 69 - Email : contact@gites-de-france-herault.asso.fr - www.gites-de-france-herault.asso.fr

| TRES BAS. SAIS. | BASSE SAIS. | MOY. SAIS. | HTE SAIS. | TRES HTE SAIS. | | | | | | |
|---|---|---|---|---|---|---|---|---|---|---|
| 350 | 350 | 380 | 460 | 540 | 30 | 10 | 30 | SP | 10 | 20 | 7 |

## N° 17601 MUDAISON
CM 83 pli 8

**NN 4 pers.**

Aux portes de la Camargue, située au centre du village, maison mitoyenne aménagée sur 2 niveaux. Rez de chaussée : Coin-cuisine/salle à manger, salon, salle de bains, buanderie, wc, 1er étage : 1 ch. (1 lit 2 pers.), 1 ch. (1 lit 110), 1 ch. (1 lit 120), wc, ch.électr. Cour intérieure. ATTRAITS TOURISTIQUES : Montpellier à 18 kms, la Camargue (Les Saintes Maries de la Mer, Aigues-Mortes), les Salins du Midi, Castries (château du XVIème, parc dessiné par Le Nôtre), les plages (Carnon, Palavas, La Grande-Motte). Fête taurine au mois de Juillet (Abrivados). Ouvert toute l'année.

GITES DE FRANCE-SERVICE RESERVATION - Maison du Tourisme - Avenue des Moulins - 34184 MONTPELLIER Cedex 4
Tél. : 04 67 67 71 62 - 04 67 67 71 83 - Fax : 04 67 67 71 69 - Email : contact@gites-de-france-herault.asso.fr - www.gites-de-france-herault.asso.fr

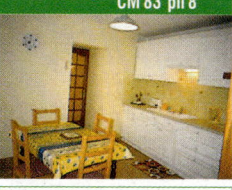

| TRES BAS. SAIS. | BASSE SAIS. | MOY. SAIS. | HTE SAIS. | TRES HTE SAIS. | | | | | | |
|---|---|---|---|---|---|---|---|---|---|---|
| 230 | 250 | 280 | 400 | 460 | 20 | 5 | 20 | 9 | 5 | SP | 5 | 9 | SP |

## N° 20102 PIERRERUE Combejean
CM 83 pli 14

**NN 4 pers.**

Dans le hameau, gîte aménagé au R.D.C. de la maison du propriétaire. Cuisine, salle de séjour, 2 ch (1 lit 2 pers.), 1 lit de bébé, salle d'eau, wc, chauffage solaire, cheminée. Terrasse, Jardin clos commun, parking. ATTRAITS TOURISTIQUES : Abbaye de Fontcaude, chaos de Réals (canoé-kayak), mini-ferme à CESSENON, Roquebrun (jardin méditerranéen), Saint-Chinian réputé pour son vin AOC, Minerve (fief cathare), le Parc naturel du Haut Languedoc (Lac de la Raviège, Vésoles). Ouvert toute l'année.

GITES DE FRANCE-SERVICE RESERVATION - Maison du Tourisme - Avenue des Moulins - 34184 MONTPELLIER Cedex 4
Tél. : 04 67 67 71 62 - 04 67 67 71 83 - Fax : 04 67 67 71 69 - Email : contact@gites-de-france-herault.asso.fr - www.gites-de-france-herault.asso.fr

| TRES BAS. SAIS. | BASSE SAIS. | MOY. SAIS. | HTE SAIS. | TRES HTE SAIS. | WEEK-END | | | | | | | |
|---|---|---|---|---|---|---|---|---|---|---|---|---|
| 240 | 250 | 290 | 360 | 400 | 130 | 40 | 2 | 40 | 0,1 | 8 | 3 | 5 | 8 | 30 | 2,5 |

## N° 20404 PLASSAN
CM 83 pli 5

**NN 4 pers.**

Au coeur de la vallée de l'Hérault, proche du lac Salagou, maison de construction récente mitoyenne à la résidence du prop. R.D.C surelevé: coin-cuisine/salle de séjour. Chambre 1 (1 lit 2 pers.), Chambre 2 (2 lits 1 pers.), salle de bains, wc. Chauffage électrique, prise TV. Terrasse. Terrain clos, parking et garage. Attraits Touristiques : Paysages & sites variés : Vignobles, Causses, gorges du fleuve Hérault, étang de Thau, Méditerranée, les plages & stations, lac du Salagou, Cirque de Mourèze.St-Guilhem-le-Désert (abbatiale), Villeneuvette. Ouvert toute l'année.

Joseph SAHUGUET - 18 rue du Puits Communal - 34230 PLAISSAN
Tél. : 04 67 96 83 07

| TRES BAS. SAIS. | BASSE SAIS. | MOY. SAIS. | HTE SAIS. | TRES HTE SAIS. | | | | | | |
|---|---|---|---|---|---|---|---|---|---|---|
| 185 | 185 | 250 | 305 | 340 | 30 | 7 | 12 | 3 | 4 | 5 | 4 | 20 | 35 | 0,5 |

## N° 20704 POMEROLS
CM 83 pli 5

**NN 10 pers.**

Dans le village, maison individuelle de plain-pied en R.D.C. Séjour coin-cuisine/coin-salon, 1 ch. (1 lit 2 pers.), s.d.b.), 1 ch. (1 lit 2 pers., s.e.), 1 ch. (3 lits 1 pers.), 1 ch. (1 lit 2 pers., 1 lit 1 pers.), Chauffage électrique. Jardin clos, terrasse, parking clos. Tarifs 6/26 juin et 4/25 sept. 1000 €. Ouvert toute l'année.

Nelly GAIRAUD - 13 avenue d'Agde - 34810 POMEROLS
Tél. : 04 67 77 76 10 - Fax : 04 67 77 76 10

| TRES BAS. SAIS. | BASSE SAIS. | MOY. SAIS. | HTE SAIS. | TRES HTE SAIS. | WEEK-END | | | | | | | |
|---|---|---|---|---|---|---|---|---|---|---|---|---|
| 600 | 600 | 760 | 1300 | 1800 | 310 | 9 | SP | 9 | 4 | 10 | SP | 10 | 10 | 12 | SP |

## N° 21702 PRADES-LE-LEZ
CM 83 pli 7

**NN 4 pers.**

A la sortie du village, dans un cadre de verdure, gîte aménagé au R.D.C. de la maison du propriétaire. Entrée indépendante. Cuisine, s. de séjour (canapé-lit 2 pers.), 1 ch. (1 lit 160 ou 2 lits 80, 1 lit d'enf - 3 ans), s.e, wc, cellier, tél (DSL) ch. cent. Terrain privatif non clos (oliveraie), terrasse, barbecue. ATTRAITS TOURISTIQUES : Montpellier, Les Matelles (village médiéval), Murles, St Jean de Cuculles (villages pittoresques), le Pic St Loup (randonnées, escalade), Claret (chemin des verriers), Anduze (bambouseraie). Ouvert toute l'année.

Patrick MORTIER - 960 chemin de Bellevue - 34730 PRADES-LE-LEZ
Tél. : 04 67 59 56 37 - Email : patrick@mortier.nom.fr

| TRES BAS. SAIS. | BASSE SAIS. | MOY. SAIS. | HTE SAIS. | TRES HTE SAIS. | | | | | | |
|---|---|---|---|---|---|---|---|---|---|---|
| 400 | 400 | 450 | 600 | 600 | 20 | 3 | 20 | SP | 0,4 | 4 | 2 | 30 | 10 | 1,2 |

**LANGUEDOC-ROUSSILLON**

Pictos voir p. 12

243

# HÉRAULT - 34

Périodes tarifaires p. 237

## N° 22012 — LE PUECH — Les Hemies — CM 83 pli 5

**NN — 6 pers.**

Au cœur de la Vallée de l'Hérault, à proximité du Lac Salagou, dans un hameau pittoresque, ancien mas rénové individuel. R.D.C: coin-cuisine/ séjour(canapé conv.) ch1. (1 lit 2 pers.), salle d'eau/wc. Étage : ch2. (1 lit 2 pers.), ch3. (2 lits 1 pers.). Ch. central, prise TV. Terrasse, terrain clos. Paysages à découvrir à pied, à cheval, en VTT, descente du fleuve Hérault en canoë, découverte aérienne du Lac Salagou parapente pour les plus sportifs. Sites et patrimoine, Saint-Guilhem-le-Désert, Prieuré de Saint-Michel de Grandmont, Villeneuvette, Cirques Mourèze, Navacelles. Ouvert toute l'année.

Gérard CURAN - Le Pont du Puech - 34700 LE PUECH
Tél. : 06 11 18 67 99

| TRES BAS. SAIS. | BASSE SAIS. | MOY. SAIS. | HTE SAIS. | TRES HTE SAIS. | WEEK-END |
|---|---|---|---|---|---|
| 350 | 360 | 390 | 540 | 540 | 180 |

| | | | | | | | | | | |
|---|---|---|---|---|---|---|---|---|---|---|
| 50 | 4 | 4 | 2 | 4 | 4 | 7 | 4 | 40 | 4 |

## N° 22013 — LE PUECH — Rabejac — CM 83 pli 5

**NN — 4 pers.**

Dans le centre du hameau, maison individuelle mitoyenne. Gîte au 1er étage : cuisine, salle de séjour/coin-détente. 2è étage : 2 chambres (1 lit 2 pers., 1 lit BB), salle d'eau/wc, chauffage central et électrique, Terrasse. Local au rez-de-chaussée pour vélos. Ouvert toute l'année.

Emile CHRISTOL - Rabejac - 34700 LE PUECH
Tél. : 04 67 44 19 53

| TRES BAS. SAIS. | BASSE SAIS. | MOY. SAIS. | HTE SAIS. | TRES HTE SAIS. | WEEK-END |
|---|---|---|---|---|---|
| 250° | 250 | 370 | 440 | 440 | 160 |

| | | | | | | | | | | |
|---|---|---|---|---|---|---|---|---|---|---|
| 55 | 7 | 2 | 2 | 2 | SP | 5 | 30 | 50 | 7 |

## N° 22602 — QUARANTE — CM 83 pli 14

**NN — 4 pers.**

3 gîtes mitoyens de construction récente en rez-de-chaussée sur champs d'oliviers de 3000 m². Salle de séjour/coin-salon/coin-cuisine. 2 chambres (2 lits 1 pers.), salle de bain, wc, chauffage central. Terrasse. Ouvert toute l'année.

Jacqueline RICHE - Route de Cruzy - 34310 QUARANTE
Tél. : 04 67 89 30 45 - 06 81 19 37 25 - Fax : 04 67 89 30 45 - Email : jacqueline.riche@caramail.com

| TRES BAS. SAIS. | BASSE SAIS. | MOY. SAIS. | HTE SAIS. | TRES HTE SAIS. | WEEK-END | W.-E. DETENTE |
|---|---|---|---|---|---|---|
| 250 | 250 | 300 | 370 | 400 | 120 | 150 |

| | | | | | | | | | | |
|---|---|---|---|---|---|---|---|---|---|---|
| 35 | 5 | 35 | 10 | 15 | 0,5 | 2 | 15 | 30 | 0,5 |

## N° 22603 — QUARANTE — CM 83 pli 14

**NN — 4 pers.**

3 gîtes de construction récente mitoyens en rez-de-chaussée sur champs d'oliviers de 3000 m². Salle de séjour/coin-salon/coin-cuisine. 2 chambres (2 lits 1 pers.), salle de bain, wc, chauffage central, TV, lave-linge, lave-vaisselle. Terrasse, salon de jardin, barbecue. Superficie 60 m². Ouvert toute l'année.

Jacqueline RICHE - Route de Cruzy - 34310 QUARANTE
Tél. : 04 67 89 30 45 - 06 81 19 37 25 - Fax : 04 67 89 30 45 - Email : jacqueline.riche@caramail.com

| TRES BAS. SAIS. | BASSE SAIS. | MOY. SAIS. | HTE SAIS. | TRES HTE SAIS. | WEEK-END | W.-E. DETENTE |
|---|---|---|---|---|---|---|
| 250 | 250 | 300 | 370 | 400 | 120 | 150 |

| | | | | | | | | | | |
|---|---|---|---|---|---|---|---|---|---|---|
| 35 | 5 | 35 | 10 | 15 | 0,5 | 2 | 15 | 30 | 0,5 |

## N° 23204 — ROQUEBRUN — CM 83 pli 13

**NN — 6 pers.**

Dans le centre du village, maison individuelle mitoyenne aménagée sur 2 niveaux. Rez de chaussée : coin-cuisine/salle à manger, coin-salon, s.d'eau/wc. 1er étage : 1 ch. (1 lit 2 pers.), 2 ch. (2 lits 1 pers.), salle de bains, wc., ch. électr., cheminée. Cour intérieure, garage. Prestations para-hôtelières. ATTRAITS TOURISTIQUES : Jardin méditérranéen, fête du mimosa (début février), base de canoë-kayak, gorges de l'Orb, abbaye de Fontcaude, les Gorges d'Héric, le Parc Naturel du Haut Languedoc. Ouvert toute l'année.

GITES DE FRANCE-SERVICE RESERVATION - Maison du Tourisme - Avenue des Moulins - 34184 MONTPELLIER Cedex 4
Tél. : 04 67 67 71 62 - 04 67 67 71 83 - Fax : 04 67 67 71 69 - Email : contact@gites-de-france-herault.asso.fr - www.gites-de-france-herault.asso.fr

| TRES BAS. SAIS. | BASSE SAIS. | MOY. SAIS. | HTE SAIS. | TRES HTE SAIS. | WEEK-END | W.-E. DETENTE |
|---|---|---|---|---|---|---|
| 310 | 330 | 410 | 530 | 580 | 180 | 180 |

| | | | | | | | | | | |
|---|---|---|---|---|---|---|---|---|---|---|
| 45 | 30 | 45 | SP | SP | SP | 25 | SP | 30 | SP |

## N° 29315 — LA SALVETAT-SUR-AGOUT — La Moutouse — 870 m — CM 83 pli 3

**NN — 5 pers.**

Dans un cadre de verdure, dans le hameau, maison mitoyenne sur 2 niveaux. 1er étage : coin-cuisine dans salle de séjour, buanderie, salle de bains, wc. 2ème étage : 1 ch. (1 lit 2 pers.), 1 ch. (1 lit 2 pers., 1 lit 120), coin toilette (lavabo), wc, ch.central, cheminée. Terrasse, cour, garage. Auberge sur place (plats à emporter).

Gisèle PETIT - La Moutouse - 34330 LA SALVETAT-SUR-AGOUT
Tél. : 04 67 97 61 69

| TRES BAS. SAIS. | BASSE SAIS. | MOY. SAIS. | HTE SAIS. | TRES HTE SAIS. | WEEK-END |
|---|---|---|---|---|---|
| 230 | 250 | 280 | 360 | 400 | 120 |

| | | | | | | | | | | |
|---|---|---|---|---|---|---|---|---|---|---|
| 87 | 5 | 5 | 4 | 5 | 5 | 5 | 35 | 55 | 5 |

# HÉRAULT - 34

Périodes tarifaires p. 237

## N° 29707 SAUTEYRARGUES
CM 83 pli 7

**NN  5 pers.**

Dans un ensemble de bâtiments constituant l'ancien prieuré du village, gîte mitoyen à la résidence prop. R.D.C.: Entrée, 1er Et.: cuisine, salle à manger/salon, ch1. (1 lit 2 pers.), wc. 2ème Et.: ch2. (2 lits 1 pers.), mezzanine (1 lit 115), 1 lit bébé, s.d.b. Ch. central (inclus) terrasse/pergola exposée plein sud, jardin clos. Petit garage. ATTRAITS TOURISTIQUES: Situé entre la méditerranée, la Camargue et les Cevennes, villages pittoresques, circuit d'art roman, chemin des verriers à Claret. Vignobles de la Haute-Vallée de l'Hérault. (AOC Pic Saint-Loup). Ouvert toute l'année.
GITES DE FRANCE-SERVICE RESERVATION – Maison du Tourisme - Avenue des Moulins - 34184 MONTPELLIER Cedex 4
Tél.: 04 67 67 71 62 - 04 67 67 71 83 - Fax: 04 67 67 71 69 - Email: contact@gites-de-france-herault.asso.fr – www.gites-de-france-herault.asso.fr

| TRES BAS. SAIS. | BASSE SAIS. | MOY. SAIS. | HTE SAIS. | TRES HTE. SAIS. | WEEK-END | | | | | | | | |
|---|---|---|---|---|---|---|---|---|---|---|---|---|---|
| 400 | 630 | 630 | 650 | 900 | 360 | 30 | 3 | 30 | 10 | 3 | 6 | 6 | 20 | 26 | 6 |

## N° 29708 SAUTEYRARGUES — Domaine du Mas des Rives
CM 83 pli 7

**NN  10 pers.**

Dans l'arrière pays de Montpellier, sur domaine boisé de 20 ha, dans une ancienne ferme en pierres de pays comprenant 5 gîtes répartis dans 2 Mas avec 2 piscines (50 et 200 m²). Gîte LES OLIVIERS: cuisine, salle de séjour, salon, 5 chambres 2 pers., 3 s.d.b., s.e., 2 wc, ch. électr... Terrasses, bains de soleil, jeux, parking dans propriété et gardien. Capacité d'accueil sur le domaine 30 pers. ATTRAITS TOURISTIQUES Pic-Saint-Loup, grottes des demoiselles, château Notre-Dame-de-Londres, église romane de Saint-Martin-de-Londres. Proximité RD 17, à 100 m. Ouvert toute l'année.
Guy BLONDIN - 17 rue Boussairolles - 34000 MONTPELLIER
Tél.: 06 21 70 01 42 - Fax: 04 67 92 39 54

| TRES BAS. SAIS. | BASSE SAIS. | MOY. SAIS. | HTE SAIS. | TRES HTE. SAIS. | | | | | | | | |
|---|---|---|---|---|---|---|---|---|---|---|---|---|
| 890 | 890 | 990 | 1690 | 2480 | 40 | SP | 5 | 3 | 2 | 25 | 28 | 3 |

## N° 23808 ST-ANDRE-DE-BUEGES — Mas de la croix
CM 83 pli 6

**NN  4 pers.**

Dominant la vallée de la Buèges, dans une région de garrigues et bois de chênes, maison indépendante en pierres de pays. R.d.c surélevé: salle de séjour/coin-cuisine, coin-salon (1 lit enf. -10 ans), s.d.b./wc. 1er ét.: ch.1 (1 lit 160 cm) avec balcon, ch.2 (1 lit 2 pers. 1 lit BB), wc. Ch. cent. (inclus), cheminée. Terrasse, parking. ATTRAITS TOURISTIQUES: proximité des Cévennes (Mont-Aigoual), grotte des Demoiselles, villages typiques: (St-André et St-Jean-de-Buèges, St-Martin de Londres, St Guilhem le Désert), gorges de la Vis, de la Buèges, de l'Hérault (canoë-kayak). Ouvert toute l'année.
GITES DE FRANCE-SERVICE RESERVATION – Maison du Tourisme - Avenue des Moulins - 34184 MONTPELLIER Cedex 4
Tél.: 04 67 67 71 62 - 04 67 67 71 83 - Fax: 04 67 67 71 69 - Email: contact@gites-de-france-herault.asso.fr – www.gites-de-france-herault.asso.fr

| TRES BAS. SAIS. | BASSE SAIS. | MOY. SAIS. | HTE SAIS. | TRES HTE. SAIS. | WEEK-END | | | | | | | | |
|---|---|---|---|---|---|---|---|---|---|---|---|---|---|
| 350 | 350 | 410 | 450 | 500 | 180 | 55 | 20 | 50 | 4 | 4 | 12 | 10 | 7 | 55 | 12 |

## N° 24202 ST-BAUZILLE-DE-MONTMEL — Domaine du Mas de Martin
CM 83 pli 7

**NN  4 pers.**

Sur un domaine viticole, avec vue sur le vignoble, ancien bâtiment rénové mitoyen au caveau de dégustation. R.d.c.: coin-cuisine dans salle de séjour, salle d'eau/wc, 1er étage: 2 chambres (1 lit 2 pers.), ch. électr., cheminée. Terrasse, salon de jardin, parking, draps et linge toilette sur demande. ATTRAITS TOURISTIQUES: Découverte du vignoble, randonnées sur le domaine, Le Pic St Loup (activités de nature: randonnées, escalade, vol à voile), villages typiques (St Jean de Cuculles, Les Matelles), les plages (Palavas, La Grande-Motte), La Camargue, Montpellier. Ouvert toute l'année.
GITES DE FRANCE-SERVICE RESERVATION – Maison du Tourisme - Avenue des Moulins - 34184 MONTPELLIER Cedex 4
Tél.: 04 67 67 71 62 - 04 67 67 71 83 - Fax: 04 67 67 71 69 - Email: contact@gites-de-france-herault.asso.fr – www.gites-de-france-herault.asso.fr

| TRES BAS. SAIS. | BASSE SAIS. | MOY. SAIS. | HTE SAIS. | TRES HTE. SAIS. | WEEK-END | | | | | | | | |
|---|---|---|---|---|---|---|---|---|---|---|---|---|---|
| 280 | 300 | 390 | 550 | 610 | 160 | 30 | 10 | 30 | 12 | 10 | 4 | 10 | 35 | 25 | 5 |

## N° 24203 ST-BAUZILLE-DE-MONTMEL
CM 83 pli 7

**NN  10 pers.**

Dans hameau, bastide du XIVème entièrement rénovée, mitoyenne à d'autres habitations. Demeure comprenant différents niveaux: Cuis., salle de séjour, salons. Ch1. (1 lit 2 pers.), s.d.b jacuzzi, sauna, wc priv., dressing. ch2., ch3., ch4., ch5., (1 lit 2 pers.) s.e & 2 s.d.b, wc comm., cheminée, ch. central, (consom. en sus). Terrasses, cour intér., parking. Piscine, terrain. Attraits Touristiques: Village situé aux portes de la Petite Camargue, Région de garrigues et de vignobles (vins AOC, Pic St Loup), à mi-distance de la montagne et de la méditerranéen. Sports Pleine nature. Ouvert toute l'année.
M Michel GARNIER SCI AMOI - Hameau de Favas - 34160 ST-BAUZILLE-DE-MONTMEL
Tél.: 04 67 86 13 24 - 04 67 86 12 10 - http://domainedefavas.free.fr

| MOY. SAIS. | HTE SAIS. | TRES HTE. SAIS. | WEEK-END | | | | | | | | |
|---|---|---|---|---|---|---|---|---|---|---|---|
| 2290 | 3350 | 3350 | 1500 | 30 | SP | 30 | 12 | 10 | 4 | 10 | 35 | 25 | 5 |

## N° 24602 ST-CHRISTOL
CM 83 pli 8

**NN  6 pers.**

Aux portes de la petite Camargue, située à l'entrée du village, maison languedocienne XXème mitoyenne à la résidence du propriétaire. 1er étage: Coin-cuisine, salle à manger/coin-salon, 1 ch (1 lit 2 pers.), 2 ch. (2 lits 1 pers.), 3 s.e/wc(1 par ch.), ch.cent.(7 €/jour). Terrasse, espace privatif dans jardin. Equipement bébé. Atelier de céramique sur place. Fête locale du 19/07 au 26/07. ATTRAITS TOURISTIQUES: Sommières (village médiéval), Nîmes, La Camargue (Aigues-Mortes, Les Saintes Maries de la Mer), Montpellier, les plages (la Grande-Motte, Carnon), Anduze. Ouvert toute l'année.
GITES DE FRANCE-SERVICE RESERVATION – Maison du Tourisme - Avenue des Moulins - 34184 MONTPELLIER Cedex 4
Tél.: 04 67 67 71 62 - 04 67 67 71 83 - Fax: 04 67 67 71 69 - Email: contact@gites-de-france-herault.asso.fr – www.gites-de-france-herault.asso.fr

| TRES BAS. SAIS. | BASSE SAIS. | MOY. SAIS. | HTE SAIS. | TRES HTE. SAIS. | | | | | | | |
|---|---|---|---|---|---|---|---|---|---|---|---|
| 380 | 410 | 430 | 520 | 610 | 24 | 7 | 24 | 3 | 24 | 3 | 38 | 7 | SP |

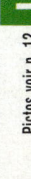

LANGUEDOC-ROUSSILLON

Pictos voir p. 12

245

# HÉRAULT - 34

Périodes tarifaires p. 237

## N° 24701 ST-CLEMENT-DE-RIVIERE — Mas de Fournel — CM 83 pli 7

NN  4 pers.

Sur une propriété de 75 Ha dont 15 Ha de parc, ensemble de 5 gîtes mitoyens et 4 ch. d'hôtes aménagés dans un ancien mas rénové. 1er gîte : R.D.C : coin-cuisine/salle de séjour, s.d.b, wc. 1er ét. : ch.1 (1 lit 2 pers.), mezzanine (2 lits 1 pers.). Ch. électr., buanderie commune. Piscine commune, parking. Draps et linge de toilette fournis. ATTRAITS TOURISTIQUES : Montpellier, Les Matelles, St Jean de Cuculles, Murles (petits villages pittoresques), Le Pic St Loup, Claret (chemin des verriers), les grottes des Demoiselles, Anduze (la Bambouseraie, train des Cévennes). Ouvert toute l'année.

Olga BERNABE - Mas de Fournel - 34980 ST-CLEMENT-DE-RIVIERE
Tél. : 04 67 67 00 85 - 04 67 66 70 80 - Fax : 04 67 84 07 96

| TRES BAS. SAIS. | BASSE SAIS. | MOY. SAIS. | HTE SAIS. | TRES HTE SAIS. |
|---|---|---|---|---|
| 280 | 330 | 400 | 686 | 686 |

| | | | | | | |
|---|---|---|---|---|---|---|
| 15 | SP | 15 | SP | 0,5 | 8 | 7 | 0,5 |

## N° 24702 ST-CLEMENT-DE-RIVIERE — Mas de Fournel — CM 83 pli 7

NN  4 pers.

Sur une propriété de 75 Ha dont 15 Ha de parc, ensemble de 5 gîtes mitoyens et 4 chambres d'hôtes aménagés dans un ancien mas rénové. 2ème gîte : R.d.c : Coin-cuisine/salle de séjour, salle de bains, wc, 1er ét. : ch.1 (1 lit 2 pers.), mezzanine (2 lits 1 pers.), Ch. électr., buanderie commune. Piscine commune, parking. Draps et linge de toilette fournis. ATTRAITS TOURISTIQUES : Montpellier, Les Matelles, St Jean de Cuculles, Murles (petits villages pittoresques), Le Pic St Loup, Claret, les grottes des Demoiselles, Anduze (la Bambouseraie, train des Cévennes). Ouvert toute l'année.

Olga BERNABE - Mas de Fournel - 34980 ST-CLEMENT-DE-RIVIERE
Tél. : 04 67 67 00 85 - 04 67 66 70 80 - Fax : 04 67 84 07 96

| TRES BAS. SAIS. | BASSE SAIS. | MOY. SAIS. | HTE SAIS. | TRES HTE SAIS. |
|---|---|---|---|---|
| 280 | 330 | 400 | 686 | 686 |

| | | | | | | |
|---|---|---|---|---|---|---|
| 15 | SP | 15 | SP | 0,5 | 8 | 7 | 0,5 |

## N° 24703 ST-CLEMENT-DE-RIVIERE — Mas de Fournel — CM 83 pli 7

NN  4 pers.

Sur une propriété de 75 Ha dont 15 Ha de parc, ensemble de 5 gîtes mitoyens et 4 chambres d'hôtes dans un ancien mas rénové. 3ème gîte : R.d.c : Coin-cuisine/salle de séjour, 1er ét. : 1 ch. (1 lit 2 pers.), s. d'eau att., 1 ch. (1 lit 2 pers.), s. de bains, wc, Ch. électr., buanderie commune. Piscine commune, parking. Draps et linge de toilette fournis. ATTRAITS TOURISTIQUES : Montpellier, Les Matelles, St Jean de Cuculles, Murles (petits villages pittoresques), Le Pic St Loup, Claret, les grottes des Demoiselles, Anduze (la Bambouseraie, train des Cévennes). Ouvert toute l'année.

Olga BERNABE - Mas de Fournel - 34980 ST-CLEMENT-DE-RIVIERE
Tél. : 04 67 67 00 85 - 04 67 66 70 80 - Fax : 04 67 84 07 96

| TRES BAS. SAIS. | BASSE SAIS. | MOY. SAIS. | HTE SAIS. | TRES HTE SAIS. |
|---|---|---|---|---|
| 400 | 500 | 500 | 915 | 915 |

| | | | | | | |
|---|---|---|---|---|---|---|
| 15 | SP | 15 | SP | 0,5 | 8 | 7 | 0,5 |

## N° 24704 ST-CLEMENT-DE-RIVIERE — Mas de Fournel — CM 83 pli 7

NN  4 pers.

Sur une propriété de 75 Ha dont 15 Ha de parc, ensemble de 5 gîtes mitoyens et 4 chambres d'hôtes dans un ancien mas rénové. 4ème gîte : R.D.C : Coin-cuisine/salle de séjour, 1er ét. : 1 ch. (1 lit 2 pers.), s. d'eau att., 1 ch. (1 lit 2 pers.), s. de bains, wc, Ch. électr., buanderie commune. Piscine commune, parking. Draps et linge de toilette fournis. ATTRAITS TOURISTIQUES : Montpellier, Les Matelles, St Jean de Cuculles, Murles (petits villages pittoresques), Le Pic St Loup, Claret, les grottes des Demoiselles, Anduze (la Bambouseraie, train des Cévennes). Ouvert toute l'année.

Olga BERNABE - Mas de Fournel - 34980 ST-CLEMENT-DE-RIVIERE
Tél. : 04 67 67 00 85 - 04 67 66 70 80 - Fax : 04 67 84 07 96

| TRES BAS. SAIS. | BASSE SAIS. | MOY. SAIS. | HTE SAIS. | TRES HTE SAIS. |
|---|---|---|---|---|
| 400 | 500 | 500 | 915 | 915 |

| | | | | | | |
|---|---|---|---|---|---|---|
| 15 | SP | 15 | SP | 0,5 | 8 | 7 | 0,5 |

## N° 24705 ST-CLEMENT-DE-RIVIERE — Mas de Fournel — CM 83 pli 7

NN  4 pers.

Sur une propriété de 75 Ha dont 15 Ha de parc, ensemble de 5 gîtes mitoyens et 4 chambres d'hôtes dans un ancien mas rénové. 5ème gîte : R.D.C : Coin-cuisine/salle de séjour, 1er ét. : 1 ch. (1 lit 2 pers.), s. d'eau att., 1 ch. (1 lit 2 pers.), s. de bains, wc, Ch. électr., buanderie commune. Piscine commune, parking. Draps et linge de toilette fournis. ATTRAITS TOURISTIQUES : Montpellier, Les Matelles, St Jean de Cuculles, Murles (petits villages pittoresques), Le Pic St Loup, Claret, les grottes des Demoiselles, Anduze (la Bambouseraie, train des Cévennes). Ouvert toute l'année.

Olga BERNABE - Mas de Fournel - 34980 ST-CLEMENT-DE-RIVIERE
Tél. : 04 67 67 00 85 - 04 67 66 70 80 - Fax : 04 67 84 07 96

| TRES BAS. SAIS. | BASSE SAIS. | MOY. SAIS. | HTE SAIS. | TRES HTE SAIS. |
|---|---|---|---|---|
| 400 | 500 | 500 | 915 | 915 |

| | | | | | | |
|---|---|---|---|---|---|---|
| 15 | SP | 15 | SP | 0,5 | 8 | 7 | 0,5 |

## N° 27107 ST-JULIEN — Les Horts — CM 83 pli 3

4 pers.

Au pied du massif du Caroux et des monts de l'Espinouse, dans un hameau pittoresque, maison indépendante comportant deux gîtes. 1er gîte aménagé de plain-pied au 1er étage : Coin-cuisine/salle de séjour (canapé), ch.1 (1 lit 2 pers.), ch.2 (2 lits 1 pers.), s.d.b., wc, ch. élect., terrasse couverte, parking. Le hameau des Horts est situé à proximité des gorges d'Héric, d'Olargues dans le Parc Naturel du Haut Languedoc. À 25 kms, les lacs du Laouzas et de la Raviège, la Salvetat-sur-Agoût. Les gorges du Jaur, nombreuses activités (canoë, kayak, spéléo), randonnées, VTT. Ouvert toute l'année.

Huguette DELTOUR - Les Horts - 34390 ST-JULIEN
Tél. : 04 67 97 77 31 - 06 82 77 38 35 - Fax : 04 67 97 77 31

| TRES BAS. SAIS. | BASSE SAIS. | MOY. SAIS. | HTE SAIS. | TRES HTE SAIS. | WEEK-END |
|---|---|---|---|---|---|
| 220 | 220 | 260 | 340 | 380 | 100 |

| | | | | | | | |
|---|---|---|---|---|---|---|---|
| 60 | 18 | 25 | 0,5 | 3 | 3 | 3 | 25 | 3 |

# HÉRAULT - 34

*Périodes tarifaires p. 237*

## N° 27111 — ST-JULIEN — Les Horts — CM 83 pli 3
**NN — 4 pers.**

Dans un environnement de vignes et de châtaigniers, maison en pierres de pays mitoyenne à un autre gîte. 1er Etage : Cuisine, séjour/salon, salle de bains, wc. 2ème Etage : Ch1. & Ch2. (1 lit 2 pers.), Ch3. (1 lit enfant). Cheminée (bois en sus), chauffage central (inclus), cour, terrain et piscine communs. Attraits touristiques : Parc Naturel du Haut Languedoc, Massif du Caroux et Monts de l'Espinouse. Lacs (Laouzas et Ravièges), Saut de Vesoles.Olargues Village classé. Fête de la châtaigne à Saint-Pons-de-Thomières. Ouvert toute l'année.
Dominique AZAIS - Les Horts - 34390 ST-JULIEN-D'OLARGUES
Tél. : 04 67 97 78 46

| TRES BAS. SAIS. | BASSE SAIS. | MOY. SAIS. | HTE. SAIS. | TRES HTE SAIS. |
|---|---|---|---|---|
| 200 | 250 | 300 | 450 | 500 |

| | | | | | | | | |
|---|---|---|---|---|---|---|---|---|
| 60 | SP | 25 | 3 | 3 | 3 | 3 | 25 | 3 |

## N° 27401 — ST-MARTIN-DE-LONDRES — CM 83 pli 6
**6 pers.**

Au cœur de la haute vallée de l'Hérault, entre Cévennes et Méditerranée, gîte indiv. au R.D.C. de la maison du proprio. (bordure rd 32). Salle de séjour/coin cuisine, 2 ch. (2 lits 1 pers.), 1 ch. (1 lit 2 pers.), (matériel bb à dispo), s.e., wc, ch. cent.(inclus), terrain commun clos, devant de porte et parking privatif. ATTRAITS TOURISTIQUES : Proche de Montpellier, ville universitaire, animations culturelles, sites à découvrir : Grottes des Demoiselles à St Bauzille de Putois, circuit des verriers à Claret, Pic St Loup, vallée de la Buèges, site néolithique de Cambous (Viols-le-Fort), circuit art roman.
GITES DE FRANCE-SERVICE RESERVATION - Maison du Tourisme - Avenue des Moulins - 34184 MONTPELLIER Cedex 4
Tél. : 04 67 67 71 62 - 04 67 67 71 83 - Fax : 04 67 67 71 69 - Email : contact@gites-de-france-herault.asso.fr - www.gites-de-france-herault.asso.fr

| TRES BAS. SAIS. | BASSE SAIS. | MOY. SAIS. | HTE. SAIS. | TRES HTE SAIS. | WEEK-END |
|---|---|---|---|---|---|
| 370 | 400 | 430 | 550 | 570 | 250 |

| | | | | | | | | |
|---|---|---|---|---|---|---|---|---|
| 45 | 15 | 45 | 16 | 16 | 1 | 5 | 16 | 28 | 1 |

## N° 28805 — ST-SERIES — Mas de Fontbonne — CM 83 pli 8
**NN — 5 pers.**

Entre la Camargue et les Cevennes, sur domaine, gîte aménagé dans ancien bâtiment, comprenant 3 appart. locatifs. R.D.C surelevé : Cuisine, Salle séjour (2 canapés 1 pers.), cabinet toilette/wc. 2 chambres (1 lit 2 pers.) s.e/wc privée, attenante. Chauf. élect. Terrain commun non clos 1 ha, parking, s.d.j., piscine (11x5.5) commune couverte Avril/Oct. Attraits touristiques : Les stations balnéaires : La Grande-Motte, Carnon, Palavas, le Grau du Roi. Site archéologique d'Ambrussum à Villetelle, Patrimoine architectural : Sommières, Aigues-Mortes,Nîmes,vestiges romains Ouvert d'avril à fin octobre.
Luc LIGNON - Mas de Fontbonne - 34400 ST-SERIES
Tél. : 04 67 86 00 30 - 04 67 86 08 74 - Fax : 04 67 86 00 30 - Email : fontbonne@wanadoo.fr - www.visualproject.com/fontbonne

| MOY. SAIS. | HTE. SAIS. | TRES HTE SAIS. | WEEK-END |
|---|---|---|---|
| 576 | 960 | 960 | 305 |

| | | | | | | | | |
|---|---|---|---|---|---|---|---|---|
| 22 | SP | 22 | 2 | 2 | 1,5 | 8 | 50 | 7 | 2,5 |

## N° 30902 — TEYRAN — Mas Pierrefeu — CM 83 pli 7
**NN — 4 pers.**

Entre mer et Cévennes, entouré de champs et garrigues, gîte sur exploitation agricole, dans partie indépendante d'un Mas languedocien rénové. Entrée indépendante, r.d.c. : salle de séjour/coin-cuisine/salon (canapé-lit 2 pers.). 1er ét.: 1 ch. (2 lits 1 pers.), salle d'eau, wc, chauffage électrique. Terrasse et jardin boisé privatifs clos. Ouvert toute l'année.

Isabelle BASCOU - Mas Pierrefeu - 34820 TEYRAN
Tél. : 04 67 70 91 23 - 06 17 91 03 32 - Fax : 04 67 70 91 23 - Email : eric.bascou@wanadoo.fr

| TRES BAS. SAIS. | BASSE SAIS. | MOY. SAIS. | HTE. SAIS. | TRES HTE SAIS. | WEEK-END |
|---|---|---|---|---|---|
| 300 | 300 | 370 | 450 | 480 | 130 |

| | | | | | | | | |
|---|---|---|---|---|---|---|---|---|
| 15 | 1 | 15 | 15 | 2 | 2 | 1,5 | 45 | 10 | 2 |

## N° 33301 — VIC-LA-GARDIOLE — CM 83 pli 17
**NN — 4 pers.**

2 gîtes mitoyens sur propriété d'un hectare avec vue sur le Massif de la Gardiole. Salle de séjour/coin-cuisine/salon, 1 ch. (1 lit 2 pers.), s.e., wc, chauffage central, buanderie commune. Terrasse, abri voiture, barbecue commun, terrain de 1 ha en verdure. Ouvert toute l'année.

Jean-Luc MARTINEZ - 36 route de Frontignan - 34110 VIC-LA-GARDIOLE
Tél. : 04 67 78 54 29

| TRES BAS. SAIS. | BASSE SAIS. | MOY. SAIS. | HTE. SAIS. | TRES HTE SAIS. | WEEK-END |
|---|---|---|---|---|---|
| 300 | 300 | 300 | 500 | 500 | 90 |

| | | | | |
|---|---|---|---|---|
| 1,5 | 3 | 1,5 | 0,3 | 3 | 1 |

## N° 33302 — VIC-LA-GARDIOLE — CM 83 pli 17
**NN — 4 pers.**

2 gîtes mitoyens sur propriété d'un hectare avec vue sur le Massif de la Gardiole. Salle de séjour/coin-cuisine/salon, 1 ch. (1 lit 2 pers.), s.e., wc, chauffage central, buanderie commune. Terrasse, abri voiture, barbecue commun, terrain de 1 ha en verdure. Ouvert toute l'année.

Jean-Luc MARTINEZ - 36 route de Frontignan - 34110 VIC-LA-GARDIOLE
Tél. : 04 67 78 54 29

| TRES BAS. SAIS. | BASSE SAIS. | MOY. SAIS. | HTE. SAIS. | TRES HTE SAIS. | WEEK-END |
|---|---|---|---|---|---|
| 300 | 300 | 300 | 500 | 500 | 90 |

| | | | | |
|---|---|---|---|---|
| 1,5 | 3 | 1,5 | 1 | 0,3 | 3 | 1 |

# LOZÈRE - 48

**GITES DE FRANCE** - Service Réservation - 14, bd. Henri Bourrillon - 48001 MENDE Cédex - Tél. 04 66 48 48 48 - Fax. 04 66 65 03 55
E.mail : sla.lozere@france48.com - www.france48.com

### N° GMA073  ARZENC-DE-RANDON — 1180 m
NN  6 pers.

**Châteauneuf de Randon 6 km.** Logement rénové au dessus de la Mairie dans une maison indépendante. Entrée privée. Rez-de-chaussée, coin cuisine, séjour, cheminée insert. 3 ch. (1 lit 2 pers., 2 lits 1 pers., 2 lits 1 pers. superposés), salle de bains, wc, buanderie, téléphone, chauffage, micro-ondes, congélateur, terrasse.

MAIRIE - 48170 ARZENC-DE-RANDON
Tél. : 04 66 47 94 91

| HTE SAIS. |
|---|
| 426 |

| | | | |
|---|---|---|---|
| 6 | 6 | 25 | 8 |

### N° LZG331  BARJAC — Pierrefiche — 830 m
NN  4 pers.

**Petit hameau à 10 km de Mende.** Maison indépendante entièrement rénovée comprenant : coin cuisine (micro-ondes), salle de séjour convertible. A l'étage : 1 ch. (1 lit 2 pers.), 1 ch. (2 lits 1 pers.), wc indépendant, coin-bureau, salle de bains. Chauffage électrique. Terrasse, cour. Ouvert de juillet à août.

GITES DE FRANCE-SERVICE RESERVATION - 14 bd Henri Bourrillon - BP 4 - 48001 MENDE Cedex
Tél. : 04 66 48 48 48 - Fax : 04 66 65 03 55 - Email : sla.lozere@france48.com - www.france48.com

| HTE SAIS. |
|---|
| 374 |

| | | | | | |
|---|---|---|---|---|---|
| SP | 10 | 3 | 10 | 3 | 3 |

### N° GMA081  LE BUISSON — Le Moulinet — 1000 m
NN  6 pers.

**Marvejols 10 km. St-Sauveur-de-Peyre 3 km.** A proximité du Lac du Moulinet, Parc à loups. Maison ancienne rénovée, très spacieuse, calme située dans un corps de bâtiments agricoles, ensoleillés et facile d'accès. R.D.C. : salle à manger, séjour (canapé clic-clac), coin-cuisine, wc. Etage : 1 ch (1 lit 2 pers.), 1 ch (1 lit 2 pers., 1 lit 1 pers.), palier (1 lit 1 pers.), salle de bains, wc. Micro-ondes, chauffage électrique, chaise bébé, terrasse. Ouvert toute l'année.

Thérèse HERMET - Les Combettes - 48100 LE BUISSON
Tél. : 04 66 32 09 17

| BASSE SAIS. | MOY. SAIS. | HTE SAIS. | W-E. PROL. |
|---|---|---|---|
| 200 | 250 | 390 | 155 |

| | | | |
|---|---|---|---|
| 10 | 10 | 10 | 12 |

### N° GVL041  LA CANOURGUE — Roullet — 563 m
NN  2 pers.

**La Canourgue 2 km.** Maison indépendante attenante à celle du propriétaire. Au rez-de-chaussée : coin cuisine (micro-ondes), salle de séjour. Au 1er étage : 1 ch. (2 lits 1 pers.), salle d'eau, wc. Chauffage électrique. Jardin, parking. Ouvert du 10 mai au 30 septembre.

Emilie LINGET - 68 rue Jean Rameau - 13010 MARSEILLE
Tél. : 04 91 49 51 88 - 04 66 32 81 94

| MOY. SAIS. | HTE SAIS. | WEEK-END | W-E. PROL. |
|---|---|---|---|
| 183 | 290 | 76 | 91 |

| | | | | | | |
|---|---|---|---|---|---|---|
| 5 | 20 | 3 | 2 | 2 | 2 | 2 |

### N° GVL044  LA CANOURGUE — La Vialette — 850 m
NN  5 pers.

**La Canourgue 10 km.** Maison du 16è siècle, indépendante. Cuisine (four, micro-ondes, congélateur), cheminée (bois fourni). Grande salle à manger. A l'étage : 1 ch. (3 lits 1 pers.) avec salle de bains et wc. 1 ch. (1 lit 2 pers.) avec salle de bains et wc. Lits faits, linge de maison fourni. Garage. Ménage fait 1 fois par semaine. WE 2 nuits : 23 €/pers., WE 3 nuits : 21 €/pers. Ouvert toute l'année.

Jean FAGES - La Vialette - 48500 LA CANOURGUE
Tél. : 04 66 32 83 00 - Email : contact@gite-sauveterre.com - www.gite-sauveterre.com

| BASSE SAIS. | MOY. SAIS. | HTE SAIS. |
|---|---|---|
| 249 | 299 | 600 |

| | | | | | |
|---|---|---|---|---|---|
| 15 | 8 | 6 | 10 | 10 | 15 | 10 |

# LOZÈRE - 48

## N° GVL045   LA CANOURGUE — La Vialette — 850 m

NN — 10 pers.

La Canourgue 10 km. Maison indépendante. Un lieu de séjour pour le repos. Au rez-de-chaussée : cuisine (four, micro-ondes, congélateur), cheminée (bois fourni), salon. Terrasse avec parc de 1100 m². 2 ch. (2 lits 1 pers.) avec chacune salle de bains et wc. A l'étage : 2 ch. (2 lits 1 pers.), 1 ch. (1 lit 2 pers.) avec chacune wc et salle de bains. Chauffage central, linge de maison fourni. Garage. Ménage fait 1 fois par semaine. WE 2 nuits 23 €/pers., WE 3 nuits 21 €/pers. Ouvert toute l'année.

Jean FAGES - La Vialette - 48500 LA CANOURGUE
Tél. : 04 66 32 83 00 - Email : contact@gite-sauveterre.com - www.gite-sauveterre.com

| BASSE SAIS. | MOY. SAIS. | HTE SAIS. |
|---|---|---|
| 560 | 777 | 1299 |

| | | | | | | | | |
|---|---|---|---|---|---|---|---|---|
| 15 | 8 | 6 | 10 | 10 | 10 | 15 | 8 | 10 |

## N° LZG311   LA CANOURGUE — Busses Montjeziéu — 800 m

NN — 4 pers.

Maison dans le village de Buzes à proximité du Lot. Maison indépendante comprenant : cuisine (four, micro-ondes), séjour. 1 ch. (1 grand lit), 1 ch. (2 lits 1 pers.), salle d'eau et wc indépendants. Chauffage électrique. Terrasse. Ouvert du 1er mars au 15 décembre.

GITES DE FRANCE-SERVICE RESERVATION - 14 bd Henri Bourrillon - BP 4 - 48001 MENDE Cedex
Tél. : 04 66 48 48 48 - Fax : 04 66 65 03 55 - Email : sla.lozere@france48.com - www.france48.com

| BASSE SAIS. | MOY. SAIS. | HTE SAIS. | WEEK-END | W.-E. PROL. |
|---|---|---|---|---|
| 190 | 247 | 395 | 126 | 152 |

| | |
|---|---|
| 10 | 10 |

## N° GMA078   CHASTEL-NOUVEL — Coulagnet — 1100 m

NN — 6 pers.

Mende 14 km. Dans le hameau de Coulagnet-en-Margeride, sur la commune du Chastel-Nouvel. Maison de caractère rénovée avec intérieur ancien et chaleureux. R.D.C : séjour, coin-cuisine, 1 chambre (1 lit 120). Etage : 2 chambres (2 lits 2 pers., 1 lit 120), salle de bains/wc. Congélateur, parking, chauffage électrique, lit bébé.

Thierry et Colette BEGHIN - 100 chemin du Mas du Priou - 34980 MONTFERRIER-SUR-LEZ
Tél. : 04 67 59 86 14

| BASSE SAIS. | MOY. SAIS. | HTE SAIS. | WEEK-END | W.-E. PROL. |
|---|---|---|---|---|
| 190 | 247 | 395 | 126 | 152 |

| | | | | | | | |
|---|---|---|---|---|---|---|---|
| 15 | 14 | 14 | 3 | 14 | 14 | 35 | 13 | 8 |

## N° LZG253   FLORAC — 700 m

NN — 6 pers.

Florac 7 km. A 5 minutes de Florac, dans le petit hameau de Tardonnenche. Maison indépendant comprenant : 1 cuisine, coin salle à manger, 1 salon. 2 ch. (1 lit 2 pers.). 1 salle de bains, 1 wc indépendant. Cour et terrasse fermée, chauffage central.

GITES DE FRANCE-SERVICE RESERVATION - 14 bd Henri Bourrillon - BP 4 - 48001 MENDE Cedex
Tél. : 04 66 48 48 48 - Fax : 04 66 65 03 55 - Email : sla.lozere@france48.com - www.france48.com

| BASSE SAIS. | MOY. SAIS. | HTE SAIS. | WEEK-END | W.-E. PROL. |
|---|---|---|---|---|
| 190 | 245 | 380 | 119 | 153 |

| | | | | |
|---|---|---|---|---|
| 6 | 6 | 6 | 6 | 7 |

## N° GMA079   LE MALZIEU-FORAIN — Montchabrier — 1050 m

NN — 5 pers.

Le Malzieu Ville 4 km. Margeride, Montchabrier commune du Malzieu-Forain. Maison en bois située en sortie du village, sur un terrain clos de 500 m² avec vue sur la Margeride comprenant : cuisine encastrée (congélateur, micro-ondes), séjour, coin salon, cheminée avec insert (bois fourni). Salle d'eau, wc indépendant. 1 ch. (1 lit 2 pers., 1 lit 1 pers.), 1 ch (1 lit 2 pers.). Terrasse. Parking privé. Location de draps. Chauffage électrique. Ouvert toute l'année.

Jean-Louis TUFFERY - Montchabrier - 48140 LE MALZIEU-FORAIN
Tél. : 04 66 31 78 45 - 06 86 27 70 85 - Email : tuffery.jeanlouis@free.fr

| BASSE SAIS. | MOY. SAIS. | HTE SAIS. | WEEK-END | W.-E. PROL. |
|---|---|---|---|---|
| 200 | 240 | 350 | 125 | 150 |

| | | | | | | | |
|---|---|---|---|---|---|---|---|
| 4 | 4 | 50 | 4 | 4 | 4 | 35 | 14 | 4 |

## N° GCA056   MAS-SAINT-CHELY — 1000 m

NN — 2 pers.

Ste-Enimie 8 km. Sur le Causse Méjean, dans le village de Mas-St-Chély. Maison caussenarde voûtée comprenant au premier niveau : séjour, coin cuisine, salle d'eau/wc (avec accès de la cuisine). Au 1er étage : 1 lit en 160x200. Draps fournis, cheminée insert (bois fourni), canapé convertible, micro-ondes. Parking à proximité. Petit balcon. Ouvert du 1er juin au 30 octobre.

Jacqueline GORNET - 48210 MAS-SAINT-CHELY
Tél. : 04 66 48 46 30

| MOY. SAIS. | HTE SAIS. |
|---|---|
| 380 | 380 |

| | | | | | |
|---|---|---|---|---|---|
| 8 | 24 | 24 | 8 | 40 | 8 |

LANGUEDOC-ROUSSILLON

# LOZÈRE - 48

## N° GCE096 PIED-DE-BORNE — La Beyssière — 900 m
**NN 6 pers.**

Prévenchères 10 km. Villefort 24 km. Gîte avec terrain clos, aménagé dans une ancienne grange, dans un hameau, sur le plateau du Roure, vaste territoire sauvage, surplombant les Gorges du Chassezac. Au niveau du jardin, grande salle de vie : coin-veillée (clic-clac, 2 banquettes 70). Espace repas: grande table de ferme, cuisine professionnelle, frigo-congélateur, aspirateur. Niveau inférieur: 1 ch (2 lits 120, 1 lit 1 pers.), 1 ch (1 lit 2 pers.), recoin buanderie, 2 salles d'eau, 2 wc dont 1 indépendant. Barbecue. Chaise et lit bébé, location de draps. Ouvert de Pâques à la Toussaint.

Marie-Claude MAURIN - La Beyssière - 48800 PIED-DE-BORNE
Tél. : 04 66 46 02 36 - 06 74 74 71 46

| BASSE SAIS. | MOY. SAIS. | HTE SAIS. | WEEK-END | W.-E. PROL. |
|---|---|---|---|---|
| 267 | 347 | 555 | 178 | 214 |

| | | | | | | | |
|---|---|---|---|---|---|---|---|
| 6 | 24 | 15 | 10 | 24 | 6 | 20 | 15 | 6 |

## N° LZG281 QUEZAC — Le Poujol — 500 m
**NN 4 pers.**

Quézac 7 km. St-Enimie 8 km. Petit hameau des Gorges du Tarn. Gîte mitoyen dans maison traditionnelle. Séjour avec 1 lit 1 pers., coin cuisine (micro-ondes, réfrigérateur, congélateur), salon, 1 grande ch. voûtée (1 lit 2 pers., 2 lits 1 pers. superposés), salle d'eau, wc indépendant. Chauffage central. Terrain non clos, parasol. Ouvert toute l'année.

GITES DE FRANCE-SERVICE RESERVATION - 14 bd Henri Bourrillon - BP 4 - 48001 MENDE Cedex
Tél. : 04 66 48 48 48 - Fax : 04 66 65 03 55 - Email : sla.lozere@france48.com - www.france48.com

| BASSE SAIS. | MOY. SAIS. | HTE SAIS. |
|---|---|---|
| 343 | 650 | 714 |

| 0,8 | 8 | 10 | 0,8 | 8 | 8 | 8 |
|---|---|---|---|---|---|---|

## N° GMA074 RIMEIZE — Sarrouillet — 1000 m
**NN 4 pers.**

St-Chély-d'Apcher 6 km. Gîte attenant à un corps de bâtiment, situé dans un petit village, au calme, au milieu des près et des bois. R.d.c. : cuisine-séjour (congélateur, micro-ondes). A l'étage : 2 ch. (1 lit 2 pers., 2 lits 1 pers.), salle d'eau et wc séparés, accès par la ch. avec grand lit. Cour pavée, jardin avec salon. Parking. Chauffage électrique. Location de draps. Ouvert toute l'année.

Bernard BOUCHARENC - Avenue du Général Leclerc - 92100 BOULOGNE
Tél. : 04 66 31 08 36 - 01 49 94 06 19 - Email : bernard.boucharenc@wanadoo.fr - http://perso.wanadoo.fr/bernard.boucharenc

| BASSE SAIS. | MOY. SAIS. | HTE SAIS. | WEEK-END | W.-E. PROL. |
|---|---|---|---|---|
| 205 | 267 | 426 | 136 | 164 |

| 1 | 6 | 60 | 6 | 6 | 6 | 40 | 6 | 6 |
|---|---|---|---|---|---|---|---|---|

## N° GMA080 ST-BONNET-DE-MONTAUROUX — Le Bouchet Chapigne — 930 m
**NN 5 pers.**

Chambon-le-Château 5 km. Dans un petit village. Maison indépendante comprenant au rez-de-chaussée : une petite cuisine, salon, salle à manger, wc indépendant. Au 1er étage : 2 ch. (1 lit 2 pers., 1 ch. (1 lit 1 pers.), salle de bains. Garage, cour fermée, jardin. Chauffage électrique.

Yves ARCHER - 2 impasse de la Pialle - 63670 LA ROCHE-BLANCHE
Tél. : 04 73 79 45 42 - 06 82 58 19 71

| BASSE SAIS. | MOY. SAIS. | HTE SAIS. |
|---|---|---|
| 190 | 250 | 390 |

| 5 | 5 | 20 | 2 | 20 | 5 | 20 | 5 |
|---|---|---|---|---|---|---|---|

## N° GGT062 STE-ENIMIE — Le Serre
**NN 4 pers.**

Mende 28 km. A Ste-Enimie dans la cité médiévale, appartement comprenant coin-cuisine (micro-ondes), coin-salon (clic-clac 2 pers.), wc indépendant. Etage: 1 chambre (1 lit 2 pers.), salle de bains avec baignoire, wc. Chauffage électrique. Ouvert toute l'année.

Pascal MALAVAL - Rue Basse - 48210 STE-ENIMIE
Tél. : 04 66 48 54 14 - Fax : 04 66 48 13 92 - Email : pascalmalaval@wanadoo.fr

| BASSE SAIS. | MOY. SAIS. | HTE SAIS. | WEEK-END | W.-E. PROL. |
|---|---|---|---|---|
| 200 | 250 | 350 | 120 | 150 |

| SP | SP | 28 | SP | SP | SP | 28 | SP |
|---|---|---|---|---|---|---|---|

## N° GGT063 STE-ENIMIE — Pougnadoires
**NN 4 pers.**

Ste-Enimie 6 km. Dans les Gorges du Tarn, au lieu dit Pougnadoires. Maison, comprenant coin cuisine, séjour, salon. 1 ch. (2 lits 2 pers.), 1 salle d'eau, wc. Terrasse fermée, chauffage central. Ouvert toute l'année.

Yann LEGRELE - Place de l'Eglise - 43500 ST-SAUVES-D'AUVERGNE
Tél. : 04 73 81 08 07 - 06 08 64 56 41

| BASSE SAIS. | MOY. SAIS. | HTE SAIS. | WEEK-END |
|---|---|---|---|
| 300 | 300 | 330 | 150 |

| SP | 6 | 15 | 6 | 6 | 6 | 25 | 6 |
|---|---|---|---|---|---|---|---|

# LOZÈRE - 48

## N° GCA057  ST-GEORGES-DE-LEVEJAC — Gîte de la Place — 870 m

NN — 4 pers.

Le Massegros 6 km. Les Vignes 10 km. Dans le village de St-Georges-de-Lévéjac au coeur du Causse Méjean et à proximité des gorges du Tarn, maison caussenarde de village rénovée. R.D.C : séjour, coin-cuisine, wc indépendant avec coin-lavabo, souillarde. Etage : 2 chambres (2 lits 2 pers.), salle d'eau, parking. Micro-ondes, chauffage électrique. Location de draps.

Jean MALAVAL - 48500 ST-GEORGES-DE-LEVEJAC
Tél. : 04 66 48 81 07

| MOY. SAIS. | HTE SAIS. |
|---|---|
| 350 | 390 |

| | | | | | |
|---|---|---|---|---|---|
| 10 | 8 | 10 | 10 | 5 | 10 |

## N° GGT058  ST-GEORGES-DE-LEVEJAC — Soulages — 870 m

NN — 6 pers.

Le Massegros 6 km. Maison caussenarde mitoyenne à une ferme. Cuisine (micro-ondes). 2 ch. communiquantes dont 1 ch. (1 lit 2 pers., 2 lits 1 pers. superposés) et 1 ch. à l'étage (1 lit 120, 1 lit 2 pers.), lit bébé, salle d'eau/wc avec accès par la ch. Cour. Proximité des Gorges du Tarn. Lit bébé. Location de draps. Ouvert toute l'année.

Hubert POUJOL - Soulages - 48500 ST-GEORGES-DE-LEVEJAC
Tél. : 04 66 48 84 01

| BASSE SAIS. | MOY. SAIS. | HTE SAIS. | WEEK-END | W -E. PROL. |
|---|---|---|---|---|
| 205 | 240 | 290 | 93 | 105 |

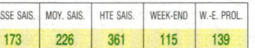 

| | | | | | | | |
|---|---|---|---|---|---|---|---|
| 11 | 10 | 11 | 11 | 13 | 6 | 13 | 13 |

## N° LZG339  ST-GEORGES-DE-LEVEJAC — Le Marquayres — 890 m

NN — 5 pers.

Dans un petit hameau, maison caussenarde à proximité des Gorges du Tarn. Cuisine (micro-ondes), salle de séjour avec canapé-lit, cheminée insert (bois fourni), cellier, wc indépendant. A l'étage : 1 ch. (1 lit 2 pers.), 1 ch. (2 lits 1 pers.), salle de bains, wc indépendant. Chauffage central. Terrain clos. Ouvert toute l'année.

GITES DE FRANCE-SERVICE RESERVATION - 14 bd Henri Bourrillon - BP 4 - 48001 MENDE Cedex
Tél. : 04 66 48 48 48 - Fax : 04 66 65 03 55 - Email : sla.lozere@france48.com - www.france48.com

| BASSE SAIS. | MOY. SAIS. | HTE SAIS. | WEEK-END | W -E. PROL. |
|---|---|---|---|---|
| 173 | 226 | 361 | 115 | 139 |

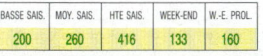 

| | | | | | | |
|---|---|---|---|---|---|---|
| 14 | 17 | 17 | 17 | 14 | 17 | 17 | 17 |

## N° GCE095  ST-JULIEN-DES-POINTS — La Chataigneraie - La Dauphine

NN — 6 pers.

Le Collet de Deze 8 km. Au coeur des Cévennes, la châtaigneraie se situe sur la commune de Saint-Julien-des-Points. Ensemble de 2 locations totalement indépendantes. Séjour, coin cuisine, coin salon. 1 ch. (1 lit 2 pers.), 1 ch. (2 lits 1 pers.), salle d'eau, wc indépendant, mezzanine (2 lits 1 pers.), congélateur, terrain, terrasse couverte, parking.

Jean LEYRIS - Le Cros - 48160 ST-JULIEN-DES-POINTS
Tél. : 04 66 45 51 47 - 06 22 49 63 25 - Fax : 04 66 45 51 47 - Email : j.leyris@wanadoo.fr - http://causses-cevennes.com/lachataigneraie

| BASSE SAIS. | MOY. SAIS. | HTE SAIS. | WEEK-END | W -E. PROL. |
|---|---|---|---|---|
| 200 | 260 | 416 | 133 | 160 |

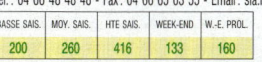 

| | | | | |
|---|---|---|---|---|
| 6 | 15 | 6 | 15 | 7 |

## N° LZG227  ST-JULIEN-DES-POINTS — La Chataigneraie-la-Figarette

NN — 6 pers.

Le Collet de Deze 8 km. Au coeur des Cévennes, la châtaigneraie se situe sur la commune de St-Julien-des-Points. Ensemble de 2 locations mitoyennes, totalement indépendantes qui comprend : séjour, coin cuisine, coin salon. 1 ch. (1 lit 2 pers.), 1 ch. (2 lits 1 pers.), salle d'eau, wc indépendant, mezzanine (2 lits 1 pers.), cheminée insert, congélateur, terrain, terrasse couverte, parking.

GITES DE FRANCE-SERVICE RESERVATION - 14 bd Henri Bourrillon - BP 4 - 48001 MENDE Cedex
Tél. : 04 66 48 48 48 - Fax : 04 66 65 03 55 - Email : sla.lozere@france48.com - www.france48.com

| BASSE SAIS. | MOY. SAIS. | HTE SAIS. | WEEK-END | W -E. PROL. |
|---|---|---|---|---|
| 200 | 260 | 416 | 133 | 160 |

| | | | | |
|---|---|---|---|---|
| 6 | 15 | 6 | 15 | 7 |

## N° GCE097  ST-MARTIN-DE-LANSUSCLE — Le Tour — 700 m

NN — 5 pers.

Barre des Cevennes 10 km. Ste-Croix-Vallée-Française 4 km. A 3 km de St-Martin-de-Lansuscle, en zone centrale du PNC. Gîte indépendant comprenant coin cuisine, four, micro-ondes, séjour, poêle à bois. 3 ch. (1 lit 2 pers.), 1 ch. (1 lit 1 pers.), 1 ch. (2 lits 1 pers. modulable en lit 2 pers.), salle d'eau, buanderie, chauffage central bois ou gaz, eau chaude solaire. Draps fournis équipement bébé. Terrasse privée. Ouvert toute l'année.

Louise WHITE - Le Tour - 48110 ST-MARTIN-DE-LANSUSCLE
Tél. : 04 66 45 91 79 - Email : le.tour@wanadoo.fr - http://causses-cevennes.com/le.tour

| BASSE SAIS. | MOY. SAIS. | HTE SAIS. | WEEK-END | W -E. PROL. |
|---|---|---|---|---|
| 245 | 290 | 525 | 160 | 205 |

| | | | | | | |
|---|---|---|---|---|---|---|
| 1 | 10 | 81 | 10 | 17 | 83 | 60 | 10 |

LANGUEDOC-ROUSSILLON

# LOZÈRE - 48

## N° GMA084 ST-PIERRE-DE-NOGARET — Le Brouillet — 800 m

**NN 4 pers.**

Gîte situé au pied de l'Aubrac et tout près de la vallée du Lot. Convient aux amateurs de nature, calme, randonnées. Maison mitoyenne comprenant coin cuisine, micro-ondes, séjour coin salon, canapé-lit 2 pers., 1 ch. (1 lit 2 pers.), 1 mezzanine (2 lits 1 pers.), salle d'eau, wc, cour. Chauffage électrique.

Bernard BOISSONNADE - Le Brouillet - 48240 ST-PIERRE-DE-NOGARET
Tél. : 04 66 32 60 74

| BASSE SAIS. | MOY. SAIS. | HTE SAIS. |
|---|---|---|
| 135 | 228 | 320 |

| | | | | | |
|---|---|---|---|---|---|
| 15 | 20 | 20 | SP | 20 | 20 |

## N° GCA055 ST-PIERRE-DES-TRIPIERS — 950 m

**NN 8 pers.**

Le Rozier 9 km. Sur le Causse Méjean, dans le village de St-Pierre-des-Tripiers. Ancienne ferme rénovée comprenant : cuisine, grande salle de séjour. Au 1er étage : 2 ch. (1 lit 120, 1 lit 2 pers.), salle d'eau, wc indépendant. Au 2è étage : 2 ch. (2 lits 2 pers.), salle d'eau, wc indépendant. Grand terrain, garage, buanderie, micro-ondes, chauffage électrique.

Marcel VERNHET - La Parade - 48150 MEYRUEIS
Tél. : 04 66 45 61 39

| BASSE SAIS. | MOY. SAIS. | HTE SAIS. |
|---|---|---|
| 350 | 350 | 457 |

| | | | | |
|---|---|---|---|---|
| 9 | SP | 9 | SP | SP |

## N° GCA058 ST-PIERRE-DES-TRIPIERS — La Viale — 850 m

**NN 6 pers.**

St-Pierre-des-Tripiers 1 km. Meyrueis 20 km. Proche du belvédère des vautours, des Gorges du Tarn et de la Jonte. Ancienne grange rénovée comprenant un coin cuisine (micro-ondes), une salle de séjour, salon, 1 ch. (2 lits 2 pers.), buanderie, wc indépendant. A l'étage : 1 ch. (1 lit 2 pers.), 1 ch. (2 lits 1 pers.), salle d'eau, wc. Terrain, terrasse, garage, chauffage électrique. Ouvert toute l'année.

Gilles VERNHET - Rocherousse - 48230 CHANAC
Tél. : 04 66 48 10 11

| BASSE SAIS. | MOY. SAIS. | HTE SAIS. | WEEK-END | W.-E. PROL. |
|---|---|---|---|---|
| 220 | 280 | 420 | 160 | 180 |

| | | | | | | |
|---|---|---|---|---|---|---|
| 15 | 20 | 40 | 5 | 15 | 30 | 15 |

## N° LZG252 ST-PIERRE-DES-TRIPIERS — Veyreau — 950 m

**NN 5 pers.**

Meyrueis 15 km. Le Rozier 5 km. Maison indépendante comprenant : séjour, coin cuisine. A l'étage : 2 ch. (3 lits 1 pers., 1 lit 2 pers.). En sous-sol : wc indépendant, salle d'eau. Micro-ondes. Jardin. Chauffage central. Location de draps. Forfait ménage 30 €. Ouvert toute l'année.

GITES DE FRANCE-SERVICE RESERVATION - 14 bd Henri Bourrillon - BP 4 - 48001 MENDE Cedex
Tél. : 04 66 48 48 48 - Fax : 04 66 65 03 55 - Email : sla.lozere@france48.com - www.france48.com

| BASSE SAIS. | MOY. SAIS. | HTE SAIS. | WEEK-END | W.-E. PROL. |
|---|---|---|---|---|
| 280 | 360 | 575 | 185 | 225 |

| | | | | | | |
|---|---|---|---|---|---|---|
| SP | SP | 5 | SP | SP | 25 | 15 |

## N° GCA059 ST-ROME-DE-DOLAN — Les Cayroux — 850 m

**NN 4 pers.**

Le Massegros 6 km. A St-Rome-de-Dolan, à proximité des Gorges du Tarn. Maison indépendante entièrement rénovée comprenant : coin cuisine, micro-ondes. Coin salon (convertible 2 pers.), insert. Salle à manger, 1 wc indépendant. Au 1er étage, 1 ch. (1 lit 2 pers., 2 lits 1 pers. superposés), salle d'eau, wc. Terrasse. Chauffage électrique. Ouvert de mai à septembre.

Georges et Maguy BADAROUX - Les Cayroux - 48500 ST-ROME-DE-DOLAN
Tél. : 04 66 48 82 56

| MOY. SAIS. | HTE SAIS. | W.-E. PROL. |
|---|---|---|
| 247 | 395 | 170 |

| | | | | | | |
|---|---|---|---|---|---|---|
| 5 | 15 | 20 | 5 | 15 | SP | 16 | 15 |

## N° LZG025 TERMES — 1100 m

**NN 8 pers.**

Fournels 6 km. Dans le petit village de Termes, maison indépendante comprenant au rez-de-chaussée : cuisine, cellier, salle à manger, salon, salle d'eau, wc. Au 1er étage : 2 ch. (4 lits 1 pers.), 2 ch. (2 lits 2 pers.), salle d'eau, salle de bains, wc. Micro-ondes. Jardin et parking privé. Ouvert toute l'année.

GITES DE FRANCE-SERVICE RESERVATION - 14 bd Henri Bourrillon - BP 4 - 48001 MENDE Cedex
Tél. : 04 66 48 48 48 - Fax : 04 66 65 03 55 - Email : sla.lozere@france48.com - www.france48.com

| BASSE SAIS. | MOY. SAIS. | HTE SAIS. | WEEK-END | W.-E. PROL. |
|---|---|---|---|---|
| 308 | 400 | 641 | 205 | 247 |

| | | | | | |
|---|---|---|---|---|---|
| 10 | 1,5 | 10 | 10 | 5 | 15 | 10 | 5 |

# PYRÉNÉES ORIENTALES - 66

30, rue Pierre Bretonneau - 66017 PERPIGNAN Cédex
Tél. 04 68 68 42 88 - Fax. 04 68 68 42 87
E.mail : contact@gites-de-france-66.com - www.gites-de-france-66.com

**PERIODES TARIFAIRES**
**VACANCES DE NOËL ET NOUVEL AN :** du 20.12.03 au 3.01.04 - **VACANCES DE FÉVRIER :** du 7.02 au 6.03 - **VACANCES DE PÂQUES :** du 3.04 au 1er.05 - **MOYENNE-SAISON** (Vacances de Toussaint - Mai - Juin - Septembre) du 25.10.03 au 1er.11.03, du 1er.05 au 3.07, du 28.08 au 25.09 - **HAUTE-SAISON ETÉ** (Juillet et Août) - du 3.07 au 28.08 - **HORS-SAISON :** du 27.09.03 au 25.10.03, du 2.11.03 au 20.12.03, du 3.01 au 7.02, du 6.03 au 3.04 - **WEEK-END** (2 nuits, hors Juillet et Août)

N° 100714 ARBOUSSOLS — 600 m — CM 344 pli F7 — NN 4 pers.

Festivals de Prades 15 km. Salamandre. Ancienne grange de caractère, mitoyenne à la maison des propriétaires, comprenant 2 gîtes, située dans le hameau de Marcevol. R.d.c. bas : cuisine/séjour, 2 chambres (2 lits 1 pers) (1 lit 2 pers), salle de bain, wc. Ch. élect. Cour close et fleurie (salon de jardin, barbecue). Parking à proximité. Materiel bébé à disposition.

CDT - SERVICE RESERVATION - 16, avenue des Palmiers - 66005 PERPIGNAN Cedex
Tél. : 04 68 68 42 88 - 04 68 51 52 70 - Fax : 04 68 68 42 87 - Email : contact@gites-de-france-66.com - www.gites-de-france-66.com

| NOEL/NOUV.AN | FEV. | PAQUES | MOY. SAIS. | HTE SAIS. | HORS SAIS. |
|---|---|---|---|---|---|
| 320 | 320 | 320 | 310 | 360 | 270 |

| | | | | | | | | | |
|---|---|---|---|---|---|---|---|---|---|
| 45 | 8 | 10 | 20 | SP | 45 | 15 | 10 | 10 | |

N° 100715 ARBOUSSOLS — 600 m — CM 344 pli F7 — NN 6 pers.

Ballestera. Ancienne grange de caractère, mitoyenne à la maison des propriétaires, comprenant 2 gîtes, située dans le hameau de Marcevol. R.d.c. haut : cuisine/séjour donnant sur terrasse (poêle), 1 chambre (1 lit 2 pers), salle de bain, wc. 2ème étage : 2 ch. (2 lits 1 pers + 1 lit tiroir 1 pers) (1 lit 2 pers), wc. Ch.élect. Jardin attenant arboré (salon de jardin, barbecue, parking). Materiel bébé à disposition.

CDT - SERVICE RESERVATION - 16, avenue des Palmiers - 66005 PERPIGNAN Cedex
Tél. : 04 68 68 42 88 - 04 68 51 52 70 - Fax : 04 68 68 42 87 - Email : contact@gites-de-france-66.com - www.gites-de-france-66.com

| NOEL/NOUV.AN | FEV. | PAQUES | MOY. SAIS. | HTE SAIS. | HORS SAIS. |
|---|---|---|---|---|---|
| 510 | 510 | 510 | 500 | 560 | 440 |

| | | | | | | | | | |
|---|---|---|---|---|---|---|---|---|---|
| 45 | 8 | 10 | 20 | SP | 45 | 15 | 10 | 10 | |

N° 100807 ARGELES-SUR-MER — CM 344 pli J7 — NN 2 pers.

Elne 5 km. Collioure 6 km. Le Thym. Mas comportant 4 gîtes, situé à 5 km d'Argelès sur mer et de St Cyprien-Plage. Studio en r.d.c. avec petite terrasse. Cuisine/coin-repas (1 lit 2 pers), salle d'eau, wc. Ch. élect. Terrain clos (1500 m2), ombragé, calme (balançoire, 4 barbecues, 4 salons de jardin), parking communs.

Monique POUGAULT - Mas de la Devèze - 66200 LATOUR-BAS-ELNE
Tél. : 04 68 22 24 57

| PAQUES | MOY. SAIS. | HTE SAIS. | HORS SAIS. |
|---|---|---|---|
| 300 | 300 | 450 | 200 |

| | | | | | |
|---|---|---|---|---|---|
| 2 | 2 | 1 | SP | 2 | 5 | 3 |

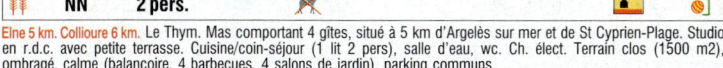

N° 102027 BOLQUERE — 1600 m — CM 344 pli D7 — NN 4 pers.

Mont-Louis 4 km. Châlet Cartier. Chalet de montagne comprenant la rés. princ. du propriétaire au 1er étage et 1 gîte rural en rez-de-jardin : cuisine (combiné lave-vaisselle-four)/salle à manger/séjour (canapé-lit 2 pers, 2 lits clos superposés 1 pers) donnant sur terrasse, 1 chambre (1 lit 2 pers), s.d.b (wc). Ch. élect. Terrain non clos commun (salon de jardin, barbecue, parking). Materiel bébé à disposition sur demande. 1 panier de bois fourni par jour. Draps et couettes inclus.

CDT - SERVICE RESERVATION - 16, avenue des Palmiers - 66005 PERPIGNAN Cedex
Tél. : 04 68 68 42 88 - 04 68 51 52 70 - Fax : 04 68 68 42 87 - Email : contact@gites-de-france-66.com - www.gites-de-france-66.com

| NOEL/NOUV.AN | FEV. | PAQUES | MOY. SAIS. | HTE SAIS. | HORS SAIS. | WEEK-END |
|---|---|---|---|---|---|---|
| 480 | 480 | 280 | 280 | 410 | 280 | 150 |

| | | | | | | |
|---|---|---|---|---|---|---|
| 5 | 1 | 15 | 1 | 3 | 5 | 2 |

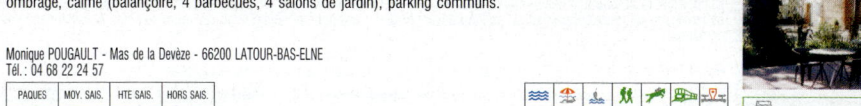

N° 102301 BOULETERNERE — CM 344 pli G7 — NN 5 pers.

Prieuré de Serabone 8 km. Vinça 8 km. Le Moulin. Gîte de caractère dans une maison de village rénovée. R.d.c. : patio, 1 chambre (1 lit 120), salle d'eau, wc. 1er étage : Séjour (TV)/cuisine, donnant sur une terrasse fleurie et arborée. 2ème étage : 1 chambre (1 lit 2 pers, 2 lits. superposés), salle de bain (wc). Terrasse de 15 m² (salon de jardin, barbecue). Parking communal à 20 m. Materiel bébé sur demande.

CDT - SERVICE RESERVATION - 16, avenue des Palmiers - 66005 PERPIGNAN Cedex
Tél. : 04 68 68 42 88 - 04 68 51 52 70 - Fax : 04 68 68 42 87 - Email : contact@gites-de-france-66.com - www.gites-de-france-66.com

| NOEL/NOUV.AN | FEV. | PAQUES | MOY. SAIS. | HTE SAIS. | HORS SAIS. | WEEK-END |
|---|---|---|---|---|---|---|
| 400 | 400 | 400 | 400 | 510 | 285 | 145 |

| | | | | | | | | |
|---|---|---|---|---|---|---|---|---|
| 40 | 5 | SP | 22 | SP | 58 | 16 | 1 | SP |

# PYRÉNÉES ORIENTALES - 66

Périodes tarifaires p. 253

## N° 102703 LA CABANASSE

**NN 5 pers.** — 1500 m — CM 344 pli D7

Four solaire 1 km. Chalet indépendant (architecture contemporaine) situé aux abords du village. R.d.c. : cuisine (sèche-linge)/salle à manger/séjour (canapé). 1er étage : 2 chambres (1 lit 2 pers) (2 lits superposés 1 pers, 1 lit 1 pers, salle d'eau), salle d'eau, wc. Ch. élect. Terrain attenant non clos (parking, barbecue), terrasse (salon de jardin). Bois fourni payant. Matériel bébé sur demande.

CDT - SERVICE RESERVATION - 16, avenue des Palmiers - 66005 PERPIGNAN Cedex
Tél. : 04 68 68 42 88 - 04 68 51 52 70 - Fax : 04 68 68 42 87 - Email : contact@gites-de-france-66.com - www.gites-de-france-66.com

| NOEL/NOUV.AN | FEV. | PAQUES | MOY. SAIS. | HTE SAIS. | HORS SAIS. |
|---|---|---|---|---|---|
| 560 | 685 | 450 | 450 | 515 | 335 |

| | | | | | | | |
|---|---|---|---|---|---|---|---|
| 90 | 8 | 8 | 2 | SP | 2 | SP | SP |

## N° 105603 CORBERE-LES-CABANES

**NN 2 pers.** — CM 344 pli H7

Château de Corbère 3 km. Thuir 10 km. Al Cortal d'En Tia. Gîte aménagé en r.d.c. bas d'une maison de village, comprenant la résidence du propriétaire au dessus. R.d.c. bas : séjour/coin cuisine (canapé-convertible 2 pers.), 1 chambre (1 lit 2 pers.), salle d'eau (wc). Ch. élect. Matériel bébé sur demande. Cour close fleurie (salon de jardin, parking).

CDT - SERVICE RESERVATION - 16, avenue des Palmiers - 66005 PERPIGNAN Cedex
Tél. : 04 68 68 42 88 - 04 68 51 52 70 - Fax : 04 68 68 42 87 - Email : contact@gites-de-france-66.com - www.gites-de-france-66.com

| NOEL/NOUV.AN | FEV. | PAQUES | MOY. SAIS. | HTE SAIS. | HORS SAIS. | WEEK-END |
|---|---|---|---|---|---|---|
| 255 | 255 | 255 | 290 | 360 | 240 | 90 |

| | | | | | | | |
|---|---|---|---|---|---|---|---|
| 27 | 5 | 5 | 26 | SP | 70 | 10 | 5 | 2 |

## N° 106209 DORRES

**NN 2 pers.** — 1450 m — CM 344 pli C8

Maison indépendante, située à l'entrée du village, comprenant un gîte au rez-de-chaussée, et la résidence du propriétaire au 1er étage. R.d.c. : séjour/coin cuisine (canapé-convertible 2 pl.), 1 chambre (1 lit 2 pers.), salle d'eau, wc. Ch. élect. Terrasse (salon de jardin, barbecue), terrain clos fleuri. Garage (empl. 1 voiture). Matériel bébé sur demande. Bains romains d'eau chaudes naturelles 500 m. Musée du Granite 500 m. Église romane sur place.

CDT - SERVICE RESERVATION - 16, avenue des Palmiers - 66005 PERPIGNAN Cedex
Tél. : 04 68 68 42 88 - 04 68 51 52 70 - Fax : 04 68 68 42 87 - Email : contact@gites-de-france-66.com - www.gites-de-france-66.com

| NOEL/NOUV.AN | FEV. | PAQUES | MOY. SAIS. | HTE SAIS. | HORS SAIS. | WEEK-END |
|---|---|---|---|---|---|---|
| 325 | 350 | 280 | 240 | 305 | 220 | 105 |

| | | | | | |
|---|---|---|---|---|---|
| 6 | SP | SP | 14 | 5 | 5 | 3 |

## N° 106512 ELNE

**NN 11 pers.** — CM 344 pli I7

Illiberis. Maison mitoyenne située dans le centre historique, comprenant 1 gîte mitoyen à 2 autres gîtes superposés. 1er étage : cuisine/salle à manger/séjour, 2 ch. (1 lit 2 pers.), (2 lits 1 pers., 2 lits superposés 1 pers.), s.e, wc. 2ème étage : salon, 2 ch. (1 lit 2 pers. et s.e (wc)), (3 lits 1 pers. et s.e (wc)). Ch. élect. Patio paysagé clos et commun (barbecue, salon de jardin privatif, jeux pour enfants), parking devant le gîte. Lave-linge et sèche-linge commun au r.d.c. Matériel bébé sur demande.

CDT - SERVICE RESERVATION - 16, avenue des Palmiers - 66005 PERPIGNAN Cedex
Tél. : 04 68 68 42 88 - 04 68 51 52 70 - Fax : 04 68 68 42 87 - Email : contact@gites-de-france-66.com - www.gites-de-france-66.com

| NOEL/NOUV.AN | FEV. | PAQUES | MOY. SAIS. | HTE SAIS. | HORS SAIS. | WEEK-END |
|---|---|---|---|---|---|---|
| 775 | 760 | 775 | 775 | 935 | 715 | 340 |

| | | | | | | | |
|---|---|---|---|---|---|---|---|
| 5 | 5 | 5 | 20 | SP | 95 | 2 | SP | SP |

## N° 107804 FILLOLS

**NN 2 pers.** — 750 m — CM 344 pli F7

Massif du Canigou 12 Km. Villefranche-de-Conflent 6 km. Gîte aménagé au 1er étage d'une maison ancienne rénovée, située dans le village : cuisine/salle à manger/séjour (canapé-lit 2 pers.), 1 chambre (1 lit 2 pers.), salle d'eau (wc). Parking privatif clos, dans la cour devant le gîte (salon de jardin). Matériel bébé sur demande.

Claude ESCAPE - Rue de l'Eglise - 66820 FILLOLS
Tél. : 04 68 05 63 06 - 04 68 05 50 82 - Email : claude.escape@wanadoo.fr

| NOEL/NOUV.AN | FEV. | PAQUES | MOY. SAIS. | HTE SAIS. | HORS SAIS. | WEEK-END |
|---|---|---|---|---|---|---|
| 215 | 215 | 215 | 215 | 230 | 205 | 70 |

| | | | | | | | |
|---|---|---|---|---|---|---|---|
| 60 | 4 | 5 | 4 | SP | 50 | 25 | 6 | 4 |

## N° 108210 FORMIGUERES

**NN 5 pers.** — 1500 m — CM 344 pli D7

Saint-Louis. Maison située aux abords du village, comportant la résidence du propriétaire et 2 gîtes ruraux, à proximité d'un autre gîte rural. 1er étage : cuisine (salle à manger/séjour (canapé). 3 chambres (1 lit 2 pers), (2 lits superposés 1 pers) (1 lit 2 pers), salle d'eau, wc. Ch. central. Matériel bébé sur demande. Cour commune close fleurie (barbecue, salon de jardin, parking communs).

Jean-Claude CARRETIER - 37 route de Puyvalador - 66210 FORMIGUERES
Tél. : 06 85 08 19 06 - Fax : 04 68 31 80 56

| NOEL/NOUV.AN | FEV. | PAQUES | MOY. SAIS. | HTE SAIS. | HORS SAIS. | WEEK-END |
|---|---|---|---|---|---|---|
| 330 | 480 | 320 | 320 | 400 | 300 | 105 |

| | | | | | |
|---|---|---|---|---|---|
| 5 | SP | SP | 2 | 5 | 15 | 0,5 |

# PYRÉNÉES ORIENTALES - 66

Périodes tarifaires p. 253

### N° 108211  FORMIGUERES
**NN  6 pers.**  1500 m  CM 344 pli D7

Cal Cristo. Gîte aménagé dans une ancienne maison rénovée, située dans le village, attenant à une ferme d'élevage. 2ème étage : cuisine/séjour (coin détente, TV). 1 chambre (1 lit 2 pers.), 1 salle d'eau, wc. 3 ème étage : 2 chambres mansardées (1 lit 2 pers.), (3 lits 1 pers.). Ch. élect. Petite terrasse close au rez-de-chaussée, donnant sur la ferme (salon de jardin, barbecue), parking communal à 50 m. Matériel bébé à disposition sur demande.

Marie-Claude MOIOLA - 18 rue du Capcir - 66210 MATEMALE
Tél. : 04 68 04 42 53 - 06 85 10 47 86

| NOEL/NOUV.AN | FEV. | PAQUES | MOY. SAIS. | HTE SAIS. | HORS SAIS. | WEEK-END |
|---|---|---|---|---|---|---|
| 610 | 650 | 350 | 320 | 410 | 320 | 180 |

| | | | | | | |
|---|---|---|---|---|---|---|
| 5 | SP | SP | 2 | 5 | 15 | SP |

### N° 110612  MAUREILLAS-LAS-ILLAS
**NN  4 pers.**  CM 344 pli H8

Espagne 5 Km. Céret 10 km. Accès piste carrossable. Situé au dessus des thermes du Boulou, entouré de garrigues, le gîte mitoyen à la rés. princ. du propriétaire est aménagé dans une aile du mas, de plain pied : cuisine/s. à manger/séjour (canapé-lit 2 pers.), 2 ch. (1 lit 2 pers.) (2 lits 1 pers.), s.e (wc.). Draps fournis le w.-e. Ch. élect. Espaces non clos. Terrasse privée (s. de jardin, barbecue mob.). Local. Accès commun à piscine, non clôturée, privée des prop. Usage du barbecue et piscine pouvant être limité ou interdit pendant certaines périodes par décision préfectorale ou O.N.F.

Camille GRANIER - Mas d'en Pachette - 66480 MAUREILLAS-LAS-ILLAS
Tél. : 06 64 84 43 63 - Email : cagranier@wanadoo.fr - www.leboulou.fr

| NOEL/NOUV.AN | FEV. | PAQUES | MOY. SAIS. | HTE SAIS. | HORS SAIS. | WEEK-END |
|---|---|---|---|---|---|---|
| 535 | 535 | 535 | 535 | 640 | 380 | 200 |

| | | | | | | | | |
|---|---|---|---|---|---|---|---|---|
| 19 | SP | 1 | 0,5 | SP | 95 | 3 | 17 | 2 |

### N° 110707  MAURY
**NN  4 pers.**  CM 344 pli G6

Gîte aménagé par la commune au dessus de l'école du village. 1er étage : cuisine/salle à manger/séjour (coin-détente), 1 chambre (1 lit 2 pers.), 1 chambre (2 lits 1 pers.), salle de bain, wc. Matériel bébé sur demande.

COMMUNE DE MAURY - 1 place de la Mairie - 66460 MAURY
Tél. : 04 68 59 15 24 - 06 14 94 97 89 - Fax : 04 68 59 08 74 - Email : mairie.maury@wanadoo.fr

| NOEL/NOUV.AN | FEV. | PAQUES | MOY. SAIS. | HTE SAIS. | HORS SAIS. | WEEK-END |
|---|---|---|---|---|---|---|
| 255 | 255 | 255 | 255 | 280 | 230 | 140 |

| | | | | | |
|---|---|---|---|---|---|
| 50 | 1 | SP | SP | 8 | 30 | SP |

### N° 110801  MILLAS
**NN  3 pers.**  CM 344 pli H6

Réal 10 km. Perpignan 20 km. Mas Borreil. Gîte rural sur une exploitation agricole en activité et isolée, aménagé dans une partie récente du mas, comportant également une résidence secondaire occupée. R.d.c. : séjour/cuisine (climatisation, magnéto), 1 chambre (1 lit 2 pers. + 1 lit 1 pers.), salle d'eau/wc. Ch. élect. Vergers environnants, jardin non clos, terrasse privative (salon de jardin, barbecue), parking sur place (abri couvert). Matériel bébé sur demande.

CDT - SERVICE RESERVATION - 16, avenue des Palmiers 66005 PERPIGNAN Cedex
Tél. : 04 68 68 42 88 - 04 68 51 52 70 - Fax : 04 68 68 42 87 - Email : contact@gites-de-france-66.com - www.gites-de-france-66.com

| NOEL/NOUV.AN | FEV. | PAQUES | MOY. SAIS. | HTE SAIS. | HORS SAIS. | WEEK-END |
|---|---|---|---|---|---|---|
| 335 | 335 | 425 | 310 | 540 | 225 | 170 |

| | | | | | | |
|---|---|---|---|---|---|---|
| 35 | 2 | 1 | 15 | 60 | 9 | 2 | 2 |

### N° 111610  MONTFERRER
**NN  2 pers.**  800 m  CM 344 pli G8

Arles-sur-Tech 9 km. Montferrer 3 km. Maison traditionnelle en pierre, située au hameau isolé de Baynat d'en Galangau. Gîte et jardin à proximité de la résidence principale des propriétaires. R.d.c. : cuisine (combiné l.linge/s.linge), salle à manger/séjour (TV, hi-fi, magnéto.), 1 chambre (1 lit 2 pers.) avec salle de bain attenante (wc). Ch. élect. Jardin clos arboré et fleuri (salon de jardin, barbecue mobile), avec une belle vue sur la vallée. Fourniture gratuite des draps et linge de toilette. Matériel bébé sur demande. Accès au gîte par un escalier extérieur. balades et rando au départ du gîte.

CDT - SERVICE RESERVATION - 16, avenue des Palmiers 66005 PERPIGNAN Cedex
Tél. : 04 68 68 42 88 - 04 68 51 52 70 - Fax : 04 68 68 42 87 - Email : contact@gites-de-france-66.com - www.gites-de-france-66.com

| NOEL/NOUV.AN | FEV. | PAQUES | MOY. SAIS. | HTE SAIS. | HORS SAIS. | WEEK-END |
|---|---|---|---|---|---|---|
| 350 | 335 | 350 | 365 | 430 | 285 | 110 |

| | | | | | | | | |
|---|---|---|---|---|---|---|---|---|
| 50 | 3 | 9 | 12 | SP | 77 | 12 | 50 | 9 |

### N° 111802  MONTNER
**NN  6 pers.**  CM 344 pli H6

Chez Celestin. Maison rénovée, située dans le village comprenant un gîte sur 2 étages. R.d.c. surélevé : cuisine/séjour, 1 chambre (1 lit 2 pers.), salle d'eau (wc). 1er étage : 2 chambres chacune avec (2 lits 1 pers.), coin-détente, salle d'eau, wc. Ch. élect. Terrasse close devant le gîte (salon de jardin, barbecue). Parking privatif devant le gîte. Matériel bébé à disposition (sur demande).

CDT - SERVICE RESERVATION - 16, avenue des Palmiers 66005 PERPIGNAN Cedex
Tél. : 04 68 68 42 88 - 04 68 51 52 70 - Fax : 04 68 68 42 87 - Email : contact@gites-de-france-66.com - www.gites-de-france-66.com

| NOEL/NOUV.AN | FEV. | PAQUES | MOY. SAIS. | HTE SAIS. | HORS SAIS. | WEEK-END |
|---|---|---|---|---|---|---|
| 470 | 470 | 470 | 470 | 525 | 415 | 120 |

| | | | | | | | |
|---|---|---|---|---|---|---|---|
| 30 | 3 | 3 | SP | 90 | 16 | 15 | 3 |

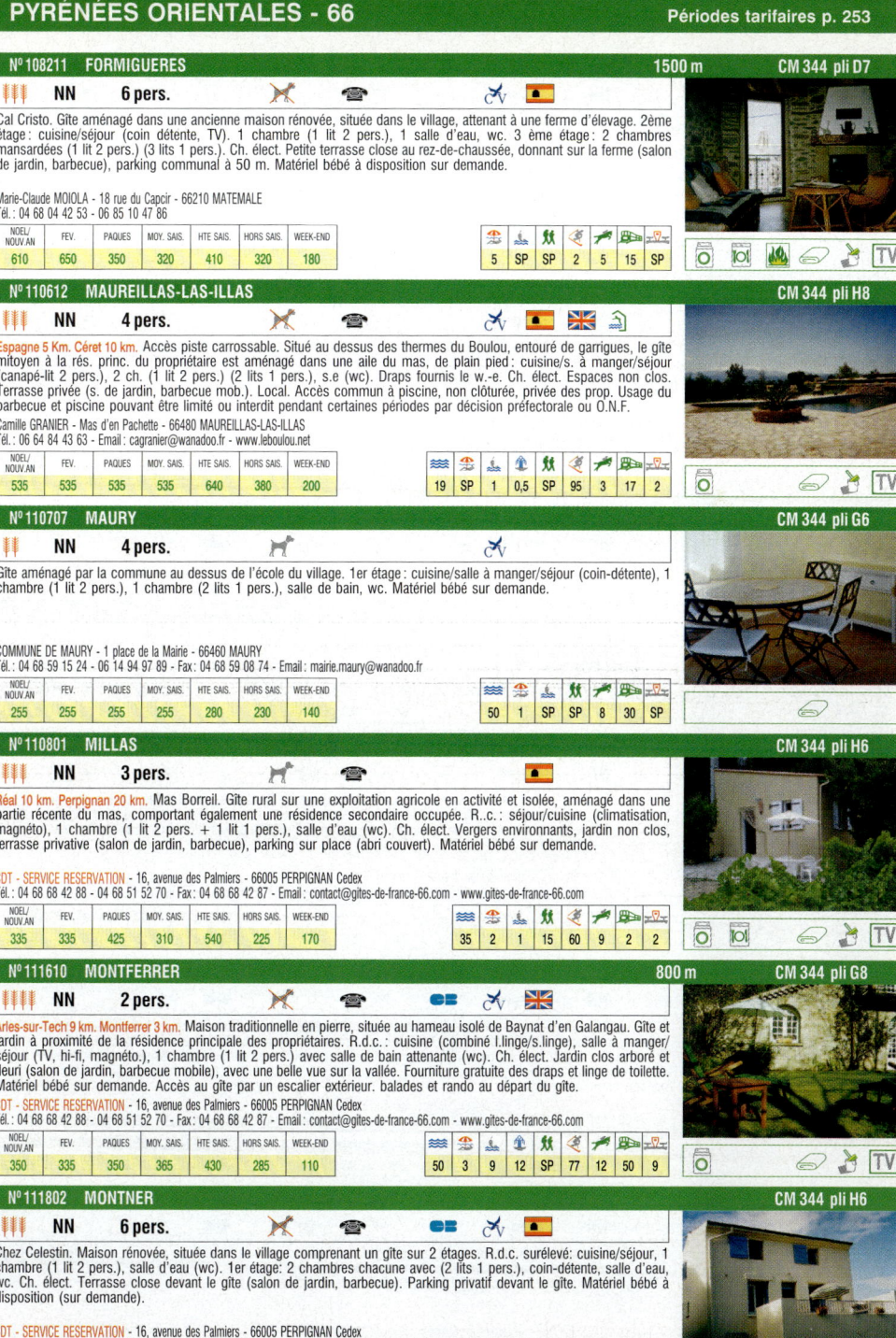

# PYRÉNÉES ORIENTALES - 66

Périodes tarifaires p. 253

### N° 112007 NAHUJA — 1350 m — CM 344 pli C8
**NN — 3 pers.**

Rocaille. Grande maison ancienne, située dans le village, rénovée par la commune, comprenant 2 gîtes et une location à l'année, superposés. R.d.c. : cuisine salle à manger/séjour (prise TV, 1 canapé-convertible 2 pers.), 2 chambres (1 lit 2 pers.) (1 lit 1 pers.), salle d'eau (wc). Matériel bébé sur demande. Cour non close commune (parking privatif), Cellier privatif de rangement.

COMMUNE DE NAHUJA – 66800 NAHUJA
Tél. : 04 68 04 59 65 - Fax : 04 68 04 55 22

| NOEL/NOUV.AN | FEV. | PAQUES | MOY. SAIS. | HTE SAIS. | HORS SAIS. | WEEK-END |
|---|---|---|---|---|---|---|
| 395 | 395 | 395 | 310 | 395 | 305 | 180 |

| | | | | | | | | | |
|---|---|---|---|---|---|---|---|---|---|
| 6 | 4 | 20 | SP | 15 | 6 | 3 | 3 | | |

### N° 112008 NAHUJA — 1350 m — CM 344 pli C8
**NN — 3 pers.**

Granit. Grande maison ancienne, située dans le village, rénovée par la commune, comprenant 2 gîtes et une location à l'année, superposés. 1er étage : cuisine (salle à manger/séjour (prise TV, 1 canapé-convertible 2 pl.), 2 chambres (1 lit 2 pers.) (1 lit 1 pers.), salle d'eau (wc). Matériel bébé sur demande. Cour non close commune (parking privatif), Cellier privatif de rangement.

COMMUNE DE NAHUJA – 66800 NAHUJA
Tél. : 04 68 04 59 65 - Fax : 04 68 04 55 22

| NOEL/NOUV.AN | FEV. | PAQUES | MOY. SAIS. | HTE SAIS. | HORS SAIS. | WEEK-END |
|---|---|---|---|---|---|---|
| 395 | 395 | 395 | 310 | 395 | 305 | 180 |

| | | | | | | | |
|---|---|---|---|---|---|---|---|
| 6 | 4 | 20 | SP | 15 | 6 | 3 | 3 |

### N° 113007 OSSEJA — 1250 m — CM 344 pli C8
**NN — 10 pers.**

Musée de la Cerdagne 8 km. Gîte aménagé dans une bâtisse de pays rénovée, située dans le village, mitoyen à la résidence secondaire du prop. R.d.c. : Cuisine, salle à manger/salon. 1er ét : 2 ch. (1 lit 2 pers) (2 lits 1 pers), salle d'eau (wc). 2ème ét : 3 ch. (1 lit 160) (1 lit 2 pers) (2 lits 1 pers), salle d'eau, wc. Ch. élect. Buanderie, wc. Cour close, terrasse, jardin clos (pelouse, salon de jardin, barbecue). Parking privatif sur place (abri couvert). Matériel bébé sur demande.

CDT - SERVICE RESERVATION – 16, avenue des Palmiers – 66005 PERPIGNAN Cedex
Tél. : 04 68 68 42 88 - 04 68 51 52 70 - Fax : 04 68 68 42 87 - Email : contact@gites-de-france-66.com - www.gites-de-france-66.com

| NOEL/NOUV.AN | FEV. | PAQUES | MOY. SAIS. | HTE SAIS. | HORS SAIS. | WEEK-END |
|---|---|---|---|---|---|---|
| 1100 | 1100 | 700 | 700 | 1000 | 600 | 350 |

| | | | | | | |
|---|---|---|---|---|---|---|
| 5 | SP | SP | 15 | 1 | 0,5 | 0,5 |

### N° 113606 PERPIGNAN — CM 344 pli I6
**NN — 6 pers.**

Le Castillet 4 km. Le Cayrou. Maison du 19ème. située dans les jardins St-Jacques, proche des activités agricoles. R.d.c. : cuisine, salle à manger/séjour (canapés), wc. 1er étage : 3 chambres (1 lit 2 pers) (1 lit 2 pers) (2 lits 1 pers), 2 salles de bains, wc. Ch.central. Matériel bébé sur demande. Garage. Jardin clos, abri couvert (salon de jardin, barbecue), buanderie extérieure.

CDT - SERVICE RESERVATION – 16, avenue des Palmiers – 66005 PERPIGNAN Cedex
Tél. : 04 68 68 42 88 - 04 68 51 52 70 - Fax : 04 68 68 42 87 - Email : contact@gites-de-france-66.com - www.gites-de-france-66.com

| NOEL/NOUV.AN | FEV. | PAQUES | MOY. SAIS. | HTE SAIS. | HORS SAIS. | WEEK-END |
|---|---|---|---|---|---|---|
| 485 | 440 | 485 | 440 | 715 | 440 | 235 |

| | | | | | | |
|---|---|---|---|---|---|---|
| 8 | 8 | 8 | 20 | 1 | 80 | 1 | 4 | 2 |

### N° 113607 PERPIGNAN — CM 344 pli I6
**NN — 4 pers.**

Palais des Rois de Majorque 2 km. Gîte rural, aménagé dans un mas agricole en activité, mitoyen à la maison des propriétaires (situé dans le hameau de Château Roussillon). R.d.c. : cuisine/espace repas, salon (canapé-lit 1 pers.), salle d'eau (wc). 1er étage : 2 chambres (1 lit 2 pers) (2 lits 1 pers). Ch élect. Matériel bébé sur demande. Espace détente extérieur privatif (barbecue, salon de jardin), parking réservé sur la propriété, accès possible, accompagné du propriétaire, à la propriété agricole et pré environnant.

CDT - SERVICE RESERVATION – 16, avenue des Palmiers – 66005 PERPIGNAN Cedex
Tél. : 04 68 68 42 88 - 04 68 51 52 70 - Fax : 04 68 68 42 87 - Email : contact@gites-de-france-66.com - www.gites-de-france-66.com

| NOEL/NOUV.AN | FEV. | PAQUES | MOY. SAIS. | HTE SAIS. | HORS SAIS. | WEEK-END |
|---|---|---|---|---|---|---|
| 335 | 335 | 310 | 310 | 490 | 200 | 150 |

| | | | | | | | |
|---|---|---|---|---|---|---|---|
| 4 | 4 | 4 | 25 | SP | 90 | 5 | 7 | 2 |

### N° 114304 PLANEZES — CM 344 pli G6
**NN — 6 pers.**

Villa récente individuelle, à proximité de la maison des propriétaires, sur une exploitation agricole, aux abords du village. R.d.c. : cuisine (salle à manger/séjour), 2 chambres chacune avec (1 lit 2 pers), 1 chambre (2 lits 1 pers), salle d'eau, wc. Ch.élect. Jardin privatif (barbecue). Parking privatif dans la propriété.

CDT - SERVICE RESERVATION – 16, avenue des Palmiers – 66005 PERPIGNAN Cedex
Tél. : 04 68 68 42 88 - 04 68 51 52 70 - Fax : 04 68 68 42 87 - Email : contact@gites-de-france-66.com - www.gites-de-france-66.com

| NOEL/NOUV.AN | FEV. | PAQUES | MOY. SAIS. | HTE SAIS. | HORS SAIS. | WEEK-END |
|---|---|---|---|---|---|---|
| 390 | 390 | 390 | 375 | 425 | 340 | 145 |

| | | | | | | |
|---|---|---|---|---|---|---|
| 25 | 1 | 6 | SP | 9 | 28 | 6 |

# PYRÉNÉES ORIENTALES - 66

Périodes tarifaires p. 253

## N° 115907 REAL

NN  4 pers.  1600 m  CM 344 pli D7

La Grange. Grand gîte de caractère, aménagé dans une ancienne grange rénovée, mitoyenne à la maison des propriétaires. 1er étage: Grand séjour/cuisine (coin-détente), salle d'eau, wc, 1 chambre (1 lit 2 pers). 2ème étage: 1 chambre (2 lits 1 pers), mezzanine avec coin détente supplémentaire. Ch. élect. Buanderie en r.d.c. Petit jardin devant le gîte (salon de jardin, barbecue commun avec le propriétaire), parking à proximité.

CDT - SERVICE RESERVATION - 16, avenue des Palmiers - 66005 PERPIGNAN Cedex
Tél. : 04 68 68 42 88 - 04 68 51 52 70 - Fax: 04 68 68 42 87 - Tél.: PROP: 04 68 04 36 20 - Email : contact@gites-de-france-66.com - www.gites-de-france-66.com

| NOEL/NOUV.AN | FEV. | PAQUES | MOY. SAIS. | HTE SAIS. | HORS SAIS. | WEEK-END |
|---|---|---|---|---|---|---|
| 455 | 505 | 400 | 370 | 460 | 335 | 170 |

| | | | | | | |
|---|---|---|---|---|---|---|
| 5 | SP | SP | 2 | 7 | 20 | 2 |

## N° 116021 REYNES

NN  4 pers.  CM 344 pli H8

Céret 3 km. Le Boulou 14 km. Le Moulin. Maison ancienne rénovée, située au hameau du Moulin, comprenant deux gîtes. R.d.c.: cuisine équipée, salon, 2 chambres chacune avec (1 lit 2 pers chac.), salle de bains (wc). Ch. central mazout. Terrasse et cour close devant le gîte (salon de jardin). Parking privatif. Barbecue commun aux deux gîtes.

Marie-José ARNAUDIES - Route du Mas Santol - 66400 REYNES
Tél. : 04 68 87 32 84

| FEV. | PAQUES | MOY. SAIS. | HTE SAIS. | HORS SAIS. |
|---|---|---|---|---|
| 220 | 235 | 250 | 280 | 220 |

| | | | | | | | |
|---|---|---|---|---|---|---|---|
| 32 | 3 | SP | 8 | SP | 8 | 32 | 5 |

## N° 116508 RODES

NN  4 pers.  CM 344 pli G7

Massif du Canigou 40 km. Prades 10 km. Gîte aménagé dans une maison ancienne et rénovée, dans le village de Rodes. R.d.c. surélevé: Cuisine/séjour, 1 chambre (2 lits superposés 1 pers), wc. 1er étage: 1 chambre (1 lit 2 pers), salle d'eau (wc). Ch. élect. Petite terrasse accessible depuis la chambre du 1er étage (salon de jardin). Buanderie au sous-sol. Parking communal à 50 m. Matériel bébé à disposition (sur demande).

CDT - SERVICE RESERVATION - 16, avenue des Palmiers - 66005 PERPIGNAN Cedex
Tél. : 04 68 68 42 88 - 04 68 51 52 70 - Fax: 04 68 68 42 87 - Email : contact@gites-de-france-66.com - www.gites-de-france-66.com

| NOEL/NOUV.AN | FEV. | PAQUES | MOY. SAIS. | HTE SAIS. | HORS SAIS. |
|---|---|---|---|---|---|
| 260 | 260 | 260 | 260 | 380 | 260 |

| | | | | | | |
|---|---|---|---|---|---|---|
| 45 | 6 | SP | 40 | SP | 60 | 10 | 3 | 1 |

## N° 116509 RODES

NN  8 pers.  CM 344 pli G7

Abbaye de Saint-Michel-de-Cuxa 15 km. Grand gîte de caractère aménagé dans une ancienne maison rénovée, située dans le village. R.d.c. surélevé: Cuisine/salle à manger/séjour (canapé-lit 2 pers.), buanderie, salle d'eau, wc. 1er étage: 4 chambres (2 lits 1 pers) (1 lit 2 pers) (1 lit 1 pers + 1 lit 160), salle de bain, wc. Ch. élect. Terrasse (50 m²) fleurie, accessible depuis le séjour (mobilier de jardin, barbecue, jeux pour enfants), avec vue sur le massif du Canigou, jardinet. Parking (1 empl. voiture) réservé à proximité. Bois de cheminée fourni (payant). Matériel bébé sur demande.

CDT - SERVICE RESERVATION - 16, avenue des Palmiers - 66005 PERPIGNAN Cedex
Tél. : 04 68 68 42 88 - 04 68 51 52 70 - Fax: 04 68 68 42 87 - Email : contact@gites-de-france-66.com - www.gites-de-france-66.com

| NOEL/NOUV.AN | FEV. | PAQUES | MOY. SAIS. | HTE SAIS. | HORS SAIS. |
|---|---|---|---|---|---|
| 410 | 410 | 470 | 560 | 785 | 410 |

| | | | | | | | |
|---|---|---|---|---|---|---|---|
| 45 | 3 | SP | 40 | SP | 60 | 10 | 3 | 5 |

## N° 116903 ST-ARNAC

NN  6 pers.  CM 344 pli G6

Maison rénovée, située dans le village, comprenant deux gîtes superposés. 1er étage : cuisine (salle à manger/séjour) donnant sur terrasse close, 2 chambres chacune avec (2 lits 1 pers), 1 chambre (1 lit 2 pers), salle d'eau, wc. Ch.élect. Matériel bébé sur demande. Terrasse close (barbecue, salon de jardin), parking communal à proximité.

CDT - SERVICE RESERVATION - 16, avenue des Palmiers - 66005 PERPIGNAN Cedex
Tél. : 04 68 68 42 88 - 04 68 51 52 70 - Fax: 04 68 68 42 87 - Email : contact@gites-de-france-66.com - www.gites-de-france-66.com

| NOEL/NOUV.AN | FEV. | PAQUES | MOY. SAIS. | HTE SAIS. | HORS SAIS. | WEEK-END |
|---|---|---|---|---|---|---|
| 380 | 380 | 335 | 380 | 470 | 335 | 200 |

| | | | | | | |
|---|---|---|---|---|---|---|
| 50 | 5 | 1 | SP | 20 | 45 | 5 |

## N° 116904 ST-ARNAC

NN  4 pers.  CM 344 pli G6

Maison rénovée, située dans le village, comprenant deux gîtes superposés. R.d.c.: cuisine (salle à manger/séjour), 2 chambres (2 lits 1 pers) (1 lit 2 pers), salle d'eau, wc. Ch.élect. Matériel bébé sur demande. Parking communal à proximité.

CDT - SERVICE RESERVATION - 16, avenue des Palmiers - 66005 PERPIGNAN Cedex
Tél. : 04 68 68 42 88 - 04 68 51 52 70 - Fax: 04 68 68 42 87 - Email : contact@gites-de-france-66.com - www.gites-de-france-66.com

| NOEL/NOUV.AN | FEV. | PAQUES | MOY. SAIS. | HTE SAIS. | HORS SAIS. | WEEK-END |
|---|---|---|---|---|---|---|
| 335 | 335 | 310 | 335 | 425 | 300 | 150 |

| | | | | | | |
|---|---|---|---|---|---|---|
| 50 | 5 | 1 | SP | 20 | 45 | 5 |

**LANGUEDOC-ROUSSILLON**

Pictos voir p. 12

# PYRÉNÉES ORIENTALES - 66

Périodes tarifaires p. 253

## N° 117112 — ST-CYPRIEN — CM 344 pli J7
**NN — 6 pers.**

Palais des Rois de Majorque 18 km. Mas de caractère du Roussillon, sur une exploitation agricole en activité, comprenant 2 gîtes ruraux mitoyens. Les propriétaires habitent sur place. 1er étage : séjour/cuisine (canapé-lit 2 pl.), 1 chambre (1 lit 2 pers), 2 chambres chacune avec (2 lits 1 pers), salle de bain (wc), wc, 1 salle d'eau. Ch. élect. Climatisation. Abri couvert, terrasse et jardin clos (salon de jardin, barbecue). Parking privatif (abri couvert). Matériel bébé à disposition. Local de rangement (vélos, planches à voiles).

CDT - SERVICE RESERVATION – 16, avenue des Palmiers – 66005 PERPIGNAN Cedex
Tél. : 04 68 68 42 88 - 04 68 51 52 70 - Fax : 04 68 68 42 87 - Email : contact@gites-de-france-66.com - www.gites-de-france-66.com

| NOEL/NOUV.AN | FEV. | PAQUES | MOY. SAIS. | HTE SAIS. | HORS SAIS. | WEEK-END |
|---|---|---|---|---|---|---|
| 650 | 650 | 650 | 650 | 750 | 620 | 250 |

| | | | | | | |
|---|---|---|---|---|---|---|
| 1 | 1 | 1 | 30 | SP | 2 | 8 | 2 |

## N° 117113 — ST-CYPRIEN — CM 344 pli J7
**NN — 3 pers.**

Perpignan 15 km. Cloître d'Elne 8 km. Le Mas des Pins. Gîte rural, mitoyen à des chambres d'hôtes, à proximité de la maison des propriétaires. R.d.c. : séjour/cuisine (canapé-lit 2 pl.), 1 chambre (1 lit 2 pers), 1 chambre (1 lit 1 pers), salle d'eau (lave-linge), wc. Ch. élect. Grand terrain arboré et fleuri (salon de jardin, barbecue), parking dans la propriété, ping-pong, pétanque. Matériel bébé sur demande.

Georges MOREL - Le Mas des Pins - Traverse d'Alenya - 66750 ST-CYPRIEN
Tél. : 04 68 22 38 44 – 06 63 31 19 29 - Email : masdespins@free.fr - www.masdespins.com

| NOEL/NOUV.AN | FEV. | PAQUES | MOY. SAIS. | HTE SAIS. | HORS SAIS. |
|---|---|---|---|---|---|
| 350 | 350 | 350 | 375 | 475 | 250 |

| | | | | | | |
|---|---|---|---|---|---|---|
| 2 | 2 | 2 | 30 | SP | 2 | 8 | 2 |

## N° 117403 — ST-FELIU-D'AVALL — CM 344 pli H6
**NN — 4 pers.**

Réal 20 km. Castelnou 20 km. Gîte sur deux étages, aménagé dans une maison de village mitoyenne, située dans une rue calme. 1er étage : séjour/cuisine donnant sur une grande terrasse (salon de jardin, barbecue), douche. 2ème étage : 2 chambres (1 lit 2 pers) (2 lits 1 pers), lavabo attenant aux chambres, wc. Ch. élect. Garage (parking pour 1 petite voiture, accès par une rue étroite). Matériel bébé sur demande.

CDT - SERVICE RESERVATION – 16, avenue des Palmiers – 66005 PERPIGNAN Cedex
Tél. : 04 68 68 42 88 - 04 68 51 52 70 - Fax : 04 68 68 42 87 - Email : contact@gites-de-france-66.com - www.gites-de-france-66.com

| NOEL/NOUV.AN | FEV. | PAQUES | MOY. SAIS. | HTE SAIS. | HORS SAIS. | WEEK-END |
|---|---|---|---|---|---|---|
| 340 | 340 | 340 | 340 | 410 | 300 | 120 |

| | | | | | | | | |
|---|---|---|---|---|---|---|---|---|
| 25 | 5 | 25 | 50 | 35 | 75 | 5 | 1 | SP |

## N° 117920 — ST-LAURENT-DE-CERDANS — Mas del Faig — 700 m — CM 344 pli G8
**12 pers.**

Espagne 10 km. Sur propriété de 60 ha, gîte rural situé dans mas catalan du XIXe. Rés. du propriétaire à proximité. Cuisine, salle à manger, séjour (1 stère de bois fournie), magnéto.). 1er étage : 3 ch. chac. (1 lit 160), 1 ch. (2 lits 1 pers), 1 ch. (1 lit 120 et 2 lits 1 pers). Chaque ch. équipée de s.e ou s.d.b, et wc. Ch. fuel. 1 Ch. accessible à personne handicapée (1 lit 160 et 1 lit 1 pers médicalisé, 2 s.e) wc dont 1 accessible. Buanderie (sèche-linge). Piscine clôturée accessible aux pers. handicapées, jeux enfants, salon de jardin, parking. Matériel bébé sur demande. Accès par piste (1 km).

Emmanuelle PRATS - Mas El Faig - La Forge del Mitg - 66260 ST-LAURENT-DE-CERDANS
Tél. : 06 11 01 89 74 - Email : emmanuelle.prats@wanadoo.fr

| NOEL/NOUV.AN | FEV. | PAQUES | MOY. SAIS. | HTE SAIS. | HORS SAIS. | WEEK-END |
|---|---|---|---|---|---|---|
| 1000 | 1000 | 1000 | 1000 | 1650 | 700 | 460 |

| | | | | | | | | |
|---|---|---|---|---|---|---|---|---|
| 50 | SP | SP | 16 | SP | 60 | SP | 55 | 5 |

## N° 118402 — ST-MARTIN — CM 344 pli F6
**NN — 4 pers.**

Gorges de Galamus 15 km. Perpignan 50 km. Maison de village aménagée par la commune, comprenant deux gîtes, avec hall d'entrée commune. 1er étage : Cuisine/salle à manger/séjour (canapé-lit 2 pers.), petite buanderie, 2 chambres (1 lit 2 pers) (2 lits 1 pers), salle de bains, wc. Petit balcon pour étendage du linge. Ch. élect. Garage commun en face du gîte. Matériel bébé sur demande.

CDT - SERVICE RESERVATION – 16, avenue des Palmiers – 66005 PERPIGNAN Cedex
Tél. : 04 68 68 42 88 - 04 68 51 52 70 - Fax : 04 68 68 42 87 - Email : contact@gites-de-france-66.com - www.gites-de-france-66.com

| NOEL/NOUV.AN | FEV. | PAQUES | MOY. SAIS. | HTE SAIS. | HORS SAIS. | WEEK-END |
|---|---|---|---|---|---|---|
| 215 | 215 | 215 | 220 | 280 | 185 | 100 |

| | | | | | | | | |
|---|---|---|---|---|---|---|---|---|
| 60 | 9 | 3 | 30 | SP | 45 | 13 | 51 | 3 |

## N° 118607 — ST-NAZAIRE-EN-ROUSSILLON — CM 344 pli I6
**NN — 6 pers.**

Collioure 20 km. Perpignan 10 km. Maison de village rénovée, comprenant un gîte sur 3 niveaux. R.d.c. : cuisine, séjour, wc. 1er étage : 2 chambres (1 lit 2 pers), (2 lits 1 pers). 2ème étage : 1 chambre (1 lit 2 pers), salle d'eau (wc), buanderie et rangement. Ch. élect. Matériel bébé sur demande.

CDT - SERVICE RESERVATION – 16, avenue des Palmiers – 66005 PERPIGNAN Cedex
Tél. : 04 68 68 42 88 - 04 68 51 52 70 - Fax : 04 68 68 42 87 - Email : contact@gites-de-france-66.com - www.gites-de-france-66.com

| NOEL/NOUV.AN | FEV. | PAQUES | MOY. SAIS. | HTE SAIS. | HORS SAIS. | WEEK-END |
|---|---|---|---|---|---|---|
| 350 | 350 | 350 | 515 | 685 | 350 | 145 |

| | | | | | | | | |
|---|---|---|---|---|---|---|---|---|
| 5 | 5 | 5 | 42 | SP | 1 | 12 | SP | |

# PYRÉNÉES ORIENTALES - 66

Périodes tarifaires p. 253

## N° 121001  THUIR

**NN    4 pers.**

CM 344 pli H7

Cave Byrrh 3 km. Castelnou 15 km. Mas Ratero. Gîte rural sur une exploitation agricole, aménagé dans un mas isolé, comprenant également la résidence des propriétaires et 2 locations à l'année. R.d.c. : séjour/cuisine (canapé-convertible 2 pers). 1er étage : 1 ch. (1 lit 2 pers), salle d'eau, wc. Ch. élect. Jardin arboré, terrasse privative au gîte (salon de jardin, barbecue), parking sur place (abri couvert). Matériel bébé sur demande.

CDT - SERVICE RESERVATION - 16, avenue des Palmiers - 66005 PERPIGNAN Cedex
Tél. : 04 68 68 42 88 - 04 68 51 52 70 - Fax : 04 68 68 42 87 - Email : contact@gites-de-france-66.com - www.gites-de-france-66.com

| NOEL/NOUV.AN | FEV. | PAQUES | MOY. SAIS. | HTE SAIS. | HORS SAIS. | WEEK-END |
|---|---|---|---|---|---|---|
| 270 | 270 | 270 | 270 | 445 | 240 | 120 |

| | | | | | | | |
|---|---|---|---|---|---|---|---|
| 30 | 3 | 6 | 30 | 10 | 85 | 5 | 13 | 3 |

## N° 121715  TROUILLAS

**NN    2 pers.**

CM 344 pli H7

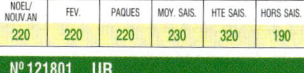

Le Boulou 20 Km. Collioure 25 km. Lamartine. Maison de caractère mitoyenne située dans le village. 1er étage : cuisine/salle à manger, séjour (canapé). 1 chambre (1 lit 2 pers), salle d'eau (wc), mezzanine (2 lits 1 pers). Ch. électr. Petit espace extérieur avec étendage à linge. Garage du propriétaire. Parking devant le gîte rural.

Christian CAMPDORAS - 8 rue des Violettes - 66300 TROUILLAS
Tél. : 04 68 53 32 02

| NOEL/NOUV.AN | FEV. | PAQUES | MOY. SAIS. | HTE SAIS. | HORS SAIS. |
|---|---|---|---|---|---|
| 220 | 220 | 220 | 230 | 320 | 190 |

| | | | | | | |
|---|---|---|---|---|---|---|
| 20 | 6 | 10 | 15 | SP | 4 | 12 | SP |

## N° 121801  UR

**NN    8 pers.**

1300 m        CM 344 pli C8

Font Romeu 15 km. Grand gîte de caractère, aménagé dans une bâtisse de pays rénovée (à prox. d'une ferme). R.d.c. : surélevé : cuisine, salle à manger, salon (magnéto, hifi), wc. 1er ét. : 2 ch. chacune avec (1 lit 2 pers), salle d'eau (wc). 2ème ét. : 2 ch. communiquantes (1 lit 2 pers) (2 lits 1 pers, TV, magneto), salle d'eau (wc). Ch. central. Terrasse couverte de 25 m² (mobilier de détente), cour, jardin et pelouse, parking et abri couvert pour 2 voitures sur place. Buanderie au sous sol (sèche-linge, wc, douche suppl.). Lit bébé, chaise haute.

CDT - SERVICE RESERVATION - 16, avenue des Palmiers - 66005 PERPIGNAN Cedex
Tél. : 04 68 68 42 88 - 04 68 51 52 70 - Fax : 04 68 68 42 87 - Email : contact@gites-de-france-66.com - www.gites-de-france-66.com

| NOEL/NOUV.AN | FEV. | PAQUES | MOY. SAIS. | HTE SAIS. | HORS SAIS. |
|---|---|---|---|---|---|
| 1120 | 1120 | 595 | 595 | 895 | 595 |

| | | | | | | |
|---|---|---|---|---|---|---|
| 15 | SP | 10 | SP | 15 | 2 | 6 | 6 |

**LANGUEDOC-ROUSSILLON**

# LIMOUSIN

## Pour réserver, écrire ou téléphoner :

### 19 - CORREZE
GITES DE FRANCE
Immeuble Consulaire
Puy Pinçon - Tulle Est - B.P. 30
19001 TULLE Cédex
Tél. 05 55 21 55 61- Fax. 05 55 21 55 88
E.mail : gites-de-france@correze.chambagri.fr
www.gites-de-france-limousin.com

### 23 - CREUSE
GITES DE FRANCE - Service Réservation
8, rue Martinet - B.P. 7 - 23001 GUERET Cédex
Tél. 05 55 52 87 50 ou 05 55 52 89 50 - Fax. 05 55 41 02 73
E.mail : SLA.resa.creuse@wanadoo.fr
www.loisirs-accueil23.asso.fr

### 87 - HAUTE-VIENNE
GITES DE FRANCE - Service Réservation
Maison du Tourisme - 4, place Denis Dussoubs
87031 LIMOGES Cédex
Tél. 05 55 79 04 04 - Fax. 05 55 10 88 61
E.mail : sla87@wanadoo.fr

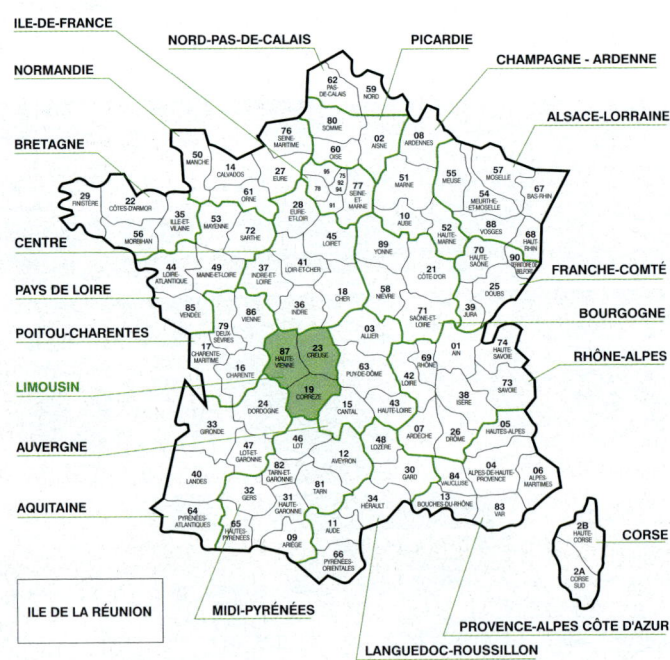

# CORRÈZE - 19

**GITES DE FRANCE** - Immeuble Consulaire
Puy Pinçon - Tulle Est - B.P. 30 - 19001 TULLE Cédex
Tél. 05 55 21 55 61 - Fax. 05 55 21 55 88
E.mail : gites-de-france@correze.chambagri.fr
www.gites-de-france-limousin.com

## PERIODES TARIFAIRES
**HAUTE SAISON :** du 26.06 au 31.07, du 21.08 au 28.08 - **TRÈS HAUTE SAISON :** du 31.07 au 21.08 - **MOYENNE SAISON :** du 3.04 au 26.06, du 28.08 au 25.09 + petites vacances scolaires - **BASSE SAISON :** autres périodes.

### N° 191294 AFFIEUX — Maury

NN  6 pers.

4 chambres (3 lits 1 pers., 2 lits 2 pers.), séjour avec coin cuisine. Jolie maison traditionnelle dans un hameau avec jardin clos et garage. Musée d'Art Populaire de Treignac, musée du Président à Sarran. Pompadour: haras national et la jumenterie nationale. Ruine des cars à St Merd les Oussines, Plateau de Millevaches, les Monédières. Vieille ville d'Uzerche.

Jeannine ROGER - 31 imp. Toussaint-Louverture - 33800 BORDEAUX
Tél. : 05 56 91 08 17 - 05 55 98 14 31

| BASSE SAIS. | MOY. SAIS. | HTE SAIS. | TRES HTE SAIS. | | | | | | | | |
|---|---|---|---|---|---|---|---|---|---|---|---|
| 290 | 350 | 420 | 450 | 8 | 12 | 3 | 8 | SP | 8 | 20 | 15 | 20 | 8 |

### N° 195004 ALTILLAC — La Rivière

NN  2 pers.

1 chambre (1 lit 2 pers., lit enfant), salle de séjour coin cuisine, chauffage électrique. Maison en retrait de la route formant un enclos avec une grange et une autre batisse dans un village de campagne.

GITES DE FRANCE-SERVICE RESERVATION - 32 quai Baluze - 19000 TULLE
Tél. : 05 55 29 98 70 - 08 20 90 19 19 - Fax : 05 55 29 98 77 - Email : slacorreze@cg19.fr - www.resinfrance.fr

| MOY. SAIS. | HTE SAIS. | TRES HTE SAIS. | | | | | | |
|---|---|---|---|---|---|---|---|---|
| 350 | 380 | 400 | 3 | 5 | 1 | SP | 3 | 13 | 5 | 3 |

### N° 195197 ARGENTAT — Côte de Basteyroux

NN  5 pers.

3 chambres (3 lits 1 pers., 1 lit 2 pers.), salle de séjour coin cuisine, salon, chauffage électrique. Gîte indépendant avec vue panoramique sur la vallée de la Maronne et de la Dordogne. Les ruines de Merle, les barrages d'Argentat, La Broquerie, Le Chastang, Les Grottes de Presque, Rocamadour, Château de Castelnau, Gouffre de Padirac, Collonges la Rouge. Beaulieu sur Dordogne.

Joseph SENAUD - 41 avenue Henri Dunant - 19400 ARGENTAT
Tél. : 05 55 28 89 17

| BASSE SAIS. | MOY. SAIS. | HTE SAIS. | TRES HTE SAIS. | WEEK-END | | | | | | | |
|---|---|---|---|---|---|---|---|---|---|---|---|
| 122 | 155 | 250 | 275 | 45 | 1,5 | 1 | 0,5 | 10 | 1 | 1,5 | 1,5 | 1,5 |

### N° 195005 ASTAILLAC — La Plaine

NN  6 pers.

Rivière Dordogne 500 m. 3 chambres (2 lits 1 pers., 2 lits 2 pers.), salle de séjour avec coin cuisine, réfrigérateur congélateur, télévision + TPS, chauffage électrique. Location des draps : 60 €/semaine. Très beau gîte aménagé dans une grange. Parc arboré trés calme. Gîte de charme. Beaulieu sur Dordogne (chapelle des Pénitents, Abbatiale), Collonges la Rouge, Curemonte. Turenne (plus beaux villages de France), Rocamadour, Padirac, Castelnau, Festival de Musique à St Cere, Musée des automates à Souillac.

GITES DE FRANCE-SERVICE RESERVATION - 32 quai Baluze - 19000 TULLE
Tél. : 05 55 29 98 70 - 08 20 90 19 19 - Fax : 05 55 29 98 77 - Email : slacorreze@cg19.fr - www.resinfrance.fr

| BASSE SAIS. | MOY. SAIS. | HTE SAIS. | TRES HTE SAIS. | WEEK-END | | | | | | | |
|---|---|---|---|---|---|---|---|---|---|---|---|
| 390 | 440 | 480 | 520 | 110 | 7 | 0,5 | 0,5 | 11 | SP | 7 | 15 | 12 | 7 |

### N° 195218 BILHAC — Vigier

NN  10 pers.

RDC : grand séjour, 1 marche pour accéder à la partie cuisine, séche linge, micro-ondes, grande table de ferme. Salle d'eau avec WC, celier. Etage 1: bureau, bibliothèque avec cheminée, 2 ch. (chacune avec 1 lit 1 pers., 1 lit 2 pers.), sdb, dressing avec penderie, salle de bains avec WC. Etage 2: 2 ch. mansardées (chacune avec 1 lit 1 pers., 1 lit 2 pers.), sdb et WC. Draps et linge de maison fournis. Belle maison traditionnelle, avec piscine privée clôturée, sur terrain arboré de 7000 m². Superbe vue sur la vallée de la Dordogne. Rocamadour, Carennac, Loubressac, St Céré.

GITES DE FRANCE-SERVICE RESERVATION - 32 quai Baluze - 19000 TULLE
Tél. : 05 55 29 98 70 - 08 20 90 19 19 - Fax : 05 55 29 98 77 - Email : slacorreze@cg19.fr - www.resinfrance.fr

| MOY. SAIS. | HTE SAIS. | TRES HTE SAIS. | | | | | | | |
|---|---|---|---|---|---|---|---|---|---|
| 1200 | 1600 | 1750 | 3 | 10 | 1 | SP | 3 | 13 | 10 | 4 | 3 |

# CORRÈZE - 19

Périodes tarifaires p. 261

## N° 193013 BRIGNAC-LA-PLAINE — Le Pouget

**NN — 6 pers.**

3 chambres (3 lits 2 pers., 1 lit enfant), cuisine, séjour avec coin salon, terrasse close, terrain 2000 m², chauffage central au fuel. Gîte indépendant de plain pied avec très belle vue. Vallée de la Vézère, Plan d'eau du Causse, Grottes de Lascaux, Sarlat, Les Eyzies, Collonges la Rouge, Rocamadour, Padirac, Turenne, St Robert, Pompadour (haras). Marchés de Terrasson et Brive.

GITES DE FRANCE-SERVICE RESERVATION - 32 quai Baluze - 19000 TULLE
Tél. : 05 55 29 98 70 - 08 20 90 19 19 - Fax : 05 55 29 98 77 - Email : slacorreze@cg19.fr - www.resinfrance.fr

| BASSE SAIS. | MOY. SAIS. | HTE SAIS. | TRES HTE SAIS. | WEEK-END |
|---|---|---|---|---|
| 200 | 270 | 350 | 350 | 80 |

| | | | | | | | | | |
|---|---|---|---|---|---|---|---|---|---|
| 1 | 10 | 10 | 1 | 1 | 13 | 25 | 10 | 6 | 2 |

## N° 191108 CHAMBERET — Ciblat

**NN — 6 pers.**

3 chambres (2 lits 1 pers., 2 lits 2 pers.), salle de séjour avec coin cuisine, sèche-linge, micro-ondes, congélateur, 2 salons avec 2 télévisions, salle d'eau, salle de bains avec baignoire d'angle, chauffage électrique. Dressing, buanderie, bibliothèque, chaîne hifi avec CD. 2 WC indépendants. Animaux acceptés sous conditions. Grand gîte de caractère spacieux, clair, aménagé sur terrain clos. Le Massif des Monédières, Treignac, Uzerche.

Philippe et Valérie DELPEUCH - Résidence Ronsard - Villa n°9 - Rue Paul Arene - 84120 PERTUIS
Tél. : 04 90 09 66 56 - Email : philval.delpeuch@free.fr

| MOY. SAIS. | HTE SAIS. | TRES HTE SAIS. |
|---|---|---|
| 450 | 610 | 660 |

| | | | | | | |
|---|---|---|---|---|---|---|
| 2 | 2 | SP | 6 | SP | 6 | 27 | 6 |

## N° 194199 CHAMPAGNAC-LA-NOAILLE — Thomas — 550 m

**NN — 6 pers.**

3 chambres (3 lits 2 pers.), cuisine, séjour avec coin salon. Terrain. Maison indépendante à 300 m du bourg.

Adrien CHASSAGNE - Thomas - 19320 CHAMPAGNAC-LA-NOAILLE
Tél. : 05 55 27 80 39 - Fax : 05 55 27 80 39

| BASSE SAIS. | MOY. SAIS. | HTE SAIS. | TRES HTE SAIS. |
|---|---|---|---|
| 199 | 199 | 359 | 388 |

| | | | | | | |
|---|---|---|---|---|---|---|
| 7 | 7 | 2 | 7 | SP | 16 | 7 | 7 |

## N° 191016 CHANTEIX — Eyzac

**NN — 6 pers.**

3 chambres (2 lits 1 pers., 2 lits 2 pers.), salle de séjour avec coin cuisine, réfrigérateur-cogélateur, micro-ondes, coin salon, 2 salles d'eau, chauffage électrique. Prix toutes charges comprises. Maison traditionnelle avec véranda chauffée. Uzerche (vieille ville), Cascades de Gimel.

GITES DE FRANCE-SERVICE RESERVATION - 32 quai Baluze - 19000 TULLE
Tél. : 05 55 29 98 70 - 08 20 90 19 19 - Fax : 05 55 29 98 77 - Email : slacorreze@cg19.fr - www.resinfrance.fr

| BASSE SAIS. | MOY. SAIS. | HTE SAIS. | TRES HTE SAIS. |
|---|---|---|---|
| 400 | 350 | 410 | 450 |

| | | | | |
|---|---|---|---|---|
| 3 | 10 | SP | SP | 3 | 3 |

## N° 192007 CHARTRIER-FERRIERE — Les Chauprades

**NN — 8 pers.**

Collonges la Rouge 20 km. Turenne 20 km. Lacave 25 km. Sarlat 25 km. 3 chambres (2 lits 2 pers., 2 lits superposés), séjour avec coin cuisine, coin salon, sèche-linge, micro-ondes, chaîne hifi, barbecue spacieux. Dans un parc boisé de plusieurs hectares, grande maison en bois (88 m²) + grande terrasse (25 m²) + terrasse couverte (8 m²), avec piscine commune de 12 x 6 m et ses 2 grandes terrasses. Les grottes de Lascaux, Rocamadour à 30 mn.

GITES DE FRANCE-SERVICE RESERVATION - 32 quai Baluze - 19000 TULLE
Tél. : 05 55 29 98 70 - 08 20 90 19 19 - Fax : 05 55 29 98 77 - Email : slacorreze@cg19.fr - www.resinfrance.fr

| BASSE SAIS. | MOY. SAIS. | HTE SAIS. | TRES HTE SAIS. | WEEK-END |
|---|---|---|---|---|
| 300 | 350 | 800 | 900 | 230 |

| | | | | | | | | |
|---|---|---|---|---|---|---|---|---|
| 5 | 5 | 5 | SP | SP | 13 | 5 | 20 | 3 |

## N° 192118 CHASTEAUX — Lesparce

**NN — 6 pers.**

3 chambres, grande salle de séjour avec coin cuisine, micro-ondes, chauffage central électrique, chaîne hifi, terrasse couverte, à 2 km de la base nautique du Causse, avec baignade, sport nautique. Gîte indépendant sur terrain clos et arboré 5000 m².

Michel GAUTHIER - Lesparce - 19600 CHASTEAUX
Tél. : 05 55 92 07 70 - 06 74 98 52 57 - Email : claudineroche@wanadoo.fr

| BASSE SAIS. | MOY. SAIS. | HTE SAIS. | TRES HTE SAIS. |
|---|---|---|---|
| 285 | 380 | 415 | 460 |

| | | | | | | | |
|---|---|---|---|---|---|---|---|
| 2 | 2 | 2 | 4 | 1 | 10 | 5 | 2 | 15 | 3 |

# CORRÈZE - 19

Périodes tarifaires p. 261

**LIMOUSIN**

---

### N° 194206 — CHAVANAC — La Belle Etoile — 900 m
**NN — 6 pers.**

3 chambres (3 lits 2 pers., 1 lit bébé), salle de séjour avec coin cuisine, micro-ondes, coin salon, chauffage électrique, terrain clos. Chalet indépendant (intérieur bois, décoré, poutres apparentes), environnement boisé, jardin arboré. Ruines gallo-romaines des Cars, Plateau de Millevaches (lacs et randonnées).

Jean-Jacques BOISSEAU - La Maisonnade - 19000 TULLE
Tél : 05 55 26 94 37 - Fax : 05 55 26 14 94 - Email : b.gregonnet@aol.fr

| BASSE SAIS. | MOY. SAIS. | HTE SAIS. | TRES HTE SAIS. |
|---|---|---|---|
| 230 | 381 | 400 | 430 |

| | | | | | |
|---|---|---|---|---|---|
| 9 | 0,2 | 9 | SP | 9 | 9 |

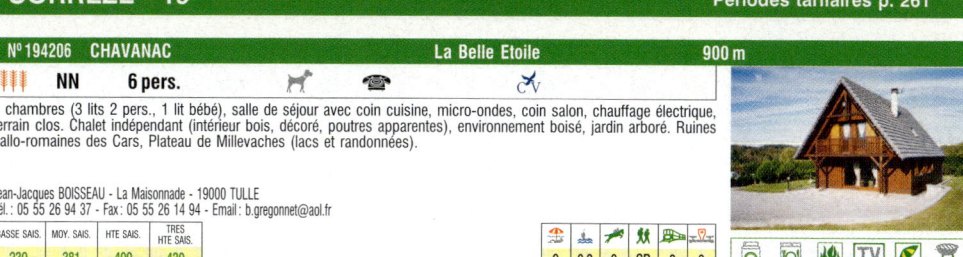

---

### N° 195237 — COLLONGES-LA-ROUGE — La Chatie
**NN — 8 pers.**

4 chambres (4 lits 1 pers., 2 lits 2 pers.), cuisine, salle de séjour et salon. Terrain clos, terrasse, garage. Linge de maison fourni. Superficie totale habitable 180 m². Maison de pays rénovée en pierres rouges de Collonges, située dans un hameau au sommet d'une colline avec large point de vue. Collonges la Rouge, Curemonte, Meyssac, Turenne, Aubazine, Beaulieu, Rocamadour, Gouffre de Padirac, Tours de Merle, Barrage du Chastang, Gouffre de La Fage, Haras de Pompadour, Château de Castelnau, Lac du Causse.

Antoine MONFORT - La Chatie - 19500 COLLONGES-LA-ROUGE
Tél : 05 55 25 34 05

| BASSE SAIS. | MOY. SAIS. | HTE SAIS. | TRES HTE SAIS. | WEEK-END |
|---|---|---|---|---|
| 460 | 500 | 600 | 700 | 200 |

| | | | | | | | | | |
|---|---|---|---|---|---|---|---|---|---|
| 5 | 5 | 15 | 10 | SP | 5 | 15 | 20 | 20 | 6 |

---

### N° 194217 — COURTEIX — La Chabanne — 730 m
**NN — 4 pers.**

2 chambres (1 lit 2 pers., 2 lits 1 pers.), séjour avec coin cuisine, plaque chauffante + four électrique, chauffage électrique, terrain clos, portique. A 300 m du bourg. Entre Ussel et Eygurande. Four à pain. Maison indépendante. Massifs des agriers, Monts d'auvergne, Plateau de Millevaches, Vieil Ussel, Bort les Orgues, Château de Val. Orgues et barrages, Vulcania.

Joel SIVADE - 19340 COURTEIX
Tél : 05 55 94 65 33

| BASSE SAIS. | MOY. SAIS. | HTE SAIS. | TRES HTE SAIS. | WEEK-END |
|---|---|---|---|---|
| 120 | 140 | 230 | 260 | 70 |

| | | | | | | | | | |
|---|---|---|---|---|---|---|---|---|---|
| 12 | 13 | SP | 13 | SP | 12 | 30 | 10 | | |

---

### N° 192008 — DAMPNIAT — Cognac
**NN — 6 pers.**

3 chambres (2 lits 2 pers., 2 lits 1 pers.), salle de séjour avec coin cuisine, micro-ondes, terrain, cour commune. Belle maison traditionnelle en pierres, mitoyenne à un logement sur façades opposées, avec une très belle vue. Aubazine (canal des Moines, Abbaye), Collonges la Rouge, Turenne, Curemonte.

GITES DE FRANCE-SERVICE RESERVATION - 32 quai Baluze - 19000 TULLE
Tél : 05 55 29 98 70 - 08 20 90 19 19 - Fax : 05 55 29 98 71 - Email : slacorreze@cg19.fr - www.resinfrance.fr

| BASSE SAIS. | MOY. SAIS. | HTE SAIS. | TRES HTE SAIS. | WEEK-END |
|---|---|---|---|---|
| 270 | 300 | 390 | 410 | 150 |

| | | | | | | | | |
|---|---|---|---|---|---|---|---|---|
| 2 | 10 | 2 | 8 | SP | 10 | 10 | 15 | 3 | 2 |

---

### N° 192009 — DAMPNIAT — Moulin du Sapinier
**NN — 6 pers.**

3 chambres (2 lits 2 pers., 2 lits 1 pers.), grand séjour avec coin cuisine et coin salon avec grand-frigo, congélateur, micro-ondes. A 3 km du bourg et 15 mn de Brive. Moulin restauré avec sa roue en bordure de rivière classée à saumons et à truites. Terrain 1000 m², chemin forestier au pied du moulin. Gîte à l'étage. Aubazine (Abbaye cistercienne, Canal aux Moines), Collonges la Rouge, Albignac, Brive, Meyssac, Lac du Coiroux (golf), Etang de Miel, Rocamadour, Padirac, Grottes de Lascaux...

GITES DE FRANCE-SERVICE RESERVATION - 32 quai Baluze - 19000 TULLE
Tél : 05 55 29 98 70 - 08 20 90 19 19 - Fax : 05 55 29 98 71 - Email : slacorreze@cg19.fr - www.resinfrance.fr

| BASSE SAIS. | MOY. SAIS. | HTE SAIS. | TRES HTE SAIS. | WEEK-END |
|---|---|---|---|---|
| 300 | 350 | 430 | 500 | |

| | | | | | | | |
|---|---|---|---|---|---|---|---|
| 5 | 5 | SP | 10 | SP | 5 | 4 | 2 |

---

### N° 193135 — ESTIVAUX — Moncoulon
**NN — 6 pers.**

3 chambres (3 lits 2 pers.), cuisine, salle à manger, réfrigérateur-congélateur, micro-ondes, salle de bains, wc indépendant. Calme. Maison individuelle sur terrain clos. A proximité des Gorges de la Vézère et du GR46. Gorges de la Vézère, Voutezac, Pont Médiéval du Saillant, Centre aquatique de Tulle, Plan d'eau de Vigeois, Cahier à disposition au gîte.

Stanislas SELWA - 6 rue Cassin - 37500 CHINON
Tél : 02 47 93 07 94

| MOY. SAIS. | HTE SAIS. | TRES HTE SAIS. |
|---|---|---|
| 220 | 250 | 250 |

| | | | | | |
|---|---|---|---|---|---|
| 10 | 3 | 2 | 18 | SP | 10 | 2 | 6 |

# CORRÈZE - 19

Périodes tarifaires p. 261

## N° 193021 EYBURIE — Lachaud

**NN — 6 pers.**

3 chambres (2 lits 2 pers., 2 lits 1 pers.), salle de séjour avec coin cuisine et coin salon, chauffage électrique. Jolie maison traditionnelle sur terrain arboré. Pompadour (haras), Chaumeil, Monédières, Grottes, Gouffre de Padirac, Rocamadour.

GITES DE FRANCE-SERVICE RESERVATION – 32 quai Baluze – 19000 TULLE
Tél. : 05 55 29 98 70 – 08 20 90 19 19 – Fax : 05 55 29 98 77 – Email : slacorreze@cg19.fr – www.resinfrance.fr

| BASSE SAIS. | MOY. SAIS. | HTE SAIS. | TRES HTE SAIS. | WEEK-END |
|---|---|---|---|---|
| 260 | 300 | 381 | 426 | 120 |

| | | | | | | | |
|---|---|---|---|---|---|---|---|
| 7 | 4 | 4 | 12 | 2 | 7 | 15 | 4 | 8 | 1 |

## N° 194231 GOURDON-MURAT — 720 m

**NN — 5 pers.**

2 chambres (2 lits 2 pers., 1 lit 1 pers.). Cuisine, séjour, micro-ondes. Terrasse. Maison indépendante sur terrain clos. Musée de Sarran, Eglise de Lestards, Cascades de Lavirolle et de Gimel, table d'orientation Le Suc au May, Ruines Gallo Romaine des Cars.

Albert GOURDON – Route de Treignac – 19170 LESTARDS
Tél. : 05 55 94 01 92

| MOY. SAIS. | HTE SAIS. | TRES HTE SAIS. |
|---|---|---|
| 153 | 183 | 213 |

| | | | | | | | |
|---|---|---|---|---|---|---|---|
| 1,5 | 15 | SP | 10 | SP | 15 | 8 | 8 |

## N° 195250 HAUTEFAGE — Labroue

**NN — 4 pers.**

2 chambres (1 lit 120, 1 lit 1 pers., 1 lit 2 pers.), cuisine, micro-ondes, salle de séjour avec coin salon, Hifi, chauffage bois. Jolie petite maison, endroit calme et ensoleillé. A 6 km d'Argentat-sur-Dordogne. Argentat, Tours de Merle.

Murielle DAYRE – 31 rue Jean Moulin – 19360 MALEMORT
Tél. : 05 55 92 17 63 – 05 55 92 83 46

| BASSE SAIS. | MOY. SAIS. | HTE SAIS. | TRES HTE SAIS. | WEEK-END |
|---|---|---|---|---|
| 280 | 315 | 390 | 460 | 90 |

| | | | | | | | |
|---|---|---|---|---|---|---|---|
| 5 | 5 | 5 | 8 | SP | 5 | 5 | 30 | 5 |

## N° 192138 JUGEALS-NAZARETH — Montplaisir

**NN — 4 pers.**

2 chambres (2 lits 1 pers., 1 lit 160, lit enfant), cuisine, micro-ondes, séjour coin salon, chauffage au gaz. Location de draps 35 €. Maison indépendante et restaurée sur un terrain clos de 600 m². Gîte de plain pied avec terrasse, cour. Collonges la Rouge, Turenne, Curemonte, Beaulieu, St Robert, toute la vallée de la Dordogne. Les sites pittoresques du Lot (causse), toute la verdoyante Corrèze.

Jean Claude FRUGIER – Montplaisir – 19500 JUGEALS-NAZARETH
Tél. : 05 55 85 93 68 – 06 86 10 23 03 – Email : jeanclaude.frugier@wanadoo.fr

| BASSE SAIS. | MOY. SAIS. | HTE SAIS. | TRES HTE SAIS. | WEEK-END |
|---|---|---|---|---|
| 230 | 270 | 370 | 400 | 140 |

| | | | | | | | |
|---|---|---|---|---|---|---|---|
| 4 | 8 | 8 | 10 | SP | 8 | 8 | 8 | 4 |

## N° 192039 LARCHE — Rignac

**NN — 3 pers.**

Gîte côté ouest, 1 chambre (1 lit 1 pers., 1 lit 2 pers.), salle de séjour coin cuisine, micro-ondes, coin salon, chauffage électrique, salon de jardin. Très belle maison ancienne (1666) traditionnelle comportant 2 gîtes. Lac du Causse, Gouffre de la Fage, proximité Sarlat, Montignac (Lascaux), les Eyzies, Brive, Le Lot.

GITES DE FRANCE-SERVICE RESERVATION – 32 quai Baluze – 19000 TULLE
Tél. : 05 55 29 98 70 – 08 20 90 19 19 – Fax : 05 55 29 98 77 – Email : slacorreze@cg19.fr – www.resinfrance.fr

| BASSE SAIS. | MOY. SAIS. | HTE SAIS. | TRES HTE SAIS. |
|---|---|---|---|
| 300 | 320 | 370 | 400 |

| | | | | | | | |
|---|---|---|---|---|---|---|---|
| 2 | 5 | 1 | 5 | SP | 2 | 8 | 5 | 10 | 2 |

## N° 192040 LARCHE — Rignac

**NN — 4 pers.**

Gîte côté sud, 2 chambres (2 lits 1 pers., 1 lit 2 pers.), salle de séjour coin cuisine, micro-ondes, coin salon. Très belle maison ancienne (1666) traditionnelle comportant 2 gîtes. Lac du Causse, Gouffre de la Fage, proximité Sarlat, Montignac (Lascaux), Les Eyzies, Brive, Le Lot.

GITES DE FRANCE-SERVICE RESERVATION – 32 quai Baluze – 19000 TULLE
Tél. : 05 55 29 98 70 – 08 20 90 19 19 – Fax : 05 55 29 98 77 – Email : slacorreze@cg19.fr – www.resinfrance.fr

| BASSE SAIS. | MOY. SAIS. | HTE SAIS. | TRES HTE SAIS. |
|---|---|---|---|
| 330 | 360 | 400 | 430 |

| | | | | | | | |
|---|---|---|---|---|---|---|---|
| 2 | 5 | 1 | 5 | SP | 2 | 8 | 5 | 10 | 2 |

# CORRÈZE - 19

*Périodes tarifaires p. 261*

## N° 193027 — LASCAUX — La Borderie
**NN — 6 pers.**

3 chambres (2 lits 2 pers., 2 lits 1 pers.), séjour avec coin cuisine. Sur place : ping-pong, toboggan, terrain de volley, télévision par satellite. Gîte mitoyen aménagé dans une grange au sein d'un ensemble touristique (petit village de 5 gîtes) avec piscine 5 x 10 commune. Haras nationaux de Pompadour, Jumenterie nationale. Les plus beaux villages de France (Ségur le Château, St Robert...).

GITES DE FRANCE-SERVICE RESERVATION - 32 quai Baluze - 19000 TULLE
Tél. : 05 55 29 98 70 - 08 20 90 19 19 - Fax : 05 55 29 98 77 - Email : slacorreze@cg19.fr - www.resinfrance.fr

| BASSE SAIS. | MOY. SAIS. | HTE SAIS. | TRES HTE SAIS. | WEEK-END |
|---|---|---|---|---|
| 285 | 405 | 580 | 660 | 100 |

## N° 193028 — LASCAUX — La Borderie
**NN — 6 pers.**

3 chambres (2 lits 2 pers., 2 lits 1 pers.), séjour avec coin cuisine. Sur place : ping-pong, toboggan, terrain de volley, télévision par satellite. Gîte mitoyen aménagé dans une grange au sein d'un ensemble touristique (petite village de 5 gîtes) avec piscine 5 x 10 commune. Haras nationaux de Pompadour, Jumenterie nationale. Les plus beaux villages de France (Ségur le Château, St Robert...).

GITES DE FRANCE-SERVICE RESERVATION - 32 quai Baluze - 19000 TULLE
Tél. : 05 55 29 98 70 - 08 20 90 19 19 - Fax : 05 55 29 98 77 - Email : slacorreze@cg19.fr - www.resinfrance.fr

| BASSE SAIS. | MOY. SAIS. | HTE SAIS. | TRES HTE SAIS. | WEEK-END |
|---|---|---|---|---|
| 285 | 405 | 580 | 660 | 100 |

## N° 194253 — LATRONCHE — Labrousse — 600 m
**NN — 4 pers.**

2 chambres (2 lits 2 pers.), cuisine, séjour avec coin salon. Terrain clos. Animaux acceptés sous conditions. Gîte mitoyen au logement des propriétaires avec entrée indépendante, entouré de prés et forêts. Musées, châteaux (Val, Ventadour, Sédières...), panoramas, promenades en Gabares, barrages sur la Dordogne, baignades, pêche, lacs et rivières, golf, équitation.

GITES DE FRANCE-SERVICE RESERVATION - 32 quai Baluze - 19000 TULLE
Tél. : 05 55 29 98 70 - 08 20 90 19 19 - Fax : 05 55 29 98 77 - Email : slacorreze@cg19.fr - www.resinfrance.fr

| MOY. SAIS. | HTE SAIS. | TRES HTE SAIS. |
|---|---|---|
| 230 | 305 | 330 |

## N° 191199 — LE LONZAC — Moulin de Pommier
**NN — 2 pers.**

Kitchenette, chauffage électrique, (1 lit 2 pers.). Terrasse couverte, sous sol aménagé (lingerie). Fournil rénové en bordure d'étang de pêche à proximité d'un ancien moulin et de l'habitation des propriétaires. Plateau des Monédières, Treignac. Musée du septennat à Sarran.

Jean PORTE - Moulin de Pommier - 19470 LE LONZAC
Tél. : 05 55 98 22 61

| BASSE SAIS. | MOY. SAIS. | HTE SAIS. | TRES HTE SAIS. | WEEK-END |
|---|---|---|---|---|
| 200 | 230 | 305 | 305 | 130 |

## N° 193032 — LUBERSAC — Laleu
**NN — 2 pers.**

Karting 3 km. 1 chambre (1 lit 2 pers.), cuisine, micro-ondes, séjour, chauffage électrique. Equipement bébé et linge de maison fournis. Prêt de vélos et VTT. Jolie petite maison aménagée au sein d'un centre équestre. Haras nationaux, jumenterie, Ségur le Château, Château de Coussac Bonneval, Aubazine (abbaye cistercienne), Uzerche (cité médiévale).

GITES DE FRANCE-SERVICE RESERVATION - 32 quai Baluze - 19000 TULLE
Tél. : 05 55 29 98 70 - 08 20 90 19 19 - Fax : 05 55 29 98 77 - Email : slacorreze@cg19.fr - www.resinfrance.fr

| BASSE SAIS. | MOY. SAIS. | HTE SAIS. | TRES HTE SAIS. | WEEK-END |
|---|---|---|---|---|
| 190 | 230 | 280 | 330 | 80 |

## N° 194273 — MEYMAC — Centre Equestre — 665 m
**NN — 4 pers.**

2 chambres (2 lits 1 pers., 1 lit 2 pers.), séjour avec coin cuisine, coin salon. Micro-ondes. Terrain clos. Jolie petite maison typique du Plateau de Millevaches, située dans un centre équestre. Lac de Séchemailles, Abbaye, Centre d'Art Contemporain, Plateau de Millechaves.

Thierry MONCHIERI - Ferme d'Eymanoux - Centre Equestre - 19250 MEYMAC
Tél. : 05 55 95 14 45

| BASSE SAIS. | MOY. SAIS. | HTE SAIS. | TRES HTE SAIS. | WEEK-END |
|---|---|---|---|---|
| 220 | 250 | 300 | 330 | 115 |

LIMOUSIN

265

# CORRÈZE - 19

Périodes tarifaires p. 261

## N° 195294 MEYSSAC — Le Chauze

NN — 3 pers.

2 chambres (2 lits 2 pers., lit enfant), cuisine, chauffage électrique, 2 WC, terrain clos. Maison mitoyenne dans un petit village de campagne. Collonges la Rouge, Turenne, Beaulieu sur Dordogne, Rocamadour, Padirac.

Patrick BOURGES - Le Chauze - 19500 MEYSSAC
Tél. : 05 65 38 71 46 - 06 70 81 32 96

| MOY. SAIS. | HTE SAIS. | TRES HTE SAIS. | | | | | | | |
|---|---|---|---|---|---|---|---|---|---|
| 235 | 290 | 290 | | 2 | SP | 7 | 2 | 25 | 1,5 |

## N° 195068 MONCEAUX-SUR-DORDOGNE — Le Claux

NN — 2 pers.

1 chambre (1 lit 2 pers.), séjour avec coin cuisine américaine. Bel environnement, vue exceptionnelle sur la Vallée de la Dordogne, calme, jardin. Joli petit gîte aménagé dans une ancienne grange. Argentat et la Vallée de la Dordogne, Collonges la Rouge, Beaulieu sur Dordogne, Curemonte, La chapelle aux Saints (Musée de l'Homme de Néanderthal), Rocamadour, Padirac, Les Monts du Cantal.

GITES DE FRANCE-SERVICE RESERVATION - 32 quai Baluze - 19000 TULLE
Tél. : 05 55 29 98 70 - 08 20 90 19 19 - Fax : 05 55 29 98 77 - Email : slacorreze@cg19.fr - www.resinfrance.fr

| MOY. SAIS. | HTE SAIS. | TRES HTE SAIS. | | | | | | | | | |
|---|---|---|---|---|---|---|---|---|---|---|---|
| 275 | 330 | 360 | 10 | 10 | 10 | 10 | SP | 10 | 25 | 10 | 10 |

## N° 195300 MONCEAUX-SUR-DORDOGNE — Saulières

NN — 4 pers.

Tout confort. Grande salle de séjour donnant sur une terrasse panoramique. Chauffage central au mazout. Gîte en rez-de-chaussée avec 2 chambres à l'étage, entrée indépendante, situé dans une maison comportant un studio, dans la vallée, à 200 m de la rivière Dordogne. Nombreux sites en Corrèze, dans le Lot, le Cantal, etc...

Marie José LAFOND - Saulières - 19400 MONCEAUX-SUR-DORDOGNE
Tél. : 05 55 28 09 22 - Fax : 05 55 28 09 22

| BASSE SAIS. | MOY. SAIS. | HTE SAIS. | TRES HTE SAIS. | WEEK-END | | | | | | | | | |
|---|---|---|---|---|---|---|---|---|---|---|---|---|---|
| 305 | 350 | 457 | 533 | 152 | 3 | SP | SP | 6 | SP | 6 | 15 | 10 | 40 | 3 |

## N° 195301 MONCEAUX-SUR-DORDOGNE — Laygues

NN — 4 pers.

3 chambres (2 lits 2 pers., 1 lit 1 pers.), séjour avec coin cuisine, salon. Gîte indépendant situé face à la Dordogne dans un site classé. Petite cour, potager du propriétaire et jardin privatif sur les rives de la Dordogne. Situé à 3,5 km d'Argentat, petite ville pittoresque avec ses quais le long de la Dordogne, ses vieilles rues, son centre aqua-récréatif. Sentiers pédestres, club delta-plane, barrages, Tours de Merle, Beaulieu (Abbatiale), Collonges la Rouge, etc...

Jean-François GRENAILLE - Laygues - 19400 MONCEAUX-SUR-DORDOGNE
Tél. : 05 55 28 08 57

| MOY. SAIS. | HTE SAIS. | TRES HTE SAIS. | | | | | | | |
|---|---|---|---|---|---|---|---|---|---|
| 300 | 358 | 358 | | 2 | 3 | SP | 4 | 7 | 2 | 20 | 4 |

## N° 195302 MONCEAUX-SUR-DORDOGNE — La Bouyge

NN — 6 pers.

3 chambres (2 lits 2 pers., 2 lits 1 pers.), cuisine indépendante, grand salon, magnétoscope, Hifi, sèche-linge, réfrigérateur-congélateur. 1 salle d'eau, 1 salle de bains, 2 WC indépendants. Chauffage électrique. Balcon, garage, terrain de jeux enfants, terrasse ombragée, terrain clos et arboré. Chemin pédestre. Belle maison traditionnelle à l'orée du bourg. Isolée au milieu des prés en flan de colline. Gîte de charme. Les départements du Lot (Rocamadour, Padirac...), du Cantal, et une partie du Périgord Noir (Montignac et les grottes de Lascaux...) et sans oublier la Corrèze (Vallée de la Dordogne...).

Gilles LAVAL - 12 bis route de Bazus - 31180 ST-GENIES-BELLEVUE
Tél. : 05 34 27 11 42 - Email : gilaval@wanadoo.fr - http://perso.wanadoo.fr/labouyge

| BASSE SAIS. | MOY. SAIS. | HTE SAIS. | TRES HTE SAIS. | | | | | | | | | |
|---|---|---|---|---|---|---|---|---|---|---|---|---|
| 250 | 350 | 520 | 580 | 4 | 0,4 | 0,2 | 8 | SP | 4 | 15 | 25 | 4 | 4 |

## N° 194066 MONTAIGNAC-SAINT-HIPPOLYTE

600 m

NN — 5 pers.

Allie confort et décoration où le bois est à l'honneur. 2 chambres (2 lits 2 pers., 1 lit 1 pers., lit bébé). Coin cuisine avec bar, grand séjour, micro-ondes, magnétoscope, chauffage électrique. Terrasse couverte, jeux d'enfants (ping-pong, VTT, tir à l'arc...). Rando et sorties natures. Au coeur de la Corrèze et des grands sites naturels. Superbe gîte indépendant sur terrain clos et arboré. Château de Sédières, musée du Président à Sarran, musée du Moyen Age à Egletons, ruines de Ventadour, site des cascades du Doustre avec sentiers d'interprétation. Cascades de Gimel, Massif des Monédières.

GITES DE FRANCE-SERVICE RESERVATION - 32 quai Baluze - 19000 TULLE
Tél. : 05 55 29 98 70 - 08 20 90 19 19 - Fax : 05 55 29 98 77 - Email : slacorreze@cg19.fr - www.resinfrance.fr

| BASSE SAIS. | MOY. SAIS. | HTE SAIS. | TRES HTE SAIS. | WEEK-END | | | | | | | | |
|---|---|---|---|---|---|---|---|---|---|---|---|---|
| 230 | 295 | 390 | 450 | 125 | 1 | 6 | 6 | 8 | SP | 8 | 15 | 8 | 8 |

# CORRÈZE - 19

Périodes tarifaires p. 261

LIMOUSIN
Pictos voir p. 12

## N° 194287 NEUVIC — Aubignac — 650 m

NN  4 pers.

2 chambres (2 lits 2 pers.), séjour avec coin cuisine, micro-ondes, chauffage électrique. Gîte mitoyen aménagé dans un bâtiment de ferme avec une grande pelouse environnante. Lac de Triouzoune, Barrages de Bort, Marrèges, l'Aigle, Château de Val, Gorges de la Dordogne, Monts du Cantal.

Claude CHASTELOUX - 11 rue de Peyrafort - 19000 TULLE
Tél. : 05 55 26 31 47

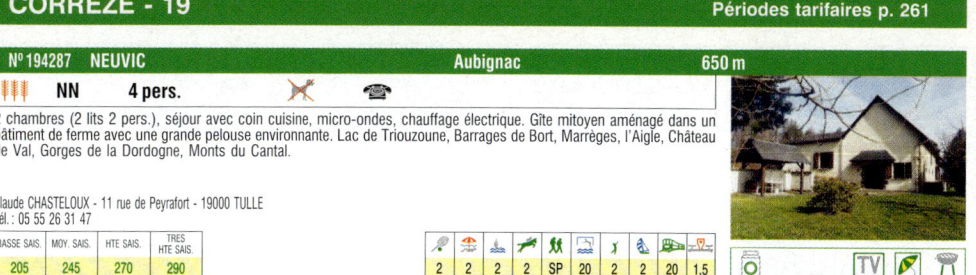

| BASSE SAIS. | MOY. SAIS. | HTE SAIS. | TRES HTE SAIS. | | | | | | | | | |
|---|---|---|---|---|---|---|---|---|---|---|---|---|
| 205 | 245 | 270 | 290 | 2 | 2 | 2 | 2 | SP | 20 | 2 | 2 | 20 | 1,5 |

## N° 194067 NEUVIC-D'USSEL — Cheyssac Bas — 680 m

NN  9 pers.

4 chambres (3 lits 1 pers., 3 lits 2 pers., lit bébé), salle de séjour avec coin cuisine, 2 salles d'eau, 2 WC, sèche-linge, micro-ondes, réfrigérateur-congélateur, chauffage central électrique. A 4 km du bourg, à proximité du lac de Neuvic. Grande maison traditionnelle, indépendante, grande véranda avec vue sur la forêt, promenade sur place. Tranquilité et repos assuré, bon accueil, discrétion. Les orgues de Bort, Ussel, Monts du Cantal, Salers, St Flour, Mauriac, cascades de Gimel, Musée du président à Sarran, Meymac, Plateau de Millevaches, Gorges de la Dordogne, Musée de la Résistance.

GITES DE FRANCE-SERVICE RESERVATION - 32 quai Baluze - 19000 TULLE
Tél. : 05 55 29 98 70 - 08 20 90 19 19 - Fax : 05 55 29 98 77 - Email : slacorreze@cg19.fr - www.resinfrance.fr

| BASSE SAIS. | MOY. SAIS. | HTE SAIS. | TRES HTE SAIS. | WEEK-END | | | | | | | | | |
|---|---|---|---|---|---|---|---|---|---|---|---|---|---|
| 244 | 274 | 442 | 465 | 137 | 3 | 3 | 0,5 | 3 | SP | 20 | 4 | 3 | 20 | 3 |

## N° 195305 NOAILHAC — La Rougerie

NN  4 pers.

2 chambres (2 lits 1 pers., 1 lit 2 pers.), salle de séjour coin cuisine, micro-ondes, coin salon, chauffage électrique. Belle maison traditionnelle en pierres rouges avec terrasse couverte. Collonges la Rouge, Curemonte, Turenne (plus beaux villages de France), Noailhac, Sarlat, Rocamadour.

Gilles et Pascale VALETTE - La Rougerie - 19500 NOAILHAC
Tél. : 05 55 84 09 38 - 06 18 26 67 54

| BASSE SAIS. | MOY. SAIS. | HTE SAIS. | TRES HTE SAIS. | WEEK-END | | | | | | | | | |
|---|---|---|---|---|---|---|---|---|---|---|---|---|---|
| 300 | 320 | 370 | 400 | 200 | 6 | 12 | 6 | 10 | SP | 6 | 12 | 6 | 12 | 6 |

## N° 193183 PERPEZAC-LE-NOIR — La Franchie

NN  6 pers.

Brive 20 km. Uzerche 14 km. Nombreux sites à visiter dans rayon 50 km. 4 ch. (1 lit 120, 1 lit 160, 2 lits 2 pers.), cuisine, micro-ondes, séjour avec coin salon, insert. Terrain, terrasse, coin pelouse avec chaises longues. Animaux acceptés sous conditions. Gîte à la ferme indépendant, au calme, aucune nuisance de voisinage, dans un cadre de verdure. Pompadour, haras national : jumenterie nationale. Vigeois (lac). Gorges de la Vézère. Chasteaux, le lac du Causse et son aquacenter.

François DUTEIL - 8 route d'Allassac - 19410 PERPEZAC-LE-NOIR
Tél. : 05 55 73 75 53 - 06 11 42 17 48 - Fax : 05 55 73 75 53 - Email : lduteil@aol.com

| BASSE SAIS. | MOY. SAIS. | HTE SAIS. | TRES HTE SAIS. | WEEK-END | | | | | | | | | |
|---|---|---|---|---|---|---|---|---|---|---|---|---|---|
| 250 | 320 | 380 | 400 | 135 | 2 | 8 | SP | 15 | SP | 8 | 14 | 2 | | |

## N° 194074 PEYRELEVADE — Malsagne — 880 m

NN  8 pers.

Tapisserie Aubusson 40 km. Musée abeilles 30 km. Lac surveillé 25 km. 4 chambres (4 lits 1 pers., 2 lits 2 pers.), séjour avec coin cuisine, poêle à bois. Maison traditionnelle en pierres sur terrain clos, au coeur du Plateau de Millevaches. Chapelle 17ème siècle, site Gallo Romain, Tourbières classées, Château, lac de Vassivière. Visite de la ferme en conversion BIO.

GITES DE FRANCE-SERVICE RESERVATION - 32 quai Baluze - 19000 TULLE
Tél. : 05 55 29 98 70 - 08 20 90 19 19 - Fax : 05 55 29 98 77 - Email : slacorreze@cg19.fr - www.resinfrance.fr

| BASSE SAIS. | MOY. SAIS. | HTE SAIS. | TRES HTE SAIS. | | | | | | | | | |
|---|---|---|---|---|---|---|---|---|---|---|---|---|
| 259 | 381 | 457 | 457 | 4 | 25 | 4 | 25 | 1 | 40 | 25 | 20 | 7 |

## N° 191229 RILHAC-TREIGNAC — Le Peuch

NN  4 pers.

2 chambres (2 lits 2 pers., lit bébé), salle de séjour coin cuisine, sèche-linge, micro-ondes, chauffage bois et gaz, terrain clos. Gîte de pêche indépendant. Uzerche (la perle du Limousin), Padirac (le gouffre).

Michel BEGAT - Le Peuch - 19160 RILHAC-TREIGNAC
Tél. : 05 55 98 26 34

| BASSE SAIS. | MOY. SAIS. | HTE SAIS. | TRES HTE SAIS. | | | | | | | | |
|---|---|---|---|---|---|---|---|---|---|---|---|
| 250 | 300 | 420 | 420 | 1 | SP | 0,3 | 12 | SP | SP | 18 | 6 |

267

# CORRÈZE - 19

Périodes tarifaires p. 261

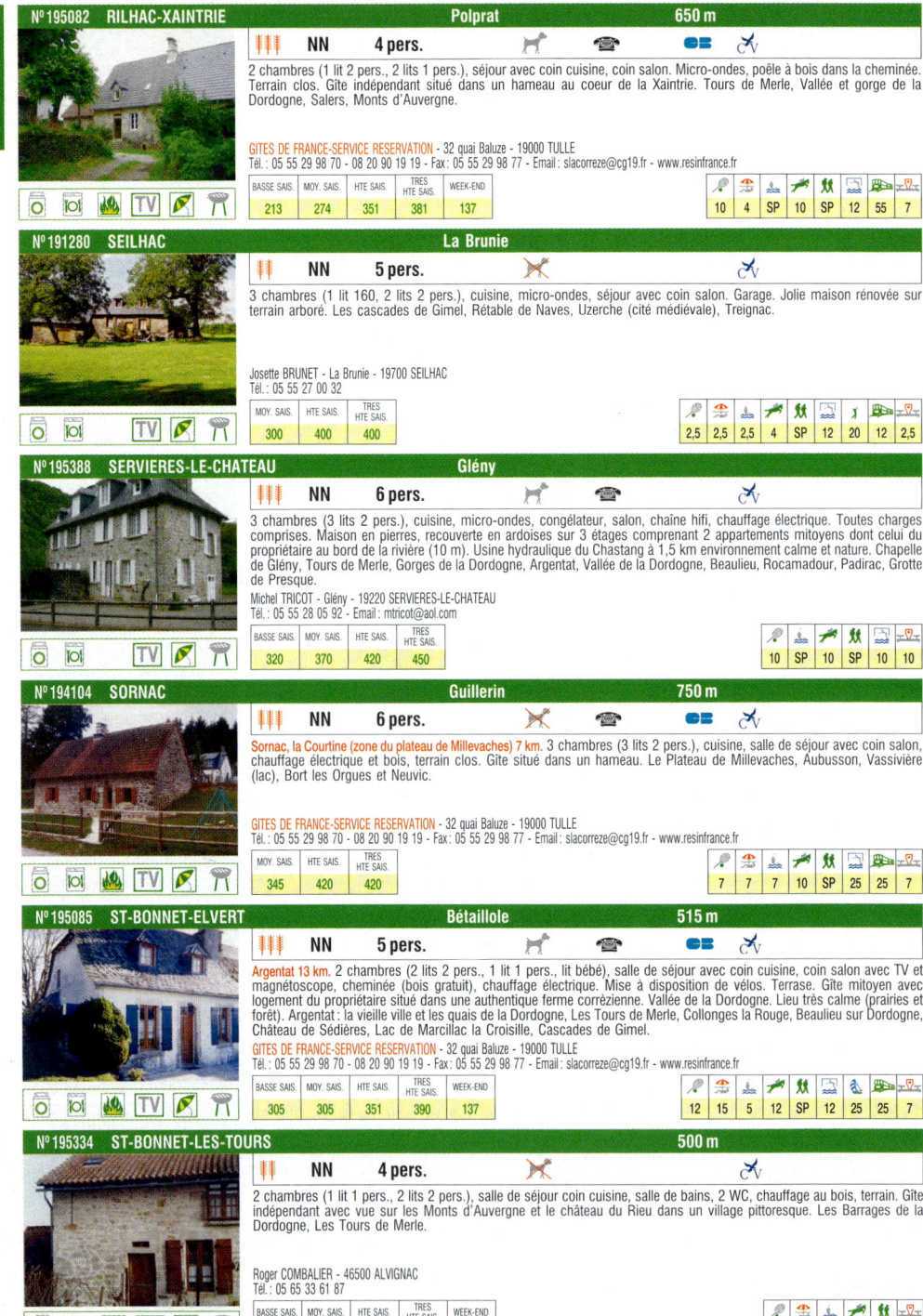

## N° 195082 — RILHAC-XAINTRIE — Polprat — 650 m

**NN — 4 pers.**

2 chambres (1 lit 2 pers., 2 lits 1 pers.), séjour avec coin cuisine, coin salon. Micro-ondes, poêle à bois dans la cheminée. Terrain clos. Gîte indépendant situé dans un hameau au coeur de la Xaintrie. Tours de Merle, Vallée et gorge de la Dordogne, Salers, Monts d'Auvergne.

GITES DE FRANCE-SERVICE RESERVATION - 32 quai Baluze - 19000 TULLE
Tél.: 05 55 29 98 70 - 08 20 90 19 19 - Fax: 05 55 29 98 77 - Email: slacorreze@cg19.fr - www.resinfrance.fr

| BASSE SAIS. | MOY. SAIS. | HTE SAIS. | TRES HTE SAIS. | WEEK-END |
|---|---|---|---|---|
| 213 | 274 | 351 | 381 | 137 |

| | | | | | | | |
|---|---|---|---|---|---|---|---|
| 10 | 4 | SP | 10 | SP | 12 | 55 | 7 |

## N° 191280 — SEILHAC — La Brunie

**NN — 5 pers.**

3 chambres (1 lit 160, 2 lits 2 pers.), cuisine, micro-ondes, séjour avec coin salon. Garage. Jolie maison rénovée sur terrain arboré. Les cascades de Gimel, Rétable de Naves, Uzerche (cité médiévale), Treignac.

Josette BRUNET - La Brunie - 19700 SEILHAC
Tél.: 05 55 27 00 32

| MOY. SAIS. | HTE SAIS. | TRES HTE SAIS. |
|---|---|---|
| 300 | 400 | 400 |

| | | | | | | | |
|---|---|---|---|---|---|---|---|
| 2,5 | 2,5 | 2,5 | 4 | SP | 12 | 20 | 12 | 2,5 |

## N° 195388 — SERVIERES-LE-CHATEAU — Glény

**NN — 6 pers.**

3 chambres (3 lits 2 pers.), cuisine, micro-ondes, congélateur, salon, chaîne hifi, chauffage électrique. Toutes charges comprises. Maison en pierres, recouverte en ardoises sur 3 étages comprenant 2 appartements mitoyens dont celui du propriétaire au bord de la rivière (10 m). Usine hydraulique du Chastang à 1,5 km environnement calme et nature. Chapelle de Glény, Tours de Merle, Gorges de la Dordogne, Argentat, Vallée de la Dordogne, Beaulieu, Rocamadour, Padirac, Grotte de Presque.

Michel TRICOT - Glény - 19220 SERVIERES-LE-CHATEAU
Tél.: 05 55 28 05 92 - Email: mtricot@aol.com

| BASSE SAIS. | MOY. SAIS. | HTE SAIS. | TRES HTE SAIS. |
|---|---|---|---|
| 320 | 370 | 420 | 450 |

| | | | | | | |
|---|---|---|---|---|---|---|
| 10 | SP | 10 | SP | 10 | 10 |

## N° 194104 — SORNAC — Guillerin — 750 m

**NN — 6 pers.**

Sornac, la Courtine (zone du plateau de Millevaches) 7 km. 3 chambres (3 lits 2 pers.), cuisine, salle de séjour avec coin salon, chauffage électrique et bois, terrain clos. Gîte situé dans un hameau. Le Plateau de Millevaches, Aubusson, Vassivière (lac), Bort les Orgues et Neuvic.

GITES DE FRANCE-SERVICE RESERVATION - 32 quai Baluze - 19000 TULLE
Tél.: 05 55 29 98 70 - 08 20 90 19 19 - Fax: 05 55 29 98 77 - Email: slacorreze@cg19.fr - www.resinfrance.fr

| MOY. SAIS. | HTE SAIS. | TRES HTE SAIS. |
|---|---|---|
| 345 | 420 | 420 |

| | | | | | | |
|---|---|---|---|---|---|---|
| 7 | 7 | 10 | SP | 25 | 25 | 7 |

## N° 195085 — ST-BONNET-ELVERT — Bétaillole — 515 m

**NN — 5 pers.**

Argentat 13 km. 2 chambres (2 lits 2 pers., 1 lit 1 pers., lit bébé), salle de séjour avec coin cuisine, coin salon avec TV et magnétoscope, cheminée (bois gratuit), chauffage électrique. Mise à disposition de vélos. Terrasse. Gîte mitoyen avec logement du propriétaire situé dans une authentique ferme corrézienne. Vallée de la Dordogne. Lieu très calme (prairies et forêt). Argentat: la vieille ville et les quais de la Dordogne, Les Tours de Merle, Collonges la Rouge, Beaulieu sur Dordogne, Château de Sédières, Lac de Marcillac la Croisille, Cascades de Gimel.

GITES DE FRANCE-SERVICE RESERVATION - 32 quai Baluze - 19000 TULLE
Tél.: 05 55 29 98 70 - 08 20 90 19 19 - Fax: 05 55 29 98 77 - Email: slacorreze@cg19.fr - www.resinfrance.fr

| BASSE SAIS. | MOY. SAIS. | HTE SAIS. | TRES HTE SAIS. | WEEK-END |
|---|---|---|---|---|
| 305 | 305 | 351 | 390 | 137 |

| | | | | | | | |
|---|---|---|---|---|---|---|---|
| 12 | 15 | 5 | 12 | SP | 12 | 25 | 25 | 7 |

## N° 195334 — ST-BONNET-LES-TOURS — 500 m

**NN — 4 pers.**

2 chambres (1 lit 1 pers., 2 lits 2 pers.), salle de séjour coin cuisine, salle de bains, 2 WC, chauffage au bois, terrain. Gîte indépendant avec vue sur les Monts d'Auvergne et le château du Rieu dans un village pittoresque. Les Barrages de la Dordogne, Les Tours de Merle.

Roger COMBALIER - 46500 ALVIGNAC
Tél.: 05 65 33 61 87

| BASSE SAIS. | MOY. SAIS. | HTE SAIS. | TRES HTE SAIS. | WEEK-END |
|---|---|---|---|---|
| 182 | 243 | 290 | 350 | 70 |

| | | | | | |
|---|---|---|---|---|---|
| 7 | 13 | 2 | 5 | SP | 3 |

# CORRÈZE - 19

Périodes tarifaires p. 261

## N° 195094  ST-CIRGUES-LA-LOUTRE

NN  8 pers.

5 chambres (1 lit 2 pers., 1 lit 160, 4 lits 1 pers., lit bébé), grand séjour avec salon, cuisine aménagée, micro-ondes, salle de bains, salle d'eau, 2 WC, magnétoscope, lecteur DVD, chauffage central au fuel. Maison indépendante de caractère régional. Au cœur du village de St Cirgues la Loutre, jardin clos. Tours de Merle, La Xaintrie, Vallée de la Dordogne. Argentat, Beaulieu, Salers, Mont du Cantal, Les Volcans d'Auvergne, Lac de Feyt, barrage du Chastang, Collonges la Rouge, Curemonte, Turenne, Padirac, Rocamadour.

GITES DE FRANCE-SERVICE RESERVATION - 32 quai Baluze - 19000 TULLE
Tél. : 05 55 29 98 70 - 08 20 90 19 19 - Fax: 05 55 29 98 77 - Email : slacorreze@cg19.fr - www.resinfrance.fr

| BASSE SAIS. | MOY. SAIS. | HTE SAIS. | TRES HTE SAIS. | | | SP | 12 | SP | 5 | SP | 15 | 45 | SP |
|---|---|---|---|---|---|---|---|---|---|---|---|---|---|
| 381 | 457 | 534 | 610 | | | | | | | | | | |

## N° 195369  ST-JULIEN-MAUMONT

NN  6 pers.

3 chambres (2 lits 1 pers., 2 lits 2 pers.), cuisine, salon, chauffage électrique, terrain. Maison de style sur 1200 m² proche du centre du village. Collonges la Rouge, Curemonte, Beaulieu, Haut du Quercy, Vallée de la Dordogne, Argentat, Souillac.

Lydie PAUTY - 22 rue Jean Poulverel - 19360 MALEMORT
Tél. : 05 55 18 96 67

| MOY. SAIS. | HTE SAIS. | TRES HTE SAIS. | | 4 | 17 | 17 | 7 | SP | 4 | 25 | 17 | 25 | 4 |
|---|---|---|---|---|---|---|---|---|---|---|---|---|---|
| 366 | 430 | 458 | | | | | | | | | | | |

## N° 191073  ST-MARTIAL-DE-GIMEL  Le Verdier  550 m

NN  4 pers.

2 chambres (2 lits 1 pers., 1 lit 2 pers.), séjour avec coin cuisine, coin salon. Chauffage électrique, grand terrain non clos. Maison traditionnelle rénovée, calme, bel ensoleillement. Château de Sédières, cascades de Gimel, Marcillac la Croisille, Gorges de la Dordogne, gabare sur barrage du Chastang.

GITES DE FRANCE-SERVICE RESERVATION - 32 quai Baluze - 19000 TULLE
Tél. : 05 55 29 98 70 - 08 20 90 19 19 - Fax: 05 55 29 98 77 - Email : slacorreze@cg19.fr - www.resinfrance.fr

| BASSE SAIS. | MOY. SAIS. | HTE SAIS. | TRES HTE SAIS. | WEEK-END | 1,5 | 8 | 1 | 15 | SP | 1,5 | 8 | 16 | 1,5 |
|---|---|---|---|---|---|---|---|---|---|---|---|---|---|
| 275 | 305 | 350 | 381 | 150 | | | | | | | | | |

## N° 191260  ST-MARTIAL-DE-GIMEL  Chanteloube

NN  6 pers.

3 chambres (2 lits 2 pers., 2 lits 1 pers., 1 lit bébé), possibilité d'ajout d'1 lit parapluie pour enfant. Séjour avec cuisine américaine, cheminée avec poêle, réfrigérateur-congélateur, four. Chauffage électrique. Animaux acceptés sous conditions. Jolie maison de pierres et d'ardoises sur un terrain clos. Cascades de Gimel, Château du Puy de Val. Château de Sédières, Vallée de la Dordogne et ses barrages, les Monédières. Villages de La Roche Canillac, Musée Jacques Chirac (Sarran), Collonges la Rouge à 1 heure, Panorama, Cromlech de Pauliac, Oppidum de la roche de Vic...

Jean-Luc CHASTRE - 18 Val es Cochard - 50440 VASTEVILLE
Tél. : 02 33 04 44 97

| BASSE SAIS. | MOY. SAIS. | HTE SAIS. | TRES HTE SAIS. | WEEK-END | 1 | 6 | 6 | 18 | SP | 1 | 20 | 6 | 10 | 1 |
|---|---|---|---|---|---|---|---|---|---|---|---|---|---|---|
| 310 | 360 | 400 | 430 | 170 | | | | | | | | | | |

## N° 191076  ST-MARTIN-LA-MEANNE  La Moncétie

NN  5 pers.

Pierre passionné de pêche, vous fera découvrir les merveilles de la pratique de cette activité dans la multitude de rivières, ruisseaux, lacs et étangs alentours. Possibilité location barque de pêche. 2 chambres (3 lits 1 pers., 1 lit 2 pers.), séjour avec cuisine, cheminée (poêle à bois), micro-ondes, four électrique. Abri voiture. Draps fournis. Maison de pierres, dans un bel environnement avec étang privé. La Roche Basse, Argentat/Dordogne, ruines féodales de Merle, château et festival de Sédières, etc..

GITES DE FRANCE-SERVICE RESERVATION - 32 quai Baluze - 19000 TULLE
Tél. : 05 55 29 98 70 - 08 20 90 19 19 - Fax: 05 55 29 98 77 - Email : slacorreze@cg19.fr - www.resinfrance.fr

| BASSE SAIS. | MOY. SAIS. | HTE SAIS. | TRES HTE SAIS. | WEEK-END | 2 | 12 | SP | 14 | SP | 2 | 12 | 2 | 12 | 2 |
|---|---|---|---|---|---|---|---|---|---|---|---|---|---|---|
| 305 | 335 | 420 | 450 | 260 | | | | | | | | | | |

## N° 194098  ST-SETIERS  Villemonteix  850 m

NN  6 pers.

4 chambres (1 lit 1 pers., 1 lit 130, 2 lits 2 pers.), séjour avec coin cuisine, salon, chauffage électrique. Maison avec grange, fournil, abri de jardin, espace vert avec pommier et fleurs de saison, groseillers. St Setiers (arborétum, fleurs séchées, Maison des Templiers, Domaine de Banizette), Lac de Vassivière.

GITES DE FRANCE-SERVICE RESERVATION - 32 quai Baluze - 19000 TULLE
Tél. : 05 55 29 98 70 - 08 20 90 19 19 - Fax: 05 55 29 98 77 - Email : slacorreze@cg19.fr - www.resinfrance.fr

| BASSE SAIS. | MOY. SAIS. | HTE SAIS. | TRES HTE SAIS. | | 4 | 14 | 0,5 | 5 | 4 | 14 | 12 | 30 | 9 |
|---|---|---|---|---|---|---|---|---|---|---|---|---|---|
| 229 | 274 | 335 | 389 | | | | | | | | | | |

# CORRÈZE - 19

Périodes tarifaires p. 261

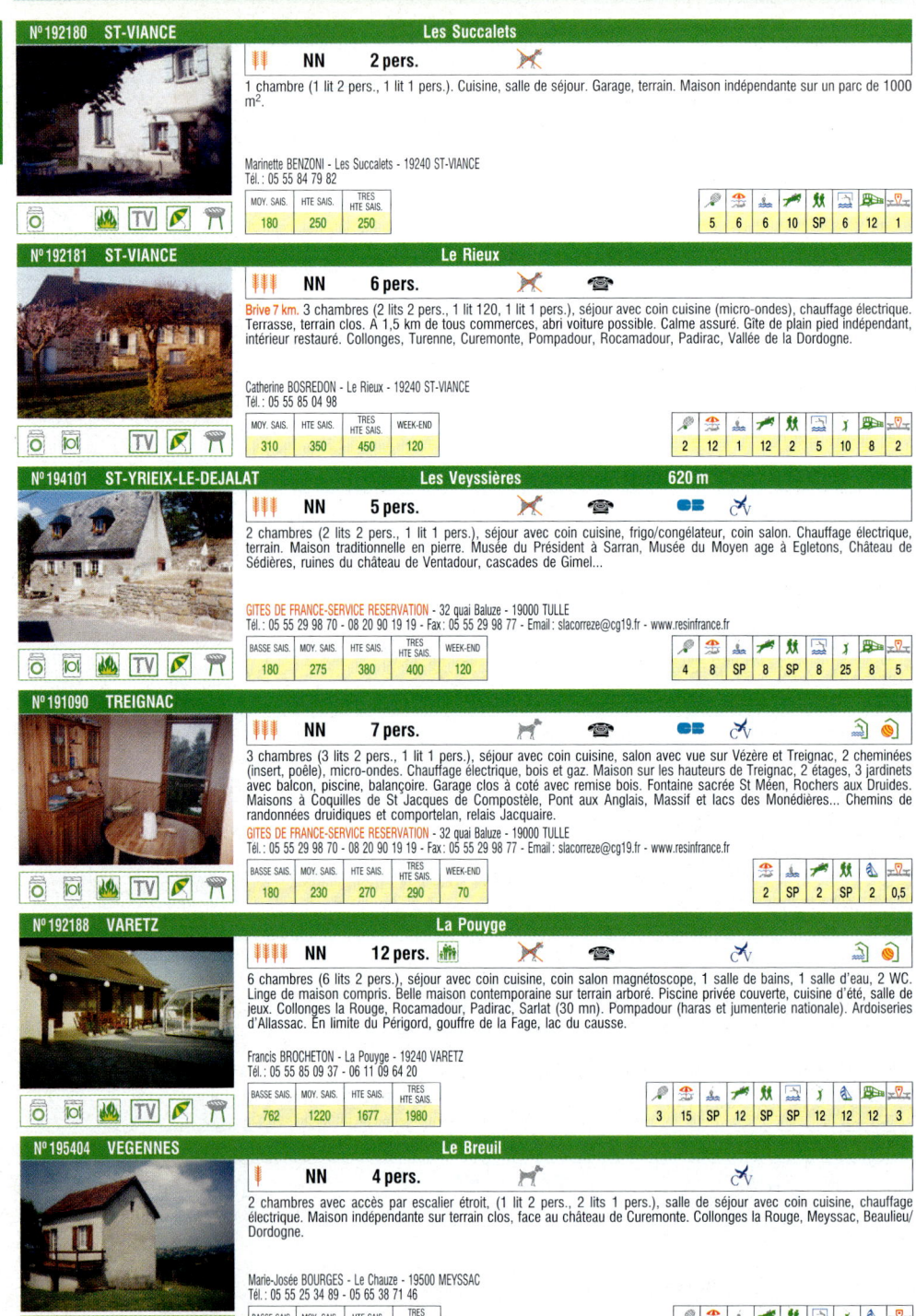

## N° 192180 ST-VIANCE — Les Succalets

**NN    2 pers.**

1 chambre (1 lit 2 pers., 1 lit 1 pers.). Cuisine, salle de séjour. Garage, terrain. Maison indépendante sur un parc de 1000 m².

Marinette BENZONI - Les Succalets - 19240 ST-VIANCE
Tél. : 05 55 84 79 82

| MOY. SAIS. | HTE SAIS. | TRES HTE SAIS. | | | | | | | | | |
|---|---|---|---|---|---|---|---|---|---|---|---|
| 180 | 250 | 250 | | 5 | 6 | 6 | 10 | SP | 6 | 12 | 1 |

## N° 192181 ST-VIANCE — Le Rieux

**NN    6 pers.**

Brive 7 km. 3 chambres (2 lits 2 pers., 1 lit 120, 1 lit 1 pers.), séjour avec coin cuisine (micro-ondes), chauffage électrique. Terrasse, terrain clos. A 1,5 km de tous commerces, abri voiture possible. Calme assuré. Gîte de plain pied indépendant, intérieur restauré. Collonges, Turenne, Curemonte, Pompadour, Rocamadour, Padirac, Vallée de la Dordogne.

Catherine BOSREDON - Le Rieux - 19240 ST-VIANCE
Tél. : 05 55 85 04 98

| MOY. SAIS. | HTE SAIS. | TRES HTE SAIS. | WEEK-END | | | | | | | | |
|---|---|---|---|---|---|---|---|---|---|---|---|
| 310 | 350 | 450 | 120 | 2 | 12 | 1 | 12 | 2 | 5 | 10 | 8 | 2 |

## N° 194101 ST-YRIEIX-LE-DEJALAT — Les Veyssières    620 m

**NN    5 pers.**

2 chambres (2 lits 2 pers., 1 lit 1 pers.), séjour avec coin cuisine, frigo/congélateur, coin salon. Chauffage électrique, terrain. Maison traditionnelle en pierre. Musée du Président à Sarran, Musée du Moyen age à Egletons, Château de Sédières, ruines du château de Ventadour, cascades de Gimel...

GITES DE FRANCE-SERVICE RESERVATION - 32 quai Baluze - 19000 TULLE
Tél. : 05 55 29 98 70 - 08 20 90 19 19 - Fax: 05 55 29 98 77 - Email : slacorreze@cg19.fr - www.resinfrance.fr

| BASSE SAIS. | MOY. SAIS. | HTE SAIS. | TRES HTE SAIS. | WEEK-END | | | | | | | | |
|---|---|---|---|---|---|---|---|---|---|---|---|---|
| 180 | 275 | 380 | 400 | 120 | 4 | 8 | SP | 8 | SP | 8 | 25 | 8 | 5 |

## N° 191090 TREIGNAC

**NN    7 pers.**

3 chambres (3 lits 2 pers., 1 lit 1 pers.), séjour avec coin cuisine, salon avec vue sur Vézère et Treignac, 2 cheminées (insert, poêle), micro-ondes. Chauffage électrique, bois et gaz. Maison sur les hauteurs de Treignac, 2 étages, 3 jardinets avec balcon, piscine, balançoire. Garage clos à coté avec remise bois. Fontaine sacrée St Méen, Rochers aux Druides. Maisons à Coquilles de St Jacques de Compostèle, Pont aux Anglais, Massif et lacs des Monédières... Chemins de randonnées druidiques et comportelan, relais Jacquaire.

GITES DE FRANCE-SERVICE RESERVATION - 32 quai Baluze - 19000 TULLE
Tél. : 05 55 29 98 70 - 08 20 90 19 19 - Fax: 05 55 29 98 77 - Email : slacorreze@cg19.fr - www.resinfrance.fr

| BASSE SAIS. | MOY. SAIS. | HTE SAIS. | TRES HTE SAIS. | WEEK-END | | | | | | | |
|---|---|---|---|---|---|---|---|---|---|---|---|
| 180 | 230 | 270 | 290 | 70 | 2 | SP | 2 | SP | 2 | 2 | 0,5 |

## N° 192188 VARETZ — La Pouyge

**NN    12 pers.**

6 chambres (6 lits 2 pers.), séjour avec coin cuisine, coin salon magnétoscope, 1 salle de bains, 1 salle d'eau, 2 WC. Linge de maison compris. Belle maison contemporaine sur terrain arboré. Piscine privée couverte, cuisine d'été, salle de jeux. Collonges la Rouge, Rocamadour, Padirac, Sarlat (30 mn). Pompadour (haras et jumenterie nationale). Ardoiseries d'Allassac. En limite du Périgord, gouffre de la Fage, lac du causse.

Francis BROCHETON - La Pouyge - 19240 VARETZ
Tél. : 05 55 85 09 37 - 06 11 09 64 20

| BASSE SAIS. | MOY. SAIS. | HTE SAIS. | TRES HTE SAIS. | | | | | | | | |
|---|---|---|---|---|---|---|---|---|---|---|---|
| 762 | 1220 | 1677 | 1980 | 3 | 15 | SP | 12 | SP | 12 | 12 | 3 |

## N° 195404 VEGENNES — Le Breuil

**NN    4 pers.**

2 chambres avec accès par escalier étroit, (1 lit 2 pers., 2 lits 1 pers.), salle de séjour avec coin cuisine, chauffage électrique. Maison indépendante sur terrain clos, face au château de Curemonte. Collonges la Rouge, Meyssac, Beaulieu/Dordogne.

Marie-Josée BOURGES - Le Chauze - 19500 MEYSSAC
Tél. : 05 55 25 34 89 - 05 65 38 71 46

| BASSE SAIS. | MOY. SAIS. | HTE SAIS. | TRES HTE SAIS. | | | | | | | | |
|---|---|---|---|---|---|---|---|---|---|---|---|
| 160 | 235 | 290 | 290 | 10 | 10 | 3 | 7 | SP | 10 | 20 | 15 | 10 |

## CORRÈZE - 19

Périodes tarifaires p. 261

**N° 193224  VIGEOIS**  Poncharal

NN  4 pers.

**Brive 28 km.** 2 chambres (1 lit 2 pers., 2 lits 1 pers.), cuisine, micro-ondes, séjour, salle de bains, WC, chauffage central au fuel, terrasse. Maison indépendante située sur un grand terrain ombragé aux abords du lac et du centre touristique de Poncharal (plage surveillée).

Georges CHASTANET - 45 rue Pierre Lescot - 19100 BRIVE
Tél. : 05 55 23 58 25

| BASSE SAIS. | MOY. SAIS. | HTE SAIS. | TRES HTE SAIS. | WEEK-END |
|---|---|---|---|---|
| 185 | 230 | 300 | 350 | 90 |

| | | | | | | | | | |
|---|---|---|---|---|---|---|---|---|---|
| 2 | SP | SP | 11 | SP | 8 | 3 | 2 | | |

**N° 191092  VITRAC**  Terriou  560 m

NN  6 pers.

3 chambres (3 lits 2 pers., 1 lit 1 pers.), séjour avec cuisine américaine intégrée. Réfrigérateur-congélateur. Calme, terrain arboré, terrasse couverte côté Est et terrasse non couverte côté Ouest. Belle maison traditionnelle du Massif des Monédières en pierres avec terrain. Musée du Président Chirac (Sarran), Château de Sédières (exposition, spectacles). Musée du Moyen âge à Egletons.

GITES DE FRANCE-SERVICE RESERVATION - 32 quai Baluze - 19000 TULLE
Tél. : 05 55 29 98 70 - 08 20 90 19 19 - Fax : 05 55 29 98 77 - Email : slacorreze@cg19.fr - www.resinfrance.fr

| BASSE SAIS. | MOY. SAIS. | HTE SAIS. | TRES HTE SAIS. | WEEK-END |
|---|---|---|---|---|
| 300 | 360 | 400 | 430 | 140 |

| | | | | | | | | |
|---|---|---|---|---|---|---|---|---|
| 3 | 8 | 0,5 | 10 | SP | 7 | 10 | 5 | 7 |

LIMOUSIN — Pictos voir p. 12

# CREUSE - 23

3615 Gites de France
RESA - 0,2 €/mn

**LIMOUSIN**

GITES DE FRANCE - Service Réservation
8, rue Martinet - B.P. 7 - 23001 GUERET Cédex
Tél. 05 55 52 87 50 ou 05 55 52 89 50 - Fax. 05 55 41 02 73
E.mail : SLA.resa.creuse@wanadoo.fr
www.loisirs-accueil23.asso.fr

## PERIODES TARIFAIRES
HAUTE SAISON : du 26.06 au 31.07 et du 21.08 au 28.08 - **TRES HAUTE SAISON** : du 31.07 au 21.08 - **MOYENNE-SAISON** : du 3.04 au 26.06, du 28.08 au 25.09 et petites vacances scolaires (février, toussaint, noël) - **BASSE SAISON** : autres périodes.

### N° 1002 BASVILLE — Lavaudemergue — 850 m — CM 73 pli 12

5 pers.

Maison totalement indépendante située à 2 km du bourg. 2 chambres (2 lits 2 pers.), séjour avec coin-cuisine, mezzanine (1 lit 1 pers.), salle de bains, wc, buanderie (congélateur), terrasse, terrain attenant non clos. Location de draps 7 € la paire/semaine.

Isabelle GERZAGUET - La Gare - 23110 RETERRE
Tél. : 05 55 82 39 91 – 06 81 35 30 79 – Email : alexlie@libertysurf.fr

| BASSE SAIS. | MOY. SAIS. | HTE SAIS. | TRES HTE SAIS. | WEEK-END | | | | | | |
|---|---|---|---|---|---|---|---|---|---|---|
| 230 | 305 | 382 | 382 | 122 | 15 | 3 | 30 | SP | 1 | 6 |

### N° 995 BOSROGER — Léon le Franc — 670 m — CM 73 pli 1

NN  5 pers.

Maison indépendante, située dans un ensemble à 1,5 km du bourg. 1 chambre (1 lit 2 pers.), 2 chambres communicantes (1 lit 2 pers., 1 lit 1 pers.), cuisine, séjour avec coin-salon, salle de bains/wc, cour et terrain clos (balançoires), lit enfant à la demande.

GITES DE FRANCE-SERVICE RESERVATION - 8 rue Martinet - BP 7 - 23001 GUERET Cedex
Tél. : 05 55 52 87 50 – 05 55 52 89 50 - Fax - 05 55 41 02 73 - Email : SLA.resa.creuse@wanadoo.fr - www.loisirs-accueil23.asso.fr

| MOY. SAIS. | HTE SAIS. | TRES HTE SAIS. | | | | | | | |
|---|---|---|---|---|---|---|---|---|---|
| 265 | 315 | 350 | 8 | 6 | 10 | SP | 8 | 20 | 6 |

### N° 1005 CROCQ — Les Chaussades — 780 m — CM 73 pli 1

NN  6 pers.

Maison indépendante à 6 km du bourg. 3 chambres (3 lits 2 pers.), séjour avec coin-cuisine, salon, salle de bains d'eau, 2 wc, chauffage central et électrique, buanderie (s-linge), garage, jardin clos (balançoires, table de ping-pong), salle de jeux au 2ème étage. Bois fourni. Droit de pêche sur étang privé inclus.

GITES DE FRANCE-SERVICE RESERVATION - 8 rue Martinet - BP 7 - 23001 GUERET Cedex
Tél. : 05 55 52 87 50 – 05 55 52 89 50 - Fax - 05 55 41 02 73 - Email : SLA.resa.creuse@wanadoo.fr - www.loisirs-accueil23.asso.fr

| BASSE SAIS. | MOY. SAIS. | HTE SAIS. | TRES HTE SAIS. | | | | | | | |
|---|---|---|---|---|---|---|---|---|---|---|
| 260 | 350 | 440 | 525 | 9 | 6 | 9 | 27 | SP | 4 | 6 |

### N° 1003 DOMEYROT — Le Verger — CM 73 pli 1

NN  6 pers.

Guéret (parcs aux loups) 30 km. Gîte totalement indépendant, en rez-de-chaussée, à 2 km du bourg. 3 chambres, cuisine, séjour avec coin-salon (TV avec magnétoscope, cheminée insert, bois fourni), salle de bains, salle d'eau, 2 wc, buanderie, chauffage électrique, terrain clos, parking. Location de draps : 5,5 € la paire/semaine, équipement bébé, ménage fin de séjour sur demande : 40 €.

GITES DE FRANCE-SERVICE RESERVATION - 8 rue Martinet - BP 7 - 23001 GUERET Cedex
Tél. : 05 55 52 87 50 – 05 55 52 89 50 - Fax - 05 55 41 02 73 - Email : SLA.resa.creuse@wanadoo.fr - www.loisirs-accueil23.asso.fr

| BASSE SAIS. | MOY. SAIS. | HTE SAIS. | TRES HTE SAIS. | WEEK-END | | | | | | |
|---|---|---|---|---|---|---|---|---|---|---|
| 200 | 300 | 350 | 440 | 175 | 15 | 12 | 30 | SP | 15 | 18 | 12 |

### N° 992 DONTREIX — 680 m — CM 73 pli 2

NN  5 pers.

Maison mitoyenne, située dans un bourg. 3 chambres (2 lits 2 pers., 1 lit 1 pers.), séjour avec coin-cuisine et coin-salon, salle d'eau, terrain et cour clos (balançoires).

GITES DE FRANCE-SERVICE RESERVATION - 8 rue Martinet - BP 7 - 23001 GUERET Cedex
Tél. : 05 55 52 87 50 – 05 55 52 89 50 - Fax - 05 55 41 02 73 - Email : SLA.resa.creuse@wanadoo.fr - www.loisirs-accueil23.asso.fr

| MOY. SAIS. | HTE SAIS. | TRES HTE SAIS. | | | | | | |
|---|---|---|---|---|---|---|---|---|
| 265 | 305 | 360 | 6 | 8 | SP | 8 | 8 |

# CREUSE - 23

Périodes tarifaires p. 272

## N° 1004 LUSSAT — La Viergne — CM 73 pli 1

NN — 7 pers.

Maison totalement indépendante, à 2 km du bourg. 1 chambre en rez-de-chaussée avec salle d'eau, 2 chambres à l'étage, cuisine, séjour avec coin-salon, salle de bains, 2 wc, terrain attenant, draps et linge de maison fournis, ménage gratuit.

GITES DE FRANCE-SERVICE RESERVATION - 8 rue Martinet - BP 7 - 23001 GUERET Cedex
Tél. : 05 55 52 87 50 - 05 55 52 89 50 - Fax : 05 55 41 02 73 - Email : SLA.resa.creuse@wanadoo.fr - www.loisirs-accueil23.asso.fr

| BASSE SAIS. | MOY. SAIS. | HTE SAIS. | TRES HTE SAIS. | WEEK-END |
|---|---|---|---|---|
| 450 | 480 | 545 | 570 | 370 |

2 / 12 / 4 / 2

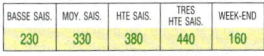

## N° 998 LE MOUTIER-D'AHUN — Pont Evrard — CM 72 pli 10

NN — 5 pers.

Moutier d'Ahun (église romane) 2,5 km. Maison de caractère totalement indépendante, sur un parc arboré de 5000 m², à 2,5 km du bourg. 3 chambres (1 lit 2 pers., 3 lits 1 pers.), cuisine, séjour avec coin-salon, salon, bureau, salle de jeux pour enfants, salle d'eau/wc, buanderie avec wc (l-linge séchant), terrasse, garage, balançoires, terrain de pétanque.

GITES DE FRANCE-SERVICE RESERVATION - 8 rue Martinet - BP 7 - 23001 GUERET Cedex
Tél. : 05 55 52 87 50 - 05 55 52 89 50 - Fax : 05 55 41 02 73 - Email : SLA.resa.creuse@wanadoo.fr - www.loisirs-accueil23.asso.fr

| BASSE SAIS. | MOY. SAIS. | HTE SAIS. | TRES HTE SAIS. | WEEK-END |
|---|---|---|---|---|
| 230 | 330 | 380 | 440 | 160 |

4 / 4 / 24 / 17 / 2 / 24 / 1

## N° 993 NOTH — Le Charrat — CM 72 pli 8

NN — 6 pers.

Maison totalement indépendante, située à la sortie du bourg (route de la Cazine). 3 chambres (2 lits 2 pers., 2 lits 1 pers.), cuisine, séjour avec coin-salon, salle d'eau, wc, salle de bains/wc, chauffage électrique, fourniture de draps : 4,5 € la paire/semaine, abri couvert, terrain clos, terrasse.

GITES DE FRANCE-SERVICE RESERVATION - 8 rue Martinet - BP 7 - 23001 GUERET Cedex
Tél. : 05 55 52 87 50 - 05 55 52 89 50 - Fax : 05 55 41 02 73 - Email : SLA.resa.creuse@wanadoo.fr - www.loisirs-accueil23.asso.fr

| MOY. SAIS. | HTE SAIS. | TRES HTE SAIS. |
|---|---|---|
| 450 | 520 | 550 |

5 / 2 / 5 / SP / 1 / 2 / 0,5

## N° 999 ST-ALPINIEN — 600 m — CM 73 pli 1

NN — 6 pers.

Maison indépendante située dans un bourg à côté de l'église. 4 chambres (2 lits 2 pers., 2 lits 1 pers.), cuisine avec coin-repas, salon, salle de bains, 2 wc, buanderie (s-linge), cour close, terrasse couverte, location de draps : 5,5 € la paire/semaine. Equipement bébé sur demande.

GITES DE FRANCE-SERVICE RESERVATION - 8 rue Martinet - BP 7 - 23001 GUERET Cedex
Tél. : 05 55 52 87 50 - 05 55 52 89 50 - Fax : 05 55 41 02 73 - Email : SLA.resa.creuse@wanadoo.fr - www.loisirs-accueil23.asso.fr

| MOY. SAIS. | HTE SAIS. | TRES HTE SAIS. |
|---|---|---|
| 275 | 350 | 400 |

10 / 7 / 7 / SP / 6 / 15 / 7

## N° 1006 ST-FRION — Senoueix — 700 m — CM 73 pli 11

NN — 5 pers.

Aubusson (Capitale de la Tapisserie) 16 km. Maison totalement indépendante, située à 0.5 km du bourg. 3 chambres (2 lits 2 pers., 1 lit 1 pers.), cuisine, séjour, salle de bains/wc, wc, balcon, terrasse, terrain clos, parking.

André CHEVALIER - 18 rue Bernard de Ventadour - 23200 AUBUSSON
Tél. : 05 55 83 80 74

| MOY. SAIS. | HTE SAIS. | TRES HTE SAIS. |
|---|---|---|
| 122 | 183 | 229 |

7 / 17 / 15 / 7 / 5 / 5

## N° 1001 ST-VICTOR-EN-MARCHE — CM 72 pli 9

NN — 5 pers.

Guéret (Parc à loups) 12 km. Maison totalement indépendante, située dans un bourg. 3 chambres (2 lits 2 pers., 1 lit 1 pers., 1 lit enfant), cuisine, séjour avec coin-salon, salle d'eau, 2 wc, cour close (242 m²), garage, location de draps : 5,5 € la paire/semaine.

GITES DE FRANCE-SERVICE RESERVATION - 8 rue Martinet - BP 7 - 23001 GUERET Cedex
Tél. : 05 55 52 87 50 - 05 55 52 89 50 - Fax : 05 55 41 02 73 - Email : SLA.resa.creuse@wanadoo.fr - www.loisirs-accueil23.asso.fr

| BASSE SAIS. | MOY. SAIS. | HTE SAIS. | TRES HTE SAIS. | WEEK-END |
|---|---|---|---|---|
| 150 | 215 | 290 | 320 | 91 |

10 / 12 / 10 / 12 / SP / 1 / 12 / 10

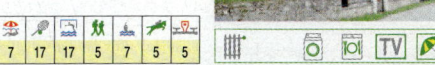

LIMOUSIN — Pictos voir p. 12

# HAUTE VIENNE - 87

GITES DE FRANCE - Service Réservation - Maison du Tourisme
4, place Denis Dussoubs - 87031 LIMOGES Cédex
Tél. 05 55 79 04 04 - Fax. 05 55 10 88 61
E.mail : sla87@wanadoo.fr - www.resinfrance.com/haute-vienne/

**PERIODES TARIFAIRES**
TRÈS HAUTE SAISON : du 31.07 au 21.08 - HAUTE SAISON : du 26.06 au 31.07, du 21.08 au 28.08 - MOYENNE SAISON : du 3.04 au 26.06, du 28.08 au 25.09 + petites vacances scolaires (février, toussaint, noël) - BASSE SAISON : autres périodes.

## N° 4006 — AMBAZAC — 500 m — CM 72 pli 8

NN   7 pers.

Surf. 130 m2. RDC : cuisine, séjour avec coin salon. 1er étage : 2 ch. (1 lit 2 pers., 2 lits 1 pers.), salle de bains, WC. 2ème étage : 1 ch. mansardée (3 lits 1 pers.), salle de bains, WC. Prise TV, congélateur, garage, terrain clos 300 m2. Près d'un château du XIXe classé monument historique, maison indépendante située dans un parc de 17 ha. Les Monts d'Ambazac : pays du granit et des maçons limousins, Musée de Minéralogie. Ouvert toute l'année.

SCI MONT-GERBASSOU - Montméry - 87240 AMBAZAC
Tél. : 05 55 56 73 19 - Fax : 05 55 56 73 19 - Email : lauredepourtales@hotmail.com

| TRÈS HTE SAIS. | HTE SAIS. | MOY. SAIS. | BASSE SAIS. | WEEK-END |
|---|---|---|---|---|
| 650 | 600 | 500 | 350 | 160 |

| | | | | | | | | | |
|---|---|---|---|---|---|---|---|---|---|
| 3 | 3 | 1 | SP | 1 | 1 | 1 | | | |

## N° 5004 — AUGNE — CM 72 pli 19

EC   NN   12 pers.

Surf. 170 m2. RDC : cuisine, séjour avec coin salon (divan 2 pers.), 2 ch. (1 lit 2 pers., 2 lits 1 pers.), salle d'eau et bains avec WC privés. Etage : 4 ch. chacune avec salle d'eau et WC privés (8 lits 1 pers. jumeaux). Chauffage central, prise TV. Maison indépendante située dans un hameau, dans un site exceptionnel dominant la vallée de la Vienne. Terrain clos de 2000 m2, accès à la piscine de l'auberge des propriétaires. Le Lac de Vassivière (1000 ha) et le Plateau de Millevaches. St-Léonard-de-Noblat et Eymoutiers, anciennes cités sur la Vienne. Ouvert toute l'année.

Jules et Françoise LAHAYE - Masjoubert - 87120 AUGNE
Tél. : 05 55 69 15 66 - Fax : 05 55 69 59 52 - Email : ranch.lahaye@wanadoo.fr - www.le-ranch-des-lacs.com

| TRÈS HTE SAIS. | HTE SAIS. | MOY. SAIS. | BASSE SAIS. | WEEK-END |
|---|---|---|---|---|
| 750 | 750 | 680 | 595 | 300 |

| | | | | | | | |
|---|---|---|---|---|---|---|---|
| 8 | SP | 3 | 8 | 8 | 8 | 8 |

## N° 2027 — BERNEUIL — CM 72 pli 7

NN   8 pers.

Surf. 177 m2. RDC : séjour avec coin cuisine, WC. 1er étage : 2 ch. (1 lit 2 pers., 2 lits 1 pers., 1 lit d'enfant), 3 salles d'eau, WC, salon. 2ème ét. : 2 ch. (2 lits 2 pers.), sdb, s. d'eau, WC, chauf. central, prise TV, loc. draps et ménage en option. Grand gîte aménagé dans un ancien moulin au bord du Vincou avec sur place, la résidence secondaire du propriétaire. A decouvrir : les Monts de Blond, (dolmens, pierres à sacrifices), sentiers de randonnée, Bellac, Mortemart. Centre de la Mémoire d'Oradour-sur-Glane. Ouvert toute l'année.

GITES DE FRANCE-SERVICE RESERVATION - Maison du Tourisme - 4 place Denis Dussoubs - 87031 LIMOGES Cedex
Tél. : 05 55 79 04 04 - Fax : 05 55 10 88 61 - Email : sla87@wanadoo.fr - www.resinfrance.com/haute-vienne/

| TRÈS HTE SAIS. | HTE SAIS. | MOY. SAIS. | BASSE SAIS. | WEEK-END |
|---|---|---|---|---|
| 660 | 540 | 450 | 400 | 250 |

| | | | | | | | |
|---|---|---|---|---|---|---|---|
| 13 | 9 | SP | 3 | 9 | 12 | 9 | 9 |

## N° 4201 — LES BILLANGES — CM 72 pli 8

NN   6 pers.

Surf. 71 m2 de plain pied. Séjour avec coin cuisine, coin salon et poêle-cheminée (convertible 2 pers.), 3 ch. (1 lit 2 pers., 4 lits 1 pers.), salle d'eau, WC. Chauffage central, sèche-linge, garage. Possibilité restauration sur place en ferme auberge. Gîte situé sur une petite ferme d'élevage, dans un joli site au coeur des Monts d'Ambazac. Grand terrain arboré de face du gîte. Les Monts d'Ambazac : pays du granit et des maçons limousins, Musée de minéralogie. Ouvert toute l'année.

GITES DE FRANCE-SERVICE RESERVATION - Maison du Tourisme - 4 place Denis Dussoubs - 87031 LIMOGES Cedex
Tél. : 05 55 79 04 04 - Fax : 05 55 10 88 61 - Email : sla87@wanadoo.fr - www.resinfrance.com/haute-vienne/

| TRÈS HTE SAIS. | HTE SAIS. | MOY. SAIS. | BASSE SAIS. | WEEK-END |
|---|---|---|---|---|
| 460 | 390 | 300 | 230 | 200 |

| | | | | | | | |
|---|---|---|---|---|---|---|---|
| 13 | 2 | 6 | SP | 15 | 13 | 6 |

## N° 6003 — BOISSEUIL — CM 72 pli 18

NN   13 pers.

Surf. 200 m2. RDC : cuisine, séjour avec cheminée, WC. Etage : 6 chambres (4 lits 2 pers., 5 lits 1 pers.), chacune avec salle d'eau et WC. Chauffage d'appoint, loc. draps et ménage en option, terrain clos en pelouse. Grande demeure du XVIIIe siècle située dans une ferme arboricole et d'élevage ovin, à proximité de Limoges. Château de Nexon et de Coussac Bonneval. Collégiales romanes de Solignac et de St-Yrieix-La-Perche. Haras Nationaux de Pompadour. Ouvert du 1er mai au 25 septembre.

Brigitte et Philippe ZIEGLER - Domaine de Moulinard - 87220 BOISSEUIL
Tél. : 05 55 06 91 22 - Fax : 05 55 06 98 28 - Email : philippe.ziegler@wanadoo.fr - moulinard.multimania.com

| TRÈS HTE SAIS. | HTE SAIS. | MOY. SAIS. | BASSE SAIS. | WEEK-END |
|---|---|---|---|---|
| 650 | 550 | 390 | 250 | |

| | | | | | |
|---|---|---|---|---|---|
| 9 | 5 | 2 | 1 | 10 | 11 | 1 |

# HAUTE VIENNE - 87

Périodes tarifaires p. 274

## N° 7002 — BUSSIERE-GALANT

NN    6 pers.

CM 72 pli 17

Surf. 126 m2. RDC : cuisine, séjour avec coin salon. Etage : 3 ch. (2 lits 2 pers., 2 lits superposés), salle d'eau, WC. Chauffage électrique et bois, terrain en herbe à l'arrière du gîte. Dans un joli site isolé, entre bois et prairies, maison indépendante située près de l'habitation des propriétaires. A découvrir : Parc Naturel Régional du Périgord-Limousin. La Route Richard Coeur de Lion. Ouvert toute l'année.

GITES DE FRANCE-SERVICE RESERVATION - Maison du Tourisme - 4 place Denis Dussoubs - 87031 LIMOGES Cedex
Tél. : 05 55 79 04 04 - Fax : 05 55 10 88 61 - Email : sla87@wanadoo.fr - www.resinfrance.com/haute-vienne/

| TRES HTE SAIS. | HTE SAIS. | MOY. SAIS. | BASSE SAIS. | WEEK-END | | | | | | | |
|---|---|---|---|---|---|---|---|---|---|---|---|
| 383 | 336 | 252 | 199 | 133 | 4 | 5 | 4 | 5 | 4 | 6 | 4 | 5 |

## N° 8025 — CHAILLAC-SUR-VIENNE

NN    3 pers.

CM 72 pli 6

Surf. 66 m2. Séjour avec coin cuisine, coin salon, salle d'eau, WC. Buanderie, grande mezzanine donnant sur le séjour (1 lit 2 pers., 1 lit 1 pers., 1 lit bébé). Chauffage central, garage. Dans un petit village, maison indépendante ouvrant sur une terrasse de 40 m2 et un jardin potager clos. Centre de la Mémoire d'Oradour-sur-Glane. Château de Rochechouart. Thermes de Chassenon. Ouvert toute l'année.

René ROULON - 28 rue Maxime Gorki - 93700 DRANCY
Tél. : 01 48 31 58 77

| TRES HTE SAIS. | HTE SAIS. | MOY. SAIS. | BASSE SAIS. | WEEK-END | | | | | | |
|---|---|---|---|---|---|---|---|---|---|---|
| 250 | 215 | 175 | 160 | 120 | 15 | 3 | 1 | 1 | SP | 3 | 3 |

## N° 7091 — CHAMPAGNAC-LA-RIVIERE

NN    7 pers.

CM 72 pli 16

Surf. 100 m2. RDC : séjour avec coin cuisine, 1 ch. (2 lits 1 pers.), salle d'eau, WC. Etage : 3 ch. (2 lits 2 pers., 1 lit 1 pers.), salle d'eau avec WC, salle de bains avec WC. Portique. Sur une propriété forestière et agricole, gîte aménagé avec jardin clos. Piscine en commun. Tennis et étang de pêche sur place. A découvrir : Parc Naturel Régional du Périgord-Limousin, la Route Richard Coeur de Lion. Ouvert toute l'année.

Pierre et Florence DU MANOIR DE JUAYE - Château de Brie - 87150 CHAMPAGNAC-LA-RIVIERE
Tél. : 05 55 78 17 52 - Fax : 05 55 78 14 02 - Email : chateaudebrie@wanadoo.fr - www.chateaux-france.com/-brie

| TRES HTE SAIS. | HTE SAIS. | MOY. SAIS. | BASSE SAIS. | WEEK-END | | | | | |
|---|---|---|---|---|---|---|---|---|---|
| 800 | 610 | 457 | 381 | 260 | 11 | SP | SP | SP | SP | 5 |

## N° 6006 — CHATEAU-CHERVIX

NN    3 pers.

CM 72 pli 18

Surf. 50 m2. RDC : cuisine, séjour avec coin-salon (2 canapés-lits 2 pers.), salle d'eau avec WC, portique, terrasse couverte. Maison indépendante sur un grand pré clos face à un vaste panorama sur les collines du pays arédien. Château de Nexon et de Coussac Bonneval. Collégiales romanes de Solignac et de St-Yrieux-la-Perche. Haras nationaux de Pompadour. Ouvert du 1er avril au 25 septembre.

François MOURET - 13 rue de la Mine - 79000 SCIECQ
Tél. : 06 08 34 70 16 - Fax : 05 49 35 65 35 - Email : francoismouret@wanadoo.fr

| TRES HTE SAIS. | HTE SAIS. | MOY. SAIS. | | | | | |
|---|---|---|---|---|---|---|---|
| 250 | 210 | 150 | 2 | 2 | 2 | 4 | 10 |

## N° 3088 — CHATEAUPONSAC

NN    6 pers.

CM 72 pli 7

Surf. 90 m2. RDC : cuisine avec coin salon, 1 ch. (1 lit 2 pers.) avec cabinet de toilette. Etage : 2 ch. (2 lits 2 pers.), salle d'eau, WC. Chauffage central, garage. Draps et linge de maison fournis, ménage en option. A la sortie du bourg de Châteauponsac sur la route qui mène au camping, maison indépendante avec un terrain clos. La Vallée de la Gartempe, Châteauponsac (musée), le Lac de St-Pardoux, Limoges et les arts du feu. Ouvert toute l'année.

Jean-Claude MARTIN - 7 rue Chanteclair - 87190 MAGNAC-LAVAL
Tél. : 05 55 68 56 29 - 06 83 43 69 81

| TRES HTE SAIS. | HTE SAIS. | MOY. SAIS. | BASSE SAIS. | WEEK-END | | | | | | | | |
|---|---|---|---|---|---|---|---|---|---|---|---|---|
| 300 | 280 | 200 | 190 | 100 | 11 | 0,5 | 0,5 | 0,5 | 0,5 | 11 | 11 | 0,5 | 0,5 |

## N° 3089 — CHATEAUPONSAC

NN    6 pers.

CM 72 pli 7

Surf. 98 m2. RDC : séjour, cuisine, salon, WC. Etage : 4 ch. (2 lits 2 pers., 2 lits 1 pers.), salle d'eau, chauf. central, prise TV. Maison indépendante située dans un agréable hameau bien restauré. Petite cour à l'avant du gîte et terrain fleuri sur l'arrière. La Vallée de la Gartempe, Châteauponsac (musée), le Lac de St-Pardoux, Limoges et les arts du feu. Ouvert toute l'année.

GITES DE FRANCE-SERVICE RESERVATION - Maison du Tourisme - 4 place Denis Dussoubs - 87031 LIMOGES Cedex
Tél. : 05 55 79 04 04 - Fax : 05 55 10 88 61 - Email : sla87@wanadoo.fr - www.resinfrance.com/haute-vienne/

| TRES HTE SAIS. | HTE SAIS. | MOY. SAIS. | BASSE SAIS. | WEEK-END | | | | | | | |
|---|---|---|---|---|---|---|---|---|---|---|---|
| 400 | 350 | 270 | 210 | 100 | 7 | 5 | 5 | 5 | 6 | 4 | 10 | 5 | 5 |

# HAUTE VIENNE - 87

Périodes tarifaires p. 274

## N° 1123 DOMPIERRE-LES-EGLISES  CM 72 pli 7

**NN** — 5 pers.

Surf. 65 m2. RDC : grand séjour avec coin cuisine et coin salon (convertible 2 pers.), WC. Etage : 2 ch. (1 lit 2 pers., 2 lits 1 pers.), salle d'eau, WC, chauffage électrique. Dans un petit bourg, maison mitoyenne ouvrant sur l'arrière, sur une terrasse fleurie de 60 m2. Le Parc Naturel Régional de la Brenne, la Collégiale romane du Dorat, le Futuroscope. Musée de Châteauponsac, vallée de la Gartempe. Ouvert toute l'année.

GITES DE FRANCE-SERVICE RESERVATION – Maison du Tourisme – 4 place Denis Dussoubs - 87031 LIMOGES Cedex
Tél. : 05 55 79 04 04 - Fax : 05 55 10 88 61 – Email : sia87@wanadoo.fr - www.resinfrance.com/haute-vienne/

| TRES HTE SAIS. | HTE SAIS. | MOY. SAIS. | BASSE SAIS. | WEEK-END |
|---|---|---|---|---|
| 360 | 300 | 200 | 180 | 120 |

| | | | | | | |
|---|---|---|---|---|---|---|
| 15 | SP | SP | SP | 15 | 8 |

## N° 9123 FEYTIAT  CM 72 pli 18

**NN** — 7 pers.

Limoges 7 km. Surf. 100 m2. RDC : cuisine, séjour avec coin salon et poêle cheminée, salle d'eau, WC. Etage : 3 ch. (3 lits 2 pers., 1 lit 1 pers.). Chauffage central, réfrigérateur, prise TV, prise téléphone. Dans la propriété : tennis, VTT. Maison indépendante située dans une propriété en pleine campagne. Limoges, capital des arts du feu. Musées de porcelaine et des émaux. Ancienne cité et cathédrale. Centre de la Mémoire d'Oradour-sur-Glane. Ouvert toute l'année.

Mady et Gérard CHASTAGNER - Allée du Puy Marot - 87220 FEYTIAT
Tél. : 05 55 48 33 97 - Fax : 05 55 30 31 86 - Email : gerardchastagner@wanadoo.fr

| TRES HTE SAIS. | HTE SAIS. | MOY. SAIS. | BASSE SAIS. |
|---|---|---|---|
| 400 | 400 | 300 | 250 |

| | | | | | |
|---|---|---|---|---|---|
| 5 | 1 | SP | 3 | 8 | 1 |

## N° 8075 GORRE  CM 72 pli 16

**NN** — 5 pers.

Surf. 62 m2 de plain pied. Cuisine, salon, 2 ch. (1 lit 2 pers., 1 lit 1 pers., 2 lits superposés), salle d'eau, 2 WC. Chauffage électrique, prise TV. Dans un parc arboré clos situé en pleine campagne, gîte mitoyen à la résidence secondaire des propriétaires, ruisseau et étang de pêche à proximité. Centre de la Mémoire d'Oradour-sur-Glane. Château de Rochechouart. Thermes de Chassenon. Ouvert toute l'année.

Claude MANEUF - Le Moulin de Minet - 87310 GORRE
Tél. : 05 55 48 11 68 - 05 55 00 00 78 - 06 88 37 63 39 - Email : claude.maneuf@tiscali.fr

| TRES HTE SAIS. | HTE SAIS. | MOY. SAIS. | BASSE SAIS. | WEEK-END |
|---|---|---|---|---|
| 300 | 285 | 230 | 180 | 120 |

| | | | | | |
|---|---|---|---|---|---|
| 7 | 11 | SP | 7 | 4 | 7 |

## N° 6311 NEXON  CM 72 pli 17

**NN** — 4 pers.

Surf. 53 m2 : cuisine, séjour avec coin salon, 1 ch. (1 lit 2 pers., 1 lit 1 pers., 1 lit bébé), alcôve (1 lit 1 pers.), salle d'eau avec WC, remise. Prise TV. Cour, petit terrain en herbe. En option : loc. draps et ménage. Dans un hameau, maison mitoyenne située près d'un ruisseau. Châteaux de Nexon et de Coussac Bonneval. Haras Nationaux de Pompadour. Collégiales romanes de Solignac et de St-Yrieix-la-Perche. Ouvert toute l'année.

Louis DOUDET - Aixette - 87800 NEXON
Tél. : 05 55 58 21 70

| TRES HTE SAIS. | HTE SAIS. | MOY. SAIS. | BASSE SAIS. | WEEK-END |
|---|---|---|---|---|
| 290 | 245 | 190 | 152 | 91 |

| | | | | | |
|---|---|---|---|---|---|
| 4 | SP | 4 | 4 | 4 | 4 |

## N° 9220 LE PALAIS-SUR-VIENNE  CM 72 pli 18

**NN** — 5 pers.

Surf. 86 m2. RDC : séjour avec coin cuisine, coin salon, 1 ch. (1 lit 2 pers.), salle de bains avec WC. Mezzanine (2 lits 1 pers., 1 canapé-lit 1 pers.). Chauffage central, prise TV. Terrasse. En option : forfait ménage et location de draps. Maison indépendante avec jardin privatif située dans un hameau à 15 mn du centre ville de Limoges. Les prop. habitent à prox. Limoges, capitale des arts du feu. Musées de la porcelaine et des émaux. Ancienne cité et cathédrale. Centre de la Mémoire d'Oradour-sur-Glane. Ouvert toute l'année.

Pierre-Henri LEFEBVRE, Marie-Paule et - Puy Neige - 87410 LE PALAIS-SUR-VIENNE
Tél. : 05 55 35 20 89 - Email : puyneige@free.fr

| TRES HTE SAIS. | HTE SAIS. | MOY. SAIS. | BASSE SAIS. |
|---|---|---|---|
| 310 | 290 | 230 | 180 |

| | | | | | | |
|---|---|---|---|---|---|---|
| 2 | 8 | 2 | 2 | SP | 5 | 2 | 10 | 2 |

## N° 9232 PANAZOL  CM 72 pli 18

**NN** — 6 pers.

Surf. 110 m2. RDC : cuisine, salon (convertible), WC. Etage : 2 ch. (1 lit 2 pers., 3 lits 1 pers.), salle d'eau, WC. Sèche-linge. Draps et ménage compris. Proche du Golf de la Porcelaine sur une belle propriété qui domine la Vienne, gîte mitoyen à une grande demeure (5 chambres d'hôtes), piscine, tennis, centre de fitness, green-fees à tarifs préférentiels. Limoges, capitale des arts du feu. Musées de la porcelaine et des émaux. Ancienne cité et cathédrale. Centre de la Mémoire d'Oradour-sur-Glane. Ouvert toute l'année.

Christian REINICHE - Forest - 87350 PANAZOL
Tél. : 05 55 31 33 68 - Fax : 05 55 31 85 08 - Email : ch.hotes.forest@wanadoo.fr

| TRES HTE SAIS. | HTE SAIS. | MOY. SAIS. | WEEK-END |
|---|---|---|---|
| 750 | 750 | 500 | 300 |

| | | | | | |
|---|---|---|---|---|---|
| SP | 3 | SP | SP | 2 | 5 | 3 | 3 |

# HAUTE VIENNE - 87

Périodes tarifaires p. 274

## N° 5305  PEYRAT-LE-CHATEAU — CM 72 pli 19

**EC   NN   4 pers.**

Surf. 38 m2. RDC : cuisine, 2 ch. (1 lit 2 pers., 2 lits 1 pers. gigogne), salle d'eau, WC, chauffage électrique, abri voiture. Petite maison indépendante proche de la route de Bourganeuf, terrain en herbe au bord de la rivière. Le Lac de Vassivière (1000 ha) et le Plateau de Millevaches. St-Léonard-de-Noblat et Eymoutiers, anciennes cités sur la Vienne. Ouvert toute l'année.

Patrick GUILLEMOT - 8 avenue de la Tour - 87470 PEYRAT-LE-CHATEAU
Tél. : 05 55 69 44 75 - Fax : 05 55 69 44 75

| TRES HTE SAIS. | HTE SAIS. | MOY. SAIS. | BASSE SAIS. | WEEK-END |
|---|---|---|---|---|
| 260 | 220 | 170 | 130 | 70 |

| | | | | | | | | |
|---|---|---|---|---|---|---|---|---|
| 1 | 12 | SP | 0,5 | SP | 9 | 12 | 12 | 1 |

## N° 6190  LA PORCHERIE — 510 m — CM 72 pli 18

**NN   5 pers.**

Surf. 98 m2. RDC : cuisine, séjour avec coin salon et poële-cheminée, WC. Etage : 3 ch. (1 lit 2 pers., 3 lits 1 pers., 1 lit bébé), salle de bains, WC. Chauffage central. Congélateur, prise TV. Etang de pêche. Loc. draps en option. Maison indépendante située dans une ferme ouvrant sur un petit terrain clos en pelouse. Châteaux de Nexon et de Coussac Bonneval. Collégiales romanes de Solignac et de St-Yrieix-La-Perche. Haras Nationaux de Pompadour. Ouvert toute l'année.

GITES DE FRANCE-SERVICE RESERVATION - Maison du Tourisme - 4 place Denis Dussoubs - 87031 LIMOGES Cedex
Tél. : 05 55 79 04 04 - Fax : 05 55 10 88 61 - Email : sla87@wanadoo.fr - www.resinfrance.com/haute-vienne/

| TRES HTE SAIS. | HTE SAIS. | MOY. SAIS. | BASSE SAIS. | WEEK-END |
|---|---|---|---|---|
| 320 | 280 | 210 | 160 | 100 |

| | | | | |
|---|---|---|---|---|
| 5 | SP | 5 | 1 | 35 | 5 |

## N° 3263  RANCON — CM 72 pli 7

**NN   5 pers.**

Surf. 70 m2. RDC : séjour avec coin cuisine, coin salon (convertible 2 pers.), poêle-cheminée. Etage : 2 ch. (1 lit 2 pers., 3 lits 1 pers.), salle d'eau, WC, chauffage électrique, sèche-linge, prise TV, garage. Loc. draps en option. Dans un hameau près de la Gartempe, maison indépendante ouvrant sur une terrasse et un terrain clos avec piscine (13 X 5 m climatisée). La piscine peut être partagée avec les propriétaires en week-end. La Vallée de la Gartempe, Châteauponsac (musée) et le Lac de St-Pardoux, Limoges et les arts du feu. Ouvert toute l'année.

GITES DE FRANCE-SERVICE RESERVATION - Maison du Tourisme - 4 place Denis Dussoubs - 87031 LIMOGES Cedex
Tél. : 05 55 79 04 04 - Fax : 05 55 10 88 61 - Email : sla87@wanadoo.fr - www.resinfrance.com/haute-vienne/

| TRES HTE SAIS. | HTE SAIS. | MOY. SAIS. | BASSE SAIS. | WEEK-END |
|---|---|---|---|---|
| 490 | 430 | 275 | 200 | 180 |

| | | | | | | |
|---|---|---|---|---|---|---|
| 16 | SP | 1 | 7 | 1 | 16 | 7 | 3 |

## N° 5311  REMPNAT — 550 m — CM 72 pli 19

**NN   6 pers.**

Surf. 90 m2. En RDC : séjour avec coin salon, coin cuisine, 2 ch. (3 lits 2 pers.), salle d'eau et WC, mini lave-linge, chauffage central. En option, loc. draps, ménage, linge de toilette. Dans le parc du château, appartement indépendant ouvrant de plain-pied sur une pelouse. Salle de billard. Piscine (47 m2) couverte et chauffée partager avec les chambres d'hôtes et les propriétaires. Le Lac de Vassivière (1000 ha) et le Plateau de Millevaches. St-Léonard-de-Noblat et Eymoutiers, anciennes cités sur la Vienne. Ouvert toute l'année.

Jean-Claude et Grenadine AEN, - Château de la Villeneuve - 87120 REMPNAT
Tél. : 05 55 69 99 28 - Fax : 05 55 69 99 26 - Email : jean-claude.aen@wanadoo.fr - www.jalcary.com

| TRES HTE SAIS. | HTE SAIS. | MOY. SAIS. | BASSE SAIS. | WEEK-END |
|---|---|---|---|---|
| 495 | 450 | 380 | 350 | 205 |

| | | | | | | |
|---|---|---|---|---|---|---|
| SP | SP | 5 | SP | 8 | 15 | 15 | 5 |

## N° 8151  ST-AUVENT — CM 72 pli 16

**NN   5 pers.**

Surf. 112 m2. RDC : cuisine, séjour avec coin salon, salle d'eau, WC. Etage : 3 ch. (1 lit 2 pers., 3 lits 1 pers., 1 lit bébé). Chauffage central, prise TV, terrasse et terrain clos. Maison indépendante située dans un hameau, à 100 m d'un petit étang de pêche ombragé, dans un site agréable. Centre de la Mémoire d'Oradour-sur-Glane. Château de Rochechouart. Thermes de Chassenon. Ouvert toute l'année.

Gilbert & Christiane BOYER - Le Maine Texier - 87310 ST-AUVENT
Tél. : 05 55 00 05 06

| TRES HTE SAIS. | HTE SAIS. | MOY. SAIS. | BASSE SAIS. | WEEK-END |
|---|---|---|---|---|
| 350 | 300 | 230 | 180 | 150 |

| | | | | |
|---|---|---|---|---|
| 4 | SP | 4 | 4 | 9 | 4 |

## N° 8255  ST-CYR — CM 72 pli 16

**NN   8 pers.**

Surf. 114 m2. RDC : séjour avec coin cuisine, salon, 1 ch. (1 lit 2 pers.), salle d'eau, WC. Etage : 3 ch. dont 2 communicantes (1 lit 2 pers., 4 lits 1 pers.), salle de bains, WC. Chauffage central, prise TV. Terrain clos avec terrasse. Maison indépendante située dans un hameau tranquille dominant un vallon boisé. Centre de la Mémoire d'Oradour-sur-Glane. Château de Rochechouart. Thermes de Chassenon. Ouvert toute l'année.

GITES DE FRANCE-SERVICE RESERVATION - Maison du Tourisme - 4 place Denis Dussoubs - 87031 LIMOGES Cedex
Tél. : 05 55 79 04 04 - Fax : 05 55 10 88 61 - Email : sla87@wanadoo.fr - www.resinfrance.com/haute-vienne/

| TRES HTE SAIS. | HTE SAIS. | MOY. SAIS. | BASSE SAIS. | WEEK-END |
|---|---|---|---|---|
| 520 | 450 | 350 | 270 | 180 |

| | | | | |
|---|---|---|---|---|
| 6 | 6 | 5 | SP | 8 | 6 |

# HAUTE VIENNE - 87

Périodes tarifaires p. 274

## N° 9291 — ST-GENCE — CM 72 pli 7

**NN — 4 pers.**

Surf. 35 m2. Séjour avec kitchenette, 1 ch. (1 lit 2 pers.), avec coin couchage en mezzanine (2 lits superposés, lit bébé sur demande), salle d'eau, WC, chauffage électrique, terrasse, lave-linge sur demande (buanderie des propriétaires). Petit gîte mitoyen à la maison des propriétaires, dans un parc arboré de 4500 m2 avec piscine partagée avec les prop. Limoges, capitale des arts du feu. Musées de la porcelaine et des émaux. Ancienne cité et cathédrale. Centre de la Mémoire d'Oradour-sur-Glane. Ouvert toute l'année.

Bruno et Nadine DEMOSSIER - 3 rue du Puy Boursaud - 87510 ST-GENCE
Tél. : 05 55 75 61 01

| TRES HTE SAIS. | HTE SAIS. | MOY. SAIS. | BASSE SAIS. | WEEK-END |
|---|---|---|---|---|
| 300 | 280 | 220 | 160 | 100 |

| | | | | | | |
|---|---|---|---|---|---|---|
| 12 | SP | 3 | 3 | SP | 9 | 0,5 |

## N° 6354 — ST-GERMAIN-LES-BELLES — CM 72 pli 18

**NN — 6 pers.**

Surf. 90 m2 en RDC : cuisine, séjour avec coin salon, 3 ch. (1 lit 2 pers., 4 lits 1 pers.), salle d'eau, WC, chauffage central fuel, prise TV, piscine enfant (2,5 X 0,8), garage. Près du plan d'eau, maison récemment construite ouvrant sur une terrasse et un terrain clos. Château de Nexon et de Coussac Bonneval. Haras nationaux de Pompadour. Collégiales romanes de Solignac et de St-Yrieix-la-Perche. Ouvert toute l'année.

Odette DUROUSSEAU - Peyroux - 87130 LA CROISILLE-SUR-BRIANCE
Tél. : 05 55 71 75 66

| TRES HTE SAIS. | HTE SAIS. | MOY. SAIS. | BASSE SAIS. | WEEK-END |
|---|---|---|---|---|
| 380 | 320 | 240 | 190 | 120 |

| | | | | | | |
|---|---|---|---|---|---|---|
| 0,2 | 0,2 | 0,2 | 10 | 2 | 0,8 | |

## N° 8227 — ST-JUNIEN — CM 72 pli 6

**NN — 10 pers.**

Surf. 200 m2. RDC : séjour, coin salon ouvrant sur une grande terrasse, cuisine, 1 ch. (1 lit 2 pers.), salle de bains, WC. Etage : 4 ch. (3 lits 2 pers., 2 lits superposés), mezzanine, 2 salles de bains, salle d'eau, WC. Prise TV, jeux d'enfants. Maison contemporaine en pierre dans un parc clos de 5000 m2 avec vue sur la Vallée de la Vienne. Centre de la Mémoire d'Oradour-sur-Glane. Château de Rochechouart. Thermes de Chassenon. Ouvert toute l'année.

Nathalie COLDEBOEUF - 108 route de Feytiat - 87000 LIMOGES
Tél. : 06 77 82 42 72 - Fax: 05 55 30 08 16 - Email : familymoreau@hotmail.com

| TRES HTE SAIS. | HTE SAIS. | MOY. SAIS. | BASSE SAIS. | WEEK-END |
|---|---|---|---|---|
| 650 | 595 | 450 | 350 | 250 |

| | | | | | | | |
|---|---|---|---|---|---|---|---|
| 12 | 2 | 0,8 | 2 | 3 | 10 | 8 | 1 | 0,8 |

## N° 9374 — ST-JUST-LE-MARTEL — CM 72 pli 8

**NN — 4 pers.**

Surf. 78 m2. RDC : cuisine avec coin repas, séjour (convertible 2 pers.), WC. Etage : 2 ch. (1 lit 2 pers., 2 lits 1 pers.), salle d'eau. Chauffage électrique. Dans un joli site en pleine nature, proche de la Vienne et d'un centre équestre : deux gîtes mitoyens dans une ancienne ferme rénovée, chacun ouvrant sur un terrain indépendant. Limoges, capitale des arts du feu. Musées de la porcelaine et des émaux. Ancienne cité et cathédrale. Centre de la Mémoire d'Oradour-sur-Glane. Ouvert toute l'année.

GITES DE FRANCE-SERVICE RESERVATION - Maison du Tourisme - 4 place Denis Dussoubs - 87031 LIMOGES Cedex
Tél. : 05 55 79 04 04 - Fax: 05 55 10 88 61 - Email : sla87@wanadoo.fr - http://www.resinfrance.com/haute-vienne/

| TRES HTE SAIS. | HTE SAIS. | MOY. SAIS. | BASSE SAIS. | WEEK-END |
|---|---|---|---|---|
| 400 | 330 | 265 | 215 | 120 |

| | | | | | | |
|---|---|---|---|---|---|---|
| 7 | 1 | 2 | SP | SP | 7 | 2 | 2 |

## N° 9375 — ST-JUST-LE-MARTEL — CM 72 pli 8

**NN — 10 pers.**

Surf. 127 m2. RDC : cuisine avec coin repas, séjour (convertible 2 pers.), cellier, WC. Etage : 4 ch. (2 lits 2 pers., 4 lits 1 pers., 2 lits superposés), sdb, salle d'eau, WC. Chauf. électrique. Dans un joli site en pleine nature, proche de la Vienne et d'un centre équestre : deux gîtes mitoyens dans une ancienne ferme rénovée, chacun ouvrant sur un terrain indépendant. Limoges, capitale des arts du feu. Musées de la porcelaine et des émaux. Ancienne cité et cathédrale. Centre de la Mémoire d'Oradour-sur-Glane. Ouvert toute l'année.

GITES DE FRANCE-SERVICE RESERVATION - Maison du Tourisme - 4 place Denis Dussoubs - 87031 LIMOGES Cedex
Tél. : 05 55 79 04 04 - Fax: 05 55 10 88 61 - Email : sla87@wanadoo.fr - http://www.resinfrance.com/haute-vienne/

| TRES HTE SAIS. | HTE SAIS. | MOY. SAIS. | BASSE SAIS. | WEEK-END |
|---|---|---|---|---|
| 590 | 480 | 380 | 300 | 230 |

| | | | | | | |
|---|---|---|---|---|---|---|
| 7 | 1 | 2 | SP | SP | 7 | 2 | 2 |

## N° 4324 — ST-LAURENT-LES-EGLISES — 550 m — CM 72 pli 8

**NN — 5 pers.**

Surf. 78 m2. RDC : cuisine, coin salon, salle d'eau, WC. Etage : 3 ch. (1 lit 2 pers., 3 lits 1 pers.), WC, chauf. central, sèche-linge, prise TV. Ancienne maison de sabotier située dans un hameau des Monts d'Ambazac ouvrant sur une petite terrasse. Grand terrain clos en face du gîte. Les Monts d'Ambazac : pays du granit et des maçons limousins, Musée de minéralogie. Ouvert toute l'année.

GITES DE FRANCE-SERVICE RESERVATION - Maison du Tourisme - 4 place Denis Dussoubs - 87031 LIMOGES Cedex
Tél. : 05 55 79 04 04 - Fax: 05 55 10 88 61 - Email : sla87@wanadoo.fr - http://www.resinfrance.com/haute-vienne/

| TRES HTE SAIS. | HTE SAIS. | MOY. SAIS. | BASSE SAIS. | WEEK-END |
|---|---|---|---|---|
| 350 | 300 | 250 | 200 | 100 |

| | | | | | | |
|---|---|---|---|---|---|---|
| 5 | 2 | 2 | 2 | 6 | 3 | 2 |

# HAUTE VIENNE - 87

Périodes tarifaires p. 274

## N° 5406 ST-LEONARD-DE-NOBLAT

CM 72 pli 18

NN  12 pers.

Surf. 125 m2. RDC : cuisine, salon. Etage : 4 ch. (6 lits 2 pers.), salle de bains avec douche, WC. Chauffage central, prise TV. Possibilité d'accueil de chevaux au pré ou en boxes. En pleine campagne sur une propriété avec des chevaux, maison indépendante située à proximité de la maison des propriétaires. Le Lac de Vassivière (1000 ha) et le Plateau de Millevaches. St-Léonard-de-Noblat et Eymoutiers, anciennes cités sur la Vienne. Ouvert toute l'année.

SCI SACRE CHOEUR - Villeneuve - 87400 ST-LEONARD-DE-NOBLAT
Tél. : 06 18 01 86 96 - 05 55 57 18 78 - Email : sandrine.landrin@wanadoo.fr

| TRES HTE SAIS. | HTE SAIS. | MOY. SAIS. | BASSE SAIS. | WEEK-END |
|---|---|---|---|---|
| 535 | 467 | 337 | 262 | 250 |

## N° 6447 ST-VITTE-SUR-BRIANCE

CM 72 pli 18

NN  6 pers.

Surf. 78 m2. RDC : séjour avec coin cuisine, coin salon, salle d'eau, WC. Etage : 3 ch. (2 lits 2 pers., 2 lits 1 pers., 1 lit bébé), prise TV, portique. Dans un hameau maison indépendante à proximité d'un autre gîte avec petit terrain clos de 100 m2. Château de Nexon et de Coussac Bonneval. Collégiales romanes de Solignac et de St-Yrieix-la-Perche. Haras nationaux de Pompadour. Ouvert toute l'année.

Valérie MAURY - Les Ages - 87380 ST-VITTE-SUR-BRIANCE
Tél. : 05 55 71 75 32 - Fax : 05 55 71 75 32

| TRES HTE SAIS. | HTE SAIS. | MOY. SAIS. | BASSE SAIS. | WEEK-END |
|---|---|---|---|---|
| 305 | 270 | 175 | 175 | 95 |

## N° 8426 VAYRES

CM 72 pli 16

NN  6 pers.

Surf. 63 m2. RDC : séjour avec coin cuisine, coin salon, 1 ch. (2 lits 1 pers.), salle d'eau, WC. Etage : 2 ch. (1 lit 2 pers., 2 lits superposés), chauffage électrique, prise TV, terrasse. Dans un hameau, maison indépendante ouvrant, sur l'arrière, sur un terrain en pelouse de 1000 m2. Centre de la Mémoire d'Oradour-sur-Glane. Château de Rochechouart. Thermes de Chassenon. Ouvert toute l'année.

GITES DE FRANCE-SERVICE RESERVATION - Maison du Tourisme - 4 place Denis Dussoubs - 87031 LIMOGES Cedex
Tél. : 05 55 79 04 04 - Fax : 05 55 10 88 61 - Email : sla87@wanadoo.fr - http://www.resinfrance.com/haute-vienne/

| TRES HTE SAIS. | HTE SAIS. | MOY. SAIS. | BASSE SAIS. |
|---|---|---|---|
| 400 | 335 | 250 | 200 |

LIMOUSIN

Pictos voir p. 12

279

# MIDI-PYRÉNÉES

## Pour réserver, écrire ou téléphoner :

### 09 - ARIEGE
GITES DE FRANCE - LOISIRS ACCUEIL
31 bis, rue du Général de Gaulle - B.P. 143
09004 FOIX Cédex - Tél. 05 61 02 30 80
ou 05 61 02 30 89 - Fax. 05 61 01 68 53
E.mail : gites-de-france.ariege@wanadoo.fr

### 12 - AVEYRON
AVEYRON RESERVATION TOURISME (ART)
Maison du Tourisme - 17, rue Aristide Briand
B.P. 831 - 12008 RODEZ Cédex
Tél. 05 65 75 55 55 - Fax. 05 65 75 55 89
E.mail : gites.de.france.aveyron@wanadoo.fr
www.gites-de-france-aveyron.com

### 31 - HAUTE-GARONNE
GITES DE FRANCE - LOISIRS ACCUEIL
14, rue Bayard - B.P. 845 - 31015 TOULOUSE Cédex 06
Tél. 05 61 99 44 00 - Fax. 05 61 99 44 19
E.mail : bienvenue@cdt-haute-garonne.fr
www.tourisme-haute-garonne.com

### 32 - GERS
GITES DE FRANCE - Service Réservation
Maison de l'Agriculture - B.P. 178
32003 AUCH Cédex
Tél. 05 62 61 79 00 - Fax. 05 62 61 79 09
E.mail : contact@gers-tourisme.com
www.gers-tourisme.com

### 46 - LOT
ASSOCIATION DÉPARTEMENTALE
DU TOURISME DU LOT - Maison du Tourisme
46000 CAHORS
Tél. 05 65 53 20 75 - Fax. 05 65 53 20 79

### 65 - HAUTES-PYRENEES
GITES DE FRANCE
22, place du Foirail - 65000 TARBES
Tél. 05 62 34 31 50 - Fax. 05 62 34 37 95
E.mail : contact@gites-france-65.com
www.gites-de-france-65.com

### 81 - TARN
GITES DE FRANCE - Service Réservation
A.T.T.E.R. - Maison des Agriculteurs
La Milliasolle - B.P. 89 - 81003 ALBI Cédex
Tél. 05 63 48 83 01 - Fax. 05 63 48 83 12
E.mail : gitesdutarn@free.fr
www.gites-tarn.com

### 82 - TARN ET GARONNE
GITES DE FRANCE - Service Réservation
7, Bd. Midi-Pyrénées - B.P. 534
82005 MONTAUBAN Cédex
Tél. 05 63 21 79 61 - Fax. 05 63 66 80 36
E.mail :cdt82@wanadoo.fr
www.resinfrance.com/tarn-et-garonne

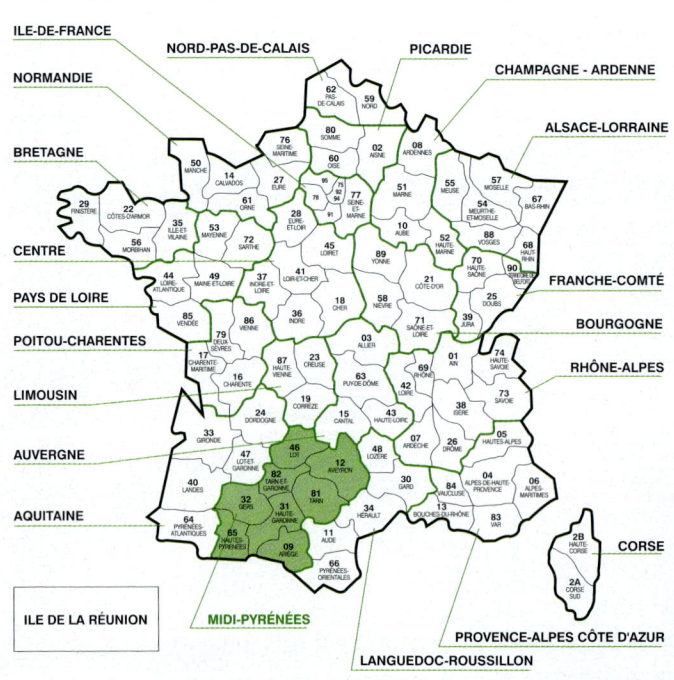

# ARIÈGE - 09

**GITES DE FRANCE - LOISIRS ACCUEIL**
31 bis, rue du Général de Gaulle - B.P. 143 - 09004 FOIX Cédex
Tél. 05 61 02 30 80 ou 05 61 02 30 89 - Fax. 05 61 01 68 53
E-mail : ariege-pyrenees.sla@wanadoo.fr - www.resinfrance.com/ariege-pyrenees/

## N° SR79 — ASTON — 563 m — CM 86 pli 5
NN — 4 pers.

Plateau de Beille 18 km. Tarascon 12 km. Andorre 48 km. Maison mitoyenne dans le village. Rez-de-chaussée: séjour, cuisine. Etage: 2 chambres avec 1 lit 2 pers. et 2 lits 1 pers., salle d'eau, wc. Chauffage électrique, petit espace clos. Télévision, location de draps et linges sur demande. Ce gîte traditionnel se trouve dans un petit village typique, à proximité du plateau de Beille, idéal pour les amateurs de randonnée et de ski de fond. Rivières et lacs propices à la pêche à proximité. Ouvert toute l'année.

GITES DE FRANCE-LOISIRS ACCUEIL - 31 bis rue Général de Gaulle - BP 143 - 09004 FOIX Cedex
Tél.: 05 61 02 30 80 - 05 61 02 30 89 - Fax : 05 61 01 68 53 - Email : ariege-pyrenees.sla@wanadoo.fr - www.resinfrance.com/ariege-pyrenees

| SUP. SAIS. | HTE SAIS. | MOY. SAIS. | HIVER | BASSE SAIS. | WEEK-END |   |   |   |   |   |   |   |   |
|---|---|---|---|---|---|---|---|---|---|---|---|---|---|
| 315 | 305 | 225 | 255 | 200 | 92 | 1,5 | SP | 25 | 18 | SP | 18 | 1,5 | 1,5 |

## N° SN26 — AULUS-LES-BAINS — 750 m — CM 86 pli 3
NN — 10 pers.

Station thermale d'Aulus-les-bains sur place. Guzet neige 5 km. Maison mitoyenne à la résidence secondaire du propriétaire. R.d.c.: grand séjour avec coin-cuisine. 1er ét.: 2 ch. avec 1 lit 2 pers. et 2 lits 1 pers., s.d.b., wc. 2è ét.: 2 ch. communicantes avec 1 lit 2 pers. et des lits superposés, 1 ch. avec 1 lit 2 pers., s. d'eau avec wc. Jardin commun de 900m2. TV, magnétoscope, HIFI. A l'entrée de la station thermale d'Aulus, dans un ancien hôtel rénové avec charme, ce gîte se trouve au départ de randonnées sportives ou familiales. Loc. draps, linge sur demande. Ouvert d'avril à octobre.
Jeanne NUSSLI - 4, impasse de l'ormeau - 31400 TOULOUSE
Tél.: 05 61 20 76 17 - Email : jeanne.nussli@free.fr - http://jeanne.nussli.free.fr

| SUP. SAIS. | HTE SAIS. | MOY. SAIS. | HIVER |   |   |   |   |   |   |   |   |   |
|---|---|---|---|---|---|---|---|---|---|---|---|---|
| 750 | 650 | 550 | 450 | SP | SP | SP | 5 | SP | 0,5 | SP | 80 | SP |

## N° SN503 — AUZAT — Marc — 1060 m — CM 86 pli 4
NN — 4 pers.

Départ du Montcalm 2 km. Maison mitoyenne avec celle du propriétaire. Rez-de-chaussée: séjour avec coin-cuisine, cellier. Etage: 2 chambres avec 2 lits 2 pers., salle de bains avec wc. Chauffage électrique. Terrasse. Ce gîte vous ravira par son environnement fleuri. Il se trouve sur le chemin du GR 10, et proche du départ pour le Montcalm, dans un minuscule hameau de montagne. Son propriétaire pourra vous accompagner en randonnée, ou pêcher dans les lacs de montagne. Ouvert toute l'année.
René FASAN - 09220 AUZAT
Tél.: 05 61 64 80 29 - 06 19 17 49 85

| SUP. SAIS. | HTE SAIS. | MOY. SAIS. | HIVER | BASSE SAIS. | WEEK-END |   |   |   |   |   |   |   |
|---|---|---|---|---|---|---|---|---|---|---|---|---|
| 300 | 300 | 244 | 244 | 244 | 92 | 7 | 5 | 5 | 15 | SP | SP | 24 | 7 |

## N° SN64 — AX-LES-THERMES — Petches — 1000 m — CM 86 pli 15
NN — 4 pers.

Pas de la casa 32 km. Ax-les-Thermes 2 km. Maison indépendante. Rez-de-chaussée: séjour avec coin-cuisine et poêle à bois, salle d'eau avec wc. Etage: salon en mezzanine avec convertible et prise TV, 1 chambre avec 1 lit 2 pers. et 1 couchage 2 pers. en mezzanine. Equipement bébé. Chauffage électrique. Cour close. Jolie petite maison de montagne rénovée dans le style du pays, dans une vallée permettant de savourer les joies du ski, de la randonnée, de la pêche et des cures thermales (tarifs pour une cure de 3 semaines: 550 €). Ouvert toute l'année.
Françoise GALIGNE - 33 cité des Vals - 09120 VARILHES
Tél.: 05 61 69 69 37 - 06 71 96 21 29

| SUP. SAIS. | HTE SAIS. | MOY. SAIS. | HIVER | BASSE SAIS. |   |   |   |   |   |   |   |   |
|---|---|---|---|---|---|---|---|---|---|---|---|---|
| 320 | 305 | 275 | 305 | 250 | 2 | 2 | 7 | 3 | SP | 2 | 15 | 2 | 2 |

## N° SR75 — BENAGUES — CM 86 pli 5
NN — 4 pers.

Pamiers 5 km. Séjour avec coin-cuisine, salon, 2 chambres avec 2 lits 2 pers., salle d'eau, wc. Chauffage central gaz. Terrasse couverte. Abri de jardin, télévision, téléphone (usage restreint). Maison indépendante de plain-pied, avec terrain herbé et arboré clos, dans un petit village aux portes de Pamiers, où les propriétaires vous accueilleront avec leur gentillesse naturelle. Ouvert toute l'année.

GITES DE FRANCE-LOISIRS ACCUEIL - 31 bis rue Général de Gaulle - BP 143 - 09004 FOIX Cedex
Tél.: 05 61 02 30 80 - 05 61 02 30 89 - Fax : 05 61 01 68 53 - Email : ariege-pyrenees.sla@wanadoo.fr - www.resinfrance.com/ariege-pyrenees

| SUP. SAIS. | HTE SAIS. | MOY. SAIS. | HIVER | BASSE SAIS. | WEEK-END |   |   |   |   |
|---|---|---|---|---|---|---|---|---|---|
| 350 | 350 | 280 | 300 | 228 | 110 | 5 | 2 | 8 | 5 | 2 |

# ARIÈGE - 09

## N° SN6 BETCHAT — Métole — CM 86 pli 2

**NN 5 pers.**

Salies-du-Salat 6 km. St-Lizier 15 km. Maison mitoyenne à des granges sur 2 niveaux. Rez-de-chaussée: séjour avec coin-cuisine, buanderie, débarras. Etage: hall, 3 chambres avec 2 lits 2 pers. et 1 lit 1 pers., salle de bains, wc. Service ménage sur demande. Depuis la terrasse de ce gîte, rénové avec soin en 2002, vous pourrez admirer un frêne centenaire et apprécier la vie paisible d'un petit village pyrénéen, à seulement 6 km de la station thermale de Salies-du-Salat. On peut même apercevoir le Pic du Midi. Ouvert toute l'année.

Gilles DUPONT - Métole - 09160 BETCHAT
Tél.: 05 61 66 22 26 - 06 08 23 12 55 - Fax: 05 61 66 77 54 - Email: dupont.carrelage@wanadoo.fr

| SUP. SAIS. | HTE SAIS. | MOY. SAIS. | HIVER | BASSE SAIS. |
|---|---|---|---|---|
| 390 | 390 | 250 | 250 | 250 |

| | | | | | | | |
|---|---|---|---|---|---|---|---|
| 6 | 6 | 1 | SP | 2 | 6 | 8 | SP |

## N° SN3 ERCE — Pelioou — 900 m — CM 86 pli 3

**NN 6 pers.**

Mont Valier 15 km. Maison indépendante. Rez-de-chaussée: wc, séjour avec coin-salon et coin-cuisine, véranda aménagée en coin détente. Etage: wc, salle de bains, 3 chambres avec 2 lits 2 pers., 2 lits superposés et 1 lit enfant. Chauffage électrique, TV satellite. Terrain avec barbecue et salon de jardin. Ancienne grange restaurée, à 2 km au dessus d'Ercé, avec un chemin d'accès en terre de qualité médiocre mais carrossable, isolée entre pâturages et forêts. Tranquillité et vue exceptionnelles. Tarifs charges comprises. Ouvert toute l'année.

Christian KOCH - 1, chemin de la bourgade - 31770 COLOMIERS
Tél.: 06 08 88 70 03 - Email: ch.koch@wanadoo.fr - www.ariege.com/pelioou

| SUP. SAIS. | HTE SAIS. | MOY. SAIS. | HIVER | BASSE SAIS. | WEEK-END |
|---|---|---|---|---|---|
| 750 | 700 | 550 | 450 | 400 | 200 |

| | | | | | | | |
|---|---|---|---|---|---|---|---|
| 12 | 9 | 12 | SP | 3 | 12 | 6 | 2 |

## N° SN152 ERP — Brunet — 650 m — CM 86 pli 3

**NN 5 pers.**

St-Lizier 8 km. Maison indépendante. Rez-de-chaussée: entrée, wc, séjour avec coin salon-cuisine. Etage: 3 chambres avec 1 lit 2 pers., et 3 lits 1 pers., salle de bains, wc, salle de jeux. Terrasse couverte, parking privé, terrain non-clos. Gîte en bordure d'une petite route de montagne, décoré avec soin par la propriétaire et les talents de peintre de son époux. Ils vous charmeront par leur gentillesse. Ouvert du 1er février au 15 novembre.

Maurice ESCASSUT - 2, rue des bouvreuils - 09190 ST-LIZIER
Tél.: 05 61 66 66 05

| SUP. SAIS. | HTE SAIS. | MOY. SAIS. | BASSE SAIS. |
|---|---|---|---|
| 390 | 370 | 273 | 234 |

| | | | | | | | |
|---|---|---|---|---|---|---|---|
| 6 | 2 | 8 | 25 | SP | 2 | 25 | 25 | 36 | 6 |

## N° SR400 MADIERE — Gouzes — CM 86 pli 4

**NN 5 pers.**

Pamiers 15 km. Maison mitoyenne à 2 habitations dont une "petite" exploitation. Rez-de-chaussée: séjour, cuisine. Etage: 3 chambres avec 1 lit 1 pers. et 2 lits 2 pers., salle de bain, wc. Chauffage électrique. Terrasse et jardinet clos. Gîte situé à la campagne, dans un environnement agricole et un paysage de côteaux, avec une très jolie vue sur la Basse riège et la chaine des Pyrénées. Ouvert du 15 juin au 15 septembre.

GITES DE FRANCE-LOISIRS ACCUEIL - 31 bis rue Général de Gaulle - BP 143 - 09004 FOIX Cedex
Tél.: 05 61 02 30 80 - 05 61 02 30 89 - Fax: 05 61 01 68 53 - Email: ariege-pyrenees.sla@wanadoo.fr - www.resinfrance.com/ariege-pyrenees/

| SUP. SAIS. | HTE SAIS. | MOY. SAIS. |
|---|---|---|
| 385 | 365 | 350 |

| | | | | | |
|---|---|---|---|---|---|
| 15 | 15 | 5 | SP | 5 | 15 | 5 |

## N° SN20 MERCENAC — Nérou — 500 m — CM 86 pli 3

**NN 4 pers.**

St-Lizier 8 km. Maison indépendante, face à celle des propriétaires, qui gèrent 4 chambres d'hôtes/ Rez-de-chaussée: séjour avec coin-cuisine, wc, salle d'eau. Etage: 2 chambres communicantes avec 2 lits 2 pers. Chauffage gaz. Terrasse privée. Terrain commun. Face à la chaine des Pyrénées, ce gîte se trouve à la campagne entre la capitale du Couserans, St-Girons et la station thermale de Salies-du-Salat. Ouvert toute l'année.

Jean-Marc FEUILLERAT - L'Esclopier - Nérou - 09160 MERCENAC
Tél.: 05 61 96 65 40

| SUP. SAIS. | HTE SAIS. | MOY. SAIS. | HIVER | BASSE SAIS. |
|---|---|---|---|---|
| 351 | 351 | 351 | 351 | 351 |

| | | | | | | | |
|---|---|---|---|---|---|---|---|
| 10 | 10 | 3 | 50 | SP | 20 | 15 | 13 |

## N° SN230 MERCUS-GARRABET — Amplaing — CM 86 pli 5

**NN 4 pers.**

Grotte de Niaux 12 km. Château de Foix 12 km. Parc préhistorique 8 km. Appartement au rez-de-chaussée de la maison du propriétaire, donnant sur une ruelle du village et à l'arrière sur un jardin clos. Séjour avec coin-cuisine, salle d'eau avec wc, 2 chambres avec 1 lit 2 pers., 1 lit bébé et 2 lits 1 pers. Terrasse. Lits faits à l'arrivée. Gîte aménagé dans une batisse de 1832, qui abritait à l'époque l'alimentation générale du village, ce qui explique sa hauteur sous plafond. A 1,5km du plan d'eau de Mercus, vous pourrez pratiquer des sports nautiques. Ouvert toute l'année.

Georges/Marie-José PONCY/SUAREZ - Maison Canto Laouzeto - rue Philippe Amiel - 09400 MERCUS-GARRABET
Tél.: 05 61 05 77 66 - 06 72 38 14 76 - Email: marie-geo@tiscali.fr

| SUP. SAIS. | HTE SAIS. | MOY. SAIS. | HIVER | BASSE SAIS. | WEEK-END |
|---|---|---|---|---|---|
| 365 | 350 | 305 | 350 | 280 | 100 |

| | | | | | | |
|---|---|---|---|---|---|---|
| 8 | 2 | SP | 2 | 35 | 11 | 8 | 2 |

# ARIÈGE - 09

## N° SN32 — MONTFERRIER — Sau — 900 m — CM 86 pli 6
**NN — 8 pers.**

Montségur 10 km. Foix 25 km. Roquefixade 10 km. Fontestorbes 15 km. Maison mitoyenne à un autre gîte. Rez-de-chaussée : séjour avec coin-cuisine, wc. Etage: salle de bains, salle d'eau, wc, 4 chambres avec 4 lits 2 pers. Chauffage électrique. Terrasse privée avec salon de jardin. Terrain commune dérrière le gîte. Joli gîte en pierre, situé en surplomb du hameau de Sau, en bordure d'une petite route de montagne, avec une vue imprenable sur le château de Montségur. Dégustation de viande bovine et de charcuterie. Ouvert toute l'année.
Jean-Claude CHAUBET - Frémis - 09300 MONTFERRIER
Tél. : 05 61 01 09 12 - Fax : 05 61 01 09 12

| SUP. SAIS. | HTE SAIS. | MOY. SAIS. | HIVER | BASSE SAIS. | WEEK-END |
|---|---|---|---|---|---|
| 540 | 500 | 437 | 382 | 375 | 200 |

| | | | | | | | | | |
|---|---|---|---|---|---|---|---|---|---|
| 8 | 2 | 7 | 15 | SP | SP | SP | 40 | 25 | 2 |

## N° SR4 — SEIX — Ribérot d'Angouls — 950 m — CM 86 pli 3
**NN — 4 pers.**

Mont Valier 6 km. Réserve du Mont Valier 0,3 km. Maison indépendant avec accès à pied sur 250m. R.d.c.: séjour avec coin-cuisine et poêle à bois. Et. : 2 ch. avec 1 lit 2 pers. et 2 lits 1 pers., s. de bains, wc. Chauff. au bois et à l'électr. Transport des bagages et du ravitaillement assuré. Loc. de draps. Ce gîte isolé de haute montagne dispose d'une belle vue sur la chaine frontière et la vallée d'Angouls. Nouvellement labellisé "Gîte Panda", ce gîte se situe sur un site naturel remarquable qui vous offrira la poss. de pratiquer l'observation de la nature avec l'aide du propr. Ouvert toute l'année.
GITES DE FRANCE-LOISIRS ACCUEIL - 31 bis rue Général de Gaulle - BP 143 - 09004 FOIX Cedex
Tél. : 05 61 02 30 80 - 05 61 02 30 89 - Fax : 05 61 01 68 53 - Email : ariege-pyrenees.sla@wanadoo.fr - www.resinfrance.com/ariege-pyrenees/

| SUP. SAIS. | HTE SAIS. | MOY. SAIS. | HIVER | BASSE SAIS. | WEEK-END | W-E DÉTENTE |
|---|---|---|---|---|---|---|
| 450 | 450 | 450 | 450 | 450 | 140 | 175 |

| | | | | |
|---|---|---|---|---|
| 13 | 13 | 27 | SP | SP | 13 |

## N° SN27 — SENTEIN — Morène Rouge — 930 m — CM 86 pli 2
**NN — 6 pers.**

Castillon 12 km. Maison indépendante. Rez-de-chaussée: entrée, garage à vélos. 1er étage: séjour avec coin cuisine. Combles: 2 chambres dont une non fermée avec chacune 1 lit 1 pers. et 1 lit 2 pers. Chauffage électrique. Terrasse. Parking à 25m. Ce gîte surplombe le hameau. Il dispose d'une vue sur le pic de l'Har. Son accès se fait par une allée en légère pente de 25m. Le propriétaire vous proposera des idées de randonnées ou de cueillettes de champignons. Il vous narrera le passé et vous ravira par son enthousiasme. Ouvert toute l'année.
Raymond PRAT - 20 rue Pablo Picasso - 31170 TOURNEFEUILLE
Tél. : 05 61 96 81 20 - 06 17 81 50 75

| SUP. SAIS. | HTE SAIS. | MOY. SAIS. | HIVER | BASSE SAIS. | WEEK-END |
|---|---|---|---|---|---|
| 340 | 320 | 220 | 300 | 200 | 90 |

| | | | |
|---|---|---|---|
| 12 | 3 | 3 | SP | SP |

## N° SN42 — SERRES-SUR-ARGET — Cautirac — 600 m — CM 86 pli 4
**NN — 5 pers.**

Foix 10 km. R.d.c.: cuisine, séjour. 1er étage: hall aménagé en espace détente, 1 grande ch. avec 1 lit 2 pers., 1 lit bébé, s. d'eau avec wc. 2è ét. : 1 grande ch. avec 2 lits 1 pers., 1 canapé convertible et un espace jeux. Chauff. électri. Terrasse fleurie avec espace herbé pentu. Jeanine vous accueille dans son gîte, en pierre, rénové avec goût, dans le style du pays. Elle vous ravira par son entrain, vous contera son amour des pierres, de son département et vous surprendra par son accueil authentique. Cette maison indépendant se situe dans un petit hameau, calme. Ouvert toute l'année.
Jeanine ST-SERNIN - 4, chemin de labado - 09000 COS
Tél. : 05 61 65 62 05 - 06 81 79 52 20

| SUP. SAIS. | HTE SAIS. | MOY. SAIS. | HIVER | BASSE SAIS. | WEEK-END |
|---|---|---|---|---|---|
| 400 | 400 | 310 | 310 | 310 | 122 |

| | | | | | | |
|---|---|---|---|---|---|---|
| 2 | 2 | 5 | 45 | SP | 2 | 15 | 10 | 5 |

## N° SR43 — SERRES-SUR-ARGET — La Mouline — 550 m — CM 86 pli 4
**NN — 4 pers.**

Col des Marrous 10 km. Foix 10 km. Rez-de-chaussée: séjour, coin-cuisine, salle d'eau, wc, 1 chambre avec 1 lit 2 pers. Etage: salon en mezzanine, 1 chambre avec 1 lit 2 pers. Chauffage électrique, prise TV. Terrasse. Location de drap et linge sur demande. 2 gîtes indépendants sur le même espace, à proximité de la piscine municipale, de sentiers balisés et des grands sites. Située dans la vallée de la Barguillière, sur la route menant au col des Marrous, Serres-sur-Arget reçoit de nombreux vacanciers et met tout en oeuvre pour les satisfaire.
GITES DE FRANCE-LOISIRS ACCUEIL - 31 bis rue Général de Gaulle - BP 143 - 09004 FOIX Cedex
Tél. : 05 61 02 30 80 - 05 61 02 30 89 - Fax : 05 61 01 68 53 - Email : ariege-pyrenees.sla@wanadoo.fr - www.resinfrance.com/ariege-pyrenees/

| SUP. SAIS. | HTE SAIS. | MOY. SAIS. | HIVER | BASSE SAIS. | WEEK-END |
|---|---|---|---|---|---|
| 260 | 260 | 170 | 170 | 170 | 80 |

| | | | | | | |
|---|---|---|---|---|---|---|
| SP | SP | 8 | SP | 2 | 15 | 10 | 5 |

## N° SR44 — SERRES-SUR-ARGET — La Mouline — 550 m — CM 86 pli 4
**NN — 4 pers.**

Col des Marrous 10 km. Foix 10 km. Rez-de-chaussée: séjour, coin-cuisine, salle d'eau, wc, 1 chambre avec 1 lit 2 pers. Etage: salon en mezzanine, 1 chambre avec 1 lit 2 pers. Chauffage électrique, prise TV. Terrasse. Location de draps et linges sur demande. 2 gîtes indépendants sur le même espace, à proximité de la piscine municipale, de sentiers balisés et des grands sites. Située dans la vallée de la Barguillière, sur la route menant au col des Marrous, Serres-sur-Arget reçoit de nombreux vacanciers et met tout en oeuvre pour les satisfaire.
GITES DE FRANCE-LOISIRS ACCUEIL - 31 bis rue Général de Gaulle - BP 143 - 09004 FOIX Cedex
Tél. : 05 61 02 30 80 - 05 61 02 30 89 - Fax : 05 61 01 68 53 - Email : ariege-pyrenees.sla@wanadoo.fr - www.resinfrance.com/ariege-pyrenees/

| SUP. SAIS. | HTE SAIS. | MOY. SAIS. | HIVER | BASSE SAIS. | WEEK-END |
|---|---|---|---|---|---|
| 260 | 260 | 170 | 170 | 170 | 80 |

| | | | | | | |
|---|---|---|---|---|---|---|
| SP | SP | 8 | SP | 2 | 15 | 10 | 5 |

*MIDI-PYRÉNÉES — Pictos voir p. 12*

# AVEYRON - 12

**AVEYRON RESERVATION TOURISME (ART)**
Maison du Tourisme - 17, rue Aristide Briand - B.P. 831 - 12008 RODEZ Cédex
Tél. 05 65 75 55 55 - Fax. 05 65 75 55 89
E.mail : gites.de.france.aveyron@wanadoo.fr - www.gites-de-france-aveyron.com

---

### N° G9093 — BELMONT-SUR-RANCE — Gabaudo — CM 80 pli 13

NN — 4 pers.

Gîte mitoyen sur 2 niveaux, dans un ancien corps de ferme dont le propriétaire occupe l'habitation principale, en campagne. 2 ch. (1 lit 2 pers., 2 lits 1 pers., lit de bébé), salle d'eau, coin- cuisine/séjour (canapé convertible), terrasse (12m2) et devant de porte (30 m²) clos, salon de jardin, barbecue, garage. Entre Monts de Lacaune et vallée du Tarn, ce gîte bien situé vous permettra de découvrir les paysages variés et colorés du Sud Aveyron et du Tarn. Les amateurs de pêche apprécieront la proximité du Rance (ruisseau de 1ère catégorie). Ouvert toute l'année.
AVEYRON RESERVATION TOURISME (ART) - Maison du Tourisme - BP 831 - 17 rue Aristide Briand - 12008 RODEZ Cedex
Tél. : 05 65 75 55 55 - Fax : 05 65 75 55 89 - Email : gites.de.france.aveyron@wanadoo.fr - www.gites-de-france-aveyron.com

| SUP. SAIS. | HTE SAIS. | MOY. SAIS. | BASSE SAIS. | WEEK-END |
|---|---|---|---|---|
| 380 | 335 | 228 | 167 | 115 |

| | | | | | | |
|---|---|---|---|---|---|---|
| 4 | 4 | 4 | 4 | 40 | 60 | 4 |

---

### N° G9001 — CASTELNAU-PEGAYROLS — 750 m — CM 80 pli 13

EC — 5 pers.

Maison mitoyennne à une résidence secondaire, sur 2 niveaux dans le village. 2 chambres (2 lits 2 pers., 1 lit 120, 1 lit bébé), salle d'eau, cuisine, séjour, mezzanine (canapé), salle de jeux (billard), terrasse couverte (10 m2). Salon de jardin, barbecue. Situé sur le rebord du plateau du Levezou surplombant la vallée de la Muze. Castelnau-Pegayrols est un petit village médiéval où les maisons se groupent autour du chateau, le long de ruelles étroites. C'est ici que vous attend ce gîte rénové avec soin et agrémenté de meubles anciens. Ouvert toute l'année.
AVEYRON RESERVATION TOURISME (ART) - Maison du Tourisme - BP 831 - 17 rue Aristide Briand - 12008 RODEZ Cedex
Tél. : 05 65 75 55 55 - Fax : 05 65 75 55 89 - Email : gites.de.france.aveyron@wanadoo.fr - www.gites-de-france-aveyron.com

| SUP. SAIS. | HTE SAIS. | MOY. SAIS. | BASSE SAIS. | WEEK-END |
|---|---|---|---|---|
| 427 | 427 | 298 | 213 | 150 |

| | | | | | | |
|---|---|---|---|---|---|---|
| 19 | 10 | 19 | 4 | 20 | 16 | 19 | 10 |

---

### N° G9014 — CASTELNAU-PEGAYROLS — Le Bort — 700 m — CM 80 pli 13

NN — 4 pers.

Gîte indépendant sur 2 niveaux, isolé dans les bois. 2 chambres (1 lit 2 pers., 2 lits 1 pers.), salles d'eau privatives, coin-cuisine/séjour (canapé), terrasse couverte (15m2), terrain non-clos (4000m2), location drap, linge de table et de toilette, buanderie (sèche-linge), salon de jardin, barbecue. Situé dans les bois mais offrant une vue dégagée sur une prairie, ce gîte est idéal pour des vacances au calme. La vaste esplanade à l'arrivée fera le bonheur des pétanqueurs. A mi-chemin des lacs du Levezou, de Micropolis et des Gorges du Tarn, une belle situation pour les sportifs. Ouvert toute l'année.
AVEYRON RESERVATION TOURISME (ART) - Maison du Tourisme - BP 831 - 17 rue Aristide Briand - 12008 RODEZ Cedex
Tél. : 05 65 75 55 55 - Fax : 05 65 75 55 89 - Email : gites.de.france.aveyron@wanadoo.fr - www.gites-de-france-aveyron.com

| SUP. SAIS. | HTE SAIS. | MOY. SAIS. | BASSE SAIS. | WEEK-END |
|---|---|---|---|---|
| 480 | 400 | 260 | 200 | 140 |

| | | | | | | |
|---|---|---|---|---|---|---|
| 16 | 8 | 15 | 1 | 15 | 15 | 16 | 8 |

---

### N° G9025 — CENTRES — Le Cassagnol — 550 m — CM 80 pli 12

NN — 4 pers.

Gîte indépendant dans un ancien corps de ferme sur 2 niveaux dans un hameau. 2 chambres (1 lit 2 pers., 2 lits 1 pers.), salle d'eau, coin-cuisine/séjour (fauteuils), cour (200m2) non-close, terrain clos (1200 m2), portique, abri voiture. Salon de jardin, barbecue. En pleine campagne, proche d'une exploitation agricole, le Cassagnol est un lieu calme situé dans une région boisée, parsemée de nombreux ruisseaux. A l'ombre d'un vieux chêne, cette petite maison typique du Ségala ouvre de plain pied sur une cour délimitée par un muret de pierres. Ouvert toute l'année.
AVEYRON RESERVATION TOURISME (ART) - Maison du Tourisme - BP 831 - 17 rue Aristide Briand - 12008 RODEZ Cedex
Tél. : 05 65 75 55 55 - Fax : 05 65 75 55 89 - Email : gites.de.france.aveyron@wanadoo.fr - www.gites-de-france-aveyron.com

| SUP. SAIS. | HTE SAIS. | MOY. SAIS. | BASSE SAIS. | WEEK-END |
|---|---|---|---|---|
| 427 | 427 | 305 | 215 | 150 |

| | | | | | | |
|---|---|---|---|---|---|---|
| 15 | 10 | 15 | 4 | 32 | 12 | 10 |

---

### N° G9019 — CONNAC — Lavabre — CM 80 pli 12

NN — 4 pers.

Gîte mitoyen à une autre habitation, sur 3 niveaux, dans le hameau. 1 chambre ( 1 lit 2 pers.), mezzanine (2 lits 1 pers., 1 lit de bébé), salle d'eau, coin-cuisine/séjour (banquette), location de draps, linge de table et de toilette. Terrasse (18m2) privée non-close, salon de jardin, barbecue. Lavabre est un petit hameau paisible ou vos hotes ont aménagé un gîte confortable, prolongé par une petite terrasse agréablement fleurie pour prendre les repas. Durant votre séjour vous découvrirez la vallée du Tarn qui offre de beaux parcours de pêche et sentiers de randonnées. Ouvert de juin à septembre.
AVEYRON RESERVATION TOURISME (ART) - Maison du Tourisme - BP 831 - 17 rue Aristide Briand - 12008 RODEZ Cedex
Tél. : 05 65 75 55 55 - Fax : 05 65 75 55 89 - Email : gites.de.france.aveyron@wanadoo.fr - www.gites-de-france-aveyron.com

| SUP. SAIS. | HTE SAIS. | MOY. SAIS. |
|---|---|---|
| 340 | 340 | 255 |

| | | | | | | |
|---|---|---|---|---|---|---|
| 10 | 4 | 15 | 5 | 20 | 15 | 30 | 10 |

# AVEYRON - 12

## N° G9016 DRUELLE — Agnac — 620 m — CM 80 pli 2
**NN — 4 pers.**

Gîte indépendant au 1er étage dans un hameau. 2 chambres (1 lit 2 pers., 2 lits 1 pers.), salle d'eau, cuisine, chauffage d'appoint électrique, cour goudronnée close (250m2), salon de jardin, barbecue, location à la quinzaine (se renseigner). Situé à deux pas de Rodez, ce gîte vous permettra de découvrir le coeur historique de cette cité et sa célèbre cathédrale gothique. Les amateurs de randonnée se laisseront séduire par les berges ombragées de l'Aveyron. Ouvert de juin à septembre.

AVEYRON RESERVATION TOURISME (ART) - Maison du Tourisme - BP 831 - 17 rue Aristide Briand - 12008 RODEZ Cedex
Tél. : 05 65 75 55 55 - Fax : 05 65 75 55 89 - Email : gites.de.france.aveyron@wanadoo.fr - www.gites-de-france-aveyron.com

| SUP. SAIS. | HTE SAIS. | MOY. SAIS. | | | | | | | | |
|---|---|---|---|---|---|---|---|---|---|---|
| 260 | 260 | 195 | | 5 | SP | 12 | 2 | 30 | 5 | 5 |

## N° G9045 DURENQUE — 720 m — CM 80 pli 12
**NN — 6 pers.**

Gîte de plain pied, mitoyen à la maison des propriétaires (entrées opposées) dans un village. 3 chambres ( 2 lits 2 pers., 2 lits 1 pers.), salle d'eau, coin-cuisine/séjour (canapé), terrasse non-close (25m2), terrain non-clos (150m2), salon de jardin, barbecue, location de draps, linge de table et de toilette. Ce corps de ferme est situé en bordure d'un village des plateaux du Levézou, proche du lac de Villefranche de Panat. L'entrée de grange est devenue une baie vitrée qui éclaire les murs jaune pale d'un vaste séjour qui ouvre sur la terrasse avec vue sur la ferme et les prés. Ouvert toute l'année.

AVEYRON RESERVATION TOURISME (ART) - Maison du Tourisme - BP 831 - 17 rue Aristide Briand - 12008 RODEZ Cedex
Tél. : 05 65 75 55 55 - Fax : 05 65 75 55 89 - Email : gites.de.france.aveyron@wanadoo.fr - www.gites-de-france-aveyron.com

| SUP. SAIS. | HTE SAIS. | MOY. SAIS. | BASSE SAIS. | WEEK-END | | | | | | |
|---|---|---|---|---|---|---|---|---|---|---|
| 540 | 450 | 300 | 200 | 158 | 12 | SP | 12 | SP | 8 | 38 | 8 |

## N° G9040 ESPALION — CM 80 pli 3
**NN — 4 pers.**

Gîte au 2eme étage mansardé de la maison du propriétaire (entrées opposées), dans un petit lotissement, à 500m du bourg. 2 chambres (1 lit 2 pers., 2 lits 1 pers.), salle d'eau, cuisine, salon (clic-clac 125), terrasse privée (35m2), salon de jardin, location de draps, linge de table et de toilette. Barbecue commun. Ce gîte sera le point de départ idéal pour découvrir les villages pittoresques de la vallée du Lot, pratiquer la pêche à la ligne et la randonnée pédestre. Ouvert toute l'année.

AVEYRON RESERVATION TOURISME (ART) - Maison du Tourisme - BP 831 - 17 rue Aristide Briand - 12008 RODEZ Cedex
Tél. : 05 65 75 55 55 - Fax : 05 65 75 55 89 - Email : gites.de.france.aveyron@wanadoo.fr - www.gites-de-france-aveyron.com

| SUP. SAIS. | HTE SAIS. | MOY. SAIS. | BASSE SAIS. | WEEK-END | | | | | | | |
|---|---|---|---|---|---|---|---|---|---|---|---|
| 320 | 320 | 240 | 160 | 112 | 0,5 | 0,5 | 5 | 0,5 | 1 | 35 | 35 | 35 | SP |

## N° G9043 LE FEL — Le Mindic — CM 76 pli 12
**NN — 6 pers.**

Gîte indépendant sur 2 niveaux, en bordure de village. 3 chambres ( 1 lit 2 pers., 2 lits 100, 2 lits 1 pers.), salle de bains, coin-cuisine/séjour (canapé, magnétoscope), buanderie (sèche-linge), terrain (600m2) clos, salon de jardin, barbecue, ping-pong, baby-foot, portique, draps, linge de table et de toilette fournis. Le Fel est un pays de vignes dans la vallée du Lot. Outre la treille qui court le long de la façade du gîte, quelques ceps ont été planté pour vous dans le jardin. Vous aimerez surement le confort douillet de ce gîte très ouvert sur un panorama exceptionnel. Ouvert toute l'année.

AVEYRON RESERVATION TOURISME (ART) - Maison du Tourisme - BP 831 - 17 rue Aristide Briand - 12008 RODEZ Cedex
Tél. : 05 65 75 55 55 - Fax : 05 65 75 55 89 - Email : gites.de.france.aveyron@wanadoo.fr - www.gites-de-france-aveyron.com

| SUP. SAIS. | HTE SAIS. | MOY. SAIS. | BASSE SAIS. | WEEK-END | | | | | | |
|---|---|---|---|---|---|---|---|---|---|---|
| 520 | 520 | 350 | 260 | 182 | 7 | SP | 6 | 4 | 8 | 60 | 60 | 37 | 7 |

## N° G9003 FLAGNAC — La Prade — CM 80 pli 1
**EC — NN — 6 pers.**

Maison indépendante de plain-pied à proximité du propriétaire à la sortie du village. 3 chambres (3 lits 2 pers., 1 lit de bébé), salle de bains, cuisine, séjour (canapé), terrasse privée (35m2), terrain privé (350 m²) ouvert sur terrain clos des propriétaires, salon de jardin, barbecue. En toute saison, ce gîte de plain-pied aménagé dans une maison contemporaine vous ouvre ses portes pour des séjours en famille ou entre amis. L'intérieur spacieux et confortable ouvre sur une terrasse et un jardin où il fait bon vivre. Ouvert toute l'année.

AVEYRON RESERVATION TOURISME (ART) - Maison du Tourisme - BP 831 - 17 rue Aristide Briand - 12008 RODEZ Cedex
Tél. : 05 65 75 55 55 - Fax : 05 65 75 55 89 - Email : gites.de.france.aveyron@wanadoo.fr - www.gites-de-france-aveyron.com

| SUP. SAIS. | HTE SAIS. | MOY. SAIS. | BASSE SAIS. | WEEK-END | | | | | | |
|---|---|---|---|---|---|---|---|---|---|---|
| 400 | 400 | 300 | 200 | 140 | 5 | 0,5 | 10 | 1 | 1 | 1 | 10 | 5 |

## N° G9015 GALGAN — CM 80 pli 1
**EC — NN — 6 pers.**

Gîte indépendant au rez-de-chaussée surélevé, à l'entrée du village. 2 chambres (1 lit 2 pers., 2 lits 1 pers.), 1 chambre (1 lit 2 pers), 2 salles d'eau, cuisine/séjour (canapé), cellier (sèche-linge), terrain non-clos (700 m²), salon de jardin, barbecue, garage. Entre Gorges de l'Aveyron et Vallée du Lot, un gîte agréablement rénové, entouré d'un jardin, idéal pour des vacances en famille ou entre amis. Vous pourrez mettre à profit votre séjour pour découvrir le village médiéval de Peyrusse le Roc, les grottes de Foissac... Ouvert toute l'année.

AVEYRON RESERVATION TOURISME (ART) - Maison du Tourisme - BP 831 - 17 rue Aristide Briand - 12008 RODEZ Cedex
Tél. : 05 65 75 55 55 - Fax : 05 65 75 55 89 - Email : gites.de.france.aveyron@wanadoo.fr - www.gites-de-france-aveyron.com

| SUP. SAIS. | HTE SAIS. | MOY. SAIS. | BASSE SAIS. | WEEK-END | | | | | | |
|---|---|---|---|---|---|---|---|---|---|---|
| 380 | 380 | 285 | 190 | 135 | 5 | 4 | 12 | 2 | 15 | 15 | 10 | 5 |

*MIDI-PYRÉNÉES — Pictos voir p. 12*

# AVEYRON - 12

## N° G9005 LACROIX-BARREZ — Bars — 800 m — CM 76 pli 12

**EC  NN  4 pers.**

Maison indépendante sur 2 niveaux, dans un hameau. 2 chambres (1 lit 160, 1 lit 120, 1 lit 110), salle de bains, coin-cuisine/séjour (canapé), jardin (500m2) clos et privé, salon de jardin, barbecue, draps fournis. Le gîte de Bars, petit hameau paisible du nord Aveyron vous ouvre ses portes pour des séjours en famille. Aménagé dans une petite maison traditionnelle, le gîte ouvre sur un jardin clos et fleuri idéal pour les enfants. Au rez-de-chaussée, le séjour est agrémenté d'une cheminée ou il fait bon se détendre au retour d'une promenade hivernale. Ouvert toute l'année.

AVEYRON RESERVATION TOURISME (ART) - Maison du Tourisme - BP 831 - 17 rue Aristide Briand - 12008 RODEZ Cedex
Tél. : 05 65 75 55 55 - Fax : 05 65 75 55 89 - Email : gites.de.france.aveyron@wanadoo.fr - www.gites-de-france-aveyron.com

| SUP. SAIS. | HTE SAIS. | MOY. SAIS. | BASSE SAIS. | | | | | | | | | |
|---|---|---|---|---|---|---|---|---|---|---|---|---|
| 458 | 458 | 290 | 229 | | 10 | 3 | 18 | 15 | 20 | 20 | 50 | 50 | 45 | 8 |

## N° G9028 LACROIX-BARREZ — Vilherols — 800 m — CM 79 pli 16

**NN  8 pers.**

Gîte indépendant, sur 2 niveaux, sur une exploitation agricole dans le hameau. 4 chambres (2 lits 160, 4 lits 1 pers.), 3 salles d'eau, cuisine, séjour (canapés), salon, buanderie (sèche-linge), jardin (6000m2) non-clos, salon de jardin, barbecue. Spa (sur demande), draps fournis, location de linge de table et de toilette. Cette belle maison du Carladez se dresse au milieu d'une pelouse bordée d'arbres et entourée d'un muret. La pièce de jour, est un bel ensemble alliant les matériaux brut de la cheminée traditionnelle à la modernité de la cuisine et l'originalité du spa. Ouvert toute l'année.

AVEYRON RESERVATION TOURISME (ART) - Maison du Tourisme - BP 831 - 17 rue Aristide Briand - 12008 RODEZ Cedex
Tél. : 05 65 75 55 55 - Fax : 05 65 75 55 89 - Email : gites.de.france.aveyron@wanadoo.fr - www.gites-de-france-aveyron.com

| SUP. SAIS. | HTE SAIS. | MOY. SAIS. | BASSE SAIS. | WEEK-END | | | | | | | | |
|---|---|---|---|---|---|---|---|---|---|---|---|---|
| 912 | 760 | 570 | 380 | 266 | 6 | 3 | 4 | 8 | 15 | 20 | 20 | 40 | 40 | 6 |

## N° G9023 LAGUIOLE — Papeyre — 1100 m — CM 76 pli 13

**EC  NN  4 pers.**

Gîte indépendant sur 2 niveaux en pleine campagne sur une exploitation agricole. 2 chambres (1 lit 160, 2 lits 1 pers.), salle d'eau, coin-cuisine/séjour, coin-salon sur palier (canapé), terrasse (16m2) et jardin (200m2) non-clos, salon de jardin, barbecue, location de draps. Situé sur le plateau de l'Aubrac, à proximité de Laguiole, cette maisonnette est proche de la ferme du propriétaire ou sont élevées les belles vaches de la race Aubrac. Ambiance pleine nature garantie: vous êtes au coeur de vastes paturages. Ouvert toute l'année.

AVEYRON RESERVATION TOURISME (ART) - Maison du Tourisme - BP 831 - 17 rue Aristide Briand - 12008 RODEZ Cedex
Tél. : 05 65 75 55 55 - Fax : 05 65 75 55 89 - Email : gites.de.france.aveyron@wanadoo.fr - www.gites-de-france-aveyron.com

| SUP. SAIS. | HTE SAIS. | MOY. SAIS. | BASSE SAIS. | WEEK-END | | | | | | | |
|---|---|---|---|---|---|---|---|---|---|---|---|
| 500 | 480 | 320 | 230 | 170 | 23 | 3 | 10 | SP | 10 | 10 | 54 | 3 |

## N° G9024 MANHAC — 680 m — CM 80 pli 2

**NN  6 pers.**

Gîte indépendant dans un ancien corps de ferme, sur 2 niveaux, dans un village. 3 chambres (2 lits 2 pers., 2 lits 1 pers.), salle d'eau et salle de bains, cuisine, salon (canapé), cour close privée (300m2), pré non-clos (500m2), salon de jardin, barbecue, abri voiture, location draps, linge de table et de toilette. Proche de l'église au coeur d'un village du Ségala, les bâtiments en U de cet ancien corps de ferme et un grand portail assurent une parfaite indépendance à ce gîte. La vaste cour est prolongée par un verger qui fait le lien avec l'habitation de vos accueillants. Ouvert toute l'année.

AVEYRON RESERVATION TOURISME (ART) - Maison du Tourisme - BP 831 - 17 rue Aristide Briand - 12008 RODEZ Cedex
Tél. : 05 65 75 55 55 - Fax : 05 65 75 55 89 - Email : gites.de.france.aveyron@wanadoo.fr - www.gites-de-france-aveyron.com

| SUP. SAIS. | HTE SAIS. | MOY. SAIS. | BASSE SAIS. | WEEK-END | | | | | | |
|---|---|---|---|---|---|---|---|---|---|---|
| 510 | 510 | 320 | 230 | 170 | 18 | 5 | 9 | 4 | 5 | 20 | 5 |

## N° G9094 MARTIEL — Marroule — CM 79 pli 9

**NN  4 pers.**

Gîte mitoyen à la maison du propriétaire (entrées indépendantes) sur 2 niveaux, à la sortie du hameau. 2 chambres (2 lits 2 pers., lit de bébé), salle d'eau, cuisine,salle à manger, salon (canapé convertible), jardin clos privé (200m2), salon de jardin, barbecue,portique, abri voiture. Draps fournis, location linge de table et de toilette. A deux pas de Villefranche, Marroule est un lieu de séjour idéal pour découvrir les départements de l'Aveyron et du Lot. Spacieux,le gîte ouvre sur un agréable jardin clos et fleuri pour prendre les repas. Ouvert toute l'année.

AVEYRON RESERVATION TOURISME (ART) - Maison du Tourisme - BP 831 - 17 rue Aristide Briand - 12008 RODEZ Cedex
Tél. : 05 65 75 55 55 - Fax : 05 65 75 55 89 - Email : gites.de.france.aveyron@wanadoo.fr - www.gites-de-france-aveyron.com

| SUP. SAIS. | HTE SAIS. | MOY. SAIS. | BASSE SAIS. | WEEK-END | | | | | | |
|---|---|---|---|---|---|---|---|---|---|---|
| 460 | 410 | 275 | 200 | 105 | 7 | 4 | 10 | 2 | 15 | 22 | 14 | 10 |

## N° G9039 MOSTUEJOULS — Comayras — CM 80 pli 4

**NN  5 pers.**

Gîte indépendant sur 2 niveaux, dans un hameau. 2 chambres (1 lit 2 pers., 1 lit 1 pers., 1 lit 100, 1 lit 120, 1 lit de bébé), salle d'eau, cuisine, séjour (canapé, poêle à bois), terrasse (40m2), terrain privé en partie clos (1000m2), salon de jardin, barbecue, location de draps, linge de table et de toilette. Au coeur des Gorges du Tarn, dans un hameau paisible, vos hôtes ont aménagé avec soin cette ancienne maison traditionnelle. L'intérieur coquet et confortable ouvre sur une terrasse et un agréable jardin ombragé par un tilleul. Ouvert des vacances de pâques à la mi-novembre.

AVEYRON RESERVATION TOURISME (ART) - Maison du Tourisme - BP 831 - 17 rue Aristide Briand - 12008 RODEZ Cedex
Tél. : 05 65 75 55 55 - Fax : 05 65 75 55 89 - Email : gites.de.france.aveyron@wanadoo.fr - www.gites-de-france-aveyron.com

| SUP. SAIS. | HTE SAIS. | MOY. SAIS. | BASSE SAIS. | WEEK-END | | | | | | |
|---|---|---|---|---|---|---|---|---|---|---|
| 459 | 382 | 287 | 191 | 134 | 8 | 4 | 10 | 1 | 4 | 20 | 4 |

# AVEYRON - 12

## N° G90491 NOAILHAC — Montbigoux — 550 m — CM 80 pli 1
**NN — 6 pers.**

"Le Grand Duc" gîte, sur 3 niveaux, mitoyen à un autre gîte (entrées indépendantes), dans un hameau, exploitation agricole et chambres d'hôtes sur place. 3 chambres (2 lits 2 pers., 2 lits 1 pers. lit bébé), salle d'eau, coin-cuisine/séjour (canapé), terrasse couverte et balcon (9m2) privatifs non clos, salon de jardin, barbecue. Commun : pelouse non close, portique. Montbigoux, c'est tout d'abord un panorama exceptionnel. C'est ensuite un environnement touristique très riche: Conques et son trésor, le chemin de St-Jacques de Compostelle... Ouvert toute l'année.

AVEYRON RESERVATION TOURISME (ART) - Maison du Tourisme - BP 831 - 17 rue Aristide Briand - 12008 RODEZ Cedex
Tél. : 05 65 75 55 75 - Fax : 05 65 75 55 89 - Email : gites.de.france.aveyron@wanadoo.fr - www.gites-de-france-aveyron.com

| SUP. SAIS. | HTE SAIS. | MOY. SAIS. | BASSE SAIS. | WEEK-END |
|---|---|---|---|---|
| 580 | 520 | 310 | 190 | 170 |

5 / 5 / 10 / 5 / 13 / 35 / 5

## N° G90492 NOAILHAC — Montbigoux — 550 m — CM 80 pli 1
**NN — 6 pers.**

"Le Chouette" gîte, sur 3 niveaux, mitoyen à un autre gîte (entrées indépendantes), dans un hameau exploitation agricole et chambres d'hôtes sur place. 3 chambres (2 lits 2 pers., 2 lits 1 pers. lit bébé), salle d'eau, coin-cuisine/séjour (canapés), terrasse couverte (25m2) non close, salon de jardin, barbecue. Commun : terrain non clos (250 m2), portique. Montbigoux, c'est tout d'abord un panorama exceptionnel. C'est ensuite un environnement touristique très riche: Conques et son trésor, le chemin de St-Jacques de Compostelle... Ouvert toute l'année.

AVEYRON RESERVATION TOURISME (ART) - Maison du Tourisme - BP 831 - 17 rue Aristide Briand - 12008 RODEZ Cedex
Tél. : 05 65 75 55 75 - Fax : 05 65 75 55 89 - Email : gites.de.france.aveyron@wanadoo.fr - www.gites-de-france-aveyron.com

| SUP. SAIS. | HTE SAIS. | MOY. SAIS. | BASSE SAIS. | WEEK-END |
|---|---|---|---|---|
| 580 | 520 | 310 | 190 | 170 |

5 / 5 / 10 / 5 / 13 / 35 / 5

## N° G9030 PEYRELEAU — Le Valat — 500 m — CM 80 pli 4
**NN — 8 pers.**

Gîte mitoyen à un autre gîte sur 2 niveaux, dans le village. 3 chambres dont 2 avec mezzanine (3 lits 2 pers., 2 lits 1 pers.), 2 salles d'eau, salle de bains, cuisine, salon (banquette), terrasse couverte (20m2), et cour (50m2) privatives et closes, salon de jardin, barbecue. Garage (sèche-linge), location de draps, taxe de séjour. Un gîte idéalement situé pour les passionnés de sport et de nature : au coeur des Gorges du Tarn, dans le Parc Naturel Régional des Grands Causses. Une maison de pierres où l'on a été attentif à la qualité des aménagements et des finitions. Ouvert de février à Toussaint.

AVEYRON RESERVATION TOURISME (ART) - Maison du Tourisme - BP 831 - 17 rue Aristide Briand - 12008 RODEZ Cedex
Tél. : 05 65 75 55 75 - Fax : 05 65 75 55 89 - Email : gites.de.france.aveyron@wanadoo.fr - www.gites-de-france-aveyron.com

| SUP. SAIS. | HTE SAIS. | MOY. SAIS. | BASSE SAIS. | WEEK-END |
|---|---|---|---|---|
| 765 | 765 | 574 | 383 | 268 |

10 / SP / 12 / SP / SP / 22 / 15

## N° G9027 PEYRUSSE-LE-ROC — CM 79 pli 10
**NN — 4 pers.**

Gîte indépendant sur 2 niveaux dans un village. 2 chambres (1 lit 2 pers., 2 lits 1 pers.), salle de bains, coin-cuisine/séjour (canapé, magnétoscope), jardin clos (1000m2), terrasse close (20m2), salon de jardin, barbecue, location de draps, du linge de table et de toilette. Le village médiéval de Peyrusse-le-Roc domine les pentes boisées d'où émergent 2 tours carrées, vestiges du passé. Située au coeur du village, proche de l'église, cette ancienne grange ouvre de plain pied sur une petite terrasse et un agréable jardin fleuri. Ouvert toute l'année.

AVEYRON RESERVATION TOURISME (ART) - Maison du Tourisme - BP 831 - 17 rue Aristide Briand - 12008 RODEZ Cedex
Tél. : 05 65 75 55 75 - Fax : 05 65 75 55 89 - Email : gites.de.france.aveyron@wanadoo.fr - www.gites-de-france-aveyron.com

| SUP. SAIS. | HTE SAIS. | MOY. SAIS. | BASSE SAIS. | WEEK-END |
|---|---|---|---|---|
| 460 | 460 | 345 | 230 | 150 |

9 / 5 / 10 / SP / 20 / 15 / 9

## N° G9073 SEVERAC-LE-CHATEAU — Blayac — 750 m — CM 80 pli 4
**NN — 7 pers.**

Gîte sur 2 niveaux, adossé au garage et à la ferme du propriétaire, dans un hameau. 4 chambres (2 lits 2 pers., 3 lits 1 pers. 1 lit de bébé), salles d'eau, coin-cuisine/séjour (canapé, magnétoscope, poêle à bois), cour close (180m2), salon de jardin, barbecue. Blayac, un hameau du Causse fleuri, avec des maisons et des murets de pierres claires, situé à proximité des gorges du Tarn, de ses sites grandioses et plus à l'ouest, de la vallée du Lot. A l'avant du gîte se détache une tonnelle, invitation à la détente. Ouvert toute l'année.

AVEYRON RESERVATION TOURISME (ART) - Maison du Tourisme - BP 831 - 17 rue Aristide Briand - 12008 RODEZ Cedex
Tél. : 05 65 75 55 75 - Fax : 05 65 75 55 89 - Email : gites.de.france.aveyron@wanadoo.fr - www.gites-de-france-aveyron.com

| SUP. SAIS. | HTE SAIS. | MOY. SAIS. | BASSE SAIS. | WEEK-END |
|---|---|---|---|---|
| 580 | 580 | 435 | 290 | 203 |

3 / 3 / 2 / 3 / 4 / 17 / 3 / 3

## N° G9090 ST-CHELY-D'AUBRAC — Le Mas Nouvel — 1120 m — CM 80 pli 3/4
**NN — 6 pers.**

Gîte indépendant, sur 3 niveaux, en bordure du hameau, en campagne. 3 chambres (2 lits 2 pers. 2 lits 1 pers. lit bébé), cuisine, séjour (canapé, magnétoscope), salle de bains, terrasse (12 m), cour close, salon de jardin, barbecue, location de draps, linge de table et de toilette, taxe de séjour. Au coeur du plateau de l'Aubrac, cette ancienne maison de ferme construite en 1825 offre aujourd'hui un gîte clair et convivial, largement ouvert sur l'extérieur. Selon la saison, les grands espaces s'ouvrent à vous pour le plaisir de la neige ou des randonnées. Ouvert toute l'année.

AVEYRON RESERVATION TOURISME (ART) - Maison du Tourisme - BP 831 - 17 rue Aristide Briand - 12008 RODEZ Cedex
Tél. : 05 65 75 55 75 - Fax : 05 65 75 55 89 - Email : gites.de.france.aveyron@wanadoo.fr - www.gites-de-france-aveyron.com

| SUP. SAIS. | HTE SAIS. | MOY. SAIS. | BASSE SAIS. | WEEK-END |
|---|---|---|---|---|
| 480 | 480 | 300 | 240 | 130 |

26 / 7 / 20 / 3 / 26 / 8 / 8 / 40 / 7

# AVEYRON - 12

## N° G9012 — ST-CYPRIEN-SUR-DOURDOU — CM 80 pli 2

**EC NN 4 pers.**

Gîte indépendant au rez-de-chaussée surélevé, à l'entrée du village en bordure d'une petite départementale. 2 chambres (1 lit 2 pers., 2 lits 1 pers.), salle d'eau, cuisine, séjour (canapé convertible, poêle à bois), véranda (11m2), cour (300m2) et terrain clos (500m2), salon de jardin, location de draps. Proche de Conques, St-Cyprien est un petit village accueillant ou vous trouverez des commerces et des équipements de loisirs. Durant leur séjour randonneurs confirmés ou simples promeneurs découvriront les paysages et villages des vallées du Lot et du Dourdou. Ouvert toute l'année.

AVEYRON RESERVATION TOURISME (ART) - Maison du Tourisme - BP 831 - 17 rue Aristide Briand - 12008 RODEZ Cedex
Tél. : 05 65 75 55 55 - Fax : 05 65 75 55 89 - Email : gites.de.france.aveyron@wanadoo.fr - www.gites-de-france-aveyron.com

| SUP. SAIS. | HTE SAIS. | MOY. SAIS. | BASSE SAIS. | WEEK-END | | | | | | | |
|---|---|---|---|---|---|---|---|---|---|---|---|
| 390 | 390 | 293 | 195 | 137 | SP | SP | 5 | SP | 13 | 15 | SP |

## N° G9010 — ST-IZAIRE — Faveyrolles — CM 83 pli 3

**EC NN 6 pers.**

Gîte mitoyen sur 2 niveaux dans un village à proximité de l'église. 2 chambres (2 lits 2 pers., 2 lits 1 pers., 1 lit de bébé), salle d'eau et salle de bains, cuisine, séjour (canapé), terrasses closes (33 et 50m2), salon de jardin, barbecue. Entre Raspes du Tarn et lacs du Lévézou, un gîte clair et spacieux ouvert sur 2 belles terrasses. Vous pourrez mettre à profit votre séjour pour découvrir les caves de Roquefort, les châteaux de Brousse, de Saint Izaire et les cités templières et hospitalières du Larzac. Ouvert de juin à septembre.

AVEYRON RESERVATION TOURISME (ART) - Maison du Tourisme - BP 831 - 17 rue Aristide Briand - 12008 RODEZ Cedex
Tél. : 05 65 75 55 55 - Fax : 05 65 75 55 89 - Email : gites.de.france.aveyron@wanadoo.fr - www.gites-de-france-aveyron.com

| SUP. SAIS. | HTE SAIS. | MOY. SAIS. | | | | | | | | | |
|---|---|---|---|---|---|---|---|---|---|---|---|
| 350 | 350 | 263 | | | 15 | 4 | 25 | 4 | 12 | 10 | 60 | 12 |

## N° G9026 — ST-JEAN-ET-SAINT-PAUL — St Jean d'Alcas — 550 m — CM 80 pli 14

**NN 6 pers.**

Gîte mitoyen sur 2 niveaux dans un village fortifié. 3 chambres (1 lit 2 pers., 4 lits 1 pers.), salle d'eau, coin-cuisine/séjour (canapés), terrasse (10m2) et jardin clos privés (40m2), ping-pong, salon de jardin, barbecue. Vous séjournerez à l'intérieur du fort de St-Jean d'Alcas, haut lieu touristique du pays des templiers et du Parc Naturel Régional des Grands Causses. Le gîte est situé en partie centrale de ce superbe ensemble, il a su allier sobriété et aménagement de qualité avec une touche d'originalité. Ouvert toute l'année.

AVEYRON RESERVATION TOURISME (ART) - Maison du Tourisme - BP 831 - 17 rue Aristide Briand - 12008 RODEZ Cedex
Tél. : 05 65 75 55 55 - Fax : 05 65 75 55 89 - Email : gites.de.france.aveyron@wanadoo.fr - www.gites-de-france-aveyron.com

| SUP. SAIS. | HTE SAIS. | MOY. SAIS. | BASSE SAIS. | WEEK-END | | | | | | | |
|---|---|---|---|---|---|---|---|---|---|---|---|
| 588 | 490 | 319 | 240 | 172 | 12 | 12 | 12 | 2 | 30 | 32 | 12 |

## N° G9078 — ST-JEAN-ET-SAINT-PAUL — St Jean d'Alcas — 550 m — CM 80 pli 14

**NN 8 pers.**

Gîte mitoyen sur 3 niveaux, dans un village. 4 chambres (4 lits 2 pers.), salles d'eau, cuisine, salon (canapé), pelouse (150m2) close, salon de jardin, barbecue, garages, salle de jeux (babyfoot, flipper), location de draps, linge de table et de toilette. Le gîte "La Cardabelle" est situé en bordure de St-Jean d'Alcas, non loin du magnifique fort qui a fait la renommée de ce village au coeur du pays des Templiers. Vous trouverez ici des volumes généreux, des matériaux de grande qualité, un ensemble destiné à rendre agréable votre séjour. Ouvert toute l'année.

AVEYRON RESERVATION TOURISME (ART) - Maison du Tourisme - BP 831 - 17 rue Aristide Briand - 12008 RODEZ Cedex
Tél. : 05 65 75 55 55 - Fax : 05 65 75 55 89 - Email : gites.de.france.aveyron@wanadoo.fr - www.gites-de-france-aveyron.com

| SUP. SAIS. | HTE SAIS. | MOY. SAIS. | BASSE SAIS. | WEEK-END | | | | | | | |
|---|---|---|---|---|---|---|---|---|---|---|---|
| 780 | 730 | 548 | 365 | 256 | 12 | 12 | 12 | 2 | 30 | 32 | 12 |

## N° G9029 — ST-SYMPHORIEN-DE-THENIERES — Les Cazelles — 720 m — CM 76 pli 13

**NN 6 pers.**

Gîte indépendant sur 2 niveaux sur une exploitation agricole, dans un hameau. 3 chambres (2 lits 2 pers., 2 lits 1 pers.), salle d'eau, salle de bains, coin-cuisine/séjour (canapé), cour (80m2) et terrain (500m2) non-clos privés, salon de jardin, barbecue, garage, taxes de séjour. Le jardin du gîte offre une belle vue sur les toits du village de St-Symphorien, situé sur un plateau verdoyant. Vous êtes dans la région des barrages hydroélectriques ce qui permet entre autre de profiter d'un petit lac aménagé pour la pêche et la baignade. Ouvert toute l'année.

AVEYRON RESERVATION TOURISME (ART) - Maison du Tourisme - BP 831 - 17 rue Aristide Briand - 12008 RODEZ Cedex
Tél. : 05 65 75 55 55 - Fax : 05 65 75 55 89 - Email : gites.de.france.aveyron@wanadoo.fr - www.gites-de-france-aveyron.com

| SUP. SAIS. | HTE SAIS. | MOY. SAIS. | BASSE SAIS. | WEEK-END | | | | | | | | |
|---|---|---|---|---|---|---|---|---|---|---|---|---|
| 530 | 530 | 275 | 230 | 180 | 7 | 4 | 7 | SP | 4 | 27 | 25 | 25 | 75 | 10 |

## N° G734 — THERONDELS — La Sagne — 950 m — CM 76 pli 13

**NN 8 pers.**

Gîte indépendant dans ancienne grange restaurée sur 2 niveaux, à proximité du propriétaire, à l'entrée du village. 5 chambres (2 lits 2 pers., 4 lits 1 pers., 1 lit de bébé), salle de bains, salle d'eau, cuisine, séjour (canapé, magnétoscope), buanderie (sèche-linge), terrasse, jardin privé, salon de jardin, barbecue. Location de draps, du linge de table et de toilette. Au coeur du Carladez, La Sagne vous ouvre ses portes pour des séjours en famille ou entre amis. La décoration intérieure restitue une ambiance champêtre de grandes vacances à la campagne. Ouvert de Pâques à Toussaint.

AVEYRON RESERVATION TOURISME (ART) - Maison du Tourisme - BP 831 - 17 rue Aristide Briand - 12008 RODEZ Cedex
Tél. : 05 65 75 55 55 - Fax : 05 65 75 55 89 - Email : gites.de.france.aveyron@wanadoo.fr - www.gites-de-france-aveyron.com

| SUP. SAIS. | HTE SAIS. | MOY. SAIS. | BASSE SAIS. | WEEK-END | | | | | | | |
|---|---|---|---|---|---|---|---|---|---|---|---|
| 615 | 512 | 384 | 256 | 180 | 10 | SP | 13 | 1 | 7 | 10 | 30 | SP |

## AVEYRON - 12

**N° G9018  VILLEFRANCHE-DE-ROUERGUE**  Veuzac   CM 79 pli 20

**NN**   **3 pers.**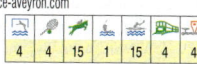

Gîte mitoyen à la maison du propriétaire (entrées indépendantes) au rez-de-chaussée surélevé dans un hameau à proximité voie ferrée. 2 chambres (1 lit 2 pers., 1 lit 110), salle d'eau, cuisine, jardin clos (50m2), abri voiture, salon de jardin. Taxe de séjour. A deux pas de Villefranche-de-Rouergue, ce gîte de confort simple, aménagé au rez-de-chaussée surélevé, offre un agréable jardin clos pour prendre les repas. Ce sera une étape idéale pour découvrir les bastides et les marchés haut en couleurs du Rouergue. Ouvert toute l'année.

AVEYRON RESERVATION TOURISME (ART) - Maison du Tourisme - BP 831 - 17 rue Aristide Briand - 12008 RODEZ Cedex
Tél. : 05 65 75 55 55 - Fax : 05 65 75 55 89 - Email : gites.de.france.aveyron@wanadoo.fr - www.gites-de-france-aveyron.com

| SUP. SAIS. | HTE SAIS. | MOY. SAIS. | BASSE SAIS. | WEEK-END |
|---|---|---|---|---|
| 235 | 235 | 177 | 118 | 83 |

| | | | | | | |
|---|---|---|---|---|---|---|
| 4 | 4 | 15 | 1 | 15 | 4 | 4 |

**MIDI-PYRÉNÉES**

Pictos voir p. 12

# HAUTE GARONNE - 31

GITES DE FRANCE - LOISIRS ACCUEIL - 14, rue Bayard - B.P. 845
31015 TOULOUSE Cédex 06 - Tél. 05 61 99 44 00 - Fax. 05 61 99 44 19
E.mail : bienvenue@cdt-haute-garonne.fr - www.tourisme-haute-garonne.com

## PÉRIODES TARIFAIRES
**PÉRIODE ROUGE** : du 31.07 au 14.08 - **PÉRIODE ORANGE** : du 20.12 au 3.01, du 10.07 au 31.07, du 14.08 au 21.08 - **RÉS. PYRÉNÉES** : du 7.02 au 6.03 - **PÉRIODE JAUNE** : du 3.07 au 10.07, du 21.08 au 28.07 - **RÉS. PYRÉNÉES ET PIEMONT ET TOULOUSE** : du 3.04 au 1.05 - **RÉS. PIÉMONT** : du 7.02 au 6.03 - **PÉRIODE BLEUE** : du 29.05 au 3.07, du 28.08 au 2.10, du 30.10 au 6.11 - **RÉS. COMMINGES ET TOULOUSE** : du 7.02 au 6.03 - **RÉS. COMMINGES** : du 3.04 au 1.05 - **PÉRIODE VERTE** : du 3.01 au 7.02, du 6.03 au 3.04, du 1.05 au 29.05, du 2.10 au 30.10, du 6.11 au 18.12

### N° HGP574 ARBON — 6 pers. — 711 m — CM 86 pli 1
St Bertrand de Comminges 20 km. Ski 28 km. R.D.C: entrée, cuisine indépendante ouvrant sur le jardin, salon, 1 ch (1 lit 160), salle d'eau, wc, cellier. Etage: vaste dortoir aménagé en combles avec charpente apparente (4 lits 1 pers. disposés de manière à créer des coins d'intimité), salle de jeux pour enfant (hauteur sous plafond réduite), ch électrique. M-ondes, lit bébé, congélateur. Perché sur la montagne, dans un hameau placé en bout de chemin, ce gîte vous offre une vue imprenable sur la vallée et vous garantit des vacances éloignées du bruit et de l'agitation citadines. Grand jardin, parking.
GITES DE FRANCE-LOISIRS ACCUEIL – 14 rue Bayard - BP 845 – 31015 TOULOUSE Cedex 06
Tél.: 05 61 99 44 00 - Fax: 05 61 99 44 19 - Email: bienvenue@cdt-haute-garonne.fr - www.tourisme-haute-garonne.com

| SUP. SAIS. | HTE SAIS. | MOY. SAIS. | BASSE SAIS. | HORS SAIS. |
|---|---|---|---|---|
| 450 | 440 | 390 | 350 | 300 |

| | | | | | | | | | |
|---|---|---|---|---|---|---|---|---|---|
| 4 | 4 | 8 | 15 | 3 | 3 | 10 | 15 | 3 |

### N° 000605 ARLOS — 7 pers. — 600 m — CM 86 pli 1
St-Béat 3 km. Station de ski Le Mourtis 13 km. R.D.C: séjour avec coin-cuisine, salle d'eau/wc. Etage 1: 2 chambres (2 lits 2 pers., lit bébé), salle d'eau/wc. Etage 2 (sous combles): 3 lits 1 pers. Chauffage électrique, micro-ondes,TV/magnétoscope. Au pied des montagnes, vous apprécierez de séjourner dans cette maison de village qui offre calme et repos. Vous pourrez profiter des activités de loisirs nombreuses alentours (ski, randonnée...) et de l'Espagne toute proche. Terrasse privative, aire de stationnement. Ouvert toute l'année.
Jacques et Evelyne DELCROS – 45 chemin de Pahin - 31170 TOURNEFEUILLE
Tél.: 05 61 30 10 70 - 06 89 72 97 69

| SUP. SAIS. | HTE SAIS. | MOY. SAIS. | BASSE SAIS. | HORS SAIS. | WEEK-END |
|---|---|---|---|---|---|
| 460 | 460 | 460 | 380 | 380 | 200 |

| | | | | | | | | | |
|---|---|---|---|---|---|---|---|---|---|
| 3 | 3 | 6 | 3 | 0,5 | 10 | 25 | 6 | 3 |

### N° 000601 ASPRET-SARRAT — 4 pers. — CM 86 pli 1
St-Bertrand-de-Comminges 15 km. Ski 30 km. R.D.C:salle de séjour avec coin-cuisine, salle d'eau/wc. Etage: 2 chambres (1 lit 2 pers., 2 lits 1 pers.). Chauffage électrique. Micro-ondes. Jouissant d'un panorama imprenable sur la chaîne des Pyrénées, cette petite maison récente, perchée sur sa colline boisée, vous assure tranquillité et repos pour des vacances "nature" loin de l'agitation des villes. Farniente sur la terrasse exposée plein sud ou balades dans la montagne... Laissez-vous séduire par le Piémont. Ouvert toute l'année.
Jean FEIXA – 15 rue des Pyrénées - 31800 VALENTINE
Tél.: 05 61 95 52 42

| SUP. SAIS. | HTE SAIS. | MOY. SAIS. | BASSE SAIS. | HORS SAIS. | WEEK-END |
|---|---|---|---|---|---|
| 305 | 305 | 305 | 240 | 240 | 80 |

| | | | | | | | | | |
|---|---|---|---|---|---|---|---|---|---|
| 5 | 2,5 | 3 | 3 | 1 | 3 | 15 | 15 | 5 | 3 |

### N° 000548 BEAUTEVILLE — 4 pers. — CM 82 pli 9
Toulouse 40 km. Carcassonne 50 km. Gîte de plain-pied, séjour avec coin-cuisine, 2 ch.(1 lit 2 pers., 2 lits 1 pers.), salle d'eau, wc. Transats, portique et piscine communs avec les propriétaires. Lit bébé sur demande. Réfrigérateur/congélateur. Chauffage central au gaz. Dans l'enceinte d'un joli parc, arboré et fleuri, cette petite maison de pierre et de brique vous attend pour des vacances reposantes et conviviales. Maison des propriétaires sur place. Aire de stationnement et jardinet clos avec barrière privatifs. Ouvert toute l'année.
Bénédicte POIRIER – Cammazet - 31290 BEAUTEVILLE
Tél.: 05 61 81 25 62 - Fax: 05 61 81 25 62

| SUP. SAIS. | HTE SAIS. | MOY. SAIS. | BASSE SAIS. | HORS SAIS. | WEEK-END |
|---|---|---|---|---|---|
| 450 | 450 | 410 | 360 | 228 | 135 |

| | | | | | | | | |
|---|---|---|---|---|---|---|---|---|
| SP | 10 | 10 | 15 | 3 | 10 | 10 |

### N° 000612 BENQUE-DESSOUS-ET-DESSUS — 14 pers. — 1200 m — CM 85 pli 20
Luchon 6 km. Ski. R.D.C: séjour avec coin-cuisine,1 ch (1 lit 2 pers.) avec salle d'eau privative,wc. Etage 1: salon avec accès sur l'extérieur,1 ch (1 lit 2 pers.),1 ch enfants (6 lits 80),salle d'eau/wc,wc indép. Etage 2: 3 ch (2 lits 100, 2 lits 2 pers.),salle de bains/wc. Ch central fuel. M-ondes,congélateur,magnéto,berceau,lit bébé. Tarifs variables selon nbre de pers. Perché au dessus du petit village de montagne de Benque, dans la vallée d'Oueil, ce gîte aménagé dans une grande maison en pierre est l'endroit rêvé pour des vacances en famille ou entre amis. Ouvert toute l'année.
Arnaud NARD – Benque Dessus - 31110 BENQUE-DESSOUS-ET-DESSUS
Tél.: 05 61 79 34 03 - Email: nard.arnaud@wanadoo.fr - http://perso.wanadoo.fr/clementnard

| SUP. SAIS. | HTE SAIS. | MOY. SAIS. | BASSE SAIS. | HORS SAIS. | WEEK-END |
|---|---|---|---|---|---|
| 1050 | 1000 | 800 | 700 | 600 | 300 |

| | | | | | | |
|---|---|---|---|---|---|---|
| 6 | 6 | 6 | 6 | 1 | 6 | 6 |

# HAUTE GARONNE - 31

*Périodes tarifaires p. 290*

## N° HGL552  CALMONT
CM 82 pli 18

**NN  4 pers.**

Canal du Midi 9 km. R.D.C: séjour avec coin-cuisine, ouvrant sur une petite cour privative à l'arrière de la maison, wc. Etage: 2 ch (2 lits 2 pers.), salle d'eau, wc. Chauffage électrique. M-ondes, réfrigérateur/congélateur. Dans une petite rue calme, ce gîte vous invite à venir découvrir le Lauragais en séjournant au coeur d'un village qui propose tous les commerces et services utiles. Stationnement possible devant la maison, mitoyenne de celle des propriétaires. Pêche et baignade dans l'Hers à 100m. A66 à 4 km. Ouvert toute l'année.
GITES DE FRANCE-LOISIRS ACCUEIL - 14 rue Bayard - BP 845 - 31015 TOULOUSE Cedex 06
Tél.: 05 61 99 44 00 - Fax: 05 61 99 44 19 - Email: bienvenue@cdt-haute-garonne.fr - www.tourisme-haute-garonne.com

| SUP. SAIS. | HTE SAIS. | MOY. SAIS. | BASSE SAIS. | HORS SAIS. | WEEK-END |
|---|---|---|---|---|---|
| 340 | 335 | 300 | 235 | 165 | 120 |

| | | | | | | |
|---|---|---|---|---|---|---|
| 8 | 0,8 | 6 | 9 | 0,1 | 8 | 0,5 |

## N° HGC586  CASTELBIAGUE
CM 86 pli 2

**NN  7 pers.**

St-Girons 25 km. St-Gaudens 25 km. R.D.C: vaste séjour, petite cuisine indépendante, cellier, wc. Etage: 2 ch (2 lits 2 pers.), salle de bains/wc. Etage accessible depuis le cellier: 1 ch indépendante (1 lit 160, 1 lit 1 pers.) avec sa salle de bains privative. Chauffage électrique. M-ondes, 2 TV, hifi, matériel bébé, tél (accès sélectif modulable). Dans les contreforts des Pyrénées, cette ancienne maison rénovée vous accueille dans un hameau d'où vous pourrez rayonner en empruntant les nombreux sentiers alentour. Vous profiterez du jardin et de la terrasse couverte. Parking. Ouvert de mai à octobre.
GITES DE FRANCE-LOISIRS ACCUEIL - 14 rue Bayard - BP 845 - 31015 TOULOUSE Cedex 06
Tél.: 05 61 99 44 00 - Fax: 05 61 99 44 19 - Email: bienvenue@cdt-haute-garonne.fr - www.tourisme-haute-garonne.com

| SUP. SAIS. | HTE SAIS. | MOY. SAIS. | BASSE SAIS. | HORS SAIS. |
|---|---|---|---|---|
| 480 | 450 | 400 | 320 | 320 |

| | | | | | |
|---|---|---|---|---|---|
| 10 | 10 | 1 | 0,3 | 10 | 20 | 5 |

## N° HGP577  CIRES
1300 m   CM 85 pli 20

**NN  6 pers.**

Luchon 12 km. R.D.C: séjour avec coin-cuisine, salle d'eau avec wc séparés. Etage: 2 chambres (2 lits 2 pers., 2 lits superposés). Chauffage électrique. Barbecue bati, micro-ondes, réfrigérateur/congélateur. ["au vert": jardin, terrasse, parking, local matériel dans le moulin.] Au coeur de la Vallée d'Oueil, vous trouverez ce gîte aménagé dans une ancienne grange sur un terrain de 3000 m2 qui mène jusqu'au ruisseau. Là, que vous soyez attirés par la pêche, la détente, la randonnée ou le ski, tous les éléments seront réunis pour vous offrir de belles vacances. Ouvert toute l'année.
GITES DE FRANCE-LOISIRS ACCUEIL - 14 rue Bayard - BP 845 - 31015 TOULOUSE Cedex 06
Tél.: 05 61 99 44 00 - Fax: 05 61 99 44 19 - Email: bienvenue@cdt-haute-garonne.fr - www.tourisme-haute-garonne.com

| SUP. SAIS. | HTE SAIS. | MOY. SAIS. | BASSE SAIS. | HORS SAIS. |
|---|---|---|---|---|
| 530 | 530 | 430 | 380 | 310 |

| | | | | | | | | | |
|---|---|---|---|---|---|---|---|---|---|
| 12 | 12 | 12 | 12 | SP | 14 | 12 | 12 | 12 | 12 |

## N° GPT599  EAUNES
CM 82 pli 17

**NN  10 pers.**

Toulouse 27 km. R.D.C: cuisine avec coin-repas, salle à manger, salon de télévision, salle de lecture, salle de bains/wc. Etage: 4 ch (4 lits 2 pers., 2 lits 1 pers.), salle d'eau/wc. Chauffage électrique (climatisation possible au R.D.C. en été). Magnétoscope, téléphone portable à carte, réfrigérateur/congélateur, matériel bébé. M-ondes. Situé à la fois en pleine campagne et tout près de l'agglomération toulousaine, aux portes de la vallée de la Lèze, ce gîte aménagé dans une ancienne ferme rénovée, a tous les atouts pour vous séduire. Jardin clos et abri-couvert. Ouvert toute l'année.
GITES DE FRANCE-LOISIRS ACCUEIL - 14 rue Bayard - BP 845 - 31015 TOULOUSE Cedex 06
Tél.: 05 61 99 44 00 - Fax: 05 61 99 44 19 - Email: bienvenue@cdt-haute-garonne.fr - www.tourisme-haute-garonne.com

| SUP. SAIS. | HTE SAIS. | MOY. SAIS. | BASSE SAIS. | HORS SAIS. |
|---|---|---|---|---|
| 610 | 610 | 565 | 505 | 460 |

| | | | | | | |
|---|---|---|---|---|---|---|
| 6 | 1 | 4 | 3 | 1,5 | 6 | 16 | 6 | 1 |

## N° GPT571  ESPERCE
CM 82 pli 19

**NN  4/6 pers.**

Toulouse 38 km. Gîte de plain-pied: entrée, cuisine, séjour (convertible), 2 ch (2 lits 1 pers., 1 lit 2 pers.), salle de bains avec wc. Chauffage central gaz. Prise TV. Vous passerez d'agréables vacances au calme dans cette ancienne maison rénovée, mitoyenne à l'habitation du propriétaire. Au milieu des champs ce sera le lieu idéal pour vos balades. Jardin commun, petite terrasse privative, parking. Ouvert pendant les vacances scolaires, juin et septembre.

GITES DE FRANCE-LOISIRS ACCUEIL - 14 rue Bayard - BP 845 - 31015 TOULOUSE Cedex 06
Tél.: 05 61 99 44 00 - Fax: 05 61 99 44 19 - Email: bienvenue@cdt-haute-garonne.fr - www.tourisme-haute-garonne.com

| SUP. SAIS. | HTE SAIS. | MOY. SAIS. | BASSE SAIS. |
|---|---|---|---|
| 310 | 305 | 260 | 230 |

| | | | | | | |
|---|---|---|---|---|---|---|
| 8 | 8 | 5 | 10 | 8 | 20 | 8 | 8 |

## N° HGP587  ESTADENS
CM 86 pli 2

**NN  8 pers.**

St-Bertrand-de-Comminges 30 km. R.D.C: entrée, cuisine coin-repas, salon, ch. africaine accessible aux handicapés (1 lit 2 pers.) avec salle d'eau/wc privative, wc. Etage: ch. coloniale (1 lit 160, 1 lit 1 pers.), ch. orientale (1 lit 160, 1 lit 1 pers.), salle de bains/douche/wc. Chauffage central fuel. M-ondes, tél portable à carte. Réfrigérateur/congélateur. Hébergement avec piscine commune. Aménagé dans les dépendances d'une ferme commingeoise transformées au 20e en couvent, ce gîte a fait l'objet d'une réhabilitation très contemporaine. Mitoyen avec l'habit. du prop. et un 2nd gîte.
GITES DE FRANCE-LOISIRS ACCUEIL - 14 rue Bayard - BP 845 - 31015 TOULOUSE Cedex 06
Tél.: 05 61 99 44 00 - Fax: 05 61 99 44 19 - Email: bienvenue@cdt-haute-garonne.fr - www.tourisme-haute-garonne.com

| SUP. SAIS. | HTE SAIS. | MOY. SAIS. | BASSE SAIS. | HORS SAIS. | WEEK-END |
|---|---|---|---|---|---|
| 990 | 770 | 660 | 550 | 420 | 290 |

| | | | | | | |
|---|---|---|---|---|---|---|
| SP | 3,5 | 8 | 18 | 3,5 | 18 | 19 | 3,5 |

# HAUTE GARONNE - 31

*Périodes tarifaires p. 290*

## N° HGP588 — ESTADENS

**CM 86 pli 2**

NN — 13 pers.

**St-Bertrand-de-Comminges 30 km.** R.D.C: entrée, vaste cuisine avec coin-repas, salon, ch (2 lits 1 pers. + salle d'eau/wc) accessible aux handicapés, wc/buanderie. 1er étage: ch rouge: (1 lit 2 pers.+lit enfant+salle de bains avec douche et wc séparés), ch jaune (1 lit 160, 1 lit 1 pers., salle d'eau/wc). 1/2 palier: wc. 2 è étage sous combles: 2 chambres (1 lit 2 pers., 3 lits 1 pers.) avec chacune leur salle d'eau. ch central fuel, m-ondes. tel portable à carte. Piscine commune. Mitoyen à l'habitation du propriétaire et d'un second gîte. Terrasse plein sud, aire de stationnement réservée.

GITES DE FRANCE-LOISIRS ACCUEIL — 14 rue Bayard - BP 845 - 31015 TOULOUSE Cedex 06
Tél.: 05 61 99 44 00 - Fax: 05 61 99 44 19 - Email: bienvenue@cdt-haute-garonne.fr — www.tourisme-haute-garonne.com

| SUP. SAIS. | HTE SAIS. | MOY. SAIS. | BASSE SAIS. | HORS SAIS. | WEEK-END |
|---|---|---|---|---|---|
| 1330 | 1070 | 900 | 750 | 640 | 450 |

| | | | | | | | |
|---|---|---|---|---|---|---|---|
| SP | 3,5 | 8 | 18 | 3,5 | 18 | 19 | 3,5 |

## N° HGL597 — LE FAGET

**CM 82 pli 9**

NN — 2/4 pers.

**Revel. St-Ferréol 20 km.** Gîte de plain-pied: grand séjour avec coin-cuisine et coin-détente (canapé-lit 2 pers.), 1 chambre (1 lit 2 pers.), salle de bains, wc. Chauffage électrique. Micro-ondes, réfrigérateur/congélateur. Possibilité lit pliant. Situé sur une ligne de crête, cet hangar agricole a été transformé par les propriétaires qui habitent également sur place et profite d'une vue imprenable sur les collines lauragaises, et plus loin, la chaine des Pyrénées. Terrasse privative, jardin clos et terrain de pétanque commun. Parking. Ouvert toute l'année.

GITES DE FRANCE-LOISIRS ACCUEIL — 14 rue Bayard - BP 845 - 31015 TOULOUSE Cedex 06
Tél.: 05 61 99 44 00 - Fax: 05 61 99 44 19 - Email: bienvenue@cdt-haute-garonne.fr — www.tourisme-haute-garonne.com

| SUP. SAIS. | HTE SAIS. | MOY. SAIS. | BASSE SAIS. | HORS SAIS. | WEEK-END |
|---|---|---|---|---|---|
| 300 | 300 | 290 | 250 | 230 | 100 |

| | | | | | |
|---|---|---|---|---|---|
| 10 | 5 | 3 | 20 | 3 | 20 | 10 |

## N° 000585 — FOS

500 m — **CM 86 pli 1**

NN — 11 pers.

**Espagne 2 km.** R.D.C surélevé: cuisine,cellier/buanderie, séjour, wc, ch. années 40 (1 lit 2 pers.) avec salle d'eau/wc attenante, local skis. Etage: Ch. Egyptienne (1 lit 2 pers.), Africaine (1 lit 2 pers.), Mer (1 lit 2 pers., 1 lit 1 pers.) et Chinoise (1 lit 2 pers.), cette dernière et sa salle de jeux enfants accessibles par s d'eau. Ch central fuel. M-ondes, réfrigérateur/congélateur, magnétoscope, lit bébé. A la frontière entre Espagne et France, cette grande maison traditionnelle rénovée vous attend pour un séjour au coeur des Pyrénées, pays de l'ours. Jardin clos, balcon.

Mr et Mme ST-ORENS SCI LE SERIAIL - 5 rue des Garennes – 65390 AURENSAN
Tél.: 05 62 33 44 29 – 06 88 24 89 18 - Fax: 05 62 33 44 29 - Email: tsohp@yahoo.fr — www.leseriail.com

| SUP. SAIS. | HTE SAIS. | MOY. SAIS. | BASSE SAIS. | HORS SAIS. | WEEK-END |
|---|---|---|---|---|---|
| 1220 | 1220 | 1067 | 915 | 762 | 305 |

| | | | | | | | | |
|---|---|---|---|---|---|---|---|---|
| 7 | 1 | 10 | 2 | SP | 15 | 20 | 20 | 12 | 7 |

## N° HGV611 — FRANCON

**CM 82 pli 16**

NN — 2 pers.

**Cazères 15 km.** R.D.C: séjour avec coin-cuisine, salle de bains avec douche et wc. Etage: 1 chambre sous combles (1 lit 2 pers.). Chauffage central gaz, TV (satellite), micro-ondes. Dans un petit hameau niché au coeur des coteaux de Gascogne, cette maison traditionnelle commingeoise abrite dos à dos ce petit gîte et l'habitation des propriétaires. Une terrasse et un charmant jardin fleuri privatifs occupent l'espace devant le séjour. Aire de stationnement. Ouvert du 1er.07 au 31.08 et du 1er.12 au 31.01.

GITES DE FRANCE-LOISIRS ACCUEIL — 14 rue Bayard - BP 845 - 31015 TOULOUSE Cedex 06
Tél.: 05 61 99 44 00 - Fax: 05 61 99 44 19 - Email: bienvenue@cdt-haute-garonne.fr — www.tourisme-haute-garonne.com

| SUP. SAIS. | HTE SAIS. | MOY. SAIS. | BASSE SAIS. | HORS SAIS. | WEEK-END |
|---|---|---|---|---|---|
| 340 | 310 | 310 | 170 | | 85 |

| | | | | | |
|---|---|---|---|---|---|
| 12 | 12 | 12 | 8 | 1 | 25 | 25 |

## N° HGP592 — GARIN

1100 m — **CM 85 pli 20**

NN — 10 pers.

**Luchon 8 km (ski).** R.D.C: séjour avec coin-cuisine, cellier. Etage: 3 chambres (2 lit 2 pers., 2 lits 1 pers.superposés),salle d'eau/wc, salle d'eau, wc. Au 2è étage sous combles: 2 ch. mansardées (2 lits 1 pers., 1 lit 2 pers., lit bébé). Chauffage électrique. Barbecue commun à 2 gîtes, Micro-ondes, réfrigérateur/congélateur. Hébergement sur exploitation agricole. Dans le village de Garin, cette ancienne forge rénovée sera pour vos vacances ou vos week ends le point de départ idéal pour vos sorties de ski ou vos ballades en montagne. Terrasse, parking.

GITES DE FRANCE-LOISIRS ACCUEIL — 14 rue Bayard - BP 845 - 31015 TOULOUSE Cedex 06
Tél.: 05 61 99 44 00 - Fax: 05 61 99 44 19 - Email: bienvenue@cdt-haute-garonne.fr — www.tourisme-haute-garonne.com

| SUP. SAIS. | HTE SAIS. | MOY. SAIS. | BASSE SAIS. | HORS SAIS. | WEEK-END |
|---|---|---|---|---|---|
| 550 | 520 | 440 | 400 | 350 | 200 |

| | | | | | | | |
|---|---|---|---|---|---|---|---|
| 8 | 8 | 8 | 8 | 12 | 8 | 8 | 8 |

## N° HGP593 — GARIN

1100 m — **CM 85 pli 20**

NN — 4/5 pers.

**Luchon 8 km (ski).** R.D.C: séjour (convertible) avec coin-cuisine (poele à bois), salle d'eau. Etage: 1 chambre (1 lit 2 pers., 2 lits 1 pers.), wc, lavabo sur le palier. Chauffage électrique. Barbecue commun à 2 gîtes, micro-ondes. Cette petite maison de pierre vous accueille dans un quartier calme du village de Garin. Vous bénéficierez d'un petit jardin clos devant la maison. A 2 pas de Luchon, toutes les activités de montagne vous seront possibles. Parking. Ouvert toute l'année.

GITES DE FRANCE-LOISIRS ACCUEIL — 14 rue Bayard - BP 845 - 31015 TOULOUSE Cedex 06
Tél.: 05 61 99 44 00 - Fax: 05 61 99 44 19 - Email: bienvenue@cdt-haute-garonne.fr — www.tourisme-haute-garonne.com

| SUP. SAIS. | HTE SAIS. | MOY. SAIS. | BASSE SAIS. | HORS SAIS. | WEEK-END |
|---|---|---|---|---|---|
| 350 | 350 | 335 | 245 | 185 | 100 |

| | | | | | | | |
|---|---|---|---|---|---|---|---|
| 8 | 8 | 8 | 8 | 12 | 8 | 8 | 8 |

# HAUTE GARONNE - 31

Périodes tarifaires p. 290

## N° HGF575  LAYRAC-SUR-TARN
CM 82 pli 8

**NN  6 pers.**

Toulouse 33 km. Villemur-sur-Tarn 6 km. R.D.C: entrée, cuisine, salle à manger, salon, 1 ch (1 lit 2 pers.), salle d'eau, wc. Etage: 2 ch (2 lits 2 pers.), salle d'eau/wc. Chauffage électrique. Barbecue bâti, lave-linge séchant, m-ondes, congélateur, hifi. 2 heures de ménages sont incluses. Gîte de pêche. En bordure du Tarn, cette ancienne ferme rénovée, indépendante, vous propose de séjourner au milieu des champs. Les amateurs de pêche trouveront sur place le matériel et les informations nécessaires ainsi qu'un sentier aménagé jusqu'à la rivière. Abri couvert, garage, grd terrain arboré.

GITES DE FRANCE-LOISIRS ACCUEIL - 14 rue Bayard - BP 845 - 31015 TOULOUSE Cedex 06
Tél. : 05 61 99 44 00 - Fax : 05 61 99 44 19 - Email : bienvenue@cdt-haute-garonne.fr - www.tourisme-haute-garonne.com

| SUP. SAIS. | HTE SAIS. | MOY. SAIS. | BASSE SAIS. | HORS SAIS. |
|---|---|---|---|---|
| 500 | 490 | 490 | 390 | 260 |

| | | | | | |
|---|---|---|---|---|---|
| 6 | 1,5 | 3 | 3 | SP | 15 | 6 |

## N° GPT608  LHERM
CM 82 pli 17

**NN  5 pers.**

Muret 10 km. Toulouse 30 km. R.D.C: entrée, cuisine, salle à manger, salle d'eau, wc. Etage: 3 chambres (1 lit 110, 2 lits 2 pers.). Chauffage électrique (appoint au R.D.C). Micro-ondes. Dans le village du Lherm, en bordure de la route principale, cette ancienne maison vous accueille en toute simplicité pour des vacances ou un séjour professionnel. Proche de Toulouse, vous goûterez au charme de la vie à la campagne. Abri couvert pour voiture, cour privative close. Ouvert toute l'année.

GITES DE FRANCE-LOISIRS ACCUEIL - 14 rue Bayard - BP 845 - 31015 TOULOUSE Cedex 06
Tél. : 05 61 99 44 00 - Fax : 05 61 99 44 19 - Email : bienvenue@cdt-haute-garonne.fr - www.tourisme-haute-garonne.com

| SUP. SAIS. | HTE SAIS. | MOY. SAIS. | BASSE SAIS. | HORS SAIS. |
|---|---|---|---|---|
| 300 | 300 | 270 | 200 | 180 |

| | | | | | |
|---|---|---|---|---|---|
| 8 | 0,8 | 1 | 4 | 4 | 10 | 10 |

## N° 000616  LUX
CM 82

**NN  6 pers.**

Villefranche-de-Lauragais 6 km. R.D.C: cuisine américaine, séjour. Etage: 3 chambres (3 lits 2 pers.), salle de bains avec douche, wc. Chauffage électrique. Réfrigérateur/congélateur, téléphone ( portable à carte). Cette villa récente et bien construite sur un terrain clos de 1200 m2. Vous pourrez y profiter de la piscine privative et manger sous la terrasse couverte en admirant la campagne alentours, et, par temps clair, la chaîne des Pyrénées au loin. Ouverte toute l'année.

Robert et Céline ARNAUD-BROSSE - 11320 LES CASSES
Tél. : 04 68 60 05 78 - 06 77 81 60 26 - Fax : 04 68 23 59 24 - celine.brosse@free.fr

| SUP. SAIS. | HTE SAIS. | MOY. SAIS. | BASSE SAIS. | HORS SAIS. |
|---|---|---|---|---|
| 530 | 530 | 430 | 430 | 305 |

| | | | | |
|---|---|---|---|---|
| SP | 6 | 10 | 10 | 40 |

## N° HGF462  MIREPOIX-SUR-TARN
CM 82 pli 8

**NN  4 pers.**

Toulouse 33 km. Villemur-sur-Tarn 7 km. Gîte de plain-pied: séjour avec coin-cuisine ouvrant sur une grande terrasse, 2 chambres (2 lits 2 pers.), salle de bains, wc indep. Prise TV, téléphone (portable), micro-ondes, réfrigérateur/congélateur. Dans le village, mitoyen mais bien indépendant d'un premier gîte, cette ancienne grange rénovée vous accueille dans un environnement calme, propice à la détente. Garage, grand terrain privatif clos, terrasse. Ouverte toute l'année. Vacances de Printemps au tarif Hors-Saison.

GITES DE FRANCE-LOISIRS ACCUEIL - 14 rue Bayard - BP 845 - 31015 TOULOUSE Cedex 06
Tél. : 05 61 99 44 00 - Fax : 05 61 99 44 19 - Email : bienvenue@cdt-haute-garonne.fr - www.tourisme-haute-garonne.com

| SUP. SAIS. | HTE SAIS. | MOY. SAIS. | BASSE SAIS. | HORS SAIS. |
|---|---|---|---|---|
| 445 | 445 | 445 | 290 | 190 |

| | | | | | |
|---|---|---|---|---|---|
| 3 | 0,1 | 8 | 0,1 | 30 | 11 | 0,2 |

## N° 000583  MONTASTRUC-LA-CONSEILLERE
CM 82 pli 8

**NN  5 pers.**

Toulouse 17 km. Gîte de plain-pied: Cuisine, cellier, vaste séjour ouvrant sur la cour et le jardin, ch enfants (lits superposés), ch. parents (1 lit 2 pers.), s. de bains/wc. La ch. enfants est un lieu de passage pour accéder à l'autre ch. et aux sanitaires. Micro-ondes, lit bébé. Chauff électr. Hébergement mitoyen au château des propriétaires, ce gîte est aménagé en bout de bâtiment et profite d'une vue panoramique imprenable sur les coteaux environnants. Cour et grand terrain engazonnée commun (balançoire). Piscine des propriétaires accessible. Ouverte toute l'année.

Agnès DU LAC - Château de Campagne - 31380 MONTASTRUC-LA-CONSEILLERE
Tél. : 05 61 84 08 80 - 06 63 63 96 53 - Email : adu.lac@wanadoo.fr

| SUP. SAIS. | HTE SAIS. | MOY. SAIS. | BASSE SAIS. | HORS SAIS. |
|---|---|---|---|---|
| 535 | 535 | 460 | 400 | 260 |

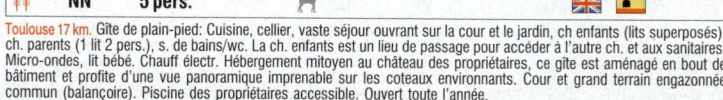

| | | | | | | |
|---|---|---|---|---|---|---|
| SP | 0,1 | 4 | 4 | 4 | 2 | 0,8 | 0,5 |

## N° HGV545  MONTBRUN-BOCAGE
513 m   CM 82 pli 17

**NN  6 pers.**

Montesquieu-Volvestre 14 km. R.D.C: grande cuisine donnant sur la terrasse couverte, salle à manger, salon. Etage: ch jaune (1 lit 2 pers.), ch rose (1 lit 2 pers.) et ch blanche (1 lit 2 pers.+ terrasse privative), salle de bains, wc. M-ondes, magnétoscope, lit et chaise bébé, poussette, réfrigérateur/congélateur, chauffage électrique. Perchée sur le coteau du Volvestre, cette ancienne maison rénovée vous accueille au sein d'un petit hameau. De là, vous pourrez partir en balade sur les sentiers alentours, à travers bois et prairies et découvrir la vie de la ferme chez les accueillants.

GITES DE FRANCE-LOISIRS ACCUEIL - 14 rue Bayard - BP 845 - 31015 TOULOUSE Cedex 06
Tél. : 05 61 99 44 00 - Fax : 05 61 99 44 19 - Email : bienvenue@cdt-haute-garonne.fr - www.tourisme-haute-garonne.com

| SUP. SAIS. | HTE SAIS. | MOY. SAIS. | BASSE SAIS. | HORS SAIS. | WEEK-END |
|---|---|---|---|---|---|
| 370 | 335 | 290 | 250 | 210 | 125 |

| | | | | | | | |
|---|---|---|---|---|---|---|---|
| 14 | 1 | 10 | 3 | 3 | 16 | 35 | 16 | 3 |

# HAUTE GARONNE - 31

Périodes tarifaires p. 290

## N° HGV581  POUCHARRAMET
CM 82 pli 17

**NN   5 pers.**

Muret 15 km. Toulouse 35 km. R.D.C: séjour avec coin-cuisine et salon, 2 ch (1 lit 2 pers., 1 lit 1 pers.), salle de bains/wc. Etage: chambre en mezzanine (2 lits 1 pers.). Chauffage électrique. micro-ondes, magnétoscope, réfrigérateur/congélateur. Sur une exploitation agricole, cette ancienne dépendance réaménagée en gîte est entourée de champs. Il bénéficie d'une terrasse et d'un jardin privatifs, mais aussi de la piscine des propriétaires qui habitent à proximité immédiate. Ouvert toute l'année.
GITES DE FRANCE-LOISIRS ACCUEIL - 14 rue Bayard - BP 845 - 31015 TOULOUSE Cedex 06
Tél.: 05 61 99 44 00 - Fax: 05 61 99 44 19 - Email: bienvenue@cdt-haute-garonne.fr - www.tourisme-haute-garonne.com

| SUP. SAIS. | HTE SAIS. | MOY. SAIS. | BASSE SAIS. | HORS SAIS. | WEEK-END | | SP | 1 | 4 | 2,5 | 2,5 | 15 | 4 |
|---|---|---|---|---|---|---|---|---|---|---|---|---|---|
| 480 | 450 | 420 | 320 | 200 | 120 | | | | | | | | |

## N° HGV613  POUCHARRAMET
CM 82 pli 17

**NN   4/6 pers.**

Muret 15 km. Toulouse 35 km. R.D.C: séjour (convertible 2 pers.) avec coin-cuisine ouvrant sur terrasse couverte, wc. Etage: 2 chambres (1 lit 160, 2 lits 1 pers. superposés, lit bébé), salle de bains, coin-buanderie. Micro-ondes, réfrigérateur/congélateur. Aménagé dans l'ancien chais de la propriété, à deux pas de la maison de maîtres des propriétaires, ce gîte bénéficie d'un cadre enchanteur, du parc aux chênes centenaires, de la piscine et du court de tennis communs. Calme assuré. Ouvert toute l'année.
GITES DE FRANCE-LOISIRS ACCUEIL - 14 rue Bayard - BP 845 - 31015 TOULOUSE Cedex 06
Tél.: 05 61 99 44 00 - Fax: 05 61 99 44 19 - Email: bienvenue@cdt-haute-garonne.fr - www.tourisme-haute-garonne.com

| SUP. SAIS. | HTE SAIS. | MOY. SAIS. | BASSE SAIS. | HORS SAIS. | | SP | SP | 6 | 2 | 2 | 25 |
|---|---|---|---|---|---|---|---|---|---|---|---|
| 420 | 400 | 320 | 280 | 200 | | | | | | | |

## N° 000527  RAZECUEILLE
650 m    CM 86 pli 1

**NN   8 pers.**

Aspet 7 km. R.D.C: cuisine, salon, salle à manger, 1 ch. (1 lit 2 pers.), salle de bains/wc. Etage: (escalier étroit et raide) coin-repos, 2 ch. (2 lits 2 pers., 1 lit 120, 1 lit 1 pers.), salle d'eau/wc. Chauffage électrique. Micro-ondes, réfrigérateur/congélateur, magnétoscope, hifi, tél (portable à carte), lit bébé. Week-end détente 230 €. Mitoyenne d'un autre gîte, cette maison, située dans un hameau pyrénéen, vous offre un agréable panorama sur les montagnes alentours. Vous pourrez également profiter du jardin et, loin du bruit, d'agréables moments de détente. Ouvert toute l'année.
Jean-Louis BOUE - Le Grand Chalet - Quartier Sarradère Bas - 31160 ASPET
Tél.: 05 61 88 89 55 - 06 07 60 49 15 - Email: gite.peyrolise@free.fr - http://gite.peyrolise.free.fr

| SUP. SAIS. | HTE SAIS. | MOY. SAIS. | BASSE SAIS. | HORS SAIS. | WEEK-END | 7 | 8 | 3,5 | 20 | 1 | 30 | 35 | 25 | 15 | 7 |
|---|---|---|---|---|---|---|---|---|---|---|---|---|---|---|---|
| 460 | 460 | 460 | 380 | 240 | 185 | | | | | | | | | | |

## N° HGV614  SAJAS
CM 82 pli 16

**NN   6/8 pers.**

Rieumes 10 km. Toulouse 50 km. R.D.C: entrée, cuisine avec coin-repas, séjour (convertible), ch (1 lit 2 pers.), salle de bains, salle d'eau/wc, coin-buanderie. Etage: 2 ch. (2 lits 1 pers., 1 lit 2 pers.), dressing, wc, coin-bureau. Ch électrique + récupérateur de chaleur. Barbecue, micro-ondes, réfrigérateur/congélateur. Vous passerez d'agréables moments en famille ou entre amis dans cette ancienne maison rénovée, jouissant d'un jardin clos où il fera bon manger et se détendre. Aire de stationnement privative. Ouvert de juin à septembre.
GITES DE FRANCE-LOISIRS ACCUEIL - 14 rue Bayard - BP 845 - 31015 TOULOUSE Cedex 06
Tél.: 05 61 99 44 00 - Fax: 05 61 99 44 19 - Email: bienvenue@cdt-haute-garonne.fr - www.tourisme-haute-garonne.com

| SUP. SAIS. | HTE SAIS. | MOY. SAIS. | BASSE SAIS. | HORS SAIS. | | 10 | 4 | 7 | 12 | 4 | 20 | 10 |
|---|---|---|---|---|---|---|---|---|---|---|---|---|
| 430 | 400 | 355 | 295 | 235 | | | | | | | | |

## N° HGP594  SALLES-ET-PRATIVIEL
670 m    CM 85 pli 20

**NN   5 pers.**

St-Bertrand-de-Comminges 25 km. Luchon 5 km. R.D.C. : Entrée, séjour, coin-cuisine, cellier, salle d'eau/wc. Etage: coin-détente sur le palier, ch. bleue (1 lit 1 pers.), Ch. jaune (2 lits 1 pers.), et Ch. verte (1 lit 2 pers.) ouvrant sur le balcon, salle d'eau/wc. Chauffage électrique. Portable à carte, m-ondes, réfrigérateur/congélateur, lit bébé à la demande. Sur la place du hameau, cette ancienne grange rénovée vous attend avec son grand balcon fleuri tout l'été qui fait face à la montagne. Tout près de Luchon, curistes et vacanciers pourront y trouver le calme ainsi qu'un large panel d'activités.
GITES DE FRANCE-LOISIRS ACCUEIL - 14 rue Bayard - BP 845 - 31015 TOULOUSE Cedex 06
Tél.: 05 61 99 44 00 - Fax: 05 61 99 44 19 - Email: bienvenue@cdt-haute-garonne.fr - www.tourisme-haute-garonne.com

| SUP. SAIS. | HTE SAIS. | MOY. SAIS. | BASSE SAIS. | HORS SAIS. | WEEK-END | 5 | 5 | 5 | 1 | 5 | 5 | 5 |
|---|---|---|---|---|---|---|---|---|---|---|---|---|
| 500 | 500 | 450 | 400 | 350 | 150 | | | | | | | |

## N° HGL546  SAUSSENS
CM 82 pli 9

**NN   2/3 pers.**

Toulouse 22 km. Gîte de plain pied: séjour avec coin-cuisine, 1 ch (1 lit 2 pers.), salle d'eau et wc séparé. m-ondes, matériel bébé, réfrigérateur/congélateur, barbecue et jeux d'enfants communs. Un peu à l'extérieur du petit village de Saussens, vous découvrirez le Lauragais et ses paysages vallonnés depuis cette ancienne ferme rénovée, où vous serez mitoyens des propriétaires. Parking, vaste terrain commun, terrasse privative. Ouvert toute l'année.
GITES DE FRANCE-LOISIRS ACCUEIL - 14 rue Bayard - BP 845 - 31015 TOULOUSE Cedex 06
Tél.: 05 61 99 44 00 - Fax: 05 61 99 44 19 - Email: bienvenue@cdt-haute-garonne.fr - www.tourisme-haute-garonne.com

| SUP. SAIS. | HTE SAIS. | MOY. SAIS. | BASSE SAIS. | HORS SAIS. | | 10 | 10 | 6 | 10 | 10 | 22 | 2 |
|---|---|---|---|---|---|---|---|---|---|---|---|---|
| 265 | 265 | 235 | 195 | 155 | | | | | | | | |

MIDI-PYRÉNÉES   Pictos voir p. 12

# HAUTE GARONNE - 31

Périodes tarifaires p. 290

## N° HGV621 ST-ARAILLE — CM 82 pli 16

NN — 6 pers.

**Le Fousseret 12 km. Rieumes 18 km.** R.D.C: vaste déjour avec coin-cuisine partie salon, 1 ch (1 lit 2 pers.) avec salle d'eau privative, wc, cellier/buanderie. Etage: bureau/bibliothèque en mezzanine, 2 ch dont 1 avec balcon (1 lit 2 pers., 2 lits 1 pers.), salle de bains avec douche/wc. Chauffage central. Micro-ondes, téléphone portable à carte. Hébergement avec piscine hors-sol. Au cœur des coteaux de Gascogne, à deux pas du Gers, cette ancienne ferme vous offre un séjour authentique avec au loin les Pyrénées en toile de fond. Terrasses, aire de stationnement, terrain non-clos.

GITES DE FRANCE-LOISIRS ACCUEIL - 14 rue Bayard - BP 845 - 31015 TOULOUSE Cedex 06
Tél.: 05 61 99 44 00 - Fax: 05 61 99 44 19 - Email: bienvenue@cdt-haute-garonne.fr - www.tourisme-haute-garonne.com

| SUP. SAIS. | HTE SAIS. | MOY. SAIS. | BASSE SAIS. | HORS SAIS. | WEEK-END |
|---|---|---|---|---|---|
| 505 | 465 | 435 | 355 | 255 | 152 |

| | | | | | | |
|---|---|---|---|---|---|---|
| SP | 3,5 | 20 | 20 | 15 | 20 | 18 |

## N° HGC610 ST-BERTRAND-DE-COMMINGES — CM 85 pli 20

NN — 4 pers.

Gîte aménagé en étage, au dessus d'un garage: séjour avec coin-cuisine, 1 chambre (1 lit 2 pers.), salle d'eau/wc. Chauffage électrique, Barbecue bâti, lave-linge disponible sur demande, micro-onde. Taxe de séjour en supplément. Dans la ville haute de Saint Bertrand, sur les remparts, ce petit appartement vous permettra de profiter pleinement du site, haut lieu touristique du département. Jardin privatif, terrasse, belle vue sur les vestiges gallo-romains, aire de stationnement. Ouvert toute l'année.

GITES DE FRANCE-LOISIRS ACCUEIL - 14 rue Bayard - BP 845 - 31015 TOULOUSE Cedex 06
Tél.: 05 61 99 44 00 - Fax: 05 61 99 44 19 - Email: bienvenue@cdt-haute-garonne.fr - www.tourisme-haute-garonne.com

| SUP. SAIS. | HTE SAIS. | MOY. SAIS. | BASSE SAIS. | HORS SAIS. | WEEK-END |
|---|---|---|---|---|---|
| 380 | 350 | 300 | 275 | 230 | 100 |

| | | | | | | | |
|---|---|---|---|---|---|---|---|
| 9 | 2 | 3 | 4 | 1 | 2 | 9 | 4 | 9 | 5 |

## N° 000547 ST-FELIX-LAURAGAIS — CM 82 pli 19

NN — 8 pers.

**Carcassonne 45 km. Albi 80 km. Châteaux Cathares 100 km.** R.D.C: vaste séjour, cuisine, salle de jeux, wc, cellier. Etage: 4 ch. (4 lits 1 pers., 2 lits 2 pers.) dont 1 avec salle d'eau privative, salle d'eau, salle de bains, wc. Micro-ondes, réfrigérateur/congélateur, lit bébé. Transats. Chauffage central au fuel. Hébergement sur exploitation agricole (céréales). A deux pas de la Montagne Noire et du Lac de St-Ferréol, vous trouverez à la fois détente sur la propriété et activités alentours. La Rigole, qui passe à 100 m, vous offrira un délicieux lieu de promenade. Ouvert toute l'année.

Antoine Le Ravan - 31540 ST-FELIX-LAURAGAIS
Tél.: 05 61 83 04 32 - Fax: 05 61 83 38 27

| SUP. SAIS. | HTE SAIS. | MOY. SAIS. | BASSE SAIS. | HORS SAIS. | WEEK-END |
|---|---|---|---|---|---|
| 480 | 480 | 420 | 350 | 280 | 180 |

| | | | | | | | |
|---|---|---|---|---|---|---|---|
| 7 | 3 | 10 | 10 | SP | 10 | 45 | 17 | 5 |

## N° 000589 ST-MARCET — CM 82 pli 15

NN — 6 pers.

**St-Bertrand-de-Comminges 40 km. Villa Gallo-romaine Montmaurin 15 km.** R.D.C: entrée, séjour (poele à bois), coin-cuisine, salle d'eau, wc, chambre (1 lit 2 pers.). Etage: 2 chambres (2 lits 2 pers.), dégagement avec banc de musculation. Chauffage électrique. Portique, toboggan, ping-pong. Micro-ondes, réfrigérateur/congélateur. Equipement bébé (lit, landau, poussette, chaise-haute). Ce gîte est aménagé dans une ancienne ferme qui a su conserver son charme d'autrefois. Vous y bénéficierez d'un grand espace extérieur (parc sur le coté, cour, abri couvert pour le stationnement des voitures, terrasse.

Jean MONTAUT - 31350 ST-LARY-BOUJEAN
Tél.: 05 61 89 24 77

| SUP. SAIS. | HTE SAIS. | MOY. SAIS. | BASSE SAIS. | HORS SAIS. | WEEK-END |
|---|---|---|---|---|---|
| 380 | 380 | 305 | 280 | 200 | 85 |

| | | | | | | |
|---|---|---|---|---|---|---|
| 15 | 0,5 | 10 | 0,5 | 0,5 | 25 | 17 | 15 |

## N° GPT580 THIL — CM 82 pli 7

NN — 4 pers.

**Grenade 12 km. Toulouse 26 km.** R.D.C: cuisine avec coin-repas, salon, buanderie. Etage: 2 ch disposant chacune d'un sanitaire complet privatif (1 lit 2 pers., 2 lits 1 pers.), wc. Chauffage électrique, téléphone (portable à carte). Réfrigérateur/congélateur, sèche-linge. Sur exploitation agricole (jumenterie). Aménagé dans l'orangerie du Château Lagaillarde, ancien relais de chasse du 19è. Vous serez indépendants dans ce gîte mais pourrez aussi profiter du parc et cheminer autour du petit lac ou vous détendre auprès de la piscine. Accueil de cavaliers. Ouvert toute l'année.

GITES DE FRANCE-LOISIRS ACCUEIL - 14 rue Bayard - BP 845 - 31015 TOULOUSE Cedex 06
Tél.: 05 61 99 44 00 - Fax: 05 61 99 44 19 - Email: bienvenue@cdt-haute-garonne.fr - www.tourisme-haute-garonne.com

| SUP. SAIS. | HTE SAIS. | MOY. SAIS. | BASSE SAIS. | HORS SAIS. | WEEK-END |
|---|---|---|---|---|---|
| 700 | 650 | 600 | 550 | 450 | 250 |

| | | | | | | |
|---|---|---|---|---|---|---|
| SP | SP | 2,5 | 18 | 5 | 18 | 12 |

## N° HGF615 VACQUIERS — CM 82 pli 8

NN — 6 pers.

**Fronton 15 km. Toulouse 25 km.** Gîte de plain-pied: cuisine américaine donnant sur la terrasse couverte, vaste séjour, clic-clac, 3 chambres (3 lits 2 pers.) dont une avec salle d'eau privative, salle de bains, salle d'eau, 2 wc, buanderie. Ch électrique au sol. Réfrigérateur/congélateur, tél (portable à carte), lave-linge séchant. Hébergement sur exploitation agricole. Sur un vaste terrain de 2ha entièrement clos, cette ancienne ferme rénovée propose tout près de Toulouse, des séjours au calme, au milieu des champs. Ouvert de juin à septembre.

GITES DE FRANCE-LOISIRS ACCUEIL - 14 rue Bayard - BP 845 - 31015 TOULOUSE Cedex 06
Tél.: 05 61 99 44 00 - Fax: 05 61 99 44 19 - Email: bienvenue@cdt-haute-garonne.fr - www.tourisme-haute-garonne.com

| SUP. SAIS. | HTE SAIS. | MOY. SAIS. | BASSE SAIS. | HORS SAIS. |
|---|---|---|---|---|
| 575 | 535 | 500 | 380 | 350 |

| | | | | | |
|---|---|---|---|---|---|
| 6 | 3 | 4 | 4 | 20 | 25 | 6 |

# HAUTE GARONNE - 31

Périodes tarifaires p. 290

### N° HGC551  VALCABRERE

**NN  6 pers.**

CM 86 pli 1

St Bertrand de Comminges 0,3 km. R.D.C: entrée, cuisine, vaste séjour, wc. Etage: 3 chambres (2 lits 2 pers., 2 lits 1 pers.), dont 2 donnent sur une galerie, salle d'eau/wc. Chauffage électrique, m-ondes, tél (portable à carte), matériel bébé sur demande. Sur une petite place du village de Valcabrère, à 2 pas du site antique et de la cathédrale de St Bertrand de Comminges, cette maison ancienne a retrouvé son âme pour vous accueillir pour vos vacances "au vert". Jardin privatif clos et arboré, parking. Balades et découvertes historiques. Ouvert toute l'année.
GITES DE FRANCE-LOISIRS ACCUEIL - 14 rue Bayard - BP 845 - 31015 TOULOUSE Cedex 06
Tél.: 05 61 99 44 00 - Fax: 05 61 99 44 19 - Email: bienvenue@cdt-haute-garonne.fr - www.tourisme-haute-garonne.com

| SUP. SAIS. | HTE SAIS. | MOY. SAIS. | BASSE SAIS. | HORS SAIS. | WEEK-END |
|---|---|---|---|---|---|
| 450 | 450 | 380 | 350 | 250 | 130 |

### N° HGL550  VERFEIL

**NN  4/5 pers.**

CM 82 pli 9

Toulouse 27 km. Gîte de plain-pied: séjour avec coin-cuisine, 2 chambres (1 lit 2 pers., 2 lits 110), salle d'eau/wc, buanderie, réfrigérateur/congélateur, tél (portable à carte). M-ondes, matériel bébé à la demande. Chauffage électrique. Vous partagerez cette ancienne ferme rénovée avec les propriétaires, dont l'habitation est mitoyenne du gîte, au coeur des coteaux et des champs du Lauragais. Petite terrasse fermée et jardin non clos privatifs. Parking devant la maison. Ouvert toute l'année.
GITES DE FRANCE-LOISIRS ACCUEIL - 14 rue Bayard - BP 845 - 31015 TOULOUSE Cedex 06
Tél.: 05 61 99 44 00 - Fax: 05 61 99 44 19 - Email: bienvenue@cdt-haute-garonne.fr - www.tourisme-haute-garonne.com

| SUP. SAIS. | HTE SAIS. | MOY. SAIS. | BASSE SAIS. | HORS SAIS. |
|---|---|---|---|---|
| 400 | 365 | 335 | 240 | 185 |

### N° HGF609  VILLEMATIER

**NN  5 pers.**

CM 82 pli 8

Villemur-sur-Tarn 4 km. Toulouse 30 km. R.D.C: séjour avec coin-cuisine ouvrant sur terrasse, 1 chambre (1 lit 1 pers.). Etage: 2 chambres (2 lits 1 pers., 1 lit 2 pers.), salle d'eau, wc. Chauffage central au fuel. Micro-ondes, prise tél. Hébergement sur exploitation agricole (maïs). Cette ancienne ferme typique de 1900 accueille à la fois le gîte et l'habitation du propriétaire. Entourée de champs, c'est le lieu idéal pour trouver calme et repos. Terrasse privative couverte, vaste terrain non-clos, aire de stationnement dans la cour. Ouvert toute l'année.
GITES DE FRANCE-LOISIRS ACCUEIL - 14 rue Bayard - BP 845 - 31015 TOULOUSE Cedex 06
Tél.: 05 61 99 44 00 - Fax: 05 61 99 44 19 - Email: bienvenue@cdt-haute-garonne.fr - www.tourisme-haute-garonne.com

| SUP. SAIS. | HTE SAIS. | MOY. SAIS. | BASSE SAIS. | HORS SAIS. |
|---|---|---|---|---|
| 335 | 305 | 305 | 240 | 200 |

### N° 000600  VILLENEUVE-DE-RIVIERE

**NN  5 pers.**

CM 86 pli 1

St-Bertrand-de-Comminges 15 km. Luchon 45 km. R.D.C: séjour avec cuisine-américaine, coin-détente, buanderie, salle d'eau, wc. Etage: 2 chambres (2 lits 2 pers., 1 lit 1 pers.). Chauffage électrique. Micro-ondes, réfrigérateur/congélateur, téléphone (portable à carte), lit bébé sur demande. Au centre de la vie du village, cette petite maison rénovée vous permettra de passer d'agréables moments, à deux pas des Pyrénées. Le jardin clos, la terrasse, l'abri couvert seront à votre disposition pour profiter de votre séjour. De nombreuses balades et visites vous sont proposées alentours.
Patrick et M-Laure HERY - Chemin des chataigniers - 31800 VILLENEUVE-DE-RIVIERE
Tél.: 05 61 89 18 44 - Email: pat.hery@wanadoo.fr

| SUP. SAIS. | HTE SAIS. | MOY. SAIS. | BASSE SAIS. | HORS SAIS. | WEEK-END |
|---|---|---|---|---|---|
| 400 | 400 | 350 | 300 | 230 | 130 |

**MIDI-PYRÉNÉES**

Pictos voir p. 12

297

# GERS - 32

**GITES DE FRANCE** - Service Réservation - Maison de l'Agriculture
B.P. 178 - 32003 AUCH Cédex - Tél. 05 62 61 79 00 - Fax. 05 62 61 79 09
E.mail : contact@gers-tourisme.com - www.resinfrance.com
www.gers-tourisme.com

3615 Gîtes de France
RESA - 0,2 €/mn

## PERIODES TARIFAIRES
**BASSE SAISON** : du 07.02 au 06.03 (vacances Hiver/Février), Autres périodes - **MOYENNE SAISON** : du 22.05 au 03.07, du 28.08 au 02.10, du 03.04 au 01.05 (vacances Printemps), du 23.10 au 6.11 (vacances Toussaint), du 18.12 au 03.01.05 (vacances Noël) - **SUPER SAISON** : du 10.07 au 21.08 - **HAUTE SAISON** : 03.07 au 10.07 et du 21.08 au 28.07

MIDI-PYRÉNÉES
Pictos voir p. 12

### N° G537 AVEZAN — CM 82 pli 5
NN — 4 pers.
Lectoure 20 km. Musées, cathédrale, station thermale. Maison individuelle en pierres (97 m²), rez-de-chaussée + étage, aménagée dans un ancien pigeonnier avec terrain arboré et fleuri, terrasses (22 m² dont 8 m² couverts), à proximité de l'habitation des propriétaires, piscine commune (profondeur : 1.50 m- 4x9 m). Abri. Séjour/coin-cuisine. 1 chambre accès par 3 marches (1 lit 160), salle de bains, wc. A l'étage (escalier en colimaçon) : 1 chambre mansardée (hauteur mini : 180 - 2 lits 1 pers., 1 lit d'appoint). Ouvert toute l'année.
GITES DE FRANCE-SERVICE RESERVATION - Maison de l'Agriculture - BP 178 - 32003 AUCH Cedex
Tél. : 05 62 61 79 00 - Fax : 05 62 61 79 09 - Email : contact@gers-tourisme.com - www.gers-tourisme.com

| SUP. SAIS. | HTE SAIS. | MOY. SAIS. | PET. VAC. SCOL. | VAC. FEV. | AUTRES MOIS | WEEK-END |
|---|---|---|---|---|---|---|
| 630 | 630 | 405 | 405 | 300 | 300 | 150 |

| | | | | | | | | | | | |
|---|---|---|---|---|---|---|---|---|---|---|---|
| 6 | 14 | 1,5 | 4 | 4 | 18 | 9 | 17 | 50 | 14 | | |

### N° G206 ESTIPOUY — En Berdure — CM 82 pli 4
NN — 12 pers.
Festival de Jazz à Marciac 20 km. Festival Country à Mirande 5 km. Gîte composé de 2 modules mitoyens non communicants (135 m² r.d.c. + étage - 77 m² + étage), dans une ancienne ferme isolée 20 ha de terrain donnant sur 100 m² de terrasse et espaces verts arborés, adossé à 1 second gîte en cours de réalisation, à 800 m de la D 137. Module 1 : salon, salle à manger, cuisine, s.d.b., wc, buanderie. A l'ét. : 3 ch. (1 lit 2 pers. 6 lits 1 pers.), s.e., WC. Module 2 : séjour, coin-cuisine, s.d.b., WC. A l'étage : 3 ch. (2 lits 2 pers. 1 lit 1 pers.). Jaccuzi à 7 places. Ouvert toute l'année.
GITES DE FRANCE-SERVICE RESERVATION - Maison de l'Agriculture - BP 178 - 32003 AUCH Cedex
Tél. : 05 62 61 79 00 - Fax : 05 62 61 79 09 - Email : contact@gers-tourisme.com - www.gers-tourisme.com

| SUP. SAIS. | HTE SAIS. | MOY. SAIS. | PET. VAC. SCOL. | VAC. FEV. | AUTRES MOIS | WEEK-END |
|---|---|---|---|---|---|---|
| 1680 | 1295 | 1110 | 1110 | 865 | 865 | 470 |

| | | | | | | | | | | |
|---|---|---|---|---|---|---|---|---|---|---|
| 18 | 5 | 5 | 6 | 5 | 22 | 5 | 1 | 22 | 5 | |

### N° G638 GOUX — A Maupéou — CM 82 pli 2
NN — 7 pers.
Festival jazz in Marciac 23 km. Maison indépendante (200 m²), rez-de-chaussée + étage, mobilier et décoration soignés, au coeur d'un petit village, avec terrasse, terrain arboré et fleuri, à 200 m de la D 835. Cuisine/salle à manger, buanderie, salon (accès 2 marches). 1 chambre (1 lit 2 pers.), salle de bains. A l'étage : 2 chambres communicantes (1 lit 2 pers. 1 lit 1 pers.) avec salle d'eau. 1 chambre (1 lit 2 pers., lit enfant), salle d'eau, wc. Ouvert toute l'année.
GITES DE FRANCE-SERVICE RESERVATION - Maison de l'Agriculture - BP 178 - 32003 AUCH Cedex
Tél. : 05 62 61 79 00 - Fax : 05 62 61 79 09 - Email : contact@gers-tourisme.com - www.gers-tourisme.com

| SUP. SAIS. | HTE SAIS. | MOY. SAIS. | PET. VAC. SCOL. | VAC. FEV. | AUTRES MOIS |
|---|---|---|---|---|---|
| 625 | 530 | 375 | 375 | 250 | 250 |

| | | | | | | | | | |
|---|---|---|---|---|---|---|---|---|---|
| 7 | 7 | 2 | 3 | 3 | 30 | 7 | 30 | 40 | 7 |

### N° GA86 LECTOURE — St Bars — CM 82 pli 5
NN — 4 pers.
Lectoure 6 km. Station thermale, cathédrale, musées. Maison individuelle (110 m²) rez-de-chaussée + 2 mezzanines dans un hameau avec véranda et espace vert aménagé délimité par la végétation à 1 km d'une base de loisirs. Cuisine, séjour, véranda avec coin-repas, salle d'eau/wc. 1 chambre (1 lit 2 pers.), 1 mezzanine hauteur mini : 1.70 m (1 lit 2 pers.), 1 autre mezzanine hauteur mini : 1.20 m (1 lit 2 pers. d'appoint). Garage. Ouvert toute l'année.
GITES DE FRANCE-SERVICE RESERVATION - Maison de l'Agriculture - BP 178 - 32003 AUCH Cedex
Tél. : 05 62 61 79 00 - Fax : 05 62 61 79 09 - Email : contact@gers-tourisme.com - www.gers-tourisme.com

| SUP. SAIS. | HTE SAIS. | MOY. SAIS. | PET. VAC. SCOL. | VAC. FEV. | AUTRES MOIS |
|---|---|---|---|---|---|
| 305 | 305 | 229 | 229 | 152 | 152 |

| | | | | | | | | | |
|---|---|---|---|---|---|---|---|---|---|
| 1 | 6 | 1 | 6 | 17 | 1 | 10 | 40 | 6 | |

### N° GRG543 PUYCASQUIER — Embidalet — CM 82 pli 5
NN — 6 pers.
Auch 25 km. Cathédrale, escalier monumental et statue de d'Artagnan, musée. Gîte dans une habitation du XIXe sicèle (110 m²), rez-de-chaussée, 2 ha de terrain dont 500 m² aménagés en jardin arboré et fleuri, ancienne ferme agricole avec dépendances, à 50 m de la route. Séjour/coin-cuisine, salon (couloir), 3 chambres (3 lits 2 pers.), salle de bains, wc. A disposition : buanderie/espace rangement. Dans les dépendances : garage et abri (4.80 m de long). Ouvert toute l'année.
GITES DE FRANCE-SERVICE RESERVATION - Maison de l'Agriculture - BP 178 - 32003 AUCH Cedex
Tél. : 05 62 61 79 00 - Fax : 05 62 61 79 09 - Email : contact@gers-tourisme.com - www.gers-tourisme.com

| SUP. SAIS. | HTE SAIS. | MOY. SAIS. | PET. VAC. SCOL. | VAC. FEV. | AUTRES MOIS |
|---|---|---|---|---|---|
| 540 | 460 | 325 | 325 | 225 | 225 |

| | | | | | | | | | |
|---|---|---|---|---|---|---|---|---|---|
| 20 | 12 | 10 | 3 | 2 | 17 | 27 | 17 | 25 | 15 |

# GERS - 32

Périodes tarifaires p. 298

## N° G163 RAMOUZENS — Au Mounoy — CM 82 pli 3

**NN — 2 pers.**

Circuit Paul Armagnac à Nogaro 23 km. Vic-Fezensac (15 km). Féria de Pentecôte, festival Tempo Latino (juillet). Barbothan les Thermes 27 km : station thermale, casino. Studio (32 m$^2$) à l'étage mansardé (hauteur 1.65/2.50 m) avec balcon, mitoyen à 3 autres gîtes et à proximité de l'habitation des propriétaires, donnant sur la campagne et les vignes, sur l'exploitation agricole (élevage de chevaux de courses, piste d'entraînement), accueil cavaliers et chevaux. Lave-linge commun. Séjour/coin-cuisine (1 lit 2 pers.). Salle d'eau/wc. Espace rangement. Ouvert toute l'année.

GITES DE FRANCE-SERVICE RESERVATION - Maison de l'Agriculture - BP 178 - 32003 AUCH Cedex
Tél. : 05 62 61 79 00 - Fax : 05 62 61 79 09 - Email : contact@gers-tourisme.com - www.gers-tourisme.com

| SUP. SAIS. | HTE SAIS. | MOY. SAIS. | PET. VAC. SCOL. | VAC. FEV. | AUTRES MOIS | WEEK-END |   |   |   |   |   |   |   |   |   |
|---|---|---|---|---|---|---|---|---|---|---|---|---|---|---|---|
| 485 | 405 | 285 | 285 | 285 | 285 | 110 | 7 | 12 | 12 | 7 | 14 | 24 | 14 | 65 | 12 |

## N° G164 RAMOUZENS — Au Mounoy — CM 82 pli 3

**NN — 4 pers.**

Circuit Paul Armagnac à Nogaro 23 km. Vic-Fezensac 15 km. Féria de Pentecôte, festival Tempo Latino (juillet). Barbothan les Thermes 27 km : station thermale, casino. Gîte en rez-de-chaussée (54 m$^2$) donnant sur la cour de ferme, mitoyen à 3 autres gîtes et à proximité de l'habitation des propriétaires sur une exploitation agricole (élevage de chevaux de course, piste d'entraînement), accueil cavaliers et chevaux. Lave-linge commun. Séjour/coin-cuisine, 2 chambres (1 lit 2 pers. 2 lits 1 pers.), salle d'eau/wc. Ouvert toute l'année.

GITES DE FRANCE-SERVICE RESERVATION - Maison de l'Agriculture - BP 178 - 32003 AUCH Cedex
Tél. : 05 62 61 79 00 - Fax : 05 62 61 79 09 - Email : contact@gers-tourisme.com - www.gers-tourisme.com

| SUP. SAIS. | HTE SAIS. | MOY. SAIS. | PET. VAC. SCOL. | VAC. FEV. | AUTRES MOIS | WEEK-END |   |   |   |   |   |   |   |   |   |
|---|---|---|---|---|---|---|---|---|---|---|---|---|---|---|---|
| 560 | 470 | 330 | 330 | 330 | 330 | 125 | 7 | 12 | 12 | 7 | 14 | 24 | 14 | 65 | 12 |

## N° G165 RAMOUZENS — Au Mounoy — CM 82 pli 3

**NN — 2 pers.**

Circuit Paul Armagnac à Nogaro 23 km. Vic-Fezensac 15 km. Féria de Pentecôte, festival Tempo Latino (juillet). Barbothan les Thermes 27 km : station thermale, casino. Studio (31 m$^2$) à l'étage, mansardé (hauteur 1 /2.65 m) mitoyen à 3 autres gîtes et à proximité de l'habitation des propriétaires, sur une exploitation agricole (élevage de chevaux de course, piste d'entraînement), accueil cavaliers et chevaux. Lave-linge commun. Séjour/coin-cuisine (1 lit 2 pers.), pièce de 9 m$^2$ (hauteur1/2.5 m) avec (1 lit 1 pers.), salle d'eau/wc. Espace rangement. Ouvert toute l'année.

GITES DE FRANCE-SERVICE RESERVATION - Maison de l'Agriculture - BP 178 - 32003 AUCH Cedex
Tél. : 05 62 61 79 00 - Fax : 05 62 61 79 09 - Email : contact@gers-tourisme.com - www.gers-tourisme.com

| SUP. SAIS. | HTE SAIS. | MOY. SAIS. | PET. VAC. SCOL. | VAC. FEV. | AUTRES MOIS | WEEK-END |   |   |   |   |   |   |   |   |   |
|---|---|---|---|---|---|---|---|---|---|---|---|---|---|---|---|
| 410 | 340 | 250 | 250 | 250 | 250 | 100 | 7 | 12 | 12 | 7 | 14 | 24 | 14 | 65 | 12 |

## N° G166 RAMOUZENS — Au Mounoy — CM 82 pli 3

**NN — 4 pers.**

Circuit Paul Armagnac à Nogaro 23 km. Vic-Fezensac 15 km. Féria de Pentecôte, festival Tempo Latino (juillet). Barbothan les Thermes 27 km : station thermale, casino. Appartement (65 m$^2$), rez-de-chaussée, donnant sur un espace vert privatif, avec terrasse couverte, mitoyen à 3 autres gîtes et à proximité de l'habitation des propriétaires sur une exploitation agricole (élevage de chevaux de course, piste d'entraînement), accueil cavaliers et chevaux. Lave-linge commun. Séjour/salle à manger, cuisine, salle d'eau, wc. 1 chambre (2 lits 1 pers.). 1 coin-nuit accès par le séjour (1 lit 2 pers.). Ouvert toute l'année.

GITES DE FRANCE-SERVICE RESERVATION - Maison de l'Agriculture - BP 178 - 32003 AUCH Cedex
Tél. : 05 62 61 79 00 - Fax : 05 62 61 79 09 - Email : contact@gers-tourisme.com - www.gers-tourisme.com

| SUP. SAIS. | HTE SAIS. | MOY. SAIS. | PET. VAC. SCOL. | VAC. FEV. | AUTRES MOIS | WEEK-END |   |   |   |   |   |   |   |   |   |
|---|---|---|---|---|---|---|---|---|---|---|---|---|---|---|---|
| 620 | 515 | 365 | 365 | 365 | 365 | 137 | 7 | 12 | 12 | 7 | 14 | 24 | 14 | 65 | 12 |

## N° G303 ROQUEFORT — Au Boulio — CM 82 pli 5

**NN — 6 pers.**

Auch 17 km. Ancienne capitale de la Gascogne, cathédrale, escalier monumental et statue de d'Artagnan, musée. Maison (80 m$^2$), rez-de-chaussée, avec terrasses en partie couvertes, mitoyenne à l'habitation de la propriétaire (entreprise de transports à 50 m), espace vert commun aménagé avec mare. Cuisine, séjour, cellier. 3 chambres (3 lits 2 pers.), salle de bains/wc. Cellier (3.50 m$^2$). Ouvert toute l'année.

GITES DE FRANCE-SERVICE RESERVATION - Maison de l'Agriculture - BP 178 - 32003 AUCH Cedex
Tél. : 05 62 61 79 00 - Fax : 05 62 61 79 09 - Email : contact@gers-tourisme.com - www.gers-tourisme.com

| SUP. SAIS. | HTE SAIS. | MOY. SAIS. | PET. VAC. SCOL. | VAC. FEV. | AUTRES MOIS |   |   |   |   |   |   |   |   |   |
|---|---|---|---|---|---|---|---|---|---|---|---|---|---|---|
| 570 | 485 | 340 | 340 | 240 | 240 | 17 | 15 | 1 | 1,5 | 8 | 15 | 17 | 15 | 55 | 15 |

## N° GRG312 ROQUEFORT — Le Pic — CM 82 pli 5

**NN — 5 pers.**

Auch 18 km. Cathédrale, escalier monumental et statue de d'Artagnan, musée. Maison (93 m$^2$) rez-de-chaussée, indépendante, donnant sur une ancienne cour de ferme, avec 3000 m$^2$ de terrain, dépendances à proximité, sur une exploitation agricole de polyculture en activité (hangar/matériel agricole). Cuisine/coin-repas, salon. 2 chambres (2 lits 2 pers. 1 lit 130), salle d'eau, wc. Garage dans annexe. Ouvert toute l'année.

GITES DE FRANCE-SERVICE RESERVATION - Maison de l'Agriculture - BP 178 - 32003 AUCH Cedex
Tél. : 05 62 61 79 00 - Fax : 05 62 61 79 09 - Email : contact@gers-tourisme.com - www.gers-tourisme.com

| SUP. SAIS. | HTE SAIS. | MOY. SAIS. | PET. VAC. SCOL. | VAC. FEV. | AUTRES MOIS |   |   |   |   |   |   |   |   |   |
|---|---|---|---|---|---|---|---|---|---|---|---|---|---|---|
| 380 | 325 | 225 | 225 | 165 | 165 | 16 | 13 | 4 | 3 | 7 | 13 | 16 | 13 | 55 | 13 |

# GERS - 32

Périodes tarifaires p. 298

## N° G229 ST-MICHEL — Béoulaygo — CM 82 pli 14

**NN 6 pers.**

Festival jazz in Marciac 30 km. Festival Country à Mirande 13 km. Maison à colombages (155 m²), rez-de-chaussée + étage, indépendant sur espace vert arboré (2000 m²) avec vue panoramique sur la chaîne des pyrénées, à proximité de l'habitation des propriétaires et à 200 m d'une exploitation agricole (élevage de bovins). Séjour/coin-cuisine, wc, douche, cellier. A l'étage : 3 chambres (2 lits 2 pers. 2 lits 1 pers.) dont une avec balcon, salle de bains, wc, espace nuit (1 lit gigogne). Abri. Ouvert toute l'année sauf du 20 au 31 décembre.

GITES DE FRANCE-SERVICE RESERVATION - Maison de l'Agriculture - BP 178 - 32003 AUCH Cedex
Tél. : 05 62 61 79 00 - Fax : 05 62 61 79 09 - Email : contact@gers-tourisme.com - www.gers-tourisme.com

| SUP. SAIS. | HTE SAIS. | MOY. SAIS. | PET. VAC. SCOL. | VAC. FEV. | AUTRES MOIS | WEEK-END |
|---|---|---|---|---|---|---|
| 625 | 530 | 400 | 400 | 315 | 315 | 155 |

| | | | | | | | | | | |
|---|---|---|---|---|---|---|---|---|---|---|
| 8 | 13 | 4 | 7 | 4 | 23 | 13 | 13 | 40 | 7 |

## N° G666 TASQUE — La Mourre — CM 82 pli 3

**NN 3 pers.**

Festival jazz in Marciac 17 km. Fête des fleurs à Riscle en mai 8 km. Petite maison (81 m²), r.d.c + étage, au coeur du village, à proximité de l'habitation du propriétaire (maison de caractère du XIXe siècle) dans un cadre agréable et reposant, parc clos de 5000 m². Sur place : 3 ch. d'hôtes, piscine commune, buanderie commune. Salon, salle à manger, kitchenette. A l'étage : 2 ch. mansardées (1 lit 2 pers. 1 lit 110) dont une avec salle de bain privative, wc sur palier. Ouvert du 1er avril au 31 octobre.

GITES DE FRANCE-SERVICE RESERVATION - Maison de l'Agriculture - BP 178 - 32003 AUCH Cedex
Tél. : 05 62 61 79 00 - Fax : 05 62 61 79 09 - Email : contact@gers-tourisme.com - www.gers-tourisme.com

| SUP. SAIS. | HTE SAIS. | MOY. SAIS. | PET. VAC. SCOL. | VAC. FEV. | AUTRES MOIS | WEEK-END |
|---|---|---|---|---|---|---|
| 550 | 550 | 390 | 390 | 390 | 390 | 160 |

| | | | | | | | | | | |
|---|---|---|---|---|---|---|---|---|---|---|
| 4 | 4 | 0,1 | 4 | 0,2 | 22 | 4 | 22 | 50 | 4 |

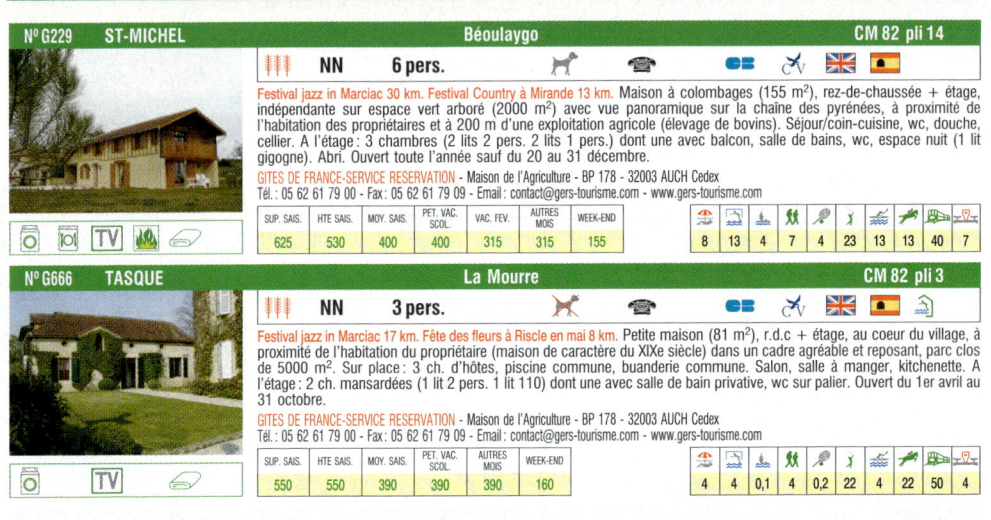

## LOT - 46

**LOISIRS ACCUEIL** - Maison du Tourisme - 46000 CAHORS
Tél. 05 65 53 20 90 - Fax. 05 65 53 20 94
www.resinfrance.com/lot/ - E.mail : loisirs.accueil.lot@wanadoo.fr

### N° 1604V BEAUMAT — Galoubet — CM 75 pli 18
NN — 4 pers.

Maison de pays restaurée située sur un colline dans un hameau en contrebas de la ferme des propriétaires. Pièce à vivre avec coin repas, coin cuisine et coin détente (1 lit 2 pers.) 1 chambre (1 lit 2 pers.), salle d'eau + WC (accès par la chambre), terrain non clos. Ouvert 1er juin au 30 septembre.

Maurice PAGES - Galoubet - 46240 BEAUMAT
Tél. : 05 65 31 00 87

| JUIN/SEPT. | HTE SAIS. | SUP. SAIS. |
|---|---|---|
| 230 | 275 | 305 |

| | | | | | |
|---|---|---|---|---|---|
| 5 | 6 | 6 | 7 | SP 20 | 6 |

### N° 1619V BEDUER — Mas du Rone — CM 79 pli 10
NN — 5 pers.

Maison de pays restaurée respectant l'architecture traditionnelle, situé dans un hameau. Etage 1: cuisine, coin salon/salle à manger (avec cantou: cheminée, évier pierre, potager...). Etage 2: palier donnant sur chambre 1 (1 lit 2 pers., 1 lit 1 pers.), chambre 2 aménagée dans le pigeonnier (1lit 2 pers.), salle de bains, wc indépendant. Bolet, cour. GR 65 à proximité, chauffage d'appoint. Ouvert du 1er avril au 30 septembre.

LOISIRS ACCUEIL - LOT - Maison du Tourisme - 46000 CAHORS
Tél. : 05 65 53 20 90 - Fax : 05 65 53 20 94 - www.resinfrance.com/lot/

| JUIN/SEPT. | HTE SAIS. | SUP. SAIS. | VAC. SCOL. | HORS SAIS. |
|---|---|---|---|---|
| 260 | 390 | 420 | 260 | 230 |

| | | | | | |
|---|---|---|---|---|---|
| 10 | 5 | 10 | 1 | SP 12 | 10 |

### N° 1636V BRENGUES — Merlet — CM 79 pli 9
NN — 4 pers.

Maison indépendante avec vue sur les falaises. Au rez-de-chaussée, une grande pièce comprenant le coin cuisine, la salle à manger et le salon.Au 1er étage, 2 chambres (2 lits 2 pers.), salle d'eau et wc indépendant. Terrasse, cour (ancienne air de battage) et terrain. Cheminée. Cabine téléphonique à environ 1km, départ de nombreux parcours de randonnée. Ouvert du 15 avril au 30 septembre.

Cyrille MAUX - 172 Pech de Fargues - 46000 CAHORS
Tél. : 05 65 53 92 33 - 06 80 26 79 58

| JUIN/SEPT. | HTE SAIS. | SUP. SAIS. | VAC. SCOL. | HORS SAIS. |
|---|---|---|---|---|
| 250 | 350 | 399 | 250 | 250 |

| | | | | | |
|---|---|---|---|---|---|
| 0,5 | 1 | 1 | 0,4 | SP 25 | 25 |

### N° 1629V CAZALS — La Janetoune — CM 79 pli 7
NN — 8 pers.

Gîte indépendant situé dans une zone boisée. Rez-de-chaussée: salon/séjour/coin cuisine avec cheminée, 1 chambre (1 lit 2 pers.), salle de bain, wc indépendant. A l'étage: 3 chambres (1 lit 2 pers., 4 lits 1 pers.) salle d'eau et WC. terrain et appenti couvert. Possibilité de louer pour 2 à 6 pers. hors juillet et août avec tarifs dégressifs. Piscine hors sol 3.66m de diamètre, 0.91m hauteur pour juillet et août. En option juin-septembre. Ouvert toute l'année.

Michèle GENET - Les Imbarrières - 46340 SALVIAC
Tél. : 05 65 41 52 80 - Fax : 05 65 41 52 80

| JUIN/SEPT. | HTE SAIS. | SUP. SAIS. | VAC. SCOL. | HORS SAIS. |
|---|---|---|---|---|
| 406 | 585 | 688 | 336 | 336 |

| | | | | | |
|---|---|---|---|---|---|
| 10 | 1,5 | 8,5 | 1,5 | SP 18 | 1,5 |

### N° 1610V CENEVIERES — Cornus — CM 79 pli 9
NN — 5 pers.

Ancien presbytère aménagé en gîte situé dans un hameau, à côté de l'église. Rez-de-chaussée; entrée, salle à manger, coin cuisine (évier en pierre+cantou en fonction), salon, wc indépendant. 1er étage: 2 chambres (2 lits 2 pers., 1 lit 1 pers.), salle de bain avec wc (cloisonné), terrasse semie-close, terrain non-clos, table de ping-pong. Toutes charges comprises. Ouvert toute l'année.

LOISIRS ACCUEIL - LOT - Maison du Tourisme - 46000 CAHORS
Tél. : 05 65 53 20 90 - Fax : 05 65 53 20 94 - www.resinfrance.com/lot/

| JUIN/SEPT. | HTE SAIS. | SUP. SAIS. | VAC. SCOL. | HORS SAIS. | WEEK-END |
|---|---|---|---|---|---|
| 292 | 422 | 442 | 292 | 232 | 132 |

| | | | | | |
|---|---|---|---|---|---|
| 10 | 0,5 | 10 | 4 | 7 | SP 36 | 10 |

MIDI-PYRÉNÉES

# LOT - 46

## N° 1625V FAYCELLES — La Graville — CM 79 pli 7

NN 6 pers.

Gîte indépendant situé dans le hameau et à proximité de la maison du propriétaire. Au rez-de-chaussée, salle de séjour, coin cuisine, salon, 1 chambre (1 lit 2 pers.), wc et salle de bain indépendant. A l'étage, 2 chambres ( 1 lit 2 pers., 2 lits 1 pers.), salle d'eau, wc. Jardin et terrain clos. Ouvert toute l'année.

LOISIRS ACCUEIL - LOT - Maison du Tourisme - 46000 CAHORS
Tél. : 05 65 53 20 90 - Fax : 05 65 53 20 94 - www.resinfrance.com/lot/

| JUIN/SEPT. | HTE SAIS. | SUP. SAIS. | VAC. SCOL. | HORS SAIS. | WEEK-END |
|---|---|---|---|---|---|
| 270 | 400 | 485 | 285 | 220 | 130 |

| | | | | | | | |
|---|---|---|---|---|---|---|---|
| 8 | 3 | 8 | 0,2 | 3 | SP | 8 | 8 |

## N° 1612V ISSEPTS — CM 79 pli 10

NN 6 pers.

Rocamadour 35 km. Figeac 12 km. Cahors 70 km. Padirac 39 km. Ancien moulin aménagé en gîte. A l'étage, véranda (avec salon), salle à manger, coin cuisine, 3 chambres(3 lits 2 pers.), salle de bain, wc indépendant, 1 wc + lavabo en rez de chaussée. Terrain clos à côté habitation, étang à disposition à proximité. Ping-pong, portique. Chauffage d'appoint. Ouvert du 1er juin au 30 septembre.

LOISIRS ACCUEIL - LOT - Maison du Tourisme - 46000 CAHORS
Tél. : 05 65 53 20 90 - Fax : 05 65 53 20 94 - www.resinfrance.com/lot/

| JUIN/SEPT. | HTE SAIS. | SUP. SAIS. |
|---|---|---|
| 280 | 380 | 420 |

| | | | | | | | |
|---|---|---|---|---|---|---|---|
| 12 | SP | 8 | 12 | 8 | SP | 8 | 6 |

## N° 1622V LHERM — Lamouroux — CM 79 pli 7

NN 6 pers.

Gîte indépendant situé à côté de la maison des propriétaires. Salon/salle à manger, coin cuisine, buanderie, wc. A l'ét. 3 ch. (2 lits 2 pers., 1 lit 160, et 1 lit de bébé. S. d'eau (douche hydromassage), wc. Terrasse et parking sous abri. Terrain d'environ 3000m2. Terrain de jeux demi-clos (portique, bac à sable). Au calme, le gîte est situé en pleine Bouriane, d'un côté le village pittoresque de LHERM, de l'autre la vallée de la Masse classée site naturel. Ouvert du 1er avril au 31 octobre.

LOISIRS ACCUEIL - LOT - Maison du Tourisme - 46000 CAHORS
Tél. : 05 65 53 20 90 - Fax : 05 65 53 20 94 - www.resinfrance.com/lot/

| JUIN/SEPT. | HTE SAIS. | SUP. SAIS. | VAC. SCOL. | HORS SAIS. | WEEK-END |
|---|---|---|---|---|---|
| 450 | 810 | 960 | 305 | 240 | 180 |

| | | | | | | | |
|---|---|---|---|---|---|---|---|
| 3 | 0,5 | 10 | 10 | 10 | SP | 30 | 10 |

## N° 1614V PERN — Le Poujal — CM 79 pli 18

NN 2 pers.

Maison de pays restaurée indépendante à proximité des propriétaires. Rez-de-chaussée: Salon(insert), salle à manger, coin cuisine(chauffage au sol), salle d'eau avec WC cloisonné. Etage: Mezzanine (accès par escalier colimaçon) donnant sur la chambre (1 lit 2 pers.). Terrain non clos. Toutes charges comprises sauf taxe de séjour. Label Hiver. Sèche linge. Ouvert toute l'année.

Lucien MALMON - Le Poujal - 46170 PERN
Tél. : 05 65 21 07 14

| JUIN/SEPT. | HTE SAIS. | SUP. SAIS. | VAC. SCOL. | HORS SAIS. | WEEK-END |
|---|---|---|---|---|---|
| 200 | 335 | 335 | 220 | 220 | 90 |

| | | | | | | | |
|---|---|---|---|---|---|---|---|
| 3 | 7 | 6 | 1,5 | 15 | SP | 17 | 6 |

## N° 1621V PRAYSSAC — La Bouyssette — CM 79 pli 7

NN 4 pers.

Puy l'Evêque 3 km. Cahors 30 km. Montpazier 40 km. Gite indépendant à côté des propriétaires. Salle de séjour, coin cuisine, salon (tv, chaine-hifi). Cheminée utilisable. A l'étage 2 chambres (1 lit 160, 2 lits 1 pers), salle d'eau et wc indépendant. Véranda avec salon, terrasse, abri couvert avec présence d'un ancien four à pain utilisable et table à disposition. Ouvert toute l'année.

Ben MOL - La Bouyssette - 46220 PRAYSSAC
Tél. : 05 65 36 69 28 - Email : Lemmens.Mol@wanadoo.fr

| JUIN/SEPT. | HTE SAIS. | SUP. SAIS. | VAC. SCOL. | HORS SAIS. |
|---|---|---|---|---|
| 375 | 460 | 560 | 400 | 275 |

| | | | | | | | |
|---|---|---|---|---|---|---|---|
| 10 | 2 | 3 | 3 | 6 | SP | 30 | 3 |

## N° 1607V ST-CERNIN — CM 79 pli 8

NN 2 pers.

Pigeonnier indépendant du 18è siècle, situé à la sortie du village à proximité de l'entreprise de maçonnerie du propriétaire. Rez-de-chaussée: pièce à vivre avec coin cuisine et coin salon (clic-clac). Etage: Chambre (1 lit 2 pers.), salle d'eau, wc. Terrasse et terrain grillagé. Epicerie et tabac dans le village. Ouvert du 1er juin au 30 septembre.

Jean-Pierre BADOURES - Laborie - 46360 ST-CERNIN
Tél. : 05 65 53 95 10 - 06 87 17 32 40

| JUIN/SEPT. | HTE SAIS. | SUP. SAIS. | VAC. SCOL. | HORS SAIS. | WEEK-END |
|---|---|---|---|---|---|
| 250 | 290 | 330 | 200 | 152 | 76 |

| | | | | | | | |
|---|---|---|---|---|---|---|---|
| 3 | 15 | 9 | 0,5 | 15 | SP | 9 | 9 |

## LOT - 46

**N° 1637V  ST-CHELS** — Majourals La Grange — CM 79 pli 9

**NN  5 pers.**

Cajarc 7 km. Villefranche ou Figeac 25 km. Gîte indépendant. Au rez-de-chaussée espace cuisine, séjour et salon. A 1er étage, 3 chambres (2 lits 2 pers. et 1 lit 1 pers. lit de bébé à disposition, salle d'eau et wc. Terrain semi clos (1 hectare) aménagé. Proche de Rocamadour, Padirac, St-Coiq, Laponie, situé sur un terrain de 2 hectares au coeur du parc naturel régional de Causses du Quercy au dessus de Cajarc. Vous pourrez profiter de l'authenticité et du calme du lieu. Grange rénovée en 2001/2002. Terrain mi-clos, ombragé. Ouvert toute l'année.

Eric et Sabine MAS - 3 rue des frênes - Lotissement de Nayrac - 46100 FIGEAC
Tél. : 05 65 14 05 51 - 06 20 98 49 04

| JUIN/SEPT. | HTE SAIS. | SUP. SAIS. | VAC. SCOL. | HORS SAIS. |
|---|---|---|---|---|
| 310 | 385 | 430 | 310 | 230 |

| | | | | | | | |
|---|---|---|---|---|---|---|---|
| 5 | 5 | 5 | 5 | 5 | 30 | 10 | |

**N° 1639V  VIAZAC** — Le Cassan

**NN  5 pers.**

Rocamadour 40 km. Gîte proche de la maison des propriétaires. Coin cuisine, salle à manger et salon avec présence d'un insert. 2 chambres (2 lits 2 pers., 1 lit 1 pers. et 1 lit de bébé) salle d'eau et wc indépendant. Terrasse, balcon (17m2) et terrain. Abri pour voiture. Ouvert toute l'année.

Jacqueline ROUMIGUIER - Ravenne - 46100 ST-PERDOUX
Tél. : 05 65 34 49 47 - 05 65 34 28 26

| JUIN/SEPT. | HTE SAIS. | SUP. SAIS. | VAC. SCOL. | HORS SAIS. | WEEK-END |
|---|---|---|---|---|---|
| 300 | 380 | 450 | 300 | 200 | 100 |

| | | | | | | |
|---|---|---|---|---|---|---|
| 9 | 1 | 9 | 9 | 9 | SP | 9 | 9 |

# HAUTES PYRÉNÉES - 65

**GITES DE FRANCE**
22, place du Foirail - 65000 TARBES
Tél. 05 62 34 31 50 - Fax. 05 62 34 37 95
E.mail : contact@gites-de-france-65.com - www.gites-de-france-65.com

MIDI-PYRÉNÉES
Pictos voir p. 12

### N° 456101 ARBEOST — 1000 m — CM 85 pli 17
**NN — 5 pers.**

Argeles Gazost 20 km. 2 chambres communiquantes (2 lits 2 pers., 1 lit 1 pers., 1 lit bébé), cuisine, salle d'eau + WC, terrain clos, charges en sus. Gîte indépendant, simple, de plain pied, situé en montagne, sur la route du col du Soulor. Ouvert toute l'année.

Christian SANCHOU - La Cure - 65560 ARBEOST
Tél. : 05 59 71 44 40 - 05 59 71 42 57

| VAC. NOËL | HORS SAIS. | MAI/OCT. | JUIN/SEPT. | JUILLET | AOUT | WEEK-END |
|---|---|---|---|---|---|---|
| 229 | 137 | 152 | 152 | 168 | 168 | 68 |

| | | | | | | | | |
|---|---|---|---|---|---|---|---|---|
| 20 | 15 | 40 | 20 | 30 | 6 | 18 | SP | 15 |

### N° 469101 ARBEOST — 600 m — CM 85 pli 17
**NN — 6 pers.**

Parc National Pyrénées 15 km. 2 chambres (2 lits 2 pers., 2 lits superposés), cuisine, salon, salle d'eau, WC, buanderie, sèche linge, radio-cassettes, terrain 1/2 clos. Maison indépendante, haute Vallée de L'Ouzoum, au pied du Col du Soulor, située dans un village de montagne. Ouvert toute l'année.

Pierre PERRIER - Moulin de Ferrières - 65560 FERRIERES
Tél. : 06 75 26 04 82 - Email : gites.nature@wanadoo.fr

| VAC. NOËL | HORS SAIS. | MAI/OCT. | JUIN/SEPT. | JUILLET | AOUT | WEEK-END |
|---|---|---|---|---|---|---|
| 460 | 260 | 260 | 300 | 460 | 460 | 200 |

| | | | | | | | | |
|---|---|---|---|---|---|---|---|---|
| 40 | 20 | 40 | 40 | 40 | 10 | 20 | 40 | 30 |

### N° 434101 ARCIZANS-AVANT — 640 m — CM 85 pli 17
**NN — 6 pers.**

Lourdes 15 km. Argeles Gazost 3 km. Maison de village indépendante. Salle à manger, coin cuisine, micro-ondes, 2 chambres (2 lits 2 pers., 1 lit 1 pers.), mezzanine (1 lit 1 pers.), salle de bains, WC, terrasse, salon de jardin. Petits animaux admis. Ouvert toute l'année.

Jean TORCEL - 16 rue Jules Theulier - 24800 THIVIERS
Tél. : 05 53 55 04 76 - 06 82 51 73 34 - Fax : 05 53 55 04 76 - Email : jeantorcel@wanadoo.fr

| MAI/OCT. | JUIN/SEPT. | JUILLET | AOUT |
|---|---|---|---|
| 335 | 335 | 382 | 382 |

| | | | | | | | | |
|---|---|---|---|---|---|---|---|---|
| 3 | 3 | 3 | 3 | 13 | 13 | 3 | 13 | 15 | 3 |

### N° 470101 ARGELES-GAZOST — CM 85 pli 17
**NN — 4 pers.**

Lourdes 12 km. 2 chambres (2 lits 1 pers., 1 lit 2 pers.), salle à manger avec coin cuisine, micro-ondes, salle de bains + WC, balcon. Charges en sus. Gîte à l'étage mitoyen avec la maison des propriétaires. Ouvert toute l'année.

Christian et Corinne SAUTHIER - 24 chemin de l'Herbe - 65400 ARGELES-GAZOST
Tél. : 05 62 97 11 69 - 06 89 55 19 08 - Email : corinne1605@wanadoo.fr - www.locationargeles65.com

| VAC. NOËL | HORS SAIS. | MAI/OCT. | JUIN/SEPT. | JUILLET | AOUT | WEEK-END |
|---|---|---|---|---|---|---|
| 432 | 200 | 345 | 345 | 382 | 382 | 153 |

| | | |
|---|---|---|
| 15 | 15 | 12 |

### N° 439102 ARRAS-EN-LAVEDAN — 600 m — CM 85 pli 17
**NN — 12 pers.**

Argeles Gazost 8 km. Lourdes 20 km. 5 chambres (4 lits 140, 4 lits 1 pers., 1 lit bébé), salle à manger/coin cuisine/coin salon, 3 WC, salle de bains, 2 salles d'eau, congélateur, micro-ondes, salon de jardin, barbecue, terrain clos. Charges en sus. Gîte spacieux, indépendant, très tranquille situé en retrait du village, face à la montagne. Ouvert toute l'année.

Christine SARTHE - 110 route d'Artigues - 65100 JARRET
Tél. : 05 62 42 95 04

| VAC. NOËL | HORS SAIS. | MAI/OCT. | JUIN/SEPT. | JUILLET | AOUT | WEEK-END |
|---|---|---|---|---|---|---|
| 600 | 400 | 500 | 500 | 700 | 700 | 230 |

| | | | | | | | | |
|---|---|---|---|---|---|---|---|---|
| 8 | 8 | 8 | 8 | 20 | 10 | 6 | 10 | 20 | 8 |

# HAUTES PYRÉNÉES - 65

## N° 751102 ARRAYOU-LAHITTE — 542 m

**NN — 6 pers.**

Lourdes 8 km. Argeles Gazost 15 km. Sur 2 niveaux : 4 chambres (2 lits 2 pers., 2 lits 1 pers.), cuisine, coin salon, salle à manger, salle de bains, 2 WC, terrasse, salon de jardin, barbecue. Petits animaux admis. Chauffage en sus. Gîte de qualité situé dans une maison mitoyenne à un autre gîte, au coeur du village. Ouvert toute l'année.

Georges NABIAS - Villa "Castet" - 65100 ARRAYOU-LAHITTE
Tél. : 05 62 42 93 59

| MAI/OCT. | JUIN/SEPT. | JUILLET | AOUT | WEEK-END |
|---|---|---|---|---|
| 336 | 336 | 382 | 382 | 140 |

| | | | | | | | | | |
|---|---|---|---|---|---|---|---|---|---|
| 15 | 9 | 9 | 12 | 40 | 40 | 5 | 9 | | |

## N° 424101 ARRENS-MARSOUS — 900 m — CM 85 pli 17

**NN — 8 pers.**

1 ch. (1 lit 2 pers.), 1 ch. enfant (équipement complet), 2 mezzanines accessibles l'une par 1 échelle meunière sécurisée et l'autre par 1 escalier en bois (1 lit 2 pers., 4 lits 1 pers.), salle à manger, coin cuisine, 2 WC, salle d'eau, 1 lit bébé, salon jardin, barbecue, terrain. Tarifs dégressifs à partir de la 2ème semaine de location. Grange de caractère, indépendante, surplombant le village d'Arrens, en bordure du Parc National des Pyrénées. Argeles Gazost. Pic du Midi. Ouvert toute l'année. Linge de maison fourni. Forfait ménage 50 €.

Elisabeth VALLE - 36 rue Léon Pouey - 65000 TARBES
Tél. : 05 62 51 02 39

| VAC. NOËL | HORS SAIS. | MAI/OCT. | JUIN/SEPT. | JUILLET | AOUT |
|---|---|---|---|---|---|
| 1067 | 939 | 939 | 939 | 1067 | 1067 |

| | | | | | | | | |
|---|---|---|---|---|---|---|---|---|
| 15 | 0,5 | 0,5 | 12 | 30 | 10 | 3 | 4 | 1 |

## N° 452101 ARRENS-MARSOUS — 870 m — CM 85 pli 17

**NN — 5 pers.**

Lourdes 22 km. Bagnères de Bigorre 35 km. Cirque de Gavarnie 40 km. 2 chambres (2 lits 2 pers.), palier aménagé (1 lit 1 pers.), salle à manger/coin cuisine/coin salon, micro-ondes, sèche linge, 2 WC, salle d'eau, 1 lit bébé, salon jardin, barbecue, parasol, abri de jardin, terrain privatif + terrain commun avec l'autre gîte, portique. Charges en sus. Gîte mitoyen à un autre gîte, au 1er étage et sur 2 niveaux. Situé dans un village de montagne et bénéficiant d'une belle vue à proximité des cols et randonnées. Ouvert toute l'année.

Louis MONTAGNEZ - 12 rue du Bourg - 65400 ARRENS-MARSOUS
Tél. : 05 62 97 05 64

| VAC. NOËL | HORS SAIS. | MAI/OCT. | JUIN/SEPT. | JUILLET | AOUT | WEEK-END |
|---|---|---|---|---|---|---|
| 400 | 350 | 350 | 350 | 420 | 420 | 120 |

| | | | | | | | | |
|---|---|---|---|---|---|---|---|---|
| 10 | 1 | 10 | 10 | 22 | 8 | 10 | 10 | 22 | 10 |

## N° 452102 ARRENS-MARSOUS — 870 m — CM 85 pli 17

**NN — 5 pers.**

Lourdes 22 km. Bagnères de Bigorre 35 km. Cirque de Gavarnie 40 km. 2 ch. (2 lits 2 pers.), 1 ch. enfant (1 lit 130), lavabo et WC privatifs, s. à manger, coin cuisine, salon, chaise bébé + lit bébé, salle de bains, salle d'eau + WC, WC indép., garage, terrasse, buanderie, congélateur, micro-ondes, terrasse privative, salon jardin, barbecue, parasol, terrain commun avec l'autre gîte, portique. Charges en sus. Gîte mitoyen à un autre gîte, en rdc et sur 2 niveaux, situé dans un village de montagne bénéficiant d'une belle vue dégagée, à proximité des cols et randonnées. Ouvert toute l'année.

Louis MONTAGNEZ - 12 rue du Bourg - 65400 ARRENS-MARSOUS
Tél. : 05 62 97 05 64

| VAC. NOËL | HORS SAIS. | MAI/OCT. | JUIN/SEPT. | JUILLET | AOUT | WEEK-END |
|---|---|---|---|---|---|---|
| 400 | 350 | 350 | 350 | 420 | 420 | 120 |

| | | | | | | | | | |
|---|---|---|---|---|---|---|---|---|---|
| 10 | 1 | 10 | 10 | 22 | 8 | 10 | 10 | 22 | 10 |

## N° 414102 ARRODETS — 520 m — CM 85 pli 19

**NN — 5 pers.**

Gouffre d'Esparros 4 km. Grottes de Labastide 5 km. 2 chambres (2 lits 2 pers., 1 lit 1 pers.), salle à manger/coin cuisine, salle de bains, WC, terrasse couverte, terrain commun avec autre gîte, salon de jardin, barbecue. Petits animaux admis. Taxe de séjour en sus. Gîte rural mitoyen à un autre gîte situé dans un hameau des Baronnies. Ouvert du 1er juin au 30 septembre.

Jeanine FILHO - Quartier La Serre - 65130 ARRODETS
Tél. : 05 62 39 11 19

| JUIN/SEPT. | JUILLET | AOUT | WEEK-END |
|---|---|---|---|
| 200 | 275 | 275 | 80 |

| | | | | | | | |
|---|---|---|---|---|---|---|---|
| 12 | 12 | 17 | 17 | 50 | 50 | 12 | 12 | 17 |

## N° 427101 ARTALENS-SOUIN — 900 m — CM 85 pli 18

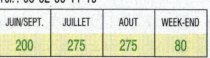

**NN — 4 pers.**

Hautacam 7 km. Argeles Gazost 7 km. Lourdes 11 km. Cauterets 15 km. 2 chambres (1 lit 2 pers., 2 lits 1 pers.), salle à manger, cuisinette, salle de bains, WC, terrasse, salon de jardin, parasol, barbecue, micro-ondes, terrain commun à l'ensemble des locations. Chauffage en sus. Prix hors vacances dégressif selon le nombre de personnes + prix spécial curistes. Dans un petit village de montagne, chalet indépendant situé à côté de 3 autres locations saisonnières, sur la route du Hautacam, balcon sur la vallée d'Argelès Gazost. Ouvert toute l'année.

Pierre FAVAUDON - 3 rue de Bayeux app. 229 - 31300 TOULOUSE
Tél. : 05 61 31 02 05 - 05 62 97 18 86 - Email :  - www.stouet.com

| VAC. NOËL | HORS SAIS. | MAI/OCT. | JUIN/SEPT. | JUILLET | AOUT | WEEK-END |
|---|---|---|---|---|---|---|
| 380 | 220 | 220 | 220 | 400 | 400 | 100 |

| | | | | | | | | |
|---|---|---|---|---|---|---|---|---|
| 7 | 7 | 7 | 7 | 7 | 7 | 7 | 25 | 7 |

**MIDI-PYRÉNÉES** — Pictos voir p. 12

# HAUTES PYRÉNÉES - 65

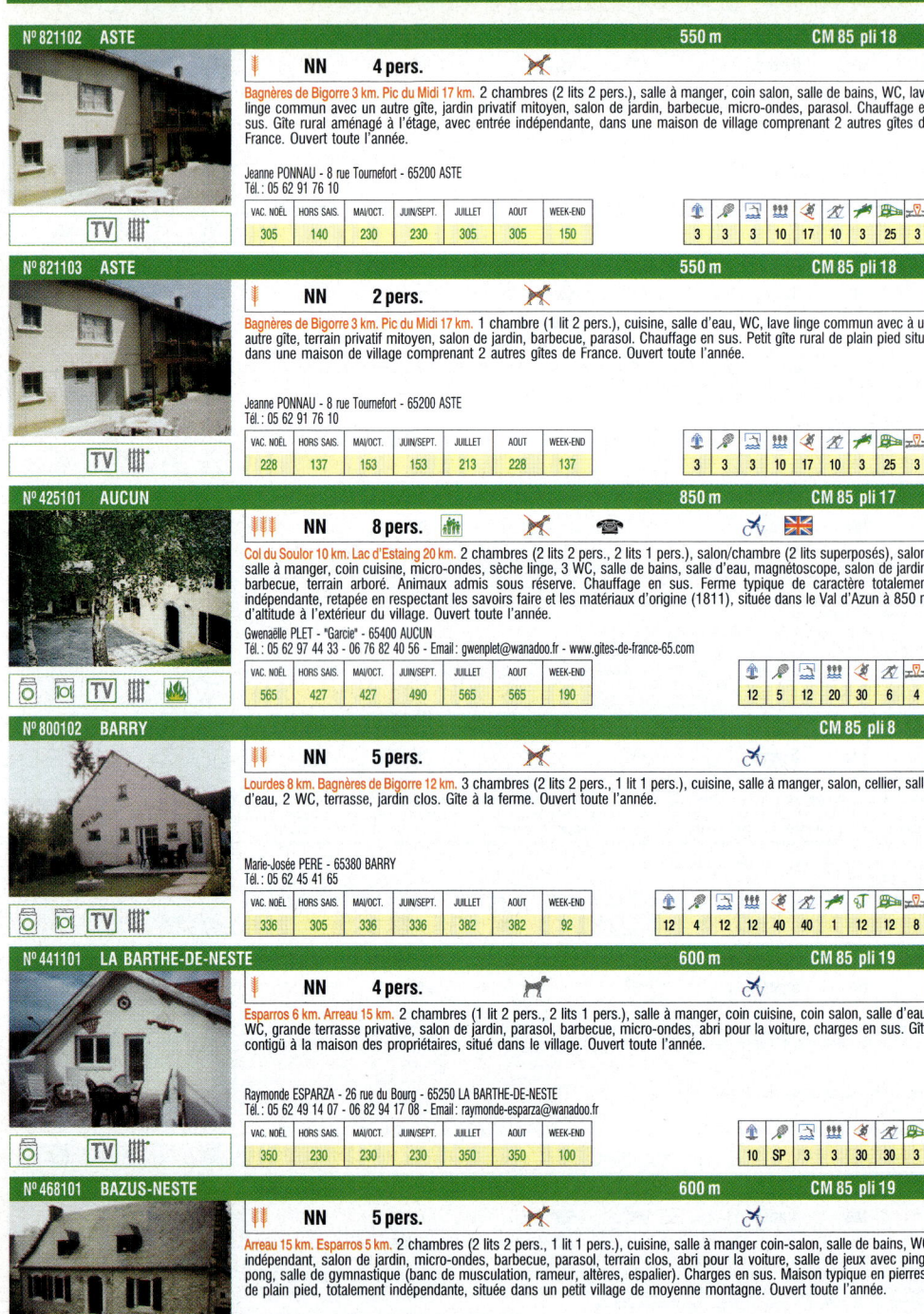

### N° 821102   ASTE — 550 m — CM 85 pli 18
**NN   4 pers.**

Bagnères de Bigorre 3 km. Pic du Midi 17 km. 2 chambres (2 lits 2 pers.), salle à manger, coin salon, salle de bains, WC, lave linge commun avec un autre gîte, jardin privatif mitoyen, salon de jardin, barbecue, micro-ondes, parasol. Chauffage en sus. Gîte rural aménagé à l'étage, avec entrée indépendante, dans une maison de village comprenant 2 autres gîtes de France. Ouvert toute l'année.

Jeanne PONNAU - 8 rue Tournefort - 65200 ASTE
Tél. : 05 62 91 76 10

| VAC. NOËL | HORS SAIS. | MAI/OCT. | JUIN/SEPT. | JUILLET | AOUT | WEEK-END |
|---|---|---|---|---|---|---|
| 305 | 140 | 230 | 230 | 305 | 305 | 150 |

| | | | | | | | |
|---|---|---|---|---|---|---|---|
| 3 | 3 | 3 | 10 | 17 | 10 | 3 | 25 | 3 |

### N° 821103   ASTE — 550 m — CM 85 pli 18
**NN   2 pers.**

Bagnères de Bigorre 3 km. Pic du Midi 17 km. 1 chambre (1 lit 2 pers.), cuisine, salle d'eau, WC, lave linge commun avec un autre gîte, terrain privatif mitoyen, salon de jardin, barbecue, parasol. Chauffage en sus. Petit gîte rural de plain pied situé dans une maison de village comprenant 2 autres gîtes de France. Ouvert toute l'année.

Jeanne PONNAU - 8 rue Tournefort - 65200 ASTE
Tél. : 05 62 91 76 10

| VAC. NOËL | HORS SAIS. | MAI/OCT. | JUIN/SEPT. | JUILLET | AOUT | WEEK-END |
|---|---|---|---|---|---|---|
| 228 | 137 | 153 | 153 | 213 | 228 | 137 |

| 3 | 3 | 3 | 10 | 17 | 10 | 3 | 25 | 3 |
|---|---|---|---|---|---|---|---|---|

### N° 425101   AUCUN — 850 m — CM 85 pli 17
**NN   8 pers.**

Col du Soulor 10 km. Lac d'Estaing 20 km. 2 chambres (2 lits 2 pers., 2 lits 1 pers.), salon/chambre (2 lits superposés), salon, salle à manger, coin cuisine, micro-ondes, sèche linge, 3 WC, salle de bains, salle d'eau, magnétoscope, salon de jardin, barbecue, terrain arboré. Animaux admis sous réserve. Chauffage en sus. Ferme typique de caractère totalement indépendante, retapée en respectant les savoirs faire et les matériaux d'origine (1811), située dans le Val d'Azun à 850 m d'altitude à l'extérieur du village. Ouvert toute l'année.

Gwenaëlle PLET - "Garcie" - 65400 AUCUN
Tél. : 05 62 97 44 33 - 06 76 82 40 56 - Email : gwenplet@wanadoo.fr - www.gites-de-france-65.com

| VAC. NOËL | HORS SAIS. | MAI/OCT. | JUIN/SEPT. | JUILLET | AOUT | WEEK-END |
|---|---|---|---|---|---|---|
| 565 | 427 | 427 | 490 | 565 | 565 | 190 |

| 12 | 5 | 12 | 20 | 30 | 6 | 4 |
|---|---|---|---|---|---|---|

### N° 800102   BARRY — CM 85 pli 8
**NN   5 pers.**

Lourdes 8 km. Bagnères de Bigorre 12 km. 3 chambres (2 lits 2 pers., 1 lit 1 pers.), cuisine, salle à manger, salon, cellier, salle d'eau, 2 WC, terrasse, jardin clos. Gîte à la ferme. Ouvert toute l'année.

Marie-Josée PERE - 65380 BARRY
Tél. : 05 62 45 41 65

| VAC. NOËL | HORS SAIS. | MAI/OCT. | JUIN/SEPT. | JUILLET | AOUT | WEEK-END |
|---|---|---|---|---|---|---|
| 336 | 305 | 336 | 336 | 382 | 382 | 92 |

| 12 | 4 | 12 | 12 | 40 | 40 | 1 | 12 | 12 | 8 |
|---|---|---|---|---|---|---|---|---|---|

### N° 441101   LA BARTHE-DE-NESTE — 600 m — CM 85 pli 19
**NN   4 pers.**

Esparros 6 km. Arreau 15 km. 2 chambres (1 lit 2 pers., 2 lits 1 pers.), salle à manger, coin cuisine, coin salon, salle d'eau, WC, grande terrasse privative, salon de jardin, parasol, barbecue, micro-ondes, abri pour la voiture, charges en sus. Gîte contigü à la maison des propriétaires, situé dans le village. Ouvert toute l'année.

Raymonde ESPARZA - 26 rue du Bourg - 65250 LA BARTHE-DE-NESTE
Tél. : 05 62 49 14 07 - 06 82 94 17 08 - Email : raymonde-esparza@wanadoo.fr

| VAC. NOËL | HORS SAIS. | MAI/OCT. | JUIN/SEPT. | JUILLET | AOUT | WEEK-END |
|---|---|---|---|---|---|---|
| 350 | 230 | 230 | 230 | 350 | 350 | 100 |

| 10 | SP | 3 | 3 | 30 | 30 | 3 |
|---|---|---|---|---|---|---|

### N° 468101   BAZUS-NESTE — 600 m — CM 85 pli 19
**NN   5 pers.**

Arreau 15 km. Esparros 5 km. 2 chambres (2 lits 2 pers., 1 lit 1 pers.), cuisine, salle à manger coin-salon, salle de bains, WC indépendant, salon de jardin, micro-ondes, barbecue, parasol, terrain clos, abri pour la voiture, salle de jeux avec ping-pong, salle de gymnastique (banc de musculation, rameur, altères, espalier). Charges en sus. Maison typique en pierres, de plain pied, totalement indépendante, située dans un petit village de moyenne montagne. Ouvert toute l'année.

Laurent LEBAS - 26 rue du Bourg - 65250 LA BARTHE-DE-NESTE
Tél. : 05 62 49 14 07 - 06 81 93 30 39

| VAC. NOËL | HORS SAIS. | MAI/OCT. | JUIN/SEPT. | JUILLET | AOUT | WEEK-END |
|---|---|---|---|---|---|---|
| 400 | 320 | 320 | 320 | 400 | 400 | 150 |

| 12 | 6 | 9 | 9 | 30 | 30 | 6 | 1 | 9 | 6 |
|---|---|---|---|---|---|---|---|---|---|

# HAUTES PYRÉNÉES - 65

## N° 414101 BEAUDEAN — 670 m — CM 85 pli 18

**NN — 4 pers.**

Grottes de Médous 3 km. Pic du Midi 18 km. Lourdes 25 km. Pau 60 km. 2 chambres (1 lit 2 pers., 2 lits 1 pers., 1 lit bébé), salle à manger, coin cuisine, coin salon, cellier, salle d'eau, WC, terrain clos, loggia, salon de jardin, barbecue, micro-ondes. Chauffage en sus. Gîte rural mitoyen avec la maison du propriétaire, vue sur la montagne, situé dans la Vallée de Lesponne, endroit calme. Ouvert du 1er mai au 31 octobre.

Dominique BROUSSE - 113 Par De Daoulé - 65710 BEAUDEAN
Tél. : 05 62 91 72 76

| MAI/OCT. | JUIN/SEPT. | JUILLET | AOUT |
|---|---|---|---|
| 275 | 305 | 350 | 350 |

| | | | | | | | | | |
|---|---|---|---|---|---|---|---|---|---|
| 5 | 5 | 5 | 20 | 20 | 20 | 6 | 1 | 26 | 1 |

## N° 435101 BEAUDEAN — 800 m — CM 85 pli 18

**NN — 5 pers.**

Pic du Midi 15 km. Bagnères de Bigorre 5 km. 2 chambres (3 lits 1 pers., 1 lit 2 pers.), salle à manger, coin salon, cuisine, magnétoscope, micro-ondes, salle d'eau + WC, balcon, terrasse, terrain clos, salon de jardin, barbecue, parasol, chaises longues, 4 VTT à disposition, local à ski. Bois et caution en sus. Gîte typique de la vallée de Lesponne, indépendant situé à 30 m de l'Adour. Le tél. sera réglé sur facture détaillée. Ouvert toute l'année.

Bernard BAEUMLER - Route de la Glacière - 40990 ST-VINCENT-DE-PAUL
Tél. : 05 58 89 92 58 - Fax: 05 58 89 93 84 - Email : bbdax@aol.com

| VAC. NOËL | HORS SAIS. | MAI/OCT. | JUIN/SEPT. | JUILLET | AOUT |
|---|---|---|---|---|---|
| 465 | 240 | 240 | 330 | 465 | 465 |

| | | | | | | | | | |
|---|---|---|---|---|---|---|---|---|---|
| 5 | 5 | 5 | 15 | 20 | 15 | 1 | 4 | 5 | 5 |

## N° 415101 BORDES — CM 85 pli 9

**NN — 4 pers.**

Tarbes 15 km. Bagnères de Bigorre 15 km. Gouffre d'Esparros 18 km. 3 ch. (2 lits 2 pers., 1 lit 1 pers., 1 lit bébé pliant), salon, cuisine, 2 WC, sdb, cabinet de toilette, terrasse, s. jardin, barbecue, parc arboré. Charges en sus l'hiver. Gîte rural situé sur une colline, aménagé dans une aile de la maison de la propriétaire et bénéficiant d'un beau point de vue sur la chaîne des Pyrénées et sur les villages environnants. Avec 2500 m2 de parc arboré. Ouvert toute l'année.

Janine PEYROUTET - 7 Cami de las Marrigas - 65190 BORDES
Tél. : 05 62 35 72 88 - Email : jpeyroutet@wanadoo.fr

| VAC. NOËL | HORS SAIS. | MAI/OCT. | JUIN/SEPT. | JUILLET | AOUT | WEEK-END |
|---|---|---|---|---|---|---|
| 244 | 229 | 229 | 244 | 305 | 305 | 107 |

| | | | | | | | | | |
|---|---|---|---|---|---|---|---|---|---|
| 15 | 1 | 18 | 6 | 25 | 20 | 2 | 18 | 2 | 2 |

## N° 471101 CAMPAN — 800 m — CM 85 pli 18

**NN — 7 pers.**

La Mongie 7 km. Bagnères de Bigorre 10 km. 3 chambres (3 lits 2 pers., 1 lit 1 pers.), salle à manger/coin cuisine, micro-ondes, magnétoscope, salon en mezzanine, cabinet de toilette + WC, salle d'eau, 1 WC indép., terrasse, terrain pentu non clos, cave, local à skis, salon de jardin, barbecue, parasol. Chauffage en sus. Gîte totalement indépendant sur 3 niveaux. Situé à flanc de montagne et bénéficiant d'une vue exceptionnelle sur la vallée de Campan. Ouvert toute l'année.

Daniel DUBARRY - 4 impasse de la Gare - 65190 TOURNAY
Tél. : 06 21 31 80 20

| VAC. NOËL | HORS SAIS. | MAI/OCT. | JUIN/SEPT. | JUILLET | AOUT | WEEK-END |
|---|---|---|---|---|---|---|
| 550 | 470 | 500 | 500 | 550 | 550 | 183 |

| | | | | | | | | | |
|---|---|---|---|---|---|---|---|---|---|
| 10 | 10 | 10 | 7 | 7 | 7 | 7 | 7 | 25 | 10 |

## N° 442101 CASTILLON — 500 m — CM 85 pli 19

**NN — 4 pers.**

Grotte d'Esparros 10 km. Pic du Midi en téléphérique 35 km. 2 chambres (1 lit 2 pers., 2 lits 1 pers.), salle à manger, coin cuisine, coin salon, micro-ondes, chaîne hifi, salle de bains + WC, douche, WC indépendant, cellier, terrasse, abri pour la voiture, terrain, salon de jardin, barbecue, parasol, 2 VTT à disposition. Charges comprises sauf période hors vacances hiver. Gîte typique situé dans le village adossé à un autre gîte, sans aucun vis à vis. Ouvert toute l'année.

Christophe et Virginie BENQUET - 1 boulevard Jean Moulin - 65014 TARBES Cedex 9
Tél. : 05 62 44 06 06 - Fax: 05 62 44 06 06 - Email : cbenquet@aol.com

| VAC. NOËL | HORS SAIS. | MAI/OCT. | JUIN/SEPT. | JUILLET | AOUT | WEEK-END |
|---|---|---|---|---|---|---|
| 385 | 305 | 320 | 320 | 350 | 385 | 150 |

| | | | | | | | | | |
|---|---|---|---|---|---|---|---|---|---|
| 7 | 7 | 7 | 30 | 35 | 30 | 7 | 18 | 30 | 7 |

## N° 437101 CAZAUX-FRECHET — 1100 m — CM 85 pli 19

**NN — 4 pers.**

Centre Balnéothérapie/Thermoludique 4 km. Luchon 12 km. Espagne 30 km. 2 chambres (2 lits 2 pers.), salle à manger, coin cuisine, coin salon (canapé), salle d'eau, salle de bains, 2 WC, sèche-linge, micro-ondes, local à ski, salon de jardin, barbecue, parasol, parking à proximité du gîte. Charges en sus. Centre thermoludique et station de ski à proximité. Maison indépendante située au centre d'un petit village de montagne. Ouvert toute l'année.

Isabelle FLOURETTE - 65240 CAZAUXFRECHET-ANERANCAMORS
Tél. : 05 62 99 67 10 - 06 86 27 97 76

| VAC. NOËL | HORS SAIS. | MAI/OCT. | JUIN/SEPT. | JUILLET | AOUT | WEEK-END |
|---|---|---|---|---|---|---|
| 450 | 250 | 250 | 250 | 450 | 450 | 150 |

| | | | | | | | | | |
|---|---|---|---|---|---|---|---|---|---|
| 12 | 4 | 4 | 4 | 7 | 13 | 4 | 12 | 4 | 7 |

MIDI-PYRÉNÉES

# HAUTES PYRÉNÉES - 65

## Nº 461101 — CAZAUX-FRECHET — 1250 m — CM 85 pli 19

**NN — 6 pers.**

Loudenvielle 5 km. Val Louron et Peyragude 10 km. 2 chambres (2 lits 2 pers.), palier (2 lits 1 pers. superposés), salle à manger/coin cuisine, salle d'eau + WC, terrain, salon de jardin, barbecue, micro-ondes. Chauffage en sus sauf week-end. Taxe de séjour en sus. Grange foraine située en montagne, dans un petit hameau, bénéficiant d'une belle vue. Ouvert toute l'année.

Patrick et Chantal DUPLAN - Route des Agudes - 31110 GARIN
Tél. : 05 61 79 28 90

| VAC. NOËL | HORS SAIS. | MAI/OCT. | JUIN/SEPT. | JUILLET | AOUT | WEEK-END |
|---|---|---|---|---|---|---|
| 400 | 300 | 320 | 320 | 400 | 400 | 200 |

| | | | | | | | | | |
|---|---|---|---|---|---|---|---|---|---|
| 5 | 5 | 5 | 10 | 10 | 5 | 5 | 50 | 5 | |

## Nº 463101 — FONTRAILLES — CM 85 pli 09

**NN — 6 pers.**

Trie sur Baïse 3 km. Capvern les Bains 18 km. Sur 2 niveaux : 3 chambres (1 lit 2 pers., 1 lit 130, 2 lits 1 pers.), salle à manger, cuisine, salle de bains, WC indépendant, terrain non clos, piscine hors sol (7,20 x 3,60 m), salon de jardin, micro-ondes, barbecue. Maison totalement indépendante, bénéficiant d'une vue très agréable sur les coteaux et la chaîne des Pyrénées. Ouvert toute l'année.

Gérard LARAN - 6 lotissement Gratiannats - 65220 TRIE-SUR-BAISE
Tél. : 05 62 35 63 71

| VAC. NOËL | HORS SAIS. | MAI/OCT. | JUIN/SEPT. | JUILLET | AOUT | WEEK-END |
|---|---|---|---|---|---|---|
| 382 | 382 | 382 | 382 | 458 | 458 | 153 |

| | | | | | | | | | |
|---|---|---|---|---|---|---|---|---|---|
| 18 | 3 | 12 | 12 | 45 | 35 | 3 | 12 | 3 | |

## Nº 445101 — GAILLAGOS — 1050 m — CM 85 pli 17

**NN — 6 pers.**

Argeles Gazost 6 km. 2 chambres (1 lit 2 pers., 4 lits 1 pers., 1 lit bébé), salle à manger/coin cuisine/coin salon, salle d'eau, 2 WC, lavabo dans chaque chambre, cellier, salon de jardin, barbecue, micro-ondes, eau de source, terrain non clos. Charges en sus. Grange de caractère aménagée dans un site exceptionnel, à deux pas du Parc National des Pyrénées. Accès direct aux pistes de VTT et ski de fond de Couraduque. Ouvert toute l'année.

André RAUJOL - 66 rue Matisse - 65100 LOURDES
Tél. : 05 62 94 14 09 - 06 84 54 77 71

| VAC. NOËL | HORS SAIS. | MAI/OCT. | JUIN/SEPT. | JUILLET | AOUT | WEEK-END |
|---|---|---|---|---|---|---|
| 400 | 400 | 450 | 450 | 600 | 600 | 300 |

| | | | | | | | | | |
|---|---|---|---|---|---|---|---|---|---|
| 6 | 6 | 6 | 6 | 30 | 4 | 4 | 20 | 6 | |

## Nº 460101 — GAILLAGOS — 600 m — CM 85 pli 17

**NN — 7 pers.**

Argeles-Gazost 6 km. Lourdes 20 km. 4 chambres (3 lits 2 pers., 1 lit 1 pers.), cuisine, salle à manger/coin salon, salle d'eau, salle de bains, 2 WC, magnétoscope, chaîne hifi, cellier, terrasse, parc (5000 m2), salon de jardin, barbecue, micro-ondes, parasol. Charges en sus. Gîte totalement indépendant situé dans un environnement boisé et bénéficiant d'une belle vue sur la montagne.

Laurent et Patricia FAURET - Château de Beauregard - 40260 CASTETS
Tél. : 05 58 89 48 47 - Email : fitflap@aol.com

| VAC. NOËL | HORS SAIS. | MAI/OCT. | JUIN/SEPT. | JUILLET | AOUT |
|---|---|---|---|---|---|
| 585 | 490 | 490 | 490 | 585 | 585 |

| | | | | | | | | | |
|---|---|---|---|---|---|---|---|---|---|
| 6 | 3 | 6 | 6 | 20 | 5 | 6 | 3 | 20 | 6 |

## Nº 419101 — IBOS — CM 85 pli 8

**NN — 6 pers.**

Lourdes 15 km. Sur 2 niveaux : 3 chambres (3 lits 2 pers.), salle à manger, coin salon, cuisine, micro-ondes, cellier, 2 salles d'eau, 2 WC, cour, 2 terrasses, salon de jardin, parasol, barbecue, emplacement voitures. Charges en sus l'hiver. Maison de village ancienne rénovée. Ouvert toute l'année.

Léon CAZAUX - 72 boulevard des Vosges - 65320 BORDERES-SUR-L'ECHEZ
Tél. : 05 62 36 64 36 - 06 77 48 79 41

| VAC. NOËL | HORS SAIS. | MAI/OCT. | JUIN/SEPT. | JUILLET | AOUT | WEEK-END |
|---|---|---|---|---|---|---|
| 351 | 336 | 351 | 351 | 382 | 382 | 153 |

| | | | | | | | | | |
|---|---|---|---|---|---|---|---|---|---|
| 30 | SP | 5 | 15 | 45 | 35 | 8 | 5 | 7 | SP |

## Nº 422101 — ILHET — 650 m — CM 85 pli 19

**NN — 3 pers.**

Sarrancolin 1 km. St Lary 15 km. Maison de village, sur 3 niveaux : 1 mezzanine (1 lit 2 pers., 1 lit 1 pers.), séjour, coin cuisine, salle d'eau avec WC, garage, terrasse, salon de jardin. Draps fournis. Chauffage en sus sauf juillet/août. Petit village de montagne typique, calme et très accueillant, avec vue sur la montagne, offrant la possibilité de faire du ski de fond et de piste dans plusieurs stations et de faire des promenades en moyenne ou haute montagne et cures thermales. Ouvert toute l'année.

Gérard SERRES - Chemin de Portailhet - chez M. SERRES Joël - 65410 SARRANCOLIN
Tél. : 05 62 98 73 97

| VAC. NOËL | HORS SAIS. | MAI/OCT. | JUIN/SEPT. | JUILLET | AOUT | WEEK-END |
|---|---|---|---|---|---|---|
| 380 | 230 | 230 | 230 | 380 | 380 | 110 |

| | | | | | | | | | |
|---|---|---|---|---|---|---|---|---|---|
| 15 | 1 | 15 | 15 | 15 | 6 | 1 | 15 | 1 | |

# HAUTES PYRÉNÉES - 65

### N° 444101 JARRET
**NN** — 7 pers. — 600 m — CM 85 pli 18

Lourdes 6 km. Argeles Gazost 15 km. Gavarnie 55 km. Pic du Midi 50 km. 3 chambres (3 lits 2 pers., 1 lit 1 pers.), salle à manger/coin salon/coin cuisine, salle d'eau, salle de bains, + WC, WC indépendant, cellier, salon de jardin, micro-ondes, barbecue, parasol, terrain clos. Petits animaux admis. Charges en sus. Bois pour l'insert gratuit. Gîte "Entre deux Moulins" indépendant situé dans un village de montagne. Ruisseau aux abords du gîte. Deux autres gîtes ruraux sont situés à proximité. Ouvert toute l'année.

Dominique FALLIERO - 11 chemin des Moulins - 65100 JARRET
Tél. : 05 62 42 96 36 - 06 16 66 43 82 - Email : fallieroch@aol.com - www.afleurdepau.com/Heberg/Falliero

| VAC. NOËL | HORS SAIS. | MAI/OCT. | JUIN/SEPT. | JUILLET | AOUT | WEEK-END |
|---|---|---|---|---|---|---|
| 370 | 330 | 330 | 370 | 540 | 660 | 180 |

| | | | | | | | | |
|---|---|---|---|---|---|---|---|---|
| 20 | 6 | 6 | 6 | 25 | 25 | 6 | 6 | 6 |

### N° 464101 LAMARQUE-PONTACQ
**NN** — 6 pers. — CM 85 pli 7

Lourdes 12 km. St Pe de Bigorre 18 km. Zoo d'Assan 20 km. 2 chambres (2 lits 2 pers., 2 lits 1 pers.), salle à manger/coin cuisine/coin salon, micro-ondes, piano, salle d'eau (baignoire sabot + douche), WC indép., 2 terrasses, salon de jardin, barbecue, portique pour enfant, piscine (9,50 X 4,50), buanderie (douche, WC), badminton, ping-pong, garage. Draps et linge de toilette fournis. Chauffage en sus l'hiver. Maison de village avec piscine privée commune avec la propriétaire. Ouvert toute l'année.

Annick BELLANGER - 12 bis rue Carrère Longue - 65380 LAMARQUE-PONTACQ
Tél. : 05 59 53 54 12

| VAC. NOËL | HORS SAIS. | MAI/OCT. | JUIN/SEPT. | JUILLET | AOUT | WEEK-END |
|---|---|---|---|---|---|---|
| 732 | 732 | 732 | 732 | 915 | 915 | 229 |

| | | | | | |
|---|---|---|---|---|---|
| 20 | SP | 12 | 50 | 30 | 12 |

### N° 011103 LAU-BALAGNAS
**NN** — 5 pers. — CM 85 pli 17

2 chambres (2 lits 2 pers., 1 lit 1 pers.), séjour/coin cuisine, micro-ondes, salle d'eau, wc, jardin commun aux 3 autres gîtes, parking privé réservé aux locataires. Caution en sus. Gîte rural de plain pied situé dans une grande demeure du XIXe hébergeant 3 autres gîtes ruraux. Voie verte de 15 km pour vélos et balades à pied. Pic du Midi, Cirque de Gavarnie, Parc National Cols du Tourmalet, Aubisque. Ouvert toute l'année.

Marc VIGNES - 9 rue Cazaillens - 65100 BARTRES
Tél. : 05 62 42 06 87 - Email : marc.vignes@wanadoo.fr - www.perso.wanadoo.fr/marc.vignes/

| VAC. NOËL | HORS SAIS. | MAI/OCT. | JUIN/SEPT. | JUILLET | AOUT | WEEK-END |
|---|---|---|---|---|---|---|
| 450 | 300 | 300 | 300 | 500 | 500 | 110 |

| | | | | | | | |
|---|---|---|---|---|---|---|---|
| 1 | 1 | 15 | 7 | 7 | 5 | 5 | 14 |

### N° 011104 LAU-BALAGNAS
**NN** — 4 pers. — CM 85 pli 17

2 chambres (1 lit 2 pers., 2 lit 1 pers.), salle à manger, coin cuisine, salle d'eau, wc, balcon (4 m²), terrain, micro-ondes, lave linge et barbecue commun aux 3 autres locations, chauffage central au gaz. Caution en sus. Gîte rural de plain pied situé dans une grande demeure du XIXème hébergeant 3 autres gîtes ruraux. Voie verte de 15 km pour vélos et balades à pied. Pic du Midi, Cirque de Gavarnie, Parc National Cols du Tourmalet, Aubisque. Ouvert toute l'année.

Marc VIGNES - 9 rue Cazaillens - 65100 BARTRES
Tél. : 05 62 42 06 87 - Email : marc.vignes@wanadoo.fr - www.perso.wanadoo.fr/marc.vignes/

| VAC. NOËL | HORS SAIS. | MAI/OCT. | JUIN/SEPT. | JUILLET | AOUT | WEEK-END |
|---|---|---|---|---|---|---|
| 450 | 300 | 300 | 300 | 450 | 450 | 110 |

| | | | | | | | |
|---|---|---|---|---|---|---|---|
| 1 | 1 | 15 | 7 | 7 | 5 | 5 | 14 |

### N° 760102 LAU-BALAGNAS
**NN** — 2 pers. — CM 85 pli 17

Pont d'Espagne 15 km. Col du Tourmalet 20 km. Cirque Gavarnie 35 km. 1 chambre (1 lit 2 pers.), cuisine, salle de bains + WC, espace détente avec barbecue et tente de réception commun à l'ensemble des hôtes, micro-ondes, lave linge et sèche linge communs à l'ensemble des hôtes. Charges en sus pour vacances hiver. Gîte rural situé au rez-de-chaussée d'un autre gîte et en prolongement de 5 chambres d'hôtes. Ouvert toute l'année.

Pierre NOGRABAT - 28 route des Vallées - 65400 LAU-BALAGNAS
Tél. : 05 62 97 22 45 - Fax : 05 62 97 56 23

| VAC. NOËL | HORS SAIS. | MAI/OCT. | JUIN/SEPT. | JUILLET | AOUT | WEEK-END |
|---|---|---|---|---|---|---|
| 265 | 190 | 200 | 200 | 265 | 270 | |

| | | | | | | | |
|---|---|---|---|---|---|---|---|
| 1 | 1 | 1 | 14 | 15 | 3 | 17 | 25 | 1 |

### N° 465101 LEZIGNAN
**NN** — 6 pers. — CM 85 pli 18

Lourdes 3 km. 3 chambres (1 lit 2 pers., 2 lits 120, 1 lit 130), salle à manger/coin-cuisine, salon, 2 salles d'eau dont une dans une chambre, WC, buanderie, micro-ondes, garage, terrasse, salon de jardin, barbecue, parasol. Gîte indépendant situé dans le parc de la maison des propriétaires.

Philippe RIBEIRO - Rue des Couteliers - 65100 LEZIGNAN
Tél. : 05 62 42 93 11

| VAC. NOËL | HORS SAIS. | MAI/OCT. | JUIN/SEPT. | JUILLET | AOUT | WEEK-END |
|---|---|---|---|---|---|---|
| 382 | 305 | 336 | 336 | 382 | 412 | 153 |

| | | | | | | | |
|---|---|---|---|---|---|---|---|
| 18 | SP | 3 | 3 | 28 | 25 | 3 | 28 | 3 | 3 |

# HAUTES PYRÉNÉES - 65

## N° 467101 LORTET — 600 m — CM 85 pli 19

**NN — 8 pers. — 600 m**

Capvern 15 km. St Lary 30 km. 4 chambres (2 lits 1 pers., 3 lits 2 pers.), cuisine, salon, 2 WC, 2 salles d'eau, 1 salle de bains, terrasse, cellier, balcon, barbecue, micro-ondes, salon de jardin, terrain arboré non clos. Charges en sus. Gîte rural totalement indépendant, très bien agencé et coquet. Ouvert toute l'année.

Guy et Annette CAMPISTROUS - 65250 LORTET
Tél. : 05 62 98 80 72 - 05 62 98 80 72

| VAC. NOËL | HORS SAIS. | MAI/OCT. | JUIN/SEPT. | JUILLET | AOUT | WEEK-END |
|---|---|---|---|---|---|---|
| 610 | 580 | 580 | 580 | 610 | 610 | 305 |

| | | | | | | | | | |
|---|---|---|---|---|---|---|---|---|---|
| 15 | 5 | 10 | 10 | 30 | 30 | 5 | 3 | 10 | 5 |

## N° 416101 LOUCRUP — 550 m — CM 85 pli 8

**NN — 2 pers.**

Lourdes 8 km. Salle à manger, coin cuisine, 1 chambre (1 lit 2 pers.), salle d'eau, WC, terrasse, micro-ondes, chauffage central au fuel, terrain clos, salon de jardin, parasol, barbecue, garage. Pêche à la truite à 3 km. Chauffage compris. Gîte rural de plain pied, totalement indépendant bénéficiant d'un beau point de vue sur la chaîne des Pyrénées. Bagnères de Bigorre. Grottes de Médous et de Bétharram. Ouvert toute l'année.

André CRESPO - 17 lotissement de la Plaine - 65100 LEZIGNAN
Tél. : 05 62 42 92 37

| VAC. NOËL | HORS SAIS. | MAI/OCT. | JUIN/SEPT. | JUILLET | AOUT | WEEK-END |
|---|---|---|---|---|---|---|
| 215 | 215 | 215 | 215 | 230 | 250 | 80 |

| | | | | | | | |
|---|---|---|---|---|---|---|---|
| 8 | 8 | 8 | 8 | 30 | 30 | 8 | 3 |

## N° 475101 MERILHEU — 600 m — CM 85 pli 18

**NN — 4 pers.**

Pic du Midi 25 km. 2 chambres (2 lits 2 pers.), salle à manger, coin-salon, cuisine, salle de bains, WC, terrasse, terrain 1/2 clos, salon de jardin, barbecue, parasol. Bois pour l'insert fourni. Chauffage en sus l'hiver. Maison indépendante, située à l'écart du village.

Joseph ARCE - 485 rue du 8 Mai - 65200 MONTGAILLARD
Tél. : 05 62 91 51 66

| VAC. NOËL | HORS SAIS. | MAI/OCT. | JUIN/SEPT. | JUILLET | AOUT | WEEK-END |
|---|---|---|---|---|---|---|
| 305 | 250 | 250 | 250 | 280 | 305 | 150 |

| | | | | | | | | |
|---|---|---|---|---|---|---|---|---|
| 5 | 5 | 5 | 25 | 25 | 25 | 3 | 25 | 25 | 5 |

## N° 423101 MONLEON-MAGNOAC — CM 85 pli 10

**NN — 8 pers.**

Les Pyrénées 40 km. Lourdes 55 km. Espagne 70 km. Maison indépendante sur 2 niveaux : 4 ch. (4 lits 2 pers., 1 lit bébé), séjour, coin cuisine, coin salon, 2 salles de bain, 2 WC dont 1 indépendant, cellier, 2 terrasses, garage (pour 2 voitures), terrain clos, salon jardin, barbecue. Micro-ondes. Chauffage en sus sauf juillet et août. A 3 km vous trouverez tous les produits régionaux. Grande maison bénéficiant d'une belle vue sur la campagne vallonnée et boisée de la région des Coteaux. Ouvert toute l'année.

Roland DUTHU - 27 route d'Arpajan - 65670 MONLEON-MAGNOAC
Tél. : 05 62 99 77 19 - 06 78 57 60 72

| VAC. NOËL | HORS SAIS. | MAI/OCT. | JUIN/SEPT. | JUILLET | AOUT | WEEK-END |
|---|---|---|---|---|---|---|
| 275 | 260 | 260 | 275 | 426 | 426 | 150 |

| | | | | | | | | |
|---|---|---|---|---|---|---|---|---|
| 30 | 1,5 | 10 | 10 | 50 | 60 | 6 | 20 | 1,5 |

## N° 455101 MONTOUSSE — 525 m — CM 85 pli 19

**NN — 6 pers.**

Lannemezan 6 km. 3 chambres (2 lits superposés, 2 lits 2 pers., 1 lit bébé), salle à manger, cuisine, salon, poêle à bois, salle de bains + WC, terrain clos, salon de jardin, barbecue, micro-ondes, parasol. Charges comprises sauf caution. Gîte indépendant situé au coeur du village. Ouvert toute l'année.

Alain DASSAIN - Quartier Coume de Bert - 65250 MONTOUSSE
Tél. : 05 62 98 14 29 - 05 62 98 94 07 - Fax : 05 62 98 34 22 - Email : al-dassain@wanadoo.fr

| VAC. NOËL | HORS SAIS. | MAI/OCT. | JUIN/SEPT. | JUILLET | AOUT | WEEK-END |
|---|---|---|---|---|---|---|
| 420 | 330 | 330 | 330 | 380 | 420 | 150 |

| | | | | | | | | |
|---|---|---|---|---|---|---|---|---|
| 8 | 3 | 8 | 8 | 35 | 10 | 3 | 3 | 8 | 3 |

## N° 457101 ORLEIX — CM 85 pli 8

**NN — 8 pers.**

Tarbes 7 km. Bagnères de Bigorre 30 km. 4 chambres (4 lits 1 pers., 2 lits 2 pers., 1 lit bébé), cuisine, salle à manger/coin salon, salle de bains, salle d'eau, 2 WC, buanderie, terrasse, abri pour 2 voitures, parc arboré et clos de 2000 m2, salon de jardin, barbecue, parasol, micro-ondes. Charges en sus l'hiver. Possibilité de location partielle pour 4 personnes en hors saison. Gîte totalement indépendant situé dans le bourg. Ouvert toute l'année.

Alain DUCLOS - 24 rue des Platanes - 65800 ORLEIX
Tél. : 05 62 36 38 05

| VAC. NOËL | HORS SAIS. | MAI/OCT. | JUIN/SEPT. | JUILLET | AOUT | WEEK-END |
|---|---|---|---|---|---|---|
| 300 | 200 | 450 | 450 | 600 | 600 | 150 |

| | | | | |
|---|---|---|---|---|
| 30 | 7 | 40 | 40 | 2 | 7 |

# HAUTES PYRÉNÉES - 65

## N° 449101 OUSTE — 630 m — CM 85 pli 18

**NN — 5 pers.**

Lourdes 10 km. Hautacam 20 km. Gavarnie 25 km. 2 chambres (3 lits 1 pers., 2 lits 1 pers.), cuisine, salon, salle d'eau +wc, terrain clos, salon de jardin, micro-ondes, barbecue, parasol, abri pour la voiture. Charges en sus. Gîte indépendant situé à côté de la maison du propriétaire, au centre d'un petit village de montagne. Nombreuses randonnées dans la nature intacte. Ouvert toute l'année.

Jean Luc LAPLAGNE - 65100 OUSTE
Tél. : 05 62 94 25 55 - 05 62 94 05 40 - Fax : 05 62 94 25 55 - Email : laplagne@club-internet.fr

| VAC. NOËL | HORS SAIS. | MAI/OCT. | JUIN/SEPT. | JUILLET | AOUT | WEEK-END |
|---|---|---|---|---|---|---|
| 250 | 150 | 170 | 200 | 305 | 305 | 100 |

| | | | | | | | | | |
|---|---|---|---|---|---|---|---|---|---|
| 20 | 10 | 10 | 10 | 25 | 25 | 25 | 10 | 10 | 10 |

## N° 439101 PIERREFITTE-NESTALAS — CM 85 pli 17

**NN — 9 pers.**

Cauterets 10 km. Luz St Sauveur 15 km. Lourdes 15 km. 4 chambres (2 lits 2 pers., 5 lits 1 pers.), salle à manger, coin cuisine, coin salon, 2 salles d'eau, 2 WC indép., terrasse, balcon, terrain clos, salon de jardin, micro-ondes, barbecue, parasol, local à skis. Chauffage compris. Gîte indépendant, situé au coeur d'un village typique, bénéficiant d'une vue agréable. Ouvert toute l'année.

Christine SARTHE - 110 route d'Artigues - 65100 JARRET
Tél. : 05 62 42 95 04

| VAC. NOËL | HORS SAIS. | MAI/OCT. | JUIN/SEPT. | JUILLET | AOUT | WEEK-END |
|---|---|---|---|---|---|---|
| 530 | 400 | 400 | 400 | 530 | 530 | 200 |

| | | | | | | | | | |
|---|---|---|---|---|---|---|---|---|---|
| 6 | 8 | 6 | 10 | 10 | 2 | 10 | 17 | 8 | |

## N° 462101 POUZAC — 550 m — CM 85 pli 18

**NN — 4 pers.**

Bagnères de Bigorre 2 km. Payolle et La Mongie 25 km. 2 chambres (1 lit 2 pers., 2 lits 1 pers.), salle à manger/coin salon, cuisine, micro-ondes, salle de bains, WC, terrasse, salon de jardin, parasol, barbecue, terrain, abri pour la voiture. Taxe de séjour en sus. Gîte dans le village situé en prolongement d'une maison secondaire. Ouvert toute l'année.

Yolande DUPLAN - 7 chemin des Crêtes - 65200 POUZAC
Tél. : 05 62 95 18 25

| VAC. NOËL | HORS SAIS. | MAI/OCT. | JUIN/SEPT. | JUILLET | AOUT | WEEK-END |
|---|---|---|---|---|---|---|
| 305 | 275 | 275 | 275 | 305 | 305 | 106 |

| | | | | | | | | |
|---|---|---|---|---|---|---|---|---|
| 2 | 2 | 2 | 25 | 25 | 25 | 8 | 15 | SP |

## N° 466101 SACOUE — 650 m — CM 85 pli 20

**NN — 7 pers.**

Loures Barousse 5 km. Montrejeau 8 km. Sur 2 niveaux : 3 chambres (3 lits 1 pers., 2 lits 2 pers.), salle de séjour/coin salon, cuisine, salle de bains + WC, cabinet de toilette +WC, salon de jardin, barbecue, micro-ondes, terrasse panoramique et jardin. Bois pour cheminée en sus. Location des draps : 8 €/semaine et par paire. Maison mitoyenne à un autre logement. Point de vue panoramique sur la vallée et sur la falaise d'escalade depuis la terrasse. Ouvert toute l'année.

Jacques et Christine IGOUNET - 1 chemin Papus - 31100 TOULOUSE
Tél. : 05 61 40 89 44 - 06 10 18 70 73 - Email : jacques.igounet@wanadoo.fr

| VAC. NOËL | HORS SAIS. | MAI/OCT. | JUIN/SEPT. | JUILLET | AOUT | WEEK-END |
|---|---|---|---|---|---|---|
| 550 | 450 | 450 | 450 | 550 | 550 | 150 |

| | | | | | | | | | |
|---|---|---|---|---|---|---|---|---|---|
| 8 | 9 | 9 | 8 | 30 | 12 | 5 | 10 | 2 | |

## N° 420101 SALECHAN — CM 85 pli 20

**NN — 6 pers.**

St Bertrand Comminges 8 km. Espagne 15 km. Bagnères de Luchon 20 km. 2 chambres (1 lit 160, 1 lit 2 pers., 2 lits 1 pers.), salle à manger, coin cuisine, coin salon, 2 WC, salle de bains, espace extérieur privatif fleuri ombragé et calme sans vis à vis, terrasse couverte, salon de jardin, barbecue, cour. A proximité : St Bertrand de Comminges Cathédrale Romane et Gothique abritant des stalles et un buffet d'orgue Renaissance. Charges en sus. Maison de caractère indépendante restaurée dans le style du pays, bâtie sur le rocher à 2 niveaux située au fond du village. Ouvert toute l'année.

Marie Céline DUCLO - Camin de Malhoc - 65370 SALECHAN
Tél. : 05 62 99 37 49 - 06 12 08 26 98 - Fax : 05 62 99 37 49 - http://vacances.pyrenees.free.fr - Email : celine.duclo@free.fr

| VAC. NOËL | HORS SAIS. | MAI/OCT. | JUIN/SEPT. | JUILLET | AOUT | WEEK-END |
|---|---|---|---|---|---|---|
| 380 | 280 | 380 | 450 | 510 | 530 | 120 |

| | | | | | | | | | |
|---|---|---|---|---|---|---|---|---|---|
| 5 | SP | 8 | 15 | 15 | 8 | 15 | 5 | 1 | |

## N° 474101 SALLES — 600 m

**NN — 5 pers.**

Argeles Gazost 5 km. Lourdes 15 km. Cauterets 40 km. Sur 2 niveaux : 2 chambres (2 lits 2 pers., 1 lit 1 pers.), salle à manger, coin cuisine, salle d'eau + WC, jardin, micro-ondes, barbecue, salon de jardin, parasol. Charges en sus. Gîte dans village de montagne, indépendant, situé au-dessus de la maison du propriétaire. Ouvert toute l'année.

Michèle LAFFORGUE - Le Village - 65400 SALLES
Tél. : 05 62 97 27 79 - Email : lafforguejc@wanadoo.fr

| VAC. NOËL | HORS SAIS. | MAI/OCT. | JUIN/SEPT. | JUILLET | AOUT | WEEK-END |
|---|---|---|---|---|---|---|
| 300 | 200 | 200 | 200 | 300 | 300 | 153 |

| | | | | | | | | |
|---|---|---|---|---|---|---|---|---|
| 5 | 5 | 15 | 5 | 20 | 15 | 15 | 15 | 5 |

# HAUTES PYRÉNÉES - 65

## N° 404102 SASSIS — 630 m — CM 85 pli 18

**NN 2 pers.**

Thermes Luz St Sauveur 1 km. Luz St Sauveur 2 km. Lourdes 30 km. Salle à manger, coin cuisine (1 lit 1 pers., 1 lit 2 pers.), micro-ondes, salle d'eau + WC, terrasse, salon de jardin, barbecue, terrain non clos, parking privé. Tarifs cure mai, juin, septembre, octobre : 400 € pour 3 semaines. Studio de plain pied situé au RDC de la maison du propriétaire dans un village typique. Ouvert toute l'année.

Sylvie PORTE - 65120 SASSIS
Tél. : 06 80 21 08 68

| VAC. NOËL | HORS SAIS. | MAI/OCT. | JUIN/SEPT. | JUILLET | AOUT | WEEK-END |
|---|---|---|---|---|---|---|
| 310 | 220 | 150 | 150 | 255 | 255 | 70 |

| | | | | | | | | | | |
|---|---|---|---|---|---|---|---|---|---|---|
| 1 | 1 | 30 | 20 | 12 | 12 | 7 | 1 | 30 | 2 | |

## N° 451101 SAZOS — 860 m — CM 85 pli 18

**NN 6 pers.**

2 chambres (2 lits 2 pers., 2 lits superposés 1 pers.), salle à manger/coin cuisine, magnétoscope, micro-ondes, salle d'eau, WC, local à ski, barbecue, salon de jardin, parasol, terrain. Grange de montagne, indépendante, bénéficiant d'un point de vue exceptionnel. Cirque de Gavarnie, Pic du Midi, Lourdes, Col du Tourmalet. Ouvert toute l'année.

Janine TRATTENERO - 2 rue de Barèges - 65120 LUZ-SAINT-SAUVEUR
Tél. : 05 62 92 89 79 - Fax : 05 62 92 89 79

| VAC. NOËL | HORS SAIS. | MAI/OCT. | JUIN/SEPT. | JUILLET | AOUT | WEEK-END |
|---|---|---|---|---|---|---|
| 504 | 351 | 351 | 351 | 504 | 504 | 153 |

| | | | | | | | | | |
|---|---|---|---|---|---|---|---|---|---|
| 4 | 4 | 4 | 18 | 10 | 10 | 8 | 4 | 36 | 4 |

## N° 426101 SOST — 730 m — CM 85 pli 20

**NN 5 pers.**

Bagnères de Luchon 30 km. St Bertrand de Comminges 12 km. Salle à manger, coin cuisine, 2 chambres (3 lits 1 pers., 1 lit 2 pers.), salle de bains, WC, salon de jardin, barbecue, micro-ondes, terrain. Charges en sus. Sost : village de fromagers. Gîte indépendant aménagé dans une partie d'une ancienne grange typique. Ouvert toute l'année.

Françoise SOST - 65370 FERRERE
Tél. : 05 62 39 21 61

| VAC. NOËL | HORS SAIS. | MAI/OCT. | JUIN/SEPT. | JUILLET | AOUT | WEEK-END |
|---|---|---|---|---|---|---|
| 275 | 209 | 275 | 275 | 351 | 382 | 153 |

| | | | | | | | | | |
|---|---|---|---|---|---|---|---|---|---|
| 15 | 4 | 30 | 4 | 30 | 30 | 7 | 7 | 20 | 4 |

## N° 446101 ST-ARROMAN — 550 m — CM 85 pli 19

**NN 7 pers.**

Grottes de Gargas 15 km. Gouffre d'Esparros 20 km. St Lary 30 km. 3 chambres (3 lits 2 pers., 1 lit 1 pers., 1 lit bébé), cuisine, salon, buanderie, 2 salles d'eau, 2 WC, garage, salon de jardin, barbecue, micro-ondes, parasol, cour fermée, terrain non clos. Charges en sus. Ancienne ferme restaurée, totalement indépendante, située dans un hameau au pied de la chaîne. Nombreuses excursions et promenades aux alentours. Ouvert toute l'année.

Janette FERRAN - Quartier La Poutie - 65250 ST-ARROMAN
Tél. : 05 62 98 93 85

| VAC. NOËL | HORS SAIS. | MAI/OCT. | JUIN/SEPT. | JUILLET | AOUT | WEEK-END |
|---|---|---|---|---|---|---|
| 535 | 385 | 385 | 385 | 535 | 535 | 200 |

| | | | | | | | | | |
|---|---|---|---|---|---|---|---|---|---|
| 30 | 7 | 12 | 30 | 30 | 20 | 7 | 7 | 12 | 7 |

## N° 418101 STE-MARIE-DE-CAMPAN — 850 m — CM 85 pli 18

**NN 6 pers.**

Pic du Midi 13 km. Lourdes 35 km. Gouffre d'Esparros 40 km. 2 ch. (1 lit 2 pers., 2 lits superposés), salle à manger, coin cuisine, coin salon, micro-ondes, magnétoscope, radio-cassettes laser, 1 lit d'appoint 2 pers., chauffage électrique, salle d'eau, WC, sèche-linge, jeux de société, bibliothèque, terrasse, terrain, salon de jardin, barbecue, portique balançoires, parasol. Pêche sur place. Charges en sus. Draps fournis. Gîte rural aménagé dans une maison typique de la vallée de Campan adossé à la maison des propriétaires situé dans un environnement boisé avec accès direct à l'Adour.

Bernard et Anne CONTARD - Chemin de Trassouet - Gîte chez Bernatou - 65710 STE-MARIE-DE-CAMPAN
Tél. : 05 62 91 88 41 - Fax : 05 62 91 88 41 - Email : anne.contard@wanadoo.fr

| VAC. NOËL | HORS SAIS. | MAI/OCT. | JUIN/SEPT. | JUILLET | AOUT | WEEK-END |
|---|---|---|---|---|---|---|
| 382 | 305 | 230 | 305 | 382 | 382 | 185 |

| | | | | | | | | | |
|---|---|---|---|---|---|---|---|---|---|
| 11 | 11 | 11 | 7 | 13 | 7 | 11 | 0,5 | 1 | |

## N° 408101 TREBONS — CM 85 pli 18

**NN 4 pers.**

Bagnères de Bigorre 4 km. Lourdes et Tarbes 15 km. Gîte de plain pied mitoyen au propriétaire avec entrée indépendante. Salle à manger (1 lit 2 pers.), 1 chambre (1 lit 2 pers.), salle d'eau + WC, terrasse, salon de jardin, barbecue, micro-ondes. Gîte de plain pied situé à côté de la maison du propriétaire avec entrée totalement indépendante. Ouvert du 1er mai au 30 octobre.

Marie Madeleine DAZET - 47 avenue du 11 juin - 65200 TREBONS
Tél. : 05 62 95 30 17

| MAI/OCT. | JUIN/SEPT. | JUILLET | AOUT |
|---|---|---|---|
| 275 | 275 | 305 | 305 |

| | | | | | | |
|---|---|---|---|---|---|---|
| 4 | 4 | 4 | 20 | 25 | 20 | 27 | 2 |

# HAUTES PYRÉNÉES - 65

## N° 956102 TREBONS
CM 85 pli 18

**NN** — 4 pers.

Bagnères de Bigorre 4 km. 2 chambres (2 lits 2 pers.), salle à manger/salon, coin cuisine, 2 WC, salle de bains + douche, 2 terrasses, salon de jardin, jardin arboré, terrain, barbecue. Charges en sus. Moulin à eau du XVIIIe, totalement indépendant, bénéficiant d'un jardin "4 saisons" très agréable. Ouvert toute l'année.

Régis TAPIE - 7 rue des Pyrénées - 65380 BENAC
Tél. : 05 62 45 45 99

| VAC. NOËL | HORS SAIS. | MAI/OCT. | JUIN/SEPT. | JUILLET | AOUT |
|---|---|---|---|---|---|
| 385 | 245 | 245 | 275 | 430 | 430 |

| | | | | | | | |
|---|---|---|---|---|---|---|---|
| 4 | 4 | 4 | 20 | 20 | 20 | 7 | 4 |

## N° 447101 VIEILLE-LOURON
980 m — CM 85 pli 19

**NN** — 6 pers.

Luchon 22 km. St Lary 22 km. Lannemezan 38 km. 3 chambres (2 lits 2 pers., 2 lits 1 pers.), salle à manger/coin cuisine/coin salon, magnétoscope, micro-ondes, salle d'eau, 2 WC indépendants, chauffage (label Promotélec), terrain non clos, salon de jardin, barbecue, parasol. Petits animaux admis. Charges en sus. Maison totalement indépendante, situé dans un village de montagne. Ouvert toute l'année.

Sylvie MELIZ - 65240 VIEILLE-LOURON
Tél. : 06 09 25 25 97

| VAC. NOËL | HORS SAIS. | MAI/OCT. | JUIN/SEPT. | JUILLET | AOUT | WEEK-END |
|---|---|---|---|---|---|---|
| 490 | 305 | 305 | 380 | 490 | 490 | 153 |

| | | | | | | | | | |
|---|---|---|---|---|---|---|---|---|---|
| 22 | 4 | 4 | 4 | 12 | 10 | 6 | 6 | 38 | 4 |

## N° 421101 VILLELONGUE
500 m — CM 85 pli 18

**NN** — 9 pers.

Cauterets et ses cascades 10 km. Lourdes 18 km. 4 chambres (3 lits 2 pers., 2 lits 125, 1 lit 1 pers.), cuisine, salle à manger, micro-ondes, 2 WC, salle d'eau, salle de bains, chauffage central au gaz, terrasse, terrain ombragé, abri pour voitures, salon de jardin, barbecue, balançoire. Base de loisirs au village. Coulée verte (rollers, vélos) à proximité. Chauffage en sus l'hiver. Grande maison indépendante rénovée, située dans un village calme typique de la vallée des Gaves, au pied du Parc Naturel et des Cols du Tourmalet, Aubisque, au carrefour des stations de sport d'hiver. Ouvert toute l'année.

Paulette IGAU - 3 rue de l'Eglise - 65260 VILLELONGUE
Tél. : 05 62 92 77 48

| VAC. NOËL | HORS SAIS. | MAI/OCT. | JUIN/SEPT. | JUILLET | AOUT | WEEK-END |
|---|---|---|---|---|---|---|
| 580 | 488 | 458 | 488 | 580 | 580 | 220 |

| | | | | | | | | | |
|---|---|---|---|---|---|---|---|---|---|
| 2 | SP | 6 | 6 | 10 | 10 | 6 | SP | 2 | |

## N° 454101 VIZOS
800 m — CM 85 pli 18

**NN** — 5 pers.

2 chambres (2 lits 2 pers., 1 lit 1 pers.), salle à manger/coin cuisine, salle d'eau, WC, cellier, salon de jardin, parasol, barbecue, micro-ondes, terrasse. Cabine téléphonique à proximité. Maison indépendante, de plain-pied, située dans un charmant village de montagne. Cirque de Troumouse, Pic du Midi, Cauterets, Pont d'Espagne. Ouvert toute l'année.

Jean Bernard HERRET - 65120 VIZOS
Tél. : 05 62 92 85 49 - 05 62 92 99 61

| VAC. NOËL | HORS SAIS. | MAI/OCT. | JUIN/SEPT. | JUILLET | AOUT | WEEK-END |
|---|---|---|---|---|---|---|
| 333 | 229 | 229 | 305 | 380 | 380 | 153 |

| | | | | | | | | | |
|---|---|---|---|---|---|---|---|---|---|
| 2 | 2 | 2 | 30 | 7 | 7 | 7 | 2 | 30 | 2 |

**MIDI-PYRÉNÉES**

# TARN - 81

**GITES DE FRANCE** - Service Réservation - A.T.T.E.R.
Maison des Agriculteurs - La Milliasolle - B.P. 89 - 81003 ALBI Cédex
Tél. 05 63 48 83 01 - Fax. 05 63 48 83 12
E.mail : gitesdutarn@free.fr - www.gites-tarn.com

## PERIODES TARIFAIRES
**JUIN/SEPTEMBRE/PETITES VACANCES SCOLAIRES** : du 29.05 au 3.07, du 28.08 au 29.09 - **HAUTE-SAISON** : du 3.07 au 17.07, du 21.08 au 28.08 - **TRÈS HAUTE-SAISON** : du 17.07 au 21.08 - **HORS-SAISON** : tout le reste.

### N° 852 — BURLATS — Le Pioch d'Aussac — 700 m
NN — 2 pers.

Petit gîte indép., proche d'un chalet (100 m). De plain pied : séjour, coin-salon avec canapé clic-clac 2 pers., cuisine. 1 ch. (2 lits 1 pers., lit bébé sur demande), s.e., wc. Ch. élect. Cheminée (bois payant). Micro-ondes. Terrasse couverte avec salon de jardin, barbecue, garage fermé. Extérieur clos. Proche de Castres, au coeur de massif du Sidobre, sur un vaste terrain ombragé avec un jolie vue sur la vallée, ce gîte est situé dans le Parc Régional du Haut Languedoc.

GITES DE FRANCE-SERVICE RESERVATION - A.T.T.E.R. - La Milliasolle - Maison des Agriculteurs -BP 89 - 81003 ALBI Cedex
Tél : 05 63 48 83 01 - Fax : 05 63 48 83 12 - Email : gitesdutarn@free.fr - www.gites-tarn.com

| JUIN/SEPT./VAC. | HTE SAIS. | TRES HTE SAIS. |
|---|---|---|
| 341 | 420 | 445 |

| | | | | | | | | | |
|---|---|---|---|---|---|---|---|---|---|
| 4 | 4 | 4 | 2 | SP | 4 | 4 | 4 | 4 | |

### N° 856 — BURLATS — Le Pioch d'Aussac — 700 m
NN — 2 pers.

Petit châlet en bois proche d'un gîte (100 m). De plain pied : séjour avec coin-cuisine, banquette-lit 2 pers., 1 ch. (1 lit 2 pers., lit bébé sur demande), s.e. avec wc. Ch. élect. Micro-ondes. Terrasse couverte avec salon de jardin, barbecue, abri voiture. Extérieur clos. Proche de Castres, au coeur de massif du Sidobre, sur 1000 m2 de terrain ombragé avec un jolie vue sur la vallée, ce châlet est situé dans le Parc Régional du Haut Languedoc.

GITES DE FRANCE-SERVICE RESERVATION - A.T.T.E.R. - La Milliasolle - Maison des Agriculteurs -BP 89 - 81003 ALBI Cedex
Tél : 05 63 48 83 01 - Fax : 05 63 48 83 12 - Email : gitesdutarn@free.fr - www.gites-tarn.com

| JUIN/SEPT./VAC. | HTE SAIS. | TRES HTE SAIS. |
|---|---|---|
| 324 | 377 | 394 |

| | | | | | | | | | |
|---|---|---|---|---|---|---|---|---|---|
| 4 | 4 | 4 | 2 | SP | 4 | 4 | 4 | 4 | |

### N° 766 — CAHUZAC-SUR-VERE — Fonclamouse
NN — 6 pers.

Gîte indép. au r.d.c. et étage, en pleine campagne. R.d.c. : cuisine (micro-ondes), séjour, salon. A l'étage : 3 ch (3 lits 2 pers.), s.e., wc. Cong. Chauffage d'appoint. Terrain clos, terrasse couverte. Gîte situé dans le pays des Bastides près de la base de loisirs Vère Grésigne. Présence d'un élevage de moutons sur place.

Rodolphe RUBLER - Les Savignats - Andillac - 81140 CASTELNAU-DE-MONTMIRAL
Tél : 05 63 33 90 66

| JUIN/SEPT./VAC. | HTE SAIS. | TRES HTE SAIS. | HORS SAIS. |
|---|---|---|---|
| 168 | 275 | 300 | 122 |

| | | | | | | | | |
|---|---|---|---|---|---|---|---|---|
| 3,5 | 3,5 | 3,5 | 3 | 15 | 20 | 20 | 35 | 12 | 3 |

### N° 825 — CAMBOUNES — Le Plafontbelle — 600 m
NN — 4 pers.

Castres 15 km. Gîte indép., isolé, en pleine campagne. De plain-pied : séjour avec coin-cuisine, 2 ch ( 1 lit 2 pers., 2 lits 1 pers., 1 lit bébé), s.e., wc. Chauffage élect. Sèche-linge, micro-ondes, cong. Terrain clos, salon de jardin, barbecue, parasol. Situé à une quinzaine de km de Castres, dans le Parc Régional du Haut Languedoc. Vue superbe sur les massifs. Les parents du propriétaires sont présent dans la maison à côté l'été. Dans les environs immédiats : VTT, pêche, randonnées. Découverte de la nature.

GITES DE FRANCE-SERVICE RESERVATION - A.T.T.E.R. - La Milliasolle - Maison des Agriculteurs -BP 89 - 81003 ALBI Cedex
Tél : 05 63 48 83 01 - Fax : 05 63 48 83 12 - Email : gitesdutarn@free.fr - www.gites-tarn.com

| JUIN/SEPT./VAC. | HTE SAIS. | TRES HTE SAIS. | HORS SAIS. |
|---|---|---|---|
| 320 | 400 | 400 | 280 |

| | | | | | | | | |
|---|---|---|---|---|---|---|---|---|
| 8 | 20 | 8 | 1 | 20 | 0,1 | 10 | 15 | 10 | 8 |

### N° 848 — CASTELNAU-DE-BRASSAC — Le Teil Bas — 650 m
EC — NN — 12 pers.

Grand gîte indép., situé à la sortie d'un hameau. R.d.c. : cuisine, séjour avec coin-salon (canapé-lit 2 pers.), s.e., wc. Etage : 5 ch. (4 lits 2 pers., 1 lit 110, 3 lits 1 pers., 1 lit pliant), s.e., wc. Chauf. central fuel. Micro-ondes. Terrain, terrasse, salon de jardin, parasol, barbecue. Maison aménagée entre Brassac et Lacaune, à mi-chemin des sites touristiques du Sidobre et des Monts de Lacaune. Bois fourni gratuitement. Prix toutes charges comprises. Location WE de septembre à mai uniquement.

Guy et Elisabeth LARACINE - 113 rue du Bois des Chênes - 34580 VAILHAUQUES
Tél : 04 67 84 47 29 - 06 08 77 25 49

| JUIN/SEPT./VAC. | HTE SAIS. | TRES HTE SAIS. | HORS SAIS. | WEEK-END |
|---|---|---|---|---|
| 472 | 610 | 686 | 365 | 236 |

| | | | | | | | | | |
|---|---|---|---|---|---|---|---|---|---|
| 12 | 13 | 12 | 1 | 13 | SP | 15 | 30 | 30 | 10 |

# TARN - 81

Périodes tarifaires p. 314

## N° 847 CESTAYROLS — Roumanou
**NN — 2 pers.**

Petit gîte indép., sur une exploitation agricole, de plain pied. Cuisine, séjour avec canapé-lit 2 pers., 1 ch. (1 lit 2 pers.), s.e. avec wc. Ch. élect. Micro-ondes, radio. Petit terrain de 100 m². salon de jardin, parasol, barbecue. Entre Albi, Cordes sur Ciel et Gaillac, au coeur du vignoble Gaillacois, petite maison neuve en pierres apparentes, exposée plein sud et située dans un petit hameau.

GITES DE FRANCE-SERVICE RESERVATION – A.T.T.E.R. - La Milliasolle - Maison des Agriculteurs -BP 89 - 81003 ALBI Cedex
Tél. : 05 63 48 83 01 - Fax : 05 63 48 83 12 – Courriel : gitesdutarn@free.fr – www.gites-tarn.com

| JUIN/SEPT./VAC. | HTE SAIS. | TRES HTE SAIS. | HORS SAIS. | WEEK-END |
|---|---|---|---|---|
| 213 | 230 | 260 | 145 | 107 |

| | | | | | | | | |
|---|---|---|---|---|---|---|---|---|
| 7 | 10 | 7 | 5 | 10 | 20 | 10 | 20 | 15 | 7 |

## N° 879 CESTAYROLS
CM 79 pli 20
**EC — NN — 6 pers.**

Gîte mitoyen à une maison d'habitation dans le village. R.d.c. : Cellier, buanderie. Au 1er : cuisine américaine/séjour, salle à manger, salon. Au 2eme : 2 ch. (2 lits 2 pers.), s.d.b., wc ind. Au 3eme : salon, 2 ch. (2 lits 2 pers.). Chauff. élect., micro-ondes, magnéto. Petit jardin clos, salon de jardin, barbecue. Restaurée dans son style initial, cette maison d'enceinte du XII et XIIIe siècle faisait partie des fortifications du village de Cestayrols, dans le triange Albi, Cordes et Gaillac. En plein coeur des bastides et du vignoble gaillacois. Loc. draps, service-ménage.

GITES DE FRANCE-SERVICE RESERVATION – A.T.T.E.R. - La Milliasolle - Maison des Agriculteurs -BP 89 - 81003 ALBI Cedex
Tél. : 05 63 48 83 01 - Fax : 05 63 48 83 12 – Courriel : gitesdutarn@free.fr – www.gites-tarn.com

| JUIN/SEPT./VAC. | HTE SAIS. | TRES HTE SAIS. | HORS SAIS. |
|---|---|---|---|
| 424 | 565 | 598 | 318 |

| | | | | | | | | |
|---|---|---|---|---|---|---|---|---|
| 7 | 15 | 7 | 10 | 15 | 7 | 15 | 10 | 7 |

## N° 885 CURVALLE
**EC — NN — 6 pers.**

Gîte indépandant au rez-de-chaussée et étage : cuisine, séjour, 3 ch (3 lits 140), 2 s.e., 2 wc. Chauffage central au fioul en sus, micro-ondes, TV-magnét., cong. Terrain clos, terrasse, salon de jardin, barbecue, emplacement parking. Gîte situé dans la vallée du Tarn, dans un cadre boisé, au calme (présence d'une route peu passante près du gîte), à la limite du TARN et de l'Aveyron.

GITES DE FRANCE-SERVICE RESERVATION – A.T.T.E.R. - La Milliasolle - Maison des Agriculteurs -BP 89 - 81003 ALBI Cedex
Tél. : 05 63 48 83 01 - Fax : 05 63 48 83 12 – Courriel : gitesdutarn@free.fr – www.gites-tarn.com

| JUIN/SEPT./VAC. | HTE SAIS. | TRES HTE SAIS. | HORS SAIS. |
|---|---|---|---|
| 275 | 381 | 381 | 229 |

| | | | | | | | |
|---|---|---|---|---|---|---|---|
| 0,3 | 8 | 0,3 | SP | 8 | SP | 25 | 40 | 40 | 0,3 |

## N° 871 GIJOUNET — Calouze 600 m
CM 83 pli 2
**5 pers.**

Lacaune 15 km. Le Sidobre 30 km. Gîte indépendant situé dans un hameau. Au r.d.c. : salon/salle à manger, cuisine, 1 ch. (1 lit 2 pers), 1 ch. (1 lit 120), s.d.b. avec wc. A l'ét. : 1 ch. sur mezzanine (2 lits 115). Micro-ondes. Parc clos, garage, salon de jardin, barbecue, ping-pong, badminton. Pt bassin de natation (6x2m). Maison individuelle traditionnelle datant de la fin du XIXe siècle, située non loin de la vallée du Gijou. Prix toutes charges comprises. Location à la quinzaine.

GITES DE FRANCE-SERVICE RESERVATION – A.T.T.E.R. - La Milliasolle - Maison des Agriculteurs -BP 89 - 81003 ALBI Cedex
Tél. : 05 63 48 83 01 - Fax : 05 63 48 83 12 – Courriel : gitesdutarn@free.fr – www.gites-tarn.com

| JUIN/SEPT./VAC. | HTE SAIS. | TRES HTE SAIS. |
|---|---|---|
| 424 | 541 | 648 |

| | | | | | | | |
|---|---|---|---|---|---|---|---|
| 15 | 20 | 4 | 3 | 4 | SP | 15 | 60 | 60 | 4 |

## N° 831 LACROUZETTE — La Safranière 600 m
**NN — 5 pers.**

Gîte indép., proche de deux autres. De plein pied : séjour avec coin-cuisine, salon avec canapé-lit, s.d.b. avec wc, 2 ch (2 lits 2 pers, 1 lit 1 pers., lit enf. jusqu'à 5 ans. Chauf. central fioul. Cong. Terrain clos, s/jardin, barbecue. Animaux admis avec accord du prop. Au coeur du massif granitique du Sidobre, dans le Parc Régional du Haut Languedoc, belle villa indépendant de construction récente entourée de forêts et nombreux chemins de randonnée. Piscine couverte chauffée (à partir d'avril) commune à 3 gîtes, portique, jeux à dispo.

Thérèse GRIMAL - 51 rue du Sidobre - 81210 LACROUZETTE
Tél. : 05 63 50 61 01 – 06 82 96 32 50 – http://safraniere.com

| JUIN/SEPT./VAC. | HTE SAIS. | TRES HTE SAIS. | HORS SAIS. | WEEK-END |
|---|---|---|---|---|
| 420 | 600 | 600 | 290 | 120 |

| | | | | | | | |
|---|---|---|---|---|---|---|---|
| SP | 17 | 1,8 | 7 | 2 | SP | 17 | 17 | 17 | 1,8 |

## N° 835 LACROUZETTE — La Safranière 600 m
**NN — 4 pers.**

Gîte mitoyen à un autre gîte. R.d.c. : séjour avec coin-cuisine, salon avec canapé-lit, s.d.b. avec wc, 2 ch (2 lits 2 pers, 2 lits 1 pers. Ch. élect. Cong, micro-ondes. Terrain, terrasse, s/jardin, barbecue, portique. Animaux admis avec accord du prop. Au coeur du massif granitique du Sidobre, dans le Parc Régional du Haut Languedoc, joli gîte de construction récente entouré de forêts et nombreux chemin de randonnée. Piscine privative couverte chauffée (à partir d'avril) commune à 3 gîtes, jeux à dispo.

Thérèse GRIMAL - 51 rue du Sidobre - 81210 LACROUZETTE
Tél. : 05 63 50 61 01 – 06 82 96 32 50 – http://safraniere.com

| JUIN/SEPT./VAC. | HTE SAIS. | TRES HTE SAIS. | HORS SAIS. | WEEK-END |
|---|---|---|---|---|
| 320 | 550 | 550 | 260 | 100 |

| | | | | | | | |
|---|---|---|---|---|---|---|---|
| SP | 17 | 1,8 | 7 | 2 | SP | 17 | 17 | 17 | 1,8 |

# TARN - 81

Périodes tarifaires p. 314

## N° 840 LACROUZETTE — La Safranière — 600 m

**NN — 4 pers.**

Gîte mitoyen à un autre. A l'étage sur cave : séjour avec coin-cuisine, salon avec canapé-lit, s.d.b. avec wc, 2 ch. (1 lit 2 pers, 2 lits 1 pers.). Ch. élect. Cong, micro-ondes. Terrain, terrasse, s/jardin, barbecue, portique. Animaux admis avec accord du prop. Au coeur du massif granitique du Sidobre, dans le Parc Régional du Haut Languedoc, joli gîte de construction récente entouré de forêts et nombreux chemin de randonnée. Piscine privative couverte chauffée (à partir d'avril) commune à 3 gîtes, jeux à dispo. Lave-linge commun.

Thérèse GRIMAL - 51 rue du Sidobre - 81210 LACROUZETTE
Tél. : 05 63 50 61 01 - 06 82 96 32 50 - http://safraniere.com

| JUIN/SEPT./VAC. | HTE SAIS. | TRES HTE SAIS. | HORS SAIS. | WEEK-END |
|---|---|---|---|---|
| 320 | 550 | 550 | 260 | 100 |

| | | | | | | | | |
|---|---|---|---|---|---|---|---|---|
| SP | 17 | 1,8 | 7 | 2 | SP | 17 | 17 | 1,8 |

## N° 883 LAGRAVE — Touny

**EC — 4 pers.**

Gîte indép. dans un hameau, au bord d'une petite route. R.d.c. : cuisine, séjour avec coin-salon. A l'ét. : 2 ch. (2 lits 2 pers.), s.e. avec wc. Chauffage central fioul. Micro-ondes, l.linge, sèche-linge, congél. Grand terrain ombragé, salon de jardin, barbecue, garage fermé. Maison de conception récente située entre Albi et Gaillac, proche de la base de loisirs d'Aiguelèze (golf, port, piscine, voile, etc...)

GITES DE FRANCE-SERVICE RESERVATION - A.T.T.E.R. - La Milliasolle - Maison des Agriculteurs -BP 89 - 81003 ALBI Cedex
Tél. : 05 63 48 83 01 - Fax : 05 63 48 83 12 - Email : gitesdutarn@free.fr - www.gites-tarn.com

| JUIN/SEPT./VAC. | HTE SAIS. | TRES HTE SAIS. | HORS SAIS. |
|---|---|---|---|
| 299 | 360 | 424 | 230 |

| | | | | | | | | |
|---|---|---|---|---|---|---|---|---|
| 5 | 5 | 5 | 2 | 5 | 15 | 20 | 5 | 10 | 3 |

## N° 809 LAUTREC — CM 82 pli 10

**NN — 6 pers.**

Grand gîte chaleureux, ensoleillé sur 2 niveaux. 1er ét : cuisine-séjour, salon, cheminée (insert), 1 ch. (1 lit 2 pers.), s.e. attenante, wc. 2eme ét : 1 grde ch. (1 lit 2 pers., 2 lits 1 pers.), s.e. avec wc, dressing, terrasse, salon jardin. Ch. élect., s.linge, cong., magnéto. Climatisation réversible. Maison de village au coeur de la cité médiévale de Lautrec, classé "un des plus beaux villages de France", avec belle vue sur la plaine de Castres et la Montagne Noire. Proche d'une base de loisirs, tous commerces et services sur place. Matériel bébé à disposition.

Michel et Nathalie WOITIEZ - Rue de la Rode - 81440 LAUTREC
Tél. : 05 63 75 32 38 - 06 62 89 66 03 - Email : mwoitiez001@rss.fr - www.gite-village-tarn.fr.st

| JUIN/SEPT./VAC. | HTE SAIS. | TRES HTE SAIS. | HORS SAIS. | WEEK-END |
|---|---|---|---|---|
| 305 | 480 | 480 | 230 | 100 |

| | | | | | | | | |
|---|---|---|---|---|---|---|---|---|
| 2 | 2 | 1 | 2 | 18 | 5 | 4 | 15 | 10 | 0,1 |

## N° 872 MARSSAC-SUR-TARN — Le Rouge — CM 82 pli 10

**EC — 4 pers.**

Gîte tout en r.d.c. : Cuisine - séjour, canapé-lit 2 pers., 2 ch. (1 lit 2 pers., 2 lits 1 pers. superp. plutôt pour enfants), lit bébé à disposition, s.e., wc. Ch. électr. Jardin clos, terrasse, petite mare clôturée, salon de jardin, barbecue. Chalet situé à la sortie du village, au calme, à proximité d'Albi, Cordes et Gaillac. Aménagé sur un grand terrain à 5 km de la base de loisirs de loisirs d'Aiguelèze.

GITES DE FRANCE-SERVICE RESERVATION - A.T.T.E.R. - La Milliasolle - Maison des Agriculteurs -BP 89 - 81003 ALBI Cedex
Tél. : 05 63 48 83 01 - Fax : 05 63 48 83 12 - Email : gitesdutarn@free.fr - www.gites-tarn.com

| JUIN/SEPT./VAC. | HTE SAIS. | TRES HTE SAIS. | HORS SAIS. | WEEK-END |
|---|---|---|---|---|
| 229 | 305 | 336 | 153 | 115 |

| | | | | | | | | |
|---|---|---|---|---|---|---|---|---|
| 5 | 30 | 1 | 0,3 | 30 | 30 | 1 | 2 | 1 | 1 |

## N° 850 MONTANS — La Peirie

**NN — 6 pers.**

Gîte dans un hameau, mitoyen à 2 maisons, avec entrée et extérieur indép. Sur un seul niveau surélevé (5 marches) : séjour, coin-cuisine, 3 ch. (2 lits 1 pers., 1 lit 2 pers., 1 lit 2 pers.), s.d.b., wc. Ch. élect. d'appoint. Cong. Terrain ombragé, salon de jardin, barbecue. A la sortie du village médiéval de Lisle sur Tarn et proche de toutes les activités. Cheminée : 40 €/stère.

GITES DE FRANCE-SERVICE RESERVATION - A.T.T.E.R. - La Milliasolle - Maison des Agriculteurs -BP 89 - 81003 ALBI Cedex
Tél. : 05 63 48 83 01 - Fax : 05 63 48 83 12 - Email : gitesdutarn@free.fr - www.gites-tarn.com

| JUIN/SEPT./VAC. | HTE SAIS. | TRES HTE SAIS. | HORS SAIS. |
|---|---|---|---|
| 295 | 380 | 440 | 206 |

| | | | | | | | | |
|---|---|---|---|---|---|---|---|---|
| 0,4 | 0,4 | 0,4 | SP | 1,4 | 6 | 1,5 | 20 | 0,4 | 0,4 |

## N° 887 MONTROC — 500 m

**EC — NN — 4 pers.**

Gîte à la sortie du village, mitoyen à une ferme d'élevage de brebis, face à la maison des propriétaires. De plain pied : séjour avec coin-cuisine, coin-salon. 2 ch. (1 lit 2 pers., 2 lits 1 pers.), s.e., wc. Ch. élect. Micro-ondes. Terrasse, balcon, salon de jardin, barbecue. Prix toutes charges comprises. Proche de la région granitique du Sidobre à 30 km au sud d'Albi, proche du lac de Rassisse (voile, pêche, baignade non surveillée).

GITES DE FRANCE-SERVICE RESERVATION - A.T.T.E.R. - La Milliasolle - Maison des Agriculteurs -BP 89 - 81003 ALBI Cedex
Tél. : 05 63 48 83 01 - Fax : 05 63 48 83 12 - Email : gitesdutarn@free.fr - www.gites-tarn.com

| JUIN/SEPT./VAC. | HTE SAIS. | TRES HTE SAIS. | HORS SAIS. | WEEK-END |
|---|---|---|---|---|
| 286 | 314 | 371 | 207 | 110 |

| | | | | | | | | |
|---|---|---|---|---|---|---|---|---|
| 10 | 10 | SP | 2 | 3 | 35 | 3 | 30 | 30 | 10 |

MIDI-PYRÉNÉES

# TARN - 81

Périodes tarifaires p. 314

## N° 824 — MOULIN-MAGE — 950 m

| | NN | 6 pers. | | | | |
|---|---|---|---|---|---|---|

Gîte mitoyen à une résidence secondaire et dans un hameau. R.d.c : garage fermé. A l'ét. : séjour avec coin-cuisine et coin-salon, canapé-lit 2 pers. 2è ét. : 3 ch. (2 lits 2 pers., 2 lits 1 pers.), 1 lit bébé, s.e. avec wc. Ch. élect. Terrain, balcon, barbecue, s/jardin. Dans le Parc Naturel du Haut Languedoc et les Monts de Lacaune, maison entièrement rénovée dans un petit hameau, à 950 m d'altitude. Vue imprenable, proche du lac du Laouzas (baignade, voile...).

GITES DE FRANCE-SERVICE RESERVATION - A.T.T.E.R. - La Milliasolle - Maison des Agriculteurs -BP 89 - 81003 ALBI Cedex
Tél. : 05 63 48 83 01 - Fax : 05 63 48 83 12 - Email : gitesdutarn@free.fr - http://www.gites-tarn.com

| JUIN/SEPT./ VAC. | HTE SAIS. | TRES HTE SAIS. | HORS SAIS. |
|---|---|---|---|
| 288 | 353 | 400 | 253 |

| | | | | | | | | | | |
|---|---|---|---|---|---|---|---|---|---|---|
| 7 | 10 | 7 | 1 | 10 | 0,1 | 10 | 50 | 50 | 7 | |

## N° 842 — MOUZIEYS-PANENS

| | NN | 2 pers. | | | | |
|---|---|---|---|---|---|---|

Gîte à la sortie du village. De plain pied : séjour-salon avec canapé-lit 2 pers., cuisine, s.e. avec wc fermé, 1 ch. (1 lit 2 pers., 1 lit 1 pers. pliant). Chauffage d'appoint élect. Micro-ondes. Terrain, salon de jardin avec parasol, barbecue, chaises longues. Prix toutes charges comprises. A quelques km de la cité médiévale de Cordes sur Ciel, petite maison indépendant au milieu d'un vaste terrain. Base de loisirs du Garissou à 8 km. Chemins de randonnée sur place.

GITES DE FRANCE-SERVICE RESERVATION - A.T.T.E.R. - La Milliasolle - Maison des Agriculteurs -BP 89 - 81003 ALBI Cedex
Tél. : 05 63 48 83 01 - Fax : 05 63 48 83 12 - Email : gitesdutarn@free.fr - http://www.gites-tarn.com

| JUIN/SEPT./ VAC. | HTE SAIS. | TRES HTE SAIS. | HORS SAIS. |
|---|---|---|---|
| 275 | 333 | 333 | 275 |

| | | | | | | | | | |
|---|---|---|---|---|---|---|---|---|---|
| 8 | 8 | 8 | 8 | 8 | 8 | 5 | 25 | 9 | 5 |

## N° 897 — MOUZIEYS-PANENS — Las Xoyos

| EC | NN | 7 pers. | | | | |
|---|---|---|---|---|---|---|

Indép. en campagne, totalement isolé. Au r.d.c. : Séjour, cuisine, 1 ch (1 lit 140). A l'ét. : 2 ch (1 lit 140, 3 lits 90, 1 lit enf.), 2 s.e. dont 1 avec wc, wc indép. Chauff. élect. cheminée (40 €/stère). Micro-ondes. Terrain, terrasse couverte, salon de jardin, barbecue. Matériel bébé. Gîte entièrement rénové avec murs extérieurs et intérieurs en pierres, chambres mansardées situé dans la région de la Vère Grésigne, tout proche de la cité médiévale de Cordes-sur-Ciel.

GITES DE FRANCE-SERVICE RESERVATION - A.T.T.E.R. - La Milliasolle - Maison des Agriculteurs -BP 89 - 81003 ALBI Cedex
Tél. : 05 63 48 83 01 - Fax : 05 63 48 83 12 - Email : gitesdutarn@free.fr - http://www.gites-tarn.com

| JUIN/SEPT./ VAC. | HTE SAIS. | TRES HTE SAIS. | HORS SAIS. | WEEK-END |
|---|---|---|---|---|
| 398 | 530 | 530 | 265 | 177 |

| | | | | | | | | | |
|---|---|---|---|---|---|---|---|---|---|
| 5 | 5 | 5 | 8 | 25 | 15 | 5 | 30 | 9 | 5 |

## N° 849 — PAMPELONNE — Prunet — CM 80 pli 11

| | NN | 8 pers. | | | | | |
|---|---|---|---|---|---|---|---|

Gorges du Viaur 3 et 4 km. Gîte mitoyen à un bâtiment inoccupé, près d'un hameau. R.d.c. : Cuisine, salon/salle à manger, 1 ch. (1 lit 2 pers.), wc. A l'ét. : 3 ch. (1 lit 2 pers., 1 lit 120, 1 lit 100, 2 lits 1 pers.), s.e. Prise TV. Terrain clos, salon de jardin, barbecue, portique, garage. Prix toutes charges comprises. En campagne, à 300 m du hameau, gîte spacieux situé en bordure d'un chemin goudronné. Dans la région des Gorges du Viaur, à la limite du Tarn et de l'Aveyron. Tous commerces et services à 2 km.

GITES DE FRANCE-SERVICE RESERVATION - A.T.T.E.R. - La Milliasolle - Maison des Agriculteurs -BP 89 - 81003 ALBI Cedex
Tél. : 05 63 48 83 01 - Fax : 05 63 48 83 12 - Email : gitesdutarn@free.fr - http://www.gites-tarn.com

| JUIN/SEPT./ VAC. | HTE SAIS. | TRES HTE SAIS. | HORS SAIS. |
|---|---|---|---|
| 325 | 435 | 435 | 325 |

| | | | | | | | | |
|---|---|---|---|---|---|---|---|---|
| 15 | 10 | 2 | 2 | 10 | 2 | 10 | 30 | 15 | 2 |

## N° 866 — PAMPELONNE — Larchicou — 500 m — CM 80 pli 11

| EC | NN | 4 pers. | | | | | |
|---|---|---|---|---|---|---|---|

Gîte indép. Au r.d.c. : cuisine, salon-salle à manger, 1 ch (1 lit 140), s.e. avec wc. Une marche à descendre pour accéder à la seconde ch. (1 lit 140, 1 cosy en 120). Chauffage d'appoint. Frigo-cong., micro-ondes. Véranda, terrain clos, abri couvert, s/de jardin, barbecue, portique, bancs, cour fermée. Maison isolée qui bénéficie d'un environnement paisible à l'orée d'une forêt de sapins. Si possible location à la quinzaine.

GITES DE FRANCE-SERVICE RESERVATION - A.T.T.E.R. - La Milliasolle - Maison des Agriculteurs -BP 89 - 81003 ALBI Cedex
Tél. : 05 63 48 83 01 - Fax : 05 63 48 83 12 - Email : gitesdutarn@free.fr - http://www.gites-tarn.com

| JUIN/SEPT./ VAC. | HTE SAIS. | TRES HTE SAIS. |
|---|---|---|
| 241 | 324 | 324 |

| | | | | | | | |
|---|---|---|---|---|---|---|---|
| 13 | 11 | 2 | 3 | 11 | SP | 15 | 13 | 2 |

## N° 861 — PAULINET — La Ragnie

| | NN | 4 pers. | | | | |
|---|---|---|---|---|---|---|

Gîte mitoyen à un autre, situé dans un hameau. Au r.d.c. : séjour avec canapé et coin-cuisine. A l'ét. : 2 ch. (2 lits 2 pers, 1 lit 1 pers.), s.e., wc indép. Chauf. élect. Micro-ondes, frigo-cong. Petit jardin, terrasse, dépendances, salon de jardin, parasol, barbecue. Au coeur des Monts d'Alban et proche de la Vallée du Tarn, coquet petit gîte situé dans une maison ancienne récemment rénovée, entouré de verdure. Loc. draps, service ménage fin de séjour. Prix toutes charges comprises.

Anne-Marie FABRE - La Fontanaria - 81120 LABASTIDE-DENAT
Tél. : 05 63 56 64 19 - http://masjp.free.fr/

| JUIN/SEPT./ VAC. | HTE SAIS. | TRES HTE SAIS. | HORS SAIS. |
|---|---|---|---|
| 250 | 270 | 320 | 150 |

| | | | | | | | | |
|---|---|---|---|---|---|---|---|---|
| 12 | 12 | 14 | 0,5 | 12 | SP | 8 | 40 | 40 | 1 |

# TARN - 81

Périodes tarifaires p. 314

**N° 880  ST-JEAN-DE-MARCEL**  Le Bois de Lafon

**EC**  5 pers.

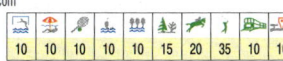

Gîte indép. dans un petit hameau. Au r.d.c. et étage : cuisine, séjour, salon, 2 ch (2 lits 2 pers.), mezz. (1 lit enf.), et 1 lit 1 pers., s.e., wc. Poêle à mazout (compris dans le prix). Four micro-ondes, compartiment cong.. Terrain, garage fermé, salon de jardin, barbecue. Gîte agréable tout en pierres apparentes avec grand terrain ombragé, au calme, en pleine campagne.

GITES DE FRANCE-SERVICE RESERVATION - A.T.T.E.R. - La Milliasolle - Maison des Agriculteurs -BP 89 - 81003 ALBI Cedex
Tél. : 05 63 48 83 01 - Fax : 05 63 48 83 12 - Email : gitesdutarn@free.fr - www.gites-tarn.com

| JUIN/SEPT./ VAC. | HTE SAIS. | TRES HTE SAIS. | HORS SAIS. | WEEK-END |
|---|---|---|---|---|
| 306 | 353 | 412 | 247 | 106 |

| | | | | | | | | | |
|---|---|---|---|---|---|---|---|---|---|
| 10 | 10 | 10 | 10 | 15 | 20 | 35 | 10 | 10 |

MIDI-PYRÉNÉES

Pictos voir p. 12

319

# TARN ET GARONNE - 82

**GITES DE FRANCE** - Service Réservation -
7, Bd. Midi-Pyrénées - B.P. 534 - 82005 MONTAUBAN Cédex
Tél. 05 63 21 79 61 - Fax. 05 63 66 80 36
E-mail : loisirs.accueil82@wanadoo.fr
www.resinfrance.com/tarn-et-garonne

---

### N° TG949 — AUCAMVILLE — CM 82 pli 7
**NN — 9 pers.**

Toulouse 30 km. Gîte indépendant. Au RDC : séjour (canapé), cuisine (éléments intégrés), cellier, réserve et WC indép. Au 1er : 2 ch. (1 lit 2 pers.), dont 1 avec salle d'eau privative, 1 ch. (2 lits 1 pers.), 1 ch. (1 lit 160, 1 lit 1 pers.), salle de bains et WC indép. Salon bibliothèque. Terrasse au RDC et étage. Porche. Salon de jardin. Gîte "Art de vivre". Charmes harmonieux des terres agricoles et du confort absolu pour ce gîte exceptionnel. Douceurs des tons, générosité des espaces, piscine privative aux portes de la Haute Garonne. Ouvert toute l'année.

GITES DE FRANCE-SERVICE RESERVATION - 7 bd Midi-Pyrénées - BP 534 - 82005 MONTAUBAN Cedex
Tél. : 05 63 21 79 61 - Fax : 05 63 66 80 36 - Email : gitedefrance82@wanadoo.fr - www.resinfrance.com/tarn-et-garonne

| HTE SAIS. | MOY. SAIS. | PET. VAC. SCOL. | BASSE SAIS. |
|---|---|---|---|
| 1525 | 915 | 610 | 450 |

| | | | | | | | | | | |
|---|---|---|---|---|---|---|---|---|---|---|
| 12 | SP | 3 | 3 | 3 | 7 | 12 | 10 | 3 | | |

---

### N° TG951 — CAYRIECH — CM 79 pli 18
**NN — 4 pers.**

Les Gorges d'Aveyron 15 km. Le logement comprend, au 1er : séjour, kitchenette (micro-ondes), 2 ch. (1 lit 2 pers.), salle d'eau/WC. Abri voiture. Salon de jardin. En option : forfait chauffage. Un gîte fonctionnel véritablement fait pour les vacances. On s'y sent bien dans cette campagne quercynoise d'une jolie petite commune. Ouvert toute l'année.

GITES DE FRANCE-SERVICE RESERVATION - 7 bd Midi-Pyrénées - BP 534 - 82005 MONTAUBAN Cedex
Tél. : 05 63 21 79 61 - Fax : 05 63 66 80 36 - Email : gitedefrance82@wanadoo.fr - www.resinfrance.com/tarn-et-garonne

| HTE SAIS. | MOY. SAIS. | PET. VAC. SCOL. | BASSE SAIS. |
|---|---|---|---|
| 380 | 300 | 250 | 210 |

| | | | | | | | | |
|---|---|---|---|---|---|---|---|---|
| 17 | 10 | 1 | 4 | 1 | 10 | 17 | 10 | 4 |

---

### N° TG956 — DURFORT-LACAPELETTE — CM 79 pli 17
**NN — 8 pers.**

Moissac (le cloître, l'abbatiale) 15 km. Le logement comprend : 1 couloir central desservant cuisine (micro-ondes), (canapés), 1 ch. (1 lit 2 pers.), 2 ch. (1 lit 2 pers., 1 lit 1 pers.), dont une avec salle d'eau/WC, WC indép., salle de bains (baignoire + douche). Grande terrasse, salon de jardin. Terrain arboré. Gîte "Art de vivre". Telle une maison de famille aux pièces généreuses, le gîte de Jordy vous accueillent dans ses murs fraîchement rénovés. L'ambiance "ocre" se conjugue avec confort. Dehors, le point de vue laisse échaper le regard sur la campagne environnante. Ouvert d'avril à décembre.

GITES DE FRANCE-SERVICE RESERVATION - 7 bd Midi-Pyrénées - BP 534 - 82005 MONTAUBAN Cedex
Tél. : 05 63 21 79 61 - Fax : 05 63 66 80 36 - Email : gitedefrance82@wanadoo.fr - www.resinfrance.com/tarn-et-garonne

| HTE SAIS. | MOY. SAIS. | PET. VAC. SCOL. | BASSE SAIS. | W.-E. DETENTE |
|---|---|---|---|---|
| 650 | 400 | 368 | 263 | 217 |

| | | | | | | | | |
|---|---|---|---|---|---|---|---|---|
| 24 | 13 | 4 | 2 | 2 | 11 | 18 | 11 | 15 | 10 |

---

### N° TG946 — LABASTIDE-DU-TEMPLE — CM 79 pli 17
**NN — 2 pers.**

Moissac (le cloître, l'abbatiale) 15 km. Le logement comprend : séjour (canapé), cuisine, 1 ch (1 lit 2 pers.) avec salle d'eau et WC indép. Petite terrasse. Salon de jardin. Les fleurs, passion de la propriétaire sont très présentes autour du gîte réaménagé dans l'ancien four à pain. Plus loin piscine commune. Ouvert toute l'année.

Francis POLYCARPE - 82100 LABASTIDE-DU-TEMPLE
Tél. : 05 63 31 68 36

| HTE SAIS. | MOY. SAIS. | PET. VAC. SCOL. |
|---|---|---|
| 305 | 225 | 225 |

| | | | | | | |
|---|---|---|---|---|---|---|
| SP | 2 | 1 | SP | 18 | 17 | 8 | 5 |

---

### N° TG943 — LACAPELLE-LIVRON — CM 79 pli 19
**NN — 3 pers.**

Les Gorges d'Aveyron 4 km. Le logement d'accès indépendant, à proximité du propriétaire comprend : séjours (fauteuils), cuisine intégrée (micro-ondes) donnant sur une terrasse couverte. Au 1er en mezzanine : 2 espaces ch. en décalé (1 lit 2 pers., 1 lit 80), salle d'eau avec WC. Cour arborée autour du gîte. Un loft dans une maison en pierre. Gîte "Art de vivre". Aménagement décloisonné et original pour la restauration de ce logis dans le village. Ouvert toute l'année.

GITES DE FRANCE-SERVICE RESERVATION - 7 bd Midi-Pyrénées - BP 534 - 82005 MONTAUBAN Cedex
Tél. : 05 63 21 79 61 - Fax : 05 63 66 80 36 - Email : gitedefrance82@wanadoo.fr - www.resinfrance.com/tarn-et-garonne

| HTE SAIS. | MOY. SAIS. | PET. VAC. SCOL. | BASSE SAIS. |
|---|---|---|---|
| 410 | 290 | 290 | 275 |

| | | | | | | | | |
|---|---|---|---|---|---|---|---|---|
| 4 | 4 | 2 | 4 | SP | 16 | 4 | 19 | 29 | 4 |

# TARN ET GARONNE - 82

## N° TG942 — LARRAZET
**NN — 4 pers.** — CM 79 pli 16

Beaumont de Lomagne 10 km. Abbaye de Belleperche 10 km. Le logement comprend au RDC : séjour, coin cuisine (m-ondes). Au 1er étage : 1 ch. (1 lit 2 pers.), salle d'eau, WC indép. Au 2ème : 1 ch. (2 lits 1 pers.), douche et lavabo privatifs. Terrain non clos. Belle terrasse avec salon de jardin, barbecue et parasol. Gîte "Art de Vivre". Campé face au village, le pigeonnier de Roudet a retrouvé toute sa noblesse et sa fierté d'exister. Un logement original a pris place dans ses murs de briques : confortable et innovant. Dehors, c'est le bonheur de la campagne, tranquille et reposant. Ouvert toute l'année.

GITES DE FRANCE-SERVICE RESERVATION - 7 bd Midi-Pyrénées - BP 534 - 82005 MONTAUBAN Cedex
Tél. : 05 63 21 79 51 - Fax : 05 63 66 80 36 - Email : gitedefrance82@wanadoo.fr - www.resinfrance.com/tarn-et-garonne

| HTE SAIS. | MOY. SAIS. | PET. VAC. SCOL. | BASSE SAIS. |
|---|---|---|---|
| 460 | 310 | 260 | 240 |

| | | | | | | | | |
|---|---|---|---|---|---|---|---|---|
| 10 | 10 | 0,5 | 10 | SP | 5 | 10 | 16 | 1 |

## N° TG950 — LAUZERTE
**NN — 6 pers.** — CM 79 pli 17

Lauzerte (bastide) 1 km. Le logement comprend : séjour (canapé clic-clac), coin cuisine intégré, 1 ch. (1 lit 2 pers., 1 lit 1 pers.), 1 ch. (1 lit 2 pers.), salle de bains et WC indép. Grande pergola sur terrasse avec salon de jardin. C'est un endroit qui respire la tranquilité à l'ombre d'arbres magnifiques comme platanes et tilleuls. Les buis abritent les futures cabanes des enfants. Un gîte pour venir en famille. Ouvert de mai à septembre.

GITES DE FRANCE-SERVICE RESERVATION - 7 bd Midi-Pyrénées - BP 534 - 82005 MONTAUBAN Cedex
Tél. : 05 63 21 79 51 - Fax : 05 63 66 80 36 - Email : gitedefrance82@wanadoo.fr - www.resinfrance.com/tarn-et-garonne

| HTE SAIS. | MOY. SAIS. | BASSE SAIS. |
|---|---|---|
| 360 | 230 | 180 |

| | | | | | | | | |
|---|---|---|---|---|---|---|---|---|
| 15 | 10 | SP | 0,5 | 0,5 | 1 | 15 | 1 | 24 | 1 |

## N° TG957 — MALAUSE
**NN — 6 pers.** — CM 79 pli 16

Moissac (le cloître) 10 km. Le logement comprend au RDC : coin cuisine (micro-ondes) dans séjour (canapé, fauteuils), salle à manger, salle d'eau et WC indép. A l'étage : 3 ch. (1 lit 2 pers. chacune). Salon de jardin. Maison simple et fonctionnelle vous enchantera par l'accueil qui vous sera réservé par les propriétaires. Possibilité de balades sur le chemin de St Jacques de Compostelle. Ce gîte mitoyen à un logement se trouve à proximité immédiate d'une voie de chemin de fer. Ouvert d'avril à décembre.

Claudine SAGE - 20 rue de Provence - 31270 VILLENEUVE-TOLOSANE
Tél. : 05 61 92 52 71

| HTE SAIS. | MOY. SAIS. | PET. VAC. SCOL. | BASSE SAIS. |
|---|---|---|---|
| 380 | 300 | 300 | 260 |

| | | | | | | |
|---|---|---|---|---|---|---|
| 3 | SP | 0,3 | SP | 3 | 3 | 10 | 0,3 |

## N° TG944 — MEAUZAC
**NN — 6 pers.** — CM 79 pli 17

Montauban (la cathédrale) 5 km. Au 1er ét. de l'habitation du prop., avec accès indép. le gîte comprend : cuisine intégrée (micro-ondes), séjour-salon (chaîne Hifi, magnétoscope), 2 ch. (1 lit 2 pers.), 2 ch. (1 lit 1 pers.), 1 ch. bébé (1 lit -2 ans). Terrasse semi-couverte, salon de jardin. Abri voiture. Espace en herbe devant le gîte avec portique, ping-pong, baby-foot. Linge de maison fourni. Cette maison tant par l'architecture que par l'aménagement intérieur, traduit bien le style 1930. Ici, tout a été pensé "famille" et l'espace se révèlera un atout majeur. Ouvert toute l'année.

GITES DE FRANCE-SERVICE RESERVATION - 7 bd Midi-Pyrénées - BP 534 - 82005 MONTAUBAN Cedex
Tél. : 05 63 21 79 51 - Fax : 05 63 66 80 36 - Email : gitedefrance82@wanadoo.fr - www.resinfrance.com/tarn-et-garonne

| HTE SAIS. | MOY. SAIS. | PET. VAC. SCOL. | BASSE SAIS. |
|---|---|---|---|
| 490 | 320 | 280 | 215 |

 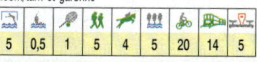 

| | | | | | | | |
|---|---|---|---|---|---|---|---|
| 5 | 0,5 | 1 | 5 | 4 | 5 | 20 | 14 | 5 |

## N° TG955 — MEAUZAC
**NN — 5 pers.** — CM 79 pli 17

Moissac (le cloître, l'abbatiale) 15 km. Le logement comprend : cuisine, séjour (TV, canapé, fauteuils), 2 ch. (1 lit 2 pers. chacune), 1 ch. (1 lit 120), salle d'eau, WC indépendant. Salon de jardin. C'était une petite maison, c'est devenu un gîte fonctionnel et agréable grâce à une extension qui rend le logement confortable. Dehors, prenez le temps de vous reposer à l'ombre des arbres. Ouvert toute l'année.

GITES DE FRANCE-SERVICE RESERVATION - 7 bd Midi-Pyrénées - BP 534 - 82005 MONTAUBAN Cedex
Tél. : 05 63 21 79 51 - Fax : 05 63 66 80 36 - Email : gitedefrance82@wanadoo.fr - www.resinfrance.com/tarn-et-garonne

| HTE SAIS. | MOY. SAIS. | PET. VAC. SCOL. | BASSE SAIS. | WEEK-END |
|---|---|---|---|---|
| 385 | 260 | 260 | 230 | 137 |

| | | | | | | | |
|---|---|---|---|---|---|---|---|
| 20 | 7 | 2 | 1 | SP | 14 | 20 | 20 | 14 | 7 |

## N° TG948 — MIRABEL
**NN — 11 pers.** — CM 79 pli 18

Montauban (la cathédrale) 15 km. Au RDC : cuisine, salon, 1 ch. (1 lit 160), s. d'eau, 1 ch. (1 lit 2 pers.), s. de bains et WC indép. Au 1er : 1 ch. (3 lits 1 pers.), 2 ch. (2 lits 1 pers.), 1 s.d.b., 1 s. d'eau, 1 WC indép., laverie et 1 grand palier. Salon de jardin, chaises longues. En option : petit déj., ménage pendant le séjour. Sur les collines fruitières aux couleurs du Quercy, la maison bleue se détache, belle, imposante, s'ouvrant à cette campagne chaleureuse. Confort, calme, générosité d'espace et piscine cloturée, ont rythmé l'aménagement. Gîte "Art de vivre". Ouvert toute l'année.

GITES DE FRANCE-SERVICE RESERVATION - 7 bd Midi-Pyrénées - BP 534 - 82005 MONTAUBAN Cedex
Tél. : 05 63 21 79 51 - Fax : 05 63 66 80 36 - Email : gitedefrance82@wanadoo.fr - www.resinfrance.com/tarn-et-garonne

| HTE SAIS. | MOY. SAIS. | PET. VAC. SCOL. | BASSE SAIS. | W.-E. DETENTE |
|---|---|---|---|---|
| 2400 | 1400 | 1350 | 1150 | 400 |

| | | | | | | | |
|---|---|---|---|---|---|---|---|
| 6 | SP | 6 | 3 | 3 | 21 | 6 | 11 | 6 |

MIDI-PYRÉNÉES

# TARN ET GARONNE - 82

## N° TG938 MONTAIGU-DE-QUERCY
CM 79 pli 16

**NN** — 4 pers.

Plan d'eau Montaigu de Quercy 4 km. Le logement comprend : séjour avec coin cuisine intégré (micro-ondes), coin bains, 2 ch. (1 lit 2 pers.), salle de bains et WC indép. Lit d'appoint. Grande terrasse couverte avec salon de jardin. Terrain autour du gîte. On ne peut être plus au calme dans ce gîte quercynois...La bâtisse restaurée attend ses vacanciers pour un séjour très reposant et très dépaysant. Ouvert de mai à septembre.

GITES DE FRANCE-SERVICE RESERVATION - 7 bd Midi-Pyrénées - BP 534 - 82005 MONTAUBAN Cedex
Tél. : 05 63 21 79 61 - Fax : 05 63 66 80 36 - Email : gitedefrance82@wanadoo.fr - www.resinfrance.com/tarn-et-garonne

| HTE SAIS. | MOY. SAIS. | WEEK-END |
|---|---|---|
| 400 | 300 | 190 |

| | | | | | | | | |
|---|---|---|---|---|---|---|---|---|
| 3 | 3 | 4,5 | SP | 15 | 3 | 3 | 30 | 4,5 |

## N° TG880B MONTAUBAN
CM 79 pli 18

**NN** — 6 pers.

Montauban (la cathédrale) 4 km. Logement comprend : séjour (canapé), cuisine (m.-ondes), 1 ch. (1 lit 2 pers.), s.d.b. et WC indép., 2 accès pour l'ét., d'un côté 1 salon en mezzanine, de l'autre 1 ch. (1 lit 2 pers.), 1 ch. (2 lits 1 pers.), salle d'eau avec WC. Terrasse couverte, salon de jardin. Terrain privé devant le gîte. Sur demande et en option : loc. draps, linge de maison et de toilette. En séjournant ici, vous ne cesserez d'apprécier le talent de cette restauration exemplaire. Goût mêlé à la qualité des matériaux redonne vie à cette dépendance du corps de ferme. Piscine commune. Ouvert toute l'année.

Christine CABARET-GAGNEPAIN - 3600 route de St Martial - 82000 MONTAUBAN
Tél. : 05 63 03 06 27

| HTE SAIS. | MOY. SAIS. | PET. VAC. SCOL. | BASSE SAIS. | W.-E. DETENTE |
|---|---|---|---|---|
| 810 | 515 | 455 | 290 | 200 |

| | | | | | | |
|---|---|---|---|---|---|---|
| 12 | SP | 4 | 0,5 | 6 | 10 | 6 | 5 |

## N° TG939 MONTAUBAN
CM 79 pli 18

**NN** — 4 pers.

Montauban (cathédrale) 7 km. Le logement comprend : séjour, salon avec billard français, cuisine, WC indép., salle de bains, 1 ch. (1 lit 2 pers.) avec salle d'eau privée, 1 ch. en mezzanine (1 lit 2 pers.) et 1 salon en mezzanine (canapé clic-clac). Le Patus est aménagé dans un bâti ancien traditionnel Sud-Ouest, dans les coteaux dominant Montauban. Grand volume, confort et décoration personnalisée agrémentent l'intérieur. 2 auvents. La terrasse exposée au sud donne accès en contrebas au parc ombragé, à l'étang aux nénuphars et au verger, pour le plaisir de la vue et du goût. Ouvert d'avril à novembre.

GITES DE FRANCE-SERVICE RESERVATION - 7 bd Midi-Pyrénées - BP 534 - 82005 MONTAUBAN Cedex
Tél. : 05 63 21 79 61 - Fax : 05 63 66 80 36 - Email : gitedefrance82@wanadoo.fr - www.resinfrance.com/tarn-et-garonne

| HTE SAIS. | MOY. SAIS. | PET. VAC. SCOL. | BASSE SAIS. |
|---|---|---|---|
| 410 | 300 | 300 | 300 |

| | | | | | | | |
|---|---|---|---|---|---|---|---|
| 13 | 7 | 7 | 7 | 8 | 13 | 7 | 8 | 7 |

## N° TG953 PUYCORNET
CM 79 pli 17

**NN** — 6 pers.

Montauban (la cathédrale) 15 km. Le logement comprend : cuisine, salon (TV couleur, magnétoscope, canapé, fauteuils), séjour, 1 ch. (1 lit 2 pers.), 1 ch. familiale (2 lits 120, 1 lit 2 pers.), salle d'eau/WC indép. Garage. Grande terrasse avec salon de jardin. En option : bois. De l'espace dedans et dehors. Des balades sont à prevoir. Découvrez ici, dans ce joli coin de campagne du Quercy cette ancienne ferme aménagée en logement de vacances "spécial famille". Ouvert toute l'année.

GITES DE FRANCE-SERVICE RESERVATION - 7 bd Midi-Pyrénées - BP 534 - 82005 MONTAUBAN Cedex
Tél. : 05 63 21 79 61 - Fax : 05 63 66 80 36 - Email : gitedefrance82@wanadoo.fr - www.resinfrance.com/tarn-et-garonne

| HTE SAIS. | MOY. SAIS. | PET. VAC. SCOL. | BASSE SAIS. |
|---|---|---|---|
| 460 | 380 | 350 | 260 |

| | | | | | | | |
|---|---|---|---|---|---|---|---|
| 8 | 8 | 8 | 4 | SP | 15 | 8 | 16 | 8 |

## N° TG940 ST-AMANS-DE-PELLAGAL
CM 79 pli 17

**NN** — 6 pers.

Bastide Lauzerte 7 km. Le logement comprend : salon (canapé, fauteuil, lit d'appoint), cuisine (micro-ondes), 1 ch. (1 lit 2 pers.), salle d'eau avec WC. En annexe : 2 ch. (1 lit 2 pers.), salle d'eau avec WC. A l'ombre des grands cyprès centenaires, appréciez le calme, le paysage de cet endroit retiré du monde. A l'intérieur la maison a gardé son âme d'antan. Ouvert toute l'année.

GITES DE FRANCE-SERVICE RESERVATION - 7 bd Midi-Pyrénées - BP 534 - 82005 MONTAUBAN Cedex
Tél. : 05 63 21 79 61 - Fax : 05 63 66 80 36 - Email : gitedefrance82@wanadoo.fr - www.resinfrance.com/tarn-et-garonne

| HTE SAIS. | MOY. SAIS. | PET. VAC. SCOL. | BASSE SAIS. |
|---|---|---|---|
| 430 | 305 | 245 | 245 |

| | | | | | | | |
|---|---|---|---|---|---|---|---|
| 23 | 23 | 6 | 8 | SP | 7 | 23 | 7 | 24 | 8 |

## N° TG937 ST-ANTONIN-NOBLE-VAL
CM 79 pli 19

**NN** — 4 pers.

Les Gorges d'Aveyron 5 km. St Antonin Noble Val 5 km. Le logement comprend : grande pièce de jour avec salon (canapé, fauteuils), coin cuisine, couloir desservant 1 ch. (2 lits 1 pers. superposés), 1 ch. (1 lit 2 pers.), salle d'eau et WC indép. Terrasses avec salons de jardin. Sur demande et en option : loc. draps, linge de maison et de toilette. Ici, on redécouvre l'essentiel : l'ancienne maison restaurée ouvre ses portes sur un jardin arboré, les vieilles pierres en murets recouvertes de fleurs, colorent le paysage. On a envie de rester prendre le temps de vivre. Ouvert toute l'année.

Suzanne COUPY - 82000 MONTAUBAN
Tél. : 05 63 63 92 83

| HTE SAIS. | MOY. SAIS. | PET. VAC. SCOL. | BASSE SAIS. |
|---|---|---|---|
| 480 | 275 | 245 | 198 |

| | | | | | | | |
|---|---|---|---|---|---|---|---|
| 11 | 5 | 4 | 5 | SP | 15 | 11 | 5 | 15 | 5 |

# TARN ET GARONNE - 82

## N° TG958  ST-NAZAIRE-DE-VALENTANE
CM 79 pli 16

| | NN | 6 pers. | | | | |
|---|---|---|---|---|---|---|

Lauzerte 15 km. Le logement comprend en RDC : coin cuisine dans séjour, salon, 2 ch. (1 lit 2 pers.), salle de bains avec WC. A l'étage : 1 ch. (2 lits 1 pers.), 1 ch. (1 lit 1 pers.), petit salon TV. Terrasse avec salon de jardin. Animaux acceptés sous condition avec accord de la propriétaire. Le jardin ombragé et clôturé sera le lieu idéal pour les enfants. Madame Molinier vous ouvre sa maison, aux espaces généreux pour que vos vacances soient des plus agréables. Ouvert d'avril à décembre.

GITES DE FRANCE-SERVICE RESERVATION - 7 bd Midi-Pyrénées - BP 534 - 82005 MONTAUBAN Cedex
Tél. : 05 63 21 79 61 - Fax : 05 63 66 80 36 - Email : gitedefrance82@wanadoo.fr - www.resinfrance.com/tarn-et-garonne

| HTE SAIS. | MOY. SAIS. | PET. VAC. SCOL. | BASSE SAIS. | WEEK-END |
|---|---|---|---|---|
| 420 | 335 | 335 | 260 | 110 |

| | | | | | | | | | |
|---|---|---|---|---|---|---|---|---|---|
| 15 | SP | 15 | SP | 15 | 20 | 15 | 27 | 14 | |

## N° TG936  VAISSAC
CM 79 pli 18

| | NN | 4 pers. | | | | |
|---|---|---|---|---|---|---|

Les Gorges de L'Aveyron 10 km. Le logement comprend : salon (cheminée insert), cuisine (éléments intégrés, micro-ondes), 2 ch. (1 lit 2 pers.), salle de bains avec WC. Petit jardin clôturé avec salon de jardin. C'est un petit gîte dans un charmant village réputé pour ses cèpes et son excellent restaurant. L'endroit y est paisible, l'intérieur très fonctionnel. A côté profitez de la belle piscine de l'hôtel. Ouvert toute l'année.

GITES DE FRANCE-SERVICE RESERVATION - 7 bd Midi-Pyrénées - BP 534 - 82005 MONTAUBAN Cedex
Tél. : 05 63 21 79 61 - Fax : 05 63 66 80 36 - Email : gitedefrance82@wanadoo.fr - www.resinfrance.com/tarn-et-garonne

| HTE SAIS. | MOY. SAIS. | PET. VAC. SCOL. | BASSE SAIS. |
|---|---|---|---|
| 450 | 390 | 300 | 250 |

| | | | | | | | |
|---|---|---|---|---|---|---|---|
| 9 | SP | 6 | 6 | SP | 9 | 20 | 6 |

## N° TG947  VAREN
CM 79 pli 20

| | NN | 6 pers. | | | | |
|---|---|---|---|---|---|---|

Les Gorges de l'Aveyron 2 km. Logement comprend, au RDC : séj. avec coin cuisine, s. d'eau et WC indép. A l'ét. : 1 ch. (2 lits 80), 1 ch. (2 lits 80) communicant avec 1 autre ch. (1 lit 2 pers.), WC indép. avec lavabo. Salon de jardin. Terrain 2 ha descendant jusqu'à l'Aveyron. Baignade non surveillé sur la berge d'en face. Ferme de caractère du XIXe proche d'1 charmant village médiéval classé. Espace pour les jeux des enfants. Auvent pour repas et sieste. A l'intérieur, gîte fonctionnel pour des vacances en toute authenticité. Vue imprenable sur la Vallée d'Aveyron. Ouvert de mai à septembre.

Sabine LE DUAULT - 45 av. du Général Leclerc - 78470 ST-REMY-LES-CHEVREUSE
Tél. : 01 30 47 39 36 - Email : sleduault@aol.com

| HTE SAIS. | MOY. SAIS. | PET. VAC. SCOL. | BASSE SAIS. | WEEK-END |
|---|---|---|---|---|
| 430 | 360 | 330 | 300 | 95 |

| | | | | | | | | | |
|---|---|---|---|---|---|---|---|---|---|
| 8 | 15 | SP | 3 | SP | 15 | 23 | 23 | 3 | 0,5 |

## NORD - PAS-DE-CALAIS

Pour réserver, écrire ou téléphoner :

### 59 - NORD
GITES DE FRANCE - Service Réservation
89, Bd. de la Liberté - B.P. 1210
59013 LILLE CEDEX
Tél. 03 20 14 93 93 - Fax. 03 20 14 93 99

### 62 - PAS DE CALAIS
GITES DE FRANCE - Service Réservation
B.P. 79 - 62930 WIMEREUX
Tél. 03 21 10 34 40 - Fax. 03 21 30 04 81

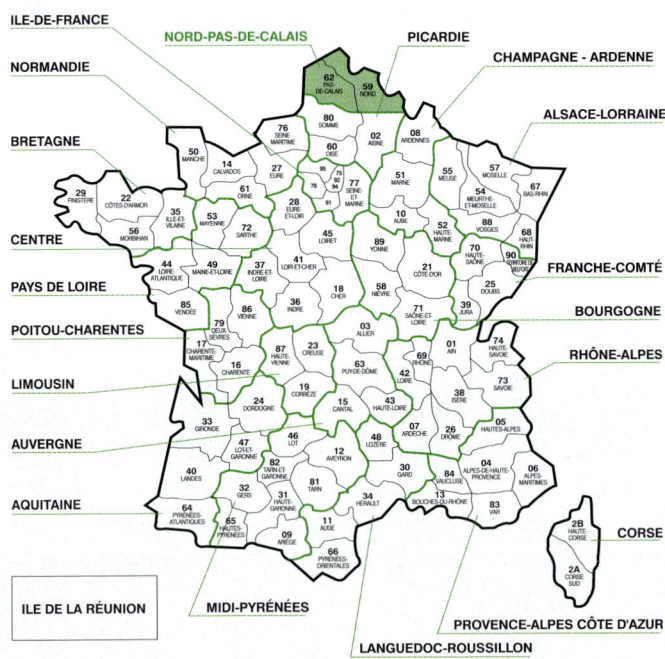

# NORD - 59

**GITES DE FRANCE** - Service Réservation
89, Bd. de la Liberté - BP 1210 - 59013 LILLE CEDEX
Tél. 03 20 14 93 93 - Fax. 03 20 14 93 99

3615 Gîtes de France
RESA - 0,2 €/mn

---

### N° 3010  BANTOUZELLE
CM 302 pli H7

NN  5 pers.

Gîte mitoyen au gîte de 14 pers. R.d.c. : Séjour/coin-cuisine. Cellier. 1 douche, 1 wc, 3 lavabos. Etage : 1 ch. (3 lits 90), 1 ch (1 lit 160/200, 1 lit 90). L-linge. M-ondes. TV. Chauf. élect., isolation. Charges non comprises. Pelouse 15 m². Terrasse, cour ombragée privée. Lits faits à l'arrivée. Possibilité de forfait ménage. Abbaye de Vaucelles 2 km. Sortie d'autoroute à 2 km (sortie 9 de l'A26), Cambrai 13 km, Saint Quentin 26 km. Arras 43 km. Douai 46 km. Lille 90 km.

GITES DE FRANCE-SERVICE RESERVATION - 89 bd de la Liberté - B.P. 1210 - 59800 LILLE
Tél.: 03 20 14 93 93 - Fax: 03 20 14 93 99 - Tél.: PROP: 03 27 78 51 11 - Email: gites.de.france.nord@wanadoo.fr - www.gites-de-france-nord.fr

| BASSE SAIS. | MOY. SAIS. | HTE SAIS. | VAC. SCOL. | W-E BAS. SAIS. | W-E MOY. SAIS. | | | | | | | | | | |
|---|---|---|---|---|---|---|---|---|---|---|---|---|---|---|---|
| 230 | 230 | 230 | 230 | 140 | 140 | 13 | 0,5 | 1 | 0,5 | 0,5 | 13 | 3 | | TV | |

### N° 3011  BANTOUZELLE
CM 302 pli H7

NN  14 pers.

Gîte mitoyen au gîte de 5 pers. R.d.c. : 2 séjours. Cuisine. Chem. foyer ouvert. 1 douche, 1 wc acc. à tous. 1 ch. acc 3 lits 90. 2 douches, 3 lavabos, 1 wc. Et. 3 ch. (3 lits 90), 1 ch. (1 lit 140), 4 lavabos, 1 wc. L-linge. L-vais. TV. Chauf. fuel. Charges non comprises. Jardin privé clos 3 000 m². Lits faits à l'arrivée. Poss. forfait ménage. Abbaye de Vaucelles 2 km. Sortie d'autoroute à 2 km (sortie 9 de l'A26), Cambrai 13 km, Saint Quentin 26 km. Arras 43 km. Douai 46 km. Lille 90 km.
Tarif midweek lun 16 h- ven 10 h : 475 €.

GITES DE FRANCE-SERVICE RESERVATION - 89 bd de la Liberté - B.P. 1210 - 59800 LILLE
Tél.: 03 20 14 93 93 - Fax: 03 20 14 93 99 - Tél.: PROP: 03 27 78 51 11 - Email: gites.de.france.nord@wanadoo.fr - www.gites-de-france-nord.fr

| BASSE SAIS. | MOY. SAIS. | HTE SAIS. | VAC. SCOL. | W-E BAS. SAIS. | W-E MOY. SAIS. | | | | | | | | | | |
|---|---|---|---|---|---|---|---|---|---|---|---|---|---|---|---|
| 540 | 540 | 540 | 540 | 320 | 320 | 13 | 0,5 | 1 | 0,5 | 0,5 | 13 | 3 | | TV | |

### N° 1032  BERTHEN                    Vlaeminckstraete
CM 51 pli 5

NN  5 pers.

Ferme, plain-pied 90 m² mitoyen à l'habitation du prop. et à des bâtiments (dans village flamand au pied du Mont des Cats). Séjour avec coin-cuisine (50 m²), 1 ch. (1 lit 140, 2 lits 90, lit bb) avec s.d.b. attenante et wc. L-linge, m-ondes, TV, prise tél. Lits faits à l'arrivée. Ch. gaz et élect. Isolation. Charges non comprises. Pelouse close 500 m². Terrasse. Mare clôturée. Centre village, Abbaye Mt des Cats 3 km. Parc M. Yourcenar, commerces 3 km. Belgique 4 km. Gare, sortie A25, Bailleul 5 km. Armentières 18 km. Dunkerque 35 km. Ypres 30 km. Lille, Bray-Dunes 35 km. Bruges 60 km.

GITES DE FRANCE-SERVICE RESERVATION - 89 bd de la Liberté - B.P. 1210 - 59800 LILLE
Tél.: 03 20 14 93 93 - Fax: 03 20 14 93 99 - Tél.: PROP: 03 28 49 01 58 - Email: gites.de.france.nord@wanadoo.fr - www.gites-de-france-nord.fr

| BASSE SAIS. | MOY. SAIS. | HTE SAIS. | VAC. SCOL. | W-E BAS. SAIS. | W-E MOY. SAIS. | | | | | | | | | | |
|---|---|---|---|---|---|---|---|---|---|---|---|---|---|---|---|
| 180 | 185 | 230 | 230 | 115 | 115 | 35 | 7 | 15 | 1 | 4 | 0,1 | 2 | 99,9 | 7 | 4 | | TV | |

### N° 2165  BOUSBECQUE
CM 300 pli G3

NN  4 pers.

Plain-pied indép. (92 m²) acc. à tous, mitoyen au garage privé du prop. Séjour/coin-cuisine, s. d'eau, wc, 2 ch. (1 lit 140), (2 lits 90). Chauf. élect. (promotelec), charges non comprises. L-linge, l-vais., m-ondes, frigo-congél., TV, tél. Terrasse plein-sud 50 m², s. jardin, barbecue, jardin 200 m², parking privé 50 m². Lits faits à l'arrivée. Gîte bébé. Poss. forfait ménage 30 €. Loc. vélo. Tous commerces 1 km. Tourcoing 11 km. Lille 18 km. Courtrai 15 km. Lesquin, Ypres 22 km. Tournai 30 km. Bruges 55 km. Tennis, équitation, chem. randonnée, pêche 1 km. Piste ski couverte, golf 15 km.

GITES DE FRANCE-SERVICE RESERVATION - 89 bd de la Liberté - B.P. 1210 - 59800 LILLE
Tél.: 03 20 14 93 93 - Fax: 03 20 14 93 99 - Tél.: PROP: 03 20 23 50 84 - Email: gites.de.france.nord@wanadoo.fr - www.gites-de-france-nord.fr

| BASSE SAIS. | MOY. SAIS. | HTE SAIS. | VAC. SCOL. | W-E BAS. SAIS. | W-E MOY. SAIS. | | | | | | | | | | |
|---|---|---|---|---|---|---|---|---|---|---|---|---|---|---|---|
| 220 | 240 | 250 | 250 | 150 | 150 | 60 | 7 | 25 | 1 | 0,3 | 0,1 | 35 | 1 | 10 | 0,5 | | TV | |

### N° 1155  COUDEKERQUE-VILLAGE
CM 302 pli C2

EC  NN  6 pers.

Ancien refuge de chasse réaménagé. Gîte (175 m²) indép., au coeur des Bois des Forts, en bordure de la RD 72. R.d.c.: hall, salon, séjour (chem. f.d.b. insert), cuisine. 3 ch. (1 lit 140), (1 lit 140), (1 lit 90), mezzanine (1 lit 90). S.d.b. (douche & baign.), wc, véranda 65 m² avec piscine (3.05 x 4.55) chauffée et équipement. L-linge, l-vais., TV. Magnétoscope. Billard. Poss. forfait ménage. Lits faits à l'arrivée. Jardin 800 m², terrasse 15 m², s. jardin, vélos/dem. Chauf. central fuel, charges comprises. Belgique 10 km, Bruges 1 h. Monts de Flandres 25 km. Lille 70 km. Le Touquet 100 km. Bruxelles 700.

GITES DE FRANCE-SERVICE RESERVATION - 89 bd de la Liberté - B.P. 1210 - 59800 LILLE
Tél.: 03 20 14 93 93 - Fax: 03 20 14 93 99 - Tél.: PROP: 06 09 06 51 80 - Email: gites.de.france.nord@wanadoo.fr - www.gites-de-france-nord.fr

| BASSE SAIS. | MOY. SAIS. | HTE SAIS. | VAC. SCOL. | W-E BAS. SAIS. | W-E MOY. SAIS. | | | | | | | | | | |
|---|---|---|---|---|---|---|---|---|---|---|---|---|---|---|---|
| 300 | 350 | 395 | 380 | 210 | 255 | 10 | 0,1 | 10 | 0,1 | 1 | 0,1 | 0,1 | 2 | 2 | | TV | |

**NORD - PAS-DE-CALAIS**

Pictos voir p. 12

325

# NORD - 59

## N° 1336 — GODEWAERSVELDE — CM 302 pli D3

NN — 6 pers.

Maison flamande à colombages indép. 110 m², acc. à tous, à 300 m de la ferme. R.d.c. : séjour/cuisine de 40 m², poêle à bois, wc. S. d'eau avec wc, 1 ch. (1 lit 140). Et. : 2 ch. (2 lits 90/ch.). M-ondes. L-linge, l-vais. TV. Téléséjour. Poss. forfait ménage. Lits faits à l'arrivée. Ch. élect., charges comprises. Pelouse close privée 700 m², s. jardin. Barbecue, terrasse 45 m², balançoire. Bac à sable. Abbaye du Mont des cats, commerces à 1 km. Belgique 3 km. Bailleul, Cassel, Mont Noir 9 km. Hazebrouck 12 km. St-Omer, Dunkerque, Lille 35 km. Bruges 60 km. Sortie A25 à 6 km.

GÎTES DE FRANCE-SERVICE RESERVATION - 89 bd de la Liberté - B.P. 1210 - 59800 LILLE
Tél. : 03 20 14 93 93 - Fax: 03 20 14 93 99 - Tél. : PROP : 03 28 49 46 52 - Email : gites.de.france.nord@wanadoo.fr - www.gites-de-france-nord.fr

| BASSE SAIS. | MOY. SAIS. | HTE SAIS. | VAC. SCOL. | W-E BAS. SAIS. | W-E MOY. SAIS. |
|---|---|---|---|---|---|
| 265 | 280 | 300 | 300 | 180 | 200 |

| | | | | | | | | |
|---|---|---|---|---|---|---|---|---|
| 35 | 9 | 20 | 1 | 10 | 0,1 | 2 | 10 | 1 |

## N° 3651 — LA GROISE — CM 302 pli K7

NN — 4 pers.

Plain-pied 80 m², mitoyen à une maison. R.d.c. : Cuisine, salon, chem. (foyer ouvert), petit salon, 2 ch. (1 lit 160), (2 lits 90), salle de bains, wc. L-vaisselle. S-linge, L-linge, m-ondes, TV. Chauffage gaz de ville compris. Electricté non comprise. Lits faits à l'arrivée. Terrasse 6 m². Pelouse close privée 200 m². Terrasse 10 m². S. jardin, barbecue. Landrecies 5 km. Le Louvion en Thiérache (Aisne), Maroilles 11 km. Le Cateau 12 km. Guise (Aisne) 20 km. Le Quesnoy 22 km. Cambrai, Valenciennes 35 km (40 minutes). Bouchain, St Quentin (Aisne) 50 km. Lille (1 h 10).

GÎTES DE FRANCE-SERVICE RESERVATION - 89 bd de la Liberté - B.P. 1210 - 59800 LILLE
Tél. : 03 20 14 93 93 - Fax: 03 20 14 93 99 - Tél. : PROP : 03 27 49 71 80 - Email : gites.de.france.nord@wanadoo.fr - www.gites-de-france-nord.fr

| BASSE SAIS. | MOY. SAIS. | HTE SAIS. | VAC. SCOL. | W-E BAS. SAIS. | W-E MOY. SAIS. |
|---|---|---|---|---|---|
| 230 | 240 | 260 | 260 | 140 | 140 |

| | | | | | | | |
|---|---|---|---|---|---|---|---|
| 35 | 35 | 6 | 7 | 10 | 15 | 7 | 7 |

## N° 4223 — GUSSIGNIES — CM 302 pli K5

EC — NN — 5 pers.

Gîte (100 m²) mitoyen à la maison des prop., au coeur de Gussignies (front. belge) réputé pour ses jonquilles, sa vallée du marbre & de la Honnelle (rivière, pos. pêche). R.d.c. : séjour/coin-cuisine, wc. Et. 2 ch. (3 lits 90), (1 lit 160), mezz., s.d.b. (baign., douche), wc. Chauf. gaz. Charges comprises. L-linge, l-vais., m-ondes, TV, s-linge. Garage. Lits faits à l'arrivée. Jardin 30 m². Terrasse, s. jardin. Ping-pong. Connexion internet payante. Centre remise en forme, resto, brasserie, bois à 50 m. Forêt Mormal 8 km. Gare 20 km. Maubeuge 25 km. Valenciennes, Mons 25 km. Base Val Joly 45 km. Lille 70 km.

GÎTES DE FRANCE-SERVICE RESERVATION - 89 bd de la Liberté - B.P. 1210 - 59800 LILLE
Tél. : 03 20 14 93 93 - Fax: 03 20 14 93 99 - Tél. : PROP : 03 27 39 80 57 - Email : gites.de.france.nord@wanadoo.fr - www.gites-de-france-nord.fr

| BASSE SAIS. | MOY. SAIS. | HTE SAIS. | VAC. SCOL. | W-E BAS. SAIS. | W-E MOY. SAIS. |
|---|---|---|---|---|---|
| 290 | 290 | 290 | 290 | 160 | 160 |

| | | | | | | | | |
|---|---|---|---|---|---|---|---|---|
| 13 | 40 | 0,4 | 7 | 0,1 | 8 | 0,1 | 20 | 2 |

## N° 2432 — LINSELLES — CM 302 pli G3

EC — NN — 4 pers.

Ferme (vaches, polyculture), gîte 58 m² mitoyen à un gîte. R.d.c. : Séjour/coin-cuisine, salle d'eau, wc. Et. : 2 ch. (1 lit 140), (2 lits 90). wc. L-linge, m-ondes, l-vais., frigo-congél.,TV (parabole), magnétoscope, téléséjour. Ch. élect., isolation, charges non comprises. Cour non close commune. Terrasse 30 m². Terrain privé non attenant non clos. Mare clôturée. S. jardin. Commerces 2 km. Wambrechies, Marquette, Bondues, Marcq-en-Baroeul 5 km. Gare, Tourcoing 6 km. Belgique 6 km. Lille 12 km. Roubaix 10 km. Menen, Ypres 15 km. Gand 40 km. Bruges 50 km.

GÎTES DE FRANCE-SERVICE RESERVATION - 89 bd de la Liberté - B.P. 1210 - 59800 LILLE
Tél. : 03 20 14 93 93 - Fax: 03 20 14 93 99 - Tél. : PROP : 03 20 23 02 33 - Email : gites.de.france.nord@wanadoo.fr - www.gites-de-france-nord.fr

| BASSE SAIS. | MOY. SAIS. | HTE SAIS. | VAC. SCOL. |
|---|---|---|---|
| 210 | 215 | 225 | 225 |

| | | | | | | | |
|---|---|---|---|---|---|---|---|
| 65 | 6 | 12 | 5 | 2 | 5 | 15 | 6 | 2 |

## N° 2433 — LINSELLES — CM 302 pli G3

EC — NN — 4 pers.

Ferme (vaches, polyculture), gîte 65 m² mitoyen à un gîte et à une grange. R.d.c. : Séjour/coin-cuisine, wc, sale d'eau. Et. : 2 ch. (1 lit 140), (2 lits 90), coin-salon, wc. L-linge, m-ondes, l-vais., frigo-congél.,TV (parabole), magnétoscope, téléséjour. Ch. élect., isolation, charges non comprises. Cour non close commune. Terrasse 30 m². Terrain privé non attenant non clos. Mare clôturée. S. jardin. Commerces 2 km. Wambrechies, Marquette, Bondues, Marcq-en-Baroeul 5 km. Gare, Tourcoing 6 km. Belgique 6 km. Lille 12 km. Roubaix 10 km. Menen, Ypres 15 km. Gand 40 km. Bruges 50 km.

GÎTES DE FRANCE-SERVICE RESERVATION - 89 bd de la Liberté - B.P. 1210 - 59800 LILLE
Tél. : 03 20 14 93 93 - Fax: 03 20 14 93 99 - Tél. : PROP : 03 20 23 02 33 - Email : gites.de.france.nord@wanadoo.fr - www.gites-de-france-nord.fr

| BASSE SAIS. | MOY. SAIS. | HTE SAIS. | VAC. SCOL. |
|---|---|---|---|
| 210 | 215 | 225 | 225 |

| | | | | | | | |
|---|---|---|---|---|---|---|---|
| 65 | 6 | 12 | 5 | 2 | 5 | 15 | 6 | 2 |

## N° 3670 — MAUROIS — CM 302 pli 17

NN — 6 pers.

Gîte 126 m² mitoyen à des bâtiments, classe hébergement de pays. R.d.c. : cuisine, séjour, 1 ch. (1 lit 140, lavabo), wc. Et. 2 ch. (2 lits 90/200 par ch.), s.d.b., wc. L-linge, l-vais., m-ondes, TV, téléphone accès sélectif modulable, lits faits à l'arrivée. Supl. animal 10 €/sem. Ch. central gaz, charges comprises. Jardin privé clos. S. jardin. Terrain pétanque. Barbecue. Terrasse. Poss. forfait ménage 45 €. Club hippique 1 km. Musée Matisse Le Cateau 7 km, Caudry 8 km. Abbaye de Vaucelle, Cambrai 25 km. Valenciennes 32 km. Bavay, Avesnes/H.40 km. Lille 90 km.

GÎTES DE FRANCE-SERVICE RESERVATION - 89 bd de la Liberté - B.P. 1210 - 59800 LILLE
Tél. : 03 20 14 93 93 - Fax: 03 20 14 93 99 - Tél. : PROP : 03 27 75 18 10 - Email : gites.de.france.nord@wanadoo.fr - www.gites-de-france-nord.fr

| BASSE SAIS. | MOY. SAIS. | HTE SAIS. | VAC. SCOL. | W-E BAS. SAIS. | W-E MOY. SAIS. |
|---|---|---|---|---|---|
| 300 | 320 | 360 | 340 | 190 | 210 |

| | | | | | | |
|---|---|---|---|---|---|---|
| 8 | 60 | 8 | 1 | 15 | 0,1 | 8 | 1 |

# NORD - 59

## N° 4425 MECQUIGNIES — CM 302 pli K9

**NN — 4 pers.**

Gîte 77 m², dans une anc. fermette typique de l'Avesnois, mitoyen à l'habitation du prop. R.d.c. : hall, séjour/coin-cuisine, wc. Et. : 2 ch. (1 lit 140), (2 lits 90), s. d'eau, wc. L-linge, m-ondes, TV. Tél. Ch. cent. gaz. Chges non comprises. Pelouse close privée 150 m². Terrain commun 1 ha. Salon de jardin, barbecue. Poss. forfait ménage 30,5 €. Lits faits à l'arrivée. Poss. forfait ménage. Commerces ambulants. Commerces, Bavay 7 km. Golf de Mormal 10 km. Maubeuge, Belgique 15 km. Avesnes/Helpe, Mons 25 km. Valenciennes, base de loisirs du Val Joly 30 km. Lille 100 km.
GITES DE FRANCE-SERVICE RESERVATION - 89 bd de la Liberté - B.P. 1210 - 59800 LILLE
Tél. : 03 20 14 93 93 - Fax: 03 20 14 93 99 - Tél. : PROP : 03 27 68 10 75 - Email : gites.de.france.nord@wanadoo.fr - www.gites-de-france-nord.fr

| BASSE SAIS. | MOY. SAIS. | HTE SAIS. | VAC. SCOL. | W-E. BAS. SAIS. | W-E. MOY. SAIS. |
|---|---|---|---|---|---|
| 200 | 215 | 230 | 230 | 140 | 140 |

| | | | | | | | | |
|---|---|---|---|---|---|---|---|---|
| 18 | 30 | 2 | 18 | 0,1 | 2 | 2 | 18 | 7 |

## N° 3812 MONCHECOURT — CM 302 pli H6

**EC NN — 4 pers.**

Gîte 65 m² mitoyen à 1 gîte 6 p. R.d.c. : séjour, cuisine, s.d.b. wc. Et. : 2 ch. (1 lit 140), (2 lits 90). Lavabo/ch. L-linge, m-ondes, s-linge. TV, tél. Mobicarte. Ch. élect. Charges non comprises. Parking. Jardin clos 70 m², s. jardin, barbecue, balançoire. Commerces, médecin, kiné, pharmacie, bus 500 m. Poss. nourrice agréée. Sur pl. carrière équestre. Rando pédestre & VTT. Loc. boxes/pl. Balades cheval le w.e. avec prop. diplomé pour cavaliers licenciés. Musée Lewarde 5 km. Douai 14 km. Cambrai 16 km. Thermes St-Amand 25 km. Valenciennes 24 km. Onnaing 32 km. Arras 38 km. Lille 43 km.
GITES DE FRANCE-SERVICE RESERVATION - 89 bd de la Liberté - B.P. 1210 - 59800 LILLE
Tél. : 03 20 14 93 93 - Fax: 03 20 14 93 99 - Tél. : PROP : 03 27 89 40 52 - Email : gites.de.france.nord@wanadoo.fr - www.gites-de-france-nord.fr

| BASSE SAIS. | MOY. SAIS. | HTE SAIS. | VAC. SCOL. | W-E. BAS. SAIS. | W-E. MOY. SAIS. |
|---|---|---|---|---|---|
| 181 | 212 | 225 | 212 | 110 | 118 |

| | | | | | | | | |
|---|---|---|---|---|---|---|---|---|
| 4 | 6 | 6 | 0,1 | 0,5 | 5 | 4 | 0,5 | |

## N° 3813 MONCHECOURT — CM 302 pli H6

**EC NN — 6 pers.**

Gîte 92 m² mitoyen à 2 gîtes 4 p. R.d.c. : cuisine, séjour, 1 ch. ( 1 lit 140), s.d.b., wc. Et. : 2 ch. (2 lits 90/ch.). L-linge, s-linge, l-vais. M-ondes. Tél. Mobicarte. TV. Ch. élect. Chges non comprises. Jardin clos 100 m², s. jardin, barbecue, balançoire. Parking. Commerces, médecin, pharmacie, kiné, bus 500 m. Sur pl. carrière équestre. Musée de la Mine Lewarde 5 km. Poss. nourrice agréée. Rando pédestres, VTT. Loc. boxes/pl. Balade à cheval avec prop. diplomé pour cavaliers licenciés. Douai 14 km. Cambrai 16 km. Valenc. 24 km. Onnaing 32 km. Arras 38 km. Lille 43 km.
GITES DE FRANCE-SERVICE RESERVATION - 89 bd de la Liberté - B.P. 1210 - 59800 LILLE
Tél. : 03 20 14 93 93 - Fax: 03 20 14 93 99 - Tél. : PROP : 03 27 89 40 52 - Email : gites.de.france.nord@wanadoo.fr - www.gites-de-france-nord.fr

| BASSE SAIS. | MOY. SAIS. | HTE SAIS. | VAC. SCOL. | W-E. BAS. SAIS. | W-E. MOY. SAIS. |
|---|---|---|---|---|---|
| 205 | 236 | 250 | 245 | 130 | 140 |

| | | | | | | | | |
|---|---|---|---|---|---|---|---|---|
| 4 | 6 | 6 | 0,1 | 0,5 | 5 | 4 | 0,5 | |

## N° 1546 QUAEDYPRE — S'Abs'hof — CM 302 pli C2

**EC NN — 6 pers.**

Une ancienne ferme de caractère 1713 (chèvres, poney, chien, âne, b-cour, chevaux). Gîte 130 m² mit. aux dépendances. R.d.c. : séjour, salon, chem. foyer ouvert. Cuisine. Wc. Et. : s.d.b. (baign., douche), 1 ch. (1 lit 140, 1 lit 90), 2 ch. (2 lits 90/ch). L-linge, l-vais., m-ondes, TV, loc. draps. Charges comprises. Pelouse close privée 100 m²/propriété de 5 ha. S. jardin. Barbecue. Vélo, rando./pl. Commerces, gare, Bergues 3 km, A25 sortie Bergues. Belgique 9 km. Bray-Dunes, Malo, Dunkerque 13 km. Gravelines 25 km. De 5 à 50 km : curiosités touristiques. Poss. accueil animaux dans dépendances.
GITES DE FRANCE-SERVICE RESERVATION - 89 bd de la Liberté - B.P. 1210 - 59800 LILLE
Tél. : 03 20 14 93 93 - Fax: 03 20 14 93 99 - Tél. : PROP : 03 28 68 26 41 - Email : gites.de.france.nord@wanadoo.fr - www.gites-de-france-nord.fr

| BASSE SAIS. | MOY. SAIS. | HTE SAIS. | VAC. SCOL. | W-E. BAS. SAIS. | W-E. MOY. SAIS. |
|---|---|---|---|---|---|
| 220 | 265 | 295 | 295 | 140 | 150 |

| | | | | | | | | |
|---|---|---|---|---|---|---|---|---|
| 13 | 3 | 13 | 3 | 10 | 0,1 | 30 | 13 | 3 | 3 |

## N° 2551 RADINGHEM-EN-WEPPES — CM 302 pli F4

**EC NN — 4 pers.**

Gîte 100 m² accessible à tous, mitoyen à un gîte 6 pers, dans la ferme des prop. R.d.c. : séjour/coin-cuisine, salle de bains avec wc, 1 ch. (2 lits 90). Et. : 1 ch. (1 lit 140), petit salon. L-linge, m-ondes, TV, mobicarte. Lits faits à l'arrivée. Poss. forfait ménage 35 €. Chauffage élect., charges non comprises. Terrasse 20 m². Pelouse privée 100 m², salon de jardin. Barbecue. Restaurants 4 km. Médecin 1 km, pharmacie 3 km. Golf 10 km. A25 6 km. Lille 15 km, Belgique 15 km. Lomme (métro) 10 km. Villeneuve d'Ascq 25 km. Orchies, Douai, Tournai 40 km. Bruges 80 km. Bruxelles 120 km.
GITES DE FRANCE-SERVICE RESERVATION - 89 bd de la Liberté - B.P. 1210 - 59800 LILLE
Tél. : 03 20 14 93 93 - Fax: 03 20 14 93 99 - Tél. : PROP : 03 20 50 62 44 - Email : gites.de.france.nord@wanadoo.fr - www.gites-de-france-nord.fr

| BASSE SAIS. | MOY. SAIS. | HTE SAIS. | VAC. SCOL. |
|---|---|---|---|
| 190 | 210 | 250 | 250 |

| | | | | | |
|---|---|---|---|---|---|
| 80 | 9 | 10 | 3 | 10 | 15 | 10 | 1,5 |

## N° 2552 RADINGHEM-EN-WEPPES — CM 302 pli F4

**EC NN — 6 pers.**

Gîte 110 m² accessible à tous, mitoyen à un gîte 4 pers, dans la ferme des prop. R.d.c. : séjour/coin-cuisine, salle de bains avec wc, 1 ch. (2 lits 90). Et. : 2 ch. (1 lit 140), (2 lits 90). L-linge, m-ondes, TV, mobicarte. Lits faits à l'arrivée. Poss. forfait ménage 35 €. Chauffage élect., charges non comprises. Terrasse 20 m². Pelouse privée 50 m², salon de jardin. Barbecue. Restaurants 4 km. Médecin 1 km, pharmacie 3 km. Golf 10 km. A25 6 km. Lille 15 km, Belgique 15 km. Lomme (métro) 10 km. Villeneuve d'Ascq 25 km. Orchies, Douai, Tournai 40 km. Bruges 80 km. Bruxelles 120 km.
GITES DE FRANCE-SERVICE RESERVATION - 89 bd de la Liberté - B.P. 1210 - 59800 LILLE
Tél. : 03 20 14 93 93 - Fax: 03 20 14 93 99 - Tél. : PROP : 03 20 50 62 44 - Email : gites.de.france.nord@wanadoo.fr - www.gites-de-france-nord.fr

| BASSE SAIS. | MOY. SAIS. | HTE SAIS. | VAC. SCOL. |
|---|---|---|---|
| 240 | 250 | 270 | 270 |

| | | | | | |
|---|---|---|---|---|---|
| 80 | 9 | 10 | 3 | 10 | 15 | 10 | 1,5 |

# NORD - 59

## N° 2648 — SAINGHIN-EN-WEPPES
**NN — 4 pers.** — CM 302 pli F4

Ferme (volailles), 2 gîtes mitoyens au corps de ferme (cadre verdoyant), sur chemin de randonnées. Gîte 52 m². R.d.c. : séjour, chem. f.d.b., coin-cuisine. Et. 2 ch. (1 lit 140), (2 lits 90), s.d.b. L-linge, l-vais., m-ondes, TV, tél. Lits faits à l'arrivée. Chauffage fuel, chges comprises. Terrain clos privé, terrasse, salon de jardin, jeux enfants. Parking couvert fermé. Tous commerces, services médicaux 1 km. Gare 2 km. Restos, salon de réception 2 km. La Bassée 10 km. Lille, Lens 15 km. RN 41 à 2 km. Armentières 20 km. Belgique 25 km. Lesquin 30 km. Orchies 45 km. Arras 50 km. Dunkerque 60 km.

GITES DE FRANCE-SERVICE RESERVATION – 89 bd de la Liberté - B.P. 1210 - 59800 LILLE
Tél. : 03 20 14 93 93 - Fax : 03 20 14 93 99 - Tél. : PROP : 03 20 58 67 28 - Email : gites.de.france.nord@wanadoo.fr - www.gites-de-france-nord.fr

| BASSE SAIS. | MOY. SAIS. | HTE SAIS. | VAC. SCOL. |
|---|---|---|---|
| 245 | 245 | 245 | 245 |

| | | | | | | | |
|---|---|---|---|---|---|---|---|
| 70 | 20 | 25 | 2 | 4 | 10 | 2 | 1 |

## N° 2649 — SAINGHIN-EN-WEPPES
**NN — 5 pers.** — CM 302 pli F4

Ferme (volailles), 2 gîtes mitoyens au corps de ferme (cadre verdoyant), sur chemin de randonnées. Gîte 86 m². R.d.c. : séjour, chem. f.d.b., coin-cuisine. Et. 3 ch. (1 lit 140), (2 lits 90), (2 lits 90), mezzanine/coin TV. S.d.b., wc. L-linge, l-vais., m-ondes, TV, tél. Lits faits à l'arrivée. Chauf. fuel, charges comprises. Terrain clos privé. Terrasse, salon de jardin, jeux pour enfants. Parking couvert fermé. Tous commerces, services médicaux 1 km. Restos, salon de réception 2 km. Lille, Lens 15 km. RN 41 à 2 km. Gare 2 km. Armentières 20 km. Belgique 25 km. Lesquin 30 km. Orchies 45 km. Arras 50 km. Dunkerque 60 km.

GITES DE FRANCE-SERVICE RESERVATION – 89 bd de la Liberté - B.P. 1210 - 59800 LILLE
Tél. : 03 20 14 93 93 - Fax : 03 20 14 93 99 - Tél. : PROP : 03 20 58 67 28 - Email : gites.de.france.nord@wanadoo.fr - www.gites-de-france-nord.fr

| BASSE SAIS. | MOY. SAIS. | HTE SAIS. | VAC. SCOL. |
|---|---|---|---|
| 295 | 295 | 295 | 295 |

| | | | | | | | |
|---|---|---|---|---|---|---|---|
| 70 | 20 | 25 | 2 | 4 | 10 | 2 | 1 |

## N° 1635 — STEENWERCK
**NN — 3 pers.** — CM 51 pli 4

Gîte 38 m² mitoyen à 1 gîte. R.d.c : séjour/coin-cuisine, wc, s. d'eau. Et. : 1 ch. (1 lit 140, 1 lit 90). Gîte bb. L-linge, s-linge, m-ondes, TV, tél. portable. Chauf. élec. (promotelc), charges non comprises. Pelouse privée non close 320 m², terrasse couverte, s. jardin, barbecue. Terrain de boules commun. Poss. forfait ménage 30 €. Loc. draps. A25, Bailleul 5 km. Belgique 6 km. Commerces, pharmacie, médecin 2 km. Armentières 7 km. Base loisirs 6 km. Les 3 Monts 12 km. Lille 20 km. Béthune 25 km. Ypres 30 km. Piste ski (neige artif.) 35 km. Dunkerque 55 km. Calais 80 km. Bruxelles, Bruges 90 km.

GITES DE FRANCE-SERVICE RESERVATION – 89 bd de la Liberté - B.P. 1210 - 59800 LILLE
Tél. : 03 20 14 93 93 - Fax : 03 20 14 93 99 - Tél. : PROP : 03 28 49 98 43 - Email : gites.de.france.nord@wanadoo.fr - www.gites-de-france-nord.fr

| BASSE SAIS. | MOY. SAIS. | HTE SAIS. | VAC. SCOL. | W-E BAS. SAIS. | W-E MOY. SAIS. |
|---|---|---|---|---|---|
| 180 | 180 | 210 | 210 | 120 | 120 |

| | | | | | | | |
|---|---|---|---|---|---|---|---|
| 50 | 6 | 6 | 10 | 5 | 5 | 6 | 5 |

## N° 1636 — STEENWERCK
**NN — 5 pers.** — CM 51 pli 4

Gîte 66 m² mitoyen à 1 gîte. R.d.c : séjour/coin-cuisine, chem. f.d.b. (insert), wc, s.d.b. Et. : 2 ch. (1 lit 140, 1 lit 90), (2 lits 90)). L-linge, s-linge, l-vais., m-ondes, TV. Chauffage élec., charges non comprises. Pelouse privée non close, terrasse couverte, s. jardin, barbecue. Terrain de boules commun. Poss. forfait ménage 40 €. A25, Bailleul 5 km. Belgique 6 km. Commerces, pharmacie, médecin 2 km. Armentières 7 km. Base loisirs 6 km. Les 3 Monts 12 km. Lille 20 km. Béthune 25 km. Ypres 30 km. Piste de ski (artificielle) 35 km. Dunkerque 55 km. Calais 80 km. Bruxelles 100 km.

GITES DE FRANCE-SERVICE RESERVATION – 89 bd de la Liberté - B.P. 1210 - 59800 LILLE
Tél. : 03 20 14 93 93 - Fax : 03 20 14 93 99 - Tél. : PROP : 03 28 49 98 43 - Email : gites.de.france.nord@wanadoo.fr - www.gites-de-france-nord.fr

| BASSE SAIS. | MOY. SAIS. | HTE SAIS. | VAC. SCOL. | W-E BAS. SAIS. | W-E MOY. SAIS. |
|---|---|---|---|---|---|
| 210 | 210 | 240 | 240 | 160 | 160 |

| | | | | | | | |
|---|---|---|---|---|---|---|---|
| 50 | 6 | 6 | 10 | 5 | 5 | 6 | 5 | 2 |

## N° 1591 — ST-PIERREBROUCK — Le Wetz
**NN — 2 pers.** — CM 302 pli B2

Gîte 55 m², dans une ancienne chapelle du château de Wetz (1850) d'architecture flamande, mitoyen à un gîte, rénové en 1990, à 100 m d'une ferme (polyculture). R.d.c. : séjour, cuisine. salle d'eau, wc. Mezzanine : 3 lits 90. M-ondes, l-vais., l-linge, TV. Loc. draps. Poss. forfait ménage. Ch. central fuel. Isolation. Charges comprises. Pelouse non close commune 400 m², terrasse. Vélos. S.jardin, barbecue. Garage. Dépendance. Commerces 2 km. Gare 7 km. Marais Audomarois 5 km. Gravelines 10 km. Malo, Dunkerque 20 km. Belgique, Calais, La Panne 30 km. Bruges 100 km.

GITES DE FRANCE-SERVICE RESERVATION – 89 bd de la Liberté - B.P. 1210 - 59800 LILLE
Tél. : 03 20 14 93 93 - Fax : 03 20 14 93 99 - Tél. : PROP : 03 28 27 51 55 - Email : gites.de.france.nord@wanadoo.fr - www.gites-de-france-nord.fr

| BASSE SAIS. | MOY. SAIS. | HTE SAIS. | VAC. SCOL. |
|---|---|---|---|
| 200 | 250 | 250 | 250 |

| | | | | | | | |
|---|---|---|---|---|---|---|---|
| 15 | 7 | 15 | 0,1 | 9 | 5 | 0,2 | 7 | 2 |

## N° 1575 — ST-SYLVESTRE-CAPPEL
**EC NN — 7 pers.** — CM 302 pli D3

Ancienne ferme rénovée. Gîte 130 m² mitoyen à 1 gîte 6 p. R.d.c. : séjour avec chem. insert, cuisine. WC, douche acc. 1 ch. (2 lits 90). Et. : s.d.b./wc. 2 ch. (2 lits 90). L-linge, l-vais., m-ondes, TV. Chauf. élect., isolation. Charges non comprises. Terrasse 15 m². Jardin privé non clos 100 m². S. jardin. Barbecue. Sup. animal 15 €/sem. Production bio, animaux/place. Mare clôturée. Centre hippique 100 m. A25 3 km. Commerces, médecin, pharmacie 4 km. Cassel 5 km. Gare Hazebrouck 7 km. Belgique 10 km. Bailleul 17 km. Dunkerque 30 km. Gravelines 40 km. Lille 45 km.

GITES DE FRANCE-SERVICE RESERVATION – 89 bd de la Liberté - B.P. 1210 - 59800 LILLE
Tél. : 03 20 14 93 93 - Fax : 03 20 14 93 99 - Tél. : PROP : 03 28 44 28 16 - Email : gites.de.france.nord@wanadoo.fr - www.gites-de-france-nord.fr

| BASSE SAIS. | MOY. SAIS. | HTE SAIS. | VAC. SCOL. |
|---|---|---|---|
| 240 | 250 | 270 | 250 |

| | | | | | | | |
|---|---|---|---|---|---|---|---|
| 40 | 5 | 30 | 4 | 0,1 | 4 | 9 | 5 | 7 | 4 |

NORD - PAS-DE-CALAIS

Pictos voir p. 12

# NORD - 59

## N° 2894 WERVICQ-SUD

EC  NN  5 pers.

CM G3

Gîte 95 m², mitoyen au gîte 2895, sur une exploitation agricole (vaches). R.d.c. : cuisine, séjour, chem. insert, salle d'eau, wc. Etage : 2 ch. (1 lit 160/200), (3 lits 90), wc. L-linge, l-vais., m-ondes, TV, tél. Poss. loc. draps. Possibilité forfait ménage 35 €. Chauffage élect., charges non comprises. Pelouse close 100 m². Terrasse 20 m², cour. Tous commerces 1 km. Belgique 2 km. Lille 16 km. Ypres 15 km.

GITES DE FRANCE-SERVICE RESERVATION - 89 bd de la Liberté - B.P. 1340 - 59800 LILLE
Tél. : 03 20 14 93 93 - Fax : 03 20 14 93 99 - Tél. : PROP : 03 20 39 11 76 - Email : gites.de.france.nord@wanadoo.fr - www.gites-de-france-nord.fr

| BASSE SAIS. | MOY. SAIS. | HTE SAIS. | VAC. SCOL. | W.-E. BAS. SAIS. | W.-E. MOY. SAIS. | | | | | | | |
|---|---|---|---|---|---|---|---|---|---|---|---|---|
| 230 | 230 | 250 | 250 | 200 | 200 | 80 | 3 | 10 | 1 | 2 | 1 | 6 | 1 |

## N° 2895 WERVICQ-SUD

EC  NN  7 pers.

CM G3

Gîte 115 m² accessible à tous, mitoyen au gîte 2894, sur une exploitation agricole (vaches). R.d.c. : cuisine, séjour, 1 ch. (2 lits 90/200) avec salle d'eau et wc accessible à tous. Etage : 2 ch. (1 lit 160/200), (3 lits 90/200). S.d.b. L-linge, l-vaisselle, TV, m-ondes, tél. Chauf. élect., chges non comprises. Loc. draps. Poss. forfait ménage 40 €. Pelouse close 700 m². Cour. Tous commerces 1 km. Belgique 2 km. Lille 16 km. Ypres 15 km.

GITES DE FRANCE-SERVICE RESERVATION - 89 bd de la Liberté - B.P. 1340 - 59800 LILLE
Tél. : 03 20 14 93 93 - Fax : 03 20 14 93 99 - Tél. : PROP : 03 20 39 11 76 - Email : gites.de.france.nord@wanadoo.fr - www.gites-de-france-nord.fr

| BASSE SAIS. | MOY. SAIS. | HTE SAIS. | VAC. SCOL. | W.-E. BAS. SAIS. | W.-E. MOY. SAIS. | | | | | | | |
|---|---|---|---|---|---|---|---|---|---|---|---|---|
| 260 | 260 | 290 | 290 | 230 | 230 | 80 | 3 | 10 | 1 | 2 | 1 | 6 | 1 |

## N° 1980 ZEGERSCAPPEL

NN  6 pers.

CM 302 pli C2

Plain-pied 122 m² acc. à tous, mitoyen à des bâtiments (ancien corps de ferme). Séjour (chem. f.d.b. insert), cuisine, s.d'eau, wc, buanderie, 3 ch. (1 lit 140), (2 lits 90), (2 lits 90). L-linge, l-vais., s-linge, m.ondes, TV. Lits faits à l'arrivée. Poss. forfait ménage. Ch. central fuel, charges comprises. Pelouse close privée 98 m². S. jardin, barbecue. Gîte bb. Commerces, médecin 700 m. Gare 2 km. Bergues 10 km. Belgique 15 km. Malo, Dunkerque 20 km. Gravelines 30 km. Monts des Flandres 14 km. Marais audomarois 15 km. Mer 20 km. Lille 70 km. Tarif mid-week (lundi 16 h-ven 10 h) 245

GITES DE FRANCE-SERVICE RESERVATION - 89 bd de la Liberté - B.P. 1340 - 59800 LILLE
Tél. : 03 20 14 93 93 - Fax : 03 20 14 93 99 - Tél. : PROP : 03 28 68 95 62 - Email : gites.de.france.nord@wanadoo.fr - www.gites-de-france-nord.fr

| BASSE SAIS. | MOY. SAIS. | HTE SAIS. | VAC. SCOL. | W.-E. BAS. SAIS. | W.-E. MOY. SAIS. | | | | | | | |
|---|---|---|---|---|---|---|---|---|---|---|---|---|
| 290 | 305 | 305 | 305 | 150 | 160 | 20 | 10 | 15 | 15 | 10 | 0,5 | 20 | 2 | 0,7 |

# PAS DE CALAIS - 62

**LOISIRS ACCUEIL** - Service Réservation
BP 79 - 62930 WIMEREUX
Tél. 03 21 10 34 40 - Fax. 03 21 30 04 81

### N° 171C  AUDINCTHUN — Le Moulinet
NN  2 pers.

Fauquembergues 7 km. St-Omer 25 km. Studio mitoyen aux propriétaires au R.D.C, terrain non-clos, cour. Séjour/coin-cuisine, coin-détente. 1 chambre (1 lit 2 pers.), salle d'eau, wc séparés. En dehors du village. Ouvert toute l'année. A26 sortie n° 4.

Bernard BOURGEOIS - Hameau de Wandonne - 62560 AUDINCTHUN
Tél.: 03 21 39 52 17

| JUIL./AOUT | JUIN/SEPT. | HORS SAIS. | WEEK-END |
|---|---|---|---|
| 153 | 153 | 153 | 92 |

| | | | | | | | |
|---|---|---|---|---|---|---|---|
| 40 | SP | 40 | 20 | 25 | 7 | SP | 25 | 7 |

### N° 896433  BEAUVOIR-WAVANS
NN  8 pers.

Auxi-le-château 4 km. Doullens et Frévent 15 km. Maison individuelle, R.D.C + 1/2 niveau. Terrain clos privatif, cour, terrasse, abri couvert, garage. Séjour/coin-cuisine, salon. 4 chambres (2 lits 1 pers., 3 lits 2 pers.), salle de bains, salle d'eau, 2 wc séparés. Au centre du village, dans une impasse. Poss. location box pour 6 chevaux, caution, location de draps. Ouvert toute l'année.

LOISIRS ACCUEIL-SERVICE RESERVATION - BP 79 - 62930 WIMEREUX
Tél.: 03 21 10 34 40 - Fax : 03 21 30 04 81 - Email : hebergements@pas-de-calais.com

| JUIL./AOUT | JUIN/SEPT. | HORS SAIS. | WEEK-END |
|---|---|---|---|
| 350 | 305 | 280 | 150 |

| | | | | | | | |
|---|---|---|---|---|---|---|---|
| 50 | SP | 50 | 15 | 5 | 5 | SP | 20 | SP |

### N° 936A  BEUSSENT
NN  6 pers.

Montreuil 15 km. Ste-Cécile 20 km. Maison comprenant 2 gîtes, R.D.C + étage. Terrain non-clos privatif, cour, terrasse. Séjour/coin-cuisine, salon. 3 chambres (2 lits 2 pers., 2 lits 1 pers.), poss. lit supp, 2 salles d'eau, 2 wc séparés. En dehors du village. Poss. terrain 1 ha commun. Caution, location draps. Ouvert toute l'année. De Montreuil-sur-Mer D.127.

Bernard et M-Paule COCATRIX - 8 rue des lacs d'Amour - 62170 BEUSSENT
Tél.: 03 21 90 73 39

| JUIL./AOUT | JUIN/SEPT. | HORS SAIS. | WEEK-END |
|---|---|---|---|
| 335 | 335 | 335 | 152 |

| | | | | | | | |
|---|---|---|---|---|---|---|---|
| 20 | SP | 22 | 15 | 2 | 4 | SP | 15 | 2 |

### N° 936B  BEUSSENT
NN  4 pers.

Montreuil 15 km. Ste-Cécile 20 km. Maison comprenant 2 gîtes, R.D.C + étage. Terrain clos privatif, cour, terrasse. Séjour/coin-cuisine, salon. 2 chambres (1 lit 2 pers., 2 lits 1 pers.), salle d'eau, wc séparés. En dehors du village. Poss. convertible. Poss. terrain 1 ha commun. Caution, location draps. Ouvert toute l'année. De Montreuil-sur-Mer D.127.

Bernard et M-Paule COCATRIX - 8 rue des lacs d'Amour - 62170 BEUSSENT
Tél.: 03 21 90 73 39

| JUIL./AOUT | JUIN/SEPT. | HORS SAIS. | WEEK-END |
|---|---|---|---|
| 275 | 275 | 275 | 137 |

| | | | | | | | |
|---|---|---|---|---|---|---|---|
| 20 | SP | 22 | 15 | 2 | 4 | SP | 15 | 2 |

### N° 916  BOURNONVILLE
NN  2 pers.

Desvres 3 km. Boulogne-sur-mer 20 km. Maison mitoyenne aux propriétaires, au R.D.C. Terrain clos commun, cour. Séjour/coin-cuisine. 1 chambre (1 lit 2 pers.), salle d'eau, wc séparés. Au centre du village. Poss. convertible 2 pers. Caution, location de draps. Ouvert toute l'année.

PERARD - rue de l'église - 62240 BOURNONVILLE
Tél.: 03 21 33 98 11

| JUIL./AOUT | JUIN/SEPT. | HORS SAIS. | WEEK-END |
|---|---|---|---|
| 183 | 183 | 153 | 76 |

| | | | | | | |
|---|---|---|---|---|---|---|
| 20 | 4 | 20 | 3 | SP | 20 | 3 |

# PAS DE CALAIS - 62

### N° 914 — CAMPIGNEULLES-LES-GRANDES

**NN**  7 pers.

Montreuil-sur-mer 5 km. Berck 12 km. Maison mitoyenne aux propriétaires, R.D.C + étage. Terrain clos privatif sur l'arrière, cour, terrasse. Cuisine indépendante, salon, salle à manger. 3 chambres (1 lit 2 pers., 3 lits 1 pers., 1 lit superposé), salle d'eau au R.D.C, wc séparés, salle de bains avec wc à l'étage. Au centre du village. Location de draps. Ouvert toute l'année.

René HOUSEZ - 47 rue grande rue - 62170 CAMPIGNEULLES-LES-GRANDES
Tél. : 03 21 06 08 58

| JUIL./AOUT | JUIN/SEPT. | HORS SAIS. | WEEK-END |
|---|---|---|---|
| 380 | 305 | 305 | 122 |

| | | | | | | | |
|---|---|---|---|---|---|---|---|
| 12 | 12 | 5 | 5 | 12 | SP | 5 |

### N° 866 — DESVRES — La Gare

**NN**  4 pers.

Boulogne-sur-mer 18 km. Calais 40 km. Gîte mitoyen à d'autres batiments, au 1er étage. Séjour/coin-cuisine, prise TV. 1 chambre (1 lit 2 pers., 2 lits 1 pers. superposés), 1 salle de bains, wc séparés. A l'entrée de la ville. Radiateurs électriques, caution. Ouvert toute l'année.

OFFICE DE TOURISME - Maison de la Faïence - rue Jean Macé - 62240 DESVRES
Tél. : 03 21 83 23 23 - Fax : 03 21 83 44 45

| JUIL./AOUT | JUIN/SEPT. | HORS SAIS. | WEEK-END |
|---|---|---|---|
| 250 | 250 | 210 | 120 |

| | | | | | | | |
|---|---|---|---|---|---|---|---|
| 20 | 1 | 20 | SP | SP | 10 | SP | 20 | SP |

### N° 902 — EQUIHEN-PLAGE

**NN**  6 pers.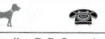

Boulogne-sur-mer 7 km. Hardelot 4 km. Maison individuelle, R.D.C + étage. Pelouse 1000 m2 clos privative. R.D.C : véranda, cuisine, salle à manger, salon, 1 chambre (1 lit 2 pers.), douche, wc. Etage : salle de bains, 2 chambres (4 lits 1 pers.). A l'écart du village, sur 1 ha, mer à 400 m, jardin aromatique. Vélos pour enfants. Poss.lit et accessoires bébé. Chauffage électrique. Vente bois de chauffage. Location draps, caution. Ouvert toute l'année.

GODEAU-DELATTRE - 23 rue des écoles - 62360 ECAULT
Tél. : 03 21 31 94 01 - Email : godeau@ifrance.com - http://colliervoye.free.fr

| JUIL./AOUT | JUIN/SEPT. | HORS SAIS. | WEEK-END |
|---|---|---|---|
| 390 | 320 | 285 | 150 |

| | | | | | | | |
|---|---|---|---|---|---|---|---|
| 1 | 1 | 7 | 4 | 6 | SP | 7 | 4 |

### N° 926910 — FERQUES

**NN**  6 pers.

Calais 15 km. Boulogne-sur-mer 20 km. Maison individuelle. R.D.C + étage. Terrain clos privatif, cour, parking, terrasse, balcon, abri couvert. Cuisine, salle à manger, salon. 3 chambres (2 lits 2 pers., 2 lits 1 pers.), salles de bains, wc séparés. Au centre du village. Caution, location draps. Ouvert toute l'année. A 16, sortie Cap Gris Nez, direction Guines, puis Ferques.

LOISIRS ACCUEIL-SERVICE RESERVATION - BP 79 - 62930 WIMEREUX
Tél. : 03 21 10 34 40 - Fax : 03 21 30 04 81 - Email : hebergements@pas-de-calais.com

| JUIL./AOUT | JUIN/SEPT. | HORS SAIS. | WEEK-END |
|---|---|---|---|
| 533 | 533 | 533 | 183 |

| | | | | | | | |
|---|---|---|---|---|---|---|---|
| 12 | SP | 12 | 15 | SP | 2 | 6 | SP |

### N° 928950 — FERQUES

**NN**  7 pers.

Marquise 5 km. Boulogne-sur-mer et Calais 25 km. Maison mitoyenne à d'autres batiments, R.D.C + étage. Terrain clos privatif, cour, garage, terrasse. Séjour/coin-cuisine, salon. 3 chambres (2 lits 2 pers., 3 lits 1 pers., 1 lit bébé), 2 salles d'eau, 2 wc séparés. Au centre du village. Caution. Location draps. Ouvert toute l'année.

LOISIRS ACCUEIL-SERVICE RESERVATION - BP 79 - 62930 WIMEREUX
Tél. : 03 21 10 34 40 - Fax : 03 21 30 04 81 - Email : hebergements@pas-de-calais.com

| JUIL./AOUT | JUIN/SEPT. | HORS SAIS. | WEEK-END |
|---|---|---|---|
| 335 | 300 | 260 | 165 |

| | | | | | | | |
|---|---|---|---|---|---|---|---|
| 12 | SP | 12 | 15 | SP | 2 | 6 | SP |

### N° 172D — FIENNES

**NN**  6 pers.

Calais 10 km. Maison mitoyenne à d'autres gîtes, terrain non-clos privatif, cour, terrasse. Séjour/coin-cuisine, 2 chambres (2 lits 2 pers., 2 lits 1 pers.), salle de bains, wc séparés. Chauffage central mazout. Au centre du village. Jeux d'enfants communs. Ouvert toute l'année.

Nicolas POTTERIE - 14 rue Creuse - 62132 FIENNES
Tél. : 03 21 36 51 71

| JUIL./AOUT | JUIN/SEPT. | HORS SAIS. | WEEK-END |
|---|---|---|---|
| 240 | 210 | 210 | 85 |

| | | | | | | | |
|---|---|---|---|---|---|---|---|
| 15 | 15 | 20 | SP | SP | 3 | 4 |

**333**

# PAS DE CALAIS - 62

## N° 912908 — HERBELLES — Le Chalet

**NN** — 4 pers.

Aire-sur-La-Lys et St-Omer 15 km. Maison individuelle, R.D.C + étage. Terrain clos privatif, cour, terrasse + balcon. Séjour/coin-cuisine, salon. 2 chambres (1 lit 2 pers., 2 lits 1 pers.), salle d'eau avec sauna, wc séparés. En dehors du village. Caution, location de draps, service ménage. Ouvert toute l'année.

LOISIRS ACCUEIL-SERVICE RESERVATION - BP 59 - 62930 WIMEREUX
Tél. : 03 21 10 34 40 - Fax : 03 21 30 04 81 - Email : hebergements@pas-de-calais.com

| JUIL./AOUT | JUIN/SEPT. | HORS SAIS. | WEEK-END |
|---|---|---|---|
| 381 | 305 | 305 | 183 |

| | | | | | | |
|---|---|---|---|---|---|---|
| 60 | 4 | 60 | 12 | 3 | 10 | SP | 3 |

## N° 930951 — HERLY

**NN** — 6 pers.

Fruges 10 km. Montreuil-sur-mer 20 km. Maison individuelle, au R.D.C. Terrain non clos, cour, terrasse. Cuisine indépendante, salon, salle à manger. 3 chambres (2 lits 1 pers., 2 lits 2 pers.), salle d'eau, wc séparés. En dehors du village. Caution, location de draps. Ouvert toute l'année.

LOISIRS ACCUEIL-SERVICE RESERVATION - BP 59 - 62930 WIMEREUX
Tél. : 03 21 10 34 40 - Fax : 03 21 30 04 81 - Email : hebergements@pas-de-calais.com

| JUIL./AOUT | JUIN/SEPT. | HORS SAIS. | WEEK-END |
|---|---|---|---|
| 275 | 230 | 200 | 107 |

| | | | | | | |
|---|---|---|---|---|---|---|
| 30 | 4 | 30 | 10 | 10 | 4 | SP | 10 | 10 |

## N° 848912 — HESDIN

**NN** — 5 pers.

Maison mitoyenne à d'autres batiments, au R.D.C. Terrain clos privatif, cour. Séjour/coin-cuisine, salon. 2 chambres (5 lits 1 pers.), salle d'eau, wc séparés. A proximité du centre ville. Caution. Taxe de séjour. Ouvert toute l'année.

LOISIRS ACCUEIL-SERVICE RESERVATION - BP 59 - 62930 WIMEREUX
Tél. : 03 21 10 34 40 - Fax : 03 21 30 04 81 - Email : hebergements@pas-de-calais.com

| JUIL./AOUT | JUIN/SEPT. | HORS SAIS. | WEEK-END |
|---|---|---|---|
| 304 | 304 | 304 | 153 |

| | | | | | | |
|---|---|---|---|---|---|---|
| 35 | SP | 35 | 22 | SP | 10 | SP | SP |

## N° 918 — LACRES — La Verte Voie

**NN** — 6 pers.

Montreuil-sur-mer 17 km. Boulogne-sur-mer 20 km. Maison individuelle, R.D.C + étage. Terrain clos privatif, cour, terrasse. Cuisine indépendante, salon, salle à manger. 3 chambres (1 lit 2 pers., 4 lits 1 pers., 1 lit bébé), salle de bains avec wc, 1 wc séparé. En dehors du village. Ouvert toute l'année.

Anne DESENCLOS - R.N 1 - 62830 LACRES
Tél. : 03 21 33 52 11 - 06 62 04 15 57

| JUIL./AOUT | JUIN/SEPT. | HORS SAIS. | WEEK-END |
|---|---|---|---|
| 350 | 320 | 320 | 100 |

| | | | | | | |
|---|---|---|---|---|---|---|
| 8 | 4 | 8 | 10 | 5 | 15 | 12 | 5 |

## N° 934 — LIETTRES

**NN** — 5 pers.

Liettres 15 km. Thérouanne 8 km. Maison individuelle, R.D.C + étage. Terrain clos privatif, cour, terrasse. Séjour/coin-cuisine, salon. 2 chambres (1 lit 2 pers., 3 lits 1 pers.), salle d'eau, wc séparés. Au centre du village. Gîte au moulin. Location de draps. Location de poneys. VTT sur place. Hébergement chevaux sur place en box ou en pature. Ouvert toute l'année. A 26, sortie n° 4 puis D.341.

José TAILLANDIE - 21 rue du moulin - 62145 LIETTRES
Tél. : 03 21 38 48 72

| JUIL./AOUT | JUIN/SEPT. | HORS SAIS. | WEEK-END |
|---|---|---|---|
| 260 | 260 | 240 | 92 |

| | | | | | |
|---|---|---|---|---|---|
| 50 | SP | 10 | 5 | 5 | 6 | 2 |

## N° 900 — LOISON-SUR-CREQUOISE

**NN** — 2 pers.

Hesdin et Montreuil-sur-mer 12 km. Beaurainville 2,5 km. Même maison que les propriétaires, au 1er étage. Terrain clos commun, garage. Séjour/coin-cuisine, salon. 1 chambre (2 lits 1 pers.), salle d'eau avec wc. A l'entrée du village. Caution, location de draps. Ouvert toute l'année.

DAMMARETZ - 53 rue principale - 62990 LOISON-SUR-CREQUOISE
Tél. : 03 21 81 83 94 - 03 21 86 33 73

| JUIL./AOUT | JUIN/SEPT. | HORS SAIS. | WEEK-END |
|---|---|---|---|
| 222 | 183 | 183 | 92 |

| | | | | | | |
|---|---|---|---|---|---|---|
| 30 | SP | 30 | 12 | 12 | 2 | SP | 3 | 3 |

# PAS DE CALAIS - 62

## N° 924809 LUMBRES — Hameau du Val de Lumbres

NN  4 pers.

St-Omer 11 km. Boulogne-sur-mer 45 km. Maison mitoyenne à d'autres batiments, au R.D.C. Cour, terrasse. Séjour/coin-cuisine, salon. 2 chambres (1 lit 2 pers., 2 lits 1 pers.), salle d'eau, wc séparé. En dehors du village. Caution, location de draps, linge de toilette. Ouvert toute l'année.

LOISIRS ACCUEIL-SERVICE RESERVATION - BP 79 - 62930 WIMEREUX
Tél. : 03 21 10 34 40 - Fax : 03 21 30 04 81 - Email : hebergements@pas-de-calais.com

| JUIL./AOUT | JUIN/SEPT. | HORS SAIS. | WEEK-END |  | | | | | | | | |
|---|---|---|---|---|---|---|---|---|---|---|---|---|
| 260 | 245 | 221 | 100 |  | 40 | 40 | 3 | 3 | SP | SP | 10 | 3 |

## N° 662B MANINGHEN-HENNE

NN  6 pers.

Wimereux 3 km. Boulogne 9 km. Maison individuelle, R.D.C + étage. Parking 2 places, cour. Séjour, coin-cuisine, salon. 3 chambres (2 lits 2 pers., 2 lits 1 pers., 1 lit bébé), salle d'eau, wc séparés. Au centre du village. Caution, location de draps. Bois en supplément. Ouvert toute l'année.

Michel LOISEL-BOTTE - 235 rue Durieux - 62250 MANINGHEN-HENNE
Tél. : 03 21 87 22 96

| JUIL./AOUT | JUIN/SEPT. | HORS SAIS. | WEEK-END |  | | | | | | | | |
|---|---|---|---|---|---|---|---|---|---|---|---|---|
| 400 | 400 | 300 | 140 |  | 3 | 1 | 3 | 9 | SP | 3 | SP | 3 | 3 |

## N° 906A MARQUISE — La Fontaine Bleue

NN  4 pers.

Boulogne-sur-mer 11 km. Wissant 8 km. Maison mitoyenne aux propriétaires, comprenant 2 gîtes de 60 m2. R.D.C + étage. Terrasse, terrain clos privatif, cuisine indépendante, salon + salle à manger. 2 chambres (2 lits 2 pers.), 2 salles d'eau, wc séparés. Poss. lit bébé. Au centre du village. Micro-ondes. Caution. Location draps. Parking privatif. Ouvert toute l'année. A 16, sortie Marquise, direction Rinxent - D.191.

Philippe ANDRIEUX - 105 rue Jean Jaurès - 62250 MARQUISE
Tél. : 03 21 91 96 49 - Email : christine.and@voila.fr

| JUIL./AOUT | JUIN/SEPT. | HORS SAIS. | WEEK-END |  | | | | | | | | |
|---|---|---|---|---|---|---|---|---|---|---|---|---|
| 310 | 280 | 260 | 110 |  | 9 | 2 | 12 | 12 | 1 | 2 | SP | SP | SP |

## N° 906B MARQUISE — La Fontaine Bleue

NN  5 pers.

Boulogne-sur-mer 11 km. Wissant 8 km. Maison mitoyenne aux propriétaires, comprenant 2 gîtes de 60 m2. Cour, terrasse, terrain clos privatif, cuisine indépendante, salon, salle à manger. 2 chambres (1 lit 2 pers., 3 lits 1 pers.), salle d'eau, wc séparés. Parking privatif. Equipement bébé. Au centre du village. Micro-ondes. Caution. Location draps. Ouvert toute l'année. A 16, sortie Marquise, direction Rinxent - D.191.

Philippe ANDRIEUX - 105 rue Jean Jaurès - 62250 MARQUISE
Tél. : 03 21 91 96 49 - Email : christine.and@voila.fr

| JUIL./AOUT | JUIN/SEPT. | HORS SAIS. | WEEK-END |  | | | | | | | | |
|---|---|---|---|---|---|---|---|---|---|---|---|---|
| 330 | 300 | 280 | 120 |  | 9 | 2 | 12 | 12 | 1 | 2 | SP | SP | SP |

## N° 938952 MARQUISE — Les Clahaudes

NN  7 pers.

Marquise 1 km. Boulogne-sur-mer 17 km. Maison individuelle, R.D.C + étage. Terrain non clos privatif, cour. Cuisine indépendante, salon, salle à manger. 3 chambres (2 lits 2 pers., 3 lits 1 pers.), 1 salle de bains, 1 salle d'eau, 2 wc séparés. En dehors du village. Caution, location draps. Ouvert toute l'année.

LOISIRS ACCUEIL-SERVICE RESERVATION - BP 79 - 62930 WIMEREUX
Tél. : 03 21 10 34 40 - Fax : 03 21 30 04 81 - Email : hebergements@pas-de-calais.com

| JUIL./AOUT | JUIN/SEPT. | HORS SAIS. | WEEK-END |  | | | | | | | |
|---|---|---|---|---|---|---|---|---|---|---|---|
| 440 | 420 | 380 | 180 |  | 9 | 9 | 17 | 1 | 2 | SP | 1 |

## N° 898917 RETY — Les Iris

NN  4 pers.

Marquise 4 km. Boulogne-sur-mer 14 km. Maison comportant 2 gîtes. Terrain clos de 6000 m2 commun. Parking. Séjour/coin-cuisine, coin-salon. 2 chambres (1 lit 2 pers., 2 lits 1 pers.), salle d'eau, wc séparés. Hors du village, verger, potager, étang avec coin-plage aménagé. Caution, location de draps. Ouvert toute l'année.

LOISIRS ACCUEIL-SERVICE RESERVATION - BP 79 - 62930 WIMEREUX
Tél. : 03 21 10 34 40 - Fax : 03 21 30 04 81 - Email : hebergements@pas-de-calais.com

| JUIL./AOUT | JUIN/SEPT. | HORS SAIS. | WEEK-END |  | | | | | | | | |
|---|---|---|---|---|---|---|---|---|---|---|---|---|
| 336 | 336 | 275 | 138 |  | 12 | SP | 12 | 14 | 4 | 3 | SP | 4 | 3 |

# PAS DE CALAIS - 62

## N° 898918 RETY — Les Iris

**NN — 4 pers.**

Marquise 4 km. Boulogne-sur-mer 14 km. Maison comportant 2 gîtes. Terrain clos de 6000 m2 commun. Parking. Séjour/coin-cuisine, coin-salon. 2 chambres (1 lit 2 pers., 2 lits 1 pers.), salle d'eau, wc séparés. Hors du village, verger, potager, étang avec coin-plage aménagé. Caution, location de draps. Ouvert toute l'année.

LOISIRS ACCUEIL-SERVICE RESERVATION - BP 79 - 62930 WIMEREUX
Tél. : 03 21 10 34 40 - Fax : 03 21 30 04 81 - Email : hebergements@pas-de-calais.com

| JUIL./AOUT | JUIN/SEPT. | HORS SAIS. | WEEK-END |
|---|---|---|---|
| 336 | 336 | 275 | 138 |

| | | | | | | | |
|---|---|---|---|---|---|---|---|
| 12 | SP | 12 | 14 | 4 | 3 | 4 | 3 |

## N° 922 SANGATTE

**NN — 6 pers.**

Boulogne-sur-mer 20 km. Calais 6 km. Maison individuelle, R.D.C + étage. Terrain clos privatif, cour, véranda ouverte. Cuisine, salon/salle à manger. 3 chambres (2 lits 2 pers., 2 lits 1 pers.), salle de bains, wc séparés, salle d'eau avec wc. En dehors du village. Caution. Ouvert toute l'année.

Benoit et Caroline CARON - Chemin de Leulène - 62231 SANGATTE
Tél. : 03 21 85 16 75

| JUIL./AOUT | JUIN/SEPT. | HORS SAIS. | WEEK-END |
|---|---|---|---|
| 520 | 485 | 460 | 275 |

| | | | | | | |
|---|---|---|---|---|---|---|
| SP | SP | 5 | SP | SP | 4 | 2 |

## N° 940 STE-CECILE-PLAGE

**NN — 4 pers.**

Etaples 7 km. Le Touquet 12 km. Boulogne-sur-mer 25 km. Maison individuelle en R.D.C. Terrain clos privatif, cour non-fermée devant, terrasse. Séjour/coin-cuisine, coin-salon, 2 chambres (1 lit 2 pers., 2 lits 1 pers.), salle d'eau, wc séparés. Au centre du village. Caution, location de draps. Ouvert toute l'année. A 16, sortie Mardelot/Ste Cécile direction la plage.

SPYCHALA-LOLLI - 175 avenue des Eglantines - 62176 STE-CECILE-PLAGE
Tél. : 03 21 94 70 29 - 06 71 84 71 27

| JUIL./AOUT | JUIN/SEPT. | HORS SAIS. | WEEK-END |
|---|---|---|---|
| 400 | 275 | 275 | 120 |

| | | | | | | | |
|---|---|---|---|---|---|---|---|
| SP | SP | SP | 7 | SP | 7 | 3 | SP |

## N° 932A VERTON — Les Saules

**NN — 8 pers.**

Berck 4 km. Le Touquet 15 km. Maison comprenant 2 gîtes, R.D.C + étage. Terrain clos privatif, terrasse. Séjour, coin-cuisine, salon. 3 ch. (2 lits 2 pers., 4 lits 1 pers.), 1 salle de bains, 1 salle d'eau, 2 wc séparés. En limite de village. 1 lit bébé + nécessaire bébé à disposition jusque 3 ans. Caution, location de draps. Ouvert toute l'année. A 16, sortie Berck.

HENON - 10 rue des peupliers - 62180 VERTON
Tél. : 03 21 89 59 70

| JUIL./AOUT | JUIN/SEPT. | HORS SAIS. | WEEK-END |
|---|---|---|---|
| 410 | 410 | 380 | 180 |

| | | | | | | |
|---|---|---|---|---|---|---|
| 4 | 2 | 4 | 4 | 4 | SP | 2 | 1 |

## N° 932B VERTON — Le Pommier

**NN — 8 pers.**

Berck 4 km. Le Touquet 15 km. Maison comprenant 2 gîtes, R.D.C + étage. Terrain clos privatif, terrasse. Séjour, coin-cuisine, salon. 3 ch. (2 lits 2 pers., 4 lits 1 pers.), 1 salle de bains, 1 salle d'eau, 2 wc séparés. En limite de village. Caution, location de draps. Ouvert toute l'année. A 16, sortie Berck.

HENON - 10 rue des peupliers - 62180 VERTON
Tél. : 03 21 89 59 70

| JUIL./AOUT | JUIN/SEPT. | HORS SAIS. | WEEK-END |
|---|---|---|---|
| 410 | 410 | 380 | 180 |

| | | | | | | |
|---|---|---|---|---|---|---|
| 4 | 2 | 4 | 4 | 4 | SP | 2 | 1 |

## N° 908807 WAMIN

**NN — 10 pers.**

Hesdin 5 km. Fruges 15 km. Maison individuelle, R.D.C + étage. Terrain clos privatif, terrasse, cour, garage. Séjour/coin-cuisine, salon. 6 chambres (2 lits 2 pers., 6 lits 1 pers.), 1 salle de bains au R.D.C, salle d'eau à l'étage, 2 wc dont 1 à l'étage. Au centre du village. Caution, location de draps. Ouvert toute l'année.

LOISIRS ACCUEIL-SERVICE RESERVATION - BP 79 - 62930 WIMEREUX
Tél. : 03 21 10 34 40 - Fax : 03 21 30 04 81 - Email : hebergements@pas-de-calais.com

| JUIL./AOUT | JUIN/SEPT. | HORS SAIS. | WEEK-END |
|---|---|---|---|
| 450 | 400 | 400 | 180 |

| | | | | | | |
|---|---|---|---|---|---|---|
| 45 | 5 | 45 | 30 | 5 | 10 | SP | 5 | 5 |

## PAS DE CALAIS - 62

### N° 904909  WIMILLE

NN  4 pers.

Boulogne-sur-mer 5 km. Wimereux 2 km. Maison mitoyenne à d'autres bâtiments, R.D.C + étage. Terrain non clos, cour, terrasse. Séjour/coin-cuisine, salon. 2 chambres (1 lit 2 pers., 2 lits superposés), salle d'eau, wc séparés. En dehors du village. Caution, location de draps. Ouvert toute l'année. A 16, sortie n° 3, direction Wimille.

LOISIRS ACCUEIL-SERVICE RESERVATION - BP 79 - 62930 WIMEREUX
Tél. : 03 21 10 34 40 - Fax : 03 21 30 04 81 - Email : hebergements@pas-de-calais.com

| JUIL/AOUT | JUIN/SEPT. | HORS SAIS. | WEEK-END |
|---|---|---|---|
| 305 | 275 | 244 | 122 |

| | | | | | | | | |
|---|---|---|---|---|---|---|---|---|
| 1 | 5 | 5 | 5 | 3 | 2 | SP | 2 | 1 |

### N° 846912  WIRWIGNES

NN  7 pers.

Desvres 10 km. Boulogne-sur-mer 15 km. Maison mitoyenne à d'autres batiments, R.D.C + étage. Terrain non-clos commun, terrasse. Cuisine indépendante, salon, salle à manger. 3 chambres (3 lits 2 pers., 1 lit 1 pers.), salle de bains, salle d'eau, 2 wc séparés. En dehors du village. Sèche-linge. Caution. Ouvert toute l'année.

LOISIRS ACCUEIL-SERVICE RESERVATION - BP 79 - 62930 WIMEREUX
Tél. : 03 21 10 34 40 - Fax : 03 21 30 04 81 - Email : hebergements@pas-de-calais.com

| JUIL/AOUT | JUIN/SEPT. | HORS SAIS. | WEEK-END |
|---|---|---|---|
| 535 | 455 | 425 | 290 |

| | | | | | | | |
|---|---|---|---|---|---|---|---|
| 15 | 15 | 10 | 5 | SP | 15 | 10 | |

### N° 920  WISSANT — Gîte du Camps de César 4

NN  3 pers.

Boulogne-sur-mer 20 km. Calais 20 km. Maison mitoyenne à d'autres batiments, R.D.C + étage. Terrain non-clos commun. Coin-cuisien avec espace repas et coin-salon. 1 ch (1 lit 2 pers., 1 lit 1 pers.), salle d'eau, wc séparés. Au centre du village. Poss.TV en location. Caution, location draps. Ouvert toute l'année.

Patrick QUENU - 4 route de Calais - 62179 WISSANT
Tél. : 03 21 35 78 63 - Fax : 03 21 35 78 63 - Email : quenu.patrick@wanadoo.fr

| JUIL/AOUT | JUIN/SEPT. | HORS SAIS. | WEEK-END |
|---|---|---|---|
| 320 | 250 | 250 | 122 |

| | | | | | | | |
|---|---|---|---|---|---|---|---|
| SP | SP | SP | 20 | 4 | SP | 15 | 10 | SP |

**NORD - PAS-DE-CALAIS**

Pictos voir p. 12

337

# NORMANDIE

## Pour réserver, écrire ou téléphoner :

### 14 - CALVADOS
GITES DE FRANCE - Service Réservation
6, promenade Madame de Sévigné
14050 CAEN Cédex 4
Tél. 02 31 82 71 65 - Fax. 02 31 83 57 64
E.mail : info@gites-de-france-calvados.fr
www.gites-de-france-calvados.fr

### 27 - EURE
GITES DE FRANCE - Service Réservation
9, rue de la Petite Cité - B.P. 882
27008 EVREUX Cédex
Tél. 02 32 39 53 38 - Fax. 02 32 33 78 13
E.mail : gites@eure.chambagri.fr
www.gites-de-france-eure.com

### 50 - MANCHE
GITES DE FRANCE - Service Réservation
Maison du Département - Rond-Point de la Liberté
50008 SAINT-LÔ Cédex
Tél. 02 33 56 28 80 - Fax. 02 33 56 07 03
E.mail : mancheresa@cg50.fr
www.manche-locationvacances.com

### 61 - ORNE
GITES DE FRANCE - Service Réservation
O.T.R. - 86, rue Saint-Blaise - B.P. 50
61002 ALENCON Cédex
Tél. 02 33 28 07 00 ou 02 33 28 88 71
Fax. 02 33 29 01 01
E.mail : info@ornetourisme.com
www.gites-de-france.fr

### 76 - SEINE-MARITIME
GITES DE FRANCE - Service Réservation
Immeuble Chambre d'Agriculture
Chemin de la Bretèque - B.P. 59
76232 BOIS-GUILLAUME Cédex
Tél. 02 35 60 73 34 - Fax. 02 35 61 69 20
E.mail : info@gitesdefrance76.com
www.gites-normandie-76.com

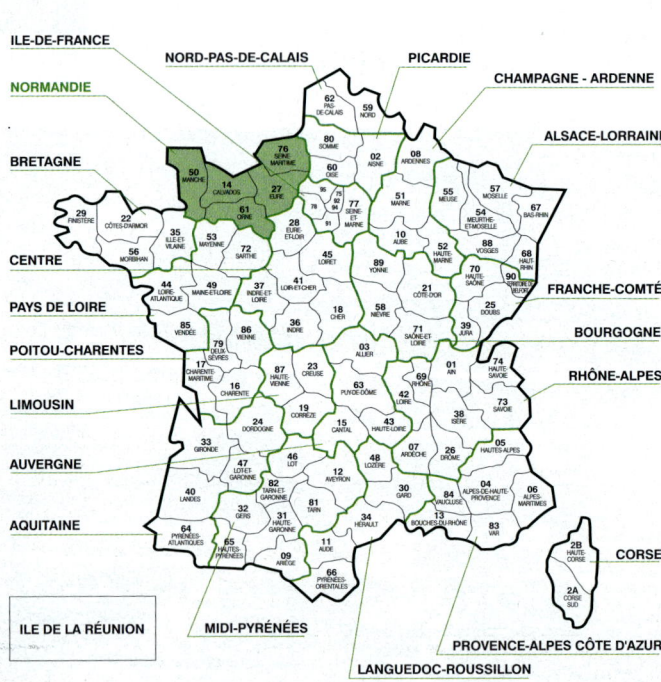

# CALVADOS - 14

**GITES DE FRANCE - Service Réservation**
6, promenade Madame de Sévigné - 14050 CAEN Cédex 4
Tél. 02 31 82 71 65 - Fax. 02 31 83 57 64
E.mail : info@gites-de-france-calvados.fr
www.gites-de-france-calvados.fr

3615 Gîtes de France
RESA - 0,2 €/mn

## PERIODES TARIFAIRES
**HAUTE SAISON :** du 3.07 au 28.08 - **MOYENNE-SAISON :** du 3.04 au 3.07, du 28.08 au 25.09, du 22.10 au 3.11 et du 20.12 au 5.01 - **BASSE SAISON :** autres périodes - **WEEK-END :** 2 jours/2 nuits

---

### N° 1561 — AUDRIEU
NN — 2 pers.

CM 231 pli 17

Plages d'Omaha et Côte de Nacre 20 mn. Gîte mitoyen à l'habitation du propriétaire, de plain-pied. Cuisine avec coin-repas, 1 chambre (1 lit 2 pers.) avec coin-salon, salle d'eau, wc. Chauffage électrique. Terrain avec terrasse. Ce petit gîte confortable et clair bénéficie d'une situation idéale pour découvrir les villes de Bayeux et Caen. Parcours touristique de 11 km au départ d'Andrieu. Ouvert de mars à novembre.

GITES DE FRANCE-SERVICE RESERVATION - 6 Promenade Madame de Sévigné - 14050 CAEN Cedex 4
Tél : 02 31 82 71 65 - Fax : 02 31 83 57 64 - Email : info@gites-de-france-calvados.fr - www.gites-de-france-calvados.fr

| HTE SAIS. | MOY. SAIS. | BASSE SAIS. | WEEK-END | MID-WEEK |
|---|---|---|---|---|
| 280 | 235 | 210 | 135 | 135 |

| | | | | | | | | | |
|---|---|---|---|---|---|---|---|---|---|
| 16 | 15 | 8 | 8 | 5 | 10 | 5 | 0,5 | 8 | 0,5 |

---

### N° 1546 — BENOUVILLE
NN — 6 pers.

CM 231 pli 18

Maison indépendante dans la propriété. R.D.C : séjour, coin-cuisine, coin-salon avec canapés et fauteuils, salle d'eau, wc. Etage : mezzanine avec coin-salon et canapé, 3 chambres (1 lit 2 pers., 3 lits 1 pers., 1 lit 1 pers. gigogne). Chauffage électrique. Jardin clos. Cette jolie maison très confortable et spacieuse bénéficie d'un agréable jardin. Par le chemin de halage à 100 m du gîte, vous pourrez rejoindre Ouistreham à vélo en toute tranquillité. Ouvert toute l'année.

Gérard et M-José ANDRE - 14 rue du Bac du Port - 14970 BENOUVILLE
Tél : 02 31 44 43 64 - 06 86 36 15 45

| HTE SAIS. | MOY. SAIS. | BASSE SAIS. | WEEK-END | MID-WEEK |
|---|---|---|---|---|
| 550 | 400 | 320 | 180 | 180 |

| | | | | | | | | | |
|---|---|---|---|---|---|---|---|---|---|
| 4 | 4 | 7 | 5 | 5 | 0,1 | 1 | 13 | 1 | |

---

### N° 1601 — BENY-SUR-MER
NN — 4 pers.

Dans la propriété, gîte indépendant mitoyen à un bâtiment inoccupé. R.D.C : salon avec canapé-lit (2 pers.) et fauteuils. Etage en rez-de-jardin : séjour coin-cuisine, 1 chambre (2 lits jumeaux 80 cm), salle de bains, wc. Chauffage électrique. Grand terrain commun. Lits faits à l'arrivée. Situé dans une belle propriété, ce gîte bien équipé vous permettra de profiter pleinement des richesses du Bessin et des plaisirs de la Côte de Nacre. Ouvert de Pâques à la Toussaint.

Bruno et Sabine DESTORS - 4 rte de Courseulles - 14440 BENY-SUR-MER
Tél : 02 31 80 08 79 - Fax : 02 31 08 06 83

| HTE SAIS. | MOY. SAIS. | BASSE SAIS. | WEEK-END | MID-WEEK |
|---|---|---|---|---|
| 300 | 240 | 190 | 140 | 140 |

| | | | | | | | | |
|---|---|---|---|---|---|---|---|---|
| 4 | 4 | 4 | 5 | 4 | 4 | 4 | 15 | 4 |

---

### N° 1585 — BLAY — Le Lieu Vaillant
NN — 4 pers.

CM 231 pli 16

Plages du Débarquement et centre ville historique de Bayeux 10 mn. Gîte du Lieu-Vaillant. Gîte mitoyen à l'hab. du propriétaire. R.D.C : séjour/coin-cuisine avec canapé, fauteuils. Etage : 2 chambres (1 lit 2 pers., 2 lits 1 pers.), salle d'eau, wc. Chauffage électrique. Jardin clos indépendant. Cette très jolie maison en pierres typique du Bessin bénéficie d'un environnement calme et soigné. L'aménagement intérieur très confortable allie authenticité et ambiance chaleureuse. Ouvert toute l'année.

GITES DE FRANCE-SERVICE RESERVATION - 6 Promenade Madame de Sévigné - 14050 CAEN Cedex 4
Tél : 02 31 82 71 65 - Fax : 02 31 83 57 64 - Email : info@gites-de-france-calvados.fr - www.gites-de-france-calvados.fr

| HTE SAIS. | MOY. SAIS. | BASSE SAIS. | WEEK-END | MID-WEEK |
|---|---|---|---|---|
| 440 | 270 | 220 | 150 | 150 |

| | | | | | | | | |
|---|---|---|---|---|---|---|---|---|
| 9 | 9 | 12 | 6 | 2 | 5 | 0,5 | 10 | 6 | 6 |

---

### N° 1572 — BOISSEY
NN — 6 pers.

CM 231

Maison indépendante. R.D.C : cuisine, salle à manger, salon (canapé, fauteuils), 1 chambre (1 lit 2 pers.), salle d'eau, wc. Etage : 2 chambres communicantes (4 lits 1 pers.). Chauffage électrique. Terrain. C'est une très jolie maison du 18è siècle en briques et colombages, d'où vous apprécierez une superbe vue sur la campagne environnante. L'intérieur est chaleureux, coquet et a conservé l'authenticité d'antan. Randonnées sur place. Ouvert de mars à décembre.

GITES DE FRANCE-SERVICE RESERVATION - 6 Promenade Madame de Sévigné - 14050 CAEN Cedex 4
Tél : 02 31 82 71 65 - Fax : 02 31 83 57 64 - Email : info@gites-de-france-calvados.fr - www.gites-de-france-calvados.fr

| HTE SAIS. | MOY. SAIS. | BASSE SAIS. |
|---|---|---|
| 385 | 275 | 240 |

| | | | | | | | |
|---|---|---|---|---|---|---|---|
| 40 | 21 | 6 | 6 | SP | 6 | 6 | 6 |

**NORMANDIE**

# CALVADOS - 14

*Périodes tarifaires p. 339*

## N° 1588 — BONNOEIL

**CM 231**

**NN — 7 pers.**

**Clécy et Vallée de l'Orne 5 mn.** Maison indépendante, mitoyenne à un bâtiment inoccupé. R.D.C: cuisine, séjour avec coin-salon, canapé, salle d'eau avec wc. Etage: 3 ch (1 lit 2 pers., 5 lits 1 pers.), salle de bains, wc. Chauffage central. Terrain. Située dans un petit village typique au coeur de la suisse Normande, cette jolie maison en pierres parfaitement rénovée vous garantit confort et calme. Ouvert toute l'année.

GITES DE FRANCE-SERVICE RESERVATION — 6 Promenade Madame de Sévigné — 14050 CAEN Cedex 4
Tél. : 02 31 82 71 65 - Fax : 02 31 83 57 64 - Email : info@gites-de-france-calvados.fr - www.gites-de-france-calvados.fr

| HTE SAIS. | MOY. SAIS. | BASSE SAIS. | WEEK-END | MID-WEEK |
|---|---|---|---|---|
| 380 | 270 | 210 | 130 | 130 |

| | | | | | | | | | |
|---|---|---|---|---|---|---|---|---|---|
| 42 | 42 | 10 | 2 | 6 | 5 | 2 | 10 | 30 | 10 |

## N° 1597 — CAIRON

**NN — 4 pers.**

**La Camarguisa.** Dans une propriété, gîte mitoyen à un bâtiment. Entrée en R.D.C surélevé: séjour avec coin-cuisine, coin-salon (canapé). En rez-de-jardin : 2 chambres (1 lit 2 pers., 2 lits 1 pers.), salle d'eau, wc. Chauffage électrique. Lave-linge commun. Grand jardin clos. C'est un gîte lumineux et aménagé avec goût. La propriété est bordée par une petite rivière, la Mue. A proximité de Caen et de Courseulles sur Mer (station balnéaire). Ouvert toute l'année.

GITES DE FRANCE-SERVICE RESERVATION — 6 Promenade Madame de Sévigné — 14050 CAEN Cedex 4
Tél. : 02 31 82 71 65 - Fax : 02 31 83 57 64 - Email : info@gites-de-france-calvados.fr - www.gites-de-france-calvados.fr

| HTE SAIS. | MOY. SAIS. | BASSE SAIS. | WEEK-END |
|---|---|---|---|
| 380 | 305 | 250 | 185 |

| | | | | | | | | |
|---|---|---|---|---|---|---|---|---|
| 10 | 10 | 10 | 4 | 2 | SP | 2 | 10 | 0,7 |

## N° 1575 — CAMBREMER — Le Clos Ste Anne

**NN — 4 pers.**

**Le Pressoir.** Maison indépendante dans la propriété comprenant 1 autre gîte. R.D.C: séjour, fauteuils et canapé, cuisine à l'américaine avec coin-repas. Etage: 2 chambres (1 lit 2 pers., 2 lits 1 pers.), salle d'eau avec wc. Chauffage central. Terrain arboré. Le gîte est aménagé dans le cellier et le grenier à pommes d'un ancien pressoir à colombages, entièrement rénové. Son intérieur authentique avec poutres et cheminée est très confortable et chaleureux. Il est entouré d'un parc et d'un très bel environnement. Ouvert toute l'année.

Jacques et Eliane FRANCOIS - Le clos-Ste-Anne - 14340 CAMBREMER
Tél. : 02 31 63 04 20 - Fax : 02 31 63 04 20 - Email : j.francois8@libertysurf.fr

| HTE SAIS. | MOY. SAIS. | BASSE SAIS. | WEEK-END | MID-WEEK |
|---|---|---|---|---|
| 405 | 280 | 250 | 185 | 185 |

| | | | | | | | |
|---|---|---|---|---|---|---|---|
| 22 | 22 | 17 | 7 | 4 | SP | 17 | 4 |

## N° 1604 — CAMPAGNOLLES — La Blanchardière

**NN — 6 pers.**

Gîte indépendant. R.D.C: séjour avec coin-salon (canapés, fauteuils), cuisine, véranda, salle d'eau, wc. Etage: 3 chambres (2 lits 2 pers., 2 lits 1 pers.). Chauffage électrique. Grand jardin clos. C'est une chaumière avec une véranda d'été bien orientée, un grand séjour avec une cheminée en granit. Terrain de boules. Vous découvrirez la superbe région du Bocage (Gorges de la Vire, saut à l'élastique, lac de la Dathée...). Ouvert toute l'année.

Noel et Jocelyne TURPIN - Les Broderies - 14380 ST-SEVER
Tél. : 02 31 68 93 00 - Fax : 02 31 67 81 80 - Email : noel.turpin@wanadoo.fr

| HTE SAIS. | MOY. SAIS. | BASSE SAIS. | WEEK-END | MID-WEEK |
|---|---|---|---|---|
| 350 | 245 | 230 | 135 | 135 |

| | | | | | | | |
|---|---|---|---|---|---|---|---|
| 60 | 60 | 7 | 8 | 9 | 2 | 8 | 8 | 8 |

## N° 1582 — CANTELOUP — Le Champ Roger

**CM 231**

**NN — 9 pers.**

Maison indépendante. R.D.C: séjour avec coin-salon, canapés, cuisine intégrée, 1 ch (2 lits 1 pers. jumeaux), salle d'eau avec wc, wc. Etage: 3 ch (1 lit 2 pers., 2 lits 1 pers. jumeaux, 3 lits 1 pers.), salle d'eau, salle de bains, wc. Chauf. central. Sèche-linge. Terrain avec terrasse. Equipement bébé. Dans une très belle propriété, cette ancienne grange en colombages a été parfaitement restaurée avec goût et personnalité. Le séjour clair et spacieux s'organise autour de la cheminée. Le charme, l'authenticité et le grand confort contribueront à la réussite de votre séjour. Ouvert toute l'année.

Sophie DE GIBON - Le Champ Roger - 14370 CANTELOUP
Tél. : 02 31 23 41 37 - 06 08 84 48 68 - Email : ldegibon@club-internet.fr

| HTE SAIS. | MOY. SAIS. | BASSE SAIS. | WEEK-END | MID-WEEK |
|---|---|---|---|---|
| 795 | 556 | 450 | 295 | 295 |

| | | | | | | | |
|---|---|---|---|---|---|---|---|
| 18 | 18 | 18 | 0,5 | 4 | 4 | 4 | 16 | 4 |

## N° 1578 — COLLEVILLE-SUR-MER

**CM 231 pli 16**

**NN — 4 pers.**

**Plage 5 mn. Le Verger.** Maison indépendante. R.D.C: séjour, coin-salon, canapé, cuisine, véranda, wc, salle d'eau, 1 chambre (1 lit 2 pers.). Etage: 1 chambre mansardée (1 lit 2 pers.), lit bébé. Chauffage électrique. Terrain clos. Cette maison traditionnelle du Bessin est exposée plein sud avec sa véranda, face à un verger cidricole, au calme. Ouvert toute l'année.

Guy et Fabienne LEMAIRE - Boulevard du Six juin - 14400 BAYEUX
Tél. : 02 31 21 20 52 - 06 83 79 32 21

| HTE SAIS. | MOY. SAIS. | BASSE SAIS. |
|---|---|---|
| 410 | 290 | 246 |

| | | | | | | | |
|---|---|---|---|---|---|---|---|
| 2 | 2 | 15 | 15 | 7 | 7 | SP | 3 | 15 | 7 |

# CALVADOS - 14

Périodes tarifaires p. 339

## N° 1606 — CRESSERONS

NN — 4 pers.

Plages de sables. Côte de Nacre. Centre de Caen 5 mn. Maison indépendante, mitoyenne au garage des propriétaires. R.D.C : séjour avec cuisine équipée et espace salon avec canapés. Etage: 2 chambres (1 lit 2 pers., 2 lits 1 pers. superposés), salle d'eau avec wc. Chauffage central. Lave-linge commun. Terrain clos. Au coeur d'ancien hameau aux maisons typique en pierre, ce gîte confortable est idéalement situé à 5 mn des plages de sable de la côte de Nacre. Ouvert toute l'année.

GITES DE FRANCE-SERVICE RESERVATION - 6 Promenade Madame de Sévigné - 14050 CAEN Cedex 4
Tél. : 02 31 82 71 65 - Fax: 02 31 83 57 64 - Email : info@gites-de-france-calvados.fr - www.gites-de-france-calvados.fr

| HTE SAIS. | MOY. SAIS. | BASSE SAIS. | WEEK-END | MID-WEEK | | | | | | | | | | |
|---|---|---|---|---|---|---|---|---|---|---|---|---|---|---|
| 480 | 335 | 290 | 170 | 170 | 5 | 3 | 5 | 5 | 4 | 8 | 1 | 1,5 | 15 | 5 |

## N° 1583 — ESSON — La Folie

NN — 6 pers.

Gîte mitoyen à deux autres gîtes.R.D.C: séjour,coin-salon,canapé et fauteuil,coin-cuisine, wc. Etage: 2 chambres (2 lits 2 pers., 2 lits 1 pers. superposés),salle de bains,wc. Chauffage électrique. Terrain clos. La salle de séjour du gîte bénéficie d'une grande baie permettant de profiter d'une vue exceptionnelle sur la Vallée de l'Orne. Belles promenades à proximité. Ouvert de juin à septembre.

GITES DE FRANCE-SERVICE RESERVATION - 6 Promenade Madame de Sévigné - 14050 CAEN Cedex 4
Tél. : 02 31 82 71 65 - Fax: 02 31 83 57 64 - Email : info@gites-de-france-calvados.fr - www.gites-de-france-calvados.fr

| HTE SAIS. | MOY. SAIS. | BASSE SAIS. | WEEK-END | | | | | | | |
|---|---|---|---|---|---|---|---|---|---|---|
| 350 | 240 | 210 | 180 | 45 | 3 | 5 | SP | 0,5 | 30 | 3 |

## N° 1568 — ESTRY — Le Coudray

CM 231 pli 28

NN — 7 pers.

Site de la Souleuvre et Gorges de la Vire 10 mn. Gîte indépendant. R.D.C: séjour avec coin-cuisine, salon avec canapés, salle d'eau avec wc. Etage: 3 chambres (2 lits 2 pers., 3 lits 1 pers., lit bébé), salle de bains, wc. Chauffage central. Sèche-linge. Terrain clos. Garage. Ce gîte très confortable parfaitement rénové dans une maison traditionnelle en granit est idéalement situé pour découvrir le Bocage virois. Ouvert toute l'année.

GITES DE FRANCE-SERVICE RESERVATION - 6 Promenade Madame de Sévigné - 14050 CAEN Cedex 4
Tél. : 02 31 82 71 65 - Fax: 02 31 83 57 64 - Email : info@gites-de-france-calvados.fr - www.gites-de-france-calvados.fr

| HTE SAIS. | MOY. SAIS. | BASSE SAIS. | | | | | | | | |
|---|---|---|---|---|---|---|---|---|---|---|
| 395 | 270 | 230 | 60 | 60 | 15 | 10 | 10 | 17 | 5 | 10 | 12 | 0,3 |

## N° 1562 — FONTAINE-HENRY — Le Château

CM 231 pli 17

NN — 4 pers.

Couseulles-sur-mer 5 mn. Gîte indépendant mitoyen des boxes inoccupés, dans le parc du Château. R.D.C: séjour, coin-cuisine, coin-salon avec canapé, fauteuils et cheminée, wc. Etage: 2 chambres (1 lit 2 pers., 2 lits 1 pers. superposés, 1 lit bébé), salle d'eau avec wc. Chauffage électrique. Terrrain clos. Situé dans le parc du Château (superbe ensemble architectural de la Renaissance), ce gîte vous séduira par sa décoration. Vous vous approprierez avec plaisir cet intérieur raffiné et confortable. Accueil cavaliers. Ouvert toute l'année.

GITES DE FRANCE-SERVICE RESERVATION - 6 Promenade Madame de Sévigné - 14050 CAEN Cedex 4
Tél. : 02 31 82 71 65 - Fax: 02 31 83 57 64 - Email : info@gites-de-france-calvados.fr - www.gites-de-france-calvados.fr

| HTE SAIS. | MOY. SAIS. | BASSE SAIS. | WEEK-END | MID-WEEK | | | | | | | | | |
|---|---|---|---|---|---|---|---|---|---|---|---|---|---|
| 540 | 438 | 270 | 190 | 190 | 6 | 6 | 6 | 3 | 6 | 5 | 3 | 18 | 3 |

## N° 1547 — GRANDOUET — L'Eglise

CM 231 pli 31

NN — 8 pers.

Maison comtemporaine mitoyenne à celle du propriétaire. R.D.C: entrée, cuisine, salle à manger, salon avec canapés, 1 chambre (1 lit 2 pers.), salle d'eau, wc. Etage: 2 chambres (1 lit 2 pers., 4 lits 1 pers.), salle de bains, wc. Chauffage central. TV. Jardin clos commun. Dans un cadre champêtre et vallonné, c'est un gîte bien équipé. Il se situe sur la route du cidre où vous pourrez découvrir de superbes sites (manoirs, églises, le village de Beuvron en Auge...). Ouvert toute l'année.

Luc et Séverine CORBIN - L'Eglise - Grandouet - 14340 CAMBREMER
Tél. : 02 31 63 53 40 - 06 82 39 33 14 - Fax: 02 31 63 53 40

| HTE SAIS. | MOY. SAIS. | BASSE SAIS. | WEEK-END | MID-WEEK | W-E. DETENTE | | | | | | | | |
|---|---|---|---|---|---|---|---|---|---|---|---|---|---|
| 555 | 405 | 320 | 245 | 245 | 306 | 20 | 20 | 13 | 5 | 3 | 3 | 13 | 3 |

## N° 1550 — HAMARS — Le Poirier

CM 231 pli 41

NN — 4 pers.

Marguerite. Gîte indépendant, mitoyen à l'habitation des propriétaires. R.D.C : cuisine, séjour avec coin-salon, canapé et fauteuil, salle d'eau, wc. Etage: 2 chambres (1 lit 2 pers., 2 lits 1 pers.), cabinet de toilette. Chauffage électrique. Terrain clos avec salon de jardin. Ce gîte parfaitement équipé a été rénové avec espace et clarté. Il est idéalement situé pour découvrir les charmes de la Suisse Normande et les nombreuses possibilités de loisirs de plein air. Ouvert toute l'année.

GITES DE FRANCE-SERVICE RESERVATION - 6 Promenade Madame de Sévigné - 14050 CAEN Cedex 4
Tél. : 02 31 82 71 65 - Fax: 02 31 83 57 64 - Email : info@gites-de-france-calvados.fr - www.gites-de-france-calvados.fr

| HTE SAIS. | MOY. SAIS. | BASSE SAIS. | WEEK-END | MID-WEEK | | | | | | | | |
|---|---|---|---|---|---|---|---|---|---|---|---|---|
| 330 | 230 | 190 | 140 | 140 | 40 | 40 | 7 | 4 | 7 | 7 | SP | 7 | 25 | 7 |

NORMANDIE — Pictos voir p. 12

# CALVADOS - 14

Périodes tarifaires p. 339

## N° 1598 HEURTEVENT — La Houlette

**NN — 4 pers.**

Les Ecuries. Maison indépendante dans la propriété. De plain-pied: cuisine, séjour avec coin-salon, canapé, cheminée et mezzanine, 2 chambres (1 lit 2 pers., 2 lits 1 pers. jumeaux), salle d'eau, wc. Chauffage électrique. Terrain clos. Situé sur la propriété du Manoir de la Houlette en colombages et tuileaux, au cœur d'anciennes écuries, ce gîte a été restauré avec confort et beaucoup de goût. Le site remarquable est le point de départ de nombreuses promenades en Pays d'Auge. Ouvert toute l'année.

GITES DE FRANCE-SERVICE RESERVATION – 6 Promenade Madame de Sévigné – 14050 CAEN Cedex 4
Tél.: 02 31 82 71 65 - Fax: 02 31 83 57 64 – Email: info@gites-de-france-calvados.fr – www.gites-de-france-calvados.fr

| HTE SAIS. | MOY. SAIS. | BASSE SAIS. | WEEK-END | MID-WEEK |
|---|---|---|---|---|
| 385 | 290 | 200 | 140 | 140 |

| | | | | | | | | | |
|---|---|---|---|---|---|---|---|---|---|
| 40 | 40 | 7 | 2 | 4 | 2 | 1 | 7 | 20 | 4 |

## N° 1609 LA HOGUETTE — Courcelle

**NN — 3 pers.**

Maison indépendante. R.D.C: salle de séjour avec canapé-lit (2 pers.), cuisine, salle de bains, wc. Etage: accès par escalier extérieur: 1 chambre (1 lit 2 pers., 2 lits 1 pers.). Chauffage électrique. Jardin clos. Maison située dans un cadre bucolique et paisible, avec un grand étang de pêche (carpes, truites...) privé sur place. Ouvert de juin à septembre.

GITES DE FRANCE-SERVICE RESERVATION – 6 Promenade Madame de Sévigné – 14050 CAEN Cedex 4
Tél.: 02 31 82 71 65 - Fax: 02 31 83 57 64 – Email: info@gites-de-france-calvados.fr – www.gites-de-france-calvados.fr

| HTE SAIS. | MOY. SAIS. |
|---|---|
| 380 | 305 |

| | | | | | | | | |
|---|---|---|---|---|---|---|---|---|
| 50 | 50 | 5 | 5 | 5 | SP | SP | 5 | 24 | 4 |

## N° 1557 HONFLEUR
CM 231

**NN — 6 pers.**

Gîte mitoyen à un autre gîte, proche de l'habitation du prop. R.D.C: salle de séjour avec coin-cuisine, coin-salon (canapé, fauteuils), 1 ch (1 lit 2 pers.), salle de bains avec douche et wc. Etage: 1 ch (1 lit 2 pers.), mezzanine (2 lis 1 pers.), cabinet de toilette avec wc. Chauffage électrique. Sèche-linge. Jardin. Dans une propriété spacieuse bénéficiant d'une belle vue sur le pont de Normandie, deux gîtes mitoyens. Intérieur lumineux et contemporain. Situation idéale pour visiter Honfleur. Ouvert toute l'année.

Bruno et Sophie DUPARC – 4 route Emile Renouf – 14600 HONFLEUR
Tél.: 02 31 81 67 68 - Fax: 02 31 81 67 60 – Email: ecopack@wanadoo.fr

| HTE SAIS. | MOY. SAIS. | BASSE SAIS. | WEEK-END | MID-WEEK |
|---|---|---|---|---|
| 560 | 400 | 340 | 250 | 250 |

| | | | | | | |
|---|---|---|---|---|---|---|
| 2 | 2 | 1 | 3 | 1 | 1 | 15 | 0,5 |

## N° 1558 HONFLEUR
CM 231

**NN — 4 pers.**

Gîte mitoyen à un autre gîte, proche de l'habitation des prop. Séjour avec coin-cuisine, coin-salon (canapé, fauteuils), 1 ch (1 lit 2 pers.), salle de bains avec wc. Etage: 1 petite mezzanine (2 lits 1 pers.). Chauffage électrique. Jardin. Gîte chaleureux, bien équipé, situé dans une belle propriété au cœur de Honfleur. Vous découvrirez le vieux bassin, la rue Eugène Boudin, le Mont Joli (vue remarquable). Ouvert toute l'année.

Bruno et Sophie DUPARC – 4 route Emile Renouf – 14600 HONFLEUR
Tél.: 02 31 81 67 68 - Fax: 02 31 81 67 60 – Email: ecopack@wanadoo.fr

| HTE SAIS. | MOY. SAIS. | BASSE SAIS. | WEEK-END | MID-WEEK |
|---|---|---|---|---|
| 520 | 360 | 310 | 220 | 220 |

| | | | | | | |
|---|---|---|---|---|---|---|
| 2 | 2 | 1 | 3 | 1 | 1 | 15 | 0,5 |

## N° 1590 HONFLEUR — Le Clos des Monts
CM 231

**NN — 6 pers.**

Gîte du clos des Monts. Maison indépendante. R.D.C: cuisine, séjour/coin-salon, canapé et poêle à bois, buanderie avec douche, wc. Etage: 3 ch (2 lits 2 pers., 2 lits 1 pers. superposés), salle de bains avec wc. Chauffage électrique. Terrain clos avec table de pique-nique. Charges comprises haute saison. Cette jolie maison à colombages et volets bleus vous offre un cadre privilégié de verdure et vallons. A 5 minutes du Vieux Bassin, ce gîte vous garantit calme, nature et confort. Ouvert toute l'année.

J-Michel & Isabelle JORT – Le Clos des Monts – Chemin des Monts – 14600 HONFLEUR
Tél.: 02 31 89 34 35 – Email: isabelle.jort@wanadoo.fr

| HTE SAIS. | MOY. SAIS. | BASSE SAIS. | WEEK-END | MID-WEEK |
|---|---|---|---|---|
| 650 | 450 | 390 | 270 | 270 |

| | | | | | | | | |
|---|---|---|---|---|---|---|---|---|
| 3 | 3 | 1 | 1 | 1,5 | 1,5 | 1,5 | 1,5 | 1,5 |

## N° 1584 ISIGNY-SUR-MER
CM 232

**NN — 8 pers.**

Gîte indépendant mitoyen à un bâtiment inoccupé. R.D.C: séjour avec cheminée, coin-cuisine, salon avec canapé, fauteuils, wc. Etage: salle d'eau avec wc, 3 grandes chambres (4 lits 1 pers., 2 lits 2 pers.), salle de bains avec wc. Chauffage électrique. Terrain clos avec terrasse. Cette spacieuse maison bien équipée, au calme, se prête parfaitement aux vacances entre amis. Située dans le parc naturel des marais du Bessin et du Cotentin et à deux pas des plages du Débarquement. Ouvert de mars à novembre.

GITES DE FRANCE-SERVICE RESERVATION – 6 Promenade Madame de Sévigné – 14050 CAEN Cedex 4
Tél.: 02 31 82 71 65 - Fax: 02 31 83 57 64 – Email: info@gites-de-france-calvados.fr – www.gites-de-france-calvados.fr

| HTE SAIS. | MOY. SAIS. | BASSE SAIS. | WEEK-END |
|---|---|---|---|
| 615 | 390 | 300 | 240 |

| | | | | | | | |
|---|---|---|---|---|---|---|---|
| 10 | 3 | 10 | 15 | 3 | SP | 3 | 10 | 3 |

# CALVADOS - 14

Périodes tarifaires p. 339

### N° 1574  JUAYE-MONDAYE     CM 231

**NN    5 pers.**

Maison indépendante proche de l'habitation du propriétaire. R.D.C : séjour-cuisine avec coin-salon, fauteuils. 1er étage : 1 ch (1 lit 2 pers.), salle de bains avec wc. 2ème étage : 1 ch mansardée (3 lits 1 pers.). Chauffage électrique. Coin pelouse privé clos. Maison en pierres de Caen idéalement située pour parcourir cette région du Bessin : l'abbaye de Juaye-Mondaye, Bayeux, les Plages du Débarquement... Ouvert de Pâques à la Toussaint.

GITES DE FRANCE-SERVICE RESERVATION – 6 Promenade Madame de Sévigné - 14050 CAEN Cedex 4
Tél. : 02 31 82 71 65 - Fax : 02 31 83 57 24 - Mél : info@gites-de-france-calvados.fr - www.gites-de-france-calvados.fr

| HTE SAIS. | MOY. SAIS. | BASSE SAIS. | WEEK-END | MID-WEEK |
|---|---|---|---|---|
| 330 | 230 | 200 | 150 | 150 |

| | | | | | | | | |
|---|---|---|---|---|---|---|---|---|
| 19 | 19 | 7 | 1 | 2 | 1 | 5 | 7 | 5 |

### N° 1560  LESSARD-ET-LE-CHENE

**NN    6 pers.**

Maison indépendante. R.D.C : salon (canapé, fauteuils), séjour coin-cuisine, 1 chambre (2 lits 1 pers. superposés), salle d'eau, wc. Etage : 2 chambres (1 lits 2 pers., 2 lits 1 pers.). Chauffage électrique. Terrain. Au coeur du haras où vous pourrez admirer les poulains et les juments, une maison authentique, dans un cadre verdoyant où coule un ruisseau. Ouvert toute l'année.

GITES DE FRANCE-SERVICE RESERVATION – 6 Promenade Madame de Sévigné - 14050 CAEN Cedex 4
Tél. : 02 31 82 71 65 - Fax : 02 31 83 57 24 - Mél : info@gites-de-france-calvados.fr - www.gites-de-france-calvados.fr

| HTE SAIS. | MOY. SAIS. | BASSE SAIS. | WEEK-END |
|---|---|---|---|
| 450 | 310 | 278 | 190 |

| | | | | | | | | |
|---|---|---|---|---|---|---|---|---|
| 42 | 42 | 14 | 4 | 5 | SP | 4 | 14 | 4 |

### N° 1571  LONGUES-SUR-MER     La Buhennerie     CM 231

**NN    2 pers.**

Gîte de plain-pied. Séjour, coin-salon, canapé (lit d'appoint 1 enfant), cuisine américaine, 1 chambre (1 lit 2 pers.), salle d'eau, wc. Chauffage électrique. Terrain clos avec terrasse. C'est une petite longère rénovée avec goût, dans un cadre reposant. A deux pas des plages du Débarquement. Ouvert toute l'année.

Roland et Brigitte ETIENNE - La Rosière - 14117 TRACY-SUR-MER
Tél. : 02 31 22 33 88 - Fax : 02 31 22 33 88 - Mél : roland.etienne3@wanadoo.fr

| HTE SAIS. | MOY. SAIS. | BASSE SAIS. | WEEK-END | MID-WEEK |
|---|---|---|---|---|
| 350 | 250 | 200 | 137 | 137 |

| | | | | | | | | |
|---|---|---|---|---|---|---|---|---|
| 3 | 8 | 5 | 6 | 5 | SP | 1,5 | 5 | 1,5 |

### N° 1548  MANNEVILLE-LA-PIPARD     CM 231 pli 20

**NN    4 pers.**

**Deauville-Trouville 20 mn.** Maison indépendante de plain-pied : cuisine, séjour coin-salon, canapé clic-clac, fauteuils, 2 chambres (2 lits 2 pers.), salle de bains, wc. Chauffage central. Possibilité TV. Jardin clos. Garage. Cette maison confortablement aménagée bénéficie d'un jardin fleuri et d'une vue magnifique sur la campagne augeronne. Ouvert de mars à novembre.

Raymonde DESHAYES - chemin des Bruyères - 14130 MANNEVILLE-LA-PIPARD
Tél. : 02 31 64 03 85

| HTE SAIS. | MOY. SAIS. | BASSE SAIS. | WEEK-END |
|---|---|---|---|
| 427 | 260 | 230 | 152 |

| | | | | | | | | |
|---|---|---|---|---|---|---|---|---|
| 16 | 16 | 12 | 6 | 6 | 5 | 0,5 | 6 | 4 |

### N° 1577  MANNEVILLE-LA-PIPARD     La Fontaine Navarre     CM 231 pli 20

**NN    6 pers.**

Maison indépendante. R.D.C : cuisine, salon/salle à manger (canapé, fauteuils), salle d'eau, wc. Etage : 3 chambres dont 2 communicantes (1 lit 2 pes., 4 lits 1 pers.). Chauffage électrique. Jardin clos. Dans un petit vallon, ce gîte est une maison authentique du Pays d'Auge. Grande cheminée dans le salon. Chemins de randonnées sur place. A proximité de Pont-l'Evêque. Ouvert d'avril à août.

GITES DE FRANCE-SERVICE RESERVATION – 6 Promenade Madame de Sévigné - 14050 CAEN Cedex 4
Tél. : 02 31 82 71 65 - Fax : 02 31 83 57 24 - Mél : info@gites-de-france-calvados.fr - www.gites-de-france-calvados.fr

| HTE SAIS. | MOY. SAIS. | WEEK-END |
|---|---|---|
| 540 | 380 | 230 |

| | | | | | | | | |
|---|---|---|---|---|---|---|---|---|
| 18 | 5 | 13 | 5 | 5 | 3 | SP | 5 | 5 |

### N° 1567  MONTAMY     Les Ruaux     CM 231 pli 28

**NN    5 pers.**

Gîte indépendant, mitoyen à un bâtiment inoccupé. R.D.C : cuisine aménagée, séjour avec coin-salon, canapé, salle d'eau avec wc. Etage : 2 chambres (1 lit 2 pers., 3 lits 1 pers.). Chauffage électrique. Terrain. Cette jolie maison en granit s'ouvre sur un paysage bocager typique de la Normandie. Le séjour avec cheminée est l'endroit idéal pour le repos, l'environnement très calme contribuera à la réussite de votre séjour. Ouvert toute l'année.

GITES DE FRANCE-SERVICE RESERVATION – 6 Promenade Madame de Sévigné - 14050 CAEN Cedex 4
Tél. : 02 31 82 71 65 - Fax : 02 31 83 57 24 - Mél : info@gites-de-france-calvados.fr - www.gites-de-france-calvados.fr

| HTE SAIS. | MOY. SAIS. | BASSE SAIS. |
|---|---|---|
| 370 | 225 | 193 |

| | | | | | | |
|---|---|---|---|---|---|---|
| 45 | 45 | 15 | 6 | 6 | 10 | 0,5 | 15 | 6 |

# CALVADOS - 14

Périodes tarifaires p. 339

### N° 1581 MONTPINCON — La Bergerie — CM 231

**NN** 6 pers.

Dans la propriété, Gîte indépendant de la Bergerie. R.D.C. : cuisine, séjour avec coin-salon (canapé, fauteuils), salle d'eau, wc. Etage : 3 chambres (2 lits 1 pers., 2 lits 2 pers.). Chauffage électrique. Jardin. C'est un ancien pressoir restauré qui domine un joli vallon du Pays d'Auge. Le gîte est spacieux, orienté plein sud. Jolie cheminée dans le séjour. A proximité de Livarot et Lisieux. Randonnées sur place. Ouvert toute l'année.

GITES DE FRANCE-SERVICE RESERVATION – 6 Promenade Madame de Sévigné – 14050 CAEN Cedex 4
Tél. : 02 31 82 71 65 - Fax : 02 31 83 57 64 – Email : info@gites-de-france-calvados.fr – www.gites-de-france-calvados.fr

| HTE SAIS. | MOY. SAIS. | BASSE SAIS. | WEEK-END | MID-WEEK |   |   |   |   |   |   |   |   |
|---|---|---|---|---|---|---|---|---|---|---|---|---|
| 450 | 310 | 280 | 200 | 200 | 45 | 45 | 12 | 5 | 10 | 12 | SP | 2 | 15 | 4 |

### N° 1580 OUILLY-LE-TESSON — CM 231 pli 30

**NN** 10 pers.

Cabourg 40 mn. Dans l'enceinte de la ferme, maison indépendante. R.D.C. : séjour avec coin-cuisine, salon (canapés, fauteuils), salle de bains, wc. Etage : 4 chambres dont 1 en mezzanine (2 lits 2 pers., 6 lits 1 pers., lit bébé). Salle d'eau avec wc. Chauffage central. Sèche-linge. Jardin. Maison du 18ème siècle avec cheminées et parquet. Belle harmonie et couleurs chaleureuses. Randonnées sur place. A proximité de Falaise, du Château de Vendeuvre. Ouvert toute l'année.

GITES DE FRANCE-SERVICE RESERVATION – 6 Promenade Madame de Sévigné – 14050 CAEN Cedex 4
Tél. : 02 31 82 71 65 - Fax : 02 31 83 57 64 – Email : info@gites-de-france-calvados.fr – www.gites-de-france-calvados.fr

| HTE SAIS. | MOY. SAIS. | BASSE SAIS. | WEEK-END | MID-WEEK |   |   |   |   |   |   |   |   |
|---|---|---|---|---|---|---|---|---|---|---|---|---|
| 540 | 335 | 330 | 230 | 230 | 40 | 12 | 10 | 5 | SP | SP | 5 | 30 | 5 |

### N° 1555 OUILLY-LE-VICOMTE — Les Hares — CM 231 pli 32

**NN** 5 pers.

Gîte indépendant, mitoyen à un pressoir innoccupé. R.D.C. : cuisine aménagée, séjour avec coin-salon, canapé, salle d'eau, wc. Etage : 2 chambres (2 lits 2 pers., 1 lit 1 pers.), 1 lit bébé. Chauffage central. Terrain clos avec terrasse. Cette ancienne fromagerie en briques a été rénovée avec confort et authenticité. L'originalité de l'architecture donne une ambiance particulière à la pièce de séjour où il fait bon se reposer autour de la cheminée. Ouvert toute l'année.

GITES DE FRANCE-SERVICE RESERVATION – 6 Promenade Madame de Sévigné – 14050 CAEN Cedex 4
Tél. : 02 31 82 71 65 - Fax : 02 31 83 57 64 – Email : info@gites-de-france-calvados.fr – www.gites-de-france-calvados.fr

| HTE SAIS. | MOY. SAIS. | BASSE SAIS. | WEEK-END |   |   |   |   |   |   |   |   |
|---|---|---|---|---|---|---|---|---|---|---|---|
| 458 | 305 | 236 | 150 | 20 | 20 | 5 | 3 | 5 | 7 | 0,5 | 1 | 5 | 1 |

### N° 1576 LA POMMERAYE — Le Mesnil

**NN** 14 pers.

L'Ecurie. Maison mitoyenne à l'habitation du propriétaire. R.D.C. : séjour avec coin-salon (canapé), cuisine professionnelle, 1 ch 1 pers. (poss. lit suppl. 1 pers.), salle d'eau et wc particuliers, wc. Etage : 3 ch avec 3 mezzanines (1 lit 2 pers., 10 lits 1 pers.), salles d'eau particulières. Chauffage électrique. Jardin. Situé dans l'enceinte d'un centre de randonnées équestres et d'une ferme pédagogique, gîte lumineux et spacieux. Vous découvrirez les magnifiques paysages de la Suisse Normande. Gîte "cheval", loc. vélos. Sur place : gîte d'étape et de séjour (13 pers), gîte rural (12 pers). Ouvert toute l'année.

Henri et Sophie CASTILLON - Le Mesnil – 14690 LA POMMERAYE
Tél. : 02 31 69 40 94 - Fax : 02 31 69 94 71 – Email : animaferme@wanadoo.fr – http://monsite.wanadoo.fr/fermedumesnil

| HTE SAIS. | MOY. SAIS. | BASSE SAIS. | WEEK-END |   |   |   |   |   |   |   |
|---|---|---|---|---|---|---|---|---|---|---|
| 665 | 497 | 426 | 336 | 47 | 47 | 12 | SP | 5 | 3 | SP | 35 | 5 |

### N° 1607 RANVILLE

**NN** 5 pers.

Plages de sable de la Côte Fleurie 5 mn. Gîte indépendant mitoyen à l'habitation des propriétaires. R.D.C. : cuisine avec coin-repas, salon avec canapé, fauteuils. Etage : 2 chambres (2 lits 2 pers., 1 lit 1 pers., lit bébé), salle d'eau avec wc. Chauffage central. Jardin. Cette jolie maison confortablement restaurée est située sur un parc de 4000 m². La décoration harmonieuse et raffinée donne une ambiance particulièrement chaleureuse. Ouvert toute l'année.

GITES DE FRANCE-SERVICE RESERVATION – 6 Promenade Madame de Sévigné – 14050 CAEN Cedex 4
Tél. : 02 31 82 71 65 - Fax : 02 31 83 57 64 – Email : info@gites-de-france-calvados.fr – www.gites-de-france-calvados.fr

| HTE SAIS. | MOY. SAIS. | BASSE SAIS. | WEEK-END | MID-WEEK | W.-E. DETENTE |   |   |   |   |   |   |   |
|---|---|---|---|---|---|---|---|---|---|---|---|---|
| 490 | 330 | 275 | 180 | 180 | 230 | 5 | 6 | 3 | 5 | 0,5 | 0,5 | 0,5 | 10 | 0,5 |

### N° 1592 REUX — Le Lieu Train — CM 231

**NN** 4 pers.

Gîte mitoyen à l'habitation du propriétaire. R.D.C. : séjour, coin-salon, canapé, cuisine, salle d'eau avec wc. Etage : 2 chambres (1 lit 2 pers., 2 lits 1 pers.). Chauffage central. Lave-linge commun avec prop. Jardin clos. Dans une belle et authentique propriété du Pays d'Auge, un gîte confortable, de bon gout, entouré d'un jardin fleuri et reposant. Ouvert toute l'année.

Anne TOUCHARD - le Lieu Train – 14130 REUX
Tél. : 02 31 64 21 97 – Email : annetouchard@yahoo.fr

| HTE SAIS. | MOY. SAIS. | BASSE SAIS. | WEEK-END |   |   |   |   |   |   |   |
|---|---|---|---|---|---|---|---|---|---|---|
| 420 | 350 | 300 | 180 | 12 | 4 | 4 | 4 | 4 | SP | 2 | 4 | 4 |

NORMANDIE

# CALVADOS - 14

Périodes tarifaires p. 339

## N° 1593    LA RIVIERE-SAINT-SAUVEUR    La Vallée d'Ingres

**NN**    **6 pers.**

Honfleur 10 mn. Gîte indépendant. R.D.C: salle de séjour avec cheminée, coin-salon, 2 canapés, fauteuils, coin-cuisine, 1 ch (1 lit 2 pers.), salle d'eau attenante, wc. Etage: 2 ch (1 lit 2 pers., 2 lits 1 pers.), salle de bains avec wc. Chauffage électrique. Terrain clos. Dans un cadre exceptionnel, très belle restauration d'une maison à pans de bois avec un intérieur lumineux, chaleureux et de bon goût. Ouvert toute l'année.

Laurent et Sophie MARAIS - 1949 rte de la Vallée d'Ingrès - 14600 LA-RIVIERE-SAINT-SAUVEUR
Tél. : 02 31 98 72 76 - Fax : 02 31 98 84 25

| HTE SAIS. | MOY. SAIS. | BASSE SAIS. | WEEK-END | MID-WEEK | W.-E. DETENTE |
|---|---|---|---|---|---|
| 550 | 430 | 400 | 230 | 230 | 250 |

| | | | | | | | | |
|---|---|---|---|---|---|---|---|---|
| 6 | 11 | 4 | 8 | 4 | 6 | 4 | 15 | 2,5 |

## N° 1608    LA ROQUE-BAIGNARD    Ferme de la Trigale

**NN**    **10 pers.**

Maison indépendante. R.D.C: salle de séjour, canapé et fauteuils, cuisine, 1 chambre (1 lit 2 pers.), salle d'eau avec wc. Etage: 3 grandes chambres dont 2 communicantes (6 lits 1 pers., 1 lit 2 pers.), salle de bains avec wc. Chauffage central. Terrain. Grande maison en colombages, dans un site bucolique, à proximité de l'élevage de chèvres et de chevaux des propriétaires. Vous pourrez profiter des promenades à cheval qu'ils organisent. Ouvert toute l'année.

GITES DE FRANCE-SERVICE RESERVATION - 6 Promenade Madame de Sévigné - 14050 CAEN Cedex 4
Tél. : 02 31 82 71 05 - Fax : 02 31 83 57 24 - Email : info@gites-de-france-calvados.fr - www.gites-de-france-calvados.fr

| HTE SAIS. | MOY. SAIS. | BASSE SAIS. | WEEK-END | MID-WEEK |
|---|---|---|---|---|
| 600 | 430 | 330 | 230 | 230 |

| | | | | | | | | |
|---|---|---|---|---|---|---|---|---|
| 30 | 32 | 12 | SP | 5 | SP | 5 | 12 | 5 |

## N° 1565    RUSSY    Ferme du marais

**NN**    **8 pers.**

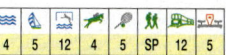

Maison indépendante proche de l'habitation du propriétaire. R.D.C: cuisine, séjour, salon avec fauteuils et canapé, wc. Etage: 4 chambres (1 lit 2 pers., 2 lits jumeaux 1 pers., 4 lits 1 pers. dont 2 superposés), 3 salles d'eau avec wc. Chauffage central. Cour commune close. Profitez du calme de la campagne à 5 minutes de la mer : à pied, le circuit du Haras est une promenade agréable dans le maillage du Bocage où galopent les chevaux. La maison très spacieuse vous offre un cadre de repos idéal. Ouvert toute l'année.

Philippe et Valérie JACQUET/GALERNE - Ferme du Marais - 14710 RUSSY
Tél. : 02 31 51 02 57 - Email : sallyleo@club-internet.fr

| HTE SAIS. | MOY. SAIS. | BASSE SAIS. | WEEK-END | MID-WEEK |
|---|---|---|---|---|
| 460 | 300 | 230 | 185 | 185 |

| | | | | | |
|---|---|---|---|---|---|
| 4 | 5 | 12 | 4 | 5 | SP | 12 | 5 |

## N° 1552    RYES

**NN**    **4 pers.**

CM 231 pli 17

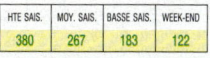

Arromanches et plages de sable 5 mn. Gîte indépendant à l'étage, à proximité de la maison des propriétaires. Séjour coin-cuisine, coin-salon avec canapé et fauteuils, 2 chambres (1 lit 2 pers.,2 lits 1 pers.), salle d'eau avec wc. Chauffage électrique. Lave-linge commun.Terrain. Ce gîte bénéficie d'un jardin calme et d'un intérieur clair et agréable. Découvrez également Bayeux, ville d'art et d'histoire. Ouvert toute l'année.

GITES DE FRANCE-SERVICE RESERVATION - 6 Promenade Madame de Sévigné - 14050 CAEN Cedex 4
Tél. : 02 31 82 71 05 - Fax : 02 31 83 57 24 - Email : info@gites-de-france-calvados.fr - www.gites-de-france-calvados.fr

| HTE SAIS. | MOY. SAIS. | BASSE SAIS. | WEEK-END |
|---|---|---|---|
| 380 | 267 | 183 | 122 |

| | | | | | | | |
|---|---|---|---|---|---|---|---|
| 3 | 6 | 7 | 10 | 0,5 | 0,5 | 3 | 7 | 1 |

## N° 1595    RYES

**NN**    **6 pers.**

Arromanches et Plages du Débarquement 5 mn. Maison indépendante. R.D.C: cuisine avec coin-repas, salon avec canapé, fauteuils, 1 chambre (1 lit 2 pers.), salle de bains, wc. Etage: 2 chambres (4 lits 1 pers.). Chauffage électrique. Jardin clos très agréable et ensoleillé. Jeux pour enfants. Ouvert toute l'année.

GITES DE FRANCE-SERVICE RESERVATION - 6 Promenade Madame de Sévigné - 14050 CAEN Cedex 4
Tél. : 02 31 82 71 05 - Fax : 02 31 83 57 24 - Email : info@gites-de-france-calvados.fr - www.gites-de-france-calvados.fr

| HTE SAIS. | MOY. SAIS. | BASSE SAIS. | WEEK-END | MID-WEEK |
|---|---|---|---|---|
| 500 | 350 | 290 | 170 | 170 |

| | | | | | | | |
|---|---|---|---|---|---|---|---|
| 3 | 3,5 | 8 | 3 | 0,5 | SP | 3 | 8 | 3 |

## N° 1605    SAONNET    La Croix

**NN**    **6 pers.**

Maison indépendante proche de l'hab. du propriéaire. R.D.C: salle de séjour, coin-salon, canapé, fauteuils, coin-cuisine, wc, salle d'eau. Etage: 3 chambres (1 lit 2 pers., 4 lits 1 pers.) Chauffage électrique. Terrain clos. Terrasse. Le goût, les couleurs et le confort de ce gîte lui donnent beaucoup de charme, dans un environnement paisible. Ne manquez pas de visiter les musées de la Mine et de la Meunerie. Ouvert toute l'année.

GITES DE FRANCE-SERVICE RESERVATION - 6 Promenade Madame de Sévigné - 14050 CAEN Cedex 4
Tél. : 02 31 82 71 05 - Fax : 02 31 83 57 24 - Email : info@gites-de-france-calvados.fr - www.gites-de-france-calvados.fr

| HTE SAIS. | MOY. SAIS. | BASSE SAIS. | WEEK-END |
|---|---|---|---|
| 450 | 315 | 270 | 180 |

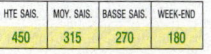

| | | | | |
|---|---|---|---|---|
| 13,5 | 15 | 5 | 4 | 15 | 4 |

# CALVADOS - 14

Périodes tarifaires p. 339

## N° 1559 ST-DESIR — La Cour St Thomas

**NN** — 8 pers.

Maison indépendante, à prox. de l'hab. de la propriétaire. R.D.C: salle de séjour. Coin-salon (canapé), cuisine à l'américaine, salle d'eau avec wc, 1 ch (2 lits 1 pers.) avec salle d'eau part. Etage: 2 ch (1 avec 1 lit 2 pers. et salle d'eau, l'autre avec 4 lits 1 pers.), wc. Chauf. élec.Sèche-linge. Grd terrain. Surprenante et agréable maison où le style rustique cotoie le contemporain. Son intérieur est chaleureux par ses briques colorées. Prix tout compris, lits faits à l'arrivée. Chambres d'hôtes sur place. Ouvert toute l'année.

Brigitte BESNEHARD - La Cour-St-Thomas - 14100 ST-DESIR-DE-LISIEUX
Tél.: 02 31 62 87 46 - 06 84 16 08 64 - Fax: 02 31 62 87 46

| HTE SAIS. | MOY. SAIS. | BASSE SAIS. | WEEK-END | MID-WEEK | W.-E. DETENTE |
|---|---|---|---|---|---|
| 700 | 550 | 550 | 381 | 381 | 381 |

| | | | | | | | | | |
|---|---|---|---|---|---|---|---|---|---|
| 32 | 32 | 5 | 15 | 4 | 1 | 2 | 3 | 4 | 4 |

## N° 1549 ST-GEORGES-EN-AUGE — Le Tilleul

CM 231 pli 43

**NN** — 4 pers.

Forêt du Billot 500 m. Gîte indépendant mitoyen à une annexe de l'hab. des propriétaires (bureau privé). R.D.C: séjour coin-cuisine, 1 chambre-salon (2 lits 1 pers.), salle d'eau, wc. Etage: 1 chambre (2 lits 1 pers. jumeaux, 1 lit bébé), salle de bains avec wc. Chauffage électrique. Jardin. Jeux pour enfants. Cette petite maison décorée avec personnalité et goût est située au coeur de la campagne augeronne. Ici, calme et repos sont garantis. Ouvert toute l'année.

GITES DE FRANCE-SERVICE RESERVATION - 6 Promenade Madame de Sévigné - 14050 CAEN Cedex 4
Tél.: 02 31 82 71 65 - Fax: 02 31 83 57 64 - Email: info@gites-de-france-calvados.fr - www.gites-de-france-calvados.fr

| HTE SAIS. | MOY. SAIS. | BASSE SAIS. |
|---|---|---|
| 380 | 260 | 215 |

| | | | | | | | | |
|---|---|---|---|---|---|---|---|---|
| 45 | 45 | 12 | 6 | 10 | 0,5 | 6 | 12 | 6 |

## N° 1579 ST-HYMER — Le Lieu Fremont

**NN** — 5 pers.

Maison indépendante, à proximité de la maison du propriétaire. R.D.C: coin-cuisine, séjour avec coin salon (canapé), salle de bains avec wc. Etage: 3 chambres dont 1 en mezzanine (1 lit 2 pers., 3 lits 1 pers., lit bébé). Chauffage central. Jardin clos. Maison en briques dont l'intérieur est chaleureux. Jardin avec balançoire. L'environnement est champêtre. A proximité de Pont l'Evêque et de Deauville. Ouvert toute l'année.

Christian et Martine AUBREMAIRE - Le Lieu Frémont - 14130 ST-HYMER
Tél.: 02 31 64 01 95

| HTE SAIS. | MOY. SAIS. | BASSE SAIS. | WEEK-END | MID-WEEK |
|---|---|---|---|---|
| 405 | 325 | 280 | 165 | 165 |

| | | | | | | |
|---|---|---|---|---|---|---|
| 17 | 6 | 14 | 6 | 3 | SP | 7 | 7 |

## N° 1564 ST-LOUP-HORS

CM 231 pli 17

**NN** — 5 pers.

Centre historique de Bayeux 1 km. Plages de sable 10 mn. Ferme du Clos Bouillon. Gîte mitoyen à l'habitation du prop. R.D.C: séjour coin-cuisine, coin-salon avec canapé clic-clac (poss. couchage 1 pers.), fauteuils, poêle à bois. Etage: 2 ch communicantes (1 lit 2 pers., 2 lits 1 pers. gigognes), salle d'eau avec wc. Chauffage central et électrique. Cour close. Ce gîte agréablement rénové dans une ancienne ferme vous garantit le calme et le confort. A 10 minutes, vous pourrez parcourir les sentiers de la forêt de Balleroy. Ouvert toute l'année.

GITES DE FRANCE-SERVICE RESERVATION - 6 Promenade Madame de Sévigné - 14050 CAEN Cedex 4
Tél.: 02 31 82 71 65 - Fax: 02 31 83 57 64 - Email: info@gites-de-france-calvados.fr - www.gites-de-france-calvados.fr

| HTE SAIS. | MOY. SAIS. | BASSE SAIS. | WEEK-END |
|---|---|---|---|
| 458 | 305 | 229 | 137 |

| | | | | | | | |
|---|---|---|---|---|---|---|---|
| 10 | 15 | 1 | 1 | 2 | SP | 1 | 1 | 0,3 |

## N° 1551 ST-MARTIN-DES-ENTREES — Damigny

CM 231 pli 17

**NN** — 5 pers.

Centre historique de Bayeux 5 mn. Plages de sable 10 mn. Gîte mitoyen à l'habitation des propriétaires. R.D.C: séjour coin-cuisine, coin-salon avec canapé et fauteuil. Etage: 2 chambres (2 lits 2 pers., 1 lit 1 pers., lit bébé), salle de bains avec wc. Chauffage central. Jardin clos. Charges comprises haute saison. Cette ancienne longère confortablement restaurée propose des pièces claires donnant sur un jardin fleuri. L'environnement y est calme. Ouvert toute l'année.

Fabrice et Nathalie ADAM - La Nomath - Hameau de Damigny - 14400 ST-MARTIN-DES-ENTREES
Tél.: 02 31 21 91 85 - 06 99 29 50 69

| HTE SAIS. | MOY. SAIS. | BASSE SAIS. | WEEK-END | MID-WEEK |
|---|---|---|---|---|
| 490 | 366 | 250 | 150 | 150 |

| | | | | | | | |
|---|---|---|---|---|---|---|---|
| 10 | 13 | 3 | 8 | 3 | 8 | 3 | 3 | 3 |

## N° 1586 ST-OUEN-DU-MESNIL-OGER — Héritot

CM 231 pli 31

**NN** — 6 pers.

Maison indépendante. R.D.D: cuisine, séjour, fauteuils, canapé, 1 chambre (1 lit 2 pers.), wc, lavabo séparé. Etage: 2 chambres (4 lits 1 pers. dont 2 lits jumeaux), salle d'eau, wc. Chauffage central. Terrain clos. Cette jolie maison à colombages a été parfaitement rénovée avec authenticité et confort. A l'intérieur, poutres, briques et pavé à l'ancienne donnent une ambiance très chaleureuse. Gîte idéalement situé pour découvrir Beuvron-en-Auge, l'un des plus beaux villages de France. Ouvert toute l'année.

GITES DE FRANCE-SERVICE RESERVATION - 6 Promenade Madame de Sévigné - 14050 CAEN Cedex 4
Tél.: 02 31 82 71 65 - Fax: 02 31 83 57 64 - Email: info@gites-de-france-calvados.fr - www.gites-de-france-calvados.fr

| HTE SAIS. | MOY. SAIS. | BASSE SAIS. | WEEK-END | MID-WEEK |
|---|---|---|---|---|
| 460 | 300 | 250 | 190 | 190 |

| | | | | | | | |
|---|---|---|---|---|---|---|---|
| 18 | 18 | 16 | 1 | 4 | 4 | 4 | 15 | 4 |

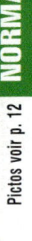

# CALVADOS - 14

Périodes tarifaires p. 339

## N° 1596 — ST-REMY-SUR-ORNE — La Mousse

**NN — 6 pers.**

Piste d'envol des parapentes 1 km. Clécy 5 mn. Gîte mitoyen à l'habitation du propriétaire. R.D.C: salle de séjour avec coin-cuisine, salon (canapés, fauteuil), salle de bains avec wc. Etage: 2 chambres (2 lits 2 pers., 2 lits 1 pers.), cabinet de toilette. Chauffage électrique. Terrain clos avec terrasse. Gîte chaleureux et décoré avec goût, dans un ferme élevage. Ouvert toute l'année.

Denis et Valérie HAMON - La Mousse - 14570 ST-REMY-SUR-ORNE
Tél. : 02 31 69 17 09 - Fax : 02 31 69 14 23 - Email : hamon.den@wanadoo.fr

| HTE SAIS. | MOY. SAIS. | BASSE SAIS. | WEEK-END |
|---|---|---|---|
| 325 | 220 | 195 | 150 |

| | | | | | | | | | |
|---|---|---|---|---|---|---|---|---|---|
| 45 | 45 | 7 | 5 | 5 | 5 | SP | 3 | 25 | 3,5 |

## N° 1563 — LE TRONQUAY — Le Montirly

CM 231 pli 16

**NN — 7 pers.**

Gîte indépandant dans un ensemble de bâtiments inoccupés. R.D.C: séjour coin-cuisine, salon avec clic-clac (2 pers.), fauteuils, salle d'eau avec wc. Etage: 2 chambres (2 lits 2 pers., 1 lit 1 pers., 1 lit bébé), salle d'eau avec wc. Chauffage central. Cour et verger clos. Ping-pong. Cette jolie maison en schiste bénéficie d'un verger exposé plein sud où il fait bon se reposer. Les amateurs de la nature pourront découvrir la forêt de Balleroy à travers ses sentiers balisés. Ouvert toute l'année.

GITES DE FRANCE-SERVICE RESERVATION - 6 Promenade Madame de Sévigné - 14050 CAEN Cedex 4
Tél. : 02 31 82 71 05 - Fax : 02 31 83 57 64 - Email : info@gites-de-france-calvados.fr - www.gites-de-france-calvados.fr

| HTE SAIS. | MOY. SAIS. | BASSE SAIS. | WEEK-END | MID-WEEK | W.-E. DETENTE |
|---|---|---|---|---|---|
| 396 | 260 | 183 | 150 | 150 | 213 |

| | | | | | | | | | |
|---|---|---|---|---|---|---|---|---|---|
| 20 | 20 | 10 | 7 | 7 | 10 | 7 | 3 | 10 | 7 |

## N° 1570 — LE TRONQUAY — Carrefour-Babeluche

CM 231

**NN — 7 pers.**

Maison indépendante. R.D.C: entrée, salle de séjour, cuisine, salon avec canapés, salle de bains, wc. Etage: 3 chambres (2 lits 2 pers., 3 lits 1 pers., 1 lit bébé), salle d'eau, wc. Chauffage central. Terrain clos. Superbe maison du Bessin avec un intérieur spacieux, grand salon et des chambres chaleureuses, décorées avec goût. Jardin bien clos, gîte idéal pour une grande famille. Ouvert toute l'année.

GITES DE FRANCE-SERVICE RESERVATION - 6 Promenade Madame de Sévigné - 14050 CAEN Cedex 4
Tél. : 02 31 82 71 05 - Fax : 02 31 83 57 64 - Email : info@gites-de-france-calvados.fr - www.gites-de-france-calvados.fr

| HTE SAIS. | MOY. SAIS. | BASSE SAIS. | WEEK-END |
|---|---|---|---|
| 480 | 336 | 280 | 200 |

| | | | | | | | | |
|---|---|---|---|---|---|---|---|---|
| 20 | 20 | 12 | 5 | 12 | 10 | 5 | 12 | 5 |

## N° 1591 — VER-SUR-MER

**NN — 7 pers.**

Maison indépendante à proximité du propriétaire. R.D.C: cuisine, séjour, canapé, fauteuils, salle d'eau avec wc. Etage: 3 chambres (2lits 2 pers., 3 lits 1 pers.), salle d'eau avec wc. Chauffage électrique. Jardin clos. Maison spacieuse du Bessin, harmonieusement décorée. Proche de la mer, la région est aussi propice au vélo. Portique enfant. Ouvert toute l'année.

GITES DE FRANCE-SERVICE RESERVATION - 6 Promenade Madame de Sévigné - 14050 CAEN Cedex 4
Tél. : 02 31 82 71 05 - Fax : 02 31 83 57 64 - Email : info@gites-de-france-calvados.fr - www.gites-de-france-calvados.fr

| HTE SAIS. | MOY. SAIS. | BASSE SAIS. |
|---|---|---|
| 500 | 380 | 350 |

| | | | | | | | | |
|---|---|---|---|---|---|---|---|---|
| 2 | 2 | 15 | 5 | 2 | 2 | SP | 15 | 1,5 |

## N° 1610 — VILLERS-CANIVET — La Cour aux Bourgeois

**NN — 4 pers.**

Gîte à l'étage, mitoyen à l'habitation du propriétaire. Salle de séjour avec coin-cuisine, et coin-salon, canapé-lit, fauteuils, salle de bains, wc, 3 chambres (1 lit 2 pers., 2 lits 1 pers., lit bébé). Chauffage central. Lave-linge commun. Jardin. Dans un ancien relais de poste du XVIIIe siècle entouré de verdure, gîte avec une atmosphère authentique (murs en pierres, poutres). Ici, les enfants sont les bienvenus avec une grande salle de jeux qui leur est totalement destinée. Ouvert toute l'année.

Laurent et Sarah CAILLE - La Cour aux Bourgeois - 14420 VILLERS-CANIVET
Tél. : 02 31 40 79 70 - Email : caillefamily@wanadoo.fr

| HTE SAIS. | MOY. SAIS. | BASSE SAIS. | WEEK-END | MID-WEEK | W.-E. DETENTE |
|---|---|---|---|---|---|
| 590 | 470 | 390 | 250 | 250 | 310 |

| | | | | | | | | | |
|---|---|---|---|---|---|---|---|---|---|
| 45 | 45 | 7 | 7 | 7 | 1 | SP | 7 | 20 | 7 |

Préparez vos vacances en vous connectant sur notre site internet et partez à la découverte de l'univers des Gîtes de France !

www.gites-de-france.fr
e-mail : info@gites-de-france.fr

NORMANDIE

# EURE - 27

**GITES DE FRANCE** - Service Réservation
9, rue de la Petite Cité - B.P. 882 - 27008 EVREUX Cédex
Tél. 02 32 39 53 38 - Fax. 02 32 33 78 13
E.mail : gites@eure.chambagri.fr - www.gites-de-france-eure.com

---

### N° 566 — LES ANDELYS — Le Gite des Randonnées — CM 55 pli 7

**NN — 12 pers.**

Les propriétaires ont rénové cette belle longère avec goût et dans le respect de la tradition locale. Vous êtes ici au coeur de la vallée de Seine dans un hameau dominant un de ses plus jolis méandres. Vous pourrez visiter les élevages de l'exploitation située à proximité: moutons, charolaises et cochons d'Inde ou bavarder depuis le gîte avec l'âne Bébert. R.D.C.: entrée, séjour avec cheminée, cuisine, s.e, 2 ch (1 lit 2 pers., 3 lits 1 pers.), wc. Etage : 3 ch. dont 2 communicantes (3 lits 1 pers., 2 lits 2 pers., lit bébé), sdb, wc. Portable à disposition. Ouvert toute l'année.

GITES DE FRANCE-SERVICE RESERVATION — 9 rue de la Petite Cité - BP 882 - 27008 EVREUX Cedex
Tél. : 02 32 39 53 38 - Fax : 02 32 33 78 13 - Email : gites@eure.chambagri.fr - www.gites-de-france-eure.com

| TRES HTE SAIS. | HTE SAIS. | MOY. SAIS. | BASSE SAIS. | W-E MOY. SAIS. | W-E BAS. SAIS. |   |   |   |   |   |   |   |   |
|---|---|---|---|---|---|---|---|---|---|---|---|---|---|
| 546 | 520 | 370 | 320 | 260 | 220 | 100 | 2,5 | 20 | 3 | 12 | 20 | 3 | SP | 18 | 3 |

---

### N° 559 — LES BAUX-DE-BRETEUIL — St-Jacques — CM 55 pli 15

**EC — NN — 3 pers.**

Situé en lisière de forêt, vous apprécierez le calme et le repos dans ce beau gîte à colombages aménagé avec goût par Annie sur cette vaste propriété arborée. Qu'elles soient d'intérieurs (beau séjour, sauna) ou d'extérieurs (lieu de ressourcement dans ce magnifique parc dont 1000m2 réservés au gîte), les activités ne manqueront pas. La forêt vous invite à de longues promenades. De plain-pied: entrée, séjour, cuisine américaine, 1 ch.(1 lit 2 pers., 1 lit 1 pers.), s.d'eau, wc, sauna. chauffage central. Ouvert toute l'année.

GITES DE FRANCE-SERVICE RESERVATION — 9 rue de la Petite Cité - BP 882 - 27008 EVREUX Cedex
Tél. : 02 32 39 53 38 - Fax : 02 32 33 78 13 - Email : gites@eure.chambagri.fr - www.gites-de-france-eure.com

| TRES HTE SAIS. | HTE SAIS. | MOY. SAIS. | BASSE SAIS. | W-E MOY. SAIS. | W-E BAS. SAIS. |   |   |   |   |   |   |   |   |
|---|---|---|---|---|---|---|---|---|---|---|---|---|---|
| 330 | 300 | 280 | 250 | 150 | 120 | 100 | 10 | 60 | SP | 2 | 20 | 6 | SP | 15 | 3 |

---

### N° 548 — BEAUMONTEL — La Herpinière — CM 55

**NN — 3 pers.**

Sur une vaste propriété, avec trois autres gîtes, cette petite maison du XVIIIème siècle était autrefois un four à pain. Habilement transformée, elle vous propose de passer un séjour au coeur de la vallée de la Risle dans un environnement verdoyant. Jardin non clos d'environ 1200 m². R.D.C. : séjour avec espace cuisine, sdb avec wc, 1 ch. (1 lit 2 pers.). Etage : 1 lit 1 pers. en mezzanine accessible par un escalier de meunier. Chauffage électrique. Micro ondes. Ouvert toute l'année.

GITES DE FRANCE-SERVICE RESERVATION — 9 rue de la Petite Cité - BP 882 - 27008 EVREUX Cedex
Tél. : 02 32 39 53 38 - Fax : 02 32 33 78 13 - Email : gites@eure.chambagri.fr - www.gites-de-france-eure.com

| TRES HTE SAIS. | HTE SAIS. | MOY. SAIS. | BASSE SAIS. | W-E MOY. SAIS. | W-E BAS. SAIS. | W-E DET. MOY. S | W-E DET. BAS. S |   |   |   |   |   |   |   |   |
|---|---|---|---|---|---|---|---|---|---|---|---|---|---|---|---|
| 273 | 252 | 183 | 152 | 122 | 101 | 174 | 153 | 75 | 2 | 18 | 2 | 2 | 15 | 12 | 0,5 | 3 | 1 |

---

### N° 564 — BERTHOUVILLE — La Muletière — CM 231 pli 33

**NN — 6 pers.**

Cette maison, très ancienne (du XVIIIème) en colombages est typique de l'architecture locale. Habilement restaurée, elle vous permettra un séjour de détente au coeur d'un paysage bocager planté de pommiers. Jardin clos. De plain pied: séjour avec coin-cuisine, 3 ch.(4 lits 1 pers., 1 lit 2 pers., 1 lit bébé),sdb avec baignoire, douche et wc. Chauffage électrique. Micro ondes. Ouvert toute l'année.

GITES DE FRANCE-SERVICE RESERVATION — 9 rue de la Petite Cité - BP 882 - 27008 EVREUX Cedex
Tél. : 02 32 39 53 38 - Fax : 02 32 33 78 13 - Email : gites@eure.chambagri.fr - www.gites-de-france-eure.com

| TRES HTE SAIS. | HTE SAIS. | MOY. SAIS. | BASSE SAIS. | W-E MOY. SAIS. | W-E BAS. SAIS. |   |   |   |   |   |   |   |   |
|---|---|---|---|---|---|---|---|---|---|---|---|---|---|
| 325 | 310 | 232 | 186 | 140 | 115 | 60 | 6 | 6 | 6 | 10 | 20 | 18 | SP | 12 | 6 |

---

### N° 562 — BERVILLE-SUR-MER — Fare Maeva — CM 231 pli 20

**NN — 2 pers.**

Près de la Seine, au coeur de l'Estuaire et à quelques minutes de Honfleur, cette charmante petite chaumière est la clé d'un séjour agréable. Vous pourrez profiter du jardin, et les balades sont nombreuses sur les chemins de l'eau. De-plain-pied : séjour avec cuisine américaine, 1 ch. (1 lit 2 pers., 1 lit bébé) avec s.d'eau et wc. Chauffage électrique. Micro ondes. Ouvert toute l'année.

GITES DE FRANCE-SERVICE RESERVATION — 9 rue de la Petite Cité - BP 882 - 27008 EVREUX Cedex
Tél. : 02 32 39 53 38 - Fax : 02 32 33 78 13 - Email : gites@eure.chambagri.fr - www.gites-de-france-eure.com

| TRES HTE SAIS. | HTE SAIS. | MOY. SAIS. | BASSE SAIS. | W-E MOY. SAIS. | W-E BAS. SAIS. |   |   |   |   |   |   |   |   |
|---|---|---|---|---|---|---|---|---|---|---|---|---|---|
| 290 | 290 | 220 | 175 | 135 | 105 | 12 | 12 | 10 | 2 | 6 | 25 | 15 | SP | 20 | 2 |

# EURE - 27

## N° 553 — BOISSET-LES-PREVANCHES — Sur un petit nuage — CM 55 pli 17

**NN — 5 pers.**

Derrière le portail vert se cachent deux surprises: d'une part le coin de paradis qui allie le mini parc animalier et un superbe jardin où le propriétaire vous fera découvrir ses collections de plantes et notamment d'iris et d'hémérocalles. Derrière une autre porte le gîte sur un petit nuage vous accueillera pour un séjour paisible plein de découvertes. R.D.C: séjour avec cheminée et cuisine americaine, cellier, wc. Etage: 2 ch. (1 lit 2 pers., 3 lits 1 pers.), s.d'eau avec wc. Chauffage central au fuel. Portable à disposition. Ouvert toute l'année.

GITES DE FRANCE-SERVICE RESERVATION – 9 rue de la Petite Cité - BP 882 - 27008 EVREUX Cedex
Tél.: 02 32 39 53 38 - Fax: 02 32 33 78 13 - Email: gites@eure.chambagri.fr - www.gites-de-france-eure.com

| TRES HTE SAIS. | HTE SAIS. | MOY. SAIS. | BASSE SAIS. | W.-E. MOY. SAIS. | W.-E. BAS. SAIS. |  |  |  |  |  |  |  |
|---|---|---|---|---|---|---|---|---|---|---|---|---|
| 330 | 320 | 250 | 210 | 150 | 130 | 100 | 12 | 50 | 3 | 7 | 10 | 7 | 1 | 10 | 0,8 |

## N° 558 — CONCHES-EN-OUCHE — Le Bois de Rome — CM 55 pli 16

**14 pers.**

Anne-Laure et Marc vous ouvrent les portes du bois de Rome. Ce gîte au coeur de la belle ville de Conches en Ouche, est situé en rez de jardin d'une maison de maître. Cadre privilégié à deux pas de la petite ville comme de la campagne sur un parc de 4000 m2. De plain-pied : séjour, salon, cuisine équipée. 5 ch. (5 lits 2 pers., 4 lits 1 pers.), sdb, 3 s.d'eau, 2 wc. Chauffage central gaz de ville, possibilité d'une écurie, bac à sable, ping-pong, badminton. Portable à disposition. Ouvert toute l'année.

GITES DE FRANCE-SERVICE RESERVATION – 9 rue de la Petite Cité - BP 882 - 27008 EVREUX Cedex
Tél.: 02 32 39 53 38 - Fax: 02 32 33 78 13 - Email: gites@eure.chambagri.fr - www.gites-de-france-eure.com

| TRES HTE SAIS. | HTE SAIS. | MOY. SAIS. | BASSE SAIS. | W.-E. MOY. SAIS. | W.-E. BAS. SAIS. |  |  |  |  |  |  |  |  |
|---|---|---|---|---|---|---|---|---|---|---|---|---|---|
| 735 | 690 | 545 | 445 | 405 | 345 | 2 | 8 | 0,1 | 1 | 20 | 0,1 | SP | 0,1 | 0,1 |

## N° 550 — LES HOGUES — CM 55 pli 7

**NN — 11 pers.**

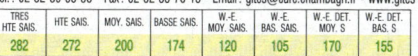

C'est au coeur de la splendide hêtraie à deux pas de Lyons-la-Forêt, petite cité de caractère aux belles demeures à pans de bois, bien appréciée des artistes, que vous trouverez ce grand gîte confortable et aménagé avec goût dans le respect du caractère de la maison. Situé dans le village, vous apprécierez le beau panorama sur la campagne. R.D.C: entrée, cuisine, salle à manger donnant sur un salon avec cheminée, second salon, 1 ch. (1 lit 2 pers.), wc. Etage: coin- salon sur le palier, 4 ch.(3 lits 2 pers. et 3 lits 1 pers.), sdb, s. d'eau, wc. Jardin clos, chauffage central. Ouvert toute l'année.

GITES DE FRANCE-SERVICE RESERVATION – 9 rue de la Petite Cité - BP 882 - 27008 EVREUX Cedex
Tél.: 02 32 39 53 38 - Fax: 02 32 33 78 13 - Email: gites@eure.chambagri.fr - www.gites-de-france-eure.com

| TRES HTE SAIS. | HTE SAIS. | MOY. SAIS. | BASSE SAIS. | W.-E. MOY. SAIS. | W.-E. BAS. SAIS. |  |  |  |  |  |  |  |  |
|---|---|---|---|---|---|---|---|---|---|---|---|---|---|
| 550 | 535 | 400 | 335 | 260 | 230 | 70 | 2 | 30 | 3 | 4 | 30 | 7 | SP | 23 | 5 |

## N° 560 — JOUY-SUR-EURE — Les Pleignes — CM 55 pli 17

**NN — 4 pers.**

C'est dans cet ancien four à pain situé sur leur exploitation qu'Alain et Véronique auront le plaisir de vous accueillir. Cet hébergement est rénové avec beaucoup de goût. Vous pourrez découvrir les joies de la ferme lors d'une visite avec Alain ou vous prélasser dans le jardin réservé au gîte. R.D.C : séjour cathédrale avec espace cuisine, s.d'eau avec wc, 1 ch (1 lit 2 pers). Mezzanine avec 2 lits 1 pers. Portable à disposition. Ouvert toute l'année.

GITES DE FRANCE-SERVICE RESERVATION – 9 rue de la Petite Cité - BP 882 - 27008 EVREUX Cedex
Tél.: 02 32 39 53 38 - Fax: 02 32 33 78 13 - Email: gites@eure.chambagri.fr - www.gites-de-france-eure.com

| TRES HTE SAIS. | HTE SAIS. | MOY. SAIS. | BASSE SAIS. | W.-E. MOY. SAIS. | W.-E. BAS. SAIS. | W.-E. DET. MOY. S | W.-E. DET. BAS. S |  |  |  |  |  |  |  |
|---|---|---|---|---|---|---|---|---|---|---|---|---|---|---|
| 282 | 272 | 200 | 174 | 120 | 105 | 170 | 155 | 3 | 39 | 15 | 7 | 15 | 15 | SP | 15 | 3 |

## N° 568 — LIEUREY — CM 231 pli 21

**NN — 15 pers.**

Cet ancien pressoir de la fin du 18ème siècle propose beaucoup d'espace et de luminosité. Jean Michel et Sylvie sauront vous faire découvrir leur région. Ils peuvent aussi répondre à vos envies de produits du terroir ( vente de produits fermiers sur place). Vous profiterez d'un jardin privatif clos de 1000 m². R.D.C: cuisine, séjour: salle à manger avec wc. R.D.C: cuisine, séjour, salle à manger et wc. S. d'eau, 1 ch. (1 lit 2 pers.). Etage: 4 ch. (3 lits 2 pers., 7 lits 1 pers., 1 lit bébé), s.d'eau, wc. Chauffage électrique, micro ondes. Ouvert toute l'année.

GITES DE FRANCE-SERVICE RESERVATION – 9 rue de la Petite Cité - BP 882 - 27008 EVREUX Cedex
Tél.: 02 32 39 53 38 - Fax: 02 32 33 78 13 - Email: gites@eure.chambagri.fr - www.gites-de-france-eure.com

| TRES HTE SAIS. | HTE SAIS. | MOY. SAIS. | BASSE SAIS. | W.-E. MOY. SAIS. | W.-E. BAS. SAIS. |  |  |  |  |  |  |  |  |
|---|---|---|---|---|---|---|---|---|---|---|---|---|---|
| 580 | 550 | 400 | 330 | 240 | 200 | 35 | 18 | 18 | 1,2 | 8 | 30 | 7 | SP | 18 | 1,2 |

## N° 556 — NOARDS — CM 55 pli 15

**NN — 4 pers.**

Au coeur du Lieuvin, cette adorable chaumière restaurée avec un goût sûr vous propose de belles prestations dans un environnement bocager typique. Accès facile pour la côte normande mais aussi nombreux sentiers à proximité pour profiter de la campagne. De plain-pied: séjour avec cuisine et cheminée, 2 ch. (1 lit 2 pers. en 160, 2 lits 1 pers., 1 lit bébé), sdb (avec baignoire et douche), wc. Chauffage électrique. Micro ondes. Ouvert toute l'année.

GITES DE FRANCE-SERVICE RESERVATION – 9 rue de la Petite Cité - BP 882 - 27008 EVREUX Cedex
Tél.: 02 32 39 53 38 - Fax: 02 32 33 78 13 - Email: gites@eure.chambagri.fr - www.gites-de-france-eure.com

| TRES HTE SAIS. | HTE SAIS. | MOY. SAIS. | BASSE SAIS. | W.-E. MOY. SAIS. | W.-E. BAS. SAIS. | W.-E. DET. MOY. S | W.-E. DET. BAS. S |  |  |  |  |  |  |  |
|---|---|---|---|---|---|---|---|---|---|---|---|---|---|---|
| 370 | 355 | 270 | 215 | 165 | 130 | 225 | 190 | 35 | 18 | 18 | 2 | 7 | 25 | 7 | 2 | 15 | 2 |

NORMANDIE

# EURE - 27

## N° 565 — PERRUEL — CM 55 pli 7
**NN — 3 pers.**

C'est au cœur du vert bocage normand que vous découvrirez cet adorable petit gîte, ancien four à pain restauré avec beaucoup de goût. Au cours de votre séjour, vous serez partagés entre profiter de son intérieur chaleureux et confortable, au coin d'un bon feu de bois, et flâner alentours dans la campagne ou dans l'un des nombreux sites touristiques de la région. Visite possible de la ferme laitière. R.D.C : cuisine, séjour, sdb avec baignoire, douche et wc. Etage : 2 ch (1 lit 2 pers. et 2 lits 1 pers.). Cave voutée accessible en sous sol. Jardin clos,portique, chauffage électrique. Ouvert toute l'année.

GITES DE FRANCE-SERVICE RESERVATION – 9 rue de la Petite Cité – BP 882 - 27008 EVREUX Cedex
Tél. : 02 32 39 53 38 - Fax : 02 32 33 78 13 - Email : gites@eure.chambagri.fr - www.gites-de-france-eure.com

| TRES HTE SAIS. | HTE SAIS. | MOY. SAIS. | BASSE SAIS. | W-E. MOY. SAIS. | W-E. BAS. SAIS. | | | | | | | | |
|---|---|---|---|---|---|---|---|---|---|---|---|---|---|
| 315 | 295 | 210 | 190 | 125 | 110 | 65 | 0,8 | 30 | 10 | 25 | 15 | 0,6 | 20 | 2 |

## N° 567 — ROSAY-SUR-LIEURE — Le Presbytère — CM 55 pli 7
**NN — 6 pers.**

Tout ici vous séduira, le charme de la verte vallée de la Lieure et son environnement touristique, le caractère de cette jolie maison, ancien presbytère, aménagée avec beaucoup de goût et raffinement et son grand jardin clos paysager. Un séjour et vous serez conquis! R.D.C: salle à manger, salon, cuisine, 1 ch (2 lit de 1 m), s.d'eau avec wc, wc, lingerie. Etage: 3 ch (1 lit 2 pers., 2 lits 1 pers., 2 lits de 0,80m), sdb avec wc. Chauffage au fuel. Sèche linge, micro ondes. Ouvert toute l'année.

GITES DE FRANCE-SERVICE RESERVATION – 9 rue de la Petite Cité – BP 882 - 27008 EVREUX Cedex
Tél. : 02 32 39 53 38 - Fax : 02 32 33 78 13 - Email : gites@eure.chambagri.fr - www.gites-de-france-eure.com

| TRES HTE SAIS. | HTE SAIS. | MOY. SAIS. | BASSE SAIS. | W-E. MOY. SAIS. | W-E. BAS. SAIS. | | | | | | | | |
|---|---|---|---|---|---|---|---|---|---|---|---|---|---|
| 680 | 650 | 490 | 400 | 300 | 250 | 80 | 1 | 35 | 4 | 3 | 30 | 6 | 1 | 30 | 6 |

## N° 557 — ST-AUBIN-SUR-GAILLON — Le Malassis — CM 231 pli 35
**NN — 4 pers.**

C'est une petite route entre vertes prairies et bois qui vous mènera au Malassis. Le petit Malassis, ce gîte plein de charme anglais à un petit jardin privatif. R.D.C : séjour avec coin-cuisine équipé, wc et s.d'eau Etage: 2 ch. (2 lits 1 pers., 1 lit 2 pers.), sdb et wc. Chauffage électrique, portique. Ouvert toute l'année.

GITES DE FRANCE-SERVICE RESERVATION – 9 rue de la Petite Cité – BP 882 - 27008 EVREUX Cedex
Tél. : 02 32 39 53 38 - Fax : 02 32 33 78 13 - Email : gites@eure.chambagri.fr - www.gites-de-france-eure.com

| TRES HTE SAIS. | HTE SAIS. | MOY. SAIS. | BASSE SAIS. | W-E. MOY. SAIS. | W-E. BAS. SAIS. | | | | | | | | |
|---|---|---|---|---|---|---|---|---|---|---|---|---|---|
| 290 | 280 | 205 | 170 | 125 | 105 | 7 | 18 | 2 | 2 | 3 | 3 | 1 | 3 | 3 |

## N° 549 — ST-CLAIR-D'ARCEY — CM 55 pli 14
**NN — 4 pers.**

Aux portes du pays d'Ouche, ce gîte plein de charme saura vous accueillir au cœur d'un paysage de bocage. A proximité du village, vous profiterez du calme et de la sérénité des lieux. Point de départ idéal pour des balades à pied ou à vélo, le gîte est situé près de nombreux sites touristiques. R.D.C : séjour, cuisine, s.d'eau, wc. Etage : 2 ch. (1 lit 2 pers., 2 lits 1 pers.). Chauffage électrique. Accueil de cavaliers possible. Ouvert toute l'année.

GITES DE FRANCE-SERVICE RESERVATION – 9 rue de la Petite Cité – BP 882 - 27008 EVREUX Cedex
Tél. : 02 32 39 53 38 - Fax : 02 32 33 78 13 - Email : gites@eure.chambagri.fr - www.gites-de-france-eure.com

| TRES HTE SAIS. | HTE SAIS. | MOY. SAIS. | BASSE SAIS. | W-E. MOY. SAIS. | W-E. BAS. SAIS. | | | | | | | | |
|---|---|---|---|---|---|---|---|---|---|---|---|---|---|
| 268 | 252 | 192 | 151 | 121 | 101 | 55 | 6 | 23 | 7 | 6 | 32 | 7 | SP | 7 | 7 |

## N° 554 — ST-ETIENNE-L'ALLIER — CM 55 pli 4
**EC NN — 15 pers.**

A proximité d'un petit corps de ferme avec des vaches, remarquable pressoir du XVIIème, à pans de bois, entièrement restauré dans une prairie normande limitée par un talus planté de chênes centenaires. Jardin clos. R.D.C: grand séjour, cuisine ouverte sur le séjour, 1 ch. (1 lit 2 pers.), s.d'eau, cellier, salle de jeux, wc. Etage: 6 ch. (3 lits 2 pers., 7 lits 1 pers.), 2 s.d'eau, 2 wc. Chauffage géothermique. micro ondes, sèche linge, badminton, ping pong. Ouvert toute l'année.

GITES DE FRANCE-SERVICE RESERVATION – 9 rue de la Petite Cité – BP 882 - 27008 EVREUX Cedex
Tél. : 02 32 39 53 38 - Fax : 02 32 33 78 13 - Email : gites@eure.chambagri.fr - www.gites-de-france-eure.com

| TRES HTE SAIS. | HTE SAIS. | MOY. SAIS. | BASSE SAIS. | W-E. MOY. SAIS. | W-E. BAS. SAIS. | | | | | | | | |
|---|---|---|---|---|---|---|---|---|---|---|---|---|---|
| 750 | 750 | 562 | 450 | 365 | 295 | 55 | 8 | 12 | 9 | 9 | 55 | 12 | SP | 25 | 4 |

## N° 551 — ST-SYLVESTRE-DE-CORMEILLES — Le Petit Neubourg — CM 55 pli 4
**NN — 6 pers.**

A flanc de côteau, vous surplomberez la vallée à proximité du circuit des maquisards...un havre de paix pour de belles randonnées mais aussi un accès rapide à Cormeilles et à la côte normande. R.D.C: séjour et espace cuisine, sdb, 1 ch. (1 lit 130), wc. Etage: 3 ch. (2 lits 2 pers., 1 lit 1 pers.). Cabinet de toilette, s.d'eau, wc. Chauffage électrique. Ouvert de Pâques à la Toussaint.

GITES DE FRANCE-SERVICE RESERVATION – 9 rue de la Petite Cité – BP 882 - 27008 EVREUX Cedex
Tél. : 02 32 39 53 38 - Fax : 02 32 33 78 13 - Email : gites@eure.chambagri.fr - www.gites-de-france-eure.com

| TRES HTE SAIS. | HTE SAIS. | MOY. SAIS. | BASSE SAIS. | W-E. MOY. SAIS. | W-E. BAS. SAIS. | | | | | | | | |
|---|---|---|---|---|---|---|---|---|---|---|---|---|---|
| 480 | 460 | 350 | 285 | 220 | 180 | 35 | 6 | 28 | 6 | 10 | 28 | 12 | SP | 25 | 6 |

# EURE - 27

## N° 552 — ST-VICTOR-D'EPINE — Le Relais du Chaussé
**CM 5 pli 15**

NN — 8 pers.

Restaurée avec des materiaux traditionnels (bois et torchis), cette maison située à l'orée d'une forêt vous offre de belles perspectives de promenades. La proximité des chevaux ajoute encore à son charme. Environnement calme et accueil chaleureux pour un doux séjour en pays de Risle. R.D.C: séjour, cuisine, 1 ch (1 lit 2 pers.), s.d'eau, wc. Etage : 2 ch. (1 lit 2 pers., 4 lits 1 pers.), sdb avec wc. Chauffage électrique. Bac à sable, ping-pong. Accueil de cavaliers possible. Ouvert toute l'année.

GITES DE FRANCE-SERVICE RESERVATION — 9 rue de la Petite Cité - BP 882 - 27008 EVREUX Cedex
Tél. : 02 32 39 53 38 - Fax : 02 32 33 78 13 - Email : gites@eure.chambagri.fr - www.gites-de-france-eure.com

| TRES HTE SAIS. | HTE SAIS. | MOY. SAIS. | BASSE SAIS. | W.-E. MOY. SAIS. | W.-E. BAS. SAIS. |
|---|---|---|---|---|---|
| 420 | 400 | 300 | 240 | 180 | 150 |

| | | | | | | | | | |
|---|---|---|---|---|---|---|---|---|---|
| 45 | 9 | 9 | 3 | 3 | 30 | 3 | SP | 20 | 3 |

## N° 555 — ST-VIGOR
**CM 55 pli 17**

NN — 3 pers.

Cette petite maison Les Meuniers est la dépendance d'un moulin du XVI ème siècle avec roue à aube. Vous serez enchantés par le cadre et la quiétude de cette vallée où le Rosay prend sa source et où vous pourrez profiter des 4 ha de la propriété pour flâner. Les propriétaires habitent le moulin et vous accueilleront avec plaisir. R.D.C: séjour, coin-cuisine, wc. Etage : 1 ch. (1 lit 2 pers.,1 lit 1 pers.), s.d'eau. Petite terrasse, terrain privatif à proximité (rivière non protégée), chauffage électrique. Ouvert toute l'année.

GITES DE FRANCE-SERVICE RESERVATION — 9 rue de la Petite Cité - BP 882 - 27008 EVREUX Cedex
Tél. : 02 32 39 53 38 - Fax : 02 32 33 78 13 - Email : gites@eure.chambagri.fr - www.gites-de-france-eure.com

| TRES HTE SAIS. | HTE SAIS. | MOY. SAIS. | BASSE SAIS. | W.-E. MOY. SAIS. | W.-E. BAS. SAIS. |
|---|---|---|---|---|---|
| 200 | 170 | 150 | 130 | 100 | 80 |

| | | | | | | | | | |
|---|---|---|---|---|---|---|---|---|---|
| 116 | SP | 25 | 1 | 3 | 15 | 15 | SP | 15 | 1,5 |

## N° 563 — LE TRONQUAY — La Grand Fray
**CM 55 pli 18**

NN — 9 pers.

Ce charmant petit hameau, près de la magnifique hêtraie de Lyons la Forêt abrite ce gîte, que les propriétaires ont aménagé à proximité de leur demeure. Vous disposez de l'agréable jardin commun avec un bassin non clos. R.D.C: cuicine américaine, séjour, wc, 1 ch. (1 lit 2 pers.), s.d'eau. Etage: 3 ch. (2 lits 2 pers., 3 lits 1 pers.), 2 sdb, wc chauffage central fuel. Portable à disposition. Ouvert toute l'année.

GITES DE FRANCE-SERVICE RESERVATION — 9 rue de la Petite Cité - BP 882 - 27008 EVREUX Cedex
Tél. : 02 32 39 53 38 - Fax : 02 32 33 78 13 - Email : gites@eure.chambagri.fr - www.gites-de-france-eure.com

| TRES HTE SAIS. | HTE SAIS. | MOY. SAIS. | BASSE SAIS. | W.-E. MOY. SAIS. | W.-E. BAS. SAIS. |
|---|---|---|---|---|---|
| 425 | 410 | 390 | 370 | 234 | 222 |

| | | | | | | | | | |
|---|---|---|---|---|---|---|---|---|---|
| 60 | 11 | 20 | 3 | 4 | 20 | 3 | SP | 30 | 1 |

# MANCHE - 50

**GITES DE FRANCE** - Service Réservation - Maison du Département -
Rond-Point de la Liberté - 50008 SAINT-LÔ Cédex
Tél. 02 33 56 28 80 - Fax. 02 33 56 07 03
E.mail : mancheresa@cg50.fr - www.manche-locationvacances.com

## PERIODES TARIFAIRES

**HAUTE SAISON :** du 3.07 au 28.08 - **MOYENNE SAISON :** du 7.02 au 6.03, du 3.04 au 3.07, du 28.08 au 25.09, du 16.10 au 30.10 et du 18.12 au 8.01.05 - **BASSE SAISON :** autres périodes.

---

### N°171 — LA CHAISE-BAUDOUIN — Les Hauts Monts

NN — 6 pers.

Villedieu-les-Poêles 6 km. Mont-St-Michel 25 km. Un aménagement intérieur de qualité, des sanitaires privatifs à chaque chambre afin de vous assurer un séjour des plus confortables. Jardin fleuri et cadre verdoyant. Maison mitoyenne à celle du propriétaire. Salon, salle à manger, cuisine, 3 chambres (2 lits 2 pers., 2 lits 1 pers.), 3 salles d'eau, 4 wc. Télévision, lave-linge commun, chauffage électrique. Toutes charges comprises. Terrain non-clos commun, salon de jardin. Ouvert toute l'année.

GITES DE FRANCE RESERVATION - Maison du Département - 50008 SAINT-LO Cedex
Tél. : 02 33 56 28 80 - Fax : 02 33 56 07 03 - Email : mancheresa@cg50.fr - www.manche-locationvacances.com

| HTE SAIS. | MOY. SAIS. | BASSE SAIS. | WEEK-END |
|---|---|---|---|
| 500 | 350 | 300 | 140 |

| | | | | | | | |
|---|---|---|---|---|---|---|---|
| 25 | 3 | 6 | 35 | 40 | 6 | 0,3 | 6 | 6 |

---

### N°8 — LA CHAPELLE-UREE — Les Longs Champs

NN — 6 pers.

Avranches 15 km. Au cœur d'une exploitation agricole, coquette ancienne boulangerie. Maison indépendante. Séjour, cuisine, 2 chambres (1lit 2 pers., 1 lit 110, 3 lits 1 pers., 1 lit bébé), 2 salles d'eau, 2 wc. Télévision, chauffage électrique. Terrain non-clos privé, salon de jardin, barbecue, ping-pong. www.chez.com/123gites Ouvert toute l'année.

GITES DE FRANCE RESERVATION - Maison du Département - 50008 SAINT-LO Cedex
Tél. : 02 33 56 28 80 - Fax : 02 33 56 07 03 - Email : mancheresa@cg50.fr - www.manche-locationvacances.com

| HTE SAIS. | MOY. SAIS. | BASSE SAIS. | WEEK-END |
|---|---|---|---|
| 421 | 264 | 230 | 110 |

| | | | | | | |
|---|---|---|---|---|---|---|
| 30 | 7 | 7 | 40 | 7 | 7 | 17 | 7 |

---

### N°83 — DIGOSVILLE

NN — 7 pers.

Cherbourg 7 km. Superbe maison en pierre où vous apprécierez l'intimité extérieure (parc clos, fleuri) et intérieure (salon agrémenté d'une cheminée et d'un coin bibliothèque). A quelques minutes de Cherbourg, sur la route du Val de Saire. Maison indépendante. Salon, salle à manger, coin-cuisine, 2 chambres (2 lits 2 pers., 1 lits 1 pers., 1 lit enfant). 1 canapé convertible, salle de bain, 2 wc. Télévision, linge de maison non-fournis, chauffage central compris. Terrain clos privé, salon de jardin, barbecue, portique, abri. Ouvert toute l'année.

GITES DE FRANCE RESERVATION - Maison du Département - 50008 SAINT-LO Cedex
Tél. : 02 33 56 28 80 - Fax : 02 33 56 07 03 - Email : mancheresa@cg50.fr - www.manche-locationvacances.com

| HTE SAIS. | MOY. SAIS. | BASSE SAIS. |
|---|---|---|
| 425 | 298 | 255 |

| | | | | | | |
|---|---|---|---|---|---|---|
| 3 | 5 | 2 | 7 | 4 | 7 | 7 | 4 |

---

### N°98 — FERRIERES — La Galoberie

NN — 6/8 pers.

St-Hilaire-du-Harcouët 12 km. A égale distance des plages du débarquement, de Fougères, du Mont-St-Michel et de St-Malo, gîte confortable et calme. Maison indépendante. Salon, salle à manger, coin-cuisine, 3 chambres (2 lits 2 pers., 2 lits 1 pers., 1 lit bébé), 1 canapé convertible, salle de bains, salle d'eau, 2 wc. Télévision, chauffage central. Terrain privé non-clos, salon de jardin, barbecue. Ouvert toute l'année.

GITES DE FRANCE RESERVATION - Maison du Département - 50008 SAINT-LO Cedex
Tél. : 02 33 56 28 80 - Fax : 02 33 56 07 03 - Email : mancheresa@cg50.fr - www.manche-locationvacances.com

| HTE SAIS. | MOY. SAIS. | BASSE SAIS. | WEEK-END |
|---|---|---|---|
| 390 | 273 | 234 | 104 |

| | | | | | |
|---|---|---|---|---|---|
| 55 | 9 | 12 | 30 | 15 | 12 | 12 |

---

### N°134 — GREVILLE-HAGUE — Hameau de Grochy

NN — 6 pers.

Cherbourg 15 km. La proximité du chemin de grande randonnée n° 223, permettra, à partir de cette maison traditionnelle, de découvrir à votre rythme le magnifique littoral de la Hague. Maison mitoyenne à une autre location. Séjour, coin-cuisine, 3 chambres (2 lits 2 pers., 2 lits 1 pers., 1 lit bébé), 2 salles d'eau, 2 wc. Prise télévision, sèche-linge. Chauffage électrique. Terrain non-clos, salon de jardin, barbecue. Ouvert toute l'année.

GITES DE FRANCE RESERVATION - Maison du Département - 50008 SAINT-LO Cedex
Tél. : 02 33 56 28 80 - Fax : 02 33 56 07 03 - Email : mancheresa@cg50.fr - www.manche-locationvacances.com

| HTE SAIS. | MOY. SAIS. | BASSE SAIS. | WEEK-END | W.-E. DETENTE |
|---|---|---|---|---|
| 468 | 277 | 242 | 138 | 178 |

| | | | | | | |
|---|---|---|---|---|---|---|
| 5 | 5 | 5 | 15 | 20 | 6 | 0,1 | 15 | 6 |

# MANCHE - 50

*Périodes tarifaires p. 352*

## N° 99 — LINGREVILLE

**NN** — 15 pers.

Granville 15 km. Ancien presbytère avec cour et jardin clos de murs. Plage de sable fin à 2 km. Buanderie et salle d'eau d'été dans bâtiment annexe face au gîte. Maison indépendante. Salon, salle à manger, cuisine, 6 chambres (1 lit 2 pers., 11 lits 1 pers., 2 lits superposés, 1 lit de bébé), salle de bain, 2 salles d'eau, 3 wc. Télévision, chauffage central. Terrain clos privé, salon de jardin, barbecue, portique, ping-pong. Ouvert toute l'année.

GITES DE FRANCE RESERVATION - Maison du Département - 50008 SAINT-LO Cedex
Tél. : 02 33 56 28 80 - Fax : 02 33 56 07 03 - Email : mancheresa@cg50.fr - www.manche-locationvacances.com

| HTE SAIS. | MOY. SAIS. | BASSE SAIS. | WEEK-END |
|---|---|---|---|
| 755 | 510 | 440 | 330 |

| | | | | | | | |
|---|---|---|---|---|---|---|---|
| 2 | 0,5 | 5 | 5 | 6 | 15 | 15 | 0,1 |

## N° 79 — LE MESNIL-DREY — Le Hamel

**NN** — 6 pers.

Granville 15 km. Beau corps de ferme rénové avec confort et soin, multiples services proposés par le propriétaire. Maison mitoyenne à celle du propriétaire. Séjour, coin-cuisine, 3 chambres (2 lits 2 pers., 2 lits 1 pers., 1 lit bébé), salle de bains, salle d'eau, 2 wc. Télévision, chauffage électrique. Terrain clos commun, salon de jardin, barbecue. Ouvert toute l'année.

GITES DE FRANCE RESERVATION - Maison du Département - 50008 SAINT-LO Cedex
Tél. : 02 33 56 28 80 - Fax : 02 33 56 07 03 - Email : mancheresa@cg50.fr - www.manche-locationvacances.com

| HTE SAIS. | MOY. SAIS. | BASSE SAIS. | WEEK-END | W.-E. DETENTE |
|---|---|---|---|---|
| 380 | 265 | 228 | 150 | 196 |

| | | | | | | | |
|---|---|---|---|---|---|---|---|
| 10 | 4 | 16 | 16 | 15 | 3 | 15 | 3 |

## N° 280 — LE MESNIL-OZENNE — Le Val

**NN** — 5/6 pers.

Avranches 11 km. Mont-St-Michel 30 km. En haut d'une colline, ce gîte offre une vue panoramique sur le bocage, et permet, par sa situation, la découverte du milieu naturel exceptionnel de la Baie du Mont-St-Michel. Maison mitoyenne à celle du propriétaire. Séjour, cuisine, 2 chambres (1 lit 2 pers., 1 lit 160, 1 lit 1 pers., 1 lit bébé), canapé convertible, salle de bains, salle d'eau, 2 wc. Prise télévision, chauffage électrique. Terrain clos, privé, terrasse, balcon, salon de jardin, barbecue. Ouvert toute l'année.

GITES DE FRANCE RESERVATION - Maison du Département - 50008 SAINT-LO Cedex
Tél. : 02 33 56 28 80 - Fax : 02 33 56 07 03 - Email : mancheresa@cg50.fr - www.manche-locationvacances.com

| HTE SAIS. | MOY. SAIS. | BASSE SAIS. | WEEK-END | W.-E. DETENTE |
|---|---|---|---|---|
| 375 | 259 | 224 | 170 | 170 |

| | | | | | | | |
|---|---|---|---|---|---|---|---|
| 32 | 3 | 12 | 11 | 11 | 11 | | |

## N° 67 — LA MEURDRAQUIERE

**NN** — 6 pers.

Granville 15 km. Entre Villedieu-les-Poëles et Granville, visites et loisirs de bord de mer s'offrent à vous, les propriétaires vous aideront dans vos choix. Maison mitoyenne à celle du propriétaire. Séjour, cuisine, 3 chambres (2 lits 2 pers., 2 lits 1 pers., 1 lit bébé), salle de bains, 2 wc. Télévision, chauffage électrique. Terrain clos commun, salon de jardin, barbecue, portique. Ouvert toute l'année.

GITES DE FRANCE RESERVATION - Maison du Département - 50008 SAINT-LO Cedex
Tél. : 02 33 56 28 80 - Fax : 02 33 56 07 03 - Email : mancheresa@cg50.fr - www.manche-locationvacances.com

| HTE SAIS. | MOY. SAIS. | BASSE SAIS. |
|---|---|---|
| 455 | 281 | 187 |

| | | | | | | |
|---|---|---|---|---|---|---|
| 18 | 1 | 18 | 18 | 20 | 16 | 1 | 4 | 7 |

## N° 88 — MONTAIGU-LES-BOIS — Le Hamel es Gens

**NN** — 10 pers.

Villedieu 7 km. Ancien presbytère pouvant accueillir confortablement une grande famille, à quelques encablures du site grandiose de l'abbaye d'Hambye. Maison indépendante. Salon, salle à manger, cuisine, 5 chambres (3 lits 2 pers., 4 lits 1 pers.) salle de bains, salle d'eau, 4 wc. Chauffage électrique Terrain clos privé. Ouvert toute l'année.

GITES DE FRANCE RESERVATION - Maison du Département - 50008 SAINT-LO Cedex
Tél. : 02 33 56 28 80 - Fax : 02 33 56 07 03 - Email : mancheresa@cg50.fr - www.manche-locationvacances.com

| HTE SAIS. | MOY. SAIS. | BASSE SAIS. | WEEK-END |
|---|---|---|---|
| 512 | 342 | 273 | 184 |

| | | | | | | | |
|---|---|---|---|---|---|---|---|
| 26 | 1,5 | 2 | 28 | 26 | 7 | 1 | 7 | 7 |

## N° 4 — MONTMARTIN-SUR-MER

**NN** — 7 pers.

Coutances 10 km. Grande maison en pierre à l'intérieur soigné et équipée confortablement. Une décoration basée sur des tons pastels ce qui procure aux différentes pièces une atmosphère chaleureuse. Maison mitoyenne à une habitation. Séjour, cuisine, 3 chambres (1 lit 2 pers., 4 lits 1 pers., 1 lit 100), 2 salles d'eau, 2 wc. Télévision, sèche-linge, chauffage central. Terrain clos privé, salon de jardin, barbecue, abri. Ouvert toute l'année.

GITES DE FRANCE RESERVATION - Maison du Département - 50008 SAINT-LO Cedex
Tél. : 02 33 56 28 80 - Fax : 02 33 56 07 03 - Email : mancheresa@cg50.fr - www.manche-locationvacances.com

| HTE SAIS. | MOY. SAIS. | BASSE SAIS. | WEEK-END |
|---|---|---|---|
| 598 | 419 | 359 | 240 |

| | | | | | | |
|---|---|---|---|---|---|---|
| 3 | 0,2 | 3 | 4 | 12 | 10 | 10 | 0,2 |

*NORMANDIE — Pictos voir p. 12*

# MANCHE - 50

Périodes tarifaires p. 352

## N° 224 NEHOU — La Meslinerie

**NN — 6 pers.**

St-Sauveur-le-Vicomte 6 km. Dans un petit hameau, maison idéale pour découvrir les Châteaux de St-Sauveur-le-Vicomte et de Crosville-sur-Douve, et de partir sur les traces de Barbey d'Aurévilly. Maison indépendante. Séjour, cuisine, 3 chambres (1 lit 2 pers., 2 lits 1 pers., 1 lit superposé), salle de bains, wc. Télévision, chauffage électrique. Terrain clos privé, salon de jardin, barbecue. Ouvert du 3 avril au 25 septembre.

GITES DE FRANCE RESERVATION – Maison du Département – 50008 SAINT-LO Cedex
Tél. : 02 33 56 28 80 – Fax : 02 33 56 07 03 – Email : mancheresa@cg50.fr – www.manche-locationvacances.com

| HTE SAIS. | MOY. SAIS. |
|---|---|
| 345 | 220 |

| | | | | | | | |
|---|---|---|---|---|---|---|---|
| 18 | 6 | 18 | 18 | 18 | 6 | 0,5 | 18 | 6 |

## N° 301 NOTRE-DAME-DU-TOUCHET — Livet

**NN — 8 pers.**

St-Hilaire-du-Harcouët 12 km. Dans un cadre champêtre, à proximité de l'exploitation agricole des propriétaires. Maison indépendante. Séjour, coin-cuisine, 4 chambres (3 lits 2 pers., 2 lits 1 pers.), salle de bains, salle d'eau, 2 wc. Télévision, chauffage central. Terrain non-clos privé, salon de jardin, barbecue. Ouvert toute l'année.

GITES DE FRANCE RESERVATION – Maison du Département – 50008 SAINT-LO Cedex
Tél. : 02 33 56 28 80 – Fax : 02 33 56 07 03 – Email : mancheresa@cg50.fr – www.manche-locationvacances.com

| HTE SAIS. | MOY. SAIS. | BASSE SAIS. | WEEK-END |
|---|---|---|---|
| 450 | 288 | 224 | 140 |

| 4 | 12 | 35 | 12 | 35 | 6 |
|---|---|---|---|---|---|

## N° 30 SOURDEVAL — Les Landelles

**NN — 4 pers.**

Sourdeval 5 km. En pleine campagne, maison traditionnelle en pierre située dans un grand jardin planté à 60m de l'habitation du propriétaire. Une salle d'exposition vente et un atelier poterie fonctionnent sur place. Possibilité sur réservation d'avoir des cours de modelage et d'émaillage. Maison indépendante. Séjour, cuisine, 2 chambres (1 lit 2 pers., 2 lits 1 pers., 1 lit bébé), salle de bains, wc. Télévision, chauffage électrique. Terrain clos privé, terrasse, salon de jardin, barbecue. Ouvert toute l'année.

GITES DE FRANCE RESERVATION – Maison du Département – 50008 SAINT-LO Cedex
Tél. : 02 33 56 28 80 – Fax : 02 33 56 07 03 – Email : mancheresa@cg50.fr – www.manche-locationvacances.com

| HTE SAIS. | MOY. SAIS. | BASSE SAIS. | WEEK-END | W.-E. DETENTE |
|---|---|---|---|---|
| 305 | 215 | 185 | 90 | 130 |

| 55 | 5 | 15 | 15 | 9 | 2 | 15 | 20 | 5 |
|---|---|---|---|---|---|---|---|---|

## N° 28 SOURDEVAL-LES-BOIS — La Chevalerie

**NN — 4/5 pers.**

Villedieu-les-Poêles 9 km. Entourée par le bocage, agréable petite maison à quelques kilomètres du site grandiose de l'abbaye d'Hambye. Maison mitoyenne à celle du propriétaire. Séjour, cuisine, 2 chambres (2 lits 2 pers., 1 lit bébé, 1 lit d'appoint 1 pers.), salle d'eau, wc. Télévision, chauffage électrique. Terrain clos privé, terrasse, salon de jardin, barbecue. Ouvert toute l'année.

GITES DE FRANCE RESERVATION – Maison du Département – 50008 SAINT-LO Cedex
Tél. : 02 33 56 28 80 – Fax : 02 33 56 07 03 – Email : mancheresa@cg50.fr – www.manche-locationvacances.com

| HTE SAIS. | MOY. SAIS. | BASSE SAIS. | WEEK-END | W.-E. DETENTE |
|---|---|---|---|---|
| 396 | 282 | 244 | 122 | 214 |

| 20 | 0,2 | 3 | 25 | 20 | 9 | 5 |
|---|---|---|---|---|---|---|

## N° 121 ST-LOUP

**NN — 6 pers.**

Avranches 5 km. Dans un accueillant village fleuri (2 fleurs), près d'une église romane classée monument historique du 12è siècle, le gîte est le point de départ idéal pour visiter le Sud-Manche et même la Bretagne! Maison mitoyenne à une autre location. Séjour, coin-cuisine, 3 chambres (2 lits 2 pers., 2 lits 1 pers.), salle d'eau, wc. Draps et linge de maison non-fournis. Chauffage électrique. Cour non-close commune, salon de jardin. Ouvert toute l'année.

GITES DE FRANCE RESERVATION – Maison du Département – 50008 SAINT-LO Cedex
Tél. : 02 33 56 28 80 – Fax : 02 33 56 07 03 – Email : mancheresa@cg50.fr – www.manche-locationvacances.com

| HTE SAIS. | MOY. SAIS. | BASSE SAIS. |
|---|---|---|
| 341 | 229 | 200 |

| 20 | 2 | 8 | 28 | 4 | 8 | 4 |
|---|---|---|---|---|---|---|

## N° 122 ST-LOUP

**NN — 4 pers.**

Avranches 5 km. Dans un accueillant village fleuri (2 fleurs), près d'une église romane classée monument historique du 12è siècle, le gîte est le point de départ idéal pour visiter le Sud-Manche et même la Bretagne! Maison mitoyenne à une autre location. Séjour, coin-cuisine, 2 chambres (1 lit 2 pers., 2 lits 1 pers.), salle d'eau, wc. Draps et linge de maison non-fournis. Chauffage électrique. Cour non-close commune, salon de jardin. Ouvert toute l'année.

GITES DE FRANCE RESERVATION – Maison du Département – 50008 SAINT-LO Cedex
Tél. : 02 33 56 28 80 – Fax : 02 33 56 07 03 – Email : mancheresa@cg50.fr – www.manche-locationvacances.com

| HTE SAIS. | MOY. SAIS. | BASSE SAIS. |
|---|---|---|
| 318 | 200 | 190 |

| 20 | 2 | 8 | 28 | 4 | 8 | 4 |
|---|---|---|---|---|---|---|

# MANCHE - 50

Périodes tarifaires p. 352

## N° 757 ST-MARCOUF-DE-L'ISLE — Cussy

**NN** — 5/6 pers.

Ste-Mère-Eglise 7 km. Site classé. Dominant la campagne et le littoral, dans le cadre magnifique de l'église de St-Marcouf (13è siècle) les gîtes de Cussy vous proposent le charme d'une maison de caractère (16è siècle), un aménagement confortable et la beauté de la nature. Maison mitoyenne à 2 autres locations. Séjour, coin-cuisine. 2 chambres (1 lit 2 pers., 3 lits 1 pers., 1 lit bébé, 1 lit d'appoint 1 pers.), salle de bains, wc. Terrain non-clos commun, salon de jardin, barbecue. Ouvert du 3 avril au 30 octobre.

GITES DE FRANCE RESERVATION - Maison du Département - 50008 SAINT-LO Cedex
Tél. : 02 33 56 28 80 - Fax : 02 33 56 07 03 - Email : mancheresa@cg50.fr - www.manche-locationvacances.com

| HTE SAIS. | MOY. SAIS. | BASSE SAIS. | WEEK-END |
|---|---|---|---|
| 335 | 230 | 191 | 98 |

3 | 2 | 5 | 5 | 3 | 15 | 15 | 6

## N° 113 ST-MARTIN-LE-GREARD — Hameau Raimy

**NN** — 6 pers.

Cherbourg 15 km. Centré au milieu de la Presqu'île du Cotentin, ce gîte agréable en pierre du pays permet de rayonner à la découverte des multiples paysages de cette région. Maison indépendante. Séjour, cuisine, 2 chambres (2 lits 2 pers., 2 lits 1 pers., 1 lit bébé), salle d'eau, wc. Télévision, sèche-linge, chauffage électrique. Terrain clos privé, salon de jardin, barbecue, abri. Ouvert toute l'année.

GITES DE FRANCE RESERVATION - Maison du Département - 50008 SAINT-LO Cedex
Tél. : 02 33 56 28 80 - Fax : 02 33 56 07 03 - Email : mancheresa@cg50.fr - www.manche-locationvacances.com

| HTE SAIS. | MOY. SAIS. | BASSE SAIS. | WEEK-END | W.-E. DETENTE |
|---|---|---|---|---|
| 398 | 260 | 228 | 126 | 166 |

25 | 5 | 5 | 16 | 10 | 10 | 15 | 2

## N° 77 ST-PIERRE-LANGERS — La Croix Barré

**NN** — 5 pers.

Granville 7 km. Le cadre et le calme d'un hameau de campagne à quelques kilomètres des belles plages de St-Pair et Jullouville. Maison mitoyenne à celle du propriétaire. Séjour, coin-cuisine, 2 chambres (1 lit 2 pers., 1 lit 1 pers., 2 lits gigognes 1 pers.), salle d'eau, wc. Chauffage électrique. Terrain clos, privé, salon de jardin, parking. Ouvert toute l'année.

GITES DE FRANCE RESERVATION - Maison du Département - 50008 SAINT-LO Cedex
Tél. : 02 33 56 28 80 - Fax : 02 33 56 07 03 - Email : mancheresa@cg50.fr - www.manche-locationvacances.com

| HTE SAIS. | MOY. SAIS. | BASSE SAIS. | WEEK-END | W.-E. DETENTE |
|---|---|---|---|---|
| 370 | 250 | 221 | 130 | 180 |

5 | 5 | 5 | 13 | 7 | 10 | 5

## N° 25 THEVILLE

**NN** — 5 pers.

St-Pierre-Eglise 3 km. Petite maison typique de la région du Val de Saire. Havre de paix, escapades-découvertes entre la verte nature de l'intérieur et la beauté sauvage de la côte. Maison mitoyenne à une habitation. Séjour, cuisine, 2 chambres (2 lits 2 pers., 1 lit 1 pers.), salle de bains, wc. Télévision, chauffage électrique. Terrain clos privé, terrasse, salon de jardin, barbecue. Ouvert toute l'année.

GITES DE FRANCE RESERVATION - Maison du Département - 50008 SAINT-LO Cedex
Tél. : 02 33 56 28 80 - Fax : 02 33 56 07 03 - Email : mancheresa@cg50.fr - www.manche-locationvacances.com

| HTE SAIS. | MOY. SAIS. | BASSE SAIS. | WEEK-END | W.-E. DETENTE |
|---|---|---|---|---|
| 377 | 251 | 204 | 108 | 148 |

6 | 3 | 6 | 15 | 20 | 15 | 0,2 | 18 | 3

## N° 117 LE VALDECIE

**NN** — 6 pers.

Barneville-Carteret 9 km. Maison spacieuse en retrait de la côte des Isles. Maison indépendante. Séjour, cuisine, 3 chambres (2 lits 2 pers., 2 lits 120, 1 lit bébé), salle de bains, 2 wc. Télévision, chauffage central. Terrain clos privé, salon de jardin, barbecue. Ouvert toute l'année.

GITES DE FRANCE RESERVATION - Maison du Département - 50008 SAINT-LO Cedex
Tél. : 02 33 56 28 80 - Fax : 02 33 56 07 03 - Email : mancheresa@cg50.fr - www.manche-locationvacances.com

| HTE SAIS. | MOY. SAIS. | BASSE SAIS. | WEEK-END | W.-E. DETENTE |
|---|---|---|---|---|
| 455 | 279 | 245 | 138 | 180 |

12 | 6 | 12 | 12 | 8 | 20 | 6

**NORMANDIE** — Pictos voir p. 12

Pour préparer vos vacances, ayez le réflexe Minitel et gagnez des séjours et de nombreux lots en consultant le **36.15 Gîtes de France** (0,2 €/mn)

# ORNE - 61

**GITES DE FRANCE - Service Réservation**
O.T.R. - 86, rue Saint-Blaise - B.P. 50 - 61002 ALENCON Cédex
Tél. 02 33 28 07 00 ou 02 33 28 88 71 - Fax. 02 33 29 01 01
E.mail : info@ornetourisme.com - www.gites-de-france-orne.com

## PERIODES TARIFAIRES

**TRÈS HAUTE SAISON :** du 17.07 au 20.08 - **HAUTE-SAISON :** du 26.06 au 16.07, du 21.08 au 27.08 - **MOYENNE-SAISON ::** du 7.02 au 7.03, du 03.04 au 25.06, du 28.08 au 24.09, du 23.10 au 5.11, du 18.12 au 2.01.05 - **BASSE-SAISON :** du 3.01 au 6.02, du 8.03 au 2.04, du 25.09 au 22.10, du 6.11 au 17.12. "Calendrier sous réserve de modifications du Ministère de l'Education Nationale. Informations données à titre indicatif. A la date de parution du guide, le calendrier des vacances scolaires 2004 n'était pas connu".

### N° 364 BAGNOLES-DE-L'ORNE — CM 231 pli 41

NN — 5 pers.

Villa en pierres de style bagnolais rénovée en 1999. R.d.c : Séjour (canapé-lit 2 pers.), cuisine, wc. Etage : 1 ch. (1 lit 2 pers.), 1 ch. (2 lits 1 pers.), 1 ch. (1 lit gigogne 1 pers.), salle d'eau avec wc. Ch. central. Terrain commun clos 750 m². Taxe de séjour à prévoir. A l'Orée de la forêt et à proximité du lac, cette villa idéale pour une cure de sport et de détente : golf, piscine, équitation, tennis, randonnée, VTT... vous invite à découvrir les charmes de la station de Bagnoles de l'Orne : à 400 mètres le Casino, les restaurants... Ouvert toute l'année.

GITES DE FRANCE-SERVICE RESERVATION - 86 rue St-Blaise - 61000 ALENCON
Tél. : 02 33 28 07 00 - 02 33 28 88 71 - Fax : 02 33 29 01 01 - Email : info@ornetourisme.com - www.gites-de-france-orne.com

| TRES HTE SAIS. | HTE SAIS. | MOY. SAIS. | BASSE SAIS. | W-E BAS. SAIS. | W-E MOY. SAIS. |
|---|---|---|---|---|---|
| 380 | 342 | 304 | 266 | 190 | 228 |

| | | | | | | | | | |
|---|---|---|---|---|---|---|---|---|---|
| SP | 4 | SP | SP | SP | SP | SP | SP | SP | SP |

### N° 371 BEAUCHENE — La Chenaiserie — CM 231 pli 40

NN — 4 pers.

Maison indépendante restaurée en 2003. R.d.c. : Cuisine (micro-ondes, case-congél.), salle à manger (poêle, tél. accès sélectif modulable), salon (poêle), salle d'eau avec wc, sèche linge. Etage : 1 ch. (1 lit 2 pers), 1 ch. (2 lits 1 pers.), salle de bains. Poss. lit d'appoint. Chauff. central. Terrain 2,5 ha. Draps fournis. Ce Gite confortable agréablement meublé et décoré offre un magnifique point de vue sur la campagne environnante. Vous pourrez découvrir les illuminations célèbres du village de Beauchêne pendant Noël. Ouvert toute l'année.

GITES DE FRANCE-SERVICE RESERVATION - 86 rue St-Blaise - 61000 ALENCON
Tél. : 02 33 28 07 00 - 02 33 28 88 71 - Fax : 02 33 29 01 01 - Email : info@ornetourisme.com - www.gites-de-france-orne.com

| TRES HTE SAIS. | HTE SAIS. | MOY. SAIS. | BASSE SAIS. | W-E BAS. SAIS. | W-E MOY. SAIS. |
|---|---|---|---|---|---|
| 480 | 432 | 384 | 336 | 240 | 288 |

| | | | | | | | | | |
|---|---|---|---|---|---|---|---|---|---|
| SP | 5 | 3 | 16 | 20 | 16 | 30 | 30 | 16 | 7 |

### N° 359 BEAULIEU — L'Anjouissière — CM 231 pli 45

NN — 5 pers.

Maison mitoyenne restaurée en 2002. R.d.c. : Salon (insert, canapé-lit 2 pers., prise et poss. TV), cuisine (micro-ondes, case-congel), coin-buanderie, salle d'eau, wc. Etage : palier (1 canapé-lit 130 cm), 1 ch. (3 lits 1 pers.), 1 ch. (1 lit 2 pers.), wc. Chauffage élect. Jardin 800 m². Location box et herbage chevaux. Benoît et Laetitia Jouandet vous feront profiter de la campagne entre le Perche et le Pays d'Ouche, sans oublier le marché de l'Aigle (Mardi) et les productions cidricoles locales. Un piano a queue "erard" est à disposition moyennant un supplément. Ouvert toute l'année.

Benoît et Laetitia JOUANDET - L'Anjouissière - 61190 BEAULIEU
Tél. : 02 33 73 66 97 - 06 21 60 58 71 - Fax : 02 33 25 44 99 - Email : benoit.jouandet@tiscali.fr

| TRES HTE SAIS. | HTE SAIS. | MOY. SAIS. | BASSE SAIS. | W-E BAS. SAIS. | W-E MOY. SAIS. |
|---|---|---|---|---|---|
| 300 | 270 | 210 | 180 | 120 | 150 |

| | | | | | | | | | |
|---|---|---|---|---|---|---|---|---|---|
| SP | 1 | 12 | 12 | 6 | 5 | 15 | 12 | 4 | |

### N° 353 BRIOUZE — CM 60 pli 1

NN — 4 pers.

Maison avec accès indépendant. R.d.c. (perron) : salon (2 canapés lit, magnétosc.), séjour, cuisine (micro-ondes, congel.). 1er étage : 2 ch. (1 lit 2 pers., 1 lit 110 cm, 1 lit 120 cm), s.d.bains, wc. 2ème étage : 1 chambre (1 lit 1 pers.). Chauffage central. Jardin clos 300 m² sans parking, bac à sable. Confortablement rénovée, cette jolie maison de bourg profite des services du village de Briouze avec une desserte SNCF. Aux alentours : lac de Rabodanges : croisières sur le "Val d'Orne", ski nautique, pédalo, canoë kayak. Visite du Marais de Briouze (oiseaux...). Ouvert toute l'année.

Paulette et Henri CHAPPE - La Boisnière - 61220 ST-HILAIRE-DE-BRIOUZE
Tél. : 02 33 64 41 74 - 06 89 45 69 93

| TRES HTE SAIS. | HTE SAIS. | MOY. SAIS. | BASSE SAIS. | W-E BAS. SAIS. | W-E MOY. SAIS. |
|---|---|---|---|---|---|
| 420 | 378 | 294 | 252 | 168 | 210 |

| | | | | | | | | | |
|---|---|---|---|---|---|---|---|---|---|
| SP | 0,5 | 0,5 | 12 | 17 | 3 | 12 | 17 | SP | SP |

### N° 350 BURES — L'Etre Cholet - Laleu — CM 60 pli 4

NN — 6 pers.

Maison de bourg rénovée. R.d.c. : séjour (canapé-lit 130cm, tel téléséjour), cuisine (congel.), salle de bains wc. Etage : 2 chambres (1 lit 2 pers., 2 lits 1 pers.), 1 chambre (1 lit 2 pers.) avec salle d'eau et wc privés. Chauff. électrique. Jardin 400m2, garage. La proximité du Perche, la Forêt des Ventes de Bourse, le plan d'eau du Mêle sur Sarthe, les sports automobiles d'Essay, les producteurs fermiers et les chemins de randonnée ouvrent de larges perspectives pour le séjour des vacances... Ouvert toute l'année.

GITES DE FRANCE-SERVICE RESERVATION - 86 rue St-Blaise - 61000 ALENCON
Tél. : 02 33 28 07 00 - 02 33 28 88 71 - Fax : 02 33 29 01 01 - Email : info@ornetourisme.com - www.gites-de-france-orne.com

| TRES HTE SAIS. | HTE SAIS. | MOY. SAIS. | BASSE SAIS. | W-E BAS. SAIS. | W-E MOY. SAIS. |
|---|---|---|---|---|---|
| 305 | 275 | 214 | 183 | 125 | 150 |

| | | | | | | | | | |
|---|---|---|---|---|---|---|---|---|---|
| 4 | 5 | 5 | 15 | 10 | 5 | 5 | 75 | 30 | 5 |

# ORNE - 61

Périodes tarifaires p. 356

## N° 361 CHAMPCERIE — La Tournerie - Jaune Soleil — CM 231 pli 30

**NN  3 pers.**

A l'étage des écuries entièrement restaurées en 2002, mitoyen avec un autre Gîte : séjour (canapé-lit 130 cm, prise TV) avec coin-cuisine, 1 ch. (1 lit 2 pers., 1 lit 1 pers.), salle d'eau, wc. Chauffage électrique. Lave-linge commun. Terrain 2500 m², salon de jardin commun aux 2 Gîtes. Possibilité location boxes et herbages. Situé au coeur du bocage normand : le Houlme, la Suisse Normande, une région de renommée mondiale vouée à l'élevage du cheval, Catherine et Thierry Poirier vous feront partager leur passion des chevaux de sport et de l'élevage. Ouvert toute l'année sauf noël et jour de l'an.

GITES DE FRANCE-SERVICE RESERVATION - 86 rue St-Blaise - 61000 ALENCON
Tél. : 02 33 28 07 00 - 02 33 28 88 71 - Fax : 02 33 29 01 01 - Email : info@ornetourisme.com - www.gites-de-france-orne.com

| TRES HTE SAIS. | HTE SAIS. | MOY. SAIS. | BASSE SAIS. | W.-E. BAS. SAIS. | W.-E. MOY. SAIS. |
|---|---|---|---|---|---|
| 275 | 248 | 193 | 165 | 110 | 138 |

| | | | | | | | | | |
|---|---|---|---|---|---|---|---|---|---|
| SP | 4 | 4 | 14 | 4 | 1 | 4 | 30 | 10 | 4 |

## N° 362 CHAMPCERIE — La Tournerie - Bleu Ciel — CM 231 pli 30

**NN  3 pers.**

A l'étage des écuries entièrement restaurées en 2002, mitoyen avec un autre Gîte : séjour (canapé-lit 130 cm, prise TV) avec coin-cuisine, 1 ch. (1 lit 2 pers., 1 lit 1 pers.), salle d'eau, wc. Chauffage électrique. Lave-linge commun. Terrain 2500 m², salon de jardin commun aux 2 Gîtes. Possibilité location boxes et herbages. Situé au coeur du bocage normand : le Houlme, la Suisse Normande, une région de renommée mondiale vouée à l'élevage du cheval, Catherine et Thierry Poirier vous feront partager leur passion des chevaux de sport et de l'élevage. Ouvert toute l'année sauf noël et jour de l'an.

GITES DE FRANCE-SERVICE RESERVATION - 86 rue St-Blaise - 61000 ALENCON
Tél. : 02 33 28 07 00 - 02 33 28 88 71 - Fax : 02 33 29 01 01 - Email : info@ornetourisme.com - www.gites-de-france-orne.com

| TRES HTE SAIS. | HTE SAIS. | MOY. SAIS. | BASSE SAIS. | W.-E. BAS. SAIS. | W.-E. MOY. SAIS. |
|---|---|---|---|---|---|
| 275 | 248 | 193 | 165 | 110 | 138 |

| | | | | | | | | | |
|---|---|---|---|---|---|---|---|---|---|
| SP | 4 | 4 | 14 | 4 | 1 | 4 | 30 | 10 | 4 |

## N° 352 CHAMPSECRET — La Noë — CM 60 pli 1

**NN  5 pers.**

Mont-Saint-Michel 1h30. Mémorial de Caen 80 km. Maison ancienne indépendante restaurée. R.d.c. : séjour (canapé-lit 2 pers.), coin cuisine (micro-ondes), salle d'eau wc, buanderie. Etage mansardé : palier-mezzanine (1 lit 1 pers.), 2 chambres (1 lit 2 pers., 3 lits 1 pers.). Chauffage électrique. Jardin, abri vélos, "aire de lavage VTT". A la campagne, au calme dans un parc arboré, proche du bourg et des commerces. Belle vue sur la Forêt d'Andaines. Station thermale de Bagnoles de l'Orne à 10 km. Plages du débarquement à 80 km. Ouvert toute l'année.

Bernard et Eliane DAVY - La Noë - 61700 CHAMPSECRET
Tél. : 02 33 30 42 97 - Email : davy.bernard@wanadoo.fr

| TRES HTE SAIS. | HTE SAIS. | MOY. SAIS. | BASSE SAIS. | W.-E. BAS. SAIS. | W.-E. MOY. SAIS. |
|---|---|---|---|---|---|
| 330 | 297 | 231 | 198 | 132 | 165 |

| | | | | | | | | | |
|---|---|---|---|---|---|---|---|---|---|
| SP | 4 | 1 | 10 | 0,5 | 7 | 10 | 10 | 18 | 1 |

## N° 376 CHAMPSECRET — L'être aux Amiards — CM 60 pli 1

**NN  3 pers.**

Maison ancienne indépendante restaurée. R.d.c. : séjour (canapé-lit 2 pers.), coin-cuisine (case-congélateur). Etage mansardé : 1 chambre (1 lit 2 pers., 1 lit gigogne), salle d'eau, wc. Chauffage électrique. Terrain 500 m² avec jardin clos de 250 m². Sur place, Monsieur Baloche vous fera découvrir la cidriculture et goûter sa production de cidre et de poiré. Ce petit Gîte retiré offre un beau point de vue sur la campagne environnante. Ouvert toute l'année.

GITES DE FRANCE-SERVICE RESERVATION - 86 rue St-Blaise - 61000 ALENCON
Tél. : 02 33 28 07 00 - 02 33 28 88 71 - Fax : 02 33 29 01 01 - Email : info@ornetourisme.com - www.gites-de-france-orne.com

| TRES HTE SAIS. | HTE SAIS. | MOY. SAIS. | BASSE SAIS. | W.-E. BAS. SAIS. | W.-E. MOY. SAIS. |
|---|---|---|---|---|---|
| 230 | 207 | 184 | 161 | 115 | 138 |

| | | | | | | | | | |
|---|---|---|---|---|---|---|---|---|---|
| SP | 6 | 12 | 12 | SP | 10 | 6 | 12 | 20 | 4 |

## N° 351 COURGEOUT — Couplehaut — CM 60 pli 4/5/1

**NN  10 pers.**

Gîte de Caractère. Aile d'un château percheron. R.d.c. : Salon (magnétosc.), séjour avec coin cuisine (m.-ondes, congel.), office, wc. 1er étage : 1 ch. (2 lits 120cm) s.d.b/wc, 1 suite (1 lit 160 cm, 1 lit 1 pers.) s.d.e/wc. 2ème étage : 1 ch. (3 lits 1 pers.), 1 ch. (1 lit 2 pers.), s.d.b. wc. Chauf. électrique. Sèche linge. Parc 1 ha. Cave voûtée : ping-pong. Un cadre remarquable pour un authentique château des 17ème, 18ème et 19ème siècles. Aux alentours s'étend le Parc naturel régional du Perche que tout visiteur aura à coeur de découvrir sans retenue... Ouvert toute l'année.

GITES DE FRANCE-SERVICE RESERVATION - 86 rue St-Blaise - 61000 ALENCON
Tél. : 02 33 28 07 00 - 02 33 28 88 71 - Fax : 02 33 29 01 01 - Email : info@ornetourisme.com - www.gites-de-france-orne.com

| TRES HTE SAIS. | HTE SAIS. | MOY. SAIS. | BASSE SAIS. | W.-E. BAS. SAIS. | W.-E. MOY. SAIS. |
|---|---|---|---|---|---|
| 750 | 675 | 525 | 450 | 350 | 290 |

| | | | | | | | |
|---|---|---|---|---|---|---|---|
| SP | 4 | 5 | 5 | 15 | 5 | 4 | 35 | 5 |

## N° 354 DAME-MARIE — CM 60 pli 15

**NN  6 pers.**

Maison indépendante restaurée. R.d.c. : salon (canapé-lit 2 pers.), séjour avec coin cuisine (case congel.), salle d'eau wc, buanderie. Etage : 3 chambres (1 lit 2 pers., 4 lits 1 pers.). Salle de bains, salle d'eau, wc. Chauffage électrique. Jardin non clos (75 m²). A proximité grand terrain communal de détente. Les vestiges d'une abbaye rappellent l'origine de ce charmant village. Aux alentours, c'est au musée du Prieuré de Sainte Gauburge que tout visiteur pourra s'imprégner des arts et traditions populaires du Perche et à Bellême arpenter la forêt ou travailler son swing au golf. Ouvert toute l'année.

GITES DE FRANCE-SERVICE RESERVATION - 86 rue St-Blaise - 61000 ALENCON
Tél. : 02 33 28 07 00 - 02 33 28 88 71 - Fax : 02 33 29 01 01 - Email : info@ornetourisme.com - www.gites-de-france-orne.com

| TRES HTE SAIS. | HTE SAIS. | MOY. SAIS. | BASSE SAIS. | W.-E. BAS. SAIS. | W.-E. MOY. SAIS. |
|---|---|---|---|---|---|
| 360 | 324 | 252 | 216 | 144 | 180 |

| | | | | | | | | | |
|---|---|---|---|---|---|---|---|---|---|
| 3 | 5 | 4 | 4 | 5 | 9 | 20 | 20 | 4 | |

NORMANDIE

Pictos voir p. 12

# ORNE - 61

Périodes tarifaires p. 356

## N° 370 DOMFRONT — Le Grés — CM 231 pli 41

NN 6 pers.

Cité médiévale de Domfront 3 km. Maison indépendante de 1940 à proximité de la ferme. R.d.c. : cuisine équipée (micro-ondes, insert), séjour avec coin-salon, chambre (canapé-lit 130 cm), salle d'eau, wc. Etage : 2 chambres (2 lit 2 pers.), 1 chambre (1 lit 1 pers.), lit bébé. Chauffage central au gaz. Garage (congélateur). Jardin non clos de 200 m². Le Gîte du Grès est situé sur la route des trois forêts d'où vous partirez à la découverte du massif des Andaines. Michel et Catherine Durand pourront vous faire partager la vie de la ferme. Ouvert toute l'année.

GITES DE FRANCE-SERVICE RESERVATION - 86 rue St-Blaise - 61000 ALENCON
Tél. : 02 33 28 07 00 - 02 33 28 88 71 - Fax: 02 33 29 01 01 - Email: info@ornetourisme.com - www.gites-de-france-orne.com

| TRES HTE SAIS. | HTE SAIS. | MOY. SAIS. | BASSE SAIS. | W-E BAS. SAIS. | W-E MOY. SAIS. |
|---|---|---|---|---|---|
| 400 | 360 | 320 | 280 | 180 | 190 |

| | | | | | | | | | |
|---|---|---|---|---|---|---|---|---|---|
| 0,5 | 2 | 3 | 12 | 1 | 12 | 12 | 12 | 20 | 2 |

## N° 374 DOMFRONT — St-Front — CM 231 pli 41

NN 5 pers.

Maison restaurée. R.d.c. : vaste séjour (canapé-lit 2 pers.) avec coin-cuisine (micro-ondes, congel.), débarras (plafond bas) coin-buanderie (lave linge) et wc. Etage : 2 chambres (2 lits 2 pers., 1 lit 1 pers.), salle d'eau, wc. Chauffage électrique. Jardin 200 m². Venez apprécier le charme tranquille de St Front, quartier de la cité médiévale de Domfront. Cette très ancienne maison en pierre, restaurée en 2002, a conservé cheminée, poutres et solives apparentes. Retrouvez-y l'authenticité des intérieurs rustiques avec le confort d'aujourd'hui. Ouvert toute l'année.

GITES DE FRANCE-SERVICE RESERVATION - 86 rue St-Blaise - 61000 ALENCON
Tél. : 02 33 28 07 00 - 02 33 28 88 71 - Fax: 02 33 29 01 01 - Email: info@ornetourisme.com - www.gites-de-france-orne.com

| TRES HTE SAIS. | HTE SAIS. | MOY. SAIS. | BASSE SAIS. | W-E BAS. SAIS. | W-E MOY. SAIS. |
|---|---|---|---|---|---|
| 335 | 302 | 235 | 201 | 134 | 168 |

| | | | | | | | | | |
|---|---|---|---|---|---|---|---|---|---|
| 2 | 3 | 2 | 20 | 5 | 15 | 15 | 15 | 20 | 1 |

## N° 373 ECHAUFFOUR — CM 231 pli 44

NN 4 pers.

Maison indépendante restaurée en 2003. R.d.c. : cuisine (micro-ondes), séjour avec coin salon (insert), wc. Etage : 1 chambre (2 lits 1 pers), 1 chambre (1 lit 2 pers., lit bébé), salle de bains, wc. Chauffage central par le sol et électrique. Jardin avec terrasse. Portique. La restauration de ce gîte a su allier le confort moderne tout en conservant un charme certain (poutres, tomettes, enduits chaux). Les amateurs de nature apprécieront le charme de la région du Merlerault avec ses chemins de randonnées à travers ses nombreux haras. Ouvert toute l'année.

GITES DE FRANCE-SERVICE RESERVATION - 86 rue St-Blaise - 61000 ALENCON
Tél. : 02 33 28 07 00 - 02 33 28 88 71 - Fax: 02 33 29 01 01 - Email: info@ornetourisme.com - www.gites-de-france-orne.com

| TRES HTE SAIS. | HTE SAIS. | MOY. SAIS. | BASSE SAIS. | W-E BAS. SAIS. | W-E MOY. SAIS. |
|---|---|---|---|---|---|
| 280 | 252 | 196 | 168 | 112 | 140 |

| | | | | | | | | | |
|---|---|---|---|---|---|---|---|---|---|
| SP | 10 | 3 | 20 | 2 | 10 | 10 | 80 | 4 | 1 |

## N° 369 ESSAY

NN 4 pers.

Maison indépendante de bourg. R.d.c : cuisine (micro-ondes), séjour, salon (canapé-lit 130 cm, magnétoscope). Etage : 1 chambre (1 lit 2 pers., 1 lit bébé), 1 chambre (2 lits 1 pers.), salle d'eau avec wc. Chauffage central. Jardin non clos (400m2) avec terrasse. Parking 1 voiture. Dans un périmètre classé d'un vieux bourg pittoresque, le gîte est situé dans une voie sans issu menant à une chapelle. Sur place, vous découvrirez les sports automobiles (circuit rally-cross, karting), et à proximité la base de loisirs du Mêle-sur-Sarthe, la forêt de Bourse,... Ouvert toute l'année.

GITES DE FRANCE-SERVICE RESERVATION - 86 rue St-Blaise - 61000 ALENCON
Tél. : 02 33 28 07 00 - 02 33 28 88 71 - Fax: 02 33 29 01 01 - Email: info@ornetourisme.com - www.gites-de-france-orne.com

| TRES HTE SAIS. | HTE SAIS. | MOY. SAIS. | BASSE SAIS. | W-E BAS. SAIS. | W-E MOY. SAIS. |
|---|---|---|---|---|---|
| 300 | 270 | 240 | 210 | 150 | 180 |

| | | | | | | | | | |
|---|---|---|---|---|---|---|---|---|---|
| SP | 2 | 8 | 18 | 3 | 3 | 8 | 65 | 10 | SP |

## N° 365 LA FERTE-MACE — La Brochardière — CM 60 pli 1

NN 2 pers.

Station thermale de Bagnoles 5 km. Rez-de-chaussée d'une ancienne maison de tisserand. Séjour (prise TV) avec coin-cuisine. 1 chambre (1 lit 2 pers.). Salle d'eau, wc. Chauffage électrique au sol. Coin-terrasse. Le hameau de "La Brochardière" domine la base de loisirs de La Ferté Macé qui compte de nombreuses activités autour d'un vaste plan d'eau. La station thermale de Bagnoles garde le charme de la "Belle Epoque" en pleine forêt des Andaines. Ouvert toute l'année.

GITES DE FRANCE-SERVICE RESERVATION - 86 rue St-Blaise - 61000 ALENCON
Tél. : 02 33 28 07 00 - 02 33 28 88 71 - Fax: 02 33 29 01 01 - Email: info@ornetourisme.com - www.gites-de-france-orne.com

| TRES HTE SAIS. | HTE SAIS. | MOY. SAIS. | BASSE SAIS. | W-E BAS. SAIS. | W-E MOY. SAIS. |
|---|---|---|---|---|---|
| 270 | 243 | 189 | 162 | 108 | 135 |

| | | | | | | | | | |
|---|---|---|---|---|---|---|---|---|---|
| SP | 0,2 | 0,8 | 25 | 5 | 2 | SP | 5 | 12 | 1 |

## N° 363 LA GONFRIERE — Le Pommier Fal — CM 231 pli 32

NN 8 pers.

Maison indépend. restaurée en 2002. R.d.c : véranda, séjour (canapé-lit 2 pers., insert), coin-cuisine (m-ondes), wc. 1er étage : 3 ch. (2 lits 2 pers., 2 lits gigognes 1 pers.), salle d'eau avec wc. 2ème ét : ch. mezzanine (2 lits 1 pers.), salle d'eau mansardée avec wc. Chauf. central. sèche-linge. terrain 2500 m². Dans la vallée de la Charentonne, vous profiterez de la proximité de la commune de Saint-Evroult-Notre-Dame-du-Bois avec les ruines de son abbaye, son étang, sa forêt domaniale et ses multiples chemins de randonnée. Ouvert toute l'année.

GITES DE FRANCE-SERVICE RESERVATION - 86 rue St-Blaise - 61000 ALENCON
Tél. : 02 33 28 07 00 - 02 33 28 88 71 - Fax: 02 33 29 01 01 - Email: info@ornetourisme.com - www.gites-de-france-orne.com

| TRES HTE SAIS. | HTE SAIS. | MOY. SAIS. | BASSE SAIS. | W-E BAS. SAIS. | W-E MOY. SAIS. |
|---|---|---|---|---|---|
| 350 | 315 | 280 | 245 | 175 | 210 |

| | | | | | | | | | |
|---|---|---|---|---|---|---|---|---|---|
| 1 | 2,5 | 2,5 | 15 | 6 | 6 | 2,5 | 15 | 4 | |

# ORNE - 61

*Périodes tarifaires p. 356*

## N° 372 — LANDISACQ — Le Noyer
CM 231 pli 29/41

NN — 4 pers.

Ancien four à pain indépendant restaurée en 2003. R.d.c. : séjour (prise et poss. TV), cuisine (micro-ondes, cheminée de l'ancien four à pain), wc. Etage : 2 chambres (1 lits 2 personnes, 2 lits 1 personne), salle d'eau et wc. Chauffage électrique. Terrain clos (environ 70 m2). Ce gîte lumineux s'ouvrent sur les prairies environnantes. Vous pourrez apprécier la table de la "Ferme Auberge" des propriétaires à côté du gîte. Ouvert toute l'année.

GITES DE FRANCE-SERVICE RESERVATION - 86 rue St-Blaise - 61000 ALENCON
Tél. : 02 33 28 07 00 - 02 33 28 88 71 - Fax : 02 33 29 01 01 - Email : info@ornetourisme.com - www.gites-de-france-orne.com

| TRES HTE SAIS. | HTE SAIS. | MOY. SAIS. | BASSE SAIS. |
|---|---|---|---|
| 375 | 338 | 263 | 225 |

| | | | | | | | | | |
|---|---|---|---|---|---|---|---|---|---|
| SP | SP | 2 | 2 | 2 | 2 | 35 | 2 | 3 | |

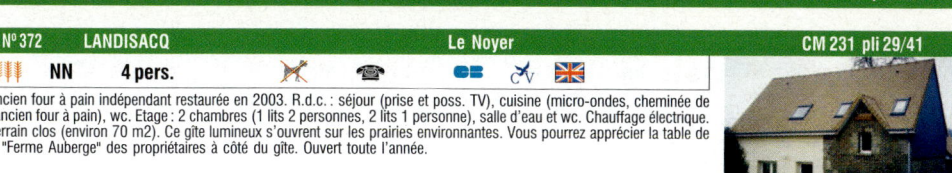

## N° 366 — MAUVES-SUR-HUISNE — La Favrie
CM 231 pli 45

NN — 4 pers.

Ancienne grange indépendante aménagée. Rez-de-jardin (perron et terrasse) : vaste séjour "cathédrale" (tel. portable ), cuis. (micro-ondes), 1 ch. (1 lit 150 cm), salle de bains avec wc. Etage mansardé : 1 ch. (2 lits 1 pers., 1 lit enfant 80 cm). Chauffage central. Jardin clos. Poss. pêche "no kill" en étang. Possibilité barbecue. Les amateurs de nature apprécieront la faune variée sur les 7 ha de cette propriété composée d'un petit hameau, de prairies, étang et bois. Déco rustique avec de belles poutres apparentes. Aux alentours, Le Parc Naturel du Perche possède de multiples attraits. Ouvert toute l'année.

GITES DE FRANCE-SERVICE RESERVATION - 86 rue St-Blaise - 61000 ALENCON
Tél. : 02 33 28 07 00 - 02 33 28 88 71 - Fax : 02 33 29 01 01 - Email : info@ornetourisme.com - www.gites-de-france-orne.com

| TRES HTE SAIS. | HTE SAIS. | MOY. SAIS. | BASSE SAIS. | W-E. BAS. SAIS. | W-E. MOY. SAIS. |
|---|---|---|---|---|---|
| 335 | 300 | 268 | 235 | 168 | 201 |

| | | | | | | | | | | |
|---|---|---|---|---|---|---|---|---|---|---|
| SP | SP | 0,5 | 10 | 4 | 3 | SP | 20 | 1,5 | | |

## N° 355 — MENIL-HUBERT-EN-EXMES — Le Val Héroult
CM 60 pli 3

NN — 6 pers.

Maison normande rénovée dans un domaine reboisé de 17 ha avec étang non clos. R.d.c. : grand séjour, cuisine, salle d'eau et wc. Et. : 3 ch. (1 lit 2 pers. en 160 cm, 1 lit 2 pers., 1 lits 1 pers.), ch. enfants (2 lits 1 pers. superposés), s. de bains wc. Sèche-linge. Chauffage central. Jardin, abri voiture. La famille Parmentier s'efforce de préserver le charme du "Val Héroult" et de conduire une restauration de qualité de ses maisons de pays. Le Gîte en est le fleuron. Il allie la tradition du colombage augeron au confort contemporain dans un cadre de nature et de verdure. Ouvert toute l'année.

S.C.I. DU VAL HEROULT - Le Val Héroult - 61230 MENIL-HUBERT-EN-EXMES
Tél. : 02 33 39 78 03 - 06 81 00 60 61 - Fax : 02 33 36 68 60

| TRES HTE SAIS. | HTE SAIS. | MOY. SAIS. | BASSE SAIS. | W-E. BAS. SAIS. | W-E. MOY. SAIS. |
|---|---|---|---|---|---|
| 700 | 630 | 560 | 490 | 350 | 420 |

| | | | | | | | | | | |
|---|---|---|---|---|---|---|---|---|---|---|
| SP | SP | 6 | 6 | SP | 20 | 20 | 15 | 6,5 | | |

## N° 358 — NEUILLY-SUR-EURE — La Mariette
CM 231 pli 46

NN — 2 pers.

Maison récente mitoyenne restaurée. R.d.c. : séjour (canapé-lit), coin-cuisine aménagé avec lave vaisselle, salle d'eau, wc. Etage : palier (canapé-lit 1 pers.), 1 ch. (1 lit 2 pers) Chauffage central. Possibilité lave-linge. Jardin de 2000 m2. C'est à Neuilly sur Eure, petit village dynamique avec ses commerces et ses illuminations lors des vacances de Noël (manèges, feux d'artifice, crèches), que Le Gîte de la Mariette a été aménagé. On pourra aussi apprécier les paysages environnants de cette belle région du Perche. Ouvert toute l'année.

GITES DE FRANCE-SERVICE RESERVATION - 86 rue St-Blaise - 61000 ALENCON
Tél. : 02 33 28 07 00 - 02 33 28 88 71 - Fax : 02 33 29 01 01 - Email : info@ornetourisme.com - www.gites-de-france-orne.com

| TRES HTE SAIS. | HTE SAIS. | MOY. SAIS. | BASSE SAIS. | W-E. BAS. SAIS. | W-E. MOY. SAIS. |
|---|---|---|---|---|---|
| 300 | 270 | 240 | 210 | 150 | 180 |

| | | | | | | | | | | |
|---|---|---|---|---|---|---|---|---|---|---|
| SP | 0,6 | 0,8 | 7 | 2 | 1,5 | 7 | 14 | 0,3 | | |

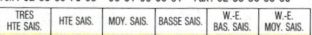

## N° 368 — NOCE — Le Val
CM 231 pli 45

NN — 4 pers.

Longère percheronne du XIXème mitoyenne, de plain-pied : verrière (lit d'appoint), salle à manger avec coin-cuisine (micro-ondes), salon (insert ou foyer ouvert, magnétoscope, canapé-lit 2 pers.). 1 ch. (1 lit 2 pers en 160 cm), 1 ch. (2 lits 1 pers), salle de bains, wc, buanderie. Chauff. central. Jardin 1200 m² avec terrasse. A proximité des commerces du village, ce gîte spacieux à la décoration raffinée est situé à deux pas du manoir de Courboyer, maison du Parc Naturel Régional du Perche. Ouvert toute l'année.

GITES DE FRANCE-SERVICE RESERVATION - 86 rue St-Blaise - 61000 ALENCON
Tél. : 02 33 28 07 00 - 02 33 28 88 71 - Fax : 02 33 29 01 01 - Email : info@ornetourisme.com - www.gites-de-france-orne.com

| TRES HTE SAIS. | HTE SAIS. | MOY. SAIS. | BASSE SAIS. | W-E. BAS. SAIS. | W-E. MOY. SAIS. |
|---|---|---|---|---|---|
| 320 | 288 | 256 | 224 | 140 | 160 |

| | | | | | | | | | | |
|---|---|---|---|---|---|---|---|---|---|---|
| SP | 8 | 0,3 | 8 | 6 | 8 | 16 | 80 | 16 | 0,4 | |

## N° 375 — ROUELLE — Buais
CM 231 pli 41

NN — 4 pers.

A l'étage de la maison des propriétaires : Séjour (canapé-lit 2 pers., prise et possibilité TV) avec coin-cuisine (micro-ondes, case - congélateur), 1 chambre (1 lits 2 pers.), 1 chambre (2 lits 1 pers.), salle d'eau, wc. Chauffage central. Jardin 1000m². Ping pong. A proximité du site de la Fosse Arthour, vous pourrez y pratiquer l'escalade et la randonnée (GR 22). Sur place, les propriétaires vous feront découvrir la ferme. Ouvert toute l'année.

GITES DE FRANCE-SERVICE RESERVATION - 86 rue St-Blaise - 61000 ALENCON
Tél. : 02 33 28 07 00 - 02 33 28 88 71 - Fax : 02 33 29 01 01 - Email : info@ornetourisme.com - www.gites-de-france-orne.com

| TRES HTE SAIS. | HTE SAIS. | MOY. SAIS. | BASSE SAIS. | W-E. BAS. SAIS. | W-E. MOY. SAIS. |
|---|---|---|---|---|---|
| 245 | 221 | 196 | 172 | 123 | 147 |

| | | | | | | | | | | |
|---|---|---|---|---|---|---|---|---|---|---|
| 3 | SP | 7 | 22 | 10 | 3 | 20 | 25 | 20 | 3 | |

**NORMANDIE** — *Pictos voir p. 12*

# ORNE - 61

Périodes tarifaires p. 356

## N° 360 — ST-DENIS-SUR-SARTHON — Le Piserot — CM 60 pli 2

**NN — 3 pers.**

Dans une maison indépendante restaurée en 2002. R.d.c. : salon (prise et possibilité TV), cuisine (case-congélateur). Etage : palier-mezzanine (1 lit 1 pers., 1 lit d'appoint 1 pers.), 1 chambre (2 lits 1 pers., 2 lits d'appoint 1 pers.), salle d'eau avec wc. Chauffage électrique. Jardin 1200 m², ping-pong. Au pied de la Butte Chaumont, vous profiterez du calme de ce Gîte confortable et des sentiers de randonnée pour découvrir des panoramas exceptionnels. Ouvert toute l'année.

Frédéric et Anne JULIEN - 49 rue Constantin Matéï - 53810 CHANGÉ
Tél. : 02 43 53 11 56 - 06 16 29 26 32 - Email : j.anne3@voila.fr

| TRES HTE SAIS. | HTE SAIS. | MOY. SAIS. | BASSE SAIS. | W-E. BAS. SAIS. | W-E. MOY. SAIS. | | | | | | | | | |
|---|---|---|---|---|---|---|---|---|---|---|---|---|---|---|
| 396 | 356 | 277 | 238 | 158 | 198 | SP | 3 | 3 | 10 | SP | 8 | 1 | 35 | 10 | 1,5 |

## N° 357 — STE-HONORINE-LA-GUILLAUME — La Courtinière — CM 231 pli 30/42

**NN — 4 pers.**

Maison indépendante de plain pied : séjour (insert, canapé-lit 130), coin-cuisine (case-congel, micro-ondes), 2 chambres (2. lits en 2 pers., lit bébé), salle d'eau, wc. Chauffage électrique. Terrasse close 40 m² et terrain 300 m², possibilité abrivoiture. Tout le charme de la Suisse Normande, à 2 pas de la Maison de l'eau et de la rivière et de panoramas d'exception : la Roche d'Oëtre, les gorges de l'Orne, la lac de St Philbert, le marais du Grand Hazé et le lac de Rabodanges d'où vous pourrez pratiquer le ski nautique. Ouvert toute l'année.

GITES DE FRANCE-SERVICE RESERVATION - 86 rue St-Blaise - 61000 ALENCON
Tél. : 02 33 28 07 00 - 02 33 28 88 71 - Fax : 02 33 29 01 01 - Email : info@ornetourisme.com - www.gites-de-france-orne.com

| TRES HTE SAIS. | HTE SAIS. | MOY. SAIS. | BASSE SAIS. | W-E. BAS. SAIS. | W-E. MOY. SAIS. | | | | | | | | | |
|---|---|---|---|---|---|---|---|---|---|---|---|---|---|---|
| 305 | 275 | 214 | 183 | 122 | 153 | SP | 2 | 6 | 15 | SP | 8 | 8 | 30 | 12 | 1,2 |

## N° 367 — ST-MAURICE-LES-CHARENCEY — La Bourgeoiserie — CM 60 pli 5

**NN — 5 pers.**

Ancienne maison de ferme. Rez-de-chaussée : séjour, salle à manger, cuisine (case congel.). Etage : 3 ch. (1 lit 160 cm, 1 lit 2 pers., 1 lit 130 cm, 1 lit bébé, poss 1 lit d'appoint pliant), salle de bain, wc. Chauf. central. Jardin 250 m², poss. garage. Etang et douves non clos. Proximité (200m) de la route Nationale 12. Un feu dans la cheminée, une partie de pêche à l'étang, une excursion dans le Perche, le marché du Samedi à Mortagne, autant d'idées pour un week-end ou des vacances dans cette ancienne ferme du Domaine de Champthierry. Ouvert toute l'année sauf Août.

GITES DE FRANCE-SERVICE RESERVATION - 86 rue St-Blaise - 61000 ALENCON
Tél. : 02 33 28 07 00 - 02 33 28 88 71 - Fax : 02 33 29 01 01 - Email : info@ornetourisme.com - www.gites-de-france-orne.com

| TRES HTE SAIS. | HTE SAIS. | MOY. SAIS. | BASSE SAIS. | W-E. BAS. SAIS. | W-E. MOY. SAIS. | | | | | | | | | |
|---|---|---|---|---|---|---|---|---|---|---|---|---|---|---|
| 305 | 275 | 245 | 214 | 153 | 183 | 5 | SP | 10 | 18 | 5 | 15 | 15 | 18 | 3 |

## N° 356 — ST-SAUVEUR-DE-CARROUGES — CM 60 pli 2

**NN — 6 pers.**

Maison du XVIIIème s. rénovée. R.d.c. : séjour (insert), cuisine (congel, micro-ondes), 2 chambres (1 lit 2 pers., 2 lits 1 pers. superposés, 1 lit bébé (<1 an)), salle d'eau wc. Etage : palier-mezzanine (canapé-lit 1 pers.), 1 chambre mansardée (1 lit 2 pers.). Chauff. électrique. Jardin clos 100m². Forfait Gîte Plus inclus. La Drutière est un charmant hameau du bocage, aux environs de Carrouges dont on visitera le chateau et de la vaste forêt d'Ecouves. Les amateurs de savoir-faire iront visiter les musées de la dentelle d'Alençon et d'Argentan. Ouvert toute l'année.

GITES DE FRANCE-SERVICE RESERVATION - 86 rue St-Blaise - 61000 ALENCON
Tél. : 02 33 28 07 00 - 02 33 28 88 71 - Fax : 02 33 29 01 01 - Email : info@ornetourisme.com - www.gites-de-france-orne.com

| TRES HTE SAIS. | HTE SAIS. | MOY. SAIS. | BASSE SAIS. | W-E. BAS. SAIS. | W-E. MOY. SAIS. | | | | | | | | | |
|---|---|---|---|---|---|---|---|---|---|---|---|---|---|---|
| 390 | 351 | 273 | 234 | 156 | 195 | 5 | 5 | 4 | 20 | 5 | 2 | 25 | 30 | 20 | 4 |

# SEINE MARITIME - 76

**GITES DE FRANCE** - Service Réservation - Imm. Chambre d'Agriculture
Chemin de la Bretêque - B.P. 59 - 76232 BOIS-GUILLAUME Cédex
Tél. 02 35 60 73 34 - Fax. 02 35 61 69 20
E.mail : info@gitesdefrance76.com - www.gites-normandie-76.com

## PÉRIODES TARIFAIRES
**TRÈS HAUTE SAISON** : du 3.07 au 21.08 - **HAUTE SAISON** : du 26.06 au 3.07 et du 21.08 au 28.08 - **MOYENNE SAISON** : du 1er.05 au 26.06, du 28.08 au 25.09, du 23.10 au 30.10 et du 18.12 au 26.12 - **PÂQUES/JOUR DE L'AN** : du 3.04 au 1er.05 et du 26.12 au 2.01.05 - **BASSE SAISON** : du 3.01 au 3.04, du 25.09 au 23.10 et du 30.10 au 18.12.

### N° 2175 ANCOURTEVILLE-SUR-HERICOURT — CM 52 pli 13
NN — 4 pers.

Fauville-en-Caux 7 km. Gîte mitoyen de plain-pied orienté sud, derrière la maison des propriétaires. Jardin non clos, salon de jardin, barbecue. Cuisine indépendante, réfrigérateur-congélateur et micro-onde, lave-linge, salle à manger, convertible, TV, 1 ch. (1 lit 2 pers.), salle de bains + douche, wc. Lit de bébé. Radiateurs électriques + chauffage fuel. Charges comprises. Forfait ménage possible : 22 €. Ouvert toute l'année.

Huguette DUVAL - Hameau Petites Cours - 76560 ANCOURTEVILLE-SUR-HERICOURT
Tél. : 02 35 56 41 84 - Fax : 02 35 56 41 84 - Email : huguetes@wanadoo.fr

| TRÈS HTE SAIS. | HTE SAIS. | MOY. SAIS. | PAQUES/ J.DE L'AN | BASSE SAIS. | MID-WEEK | WEEK-END | W.-E. PROL. |   | 23 | 12 | 7 | 7 | 3 | 10 | 15 | 5 |
|---|---|---|---|---|---|---|---|---|---|---|---|---|---|---|---|---|
| 230 | 200 | 200 | 200 | 140 | 115 | 100 | 120 | | | | | | | | | |

### N° 3055 ASSIGNY — CM 52 pli 5
NN — 4 pers.

Dieppe 20 km. Eu et Le Tréport 15 km. A 300 m. de l'église, café du XVIIIe transformé en corps de ferme au siècle dernier, converti aujourd'hui en gîte pour vous accueillir et vous faire découvrir la région de Dieppe et Le Tréport. Plain-pied mitoyen à la maison des prop. : séjour-salon (TV et clic-clac), cuisine équipée avec micro-ondes et l-vaisselle, s. d'eau avec linge, wc. 1 ch. (1 lit 2 pers, lit bébé), 1 ch. (2 lits 1 pers.). Accès sur jardin clos. Chauffage électrique. Forfait ménage possible : 23 €. Ouvert toute l'année.

SEINE-MARITIME TOURISME RESERVATION - Chambre d'Agriculture - BP 59 - chemin de la Bretêque - 76232 BOIS-GUILLAUME Cedex
Tél. : 02 35 60 73 34 - Fax : 02 35 61 69 20 - Email : info@gitesdefrance76.com - www.gites-normandie-76.com

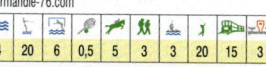

| TRÈS HTE SAIS. | HTE SAIS. | MOY. SAIS. | PAQUES/ J.DE L'AN | BASSE SAIS. | MID-WEEK | WEEK-END | W.-E. PROL. | | | | | | | | | |
|---|---|---|---|---|---|---|---|---|---|---|---|---|---|---|---|---|
| 300 | 270 | 210 | 240 | 180 | 180 | 140 | 155 | 4 | 20 | 6 | 0,5 | 5 | 3 | 3 | 20 | 15 |

### N° 4005 BARENTIN — CM 52 pli 14
NN — 4 pers.

Jumièges 25 km. Saint-Wandrille 15 km. Dieppe 40 km. Rouen 15 km. Charmante maison normande à colombages située au coeur des curiosités touristiques. Accès facile à la ville (Rouen) et à la mer (Dieppe). R.d.c. : véranda, cuisine aménagée avec micro ondes et lave vaisselle, salle à manger/salon avec cheminée et TV. 1 ch. (1 lit 1 pers.), salle de bains, wc. lave-linge. A l'étage : 1 ch. (1 lit 2 pers.) avec wc, 1 lit 1 pers. en mezzanine ouverte. Lit bébé. Chauffage électrique. Téléphone. Location de linge et forfait ménage (23 €) possibles. Jardin anglais clos avec portique. Bac à sable. Ouvert toute l'année.

SEINE-MARITIME TOURISME RESERVATION - Chambre d'Agriculture - BP 59 - chemin de la Bretêque - 76232 BOIS-GUILLAUME Cedex
Tél. : 02 35 60 73 34 - Fax : 02 35 61 69 20 - Email : info@gitesdefrance76.com - www.gites-normandie-76.com

| TRÈS HTE SAIS. | HTE SAIS. | MOY. SAIS. | PAQUES/ J.DE L'AN | BASSE SAIS. | MID-WEEK | WEEK-END | W.-E. PROL. | | | | | | | | | |
|---|---|---|---|---|---|---|---|---|---|---|---|---|---|---|---|---|
| 330 | 297 | 231 | 264 | 182 | 165 | 150 | 160 | 40 | 25 | 4 | 4 | 6 | SP | 4 | 25 | 3 |

### N° 6111 BEZANCOURT — CM 52 pli 16
NN — 4 pers.

Dieppe 70 km. Rouen 40 km. Forges-les-Eaux 25 km. Gîte agréable situé en bordure de la forêt domaniale de Lyons, au coeur d'un petit village de 200 habitants. Ancienne dépendance rénovée avec jardin clos commun aux prop., à proximité de leur maison, entrée par la terrasse. R.d.c. : salon-séjour avec cheminée (insert), cuis. améric. équipée avec l-vaisselle, s. d'eau avec wc et l-linge. A l'ét. : en mezzanine 1 ch. (2 lits 1 pers.), et 1 ch. fermée (1 lit 2 pers. + lit bébé). Stationnement véhicule réservé protégé de l'autre côté de la rue). Chauff. au fuel (8 €/jour). Portique. Ouvert toute l'année.

SEINE-MARITIME TOURISME RESERVATION - Chambre d'Agriculture - BP 59 - chemin de la Bretêque - 76232 BOIS-GUILLAUME Cedex
Tél. : 02 35 60 73 34 - Fax : 02 35 61 69 20 - Email : info@gitesdefrance76.com - www.gites-normandie-76.com

| TRÈS HTE SAIS. | HTE SAIS. | MOY. SAIS. | PAQUES/ J.DE L'AN | BASSE SAIS. | MID-WEEK | WEEK-END | W.-E. PROL. | | | | | | | | | |
|---|---|---|---|---|---|---|---|---|---|---|---|---|---|---|---|---|
| 270 | 250 | 190 | 220 | 170 | 170 | 140 | 150 | 70 | 10 | 1 | 8 | SP | 15 | 25 | 7 | |

### N° 1232 BRETTEVILLE-DU-GRAND-CAUX — La Maison blanche — CM 52 pli 12
NN — 4 pers.

Etretat 15 km. Fécamp 12 km. Au coeur du Pays de Caux, à prox. d'Etretat et de Fécamp, Monique et Alain vous accueillent dans leur gîte indép. avec jardin clos. R.d.c. : séjour (cheminée décorative), salon avec clic-clac, TV satellite et cheminée fonctionnelle, cuisine équipée avec m-ondes et l-vaisselle, s. d'eau avec wc. A l'ét. : 2 grande ch. (1 lit 2 pers. chacune en 160 x 200), rangement, s.d.b., wc séparés, laverie avec l-linge et s-linge. Equipement bébé complet à disposition. Formule tout compris (chauffage, électricité, bois, draps et linge de maison fournis, ménage fin de séjour). Ouvert toute l'année.

SEINE-MARITIME TOURISME RESERVATION - Chambre d'Agriculture - BP 59 - chemin de la Bretêque - 76232 BOIS-GUILLAUME Cedex
Tél. : 02 35 60 73 34 - Fax : 02 35 61 69 20 - Email - PROP. : 02 35 27 97 77 - Email : info@gitesdefrance76.com - www.gites-normandie-76.com

| TRÈS HTE SAIS. | HTE SAIS. | MOY. SAIS. | PAQUES/ J.DE L'AN | BASSE SAIS. | MID-WEEK | WEEK-END | W.-E. PROL. | | | | | | | | | |
|---|---|---|---|---|---|---|---|---|---|---|---|---|---|---|---|---|
| 450 | 405 | 315 | 360 | 260 | 260 | 205 | 225 | 10 | 30 | 2,5 | 0,5 | 7 | SP | 20 | 15 | 5 |

# SEINE MARITIME - 76

*Périodes tarifaires p. 361*

## N° 2241 — BRETTEVILLE-SAINT-LAURENT — CM 52 pli 13

**NN — 6 pers.**

Dieppe 30 km. Veules-les-Roses 16 km. Maison contemporaine indép. avec jardin clos fleuri de 7000 m² bien entretenu, terrain de jeux, terrasse avec transats, barbecue. Plain-pied (3 marches) : entrée, cuisine aménagée avec lave-linge et lave-vaisselle, séjour-salon avec TV, 2 ch. (1 lit 2 pers.), 1 ch. (2 lits 1 pers.), s.d.b., wc. Forfait ménage possible : 30 €. Repos garanti au calme du grand jardin de ce gîte. Découverte du patrimoine cauchois alentours : manoirs et colombiers, parcs et jardins, villages côtiers de Veules-les-Roses, Sotteville-sur-Mer, St-Aubin (poisson à la barque). Ouvert toute l'année.

SEINE-MARITIME TOURISME RESERVATION – Chambre d'Agriculture - BP 59 - chemin de la Bretêque - 76232 BOIS-GUILLAUME Cedex
Tél. : 02 35 60 73 34 - Fax : 02 35 61 69 20 - Email : info@gitesdefrance76.com - www.gites-normandie-76.com

| TRES HTE SAIS. | HTE SAIS. | MOY. SAIS. | PAQUES/ J.DE L'AN | BASSE SAIS. | MID-WEEK | WEEK-END | W.-E. PROL. | | | | | | | | |
|---|---|---|---|---|---|---|---|---|---|---|---|---|---|---|---|
| 410 | 370 | 290 | 330 | 225 | 205 | 185 | 205 | 16 | 21 | 13 | 14 | 6 | 6 | 30 | 24 | 2 |

## N° 3052 — CANEHAN — CM 52 pli 5

**NN — 6 pers.**

Le Tréport et Eu 12 km. Dieppe 25 km. Gîte indépendant avec jardin fleuri clos. De plain-pied : entrée, séjour, coin-salon, TV, wc, cuisine (lave-vaisselle, micro-ondes, four), salle d'eau (espace à langer, lave-linge), 2 ch. (1 lit 2 pers. chacune), 1 ch. (2 lits 1 pers.), lit bébé. Chauffage central au fuel (8 €/jour). Forfait ménage (32 €) et location de linge possible. Ginette et Marcel vous accueillent dans leur gîte au coeur du village. Nombreuses balades possibles : chemin vert du Petit Caux à 2 km, plage du Tréport et forêt d'Eu incontournables. Ouvert toute l'année.

SEINE-MARITIME TOURISME RESERVATION – Chambre d'Agriculture - BP 59 - chemin de la Bretêque - 76232 BOIS-GUILLAUME Cedex
Tél. : 02 35 60 73 34 - Fax : 02 35 61 69 20 - Email : info@gitesdefrance76.com - www.gites-normandie-76.com

| TRES HTE SAIS. | HTE SAIS. | MOY. SAIS. | PAQUES/ J.DE L'AN | BASSE SAIS. | MID-WEEK | WEEK-END | W.-E. PROL. | | | | | | | | |
|---|---|---|---|---|---|---|---|---|---|---|---|---|---|---|---|
| 350 | 315 | 245 | 280 | 193 | 200 | 160 | 170 | 7 | 20 | 10 | 7 | 12 | 2 | 20 | 25 | 12 | 5 |

## N° 9034 — CRIEL-SUR-MER — CM 52 pli 5

**NN — 5 pers.**

Dieppe 20 km. Eu 10 km. Le Tréport 8 km. Au coeur de Criel-sur-mer, en bordure de rue passante, à 2 km de la plage, charmant gîte dans une ancienne forge restaurée. Jardin clos de 600 m² situé à l'arrière de la maison avec salon de jardin. R.d.c. : entrée dans séjour-salon avec TV, clic-clac, cuisine avec lave-vaisselle, petit hall donnant sur le jardin, wc, lave linge. A l'ét. : 1 petite ch. (1 lit 1 pers.), 1 ch. (1 lit 2 pers.), 1 ch. (2 lits 1 pers.), salle d'eau avec wc. Chauffage central au fuel. Garage privatif dans l'ancienne forge. Forfait ménage possible : 30 €. Ouvert toute l'année.

SEINE-MARITIME TOURISME RESERVATION – Chambre d'Agriculture - BP 59 - chemin de la Bretêque - 76232 BOIS-GUILLAUME Cedex
Tél. : 02 35 60 73 34 - Fax : 02 35 61 69 20 - Email : info@gitesdefrance76.com - www.gites-normandie-76.com

| TRES HTE SAIS. | HTE SAIS. | MOY. SAIS. | PAQUES/ J.DE L'AN | BASSE SAIS. | MID-WEEK | WEEK-END | W.-E. PROL. | | | | | | | | |
|---|---|---|---|---|---|---|---|---|---|---|---|---|---|---|---|
| 485 | 435 | 305 | 380 | 270 | 245 | 185 | 200 | 2 | 13 | 5 | 1 | 6 | 0,5 | 13 | 20 | 10 | SP |

## N° 2247 — ENVRONVILLE — Les Prés Volets — CM 52 pli 13

**NN — 2 pers.**

Etretat 35 km. Fécamp 25 km. Gîte aménagé à l'ét. d'une ancienne étable acces. par escalier couvert,dans un clos masure du 18e s. Espace détente (magnétos) et repas,cuisine équipée,s.d'eau avec wc, l-linge,sèche-cheveux,espace ch. (1 lit 2 pers.). Lit & chaise bébé. Au coeur d'un parc paysager de 3 ha d'une diversité : potager à la française,bois,verger,mares et végétaux d'ornement. A 25 mn des plages de Fécamp, 30 mn d'Honfleur et 20 mn de la vallée de la Seine. Toutes charges incluses : draps et linge de maison fournis, chauffage, électricité. Forfait ménage possible : 15 €. Ouvert toute l'année.

SEINE-MARITIME TOURISME RESERVATION – Chambre d'Agriculture - BP 59 - chemin de la Bretêque - 76232 BOIS-GUILLAUME Cedex
Tél. : 02 35 60 73 34 - Fax : 02 35 61 69 20 - Tél. : PROP : 02 35 96 95 88 - Email : info@gitesdefrance76.com - www.gites-normandie-76.com

| TRES HTE SAIS. | HTE SAIS. | MOY. SAIS. | PAQUES/ J.DE L'AN | BASSE SAIS. | MID-WEEK | WEEK-END | W.-E. PROL. | | | | | | | | |
|---|---|---|---|---|---|---|---|---|---|---|---|---|---|---|---|
| 250 | 230 | 175 | 190 | 150 | 130 | 112 | 120 | 25 | 22 | 5 | 4 | SP | 9 | 35 | 8 | 5 |

## N° 5063 — EPINAY-SUR-DUCLAIR — La Brunetterie

**NN — 6 pers.**

Duclair 6 km. Maison contemporaine au coeur du Parc Naturel Régional des Boucles de la Seine Normande. Rez-de-chaussée : séjour/salon, cuisine équipée séparée, salle de bains, wc. A l'étage : 1 ch. (2 lits 1 pers.), 2 ch. (1 lit 2 pers.) chacune, wc. Equipement bébé. Chauffage central fuel (8 €/jour). Garage au sous-sol. Jardin clos avec balançoire. Forfait ménage possible : 32 €. Ouvert toute l'année.

SEINE-MARITIME TOURISME RESERVATION – Chambre d'Agriculture - BP 59 - chemin de la Bretêque - 76232 BOIS-GUILLAUME Cedex
Tél. : 02 35 60 73 34 - Fax : 02 35 61 69 20 - Email : info@gitesdefrance76.com - www.gites-normandie-76.com

| TRES HTE SAIS. | HTE SAIS. | MOY. SAIS. | PAQUES/ J.DE L'AN | BASSE SAIS. | MID-WEEK | WEEK-END | W.-E. PROL. | | | | | | | | |
|---|---|---|---|---|---|---|---|---|---|---|---|---|---|---|---|
| 350 | 315 | 245 | 280 | 192 | 190 | 160 | 175 | 42 | 10 | 7 | 2 | 1 | 7 | 10 | 19 | 2 |

## N° 6110 — LA FEUILLIE — CM 52 pli 15

**NN — 4 pers.**

Rouen 35 km. Ry 20 km. Lyons-la-Forêt 10 km. Charmante maison à colombages au coeur de prés et de vergers, la commune est entourée par la forêt de Lyons. Gîte de plain-pied comprenant un séjour avec cheminée équipée d'un poêle, tél., cuisine avec lave-vaisselle, salle d'eau avec lave-linge, wc, salon, 1 ch. (2 lits 1 pers.) et en enfilade : 1 ch. (1 lit 2 pers.) qui peut être accessible par l'ext. Cave à disposition. Jardin privatif clos. Box et prairie pour cheval disponible (prévenir le propriétaire). Chauffage électrique. Forfait ménage possible : 23 €. Ouvert toute l'année.

SEINE-MARITIME TOURISME RESERVATION – Chambre d'Agriculture - BP 59 - chemin de la Bretêque - 76232 BOIS-GUILLAUME Cedex
Tél. : 02 35 60 73 34 - Fax : 02 35 61 69 20 - Email : info@gitesdefrance76.com - www.gites-normandie-76.com

| TRES HTE SAIS. | HTE SAIS. | MOY. SAIS. | PAQUES/ J.DE L'AN | BASSE SAIS. | MID-WEEK | WEEK-END | W.-E. PROL. | | | | | | | | |
|---|---|---|---|---|---|---|---|---|---|---|---|---|---|---|---|
| 280 | 252 | 200 | 224 | 154 | 154 | 140 | 150 | 60 | 35 | 16 | 1 | 3 | 1 | 20 | 30 | 16 | 1 |

# SEINE MARITIME - 76

Périodes tarifaires p. 361

## N° 3050 — GUILMECOURT
**NN — 2 pers.**   CM 52 pli 5

Dieppe, Le Tréport, Eu 15 km. Ancien corps de ferme à mi-chemin entre Dieppe, Eu et Le Tréport. Gîte mitoyen. Plain-pied : grand séjour-salon de 38 m² avec cheminée, TV et convertible, tél., coin-cuisine avec lave-vaisselle et micro-ondes, s.d.b., wc, 1 ch. (1 lit 2 pers.). Lit et chaise bébé. Possibilité lit d'appoint 1 pers. Jardin avec terrasse, barbecue et parking. Espace de jeux commun aux 2 gîtes. Chemin vert du Petit Caux dans le village. Forfait ménage possible : 22 €. Draps compris. Chauffage au fuel (5,5 €/jour du 01/10 au 31/05). Ouvert toute l'année.
Marie-Josèphe DEMOUCHY - 3 rue des Granges - 76280 GUILMECOURT
Tél. : 02 35 83 50 63 - 06 07 18 34 53 - Fax : 02 35 83 50 63 - http://mdemouchy.free.fr

| TRES HTE SAIS. | HTE SAIS. | MOY. SAIS. | PAQUES / J.DE L'AN | BASSE SAIS. | MID-WEEK | WEEK-END | W.-E. PROL. | | | | | | | | | | | | | |
|---|---|---|---|---|---|---|---|---|---|---|---|---|---|---|---|---|---|---|---|---|
| 370 | 335 | 260 | 295 | 205 | 205 | 170 | 190 | 9 | 21 | 6 | 2 | 5 | 2 | 20 | 15 | 15 | 6 | | | |

## N° 3053 — GUILMECOURT
**NN — 5 pers.**   CM 52 pli 5

Dieppe, Le Tréport, Eu 15 km. Charmant gîte mitoyen à un autre gîte dans l'ancienne maison de ferme à mi-chemin entre Dieppe, Eu et Le Tréport. De plain-pied : séjour salon, cheminée décorative, TV, convertible, tél., cuisine (vue sur campagne) avec l-vaisselle et m-ondes, s.d.b., wc, 1 ch. (1 lit 2 pers., 1 lit 1 pers.), 1 ch. 2 pers. (2 lits gigogne). Lit et chaise bébé. Jardin privé clos, terrasse, et parking. Espace de jeux commun aux 2 gîtes. Chemin vert du Petit Caux dans le village. Forfait ménage poss. : 25 €. Chauff. fuel (5,5 €/jour du 01/10 au 31/05). Lits faits à l'arrivée. Ouvert toute l'année.
Marie-Josèphe DEMOUCHY - 3 rue des Granges - 76280 GUILMECOURT
Tél. : 02 35 83 50 63 - 06 07 18 34 53 - Fax : 02 35 83 50 63 - http://mdemouchy.free.fr

| TRES HTE SAIS. | HTE SAIS. | MOY. SAIS. | PAQUES / J.DE L'AN | BASSE SAIS. | MID-WEEK | WEEK-END | W.-E. PROL. | | | | | | | | | | |
|---|---|---|---|---|---|---|---|---|---|---|---|---|---|---|---|---|---|
| 420 | 380 | 295 | 340 | 200 | 200 | 175 | 200 | 9 | 21 | 6 | 2 | 5 | 2 | 20 | 15 | 15 | 6 |

## N° 6113 — HODENG-HODENGER
**NN — 3 pers.** — Le Mesnil   CM 52 pli 16

Forges-les-Eaux et Gournay-en-Bray 12 km. Mme Farquet vous accueille dans une ferme typique du Pays de Bray entourée de 12 ha de pâtures plantées de pommiers, au calme. Gîte mitoyen à la maison du prop., avec accès indépendant, donnant sur une cours privative. Plain-pied : séjour/salon avec cheminée ancienne, cuisine avec l-linge et l-vaisselle, salle d'eau avec wc, 1 ch. (1 lit 2 pers., 1 lit 1 pers.). Chauffage électrique. Ouvert toute l'année.
Paulette FARQUET - 49 rue de Brémontier - Le Mesnil - 76780 HODENG-HODENGER
Tél. : 02 35 90 83 36 - 02 35 70 31 05

| TRES HTE SAIS. | HTE SAIS. | MOY. SAIS. | PAQUES / J.DE L'AN | BASSE SAIS. | MID-WEEK | WEEK-END | W.-E. PROL. | | | | | | | | | | |
|---|---|---|---|---|---|---|---|---|---|---|---|---|---|---|---|---|---|
| 235 | 211 | 165 | 188 | 130 | 130 | 105 | 120 | 50 | 46 | 12 | 12 | 30 | 6 | 20 | 12 | 12 | 12 |

## N° 1228 — HOUDETOT
**NN — 6 pers.**   CM 52 pli 13

St-Valéry-en-Caux 12 km. Veules-les-Roses 7 km. Près de la ferme qu'ils exploitent, Catherine et Jean-François ont construit une maison aux volumes séduisants autour d'un ancien manège agricole. Maison récente entourée de son grand jardin non clos avec barbecue. Plain-pied : entrée, cuisine à vivre avec lave-vaisselle et micro-ondes, séjour-salon spacieux avec TV et téléphone. 2 ch. (1 lit 2 pers.), 1 ch. (3 lits 1 pers.), wc, s.d.b. avec douche. Grand garage en sous-sol avec lave-linge, étendage, congélateur. Chauffage central : 10 €/jour. Forfait ménage possible : 40 €. Ouvert toute l'année.
SEINE-MARITIME TOURISME RESERVATION - Chambre d'Agriculture - BP 59 - chemin de la Bretèque - 76232 BOIS-GUILLAUME Cedex
Tél. : 02 35 60 73 34 - Fax : 02 35 61 69 20 - Email : info@gitesdefrance76.com - www.gites-normandie-76.com

| TRES HTE SAIS. | HTE SAIS. | MOY. SAIS. | PAQUES / J.DE L'AN | BASSE SAIS. | MID-WEEK | WEEK-END | W.-E. PROL. | | | | | | | | | | |
|---|---|---|---|---|---|---|---|---|---|---|---|---|---|---|---|---|---|
| 470 | 423 | 329 | 376 | 258 | 243 | 211 | 235 | 7 | 14 | 12 | 7 | 5 | SP | 7 | 25 | 12 | 3 |

## N° 2242 — IMBLEVILLE
**NN — 3 pers.**   CM 52 pli 14

Dieppe 29 km. Veules-les-Roses 25 km. Ancien four à pain restauré par Christophe et Anne, agriculteurs, à proximité de leur maison, dans cadre privilégié. R.d.c. : séjour avec coin-cuisine, TV, tél., poêle à bois, s. d'eau, wc. A l'ét. : une mezzanine : 1 ch. (1 lit 2 pers., 1 lit 1 pers.). Jardin privé non clos, dépendance à dispo., transats, barbecue. Forfait ménage possible : 30 €. Ce gîte plein de charme surplombe l'une des plus belle vallée du Pays de Caux. Elle vous mène à la mer en déroulant ses paysages verdoyants. Randonnées. Nombreux loisirs, services et commerces à proximité. Ouvert toute l'année.
SEINE-MARITIME TOURISME RESERVATION - Chambre d'Agriculture - BP 59 - chemin de la Bretèque - 76232 BOIS-GUILLAUME Cedex
Tél. : 02 35 60 73 34 - Fax : 02 35 61 69 20 - Email : info@gitesdefrance76.com - www.gites-normandie-76.com

| TRES HTE SAIS. | HTE SAIS. | MOY. SAIS. | PAQUES / J.DE L'AN | BASSE SAIS. | MID-WEEK | WEEK-END | W.-E. PROL. | | | | | | | | | | |
|---|---|---|---|---|---|---|---|---|---|---|---|---|---|---|---|---|---|
| 360 | 325 | 250 | 290 | 180 | 160 | 180 | | 23 | 30 | 2 | 15 | SP | 7 | 25 | 12 | | |

## N° 6112 — NOLLEVAL
**NN — 9 pers.**   CM 52 pli 15

Forges-les-Eaux 17 km. Lyons-la-Forêt 20 km. Rouen 35 km. Charmant gîte dominant la vallée de l'Andelle, en bordure de la forêt de Lyons, dans envir. préservé. Gérard, Marie-Claude et leurs enfants seront heureux de vous faire découvrir leur ferme à prox. Gîte indép. R.d.c. : cuisine (l.vaisselle), salon, séjour (TV- magnét.) donnant sur terrasse: 60 m2, 1 ch. (1 lit 2 pers.), s. d'eau, wc. Et. : esp. détente, 1 ch. (2 lits 1 pers.), 1 ch. (1 lit 2 pers. avec balcon, 1 ch. (2 lits 1 pers.), s. de bains et wc. Sous-sol : garage pour 2 voitures, 1 laverie (l-linge), wc. Forfait ménage poss. : 50 €. Ouvert toute l'année.
SEINE-MARITIME TOURISME RESERVATION - Chambre d'Agriculture - BP 59 - chemin de la Bretèque - 76232 BOIS-GUILLAUME Cedex
Tél. : 02 35 60 73 34 - Fax : 02 35 61 69 20 - Email : info@gitesdefrance76.com - www.gites-normandie-76.com

| TRES HTE SAIS. | HTE SAIS. | MOY. SAIS. | PAQUES / J.DE L'AN | BASSE SAIS. | MID-WEEK | WEEK-END | W.-E. PROL. | | | | | | | | | | |
|---|---|---|---|---|---|---|---|---|---|---|---|---|---|---|---|---|---|
| 440 | 396 | 308 | 352 | 245 | 240 | 198 | 210 | 70 | 10 | 17 | 6 | 8 | SP | 1 | 25 | 20 | 5 |

# SEINE MARITIME - 76

*Périodes tarifaires p. 361*

## N° 9032 — ST-AUBIN-SUR-MER
**CM 52 pli 3**

**NN** — 17 pers.

Veules-les-Roses. Saint-Valéry-en-Caux 6 km. Dieppe 20 km. Grande villa "bord de mer"(1950) en brique et béton sur 2000m² de terrain privé clos, barbecue, garage vélos/voiles. R.d.c.: s.à.m contiguë à cuisine (l-vaiss., réfrig./congél., m-ondes), séjour vue sur mer (billard loisirette, clic-clac 2 pers., TV, âtre). 1er ét.: 1 ch. (3 lits 1 pers.), 1 ch. (1 lit 2 pers.), 3 lits 1 pers.), balcon, wc, s.d.b.. 2ème ét.: 3 ch. (1 lit 2 pers. + lit bébé), 1 ch. (2 lits 1 pers.), s. d'eau, wc. Chauff. cent. fuel. Annexe: 1 ch. (1 lit 1 pers.), 1 ch. (2 lits 1 pers. superp.), douche, wc. Laverie, l-linge, s-linge. Tél. Ouvert toute l'année.
Béatrice BALLUE - 21 chemin de l'Epine - Hameau de Langrume - 76570 STE-AUSTREBERTHE
Tél.: 02 35 91 13 16 - Fax: 02 35 91 66 22 - Email: beatrice.ballue@wanadoo.fr - www.gites-ballue.com

| TRES HTE SAIS. | HTE SAIS. | MOY. SAIS. | PAQUES/ J.DE L'AN | BASSE SAIS. | MID-WEEK | WEEK-END | W.-E. PROL. | | | | | | | | |
|---|---|---|---|---|---|---|---|---|---|---|---|---|---|---|---|
| 980 | 940 | 840 | 840 | 660 | 560 | 580 | 640 | 0,2 | 30 | 14 | 1 | 9 | 20 | 20 | 4 |

## N° 6109 — STE-GENEVIEVE-EN-BRAY — La Pommeraye
**CM 52 pli 15**

**NN** — 3 pers.

Forges-les-Eaux 12 km. Neufchâtel-en-Bray 15 km. Rouen 30 mn. A 30 mn de Dieppe, à 10 mn de Forges-les-Eaux. Ancien corps de ferme avec grand jardin clos de 600 m² au calme, au coeur du Pays de Bray. Gîte de plain-pied : grande cuisine avec four, micro-ondes, fourneau à bois et lave-linge, TV, séjour avec canapé 3 pers. (convertible), salle d'eau, 1 ch. (1 lit 2 pers.), 1 ch. (1 lit 1 pers.). Garage. Forfait ménage possible : 17 €. Chauffage électrique. Ouvert toute l'année.
SEINE-MARITIME TOURISME RESERVATION - Chambre d'Agriculture - BP 59 - chemin de la Bretèque - 76232 BOIS-GUILLAUME Cedex
Tél.: 02 35 60 73 34 - Fax: 02 35 61 69 20 - Email: info@gitesdefrance76.com - www.gites-normandie-76.com

| TRES HTE SAIS. | HTE SAIS. | MOY. SAIS. | PAQUES/ J.DE L'AN | BASSE SAIS. | MID-WEEK | WEEK-END | W.-E. PROL. | | | | | | | | |
|---|---|---|---|---|---|---|---|---|---|---|---|---|---|---|---|
| 250 | 225 | 175 | 200 | 150 | 125 | 115 | 130 | 35 | 30 | 12 | 5 | 12 | 8 | 5 | 12 | 12 | 5 |

## N° 9033 — ST-LEONARD — Ferme des Ferrières
**CM 52 pli 12**

**NN** — 14 pers.

Etretat 11 km. Fécamp 8 km. Dans une écurie du XIXe restaurée, site classé, gîte de caractère, indép. Jardin clos de 650m², portique, p-pong. bbcue. Petit bois, mini-terrain de foot. R.d.c.: séjour-salon, chem. avec four à pain, TV-magnéto, coin cuisine, l-vaiss., l-linge, s-linge, m-ondes, 1 ch. (2 lits 1 pers.), 1 ch. (1 lit 2 pers.) et s. d'eau/wc accessibles aux pers. hand. Et.: s. de jeux, 2 ch. (1 lit 2 pers.), s. d'eau, 1 ch. (2 lits 1 pers.), s.d.b., wc indép., 1 ch. (1 lit 2 pers. 2 x 2 lits superp.). Chauff. élec. 2 lits bébés. De la ferme, accès à la mer par sentier rand. vers Etretat. Ouvert toute l'année.
SEINE-MARITIME TOURISME RESERVATION - Chambre d'Agriculture - BP 59 - chemin de la Bretèque - 76232 BOIS-GUILLAUME Cedex
Tél.: 02 35 60 73 34 - Fax: 02 35 61 69 20 - Email: info@gitesdefrance76.com - www.gites-normandie-76.com

| TRES HTE SAIS. | HTE SAIS. | MOY. SAIS. | PAQUES/ J.DE L'AN | BASSE SAIS. | MID-WEEK | WEEK-END | W.-E. PROL. | | | | | | | | |
|---|---|---|---|---|---|---|---|---|---|---|---|---|---|---|---|
| 795 | 720 | 580 | 680 | 480 | 410 | 480 | 510 | 2 | 30 | 8 | 4 | 10 | SP | 2 | 11 | 8 | 3 |

## N° 2239 — ST-ROMAIN-DE-COLBOSC
**CM 52 pli 12**

**NN** — 5 pers.

Etretat 25 km. Le Havre 20 km. Honfleur 15 km. Maison de briques orientée plein sud dans la propriété familiale. R.d.c.: cuisine, séjour avec cheminée, TV et tél., 1 ch. (1 lit 2 pers.), s.d.b./douche, wc. A l'ét.: 1 ch. (1 lit 1 pers.), 1 ch. (2 lits 1 pers.), 1 ch. (2 lits 1 pers.), espace jeux. Jardin commun fleuri avec barbecue et chaises longues. Annexes. Chauffage central. Forfait ménage possible : 30 €. Gîte facile d'accès sur l'estuaire de la Seine entre les plages d'Etretat et de Honfleur. Tous commerces et services au bourg. Ouvert toute l'année.
SEINE-MARITIME TOURISME RESERVATION - Chambre d'Agriculture - BP 59 - chemin de la Bretèque - 76232 BOIS-GUILLAUME Cedex
Tél.: 02 35 60 73 34 - Fax: 02 35 61 69 20 - Email: info@gitesdefrance76.com - www.gites-normandie-76.com

| TRES HTE SAIS. | HTE SAIS. | MOY. SAIS. | PAQUES/ J.DE L'AN | BASSE SAIS. | MID-WEEK | WEEK-END | W.-E. PROL. | | | | | | | | |
|---|---|---|---|---|---|---|---|---|---|---|---|---|---|---|---|
| 380 | 345 | 265 | 305 | 210 | 190 | 171 | 190 | 18 | 18 | 1 | 2 | 8 | 2 | 4 | 20 | 15 | 1 |

## N° 2244 — ST-VAAST-DU-VAL
**CM 52 pli 14**

**NN** — 4 pers.

Dieppe, Rouen 32 km. Clères 16 km. Christine et Benoit vous accueillent dans une petite maison normande à colombages, rénovée avec jardin clos, fleuri et arboré, au calme, proche de leur habitation. R.d.c.: séjour, cheminée, coin-cuisine, s. d'eau, l-linge, 1 ch. (1 lit 2 pers., 1 lit bébé). A l'étage: salon en mezzanine, TV, biblio. (doc. touristique), 1 ch. (2 lits 1 pers.), wc. Chauffage électrique. Barbecue. Dépendance à disposition. Parking privatif. Forfait ménage possible : 25 €. Possibilité de location de linge. Week-end-détente 2 nuits : 235 €. Restaurants à 2 km. Ouvert toute l'année.
SEINE-MARITIME TOURISME RESERVATION - Chambre d'Agriculture - BP 59 - chemin de la Bretèque - 76232 BOIS-GUILLAUME Cedex
Tél.: 02 35 60 73 34 - Fax: 02 35 61 69 20 - Email: info@gitesdefrance76.com - www.gites-normandie-76.com

| TRES HTE SAIS. | HTE SAIS. | MOY. SAIS. | PAQUES/ J.DE L'AN | BASSE SAIS. | MID-WEEK | WEEK-END | W.-E. PROL. | | | | | | | | |
|---|---|---|---|---|---|---|---|---|---|---|---|---|---|---|---|
| 335 | 302 | 235 | 270 | 185 | 168 | 150 | 168 | 32 | 21 | 6 | 6 | 9 | 6 | 6 | 22 | 7 | 2 |

## N° 5062 — VAL-DE-LA-HAYE
**CM 55 pli 6**

**NN** — 6 pers.

Rouen 10 km. Au bord de la Seine, à la sortie de l'agglomération Rouennaise, dans un très vieux village au cachet retrouvé et au riche passé, maison mitoyenne à celle des propriétaires, jardin clos commun, terrasse privative. R.d.c.: séjour-salon avec cheminée, TV-magnétoscope, cuisine avec lave-linge, sèche-linge, micro-ondes et lave-vaisselle, wc. A l'étage : salle d'eau-wc, 1 ch. (1 lit 2 pers.), 1 ch. (1 lit 2 pers., 1 lit 1 pers.). Sous les combles du pigeonnier : 1 ch. (1 lit 2 pers.). Chauffage central (7 €/jour). Forfait ménage : 30 € l/jour. Ouvert toute l'année.
SEINE-MARITIME TOURISME RESERVATION - Chambre d'Agriculture - BP 59 - chemin de la Bretèque - 76232 BOIS-GUILLAUME Cedex
Tél.: 02 35 60 73 34 - Fax: 02 35 61 69 20 - Email: info@gitesdefrance76.com - www.gites-normandie-76.com

| TRES HTE SAIS. | HTE SAIS. | MOY. SAIS. | PAQUES/ J.DE L'AN | BASSE SAIS. | MID-WEEK | WEEK-END | W.-E. PROL. | | | | | | | | |
|---|---|---|---|---|---|---|---|---|---|---|---|---|---|---|---|
| 400 | 360 | 280 | 320 | 220 | 200 | 180 | 200 | 65 | 40 | 7 | 4 | 10 | 40 | 15 | 10 | 3 |

**NORMANDIE**

*Pictos voir p. 12*

# SEINE MARITIME - 76

Périodes tarifaires p. 361

## N° 2245 — VALLIQUERVILLE — CM 52 pli 13

**NN — 6 pers.**

Caudebec-en-Caux 13 km. Yvetot 4 km. Dans corps de ferme clos de murs et de hêtraies (6 ha), gîte situé ds une aile de la ferme manoir, indép. de par ses 2 entrées privées. Jardin privé orienté à l'ouest, barbecue. Garage 1 voiture. R.d.c. : cuisine (four pyrolyse, m-ondes, l-linge, l-vaiss., réfrig./congél.), séjour, coin-salon (TV, cheminée en insert, conv.), s. d'eau/wc. A l'ét. : 1 ch. (1 lit 2 pers.), 1 ch. (1 lit 2 pers., 2 lits superposés), s. d'eau/wc, poss 3è ch au R.D.C au delà de 4 pers. (1 lit 2 pers., 1 lit 1 pers.). Linge inclus. Chauff. centr. fuel. Forfait ménage poss. : 38 €. Accueil chevaux. Ouvert toute l'année.

SEINE-MARITIME TOURISME RESERVATION – Chambre d'Agriculture - BP 59 - chemin de la Bretèque - 76232 BOIS-GUILLAUME Cedex
Tél. : 02 35 60 73 34 - Fax : 02 35 61 69 20 - Email : info@gitesdefrance76.com – www.gites-normandie-76.com

| TRES HTE SAIS. | HTE SAIS. | MOY. SAIS. | PAQUES/ J.DE L'AN | BASSE SAIS. | MID-WEEK | WEEK-END | W.-E. PROL. | 〰 | 🏊 | 🎾 | 🦎 | 🚶 | 🎣 | 🏕 | 🛏 |
|---|---|---|---|---|---|---|---|---|---|---|---|---|---|---|---|
| 500 | 450 | 350 | 400 | 290 | 290 | 225 | 255 | 30 | 20 | 4 | 0,5 | 4 | SP | 12 | 20 | 4 | 2 |

## N° 2240 — VIBEUF — CM 52 pli 14

**NN — 4 pers.**

Veules-les-Roses 24 km. Maison récente indépendant au calme avec accès facile à la mer. Plain-pied : entrée, séjour-salon avec mezzanine, convertible 2 pers., TV, tél. téléséjour, cuisine aménagée, 1 ch. (1 lit 2 pers.), 1 ch. (2 lits 1 pers.), s.d.b., wc. Lit bébé sur demande. Jardin clos avec barbecue, portique, garage. Chauffage électrique. Forfait ménage possible : 30 €. Draps fournis, lits faits à l'arrivée. Ouvert toute l'année.

SEINE-MARITIME TOURISME RESERVATION – Chambre d'Agriculture - BP 59 - chemin de la Bretèque - 76232 BOIS-GUILLAUME Cedex
Tél. : 02 35 60 73 34 - Fax : 02 35 61 69 20 - Email : info@gitesdefrance76.com – www.gites-normandie-76.com

| TRES HTE SAIS. | HTE SAIS. | MOY. SAIS. | PAQUES/ J.DE L'AN | BASSE SAIS. | MID-WEEK | WEEK-END | W.-E. PROL. | 〰 | 🏊 | 🎾 | 🦎 | 🚶 | 🎣 | 🏕 | 🛏 |
|---|---|---|---|---|---|---|---|---|---|---|---|---|---|---|---|
| 320 | 290 | 230 | 260 | 190 | 170 | 160 | 170 | 24 | 27 | 4 | 4 | 6 | 3 | 4 | 41 | 9 | 3 |

## N° 1227 — VILLAINVILLE — Banlieue Américaine — CM 52 pli 11

**NN — 8 pers.**

Fécamp 17 km. Etretat 5 km. Maison indép. entourée de prés et de champs vallonnés. R.d.c. : séjour-salon, TV, tél., cheminée en insert, cuisine avec m-ondes, l-linge et l-vaisselle, s.d.b./wc, 1 ch. (1 lit 2 pers.), 1 ch. (2 lits 1 pers.). A l'ét. : 1 ch. (1 lit 2 pers.), 1 ch. (2 lits 1 pers.), s. d'eau/wc, coin-jeux en mezzanine. Grand jardin non clos. 2 terrasses, bbcue, portique, bac à sable, vélos. Poneys à disposition et tennis au village offert. F. ménage possible : 45 €. Accès direct à Etretate. Gîte gd confort à proximité de 4 autres gîtes et de la maison des propriétaires. Garage 2 voitures + vélos. Ouvert toute l'année.

SEINE-MARITIME TOURISME RESERVATION – Chambre d'Agriculture - BP 59 - chemin de la Bretèque - 76232 BOIS-GUILLAUME Cedex
Tél. : 02 35 60 73 34 - Fax : 02 35 61 69 20 - Email : info@gitesdefrance76.com – www.gites-normandie-76.com

| TRES HTE SAIS. | HTE SAIS. | MOY. SAIS. | PAQUES/ J.DE L'AN | BASSE SAIS. | MID-WEEK | WEEK-END | W.-E. PROL. | 〰 | 🏊 | 🎾 | 🦎 | 🚶 | 🎣 | 🏕 | 🛏 |
|---|---|---|---|---|---|---|---|---|---|---|---|---|---|---|---|
| 630 | 567 | 420 | 442 | 320 | 320 | 280 | 305 | 5 | 37 | 4 | 1,7 | SP | SP | 5 | 5 | 17 | 4 |

## N° 2246 — YEBLERON — CM 52 pli 12

**NN — 5 pers.**

Fécamp 18 km. Honfleur 20 mn (A29). A 20 mn d'Honfleur et Etretat et 18 km de Fécamp, gîte mitoyen à la maison des propriétaires avec entrée indép. donnant sur un jardin privatif. R.d.c. : salle/salon avec TV, cuisine séparée avec micro-ondes, lave-linge, s.d.b. avec douche, 1 ch. (1 lit 2 pers.). A l'ét. : 1 ch. (1 lit 2 pers., 1 lit 1 pers.), lit bébé, wc et lavabo. Equipement bébé. Terrasse avec salon de jardin et barbecue. A proximité de tous commerces. Complexe sportif à 500 m. Chauffage fuel (7 €/jour) et appoint électrique à l'ét. et salle d'eau. Forfait ménage poss. : 25 €. Ouvert toute l'année.

Christian & Brigitte GUENET - Route de Foucart - 76640 YEBLERON
Tél. : 02 35 96 98 26 - 06 07 26 36 04 - Fax : 02 35 56 44 35 - Email : BGUENET@aol.com

| TRES HTE SAIS. | HTE SAIS. | MOY. SAIS. | PAQUES/ J.DE L'AN | BASSE SAIS. | MID-WEEK | WEEK-END | W.-E. PROL. | 〰 | 🏊 | 🎾 | 🦎 | 🚶 | 🎣 | 🏕 | 🛏 |
|---|---|---|---|---|---|---|---|---|---|---|---|---|---|---|---|
| 305 | 275 | 215 | 245 | 155 | 145 | 130 | 140 | 18 | 25 | 5 | 0,5 | 15 | 2 | 25 | 35 | 20 | SP |

# PAYS DE LOIRE

Pour réserver, écrire ou téléphoner :

### 44 - LOIRE-ATLANTIQUE
GITES DE FRANCE - Service Réservation
1, allée Baco - B.P. 93218 - 44032 NANTES Cédex 1
Tél. 02 51 72 95 65 - Fax. 02 40 35 17 05
E.mail : info@gites-de-france-44.fr

### 49 - MAINE ET LOIRE
GITES DE FRANCE - Service Réservation
Place Kennedy - B.P. 32147 - 49021 ANGERS Cédex 02
Tél. 02 41 23 51 23 - Fax. 02 41 23 51 26
E.mail : anjou-resa@anjou-tourisme.com
www.gites-de-france-anjou.com ou www.resinfrance.com

### 53 - MAYENNE
GITES DE FRANCE - Service Réservation
84, avenue Robert Buron - B.P. 2254 - 53022 LAVAL Cédex 9
Tél. 02 43 53 58 78 - Fax. 02 43 53 58 79
E.mail : gites-de-france-53@wanadoo.fr - www.gites-de-france-mayenne.com

### 72 - SARTHE
GITES DE FRANCE - Service Réservation
40, rue Joinville - 72000 LE MANS
Tél. 02 43 40 22 60 - Fax. 02 43 40 22 61
www.gites-de-france-mayenne.com

### 85 - VENDEE
GITES DE FRANCE - Service Réservation
124, boulevard Aristide Briand - B.P. 735
85018 LA ROCHE-SUR-YON Cédex
Tél. 02 51 37 87 87 - Fax. 02 51 62 15 19
E.mail : gites-de-france-vendee@wanadoo.fr
www.gites-de-france-vendee.com

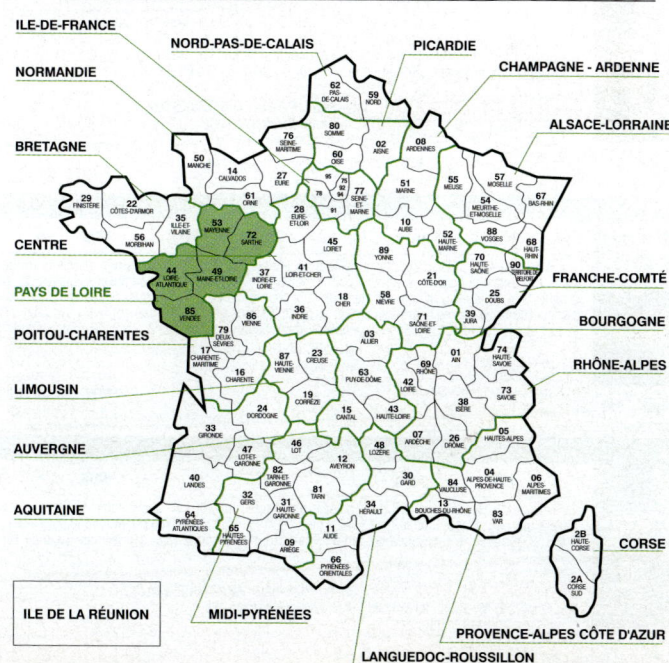

# LOIRE ATLANTIQUE - 44

**GITES DE FRANCE** - Service Réservation
1, allée Baco - B.P. 93218 - 44032 NANTES Cédex 1
Tél. 02 51 72 95 65 - Fax. 02 40 35 17 05
E.mail : info@gites-de-france-44.fr

**PÉRIODES TARIFAIRES**
**TRÈS HAUTE SAISON :** du 10.07 au 20.08 - **HAUTE-SAISON :** du 26.06 au 9.07, du 21.08 au 27.08 - **MOYENNE SAISON - VACANCES SCOLAIRES :** du 20.12 au 2.01, du 7.02 au 5.03, du 3.04 au 25.06, du 28.08 au 1er.10 + Toussaint (vacances scolaires 2004/2005) - **BASSE SAISON :** du 15.11 au 19.12, du 3.01 au 6.02, du 6.03 au 2.04, du 2.10 (la Toussaint)

## N° 307421  ASSERAC — La Croix de l'éclis — CM 63 pli 14

NN  4 pers.

Pénestin 5 km. Guérande 18 km. La Baule 20 km. Maison indépendante tout en R.D.C. en retrait de la route, des plages. 2 chambres (1 lit 2 pers. 1 lit 1 pers. dans l'une et 1 convertible dans l'autre). Salon/séjour/cuisine aménagée (réfrig./congél. micro-ondes). Salle de bains. WC indép. Arrière cuisine. Chauffage central. Jardin privatif clos (1000 m2 environ). Table de ping-pong. Taxe de séjour.

GITES DE FRANCE-SERVICE RESERVATION - 1 allée Baco - BP 93218 - 44032 NANTES Cedex 1
Tél. : 02 51 72 95 65 - Fax : 02 40 35 17 05 - Email : info@gites-de-france-44.fr

| TRES HTE SAIS. | HTE SAIS. | MOY. SAIS. | BASSE SAIS. | WEEK-END |
|---|---|---|---|---|
| 618 | 618 | 462 | 371 | 232 |

| | | | | | | | | | | | |
|---|---|---|---|---|---|---|---|---|---|---|---|
| 0,2 | 0,2 | 0,2 | 17 | 3 | 30 | SP | 17 | 20 | 5 | | |

## N° 307441  LA BAULE — CM 63 pli 14

NN  3 pers.

Gîte en rez-de-chaussée de la maison du propriétaire. Coin-cuisine/séjour (micro-ondes) avec un canapé convertible. 1 chambre (1 lit 2 pers. 1 lit bébé). Salle de bains, wc. Chauffage électrique. Jardinet clos privatif de 35 m2, bac à sable. Proche de la gare de Pornichet et tous commerces. Chaise haute pour bébé. Poss. rentrer la voiture sur le terrain. Ouvert toute l'année.

GITES DE FRANCE-SERVICE RESERVATION - 1 allée Baco - BP 93218 - 44032 NANTES Cedex 1
Tél. : 02 51 72 95 65 - Fax : 02 40 35 17 05 - Email : info@gites-de-france-44.fr

| TRES HTE SAIS. | HTE SAIS. | MOY. SAIS. | BASSE SAIS. |
|---|---|---|---|
| 408 | 408 | 306 | 245 |

| | | | | | | | |
|---|---|---|---|---|---|---|---|
| 0,8 | 0,8 | 0,8 | 1 | 2 | 3 | 1 | 0,5 | 0,5 |

## N° 307541  LA BAULE

NN  5 pers.

Guérande (cité médiév.) 5,5 km. Marais salants 7 km. La Brière 10 km. Maison mitoyenne, calme. R.D.C : salle à manger avec coin-cuisine. Salon (convertible). 2 ch. (1 lit 2 pers. 2 lits 1 pers.). Salle d'eau. WC indép. Etage : 1 ch. (1 lit 1 pers.). Chauffage électrique. Service ménage à la demande. Terrain clos (300 m2) avec abri pour vélos. Stationnement possible à l'intérieur de la propriété. Proche de la ville, de la thalasso. Ouvert de mi-juin à mi-septembre.

GITES DE FRANCE-SERVICE RESERVATION - 1 allée Baco - BP 93218 - 44032 NANTES Cedex 1
Tél. : 02 51 72 95 65 - Fax : 02 40 35 17 05 - Email : info@gites-de-france-44.fr

| TRES HTE SAIS. | HTE SAIS. | MOY. SAIS. |
|---|---|---|
| 450 | 450 | 350 |

| | | | | | | | |
|---|---|---|---|---|---|---|---|
| 2,5 | 2,5 | 3,5 | 3 | 3 | 4 | 3 | 2 | 2 |

## N° 307551  LA BAULE

NN  4 pers.

Thalasso 2 km. Parcours de santé 100 m. Gîte avec entrée indépend. situé dans une aile de la maison du propriétaire. R.D.C. salon (1 couchage dans convertible 2 pers.). Séjour avec cuisine aménagée ouverte. Etage : ch. avec vide sur escalier (1 lit 2 pers., 1 lit 1 pers.). S. d'eau, wc attenants à la chambre. Chauffage gaz par régulation inclu dans le prix. Accès direct sur piscine (commune avec le propriétaire) et terrasse. Espace privatif gazonné 1000m2. Lits faits à l'arrivée, linge de toilette à la demande. Lave-linge et sèche-linge électr. dans buanderie commune. Taxe de séjour. Ouvert toute l'année.

GITES DE FRANCE-SERVICE RESERVATION - 1 allée Baco - BP 93218 - 44032 NANTES Cedex 1
Tél. : 02 51 72 95 65 - Fax : 02 40 35 17 05 - Email : info@gites-de-france-44.fr

| TRES HTE SAIS. | HTE SAIS. | MOY. SAIS. | BASSE SAIS. | WEEK-END |
|---|---|---|---|---|
| 610 | 610 | 457 | 366 | 226 |

| | | | | | | | |
|---|---|---|---|---|---|---|---|
| 1 | 1 | SP | 1,3 | 4,8 | 0,1 | 1 | 1 |

## N° 307601  LA BAULE

NN  5 pers.

La Baule 2 km. Gîte mitoyen. R.D.C : cuisine aménagée ouverte sur séjour/salon (réfrigérateur/congélateur, convertible). Salle d'eau, wc. Etage : 2 chambres (1 lit 2 pers., 2 lits 1 pers.) avec vue panoramique sur l'arrière de La Baule. Jardin clos 200 m2, terrasse. À 5 minutes du centre. Thalasso, hippodrome, forêt à proximité. Taxe de séjour.

GITES DE FRANCE-SERVICE RESERVATION - 1 allée Baco - BP 93218 - 44032 NANTES Cedex 1
Tél. : 02 51 72 95 65 - Fax : 02 40 35 17 05 - Email : info@gites-de-france-44.fr

| TRES HTE SAIS. | HTE SAIS. | MOY. SAIS. | BASSE SAIS. | WEEK-END |
|---|---|---|---|---|
| 560 | 510 | 400 | 350 | 200 |

| | | | | | | | |
|---|---|---|---|---|---|---|---|
| 2 | 2 | 2 | 2 | 2 | 4 | 1 | 2 | 2 |

# LOIRE ATLANTIQUE - 44

Périodes tarifaires p. 368

## N° 207471 — CHAUVE
CM 67 pli 2

**NN — 6 pers.**

Pornic 7 km. Gîte dans une maison mitoyenne attenante à l'exploitation. R.D.C. : salon/séjour avec coin-cuisine (micro-ondes), 1 chambre (1 lit 2 pers.), salle de bains (douche et baignoire). WC indép. A l'étage : 3 chambres (1 lit 2 pers., 2 lits 1 pers.). Chauffage central au fuel. Garage. Arrière cour fermée. Jardinet clos (petite route de hameau à traverser). A Chauvé : 17 km de circuits pédestres. Ouvert toute l'année.

GITES DE FRANCE-SERVICE RESERVATION - 1 allée Baco - BP 93218 - 44032 NANTES Cedex 1
Tél. : 02 51 72 95 65 - Fax : 02 40 35 17 05 - Email : info@gites-de-france-44.fr

| TRES HTE SAIS. | HTE SAIS. | MOY. SAIS. | BASSE SAIS. | WEEK-END |
|---|---|---|---|---|
| 346 | 346 | 259 | 208 | 129 |

| | | | | | | | | |
|---|---|---|---|---|---|---|---|---|
| 6 | 8 | 6 | 7 | 7 | 7 | 4 | 7 | 4 |

## N° 407511 — HERBIGNAC — La Safardière

**NN — 9 pers.**

Guérande 15 km. La Baule 30 km. La Chapelle des Marais 3 km. Ancien corps de ferme entièrement rénové mitoyen au propriétaire. R.d.c. : salon séjour (3 canapés) avec poêle à bois, cuisine intégrée (micro-ondes congélateur sèche-linge). Salle d'eau, WC indép. 2 chambres (1 lit 140, 1 lit 120, 1 lit 90). Etage : 2 chambres (2 lits 140, 1 lit 90), salle de bains/wc. Chauffage électrique. Terrasse couverte. Accès et terrain privatifs (500 m² environ). Guérande : 15 km. La Baule : 30 km. La Chapelle des Marais : 3 km. Ouvert de février à novembre.

GITES DE FRANCE-SERVICE RESERVATION - 1 allée Baco - BP 93218 - 44032 NANTES Cedex 1
Tél. : 02 51 72 95 65 - Fax : 02 40 35 17 05 - Email : info@gites-de-france-44.fr

| TRES HTE SAIS. | HTE SAIS. | MOY. SAIS. | BASSE SAIS. |
|---|---|---|---|
| 610 | 585 | 460 | 350 |

| | | | | | | | | |
|---|---|---|---|---|---|---|---|---|
| 15 | 6 | 6 | 6 | 6 | 6 | 10 | 15 | 3 |

## N° 407591 — HERBIGNAC — Kerlouis
CM 63 pli 14

**NN — 9 pers.**

Guérande 16 km. La Baule 22 km. La Roche-Bernard 9 km. Dans le Parc Régional de Brière, corps de ferme en pierres, restauré. R.D.C. : salon, cuisine équipée, salle de douche, wc. Etage : 3 chambres, (4 lits 2 pers. 1 lit 1 pers.), salle de bains, wc, mezzanine. Chauffage au fuel. Service ménage à la demande. Possibilité de couchages supplémentaires. Terrain non-clos (1000 m2 environ). Ouvert toute l'année.

GITES DE FRANCE-SERVICE RESERVATION - 1 allée Baco - BP 93218 - 44032 NANTES Cedex 1
Tél. : 02 51 72 95 65 - Fax : 02 40 35 17 05 - Email : info@gites-de-france-44.fr

| TRES HTE SAIS. | HTE SAIS. | MOY. SAIS. | BASSE SAIS. |
|---|---|---|---|
| 730 | 690 | 518 | 414 |

| | | | | | | | | |
|---|---|---|---|---|---|---|---|---|
| 10 | 15 | 15 | 20 | 16 | 14 | SP | 22 | 2 |

## N° 207531 — LEGE — Le Bois
CM 67 pli 13

**NN — 6 pers.**

Nantes 35 km. St-Philbert de Grand Lieu 16 km. Dans un petit village, maison de campagne mitoyenne tout en rez-de-chaussée. Salle à manger rustique/salon avec convert. magnétoscope, cuisine aménagée (réfrig./congél., micro-ondes). 2 ch. (2 lits 2 pers., 1 convert.). Salle d'eau. WC indép. Chauff. central au fuel. Jardin d'agrément attenant (400 m2). Petit étang à proximité pour pêche. A 16 km, lac avec baignade non-surveillée. Pédalos, canoës. Karting 3 km. Tout proche de la Vendée. Ouvert toute l'année.

GITES DE FRANCE-SERVICE RESERVATION - 1 allée Baco - BP 93218 - 44032 NANTES Cedex 1
Tél. : 02 51 72 95 65 - Fax : 02 40 35 17 05 - Email : info@gites-de-france-44.fr

| TRES HTE SAIS. | HTE SAIS. | MOY. SAIS. | BASSE SAIS. | WEEK-END |
|---|---|---|---|---|
| 370 | 350 | 280 | 210 | 120 |

| | | | | | | | | |
|---|---|---|---|---|---|---|---|---|
| 40 | 16 | 1 | 6 | 6 | 40 | 1 | 16 | 35 | 6 |

## N° 407431 — MISSILLAC
CM 63 pli 15

**NN — 3 pers.**

La Baule 30 km. Guérande 30 km. Nantes 62 km. Vannes 55 km. Dans le site d'une école du XIXe clos de murs. Au centre du village, maison mitoyenne calme, entièrement rénovée, tout en R.D.C. Séjour/salon avec convertible (satellite, magnétoscope), cuisine américaine équipée (micro-ondes), 1 chambre (1 lit 2 pers. 1 lit gigogne 1 pers. 1 lit bébé), salle d'eau, WC indép. Jardin privatif avec parasol (65 + 75 m2). Piscine chauffée commune aux 2 gîtes avec chaises longues. Chauffage gaz, linge, bois et ménage compris. Jeux à disposition. Parking privé. Table de ping-pong commune.

GITES DE FRANCE-SERVICE RESERVATION - 1 allée Baco - BP 93218 - 44032 NANTES Cedex 1
Tél. : 02 51 72 95 65 - Fax : 02 40 35 17 05 - Email : info@gites-de-france-44.fr

| TRES HTE SAIS. | HTE SAIS. | MOY. SAIS. | BASSE SAIS. | WEEK-END |
|---|---|---|---|---|
| 590 | 590 | 470 | 410 | 240 |

| | | | | | | | | |
|---|---|---|---|---|---|---|---|---|
| 30 | 3 | 2 | SP | 2 | 2 | SP | 30 | 10 | 5 |

## N° 407432 — MISSILLAC
CM 63 pli 15

**NN — 8 pers.**

La Baule 30 km. Guérande 30 km. Nantes 62 km. Vannes 55 km. Dans le site d'une école du XIXe clos de murs. Maison individuelle calme, exposition sud, entièrement rénovée sur 2 niveaux. R.D.C. séjour/salon (satellite, magnétoscope), cuis. américaine (micro-ondes), 2 ch. (1 lit 2 pers. 2 lits 1 pers.) avec salle bains, WC indép. chacune. Etage : 1 ch. (4 lits 1 pers.), salle de bains, wc. Mezzanine (1 convert.). Jardin privatif (90 + 130 m2), parasol, piscine chauffée commune aux 2 gîtes, chaises longues. Chauffage gaz, linge, bois et ménage compris. Jeux à disposition. Parking privé.

GITES DE FRANCE-SERVICE RESERVATION - 1 allée Baco - BP 93218 - 44032 NANTES Cedex 1
Tél. : 02 51 72 95 65 - Fax : 02 40 35 17 05 - Email : info@gites-de-france-44.fr

| TRES HTE SAIS. | HTE SAIS. | MOY. SAIS. | BASSE SAIS. | WEEK-END |
|---|---|---|---|---|
| 1220 | 1220 | 1010 | 800 | 500 |

| | | | | | | | | |
|---|---|---|---|---|---|---|---|---|
| 30 | 3 | 2 | SP | 2 | 2 | SP | 30 | 10 | 5 |

PAYS DE LOIRE

Pictos voir p. 12

# LOIRE ATLANTIQUE - 44

Périodes tarifaires p. 368

## N° 407571 — MISSILLAC — La Carrais — CM 63 pli 14

**NN — 6 pers.**

Guérande 25 km. La Baule 30 km. La Roche-Bernard 5 km. Dans la région du Parc de Brière, du Pays des 3 Rivières, et en bordure du Golfe du Morbihan, ancienne étable rénovée en deux gîtes. R.D.C : salon (TV cablée), séjour avec coin-cuisine (micro-ondes), 1 chambre (2 lits 1 pers.) avec salle d'eau, wc attenants, adaptés pour handicapés. WC indép. Etage : 2 ch. (1 lit 2 pers. 2 lits 1 pers.), salle d'eau, wc. Chauffage électrique. Terrain clos avec balançoire (300 m2 environ), bac à sable. Golfe du Morbihan 35 km. Ouvert toute l'année.

GITES DE FRANCE-SERVICE RESERVATION - 1 allée Baco - BP 93218 - 44032 NANTES Cedex 1
Tél. : 02 51 72 95 65 - Fax : 02 40 35 17 05 - Email : info@gites-de-france-44.fr

| TRES HTE SAIS. | HTE SAIS. | MOY. SAIS. | BASSE SAIS. | WEEK-END |
|---|---|---|---|---|
| 440 | 430 | 330 | 262 | 165 |

| | | | | | | | | | |
|---|---|---|---|---|---|---|---|---|---|
| 15 | 15 | 15 | 5 | 5 | 5 | 1 | 10 | 12 | 4 |

## N° 407581 — MISSILLAC — La Janais — CM 63 pli 15

**NN — 6 pers.**

La Baule 35 km. Golfe du Morbihan 50 km. Dans parc arboré de 3 ha avec étang, maison ancienne mitoyenne à celle du propriétaire. R.D.C : cuisine équipée (congélateur, micro-ondes), salle à manger, grand salon avec bibliothèque, wc. Etage : 3 chambres (1 lit 160, 1 lit 2 pers., 2 lits 80), salle de bains avec douche et baignoire. Chauffage central au fuel. Jardin privatif clos (300 m2 environ). Château de la Bretèsche (golf 18 trous à 4 km). Parc Régional de la Brière. Ouvert d'avril à octobre.

GITES DE FRANCE-SERVICE RESERVATION - 1 allée Baco - BP 93218 - 44032 NANTES Cedex 1
Tél. : 02 51 72 95 65 - Fax : 02 40 35 17 05 - Email : info@gites-de-france-44.fr

| TRES HTE SAIS. | HTE SAIS. | MOY. SAIS. | BASSE SAIS. |
|---|---|---|---|
| 550 | 550 | 412 | 330 |

| | | | | | | | | | |
|---|---|---|---|---|---|---|---|---|---|
| 25 | 8 | 3 | 8 | 5 | 5 | 1 | 3 | 12 | 4 |

## N° 207501 — PORT-ST-PERE — Tartifume — CM 67 pli 2

**NN — 8 pers.**

Pornic 25 km. Planète Sauvage 3 km. Gîte dans un ancien bâtiment de ferme entièrement rénové dans un style contemp., ouvert sur un avant goût d'océan. R.d.c. cuisine équipée (réfrig./congél. m-ondes), salon, salle d'eau, WC indép. 1 ch. (1 lit 160, 1 lit 90). Etage : 2 ch. chacune avec s. d'eau (1 lit 160, 1 lit 90) (2 lits 90), WC indép. Possib. d'accès aux chambres par escal. extér. Chauff. électr. rayonnant. Draps, linge de toilette et de table compris. Environnement arboré. Petit étang pour pêche et coin pique-nique communs avec ch. d'hôtes. Terrain attenant pour accueil chevaux. Ouvert juin, juillet, août.

GITES DE FRANCE-SERVICE RESERVATION - 1 allée Baco - BP 93218 - 44032 NANTES Cedex 1
Tél. : 02 51 72 95 65 - Fax : 02 40 35 17 05 - Email : info@gites-de-france-44.fr

| TRES HTE SAIS. | HTE SAIS. | MOY. SAIS. | BASSE SAIS. | WEEK-END |
|---|---|---|---|---|
| 666 | 646 | 492 | 400 | 200 |

| | | | | | | | | | |
|---|---|---|---|---|---|---|---|---|---|
| 20 | 10 | 1,5 | 10 | 1,5 | 25 | SP | 15 | 25 | 1,5 |

## N° 207451 — ROUANS — Les Quatre Peux — CM 67 pli 2

**NN — 4 pers.**

Nantes 32 km. Au milieu d'un petit village, au pays du film LE GRAND CHEMIN, charmant petit gîte de 70 m2, sur 3 niveaux et rénové dans le respect de l'ancien. Séjour avec cuisine aménagée micro-ondes. Chambre (1 lit 1 pers.). Chambre (1 lit 2 pers. et 1 lit 1 pers.). Salle d'eau. WC indép. Chauffage électrique. Terrasse plein sud (25 m2). Terrain ombragé (550 m2). Ouvert toute l'année.

GITES DE FRANCE-SERVICE RESERVATION - 1 allée Baco - BP 93218 - 44032 NANTES Cedex 1
Tél. : 02 51 72 95 65 - Fax : 02 40 35 17 05 - Email : info@gites-de-france-44.fr

| TRES HTE SAIS. | HTE SAIS. | MOY. SAIS. | BASSE SAIS. | WEEK-END |
|---|---|---|---|---|
| 368 | 368 | 276 | 220 | 137 |

| | | | | | | | | | |
|---|---|---|---|---|---|---|---|---|---|
| 20 | 20 | 1 | 20 | 2 | 20 | 0,5 | 7 | 2 | |

## N° 207491 — ST-AIGNAN-DE-GRAND-LIEU — CM 67 pli 3

**NN — 4 pers.**

Lac de Grand Lieu 3 km. Nantes 15 km. Port de l'Halbrandière 0,2 km. Maison mitoyenne de plain-pied rénovée comprenant : grand séjour avec coin-cuisine, salon avec canapé, 2 chambres (1 lit 2 pers., 2 lits 1 pers.), salle d'eau, WC indép., pièce de service avec évier, réfrigérateur d'appoint. Chauffage électrique. Garage. Terrasse et jardinet (35 m2) clôturés donnant sur le potager. Port de l'Halbrandière avec coin-pêche. Ouvert de mi-avril à mi-octobre.

GITES DE FRANCE-SERVICE RESERVATION - 1 allée Baco - BP 93218 - 44032 NANTES Cedex 1
Tél. : 02 51 72 95 65 - Fax : 02 40 35 17 05 - Email : info@gites-de-france-44.fr

| TRES HTE SAIS. | HTE SAIS. | MOY. SAIS. | BASSE SAIS. |
|---|---|---|---|
| 400 | 400 | 300 | 250 |

| | | | | | | | | | |
|---|---|---|---|---|---|---|---|---|---|
| 35 | 15 | 0,2 | 8 | 2 | 30 | SP | 15 | 18 | 2 |

## N° 407481 — ST-ANDRE-DES-EAUX — CM 63 pli 14

**NN — 6 pers.**

Marais de la Brière 2 km. La Baule et Guérande 7 km. Gîte rénové à l'étage de la maison du propriétaire, en pleine campagne. Salon oriental, séjour/salle à manger (hifi) STYLE LOFT, 3 chambres (2 lits 2 pers. 2 lits 1 pers. 120-90, dont un en mezzanine), cuisine équipée (micro-ondes, réfrig./congélateur), buanderie avec sèche-linge électr. Salle d'eau. WC indép. Chauffage central gaz. Jardin arboré de 5000 m2 environ, ping-pong. Location de bicyclettes et service ménage à la demande. Lit et chaise bébé à la demande. Ouvert toute l'année.

GITES DE FRANCE-SERVICE RESERVATION - 1 allée Baco - BP 93218 - 44032 NANTES Cedex 1
Tél. : 02 51 72 95 65 - Fax : 02 40 35 17 05 - Email : info@gites-de-france-44.fr

| TRES HTE SAIS. | HTE SAIS. | MOY. SAIS. | BASSE SAIS. |
|---|---|---|---|
| 769 | 769 | 577 | 461 |

| | | | | | | | | | |
|---|---|---|---|---|---|---|---|---|---|
| 8 | 8 | 2 | 7 | 3 | 3 | 2 | 7 | 3 | |

# LOIRE ATLANTIQUE - 44

Périodes tarifaires p. 368

## N° 407561 ST-JOACHIM — Mazin

**NN — 3 pers.**

Guérande 2,5 km. St-Nazaire 15 km. Petite chaumière indépendante dans le Parc Régional de Brière. R.d.c. Séjour/cuisine avec convertible (140). Salle d'eau et wc. Etage : mezzanine avec 1 lit (140). Chauffage électrique. Terrain clos mitoyen à la maison du propriétaire (115 m2). Chaland à disposition. Guérande : 2.5 km. St Nazaire : 15 km. Ouvert du 1er avril au 21 novembre.

GITES DE FRANCE-SERVICE RESERVATION - 1 allée Baco - BP 93318 - 44032 NANTES Cedex 1
Tél. : 02 51 72 95 65 - Fax : 02 40 35 17 05 - Email : info@gites-de-france-44.fr

| TRES HTE SAIS. | HTE SAIS. | MOY. SAIS. | BASSE SAIS. | WEEK-END |
|---|---|---|---|---|
| 320 | 320 | 240 | 192 | 120 |

| | | | | | | | |
|---|---|---|---|---|---|---|---|
| 15 | 15 | 2 | 15 | 2 | 12 | 2 | 15 | 1,5 |

## N° 307521 ST-MOLF — Le Greno

**NN — 5 pers.**

Guérande 8 km. Dans un hameau très calme, face à un four à pain, charmante chaumière à l'étage de la maison du propriétaire avec accès privatif au R.D.C. Salon/cuisine aménagée (micro-ondes). 3 chambres (2 lits 2 pers. 1 lit 80). Une salle de bains. WC avec coin douche. Chauffage central. Jardin privatif (180 m2). Proche de la Brière. Ouvert toute l'année.

GITES DE FRANCE-SERVICE RESERVATION - 1 allée Baco - BP 93318 - 44032 NANTES Cedex 1
Tél. : 02 51 72 95 65 - Fax : 02 40 35 17 05 - Email : info@gites-de-france-44.fr

| TRES HTE SAIS. | HTE SAIS. | MOY. SAIS. | BASSE SAIS. | WEEK-END |
|---|---|---|---|---|
| 490 | 490 | 408 | 345 | 198 |

| 10 | 10 | 10 | 12 | 5 | 14 | 3 | 12 | 5 |

## N° 807461 SUCE-SUR-ERDRE — La Maillère — CM 63 pli 17

**NN — 3 pers.**

Nantes 20 km. Dans un corps de ferme récemment rénové, en pleine campagne, à proximité d'une ferme laitière, venez découvrir le hameau de la Maillère. Au R.d.c : grand séjour avec cuisine américaine (micro-ondes multifonctions), 1 canapé-lit 2 pers. WC indép. A l'étage : 2 chambres (1 lit 2 pers., 1 lit 2 pers. 1 lit 1 pers. 1 lit d'appoint) avec prises TV/tél. Salle de bains, WC indép. Chauffage électrique. 2 terrasses. Terrain attenant commun (2000 m2 environ) avec portique et verger. Lave-linge commun aux 3 gîtes. Equipement bébé à la demande. Ouvert du 15 juin au 15 septembre.

GITES DE FRANCE-SERVICE RESERVATION - 1 allée Baco - BP 93318 - 44032 NANTES Cedex 1
Tél. : 02 51 72 95 65 - Fax : 02 40 35 17 05 - Email : info@gites-de-france-44.fr

| TRES HTE SAIS. | HTE SAIS. | MOY. SAIS. | BASSE SAIS. |
|---|---|---|---|
| 488 | 383 | 262 | 262 |

| 60 | 3 | 3 | 7 | 3 | SP | 20 | 3 |

## N° 807462 SUCE-SUR-ERDRE — La Maillère — CM 63 pli 17

**NN — 2 pers.**

Nantes 20 km. Dans un corps de ferme récemment rénové, en pleine campagne, à proximité d'une ferme laitière, venez découvrir le hameau de la Maillère. Au R.D.C : salon/séjour avec cuisine américaine (réfrig/congélateur, micro-ondes multifonctions), un canapé-lit 2 pers. A l'étage : 1 chambre (1 lit 2 pers.), prises TV/tél., salle d'eau, WC indép. Chauffage électrique. Terrasse. Terrain attenant commun (2000 m2 environ) avec portique et verger. Lave-linge commun aux 3 gîtes. Equipement bébé à la demande. Ouvert du 15 juin au 15 septembre.

GITES DE FRANCE-SERVICE RESERVATION - 1 allée Baco - BP 93318 - 44032 NANTES Cedex 1
Tél. : 02 51 72 95 65 - Fax : 02 40 35 17 05 - Email : info@gites-de-france-44.fr

| TRES HTE SAIS. | HTE SAIS. | MOY. SAIS. | BASSE SAIS. |
|---|---|---|---|
| 427 | 355 | 244 | 244 |

| 60 | 3 | 3 | 7 | 3 | 7 | SP | 20 | 3 |

## N° 807463 SUCE-SUR-ERDRE — La Maillère — CM 63 pli 17

**NN — 2 pers.**

Nantes 20 km. Dans un corps de ferme récemment rénové, en pleine campagne, à proximité d'une ferme laitière. Au R.D.C : salon/séjour avec cuisine américaine (réfrig/congélateur, micro-ondes multifonctions), 1 canapé-lit 2 pers. A l'étage : 1 chambre (1 lit 2 pers.), prises TV/tél, salle d'eau, WC indép. Chauffage électrique. Terrasse privative. Terrain attenant commun avec portique et verger. Lave-linge commun aux 3 gîtes. Equipement bébé à la demande. Ouvert du 15 juin au 15 septembre.

GITES DE FRANCE-SERVICE RESERVATION - 1 allée Baco - BP 93318 - 44032 NANTES Cedex 1
Tél. : 02 51 72 95 65 - Fax : 02 40 35 17 05 - Email : info@gites-de-france-44.fr

| TRES HTE SAIS. | HTE SAIS. | MOY. SAIS. | BASSE SAIS. |
|---|---|---|---|
| 396 | 329 | 226 | 226 |

| 60 | 3 | 3 | 7 | 3 | 7 | SP | 20 | 3 |

Pictos voir p. 12

**PAYS DE LOIRE**

Préparez vos vacances en vous connectant sur notre site internet et partez à la découverte de l'univers des Gîtes de France !

www.gites-de-france.fr
e-mail : info@gites-de-france.fr

# MAINE ET LOIRE - 49

GITES DE FRANCE - Service Réservation - Place Kennedy - B.P. 32147
49021 ANGERS Cédex 02 - Tél. 02 41 23 51 23 - Fax. 02 41 23 51 26
E.mail : anjou-resa@anjou-tourisme.com
www.gites-de-france-anjou.com

## N° 01703 BARACE — Le Puits La Colombellière

NN — 4 pers.

Séjour (45 m²) avec canapé, espace salle à manger. Cuisine, micro-ondes, sèche-linge. A l'étage : chambre 1 (1 lit 2 pers.), chambre 2 (2 lits 1 pers.). Salle d'eau, wc. Lit, chaise, baignoire bébé. Parking privé. Baby-foot commun aux 2 gîtes. Location linge. Ancienne ferme du XVIIe, mitoyenne d'un autre gîte avec entrée indépendante sur 1 terrain de 7 ha. Cour fermé privative. Superficie : 64 m². Ouvert toute l'année.

GITE DE FRANCE-SERVICE RESERVATION - Place Kennedy - BP 32147 - 49021 ANGERS Cedex 02
Tél. : 02 41 23 51 23 - Fax : 02 41 23 51 26 - Email : anjou-resa@anjou-tourisme.com - www.gites-de-france-anjou.com

| BASSE SAIS. | MOY. SAIS. | JUILLET | AOUT | VAC. SCOL. |
|---|---|---|---|---|
| 300 | 350 | 400 | 400 | 350 |

| | | | | | | | |
|---|---|---|---|---|---|---|---|
| 8 | 1 | 5 | SP | 5 | 22 | 8 | 30 | 8 |

## N° 02201 BEAULIEU-SUR-LAYON — Le Clos de la Roche Bézigon

NN — 4 pers.

Cuisine. Salon, canapé, WC. Prise TV, prise téléphone. A l'étage : chambre 1 (1 lit 2 pers.), chambre 2 (1 lit 2 pers.). Salle de bains (baignoire sabot). Chauffage électrique. Location linge. Parc de 2 ha arboré. Maison du XIXe, au coeur du vignoble et à 100 m du Layon dans un parc arboré de 2 ha et à 15 mn d'Angers. Superficie : 50 m². Ouvert de juin à septembre.

GITE DE FRANCE-SERVICE RESERVATION - Place Kennedy - BP 32147 - 49021 ANGERS Cedex 02
Tél. : 02 41 23 51 23 - Fax : 02 41 23 51 26 - Email : anjou-resa@anjou-tourisme.com - www.gites-de-france-anjou.com

| MOY. SAIS. | JUILLET | AOUT |
|---|---|---|
| 345 | 395 | 395 |

| | | | | |
|---|---|---|---|---|
| 6 | SP | SP | 3 | 1 |

## N° 03401 BOTZ-EN-MAUGES — La Rongère

NN — 6 pers.

RDC : séjour avec coin salon, salle à manger. Cuisine aménagée. Chambre 1 (2 lits 1 pers.), chambre 2 (1 lit 2 pers.), chambre 3 (1 lit 2 pers.), lavabo. Salle d'eau-wc. Lit enfant (60 x 120) + chaise de bébé. Chauffage électrique. Bibliothèque, jeux de société. Grande véranda. Terrasse fleurie. Terrain ombragé non clos, pelouse, portique, terrain de pétanque. Téléphone portable. A 6 km de St Florent Le Vieil, haut site renommé de l'Anjou, maison indépendante rénovée en gîte avev vue sur la vallée de la Loire, à proximité de l'exploitation agricole. Ouvert toute l'année.

GITE DE FRANCE-SERVICE RESERVATION - Place Kennedy - BP 32147 - 49021 ANGERS Cedex 02
Tél. : 02 41 23 51 23 - Fax : 02 41 23 51 26 - Email : anjou-resa@anjou-tourisme.com - www.gites-de-france-anjou.com

| BASSE SAIS. | MOY. SAIS. | JUILLET | AOUT | VAC. SCOL. |
|---|---|---|---|---|
| 415 | 446 | 500 | 500 | 446 |

| | | | | | | |
|---|---|---|---|---|---|---|
| 6 | 2 | 3 | SP | 7 | 28 | 3 |

## N° 04106 BRAIN-SUR-ALLONNES — L'Orée

NN — 6 pers.

Séjour avec salon. Salle à manger, cuisine. Buanderie avec lave-linge et sèche-linge. Salle d'eau avec WC. A l'étage : chambre bleue (2 lits 1 pers.), chambre verte (2 lits 1 pers.), chambre jaune ( 1 lit 160). Grande salle de bains. WC. Chaise et lit bébé. Jardin clos. Ping-pong. Jeux d'enfants. Portique. Abri. Taxe de séjour en supplément. Ancienne grange du XVIIe siècle (restaurée de 150 m2), à l'orée de la forêt, situé dans le Parc Naturel Régional. Ouvert toute l'année.

GITE DE FRANCE-SERVICE RESERVATION - Place Kennedy - BP 32147 - 49021 ANGERS Cedex 02
Tél. : 02 41 23 51 23 - Fax : 02 41 23 51 26 - Email : anjou-resa@anjou-tourisme.com - www.gites-de-france-anjou.com

| BASSE SAIS. | MOY. SAIS. | JUILLET | AOUT | VAC. SCOL. |
|---|---|---|---|---|
| 310 | 450 | 500 | 500 | 450 |

| | | | | | |
|---|---|---|---|---|---|
| 2 | 2 | 2 | SP | 2 | 18 | 2 |

## N° 06601 CHAMP-SUR-LAYON

NN — 4 pers.

RDC : grand séjour avec coin salon et coin salle à manger. Cuisine. Salle de bains. WC. A l'étage : chambre 1 (2 lits 1 pers.), chambre 2 (1 lit 2 pers.). Lavabo + wc. Matériel bébé. Chauffage électrique. Location linge. Dans un village calme et agréable, au coeur du vignoble, maison indépendante restaurée de caractère local. Superficie : 72 m². Téléphone portable. Ouvert toute l'année.

GITE DE FRANCE-SERVICE RESERVATION - Place Kennedy - BP 32147 - 49021 ANGERS Cedex 02
Tél. : 02 41 23 51 23 - Fax : 02 41 23 51 26 - Email : anjou-resa@anjou-tourisme.com - www.gites-de-france-anjou.com

| BASSE SAIS. | MOY. SAIS. | JUILLET | AOUT | VAC. SCOL. |
|---|---|---|---|---|
| 280 | 330 | 380 | 380 | 330 |

| | | | | |
|---|---|---|---|---|
| 6 | 0,4 | 6 | SP | 12 |

PAYS DE LOIRE — Pictos voir p. 12

# MAINE ET LOIRE - 49

## N° 07001 CHANTELOUP-LES-BOIS — Les Ogeards

**NN** — 5 pers.

RDC : salon. Prise téléphone. Cuisine. Salle de bains. WC. A l'étage : chambre 1 (1 lit 2 pers.), chambre 2 (1 lit 120, 1 lit 1 pers.), chambre 3 (1 lit 120). Garage. Parking privé. Taxe de séjour en supplément. Ancienne fermette située au coeur de la forêt de Vezins. Terrain clos avec pelouse. Ouvert toute l'année.

GITE DE FRANCE-SERVICE RESERVATION - Place Kennedy - BP 32147 - 49021 ANGERS Cedex 02
Tél. : 02 41 23 51 23 - Fax: 02 41 23 51 26 - Email : anjou-resa@anjou-tourisme.com - www.gites-de-france-anjou.com

| BASSE SAIS. | MOY. SAIS. | JUILLET | AOUT | VAC. SCOL. |
|---|---|---|---|---|
| 200 | 315 | 336 | 336 | 315 |

| | | | | | |
|---|---|---|---|---|---|
| 15 | 3 | 2 | SP | 5 | 15 | 5 |

## N° 07002 CHANTELOUP-LES-BOIS — Gentil

**NN** — 6 pers.

Superficie 128 m². Grand séjour avec cheminée et poutres. Salle à manger. Cuisine spatieuse (micro-ondes). Lingerie/réserve avec sèche-linge. WC. Chambre 1 (2 lits 1 pers.), chambre 2 (1 lit 2 pers.), chambre 3 (1 lit 2 pers.). Salle d'eau, WC. Jardin paysagé de 3500m². Abri. Lit et chaise bébé. Location linge. Ancienne longère (XVIIe) indépendante harmonieusement restaurée (authenticité et tout confort), tout en rez-de-chaussée à proximité de l'étang de Péronne. Cadre forestier. Ouvert toute l'année.

GITE DE FRANCE-SERVICE RESERVATION - Place Kennedy - BP 32147 - 49021 ANGERS Cedex 02
Tél. : 02 41 23 51 23 - Fax: 02 41 23 51 26 - Email : anjou-resa@anjou-tourisme.com - www.gites-de-france-anjou.com

| BASSE SAIS. | MOY. SAIS. | JUILLET | AOUT | VAC. SCOL. |
|---|---|---|---|---|
| 460 | 500 | 540 | 540 | 500 |

| | | | | | |
|---|---|---|---|---|---|
| 5 | 1 | 5 | SP | 6 | 15 | 5 |

## N° 09401 CHENEHUTTE — Pompierre

**NN** — 2 pers.

Séjour, coin cuisine, canapé. Chambre 1 (1 lit 2 pers.). Salle d'eau, WC. Parking privé. Terrain non clos. Prévenir en cas d'animaux. Lit et chaise bébé sur demande. Dans un hameau en pleine campagne, à quelques km de la Loire, petite maison indépendante en rez-de chaussée, sur le terrain du propriétaire. Surface : 36 m². Ouvert toute l'année.

GITE DE FRANCE-SERVICE RESERVATION - Place Kennedy - BP 32147 - 49021 ANGERS Cedex 02
Tél. : 02 41 23 51 23 - Fax: 02 41 23 51 26 - Email : anjou-resa@anjou-tourisme.com - www.gites-de-france-anjou.com

| BASSE SAIS. | MOY. SAIS. | JUILLET | AOUT | VAC. SCOL. |
|---|---|---|---|---|
| 200 | 230 | 250 | 250 | 230 |

| | | | | | |
|---|---|---|---|---|---|
| 10 | 4 | 3 | SP | 5 | 6 | 10 |

## N° 10501 CONTIGNE — St Barbané

**NN** — 10 pers.

RDC : séjour avec poêle Godin. Cuisine (micro-ondes). Salle à manger indépendante. 2 WC. Lingerie. Accès à l'étage par 2 escaliers : l'un dessert 2 chambres (2 lits 1 pers.) et 1 chambre (1 lit 180). Salle d'eau, WC. L'autre dessert 1 chambre (1 lit 160), et 1 chambre (2 lits 1 pers.). Salle d'eau, WC. Ancienne longère située au milieu de 3 ha de terrain, isolée et calme. Chapelle romane, près de la rivière. Ouvert toute l'année.

GITE DE FRANCE-SERVICE RESERVATION - Place Kennedy - BP 32147 - 49021 ANGERS Cedex 02
Tél. : 02 41 23 51 23 - Fax: 02 41 23 51 26 - Email : anjou-resa@anjou-tourisme.com - www.gites-de-france-anjou.com

| MOY. SAIS. | JUILLET | AOUT |
|---|---|---|
| 550 | 650 | 650 |

| | | | | | |
|---|---|---|---|---|---|
| 10 | 1,4 | 10 | SP | 20 | 12 | 10 |

## N° 11701 LA DAGUENIERE

**NN** — 4 pers.

Séjour, salle à manger, coin cuisine. Chambre 1 (1 lit 2 pers.), chambre 2 (2 lits 1 pers.). Salle de bains. WC. Jardin commun avec le propriétaire. Ping-pong. Lit enfant, chaise bébé sur demande. Cabine téléphonique à 50 m. Location linge. Dans le 1er village des bords de Loire en venant d'Angers, ancien relais de poste adossée à la levée, restauré en gîte. Accès au gîte par escalier (12 marches). Surface 50 m². Ouvert toute l'année.

GITE DE FRANCE-SERVICE RESERVATION - Place Kennedy - BP 32147 - 49021 ANGERS Cedex 02
Tél. : 02 41 23 51 23 - Fax: 02 41 23 51 26 - Email : anjou-resa@anjou-tourisme.com - www.gites-de-france-anjou.com

| BASSE SAIS. | MOY. SAIS. | JUILLET | AOUT | VAC. SCOL. |
|---|---|---|---|---|
| 315 | 350 | 380 | 380 | 350 |

| | | | | | |
|---|---|---|---|---|---|
| 7 | 0,1 | 7 | SP | 5 | 15 | SP |

## N° 12005 DENEE — Le Pavillon

**NN** — 3 pers.

RDC : salon de détente, WC. 1er étage : séjour, canapé-lit, coin cuisine, salle à manger. 2ème étage : chambre 1 (1 lit 2 pers.), chambre 2 (1 lit 120). Salle d'eau, WC, lit et chaise bébé sur demande. Petit terrain clos avec terrasse et pelouse. Location linge. Maison de caractère du XVème, restaurée et mitoyenne située à 200 m de la Loire, construite en pierres d'ardoises et tuffeaux. Surface habitable : 80 m². Ouvert toute l'année.

GITE DE FRANCE-SERVICE RESERVATION - Place Kennedy - BP 32147 - 49021 ANGERS Cedex 02
Tél. : 02 41 23 51 23 - Fax: 02 41 23 51 26 - Email : anjou-resa@anjou-tourisme.com - www.gites-de-france-anjou.com

| BASSE SAIS. | MOY. SAIS. | JUILLET | AOUT | VAC. SCOL. |
|---|---|---|---|---|
| 230 | 290 | 340 | 340 | 290 |

| | | | | | |
|---|---|---|---|---|---|
| 6 | 1 | 5 | 2 | 7 | 12 |

PAYS DE LOIRE

# MAINE ET LOIRE - 49

### N° 12102 — DENEZE-SOUS-DOUE

**NN** — 5 pers.

Surface 150 m². Salon dans le roc. Salle à manger, cuisine dans le roc (micro-ondes). Cheminée avec barbecue intérieur. Chambre 1 (3 lits 1 pers.). Salle d'eau avec WC. Accès extérieur chambre 2 (1 lit 2 pers.). Salle d'eau, WC. Petit bureau. Cour paysagée, parking privé. Lit et chaise bébé. Ancienne "cave demeurante" dans un hameau troglodytique. Ouvert toute l'année.

GITE DE FRANCE-SERVICE RESERVATION - Place Kennedy - BP 32147 - 49021 ANGERS Cedex 02
Tél. : 02 41 23 51 23 - Fax : 02 41 23 51 26 - Email : anjou-resa@anjou-tourisme.com - www.gites-de-france-anjou.com

| BASSE SAIS. | MOY. SAIS. | JUILLET | AOUT | VAC. SCOL. |
|---|---|---|---|---|
| 320 | 420 | 445 | 445 | 420 |

| | | | | | | |
|---|---|---|---|---|---|---|
| 9 | 11 | 9 | 7 | 9 | 20 | 9 |

### N° 12601 — DRAIN — La Priauté

**NN** — 4 pers.

Mer 85 km. Puy-du-Fou 70 km. Séjour (25 m²) avec canapé, coin cuisine, micro-ondes, coin salle à manger. Prise téléphone. Chambre 1 (2 lits 1 pers.), chambre 2 (1 lit 2 pers.). Salle d'eau, WC. Chauffage électrique. Location linge. Maison indépendante restaurée en gîte, tout en RDC dans un hameau. Surface 50 m². Location en week-end. Terrain clos. Ouvert toute l'année.

GITE DE FRANCE-SERVICE RESERVATION - Place Kennedy - BP 32147 - 49021 ANGERS Cedex 02
Tél. : 02 41 23 51 23 - Fax : 02 41 23 51 26 - Email : anjou-resa@anjou-tourisme.com - www.gites-de-france-anjou.com

| BASSE SAIS. | MOY. SAIS. | JUILLET | AOUT | VAC. SCOL. |
|---|---|---|---|---|
| 215 | 245 | 305 | 305 | 245 |

| | | | | | | |
|---|---|---|---|---|---|---|
| 8 | 4 | 8 | 0,5 | 6 | 8 | 4 |

### N° 15507 — GREZ-NEUVILLE — Le Domaine

**NN** — 4 pers.

RDC : séjour avec coin salon donnant sur cuisine (micro-ondes). Petite laverie avec wc. A l'étage : chambre Tonique (2 lits 1 pers.), chambre Romantique (1 lit 2 pers.). Salle d'eau, WC. Jardin privatif avec salon de jardin. Abri. Location linge. Anciennes écuries restaurées dans la propriété (2 ha). Lit et chaise bébé. Téléphone mobicarte. Charges comprises (sauf chauffage du 1er octobre au 30 mars). Ouvert toute l'année.

GITE DE FRANCE-SERVICE RESERVATION - Place Kennedy - BP 32147 - 49021 ANGERS Cedex 02
Tél. : 02 41 23 51 23 - Fax : 02 41 23 51 26 - Email : anjou-resa@anjou-tourisme.com - www.gites-de-france-anjou.com

| BASSE SAIS. | MOY. SAIS. | JUILLET | AOUT | VAC. SCOL. |
|---|---|---|---|---|
| 330 | 400 | 450 | 450 | 350 |

| | | | | | | |
|---|---|---|---|---|---|---|
| 5 | 3 | 5 | SP | 2 | 15 | 5 |

### N° 15902 — HUILLE — La Hultière

**NN** — 10 pers.

Cellier. Cuisine avec salle à manger. Entrée 2 TV. Salle d'eau, WC. Grand séjour. A l'étage : chambre 1 (1 lit 2 pers., 1 lit 1 pers.), chambre 2 (1 lit 2 pers., 1 lit 1 pers.), chambre 3 (1 lit 2 pers., 2 lits 1 pers.). Salle d'eau avec WC. Location linge. Tél. portable. Parking privé. Terrasse. Étang privé avec possibilité de pêche. Grand terrain non clos. Ancienne ferme située en pleine campagne. Surface : 240 m². Ouvert toute l'année.

GITE DE FRANCE-SERVICE RESERVATION - Place Kennedy - BP 32147 - 49021 ANGERS Cedex 02
Tél. : 02 41 23 51 23 - Fax : 02 41 23 51 26 - Email : anjou-resa@anjou-tourisme.com - www.gites-de-france-anjou.com

| MOY. SAIS. | JUILLET | AOUT | VAC. SCOL. |
|---|---|---|---|
| 473 | 503 | 503 | 473 |

| | | | | | |
|---|---|---|---|---|---|
| 6 | SP | 6 | SP | 2 | 6 |

### N° 16704 — JUIGNE-SUR-LOIRE

**NN** — 4 pers.

Séjour avec canapé, cheminée ouvert sur une salle à manger et cuisine (micro-ondes). Chambre 1 (1 lit 2 pers.), chambre 2 (1 lit 120, 1 lit 1 pers.). Salle d'eau avec WC. Bureau. Prise téléphone, prise TV. Forfait chauffage. Location linge. Ancienne maison de viticulteurs restaurée aux portes d'Angers. Superficie : 73 m². Jardin de 700 m² clos. Ouvert toute l'année.

GITE DE FRANCE-SERVICE RESERVATION - Place Kennedy - BP 32147 - 49021 ANGERS Cedex 02
Tél. : 02 41 23 51 23 - Fax : 02 41 23 51 26 - Email : anjou-resa@anjou-tourisme.com - www.gites-de-france-anjou.com

| BASSE SAIS. | MOY. SAIS. | JUILLET | AOUT | VAC. SCOL. |
|---|---|---|---|---|
| 310 | 330 | 390 | 390 | 310 |

| | | | | | |
|---|---|---|---|---|---|
| 5 | 2 | 2 | 1 | 6 | 4 |

### N° 16705 — JUIGNE-SUR-LOIRE

**NN** — 7 pers.

Salon. Cuisine (micro-ondes), salle à manger, WC. 1er étage : 2 chambres (1 lit 2 pers.). Salle de bains avec WC. 1 chambre (1 lit 120). 2ème étage : 1 chambre (2 lits 1 pers.). Salle d'eau. Sèche-linge. Location linge. Jardin privatif clos. Ancien manoir du XVIe restauré au milieu du vignoble et proche d'Angers. Surface 116 m². Ouvert toute l'année.

GITE DE FRANCE-SERVICE RESERVATION - Place Kennedy - BP 32147 - 49021 ANGERS Cedex 02
Tél. : 02 41 23 51 23 - Fax : 02 41 23 51 26 - Email : anjou-resa@anjou-tourisme.com - www.gites-de-france-anjou.com

| BASSE SAIS. | MOY. SAIS. | JUILLET | AOUT | VAC. SCOL. |
|---|---|---|---|---|
| 325 | 395 | 450 | 450 | 365 |

| | | | | | |
|---|---|---|---|---|---|
| 4 | 2 | 1,5 | SP | 3 | 3 | 1,5 |

# MAINE ET LOIRE - 49

## N° 19001 LE MARILLAIS — L'Hugaudière
**NN — 6 pers.**

Tout en rez-de-chaussée. Grand séjour avec salon. Espace cuisine (micro-ondes), salle à manger. Chambre 1 (1 lit 2 pers.), salle d'eau attenante à la chambre. Chambre 2 (2 lits 1 pers.). Chambre 3 (1 lit 2 pers.), salle de bains, WC, sèche-linge. Jardin privatif clos. Bac à sable. Terrasse. Parking privé. Prix draps fournis. Lit et chaise bébé sur demande. Table ping-pong. Ancienne grange restaurée proche de la Loire. Surface habitable : 102 m². Ouvert toute l'année.

GITE DE FRANCE-SERVICE RESERVATION - Place Kennedy - BP 32147 - 49021 ANGERS Cedex 02
Tél. : 02 41 23 51 23 - Fax : 02 41 23 51 26 - Email : anjou-resa@anjou-tourisme.com - www.gites-de-france-anjou.com

| MOY. SAIS. | JUILLET | AOUT | VAC. SCOL. |
|---|---|---|---|
| 350 | 450 | 450 | 350 |

| | | | | | |
|---|---|---|---|---|---|
| 5 | 1,5 | 1 | SP | 10 | 30 | 5 |

## N° 19110 MARTIGNE-BRIAND — Domaine de l'Etang
**NN — 3 pers.**

Séjour : salon, salle à manger, coin cuisine, canapé-lit. Chambre 1 (1 lit 160, 1 lit 1 pers.). Salle d'eau, WC. Lit et chaise bébé sur demande. Salle de jeux avec ping-pong et baby-foot. Parc de 2 ha en commun aux différents hébergements. Gîte rénovée avec une cour privative, mitoyen de 4 chambres d'hôtes et de 2 gîtes. Téléphone mobicarte. Domaine au cœur du vignoble avec piscine et tennis privés communs aux hébergements. Ouvert toute l'année.

GITE DE FRANCE-SERVICE RESERVATION - Place Kennedy - BP 32147 - 49021 ANGERS Cedex 02
Tél. : 02 41 23 51 23 - Fax : 02 41 23 51 26 - Email : anjou-resa@anjou-tourisme.com - www.gites-de-france-anjou.com

| BASSE SAIS. | MOY. SAIS. | JUILLET | AOUT | VAC. SCOL. |
|---|---|---|---|---|
| 340 | 340 | 366 | 366 | 340 |

| | | | | | |
|---|---|---|---|---|---|
| SP | 0,3 | SP | SP | 5 | 3 |

## N° 20001 LA MEMBROLLE-SUR-LONGUENEE — La Roussière
**NN — 4 pers.**

RDC : "Salle des pêcheurs" avec coin cuisine. WC. Pergola. Garage. A l'étage : cuisine, coin-repas, chambre 1 (1 lit 160), chambre 2 (2 lits 1 pers.), WC, salle de bains, lit et chaise bébé. Location linge. Gîte de pêche dans une maison indépendante située en bordure du chemin de halage longeant la Mayenne. Surface 75 m². Ouvert toute l'année.

GITE DE FRANCE-SERVICE RESERVATION - Place Kennedy - BP 32147 - 49021 ANGERS Cedex 02
Tél. : 02 41 23 51 23 - Fax : 02 41 23 51 26 - Email : anjou-resa@anjou-tourisme.com - www.gites-de-france-anjou.com

| BASSE SAIS. | MOY. SAIS. | JUILLET | AOUT | VAC. SCOL. |
|---|---|---|---|---|
| 400 | 430 | 445 | 445 | 430 |

| | | | | | | |
|---|---|---|---|---|---|---|
| 9 | SP | 3 | SP | 3 | 13 | 1,5 |

## N° 21501 MONTREUIL-BELLAY
**NN — 9 pers.**

Séjour avec salle à manger. Cuisine (micro-ondes). Salle d'eau, WC. 1 chambre (1 lit 2 pers.) et 1 chambre (2 lits 1 pers.). 1er étage : espace détente. Salle de bains avec wc. 3 chambres (1 lit 2 pers., 1 lit 1 pers., 2 lits 1 pers.). Garage + sous-sol. Chauffage en plus. Lit et chaise bébé. Terrasse. Table ping-pong. Jeu de boules. Maison indépendante sur le coteau face au Thouet. Surface habitable : 200 m². Jardin paysager clos (1000 m²). Ouvert toute l'année.

GITE DE FRANCE-SERVICE RESERVATION - Place Kennedy - BP 32147 - 49021 ANGERS Cedex 02
Tél. : 02 41 23 51 23 - Fax : 02 41 23 51 26 - Email : anjou-resa@anjou-tourisme.com - www.gites-de-france-anjou.com

| BASSE SAIS. | MOY. SAIS. | JUILLET | AOUT | VAC. SCOL. |
|---|---|---|---|---|
| 460 | 520 | 550 | 550 | 520 |

| | | | | | |
|---|---|---|---|---|---|
| 1 | SP | 0,5 | 1 | 16 | 16 | 1 |

## N° 22101 MOULIHERNE — Les Dérouinières
**NN — 4 pers.**

RDC : séjour avec espace salle à manger, espace détente avec banquette, petit coin cuisine avec micro-ondes. Salle d'eau avec WC. A l'étage : chambre 1 (1 lit 2 pers.), petite chambre dépendante pour enfants (2 lits 1 pers.). Location linge. Terrasse, pelouse, parking privé. Jeux de société, bac à sable. Centre du bourg à 2 km. Lac à 1 km (baignade surveillée juillet/août par un maître nageur). Ancienne étable (XVIIIe) restaurée en lisière de Forêt (présence d'un des plus vieux châtaigners de France). Ouvert toute l'année.

GITE DE FRANCE-SERVICE RESERVATION - Place Kennedy - BP 32147 - 49021 ANGERS Cedex 02
Tél. : 02 41 23 51 23 - Fax : 02 41 23 51 26 - Email : anjou-resa@anjou-tourisme.com - www.gites-de-france-anjou.com

| BASSE SAIS. | MOY. SAIS. | JUILLET | AOUT | VAC. SCOL. |
|---|---|---|---|---|
| 230 | 250 | 310 | 310 | 250 |

| | | | | | | |
|---|---|---|---|---|---|---|
| 14 | 0,5 | 6 | SP | 5 | 14 | 1 | 2 |

## N° 22301 MURS-ERIGNE — La Jaudonnière
**NN — 2 pers.**

Surface : 30 m². RDC : séjour avec cheminée. Kitchenette avec micro-ondes. Petite salle d'eau, WC. A l'étage : chambre sous combles (1 lit 120, 1 lit 1 pers.). Location linge. Jardin privatif au gîte. Petit gîte dans un cadre de verdure à proximité de la rivière Aubance avec vue sur le vignoble. Ouvert toute l'année.

GITE DE FRANCE-SERVICE RESERVATION - Place Kennedy - BP 32147 - 49021 ANGERS Cedex 02
Tél. : 02 41 23 51 23 - Fax : 02 41 23 51 26 - Email : anjou-resa@anjou-tourisme.com - www.gites-de-france-anjou.com

| BASSE SAIS. | MOY. SAIS. | JUILLET | AOUT | VAC. SCOL. |
|---|---|---|---|---|
| 200 | 250 | 280 | 280 | 250 |

| | | | | | |
|---|---|---|---|---|---|
| 5 | SP | 3 | SP | 3 | 5 | 3 |

PAYS DE LOIRE

Pictos voir p. 12

# MAINE ET LOIRE - 49

### N° 23207 — NUEIL-SUR-LAYON

**NN — 9 pers.**

RDC : pièce à vivre avec cuisine américaine (micro-ondes). Espace repas. Salon. Chambre accessible avec salle d'eau, WC. A l'étage : chambre "Les Fables de la Fontaine" (3 lits 1 pers.). Salle d'eau avec WC. Magnétoscope, piano. Chambre "Les Proverbes" (1 lit 2 pers., 1 lit bébé). Chambre "Jeux d'enfants" (2 lits 110), salle de bains, WC. Sèche linge. Jardin clos. Ancienne école (XIXe) restaurée en gîte rural située dans le village. Surface 171 m². Gîte accessible. Piscine couverte chauffée ouverte toute l'année. Ouvert toute l'année.

GITE DE FRANCE-SERVICE RESERVATION - Place Kennedy - BP 32147 - 49021 ANGERS Cedex 02
Tél. : 02 41 23 51 23 - Fax : 02 41 23 51 26 - Email : anjou-resa@anjou-tourisme.com - www.gites-de-france-anjou.com

| BASSE SAIS. | MOY. SAIS. | JUILLET | AOUT | VAC. SCOL. |
|---|---|---|---|---|
| 850 | 950 | 975 | 975 | 950 |

| | | | | | | |
|---|---|---|---|---|---|---|
| SP | 0,3 | 0,5 | SP | 8 | SP | |

### N° 25306 — LE PUY-NOTRE-DAME

**NN — 4 pers.**

Plein sud, très clair, parfaitement sain en toute saison, toutes pièces avec fenêtres. Séjour coin cuisine, espace salon. Chambre 1 (1 lit 2 pers.), chambre 2 (2 lits 1 pers.). Salle d'eau, WC. Parking privé. Cour privative et patios. Chauffage central en plus. Garage. Gîte troglodyte, à côté de la maison de la propriétaire. Surface : 80 m². Ouvert toute l'année.

GITE DE FRANCE-SERVICE RESERVATION - Place Kennedy - BP 32147 - 49021 ANGERS Cedex 02
Tél. : 02 41 23 51 23 - Fax : 02 41 23 51 26 - Email : anjou-resa@anjou-tourisme.com - www.gites-de-france-anjou.com

| BASSE SAIS. | MOY. SAIS. | JUILLET | AOUT | VAC. SCOL. |
|---|---|---|---|---|
| 245 | 275 | 370 | 370 | 260 |

| | | | | | | |
|---|---|---|---|---|---|---|
| 7 | 2 | 2 | SP | 7 | 22 | 2 |

### N° 25804 — LA RENAUDIERE — La Grange - La Foye Moreau

**NN — 7 pers.**

Séjour. Salle à manger. Cuisine, micro-ondes. 3 chambres avec salle d'eau, 2 WC. Petit jardin privatif. Prix chauffage inclus. Lit et chaise bébé sur demande. Sentiers pédestres à proximité, ainsi que le Puy du Fou à 30 mn, poterie du Fuilet, Musée du textile à Cholet. Location linge. Surface : 90 m². Sur le même site : 2 gîtes ruraux et 4 chambres d'hôtes. Annie et Luc sont heureux de vous accueillir dans la quiétude de leur ferme et vous proposent un gîte tout en rez-de-chaussée. Ouvert toute l'année.

GITE DE FRANCE-SERVICE RESERVATION - Place Kennedy - BP 32147 - 49021 ANGERS Cedex 02
Tél. : 02 41 23 51 23 - Fax : 02 41 23 51 26 - Email : anjou-resa@anjou-tourisme.com - www.gites-de-france-anjou.com

| BASSE SAIS. | MOY. SAIS. | JUILLET | AOUT | VAC. SCOL. |
|---|---|---|---|---|
| 380 | 380 | 410 | 410 | 380 |

| | | | | | | |
|---|---|---|---|---|---|---|
| 7 | 2,5 | 2,5 | SP | 10 | 17 | 2,5 |

### N° 25901 — ROCHEFORT-SUR-LOIRE — Château de la Guimonière

**NN — 8 pers.**

RDC : séjour: canapé-lit 2 pers., salle à manger, carte SFR. Chambre 1 (1 marche, 1 lit 2 pers.). Salle d'eau, WC. Cuisine avec four à pain, micro-ondes, WC. A l'étage : chambre 2 (1 lit 2 pers., 1 lit 120 dans l'alcôve, chambre 3 (1 lit 160, 1 lit 120). Charges comprises : chauffage central (fuel). Parking privé. Chaise et lit bébé sur demande. Location linge. Accès direct sentiers balisés rando et VTT. Ancienne bâtisse du XVe, dédiée à la dégustation, entièrement restaurée dans le style local avec jardin indépendant entouré d'un parc de 3 ha. Vue sur cour intérieure du château. Ouvert toute l'année.

GITE DE FRANCE-SERVICE RESERVATION - Place Kennedy - BP 32147 - 49021 ANGERS Cedex 02
Tél. : 02 41 23 51 23 - Fax : 02 41 23 51 26 - Email : anjou-resa@anjou-tourisme.com - www.gites-de-france-anjou.com

| BASSE SAIS. | MOY. SAIS. | JUILLET | AOUT | VAC. SCOL. |
|---|---|---|---|---|
| 550 | 550 | 610 | 610 | 610 |

| | | | | | | |
|---|---|---|---|---|---|---|
| 3 | 3 | 3 | SP | 5 | 20 | 3 | 20 | 3 |

### N° 26105 — LES ROSIERS-SUR-LOIRE

**NN — 5 pers.**

RDC : séjour avec cheminée en tuffeau comprenant salle à manger ouvrant sur cuisine aménagée (micro-ondes). Chambre 1 (1 lit 2 pers.). Salle d'eau privative. WC. A l'étage : chambre 2 (1 lit 2 pers., 1 lit 1 pers.). Salle d'eau avec WC. Lingerie. Lit et chaise bébé. Jardin clos. Ancienne maison de Cordier située à proximité de la Loire. Superficie 86 m². Ouvert toute l'année.

GITE DE FRANCE-SERVICE RESERVATION - Place Kennedy - BP 32147 - 49021 ANGERS Cedex 02
Tél. : 02 41 23 51 23 - Fax : 02 41 23 51 26 - Email : anjou-resa@anjou-tourisme.com - www.gites-de-france-anjou.com

| BASSE SAIS. | MOY. SAIS. | JUILLET | AOUT | VAC. SCOL. |
|---|---|---|---|---|
| 280 | 310 | 330 | 350 | 310 |

| | | | | | | |
|---|---|---|---|---|---|---|
| 1,5 | SP | 1,5 | 2 | 5 | 12 | 0,5 |

### N° 28205 — ST-GEORGES-SUR-LAYON

**NN — 8 pers.**

Puy du Fou 1 h. Futuroscope 1 h. Grand parc paysagé clos (2600 m²). Salon. Salle à manger, cuisine (micro-ondes). Petite lingerie avec WC. Sèche-linge. 1er étage : chambre 1 (1 lit 2 pers.), chambre 2 (2 lits 1 pers.). Salle d'eau avec WC. 2ème étage : chambre 3 (1 lit 2 pers.), chambre 4 (2 lits 1 pers.). Salle d'eau avec WC. 1 lit bébé. Chauffage central (forfait : 90 €/semaine). Parking privé couvert. Forfait ménage : 50 €/séjour. Vélos à disposition. Maison de caractère du XIXe au coeur du village. Ouvert toute l'année.

GITE DE FRANCE-SERVICE RESERVATION - Place Kennedy - BP 32147 - 49021 ANGERS Cedex 02
Tél. : 02 41 23 51 23 - Fax : 02 41 23 51 26 - Email : anjou-resa@anjou-tourisme.com - www.gites-de-france-anjou.com

| BASSE SAIS. | MOY. SAIS. | JUILLET | AOUT | VAC. SCOL. |
|---|---|---|---|---|
| 560 | 620 | 690 | 720 | 620 |

| | | | | | | |
|---|---|---|---|---|---|---|
| 7 | 0,5 | 7 | 0,5 | 7 | 20 | 7 |

# MAINE ET LOIRE - 49

### N° 28206  ST-GEORGES-SUR-LAYON — Le Pont de Livier

**NN  6 pers.**

RDC : séjour avec canapé. Petite cuisine (micro-ondes). Salle d'eau. WC. Chambre verte (1 lit 2 pers.). Chambre jaune (1 lit 2 pers., 2 lits 1 pers. superposés). Petit coin détente. Cour non fermé. Parking privé. Location linge. Petite maison restaurée en gîte rural sur domaine viticole. Superficie : 55 m². Ouvert toute l'année.

GITE DE FRANCE-SERVICE RESERVATION - Place Kennedy - BP 32147 - 49021 ANGERS Cedex 02
Tél. : 02 41 23 51 23 - Fax : 02 41 23 51 26 - Email : anjou-resa@anjou-tourisme.com - www.gites-de-france-anjou.com

| BASSE SAIS. | MOY. SAIS. | JUILLET | AOUT | VAC. SCOL. |
|---|---|---|---|---|
| 300 | 300 | 300 | 300 | 300 |

4 | 4 | 4 | 4 | 20 | 25 | 4

### N° 30202  ST-MACAIRE-DU-BOIS — La Guéritière

**NN  6 pers.**

RDC : séjour, salle à manger, coin cuisine (micro-ondes). Chambre 1 (1 lit 2 pers.), salle d'eau, wc. Etage : chambre 2 (1 lit 2 pers.), chambre 3 ( 2 lits 1 pers.). Salle d'eau avec WC. Chauffage électrique. Lit, chaise et poussette bébé sur demande. Location linge. Terrain clos avec pelouse. Garage. Sur la route du vignoble, ancienne grange restaurée en gîte rural. Ouvert toute l'année.

GITE DE FRANCE-SERVICE RESERVATION - Place Kennedy - BP 32147 - 49021 ANGERS Cedex 02
Tél. : 02 41 23 51 23 - Fax : 02 41 23 51 26 - Email : anjou-resa@anjou-tourisme.com - www.gites-de-france-anjou.com

| BASSE SAIS. | MOY. SAIS. | JUILLET | AOUT | VAC. SCOL. |
|---|---|---|---|---|
| 320 | 410 | 450 | 450 | 410 |

10 | 6 | 4 | 8 | 4

### N° 31703  ST-REMY-LA-VARENNE — Fontaine Le gîte du Dolmen

**NN  4 pers.**

RDC : séjour comprenant salle à manger et cuisine aménagée, (micro-ondes). Canapé, WC. A l'étage : chambre 1 (2 lits 1 pers.), chambre 2 (1 lit 2 pers.). Salle de bains avec WC. Lit et chaise bébé sur demande. Location linge. Chauffage électrique. Terrain aménagé avec salon de jardin. Bains de soleil. Maison de caractère dans un jolie petit hameau très calme aux pieds des sentiers de randonnées. Ouvert toute l'année.

GITE DE FRANCE-SERVICE RESERVATION - Place Kennedy - BP 32147 - 49021 ANGERS Cedex 02
Tél. : 02 41 23 51 23 - Fax : 02 41 23 51 26 - Email : anjou-resa@anjou-tourisme.com - www.gites-de-france-anjou.com

| BASSE SAIS. | MOY. SAIS. | JUILLET | AOUT | VAC. SCOL. |
|---|---|---|---|---|
| 320 | 350 | 400 | 400 | 350 |

4 | 4 | 1 | SP | 5 | 10 | 3

### N° 34601  LE THOUREIL

**NN  5 pers.**

RDC : séjour (36 m²) avec coin cuisine, micro-ondes. Espace salle à manger. Coin salon. Chambre 1 (1 lit 2 pers.), chambre 2 (2 lits 1 pers.), chambre 3 (1 lit 1 pers.). Salle de bain, WC. Jardin clos. Chauffage en plus. Lit et chaise bébé. Dépendance avec cheminée. A 30 mètres de la Loire, dans un village classé, Nicole vous accueille dans sa maison restaurée. Surface : 80 m². Ouvert toute l'année.

GITE DE FRANCE-SERVICE RESERVATION - Place Kennedy - BP 32147 - 49021 ANGERS Cedex 02
Tél. : 02 41 23 51 23 - Fax : 02 41 23 51 26 - Email : anjou-resa@anjou-tourisme.com - www.gites-de-france-anjou.com

| BASSE SAIS. | MOY. SAIS. | JUILLET | AOUT | VAC. SCOL. |
|---|---|---|---|---|
| 325 | 415 | 475 | 475 | 415 |

5 | SP | SP | SP | 8 | 15 | 5

### N° 36303  VAUCHRETIEN — Les Grands Prés

**NN  6 pers.**

Séjour (35 m²) avec coin cuisine, salle à manger, coin détente. Chambre 1 (1 lit 2 pers.), salle d'eau avec WC. Chambre 2 (1 lit 110 + 1 lit 1 pers.). Chambre 3 (dépendante de la chambre 2, 2 lits 1 pers.). Jardin paysager clos (500 m²). Parking privé. Prix chauffage compris. Maison indépendante tout en rez-de-chaussée au coeur du vignoble, très calme. Surface : 90 m². Ouvert toute l'année.

GITE DE FRANCE-SERVICE RESERVATION - Place Kennedy - BP 32147 - 49021 ANGERS Cedex 02
Tél. : 02 41 23 51 23 - Fax : 02 41 23 51 26 - Email : anjou-resa@anjou-tourisme.com - www.gites-de-france-anjou.com

| BASSE SAIS. | MOY. SAIS. | JUILLET | AOUT | VAC. SCOL. |
|---|---|---|---|---|
| 200 | 260 | 285 | 285 | 260 |

4 | 4 | 4 | SP | 3 | 8 | 4

### N° 37203  LE VIEIL-BAUGE — Les Bouchets

**NN  6 pers.**

RDC : grand séjour (43 m²) avec four à pain en état de marche, salle à manger, coin salon. Cuisine indépendante (micro-ondes). WC et lavabo. 1er étage : chambre 1 (1 lit 2 pers., 1 lit 1 pers.), ch. 2 (2 lits 1 pers.), ch. 3 (1 lit 1 pers.). Salle de bains (douche + baignoire et lavabo double), WC. Chauffage électrique. Chaise et lit bébé. Jardin clos de 1000 m². Location linge. Parking, bibliothèque. Jeux de société. Maison de tuffeau 150 m² indépendante, à proximité des propriétaires proche de la forêt de Chandelais, très calme. Ouvert toute l'année.

GITE DE FRANCE-SERVICE RESERVATION - Place Kennedy - BP 32147 - 49021 ANGERS Cedex 02
Tél. : 02 41 23 51 23 - Fax : 02 41 23 51 26 - Email : anjou-resa@anjou-tourisme.com - www.gites-de-france-anjou.com

| BASSE SAIS. | MOY. SAIS. | JUILLET | AOUT | VAC. SCOL. |
|---|---|---|---|---|
| 360 | 390 | 420 | 420 | 390 |

7 | 2 | 7 | 1 | 7 | 7 | 7

**PAYS DE LOIRE**

# MAINE ET LOIRE - 49

**N° 37901  LE VOIDE**  L'Epinasserie

NN  4 pers.

RDC: Séjour avec espace salon, canapé. Four à pain. Coin salle à manger. Cuisine, micro-ondes. Chambre 1 (1 lit 2 pers.), salle de bains, WC. A l'étage: mezzanine avec coin jeux, canapé, lit. Chambre 2 (1 lit 2 pers., 1 lit bébé barreaux, chaise bébé). Jardin clos commun avec les propriétaires. Cour paysagée indépendante. Forfait ménage. 46 €, prix draps fournis. Location linge. Ancienne longère vihiersoise (1828) restaurée en pleine nature au coeur des cateaux. Ouvert toute l'année.

GITE DE FRANCE-SERVICE RESERVATION - Place Kennedy - BP 32147 - 49021 ANGERS Cedex 02
Tél.: 02 41 23 51 23 - Fax: 02 41 23 51 26 - Email: anjou-resa@anjou-tourisme.com - www.gites-de-france-anjou.com

| BASSE SAIS. | MOY. SAIS. | JUILLET | AOUT | VAC. SCOL. |
|---|---|---|---|---|
| 400 | 400 | 430 | 430 | 400 |

| | | | | | |
|---|---|---|---|---|---|
| 2 | 2 | 2 | SP | 2 | 2 |

# MAYENNE - 53

**GITES DE FRANCE** - Service Réservation
84, avenue Robert Buron - B.P. 2254 - 53022 LAVAL Cédex 9
Tél. 02 43 53 58 78 - Fax. 02 43 53 58 79
E.mail : gites-de-france-53@wanadoo.fr - www.gites-de-france-mayenne.com

---

### N° 530144  LE GENEST-ST-ISLE — La Gauterie — CM 232 pli 6
NN  7 pers.

Entrez pour un instant dans la légende de Pégase, en partageant notre passion pour le cheval, ou simplement venez goûter aux plaisirs de l'accueil d'une région qui réserve à son hôte une parenthèse de chaleur et de douceur de vivre. R.d.c. : entrée, cuisine, séjour (convertible), 1 ch. (1 lit 2 pers., lit enfant), 2 salles d'eau/wc, 1 ch (2x2 lits 1 pers. superposés). Etage : 1 ch (1 lit 2 pers.). Randonnées à cheval, VTT fournis. Service de livraison de repas, transport de personnes, bagages et chevaux. Chats refusés. Ouvert toute l'année.
GITES DE FRANCE-SERVICE RESERVATION - 84 av. Robert Buron - BP 2254 - 53022 LAVAL Cedex 9
Tél. : 02 43 53 58 78 - Fax : 02 43 53 58 79 - Email : gites-de-france-53@wanadoo.fr - www.gites-de-france-mayenne.com

| TRES HTE SAIS. | HTE SAIS. | MOY. SAIS. | BASSE SAIS. | WEEK-END | W.-E. DETENTE | | | | | | | | | |
|---|---|---|---|---|---|---|---|---|---|---|---|---|---|---|
| 380 | 380 | 300 | 260 | 200 | 250 | 9 | 7 | SP | 15 | 12 | 2 | 9 | 7 | 3 | 3 |

---

### N° 530145  HAMBERS — La Sourdrie — CM 232 pli 8
NN  4 pers.

Maison de pierre, indépendante, située près du Montaigu et voisine de l'habitation des propriétaires, disposant d'un terrain arboré privé de 1500 m² et d'un plan d'eau de 300 m². RdC : coin cuisine, salle à manger, salon. Etage : 2 chambres (1 lit 2 pers. 2 lits 1 pers.), salle de bains avec wc. Chauffage électrique. Salon de jardin. Vous pourrez profiter du calme et de la richesse du patrimoine archéologique et historique, dans une région idéale pour les randonnées pédestres, équestres et en VTT. Ouvert toute l'année.
GITES DE FRANCE-SERVICE RESERVATION - 84 av. Robert Buron - BP 2254 - 53022 LAVAL Cedex 9
Tél. : 02 43 53 58 78 - Fax : 02 43 53 58 79 - Email : gites-de-france-53@wanadoo.fr - www.gites-de-france-mayenne.com

| TRES HTE SAIS. | HTE SAIS. | MOY. SAIS. | BASSE SAIS. | WEEK-END | W.-E. DETENTE | | | | | | | | |
|---|---|---|---|---|---|---|---|---|---|---|---|---|---|
| 290 | 290 | 210 | 170 | 110 | 150 | 4 | 6 | SP | 30 | 40 | 4 | 1 | 5 | 10 | 6 |

---

### N° 530147  NUILLE-SUR-VICOIN — Haras de la Volue — CM 232 pli 7
NN  2 pers.

Au coeur de la Vallée du Vicoin, à proximité du chemin de halage, de la rivière la Mayenne. Gîte à la ferme, aménagé dans un ancien fournil, indépendant de la maison des propriétaires. R.d.c. : séjour, coin- cuisine, salle d'eau, wc. Etage : 1 chambre (1 lit 2 pers.). Chauffage électrique, draps fournis. Pelouse, salon de jardin, vélos, accueil de vos chevaux (box ou pré). Ouvert toute l'année.
GITES DE FRANCE-SERVICE RESERVATION - 84 av. Robert Buron - BP 2254 - 53022 LAVAL Cedex 9
Tél. : 02 43 53 58 78 - Fax : 02 43 53 58 79 - Email : gites-de-france-53@wanadoo.fr - www.gites-de-france-mayenne.com

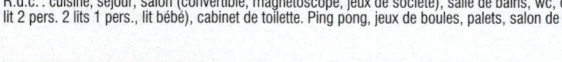

| TRES HTE SAIS. | HTE SAIS. | MOY. SAIS. | BASSE SAIS. | WEEK-END | | | | | | | | | |
|---|---|---|---|---|---|---|---|---|---|---|---|---|---|
| 225 | 225 | 155 | 135 | 100 | 0,3 | 15 | SP | 40 | 18 | 0,3 | 15 | 12 | 15 | 5 |

---

### N° 530146  ST-DENIS-DU-MAINE — Luce — CM 232 pli 8
NN  4 pers.

Maison indépendante, du XIXè, à proximité de l'exploitation agricole, avec un terrain clos, à 5 km de la base nautique. R.d.c. : cuisine, séjour, salon (convertible, magnétoscope, jeux de société), salle de bains, wc, cave. Etage : 2 chambres (1 lit 2 pers. 2 lits 1 pers., lit bébé), cabinet de toilette. Ping pong, jeux de boules, palets, salon de jardin. Ouvert toute l'année.
GITES DE FRANCE-SERVICE RESERVATION - 84 av. Robert Buron - BP 2254 - 53022 LAVAL Cedex 9
Tél. : 02 43 53 58 78 - Fax : 02 43 53 58 79 - Email : gites-de-france-53@wanadoo.fr - www.gites-de-france-mayenne.com

| TRES HTE SAIS. | HTE SAIS. | MOY. SAIS. | BASSE SAIS. | | | | | | | | | |
|---|---|---|---|---|---|---|---|---|---|---|---|---|
| 300 | 300 | 220 | 180 | 5 | 8 | 3 | 25 | 25 | 5 | 5 | 15 | 25 | 8 |

---

### N° 530148  ST-PIERRE-SUR-ERVE — Le Presbytère — CM 232 pli 8
NN  8 pers.

L'ancien Presbytère du XIXe, vous offre un cadre chaleureux et authentique. Situé en plein coeur de la vallée de l'Erve et au pied du défilé du canyon et grottes de Saulges, vous serez sous le charme d'un village de caractère bordé par la rivière l'Erve, offrant un environnement vallonné et pittoresque. R.d.c. : hall, salon (convertible), cuisine, salle à manger, salle d'eau, wc. Etage : 1 ch avec salle d'eau, 2 ch (2 lits 160, 4 lits 1 pers. lit enfant), salle de bains, wc, lingerie (sèche-linge). Lits faits. chauf. central gaz, pelouse, salon de jardin, ping pong couvert. Location VTT.
GITES DE FRANCE-SERVICE RESERVATION - 84 av. Robert Buron - BP 2254 - 53022 LAVAL Cedex 9
Tél. : 02 43 53 58 78 - Fax : 02 43 53 58 79 - Email : gites-de-france-53@wanadoo.fr - www.gites-de-france-mayenne.com

| TRES HTE SAIS. | HTE SAIS. | MOY. SAIS. | BASSE SAIS. | WEEK-END | W.-E. DETENTE | | | | | | | | | |
|---|---|---|---|---|---|---|---|---|---|---|---|---|---|---|
| 420 | 420 | 350 | 300 | 210 | 270 | 4 | 11 | SP | 1,5 | 30 | SP | 15 | 11 | 20 | 7 |

PAYS DE LOIRE

Pictos voir p. 12

# SARTHE - 72

**GITES DE FRANCE - Service Réservation**
40, rue Joinville - 72000 LE MANS
Tél. 02 43 40 22 60 - Fax. 02 43 40 22 61
www.gites-de-france-sarthe.com

**PERIODES TARIFAIRES**
HAUTE SAISON : du 1er.07 au 31.08 - MOYENNE SAISON : juin/septembre/vacances scolaires - BASSE SAISON : reste de l'année.

### N° 373 — BAZOUGES-SUR-LE-LOIR — CM 64 pli 2
EC  NN  8 pers.

Le Mans 45 km. La Flèche 6 km. R.D.C: entrée, grande cuisine, micro-ondes. Salon et petit salon avec terrasse plein sud. Salle à manger et veranda vue sur jardin, balcon, wc. 1er ét.: 4 ch, dont 3 avec un lit 2 pers., petit lit de bébé et une avec 2 lits jumeaux, wc, salle de bains, salle de douche : baignoire balnéo et 2 lavabos. Tv satellite. Maison de caractère avec tour du 16è s, sur terrain clos, situé sur la place du village. En bordure du Loir, accès direct indép. sur le Loir avec grillage de protection, canoë et pêche sur place. Ping-pong, vélos, bac à sable, garage. Loc. de draps en plus. Ouvert toute l'année.

Bernard LERAYS - 72 rue Desjardins - 49100 ANGERS
Tél.: 02 41 88 16 26

| JUIN/SEPT./VAC. | JUIL./AOUT | HORS SAIS. | WEEK-END |
|---|---|---|---|
| 650 | 750 | 580 | 500 |

| | | | | | | | | | |
|---|---|---|---|---|---|---|---|---|---|
| 0,5 | 6 | 3 | 6 | 6 | SP | 6 | 6 | SP |

### N° 364 — CHEMINE-LE-GAUDIN — Théval — CM 64 pli 2
EC  NN  4 pers.

Le Mans 25 km. Sablé sur Sarthe 25 km. Gîte mitoyen à la maison des propriétaires, dans un domaine au bord de Sarthe. Cuisine équipée, salon, 2 chambres avec sanitaires privatifs. Entrée indépendante. Vous aimez la nature et les activités en bord de rivière, vous recherchez le calme et la proximité d'un voisinage de vraie convivialité. Charges comprises. Ouvert toute l'année.

Alain et Anne-Marie FORNELL - Théval - 72210 CHEMIRÉ-LE-GAUDIN
Tél.: 02 43 88 14 92 - Email : atheval@aol.com

| JUIN/SEPT./VAC. | JUIL./AOUT | HORS SAIS. | WEEK-END |
|---|---|---|---|
| 250 | 250 | 250 | 190 |

| | | | | | | | | |
|---|---|---|---|---|---|---|---|---|
| 5 | 5 | 30 | 0,1 | SP | 5 | 0,1 | 2 |

### N° 362 — MARIGNE-LAILLE — La Chênerie — CM 64 pli 4
EC  NN  5 pers.

Le Mans 30 km. Tours 60 km. Terrain clos, bordé de haies, pelouse ombragée. Salle de séjour, canapé-lit. Cuisien américaine, frigo-congélateur, micro-ondes. Salle d'eau, wc séparés. Ch au R.D.C (1 lit 2 pers., 1 lit 120, 1 lit bébé). Ch au 1er étage (1 lit 120, 1 lit 1 pers.). Magnétoscope. Portique avec balançoires. Chauffage central. Fermette restaurée dans un hameau tranquille, proche de la forêt de Bercé. Charges comprises. Propriétaire franco-anglais. Ouvert toute l'année.

D'ANCONA - La Chênerie - 72220 MARIGNE-LAILLE
Tél.: 02 43 42 16 62

| JUIN/SEPT./VAC. | JUIL./AOUT | HORS SAIS. | WEEK-END |
|---|---|---|---|
| 220 | 260 | 220 | 135 |

| | | | | | | | | |
|---|---|---|---|---|---|---|---|---|
| 3 | 8 | 1 | SP | 15 | 3 | 6 | 2 |

### N° 363 — MAROLLES-LES-BRAULTS — Le Grand Harrier — CM 60 pli 14
EC  NN  9 pers.

Le Mans 35 km. Alençon 35 km. Terrain non-clos, attention mare à 15m. Salle commune avec coin-cuisine et clic-clac, prise TV. 9 couchages à l'étage en 5 chambres. 2 salles d'eau, 2 wc. Mezzanine de 35 m2. Salle de jeux, ping-pong. Chauffage électrique et poêle à bois. Pêche sur place. Vieille maison restaurée, mitoyenne à la maison du propriétaire, à la ferme. Ouvert toute l'année.

Philippe GAGNOT - Le Grand Harrier - 72260 MAROLLES-LES-BRAULTS
Tél.: 02 43 97 40 59 - Fax : 02 43 97 40 59

| JUIN/SEPT./VAC. | JUIL./AOUT | WEEK-END |
|---|---|---|
| 310 | 340 | 270 |

| | | | | | | | |
|---|---|---|---|---|---|---|---|
| 2 | 5 | 12 | 13 | 1 | 13 | 13 | 2 |

### N° 367 — ST-JEAN-DE-LA-MOTTE — Domaine de La Roche — CM 64 pli 2
EC  NN  3 pers.

Le Mans 28 km. La Flèche 12 km. Gîte de 63 m2 avec salle à manger et cuisine fonctionnelle (plaques électriques, four, réfrigérateur, lave-linge commun) salon avec canapé-lit 2 pers. 2 ch dont 1 avec 1 lit 2 pers. et l'autre 1 lit 1 pers. salle d'eau et wc indép. Poss. lit pliant et lit bébé. Tél. mobile avec carte à régler sur place. Gîte mitoyen à 2 autres gîtes et à proximité d'un petit manoir (rés. du propriétaire sur un terrain de 3ha. Sur place piscine chauffée, sauna, table de ping-pong, terrain de volley, pétanque. Semaine des 24 h du Mans même tarif que la semaine juil/août. Ouvert toute l'année.

GITES DE FRANCE-SERVICE RESERVATION - 40 rue Joinville - 72000 LE MANS
Tél.: 02 43 40 22 60 - Fax : 02 43 40 22 61 - Email : gites-de-france-72@wanadoo.fr - www.gites-de-france-sarthe.com

| JUIN/SEPT./VAC. | JUIL./AOUT | HORS SAIS. | WEEK-END |
|---|---|---|---|
| 370 | 480 | 290 | 290 |

| | | | | | | |
|---|---|---|---|---|---|---|
| 5 | 7 | 1 | SP | 7 | SP | SP | 1,5 |

## SARTHE - 72

*Périodes tarifaires p. 380*

### N° 368 ST-JEAN-DE-LA-MOTTE — Domaine de La Roche — CM 64 pli 2

**EC  NN  6 pers.**

Le Mans 28 km. La Flèche 12 km. Gîte de 89 m2 avec salle à manger et cuisine fonctionnelle (plaques électriques, four, réfrigérateur, lave-linge commun) salon avec canapé-lit 2 pers. 3 ch dont 1 avec 1 lit 2 pers. et 4 lit 1 pers. salle de bains et wc indép. Possibilité lit pliant et lit bébé. Tél. mobile avec carte à régler sur place. Gîte mitoyen à 2 autres gîtes et à proximité d'un petit manoir (rés. du propriétaire sur un terrain de 3ha. Sur place piscine chauffée, sauna, table de ping-pong, terrain de volley, pétanque. Semaine des 24 h du Mans, même tarif que la semaine juil/août. Ouvert toute l'année.
GITES DE FRANCE-SERVICE RESERVATION - 40 rue Joinville - 72000 LE MANS
Tél. : 02 43 40 22 60 - Fax : 02 43 40 22 61 - Email : gites-de-france-72@wanadoo.fr - www.gites-de-france-sarthe.com

| JUIN/SEPT./VAC. | JUIL./AOUT | HORS SAIS. | WEEK-END |
|---|---|---|---|
| 530 | 660 | 400 | 400 |

| | | | | | | | | |
|---|---|---|---|---|---|---|---|---|
| 5 | 7 | 1 | SP | 7 | SP | SP | SP | 1,5 |

### N° 369 ST-JEAN-DE-LA-MOTTE — Domaine de La Roche — CM 64 pli 2

**EC  NN  5 pers.**

Le Mans 28 km. La Flèche 12 km. Gîte de 70 m2 avec salle à manger et cuisine fonctionnelle (plaques électriques, four, réfrigérateur, l.-linge commun, l.-vaisselle). salon avec canapé-lit 2 pers. 2 ch dont 1 avec 1 lit 2 pers. et 3 lits 1 pers. s.d.b. et wc indépendant. Poss. lit pliant et lit bébé. Tél. mobile avec carte à régler sur place. Gîte mitoyen à 2 autres gîtes et à proximité d'un petit manoir (rés. du propriétaire sur un terrain de 3ha. Sur place piscine chauffée, sauna, table de ping-pong, terrain de volley, pétanque. Semaine des 24 h du Mans, même tarif que la semaine juil/août. Ouvert toute l'année.
GITES DE FRANCE-SERVICE RESERVATION - 40 rue Joinville - 72000 LE MANS
Tél. : 02 43 40 22 60 - Fax : 02 43 40 22 61 - Email : gites-de-france-72@wanadoo.fr - www.gites-de-france-sarthe.com

| JUIN/SEPT./VAC. | JUIL./AOUT | HORS SAIS. | WEEK-END |
|---|---|---|---|
| 490 | 590 | 360 | 360 |

| | | | | | | | | |
|---|---|---|---|---|---|---|---|---|
| 5 | 7 | 1 | SP | 7 | SP | SP | SP | 1,5 |

**PAYS DE LOIRE**

*Pictos voir p. 12*

# VENDÉE - 85

**GITES DE FRANCE - Service Réservation**
124, boulevard Aristide Briand - B.P. 735
85018 LA ROCHE-SUR-YON Cédex
Tél. 02 51 37 87 87 - Fax. 02 51 62 15 19
E.mail : gites-de-france-vendee@wanadoo.fr - www.gites-de-france-vendee.com

## PÉRIODES TARIFAIRES
**TRÈS HAUTE SAISON :** du 10.07 au 21.08. - **HAUTE SAISON :** du 26.06 au 10.07 et du 21.08 au 28.08. - **MOYENNE SAISON :** du 3.04 au 26.06 et du 28.08 au 25.09. - **BASSE SAISON :** du 1.01 au 3.04 et du 25.09 au 31.12.

---

### N° 210220 BEAUVOIR-SUR-MER — La Crosnière — CM 67 pli 1
NN — 6 pers.

Challans 20 km. Ile de Noirmoutier 4 km. Passage du Gois 800 m. Ancienne longère rénovée en 2002, divisée en 3 gîtes mitoyens, située dans le marais à 800 m du passage du Gois. Entrée indépendante. R.D.C. : séjour/salon/cuisine (micro-ondes), salle d'eau, wc, 3 chambres (1 lit 2 pers.) (2 lits 1 pers.) (2 lits 1 pers.). Téléphone mobicarte contre caution. Equipement bébé sur demande. Chauffage électrique. Propriété de 2500 m2, jardin privatif clos par du grillage de 200 m2 (salon de jardin, barbecue), espace vert commun avec portique. Piscine à 5 km ouverte l'été.
GITES DE FRANCE-SERVICE RESERVATION - 124 bd Aristide Briand - BP 735 - 85018 LA ROCHE-SUR-YON Cedex
Tél. : 02 51 37 87 87 - Fax : 02 51 62 15 19 - Email : gites-de-france-vendee@wanadoo.fr - www.gites-de-france-vendee.com

| TRES HTE SAIS. | HTE SAIS. | MOY. SAIS. | BASSE SAIS. |
|---|---|---|---|
| 490 | 460 | 297 | 255 |

0,8 | 30 | 30 | 20 | 0,8 | SP | 5 | 8 | 20 | 5

---

### N° 210221 BEAUVOIR-SUR-MER — La Crosnière — CM 67 pli 1
NN — 4 pers.

Challans 20 km. Ile de Noirmoutier 4 km. Passage du Gois 800 m. Ancienne longère rénovée en 2002, divisée en 3 gîtes mitoyens, située dans le marais à 800 m du passage du Gois. Entrée indépendante. R.D.C. : séjour/salon/cuisine (micro-ondes), salle d'eau, wc, 2 chambres (1 lit 2 pers.) (2 lits 1 pers.). Téléphone mobicarte contre caution. Equipement bébé sur demande. Chauffage électrique. Propriété de 2500 m². jardin Jardin privatif clos par du grillage de 165 m² (salon de jardin, barbecue), espace vert commun avec portique. Piscine à 5 km ouverte l'été.
GITES DE FRANCE-SERVICE RESERVATION - 124 bd Aristide Briand - BP 735 - 85018 LA ROCHE-SUR-YON Cedex
Tél. : 02 51 37 87 87 - Fax : 02 51 62 15 19 - Email : gites-de-france-vendee@wanadoo.fr - www.gites-de-france-vendee.com

| TRES HTE SAIS. | HTE SAIS. | MOY. SAIS. | BASSE SAIS. |
|---|---|---|---|
| 430 | 410 | 249 | 235 |

0,8 | 30 | 30 | 20 | 0,8 | SP | 5 | 8 | 20 | 5

---

### N° 210222 BEAUVOIR-SUR-MER — La Crosnière — CM 67 pli 1
NN — 4 pers.

Challans 20 km. Ile de Noirmoutier 4 km. Passage du Gois 800 m. Ancienne longère rénovée en 2002, divisée en 3 gîtes mitoyens, située dans le marais à 800 m du passage du Gois. Entrée indépendante. R.D.C. : séjour/salon/cuisine (micro-ondes), salle d'eau, wc, 2 chambres (1 lit 2 pers.) (2 lits 90 gigognes). Téléphone mobicarte contre caution. Equipement bébé sur demande. Chauffage électrique. Propriété de 2500 m². jardin privatif clos par du grillage de 175 m² (salon de jardin, barbecue), espace vert commun avec portique. Piscine à 5 km ouverte l'été. Ile de Noirmoutier 4 km.
GITES DE FRANCE-SERVICE RESERVATION - 124 bd Aristide Briand - BP 735 - 85018 LA ROCHE-SUR-YON Cedex
Tél. : 02 51 37 87 87 - Fax : 02 51 62 15 19 - Email : gites-de-france-vendee@wanadoo.fr - www.gites-de-france-vendee.com

| TRES HTE SAIS. | HTE SAIS. | MOY. SAIS. | BASSE SAIS. |
|---|---|---|---|
| 430 | 410 | 249 | 235 |

0,8 | 30 | 30 | 20 | 0,8 | SP | 5 | 8 | 20 | 5

---

### N° 325427 CEZAIS — Les Métairies - Les Roches — CM 67 pli 16
NN — 4 pers.

Fontenay-le-Comte 12 km. Puy du Fou 40 km. Mervent/Vouvant 8 km. Maison ancienne rénovée en 2002 située dans un hameau, mitoyenne à une autre maison (dos à dos). Entrée et terrain bien indépendants. R.D.C. : séjour/salon/cuisine (micro-ondes), wc. Etage : 2 chambres (1 lit 2 pers.) (2 lits 1 pers.), salle d'eau/wc. Garage. Chauffage électrique (par le sol en r.d.c., convect. à l'étage). Location draps sur demande. Téléphone portable mobicarte contre caution. Jardin clos privatif, terrasse (salon de jardin, barbecue). Vélos à disposition. Marais Poitevin 30 km.
GITES DE FRANCE-SERVICE RESERVATION - 124 bd Aristide Briand - BP 735 - 85018 LA ROCHE-SUR-YON Cedex
Tél. : 02 51 37 87 87 - Fax : 02 51 62 15 19 - Email : gites-de-france-vendee@wanadoo.fr - www.gites-de-france-vendee.com

| TRES HTE SAIS. | HTE SAIS. | MOY. SAIS. |
|---|---|---|
| 487 | 422 | 255 |

60 | 8 | 2 | 10 | 2 | SP | 10 | 10 | 50 | 8

---

### N° 335439 CHAILLE-SOUS-LES-ORMEAUX — CM 67 pli 14
NN — 5 pers.

La Roche sur Yon 14 km. Les Sables d'Olonne 40 km. Gîte aménagé en 2003 dans une ancienne grange rénovée, situé dans un petit bourg, à proximité de l'habitation du propriétaire. R.D.C. : séjour/salon/cuisine (micro-ondes, poêle à bois, DVD), salle d'eau, wc, chambre (3 lits 1 pers.). Etage : chambre (1 lit 160). Téléphone. Linge de table fourni. Location draps sur demande. Convecteurs électriques d'appoint. Jardin clos de 450 m2, préau (salon de jardin, barbecue,), portique. Boulangerie, église à 100 m. Base canoë 4 km.
GITES DE FRANCE-SERVICE RESERVATION - 124 bd Aristide Briand - BP 735 - 85018 LA ROCHE-SUR-YON Cedex
Tél. : 02 51 37 87 87 - Fax : 02 51 62 15 19 - Email : gites-de-france-vendee@wanadoo.fr - www.gites-de-france-vendee.com

| TRES HTE SAIS. | HTE SAIS. | MOY. SAIS. | BASSE SAIS. |
|---|---|---|---|
| 410 | 350 | 230 | 200 |

30 | 15 | 14 | 0,1 | SP | 1 | 10 | 14 | 4

# VENDÉE - 85

*Périodes tarifaires p. 382*

## N° 326428 CHAVAGNES-LES-REDOUX

**NN — 6 pers.** — CM 67 pli 15

Chantonnay 12 km. Puy du Fou 25 km. Maison ancienne rénovée en 2002, indépendante, proche de l'habitation du propriétaire, située dans un petit hameau à 500 m du centre bourg. R.D.C. : séjour/salon/cuisine (micro-ondes), salle d'eau, wc, 1 chambre (1 lit 2 pers.), débarras. Etage : 2 chambres (1 lit 160) (2 lits 1 pers.), salle d'eau/wc. Téléphone. Equipement bébé, location draps et linge sur demande. Chauffage électrique. Terrain aménagé de 1000 m2 avec un espace clos de 100 m2, patio (salon de jardin, barbecue), préau. Ferme en activité à proximité. Supérette à 500 m.
GITES DE FRANCE-SERVICE RESERVATION - 124 bd Aristide Briand - BP 373 - 85018 LA ROCHE-SUR-YON Cedex
Tél. : 02 51 37 87 87 - Fax : 02 51 62 15 19 - Email : gites-de-france-vendee@wanadoo.fr - www.gites-de-france-vendee.com

| TRES HTE SAIS. | HTE SAIS. | MOY. SAIS. | BASSE SAIS. |
|---|---|---|---|
| 450 | 380 | 260 | 230 |

| | | | | | | | | | |
|---|---|---|---|---|---|---|---|---|---|
| 60 | 10 | 3,5 | 10 | 3 | SP | 0,8 | 10 | 12 | 10 |

## N° 329431 COEX — Domaine de La Boissière

**NN — 6 pers.** — CM 67 pli 12

St-Gilles-Croix-de-Vie 14 km. Apremont 3 km. Gîte aménagé en 2002 dans une ancienne grange restaurée, mitoyen à un autre gîte et à 2 ch. d'hôtes. R.D.C. : séjour/salon/cuisine (micro-ondes), s.d'eau/wc, 2 ch. (1 lit 160)(2 lits 1 pers.), wc. Etage : 1 ch. (2 lits 1 pers.), s. d'eau/wc. Poss. lit d'appoint. Sèche-linge. Linge de table fournis. Location linge de toilette sur demande. Ch. électr. Située en pleine campagne. Terrasse privative (salon de jardin, barbecue). Piscine commune en 2003 (ouverture en mai). Habitation du prop. à prox. Piste d'atterrissage privée sur la propriété.
GITES DE FRANCE-SERVICE RESERVATION - 124 bd Aristide Briand - BP 373 - 85018 LA ROCHE-SUR-YON Cedex
Tél. : 02 51 37 87 87 - Fax : 02 51 62 15 19 - Email : gites-de-france-vendee@wanadoo.fr - www.gites-de-france-vendee.com

| TRES HTE SAIS. | HTE SAIS. | MOY. SAIS. | BASSE SAIS. |
|---|---|---|---|
| 839 | 839 | 490 | 385 |

| | | | | | | | | |
|---|---|---|---|---|---|---|---|---|
| 14 | 3 | 3 | SP | 3 | SP | 3 | 14 | 3 |

## N° 329432 COEX — Domaine de La Boissière

**NN — 4 pers.** — CM 67 pli 12

St-Gille-Croix-de-vie 14 km. Apremont 3 km. Gîte aménagé en 2002 dans une ancienne grange restaurée, mitoyen à un autre gîte et à 2 ch. d'hôtes. R.D.C. : séjour/salon/cuisine (m-ondes), s. d'eau, wc, 1 ch. (1 lit 160). Etage : 1 ch. (2 lits 1 pers.), salle d'eau/wc. Possibilité lit d'appoint. Sèche- linge. Sèche-cheveux. Linge de table fournis. Location linge de toilette sur demande. Ch. électr. Située en pleine campagne. Terrasse privée (salon de jardin, barbecue). Piscine commune en 2003 (ouverture en mai). Habitation du prop. à prox. Piste d'atterrissage privée sur la propriété.
GITES DE FRANCE-SERVICE RESERVATION - 124 bd Aristide Briand - BP 373 - 85018 LA ROCHE-SUR-YON Cedex
Tél. : 02 51 37 87 87 - Fax : 02 51 62 15 19 - Email : gites-de-france-vendee@wanadoo.fr - www.gites-de-france-vendee.com

| TRES HTE SAIS. | HTE SAIS. | MOY. SAIS. | BASSE SAIS. |
|---|---|---|---|
| 763 | 763 | 440 | 350 |

| | | | | | | | | |
|---|---|---|---|---|---|---|---|---|
| 14 | 3 | 3 | SP | 3 | SP | 3 | 14 | 3 |

## N° 81105 COMMEQUIERS — Vie

**NN — 10 pers.** — CM 67 pli 12

St-Gilles-Croix-de-Vie 12 km. Challans 12 km. Les Sable d'Olonne 30 km Ancienne maison de ferme rénovée en 2002, mitoyenne à une résidence secondaire, située dans un hameau, sur une exploitation agricole en activité. R.D.C: séjour/salon/cuisine (micro-ondes), salle de bains, wc, 2 chambres (1 lit 2 pers.) (2 lits 1 pers.). Etage : 2 chambres (3 lits 1 pers.) (1 lit 2 pers., 1 lit 1 pers.), 2 salles d'eau, wc. Chauffage électrique. Téléphone portable mobicarte à disposition contre caution. Location de draps sur demande. Terrain privatif aménagé clos (salon de jardin, barbecue, portique). Abri voitures.
GITES DE FRANCE-SERVICE RESERVATION - 124 bd Aristide Briand - BP 373 - 85018 LA ROCHE-SUR-YON Cedex
Tél. : 02 51 37 87 87 - Fax : 02 51 62 15 19 - Email : gites-de-france-vendee@wanadoo.fr - www.gites-de-france-vendee.com

| TRES HTE SAIS. | HTE SAIS. | MOY. SAIS. | BASSE SAIS. |
|---|---|---|---|
| 760 | 760 | 500 | 460 |

| | | | | | | | | |
|---|---|---|---|---|---|---|---|---|
| 13 | 7 | 7 | 12 | SP | SP | 3 | 10 | 13 | 3 |

## N° 1003 CORPE — Rassouillet

**EC — 4 pers.** — CM 67 pli 14

Luçon 9 km. La Roche-sur-Yon 25 km. Le Puy du Fou 60 km. Gîte aménagé en 2003 dans un ancien moulin à eau, mitoyen à un autre gîte, situé en bordure de rivière, à 200 m du logement du propriétaire. R.D.C: séjour/cuisine/salon (micro-ondes), salle d'eau/wc. Etage : 1 ch. (1 lit 2 pers.), 1 ch. mansardée (1 lit 2 pers., 1 lit 120), wc. Téléphone portable contre caution. Chauffage électrique. Terrain clos de 150 m². Terrasse (salon de jardin, barbecue). Abri voiture. Accès au gîte par un chemin escarpé.
GITES DE FRANCE-SERVICE RESERVATION - 124 bd Aristide Briand - BP 373 - 85018 LA ROCHE-SUR-YON Cedex
Tél. : 02 51 37 87 87 - Fax : 02 51 62 15 19 - Email : gites-de-france-vendee@wanadoo.fr - www.gites-de-france-vendee.com

| TRES HTE SAIS. | HTE SAIS. | MOY. SAIS. |
|---|---|---|
| 405 | 380 | 240 |

| | | | | | | | |
|---|---|---|---|---|---|---|---|
| 30 | 9 | 9 | SP | 5 | 5 | 9 | 9 | 5 |

## N° 324426 FOUSSAIS-PAYRE — La Bigotière

**NN — 5 pers.** — CM 67 pli 16

Marais Poitevin 20 km. La Rochelle 50 km. Maison ancienne indépendant rénovée en 2002, située dans un hameau. R.D.C: séjour/salon/cuisine (TV/magnétoscope, micro-ondes), salle d'eau, wc, 1 chambre (2 lits 120, 1 lit 1 pers.). Etage : 1 chambre (1 lit 2 pers.). Draps et linge fournis. Téléphone service restreint. Chauffage électrique (par le sol en R.d.c.). Jardin privatif aménagé. Terrasse (salon de jardin, barbecue). Préau (ping-pong). Badminton, vélos à disposition. Possibilité de randonnées en forêt. Massif forestier Mervent/Vouvant 8 km.
GITES DE FRANCE-SERVICE RESERVATION - 124 bd Aristide Briand - BP 373 - 85018 LA ROCHE-SUR-YON Cedex
Tél. : 02 51 37 87 87 - Fax : 02 51 62 15 19 - Email : gites-de-france-vendee@wanadoo.fr - www.gites-de-france-vendee.com

| TRES HTE SAIS. | HTE SAIS. |
|---|---|
| 550 | 470 |

| | | | | | | | |
|---|---|---|---|---|---|---|---|
| 50 | 8 | 8 | 13 | 5 | SP | 1 | 13 | 35 | 1 |

*Pictos voir p. 12*

PAYS DE LOIRE

# VENDÉE - 85

*Périodes tarifaires p. 382*

## N° 339444 — LE POIRE-SUR-VIE — La Roussetière
**CM 67 pli 13**

NN — 4 pers.

La Roche sur Yon 12 km. Puy du Fou 45 km. St Gilles Croix de Vie 35 km. Ancienne grange en pierre rénovée en 2003, mitoyenne à l'habitation du propriétaire, située dans un hameau. R.D.C. : séjour/salon/cuisine ( TV avec TPS, micro-ondes, poêle à bois), salle d'eau, wc, 2 chambres (1 lit 2 pers.) (2 lits 1 pers.), 1 lit appoint 1 pers. Gîte aménagé sur plusieurs niveaux : quelques marches entre les pièces. Téléphone. Location draps et linge sur demande. Chauffage électrique. Jardin privatif clos aménagé de 200 m². (salon de jardin, barbecue). Abri voiture.

GITES DE FRANCE-SERVICE RESERVATION - 124 bd Aristide Briand - BP 735 - 85018 LA ROCHE-SUR-YON Cedex
Tél. : 02 51 37 87 87 - Fax : 02 51 62 15 19 - Email : gites-de-france-vendee@wanadoo.fr - www.gites-de-france-vendee.com

| TRES HTE SAIS. | HTE SAIS. | MOY. SAIS. | BASSE SAIS. |
|---|---|---|---|
| 477 | 445 | 297 | 244 |

| | | | | | | | | | |
|---|---|---|---|---|---|---|---|---|---|
| 35 | 20 | 4 | 4 | 4 | SP | 4 | 15 | 15 | 4 |

## N° 336440 — POUZAUGES — La Vergnaie
**CM 67 pli 16**

EC — 4 pers.

Les Herbiers 16 km. Le Puy du Fou 15 km. Gîte aménagé en 2003 dans une ancienne ferme rénovée du 19e siècle, mitoyen à l'habitation du propriétaire et d'un autre gîte. R.D.C. : séjour/salon/coin-cuisine (magnétoscope, micro-ondes), wc. Etage : 2 chambres (1 lit 2 pers.) (2 lits 1 pers.), salle d'eau/wc. Téléphone portable contre caution. Equipement bébé, location linge de toilette sur demande. Chauffage central au fuel. Terrain privatif de 100 m², terrasse (salon de jardin, barbecue). Terrain de boules dans la propriété.

GITES DE FRANCE-SERVICE RESERVATION - 124 bd Aristide Briand - BP 735 - 85018 LA ROCHE-SUR-YON Cedex
Tél. : 02 51 37 87 87 - Fax : 02 51 62 15 19 - Email : gites-de-france-vendee@wanadoo.fr - www.gites-de-france-vendee.com

| TRES HTE SAIS. | HTE SAIS. |
|---|---|
| 450 | 425 |

| | | | | | | | | |
|---|---|---|---|---|---|---|---|---|
| 80 | 3,5 | 3,5 | 3 | 0,1 | SP | 3 | 1,5 | 5 | 3 |

## N° 343449 — STE-FLAIVE-DES-LOUPS — Les Hirondelles
**CM 67 pli 13**

NN — 6 pers.

La Roche sur Yon 15 km. Les Sables d'Olonne 30 km. Maison contemporaine située dans une propriété en bordure de la D12 (30 m en retrait). R.D.C. : séjour/salon, cuisine intégrée (micro-ondes, congélateur), salle de bains, wc, 3 chambres dont une avec lavabo (1 lit 2 pers. dans chaque ch.). Téléphone. Equipement bébé et location de draps sur demande. Chauffage central fuel. Sous-sol réservé au propriétaire. Jardin privatif clos sur l'arrière (salon de jardin, barbecue). Potager du propriétaire sur place. Petit étang privé à disposition à 200 m. Restaurant à 500 m.

GITES DE FRANCE-SERVICE RESERVATION - 124 bd Aristide Briand - BP 735 - 85018 LA ROCHE-SUR-YON Cedex
Tél. : 02 51 37 87 87 - Fax : 02 51 62 15 19 - Email : gites-de-france-vendee@wanadoo.fr - www.gites-de-france-vendee.com

| TRES HTE SAIS. | HTE SAIS. | MOY. SAIS. |
|---|---|---|
| 460 | 420 | 280 |

| | | | | | | | | |
|---|---|---|---|---|---|---|---|---|
| 25 | 15 | 15 | 15 | SP | 2 | 10 | 15 | 2 |

## N° 341446 — ST-HILAIRE-LA-FORET — Les Gîtes au Soleil Levant
**CM 67 pli 11**

EC — 5 pers.

Les Sables d'Olonne 20 km. Gîte aménagé en 2003 dans une ancienne grange, mitoyen à un autre gîte, sans vis-à-vis. Entrée indépendante. R.D.C. : séjour/salon/cuisine (poêle à bois, micro-ondes), salle d'eau, wc, 1 ch. (1 lit 160). Etage : 1 ch. (3 lits 1 pers.), wc, coin-détente sur mezzanine. Tél. portable contre caution. Ch. électr. Sèche-linge dans local commun. Table à langer. Draps fournis. Jardin aménagé partiellement clos, terrasse (salon de jardin., barbecue, portique, transats). Loisirs : ping-pong, basket, badminton, pétanque, piscine couverte chauffée 26°/28° d'avril à sept., pataugeoire, vélos.

GITES DE FRANCE-SERVICE RESERVATION - 124 bd Aristide Briand - BP 735 - 85018 LA ROCHE-SUR-YON Cedex
Tél. : 02 51 37 87 87 - Fax : 02 51 62 15 19 - Email : gites-de-france-vendee@wanadoo.fr - www.gites-de-france-vendee.com

| TRES HTE SAIS. | HTE SAIS. | MOY. SAIS. | BASSE SAIS. |
|---|---|---|---|
| 620 | 526 | 305 | 229 |

| | | | | | | | |
|---|---|---|---|---|---|---|---|
| 8 | 5 | SP | 5 | SP | 7 | 7 | 20 | 3 |

## N° 341447 — ST-HILAIRE-LA-FORET — Les Gîtes au Soleil Levant
**CM 67 pli 11**

EC — 9 pers.

Les Sables d'Olonne 20 km. Gîte aménagé en 2003 dans une ancienne grange, mitoyen à un autre gîte, sans vis-à-vis. Entrée indépendante. R.D.C. : séjour/salon/cuisine (poêle à bois, micro-ondes), s. d'eau, wc, 2 ch. (1 lit 160, 1 lit 1 pers.)(3 lits 1 pers.). Etage : 1 ch. (3 lits 1 pers.), wc, salle de bains, mezzanine : coin-détente. Draps fournis. Sèche-linge dans local commun. Ch. électr. Tél portable contre caution. Jardin aménagé partiellement clos, terrasse (salon de jardin, barbecue, portique). Loisirs: ping-pong, basket, badminton, pétanque, piscine couverte chauffée 26°/28° d'avril à sept., vélos.

GITES DE FRANCE-SERVICE RESERVATION - 124 bd Aristide Briand - BP 735 - 85018 LA ROCHE-SUR-YON Cedex
Tél. : 02 51 37 87 87 - Fax : 02 51 62 15 19 - Email : gites-de-france-vendee@wanadoo.fr - www.gites-de-france-vendee.com

| TRES HTE SAIS. | HTE SAIS. | MOY. SAIS. | BASSE SAIS. |
|---|---|---|---|
| 850 | 702 | 350 | 274 |

| | | | | | | | |
|---|---|---|---|---|---|---|---|
| 8 | 5 | SP | 5 | SP | 7 | 7 | 20 | 3 |

## N° 330433 — ST-JEAN-DE-MONTS
**CM 67 pli 11**

EC — NN — 6 pers.

Challans 15 km. Noirmoutiers 25 km. Gîte totalement indépendant aménagé en 2002 dans une ancienne minoterie rénovée. R.D.C. : séjour/salon/cuisine (micro-ondes, téléphone), salle d'eau/wc, 2 chambres (1 lit 2 pers.) (1 lit 2 pers.). Etage : 2 chambres (1 lit 1 pers.) (1 lit 1 pers.), salle de bains/wc. Location draps et linge sur demande. Chauffage électrique. Propriété située dans le marais. Fossés sur place. 2 terrasses closes (salon de jardin, barbecue), abri voiture.

GITES DE FRANCE-SERVICE RESERVATION - 124 bd Aristide Briand - BP 735 - 85018 LA ROCHE-SUR-YON Cedex
Tél. : 02 51 37 87 87 - Fax : 02 51 62 15 19 - Email : gites-de-france-vendee@wanadoo.fr - www.gites-de-france-vendee.com

| TRES HTE SAIS. | HTE SAIS. | MOY. SAIS. | BASSE SAIS. |
|---|---|---|---|
| 698 | 698 | 483 | 320 |

| | | | | | | | | |
|---|---|---|---|---|---|---|---|---|
| 5 | 30 | 30 | 5 | SP | 5 | 5 | 5 | 15 | 4 |

PAYS DE LOIRE

*Pictos voir p. 12*

# VENDÉE - 85

Périodes tarifaires p. 382

## N° 342448 ST-JEAN-DE-MONTS — Orouët — CM 67 pli 11

**NN 4 pers.**

Challans 15 km. St Jean de Monts 6 km. Maison traditionnelle du marais, mitoyenne à la résidence secondaire du propriétaire, située dans une propriété de 1 ha. R.D.C : séjour/cuisine (1 lit 2 pers.), micro-ondes, 1 chambre (2 lits 130), salle de bains/wc. Chauffage central fuel. Jardin privatif clos, terrasse (salon de jardin, barbecue). Commerces saisonniers à 1 km. Centre équestre saisonnier à 200 m. Pêche dans le marais.

GITES DE FRANCE-SERVICE RESERVATION - 124 bd Aristide Briand - BP 735 - 85018 LA ROCHE-SUR-YON Cedex
Tél. : 02 51 37 87 87 - Fax : 02 51 62 15 19 - Email : gites-de-france-vendee@wanadoo.fr - www.gites-de-france-vendee.com

| TRES HTE SAIS. | HTE SAIS. | MOY. SAIS. |
|---|---|---|
| 495 | 450 | 260 |

| | | | | | | | | |
|---|---|---|---|---|---|---|---|---|
| 1,5 | 6 | SP | SP | 6 | 2 | 15 | 6 |

## N° 338443 ST-SULPICE-EN-PAREDS — La Mornière — CM 67 pli 15

**EC 5 pers.**

La Chataigneraie 10 km. Puy du Fou 35 km. Mervent 15 km. Maison ancienne rénovée en 2003, située dans un hameau, proche de l'habitation du propriétaire, sur une ferme en activité (élevage de canards). R.D.C : séjour/cuisine (micro-ondes), salle d'eau, wc. Etage : 2 chambres (1 lit 2 pers.) (1 lit 2 pers., 1 lit 1 pers.), salle d'eau, wc. Téléphone. Location draps sur demande. Chauffage électrique. Terrain privatif clos de 500m² (salon de jardin, barbecue, portique, parking).

GITES DE FRANCE-SERVICE RESERVATION - 124 bd Aristide Briand - BP 735 - 85018 LA ROCHE-SUR-YON Cedex
Tél. : 02 51 37 87 87 - Fax : 02 51 62 15 19 - Email : gites-de-france-vendee@wanadoo.fr - www.gites-de-france-vendee.com

| TRES HTE SAIS. | HTE SAIS. | MOY. SAIS. |
|---|---|---|
| 430 | 380 | 250 |

| | | | | | | | | | |
|---|---|---|---|---|---|---|---|---|---|
| 70 | 15 | 15 | 10 | 2 | SP | SP | 3 | 18 | 5 |

## N° 332435 THORIGNY — Les Chaumes — CM 67 pli 14

**NN 4 pers.**

La Roche-sur-Yon 16 km. Marais Poitevin 35 km. Puy du Fou 50 km. Maison ancienne rénovée en 2002, indépendante, située dans un hameau. R.D.C. : séjour/salon/cuisine, 2 salle d'eau/wc, 2 chambres (2 lits 2 pers.). Etage : grenier. Chauffage électrique. Téléphone portable contre caution. Equipement bébé et location de draps sur demande. Jardin clos (salon de jardin, barbecue). Boulangerie avec dépôt épicerie à 1 km.

GITES DE FRANCE-SERVICE RESERVATION - 124 bd Aristide Briand - BP 735 - 85018 LA ROCHE-SUR-YON Cedex
Tél. : 02 51 37 87 87 - Fax : 02 51 62 15 19 - Email : gites-de-france-vendee@wanadoo.fr - www.gites-de-france-vendee.com

| TRES HTE SAIS. | HTE SAIS. |
|---|---|
| 415 | 385 |

| | | | | | | | | |
|---|---|---|---|---|---|---|---|---|
| 35 | 30 | 30 | 16 | 4 | SP | 1 | 5 | 16 | 7 |

## N° 337432 LA TRANCHE-SUR-MER — CM 71 pli 11

**EC 5 pers.**

Luçon 30 km. Les Sables d'Olonne 38 km. La Rochelle 60 km. Maison contemporaine, dans station balnéaire, située dans un parc résidentiel (parc Clémenceau), à 100 m de la plage. R.D.C : séjour/salon, cuisine (micro-ondes), salle de bains, wc, 2 chambres (1 lit 2 pers.) (1 lit 120). Rez-de-jardin : 1 chambre (1 lit 120, 1 lit 90) accessible par l'extérieur ou par un escalier un peu raide par l'intérieur. Chauffage central fuel, électr. en rez-de-jardin. Terrain clos de 500 m² avec terrasse (salon de jardin). Commerces saisonniers à 1 km. Piste cyclable à 100 m.

GITES DE FRANCE-SERVICE RESERVATION - 124 bd Aristide Briand - BP 735 - 85018 LA ROCHE-SUR-YON Cedex
Tél. : 02 51 37 87 87 - Fax : 02 51 62 15 19 - Email : gites-de-france-vendee@wanadoo.fr - www.gites-de-france-vendee.com

| TRES HTE SAIS. | HTE SAIS. | MOY. SAIS. | BASSE SAIS. |
|---|---|---|---|
| 650 | 650 | 350 | 290 |

| | | | | | | | | |
|---|---|---|---|---|---|---|---|---|
| 0,1 | 0,2 | 10 | SP | 0,2 | 15 | 35 | 1 |

## N° 82108 TRIAIZE — La Dune — CM 71 pli 11

**NN 6 pers.**

Luçon 12 km. La Rochelle 50 km. Marais Poitevin 30 km. Maison ancienne rénovée mitoyenne au logement du propriétaire, située dans une propriété de 4 ha comportant 4 gîtes. Entrée indépendante. R.D.C : séjour/salon/coin-cuisine (micro-ondes), wc, 1 ch. avec s.e. (1 lit 2 pers.). Etage : 2 ch. (2 lits 1 pers. dans chaque), salle d'eau, wc. Equip. bb, location linge sur demande. Tél portable contre caution. Ch. électr. Jardin privatif clos (salon de jardin, barbecue). Loisirs communs : Piscine couverte chauf. de mi-février à mi-Nov., salle de jeux (ping-pong, boules, point phone, tennis,musculation), aire de jeux.

GITES DE FRANCE-SERVICE RESERVATION - 124 bd Aristide Briand - BP 735 - 85018 LA ROCHE-SUR-YON Cedex
Tél. : 02 51 37 87 87 - Fax : 02 51 62 15 19 - Email : gites-de-france-vendee@wanadoo.fr - www.gites-de-france-vendee.com

| TRES HTE SAIS. | HTE SAIS. | MOY. SAIS. | BASSE SAIS. |
|---|---|---|---|
| 832 | 780 | 455 | 351 |

| | | | | | | | | | |
|---|---|---|---|---|---|---|---|---|---|
| 10 | 9 | 2 | SP | SP | SP | SP | 5 | 12 | 2 |

## N° 82109 TRIAIZE — La Dune — CM 71 pli 11

**NN 6 pers.**

Luçon 12 km. La Rochelle 50 km. Marais Poitevin 30 km. Maison ancienne rénovée mitoyenne au logement du propriétaire, située dans une propriété de 4 ha comportant 4 gîtes. Entrée indépendante. R.D.C. : séjour/salon/coin-cuisine (micro-ondes), 3 ch. (1 lit 2 pers.) (1 lit 2 pers.) (2 lits 1 pers.), salle d'eau, wc. Equipement bb et location linge sur demande. Tél. portable contre caution. Ch. électr. Jardin privatif clos (salon de jardin, barbecue). Loisirs communs : Piscine couverte chauffée de mi-février à mi-nov., salle de jeux (ping-pong, boules, baby-foot, musculation, point phone), tennis, aire de jeux.

GITES DE FRANCE-SERVICE RESERVATION - 124 bd Aristide Briand - BP 735 - 85018 LA ROCHE-SUR-YON Cedex
Tél. : 02 51 37 87 87 - Fax : 02 51 62 15 19 - Email : gites-de-france-vendee@wanadoo.fr - www.gites-de-france-vendee.com

| TRES HTE SAIS. | HTE SAIS. | MOY. SAIS. | BASSE SAIS. |
|---|---|---|---|
| 734 | 682 | 377 | 325 |

| | | | | | | | | | |
|---|---|---|---|---|---|---|---|---|---|
| 10 | 9 | 2 | SP | SP | SP | SP | 5 | 12 | 2 |

# VENDÉE - 85

Périodes tarifaires p. 382

## N° 82259 TRIAIZE — La Dune
CM 71 pli 11

**NN** — 4 pers.

Luçon 12 km. La Rochelle 50 km. Marais Poitevin 30 km. Maison récente (1987), indépendante, située dans une propriété de 4000 $m^2$ comprenant 4 gîtes. R.D.C : séjour/salon, kitchenette (micro-ondes), salle d'eau, wc, 2 chambres (1 lit 2 pers.) (2 lits 1 pers.). Equipement bb, location de linge sur demande. Tél portable contre caution. Ch. électr. Cour close privative, terrasse (salon de jardin, barbecue). Abri voiture. Loisirs sur place communs : piscine couverte chauffée de mi-fevrier à mi-novembre, salle de jeux (ping-pong, boules, baby-foot, musculation, point phone), tennis, aire de jeux, stand de tir.

GITES DE FRANCE-SERVICE RESERVATION - 124 bd Aristide Briand - BP 343 - 85018 LA ROCHE-SUR-YON Cedex
Tél. : 02 51 37 87 87 - Fax : 02 51 62 15 19 - Courriel : gites-de-france-vendee@wanadoo.fr - www.gites-de-france-vendee.com

| TRES HTE SAIS. | HTE SAIS. | MOY. SAIS. | BASSE SAIS. |
|---|---|---|---|
| 617 | 565 | 357 | 299 |

| | | | | | | | | | |
|---|---|---|---|---|---|---|---|---|---|
| 10 | 9 | 2 | SP | SP | SP | SP | 5 | 12 | 2 |

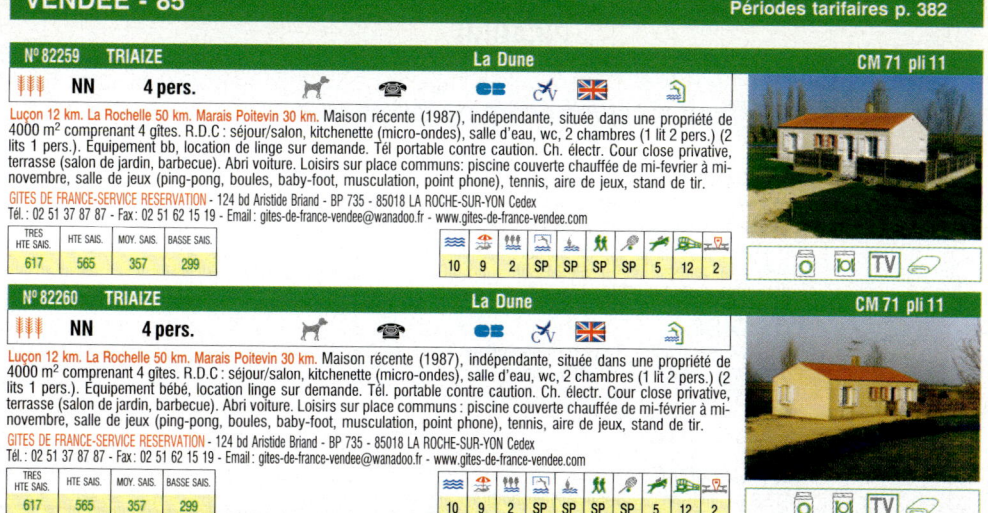

## N° 82260 TRIAIZE — La Dune
CM 71 pli 11

**NN** — 4 pers.

Luçon 12 km. La Rochelle 50 km. Marais Poitevin 30 km. Maison récente (1987), indépendante, située dans une propriété de 4000 $m^2$ comprenant 4 gîtes. R.D.C : séjour/salon, kitchenette (micro-ondes), salle d'eau, wc, 2 chambres (1 lit 2 pers.) (2 lits 1 pers.). Equipement bébé, location linge sur demande. Tél. portable contre caution. Ch. électr. Cour close privative, terrasse (salon de jardin, barbecue). Abri voiture. Loisirs sur place communs : piscine couverte chauffée de mi-février à mi-novembre, salle de jeux (ping-pong, boules, baby-foot, musculation, point phone), tennis, aire de jeux, stand de tir.

GITES DE FRANCE-SERVICE RESERVATION - 124 bd Aristide Briand - BP 343 - 85018 LA ROCHE-SUR-YON Cedex
Tél. : 02 51 37 87 87 - Fax : 02 51 62 15 19 - Courriel : gites-de-france-vendee@wanadoo.fr - www.gites-de-france-vendee.com

| TRES HTE SAIS. | HTE SAIS. | MOY. SAIS. | BASSE SAIS. |
|---|---|---|---|
| 617 | 565 | 357 | 299 |

| | | | | | | | | | |
|---|---|---|---|---|---|---|---|---|---|
| 10 | 9 | 2 | SP | SP | SP | SP | 5 | 12 | 2 |

## N° 333436 LA VERRIE — La Reculière
CM 67 pli 5

**NN** — 5 pers.

Les Herbiers 12 km. Cholet 15 km. Puy du Fou 10 km. Gîte aménagé en 2002 dans une ancienne grange située en pleine campagne, mitoyen à un autre gîte, à proximité de l'habitation du propriétaire. R.D.C : séjour/salon, cuisine, wc, 1 ch. (1 lit 160). Etage : 1 ch. (3 lits 1 pers.), salle d'eau, wc. Chauffage central fuel (par le sol en r.d.c.). Locatin draps sur demande. Terrain aménagé commun (portique). Espace privatif avec terrasse (salon de jardin, barbecue). Piscine commune chauffée avec pataugeoire enf. ouverte de mai à sept. (bains de soleil). Accès aux gîtes par un chemin étroit.

GITES DE FRANCE-SERVICE RESERVATION - 124 bd Aristide Briand - BP 343 - 85018 LA ROCHE-SUR-YON Cedex
Tél. : 02 51 37 87 87 - Fax : 02 51 62 15 19 - Courriel : gites-de-france-vendee@wanadoo.fr - www.gites-de-france-vendee.com

| TRES HTE SAIS. | HTE SAIS. | MOY. SAIS. |
|---|---|---|
| 550 | 475 | 300 |

| | | | | | | | | |
|---|---|---|---|---|---|---|---|---|
| 80 | 15 | 15 | SP | 6 | SP | 3 | 8 | 15 | 3 |

## N° 333437 LA VERRIE — La Reculière
CM 67 pli 5

**NN** — 6 pers.

Les Herbiers 12 km. Cholet 15 km. Le Puy du Fou 10 km. Gîte aménagé en 2002 dans une ancienne grange située en pleine campagne, mitoyen à un autre gîte, à proximité de l'habitation du propriétaire. R.D.C : séjour/salon, cuisine (micro-ondes), wc, s.d.b., 2 ch. (1 lit 160) (2 lit 1 pers.). Etage : mezzanine, 1 ch. (2 lits 1 pers.), salle d'eau/wc. Téléphone. Ch. central fuel (par le sol en r.d.c.). Location Location draps sur demande. Terrain aménagé commun (portique).Espace privatif de 200 $m^2$ avec terrasse (salon de jardin, barbecue). Piscine commune chauffée avec pataugeoire enf. ouverte de mai à sept.

GITES DE FRANCE-SERVICE RESERVATION - 124 bd Aristide Briand - BP 343 - 85018 LA ROCHE-SUR-YON Cedex
Tél. : 02 51 37 87 87 - Fax : 02 51 62 15 19 - Courriel : gites-de-france-vendee@wanadoo.fr - www.gites-de-france-vendee.com

| TRES HTE SAIS. | HTE SAIS. | MOY. SAIS. |
|---|---|---|
| 685 | 610 | 340 |

| | | | | | | | | |
|---|---|---|---|---|---|---|---|---|
| 80 | 15 | 15 | SP | 6 | SP | 3 | 8 | 15 | 3 |

PAYS DE LOIRE

# PICARDIE

## Pour réserver, écrire ou téléphoner :

### 02 - AISNE
C.D.T. AISNE - Service Réservation
24-28 avenue Charles de Gaulle - 02007 LAON Cédex
Tél. 03 23 27 76 80 - Fax. 03 23 27 76 89
E.mail : s.chamaux@cdt-aisne.com
www.evasion-aisne.com

### 60 - OISE
GITES DE FRANCE - Service Réservation
B.P. 80822 - 60008 BEAUVAIS Cédex
Tél. 03 44 06 25 85 - Fax. 03 44 06 25 80
E.mail : gites.oise@wanadoo.fr
www.oisetourisme.com

### 80 - SOMME
GITES DE FRANCE - Service Réservation
C.D.T. - 21, rue Ernest Cauvin - 80000 AMIENS
Tél. 03 22 71 22 70 - Fax. 03 22 71 22 69
E.mail : accueil@somme-tourisme.com
www.somme-tourisme.com

# AISNE - 02

**C.D.T. AISNE - Service Réservation**
24-28 avenue Charles de Gaulle - 02007 LAON Cédex
Tél. 03 23 27 76 80 - Fax. 03 23 27 76 89
E.mail : s.chamaux@cdt-aisne.com - www.gites-de-france-aisne.com

---

### N° 22 — BAULNE-EN-BRIE

NN — 11 pers. — CM 56 pli 15

Château-Thierry 20 km. Maison rénovée, comportant 2 étages. Vaste terrain (80 ares) clos privatif, avec accès direct sur la rivière "Surmelin". Située à l'extérieur du village (1.5 km) en bordure de rue. R.D.C. : salle à manger avec coin-cuisine, salon, salle d'eau, wc, 1 chambre (1 lit 2 pers.). Au 1er étage : 3 chambres (2 lits 2 pers., 2 lits 1 pers., 1 lit bébé). Salle d'eau, wc, salle de jeux. 2ème étage : 1 chambre (3 lits 1 pers.). Draps : 6 €/paire. Linge de toilette : 4 €/pers. Forfait ménage inclus. Chauffage au gaz : 53 €/semaine et 23 €/week-end. Sèche linge. Poss.de location sur 4 chambres.
C.D.T. AISNE-SERVICE RESERVATION - 24-28 av. Charles de Gaulle - 02007 LAON Cedex
Tél. : 03 23 27 76 80 - Fax : 03 23 27 76 89 - Email : s.chamaux@cdt-aisne.com - www.gites-de-france-aisne.com

| HORS SAIS. | MOY. SAIS. | HTE SAIS. | WEEK-END |
|---|---|---|---|
| 380 | 490 | 520 | 305 |

| | | | | | | | |
|---|---|---|---|---|---|---|---|
| 14 | 10 | SP | SP | SP | 20 | 20 | 5 |

---

### N° 10398 — BONCOURT

EC — NN — 8 pers. — CM 56 pli 6

Laon 24 km. Maison ancienne rénovée avec un étage, située sur un beau corps de ferme privatif. Terrain clos privatif. Abri couvert (160 m2)avec ping-pong, 1 garage. Maison en bordure d'une rue peu passante, au centre du village. R.d.c. : cuisine, salon, salle à manger avec salon, salle d'eau wc, pièce de détente à disposition avec 1 lit d'appoint 2 pers. A l'étage : 4 chambres (3 lits 2 pers. dont 2 de 160, 2 lits d'1 pers., salle de bains, wc. Draps : 6 €/paire. linge de toilette : 4 €/pers. Forfait ménage inclus. chauffage au fuel inclus. Draps et linge de toilette inclus le week-end. Ouvert toute l'année.
Martine et Michel LEROUX - 2 rue de Montcornet - 02350 BONCOURT
Tél. : 03 23 22 06 94 - Fax : 03 23 22 04 90 - Email : metmleroux@hotmail.com

| HORS SAIS. | MOY. SAIS. | HTE SAIS. | WEEK-END |
|---|---|---|---|
| 450 | 450 | 450 | 300 |

| | | | | | |
|---|---|---|---|---|---|
| 29 | 7 | 6 | 29 | 15 | 6 |

---

### N° 12 — BRIE

EC — NN — 6 pers. — CM 53 pli 4

Laon 11 km. Maison rénovée avec 1 étage, indépendante. Terrain clos privatif. Située au centre du village. R.D.C. : cuisine, salon/salle à manger, 2 chambres (2 lits 1 pers. dans chacune, 1 lit enfant), salle de bains, wc. A l'étage : 1 chambre (1 lit 2 pers.), salle d'eau, wc. Draps : 6 €/paire. Linge de toilette : 4,5 €/pers. Forfait ménage facultatif : 30 €. Forfait ménage et draps inclus le week-end. Chauffage central au gaz : 50 €/semaine 20 €/week-end. Bois payant. Produits bio sur place.
C.D.T. AISNE-SERVICE RESERVATION - 24-28 av. Charles de Gaulle - 02007 LAON Cedex
Tél. : 03 23 27 76 80 - Fax : 03 23 27 76 89 - Email : s.chamaux@cdt-aisne.com - www.gites-de-france-aisne.com

| HORS SAIS. | MOY. SAIS. | HTE SAIS. | WEEK-END |
|---|---|---|---|
| 250 | 275 | 310 | 195 |

| | | | | | | | |
|---|---|---|---|---|---|---|---|
| 30 | SP | 7 | 6 | 0,1 | 10 | 30 | 12 | 2 |

---

### N° 30 — BRUNEHAMEL

EC — NN — 4 pers. — CM 53 pli 17

Hirson 23 km. Maison rénovée, mitoyenne à d'autres maisons, avec 1 étage. Terrasse fermée avec cuisine couverte d'été, garage. Maison située à proximité du centre du bourg. R.D.C. : cuisine avec coin-repas, salon, wc. A l'étage : 2 chambres (2 lits 2 pers., 1 lit bébé), 2 salles de bains, 2 wc. Draps : 6 €/paire. Linge de toilette : 4,5 €/pers. Forfait ménage facultatif : 30 €. Chauffage électrique.
C.D.T. AISNE-SERVICE RESERVATION - 24-28 av. Charles de Gaulle - 02007 LAON Cedex
Tél. : 03 23 27 76 80 - Fax : 03 23 27 76 89 - Email : s.chamaux@cdt-aisne.com - www.gites-de-france-aisne.com

| HORS SAIS. | MOY. SAIS. | HTE SAIS. | WEEK-END |
|---|---|---|---|
| 200 | 230 | 285 | 130 |

| | | | | | | | |
|---|---|---|---|---|---|---|---|
| 25 | 16 | 1 | 4 | 25 | SP | 35 | 23 | 5 |

---

### N° 70 — FAVEROLLES — Ferme de Javage

NN — 5 pers. — CM 56 pli 13/14

Villers-C?tterets 12 km. Soissons 25 km. Paris 90 km. Gîte de Pêche. Maison avec 1 étage, indépendante située sur la ferme de Javage dans un environnement boisé et d'eau (5 étangs sur place dont 1 à disposition du gite-pêche payante). Jardin clos privatif (200m²). Maison située à 3 km du centre de la commune. R.D.C. : Salle à manger avec coin-cuisine, salon. A l'étage : 3 chambres (1 lit 2 pers., 3 lits 1 pers.), salle de bains, wc. Draps : 6 €/paire. Linge de toilette : 4,5 €/pers. Forfait ménage facultatif : 30 €. Chauffage électrique. Bois payant.
C.D.T. AISNE-SERVICE RESERVATION - 24-28 av. Charles de Gaulle - 02007 LAON Cedex
Tél. : 03 23 27 76 80 - Fax : 03 23 27 76 89 - Email : s.chamaux@cdt-aisne.com - www.gites-de-france-aisne.com

| HORS SAIS. | MOY. SAIS. | HTE SAIS. | WEEK-END |
|---|---|---|---|
| 245 | 245 | 305 | 140 |

| | | | | |
|---|---|---|---|---|
| SP | SP | SP | 12 | 10 | 10 |

**PICARDIE**

# AISNE - 02

## N° 154 PARPEVILLE

**EC    NN    6 pers.**    CM 53 pli 15

**St-Quentin 22 km.** Maison de construction récente, indépendante de plain-pied située à proximité de l'exploitation agricole des propriétaires. Terrasse fermée (40 m²)Terrain privatif non-clos. Maison en bordure de village, à 200 m du centre de la commune. Coin-cuisine/salle à manger/salon, 3 chambres (3 lits 2 pers.), salle d'eau, wc. Draps : 6 €/paire. Linge de toilette : 6 €/pers. Forfait ménage facultatif : 30 €. Chauffage électrique. Bois payant. Lit d'appoint enfant (4/5 ans).

**C.D.T AISNE-SERVICE RESERVATION** - 24-28 av. Charles de Gaulle - 02007 LAON Cedex
Tél. : 03 23 27 76 80 - Fax : 03 23 27 76 89 - Email : s.chamaux@cdt-aisne.com - www.gites-de-france-aisne.com

| HORS SAIS. | MOY. SAIS. | HTE SAIS. | WEEK-END |
|---|---|---|---|
| 185 | 230 | 275 | 120 |

| | | | | | | |
|---|---|---|---|---|---|---|
| 6 | 17 | 6 | 6 | 22 | 22 | 6 |

## N° 194 VENDRESSE-BEAULNE

**||||    NN    6 pers.**    CM 56 pli 5

**Laon 18 km.** Maison entièrement rénovée, confortable et indépendante, avec 1 étage. Terrain clos privatif. Située dans le village. R.D.C : salon/salle à manger, cuisine, 1 chambre (1 lit 2 pers.), salle d'eau, wc. A l'étage : 2 chambres (4 lits 1 pers. 1 lit bébé), salle d'eau. Draps : 6 €/paire. Linge de toilette : 4 €/pers. Forfait ménage obligatoire : 30 € (inclus le week-end). Chauffage électrique. Bois payant.

**C.D.T AISNE-SERVICE RESERVATION** - 24-28 av. Charles de Gaulle - 02007 LAON Cedex
Tél. : 03 23 27 76 80 - Fax : 03 23 27 76 89 - Email : s.chamaux@cdt-aisne.com - www.gites-de-france-aisne.com

| HORS SAIS. | MOY. SAIS. | HTE SAIS. | WEEK-END |
|---|---|---|---|
| 200 | 245 | 310 | 170 |

| | | | | | | | |
|---|---|---|---|---|---|---|---|
| 20 | 4 | 8 | SP | 6 | 4 | 18 | 6 | 20 | 4 |

## OISE - 60

**GITES DE FRANCE** - Service Réservation
B.P. 80822 - 60008 BEAUVAIS Cédex
Tél. 03 44 06 25 85 - Fax. 03 44 06 25 80
E.mail : gites.oise@wanadoo.fr - http://www.oisetourisme.com

### PERIODES TARIFAIRES
**JUILLET** : du 3.07 au 31.07 - **AOÛT** : du 31.07 au 28.08 - **JUIN** : du 29.05 au 3.07 - **SEPTEMBRE** : du 28.08 au 2.10 - **VACANCES SCOLAIRES** : du 7.02 au 6.03, du 3.04 au 1er.05 - **HORS-SAISON** : du 3.01 au 7.02, du 6.03 au 3.04, du 1er.05 au 29.05.
"Calendrier sous réserve de modifications du Ministère de l'Education Nationale. Informations données á titre indicatif. A la date de parution du guide, le calendrier des vacances scolaires 2004 n'était pas connu".

---

### N° 6066 — GRANDFRESNOY
**NN — 4 pers.**

Compiègne 15 km. Maison indépendante sur 2 niveaux. R.D.C: cuisine, salon (canapé-lit 2 pers.). Etage: 2 chambres en enfilade (1 lit 2 pers., 2 lits 1 pers.). Jardin privatif, lit bébé. Sur une exploitation agricole. Ouvert toute l'année.

GITES DE FRANCE-SERVICE RESERVATION - BP 80822 - 60008 BEAUVAIS Cedex
Tél.: 03 44 06 25 85 - Fax: 03 44 06 25 80 - Email: gites.oise@wanadoo.fr - www.oisetourisme.com

| HORS SAIS. | MOY. SAIS. | JUIL./AOUT | W-E. HORS SAIS. | W-E JUIN/SEPT. |
|---|---|---|---|---|
| 230 | 250 | 280 | 170 | 170 |

| | | | | H | | | |
|---|---|---|---|---|---|---|---|
| 4 | 15 | 40 | 12 | 15 | 15 | 2 | 10 | 1 |

---

### N° 6065 — REMERANGLES
**NN — 6 pers.**

Beauvais 17 km. Maison indépendante sur 2 niveaux. R.D.C: grand séjour (canapé-lit 2 pers.), coin-cuisine. Etage: 3 chambres (1 lit 2 pers., 3 lits 1 pers., 1 lit 1 pers., 1 lit bébé), salle d'eau/wc. Jardin non-clos avec terrasse. Chauffage électrique. Gîte aménagé sur l'exploitation agricole céréalière dans un village fleuri 4 fleurs. Ouvert toute l'année.

GITES DE FRANCE-SERVICE RESERVATION - BP 80822 - 60008 BEAUVAIS Cedex
Tél.: 03 44 06 25 85 - Fax: 03 44 06 25 80 - Email: gites.oise@wanadoo.fr - www.oisetourisme.com

| HORS SAIS. | MOY. SAIS. | JUIL./AOUT | W-E. HORS SAIS. | W-E JUIN/SEPT. |
|---|---|---|---|---|
| 230 | 265 | 305 | 184 | 210 |

| 5 | 5 | 25 | 5 | 5 | 17 | 25 | 5 | 17 | 5 |

---

### N° 6063 — TALMONTIERS
**NN — 4 pers.**

Beauvais 30 km. Maison indépendante de plain-pied. Salon, cuisine, salle d'eau/wc, micro-onde. Chauffage électrique. Grand jardin clos, lit bébé. Possibilité de pêcher chez le propriétaire (rivière). 3 chambres (1 lit 2 pers., 1 lit 1 pers., 1 lit 1 pers.). Gîte situé dans un charmant village du Pays de Bray proche de la Normandie. Ouvert toute l'année.

GITES DE FRANCE-SERVICE RESERVATION - BP 80822 - 60008 BEAUVAIS Cedex
Tél.: 03 44 06 25 85 - Fax: 03 44 06 25 80 - Email: gites.oise@wanadoo.fr - www.oisetourisme.com

| HORS SAIS. | MOY. SAIS. | JUIL./AOUT | W-E. HORS SAIS. | W-E JUIN/SEPT. |
|---|---|---|---|---|
| 205 | 230 | 270 | 120 | 120 |

| 9 | 4 | 20 | SP | 13 | 13 | 20 | 13 | 13 | 5 |

---

### N° 6064 — THIBIVILLERS
**NN — 6 pers.**

Maison indépendante sur 2 niveaux. R.D.C: cuisine, salle à manger, salle d'eau/wc. 1 chambre (2 lits 1 pers.). Etage: 2 chambres en enfilade (1 lit 2 pers. dans chaque ch.), lavabo/wc. Chauffage électrique. Maison-cour ancienne restaurée dans village du Vexin. Ouvert toute l'année.

GITES DE FRANCE-SERVICE RESERVATION - BP 80822 - 60008 BEAUVAIS Cedex
Tél.: 03 44 06 25 85 - Fax: 03 44 06 25 80 - Email: gites.oise@wanadoo.fr - www.oisetourisme.com

| HORS SAIS. | MOY. SAIS. | JUIL./AOUT | W-E. HORS SAIS. | W-E JUIN/SEPT. |
|---|---|---|---|---|
| 230 | 280 | 330 | 165 | 185 |

| 8 | 1 | 10 | 8 | 5 | 5 | 2 |

---

### N° 6068 — VEZ
**EC — NN — 10 pers.**

Crépy-en-Valois 15 km. Maison de caractère indépendante sur 2 niveaux. R.D.C: cuisine, séjour, salle d'eau accessible aux personnes à mobilité réduite accompagnées, wc. 2 chambres (1 lit 2 pers., 2 lits 1 pers.). A l'étage 2 chambres (1 lit 2 pers., 1 lits 1 pers., 1 lit 2 pers., 1 lit 1 pers.), salle d'eau. Garage. A proximité de l'exploitation agricole des propriétaires. Ouvert toute l'année.

GITES DE FRANCE-SERVICE RESERVATION - BP 80822 - 60008 BEAUVAIS Cedex
Tél.: 03 44 06 25 85 - Fax: 03 44 06 25 80 - Email: gites.oise@wanadoo.fr - www.oisetourisme.com

| HORS SAIS. | MOY. SAIS. | JUIL./AOUT | W-E. HORS SAIS. | W-E JUIN/SEPT. |
|---|---|---|---|---|
| 650 | 650 | 650 | 490 | 490 |

| 5 | 3 | 50 | 7 | 15 | 25 | SP | 7 | 7 |

**PICARDIE** — Pictos voir p. 12 — 391

## SOMME - 80

**GITES DE FRANCE - Service Réservation**
C.D.T. - 21, rue Ernest Cauvin - 80000 AMIENS
Tél. 03 22 71 22 70 - Fax. 03 22 71 22 69
E.mail : accueil@somme-tourisme.com - www.somme-tourisme.com

**PERIODES TARIFAIRES**
VACANCES TOUSSAINT : du 25.10 au 01.11. - **VACANCES DE NOËL** : du 20.12 au 03.01 - **VACANCES D'HIVER** : du 07.02 au 06.03 - **VACANCES DE PRINTEMPS** : du 03.04 au 01.05 - **JUIN** : du 29.05 au 03.07 - **JUILLET** : du 3.07 au 31.07 - **AOÛT** : du 31.07 au 28.08 - **SEPTEMBRE** : du 28.08 au 2.10.

### N° 02004 BEAUMONT-HAMEL — Hamel — CM 236 pli 25
NN  6 pers.

Mémorial Terre-Neuvien 0,8 km. Mémorial de Thiepval 1 km. Dans le village, situé sur le circuit du Souvenir, 2 gîtes ruraux mitoyens sont aménagés dans une ancienne ferme. Gîte "Coquelicot" (85 m2). Au RDC : séjour (convertible) avec cuisine aménagée, cheminée avec insert, salle de bains, wc. A l'étage : 2 ch. (1 lit 2 pers., 2 lits 1 pers.), salle d'eau avec wc. Chauffage électrique, frigo/congél., TV, poss. lit bébé. Terrasse. Abri couvert pour voiture. Musée des Abris à Albert, Historial de la Grande Guerre à Péronne. Ouvert toute l'année.
LOISIRS ACCUEIL-SOMME - C.D.T. 5 rue E. Cauvin - 80000 AMIENS
Tél.: 03 22 71 22 70 - Fax: 03 22 71 22 69 - Email : a.pieters@somme-tourisme.com - www.somme-tourisme.com

| VAC. SCOL. | JUIN | SEPT. | JUILLET | AOUT | HORS SAIS. | WEEK-END |
|---|---|---|---|---|---|---|
| 190 | 190 | 190 | 230 | 230 | 140 | 83 |

| | | | | |
|---|---|---|---|---|
| 100 | 7 | 7 | 7 | 7 |

### N° 02005 BEAUMONT-HAMEL — Hamel — CM 236 pli 25
NN  6 pers.

Mémorial Terre-Neuvien 0,8 km. Mémorial de Thiepval 1 km. Dans le village, situé sur le circuit du Souvenir, 2 gîtes ruraux mitoyens sont aménagés dans une ancienne ferme. Gîte "Pâquerette" (78 m2). Au RDC : séjour (convertible) avec cuisine aménagée, cheminée avec insert. A l'étage : 2 ch. (1 lit 2 pers., 2 lits 1 pers.), salle d'eau, wc. Chauffage électrique, frigo/congél., TV, poss. lit bébé. Terrasse. Abri couvert pour voiture. Musée des Abris à Albert, Historial de la Grande Guerre à Péronne. Ouvert toute l'année.
LOISIRS ACCUEIL-SOMME - C.D.T. 21 rue E. Cauvin - 80000 AMIENS
Tél.: 03 22 71 22 70 - Fax: 03 22 71 22 69 - Email : a.pieters@somme-tourisme.com - www.somme-tourisme.com

| VAC. SCOL. | JUIN | SEPT. | JUILLET | AOUT | HORS SAIS. | WEEK-END |
|---|---|---|---|---|---|---|
| 165 | 165 | 165 | 215 | 215 | 115 | 75 |

| | | | | |
|---|---|---|---|---|
| 100 | 7 | 7 | 7 | 7 |

### N° 02017 BEHENCOURT — CM 236 pli 24
EC  NN  5 pers.

Au village, sur la vallée de l'Hallue, (à 15 mn d'Amiens), près de la place principale, maisonnette indépendante (45 m2). Au RDC : cuisine/coin repas, petit salon (canapé-lit), 1 ch. (1 lit 2 pers.), lavabo, salle de bains (baignoire et douche), wc, lingerie, sèche-linge. A l'étage : 1 coin nuit (1 lit 2 pers., poss. lit d'appoint, lit bébé). Chauffage au fioul, radiateurs électriques d'appoint. TV, terrasse, abri couvert pour vélos. Cathédrale Hortillonnages à Amiens. Samara à la Chaussée Tirancourt. Ouvert toute l'année.
Guy COACHE - 5 rue de la Fontaine - 80260 BEHENCOURT
Tél.: 03 22 40 64 80 - 06 67 54 63 53 - Fax : 03 22 40 54 80 - Email : guycoache@aol.com - http://pageperso.aol.fr/guycoache/LOCATIONSOMMEAMIENS

| VAC. SCOL. | JUIN | SEPT. | JUILLET | AOUT | HORS SAIS. | WEEK-END | W.-E. DETENTE |
|---|---|---|---|---|---|---|---|
| 210 | 200 | 200 | 220 | 230 | 170 | 110 | 140 |

| | | | | |
|---|---|---|---|---|
| 50 | 1 | 40 | 8 | 15 | 8 |

### N° 02015 BUIGNY-LES-GAMACHES — CM 236 pli 21
NN  6 pers.

Dans le village, sur une exploitation agricole, maison (85 m2) mitoyenne à l'habitation du propr. et d'un autre gîte accessible aux pers. hand. Poss. communication entre les 2 gîtes. RDC : salle à manger/salon, cuisine aménagée, SDB avec wc. A l'ét. : 1 ch. (1 lit 2 pers.), 2 ch. (2 lits 1 pers. ou 1 lit 180), s. d'eau. Poss. lit bébé. Cheminée. Chauf. centr. au fioul, TV, frigo/congél. Laverie com. avec l'autre gîte, s.-linge. Abri couvert pour voiture, gar. Cour com. (pelouse) avec espace privé. Réduc. 10% à partir 2ème sem. de loc. hors juil. et août. Animaux admis sous réserve. Ouvert toute l'année.
LOISIRS ACCUEIL-SOMME - C.D.T. 21 rue E. Cauvin - 80000 AMIENS
Tél.: 03 22 71 22 70 - Fax: 03 22 71 22 69 - Email : a.pieters@somme-tourisme.com - www.somme-tourisme.com

| VAC. SCOL. | JUIN | SEPT. | JUILLET | AOUT | HORS SAIS. | WEEK-END | W.-E. DETENTE |
|---|---|---|---|---|---|---|---|
| 400 | 367 | 367 | 400 | 400 | 320 | 239 | 271 |

| | | | | |
|---|---|---|---|---|
| 17 | 5 | 7 | 8 | 5 | 5 |

### N° 02016 BUIGNY-LES-GAMACHES — CM 236 pli 21
EC  NN  4 pers.

Dans village, sur exploitation agricole, maison (47 m2) mitoyenne à un autre gîte et à l'habitation du prop. Poss. communication entre les 2 gîtes. Séjour avec coin cuisine aménagé, 2 ch. (chacune 1 lit 2 pers.), s. d'eau avec wc accessible aux pers. hand. Chauf. centr. au fioul, TV, laverie com. avec l'autre gîte, s.-linge. Abri couvert pour voiture, gar. Cour commune (pelouse). Réduction de 10% à partir de la 2ème sem. de loc. hors juillet et août. Animaux admis sous réserve. Château Fort de Rambures, Baie de Somme, Forêt d'Eu, Maison de l'oiseau à Lanchères. Ouvert toute l'année.
LOISIRS ACCUEIL-SOMME - C.D.T. 21 rue E. Cauvin - 80000 AMIENS
Tél.: 03 22 71 22 70 - Fax: 03 22 71 22 69 - Email : a.pieters@somme-tourisme.com - www.somme-tourisme.com

| VAC. SCOL. | JUIN | SEPT. | JUILLET | AOUT | HORS SAIS. | WEEK-END | W.-E. DETENTE |
|---|---|---|---|---|---|---|---|
| 315 | 273 | 273 | 315 | 315 | 247 | 207 | 239 |

| | | | | |
|---|---|---|---|---|
| 17 | 5 | 7 | 8 | 5 | 5 |

# SOMME - 80

Périodes tarifaires p. 392

## N° 02018 — BUIGNY-LES-GAMACHES
CM 236 pli 21

NN — 12 pers.

Dans village à prox. d'une exploitation agricole, maison indép. en briques sur 2 niveaux (219 m2) avec terrain individuel clos. Au RDC : entrée, salon, salle à manger, cuisine aménagée, 1 ch. (1 lit 2 pers.), s. d'eau, wc indép. A l'ét. : 2 ch. (chacune 1 lit 2 pers.), 1 coin nuit (2 canapés convertibles), 1 ch. (2 lits 1 pers. ou 1 lit 180). S. de bains (baignoire et douche), WC indép. Chauff. centr. au fioul, TV. Terrain clos fleuri avec pelouse, terrasse. Garage. Réduction de 10 % à partir de la 2e semaine de loc. hors juillet et août. Animaux admis sous réserve. Ouvert toute l'année.

LOISIRS ACCUEIL-SOMME - C.D.T. 21 rue E. Cauvin - 80000 AMIENS
Tél. : 03 22 71 22 70 - Fax : 03 22 71 22 69 - Email : a.pieters@somme-tourisme.com - www.somme-tourisme.com

| VAC. SCOL. | JUIN | SEPT. | JUILLET | AOUT | HORS SAIS. | WEEK-END | W.-E. DETENTE |
|---|---|---|---|---|---|---|---|
| 640 | 525 | 525 | 640 | 640 | 525 | 313 | 367 |

| | | | | | |
|---|---|---|---|---|---|
| 17 | 5 | 7 | 8 | 5 | 5 |

## N° 02007 — CHEPY
CM 236 pli 22

NN — 5 pers.

Baie de Somme 15 km. St Valery sur Somme 15 km. Abbeville 20 km. Dans le village, logement (65 m2) situé à l'entrée de la propriété. Au RDC : séjour/cuisine, 1 ch. (1 lit 2 pers.) avec salle d'eau attenante, wc. A l'ét. : 1 ch. (1 lit 2 pers., 1 lit 1 pers.), poss. lit bébé, frigo/congélateur. Chauf. central gaz, prise ant. TV. Cour commune. Abri couvert pour voiture. Poss. baby-sitting. Réduc. 10 % à partir 2ème sem. de location. Animaux admis sous réserve. Ouvert toute l'année.

Dorothée LORSON - 6 rue de Feuquières - 80210 CHEPY
Tél. : 03 22 26 19 80 - 06 16 06 76 35

| VAC. SCOL. | JUIN | SEPT. | JUILLET | AOUT | HORS SAIS. | WEEK-END | W.-E. DETENTE |
|---|---|---|---|---|---|---|---|
| 305 | 305 | 305 | 340 | 340 | 250 | 130 | 215 |

| | | | | | |
|---|---|---|---|---|---|
| 16 | 12 | 20 | 10 | 1 | SP |

## N° 02003 — FRESSENNEVILLE
CM 236 pli 21

NN — 6 pers.

Dans le bourg, ancienne maison picarde indépendante entièrement rénovée (112 m2). Au RDC : salon, salle à manger, cuisine aménagée, 2 ch. (1 lit 2 pers. chacune), salle de bains, wc. A l'étage : 1 ch. (2 lits 1 pers.), 1 pièce de repassage. Location TV sur demande (parabole). Chauffage central au gaz, poêle à bois dans salon (feux de bois possibles), poss. lit enfant. Petite cour fermée fleurie devant le gîte, jardin derrière le gîte. Abri fermé pour vélos, garage. Château médiéval de Rambures, Baie de Somme, Vallée de la Bresle, Moulin de St Maxent. Ouvert toute l'année.

LOISIRS ACCUEIL-SOMME - C.D.T. 21 rue E. Cauvin - 80000 AMIENS
Tél. : 03 22 71 22 70 - Fax : 03 22 71 22 69 - Email : a.pieters@somme-tourisme.com - www.somme-tourisme.com

| VAC. SCOL. | JUIN | SEPT. | JUILLET | AOUT | HORS SAIS. | WEEK-END |
|---|---|---|---|---|---|---|
| 310 | 310 | 310 | 390 | 390 | 280 | 170 |

| | | | | | |
|---|---|---|---|---|---|
| 16 | 10 | 12 | 3 | SP | SP |

## N° 02008 — LALEU
CM 236 pli 22

NN — 6 pers.

Château Fort Rambures 15 km. Cathédrale Hortillonnages à Amiens 25 km. Dans le village, près de la place principale, maison indép. (78 m2) à côté de l'habitation de la propriétaire. Au RDC : séjour avec coin cuisine. A l'étage : 1 ch. (1 lit 2 pers.), 2 ch. (chacune 2 lits 1 pers.), salle de bains avec wc. Frigo/congél., chauffage central électrique, cheminée. Jardin, rivière l'Airaines à côté du gîte. Parking. Animaux sous réserve. Réduction 10 % à partir de la 2ème semaine de location hors juillet et août. Ouvert toute l'année.

LOISIRS ACCUEIL-SOMME - C.D.T. 21 rue E. Cauvin - 80000 AMIENS
Tél. : 03 22 71 22 70 - Fax : 03 22 71 22 69 - Email : a.pieters@somme-tourisme.com - www.somme-tourisme.com

| VAC. SCOL. | JUIN | SEPT. | JUILLET | AOUT | HORS SAIS. | WEEK-END | W.-E. DETENTE |
|---|---|---|---|---|---|---|---|
| 170 | 170 | 170 | 230 | 230 | 140 | 150 | 150 |

| | | | | | |
|---|---|---|---|---|---|
| 50 | 5 | 2 | 15 | 8 | 2 |

## N° 02012 — MEIGNEUX
CM 236 pli 32

EC — NN — 6 pers.

Dans le village, maison neuve indép. (96 m2) sur un terrain de 1000 m2. Au RDC : cuisine aménagée (frigo/congel.), séjour avec salon, wc. A l'étage : 2 ch. (1 lit 2 pers.), 1 ch. (1 lit 1 pers.) dont une avec salle d'eau, SDB, wc. Chauffage électrique, TV, cheminée. Terrasse. Château Fort de Rambures, Ferme d'Antan à Creuse, Cathédrale Hortillonnages à Amiens. Ouvert toute l'année.

LOISIRS ACCUEIL-SOMME - C.D.T. 21 rue E. Cauvin - 80000 AMIENS
Tél. : 03 22 71 22 70 - Fax : 03 22 71 22 69 - Email : a.pieters@somme-tourisme.com - www.somme-tourisme.com

| VAC. SCOL. | JUIN | SEPT. | JUILLET | AOUT | HORS SAIS. | WEEK-END |
|---|---|---|---|---|---|---|
| 210 | 210 | 210 | 240 | 240 | 190 | 140 |

| | | | | | |
|---|---|---|---|---|---|
| 55 | 3 | 2 | 6 | 3 | 6 |

## N° 02013 — MESNIL-MARTINSART
Martinsart — CM 236 pli 25

NN — 6 pers.

Hameau de Martinsart : maison indépendante en briques sur un terrain clos de 11 ares. Au RDC : cuisine (frigo/congélateur), salon, 1 ch. (1 lit 2 pers.), salle de bains, wc. Chauffage central au fioul et électrique, TV. Jeux pour enfants. Abri couvert pour vélos, parking fermé. Circuit du Souvenir, l'Historial de Péronne, Musée des Abris à Albert. Ouvert du 26 juin au 3 octobre.

LOISIRS ACCUEIL-SOMME - C.D.T. 21 rue E. Cauvin - 80000 AMIENS
Tél. : 03 22 71 22 70 - Fax : 03 22 71 22 69 - Email : a.pieters@somme-tourisme.com - www.somme-tourisme.com

| VAC. SCOL. | JUIN | SEPT. | JUILLET | AOUT | HORS SAIS. | WEEK-END |
|---|---|---|---|---|---|---|
| 155 | 155 | 155 | 200 | 200 | 115 | 80 |

| | | | | | |
|---|---|---|---|---|---|
| 100 | 3 | 15 | 5 | 5 | 5 |

# SOMME - 80

*Périodes tarifaires p. 392*

## N° 02019 — NOYELLES-SUR-MER
*CM 236 pli 22*

**EC** — **NN** — **5 pers.**

Maison mitoyenne à l'habitation des propr. (120 m2) type "chalet" sur un terrain clos et arboré de 3800 m2. Au RDC : jardin d'hiver, salon/séjour/coin détente (1 lit 1 pers.), cuisine, s. d'eau, WC. A l'ét. : 1 ch. (1 lit 2 pers.) avec SDB et wc attenants à la ch., 1 ch. (2 lits jumeaux 1 pers.). Chauff. centr. au gaz, prise TV, frigo-congél. Parking. A 2 km du centre de Noyelles sur la D111 face aux étangs de Noyelles-sur-Mer. Pêche sur les étangs de Noyelles-sur-Mer (blanc et truite) à proximité du gîte. Taxe de séjour en sus. Baie de Somme, Parc Ornithologique du Marquenterre. Ouvert toute l'année.

Francine et Guy VAN WAELSCAPPEL - 163 rue des Bois Blancs - 59000 LILLE
Tél. : 03 20 09 33 54 - Fax : 03 20 09 33 54

| VAC. SCOL. | JUIN | SEPT. | JUILLET | AOUT | HORS SAIS. |
|---|---|---|---|---|---|
| 265 | 245 | 245 | 300 | 300 | 210 |

| | | | | | |
|---|---|---|---|---|---|
| 10 | SP | 7 | SP | 5 | |

## N° 02002 — PENDE
*CM 236 pli 21*

**NN** — **5 pers.**

Baie de Somme 5 km. St Valery-sur-Somme 5 km. Dans le village, ancienne maison picarde entièrement rénovée (104 m2). Au RDC : séjour/salon, cuisine, 1 ch. (1 lit 2 pers., 1 lit bébé), salle d'eau, wc. A l'étage : 2 ch. (3 lits 1 pers.). Frigo/congélateur, TV. Chauffage central au gaz. Cour fermée devant le gîte, terrain clos derrière le gîte, dépendances (abri pour vélos), parking fermé. Ouvert du 31 janvier au 30 octobre.

LOISIRS ACCUEIL-SOMME - C.D.T. 21 rue E. Cauvin - 80000 AMIENS
Tél. : 03 22 71 22 70 - Fax : 03 22 71 22 69 - Email : a.pieters@somme-tourisme.com - www.somme-tourisme.com

| VAC. SCOL. | JUIN | SEPT. | JUILLET | AOUT | HORS SAIS. | WEEK-END |
|---|---|---|---|---|---|---|
| 380 | 380 | 380 | 410 | 410 | 310 | 165 |

| | | | | | |
|---|---|---|---|---|---|
| 8 | 4 | 15 | 9 | 8 | 4 |

## N° 02014 — QUESNOY-LE-MONTANT
*CM 236 pli 22*

**NN** — **8 pers.**

Dans le village, pavillon indép. en torchis, colombages et briques du XVIIIe (132 m2), entièrement rénové sur un terrain individuel de 600 m2. Accès par un escalier extérieur au 1er niveau : séjour/salon avec cuisine aménagée, 1 ch. (1 lit 160), salle d'eau, wc indép. A l'ét. : 2 ch. (chacune 2 lits 1 pers. et 1 lit tiroir d'appoint), 1 ch. (1 lit 160), WC indép. Frigo/congél., prise antenne TV (poss. loc. TV sur demande). Transats. Baie de Somme. Cité médiévale de St Valery-sur-Somme, Maison de l'oiseau Lanchères, Château Fort de Rambures. Ouvert toute l'année.

LOISIRS ACCUEIL-SOMME - C.D.T. 21 rue E. Cauvin - 80000 AMIENS
Tél. : 03 22 71 22 70 - Fax : 03 22 71 22 69 - Email : a.pieters@somme-tourisme.com - www.somme-tourisme.com

| VAC. SCOL. | JUIN | SEPT. | JUILLET | AOUT | HORS SAIS. | WEEK-END |
|---|---|---|---|---|---|---|
| 464 | 432 | 432 | 534 | 534 | 400 | 270 |

| | | | | | |
|---|---|---|---|---|---|
| 13 | 5 | 20 | 12 | 10 | 10 |

## N° 02011 — RAMBURES
*CM 236 pli 22*

**NN** — **5 pers.**

Dans le village, maison (86 m2) mitoyenne à l'habitation des propriétaires sur un terrain individuel. Au RDC : séjour avec coin cuisine aménagé, 1 ch. (1 lit 130, 1 lit bébé), salle d'eau, wc indépendant, lingerie. A l'étage : coin nuit (1 lit 80, 1 lit 120, 1 lit 2 pers.), chauffage central fioul. Prise TV, poss. loc. TV. Cour fermée indépendante devant le gîte, terrasse derrière le gîte. Abri couvert pour vélos, parking fermé. Château Fort de Rambures, Vallée de la Bresle, Maison de l'oiseau à Lanchères, Musée de la verrerie à Blangy-sur-Bresle. Ouvert toute l'année.

LOISIRS ACCUEIL-SOMME - C.D.T. 21 rue E. Cauvin - 80000 AMIENS
Tél. : 03 22 71 22 70 - Fax : 03 22 71 22 69 - Email : a.pieters@somme-tourisme.com - www.somme-tourisme.com

| VAC. SCOL. | JUIN | SEPT. | JUILLET | AOUT | HORS SAIS. | WEEK-END | W.-E. DETENTE |
|---|---|---|---|---|---|---|---|
| 210 | 210 | 210 | 230 | 230 | 210 | 130 | 200 |

| | | | | | |
|---|---|---|---|---|---|
| 31 | 7 | 7 | 26 | 4 | 4 |

## N° 02001 — VRON-LES-HALLOTS
**Les Hallots** — *CM 236 pli 12*

**NN** — **6 pers.**

Vron 2 km. Maison indépendante (95 m2) aménagée dans un ancien corps de ferme entièrement restauré, accessible aux personnes handicapées, sur un terrain clos. Au RDC : séjour avec coin-cuisine, SDB (baignoire, douche au sol), wc, 1 ch. (1 lit 2 pers.). A l'étage : 1 ch. (1 lit 2 pers.), 1 coin nuit non fermé (2 lits 1 pers.). Frigo/congél., TV, chauffage électrique. Terrain clos, jardin, abri pour 1 voiture. Animaux admis sous réserve. Les Jardins de l'Abbaye de Valloires Argoules, Parc Ornithologique du Marquenterre. Baie de Somme. Ouvert toute l'année.

LOISIRS ACCUEIL-SOMME - C.D.T. 21 rue E. Cauvin - 80000 AMIENS
Tél. : 03 22 71 22 70 - Fax : 03 22 71 22 69 - Email : a.pieters@somme-tourisme.com - www.somme-tourisme.com

| VAC. SCOL. | JUIN | SEPT. | JUILLET | AOUT | HORS SAIS. | WEEK-END |
|---|---|---|---|---|---|---|
| 270 | 270 | 270 | 350 | 350 | 240 | 140 |

| | | | | | |
|---|---|---|---|---|---|
| 16 | 8 | 7 | 18 | 6 | 6 |

**Préparez vos vacances en vous connectant sur notre site internet et partez à la découverte de l'univers des Gîtes de France !**

**http://www.gites-de-france.fr**
**e-mail : info@gites-de-france.fr**

# POITOU-CHARENTES

Pour réserver, écrire ou téléphoner :

### 16 - CHARENTE
LOISIRS ACCUEIL CHARENTE
17 Place Bouillaud - 16021 ANGOULÊME Cédex
Tél. 05 45 69 48 64 ou 05 45 69 48 65 - Fax. 05 45 37 32 69
E-mail : reservations@lacharente.com
www.lacharente.com

### 17 - CHARENTE-MARITIME
GITES DE FRANCE - Service Réservation
1, perspective de l'Océan - Les Minimes - B.P. 32
17002 LA ROCHELLE Cédex 01
Tél. 05 46 50 63 63 - Fax. 05 46 50 54 46
www.gites-de-france.com

### 79 - DEUX-SEVRES
GITES DE FRANCE - Service Réservation
15, rue Thiers - B.P. 8524 - 79025 NIORT Cédex 09
Tél. 05 49 77 15 90 - Fax. 05 49 77 15 94

### 86 - VIENNE
GITES DE FRANCE - Service Réservation
Futuroscope Destination - B.P. 3030 - 86130 JAUNAY-CLAN
Tél. 05 49 49 59 11- Fax. 05 49 49 59 17
E.mail : info@gitesdefrance-vienne.com
www.gitesdefrance-vienne.com

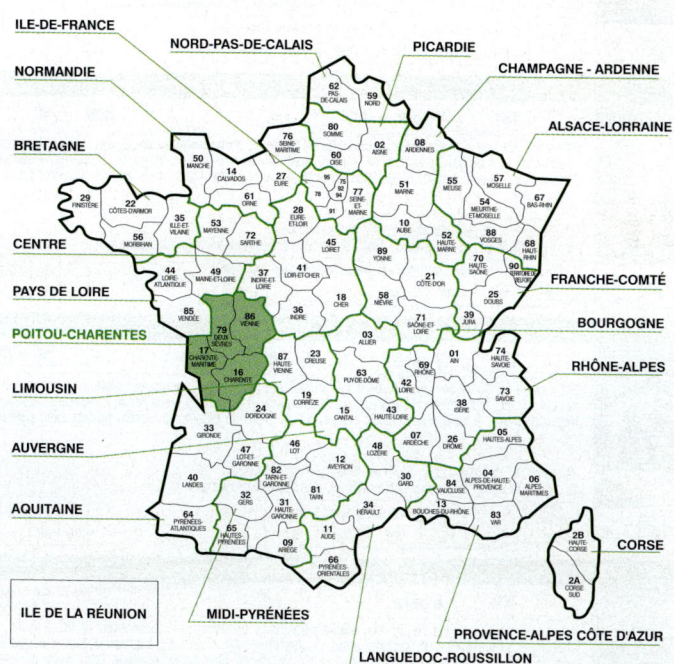

# CHARENTE - 16

**GITES DE FRANCE**
27 Place Bouillaud - 16021 ANGOULÊME Cédex
Tél. 05 45 69 48 62 ou 05 45 69 00 65
E.mail : gites.charente@tdi-services.fr - www.gitescharente.com

**PERIODES TARIFAIRES**
TRÈS HAUTE-SAISON : du 17.07 au 21.08 - HAUTE SAISON : du 26.06 au 17.07, du 21.08 au 28.08 - MOYENNE-SAISON : du 1er.05 au 26.06, du 28.08 au 25.09 - BASSE SAISON : du 1.01 au 30.04 et du 27.09 au 31.12 - VACANCES SCOLAIRES : vacances scolaires de Toussaint, Noël, Hiver et Printemps - WEEK-END : 3 nuits (uniquement hors-saison). Mid-week :#du lundi au jeudi soir (uniquement hors-saison).

## N° 5037 AGRIS — Les Camus — CM 72 pli 14
NN — 6 pers.

Gîte attenant à d'autres habitations. Rez-de-chaussée: salle de séjour avec coin-cuisine, buanderie, salle d'eau, wc indépendants. Etage: 3 chambres (2 lits 2 pers., 2 lits 1 pers., 1 lit enfant), lingerie, salle d'eau, wc indépendants. cour close réservée au gîte, terrasse. Ouvert toute l'année.

GITE DE FRANCE - 27, place Bouillaud - 16021 ANGOULEME Cédex
Tél. : 05 45 69 48 62 - 05 45 69 00 65 - Email : gites.charente@tdi-services.fr - www.gitescharente.com

| TRES HTE SAIS. | HTE SAIS. |
|---|---|
| 575 | 520 |

| | | | | | | |
|---|---|---|---|---|---|---|
| 25 | 0,8 | 6 | 2 | 18 | 2 | 6 |

## N° 2026 AMBERNAC — Montermenoux — CM 72 pli 5
NN — 4 pers.

Maison indépendante située dans un hameau. 2 chambres (1 lit 2 pers., 2 lits 1 pers.), salle de séjour avec coin-cuisine, micro-ondes, salle d'eau, wc. Cour close, abri voiture. Ouvert toute l'année.

GITE DE FRANCE - 27, place Bouillaud - 16021 ANGOULEME Cédex
Tél. : 05 45 69 48 62 - 05 45 69 00 65 - Email : gites.charente@tdi-services.fr - www.gitescharente.com

| TRES HTE SAIS. | HTE SAIS. | MOY. SAIS. | VAC. SCOL. | BASSE SAIS. | MID-WEEK | WEEK-END |
|---|---|---|---|---|---|---|
| 355 | 320 | 240 | 240 | 195 | 130 | 160 |

| | | | | | | |
|---|---|---|---|---|---|---|
| 20 | 2 | 15 | | 15 | | 15 |

## N° 1034 AUSSAC — Vadalle — CM 72 pli 14
NN — 8 pers.

Gîte situé sur une exploitation agricole dans un hameau. 3 chambres (2 lits 2 pers., 4 lits superposés, 1 lit bébé). Rez-de-chaussée: salle de séjour avec coin- cuisine, salle d'eau, wc, cellier. Etage: 3 chambres, 1 salle de jeux, salle d'eau, wc. Jardin clos, cour, terrasse, bicyclettes, chauffage central, cheminée (bois fourni). Ouvert toute l'année.

GITE DE FRANCE - 27, place Bouillaud - 16021 ANGOULEME Cédex
Tél. : 05 45 69 48 62 - 05 45 69 00 65 - Email : gites.charente@tdi-services.fr - www.gitescharente.com

| TRES HTE SAIS. | HTE SAIS. | MOY. SAIS. | VAC. SCOL. | BASSE SAIS. | MID-WEEK | WEEK-END |
|---|---|---|---|---|---|---|
| 500 | 460 | 310 | 380 | 290 | 170 | 180 |

| | | | | | | |
|---|---|---|---|---|---|---|
| 7 | 6 | 9 | 11 | 9 | 20 | 3 | 9 |

## N° 3067 BAIGNES — Haras du fief de Montauzier — CM 75 pli 2
NN — 7 pers.

Situé dans un domaine équestre de 4 ha, en bordure des vignes, ce gîte est attenant à la maison du propriétaire, avec un accès privatif. 3 chambres (2 lits 2pers., 3 lits 1pers., 1 lit enfant), salon/salle à manger, cuisine indépendante, 1 salle de bains avec wc, 1 salle d'eau, 2 wc indépendants. Salle de billard, vtt. Jardin privatif avec pelouse. Ouvert toute l'année.

HARAS DU FIEF DE MONTAUZIER - Le fief de Montauzier - 16360 BAIGNES
Tél. : 05 45 78 37 65 - Email : haras.du.fief@infonie.fr - http://haras.du.fief.chez.tiscali.fr

| TRES HTE SAIS. | HTE SAIS. | MOY. SAIS. | VAC. SCOL. | BASSE SAIS. | MID-WEEK | WEEK-END |
|---|---|---|---|---|---|---|
| 500 | 500 | 340 | 380 | 320 | 200 | 245 |

| | | | | | | | |
|---|---|---|---|---|---|---|---|
| 18 | SP | 1 | SP | 18 | 18 | 1 | 1 |

## N° 3020 BAZAC — Logis de Chamberlanne — CM 75 pli 3
NN — 6 pers.

Ancienne maison de ferme du 18è siècle situé dans un hameau. 3 chambres (2 lits 2 pers., 2 lits 1 pers.). Rez-de-chaussée: séjour avec coin-cuisine, salon, 1 chambre, salle d'eau, wc, buanderie, prise téléphonique. Etage: 2 chambres, salle d'eau; wc. Jardin avec terrasse couverte, table de ping-pong, portique. Mid-week et week-end possibles. Forfait ménage inclus. Ouvert toute l'année.

Stéphanie HILLAIRET - Logis de Chamberlanne - 16210 BAZAC
Tél. : 05 45 98 00 72 - 06 22 42 48 70 - Email : stephanie-hillaire@caramail.com

| TRES HTE SAIS. | HTE SAIS. | MOY. SAIS. | VAC. SCOL. |
|---|---|---|---|
| 580 | 530 | 380 | 310 |

| | | | | | | | |
|---|---|---|---|---|---|---|---|
| 7 | 1 | 6 | 8 | 1,5 | 15 | 6 | 3 |

# CHARENTE - 16

Périodes tarifaires p. 396

## N° 6016 CHAMPNIERS — Lansac — CM 72 pli 14

NN — 8 pers.

Gîte attenant à des batiments agricoles situé dans un hameau. 4 chambres (2 lits 2 pers.160, 2 lits 120,2 lits 1 pers.). Rez-de-chaussée: cuisine, salon, 1 chambre, salle d'eau, wc, buanderie, prise téléphonique. Etage: 3 chambres, s.d.b., wc. Terrain avec pelouse, terrasse, abri voiture, portique, ping-pong. Piscine non surveillée à partager avec le propriétaire. Ouvert toute l'année.

GITE DE FRANCE - 27, place Bouillaud - 16021 ANGOULEME Cédex
Tél.: 05 45 69 48 62 - 05 45 69 00 65 - Email: gites.charente@tdi-services.fr - www.gitescharente.com

| TRES HTE SAIS. | HTE SAIS. | MOY. SAIS. | VAC. SCOL. | BASSE SAIS. | MID-WEEK | WEEK-END |
|---|---|---|---|---|---|---|
| 747 | 700 | 500 | 600 | 420 | 220 | 250 |

5 5 SP 10 5 1 1

## N° 1052 COURCOME — Le Mariton — CM 72 pli 3

NN — 4 pers.

Gîte au rez-de-chaussée de la maison du propriétaire. 2 chambres (1 lit 2 pers., 2 lits 1 pers.), salle de séjour avec coin-cuisine (micro-ondes), prise téléphone, salle d'eau, wc. Jardin avec pelouse. Bois fourni pour la cheminée. Ouvert toute l'année.

Marie GUERET - Rue du puits - 16240 COURCONE
Tél.: 05 45 31 29 19

| TRES HTE SAIS. | HTE SAIS. | MOY. SAIS. | VAC. SCOL. | BASSE SAIS. | MID-WEEK | WEEK-END |
|---|---|---|---|---|---|---|
| 280 | 270 | 225 | 235 | 190 | 130 | 140 |

6 10 6 5 10 10 0,2 5

## N° 5032A DIRAC — Le Thie — CM 72 pli 14

NN — 4 pers.

Gîte attenant à 2 autres gîtes sur une exploitation agricole. rez-de-chaussée: salle de séjour avec coin-cuisine (micro-ondes), wc indépendants. Etage: 2 chambres (1 lit 2 pers., 2 lits 1 pers., 1 lit pliant), salle d'eau avec wc. Jardin avec pelouse, terrasse, abri voiture, piscine commune à plusieurs gîtes. Draps fournis. Ouvert toute l'année.

GITE DE FRANCE - 27, place Bouillaud - 16021 ANGOULEME Cédex
Tél.: 05 45 69 48 62 - 05 45 69 00 65 - Email: gites.charente@tdi-services.fr - www.gitescharente.com

| TRES HTE SAIS. | HTE SAIS. | MOY. SAIS. | VAC. SCOL. | BASSE SAIS. | MID-WEEK | WEEK-END |
|---|---|---|---|---|---|---|
| 570 | 530 | 380 | 330 | 270 | 200 | 250 |

SP 2 4 4 4

## N° 5032B DIRAC — Le Thie — CM 72 pli 14

NN — 4 pers.

Gîte attenant à 2 autres gîtes sur une exploitation agricole. Rez-de-chaussée: salle de séjour avec coin-cuisine (micro-ondes), wc indépendants. Etage: 2 chambres (1 lit 2 pers., 2 lits 1 pers., 1 lit pliant), salle d'eau avec wc. Jardin avec pelouse, terrasse, abri voiture, piscine commune à plusieurs gîtes. Draps fournis. Ouvert toute l'année.

GITE DE FRANCE - 27, place Bouillaud - 16021 ANGOULEME Cédex
Tél.: 05 45 69 48 62 - 05 45 69 00 65 - Email: gites.charente@tdi-services.fr - www.gitescharente.com

| TRES HTE SAIS. | HTE SAIS. | MOY. SAIS. | VAC. SCOL. | BASSE SAIS. | MID-WEEK | WEEK-END |
|---|---|---|---|---|---|---|
| 570 | 530 | 380 | 330 | 270 | 200 | 250 |

SP 2 4 4 4

## N° 5032C DIRAC — Le Thie — CM 72 pli 14

NN — 5 pers.

Gîte attenant à 2 autres gîtes sur une exploitation agricole. Rez-de-chaussée: salle de séjour avec coin-cuisine (micro-ondes), wc indépendants. Etage: 2 chambres (1 lit 2 pers., 3 lits 1 pers.), salle d'eau avec wc. Jardin avec pelouse, terrasse, abri voiture, piscine commune à plusieurs gîtes. (possibilité 2 couchages supplémentaires). Draps fournis. Ouvert toute l'année.

GITE DE FRANCE - 27, place Bouillaud - 16021 ANGOULEME Cédex
Tél.: 05 45 69 48 62 - 05 45 69 00 65 - Email: gites.charente@tdi-services.fr - www.gitescharente.com

| TRES HTE SAIS. | HTE SAIS. | MOY. SAIS. | VAC. SCOL. | BASSE SAIS. | MID-WEEK | WEEK-END |
|---|---|---|---|---|---|---|
| 580 | 540 | 380 | 330 | 270 | 210 | 350 |

SP 2 4 4 4

## N° 2018B LE GRAND-MADIEU — CM 72 pli 4

NN — 4 pers.

Gîte indépendant situé dans le bourg. Rez-de-chaussée: salle de séjour(tv) avec coin-cuisine (micro-ondes), wc. Etage: 2 chambres (2 lits 2 personnes), salle d'eau avec wc. Jardin clos avec pelouse réservé au gîte, terrasse, portique. Ouvert du 31 mai au 27 septembre.

GITE DE FRANCE - 27, place Bouillaud - 16021 ANGOULEME Cédex
Tél.: 05 45 69 48 62 - 05 45 69 00 65 - Email: gites.charente@tdi-services.fr - www.gitescharente.com

| TRES HTE SAIS. | HTE SAIS. | MOY. SAIS. |
|---|---|---|
| 305 | 305 | 160 |

25 0,5 5 15 20 5 5

# CHARENTE - 16

Périodes tarifaires p. 396

## N° 4043 JULIENNE — Les Ouches — CM 72 pli 12

NN — 6 pers.

Gîte situé sur une exploitation agricole en activité. Rez-de-chaussée: salon, cuisine indépendante, salle d'eau avec wc. Etage: 3 chambres (1 lits 2 pers., 4 lits 1 pers., lit de bébé), salle de bain avec wc. Jardin avec pelouse, cour. Ouvert toute l'année.

SCEA VIGNOBLES DELAGE DES OUCHES - Les Ouches - 16200 JULIENNE
Tél.: 05 45 32 00 29

| TRES HTE SAIS. | HTE SAIS. | MOY. SAIS. | BASSE SAIS. |
|---|---|---|---|
| 610 | 610 | 530 | 460 |

| | | | | |
|---|---|---|---|---|
| 5 | 2 | 1 | 1 | 2 |

## N° 1002A LONNES — Le Petit Fayolle — CM 72 pli 3

NN — 3 pers.

Maison édifiée au 18è siècle située dans un hameau avec 4 autres gîtes. Rez-de-chaussée: salon, cuisine avec coin-repas, wc. Etage: 2 chambres (1 lit 2 pers., 1 lits 1 pers., lit bébé), salle d'eau, wc. Cour privative, jardin avec parc de 4000m2 commun aux autres gîtes, four à pain et portique à partager avec les autres locataires. Ouvert toute l'année.

GITE DE FRANCE - 27, place Bouillaud - 16021 ANGOULEME Cédex
Tél.: 05 45 69 48 62 - 05 45 69 00 65 - Email: gites.charente@tdi-services.fr - www.gitescharente.com

| TRES HTE SAIS. | HTE SAIS. | MOY. SAIS. | VAC. SCOL. | BASSE SAIS. | MID-WEEK | WEEK-END |
|---|---|---|---|---|---|---|
| 355 | 325 | 275 | 275 | 195 | 130 | 160 |

| | | | | | | |
|---|---|---|---|---|---|---|
| 9 | 4 | 9 | 4 | 9 | 45 | 9 | 4 |

## N° 1002B LONNES — Le Petit Fayolle — CM 72 pli 3

NN — 4 pers.

Maison située dans un hameau avec 4 autres gîtes. Rez-de-chaussée: salle à manger/salon, cuisine, wc. Etage: 2 chambres (1 lit 2 pers., 2 lits 1 pers.), salle d'eau, wc. Jardin avec parc de 4000m2 commun aux autres gîtes, four à pain et portique à partager avec les autres locataires. Ouvert toute l'année.

GITE DE FRANCE - 27, place Bouillaud - 16021 ANGOULEME Cédex
Tél.: 05 45 69 48 62 - 05 45 69 00 65 - Email: gites.charente@tdi-services.fr - www.gitescharente.com

| TRES HTE SAIS. | HTE SAIS. | MOY. SAIS. | VAC. SCOL. | BASSE SAIS. | MID-WEEK | WEEK-END |
|---|---|---|---|---|---|---|
| 325 | 295 | 225 | 225 | 180 | 120 | 150 |

| | | | | | | | |
|---|---|---|---|---|---|---|---|
| 9 | 4 | 9 | 4 | 9 | 45 | 9 | 4 |

## N° 1002C LONNES — Le Petit Fayolle — CM 72 pli 3

NN — 2 pers.

Maison dite "Maison Ballet" édifiée au 18è siècle. Rez-de-chaussée: salle à manger, cuisine, salle d'eau, wc. Etage: 1 chambre (1 lit 2 pers.), salon. Jardin avec parc de 4000m2 commun aux autres gîtes, four à pain et portique à partager avec les autres locataires. Ouvert toute l'année.

GITE DE FRANCE - 27, place Bouillaud - 16021 ANGOULEME Cédex
Tél.: 05 45 69 48 62 - 05 45 69 00 65 - Email: gites.charente@tdi-services.fr - www.gitescharente.com

| TRES HTE SAIS. | HTE SAIS. | MOY. SAIS. | VAC. SCOL. | BASSE SAIS. | MID-WEEK | WEEK-END |
|---|---|---|---|---|---|---|
| 340 | 310 | 235 | 235 | 185 | 125 | 155 |

| | | | | | | | |
|---|---|---|---|---|---|---|---|
| 9 | 4 | 9 | 4 | 9 | 45 | 9 | 4 |

## N° 1002D LONNES — Le Petit Fayolle — CM 72 pli 3

NN — 2 pers.

Maison située dans un hameau avec 4 autres gîtes. Rez-de-chaussée: salle de séjour avec coin- cuisine, salle d'eau, wc. Etage: 1 chambre en mezzanine (1 lit 2 pers.). Jardin avec parc de 4000m2 commun aux autres gîtes, four à pain et portique à partager avec les autres locataires. Ouvert toute l'année.

GITE DE FRANCE - 27, place Bouillaud - 16021 ANGOULEME Cédex
Tél.: 05 45 69 48 62 - 05 45 69 00 65 - Email: gites.charente@tdi-services.fr - www.gitescharente.com

| TRES HTE SAIS. | HTE SAIS. | MOY. SAIS. | VAC. SCOL. | BASSE SAIS. | MID-WEEK | WEEK-END |
|---|---|---|---|---|---|---|
| 250 | 230 | 170 | 170 | 135 | 90 | 115 |

| | | | | | | | |
|---|---|---|---|---|---|---|---|
| 9 | 4 | 9 | 4 | 9 | 45 | 9 | 4 |

## N° 4018B MESNAC — Château de Mesnac — CM 72 pli 12

NN — 4 pers.

Gîte situé sur une exploitation agricole en activité attenant à un autre gîte. Rez-de-chaussée: cuisine (micro-ondes), salon/ salle à manger. Etage: 2 chambres (1 lit 2 pers., 2 lits 1 pers., 1 lit enfant), wc indépendants, salle d'eau. Jardin clos avec pelouse. Piscine non-surveillée commune à d'autres gîtes et chambres d'hôtes. Ouvert toute l'année.

Christel CHURLAUD-MOINARDEAU - Place de l'église - 16370 MESNAC
Tél.: 05 45 83 26 61 - Fax: 05 45 83 17 70

| TRES HTE SAIS. | HTE SAIS. | MOY. SAIS. | VAC. SCOL. | BASSE SAIS. | MID-WEEK | WEEK-END |
|---|---|---|---|---|---|---|
| 550 | 550 | 500 | 500 | 500 | 200 | 200 |

| | | | | | | | |
|---|---|---|---|---|---|---|---|
| 12 | 1 | SP | 4 | 12 | 15 | 1 | 6 |

# CHARENTE - 16

Périodes tarifaires p. 396

### Nº 4018C — MESNAC — Château de Mesnac — CM 72 pli 12
**NN — 6 pers.**

Gîte situé sur une exploitation agricole en activité attenant à un autre gîte. Rez-de-chaussée: cuisine (micro-ondes), salon/salle à manger. Etage: 3 chambres (3 lits 2 pers., 1 lit enfant), wc indépendants, salle d'eau. Jardin clos avec pelouse. Piscine non-surveillée commune à d'autres gîtes et chambres d'hôtes. Ouvert toute l'année.

Christel CHURLAUD-MOINARDEAU - Place de l'église - 16370 MESNAC
Tél. : 05 45 83 26 61 - Fax: 05 45 83 17 70

| TRES HTE SAIS. | HTE SAIS. | MOY. SAIS. | VAC. SCOL. | BASSE SAIS. | MID-WEEK | WEEK-END |
|---|---|---|---|---|---|---|
| 600 | 600 | 550 | 550 | 550 | 200 | 200 |

12 | 1 | SP | 4 | 12 | 15 | 1 | 6

### Nº 1042C — NANTEUIL-EN-VALLEE — 4 pers. — CM 72 pli 4
**NN**

Gîte attenant à d'autres habitations dans un petit village typique. Rez-de-chaussée: séjour (canapé-convertible), cuisine (micro-ondes), prise téléphonique, salle de bains, wc. Etage: 2 chambres (1 lit 2 pers., 2 lits 1 pers.). Cour. Ouvert toute l'année.

COMMUNE DE NANTEUIL-EN-VALLEE - Mairie - 21 rue Farèze - 16700 NANTEUIL-EN-VALLEE
Tél. : 05 45 31 82 67

| TRES HTE SAIS. | HTE SAIS. | MOY. SAIS. | VAC. SCOL. | BASSE SAIS. | MID-WEEK | WEEK-END |
|---|---|---|---|---|---|---|
| 342 | 342 | 280 | 202 | 184 | 106 | |

10 | SP | 10 | 10 | 10 | 40 | SP | SP

### Nº 5039 — LA ROCHETTE — Les Pitres — CM 72 pli 14
**NN — 5 pers.**

Gîte dans une maison de maître avec four à pain à proximité de la maison du propriétaire. Rez-de-chaussée: salon (canapé convertible)/salle à manger avec coin-cuisine (micro-ondes), wc, buanderie. Etage: 2 chambres (1 lit 2 pers., 2 lits 1 pers., 1 lit enfant sur demande), salle d'eau avec wc. Jardin clos, cour, terrasse. Ouvert toute l'année.

GITE DE FRANCE - 27, place Bouillaud - 16021 ANGOULEME Cédex
Tél. : 05 45 69 48 62 - 05 45 69 00 65 - Email : gites.charente@tdi-services.fr - www.gitescharente.com

| TRES HTE SAIS. | HTE SAIS. | MOY. SAIS. | VAC. SCOL. | BASSE SAIS. | MID-WEEK | WEEK-END |
|---|---|---|---|---|---|---|
| 440 | 420 | 340 | 340 | 310 | 220 | 220 |

25 | 5 | 8 | 5 | 8 | 25 | SP | 8

### Nº 5038 — ROUZEDE — Le Bourny — CM 72 pli 15
**NN — 5 pers.**

Gîte situé dans un hameau de plain-pied. Séjour, coin-cuisine, 2 chambres (1 lit 160, 3 lits 1 pers.), mezzanine (canapé convertible), wc indépendants, salle d'eau. Jardin, terrasse, portique. Ouvert toute l'année.

GITE DE FRANCE - 27, place Bouillaud - 16021 ANGOULEME Cédex
Tél. : 05 45 69 48 62 - 05 45 69 00 65 - Email : gites.charente@tdi-services.fr - www.gitescharente.com

| TRES HTE SAIS. | HTE SAIS. | MOY. SAIS. | VAC. SCOL. | BASSE SAIS. | MID-WEEK | WEEK-END |
|---|---|---|---|---|---|---|
| 506 | 483 | 374 | 374 | 297 | 143 | 154 |

10 | SP | 10 | 10 | 10 | 4 | 4 | 8

### Nº 3016 — SALLES-LAVALETTE — Le Maine Roi — CM 75 pli 3
**NN — 8 pers.**

Gîte attenant à la maison du propriétaire. Rez-de-chaussée: salle à manger, cuisine indépendante (micro-ondes), salle de bains, wc indépendants. Etage: salon, 3 chambres (2 lits 2 pers. 3 lits 120, 1 lit 1 pers., 1 lit enfant), salle d'eau avec wc. Jardin, terrasse, garage, piscine à partager avec les propriétaires. 3 quads à louer pour balade. Ouvert toute l'année.

GITE DE FRANCE - 27, place Bouillaud - 16021 ANGOULEME Cédex
Tél. : 005 45 69 48 62 - 05 45 69 00 65 - Email : gites.charente@tdi-services.fr - www.gitescharente.com

| TRES HTE SAIS. | HTE SAIS. | MOY. SAIS. | VAC. SCOL. | BASSE SAIS. | MID-WEEK | WEEK-END |
|---|---|---|---|---|---|---|
| 949 | 876 | 535 | 418 | 510 | 275 | 330 |

13 | 0,5 | SP | 7 | 20 | 6

### Nº 4019A — SEGONZAC — Champagnoux — CM 72 pli 12
**NN — 16 pers.**

Maison indépendante située dans un hameau comportant 6 chambres (2 lits 2 pers., 12 lits 1 pers., 1 lit enfant). Rez-de-chaussée: cuisine (micro-ondes), salon, salle à manger, 3 chambres, salle de bains, wc. Etage: 3 chambres, 2 salles d'eau, 2 wc, 1 mezzanine. Jardin avec pelouse clos, piscine non-surveillée commune à un autre gîte. Ouvert toute l'année.

Laurent CHESNEAU - Champagnoux - 16130 SEGONZAC
Tél. : 05 45 83 14 56 - 06 83 50 05 90 - Email : gitesdechampagnoux@tiscali.fr

| TRES HTE SAIS. | HTE SAIS. | MOY. SAIS. | VAC. SCOL. | BASSE SAIS. | MID-WEEK | WEEK-END |
|---|---|---|---|---|---|---|
| 1200 | 1000 | 800 | 750 | 590 | 355 | 450 |

10 | 10 | SP | 3 | 10 | 15 | SP | 2,5

# CHARENTE - 16

Périodes tarifaires p. 396

## N° 4019B SEGONZAC — Champagnoux — CM 72 pli 12

NN  6 pers.

Maison indépendante située dans un hameau. Rez-de-chaussée: salle à manger avec coin-cuisine (micro-ondes), wc. Etage: 3 chambres (1 lit 2 pers., 4 lits 1 pers.), salle d'eau avec wc. Jardin clos avec pelouse, abri voiture, piscine non-surveillée commune à un autre gîte. Ouvert toute l'année.

Laurent CHESNEAU - Champagnoux - 16130 SEGONZAC
Tél. : 05 45 83 14 56 - 06 83 50 05 90 - Email : gitesdechampagnoux@tiscali.fr

| TRES HTE SAIS. | HTE SAIS. | MOY. SAIS. | VAC. SCOL. | BASSE SAIS. | MID-WEEK | WEEK-END |
|---|---|---|---|---|---|---|
| 620 | 590 | 420 | 370 | 290 | 170 | 220 |

| | | | | | | |
|---|---|---|---|---|---|---|
| 10 | 10 | SP | 3 | 10 | 15 | SP | 2,5 |

## N° 5021 ST-ADJUSTORY — Le Fournil — CM 72 pli 15

NN  3 pers.

Gîte indépendant situé dans le bourg. Rez-de-chaussée: cuisine (micro-onde), séjour spacieux, salle d'eau avec wc. Etage: chambre en mezzanine (1 lit 2 pers., 1 lit 1 pers.). Jardin avec pelouse clos réservé au gîte, terrasse couverte, garage. Linge de table et de toilette fournis. Cheminée et bois fourni. Ouvert toute l'année.

Jean-Claude QUIRIN - Le Bourg - 16310 ST-ADJUSTORY
Tél. : 05 45 62 22 12 - 05 56 57 80 72 - Email : jc.mary.quirin@wanadoo.fr

| TRES HTE SAIS. | HTE SAIS. | MOY. SAIS. | VAC. SCOL. | BASSE SAIS. | MID-WEEK | WEEK-END |
|---|---|---|---|---|---|---|
| 430 | 420 | 280 | 300 | 250 | 175 | 170 |

| | | | | | |
|---|---|---|---|---|---|
| 20 | SP | 7 | 7 | 15 | 3 | SP |

## N° 4041B ST-GENIS-D'HIERSAC — Basse — CM 72 pli 13

NN  7 pers.

Gîte au bord de la Charente à proximité d'un autre gîte. Rez-de-chaussée : salle de séjour avec cuisine (micro-onde), salle d'eau, wc. Etage: 3 chambres (2 lits 2pers., 3 lits 1 pers.), salle d'eau, wc. Jardin, abri voiture, table de ping-pong, baby-foot, vtt. Ouvert toute l'année.

GITE DE FRANCE - 27, place Bouillaud - 16021 ANGOULEME Cédex
Tél. : 05 45 69 48 62 - 05 45 69 00 65 - Email : gites.charente@tdi-services.fr - www.gitescharente.com

| TRES HTE SAIS. | HTE SAIS. | MOY. SAIS. | VAC. SCOL. | BASSE SAIS. | MID-WEEK | WEEK-END |
|---|---|---|---|---|---|---|
| 500 | 500 | 420 | 420 | 330 | 200 | 250 |

| | | | | | | |
|---|---|---|---|---|---|---|
| SP | SP | 11 | 9 | 7 | 18 | 5 | 5 |

## N° 1075 VILLEJOUBERT — Logis de Montalembert — CM 72 pli 13

NN  5 pers.

Gîte dans un logis charentais du 17è siècle attenant à la maison du propriétaire situé dans un village. Rez-de-chaussée: salle de séjour, salon, cuisine (micro-ondes, sèche-linge), wc, verrière. Etage: 3 chambres (2 lits 2 pers., 1 lit 1 pers.), salle de bain (douche, baignoire, wc). Jardin privatif clos. Piscine couverte et chauffée à partager avec les propriétaires.

Catherine DELPERIER - Logis de Montalembert - 16560 VILLEJOUBERT
Tél. : 05 45 22 72 46

| TRES HTE SAIS. | HTE SAIS. | MOY. SAIS. | WEEK-END |
|---|---|---|---|
| 785 | 760 | 760 | 275 |

| | | | | | | |
|---|---|---|---|---|---|---|
| 5 | 5 | SP | 13 | 5 | 17 | 1 | 2 |

## N° 6015 VINDELLE — La Mothe — CM 72 pli 13

NN  8 pers.

Gîte attenant à la maison du propriétaire dans un ensemble 17e et 18e siècle. R.d.c.: salon/salle à manger, cuisine, salle d'eau avec wc, 1 chambre (2 lits 1 pers.). Etage: 1 chambre (2 lits 1 pers.). 1 chambre (1 lit 1 pers.), 1 chambre (1 lit 160, lit enfant), wc, salle de bains. Jardin clôturé, cour, terrasse, abri pour voiture. Piscine non surveillée à partager avec 2 autres gîtes. Ouvert toute l'année.

MARMISSOLLE-DAGUERRE - La Mothe - 16430 VINDELLE
Tél. : 05 45 21 92 37 - Fax: 05 45 21 11 74 - Email : edmondaguerre@aol.com - www.pour-les-vacances.com/lamothe

| TRES HTE SAIS. | HTE SAIS. | MOY. SAIS. | VAC. SCOL. | BASSE SAIS. | MID-WEEK | WEEK-END |
|---|---|---|---|---|---|---|
| 845 | 770 | 580 | 580 | 425 | 190 | 385 |

| | | | | | | |
|---|---|---|---|---|---|---|
| SP | SP | SP | 10 | 10 | 10 | 3 | 5 |

## N° 3065 YVIERS — CM 75 pli 3

NN  12 pers.

Gîte indépendant situé dans le bourg. Rez-de-chaussée: entrée, wc, cuisine (micro-ondes), séjour. Etage: 4 chambres (2 lits 2 pers., 6 lits 1 pers., 2 lits enfant), wc, 2 salles d'eau. Jardin avec pelouse clos réservé au gîte, terrasse couverte, garage, portique, pong-pong, vtt. Piscine privée au gîte. Ouvert toute l'année.

SCI DES SOURCES - Le Bourg - 16210 YVIERS
Tél. : 05 45 98 28 37

| TRES HTE SAIS. | HTE SAIS. | MOY. SAIS. | VAC. SCOL. | BASSE SAIS. | MID-WEEK | WEEK-END |
|---|---|---|---|---|---|---|
| 1200 | 1120 | 800 | 700 | 500 | 300 | 350 |

| | | | | | | |
|---|---|---|---|---|---|---|
| 4 | 4 | SP | 4 | 15 | 17 | 3 | 4 |

# CHARENTE - 16

Périodes tarifaires p. 396

**N° 3068  YVIERS** — **Chez Parlant** — CM 75 pli 3

NN  4 pers.

Gîte attenant à une résidence secondaire situé dans un hameau. 2 chambres (1 lit 2 pers., 2 lits 1 pers.). Rez-de-chaussée: entrée, cuisine, wc, salle de séjour (canapé convertible). Etage: 2 chambres, wc, salle d'eau, débarras. Jardin clos avec pelouse. Ouvert toute l'année.

GITE DE FRANCE - 27, place Bouillaud - 16021 ANGOULEME Cédex
Tél.: 05 45 69 48 62 - 05 45 69 00 65 - Email: gites.charente@tdi-services.fr - www.gitescharente.fr

| TRES HTE SAIS. | HTE SAIS. | MOY. SAIS. | VAC. SCOL. | BASSE SAIS. | MID-WEEK | WEEK-END |
|---|---|---|---|---|---|---|
| 420 | 380 | 290 | 325 | 270 | 175 | 210 |

8 | 5,5 | 10 | 55 | 5,5 | 5,5

POITOU-CHARENTES

# CHARENTE MARITIME - 17

**GITES DE FRANCE** - Service Réservation - 1, perspective de l'Océan
Les Minimes - B.P. 32 - 17002 LA ROCHELLE Cédex 01
Tél. 05 46 50 63 63 - Fax. 05 46 50 54 46
www.gites-de-france.com

3615 Gîtes de France
RESA - 0,2 €/mn

## PERIODES TARIFAIRES

**JUILLET/AOÛT** : du 26.06 au 28.08 - **MI-SAISON** : du 1er.05 au 26.06 et du 28.08 au 25.09 - **VACANCES SCOLAIRES** : toutes zones A, B, C - **HORS SAISON** : autres périodes.

---

### N° 72036 — BERNEUIL — Chez Rondeau — CM 71 pli 5

**NN — 8 pers.**

Saintes 15 km. Gîte de grand confort totalement indépendant. Rénové en 2003. Cuisine. Séjour/salon. Micro-ondes. Chge central. WC. Au 1er étage, s.d.b., WC et 2 ch. Ch. 1 (1 lit 2 pers.). Ch. 2 avec s. d'eau (1 lit 2 pers. 1 lit 1 pers.). Au 2ème étage ch. 3 avec s. d'eau et WC (1 lit 2 pers. 1 lit 1 pers.). Cour et jardin privatifs. Terrasse. Portique. Ping-pong. Pétanque. Chaise et lit bébé à disposition. Loc. de draps/linge de toilette. Linge de maison fourni. Poss. prestation ménage (12 €/H). TCC. DEPOT DE GARANTIE 300 €.
GITES DE FRANCE RESERVATION - 1 Perspective de l'Océan - Les Minimes - BP 32 - 17002 LA ROCHELLE Cedex 01
Tél. : 05 46 50 63 63 - Fax : 05 46 50 54 46 - www.gites-de-france.com

| BASSE SAIS. | VAC. SCOL. | MOY. SAIS. | JUILLET | AOUT |
|---|---|---|---|---|
| 450 | 550 | 480 | 810 | 810 |

| | | | | | | |
|---|---|---|---|---|---|---|
| 35 | 10 | 5 | 5 | 7 | 15 | 15 | 5 |

---

### N° 36043 — CHARRON — CM 71 pli 12

**NN — 5 pers.**

La Rochelle 20 km. Gîte rural rénové indépendant, de plain-pied. Cuisine (quelques marches accès WC). Séjour/salon. Petit salon. Buanderie (marches entre les 2 pièces). Micro-ondes. Chauffage électrique. Salle d'eau. WC. 2 chambres. Ch. 1 (1 lit 2 pers.). Ch. 2 (1 lit 2 pers. 1 lit 1 pers.). Jardin clos privatif, terrasse. Loc. de draps. Poss. prestation ménage (12 €/H). Chaise bébé à la demande.
GITES DE FRANCE-SERVICE RESERVATION - 1 Perspective de l'Océan - Les Minimes - BP 32 - 17002 LA ROCHELLE Cedex 01
Tél. : 05 46 50 63 63 - Fax : 05 46 50 54 46 - www.gites-de-france.com

| BASSE SAIS. | VAC. SCOL. | MOY. SAIS. | JUILLET | AOUT |
|---|---|---|---|---|
| 290 | 310 | 310 | 465 | 465 |

| | | | | | | |
|---|---|---|---|---|---|---|
| 25 | 10 | 1 | 2 | 2 | 10 | 17 | 1 |

---

### N° 36044 — CHARRON — CM 71 pli 12

**NN — 2 pers.**

La Rochelle 20 km. Gîte de construction récente aménagé au rez-de-chaussée de la maison des propriétaires. Cuisine/séjour/coin salon. S.d.b/WC. Chauffage central. Lave-linge commun. 1 ch. (1 lit 2 pers.). Jardin commun non clos, terrasse privative. Piscine commune (11 x 5) sur propriété privée. Chaise et lit bébé en toile disponibles. Loc. de draps/linge de toilette et de maison. Poss. prestation ménage (12 €/H). TCC. CAPACITE MAXI = 3 PERS.
GITES DE FRANCE-SERVICE RESERVATION - 1 Perspective de l'Océan - Les Minimes - BP 32 - 17002 LA ROCHELLE Cedex 01
Tél. : 05 46 50 63 63 - Fax : 05 46 50 54 46 - www.gites-de-france.com

| BASSE SAIS. | VAC. SCOL. | MOY. SAIS. | JUILLET | AOUT |
|---|---|---|---|---|
| 250 | 280 | 300 | 380 | 380 |

| | | | | | | |
|---|---|---|---|---|---|---|
| 25 | SP | 1 | 2 | 2 | 10 | 17 | 1 |

---

### N° 45134 — FOURAS — CM 71 pli 13

**NN — 4 pers.**

Rochefort sur la Charente avec la Corderie Royale 10 km. Gîte rénové mitoyen au gîte 45034 dans le village. De plain-pied. Cuisine/séjour/salon. Micro-ondes. Magnétoscope. Salle d'eau. WC. Chauffage électrique. 2 chambres. Ch. 1 (1 lit 2 pers.). Ch. 2 (2 lits 1 pers.). Cour close privative. Lit bébé en toile + chaise + baignoire disponibles. Loc. de draps/linge de toilette. Poss. prestation ménage (12 €/H). Toutes charges comprises.
GITES DE FRANCE-SERVICE RESERVATION - 1 Perspective de l'Océan - Les Minimes - BP 32 - 17002 LA ROCHELLE Cedex 01
Tél. : 05 46 50 63 63 - Fax : 05 46 50 54 46 - www.gites-de-france.com

| BASSE SAIS. | VAC. SCOL. | MOY. SAIS. | JUILLET | AOUT |
|---|---|---|---|---|
| 270 | 290 | 290 | 510 | 510 |

| | | | | | | |
|---|---|---|---|---|---|---|
| 0,2 | 10 | 0,2 | 1 | 8 | 50 | 10 | 0,5 |

---

### N° 65060 — LE GUA — Ferme du Fief — CM 71 pli 15

**NN — 5 pers.**

Royan 15 km. Au coeur d'une propriété de 150 ha, gîte de grand confort indépendant, mitoyen à des bâtiments. De plain-pied. Cuisine/séjour/salon. Micro-ondes. Poss. portable contre caution. Chauff. centr. S. de bains / douche séparée. WC. 2 ch. Ch. 1 (2 lits 1 pers.). Ch. 2 (3 lits 1 pers.). Grande terrasse close privée, cour et terrain communs. Abri auto. Ping-pong commun. Loc. de draps/linge de maison et de toilette. Poss. prestation ménage (12 €/H). Bois payant. Lit bébé et chaise à la demande. TCC. DEPOT DE GARANTIE 200 €. Pêche et chasse (en saison) sur une partie de la propriété.
GITES DE FRANCE-SERVICE RESERVATION - 1 Perspective de l'Océan - Les Minimes - BP 32 - 17002 LA ROCHELLE Cedex 01
Tél. : 05 46 50 63 63 - Fax : 05 46 50 54 46 - www.gites-de-france.com

| BASSE SAIS. | VAC. SCOL. | MOY. SAIS. | JUILLET | AOUT |
|---|---|---|---|---|
| 450 | 450 | 450 | 700 | 700 |

| | | | | | | |
|---|---|---|---|---|---|---|
| 15 | 2 | 3 | 12 | 3 | 2 | 20 | 0,5 | 3 |

# CHARENTE MARITIME - 17

Périodes tarifaires p. 402

## N° 74186 LUCHAT
**NN 4 pers.**

CM 71 pli 5

**Saintes 12 km.** Gîte rural rénové en 2002 dans un ensemble comprenant un autre gîte (74187) et la maison du propriétaire sur espace commun. Cuisine/séjour/salon. Micro-ondes. Lave-linge et sèche-linge communs dans lingerie. Chauffage électrique. A l'étage, salle d'eau. WC. 2 chambres. Ch. 1 (1 lit 2 pers.). Ch. 2 (2 lits 1 pers.). Cour et jardin clos communs. Terrasse privative. Loc. de draps/linge de toilette et de maison. Poss. prestation ménage (12 €/H). Toutes charges comprises. Lits bébé bois et toile et chaise à la demande.

GITES DE FRANCE-SERVICE RESERVATION - 1 Perspective de l'Océan - Les Minimes - BP 32 - 17002 LA ROCHELLE Cedex 01
Tél. : 05 46 50 63 63 - Fax: 05 46 50 54 46 - www.gites-de-france.com

| BASSE SAIS. | VAC. SCOL. | MOY. SAIS. | JUILLET | AOUT |
|---|---|---|---|---|
| 275 | 315 | 275 | 415 | 415 |

| | | | | | | |
|---|---|---|---|---|---|---|
| 26 | 12 | 8 | 4 | 4 | 12 | 12 | 0,2 |

## N° 74187 LUCHAT
**NN 3 pers.**

CM 71 pli 5

**Saintes 12 km.** Gîte rural rénové en 2002 dans un ensemble comprenant un autre gîte (74186) et la maison du propriétaire sur espace commun. Cuisine/séjour/salon. Micro-ondes. Lave-linge et sèche-linge communs dans lingerie. Chauffage électrique. A l'étage, salle d'eau. WC. 2 chambres. Ch. 1 (1 lit 2 pers.). Ch. 2 (1 lit 120). Cour et jardin clos communs. Loc. de draps/linge de toilette. Poss. prestation ménage (12 €/H). Toutes charges comprises. Lit bébé bois et toile et chaise à la demande.

GITES DE FRANCE-SERVICE RESERVATION - 1 Perspective de l'Océan - Les Minimes - BP 32 - 17002 LA ROCHELLE Cedex 01
Tél. : 05 46 50 63 63 - Fax: 05 46 50 54 46 - www.gites-de-france.com

| BASSE SAIS. | VAC. SCOL. | MOY. SAIS. | JUILLET | AOUT |
|---|---|---|---|---|
| 275 | 315 | 275 | 415 | 415 |

| | | | | | | |
|---|---|---|---|---|---|---|
| 26 | 12 | 8 | 4 | 4 | 12 | 12 | 0,2 |

## N° 84089 MESCHERS-SUR-GIRONDE
**NN 5 pers.**

CM 71 pli 15

**Royan 10 km.** Gîte de construction récente, de plain-pied indépendant. Cuisine/séjour/salon. Micro-ondes. Chauffage électrique. 2 salles d'eau. 2 WC. 3 chambres. Ch. 1 et ch. 2 (1 lit 2 pers.) chacune. Ch. 3 (2 lits 1 pers.). Jardin privatif non clos. Portique. Garage (petite voiture). Lit bébé toile et chaise à la demande. Loc. de draps/linge de maison et toilette. Poss. prestation ménage (12 €/H). Toutes charges comprises. Chambres d'hôtes sur la propriété.

Mauricette et Pierre REDEUILH - 202 route de Royan - 17132 MESCHERS-SUR-GIRONDE
Tél. : 05 46 02 72 72 - Fax : 05 46 02 72 72

| BASSE SAIS. | VAC. SCOL. | MOY. SAIS. | JUILLET | AOUT |
|---|---|---|---|---|
| 300 | 350 | 340 | 550 | 550 |

| | | | | | | | |
|---|---|---|---|---|---|---|---|
| 2,5 | 10 | 2,5 | 0,8 | 3 | 15 | 10 | 3 |

## N° 72016 MEURSAC
**NN 5 pers.**

CM 71 pli 5

**Royan 18 km.** Gîte rural rénové mitoyen à la maison des propriétaires. Cuisine. Micro-ondes. Séjour/salon. Tél. portable à disposition contre caution de 130 €. Chauffage électrique. Salle d'eau. WC. 3 chambres à l'étage. Ch. 1 et ch. 2 (1 lit 2 pers.). Ch. 3 (1 lit 1 pers.). Jardin privatif de 1500 m2 avec portique dont 300 m2 clos. Lit bébé barreaux + baignoire + chaise à la demande. Loc. draps/linge de maison et toilette. Poss. prestation ménage (12 €/H). Forfait chauff = 28 €/53 €/sem.

GITES DE FRANCE-SERVICE RESERVATION - 1 Perspective de l'Océan - Les Minimes - BP 32 - 17002 LA ROCHELLE Cedex 01
Tél. : 05 46 50 63 63 - Fax: 05 46 50 54 46 - www.gites-de-france.com

| BASSE SAIS. | VAC. SCOL. | MOY. SAIS. | JUILLET | AOUT |
|---|---|---|---|---|
| 260 | 290 | 290 | 470 | 470 |

| | | | | | | | |
|---|---|---|---|---|---|---|---|
| 18 | 3 | 4 | 15 | 3 | 5 | 22 | 9 | 3 |

## N° 72031 MEURSAC — La Groie
**NN 7 pers.**

CM 71 pli 5

**Royan 18 km.** Dans un superbe logis du XVIe, gîte de grand confort mitoyen au logement des propriétaires (rénové en 2002). Cuisine. Séjour. Salon. Micro-ondes. Chauffage central. Salle d'eau/WC. A l'étage, salle de bains. WC. 3 ch. Ch. 1 (1 lit 2 pers.). Ch. 2 (1 lit 2 pers. en 160, 1 lit 1 pers.). Ch. 3 (2 lits 1 pers.). Terrain privatif. Draps/linge de toilette et de maison fournis. Poss. prestation ménage (12 €/H). Chaise bébé à la demande. TCC. DEPOT DE GARANTIE 500 €.

GITES DE FRANCE-SERVICE RESERVATION - 1 Perspective de l'Océan - Les Minimes - BP 32 - 17002 LA ROCHELLE Cedex 01
Tél. : 05 46 50 63 63 - Fax: 05 46 50 54 46 - www.gites-de-france.com

| BASSE SAIS. | VAC. SCOL. | MOY. SAIS. | JUILLET | AOUT |
|---|---|---|---|---|
| 600 | 650 | 650 | 850 | 850 |

| | | | | | | |
|---|---|---|---|---|---|---|
| 18 | 1 | 1 | 1 | 10 | 25 | 20 | 1 |

## N° 51033 LE MUNG — Le Breuil
**NN 4 pers.**

CM 71 pli 4

**Saint-Savinien 6 km.** Gîte rural rénové mitoyen à un maison dans un hameau. Cuisine/séjour/coin salon. Micro-ondes. Chauffage central. WC. A l'étage, salle d'eau/WC et 2 chambres. Ch1 et ch. 2 (1 lit 2 pers.) chacune. Terrasse close privative et jardin privatif non attenant (à 10 m). Portique. Garage. Loc. de draps. Toutes charges comprises. Chaise bébé à la demande.

GITES DE FRANCE-SERVICE RESERVATION - 1 Perspective de l'Océan - Les Minimes - BP 32 - 17002 LA ROCHELLE Cedex 01
Tél. : 05 46 50 63 63 - Fax: 05 46 50 54 46 - www.gites-de-france.com

| BASSE SAIS. | VAC. SCOL. | MOY. SAIS. | JUILLET | AOUT |
|---|---|---|---|---|
| 190 | 210 | 210 | 295 | 295 |

| | | | | | | |
|---|---|---|---|---|---|---|
| 30 | 6 | 6 | 6 | 8 | 20 | 6 | 6 |

POITOU-CHARENTES

Pictos voir p. 12

# CHARENTE MARITIME - 17

Périodes tarifaires p. 402

## N° 51032 — SALLES-LES-AULNAY — CM 71 pli 3

**NN — 4 pers.**

Aulnay-de-Saintonge 1 km. Gîte rural rénové indépendant. De plain-pied. Cuisine/séjour. Chauffage électrique. Salle d'eau. WC. 2 chambres. Ch. 1 (1 lit 2 pers.). Ch. 2 (2 lits 1 pers.). Jardin clos privatif, terrasse. Chevet d'une église romane du XIIe sur la propriété. Toutes charges comprises. Draps, linge de maison et bois fournis. Chaise bébé à la demande.

GITES DE FRANCE-SERVICE RESERVATION – 1 Perspective de l'Océan - Les Minimes - BP 32 - 17002 LA ROCHELLE Cedex 01
Tél. : 05 46 50 63 63 - Fax : 05 46 50 54 46 – www.gites-de-france.com

| BASSE SAIS. | VAC. SCOL. | MOY. SAIS. | JUILLET | AOUT |
|---|---|---|---|---|
| 230 | 230 | 390 | 390 | 390 |

| | | | | | | | |
|---|---|---|---|---|---|---|---|
| 80 | 1 | 12 | 25 | 1,5 | 10 | 45 | 18 | 1,5 |

## N° 84090 — SEMUSSAC — Pontaluçon — CM 71 pli 15

**NN — 6 pers.**

Royan 12 km. Gîte rural rénové mitoyen à la maison des propriétaires et situé dans un hameau isolé. En r.d.c., cuisine/séjour. 1 ch. (1 lit 2 pers.). A l'étage, salle de bains, WC et 2 chambres (1 lit 2 pers.) chacune. Chauffage central. Cour et jardin privatifs non attenants à 10 m sur le côté du gîte. Chaise bébé à disposition. Toutes charges comprises.

GITES DE FRANCE-SERVICE RESERVATION – 1 Perspective de l'Océan - Les Minimes - BP 32 - 17002 LA ROCHELLE Cedex 01
Tél. : 05 46 50 63 63 - Fax : 05 46 50 54 46 – www.gites-de-france.com

| BASSE SAIS. | VAC. SCOL. | MOY. SAIS. | JUILLET | AOUT |
|---|---|---|---|---|
| 230 | 280 | 250 | 400 | 400 |

| | | | | | | | |
|---|---|---|---|---|---|---|---|
| 8 | 5 | 8 | 2 | 8 | 15 | 12 | 2 |

## N° 72026 — SOULIGNONNES — Anecuit — CM 71 pli 4

**NN — 11 pers.**

Saintes 15 km. Gîte rural indépendant rénové en 2003. Cuisine/séjour/salon. Micro-ondes. Tél. téléséjour. Chauffage central. Lingerie. WC. S.d.b. Ch. 1 (1 lit 2 pers.). A l'étage, salle d'eau. WC et 4 ch. Ch. 2 (1 lit 2 pers., 1 lit 1 pers.). Ch. 3 (1 lit 2 pers.). Ch. 4 et ch. 5 (2 lits 1 pers.). Jardin clos privatif, terrasse couverte. Portique. Ping-pong. Gîte 72017 sur la propriété. Chaise et lit bébé + équipement complet à disposition. Loc. de draps/linge de maison et de toilette. Poss. prestation ménage (12 €/H). TCC. DEPOT DE GARANTIE 500 €.

GITES DE FRANCE-SERVICE RESERVATION – 1 Perspective de l'Océan - Les Minimes - BP 32 - 17002 LA ROCHELLE Cedex 01
Tél. : 05 46 50 63 63 - Fax : 05 46 50 54 46 – www.gites-de-france.com

| BASSE SAIS. | VAC. SCOL. | MOY. SAIS. | JUILLET | AOUT |
|---|---|---|---|---|
| 650 | 750 | 700 | 1000 | 1000 |

| | | | | | | | |
|---|---|---|---|---|---|---|---|
| 28 | 11 | 0,1 | 15 | 0,4 | 14 | 18 | 16 | 4 |

## N° 16017 — ST-CLEMENT-DES-BALEINES — Le Gillieux — CM 71 pli 12

**NN — 6 pers.**

Le phare des Baleines et l'Arche de Noé 800 m. Gîte rural rénové en 2000, mitoyen dans un petit village. Cuisine/séjour/coin salon. Micro-ondes, magnétoscope. Chauffage électrique. WC. A l'étage, salle de bains. Salle d'eau. WC. 3 chambres. Ch. 1 et ch. 2 (1 lit 2 pers.) chacune. Ch. 3 (2 lits 1 pers.). Courette privative close. Loc. draps/linge de maison et de toilette. Poss. prestation ménage (12 €/H). Lit bébé toile + chaise + baignoire à la demande. DEPOT DE GARANTIE 320 €.

GITES DE FRANCE-SERVICE RESERVATION – 1 Perspective de l'Océan - Les Minimes - BP 32 - 17002 LA ROCHELLE Cedex 01
Tél. : 05 46 50 63 63 - Fax : 05 46 50 54 46 – www.gites-de-france.com

| BASSE SAIS. | VAC. SCOL. | MOY. SAIS. | JUILLET | AOUT |
|---|---|---|---|---|
| 305 | 460 | 415 | 775 | 775 |

| | | | | | | | |
|---|---|---|---|---|---|---|---|
| 0,5 | 24 | 0,5 | 0,4 | 1 | 8 | 45 | 1 |

## N° 72023 — STE-GEMME — Les Pages — CM 71 pli 14

**NN — 4 pers.**

Royan 20 km. Gîte rural indépendant rénové en 2002. Cuisine/séjour. Micro-ondes. Salle d'eau/WC. Chauffage électrique. A l'étage, WC et 2 chambres. Ch. 1 (1 lit 2 pers.). Ch. 2 (2 lits 1 pers. superposés). Cour carrelée close privative. Garage. Chaise et baignoire bébé à la demande. Loc. de draps/linge de maison et de toilette. 3 vélos adulte et 1 petit vélo enfant à disposition.

GITES DE FRANCE-SERVICE RESERVATION – 1 Perspective de l'Océan - Les Minimes - BP 32 - 17002 LA ROCHELLE Cedex 01
Tél. : 05 46 50 63 63 - Fax : 05 46 50 54 46 – www.gites-de-france.com

| BASSE SAIS. | VAC. SCOL. | MOY. SAIS. | JUILLET | AOUT |
|---|---|---|---|---|
| 235 | 285 | 285 | 430 | 430 |

| | | | | | | | |
|---|---|---|---|---|---|---|---|
| 20 | 10 | 2 | 5 | 2,5 | 3 | 20 | 12 | 2,5 |

## N° 16067 — STE-MARIE-DE-RE — CM 71 pli 12

**NN — 4 pers.**

Saint-martin-de-Ré 8 km. Gîte rural rénové indépendant. Cuisine/séjour/salon. Micro-ondes. Tél portable avec recharge tél. contre caution. Chauffage électrique. WC. A l'étage, salle d'eau, wc et 2 chambres. ch. 1 (1 lit 2 pers.). ch. 2 (2 lits 1 pers.). Cour close privée et auvent. Loc. draps/linge de maison et toilette. Poss. prestation ménage (12 €/H). Lit toile + chaise + table à langer bébé disponibles. DEPOT DE GARANTIE 300 €. Gîte situé dans un quéreux (petite place) : accès à pied par une venelle. Parking à 100 m.

GITES DE FRANCE-SERVICE RESERVATION – 1 Perspective de l'Océan - Les Minimes - BP 32 - 17002 LA ROCHELLE Cedex 01
Tél. : 05 46 50 63 63 - Fax : 05 46 50 54 46 – www.gites-de-france.com

| BASSE SAIS. | VAC. SCOL. | MOY. SAIS. | JUILLET | AOUT |
|---|---|---|---|---|
| 305 | 425 | 385 | 775 | 775 |

| | | | | | | |
|---|---|---|---|---|---|---|
| 1 | 1 | 1 | 1 | 5 | 18 | 1 |

# CHARENTE MARITIME - 17

Périodes tarifaires p. 402

POITOU-CHARENTES

Pictos voir p. 12

### N° 16068 — STE-MARIE-DE-RE — La Noue — CM 71 pli 12
**NN — 4 pers.**

St-Martin-de-Ré 8 km. Gîte de construction récente (1990), de plain-pied, mitoyen dans une impasse. Cuisine/séjour/coin salon. Micro-ondes. Chauffage électrique. Salle d'eau. WC. 2 chambres. Ch. 1 (1 lit 2 pers.). Ch. 2 (2 lits 1 pers.). Cour close privative. Abri vélo. Loc. de draps et linge de toilette et de maison. Lit toile, chaise et baignoire bébé disponibles. Poss. prestation ménage (12 €/H). Parking privé à 800 m.

GITES DE FRANCE-SERVICE RESERVATION - 1 Perspective de l'Océan - Les Minimes - BP 42 - 17002 LA ROCHELLE Cedex 01
Tél. : 05 46 50 63 63 - Fax : 05 46 50 54 46 - www.gites-de-france.com

| BASSE SAIS. | VAC. SCOL. | MOY. SAIS. | JUILLET | AOUT |
|---|---|---|---|---|
| 270 | 365 | 365 | 630 | 630 |

| | | | | | | | |
|---|---|---|---|---|---|---|---|
| 1 | 2 | 0,5 | 1 | 2 | 20 | 18 | 0,1 |

### N° 16141 — STE-MARIE-DE-RE — CM 71 pli 12
**NN — 4 pers.**

St-Martin-de-Ré 8 km. Gîte rural rénové en 2002 totalement indépendant. Cuisine/séjour/coin-salon avec cheminée insert. Micro-ondes. Cellier. Buanderie. Chauffage électrique. Salle d'eau. WC. A l'étage douche/WC et 2 chambres. Ch. 1 (1 lit 2 pers.). Ch. 2 (2 lits 1 pers.). Jardin clos privatif, terrasses, portique. Garage. Bois payant. 1 lit bébé en bois + chaise + baignoire à la demande. Loc. de draps/linge de maison et de toilette. Poss. prestation ménage (12 €/H). DEPOT DE GARANTIE 300 €. Centre de thalassothérapie à 1.5 km.

GITES DE FRANCE-SERVICE RESERVATION - 1 Perspective de l'Océan - Les Minimes - BP 42 - 17002 LA ROCHELLE Cedex 01
Tél. : 05 46 50 63 63 - Fax : 05 46 50 54 46 - www.gites-de-france.com

| BASSE SAIS. | VAC. SCOL. | MOY. SAIS. | JUILLET | AOUT |
|---|---|---|---|---|
| 340 | 490 | 450 | 910 | 910 |

| | | | | | | |
|---|---|---|---|---|---|---|
| 1 | 1 | 0,5 | 1 | 3 | 5 | 18 | 1 |

### N° 93020 — ST-FORT-SUR-GIRONDE — CM 71 pli 6
**NN — 9 pers.**

Centre aquatique les Antilles de Jonzac et thermalisme 25 km. Gîte rural rénové en 2003 indépendant avec vue panoramique sur l'estuaire de la Gironde. Cuisine. Micro-ondes. Sèche-linge. Séjour/salon. Carte F. Télécom. Chauf. élect. S de bains. WC. Ch. 1 (1 lit 2 pers. 1 lit 1 pers.). A l'étage, salle d'eau/WC. 3 ch. Ch. 2 et ch. 3 (1 lit 2 pers.). Ch. 4 (1 lit 2 pers.). Cour et ter. privatifs non clos. Pisc sur propr privée,terras.,portique. Parking. Bois fourni. Lit bébé en bois et chaise à la demande. Loc. de draps. Linge mais. et toil. fourni. Poss. prest. ménage (12 €/H). CAUTION 300 €. Forf charges 50/55 €/sem.

GITES DE FRANCE-SERVICE RESERVATION - 1 Perspective de l'Océan - Les Minimes - BP 42 - 17002 LA ROCHELLE Cedex 01
Tél. : 05 46 50 63 63 - Fax : 05 46 50 54 46 - www.gites-de-france.com

| BASSE SAIS. | VAC. SCOL. | MOY. SAIS. | JUILLET | AOUT |
|---|---|---|---|---|
| 460 | 560 | 600 | 1000 | 1000 |

| | | | | | | | |
|---|---|---|---|---|---|---|---|
| 25 | SP | 2 | 25 | 4 | 5 | 25 | 25 | 4 |

### N° 64089 — ST-GEORGES-D'OLERON — Chéray — CM 71 pli 13
**NN — 4 pers.**

La Cotinière 8 km. Gîte de construction récente, indépendant, de plain pied. Cuisine avec cheminée insert. Séjour/salon : convertible 2 pers. Micro-ondes. Chauffage électrique. Salle de bains. WC. 2 chambres. Ch. 1 (1 lit 2 pers.). Ch. 2 (2 lits 1 pers.). Cour et jardin clos privatifs, terrasse, véranda, portique, bac à sable. Bois payant. Chaise et baignoire bébé disponibles. Loc. de draps/linge de toilette. Poss. prestation ménage (12 €/H).

Annie BONNAUD - 2 impasse des Rossignols - 17138 PUILBOREAU
Tél. : 05 46 68 05 78 - 06 10 71 65 01 - Fax : 05 46 68 05 78

| BASSE SAIS. | VAC. SCOL. | MOY. SAIS. | JUILLET | AOUT |
|---|---|---|---|---|
| 270 | 330 | 340 | 580 | 580 |

| | | | | | |
|---|---|---|---|---|---|
| 3 | 0,5 | 0,3 | 5 | 10 | 40 | 0,2 |

### N° 64138 — ST-GEORGES-D'OLERON — Chaucre — CM 71 pli 13
**NN — 6 pers.**

La Cotinière 8 km. Gîte rural rénové en 2002, mitoyen dans un hameau. Cuisine/séjour. Salon. Micro-ondes. Salle d'eau. WC. Cellier. Chauffage électrique. 3 Ch. (2 marches d'accès). Ch. 1 (2 lits 1 pers. superposés). Ch. 2 (2 lits 1 pers.). Ch. 3 (1 lit 2 pers.). Jardin clos privatif, portique, bac à sable. Garage. Loc. draps/linge de maison et toilette. Poss. prestation ménage (12 €/H). Lit, chaise et baignoire bébé à disposition.

GITES DE FRANCE-SERVICE RESERVATION - 1 Perspective de l'Océan - Les Minimes - BP 42 - 17002 LA ROCHELLE Cedex 01
Tél. : 05 46 50 63 63 - Fax : 05 46 50 54 46 - www.gites-de-france.com

| BASSE SAIS. | VAC. SCOL. | MOY. SAIS. | JUILLET | AOUT |
|---|---|---|---|---|
| 290 | 400 | 360 | 720 | 720 |

| | | | | | |
|---|---|---|---|---|---|
| 1 | 1 | 1 | 1,5 | 8 | 40 | 1 |

### N° 45003 — ST-HIPPOLYTE — La Borrie — CM 71 pli 14
**NN — 9 pers.**

Rochefort sur la Charente et la Corderie Royale 15 km. Gîte rural rénové mitoyen à un autre gîte. Cuisine/séjour/salon. Micro-ondes. Téléphone carte F.Télécom. 1 s. d'eau + 1 s. de bain. 2 WC. Chauffage électrique. 4 ch. : ch. 1 et ch. 2 (1 lit 2 pers.). Ch. 3 (2 lits 1 pers). Ch. 4 (3 lits 1 pers). Cour et terrain non clos privatif, terrasse, portique. Lit et chaise bébé à disposition. Loc. de draps. Prestation ménage à la demande (12 €/H). Bois payant.

Roland HILLAIRET - 9 rue du Grand Village - 17250 LA VALLEE
Tél. : 05 46 95 61 62

| BASSE SAIS. | VAC. SCOL. | MOY. SAIS. | JUILLET | AOUT |
|---|---|---|---|---|
| 410 | 410 | 410 | 560 | 560 |

| | | | | | | |
|---|---|---|---|---|---|---|
| 20 | 7 | 2 | 2 | 2,5 | 30 | 15 | 2 |

# CHARENTE MARITIME - 17

Périodes tarifaires p. 402

## N° 45059 — ST-JEAN-D'ANGLE — CM 71 pli 14

**NN — 12 pers.**

**Rochefort.** A la limite du Marais, gîte rural de caractère rénové (2003). Refuge LPO avec cigognes. Cuisine. Séjour/salon. Salon. Chge central. Micro-ondes. Buanderie. Sèche-linge. Tél. serv. restreint. TV sat. S. d'eau. WC. Ch. 1 (2 lits 1 pers.). A l'étage, 2 WC, s. d'eau. S.d.b. et 4 ch. Ch. 2 (1 lit 2 pers.). Ch. 3 et ch. 4 (3 lits 1 pers.). Ch. 5 (1 lit 2 pers. en 160). Terrasses. Terrain privé. Abri voiture. Ping-pong. Portique. TCC sauf bois cheminée payant. Equip. bébé dispo. Loc. de draps/linge de toilette. Poss. prestation ménage (12 €/H). DEPOT DE GARANTIE 600 €.
GITES DE FRANCE-SERVICE RESERVATION - 1 Perspective de l'Océan - Les Minimes - BP 23 - 17002 LA ROCHELLE Cedex 01
Tél. : 05 46 50 63 63 - Fax: 05 46 50 54 46 - www.gites-de-france.com

| BASSE SAIS. | VAC. SCOL. | MOY. SAIS. | JUILLET | AOUT |
|---|---|---|---|---|
| 850 | 1110 | 1010 | 1325 | 1325 |

| | | | | | | | |
|---|---|---|---|---|---|---|---|
| 15 | 15 | 4 | 10 | 10 | 10 | 30 | 15 | 15 |

## N° 65085 — ST-JUST-LUZAC — Château de Feusse — CM 71 pli 14

**NN — 3 pers.**

**Marennes 5 km.** Gîte/studio mitoyen à d'autres gîtes dans un bâtiment à proximité de la piscine, sur le domaine du château de Feusse. Cuisine/séjour, prise TV. Salle d'eau/wc. Mezzanine : accès échelle meunière (1 lit 2 pers. 1 lit 1 pers.). Terrain non clos commun à deux autres gîtes. Piscine commune sur propriété privée (11 x 5 m). Loc. de draps. Location de linge de maison et de toilette. Chaise bébé à la demande.

Nicole MEUNIER - Château de Feusse - 17320 ST-JUST-LUZAC
Tél. : 05 46 85 16 55 - 01 43 50 52 22 - Fax : 05 46 85 16 55

| MOY. SAIS. | JUILLET | AOUT |
|---|---|---|
| 280 | 400 | 400 |

| 5 | SP | 1 | 1 | 1 | 20 | 15 | 2 |

## N° 65086 — ST-JUST-LUZAC — Château de Feusse — CM 71 pli 14

**NN — 4 pers.**

**Marennes 5 km.** Gîte rural mitoyen à d'autres gîtes dans un bâtiment à proximité de la piscine, sur le domaine du château de Feusse. Cuisine/séjour (1 lit 2 pers.), prise TV. Salle d'eau/wc. 1 chambre (2 lits 1 pers.). Terrain non clos commun à deux autres gîtes. Piscine commune sur propriété privée (11 x 5 m). Loc. de draps. Location de linge de maison et de toilette. Chaise bébé à la demande.

Nicole MEUNIER - Château de Feusse - 17320 ST-JUST-LUZAC
Tél. : 05 46 85 16 55 - 01 43 50 52 22 - Fax : 05 46 85 16 55

| MOY. SAIS. | JUILLET | AOUT |
|---|---|---|
| 280 | 400 | 400 |

| 5 | SP | 1 | 1 | 1 | 20 | 15 | 2 |

## N° 65087 — ST-JUST-LUZAC — Château de Feusse — CM 71 pli 14

**NN — 4 pers.**

**Marennes 5 km.** Gîte rural mitoyen à d'autres gîtes dans un bâtiment à proximité de la piscine, sur le domaine du château de Feusse. Cuisine/séjour, prise TV. Salle d'eau/wc. 2 chambres. Ch. 1 (1 lit 2 pers.). Ch. 2 (2 lits 1 pers.). Terrain non clos commun à deux autres gîtes. Piscine commune sur propriété privée (11 x 5 m). Loc. de draps. Location de linge de maison et de toilette. Chaise bébé à la demande.

Nicole MEUNIER - Château de Feusse - 17320 ST-JUST-LUZAC
Tél. : 05 46 85 16 55 - 01 43 50 52 22 - Fax : 05 46 85 16 55

| MOY. SAIS. | JUILLET | AOUT |
|---|---|---|
| 280 | 400 | 400 |

| 5 | SP | 1 | 1 | 1 | 20 | 15 | 2 |

## N° 64007 — ST-PIERRE-D'OLERON — La Biroire — CM 71 pli 13

**NN — 5 pers.**

**Le phare de Chassiron 10 km. Le port de la Cotinière 3 km.** Gîte rural indépendant, de construction récente (2003). De plain-pied. Cuisine/séjour/salon. Micro-ondes. Tél. portable contre caution. Chauffage électrique. Salle d'eau. WC. 3 chambres. Ch. 1 (1 lit 2 pers.), Ch. 2 (2 lits 1 pers.), Ch. 3 (1 lit 1 pers., 1 lit 1 pers. d'appoint : lits gigognes). Terrain clos privatif, terrasse, portique, garage. Loc. de draps/linge de maison et de toilette. Poss. prestation ménage (12 €/H). Bois payant. Lit bébé en toile, chaise, matelas à langer et baignoire à disposition.
GITES DE FRANCE-SERVICE RESERVATION - 1 Perspective de l'Océan - Les Minimes - BP 23 - 17002 LA ROCHELLE Cedex 01
Tél. : 05 46 50 63 63 - Fax: 05 46 50 54 46 - www.gites-de-france.com

| BASSE SAIS. | VAC. SCOL. | MOY. SAIS. | JUILLET | AOUT |
|---|---|---|---|---|
| 320 | 415 | 415 | 670 | 670 |

| 0,1 | 0,2 | 0,5 | 4 | 10 | 40 | 2 |

## N° 64094 — ST-PIERRE-D'OLERON — La Menounière — CM 71 pli 13

**NN — 4 pers.**

**Le phare de Chassiron 15 km.** Gîte rural rénové mitoyen dans un hameau. Cuisine/salle de séjour/coin détente. Prise TV. Chauffage électrique. Salle d'eau. WC. 1 chambre en rez-de-chaussée (1 lit 2 pers.). 1 chambre en mezzanine : accès échelle meunière (1 lit 2 pers.). Courette close privative. Garage. Loc. de draps/linge de toilette. Chaise bébé et baignoire à la demande. Bois payant. Poss. prestation ménage (12 €/H).

Georgette DANDONNEAU - 20 rue de la Paix - Les Allards - 17550 DOLUS-D'OLERON
Tél. : 05 46 75 35 08

| BASSE SAIS. | VAC. SCOL. | MOY. SAIS. | JUILLET | AOUT |
|---|---|---|---|---|
| 225 | 260 | 260 | 425 | 425 |

| 0,5 | 0,5 | 1,5 | 5 | 7 | 40 | 2,5 |

# CHARENTE MARITIME - 17

*Périodes tarifaires p. 402*

## N° 64197 — ST-PIERRE-D'OLERON — La Biroire
CM 71 pli 13

**NN — 4 pers.**

La Cotinière 3 km. Gîte rural rénové en 2002 de plain-pied à proximité du gîte 64196. Cuisine/séjour/coin salon. Chauffage électrique. Salle d'eau. WC. 2 chambres. Ch. 1 et ch. 2 (1 lit 2 pers.). Terrain clos commun avec terrasse privative. Loc. de draps. Poss. prestation ménage (12 €/h). 1 lit bébé à barreaux, chaise et baignoire à la demande.

GITES DE FRANCE-SERVICE RESERVATION - 1 Perspective de l'Océan - Les Minimes - BP 32 - 17002 LA ROCHELLE Cedex 01
Tél. : 05 46 50 63 63 - Fax : 05 46 50 54 46 - www.gites-de-france.com

| BASSE SAIS. | VAC. SCOL. | MOY. SAIS. | JUILLET | AOUT |
|---|---|---|---|---|
| 260 | 340 | 310 | 530 | 530 |

| | | | | | | |
|---|---|---|---|---|---|---|
| 0,3 | 0,2 | 0,2 | 4 | 10 | 40 | 3 |

## N° 64273 — ST-PIERRE-D'OLERON — La Cotinière
CM 71 pli 13/14

**NN — 3 pers.**

La Cotinière 1 km. Charmant petit gîte de construction récente, de plain-pied, à proximité de la maison des propriétaires. Cuisine/séjour/coin salon. Salle d'eau. WC. Chauffage électrique. 1 chambre (1 lit 2 pers.160, 1 lit 1 pers.90). Jardinet clos privatif, terrasse. Accès à la piscine couverte et chauffée des propriétaires sur propriété privée (bonnet de bains obligatoire). TCC. Draps fournis. Loc linge de toilette. Chaise bébé à la demande. Poss. prestation ménage à la demande (12 €/Heure). Gîte n° 64173 et chambres d'hôtes sur la propriété.

GITES DE FRANCE-SERVICE RESERVATION - 1 Perspective de l'Océan - Les Minimes - BP 32 - 17002 LA ROCHELLE Cedex 01
Tél. : 05 46 50 63 63 - Fax : 05 46 50 54 46 - www.gites-de-france.comr

| BASSE SAIS. | VAC. SCOL. | MOY. SAIS. | JUILLET | AOUT |
|---|---|---|---|---|
| 280 | 345 | 340 | 485 | 485 |

| | | | | | | |
|---|---|---|---|---|---|---|
| 0,2 | SP | 0,2 | 4 | 4 | 12 | 45 | 1 |

## N° 65061 — ST-SORNIN — St-Nadeau
CM 71 pli 14

**NN — 6 pers.**

Royan 15 km. Gîte rural rénové de grand confort indépendant situé à proximité de la maison des propriétaires. De plain-pied. Cuisine/séjour/salon. Micro-ondes. Cellier. Sèche-linge. Chauffage électr. Salle de bains/WC avec douche séparée. WC. 3 ch. 1 access. pers. handicapée (1 lit 2 pers.). Ch. 2 (2 lits 1 pers.). Ch. 3 avec salle d'eau (1 lit 2 pers.). Jardin privatif, terrasse. Ping-pong commun. Chaise et lit bébé disponibles. Bois payant. Loc. de draps/linge de maison et de toilette. Poss. prestation ménage (12 €/H). DEPOT DE GARANTIE 500 €.

GITES DE FRANCE-SERVICE RESERVATION - 1 Perspective de l'Océan - Les Minimes - BP 32 - 17002 LA ROCHELLE Cedex 01
Tél. : 05 46 50 63 63 - Fax : 05 46 50 54 46 - www.gites-de-france.com

| BASSE SAIS. | VAC. SCOL. | MOY. SAIS. | JUILLET | AOUT |
|---|---|---|---|---|
| 350 | 420 | 600 | 900 | 900 |

| | | | | | | |
|---|---|---|---|---|---|---|
| 15 | SP | 1 | 2 | 6 | 15 | 12 | 4 |

## N° 84088 — TALMONT — Le Caillaud
CM 71 pli 15

**NN — 4 pers.**

Royan 15 km. Gîte rural rénové mitoyen à une maison. Cuisine. Micro-ondes. Séjour. Chauffage électrique. Salle d'eau. WC. A l'étage 2 chambres. Ch. 1 (1 lit 2 pers.). Ch. 2 (2 lits 1 pers.). Courette close privative. Garage (petite voiture). Loc. de draps. Lit bébé à barreaux, chaise et baignoire à la demande. Site archéologique à 3 km.

GITES DE FRANCE-SERVICE RESERVATION - 1 Perspective de l'Océan - Les Minimes - BP 32 - 17002 LA ROCHELLE Cedex 01
Tél. : 05 46 50 63 63 - Fax : 05 46 50 54 46 - www.gites-de-france.com

| VAC. SCOL. | MOY. SAIS. | JUILLET | AOUT |
|---|---|---|---|
| 245 | 275 | 425 | 425 |

| | | | | | | |
|---|---|---|---|---|---|---|
| 5 | 2 | 1 | 5 | 5 | 18 | 15 | 5 |

## N° 72021 — VIROLLET — Chez Bonnin
CM 71 pli 5

**NN — 6 pers.**

Royan 25 km. Gîte rural rénové mitoyen à des chambres d'hôtes. Cuisine/séjour/coin salon. Micro-ondes. Chauffage central. Ch. 1 et Ch. 2 en r.d.c. (1 lit 2 pers.) chacune. WC. A l'étage, salle d'eau. WC. Ch. 3 et ch. 4 (1 lit 1 pers.) chacune. Jardinet clos privatif, terrasse, piscine commune (10 x 5) sur propriété privée. Loc. de draps/linge de toilette. Poss. prestation ménage (12 €/H). Chaise et lit bébé en bois disponibles. Toutes charges comprises sauf bois de cheminée.

GITES DE FRANCE-SERVICE RESERVATION - 1 Perspective de l'Océan - Les Minimes - BP 32 - 17002 LA ROCHELLE Cedex 01
Tél. : 05 46 50 63 63 - Fax : 05 46 50 54 46 - www.gites-de-france.com

| BASSE SAIS. | VAC. SCOL. | MOY. SAIS. | JUILLET | AOUT |
|---|---|---|---|---|
| 270 | 310 | 380 | 550 | 550 |

| | | | | | | |
|---|---|---|---|---|---|---|
| 20 | SP | 1 | 3 | 5 | 22 | 20 | 3 |

**Pour préparer vos vacances, ayez le réflexe Minitel et gagnez des séjours et de nombreux lots en consultant le 36.15 Gîtes de France** (0,2 €/mn)

# DEUX SÈVRES - 79

**GITES DE FRANCE - Service Réservation**
15, rue Thiers - B.P. 8524 - 79025 NIORT Cédex 09
Tél. 05 49 77 87 79 - Fax. 05 49 77 15 94

POITOU-CHARENTES

Pictos voir p. 12

## N° 702 — ARCAIS

**NN — 5 pers.**

Niort 22 km. La Rochelle 45 km. Ile de Ré 1 h. Futuroscope 1 h 15. Au cœur du Marais Poitevin, dans une rue typique d'un village maraîchin, maison récemment restaurée avec cour intérieure (barbecue fixe) et jardinet clos. Proximité rivière 100 m. R.D.C. : cuisine-salle à manger (micro-ondes), wc, grand salon (1 lit 120). ETAGE : ch1 (1 lit 2 pers.), ch2 (2 lits 1 pers.), salle d'eau. Location de vélos à 500m, sentiers balisés et promenades en barques dans le village (location barques, canoës...). Puy du Fou 90km, plages de Vendée à partir de 70km. Ouvert toute l'année.

GITES DE FRANCE-SERVICE RESERVATION - 15 rue Thiers - BP 8524 - 79025 NIORT Cedex 09
Tél. : 05 49 77 87 79 - Fax : 05 49 77 15 93

| BASSE SAIS. | MOY. SAIS. | HTE SAIS. | TRES HTE SAIS. | WEEK-END |
|---|---|---|---|---|
| 215 | 275 | 390 | 410 | 108 |

| | | | | | | | | |
|---|---|---|---|---|---|---|---|---|
| SP | 25 | 9 | 0,3 | SP | 6 | 15 | 13 | SP |

TV

## N° 708 — BESSINES    CM 71 pli 1

**NN — 5 pers.**

Golf 5 km. La Rochelle 3/4h. Ile de Ré 1h. Futuroscope 1h. Niort 3 km Belle longère du XVIIème, récemment restaurée avec respect des matériaux. Jardin clos au cœur du village de Bessines dans le Parc interrégional du Marais Poitevin. Garage, salle de jeux. Un intérieur "décor d'autrefois" aux tonalités reposantes, reflétant une atmosphère chaleureuse et raffinée. R.D.C : grand séjour-cuisine (micro-onde), barbecue dans cheminée, salon, ch1 (1 lit 120), wc. Etage: ch2 (1 lit 2 pers.), ch3 (1 lit 2 pers., 1 lit enf 80), salle d'eau(wc). Sèche-linge, chauffage central au gaz. Ouvert toute l'année.

GITES DE FRANCE-SERVICE RESERVATION - 15 rue Thiers - BP 8524 - 79025 NIORT Cedex 09
Tél. : 05 49 77 87 79 - Fax : 05 49 77 15 93

| BASSE SAIS. | MOY. SAIS. | HTE SAIS. | TRES HTE SAIS. | WEEK-END |
|---|---|---|---|---|
| 450 | 530 | 640 | 675 | 225 |

| | | | | | | | | |
|---|---|---|---|---|---|---|---|---|
| 0,3 | 20 | 5 | 0,8 | SP | 8 | 20 | 4 | 3 |

TV

## N° 601 — LA CHAPELLE-THIREUIL    Les Vaux    CM 233 pli 5

**NN — 5 pers.**

Pescalis 20 km. Niort 30 km. Parthenay 30 km. Puy du Fou 50 km. Partie d'une ancienne habitation de ferme récemment restaurée située sur exploitation céréalière en agriculture biologique. Terrain privé clos et petite terrasse. Etang privé 80 ares à 40 m - Gîte de Pêche - Abri voiture. R.D.C : cuisine-séjour-salon (micro-ondes), wc. Etage: Ch1 (1 lit 2 pers.), ch2 (1 lit 2 pers., 1 lit 1 pers.), salle d'eau, wc. Chauffage central mazout. Marais Poitevin 25km, Plages de Vendée à partir de 75 km, Futuroscope 90 km. Ouvert toute l'année.

GITES DE FRANCE-SERVICE RESERVATION - 15 rue Thiers - BP 8524 - 79025 NIORT Cedex 09
Tél. : 05 49 77 87 79 - Fax : 05 49 77 15 93

| BASSE SAIS. | MOY. SAIS. | HTE SAIS. | TRES HTE SAIS. | WEEK-END |
|---|---|---|---|---|
| 240 | 260 | 325 | 355 | 120 |

| | | | | | | | | |
|---|---|---|---|---|---|---|---|---|
| SP | 15 | 8 | 8 | SP | 8 | 15 | 30 | 8 |

TV

## N° 135 — CLESSE    Puy Fleury    CM 68 pli 1

**NN — 8 pers.**

Pescalis 15 km. Marais Poitevin 50 km. Futuroscope 70 km. Maison typique de Gâtine, récemment restaurée avec terrasse et jardin privatif clos sur l'arrière, ouvrant sur la campagne bocagère. Nombreux chemins de randonnées, ping-pong. R.D.C: cuisine (micro-ondes), grand salon, salle d'eau (wc). ETAGE: Ch1 (1 lit 2 pers.), CH2 (3 lits 1 pers.), CH3 (1 lit 2 pers., 1 lit 1 pers.). Chauffage central fuel. Ouvert toute l'année.

M-Noëlle et L-Marie BIROT - 7 route de Boismé - 79350 CLESSE
Tél. : 05 49 72 17 67 - Fax : 05 49 72 17 67 - Email : birot.lm@wanadoo.fr

| BASSE SAIS. | MOY. SAIS. | HTE SAIS. | TRES HTE SAIS. | WEEK-END |
|---|---|---|---|---|
| 280 | 340 | 450 | 460 | 140 |

| | | | | | | | | |
|---|---|---|---|---|---|---|---|---|
| 3 | 18 | 13 | 3 | SP | 17 | 17 | 3 | |

TV

## N° 22 — COMBRAND    La Vergne    CM 67 pli 16

**NN — 4 pers.**

Futuroscope 90 km. Puy du Fou 25 km. Pescalis 17 km. Ancien Four à pain restauré dans un environnement typique du Bocage Bressuirais. Petite terrasse (salon de jardin) et jardin clos privatif (Barbecue électrique), à proximité des propriétaires. Terrain avec étang privé (pêche) sur place, barque, ping-pong, volley, 4 vélos à disposition. Garage privé. R.D.C: Cuisine-séjour-salon (1 lit 2 pers.), salle d'eau (wc). ETAGE: 1 chambre en mezzanine (1 lit 2 pers.). Magnétoscope. Chauffage électrique. Marais Poitevin 70 km. Ouvert toute l'année.

Daniel et Francine MORISSET - La Vergne - 79140 COMBRAND
Tél. : 05 49 81 46 43 - Fax : 05 49 81 46 43 - Email : morisset.df@goFornet.com - www.lefourapain.net/index.html

| BASSE SAIS. | MOY. SAIS. | HTE SAIS. | TRES HTE SAIS. | WEEK-END |
|---|---|---|---|---|
| 245 | 285 | 330 | 345 | 122 |

| | | | | | | | | |
|---|---|---|---|---|---|---|---|---|
| SP | 35 | 4 | 4 | SP | 6 | 20 | 34 | 4 |

TV

# DEUX SÈVRES - 79

## N° 210 — COULON — La Sotterie — CM 71 pli 2

**NN — 4 pers.**

Futuroscope 120 km. La Rochelle 50 km. Maison indépendante récemment rénovée, en bordure de conche, au milieu d'une prairie de 2 ha, au coeur du Marais, à 2 km de Coulon. Terrain indépendant non clos. R.D.C. : cuisine-séjour-salon, salle d'eau, wc. ETAGE : 2 chambres (1 lit 2 pers., 2 lits 1 pers.). Téléphone portable mobicarte. Chauffage électrique. Ouvert toute l'année.

Manuel MERCIER - 53 avenue de la Repentie - 79460 MAGNE
Tél. : 05 49 35 07 40 - 05 49 35 85 03 - Fax : 05 49 35 81 99 - Email : famille.mercier@marais-poitevin.com

| BASSE SAIS. | MOY. SAIS. | HTE SAIS. | TRES HTE SAIS. | WEEK-END |
|---|---|---|---|---|
| 200 | 250 | 380 | 400 | 95 |

| | | | | | | | | | |
|---|---|---|---|---|---|---|---|---|---|
| SP | 20 | 5 | 2 | SP | 5 | 20 | 15 | 2 | |

TV

## N° 134 — COURS — La Fuyère — CM 71 pli 1

**NN — 4 pers.**

Maison ancienne récemment restaurée, de plain-pied, composée de deux logements avec jardin clos privatif, ouvrant sur une campagne bocagère, sur exploitation agricole (élevage ovin), isolée à 2 km du village. Promenades agréables à travers champs jusqu'à la rivière l'Autize. Grand séjour-salon (canapé convertible), salle d'eau (wc), chambre (1 lit 2 pers., 1 lit 110), chauffage central fuel. Mazières en Gatines (golf) 10 km, Puy du Fou et Futuroscope 90 km, Plages de Vendée 80 km, Marais Poitevin 25 km. Ouvert toute l'année.

Bernard et Annie COUZIN - 116 route de Boismé - Caprice des Vents - 79300 TERVES
Tél. : 05 49 74 21 02

| BASSE SAIS. | MOY. SAIS. | HTE SAIS. | TRES HTE SAIS. |
|---|---|---|---|
| 210 | 260 | 320 | 340 |

| | | | | | | | | |
|---|---|---|---|---|---|---|---|---|
| 1 | 12 | 15 | 4 | SP | 12 | 10 | 25 | 4 |

TV

## N° 714 — EXIREUIL — Les Noues — CM 68 pli 12

**NN — 4 pers.**

St-Maixent-l'Ecole 9 km. Bougon 20 km. Parthenay 20 km. Niort 30 km. Maison récemment rénovée, indépendante, dans un hameau du Haut Val de Sèvre. Cour close et jardin avec terrasse couverte. Cuisine-séjour-salon, Ch1 (1 lit 2 pers., 1 lit 120), salle d'eau, wc. Chauffage électrique. Marais Poitevin 35 km, Futuroscope 50 km, Barrage de la Touche Poupard (pêche, promenades) 5 km. Ouvert toute l'année.

GITES DE FRANCE-SERVICE RESERVATION - 15 rue Thiers - BP 8324 - 79025 NIORT Cedex 09
Tél. : 05 49 77 87 79 - Fax : 05 49 77 15 93

| BASSE SAIS. | MOY. SAIS. | HTE SAIS. | TRES HTE SAIS. | WEEK-END |
|---|---|---|---|---|
| 240 | 295 | 365 | 385 | 120 |

| | | | | | | | | |
|---|---|---|---|---|---|---|---|---|
| 3 | 12 | 8 | 8 | 5 | 8 | 15 | 8 | 8 |

TV

## N° 827 — FRESSINES — La Chesnaye — CM 68 pli 11

**EC — 5 pers.**

Marais Poitevin 30 km. Futuroscope et La Rochelle 1 h. Maison typique de pays du XVème siècle, récemment restaurée en conservant son caractère, avec jardin clos dans un petit village à 16 km de Niort. R.D.C. : grande pièce, séjour-cuisine, ch1 (1 lit 2 pers.), ch2 (1 lit 110), salle de bains, wc. Un bel escalier en pierre dessert à l'étage un salon en mezzanine et une 3ème ch (2 lits 1 pers.). Lits faits à l'arrivée. Chauffage central fuel.

GITES DE FRANCE-SERVICE RESERVATION - 15 rue Thiers - BP 8324 - 79025 NIORT Cedex 09
Tél. : 05 49 77 87 79 - Fax : 05 49 77 15 93

| BASSE SAIS. | MOY. SAIS. | HTE SAIS. | TRES HTE SAIS. | WEEK-END |
|---|---|---|---|---|
| 300 | 370 | 460 | 485 | 250 |

| | | | | | | | | |
|---|---|---|---|---|---|---|---|---|
| 4 | 6 | 3 | 3 | SP | 6 | 7 | 9 | 3 |

TV

## N° 126 — GERMOND-ROUVRE — Le Moulin des Rochards — CM 71 pli 1

**NN — 3 pers.**

Marais Poitevin 15 km. Futuroscope et Puy du Fou 80 km. Partie d'un bâtiment de construction traditionnelle, en r.d.c., disposant d'un grand terrain arboré non clos, bordé de la rivière l'Egray. A proximité des propriétaires qui sont Famille d'Accueil. Départ du GR 36. Site pour les amoureux de la nature. R.D.C. : cuisine-séjour-salon-canapé convertible 2 pers., 1 chambre accessible aux personnes handicapées (1 lit 130), 1 petit salon-chambre (1 canapé convertible 2 pers.), salle d'eau (wc) accessible. Chauffage central au gaz. La Rochelle 85 km. Ouvert toute l'année.

Mme MATHIEU ASSOCIATION L'EGLANTINE - Le Moulin des Rochards - 79220 GERMOND-ROUVRE
Tél. : 05 49 25 88 81 - Email : eglantine.cm@caramail.com

| BASSE SAIS. | MOY. SAIS. | HTE SAIS. | TRES HTE SAIS. | WEEK-END |
|---|---|---|---|---|
| 200 | 200 | 160 | 275 | 220 |

| | | | | | | | | |
|---|---|---|---|---|---|---|---|---|
| SP | 10 | 14 | 2 | SP | 10 | 14 | 15 | 2 |

TV

## N° 321 — LEZAY — Ruisseau — CM 72 pli 3

**NN — 3 pers.**

Melle 12 km. Après rénovation, l'anc. grange et son écurie attenante sont devenues 2 gîtes indépendants (mais modulables en suite). Ce bâtiment associant pierre-bois-tuiles de Pays sur les hauteurs d'un hameau du Pays mellois présente un caractère certain. Label Promotelec. Terrasse privée, en partie abritée, jardin clos commun, barbecue, portique. R.D.C. : cuisine-séjour-salon (micro-ondes), wc. ETAGE : Ch1 (1 lit 2 pers., lit gigogne), salle d'eau (wc). Chauffage géothermique (plancher chauffant/rafraîchissant). Abri voitures. Vélos. Location draps sur demande. Ouvert toute l'année.

Hermann et Michèle BLOME - 4 place du Champ de Foire - 79120 LEZAY
Tél. : 05 49 29 41 49 - Fax : 05 49 29 41 49 - Email : michele.blome@ifrance.com - www.gites-blome.fr.st

| BASSE SAIS. | MOY. SAIS. | HTE SAIS. | TRES HTE SAIS. | WEEK-END |
|---|---|---|---|---|
| 200 | 245 | 305 | 320 | 100 |

| | | | | | | | | |
|---|---|---|---|---|---|---|---|---|
| 2 | 20 | 2 | SP | 3 | SP | SP | 25 | 2 |

TV

# DEUX SÈVRES - 79

## N° 725 SANSAIS — La Garette — CM 71 pli 2
**NN 4 pers.**

Futuroscope 90 km. La Rochelle 60 km. Dans un village typique du Marais Poitevin, maison ancienne rénovée, à proximité de celle des propriétaires. Elle est située à 300 du centre du village et est bordée par un canal (2ème catégorie) sur l'arrière (barque, possibilité pêche). VUE EXCEPTIONNELLE sur le Marais. Jardin clos, terrasse couverte. R.D.C: cuisine, séjour-salon, salle d'eau (wc). Etage : ch1 (1 lit 2 pers.), ch 2 (2 lits 1 pers.), lits faits à l'arrivée. Chauffage électrique. Ouvert du 31 janvier au 31 décembre.

GITES DE FRANCE-SERVICE RESERVATION - 15 rue Thiers - BP 8524 - 79025 NIORT Cedex 09
Tél. : 05 49 77 87 79 - Fax: 05 49 77 15 93

| BASSE SAIS. | MOY. SAIS. | HTE SAIS. | TRES HTE SAIS. |
|---|---|---|---|
| 280 | 345 | 435 | 455 |

| | | | | | | | | |
|---|---|---|---|---|---|---|---|---|
| SP | 30 | 5 | 0,8 | SP | 0,8 | 25 | 13 | 5 |

## N° 315 STE-SOLINE — Moulin Petit — CM 72 pli 3
**NN 4 pers.**

Futuroscope et Marais Poitevin 60 km. Grange restaurée, de plain-pied, mitoyenne à 1 autre gîte. Jardin privatif en partie clos par une haie dans un ensemble rural, bordé d'une rivière, comprenant l'habitation des propriétaires, 2 chambres d'hôtes et un ancien moulin. Cuisine-séjour-salon, salle d'eau (wc), ch1 (1 lit 2 pers.), ch2 (1 lit 1 pers.), grande salle commune (TV, chaine Hifi, ping-pong, cheminée). Possibilité canapé-lit 2 pers. Chauffage électrique. Art roman du Pays Mellois. Ouvert toute l'année.

Arlette RIGAUT - Moulin Petit - 79120 STE-SOLINE
Tél. : 05 49 29 54 47 - Fax: 05 49 29 54 47

| BASSE SAIS. | MOY. SAIS. | HTE SAIS. | TRES HTE SAIS. | WEEK-END |
|---|---|---|---|---|
| 215 | 290 | 290 | 320 | 107 |

| | | | | | | | |
|---|---|---|---|---|---|---|---|
| 15 | 30 | 4 | 4 | SP | 12 | SP | 30 | 4 |

## N° 246 ST-HILAIRE-LA-PALUD — CM 71 pli 2
**EC 5 pers.**

La Rochelle et Ile de Ré 45 mn. Indépend., alliant nature et confort, fermette maraîchine en bordure de rivière, sans vis-à-vis, vous accueille dans 1 cadre excep., au bord du marais sauvage. A conservé son authenticité (pierres appar., terre cuite, bois), son four à pain, mobilier de pays, son ponton (barque à dispo, caution). Jardin clos et arboré, grd préau, terrasse. R.D.C: cuisine équipée (micro-ondes), grand séjour-salon, wc. Etage: Ch (1 lit 2 pers.), ch2 (2 lits 1 pers.), ch3 (1 lit 1 pers., sdb (wc). Cele. Ambiance de bien-être et d'harmonie. Canoé, équitation et circuits rando. Ouvert toute l'année.

Philippe et Claude ROULEAU-BONNEAU - 45 rue St André - 79000 NIORT
Tél. : 05 49 28 04 51 - 05 49 78 53 41

| BASSE SAIS. | MOY. SAIS. | HTE SAIS. | TRES HTE SAIS. |
|---|---|---|---|
| 350 | 405 | 460 | 550 |

| | | | | | | | | |
|---|---|---|---|---|---|---|---|---|
| SP | 25 | 9 | 3 | SP | 6 | 25 | 9 | 3 |

## N° 739 ST-HILAIRE-LA-PALUD — La Rivière — CM 71 pli 2
**NN 4 pers.**

Futuroscope et Puy du Fou 1 h. Niort 25 km. La Rochelle 30 mn. Maison maraîchine (pierres de pays) récemment restaurée, ds le prolong. de l'habitat. des prop, située ds 1 hameau au coeur du marais sauvage. Accès indépend. Jardin clos privatif. Un petit ter. ombragé non attenant en bordure de conche invite au farniente. R.D.C: séjour-sal., cuis. aménagée fonctionnelle (micro-ondes), wc. ETAGE: ch1 style Henri II (1 lit 2 pers., 1 lit bb), ch2 (2 lits 120 avec ciel de lit), 1 lit ancien (1 pers.) s/ palier, salle d'eau, wc. Ameublement de style valorise cette restauration. Chauffage électrique. Ouvert toute l'année.

GITES DE FRANCE-SERVICE RESERVATION - 15 rue Thiers - BP 8524 - 79025 NIORT Cedex 09
Tél. : 05 49 77 87 79 - Fax: 05 49 77 15 93

| BASSE SAIS. | MOY. SAIS. | HTE SAIS. | TRES HTE SAIS. | WEEK-END |
|---|---|---|---|---|
| 315 | 385 | 485 | 510 | 157,5 |

| | | | | | | | |
|---|---|---|---|---|---|---|---|
| SP | 25 | 9 | 3 | SP | 6 | 25 | 9 | 3 |

## N° 722 ST-MARTIN-DE-SAINT-MAIXENT — Le Moulin de la Place
**NN 2 pers.**

Futuroscope 1/2 h. Niort 30 km. La Rochelle 90 km. Puy du Fou 1 h 30. Petite dépendance d'un ancien moulin du début du 16ème siècle, située en bordure de rivière dans un endroit calme et reposant. Le gîte est indépendant et récemment rénové, situé à proximité des propriétaires et d'un autre gîte. Cuisine, salon-chambre (1 lit 2 pers., 1 canapé convertible), salle d'eau, wc. Chauffage électrique. Bougon 12 km (Tumulus, musée), plans d'eau du Lambon 10 km (pêche, jeux, baignade) et Cherveux 15 km. Marais Poitevin 35 km. Ouvert toute l'année.

GITES DE FRANCE-SERVICE RESERVATION - 15 rue Thiers - BP 8524 - 79025 NIORT Cedex 09
Tél. : 05 49 77 87 79 - Fax: 05 49 77 15 93

| BASSE SAIS. | MOY. SAIS. | HTE SAIS. | TRES HTE SAIS. | WEEK-END |
|---|---|---|---|---|
| 210 | 250 | 295 | 310 | 105 |

| | | | | | | | |
|---|---|---|---|---|---|---|---|
| SP | 5 | 0,7 | 0,7 | SP | 0,2 | 0,1 | 1 | 1 |

## N° 131 VOUHE — Les Chervellières — CM 67 pli 18
**NN 4 pers.**

Marais Poitevin 30 km. Futuroscope 60 km. Puy du Fou 65 km. Maison en pierre, jardin sans vis à vis, sur Ferme forestière. Accès indépendant. Propriété boisée avec plan d'eau (5 ha commun à d'autres locations). Cuisine, séjour-salon, salle de bain, wc. 2 ch. (1 lit 2 pers., 2 lits 1 pers.). Salon de jardin, barbecue, jeux (volley ball, bagminton). 1 Droit de Pêche offert, pêcheur supplémentaire : 23 €/semaine. La Rochelle 100 km. Ouvert du 1er avril au 31 octobre.

Jean-Louis CROISE - Les Chervellières - 79310 VOUHE
Tél. : 05 49 70 66 89 - Fax: 05 49 70 66 89 - Email : CROISEJI@district -parthenay-fr

| BASSE SAIS. | MOY. SAIS. | HTE SAIS. | TRES HTE SAIS. | WEEK-END |
|---|---|---|---|---|
| 250 | 250 | 250 | 330 | 125 |

| | | | | | | | |
|---|---|---|---|---|---|---|---|
| SP | 10 | 2 | SP | 4 | SP | 10 | 10 |

# DEUX SÈVRES - 79

### N° 132 — VOUHE — Les Chervellières — CM 67 pli 18

NN — 2 pers.

Parthenay 10 km. Marais Poitevin 30 km. Futuroscope 60 km. Bâtiment en pierres, de plain-pied sur une propriété boisée avec plan d'eau. Hangar pour pêcheurs. Grand parc commun avec d'autres locations. Cuisine-séjour (canapé-lit 2 pers.) ouvrant sur terrasse, au bord de l'eau. 1 chambre (1 lit 2 pers.) avec accès à la salle d'eau (wc).1 Droit de Pêche offert, pêcheur en suppl.: 23 €/sem. Puy du Fou 65 km, La Rochelle 100 km. Ouvert du 1er avril au 31 octobre.

Jean-Louis CROISE - Les Chervellières - 79310 VOUHE
Tél.: 05 49 70 66 89 - Fax: 05 49 70 66 89 - Email: CROISEJI@district-parthenay-fr

| BASSE SAIS. | MOY. SAIS. | HTE SAIS. | TRES HTE SAIS. | WEEK-END |
|---|---|---|---|---|
| 210 | 210 | 210 | 275 | 105 |

| | | | | | | |
|---|---|---|---|---|---|---|
| SP | 10 | 2 | SP | 4 | SP | 10 | 10 |

POITOU-CHARENTES

Pictos voir p. 12

# VIENNE - 86

**GITES DE FRANCE** - Service Réservation
**VIENNE LOISIRS**
33 place Charles-de-Gaulle - BP 287 - 86007 POITIERS Cédex
Tél. 05 49 37 19 77 - Fax. 05 49 37 19 79
E.mail : info@gitesdefrance-vienne.com - www.gitesdefrance-vienne.com

3615 Gîtes de France
RESA : 0,2 €/mn

**POITOU-CHARENTES**
Pictos voir p. 12

## N° 873 ASLONNES — Le Port Laverre — CM 68 pli 13

NN — 4 pers.

Gîte indépendant de plain pied sur une propriété en bordure de rivière avec un autre gîte et des chambres d'hôtes : Séjour coin cuisine, 2 chambres (1 lit 2 personnes), salle de bains avec douche, wc. Téléphone, sèche-linge, lits faits. Chauffage central (fuel). Terrasse, parking privé. Jardin privé en bordure de rivière (ne convient pas aux jeunes enfants), mobilier de jardin, accès possible à la propriété (rivière, île et piscine : baignade non surveillée). Mobilier et décoration contemporains et soignés. Ouvert toute l'année.
SARL LE MOULIN DE PORT LAVERRE - Mme Cholet - Le Port Laverre - 86340 ASLONNES
Tél : 05 49 61 08 38 - Fax : 05 49 11 94 20 - Email : info@moulinlaverre.com - www.moulinlaverre.com

| TRES HTE SAIS. | HTE SAIS. | VAC. SCOL. | MOY. SAIS. | BASSE SAIS. |
|---|---|---|---|---|
| 700 | 700 | 500 | 600 | 500 |

| | | | | | | | | | |
|---|---|---|---|---|---|---|---|---|---|
| SP | 4 | 10 | SP | 12 | 25 | SP | 28 | 20 | 4 |

## N° 911 ASNOIS — Vieille Métive — CM 72 pli 4

NN — 4 pers.

Maison mitoyenne à un autre gîte : rez-de-chaussée et étage. Séjour avec coin cuisine, 1 chambre (1 lit 2 personnes, 1 lit 70), 1 chambre (1 lit 130), salle d'eau, wc, chauffage électrique, prise TV. Terrain privé clos. Meubles de jardin. Gîte situé dans un hameau à proximité de la Charente et à 5 km de Charroux (vestiges d'une importante abbaye carolingienne et belles halles). Ouvert toute l'année.
GITES DE FRANCE-SERVICE RESERVATION - VIENNE LOISIRS - 33, place Charles de Gaulle - 86007 POITIERS Cédex
Tél : 05 49 37 19 77 - Fax : 05 49 37 19 79 - Email : info@gitesdefrance-vienne.com - www.gitesdefrance-vienne.com

| TRES HTE SAIS. | HTE SAIS. | VAC. SCOL. | MOY. SAIS. | BASSE SAIS. | WEEK-END |
|---|---|---|---|---|---|
| 260 | 250 | 220 | 200 | 170 | 100 |

| | | | | | | | | |
|---|---|---|---|---|---|---|---|---|
| 10 | 5 | 10 | 1 | 20 | SP | 72 | 65 | 5 |

## N° 923 BLANZAY — La Chassagne — CM 72 pli 3/4

NN — 4 pers.

Gîte indépendant (76 m²) aménagé de plain pied. Séjour avec coin cuisine, 1 chambre (1 lit 2 personnes), 1 chambre (2 lits 1 personne ), salle d'eau, wc. Téléphone, draps, linge de toilette et de maison fournis. Chauffage électrique. Terrain clos avec meubles de jardin. Parking. Séjour spacieux et aménagement confortable pour ce gîte situé très au calme tout en étant proche des commerces (6 km) et de la Vallée des Singes (10 km). Circuit des abbayes du Haut-Poitou. Ouvert toute l'année.
GITES DE FRANCE-SERVICE RESERVATION - 33, place Charles de Gaulle - 86007 POITIERS Cédex
Tél : 05 49 37 19 77 - Fax : 05 49 37 19 79 - Email : info@gitesdefrance-vienne.com - www.gitesdefrance-vienne.com

| TRES HTE SAIS. | HTE SAIS. | VAC. SCOL. | MOY. SAIS. | BASSE SAIS. | WEEK-END |
|---|---|---|---|---|---|
| 335 | 320 | 255 | 240 | 210 | 105 |

| | | | | | | | |
|---|---|---|---|---|---|---|---|
| 6 | 3 | 15 | 6 | SP | 61 | 70 | 6 |

## N° 925 BOURG-ARCHAMBAULT — Le Montignon — CM 68 pli 16

EC — NN — 9 pers.

Grande maison indépendante à la ferme aménagée sur 3 étages. Cuisine, séjour, salle d'eau, wc, 1er : 2 ch. (2 lits 2 pers, 1 lit bébé), 2ème : 2 ch. (5 lits 1 pers), salle d'eau, wc. Chauffage électrique, téléphone. Draps, linge de toilette et de maison fournis. Jardin clos, mobilier de jardin, ping-pong, piscine privée hors sol (baignade non surveillée). Venez découvrir calme et repos dans ce gîte confortable et agréablement aménagé et qui offre une belle vue sur la campagne vallonnée. Ouvert toute l'année.
Marie-Hélène SAINT-AUBERT - Le Montignon - 86390 BOURG-ARCHAMBAULT
Tél : 05 49 83 02 92 - Fax : 05 49 83 37 67

| TRES HTE SAIS. | HTE SAIS. | VAC. SCOL. | MOY. SAIS. | BASSE SAIS. | WEEK-END |
|---|---|---|---|---|---|
| 770 | 770 | 540 | 600 | 515 | 305 |

| | | | | | | | | |
|---|---|---|---|---|---|---|---|---|
| SP | 8 | 6 | 8 | SP | 60 | 8 | 8 | |

## N° 919 CHABOURNAY — CM 68 pli 3

NN — 5 pers.

Gîte indépendant mitoyen avec la maison des propriétaires. Séjour avec coin cuisine, 1 chambre (1 lit 2 personnes), 1 chambre (1 lit 2 personnes, 1 lit 1 personne), salle d'eau, wc. Téléphone (mobile), sèche-linge, chauffage électrique. Espace de remise en forme. Draps, linge de toilette et de maison fournis. Parking, garage. Ce gîte rénové avec soin bénéficie d'une cour commune close avec piscine (baignade non surveillée) devant et d'un terrain privé derrière. Ouvert toute l'année.
GITES DE FRANCE-SERVICE RESERVATION - 33, place Charles de Gaulle - 86007 POITIERS Cédex
Tél : 05 49 37 19 77 - Fax : 05 49 37 19 79 - Email : info@gitesdefrance-vienne.com - www.gitesdefrance-vienne.com

| TRES HTE SAIS. | HTE SAIS. | VAC. SCOL. | MOY. SAIS. | BASSE SAIS. | WEEK-END |
|---|---|---|---|---|---|
| 570 | 550 | 360 | 420 | 300 | 150 |

| | | | | | | | | |
|---|---|---|---|---|---|---|---|---|
| SP | 4 | 20 | 15 | 16 | SP | 14 | 20 | 4 |

413

# VIENNE - 86

## N° 916 CLOUE — La Poupardière — CM 68 pli 13

**NN — 8 pers.**

Donnant sur la cour carrée, face aux propriétaires, gîte aménagé sur 2 niveaux. Au r-d-c : séjour avec coin cuisine, salon, 1 ch. (2 lits 1 pers.), s. d'eau, wc. A l'étage : 2 ch. (1 lit 2 pers.), 1 ch. (2 lits 1 pers.), s. de bains et wc. Tél et satellite. Chauffage élect. Terrasse, meubles de jardin, grand parc, ping-pong, 4 VTT, préau. Draps et linges de maison fournis. Situé à 1 km du bourg du Cloué, ce gîte bénéficie d'un environnement superbe et très au calme. Ouvert toute l'année.

GITES DE FRANCE-SERVICE RESERVATION - 33, place Charles de Gaulle - BP 287 - 86007 POITIERS Cédex
Tél. : 05 49 37 19 77 - Fax : 05 49 37 19 79 - Email : info@gitesdefrance-vienne.com - www.gitesdefrance-vienne.com

| TRES HTE SAIS. | HTE SAIS. | VAC. SCOL. | MOY. SAIS. | BASSE SAIS. | WEEK-END |
|---|---|---|---|---|---|
| 635 | 605 | 485 | 485 | 395 | 300 |

| | | | | | | | | | |
|---|---|---|---|---|---|---|---|---|---|
| 3 | 3 | 10 | SP | 3 | 18 | SP | 38 | 3 | 3 |

## N° 926 COLOMBIERS — La Chapelle — CM 68 pli 4

**NN — 8 pers.**

Une vraie maison de famille pour vos vacances, confortable, spacieuse et agréable à vivre, r-d-c : cuisine, séjour avec salon, 1 ch. (2 lits 2 pers), salle de bains, wc. A l'étage : 2 ch. (1 lit 2 pers.), 1 ch. (2 lits 1 pers. superposés pour enfants), salle d'eau avec wc. Chauffage central. Location de draps possible. Un grand et agréable terrain clos et une terrasse abritée avec chaises longues permettent de profiter au maximum de la vie au grand air. Châtellerault est à 10 km. Ouvert du 1er avril au 30 septembre.

GITES DE FRANCE-SERVICE RESERVATION - 33, place Charles de Gaulle - BP 287 - 86007 POITIERS Cédex
Tél. : 05 49 37 19 77 - Fax : 05 49 37 19 79 - Email : info@gitesdefrance-vienne.com - www.gitesdefrance-vienne.com

| TRES HTE SAIS. | HTE SAIS. | VAC. SCOL. | MOY. SAIS. | BASSE SAIS. |
|---|---|---|---|---|
| 545 | 515 | 475 | 450 | 395 |

| | | | | | | | | | |
|---|---|---|---|---|---|---|---|---|---|
| 10 | 1,5 | 3 | 4 | 10 | 9 | SP | 14 | 11 | 3 |

## N° 929 DIENNE — La Roussière — CM 68 pli 14

**NN — 5 pers.**

Gîte indépendant, rénové, agréable à vivre avec une décoration qui saura vous séduire. R-d-c : pièce de vie, cuisine, salle d'eau, wc. A l'étage : 1 ch (1 lit 2 pers., 1 lit bébé), 1 ch ( 1 lit 2 pers., 1 lit 1 pers.), wc. Lits faits, téléphone, Chauffage électrique, bois gratuit, forfait ménage. Possibilité de piscine chauffée et couverte à 300 m. Au calme à l'orée des bois, accès direct sur sentier pédestre. Agréable pour séjour en famille et entre amis. Ouvert toute l'année.

GITES DE FRANCE-SERVICE RESERVATION - 33, place Charles de Gaulle - BP 287 - 86007 POITIERS Cédex
Tél. : 05 49 37 19 77 - Fax : 05 49 37 19 79 - Email : info@gitesdefrance-vienne.com - www.gitesdefrance-vienne.com

| TRES HTE SAIS. | HTE SAIS. | VAC. SCOL. | MOY. SAIS. | BASSE SAIS. | WEEK-END |
|---|---|---|---|---|---|
| 520 | 500 | 420 | 400 | 310 | 180 |

| | | | | | | | | | |
|---|---|---|---|---|---|---|---|---|---|
| 0,5 | 6 | SP | 6 | 25 | 20 | SP | 35 | 24 | 6 |

## N° 913 LAVAUSSEAU — La Ville Nouvelle — CM 68 pli 12/13

**NN — 5 pers.**

Maison de caractère aménagée sur 2 niveaux : Séjour avec coin cuisine, salon, 1 chambre (1 lit 2 personnes), 1 chambre (2 lits 1 personne, 1 lit d'appoint), salle d'eau, wc. Grand terrain clos avec mobilier de jardin, chaises longues. Magnétoscope, Tél (mobile). Location de draps et ménage possible. Chauffage électrique et bois payant. Abri pour la voiture. Gîte spacieux et accueillant, restauré dans le style local mitoyen avec les propriétaires. Environnement très au calme, à l'écart du village dans un jardin fleuri. Ouvert du 1er avril aux vacances de la Toussaint.

GITES DE FRANCE-SERVICE RESERVATION - 33, place Charles de Gaulle - BP 287 - 86007 POITIERS Cédex
Tél. : 05 49 37 19 77 - Fax : 05 49 37 19 79 - Email : info@gitesdefrance-vienne.com - www.gitesdefrance-vienne.com

| TRES HTE SAIS. | HTE SAIS. | VAC. SCOL. | MOY. SAIS. | BASSE SAIS. | WEEK-END |
|---|---|---|---|---|---|
| 345 | 345 | 260 | 260 | 225 | 160 |

| | | | | | | | | | |
|---|---|---|---|---|---|---|---|---|---|
| 11 | 3 | 3 | 15 | 12 | SP | 35 | 25 | 3 | |

## N° 928 MAIRE — La Malsassière — CM 68 pli 5

**NN — 4 pers.**

Gîte très confortable situé en lisière de forêt, sur un terrain arboré non clos. L'intérieur est accueillant et spacieux avec cuisine, séjour, 1 ch. (1 lit 2 pers.), 1 ch. (2 lits 1 pers.), salle d'eau, wc. Chauffage électrique, location de draps possible. Téléphone (mobile), sèche-linge. Mobilier de jardin, balançoire, parking. Un ruisseau alimente un étang aménagé pour la pêche et le pique-nique. La station thermale de la Roche Posay est à 10 km. Gîte au grand calme. Ouvert toute l'année.

GITES DE FRANCE-SERVICE RESERVATION - 33, place Charles de Gaulle - BP 287 - 86007 POITIERS Cédex
Tél. : 05 49 37 19 77 - Fax : 05 49 37 19 79 - Email : info@gitesdefrance-vienne.com - www.gitesdefrance-vienne.com

| TRES HTE SAIS. | HTE SAIS. | VAC. SCOL. | MOY. SAIS. | BASSE SAIS. | WEEK-END |
|---|---|---|---|---|---|
| 400 | 390 | 320 | 300 | 260 | 120 |

| | | | | | | | | | |
|---|---|---|---|---|---|---|---|---|---|
| 2 | 10 | 10 | SP | 4 | 10 | SP | 43 | 18 | 10 |

## N° 910 MARCAY — La Cadoue — CM 68 pli 13

**EC NN — 6 pers.**

Gîte (80 m²) joliment aménagé en rez-de-chaussée, proche des propriétaires. Séjour avec coin cuisine, 1 chambre (1 lit 2 personnes), 1 chambre (2 lits 2 personnes), salle de bains et wc. Terrain privé de 700 m² avec terrasse et mobilier de jardin, parking. Chauffage électrique. Site très calme et reposant avec une petite rivière proche du gîte, environnement propice à la randonnée où de nombreuses balades sont à faire. Ouvert toute l'année.

GITES DE FRANCE-SERVICE RESERVATION - 33, place Charles de Gaulle - BP 287 - 86007 POITIERS Cédex
Tél. : 05 49 37 19 77 - Fax : 05 49 37 19 79 - Email : info@gitesdefrance-vienne.com - www.gitesdefrance-vienne.com

| TRES HTE SAIS. | HTE SAIS. | VAC. SCOL. | MOY. SAIS. | BASSE SAIS. |
|---|---|---|---|---|
| 295 | 280 | 280 | 270 | 250 |

| | | | | | | | | |
|---|---|---|---|---|---|---|---|---|
| 8 | 8 | 3 | SP | 8 | SP | 28 | 8 | 3,5 |

# VIENNE - 86

### N° 927 — MIGNE-AUXANCES — Moulinet — CM 68 pli 13
**NN — 4 pers.**

Maison mitoyenne à proximité des propriétaires, aménagée sur 2 niveaux dans un ensemble comprenant également des chambres d'hôtes : Séjour, cuisine, 1 ch. (1 lit 2 pers.), 1 ch. (2 lits 1 pers.), salle d'eau, wc. Terrain clos avec mobilier de jardin, garage. Chauffage central (fuel) compris dans la location. Gîte situé à côté d'une rivière, agréable pour la pêche et à 10 km de Poitiers. Ouvert toute l'année.

GITES DE FRANCE-SERVICE RESERVATION – 33, place Charles de Gaulle - BP 387 - 86007 POITIERS Cédex
Tél. : 05 49 37 19 77 - Fax : 05 49 37 19 79 - Email : info@gitesdefrance-vienne.com - www.gitesdefrance-vienne.com

| TRES HTE SAIS. | HTE SAIS. | VAC. SCOL. | MOY. SAIS. | BASSE SAIS. | WEEK-END |
|---|---|---|---|---|---|
| 380 | 340 | 340 | 340 | 305 | 150 |

| | | | | | | | | | |
|---|---|---|---|---|---|---|---|---|---|
| 10 | 5 | SP | 10 | SP | 15 | 10 | 1 | | |

### N° 921 — MONTMORILLON — Boubrault — CM 68 pli 15
**NN — 3 pers.**

Petit gîte dans une ferme : séjour avec coin cuisine, mezzanine très mansardée (1 lit 2 personnes, 1 lit 1 personne). Salle d'eau avec wc. Chauffage électrique. Location de draps, de linge de toilette et de maison possible. Jardin privatif clos, meubles de jardin, balançoire, jeux pour enfants, parking. Maisonnette à côté de la maison des propriétaires, une ferme très fleurie (bovins limousins et céréales). Calme assuré, à 4 km de Montmorillon, Cité du livre. Sentiers pédestres et étang pour la pêche sur place. Ouvert toute l'année.

Maurice YDIER - Boubrault - 86500 MONTMORILLON
Tél. : 05 49 91 85 92 - Fax : 05 49 83 80 70

| TRES HTE SAIS. | HTE SAIS. | VAC. SCOL. | MOY. SAIS. | BASSE SAIS. | WEEK-END |
|---|---|---|---|---|---|
| 240 | 220 | 200 | 180 | 160 | 90 |

| | | | | | | | | |
|---|---|---|---|---|---|---|---|---|
| 4 | 4 | 4 | SP | 13 | 54 | SP | 59 | 4 | 4 |

### N° 903 — MOUTERRE-SILLY — Laveau — CM 68 pli 2/3
**NN — 2 pers.**

Petit gîte indépendant de 65 m² à proximité des propriétaires. R-d-c : séjour avec coin cuisine, salle d'eau avec wc, chambre en mezzanine (1 lit 2 personnes). Chauffage électrique, bois payant. Cour commune et terrasse privée avec meubles de jardin. Parking. Cette maison traditionnelle en pierres apparentes et facile d'entretien, très calme à l'écart du village ouvre sur une terrasse privée et offre une vue sur la campagne loudunaise. Gîte situé au carrefour de nombreux sites : Loudun, Chinon, Saumur, Fontevraud... Ouvert du 1er avril au 31 octobre.

GITES DE FRANCE-SERVICE RESERVATION – 33, place Charles de Gaulle - BP 387 - 86007 POITIERS Cédex
Tél. : 05 49 37 19 77 - Fax : 05 49 37 19 79 - Email : info@gitesdefrance-vienne.com - www.gitesdefrance-vienne.com

| TRES HTE SAIS. | HTE SAIS. | VAC. SCOL. | MOY. SAIS. | BASSE SAIS. | WEEK-END |
|---|---|---|---|---|---|
| 250 | 230 | 200 | 165 | 150 | 110 |

| | | | | | | | |
|---|---|---|---|---|---|---|---|
| 4 | 4 | 17 | SP | 55 | 30 | 4 | |

### N° 914 — ROIFFE — La Blanchière — CM 64 pli 12
**NN — 2 pers.**

Maison indépendante restaurée dans le style local situé à proximité du gîte 915. Séjour, cuisine, 1 chambre (1 lit 200), salle de bains avec wc. Téléphone, Chauffage électrique. Lits faits, forfait ménage possible. Jardin fleuri avec partie commune et partie privative, meubles de jardin, chaises longues, parking. Restauration et décoration raffinée et de grand confort. Les deux gîtes se partagent une cour abritée et entourée par des caves troglodytiques, site exceptionnel. Belle situation à proximité des châteaux de la Loire et du golf de Roiffé. Ouvert toute l'année.

Karen NORMANDY - La Blanchière - 86120 ROIFFE
Tél. : 05 49 98 37 08 - Email : knormandy@aol.com

| TRES HTE SAIS. | HTE SAIS. | VAC. SCOL. | MOY. SAIS. | BASSE SAIS. |
|---|---|---|---|---|
| 950 | 750 | 750 | 750 | 750 |

| | | | | | | | | |
|---|---|---|---|---|---|---|---|---|
| 6 | 2 | 7 | 6 | 15 | 2 | SP | 66 | 15 | 4 |

### N° 915 — ROIFFE — La Blanchière — CM 64 pli 12
**NN — 2 pers.**

Comme son voisin le gîte 914, ce gîte est indépendant et restauré avec soin dans le style du pays. Séjour avec coin cuisine, 1 chambre (1 lit 2 personnes), salle de bain avec wc. Téléphone, lits faits, chauffage électrique au sol. Jardin fleuri avec partie commune et partie privative, meubles de jardin, chaises longues. Un escalier descend dans une cour abritée entourée de caves troglodytiques. Gîte de grand confort décoré avec goût, bien situé à proximité des châteaux de la Loire et du golf de Roiffé. Ouvert toute l'année.

Karen NORMANDY - La Blanchière - 86120 ROIFFE
Tél. : 05 49 98 37 08 - Email : knormandy@aol.com

| TRES HTE SAIS. | HTE SAIS. | VAC. SCOL. | MOY. SAIS. | BASSE SAIS. |
|---|---|---|---|---|
| 750 | 550 | 550 | 550 | 550 |

| | | | | | | | | |
|---|---|---|---|---|---|---|---|---|
| 6 | 2 | 7 | 6 | 15 | 2 | SP | 66 | 15 | 4 |

### N° 920 — SANXAY — La Petite Boujatière — CM 68 pli 12
**NN — 5 pers.**

Ancienne gare, r-d-c : salon, véranda/salle à manger, cuisine, 1 ch (1 lit 1 pers.), wc. Etage : 2 ch (2 lits 1 pers., 1 lit 2 pers.), s.d.bains (jacuzzi, douche multi-jet), wc, lingerie. Tél, s-linge, frigo américain. Terrain clos, terrasse, mobilier de jardin, abri couvert, parking, balançoire, ping-pong. Loc. draps, ménage poss, linge maison fourni. Gîte spacieux, confortable et bien équipé, situé sur un terrain boisé et clos de 5000 m² dominant la rivière. Ouvert toute l'année.

Alain et Violaine BROUSSEAU - 28 ter route de Rouen - 27140 GISORS
Tél. : 02 32 27 76 31 - Fax : 02 32 27 76 31 - Email : brousseau.alain@wanadoo.fr - http://monsite.wanadoo.fr/sanxay_gite

| TRES HTE SAIS. | HTE SAIS. | VAC. SCOL. | MOY. SAIS. | BASSE SAIS. |
|---|---|---|---|---|
| 460 | 460 | 360 | 380 | 320 |

| | | | | | | | | | |
|---|---|---|---|---|---|---|---|---|---|
| 0,6 | 5 | 20 | SP | 35 | 6 | SP | 42 | 10 | 0,5 |

# VIENNE - 86

## N° 917 SAVIGNE — La Chauffière — CM 72 pli 4

**NN — 8 pers.**

Maison indépendante (180 m²) aménagée sur 2 niveaux. Cuisine, séjour 4 chambres (2 lits 2 personnes, 4 lits 1 personne), 1 salle de bains, 1 salle d'eau, wc. Terrasse, mobilier de jardin, piscine privée (baignade non surveillée), parking, terrain clos avec pelouse. Téléphone. Chauffage central (fuel). Gîte spacieux et lumineux confortablement aménagé dans un hameau aux maisons en pierres apparentes. Petits animaux acceptés. Ouvert toute l'année.

GITES DE FRANCE-SERVICE RESERVATION — 33, place Charles de Gaulle - BP 287 - 86007 POITIERS Cédex
Tél. : 05 49 37 19 77 - Fax : 05 49 37 19 79 - Email : info@gitesdefrance-vienne.com - www.gitesdefrance-vienne.com

| TRES HTE SAIS. | HTE SAIS. | VAC. SCOL. | MOY. SAIS. | BASSE SAIS. | WEEK-END |
|---|---|---|---|---|---|
| 1000 | 1000 | 800 | 900 | 600 | 305 |

| | | | | | | | | | | |
|---|---|---|---|---|---|---|---|---|---|---|
| SP | 6 | 14 | SP | 30 | SP | 61 | 10 | 4 | | |

## N° 908 ST-LEGER-DE-MONTBRILLAIS — MontBrillais — CM 68 pli 2

**NN — 12 pers.**

Situé dans un cadre exceptionnel et troglodytique, gîte indépendant (162 m²) : grande maison : cuisine, salon, salle d'eau et wc, étage : 3 ch. (2 lits 2 pers., 4 lits 1 pers.), salle d'eau et wc ; Petite maison : séjour/coin cuisine, salle d'eau, 1er : 2 ch. (1 lit 2 pers, 2 lits 1 pers), wc. Chauf. central, téléphone. Terrasse et mobilier de jardin. Une expérience originale pour un séjour en "troglo", dans cette maison joliment aménagée. Le propriétaire viticulteur sera heureux de vous faire visiter son exploitation et de vous faire déguster ses vins d'appellation Saumur. Ouvert toute l'année.

GITES DE FRANCE-SERVICE RESERVATION — 33, place Charles de Gaulle - BP 287 - 86007 POITIERS Cédex
Tél. : 05 49 37 19 77 - Fax : 05 49 37 19 79 - Email : info@gitesdefrance-vienne.com - www.gitesdefrance-vienne.com

| TRES HTE SAIS. | HTE SAIS. | VAC. SCOL. | MOY. SAIS. | BASSE SAIS. | WEEK-END |
|---|---|---|---|---|---|
| 790 | 750 | 650 | 565 | 490 | 340 |

| | | | | | | | | |
|---|---|---|---|---|---|---|---|---|
| 10 | 4 | 13 | 4 | 9 | SP | 10 | 10 | |

## N° 930 ST-MACOUX — Les 4 Vents — CM 72 pli 4

**NN — 4 pers.**

Gîte aménagé de plain pied : cuisine aménagée (congélateur), séjour/salon (insert), 2 chambres (1 lit 2 pers., 2 lits 1 pers.) salle d'eau, wc. Chauffage central. Téléphone. Grande cour devant avec abri et ping-pong, grand terrain derrière avec terrasse et pelouse, chaises longues. Aire de loisirs de Saint-Macoux (baignade, pêche, jeux) à 2 km. Très confortablement équipé et décoré avec soin, ce gîte vous accueille les lits faits et tout le linge fourni. Voie ferrée à 600 m perceptible selon le vent. Ouvert toute l'année.

Jim TILLET - Faugeret - 86400 CHAMPNIERS
Tél. : 05 49 87 37 20 - 05 49 59 22 01 - Fax : 05 49 37 19 98

| TRES HTE SAIS. | HTE SAIS. | VAC. SCOL. | MOY. SAIS. | BASSE SAIS. | WEEK-END |
|---|---|---|---|---|---|
| 380 | 365 | 330 | 290 | 275 | 180 |

| | | | | | | | | |
|---|---|---|---|---|---|---|---|---|
| 2 | 7 | 6 | 2 | 7 | SP | 71 | 4 | 7 |

## N° 912 ST-PIERRE-DE-MAILLE — Mazaire — CM 68 pli 15

**NN — 4 pers.**

Gîte indépendant de 89 m², anallergique, aménagé sur 2 niveaux. Séjour avec coin cuisine, 1 chambre (1 lit 160), 1 chambre (2 lits 90), salle d'eau, wc. Chauffage électrique. Téléphone, sèche-linge, congélateur, four multifonctions. Lits faits et linge de maison fourni. Cour, terrain clos, mobilier de jardin, préau, parking. Aménagement très soigné et de grand confort pour ce gîte situé dans un hameau calme surplombant la vallée de la Gartempe. Ouvert du 15 janvier au 15 décembre.

GITES DE FRANCE-SERVICE RESERVATION — 33, place Charles de Gaulle - BP 287 - 86007 POITIERS Cédex
Tél. : 05 49 37 19 77 - Fax : 05 49 37 19 79 - Email : info@gitesdefrance-vienne.com - www.gitesdefrance-vienne.com

| TRES HTE SAIS. | HTE SAIS. | VAC. SCOL. | MOY. SAIS. | BASSE SAIS. |
|---|---|---|---|---|
| 375 | 360 | 315 | 275 | 230 |

| | | | | | | | |
|---|---|---|---|---|---|---|---|
| 2 | 2 | 16 | 2 | 2 | 16 | SP | 47 | 35 | 2 |

## N° 918 ST-PIERRE-DE-MAILLE — Le Village du Bois — CM 68 pli 15

**NN — 8 pers.**

Maison du XVIIIè siècle rénovée de 114 m² aménagée sur 3 niveaux. Séjour (poêle Godin), cuisine, 2 chambres (1 lit 2 pers.), 1 chambre (4 lits 1 pers.), salle d'eau, salle de bains, wc. Sèche-linge, téléphone. Terrain avec terrasse, mobilier de jardin, ping pong, piscine privée et chauffée (baignade non surveillée). Chauffage central. Draps et linge fournis. Jolie maison ancienne rénovée dans le style local, aménagement et équipement de grande qualité. Ouvert toute l'année.

John SILCOX - Le Village du Bois - 86260 ST-PIERRE-DE-MAILLE
Tél. : 05 49 84 97 39 - Fax : 05 49 84 97 39 - Email : HeatherRSilcox@aol.com - www.levillagedubois.com

| TRES HTE SAIS. | HTE SAIS. | VAC. SCOL. | MOY. SAIS. | BASSE SAIS. | WEEK-END |
|---|---|---|---|---|---|
| 1100 | 1100 | 750 | 900 | 600 | 300 |

| | | | | | | | | |
|---|---|---|---|---|---|---|---|---|
| SP | 2 | 2 | 2 | 15 | SP | 46 | 25 | 2 |

## N° 905 VARENNES — Vilaines — CM 68 pli 13

**NN — 7 pers.**

Situé au milieu des vignes, gîte indépendant restauré dans le style du pays. Salon, cuisine, 2 chambres (1 lit 160), 1 chambre (3 lits 1 personne), 2 salles d'eau, 2 wc. Téléphone, chauffage central (fuel), bois gratuit. Grand terrain clos, terrasse, meubles de jardin, parking. Draps et linge de maison fournis. Vous serez séduits par le charme de ce gîte, une étape paisible et sereine au cœur du vignoble du Haut-Poitou. Ouvert toute l'année.

Philippe SIMONNET - Vilaines - 86110 VARENNES
Tél. : 05 49 60 73 93 - Fax : 05 49 60 73 93

| TRES HTE SAIS. | HTE SAIS. | VAC. SCOL. | MOY. SAIS. | BASSE SAIS. | WEEK-END |
|---|---|---|---|---|---|
| 495 | 470 | 390 | 350 | 330 | 240 |

| | | | | | | | | |
|---|---|---|---|---|---|---|---|---|
| 8 | 4 | 16 | 1 | 20 | SP | 20 | 25 | 4 |

# PROVENCE-ALPES-CÔTE D'AZUR

Pour réserver, écrire ou téléphoner :

## 04 - ALPES-DE-HAUTE-PROVENCE
GITES DE FRANCE - Service Réservation
Rond-Point du 11 novembre - B.P. 201
04000 DIGNE-LES-BAINS
Tél. 04 92 31 30 40 - Fax. 04 92 32 32 63
E.mail : infos@gites-de-france-04.fr
www.gites-de-france-04.fr

## 05 - HAUTES-ALPES
GITES DE FRANCE - Service Réservation
1, place du Champsaur - B.P 55
05002 GAP CEDEX
Tél. 04 92 52 52 94 ou 04 92 52 52 92
Fax. 04 92 52 52 90
E.mail : gdf05@free.fr - www.gdf05.com

## 06 - ALPES-MARITIMES
GITES DE FRANCE - Service Réservation
55/57, Promenade des Anglais - B.P. 1602
06011 NICE Cédex 1
Tél. 04 92 15 21 30 - Fax. 04 93 37 48 00
E.mail : gites06@guideriviera.com
www.guideriviera.com/gites06

## 13 - BOUCHES-DU-RHÔNE
GITES DE FRANCE-LOISIRS ACCUEIL
Domaine du Vergon
13370 MALLEMORT
Tél. 04 90 59 49 40 - Fax. 04 90 59 16 75
E.mail : resa13.gitesdefrance@visitprovence.com
www.visitprovence.com

## 83 - VAR
GITES DE FRANCE - Service Réservation
Conseil Général du Var
Rond Point du 4/12/74 - B.P. 215
83006 DRAGUIGNAN Cédex
Tél. 04 94 50 93 93 - Fax. 04 94 50 93 90
E.mail : gites.de.france.var@wanadoo.fr
www.gites-de-france-var.fr

## 84 - VAUCLUSE
GITES DE FRANCE - Service Réservation
Place Campana - La Balance - B.P. 164
84008 AVIGNON Cédex 01
Tél. 04 90 85 45 00 - Fax. 04 90 85 88 49
www.itea.fr/GDF/84

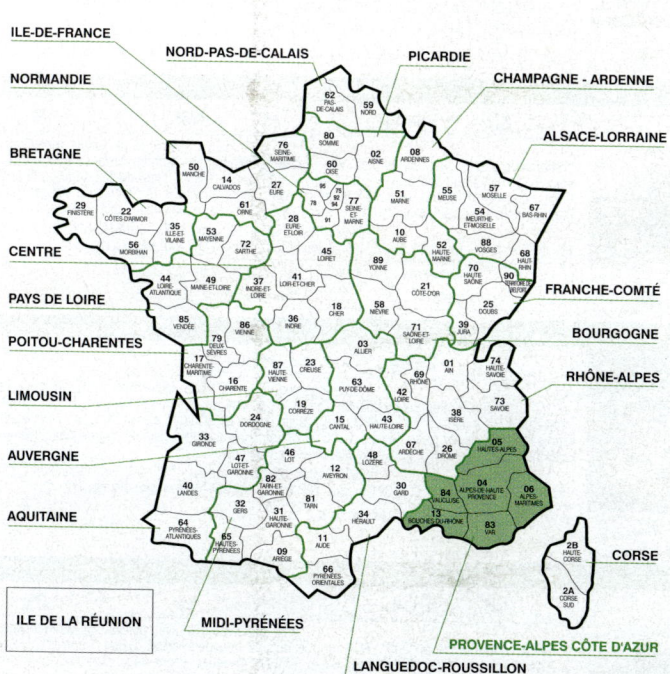

# ALPES DE HAUTE PROVENCE - 04

**GITES DE FRANCE** - Service Réservation
Rond-Point du 11 novembre - B.P. 201 - 04000 DIGNE-LES-BAINS
Tél. 04 92 31 30 40 - Fax. 04 92 32 32 63
E.mail : infos@gites-de-france-04.fr - www.gites-de-france-04.fr

### N° 4308 — BANON — L'Adrech — 792 m — CM 81 pli 16
**NN — 8 pers.**

Banon 1 km. Simiane-la-Rotonde 14 km. Maison indépendante à la périphérie du village. Terrain non clos privatif. Terrasse. Meubl. jardin. RDC : séjour/coin cuisine, 2 ch. (1 lit 2 pers., 2 lits 1 pers.), salle d'eau/WC, buanderie. 1er étage : cuisine, séjour, 1 convertible 2 pers., 2 ch. (1 lit 2 pers., 2 lits 1 pers.), salle d'eau, WC, chauffage électrique. Tous commerces à Banon. Au coeur de la Haute-Provence. A proximité du Parc du Luberon. Banon : spé. de fromage de chèvres, architecture des XV et XVIe. Centre equestre à proximité. Nbres randonnées dans la Montagne de Lure.
GITES DE FRANCE-SERVICE RESERVATION - BP 201 - Rond-Point du 11 novembre - 04001 DIGNE-LES-BAINS Cedex
Tél. : 04 92 31 30 40 - Fax : 04 92 32 32 63 - Email : infos@gites-de-france-04.fr - www.gites-de-france-04.fr

| B. SAIS. ETE | HTE SAIS. ETE | MOY. SAIS. | W.-E. HIV. | B. SAIS. HIV. | HTE SAIS. HIV. | W.-E. ETE |
|---|---|---|---|---|---|---|
| 639 | 920 | 639 | 258 | 594 | 639 | 258 |

| | | | | | |
|---|---|---|---|---|---|
| 2 | 2 | 15 | 30 | SP | 1,5 |

### N° 4317 — BANON — Puyharas — 750 m — CM 81 pli 16
**NN — 6 pers.**

Banon 1,5 km. Forcalquier 24 km. Mas comprenant 5 gîtes avec jardin et parking sur propriété 9 gîtes. Gîte La Cheminée. Entrée indép., aucune promiscuité entre gîtes. Terrain privatif. Meubl. jardin. Piscine et tennis communs sur propriété. RDC : cuisine/s. à manger/salon, 1 conv. 2 pers., 3 ch. (1 lit 2 pers., 2 lit 160 (2 X 80)), 2 s. d'eau, WC. Four micro-ondes, magnét., chauf. élec. Loc. draps. Au coeur de la Haute-Provence. Accueil chevaux, centre équestre à prox. Banon : spé. fromage de chèvres. Nombreuses randonnées dans la Montagne de Lure.
GITES DE FRANCE-SERVICE RESERVATION - BP 201 - Rond-Point du 11 novembre - 04001 DIGNE-LES-BAINS Cedex
Tél. : 04 92 31 30 40 - Fax : 04 92 32 32 63 - Email : infos@gites-de-france-04.fr - www.gites-de-france-04.fr

| B. SAIS. ETE | HTE SAIS. ETE | MOY. SAIS. | W.-E. HIV. | B. SAIS. HIV. | HTE SAIS. HIV. |
|---|---|---|---|---|---|
| 560 | 800 | 560 | 460 | 560 | 560 |

| | | | | |
|---|---|---|---|---|
| 0,3 | SP | SP | 15 | 1 |

### N° 6156 — BAYONS — Gîte du Sasse — 870 m — CM 81 pli 06
**NN — 5 pers.**

Turriers 9 km. Caire 20 km. Lacs Rochebrune 20 km. Sisteron 30 km. Maison de village mitoyenne d'un seul côté (grange) comprenant gîte et logement du prop. Gar., entrée indép., terrain commun, terrasse privée, meubl. jardin. 1er ét. : cuisine, salon/s. à manger, 1 convert. 2 pers., 2 ch. (1 lit 2 pers., 3 lits 1 pers. dont 2 superp., lit bébé). S. d'eau, WC, micro-ondes, chaîne hifi, chauf. élec. Commerçants ambulants au village. A l'entrée du village. Dans le Massif des Monges. Bayons, église classée monument hist. Vallée du Sasse : pêche, baignade, petits villages. Vol à voile à la Motte-du-Caire.
GITES DE FRANCE-SERVICE RESERVATION - BP 201 - Rond-Point du 11 novembre - 04001 DIGNE-LES-BAINS Cedex
Tél. : 04 92 31 30 40 - Fax : 04 92 32 32 63 - Email : infos@gites-de-france-04.fr - www.gites-de-france-04.fr

| B. SAIS. ETE | HTE SAIS. ETE | MOY. SAIS. | W.-E. HIV. | B. SAIS. HIV. | HTE SAIS. HIV. | W.-E. ETE |
|---|---|---|---|---|---|---|
| 258 | 414 | 258 | 168 | 258 | 258 | 168 |

| | | | | | |
|---|---|---|---|---|---|
| 16 | 15 | 15 | 20 | SP | 0,5 | 9 |

### N° 2162 — BRAS-D'ASSE — CM 81 pli 16
**NN — 2 pers.**

Oraison 20 km. Moustiers-Ste-Marie 25 km. Logement mitoyen à une miellerie et à celui du prop. Ferme apicole à 500 m du centre du village. Entrée indépendante. Terrain clos commun. Terrasse privative. Meubl. jardin. RDC : cuisine, salon, 1 convertible BZ 2 pers., 1 ch. (1 lit 2 pers.), salle d'eau/WC. Chauff. élect. Charges comprises. Dans la Vallée de l'Asse. Nbres randonnées sur place. Rivière à 300 m. Oraison : hippodrome, plan d'eau (baignade, pêche). Digne-les-Bains 26 km : ville thermale, plan d'eau, golf, musées, Réserve Géologique.
GITES DE FRANCE-SERVICE RESERVATION - BP 201 - Rond-Point du 11 novembre - 04001 DIGNE-LES-BAINS Cedex
Tél. : 04 92 31 30 40 - Fax : 04 92 32 32 63 - Email : infos@gites-de-france-04.fr - www.gites-de-france-04.fr

| B. SAIS. ETE | HTE SAIS. ETE | MOY. SAIS. | W.-E. HIV. | B. SAIS. HIV. | HTE SAIS. HIV. | W.-E. ETE |
|---|---|---|---|---|---|---|
| 240 | 292 | 240 | 79 | 205 | 205 | 68 |

| | | | | |
|---|---|---|---|---|
| 20 | SP | 0,3 | 26 | 0,5 |

### N° 4300 — CALIXTE — La Felinière — 550 m — CM 81 pli 15
**NN — 6 pers.**

Mane 0,5 km. Forcalquier 4 km. Manosque 20 km. Belle maison indép. avec piscine sur jardin privatif. Terrain non clos privatif. Terrasse. Véranda. Meubl. jardin. RDC : entrée, cuisine, buanderie-cellier. Salon, 1 convertible 2 pers., 4 ch. (1 lit 2 pers., 2 lit 2 pers. surélevé, 1 lit 1 pers.), salle d'eau, WC. Micro-ondes, sèche-linge, parabole, magnétoscope, chaîne hifi, chauff. central. Charges comprises (sauf bois). Au coeur de la Haute-Provence. Mane, classé "Village et Cité de Caractère", Château de Sauvan. Saint-Michel l'Observatoire, centre national d'astronomie. Plan d'eau de Vannades.
GITES DE FRANCE-SERVICE RESERVATION - BP 201 - Rond-Point du 11 novembre - 04001 DIGNE-LES-BAINS Cedex
Tél. : 04 92 31 30 40 - Fax : 04 92 32 32 63 - Email : infos@gites-de-france-04.fr - www.gites-de-france-04.fr

| B. SAIS. ETE | HTE SAIS. ETE | MOY. SAIS. | B. SAIS. HIV. | HTE SAIS. HIV. |
|---|---|---|---|---|
| 856 | 1026 | 856 | 856 | 650 |

| | | | | |
|---|---|---|---|---|
| 4 | SP | 20 | SP | 6 | 0,5 |

# ALPES DE HAUTE PROVENCE - 04

## N° 3112 CASTELLANE — Plan de la Palud — 620 m — CM 81 pli 18
**NN — 6 pers.**

Castellane 2 km. Gorges du Verdon 4 km. Maison comprenant le gîte et le logement du propr. sur une ferme équestre. Grand terrain commun. Espace privé. Meubl. jardin. 1er étage, accès par escalier extérieur. Séjour/cuisine, 1 convert. 2 pl., 2 ch. (1 lit 2 pers., 2 lits 1 pers. superposés), s.d.b., WC. Chauff. élect. Ttes charges comprises. Tous commerces à Castellane. Dans le Parc du Verdon. Activités équestres et nbres randonnées sur place. Castellane, classé Village et Cité de Caractère. A l'entrée des Gorges du Verdon : Lac de Chaudanne 6 km : baignade, pêche, sports nautiques.

GITES DE FRANCE-SERVICE RESERVATION - BP 201 - Rond-Point du 11 novembre - 04001 DIGNE-LES-BAINS Cedex
Tél. : 04 92 31 30 40 - Fax : 04 92 32 32 63 - Email : infos@gites-de-france-04.fr - www.gites-de-france-04.fr

| B. SAIS. ETE | HTE SAIS. ETE | MOY. SAIS. |
|---|---|---|
| 393 | 514 | 393 |

SP 6 SP 2 2

## N° 3113 CLUMANC — Le Riou — 840 m — CM 81 pli 17
**EC NN — 8 pers.**

Barrême 10 km. St-André-les-Alpes 20 km. Lac de Castillon 22 km. Maison indép. à l'entrée d'un hameau. Terrain non clos privé. Meubl. jardin. Local pour VTT et petit matériel. RDC : séjour/cuisine, salon, 1 convert. 2 pers., sdb, WC. Mezzanine : 1 ch. (1 lit 160), 1er ét. : 2 ch. (chacune 1 lit 2 pers.), s., WC. Mezzanine : salon, s. de jeu. Four micro-ondes, magnétoscope, chaîne hifi, chauf. à bois + élec. Réserve Géologique de Hte-Provence. Riou, petit hameau qui constitue la commune de Clumanc. Barrême : Train des Pignes, ligne pittoresque Digne-Nice. St-André-les-Alpes : site international de parapente.

GITES DE FRANCE-SERVICE RESERVATION - BP 201 - Rond-Point du 11 novembre - 04001 DIGNE-LES-BAINS Cedex
Tél. : 04 92 31 30 40 - Fax : 04 92 32 32 63 - Email : infos@gites-de-france-04.fr - www.gites-de-france-04.fr

| B. SAIS. ETE | HTE SAIS. ETE | MOY. SAIS. | W.-E. HIV. | B. SAIS. HIV. | HTE SAIS. HIV. | W.-E. ETE |
|---|---|---|---|---|---|---|
| 359 | 531 | 359 | 188 | 308 | 393 | 170 |

20 22 SP 1 10

## N° 4303 DAUPHIN — CM 81 pli 15
**NN — 6 pers.**

Volx 5 km. Forcalquier 9 km. St-Michel 12 km. Manosque 15 km. Maison neuve indép. sur jardin privatif dans quartier calme en bord. du village. Accès à la piscine chauff. du propr. Terrain clos priv., terr., meubl. jardin. RDC : séjour/cuisine/salon, 3 ch. (1 lit 160, 1 lit 2 pers., 2 lits 1 pers., lit bébé à dispo), 1 s.d.b., 1 WC, 1 s. d'eau/WC. Micro-ondes, parabole, Chauff. élect. Ttes charg. compr. (sauf bois). Offre spéciale séjour juin -10% (530 €/sem.). Dans Parc du Luberon. Visite de la miellerie du prop. qui est apiculteur. Nbres rando. Dauphin, classé Village et Cité de Caract. Observatoire astronomique St-Michel.

GITES DE FRANCE-SERVICE RESERVATION - BP 201 - Rond-Point du 11 novembre - 04001 DIGNE-LES-BAINS Cedex
Tél. : 04 92 31 30 40 - Fax : 04 92 32 32 63 - Email : infos@gites-de-france-04.fr - www.gites-de-france-04.fr

| B. SAIS. ETE | HTE SAIS. ETE | MOY. SAIS. | W.-E. HIV. | B. SAIS. HIV. | HTE SAIS. HIV. | W.-E. ETE |
|---|---|---|---|---|---|---|
| 590 | 897 | 590 | 224 | 342 | 390 | 224 |

5 SP 15 SP 5

## N° 1239 DIGNE-LES-BAINS — Les Dourbes — 1000 m — CM 81 pli 17
**NN — 2 pers.**

Thermes 8 km. Digne-les-Bains 9 km. Studio dans maison de hameau comprenant une salle municipale. Entrée indép. Terrain commun. Meubl. jardin. Commerces à Digne. 1er étage : grande pièce de vie avec coin repas, coin-cuisine, 1 clic-clac 2 pers., 1 lit pliant 1 pers., salle d'eau/WC. Chauff. élect. et taxe de séjour compris. Au coeur de la Réserve Géologique de Haute-Provence. Au pied de la Barre des Dourbes, vue panoramique sur la vallée de la Bléone et les Préalpes de Digne. Nbres randonnées sur place. Digne-les-Bains : ville thermale, plan d'eau, golf, musées.

GITES DE FRANCE-SERVICE RESERVATION - BP 201 - Rond-Point du 11 novembre - 04001 DIGNE-LES-BAINS Cedex
Tél. : 04 92 31 30 40 - Fax : 04 92 32 32 63 - Email : infos@gites-de-france-04.fr - www.gites-de-france-04.fr

| B. SAIS. ETE | HTE SAIS. ETE | MOY. SAIS. | B. SAIS. HIV. | HTE SAIS. HIV. |
|---|---|---|---|---|
| 208 | 258 | 208 | 174 | 208 |

9 SP 8 9

## N° 1245 ENTRAGES — 975 m — CM 81 pli 17
**NN — 2 pers.**

Thermes 7 km. Digne-les-Bains 9 km. Maison de village rénovée mitoyenne par un seul côté au logement du propriétaire. Petit jardin clos privatif. Terrasse. Meubl. jardin. RDC surélevé : séjour/cuisine, salon, 1 convertible 2 pers., 1 ch. (1 lit 2 pers., 1 lit bébé), salle d'eau/WC. Chauf. central élec.. Prix spécial curistes oct. à avril 3 sem. 440 €, hors frais de dossier. Au coeur de la Réserve Géologique de Haute-Provence. Vue superbe sur la Barre des Dourbes et le Pic de Couard. Nbres randonnées sur place. Etablissement thermal. Digne : plan d'eau (baignade, pêche), piscine, golf, musées.

GITES DE FRANCE-SERVICE RESERVATION - BP 201 - Rond-Point du 11 novembre - 04001 DIGNE-LES-BAINS Cedex
Tél. : 04 92 31 30 40 - Fax : 04 92 32 32 63 - Email : infos@gites-de-france-04.fr - www.gites-de-france-04.fr

| B. SAIS. ETE | HTE SAIS. ETE | MOY. SAIS. | W.-E. HIV. | B. SAIS. HIV. | HTE SAIS. HIV. | W.-E. ETE |
|---|---|---|---|---|---|---|
| 222 | 291 | 222 | 84 | 170 | 222 | 84 |

9 9 10 SP 7 9

## N° 3111 ENTREVAUX — 515 m — CM 81 pli 19
**NN — 2 pers.**

Entrevaux 1 km. Puget-Théniers 6 km. Annot 13 km. Ancien cabanon aménagé sur jard. priv. La RN202 et la ligne tourist. du Train des Pignes, passent derrière la maison voisine. Jard. clos priv. Meubl. jard. RDC : séj./cuis., 1 clic-clac 2 pers. 1er ét. : escalier raide, 1 ch. (1 lit 2 pers., lit bébé à dispo), s. d'eau/WC. Chauff. élect. Tous com. à Entrevaux, classé Village et Cité de Caractère. A l'orée du Mercantour. Village médiéval fortifié par Vauban. Gare du Train des Pignes, ligne pitt. Digne-Nice. Base de loisirs, GR4 à prox. imméd. Puget-Théniers : maison de Pays, via ferrata. Annot : site d'escal. réputé.

GITES DE FRANCE-SERVICE RESERVATION - BP 201 - Rond-Point du 11 novembre - 04001 DIGNE-LES-BAINS Cedex
Tél. : 04 92 31 30 40 - Fax : 04 92 32 32 63 - Email : infos@gites-de-france-04.fr - www.gites-de-france-04.fr

| B. SAIS. ETE | HTE SAIS. ETE | MOY. SAIS. | W.-E. HIV. | B. SAIS. HIV. | HTE SAIS. HIV. | W.-E. ETE |
|---|---|---|---|---|---|---|
| 179 | 247 | 179 | 63 | 146 | 179 | 63 |

6 1,5 SP 0,5 7

## ALPES DE HAUTE PROVENCE - 04

### N° 4315 — LIMANS — Le Paty — 750 m — CM 81 pli 15
**NN — 8 pers.**

Limans 3 km. St-Etienne-les-Orgues 9 km. Forcalquier 12 km. Maison compren. gîte et logement perma. En campagne. Ter. non clos privé. Terrasse. Meubl. jard. RDC : cuisine, s. à manger/salon, 1 convert. 2 pers., WC. 1er ét. : 3 ch. (1 lit 2 pers., 1 lit 2 pers. + 1 lit 1 pers., 1 lit 2 pers. + 1 lit 1 pers.), s. d'eau, s.d.b.. Chauff. élect. Tous com. à St-Etienne-les-Orgues. Au coeur de la Hte-Provence, entre la Montagne de Lure et le Luberon. Nbres rando, pêche sur place. St-Etienne : piscine, médiathèque. Forcalquier, Couvent des Cordeliers, marchés de Provence. Mane : Prieuré de Salagon, Château de Sauvan.
GITES DE FRANCE-SERVICE RESERVATION - BP 201 - Rond-Point du 11 novembre - 04001 DIGNE-LES-BAINS Cedex
Tél. : 04 92 31 30 40 - Fax : 04 92 32 32 63 - Email : infos@gites-de-france-04.fr - www.gites-de-france-04.fr

| B. SAIS. ETE | HTE SAIS. ETE | MOY. SAIS. |
|---|---|---|
| 729 | 1122 | 729 |

| | | | | | |
|---|---|---|---|---|---|
| 5 | 8 | SP | SP | SP | 8 |

### N° 4316 — LIMANS — Les Baillières — 508 m — CM 81 pli 15
**NN — 4 pers.**

Limans 1 km. Lac de la Laye 3 km. Forcalquier 10 km. Maison de caractère comprenant 2 gîtes et 2 logements permanents dont celui du prop. Sur exploitation agricole bovine. Terrain non clos commun. 2 terrasse privées (1 couverte). 2 entrées. Meubl. jardin. RDC : salon/cuisine, 1 convert. 2 pers., 2 ch. (1 lit 2 pers., 2 lits 1 pers.), s. de bain, WC, four micro-ondes, chauff. élect. Au coeur de la Haute-Provence. Sur le sentier Pierre Martel : rando, patrimoine. Pêche dans le lac de la Laye. Forcalquier : loisirs, animations, musées, Couvent des Cordeliers.
GITES DE FRANCE-SERVICE RESERVATION - BP 201 - Rond-Point du 11 novembre - 04001 DIGNE-LES-BAINS Cedex
Tél. : 04 92 31 30 40 - Fax : 04 92 32 32 63 - Email : infos@gites-de-france-04.fr - www.gites-de-france-04.fr

| B. SAIS. ETE | HTE SAIS. ETE | MOY. SAIS. | B. SAIS. HIV. | HTE SAIS. HIV. | W-E. ETE |
|---|---|---|---|---|---|
| 275 | 442 | 275 | 247 | 275 | 103 |

| | | | | | |
|---|---|---|---|---|---|
| 5 | 7 | 14 | SP | 3 | 7 |

### N° 4306 — MALLEFOUGASSE-AUGES — Clos de Bully — 707 m — CM 81 pli 15
**NN — 4 pers.**

Cruis 5 km. St-Etienne-les-Orgues 9 km. St Auban 10 km. Maison indép. de construction neuve voisine de 2 autres gîtes. En pleine nature. Balcon, terrain non clos commun (1 ha). Meubl. jardin. RDC surélevé : cuisine/séjour, 1 clic-clac 2 pers., 2 ch. (1 lit 2 pers., 2 lits 1 pers.), salle d'eau, WC. Magnétoscope, micro-ondes, réfrigérateur avec congélateur, chauff. élect. Local pour VTT, petit matériel. Au pied de la Montagne de Lure. Nbres rando sur place. Cruis : équitation, visite du retable classé Monument Historique. St-Etienne-les-Orgues : piscine, médiathèque. Vol à voile à St-Auban.
GITES DE FRANCE-SERVICE RESERVATION - BP 201 - Rond-Point du 11 novembre - 04001 DIGNE-LES-BAINS Cedex
Tél. : 04 92 31 30 40 - Fax : 04 92 32 32 63 - Email : infos@gites-de-france-04.fr - www.gites-de-france-04.fr

| B. SAIS. ETE | HTE SAIS. ETE | MOY. SAIS. | W-E. HIV. | B. SAIS. HIV. | HTE SAIS. HIV. | W-E. ETE |
|---|---|---|---|---|---|---|
| 269 | 377 | 269 | 120 | 236 | 269 | 120 |

| | | | | | |
|---|---|---|---|---|---|
| 10 | 4 | 10 | 20 | SP | 0,1 | 5 |

### N° 1249 — MALLEMOISSON — La Cornerie — CM 81 pli 16
**NN — 2 pers.**

Digne-les-Bains 14 km. Thermes 15 km. Sisteron 25 km. Gîte au RDC de la villa des propriétaires en campagne. Terrain clos commun. Jardin privatif. Meubl. jardin. Entrée indépendante. RDC : séjour/cuisine. 1 ch. (1 lit 2 pers., lit d'appoint enfant à la demande), salle d'eau/WC. Micro-ondes. Chauff. élect. Ttes charges comprises. A proximité des Thermes de Digne-les-Bains. Nbres rando sur place, dans la réserve Géologique de Haute-Provence. Golf à 5 km. Lac de pêche et zone commerciale à 6 km. Parc rural et santonnier à Champtercier. Digne-les-Bains : thermes, plan d'eau, musées.
GITES DE FRANCE-SERVICE RESERVATION - BP 201 - Rond-Point du 11 novembre - 04001 DIGNE-LES-BAINS Cedex
Tél. : 04 92 31 30 40 - Fax : 04 92 32 32 63 - Email : infos@gites-de-france-04.fr - www.gites-de-france-04.fr

| B. SAIS. ETE | HTE SAIS. ETE | MOY. SAIS. |
|---|---|---|
| 181 | 229 | 181 |

| | | | | |
|---|---|---|---|---|
| 12 | SP | 6 | 15 | 1 |

### N° 1250 — MANOSQUE — Les Fonds Redonnes — CM 81 pli 15
**NN — 6 pers.**

Plan d'eau des Vannades 2 km. Manosque 4 km. Pierrevert 5 km. Gîte au RDC de la maison des prop. en campagne. Grand terrain commun. Terrasse privative. Meubl. jardin. RDC : véranda, cuisine, s. à manger/salon, 3 ch. (1 lit 2 pers., 2 lits 1 pers., 2 lits 1 pers.), sdb, WC. Micro-ondes, chauf. central. Ttes charges comprises. Au coeur de Haute-Provence, dans Pays de Giono. Quelques animaux sur place : âne, chèvre, basse-cour. Piste cyclable Luberon à vélo. Plan d'eau : baignade, sports nautiques, lac de pêche. Manosque : théâtre Jean le Blau, fondation Carzou, musées, karting, tous services et loisirs.
GITES DE FRANCE-SERVICE RESERVATION - BP 201 - Rond-Point du 11 novembre - 04001 DIGNE-LES-BAINS Cedex
Tél. : 04 92 31 30 40 - Fax : 04 92 32 32 63 - Email : infos@gites-de-france-04.fr - www.gites-de-france-04.fr

| B. SAIS. ETE | HTE SAIS. ETE | MOY. SAIS. | W-E. ETE |
|---|---|---|---|
| 370 | 550 | 370 | 135 |

| | | | | |
|---|---|---|---|---|
| 2 | 2 | SP | 2 | 15 | 2 |

### N° 1242 — MARCOUX — 700 m — CM 81 pli 07
**NN — 2 pers.**

Marcoux 1 km. Digne-les-Bains 6 km. Thermes 8 km. Maison de campagne comprenant gîte et logement des prop. Parking, entrée indép. Terrain clos privé, terrasse, meubl. jardin. RDC : séjour/cuisine, 1 clic-clac 2 pers., 1 ch. (1 lit 2 pers.), s. d'eau/WC. S. linge, four multifonctions, congél., magnétoscope, équip. bébé complet. Chauf. élect. Ttes charges comprises sauf ménage. En-cas pour le soir de l'arrivée et 1er petit-déj. offerts par prop. Tous commerces à Digne. Dans réserve Géologique Haute-Provence. Nbres rando aux environs. Digne-les-Bains : plan d'eau, golf, thermes, musées.
GITES DE FRANCE-SERVICE RESERVATION - BP 201 - Rond-Point du 11 novembre - 04001 DIGNE-LES-BAINS Cedex
Tél. : 04 92 31 30 40 - Fax : 04 92 32 32 63 - Email : infos@gites-de-france-04.fr - www.gites-de-france-04.fr

| B. SAIS. ETE | HTE SAIS. ETE | MOY. SAIS. | W-E. HIV. | B. SAIS. HIV. | HTE SAIS. HIV. | W-E. ETE |
|---|---|---|---|---|---|---|
| 274 | 342 | 274 | 96 | 258 | 274 | 87 |

| | | | |
|---|---|---|---|
| 8 | SP | 8 | 6 |

PROVENCE-ALPES-CÔTE D'AZUR

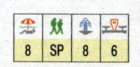

# ALPES DE HAUTE PROVENCE - 04

### N° 7287 — MEOLANS-REVEL — Les Chalets de Rioclar — 1000 m — CM 81 pli 08

**NN 6 pers.**

Base de sports d'eau vive 0,2 km. Barcelonnette 10 km. Pra-Loup 12 km. Maison indépend. dans quartier de chalets. Au bord de l'Ubaye, dans un sous-bois de pins. Terrain clos privé. Terrasse. Meubl. jardin. RDC : cuisine, salon avec cheminée, 1 clic-clac 2 pers., s. d'eau, WC. 1er ét. : 2 ch. (chacune 3 lits 80). Magnétoscope. Chauff. élect. Tous commerces à Barcelonnette. Au bord de l'Ubaye, à 200 m d'une base de sports nautiques. Ecole de kayak, rafting, nage en eau vive, canyoning, pêche. Nbres rando sur place, à prox. Barcelonnette : musée. Lac du Lauzet : pêche. Stations de ski Pra-Loup.

GITES DE FRANCE-SERVICE RESERVATION - BP 201 - Rond-Point du 11 novembre - 04001 DIGNE-LES-BAINS Cedex
Tél. : 04 92 31 30 40 - Fax : 04 92 32 32 63 - Email : infos@gites-de-france-04.fr - www.gites-de-france-04.fr

| B. SAIS. ETE | HTE SAIS. ETE | MOY. SAIS. | B. SAIS. HIV. | HTE SAIS. HIV. |
|---|---|---|---|---|
| 298 | 411 | 298 | 298 | 411 |

8 | SP | 0,2 | 10

### N° 5078 — MISON — Les Calens — 600 m — CM 81 pli 05

**NN 6 pers.**

Mison 0,5 km. Laragne 5 km. Sisteron 9 km. Maison indépend. voisine de celle du propriétaire. Accès à la piscine des prop. Terrain non clos privatif. Terrasse. Meubl. jardin. RDC : cuisine/salle à manger/salon, 1 convertible 2 pers., salle d'eau, WC. 1er ét. : 2 ch. (1 lit 2 pers., 1 convertible 2 pers.), salle d'eau/WC. Congélateur, four micro-ondes, chaîne hifi. Chauff. cent. Toutes charges comprises. Nbres rando sur place. Lac de Mison : pêche. Sports aériens : deltaplane, vol à voile, parapente à proximité. Equitation, tennis. Sisteron : visite de la citadelle, plan d'eau, escalade, tous loisirs.

GITES DE FRANCE-SERVICE RESERVATION - BP 201 - Rond-Point du 11 novembre - 04001 DIGNE-LES-BAINS Cedex
Tél. : 04 92 31 30 40 - Fax : 04 92 32 32 63 - Email : infos@gites-de-france-04.fr - www.gites-de-france-04.fr

| B. SAIS. ETE | HTE SAIS. ETE | MOY. SAIS. | W-E. HIV. | B. SAIS. HIV. | HTE SAIS. HIV. | W-E. ETE |
|---|---|---|---|---|---|---|
| 538 | 769 | 538 | 168 | 516 | 538 | 168 |

5 | SP | 9 | SP | 2 | 5

### N° 5079 — LA MOTTE-DU-CAIRE — 704 m — CM 81 pli 06

**NN 5 pers.**

Sisteron 20 km. Maison d'hôtes de caractère dans le village comprenant également un gîte de séjour et le logement du prop. Abri couvert et fremé pour voitures. Local pour VTT et petit matériel. Jardin et terrasse privatifs. Meubl. jardin. RDC : cuisine/séjour, 1 convertible 2 pers., 2 ch. (1 lit 2 pers., lit bébé, 3 lits 1 pers.), salle d'eau, WC. Micro-ondes. Chauf. élect. Dans un village de Haute-Provence. Nbres activités et loisirs sportifs à proximité : via ferrata et rocher d'escalade, rando pédestres, équestres, VTT, dans le Massif des Monges. Pêche. Rando aquatiques avec le propriétaire.

GITES DE FRANCE-SERVICE RESERVATION - BP 201 - Rond-Point du 11 novembre - 04001 DIGNE-LES-BAINS Cedex
Tél. : 04 92 31 30 40 - Fax : 04 92 32 32 63 - Email : infos@gites-de-france-04.fr - www.gites-de-france-04.fr

| B. SAIS. ETE | HTE SAIS. ETE | MOY. SAIS. | W-E. HIV. | B. SAIS. HIV. | HTE SAIS. HIV. | W-E. ETE |
|---|---|---|---|---|---|---|
| 303 | 432 | 303 | 135 | 282 | 303 | 135 |

0,5 | 20 | SP | 1 | 1 | SP

### N° 4311 — ONGLES — Rocher d'Ongles — 600 m — CM 81 pli 15

**NN 3 pers.**

St-Etienne-les-Orgues 7 km. Banon 11 km. Forcalquier 14 km. Maison mitoyenne dans hameau. Garage. 2 terr. privées. Meubl. jardin. RDC suélevé : cuisine, s. à mang., 1 clic-clac 2 pers., salon (1 lit 1 pers.). 2 ch. en enfilade (1 lit 130, 1 lit 2 pers.), s. d'eau, WC. Micro-ondes. Chauf. élec., poêle à bois. Tous comm. St-Etienne-les-Orgues. Au coeur de la Hte-Provence entre la Mont. de Lure et le Luberon. Nbres rando à proximité. St-Etienne-les-Orgues : piscine, médiathèque. Forcalquier : loisirs, anim., musées, Couvent des Cordeliers, marchés de Provence. Mane : Prieuré de Salagon, Chât. de Sauvan.

GITES DE FRANCE-SERVICE RESERVATION - BP 201 - Rond-Point du 11 novembre - 04001 DIGNE-LES-BAINS Cedex
Tél. : 04 92 31 30 40 - Fax : 04 92 32 32 63 - Email : infos@gites-de-france-04.fr - www.gites-de-france-04.fr

| B. SAIS. ETE | HTE SAIS. ETE | MOY. SAIS. | B. SAIS. HIV. | HTE SAIS. HIV. |
|---|---|---|---|---|
| 336 | 449 | 336 | 280 | 336 |

0,5 | 7 | SP | 0,5 | 7

### N° 2158 — LA PALUD-SUR-VERDON — 890 m — CM 81 pli 17

**NN 4 pers.**

Moustiers-Ste-Marie 20 km. Lac Ste-Croix 20 km. Castellane 25 km. Maison de village comprenant 3 gîtes. Donnant sur une petite placette. Jolie façade extérieur. Intérieur superbe rénové (poutres apparentes, mobilier et décoration chaleureux). 2ème étage : vaste séjour/cuisine. 3ème étage : 2 ch. (chacune 1 lit 2 pers.), s. de bain, WC. Chauff. électr. Poss. lit bébé. Quelques commerces au village. Dans le Parc du Verdon au coeur des Gorges du Verdon. Nbres rando. Un des sites d'escalade les plus réputés au monde. Sports d'eau vive : rafting, canoë, canyoning, hydrospeed.

GITES DE FRANCE-SERVICE RESERVATION - BP 201 - Rond-Point du 11 novembre - 04001 DIGNE-LES-BAINS Cedex
Tél. : 04 92 31 30 40 - Fax : 04 92 32 32 63 - Email : infos@gites-de-france-04.fr - www.gites-de-france-04.fr

| B. SAIS. ETE | HTE SAIS. ETE | MOY. SAIS. | W-E. HIV. | B. SAIS. HIV. | HTE SAIS. HIV. | W-E. ETE |
|---|---|---|---|---|---|---|
| 269 | 337 | 269 | 101 | 224 | 269 | 101 |

2 | 20 | 20 | SP | 5 | 0,5

### N° 2165 — LA PALUD-SUR-VERDON — Le Serre — 1100 m — CM 81 pli 17

**NN 4 pers.**

La Palud-sur-Verdon 7 km. Moustiers-Ste-Marie 27 km. Castellane 32 km. Maison indépend. en campagne. A proximité de l'exploitation agricole ovine des propr. Garage. Terrain clos privatif. Meubl. jardin. RDC : cuisine, séjour/salle à manger, 1 lit appoint 1 pers., 2 ch. (1 lit 2 pers., 2 lits 1 pers.), s.d.b., WC. Micro-ondes. Congélateur. Chauff. électr. Equipement bébé. Dans le Parc du Verdon. Vue superbe sur les crêtes qui dominent les Gorges du Verdon. Nbres rando sur place et à proximité. Sites d'escalade parmi les plus réputés au monde. Sports d'eau vive, sports nautiques.

GITES DE FRANCE-SERVICE RESERVATION - BP 201 - Rond-Point du 11 novembre - 04001 DIGNE-LES-BAINS Cedex
Tél. : 04 92 31 30 40 - Fax : 04 92 32 32 63 - Email : infos@gites-de-france-04.fr - www.gites-de-france-04.fr

| B. SAIS. ETE | HTE SAIS. ETE | MOY. SAIS. | W-E. HIV. | B. SAIS. HIV. | HTE SAIS. HIV. | W-E. ETE |
|---|---|---|---|---|---|---|
| 427 | 594 | 427 | 179 | 342 | 449 | 179 |

8 | 25 | SP | 7

# ALPES DE HAUTE PROVENCE - 04

## N° 1247 PIERREVERT
**NN — 2 pers.** — CM 81 pli 15

Pierrevert 1 km. Golf 3 km. Manosque 5 km. Plan d'eau Vannades 9 km. Maison indépend. compr. le gîte et le logement du prop. Park. privé. Terrain clos privé. Piscine rés. aux occupants du gîte. Meub. jardin. RDC : véranda, séj./cuis., 1 clic-clac 2 pers., 1 ch. (1 lit 2 pers.), lit bébé dispon., s. d'eau, WC. L.-linge commun. Prise TV. Chauff. électr. compris. Ts commerces à Pierrevert. Dans le Parc du Luberon. Au coeur de la Hte-Prov., face à Pierrevert, village typique, product. de vin AOC. Nbres rando pédest. et à VTT sur place. Plan d'eau de Vannades : baign., pêche. Thermes de Gréoux-les-Bains.
GITES DE FRANCE-SERVICE RESERVATION - BP 201 - Rond-Point du 11 novembre - 04001 DIGNE-LES-BAINS Cedex
Tél. : 04 92 31 30 40 - Fax : 04 92 32 32 63 - Email : infos@gites-de-france-04.fr - www.gites-de-france-04.fr

| B. SAIS. ETE | HTE SAIS. ETE | MOY. SAIS. | W.-E. HIV. | B. SAIS. HIV. | HTE SAIS. HIV. | W.-E. ETE |
|---|---|---|---|---|---|---|
| 308 | 393 | 308 | 112 | 280 | 308 | 101 |

3 | 9 | SP | 20 | 1

## N° 1228 PRADS-HAUTE-BLEONE
**NN — 6 pers.** — Tercier — 1350 m — CM 81 pli 07

Prads-Haute-Bléone 5 km. La Javie 7 km. Digne-les-Bains 37 km. Maison de caractère mitoyenne par un seul côté à maison inoccupée, en hameau. Terrain non clos privatif, terrasse, meubl. jardin. RDC surélevé : grand séjour/s. à manger avec coin salon et coin cuisine. WC. 1er ét. : 3 ch. ( 2 lit 2 pers., 2 lits 1 pers. superposés), s. d'eau/WC. Poêle à bois, frigo/congél., micro-ondes, équip. bébé. Ttes charges comprises. Au coeur de la Haute-Vallée de la Bléone. Départ de sentiers balisés (Tête de L'Estrop...), circuits VTT. Parapente à Prads. Digne-les-Bains : thermes, plan d'eau, golf. Mise à dispos. de VTT.
GITES DE FRANCE-SERVICE RESERVATION - BP 201 - Rond-Point du 11 novembre - 04001 DIGNE-LES-BAINS Cedex
Tél. : 04 92 31 30 40 - Fax : 04 92 32 32 63 - Email : infos@gites-de-france-04.fr - www.gites-de-france-04.fr

| B. SAIS. ETE | HTE SAIS. ETE | MOY. SAIS. |
|---|---|---|
| 359 | 534 | 359 |

6 | 37 | 37 | SP | 39 | 37

## N° 2160 QUINSON
**NN — 3 pers.** — Mas de la Cherine — 500 m — CM 81 pli 16

Lac de Quinson 3 km. Riez 18 km. Corps de ferme rénové comprenant 4 gîtes et logement des prop. Terrain non clos commun. Terrasse privée. Meubl. jardin. RDC : séjour/cuisine, 1 conv. 2 pers. 1er ét. : mezzanine (3 lits 1 pers. dont 2 superposés), 1 ch. (1 lit 160, 1 lit 1 pers.), s. d'eau, WC, lit bébé, four micro-ondes, chauff. électr. + poêle à bois. Poss. Accueil cavaliers avec leurs chevaux. Parc du Verdon. Chevaux et poneys sur place. Nbres rando, Musée de Préhistoire à Quinson. Grotte de la Baume Bonne. Base nautique lac de Quinson. Qques commerces à Quinson, tous commerces à Riez.
GITES DE FRANCE-SERVICE RESERVATION - BP 201 - Rond-Point du 11 novembre - 04001 DIGNE-LES-BAINS Cedex
Tél. : 04 92 31 30 40 - Fax : 04 92 32 32 63 - Email : infos@gites-de-france-04.fr - www.gites-de-france-04.fr

| B. SAIS. ETE | HTE SAIS. ETE | MOY. SAIS. | W.-E. HIV. | B. SAIS. HIV. | HTE SAIS. HIV. | W.-E. ETE |
|---|---|---|---|---|---|---|
| 416 | 565 | 416 | 130 | 345 | 416 | 130 |

3 | 4,5 | SP | 3 | 3

## N° 2163 QUINSON
**NN — 6 pers.** — CM 81 pli 16

Lac de Ste-Croix 7 km. Gréoux-les-Bains 21 km. Riez 21 km. Terrain privatif. Meubl. jardin. Cour intérieure donnant accès au jardin. Mobilier XVIIIe dans certaines pièces. Murs revêtus de badigeons à la chaux. RDC : séjour, cuisine donnant sur la cour. 1er ét. : 1 ch. (2 lits 1 pers. jumelables), salle d'eau, buanderie. 2ème ét. : 2 ch. (1 lit 2 pers.+ 1 lit 1 pers., 1 lit 1 pers.). Four micro-ondes, Chauff. électr. Maison de village mitoyenne rénovée sur 3 niveaux. Dans le Parc du Verdon. Quinson : Musée de la Préhistoire, lac. Gréoux-les-Bains, station thermale.
GITES DE FRANCE-SERVICE RESERVATION - BP 201 - Rond-Point du 11 novembre - 04001 DIGNE-LES-BAINS Cedex
Tél. : 04 92 31 30 40 - Fax : 04 92 32 32 63 - Email : infos@gites-de-france-04.fr - www.gites-de-france-04.fr

| B. SAIS. ETE | HTE SAIS. ETE | MOY. SAIS. | W.-E. HIV. | B. SAIS. HIV. | HTE SAIS. HIV. | W.-E. ETE |
|---|---|---|---|---|---|---|
| 538 | 785 | 538 | 202 | 449 | 538 | 202 |

7 | SP | 0,5 | 0,1

## N° 2169 QUINSON
**NN — 2 pers.** — CM 81 pli 16

Lac de Ste-Croix 15 km. Gréoux-les-Bains 21 km. Riez 21 km. Maison de village mitoyenne entièrement rénovée. Petite cour privée. Meubl. jardin. Murs revêtus de badigeons à la chaux. RDC : séjour, 1 convertible 2 pers., 1 ch. donnant sur la cour (1 lit 2 pers.), salle d'eau, WC. Micro-ondes. Chauff. élec. Dans le Parc du Verdon. Quinson : Musée de la Préhistoire, lac, base nautique. Nbres rando, Lacs d'Esparron et de Ste-Croix. Gréoux-les-Bains, station thermale. A prox. Moustiers-Ste-Marie.
GITES DE FRANCE-SERVICE RESERVATION - BP 201 - Rond-Point du 11 novembre - 04001 DIGNE-LES-BAINS Cedex
Tél. : 04 92 31 30 40 - Fax : 04 92 32 32 63 - Email : infos@gites-de-france-04.fr - www.gites-de-france-04.fr

| B. SAIS. ETE | HTE SAIS. ETE | MOY. SAIS. | W.-E. HIV. | B. SAIS. HIV. | HTE SAIS. HIV. | W.-E. ETE |
|---|---|---|---|---|---|---|
| 292 | 348 | 292 | 101 | 292 | 292 | 101 |

15 | SP | 0,5 | 0,7

## N° 1244 LA ROBINE-SUR-GALABRE
**NN — 4 pers.** — Le Forest — 760 m — CM 81 pli 07

Centre équestre 8 km. Digne-les-Bains 10 km. Thermes 12 km. Maison de village comprenant un autre gîte et le logement des prop. Parking privé. Terrain commun non attenant au gîte. Terrasse privée. Meubl.jardin. Jeu pétanque, ping-pong. RDC : cuisine, salon/salle à manger avec 1 clic-clac 2 pers., s.d.b., WC. 1er ét. : mezzanine (2 lits 1 pers.), 1 ch. (1 lit 2 pers.). Chauff. électr. Au coeur de la Réserve Géologique de Haute-Provence. Nbres rando sur place. Rando avec ânes de bât. Digne-les-Bains : ville thermale, plan d'eau, piscine, golf, musées. A proximité des sites geologiques.
GITES DE FRANCE-SERVICE RESERVATION - BP 201 - Rond-Point du 11 novembre - 04001 DIGNE-LES-BAINS Cedex
Tél. : 04 92 31 30 40 - Fax : 04 92 32 32 63 - Email : infos@gites-de-france-04.fr - www.gites-de-france-04.fr

| B. SAIS. ETE | HTE SAIS. ETE | MOY. SAIS. | W.-E. HIV. | B. SAIS. HIV. | HTE SAIS. HIV. | W.-E. ETE |
|---|---|---|---|---|---|---|
| 291 | 460 | 291 | 121 | 247 | 291 | 121 |

11 | SP | 12 | 10

# ALPES DE HAUTE PROVENCE - 04

## N° 4307 — LA ROCHEGIRON — Les Auberes — 735 m — CM 81 pli 15

**NN — 4 pers.**

La Rochegiron 1,5 km. Banon 4 km. Montagne de Lure 25 km. Maison indépend. comprenant 2 gîtes et la résidence secondaire des propr. Accès à la piscine des prop. Jeu de boules. Terrain non clos commun. Terrasse privative. Meubl. jardin. RDC : séjour/cuisine, 1 convertible BZ 2 pers., 1er étage : 2 ch. (1 lit 2 pers. chacune). Lit bébé. Salle d'eau, WC, chauff. électr. Tous commerces à Banon. Au pied de la Montagne de Lure. Vue dégagé jusqu'au Luberon. Banon : village médiéval et pittoresque renommé pour ses parfums, ses couleurs, son miel, ses fromages de chèvres, son calme.

GITES DE FRANCE-SERVICE RESERVATION - BP 201 - Rond-Point du 11 novembre - 04001 DIGNE-LES-BAINS Cedex
Tél. : 04 92 31 30 40 - Fax : 04 92 32 32 63 - Email : infos@gites-de-france-04.fr - www.gites-de-france-04.fr

| B. SAIS. ETE | HTE SAIS. ETE | MOY. SAIS. |
|---|---|---|
| 426 | 606 | 426 |

| | | | | |
|---|---|---|---|---|
| 4 | SP | SP | 10 | 4 |

## N° 2164 — ROUMOULES — Les Adrechs — 610 m — CM 81 pli 16

**NN — 6 pers.**

Riez 3 km. Moustiers-Ste-Marie 12 km. Lac de Ste-Croix 16 km. Maison indépend. dans quartier résidentiel. Garage. Piscine privée. Cuisine d'été. Grand jardin arboré et fleuri, 2 terrasses, meubl. jardin. RDC : grde cuisine, salle à manger/salon. 1er ét. : 3 ch. (chacune 2 lits 1 pers jumelable), s.d.b., WC. Parabole, décodeur, micro-ondes, chauff. électr. Ts commerces à Riez. Sur le Plateau de Valensole. Riez, classé Village et Cité de Caractère. Moustiers-Ste-Marie, un des plus beaux villages de France, classé Village et Cité de Caractère et Ville et Métiers d'Arts : cité de la faïence. Gorges du Verdon.

GITES DE FRANCE-SERVICE RESERVATION - BP 201 - Rond-Point du 11 novembre - 04001 DIGNE-LES-BAINS Cedex
Tél. : 04 92 31 30 40 - Fax : 04 92 32 32 63 - Email : infos@gites-de-france-04.fr - www.gites-de-france-04.fr

| B. SAIS. ETE | HTE SAIS. ETE | MOY. SAIS. |
|---|---|---|
| 617 | 841 | 617 |

| | | | | |
|---|---|---|---|---|
| SP | 10 | SP | 1 | 25 | 3 |

## N° 5080 — SALIGNAC — Le Ripert — CM 81 pli 06

**NN — 6 pers.**

Salignac 1,5 km. Volonne 5 km. Sisteron 5 km. Accès piscine des prop. Sans vis-à-vis. Vue dégagée. Parking. Terrain non clos commun. Terrasse privative. Meubl. jardin. RDC : séjour/cuisine. RDC surélevé : 1 ch. (1 lit 2 pers.), sdb, WC. 1er ét. : 2 ch. (2 lits 1 pers. dans chacune). Poss. 1 lit 1 pers. sup. Lit bébé. Salle d'eau/WC. Cave avec congélateur. Micro-ondes. Chauf. central. Charges comprises. Gîte mitoyen à la maison des propr., en campagne. Dans une petite vallée parallèle à la Durance. Idéal pour repos, balades à pied ou à VTT. Sisteron : plan d'eau, site historique, Citadelle.

GITES DE FRANCE-SERVICE RESERVATION - BP 201 - Rond-Point du 11 novembre - 04001 DIGNE-LES-BAINS Cedex
Tél. : 04 92 31 30 40 - Fax : 04 92 32 32 63 - Email : infos@gites-de-france-04.fr - www.gites-de-france-04.fr

| B. SAIS. ETE | HTE SAIS. ETE | MOY. SAIS. | W -E. HIV. | B. SAIS. HIV. | HTE SAIS. HIV. | W -E. ETE |
|---|---|---|---|---|---|---|
| 510 | 841 | 510 | 170 | 380 | 510 | 200 |

| | | | | | | |
|---|---|---|---|---|---|---|
| 10 | 7 | SP | 5 | SP | 5 | 5 |

## N° 4302 — SAUMANE — Le Coulet — 870 m — CM 81 pli 15

**NN — 2 pers.**

Banon 7 km. Forcalquier 23 km. Montagne de Lure 23 km. Maison de caractère indépend. rénovée dans le haut du village. Possibilité barbecue. Epicerie et bistrot de Pays à Saumane. Tous commerces à Banon. 3 niveaux. RDC : salle à manger/cuisine, cellier. 1er étage : salon avec banquette gigogne 2 couchages 1 pers., salle d'eau, WC. 2ème étage : 1 chambre (1 lit 2 pers.). Prise TV. Chauff. électr. Saumane, village typique de Haute-Provence. Nbres rando sur place. Banon : cité médiévale, spé. de fromage. Forcalquier : cité des 4 Reines, musées, marchés provençaux.

GITES DE FRANCE-SERVICE RESERVATION - BP 201 - Rond-Point du 11 novembre - 04001 DIGNE-LES-BAINS Cedex
Tél. : 04 92 31 30 40 - Fax : 04 92 32 32 63 - Email : infos@gites-de-france-04.fr - www.gites-de-france-04.fr

| B. SAIS. ETE | HTE SAIS. ETE | MOY. SAIS. | W -E. HIV. | B. SAIS. HIV. | HTE SAIS. HIV. | W -E. ETE |
|---|---|---|---|---|---|---|
| 264 | 376 | 264 | 79 | 236 | 264 | 79 |

| | | | | |
|---|---|---|---|---|
| 7 | 1,2 | 15 | SP | 10 | 7 |

## N° 6157 — SELONNET — Les Champsaurs — 980 m — CM 81 pli 07

**NN — 4 pers.**

Selonnet 2,5 km. Seyne-les-Alpes 7,5 km. Lac de Serre-Ponçon 15 km. Mais. de hameau compr. deux gîtes. Entrée indépend. Terr. privée. Jard. clos com. Meubl. jardin. RDC : séjour/cuisine améric., 1 clic-clac 2 pers., 2 ch. voûtées (chacune 1 lit 2 pers.), salle d'eau, WC, four m-ondes. Chauff. électr. Local pour skis et VTT. Qqs commerces à Selonnet, ts commerces à Seyne-les-Alpes. Dans la Val. de la Blanche. Nbres rando. Seyne-les-Alpes, clas. Village et Cité de Caractère : Fort Vauban, éco-musées, piscine, vol à voile, cent. de loisirs. A 10 km des stat. de ski de Chabanon (ski nocturne) et de St-Jean/Montclar.

GITES DE FRANCE-SERVICE RESERVATION - BP 201 - Rond-Point du 11 novembre - 04001 DIGNE-LES-BAINS Cedex
Tél. : 04 92 31 30 40 - Fax : 04 92 32 32 63 - Email : infos@gites-de-france-04.fr - www.gites-de-france-04.fr

| B. SAIS. ETE | HTE SAIS. ETE | MOY. SAIS. | W -E. HIV. | B. SAIS. HIV. | HTE SAIS. HIV. | W -E. ETE |
|---|---|---|---|---|---|---|
| 230 | 393 | 230 | 112 | 269 | 375 | 116 |

| | | | | |
|---|---|---|---|---|
| 8 | 10 | SP | 1 | 2,5 |

## N° 4223 — SIMIANE-LA-ROTONDE — L'Abbadie — 670 m — CM 81 pli 14

**EC — NN — 2 pers.**

Gorges d'Opedette 4 km. Boulinette 5 km. Banon 19 km. Rustrel 20 km. Sur le site, grand salon commun pour soirée collective, avec terrasse, biblio., jeux. Entrée indép. et terrasse privée. Meubl. jardin. RDC surélevé et 1er ét. RDC : séjour/cuisine, WC. 1er ét. : 1 ch. (1 lit 2 pers.), salle d'eau. Chauff. électr. compris. Buanderie commune équipée lave-linge et sèche-linge. Location des draps. Toutes charges comprises. Dans hameau du XIIe restauré, bastide avec 6 gîtes. Domaine agricole biologique de 108 ha. Tous commerces à Banon. Nbres rando, rivière. Circuits vers la Montagne de Lure, le Pays de Giono.

GITES DE FRANCE-SERVICE RESERVATION - BP 201 - Rond-Point du 11 novembre - 04001 DIGNE-LES-BAINS Cedex
Tél. : 04 92 31 30 40 - Fax : 04 92 32 32 63 - Email : infos@gites-de-france-04.fr - www.gites-de-france-04.fr

| B. SAIS. ETE | HTE SAIS. ETE | MOY. SAIS. | W -E. HIV. | B. SAIS. HIV. | HTE SAIS. HIV. | W -E. ETE |
|---|---|---|---|---|---|---|
| 272 | 457 | 287 | 123 | 287 | 442 | 117 |

| | | | | | |
|---|---|---|---|---|---|
| 15 | 19 | SP | 0,5 | 0,2 | 19 |

# ALPES DE HAUTE PROVENCE - 04

### N° 4224 — SIMIANE-LA-ROTONDE — L'Abbadie — 670 m — CM 81 pli 14
**EC — NN — 2 pers.**

Gorges d'Opedette 4 km. Boulinette 5 km. Banon 19 km. Rustrel 20 km. Dans hameau XIIe restauré, bastide 6 gîtes. Sur le site, grd salon commun pour soirée collective avec terrasse, biblio., jeux. Gîte Bleuet. Entrée indép. et terr. privée. Meubles jard. RDC et 1er ét. RDC : séj./cuisine. Sdb/WC. 1er ét. : 1 ch. (1 lit 2 pers. + 1 convertible 2 pers. avec accès indép.). Buand. commune équipée lave-linge et sèche linge. Chauff. électr. Location draps. Charges comprises. Tous commerces à Banon. Dans le Parc du Luberon. Domaine agricole biologique de 108 ha. Sur place nbres rando, rivière. Banon: spé. fromages.
GITES DE FRANCE-SERVICE RESERVATION - BP 201 - Rond-Point du 11 novembre - 04001 DIGNE-LES-BAINS Cedex
Tél. : 04 92 31 30 01 - Fax : 04 92 32 32 63 - Email : info@gites-de-france-04.fr

| B. SAIS. ETE | HTE SAIS. ETE | MOY. SAIS. | W.-E. HIV. | B. SAIS. HIV. | HTE SAIS. HIV. | W.-E. ETE |
|---|---|---|---|---|---|---|
| 257 | 473 | 287 | 123 | 287 | 442 | 110 |

19 / 15 / 19 / SP / 0,5 / 0,2 / 19

### N° 4225 — SIMIANE-LA-ROTONDE — L'Abbadie — 670 m — CM 81 pli 14
**EC — NN — 4 pers.**

Gorges d'Opedette 4 km. Boulinette 5 km. Banon 19 km. Rustrel 20 km. Sur le site, grand salon commun pour soirée collective, avec terrasse, biblio., jeux. Entrée indépendante et terrasse privée. Meubl. jardin. RDC surélevé : séjour/cuisine, 2 chambres (1 lit 2 pers. chacune), s.d.b./WC. Chauff. électr. Buanderie commune équipée lave-linge et sèche-linge. Location des draps. Toutes charges comprises. Dans hameau du XIIe restauré, bastide avec 6 gîtes. Domaine agricole biologique de 108 ha. Ts commerces à Banon. Nbres rando vers la Montagne de Lure, le Pays de Giono.
GITES DE FRANCE-SERVICE RESERVATION - BP 201 - Rond-Point du 11 novembre - 04001 DIGNE-LES-BAINS Cedex
Tél. : 04 92 31 30 01 - Fax : 04 92 32 32 63 - Email : info@gites-de-france-04.fr - www.gites-de-france-04.fr

| B. SAIS. ETE | HTE SAIS. ETE | MOY. SAIS. | W.-E. HIV. | B. SAIS. HIV. | HTE SAIS. HIV. | W.-E. ETE |
|---|---|---|---|---|---|---|
| 307 | 534 | 307 | 132 | 307 | 473 | 132 |

19 / 15 / 19 / SP / 0,5 / 0,2 / 19

### N° 4226 — SIMIANE-LA-ROTONDE — L'Abbadie — 670 m — CM 81 pli 14
**EC — NN — 4 pers.**

Gorges d'Opedette 4 km. Boulinette 5 km. Banon 19 km. Rustrel 20 km. Sur le site, grand salon commun pour soirée collective, avec terrasse, biblio., jeux. Entrée indép. et terrasse privée. Meubl. jardin. RDC surélevé : séjour/cuisine, 1 ch. indép. par cour intérieure. Salle d'eau/WC. 1er ét. : 1 ch. (1 lit 2 pers.), sdb/WC. Buanderie commune équipée lave-linge et sèche-linge. Location draps. Charges comp. Chauff. électr. Dans hameau du XIIe restauré, bastide avec 6 gîtes. Domaine agricole biologique de 108 ha. Dans le Parc du Luberon. Ts commerces à Banon. Nbres rando. Banon : spé. de fromages.
GITES DE FRANCE-SERVICE RESERVATION - BP 201 - Rond-Point du 11 novembre - 04001 DIGNE-LES-BAINS Cedex
Tél. : 04 92 31 30 01 - Fax : 04 92 32 32 63 - Email : info@gites-de-france-04.fr

| B. SAIS. ETE | HTE SAIS. ETE | MOY. SAIS. | W.-E. HIV. | B. SAIS. HIV. | HTE SAIS. HIV. | W.-E. ETE |
|---|---|---|---|---|---|---|
| 307 | 534 | 307 | 132 | 307 | 473 | 132 |

19 / 15 / 19 / SP / 0,5 / 0,2 / 19

### N° 4227 — SIMIANE-LA-ROTONDE — L'Abbadie — 670 m — CM 81 pli 14
**EC — NN — 6 pers.**

Gorges d'Opedette 4 km. Boulinette 5 km. Banon 19 km. Rustrel 20 km. Sur le site, grand salon commun pour soirée collective, avec terrasse, biblio., jeux. Entrée indép. et terrasse privée. Meubl. jardin. RDC : cuisine, 1 ch. (1 lit 160), coin salon. Salle d'eau/WC. 1er ét. : 2 ch. (2 lits 1 pers. superposés, 1 lit 2 pers.), sdb/WC. Buanderie commune équipée lave-linge et sèche-linge. Location draps. Charges comprises. Chauff. électr. Dans hameau du XIIe restauré, bastide avec 6 gîtes. Domaine agricole biologique de 108 ha. Dans le Parc du Luberon. Tous commerces à Banon. Banon : spé. de fromages.
GITES DE FRANCE-SERVICE RESERVATION - BP 201 - Rond-Point du 11 novembre - 04001 DIGNE-LES-BAINS Cedex
Tél. : 04 92 31 30 01 - Fax : 04 92 32 32 63 - Email : info@gites-de-france-04.fr

| B. SAIS. ETE | HTE SAIS. ETE | MOY. SAIS. | W.-E. HIV. | B. SAIS. HIV. | HTE SAIS. HIV. | W.-E. ETE |
|---|---|---|---|---|---|---|
| 348 | 595 | 348 | 149 | 348 | 535 | 149 |

19 / 15 / 19 / SP / 0,5 / 0,2 / 19

### N° 4301 — SIMIANE-LA-ROTONDE — La Sausse — 630 m — CM 81 pli 14
**NN — 4 pers.**

Banon 9 km. Rustrel 9 km. Apt 20 km. Avignon 70 km. Maison indépend. sur jardin privatif entouré de champs au pied du village. Vue superbe. Terrain non clos privatif de 900 m². Terrasse. Meubl. jardin. Tous commerces à Banon et quelques uns au village. RDC surélevé. Séjour/cuisine, 2 ch. (1 lit 2 pers., 1 lit 1 pers., 1 lit d'appoint 1 pers.), sdb, WC. Chaîne hifi. Chauff. électr. Table de ping-pong. Simiane-la-Rotonde, village médiéval, classé Village et Cité de Caractère. A proximité du Parc du Luberon. Nombreuses randonnées dans la Montagne de Lure, circuits VTT.
GITES DE FRANCE-SERVICE RESERVATION - BP 201 - Rond-Point du 11 novembre - 04001 DIGNE-LES-BAINS Cedex
Tél. : 04 92 31 30 01 - Fax : 04 92 32 32 63 - Email : info@gites-de-france-04.fr - www.gites-de-france-04.fr

| B. SAIS. ETE | HTE SAIS. ETE | MOY. SAIS. | B. SAIS. HIV. | HTE SAIS. HIV. |
|---|---|---|---|---|
| 370 | 479 | 370 | 337 | 337 |

10 / 9 / SP / 3 / 9

### N° 4304 — SIMIANE-LA-ROTONDE — L'Abbadie — 670 m — CM 81 pli 14
**EC — NN — 4 pers.**

Gorges d'Opedette 4 km. Boulinette 5 km. Banon 19 km. Rustrel 20 km. Sur le site, grand salon commun pour soirée collective, avec terrasse, biblio., jeux. Entrée indép. et terrasse privée. Meubl. jardin. RDC : cuisine, 1 ch. (1 lit 2 pers.), coin salon. Sdb/WC. 1 ch. séparé mitoyenne, accès par extérieur (1 lit 2 pers.), sdb/WC privatifs. Buanderie commune équipée l-linge et sèche-linge. Loc. draps. Charges comprises. Dans hameau du XIIe restauré, bastide avec 6 gîtes. Domaine agricole biologique de 108 ha. Dans le Parc du Luberon. Tous commerces à Banon. Nbres rando. Banon : spé. de fromages.
GITES DE FRANCE-SERVICE RESERVATION - BP 201 - Rond-Point du 11 novembre - 04001 DIGNE-LES-BAINS Cedex
Tél. : 04 92 31 30 01 - Fax : 04 92 32 32 63 - Email : info@gites-de-france-04.fr - www.gites-de-france-04.fr

| B. SAIS. ETE | HTE SAIS. ETE | MOY. SAIS. | W.-E. HIV. | B. SAIS. HIV. | HTE SAIS. HIV. | W.-E. ETE |
|---|---|---|---|---|---|---|
| 268 | 488 | 268 | 115 | 268 | 412 | 115 |

19 / 15 / 19 / SP / 0,5 / 0,2 / 19

## ALPES DE HAUTE PROVENCE - 04

### N° 2159 VALENSOLE — Le Petit Puits — 570 m — CM 81 pli 16
**NN 3 pers.**

Valensole 9 km. Manosque 10 km. Gréoux-les-Bains 22 km. Ancienne ferme en cours de rénov. comprenant le gîte et des granges. Façades et aménag. extérieurs en cours de finition. Abri couvert voitures, VTT, terrain non clos privé Meubl. jard. RDC : salle à mang./cuisine. 1er ét. : salon, 1 clic-clac 2 pers., 1 ch. (1 lit 2 pers., 1 lit 1 pers.), s. d'eau, WC. Magnéto, chauff. électr. A prox. de l'élevage de gibier à plumes (faisans, perdrix) des propr. Accès par 400 m de piste carros. déconseillée aux véhic. bas. Entre le Plateau de Valensole et le Val de Durance. Valensole : distilleries de lavande, piscine.

GITES DE FRANCE-SERVICE RESERVATION – BP 201 - Rond-Point du 11 novembre – 04001 DIGNE-LES-BAINS Cedex
Tél. : 04 92 31 30 40 - Fax : 04 92 32 32 63 - Email : infos@gites-de-france-04.fr - www.gites-de-france-04.fr

| B. SAIS. ETE | HTE SAIS. ETE | MOY. SAIS. | B. SAIS. HIV. | HTE SAIS. HIV. |
|---|---|---|---|---|
| 269 | 393 | 269 | 224 | 269 |

10 | SP | 10 | 13 | 9 — TV

---

### N° 1246 VILLENEUVE — La Tuilière — CM 81 pli 15
**EC NN 4 pers.**

Villeneuve 2 km. Manosque 12 km. Maison de caractère indépendante sur parc privatif en campagne. Environnement très calme. Abri couvert pour 2 voitures. Terrain non clos. Terrasse couverte. Meubl. jardin. RDC : cuisine/séjour, salon, salle de bain, WC. 1er ét. : 2 ch. ( 1 lit 2 pers., 2 lits 1 pers.), salle de détente/bureau avec 1 convertible. Chauffage central. Tous commerces au village. Dans le Pays de Giono et le Parc Naturel Régional du Luberon. A proximité de Manosque, Forcalquier, du Plateau de Valensole, du Prieuré de Ganagobie. Tous loisirs aux environs.

GITES DE FRANCE-SERVICE RESERVATION – BP 201 - Rond-Point du 11 novembre – 04001 DIGNE-LES-BAINS Cedex
Tél. : 04 92 31 30 40 - Fax : 04 92 32 32 63 - Email : infos@gites-de-france-04.fr - www.gites-de-france-04.fr

| B. SAIS. ETE | HTE SAIS. ETE | MOY. SAIS. | B. SAIS. HIV. | HTE SAIS. HIV. |
|---|---|---|---|---|
| 427 | 599 | 427 | 427 | 427 |

7 | 5 | 7 | SP | 4 | 2

---

### N° 1236 VOLX — Les Jardins — CM 81 pli 15
**NN 2 pers.**

Volx 1 km. Manosque 8 km. Forcalquier 15 km. Gréoux-les-Bains 25 km. Maison indépend. voisine de celle des propr. En campagne. Terrain non clos commun. Terrasse privée. Meubl. jardin. Ts comm. à Volx. 1er étage : cuis., salon, 1 convert. 2 pers., 1 ch. (1 lit 2 pers.), s.d.b., WC, Chauff. centr. Ttes charges comp. Dans le Val de Durance. En limite du Parc du Luberon. Nbreus rando. Rocher d'escalade à Volx. Plan d'eau : baignade, pêche. Manosque : ctre Jean Giono. Forcalquier : cité des 4 Reines, marchés de Provence. Gréoux-les-Bains : station therm. Gorges du Verdon et Lac de Sainte-Croix.

GITES DE FRANCE-SERVICE RESERVATION – BP 201 - Rond-Point du 11 novembre – 04001 DIGNE-LES-BAINS Cedex
Tél. : 04 92 31 30 40 - Fax : 04 92 32 32 63 - Email : infos@gites-de-france-04.fr - www.gites-de-france-04.fr

| B. SAIS. ETE | HTE SAIS. ETE | MOY. SAIS. | W.-E. HIV. | B. SAIS. HIV. | HTE SAIS. HIV. | W.-E. ETE |
|---|---|---|---|---|---|---|
| 256 | 426 | 256 | 73 | 224 | 256 | 73 |

6 | SP | 5 | 25 | 1

**PROVENCE-ALPES-CÔTE D'AZUR**

Pictos voir p. 12

427

# HAUTES ALPES - 05

**GITES DE FRANCE** - Service Réservation
1, place du Champsaur - B.P 55 - 05002 GAP CEDEX
Tél. 04 92 52 52 94 ou 04 92 52 52 92 - Fax. 04 92 52 52 90
E.mail : gdf05@wanadoo.fr - www.gdf05.com

---

### N° 3136 — AGNIERES-EN-DEVOLUY — La Chaup — 1400 m — CM 334 pli D4

NN — 7 pers.

Gîte aménagé dans la même maison que le logement du propriétaire, à la ferme, avec 1 autre gîte. Entrée ind. en r.d.c. par escalier. Au 1er étage, séjour, cuisine équipée, coin-salon, 1 ch. (1 lit 2 pers.), salle d'eau, wc. Au 2ème niveau, 2 ch. (2 lits 2 pers., 1 lit 1 pers.), salle d'eau, wc. Chauffage central. Balcon, terrain.

GITES DE FRANCE-SERVICE RESERVATION - 1 place du Champsaur - BP 55 - 05002 GAP Cedex
Tél. : 04 92 52 52 94 - Fax : 04 92 52 52 90 - Email: gdf05@wanadoo.fr - www.gdf05.com

| OCT./DEC. | NOËL | VAC. FEV. | VAC. PRINT. | HORS VAC. HIV. | MAI | JUIN/SEPT. | JUIL./AOUT | ski | | | | | | | | | | | |
|---|---|---|---|---|---|---|---|---|---|---|---|---|---|---|---|---|---|---|---|
| 220 | 410 | 550 | 300 | 300 | 230 | 230 | 420 | 4 | 4 | 20 | 2 | 4 | 2 | 20 | 4 |

---

### N° 9005 — L'ARGENTIERE-LA-BESSEE — La Blachière — 1200 m — CM 334 pli H4

NN — 3 pers.

En périphérie du Parc National des Ecrins, petite maison indépendante dans hameau avec vue panoramique sur la vallée du Fournel (accès par 3 kms de route de montagne). Entrée par terrasse. Séjour coin-cuisine (micro-ondes), coin-salon, poêle à bois. Salle d'eau-wc. A l'étage 1 chambre (1 lit 2 pers., 2 lits 1 pers. gigogne). Chauf. élect. Ouvert toute l'année.

GITES DE FRANCE-SERVICE RESERVATION - 1 place du Champsaur - BP 55 - 05002 GAP Cedex
Tél. : 04 92 52 52 94 - Fax : 04 92 52 52 90 - PROP.: 04 92 21 15 24 - Email : gdf05@wanadoo.fr - www.gdf05.com

| OCT./DEC. | NOËL | VAC. FEV. | VAC. PRINT. | HORS VAC. HIV. | MAI | JUIN/SEPT. | JUIL/AOUT | | | | | | | | | | | |
|---|---|---|---|---|---|---|---|---|---|---|---|---|---|---|---|---|---|---|
| 260 | 345 | 390 | 215 | 260 | 215 | 215 | 305 | 13 | 13 | 3 | 3 | 1 | 3 | 15 | SP | 3 | 3 |

---

### N° 9021 — L'ARGENTIERE-LA-BESSEE — 1000 m — CM 334 pli H4

NN — 5 pers.

Dans un ancien moulin rénové, situé à 500 m du centre ville, 3 gîtes indépendants à l'entrée d'un terrain de 4600 m² longeant la Durance. Entrée r.d.c. par terrasse privative, séjour, salon (clic-clac 2 pers.) TV satellite, cuisine américaine (four, plaque) 2 ch. (5 lits 1 pers.), s.d.b., wc, chauff. central, l-linge commun ds buanderie, parking privé.

GITES DE FRANCE-SERVICE RESERVATION - 1 place du Champsaur - BP 55 - 05002 GAP Cedex
Tél. : 04 92 52 52 94 - Fax : 04 92 52 52 90 - Email : gdf05@wanadoo.fr - www.gdf05.com

| OCT./DEC. | NOËL | VAC. FEV. | VAC. PRINT. | HORS VAC. HIV. | MAI | JUIN/SEPT. | JUIL./AOUT | | | | | | | | | | | |
|---|---|---|---|---|---|---|---|---|---|---|---|---|---|---|---|---|---|---|
| 398 | 498 | 538 | 498 | 438 | 458 | 458 | 498 | 9 | 4 | 0,5 | 0,1 | 0,5 | 2 | 10 | 1 | 0,5 | 0,2 |

---

### N° 9022 — L'ARGENTIERE-LA-BESSEE — 1000 m — CM 334 pli H4

NN — 4 pers.

Dans ancien moulin rénové, situé à 500 m du centre ville, 3 gîtes indép. à l'entrée d'un terrain de 4600 m² longeant la Durance. Entrée 1er étage par terrasse priv., séjour, c-salon (clic-clac 2 p.), TV satellite, cuis. américaine (four, plaque, l-vaiss.), 2 ch. balcon Sud (4 lits 1 p.), s. d'eau, wc, chauff. central, l-linge commun ds buanderie, parking privé.

GITES DE FRANCE-SERVICE RESERVATION - 1 place du Champsaur - BP 55 - 05002 GAP Cedex
Tél. : 04 92 52 52 94 - Fax : 04 92 52 52 90 - Email : gdf05@wanadoo.fr - www.gdf05.com

| OCT./DEC. | NOËL | VAC. FEV. | VAC. PRINT. | HORS VAC. HIV. | MAI | JUIN/SEPT. | JUIL./AOUT | | | | | | | | | | | |
|---|---|---|---|---|---|---|---|---|---|---|---|---|---|---|---|---|---|---|
| 348 | 448 | 488 | 448 | 388 | 408 | 408 | 448 | 9 | 4 | 0,5 | 0,1 | 0,5 | 2 | 10 | 1 | 0,5 | 0,2 |

---

### N° 8362 — ARVIEUX — La Chalp — 1675 m — CM 334 pli I4

NN — 3 pers.

Au pied du col d'Izoard et des pistes de ski, dans le Parc Régional du Queyras. Gîte à l'étage d'une ancienne ferme rénovée, mitoyen d'autres logements. Séjour, coin-salon (poss. couchage pour 2 pers.), coin-cuisine. 1 chambre (1 lit 2 pers.) et une chambrette (1 lit superp.). Salle de bains, wc. Chauff. central. Balcon. Espace extérieur commun à disposition.

GITES DE FRANCE-SERVICE RESERVATION - 1 place du Champsaur - BP 55 - 05002 GAP Cedex
Tél. : 04 92 52 52 94 - Fax : 04 92 52 52 90 - PROP.: 04 92 46 74 98 - Email : gdf05@wanadoo.fr - www.gdf05.com

| OCT./DEC. | NOËL | VAC. FEV. | VAC. PRINT. | HORS VAC. HIV. | MAI | JUIN/SEPT. | JUIL./AOUT | | | | | | | | | | | |
|---|---|---|---|---|---|---|---|---|---|---|---|---|---|---|---|---|---|---|
| 275 | 440 | 580 | 380 | 380 | 275 | 275 | 365 | 0,1 | 0,1 | 1,5 | 6 | 3 | 0,1 | 0,5 | 0,1 | 25 | 1 |

# HAUTES ALPES - 05

## N° 8367 — ARVIEUX — La Chalp — 1650 m — CM 334 pli I4
**NN — 4 pers.**

Dans la vallée d'Arvieux, avec une très belle vue sur le Grand Beal, gîte indépendant en r.d.c de l'habitation du prop. Entrée de plain-pied. Séjour avec clic-clac (couchage pour 2 pers.), coin cuisine équipée (micro-ondes, congél.). 2 ch. (1 lit 2 pers., 2 lits 1 pers.). Salle d'eau, wc. Chauff. élect. Terrain, terrasse aménagée.

Agnès FEUILLASSIER - Lot. Les Blancs - 05600 EYGLIERS
Tél. : 04 92 45 02 16 - Fax: 04 92 45 02 16 - Email : a.feuillassier@wanadoo.fr

| OCT./DEC. | NOËL | VAC. FEV. | VAC. PRINT. | HORS VAC. HIV. | MAI | JUIN/SEPT. | JUIL./AOUT | | | | | | | | | | | |
|---|---|---|---|---|---|---|---|---|---|---|---|---|---|---|---|---|---|---|
| 328 | 397 | 595 | 397 | 328 | 328 | 328 | 397 | 0,5 | SP | 3 | 4 | 4 | SP | 20 | SP | 20 | 1 | |

## N° 1202 — BARCILLONNETTE — Les Faysses — 840 m — CM 334 pli D 6
**NN — 4 pers.**

Dans hameau de campagne, ancien corps de ferme totalement rénové. Gîte indépendant à proximité de l'habitation du prop. Entrée par escalier sur petite terrasse. Séjour avec coin-cuisine, coin-salon avec prise TV. 2 chambres (2 lits 2 pers). Salle d'eau, wc. Chauf. électrique. Terrain privatif à disposition. Ouvert toute l'année.

GITES DE FRANCE-SERVICE RESERVATION - 1 place du Champsaur - BP 55 - 05002 GAP Cedex
Tél. : 04 92 52 52 94 - Fax : 04 92 52 52 90 - Email : gdf05@wanadoo.fr - www.gdf05.com

| OCT./DEC. | NOËL | VAC. FEV. | VAC. PRINT. | HORS VAC. HIV. | MAI | JUIN/SEPT. | JUIL./AOUT | | | | | | | | | | |
|---|---|---|---|---|---|---|---|---|---|---|---|---|---|---|---|---|---|
| 200 | 245 | 260 | 245 | 200 | 200 | 245 | 350 | 16 | 16 | 8 | 7 | 16 | 1 | 15 | SP | 22 | 10 |

## N° 10205 — CERVIERES — 1620 m — CM 334 pli I3
**NN — 10 pers.**

Au pied du col d'Izoard, gîte indép. mitoyen de l'habitation du prop., avec vue sur la vallée. Séjour donnant sur balcon, coin-cuisine, salon, 4 ch. (3 lits 2 pers., 5 lits 1 pers. dt 2 superp.) dont 2 avec salle d'eau-wc privatives. Salle d'eau, wc. Chauff.central et élect. Terrasse. Terrain. Local à matériel. Gîte sur le circuit des Itinéraires Partagés Cyclistes et proche du site géologique de Chenaillet. Le propriétaire, éleveur ovin, pourra vous faire découvrir son activité. Ouvert toute l'année.

GITES DE FRANCE-SERVICE RESERVATION - 1 place du Champsaur - BP 55 - 05002 GAP Cedex
Tél. : 04 92 52 52 94 - Fax : 04 92 52 52 90 - Email : gdf05@wanadoo.fr - www.gdf05.com

| OCT./DEC. | NOËL | VAC. FEV. | VAC. PRINT. | HORS VAC. HIV. | MAI | JUIN/SEPT. | JUIL./AOUT | | | | | | | | | | |
|---|---|---|---|---|---|---|---|---|---|---|---|---|---|---|---|---|---|
| 480 | 1090 | 1090 | 730 | 690 | 490 | 640 | 990 | 10 | SP | 10 | 0,2 | 1 | 10 | 10 | 0,2 | 10 | 0,2 |

## N° 9235 — CHAMPCELLA — Les Rousses — 1350 m — CM 334 pli H4
**NN — 4 pers.**

A 20 km de Briançon, maison individuelle de caractère 53 m² restaurée avec goût. Séjour-cuisine équipée (micro-ondes), coin-salon. A l'étage, 2 chambres (1 lit 2 pers., 2 lits superposés) lit bébé à dispo. Salle d'eau, wc. Chauf. électr. Terrasse couverte. Ouvert toute l'année.

Francine et Daniel JACQUET-PRADERA - La Réserve - Route de la Bastide - 04860 PIERREVERT
Tél. : 06 76 74 79 18 - 04 92 20 98 98 - Email : afj.deco@wanadoo.fr

| OCT./DEC. | NOËL | VAC. FEV. | VAC. PRINT. | HORS VAC. HIV. | MAI | JUIN/SEPT. | JUIL./AOUT | | | | | | | | | | |
|---|---|---|---|---|---|---|---|---|---|---|---|---|---|---|---|---|---|
| 510 | 600 | 600 | 600 | 510 | 510 | 510 | 600 | 15 | 15 | 4 | 3 | 5 | 5 | SP | 7 | 7 | |

## N° 6246 — CHATEAUROUX-LES-ALPES — St Etienne — 1180 m — CM 334 pli H5
**NN — 4 pers.**

Maison mitoyenne au bâtiment de ferme. Entrée au 1er étage par balcon. Séjour, coin-cuisine, micro-ondes, coin-salon, l-linge comun. 2 ch. (1 lit 2 pers., 2 lits 1 pers.), salle d'eau, wc, chauff. électr. Terrain gazonné. Prêt de cartes, conseils balades. Matériel bébé à disposition. Découverte des animaux de la ferme. Le propriétaire, éleveur ovin, pourra vous faire découvrir son activité. Ouvert toute l'année.

Gilbert LIZERETTI - Saint-Etienne - 05380 CHATEAUROUX-LES-ALPES
Tél. : 04 92 43 23 12 - 04 92 43 51 33

| OCT./DEC. | NOËL | VAC. FEV. | VAC. PRINT. | HORS VAC. HIV. | MAI | JUIN/SEPT. | JUIL./AOUT | | | | | | | | | | |
|---|---|---|---|---|---|---|---|---|---|---|---|---|---|---|---|---|---|
| 245 | 279 | 279 | 279 | 245 | 199 | 199 | 365 | 15 | 10 | 10 | 3 | 0,3 | 3 | 2 | SP | 10 | 3 |

## N° 6083 — CHORGES — Le Fein — 1000 m — CM 334 pli F5
**NN — 6 pers.**

Maison indépendante (ancienne ferme) dans village. Au r.d.c : séjour avec coin-cuisine, espace détente (clic-clac), salle d'eau, wc. A l'étage : 3 chambres (2 lits 2 pers., 2 lits 1 pers.) poss. lit supplémentaire, balcon, salle d'eau-wc. Chauffage central. Espace extérieur privatif. Local à matériel. Parking privatif. Ouvert toute l'année.

GITES DE FRANCE-SERVICE RESERVATION - 1 place du Champsaur - BP 55 - 05002 GAP Cedex
Tél. : 04 92 52 52 94 - Fax : 04 92 52 52 90 - Email : gdf05@wanadoo.fr - www.gdf05.com

| OCT./DEC. | NOËL | VAC. FEV. | VAC. PRINT. | HORS VAC. HIV. | MAI | JUIN/SEPT. | JUIL./AOUT | | | | | | | | | | |
|---|---|---|---|---|---|---|---|---|---|---|---|---|---|---|---|---|---|
| 370 | 456 | 456 | 370 | 370 | 370 | 370 | 600 | 17 | 17 | 6 | 6 | 30 | 17 | 12 | SP | 5 | 5 |

**PROVENCE-ALPES-CÔTE D'AZUR**

Pictos voir p. 12

429

# HAUTES ALPES - 05

## N° 6096 CHORGES — Les Oliviers — 1000 m — CM 334 pli F5

**NN — 6 pers.**

Isolée en pleine nature, ferme rénovée du 18ème siècle occupée par le prop., (accès par 1,8 km de chemin pierré). Gîte indépendant avec accès par terrasse. Cuisine (micro-ondes), grand séjour, coin-salon avec cheminée (bois fourni). 3 ch. (3 lits 2 pers.) dont une avec salle d'eau-wc privative. Salle de bains, 2 wc. Buanderie. Chauf. central. Terrain. Ouvert de mai à octobre.

Jacques DEVERS - Les Oliviers - La ferme de Boignard - 05230 CHORGES
Tél. : 04 92 50 99 70 - www.locations-france.com

| OCT./DEC. | NOËL | VAC. FEV. | VAC. PRINT. | HORS VAC. HIV. | MAI | JUIN/SEPT. | JUIL./AOUT |
|---|---|---|---|---|---|---|---|
| 310 | 487 | 487 | 487 | 310 | 310 | 380 | 600 |

| | | | | | | | | | | | |
|---|---|---|---|---|---|---|---|---|---|---|---|
| | | 7 | 0,1 | 15 | 4 | 20 | SP | 5 | 5 | | |

## N° 6329 CREVOUX — Le Chef Lieu — 1600 m — CM 334 pli H5

**NN — 5 pers.**

Dans village de montagne, maison individuelle avec le gîte et un logement inoccupé. Entrée à l'étage par ancienne grange. Séjour, coin-salon, cuisine équipée (micro-ondes). 2 ch. (1 lit 2 pers., 3 lits 1 pers.), salle d'eau, wc, chauf. au sol. Espace extérieur aménagé. Local à matériel. Ouvert toute l'année.

GITES DE FRANCE-SERVICE RESERVATION - 1 place du Champsaur - BP 55 - 05002 GAP Cedex
Tél. : 04 92 52 52 94 - Fax : 04 92 52 52 90 - Email : gdf05@wanadoo.fr - www.gdf05.com

| OCT./DEC. | NOËL | VAC. FEV. | VAC. PRINT. | HORS VAC. HIV. | MAI | JUIN/SEPT. | JUIL./AOUT |
|---|---|---|---|---|---|---|---|
| 230 | 460 | 590 | 340 | 340 | 230 | 230 | 390 |

| 0,2 | 0,2 | 16 | 0,4 | 20 | 15 | 16 | 0,1 | 16 | 0,2 |
|---|---|---|---|---|---|---|---|---|---|

## N° 7470 EYGLIERS — St-Guillaume — 900 m — CM 334 pli H4

**NN — 5 pers.**

Au pied du Fort de Mont-Dauphin, maison bordée par le Guil, avec le logement de vacances du prop. et le gîte. Entrée indép. par escalier. Séjour, coin-salon donnant sur grand balcon. Coin-cuisine (micro-ondes). 2 ch. (1 lit 2 pers., 4 lits 1 pers. superp.). Salle de bains-wc. Chauff. élect. Terrain. Ouvert toute l'année.

GITES DE FRANCE-SERVICE RESERVATION - 1 place du Champsaur - BP 55 - 05002 GAP Cedex
Tél. : 04 92 52 52 94 - Fax : 04 92 52 52 90 - Email : gdf05@wanadoo.fr - www.gdf05.com

| OCT./DEC. | NOËL | VAC. FEV. | VAC. PRINT. | HORS VAC. HIV. | MAI | JUIN/SEPT. | JUIL./AOUT |
|---|---|---|---|---|---|---|---|
| 381 | 427 | 427 | 427 | 381 | 381 | 427 | 457 |

| 20 | 20 | 2 | SP | SP | 2 | 3 | 0,3 | 0,5 | 1 |
|---|---|---|---|---|---|---|---|---|---|

## N° 9145 FREISSINIERES — 1200 m — CM 334 pli H4

**NN — 4 pers.**

Au coeur de la vallée de Freissinières, proche des sentiers de randonnée et des pistes de fond. Gîte mitoyen de l'habitation du propriétaire avec entrée indépendante par terrasse. Séjour, coin-salon, cuisine équipée (m-ondes, congélateur). Salle d'eau. A l'étage, 2 chambres (1 lit 2 pers., 2 lits 1 pers.), salle de jeux. Chauf.électr. Ouvert toute l'année.

GITES DE FRANCE-SERVICE RESERVATION - 1 place du Champsaur - BP 55 - 05002 GAP Cedex
Tél. : 04 92 52 52 94 - Fax : 04 92 52 52 90 - Tél. : PROP : 04 92 20 94 15 - Email : gdf05@wanadoo.fr - www.gdf05.com

| OCT./DEC. | NOËL | VAC. FEV. | VAC. PRINT. | HORS VAC. HIV. | MAI | JUIN/SEPT. | JUIL./AOUT |
|---|---|---|---|---|---|---|---|
| 280 | 390 | 390 | 345 | 280 | 280 | 280 | 345 |

| 20 | SP | 7 | 0,5 | 1 | 13 | 6 | SP | 13 | 13 |
|---|---|---|---|---|---|---|---|---|---|

## N° 2055 GAP — Les Hauts-de-St-Jean — 900 m — CM 334 pli E5

**NN — 9 pers.**

Ancienne ferme du 18ème s. restaurée. Maison mitoyenne proche de l'habit. du propriétaire. Gd séjour voûté 60m², coin-salon, gd poêle à bois en faïence, cuisine (micro-ondes), salle d'eau-wc, s-linge, bloc sanitaire (2 douches, 2 wc). Etage : coin-détente, 3 ch. (2 lits 2 pers. 5 lits 1 pers. dt 2 superposés), c-toilette, wc, chauff. élect. et poêle. Ouvert toute l'année.

GITES DE FRANCE-SERVICE RESERVATION - 1 place du Champsaur - BP 55 - 05002 GAP Cedex
Tél. : 04 92 52 52 94 - Fax : 04 92 52 52 90 - Email : gdf05@wanadoo.fr - www.gdf05.com

| OCT./DEC. | NOËL | VAC. FEV. | VAC. PRINT. | HORS VAC. HIV. | MAI | JUIN/SEPT. | JUIL./AOUT |
|---|---|---|---|---|---|---|---|
| 450 | 750 | 750 | 520 | 430 | 430 | 460 | 750 |

| 15 | 12 | 2 | 1 | 18 | 3 | 7 | SP | 4,5 | 2,5 |
|---|---|---|---|---|---|---|---|---|---|

## N° 2021 GAP-ROMETTE — Le Forest du Serre — 1200 m — CM 334 pli E5

**NN — 5 pers.**

Dans grand chalet indépendant avec 5 chambres d'hôtes, Gîte Rural avec entrée indépendante en r.d.c. Vue panoramique. Grand séjour avec espace détente (clic-clac) et coin-cuisine. Micro-ondes, congél. 2 chambres (1 lit 2 pers., 3 lits 1 pers.). Salle de bains-wc. Terrasse, terrain à disposition, parking privatif. Lit pour bébé à disposition. Le propriétaire, agriculteur, pourra vous faire découvrir son élevage bovin. Ouvert toute l'année.

Ginette PAUCHON - Le Forest du Serre - La Montagne - 05000 GAP-ROMETTE
Tél. : 04 92 52 37 71 - SR : 04 92 52 52 94 - Fax : 04 92 52 37 71

| OCT./DEC. | NOËL | VAC. FEV. | VAC. PRINT. | HORS VAC. HIV. | MAI | JUIN/SEPT. | JUIL./AOUT |
|---|---|---|---|---|---|---|---|
| 382 | 400 | 400 | 400 | 382 | 382 | 382 | 426 |

| 6 | 0,5 | 10 | 5 | 10 | 8 | 22 | SP | 7 | 7 |
|---|---|---|---|---|---|---|---|---|---|

# HAUTES ALPES - 05

## N° 11372 — LA GRAVE — Le Chazelet — 1800 m — CM 334 pli F2
**NN — 3 pers.**

Aux portes du Parc National des Ecrins, face au massif de la Meije. Gîte dans le petit village du Chazelet, mitoyen du bâtiment d'habitation du prop. Entrée en r.d.c., séjour, coin-cuisine, coin-détente. Chauf. central. Salle d'eau-wc. A l'étage 2 chambres (1 lit 2 pers., 2 lits 1 pers. superposés), wc. Terrains privatif clos. Parking public. Ouvert toute l'année.

GITES DE FRANCE-SERVICE RESERVATION - 1 place du Champsaur - BP 55 - 05002 GAP Cedex
Tél. : 04 92 52 52 94 - Fax: 04 92 52 52 90 - Tél. : PROP: 04 76 79 96 82 - Email : gdf05@wanadoo.fr - www.gdf05.com

| OCT./DEC. | NOËL | VAC. FEV. | VAC. PRINT. | HORS VAC. HIV. | MAI | JUIN/SEPT. | JUIL/AOUT | | | | | | | | | |
|---|---|---|---|---|---|---|---|---|---|---|---|---|---|---|---|---|
| 250 | 380 | 380 | 380 | 250 | 250 | 250 | 380 | 0,5 | 5 | 4 | 5 | 5 | 30 | 0,5 | 0,2 | 45 | 5 |

## N° 11378 — LA GRAVE — Le Chazelet — 1770 m — CM 334 pli F2
**NN — 2 pers.**

Dans le massif des Ecrins, face au glacier de la Meije. Maison de village divisée en 4 gîtes dont 2 sont en cours de finition. Entrée indép. de plain-pied. Séjour, prise TV et clic-clac (poss. couchage pour 2 pers.), coin-cuisine. 1 chambre (1 lit 2 pers.), salle de bains, wc. Chauffage électrique. Parking privatif en été, terrain commun. Ouvert toute l'année.

GITES DE FRANCE-SERVICE RESERVATION - 1 place du Champsaur - BP 55 - 05002 GAP Cedex
Tél. : 04 92 52 52 94 - Fax: 04 92 52 52 90 - Email : gdf05@wanadoo.fr - www.gdf05.com

| OCT./DEC. | NOËL | VAC. FEV. | VAC. PRINT. | HORS VAC. HIV. | MAI | JUIN/SEPT. | JUIL/AOUT | | | | | | | | | |
|---|---|---|---|---|---|---|---|---|---|---|---|---|---|---|---|---|
| 223 | 300 | 300 | 300 | 223 | 223 | 223 | 300 | 0,5 | 5 | 4 | 5 | 5 | 30 | 0,2 | 0,2 | 45 | 5 |

## N° 11379 — LA GRAVE — Le Chazelet — 1770 m — CM 334 pli F2
**NN — 6 pers.**

Dans le massif des Ecrins, face au glacier de la Meije. Maison de village divisée en 4 gîtes dont 2 sont en cours de finition. Hall d'entrée commun, gîte au 1er étage, gd séjour avec coin-cuisine, espace détente. 3 chambres (2 lits 2 pers., 2 lits 1 pers.). WC, salle de bains. Chauf. au sol et électr. Balcon. Parking réservé en été. Terrain commun. Ouvert toute l'année.

GITES DE FRANCE-SERVICE RESERVATION - 1 place du Champsaur - BP 55 - 05002 GAP Cedex
Tél. : 04 92 52 52 94 - Fax: 04 92 52 52 90 - Email : gdf05@wanadoo.fr - www.gdf05.com

| OCT./DEC. | NOËL | VAC. FEV. | VAC. PRINT. | HORS VAC. HIV. | MAI | JUIN/SEPT. | JUIL/AOUT | | | | | | | | | |
|---|---|---|---|---|---|---|---|---|---|---|---|---|---|---|---|---|
| 300 | 350 | 450 | 300 | 300 | 300 | 300 | 450 | 0,5 | 5 | 4 | 5 | 5 | 30 | 0,2 | 0,2 | 45 | 5 |

## N° 7640 — GUILLESTRE — Montgovie — 1040 m — CM 334 pli H5
**NN — 4 pers.**

Gîte dans maison comprenant une location à l'année et un autre logement. Accès par escalier commun, entrée indép. par balcon. Séjour, coin-cuisine (micro-ondes), coin-salon, clic-clac. 2 chambres dont une à l'étage (2 lits 1 pers., 1 lit 2 pers.), salle d'eau, wc. Chauffage électrique. Espace privatif. Ouvert toute l'année.

GITES DE FRANCE-SERVICE RESERVATION - 1 place du Champsaur - BP 55 - 05002 GAP Cedex
Tél. : 04 92 52 52 94 - Fax: 04 92 52 52 90 - Tél. : PROP: 04 92 43 82 30 - Email : gdf05@wanadoo.fr - www.gdf05.com

| OCT./DEC. | NOËL | VAC. FEV. | VAC. PRINT. | HORS VAC. HIV. | MAI | JUIN/SEPT. | JUIL/AOUT | | | | | | | | | |
|---|---|---|---|---|---|---|---|---|---|---|---|---|---|---|---|---|
| 281 | 368 | 368 | 298 | 281 | 281 | 281 | 368 | 13 | 13 | 10 | 5 | 8 | 3 | 8 | 0,5 | 5 | 2,5 |

## N° 2914 — LARDIER — Le Collet — 826 m — CM 334 pli D6
**NN — 4 pers.**

A l'étage de la petite mairie de Lardier, un Gîte Rural dominant la vallée de la Durance. Entrée indépendante, séjour, coin-cuisine, coin-salon, 2 chambres (1 lit 2 pers., 2 lits 1 pers.). Salle d'eau, wc. Prise TV. Chauffage au sol. Terrain privatif aménagé à proximité. Parking privatif couvert. Ouvert toute l'année.

GITES DE FRANCE-SERVICE RESERVATION - 1 place du Champsaur - BP 55 - 05002 GAP Cedex
Tél. : 04 92 52 52 94 - Fax: 04 92 52 52 90 - Tél. : PROP: 04 92 54 20 49 - Email : gdf05@wanadoo.fr - www.gdf05.com

| OCT./DEC. | NOËL | VAC. FEV. | VAC. PRINT. | HORS VAC. HIV. | MAI | JUIN/SEPT. | JUIL/AOUT | | | | | | | | | |
|---|---|---|---|---|---|---|---|---|---|---|---|---|---|---|---|---|
| 188 | 236 | 236 | 188 | 188 | 158 | 283 | 283 | 10 | 10 | 15 | 6 | 11 | 8 | 8 | 1 | 22 | 6 |

## N° 5804 — LAYE — 1150 m — CM 334 pli E5
**NN — 5 pers.**

Dans village, à proximité de la station familiale de Laye, gîte en r.d.c de l'habitation du propriétaire, sur exploitatation agricole (bovins). Accès privatif par terrasse. Séjour, coin-salon, magnétoscope. Cuisine équipée (micro-ondes). 2 ch. (3 lits 1 pers. dont 1 gigogne, 1 lit 2 pers.). Salle d'eau, wc, s-linge. Chauf.central. Jardin clos. Garage. Ouvert toute l'année.

GITES DE FRANCE-SERVICE RESERVATION - 1 place du Champsaur - BP 55 - 05002 GAP Cedex
Tél. : 04 92 52 52 94 - Fax: 04 92 52 52 90 - Email : gdf05@wanadoo.fr - www.gdf05.com

| OCT./DEC. | NOËL | VAC. FEV. | VAC. PRINT. | HORS VAC. HIV. | MAI | JUIN/SEPT. | JUIL/AOUT | | | | | | | | | |
|---|---|---|---|---|---|---|---|---|---|---|---|---|---|---|---|---|
| 260 | 430 | 480 | 370 | 260 | 260 | 260 | 390 | 1 | 2 | 7 | 0,5 | 12 | 6 | 10 | SP | 20 | 4 |

# HAUTES ALPES - 05

## N° 2218 MANTEYER — 1081 m — CM 334 pli D5
**NN** 2 pers.

Au pied du massif de Céüze, en pleine campagne, gîte de plain-pied, en r.d.c. de l'habitation du propriétaire. Entrée indépendante. Séjour, coin-salon, prise TV, clic-clac avec poss. de couchage pour 2 pers. Cuisine. 1 chambre (un lit 2 pers.). Salle d'eau, wc. Chauffage central. Terrasse couverte et terrain privatif. Ouvert toute l'année.

GITES DE FRANCE-SERVICE RESERVATION - 1 place du Champsaur - BP 55 - 05002 GAP Cedex
Tél. : 04 92 52 52 94 - Fax : 04 92 52 52 90 - Email : gdf05@wanadoo.fr - www.gdf05.com

| OCT./DEC. | NOËL | VAC. FEV. | VAC. PRINT. | HORS VAC. HIV. | MAI | JUIN/SEPT. | JUIL./AOUT | | | | | | | | | | |
|---|---|---|---|---|---|---|---|---|---|---|---|---|---|---|---|---|---|
| 230 | 275 | 275 | 250 | 230 | 230 | 230 | 275 | 11 | 12 | 3 | 3 | 3 | 6 | 11 | SP | 11 | 5 |

## N° 8645 MOLINES-EN-QUEYRAS — Pierre-Grosse — 1900 m — CM 334 pli J4
**NN** 5 pers.

Gîte mitoyen de l'habitation du propriétaire avec entrée indépendante par escalier. A l'étage, grand séjour ouvrant sur balcon, cuisine équipée, coin-salon. 2 chambres dont une avec balcon (3 lits 1 pers., 1 lit 2 pers.). Salle de bains, wc. Chauffage central. Espace extérieur aménagé. Ouvert toute l'année.

Michel BLANC - Pierre-Grosse - 05350 MOLINES-EN-QUEYRAS
Tél. : 04 92 45 83 41 - Fax : 04 92 45 80 18 - Email : daniele.blanc@free.fr

| OCT./DEC. | NOËL | VAC. FEV. | VAC. PRINT. | HORS VAC. HIV. | MAI | JUIN/SEPT. | JUIL./AOUT | | | | | | | | | | |
|---|---|---|---|---|---|---|---|---|---|---|---|---|---|---|---|---|---|
| 270 | 420 | 630 | 360 | 360 | 250 | 250 | 400 | 0,2 | 0,2 | 12 | 0,2 | 0,5 | 4 | 2 | 0,2 | 30 | 1 |

## N° 8672 MOLINES-EN-QUEYRAS — Le Coin — 2000 m — CM 334 pli J4
**NN** 4 pers.

Au coeur du parc du Queyras, chalet dominant la vallée du col Agnel. En r.d.c. de l'habitation du propriétaire, gîte indépendant mitoyen d'un autre gîte. Séjour, coin-salon, magnétoscope, cuisine équipée (micro-ondes). Salle de bains, wc. 2 chambres (1 lit 2 pers. 2 lits 1 pers.. Chauff. central. Terrain aménagé. Table de ping-pong et jeu de boules. Ouvert toute l'année.

Maurice GAMBE - Chalet L'Epervière-des-Alpes - Le Coin - 05350 MOLINES-EN-QUEYRAS
Tél. : 04 92 45 81 40 - Fax : 04 92 45 81 40

| OCT./DEC. | NOËL | VAC. FEV. | VAC. PRINT. | HORS VAC. HIV. | MAI | JUIN/SEPT. | JUIL./AOUT | | | | | | | | | | |
|---|---|---|---|---|---|---|---|---|---|---|---|---|---|---|---|---|---|
| 328 | 371 | 636 | 349 | 328 | 299 | 299 | 445 | 1 | 1 | 10 | 0,5 | 2,5 | 1,5 | 40 | 0,5 | 30 | 0,1 |

## N° 8673 MOLINES-EN-QUEYRAS — Le Coin — 2000 m — CM 334 pli J4
**NN** 2 pers.

Au coeur du parc du Queyras, chalet dominant la vallée du col Agnel. En r.d.c. de l'habitation du propriétaire, studio mitoyen d'un autre gîte. Entrée par terrasse. Séjour, coin-salon avec clic-clac, coin-cuisine. Salle d'eau-wc. Chauffage central. Terrain aménagé. Table de ping-pong et jeu de boules. Ouvert toute l'année.

Maurice GAMBE - Chalet L'Epervière-des-Alpes - Le Coin - 05350 MOLINES-EN-QUEYRAS
Tél. : 04 92 45 81 40 - Fax : 04 92 45 81 40

| OCT./DEC. | NOËL | VAC. FEV. | VAC. PRINT. | HORS VAC. HIV. | MAI | JUIN/SEPT. | JUIL./AOUT | | | | | | | | | | |
|---|---|---|---|---|---|---|---|---|---|---|---|---|---|---|---|---|---|
| 186 | 217 | 374 | 202 | 186 | 182 | 182 | 221 | 1 | 1 | 10 | 1 | 2,5 | 1,5 | 40 | 0,5 | 30 | 0,1 |

## N° 8675 MOLINES-EN-QUEYRAS — Pierre-Grosse — 1900 m — CM 334 pli J4
**NN** 6 pers.

Ancienne ferme du 19ème siècle rénovée, comprenant 2 gîtes ruraux (dont un en cours d'aménagement). Entrée indépendante en r.d.c. Séjour ouvrant sur grand balcon. Cuisine équipée (congél., micro-ondes), coin-salon avec TV par satellite. 3 chambres (1 lit 2 pers., 4 lits 1 pers. dont 2 superposés). Salle d'eau, wc. Chauffage au sol et électrique. Ouvert toute l'année.

GITES DE FRANCE-SERVICE RESERVATION - 1 place du Champsaur - BP 55 - 05002 GAP Cedex
Tél. : 04 92 52 52 94 - Fax : 04 92 52 52 90 - Email : gdf05@wanadoo.fr - www.gdf05.com

| OCT./DEC. | NOËL | VAC. FEV. | VAC. PRINT. | HORS VAC. HIV. | MAI | JUIN/SEPT. | JUIL./AOUT | | | | | | | | | | |
|---|---|---|---|---|---|---|---|---|---|---|---|---|---|---|---|---|---|
| 400 | 700 | 800 | 700 | 400 | 400 | 400 | 600 | 0,2 | 0,2 | 12 | 0,1 | 0,2 | 1 | 2 | 0,2 | 35 | 1 |

## N° 10606 NEVACHE — Ville-Basse — 1600 m — CM 334 pli H2

**NN** 6 pers.

La Méjeanne, vieille maison névachaise rénovée comprenant deux gîtes ruraux et l'appartement familial. Accès indépendant en r.d.c. Séjour, cuisine-équipée (congélateur), salon, poêle à bois (bois fourni). 3 chambres (2 lit 2 pers., 2 lits 1 pers.), salle de bains, wc. Chauffage électrique. Terrasse. Buanderie et local à matériel communs. Ouvert toute l'année.

GITES DE FRANCE-SERVICE RESERVATION - 1 place du Champsaur - BP 55 - 05002 GAP Cedex
Tél. : 04 92 52 52 94 - Fax : 04 92 52 52 90 - Email : gdf05@wanadoo.fr - www.gdf05.com

| OCT./DEC. | NOËL | VAC. FEV. | VAC. PRINT. | HORS VAC. HIV. | MAI | JUIN/SEPT. | JUIL./AOUT | | | | | | | | | | |
|---|---|---|---|---|---|---|---|---|---|---|---|---|---|---|---|---|---|
| 450 | 600 | 600 | 450 | 450 | 450 | 450 | 700 | 0,5 | SP | 20 | SP | 10 | 16 | 20 | SP | 20 | 20 |

# HAUTES ALPES - 05

## N° 10607 — NEVACHE — Ville-Basse — 1600 m — CM 334 pli H2
**NN — 6 pers.**

La Méjeanne, vieille maison névachaise rénovée comprenant deux gîtes ruraux et l'appartement familial. Accès indépendant à l'étage. Séjour, cuisine équipée (congélateur), salon, poêle à bois (bois fourni). 3 chambres (2 lits 2 pers., 2 lits 1 pers.), salle de bains, wc. Chauffage électrique. Balcon. Buanderie et local à matériel communs. Ouvert toute l'année.

GITES DE FRANCE-SERVICE RESERVATION - 1 place du Champsaur - BP 55 - 05002 GAP Cedex
Tél.: 04 92 52 52 94 - Fax: 04 92 52 52 90 - Email: gdf05@wanadoo.fr - www.gdf05.com

| OCT./DEC. | NOËL | VAC. FEV. | VAC. PRINT. | HORS VAC. HIV. | MAI | JUIN/SEPT. | JUIL./AOUT |   |   |   |   |   |   |   |   |
|---|---|---|---|---|---|---|---|---|---|---|---|---|---|---|---|
| 450 | 600 | 600 | 450 | 450 | 450 | 450 | 600 | 0,5 | SP | 20 | SP | 10 | 16 | 20 | SP | 20 | 20 |

## N° 5974 — LE NOYER — Le Villard — 1100 m — CM 334 pli E4
**NN — 4 pers.**

Maison indépendante proche de l'ancien corps de ferme du propriétaire comprenant des chambres d'hôtes. Séjour, coin-salon avec prise TV, coin-cuisine. Salle d'eau-wc. Accès à l'étage par échelle meunière aux 2 chambres communicantes (1 lit 2 pers., 2 lits 1 pers.). Chauff.élect. Espace extérieur aménagé. Nombreuses possibilités de circuits de randonnées et de découverte du milieu naturel. Proche des stations de ski de LAYE et CHAILLOL. Ouvert toute l'année.

Josiane et J-Claude ZEVACO - Le Villard - 05500 LE NOYER
Tél.: 04 92 49 07 01 - 06 07 48 84 69 - Fax: 04 92 49 07 01

| OCT./DEC. | NOËL | VAC. FEV. | VAC. PRINT. | HORS VAC. HIV. | MAI | JUIN/SEPT. | JUIL./AOUT |
|---|---|---|---|---|---|---|---|
| 295 | 395 | 395 | 295 | 295 | 295 | 295 | 395 |

17 17 12 1 10 15 6 1 23 8

## N° 5048 — ORCIERES — Les Audiberts — 1450 m — CM 334 pli F4
**NN — 6 pers.**

Ancienne ferme rénovée dans le style régional, en périphérie du Parc National des Ecrins, dominant la vallée du Drac. Entrée par terrasse. Séjour, coin-salon, cuisine équipée (micro-ondes). A l'étage, 3 ch. dt 2 communicantes (2 lits 2 pers., 2 lits 1 pers.). Salle d'eau, wc, buanderie (s-linge). Chauff. central. Terrain. Parking. Ouvert toute l'année.

GITES DE FRANCE-SERVICE RESERVATION - 1 place du Champsaur - BP 55 - 05002 GAP Cedex
Tél.: 04 92 52 52 94 - Fax: 04 92 52 52 90 - Email: gdf05@wanadoo.fr - www.gdf05.com

| OCT./DEC. | NOËL | VAC. FEV. | VAC. PRINT. | HORS VAC. HIV. | MAI | JUIN/SEPT. | JUIL./AOUT |
|---|---|---|---|---|---|---|---|
| 320 | 500 | 610 | 380 | 320 | 320 | 370 | 530 |

7 2 7 0,5 10 5 7 SP 35 3

## N° 5064 — ORCIERES — Les Marches — 1650 m — CM 334 pli F4
**NN — 3 pers.**

Maison indépendant dans hameau de montagne avec vue sur la vallée du Champsaur, en périphérie du Parc National des Ecrins. Entrée par terrasse. Cuisine équipée (micro-ondes), salon avec clic-clac (poss. couchage pour 2 pers.). 1 ch (1 lit 2 pers., 2 lits 1 pers. superp). Salle d'eau, wc. Chauf. élect. Garage. Ouvert toute l'année.

GITES DE FRANCE-SERVICE RESERVATION - 1 place du Champsaur - BP 55 - 05002 GAP Cedex
Tél.: 04 92 52 52 94 - Fax: 04 92 52 52 90 - Tél.: PROP: 06 71 21 97 73 - Email: gdf05@wanadoo.fr - www.gdf05.com

| OCT./DEC. | NOËL | VAC. FEV. | VAC. PRINT. | HORS VAC. HIV. | MAI | JUIN/SEPT. | JUIL./AOUT |
|---|---|---|---|---|---|---|---|
| 215 | 442 | 455 | 300 | 245 | 215 | 215 | 365 |

2 3 3 10 3 3 3 30 2

## N° 6745 — PRUNIERES — Pré Lafont — 1000 m — CM 334 pli F5
**NN — 2 pers.**

Entre lac et montagne, dans un endroit calme avec vue panoramique sur le lac. Gîte en r.d.c. de la maison du prop. Terrasse. Entrée par séjour, clic clac pour 2 pers. Cuisine équipée (micro-ondes). 1 ch. (1 lit 2 pers., 1 lit d'appoint supp.). Salle d'eau-wc. Chauff. gaz et électrique. Gîte proche du Lac de Serre-Ponçon et de la station de ski de Réallon.

GITES DE FRANCE-SERVICE RESERVATION - 1 place du Champsaur - BP 55 - 05002 GAP Cedex
Tél.: 04 92 52 52 94 - Fax: 04 92 52 52 90 - Tél.: PROP: 04 92 50 32 05 - Email: gdf05@wanadoo.fr - www.gdf05.com

| OCT./DEC. | NOËL | VAC. FEV. | VAC. PRINT. | HORS VAC. HIV. | MAI | JUIN/SEPT. | JUIL./AOUT |
|---|---|---|---|---|---|---|---|
| 200 | 250 | 250 | 200 | 200 | 200 | 200 | 250 |

12 12 2,5 2,5 8 7 6 2 5 5

## N° 6603 — PUY-SANIERES — Les Vignets — 1100 m — CM 334 pli G5
**NN — 4 pers.**

Petite maison rénovée, mitoyenne au propriétaire, dans hameau de montagne surplombant le lac de Serre-Ponçon. Entrée par terrasse. Coin-cuisine équipée (micro-ondes), séjour avec coin-salon. Salle d'eau, wc. A l'étage, 2 chambres (1 lit 2 pers., 3 lits 1 pers.), balcon et coin-détente. Chauf. électrique. Terrain. Ouvert toute l'année.

GITES DE FRANCE-SERVICE RESERVATION - 1 place du Champsaur - BP 55 - 05002 GAP Cedex
Tél.: 04 92 52 52 94 - Fax: 04 92 52 52 90 - Tél.: PROP: 04 92 43 29 09 - Email: gdf05@wanadoo.fr - www.gdf05.com

| OCT./DEC. | NOËL | VAC. FEV. | VAC. PRINT. | HORS VAC. HIV. | MAI | JUIN/SEPT. | JUIL./AOUT |
|---|---|---|---|---|---|---|---|
| 300 | 380 | 380 | 350 | 300 | 300 | 300 | 460 |

14 14 7 6 6 8 7 SP 7 6

**PROVENCE-ALPES-CÔTE D'AZUR**

Pictos voir p. 12

433

# HAUTES ALPES - 05

## N° 7711 RISOUL — Les Isclasses — 950 m — CM 334 pli H5
**NN  2 pers.**

Maisonnette indépendante avec terrain privatif, proche de la maison du propriétaire. Séjour coin-cuisine, espace repas, espace détente. Une chambre (1 lit 2 pers.) et un espace couchage en sous-pente pour 2 pers. supplémentaires (2 lits 1 pers.). Salle de bains, wc. Chauf. gaz. Terrain clos. Ouvert toute l'année.

Christian MASSA - Les Isclasses - 05600 RISOUL
Tél. : 04 92 45 00 17 - Fax : 04 92 45 18 51 - Email : massarocher@wanadoo.fr

| OCT./DEC. | NOËL | VAC. FEV. | VAC. PRINT. | HORS VAC. HIV. | MAI | JUIN/SEPT. | JUIL/AOUT |
|---|---|---|---|---|---|---|---|
| 375 | 510 | 510 | 485 | 375 | 375 | 375 | 470 |

| | | | | | | | | | | | |
|---|---|---|---|---|---|---|---|---|---|---|---|
| 14 | 15 | 2 | 2 | 2 | 2 | 5 | 0,1 | 2 | 1 | | |

## N° 2151 LA ROCHE-DES-ARNAUDS — Haute-Corréo — 1150 m
**NN  6 pers.**

Entouré de montagnes majestueuses, baigné de soleil et de tranquillité. Grange du XIXe indépendante, rénovée à l'ancienne. En r.d.c : gd séjour comprenant espace détente, magnéto., Hi-Fi. Cuisine intégrée, m-ondes, congél. Salle d'eau, wc, 1 ch. (1 lit 2 pers.). À l'étage : 2 ch. (2x2 lits 1 pers.). Chauf. et bois compris, poêle. Local à matériel. Gd terrain privatif. Draps fournis. Chauffage au sol. Terrasse. Ouvert toute l'année.

GITES DE FRANCE-SERVICE RESERVATION - 1 place du Champsaur - BP 55 - 05002 GAP Cedex
Tél. : 04 92 52 52 94 - Fax : 04 92 52 52 90 - Email : gdf05@wanadoo.fr - www.gdf05.com

| OCT./DEC. | NOËL | VAC. FEV. | VAC. PRINT. | HORS VAC. HIV. | MAI | JUIN/SEPT. | JUIL/AOUT |
|---|---|---|---|---|---|---|---|
| 450 | 600 | 650 | 450 | 450 | 450 | 450 | 650 |

| 13 | 13 | 10 | 2 | 4 | 6 | 20 | 1 | 10 | 4 |
|---|---|---|---|---|---|---|---|---|---|

## N° 6803 ST-ANDRE-D'EMBRUN — Les Audes — 1100 m — CM 334 pli H5
**NN  5 pers.**

Ancienne ferme rénovée comprenant 2 gîtes. Entrée en rez-de-chaussée par terrasse. Séjour, coin-salon, coin-cuisine, micro-ondes, congélateur. Salle d'eau, wc. A l'étage : 2 ch. (3 lits 1 pers.,1 lit 2 pers.) dont une avec salle d'eau-wc privative. Chauffage sol et élect. Grande cour. Salle jeux commune au camping. Ouvert toute l'année.

GITES DE FRANCE-SERVICE RESERVATION - 1 place du Champsaur - BP 55 - 05002 GAP Cedex
Tél. : 04 92 52 52 94 - Fax : 04 92 52 52 90 - Tél. : PROP : 04 92 43 15 92 - Email : gdf05@wanadoo.fr - www.gdf05.com

| OCT./DEC. | NOËL | VAC. FEV. | VAC. PRINT. | HORS VAC. HIV. | MAI | JUIN/SEPT. | JUIL/AOUT |
|---|---|---|---|---|---|---|---|
| 305 | 336 | 366 | 336 | 305 | 336 | 336 | 382 |

| 8 | 8 | 8 | 3 | 17 | 7 | 8 | 1 | 7 | 7 |
|---|---|---|---|---|---|---|---|---|---|

## N° 10842 ST-CHAFFREY — 1350 m — CM 334 pli H3
**NN  4 pers.**

Briançon 4 km. A 1500 m du coeur de la station de Chantemerle, gîte en rez de jardin du chalet du prop. exposé plein sud. Entrée par terrasse. Séjour avec convertible, coin-cuisine (m.ondes), 2 ch. (1 lit 2 pers., 3 lits 1 pers. dt 2 superp.). Salle d'eau, wc. Chauffage électrique. Grand pré à disposition. Parking.

Léon et Agnès BORDET - 41 chemin des Neyzets - 05330 ST-CHAFFREY
Tél. : 04 92 24 06 63 - Fax : 04 92 24 06 63

| OCT./DEC. | NOËL | VAC. FEV. | VAC. PRINT. | HORS VAC. HIV. | MAI | JUIN/SEPT. | JUIL/AOUT |
|---|---|---|---|---|---|---|---|
| 254 | 580 | 709 | 409 | 437 | 254 | 269 | 468 |

| 1,5 | 1 | 1,5 | 0,5 | 1,5 | 4 | 1 | SP | 5 | 0,5 |
|---|---|---|---|---|---|---|---|---|---|

## N° 7915 ST-CLEMENT-SUR-DURANCE — Les Traverses — 950 m — CM 334 pli H5
**NN  2 pers.**

Gîte aménagé dans la même maison que le logement du propriétaire. Entrée indépendante au 1er étage par escaliers en mélèze. Séjour coin-cuisine, en lambris du Queyras, espace détente (couchage supplémentaire pour 2 personnes). 1 chambre (1 lit 2 pers.), salle d'eau-wc, chauffage central. Balcon, terrasse, terrain et parkings privatifs. Gîte en pleine nature proche des sentiers de randonnée et activités de plain air. Ouvert toute l'année.

GITES DE FRANCE-SERVICE RESERVATION - 1 place du Champsaur - BP 55 - 05002 GAP Cedex
Tél. : 04 92 52 52 94 - Fax : 04 92 52 52 90 - Email : gdf05@wanadoo.fr - www.gdf05.com

| OCT./DEC. | NOËL | VAC. FEV. | VAC. PRINT. | HORS VAC. HIV. | MAI | JUIN/SEPT. | JUIL/AOUT |
|---|---|---|---|---|---|---|---|
| 210 | 250 | 335 | 250 | 210 | 210 | 250 | 335 |

| 20 | 20 | 6 | 1,5 | 6 | 3 | 8 | SP | 6 | 4 |
|---|---|---|---|---|---|---|---|---|---|

## N° 3363 ST-DISDIER-EN-DEVOLUY — Les Hauts-Gicons — 1330 m — CM 334 pli D4
**NN  5 pers.**

En pleine montagne, au coeur d'un hameau du massif du Dévoluy, une ferme traditionnelle rénovée. Gîte mitoyen de l'habitation du prop. Entrée indép. par terrasse. Grand séjour sous voûtes, salon. Cuisine équipée (micro-ondes). 2 ch. (1 lit 2 pers., 3 lits 1 pers. dont 2 superp.). Salle d'eau, wc, chauffage central. Grand terrain. Ouvert toute l'année.

GITES DE FRANCE-SERVICE RESERVATION - 1 place du Champsaur - BP 55 - 05002 GAP Cedex
Tél. : 04 92 52 52 94 - Fax : 04 92 52 52 90 - Email : gdf05@wanadoo.fr - www.gdf05.com

| VAC. PRINT. | HORS VAC. HIV. | MAI | JUIN/SEPT. | JUIL/AOUT |
|---|---|---|---|---|
| 350 | 280 | 250 | 250 | 400 |

| 13 | 13 | 1 | 3 | 0,5 | 13 | 35 | 0,1 | 25 | 8 |
|---|---|---|---|---|---|---|---|---|---|

434

# HAUTES ALPES - 05

### N° 3417 — ST-ETIENNE-EN-DEVOLUY — Le Pré — 1270 m — CM 334 pli D4
**NN — 4 pers.**

Maison mitoyenne ds hameau de montagne, divisée en 3 logements, face au massif du Dévoluy. Entrée par balcon commun. Séjour, magnétoscope, coin cuisine équipée (micro-ondes, réfr-congél.). Salle d'eau-wc. Chambre double (ch. et alcôve avec 1 lit 2 pers. et 4 lits 1 pers. superposés). Chauf. électrique. Terrain, portique. Parking. Parc aventure à 6 km. Ouvert toute l'année.

GITES DE FRANCE-SERVICE RESERVATION - 1 place du Champsaur - BP 35 - 05002 GAP Cedex
Tél. : 04 92 52 52 94 - Fax : 04 92 52 52 90 - Email : gdf05@wanadoo.fr - www.gdf05.com

| OCT./DEC. | NOËL | VAC. FEV. | VAC. PRINT. | HORS VAC. HIV. | MAI | JUIN/SEPT. | JUIL./AOUT |
|---|---|---|---|---|---|---|---|
| 230 | 410 | 490 | 260 | 260 | 230 | 230 | 360 |

| | | | | | | | | | |
|---|---|---|---|---|---|---|---|---|---|
| 4 | 4 | 4 | 0,1 | 0,5 | 4 | 4 | SP | 20 | 0,4 |

### N° 9902 — ST-MARTIN-DE-QUEYRIERES — Le Serre — 1100 m — CM 334 pli H3
**NN — 3 pers.**

A 8 km de Briançon, maison de village de caractère régional avec gîte en RdC de la maison du propriétaire. Entrée indépend. par terrasse. Séjour voûté, coin-salon. Coin-cuisine équipé. Une chambre (1 lit 2 pers., 1 lit 1 pers.) avec salle d'eau-wc, donnant sur petit jardin clos. Chauff. central. Pkg public à proximité. Ouvert toute l'année.

Tristan ALLARD - Le Serre - 05120 ST-MARTIN-DE-QUEYRIERES
Tél. : 04 92 20 43 94 - Email : tristan.allard@wanadoo.fr

| OCT./DEC. | NOËL | VAC. FEV. | VAC. PRINT. | HORS VAC. HIV. | MAI | JUIN/SEPT. | JUIL./AOUT |
|---|---|---|---|---|---|---|---|
| 290 | 382 | 382 | 382 | 290 | 290 | 290 | 382 |

| | | | | | | | | |
|---|---|---|---|---|---|---|---|---|
| 9 | 10 | 9 | 1 | 2 | 9 | 10 | 0,5 | 9 | 3 |

### N° 10666 — VAL-DES-PRES — Pra-Premier — 1400 m — CM 334 pli I3
**NN — 4 pers.**

Au coeur de la vallée de la Clarée, maison typique de village avec le logement du propriétaire et le gîte. Entrée indépendante en r.d.c. Séjour, coin-salon, poêle à bois. Cuisine, micro-ondes. 1 chambre, un coin montagne (2 lits 2 pers., 2 lits 1 pers. superposés), salle d'eau, wc. Chauf. électrique. Petite terrasse. Parking. Ouvert toute l'année.

Sara ARTAUD - Pra-Premier - 05100 VAL-DES-PRES
Tél. : 04 92 20 47 92 - Fax : 04 92 20 47 92

| OCT./DEC. | NOËL | VAC. FEV. | VAC. PRINT. | HORS VAC. HIV. | MAI | JUIN/SEPT. | JUIL./AOUT |
|---|---|---|---|---|---|---|---|
| 200 | 350 | 400 | 350 | 200 | 200 | 200 | 400 |

| | | | | | | | | |
|---|---|---|---|---|---|---|---|---|
| 8 | SP | 2 | 0,1 | 5 | 4 | 8 | SP | 8 | 8 |

### N° 1232 — VENTAVON — Chanousse — 720 m — CM 334 pli D 6
**NN — 2 pers.**

Au milieu des champs, ancienne bâtisse rénovée comprenant 1 gîte et une chambre d'hôtes. Entrée indép. par terrasse. Séjour, coin-salon (poss. couchage pour 2 pers. suppl.). Chambre avec salle d'eau privative. Salle de bains-wc. Coin-cuisine équipé, micro-ondes. Chauffage central. Piscine commune avec le propriétaire. Ouvert toute l'année.

Pascale ROY - Le Mas de Faye - Chanousse - 05300 VENTAVON
Tél. : 04 92 66 43 72 - 06 15 18 80 58 - Fax : 04 92 52 37 71 - Email : clemade@aol.com

| OCT./DEC. | NOËL | VAC. FEV. | VAC. PRINT. | HORS VAC. HIV. | MAI | JUIN/SEPT. | JUIL./AOUT |
|---|---|---|---|---|---|---|---|
| 244 | 274 | 274 | 274 | 244 | 244 | 260 | 310 |

| | | | | | | | | |
|---|---|---|---|---|---|---|---|---|
| 50 | 35 | SP | 4 | 3 | 1 | 12 | SP | 12 | 4 |

### N° 10904 — VILLARD-SAINT-PANCRACE — Chabon — 1250 m — CM 334 pli H3
**NN — 4 pers.**

Dans maison de village, 2 gîtes aménagés dans la même maison que le logement du propriétaire. Entrée au 1er étage. Séjour, coin-cuisine (m.ondes), coin salon donnant sur balcon exposition sud. 2 chambres (1 lit 2 pers., 2 lits 1 pers.), salle de bains, wc. Chauff. élect. Terrain. Parking privé à 50 m.

Paul TRAVAIL - 4 impasse du Rocher - 05100 VILLARD-SAINT-PANCRACE
Tél. : 04 92 20 26 28

| OCT./DEC. | NOËL | VAC. FEV. | VAC. PRINT. | HORS VAC. HIV. | MAI | JUIN/SEPT. | JUIL./AOUT |
|---|---|---|---|---|---|---|---|
| 230 | 340 | 350 | 300 | 250 | 230 | 230 | 335 |

| | | | | | | | | |
|---|---|---|---|---|---|---|---|---|
| 3 | 0,5 | 3 | 0,2 | 2 | 10 | 3 | SP | 3 | 3 |

Préparez vos vacances en vous connectant sur notre site internet et partez à la découverte de l'univers des Gîtes de France !

www.gites-de-france.fr
e-mail : info@gites-de-france.fr

## ALPES MARITIMES - 06

**GITES DE FRANCE - Service Réservation**
55/57, Promenade des Anglais - B.P. 1602 - 06011 NICE Cédex 1
Tél. 04 92 15 21 30 - Fax. 04 93 37 48 00
E.mail : gites06@guideriviera.com - www.guideriviera.com/gites06

### PERIODES TARIFAIRES
**JUIN/SEPT/VAC.SCOLAIRES** : du 03.04 au 30.04, du 29.05 au 02.07, du 28.08 au 24.09, du 04/09 au 01/10 et du 23.10 au 29.10 - **JUILLET** : du 03.07 au 30.07 - **AOUT** : du 31.07 au 03.09 - **HORS SAISON** : du 01.05 au 28.05, du 25.09 au 22.10, du 02/10 au 22.10 et du 30.10 au 17.02 - **BASSE SAISON HIVER** : du 03.01 au 06.02 et du 06.03 au 02.04 - **HAUTE SAISON HIVER** : du 20.12 au 02.01 et du 07.02 au 05.03

### N° 1096 ANDON — Thorenc - Le Relais Fleuri — 1200 m — CM 115 pli 23
NN — 4 pers.

Rez-de jardin. Entrée sur séjour (1 cv 2 pers.). Coin-cuisine (micro-ondes). 1 ch. (2 lits 1 pers.). Cabine de douche. WC indép. 1 ch. (1 lit 160 cm.). Salle de bains privative avec wc. Jardinet privatif. Jeu de boules. Salle de détente mitoyenne et commune aux 2 Gîtes (baby-foot, jeu de fléchettes, nombreux jeux de société, cheminée). Parking. Draps fournis. Ouvert toute l'année.

GITES DE FRANCE-SERVICE RESERVATION – 55/57, Promenade des Anglais - BP 1602 - 06011 NICE Cedex 1
Tél. : 04 92 15 21 30 - Fax : 04 93 37 48 00 - Email : gites06@guideriviera.com – www.guideriviera.com/gites06

| JUIN/SEPT/VAC. | JUILLET | AOUT | HORS SAIS. | B. SAIS. HIV. | HAUTE SAIS. HIVER | WEEK-END |
|---|---|---|---|---|---|---|
| 388 | 433 | 433 | 326 | 326 | 433 | 140 |

| | | | | | | | | | | | |
|---|---|---|---|---|---|---|---|---|---|---|---|
| 12 | 7 | SP | SP | 30 | 15 | 1 | 60 | 50 | 1 | | |

### N° 1097 ANDON — Thorenc - Le Relais Fleuri — 1200 m — CM 115 pli 23
NN — 2 pers.

Rez-de-jardin. Séjour, coin-cuisine (micro-ondes). 1 ch. (1 lit 160 cm, 1 cv 2 pers.). Salle d'eau avec wc. Jardinet privatif. Jeu de boules. Salle de détente mitoyenne et commune aux 2 Gîtes (baby-foot, jeu de fléchettes, nombreux jeux de société, cheminée). Parking. Chauffage central. Charges incluses. Draps fournis. Ouvert toute l'année.

GITES DE FRANCE-SERVICE RESERVATION – 55/57, Promenade des Anglais - BP 1602 - 06011 NICE Cedex 1
Tél. : 04 92 15 21 30 - Fax : 04 93 37 48 00 - Email : gites06@guideriviera.com – www.guideriviera.com/gites06

| JUIN/SEPT/VAC. | JUILLET | AOUT | HORS SAIS. | B. SAIS. HIV. | HAUTE SAIS. HIVER | WEEK-END |
|---|---|---|---|---|---|---|
| 299 | 332 | 332 | 264 | 264 | 332 | 106 |

| | | | | | | | | | |
|---|---|---|---|---|---|---|---|---|---|
| 12 | 7 | SP | SP | 30 | 15 | 1 | 60 | 50 | 1 |

### N° 3142 BAIROLS — Plateau du Lac — 1200 m — CM 115 pli 5
NN — 4 pers.

Gîte d'alpage indépendant. R.d.c : Séjour (1 cv 2 pers.), coin-cuisine. 1 ch. (1 lit 2 pers.). 1 ch. (2 lits superposés 1 pers.). Salle d'eau. WC indép., lave-mains. Terrasses : couverte (30m²), découverte (15m²). Chauffage, réfrigérateur, cuisson au gaz. Eclairage solaire (24 Volts uniquement). Charges incluses. Parking. Site protégé. Camping et feux extérieurs interdits. 3 Gîtes d'alpage dans un écrin de verdure de 70 hectares, en lisière de forêt à 4 km du village par piste forestière goudronnée. Vue panoramique sur la vallée de la Tinée. Ouvert du 31 mars au 31 octobre.

GITES DE FRANCE-SERVICE RESERVATION – 55/57, Promenade des Anglais - BP 1602 - 06011 NICE Cedex 1
Tél. : 04 92 15 21 30 - Fax : 04 93 37 48 00 - Email : gites06@guideriviera.com – www.guideriviera.com/gites06

| JUIN/SEPT/VAC. | JUILLET | AOUT | HORS SAIS. | WEEK-END |
|---|---|---|---|---|
| 236 | 309 | 309 | 236 | 118 |

| | | | | | | | | | |
|---|---|---|---|---|---|---|---|---|---|
| 37 | 37 | SP | SP | 18,5 | 52 | 4 | 55 | 62 | 11,5 |

### N° 6171 BERRE-LES-ALPES — 500 m — CM 115 pli 16
NN — 2 pers.

Rez-de-chaussée. Entrée sur séjour (magnétoscope, 1 cv 2 pers.). Cuisine (micro-ondes). 1 chambre (1 lit 2 pers.), dressing. Salle-de-bains avec wc. Espace extérieur gravillonné (barbecue). Parking dans la propriété avec accès indépendant. Ch. central. Charges en sus. Poss. de loc. de linge et forfait ménage/demande. Ouvert toute l'année.

GITES DE FRANCE-SERVICE RESERVATION – 55/57, Promenade des Anglais - BP 1602 - 06011 NICE Cedex 1
Tél. : 04 92 15 21 30 - Fax : 04 93 37 48 00 - Email : gites06@guideriviera.com – www.guideriviera.com/gites06

| JUIN/SEPT/VAC. | JUILLET | AOUT | HORS SAIS. | B. SAIS. HIV. | HAUTE SAIS. HIVER | WEEK-END |
|---|---|---|---|---|---|---|
| 300 | 380 | 380 | 285 | 285 | | 300 |

| | | | | | | | | | |
|---|---|---|---|---|---|---|---|---|---|
| 37 | 37 | SP | SP | 6 | 6 | 6 | 18 | 18 | 6 |

### N° 2120 BEUIL — La Chaumière - Les Launes — 1450 m — CM 115 pli 4
NN — 2 pers.

Rez-de-terrasse. Entrée sur séjour (1 cv. 2 pers.), coin-cuisine (micro-ondes). 1 ch. (1 lit 2 pers.). Salle d'eau. WC indépendant. Parking à proximité. Chauffage central. Forfait énergie : 40 €/sem. en période chauffée. 16 €/sem. période non chauffée. Possibilité de loc. de linge et de maison sur demande : 10 €/sem./lit. Matériel bébé complet à la demande. "Café" La Chaumière au r.d.c des gîtes. Ouvert toute l'année.

GITES DE FRANCE-SERVICE RESERVATION – 55/57, Promenade des Anglais - BP 1602 - 06011 NICE Cedex 1
Tél. : 04 92 15 21 30 - Fax : 04 93 37 48 00 - Email : gites06@guideriviera.com – www.guideriviera.com/gites06

| JUIN/SEPT/VAC. | JUILLET | AOUT | HORS SAIS. | B. SAIS. HIV. | HAUTE SAIS. HIVER | WEEK-END |
|---|---|---|---|---|---|---|
| 244 | 305 | 305 | 229 | 229 | 427 | 122 |

| | | | | | | | | | |
|---|---|---|---|---|---|---|---|---|---|
| SP | SP | SP | SP | 4 | 2 | 1 | 82 | 27 | 2 |

# ALPES MARITIMES - 06

Périodes tarifaires p. 436

## N° 2121 — BEUIL — La Chaumière - Les Launes — 1450 m — CM 115 pli 4

NN — 2 pers.

Rez-de-terrasse. Entrée sur séjour, coin-cuisine (micro-ondes). 1 ch. sans fenêtre (1 lit 2 pers.). Salle d'eau. WC indépendant avec lave-mains. Parking à proximité. Chauffage central. Forfait énergie : 40 €/sem. en période chauffée. 16 €/sem. période non chauffée. Possibilité de loc. de linge de maison sur demande : 10 €/sem./lit. Matériel bébé complet à la demande. "Café" La Chaumière au r.d.c des gîtes. Ouvert toute l'année.

GITES DE FRANCE-SERVICE RESERVATION - 55/57, Promenade des Anglais - BP 1602 - 06011 NICE Cedex 1
Tél. : 04 92 15 21 30 - Fax : 04 93 37 48 00 - Email : gites06@guideriviera.com - www.guideriviera.com/gites06

| JUIN/SEPT./VAC. | JUILLET | AOUT | HORS SAIS. | B. SAIS. HIV. | HAUTE SAIS. HIVER | WEEK-END | | | | | | | | | |
|---|---|---|---|---|---|---|---|---|---|---|---|---|---|---|---|
| 230 | 290 | 290 | 215 | 215 | 410 | 110 | SP | SP | SP | SP | 4 | 2 | 1 | 82 | 27 | 2 |

## N° 2122 — BEUIL — La Chaumière - Les Launes — 1450 m — CM 115 pli 4

NN — 2 pers.

1er étage. Entrée. Séjour avec balcon (2 lits tiroirs 1 pers.), coin-cuisine (micro-ondes). 1 ch. avec balcon (1 lit 2 pers.). Salle d'eau. WC indépendant. Parking à proximité. Chauffage central. Forfait énergie : 40 €/sem. en période chauffée. 16 €/sem. période non chauffée. Possibilité de loc. de linge de maison sur demande : 10 €/sem./lit. Matériel de bébé complet à la demande. "Café" La Chaumière au r.d.c des gîtes. Ouvert toute l'année.

GITES DE FRANCE-SERVICE RESERVATION - 55/57, Promenade des Anglais - BP 1602 - 06011 NICE Cedex 1
Tél. : 04 92 15 21 30 - Fax : 04 93 37 48 00 - Email : gites06@guideriviera.com - www.guideriviera.com/gites06

| JUIN/SEPT./VAC. | JUILLET | AOUT | HORS SAIS. | B. SAIS. HIV. | HAUTE SAIS. HIVER | WEEK-END | | | | | | | | | |
|---|---|---|---|---|---|---|---|---|---|---|---|---|---|---|---|
| 238 | 298 | 298 | 222 | 222 | 420 | 115 | SP | SP | SP | SP | 4 | 2 | 1 | 82 | 27 | 2 |

## N° 2123 — BEUIL — La Chaumière - Les Launes — 1450 m — CM 115 pli 4

NN — 2 pers.

1er étage. Entrée sur séjour avec balcon, coin-cuisine (micro-ondes). 1 ch. (1 lit 2 pers.). Salle d'eau. WC indépendant. Parking à proximité. Chauffage central. Forfait énergie : 16 €/sem. période non chauffée. Possibilité de loc. de linge de maison sur demande : 10 €/sem./lit. Matériel de bébé complet à la demande. "Café" La Chaumière au r.d.c des gîtes. Ouvert toute l'année.

GITES DE FRANCE-SERVICE RESERVATION - 55/57, Promenade des Anglais - BP 1602 - 06011 NICE Cedex 1
Tél. : 04 92 15 21 30 - Fax : 04 93 37 48 00 - Email : gites06@guideriviera.com - www.guideriviera.com/gites06

| JUIN/SEPT./VAC. | JUILLET | AOUT | HORS SAIS. | B. SAIS. HIV. | HAUTE SAIS. HIVER | WEEK-END | | | | | | | | | |
|---|---|---|---|---|---|---|---|---|---|---|---|---|---|---|---|
| 228 | 288 | 288 | 213 | 213 | 400 | 106 | SP | SP | SP | SP | 4 | 2 | 1 | 82 | 27 | 2 |

## N° 1094 — BOUYON — L'Adrecht — 632 m — CM 115 pli 5

NN — 4 pers.

Rez-de-jardin. Séjour, coin repas et salon (1 cv 2 pers.), antenne satellite, hifi. Cuisine américaine (four, micro-ondes). 1 ch. (1 lit 2 pers.). 1 ch. (2 lits 1 pers.). Salle de bains (baignoire, douche), wc indép. Grandes terrasses. Terrain commun sur restanque inférieure (800 m²). Portique. Barbecue. Parking. Ch. électr. Charges en sus. Forfait ménage : 30 €. Ouvert du 1er avril au 30 septembre.

GITES DE FRANCE-SERVICE RESERVATION - 55/57, Promenade des Anglais - BP 1602 - 06011 NICE Cedex 1
Tél. : 04 92 15 21 30 - Fax : 04 93 37 48 00 - Email : gites06@guideriviera.com - www.guideriviera.com/gites06

| JUIN/SEPT./VAC. | JUILLET | AOUT | HORS SAIS. | WEEK-END | | | | | | | | |
|---|---|---|---|---|---|---|---|---|---|---|---|---|
| 380 | 600 | 600 | 229 | 152 | 42 | 42 | SP | SP | 1 | 17 | 1 | 37 | 21 | 1 |

## N° 1095 — BOUYON — L'Adrecht — 632 m — CM 115 pli 5

NN — 4 pers.

1er étage. Séjour, coin repas et salon (2 cv 2 pers. chacun), antenne satellite - Hifi. Cuisine américaine (micro-ondes, four). 1 ch. (1 lit 2 pers.), 1 ch. (2 lits 1 pers.). Salle de bains (baignoire, douche). WC indép. Terrasse (18 m²) et grande terrasse (30 m²) de plain-pied. Terrain clos (800 m² - restanque inférieure). Parking. Ch. électr. Charges en sus. Forfait ménage : 30 €. Ouvert du 1er avril au 30 septembre.

GITES DE FRANCE-SERVICE RESERVATION - 55/57, Promenade des Anglais - BP 1602 - 06011 NICE Cedex 1
Tél. : 04 92 15 21 30 - Fax : 04 93 37 48 00 - Email : gites06@guideriviera.com - www.guideriviera.com/gites06

| JUIN/SEPT./VAC. | JUILLET | AOUT | HORS SAIS. | WEEK-END | | | | | | | | |
|---|---|---|---|---|---|---|---|---|---|---|---|---|
| 351 | 600 | 600 | 229 | 152 | 42 | 42 | SP | SP | 1 | 17 | 1 | 37 | 21 | 1 |

## N° 1102 — CAILLE — 1160 m — CM 115 pli 22

NN — 4 pers.

Rez de chaussée : Entrée - Cuisine indép. Salon-coin repas (poêle à bois). 1 chambre (1 lit 1 pers). 1 chambre (1 lit 2 pers). Salle d'eau. WC indép. 1 chambre (1 lit 1 pers.). Terrasse avec barbecue. Parking au village. Chauffage central. Charges incluses. Ouvert toute l'année.

GITES DE FRANCE-SERVICE RESERVATION - 55/57, Promenade des Anglais - BP 1602 - 06011 NICE Cedex 1
Tél. : 04 92 15 21 30 - Fax : 04 93 37 48 00 - Email : gites06@guideriviera.com - www.guideriviera.com/gites06

| JUIN/SEPT./VAC. | JUILLET | AOUT | HORS SAIS. | B. SAIS. HIV. | HAUTE SAIS. HIVER | | | | | | | | | |
|---|---|---|---|---|---|---|---|---|---|---|---|---|---|---|
| 190 | 240 | 240 | 190 | 190 | 240 | 8 | SP | SP | SP | 40 | 25 | 6 | 56 | 56 |

PROVENCE-ALPES-CÔTE D'AZUR

Pictos voir p. 12

# ALPES MARITIMES - 06

Périodes tarifaires p. 436

## N° 1103 — CAILLE — 1160 m — CM 115 pli 22

NN — 4 pers.

1er étage : Entrée - Séjour coin-cuisine. 1 chambre (2 lits 1 pers.) 1 chambre (1 lit 2 pers.). Salle de bains avec wc. Parking au village. Chauffage central. Charges incluses. Ouvert d'avril à septembre.

GITES DE FRANCE-SERVICE RESERVATION – 55/57, Promenade des Anglais - BP 1602 - 06011 NICE Cedex 1
Tél. : 04 92 15 21 30 - Fax : 04 93 37 48 00 - Email : gites06@guideriviera.com - www.guideriviera.com/gites06

| JUIN/SEPT./VAC. | JUILLET | AOUT | HORS SAIS. | B. SAIS. HIV. | HAUTE SAIS. HIVER |
|---|---|---|---|---|---|
| 170 | 220 | 220 | 170 | 170 | 220 |

| | | | | | | | | | | | |
|---|---|---|---|---|---|---|---|---|---|---|---|
| 8 | SP | SP | SP | 40 | 25 | 6 | 56 | 56 | SP | | |

## N° 7144 — CARROS — CM 195 pli 36

NN — 4 pers.

Rez-de-jardin. Entrée sur cuisine indép. (cheminée). Séjour. 1 ch (1 lit 2 pers., TV). Salle d'eau. WC indép. avec lave-mains. Accès par alcôve (1 cv 2 pers.) à 1 ch (2 lits 1 pers.). En commun avec le propriétaire : lave-linge dans buanderie. Cuisine d'été aménagée (four à pizza, barbecue). jardin clos (jeu de boules). Piscine. Parking dans la propriété. Chauffage par chaudière au fuel. Toutes charges incluses. Sur demande : Forfait ménage (30 €). Location de linge (25 €/sem). Forfait bois. Lit bébé. Ouvert toute l'année.

GITES DE FRANCE-SERVICE RESERVATION – 55/57, Promenade des Anglais - BP 1602 - 06011 NICE Cedex 1
Tél. : 04 92 15 21 30 - Fax : 04 93 37 48 00 - Email : gites06@guideriviera.com - www.guideriviera.com/gites06

| JUIN/SEPT./VAC. | JUILLET | AOUT | HORS SAIS. | B. SAIS. HIV. | HAUTE SAIS. HIVER | WEEK-END |
|---|---|---|---|---|---|---|
| 450 | 500 | 500 | 350 | 350 | 450 | 150 |

| | | | | | | | | | | | |
|---|---|---|---|---|---|---|---|---|---|---|---|
| 60 | 60 | 10 | 10 | SP | 8 | 1 | 25 | 12 | 1,5 | | |

## N° 7138 — LA COLLE-SUR-LOUP — CM 195 pli 35

NN — 4 pers.

Maison indépendante sur 2 niveaux. 1er niveau : (escaliers) entrée par terrasse. Séjour-salle à manger (1 cv 1 pers., lecteur VHS,). Petite cuisine (congélateur, micro-ondes). Salle d'eau avec wc. 2e niveau : 1 ch (1 lit 2 pers.). 1 ch (2 lits 1 pers.). WC avec lave-mains. Jardin clos 300 m² (jeu de boules, barbecue). Cour ombragée. Parking. Chauffage électrique radiant. Forfait énergie : 76 € (nov. à avril inclus), 50 € (mai à octobre inclus). Bois fourni. Taxe de séjour incluse. Forfait ménage sur demande : 30 €. Jolie maison de village, très calme, décorée dans le style provençal. Ouvert toute l'année.

GITES DE FRANCE-SERVICE RESERVATION – 55/57, Promenade des Anglais - BP 1602 - 06011 NICE Cedex 1
Tél. : 04 92 15 21 30 - Fax : 04 93 37 48 00 - Email : gites06@guideriviera.com - www.guideriviera.com/gites06

| JUIN/SEPT./VAC. | JUILLET | AOUT | HORS SAIS. | B. SAIS. HIV. | HAUTE SAIS. HIVER |
|---|---|---|---|---|---|
| 420 | 600 | 600 | 280 | 280 | 420 |

| | | | | | | | | | | | |
|---|---|---|---|---|---|---|---|---|---|---|---|
| 40 | 40 | 20 | 2 | 0,5 | 2 | 0,5 | 5 | 5 | SP | | |

## N° 6167 — CONTES — Sclos de Contes — CM 195 pli 16

4 pers.

Rez-de-terrasse de la maison du propriétaire comprenant 2 Gîtes. Séjour (1 cv 2 pers.), coin-cuisine (micro-ondes). 1 ch. (1 lit 2 pers.). 1 ch. (2 lits 1 pers.). Salle de bains (baignoire et douche). WC indépendant. Chauffage central. Charges en sus. Forfait chauffage : 23 €/sem. (d'oct. à avril inclus). Terrasse (30 m²) semi-couverte. Vue dégagée sur vallée. Barbecue. Terrain (4000 m²). Parking. Matériel bébé sur demande. Jeu de boules. Enclos (lapins, poules pigeons) à proximité. Forfait ménage : 22.86 €. Ouvert toute l'année.

GITES DE FRANCE-SERVICE RESERVATION – 55/57, Promenade des Anglais - BP 1602 - 06011 NICE Cedex 1
Tél. : 04 92 15 21 30 - Fax : 04 93 37 48 00 - Email : gites06@guideriviera.com - www.guideriviera.com/gites06

| JUIN/SEPT./VAC. | JUILLET | AOUT | HORS SAIS. | B. SAIS. HIV. | HAUTE SAIS. HIVER | WEEK-END |
|---|---|---|---|---|---|---|
| 370 | 440 | 440 | 340 | 340 | 370 | 140 |

| | | | | | | | | | | | |
|---|---|---|---|---|---|---|---|---|---|---|---|
| 37 | 37 | SP | SP | 6 | 12 | 1 | 18 | 18 | 1 | | |

## N° 6168 — CONTES — CM 195 pli 16

NN — 6 pers.

1er étage. Accès de plein pied. Séjour (magnétoscope, billard). Véranda. Cuisine indép. (micro-ondes, congélateur). Buanderie. WC indép. 2 ch (1 lits 2 pers.). 1 ch (2 lits gigognes 1 pers.). Salle de bains. Salle d'eau avec wc. Jardin (barbecue, ping-pong, jeu de boules). Piscine. Parking dans la propriété. Chauffage électrique. Charges incluses. Loc. de draps : 10 €/lit/sem. Forfait ménage : 46 €. Bois en supplément. Ouvert toute l'année.

GITES DE FRANCE-SERVICE RESERVATION – 55/57, Promenade des Anglais - BP 1602 - 06011 NICE Cedex 1
Tél. : 04 92 15 21 30 - Fax : 04 93 37 48 00 - Email : gites06@guideriviera.com - www.guideriviera.com/gites06

| JUIN/SEPT./VAC. | JUILLET | AOUT | HORS SAIS. | B. SAIS. HIV. | HAUTE SAIS. HIVER |
|---|---|---|---|---|---|
| 700 | 850 | 850 | 550 | 550 | 700 |

| | | | | | | | | | | | |
|---|---|---|---|---|---|---|---|---|---|---|---|
| 37 | 37 | 1 | SP | SP | 1 | 1 | 15 | 18 | 1 | | |

## N° 6164 — L'ESCARENE — CM 115 pli 17

NN — 2 pers.

Au 1er étage de la maison du propriétaire. Entrée. Séjour (1 lit rabattable 2 pers.), coin-cuisine (hotte aspirante). 1 ch. (2 lits 1 pers.). Salle d'eau avec wc. Buanderie. Chauffage électrique. Charges incluses. Parking communal à 50 m sur la place du village. Ouvert toute l'année.

GITES DE FRANCE-SERVICE RESERVATION – 55/57, Promenade des Anglais - BP 1602 - 06011 NICE Cedex 1
Tél. : 04 92 15 21 30 - Fax : 04 93 37 48 00 - Email : gites06@guideriviera.com - www.guideriviera.com/gites06

| JUIN/SEPT./VAC. | JUILLET | AOUT | HORS SAIS. | B. SAIS. HIV. | HAUTE SAIS. HIVER | WEEK-END |
|---|---|---|---|---|---|---|
| 300 | 340 | 340 | 270 | 270 | 300 | 130 |

| | | | | | | | | | | | |
|---|---|---|---|---|---|---|---|---|---|---|---|
| 30 | 30 | SP | SP | 10 | 15 | 1 | 20 | 1 | SP | | |

# ALPES MARITIMES - 06

*Périodes tarifaires p. 436*

## N° 6166 — EZE — 500 m — CM 115 pli 37

**NN — 2 pers.**

1er étage (10 marches). Hall de dégagement. Séjour (1 convertible 2 pers.). Cuisine, coin-repas. 1 chambre (1 lit 2 personnes). Salle d'eau, wc indépendant. Chauffage central. Charges incluses. Parking dans la propriété. Le Gîte est situé sur la Grande Corniche, entre La Turbie et Nice, avec une vue panoramique sur le Cap Ferrat. A 10 minutes des plages, de Nice, de la Principauté de Monaco. A proximité de tous les loisirs et services de la Côte d'Azur et des Alpes d'Azur. Ouvert toute l'année.

GITES DE FRANCE-SERVICE RESERVATION - 55/57, Promenade des Anglais - BP 1602 - 06011 NICE Cedex 1
Tél. : 04 92 15 21 30 - Fax : 04 93 37 48 00 - Email : gites06@guideriviera.com - www.guideriviera.com/gites06

| JUIN/SEPT./VAC. | JUILLET | AOUT | HORS SAIS. | B. SAIS. HIV. | HAUTE SAIS. HIVER |
|---|---|---|---|---|---|
| 460 | 520 | 520 | 380 | 380 | 460 |

| | | | | | | | | | |
|---|---|---|---|---|---|---|---|---|---|
| 60 | 60 | 30 | 30 | 15 | 12 | 3 | 10 | 8 | 4 |

## N° 5075 — FONTAN — La Tourette Fontan — CM 115 pli 8

**NN — 2 pers.**

Rez-de-jardin. Entrée par terrasse couverte (1 cv. 2 pers.), coin-cuisine. 1 chambre (1 lit 2 pers.). Salle d'eau. WC indépendant. Parking. Chauffage électrique. Charges incluses. Petit animal accepté. Ouvert du 15 avril au 15 octobre.

GITES DE FRANCE-SERVICE RESERVATION - 55/57, Promenade des Anglais - BP 1602 - 06011 NICE Cedex 1
Tél. : 04 92 15 21 30 - Fax : 04 93 37 48 00 - Email : gites06@guideriviera.com - www.guideriviera.com/gites06

| JUIN/SEPT./VAC. | JUILLET | AOUT | HORS SAIS. |
|---|---|---|---|
| 260 | 310 | 310 | 240 |

| | | | | | | | | | |
|---|---|---|---|---|---|---|---|---|---|
| 35 | 25 | SP | SP | 9 | 15 | 1 | 35 | 1 | 0,5 |

## N° 7137 — GOURDON — 760 m — CM 195 pli 34

**4 pers.**

1er étage. Entrée sur séjour (magnétoscope, poêle à bois), cuisine en alcôve (four micro-ondes). En duplex : 2 ch. (chacune 1 lit de 2 pers.), avec balcon dans chaque. Salle de bains. WC indépendant. Chauffage électrique. Toutes charges incluses. Linge de maison fourni. Possibilités de réductions pour certaines périodes sur demande au propriétaire. Ouvert toute l'année.

Farid BOUSCKRI - Place de l'Eglise - 06620 GOURDON
Tél. : 04 93 09 68 65 - 04 93 09 68 89 - Fax : 04 93 09 68 96 - Email : sainte.catherine@wanadoo.fr - www.sainte-catherine.com

| JUIN/SEPT./VAC. | JUILLET | AOUT | HORS SAIS. | B. SAIS. HIV. | HAUTE SAIS. HIVER | WEEK-END |
|---|---|---|---|---|---|---|
| 665 | 665 | 665 | 665 | 665 | 665 | 190 |

| | | | | | | | | | |
|---|---|---|---|---|---|---|---|---|---|
| 33 | 33 | SP | SP | 15 | 8 | SP | 35 | 35 | 8 |

## N° 7149 — GOURDON — La Forge — 760 m — CM 115 pli 34

**NN — 2 pers.**

1/2 Rez-de-chaussée. 14 marches à descendre. Séjour coin-cuisine (1 cv 2 pers, prise antenne TV). 1 ch. sans porte de séparation avec le séjour (1 lit 2 pers). Salle d'eau avec wc. Terrain commun en prairie à 100 m. Chauffage électrique. Charges en suppl. (0.15 €/KWH supplémentaire). Commerces ambulants (mardi, jeudi, vendredi, dimanche). Attention 2 + 1 maxi. Ouvert toute l'année.

GITES DE FRANCE-SERVICE RESERVATION - 55/57, Promenade des Anglais - BP 1602 - 06011 NICE Cedex 1
Tél. : 04 92 15 21 30 - Fax : 04 93 37 48 00 - Email : gites06@guideriviera.com - www.guideriviera.com/gites06

| JUIN/SEPT./VAC. | JUILLET | AOUT | HORS SAIS. | B. SAIS. HIV. | HAUTE SAIS. HIVER |
|---|---|---|---|---|---|
| 350 | 350 | 350 | 250 | 250 | 350 |

| | | | | | | | | | |
|---|---|---|---|---|---|---|---|---|---|
| 33 | 33 | SP | SP | 15 | 8 | SP | 35 | 35 | 8 |

## N° 7146 — GRASSE — CM 195 pli 34

**NN — 3 pers.**

Entrée sur séjour coin-cuisine. Mezzanine comprenant (1 lit 2 pers. et 1 lit 1 pers.). Salle d'eau avec WC. Parking. Chauffage électrique. Charges incluses. Lave-linge commun avec le propriétaire. Accès à la piscine. Ouvert toute l'année.

Laure MONTAGNER - 11 chemin de Peymeinade - 06130 GRASSE
Tél. : 04 92 42 03 05 - Email : francois.montagner@wanadoo.fr - http://perso.wanadoo.fr/mazetdenorine

| JUIN/SEPT./VAC. | JUILLET | AOUT | HORS SAIS. | B. SAIS. HIV. | HAUTE SAIS. HIVER | WEEK-END |
|---|---|---|---|---|---|---|
| 450 | 500 | 500 | 400 | 400 | 450 | 150 |

| | | | | | | | | | |
|---|---|---|---|---|---|---|---|---|---|
| 45 | 45 | 10 | SP | SP | 1 | 2 | 16 | 16 | 1 |

## N° 3141 — ILONSE — 1210 m — CM 115 pli 15

**NN — 4 pers.**

Entrée sur séjour coin-cuisine. Salle d'eau avec wc. 1 chambre (1 lit 2 pers.), 1 chambre (1 lit 2 pers). Chauffage électrique. Charges incluses. Parking dans le village. Village piétonnier. Ouvert toute l'année.

GITES DE FRANCE-SERVICE RESERVATION - 55/57, Promenade des Anglais - BP 1602 - 06011 NICE Cedex 1
Tél. : 04 92 15 21 30 - Fax : 04 93 37 48 00 - Email : gites06@guideriviera.com - www.guideriviera.com/gites06

| JUIN/SEPT./VAC. | JUILLET | AOUT | HORS SAIS. | B. SAIS. HIV. | HAUTE SAIS. HIVER | WEEK-END |
|---|---|---|---|---|---|---|
| 214 | 270 | 270 | 214 | 214 | 214 | 107 |

| | | | | | | | | | |
|---|---|---|---|---|---|---|---|---|---|
| 27 | 27 | SP | SP | SP | 27 | 27 | 63 | 63 | 15 |

**PROVENCE-ALPES-CÔTE D'AZUR**

*Pictos voir p. 12*

# ALPES MARITIMES - 06

Périodes tarifaires p. 436

## N° 4122 LANTOSQUE

510 m — CM 115 pli 17

NN — 2 pers.

Entrée, salon (1 cv. 2 pers.), salle à manger. Cuisine indépendante (lave-linge portatif). Salle d'eau. WC indépendant. 1 chambre (1 lit 2 pers.). Parking communal à 100 m. Chauffage électrique. Charges en sus. Ouvert d'avril à septembre inclus.

GITES DE FRANCE-SERVICE RESERVATION – 55/57, Promenade des Anglais - BP 1602 - 06011 NICE Cedex 1
Tél. : 04 92 15 21 30 - Fax : 04 93 37 48 00 - Email : gites06@guideriviera.com – www.guideriviera.com/gites06

| JUIN/SEPT./ VAC. | JUILLET | AOUT | HORS SAIS. |
|---|---|---|---|
| 173 | 220 | 220 | 143 |

| | | | | | | | | | |
|---|---|---|---|---|---|---|---|---|---|
| 26 | 26 | SP | SP | 5 | 15 | SP | 48 | 21 | SP |

## N° 4123 LANTOSQUE — Les Clapières

600 m — CM 115 pli 17

NN — 2 pers.

Rez-de-chaussée. Entrée sur un petit coin-cuisine (micro-ondes). Séjour (antenne satellite). 1 chambre (1 lit 2 pers.). Salle d'eau avec wc. Lave-linge portable. Jardinet privatif (barbecue). Chauffage électrique. Charges en sus. Parking communal à 50 m. Téléphone au compteur chez la propriétaire. Ouvert de mai à octobre inclus.

GITES DE FRANCE-SERVICE RESERVATION – 55/57, Promenade des Anglais - BP 1602 - 06011 NICE Cedex 1
Tél. : 04 92 15 21 30 - Fax : 04 93 37 48 00 - Email : gites06@guideriviera.com – www.guideriviera.com/gites06

| JUIN/SEPT./ VAC. | JUILLET | AOUT | HORS SAIS. |
|---|---|---|---|
| 200 | 240 | 250 | 180 |

| | | | | | | | | | |
|---|---|---|---|---|---|---|---|---|---|
| 30 | 30 | SP | SP | 8 | 15 | 3 | 48 | 48 | 3 |

## N° 2124 LIEUCHE — Ancien Presbytère - La Place

850 m — CM 115 pli 14

NN — 4 pers.

1er étage. Séjour, coin cuisine, coin repas (20m² - 1 clic-clac 2 pers.). 1 chambre (1 lit 2 pers.). 1 ch. (2 lits 1 pers. superposés). Salle d'eau. WC. Chauffage électrique. Charges incluses. Gîte situé sur la place du village dominant les Gorges du Cians, à 23 km des stations de sports d'hiver et d'été de Beuil et de Valberg. au rez-de-chaussée des Gîtes : "salle des jeunes" (micro-informatique, Baby-foot). Ouvert toute l'année.

GITES DE FRANCE-SERVICE RESERVATION – 55/57, Promenade des Anglais - BP 1602 - 06011 NICE Cedex 1
Tél. : 04 92 15 21 30 - Fax : 04 93 37 48 00 - Email : gites06@guideriviera.com – www.guideriviera.com/gites06

| JUIN/SEPT./ VAC. | JUILLET | AOUT | HORS SAIS. | B. SAIS. HIV. | WEEK-END |
|---|---|---|---|---|---|
| 220 | 260 | 260 | 220 | 220 | 110 |

| | | | | | | | | | |
|---|---|---|---|---|---|---|---|---|---|
| 23 | 23 | SP | SP | 23 | 23 | 23 | 65 | 14 | 10 |

## N° 2125 LIEUCHE — Ancien Presbytère - La Place

850 m — CM 115 pli 14

NN — 4 pers.

2ème étage. Séjour, coin cuisine, coin repas (20m² - 1 clic-clac 2 pers.). 1 chambre (1 lit 2 pers.). 1 ch. (2 lits 1 pers. superposés). Salle d'eau. WC. Chauffage électrique. Charges incluses. Gîte situé sur la place du village dominant les Gorges du Cians, à 23 km des stations de sports d'hiver et d'été de Beuil et de Valberg. au rez-de-chaussée des Gîtes : "salle des jeunes" (micro-informatique, Baby-foot). Ouvert toute l'année.

GITES DE FRANCE-SERVICE RESERVATION – 55/57, Promenade des Anglais - BP 1602 - 06011 NICE Cedex 1
Tél. : 04 92 15 21 30 - Fax : 04 93 37 48 00 - Email : gites06@guideriviera.com – www.guideriviera.com/gites06

| JUIN/SEPT./ VAC. | JUILLET | AOUT | HORS SAIS. | B. SAIS. HIV. | WEEK-END |
|---|---|---|---|---|---|
| 220 | 260 | 260 | 220 | 220 | 110 |

| | | | | | | | | | |
|---|---|---|---|---|---|---|---|---|---|
| 23 | 23 | SP | SP | 23 | 23 | 23 | 65 | 14 | 10 |

## N° 7151 MOUANS-SARTOUX

CM 115 pli 34

NN — 2 pers.

Rez-de-jardin : Entrée sur salon coin-cuisine (1 convertible 2 pers). Salle de bains (baignoire sabot). WC indép. Salle à manger. 1 chambre (1 lit 2 pers.) Salle d'eau. Chauffage central. Parking dans la propriété. Jardin clos attenant (2 000 m²). Barbecue. Piscine commune avec le propriétaire. Draps fournis. Charges incluses. Ouvert toute l'année.

GITES DE FRANCE-SERVICE RESERVATION – 55/57, Promenade des Anglais - BP 1602 - 06011 NICE Cedex 1
Tél. : 04 92 15 21 30 - Fax : 04 93 37 48 00 - Email : gites06@guideriviera.com – www.guideriviera.com/gites06

| JUIN/SEPT./ VAC. | JUILLET | AOUT | HORS SAIS. | B. SAIS. HIVER | WEEK-END |
|---|---|---|---|---|---|
| 360 | 460 | 460 | 320 | 320 | 360 | 150 |

| | | | | | | | | | |
|---|---|---|---|---|---|---|---|---|---|
| 40 | 40 | 17 | 2 | SP | 2 | 4 | 5 | 5 | 0,6 |

## N° 7145 LA ROQUETTE-SUR-SIAGNE

CM 195 pli 34

NN — 2 pers.

Rez-de-jardin : Entrée sur séjour coin cuisine (micro-ondes). (1 convertible 2 pers). Pièce attenante au séjour (2 lits 1 pers.). Salle d'eau avec wc. (Lave-linge commun avec le propriétaire). Jardin clos. Barbecue. Parking. Chauffage électrique. Ouvert toute l'année.

Elie STELLATI - 260 Chemin de Dandon - 06550 LA ROQUETTE-SUR-SIAGNE
Tél. : 04 92 19 07 43 - 06 16 90 57 58

| JUIN/SEPT./ VAC. | JUILLET | AOUT | HORS SAIS. | B. SAIS. HIV. | HAUTE SAIS. HIVER |
|---|---|---|---|---|---|
| 335 | 381 | 381 | 335 | 335 | 335 |

| | | | | | | | | | |
|---|---|---|---|---|---|---|---|---|---|
| 57 | 57 | 15 | 10 | 4 | 7 | 2 | 4 | 5 | 1 |

# ALPES MARITIMES - 06

*Périodes tarifaires p. 436*

## N° 3139 ROUBION — Station des Buisses — 1410 m — CM 115 pli 5

**NN — 4 pers.**

Chalet indépendant. Entrée sur terrasse. Séjour. Cuisine ouverte (hotte-aspirante, micro-ondes, réfrigérateur-congélateur). 1 ch. (1 lit 2 pers.). Salle d'eau. WC indép. À l'étage : 1 cv. 2 pers. sur mezzanine ouverte. 1 ch. (2 lits 1 pers). Parking sur terrain non clos. Chauffage électrique. Energie (eau et électricité) incluse. Ouvert toute l'année sauf du 20.12.03 au 1er.4.04.

GITES DE FRANCE-SERVICE RESERVATION - 55/57, Promenade des Anglais - BP 1602 - 06011 NICE Cedex 1
Tél. : 04 92 15 21 30 - Fax : 04 93 37 48 00 - Email : gites06@guideriviera.com - www.guideriviera.com/gites06

| JUIN/SEPT./VAC. | JUILLET | AOUT | HORS SAIS. | B. SAIS. HIV. | HAUTE SAIS. HIVER | WEEK-END |
|---|---|---|---|---|---|---|
| 310 | 460 | 460 | 260 | 260 | 460 | 185 |

| | | | | | | | | | | |
|---|---|---|---|---|---|---|---|---|---|---|
| 0,5 | 4 | SP | SP | 25 | 15 | 15 | 67 | 44 | 3 | |

## N° 1099 SERANON — 1050 m — CM 115 pli 22

**NN — 4 pers.**

Entrée par petite terrasse gravillonnée au 1er étage d'un duplex. Entrée. Séjour (1 cv. 2 pers.). Cuisine (micro-ondes). Salle de bains. 2e étage : 1 ch. (1 lit 2 pers.). 1 ch. (2 lits 1 pers.). WC indépendant. Chauffage électrique. Charges en sus. Forfait ménage : 22.87 €. Terrain non clos à proximité. Ouvert toute l'année.

GITES DE FRANCE-SERVICE RESERVATION - 55/57, Promenade des Anglais - BP 1602 - 06011 NICE Cedex 1
Tél. : 04 92 15 21 30 - Fax : 04 93 37 48 00 - Email : gites06@guideriviera.com - www.guideriviera.com/gites06

| JUIN/SEPT./VAC. | JUILLET | AOUT | HORS SAIS. | B. SAIS. HIV. | HAUTE SAIS. HIVER | WEEK-END |
|---|---|---|---|---|---|---|
| 200 | 275 | 275 | 184 | 184 | 200 | 100 |

| | | | | | | | | | |
|---|---|---|---|---|---|---|---|---|---|
| 15 | 10 | SP | SP | 15 | 8 | 5 | 60 | 50 | SP |

## N° 7153 ST-CEZAIRE-SUR-SIAGNE — 600 m — CM 115 pli 35

**NN — 2 pers.**

Mazet indépendant à proximité de la maison du propriétaire. Séjour (1 cv 1 pers.). 3 marches d'accès au coin-cuisine (micro-ondes). Salle d'eau avec wc. En mezzanine : 1 ch. (2 lits 1 pers. pouvant former un lit de 2 pers. en 180 cm.). Lave-linge et congélateur dans buanderie attenante. Piscine commune avec le propriétaire. Parking dans la propriété. Linge de maison fourni. Forfait chauffage du 1er novembre au 15 mai : 25 €/sem. Forfait ménage : 20 €. Ouvert toute l'année.

GITES DE FRANCE-SERVICE RESERVATION - 55/57, Promenade des Anglais - BP 1602 - 06011 NICE Cedex 1
Tél. : 04 92 15 21 30 - Fax : 04 93 37 48 00 - Email : gites06@guideriviera.com - www.guideriviera.com/gites06

| JUIN/SEPT./VAC. | JUILLET | AOUT | HORS SAIS. | B. SAIS. HIV. | HAUTE SAIS. HIVER | WEEK-END |
|---|---|---|---|---|---|---|
| 475 | 600 | 600 | 375 | 375 | 475 | |

| | | | | | | | | | |
|---|---|---|---|---|---|---|---|---|---|
| 40 | 40 | SP | SP | SP | 3 | 3 | 30 | 25 | 3 |

## N° 3143 ST-ETIENNE-DE-TINEE — Le Bourguet — 1050 m — CM 115 pli 4

**NN — 2 pers.**

1er étage de la maison du propriétaire. Séjour (2 lits gigognes 1 pers.), coin-cuisine (micro-ondes). Balcon couvert. 1 chambre (1 lit 2 pers.). Salle d'eau avec wc. Terrain clos (1000 m²). Parking. Chauffage électrique. Charges incluses. Ouvert toute l'année.

GITES DE FRANCE-SERVICE RESERVATION - 55/57, Promenade des Anglais - BP 1602 - 06011 NICE Cedex 1
Tél. : 04 92 15 21 30 - Fax : 04 93 37 48 00 - Email : gites06@guideriviera.com - www.guideriviera.com/gites06

| JUIN/SEPT./VAC. | JUILLET | AOUT | HORS SAIS. | B. SAIS. HIV. | HAUTE SAIS. HIVER | WEEK-END |
|---|---|---|---|---|---|---|
| 242 | 242 | 242 | 174 | 174 | 242 | |

| | | | | | | | | | |
|---|---|---|---|---|---|---|---|---|---|
| 11 | 12 | SP | SP | 7 | 7 | 4 | 85 | 60 | 4 |

## N° 3144 ST-ETIENNE-DE-TINEE — 1147 m — CM 115 pli 4

**NN — 2 pers.**

1er étage d'une maison de village. Entrée, séjour (1 lit-divan 1 pers.) coin cuisine. Salle d'eau avec wc. 1 chambre (1 lit 2 pers.). Chauffage électrique. Parking dans le village à 50 m. Energie et taxe de séjour comprises. Ouvert toute l'année.

GITES DE FRANCE-SERVICE RESERVATION - 55/57, Promenade des Anglais - BP 1602 - 06011 NICE Cedex 1
Tél. : 04 92 15 21 30 - Fax : 04 93 37 48 00 - Email : gites06@guideriviera.com - www.guideriviera.com/gites06

| JUIN/SEPT./VAC. | JUILLET | AOUT | HORS SAIS. | B. SAIS. HIV. | HAUTE SAIS. HIVER | WEEK-END |
|---|---|---|---|---|---|---|
| 140 | 220 | 220 | 130 | 140 | 220 | 100 |

| | | | | | | | | | |
|---|---|---|---|---|---|---|---|---|---|
| 7 | 8 | SP | SP | 7 | 7 | 0,5 | 85 | 60 | 7 |

## N° 3145 ST-ETIENNE-DE-TINEE — Le Cartel — 1147 m — CM 115 pli 4

**NN — 7 pers.**

Chalet indépendant sur 2 niveaux. Rez-de-chaussée. Séjour. 2 Balcons. Coin-cuisine. 1 ch. (1 lit 2 pers.). WC. A l'étage : 1 ch. (3 lits 1 pers.) avec balcon. 1 ch. (1 lit 2 pers.). Salle de bains, WC indép. Chauffage électrique. Terrain non clos (planche inférieure), barbecue. Toutes charges comprises. Ouvert toute l'année sauf du 5.01.04 au 6.02.04

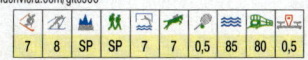

GITES DE FRANCE-SERVICE RESERVATION - 55/57, Promenade des Anglais - BP 1602 - 06011 NICE Cedex 1
Tél. : 04 92 15 21 30 - Fax : 04 93 37 48 00 - Email : gites06@guideriviera.com - www.guideriviera.com/gites06

| JUIN/SEPT./VAC. | JUILLET | AOUT | HORS SAIS. | B. SAIS. HIV. | HAUTE SAIS. HIVER | WEEK-END |
|---|---|---|---|---|---|---|
| 340 | 485 | 485 | 340 | 340 | 550 | 200 |

| | | | | | | | | | |
|---|---|---|---|---|---|---|---|---|---|
| 7 | 8 | SP | SP | 7 | 7 | 0,5 | 85 | 80 | 0,5 |

*PROVENCE-ALPES-CÔTE D'AZUR — Pictos voir p. 12*

# ALPES MARITIMES - 06

Périodes tarifaires p. 436

---

### N° 3147 — ST-ETIENNE-DE-TINEE
**5 pers.** — 1180 m — CM 115 pli 4

R.d.c : Entrée, séjour (1 cv 2 pers.). Cheminée (bois offert à l'arrivée). Cuisine. A l'étage : mezz. (3 lits 1 pers.) 1 ch (1 lit 2 pers.) S.d.b, wc indép. En commun : Lave-linge. Maison comprenant 3 Gîtes à 1,8 km du village, parking, balançoire, terrain de boules, barbecue. Voie privée de 140 m. Ch. élect./le sol. Tarifs toutes charges comprises y compris le chauffage en hiver (en cas d'utilisation du chauffage aux autre périodes, l'excédant de consommation élect. constaté au compteur donnerait lieu au paiement d'un suppl. Taxe de séjour en sus. Ouvert toute l'année.

Pierre BOURDON - C/O M. BOURDON Robert - Route d'Auron-La Cissiera - 06660 ST-ETIENNE-DE-TINEE
Tél. : 04 93 02 41 77 - 04 93 84 16 51

| JUIN/SEPT./VAC. | JUILLET | AOUT | HORS SAIS. | B. SAIS. HIV. | HAUTE SAIS. HIVER | | | | | | | | | |
|---|---|---|---|---|---|---|---|---|---|---|---|---|---|---|
| 250 | 410 | 410 | 250 | 300 | 470 | 1,8 | 9 | SP | SP | 1,8 | 5 | 1,8 | 88 | 90 1,8 |

---

### N° 7136 — ST-JEANNET
NN — **2 pers.** — CM 115 pli 35

Rez-de-jardin. Entrée par terrasse fermée (40 m²). Salle à manger (1 cv 2 pers). Cuisine indépendante (micro-ondes). 1 ch. (1 lit 2 pers). Salle de bains avec wc. Prise TV. Buanderie commune avec le propriétaire (sèche-linge, table à repasser, congélateur). Piscine commune avec le propriétaire. Jardin clos. Parking. Charges incluses. Chauffage central. Ouvert toute l'année sauf du 17.07 au 31.07.

Armand PICCHI - 295, chemin des Trigands - 06640 ST-JEANNET
Tél. : 04 93 24 87 30 - 06 14 88 22 02 - Email : armand.picchi@libertysurf.fr

| JUIN/SEPT./VAC. | JUILLET | AOUT | HORS SAIS. | B. SAIS. HIV. | HAUTE SAIS. HIVER | WEEK-END | | | | | | | | |
|---|---|---|---|---|---|---|---|---|---|---|---|---|---|---|
| 336 | 397 | 397 | 305 | 305 | 336 | 168 | 45 | 45 | SP | SP | 10 | 6 | 15 | 10 0,5 |

---

### N° 7147 — ST-JEANNET
NN — **4 pers.** — CM 195 pli 35

Rez-de-jardin de la villa du propriétaire. Entrée indépendante par terrasse. Séjour (2 lits gigognes 1 pers.), salle à manger, cuisine indép. (congélateur, micro-ondes). 1 ch (1 lit 2 pers.). Salle d'eau avec wc. Jardin. Garage fermé. Barbecue. Chauffage central. Forfait énergie : été 23 €/sem. Hiver : 38 €/sem. Forfait ménage : 30 €. Location de linge sur demande au propriétaire. Tous commerces à 300 m. Ouvert toute l'année.

Roger et Christiane FARDEL - 288 chemin de la Billoire - 06640 ST-JEANNET
Tél. : 04 93 24 93 07

| JUIN/SEPT./VAC. | JUILLET | AOUT | HORS SAIS. | B. SAIS. HIV. | HAUTE SAIS. HIVER | WEEK-END | | | | | | | | |
|---|---|---|---|---|---|---|---|---|---|---|---|---|---|---|
| 290 | 350 | 350 | 240 | 240 | 290 | 160 | 45 | 45 | SP | SP | 6 | 10 | 2 | 15 14 0,3 |

---

### N° 7148 — ST-JEANNET
NN — **2 pers.** — CM 195 pli 35

Rez-de-terrasse de la maison du propriétaire. Entrée par grande terrasse (barbecue). 1 ch. (1 lit 2 pers.). Salle d'eau avec wc. Séjour, coin-cuisine (prise TV, 1 cv. 2 pers.) avec mezzanine (1 lit 1 pers.). Parking. Chauffage central. Forfait énergie (16 €/sem. été, 43 €/sem. hiver). Forfait ménage : 30.50 €. Location de linge sur demande. Ouvert toute l'année.

Jean-Pierre BRUN - 1234 chemin des Moulins - 06640 ST-JEANNET
Tél. : 04 93 24 82 49 - 04 93 22 33 72 - Fax : 04 93 24 82 49 - Email : christelo@wanadoo.fr

| JUIN/SEPT./VAC. | JUILLET | AOUT | HORS SAIS. | B. SAIS. HIV. | HAUTE SAIS. HIVER | | | | | | | | | |
|---|---|---|---|---|---|---|---|---|---|---|---|---|---|---|
| 222 | 290 | 290 | 191 | 191 | 222 | 45 | 45 | SP | SP | 6 | 10 | 2 | 15 | 10 1 |

---

### N° 7152 — ST-JEANNET
NN — **4 pers.** — CM 115 pli 35

Rez-de-chaussée : Entrée sur séjour (poêle à bois) - Cuisine provençale ouverte sur séjour (hotte aspirante, micro-ondes). 1er niveau : 1 chambre (1 lit 2 pers.), 1 chambre (2 lits 1 pers.). Salle de bains avec wc. Jardin privatif (barbecue). Parking gardé sur la place du village. Chauffage électrique. Draps sur demande en sus. Forfait ménage : 35 €. Charges incluses. Ouvert toute l'année.

GITES DE FRANCE-SERVICE RESERVATION - 55/57, Promenade des Anglais - BP 1602 - 06011 NICE Cedex 1
Tél. : 04 92 15 21 30 - Fax : 04 93 37 48 00 - Email : gites06@guideriviera.com - www.guideriviera.com/gites06

| JUIN/SEPT./VAC. | JUILLET | AOUT | HORS SAIS. | B. SAIS. HIV. | HAUTE SAIS. HIVER | WEEK-END | | | | | | | | |
|---|---|---|---|---|---|---|---|---|---|---|---|---|---|---|
| 430 | 550 | 550 | 430 | 430 | 430 | 215 | 45 | 45 | SP | SP | 6 | 10 | 2 | 15 14 0,1 |

---

### N° 6158 — LA TRINITE — La Sembola - Champsoleil
NN — **6 pers.** — CM 115 pli 27

Gîte sur exploitation agricole biologique "Champsoleil". Rez de jardin, entrée, cuisine (micro ondes). Salon, 1 chambre (1 lit 2 pers.), 1er étage, 1 chambre (1 lit 2 pers.), 1 chambre (2 lits 1 pers. superposés). salle de bains, wc indépendant. Location de linge : 15 € par personne. Jardin, terrasse, parking. La Trinité, aux portes de Nice. Tous les loisirs et services du littoral azuréen, de la principauté de Monaco. A proximité des Alpes d'Azur, des corniches d'Eze et de villefranche. Astrorama, Sanctuaire Notre-Dame de Laghet. Ouvert toute l'année.

GITES DE FRANCE-SERVICE RESERVATION - 55/57, Promenade des Anglais - BP 1602 - 06011 NICE Cedex 1
Tél. : 04 92 15 21 30 - Fax : 04 93 37 48 00 - Email : gites06@guideriviera.com - www.guideriviera.com/gites06

| JUIN/SEPT./VAC. | JUILLET | AOUT | HORS SAIS. | B. SAIS. HIV. | HAUTE SAIS. HIVER | WEEK-END | | | | | | | | |
|---|---|---|---|---|---|---|---|---|---|---|---|---|---|---|
| 420 | 460 | 460 | 380 | 380 | 420 | 210 | 45 | 45 | 10 | 10 | 5 | 20 | 5 | 10 2 2 |

# ALPES MARITIMES - 06

Périodes tarifaires p. 436

## N° 3146 — VALDEBLORE — La Roche — 1000 m — CM 115 pli 5

NN  6 pers.

Colmiane 2 km. Bolline 3 km. Rez-de-chaussée supérieur : petite terrasse. Entrée, salon, cuisine. 1 ch. (1 lit 2 pers.). 1 ch. (2 lits 1 pers.),1 ch. (1 lit 2 pers.), balcon. Salle de bains avec wc. Parking. Chauffage électrique. Sports d'hiver et d'été. Ski de piste et de fond. Mini golf, golf rustique 3 trous, Via Ferratta. Piscine d'été. Ouvert toute l'année.

GITES DE FRANCE-SERVICE RESERVATION - 55/57, Promenade des Anglais - BP 1602 - 06011 NICE Cedex 1
Tél. : 04 92 15 21 30 - Fax : 04 93 37 48 00 - Email : gites06@guideriviera.com - www.guideriviera.com/gites06

| JUIN/SEPT./VAC. | JUILLET | AOUT | HORS SAIS. | B. SAIS. HIV. | HAUTE SAIS. HIVER | WEEK-END | | | SP | SP | | | | | | TV | | | | |
|---|---|---|---|---|---|---|---|---|---|---|---|---|---|---|---|---|---|---|---|---|
| 297 | 345 | 378 | 277 | 277 | 378 | 150 | 7 | 7 | SP | SP | 3 | 7 | 3 | 68 | 48 | 3 | | | | |

## N° 1100 — VALDEROURE — La Ferrière — 1060 m — CM 115 pli 22

NN  4 pers.

Rez-de-chaussée : Entrée sur cuisine (micro-ondes, congélateur). Séjour (antenne satellite). A l'étage : 1 ch. (1 lit 2 pers.). 1 ch. (2 lits 1 pers.). Salle d'eau avec wc. Chauffage électrique. Charges en sus du 1e sept. au 31 mai. Forfait ménage : 25 €. Ouvert toute l'année.

Claude et Laure GAETI - 73 rue de l'Abreuvoir - La Ferrière - 06750 VALDEROURE
Tél. : 04 93 60 90 85 - 06 60 88 90 85

| JUIN/SEPT/VAC. | JUILLET | AOUT | HORS SAIS. | B. SAIS. HIV. | HAUTE SAIS. HIVER | WEEK-END |
|---|---|---|---|---|---|---|
| 180 | 280 | 280 | 170 | 170 | 180 | 100 |

25 | 10 | SP | SP | 25 | 19 | 3 | 65 | 65 | SP    TV

## N° 1101 — VALDEROURE — La Ferrière — 1060 m — CM 115 pli 22

NN  7 pers.

A côté de l'épicerie du village. 1er étage : entrée par balcon sur séjour (1 cv. 2 pers.). Coin-cuisine avec cellier (congélateur, micro-ondes). WC indép. 2e étage : 1 ch. (1 lit 2 pers., 1 lit 1 pers.). 1 ch. (2 lits 1 pers. superposés). Salle d'eau avec wc. Chauffage électr. Charges en sus (0,06 €/HC et 0,10 €/HP). Forfait ménage : 38 €. Ouvert toute l'année.

Christelle AUBENQUE - 133 rue Principale - La Ferrière - 06750 VALDEROURE
Tél. : 04 93 60 39 36 - Email : christelle-morin@club-internet.fr

| JUIN/SEPT/VAC. | JUILLET | AOUT | HORS SAIS. | B. SAIS. HIV. | HAUTE SAIS. HIVER | WEEK-END |
|---|---|---|---|---|---|---|
| 290 | 360 | 360 | 240 | 240 | 290 | 140 |

25 | 10 | SP | SP | 25 | 19 | 3 | 65 | 65 | SP    TV

## N° 7141 — VALLAURIS — Le Plan — CM 195 pli 35

NN  2 pers.

Rez-de-jardin. Séjour (1 convertible 2 pers.), coin-cuisine. Télévision par satellite. Salle d'eau avec wc (douche hydromassage). Lave-linge 3 Kg. Parking dans la propriété. Chauff. électr. Charges en sus : 20 €/sem./pers. toute l'année. Forfait ménage : 30 €. Sur demande : lit d'appoint 1 pers., 1 petit animal accepté. Taxe de séjour incluse. Ouvert toute l'année sauf le mois de novembre.

Angelo SEVERINO - 321 route de Cannes - Lieu dit le Plan - 06220 VALLAURIS
Tél. : 04 93 64 85 19 - 06 60 52 78 09 - Email : severinoi@voila.fr - http://site.voila.fr/villarose

| JUIN/SEPT/VAC. | JUILLET | AOUT | HORS SAIS. | B. SAIS. HIV. | HAUTE SAIS. HIVER | WEEK-END |
|---|---|---|---|---|---|---|
| 320 | 425 | 425 | 270 | 270 | 320 | 140 |

65 | 65 | 20 | 20 | 2 | 6 | 2 | 3 | 2 | 0,3    TV

# BOUCHES DU RHÔNE - 13

## GITES DE FRANCE-LOISIRS ACCUEIL
Domaine du Vergon - 13370 MALLEMORT
Tél. 04 90 59 49 40 - Fax. 04 90 59 16 75
E.mail : resa13.gitesdefrance@visitprovence.com
www.visitprovence.com

3615 Gîtes de France
RESA - 0,2 €/mn

## PROVENCE-ALPES-CÔTE D'AZUR

### N° 271 ARLES — CM 83 pli 10
**NN — 4 pers.**

En R.D.C: cuisine/séjour, salon, 2 chambres (1 lit 2 pers.), salle d'eau, wc. Chauffage central (forfait 43 € la semaine). Terrasse et jardin privés avec salon de jardin, parking. Gîte de caractère, de style camarguais, sur un terrain arboré de 3 000 m², mitoyen à un autre gîte, au coeur du parc régional et à proximité de l'étang du Vaccarès. Ouvert toute l'année.

GITES DE FRANCE-LOISIRS ACCUEIL - Domaine du Vergon - 13370 MALLEMORT
Tél. : 04 90 59 49 40 - Fax. : 04 90 59 16 75 - Email : resa13.gitesdefrance@visitprovence.com - www.visitprovence.com

| BASSE SAIS. | MOY. SAIS. | HTE SAIS. | VAC. SCOL. |
|---|---|---|---|
| 522 | 539 | 575 | 539 |

| | | | | | | |
|---|---|---|---|---|---|---|
| 15 | 23 | 0,8 | 15 | SP | 16 | 15 | 15 |

### N° 272 ARLES — CM 83 pli 10
**NN — 6 pers.**

En R.D.C: cuisine/séjour, salon, 2 chambres (1 lit 2 pers.), 2 salles d'eau, wc. A l'étage: 1 ch dans un pigeonnier (1 lit 2 pers.). Mezzanine avec coin- détente. Chauffage central (forfait 53 €/semaine). Terrasse et jardin privés avec salon de jardin, parking. Gîte de caractère, typiquement camarguais, sur un terrain arboré de 3000 m², mitoyen à un autre gîte, au coeur du parc régional de Camargue et à proximité de l'étang du Vaccarès. Ouvert toute l'année.

GITES DE FRANCE-LOISIRS ACCUEIL - Domaine du Vergon - 13370 MALLEMORT
Tél. : 04 90 59 49 40 - Fax. : 04 90 59 16 75 - Email : resa13.gitesdefrance@visitprovence.com - www.visitprovence.com

| BASSE SAIS. | MOY. SAIS. | HTE SAIS. | VAC. SCOL. |
|---|---|---|---|
| 681 | 718 | 754 | 718 |

| | | | | | | |
|---|---|---|---|---|---|---|
| 15 | 23 | 0,8 | 15 | SP | 16 | 15 | 15 |

### N° 283 ARLES — CM 83 pli 10
**NN — 3 pers.**

Gîte à l'étage : cuisine/séjour (convertible 1 pers.), 1 chambre (1 lit 2 pers.), salle d'eau, wc. Chauffage électrique. Four micro-ondes. Terrasse de 50m² en rez de chaussée avec salon de jardin. Parking. Espace commun d'environ 1 hectare. Gîte mitoyen au mas des propriétaires et à un autre gîte. Sur une exploitation agricole fruitière en activité. Proche d'Arles et des sites touristiques de la Camargue et Les Baux-de-Provence. Ouvert toute l'année.

GITES DE FRANCE-LOISIRS ACCUEIL - Domaine du Vergon - 13370 MALLEMORT
Tél. : 04 90 59 49 40 - Fax. : 04 90 59 16 75 - Email : resa13.gitesdefrance@visitprovence.com - www.visitprovence.com

| BASSE SAIS. | MOY. SAIS. | HTE SAIS. | VAC. SCOL. |
|---|---|---|---|
| 245 | 275 | 320 | 305 |

| | | | | | | |
|---|---|---|---|---|---|---|
| 6 | 35 | 4 | 8 | SP | 12 | 6 | 6 |

### N° 294 AUBAGNE — CM 84 pli 14
**NN — 5 pers.**

A l'étage: Cuisine. Salle à manger (convertible 2 pers.). 1 CH (1 lit 2 pers.). 1 CH (1 lit 1 pers.). Salle d'eau. WC. Prise TV. Terrasse en rez de chaussée avec salon de jardin, parking. Lit de bébé. Four micro-ondes. Gîte aménagé dans un mas du 18ème, mitoyen aux propriétaires. Situé sur exploitation agricole de 7 hectares. Ferme auberge sur place. Ouvert du 1er mai au 30 septembre.

GITES DE FRANCE-LOISIRS ACCUEIL - Domaine du Vergon - 13370 MALLEMORT
Tél. : 04 90 59 49 40 - Fax. : 04 90 59 16 75 - Email : resa13.gitesdefrance@visitprovence.com - www.visitprovence.com

| MOY. SAIS. | HTE SAIS. |
|---|---|
| 336 | 412 |

| | | | | | |
|---|---|---|---|---|---|
| 3 | 15 | 0,1 | 0,1 | 4 | 4 |

### N° 276 LA BARBEN — CM 84 pli 2
**NN — 5 pers.**

A l'étage: cuisine/séjour avec grande baie vitrée plein sud, 1 ch (1 lit 2 pers.), 1 ch ( 3 lits 1 pers.), salle d'eau, wc. Four micro-ondes. Chauffage électrique. Grande terrasse tropézienne de 40m², salon de jardin, parking. Prairie non attenante pour les enfants. Gîte de caractère, aménagé dans un ancien moulin à huile du XVIIIème. Vue sur cours d'eau et cascade. Mitoyen à la demeure des propriétaires et à un autre gîte. Ouvert toute l'année.

GITES DE FRANCE-LOISIRS ACCUEIL - Domaine du Vergon - 13370 MALLEMORT
Tél. : 04 90 59 49 40 - Fax. : 04 90 59 16 75 - Email : resa13.gitesdefrance@visitprovence.com - www.visitprovence.com

| BASSE SAIS. | MOY. SAIS. | HTE SAIS. | VAC. SCOL. |
|---|---|---|---|
| 410 | 450 | 620 | 480 |

| | | | | | | |
|---|---|---|---|---|---|---|
| 6 | 40 | 0,5 | 0,5 | SP | 14 | 6 | 1 |

# BOUCHES DU RHÔNE - 13

## N° 285 — LA BARBEN
**NN — 5 pers.**  CM 84 pli 2

R.D.C: 1ere voûte: cuisine américaine/Salle à manger. 2ème voûte et dans une alcôve chacune 1 lit 2 pers. et 1 lit 1 pers. 3ème voûte : salon donnant sur jardin privatif plein sud. salle d'eau/wc, 1 CH (lit 2 pers.), salle d'eau/wc. Lit bébé sur demande. Chauffage Central. Terrasse privée de 100m² avec salon de jardin, parking. Vaste gîte à l'architecture imposante de ses voûtes. Ancienne salle de pressoir d'un moulin à huile du 18ème siècle, mitoyen à la demeure des propriétaires. Mobilier ancien et décor provençal. Deux autres gîtes sur place. Prairie non attenante pour les enfants. Ouvert toute l'année.

GITES DE FRANCE-LOISIRS ACCUEIL - Domaine du Vergon - 13370 MALLEMORT
Tél. : 04 90 59 49 40 - Fax: 04 90 59 16 75 - Email: resa13.gitesdefrance@visitprovence.com - www.visitprovence.com

| BASSE SAIS. | MOY. SAIS. | HTE SAIS. | VAC. SCOL. |   |   |   |   |   |   |
|---|---|---|---|---|---|---|---|---|---|
| 420 | 450 | 640 | 520 | 6 | 40 | 0,5 | 0,5 | SP | 14 | 6 | 1 |

## N° 277 — EYGUIERES
**NN — 4 pers.**  CM 83 pli 10

En R.D.C: cuisine, séjour avec convertible pour 2 pers., 1 ch (1 lit 2 pers.), salle d'eau, wc. Chauffage électrique (forfait 20 €/semaine). Terrasse privée avec salon de jardin, parking. Gîte mitoyen à la maison des propriétaires sur un terrain de 3 000 m². Jardin paysager et ombragé avec une petite mare. Situé à la sortie du village. Piscine ouverte de 9 h à 22 h du 01/05 au 01/10. Ouvert toute l'année.

GITES DE FRANCE-LOISIRS ACCUEIL - Domaine du Vergon - 13370 MALLEMORT
Tél. : 04 90 59 49 40 - Fax: 04 90 59 16 75 - Email: resa13.gitesdefrance@visitprovence.com - www.visitprovence.com

| BASSE SAIS. | MOY. SAIS. | HTE SAIS. | VAC. SCOL. |   |   |   |   |   |   |   |
|---|---|---|---|---|---|---|---|---|---|---|
| 400 | 450 | 540 | 450 | SP | 35 | 3 | 0,3 | 0,2 | 15 | 8 | 0,2 |

## N° 284 — EYRAGUES
**NN — 5 pers.**  CM 84 pli 1

R.d.c: séjour/cuisine (micro-ondes), buanderie. Etage: 1 ch (1 lit 2 pers. et 1 lit 1 pers.), 1 ch (1 lit 2 pers.), salle d'eau, wc. Terrasse privée non-close 20m² avec salon de jardin. Parking. Mas provençal sur une exploitation agricole, comprenant l'habitation des propriétaires et un autre gîte. Entre Saint Rémy de Provence et Avignon. Ouvert du 17 avril au 16 octobre.

GITES DE FRANCE-LOISIRS ACCUEIL - Domaine du Vergon - 13370 MALLEMORT
Tél. : 04 90 59 49 40 - Fax: 04 90 59 16 75 - Email: resa13.gitesdefrance@visitprovence.com - www.visitprovence.com

| BASSE SAIS. | MOY. SAIS. | HTE SAIS. | VAC. SCOL. |   |   |   |   |   |   |
|---|---|---|---|---|---|---|---|---|---|
| 351 | 396 | 442 | 442 | 4 | 70 | 2 | 2 | 1 | 12 | 2 | 1 |

## N° 220836 — FONTVIEILLE
**NN — 5 pers.**  CM 83 pli 10

R.D.C: cuisine équipée, coin-repas, séjour, buanderie avec sèche-linge, 1 CH (1 lit 160 + 1 lit 1 pers.), 1 ch. (2 lits 1 pers.), salle de bain, salle d'eau, 2 wc. Chauffage, linge de maison inclus. Lits faits à l'arrivée. Lit BB/d'enfant sur demande. Terrasse et jardin privé non clos de 1200m², salon de jardin, parking. Dans la Vallée des Baux, sur un magnifique domaine de 60 ha, splendide gîte dans un mas du 18ème, au calme, mitoyen aux propriétaires et à un autre gîte. Ouvert toute l'année.

Elisabeth PASSALACQUA - Mas de la Plantade - Route de l'Aqueduc - 13990 FONTVIEILLE
Tél. : 04 90 54 75 48 - Fax: 04 90 54 75 45 - Email: infos@Laplantade.com - www.laplantade.com

| BASSE SAIS. | MOY. SAIS. | HTE SAIS. | VAC. SCOL. |   |   |   |   |   |   |
|---|---|---|---|---|---|---|---|---|---|
| 895 | 950 | 1050 | 995 | 5 | 50 | 4 | 5 | SP | 5 | 10 | 4 |

## N° 287 — LAMBESC
**NN — 4 pers.**  CM 84 pli 2

R.D.C: Cuisine. Séjour (convertible 2 pers.), 1 chambre (1 lit 2 pers.), 1 chambre (2 lits 1 pers.), salle d'eau, wc. Lit de bébé. Chauffage électrique. Linge de toilette sur demande. Four micro-ondes. Terrasse (15 m²) et jardin privés de 500m² avec salon de jardin, parking, portique commun aux deux gîtes. Maison indépendante en campagne, au calme, au milieu d'une pinède de 5000 m². A proximité des communes de Salon et Aix en Provence. Un autre gîte indépendant sur la propriété. Ouvert toute l'année.

GITES DE FRANCE-LOISIRS ACCUEIL - Domaine du Vergon - 13370 MALLEMORT
Tél. : 04 90 59 49 40 - Fax: 04 90 59 16 75 - Email: resa13.gitesdefrance@visitprovence.com - www.visitprovence.com

| BASSE SAIS. | MOY. SAIS. | HTE SAIS. | VAC. SCOL. |   |   |   |   |   |   |
|---|---|---|---|---|---|---|---|---|---|
| 450 | 500 | 530 | 500 | 5 | 40 | 4 | 5 | SP | 10 | 15 | 5 |

## N° 278 — MALLEMORT
**NN — 2 pers.**  CM 84 pli 2

En R.D.C: Cuisine intégrée avec petit coin-séjour, 1 CH (1 lit 2 pers.), salle d'eau/ wc. Chauf. central (forfait 20 €/semaine). Terrasse privative de 60m² et espace vert avec salon de jardin, jeu de boules, parking. Piscine non clôturée (12x5m). Charme et authenticité pour ce gîte dans un mas provençal du 18e mitoyen à la demeure du propriétaire. Joli parc de deux hectares, arboré et clos. Belle vue sur le Luberon. Ouvert toute l'année.

GITES DE FRANCE-LOISIRS ACCUEIL - Domaine du Vergon - 13370 MALLEMORT
Tél. : 04 90 59 49 40 - Fax: 04 90 59 16 75 - Email: resa13.gitesdefrance@visitprovence.com - www.visitprovence.com

| BASSE SAIS. | MOY. SAIS. | HTE SAIS. | VAC. SCOL. |   |   |   |   |   |   |
|---|---|---|---|---|---|---|---|---|---|
| 360 | 360 | 490 | 360 | SP | 40 | 1 | 2 | SP | 2 | 15 | 3 |

PROVENCE-ALPES-CÔTE D'AZUR

Pictos voir p. 12

**445**

## BOUCHES DU RHÔNE - 13

### N° 297 — MOLLEGES — NN — 4 pers.
CM 84 pli 1

En R.D.C. : cuisine/séjour, 1 ch (1 lit 160), 1 ch (2 lits 1 pers.), salle d'eau, wc. Chauffage électrique, bois inclus dans la location. Lit de bébé. Terrasse et jardin privés avec salon de jardin, parking, jeu de boules. Gîte en campagne, au calme, sur une exploitation de 5 hectares, au coeur des Alpilles. Mitoyen à 2 autres gîtes. Ouvert toute l'année.

GITES DE FRANCE-LOISIRS ACCUEIL - Domaine du Vergon - 13370 MALLEMORT
Tél. : 04 90 59 49 40 - Fax: 04 90 59 16 73 - Email : resa13.gitesdefrance@visitprovence.com - www.visitprovence.com

| BASSE SAIS. | MOY. SAIS. | HTE SAIS. | VAC. SCOL. |
|---|---|---|---|
| 395 | 450 | 540 | 450 |

9 | 60 | 1,5 | 1,8 | SP | 15 | 20 | 1,6

### N° 230207 — NOVES — NN — 6 pers.
CM 84 pli 1

R.D.C: grand séjour avec table en chêne, belle cuisine totalement équipée, wc, 1 CH (2 lits 1 pers.) avec coin-douche. A l'étage 2 CH (2 lits 1 pers.), salle de bains, wc. Chauf électrique. Terrasse de 45m² avec salon de jardin en tek, parking. Trampoline, ping-pong, baby-foot, badminton, pétanque. Belle maison sur un domaine exceptionnel de 5 hectares. 4 autres gîtes sur la propriété. Piscine clôturée (17x7m) avec accès du 01/04 au 06/11. Ouvert toute l'année.

Guy FALLON - Moulin de la Roque - 13550 NOVES
Tél. : 04 90 92 95 11 - Email : moulindelaroque@hotmail.com - www.moulindelaroque.com

| BASSE SAIS. | MOY. SAIS. | HTE SAIS. | VAC. SCOL. |
|---|---|---|---|
| 490 | 690 | 1150 | 730 |

SP | 70 | 3 | 1 | SP | 6 | 8 | 0,5

### N° 282 — LE PARADOU — NN — 2 pers.
CM 83 pli 10

En R.D.C: cuisine intégrée (micro-ondes) avec coin-détente. 1 chambre (1 lit 2 pers.), salle d'eau/wc. Chauffage central inclus dans la location. Terrasse et jardin privés de 600m² avec salon de jardin, parking. Gîte mitoyen à la maison des propriétaires, proche du village et au coeur de la Vallée des Baux. Jardin aménagé et ombragé, au calme. Chambres d'hôtes sur place. Ouvert toute l'année.

GITES DE FRANCE-LOISIRS ACCUEIL - Domaine du Vergon - 13370 MALLEMORT
Tél. : 04 90 59 49 40 - Fax: 04 90 59 16 73 - Email : resa13.gitesdefrance@visitprovence.com - www.visitprovence.com

| BASSE SAIS. | MOY. SAIS. | HTE SAIS. | VAC. SCOL. |
|---|---|---|---|
| 380 | 450 | 500 | 400 |

2 | 40 | 2 | 0,8 | 2 | 2 | 15 | 0,5

### N° 286 — ST-ANDIOL — NN — 5 pers.
CM 84 pli 1

R.D.C: cuisine/séjour. Salon avec un convertible 1 pers. 2 chambres (1 lit 2 pers.), salle d'eau (baignoire-sabot). WC. Chauffage électrique. Micro-ondes. Terrasse et jardin privés clos de 130m² avec salon de jardin, parking. Maison indépendante à la sortie du village, au calme. Au coeur des Alpilles. Ouvert du 1er avril au 30 octobre.

GITES DE FRANCE-LOISIRS ACCUEIL - Domaine du Vergon - 13370 MALLEMORT
Tél. : 04 90 59 49 40 - Fax: 04 90 59 16 73 - Email : resa13.gitesdefrance@visitprovence.com - www.visitprovence.com

| BASSE SAIS. | MOY. SAIS. | HTE SAIS. | VAC. SCOL. |
|---|---|---|---|
| 413 | 448 | 538 | 448 |

0,8 | 60 | 5 | 0,8 | 5 | 3 | 15 | 0,8

### N° 290 — ST-MITRE-LES-REMPARTS — NN — 4 pers.
CM 84 pli 11

En R.D.C: cuisine/séjour (1 convertible 1 pers. et 1 lit 1 pers.), 1 CH (1 lit 2 pers.), salle d'eau/wc. Chauffage électrique (forfait 30 € la semaine). Four micro-ondes. Terrasse avec salon de jardin, parking dans la ruelle (devant le gîte). Gîte en rez-de-chaussée de la villa du propriétaire, au bord de l'étang, les "pieds dans l'eau". Au calme. Ouvert toute l'année.

GITES DE FRANCE-LOISIRS ACCUEIL - Domaine du Vergon - 13370 MALLEMORT
Tél. : 04 90 59 49 40 - Fax: 04 90 59 16 73 - Email : resa13.gitesdefrance@visitprovence.com - www.visitprovence.com

| BASSE SAIS. | MOY. SAIS. | HTE SAIS. | VAC. SCOL. |
|---|---|---|---|
| 353 | 436 | 495 | 436 |

5 | 8 | 4 | 4 | SP | 20 | 5 | 4

### N° 281 — VERNEGUES — NN — 4 pers.
CM 84 pli 2

En R.D.C: cuisine/séjour (convertible 2 pers.), 1 chambre (1 lit 2 pers.), salle d'eau, WC. Four micro-ondes. Chauffage électrique inclus dans la location. Terrasse de 30m² avec salon de jardin, parking. Lit de bébé sur demande. Gîte restauré, mitoyen à un autre gîte. Belle vue sur le Luberon, au calme. Ouvert toute l'année.

GITES DE FRANCE-LOISIRS ACCUEIL - Domaine du Vergon - 13370 MALLEMORT
Tél. : 04 90 59 49 40 - Fax: 04 90 59 16 73 - Email : resa13.gitesdefrance@visitprovence.com - www.visitprovence.com

| BASSE SAIS. | MOY. SAIS. | HTE SAIS. | VAC. SCOL. |
|---|---|---|---|
| 320 | 365 | 420 | 380 |

8 | 40 | 10 | 4 | SP | 8 | 8 | 4

*PROVENCE-ALPES-CÔTE D'AZUR*

Pictos voir p. 12

## BOUCHES DU RHÔNE - 13

N° 289  VERNEGUES                                    CM 84 pli 2

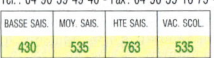 NN  7 pers.

En R.D.C: cuisine, salon/salle à manger, salle d'eau/wc, 1 CH (1 lit 2 pers.). A l'étage: 2 CH (1 lit 2 pers.), 1 CH (1 lit 1 pers.), salle de bains, wc. Chauffage au gaz (23 € la semaine), 30 € le stère de bois. Lit de bébé. Terrasse avec salon de jardin, parking, jeu de boules. Gîte mitoyen à la maison du propriétaire, en campagne, au calme. Possibilité de randonnées, proche du Luberon. Ouvert toute l'année.

GITES DE FRANCE-LOISIRS ACCUEIL - Domaine du Vergon - 13370 MALLEMORT
Tél.: 04 90 59 49 40 - Fax: 04 90 59 16 75 - Email: resa13.gitesdefrance@visitprovence.com - www.visitprovence.com

| BASSE SAIS. | MOY. SAIS. | HTE SAIS. | VAC. SCOL. |
|---|---|---|---|
| 430 | 535 | 763 | 535 |

| | | | | | | |
|---|---|---|---|---|---|---|
| 5 | 40 | 5 | 4 | SP | 5 | 8 | 5 |

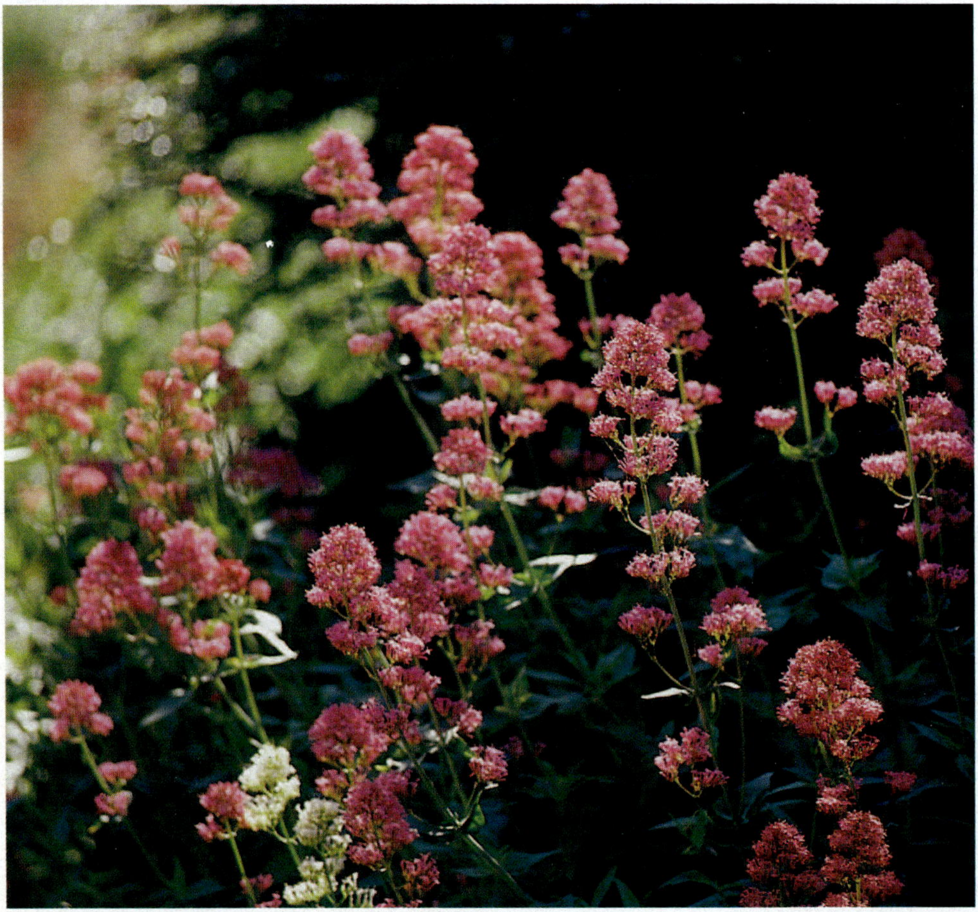

# VAR - 83

**GITES DE FRANCE** - Service Réservation - Conseil Général du Var
Rond Point du 4/12/74 - B.P. 215 - 83006 DRAGUIGNAN Cédex
Tél. 04 94 50 93 93 - Fax. 04 94 50 93 90
E.mail : gites.de.france.var@wanadoo.fr - www.gites-de-france-var.com

---

### N° 1876 AMPUS — La Grenouillère — CM 4083
NN — 6 pers.

Draguignan 15 km. Le Verdon 30 km. Laissez-vous séduire par cette propriété de 3 ha d'arbres centenaires, au panorama magnifique, au coeur des paysages de Provence. Logement à côté d'un autre gîte dans un corps de ferme de charme, à proximité des propriétaires (100m). Très bien équipé, rénové avec goût. Jardin privatif, terrasse, salon de jardin, tennis sur place. 7km Tourtour. En 1/2 étage : cuisine ouverte sur séjour, 1 chambre 2 lits 90, 2 chambres 2 lits 160, salle de bains, wc. Mode de chauffage : électrique. Ouvert toute l'année.

GITES DE FRANCE-SERVICE RESERVATION - Conseil Général du Var - Rond-Point du 04/12/74 - BP215 - 83006 DRAGUIGNAN Cedex

| HTE SAIS. | MOY. SAIS. | BASSE SAIS. | WEEK-END |
|---|---|---|---|
| 660 | 510 | 370 | 310 |

| | | | | | | | |
|---|---|---|---|---|---|---|---|
| 60 | SP | 0,5 | 20 | 15 | 40 | 15 | 35 | 7 |

### N° 1877 AMPUS — La Grenouillère — CM 4083
NN — 6 pers.

Draguignan 15 km. Le Verdon 30 km. Laissez-vous séduire par cette propriété de 3 ha d'arbres centenaires, au panorama magnifique, au coeur des paysages de Provence. Logement à côté d'un autre gîte dans un corps de ferme de charme, à proximité des propriétaires (100m). Très bien équipé, rénové avec goût. Jardin privatif, salon jardin, transats, terrasse. 7 km Tourtour. Demi-étage : cuisine ouverte sur séjour, grandes baies vitrées, poutres apparentes, 1 ch 2 lits 1 pl, 2 ch 1 lit 2 pl, sdb (douche/baignoire), wc. Mode de chauffage : électrique. Ouvert toute l'année.

GITES DE FRANCE-SERVICE RESERVATION - Conseil Général du Var - Rond-Point du 04/12/74 - BP215 - 83006 DRAGUIGNAN Cedex

| HTE SAIS. | MOY. SAIS. | BASSE SAIS. | WEEK-END |
|---|---|---|---|
| 660 | 510 | 370 | 310 |

| 60 | SP | 0,5 | 20 | 15 | 105 | 40 | 15 | 35 | 7 |

### N° 1903 AMPUS — La Bastide Neuve
NN — 4 pers.

Draguignan 20 km. Le Verdon 30 km. Dans bastide du XVIIIe, trois gîtes, dans un cadre exceptionnel avec vue sur les collines de Barjaude et de Beau Soleil, 4ha de chênes, de lavandes, entourés de restanques, véritable havre de paix. Parking ombragé, grill électrique, jeux de boules, bac à sable, mobilier de jardin. Sentiers de randonnées sur place. "Le Vert", RdC : cuisine, 2 chbres spacieuses (dont une à l'étage) 2 lits 1 pl. et 1 lit 2 pl., salle d'eau wc. Mode de chauffage : central.

GITES DE FRANCE-SERVICE RESERVATION - Conseil Général du Var - Rond-Point du 04/12/74 - BP215 - 83006 DRAGUIGNAN Cedex

| HTE SAIS. | MOY. SAIS. | BASSE SAIS. |
|---|---|---|
| 515 | 360 | 255 |

| 110 | 45 | 4 | 20 | 25 | 22 | 35 | 25 | 35 | 4 |

### N° 1904 AMPUS — La Bastide Neuve
NN — 4 pers.

Draguignan 20 km. Le Verdon 30 km. Dans bastide du XVIIIe, trois gîtes, dans un cadre exceptionnel avec vue sur les collines de Barjaude et de Beau Soleil, 4ha de chênes, de lavandes, entourés de restanques, véritable havre de paix. Parking ombragé, grill électrique, jeux de boules, bac à sable, mobilier de jardin. Sentiers de randonnées sur place. "Le Bleu", RdC : cuisine, séjour avec canapé et poele à bois, 2 chbres spacieuses 2 lits 1 pl. et 1 lit 2 pl., salle d'eau wc. Mode de chauffage: central.

GITES DE FRANCE-SERVICE RESERVATION - Conseil Général du Var - Rond-Point du 04/12/74 - BP215 - 83006 DRAGUIGNAN Cedex

| HTE SAIS. | MOY. SAIS. | BASSE SAIS. |
|---|---|---|
| 515 | 360 | 255 |

| 110 | 45 | 4 | 20 | 25 | 22 | 35 | 25 | 35 | 4 |

### N° 1905 AMPUS — La Bastide Neuve
NN — 4 pers.

Draguignan 20 km. Le Verdon 30 km. Dans bastide du XVIIIe, trois gîtes, dans un cadre exceptionnel avec vue sur les collines de Barjaude et de Beau Soleil, 4ha de chênes, de lavandes, entourés de restanques, véritable havre de paix. Parking ombragé, grill électrique, jeux de boules, bac à sable, mobilier de jardin. Sentiers de randonnées sur place. "Le Jaune", 1/2 étage (escalier extérieur) : cuisine, séjour avec canapé, 2 chbres spacieuses 2 lits 1 pl. et 1 lit 2 pl., salle d'eau wc. Mode de chauffage : central.

GITES DE FRANCE-SERVICE RESERVATION - Conseil Général du Var - Rond-Point du 04/12/74 - BP215 - 83006 DRAGUIGNAN Cedex

| HTE SAIS. | MOY. SAIS. | BASSE SAIS. |
|---|---|---|
| 535 | 390 | 265 |

| 110 | 45 | 4 | 20 | 25 | 22 | 35 | 25 | 35 | 4 |

# VAR - 83

## N° 1915 — LES ARCS-SUR-ARGENS

**NN** — 8 pers.

Au milieu de la campagne, Mas provençal campagnard en pierre, avec 2,5ha clos autour. Vue agréable sur massif des Maures. Au calme, terrasse, salon de jardin, garage, balançoire. Au rdc, cuisine, salon, séjour, fauteuil, wc, salle d'eau. Etage, 4 chbres 2 lits 2 pers. et 4 lits 1 pers., salle de bain, wc, bureau. A proximité voie ferrée militaire (trafic excep.) et d'un autre gîte.

GITES DE FRANCE-SERVICE RESERVATION - Conseil Général du Var - Rond-Point du 04/12/74 - BP215 - 83006 DRAGUIGNAN Cedex

| HTE SAIS. | MOY. SAIS. | BASSE SAIS. |
|---|---|---|
| 1000 | 750 | 600 |

| 25 | 3 | 5 | 6 | 10 | 80 | 5 | 3 | 2 | 2 |

## N° 1916 — LES ARCS-SUR-ARGENS

**NN** — 3 pers.

Au milieu de la campagne, Mas provençal campagnard en pierre, avec 2,5ha clos autour. Vue agréable sur massif des Maures. Au calme, terrasse, salon de jardin, garage. Au rdc, cuisine- séjour, fauteuil, wc-salle d'eau. Etage, 1 chbre 2 lits 1 pers. A proximité voie ferrée militaire (trafic excep.) et d'un autre gîte.

GITES DE FRANCE-SERVICE RESERVATION - Conseil Général du Var - Rond-Point du 04/12/74 - BP215 - 83006 DRAGUIGNAN Cedex

| HTE SAIS. | MOY. SAIS. | BASSE SAIS. |
|---|---|---|
| 380 | 300 | 200 |

| 25 | 3 | 5 | 6 | 10 | 80 | 5 | 3 | 2 | 2 |

## N° 1882 — BARJOLS — CM 4083

**NN** — 3 pers.

Châteauvert 8 km. Lac de Ste-Croix et Gorges du Verdon 50 km. Authentique bastidon provençal, indépendant, au milieu d'une pinède de 2,5 ha, à 3 km du village de Barjols, terrasse ombragée, salon de jardin. Chemin de terre sur 200 m. 10 km de Vallon Sourn. 12 km Sillans La Cascade. RDC : séjour canapé BZ (140), cuisine. A l'étage : une chambre 1 lit (140), salle d'eau avec wc. Mode de Chauffage : électrique. Ouvert toute l'année.

GITES DE FRANCE-SERVICE RESERVATION - Conseil Général du Var - Rond-Point du 04/12/74 - BP215 - 83006 DRAGUIGNAN Cedex

| HTE SAIS. | MOY. SAIS. | BASSE SAIS. | WEEK-END |
|---|---|---|---|
| 315 | 235 | 185 | 130 |

| 70 | 3 | 3 | 70 | 50 | 3 |

## N° 1914 — LA BASTIDE — La Pinède — CM 4083

**NN** — 2 pers.

Bargème 6 km. Les Gorges du Verdon 25 km. Ancienne scellerie en pierre, au pied du Mont Lachens, en pleine campagne, au calme, terrain commun, solarium, terrasse couverte, animaux à la ferme : Chevaux, Anes, Lamas. Rez-de-chaussée : cuisine, séjour avec canapé, 1 chambre avec 1 lit 2 places, salle d'eau avec wc.

GITES DE FRANCE-SERVICE RESERVATION - Conseil Général du Var - Rond-Point du 04/12/74 - BP215 - 83006 DRAGUIGNAN Cedex

| HTE SAIS. | MOY. SAIS. | BASSE SAIS. | WEEK-END |
|---|---|---|---|
| 400 | 280 | 200 | 185 |

| 60 | 7 | 25 | 40 | 7 | 90 | 1 | 1 | 60 | 0,5 |

## N° 1869 — BELGENTIER — CM 4083

**NN** — 4 pers.

Les Iles d'Hyères 23 km. La Ste-Baume 20 km. Bandol 30 km. Dans la Vallée du Gapeau, maison d'architecte contemporaine, gîte avec entrée indépendante mitoyen au logement du propriétaire, sur une oliveraie en restanques de 1,5 ha, au calme, à 2 km du village. 30 mn des plages de Hyères (Iles d'or). A proximité d'un GR. Prestation de qualité. RDC : cuisine ouverte sur séjour, mezzanine, cellier. 1/2 étage : 1 chambre 1 lit 1,40 x 1,90, 1 ch 2 lits 0,90 x 1,90, salle de bains, wc. Grandes baies vitrées sur la campagne dans le séjour et les chambres. Mode de chauffage : électrique. Ouvert toute l'année.

GITES DE FRANCE-SERVICE RESERVATION - Conseil Général du Var - Rond-Point du 04/12/74 - BP215 - 83006 DRAGUIGNAN Cedex

| HTE SAIS. | MOY. SAIS. | BASSE SAIS. | WEEK-END |
|---|---|---|---|
| 610 | 470 | 360 | 235 |

| 20 | 2 | 3 | 2 | 20 | 20 | 7 | 2 |

## N° 1884 — CABASSE — CM 4083

**NN** — 6 pers.

Abbaye Thoronet 7 km. Brignoles 14 km. Jolie villa provençale neuve, de plain pied, très bien équipée, aménagée avec goût, au calme dans un hameau, sur chênaie privative de 1300 m2. Terrasse pergola, garage privatifs. Piscine commune à la propriété clôturée (10 x 5) avec le propriétaire habitant à 40 m. Cuisine aménagée ouverte sur le séjour, deux chambres avec 2 lits 140, une chambre avec 1 lit 160, salle de bains (douche/baignoire), wc. Mode de chauffage : climatisation réversible. Ouvert toute l'année.

GITES DE FRANCE-SERVICE RESERVATION - Conseil Général du Var - Rond-Point du 04/12/74 - BP215 - 83006 DRAGUIGNAN Cedex

| HTE SAIS. | MOY. SAIS. | BASSE SAIS. | WEEK-END |
|---|---|---|---|
| 925 | 665 | 460 | 315 |

| 40 | 8 | 8 | 10 | 12 | 52 | 10 | 11 | 8 |

# VAR - 83

## N° 1860 — LE CANNET-DES-MAURES — Campagne Rinaou
CM 4083

**NN — 6 pers.**

Abbaye Thoronet 9 km. Collobrières 27 km. St-Tropez 37 km. Sur une exploitation agricole Bio en activité, au milieu des vignes, à côté de la maison du propriétaire, gîte dans partie de ferme avec de grandes pièces au cachet ancien. Héliport à proximité. Au Rez de chaussée, cuisine aménagée, séjour-salle à manger, wc, salle de bains. Au 1er : une chambre avec 1 lit 2 places et 2 lits superposés 1 place. Au 2ème : une chambre avec 1 lit 2 places.

GITES DE FRANCE-SERVICE RESERVATION – Conseil Général du Var - Rond-Point du 04/12/74 - BP215 - 83006 DRAGUIGNAN Cedex

| HTE SAIS. | MOY. SAIS. | BASSE SAIS. |
|---|---|---|
| 470 | 330 | 255 |

| | | | | | | | | | |
|---|---|---|---|---|---|---|---|---|---|
| 35 | 3 | 7 | 25 | 6 | 45 | 30 | 3 | 3 | |

## N° 1900 — LE CANNET-DES-MAURES — Campagne des Gourrins

**NN — 3 pers.**

Dans Mas provençal du XIXe siècle, avec son four à pain d'époque, au milieu des vignes et des oliviers, terrain clos, terrasse, parking, exploitation bio en cours d'installation, animaux de la ferme. Idéal randonnée à vélo, Ecole de parachutisme à proximité (base militaire héliport). RdC : séjour cuisine, poêle à bois godin, 2 fauteuils. 1er : chambre ouverte, 2 lits 1 pl., avec mezzanine 1 lit 2 pl., salle d'eau-wc. Ouvert toute l'année.

GITES DE FRANCE-SERVICE RESERVATION – Conseil Général du Var - Rond-Point du 04/12/74 - BP215 - 83006 DRAGUIGNAN Cedex

| HTE SAIS. | MOY. SAIS. | BASSE SAIS. | WEEK-END |
|---|---|---|---|
| 310 | 220 | 185 | 155 |

| 30 | 0,5 | 5 | 15 | 5 | 60 | 10 | 15 | 2 | 2 |
|---|---|---|---|---|---|---|---|---|---|

## N° 1865 — LE CASTELLET
CM 4083

**NN — 5 pers.**

Bandol 6 km. Iles des Embiez 10 km. Ste-Baume 24 km. Maison indépendante, au calme, au milieu des vignes et des oliviers. Terrain vue imprenable sur le village perché de La Cadière, salon de jardin. Accès par un chemin de terre. 2,5 km du village médiéval du Castellet. 8 km golf de Frégate. 7 km Aqualand St-Cyr-sur-Mer. Entrée, cuisine équipée, séjour TV balcon, une chambre 3 lits 1 place, une chambre 1 lit 1,40x1,90, salle d'eau, wc indépendant. Mode de Chauffage : électrique. Ouvert toute l'année.

GITES DE FRANCE-SERVICE RESERVATION – Conseil Général du Var - Rond-Point du 04/12/74 - BP215 - 83006 DRAGUIGNAN Cedex

| HTE SAIS. | MOY. SAIS. | BASSE SAIS. |
|---|---|---|
| 535 | 430 | 360 |

| 8 | 4 | 4 | 10 | 35 | 8 | 2 |
|---|---|---|---|---|---|---|

## N° 1907 — COTIGNAC — Les Verdares

**NN — 4 pers.**

Entrecasteaux 6 km. Cascade Sillans 8 km. Brignoles 24 km. Maison individuelle de 1972, à 400 m du village, vue panoramique sur Cotignac et sa falaise troglodytique, grand terrain avec coin-ombragé, terrasse, salon de jardin, loggia, chaises longues, garage. Lieu d'escalade le vallon sourn 10 km. De plain pied : cuisine, salle à manger et salon, 1 chambre 1 lit 2 places, salle de bains, wc indépendant, 1 chambre 2 lits 1 place avec cabinet de toilette. Nombreux rangements. Moustiquaires aux fenêtres. Mode de chauffage : électrique. Ouvert du 1er avril au 10 novembre.

GITES DE FRANCE-SERVICE RESERVATION – Conseil Général du Var - Rond-Point du 04/12/74 - BP215 - 83006 DRAGUIGNAN Cedex

| HTE SAIS. | MOY. SAIS. | BASSE SAIS. |
|---|---|---|
| 460 | 350 | 230 |

| 70 | 0,4 | 30 | 7 | 80 | 30 | 7 | 40 | 0,4 |
|---|---|---|---|---|---|---|---|---|

## N° 1871 — CUERS
CM 4083

**NN — 2 pers.**

Les Iles d'Huyères 25 km. Rade de Toulon 20 km. Bormes 35 km. "Il était une fois" un joli mas aux couleurs de Provence proposant 2 gîtes, en campagne, au calme, propriété entourée de vignes. Location de vélos sur place. Gîte de plain pied dans le mas du propriétaire, sans vis-à-vis, jardinet d'agrément privatif clos, parking clos, terrasse, salon de jardin. Almanarre/Hyères 25 km. Rez-de-chaussée : séjour coin cuisine équipée, une chambre avec un lit 2 places (160). Salle d'eau/wc. Mode de chauffage : électrique. Ouvert toute l'année.

GITES DE FRANCE-SERVICE RESERVATION – Conseil Général du Var - Rond-Point du 04/12/74 - BP215 - 83006 DRAGUIGNAN Cedex

| HTE SAIS. | MOY. SAIS. | BASSE SAIS. | WEEK-END |
|---|---|---|---|
| 330 | 285 | 190 | 110 |

| 20 | 3 | 3 | 20 | 20 | 25 | 3 | 3 | 3 |
|---|---|---|---|---|---|---|---|---|

## N° 1861 — EVENOS
CM 4083

**NN — 3 pers.**

Bandol et St-Mandrier 12 km. Ste-Baume 28 km. Petite maisonnette individuelle, au coeur d'une propriété de 14 hec, site classé, face aux falaises du Cimaï. A proximité, le mas du propriétaire comprenant 5 chambres d'hôtes et 1 gîte rural, piscine commune (13x6). terrain. 2 terrasses dont 1 ombragée. 800 m site d'escalade. Ping-Pong, terrain de sport, pétanque. Village Médiéval à 1,5km. Parking fermé. Rez-de-chaussée : séjour canapé BZ 1 couchage coin cuisine, 1 chambre 1 lit 2 pl, salle d'eau avec wc. Prestation de qualité. Ouvert toute l'année. Lave-linge commun.

GITES DE FRANCE-SERVICE RESERVATION – Conseil Général du Var - Rond-Point du 04/12/74 - BP215 - 83006 DRAGUIGNAN Cedex

| HTE SAIS. | MOY. SAIS. | BASSE SAIS. |
|---|---|---|
| 415 | 355 | 210 |

| 12 | 5 | 4 | 12 | 30 | 15 | 2 | 2,5 |
|---|---|---|---|---|---|---|---|

PROVENCE-ALPES-CÔTE D'AZUR

Pictos voir p. 12

# VAR - 83

## N° 1870 EVENOS

**NN 5 pers.**

Bandol et St-Mandrier 12 km. La Ste-Baume 28 km. Maison de village, au calme, sans terrain avec vue panoramique sur montagne, dans village médiéval (site classé) du XIIe siècle. A 2 km du site international d'escalade du Cimaï. Parking réservé dans le village. RDC : salles associatives. 1er étage gîte bien équipé : cuisine ouverte sur séjour, une chambre avec 1 lit 140, une chambre avec 3 lits 90. salle d'eau, wc. Mode de Chauffage : électrique. Ouvert toute l'année.

GITES DE FRANCE-SERVICE RESERVATION - Conseil Général du Var - Rond-Point du 04/12/74 - BP215 - 83006 DRAGUIGNAN Cedex

| HTE SAIS. | MOY. SAIS. | BASSE SAIS. | | | | | | | | | |
|---|---|---|---|---|---|---|---|---|---|---|---|
| 360 | 295 | 190 | 12 | 7 | 5,5 | 12 | 30 | 10 | 3,5 | | |

## N° 1906 EVENOS

**NN 11 pers.**

Ancienne bastide en pierres avec piscine (270 m2 sur trois niveaux) dans un site forestier exceptionnel au pied du Mont Caume, à 25 minutes de la mer. Terrain. Belles randonnées sur place. RDC : grand salon/salle à manger, petit salon, cuisine équipée. 1er étage : 3 chambres (1 lit 1 pl, 2 lits 2 pl dont 1 160), 1 sde/wc, 1 douche/lavabo, 1 wc. 2ème étage : 2 chambres 6 lits 1 pl, sdb, sde, wc. Location linge. Ménage. Mode de chauffage : central. Ouvert toute l'année.

GITES DE FRANCE-SERVICE RESERVATION - Conseil Général du Var - Rond-Point du 04/12/74 - BP215 - 83006 DRAGUIGNAN Cedex

| HTE SAIS. | MOY. SAIS. | BASSE SAIS. | WEEK-END | | | | | | | | |
|---|---|---|---|---|---|---|---|---|---|---|---|
| 1700 | 1200 | 800 | 500 | 15 | 10 | 8 | 2 | 10 | 25 | 15 | 11 | 6 |

## N° 1895 MONTMEYAN

**NN 6 pers.**

Les "Cigales", dans un ensemble de 4 gîtes, avec vue panoramique sur les Pré Alpes, au calme, terrain clos commun de 3000 m2, terrasse privatives, piscine commune, balançoire, jeux de boules, accès facile, parking ombragé. RdC : cuisine séjour, canapé, salle d'eau, wc, 2 chbres 2 lits 2 pl., 1 chbre 3 lits 1 pl.

GITES DE FRANCE-SERVICE RESERVATION - Conseil Général du Var - Rond-Point du 04/12/74 - BP215 - 83006 DRAGUIGNAN Cedex

| HTE SAIS. | MOY. SAIS. | BASSE SAIS. | | | | | | | | |
|---|---|---|---|---|---|---|---|---|---|---|
| 675 | 450 | 350 | 70 | 1 | 15 | 15 | 90 | 55 | 6 | 40 | 15 |

## N° 1896 MONTMEYAN

**NN 6 pers.**

Les "Oliviers", dans un ensemble de 4 gîtes, avec vue panoramique sur les Pré Alpes, au calme, terrain clos commun de 3000 m2, terrasse privatives, piscine commune, balançoire, jeux de boules, accès facile, parking ombragé. RdC : cuisine séjour, canapé, salle d'eau, wc, 2 chbres 2 lits 2 pl., 1chbre 3 lits 1 pl.

GITES DE FRANCE-SERVICE RESERVATION - Conseil Général du Var - Rond-Point du 04/12/74 - BP215 - 83006 DRAGUIGNAN Cedex

| HTE SAIS. | MOY. SAIS. | BASSE SAIS. | | | | | | | | |
|---|---|---|---|---|---|---|---|---|---|---|
| 675 | 450 | 350 | 70 | 1 | 15 | 15 | 90 | 55 | 6 | 40 | 15 |

## N° 1897 MONTMEYAN

**NN 4 pers.**

Les "Lavandes", dans un ensemble de 4 gîtes, avec vue panoramique sur les Pré Alpes, au calme, terrain clos commun de 3000 m2, terrasse privatives, piscine commune, balançoire, jeux de boules, accès facile, parking ombragé. RdC : cuisine séjour, canapé, salle d'eau, wc, 1 chbre 1 lits 2 pl., 1 chbre 3 lits 1 pl.

GITES DE FRANCE-SERVICE RESERVATION - Conseil Général du Var - Rond-Point du 04/12/74 - BP215 - 83006 DRAGUIGNAN Cedex

| HTE SAIS. | MOY. SAIS. | BASSE SAIS. | | | | | | | | |
|---|---|---|---|---|---|---|---|---|---|---|
| 575 | 380 | 295 | 70 | 1 | 15 | 15 | 90 | 55 | 6 | 40 | 15 |

## N° 1898 MONTMEYAN

**NN 4 pers.**

Les "Romarins", dans un ensemble de 4 gîtes, avec vue panoramique sur les Pré Alpes, au calme, terrain clos commun de 3000 m2, terrasse privatives, piscine commune, balançoire, jeux de boules, accès facile, parking ombragé. RdC : cuisine séjour, canapé, salle d'eau, wc, 2 chbres 2 lits 2 pl., 1chbre 3 lits 1 pl.

GITES DE FRANCE-SERVICE RESERVATION - Conseil Général du Var - Rond-Point du 04/12/74 - BP215 - 83006 DRAGUIGNAN Cedex

| HTE SAIS. | MOY. SAIS. | BASSE SAIS. | | | | | | | | |
|---|---|---|---|---|---|---|---|---|---|---|
| 575 | 380 | 295 | 70 | 1 | 15 | 15 | 90 | 55 | 6 | 40 | 15 |

# VAR - 83

## N° 1899 MONTMEYAN — La Bécasse — 500 m
**NN — 7 pers.**

Dans un cadre agréable, jolie maison individuelle sur un terrain clos arboré (oliviers), au calme, terrasse, parking, ping-pong, jeux de boules, balançoire. Musée de la Préhistoire à 6km. Piscine privative 9x4. RdC : cuisine, séjour, salon (mangétoscope), salle d'eau, wc, 1 chbre 1 lit 2 pl. et 2 lits 1 pl. superposés. Au 1er : mezzanine avec clic-clac, salle de bains, wc, 1 chbre 1 lit 2 pl., 1 chbre 2 lits 1 pl. Ouvert toute l'année.

GITES DE FRANCE-SERVICE RESERVATION - Conseil Général du Var - Rond-Point du 04/12/74 - BP215 - 83006 DRAGUIGNAN Cedex

| HTE SAIS. | MOY. SAIS. | BASSE SAIS. | | | | | | | | | |
|---|---|---|---|---|---|---|---|---|---|---|---|
| 1230 | 925 | 665 | 70 | 1 | 15 | 6 | 15 | 90 | 55 | 6 | 40 | 1 |

## N° 1866 LA MOTTE — Chanteclaire — CM 4083
**NN — 4 pers.**

Gîte dans la maison du propriétaire. Terrasses, terrain commun avec balançoires, chaises longues, jeu de boules, grand emplacement pour voiture. Réz-de-chaussée : séjour, coin salon avec un clic-clac, coin repas, cuisine ouverte sur le séjour. 1 chambre avec 1 lit 2 places, 1 chambre avec 2 lits superposés 1 place. Salle d'eau et wc indépendant. Grand placard dans le couloir. Ouvert toute l'année.

Joël et Françoise FAURET - 686 route du Muy - 83920 LA MOTTE
Tél. : 04 94 70 25 96

| HTE SAIS. | MOY. SAIS. | BASSE SAIS. | | | | | | | |
|---|---|---|---|---|---|---|---|---|---|
| 390 | 275 | 205 | 15 | 2 | 4 | 50 | 10 | 60 | 6 | 2 |

## N° 1892 LA MOTTE — Le Mitan
**NN — 4 pers.**

Gorges Pennafort 4 km. Les Arcs 9 km. St-Raphaël 25 km. Au milieu des vignes, batisse du 19è, au calme, avec vue lointaine, terrain, loggia, chaises longues, bains de soleil. Emplacement de voiture privatif. Rez-de-chaussée : cuisine-séjour avec canapé BZ 2 places, petite salle d'eau avec WC. 1er étage : 1 grande chambre avec séparation, 1 lit 2 places, 2 lits 1 place et 1 lit bébé. Mode de chauffage : électrique. Ouvert toute l'année.

GITES DE FRANCE-SERVICE RESERVATION - Conseil Général du Var - Rond-Point du 04/12/74 - BP215 - 83006 DRAGUIGNAN Cedex

| HTE SAIS. | MOY. SAIS. | BASSE SAIS. | WEEK-END | | | | | | | | |
|---|---|---|---|---|---|---|---|---|---|---|---|
| 360 | 255 | 220 | 115 | 20 | 5 | 10 | 2 | 7 | 60 | 1 | 14 | 3,5 |

## N° 1893 LA MOTTE — Le Mitan
**NN — 3 pers.**

Gorges Pennafort 4 km. Les Arcs 9 km. St-Raphaël 25 km. Au milieu des vignes, au calme, avec vue lointaine, maison contemporaine, terrain, terrasse couverte, bains de soleil. Draguignan et Gorges de Pennafort 4 km. Emplacement privatif pour la voiture. Rez-de-chaussée : cuisine, séjour avec clic-clac 2 places, 1 chambre avec 1 lit 2 places et 1 lit de bébé, salle d'eau, wc. Mode de chauffage : électrique et bois (poêle dans la cuisine). Ouvert toute l'année.

GITES DE FRANCE-SERVICE RESERVATION - Conseil Général du Var - Rond-Point du 04/12/74 - BP215 - 83006 DRAGUIGNAN Cedex

| HTE SAIS. | MOY. SAIS. | BASSE SAIS. | WEEK-END | | | | | | | | |
|---|---|---|---|---|---|---|---|---|---|---|---|
| 360 | 255 | 220 | 115 | 20 | 4 | 10 | 2 | 7 | 60 | 1 | 14 | 3,5 |

## N° 1894 LE MUY
**NN — 4 pers.**

A la lisière de la forêt, dans un cadre agréable, au calme, terrain clos, terrasse, maison moderne facile d'accès et proche toutes commodités. Gorges de Pennafort à 6km, Abbaye du Thoronet à 25km. Rez-de-chaussée : cuisine avec cellier, séjour, salon avec canapé et fauteuils, wc indépendant, 1 chambre avec 1 lit 2 places, salle de bains, wc indépendant, 1 chambre avec 2 lits 1 place. Lit de bébé et chaise haute. Mode de chauffage : électrique. Ouvert toute l'année.

GITES DE FRANCE-SERVICE RESERVATION - Conseil Général du Var - Rond-Point du 04/12/74 - BP215 - 83006 DRAGUIGNAN Cedex

| HTE SAIS. | MOY. SAIS. | BASSE SAIS. | WEEK-END | | | | | | | | |
|---|---|---|---|---|---|---|---|---|---|---|---|
| 590 | 410 | 285 | 150 | 18 | 1,5 | 12 | 0,4 | 12 | 90 | 5 | 3 | 5 | 1,5 |

## N° 1890 PUGET-VILLE — Deffends Tour
**NN — 4 pers.**

Bandol et les Iles des Embiez 8 km. Sanary 4 km. La Ste-Baume 30 km. Bastidon en pierres, en campagne, récemment rénové avec goût, jouxtant le vignoble familial Côtes de Provence, grand calme, beau jardin au milieu des vignes exploitées et des forêts, rivière sur le terrain de 1,2 ha, terrasse. Accès par un chemin de terre 360 m. Caveau de dégustation à 500 m. RDC : cuisine bien équipée ouverte sur séjour banquette BZ 1 couchage. 1er étage : 1 chambre 1 lit 2 pl et 1 lit 1 pl, salle de bains/wc attenante. Chauffage électrique. Ouvert toute l'année.

GITES DE FRANCE-SERVICE RESERVATION - Conseil Général du Var - Rond-Point du 04/12/74 - BP215 - 83006 DRAGUIGNAN Cedex

| HTE SAIS. | MOY. SAIS. | BASSE SAIS. | WEEK-END | | | | | | | | |
|---|---|---|---|---|---|---|---|---|---|---|---|
| 450 | 400 | 275 | 195 | 20 | 3 | 4 | 10 | 2 | 25 | 2 | 3 |

PROVENCE-ALPES-CÔTE D'AZUR

Pictos voir p. 12

453

# VAR - 83

## N° 1909 — REGUSSE — 550 m
**NN — 6 pers.**

Lac et Gorges du Verdon 20 km. Antignosc et Aups 10 km. Maison individuelle neuve, terrain clos de 2300 m2, terrasse, jeux de boules, transats. Quartier calme. A 1 km du village typique de Régusse. Parcours de santé (14 km) à 1 km. Lac d'Artignosc (pêche et baignade) à 10 km. En rez de chaussée : grand séjour avec cuisine ouverte, 2 chambres avec un lit 160, 1 chambre avec 2 lits 90, salle de bains, wc. Mode de chauffage : électrique. Climatisation. Ouvert toute l'année.

GITES DE FRANCE-SERVICE RESERVATION - Conseil Général du Var - Rond-Point du 04/12/74 - BP215 - 83006 DRAGUIGNAN Cedex

| HTE SAIS. | MOY. SAIS. | BASSE SAIS. |
|---|---|---|
| 600 | 450 | 270 |

| | | | | | | | | | | |
|---|---|---|---|---|---|---|---|---|---|---|
| 65 | 1 | 10 | 10 | 1 | 65 | 50 | 10 | 45 | 1 |

## N° 1901 — ROQUEBRUNE-SUR-ARGENS — Domaine de l'Orme
**NN — 4 pers.**

Dans la bastide provençale du propriétaire, à proximité d'un camping à la ferme, sur une exploitation de 6 ha, deux gîtes au calme, dans un cadre agréable. Terrasse, parking, animaux de la ferme, accès facile. Rez de chaussée : cuisine-séjour, canapé, chambre 1 lit 2 pl., mezzanine avec 1 lit 2 places, salle d'eau avec wc. Mode de chauffage : central. Ouvert toute l'année.

GITES DE FRANCE-SERVICE RESERVATION - Conseil Général du Var - Rond-Point du 04/12/74 - BP215 - 83006 DRAGUIGNAN Cedex

| HTE SAIS. | MOY. SAIS. | BASSE SAIS. |
|---|---|---|
| 625 | 435 | 280 |

| | | | | | | | | | |
|---|---|---|---|---|---|---|---|---|---|
| 5 | 8 | 0,6 | 15 | 8 | 70 | 1 | 2 | 8 | 5 |

## N° 1902 — ROQUEBRUNE-SUR-ARGENS — Domaine de l'Orme
**NN — 4 pers.**

Dans la bastide provençale du propriétaire, à proximité d'un camping à la ferme, sur une exploitation de 6 ha, deux gîtes au calme, dans un cadre agréable. Terrasse, parking, animaux de la ferme, accès facile. Rez de chaussée : cuisine, 1 chambre 1 lit 2 pl.1 chambre 2 lits 1 place, salle de bains, wc. Mode de chauffage : central. Ouvert toute l'année.

GITES DE FRANCE-SERVICE RESERVATION - Conseil Général du Var - Rond-Point du 04/12/74 - BP215 - 83006 DRAGUIGNAN Cedex

| HTE SAIS. | MOY. SAIS. | BASSE SAIS. |
|---|---|---|
| 625 | 435 | 280 |

| | | | | | | | | | |
|---|---|---|---|---|---|---|---|---|---|
| 5 | 8 | 0,6 | 15 | 8 | 70 | 1 | 2 | 8 | 5 |

## N° 1872 — SEILLANS — Les Selves — CM 4083
**NN — 6 pers.**

Fréjus 25 km. Lac de St-Cassien 15 km. Seillans 3 km. Maison neuve, bien équipée, sur une propriété de 4ha à proximité d'un camping et une habitation (30m env). Terrain, terrasse. Accès gîte par chemin de terre sur 50 m. Rez-de-chaussée: cuisine ouverte sur séjour, une chambre 1 lit 2 places avec salle d'eau, une chambre avec 1 lit 2 places, une chambre avec 2 lits 1 place, wc, salle de Bains. Mode de chauffage : géothermique. Ouvert toute l'année.

GITES DE FRANCE-SERVICE RESERVATION - Conseil Général du Var - Rond-Point du 04/12/74 - BP215 - 83006 DRAGUIGNAN Cedex

| HTE SAIS. | MOY. SAIS. | BASSE SAIS. | WEEK-END |
|---|---|---|---|
| 655 | 500 | 280 | 265 |

| | | | | | |
|---|---|---|---|---|---|
| 25 | 3 | 15 | 15 | 3 | 25 | 3 |

## N° 1879 — SIX-FOURS-LES-PLAGES — Le Brusc — CM 4083
**NN — 4 pers.**

Iles des Embiez et St-Mandrier 5 km. Bandol 8 km. Logement composé de 2 gîtes mitoyens, à proximité d'autres gîtes et de la maison du propriétaire, cour. 400 m de la mer. De plain pied : séjour/cuisine, une chambre 1 lit 2 pl, une chambre 2 lits 1 pl, salle d'eau/wc. Mode de Chauffage : électrique. Ouvert toute l'année.

Eliane MIOUSSET - 776 chemin des Faïsses - 83140 LE BRUSC-SIX-FOURS
Tél. : 04 94 34 04 45 - Fax : 04 94 34 04 45 - Email : Emiousset@aol.com - www.provenceweb.fr/83/lasousto

| HTE SAIS. | MOY. SAIS. | BASSE SAIS. | WEEK-END |
|---|---|---|---|
| 525 | 390 | 385 | 155 |

| | | | | |
|---|---|---|---|---|
| 0,4 | 3 | 30 | 13 | 0,7 |

## N° 1891 — SIX-FOURS-LES-PLAGES
**NN — 4 pers.**

Bandol et les Iles des Embiez 8 km. Sanary 4 km. La Ste-Baume 30 km. Mitoyen à la maison du propriétaire, en campagne, à proximité d'une zone artisanale en activité, terrain clos de 1ha, terrasses privatives, parking, à 3 km de la mer, face à la Collégiale de Six Fours XIIe siècle, à 1 km de la Chapelle de Pépiole XIIIe siècle. Rez-de-chaussée : séjour clic-clac, cuisine américaine,1 chambre (1 lit 2 pers.), salle d'eau avec wc. 1er étage spacieux mansardé 2 lits 1 pl. communiquant avec le R.D.C. Chauffage électrique. Ouvert toute l'année.

GITES DE FRANCE-SERVICE RESERVATION - Conseil Général du Var - Rond-Point du 04/12/74 - BP215 - 83006 DRAGUIGNAN Cedex

| HTE SAIS. | MOY. SAIS. | BASSE SAIS. |
|---|---|---|
| 450 | 320 | 240 |

| | | | | | | | |
|---|---|---|---|---|---|---|---|
| 3 | 2 | 0,2 | 1 | 2 | 4 | 25 | 2 | 5 | 2 |

# VAR - 83

## N° 1888 SOLLIES-PONT — Les Sigues
**NN 4 pers.**

Bastidon individuel, récemment rénové, vue à 360° sur les champs de vignes et de figuiers, terrasse. Accès par un chemin de terre. 12 km Hyères. 15 km Toulon. RDC : cuisine ouverte sur séjour, cellier. 1er étage : 1 chambre 1 lit 2 pl, 1 ch (8 m2) 2 lits 1 pl superposés, salle d'eau, wc. Chauffage électrique. TV à la demande. Ouvert toute l'année.

GITES DE FRANCE-SERVICE RESERVATION - Conseil Général du Var - Rond-Point du 04/12/74 - BP215 - 83006 DRAGUIGNAN Cedex

| HTE SAIS. | MOY. SAIS. | BASSE SAIS. | WEEK-END | | | | | | |
|---|---|---|---|---|---|---|---|---|---|
| 430 | 345 | 260 | 110 | 12 | 2,5 | 4 | 12 | 2,5 | 2,5 |

## N° 1886 STE-MAXIME — La Pierre Plantée   CM 4083
**NN 8 pers.**

St-Tropez 13 km. Port Grimaud 10 km. Roquebrune 26 km. Partie de la maison du propr., au coeur du Domaine de la Pierre Plantée, dont oliveraie de 10 ha, sur une colline, à 3 km de la mer. Accès chemin de terre sur 200 m. Terrasse ombragée, piscine hors sol (8x4) commune, abri-voitures, les environs à plus de 150 m ont été affectés par les incendies de forêts. RDC : séjour, cuisine équipée, buanderie. 1er ét. : 1 ch 1 lit 2 pl (1,60x2,00) avec sdb (baignoire/douche/wc) privée, 2 ch 2 lits 1 pl, 1 ch 1 lit 2 pl, sde avec wc. Lit bébé. Produits du terroir sur place. Chauff : électr. Ouvert d'avril à octobre.

GITES DE FRANCE-SERVICE RESERVATION - Conseil Général du Var - Rond-Point du 04/12/74 - BP215 - 83006 DRAGUIGNAN Cedex

| HTE SAIS. | MOY. SAIS. | BASSE SAIS. | | | | | | | |
|---|---|---|---|---|---|---|---|---|---|
| 1025 | 770 | 515 | 3 | 4 | 0,8 | 15 | 6 | 60 | 30 | 0,5 |

## N° 1887 TANNERON   CM 4083
**NN 5 pers.**

Lac de St-Cassien 11 km. St-Raphaël 30 km. Vue exceptionnelle sur le massif forestier, dans un ensemble de trois logements, au calme, en campagne. De Déc. à Mars des cascades de mimosas en font un paysage unique avec sa fête en Fév. Grasse 11 km, Mandelieu 12 km, Cannes 20 km. Terrasse, terrain clos. En rdc: cuisine/séjour, salon, salle d'eau wc, salle de bains wc, 1 ch 1 lit 2 pl + 1 lit 1 place, 1 ch 2 lits 1 place. Mode de chauffage : central.

GITES DE FRANCE-SERVICE RESERVATION - Conseil Général du Var - Rond-Point du 04/12/74 - BP215 - 83006 DRAGUIGNAN Cedex

| HTE SAIS. | MOY. SAIS. | BASSE SAIS. | WEEK-END | | | | | | | |
|---|---|---|---|---|---|---|---|---|---|---|
| 535 | 425 | 310 | 150 | 14 | 2 | 3 | 12 | 16 | 40 | 14 | 5 | 20 | 8 |

## N° 1878 TAVERNES   CM 4083
**NN 6 pers.**

Barjols 5 km. Lac de Quinson 15 km. Lac et Gorges du Verdon 20 km. Maison de village, au coeur d'un village typiquement provençal (Grand rue), jardin clos (vue dégagée sur la campagne), terrasse ombragée. 14 km Quinson (musée de la Préhistoire). 25 km St Maximin (basilique et couvent royal). Parking non réservé à proximité. RDC : séjour cuisine salon 45 m2, buanderie, wc, salle de bains. 1er étage : 1 chambre 1 lit 140 avec salon table basse, 1 chambre 1 lit 140, salle de bains/wc. 2e étage : 1 chambre 2 lits 120. Mode de Chauffage : électrique. Ouvert toute l'année.

GITES DE FRANCE-SERVICE RESERVATION - Conseil Général du Var - Rond-Point du 04/12/74 - BP215 - 83006 DRAGUIGNAN Cedex

| HTE SAIS. | MOY. SAIS. | BASSE SAIS. | | | | | | | |
|---|---|---|---|---|---|---|---|---|---|
| 550 | 410 | 315 | 70 | 15 | 15 | 5 | 75 | 40 | SP |

## N° 1912 TRIGANCE   800 m
**NN 4 pers.**

Gorges du Verdon 5 km. Comps 10 km. Lac de Ste-Croix 35 km. A l'entrée du Village, typiquement provençal, en campagne, ancienne ferme en pierre, au milieu de 5000 m² de terrain. Terrasse. Au dessus du rez de jardin (local agricole), plain-pied : cuisine séjour, canapé, poêle à bois (1/2 stère offerte), 2 chambres avec 1 lit 2 pers. et 2 lits 1 pers., salle d'eau, wc avec lave-main. Mode de chauffage : électrique. Ouvert toute l'année.

GITES DE FRANCE-SERVICE RESERVATION - Conseil Général du Var - Rond-Point du 04/12/74 - BP215 - 83006 DRAGUIGNAN Cedex

| HTE SAIS. | MOY. SAIS. | BASSE SAIS. | | | | | | | | |
|---|---|---|---|---|---|---|---|---|---|---|
| 400 | 300 | 250 | 65 | 1 | 18 | 40 | 18 | 25 | 40 | 50 | 1 |

**PROVENCE-ALPES-CÔTE D'AZUR**

Pictos voir p. 12

Pour préparer vos vacances, ayez le réflexe Minitel et gagnez des séjours et de nombreux lots en consultant le **36.15 Gîtes de France** (0,2 €/mn)

# VAUCLUSE - 84

**GITES DE FRANCE** - Service Réservation
Place Campana - La Balance - B.P. 164 - 84008 AVIGNON Cédex 01
Tél. 04 90 85 45 00 - Fax. 04 90 85 88 49 - www.itea.fr/GDF/84

3615 Gîtes de France
RESA - 0,2 €/mn

**PROVENCE-ALPES-CÔTE D'AZUR**

Pictos voir p. 12

## N° 658 - BEAUMES-DE-VENISE

NN — 4 pers.

Maison 1930 indépendante sur perron, 1/2 étage avec balcon de 7 m² et terrain clos arboré de 340 m². Belle vue sur le village. 1 chambre : 1 lit 2 pers.. Séjour avec 2 lits 1 pers.. Lit bébé (2 ans maxi). Cuisine. Salle d'eau avec wc. L-linge. Ch. électrique. Salon de jardin. Forfait ménage fin de séjour : 30 €.

GITES DE FRANCE-SERVICE RESERVATION - Place Campana - La Balance - BP 164 - 84008 AVIGNON Cedex 01
Tél. 04 90 85 45 00 - Fax : 04 90 85 88 49 - www.itea.fr/GDF/84

| HORS SAIS. | JUILLET | AOUT | JUIN | SEPT. | WEEK-END |
|---|---|---|---|---|---|
| 275 | 345 | 345 | 310 | 310 | 140 |

| | | | | | | | |
|---|---|---|---|---|---|---|---|
| 0,5 | 1 | 8 | 25 | 20 | SP | 30 | 35 | 0,6 |

## N° 666 - CARPENTRAS

NN — 5 pers.

Ancienne ferme mitoyenne restaurée, agréable et bien aménagée, dans les champs (serres) avec terrasse ombragée au sud de 25 m² et terrain non clos de 1000 m². 3 chambres : 1 lit 1 pers. (120), 2 lits 2 pers.. Cuisine. Séjour/salle à manger. Salle de bains. WC. L-linge. L-vaisselle. Micro-ondes. TV couleur. Ch. électrique. Abri couvert. Salon de jardin. Barbecue. Portique. Forfait ménage fin de séjour : 38 €.

GITES DE FRANCE-SERVICE RESERVATION - Place Campana - La Balance - BP 164 - 84008 AVIGNON Cedex 01
Tél. 04 90 85 45 00 - Fax : 04 90 85 88 49 - www.itea.fr/GDF/84

| HORS SAIS. | JUILLET | AOUT | JUIN | SEPT. |
|---|---|---|---|---|
| 380 | 490 | 490 | 425 | 425 |

| | | | | | | | |
|---|---|---|---|---|---|---|---|
| 0,6 | 0,6 | 0,8 | 25 | 10 | 35 | 30 | 1 |

## N° 681 - CASENEUVE

550 m

NN — 4 pers.

Maison de village dominante avec terrasse au sud de 25 m², cour de 40 m² et abri couvert clos réservés. Vue exceptionnelle sur Apt, les collines, le luberon, les monts de Vaucluse et les alpilles. 2 chambres : 2 lits 1 pers. (80), 1 lit 2 pers., lit bébé à la demande. Au r.d.c. : salle à manger et cuisine, salon non attenant accessible par la terrasse. Salle d'eau avec wc. L-linge. Micro-ondes. Petit congélateur. TV couleur. Ch. central au fuel. Salon de jardin. Barbecue.

GITES DE FRANCE-SERVICE RESERVATION - Place Campana - La Balance - BP 164 - 84008 AVIGNON Cedex 01
Tél. 04 90 85 45 00 - Fax : 04 90 85 88 49 - www.itea.fr/GDF/84

| HORS SAIS. | JUILLET | AOUT | JUIN | SEPT. |
|---|---|---|---|---|
| 275 | 385 | 385 | 330 | 330 |

| | | | | | |
|---|---|---|---|---|---|
| 5 | 10 | 14 | 10 | SP | 65 | 10 |

## N° 682 - CAVAILLON

NN — 2 pers.

Partie est très indépendante de la maison des propriétaires, terrasse à l'est avec auvent de 11 m², terrain clos de 500 m² et terrain non clos de 2000 m². 1 chambre : 1 lit 2 pers.. Salon/s.a.m. avec convertible 1 pers.. Lit bébé (4 ans maxi). à la demande. Coin-cuisine. Cellier. Salle d'eau. WC. L-linge. L-vaisselle. Sèche-linge. Micro-ondes multifonctions. Petit congélateur. TV couleur. Ch. électrique. Salon de jardin. Barbecue.

GITES DE FRANCE-SERVICE RESERVATION - Place Campana - La Balance - BP 164 - 84008 AVIGNON Cedex 01
Tél. 04 90 85 45 00 - Fax : 04 90 85 88 49 - www.itea.fr/GDF/84

| HORS SAIS. | JUILLET | AOUT | JUIN | SEPT. |
|---|---|---|---|---|
| 265 | 355 | 355 | 310 | 310 |

| | | | | | | | |
|---|---|---|---|---|---|---|---|
| 3 | 3 | 8 | 15 | 3 | 1 | 20 | 1,5 |

## N° 670 - GORDES

**Mas de Caracarille**

NN — 2 pers.

Au pied du village, partie en r.d.c. de la maison des propriétaires qui exploitent des chambres d'hôtes. Terrasse privée au sud-est de 15 m² et terrain non clos de 5000 m². 1 chambre : 1 lit 2 pers. 1 lit enfant (10 ans maxi). Séjour/coin-cuisine. Salle d'eau avec wc. L-linge. Micro-ondes. TV couleur. Cheminée en service avec insert (60 €/stère). Ch. électrique. Salon de jardin. Forfait chauffage : 23 €.

GITES DE FRANCE-SERVICE RESERVATION - Place Campana - La Balance - BP 164 - 84008 AVIGNON Cedex 01
Tél. 04 90 85 45 00 - Fax : 04 90 85 88 49 - www.itea.fr/GDF/84

| HORS SAIS. | JUILLET | AOUT | JUIN | SEPT. | WEEK-END |
|---|---|---|---|---|---|
| 250 | 400 | 400 | 300 | 300 | 115 |

| | | | | | |
|---|---|---|---|---|---|
| 10 | 6 | 6 | 15 | SP | 50 | 2 |

# VAUCLUSE - 84

## N° 673 — GORDES

**NN — 6 pers.**

Villa indépendante au pied de la falaise et du village avec très belle vue surplombant les collines et la vallée. Terrasse au sud-ouest de 30 m² et très beau jardin non clos de 2000 m². 3 chambres : 2 lits 1 pers., 2 lits 2 pers., lit bébé à la demande. Cuisine. Salle à manger/salon. Salle de bains. WC. L-linge. L-vaisselle. Micro-ondes. Cheminée en service. TV couleur. Ch. électrique. Garage. Salon de jardin. Forfait ménage fin de séjour : 38 €.

GITES DE FRANCE-SERVICE RESERVATION - Place Campana - La Balance - BP 164 - 84008 AVIGNON Cedex 01
Tél. : 04 90 85 45 00 - Fax: 04 90 85 88 49 - www.itea.fr/GDF/84

| HORS SAIS. | JUILLET | AOUT | JUIN | SEPT. |
|---|---|---|---|---|
| 350 | 615 | 615 | 400 | 400 |

| | | | | | | |
|---|---|---|---|---|---|---|
| 17 | 6 | 6 | 25 | 17 | SP | 45 | 1 |

## N° 672 — JONQUERETTES

**NN — 4 pers.**

Villa indépendante dans laquelle la propriétaire occupe un studio. Terrasse à l'ouest de 10 m². Jardin clos privé de 500 m² et cour commune de 500 m². 2 chambres : 2 lits 1 pers., 1 lit 2 pers.. Cuisine. Séjour. Hall. Salle de bains. WC. L-linge. Micro-ondes. Congélateur. Ch. électrique. Salon de jardin. Barbecue. Forfait ménage fin de séjour : 50 €.

GITES DE FRANCE-SERVICE RESERVATION - Place Campana - La Balance - BP 164 - 84008 AVIGNON Cedex 01
Tél. : 04 90 85 45 00 - Fax: 04 90 85 88 49 - www.itea.fr/GDF/84

| HORS SAIS. | JUILLET | AOUT | JUIN | SEPT. |
|---|---|---|---|---|
| 350 | 525 | 525 | 435 | 435 |

| | | | | | | |
|---|---|---|---|---|---|---|
| 3 | 3 | 3 | 5 | 0,5 | 10 | 15 | 1 |

## N° 678 — LAGNES — Les Etangs

**NN — 4 pers.**

Gîte indépendant, à l'ouest, dans la propriété comportant 1 autre gîte et la maison du propriétaire. Piscine commune (4.8 x 10.50 - ouverte de juin à septembre), terrasse avec auvent au sud de 17 m² et terrain non clos de 400 m². 2 chambres : 2 lits 1 pers. (90) superposés, 1 lit 2 pers.. Séjour/coin-cuisine. Salle d'eau. WC. L-linge. Micro-ondes. TV couleur. Ch. électrique. Parking. Salon de jardin. Barbecue. Forfait ménage fin de séjour : 30 €.

GITES DE FRANCE-SERVICE RESERVATION - Place Campana - La Balance - BP 164 - 84008 AVIGNON Cedex 01
Tél. : 04 90 85 45 00 - Fax: 04 90 85 88 49 - www.itea.fr/GDF/84

| HORS SAIS. | JUILLET | AOUT | JUIN | SEPT. | WEEK-END |
|---|---|---|---|---|---|
| 340 | 560 | 560 | 460 | 460 | 170 |

| | | | | | |
|---|---|---|---|---|---|
| SP | 4 | 2 | 4 | 1 | 1 | 35 | 4 |

## N° 679 — LAGNES — Les Etangs

**NN — 3 pers.**

Gîte indépendant, à l'est, dans la propriété comportant 1 autre gîte et la maison du propriétaire. Piscine commune (4.8 x 10.50 - ouverte de juin à septembre), terrasse avec auvent au sud de 15 m² et terrain non clos de 400 m². 1 mezzanine : 1 lit 1 pers., 1 lit 2 pers.. Séjour/coin-cuisine. Salle d'eau. WC. L-linge. Micro-ondes. TV couleur. Ch. électrique. Parking. Salon de jardin. Barbecue. Forfait ménage fin de séjour : 30 €.

GITES DE FRANCE-SERVICE RESERVATION - Place Campana - La Balance - BP 164 - 84008 AVIGNON Cedex 01
Tél. : 04 90 85 45 00 - Fax: 04 90 85 88 49 - www.itea.fr/GDF/84

| HORS SAIS. | JUILLET | AOUT | JUIN | SEPT. | WEEK-END |
|---|---|---|---|---|---|
| 320 | 540 | 540 | 440 | 440 | 160 |

| | | | | | |
|---|---|---|---|---|---|
| SP | 4 | 2 | 4 | 1 | 1 | 35 | 4 |

## N° 648 — MAZAN

**NN — 8 pers.**

Maison indépendante agréable mitoyenne à 1 location à l'année, dans les bois au pied du Mont-Ventoux, avec piscine privée (4.5 x 5.5 - ouverte du 01/06 au 30/09), terrasse au nord de 12 m² et terrain clos de 1000 m². 4 chambres : 4 lits 1 pers., 2 lits 2 pers.. Salle à manger/salon. Cuisine. 2 salles de bains dont 1 avec wc. WC. L-linge. L-vaisselle. Micro-ondes. Congélateur. TV couleur. Ch. électrique. Garage. Cuisine d'été sous auvent. Salon de jardin. Barbecue.

GITES DE FRANCE-SERVICE RESERVATION - Place Campana - La Balance - BP 164 - 84008 AVIGNON Cedex 01
Tél. : 04 90 85 45 00 - Fax: 04 90 85 88 49 - www.itea.fr/GDF/84

| HORS SAIS. | JUILLET | AOUT | JUIN | SEPT. |
|---|---|---|---|---|
| 450 | 1250 | 1250 | 900 | 900 |

| | | | | | | | |
|---|---|---|---|---|---|---|---|
| SP | 3 | 3 | 25 | 3 | 6 | SP | 25 | 30 | 3 |

## N° 676 — MENERBES

**NN — 2 pers.**

Partie nord-ouest de la maison des propriétaires, très indépendante, avec belle vue sur les collines et les vignes. Terrasse réservée au nord-ouest de 10 m² et cour commune. 1 mezzanine : 1 lit 2 pers., lit bébé (3 ans). Séjour/coin-cuisine. Salle d'eau avec wc. L-linge. L-vaisselle. Micro-ondes. TV couleur. Ch. électrique. Abri couvert. Salon de jardin. Barbecue. Poss. ménage fin de séjour : 25 €.

GITES DE FRANCE-SERVICE RESERVATION - Place Campana - La Balance - BP 164 - 84008 AVIGNON Cedex 01
Tél. : 04 90 85 45 00 - Fax: 04 90 85 88 49 - www.itea.fr/GDF/84

| HORS SAIS. | JUILLET | AOUT | JUIN | SEPT. |
|---|---|---|---|---|
| 235 | 330 | 330 | 260 | 260 |

| | | | | | | |
|---|---|---|---|---|---|---|
| 15 | 5 | 14 | 15 | 14 | SP | 40 | 1 |

# VAUCLUSE - 84

## N° 652 — MERINDOL — La Barthelasse

NN — 3 pers.

Partie nord ouest de la maison des propriétaires avec terrasse à l'ouest de 8 m² et terrain non clos de 400 m². 1 chambre : 1 lit 2 pers. et 1 lit 1 pers.. Séjour avec convertible 2 pers.. Coin-cuisine. Salle d'eau avec wc. L-linge. Congélateur. TV couleur. Ch. électrique. Salon de jardin. Barbecue. Poss. ménage fin de séjour : 23 €. Taxe de séjour : 0,15 €/jour/pers..

GITES DE FRANCE-SERVICE RESERVATION - Place Campana - La Balance - BP 164 - 84008 AVIGNON Cedex 01
Tél. : 04 90 85 45 00 - Fax : 04 90 85 88 49 - www.itea.fr/GDF/84

| HORS SAIS. | JUILLET | AOUT | JUIN | SEPT. | WEEK-END |
|---|---|---|---|---|---|
| 305 | 445 | 445 | 360 | 360 | 155 |

| | | | | | | | | | |
|---|---|---|---|---|---|---|---|---|---|
| 4 | 3 | 4 | 6 | 1 | 16 | 0,2 | 45 | 3 | |

## N° 647 — PERNES-LES-FONTAINES — Les Valayans

NN — 4 pers.

Partie ouest du mas du propriétaire avec terrasse à l'ouest, cour réservée de 200 m² donnant sur un terrain commun clos arboré de 3000 m². Le gîte est agréablement aménagé en bordure de ruisseau et près de la rivière. 2 chambres : 2 lits 1 pers., 1 lit 2 pers.. Séjour/coin-cuisine. Salle d'eau. WC. L-linge. L-vaisselle. TV couleur. Ch. électrique. Garage. Salon de jardin. Poss. ménage fin de séjour : 31 €.

GITES DE FRANCE-SERVICE RESERVATION - Place Campana - La Balance - BP 164 - 84008 AVIGNON Cedex 01
Tél. : 04 90 85 45 00 - Fax : 04 90 85 88 49 - www.itea.fr/GDF/84

| HORS SAIS. | JUILLET | AOUT | JUIN | SEPT. | WEEK-END |
|---|---|---|---|---|---|
| 320 | 395 | 395 | 345 | 345 | 160 |

| 7 | 5 | 15 | 12 | 0,1 | 10 | 40 | 20 | 5 |
|---|---|---|---|---|---|---|---|---|

## N° 649 — PERNES-LES-FONTAINES

NN — 6 pers.

Villa indépendante sur la colline en bordure de pinède, terrasse avec tonnelle au sud de 35 m² et jardin ombragé non clos de 4500 m². Bel environnement. 3 chambres : 4 lits 1 pers., 1 lit 2 pers., lit bébé sur demande. Cuisine. Salon/salle à manger. Salle de bains. 2 wc. L-linge. L-vaisselle. Micro-ondes. Petit congélateur. TV couleur. Ch. central au fuel. Salon de jardin. Forfait chauffage : 39 €/semaine. Poss. ménage fin de séjour : 40 €.

GITES DE FRANCE-SERVICE RESERVATION - Place Campana - La Balance - BP 164 - 84008 AVIGNON Cedex 01
Tél. : 04 90 85 45 00 - Fax : 04 90 85 88 49 - www.itea.fr/GDF/84

| HORS SAIS. | JUILLET | AOUT | JUIN | SEPT. |
|---|---|---|---|---|
| 460 | 675 | 675 | 560 | 560 |

| 3 | 3 | 4 | 8 | 8 | SP | 30 | 30 | 2 |
|---|---|---|---|---|---|---|---|---|

## N° 659 — PERNES-LES-FONTAINES

NN — 5 pers.

Partie de ferme dans les chênes truffiers, le gîte est en r.d.c. et 1er étage avec terrasse à l'ouest de 36 m² et cour close de 90 m². 3 chambres : 3 lits 1 pers., 1 lit 2 pers., lit bébé à la demande. Salon en mezzanine avec TV couleur. Salle à manger/coin-cuisine. Salle de bains. WC. L-linge. L-vaisselle. Congélateur. Cheminée en service. Ch. électrique. Salon de jardin. Barbecue. Forfait ménage fin de séjour : 31 €. Pendant la saison possibilité d'initiation à la truffe et dégustation.

GITES DE FRANCE-SERVICE RESERVATION - Place Campana - La Balance - BP 164 - 84008 AVIGNON Cedex 01
Tél. : 04 90 85 45 00 - Fax : 04 90 85 88 49 - www.itea.fr/GDF/84

| HORS SAIS. | JUILLET | AOUT | JUIN | SEPT. | WEEK-END |
|---|---|---|---|---|---|
| 310 | 445 | 445 | 345 | 345 | 165 |

| 2 | 2 | 2 | 15 | 5 | 2 | 2 | 35 | 30 | 2 |
|---|---|---|---|---|---|---|---|---|---|

## N° 665 — SARRIANS — La Carelesse

NN — 6 pers.

Maison mitoyenne aux propriétaires, agréable et bien aménagée, avec terrasse de 64 m² au sud et cour réservée au nord de 230 m². 3 chambres : 2 lits 2 pers., 2 lits 1 pers.. Cuisine. Séjour/salon. 2 salles de bains. WC. L-linge. L-vaisselle. Micro-ondes. Petit congélateur. TV couleur. Ch. central. Bureau. Garage. Salon de jardin. Barbecue commun. Forfait chauffage : 30 €/semaine. Poss. ménage fin de séjour : 35 €.

GITES DE FRANCE-SERVICE RESERVATION - Place Campana - La Balance - BP 164 - 84008 AVIGNON Cedex 01
Tél. : 04 90 85 45 00 - Fax : 04 90 85 88 49 - www.itea.fr/GDF/84

| HORS SAIS. | JUILLET | AOUT | JUIN | SEPT. |
|---|---|---|---|---|
| 320 | 505 | 505 | 395 | 395 |

| 7 | 2 | 5 | 30 | 14 | 5 | 32 | 2 |
|---|---|---|---|---|---|---|---|

## N° 669 — TRAVAILLAN

NN — 4 pers.

Partie est, agréablement aménagée, de la maison du propriétaire avec terrasse privée au sud de 18 m² sur parking réservé donnant sur cour commune. 2 chambres : 2 lits 1 pers., 1 lit 2 pers.. Séjour/salle à manger/coin-cuisine. Salle d'eau avec wc. L-linge. Micro-ondes. TV couleur. Ch. électrique + climatisation. Salon de jardin. Barbecue. Forfait chauffage : 30 €/semaine.

GITES DE FRANCE-SERVICE RESERVATION - Place Campana - La Balance - BP 164 - 84008 AVIGNON Cedex 01
Tél. : 04 90 85 45 00 - Fax : 04 90 85 88 49 - www.itea.fr/GDF/84

| HORS SAIS. | JUILLET | AOUT | JUIN | SEPT. |
|---|---|---|---|---|
| 240 | 345 | 345 | 285 | 285 |

| 10 | 5 | 5 | 6 | 0,5 | 10 | SP | 10 | 2 |
|---|---|---|---|---|---|---|---|---|

# VAUCLUSE - 84

## N° 653 VAISON-LA-ROMAINE

NN  4 pers.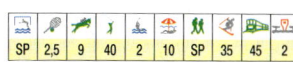

Partie est de la villa des propriétaires avec terrasse à l'est de 30 m², terrain réservé non clos de 300 m² et piscine (9 x 6 - ouverte du 01/06 au 30/09) commune aux propriétaires. 2 chambres : 2 lits 1 pers., 1 lit 2 pers., lit bébé (3 ans maxi.). Cuisine. Salon. Salle de bains. WC. L-linge. L-vaisselle. Micro-ondes. TV couleur. Ch. électrique. Salon de jardin. Barbecue. Forfait chauffage : 40 €/semaine. Poss. ménage fin de séjour : 40 €.

**GITES DE FRANCE-SERVICE RESERVATION** - Place Campana - La Balance - BP 164 - 84008 AVIGNON Cedex 01
Tél. : 04 90 85 45 00 - Fax : 04 90 85 88 49 - www.itea.fr/GDF/84

| HORS SAIS. | JUILLET | AOUT | JUIN | SEPT. |
|---|---|---|---|---|
| 350 | 610 | 610 | 400 | 400 |

| | | | | | | | | |
|---|---|---|---|---|---|---|---|---|
| SP | 2,5 | 9 | 40 | 2 | 10 | SP | 35 | 45 | 2 |

**PROVENCE-ALPES-CÔTE D'AZUR**

# RHÔNE-ALPES

## Pour réserver, écrire ou téléphoner :

### 01 - AIN
GITES DE FRANCE - Service Réservation
21, place Bernard - B.P. 198
01005 BOURG-EN-BRESSE Cédex
Tél. 04 74 23 82 69 - Fax. 04 74 22 65 86
E.mail : gites-de-france-ain@wanadoo.fr
www.gites-de-france-ain.com

### 07 - ARDECHE
GITES DE FRANCE - Service Réservation
4, cours du Palais - B.P. 402
07004 PRIVAS Cédex
Tél. 04 75 64 70 70 - Fax. 04 75 64 75 40
E.mail : gites-de-france-ardeche@wanadoo.fr
www.gites-de-france-ardeche.com

### 26 - DRÔME
GITES DE FRANCE - Service Réservation
Plateau de Lautagne
42, avenue des Langories - B.P. 169
26906 VALENCE Cédex 9
Tél. 04 75 83 09 23 - Fax. 04 75 82 90 57
Service administratif : 04 75 83 16 42
E.mail : gites-de-france-drome@wanadoo.fr
www.gites-de-france-drome.com

### 38 - ISERE
GITES DE FRANCE - Service Réservation
40, avenue Marcelin Berthelot
B.P. 2641 - 38036 GRENOBLE Cédex 02
Tél. 04 76 40 79 40 - Fax. 04 76 40 79 99
E.mail : sirt38@wanadoo.fr
www.gites-de-france-isere.com

### 42 - LOIRE
GITES DE FRANCE - Service Réservation
43, avenue Albert Raimond - B.P. 50
42272 SAINT-PRIEST-EN-JAREZ Cédex
Tél. 04 77 79 18 49 - Fax. 04 77 93 93 66
E.mail : contact@gites42.com
www.gites-de-france-loire.com

### 69 - RHÔNE
GITES DE FRANCE - Service Réservation
1, rue Général Plessier - 69002 LYON
Tél. 04 72 77 17 50 - Fax. 04 72 41 66 30
E.mail : gites69.adtr@wanadoo.fr
www.gites-de-france-rhone.com

### 73 - SAVOIE
GITES DE FRANCE
LOISIRS ACCUEIL SAVOIE
Maison du tourisme - 24, boulevard de la Colonne
73024 CHAMBERY Cédex
Tél. 04 79 85 01 09 ou 04 79 33 22 56
Fax. 04 79 85 71 32
E.mail : info@gites-de-france-savoie.com
www.gites-de-france-savoie.com

### 74 - HAUTE-SAVOIE
GITES DE FRANCE - Service Réservation
16, rue Guillaume Fichet - 74000 ANNECY
Tél. 04 50 10 10 11 - Fax. 04 50 10 10 12
E.mail : resa.gites74@wanadoo.fr
www.gites-de-france-haute-savoie.com

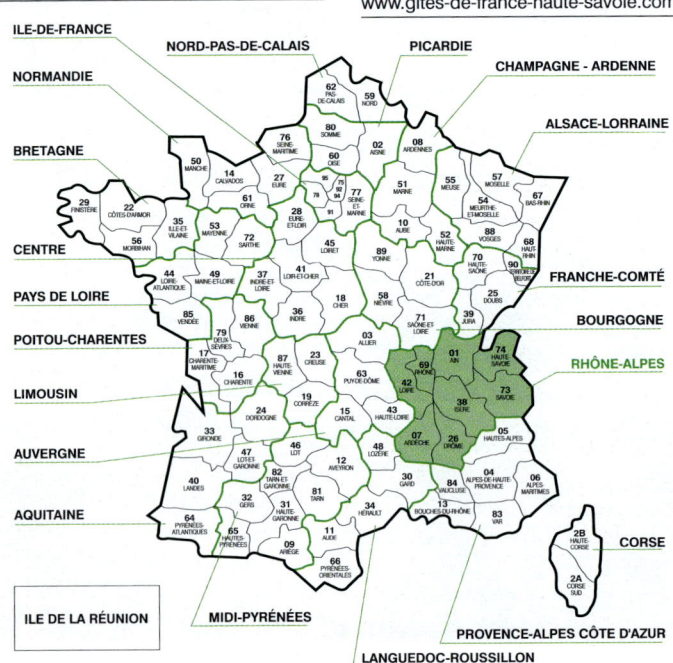

## AIN - 01

**GITES DE FRANCE** - Service Réservation
21, place Bernard - B.P. 198 - 01005 BOURG-EN-BRESSE Cédex
Tél. 04 74 23 82 66 - Fax. 04 74 22 65 86
E.mail : gites-de-france-ain@wanadoo.fr - www.gites-de-france-ain.com

### PERIODES TARIFAIRES
**VACANCES NOËL** : du 20.12.03 au 3.01.04 - **VACANCES HIVER** : du 7.02 au 6.03 - **AUTRES VACANCES** : du 25.10.03 au 01.11.03, du 03.04 au 1er.05, du 3.07 au 10.07, du 21.08 au 28.08 - **BASSE SAISON** : du 1er.11.03 au 20.12.03, du 3.01 au 7.02, du 6.03 au 3.04, 1er.05 au 29.05, du 25.09 au 23.10 - **VACANCES ÉTÉ** : du 10.07 au 21.08 - **MOYENNE SAISON** : du 29.05 au 3.07 et du 28.08 au 25.09 - **WEEK-END** : Prix à fixer pour 2 nuits hors vacances scolaires.

---

**N° 34020  BELLEY**      La Châtillonne      CM 328 pli G6

6 pers.

Grand gîte situé dans un ancien corps de ferme bugiste, en pierre, mitoyen à la maison du propriétaire. R.d.c. : entrée, wc, grand séjour avec cuisine équipée, espace repas et salon confortable. A l'étage : salle d'eau, 3 chambres (1 lit 2 pers. 2 lits 1 pers, 1 lit 2 pers). Chauffage électrique. Poss. location TV. Terrasse privative. Petit jardin privatif clos. Grand pré à dispo. Parking privatif. Gîte spacieux, très bien équipé, à prox. de Belley, au calme, en pleine nature. Baignade lac de Barterand, pêche à prox, parc de loisirs 20 km. Ouvert toute l'année.

GITES DE FRANCE-SERVICE RESERVATION - 21 place Bernard - BP 198 - 01005 BOURG-EN-BRESSE Cedex
Tél. : 04 74 23 82 66 - Fax : 04 74 22 65 86 - Email : gites-de-france-ain@wanadoo.fr - www.gites-de-france-ain.com

| VAC. NOËL | VAC. HIV. | AUTRES MOIS | BASSE SAIS. | JUIL./AOUT | MOY. SAIS. | WEEK-END |
|---|---|---|---|---|---|---|
| 320 | 320 | 380 | 300 | 380 | 380 | 153 |

| | | | | | | | | | |
|---|---|---|---|---|---|---|---|---|---|
| 2 | 0,5 | 2 | 3 | 1 | 25 | 25 | 18 | 2 | |

---

**N° 60020  BRENOD**      Le Rocher      850 m      CM 328 pli G4

NN  3 pers.

Gîte (38 m²) situé au r.d.c. du chalet des propriétaires. Séjour avec coin-cuisine (convertible 2 pers.), coin-cabine (1 lit 1 pers.), salle d'eau. Chauffage électrique. Terrasse. Grand terrain arboré. Lave-linge et Sèche-linge du proprio à dispo. Le gîte est situé sur le parcours des pistes de ski de fond, dans une nature préservée et à proximité des commodités. Ouvert toute l'année.

GITES DE FRANCE-SERVICE RESERVATION - 21 place Bernard - BP 198 - 01005 BOURG-EN-BRESSE Cedex
Tél. : 04 74 23 82 66 - Fax : 04 74 22 65 86 - Email : gites-de-france-ain@wanadoo.fr - www.gites-de-france-ain.com

| VAC. NOËL | VAC. HIV. | AUTRES MOIS | BASSE SAIS. | JUIL./AOUT | MOY. SAIS. | WEEK-END |
|---|---|---|---|---|---|---|
| 200 | 225 | 165 | 140 | 208 | 160 | 60 |

| | | | | | | | | | |
|---|---|---|---|---|---|---|---|---|---|
| 3 | 3 | 1 | SP | SP | 10 | 10 | SP | | |

---

**N° 65002  BUELLAS**      La Poudrerie      CM 328 pli D3

6 pers.

Gîte aménagé en r.d.c (90 m²), dans le prolong. d'un ancien moulin habité par le propr., sur une propriété de 4 ha (étang 1 ha) et traversé par une rivière. Entrée, cuisine, séjour coin-salon (poêle à bois), 2 chambres (1 lit 2 pers., 2 lits 1 pers.), salle de bains, wc. Chauf. cent. fioul. Garage, parking. Poss. de pêche en entente avec le propr. (truites et autres poissons). Entre Bresse et Dombes, les propriétaires vous proposent un séjour en toute quiétude et au fil de l'eau... Ouvert toute l'année.

GITES DE FRANCE-SERVICE RESERVATION - 21 place Bernard - BP 198 - 01005 BOURG-EN-BRESSE Cedex
Tél. : 04 74 23 82 66 - Fax : 04 74 22 65 86 - Email : gites-de-france-ain@wanadoo.fr - www.gites-de-france-ain.com

| VAC. NOËL | VAC. HIV. | AUTRES MOIS | BASSE SAIS. | JUIL./AOUT | MOY. SAIS. | WEEK-END |
|---|---|---|---|---|---|---|
| 275 | 244 | 244 | 244 | 360 | 275 | 122 |

| | | | | | | | | |
|---|---|---|---|---|---|---|---|---|
| 12 | SP | 10 | 12 | SP | 12 | 4 | | |

---

**N° 167001  GARNERANS**      Clos Jonchy      CM 328 pli C3

NN  5 pers.

Tout prêt de la Dombes, de la Bresse, des grands crus du Mâconnais et du Beaujolais, gîte invitant à la détente et à la découverte de ces régions. Gîte dans prolong. de la maison des propriétaires sur 2 niveaux (86 m²). R.d.c. : séjour, cuisine. 1 ch. (1 lit 2 pers. 1 lit 1 pers.), salle d'eau, wc. Et. : 1 ch. (1 lit 2 pers.) et 1 wc. Terrasse, cour fermée, terrain. Abri couvert. Ouvert toute l'année.

GITES DE FRANCE-SERVICE RESERVATION - 21 place Bernard - BP 198 - 01005 BOURG-EN-BRESSE Cedex
Tél. : 04 74 23 82 66 - Fax : 04 74 22 65 86 - Email : gites-de-france-ain@wanadoo.fr - www.gites-de-france-ain.com

| VAC. NOËL | VAC. HIV. | AUTRES MOIS | BASSE SAIS. | JUIL./AOUT | MOY. SAIS. | WEEK-END |
|---|---|---|---|---|---|---|
| 260 | 260 | 260 | 260 | 280 | 260 | 100 |

| | | | | | | | | |
|---|---|---|---|---|---|---|---|---|
| 5 | 2 | 14 | 3 | SP | 13 | 5 | | |

---

**N° 176020  GRAND-ABERGEMENT**      Les Mousserons      800 m      CM 328 pli H4

NN  6 pers.

Gîte (79 m²) au r.d.c. de la maison des propr. Salle à manger avec coin- cuisine (micro-ondes), 2 chambres (1 lits 2 pers., 1 lits 2 pers. et 2 lits superposés 1 pers.), salle de bains. Chauf. élec. Stationnement à prox., terrasse, terrain non clos. Au coeur de la montagne, été comme hiver, vous pourrez découvrir la richesse du patrimoine et vous adonner à différents loisirs. Vue exceptionnelle et dégagée sur le Valromey. Ouvert toute l'année.

GITES DE FRANCE-SERVICE RESERVATION - 21 place Bernard - BP 198 - 01005 BOURG-EN-BRESSE Cedex
Tél. : 04 74 23 82 66 - Fax : 04 74 22 65 86 - Email : gites-de-france-ain@wanadoo.fr - www.gites-de-france-ain.com

| VAC. NOËL | VAC. HIV. | AUTRES MOIS | BASSE SAIS. | JUIL./AOUT | MOY. SAIS. | WEEK-END |
|---|---|---|---|---|---|---|
| 225 | 225 | 225 | 185 | 260 | 225 | 70 |

| | | | | | | | | |
|---|---|---|---|---|---|---|---|---|
| 7 | 5 | 10 | 3 | 5 | 3 | 20 | 5 | |

**RHÔNE-ALPES**

# AIN - 01

*Périodes tarifaires p. 461*

## N° 264002 — MONTRACOL — Machard — CM 328 pli D3

**5 pers.**

Aux limites de la Bresse et de la Dombes, gîte (100 m²) de caractère sur 2 niveaux, mitoyen au logement des propriétaires. Au r.d.c., séjour/coin salon avec canapé convertible 2 pers. (160 cm), cuisine ouverte, salle d'eau avec wc, prise TV. A l'étage, mezzanine (1 lit 1 pers.), 1 chambre (1 lit 2 pers.). Chauf. central bois et gaz, par le sol. Terrasse et terrain clos. Portique, table de ping-pong.

GITES DE FRANCE-SERVICE RESERVATION – 21 place Bernard - BP 198 - 01005 BOURG-EN-BRESSE Cedex
Tél. : 04 74 23 82 66 - Fax : 04 74 22 65 86 - Email : gites-de-france-ain@wanadoo.fr - www.gites-de-france-ain.com

| VAC. NOËL | VAC. HIV. | AUTRES MOIS | BASSE SAIS. | JUIL./AOUT | MOY. SAIS. | WEEK-END |
|---|---|---|---|---|---|---|
| 290 | 290 | 290 | 280 | 375 | 280 | 120 |

| | | | | | | |
|---|---|---|---|---|---|---|
| 10 | 10 | 3 | 10 | SP | 10 | 3,8 |

## N° 304001 — PONT-D'AIN — Necudey — CM 328 pli F4

**NN  6 pers.**

Dans une grande bâtisse en pierre, gîte de 120 m² comprenant au r.d.c. : Séjour avec cuisine américaine, coin-salon. Congélateur, wc, TV avec parabole. Au 1er étage : salle de bains, WC, 2 ch. (2 lits 1 pers. et 2 lits 1 pers.). Au 2ème étage : ch. mansardée (1 lit 2 pers.). Terrain, terrasse. Gîte décoré avec goût mêlant le bois à la pierre. Ouvert toute l'année.

GITES DE FRANCE-SERVICE RESERVATION – 21 place Bernard - BP 198 - 01005 BOURG-EN-BRESSE Cedex
Tél. : 04 74 23 82 66 - Fax : 04 74 22 65 86 - Email : gites-de-france-ain@wanadoo.fr - www.gites-de-france-ain.com

| VAC. NOËL | VAC. HIV. | AUTRES MOIS | BASSE SAIS. | JUIL./AOUT | MOY. SAIS. | WEEK-END |
|---|---|---|---|---|---|---|
| 535 | 535 | 535 | 440 | 535 | 440 | 200 |

| | | | | | | |
|---|---|---|---|---|---|---|
| 1,5 | 1,5 | 10 | 11 | 0,3 | 0,8 | 0,8 |

## N° 352001 — ST-ETIENNE-SUR-REYSSOUZE — Pérignat — CM 328 pli C2

**4 pers.**

Gîte de plain-pied (70 m²) aménagé dans le prolongement de la maison d'habitation des propr. (ancienne ferme rénovée). Cuisine, séjour, coin-détente (conv. 2 pers.), chambre (1 lit 2 pers.), salle d'eau. Chauffage central fuel. Terrasse, terrain. Route de la Bresse, cheminée sarrazine à prox. Ouvert toute l'année.

GITES DE FRANCE-SERVICE RESERVATION – 21 place Bernard - BP 198 - 01005 BOURG-EN-BRESSE Cedex
Tél. : 04 74 23 82 66 - Fax : 04 74 22 65 86 - Email : gites-de-france-ain@wanadoo.fr - www.gites-de-france-ain.com

| VAC. NOËL | VAC. HIV. | AUTRES MOIS | BASSE SAIS. | JUIL./AOUT | MOY. SAIS. | WEEK-END |
|---|---|---|---|---|---|---|
| 300 | 300 | 300 | 300 | 300 | 300 | 115 |

| | | | | | | |
|---|---|---|---|---|---|---|
| 7 | 0,2 | 17 | 10 | SP | 25 | 2 |

## N° 425001 — LA TRANCLIERE — La Grange du Bois — CM 328 pli E4

**NN  5 pers.**

Situé en lisière de forêt, gîte totalement indépendant (88 m²) accessible de plain pied. Grande pièce de vie composée d'un espace détente et d'une cuisine ouverte sur le séjour (clic-clac), hall d'entrée, salle d'eau avec wc, 3 ch. (1 lit 2 pers., 2 lits 1 pers., 1 lit 1 pers.). Local de rangement dispo. a prox. Terrasse. Terrain. Vue dégagée sur la plaine. Chemins forestiers directement accessibles depuis le gîte. Gîte rural idéalement situé pour la découverte de l'Ain. Découverte de l'élevage de faisans avec les propriétaires. Ouvert toute l'année.

GITES DE FRANCE-SERVICE RESERVATION – 21 place Bernard - BP 198 - 01005 BOURG-EN-BRESSE Cedex
Tél. : 04 74 23 82 66 - Fax : 04 74 22 65 86 - Email : gites-de-france-ain@wanadoo.fr - www.gites-de-france-ain.com

| VAC. NOËL | VAC. HIV. | AUTRES MOIS | BASSE SAIS. | JUIL./AOUT | MOY. SAIS. |
|---|---|---|---|---|---|
| 350 | 350 | 350 | 305 | 380 | 305 |

| | | | | | | |
|---|---|---|---|---|---|---|
| 7 | 10 | 10 | 12 | 12 | 5 | 10 | 10 |

## N° 452001 — VIRIEU-LE-GRAND — Le Plan de Mai — CM 328 pli G5

**4 pers.**

Gîte (50 m²) de plain pied, ancien grangeon en pierre de caractère bugiste, dans un hameau, au calme, entouré de vignes. Séjour/cuisine/coin salon avec cheminée (insert). 1 chambre (1 lit 2 pers. 2 lits 1 pers), coin télé/jeux. Salle d'eau/wc. Cellier. Chauf. élect. Jardin fleuri privatif, pré en partie clos. Parking privé. Un petit gîte simple situé dans un vallon plein de charme entouré de vignes et de montagnes. Prox. Lac de Virieu 5 km, Belley 11 km. Week-end détente : 150 €. Ouvert du 21 juin au 15 novembre.

GITES DE FRANCE-SERVICE RESERVATION – 21 place Bernard - BP 198 - 01005 BOURG-EN-BRESSE Cedex
Tél. : 04 74 23 82 66 - Fax : 04 74 22 65 86 - Email : gites-de-france-ain@wanadoo.fr - www.gites-de-france-ain.com

| BASSE SAIS. | JUIL./AOUT | MOY. SAIS. | WEEK-END |
|---|---|---|---|
| 240 | 260 | 245 | 125 |

| | | | | | | | | |
|---|---|---|---|---|---|---|---|---|
| 5 | 0,8 | 11 | 10 | 0,2 | 6 | 15 | 1 | 1 |

**RHÔNE-ALPES** — *Pictos voir p. 12*

Pour préparer vos vacances, ayez le réflexe Minitel et gagnez des séjours et de nombreux lots en consultant le **36.15 Gîtes de France** (0,2 €/mn)

# ARDÈCHE - 07

**GITES DE FRANCE - Service Réservation**
4, cours du Palais - B.P. 402 - 07004 PRIVAS Cédex
Tél. 04 75 64 70 70 - Fax. 04 75 64 75 40
E.mail : contact@gites-de-france-ardeche.com
www.gites-de-france-ardeche.com

---

### N° 2008 — AILHON — Domaine du Planas — CM 76 pli 18

**NN — 2 pers.**

A 10 min d'Aubenas, dans une clairière d'une fôret de pins, "Le Bungalow" est un petit studio indépendant, comprenant 1 pièce à vivre avec coin-cuisine, 1 lit double, salle d'eau avec wc, coin salon sous la véranda ouvrant directement sur le parc boisé de 3ha. Chauff électr, lave-linge commun avec le second gîte. Belle et grande piscine commune. Draps, linge de maison et de toilette fournis. Découverte de la beauté des paysages typés de l'Ardèche par de nombreux chemins de randonnées situés au départ de la maison. Nous sommes situés dans un enivronnement très calme, paisible et charmant.
Jérémy et M-Noelle NICKLIN - Domaine du Planas - 07200 AILHON
Tél. : 04 75 93 07 71 - Fax : 04 75 93 58 99 - Email : mnn@leplanas.com - www.leplanas.com

| HTE SAIS. | MOY. SAIS. | VAC. SCOL. | BASSE SAIS. | TRES BAS. SAIS. | WEEK-END |
|---|---|---|---|---|---|
| 330 | 270 | 270 | 270 | 270 | 120 |

| | | | | | | | | |
|---|---|---|---|---|---|---|---|---|
| 2 | 2 | SP | 1,5 | 5 | SP | 15 | 15 | 6 |

---

### N° 2009 — AILHON — Domaine du Planas — CM 76 pli 18

**NN — 2 pers.**

A 10 min d'Aubenas, dans une clairière d'une fôret de pins, "Les arcades", gîte situé au rdc de notre maison, composé de 2 pièces ouvrant directement par 2 gdes baies vitrées sur une terrasse privée. Séjour, coin-cuisine, coin-salon, 1ch(3 lit 1 pers.), salle d'eau, wc, chauff électr, lave-linge commun avec le second gîte. Belle et grande piscine commune. Draps, linge de maison et de toilette fournis. Découverte de la beauté des paysages typés de l'Ardèche par de nombreux chemins de randonnées situés au départ de la maison. Situé dans un enivronnement très calme, paisible et charmant.
Jérémy et M-Noelle NICKLIN - Domaine du Planas - 07200 AILHON
Tél. : 04 75 93 07 71 - Fax : 04 75 93 58 99 - Email : mnn@leplanas.com - www.leplanas.com

| HTE SAIS. | MOY. SAIS. | VAC. SCOL. | BASSE SAIS. | TRES BAS. SAIS. | WEEK-END |
|---|---|---|---|---|---|
| 420 | 330 | 330 | 330 | 330 | 110 |

| | | | | | | | | |
|---|---|---|---|---|---|---|---|---|
| 2 | 2 | SP | 1,5 | 5 | SP | 15 | 15 | 6 |

---

### N° 4014 — AJOUX — Blaizac — 650 m — CM 76 pli 19

**NN — 6 pers.**

Gîte sur 2 niveaux aménagé dans le petit hameau de Blaizac, gîte exposé au levant. Séjour/c.cuisine équipé, 2ch (2 lits 2 pers.), 1ch (2 lits 1 pers.), lit bébé sur demande, convertible 2 pers., cheminée, salle d'eau, 2 wc, ch.électr, terrasse fermée, tél(carte France Télécom), piscine privée avec chauffage solaire réservée aux 4 gîtes et au propriétaire. Terrain de boules, table de ping-pong. Grands commerces à 20 km (Privas). Vente de produits fermiers dans le hameau. Ouvert toute l'année.
René FOURNIER - Blaizac - 07000 AJOUX
Tél. : 04 75 66 80 61

| HTE SAIS. | MOY. SAIS. | VAC. SCOL. | BASSE SAIS. | TRES BAS. SAIS. | WEEK-END |
|---|---|---|---|---|---|
| 457 | 275 | 275 | 215 | 215 | 120 |

| | | | | | | | | |
|---|---|---|---|---|---|---|---|---|
| 20 | 1 | SP | 10 | 20 | SP | 20 | | |

---

### N° 5019 — ALBA-LA-ROMAINE — Grange au Nègre — CM 80 pli 9

**NN — 5 pers.**

Ancienne ferme en pierre de pays de belle architecture, située à 2km du village médiéval d'Alba-la-Romaine, village construit au pied du château (ancienne capitale gallo-romaine de l'Helvie). Gîte aménagé au dos de notre habitation, bénéficiant d'une terrasse bien exposée et d'un grand terrain. Séjour, coin-cuisine équipé, ch1 (1 lit 2 pers.), ch2 (3 lits 1 pers. dont 2 superposés), salle de bain, wc, chauff.électr., prise TV. Venez savourer la douceur du climat provençal. Environnement de vignes et de garrigue. Sur place, nous vous proposons aussi 3 chambres d'hôtes. Ouvert toute l'année.
GITES DE FRANCE-SERVICE RESERVATION - 4 Cours du Palais - BP 402 - 07004 PRIVAS Cedex
Tél. : 04 75 64 70 70 - Fax : 04 75 64 75 40 - Email : contact@gites-de-france-ardeche.com - www.gites-de-france-ardeche.com

| HTE SAIS. | MOY. SAIS. | VAC. SCOL. | BASSE SAIS. | TRES BAS. SAIS. | WEEK-END |
|---|---|---|---|---|---|
| 435 | 300 | 265 | 245 | 245 | 110 |

| | | | | | | | | |
|---|---|---|---|---|---|---|---|---|
| 12 | 15 | 2 | 2 | 12 | SP | 20 | 20 | 2 |

---

### N° 7007 — ALBOUSSIERE — Le Haut Verger — 550 m — CM 76 pli 20

**NN — 2 pers.**

Au pays de Crussol, dans un magnifique parc boisé de 8000 m², gîte de bon confort et accueillant aménagé au rez de jardin de la maison du propriétaire. Accès au gîte privatif. Terrasse privative devant le gîte. Séjour, coin-cuisine, micro-ondes, 1 ch (1 lit 2 pers), 1 lit 1 pers dans le séjour. Convertible 2 pers.en appoint. Salle d'eau et wc. Terrain attenant au gîte à disposition. Table de ping-pong. Chauffage central (forfait 18 €/sem, 8 €/week-end). Ouvert toute l'année.
GITES DE FRANCE-SERVICE RESERVATION - 4 Cours du Palais - BP 402 - 07004 PRIVAS Cedex
Tél. : 04 75 64 70 70 - Fax : 04 75 64 75 40 - Email : contact@gites-de-france-ardeche.com - www.gites-de-france-ardeche.com

| HTE SAIS. | MOY. SAIS. | VAC. SCOL. | BASSE SAIS. | TRES BAS. SAIS. | WEEK-END |
|---|---|---|---|---|---|
| 350 | 275 | 250 | 230 | 230 | 90 |

| | | | | | | | | |
|---|---|---|---|---|---|---|---|---|
| 1 | 1 | 12 | SP | 0,5 | SP | 20 | 0,5 | |

# ARDÈCHE - 07

### N° 13003  ARDOIX  Beauvoir  CM 76 pli 10
**NN  4 pers.**

Dans un petit hameau surplombant la vallée de l'Ay, au coeur du vignoble du St Joseph et à 10mn de la vallée du Rhône, cette maison entièrement restaurée, comprend 2 gites mitoyens. Chaque gite dispose d'une terrasse exposée au levant. 1er gite : séjour/coin-cuisine intégrée, 1ch(1 lit 2 pers), salon avec mezzanine (1 lit 140), 1 conv.1 pers, salle d'eau, wc. Chauff.élctr, cheminée avec insert. Equipement bébé sur demande. Terrain et jeux de boules communs. A moins de 30 mn : safari de Peaugres, train touristique, montgolfières, vignobles de la vallée du rhône,... Ouvert toute l'année.
GITES DE FRANCE-SERVICE RESERVATION - 4 Cours du Palais - BP 402 - 07004 PRIVAS Cedex
Tél : 04 75 64 70 70 - Fax : 04 75 64 75 40 - Email : contact@gites-de-france-ardeche.com - www.gites-de-france-ardeche.com

| HTE SAIS. | MOY. SAIS. | VAC. SCOL. | BASSE SAIS. | TRES BAS. SAIS. | WEEK-END |
|---|---|---|---|---|---|
| 320 | 240 | 240 | 210 | 210 | 110 |

| | | | | | | | | |
|---|---|---|---|---|---|---|---|---|
| 2 | 2 | 5 | 3 | 5 | SP | 15 | 15 | |

### N° 13004  ARDOIX  Beauvoir  CM 76 pli 10
**NN  4 pers.**

Dans un petit hameau surplombant la vallée de l'Ay, au coeur du vignoble du St Joseph et à 10 mn de la vallée du Rhône, cette maison entièrement restaurée, comprend 2 gites mitoyens. Chaque gite dispose d'une terrasse exposée au levant. 2e gite : séjour/coin-cuisine intégrée, 1ch(1 lit 160), ch2(2 lits 1 pers), 1 conv.1 pers, salle d'eau, wc, ch.électrique. Cheminée avec insert (bois gratuit). Equipement bébé à la demande. Terrain et jeux de boules communs. A moins de 30 mn : safari de Peaugres, train touristique, montgolfières, vignobles de la vallée du Rhône,... Ouvert toute l'année.
GITES DE FRANCE-SERVICE RESERVATION - 4 Cours du Palais - BP 402 - 07004 PRIVAS Cedex
Tél : 04 75 64 70 70 - Fax : 04 75 64 75 40 - Email : contact@gites-de-france-ardeche.com - www.gites-de-france-ardeche.com

| HTE SAIS. | MOY. SAIS. | VAC. SCOL. | BASSE SAIS. | TRES BAS. SAIS. | WEEK-END |
|---|---|---|---|---|---|
| 390 | 290 | 290 | 250 | 250 | 130 |

| | | | | | | | | |
|---|---|---|---|---|---|---|---|---|
| 2 | 2 | 5 | 3 | 5 | SP | 15 | 15 | |

### N° 18014  ASTET  750 m  CM 76 pli 17
**NN  2 pers.**

Maison en pierre comprenant 3 gîtes ruraux (accès indépendant). 3ème gîte en rez de chaussée. Séjour, coin cuisine, 1 chambre (3 lits 1 pers dont 2 superposés), convertible 2 pers dans le séjour. Salle d'eau, wc indépendant, chauffage électrique. Aire de jeux pour enfants commune aux gîtes. Terrain commun non clos. Permanance téléphonique de la Mairie : mardi et samedi. Grands commerces à 25 km. 2 Tables de pique-nique commune aux 3 gîtes. Ouvert toute l'année.
MAIRIE D'ASTET - 07330 ASTET
Tél : 04 75 87 20 89 - Fax : 04 75 87 20 89

| HTE SAIS. | MOY. SAIS. | VAC. SCOL. | BASSE SAIS. | TRES BAS. SAIS. | WEEK-END |
|---|---|---|---|---|---|
| 194 | 155 | 155 | 155 | 155 | 88 |

| | | | | | | | | |
|---|---|---|---|---|---|---|---|---|
| 1,5 | 1 | 30 | 15 | 20 | SP | 25 | 30 | 6 |

### N° 19055  AUBENAS  CM 76 pli 19
**NN  5 pers.**

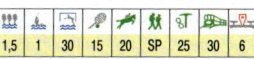

Très joli gîte aménagé dans une partie de notre maison (accès et entrée totalement indépendants). Séjour, coin-salon, cheminée avec insert (bois fourni), cuisine toute équipée, ch1(2 lits 1 pers), ch2(1 lit 2 pers.), ch3(1 lit 130 pour 1 pers), salle d'eau, s.de bain, wc, chauff.central (30 €/sem, 12 €/week-end). Grande et belle terrasse plein sud dominant la vallée et le bassin d'Aubenas, gd terrain à dispo. Promenades dans les pinèdes près du départ de la maison. Idéalement situé au centre du département, vous pourrez visiter la basse Ardèche, le plateau ardéchois, la Cévenne. Ouvert du 1er avril au 1er octobre.
GITES DE FRANCE-SERVICE RESERVATION - 4 Cours du Palais - BP 402 - 07004 PRIVAS Cedex
Tél : 04 75 64 70 70 - Fax : 04 75 64 75 40 - Email : contact@gites-de-france-ardeche.com - www.gites-de-france-ardeche.com

| HTE SAIS. | MOY. SAIS. | VAC. SCOL. | BASSE SAIS. | TRES BAS. SAIS. | WEEK-END |
|---|---|---|---|---|---|
| 490 | 340 | 275 | 275 | 275 | 120 |

| | | | | | | | | |
|---|---|---|---|---|---|---|---|---|
| 5 | 2 | 3 | 3 | 5 | SP | 20 | 5 | 2 |

### N° 23033  BALAZUC  CM 80 pli 8
**NN  2 pers.**

A l'entrée de Balazuc, l'un des plus beaux villages de France (XIIe s.), Claudie et Pierre vous proposent des vacances au calme, au coeur de la nature ardéchoise. Maison indépendante située au dessus du château. Jardinet fleuri et clos, terrasse couverte, séjour/c.cuisine, 1ch(1 lit 2 pers), salle d'eau, wc, poêle-cheminée(bois gratuit), 1 convert 2 pers.. Chauffage central (forfait 20 €/sem.), lit bébé sur demande. Uniquement petits chiens acceptés. Du 12/06 au 26/06 : 320 €. Promotion -20% du 26/06 au 03/07. Ouvert toute l'année.
Pierre BRAHIC - La Chazotte - 07120 BALAZUC
Tél : 04 75 37 75 78 - 06 75 37 11 60 - Fax : 04 75 37 75 78 - Email : locations.brahic@wanadoo.fr - www.gites-frigoulet.com

| HTE SAIS. | MOY. SAIS. | VAC. SCOL. | BASSE SAIS. | TRES BAS. SAIS. | WEEK-END |
|---|---|---|---|---|---|
| 620 | 250 | 250 | 200 | 200 | 115 |

| | | | | | | | | |
|---|---|---|---|---|---|---|---|---|
| SP | SP | 0,8 | 3 | 7 | SP | 0,8 | 0,7 | |

### N° 23034  BALAZUC  Le Frigoulet  CM 80 pli 8
**NN  6 pers.**

A Balazuc, l'un des plus beaux villages de France (XIIe s.), Claudie et Pierre vous proposent des vacances au calme, au coeur de la nature ardéchoise. 9 gîtes aménagés sous les chênes. Piscine commune. 8e gîte : séjour/c.cuisine, 2ch(2 lits 2 pers), 1ch(2 lits 1 pers), salle d'eau, wc, cheminée (bois gratuit), 1 canapé, ch.électr., prise TV. Lit bébé sur demande, linge commun, terrasse, cour ombragée privative. Uniquement petits chiens acceptés. Du 12/06 au 26/06 : 380 €. Promotion -20% du 26/06 au 03/07. Ouvert toute l'année.
Pierre BRAHIC - La Chazotte - 07120 BALAZUC
Tél : 04 75 37 75 78 - 06 75 37 11 60 - Fax : 04 75 37 75 78 - Email : locations.brahic@wanadoo.fr - www.gites-frigoulet.com

| HTE SAIS. | MOY. SAIS. | VAC. SCOL. | BASSE SAIS. | TRES BAS. SAIS. | WEEK-END |
|---|---|---|---|---|---|
| 760 | 310 | 310 | 245 | 245 | 155 |

| | | | | | | | | |
|---|---|---|---|---|---|---|---|---|
| 0,8 | 0,8 | SP | 3 | 7 | SP | 0,8 | 0,7 | |

**RHÔNE-ALPES**

# ARDÈCHE - 07

## N° 25020 — BARNAS — Lafarre — 500 m — CM 76 pli 18

**NN — 4 pers.**

Dans un site favorable au repos, gîte de caractère situé à proximité de notre maison, nous sommes à 5mn de la RN102, au pied de la montagne ardéchoise et à proximité des thermes de Neyrac et de Vals les Bains. Salon avec 2 canapés, cuisine, salle d'eau, wc, 1 petite chambre avec 1 lit 2 pers, 1 mezzanine avec 1 lit 2 pers. et 1 lit 1 pers.. Terrasse, terrain non clos, chauffage central. Gîte paisible situé dans un environnement protégé, au coeur du Parc Régional des Monts d'Ardèche. Grands commerces à 12km. Ouvert toute l'année.

Patrick DELAPLANCHE - Ladreyt de Lafarre - 07330 BARNAS
Tél.: 04 75 36 32 12 - 06 08 25 00 16 - Fax: 04 75 38 09 89 - Email: isa.delaplanche@wanadoo.fr

| HTE SAIS. | MOY. SAIS. | VAC. SCOL. | BASSE SAIS. | TRES BAS. SAIS. | WEEK-END |
|---|---|---|---|---|---|
| 395 | 305 | 305 | 305 | 305 | 100 |

| | | | | | | | |
|---|---|---|---|---|---|---|---|
| 1,5 | 0,5 | 20 | 5 | 5 | SP | 5 | |

## N° 25023 — BARNAS — Le Pouget — 550 m — CM 76 pli 18

**NN — 4 pers.**

Dans un environnement de bois de châtaigniers, de landes à genêts, avec vue sur les montagnes, gîte en pierre indépendant aménagé. Séjour, coin-cuisine équipé, 1ch (1 lit 2 pers), 1 mezzanine avec 2 lits 1 pers, 1 convert 1 pers, salle d'eau, wc, chauff.central (forfait 23 €/sem), prise TV. Terrain entièrement clos. Lits faits à l'arrivée. Gîte situé au coeur du Parc Régional des Monts d'Ardèche. Grands commerces 18km. Ouvert toute l'année.

Jean-Pierre BOUDEAU-JAVARY - Le Pouget - 07330 BARNAS
Tél.: 04 75 36 44 22 - Email: pougetjp@wanadoo.fr

| HTE SAIS. | MOY. SAIS. | VAC. SCOL. | BASSE SAIS. | TRES BAS. SAIS. |
|---|---|---|---|---|
| 360 | 290 | 280 | 250 | 250 |

| | | | | | | |
|---|---|---|---|---|---|---|
| 2 | 2 | 12 | 5 | 5 | SP | 2,5 |

## N° 28021 — BEAULIEU — Les Lebres — CM 80 pli 8

**NN — 3 pers.**

2 gîtes aménagés dans un petit hameau très calme, à 300m de la rivière et à proximité des Vans et de Ruoms. 2e gîte avec grande terrasse couverte et petit jardin clos. Séjour, coin-cuisine tout équipé, convertible 2 pers., 1 chambre mansardée avec 1 lit 2 pers., 1ch enfant avec 2 lit 1 pers., salle d'eau, wc, chauff.électr. Grands commerces à 8km.

Bernard DELEUZE - 4 impasse d'Alzon - 26000 VALENCE
Tél.: 04 75 44 66 66 - 06 08 36 11 32 - Email: bernard.deleuze@wanadoo.fr

| HTE SAIS. | MOY. SAIS. | VAC. SCOL. | BASSE SAIS. | TRES BAS. SAIS. | WEEK-END |
|---|---|---|---|---|---|
| 384 | 260 | 244 | 232 | 232 | 124 |

| | | | | | | | | |
|---|---|---|---|---|---|---|---|---|
| 3 | 0,3 | 5 | 5 | 4 | SP | 3 | 4 | 3 |

## N° 28022 — BEAULIEU — Les Lebres — CM 80 pli 8

**NN — 4 pers.**

Dans un petit hameau très calme à 300m de la rivière. Gîte aménagé au rdc de notre logement de vacances. Terrasse couverte sous les arcades, cour fleurie et ombragée (cour est commune). Séjour, coin-cuisine, convert 2 pers., 1ch (1 lit 2 pers.), 1ch (2 lits 1 pers.), salle d'eau, wc, ch électr. Grands commerces à 7 Km. Ouvert du 10 mai au 30 septembre.

Jean-Marie DELEUZE - Rés du Lycée - rue Pierre Doise Bat G - 13010 MARSEILLE
Tél.: 04 91 75 10 24 - 04 75 39 32 35 - Email: anne-marie.deleuze@wanadoo.fr

| HTE SAIS. | MOY. SAIS. | VAC. SCOL. | BASSE SAIS. | TRES BAS. SAIS. | WEEK-END |
|---|---|---|---|---|---|
| 393 | 240 | 240 | 232 | 232 | 126 |

| | | | | | | | | |
|---|---|---|---|---|---|---|---|---|
| SP | SP | 5 | 5 | 4 | SP | 3 | 4 | 3 |

## N° 30003 — BEAUVENE — Pont de Chervil — CM 76 pli 20

**NN — 7 pers.**

Situé au coeur de la vallée de l'Eyrieux, gîte de bon confort aménagé côté châtaigneraie, bénéficiant d'une grande terrasse (50m2), accès à notre piscine. Séjour/c.cuisine équipée, 2ch (2 lits 2 pers.), 1ch (3 lits 1 pers.), chaque chambre dispose d'une petite salle d'eau avec wc, coin-salon, chauff.électr. Parking fermé (2 voitures). Lit + chaise bébé sur demande. Route de la vallée de l'Eyrieux au 2e de notre maison. Sur place, le propriétaire dispose aussi d'un restaurant. Le Cheylard (tous commerces, piscine avec tobogan, cinéma à 10mn), piste cyclable à 14km. Ouvert du 27 mars au 30 octobre.

GITES DE FRANCE-SERVICE RESERVATION - 4 Cours du Palais - BP 402 - 07004 PRIVAS Cedex
Tél.: 04 75 64 70 70 - Fax: 04 75 64 75 40 - Email: contact@gites-de-france-ardeche.com - www.gites-de-france-ardeche.com

| HTE SAIS. | MOY. SAIS. | VAC. SCOL. | BASSE SAIS. | TRES BAS. SAIS. |
|---|---|---|---|---|
| 610 | 510 | 470 | 400 | 400 |

| | | | | | | |
|---|---|---|---|---|---|---|
| 1 | SP | SP | 2 | 12 | SP | 2 | 2 |

## N° 32002 — BERZEME — Taverne — 730 m — CM 76 pli 19

**NN — 6 pers.**

Gîte aménagé à côté de la maison du propriétaire, dans un petit hameau sur le plateau du Coiron, entre vallée du Rhône et basse Ardèche. Une piscine hors sol diam 4.6m, haut.1,20m vous est entièrement réservée. Séjour/coin-cuisine intégré, cheminée, ch1 (1 lit 140, 1 lit 90), ch2 (1 lit 140, 1 lit 90), wc, salle d'eau, ch.électrique. Terrasse 50 m2 ombragée par la tonnelle, terrain commun. Lit et chaise bébé à la demande. Petite route de village très peu fréquentée devant le gîte. Piscine du 19/06 au 4/09. Ouvert du 27 mars au 31 décembre.

GITES DE FRANCE-SERVICE RESERVATION - 4 Cours du Palais - BP 402 - 07004 PRIVAS Cedex
Tél.: 04 75 64 70 70 - Fax: 04 75 64 75 40 - Email: contact@gites-de-france-ardeche.com - www.gites-de-france-ardeche.com

| HTE SAIS. | MOY. SAIS. | VAC. SCOL. | BASSE SAIS. | TRES BAS. SAIS. | WEEK-END |
|---|---|---|---|---|---|
| 550 | 380 | 350 | 300 | 300 | 150 |

| | | | | | | | |
|---|---|---|---|---|---|---|---|
| 10 | 2 | SP | 15 | 15 | SP | 25 | 15 | 12 |

# ARDÈCHE - 07

## N° 35020 — BOFFRES — La Selle — 750 m — CM 76 pli 20
**NN — 4 pers.**

Dans un cadre calme et reposant, cette ancienne ferme datant du XVIIIe, entièrement restaurée, vous propose 3 très jolis gîtes de caractère. Chaque gîte dispose d'un espace extérieur privatif. Le Mousseron, indépendant : séjour, coin-cuisine équipée, ch1 (1 lit 2 pers., salle d'eau), ch2 (2 lits 1 pers.sup., 1 lit 1 pers.), salle de bains, wc. Ch.élect., terrasse, terrain non clos. Environnement de bois et de prairie. Grands commerces à 5,5km. Ouvert toute l'année.

GITES DE FRANCE-SERVICE RESERVATION - 4 Cours du Palais - BP 402 - 07004 PRIVAS Cedex
Tél. : 04 75 64 70 70 - Fax : 04 75 64 75 40 - Email : contact@gites-de-france-ardeche.com - www.gites-de-france-ardeche.com

| HTE SAIS. | MOY. SAIS. | VAC. SCOL. | BASSE SAIS. | TRES BAS. SAIS. | WEEK-END |
|---|---|---|---|---|---|
| 395 | 290 | 270 | 230 | 230 | 120 |

5,5 | 1 | 5,5 | 5,5 | 1,5 | SP | 18 | 29 | 5,5

## N° 35021 — BOFFRES — La Selle — 750 m — CM 76 pli 20
**NN — 7 pers.**

Dans un cadre calme et reposant, cette ancienne ferme datant du XVIIIe, entièrement restaurée, vous propose 3 très jolis gîtes de caractère. Chaque gîte dispose d'un espace extérieur privatif. Le Bolet : cuisine toute équipée, salon devant la cheminée traditionnelle (convert 1 pers., fauteuil), ch1 (1 lit 2 pers., 1 lit bébé), ch2 (2 lits 1 pers. superposés). Ch3 (3 lits 1 pers.), salle de bain, salle d'eau, 2 wc, chauff électr., terrasse, cour avec sa petite fontaine, abri voiture. Environnement de bois et de prairie. Grands commerces à 5,5km. Ouvert toute l'année.

GITES DE FRANCE-SERVICE RESERVATION - 4 Cours du Palais - BP 402 - 07004 PRIVAS Cedex
Tél. : 04 75 64 70 70 - Fax : 04 75 64 75 40 - Email : contact@gites-de-france-ardeche.com - www.gites-de-france-ardeche.com

| HTE SAIS. | MOY. SAIS. | VAC. SCOL. | BASSE SAIS. | TRES BAS. SAIS. | WEEK-END |
|---|---|---|---|---|---|
| 475 | 360 | 335 | 285 | 285 | 150 |

5,5 | 1 | 5,5 | 5,5 | 1,5 | SP | 18 | 29 | 5,5

## N° 35022 — BOFFRES — La Selle — 750 m — CM 76 pli 20
**NN — 6 pers.**

Dans un cadre calme et reposant, cette ancienne ferme datant du XVIIIe, entièrement restaurée, vous propose 3 très jolis gîtes de caractère. Chaque gîte dispose d'un espace extérieur privatif. La Girolle : séjour, coin-cuisine équipée, coin-salon avec convertible 1 pers, cheminée avec insert, 1ch (1 lit 2 pers.), 2ch (4 lits 1 pers.). Salle d'eau et salle de bains, 2wc, chauff.électr., terrasse, terrain non clos, abri voiture. Environnement de bois et de prairie. Grands commmerces à 5,5km. Ouvert toute l'année.

GITES DE FRANCE-SERVICE RESERVATION - 4 Cours du Palais - BP 402 - 07004 PRIVAS Cedex
Tél. : 04 75 64 70 70 - Fax : 04 75 64 75 40 - Email : contact@gites-de-france-ardeche.com - www.gites-de-france-ardeche.com

| HTE SAIS. | MOY. SAIS. | VAC. SCOL. | BASSE SAIS. | TRES BAS. SAIS. | WEEK-END |
|---|---|---|---|---|---|
| 465 | 350 | 330 | 280 | 280 | 130 |

5,5 | 1 | 5,5 | 5,5 | 1,5 | SP | 18 | 29 | 5,5

## N° 35023 — BOFFRES — Domaine de Reiller — 580 m — CM 76 pli 20
**NN — 6 pers.**

Gîte de bon confort totalement indépendant situé en contre bas de notre propriété, disposant de beaucoup d'espace, au calme. Séjour, coin-cuisine équipée, coin-salon avec convert 2 pers., ch1 (1 lit 2 pers.) avec s. d'eau et wc privés, ch2 (1 lit 2 pers.), ch3 (2 lits 1 pers.), s. d'eau, 2 wc, chauff électr., terrasse, terrain et bois à disposition. Environnement de bois et de prairie, très calme et reposant. Grands commerces à 2km. Vernoux à 8km (lac, piscine tobbogan, supermarché). Sur place nous vous proposons aussi 2 ch. d'hôtes. Aucune nuisance ne viendra troubler votre séjour. Ouvert toute l'année.

GITES DE FRANCE-SERVICE RESERVATION - 4 Cours du Palais - BP 402 - 07004 PRIVAS Cedex
Tél. : 04 75 64 70 70 - Fax : 04 75 64 75 40 - Email : contact@gites-de-france-ardeche.com - www.gites-de-france-ardeche.com

| HTE SAIS. | MOY. SAIS. | VAC. SCOL. | BASSE SAIS. | TRES BAS. SAIS. | WEEK-END |
|---|---|---|---|---|---|
| 460 | 400 | 380 | 300 | 300 | 130 |

2 | 0,5 | 7 | 2 | 3 | SP | 15 | 15 | 25 | 2

## N° 42010 — BOURG-SAINT-ANDEOL — Bellevue — CM 80 pli 9
**NN — 5 pers.**

Ce très beau mas en pierre de pays situé sur les hauteurs de Bourg bénéficie d'un grand ensoleillement et d'une très belle vue sur la Vallée du Rhône. A 10km des Gorges de l'Ardèche. Piscine du propriétaire à dispo (piscine couverte par un abri, du 1.05 au 15.10, de 8h30 à 13h et de 17h à 19h30). Séjour/coin-cuisine, coin-salon près de la cheminée. Ch1 (2 lits 1 pers.), ch2 (1 lit 2 pers., 1 lit 1 pers.), lit bébé et chaise haute à dispos., salle de bain, 2 wc, chauff.élect., terrasse, grand terrain à disposition. Ouvert toute l'année.

GITES DE FRANCE-SERVICE RESERVATION - 4 Cours du Palais - BP 402 - 07004 PRIVAS Cedex
Tél. : 04 75 64 70 70 - Fax : 04 75 64 75 40 - Email : contact@gites-de-france-ardeche.com - www.gites-de-france-ardeche.com

| HTE SAIS. | MOY. SAIS. | VAC. SCOL. | BASSE SAIS. | TRES BAS. SAIS. | WEEK-END |
|---|---|---|---|---|---|
| 550 | 365 | 295 | 275 | 275 | 140 |

10 | 3 | SP | 3 | 10 | SP | 15 | 10 | 7 | 1,5

## N° 42011 — BOURG-SAINT-ANDEOL — La Sardagne — CM 80 pli 9
**NN — 9 pers.**

A 15mn des Gorges de l'Ardèche, au coeur d'un vaste site panoramique, entre vignes et garrigue, 3 gîtes aménagés dans une ferme entièrement restaurée en pierre de pays. Piscine du propriétaire à dispo. 3e gîte : séjour, coin-cuisine équipé, 2ch (2 lits 140), 1ch(4 lits 90), 1 coin nuit avec 1 lit 90, 2 salles d'eau, 3 wc, chauff central. Terrasse et jardin en pelouse clos. Lits faits à l'arrivée. Commerces et services médicaux à Bourg St Andéol : 4 km. Sur place, le propriétaire vous proposera de multiples activités sportives et de loisirs. Ouvert toute l'année.

GITES DE FRANCE-SERVICE RESERVATION - 4 Cours du Palais - BP 402 - 07004 PRIVAS Cedex
Tél. : 04 75 64 70 70 - Fax : 04 75 64 75 40 - Email : contact@gites-de-france-ardeche.com - www.gites-de-france-ardeche.com

| HTE SAIS. | MOY. SAIS. | VAC. SCOL. | BASSE SAIS. | TRES BAS. SAIS. | WEEK-END |
|---|---|---|---|---|---|
| 800 | 520 | 450 | 380 | 380 | 180 |

15 | 5 | SP | 3 | 6 | SP | 5 | 10 | 7 | 4

# ARDÈCHE - 07

## N° 39003 BOZAS — Le Balcon des Fées — 600 m — CM 76 pli 10
**NN 4 pers.**

Accroché à un versant dominant et bénéficiant d'une superbe vue panoramique, nous avons restauré un petit hameau dans lequel nous vous proposons 2 gîtes et 3 chambres d'hôtes. 1er gîte : séjour/coin-cuisine équipé, convertible 2 pers, ch1(1 lit 160), ch2(1 lit 140), salle d'eau, wc, chauff.central (forfait 45 €/sem). Grande et belle terrasse exposée sud est face aux Alpes. Piscine du propriétaire à disposition, jeux de boules. Lit bébé sur demande. Possibilité de randonnées au départ du gîte. St Félicien (course cycliste 'l'Ardéchoise', commerces et services médicaux) à 5km. Ouvert toute l'année.

GITES DE FRANCE-SERVICE RESERVATION - 4 Cours du Palais - BP 402 - 07004 PRIVAS Cedex
Tél. : 04 75 64 70 70 - Fax : 04 75 64 75 40 - Email : contact@gites-de-france-ardeche.com - www.gites-de-france-ardeche.com

| HTE SAIS. | MOY. SAIS. | VAC. SCOL. | BASSE SAIS. | TRES BAS. SAIS. | WEEK-END |
|---|---|---|---|---|---|
| 430 | 350 | 275 | 240 | 240 | 110 |

| | | | | | | | | |
|---|---|---|---|---|---|---|---|---|
| 4 | 4 | SP | 5 | 6 | SP | 25 | 3 | |

## N° 39004 BOZAS — Le Balcon des Fées — 600 m — CM 76 pli 10
**NN 4 pers.**

Accroché à un versant dominant et bénéficiant d'une superbe vue panoramique, nous avons restauré un petit hameau dans lequel nous vous proposons 2 gîtes ainsi que 3 chambres d'hôtes. 2e gîte : Cuisine équipée, séjour-coin/salon avec convertible 2 pers, 1ch(1 lit 160), 1 coin nuit (1 lit 140), salle d'eau, wc, ch central (forfait 45 €/sem). Gîte aménagé au rdc du 1er gîte. Terrasse exposée sud et face aux Alpes. Sur place : Piscine du propriétaire à disposition, jeux de boules. Possibilité de randonnées au départ du gîte. St Félicien (course cyclique 'l'Ardéchoise') à 5km. Ouvert toute l'année.

GITES DE FRANCE-SERVICE RESERVATION - 4 Cours du Palais - BP 402 - 07004 PRIVAS Cedex
Tél. : 04 75 64 70 70 - Fax : 04 75 64 75 40 - Email : contact@gites-de-france-ardeche.com - www.gites-de-france-ardeche.com

| HTE SAIS. | MOY. SAIS. | VAC. SCOL. | BASSE SAIS. | TRES BAS. SAIS. | WEEK-END |
|---|---|---|---|---|---|
| 430 | 350 | 275 | 250 | 250 | 110 |

| | | | | | | | | |
|---|---|---|---|---|---|---|---|---|
| 4 | 4 | SP | 5 | 6 | SP | 25 | 3 | |

## N° 45011 BURZET — Les Sausses — 720 m — CM 76 pli 18
**NN 4 pers.**

Gîte en pierre indépendant dans le hameau. Séjour/coin-cuisine intégrée, convert.2 pers, cheminée, ch1(1 lit 2 pers), ch2(2 lits 1 pers), mezzanine 2 pers., salle d'eau, 2 wc, ch.électr, garage, petite terrasse, terrain non attenant (60m) face à la très jolie vallée de la Bourge. Vacances détentes ou sportives au royaume de la randonnée. Pays des myrtilles et du chataignier. A moins de 15 min : Cascade du Ray Pic, ski de fond, pêche à la truite en rivière 1ere catégorie. Tél. appels locaux gratuits. Ouvert toute l'année.

Eric et Patricia TERNOY-DUFOUR - Le Roux - 07530 AIZAC
Tél. : 04 75 38 77 81 - 06 72 52 49 92 - Email : ericpatricia@yahoo.fr

| HTE SAIS. | MOY. SAIS. | VAC. SCOL. | BASSE SAIS. | TRES BAS. SAIS. | WEEK-END |
|---|---|---|---|---|---|
| 550 | 350 | 350 | 230 | 230 | 120 |

| | | | | | | | | |
|---|---|---|---|---|---|---|---|---|
| 1 | 1 | 25 | 4 | 7 | SP | 3 | 1 | 4 |

## N° 50022 CHAMBONAS — CM 80 pli 8
**5 pers.**

Située en contre bas du très joli village de caractère de Chambonas, maison en pierre comprenant le gîte au rez de chaussée, les chambres d'hôtes et le logement du propriétaire à l'étage. Séjour, coin cuisine, micro-ondes, canapé. ch 1 (1 lit 2 pers), ch 2 (1 lit 1 pers en 120 cm, 2 lits 1 pers super.). Salle d'eau et wc. Terrasse couverte privative. Piscine du propriétaire à disposition, ping-pong. Possibilité d'accès à notre plage privée située en bordure du Chassezac. Piscine ouverte du 01/05 au 30/09 - dim. 11x7 Ouvert du 1er avril au 6 novembre.

Nicole GADILHE - Le village - 07140 CHAMBONAS
Tél. : 04 75 37 31 22 - Email : locationlessources@free.fr - http://locationlessources.free.fr

| HTE SAIS. | MOY. SAIS. | VAC. SCOL. | BASSE SAIS. | TRES BAS. SAIS. | WEEK-END |
|---|---|---|---|---|---|
| 500 | 350 | 250 | 250 | 250 | |

| | | | | | | | |
|---|---|---|---|---|---|---|---|
| SP | SP | SP | 2 | 2 | SP | 2 | 4 | 2 |

## N° 50026 CHAMBONAS — Champval — CM 80 pli 8
**NN 4 pers.**

Venez vous ressourcer dans un petit hameau typique de la Cévenne ardéchoise, située à 5mn de la baignade en rivière et 10mn des Vans. 2e gîte : gîte de caractère, terrasse couverte, pièce à vivre voutée. Séjour, coin-cuisine intégrée, ch1(1 lit 2 pers), ch2(2 lits 1 pers), salle d'eau, wc, chauff.électr, terrain non clos. Toutes activités sportives et de loisirs aux Vans, 6km. Ouvert du 1er avril au 31 octobre.

GITES DE FRANCE-SERVICE RESERVATION - 4 Cours du Palais - BP 402 - 07004 PRIVAS Cedex
Tél. : 04 75 64 70 70 - Fax : 04 75 64 75 40 - Email : contact@gites-de-france-ardeche.com - www.gites-de-france-ardeche.com

| HTE SAIS. | MOY. SAIS. | VAC. SCOL. | BASSE SAIS. | TRES BAS. SAIS. | WEEK-END |
|---|---|---|---|---|---|
| 450 | 350 | 305 | 235 | 235 | 120 |

| | | | | | | |
|---|---|---|---|---|---|---|
| 2 | 2 | 6 | 2 | SP | 6 | 6 | 6 |

## N° 53042 CHANDOLAS — Maisonneuve — CM 80 pli 8
**NN 5 pers.**

4e gîte : séjour/coin-cuisine équipée, salon avec convert 2 pers, 1ch(1 lit 2 pers, 1 lit 1 pers), 1ch(2 lits 1 pers), salle d'eau, wc, ch.électr, terrasse couverte. Grand terrain commun, nbrses activités de loisirs et sportives à proximité. A mi-chemin du bois de Païolive et des Gorges de Chassezac. Forfait chauffage : 23 €/semaine. Piscine sur place ouverte de juin à septembre de 8h à 20h.

Thierry et Evelyne THIBON - Maisonneuve - 07230 CHANDOLAS
Tél. : 04 75 39 34 99

| HTE SAIS. | MOY. SAIS. | VAC. SCOL. | BASSE SAIS. | TRES BAS. SAIS. | WEEK-END |
|---|---|---|---|---|---|
| 550 | 290 | 290 | 245 | 245 | 125 |

| | | | | | | | | |
|---|---|---|---|---|---|---|---|---|
| 0,5 | 0,5 | SP | 0,8 | 1 | SP | 2 | 0,8 | 35 | 0,6 |

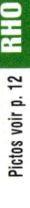
RHÔNE-ALPES

# ARDÈCHE - 07

### N° 55004 CHARMES-SUR-RHONE
CM 76 pli 20

**NN 4 pers.**

Maison en pierre aménagée au coeur du village médiéval de Charmes, au calme, terrasse couverte exposée au levant, parking devant le gîte, cave pour moto ou vélo à disposition. Gîte sur 2 niveaux : Séjour, coin-cuisine tout équipé, ch1(1 lit 2 pers), ch2(2 lits 1 pers), lit bébé à la demande, salle d'eau, wc, chauff.central (20 €/semaine). Cheminée (bois fourni), téléphone (carte Fr.Télécom), barbecue électrique. Nous sommes situés à 10km de Valence (toutes activités, autoroute, gare sncf). Ouvert toute l'année.
GITES DE FRANCE-SERVICE RESERVATION - 4 Cours du Palais - BP 402 - 07004 PRIVAS Cedex
Tél. : 04 75 64 70 70 - Fax: 04 75 64 75 40 - Email : contact@gites-de-france-ardeche.com - www.gites-de-france-ardeche.com

| HTE SAIS. | MOY. SAIS. | VAC. SCOL. | BASSE SAIS. | TRES BAS. SAIS. | WEEK-END | | | | | | | | |
|---|---|---|---|---|---|---|---|---|---|---|---|---|---|
| 325 | 295 | 295 | 230 | 230 | 135 | 7 | SP | 3 | 0,5 | 0,9 | SP | 25 | 10 | SP |

### N° 65007 CHIROLS — Arlix
CM 76 pli 18

**NN 4 pers.**

Surplombant la vallée de l'Ardèche, dans un petit hameau typique accroché à ses terrasses, grande maison de caractère comprenant notre habitation et le gîte. Accès, terrasse et entrée privés. Séjour, coin cuisine, ch1(1 lit 2 pers), ch2(2 lits 1 pers), convertible 2 pers dans le séjour, s.d'eau, wc, chauff.centr. (forfait 45 €/sem, 15 €/week end. Terrasse(1 partie couverte), terrain. Environnement calme, bien exposé. A 15mn, Thermes de Vals les Bains (cinéma, casino, discothèque), à 10mn de Neyrac les Bains(piscine chauffée, sauna). Nbr possibilités de randos au départ du gîte. Ouvert toute l'année.
GITES DE FRANCE-SERVICE RESERVATION - 4 Cours du Palais - BP 402 - 07004 PRIVAS Cedex
Tél. : 04 75 64 70 70 - Fax: 04 75 64 75 40 - Email : contact@gites-de-france-ardeche.com - www.gites-de-france-ardeche.com

| HTE SAIS. | MOY. SAIS. | VAC. SCOL. | BASSE SAIS. | TRES BAS. SAIS. | | | | | | | | |
|---|---|---|---|---|---|---|---|---|---|---|---|---|
| 430 | 310 | 275 | 275 | 275 | 2 | 1,5 | 5 | 5 | 5 | SP | 30 | 10 | 10 |

### N° 74003 CREYSSEILLES — Les Croix de Creysseilles  750 m
CM 76 pli 19

**NN 6 pers.**

Amoureux de la nature, nous vous proposons un gîte de très grand confort situé dans un site panoramique, loin du bruit et de la polution. Venez vous ressourcer dans cet environnement privilégié mélant tranquilité et activités de pleine nature. Séjour/coin-cuisine équipée, coin-salon avec canapés, TV+magnétosc, cheminée avec insert(bois fourni) 2ch (2 lit 2 pers), 1ch(2 lits 1 pers), salle de bain, wc, ch.central, congélateur, sèche-linge, terrasse, terrain, jeux de boules, jeux d'enfant. Draps, linge de maison et de toilette fournis. Site d'accrobranche à 8km, Privas à 12km. Ouvert toute l'année.
GITES DE FRANCE-SERVICE RESERVATION - 4 Cours du Palais - BP 402 - 07004 PRIVAS Cedex
Tél. : 04 75 64 70 70 - Fax: 04 75 64 75 40 - Email : contact@gites-de-france-ardeche.com - www.gites-de-france-ardeche.com

| HTE SAIS. | MOY. SAIS. | VAC. SCOL. | BASSE SAIS. | TRES BAS. SAIS. | WEEK-END | | | | | | | |
|---|---|---|---|---|---|---|---|---|---|---|---|---|
| 500 | 365 | 300 | 275 | 275 | 125 | 10 | 10 | 12 | 12 | SP | 18 | 12 |

### N° 79026 DESAIGNES — Rosières  500 m
CM 76 pli 19

**NN 4 pers.**

A environ 5 minutes de Lamastre, dans un vallon très bien exposé, nous avons aménagé un gîte dos aux chambres d'hôtes. Situé au calme et en pleine nature, vous apprécierez la luminosité, et le confort apporté à cet hébergement. Séjour, coin cuisine aménagé, micro-ondes, canapé 2 places. 1 ch (1 lit en 160 cm) avec sa salle d'eau wc privative. 1 mezzanine (1 lit en 140 cm). Salle d'eau et wc. Chauffage central compris. Toutes charges comprises. Terrain non clos, piscine du propriétaire à partager avec les chambres d'hôtes. (dimensions : 9,80 x 6m). Barbecue électrique. Ouvert toute l'année.
Liliane VEYRIER - Rosières - 07570 DESAIGNES
Tél. : 04 75 06 66 90

| HTE SAIS. | MOY. SAIS. | VAC. SCOL. | BASSE SAIS. | WEEK-END | | | | | | |
|---|---|---|---|---|---|---|---|---|---|---|
| 410 | 320 | 320 | 280 | 115 | 4 | 4 | SP | 4 | 3 | SP | 3,5 |

### N° 79027 DESAIGNES — Les Beaux du Peyron  870 m
CM 76 pli 19

**NN 4 pers.**

En pleine nature, maison en pierre restaurée mitoyenne au logement du propriétaire sur 2 niveaux et à l'accès privé. Accès par un chemin de terre carrossable sur 1,7 km. Belle vue sur les contreforts du Vercors et les Alpes. Séjour, cuisine aménagée, m-ondes, salon avec cheminée insert, TV et DVD. 1 ch (2 lits 1 pers), 1 mezzanine (1 lit 2 pers). 1 ch à l'accès extérieur (2 lits 1 pers). conv.2 pers en appoint. S. de bains, wc. Chauff. cent. (forfait 40 €/sem, 10 €/week-end). Terrasse couverte, balcon plein sud. Terrain de 2 ha avec bac à sable et balançoire enfant. Ouvert du 27 mars au 2 octobre.
GITES DE FRANCE-SERVICE RESERVATION - 4 Cours du Palais - BP 402 - 07004 PRIVAS Cedex
Tél. : 04 75 64 70 70 - Fax: 04 75 64 75 40 - Email : contact@gites-de-france-ardeche.com - www.gites-de-france-ardeche.com

| HTE SAIS. | MOY. SAIS. | VAC. SCOL. | BASSE SAIS. | TRES BAS. SAIS. | WEEK-END | | | | | | |
|---|---|---|---|---|---|---|---|---|---|---|---|
| 450 | 350 | 275 | 275 | 275 | 140 | 13 | 6 | 7 | 13 | 13 | SP | 9 |

### N° 85005 EMPURANY — Champ Lacroix  500 m
CM 76 pli 19

**NN 4 pers.**

Champ La Croix est situé à 800m du joli village d'Empurany (commerces, restaurant) et à 9km de Lamastre. Randonnées pédestres ou cyclistes au coeur de la nature fascinante et préservée de la Vallée du Doux. Nous vous attendons pour partager l'amour de ce terroir typique et unique. Très belle vue sur la Vallée du Doux. Gîte chaleureux mitoyen à un appartement loué à l'année(entrée et terrain indépendants). Séjour, cuisine équipée, salon voûté(convertible 2 pers), ch1(2 lits 1 pers.), ch2(2 lits 1 pers. jumelables), salle d'eau, wc, chauff.électr, cellier, terrasse, terrain. Ouvert toute l'année.
GITES DE FRANCE-SERVICE RESERVATION - 4 Cours du Palais - BP 402 - 07004 PRIVAS Cedex
Tél. : 04 75 64 70 70 - Fax: 04 75 64 75 40 - Email : contact@gites-de-france-ardeche.com - www.gites-de-france-ardeche.com

| HTE SAIS. | MOY. SAIS. | VAC. SCOL. | BASSE SAIS. | TRES BAS. SAIS. | | | | | | |
|---|---|---|---|---|---|---|---|---|---|---|
| 490 | 410 | 365 | 365 | 365 | 3 | 3 | 3 | 3 | SP | 0,8 |

RHÔNE-ALPES — Pictos voir p. 12

# ARDÈCHE - 07

## N° 87014 — FABRAS — CM 76 pli 18

**NN — 7 pers.**

Au pays des jeunes volcans ardéchois et des coulées basaltiques, 'Le Poustat' est un gîte aménagé au coeur d'un petit village calme et reposant. Séjour, cuisine équipée, coin-salon, ch1(1 lit 2 pers), ch2(2 lits 1 pers), ch3(3 lits 1 pers), coin détente avec 2 lits d'appoint, 2 salles d'eau, 3 wc, chauff.central(forfait 40 €/sem.). Grande terrasse, terrain ombragé non attenant. Prise TV. A proximité : Thermes de Neyrac les Bains et Vals les Bains, piscine chauffée, casino, cinéma, accrobranche, randonnée, VTT,... Ouvert toute l'année.

GITES DE FRANCE-SERVICE RESERVATION – 4 Cours du Palais - BP 402 - 07004 PRIVAS Cedex
Tél. : 04 75 64 70 70 - Fax : 04 75 64 75 40 - Email : contact@gites-de-france-ardeche.com - www.gites-de-france-ardeche.com

| HTE SAIS. | MOY. SAIS. | VAC. SCOL. | BASSE SAIS. | TRES BAS. SAIS. | WEEK-END |
|---|---|---|---|---|---|
| 595 | 460 | 460 | 430 | 430 | 200 |

| | | | | | | | |
|---|---|---|---|---|---|---|---|
| 3 | 3 | 8 | 3 | 10 | SP | 8 | 4 |

## N° 100027 — GRAVIERES — La Chapelle — CM 80 pli 8

**NN — 4 pers.**

Situé en direction de Villefort, à environ 5 km des Vans, gîte en pierre à l'étage sur 2 niveaux, mitoyen au logement du propriétaire. Séjour (25 m2), cuisine, 1 ch (2 lits 2 pers), canapé dans le séjour, salle d'eau avec wc séparé. Chauffage électrique et gaz. Terrasse couverte, terrain non clos. Le lave-linge est commun aux 2 gîtes. Ouvert du 1er mai au 30 octobre.

GITES DE FRANCE-SERVICE RESERVATION – 4 Cours du Palais - BP 402 - 07004 PRIVAS Cedex
Tél. : 04 75 64 70 70 - Fax : 04 75 64 75 40 - Email : contact@gites-de-france-ardeche.com - www.gites-de-france-ardeche.com

| HTE SAIS. | MOY. SAIS. | VAC. SCOL. | BASSE SAIS. | TRES BAS. SAIS. |
|---|---|---|---|---|
| 230 | 210 | 200 | 185 | 185 |

| | | | | | | |
|---|---|---|---|---|---|---|
| 4 | 4 | 5 | 5 | SP | 5 | 5 |

## N° 100028 — GRAVIERES — La Chapelle — CM 80 pli 8

**NN — 2 pers.**

Situé en direction de Villefort, à environ 5 km des Vans, petit gîte en pierre mitoyen au logement du propriétaire en rez de chaussée. Le gîte est situé face au verger. Cuisine, 1 ch (1 lit 2 pers), salle d'eau et wc. Chauffage central au gaz compris. Terrain non clos ombragé. Le lave-linge est commun aux 2 gîtes.

Francis PELLET - La Chapelle - 07140 GRAVIERES
Tél. : 04 75 37 25 38

| HTE SAIS. | MOY. SAIS. | VAC. SCOL. | BASSE SAIS. | TRES BAS. SAIS. |
|---|---|---|---|---|
| 200 | 150 | 150 | 150 | 150 |

| | | | | | | |
|---|---|---|---|---|---|---|
| 4 | 4 | 5 | 5 | SP | 5 | 5 |

## N° 100029 — GRAVIERES — Les Eynesses — CM 80 pli 8

**NN — 5 pers.**

Authentique gîte de caractère, restauré à l'ancienne (poutres apparentes, cheminée, évier en pierre, mobilier ancien, four à pain), aménagé dans un petit village dominant le Chassezac. Très belle vue panoramique sur les Cévennes. Cuisine, salle à manger, salon avec convert 2 pers, coin-nuit en mezzanine avec 1 lit 1 pers, 1 lit 2 pers. 1ch (1 lit 2 pers), salle d'eau, wc, ch.électr, grande terrasse plein sud, cour fermée, cave. Nous sommes à 10mn des Vans (tous commerces et activités) ainsi que de la baignade. Ouvert du 3 avril au 6 novembre.

GITES DE FRANCE-SERVICE RESERVATION – 4 Cours du Palais - BP 402 - 07004 PRIVAS Cedex
Tél. : 04 75 64 70 70 - Fax : 04 75 64 75 40 - Email : contact@gites-de-france-ardeche.com - www.gites-de-france-ardeche.com

| HTE SAIS. | MOY. SAIS. | VAC. SCOL. | BASSE SAIS. | TRES BAS. SAIS. | WEEK-END |
|---|---|---|---|---|---|
| 600 | 390 | 340 | 300 | 300 | 120 |

| | | | | | | | |
|---|---|---|---|---|---|---|---|
| 2 | 2 | 9 | 10 | 9 | SP | 10 | 15 | 10 |

## N° 101077 — GROSPIERRES — Les Ferriers — CM 80 pli 8

**NN — 4 pers.**

Entre vignes et garrigue, entre la vallée de l'Ardèche et celle du Chassezac, gîte situé dans un petit hameau : 1 terrasse au sud en partie couverte, balcon, séjour/coin-cuisine intégrée, ch1(2 lits 1 pers), ch2(1 lit 2 pers), salle de bains, 2wc. Terrain avec arbres fruitiers et oliviers à disposition. Nous somme idéalement situés dans le triangle Vallon Pont d'Arc-Ruoms-Les Vans. Toutes activités sportives, de loisirs et culturelles dans un rayon de 20km. Ouvert toute l'année.

GITES DE FRANCE-SERVICE RESERVATION – 4 Cours du Palais - BP 402 - 07004 PRIVAS Cedex
Tél. : 04 75 64 70 70 - Fax : 04 75 64 75 40 - Email : contact@gites-de-france-ardeche.com - www.gites-de-france-ardeche.com

| HTE SAIS. | MOY. SAIS. | VAC. SCOL. | BASSE SAIS. | TRES BAS. SAIS. | WEEK-END |
|---|---|---|---|---|---|
| 425 | 225 | 225 | 180 | 180 | 110 |

| | | | | | | | |
|---|---|---|---|---|---|---|---|
| 3,5 | 3,5 | 1 | 2 | SP | 8 | 7 | 2 |

## N° 101079 — GROSPIERRES — Les Guigons de Vezias — CM 80 pli 8

**NN — 2 pers.**

L'Echauguette' est un petit gîte en pierre situé au 1er étage de la maison dite 'la Tour de Guêt'. Accès indépendant au gîte par escalier extérieur traditionnel en pierre. Très belle vue sur les Cévennes Ardéchoises et la guarrigue. Séjour/coin-cuisine aménagé, 1 ch alcôve avec puits de lumière et claustra donnant sur le séjour (1 lit 2 pers). 1 coin-nuit fermé (1 lit 1 pers) avec puits de lumière. Salle d'eau et 2 wc dont 1 indépendant. Balcon couvert, terrain commun non attenant au gîte à environ 80 m. Ouvert toute l'année.

GITES DE FRANCE-SERVICE RESERVATION – 4 Cours du Palais - BP 402 - 07004 PRIVAS Cedex
Tél. : 04 75 64 70 70 - Fax : 04 75 64 75 40 - Email : contact@gites-de-france-ardeche.com - www.gites-de-france-ardeche.com

| HTE SAIS. | MOY. SAIS. | VAC. SCOL. | BASSE SAIS. | TRES BAS. SAIS. |
|---|---|---|---|---|
| 300 | 230 | 220 | 180 | 180 |

| | | | | | | | |
|---|---|---|---|---|---|---|---|
| 2 | 2 | 8 | 1 | 3 | SP | 4 | 7 | 0,8 |

# ARDÈCHE - 07

## N° 107026 JAUJAC — Le Chastelas — CM 76 pli 18

**NN — 2 pers.**

Gîte de caractère aménagé dans un très joli hameau fortifié, entièrement restauré et dominant le village de Jaujac et la rivière. Gîte restauré à l'ancienne (poutres, pierres apparentes, mobilier ancien). Cuisine équipée, salle à manger avec coin-salon (1 lit gigogne 2 pers), 1ch(1 lit 160/200), salle de bain, wc, chauff.électr., sèche-linge. 2 terrasses (une au sud, l'autre au nord). Nous sommes situés au coeur du Parc régional des Monts d'Ardèche, à 10 mn des thermes de Neyrac les Bains (piscine couverte et soins). L'hiver, station de ski à 20 km. Ouvert du 25 mai au 25 septembre.

GITES DE FRANCE-SERVICE RESERVATION - 4 Cours du Palais - BP 402 - 07004 PRIVAS Cedex
Tél. : 04 75 64 70 70 - Fax : 04 75 64 70 71 - Email : contact@gites-de-france-ardeche.com - www.gites-de-france-ardeche.com

| HTE SAIS. | MOY. SAIS. | | | | | | | | | | |
|---|---|---|---|---|---|---|---|---|---|---|---|
| 390 | 280 | | | | 0,3 | 0,3 | 6 | 1 | 1 | SP | 15 | 2 | 1 |

## N° 110045 JOYEUSE — Vinchannes — CM 80 pli 8

**NN — 4 pers.**

Situé à proximité de notre habitation, au coeur d'une pinède, gîte de bon confort, totalement indépendant et de plain pied. Séjour, coin-cuisine, ch1(1 lit 2 pers), ch2(2 lits 90), salle d'eau, wc, chauff électr, terrasse couverte, terrain ombragé, cave à disposition pour vélo. Nous sommes situés en pleine nature et au calme tout en étant à 5min du centre de Joyeuse. Ouvert du 1er mars au 31 octobre.

Pierre GHERARDI - Vinchannes - 07260 JOYEUSE
Tél. : 04 75 39 95 61

| HTE SAIS. | MOY. SAIS. | VAC. SCOL. | BASSE SAIS. | TRES BAS. SAIS. |
|---|---|---|---|---|
| 500 | 300 | 250 | 250 | 250 |

2 | 2 | 5 | 1 | 17 | 17 | 2

## N° 110047 JOYEUSE — Les Escouls — CM 80 pli 8

**NN — 6 pers.**

Belle maison en pierre de pays indépendante, environnement de vignes et de pinèdes. Séjour, coin-cuisine, salon avec 2 canapé et TV, 1ch(1lit 160), 1ch(1 lit 160, 2 lit 90), salle d'eau, wc, chauff électr, terrasse couverte par une tonnelle en fer forgé, vaste terrain en partie ombragé par les cerisiers et les accacias, garage, cave à disposition. Centre de Joyeuse à 3 km. Joyeuse est une commune touristique connue pour son vieux village, son marché provençal ainsi que par sa localisation au coeur de la Cévenne ardéchoise. Ouvert du 20 mars au 25 septembre.

GITES DE FRANCE-SERVICE RESERVATION - 4 Cours du Palais - BP 402 - 07004 PRIVAS Cedex
Tél. : 04 75 64 70 70 - Fax : 04 75 64 70 71 - Email : contact@gites-de-france-ardeche.com - www.gites-de-france-ardeche.com

| HTE SAIS. | MOY. SAIS. | VAC. SCOL. | BASSE SAIS. | TRES BAS. SAIS. |
|---|---|---|---|---|
| 730 | 440 | 385 | 365 | 365 |

3 | 3 | 5 | SP | 13 | 13 | 2

## N° 113014 LABASTIDE-DE-VIRAC — Les Gras — CM 80 pli 9

**NN — 6 pers.**

Cette ancienne bergerie entièrement restaurée est située sur le plateau de la réserve naturelle des Gorges de l'Ardèche. Elle bénéficie d'une piscine privée dans un environnement très protégé et calme. Cuisine toute équipée, salon avec canapé, TV TPS, mezzanine avec convert 2 pers, 1ch(2 lits 90), 2ch(2 lits 2 pers), wc, salle de bain, chauffage électrique. Sèche linge, micro-onde, congélateur. Terrasse plein sud, terrain privé. La piscine est entièrement cloturée. Le gîte est sur 2 niveaux mais dispose d'une chambre au rdc. Bois gratuit. Grands commerces 8km. Ouvert toute l'année.

GITES DE FRANCE-SERVICE RESERVATION - 4 Cours du Palais - BP 402 - 07004 PRIVAS Cedex
Tél. : 04 75 64 70 70 - Fax : 04 75 64 70 71 - Email : contact@gites-de-france-ardeche.com - www.gites-de-france-ardeche.com

| HTE SAIS. | MOY. SAIS. | VAC. SCOL. | BASSE SAIS. | TRES BAS. SAIS. | WEEK-END |
|---|---|---|---|---|---|
| 1220 | 600 | 535 | 400 | 400 | 260 |

8 | 8 | SP | 4 | 4 | SP | 8 | 8 | 2

## N° 115038 LABEAUME — Ranc de Vidal — CM 80 pli 9

**NN — 4 pers.**

Dans un environnement très ensoleillé et calme, situé à 5 mn du centre de Ruoms, gîte aménagé au dos de notre maison, dans une ancienne magnanerie, accès indépendant, belle terrasse panoramique face au rocher de Sampzon, coin jardin réservé partiellement clos. Séjour, coin-cuisine (micro-ondes), 1ch. mansardée (1 lit 2 pers), 1 lit 2 pers en mezzanine mansardée. Convertible 1 pers., salle d'eau, wc, ch.central (30 €/semaine, 15 €/week-end).

Annie LAURENT - Ranc de Vidal - 07120 LABEAUME
Tél. : 04 75 39 79 34 - Fax : 04 75 39 67 92 - Email : michellaurent1@aol.com

| HTE SAIS. | MOY. SAIS. | VAC. SCOL. | BASSE SAIS. | TRES BAS. SAIS. | WEEK-END |
|---|---|---|---|---|---|
| 395 | 280 | 260 | 260 | 260 | 100 |

1 | 1 | 10 | 5 | 6 | 4 | 7 | 4

## N° 115039 LABEAUME — Le Bois St-Martin — CM 80 pli 9

**NN — 3 pers.**

Gîte aménagé au dos de notre maison, accès et terrasse indépendant, nous sommes au milieu des rochers sur le plateau calme et très ensoleillée de Labeaume. Ruoms (commerces et toutes activités) n'est qu'à 5min. Gîte tout en rdc. Cuisine, salon avec convert 2 pers, 1ch(1 lit 2 pers, 1 lit 1 pers), salle d'eau, wc, chauff central, terrasse. Nombreuses possibilités de randonnées au départ du gîte. Ouvert du 15 avril au 1er octobre.

Danielle THOULOUZE - Bois St Martin - 07120 LABEAUME
Tél. : 04 75 39 67 22 - 04 75 39 65 17 - Fax : 04 75 39 67 22

| HTE SAIS. | MOY. SAIS. | VAC. SCOL. | BASSE SAIS. | TRES BAS. SAIS. |
|---|---|---|---|---|
| 350 | 270 | 190 | 190 | 190 |

4 | 4 | 5 | 6 | SP | 4 | 7 | 4

**RHÔNE-ALPES**
Pictos voir p. 12

471

# ARDÈCHE - 07

## N° 115042 LABEAUME — Peyroche — CM 80 pli 9
**NN 6 pers.**

Proche de Ruoms, cette maison comprenant 2 gîtes est située dans un environnement très calme. Chaque gîte dispose d'un accès indépendant, d'une terrasse couverte et d'un jardin. 1er gîte sur 2 niveaux : séjour, coin-cuisine équipée, coin-salon avec 2 canapés, ch1(1 lit 140, 1 lit 90), ch2(2 lits 1 pers), ch3(1 lit 140, 1 lit bébé), salle d'eau, wc. Chauff.électr. Toutes activités touristiques, culturelles et sportives à 5 mn. Electricité gratuite de juin à septembre. Animaux acceptés selon la taille. Ouvert toute l'année.
Jean Claude SURREL - 20 rue du Bac - 07120 RUOMS
Tél. : 04 75 39 64 25 - 06 70 90 02 45

| HTE SAIS. | MOY. SAIS. | VAC. SCOL. | BASSE SAIS. | TRES BAS. SAIS. | WEEK-END |
|---|---|---|---|---|---|
| 580 | 330 | 290 | 260 | 260 | 130 |

| | | | | | | |
|---|---|---|---|---|---|---|
| 0,4 | 0,4 | 1,5 | 2 | SP | 0,5 | 5 | 1 |

## N° 115043 LABEAUME — Peyroche — CM 80 pli 9
**NN 4 pers.**

Proche de Ruoms, cette maison comprenant 2 gîtes est située dans un environnement très calme. Chaque gîte dispose d'un accès indépendant, d'une terrasse couverte et d'un jardin. 2e gîte : séjour, coin-cuisine équipée, coin-salon, ch1(1 lit 140), ch2(2 lits 1 pers), salle d'eau, wc, chauff électr. Toutes activités touristiques, culturelles et sportives à 5 mn. Electricité gratuite de juin à septembre. Animaux acceptés selon la taille. Ouvert toute l'année.
Jean Claude SURREL - 20 rue du Bac - 07120 RUOMS
Tél. : 04 75 39 64 25 - 06 70 90 02 45

| HTE SAIS. | MOY. SAIS. | VAC. SCOL. | BASSE SAIS. | TRES BAS. SAIS. | WEEK-END |
|---|---|---|---|---|---|
| 480 | 290 | 270 | 240 | 240 | 98 |

| 0,4 | 0,4 | 1,5 | 2 | SP | 0,5 | 5 | 1 |

## N° 115044 LABEAUME — Chapias — CM 80 pli 9
**NN 6 pers.**

Au coeur du petit hameau de Chapias, à 4 km du village de Labeaume, maison indépendante de plein pied en pierre de pays. Grand séjour avec coin cuisine, coin salon. Canapé et fauteuils en rotins. 3 ch (2 lits 2 pers, 4 lits 1 pers superposés). Salle d'eau et wc. Box : 2 douches et 2 lavabos. wc indép. Terrasse couverte avec belle vue sur les Cévennes Ardéchoises. Terrain en contrebas du gîte, avec parking voiture. Gîte accessible aux personnes handicapées. Permanence Mairie : le matin de 9 heures à 12 heures en semaine. Le gîte est situé en bordure de la route communale.
MAIRIE DE LABEAUME - Le Village - 07120 LABEAUME
Tél. : 04 75 39 64 23 - Fax : 04 75 39 69 49

| HTE SAIS. | MOY. SAIS. | VAC. SCOL. | BASSE SAIS. | TRES BAS. SAIS. | WEEK-END |
|---|---|---|---|---|---|
| 610 | 457 | 305 | 305 | 305 | 153 |

| 4 | 4 | 7 | 7 | SP | 7 | 7 |

## N° 121006 LACHAPELLE-GRAILLOUSE — 1110 m — CM 76 pli 17
**NN 4 pers.**

Gîtes de montagne, aménagés au 1er étage de notre petite salle communale (très peu d'activités), et disposant chacun d'une terrasse privative. 1er gîte : séjour, coin cuisine, coin-salon avec convertible 2 pers, 2ch(2 lits 2 pers), salle de bains, wc, chauff électr. Tous commerces à Coucouron 5 km. Environnement de montagne, lacs, pêche en rivière 1ère cat. Location de Quad, possibilité de rando à cheval, très nombreux chemins de randonnée. Ouvert toute l'année.
MAIRIE - Le Village - 07470 LACHAPELLE-GRAILLOUSE
Tél. : 04 66 46 11 53

| HTE SAIS. | MOY. SAIS. | VAC. SCOL. | BASSE SAIS. | TRES BAS. SAIS. |
|---|---|---|---|---|
| 270 | 220 | 200 | 200 | 200 |

| 5 | 5 | 5 | 5 | SP | 5 |

## N° 121007 LACHAPELLE-GRAILLOUSE — 1110 m — CM 76 pli 17
**NN 4 pers.**

Gîtes de montagne, aménagés au 1er étage de notre petite salle communale (très peu d'activités), et disposant chacun d'une terrasse privative. 2e gîte : séjour, coin cuisine, coin-salon avec convertible 2 pers, 2ch(2 lits 2 pers), salle de bains, wc, chauff électr. Tous commerces à Coucouron 5 km. Environnement de montagne, lacs, pêche en rivière 1ère cat. Location de Quad, possibilité de rando à cheval, très nombreux chemins de randonnée. Ouvert toute l'année.
MAIRIE - Le Village - 07470 LACHAPELLE-GRAILLOUSE
Tél. : 04 66 46 11 53

| HTE SAIS. | MOY. SAIS. | VAC. SCOL. | BASSE SAIS. | TRES BAS. SAIS. |
|---|---|---|---|---|
| 270 | 220 | 200 | 200 | 200 |

| 5 | 5 | 5 | 5 | SP | 5 |

## N° 126066 LAGORCE — Les Riailles — CM 80 pli 9
**NN 6 pers.**

En retrait d'un petit hameau, maison indépendante neuve de 90 m², aménagée sur deux niveaux avec : au rez de chaussée, le séjour, coin cuisine, et coin salon. Cheminée insert, 1 ch ( 1 lit 2 pers), wc indépendant, salle d'eau. A l'étage : 2 ch (1 lit 2 pers, 2 lits 1 pers), wc, chauffage électrique. Le gîte est d'un bon confort et aménagé avec goût. Terrasse couverte, terrain clos et arboré avec 2 bains de soleil. Parking voiture. Vous êtes à mi-chemin entre Ruoms et Vallon Pont D'Arc. 1 lit 1 pers en appoint. Ping-pong. Réduction de 20 % sur la semaine du 26.06 au 03.07. Ouvert du 1er avril au 31 octobre.
Claude DESTOUCHES - Les Riailles - 07150 LAGORCE
Tél. : 04 75 37 13 72 - 06 77 50 28 11

| HTE SAIS. | MOY. SAIS. | VAC. SCOL. | BASSE SAIS. | TRES BAS. SAIS. | WEEK-END |
|---|---|---|---|---|---|
| 560 | 300 | 280 | 230 | 230 | 110 |

| 6 | 6 | 2 | 5 | SP | 6 | 12 | 2 |

RHÔNE-ALPES

Pictos voir p. 12

# ARDÈCHE - 07

## N° 126067  LAGORCE — Les Riailles — CM 80 pli 9
**NN  4 pers.**

3ème gîte mitoyen au propriétaire. Séjour avec cuisine intégrée, salon avec canapés, petit poêle cheminée. Gîte sur 2 niveaux : 2 ch (1 lit 2 pers), (2 lits 1 pers). Salle d'eau au rez de chaussée et wc indépendant. chauffage central. Terrasse couverte, terrain commun. Accès à la piscine commune aux 3 gîtes. Ouvert du 1er juin au 30 novembre.

Gerard REHLINGER - Les Riailles - 07150 LAGORCE
Tél. : 04 75 37 12 84 - 06 72 89 79 74 - Fax : 04 75 37 12 84 - Email : feemania@aol.com - www.mas-des-fees.com

| HTE SAIS. | MOY. SAIS. | VAC. SCOL. |
|---|---|---|
| 570 | 410 | 325 |

| | | SP | 2 | 5 | SP | 6 | 12 | 2 |
|---|---|---|---|---|---|---|---|---|
| 6 | 6 | SP | 2 | 5 | SP | 6 | 12 | 2 |

## N° 129027  LAMASTRE — Valoan — CM 76 pli 19
**NN  2 pers.**

Gîte de très bon confort aménagé au rdc de notre maison. Vous bénéficiez de notre piscine ainsi que de tout le terrain ombragé par les pins et aménagé en terrasse. Possibilité de manger sur le devant de porte. Séjour, coin-cuisine équipée, 1ch(1 lit 2 pers), salle d'eau, wc, chauff central, TV+Magnétoscope. Nous nous situons à 3 km du centre de Lamastre. Activités : Course cycliste de l'Ardéchoise en juin, train touristique du Vivarais, vieux villages classés. Ouvert du 1er mai au 31 décembre.

GITES DE FRANCE-SERVICE RESERVATION - 4 Cours du Palais - BP 402 - 07004 PRIVAS Cedex
Tél. : 04 75 64 70 70 - Fax : 04 75 64 75 40 - Email : contact@gites-de-france-ardeche.com - www.gites-de-france-ardeche.com

| HTE SAIS. | MOY. SAIS. | VAC. SCOL. | BASSE SAIS. | TRES BAS. SAIS. | WEEK-END |
|---|---|---|---|---|---|
| 300 | 230 | 200 | 200 | 200 | 100 |

| 5 | 1 | SP | 4 | 5 | SP | 4 |
|---|---|---|---|---|---|---|

## N° 130017  LANARCE — 1150 m — CM 76 pli 17
**NN  6 pers.**

Maison indépendante sur terrain clos située en contre bas du village, proche de la rivière (baignade, pêche en rivière 1ère cat ou parcours nokill). Le logement se trouve au 1er niveau. Séjour/c.salon, cheminée, 3ch(3 lits 2 pers), 1ch (2 lits 1 pers), lit BB sur demande, s.de bains, wc, ch.central, local pour équipement pêche ou rando. Garage. Chauffage 60 €/semaine. Possib. de ski de Fond à 5km, tennis gratuit. Site connu pour son authenticité et sa gastronomie (charcuterie, fromage de montagne, truites...) ainsi que pour les lacs situés à proximité. Un seul chien est accepté.

Simone BELIN - Le Village - 07470 ISSARLES
Tél. : 04 66 46 20 97 - Email : anne-marie.belin@wanadoo.fr - www.gitesloucantou.fr.st

| HTE SAIS. | MOY. SAIS. | VAC. SCOL. | BASSE SAIS. | TRES BAS. SAIS. | WEEK-END |
|---|---|---|---|---|---|
| 530 | 350 | 350 | 260 | 260 | 180 |

| 0,3 | 0,1 | 15 | SP | 10 | SP | 20 | 15 | 10 | SP |
|---|---|---|---|---|---|---|---|---|---|

## N° 134004  LAURAC — Les Côtes — CM 80 pli 8
**NN  4 pers.**

Situé en campagne et au calme, gîte à l'étage mitoyen à l'ancienne ferme rénovée et au logement du propriétaire. Accès au gîte indépendant. Séjour, coin cuisine, canapé, 2 ch (2 lits 2 pers), salle d'eau, wc. Terrasse close. Chauffage électrique. Table de ping-pong et jeux de boules sur place.

Christine ROURE - Les Cotes - 07110 LAURAC
Tél. : 04 75 36 93 59

| HTE SAIS. | MOY. SAIS. | VAC. SCOL. | BASSE SAIS. | TRES BAS. SAIS. | WEEK-END |
|---|---|---|---|---|---|
| 350 | 230 | 230 | 190 | 190 | 90 |

| 3 | 3 | 20 | 1 | 2 | SP | 15 | 10 | 1 |
|---|---|---|---|---|---|---|---|---|

## N° 134011  LAURAC — Les Côtes — CM 80 pli 8
**NN  4 pers.**

Située en pleine nature et au calme, ancienne ferme restaurée mitoyenne à un 1er gîte à l'étage, et à la maison du propriétaire. Accès au gîte indépendant.Rez-de-chaussée : séjour, coin cuisine intégré bien équipée, micro-ondes, salon avec convertible 2 pers en appoint, wc. A l'étage : 2 ch (1 lit 2 pers, 2 lits 1 pers), salle d'eau et wc indépendants. Terrasse devant le gîte très agréable, avec terrain attenant commun non clos. Jeux de boules, et table de ping-pong sur place. Forfait chauffage de 35 €/semaine. Ouvert toute l'année.

GITES DE FRANCE-SERVICE RESERVATION - 4 Cours du Palais - BP 402 - 07004 PRIVAS Cedex
Tél. : 04 75 64 70 70 - Fax : 04 75 64 75 40 - Email : contact@gites-de-france-ardeche.com - www.gites-de-france-ardeche.com

| HTE SAIS. | MOY. SAIS. | VAC. SCOL. | BASSE SAIS. | TRES BAS. SAIS. | WEEK-END |
|---|---|---|---|---|---|
| 420 | 280 | 280 | 220 | 220 | 100 |

| 3 | 3 | 20 | 1 | 2 | SP | 15 | 10 | 1 |
|---|---|---|---|---|---|---|---|---|

## N° 134015  LAURAC — La Chabrière — CM 80 pli 8
**NN  4 pers.**

Ce gîte en pierre à l'étage (situé au dessus de celui en rez de chaussée). Grand séjour de 42m² avec coin salon, cuisine. Cheminée insert et chauffage électrique. Micro-ondes, 1 ch (1 lit 2 pers), 1 ch (2 lits 1 pers), convert 2 pers en appoint, salle de bains et wc indépendant. 2 terrasses dont 1 couverte. Lit bébé sur demande. Ouvert toute l'année.

Roger ROURE - La Chabrière - 07110 LAURAC
Tél. : 04 75 36 84 16 - Fax : 04 75 36 84 16

| HTE SAIS. | MOY. SAIS. | VAC. SCOL. | BASSE SAIS. | TRES BAS. SAIS. | WEEK-END |
|---|---|---|---|---|---|
| 490 | 320 | 320 | 310 | 310 | 120 |

| 4 | 4 | 18 | 0,8 | 0,8 | SP | 5 | 0,8 | 0,8 |
|---|---|---|---|---|---|---|---|---|

RHÔNE-ALPES — Pictos voir p. 12

# ARDÈCHE - 07

## N° 134016 LAURAC — La Chabrière — CM 80 pli 8
**NN — 4 pers.**

A proximité du village de Laurac en Vivarais, maison en pierre au coeur d'un mas agricole comprenant 2 gîtes confortables. 1er gîte en pierre, de tout confort (pierres apparentes, gîte lumineux) au rez de chaussée. Séjour, coin-cuisine et coin-salon. ch1 (1 lit 2 pers), ch2 (2 lits 1 pers), convertible 2 pers en appoint. Salle de bain et wc indépendant. Chauffage électrique, jardin clos privatif avec terrasse ombragée par une tonnelle. Lit bébé sur demande (commun pour les 2 gîtes).

Roger ROURE - La Chabrière - 07110 LAURAC
Tél. : 04 75 36 84 16 - Fax : 04 75 36 84 16

| HTE SAIS. | MOY. SAIS. | VAC. SCOL. | BASSE SAIS. | TRES BAS. SAIS. | WEEK-END |
|---|---|---|---|---|---|
| 490 | 320 | 310 | 310 | 310 | 120 |

| | | | | | | | |
|---|---|---|---|---|---|---|---|
| 4 | 4 | 18 | 0,8 | 0,8 | SP | 5 | 0,8 | 0,8 |

## N° 145009 LUSSAS — Cremouillat — CM 80 pli 9
**NN — 6 pers.**

Entre garrigue et vigne, maison indépendante située sur notre propriété, bénéficiant de notre piscine et de notre jardin arboré et fleuri. Séjour/coin-cuisine équipé, coin-salon avec canapé, cheminée foyer fermé (bois fourni), ch1(1 lit 2 pers, 1 lit 1 pers), ch2(1 lit 2 pers), ch3(1 lit 2 pers), salle de bain, wc, chauff.électr, terrasse, équipement bébé sur demande. Gîte de très bon confort aménagé avec soin. Train touristique de la basse Ardèche à 10 mn, Vallée de l'Ibie à 10 mn. Accès piscine de 8h à 12h et de 16h à 19h (01.06 au 30.09). Ouvert toute l'année.

GITES DE FRANCE-SERVICE RESERVATION - 4 Cours du Palais - BP 402 - 07004 PRIVAS Cedex
Tél. : 04 75 64 70 70 - Fax : 04 75 64 75 40 - Email : contact@gites-de-france-ardeche.com - www.gites-de-france-ardeche.com

| HTE SAIS. | MOY. SAIS. | VAC. SCOL. | BASSE SAIS. | TRES BAS. SAIS. |
|---|---|---|---|---|
| 740 | 450 | 380 | 380 | 380 |

| | | | | | | | |
|---|---|---|---|---|---|---|---|
| 15 | 3 | SP | 1 | 7 | SP | 13 | 1 | 1 |

## N° 149003 MARCOLS-LES-EAUX — Salomony — 700 m — CM 76 pli 19
**NN — 4 pers.**

Le Domaine de Salomony est situé en bordure d'une petite rivière 1ere cat, dans un cadre magnifique et préservé du parc naturel des Monts d'Ardèche. Nous vous accueillons en gîte ainsi qu'en chambres d'hôtes. Le Gîte : Séjour/c.cuisine intégré, coin-salon avec cheminée insert, canapé conv.2 pers, fauteuils, 1ch(1 lit 2 pers), 1ch(2 lits 1 pers.), s. d'eau, 2 wc. Chauffage électr. Terrasses, coin jardin fleuri, jeux de boules. Lit bébé à disposition. Balade à pied ou à vélo, jolis torrents de montagne pour les amoureux de la pêche, randonnées sur l'histoire,... Ouvert toute l'année.

Joke RISSON - Domaine de Salomony - 07190 MARCOLS-LES-EAUX
Tél. : 04 75 65 61 65 - Fax : 04 75 65 61 58 - Email : joke.risson@wanadoo.fr - www.gites-de-france-ardeche.com/domaine-de-salomony

| HTE SAIS. | MOY. SAIS. | VAC. SCOL. | BASSE SAIS. | TRES BAS. SAIS. | WEEK-END |
|---|---|---|---|---|---|
| 590 | 350 | 350 | 290 | 290 | 120 |

| | | | | | | | |
|---|---|---|---|---|---|---|---|
| SP | SP | 30 | 0,5 | SP | 20 | 30 | 0,6 |

## N° 151006 MARS — Les Deves — 1050 m — CM 76 pli 19
**NN — 5 pers.**

Belle maison en pierre aménagée en pleine nature, bénéficiant de beaucoup d'espace ainsi que de calme. Séjour, coin-salon avec divan et cheminée fermée, grande cuisine équipée, cellier avec lave-linge et sèche linge, 1 ch au rdc (1 lit 2 pers), 2 ch à l'étage (1 lit 2 pers, 1 lit 1 pers), salle d'eau, wc, chauff central, terrasse plein sud, A proximité : tous commerces et servcices médicaux, activités sportives et de plein air, golf 18 trous. En hiver, ski de fond, raquettes. Ouvert du 3 avril au 27 novembre.

Alain ROCHE - Les Deves - 07320 MARS
Tél. : 04 75 30 14 90

| HTE SAIS. | MOY. SAIS. | VAC. SCOL. | BASSE SAIS. |
|---|---|---|---|
| 515 | 380 | 335 | 335 |

| | | | | | |
|---|---|---|---|---|---|
| 2 | 2 | 6 | 1 | 6 | SP | 6 |

## N° 154006 MAZAN-L'ABBAYE — Lalligier — 1100 m
**NN — 8 pers.**

Sur la route des lacs, à 3km de St Cirgues en Montagne, gîte mitoyen à la maison des prop., idéal pour les grandes familles ou les séjours en petit groupe. Entrée, terrasse et coin jardin indépendants, grand pré à disposition. Sur 2 niveaux : séjour/c.cuisine intégrée, coin-salon, 2 s.d'eau, 2 wc, 3ch(2 lits 2 pers, 4 lits 1 pers superposés), équipement bébé sur dem. Chauffage central (forfait 45 €/sem, 15 €/week-end), garage. Magnifique région, totalement préservée, bénéficiant de très nbs activités (randonnées, baignade en rivière ou lac, ski de fond en hiver, pêche 1er cat). Ouvert toute l'année.

GITES DE FRANCE-SERVICE RESERVATION - 4 Cours du Palais - BP 402 - 07004 PRIVAS Cedex
Tél. : 04 75 64 70 70 - Fax : 04 75 64 75 40 - Email : contact@gites-de-france-ardeche.com - www.gites-de-france-ardeche.com

| HTE SAIS. | MOY. SAIS. | VAC. SCOL. | BASSE SAIS. | TRES BAS. SAIS. | WEEK-END |
|---|---|---|---|---|---|
| 520 | 410 | 390 | 390 | 390 | 200 |

| | | | | | |
|---|---|---|---|---|---|
| 2 | 2 | 3 | 3 | SP | 3 |

## N° 159015 MIRABEL — 500 m — CM 76 pli 19
**NN — 2 pers.**

Maison située en contre bas du village de Mirabel (site classé) comprenant 2 gîtes (accès et espace extérieur privatifs). 1er gîte : Séjour, coin-cuisine équipé, 1ch(1 lit 2 pers), 1 convertible 2 pers, lit bébé sur demande, salle d'eau, wc, chauffage au sol, prise TV, terrasse plein sud bénéficiant d'une très belle vue sur la vallée et le Tanargue. Terrain commun.

Christian TAULEMESSE - 07170 MIRABEL
Tél. : 04 75 36 72 40 - 06 20 89 16 70 - Fax : 04 75 36 72 40 - Email : c.taulemesse@free.fr

| HTE SAIS. | MOY. SAIS. | VAC. SCOL. |
|---|---|---|
| 380 | 300 | 275 |

| | | | | | | |
|---|---|---|---|---|---|---|
| 5 | 3 | 5 | 6 | SP | 10 | 4 | 6 |

# ARDÈCHE - 07

## N° 159016 — MIRABEL — 500 m — CM 76 pli 19
**NN — 2 pers.**

Maison située en contre bas du village de Mirabel (site classé) comprenant 2 gîtes (accès et espace extérieur privatifs). 2ème gîte : Séjour, coin cuisine équipé, 1ch(1 lit 2 pers), 1 convertible 2 pers, lit bébé sur demande, salle d'eau, wc, chauff au sol, prise TV, terrasse, terrain commun non clos. Grands commerces à 15 km.

Christian TAULEMESSE - 07170 MIRABEL
Tél. : 04 75 36 72 40 - 06 20 89 16 70 - Fax : 04 75 36 72 40 - Email : c.taulemesse@free.fr

| HTE SAIS. | MOY. SAIS. | VAC. SCOL. |
|---|---|---|
| 380 | 300 | 275 |

| | | | | | | | |
|---|---|---|---|---|---|---|---|
| 5 | 3 | 5 | 6 | 6 | SP | 10 | 4 | 6 |

## N° 161019 — MONTPEZAT — Le Villaret — 600 m — CM 76 pli 18
**NN — 4 pers.**

Adossé aux contreforts de la montagne ardéchoise, dans un hameau traditionnel des hautes Cévennes, très beau gîte de caractère aménagé dans une partie de notre propriété (accès et terrasse indépendants). Séjour(poutres apparentes, tomettes, vieilles pierres), convert.2 pers, coin-cuisine équipé, ch1 (1 lit 2 pers), ch2(2 lits 1 pers). Piscine hors-sol (7.20x3.60) commune avec le propr, chauff.électr(forfait 35 €/sem), cheminée insert. Cachet et authenticité du lieu assurés. Terrasse exposée sud : superbe vue sur la vallée. A proximité : villages de caractère, ski de fond,...

GITES DE FRANCE-SERVICE RESERVATION - 4 Cours du Palais - BP 402 - 07004 PRIVAS Cedex
Tél. : 04 75 64 70 70 - Fax : 04 75 64 75 40 - Email : contact@gites-de-france-ardeche.com - www.gites-de-france-ardeche.com

| HTE SAIS. | MOY. SAIS. | VAC. SCOL. | BASSE SAIS. | TRES BAS. SAIS. | WEEK-END |
|---|---|---|---|---|---|
| 600 | 350 | 310 | 290 | 290 | 110 |

| | | | | | |
|---|---|---|---|---|---|
| 0,2 | 0,2 | SP | 2 | SP | 2 |

## N° 171023 — PAYZAC — Le Fude — CM 80 pli 8
**NN — 4 pers.**

Maison indépendante de très bon confort bénéficiant d'un vaste terrain arboré de chênes. Idéalement située dans les Cévennes méridionales, à 5mn des Vans. Maison de plain pied. Séjour, coin-cuisine équipée, coin salon, ch1(1 lit 2 pers), 1ch(2 lits 1 pers), salle d'eau, wc, chauff électr. Très belle piscine du propriétaire commune avec les 2 gîtes. Ici, tout est compris : draps, chauffage ainsi que le ménage de fin de séjour. Lit bébé à la demande. Aux Vans à 5 km : Ts commerces, services médicaux, nombreuses activités touristiques, baignade, marché provençal.

Chantal et Claude JOBARD - Le Fude - Payzac - 07140 LES ASSIONS
Tél. : 06 83 51 79 73

| HTE SAIS. | MOY. SAIS. | VAC. SCOL. | BASSE SAIS. | TRES BAS. SAIS. | WEEK-END |
|---|---|---|---|---|---|
| 770 | 610 | 430 | 430 | 430 | 210 |

| | | | | | | |
|---|---|---|---|---|---|---|
| 4 | 4 | SP | 4 | 4 | SP | 4 | 4 |

## N° 176014 — PLANZOLLES — Les Brugères — 527 m — CM 80 pli 8
**NN — 4 pers.**

2e maison indépendante aménagée dans un petit hameau typique de la Cévenne ardéchoise. De la terrasse, vous bénéficiez d'un superbe panorama sur les vallées cévenoles environnantes. Séjour, coin-cuisine intégrée, coin-salon avec convert 2 pers, ch1(2 lits 1 pers), ch2(1 lit 2 pers), chaise bébé, salle d'eau, wc, 600m² de terrain, terrasse couverte, Chauffage électrique. Au départ du gîte, de nombreux chemins de randonnées en forêt. A proximité, vieux villages, vignoble des Côtes du Vivarais. Nous sommes à mi-chemin des Vans et de Joyeuse. Ouvert du 1er avril au 30 octobre.

GITES DE FRANCE-SERVICE RESERVATION - 4 Cours du Palais - BP 402 - 07004 PRIVAS Cedex
Tél. : 04 75 64 70 70 - Fax : 04 75 64 75 40 - Email : contact@gites-de-france-ardeche.com - www.gites-de-france-ardeche.com

| HTE SAIS. | MOY. SAIS. | VAC. SCOL. | BASSE SAIS. | TRES BAS. SAIS. | WEEK-END |
|---|---|---|---|---|---|
| 460 | 290 | 280 | 280 | 280 | 130 |

| | | | | | | | |
|---|---|---|---|---|---|---|---|
| 9 | 9 | 2 | 2 | 15 | SP | 17 | 15 | 6 |

## N° 177002 — PLATS — Balayon — CM 76 pli 10
**NN — 3 pers.**

Située à proximité de notre habitation, petite maison indépendante aménagée avec goût et bénéficiant d'une vue imprenable depuis la corniche du Rhône sur les Alpes et le Vercors. Cuisine aménagée, salon avec convertible 2 pers, poêle-cheminée, salle d'eau, wc, 1ch(1 lit 2 pers, 1 lit 1 pers), chauff.électr, terrasse couverte, grande prairie de 2ha à dispo. A proximité : vignobles d'Hermitage, de Cornas et de St Joseph, petit train touristique 'Le Mastrou', fameuse course cycliste 'L'Ardéchoise',... Ouvert toute l'année.

GITES DE FRANCE-SERVICE RESERVATION - 4 Cours du Palais - BP 402 - 07004 PRIVAS Cedex
Tél. : 04 75 64 70 70 - Fax : 04 75 64 75 40 - Email : contact@gites-de-france-ardeche.com - www.gites-de-france-ardeche.com

| HTE SAIS. | MOY. SAIS. | VAC. SCOL. | BASSE SAIS. | TRES BAS. SAIS. | WEEK-END |
|---|---|---|---|---|---|
| 350 | 300 | 250 | 250 | 250 | 95 |

| | | | | | | | |
|---|---|---|---|---|---|---|---|
| 10 | 6 | 10 | 2 | 6 | SP | 10 | 10 | 2 |

## N° 178024 — PONT-DE-LABEAUME — Leyronnac — CM 76 pli 18
**NN — 3 pers.**

Au bout d'un très joli hameau de caractère, surplombant l'Ardèche ainsi que les hautes Cévennes, gîte situé au rdc de notre second gîte. Superbe vue panoramique, terrasse couverte. Séjour/coin-cuisine équipée, 1ch(1 lit 2 pers), 1 coin nuit avec 2 lits 1 pers, salle d'eau, wc, chauff central (forfait semaine 30 €), canapé. Eglise romane de Niègles (XIIe s.), à 1 km. Ouvert toute l'année.

GITES DE FRANCE-SERVICE RESERVATION - 4 Cours du Palais - BP 402 - 07004 PRIVAS Cedex
Tél. : 04 75 64 70 70 - Fax : 04 75 64 75 40 - Email : contact@gites-de-france-ardeche.com - www.gites-de-france-ardeche.com

| HTE SAIS. | MOY. SAIS. | VAC. SCOL. | BASSE SAIS. | TRES BAS. SAIS. |
|---|---|---|---|---|
| 510 | 280 | 280 | 260 | 260 |

| | | | | | | |
|---|---|---|---|---|---|---|
| 4 | 4 | 10 | 4 | 7 | SP | 4 | 7 | 4 |

# ARDÈCHE - 07

### N° 179005 POURCHERES — Les Hauts du Gravat — 700 m — CM 76 pli 19
**NN — 4 pers.**

A la cime d'un petit village (chapelle du XIIe), maison indépendante composée de 2 gîtes sans vis à vis bénéficiant d'un superbe vue panoramique sur la vallée du Mézayon. 1er gîte : séjour/coin-cuisine, cheminée, ch1(1 lit 2 pers.), ch2(2 lits 1 pers.), convertible 2 pers., salle de bain, wc, chauff.électr., petit congélateur, m-ondes. Terrasse couverte, terrain privatif, balançoire, jeux de boules sur terrain commun. Lit bébé et chaise haute à la demande. Piscine du propriétaire en commun (ouverte de 9h à 12h et de 16h à 19h). Situé dans un environnement très calme. Ouvert du 14 février au 31 décembre.
GITES DE FRANCE-SERVICE RESERVATION - 4 Cours du Palais - BP 402 - 07004 PRIVAS Cedex
Tél. : 04 75 64 70 70 - Fax : 04 75 64 75 40 - Email : contact@gites-de-france-ardeche.com - www.gites-de-france-ardeche.com

| HTE SAIS. | MOY. SAIS. | VAC. SCOL. | BASSE SAIS. | TRES BAS. SAIS. | WEEK-END |
|---|---|---|---|---|---|
| 515 | 325 | 290 | 245 | 245 | 125 |

| | | | | | | | | |
|---|---|---|---|---|---|---|---|---|
| 8 | 2 | SP | 12 | 18 | SP | 18 | 10 | |

### N° 179006 POURCHERES — Les Hauts du Gravat — 700 m — CM 76 pli 19
**NN — 4 pers.**

A la cime d'un petit village (chapelle du XIIe), maison indépendante composée de 2 gîtes sans vis à vis bénéficiant d'un superbe vue panoramique sur la vallée du Mézayon. 2e gîte : séjour/coin-cuisine, cheminée, ch1(1 lit 2 pers.), ch2(2 lits 1 pers.), convertible 2 pers., salle de bain, wc, chauff.électr., petit congélateur, micro-ondes. Terrasse couverte, terrain privatif, balançoire, jeux de boules sur terrain commun. Lit bébé et chaise haute à la demande. Piscine du propriétaire en commun (ouverte de 9h à 12h et 16h à 19h). Situé à la campagne dans un environnement très calme. Ouvert toute l'année.
GITES DE FRANCE-SERVICE RESERVATION - 4 Cours du Palais - BP 402 - 07004 PRIVAS Cedex
Tél. : 04 75 64 70 70 - Fax : 04 75 64 75 40 - Email : contact@gites-de-france-ardeche.com - www.gites-de-france-ardeche.com

| HTE SAIS. | MOY. SAIS. | VAC. SCOL. | BASSE SAIS. | TRES BAS. SAIS. | WEEK-END |
|---|---|---|---|---|---|
| 515 | 325 | 290 | 245 | 245 | 125 |

| | | | | | | | |
|---|---|---|---|---|---|---|---|
| 8 | 2 | SP | 12 | 18 | SP | 18 | 10 |

### N° 182015 PRADES — Le Blacher — CM 76 pli 18
**NN — 6 pers.**

Sur un coteau bien exposé, nous vous proposons de venir vous ressourcer dans nos maisons indépendantes, dans un environnement boisé et très calme. 1e maison, côté est : séjour, coin-cuisine équipée, 1ch(1 lit 2 pers), 2ch(4 lits 1 pers), salle de bains, wc, chauff électr, tél (service restreint), terrasse couverte, coin jardin réservé, garage. Equipement bébé sur demande. Nous sommes à 10min de Vals les Bains (cinéma, casino, thermes) et 15min d'Aubenas (ts commerces et ttes activités). Ouvert toute l'année.
GITES DE FRANCE-SERVICE RESERVATION - 4 Cours du Palais - BP 402 - 07004 PRIVAS Cedex
Tél. : 04 75 64 70 70 - Fax : 04 75 64 75 40 - Email : contact@gites-de-france-ardeche.com - www.gites-de-france-ardeche.com

| HTE SAIS. | MOY. SAIS. | VAC. SCOL. | BASSE SAIS. | TRES BAS. SAIS. | WEEK-END |
|---|---|---|---|---|---|
| 595 | 395 | 335 | 305 | 305 | 120 |

| | | | | | | | |
|---|---|---|---|---|---|---|---|
| 2 | 2 | 4 | 3 | 1 | SP | 15 | 2 |

### N° 182016 PRADES — Le Blacher — CM 76 pli 18
**NN — 6 pers.**

Sur un coteau bien exposé, nous vous proposons de venir vous ressourcer dans nos maisons indépendantes, dans un environnement boisé et très calme. 2e maison, côté ouest : séjour, coin-cuisine équipée, 1ch(1 lit 2 pers), 2ch(4 lits 1 pers), salle de bains, wc, chauff électr, tél. (service restreint), terrasse couverte, coin jardin réservé, garage. Chaise haute. Nous sommes à 10mn de Vals les Bains (cinéma, casino, thermes) et à 15mn d'Aubenas (ts commerces et ttes activités). Ouvert toute l'année.
GITES DE FRANCE-SERVICE RESERVATION - 4 Cours du Palais - BP 402 - 07004 PRIVAS Cedex
Tél. : 04 75 64 70 70 - Fax : 04 75 64 75 40 - Email : contact@gites-de-france-ardeche.com - www.gites-de-france-ardeche.com

| HTE SAIS. | MOY. SAIS. | VAC. SCOL. | BASSE SAIS. | TRES BAS. SAIS. | WEEK-END |
|---|---|---|---|---|---|
| 595 | 395 | 335 | 305 | 305 | 120 |

| | | | | | | | |
|---|---|---|---|---|---|---|---|
| 2 | 2 | 4 | 3 | 1 | SP | 15 | 2 |

### N° 184010 PRANLES — Chamarouan — 600 m — CM 76 pli 19
**NN — 2 pers.**

Ce gîte très chaleureux d'excellente qualité est aménagé dans une partie de notre maison. Vous bénéficiez d'un coin-jardin et de l'accès à notre piscine. Séjour/coin-cuisine équipé, 1 lit 2 pers en mezzanine, TV et magnétoscope, chaine-hifi, salle d'eau, wc, chauffage central. Location de linge de maison possible. Nous sommes situés dans un environnement très calme. A 15 min de Privas, dans un lieu propice au repos et à la détente. Ouvert toute l'année.
GITES DE FRANCE-SERVICE RESERVATION - 4 Cours du Palais - BP 402 - 07004 PRIVAS Cedex
Tél. : 04 75 64 70 70 - Fax : 04 75 64 75 40 - Email : contact@gites-de-france-ardeche.com - www.gites-de-france-ardeche.com

| HTE SAIS. | MOY. SAIS. | VAC. SCOL. | BASSE SAIS. | TRES BAS. SAIS. | WEEK-END |
|---|---|---|---|---|---|
| 500 | 335 | 285 | 260 | 260 | 105 |

| | | | | | | | |
|---|---|---|---|---|---|---|---|
| 10 | 5 | SP | 12 | SP | 10 | | |

### N° 186004 PRIVAS — Moulin de Cornevis — CM 76 pli 20
**NN — 5 pers.**

Maison indépendante située dans une partie de notre moulinage du XIXe siècle. Le gîte est à 300 m du centre de Privas tout en étant situé au calme, près d'un ruisseau (environnement verdoyant). Séjour, coin cuisine, ch1(1 lit 2 pers), ch2 mansardée(3 lits 1 pers), salle d'eau, wc, chauff.électr, bibliothèque, terrasse, petit jardin privatif et clôturé. Chaise haute et parc bébé. Le propriétaire habite en contre bas, dans la partie autrefois utilisée en moulinage. Grands commerces 1,5km. Ouvert toute l'année.
C-Christine & Michel MAUGER – 344 chemin de Ternis – Moulin de Cornevis – 07000 PRIVAS
Tél. : 04 75 64 55 54 - 04 75 64 41 49 - Fax : 04 75 64 41 49 - Email : mc.mauger@free.fr

| HTE SAIS. | MOY. SAIS. | VAC. SCOL. | BASSE SAIS. | TRES BAS. SAIS. | WEEK-END |
|---|---|---|---|---|---|
| 450 | 380 | 380 | 310 | 310 | 125 |

| | | | | | | | |
|---|---|---|---|---|---|---|---|
| 1,5 | 1,5 | 1 | 3 | SP | 25 | 8 | 40 | 0,3 |

# ARDÈCHE - 07

## N° 189004 RIBES — Le Ranc — CM 80 pli 8

**NN** — 4 pers.

Gîte mitoyen à la maison du propriétaire. Séjour/c.cuisine intégré, 2 ch. (2 lits 2 pers., 1 lit 1 pers.), lit bébé sur demande, salle d'eau, wc, canapé, chauffage central, terrasse commune avec le propriétaire, terrain commun non attenant, jeux de boules. Tous services à Joyeuse.

Edmond BASTIDE - Le Ranc - 07260 RIBES
Tél. : 04 75 39 54 93 - Fax : 04 75 39 42 16

| HTE SAIS. | MOY. SAIS. | VAC. SCOL. | BASSE SAIS. | TRES BAS. SAIS. | WEEK-END |
|---|---|---|---|---|---|
| 380 | 280 | 280 | 240 | 240 | 110 |

| | | | | | | | | | |
|---|---|---|---|---|---|---|---|---|---|
| 2 | 2 | 1 | 3 | SP | 2 | 20 | 7 | | |

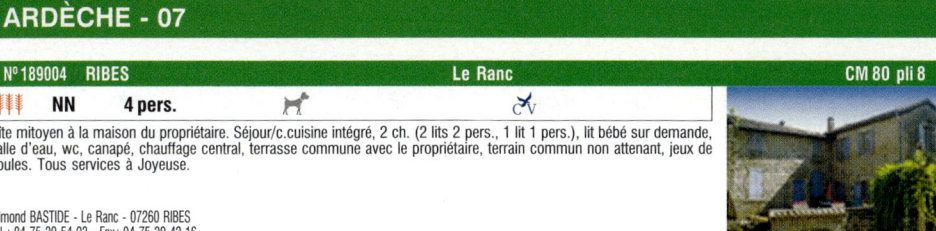

## N° 199058 ROSIERES — Les Chautards — CM 80 pli 8

**NN** — 3 pers.

A environ 2 km de Rosières, et en fin de hameau, 1er gîte aménagé au rez de chaussée dans une ancienne maison mitoyenne au propriétaire. Séjour voûté en pierres apparentes, coin cuisine, micro-ondes. 1 ch (1 lit 2 pers), salle d'eau et wc. Chauffage électrique, canapé dans le séjour. 1 lit 1 pers dans le séjour. Terrasse avec salon de jardin. Terrain non clos commun, cour commune aux 2 gîtes. Parking voiture réservé au gîte. Ouvert toute l'année.

Henri ZAMPARUTTI - Les Chautards - 07260 ROSIERES
Tél. : 04 75 39 41 04

| HTE SAIS. | MOY. SAIS. | VAC. SCOL. | BASSE SAIS. | TRES BAS. SAIS. | WEEK-END |
|---|---|---|---|---|---|
| 366 | 230 | 230 | 180 | 180 | 90 |

| 2 | 2 | 10 | 4 | 3 | SP | 4 | 6 | 2 |
|---|---|---|---|---|---|---|---|---|

## N° 199067 ROSIERES — Les Chautards — CM 80 pli 8

**NN** — 5 pers.

A environ 2 km de Rosières, en fin de hameau, 2ème gîte à l'étage (situé au dessus du 1er gîte en rez de chaussée). Séjour avec canapé et 2 fauteuils, cuisine aménagée, micro-ondes. 1 ch (1 lit 2 pers, 1 lit 1 pers), 1 ch (1 lit 2 pers), chauffage central au gaz. Salle de bains et wc. Belle terrasse close de 45 m² ensoleillée. Terrain commun aux 2 gîtes. Jeux de boules commun, parking réservé à ce gîte. Ouvert toute l'année.

Henri ZAMPARUTTI - Les Chautards - 07260 ROSIERES
Tél. : 04 75 39 41 04

| HTE SAIS. | MOY. SAIS. | VAC. SCOL. | BASSE SAIS. | TRES BAS. SAIS. | WEEK-END |
|---|---|---|---|---|---|
| 390 | 250 | 250 | 200 | 200 | 100 |

| 2 | 2 | 10 | 4 | 3 | SP | 4 | 6 | 2 |
|---|---|---|---|---|---|---|---|---|

## N° 199069 ROSIERES — L'Estrade — CM 80 pli 8

**NN** — 4 pers.

A deux pas de Rosières, au pied des Cévennes Ardéchoises, gîte aménagé sur 2 niveaux dans une ancienne magnanerie (annexe d'une ferme). Accès privatif au gîte. Séjour/cuisine de 40 m², micro-ondes. A l'étage : 2 ch (1 lit in 160 x 200 cm) pour 2 personnes, (2 lits 1 pers en 90 cm). 1 lit 1 pers d'appoint dans le séjour. Salle de bains, wc indépendant. Terrasse couverte, chauffage central compris. Lit bébé, chaise haute et parc sur demande. Ouvert toute l'année.

Jean VANNIERE - Le Suet - 07260 ROSIERES
Tél. : 04 75 39 41 07

| HTE SAIS. | MOY. SAIS. | VAC. SCOL. | BASSE SAIS. | TRES BAS. SAIS. | WEEK-END |
|---|---|---|---|---|---|
| 500 | 400 | 300 | 280 | 280 | 120 |

| 1 | 1 | 2 | 5 | SP | 1 |
|---|---|---|---|---|---|

## N° 201064 RUOMS — CM 80 pli 8

**NN** — 4 pers.

Gîte de très bon confort aménagé au rdc de notre maison. Entrée et terrasse couverte indépendantes. Vous bénéficiez de notre jardin clos et fleuri avec goût ainsi que de notre piscine. Séjour, c.salon, cuisine équipée, 1ch(1 lit 2 pers), 1ch(2 lits 1 pers), équipement BB sur demande, draps fournis et lits faits à l'arrivée, s.d'eau, wc. Chauffage électr, TV+magnétoscope, abri pour la voiture. A 1km, Tous commerces et activités de loisirs, vieux village de Ruoms, musée de vinimage. Sur place nous vous proposons un petit gîte de 2 pers., indépendant avec coin jardin clos et privatif.

Dominique & Brigitte MOUYSSET - Chemin de l'Espèdes - 07120 RUOMS
Tél. : 04 75 88 17 54 - 06 70 48 30 82 - Fax : 04 75 88 15 18 - Email : dmouysset@wanadoo.fr

| HTE SAIS. | MOY. SAIS. | VAC. SCOL. | BASSE SAIS. | TRES BAS. SAIS. | WEEK-END |
|---|---|---|---|---|---|
| 690 | 350 | 310 | 310 | 310 | 120 |

| 1,5 | 4,5 | SP | 2 | 4 | SP | 2 | 3 | 1 |
|---|---|---|---|---|---|---|---|---|

## N° 201065 RUOMS — CM 80 pli 9

**NN** — 3 pers.

Maison indépendante en rez de chaussée, comprenant le gîte ainsi que le logement du propriétaire. Entrée et terrasse indépendantes. Véranda, séjour (convertible), coin-cuisine équipé, 1ch(1 lit 2 pers, 1 lit 1 pers), prise TV, salle de bain, salle d'eau, wc, chauff.électr., parc arboré avec coin jardin privatif. Vous êtes à 5 mn à pied du centre de Ruoms : tous commerces et activités de loisirs, vieux village de Ruoms. 20% de réduction du 26.06 au 3.07 et du 18.09 au 25.09. Ouvert du 12 juin au 11 septembre.

GITES DE FRANCE-SERVICE RESERVATION - 4 Cours du Palais - BP 402 - 07004 PRIVAS Cedex
Tél. : 04 75 64 70 70 - Fax : 04 75 64 75 40 - Email : contact@gites-de-france-ardeche.com - www.gites-de-france-ardeche.com

| HTE SAIS. | MOY. SAIS. | VAC. SCOL. | BASSE SAIS. | TRES BAS. SAIS. | WEEK-END |
|---|---|---|---|---|---|
| 445 | 270 | 225 | 225 | 225 | |

| 1 | 1 | 20 | 1 | 2 | SP | 1 | 2 | 0,5 |
|---|---|---|---|---|---|---|---|---|

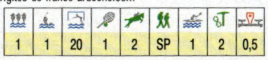

**RHÔNE-ALPES** — Pictos voir p. 12

# ARDÈCHE - 07

## N° 201066 RUOMS
**NN — 2 pers.**

Gîte de très bon confort aménagé dans une petite maison, située à proximité de notre habitation. Petit jardin clos et fleuri. Séjour, coin-cuisine équipée, 1ch. (1 lit 2 pers), 1 canapé 2 pers, équipement bébé à la demande, salle d'eau, wc, chauffage électrique. Nous sommes à 1 km du centre de Ruoms (tous commerces et activités de loisirs, vieux village de Ruoms, musée de vinimage). Sur place nous pouvons aussi vous proposer un petit gîte de 4 personnes.

Dominique & Brigitte MOUYSSET - Chemin de l'Espèdes - 07120 RUOMS
Tél. : 04 75 88 17 54 – 06 70 48 30 82 - Fax : 04 75 88 15 18 – Email : dmouysset@wanadoo.fr

| HTE SAIS. | MOY. SAIS. | VAC. SCOL. | BASSE SAIS. | TRES BAS. SAIS. | WEEK-END |
|---|---|---|---|---|---|
| 350 | 255 | 255 | 215 | 215 | 100 |

| | | | | | | | |
|---|---|---|---|---|---|---|---|
| 1,5 | 1,5 | 2 | 4 | SP | 3 | 3 | 1 |

## N° 201068 RUOMS — CM 80 pli 9
**NN — 6 pers.**

A deux pas du centre de Ruoms, sur un vaste terrain clos, maison en pierre restaurée à neuf, mitoyenne avec le logement du propriétaire. Accès indépendant au gîte qui se trouve à l'étage. Séjour, coin-cuisine, micro-ondes. 3 ch (2 lits 2 pers, 2 lits 1 pers), convertible 1 pers. Chauffage central (forfait 40 €/sem.), salle de bain, wc, terrasse depuis la séjour. Activités sportives et culturelles à Ruoms et Vallon Pont D'arc. Ouvert toute l'année.

GITES DE FRANCE-SERVICE RESERVATION - 4 Cours du Palais - BP 402 - 07004 PRIVAS Cedex
Tél. : 04 75 64 70 70 - Fax : 04 75 64 75 40 - Email : contact@gites-de-france-ardeche.com - www.gites-de-france-ardeche.com

| HTE SAIS. | MOY. SAIS. | VAC. SCOL. | BASSE SAIS. | TRES BAS. SAIS. |
|---|---|---|---|---|
| 600 | 400 | 400 | 300 | 300 |

| | | | | | | | |
|---|---|---|---|---|---|---|---|
| 0,5 | 0,5 | 6 | 0,2 | 4 | SP | 0,5 | 5 | 0,2 |

## N° 304096 SALAVAS — Cigeaille — CM 80 pli 9
**NN — 5 pers.**

A 2km de Vallon, sur un terrain de 3700m², nous vous proposons 4 maisons neuves. Chaque gîte dispose d'un accès et d'un espace extérieur indépendant. 3è villa, de plain-pied : séjour/coin-cuisine, coin-salon, ch1(1 lits 2 pers), ch2(1 lit 2 pers., 1 lit 1 pers.), salle d'eau, wc, ch.électr, terrasse. Nous mettons à votre disposition notre plage privée. La proximité de Vallon vous permet de bénéficier d'un grand nombre d'activités sportives, de loisirs ou culturelles. Taxe de séjour comprise dans le loyer. Ouverture d'une piscine commune prévue au printemps 2004. Ouvert du 1er mars au 13 novembre.

Jerome HELLY - Cigeaille - 07150 SALAVAS
Tél. : 04 75 88 10 02 – 06 81 62 31 39 - Fax : 04 75 88 10 02

| HTE SAIS. | MOY. SAIS. | VAC. SCOL. | BASSE SAIS. | TRES BAS. SAIS. |
|---|---|---|---|---|
| 630 | 310 | 250 | 250 | 250 |

| | | | | | | | |
|---|---|---|---|---|---|---|---|
| 1,5 | 1,5 | SP | 2 | 2,5 | SP | 1,5 | 1,5 | 1 |

## N° 304097 SALAVAS — Cigeaille — CM 80 pli 9
**NN — 4 pers.**

Sur un terrain de 3700m², nous vous proposons 3 villas neuves. Chaque gîte dispose d'un accès et d'un espace extérieur indépendant. 3e villa, de plain-pied : séjour/coin-cuisine, coin-salon, ch1(1 lit 2 pers), ch2(1 lit 2 pers), salle d'eau, wc, ch.électr, terrasse. Nous mettons à votre disposition notre plage privée à l'entrée des Gorges de l'Ardèche. La proximité de Vallon vous permet de bénéficier d'un grand nombre d'activités sportives, de loisirs ou culturelles. Taxe de séjour comprise dans le loyer. Ouverture d'une piscine commune au printemps 2004. Ouvert du 1er mars au 13 novembre.

GITES DE FRANCE-SERVICE RESERVATION - 4 Cours du Palais - BP 402 - 07004 PRIVAS Cedex
Tél. : 04 75 64 70 70 - Fax : 04 75 64 75 40 - Email : contact@gites-de-france-ardeche.com - www.gites-de-france-ardeche.com

| HTE SAIS. | MOY. SAIS. | VAC. SCOL. | BASSE SAIS. | TRES BAS. SAIS. |
|---|---|---|---|---|
| 590 | 310 | 250 | 250 | 250 |

| | | | | | | | |
|---|---|---|---|---|---|---|---|
| 1,5 | 1,5 | SP | 2 | 2,5 | SP | 1,5 | 1,5 | 1 |

## N° 304100 SALAVAS — Les Cigeailles — CM 80 pli 9
**NN — 8 pers.**

Maison indépendante de très bon confort. Sa décoration et sa clarté en font tout son charme. Située à 5 min de Vallon Pont d'Arc, elle bénéficie de tout le calme requis pour passer de bonnes vacances. Séjour, cuisine à l'américaine tout équipée, coin-salon avec canapé, 2ch(2 lits 140), 2ch(4 lits 1 pers), salle de bains, salle d'eau, 2 wc, chauffage électrique. Buanderie, terrasse, coin jardin réservé. Lit bébé à la demande. La proximité de Vallon vous permet de bénéficier d'un grand nombre d'activités sportives, de loisirs ou culturelles. Ouvert toute l'année.

GITES DE FRANCE-SERVICE RESERVATION - 4 Cours du Palais - BP 402 - 07004 PRIVAS Cedex
Tél. : 04 75 64 70 70 - Fax : 04 75 64 75 40 - Email : contact@gites-de-france-ardeche.com - www.gites-de-france-ardeche.com

| HTE SAIS. | MOY. SAIS. | VAC. SCOL. | BASSE SAIS. | TRES BAS. SAIS. |
|---|---|---|---|---|
| 783 | 480 | 530 | 365 | 365 |

| | | | | | | | |
|---|---|---|---|---|---|---|---|
| 1,5 | 1,5 | 2 | 2,5 | 2 | SP | 1,5 | 1,5 | 1 |

## N° 304101 SALAVAS — Les Brugières — CM 80 pli 9
**NN — 6 pers.**

Maison comprenant le gîte ainsi que la maison du propriétaire, accès au gîte par l'arrière, gîte sur 2 niveaux. Séjour, coin-cuisine, 1ch(1 lit 2 pers), 1ch(2 lits 1 pers sup, 1 lit 140), salle d'eau, 2 wc, prise tv, coin-salon, chauff central, terrasse, terrain. Toutes activités sportives, culturelles et de loisirs à Vallon Pont d'Arc à 5 min. Départ des gorges de l'Ardèche à 10 min. Nombreuses grottes à visiter. Baignade et canoe dans l'Ardèche. Possibilité forfait ménage 30 €. Ouvert toute l'année.

Gilbert PAYAN - Les Brugières - 07150 SALAVAS
Tél. : 04 75 37 13 21

| HTE SAIS. | MOY. SAIS. | VAC. SCOL. | BASSE SAIS. | TRES BAS. SAIS. | WEEK-END |
|---|---|---|---|---|---|
| 500 | 330 | 280 | 280 | 280 | 120 |

| | | | | | | | |
|---|---|---|---|---|---|---|---|
| 3 | 3 | 14 | 3 | 0,5 | SP | 3 | 1,5 | 2 |

# ARDÈCHE - 07

## N° 304102 SALAVAS — Les Brugières — CM 80 pli 9
**NN — 5 pers.**

A environ 2 km de Vallon Pont D'arc, maison indépendante neuve comprenant une location à l'année et le gîte sur deux niveaux. Il est aménagé dos à la route départementale, et est situé à proximité de la route Vallon Pont d'Arc/Salavas. Séjour, c.cuisine, micro-ondes, convertible 2 pers en appoint. 2ch (1 lit 2 pers, 3 lits 1 pers), s. d'eau, 2 wc, chauffage élect. Terrasse avec table de pique-nique. Terrain de 2500 m². Piscine hors sol (diam : 5.50m, hauteur : 1.25m). Bains de soleil. A proximité, vous profiterez d'un grand nombre d'activités sportives et culturelles. Ouvert toute l'année.
Eric BERNARD - 14 rue des Verchères - 69780 TOUSSIEU
Tél. : 04 78 40 31 34 - 06 09 53 13 73 - Fax : 04 78 40 31 34 - Email : bernard.family@club-internet.fr

| HTE SAIS. | MOY. SAIS. | VAC. SCOL. | BASSE SAIS. | TRES BAS. SAIS. |
|---|---|---|---|---|
| 610 | 395 | 305 | 285 | 285 |

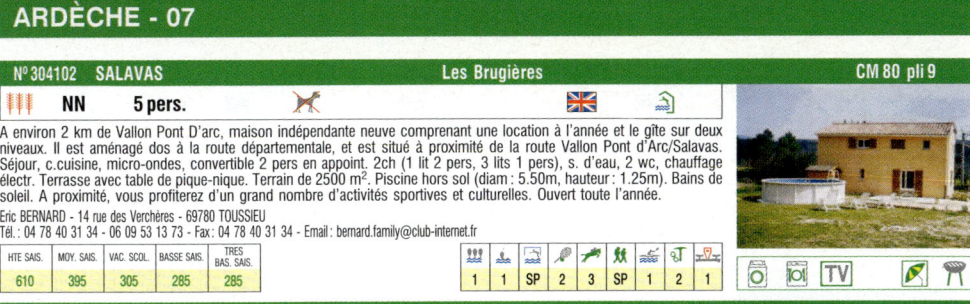

## N° 305006 LES SALELLES — Bas Montachard — CM 80 pli 8
**NN — 2 pers.**

Gîte en pierre situé dans un petit hameau typique de la Cévenne Ardéchoise, petit hameau dominant la vallée du chassezac. Accès par une cour privative. Séjour, coin-salon équipée, ch1(1 lit 2 pers), 1 convert 1 pers, salle d'eau, wc, chauff.central, terrasse bien exposée. A 5 mn du centre des Vans : tous commerces, toutes activités sportives (rando, VTT, parapente, escalade, canoë, spéléo,...) et culturelles. Ouvert toute l'année.
GITES DE FRANCE-SERVICE RESERVATION - 4 Cours du Palais - BP 402 - 07004 PRIVAS Cedex
Tél. : 04 75 64 70 70 - Fax : 04 75 64 75 40 - Email : contact@gites-de-france-ardeche.com - www.gites-de-france-ardeche.com

| HTE SAIS. | MOY. SAIS. | VAC. SCOL. | BASSE SAIS. | TRES BAS. SAIS. | WEEK-END |
|---|---|---|---|---|---|
| 330 | 240 | 200 | 200 | 200 | 90 |

## N° 306015 SAMPZON — Le Rocher de Sampzon — CM 80 pli 9
**NN — 2 pers.**

Situé en bout du très joli village de caractère de Sampzon (vue panoramique exceptionnelle), ce petit mazet en pierre est idéal pour les couples souhaitant profiter de cette magnifique région. Séjour, coin cuisine, canapé, 1 chambre avec 1 lit 2 pers, joli petit coin-douche dans la chambre, wc indép, chauff.electr, terrain attenant de plain-pied au mazet. Lits faits à l'arrivée. Equipement bébé à la demande. Ruoms et Vallon Pont d'Arc à 5km. Toutes activités sportives et de loisirs à proximité. Animaux acceptés nous consulter. Ouvert du 1er mai au 30 septembre.
Bernard GALDON - Le Rocher de Sampzon - 07120 SAMPZON
Tél. : 04 74 84 29 86

| HTE SAIS. | MOY. SAIS. | BASSE SAIS. | TRES BAS. SAIS. |
|---|---|---|---|
| 395 | 245 | 210 | 210 |

## N° 309003 SATILLIEU — Le Chambon — 550 m — CM 76 pli 9
**NN — 6 pers.**

En pleine nature, ancienne ferme rénovée avec vue panoramique sur les montagnes ardéchoises Mont Chaix-Roche des Vents, et sur le village de Satillieu. Gîte en pierre sur deux niveaux accueillant, de tout confort et lumineux, mitoyen à un logement de vacances. Accès indépendant au gîte. Grand séjour de 30m² (poutres apparentes), cuisine aménagée. 2 ch. (1 lit 2 pers, 3 lits 1 pers) mansardées. Une mezzanine mansardée (1 lit 1 pers), salle d'eau, wc, chauffage électrique. Terrasse, terrain priv. sur plusieurs ha. Pêche sur place (étang du propriét.). Gîte sur itinéraire GR 42. Ouvert toute l'année.
GITES DE FRANCE-SERVICE RESERVATION - 4 Cours du Palais - BP 402 - 07004 PRIVAS Cedex
Tél. : 04 75 64 70 70 - Fax : 04 75 64 75 40 - Email : contact@gites-de-france-ardeche.com - www.gites-de-france-ardeche.com

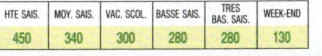 

| HTE SAIS. | MOY. SAIS. | VAC. SCOL. | BASSE SAIS. | TRES BAS. SAIS. | WEEK-END |
|---|---|---|---|---|---|
| 450 | 340 | 300 | 280 | 280 | 130 |

## N° 315016 LA SOUCHE — Les Azagades — 500 m — CM 76 pli 18
**NN — 6 pers.**

Situés à l'entrée du village de La Souche au fond de la vallée descendant du Tanargue (gds plateaux, ski, lac), 3 gîtes amén. dans une maison à proximité de notre habitation. 1er gîte : séjour, coin-cuisine, 3ch(3 lits 140, 1 lit 90), salle d'eau, wc, chauff. électr, terrasse située à l'opposée de la route côté jardin, terrain commun aux 3 gîtes. Baignade aménagée à 1km. Notre maison est située en bordure de route, à l'entrée du village. Station de ski de la Croix de Beauzon à 13 km (VTT, escalade, randonnée, ski de piste et de fond), piscine couverte à Neyrac les Bains, 12km. Ouvert toute l'année.
GITES DE FRANCE-SERVICE RESERVATION - 4 Cours du Palais - BP 402 - 07004 PRIVAS Cedex
Tél. : 04 75 64 70 70 - Fax : 04 75 64 75 40 - Email : contact@gites-de-france-ardeche.com - www.gites-de-france-ardeche.com

| HTE SAIS. | MOY. SAIS. | VAC. SCOL. | BASSE SAIS. | TRES BAS. SAIS. | WEEK-END |
|---|---|---|---|---|---|
| 390 | 280 | 280 | 200 | 200 | 120 |

## N° 315017 LA SOUCHE — Les Azagades — 500 m — CM 76 pli 18
**NN — 4 pers.**

A l'entrée du village de La Souche, au fond de la vallée descendant du Tanargue (gds plateaux, ski, lac), 3 gîtes aménagés dans une maison à proximité de notre habitation. 2e gîte : séjour, coin- cuisine, ch1(1 lit 140), ch2(2 lits 90), salle d'eau, wc, chauff.électr., terrasse attenante, terrain commun aux 3 gîtes, baignade aménagée à 1km. Notre maison est située en bordure de route, à l'entrée du village. Station de ski de la Croix de Beauzon à 13 km (VTT, escalade, randonnée, ski de piste et de fond l'hiver), piscine couverte avec jaccuzzi aux Thermes de Neyrac, 12km. Ouvert toute l'année.
GITES DE FRANCE-SERVICE RESERVATION - 4 Cours du Palais - BP 402 - 07004 PRIVAS Cedex
Tél. : 04 75 64 70 70 - Fax : 04 75 64 75 40 - Email : contact@gites-de-france-ardeche.com - www.gites-de-france-ardeche.com

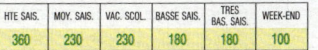  

| HTE SAIS. | MOY. SAIS. | VAC. SCOL. | BASSE SAIS. | TRES BAS. SAIS. | WEEK-END |
|---|---|---|---|---|---|
| 360 | 230 | 230 | 180 | 180 | 100 |

# ARDÈCHE - 07

## N° 315018 — LA SOUCHE — Les Azagades — 500 m — CM 76 pli 18

**NN — 6 pers.**

A l'entrée du village de La Souche au fond de la vallée descendant du Tanargue (gds plateaux, ski, lac), 3 gîtes aménagés dans une maison située à proximité de notre habitation. 3e gîte : séjour, coin-cuisine, cheminée, 3ch(2 lits 140, 2 lits 90 superposés), salle d'eau, wc, chauff.électr, terrasse privée, terrain commun aux 3 gîtes. Baignade aménagée à 1km. Notre maison est située en bordure de route, à l'entrée du village. Station de ski de la Croix de Beauzon à 13 km (VTT, escalade, randonnée, ski de piste et de fond), piscine couverte avec jaccuzzi à Neyrac les Bains, 12km. Ouverte toute l'année.
GITES DE FRANCE-SERVICE RESERVATION – 4 Cours du Palais - BP 620 - 07004 PRIVAS Cedex
Tél.: 04 75 64 70 70 - Fax : 04 75 64 75 40 - Email : contact@gites-de-france-ardeche.com - www.gites-de-france-ardeche.com

| HTE SAIS. | MOY. SAIS. | VAC. SCOL. | BASSE SAIS. | TRES BAS. SAIS. | WEEK-END |
|---|---|---|---|---|---|
| 390 | 280 | 280 | 200 | 200 | 120 |

1 | 1 | 12 | 1 | SP | 6 | 1

## N° 315020 — LA SOUCHE — Charray — 500 m — CM 76 pli 18

**NN — 2 pers.**

Au pays des jeunes volcans et au pied du massif du Tanargue, Gîte en pierre aménagé au rdc de notre maison de vacances, entrée côté jardin, terrasse bien exposée. Cuisine équipée, séjour/c.salon avec cheminée (insert) 2 lits gigognes 1 pers, 1ch(1 lit 140), s.de bains, wc, ch.électrique. En contre bas de la maison, rte donnant accès au village. Station de ski de la Croix de Beauzon à 13 km (VTT, escalade, randonnée, ski de piste et de fond), piscine couverte avec jaccuzi aux thermes de Neyrac les Bains, 12km. Forfait de 21 jours pour les curistes, 540 euro hors juil./août. Ouverte toute l'année.
GITES DE FRANCE-SERVICE RESERVATION – 4 Cours du Palais - BP 620 - 07004 PRIVAS Cedex
Tél.: 04 75 64 70 70 - Fax : 04 75 64 75 40 - Email : contact@gites-de-france-ardeche.com - www.gites-de-france-ardeche.com

| HTE SAIS. | MOY. SAIS. | VAC. SCOL. | BASSE SAIS. | TRES BAS. SAIS. | WEEK-END |
|---|---|---|---|---|---|
| 343 | 230 | 230 | 205 | 205 | |

1 | 1 | 12 | 1 | SP | 6 | 1

## N° 207064 — ST-ALBAN-AURIOLLES — Courbier — CM 80 pli 8

**NN — 5 pers.**

11eme gîte : la Magnanerie est un gîte en pierre, à l'étage bénéficiant d'une très belle terrasse (en partie couverte). Séjour rustique (canapé), cuisine toute équipée, ch1(1 lit 2 pers), ch2(1 lit 2 pers, 1 lit 1 pers), prise TV, salle d'eau, wc, chauffage central. Tous les locataires de notre village de gîtes bénéficient de la piscine. Aires de jeux ainsi que de l'ensemble de la propriété. Lit bébé sur demande. Ouvert toute l'année.
Jean SEVENIER - Le Courbier - 07120 ST-ALBAN-AURIOLLES
Tél.: 04 75 39 65 10 - Fax : 04 75 39 65 10 - www.lesgitesducourbier.com

| HTE SAIS. | MOY. SAIS. | VAC. SCOL. | BASSE SAIS. | TRES BAS. SAIS. | WEEK-END |
|---|---|---|---|---|---|
| 600 | 342 | 310 | 282 | 282 | 150 |

2 | 2 | SP | 5 | 1 | SP | 6 | 6 | 2

## N° 207066 — ST-ALBAN-AURIOLLES — Domaine de Champtressac — CM 76 pli 19

**NN — 8 pers.**

Le domaine de Champtressac, au coeur de l'Ardèche méridionale, vous propose 2 très belles maisons de caractère bénéficiant chacune d'une piscine privée clôturée. Séjour, cuisine équipée, salon (combi TV+Magnétoscope, 2 canapés), 2ch(1 lit 2 pers), 1ch(1 lit 1 pers), 1ch(3 lits 1 pers), salle d'eau, salle de bains, 2 wc. Chauffage électrique, sèche linge, patio, terrasse. Piscine ouverte du 01/06 au 30/09 - dim. 9mx4m. Sur le domaine, vous bénéficiez de notre cours de tennis. Draps, linge de maison et de toilette fournis. Tout l'équipement bébé à la demande. Ouvert du 10 avril au 9 octobre.
Dominique MAZOYER - Champtressac - 07120 ST-ALBAN-AURIOLLES
Tél.: 04 75 40 91 50 - 06 07 58 44 88

| HTE SAIS. | MOY. SAIS. | VAC. SCOL. | BASSE SAIS. | TRES BAS. SAIS. | WEEK-END |
|---|---|---|---|---|---|
| 1800 | 1300 | 1000 | 700 | 700 | 500 |

2 | 2 | SP | SP | 0,8 | SP | 3 | 6 | 3

## N° 207067 — ST-ALBAN-AURIOLLES — Domaine de Champtressac — CM 76 pli 19

**NN — 5 pers.**

Le domaine de Champtressac, au coeur de l'Ardèche méridionale, vous propose 2 très belles maisons de caractère bénéficiant chacune d'une piscine privée. Séjour/coin-cuisine équipée et coin-salon (combi TV+Magnéto., 2 canapés), 1ch (1 lit 2 pers), 1 ch. alcove 1 lit 1 pers, 1 mezz(2 lits 1 pers), s.d.b.. S. d'eau, 2wc, chauff.électr., sèche-linge. Belle terr. à l'ancienne plein sud, surplombant la piscine privée ainsi que du domaine. Piscine ouverte du 01/06 au 30/09 (dim. 9mx4m). Sur le domaine, vous bénéficiez de notre cours de tennis. Draps+linges fournis. Ouvert du 10 avril au 9 octobre.
Dominique MAZOYER - Champtressac - 07120 ST-ALBAN-AURIOLLES
Tél.: 04 75 40 91 50 - 06 07 58 44 88

| HTE SAIS. | MOY. SAIS. | VAC. SCOL. | BASSE SAIS. | TRES BAS. SAIS. | WEEK-END |
|---|---|---|---|---|---|
| 1200 | 900 | 600 | 500 | 500 | 300 |

2 | 2 | SP | SP | 0,8 | SP | 3 | 6 | 3

## N° 207068 — ST-ALBAN-AURIOLLES — Le Sartre — CM 80 pli 8

**NN — 4 pers.**

Située sur St Alban Auriolles, maison en pierre comprenant le logement du propriétaire et le gîte aménagé à l'étage. Séjour, coin cuisine, micro-ondes. Coin salon avec convertible 2 pers en appoint, 1 ch(1 lit 2 pers), 1 mezzanine (1 lit 2 pers). Salle d'eau, wc indépendant, chauffage électrique. Terrain non attenant. Le propriétaire a aménagé à l'extérieur du gîte une cuisine équipée et un wc à disposition. Piscine hors sol (diamètre : 4.60m, hauteur : 1.20m). Ouverte toute l'année.
Stephane MALGRAS - Le Sartre - 07120 ST-ALBAN-AURIOLLES
Tél.: 04 75 89 19 94 - 06 07 24 71 41 - Email : stephane.malgras1@libertysurf.fr - www.lesmicocouliers.chez.tiscali.fr

| HTE SAIS. | MOY. SAIS. | VAC. SCOL. | BASSE SAIS. | TRES BAS. SAIS. | WEEK-END |
|---|---|---|---|---|---|
| 400 | 270 | 270 | 250 | 250 | 80 |

3 | 0,5 | SP | 3 | 1 | SP | 5 | 15 | 1

# ARDÈCHE - 07

## N° 207069    ST-ALBAN-AURIOLLES    Belvezet    CM 80 pli 8

**NN    4 pers.**

Situé qu'à quelques minutes du centre de Ruoms, mais bénéficiant de beaucoup de calme, gîte en pierre aménagé dans une partie de notre groupe de maison (accès et terrasse totalement réservée). Séjour, coin-cuisine, 1ch(1 lit 2 pers), 1ch(2 lits 1 pers), salle d'eau, wc, chauff électr, terrasse couverte attenante, coin-jardin au rdc. Baignade dans Labeaume à 5 min. tous commerces, activités de loisirs ou sportive à Ruoms, 5 min.

André COUDEYRE - Belvezet - 07120 ST-ALBAN-AURIOLLES
Tél. : 04 75 39 63 91

| HTE SAIS. | MOY. SAIS. | VAC. SCOL. | BASSE SAIS. | TRES BAS. SAIS. | WEEK-END |
|---|---|---|---|---|---|
| 420 | 290 | 245 | 230 | 230 | 110 |

| | | | | | | | | | |
|---|---|---|---|---|---|---|---|---|---|
| 2 | 2 | 5 | 1 | SP | 6 | 6 | 2 | | |

## N° 208003    ST-ANDEOL-DE-BERG    CM 76 pli 19

**NN    4 pers.**

Au coeur d'un petit village tranquille de l'Ardèche méridionale, à proximité des Gorges de l'Ardèche et de la vallée de l'Ibie, gîte de très bon confort disposant d'une grande terrasse fermée exposée au couchant. Séjour/coin-cuisine intégré, ch1(1 lit 2 pers), ch2(2 lits 1 pers), lit bébé sur demande, 1 convertible 2 pers, salle de bain, wc, chauffage central. Ouvert toute l'année.

Anne Marie PARAT - Quartier St Martin - 07200 AUBENAS
Tél. : 04 75 93 50 37 - Email : zamelipar@aol.com

| HTE SAIS. | MOY. SAIS. | VAC. SCOL. | BASSE SAIS. | TRES BAS. SAIS. | WEEK-END |
|---|---|---|---|---|---|
| 400 | 300 | 300 | 260 | 260 | 110 |

| 15 | 15 | 6 | 0,5 | 6 | SP | 15 | 15 | 30 | 5 |
|---|---|---|---|---|---|---|---|---|---|

## N° 210012    ST-ANDEOL-DE-VALS    Serre Long    CM 76 pli 19

**NN    6 pers.**

Gîte indépendant, situé dans un cadre boisé et fleuri (nous avons planté en contre bas de la terrasse + de 1200 espèces). Séjour, coin-cuisine équipé, coin-salon devant le poële cheminée, 2 ch(2 lits 2 pers), 1 ch(2 lits 1 pers), 2 lits 1 pers en appoint dans la pièce servant de salon ou de pièce de jeux, salle de bains, 2 wc, chauff.électrique. Terrasse ombragée par un arbre de Judé, terrain en terrasse. Chaise haute. Nous nous situons à 700m du village et à 8km de Vals les Bains (Grands commerces, station thermale, casino, cinéma). Ouvert toute l'année.

GITES DE FRANCE-SERVICE RESERVATION - 4 Cours du Palais - BP 342 - 07004 PRIVAS Cedex
Tél. : 04 75 64 70 70 - Fax : 04 75 64 75 40 - Email : contact@gites-de-france-ardeche.com - www.gites-de-france-ardeche.com

| HTE SAIS. | MOY. SAIS. | VAC. SCOL. | BASSE SAIS. | TRES BAS. SAIS. | WEEK-END |
|---|---|---|---|---|---|
| 515 | 335 | 305 | 270 | 270 | 137 |

| 0,3 | 0,3 | 8 | 0,7 | 6 | SP | 0,7 | | | |
|---|---|---|---|---|---|---|---|---|---|

## N° 213007    ST-ANDRE-LACHAMP    Le Besset    600 m    CM 80 pli 8

**NN    2 pers.**

Le hameau du Besset est un hameau totalement indépendant, situé en plein coeur d'une chataigneraie cévenole (accès par un chemin de terre carrossé sur 1,5 km). Le calme et la tranquilité de ce lieu feront parties intégrantes de votre séjour. 1er gîte : séjour/c.cuisine, convertible 2 pers, 1ch(1 lit 2 pers, 1 lit 1 pers en appoint), salle d'eau, wc. Chauffage électrique. Gîte en Lauze, pierre de pays, bénéficiant de deux terrasses ombragées par le tilleul ainsi que d'un petit jardin en pelouse bénéficiant d'une très jolie vue sur les vallées environnantes. Ouvert du 1er février au 15 novembre.

GITES DE FRANCE-SERVICE RESERVATION - 4 Cours du Palais - BP 342 - 07004 PRIVAS Cedex
Tél. : 04 75 64 70 70 - Fax : 04 75 64 75 40 - Email : contact@gites-de-france-ardeche.com - www.gites-de-france-ardeche.com

| HTE SAIS. | MOY. SAIS. | VAC. SCOL. | BASSE SAIS. | TRES BAS. SAIS. | WEEK-END |
|---|---|---|---|---|---|
| 350 | 275 | 255 | 225 | 225 | 100 |

| 12 | 12 | 6 | 12 | SP | 6 | 15 | 12 |
|---|---|---|---|---|---|---|---|

## N° 213008    ST-ANDRE-LACHAMP    Le Besset    600 m    CM 80 pli 8

**NN    2 pers.**

Le hameau du Besset est un hameau totalement indépendant, situé en plein coeur d'une chataigneraie cévenole (accès par un chemin de terre carrossé sur 1,5 km). Le calme et la tranquilité de ce lieu feront parties intégrantes de votre séjour. 2e gîte, sur 2 niveaux. Séjour/c.cuisine, convertible 2 pers, 1ch(1 lit 2 pers), salle d'eau, wc, chauff électr. Gîte en Lauze, pierre de pays, bénéficiant d'une terrasse exposée au couchant. Ouvert du 1er février au 15 novembre.

GITES DE FRANCE-SERVICE RESERVATION - 4 Cours du Palais - BP 342 - 07004 PRIVAS Cedex
Tél. : 04 75 64 70 70 - Fax : 04 75 64 75 40 - Email : contact@gites-de-france-ardeche.com - www.gites-de-france-ardeche.com

| HTE SAIS. | MOY. SAIS. | VAC. SCOL. | BASSE SAIS. | TRES BAS. SAIS. | WEEK-END |
|---|---|---|---|---|---|
| 350 | 275 | 255 | 225 | 225 | 100 |

| 12 | 12 | 6 | 12 | SP | 6 | 15 | 12 |
|---|---|---|---|---|---|---|---|

## N° 213009    ST-ANDRE-LACHAMP    Le Besset    600 m    CM 80 pli 8

**NN    4 pers.**

Le hameau du Besset est un hameau totalement indépendant, situé en plein coeur d'une chataigneraie cévenole (accès par un chemin de terre carrossé sur 1,5 km). Le calme et la tranquilité de ce lieu feront parties intégrantes de votre séjour. 3ème gîte en lauze : Séjour/coin cuisine et coin salon avec convertible 1 pers. en appoint. 1 ch(1 lit 2 pers). 1 ch. (2 lits 1 pers) mansardée. Salle d'eau, wc indépendant, chauffage électrique. Terrasse devant le gîte. Terrain commun attenant. Forfait ménage possible de 30 €/semaine. Chauffage compris.

Annie LEREBOURG - SCI PIC EPEICHE - Le Besset - 07230 ST-ANDRE-LACHAMP
Tél. : 04 75 36 45 11 - 06 18 39 94 24 - Email : jacques.lerebourg@wanadoo.fr - www.silviobiello.com/gitelerebourg/description.htm

| HTE SAIS. | MOY. SAIS. | VAC. SCOL. | BASSE SAIS. | TRES BAS. SAIS. | WEEK-END |
|---|---|---|---|---|---|
| 400 | 300 | 275 | 275 | 275 | 120 |

| 12 | 12 | 6 | 12 | SP | 6 | 15 | 12 |
|---|---|---|---|---|---|---|---|

RHÔNE-ALPES

Pictos voir p. 12

481

# ARDÈCHE - 07

## N° 216006 — ST-BARTHELEMY-GROZON — La Blache — 650 m — CM 76 pli 10

**NN — 5 pers.**

Maison totalement indépendante située en bordure de forêt, accès au gîte par un chemin de terre carrossé sur 300m. Vous vous situez en pleine nature, dans un environnement protégé. Séjour avec cheminée (bois fourni gratuitement) et coin-salon, cuisine, 2ch(1 lit 2 pers), 1ch(1 lit 1 pers), chaise haute, salle de bain, wc, chauff.électr. Terrasse, ping-pong, portique. Lits faits à l'arrivée. Ce gîte a été restauré dans l'esprit des anciennes fermes ardéchoises. Rando pédestre ou VTT au départ du gîte. Tous commerces à Lamastre, 10 km. Ouvert du 3 avril au 6 novembre.

GITES DE FRANCE-SERVICE RESERVATION - 4 Cours du Palais - BP 402 - 07004 PRIVAS Cedex
Tél. : 04 75 64 70 70 - Fax : 04 75 64 75 40 - Email : contact@gites-de-france-ardeche.com - www.gites-de-france-ardeche.com

| HTE SAIS. | MOY. SAIS. | VAC. SCOL. | BASSE SAIS. | TRES BAS. SAIS. | WEEK-END |
|---|---|---|---|---|---|
| 430 | 270 | 270 | 260 | 260 | 120 |

| | | | | | | |
|---|---|---|---|---|---|---|
| 10 | 1,5 | 10 | SP | 4 | | |

## N° 215005 — ST-BARTHELEMY-LE-MEIL — Aoulas — CM 76 pli 19

**NN — 6 pers.**

Surplombant une petite rivière, maison indépendante en rdc, exposée sud, bénéficiant d'un terrain clos. Nous sommes à 10 km du Cheylard (grands commerces, activités touristiques). Cuisine, séjour/coin-salon, TV+magnétoscope, 3ch(3 lits 2 pers), salle de bains, wc, chauff.électr, buanderie avec sèche-linge et lave-linge, terrasse, bains de soleil. Lit bébé et chaise haute sur demande. A 15 km, la montagne ardéchoise : lacs, Mont Gerbier des Joncs, ski de fond. Ouvert toute l'année.

GITES DE FRANCE-SERVICE RESERVATION - 4 Cours du Palais - BP 402 - 07004 PRIVAS Cedex
Tél. : 04 75 64 70 70 - Fax : 04 75 64 75 40 - Email : contact@gites-de-france-ardeche.com - www.gites-de-france-ardeche.com

| HTE SAIS. | MOY. SAIS. | VAC. SCOL. | BASSE SAIS. | TRES BAS. SAIS. | WEEK-END |
|---|---|---|---|---|---|
| 595 | 435 | 425 | 395 | 395 | 190 |

| 2 | 2 | 0,8 | 2,5 | SP | 3 | 2,5 |
|---|---|---|---|---|---|---|

## N° 230011 — ST-ETIENNE-DE-BOULOGNE — Auriolles — CM 76 pli 19

**NN — 6 pers.**

Située à 10mn d'Aubenas, maison indépendante en partie en pierre aménagée sur un terrain de 2000m² entièrement clos. 2 terrasses, pelouse ombragée. Séjour-coin-cuisine intégrée, 2ch(2 lits 2 pers), 1ch(2 lits 1 pers), salle d'eau (douche cabine), wc indép., chauff.central, cellier, lit bébé et chaise haute à la demande. Nous sommes à proximité de la route départementale du col de l'Escrinet, à 20 mn des Gorges de l'Ardèche ainsi qu'à 30mn de la montagne Ardéchoise (Mont Gerbier des Joncs, lacs, charcuterie de montagne,...). Le propriétaire se propose de vous accompagner en randonnée.

GITES DE FRANCE-SERVICE RESERVATION - 4 Cours du Palais - BP 402 - 07004 PRIVAS Cedex
Tél. : 04 75 64 70 70 - Fax : 04 75 64 75 40 - Email : contact@gites-de-france-ardeche.com - www.gites-de-france-ardeche.com

| HTE SAIS. | MOY. SAIS. | VAC. SCOL. | BASSE SAIS. | TRES BAS. SAIS. | WEEK-END |
|---|---|---|---|---|---|
| 550 | 350 | 335 | 335 | 335 | 140 |

| 15 | 3 | 12 | 3,5 | 15 | SP | 20 | 8 | 3,5 |
|---|---|---|---|---|---|---|---|---|

## N° 233029 — ST-ETIENNE-DE-SERRES — Les Blaches — CM 76 pli 19

**NN — 2 pers.**

Située dans la petite vallée de l'Orsanne, notre ancienne ferme Les Blaches (hameau restauré en pierre de pays) vous accueille en pleine campagne dans le confort et le calme. Piscine du propriétaire à disposition de 13h à 18h. Vous avez le choix entre l'un de nos 4 gîtes. 4e gîte : gîte de caractère voûté très agréable pour un couple. Séjour, coin-cuisine, coin-nuit avec 1 lit 2 pers, salle d'eau, wc, l.linge commun, ch.électr, poêle cheminée, terrasse couverte, terrain commun. Pratique du canöé pour les initiés au printemps et à l'automne seul. Piscine du 1er juin au 30 sept. Ouvert du 3 avril au 2 octobre.

GITES DE FRANCE-SERVICE RESERVATION - 4 Cours du Palais - BP 402 - 07004 PRIVAS Cedex
Tél. : 04 75 64 70 70 - Fax : 04 75 64 75 40 - Email : contact@gites-de-france-ardeche.com - www.gites-de-france-ardeche.com

| HTE SAIS. | MOY. SAIS. | VAC. SCOL. | BASSE SAIS. | TRES BAS. SAIS. | WEEK-END |
|---|---|---|---|---|---|
| 295 | 230 | 200 | 180 | 180 | |

| 2 | SP | SP | 2,5 | 18 | SP | 2,5 | 5 | 2,5 |
|---|---|---|---|---|---|---|---|---|

## N° 237007 — ST-FORTUNAT — CM 76 pli 20

**NN — 4 pers.**

Au coeur du village de St Fortunat, gîte mitoyen en pierre restauré à neuf avec goût. De tout confort, vous apprécierez aussi sa cour privative. Le gîte est sur 2 niveaux. Au rez de chaussée : séjour, cuisine intégrée avec micro-ondes, canapé. A l'étage : 2 chambres aménagées avec goût et lumineuses (2 lits 2 pers). 1 mezzanine basse pour enfants (2 lits 1 pers), salle d'eau, wc, cour privative devant le gîte. Jardin commun clos avec jeux d'enfants, parking voiture sur la place de l'église de St Fortunat. Ouvert toute l'année.

GITES DE FRANCE-SERVICE RESERVATION - 4 Cours du Palais - BP 402 - 07004 PRIVAS Cedex
Tél. : 04 75 64 70 70 - Fax : 04 75 64 75 40 - Email : contact@gites-de-france-ardeche.com - www.gites-de-france-ardeche.com

| HTE SAIS. | MOY. SAIS. | VAC. SCOL. | BASSE SAIS. | TRES BAS. SAIS. | WEEK-END |
|---|---|---|---|---|---|
| 400 | 350 | 280 | 280 | 280 | 110 |

| 1 | | 15 | 0,7 | 15 | SP | 8 | 2 | 0,5 |
|---|---|---|---|---|---|---|---|---|

## N° 248007 — ST-JEAN-ROURE — 960 m — CM 76 pli 19

**NN — 6 pers.**

Maison en pierre aménagée dans un petit village très calme, village situé à mi-chemin de St Agrève et du Cheylard. La maison comprend le logement du proriétaire et le gîte, accès et terrain indépendants. Gîte de très bon confort, de plain-pied. Séjour, c.cuisine intégrée, c.salon avec chaîne hifi, ch1(1 lit 2 pers, 2 lits 1 pers.superposés) et ch2(1 lit 2 pers.). Salle de bain avec baignoire et douche, wc, ch.central (forfait 30 €/sem.) Cellier, terrasse, terrain en pelouse. Tous commerces à 10 mn, lac de Devesset à 15 mn, Eyrium (piscine avec toboggan) à 15 mn. Lit bébé sur demande. Ouvert toute l'année.

GITES DE FRANCE-SERVICE RESERVATION - 4 Cours du Palais - BP 402 - 07004 PRIVAS Cedex
Tél. : 04 75 64 70 70 - Fax : 04 75 64 75 40 - Email : contact@gites-de-france-ardeche.com - www.gites-de-france-ardeche.com

| HTE SAIS. | MOY. SAIS. | VAC. SCOL. | BASSE SAIS. | TRES BAS. SAIS. | WEEK-END |
|---|---|---|---|---|---|
| 470 | 345 | 310 | 285 | 285 | |

| 8 | 5 | 8 | 8 | 11 | SP | 8 | | |
|---|---|---|---|---|---|---|---|---|

# ARDÈCHE - 07

## N° 253007 ST-JULIEN-DU-GUA — 650 m — CM 76 pli 19
**NN — 6 pers.**

Situé dans le Parc Naturel Regional des Monts D'Ardèche, Saint Julien du Gua est un village paisible. Maison mitoyenne de village sur 2 niveaux. Séjour, coin cuisine aménagé, 3 ch (2 lits 2 pers, 2 lits 1 pers). Salle d'eau, wc. Chauffage central, terrasse avec cour fleurie, garage fermé privé au gîte. Jeux de boules et tennis à 300 mètres.

Serge TRIN - La Serre d'Ajoux - 07000 ST-PRIEST
Tél. : 04 75 64 17 58 - 04 75 66 79 63 - Email : serge.trin@wanadoo.fr

| HTE SAIS. | MOY. SAIS. | VAC. SCOL. | BASSE SAIS. | TRES BAS. SAIS. |
|---|---|---|---|---|
| 290 | 240 | 200 | 200 | 200 |

5 / 5 / 23 / 0,3 / SP / SP

## N° 253012 ST-JULIEN-DU-GUA — 650 m — CM 76 pli 19
**3 pers.**

Petite maison située au coeur d'un petit village du parc régional des Monts d'Ardèche, à 2 pas de la montagne Ardéchoise ainsi que de la très jolie vallée de l'Eyrieux. Gîte sur 2 niveaux bénéficiant d'une terrasse ainsi que d'un coin jardin clos. Séjour, coin-cuisine, cheminée avec insert (bois fourni), 1ch(1 lit 2 pers), 1 ch enfant(2 lits superposés). Salle d'eau, wc. Vous serez situés dans un environnement boisé et vous bénéficierez d'une nature encore préservée.

GITES DE FRANCE-SERVICE RESERVATION - 4 Cours du Palais - BP 402 - 07004 PRIVAS Cedex
Tél. : 04 75 64 70 70 - Fax : 04 75 64 75 40 - Email : contact@gites-de-france-ardeche.com - www.gites-de-france-ardeche.com

| HTE SAIS. | MOY. SAIS. | VAC. SCOL. | BASSE SAIS. | TRES BAS. SAIS. | WEEK-END |
|---|---|---|---|---|---|
| 350 | 280 | 250 | 250 | 250 | 90 |

3 / 5 / 2 / 0,1 / 27 / SP / SP

## N° 261008 ST-LAURENT-DU-PAPE — Prioron — CM 76 pli 20
**NN — 5 pers.**

Situé sur un très joli plateau dominant la vallée du Rhône, gîte aménagé à la ferme mitoyen à l'habitation des propriétaires (entrée et cour indépendantes). Vaste prairie, grands bois de chêne et de pins. Séjour, coin-cuisine, 1ch(1 lit 2 pers), 1 mezzanine avec 3 lits 1 pers, salle d'eau, wc, canapé, chauff.électr. Nous nous situons à 5 mn de la Voulte (tous commerces, musées, baignades,...), à 25mn de Valence et 20mn de la sortie d'Autoroute. Ouvert toute l'année.

GITES DE FRANCE-SERVICE RESERVATION - 4 Cours du Palais - BP 402 - 07004 PRIVAS Cedex
Tél. : 04 75 64 70 70 - Fax : 04 75 64 75 40 - Email : contact@gites-de-france-ardeche.com - www.gites-de-france-ardeche.com

| HTE SAIS. | MOY. SAIS. | VAC. SCOL. | BASSE SAIS. | TRES BAS. SAIS. | WEEK-END |
|---|---|---|---|---|---|
| 335 | 250 | 230 | 215 | 215 | 100 |

10 / 10 / 10 / 6 / SP / 10 / 10 / 5

## N° 263003 ST-LAURENT-SOUS-COIRON — Le Solitary — 550 m — CM 76 pli 19
**NN — 2 pers.**

Joli petit gîte en pierre aménagé dans une ancienne ferme, dans un petit hameau traditionnel du plateau du Coiron. Accueil chaleureux et convivial, environnement très calme. Cuisine, 1 chambre avec 1 lit 2 pers, banquette (couchage possible pour 1 pers), salle d'eau, wc, terrasse, ch.électr., portique. Centre équestre au coeur du hameau. Tous commerces à Lussas, 7km. Nombreuses possibilités de randonnées VTT ou pédestres au départ du gîte. Jolis villages de caractère à visiter, grottes troglodytiques... Point phone avec carte France Télécom. Ouvert toute l'année.

GITES DE FRANCE-SERVICE RESERVATION - 4 Cours du Palais - BP 402 - 07004 PRIVAS Cedex
Tél. : 04 75 64 70 70 - Fax : 04 75 64 75 40 - Email : contact@gites-de-france-ardeche.com - www.gites-de-france-ardeche.com

| HTE SAIS. | MOY. SAIS. | VAC. SCOL. | BASSE SAIS. | TRES BAS. SAIS. | WEEK-END |
|---|---|---|---|---|---|
| 305 | 227 | 227 | 196 | 196 | 93 |

1 / 1 / 3 / 5 / SP / SP / 30 / 2 / 45 / 7

## N° 263004 ST-LAURENT-SOUS-COIRON — Le Solitary — 580 m — CM 76 pli 19
**NN — 2 pers.**

2e gîte en pierre aménagé au nord, dans une ferme ancienne d'un petit hameau traditionnel du plateau du Coiron, bénéficiant d'un coin jardin attenant, accueil chaleureux et convivial, environnement très calme. Séjour/coin-cuisine, 1ch(1 lit 2 pers), salle d'eau, wc, chauff.central (forfait 42 €/sem, 15 €/week-end), garage privatif, portique. Point phone dans le hameau. Centre équestre au coeur du hameau. Nombreuses randonnées VTT ou pédestres au départ du gîte. Jolis villages de caractère à visiter, grottes troglodytiques... Point phone avec carte France Télécom. Ouvert toute l'année.

GITES DE FRANCE-SERVICE RESERVATION - 4 Cours du Palais - BP 402 - 07004 PRIVAS Cedex
Tél. : 04 75 64 70 70 - Fax : 04 75 64 75 40 - Email : contact@gites-de-france-ardeche.com - www.gites-de-france-ardeche.com

| HTE SAIS. | MOY. SAIS. | VAC. SCOL. | BASSE SAIS. | TRES BAS. SAIS. | WEEK-END |
|---|---|---|---|---|---|
| 305 | 227 | 227 | 196 | 196 | 93 |

1 / 1 / 3 / 5 / SP / SP / 30 / 2 / 45 / 7

## N° 263005 ST-LAURENT-SOUS-COIRON — Le Solitary — 550 m — CM 76 pli 19
**NN — 6 pers.**

3e gîte, aménagé dans une ferme ancienne au coeur d'un petit hameau traditionnel du plateau du coiron, accueil chaleureux et convivial, environnement très calme. Cour, terrain en pelouse, séjour, coin-cuisine, 1ch(1 lit 2 pers, 1 lit 1 pers) avec douche et lavabo dans la chambre, 2ch(1 lit 2 pers), salle d'eau, wc, ch.central. Centre équestre au coeur du hameau. Tous commerces à Lussas 7km. Nombreuses possibilités de randonnées VTT ou pédestre au départ du gîte. Jolis villages de caractère à visiter, grottes troglodytes. Portique. Point phone avec carte France Télécom. Ouvert toute l'année.

Anne-Marie CARLEBACH/SENDIC - Le Solitary - 07170 ST-LAURENT-SOUS-COIRON
Tél. : 04 75 94 30 39 - Fax : 04 75 94 22 50 - Email : am.sendic@wanadoo.fr - http://site.voila.fr/gites.solitary

| HTE SAIS. | MOY. SAIS. | VAC. SCOL. | BASSE SAIS. | TRES BAS. SAIS. | WEEK-END |
|---|---|---|---|---|---|
| 500 | 400 | 400 | 380 | 380 | 150 |

1 / 1 / 3 / 5 / SP / SP / 30 / 2 / 45 / 7

**RHÔNE-ALPES**

483

# ARDÈCHE - 07

## N° 272016 ST-MAURICE-D'ARDECHE — Cornut — CM 80 pli 9

**NN — 4 pers.**

A proximité des Gorges de l'Ardèche, situé dans un environnement de garrigue et à 1km du village de St Maurice, 2e gîte, sur 2 niveaux : cuisine équipée, salon avec convert 2 pers, cheminée avec insert, ch1(1 lit 2 pers), ch2(2 lits 1 pers), salle d'eau, wc, chauff central, terrasse de plain-pied, terrain commun. Le propriétaire dispose aussi de 2 chambres d'hôtes. Vogué à 4km. Gds commerces 10km. A proximité, site d'escalade de Chauzon, vieux village de Rochecolombe, vignoble, canoë, pêche,... Ouvert du 06 mars au 13 novembre.
GITES DE FRANCE-SERVICE RESERVATION - 4 Cours du Palais - BP 402 - 07004 PRIVAS Cedex
Tél. : 04 75 64 70 70 - Fax : 04 75 64 75 40 - Email : contact@gites-de-france-ardeche.com - www.gites-de-france-ardeche.com

| HTE SAIS. | MOY. SAIS. | VAC. SCOL. | BASSE SAIS. | TRES BAS. SAIS. | WEEK-END |
|---|---|---|---|---|---|
| 400 | 290 | 290 | 240 | 240 | 120 |

| | | | | | | | | |
|---|---|---|---|---|---|---|---|---|
| 2 | 2 | 1 | 8 | SP | 4 | 5 | 4 | |

## N° 278007 ST-MICHEL-DE-CHABRILLANOUX — 525 m — CM 76 pli 19

**NN — 5 pers.**

Dans un village de 50 habitants, gîte en pierre aménagé dans une ancienne bergerie sur 2 niveaux, bénéficiant d'une terrasse ainsi que d'un petit jardinet. Séjour, coin-cuisine, cheminée avec insert, ch1 (1 lit 2 pers), ch2 (1 lit 1 pers, 1 lit 2 pers), 2 salles d'eaux et wc privatifs à chaque chambre. Chauff électr, Piscine du propriétaire commune aux 2 gîtes. Nous sommes situés entre la vallée de l'Eyrieux (baignade, canoë, pêche) et Vernoux (tous commerces, plan d'eau, piscine avec tobogan). Ouvert du 28/02 au 30/10.
GITES DE FRANCE-SERVICE RESERVATION - 4 Cours du Palais - BP 402 - 07004 PRIVAS Cedex
Tél. : 04 75 64 70 70 - Fax : 04 75 64 75 40 - Email : contact@gites-de-france-ardeche.com - www.gites-de-france-ardeche.com

| HTE SAIS. | MOY. SAIS. | VAC. SCOL. | BASSE SAIS. | TRES BAS. SAIS. | WEEK-END |
|---|---|---|---|---|---|
| 450 | 350 | 250 | 250 | 250 | 140 |

| | | | | | | | | |
|---|---|---|---|---|---|---|---|---|
| 7 | 7 | SP | 0,3 | 7 | SP | 7 | | |

## N° 279013 ST-MONTAN — Crouzetty — CM 80 pli 10

**NN — 4 pers.**

Gîte sur 2 niveaux aménagé dans une partie de notre ferme restaurée, entrée et terrasse indépendante. Nous sommes à la campagne tout en étant qu'à 15km des Gorges de l'Ardèche, 2km du village médiéval de St Montan, 10km de Bourg St Andéol. Séjour, coin-cuisine, coin salon, 1ch(1 lit 2 pers), 1ch(2 lits 1 pers), salle d'eau, wc, chauff électr. Environnement de vignes, d'olivier et de lavande. Vignobles du Côtes du Rhône et grands sites touristiques de la provence à proximité. Grands commerces à 10 km.
Emile AOUSTET - Crouzetty - 07220 ST-MONTAN
Tél. : 04 75 52 79 07

| HTE SAIS. | MOY. SAIS. | VAC. SCOL. | BASSE SAIS. | TRES BAS. SAIS. | WEEK-END |
|---|---|---|---|---|---|
| 335 | 275 | 215 | 215 | 215 | 85 |

| | | | | | | | | |
|---|---|---|---|---|---|---|---|---|
| 16 | 16 | 10 | 10 | 15 | SP | 16 | 2 | 20 | 2 |

## N° 281002 ST-PERAY — La Cacharde — CM 76 pli 20

**NN — 5 pers.**

Dans un cadre de verdure, et en milieu boisé, maison en pierre mitoyenne et aménagée sur 2 niveaux. Sur place, le propriétaire peut vous proposer une salle à louer. Séjour/coin cuisine, micro-ondes, coin salon. 1 ch (1 lit 2 pers), 1 ch en duplex (2 lits 1 pers) avec mezzanine au dessus (2 lits 1 pers). Salle d'eau, wc indépendant. Chauffage central forfait de 35 €/semaine. Terrasse abritée par une tonnelle, terrain non clos arboré. Proximité de Valence et de L'Autoroute A7. La salle à louer est mitoyenne au gîte. Ouvert toute l'année.
Philippe PHENIEUX - La Cacharde - 07130 ST-PERAY
Tél. : 04 75 80 04 58 - 06 09 32 76 63 - http://ciezinzoline.org

| HTE SAIS. | MOY. SAIS. | VAC. SCOL. | BASSE SAIS. | TRES BAS. SAIS. | WEEK-END |
|---|---|---|---|---|---|
| 350 | 275 | 230 | 230 | 230 | 150 |

| | | | | | | | |
|---|---|---|---|---|---|---|---|
| 10 | 1 | 1 | 1 | 1 | SP | 1 | 5 | 1 |

## N° 284020 ST-PIERRE-SAINT-JEAN — Les Alrassets — CM 80 pli 8

**NN — 5 pers.**

Au milieu des chataigniers, gîte en pierre de pays à proximité de notre habitation (entrée et terrasse indépendantes). Le gîte peut accueillir de 5 à 10 pers. Séjour(cheminée insert), coin-cuisine équipé, canapé 2 pers, s. d'eau, wc, 1ch(1 lit 2 pers), 1ch(3 lits 1 pers), gde ch. extérieure avec 5 lits en 90 et sanitaire complet, terrasse ombragée. Sup. pour la 6ème pers. extérieure : 180 euro/sem. juillet et aout, 100 euro/sem. hors saison. Accueil de randonneurs. Vous êtes situés sur une exploitation agricole, dans un environnement protégé et très calme. Ttes activités à 16 km. Ouvert toute l'année.
Alain et Cécile FEYNEROL-LEROUX - Les Alrassets - 07140 ST-PIERRE-SAINT-JEAN
Tél. : 04 75 39 46 39 - Fax : 04 75 39 46 39 - Email : alain.feynerol@free.fr - http://lesalrasset.free.fr

| HTE SAIS. | MOY. SAIS. | VAC. SCOL. | BASSE SAIS. | TRES BAS. SAIS. | WEEK-END |
|---|---|---|---|---|---|
| 427 | 397 | 320 | 305 | 305 | 153 |

| | | | | | | |
|---|---|---|---|---|---|---|
| 0,5 | 0,5 | 16 | 16 | SP | 16 | 16 | 16 |

## N° 291050 ST-REMEZE — CM 80 pli 9

**NN — 6 pers.**

Au coeur de ST Remèze, maison de village en pierre rénovée avec goût. Salle à manger (poutres et pierres apparentes), salon/cuisine intégrée avec micro-ondes. 1 ch (1 lit 2 pers, 1 lit 1 pers), 1 ch (1 lit 1 pers), une mezzanine (1 lit 1 pers). Convertible 2 pers en appoint. Chauffage central, sèche linge. 2 terrasses dont une de 38 m², cour fleurie et close. Les terrasses sont orientées Sud. Possibilité de se garer devant le gîte. Vous apprécierez de nombreuses activités (Gorges de L'Ardèche, grottes etc... ). Ouvert du 1er juin au 1er octobre.
Sébastien ETIENNE - Micalin - 07700 ST-REMEZE
Tél. : 04 75 04 37 58 - Fax : 04 75 04 37 58

| HTE SAIS. | MOY. SAIS. | VAC. SCOL. | BASSE SAIS. | TRES BAS. SAIS. | WEEK-END |
|---|---|---|---|---|---|
| 500 | 300 | 300 | 275 | 275 | 110 |

| | | | | | | | | |
|---|---|---|---|---|---|---|---|---|
| 8 | 8 | 15 | 1 | 8 | SP | 10 | 8 | 0,5 |

# ARDÈCHE - 07

## Nº 292005 ST-ROMAIN-D'AY — Notre Dame d'Ay
CM 76 pli 10

**NN** — 2 pers.

Petite maison indépendante située en dessous des fortifications de Notre Dame d'Ay (lieu de pèlerinage d'une vierge noire), surplombant la rivière et disposant d'un joli jardin. Séjour/coin-cuisine, 1ch(1 lit 2 pers), 1 convertible 2 pers, cheminée ouverte, salle d'eau, wc, chauff.électr., terrasse couverte plein sud. Restauration possible à 100m. Annonay à 20 mn (tous commerces, services médicaux, piscine, cinéma, bowling, musées, montgolfières), Safari de Peaugres à 30 mn, train touristique du Vivarais, route des vins Cornas, Crozes Hermitage, St Joseph. Ouvert toute l'année.

Christophe CLOT - Notre Dame d'Ay - 07290 ST-ROMAIN-D'AY
Tél. : 04 75 34 47 73

| HTE SAIS. | MOY. SAIS. | VAC. SCOL. | BASSE SAIS. | TRES BAS. SAIS. | WEEK-END |
|---|---|---|---|---|---|
| 250 | 210 | 210 | 210 | 210 | 110 |

| | | | | | | | | |
|---|---|---|---|---|---|---|---|---|
| 0,2 | 0,2 | 5 | 1 | 5 | SP | 10 | 4 | |

## Nº 293004 ST-ROMAIN-DE-LERPS — Le Bec
600 m — CM 76 pli 20

**NN** — 5 pers.

Gîte en pierre aménagé au dos de mon habitation, situé sur le plateau du Haut Pays de Crussol (très belle vue sur la vallée du Rhône et sur les Alpes). A proximité de la route des vins de Cornas et St Joseph. Séjour, coin-salon, coin-cuisine intégrée, cheminée, ch1(1 lit 140), ch2(3 lits 90), salle d'eau, wc, chauff.central, terrasse ombragée par le chêne, garage. Nbrx chemins de randonnée au départ du gîte. Possibilité de louer une chambre d'appoint pour 3 personnes supplémentaires : 120 €/semaine. Sur place, 2 chambres d'hôtes. Grands commerces à 12km. Ouvert toute l'année.

Mireille LEVEILLE - Hameau le Bec - 07130 ST-ROMAIN-DE-LERPS
Tél. : 04 75 58 50 10

| HTE SAIS. | MOY. SAIS. | VAC. SCOL. | BASSE SAIS. | TRES BAS. SAIS. | WEEK-END |
|---|---|---|---|---|---|
| 410 | 300 | 280 | 250 | 250 | 120 |

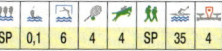

| | | | | | | | | |
|---|---|---|---|---|---|---|---|---|
| 8 | 8 | 12 | 2 | 6 | SP | 12 | 6 | 4 |

## Nº 300005 ST-THOME — Les Carmes
CM 76 pli 20

**NN** — 8 pers.

Gîte de très bon confort aménagé dans une partie de notre moulinage, terrasse et jardin privés. Aucun vis à vis. Séjour/c.cuisine équipé, c.salon, ch1(1 lit 2 pers) avec s.d'eau privée, ch2 en mezzanine (1 lit 2 pers., 2 lits d'appoint) avec s.d'eau privée,ch3(1 lit 2 pers, 2 lits 1 pers superposés), s.d'eau, 2 wc, lit BB et chaise haute sur demande. Ch.électr. et central. Sur l'axe Viviers-Alba la Romaine, près du magnifique village classé de St Thomé et du site archéologique d'Alba la romaine, vignobles des côtes du Rhône. En bordure d'une petite rivière (baignade). Ouvert du 29 mai au 31 décembre.

GITES DE FRANCE-SERVICE RESERVATION - 4 Cours du Palais - BP 402 - 07004 PRIVAS Cedex
Tél. : 04 75 64 70 70 - Fax : 04 75 64 75 40 - Email : contact@gites-de-france-ardeche.com - www.gites-de-france-ardeche.com

| HTE SAIS. | MOY. SAIS. | VAC. SCOL. | BASSE SAIS. | TRES BAS. SAIS. | WEEK-END |
|---|---|---|---|---|---|
| 750 | 450 | 425 | 370 | 370 | 200 |

| | | | | | | | | |
|---|---|---|---|---|---|---|---|---|
| SP | 0,1 | 6 | 4 | 4 | SP | 35 | 4 | |

## Nº 301016 ST-VICTOR
610 m — CM 76 pli 10

**NN** — 4 pers.

Gîte de très bon confort aménagé au coeur du village de St Victor. Ce gîte bénéficie d'une jolie terrasse en bois, d'un garage et d'un petit jardin non attenant. Séjour, coin-salon avec canapés et cheminée avec insert, cuisine intégrée, ch1(1 lit 2 pers), ch2 (2 lits 1 pers), 1 mezzanine avec 1 convertible 2 pers, salle d'eau, 2wc, chauff.central. Nous sommes situés dans l'Ardèche verte, dans un paysage verdoyant et encore préservé. Train touristique à proximité, fameuse course cycliste de l'Ardéchoise en juin, circuits de randonnées pedestres ou VTT au départ du gite. Ouvert toute l'année.

GITES DE FRANCE-SERVICE RESERVATION - 4 Cours du Palais - BP 402 - 07004 PRIVAS Cedex
Tél. : 04 75 64 70 70 - Fax : 04 75 64 75 40 - Email : contact@gites-de-france-ardeche.com - www.gites-de-france-ardeche.com

| HTE SAIS. | MOY. SAIS. | VAC. SCOL. | BASSE SAIS. | TRES BAS. SAIS. | WEEK-END |
|---|---|---|---|---|---|
| 430 | 350 | 280 | 250 | 250 | 150 |

| | | | | | | | |
|---|---|---|---|---|---|---|---|
| 7 | 3 | 1 | 1 | 15 | SP | SP | |

## Nº 318006 TAURIERS — Les Lauzières
CM 80 pli 8

**NN** — 10 pers.

En Cévenne méridionale, face au vieux village de Tauriers et à 3 km de la cité médiévale de Largentière (XIIe), maison indépendante de plain-pied, aménagée sur un terrain de 2000m² et bénéficiant d'une piscine privée. Pleine nature, calme et tranquillité. Séjour, cuisine intégrée tout confort, salon, cheminée avec insert escamotable, 2ch(2 lits 2 pers). 3ch(6 lits 1 pers), salle d'eau, salle de bains, 2 wc, terrasse couverte, bains de soleil. Chauff electr. Chaise haute sur demande. Grands commerces à 8km. Ouvert du 3 avril au 15 octobre.

Jean-Luc YVINEC - Pont des Recollets - 07110 LARGENTIERE
Tél. : 04 75 39 22 15 - Fax : 04 75 39 26 25 - Email : jean-luc.yvinec@wanadoo.fr - www.largentiere.net/lauziere

| HTE SAIS. | MOY. SAIS. | VAC. SCOL. | BASSE SAIS. | TRES BAS. SAIS. | WEEK-END |
|---|---|---|---|---|---|
| 1400 | 640 | 530 | 460 | 460 | 200 |

| | | | | | | | | |
|---|---|---|---|---|---|---|---|---|
| 6 | 6 | SP | 3 | 5 | SP | 10 | 12 | 3 |

## Nº 318007 TAURIERS
CM 80 pli 8

**NN** — 3 pers.

En Cévennes Méridionales, face au vieux village de Tauriers et à 3 km de la cité médiévale de Largentière (XIIe), 3 petites maisons indépendantes de plain pied, aménagées sous l'ombrage d'une pinède, avec piscine(8mx4). Pleine nature, calme et tranquillité. 3e gîte : séjour/c.cuisine, ch1(1 lit 140), ch2(3 lits 1 pers. dont 2 supp.), wc. S.d'eau, l.linge commun, terrasse, jardin individuel, terrain commun, parking, chaise haute à disposition. Pas animaux sans accord préalable. Ouvert du 3 avril au 15 octobre.

Jean-Luc YVINEC - Pont des Recollets - 07110 LARGENTIERE
Tél. : 04 75 39 22 15 - Fax : 04 75 39 26 25 - Email : jean-luc.yvinec@wanadoo.fr - www.largentiere.net/lauziere

| HTE SAIS. | MOY. SAIS. | VAC. SCOL. | BASSE SAIS. | TRES BAS. SAIS. | WEEK-END |
|---|---|---|---|---|---|
| 530 | 250 | 250 | 250 | 250 | 110 |

| | | | | | | | | |
|---|---|---|---|---|---|---|---|---|
| 6 | 6 | SP | 3 | 5 | SP | 10 | 12 | 3 |

*RHÔNE-ALPES — Pictos voir p. 12*

# ARDÈCHE - 07

## N° 327004 — UZER — Les Combes — CM 80 pli 8

NN — 6 pers.

Située au calme, cette petite maison est aménagée sur 2 niveaux et dispose d'une cour entièrement fermée. Idéalement situés, nous ne sommes qu'à 15 mn du bassin d'Aubenas ainsi que des sites touristiques. Séjour, coin-cuisine équipée, canapé, 2ch(2 lits 2 pers), 1ch(2 lits 1 pers), salle d'eau, wc, chauff.électr. Piscine commune avec les propriétaires. Possibilité de location de linge de toilette. Ouvert toute l'année.

Sylvie REAU - Les Combes - 07110 UZER
Tél.: 04 75 36 80 32 - 06 14 81 03 63 - Fax: 04 75 36 80 32 - Email: sylvie.reau@free.fr

| HTE SAIS. | MOY. SAIS. | VAC. SCOL. | BASSE SAIS. | TRES BAS. SAIS. | WEEK-END |
|---|---|---|---|---|---|
| 745 | 535 | 305 | 305 | 305 | 120 |

| | | | | | | | |
|---|---|---|---|---|---|---|---|
| 5 | 1 | SP | 5 | SP | 5 | 4 | 1 |

## N° 328026 — VAGNAS — Segries — CM 80 pli 9

NN — 4 pers.

Situé à l'extrême sud du département, entre Vallon Pont d'Arc et Barjac, à 2 pas du gard, gîte de caractère (pierre apparantes, poutres, cheminée traditionnelle) aménagé dans une grande batisse traditionnelle de la basse ardèche. Séjour, coin cuisine, grand salon avec canapé, fauteuils, 2 lits 90, 1ch(1 lit 140), salle d'eau, wc, chauff électr, terrasse. Terrain ombragé commun, grand pré à disposition. Toutes activités de loisirs et sportives dans un rayon de 15min.

Marie Thérèse RAYMOND - Boirol - Brujas - 07150 VAGNAS
Tél.: 04 75 38 63 09

| HTE SAIS. | MOY. SAIS. | VAC. SCOL. | BASSE SAIS. | TRES BAS. SAIS. | WEEK-END |
|---|---|---|---|---|---|
| 450 | 340 | 295 | 270 | 270 | 110 |

| | | | | | | | |
|---|---|---|---|---|---|---|---|
| 15 | 15 | 18 | 3 | 15 | SP | 15 | 15 | 10 |

## N° 328027 — VAGNAS — Violonnes — CM 80 pli 9

NN — 8 pers.

Située à l'extrême sud du département, à mi-chemin de Vallon Pont d'Arc et de Barjac, maison indépendante de très bon confort, bénéficiant de 3876m² de terrain et d'une piscine privée. Séjour/coin-cuisine intégrée, coin-salon, 4ch(2 lits 2 pers, 4 lits 1 pers), salle de bains, salle d'eau, 2 wc, chauffage électr., terrasse exposée sud/sud-ouest. La proximité de Vallon Pont d'Arc et de Barjac vous permet de profiter d'un grand nombre d'activités sportives, de loisirs ou culturelles. Ouverture piscine du 01.06 au 15.09. Ouvert toute l'année.

GITES DE FRANCE-SERVICE RESERVATION - 4 Cours du Palais - BP 402 - 07004 PRIVAS Cedex
Tél.: 04 75 64 70 70 - Fax: 04 75 64 75 40 - Email: contact@gites-de-france-ardeche.com - www.gites-de-france-ardeche.com

| HTE SAIS. | MOY. SAIS. | VAC. SCOL. | BASSE SAIS. | TRES BAS. SAIS. |
|---|---|---|---|---|
| 1400 | 700 | 460 | 460 | 460 |

| | | | | | | | |
|---|---|---|---|---|---|---|---|
| 6 | 6 | SP | 7 | 7 | SP | 6 | 6 | 6 |

## N° 328028 — VAGNAS — La Sauvasse — CM 80 pli 9

NN — 4 pers.

Située à l'extrême sud de l'Ardèche, à 2 pas des gorges de l'ardèche et de la Cèze, 2ème maison indépendante aménagée dans notre bois de chataigniers et de pins. Séjour, coin-cuisine, ch1(1 lit 2 pers), ch 2( 1 lit 2 pers) avec douches et lavabos privatifs à chacune. wc indépendant. Chauffage électrique, terrasse, terrain ombragé. Draps fournis le week-end. Grands commerces et toutes activités de loisirs à Vallon Pont d'Arc : 8 km. Ouverture toute l'année.

GITES DE FRANCE-SERVICE RESERVATION - 4 Cours du Palais - BP 402 - 07004 PRIVAS Cedex
Tél.: 04 75 64 70 70 - Fax: 04 75 64 75 40 - Email: contact@gites-de-france-ardeche.com - www.gites-de-france-ardeche.com

| HTE SAIS. | MOY. SAIS. | VAC. SCOL. | BASSE SAIS. | TRES BAS. SAIS. | WEEK-END |
|---|---|---|---|---|---|
| 580 | 360 | 340 | 260 | 260 | 135 |

| | | | | | | | |
|---|---|---|---|---|---|---|---|
| 4 | 7 | 2 | 8 | SP | 8 | 8 | 2 |

## N° 330086 — VALLON-PONT-D'ARC — La Selle — CM 80 pli 9

NN — 3 pers.

Sur un terrain clos de 1800m2, cette maison comprend l'habitation du propriétaire ainsi que le gîte en rdc. Grand terrain commun, portique, terrasse couverte réservée au gîte. Séjour, coin cuisine, 1ch(1 lit 2 pers, 1 lit 1 pers), convertible 2 pers, salle d'eau, wc, chauff électr, lave-linge commun. Nous sommes à l'entrée de Vallon Pont D'Arc. Centre ville et tous commerces à 5 min. Baignade dans l'Ardèche à 1.5 km. Ouvert du 1er mars au 31 novembre.

GITES DE FRANCE-SERVICE RESERVATION - 4 Cours du Palais - BP 402 - 07004 PRIVAS Cedex
Tél.: 04 75 64 70 70 - Fax: 04 75 64 75 40 - Email: contact@gites-de-france-ardeche.com - www.gites-de-france-ardeche.com

| HTE SAIS. | MOY. SAIS. | VAC. SCOL. | BASSE SAIS. | TRES BAS. SAIS. | WEEK-END |
|---|---|---|---|---|---|
| 390 | 300 | 200 | 190 | 190 | 90 |

| | | | | | | | |
|---|---|---|---|---|---|---|---|
| 1,3 | 1,3 | 15 | 1,5 | 0,2 | SP | 1,5 | 3 | 1,5 |

## N° 330151 — VALLON-PONT-D'ARC — CM 80 pli 9

NN — 4 pers.

Maison de construction récente située à l'orée d'une colline dans un quartier calme, comprenant 2 gîtes. Chaque gîte ouvert sur un espace extérieur dispose d'une belle terrasse couverte sans aucun vis à vis. Séjour/coin-cuisine équipé, ch1 (1 lit 2 pers.), ch2 (2 lits 1 pers.), convertible 2 pers., lit bébé sur demande, salle de bain, wc. Chauffage électrique, lave-linge commun aux 2 gîtes. Vous disposez de toutes les activités culturelles, sportives et de loisirs de la région de Vallon Pont d'Arc. Ouvert toute l'année.

GITES DE FRANCE-SERVICE RESERVATION - 4 Cours du Palais - BP 402 - 07004 PRIVAS Cedex
Tél.: 04 75 64 70 70 - Fax: 04 75 64 75 40 - Email: contact@gites-de-france-ardeche.com - www.gites-de-france-ardeche.com

| HTE SAIS. | MOY. SAIS. | VAC. SCOL. | BASSE SAIS. | TRES BAS. SAIS. | WEEK-END |
|---|---|---|---|---|---|
| 670 | 425 | 350 | 310 | 310 | 145 |

| | | | | | | | |
|---|---|---|---|---|---|---|---|
| 3 | 3 | 1,5 | 2 | SP | 3 | 3 | 1 |

RHÔNE-ALPES

# ARDÈCHE - 07

## N° 330152 VALLON-PONT-D'ARC
**CM 80 pli 9**

**NN — 4 pers.**

Situé dans un quartier très calme, à 5 mn du centre de Vallon Pont d'Arc, cette maison comprend deux gîtes (chaque gîte dispose d'un espace extérieur ainsi que d'une belle terrasse couverte). Tilleul : Séjour, coin-cuisine équipé, 1ch(1 lit 2 pers), 1ch(2 lits 1 pers), salle d'eau, wc, chauff électr, convert 2 pers, lave-linge commun aux 2 gîtes. Vous disposez de toutes les activités culturelles, sportives et de loisirs liées au site de Vallon Pont d'Arc. Ouvert toute l'année.

GITES DE FRANCE-SERVICE RESERVATION - 4 Cours du Palais - BP 402 - 07004 PRIVAS Cedex
Tél. : 04 75 64 70 70 - Fax : 04 75 64 75 40 - Email : contact@gites-de-france-ardeche.com - www.gites-de-france-ardeche.com

| HTE SAIS. | MOY. SAIS. | VAC. SCOL. | BASSE SAIS. | TRES BAS. SAIS. | WEEK-END |
|---|---|---|---|---|---|
| 670 | 425 | 350 | 310 | 310 | 145 |

| | | | | | | | | |
|---|---|---|---|---|---|---|---|---|
| 3 | 3 | 1,5 | SP | 3 | 3 | 1 | | |

## N° 331122 VALS-LES-BAINS — Le Nouzaret
**550 m — CM 76 pli 19**

**NN — 5 pers.**

Sur les hauteurs de la station thermale de Vals les Bains, superbe gîte de caractère (voûte, pierres jointées, bois) aménagé au rdc de notre maison, entrée et terrasse réservées. Vaste séjour/coin-cuisine, joli salon voûté avec convert.2 pers, ch1(1 lit 2 pers) avec s. d'eau (douche cabine) et wc, ch2(1 lit 2 pers, 1 lit 1 pers), s. de bain. Wc, chauff.cent. (50 €/sem, 20 €/week-end), coin-jeux pour les enfants. Le gîte exposé au couchant domine la vallée de l'Ardèche. Jolie vue panoramique sur la vallée et sur les monts du Tanargue. A 3km : casino, thermes, cinéma, parc,... Ouvert du 31 janvier au 30 octobre.

GITES DE FRANCE-SERVICE RESERVATION - 4 Cours du Palais - BP 402 - 07004 PRIVAS Cedex
Tél. : 04 75 64 70 70 - Fax : 04 75 64 75 40 - Email : contact@gites-de-france-ardeche.com - www.gites-de-france-ardeche.com

| HTE SAIS. | MOY. SAIS. | VAC. SCOL. | BASSE SAIS. | TRES BAS. SAIS. | WEEK-END |
|---|---|---|---|---|---|
| 610 | 290 | 260 | 215 | 215 | 120 |

| | | | | | | | | |
|---|---|---|---|---|---|---|---|---|
| 3 | 3 | 3 | 3 | 5 | SP | 3 | 3 | |

## N° 334059 LES VANS — Chibasse
**CM 80 pli 8**

**NN — 12 pers.**

Maison traditionnelle en pierre, indépendante, sur plusieurs ha de terrain. Quartier tranquille de 4 maisons, sur les Gras en bordure du bois de Paiolive. Cuisine équipée, séjour voûté avec cheminée, pièce voûtée attenante au séjour. 6 ch : 2 ch(1 lit 2 pers), 1 ch(4 lits 1 pers), 1 ch(3 lits 1 pers.), 1 ch(2 lits 1 pers. superp.), 1 ch(2 lits 1 pers avec lavabo). Palier mezzanine. Salle de bain, s.d'eau, 2 wc. Ch.central au gaz. 3 terrasses. Possibilité de pratiquer le parapente (activité payante). Piscine privée sur place. Ouvert toute l'année.

Bruno COUTEAUX - Chibasse - 07140 LES VANS
Tél. : 04 75 39 36 67 - 06 08 98 22 92 - Email : barbule@parapente-fr.com - www.parapente-fr.com/barbule

| HTE SAIS. | MOY. SAIS. | VAC. SCOL. | BASSE SAIS. | TRES BAS. SAIS. | WEEK-END |
|---|---|---|---|---|---|
| 1700 | 900 | 1200 | 750 | 750 | 350 |

| | | | | | | | | |
|---|---|---|---|---|---|---|---|---|
| 3 | 3 | SP | 4 | 6 | SP | 4 | SP | 25 | 4 |

## N° 334063 LES VANS — Domaine de la Jeanne
**CM 80 pli 8**

**NN — 4 pers.**

Ensemble de 5 gîtes indépendants d'architecture contemporaine avec terrain privatif à chaque gîte rural. Piscine commune aux 5 gîtes sur place. 1er gîte situé au dessus de la piscine. Cuisine, salon et séjour, convert. 2 pers, ch1(1 lit 2 pers.), ch2(2 lits 1 pers.), salles d'eau privatives, wc ind., chauff.électr. Buanderie commune aux 5 gîtes (l-linge, sèche-linge). Grande terrasse couverte privative à chaque gîte rural. Location de linge de table et maison. Jeux d'enfants (balançoire). Ouvert toute l'année.

Xavier et Sandrine GUIRAUD GAILLARD - Route de Paiolive - 07140 LES VANS
Tél. : 04 75 37 33 33 - 06 17 50 50 62 - Email : gites.la.jeanne@freesurf.fr - www.domainedelajeanne.com

| HTE SAIS. | MOY. SAIS. | VAC. SCOL. | BASSE SAIS. | TRES BAS. SAIS. | WEEK-END |
|---|---|---|---|---|---|
| 765 | 525 | 525 | 385 | 385 | 230 |

| | | | | | | | | |
|---|---|---|---|---|---|---|---|---|
| 1,5 | 1,5 | SP | 10 | SP | 2 | 7 | 70 | 1,5 |

## N° 334065 LES VANS — Domaine de la Jeanne
**CM 80 pli 8**

**NN — 2 pers.**

Ensemble de 5 gîtes indépendants d'architecture contemporaine avec terrain privatif à chaque gîte rural. Piscine commune aux 5 gîtes sur place. 3ème gîte. Cuisine équipée, salon et séjour, convert. 2 pers, 1 ch (1 lit 2 pers), salle d'eau privative, wc indépendant, chauffage électrique. Buanderie commune aux 5 gîtes avec lave-linge et sèche-linge. Terrasses couvertes privatives à chaque gîte rural. Location de linge de table et maison. Jeux d'enfants (balançoire). Ouvert toute l'année.

Xavier et Sandrine GUIRAUD GAILLARD - Route de Paiolive - 07140 LES VANS
Tél. : 04 75 37 33 33 - 06 17 50 50 62 - Email : gites.la.jeanne@freesurf.fr - www.domainedelajeanne.com

| HTE SAIS. | MOY. SAIS. | VAC. SCOL. | BASSE SAIS. | TRES BAS. SAIS. | WEEK-END |
|---|---|---|---|---|---|
| 685 | 455 | 455 | 340 | 340 | 185 |

| | | | | | | | | |
|---|---|---|---|---|---|---|---|---|
| 1,5 | 1,5 | SP | 10 | SP | 2 | 7 | 70 | 1,5 |

## N° 334066 LES VANS — Domaine de la Jeanne
**CM 80 pli 8**

**NN — 4 pers.**

Ensemble de 5 gîtes indépendants d'architecture contemporaine avec terrain privatif à chaque gîte rural. Piscine commune aux 5 gîtes sur place. 4e gîte avec un grand jardin. Cuisine équipée, salon et séjour, convert. 2 pers, ch1 (1 lit 160 cm), ch2 (2 lits 1 pers), salle d'eau privative à chaque chambre (douche et lavabo privatifs), wc indépendant. Chauff.électr, buanderie commune aux 5 gîtes avec lave-linge et sèche linge. Grande terrasse couverte privative à chaque gîte rural. Location de linge de table et maison. Ouvert toute l'année.

Xavier et Sandrine GUIRAUD GAILLARD - Route de Paiolive - 07140 LES VANS
Tél. : 04 75 37 33 33 - 06 17 50 50 62 - Email : gites.la.jeanne@freesurf.fr - www.domainedelajeanne.com

| HTE SAIS. | MOY. SAIS. | VAC. SCOL. | BASSE SAIS. | TRES BAS. SAIS. | WEEK-END |
|---|---|---|---|---|---|
| 765 | 525 | 525 | 385 | 385 | 230 |

| | | | | | | | | |
|---|---|---|---|---|---|---|---|---|
| 1,5 | 1,5 | SP | 10 | SP | 2 | 7 | 70 | 1,5 |

# ARDÈCHE - 07

## N° 334067 — LES VANS — Domaine de la Jeanne — CM 80 pli 8

**NN — 4 pers.**

Ensemble de 5 gîtes indépendants avec terrain privatifs pour chacun. Piscine commune aux 5 gîtes sur place. Aménagé sur les hauteurs des Vans, chaque gîte est indépendant. 5e gîte le plus excentré. Cuisine, salon et séjour, convert. 2 pers. ch1 (1 lit 2 pers), ch2(2 lits 1 pers), salle d'eau privée pour chaque ch (douche/lavabo privés), wc indép. Chauff.électr., buanderie commune aux 5 gîtes avec lave-linge et sèche linge. Location de linge de table et maison. Ouvert toute l'année.

Xavier et Sandrine GUIRAUD GAILLARD - Route de Paiolive - 07140 LES VANS
Tél. : 04 75 37 33 33 - 06 17 50 50 62 - Email : gites.la.jeanne@freesurf.fr - www.domainedelajeanne.com

| HTE SAIS. | MOY. SAIS. | VAC. SCOL. | BASSE SAIS. | TRES BAS. SAIS. | WEEK-END |
|---|---|---|---|---|---|
| 765 | 525 | 525 | 385 | 385 | 230 |

| | | | | | | | |
|---|---|---|---|---|---|---|---|
| 1,5 | 1,5 | SP | 10 | SP | 2 | 7 | 70 | 1,5 |

## N° 334068 — LES VANS — CM 80 pli 8

**NN — 4 pers.**

Situé sur le plateau calcaire dominant le Chassezac ainsi que le très joli village des Vans, gîte aménagé au rdc de notre maison, accès et terrasse indépendants, vaste terrain commun arboré. Séjour, coin-salon avec TV+magnétoscope, coin-cuisine intégrée, ch1(1 lit 2 pers), ch2(2 lits 1 pers., 1 lit d'appoint), salle d'eau, wc, chauff.électr, 2 terrasses. Sur place, nous disposons aussi de 5 chambres d'hôtes. Tous commerces et activités sportives aux Vans à 5 min. Ouvert du 3 avril au 20 septembre.

Laurent NIEL - 733 Chemin du Haut Gras - 07140 LES VANS
Tél. : 04 75 37 23 82 - 06 21 57 15 85

| HTE SAIS. | MOY. SAIS. | VAC. SCOL. | BASSE SAIS. | TRES BAS. SAIS. | WEEK-END |
|---|---|---|---|---|---|
| 600 | 375 | 330 | 305 | 305 | 140 |

| | | | | | | | |
|---|---|---|---|---|---|---|---|
| 4 | 4 | 4 | 3 | 4 | SP | 4 | 4 | 3 |

## N° 339025 — VESSEAUX — Lachamp — CM 76 pli 19

**NN — 4 pers.**

A mi-chemin entre le plateau ardéchois et les gorges de l'Ardèche, situé dans le petit hameau de Lachamp, gîte en pierre mitoyen au logement du propriétaire. Gîte à l'étage et sur deux niveaux. Accès au gîte par une cour fermée fleurie. Séjour, coin cuisine aménagé, chauffage central, convertible 1 pers dans le séjour. 1 ch (1 lit 2 pers). 2 ch à l'étage (1 lit 1 pers en 120 cm, 1 lit 2 pers.). Salle d'eau, wc, terrasse fermée, parking voiture. Terrain non clos non attenant. Lit bébé et chaise haute fournis sur demande. Ne pas dépasser la capacité de 4/5 personnes. Ouvert toute l'année.

Mireille TESTON - Arbres - 07200 ST-ETIENNE-DE-BOULOGNE
Tél. : 04 75 87 10 47

| HTE SAIS. | MOY. SAIS. | VAC. SCOL. | BASSE SAIS. | TRES BAS. SAIS. | WEEK-END |
|---|---|---|---|---|---|
| 426 | 244 | 213 | 199 | 199 | 90 |

| | | | | | | | |
|---|---|---|---|---|---|---|---|
| 6 | 6 | 10 | 3 | 10 | SP | 7 | 1 | SP | 3 |

## N° 339026 — VESSEAUX — Les Chevaliers — CM 76 pli 19

**NN — 4 pers.**

A environ 6 km d'Aubenas, gîte mitoyen de village avec accès indépendant. Séjour, coin cuisine, micro-ondes, salon avec canapé, 2 fauteuils. 1 ch à l'étage (1 lit 2 pers), 1 coin nuit dans le séjour (2 lits 1 pers superposés). Terrasse et jardin clos arboré. Salle d'eau avec WC. Chauffage électrique.

Jean-Pierre BERTHOLET - Cournarède - 07200 VESSEAUX
Tél. : 04 75 93 84 10 - Email : jean-pierre.bertholet@wanadoo.fr

| HTE SAIS. | MOY. SAIS. | VAC. SCOL. | BASSE SAIS. | TRES BAS. SAIS. | WEEK-END |
|---|---|---|---|---|---|
| 275 | 220 | 200 | 180 | 180 | 70 |

| | | | | | | |
|---|---|---|---|---|---|---|
| 6 | 6 | 6 | 2 | 6 | SP | 15 | 2 |

## N° 341013 — VILLENEUVE-DE-BERG — Serre Longe — CM 80 pli 9

**NN — 3 pers.**

A environ 1 km de Villeneuve-de-Berg, maison indépendante au calme, tout en rez de chaussée avec belle vue sur la garrigue. Coin cuisine aménagé, séjour. 1 ch(1 lit 2 pers, 1 lit 1 pers), salle d'eau avec wc séparé, chauffage électrique. Terrasse face à la garrigue, très agréable. Terrain non clos de 2 hectares attenant au gîte, abri voiture. Seuls les petits chiens et les chats sont acceptés. Nombreuses acticités culturelles, sportives à proximité. Equipement bébé sur demande. Possibilité de forfait linge 38 €/séjour (compris dans le prix pour le week end). Ouvert toute l'année.

Denis AUZAS - Serre Longe - Les Mazets du Serre - 07170 VILLENEUVE-DE-BERG
Tél. : 04 75 94 73 97 - Email : contact@mazets-du-serre.com - www.mazets-du-serre.com

| HTE SAIS. | MOY. SAIS. | VAC. SCOL. | BASSE SAIS. | TRES BAS. SAIS. | WEEK-END |
|---|---|---|---|---|---|
| 370 | 260 | 220 | 170 | 170 | 92 |

| | | | | | | | |
|---|---|---|---|---|---|---|---|
| 6 | 6 | 17 | 1 | 6 | SP | 8 | 5 | 1 |

## N° 348043 — VOGUE — CM 80 pli 9

**NN — 6 pers.**

En contre bas du chateau, gîte aménagé dans le vieux village de Voguë, bénéficiant d'une cour fleurie et ombragée entièrement close. Le gîte est tout de plain pied. Séjour coin-cuisine (beau mobilier ancien), coin salon, 2 ch (1 lit 2 pers), 1 ch(2 lits 1 pers), salle de bains, wc, chauff électr, terrasse. Vous vous situez à 200m de la plage de Voguë. Périodes de promotion : 17/05/03 au 24/05/03 du 28/06/03 au 05/07/03 du 20/09/03 au 27/09/03 Ouvert de mai à octobre.

Martine ROBERT - Le Village - 07200 VOGUE
Tél. : 04 75 37 72 10

| HTE SAIS. | MOY. SAIS. | VAC. SCOL. | BASSE SAIS. | TRES BAS. SAIS. | WEEK-END |
|---|---|---|---|---|---|
| 480 | 330 | 290 | 260 | 260 | 130 |

| | | | | | | | |
|---|---|---|---|---|---|---|---|
| 0,2 | 0,2 | 10 | 1 | 12 | SP | 0,2 | 2 | 40 | 1 |

RHÔNE-ALPES

# ARDÈCHE - 07

**N° 349001  LA VOULTE**  La Colline du bois St Michel  CM 76 pli 20

**NN**  **2 pers.**

Dans un corps de ferme de caractère, sur une propriété de 7ha, gîte en pierre, indépendant sur 2 niveaux, sans vis à vis, à proximité de notre habitation. Séjour, coin-cuisine équipé, convert 2 pers, 1ch(1 lit 2 pers), salle d'eau, wc, chauff électr. Terrasse et jardin cloturé. Vous vous situez au coeur des vergers (abricotiers, cerisiers, pêchers). Sur un plateau bénéficiant d'une très jolie vue panoramique de la vallée du Rhône, des contreforts du Vercors et des Préalpes. Tous commerces à 1km. Produits du terroir, visite des vergers sur demande, dégustation. Ouvert toute l'année.

Marc et Yveline VEZIAN - La Colline du Bois St Michel - 07800 LA VOULTE
Tél. : 04 75 85 18 74 - 06 65 54 53 68 - Fax : 04 75 85 18 74 - Email : Yveline.vezian@wanadoo.fr - http://monsite.wanadoo.fr/giteardeche

| HTE SAIS. | MOY. SAIS. | VAC. SCOL. | BASSE SAIS. | TRES BAS. SAIS. | WEEK-END |
|---|---|---|---|---|---|
| 380 | 325 | 265 | 250 | 250 | 100 |

| | | | | | | | | | |
|---|---|---|---|---|---|---|---|---|---|
| 2 | 2 | 3 | 1,5 | 1 | SP | 25 | 7 | 1 | |

**RHÔNE-ALPES**

# DRÔME - 26

**GITES DE FRANCE** - Service Réservation
Plateau de Lautagne - 42, avenue des Langories - B.P. 169 - 26906 VALENCE Cédex 9
Tél. 04 75 83 09 23 Fax. 04 75 82 90 57 - Serv. Adm. 04 75 83 16 42
E.mail : gites-de-france-drome@wanadoo.fr
www.gites-de-france-drome.com

## N° 14001 ARTHEMONAY

NN — 4 pers.

Vous séjournerez dans 1 gîte mitoyen à la grande maison du propriétaire, au coeur du Pays de l'Herbasse. Cuisine équipée, 2 ch. avec sanitaires privatifs (2 lits 1 pers./ 1 lit 160) dont une avec salon, terrasse, jardin arboré et fleuri. Draps et linge de toilette fournis.Possibilité ménage : 40 €. Exposition de peinture. Possibilité stage peinture (huile, aquarelle). Ouvert toute l'année.

GITES DE FRANCE-SERVICE RESERVATION - Plateau de Lautagne - 42 av. des Langories - B.P. 169 - 26906 VALENCE Cédex 9
Tél. : 04 75 83 09 23 - Fax : 04 75 82 90 57 - Serv. Adm. 04 75 83 16 42 - Email : gites-de-france-drome@wanadoo.fr - www.gites-de-france-drome.com

| VAC. SCOL. | HTE SAIS. | TRES HTE SAIS. | MOY. SAIS. | BASSE SAIS. | WEEK-END |
|---|---|---|---|---|---|
| 380 | 440 | 440 | 380 | 380 | 150 |

| | | | | | | |
|---|---|---|---|---|---|---|
| 10 | 5 | 2 | 10 | 5 | 2 | 10 | 7 |

## N° 26001 BARRET-DE-LIOURE — Mona Lisa — 1000 m

NN — 5 pers.

Dans un site calme et montagnard face au Mont ventoux, gîte aménagé dans 1 aile de la maison des propriétaires comprenant 3 chambres d'hôtes.Grand séjour avec coin-cuisine, salle de bains. A l'étage : 2 ch. (1 lit 2 pers./3 lits 1 pers.). Espaces verts. Parking dans la propriété. Draps fournis.

GITES DE FRANCE-SERVICE RESERVATION - Plateau de Lautagne - 42 av. des Langories - B.P. 169 - 26906 VALENCE Cédex 9
Tél. : 04 75 83 09 23 - Fax : 04 75 82 90 57 - Serv. Adm. 04 75 83 16 42 - Email : gites-de-france-drome@wanadoo.fr - www.gites-de-france-drome.com

| VAC. SCOL. | HTE SAIS. | TRES HTE SAIS. | MOY. SAIS. | BASSE SAIS. | WEEK-END |
|---|---|---|---|---|---|
| 380 | 630 | 700 | 380 | 320 | 200 |

| | | | | | | |
|---|---|---|---|---|---|---|
| 7 | 7 | SP | 20 | 15 | SP | 7 | 80 | 7 |

## N° 26471 BARRET-DE-LIOURE — Le Moulin — 800 m

NN — 6 pers.

Au coeur de la Drôme Provençale, en pleine nature, 4 gîtes ruraux dans un hameau. Grand séjour, coin-cuisine (clic-clac 2 pers.), 2 ch. à l'étage (2 lits 2 pers.), salle de bains, wc, ch. électrique.

GITES DE FRANCE-SERVICE RESERVATION - Plateau de Lautagne - 42 av. des Langories - B.P. 169 - 26906 VALENCE Cédex 9
Tél. : 04 75 83 09 23 - Fax : 04 75 82 90 57 - Serv. Adm. 04 75 83 16 42 - Email : gites-de-france-drome@wanadoo.fr - www.gites-de-france-drome.com

| VAC. SCOL. | HTE SAIS. | TRES HTE SAIS. | MOY. SAIS. | BASSE SAIS. |
|---|---|---|---|---|
| 286 | 360 | 360 | 286 | 286 |

| | | | |
|---|---|---|---|
| 3 | 3 | 0,5 | 3 |

## N° 26472 BARRET-DE-LIOURE — Le Moulin — 800 m

NN — 6 pers.

Au coeur de la Drôme Provençale, en pleine nature, 4 gîtes ruraux dans un hameau. Grand séjour, coin-cuisine (clic-clac 2 pers.), 2 ch. à l'étage ( 2 lit 2 pers.), salle de bains, wc, ch. électrique.

GITES DE FRANCE-SERVICE RESERVATION - Plateau de Lautagne - 42 av. des Langories - B.P. 169 - 26906 VALENCE Cédex 9
Tél. : 04 75 83 09 23 - Fax : 04 75 82 90 57 - Serv. Adm. 04 75 83 16 42 - Email : gites-de-france-drome@wanadoo.fr - www.gites-de-france-drome.com

| VAC. SCOL. | HTE SAIS. | TRES HTE SAIS. | MOY. SAIS. | BASSE SAIS. |
|---|---|---|---|---|
| 297 | 360 | 360 | 297 | 297 |

| | | | |
|---|---|---|---|
| 3 | 3 | 0,5 | 3 |

## N° 26473 BARRET-DE-LIOURE — Le Moulin — 800 m

NN — 6 pers.

Au coeur de la Drôme Provençale, en pleine nature, 4 gîtes ruraux dans un hameau. Grand séjour, coin-cuisine (clic-clac 2 pers.), 2 ch. (2 lits 2 pers.), salle de bains, wc, ch. électrique.

GITES DE FRANCE-SERVICE RESERVATION - Plateau de Lautagne - 42 av. des Langories - B.P. 169 - 26906 VALENCE Cédex 9
Tél. : 04 75 83 09 23 - Fax : 04 75 82 90 57 - Serv. Adm. 04 75 83 16 42 - Email : gites-de-france-drome@wanadoo.fr - www.gites-de-france-drome.com

| VAC. SCOL. | HTE SAIS. | TRES HTE SAIS. | MOY. SAIS. | BASSE SAIS. |
|---|---|---|---|---|
| 297 | 360 | 360 | 297 | 297 |

| | | | |
|---|---|---|---|
| 3 | 3 | 0,5 | 3 |

# DRÔME - 26

## N° 26474 BARRET-DE-LIOURE — Le Moulin — 800 m

**NN — 6 pers.**

Au cœur de la Drôme Provençale, en pleine nature, 4 gîtes ruraux dans un hameau. Grand séjour (clic-clac 2 pers.), coin-cuisine, 3 ch. à l'étage (3 lits 2 pers.), salle de bains, 2 wc, ch. électrique.

GITES DE FRANCE-SERVICE RESERVATION - Plateau de Lautagne - 42 av. des Langories - B.P. 169 - 26906 VALENCE Cédex 9
Tél. : 04 75 83 09 23 - Fax : 04 75 82 90 57 - Serv. Adm. 04 75 83 16 42 - Email : gites-de-france-drome@wanadoo.fr - www.gites-de-france-drome.com

| VAC. SCOL. | HTE SAIS. | TRES HTE SAIS. | MOY. SAIS. | BASSE SAIS. |
|---|---|---|---|---|
| 343 | 378 | 378 | 343 | 343 |

3 | 3 | 0,5 | 3

## N° 37001 BEAUMONT-LES-VALENCE

**NN — 6 pers.**

Gîte mitoyen aménagé dans une ancienne ferme, sur 2 niveaux: R.D.C: hall d'entrée, cuisine, séjour/salon, wc, cellier, garage. Etage: 3 chambres (2 lits 80, 1 lit 120, 1 lit 1 pers., 1 lit 2 pers.), salle d'eau/wc. Terrasse, jardinet, cour fermée. Poste CD/radio. Draps et linge de maison fournis. Ambiance agréable et chaleureuse pour cet hébergement décoré et aménagé "à l'ancienne".

Sylvie CHAIX - Place de l'Ancien Temple - 26760 BEAUMONT-LES-VALENCE
Tél. : 04 75 59 33 79 - 04 75 59 51 09

| VAC. SCOL. | HTE SAIS. | TRES HTE SAIS. | MOY. SAIS. | BASSE SAIS. | WEEK-END |
|---|---|---|---|---|---|
| 370 | 390 | 420 | 370 | 350 | 130 |

3 | 1 | SP | 3 | 1,5 | SP | 10 | 6 | 3

## N° 48003 BENIVAY-OLLON — Jardin d'Ollon

**EC — 4 pers.**

Au pays du soleil, des oliviers et des abricotiers, vous séjournerez dans 1 gîte de plain-pied accessible aux personnes à mobilité réduite, aménagé dans 1 aile de la maison des propriétaires avec entrée indépendante. Un grand séjour avec coin-cuisine et coin-salon (1 convertible), 1 ch. (1x140), salle d'eau. Draps fournis. Prêt de 2 VTT + 1 porte bébé.

GITES DE FRANCE-SERVICE RESERVATION - Plateau de Lautagne - 42 av. des Langories - B.P. 169 - 26906 VALENCE Cédex 9
Tél. : 04 75 83 09 23 - Fax : 04 75 82 90 57 - Serv. Adm. 04 75 83 16 42 - Email : gites-de-france-drome@wanadoo.fr - www.gites-de-france-drome.com

| VAC. SCOL. | HTE SAIS. | TRES HTE SAIS. | MOY. SAIS. | BASSE SAIS. | WEEK-END |
|---|---|---|---|---|---|
| 305 | 375 | 405 | 320 | 275 | 120 |

12 | 12 | SP | 4 | 50 | SP | 12 | 40 | 12

## N° 71003 CHANOS-CURSON — Le Presbytère

**NN — 5 pers.**

Ds le village, ds l'ancien Presbytère, gîte indpdt en étage et très joliment décoré, mitoyen à la maison des propriétaires. Hall d'entrée avec loggia et terrasse. Salon/s-à-manger et cuisine indpdte (m-ondes), 2 ch. (1 lit 2 pers., 3 lits 1 pers.), salle de bains, wc. Cour privée et fermée. Equipement bébé. Prise TV. Draps et linge de toilette fournis. Possibilité ménage.

GITES DE FRANCE-SERVICE RESERVATION - Plateau de Lautagne - 42 av. des Langories - B.P. 169 - 26906 VALENCE Cédex 9
Tél. : 04 75 83 09 23 - Fax : 04 75 82 90 57 - Serv. Adm. 04 75 83 16 42 - Email : gites-de-france-drome@wanadoo.fr - www.gites-de-france-drome.com

| VAC. SCOL. | HTE SAIS. | TRES HTE SAIS. | MOY. SAIS. | BASSE SAIS. | WEEK-END |
|---|---|---|---|---|---|
| 400 | 460 | 520 | 400 | 380 | 180 |

5 | 1 | SP | 2 | 10 | SP | 10 | 5 | 3

## N° 74001 LA CHAPELLE-EN-VERCORS — Gagnaire — 945 m — CM 77 pli 14

**NN — 8 pers.**

Chalet indpdt situé sur la rte de Vassieux, à 1km du village. Situé sur 1 propriété de 2000m2, il se compose de l'habitation principale et d'1 petit chalet aménagé avec 1 Ch. Au R.D.C: 2ch (1 lit 2 pers./2 lits 1 pers.), 1 sdb, 1 wc, 1 buanderie, 1 coin-détente. A l'étage: 1ch (1 lit 2 pers.), 1 sde/wc, 1 s-à-m/salon avec coin-cuisine.

Dominique COUILLER - avenue des Arbussiers - 26420 LA CHAPELLE-EN-VERCORS
Tél. : 04 75 48 10 33 - Email : claveyron.location@free.fr

| VAC. SCOL. | HTE SAIS. | TRES HTE SAIS. | MOY. SAIS. | BASSE SAIS. | WEEK-END |
|---|---|---|---|---|---|
| 530 | 600 | 680 | 530 | 400 | 150 |

1 | 1 | SP | 1 | 5 | SP | 1

## N° 84002 CHATEAUNEUF-SUR-ISERE — Les Fougères

**NN — 4 pers.**

Dans une ferme arboricole en activité, gîte aménagé dans les dépendances de la propriété. Ambiance fruitée et boisée, R.D.C avec belle cuisine et séjour indépendant. A l'étage : 2 ch. (1 lit 2 pers./2 lits 120), salle de bains, wc. Chauffage électrique. Terrain de boules. Draps fournis. Visite des vergers sur demande.

GITES DE FRANCE-SERVICE RESERVATION - Plateau de Lautagne - 42 av. des Langories - B.P. 169 - 26906 VALENCE Cédex 9
Tél. : 04 75 83 09 23 - Fax : 04 75 82 90 57 - Serv. Adm. 04 75 83 16 42 - Email : gites-de-france-drome@wanadoo.fr - www.gites-de-france-drome.com

| VAC. SCOL. | HTE SAIS. | TRES HTE SAIS. | MOY. SAIS. | BASSE SAIS. | WEEK-END |
|---|---|---|---|---|---|
| 380 | 435 | 480 | 380 | 350 | 150 |

8 | 2 | SP | 7 | SP | 5 | 2

RHÔNE-ALPES

Pictos voir p. 12

# DRÔME - 26

### N° 93001 CLANSAYES

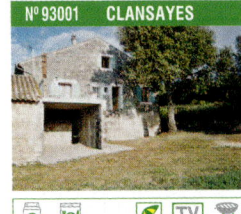

**NN** 6 pers.

Ds 1 ferme du 18è s, gîte idépdt ds 1 aile de la maison des propriétaires. Vue panoramique sur les vignobles et les lavandes, le Mont Ventoux et les Dentelles de Montmirail. Accès en 1er ét.,hall d'entrée,gde cuisine équipée avec salon/séjour. 2ch.(1 lit 2 pers./2 lits 2 pers.), mezzanine (1 lit 2 pers.), sdb, wc. Gde terrasse. Télé à la demande. Ch.électrique. Téléphone mobicarte.

GITES DE FRANCE-SERVICE RESERVATION - Plateau de Lautagne - 42 av. des Langories - B.P. 169 - 26906 VALENCE Cédex 9
Tél.: 04 75 83 09 23 - Fax : 04 75 82 90 57 - Serv. Adm. 04 75 83 16 42 - Email: gites-de-france-drome@wanadoo.fr - www.gites-de-france-drome.com

| VAC. SCOL. | HTE SAIS. | TRES HTE SAIS. | MOY. SAIS. | BASSE SAIS. | WEEK-END |  |  |  |  |  |  |  |
|---|---|---|---|---|---|---|---|---|---|---|---|---|
| 330 | 460 | 460 | 330 | 275 | 110 | 6 | 5 | SP | 3 | 5 | SP | 17 | 6 |

### N° 93002 CLANSAYES — Beauregard

**NN** 4 pers.

Au milieu des champs de lavande, dominant la vallée du Rhône et les Préalpes, 2 gîtes mitoyens à la maison des propriétaires, chacun avec leur entrée indpdte. "LES CHENES": pièce à vivre avec cuisine intégrée, wc, s d'eau. 1/2 étage: 1ch (1 lit 2 pers.). 1er étage: (accès par échelle meunière à pas décalés) 1 ch.(2 lits 1 pers.) avec lavabo et wc. Draps fournis. Barbecue gaz commun. Départ de randonnée s/place. Possibilité ménage. Ch.central au fioul.

GITES DE FRANCE-SERVICE RESERVATION - Plateau de Lautagne - 42 av. des Langories - B.P. 169 - 26906 VALENCE Cédex 9
Tél.: 04 75 83 09 23 - Fax : 04 75 82 90 57 - Serv. Adm. 04 75 83 16 42 - Email: gites-de-france-drome@wanadoo.fr - www.gites-de-france-drome.com

| VAC. SCOL. | HTE SAIS. | TRES HTE SAIS. | MOY. SAIS. | BASSE SAIS. | WEEK-END |  |  |  |  |  |  |  |
|---|---|---|---|---|---|---|---|---|---|---|---|---|
| 350 | 410 | 445 | 350 | 280 | 110 | 8 | 8 | SP | 8 | 35 | SP | 18 | 8 |

### N° 93003 CLANSAYES — Beauregard

**NN** 2 pers.

Au milieu des champs de lavande, dominant la vallée du Rhône et les Préalpes, 2 gîtes mitoyens à la maison des propriétaires, chacun avec leur entrée indpdte. "LES BUIS": pièce à vivre avec cuisine intégrée, 1ch (1 lit 160), wc, salle d'eau. Gîte climatisé. Draps fournis. Barbecue gaz commun. Départ de randonnée s/place. Possibilité ménage. Chauffage central au fioul.

GITES DE FRANCE-SERVICE RESERVATION - Plateau de Lautagne - 42 av. des Langories - B.P. 169 - 26906 VALENCE Cédex 9
Tél.: 04 75 83 09 23 - Fax : 04 75 82 90 57 - Serv. Adm. 04 75 83 16 42 - Email: gites-de-france-drome@wanadoo.fr - www.gites-de-france-drome.com

| VAC. SCOL. | HTE SAIS. | TRES HTE SAIS. | MOY. SAIS. | BASSE SAIS. | WEEK-END |  |  |  |  |  |  |  |
|---|---|---|---|---|---|---|---|---|---|---|---|---|
| 350 | 400 | 440 | 350 | 280 | 110 | 8 | 8 | SP | 8 | 35 | SP | 18 | 8 |

### N° 100001 COMBOVIN — Les Caires — CM E7

**NN** 5 pers.

Ds un petit hameau, ancienne ferme en pierre rénovée indépendante avec jardin clos de plain-pied avec l'étage, face au sommet de la grde Dent, ds le parc naturel régional du vercors. Etage : gde pièce à vivre avec cuisine ouverte sur séjour, 1 ch. (1 lit 2 pers., 1lit 1 pers.), salle d'eau, wc. R.D.C : 1 ch. (1 lit 2 pers.), salle d'eau, wc, coin-bureau. Chauffage au fuel par le sol. Local à vélos. Portique. Possibilité ménage. Draps fournis.

GITES DE FRANCE-SERVICE RESERVATION - Plateau de Lautagne - 42 av. des Langories - B.P. 169 - 26906 VALENCE Cédex 9
Tél.: 04 75 83 09 23 - Fax : 04 75 82 90 57 - Serv. Adm. 04 75 83 16 42 - Email: gites-de-france-drome@wanadoo.fr - www.gites-de-france-drome.com

| VAC. SCOL. | HTE SAIS. | TRES HTE SAIS. | MOY. SAIS. | BASSE SAIS. | WEEK-END |  |  |  |  |  |
|---|---|---|---|---|---|---|---|---|---|---|
| 395 | 480 | 515 | 395 | 355 | 122 | 10 | 10 | SP | 10 | SP | 10 |

### N° 108002 CREST — Chanterenard

**NN** 4 pers.

Dans un cadre verdoyant, gîte mitoyen à l'habitation comprenant : séjour avec terrasse, cuisine, salle de bains, wc, mezzanine (2 lits 1 pers.), 1 ch. (1 lit 2 pers.). Prise TV + TEL. Chauffage électrique.

GITES DE FRANCE-SERVICE RESERVATION - Plateau de Lautagne - 42 av. des Langories - B.P. 169 - 26906 VALENCE Cédex 9
Tél.: 04 75 83 09 23 - Fax : 04 75 82 90 57 - Serv. Adm. 04 75 83 16 42 - Email: gites-de-france-drome@wanadoo.fr - www.gites-de-france-drome.com

| VAC. SCOL. | HTE SAIS. | TRES HTE SAIS. | MOY. SAIS. | BASSE SAIS. | WEEK-END |  |  |  |  |  |  |  |
|---|---|---|---|---|---|---|---|---|---|---|---|---|
| 290 | 360 | 360 | 290 | 245 | 91 | 1 | 1 | SP | 5 | 57 | SP | 15 | 1 | 1 |

### N° 113001 DIE — Ferme d'Ausson

**NN** 4 pers.

Dans 1 hameau au dessus de la ville de Die, gîte rural aménagé dans 1 ancien pigeonnier, à côté de la maison des propriétaires et de leur atelier d'ébéniste. R.D.C : séjour (clic-clac), coin- salon, poêle à bois, cuisine, salle d'eau, wc. Etage : 1 ch. mansardée (1 lit 2 pers.), mezzanine (2 lits 1 pers.). Possibilité ménage.

Bertrand et Sylvie CORROENNE - Ferme d'Ausson - 26150 DIE
Tél.: 04 75 22 28 39 - 04 75 21 03 48 - Fax : 04 75 22 28 39 - Email : arborescence.die@wanadoo.fr - www.ifrance.com/lafermedausson

| VAC. SCOL. | HTE SAIS. | TRES HTE SAIS. | MOY. SAIS. | BASSE SAIS. | WEEK-END |  |  |  |  |  |
|---|---|---|---|---|---|---|---|---|---|---|
| 300 | 345 | 360 | 275 | 275 | 110 | 5 | SP | 30 | SP | 5 | 5 |

# DRÔME - 26

## N° 138002 — LA GARDE-ADHEMAR

**NN** — 4 pers.

Au coeur d'1 beau village de France, vous viendrez découvrir la vie de village dans notre gîte aménagé/3 niveaux. R.D.C : S. d'eau. 1 ch. (1 lit 2 pers.). Etage : grde pièce de vie, coin- cuisine, wc. 2º Etage : mezzanine (1 futon 2 pers.), chaine hi-fi, prise TV. Petit lavabo/bidet. Terrasse 6m2, belle vue/vallée du Rhône.Chauffage électrique.Draps fournis.

**GITES DE FRANCE-SERVICE RESERVATION** - Plateau de Lautagne - 42 av. des Langories - B.P. 169 - 26906 VALENCE Cédex 9
Tél. : 04 75 83 09 23 - Fax : 04 75 82 90 57 - Serv. Adm. 04 75 83 16 42 - Email : gites-de-france-drome@wanadoo.fr - www.gites-de-france-drome.com

| VAC. SCOL. | HTE SAIS. | TRES HTE SAIS. | MOY. SAIS. | BASSE SAIS. | WEEK-END | | | | | | | | | | |
|---|---|---|---|---|---|---|---|---|---|---|---|---|---|---|---|
| 260 | 390 | 390 | 260 | 260 | 140 | 8 | 2 | SP | 8 | SP | 8 | SP | | | |

## N° 146001 — GRIGNAN — Le Devès

**NN** — 8 pers.

Maison neuve indépendante avec jardin au milieu de chênes truffiers et de lavandes. Coin-cuisine, séjour/salon, 3 chambres (3 lits 2 pers., 2 lits 1 pers.), 1 salle de bain, 1 salle d'eau/wc, 1 wc indépendant. Chauffage central fioul. Parking. Barbecue. Piscine privée cloturée (4x8). Ouvert toute l'année.

Patrick CLAVEL - Le Devès - 26230 GRIGNAN
Tél. : 04 75 46 53 23 - Email : gites.lescigales@free.fr - http://gite.lescigales.free.fr/

| VAC. SCOL. | HTE SAIS. | TRES HTE SAIS. | MOY. SAIS. | BASSE SAIS. | | | | | | | |
|---|---|---|---|---|---|---|---|---|---|---|---|
| 610 | 1000 | 1150 | 610 | 535 | SP | 4 | SP | 4 | 4 | SP | 20 | 4 |

## N° 146002 — GRIGNAN

**NN** — 4 pers.

Au pied du Château et de la Collégiale, à proximité des commerces, charmante maison de village restaurée sur 4 niveaux. R.D.C.: buanderie commune avec 1 autre gîte mitoyen, terrasse (lave linge commun). 1er: cuisine équipée donnant sur terrasse exposée sud. 2ème: salon avec canapé "BZ", prise TV. 3ème : chambre (1 lit 2 pers.),salle d'eau, wc. Fontaine devant le gîte. Taxe de séjour demandée : 0,50 € (adultes) et 0,30 € (enfants).

**GITES DE FRANCE-SERVICE RESERVATION** - Plateau de Lautagne - 42 av. des Langories - B.P. 169 - 26906 VALENCE Cédex 9
Tél. : 04 75 83 09 23 - Fax : 04 75 82 90 57 - Serv. Adm. 04 75 83 16 42 - Email : gites-de-france-drome@wanadoo.fr - www.gites-de-france-drome.com

| VAC. SCOL. | HTE SAIS. | TRES HTE SAIS. | MOY. SAIS. | BASSE SAIS. | WEEK-END | | | | | | |
|---|---|---|---|---|---|---|---|---|---|---|---|
| 290 | 410 | 442 | 290 | 230 | 130 | 0,1 | 1 | 1 | 1 | 1 | 25 | 0,1 |

## N° 146003 — GRIGNAN

**NN** — 4 pers.

Au pied du Château et de la Collégiale, à proximité des commerces, maison de village restaurée sur 2 niveaux. R.D.C : grand séjour avec cheminée et coin-salon, prise TV, coin-cuisine, cave, wc. 1er étage : 2 chambres (2 lits 2 pers.), salle d'eau/wc. Lave-linge commun avec 1 autre gîte. Petit espace extérieur. Taxe de séjour demandée : 0,50 € (adultes) et 0,30 € (enfants).

**GITES DE FRANCE-SERVICE RESERVATION** - Plateau de Lautagne - 42 av. des Langories - B.P. 169 - 26906 VALENCE Cédex 9
Tél. : 04 75 83 09 23 - Fax : 04 75 82 90 57 - Serv. Adm. 04 75 83 16 42 - Email : gites-de-france-drome@wanadoo.fr - www.gites-de-france-drome.com

| VAC. SCOL. | HTE SAIS. | TRES HTE SAIS. | MOY. SAIS. | BASSE SAIS. | WEEK-END | | | | | | |
|---|---|---|---|---|---|---|---|---|---|---|---|
| 290 | 360 | 395 | 290 | 230 | 130 | 0,1 | 1 | 1 | 1 | 1 | 25 | 0,1 |

## N° 149001 — HOSTUN — Les Bruyères

**NN** — 4 pers.

Chalet sur 1 hectare de parc comprenant 2 chambres (1 lit 2 pers./2 lits 1 pers. superposés), séjour, cuisine équipée. Salle de bain. Wc. Terrasse abritée. Draps et linge de toilette fournis. Chauf. central gaz. Ouvert toute l'année.

Annie et Serge NATTIER - Les Bruyères - 26730 HOSTUN
Tél. : 04 75 48 81 94 - Fax : 04 75 48 93 50 - Email : infosbruyeres@net-up.com - http://lesbruyeres.multimania.com

| VAC. SCOL. | HTE SAIS. | TRES HTE SAIS. | MOY. SAIS. | BASSE SAIS. | WEEK-END | | | | | | | |
|---|---|---|---|---|---|---|---|---|---|---|---|---|
| 350 | 395 | 395 | 350 | 350 | 140 | SP | 1 | SP | 1 | 4 | 30 | SP | 20 | 10 | 8 |

## N° 149002 — HOSTUN — Les Combes

**NN** — 6 pers.

Au pied des Monts du Matin sur un site avec belle vue sur le Vercors (le long de la D425), 2 gîtes indpdts aménagés dans 1 corps de ferme mitoyen à d'autres habitations. En R.D.C : grand séjour/salle à manger avec cuisine équipée, buanderie, wc. A l'étage 3 ch. (2 lits 160 dont 1 séparable en 2x80, 2 lits 1 pers.), salle de bains, wc. Possibilité ménage. Draps et linge de toilette fournis juillet/août. Chauffage central gaz.

**GITES DE FRANCE-SERVICE RESERVATION** - Plateau de Lautagne - 42 av. des Langories - B.P. 169 - 26906 VALENCE Cédex 9
Tél. : 04 75 83 09 23 - Fax : 04 75 82 90 57 - Serv. Adm. 04 75 83 16 42 - Email : gites-de-france-drome@wanadoo.fr - www.gites-de-france-drome.com

| VAC. SCOL. | HTE SAIS. | TRES HTE SAIS. | MOY. SAIS. | BASSE SAIS. | WEEK-END | | | | | | | | |
|---|---|---|---|---|---|---|---|---|---|---|---|---|---|
| 390 | 470 | 515 | 390 | 315 | 165 | 12 | 2 | 2 | 10 | 7 | 30 | 2 | 8 | 12 | 2 |

# DRÔME - 26

## N° 149003 HOSTUN

**NN — 4 pers.**

Au pied des Monts du Matin sur un site avec belle vue sur le vercors (le long de la RD425) : 2 gîtes indépendants aménagés ds 1 corps de ferme. Gîte "Les Acacias": Grand séjour/s.à manger avec cuisine équipée, buanderie, wc. A l'étage : 2 ch.(1 lit 160/2 lits 1 pers.), salle d'eau, wc. Possibilité ménage. Chauffage central au gaz.

GITES DE FRANCE-SERVICE RESERVATION - Plateau de Lautagne - 42 av. des Langories - B.P. 768 - 26906 VALENCE Cédex 9
Tél. : 04 75 83 09 23 - Fax : 04 75 82 90 57 - Serv. Adm. 04 75 83 16 42 - Email : gites-de-france-drome@wanadoo.fr - www.gites-de-france-drome.com

| VAC. SCOL. | HTE SAIS. | TRES HTE SAIS. | MOY. SAIS. | BASSE SAIS. | WEEK-END |
|---|---|---|---|---|---|
| 350 | 420 | 450 | 350 | 315 | 165 |

| | | | | | | | | | |
|---|---|---|---|---|---|---|---|---|---|
| 12 | 2 | 2 | 10 | 7 | 30 | 2 | 8 | 12 | 2 |

## N° 192001 MONTBRISON-SUR-LEZ

**NN — 6 pers.**

Au milieu des vignes, maison de maître indépendante au dessus du chai des propriétaires. Accès en 1er étage: gde cuisine/séjour/s.à m, terrasse. Au 2d: 4ch.(2 lits 2 pers./1 lit 160/1 lit 1 pers.), sdb, wc. La décoration et le mobilier sont de style provençal traditionnel (meubles en noyer, boutis,...). Draps fournis toute l'année. Chauffage électrique. Possibilité ménage. Ouvert toute l'année.

GITES DE FRANCE-SERVICE RESERVATION - Plateau de Lautagne - 42 av. des Langories - B.P. 768 - 26906 VALENCE Cédex 9
Tél. : 04 75 83 09 23 - Fax : 04 75 82 90 57 - Serv. Adm. 04 75 83 16 42 - Email : gites-de-france-drome@wanadoo.fr - www.gites-de-france-drome.com

| VAC. SCOL. | HTE SAIS. | TRES HTE SAIS. | MOY. SAIS. | BASSE SAIS. | WEEK-END |
|---|---|---|---|---|---|
| 534 | 1068 | 1190 | 686 | 503 | 360 |

| | | | | | | | |
|---|---|---|---|---|---|---|---|
| SP | 5 | SP | 8 | 1,5 | SP | 5 | 30 | 5 |

## N° 206001 MONTMEYRAN

CM 77 pli 2

**NN — 2 pers.**

La Colombe, en pleine nature, à proximité du Vercors et de l'Ardèche vous propose un gîte avec jardin privatif dans 1 grande ferme du 18° S., entièrement rénovée. Comprenant 1 autre gîte + 2 ch. d'hôtes. Coin-cuisine/séjour (clic-clac). 1 ch. (1 lit 2 pers.), salle d'eau, wc. Prise TV. Chauf fioul. Lave linge + sèche linge en commun. Tél. mobicarte.

Maïssa CROZAT - Quartier les Noyères - 26120 MONTMEYRAN
Tél. : 04 75 59 40 21 - Fax : 04 75 84 65 27 - Email : contact@gites-lacolombe.com - www.gites-lacolombe.com

| VAC. SCOL. | HTE SAIS. | TRES HTE SAIS. | MOY. SAIS. | BASSE SAIS. | WEEK-END |
|---|---|---|---|---|---|
| 315 | 400 | 420 | 315 | 260 | 115 |

| | | | | | | | |
|---|---|---|---|---|---|---|---|
| 3 | 1 | SP | 3 | 15 | SP | 15 | 1 |

## N° 206002 MONTMEYRAN

CM 77 pli 2

**NN — 4 pers.**

La Colombe, en pleine nature, à proximité du Vercors et de l'Ardèche vous propose un gîte aménagé à l'étage d'1 grande ferme du 18° S., entièrement rénovée. Comprenant 1 autre gîte + 2 ch. d'hôtes. Cuisine. 1 ch. (1 lit 2 pers.), mezzanine (2 lits 1 pers. + clic-clac), salle d'eau, prise TV. Chauf fioul. poss.ménage. Lave linge + sèche linge commun. Tel.mobicarte.

Maïssa CROZAT - Quartier les Noyères - 26120 MONTMEYRAN
Tél. : 04 75 59 40 21 - Fax : 04 75 84 65 27 - Email : contact@gites-lacolombe.com - www.gites-lacolombe.com

| VAC. SCOL. | HTE SAIS. | TRES HTE SAIS. | MOY. SAIS. | BASSE SAIS. | WEEK-END |
|---|---|---|---|---|---|
| 290 | 400 | 440 | 290 | 260 | 125 |

| | | | | | | | |
|---|---|---|---|---|---|---|---|
| 3 | 1 | SP | 3 | 15 | SP | 15 | 1 |

## N° 208001 MONTOISON — Bermont

**NN — 6 pers.**

Dans une ferme arboricole et avicole en activité, gîte aménagé dans les dépendances de la ferme, mitoyen à la maison du propriétaire. Cuisine, salon, 3 chambres (2 lits 1 pers., 1 lit 100,1 lit 120,1 lit 160), salle de bain/wc. Jardin ombragé. Chauffage électrique. Location draps 5 €/lit. Possibilité ménage 40 €. Peut être loué avec un autre gîte 6 personnes.

GITES DE FRANCE-SERVICE RESERVATION - Plateau de Lautagne - 42 av. des Langories - B.P. 768 - 26906 VALENCE Cédex 9
Tél. : 04 75 83 09 23 - Fax : 04 75 82 90 57 - Serv. Adm. 04 75 83 16 42 - Email : gites-de-france-drome@wanadoo.fr - www.gites-de-france-drome.com

| VAC. SCOL. | HTE SAIS. | TRES HTE SAIS. | MOY. SAIS. | BASSE SAIS. | WEEK-END |
|---|---|---|---|---|---|
| 390 | 435 | 480 | 390 | 310 | 155 |

| | | | | | | | |
|---|---|---|---|---|---|---|---|
| 9 | 4 | SP | 6 | 6 | 4 | 16 | 15 | 4 |

## N° 211002 MONTSEGUR-SUR-LAUZON

CM 81 pli 2

**NN — 3 pers.**

Gîte mitoyen à l'habitation des prop. FERME DE PLANTES AROMATIQUES : vous proposent leurs découvertes et le cavage de la Truffe en hiver, située en fond de vallon,près de sa source, en bordure d'1 massif boisé. R.D.C : séjour, coin-cuisine, wc, cellier. Etage:1ch.(1 lit 2 pers./1 lit 1 pers.), salle d'eau, wc, ch.central, tél.carte. Abri couvert. Possib.location TV.

Jean-Louis et Dany FIOC - Quartier des Daillets - 26130 MONTSEGUR-SUR-LAUZON
Tél. : 04 75 98 12 02 - Fax : 04 75 98 09 58

| VAC. SCOL. | HTE SAIS. | TRES HTE SAIS. | MOY. SAIS. | BASSE SAIS. |
|---|---|---|---|---|
| 336 | 415 | 415 | 336 | 336 |

| | | | | | | | |
|---|---|---|---|---|---|---|---|
| 6 | 3,5 | SP | 8 | 2 | 11 | 30 | 20 | 3,5 |

RHÔNE-ALPES

# DRÔME - 26

### N° 211073    MONTSEGUR-SUR-LAUZON      Le Jas Les Craquerelles

**NN**    4 pers.

Au coeur de la pinède et de la garrigue, gîte de plain-pied avec entrée indépendante, aménagée dans une partie de la maison familiale. Séjour avec kitchenette (1 clic-clac 2 pers.), 1 ch. (2 lits 1 pers.), salle d'eau, chauffage au fuel. Jeux, sous-bois commun. Draps fournis.

GITES DE FRANCE-SERVICE RESERVATION - Plateau de Lautagne - 42 av. des Langories - B.P. 169 - 26906 VALENCE Cédex 9
Tél. : 04 75 83 09 23 - Fax : 04 75 82 90 57 - Serv. Adm. 04 75 83 16 42 - Email : gites-de-france-drome@wanadoo.fr - www.gites-de-france-drome.com

| VAC. SCOL. | HTE SAIS. | TRES HTE SAIS. | MOY. SAIS. | BASSE SAIS. | WEEK-END |   |   |   |   |   |   |   |   |
|---|---|---|---|---|---|---|---|---|---|---|---|---|---|
| 264 | 307 | 307 | 264 | 186 | 108 | 8 | 1,5 | SP | 3 | 2 | SP | 25 | 15 | 1,5 |

### N° 231001    PEYRINS      Le Maupas

**NN**    4 pers.

Gîte aménagé ds 1 maison traditionnelle (molasses...) mitoyen aux propriétaires et proche de Romans. Jardin et terrasse privatifs avec belle vue sur le Vercors. En R.D.C. : gd séjour (1 canapé-lit) avec cuisine intégrée. A l'étage, 2 ch. (2 lits 1 pers./1 lit 2 pers.), salle d'eau, wc. Ping-pong. Draps et linge de toilette fournis. Possibilité ménage : 46 €. Tél.mobicarte. Prêt TV sur demande.

GITES DE FRANCE-SERVICE RESERVATION - Plateau de Lautagne - 42 av. des Langories - B.P. 169 - 26906 VALENCE Cédex 9
Tél. : 04 75 83 09 23 - Fax : 04 75 82 90 57 - Serv. Adm. 04 75 83 16 42 - Email : gites-de-france-drome@wanadoo.fr - www.gites-de-france-drome.com

| VAC. SCOL. | HTE SAIS. | TRES HTE SAIS. | MOY. SAIS. | BASSE SAIS. | W-E DETENTE |   |   |   |   |   |   |   |
|---|---|---|---|---|---|---|---|---|---|---|---|---|
| 360 | 460 | 510 | 360 | 310 | 130 | 3 | 3 | SP | 2 | 6 | SP | 2 | 3 | 2 |

### N° 258001    PUY-SAINT-MARTIN      Les Massots

**NN**    5 pers.

Notre gîte se trouve au calme, à la campagne, à 1 km du village. Aménagé au dessus de notre atelier artisanal de travail sur bois. Cuisine équipée avec terrasse plein Sud, 2 ch. (1 lit 2 pers./1 lit 120/2 lits 1 pers.), salle d'eau, wc. A l'extérieur : local à vélos. Parking. Possibilité location de draps. Taxe de séjour demandée 0,30 € par jour/personne.

GITES DE FRANCE-SERVICE RESERVATION - Plateau de Lautagne - 42 av. des Langories - B.P. 169 - 26906 VALENCE Cédex 9
Tél. : 04 75 83 09 23 - Fax : 04 75 82 90 57 - Serv. Adm. 04 75 83 16 42 - Email : gites-de-france-drome@wanadoo.fr - www.gites-de-france-drome.com

| VAC. SCOL. | HTE SAIS. | TRES HTE SAIS. | MOY. SAIS. | BASSE SAIS. | WEEK-END |   |   |   |   |   |   |   |   |
|---|---|---|---|---|---|---|---|---|---|---|---|---|---|
| 350 | 420 | 420 | 350 | 300 | 130 | 3,5 | 1 | SP | 12 | 7 | SP | 8 | 22 | 1 |

### N° 263001    REILHANETTE      600 m

**NN**    4 pers.

Au coeur du village Provençal, gîte aménagé au 1er étage de l'ancienne cure ds le respect de la tradition. Gd séjour avec vue sur le Mont Ventoux et la vallée du Toulourenc (1 canapé 2 pers.), cuisine intégrée, 1 ch. (1 lit 2 pers.), salle d'eau. Parking dans le village. A proximité de Montbrun-les-Bains, tarifs curistes. Magnétoscope.

GITES DE FRANCE-SERVICE RESERVATION - Plateau de Lautagne - 42 av. des Langories - B.P. 169 - 26906 VALENCE Cédex 9
Tél. : 04 75 83 09 23 - Fax : 04 75 82 90 57 - Serv. Adm. 04 75 83 16 42 - Email : gites-de-france-drome@wanadoo.fr - www.gites-de-france-drome.com

| VAC. SCOL. | HTE SAIS. | TRES HTE SAIS. | MOY. SAIS. | BASSE SAIS. |   |   |   |   |   |   |   |   |
|---|---|---|---|---|---|---|---|---|---|---|---|---|
| 275 | 343 | 373 | 275 | 275 | 1 | 1 | SP | 25 | 5 | 50 | SP | 5 | 80 | 1 |

### N° 263002    REILHANETTE      600 m

**NN**    2 pers.

Au coeur du village Provençal, gîte aménagé dans une maison de village ds le respect de la tradition. Gd séjour avec vue sur le Mont Ventoux et la vallée du Toulourenc, cuisine intégrée, 1 coin-nuit (1 lit 2 pers.), salle d'eau. Parking ds le village. A proximité de Montbrun-les-Bains, tarifs curistes. Magnétoscope.

GITES DE FRANCE-SERVICE RESERVATION - Plateau de Lautagne - 42 av. des Langories - B.P. 169 - 26906 VALENCE Cédex 9
Tél. : 04 75 83 09 23 - Fax : 04 75 82 90 57 - Serv. Adm. 04 75 83 16 42 - Email : gites-de-france-drome@wanadoo.fr - www.gites-de-france-drome.com

| VAC. SCOL. | HTE SAIS. | TRES HTE SAIS. | MOY. SAIS. | BASSE SAIS. |   |   |   |   |   |   |   |   |
|---|---|---|---|---|---|---|---|---|---|---|---|---|
| 230 | 275 | 275 | 230 | 230 | 1 | 1 | SP | 25 | 5 | 50 | SP | 5 | 80 | 1 |

### N° 273004    ROCHEFORT-SAMSON      Le Peu

**NN**    4 pers.

Ds 1 domaine de 6ha, vs séjournerez ds 1 gîte mitoyen à la ferme des propriétaires (4ch.d'hôtes), entourrés de notre monde animal (ânes,canards,lapins...). Pièce de séjour avec coin-cuisine, 2 ch.(2 lits sup./1 lit 2 pers./lit BB),sde/wc. Espace jardin. Piscine commune. Possibilité ménage. Tel mobicarte. Ouvert toute l'année.

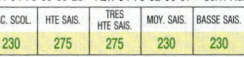

Jocelyne et Thierry BONNET - Le Peu - 26300 ROCHEFORT-SAMSON
Tél. : 04 75 47 40 11 - Fax : 04 75 47 38 54 - Email : jocelyne.bonnet5@fnac.fr - http://la-baladane.chez.tiscali.fr

| VAC. SCOL. | HTE SAIS. | TRES HTE SAIS. | MOY. SAIS. | BASSE SAIS. | WEEK-END |   |   |   |   |   |   |   |   |
|---|---|---|---|---|---|---|---|---|---|---|---|---|---|
| 350 | 430 | 430 | 350 | 300 | 115 | SP | 8 | SP | 5 | 14 | 40 | SP | 2 | 12 | 3 |

**RHÔNE-ALPES**

Pictos voir p. 12

495

# DRÔME - 26

## N° 276001  LA ROCHE-SAINT-SECRET — Château d'Alançon

**NN  5 pers.**

Gîte aménagé dans une ancienne ferme du château, mitoyen à d'autres habitations. R.D.C : terrasse fleurie dans la cour du château (fenêtres à meneaux), séjour avec coin-salon, cuisine voûtée. A l'étage : 2 ch.(2 lits 2 pers./ 1 lit 1 pers.), salle de bains (douche+baignoire), wc, à ce niveau accès sur un terrain avec petit potager. Possibilité ménage.

GITES DE FRANCE-SERVICE RESERVATION - Plateau de Lautagne - 42 av. des Langories - B.P. 169 - 26906 VALENCE Cédex 9
Tél. : 04 75 83 09 23 - Fax : 04 75 82 90 57 - Serv. Adm. 04 75 83 16 42 - Email : gites-de-france-drome@wanadoo.fr - www.gites-de-france-drome.com

| VAC. SCOL. | HTE SAIS. | TRES HTE SAIS. | MOY. SAIS. | BASSE SAIS. | | | | | | | | |
|---|---|---|---|---|---|---|---|---|---|---|---|---|
| 400 | 611 | 611 | 400 | 318 | | 12 | 1 | SP | 12 | SP | SP | 3 | 35 | 0,5 |

## N° 289001  SAILLANS — Ferme Chabert

**NN  4 pers.**

A 200m de la rivière Drôme et à 900m du village offrant tous les services, la Ferme Chabert, entourée de vignes et de lavandes est 1 gîte calme, indpdt et mitoyen à l'ancienne ferme restaurée des propriétaires. Séjour avec coin-cuisine (1 canapé-lit BZ 2 pers.), 1ch (1 lit 2 pers.), salle d'eau/wc, grand terrain arboré. Chauffage central électrique. Possibilité ménage : 30 €, Location draps + linge de toilette: 15 €/lit.

GITES DE FRANCE-SERVICE RESERVATION - Plateau de Lautagne - 42 av. des Langories - B.P. 169 - 26906 VALENCE Cédex 9
Tél. : 04 75 83 09 23 - Fax : 04 75 82 90 57 - Serv. Adm. 04 75 83 16 42 - Email : gites-de-france-drome@wanadoo.fr - www.gites-de-france-drome.com

| VAC. SCOL. | HTE SAIS. | TRES HTE SAIS. | MOY. SAIS. | BASSE SAIS. | WEEK-END | W.E DETENTE | | | | | | | | |
|---|---|---|---|---|---|---|---|---|---|---|---|---|---|---|
| 270 | 340 | 380 | 270 | 200 | 110 | 150 | 12 | 0,2 | SP | 8 | 0,2 | 40 | SP | 5 | 1 | 1 |

## N° 335001  SALLES-SOUS-BOIS — Bousquatier

**NN  6 pers.**

Maison contemporaine totalement indépendante dans un cadre très arboré avec belle vue sur la plaine de Grignan, proche de la rte du Col d'Aleyrac. Grand séjour, cuisine équipée, 3 ch. (2 lits 160/ 2 lits 1 pers.), salle de bains. Terrasses. Draps fournis.

GITES DE FRANCE-SERVICE RESERVATION - Plateau de Lautagne - 42 av. des Langories - B.P. 169 - 26906 VALENCE Cédex 9
Tél. : 04 75 83 09 23 - Fax : 04 75 82 90 57 - Serv. Adm. 04 75 83 16 42 - Email : gites-de-france-drome@wanadoo.fr - www.gites-de-france-drome.com

| HTE SAIS. | TRES HTE SAIS. | MOY. SAIS. | BASSE SAIS. | | | | | | | |
|---|---|---|---|---|---|---|---|---|---|---|
| 500 | 550 | 400 | 400 | SP | 3 | SP | 10 | 8 | SP | 25 | 5 |

## N° 336001  SAOU — Sauvionne

**NN  5 pers.**

Maison en pierres exposée plein sud restaurée dans 1 hameau situé en pleine nature et sans vis-à-vis. Belle vue sur le massif de la forêt de Saou et le Couspeau. Gde pièce de séjour avec cuisine intégrée et four à pain en fonctionnement. 2ch (3 lits 1 pers./ 1 lit 160). Sdb, wc. Buanderie. Le mobilier et la décoration sont de style campagnard. Terrasse couverte et une source. Draps fournis juillet/août sinon location. Possibilité ménage. Antenne et prise TV. Chauffage au sol (fuel). Micro-ondes + sèche-linge.

GITES DE FRANCE-SERVICE RESERVATION - Plateau de Lautagne - 42 av. des Langories - B.P. 169 - 26906 VALENCE Cédex 9
Tél. : 04 75 83 09 23 - Fax : 04 75 82 90 57 - Serv. Adm. 04 75 83 16 42 - Email : gites-de-france-drome@wanadoo.fr - www.gites-de-france-drome.com

| VAC. SCOL. | HTE SAIS. | TRES HTE SAIS. | MOY. SAIS. | BASSE SAIS. | WEEK-END | | | | | | | | |
|---|---|---|---|---|---|---|---|---|---|---|---|---|---|
| 440 | 530 | 570 | 440 | 380 | 150 | 12 | 1 | SP | 3 | 1 | SP | 3 | 15 | 1 |

## N° 290002  ST-AGNAN-EN-VERCORS — 900 m

**NN  6 pers.**

A la sortie du village, gîte aménagé en R.D.C ds 1 ancienne maison rénovée, mitoyenne au logement du propriétaire et à 2 autres gîtes. Gd séjour (1 clic-clac) avec cuisine (micro-ondes). 2 ch. (2 lits 2 pers./2 lits 1 pers. superposés), salle d'eau. Jardin clos commun. Parking-privatif. Lave-linge et sèche-linge communs. Magnétoscope. Possibilité ménage.

GITES DE FRANCE-SERVICE RESERVATION - Plateau de Lautagne - 42 av. des Langories - B.P. 169 - 26906 VALENCE Cédex 9
Tél. : 04 75 83 09 23 - Fax : 04 75 82 90 57 - Serv. Adm. 04 75 83 16 42 - Email : gites-de-france-drome@wanadoo.fr - www.gites-de-france-drome.com

| VAC. SCOL. | HTE SAIS. | TRES HTE SAIS. | MOY. SAIS. | BASSE SAIS. | WEEK-END | | | | | | | | |
|---|---|---|---|---|---|---|---|---|---|---|---|---|---|
| 389 | 450 | 450 | 405 | 310 | 115 | 4 | 0,1 | SP | 6 | 10 | 10 | SP | 6 | 47 | SP |

## N° 290003  ST-AGNAN-EN-VERCORS — 900 m

**NN  4 pers.**

A la sortie du village, gîte aménagé en R.D.C ds 1 ancienne maison rénovée, mitoyenne au logement du propriétaire et à 2 autres gîtes. Séjour (1 clic-clac) avec coin-cuisine (m-ondes), 1ch.(1 lit 2 pers., 2 lits superposés), salle d'eau. Jardin commun clos. Parking privatif. Lave linge et sèche linge communs. Magnétoscope. Possibilité ménage.

GITES DE FRANCE-SERVICE RESERVATION - Plateau de Lautagne - 42 av. des Langories - B.P. 169 - 26906 VALENCE Cédex 9
Tél. : 04 75 83 09 23 - Fax : 04 75 82 90 57 - Serv. Adm. 04 75 83 16 42 - Email : gites-de-france-drome@wanadoo.fr - www.gites-de-france-drome.com

| VAC. SCOL. | HTE SAIS. | TRES HTE SAIS. | MOY. SAIS. | BASSE SAIS. | WEEK-END | | | | | | | | |
|---|---|---|---|---|---|---|---|---|---|---|---|---|---|
| 305 | 364 | 364 | 303 | 242 | 70 | 4 | 0,1 | SP | 6 | 10 | 10 | SP | 6 | 47 | SP |

# DRÔME - 26

## N° 290004 ST-AGNAN-EN-VERCORS   900 m

**NN  4 pers.**

A la sortie du village, gîte aménagé au 1er étage ds 1 ancienne maison rénovée, mitoyenne au logement du propriétaire et à 2 autres gîtes. Séjour (1 clic-clac) avec coin-cuisine (m-ondes), 2ch.(2 lits 2 pers.), salle d'eau. Jardin commun clos. Parking privatif. Lave-linge et sèche-linge communs. Magnétoscope. Possibilité ménage.

GITES DE FRANCE-SERVICE RESERVATION - Plateau de Lautagne - 42 av. des Langories - B.P. 169 - 26906 VALENCE Cédex 9
Tél. : 04 75 83 09 23 - Fax : 04 75 82 90 57 - Serv. Adm. 04 75 83 16 43 - Email : gites-de-france-drome@wanadoo.fr - www.gites-de-france-drome.com

| VAC. SCOL. | HTE SAIS. | TRES HTE SAIS. | MOY. SAIS. | BASSE SAIS. | WEEK-END | | | | | | | | | |
|---|---|---|---|---|---|---|---|---|---|---|---|---|---|---|
| 344 | 433 | 433 | 372 | 312 | 104 | 4 | 0,1 | SP | 6 | 10 | 10 | SP | 6 | 47 | SP |

## N° 306002 STE-JALLE

**NN  6 pers.**

A l'entrée du village de Ste-Jalle (le long de la D64, ds les remparts du château, agréable maison de village mitoyenne à 1 autre gîte. Entrée par 1 escalier, salon, cuisine indpdte, salle d'eau. Au second : 2 ch. (1 lit superposé, 1 lit 2 pers.), 1 coin-détente (1 clic-clac), terrasse avec vue sur la vallée. Ch. électrique. Prise TV et tél. Chauffage en sus : 30 € sur toutes périodes. Equipement bébé.

GITES DE FRANCE-SERVICE RESERVATION - Plateau de Lautagne - 42 av. des Langories - B.P. 169 - 26906 VALENCE Cédex 9
Tél. : 04 75 83 09 23 - Fax : 04 75 82 90 57 - Serv. Adm. 04 75 83 16 43 - Email : gites-de-france-drome@wanadoo.fr - www.gites-de-france-drome.com

| VAC. SCOL. | HTE SAIS. | TRES HTE SAIS. | MOY. SAIS. | BASSE SAIS. | WEEK-END | | | | | | | |
|---|---|---|---|---|---|---|---|---|---|---|---|---|
| 345 | 391 | 438 | 345 | 299 | 126 | 20 | 20 | SP | 7 | 0,5 | SP | 12 | SP |

## N° 311003 ST-LAURENT-EN-ROYANS — Le Cholet

**NN  6 pers.**

Sue et Dominique vous accueillent ds 1 dépendance rénovée située dans le parc de leur château du 19ème de 10ha et traversé par 1 rivière. R.D.C : grand salon/s.à.m./cuisine intégrée, alcôve avec sanitaires privatifs pouvant loger une pers. à mobilité réduite, buanderie. Etage : 3 ch. (2 lits 1 pers., 1 lit 2 pers., 2 lits 80 ou 1 lit 160), salle de bains, wc. Chauffage électrique. Draps fournis. TV prêtée à la demande. Les animaux sont les bienvenus sauf les chats...

GITES DE FRANCE-SERVICE RESERVATION - Plateau de Lautagne - 42 av. des Langories - B.P. 169 - 26906 VALENCE Cédex 9
Tél. : 04 75 83 09 23 - Fax : 04 75 82 90 57 - Serv. Adm. 04 75 83 16 43 - Email : gites-de-france-drome@wanadoo.fr - www.gites-de-france-drome.com

| VAC. SCOL. | HTE SAIS. | TRES HTE SAIS. | MOY. SAIS. | BASSE SAIS. | WEEK-END | | | | | | | |
|---|---|---|---|---|---|---|---|---|---|---|---|---|
| 510 | 645 | 715 | 510 | 210 | | 3 | 3 | SP | 3 | SP | 23 | SP | 5 | 10 | 3 |

## N° 326072 ST-RESTITUT — Les Travers

**NN  4 pers.**

Ds 1 ancienne ferme du 18ème, au calme, au milieu d'1 hectare de végétation naturelle (chênes verts, lavandes, thym...). 2 gîtes indpdts dans 1 aile de la maison des propriétaires. Gîte en R.D.C : séjour vouté avec coin-salon, coin-cuisine équipé, salle d'eau, wc, 2 ch. (1 lit 2 pers./ 2 lits 1 pers.). Micro-ondes. tél.mobicarte. Draps et linge de toilette fournis. Possibilité ménage.

GITES DE FRANCE-SERVICE RESERVATION - Plateau de Lautagne - 42 av. des Langories - B.P. 169 - 26906 VALENCE Cédex 9
Tél. : 04 75 83 09 23 - Fax : 04 75 82 90 57 - Serv. Adm. 04 75 83 16 43 - Email : gites-de-france-drome@wanadoo.fr - www.gites-de-france-drome.com

| VAC. SCOL. | HTE SAIS. | TRES HTE SAIS. | MOY. SAIS. | BASSE SAIS. | WEEK-END | | | | | | | |
|---|---|---|---|---|---|---|---|---|---|---|---|---|
| 360 | 550 | 550 | 360 | 200 | 150 | SP | 0,5 | SP | 4 | 10 | SP | 12 | 0,8 |

## N° 332001 ST-UZE — Le Petit Layat

**NN  4 pers.**

Gîte avec entrée indpdte en R.D.C de la maison des propriétaires à proximité de l'axe ST-Vallier/Hauterives. Ce gîte est aménagé dans 1 cadre très arboré et comprend 1 cuisine (micro-ondes) avec un coin-salon (1 clic-clac), 1 gde ch. avec 1 coin-nuit (1 lit 2 pers./ 2 lits superposés), salle d'eau, wc. Terrasse couverte, chemin de terre sur 200 m.

GITES DE FRANCE-SERVICE RESERVATION - Plateau de Lautagne - 42 av. des Langories - B.P. 169 - 26906 VALENCE Cédex 9
Tél. : 04 75 83 09 23 - Fax : 04 75 82 90 57 - Serv. Adm. 04 75 83 16 43 - Email : gites-de-france-drome@wanadoo.fr - www.gites-de-france-drome.com

| VAC. SCOL. | HTE SAIS. | TRES HTE SAIS. | MOY. SAIS. | BASSE SAIS. | WEEK-END | | | | | | | |
|---|---|---|---|---|---|---|---|---|---|---|---|---|
| 200 | 350 | 350 | 260 | 200 | 140 | 5 | 1 | SP | 12 | 1 | SP | 3 | 5 |

## N° 345001 SUZE-LA-ROUSSE — La Pierre Plantée

**NN  2 pers.**

Gîte 2 pers. avec entrée indpdte, mitoyen à la maison des propriétaires. Séjour/salle à manger (canapé lit 2 pers.), coin-cuisine, 1 ch. (1 lit 2 pers.), salle d'eau, wc. Accès au jardin privatif. Draps et linge de maison fournis. Possibilité ménage : 30 €.

GITES DE FRANCE-SERVICE RESERVATION - Plateau de Lautagne - 42 av. des Langories - B.P. 169 - 26906 VALENCE Cédex 9
Tél. : 04 75 83 09 23 - Fax : 04 75 82 90 57 - Serv. Adm. 04 75 83 16 43 - Email : gites-de-france-drome@wanadoo.fr - www.gites-de-france-drome.com

| VAC. SCOL. | HTE SAIS. | TRES HTE SAIS. | MOY. SAIS. | BASSE SAIS. | WEEK-END | | | | | |
|---|---|---|---|---|---|---|---|---|---|---|
| 380 | 490 | 490 | 380 | 380 | 190 | SP | 1 | SP | 2 | SP | 20 | 1 |

# DRÔME - 26

### N° 346001 — SUZE-SUR-CREST

**Ferme les Batailles**

NN — 3 pers.

Agréable studio aménagé dans le corps de ferme des propriétaires au pied d'un vignoble et d'une colline, espace de verdure indépendant. Bel environnement. Coin-cuisine ds pièce principale (banquette BZ + 1 lit 2 pers.), salle d'eau, wc. Prise TV (prêt possible). Micro-ondes. Climatisation. Draps fournis. Linge de toilette : 8 €/pers.Prêt lit pliant,bébé+chaise. Ping-pong.

GITES DE FRANCE-SERVICE RESERVATION - Plateau de Lautagne - 42 av. des Langories - B.P. 169 - 26906 VALENCE Cédex 9
Tél. : 04 75 83 09 23 - Fax : 04 75 82 90 57 - Serv. Adm. 04 75 83 16 42 - Email : gites-de-france-drome@wanadoo.fr - www.gites-de-france-drome.com

| VAC. SCOL. | HTE SAIS. | TRES HTE SAIS. | MOY. SAIS. | BASSE SAIS. | WEEK-END | | | | | | | |
|---|---|---|---|---|---|---|---|---|---|---|---|---|
| 305 | 385 | 415 | 305 | 305 | 125 | SP | 9 | SP | 11 | SP | 15 | 6 | 4 |

### N° 354001 — TRESCHENU-CREYERS

**Menée** — 600 m

NN — 6 pers.

Maison de village orientée plein sud en bordure d'un hameau traditionnel du Diois (le long de la D120). Environnement calme et fleuri. Pièce de séjour avec coin-cuisine (1 clic-clac), 2 ch.(1 lit 2 pers./ 2 lits superposés), wc, salle de bains. Jardin non attenant (à 3 mètres). Nombreux départs de sentiers balisés sur place. Possibilité ménage. Ch.électrique.

GITES DE FRANCE-SERVICE RESERVATION - Plateau de Lautagne - 42 av. des Langories - B.P. 169 - 26906 VALENCE Cédex 9
Tél. : 04 75 83 09 23 - Fax : 04 75 82 90 57 - Serv. Adm. 04 75 83 16 42 - Email : gites-de-france-drome@wanadoo.fr - www.gites-de-france-drome.com

| VAC. SCOL. | HTE SAIS. | TRES HTE SAIS. | MOY. SAIS. | BASSE SAIS. | WEEK-END | | | | | | | |
|---|---|---|---|---|---|---|---|---|---|---|---|---|
| 335 | 380 | 410 | 335 | 290 | 150 | 6 | 6 | SP | 6 | 5 | 45 | SP | 8 | 20 | 6 |

### N° 377001 — VINSOBRES

**Ferme les Chauvets**

EC — NN — 5 pers.

Gîte rural climatisé entièrement équipé dans la ferme d'un vigneron, salon avec coin-cuisine, à l'étage : 2 ch. (1 lit 2 pers., 2 lits 1 pers.), salle d'eau, wc. Terrasse et jardin privatifs, grand bassin au milieu des vignes (possibilité baignade). Location draps.

GITES DE FRANCE-SERVICE RESERVATION - Plateau de Lautagne - 42 av. des Langories - B.P. 169 - 26906 VALENCE Cédex 9
Tél. : 04 75 83 09 23 - Fax : 04 75 82 90 57 - Serv. Adm. 04 75 83 16 42 - Email : gites-de-france-drome@wanadoo.fr - www.gites-de-france-drome.com

| VAC. SCOL. | HTE SAIS. | TRES HTE SAIS. | MOY. SAIS. | BASSE SAIS. | WEEK-END | | | | | | | |
|---|---|---|---|---|---|---|---|---|---|---|---|---|
| 400 | 550 | 550 | 400 | 340 | 140 | 6 | 3 | SP | 5 | SP | 10 | 40 | 3 |

RHÔNE-ALPES

# ISÈRE - 38

**GITES DE FRANCE** - Service Réservation
40, avenue Marcelin Berthelot - B.P. 2641 - 38036 GRENOBLE Cédex 02
Tél. 04 76 40 79 40 - Fax. 04 76 40 79 99
E.mail : sirt38@wanadoo.fr - www.gites-de-france-isere.com

3615 Gîtes de France
RESA - 0,2 €/mn

## N° 5200 ALLEMONT — Le Mollard — 1000 m — CM 333 pli J7
**NN — 6 pers.**

Maison de caractère à la lisière du Hameau avec vue imprenable sur le massif des Grandes Rousses. Totalement indépendant le gîte dispose d'un vaste séjour/cuisine lumineux avec 2 grands balcons. Au 1er : Ch.1 (2 lits superposés), Ch.2 (1 lit 2 pers.) côté balcon, Ch 3 (2 lits 1 pers.) côté terrasse et petit terrain plat. S.d.bains, WC. Chauf. élec. L.linge, l.vaiss. Domaine skiable liaison télécabine Vaujany/Alpe d'Huez/ Oz/Villard-Reculas navette gratuite. Prox. Bourg d'Oisans et Parc National des Ecrins. Plan d'eau du Vernay (planche à voile) 5 km. Ouvert toute l'année.

GITES DE FRANCE-SERVICE RESERVATION — 40, av. Marcelin Berthelot - BP 2641 - 38036 GRENOBLE Cedex 02
Tél. : 04 76 40 79 40 - Fax : 04 76 40 79 99 - Email : sirt38@wanadoo.fr - www.gites-de-france-isere.com

| B. SAIS. HIV. | NOËL | NOUVEL AN | HTE SAIS. HIV. | B. SAIS. ETE | MOY. SAIS. ETE | HTE SAIS. ETE |
|---|---|---|---|---|---|---|
| 417 | 549 | 621 | 623 | 364 | 535 | 566 |

| | | | | | | | | | |
|---|---|---|---|---|---|---|---|---|---|
| 6 | 6 | 6 | SP | SP | 7 | 6 | 50 | 6 | |

## N° 5201 ALLEMONT — La Fonderie — 702 m — CM 333 pli J7
**NN — 6 pers.**

Maison de village avec terrain clos comprenant 2 gîtes mitoyens et le log. du prop. Au RDC : séjour cuisine, salon, salle de bains-wc. Etage : Ch.1 (1 lit 2 pers, sdb-wc), Ch.2 (1 lit 2 pers., sdb-wc), Ch.3 (1 lit 2 pers, 1 lit 1 pers, sdb-wc). Chauf. central, l.linge, l.vaiss, micro-ondes, TV. Terrain avec salon de jardin, local de rangement (ski, vélos) et parking communs. Navettes gratuites de déc. à Pâques pour les stations de Vaujany et Oz en Oisans, reliées à l'Alpe d'Huez. Base Nautique du Verney (planche à voile et pédalos). Ouvert toute l'année.

GITES DE FRANCE-SERVICE RESERVATION — 40, av. Marcelin Berthelot - BP 2641 - 38036 GRENOBLE Cedex 02
Tél. : 04 76 40 79 40 - Fax : 04 76 40 79 99 - Email : sirt38@wanadoo.fr - www.gites-de-france-isere.com

| B. SAIS. HIV. | NOËL | NOUVEL AN | HTE SAIS. HIV. | B. SAIS. ETE | MOY. SAIS. ETE | HTE SAIS. ETE |
|---|---|---|---|---|---|---|
| 545 | 700 | 720 | 700 | 483 | 560 | 560 |

| | | | | | | | | | |
|---|---|---|---|---|---|---|---|---|---|
| 6 | 1 | 0,6 | SP | 1 | 3 | 0,6 | 50 | 10 | |

## N° 5202 ALLEMONT — La Fonderie — 702 m — CM 333 pli I7
**NN — 5 pers.**

Maison de village avec terrain clos comprenant 2 gîtes mitoyens, et le log. du prop. Au RDC : séjour cuisine, salon, salle de bains-wc. Etage : Ch.1 (1 lit 2 pers, sdb-wc), Ch.2 (1 lit 2 pers, 1 lit 1 pers, sdb-wc). Chauf. central, l.linge, l.vaiss, TV, micro-ondes. Terrain avec salon de jardin, local de rangement (ski, vélo) et parking communs. Navettes gratuites de déc. à Pâques pour les stations de Vaujany et Oz en Oisans reliées à l'Alpe d'Huez. Base Nautique du Verney (planche à voile et pédalos). Ouvert toute l'année.

GITES DE FRANCE-SERVICE RESERVATION — 40, av. Marcelin Berthelot - BP 2641 - 38036 GRENOBLE Cedex 02
Tél. : 04 76 40 79 40 - Fax : 04 76 40 79 99 - Email : sirt38@wanadoo.fr - www.gites-de-france-isere.com

| B. SAIS. HIV. | NOËL | NOUVEL AN | HTE SAIS. HIV. | B. SAIS. ETE | MOY. SAIS. ETE | HTE SAIS. ETE |
|---|---|---|---|---|---|---|
| 510 | 680 | 710 | 680 | 395 | 535 | 535 |

| | | | | | | | | | |
|---|---|---|---|---|---|---|---|---|---|
| 6 | 1 | 0,6 | SP | 1 | 3 | 0,6 | 50 | 10 | |

## N° 20102 AURIS-EN-OISANS — La Balme — 1100 m — CM 333 pli J7
**NN — 6 pers.**

Ancienne ferme rénovée, située dans un hameau, comprenant le gîte et le logt des prop. Au RDC : Séjour cuisine (cheminée), Ch.1 (1 lit 2 pers, 1 lit 1 pers), s.d'eau, WC. A l'étage : Ch.2 (3 lits 1 pers), WC. Chauff. élect., TV, l.linge, l.vaiss. Terrasse avec salon de jardin. Parking communal à 100 m. Ski domaine des Grandes Rousses. Randonnées, VTT, Via Ferrata, épreuve cyclotouriste La Marmotte... Ouvert toute l'année. Draps fournis.

GITES DE FRANCE-SERVICE RESERVATION — 40, av. Marcelin Berthelot - BP 2641 - 38036 GRENOBLE Cedex 02
Tél. : 04 76 40 79 40 - Fax : 04 76 40 79 99 - Email : sirt38@wanadoo.fr - www.gites-de-france-isere.com

| B. SAIS. HIV. | NOËL | NOUVEL AN | HTE SAIS. HIV. | B. SAIS. ETE | MOY. SAIS. ETE | HTE SAIS. ETE |
|---|---|---|---|---|---|---|
| 390 | 495 | 540 | 580 | 290 | 385 | 420 |

| | | | | | | | | | |
|---|---|---|---|---|---|---|---|---|---|
| 5 | 5 | 5 | SP | 12 | 5 | 75 | 5 | | |

## N° 21114 AUTRANS — Eybertiere — 1100 m — CM 333 pli G6
**NN — 4 pers.**

Ancienne ferme entièrement rénovée comportant un gîte à l'étage de la maison des prop. : sur place, petit élevage canin (labradors...). Ce gîte comprend au 1er étage : séjour cuisine. Au 2ème étage : chambre (1 lit 2 pers., 2 lits gigognes, sdb-wc). Chauff. central. TV. Terrasse avec salon de jardin. Terrain arboré. Buanderie commune (L.linge). Ski alpin (Le Claret et La Sure), VTT, sentiers balisés, Aventure Parc... Ouvert toute l'année.

GITES DE FRANCE-SERVICE RESERVATION — 40, av. Marcelin Berthelot - BP 2641 - 38036 GRENOBLE Cedex 02
Tél. : 04 76 40 79 40 - Fax : 04 76 40 79 99 - Email : sirt38@wanadoo.fr - www.gites-de-france-isere.com

| B. SAIS. HIV. | NOËL | NOUVEL AN | HTE SAIS. HIV. | B. SAIS. ETE | MOY. SAIS. ETE | HTE SAIS. ETE |
|---|---|---|---|---|---|---|
| 320 | 410 | 410 | 495 | 320 | 410 | 440 |

| | | | | | | | | | |
|---|---|---|---|---|---|---|---|---|---|
| 5 | SP | 0,7 | SP | SP | 0,5 | 15 | 38 | 1 | |

# ISÈRE - 38

## N° 21134 — AUTRANS — Eybertiere — 1050 m — CM 333 pli G6
### NN — 6 pers.

Ancienne ferme du Vercors, rénovée avec soin, comprenant deux gîtes mitoyens. Gîte 1 au rdc : séjour cuisine coin salon, salle d'eau, wc. A l'étage : wc, Ch.1 (1 lit 2 pers), Ch.2 (2 lits 1 pers), Ch.3 (1 lit 2 pers). Ch.central, l.linge, l.vaiss, TV. Terrain avec bassin (salon de jardin, barbecue). Garage en commun. En été : Aventure Parc, sentiers balisés... Ouvert toute l'année.

GITES DE FRANCE-SERVICE RESERVATION - 40, av. Marcelin Berthelot - BP 2641 - 38036 GRENOBLE Cedex 02
Tél. : 04 76 40 79 40 - Fax : 04 76 40 79 99 - Email : sirt38@wanadoo.fr - www.gites-de-france-isere.com

| B. SAIS. HIV. | NOËL | NOUVEL AN | HTE SAIS. HIV. | B. SAIS. ETE | MOY. SAIS. ETE | HTE SAIS. ETE |
|---|---|---|---|---|---|---|
| 633 | 715 | 715 | 715 | 540 | 580 | 700 |

| | | | | | | | | | |
|---|---|---|---|---|---|---|---|---|---|
| 1,7 | SP | 1 | SP | SP | 1 | 10 | 50 | 1,7 | |

## N° 21135 — AUTRANS — Eybertiere — 1050 m — CM 333 pli G6
### NN — 6 pers.

Ancienne ferme du Vercors, rénovée avec soin, comprenant deux gîtes mitoyens. Gîte 2 au rdc : séjour cuisine coin salon, salle d'eau-wc. A l'étage : Ch.1 (1 lit 2 pers), Ch.2 (1 lit 2 pers), Ch.3 (2 lits 1 pers), wc. Ch.central, l.linge, l.vaiss, TV. Garage en commun. Petit jardin et cour (salon de jardin, barbecue). En été : Aventure Parc, sentiers balisés... Ouvert toute l'année.

GITES DE FRANCE-SERVICE RESERVATION - 40, av. Marcelin Berthelot - BP 2641 - 38036 GRENOBLE Cedex 02
Tél. : 04 76 40 79 40 - Fax : 04 76 40 79 99 - Email : sirt38@wanadoo.fr - www.gites-de-france-isere.com

| B. SAIS. HIV. | NOËL | NOUVEL AN | HTE SAIS. HIV. | B. SAIS. ETE | MOY. SAIS. ETE | HTE SAIS. ETE |
|---|---|---|---|---|---|---|
| 633 | 694 | 715 | 715 | 531 | 572 | 694 |

| | | | | | | | | |
|---|---|---|---|---|---|---|---|---|
| 1,7 | SP | 1 | SP | SP | 1 | 10 | 50 | 1,7 |

## N° 25100 — BALBINS — Le Revolet — CM 333 pli E5
### NN — 4 pers.

Dans une belle propr. de 2 ha dominant la Plaine de Bièvre et les Côteaux de Chambaran, ancienne grange en Pisé rénovée dans le plus pur style Dauphinois. De plain-pied : séjour cuisine (L.linge, L.vaisselle, m.ondes), cheminée, CH1 (1 lit 2 pers) CH 2 (1 lit 2 pers), gde salle de bains WC.Chauf. Central. Une autre grange également rénovée comprend les 6 ch. d'hôtes des propr. En commun : jeu de pétanque, piscine chauffée. Accèslibre au tennis du Vill., VTT, Poss. cours nat, stretching, tennis par prof. dipl. Cyclo., rando. Festival Berlioz. Park. ds propr. Ouvert toute l'année.

GITES DE FRANCE-SERVICE RESERVATION - 40, av. Marcelin Berthelot - BP 2641 - 38036 GRENOBLE Cedex 02
Tél. : 04 76 40 79 40 - Fax : 04 76 40 79 99 - Email : sirt38@wanadoo.fr - www.gites-de-france-isere.com

| B. SAIS. HIV. | NOËL | NOUVEL AN | HTE SAIS. HIV. | B. SAIS. ETE | MOY. SAIS. ETE | HTE SAIS. ETE |
|---|---|---|---|---|---|---|
| 406 | 490 | 490 | 406 | 490 | 530 | 620 |

| | | | | | | | | |
|---|---|---|---|---|---|---|---|---|
| 50 | 50 | 3 | 20 | SP | 3 | 3 | 20 | 0,4 |

## N° 43100 — BILIEU — Le David — 510 m — CM 333 pli G5
### NN — 5 pers.

Maison dominant le Lac de Paladru et comprenant 2 gîtes mitoyens. Au RDC : séjour cuisine, coin salon (cheminée), wc. A l'étage : Ch.1 (2 lits 1 pers., 1 lit tiroir), Ch.2 (1 lit 2 pers), sdb-wc. Chauf. élect. L.linge, l.vaiss, TV. Terrasse privative (salon de jardin, barbecue). Terrain et parking comm. A prox. : baignade, planche à voile, pêche, plongée, Parc d'attractions Walibi. Poss. pers. suppl. Accueil de chevaux (pâture). Ouvert toute l'année.

GITES DE FRANCE-SERVICE RESERVATION - 40, av. Marcelin Berthelot - BP 2641 - 38036 GRENOBLE Cedex 02
Tél. : 04 76 40 79 40 - Fax : 04 76 40 79 99 - Email : sirt38@wanadoo.fr - www.gites-de-france-isere.com

| B. SAIS. HIV. | NOËL | NOUVEL AN | HTE SAIS. HIV. | B. SAIS. ETE | MOY. SAIS. ETE | HTE SAIS. ETE |
|---|---|---|---|---|---|---|
| 368 | 408 | 408 | 378 | 368 | 511 | 546 |

| | | | | | | | | |
|---|---|---|---|---|---|---|---|---|
| 35 | 35 | 13 | 0,3 | SP | 0,3 | 8 | 16 | 13 | 3 |

## N° 43101 — BILIEU — Le David — 510 m — CM 333 pli G5
### NN — 5 pers.

Maison dominant le Lac de Paladru et comprenant 2 gîtes mitoyens. Au RDC : séjour cuisine, coin salon (cheminée), wc. A l'étage : Ch.1 (3 lits 1 pers), Ch.2 (1 lit 2 pers), sdb-wc. Chauf. élect. L.linge, l.vaiss, TV. Terrasse privative (salon de jardin, barbecue). Terrain et parking comm. A prox. : Lac de Paladru (baignade, planche à voile, pêche, plongée), Parc d'attractions Walibi. Poss. pers. suppl. Accueil de chevaux (pâture). Ouvert toute l'année.

GITES DE FRANCE-SERVICE RESERVATION - 40, av. Marcelin Berthelot - BP 2641 - 38036 GRENOBLE Cedex 02
Tél. : 04 76 40 79 40 - Fax : 04 76 40 79 99 - Email : sirt38@wanadoo.fr - www.gites-de-france-isere.com

| B. SAIS. HIV. | NOËL | NOUVEL AN | HTE SAIS. HIV. | B. SAIS. ETE | MOY. SAIS. ETE | HTE SAIS. ETE |
|---|---|---|---|---|---|---|
| 368 | 408 | 408 | 378 | 368 | 511 | 546 |

| | | | | | | | | | |
|---|---|---|---|---|---|---|---|---|---|
| 35 | 35 | 13 | 0,3 | SP | 0,3 | 8 | 16 | 13 | 3 |

## N° 83100 — CHARETTE — CM 333 pli F3
### NN — 5 pers.

Au coeur du village, maison en pierres, mitoyenne à la rés. secondaire des prop. Ce gîte dispose au RDC : séjour cuisine (cheminée), l.vaiss., buanderie (wc, l.linge). A l'étage Ch.1 (1 lit 2 pers.) et Ch.2 (2 lits 1 pers.), mezzanine (1 lit 1 pers.). Salle d'eau WC. TV. Chauff. élect. Jardin arboré avec salon de jardin et barbecue. Bois gratuit. Commerces ambulants (boulanger, boucher et fromager). Activités à la base de loisirs de la Vallée Bleue. Cité médiévale de Crémieu, Grottes de la Balme, Maison de la Pierre et du Ciment, site archéologique de Larina. Ouvert toute l'année sauf la Toussaint.

GITES DE FRANCE-SERVICE RESERVATION - 40, av. Marcelin Berthelot - BP 2641 - 38036 GRENOBLE Cedex 02
Tél. : 04 76 40 79 40 - Fax : 04 76 40 79 99 - Email : sirt38@wanadoo.fr - www.gites-de-france-isere.com

| B. SAIS. HIV. | NOËL | NOUVEL AN | HTE SAIS. HIV. | B. SAIS. ETE | MOY. SAIS. ETE | HTE SAIS. ETE |
|---|---|---|---|---|---|---|
| 347 | 388 | 388 | 347 | 362 | 373 | 403 |

| | | | | | | | | |
|---|---|---|---|---|---|---|---|---|
| 25 | 5 | 5 | SP | 5 | 1 | 10 | 19 | 3,5 |

# ISÈRE - 38

## N° 253102 LES DEUX-ALPES — 1650 m — CM 333 pli J7
**NN — 18 pers.**

Vaste chalet de caractère et de très grand confort, au coeur de la station. Au RDC : entrée, local rang. skis, chaussures, sauna, 2 ch. de 2 pers, s. d'eau part. WC. Niv.1 : grand séjour/cuisine (l. vaiss., l. linge, micro. ondes) Salon, cheminée, terrasse, 1 ch. 2 pers. (SDB, WC part.) terrasse. Niv. 2 et 3 : 5 ch. de 2 ou 3 pers., s. d'eau et wc privés. Loc. TV. La station des 2 Alpes offre toutes les infrastructures touristiques d'une grande station de ski (hiver et été). Ouvert du 15 mai au 30 septembre.

Ghislaine et Maurice ARLOT - 29 av. de la Muzelle - 38860 LES DEUX-ALPES
Tél. : 04 76 79 21 83 - Fax : 04 76 79 03 88 - Email : sebastien.arlot@caramail.com

| B. SAIS. ETE | MOY. SAIS. ETE | HTE SAIS. ETE |
|---|---|---|
| 1500 | 1700 | 1830 |

| | | | | | | |
|---|---|---|---|---|---|---|
| SP | SP | 1 | SP | 1 | SP | 75 | SP |

## N° 171100 LA FORTERESSE — Le Chaperon — 570 m — CM 333 pli F6
**NN — 5 pers.**

Grande ferme Dauphinoise en pisé avec un gîte de caractère mitoyen à la maison des propriétaires. Une ambiance d'autrefois, poutres apparentes, poêle à bois, grandes baies vitrées ouvrant sur un charmant jardin. De plain pied : séjour cuisine, coin salon. 1er étage : Ch.1 (1 lit 2 pers 160x200), s.d'eau, wc. 2e étage : Ch.2 (3 lits 1 pers.), s. d'eau, wc. Espace arboré, mobilier de jardin. Abri voiture. Lac, parc animalier, village médiéval de St Antoine l'Abbaye, sentiers de randonnée Ouvert toute l'année.

GITES DE FRANCE-SERVICE RESERVATION - 40, av. Marcelin Berthelot - BP 2641 - 38036 GRENOBLE Cedex 02
Tél. : 04 76 40 79 40 - Fax : 04 76 40 79 99 - Email : sirt38@wanadoo.fr - www.gites-de-france-isere.com

| B. SAIS. HIV. | NOËL | NOUVEL AN | HTE SAIS. HIV. | B. SAIS. ETE | MOY. SAIS. ETE | HTE SAIS. ETE |
|---|---|---|---|---|---|---|
| 291 | 357 | 357 | 317 | 311 | 408 | 439 |

| | | | | | | |
|---|---|---|---|---|---|---|
| 8 | 20 | SP | SP | 10 | 12 | 8 |

## N° 206106 LAVAL — 650 m — CM 333 pli I6
**NN — 6 pers.**

Maison Dauphinoise indép. environnée de vergers et de pâturages. Au RDC : séjour cuisine lumineux avec cheminée, Ch.1 (1 lit 2 pers.), s.d'eau, WC. (L.linge, S.linge). À l'étage : coin lecture détente en mezzanine, Ch.2 (2 lits 1 pers.), Ch.3 (2 lits 1 pers.), s.d'eau WC. Chauf. élect, séjour climatisé. TV, L.vaiss. Terrain, terrasse (salon de jardin, barbecue). Balançoire. Abri voiture. A prox. Station de ski de Prapoutel Les 7 Laux. Sentiers balisés, VTT. Ouvert toute l'année.

GITES DE FRANCE-SERVICE RESERVATION - 40, av. Marcelin Berthelot - BP 2641 - 38036 GRENOBLE Cedex 02
Tél. : 04 76 40 79 40 - Fax : 04 76 40 79 99 - Email : sirt38@wanadoo.fr - www.gites-de-france-isere.com

| B. SAIS. HIV. | NOËL | NOUVEL AN | HTE SAIS. HIV. | B. SAIS. ETE | MOY. SAIS. ETE | HTE SAIS. ETE |
|---|---|---|---|---|---|---|
| 305 | 430 | 480 | 550 | 275 | 375 | 490 |

| | | | | | | | | |
|---|---|---|---|---|---|---|---|---|
| 14 | 14 | 7 | 8 | SP | 1 | 9 | 7 | 6 | 5 |

## N° 222100 MASSIEU — La Davière — CM 333 pli G5
**NN — 4 pers.**

Ancienne ferme dauphinoise ent. rénovée mitoyenne à l'habitation des prop. Au r.d.c. : séjour cuisine (coin salon), cellier, wc. A l'étage : Chambre (1 lit 2 pers, 2 lits 1 pers), dressing, S.d.b., Chauff. élect. L.linge, TV, poss. Tél. portable + recharges. Terrasse privative avec salon de jardin. En commun : jardin ombragé et fleuri, barbecue, parking. A proximité : lac de Paladru et d'Aiguebelette, Parc Naturel de Chartreuse (sentiers balisés), Caves de Chartreuse à Voiron, Château de Longpra... Ouvert toute l'année.

GITES DE FRANCE-SERVICE RESERVATION - 40, av. Marcelin Berthelot - BP 2641 - 38036 GRENOBLE Cedex 02
Tél. : 04 76 40 79 40 - Fax : 04 76 40 79 99 - Email : sirt38@wanadoo.fr - www.gites-de-france-isere.com

| B. SAIS. HIV. | NOËL | NOUVEL AN | HTE SAIS. HIV. | B. SAIS. ETE | MOY. SAIS. ETE | HTE SAIS. ETE |
|---|---|---|---|---|---|---|
| 296 | 322 | 322 | 296 | 296 | 337 | 429 |

| | | | | | | | | |
|---|---|---|---|---|---|---|---|---|
| 20 | 20 | 3 | 15 | SP | SP | 3 | 15 | 13 | 3 |

## N° 225112 MEAUDRE — Les Griats — 1050 m — CM 333 pli G7
**5 pers.**

Ancienne ferme du Vercors comprenant un gîte au RDC et le logement des prop. à l'étage. Ce gîte dispose : séjour salon avec cheminée, cuisine, s.d'eau, wc. Ch.1 (1 lit 1 pers, 2 lits gigognes 1 pers), Ch.2 (1 lit 2 pers). Cellier-buanderie : l.linge et l.vaiss. Ch. élect, poêle à bois (bois gratuit). TV et magnétoscope. Terrain bordé par un petit ruisseau. Salon de jardin, barbecue, bassin d'agrément, parking. Ouvert toute l'année.

GITES DE FRANCE-SERVICE RESERVATION - 40, av. Marcelin Berthelot - BP 2641 - 38036 GRENOBLE Cedex 02
Tél. : 04 76 40 79 40 - Fax : 04 76 40 79 99 - Email : sirt38@wanadoo.fr - www.gites-de-france-isere.com

| B. SAIS. HIV. | NOËL | NOUVEL AN | HTE SAIS. HIV. | B. SAIS. ETE | MOY. SAIS. ETE | HTE SAIS. ETE |
|---|---|---|---|---|---|---|
| 327 | 459 | 490 | 572 | 296 | 408 | 480 |

| | | | | | | | | |
|---|---|---|---|---|---|---|---|---|
| 3 | 2,5 | 2,5 | SP | 1,5 | 8 | 8 | 35 | 2,5 |

## N° 236512 MIRIBEL-LES-ECHELLES — La Cote — 550 m — CM 333 pli H5
**6 pers.**

Maison de village comportant 3 logements locatifs et le gîte rural. Vue sur les sommets de Chartreuse et du Vercors. Au Rdc : cuisine, salle à manger, 2 S.d'eau, 2 wc. A l'étage : petit salon, wc. 3 ch. de 2 lits 1 pers. Local de rangement. Poss. parking à proximité. Terrain aménagé à 100m avec table-bancs, barbecue, portique. Poss. 2 pers. suppl. sur demande. Grotte des Echelles, Musée de la Correrie, Visite guidée de la tourbière, Ski à St Pierre de Chartreuse... Ouvert toute l'année.

Fernand MICHALLAT - 458 route de la Vilette - 38380 ST-LAURENT-DU-PONT
Tél. : 04 76 55 22 32 - Fax : 04 76 55 22 32 - Email : f.m.michallat@voila.fr

| B. SAIS. HIV. | NOËL | NOUVEL AN | HTE SAIS. HIV. | B. SAIS. ETE | MOY. SAIS. ETE | HTE SAIS. ETE |
|---|---|---|---|---|---|---|
| 260 | 610 | 610 | 460 | 260 | 360 | 460 |

| | | | | | | |
|---|---|---|---|---|---|---|
| 16 | 16 | 5 | 16 | SP | 4 | 10 | 8 | 10 | 4 |

RHÔNE-ALPES

# ISÈRE - 38

## N° 261100 MORESTEL — CM 333 pli F3
**NN — 4 pers.**

Au coeur du centre historique de Morestel, cité des peintres, gite indépendant, dans la propriété des Soeurs Franciscaines qui proposent également 4 chambres d'Hôtes. Au Rdc : séjour (banquette-lit 2 Pers), cuisine, wc. A l'étage Ch. (1 lit 2 pers), s.d'eau-wc. Chauf. élect. TV, l.linge, s.linge. Salon de jardin, barbecue. En commun : abri voitures, jardin en terrasse avec vue panoramique sur les Monts du Bugey. Morestel, ville fleurie (3 fleurs), expo. de peintures, tour médiévale du XIème. Base de loisirs 15 Km, Walibi... Ouvert toute l'année.

GITES DE FRANCE-SERVICE RESERVATION – 40, av. Marcelin Berthelot - BP 2641 - 38036 GRENOBLE Cedex 02
Tél. : 04 76 40 79 40 - Fax : 04 76 40 79 99 - Email : sirt38@wanadoo.fr - www.gites-de-france-isere.com

| B. SAIS. HIV. | NOËL | NOUVEL AN | HTE SAIS. HIV. | B. SAIS. ETE | MOY. SAIS. ETE | HTE SAIS. ETE |
|---|---|---|---|---|---|---|
| 245 | 260 | 260 | 260 | 245 | 281 | 317 |

| | | | | | | |
|---|---|---|---|---|---|---|
| 0,5 | 15 | 1 | 5 | 1 | 15 | SP |

## N° 267100 LE MOTTIER — La Rossatière — CM 333 pli E 5
**NN — 4 pers.**

Villa aménagée sur un seul niveau disposant d'un grand terrain clos, arboré et fleuri. Cuisine, Séjour salon, Ch.1 (1 lit 2 pers.), Ch.2 (2 lits 1 pers.). Salle de bains, wc. Ch. central, l.linge, TV. Garage. Salon de jardin. Randonnée pédestre, VTT, pêche en étang. A voir : Musée Berlioz, Paradis du Chocolat, Moulin de Nantoin, Parc de Chambaran, Lac de Paladru. Ouvert toute l'année.

GITES DE FRANCE-SERVICE RESERVATION – 40, av. Marcelin Berthelot - BP 2641 - 38036 GRENOBLE Cedex 02
Tél. : 04 76 40 79 40 - Fax : 04 76 40 79 99 - Email : sirt38@wanadoo.fr - www.gites-de-france-isere.com

| B. SAIS. HIV. | NOËL | NOUVEL AN | HTE SAIS. HIV. | B. SAIS. ETE | MOY. SAIS. ETE | HTE SAIS. ETE |
|---|---|---|---|---|---|---|
| 300 | 320 | 320 | 320 | 320 | 340 | 370 |

| | | | | | | |
|---|---|---|---|---|---|---|
| 6 | 20 | SP | 6 | 10 | 50 | 6 |

## N° 282100 OPTEVOZ — Croix Batailler — CM 333 pli E5
**NN — 3 pers.**

Très jolie petite maison mitoyenne de caractère, située dans un village de l'Isle Crémieu. Au RDC : salon (banquette lit 1 pers.). A l'étage : chambre (1 lit 2 pers), cuisine équipée, s.d'eau-wc. Ch. élect, l.linge, l.vaiss, TV. Terrasse close, jardin privatif fleuri (salon de jardin et barbecue). Parking. Espace bibliothèque accessible l'Eté. Ouvert toute l'année.

GITES DE FRANCE-SERVICE RESERVATION – 40, av. Marcelin Berthelot - BP 2641 - 38036 GRENOBLE Cedex 02
Tél. : 04 76 40 79 40 - Fax : 04 76 40 79 99 - Email : sirt38@wanadoo.fr - www.gites-de-france-isere.com

| B. SAIS. HIV. | NOËL | NOUVEL AN | HTE SAIS. HIV. | B. SAIS. ETE | MOY. SAIS. ETE | HTE SAIS. ETE |
|---|---|---|---|---|---|---|
| 235 | 255 | 255 | 255 | 225 | 276 | 296 |

| | | | | | | | | |
|---|---|---|---|---|---|---|---|---|
| 34 | 14 | 12 | SP | 12 | 5 | 10 | 24 | 9 |

## N° 285202 ORNON — Ornon Village — 1250 m — CM 333 pli I7
**NN — 5 pers.**

Maison mitoyenne avec le logement des prop. et un autre gite, au coeur du village, comprenant un séjour coin cuisine, Ch 1 (1 lit 2 pers), Ch 2 (1 lit 1 pers, 2 lits 1 pers. superposés), salle de bains, wc. Ch.élect. Buanderie en commun : 2 l.linge, 1 s. linge. Petit balcon sous le toit. Jardin avec bassin, salon de jardin, barbecue et petit terrain ombragé communs. Soirée Bridge au village. Ski au Col d'Ornon. Zone périphérique du Parc National des Ecrins. Grandes stations L'Alpe d'Huez à 35 mn, Les 2 Alpes à 45 mn. Ouvert toute l'année.

GITES DE FRANCE-SERVICE RESERVATION – 40, av. Marcelin Berthelot - BP 2641 - 38036 GRENOBLE Cedex 02
Tél. : 04 76 40 79 40 - Fax : 04 76 40 79 99 - Email : sirt38@wanadoo.fr - www.gites-de-france-isere.com

| B. SAIS. HIV. | NOËL | NOUVEL AN | HTE SAIS. HIV. | B. SAIS. ETE | MOY. SAIS. ETE | HTE SAIS. ETE |
|---|---|---|---|---|---|---|
| 306 | 439 | 439 | 480 | 306 | 439 | 470 |

| | | | | | | | | |
|---|---|---|---|---|---|---|---|---|
| 6 | 6 | 10 | 20 | SP | SP | 10 | 50 | 10 |

## N° 285203 ORNON — 1250 m — CM 333 pli I7
**NN — 8 pers.**

Ancienne ferme dans un petit village traditionnel de l'Oisans. R.d.c. : salle à manger cuisine (l.linge, l.vaiss.), salon au plafond voûté (cheminée, TV), salle de bains WC. A l'étage, Ch.1 (2 lits 1 pers.) avec entrée indépendante et salle d'eau WC, Ch.2 (1 lit 2 pers.) avec lavabo, Ch.3 (2 lits 1 pers.) avec lavabo, Ch.4 (2 lits 1 pers.), salle d'eau et wc. Chauffage central. Terrasse (salon de jardin, barbecue). Zone périph. Parc des Ecrins. Sentiers balisés (GR50). Alpe d'Huez 25 km, Bourg d'Oisans 10km. Ouvert toute l'année.

GITES DE FRANCE-SERVICE RESERVATION – 40, av. Marcelin Berthelot - BP 2641 - 38036 GRENOBLE Cedex 02
Tél. : 04 76 40 79 40 - Fax : 04 76 40 79 99 - Email : sirt38@wanadoo.fr - www.gites-de-france-isere.com

| B. SAIS. HIV. | NOËL | NOUVEL AN | HTE SAIS. HIV. | B. SAIS. ETE | MOY. SAIS. ETE | HTE SAIS. ETE |
|---|---|---|---|---|---|---|
| 549 | 670 | 670 | 670 | 549 | 549 | 599 |

| | | | | | | | | |
|---|---|---|---|---|---|---|---|---|
| 6 | 6 | 10 | 20 | SP | SP | 10 | 50 | 10 |

## N° 319102 PONT-EN-ROYANS — Le Paradis — CM 333 pli F7
**NN — 6 pers.**

Au pied du Parc du Vercors, maison compr. 3 gites mitoyens à prox. du logement prop. Gite 3 : séjour cuisine (l.vaisselle, TV) ouvrant sur terrasse avec pergola (sud), s. d'eau, wc, Ch.1 (1 lit 2 pers.). A l'étage : Ch.2 (1 lit 2 pers.), Ch.3 (2 lits 1 pers.), wc. Terrain (salon de jardin, barbecue). Buanderie en commun : l.linge, s.linge, équip. repassage. Garage. Poss. loc. linge de toilette. Forfait ménage à la demande. A voir : Musée de l'eau, Grottes de Choranche, gorges de la Bourne... Ouvert toute l'année.

GITES DE FRANCE-SERVICE RESERVATION – 40, av. Marcelin Berthelot - BP 2641 - 38036 GRENOBLE Cedex 02
Tél. : 04 76 40 79 40 - Fax : 04 76 40 79 99 - Email : sirt38@wanadoo.fr - www.gites-de-france-isere.com

| B. SAIS. HIV. | NOËL | NOUVEL AN | HTE SAIS. HIV. | B. SAIS. ETE | MOY. SAIS. ETE | HTE SAIS. ETE |
|---|---|---|---|---|---|---|
| 350 | 480 | 480 | 420 | 350 | 480 | 550 |

| | | | | | | | | |
|---|---|---|---|---|---|---|---|---|
| 20 | 15 | 10 | 1 | SP | SP | 5 | 15 | 35 | 1 |

# ISÈRE - 38

## N° 347101 ROYBON — Pré Reynaud — 610 m — CM 333 pli E 6

**NN — 8 pers.**

Gîte de caractère mitoyen au logement des propriétaires. Au RDC : cuisine, séjour coin salon avec cheminée, wc. A l'étage : Ch.1 (1 lit 2 pers, s.d'eau-wc), Ch.2 (1 lit 2 pers, s.d'eau-wc), Ch.3 (2 lits 1 pers, s.d'eau-wc), Ch.4 (1 lit 2 pers, s.d'eau-wc). Ch. élect., l.linge, TV. Cour commune, terrain ombragé et fleuri, salon de jardin, barbecue, ping-pong. Jeu de boule lyonnaise. Park. Lac de Roybon, Parc de Chambaran, VTT, randonnées pédestres, équestres. Village médiéval de St Antoine l'Abbaye. Ouvert toute l'année.

GITES DE FRANCE-SERVICE RESERVATION - 40, av. Marcelin Berthelot - BP 2641 - 38036 GRENOBLE Cedex 02
Tél. : 04 76 40 79 40 - Fax : 04 76 40 79 99 - Email : sirt38@wanadoo.fr - www.gites-de-france-isere.com

| B. SAIS. HIV. | NOËL | NOUVEL AN | HTE SAIS. HIV. | B. SAIS. ETE | MOY. SAIS. ETE | HTE SAIS. ETE |
|---|---|---|---|---|---|---|
| 350 | 410 | 410 | 350 | 350 | 440 | 540 |

| | | | | | | | | | |
|---|---|---|---|---|---|---|---|---|---|
| 10 | 3 | SP | 3 | 3 | 20 | 20 | 3 | | |

## N° 469201 LA SALETTE-FALLAVAUX — Dorcières — 1400 m — CM 333 pli I8

**NN — 4 pers.**

Maison traditionnelle en pierres, offrant une vue panoramique sur les montagnes du Dévoluy et de la Salette. Ce gîte comprend au RDC : cuisine (micro-ondes) avec poêle cheminée, s.de bains (l.linge), WC, Ch.1 (1 lit 2 pers.). A l'étage : salon confortable (TV), Ch. 2 en soupente (2 lits 1 pers. superposés). Chauff. central. Terrasse (salon de jardin, barbecue). Bois de chauffage compris. Sentier balisé Santuaire de Notre Dame de la Salette, randonnées (Hautes Alpes et Parc des Ecrins), activités nautiques et via ferrata au barrage du Sautet. Ouvert toute l'année.

GITES DE FRANCE-SERVICE RESERVATION - 40, av. Marcelin Berthelot - BP 2641 - 38036 GRENOBLE Cedex 02
Tél. : 04 76 40 79 40 - Fax : 04 76 40 79 99 - Email : sirt38@wanadoo.fr - www.gites-de-france-isere.com

| B. SAIS. HIV. | NOËL | NOUVEL AN | HTE SAIS. HIV. | B. SAIS. ETE | MOY. SAIS. ETE | HTE SAIS. ETE |
|---|---|---|---|---|---|---|
| 286 | 337 | 337 | 357 | 276 | 317 | 368 |

| 35 | 16 | 17 | 10 | SP | SP | 17 | 12 | 52 | 8 |

## N° 469202 LA SALETTE-FALLAVAUX — Le Pré Neuf — 1050 m — CM 333 pli I8

**NN — 6 pers.**

Gîte indépendant aménagé dans l'ancien café du village (plafonds voutés). RDC : cuisine (micro-ondes,l.vaiss.), salon salle à manger (cheminée,TV), Ch1 (1 lit 2 pers.), salle de bains, wc, buanderie (l.linge). A l'étage : mezzanine (1 lit 1 pers.), Ch2 (1 lit 2 pers., 1 lit 1 pers.). Terrasse plein sud (salon de jardin, barbecue). Terrain clos (balançoire). Garage. Lac du Sautet (baignade, activités nautiques, via ferrata), Sanctuaire de Notre Dame de la Salette. Distillerie Salettina à Corps. Sentiers balisés. Ouvert toute l'année.

GITES DE FRANCE-SERVICE RESERVATION - 40, av. Marcelin Berthelot - BP 2641 - 38036 GRENOBLE Cedex 02
Tél. : 04 76 40 79 40 - Fax : 04 76 40 79 99 - Email : sirt38@wanadoo.fr - www.gites-de-france-isere.com

| B. SAIS. HIV. | NOËL | NOUVEL AN | HTE SAIS. HIV. | B. SAIS. ETE | MOY. SAIS. ETE | HTE SAIS. ETE |
|---|---|---|---|---|---|---|
| 355 | 405 | 405 | 405 | 390 | 455 | 495 |

| 32 | 16 | 15 | 8 | SP | SP | 15 | 8 | 52 | 6 |

## N° 471205 LE SAPPEY-EN-CHARTREUSE — Giroudon — 1000 m — CM 77 pli 5

**NN — 6 pers.**

Grand chalet comprenant le gîte et le studio du prop. Au 1er étage : cuisine équipée (l.linge, l.vaiss, micro-ondes), bar. Grand séjour-salon exp. sud (piano, bibliothèque, TV, magnétoscope, chaine-hifi). S.d.b., wc. Au 2e étage : Ch1 (1 lit 2 pers., l.linge), Ch2 (1 lit 2 pers), Ch3 (2 lits superp.), Ch4 (2lits 1 pers.)., wc. Chauff. central. Garage, parking 3 voitures. Balcon avec store, terrasse, 2 salons de jardin, barbecue. Jardin clos. Ski de fond et de piste au Sappey en Chartreuse, parcours acrobatique forestier, mêmes activités à St Pierre de Chartreuse... Ouvert toute l'année.

Christine ARIAS - La Rocaille - Giroudon - 38700 LE SAPPEY-EN-CHARTREUSE
Tél. : 06 85 42 98 65 - 04 76 88 82 65 - Fax : 04 76 88 82 65

| B. SAIS. HIV. | NOËL | NOUVEL AN | HTE SAIS. HIV. | B. SAIS. ETE | MOY. SAIS. ETE | HTE SAIS. ETE |
|---|---|---|---|---|---|---|
| 400 | 525 | 620 | 575 | 375 | 460 | 525 |

| 1 | 1 | 10 | SP | 1 | SP | 10 | 13 | 1 |

## N° 374100 ST-CHEF — Le Rivier — CM 333 pli F4

**NN — 6 pers.**

Ancienne bergerie située dans un cadre champêtre à quelques minutes du village. Au RDC : cuisine, séjour avec cheminée, cellier, s.d.b., wc, Ch.1 (1 lit 2 pers 160x200). A l'étage Ch.2 (1 lit 2 pers), Ch.3 (2 lits 1 pers). Ch. élect., l.linge, l.vaiss. TV., chaine hi-fi. Terrasse expo. S.E, Terrain fleuri et arboré de 1000 m2 (salon de jardin, tonnelle). A voir : Abbatiale de St Chef, bases de loisirs de Trept et de la Vallée Bleue, citées médiévales Crémieu Morestel, vestiges archéologiques... Ouvert toute l'année.

GITES DE FRANCE-SERVICE RESERVATION - 40, av. Marcelin Berthelot - BP 2641 - 38036 GRENOBLE Cedex 02
Tél. : 04 76 40 79 40 - Fax : 04 76 40 79 99 - Email : sirt38@wanadoo.fr - www.gites-de-france-isere.com

| B. SAIS. HIV. | NOËL | NOUVEL AN | HTE SAIS. HIV. | B. SAIS. ETE | MOY. SAIS. ETE | HTE SAIS. ETE |
|---|---|---|---|---|---|---|
| 295 | 385 | 385 | 330 | 310 | 385 | 455 |

| 12 | 7 | SP | 1,5 | 5 | 12 | 1,5 |

## N° 418101 STE-MARIE-DU-MONT — 930 m — CM 333 pli I5

**NN — 4 pers.**

Maison indiv. située dans le Parc de Chartreuse (entrée par escalier ext. et balcon). Ce gîte dispose d'un séjour cuisine (l.vaiss.) avec cheminée et TV (canapé-lit 2 pers.). A l'étage : Chambre (2 lits 1 pers.), salle d'eau wc (l.linge). Chauff. élect. Bois, linge de toilette et de maison fournis. Option ménage sur dde. Terrain (salon de jardin et barbecue). Au village : vue panoramique sur chaine de Belledonne et Mont Blanc, vente de produits fermiers. Sentiers balisés (Mont Granier, Col de l'Alpe...). Ouvert toute l'année.

GITES DE FRANCE-SERVICE RESERVATION - 40, av. Marcelin Berthelot - BP 2641 - 38036 GRENOBLE Cedex 02
Tél. : 04 76 40 79 40 - Fax : 04 76 40 79 99 - Email : sirt38@wanadoo.fr - www.gites-de-france-isere.com

| B. SAIS. HIV. | NOËL | NOUVEL AN | HTE SAIS. HIV. | B. SAIS. ETE | MOY. SAIS. ETE | HTE SAIS. ETE |
|---|---|---|---|---|---|---|
| 337 | 404 | 404 | 439 | 296 | 388 | 429 |

| 9 | 9 | 7 | 12 | SP | 12 | SP | 4 | 30 | 10 |

RHÔNE-ALPES

Pictos voir p. 12

# ISÈRE - 38

## N° 408101 ST-JUST-CHALEYSSIN — Chante Merle - Les Pins — CM 333 pli C4

**NN 5 pers.**

Ancienne ferme restauré en 2001 2 gites et le logt des propriétaires. Séjour cuisine (l.vais.). Ch 1 (1 lit 2 pers. et 1 lit 1 pers.), Ch 2 (2 lits 1 pers.), salle d'eau (l.linge), wc. Chauff. central,TV. Terrasse, cour commune, salon de jardin, parking. A prox. : Vienne ville gallo-romaine, Crémieu et Lyon. Activités sportives et culturelles. A faire en autonomie : la route des Vins avec visites des caves et parcours gastronomique. Ouvert toute l'année.

GITES DE FRANCE-SERVICE RESERVATION – 40, av. Marcelin Berthelot - BP 2641 - 38036 GRENOBLE Cedex 02
Tél. : 04 76 40 79 40 - Fax : 04 76 40 79 99 - Email : sirt38@wanadoo.fr - www.gites-de-france-isere.com

| B. SAIS. HIV. | NOËL | NOUVEL AN | HTE SAIS. HIV. | B. SAIS. ETE | MOY. SAIS. ETE | HTE SAIS. ETE |
|---|---|---|---|---|---|---|
| 378 | 388 | 419 | 378 | 378 | 439 | 459 |

| | | | | | |
|---|---|---|---|---|---|
| 10 | 20 | SP | 5 | 5 | 20 | 2,5 |

## N° 422101 ST-MARTIN-D'URIAGE — Corps d'Uriage — 620 m — CM 333 pli C6

**NN 2 pers.**

Studio aménagé de plain pied au r.d.c. de la maison des prop. comprenant un autre gîte. Cuisine coin salon (lit abattant 2 pers), salle d'eau, wc, chauff. central, L.linge, TV, Micro-ondes. Salon de jardin, barbecue. En commun beau terrain clos de 1400 m2, portique, parking. Station Thermale, Casino et golf d'Uriage à proximité. Ski à Chamrousse. Ouvert toute l'année.

GITES DE FRANCE-SERVICE RESERVATION – 40, av. Marcelin Berthelot - BP 2641 - 38036 GRENOBLE Cedex 02
Tél. : 04 76 40 79 40 - Fax : 04 76 40 79 99 - Email : sirt38@wanadoo.fr - www.gites-de-france-isere.com

| B. SAIS. HIV. | NOËL | NOUVEL AN | HTE SAIS. HIV. | B. SAIS. ETE | MOY. SAIS. ETE | HTE SAIS. ETE |
|---|---|---|---|---|---|---|
| 160 | 190 | 190 | 230 | 160 | 180 | 230 |

| | | | | | | | | | | |
|---|---|---|---|---|---|---|---|---|---|---|
| 18 | 18 | 4 | 9 | SP | 2 | 4 | 18 | 11 | 5 |

## N° 442200 ST-PIERRE-DE-CHARTREUSE — La Coche — 940 m — CM 333 pli H5

**NN 12 pers.**

Ancienne grange indép. rénovée avec soins (baies vitrées ouvrant sur les sommets de Chartreuse). Au RDC, buanderie (l.linge, s.linge). Niv. 1 : vaste séjour cuisine (cheminée foyer ouvert), coin salon, TV, L.vaiss., Ch.1 (1 lit 2 pers), Ch.2 (2 lits 1 pers.), s. d'eau, WC. Niv. 2 : Ch.3 (1 lit 2 pers), Ch.4 (2 lits 1 pers), Ch.5 (1 lit 2 pers), Ch.6 (1 lit 2 pers.). Ch. central. Terrasse avec salon de jardin, grand terrain avec ruisseau. Abri voiture, parking. Sentiers balisés, vol libre... Ouvert toute l'année.

GITES DE FRANCE-SERVICE RESERVATION – 40, av. Marcelin Berthelot - BP 2641 - 38036 GRENOBLE Cedex 02
Tél. : 04 76 40 79 40 - Fax : 04 76 40 79 99 - Email : sirt38@wanadoo.fr - www.gites-de-france-isere.com

| B. SAIS. HIV. | NOËL | NOUVEL AN | HTE SAIS. HIV. | B. SAIS. ETE | MOY. SAIS. ETE | HTE SAIS. ETE |
|---|---|---|---|---|---|---|
| 950 | 1300 | 1300 | 1400 | 900 | 1000 | 1300 |

| | | | | | | | |
|---|---|---|---|---|---|---|---|
| 0,5 | 2 | 1 | SP | SP | 2 | 2 | 28 | 0,5 |

## N° 442544 ST-PIERRE-DE-CHARTREUSE — Mollard Bellet — 900 m — CM 333 pli H5

**NN 4 pers.**

Gîte à l'étage de la maison du propriétaire comportant un autre gite. Ce gîte dispose d'une cuisine, Ch 1 (1 lit 2 pers.), Ch 2 (2 lits 1 pers.), salle de bains, wc, chauffage central. Grande prairie en commun, mobilier de jardin avec parasol. Ouvert toute l'année.

Angele COTTAVE – Mollard Bellet - 38380 ST-PIERRE-DE-CHARTREUSE
Tél. : 04 76 88 62 47 - 04 76 88 63 64

| B. SAIS. HIV. | NOËL | NOUVEL AN | HTE SAIS. HIV. | B. SAIS. ETE | MOY. SAIS. ETE | HTE SAIS. ETE |
|---|---|---|---|---|---|---|
| 249 | 282 | 282 | 331 | 232 | 249 | 264 |

| | | | | | | |
|---|---|---|---|---|---|---|
| 2,5 | 2,5 | 2,5 | SP | SP | 5 | 25 | 2,5 |

## N° 446558 ST-PIERRE-D'ENTREMONT — Le Villard — 800 m — CM 333 pli I5

**NN 3 pers.**

Ds espace paysager privé, maisonnette recouverte en tuiles écailles à prox. de la maison des prop., au coeur du Parc Naturel Régional de Chartreuse. Au RDC : séjour cuisine avec cheminée et accès au garage (L. linge). Etage mansardé avec une chambre (1 lit 2 pers.), espace détente en mezzanine (canapé-lit), s. de bain wc. Cour 80 m² avec salon et barbecue. Ski au Planolet (liaison avec St Pierre de Chartreuse). A voir : Musée de l'Ours, Cirque de St Même, réserve naturelle des hauts plateaux, balades avec ânes. Spéléo, canyoning, delta, parapente... Ouvert toute l'année.

GITES DE FRANCE-SERVICE RESERVATION – 40, av. Marcelin Berthelot - BP 2641 - 38036 GRENOBLE Cedex 02
Tél. : 04 76 40 79 40 - Fax : 04 76 40 79 99 - Email : sirt38@wanadoo.fr - www.gites-de-france-isere.com

| B. SAIS. HIV. | NOËL | NOUVEL AN | HTE SAIS. HIV. | B. SAIS. ETE | MOY. SAIS. ETE | HTE SAIS. ETE |
|---|---|---|---|---|---|---|
| 385 | 465 | 465 | 465 | 385 | 385 | 465 |

| | | | | | | | |
|---|---|---|---|---|---|---|---|
| 2 | 2 | 10 | 30 | SP | 3 | 10 | 30 | 3 |

## N° 456100 ST-SEBASTIEN — Col de Laye — 930 m — CM 333 pli H8

**NN 5 pers.**

Maison en bois sur pilotis située dans une pinède au sommet d'un coteau du Trièves. Gîte de plain-pied, access. Pers. Hand., mitoyen au logt des prop. Vue panoramique. Séjour cuisine, Ch.1 (1 lit 2 pers, 1 lit 1 pers), Ch.2 (2 lits 1 pers), salle d'eau-wc, Chauf. élec, l.linge, TV. Terrasse couverte, salon de jardin, barbecue. Ménage fin séjour assuré. Sur place : sentiers balisés, VTT. Site de Parapente du Courtet à 9 Km. Activités sportives, tourist. et culturelles. Ouvert toute l'année.

GITES DE FRANCE-SERVICE RESERVATION – 40, av. Marcelin Berthelot - BP 2641 - 38036 GRENOBLE Cedex 02
Tél. : 04 76 40 79 40 - Fax : 04 76 40 79 99 - Email : sirt38@wanadoo.fr - www.gites-de-france-isere.com

| B. SAIS. HIV. | NOËL | NOUVEL AN | HTE SAIS. HIV. | B. SAIS. ETE | MOY. SAIS. ETE | HTE SAIS. ETE |
|---|---|---|---|---|---|---|
| 280 | 308 | 308 | 280 | 308 | 388 | 388 |

| | | | | | | | |
|---|---|---|---|---|---|---|---|
| 30 | 18 | 6 | 15 | SP | 3 | 3 | 20 | 20 | 6 |

# ISÈRE - 38

## N° 462101 ST-THEOFFREY — La Fayolle — 980 m — CM 333 pli H8
**NN — 8 pers.**

Gîte mitoyen à la maison des prop., aménagé dans une ancienne grange. Au RDC : séj-cuisine coin salon (cheminée), s.d.b., wc, buanderie. A l'étage : Ch.1 (1 lit 2 pers.), Ch.2 (1 lit 2 pers., 2 lits superp.), Ch.3 (1 lit 2 pers.), s.d'eau, wc. L.linge, l.vaiss, TV. Ch. central. Terrasse, salon de jardin, terrain clos arboré et fleuri commun. A proximité : lacs (pêche au lavaret, planche à voile, barque), sentiers balisés, VTT. A voir : La Mine Image, La Pierre Percée, saut à l'élastique au Pont de Ponsonnas. Ouvert toute l'année.

GITES DE FRANCE-SERVICE RESERVATION - 40, av. Marcelin Berthelot - BP 2641 - 38036 GRENOBLE Cedex 02
Tél. : 04 76 40 79 40 - Fax : 04 76 40 79 99 - Email : sirt38@wanadoo.fr - www.gites-de-france-isere.com

| B. SAIS. HIV. | NOËL | NOUVEL AN | HTE SAIS. HIV. | B. SAIS. ETE | MOY. SAIS. ETE | HTE SAIS. ETE | | | | | | | | | | |
|---|---|---|---|---|---|---|---|---|---|---|---|---|---|---|---|---|
| 459 | 592 | 592 | 562 | 459 | 531 | 613 | 10 | 5 | 20 | 0,5 | SP | 0,5 | 4 | 30 | 10 | |

## N° 518232 VALBONNAIS — Le Château — 800 m — CM 333 pli I8
**NN — 4 pers.**

Gîte aménagé dans les anciennes dépendances du Château, mitoyen logement des prop., situé en périph. du Parc des Ecrins. Ce gîte dispose d'une cuisine ouvrant sur séjour (canapé-lit 2 pers.) donnant sur terrasse avec accès jardin. S. d'eau. WC. Chambre (1 lit 2 pers.). L.linge en commun. Chauf. central. Salon de jardin, barbecue. Accès plan d'eau à pied. En été : fêtes de villages, expo artisanale, acti. de loisirs (rafting, escalade, randonnées...). En hiver : ski au Col d'Ornon, Alpes du Grand Serre, Alpes d'Huez, cinéma La Mure. Eau de Source Valécrins. Ouvert toute l'année.

Francine GALVIN - Le Chateau - 38740 VALBONNAIS
Tél. : 04 76 30 21 17 - Fax : 04 76 30 21 17

| B. SAIS. HIV. | NOËL | NOUVEL AN | HTE SAIS. HIV. | B. SAIS. ETE | MOY. SAIS. ETE | HTE SAIS. ETE | | | | | | | | | | |
|---|---|---|---|---|---|---|---|---|---|---|---|---|---|---|---|---|
| 330 | 385 | 385 | 385 | 320 | 350 | 385 | 22 | 22 | 13 | 0,8 | SP | SP | 18 | 50 | 0,5 | |

## N° 534204 VENOSC — Le Collet — 1050 m — CM 333 pli J8
**NN — 6 pers.**

Maison mitoyenne surplombant la vallée de Venosc. Gîte aménagé sur 1 étage comprenant au rdc un séjour-cuisine (l.vaisselle, l.linge, TV) avec balcon, wc. A l'étage : Ch 1 (1 lit 2 pers), Ch 2 (1 lit 2 pers) avec balcon, Ch 3 (2 lits 1 pers). Salle d'eau et salle de bains, wc. Terrasse (avec salon de jardin et barbecue) dominant toute la Vallée. Au départ du Chemin des Fourmis sentier rejoignant le village artisanale de Venosc. Liaison télécabine tte l'année de Venosc aux 2 Alpes. Zone périphérique du Parc National des Ecrins. Ouvert toutes les vacances scolaires.

Annie CHALVIN - Chalet Le Rocher - 38860 LES DEUX-ALPES
Tél. : 04 76 80 53 56 - 06 08 93 41 90

| B. SAIS. HIV. | NOËL | NOUVEL AN | HTE SAIS. HIV. | B. SAIS. ETE | MOY. SAIS. ETE | HTE SAIS. ETE | | | | | | | | | | |
|---|---|---|---|---|---|---|---|---|---|---|---|---|---|---|---|---|
| 562 | 664 | 664 | 766 | 511 | 511 | | 3 | 3 | 3 | SP | 3 | 3 | 3 | 53 | 2 | |

## N° 548103 VILLARD-DE-LANS — Les Bonnets — 1050 m — CM 333 pli G7
**NN — 6 pers.**

A quelques minutes du village, gîte spacieux aménagé à l'étage de la maison des prop.: Séjour cuisine (coin salon) mezzanine en soupente (2 lits 1 pers). Ch.1 (1 lit 2 pers), Ch.2 (2 lits 1 pers), salle de bains, wc. Terrasse couverte. Chauff. central. L.linge, l.vaiss., TV. Salon de jardin. Terrain commun. Belle vue. Parking. Nombreuses animations au village : piscine couverte, patinoire, casino. Ski de fond sur place. Golf à Correncon. Ouvert toute l'année.

GITES DE FRANCE-SERVICE RESERVATION - 40, av. Marcelin Berthelot - BP 2641 - 38036 GRENOBLE Cedex 02
Tél. : 04 76 40 79 40 - Fax : 04 76 40 79 99 - Email : sirt38@wanadoo.fr - www.gites-de-france-isere.com

| B. SAIS. HIV. | NOËL | NOUVEL AN | HTE SAIS. HIV. | B. SAIS. ETE | MOY. SAIS. ETE | HTE SAIS. ETE | | | | | | | | | | |
|---|---|---|---|---|---|---|---|---|---|---|---|---|---|---|---|---|
| 405 | 560 | 580 | 600 | 375 | 470 | 580 | 4 | 3 | 1,5 | SP | 0,5 | 3 | 4 | 30 | 0,7 | |

## N° 550202 VILLARD-RECULAS — 1500 m — CM 333 pli J7
**NN — 11 pers.**

Grand chalet entièrement rénové avec 5 gîtes de 4 à 11 pers. Gd gîte au 1er : cuisine (L.vaiss., L.linge, S.linge, Micro-ondes), s.a.m. ouvrant sur terrasse, salon au mobilier chaleureux, TV. Ch1 (1 lit 2 pers., 1 lit 1 pers.), Ch2 (1 lit 2 pers., 1 lit 1 pers), Ch4 (2 lits 1 pers, 2 lits 1 pers. sup.). S.d.b., s.d'eau, cabine douche, 2 wc. Ch. élect. Local skis part. Exp. plein Sud, vue panoramique sur sommets de l'Oisans. Domaine skiable des Gdes Rousses. A prox. départ télésiège, Lac du Verney 8 km (pêche, planche à voile). Ouvert toute l'année.

GITES DE FRANCE-SERVICE RESERVATION - 40, av. Marcelin Berthelot - BP 2641 - 38036 GRENOBLE Cedex 02
Tél. : 04 76 40 79 40 - Fax : 04 76 40 79 99 - Email : sirt38@wanadoo.fr - www.gites-de-france-isere.com

| B. SAIS. HIV. | NOËL | NOUVEL AN | HTE SAIS. HIV. | B. SAIS. ETE | MOY. SAIS. ETE | HTE SAIS. ETE | | | | | | | | | | |
|---|---|---|---|---|---|---|---|---|---|---|---|---|---|---|---|---|
| 936 | 1150 | 1450 | 1450 | 389 | 518 | 648 | 0,3 | 8 | 8 | SP | 8 | 8 | 8 | 50 | 0,2 | |

## N° 550203 VILLARD-RECULAS — 1500 m — CM 333 pli J7
**NN — 6 pers.**

Grand chalet entièrement rénové avec 5 gîtes de 4 à 11 pers. Gîte au 2ème : cuisine intégrée (L.vaiss., L.linge, S.linge, Micro-ondes), s.a.m. ouvrant sur terrasse, salon au mobilier montagne chaleureux, TV. Ch1 (1 lit 2 pers., 1 lit 1 pers.), Ch2 (3 lits 1 pers.). S.d.b., WC, cabine douche. Ch. élect. Local skis part. Exposition plein sud, vue panoramique sur les sommets de l'Oisans. Domaine skiable des Gdes Rousses. A prox. départ télésiège, Lac du Verney 8 km (pêche, planche à voile). Ouvert toute l'année.

GITES DE FRANCE-SERVICE RESERVATION - 40, av. Marcelin Berthelot - BP 2641 - 38036 GRENOBLE Cedex 02
Tél. : 04 76 40 79 40 - Fax : 04 76 40 79 99 - Email : sirt38@wanadoo.fr - www.gites-de-france-isere.com

| B. SAIS. HIV. | NOËL | NOUVEL AN | HTE SAIS. HIV. | B. SAIS. ETE | MOY. SAIS. ETE | HTE SAIS. ETE | | | | | | | | | | |
|---|---|---|---|---|---|---|---|---|---|---|---|---|---|---|---|---|
| 494 | 644 | 804 | 804 | 221 | 301 | 377 | 0,3 | 8 | 8 | SP | 8 | 8 | 8 | 50 | 0,2 | |

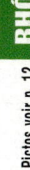
RHÔNE-ALPES

# ISÈRE - 38

### N° 550204  VILLARD-RECULAS — 1500 m — CM 333 pli J7

**NN   4 pers.**

Grand chalet entièrement rénové avec 5 gîtes de 4 à 11 pers. Gîte au 2ème : cuisine intégrée (L.vaiss.), s.a.m. salon ouvrant sur un balcon, mobilier montagne chaleureux, TV. Ch1 (1 lit 2 pers.), Ch2 (2 lits 1 pers. sup.). S. d'eau (L.linge et S. linge), WC. Ch. élect. Local skis part. Exp. plein Sud, vue panoramique sur sommets de l'Oisans. Domaine skiable des Grandes Rousses. A prox. départ télésiège. Lac du Verney 8 km (pêche, planche à voile). Ouvert toute l'année.

GITES DE FRANCE-SERVICE RESERVATION – 40, av. Marcelin Berthelot - BP 2641 - 38036 GRENOBLE Cedex 02
Tél. : 04 76 40 79 40 - Fax : 04 76 40 79 99 - Email : sirt38@wanadoo.fr - http://www.gites-de-france-isere.com

| B. SAIS. HIV. | NOËL | NOUVEL AN | HTE SAIS. HIV. | B. SAIS. ETE | MOY. SAIS. ETE | HTE SAIS. ETE |   |   |   |   |   |   |   |   |   |
|---|---|---|---|---|---|---|---|---|---|---|---|---|---|---|---|
| 354 | 460 | 576 | 576 | 154 | 221 | 276 | 0,3 | 8 | 8 | SP | 8 | 8 | 8 | 50 | 0,2 |

### N° 550205  VILLARD-RECULAS — 1500 m — CM 333 pli J7

**NN   4 pers.**

Grand chalet entièrement rénové avec 5 gîtes de 4 à 11 pers. Gîte au 3ème : cuisine intégrée (L.vaiss.), s.a.m. séjour, coin détente ouvrant sur un balcon, mobilier montagne chaleureux, TV. Ch1 (1 lit 2 pers.), 2 lits 1 pers. sup. coin nuit. S. d'eau (L. linge et S. linge), WC. Ch. élect. Local skis part. Exp. plein Sud. Vue panoramique sur sommets de l'Oisans. Domaine skiable des Gdes Rousses. A prox. départ télésiège. Lac du Verney 8 km (pêche, planche à voile). Ouvert toute l'année.

GITES DE FRANCE-SERVICE RESERVATION – 40, av. Marcelin Berthelot - BP 2641 - 38036 GRENOBLE Cedex 02
Tél. : 04 76 40 79 40 - Fax : 04 76 40 79 99 - Email : sirt38@wanadoo.fr - http://www.gites-de-france-isere.com

| B. SAIS. HIV. | NOËL | NOUVEL AN | HTE SAIS. HIV. | B. SAIS. ETE | MOY. SAIS. ETE | HTE SAIS. ETE |   |   |   |   |   |   |   |   |   |
|---|---|---|---|---|---|---|---|---|---|---|---|---|---|---|---|
| 330 | 440 | 550 | 550 | 151 | 209 | 260 | 0,3 | 8 | 8 | SP | 8 | 8 | 8 | 50 | 0,2 |

### N° 563100  VOIRON — CM 333 pli G5

**NN   6 pers.**

Maison indépendante sur les hauteurs de Voiron. Ce gîte de plain pied comprend salle à manger salon (TV), cuisine (micro-ondes), Ch.1 (2 lits 1 pers.), Ch.2 (1 lit 2 pers.) et Ch.3 (1 lits 2 pers.). Salle de bains (baignoire+douche), wc. Chauff.élect. Garage (l.linge). Espace extérieur avec salon de jardin. Sentiers balisés (La Vouise), vallée de l'Ainan (découverte faune-flore). CREPS (parcours de santé). Les Caves de la Chartreuse (visite, dégustation). Activités nautiques : lac de Paladru. Ouvert toute l'année.

Jean-Pierre BAUDET - Rue de Termerieu - 38500 VOIRON
Tél. : 04 76 05 60 35 - 06 98 07 24 40

| B. SAIS. HIV. | NOËL | NOUVEL AN | HTE SAIS. HIV. | B. SAIS. ETE | MOY. SAIS. ETE | HTE SAIS. ETE |   |   |   |   |   |   |   |   |
|---|---|---|---|---|---|---|---|---|---|---|---|---|---|---|
| 398 | 429 | 429 | 429 | 398 | 419 | 439 | 30 | 30 | 1 | 10 | SP | 10 | 6 | 2 | 1 |

### N° 565100  VOREPPE — CM 333 pli G6

**NN   4 pers.**

En périphérie du Parc de Chartreuse, gîte aménagé au RDC de la maison des propriétaires et ouvrant sur la terrasse. Ce gîte comprend : séjour salle à manger, cuisine (l.linge), Ch.1 (2 lits 1 pers.) accès à la Ch.2 (1 lit 2 pers.) par la Ch.1. Salle d'eau wc. Chauf. élect. TV sur dde. Terrasse avec salon de jardin. Terrain en commun avec propriétaires. Parking. A proximité : Cuves de Sassenage, Couvent de Chalais (production de biscuits...), La Grande Chartreuse (visites, dégustations), sentiers balisés, médiathèque... Ouvert toute l'année.

GITES DE FRANCE-SERVICE RESERVATION – 40, av. Marcelin Berthelot - BP 2641 - 38036 GRENOBLE Cedex 02
Tél. : 04 76 40 79 40 - Fax : 04 76 40 79 99 - Email : sirt38@wanadoo.fr - http://www.gites-de-france-isere.com

| B. SAIS. HIV. | NOËL | NOUVEL AN | HTE SAIS. HIV. | B. SAIS. ETE | MOY. SAIS. ETE | HTE SAIS. ETE |   |   |   |   |   |   |   |   |   |
|---|---|---|---|---|---|---|---|---|---|---|---|---|---|---|---|
| 333 | 403 | 403 | 403 | 333 | 357 | 388 | 18 | 18 | 25 | SP | 3 | 4 | 8 | 10 | 1,5 |

# LOIRE - 42

**GITES DE FRANCE - Service Réservation**
43, avenue Albert Raimond - B.P. 50
42272 SAINT-PRIEST-EN-JAREZ Cédex
Tél. 04 77 79 18 49 - Fax. 04 77 93 93 66
E.mail : contact@gites42.com - www.gites-de-france-loire.com

## PERIODES TARIFAIRES
**HORS SAISON :** du 3.01 au 6.02, du 6.03 au 2.04, du 1er.05 au 28.05, du 25.09 au 22.10, du 30.10 au 17.12 - **VACANCES SCOLAIRES :** du 7.02 au 5.03, du 3.04 au 30.04, du 23.10 au 29.10, du 18.12 au 31.12 - **JUIN-SEPTEMBRE :** du 29.05 au 25.06, du 28.08 au 24.09 - **JUILLET :** du 26.06 au 30.07 - **AOÛT :** du 31.07 au 27.08

---

### N° 3208 — BELMONT-DE-LA-LOIRE — Les Salèves — 525 m — CM 73 pli 8
NN  6 pers.

Maison bois neuve et indépendante située sur un terrain comprenant un autre gîte identique. Rc et ét. : cuisine ouverte sur séjour, coin-salon, 2 salles d'eau, 2 wc, 3 ch. (1 lit 2 pers. 4 lits 1 pers.). Chauf. élect. Sèche-linge, réfrigérateur/congél. Terrasse couverte, abri voiture. Lac des Sapins à 25 km : baignade, équitation, escal'arbres, pédalos, voile, mini-golf. À 1 heure de Lyon, aux confins du Beaujolais, du Charolais, du Brionnais et du Roannais. Charlieu à 17 kms (charmante petite ville chargée d'histoire, abbaye, cloître, musée de la soierie...). Ouvert toute l'année.
GITES DE FRANCE-SERVICE RESERVATION - 43 av. Albert Raimond - BP 50 - 42272 SAINT-PRIEST-EN-JAREZ Cedex
Tél. : 04 77 79 18 49 - Fax : 04 77 93 93 66 - Tél. : PROP : 04 77 63 64 30 - Email : contact@gites42.com - www.gites-de-france-loire.com

| JUILLET | AOUT | JUIN/SEPT. | VAC. SCOL. | HORS SAIS. | WEEK-END |
|---|---|---|---|---|---|
| 400 | 400 | 300 | 300 | 200 | 130 |

1 | 10 | SP | 7 | SP | 1 | 1 | 6 | 1

---

### N° 3209 — BELMONT-DE-LA-LOIRE — Les Salèves — 525 m — CM 73 pli 8
NN  6 pers.

maison bois neuve et indépendante située sur un terrain comprenant un autre gîte identique. Rc et étage : cuisine ouverte sur séjour, coin-salon, 2 salles d'eau, 2 wc, 3 ch. (1 lit 2 pers. 4 lits 1 pers. lit bébé). Chauf. élect. Sèche-linge, frigo/congél. Terrasse couverte. Lac des Sapins à 25 km : baignade, équitation, escal'arbres, pédalos, voile, mini-golf. A 1 heure de Lyon, aux confins du Beaujolais, du Charolais, du Brionnais et du Roannais. Charlieu à 17 kms (charmante petite ville chargée d'histoire, abbaye, cloître, musée de la soierie...). Ouvert toute l'année.
GITES DE FRANCE-SERVICE RESERVATION - 43 av. Albert Raimond - BP 50 - 42272 SAINT-PRIEST-EN-JAREZ Cedex
Tél. : 04 77 79 18 49 - Fax : 04 77 93 93 66 - Tél. : PROP : 04 77 63 64 30 - Email : contact@gites42.com - www.gites-de-france-loire.com

| JUILLET | AOUT | JUIN/SEPT. | VAC. SCOL. | HORS SAIS. | WEEK-END |
|---|---|---|---|---|---|
| 400 | 400 | 300 | 300 | 200 | 130 |

1 | 10 | SP | 7 | SP | 1 | 1 | 6 | 1

---

### N° 4400 — BOURG-ARGENTAL — La Landonnière — 534 m — CM 76 pli 9
NN  4 pers.

Dans le Parc Naturel du Pilat, maison indépendante en pierres sur une propriété de 2,5 ha comprenant l'habitation du propriétaire et une ch. d'hôtes. Rc et étage : séjour avec coin-cuisine, coin-salon avec cheminée (canapé 160), 2 ch. (1 lit 160, 2 lits 1 pers.), salle d'eau. Chauf. élect. Salle de bains. Ch. central. L-linge chez le propriétaire. Terrain privatif clos. Chauffage en sus. Ânes (location ânes de rando possible), chiens : c'est une grande maison vivante, que le propriétaire souhaite accueillante et chaleureuse... Idéal pour familles avec enfants. Lyon à 1 heure de route. Ouvert toute l'année.
Marie-Agnès & Jérôme BRICQ - La Landonnière - 42220 BOURG-ARGENTAL
Tél. : 04 77 39 75 98 - 06 03 59 95 90 - Email : marie-agnes@anes-et-logis.com

| JUILLET | AOUT | JUIN/SEPT. | VAC. SCOL. | HORS SAIS. | WEEK-END |
|---|---|---|---|---|---|
| 290 | 290 | 215 | 215 | 170 | 110 |

2 | 6 | SP | 2 | 2 | 7 | 8 | 1,3

---

### N° 3063 — BULLY — Pailleux — CM 73 pli 7
NN  4 pers.

Maison indépendante rénovée en 2000, en pierres, avec terrain privatif (plain-pied et mezzanine). Séjour, coin-cuisine, 1 ch. (1 lit 2 pers.), mezzanine (2 lits 1 pers., lit bébé). Salle d'eau. Ch. central. Micro-ondes. Grande terrasse couverte. Gîte accessible aux personnes handicapées. Situé à proximité de la ferme du propriétaire, gîte sans vis-à-vis et en pleine campagne, avec nombreuses balades sur place. 3 VTT à votre disposition. Bel intérieur avec poutres et mur en pierres apparentes. Les propriétaires seront heureux de vous faire visiter leur ferme. Ouvert toute l'année.
GITES DE FRANCE-SERVICE RESERVATION - 43 av. Albert Raimond - BP 50 - 42272 SAINT-PRIEST-EN-JAREZ Cedex
Tél. : 04 77 79 18 49 - Fax : 04 77 93 93 66 - Tél. : PROP : 04 77 65 21 55 - Email : contact@gites42.com - www.gites-de-france-loire.com

| JUILLET | AOUT | JUIN/SEPT. | VAC. SCOL. | HORS SAIS. | WEEK-END |
|---|---|---|---|---|---|
| 298 | 298 | 237 | 237 | 168 | 138 |

1,5 | 5 | SP | 15 | 4 | 2 | 4 | 18 | 1,5

---

### N° 1104 — CHAMBLES — La Garde — 650 m — CM 73 pli 8
EC  NN  6 pers.

Ancienne ferme de caractère construite en 1790, indépendante, restaurée en 2003 avec terrain privatif clos. Rc et ét. : séjour avec cuisine, coin-salon (canapé 2 pers.), cheminée d'agrément, 3 ch. (1 lit 2 pers. 4 lits 1 pers.), coin-détente en mezzanine. Prise tél. Terrain privatif clos, abri vélos. Restauration par un architecte spécialiste des vieilles maisons : beaucoup de bois, de pierres, de beaux volumes, tout en disposant de tout le confort moderne. Très belle région des Gorges de la Loire : hameau en surplomb d'un méandre de la Loire. Chauffage en sus sauf juillet/août. Ouvert toute l'année.
GITES DE FRANCE-SERVICE RESERVATION - 43 av. Albert Raimond - BP 50 - 42272 SAINT-PRIEST-EN-JAREZ Cedex
Tél. : 04 77 79 18 49 - Fax : 04 77 93 93 66 - Tél. : PROP : 04 77 50 16 81 - Email : contact@gites42.com - www.gites-de-france-loire.com

| JUILLET | AOUT | JUIN/SEPT. | VAC. SCOL. | HORS SAIS. | WEEK-END |
|---|---|---|---|---|---|
| 400 | 400 | 300 | 300 | 200 | 130 |

1 | 7 | SP | 8 | 18 | 15 | 3 | 15 | 7

RHÔNE-ALPES — Pictos voir p. 12 — 507

# LOIRE - 42

Périodes tarifaires p. 507

## N° 3079 — LURE — Lurange — 670 m — CM 73 pli 7

**EC** — **NN** — **5 pers.**

Gîte de caractère situé dans une ancienne ferme indépendante. Rc et étage : salle à manger, coin-cuisine, m-ondes, salon avec cheminée, coin-lecture en mezzanine, 3 ch. (1 lit 160, 3 lits 1 pers.), canapé 2 pers. Chauf. central en sus, salle de bains, salle d'eau, 2 wc. Terrain non clos avec cour. Les prop. ont restauré cette maison avec beaucoup de goût : douceur et authenticité se dégagent des lieux, propices au repos et au dépaysement. Une bibliothèque agrémentée de nombreux ouvrages et disques vinyls ravira les lecteurs comme les mélomanes.

GITES DE FRANCE-SERVICE RESERVATION - 43 av. Albert Raimond - BP 50 - 42272 SAINT-PRIEST-EN-JAREZ Cedex
Tél. : 04 77 79 18 49 - Fax : 04 77 93 93 66 - Tél. : PROP : 04 77 95 27 99 - Email : contact@gites42.com - www.gites-de-france-loire.com

| JUILLET | AOUT | JUIN/SEPT. | VAC. SCOL. | HORS SAIS. | | | | | | | | | | |
|---|---|---|---|---|---|---|---|---|---|---|---|---|---|---|
| 380 | 380 | 300 | 300 | 200 | 3 | 4 | SP | 12 | SP | 16 | 41 | 3 | 23 | 3 |

## N° 3088 — LURE — Lurange — 670 m — CM 73 pli 7

**EC** — **NN** — **6 pers.**

Gîte créé en 2003 dans les dépendances d'une ancienne ferme du XIXe. Rc et étage à côté de la résidence secondaire du propriétaire, accès commun et terrain privatif clos. Séjour avec coin-cuisine, salon en mezzanine avec canapé 2 pers., magnéto, 3 ch. (2 lits 1 pers. 2 lits 2 pers.). Chauf. électrique. Abri voiture. Le gîte est orienté sur les prés environnants, ce qui lui confère un côté paisible et agréable. Le site de Lurange a gardé l'authenticité des hameaux d'autrefois : fermes avec cours fermées, croix en pierre, nombreux sentiers pour découvrir la campagne.

GITES DE FRANCE-SERVICE RESERVATION - 43 av. Albert Raimond - BP 50 - 42272 SAINT-PRIEST-EN-JAREZ Cedex
Tél. : 04 77 79 18 49 - Fax : 04 77 93 93 66 - Tél. : PROP : 04 74 38 69 18 - Email : contact@gites42.com - www.gites-de-france-loire.com

| JUILLET | AOUT | JUIN/SEPT. | VAC. SCOL. | HORS SAIS. | WEEK-END | | | | | | | | | | |
|---|---|---|---|---|---|---|---|---|---|---|---|---|---|---|---|
| 425 | 425 | 340 | 340 | 270 | 175 | 3 | 4 | SP | 12 | SP | 16 | 41 | 3 | 23 | 3 |

## N° 4054 — MARLHES — Foumourette — 980 m

**NN** — **4 pers.**

Sur les hauts plateaux du Pilat, maison en pierre avec tour médiévale et parc attenant, mitoyenne avec le propriétaire (rdc surélevé). Séjour avec coin-cuisine, coin-salon avec cheminée et de boiseries d'origine, 2 ch. (1 lit 2 pers. 2 lits 120) dont 1 voûtée, accessible par l'escalier de la tour. Chauf. central en sus. M-ondes, magnéto, salle d'eau. Terrain privatif. Les propriétaires ont restauré l'ensemble dans l'esprit des lieux, en gardant l'authenticité et le charme d'une maison de maître. Ouvert toute l'année.

GITES DE FRANCE-SERVICE RESERVATION - 43 av. Albert Raimond - BP 50 - 42272 SAINT-PRIEST-EN-JAREZ Cedex
Tél. : 04 77 79 18 49 - Fax : 04 77 93 93 66 - Tél. : PROP : 04 77 51 80 55 - Email : contact@gites42.com - www.gites-de-france-loire.com

| JUILLET | AOUT | JUIN/SEPT. | VAC. SCOL. | HORS SAIS. | WEEK-END | | | | | | | | |
|---|---|---|---|---|---|---|---|---|---|---|---|---|---|
| 350 | 350 | 260 | 260 | 200 | 140 | 0,3 | 10 | SP | 8 | SP | 9 | 2 | 25 | SP |

## N° 3078 — MARS — Les Aguets — CM 73 pli 8

**EC** — **NN** — **6 pers.**

Maison ancienne rénovée en 2003, mitoyenne avec le propriétaire. Rc et ét. : séjour avec coin-cuisine, coin-salon, cheminée, 2 ch. (2 lits 2 pers. 2 lits 1 pers.), canapé 2 pers., salle d'eau, 2 wc. Chauf. électrique. Garage, cour et terrain privatifs. Le gîte dispose d'un jardin d'agrément idéal pour le repos et la détente. Il se situe aussi à une distance idéale entre le site historique de Charlieu (abbaye bénédictine à 7 km) et le site de baignade du Lac des sapins (30 km).

GITES DE FRANCE-SERVICE RESERVATION - 43 av. Albert Raimond - BP 50 - 42272 SAINT-PRIEST-EN-JAREZ Cedex
Tél. : 04 77 79 18 49 - Fax : 04 77 93 93 66 - Tél. : PROP : 04 77 60 55 48 - Email : contact@gites42.com - www.gites-de-france-loire.com

| JUILLET | AOUT | JUIN/SEPT. | VAC. SCOL. | HORS SAIS. | WEEK-END | | | | | | | | |
|---|---|---|---|---|---|---|---|---|---|---|---|---|---|
| 280 | 280 | 230 | 230 | 150 | 100 | 7 | 12 | SP | 7 | SP | 28 | 80 | SP | 24 | SP |

## N° 1187 — MORNAND — Les Mûriers — CM 73 pli 18

**NN** — **4 pers.**

Maison indépendante du XVIIIe située sur une propriété de 2 ha close. Rc et étage : séjour, coin-cuisine, coin-salon avec cheminée (canapé 130), 2 ch. (1 lit 160, 2 lits 1 pers., poss. lit 1 pers. et/ou lit bébé sup.). Chauf. central. Salle d'eau. Terrain privatif aménagé, arboré et fleuri 5000 m². étang non clos au fond du parc, terrasse, cour close. Le propriétaire, qui habite près du gîte, a restauré avec beaucoup de goût (mobilier & décoration personnalisés) cette belle bâtisse en pisé, ancienne maison du jardinier. Au calme! Ouvert toute l'année.

GITES DE FRANCE-SERVICE RESERVATION - 43 av. Albert Raimond - BP 50 - 42272 SAINT-PRIEST-EN-JAREZ Cedex
Tél. : 04 77 79 18 49 - Fax : 04 77 93 93 66 - Tél. : PROP : 04 77 97 18 97 - Email : contact@gites42.com - www.gites-de-france-loire.com

| JUILLET | AOUT | JUIN/SEPT. | VAC. SCOL. | HORS SAIS. | WEEK-END | | | | | | | | |
|---|---|---|---|---|---|---|---|---|---|---|---|---|---|
| 415 | 415 | 295 | 295 | 200 | 140 | 0,1 | 7 | SP | 10 | 10 | 10 | 40 | 0,5 | 10 | 10 |

## N° 3203 — LES NOES — Les Forges — 700 m — CM 73 pli 7

**NN** — **5 pers.**

Maison indépendante en pierres avec terrain privatif et vue superbe. R.d.c. et étage (restaurée en 2002) : séjour avec poêle à bois, coin-cuisine, baie vitrée avec accès direct sur terrasse orientée plein-est, 2 ch. (1 lit 2 pers. 3 lits 1 pers.), salon en mezzanine avec canapé 2 pers. Salle d'eau. Ch. élect. Terrain privatif clos. Le gîte dispose d'une vue dégagée sur les Monts de la Madeleine en surplomb des barrages, offrant un très beau panorama. Poss. de week-ends sportifs (nombreuses activités SP et dans les environs (ski, marche, VTT...). Petits animaux acceptés. Ouvert toute l'année.

GITES DE FRANCE-SERVICE RESERVATION - 43 av. Albert Raimond - BP 50 - 42272 SAINT-PRIEST-EN-JAREZ Cedex
Tél. : 04 77 79 18 49 - Fax : 04 77 93 93 66 - Tél. : PROP : 04 77 64 48 03 - Email : contact@gites42.com - www.gites-de-france-loire.com

| JUILLET | AOUT | JUIN/SEPT. | VAC. SCOL. | HORS SAIS. | WEEK-END | | | | | | | | |
|---|---|---|---|---|---|---|---|---|---|---|---|---|---|
| 335 | 335 | 250 | 250 | 180 | 120 | 8 | 15 | SP | 20 | 1 | 30 | 10 | 1 | 20 | 8 |

RHÔNE-ALPES

Pictos voir p. 12

# LOIRE - 42

Périodes tarifaires p. 507

## N° 3093 — PARIGNY — Château d'Ailly — CM 73 pli 8

**NN — 6 pers.**

Dans les communs d'un château, splendide propriété avec parc de 80 ha clos. Rc et étage : séjour avec coin-cuisine et coin-salon, 4 ch. (1 lit 2 pers. 6 lits 1 pers.), salle de bains. Chauf. central. Sèche-linge, m-ondes. Terrasse privative. Linge lit et toilette fourni. Vous aurez accès à la plus grande partie du parc à pied ou à VTT. Etang de 6 ha avec son île accessible en barque, tennis, salle de ping pong, jeu de croquet, jeu de boules, badminton (matériel fourni). Location du dimanche au samedi quand réception au château le samedi soir. Ouvert toute l'année.

GITES DE FRANCE-SERVICE RESERVATION – 43 av. Albert Raimond - BP 50 - 42272 SAINT-PRIEST-EN-JAREZ Cedex
Tél. : 04 77 79 18 49 - Fax : 04 77 93 93 66 - Tél. : PROP : 04 77 62 00 39 - Email : contact@gites42.com - www.gites-de-france-loire.com

| JUILLET | AOUT | JUIN/SEPT. | VAC. SCOL. | HORS SAIS. | WEEK-END |
|---|---|---|---|---|---|
| 640 | 640 | 550 | 500 | 450 | 250 |

| | | | | | | | | | | | |
|---|---|---|---|---|---|---|---|---|---|---|---|
| SP | 6 | SP | 3 | SP | SP | 30 | SP | 3 | 1,5 | | |

## N° 4168 — PAVEZIN — 600 m — CM 73 pli 20

**NN — 4 pers.**

Maison mitoyenne comprenant 3 gîtes. Rc et étage : séjour (canapé 2 pers.), cuisine, salon, 2 ch. (1 lit 2 pers. 2 lits 1 pers. 1 lit d'appoint). Loc. draps. Salle d'eau. Chauf. central, poêle. Prise TV avec antenne. Equipement bébé sur demande. Balcon et terrasse, garage. Terrain clos commun aux gîtes, avec jeux d'enfants. Gîte à 2 km de la ferme du propriétaire. Rive-de-Gier à 12 km. Situé dans le Parc du Pilat, idéal pour la randonnée et la pratique du VTT. Possibilité week-end juin et septembre sur demande pour 3 nuits, 130 € pour 2 nuits. Ouvert toute l'année.

GITES DE FRANCE-SERVICE RESERVATION – 43 av. Albert Raimond - BP 50 - 42272 SAINT-PRIEST-EN-JAREZ Cedex
Tél. : 04 77 79 18 49 - Fax : 04 77 93 93 66 - Tél. : PROP : 04 77 20 20 52 - Email : contact@gites42.com - www.gites-de-france-loire.com

| JUILLET | AOUT | JUIN/SEPT. | VAC. SCOL. | HORS SAIS. | WEEK-END |
|---|---|---|---|---|---|
| 280 | 280 | 220 | 210 | 160 | 110 |

| 3 | 9 | SP | 9 | SP | 10 | 20 | 6 | 12 | 9 |
|---|---|---|---|---|---|---|---|---|---|

## N° 4207 — PELUSSIN — Perret — CM 76 pli 10

**NN — 5 pers.**

Maison indépendante en pierres sur terrain privatif, avec vue superbe sur le Massif du Pilat. Rc et étage : grand séjour avec coin-cuisine, coin-salon (canapé 2 pers.), 2 ch. (1 lit 2 pers. 3 lits 1 pers.). Chauf. central en sus. Salle d'eau. Micro-ondes. Terrasse couverte, abri voiture. Climat très favorable (vallée du Rhône). Nombreux producteurs de fruits, vignoble St-Joseph à 5 min, sentiers de rando balisés SP, base de loisirs de St-Pierre-de-Boeuf à 15 km. Pélussin à 3 km : quartier médiéval... St-Etienne à 40 km, Lyon à 50 km. Ouvert toute l'année.

GITES DE FRANCE-SERVICE RESERVATION – 43 av. Albert Raimond - BP 50 - 42272 SAINT-PRIEST-EN-JAREZ Cedex
Tél. : 04 77 79 18 49 - Fax : 04 77 93 93 66 - Tél. : PROP : 04 74 87 60 69 - Email : contact@gites42.com - www.gites-de-france-loire.com

| JUILLET | AOUT | JUIN/SEPT. | VAC. SCOL. | HORS SAIS. | WEEK-END |
|---|---|---|---|---|---|
| 400 | 400 | 290 | 290 | 190 | 120 |

| 3 | 10 | SP | 3 | 10 | 10 | 2 | 15 | 3 |
|---|---|---|---|---|---|---|---|---|

## N° 1052 — LES SALLES — Chaumette — 680 m — CM 73 pli 16

**NN — 8 pers.**

Ancienne grange restaurée en 2003. Rc et étage : séjour avec coin-cuisine et coin-salon (2 canapés 2 pers.), 3 ch. (2 lits 2 pers. 2 lits 1 pers. 2 lits superp.). Salles de bains et d'eau, 2 wc. M.ondes. Cour avec tilleul et source, avec une partie en pelouse et une terrasse, terrain clos, garage. Ce beau gîte en pierres est mitoyen avec une maison habitée par 1 personne seule (accès et terrain privatifs). Auvergne à 10 min, ski au Col de la Loge à 15 km, idéal pour les balades en famille. Etang pêche à 1,5 km. Petits animaux acceptés. Chauffage en sus sauf juillet/août. Ouvert toute l'année.

GITES DE FRANCE-SERVICE RESERVATION – 43 av. Albert Raimond - BP 50 - 42272 SAINT-PRIEST-EN-JAREZ Cedex
Tél. : 04 77 79 18 49 - Fax : 04 77 93 93 66 - Tél. : PROP : 04 77 65 46 28 - Email : contact@gites42.com - www.gites-de-france-loire.com

| JUILLET | AOUT | JUIN/SEPT. | VAC. SCOL. | HORS SAIS. | WEEK-END |
|---|---|---|---|---|---|
| 450 | 450 | 330 | 330 | 220 | 150 |

| 2 | SP | 12 | 1,5 | 5 | 32 | 1,5 | 5 | 1,5 |
|---|---|---|---|---|---|---|---|---|

## N° 3096 — SEVELINGES — La Raison — 610 m — CM 73 pli 8

**NN — 4 pers.**

Ancienne ferme restaurée en 2002 mitoyenne à l'habitation du propriétaire. Rc et étage : séjour avec kitchenette, grand salon en mezzanine (canapé 2 pers.), 2 ch. (2 lits 2 pers.). Salle d'eau. Chauf. central. Prise tél. Terrain commun avec le propriétaire, avec une partie en herbe et une partie cour. Le propriétaire dispose d'un étang privé très poissonneux dans lequel vous pouvez pêcher. Nombreux sentiers de randonnée sur place. Lac des Sapins à 20 km. Aux confins de la Bourgogne et du Beaujolais. Petits animaux acceptés. Ouvert toute l'année.

GITES DE FRANCE-SERVICE RESERVATION – 43 av. Albert Raimond - BP 50 - 42272 SAINT-PRIEST-FN-JAREZ Cedex
Tél. : 04 77 79 18 49 - Fax : 04 77 93 93 66 - Tél. : PROP : 04 74 89 90 22 - Email : contact@gites42.com - www.gites-de-france-loire.com

| JUILLET | AOUT | JUIN/SEPT. | VAC. SCOL. | HORS SAIS. | WEEK-END |
|---|---|---|---|---|---|
| 305 | 305 | 205 | 200 | 130 | 100 |

| 2 | SP | 3,5 | 20 | 0,6 | 20 | 2,5 |
|---|---|---|---|---|---|---|

## N° 1111 — ST-BONNET-LE-COURREAU — Loibe — 650 m

**EC — NN — 11 pers.**

Superbe maison de caractère indépendante sur 3000 m² de terrain clos, orientée plein sud. Rc et 2 ét. : cuisine avec four à pain, salle à manger, salon (canapé 2 pers.), 5 ch. (3 lits 2 pers. 1 lit 130, 4 lits superp.), salle de jeux et Cd de détente avec home cinema. 2 salles de bains (baignoire, 2 douches, 4 vasques), 3 wc. Chauf. central. M-ondes, congél., s-linge. Terrain, jeu de boules, verger, pelouse... où vous apprécierez le calme et les vues sur les Monts et Plaine du Forez. Gîte restauré à l'ancienne, avec mobilier ancien, et finitions très soignées. Ouvert toute l'année.

GITES DE FRANCE-SERVICE RESERVATION – 43 av. Albert Raimond - BP 50 - 42272 SAINT-PRIEST-EN-JAREZ Cedex
Tél. : 04 77 79 18 49 - Fax : 04 77 93 93 66 - Tél. : PROP : 04 77 97 55 84 - Email : contact@gites42.com - www.gites-de-france-loire.com

| JUILLET | AOUT | JUIN/SEPT. | VAC. SCOL. | HORS SAIS. | WEEK-END |
|---|---|---|---|---|---|
| 800 | 800 | 550 | 550 | 350 | 250 |

| 5 | 8 | SP | 15 | 15 | 30 | 25 | 2 | 15 | 4 |
|---|---|---|---|---|---|---|---|---|---|

RHÔNE-ALPES

Pictos voir p. 12

# LOIRE - 42

*Périodes tarifaires p. 507*

## N° 4046 ST-CHAMOND — Font Cottin — 600 m — CM 73 pli 19

**EC** — **NN** — 3 pers.

Ferme en pierres du XIXe restaurée en 2002, en pleine campagne, comprenant l'habitation du propriétaire et le gîte, avec accès privatif. Séjour avec coin-salon et coin-cuisine, 1 ch. (1 lit 2 pers. 1 lit 1 pers.). Salle d'eau. Chauf. élect. M-ondes, prise TV. Terrain privatif, parking. Vue sur les Monts du Pilat, le site vous assure un véritable dépaysement tout en étant facile d'accès à 15 minutes de St-Etienne. Nombreuses balades au départ de la maison, ainsi que quelques poneys, chevaux et vaches dans les prés des environs, qui raviront les enfants! Ouvert toute l'année.

GITES DE FRANCE-SERVICE RESERVATION - 43 av. Albert Raimond - BP 30 - 42272 SAINT-PRIEST-EN-JAREZ Cedex
Tél.: 04 77 79 18 49 - Fax: 04 77 93 93 66 - Tél.: PROP: 04 77 22 25 88 - Email: contact@gites42.com - www.gites-de-france-loire.com

| JUILLET | AOUT | JUIN/SEPT. | VAC. SCOL. | HORS SAIS. | WEEK-END |
|---|---|---|---|---|---|
| 240 | 240 | 190 | 190 | 160 | 115 |

| | | | | | | | | | |
|---|---|---|---|---|---|---|---|---|---|
| 3 | 4 | SP | 4 | 25 | 15 | 6 | 4 | | |

## N° 2128 ST-CYR-LES-VIGNES — Les Granges — CM 73 pli 18

**EC** — **NN** — 3 pers.

Gîte de caractère mitoyen avec un autre gîte aménagé dans un ancien bâtiment. Rc et étage : pièce unique comprenant une cuisine, un coin-salle à manger et détente, canapé 2 pers., 1 ch. (3 lits 1 pers.), salle d'eau. Chauf. élect. Terrain privatif. Les propriétaires ont restauré cet ensemble dans le respect et l'authenticité des lieux. Du gîte, un magnifique panorama s'étend de la plaine aux Monts du Forez qui vous accompagne aussi tout au long des nombreux sentiers de randonnée. Passionnés de cheval, les propriétaires accueillent des cavaliers. Location des 2 gîtes possibles.

GITES DE FRANCE-SERVICE RESERVATION - 43 av. Albert Raimond - BP 30 - 42272 SAINT-PRIEST-EN-JAREZ Cedex
Tél.: 04 77 79 18 49 - Fax: 04 77 93 93 66 - Tél.: PROP: 04 77 28 95 39 - Email: contact@gites42.com - www.gites-de-france-loire.com

| JUILLET | AOUT | JUIN/SEPT. | VAC. SCOL. | HORS SAIS. | WEEK-END |
|---|---|---|---|---|---|
| 280 | 280 | 210 | 210 | 150 | 100 |

| 7 | 6 | SP | 7 | SP | 11 | 55 | 2 | 7 | 7 |
|---|---|---|---|---|---|---|---|---|---|

## N° 2129 ST-CYR-LES-VIGNES — Les Granges — CM 73 pli 18

**EC** — **NN** — 3 pers.

Gîte de caractère mitoyen avec un autre gîte aménagé dans un ancien bâtiment. Rc et étage : pièce unique comprenant une cuisine, un coin-salle à manger et détente, canapé 2 pers., 1 ch. (3 lits 1 pers.), salle d'eau. Chauf. élect. Terrain privatif. Les propriétaires ont restauré cet ensemble dans le respect et l'authenticité des lieux. Du gîte, un magnifique panorama s'étend de la plaine aux Monts du Forez qui vous accompagne aussi tout au long des nombreux sentiers de randonnée. Passionnés de cheval, les propriétaires accueillent des cavaliers. Location des 2 gîtes possibles.

GITES DE FRANCE-SERVICE RESERVATION - 43 av. Albert Raimond - BP 30 - 42272 SAINT-PRIEST-EN-JAREZ Cedex
Tél.: 04 77 79 18 49 - Fax: 04 77 93 93 66 - Tél.: PROP: 04 77 28 95 39 - Email: contact@gites42.com - www.gites-de-france-loire.com

| JUILLET | AOUT | JUIN/SEPT. | VAC. SCOL. | HORS SAIS. | WEEK-END |
|---|---|---|---|---|---|
| 280 | 280 | 210 | 210 | 150 | 100 |

| 7 | 6 | SP | 7 | SP | 11 | 55 | 2 | 7 | 7 |
|---|---|---|---|---|---|---|---|---|---|

## N° 1120 ST-DIDIER-SUR-ROCHEFORT — Grandris — 620 m — CM 73 pli 17

**EC** — **NN** — 6 pers.

Maison indépendante en pierres sur terrain privatif. Rc et étage : séjour avec coin-cuisine, coin- salon (canapé 2 pers.). 3 ch. (1 lit 2 pers. 4 lits 1 pers., lit bébé sur demande). Salle d'eau, 2 wc. Chauf. élect. Prise tél. Terrasse couverte attenante avec le séjour, dépendance pour ranger les vélos ou les provisions. Un grand terrain est à votre disposition, avec pelouse, noisetier, parking... Séjour avec grand mur en pierres apparentes dont celles d'un ancien four à pain. Petits animaux acceptés. Nombreuses balades au départ du gîte. Stations de sports d'hiver à 30 km. Ouvert toute l'année.

GITES DE FRANCE-SERVICE RESERVATION - 43 av. Albert Raimond - BP 30 - 42272 SAINT-PRIEST-EN-JAREZ Cedex
Tél.: 04 77 79 18 49 - Fax: 04 77 93 93 66 - Tél.: PROP: 04 77 97 93 07 - Email: contact@gites42.com - www.gites-de-france-loire.com

| JUILLET | AOUT | JUIN/SEPT. | VAC. SCOL. | HORS SAIS. | WEEK-END |
|---|---|---|---|---|---|
| 400 | 400 | 280 | 280 | 200 | 130 |

| 2,5 | 20 | SP | 17 | 25 | 13 | 30 | 0,2 | 13 | 2,5 |
|---|---|---|---|---|---|---|---|---|---|

## N° 4077 ST-GENEST-MALIFAUX — Pierre Légère — 1000 m — CM 76 pli 8

**NN** — 5 pers.

Dans le Parc Naturel du Pilat, maison en pierres, sur un terrain, comprenant 2 gîtes ruraux mitoyens et l'habitation du propriétaire. Rc et étage : coin-cuisine, séjour, 2 ch. (1 lit 2 pers. 3 lits 1 pers.). Loc. draps. Salle d'eau. Chauf. central en sus. Micro-ondes. Terrain non clos privé, terrasse. Portique enfants commun, barbecue sur demande. Ouvert toute l'année.

GITES DE FRANCE-SERVICE RESERVATION - 43 av. Albert Raimond - BP 30 - 42272 SAINT-PRIEST-EN-JAREZ Cedex
Tél.: 04 77 79 18 49 - Fax: 04 77 93 93 66 - Tél.: PROP: 04 77 39 07 86 - Email: contact@gites42.com - www.gites-de-france-loire.com

| JUILLET | AOUT | JUIN/SEPT. | VAC. SCOL. | HORS SAIS. | WEEK-END |
|---|---|---|---|---|---|
| 289 | 289 | 229 | 229 | 191 | 110 |

| 1,2 | 4,5 | SP | 15 | SP | 1,7 | 15 | 1 | 13 | 1,2 |
|---|---|---|---|---|---|---|---|---|---|

## N° 3201 ST-HAON-LE-VIEUX — Caqueret — 650 m — CM 73 pli 7

**NN** — 6 pers.

Dans une superbe propriété avec bois et jardins, maison de vigneron restaurée en 2002 (plain-pied). Vaste séjour (canapé 2 pers.) avec cheminée, cuisine, 2 ch. et 1 coin-nuit (4 couchages modulables). 3 salles d'eau. Chauf. central en sus. Gîte, terrasse et patio accessibles aux personnes handicapées. Linge de maison fourni. Piscine dans le parc partagée avec le prop. et 2 chambres d'hôtes. Prestations de haute qualité, avec mobilier et décoration raffinés. Garage. Sèche-linge ajouté. Ouvert toute l'année.

GITES DE FRANCE-SERVICE RESERVATION - 43 av. Albert Raimond - BP 30 - 42272 SAINT-PRIEST-EN-JAREZ Cedex
Tél.: 04 77 79 18 49 - Fax: 04 77 93 93 66 - Tél.: PROP: 04 77 64 42 95 - Email: contact@gites42.com - www.gites-de-france-loire.com

| JUILLET | AOUT | JUIN/SEPT. | VAC. SCOL. | HORS SAIS. | WEEK-END |
|---|---|---|---|---|---|
| 600 | 600 | 450 | 450 | 300 | 200 |

| 1 | 2 | SP | SP | 6 | 17 | 1 |
|---|---|---|---|---|---|---|

RHÔNE-ALPES

Pictos voir p. 12

# LOIRE - 42

Périodes tarifaires p. 507

### N° 3091 — ST-PRIEST-LA-PRUGNE — Perret — 750 m — CM 73 pli 6

**EC  NN  5 pers.**

Maison de 1970 ouverte en gîte en 2003, indépendante sur terrain privatif clos. R.d.c. et étage : cuisine, salon (canapé 2 pers.), 3 ch. (1 lit 2 pers. 3 lits 1 pers., lit bébé). Salle de bains, 2 wc. Cuisine d'été au rez de chaussée. Garage. Cour avec tilleul idéal pour l'ombrage. Situé dans la montagne Bourbonnaise à 1 km du village. Chauffage en sus. Ce gîte propose un environnement rural calme, propice aux balades en famille, à pied ou VTT sur des sentiers balisés. 2 stations de ski de fond à 5 km. Commune limitrophe avec l'Auvergne (Vichy à 40 km) en région boisée. Ouvert toute l'année.

GITES DE FRANCE-SERVICE RESERVATION - 43 av. Albert Raimond - BP 50 - 42272 SAINT-PRIEST-EN-JAREZ Cedex
Tél. : 04 77 79 18 49 - Fax : 04 77 93 93 66 - Tél. : PROP : 04 77 65 23 82 - Email : contact@gites42.com - www.gites-de-france-loire.com

| JUILLET | AOUT | JUIN/SEPT. | VAC. SCOL. | HORS SAIS. |
|---|---|---|---|---|
| 350 | 350 | 275 | 275 | 160 |

| | | | | | | | |
|---|---|---|---|---|---|---|---|
| 0,1 | SP | 10 | 10 | 15 | 1 | 15 | 1 |

### N° 3210 — VENDRANGES — Ferme de Montissut — CM 73 pli 8

**NN  6 pers.**

Maison indépendante sur la propriété agricole du propriétaire dont 100 m² privatifs clos pour le gîte. R.d.c. et étage : grand séjour avec cuisine, salle à manger, salon, cheminée, accès plain-pied sur la terrasse. Coin-TV en mezzanine, 3 ch. (2 lits 2 pers. 2 lits 1 pers. 2 lits 1 pers. d'appoint), salle d'eau, 2 wc, buanderie, Equipement bébé. Garage. Le propriétaire, qui habite sur place, vous propose pêche en étang privé, aire de jeux pour enfants proche du gîte, visite de sa ferme. Aire de loisirs à St-Symphorien à 11 km, château de la Roche et gorges de la Loire à proximité. Ouvert toute l'année.

GITES DE FRANCE-SERVICE RESERVATION - 43 av. Albert Raimond - BP 50 - 42272 SAINT-PRIEST-EN-JAREZ Cedex
Tél. : 04 77 79 18 49 - Fax : 04 77 93 93 66 - Tél. : PROP : 04 77 64 90 96 - Email : contact@gites42.com - www.gites-de-france-loire.com

| JUILLET | AOUT | JUIN/SEPT. | VAC. SCOL. | HORS SAIS. | WEEK-END |
|---|---|---|---|---|---|
| 425 | 425 | 300 | 300 | 200 | 140 |

| | | | | | | | |
|---|---|---|---|---|---|---|---|
| 1 | 6 | SP | 10 | 10 | SP | 15 | 8 |

### N° 1126 — VERRIERES-EN-FOREZ — Le Pin — 1000 m — CM 73 pli 17

**NN  5 pers.**

En pleine campagne à 1000 m d'altitude maison indépendante sur terrain privatif clos. Plain-pied et étage : séjour avec coin-salon, cheminée avec insert, cuisine, 2 ch. (2 lits 1 pers. jumelés, 1 lit 2 pers. 1 lit 1 pers.). Salle de bains. Chauf. central. En plus du terrain arboré avec ombrage, le gîte dispose d'une grande terrasse. Ce gîte isolé comblera les amoureux de nature et de calme, mais aussi les randonneurs avec de nombreuses balades au départ du gîte vers l'Auvergne qui n'est qu'à quelques centaines de mètres. Plan d'eau et ski à St-Anthème à 12 km. Ouvert toute l'année.

GITES DE FRANCE-SERVICE RESERVATION - 43 av. Albert Raimond - BP 50 - 42272 SAINT-PRIEST-EN-JAREZ Cedex
Tél. : 04 77 79 18 49 - Fax : 04 77 93 93 66 - Tél. : PROP : 04 77 76 25 97 - Email : contact@gites42.com - www.gites-de-france-loire.com

| JUILLET | AOUT | JUIN/SEPT. | VAC. SCOL. | HORS SAIS. | WEEK-END |
|---|---|---|---|---|---|
| 380 | 380 | 280 | 280 | 200 | 150 |

| | | | | | | | |
|---|---|---|---|---|---|---|---|
| 12 | 12 | SP | 12 | 12 | 12 | SP | 12 | 5 |

**RHÔNE-ALPES**

Pictos voir p. 12

# RHÔNE - 69

**GITES DE FRANCE - Service Réservation**
1, rue Général Plessier - 69002 LYON
Tél. 04 72 77 17 50 - Fax. 04 72 41 66 30
E-mail : gites69.adtr@wanadoo.fr - www.gites-de-france-rhone.com

3615 Gîtes de France
RESA - 0,2 €/mn

---

### N° 1377 — AVENAS — Les Combes — 590 m — CM 244 pli 2

**NN — 5 pers.**

Dans un hameau de maisons en pierres, gîte rural de caractère aménagé dans une ancienne ferme restaurée, comportant 3 bât. : le logement des propri., en face une partie en restauration et le bât. du gîte où seront aménagées 2 chambres d'hôtes. Accès indépendant. R.d.c. : vaste pièce de jour, coin-repas, canapé. Coin-cuisine tout équipé (l.linge, l.vaisselle, four micro-ondes). Salle d'eau, WC. Etage : 1 ch. 1 lit 2 pers., 1 ch. 3 lits 1 pers. dont 2 superp. Chauff. central au fioul. Terrasse privative abritée par un mur en pierres, s. de jardin, parasol, barbecue, transats. Ouvert toute l'année.

GITES DE FRANCE-SERVICE RESERVATION — 1 rue Général Plessier - 69002 LYON
Tél. : 04 72 77 17 50 - Fax : 04 72 41 66 30 - Email : gites69.adtr@wanadoo.fr - www.gites-de-france-rhone.com

| VAC. SCOL. | HORS SAIS. | JUIN/SEPT. | JUIL/AOUT | WEEK-END |
|---|---|---|---|---|
| 240 | 210 | 240 | 270 | 110 |

20 | 15 | 4 | SP | 12 | 3 | 1 | 20 | 2

---

### N° 1367 — BAGNOLS — Les Tuillières — CM 244 pli 2

**NN — 5 pers.**

Votre gîte est aménagé ds une maison beaujolaise complètement indépendante, ds un petit hameau à proximité de la maison des prop. viticulteurs. A l'étage : cuisine intégrée, l.vaisselle, grand séjour (TV), coin-salon, 2 ch. (1 ch. 1 lit 2 pers., 1 ch. 3 lits 1 pers dont 2 superposés). Salle de bains (l.linge), wc. Tél. Ch. central. Balcon couvert avec vue, cour fermée. Salon de jardin, préau couvert. Ouvert toute l'année sauf période vendanges.

GITES DE FRANCE-SERVICE RESERVATION — 1 rue Général Plessier - 69002 LYON
Tél. : 04 72 77 17 50 - Fax : 04 72 41 66 30 - Email : gites69.adtr@wanadoo.fr - www.gites-de-france-rhone.com

| VAC. SCOL. | HORS SAIS. | JUIN/SEPT. | JUIL/AOUT | WEEK-END |
|---|---|---|---|---|
| 265 | 235 | 265 | 290 | 115 |

12 | 15 | 1 | SP | 3 | 1 | 14 | 2,5

---

### N° 1369 — BAGNOLS — St-Aigues — CM 244 pli 2

**NN — 4 pers.**

Jean-Paul, viticulteur, vous accueille : gîte aménagé dans une maison indép. comportant un autre gîte mitoyen avec une entrée commune. Sur le même terrain, l'expl. viticole et la maison du prop. (avec 3 ch. d'hôtes). A l'ét. : vaste séjour, coin cuisine équipé (four micro-ondes), coin-salon (poss. canapé convertible). 1 ch. (1 lit 2 pers.), mezzanine (2 lits 1 pers.). S. d'eau/wc séparé. Ch. électrique. Buanderie commune aux 2 gîtes au r.d.c.(l.linge). Terrasse commune. Terrain aménagé commun. Draps fournis. Poss. location des deux gîtes. Vente de vins. Ouvert toute l'année sauf période vendanges.

Jean-Paul GRILLET - Saint-Aigues - 69620 BAGNOLS
Tél. : 04 74 71 62 98 - 06 84 79 35 00 - Fax : 04 74 71 62 98 - Email : jpgrillet@fr.st - www.jpgrillet.fr.st

| VAC. SCOL. | HORS SAIS. | JUIN/SEPT. | JUIL/AOUT | WEEK-END |
|---|---|---|---|---|
| 280 | 260 | 280 | 280 | 200 |

12 | 15 | 1 | SP | 3 | 1 | 8 | 1

---

### N° 1370 — BAGNOLS — St-Aigues — CM 244 pli 2

**NN — 4 pers.**

Jean-Paul, viticulteur, vous accueille : gîte aménagé dans une maison indépendante comportant un autre gîte mitoyen avec une entrée commune. Sur le même terrain, l'expl. viticole et la maison du prop. (avec 3 ch. d'hôtes). A l'ét. : vaste séjour, coin-cuisine équipé (four micro-ondes), coin-salon (poss. canapé convertible). 2 ch. (1 ch. 1 lit 2 pers., à l'ét. 1 ch. 2 lits 1 pers.). S. d'eau/wc. Ch. électr., draps fournis. Au r.d.c., buanderie commune/l.linge. Terrasse commune. Terrain aménagé commun. Poss. location des 2 gîtes. Sur place, dégustation, vente de vins. Ouvert toute l'année sauf période vendanges.

Jean-Paul GRILLET - Saint-Aigues - 69620 BAGNOLS
Tél. : 04 74 71 62 98 - 06 84 79 35 00 - Fax : 04 74 71 62 98 - Email : jpgrillet@fr.st - www.jpgrillet.fr.st

| VAC. SCOL. | HORS SAIS. | JUIN/SEPT. | JUIL/AOUT | WEEK-END |
|---|---|---|---|---|
| 280 | 260 | 280 | 280 | 200 |

12 | 15 | 1 | SP | 3 | 1 | 8 | 1

---

### N° 1373 — BELLEVILLE-SUR-SAONE — CM 244 pli 2

**NN — 6 pers.**

Votre gîte rural est aménagé d'un corps de bâtiment mitoyen à la maison des prop. sur une exploitation viticole en Beaujolais. R.d.c. : vaste pièce de jour, coin-cuisine équipée (l.linge, l.vaisselle, four micro-ondes, TV, magnétoscope) donnant sur une terrasse carrelée. 1 ch. (1 lit 1.60x2m), 1 ch. (1 lit 1 pers., poss lit bébé). Salle d'eau avec lavabo double vasque, wc séparé. Et. : 1 ch. (1 lit 2 pers., 1 lit 1 pers). Ch. central. A l'extérieur : terrain non clos avec coin pelouse et jeux d'enfants donnant sur les vignes. Très calme. Le meilleur accueil vous sera réservé. Ouvert toute l'année.

GITES DE FRANCE-SERVICE RESERVATION — 1 rue Général Plessier - 69002 LYON
Tél. : 04 72 77 17 50 - Fax : 04 72 41 66 30 - Email : gites69.adtr@wanadoo.fr - www.gites-de-france-rhone.com

| VAC. SCOL. | HORS SAIS. | JUIN/SEPT. | JUIL/AOUT | WEEK-END |
|---|---|---|---|---|
| 330 | 260 | 395 | 395 | 160 |

3 | 15 | SP | 5 | 5 | 3 | 3 | 5

RHÔNE-ALPES

Pictos voir p. 12

# RHÔNE - 69

## N° 1360 BLACE — Le Fond de Blace — CM 244 pli 2

NN — 4 pers.

Gîte rural aménagé ds maison indépendante, de caractère, mitoyenne à une autre maison, au coeur des vignes, à 8 km de Villefranche/Saône. Et. : pièce de jour, coin-cuisine (l.linge, l.vaisselle), coin-salon. Ch. électr.. 2 ch. (1 ch. 1 lit 2 pers., 1 ch. 2 lits 1 pers.), poss. lit bébé. S.de., wc séparé. Tél. (téléséjour). Prise TV. Belle vue sur le vignoble. S.de jard., barbecue, cour fermée. Poss. parking. Mr et Mme Sandrin, viticulteurs habitent à 50 m et vous réserveront le meilleur accueil. Découverte de leur production. Vente de vins. Ouvert toute l'année sauf période vendanges.

GITES DE FRANCE-SERVICE RESERVATION - 1 rue Général Plessier - 69002 LYON
Tél. : 04 72 77 17 50 - Fax : 04 72 41 66 30 - Email : gites69.adtr@wanadoo.fr - www.gites-de-france-rhone.com

| VAC. SCOL. | HORS SAIS. | JUIN/SEPT. | JUIL/AOUT | WEEK-END |
|---|---|---|---|---|
| 205 | 180 | 205 | 260 | 110 |

| 🏖 | 🎾 | 🚶 | 🚴 | 🦎 | 🎣 | ⛺ |
|---|---|---|---|---|---|---|
| 9 | 9 | 3 | SP | 15 | 3 | 9 | 15 | 9 | 1,5 |

## N° 1381 CENVES — Le Havre des Gonons — 650 m — CM 244 pli 2

NN — 11 pers.

Splendide maison de caractère, indépendante, de grand confort, idéal pour un séjour au calme, jardin arboré (1700 m2) entre Bourgogne et Beaujolais. Très vaste séjour (52 m2), balcon plein-sud, cuisine équipée (l.vaisselle, micro-ondes, salon en mezzanine (TV, magnétoscope), salon au r.d.c. avec cheminée. Ping-pong, l.linge, sèche-linge, tél. Ch. électr. et bois. 4 ch.(1 ch. 1 lit 2 pers., 1 lit 1 pers.), (2 ch. 1 lit 2 pers. ds chacune), (1 ch. 4 lits 1 pers.), lit bébé. 1 s.d.b, 1 s.d.e, 2 wc. 2 terrasses (une au sud et une à l'ouest), s. de jardin, barbecue, transats. Ouvert toute l'année.

GITES DE FRANCE-SERVICE RESERVATION - 1 rue Général Plessier - 69002 LYON
Tél. : 04 72 77 17 50 - Fax : 04 72 41 66 30 - Email : gites69.adtr@wanadoo.fr - www.gites-de-france-rhone.com

| VAC. SCOL. | HORS SAIS. | JUIN/SEPT. | JUIL/AOUT |
|---|---|---|---|
| 600 | 450 | 600 | 765 |

| 23 | 12 | 1,5 | SP | 8 | 2 | 12 | 21 | 8 |

## N° 1371 CHAPONNAY — Quartier de l'église — CM 244 pli 3

NN — 4 pers.

Votre gîte rural est aménagé dans une maison complètement indépendante sur son terrain privatif et clos. De caractère. A l'est de LYON, à 17 km, très facile d'accès. Au r.d.c., vaste pièce de jour/coin-salon, canapé, TV, tél. téléséjour. Coin-cuisine (l.linge, l.vaisselle, micro-ondes). Salle d'eau/wc. Chauffage. A l'étage : 2 ch. (1 ch. 1 lit 2 pers.), 1 ch. (2 lits 1 pers., poss. lit bébé), wc. Il donne sur une terrasse couverte, carrelée avec salon de jardin, barbecue. Terrain et parking clos, privé. A proximité du village. Idéal pour déplacements professionnels, séjours proches de Lyon. Ouvert toute l'année.

GITES DE FRANCE-SERVICE RESERVATION - 1 rue Général Plessier - 69002 LYON
Tél. : 04 72 77 17 50 - Fax : 04 72 41 66 30 - Email : gites69.adtr@wanadoo.fr - www.gites-de-france-rhone.com

| VAC. SCOL. | HORS SAIS. | JUIN/SEPT. | JUIL/AOUT |
|---|---|---|---|
| 300 | 300 | 300 | 335 |

| 6 | 1 | SP | 3 | 6 | 17 | 0,8 |

## N° 1385 CHARNAY — Bayere — CM 244 pli 2

NN — 6 pers.

Gîte rural de caractère, aménagé dans un corps de bâtiments comprenant le logement du propriétaire à l'étage et de leur fille sur un côté. De plain-pied : Vaste pièce de jour, coin cuisine (lave-vaisselle, micro-ondes), coin salon avec 2 canapés, 2 chambres avec un lit pour 2 pers. (dont 1 lit 150) et une chambre avec 2 lits de 1 pers., WC indép.. Salle de bains (baignoire, douche, lavabo double vasque). Lave-linge, chauff élect., prise TV et prise tél. Extérieur : terrasse en pierre sans vis à vis, salon de jardin, vaste parc arboré. Charges incluses en Juillet et Août. Ouvert toute l'année.

GITES DE FRANCE-SERVICE RESERVATION - 1 rue Général Plessier - 69002 LYON
Tél. : 04 72 77 17 50 - Fax : 04 72 41 66 30 - Email : gites69.adtr@wanadoo.fr - www.gites-de-france-rhone.com

| VAC. SCOL. | HORS SAIS. | JUIN/SEPT. | JUIL/AOUT |
|---|---|---|---|
| 280 | 250 | 310 | 380 |

| 8 | 15 | 1 | SP | 10 | 10 | 10 | 3 | 1 |

## N° 1383 DENICE — Aux Bruyères — CM 244 pli 2

NN — 6 pers.

Villefranche 5 km. Au coeur du Beaujolais, gîte aménagé ds une belle maison de caractère en pierres dorées comportant maison des prop., viticulteurs et 2 ch. d'hôtes. R.d.c. : vaste pièce de jour avec mezzanine (1 lit 1 pers., 1 canapé 2 pers.), cuisine (l.vaisselle), s.d.e/wc, l.linge. A l'ét. de la cuisine (non fermée), 1 ch. meublée à l'ancienne (3 lits 1 pers.). Draps fournis. A l'ext. vaste parc ombragé, clos avec piscine (commun avec les ch. d'hôtes et les prop.), salon de jardin. Poss. séjour professionnel proche de Lyon. Très facile d'accès. Ouvert de Mai à Septembre.
J-Jacques & Mireille DULAC - Aux Bruyères - 69640 DENICE
Tél. : 04 74 67 34 00 - 06 80 43 07 11 - Fax : 04 74 67 34 00 - Email : jj.dulac@wanadoo.fr

| HORS SAIS. | JUIN/SEPT. | JUIL/AOUT | WEEK-END |
|---|---|---|---|
| 300 | 320 | 380 | 170 |

| SP | 5 | 1,5 | SP | 3 | 1 | 2 | 15 | 5 | 1,5 |

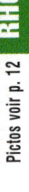

## N° 1384 DENICE — Aux Bruyères — CM 244 pli 2

NN — 4 pers.

Au coeur du Beaujolais, 5 km de Villefranche, gîte aménagé de maison mitoyenne à la maison des prop., viticulteurs. Indépendant et surélevé : pièce de jour/coin-cuisine (l.vaisselle, l.linge), coin 1 lit 2 pers. 160x200, 1 ch./salon 1 lit 2 pers. convertible. 2 s.d.e./2 wc. Ch. central, draps fournis, four micro-ondes. TV. A l'extérieur terrain non attenant avec salon de jardin. Idéal pour un week-end ou séjour en Beaujolais, ou séjour professionnel. Prox. Villefranche et Lyon. Très facile d'accès. Poss. dégustation Beaujolais-Villages (guide Hachette) élaborés de notre domaine. Ouvert toute l'année.
J-Jacques & Mireille DULAC - Aux Bruyères - 69640 DENICE
Tél. : 04 74 67 34 00 - 06 80 43 07 11 - Fax : 04 74 67 34 00 - Email : jj.dulac@wanadoo.fr

| VAC. SCOL. | HORS SAIS. | JUIN/SEPT. | JUIL/AOUT | WEEK-END |
|---|---|---|---|---|
| 230 | 225 | 230 | 250 | 120 |

| 5 | 5 | 1,5 | SP | 3 | 1 | 2 | 15 | 5 | 1,5 |

# RHÔNE - 69

## N° 1374 FLEURIE — Grille Midi — CM 244 pli 2

NN — 4 pers.

Gîte rural situé dans maison récente en plein coeur du vignoble Beaujolais, sur les hauteurs du village de Fleurie au r.d.c., le logement occasionnel des prop.. Et. : cuisine indép., séjour (TV), 2 ch. (1 ch. 1 lit 2 pers., 1 ch. 1 lit 1 pers..), salle de bains, wc séparé. Ch. électrique. l.linge sur demande, l.vaisselle. Les pièces de jour donnent sur un gd balcon, vue imprenable. Très ensoleillé. Terrasse semi-couverte dallée au r.d.c., s. de jardin, parasol, barbecue. Vaste terrain tout autour du gîte non clos. Draps, linge de maison et de toilette fournis. Ouvert toute l'année sauf période vendanges.
GITES DE FRANCE-SERVICE RESERVATION - 1 rue Général Plessier - 69002 LYON
Tél. : 04 72 77 17 50 - Fax : 04 72 41 66 30 - Email : gites69.adtr@wanadoo.fr - www.gites-de-france-rhone.com

| VAC. SCOL. | HORS SAIS. | JUIN/SEPT. | JUIL/AOUT | WEEK-END |
|---|---|---|---|---|
| 290 | 250 | 250 | 330 | 120 |

| | | | | | | | | | |
|---|---|---|---|---|---|---|---|---|---|
| 8 | 8 | 2 | SP | SP | 10 | 8 | 10 | 2 | |

## N° 1372 FLEURIEUX-SUR-L'ARBRESLE — CM 244 pli 2

NN — 5 pers.

 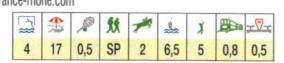 

Gîte aménagé dans maison complètement indépendante sur son terrain clos, dans le village de Fleurieux-sur-l'Arbresle, à 3 km de l'Arbresle. Très bon confort. Au rez-de-ch. : vaste séjour, coin-salon, cuisine indép.(micro-ondes). 3 ch. (1 ch. 1 lit 2 pers., 1 ch. 1 lit 1 pers. 1.20, 1 ch. 2 lits superposés). S.de bains, wc séparé. Ch central au gaz. Tél. (téléséjour). A l'ext., vous pourrez profiter d'un vaste terrain clos avec pelouse, ombragé, terrasse couverte, salon de jardin. Le meilleur accueil vous sera réservé. Idéal pour séjour proche de Lyon ou un déplacement professionnel. Ouvert toute l'année.
GITES DE FRANCE-SERVICE RESERVATION - 1 rue Général Plessier - 69002 LYON
Tél. : 04 72 77 17 50 - Fax : 04 72 41 66 30 - Email : gites69.adtr@wanadoo.fr - www.gites-de-france-rhone.com

| VAC. SCOL. | HORS SAIS. | JUIN/SEPT. | JUIL/AOUT | |
|---|---|---|---|---|
| 350 | 300 | 310 | 350 | |

| | | | | | | | | |
|---|---|---|---|---|---|---|---|---|
| 4 | 17 | 0,5 | SP | 2 | 6,5 | 5 | 0,8 | 0,5 |

## N° 1378 FLEURIEUX-SUR-L'ARBRESLE — Le clos Bel Air — 500 m — CM 244 pli 2

NN — 4 pers.

 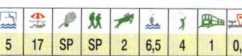 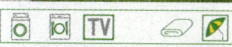

Au coeur du village de Fleurieux, charmante maison neuve de caractère, indép., de très grand confort, sur le même terrain que les prop.. Accès de plain-pied, par terrasse pavée ds le séjour, coin-cuisine (l.vaisselle, four + micro-ondes), mezz.. 2 ch. personnalisées (1 ch. 1 lit 2 pers., 1 ch. 2 lits 1 pers.+ lit bébé. S. de bains avec baignoire et douche. Wc séparé. L.linge. Ch. par le sol. TV. Prise tél. Draps fournis. Terrasses privatives, arborées, s. de jard.. Jardin clos, commun avec les prop. Parking fermé. Le meilleur accueil vous sera réservé. (Poss. location linge de toilette) Ouvert toute l'année.
Monique et Gérard VANGELUWE - Le Clos Bel air - 94 route de Bel Air - 69210 FLEURIEUX-SUR-L'ARBRESLE
Tél. : 04 74 01 29 81 - 06 84 79 62 42 - Fax : 04 74 26 73 25 - Email : mvangeluwe@freesurf.fr

| VAC. SCOL. | HORS SAIS. | JUIN/SEPT. | JUIL/AOUT | WEEK-END |
|---|---|---|---|---|
| 300 | 300 | 300 | 350 | 135 |

| | | | | | | | | |
|---|---|---|---|---|---|---|---|---|
| 5 | 17 | SP | SP | 2 | 6,5 | 4 | 1 | 0,2 |

## N° 1363 JULIENAS — Les Mouilles — CM 244 pli 2

NN — 6 pers.

Vue exceptionnelle sur vignoble, Val de Saône et au loin les Alpes, gîte aménagé ds maison beaujolaise traditionnelle de caractère, en face de celle des prop.. Entrée ds séjour, coin-salon, TV, cheminée (bois fourni). Mezzanine (coin-lecture, jeux pour enf.). Cuisine (l.vaisselle, micro-ondes). S.d.e (l.linge), wc. A l'ét. inférieur : 3 ch. (1 ch. 1 lit 2 pers., 1 ch. 2 lits 1 pers., 1 ch. 1 lit superposé, 1 lit bébé). Ch. électr. Gde terrasse, solarium (22 m2) privée, fermée, barbecue, chaises longues. ping-pong. Jard. ombragé, commun, parking. Draps/l.de toilette fournis pr séjour/WE. Ouvert toute l'année.
GITES DE FRANCE-SERVICE RESERVATION - 1 rue Général Plessier - 69002 LYON
Tél. : 04 72 77 17 50 - Fax : 04 72 41 66 30 - Email : gites69.adtr@wanadoo.fr - www.gites-de-france-rhone.com

| VAC. SCOL. | HORS SAIS. | JUIN/SEPT. | JUIL/AOUT | WEEK-END |
|---|---|---|---|---|
| 315 | 260 | 360 | 390 | 135 |

| | | | | | | | |
|---|---|---|---|---|---|---|---|
| 12 | 8 | 1,5 | SP | 6 | 3 | 18 | 10 | 1,5 |

## N° 1366 LONGES — La Durantière — 500 m — CM 244 pli 2

NN — 6 pers.

Gîte de caractère aménagé ds ancienne ferme rénovée du Pilat, comportant aussi le logement du prop.. Sur l'arrière de la maison, vue sur la campagne. Complètement indép. R.d.c. : pièce de jour (48 m2), en pierres apparentes, coin-salon (TV), coin-cuisine. Tél. Et : 2 ch. (1 ch. 1 lit 2 pers., 1 ch. 4 lits 1 pers superposés). S.d'eau (l.linge), wc. Chauf. central et par le sol. A l'ext., vaste terrain non clos, salon de jardin bois, terrasse avec barbecue en pierres. Randonnées à partir du gîte. Parc du Pilat. Convient pour déplacement professionnel/Proximité Lyon, Givors, Vienne, Feyzin Ouvert toute l'année.
GITES DE FRANCE-SERVICE RESERVATION - 1 rue Général Plessier - 69002 LYON
Tél. : 04 72 77 17 50 - Fax : 04 72 41 66 30 - Email : gites69.adtr@wanadoo.fr - www.gites-de-france-rhone.com

| VAC. SCOL. | HORS SAIS. | JUIN/SEPT. | JUIL/AOUT | WEEK-END |
|---|---|---|---|---|
| 350 | 350 | 350 | 380 | 150 |

| | | | | | | | |
|---|---|---|---|---|---|---|---|
| 19,5 | 12,5 | 4 | SP | 6 | 15 | 11 | 5 |

## N° 1380 LUCENAY — CM 244 pli 2

NN — 2 pers.

Gîte rural aménagé dans une jolie petite maison indépendante, avec terrain privatif clos. Très belle vue, très calme, en plein coeur des vignes. Mr et Mme Bernardin, retraités habitent à côté et vous réserveront le meilleur accueil. Au rez-de-ch. : pièce de jour avec coin-salon (poss. 1 canapé convertible). Coin-cuisine équipé, micro-ondes. TV. 1 ch. (1 lit 2 pers.), salle d'eau, wc séparé. Ch. central. L.linge. Poss. prise tél. Salon de jardin, cour ombragée. Pelouse. Idéal pour un déplacement professionnel ou touristique proche de Lyon ou de Villefranche, en toute tranquillité. Ouvert toute l'année.
Lucienne et Jean BERNARDIN - 606 rue du Genetay - 69480 LUCENAY
Tél. : 04 74 67 02 59

| VAC. SCOL. | HORS SAIS. | JUIN/SEPT. | JUIL/AOUT | |
|---|---|---|---|---|
| 230 | 210 | 230 | 250 | |

| | | | | | | | | |
|---|---|---|---|---|---|---|---|---|
| 10 | 12 | 1,2 | SP | 2 | 1 | 10 | 1,2 | |

# RHÔNE - 69

## N° 1361 — LE PERREON — Le Picolet — CM 244 pli 2

**NN — 5 pers.**

Votre gîte rural est situé au coeur du vignoble, ds maison mitoyenne à celle du propriétaire, viticulteur. Etage surélevé : entrée dans hall, cuisine séparé, séjour avec canapé convertible 2 pers., 2 ch. (1 ch. 2 lits 1 pers., 1 lit enfant en bois; 1 ch. 1 lit 1.20, 1 lit bébé). Salle de bains, l.linge, wc séparé. Prise TV. Ch. électrique. A l'extérieur: parking en face du gîte. Accès à un vaste terrain clos non attenant et commun, salon de jardin, jeux d'enfants. Ouvert toute l'année sauf période vendanges.

Christine et Gilbert GIROUD - Le Picolet – 69460 LE PERREON
Tél. : 04 74 03 20 81 - 06 70 65 48 86

| VAC. SCOL. | HORS SAIS. | JUIN/SEPT. | JUIL/AOUT | WEEK-END |
|---|---|---|---|---|
| 185 | 175 | 185 | 230 | 80 |

| | | | | | | | | |
|---|---|---|---|---|---|---|---|---|
| 15 | 35 | 3 | SP | 8 | 10 | 15 | 3 |

## N° 1379 — POLLIONNAY — Les Egaux — CM 244 pli 2

**NN — 2 pers.**

Votre gîte est aménagé ds une maison (des années 60), à l'étage du logement du prop., avec un accès indépendant sur l'arrière par des escaliers extérieurs. Au 2ème niveau : pièce de jour/coin-cuisine, l.linge, TV, cheminée, climatiseur. 1 chambre-alcôve (1 lit 2 pers., poss. 1 lit pliant 1 pers.. Petite salle de bains/wc. Ch. électrique et bois. Terrain clos, pré. Cour commune, portique (balançoire). Convient pour un séjour proche de Lyon ou un déplacement professionnel. Le meilleur accueil vous sera réservé par Monsieur Longueville, retraité. Ouvert toute l'année.

GITES DE FRANCE-SERVICE RESERVATION - 1 rue Général Plessier – 69002 LYON
Tél. : 04 72 77 17 50 - Fax: 04 72 41 66 30 - Email : gites69.adtr@wanadoo.fr - www.gites-de-france-rhone.com

| VAC. SCOL. | HORS SAIS. | JUIN/SEPT. | JUIL/AOUT |
|---|---|---|---|
| 190 | 190 | 190 | 200 |

| | | | | | | | | |
|---|---|---|---|---|---|---|---|---|
| 4 | 15 | 4 | SP | 1,5 | 1,5 | 15 | 15 | 6 | 1,5 |

## N° 1388 — POLLIONNAY — La Poizatière — CM 244 pli 2

**NN — 4 pers.**

A environ 1 km du bourg de POLLIONNAY, maison indépendante, de construction récente, partagée en 2 parties : d'un côté le gîte en contrebas et de l'autre côté 2 chambres d'hôtes à l'étage. Accès de plain pied dans séjour, coin-cuisine intégrée (l. vaisselle, four micro-ondes), coin-salon avec cheminée, canapé, TV. 2 chambres (1ch. 1 lit 2 pers., 1 ch. 2 lits 1 pers.). Salle d'eau, WC indépendant. Lave-linge, prise téléphone, chauffage électrique. Extérieur : terrasse de 15 m² orientée plein Sud, salon de jardin, barbecue, portique. Vaste prairie avec étang et bois en face du gîte. Ouvert toute l'année.

GITES DE FRANCE-SERVICE RESERVATION - 1 rue Général Plessier – 69002 LYON
Tél. : 04 72 77 17 50 - Fax: 04 72 41 66 30 - Email : gites69.adtr@wanadoo.fr - www.gites-de-france-rhone.com

| VAC. SCOL. | HORS SAIS. | JUIN/SEPT. | JUIL/AOUT |
|---|---|---|---|
| 295 | 265 | 295 | 350 |

| | | | | | | |
|---|---|---|---|---|---|---|
| 4 | 4 | SP | 1 | 1,5 | SP | 5 | 14 | 1 |

## N° 1375 — SOUZY — Les Micaud — CM 244 pli 2

**NN — 6 pers.**

Gîte aménagé dans ancienne ferme en cours de restauration avec chevaux sur pl., comportant ds une aile de bâtiment, le gîte à l'ét. et le logement du prop. au r.d.c. Vaste séjour donnant sur l'arrière avec balcon. Coin-cuisine (l. vaisselle, four micro-onde et four). Coin-salon avec canapé, TV. 3 ch (2 ch. 1 lit 2 pers. ds chacune, 1 ch. 1 lit superposé), s.d.b., wc séparé. L.linge et sèche linge commun avec le prop.. Draps fournis. Ch. central. A l'ext. : vaste terrain commun clos, en herbe avec une partie réservée au gîte, sal.de jardin. Charges 40 € sf Juillet, Aout et WE 2j. Ouvert toute l'année.

GITES DE FRANCE-SERVICE RESERVATION - 1 rue Général Plessier – 69002 LYON
Tél. : 04 72 77 17 50 - Fax: 04 72 41 66 30 - Email : gites69.adtr@wanadoo.fr - www.gites-de-france-rhone.com

| VAC. SCOL. | HORS SAIS. | JUIN/SEPT. | JUIL/AOUT | WEEK-END |
|---|---|---|---|---|
| 250 | 250 | 250 | 250 | 110 |

| | | | | | | |
|---|---|---|---|---|---|---|
| 6 | 2 | SP | 6 | 3 | 2,5 | 30 | 0,4 |

## N° 1382 — STE-PAULE — Le Marduel — 500 m — CM 244 pli 2

**NN — 4 pers.**

Gîte aménagé au rez-de-ch. de la maison des prop. en pierres dorées ds un hameau d'une dizaine de maisons. Villefranche (18 km) et Vallée d'Azergues. Accès de plain pied par une terrasse dallée. Cuisine, salon (canapé convertible), prise TV. 1 ch. alcôve (1 lit 2 pers.), s. de bains avec douche et baignoire, wc. Ch. par le sol. L.linge. Draps, linge de toilette et de table fournis (lits faits à l'arrivée). Terrasse de 20 m2 avec s. de jardin, banc, parasol, barbecue. Terrain privatif clos et ombragé avec pelouse. Très belle vue, très calme. Idéal pour week-end/séjour au calme. Ouvert toute l'année.

GITES DE FRANCE-SERVICE RESERVATION - 1 rue Général Plessier – 69002 LYON
Tél. : 04 72 77 17 50 - Fax: 04 72 41 66 30 - Email : gites69.adtr@wanadoo.fr - www.gites-de-france-rhone.com

| VAC. SCOL. | HORS SAIS. | JUIN/SEPT. | JUIL/AOUT | WEEK-END |
|---|---|---|---|---|
| 235 | 235 | 235 | 250 | 95 |

| | | | | | | | |
|---|---|---|---|---|---|---|---|
| 18 | 18 | SP | SP | 5 | 5 | 25 | 10 | 5 |

## N° 1365 — ST-ETIENNE-DES-OULLIERES — Grange Masson — CM 244 pli 2

**NN — 8 pers.**

Gîte rural aménagé ds une maison beaujolaise indépendante de caractère. Et. : vaste séjour/coin-cuisine, coin-salon (TV), l.linge l.vaisselle, micro-onde. 3 ch. (1 ch. 1 lit 2 pers., 1 ch. 2 lits 1 pers., 1 ch. 1 lit 2 pers., s.d.e et wc privé ds la ch.). S.d.e. et wc. A l'ét. mezzanine au dessus des ch. (2 lits 1 pers.), chauff. élect. Votre gîte donne sur une vaste terrasse fermée, salon de jard., tonnelle, jardin privatif, clos, sans vis à vis donnant directement sur les vignes. Très calme. Villefranche (10 km). Sur place dégustation et vente de vins de la propriété. Ouvert toute l'année sauf période vendanges.

Sylvie et Alain DESHAYES - Grange Masson – 69460 ST-ETIENNE-DES-OULLIERES
Tél. : 04 74 03 50 34 - 06 82 22 59 86 - Fax : 04 74 03 50 34 - Email : asdeshayes@aol.com - www.grange-masson.com

| VAC. SCOL. | HORS SAIS. | JUIN/SEPT. | JUIL/AOUT | WEEK-END |
|---|---|---|---|---|
| 382 | 305 | 382 | 426 | 200 |

| | | | | | | | |
|---|---|---|---|---|---|---|---|
| 10 | 25 | 2,5 | SP | 15 | 8 | 8 | 10 | 2,5 |

# RHÔNE - 69

## N°1364 ST-GERMAIN-SUR-L'ARBRESLE — Les Places — CM 244 pli 2

NN — 4 pers.

Votre gîte est aménagé dans une maison beaujolaise, comportant le logement du propriétaire, viticulteur à l'étage. Spl exploitation viticole. R.d.c. : véranda (15 m2), séjour/coin-salon (TV), cuisine séparée, l.linge, l.vaisselle. S.d.e, lavabo double vasque/wc. 2 ch. (1 ch. 1 lit 2 pers., 1 ch. 2 lits 1 pers.). poss. canapé convert. 2 pers.. Ch. par le sol. A l'extérieur, vaste terrain non clos, ombragé, partie pelouse, salon de jardin, barbecue. Belle vue, très calme. Proximité de l'Arbresle. Ouvert toute l'année sauf période vendanges.

GITES DE FRANCE-SERVICE RESERVATION — 1 rue Général Plessier - 69002 LYON
Tél. : 04 72 77 17 50 - Fax : 04 72 41 66 30 - Email : gites69.adtr@wanadoo.fr - www.gites-de-france-rhone.com

| VAC. SCOL. | HORS SAIS. | JUIN/SEPT. | JUIL/AOUT |
|---|---|---|---|
| 270 | 250 | 270 | 290 |

| 🏊 | 🎾 | ⛳ | 🚴 | 🎣 | 🐎 |
|---|---|---|---|---|---|
| 6 | 20 | 4 | SP | 2 | 10 | 6 | 6 |

## N°1362 ST-LAURENT-D'OINGT — Mussy — CM 244 pli 2

NN — 4 pers.

Gîte aménagé dans ancienne maison restaurée en pierres dorées, indépendante, à la sortie d'un petit hameau. Les prop. habitent à proximité immédiate. Sans aucun vis à vis, il est tourné sur la nature et les vignobles. R.d.c. : vaste pièce de jour, coin-salon (TV et tél.), cuisine indépend. intégrée (l.vaisselle, micro-ondes). 1 ch. (1 lit 2 pers.), salle d'eau, wc. Et. : 1 ch. (2 lits 1 pers.), salle d'eau et wc. Ch. central. Votre gîte donne sur un terrain non clos, salon de jardin, barbecue. L.linge ds dépendances au niveau inférieur. Idéal pour un week-end ou séjour, au calme, en Beaujolais. Ouvert toute l'année.

GITES DE FRANCE-SERVICE RESERVATION — 1 rue Général Plessier - 69002 LYON
Tél. : 04 72 77 17 50 - Fax : 04 72 41 66 30 - Email : gites69.adtr@wanadoo.fr - www.gites-de-france-rhone.com

| VAC. SCOL. | HORS SAIS. | JUIN/SEPT. | JUIL/AOUT | WEEK-END |
|---|---|---|---|---|
| 275 | 230 | 275 | 305 | 130 |

| 🏊 | 🎾 | ⛳ | 🚴 | 🎣 | 🐎 |
|---|---|---|---|---|---|
| 20 | 30 | 1,5 | SP | 7 | 5 | 7 | 5 |

## N°1376 TALUYERS — Domaine de Prapin — CM 244 pli 2

NN — 2 pers.

Votre gîte rural se situe au Domaine viticole de Prapin, dans un bâtiment mitoyen à la maison des propriétaires, l'exploit. viticole et un autre gîte, en plein coeur des vignes du Lyonnais, à seulement 22 km de Lyon. A l'ét. : petite pièce de jour/coin-cuisine (intégrée avec l.vaisselle), donnant directement sur une terrasse couverte avec salon de jardin et barbecue. 1 ch (1 lit 2 pers.). Salle d'eau (l.linge), wc séparé. Canapé avec TV couleurs, ch. électrique. Vaste terrain aménagé non clos commun aux deux gîtes, une partie privative pour le gîte. Etang sur place, poss. pêche. Ouvert toute l'année.

GITES DE FRANCE-SERVICE RESERVATION — 1 rue Général Plessier - 69002 LYON
Tél. : 04 72 77 17 50 - Fax : 04 72 41 66 30 - Email : gites69.adtr@wanadoo.fr - www.gites-de-france-rhone.com

| VAC. SCOL. | HORS SAIS. | JUIN/SEPT. | JUIL/AOUT |
|---|---|---|---|
| 200 | 185 | 200 | 200 |

| 🏊 | 🎾 | ⛳ | 🚴 | 🎣 | 🐎 |
|---|---|---|---|---|---|
| 5 | 2 | SP | 5 | 5 | SP | 5 | 2 |

## N°1386 THURINS — Le Soly — CM 244 pli 2

NN — 4 pers.

A l'extérieur de THURINS, en pleine campagne, gîte rural aménagé dans un bâtiment comprenant 2 gites, dont un à l'étage, et faisant face à un autre logement. Les propriétaires habitent sur l'arrière de la maison. Au R.D.C. : accès de plain pied dans pièce de jour, coin cuisine intégrée (l. vaisselle, l. linge), coin repas, coin salon (TV et canapé). Hall d'accès à 2 ch (1 ch 1 lit 2 pers., 1 ch. 2 lits 1 pers.), s. d'eau (douche et lavabo double vasque), WC indépendant. Chauff. élect. Ext : terrain avec jolie vue sur les vergers et l'Ouest Lyonnais, salon de jardin, parasol, parking privatif. Ouvert toute l'année.

GITES DE FRANCE-SERVICE RESERVATION — 1 rue Général Plessier - 69002 LYON
Tél. : 04 72 77 17 50 - Fax : 04 72 41 66 30 - Email : gites69.adtr@wanadoo.fr - www.gites-de-france-rhone.com

| VAC. SCOL. | HORS SAIS. | JUIN/SEPT. | JUIL/AOUT |
|---|---|---|---|
| 260 | 230 | 260 | 305 |

| 🏊 | 🎾 | ⛳ | 🚴 | 🎣 | 🐎 |
|---|---|---|---|---|---|
| 2 | 5 | 2 | SP | 10 | 5 | 4 | 15 | 18 | 2,5 |

## N°1387 THURINS — Le Soly — CM 244 pli 2

NN — 4 pers.

A l'extérieur de THURINS, en pleine campagne, gîte rural aménagé dans un bâtiment comprenant 2 gites, dont un au R.D.C., et faisant face à un autre logement. Les propriétaires habitent sur l'arrière de la maison. A l'étage : accès dans vaste pièce de jour avec vue sur l'Ouest lyonnais, coin cuisine (l. vaisselle, l. linge). 2 chambres (1 grande ch 1 lit 2 pers., 1 ch. mansardée pour enfants avec 2 lits 1 pers.), salle d'eau (douche et lavabo double vasque), WC indépendant. Chauff. élect. Ext : accès indépendant à une cour intérieure privative de 45 m², salon de jardin, parking. Ouvert toute l'année.

GITES DE FRANCE-SERVICE RESERVATION — 1 rue Général Plessier - 69002 LYON
Tél. : 04 72 77 17 50 - Fax : 04 72 41 66 30 - Email : gites69.adtr@wanadoo.fr - www.gites-de-france-rhone.com

| VAC. SCOL. | HORS SAIS. | JUIN/SEPT. | JUIL/AOUT |
|---|---|---|---|
| 250 | 220 | 250 | 195 |

| 🏊 | 🎾 | ⛳ | 🚴 | 🎣 | 🐎 |
|---|---|---|---|---|---|
| 2 | 5 | 2 | SP | 10 | 5 | 4 | 15 | 18 | 2,5 |

## N°1368 VALSONNE — Les Seignes — 650 m — CM 244 pli 2

NN — 6 pers.

Gîte aménagé dans une maison ancienne, complètement indépendante, comportant un autre gîte au rez-de-ch., dans un environnement de landes et de 15 hectares de forêts. Accès indépendant. Cuisine (l.vaisselle, micro-onde)/séjour, coin-salon (TV). Salle de bains (l.linge), wc séparé. 1 ch. (1 lit 2 pers.). 1 ch. (2 lits 2 pers.). Tél. Ch. élect. Terrain aménagé non clos (salon de jardin), balançoire, bac à sable. Nb. départs de randonnées depuis le gîte. Idéal pr un séjour, week-end en famille, amis à 10 km du Lac des sapins. Poss. location des deux gîtes. Ouvert toute l'année.

GITES DE FRANCE-SERVICE RESERVATION — 1 rue Général Plessier - 69002 LYON
Tél. : 04 72 77 17 50 - Fax : 04 72 41 66 30 - Email : gites69.adtr@wanadoo.fr - www.gites-de-france-rhone.com

| VAC. SCOL. | HORS SAIS. | JUIN/SEPT. | JUIL/AOUT | WEEK-END |
|---|---|---|---|---|
| 250 | 250 | 250 | 270 | 110 |

| 🏊 | 🎾 | ⛳ | 🚴 | 🎣 | 🐎 |
|---|---|---|---|---|---|
| 8 | 10 | 2 | SP | 10 | 10 | 8 | 2 |

## RHÔNE - 69

**N° 1359  YZERON**  715 m  CM 244 pli 2

NN  6 pers.

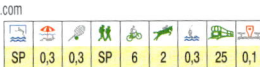

Pascale et Jean-Yves vous souhaitent la bienvenue dans les Monts du Lyonnais. Proposent un gîte situé au 2ème étage de leur maison du XIX°. Il se compose de 3 ch. (1 ch. 1 lit 2 pers., 2 ch. 2 lits 1 pers. avec poss. couchages suppl., lit bébé). S.d.e, lavabo (double vasque), wc séparé. L.linge. Poss. table d'hôtes. La pièce de jour dispose d'un coin-salon et d'une cuisine (l.vaisselle, four m-ondes). Vous pourrez profiter de la terrasse de la maison et de la piscine en été. Mobilier d'extér. et jeux sont à disposition. Parking. Sur place : 4 ch. d'hôtes. Taxe de séjour. Location de draps. Ouvert toute l'année.

Pascale et J-Yves SCHENCK - Le Parc - 2 Grande Rue - 69510 YZERON
Tél. : 04 78 81 09 21 - 06 88 22 76 05 - Email : lamaisonduparc@free.fr - http://la-maison-du-parc.com

| VAC. SCOL. | HORS SAIS. | JUIN/SEPT. | JUIL./AOUT | WEEK-END |
|---|---|---|---|---|
| 390 | 350 | 390 | 430 | 150 |

| | | | | | | |
|---|---|---|---|---|---|---|
| SP | 0,3 | 0,3 | SP | 6 | 2 | 0,3 | 25 | 0,1 |

# SAVOIE - 73

## GITES DE FRANCE - LOISIRS ACCUEIL SAVOIE
Maison du Tourisme - 24, boulevard de la Colonne - 73024 CHAMBERY Cédex
Tél. 04 79 85 01 09 ou 04 79 33 22 56 - Fax. 04 79 85 71 32
E.mail : info@gites-de-france-savoie.com - www.gites-de-France-savoie.com

### PERIODES TARIFAIRES
**BASSE SAISON HIVER** : du 27.09 au 20.12.2003, du 3.01 au 31.01.2004, du 17.04 au 1er.05 - **NOËL/JOUR DE L'AN** : du 20.12.2003 au 3.01.2004 - **HAUTE SAISON HIVER** : du 7.02 au 6.03.2004 - **MOYENNE SAISON HIVER** : du 31.01 au 7.02, du 6.03 au 17.04 - **BASSE SAISON ETE** : du 1er.05 au 3.07, du 28.08 au 25.09 - **PROMOTION ETE** : du 3.07 au 10.07, du 21.08 au 28.08 - **HAUTE SAISON ETE** : du 3.07 au 28.08.

---

### N° 13178 — ALBIEZ-MONTROND — Le Mollard — 1600 m — CM 77 pli 7
**NN — 4 pers.**

St-Jean-de-Maurienne 18 km. Col de la Croix de Fer 20 km. Maison individuelle. Rez-de-chaussée + 1er étage : séjour coin-cuisine, 2 chambres (1 lit 2 pers., 2 lits 1 pers., 1 lit enfant), salle d'eau, chauffage électrique, balcon, terrain, meubles de jardin, grand local de rangements pour ski, vélos... Station de ski Albiez. Chalet rénové situé dans un hameau. Vue superbe sur les montagnes et le Massif de l'Etendard. Nombreuses randonnées possibles dans le secteur des Aiguilles d'Arves.

Bernard CONSTANTIN - 90 bd de Picpus - 75012 PARIS
Tél. : 01 43 47 00 38

| B. SAIS. HIV. | NOEL/ NOUV.AN | HTE SAIS. HIV. | MOY. SAIS. HIV. | B. SAIS. ETE | PROMO ETE | HTE SAIS. ETE | WEEK-END | | | | | | | | | | | TV |
|---|---|---|---|---|---|---|---|---|---|---|---|---|---|---|---|---|---|---|
| 310 | 488 | 488 | 340 | 310 | 350 | 400 | 155 | 0,3 | 2 | 18 | SP | 8 | 1 | 8 | SP | 18 | 0,1 | |

---

### N° 17103 — APREMONT — Mussat — CM 74 pli 15
**NN — 6 pers.**

Chambéry 7 km. Parc de Chartreuse 12 km. 2 gîtes mitoyens (accès distinct) à la maison du propriétaire. 1er gîte au r.d.c. + 1er ét. : séjour coin-cuisine (1 clic-clac 2 pers.), m-ondes, 1 chambre, mezzanine (1 lit 2 pers., 2 lits 1 pers.), salle d'eau, ch. central, terrasse, terrain, barbecue. Ski le Granier 14 km, Aillon 25 km. Patinoire 7 km, raquettes 12 km. Thermes Challes les Eaux. Maison ancienne rénovée, située au milieu du vignoble savoyard. Terrasse en bois avec barbecue et meubles de jardin. Belle vue sur le Mont Granier et la Chartreuse.
LOISIRS ACCUEIL SAVOIE - Maison du Tourisme - 24 bd de la Colonne - 73024 CHAMBERY Cedex
Tél. : 04 79 85 01 09 - Fax : 04 79 85 71 32 - Email : resa@gites-de-france-savoie.com - www.gites-de-france-savoie.com

| B. SAIS. HIV. | NOEL/ NOUV.AN | HTE SAIS. HIV. | MOY. SAIS. HIV. | B. SAIS. ETE | PROMO ETE | HTE SAIS. ETE | | | | | | | | | | |
|---|---|---|---|---|---|---|---|---|---|---|---|---|---|---|---|---|
| 260 | 310 | 310 | 260 | 295 | 418 | 418 | 14 | 23 | 7 | 0,5 | 3 | 7 | 3 | SP | 7 | 3 |

---

### N° 17104 — APREMONT — Mussat — CM 74 pli 15
**NN — 4 pers.**

Chambéry 7 km. Parc de Chartreuse 12 km. 2 gîtes mitoyens (accès distinct) à la maison du propriétaire. 2ème gîte au r.d.c. : séjour coin-cuisine (1 clic-clac 2 pers.), m-ondes, 1 chambre (1 lit 2 pers.), salle d'eau, ch. central, terrasse, terrain, barbecue. Ski le Granier 14 km, Aillon 25 km. Patinoire 7 km, raquettes 12 km. Thermes Challes les Eaux. Maison ancienne rénovée, située au milieu du vignoble savoyard. Terrasse en bois avec barbecue et meubles de jardin. Belle vue sur le Mont Granier et la Chartreuse.
LOISIRS ACCUEIL SAVOIE - Maison du Tourisme - 24 bd de la Colonne - 73024 CHAMBERY Cedex
Tél. : 04 79 85 01 09 - Fax : 04 79 85 71 32 - Email : resa@gites-de-france-savoie.com - www.gites-de-france-savoie.com

| B. SAIS. HIV. | NOEL/ NOUV.AN | HTE SAIS. HIV. | MOY. SAIS. HIV. | B. SAIS. ETE | PROMO ETE | HTE SAIS. ETE | | | | | | | | | | |
|---|---|---|---|---|---|---|---|---|---|---|---|---|---|---|---|---|
| 185 | 220 | 220 | 185 | 205 | 305 | 305 | 14 | 23 | 7 | 0,5 | 3 | 7 | 3 | SP | 7 | 3 |

---

### N° 23133 — AUSSOIS — 1500 m — CM 77 pli 8
**NN — 2 pers.**

Parc National de la Vanoise sur place. Forts de l'Esseillon 1 km. 4 gîtes, 1 commerce dans la maison. 1er gîte au rez-de-chaussée : séjour coin-cuisine, 1 chambre (1 lit 2 pers.), salle d'eau, chauffage central, terrasse, terrain clos. Station de ski Aussois. Belle maison de pays de 1932 rénovée. En plein coeur du bourg en bordure du secteur pieton. Magnifique village savoyard typique sur un plateau sud bien ensoleillé. Secteur calme. Gîte spacieux. Terrasse abritée. Agréable espace extérieur clos aménagé. Proximité commerces et services.
Francine et Daniel DETIENNE - La Buidonnière - 73500 AUSSOIS
Tél. : 04 79 20 35 58 - 06 81 18 59 65

| B. SAIS. HIV. | NOEL/ NOUV.AN | HTE SAIS. HIV. | MOY. SAIS. HIV. | B. SAIS. ETE | PROMO ETE | HTE SAIS. ETE | WEEK-END | | | | | | | | |
|---|---|---|---|---|---|---|---|---|---|---|---|---|---|---|---|
| 144 | 290 | 382 | 219 | 144 | 158 | 213 | 45 | SP | 0,5 | 0,8 | SP | 4 | 0,8 | 35 | 7 | 0,1 |

---

### N° 23134 — AUSSOIS — 1500 m — CM 77 pli 8
**NN — 6 pers.**

Parc National de la Vanoise sur place. Forts de l'Esseillon 1 km. 4 gîtes, 1 commerce dans la maison. 2e gîte au 1er étage : séjour coin cuisine (1 convertible 2 pers.), 2 chambres (1 lit 2 pers., 2 lits 1 pers. superposés), salle d'eau, chauffage central, balcon, véranda. Station de ski Aussois. Belle maison de pays de 1932 rénovée. En plein coeur du bourg en bordure du secteur pieton. Magnifique village savoyard typique sur un plateau sud bien ensoleillé. Secteur calme. Chaleureux gîte. Spacieux et lumineux. Balcon exposé. Agréable verranda. Proximité commerces et services.
Francine et Daniel DETIENNE - La Buidonnière - 73500 AUSSOIS
Tél. : 04 79 20 35 58 - 06 81 18 59 65

| B. SAIS. HIV. | NOEL/ NOUV.AN | HTE SAIS. HIV. | MOY. SAIS. HIV. | B. SAIS. ETE | PROMO ETE | HTE SAIS. ETE | WEEK-END | | | | | | | | |
|---|---|---|---|---|---|---|---|---|---|---|---|---|---|---|---|
| 230 | 510 | 690 | 364 | 230 | 253 | 356 | 100 | SP | 0,5 | 0,8 | SP | 4 | 0,8 | 35 | 7 | 0,1 |

# SAVOIE - 73

Périodes tarifaires p. 519

## N° 23135 AUSSOIS — 1500 m — CM 77 pli 8

NN 6 pers.

**Parc National de la Vanoise sur place. Forts de l'Esseillon 1 km.** 4 gîtes, 1 commerce dans la maison. 3e gîte au 1er étage : séjour coin cuisine, 2 chambres (1 lit 2 pers., 2 fois 2 lits 1 pers. superposés), salle d'eau, chauffage central, balcon. Station de ski Aussois. Belle maison de pays de 1932 rénovée. En plein coeur du bourg en bordure du secteur pieton. Magnifique village savoyard typique sur un plateau sud bien ensoleillé. Secteur calme. Chaleureux gîte. Spacieux et lumineux. Large balcon exposé. Proximité commerces et services.
Francine et Daniel DETIENNE - La Buidonnière - 73500 AUSSOIS
Tél. : 04 79 20 35 58 - 06 81 18 59 65

| B. SAIS. HIV. | NOEL/NOUV.AN | HTE SAIS. HIV. | MOY. SAIS. HIV. | B. SAIS. ETE | PROMO ETE | HTE SAIS. ETE | WEEK-END |
|---|---|---|---|---|---|---|---|
| 230 | 510 | 690 | 364 | 230 | 253 | 356 | 100 |

| | | | | | | | | | | |
|---|---|---|---|---|---|---|---|---|---|---|
| SP | 0,5 | 0,8 | SP | 4 | 0,8 | 35 | SP | 7 | 0,1 | |

## N° 23136 AUSSOIS — 1500 m — CM 77 pli 8

NN 6 pers.

**Parc National de la Vanoise sur place. Forts de l'Esseillon 1 km.** 4 gîtes, 1 commerce dans la maison. 4e gîte au 2e étage : séjour coin cuisine (1 convertible 2 pers.), 2 chambres (1 lit 2 pers., 2 lits 1 pers. superposés), salle d'eau, chauffage central, balcon. Station de ski Aussois. Belle maison de pays de 1932 rénovée. En plein coeur du bourg en bordure du secteur pieton. Magnifique village savoyard typique sur un plateau sud bien ensoleillé. Secteur calme. Chaleureux gîte de très bon confort. Spacieux et lumineux. Balcon exposé. Proximité commerces et service.
Francine et Daniel DETIENNE - La Buidonnière - 73500 AUSSOIS
Tél. : 04 79 20 35 58 - 06 81 18 59 65

| B. SAIS. HIV. | NOEL/NOUV.AN | HTE SAIS. HIV. | MOY. SAIS. HIV. | B. SAIS. ETE | PROMO ETE | HTE SAIS. ETE | WEEK-END |
|---|---|---|---|---|---|---|---|
| 230 | 510 | 690 | 364 | 230 | 253 | 356 | 100 |

| | | | | | | | | | | |
|---|---|---|---|---|---|---|---|---|---|---|
| SP | 0,5 | 0,8 | SP | 4 | 0,8 | 35 | SP | 7 | 0,1 | |

## N° 23137 AUSSOIS — 1500 m — CM 77 pli 8

NN 10 pers.

**Parc National de la Vanoise sur place. Forts de l'Esseillon 1 km.** 2 gîtes dans la maison. 1er gîte au r.d.c. + 1er ét. : séjour coin cuisine, cheminée, s.-linge commun, m-ondes, 3 ch. (3 lits 2 pers., 2 lits 1 pers.), 3 s. d'eau, chauff. électr., terrasse. Draps fournis. Ski Aussois. Surf. du gîte (116 m²), pièces mansardées comprises. Tarifs promotionnels en basse et moyenne saison. Belle maison contemp. style pays, située sur le bas du village. Sect. calme. Gîte de très grand standing. Spacieux et lumineux. Belle cheminée. Agréable et chaleureux. Terrasse exposée. Magnifique vue panor. sur le massif.
Christine BERMOND - 13 la Buidonnière - 73500 AUSSOIS
Tél. : 04 79 20 39 45 - Fax : 04 79 20 37 43 - Email : info@chalet-antramis.com

| B. SAIS. HIV. | NOEL/NOUV.AN | HTE SAIS. HIV. | MOY. SAIS. HIV. | B. SAIS. ETE | PROMO ETE | HTE SAIS. ETE | WEEK-END |
|---|---|---|---|---|---|---|---|
| 1310 | 2100 | 2100 | 1310 | 600 | 680 | 1030 | 350 |

| | | | | | | | | | | |
|---|---|---|---|---|---|---|---|---|---|---|
| 0,4 | 0,8 | 0,4 | SP | 7 | 0,8 | 35 | SP | 7 | 0,2 | |

## N° 23138 AUSSOIS — 1500 m — CM 77 pli 8

NN 12 pers.

**Parc National de la Vanoise sur place. Forts de l'Esseillon 1 km.** 2 gîtes dans la maison. 2e gîte au r.d.c., 1er + 2e étage : séjour coin cuisine, cheminée, sèche-linge commun, m-ondes, 5 ch. (3 lits 2 pers., 6 lits 1 pers.), 4 s. d'eau, chauff. électr., terrasse. Draps fournis. Ski Aussois. Surface tle du gîte (127 m²), pièces mansardées comprises. Tarifs promot. en basse et moyenne saison. Belle maison contemporaine style pays. Secteur calme. Gîte de très grand standing. Très spacieux, lumineux. Belle cheminée. Agréable et très chaleureux. Vaste terrasse exposée. Magnifique vue panoramique sur le massif.
Christine BERMOND - 13 la Buidonnière - 73500 AUSSOIS
Tél. : 04 79 20 39 45 - Fax : 04 79 20 37 43 - Email : info@chalet-antramis.com

| B. SAIS. HIV. | NOEL/NOUV.AN | HTE SAIS. HIV. | MOY. SAIS. HIV. | B. SAIS. ETE | PROMO ETE | HTE SAIS. ETE | WEEK-END |
|---|---|---|---|---|---|---|---|
| 1480 | 2430 | 2430 | 1480 | 780 | 870 | 1250 | 450 |

| | | | | | | | | | | |
|---|---|---|---|---|---|---|---|---|---|---|
| 0,4 | 0,8 | 0,4 | SP | 7 | 0,8 | 35 | SP | 7 | 0,2 | |

## N° 23139 AUSSOIS — 1500 m — CM 77 pli 8

NN 5 pers.

**Parc National de la Vanoise sur place. Forts de l'Esseillon 2 km.** 3 gîtes dans la maison du propriétaire. 3e gîte au 1er étage : séjour coin-cuisine (1 divan-lit 1 pers.), piano, 2 chambres (1 lit 2 pers., 2 lits 1 pers.), salle de bains, chauffage central, terrasse, véranda, terrain. Station de ski Aussois. Maison récente en bordure du village, installée sur un plateau dominant la vallée de l'Arc. Nombreuses randonnées dans le parc de la Vanoise et parmi les forts de l'Esseillon.
LOISIRS ACCUEIL SAVOIE - Maison du Tourisme - 24 bd de la Colonne - 73024 CHAMBERY Cedex
Tél. : 04 79 85 01 09 - Fax : 04 79 85 71 32 - Email : resa@gites-de-france-savoie.com - www.gites-de-france-savoie.com

| B. SAIS. HIV. | NOEL/NOUV.AN | HTE SAIS. HIV. | MOY. SAIS. HIV. | B. SAIS. ETE | PROMO ETE | HTE SAIS. ETE |
|---|---|---|---|---|---|---|
| 281 | 506 | 618 | 292 | 225 | 281 | 337 |

| | | | | | | | | | | |
|---|---|---|---|---|---|---|---|---|---|---|
| 0,3 | 0,5 | 7 | SP | 4,5 | 0,5 | 10 | SP | 8 | 0,3 | |

## N° 47178 BONNEVAL-SUR-ARC — Tralenta — 1850 m — CM 74 pli 19

NN 4 pers.

**Parc National de la Vanoise 3 km. Col de l'Iseran 14 km.** Maison mitoyenne avec 3 gîtes. 2e au 1er étage : séjour coin-cuisine, cheminée, micro-ondes, 2 ch. (1 lit 2 pers., 2 lits 1 pers.), salle de bains, chauffage électrique, terrasse, terrain. Station de ski Bonneval. Accès au gîte l'hiver : 50 m à pied. Superbe chalet contemporain de style sis à flanc de côteau sud face aux pistes. Secteur calme. Gîte de très grand standing. Spacieux et lumineux. Belle cheminée. Equipement de grande qualité. Agréable et très chaleureux. Large terrasse exposée. Belle vue dégagée sur le massif.
Brigitte ANSELMET - Les Narcisses - 73480 BONNEVAL-SUR-ARC
Tél. : 04 79 05 92 31 - Fax : 04 79 05 92 31

| B. SAIS. HIV. | NOEL/NOUV.AN | HTE SAIS. HIV. | MOY. SAIS. HIV. | B. SAIS. ETE | PROMO ETE | HTE SAIS. ETE |
|---|---|---|---|---|---|---|
| 360 | 600 | 740 | 470 | 300 | 400 | 450 |

| | | | | | | | | | | |
|---|---|---|---|---|---|---|---|---|---|---|
| 0,1 | 0,1 | 17 | 0,5 | 0,1 | 9 | SP | 45 | 0,1 | | |

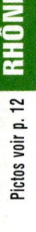

RHÔNE-ALPES — Pictos voir p. 12

# SAVOIE - 73

*Périodes tarifaires p. 519*

## N° 54153 — BOURG-ST-MAURICE-LES-ARCS — Montrigon — 1050 m — CM 74 pli 18
**NN — 5 pers.**

Musée des artisans à Séez 8 km. Col du Petit St Bernard 30 km. Gîte dans la maison du propriétaire. Rez-de-chaussée : séjour coin cuisine, 2 chambres (1 lit 2 pers., 3 lits 1 pers.), salle d'eau, chauffage central, terrain. Ski liaison par funiculaire pour les Arcs. Belle maison contemporaine sise dans un charmant petit hameau typique, à flanc de côteau entre prairies et forêts. Secteur très calme. Gîte de très bon confort. Chaleureux, coquet et spacieux. Agréable espace extérieur aménagé. Superbe vue dégagée sur le massif.

Nicole et Christian PASQUET - Montrigon - 73700 BOURG-SAINT-MAURICE
Tél. : 04 79 07 24 57 - 06 09 01 48 65 - Fax : 04 79 07 24 57 - Email : nicolepasquet@yahoo.fr

| B. SAIS. HIV. | NOEL/NOUV.AN | HTE SAIS. HIV. | MOY. SAIS. HIV. | B. SAIS. ETE | PROMO ETE | HTE SAIS. ETE | WEEK-END | | | | | | | | | | |
|---|---|---|---|---|---|---|---|---|---|---|---|---|---|---|---|---|---|
| 390 | 500 | 545 | 460 | 295 | 320 | 355 | 220 | 0,2 | 0,5 | SP | 5 | 5 | 12 | SP | 5 | 5 |

## N° 54154 — BOURG-ST-MAURICE-LES-ARCS — 850 m — CM 74 pli 18
**NN — 5 pers.**

Maison des artisans à Séez 3 km. Col du Petit St Bernard 31 km. Gîte dans la maison du propriétaire. Rez-de-chaussée : séjour coin cuisine (2 lits 1 pers. gigognes soit 160 cm), cheminée, 1 chambre (3 lits 1 pers. dont 2 superposés), salle de bains, chauffage électrique, balcon, terrasse, garage, terrain clos, meubles de jardin. Ski liaison les Arcs par funiculaire. Escalade 0.2 km, canoë 1 km. Maison contemporaine située dans un secteur résidentiel calme dominant le bourg. Gîte de très bon confort, agréable, chaleureux et lumineux. Superbe cheminée. Large terrasse exposée, bel espace extérieur clos aménagé.

LOISIRS ACCUEIL SAVOIE - Maison du Tourisme - 24 bd de la Colonne - 73024 CHAMBERY Cedex
Tél. : 04 79 85 01 09 - Fax : 04 79 85 71 32 - Email : resa@gites-de-france-savoie.com - www.gites-de-france-savoie.com

| B. SAIS. HIV. | NOEL/NOUV.AN | HTE SAIS. HIV. | MOY. SAIS. HIV. | B. SAIS. ETE | PROMO ETE | HTE SAIS. ETE | WEEK-END | | | | | | | | | | |
|---|---|---|---|---|---|---|---|---|---|---|---|---|---|---|---|---|---|
| 360 | 457 | 457 | 360 | 260 | 230 | 305 | 90 | 0,5 | 0,5 | 0,6 | 0,5 | 0,5 | 0,6 | 7 | SP | 0,3 | 0,2 |

## N° 54155 — BOURG-ST-MAURICE-LES-ARCS — 850 m — CM 74 pli 18
**NN — 4 pers.**

Maison des Artisans 3 km. Col du Petit St Bernard 31 km. 2 gîtes dans la maison du propriétaire. 2e gîte au 1er étage : séjour (2 lits 1 pers. gigognes), petite cuisine, 1 chambre (1 lit 2 pers.), salle de bains, chauffage central, terrasse, terrain clos. Ski liaison les Arcs par funiculaire à 700 mètres. Belle maison contemporaine située dans un quartier résidentiel calme à proximité du centre ville. Gîte spacieux et confortable. Grande terrasse au rez-de-chaussée. Bel espace extérieur avec vue sur les montagnes.

Guy MARMOTTAN - 39 impasse Croix-St-Maurice - 73700 BOURG-SAINT-MAURICE
Tél. : 04 79 07 51 16 - Fax : 04 79 07 51 16

| B. SAIS. HIV. | NOEL/NOUV.AN | HTE SAIS. HIV. | MOY. SAIS. HIV. | B. SAIS. ETE | PROMO ETE | HTE SAIS. ETE | | | | | | | | |
|---|---|---|---|---|---|---|---|---|---|---|---|---|---|---|
| 360 | 550 | 650 | 480 | 260 | 375 | 395 | 0,6 | 3 | 2 | 0,5 | 2 | 3 | 8 | SP | 1 | 0,6 |

## N° 56117 — BRAMANS — Boucle des Orts — 1250 m — CM 77 pli 8
**NN — 6 pers.**

Eglise St Pierre d'Extravache (Vle) 7 km. Col Mont-Cenis 25 km. 2 gîtes dans la maison du propriétaire. 1er gîte au 1er étage : séjour coin-cuisine, four micro-ondes, 2 chambres (2 lits 2 pers., 2 lits 1 pers.), salle de bains, chauffage central, terrain clos. Ski Termignon 6 km, la Norma 9 km, Val-Cenis 13 km. Maison récente en bordure du village, située dans un environnement très fleuri. Gîte mansardé avec vue sur le village et depuis les chambres vue sur la vallée et les montagnes.

André RATEL - Boucle des Orts - 73500 BRAMANS
Tél. : 04 79 05 32 51

| B. SAIS. HIV. | NOEL/NOUV.AN | HTE SAIS. HIV. | MOY. SAIS. HIV. | B. SAIS. ETE | PROMO ETE | HTE SAIS. ETE | WEEK-END | | | | | | | | |
|---|---|---|---|---|---|---|---|---|---|---|---|---|---|---|---|
| 259 | 500 | 530 | 300 | 230 | 300 | 300 | 140 | 6 | 0,5 | 10 | 0,1 | 0,1 | 1 | 6 | SP | 11 | 0,3 |

## N° 71184 — CHAMPAGNY-EN-VANOISE — Le Plan du Crey — 1250 m — CM 74 pli 18
**NN — 12 pers.**

Eglise baroque 0,5 km. Parc National de la Vanoise 5 km. Maison individuelle. 1er + 2e ét. : salon, séjour coin cuisine, cheminée, sèche-linge, micro-ondes, 6 chambres (2 lits 2 pers., 8 lits 1 pers.), 2 salles de bains, salle d'eau, chauffage central, balcon, terrasse. Ski Champagny liaison la Plagne. Thermes Brides les Bains. Superbe chalet récent situé en bordure du village au pied d'un côteau exposé plein sud. Vue dégagée sur le village, la vallée et les montagnes. Vaste terrasse avec mobilier de jardin et barbecue. Excellentes prestations.

Monique et Gérard BRUN - Les Epinettes - 73350 CHAMPAGNY-EN-VANOISE
Tél. : 04 79 55 00 60 - Fax : 04 79 22 03 30

| B. SAIS. HIV. | NOEL/NOUV.AN | HTE SAIS. HIV. | MOY. SAIS. HIV. | B. SAIS. ETE | PROMO ETE | HTE SAIS. ETE | | | | | | | | |
|---|---|---|---|---|---|---|---|---|---|---|---|---|---|---|
| 1200 | 2400 | 2400 | 1500 | 600 | 650 | 980 | 0,2 | 5 | 0,4 | SP | 0,3 | 13 | 6 | SP | 18 | 0,5 |

## N° 71185 — CHAMPAGNY-EN-VANOISE — Les Epinettes — 1200 m — CM 74 pli 18
**NN — 8 pers.**

Eglise baroque au village. Parc National de la Vanoise 5 km. Maison individuelle. R.d.c., 1er + 2e ét. : séj. coin-cuisine, mezzanine, 2 chambres (1 lit 2 pers., 6 lits 1 pers.), s. de bains, s. d'eau, ch. central balcon, terrasse, garage, terrain, meubles jardin, barbecue. Thermes Brides les Bains. Esca. 1 km, pati. 11 km. Surface totale du gîte (90 m²), pièces mansardées comprises. Chalet contemporain en plein coeur du village. Secteur calme. Coteau sud ensoleillé. Très bon confort. Equipement complet de qualité. Vaste mezzanine mansardée. Balcon et large terrasse exposés. Grand garage.

LOISIRS ACCUEIL SAVOIE - Maison du Tourisme - 24 bd de la Colonne - 73024 CHAMBERY Cedex
Tél. : 04 79 85 01 09 - Fax : 04 79 85 71 32 - Email : resa@gites-de-france-savoie.com - www.gites-de-france-savoie.com

| B. SAIS. HIV. | NOEL/NOUV.AN | HTE SAIS. HIV. | MOY. SAIS. HIV. | B. SAIS. ETE | PROMO ETE | HTE SAIS. ETE | | | | | | | | |
|---|---|---|---|---|---|---|---|---|---|---|---|---|---|---|
| 750 | 1250 | 1360 | 920 | 400 | 500 | 640 | SP | 5 | 0,4 | SP | 1 | 11 | 26 | SP | 19 | 0,2 |

# SAVOIE - 73

*Périodes tarifaires p. 519*

## N° 71186 CHAMPAGNY-EN-VANOISE — Les Epinettes — 1200 m — CM 74 pli 18

**NN 4 pers.**

Eglise baroque au village. Parc National de la Vanoise 5 km. 1 gîte, 1 logement dans la maison du propriétaire. R.d.c. : séjour coin cuisine, l-vaisselle, 2 chambres (1 lit 2 pers., 2 lits 1 pers.), salle d'eau, chauffage central, terrasse, terrain, meubles de jardin, barbecue. Ski Champagny sur place, Pralognan 11 km. Thermes Brides les Bains. Escalade 1 km, patinoire 11 km. Belle maison contemporaine de pays sise en plein coeur du village. Secteur résidentiel calme. Côteau sud bien ensoleillé. Gîte de bon confort. Spacieux. Equipement complet. Large terrasse exposée. Bel espace extérieur aménagé.

LOISIRS ACCUEIL SAVOIE - Maison du Tourisme - 24 bd de la Colonne - 73024 CHAMBERY Cedex
Tél. : 04 79 85 01 09 - Fax : 04 79 85 71 32 - Email : resa@gites-de-france-savoie.com - www.gites-de-france-savoie.com

| B. SAIS. HIV. | NOEL/NOUV.AN | HTE SAIS. HIV. | MOY. SAIS. HIV. | B. SAIS. ETE | PROMO ETE | HTE SAIS. ETE |
|---|---|---|---|---|---|---|
| 350 | 630 | 630 | 420 | 260 | 360 | 390 |

| | | | | | | | | | | |
|---|---|---|---|---|---|---|---|---|---|---|
| SP | 5 | 0,4 | SP | 1 | 11 | 26 | SP | 19 | 0,2 | |

## N° 71187 CHAMPAGNY-EN-VANOISE — Villard Dessous — 1250 m — CM 74 pli 18

**NN 8 pers.**

Eglise baroque sur place. Parc National de la Vanoise 6 km. Maison mitoyenne. Rez-de-chaussée, 1er + 2e étage : séjour coin-cuisine, micro-ondes, 3 chambres (2 lits 2 pers., 4 lits 1 pers.), 2 salles d'eau, chauffage électrique, terrasse de 20 m². Draps fournis. Ski Champagny liaison la Plagne. Escalade 1 km, raquettes 5.5 km, patinoire 10 km. Thermes Brides les Bains. Réduction tarif sur certaines périodes. Ancienne maison de village rénovée, située en face de la base de loisirs. Aménagement rustique conservant l'esprit du bâtiment. Grande terrasse avec vue sur le village et la montagne.

LOISIRS ACCUEIL SAVOIE - Maison du Tourisme - 24 bd de la Colonne - 73024 CHAMBERY Cedex
Tél. : 04 79 85 01 09 - Fax : 04 79 85 71 32 - Email : resa@gites-de-france-savoie.com - www.gites-de-france-savoie.com

| B. SAIS. HIV. | NOEL/NOUV.AN | HTE SAIS. HIV. | MOY. SAIS. HIV. | B. SAIS. ETE | PROMO ETE | HTE SAIS. ETE | WEEK-END |
|---|---|---|---|---|---|---|---|
| 757 | 1087 | 1087 | 757 | 311 | 430 | 550 | 120 |

| | | | | | | | | | |
|---|---|---|---|---|---|---|---|---|---|
| 0,3 | 5,5 | SP | SP | 0,5 | 13 | SP | 18 | 0,3 | |

## N° 71188 CHAMPAGNY-EN-VANOISE — 1250 m — CM 74 pli 18

**NN 8 pers.**

Eglise de Champagny 0,5 km. Parc National de la Vanoise 6,5 km. Maison mitoyenne. 1er + 2e étage : séjour coin-cuisine, cheminée, 3 chambres (2 lits 2 pers., 4 lits 1 pers.), 2 salles d'eau, chauffage électrique, terrasse. Ski Champagny liaison la Plagne. Surface totale du gîte (70 m²), pièces mansardées comprises. Chalet mitoyen dans un ensemble de logements situés sur un promontoire à l'écart du village. Belle réalisation en pierres et bois et toits en lauzes. Vaste séjour bien équipé et grande terrasse plein sud.

Jean-Michel SOUVY - Chalet l'Erable - 73350 CHAMPAGNY-EN-VANOISE
Tél. : 04 79 55 00 69 - Fax : 04 79 22 14 05

| B. SAIS. HIV. | NOEL/NOUV.AN | HTE SAIS. HIV. | MOY. SAIS. HIV. | B. SAIS. ETE | PROMO ETE | HTE SAIS. ETE | WEEK-END |
|---|---|---|---|---|---|---|---|
| 750 | 1200 | 1400 | 750 | 280 | 380 | 520 | 150 |

| | | | | | | | | | |
|---|---|---|---|---|---|---|---|---|---|
| 1,5 | 6,5 | 0,5 | SP | 2 | 11 | SP | 17 | 1,5 | |

## N° 71189 CHAMPAGNY-EN-VANOISE — 1250 m — CM 74 pli 18

**NN 10 pers.**

Eglise de Champagny 0,5 km. Parc National de la Vanoise 6,5 km. Maison mitoyenne. 1er + 2e étage : séjour coin-cuisine, 4 chambres (3 lits 2 pers., 4 lits 1 pers.), 2 salles d'eau, chauffage électrique, terrasse. Ski Champagny liaison la Plagne. Surface totale du gîte (70 m²), pièces mansardées comprises. Chalet mitoyen dans un ensemble de logements situés sur un promontoire à l'écart du village. Belle réalisation en pierres et bois et toits en lauzes. Vaste séjour bien équipé et grande terrasse plein sud.

Jean-Michel SOUVY - Chalet l'Erable - 73350 CHAMPAGNY-EN-VANOISE
Tél. : 04 79 55 00 69 - Fax : 04 79 22 14 05

| B. SAIS. HIV. | NOEL/NOUV.AN | HTE SAIS. HIV. | MOY. SAIS. HIV. | B. SAIS. ETE | PROMO ETE | HTE SAIS. ETE | WEEK-END |
|---|---|---|---|---|---|---|---|
| 750 | 1200 | 1400 | 750 | 280 | 380 | 520 | 150 |

| | | | | | | | | | |
|---|---|---|---|---|---|---|---|---|---|
| 1,5 | 6,5 | 0,5 | SP | 2 | 11 | SP | 17 | 1,5 | |

## N° 71190 CHAMPAGNY-EN-VANOISE — 1250 m — CM 74 pli 18

**NN 8 pers.**

Eglise baroque 0,5 km. Parc National de la Vanoise 6,5 km. Maison mitoyenne. 1er + 2e étage : séjour coin-cuisine, cheminée, micro-ondes, 3 chambres (2 lits 2 pers., 4 lits 1 pers.), salle de bains, salle d'eau, chauffage électrique, balcon, terrasse, petit terrain. Ski Champagny liaison la Plagne. Thermes Brides les Bains. Réduction de tarif sur certaines périodes. Chalet mitoyen dans un ensemble de logements situés sur un promontoire à l'écart du village. Belle réalisation en pierres et bois et lauzes en toiture. Vaste séjour bien équipé et grande terrasse plein sud.

Jean-Louis TAILLANDIER - Les Rochers - 73350 CHAMPAGNY-EN-VANOISE
Tél. : 04 79 55 07 95 - 04 79 55 07 49

| B. SAIS. HIV. | NOEL/NOUV.AN | HTE SAIS. HIV. | MOY. SAIS. HIV. | B. SAIS. ETE | PROMO ETE | HTE SAIS. ETE |
|---|---|---|---|---|---|---|
| 944 | 1262 | 1262 | 944 | 440 | 550 | 608 |

| | | | | | | | | | |
|---|---|---|---|---|---|---|---|---|---|
| 1,5 | 6,5 | 0,5 | SP | 2 | 11 | SP | 17 | 1,5 | |

## N° 318103 LE CORBIER-VILLAREMBERT — 1500 m — CM 77 pli 7

**NN 10 pers.**

St-Jean-de-Maurienne 15 km. Col de la Croix de Fer 38 km. Maison individuelle. R.d.c. + 1er étage : séjour coin-cuisine, micro ondes, 4 chambres (4 lits 2 pers., 2 lits 1 pers. gigognes), 2 salles d'eau, chauffage électrique, balcon, terrasse. Ski le Corbier liaison la Toussuire et domaine Grand Large les Sybelles. Chalet contemporain situé en bordure du hameau à l'entrée de la station. Splendide vue sur la vallée et le cirque de montagnes. Aménagement de qualité et ambiance montagne.

Maryse et Philippe SPAGNOLO - Lotissement le Saut - 73300 LE CORBIER
Tél. : 04 79 83 02 49 - 06 88 74 94 35 - Fax : 04 79 83 02 49

| B. SAIS. HIV. | NOEL/NOUV.AN | HTE SAIS. HIV. | MOY. SAIS. HIV. | B. SAIS. ETE | PROMO ETE | HTE SAIS. ETE |
|---|---|---|---|---|---|---|
| 1000 | 1700 | 1900 | 1300 | 490 | 600 | 820 |

| | | | | | | | | | |
|---|---|---|---|---|---|---|---|---|---|
| 0,2 | 0,5 | 0,5 | SP | 0,5 | SP | 16 | 0,5 | | |

# SAVOIE - 73

*Périodes tarifaires p. 519*

## N° 227150 — COURCHEVEL-SAINT-BON — Le Praz — 1300 m — CM 74 pli 18

**NN — 8 pers.**

Eglise de St Bon 2 km. Parc de la Vanoise 13 km. Maison mitoyenne. R.d.c., 1er + 2e ét. : séjour coin-cuisine, 4 ch. (8 lits 1 pers. en 75 cm. modulables en lits 2 pers.), salle d'eau + douche et WC dans chaque chambre, ch. central, poêle à bois, 3 balcons, petit terrain clos. Thermes Brides les Bains. Pièces mansardées comprises. Belle maison de pays traditionnelle (fin 19e) rénovée. En plein coeur du vieux village. Secteur calme. Très grand confort. Equipement de grande qualité. Très spacieux. Chaleureuses chambres mansardées. Ambiance chalet. Triple balcon. Petit jardinet clos.

LOISIRS ACCUEIL SAVOIE - Maison du Tourisme - 24 bd de la Colonne - 73024 CHAMBERY Cedex
Tél. : 04 79 85 01 09 - Fax: 04 79 85 71 32 - Email : resa@gites-de-france-savoie.com - www.gites-de-france-savoie.com

| B. SAIS. ETE | PROMO ETE | HTE SAIS. ETE | WEEK-END |
|---|---|---|---|
| 626 | 716 | 823 | 206 |

| | | | | | | | | | |
|---|---|---|---|---|---|---|---|---|---|
| 4 | SP | 0,2 | 1 | 21 | SP | 15 | 0,1 | | |

## N° 227151 — COURCHEVEL-ST-BON — 1150 m — CM 74 pli 18

**NN — 8 pers.**

Courchevel le Praz 2,5 km. Moutiers 14 km. Maison mitoyenne. R.d.c., r.d.c surél., 1er + 2e ét. : salon, séjour coin cuisine, 2 cheminées, magnétoscope, Hifi, m-ondes, 2 mezzanines, 2 ch. (1 lit 2 pers., 6 lits 1 pers.), 2 s. de bains, ch. élect., terrasse. Thermes Brides les Bains. Surface totale du gîte (113 m²) pièces mansardées comprises. Ancienne grange de pays superbement rénovée (17ème) sise en plein coeur du vieux village classé. Très calme. Gîte de très grand confort. Spacieux. Agréable et très chaleureux. Beaucoup de charme: voûtes d'origine. Terrasse.

Jacqueline et Chris TARDY SMITH - 22 rue de Budapest - 73000 CHAMBERY
Tél.: 04 79 85 65 10 - 06 82 87 34 21 - Email : tardy6@aol.com

| B. SAIS. HIV. | NOEL/NOUV.AN | HTE SAIS. HIV. | MOY. SAIS. HIV. | HTE SAIS. ETE |
|---|---|---|---|---|
| 1000 | 1300 | 1300 | 1000 | 500 |

| | | | | | | | | | | |
|---|---|---|---|---|---|---|---|---|---|---|
| 2,5 | 2,5 | 7 | SP | 2,5 | 4 | 21 | SP | 14 | 2,5 | |

## N° 102114 — DOUCY-LA-LECHERE — 1000 m — CM 74 pli 17

**NN — 10 pers.**

Moûtiers 12 km. Parc National de la Vanoise 35 km. Maison mitoyenne. Sur 3 niveaux : séjour coin-cuisine, cheminée, 4 chambres (4 lits 2 pers., 2 lits 1 pers.), 2 salles de bains, chauffage électrique, balcon. Ski Combelouvière liaison Valmorel 4 km, Valmorel liaison St-François-Longchamp 12 km. Ancienne maison du village en pierres du pays. Gîte chaleureux. Depuis une des chambres mansardée vue sur la station par dessus les toits. Ancienne écurie voûtée pour ranger le matériel (ski, vélos...).

LOISIRS ACCUEIL SAVOIE - Maison du Tourisme - 24 bd de la Colonne - 73024 CHAMBERY Cedex
Tél. : 04 79 85 01 09 - Fax: 04 79 85 71 32 - Email : resa@gites-de-france-savoie.com - www.gites-de-france-savoie.com

| B. SAIS. HIV. | NOEL/NOUV.AN | HTE SAIS. HIV. | MOY. SAIS. HIV. | B. SAIS. ETE | PROMO ETE | HTE SAIS. ETE |
|---|---|---|---|---|---|---|
| 600 | 850 | 850 | 690 | 400 | 550 | 550 |

| | | | | | | | | |
|---|---|---|---|---|---|---|---|---|
| 4 | 4 | 5 | SP | 6 | 9 | 13 | SP | 9 | 4 |

## N° 108106 — EPERSY — 500 m — CM 74 pli 15

**NN — 6 pers.**

Aix les Bains et le Lac du Bourget 11 km. Maison individuelle. Rez-de-chaussée + 1er étage : séjour coin-cuisine, 3 chambres (1 lit 2 pers., 4 lits 1 pers.), salle d'eau, chauffage central, terrasse de 30 m², terrain de 1000 m². Ski le Revard. Thermes Aix les Bains. Ancienne grange rénovée située en pleine nature. Vue sur le Semnoz et le Revard.

LOISIRS ACCUEIL SAVOIE - Maison du Tourisme - 24 bd de la Colonne - 73024 CHAMBERY Cedex
Tél. : 04 79 85 01 09 - Fax: 04 79 85 71 32 - Email : resa@gites-de-france-savoie.com - www.gites-de-france-savoie.com

| B. SAIS. HIV. | NOEL/NOUV.AN | HTE SAIS. HIV. | MOY. SAIS. HIV. | B. SAIS. ETE | PROMO ETE | HTE SAIS. ETE | WEEK-END |
|---|---|---|---|---|---|---|---|
| 311 | 370 | 370 | 326 | 304 | 404 | 404 | 132 |

| | | | | | | | | | |
|---|---|---|---|---|---|---|---|---|---|
| 45 | 45 | 11 | SP | 11 | 11 | 11 | SP | 11 | 5 |

## N° 98124 — LA FECLAZ-LES-DESERTS — 1280 m — CM 74 pli 15

**NN — 6 pers.**

Parc Régional des Bauges sur place. Chambéry 20 km. Gîte dans la maison du propriétaire. Rez-de-chaussée + 1er étage : séjour coin-cuisine (1 canapé-lit 2 pers.), sèche-linge, micro-ondes, 2 chambres (2 lits 2 pers.), salle d'eau, chauffage central, terrasse, terrain. Ski la Féclaz 1 km. Thermes Challes les Eaux. Belle maison ancienne rénovée, située sur une butte dominant la vallée. Superbe vue vers le Mont Margériaz et dans le loin, sur la chaîne de Belledonne. Hameau au calme, accessible par 100 m de chemin empierré. Buanderie et salle de fartage communes avec le propriétaire.

Alain CHARLIER - Chemin du Golet - 73230 LA FECLAZ
Tél.: 04 79 25 83 07 - 06 70 12 90 06 - Fax: 04 79 25 85 40

| B. SAIS. HIV. | NOEL/NOUV.AN | HTE SAIS. HIV. | MOY. SAIS. HIV. | B. SAIS. ETE | PROMO ETE | HTE SAIS. ETE | WEEK-END |
|---|---|---|---|---|---|---|---|
| 370 | 740 | 740 | 520 | 225 | 335 | 535 | 410 |

| | | | | | | | | |
|---|---|---|---|---|---|---|---|---|
| 1 | SP | 20 | SP | 2 | 1 | 25 | SP | 20 | 1 |

## N° 98125 — LA FECLAZ-LES-DESERTS — La Chappinière — 1200 m — CM 74 pli 15

**NN — 6 pers.**

Parc Régional des Bauges sur place. Chambéry 20 km. Gîte dans la maison du propriétaire. 1er + 2e ét. : séjour coin-cuisine, micro-ondes, mezzanine (inférieure à 1.80 m, 2 lits 1 pers. pour enfants), 1 chambre (1 lit 2 pers., 2 lits 1 pers. gigognes), s. d'eau, ch. central, balcon, terrain. Ski la Féclaz. Thermes Challes les Eaux. Surface totale du gîte (56 m²) pièces mansardées comprises. Maison des années soixante transformée intérieurement et située dans une clairière. Matériaux de qualité et superbe décoration montagnarde. Vaste espace extérieur au calme.

Brigitte et Richard CHAPPERON - La Chappinière - Route de la Feclaz 73230 LA FECLAZ
Tél.: 04 79 25 02 72 - 06 85 22 60 92 - Fax: 04 79 25 02 72

| B. SAIS. HIV. | NOEL/NOUV.AN | HTE SAIS. HIV. | MOY. SAIS. HIV. | B. SAIS. ETE | PROMO ETE | HTE SAIS. ETE | WEEK-END |
|---|---|---|---|---|---|---|---|
| 300 | 610 | 580 | 390 | 300 | 390 | 460 | 183 |

| | | | | | | | | | |
|---|---|---|---|---|---|---|---|---|---|
| 1,5 | 0,3 | 20 | SP | 1 | 1,5 | 24 | SP | 19,5 | 1,5 |

RHÔNE-ALPES

# SAVOIE - 73

Périodes tarifaires p. 519

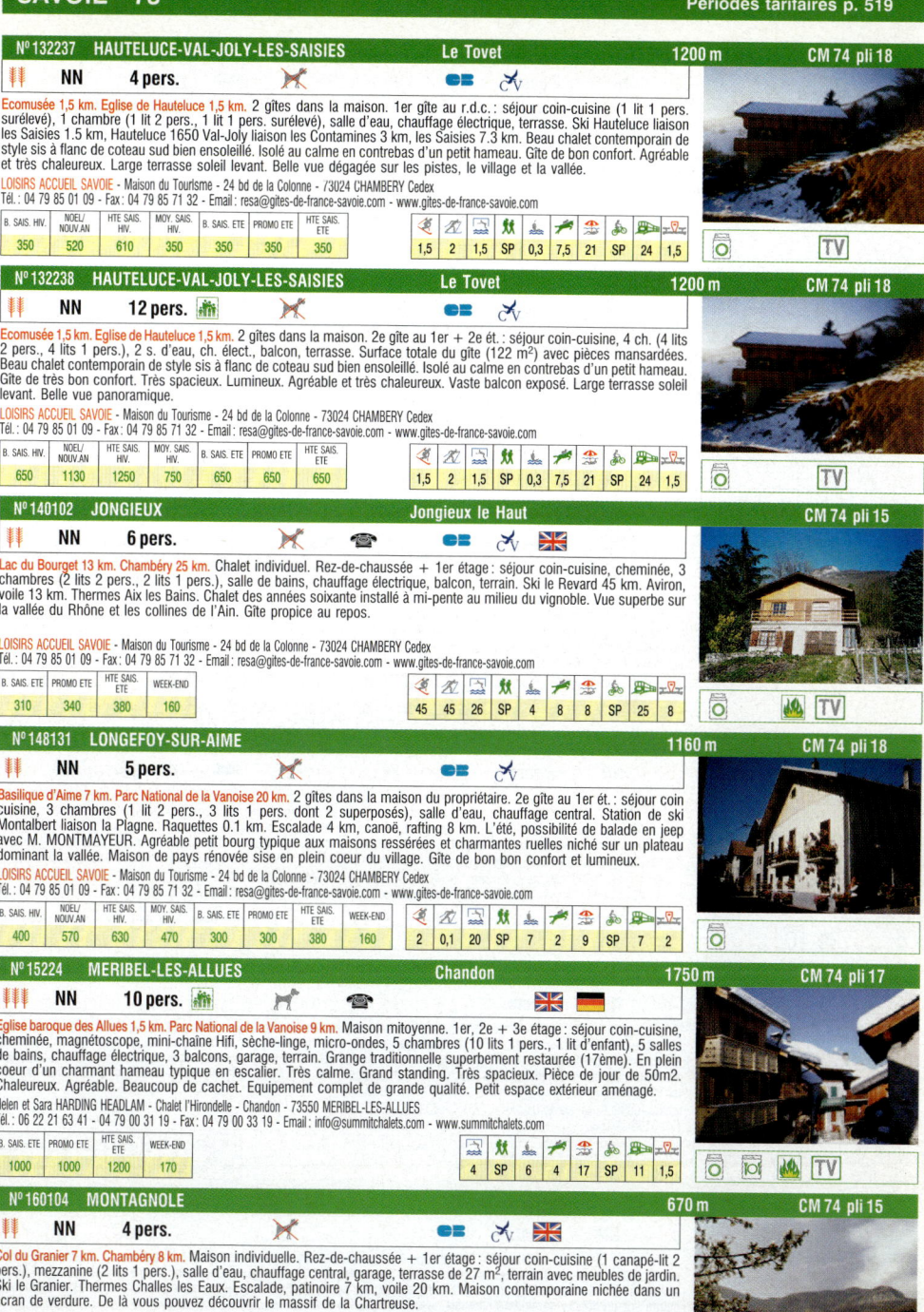

## N° 132237 HAUTELUCE-VAL-JOLY-LES-SAISIES — Le Tovet — 1200 m — CM 74 pli 18
**NN — 4 pers.**

Ecomusée 1,5 km. Eglise de Hauteluce 1,5 km. 2 gîtes dans la maison. 1er gîte au r.d.c. : séjour coin-cuisine (1 lit 1 pers. surélevé, 1 chambre (1 lit 2 pers., 1 lit 1 pers. surélevé), salle d'eau, chauffage électrique, terrasse. Ski Hauteluce liaison les Saisies 1.5 km, Hauteluce 1650 Val-Joly liaison les Contamines 3 km, les Saisies 7.3 km. Beau chalet contemporain de style sis à flanc de coteau sud bien ensoleillé. Isolé au calme en contrebas d'un petit hameau. Gîte de bon confort. Agréable et très chaleureux. Large terrasse soleil levant. Belle vue dégagée sur les pistes, le village et la vallée.

LOISIRS ACCUEIL SAVOIE - Maison du Tourisme - 24 bd de la Colonne - 73024 CHAMBERY Cedex
Tél. : 04 79 85 01 09 - Fax : 04 79 85 71 32 - Email : resa@gites-de-france-savoie.com - www.gites-de-france-savoie.com

| B. SAIS. HIV. | NOEL/NOUV.AN | HTE SAIS. HIV. | MOY. SAIS. HIV. | B. SAIS. ETE | PROMO ETE | HTE SAIS. ETE |
|---|---|---|---|---|---|---|
| 350 | 520 | 610 | 350 | 350 | 350 | 350 |

| | | | | | | | | | |
|---|---|---|---|---|---|---|---|---|---|
| 1,5 | 2 | 1,5 | SP | 0,3 | 7,5 | 21 | SP | 24 | 1,5 |

## N° 132238 HAUTELUCE-VAL-JOLY-LES-SAISIES — Le Tovet — 1200 m — CM 74 pli 18
**NN — 12 pers.**

Ecomusée 1,5 km. Eglise de Hauteluce 1,5 km. 2 gîtes dans la maison. 2e gîte au 1er + 2e ét. : séjour coin-cuisine, 4 ch. (4 lits 2 pers., 4 lits 1 pers.), 2 s. d'eau, ch. élect., balcon, terrasse. Surface totale du gîte (122 m²) avec pièces mansardées. Beau chalet contemporain de style sis à flanc de coteau sud bien ensoleillé. Isolé au calme en contrebas d'un petit hameau. Gîte de très bon confort. Très spacieux. Lumineux. Agréable et très chaleureux. Vaste balcon exposé. Large terrasse soleil levant. Belle vue panoramique.

LOISIRS ACCUEIL SAVOIE - Maison du Tourisme - 24 bd de la Colonne - 73024 CHAMBERY Cedex
Tél. : 04 79 85 01 09 - Fax : 04 79 85 71 32 - Email : resa@gites-de-france-savoie.com - www.gites-de-france-savoie.com

| B. SAIS. HIV. | NOEL/NOUV.AN | HTE SAIS. HIV. | MOY. SAIS. HIV. | B. SAIS. ETE | PROMO ETE | HTE SAIS. ETE |
|---|---|---|---|---|---|---|
| 650 | 1130 | 1250 | 750 | 650 | 650 | 650 |

| | | | | | | | | | |
|---|---|---|---|---|---|---|---|---|---|
| 1,5 | 2 | 1,5 | SP | 0,3 | 7,5 | 21 | SP | 24 | 1,5 |

## N° 140102 JONGIEUX — Jongieux le Haut — CM 74 pli 15
**NN — 6 pers.**

Lac du Bourget 13 km. Chambéry 25 km. Chalet individuel. Rez-de-chaussée + 1er étage : séjour coin-cuisine, cheminée, 3 chambres (2 lits 2 pers., 2 lits 1 pers.), salle de bains, chauffage électrique, balcon, terrain. Ski le Revard 45 km. Aviron, voile 13 km. Thermes Aix les Bains. Chalet des années soixante installé à mi-pente au milieu du vignoble. Vue superbe sur la vallée du Rhône et les collines de l'Ain. Gîte propice au repos.

LOISIRS ACCUEIL SAVOIE - Maison du Tourisme - 24 bd de la Colonne - 73024 CHAMBERY Cedex
Tél. : 04 79 85 01 09 - Fax : 04 79 85 71 32 - Email : resa@gites-de-france-savoie.com - www.gites-de-france-savoie.com

| B. SAIS. ETE | PROMO ETE | HTE SAIS. ETE | WEEK-END |
|---|---|---|---|
| 310 | 340 | 380 | 160 |

| | | | | | | | |
|---|---|---|---|---|---|---|---|
| 45 | 45 | 26 | SP | 4 | 8 | 8 | SP | 25 | 8 |

## N° 148131 LONGEFOY-SUR-AIME — 1160 m — CM 74 pli 18
**NN — 5 pers.**

Basilique d'Aime 7 km. Parc National de la Vanoise 20 km. 2 gîtes dans la maison du propriétaire. 2e gîte au 1er ét. : séjour coin-cuisine, 3 chambres (1 lit 2 pers., 3 lits 1 pers. dont 2 superposés), salle d'eau, chauffage central. Station de ski Montalbert liaison la Plagne. Raquettes 0.1 km. Escalade 4 km, canoë, rafting 8 km. L'été, possibilité de balade en jeep avec M. MONTMAYEUR. Agréable petit bourg typique aux maisons ressérées et charmantes ruelles niché sur un plateau dominant la vallée. Maison de pays rénovée sise en plein cœur du village. Gîte de bon bon confort et lumineux.

LOISIRS ACCUEIL SAVOIE - Maison du Tourisme - 24 bd de la Colonne - 73024 CHAMBERY Cedex
Tél. : 04 79 85 01 09 - Fax : 04 79 85 71 32 - Email : resa@gites-de-france-savoie.com - www.gites-de-france-savoie.com

| B. SAIS. HIV. | NOEL/NOUV.AN | HTE SAIS. HIV. | MOY. SAIS. HIV. | B. SAIS. ETE | PROMO ETE | HTE SAIS. ETE | WEEK-END |
|---|---|---|---|---|---|---|---|
| 400 | 570 | 630 | 470 | 300 | 300 | 380 | 160 |

| | | | | | | | | | |
|---|---|---|---|---|---|---|---|---|---|
| 2 | 0,1 | 20 | SP | 7 | 2 | 9 | SP | 7 | 2 |

## N° 15224 MERIBEL-LES-ALLUES — Chandon — 1750 m — CM 74 pli 17
**NN — 10 pers.**

Eglise baroque des Allues 1,5 km. Parc National de la Vanoise 9 km. Maison mitoyenne. 1er, 2e et 3e étage : séjour coin-cuisine, cheminée, magnétoscope, mini-chaîne Hifi, sèche-linge, micro-ondes, 5 chambres (10 lits 1 pers., 1 lit d'enfant), 5 salles de bains, chauffage central, 3 balcons, garage, terrain. Grange traditionnelle superbement restaurée (17ème). En plein cœur d'un charmant hameau typique en escalier. Très calme. Grand standing. Très spacieux. Pièce de jour de 50m2. Chaleureux. Agréable. Beaucoup de cachet. Equipement complet de grande qualité. Petit espace extérieur aménagé.

Helen et Sara HARDING HEADLAM - Chalet l'Hirondelle - Chandon - 73550 MERIBEL-LES-ALLUES
Tél. : 06 22 21 63 41 - 04 79 00 31 19 - Fax : 04 79 00 33 19 - Email : info@summitchalets.com - www.summitchalets.com

| B. SAIS. ETE | PROMO ETE | HTE SAIS. ETE | WEEK-END |
|---|---|---|---|
| 1000 | 1000 | 1200 | 170 |

| | | | | | | | |
|---|---|---|---|---|---|---|---|
| 4 | SP | 6 | 4 | 17 | SP | 11 | 1,5 |

## N° 160104 MONTAGNOLE — 670 m — CM 74 pli 15
**NN — 4 pers.**

Col du Granier 7 km. Chambéry 8 km. Maison individuelle. Rez-de-chaussée + 1er étage : séjour coin-cuisine (1 canapé-lit 2 pers.), mezzanine (2 lits 1 pers.), salle d'eau, chauffage central, garage, terrasse de 27 m², terrain avec meubles de jardin. Ski le Granier. Thermes Challes les Eaux. Escalade, patinoire 7 km, voile 20 km. Maison contemporaine nichée dans un écran de verdure. De là vous pouvez découvrir le massif de la Chartreuse.

LOISIRS ACCUEIL SAVOIE - Maison du Tourisme - 24 bd de la Colonne - 73024 CHAMBERY Cedex
Tél. : 04 79 85 01 09 - Fax : 04 79 85 71 32 - Email : resa@gites-de-france-savoie.com - www.gites-de-france-savoie.com

| B. SAIS. HIV. | NOEL/NOUV.AN | HTE SAIS. HIV. | MOY. SAIS. HIV. | B. SAIS. ETE | PROMO ETE | HTE SAIS. ETE | WEEK-END |
|---|---|---|---|---|---|---|---|
| 310 | 350 | 350 | 310 | 350 | 370 | 370 | 120 |

| | | | | | | | | | |
|---|---|---|---|---|---|---|---|---|---|
| 8 | 6 | 7 | SP | 10 | 3 | 10 | SP | 8 | 7 |

# SAVOIE - 73

Périodes tarifaires p. 519

## N° 173110 MONTRICHER-ALBANNE — Albanne — 1650 m — CM 77 pli 7

**NN 6 pers.**

St-Jean-de-Maurienne 21 km. Maison individuelle. Rez-de-chaussée + 1er étage : séjour coin-cuisine, cheminée, magnétoscope, chaîne HIFI, micro-ondes, sèche-linge, 3 chambres (2 lits 2 pers., 2 lits 1 pers.), salle de bains, chauffage électrique, balcon, cour. Belle maison contemporaine de pays, sise au pied des pistes en plein cœur d'un charmant petit village savoyard typique. Très calme. Gîte chaleureux. Equipement complet de grande qualité. Belle cheminée. Très spacieux, lumineux. Balcon exposé. Superbe vue panoramique.

LOISIRS ACCUEIL SAVOIE - Maison du Tourisme - 24 bd de la Colonne - 73024 CHAMBERY Cedex
Tél. : 04 79 85 01 09 - Fax : 04 79 85 71 32 - Email : resa@gites-de-france-savoie.com - www.gites-de-france-savoie.com

| B. SAIS. HIV. | NOEL/NOUV.AN | HTE SAIS. HIV. | MOY. SAIS. HIV. | B. SAIS. ETE | PROMO ETE | HTE SAIS. ETE |
|---|---|---|---|---|---|---|
| 850 | 950 | 950 | 850 | 650 | 700 | 750 |

| | | | | | | | | | | |
|---|---|---|---|---|---|---|---|---|---|---|
| SP | 0,3 | 3 | SP | 3 | 3 | 15 | SP | 21 | 3 | |

## N° 190115 NOTRE-DAME-DU-PRE — 1275 m — CM 74 pli 18

**NN 12 pers.**

Moûtiers 14 km. Parc National de la Vanoise 30 km. Maison individuelle. R.d.c. bas, r.d.c. + 1er étage : séjour, cheminée, cuisine, micro-ondes, 4 chambres, mezzanine (5 lit 2 pers., 2 lits 1 pers., 1 lit bébé), salle de bains, salle d'eau, chauffage électrique, balcon, terrasse, terrain. Maison contemporaine située en bordure du village. Superbe vue sur la vallée de l'Isère et les montagnes du Beaufortain. Situé sur un petit plateau surplombant la vallée de l'Isère, le village offre de nombreuses possibilités de promenades en forêt et vers le Mont Jovet. Ouvert toute l'année.

Colette BUISSON - Le Sologne - av. Napoléon III - 9 Parc San Lazaro - 20000 AJACCIO
Tél. : 04 79 38 04 37 - 06 72 99 56 06

| B. SAIS. HIV. | NOEL/NOUV.AN | HTE SAIS. HIV. | MOY. SAIS. HIV. | B. SAIS. ETE | PROMO ETE | HTE SAIS. ETE |
|---|---|---|---|---|---|---|
| 760 | 950 | 1130 | 880 | 580 | 650 | 700 |

| | | | | | | | | | |
|---|---|---|---|---|---|---|---|---|---|
| 0,1 | 0,1 | 16 | SP | 10 | 16 | SP | 14 | 0,1 | |

## N° 206152 PRALOGNAN-LA-VANOISE — Le Barioz — 1450 m — CM 74 pli 18

**NN 8 pers.**

Parc de la Vanoise sur place. Eglise baroque de Champagny 14 km. Maison mitoyenne. Rez-de-chaussée : séjour coin-cuisine, magnétoscope, sèche-linge, micro-ondes, 3 chambres (2 lits 2 pers., 4 lits 1 pers. gigognes), salle de bains, salle d'eau, chauffage élecrique, terrasse, terrain. Maison de pays rénovée sise au pied des pistes, en plein cœur du vieux village. Secteur très calme. Gîte de très grand confort. Très spacieux. Equipement complet de grande qualité. Chalet très chaleureux. Vaste terrasse. Espace extérieur de prairie. Proximité commerces et services.

Marie-Paule BALINI - Rue des 16ème Olympiades - 73710 PRALOGNAN-LA-VANOISE
Tél. : 04 79 08 70 76 - 06 87 53 30 99 - Fax : 04 79 08 70 76

| B. SAIS. HIV. | NOEL/NOUV.AN | HTE SAIS. HIV. | MOY. SAIS. HIV. | B. SAIS. ETE | PROMO ETE | HTE SAIS. ETE | WEEK-END |
|---|---|---|---|---|---|---|---|
| 950 | 1150 | 1300 | 950 | 750 | 750 | 900 | 320 |

| | | | | | | | | | | |
|---|---|---|---|---|---|---|---|---|---|---|
| SP | 0,2 | 0,2 | SP | 0,2 | 0,2 | 31 | SP | 25 | 0,2 | |

## N° 233101 ST-FRANC — La Danière — 650 m — CM 74 pli 15

**NN 6 pers.**

Parc Naturel de Chartreuse sur place. Lac d'Aiguebelette 12 km. 1 gîte et le logement de week-end du propriétaire dans la maison. R.d.c. + 1er étage : séjour coin-cuisine (1 convertible 2 pers.), cheminée, magnétoscope, 2 chambres (2 lits 2 pers.), salle de bains, chauff. électr., terrasse, terrain, abri. Belle maison de pays restaurée (19ème). En pleine prairie, bien isolée au calme. Coteau sud-est bien ensoleillé. Splendide cadre champêtre. Très bon confort. Spacieux. Lumineux. Agréable et très chaleureux. Espace extérieur aménagé avec soins. Vaste terrasse exposée. Superbe vue panoramique.

LOISIRS ACCUEIL SAVOIE - Maison du Tourisme - 24 bd de la Colonne - 73024 CHAMBERY Cedex
Tél. : 04 79 85 01 09 - Fax : 04 79 85 71 32 - Email : resa@gites-de-france-savoie.com - www.gites-de-france-savoie.com

| B. SAIS. ETE | PROMO ETE | HTE SAIS. ETE |
|---|---|---|
| 225 | 275 | 325 |

| | | | | | | |
|---|---|---|---|---|---|---|
| 8 | SP | 4 | 10 | 12 | SP | 12 | 4 |

## N° 237101 ST-GEORGES-D'HURTIERES — Le Bauchez Dessous — 730 m — CM 74 pli 16

**NN 6 pers.**

Ecomusée 2 km. Base de loisirs 8 km. Gîte dans la maison du propriétaire. 1er étage : séjour (1 canapé-lit 2 pers.), cuisine, 2 chambres (2 lits 2 pers.), salle d'eau, chauffage central, balcon, terrain. Ski St François Longchamp liaison Valmorel. Accès au gîte par 200 m de chemin empierré. Maison des années cinquante rénovée, située dans un hameau de quelques maisons, sur un petit plateau en lisière de forêt. Magnifique vue sur la chaîne de la Lauzière. Décoration du gîte personnalisée.

Jocelyne GORGET - Le Bauchez Dessous - 73220 ST-GEORGES-D'HURTIERES
Tél. : 04 79 36 37 88

| B. SAIS. HIV. | NOEL/NOUV.AN | HTE SAIS. HIV. | MOY. SAIS. HIV. | B. SAIS. ETE | PROMO ETE | HTE SAIS. ETE | WEEK-END |
|---|---|---|---|---|---|---|---|
| 242 | 325 | 325 | 242 | 210 | 250 | 300 | 145 |

| | | | | | | | | |
|---|---|---|---|---|---|---|---|---|
| 33 | 18 | 22 | SP | 8 | 8 | SP | 8 | 8 |

## N° 239102 ST-GIROD — Les Lansards — CM 74 pli 15

**NN 4 pers.**

Aix les Bains 12 km. Lac du Bourget 12 km. Maison individuelle. Rez-de-chaussée : séjour coin-cuisine, 2 chambres (2 lits 2 pers.), salle d'eau, chauffage central, cour fermée. Draps fournis. Station de ski le Revard. Thermes Aix les Bains. Maison ancienne rénovée située dans un ensemble de bâtiments d'une ancienne ferme. Vaste cour goudronnée et fermée. Hameau calme sur un coteau dominant l'Albanais.

Jean RAMAZ - Les Lansards - 73410 ST-GIROD
Tél. : 04 79 54 11 24

| B. SAIS. HIV. | NOEL/NOUV.AN | HTE SAIS. HIV. | MOY. SAIS. HIV. | B. SAIS. ETE | PROMO ETE | HTE SAIS. ETE | WEEK-END |
|---|---|---|---|---|---|---|---|
| 290 | 305 | 290 | 290 | 305 | 305 | 305 | 152 |

| | | | | | | | | |
|---|---|---|---|---|---|---|---|---|
| 25 | 25 | 12 | 0,2 | 4 | 3 | 12 | SP | 4 | 4 |

# SAVOIE - 73

*Périodes tarifaires p. 519*

## N° 244133 — ST-JEAN-DE-BELLEVILLE — Villarly — 1000 m — CM 74 pli 17
**NN — 6 pers.**

Moûtiers 10 km. Eglise baroque Notre Dame de la Vie 12 km. Maison mitoyenne. Rez-de-chaussée + 1er étage : séjour coin-cuisine (2 lits 1 pers. gigognes), 2 chambres (1 lit 2 pers., 2 lits 1 pers.), salle d'eau, chauffage électrique, balcon. Ski St Martin de Belleville liaison les Menuires 10 km, les Menuires liaison les 3 Vallées 17 km. Thermes Salins les Thermes. Ancienne grange transformée située au coeur du village. Aménagement chaleureux des chambres avec poutres apparentes.
Bruno REILLER - 29 rue Champ Didier - 39170 ST-LUPICIN
Tél. : 03 84 42 28 00 - 06 71 88 00 78 - http://perso.planetis.com/brunoreiller

| B. SAIS. HIV. | NOEL/NOUV.AN | HTE SAIS. HIV. | MOY. SAIS. HIV. | B. SAIS. ETE | PROMO ETE | HTE SAIS. ETE | WEEK-END |
|---|---|---|---|---|---|---|---|
| 290 | 495 | 495 | 350 | 260 | 240 | 240 | 140 |

| | | | | | | | | | |
|---|---|---|---|---|---|---|---|---|---|
| 10 | 10 | 17 | SP | 1 | 17 | SP | 10 | 9 | |

## N° 257201 — ST-MARTIN-BVILLE-LES-MENUIRES — Béranger — 1600 m — CM 74 pli 7
**NN — 6 pers.**

Eglise Notre Dame de la Vie 6 km. Gîte dans la maison du propriétaire. R.d.c. : séjour coin-cuisine (1 convertible 2 pers.), micro-ondes, 2 chambres (1 lit 2 pers., 2 lits 1 pers. gigognes), salle d'eau, chauffage électrique, terrasse. Patinoire, escalade 11 km. Ancienne grange traditionnelle rénovée. En plein coeur d'un magnifique petit hameau savoyard typique. Secteur très calme. Coteau sud-est bien exposé. Gîte de très grand confort. Spacieux et lumineux. Très chaleureux. Equipement de grande qualité. Terrasse exposée. Superbe vue panoramique.
LOISIRS ACCUEIL SAVOIE - Maison du Tourisme - 24 bd de la Colonne - 73024 CHAMBERY Cedex
Tél. : 04 79 85 01 09 - Fax: 04 79 85 71 32 - Email : resa@gites-de-france-savoie.com - www.gites-de-france-savoie.com

| B. SAIS. HIV. | NOEL/NOUV.AN | HTE SAIS. HIV. | MOY. SAIS. HIV. | B. SAIS. ETE | PROMO ETE | HTE SAIS. ETE | WEEK-END |
|---|---|---|---|---|---|---|---|
| 600 | 765 | 765 | 680 | 380 | 410 | 500 | |

| | | | | | | | | |
|---|---|---|---|---|---|---|---|---|
| 3,5 | 3 | 11 | SP | 0,5 | 30 | SP | 23 | 3,5 |

## N° 257202 — ST-MARTIN-BVILLE-LES-MENUIRES — Les Grangeraies — 1450 m — CM 74 pli 7
**NN — 10 pers.**

Eglise Notre Dame de la Vie 1 km. Maison mitoyenne comprenant 2 gîtes. 2e gîte au r.d.c., 1er + 2e ét. : séjour coin-cuisine, cheminée, micro-ondes, 5 chambres (2 lits 2 pers., 6 lits 1 pers.), 2 salles de bains, 2 salles d'eau, chauffage central, terrasse, balcon, terrain. Escalade 8 km. Superbe chalet contemporain de style au pied du télécabine. Secteur calme. Bonne exposition sud. Gîte de très grand confort. Très spacieux. Lumineux. Equipement de qualité. Agréable et très chaleureux. Balcon. Large terrasse exposée. Magnifique vue panoramique. Bel espace extérieur aménagé.
LOISIRS ACCUEIL SAVOIE - Maison du Tourisme - 24 bd de la Colonne - 73024 CHAMBERY Cedex
Tél. : 04 79 85 01 09 - Fax: 04 79 85 71 32 - Email : resa@gites-de-france-savoie.com - www.gites-de-france-savoie.com

| B. SAIS. ETE | PROMO ETE | HTE SAIS. ETE | WEEK-END |
|---|---|---|---|
| 420 | 450 | 620 | 280 |

| | | | | | | | |
|---|---|---|---|---|---|---|---|
| 8 | SP | 3 | 8 | 31 | SP | 25 | SP |

## N° 257203 — ST-MARTIN-BVILLE-LES-MENUIRES — Praranger — 1500 m — CM 74 pli 13
**NN — 14 pers.**

Eglise de St Martin de Belleville, Parc National de la Vanoise 1 km. Maison individuelle. Répartie sur 3 niveaux : séjour coin-cuisine, cheminée, coin-repos, mezzanine, 8 chambres (14 lits 1 pers.), 9 salles d'eau, sauna, chauffage central, balcons, garage, terrain. Escalade 4.5 km, canoë 23 km. Superbe chalet contemporain de style sis à flanc de prairie, en bordure d'un charmant hameau taditionnel. Coteau sud bien ensoleillé. Très calme. Très grand confort. Espace exceptionnel. Lumineux. Agréable et chaleureux. Pièce de jour de 80m2. Balcons exposés. Vue panoramique sur le massif. Ouvert l'été.
LOISIRS ACCUEIL SAVOIE - Maison du Tourisme - 24 bd de la Colonne - 73024 CHAMBERY Cedex
Tél. : 04 79 85 01 09 - Fax: 04 79 85 71 32 - Email : resa@gites-de-france-savoie.com - www.gites-de-france-savoie.com

| B. SAIS. ETE | PROMO ETE | HTE SAIS. ETE | WEEK-END |
|---|---|---|---|
| 650 | 800 | 890 | 270 |

| | | | | | | | |
|---|---|---|---|---|---|---|---|
| 4,5 | SP | 0,3 | 4,5 | 26 | SP | 22 | 4,5 |

## N° 268103 — ST-PAUL-SUR-ISERE — Le Villard — CM 74 pli 17
**4 pers.**

Cité médiévale de Conflans 12 km. Col de la Madeleine 34 km. Maison individuelle comprenant une remise commune avec le propriétaire. Rez-de-chaussée + 1er étage : séjour coin-cuisine, 2 chambres (1 lit 2 pers., 2 lits 1 pers.), salle d'eau, ch. électrique, poêle à bois, balcon-terrasse, abri, tonnelle ombragée avec salon de jardin, barbecue. Ski Valmorel. Thermes la Léchère. Patinoire 11 km. Juchée en haut du village, ancienne grange entièrement rénovée dans le respect de la tradition. Le confort intérieur, la décoration soignée créent une ambiance douillette.
LOISIRS ACCUEIL SAVOIE - Maison du Tourisme - 24 bd de la Colonne - 73024 CHAMBERY Cedex
Tél. : 04 79 85 01 09 - Fax: 04 79 85 71 32 - Email : resa@gites-de-france-savoie.com - www.gites-de-france-savoie.com

| B. SAIS. HIV. | NOEL/NOUV.AN | HTE SAIS. HIV. | MOY. SAIS. HIV. | B. SAIS. ETE | PROMO ETE | HTE SAIS. ETE | WEEK-END |
|---|---|---|---|---|---|---|---|
| 300 | 370 | 370 | 325 | 310 | 355 | 370 | 130 |

| | | | | | | | | |
|---|---|---|---|---|---|---|---|---|
| 30 | 30 | 12 | SP | 3 | 14 | SP | 11 | 3 |

## N° 270100 — ST-PIERRE-D'ALBIGNY — CM 74 pli 16
**NN — 6 pers.**

Parc Naturel des Bauges sur place. Château de Miolans 4 km. Maison individuelle. Rez-de-chaussée + 1er étage : salle à manger, cuisine, 3 chambres (2 lits 2 pers., 2 lits 1 pers., 1 lit bébé), salle de bains, salle d'eau, chauffage central, terrasse, terrain clos. Draps sur demande. Thermes Challes les Eaux. Ski le Margériaz 36 km, le Collet d'Allevard 41 km. Ancienne demeure bourgeoise avec vaste jardin clos et arboré, située en bordure du village. Grandes pièces meublées à l'ancienne. La propriétaire vous fait partager sa passion pour la peinture.
Marie-Pierre BENOIT - Clair Logis - Chemin des Frontailles - 73250 ST-PIERRE-D'ALBIGNY
Tél. : 04 79 28 53 48 - 06 10 39 74 75

| B. SAIS. HIV. | NOEL/NOUV.AN | HTE SAIS. HIV. | MOY. SAIS. HIV. | B. SAIS. ETE | HTE SAIS. ETE |
|---|---|---|---|---|---|
| 350 | 450 | 450 | 400 | 350 | 450 |

| | | | | | | | | |
|---|---|---|---|---|---|---|---|---|
| 36 | 36 | 16 | SP | 3 | 12 | 3 | 2,5 | 0,5 |

# SAVOIE - 73

Périodes tarifaires p. 519

## N° 294101 LA THUILE — 870 m — CM 74 pli 16

NN — 4 pers.

**Lac de la Thuile sur place. Chambéry 19 km.** 1 gîte, un logement, un petit café dans la maison du propriétaire. Gîte au 1er étage : séjour coin-cuisine, 2 chambres (1 lit 2 pers., 2 lits 1 pers.), salle de bains, chauffage central, balcon, terrasse. Ski Aillon le Jeune 23 km, la Féclaz 24 km. Belle auberge de pays de 1912 rénovée sise en plein cœur d'un charmant petit village des Bauges typique. Très calme. Bon confort. Lumineux, agréable et très chaleureux. Large balcon et terrasse exposés. Vue sur la campagne environnante et le village. Secteur naturel préservé. Ouvert toute l'année.

LOISIRS ACCUEIL SAVOIE — Maison du Tourisme — 24 bd de la Colonne — 73024 CHAMBERY Cedex
Tél. : 04 79 85 01 09 - Fax : 04 79 85 71 32 - Email : resa@gites-de-france-savoie.com - www.gites-de-france-savoie.com

| B. SAIS. HIV. | NOEL/NOUV.AN | HTE SAIS. HIV. | MOY. SAIS. HIV. | B. SAIS. ETE | PROMO ETE | HTE SAIS. ETE | WEEK-END | | | | | | | | | | |
|---|---|---|---|---|---|---|---|---|---|---|---|---|---|---|---|---|---|
| 230 | 305 | 305 | 244 | 215 | 244 | 305 | 90 | 23 | 24 | 19 | SP | 0,8 | 29 | 12 | SP | 19 | 12 |

## N° 303104 UGINE — Mont Dessous — 630 m — CM 74 pli 17

NN — 4 pers.

**Conflans (cité médiévale) 12 km.** Gîte dans la maison du propriétaire. Rez-de-chaussée : séjour coin cuisine (2 lits 1 pers. gigognes), micro-ondes, 1 chambre (1 lit 2 pers.), salle d'eau, chauffage central, terrasse, terrain clos. Ski Crest-Voland 20 km, Notre-Dame-de-Bellecombe 21 km. Thermes la Léchère. Superbe maison traditionnelle de 1850 rénovée. Agréable petit hameau. Très calme. Coteau sud bien exposé dominant la vallée. Grand confort. Spacieux. Lumineux. Equipement complet de qualité. Charme certain. Terrasse exposée. Bel espace extérieur clos aménagé. Belle vue panoramique sur le pays.

LOISIRS ACCUEIL SAVOIE — Maison du Tourisme — 24 bd de la Colonne — 73024 CHAMBERY Cedex
Tél. : 04 79 85 01 09 - Fax : 04 79 85 71 32 - Email : resa@gites-de-france-savoie.com - www.gites-de-france-savoie.com

| B. SAIS. HIV. | NOEL/NOUV.AN | HTE SAIS. HIV. | MOY. SAIS. HIV. | B. SAIS. ETE | PROMO ETE | HTE SAIS. ETE | WEEK-END | | | | | | | | | | |
|---|---|---|---|---|---|---|---|---|---|---|---|---|---|---|---|---|---|
| 205 | 395 | 428 | 296 | 194 | 346 | 395 | 100 | 20 | 20 | 4 | SP | 3 | 4 | 12 | SP | 12 | 4 |

## N° 144156 VAL-CENIS-LANSLEVILLARD — Le Rucher — 1500 m — CM 77 pli 9

NN — 6 pers.

**Eglise baroque 0,5 km. Col du Mont-Cenis 10 km.** Gîte dans la maison du propriétaire. 1er étage : séjour coin-cuisine (1 canapé-lit 2 pers.), 2 chambres (1 lit 2 pers., 2 lits 1 pers.), salle d'eau, chauffage central, garage, terrain. Station de ski Val-Cenis. Maison récente située en bordure du village. Vaste terrasse avec une vue superbe sur la Dent Parrachée. Aménagement et équipement de grande qualité.

Patrice GUIJARRO - Rue des Assoudanes - 73480 LANSLEVILLARD
Tél. : 04 79 05 95 78 - 06 14 99 37 85

| B. SAIS. HIV. | NOEL/NOUV.AN | HTE SAIS. HIV. | MOY. SAIS. HIV. | B. SAIS. ETE | PROMO ETE | HTE SAIS. ETE | | | | | | | | | | | |
|---|---|---|---|---|---|---|---|---|---|---|---|---|---|---|---|---|---|
| 366 | 600 | 963 | 509 | 333 | 333 | 407 | 0,3 | 0,8 | 0,8 | SP | 0,1 | 0,8 | SP | 27 | 0,2 | | |

## N° 305110 VALEZAN — 1100 m — CM 74 pli 18

NN — 6 pers.

**Basilique d'Aime 7 km. Musée des Séez 14 km.** Gîte dans la maison du propriétaire. R.d.c. + 1er étage : séjour (1 convertible 2 pers.), cuisine, 2 chambres (1 lit 2 pers., 2 lits 1 pers. superposés), salle de bains, chauffage central, balcon, véranda, cour-terrasse, terrain clos. Belle ferme traditionnelle du 19e siècle rénovée, située à flanc de côteau sud en bordure d'une vaste prairie. Hameau résidentel très calme. Gîte chaleureux de très bon confort, spacieux. Agréable véranda, large terrasse exposée. Charmant petit jardin aménagé. Splendide vue panoramique.

Francis PERONNIER - 73210 VALEZAN
Tél. : 04 79 07 66 40

| B. SAIS. HIV. | NOEL/NOUV.AN | HTE SAIS. HIV. | MOY. SAIS. HIV. | B. SAIS. ETE | PROMO ETE | HTE SAIS. ETE | WEEK-END | | | | | | | | | | |
|---|---|---|---|---|---|---|---|---|---|---|---|---|---|---|---|---|---|
| 260 | 310 | 320 | 260 | 230 | 280 | 300 | 110 | 5 | 1 | 11 | SP | 0,5 | 1 | 7 | SP | 7 | 7 |

## N° 306188 VALLOIRE — Le Serroz — 1500 m — CM 77 pli 7

NN — 6 pers.

**Eglise du village 1 km. Col du Galibier 17 km.** Gîte dans la maison du propriétaire. Rez-de-chaussée : séjour coin cuisine, 2 chambres (2 lits 2 pers., 2 lits 1 pers.), salle de bains, chauffage électrique, terrain. Ski Valloire. Ancienne ferme entièrement rénovée avec soin. Gîte aménagé dans l'ancienne grange. Ambiance chaleureuse et décoration montagnarde soignée. Belle vue sur le massif du Galibier.

Claudie GIRARD - Le Serroz - Chez Fidèle - 73450 VALLOIRE
Tél. : 04 79 59 08 41

| B. SAIS. HIV. | NOEL/NOUV.AN | HTE SAIS. HIV. | MOY. SAIS. HIV. | B. SAIS. ETE | PROMO ETE | HTE SAIS. ETE | | | | | | | | | | | |
|---|---|---|---|---|---|---|---|---|---|---|---|---|---|---|---|---|---|
| 460 | 825 | 860 | 620 | 306 | 337 | 408 | 0,3 | 0,3 | 1,5 | SP | 0,3 | 1,5 | SP | 18 | 1 | | |

## N° 24156 VALMOREL-LES-AVANCHERS — Plan Jean — 1100 m — CM 74 pli 17

NN — 6 pers.

Maison individuelle. Rez-de-chaussée + 1er étage : séjour coin cuisine, 2 chambres (2 lits 2 pers., 2 lits 1 pers.), salle de bains, chauffage électrique + poêle à bois, terrasse, terrain. Ski le Pré liaison Valmorel 1.5 km, Valmorel 5 km. Escalade 10 km. Accès hiver : 400 m en raquettes ou en ski de fond. Parking à 800 m dans le village. Belle rénovation pour ce chalet d'alpage situé en pleine nature. Gîte de très bon confort avec une décoration soignée.

LOISIRS ACCUEIL SAVOIE — Maison du Tourisme — 24 bd de la Colonne — 73024 CHAMBERY Cedex
Tél. : 04 79 85 01 09 - Fax : 04 79 85 71 32 - Email : resa@gites-de-france-savoie.com - www.gites-de-france-savoie.com

| B. SAIS. HIV. | NOEL/NOUV.AN | HTE SAIS. HIV. | MOY. SAIS. HIV. | B. SAIS. ETE | PROMO ETE | HTE SAIS. ETE | WEEK-END | | | | | | | | | | |
|---|---|---|---|---|---|---|---|---|---|---|---|---|---|---|---|---|---|
| 350 | 510 | 520 | 400 | 290 | 410 | 420 | 150 | 1,5 | SP | 5 | SP | 1 | 5 | SP | 15 | 0,5 | |

# SAVOIE - 73

*Périodes tarifaires p. 519*

**N° 24157  VALMOREL-LES-AVANCHERS**  La Charmette  1250 m  CM 74 pli 17

NN   8 pers.

Moûtiers 14 km. Conflans 34 km. Gîte dans la maison du propr. R.d.c. : séjour coin-cuisine, chemi., magnétoscope, s.-linge, m-ondes, 3 ch. (2 lits 2 pers., 4 lits 1 pers : 2 gigognes et 2 superposés), s. de bains, s. d'eau, ch. électr., balcon, terrasse, garage, terrain. Ski liaison Valmorel 0,2 km, Valmorel 2,5 km. PRIX VAR. SUIVANT PERIODE. Chalet contem. A flanc de coteau sud-ouest bien exposé. Hameau résidentiel calme. Chaleureux gîte de très gd confort. Spacieux et lumin. Equip. de très grande qualité. Vaste balcon-terr. exposé. Garage. Vue sur le massif. A 200m de la liaison Valmorel.
Sigismond CHODUR - 14 rue de la Coudraie - 71300 MONCEAUX-LES-MINES
Tél. : 03 85 57 34 16 - 06 20 60 02 51 - Fax : 03 85 58 52 33 - Email : ce.chodur@wanadoo.fr

| B. SAIS. HIV. | NOEL/ NOUV.AN | HTE SAIS. HIV. | MOY. SAIS. HIV. | B. SAIS. ETE | PROMO ETE | HTE SAIS. ETE | | | | | | | | | | | | |
|---|---|---|---|---|---|---|---|---|---|---|---|---|---|---|---|---|---|---|
| 900 | 1830 | 1830 | 1145 | 350 | 500 | 690 | 0,2 | 0,2 | 2,5 | SP | 0,3 | 12 | 19 | SP | 2,5 | | | |

**N° 313103  VERTHEMEX**  Stade de Neige  1000 m  CM 74 pli 15

NN   6 pers.

Lac d'Aiguebelette 15 km. 1 gîte, 1 restaurant (ouvert uniquement le dimanche midi) dans la maison. R.d.c. surélevé : séjour coin-cuisine, 2 ch. (2 lits 2 pers., 2 lits 1 pers. superposés, 1 lit d'enfant), s. d'eau, chauff. électr., garage, terrain. Ski le Granier 48 km, la Féclaz 49 km. Raquettes sur place, base delta/parapente 0,8 km, via ferrata 15 km. Chalet en pleine nature. Coteau sud ensoleillé. Cadre exceptionnel: petite clairière en pleine forêt de montagne. Au pied des pistes de fond. Calme. Bon confort. Vue panoramique. Idéal pour amoureux de la nature. Animaux sauvages observables.
LOISIRS ACCUEIL SAVOIE - Maison du Tourisme - 24 bd de la Colonne - 73024 CHAMBERY Cedex
Tél. : 04 79 85 01 09 - Fax : 04 79 85 71 32 - Email : resa@gites-de-france-savoie.com - www.gites-de-france-savoie.com

| B. SAIS. HIV. | NOEL/ NOUV.AN | HTE SAIS. HIV. | MOY. SAIS. HIV. | B. SAIS. ETE | PROMO ETE | HTE SAIS. ETE | WEEK-END | | | | | | | | |
|---|---|---|---|---|---|---|---|---|---|---|---|---|---|---|---|
| 310 | 460 | 390 | 340 | 330 | 450 | 460 | 160 | 48 | SP | 27 | SP | 12 | 24 | 15 | SP | 17 | 13 |

**N° 317107  VILLARD-SUR-DORON**  Folliet  1650 m  CM 74 pli 17

NN   7 pers.

Col des Saisies 3 km. Beaufort 13 km. Maison individuelle. R.d.c. + 1er ét. : séjour coin-cuisine, s.-linge, m-ondes, chaîne HIFI, 3 ch. (1 lit 2 pers., 5 lits 1 pers.), s.d.b, s. d'eau, ch. électr., balcon, terrasse, terrain. Draps fournis. Ski Bisanne 1500 (liaison les Saisies) 1,5 km, les Saisies 3 km. Accès : été 400 m chemin carrossable, hiver 50 m en raquettes. Chalet d'alpage traditionnel rénové. Site naturel exceptionnel. Isolé en pleine nature à flanc de prairie et lisière de forêt. Coteau sud ensoleillé. Panorama hors du commun. Grand confort. Equipement de qualité. Spacieux, lumineux. Chaleureux.
Marie-Anne BOUTEMY - Folliet - 73270 VILLARD-SUR-DORON
Tél. : 05 53 73 06 55 - 06 80 33 43 73 - Email : chaletlocation@aol.com - www.pbcl.fr/chaletsavoie

| B. SAIS. HIV. | NOEL/ NOUV.AN | HTE SAIS. HIV. | MOY. SAIS. HIV. | B. SAIS. ETE | PROMO ETE | HTE SAIS. ETE | WEEK-END | | | | | | | | |
|---|---|---|---|---|---|---|---|---|---|---|---|---|---|---|---|
| 700 | 1250 | 1150 | 900 | 450 | 700 | 550 | | 1,5 | 3 | 17 | SP | 10 | 3 | 15 | SP | 30 | 3 |

**RHÔNE-ALPES**

*Pictos voir p. 12*

# HAUTE SAVOIE - 74

**GITES DE FRANCE** - Service Réservation
16, rue Guillaume Fichet - 74000 ANNECY
Tél. 04 50 10 10 11 - Fax. 04 50 10 10 12
E.mail : resa.gites74@wanadoo.fr - www.gites-de-france-haute-savoie.com

3615 Gîtes de France
RESA : 0,2 €/mn

## PERIODES TARIFAIRES

**VACANCES ÉTÉ** : du 3.07 au 28.08 - **TARIF PROMO ÉTÉ** : du 3.07 au 10.07 et du 21.08 au 28.08 - **HORS SAISON ÉTÉ** : du 1er.05 au 3.07 et du 28.08 au 2.10 - **NOËL** : du 20.12 au 3.01 - **VACANCES HIVER** : du 7.02 au 6.03 - **VACANCES PRINTEMPS** : du 3.04 au 1er.05 - **MOYENNE SAISON HIVER** : du 3.01 au 7.02 et du 6.03 au 3.04 - **BASSE SAISON HIVER** : du 27.09 au 20.12.

### N° 1011 — ABONDANCE — Richebourg — 1000 m — CM 89 pli 2

NN — 4 pers.

A 1000 m d'alt., au coeur de la Vallée d'Abondance et à prox. de l'Abbaye (cloître et fresques classés), maison comprenant le logement des propriétaires et 1 gîte de 51 m2 au 1er ét. Cuisine ouverte sur séjour, Ch1 (1 lit 2 pers.), Ch2 (2 lits 1 pers.). S. d'eau, wc. Chauff. cent. Terrasse privée, jardin, parking. Gîte en retrait de la route menant à La Chapelle d'A. Ski alpin à Abondance et domaine des Portes du Soleil à qq minutes. Pistes de luge, patinoire, piscine à Châtel, Fantasticable. Sports en eau vive : Dranse. Découverte des alpages, goûters. Ouvert toute l'année. Loc. draps.

GITES DE FRANCE-SERVICE RESERVATION - 16 rue Guillaume Fichet - 74000 ANNECY
Tél. : 04 50 10 10 10 - 04 50 10 10 11 - Fax : 04 50 10 10 12 - Email : resa.gites74@wanadoo.fr - www.gites-de-france-haute-savoie.com

| B. SAIS. HIV. | NOEL/ NOUV.AN | MOY. SAIS. HIV. | VAC. HIV. | VAC. PRINT. | HTE SAIS. ETE | VAC. SCOL. | PROMO ETE |
|---|---|---|---|---|---|---|---|
| 278 | 433 | 289 | 510 | 305 | 266 | 377 | 311 |

| | | | | | | | | | |
|---|---|---|---|---|---|---|---|---|---|
| 2,5 | 0,5 | 28 | 10 | 0,5 | 35 | 10 | 2,5 | 28 | 2,5 |

### N° 5005 — ALLINGES — Noyer — 540 m — CM 89 pli 2

NN — 2 pers.

A quelques minutes des rives du Lac Léman et de Thonon-Les Bains, proximité des ruines du château d'Allinges, dans un grand jardin clos au bord de la rivière, petit chalet indépendant à côté de la maison des propriétaires. Cuisine (m-ondes) ouverte sur séjour, clic-clac 2 pers. Salle d'eau/wc. Chauf. électrique. Terrasse couverte, jardin. Parking dans la propriété. Pos. lit d'app. 1 pers. (+ de 10 ans) sur mezz. annexe. Site idéal entre lac et montagne (Pays du Léman, Vallée Verte). Ville de Genève 25 mn. Portes du Soleil 30 mn (Châtel, Morzine-Avoriaz). Prox. de la Suisse Ouvert toute l'année.

GITES DE FRANCE-SERVICE RESERVATION - 16 rue Guillaume Fichet - 74000 ANNECY
Tél. : 04 50 10 10 10 - 04 50 10 10 11 - Fax : 04 50 10 10 12 - Email : resa.gites74@wanadoo.fr - www.gites-de-france-haute-savoie.com

| B. SAIS. HIV. | NOEL/ NOUV.AN | MOY. SAIS. HIV. | VAC. HIV. | VAC. PRINT. | HTE SAIS. ETE | VAC. SCOL. |
|---|---|---|---|---|---|---|
| 270 | 370 | 290 | 370 | 300 | 255 | 390 |

| | | | | | | | | |
|---|---|---|---|---|---|---|---|---|
| 15 | 15 | 6 | 6 | SP | 4 | 6 | 2 | 5 | 0,5 |

### N° 5006 — ALLINGES — Noyer — 540 m — CM 89 pli 2

NN — 2 pers.

A 5 minutes de Thonon-Les Bains, entre Lac Léman et montagne, proximité des ruines du château, dans un grand jardin clos au bord de la rivière grande villa comprenant 1 gîte en rez de jardin et le logement des propriétaires. Cuisine (m-ondes), salon, chambre (1 lit 160). Salle d'eau/wc. Chauff. central. Terrasse, jardin, parking. Site idéal pour découvrir le Pays du Léman, Vallée Verte. Ville de Genève 25 mn. Stations des Portes du Soleil 30 mn (Châtel, Morzine-Avoriaz). Proximité de la Suisse. Ouvert toute l'année. Loc. draps.

GITES DE FRANCE-SERVICE RESERVATION - 16 rue Guillaume Fichet - 74000 ANNECY
Tél. : 04 50 10 10 10 - 04 50 10 10 11 - Fax : 04 50 10 10 12 - Email : resa.gites74@wanadoo.fr - www.gites-de-france-haute-savoie.com

| B. SAIS. HIV. | NOEL/ NOUV.AN | MOY. SAIS. HIV. | VAC. HIV. | VAC. PRINT. | HTE SAIS. ETE | VAC. SCOL. |
|---|---|---|---|---|---|---|
| 235 | 330 | 255 | 340 | 280 | 235 | 365 |

| | | | | | | | | |
|---|---|---|---|---|---|---|---|---|
| 15 | 15 | 6 | 6 | SP | 4 | 6 | 2 | 5 | 0,5 |

### N° 31001 — BEAUMONT — 650 m — CM 89 pli 13

NN — 5 pers.

**bébé câlin** Sur les contreforts du massif du Salève, vue panoramique sur le Jura et Genève, gîte unique aménagé au 2ème étage de la maison des propriétaires. Coin-cuisine dans séjour, antenne TV. Ch1 (1 lit 2 pers.), Ch2 (1 lit 2 pers.), Ch3 (1 lit 1 pers.). Possibilité lit bébé. Salle d'eau/wc. Chauffage électrique. A disposition : cuisine d'été au rdc. Terrasse, jardin fleuri clos commun. Barbecue. Ville de Genève et son lac 15 km, Annecy 30 km, Chamonix 70 km. Base de loisirs de Cruseilles 10 km. Parapente au Salève. Abbaye de Pomier classée Monument Historique 1 km. Ouvert du 1er mai au 1er novembre.

GITES DE FRANCE-SERVICE RESERVATION - 16 rue Guillaume Fichet - 74000 ANNECY
Tél. : 04 50 10 10 10 - 04 50 10 10 11 - Fax : 04 50 10 10 12 - Email : resa.gites74@wanadoo.fr - www.gites-de-france-haute-savoie.com

| B. SAIS. HIV. | HTE SAIS. ETE | VAC. SCOL. | PROMO ETE |
|---|---|---|---|
| 267 | 230 | 423 | 372 |

| | | | | | | |
|---|---|---|---|---|---|---|
| 10 | 10 | 5 | 45 | 12 | 1 | 6 | 0,4 |

### N° 32045 — BELLEVAUX — La Chèvrerie — 1100 m — CM 89 pli 2

NN — 4 pers.

Au pied du Massif du Roc d'Enfer, à proximité des pistes de la Chèvrerie et du lac de Vallon, gîte unique au rez de jardin du chalet des propriétaires. Cuisine (m-ondes) ouverte sur grand séjour (banquette clic-clac 2 pers.). Chambre (1 lit 2 pers.). Salle d'eau/wc. Chauffage central. Terrasse et petit jardin privés. Barbecue. Grand calme. Station de La Chèvrerie sur place, liaison avec St Jean d'Aulps (domaine des Portes du Soleil). Navette pour Bellevaux/Hirmentaz. Randonnées pédestres au départ du gîte. A découvrir : la Chapelle Saint-Bruno, domaine des Chartreux. Ouvert toute l'année.

GITES DE FRANCE-SERVICE RESERVATION - 16 rue Guillaume Fichet - 74000 ANNECY
Tél. : 04 50 10 10 10 - 04 50 10 10 11 - Fax : 04 50 10 10 12 - Email : resa.gites74@wanadoo.fr - www.gites-de-france-haute-savoie.com

| B. SAIS. HIV. | NOEL/ NOUV.AN | MOY. SAIS. HIV. | VAC. HIV. | VAC. PRINT. | HTE SAIS. ETE | VAC. SCOL. | PROMO ETE |
|---|---|---|---|---|---|---|---|
| 254 | 389 | 271 | 406 | 237 | 220 | 389 | 321 |

| | | | | | | | | | |
|---|---|---|---|---|---|---|---|---|---|
| 0,1 | 0,1 | 30 | 13 | 0,1 | 30 | 20 | 0,4 | 30 | 8 |

# HAUTE SAVOIE - 74

Périodes tarifaires p. 530

## N° 34009    LE BIOT    Drouzin le Mont    1230 m    CM 89 pli 2

**NN**    4 pers.

Au Col du Corbier, 2e gîte aménagé au rez de jardin de la maison des propriét. Coin-cuis. dans séjour (clic-clac 2 pers.), 1 ch (1 lit 2 pers.), coin-montagne fermé (2 lits sup. 80 cm pour enfants). Salle d'eau/wc. Chauf.élec. Jardinet privé, salon de jardin, barbecue. Vue sur montagnes et sapins. Activités sportives proposées. Ski alpin au Col du Corbier sur place. Ski de fond Abondance 10 km, Morzine à 12 km, Châtel à 17 km. Lac Léman et Thonon les Bains à 25 km. Ouvert toute l'année. Loc. draps.
Jean-Paul AINOUX - Le Col du Corbier - 74430 LE BIOT
Tél. : 04 50 81 10 53 - Fax : 04 50 81 10 53

| B. SAIS. HIV. | NOEL/ NOUV.AN | MOY. SAIS. HIV. | VAC. HIV. | VAC. PRINT. | HTE SAIS. ETE | VAC. SCOL. | | | | | | | | | | | |
|---|---|---|---|---|---|---|---|---|---|---|---|---|---|---|---|---|---|
| 259 | 310 | 259 | 488 | 259 | 259 | 259 | SP | 10 | 25 | 15 | 5 | 25 | 12 | 10 | 25 | 4 | TV |

## N° 38003    BOGEVE    Plaine Joux    1200 m    CM 89 pli 13

**NN**    6 pers.

Domaine skiable des Brasses 4 km. Lac Léman 30 km. Au coeur de l'alpage de Plaine-Joux, vaste plateau de ski de fond et randonnées en famille, ancien chalet en pierres et bois comprenant 1 gîte de plain pied et le logement des propriétaires. Cuisine (m-ondes), vaste séjour-salon, prise TV. Ch1 (1 lit 140. 2 lits 90 sup.), Ch2 (1 lit 140. 2 lits 90 sup.). Bains, wc. Chauf. central. Terrasse, barbecue, cour, terrain. Grand calme et dépaysement assurés. Sentiers de randos et ski de fond au départ du gîte. Vue panoramique sur la chaîne du Mont-Blanc. Gîte bébé calin, location de draps. Ouvert toute l'année.
GITES DE FRANCE-SERVICE RESERVATION - 16 rue Guillaume Fichet - 74000 ANNECY
Tél. : 04 50 10 10 10 - 04 50 10 10 11 - Fax : 04 50 10 10 12 - Email : resa.gites74@wanadoo.fr - www.gites-de-france-haute-savoie.com

| B. SAIS. HIV. | NOEL/ NOUV.AN | MOY. SAIS. HIV. | VAC. HIV. | VAC. PRINT. | HTE SAIS. ETE | VAC. SCOL. | | | | | | | | | | | |
|---|---|---|---|---|---|---|---|---|---|---|---|---|---|---|---|---|---|
| 333 | 575 | 389 | 575 | 389 | 333 | 511 | 4 | SP | 30 | 5 | 3 | 30 | 4 | SP | 30 | 5 | |

## N° 45010    LE BOUCHET-MONT-CHARVIN    Le Moulin des Deux Torrents    1100 m    CM 89 pli 15

**NN**    8 pers.

Sur le site d'un ancien moulin, au coeur de la forêt, maison indépendante située en bordure de rivière. De plain pied : Cuisine, vaste séjour/salon. Salle d'eau, wc. A l'étage : Ch1 (2 lits 1 pers.), Ch2 (1 lit 2 pers.), Ch3 (2 lits 1 pers.), Ch4 (2 lits 1 pers.). Bains, wc. Balcon, terrasse, grande cour, abri voitures. Chauffage électrique. Accès par chemin carrossable sur 400 m, déneigé et entretenu. Gîte situé sur l'itinéraire pédestre du Tour du Val Sulens. Randos dans les Aravis et Mont-Charvin. Domaine skiable de La Croix Fry/Manigod relié à La Clusaz 18 km. Lac d'Annecy 18 km. Ouvert toute l'année.
GITES DE FRANCE-SERVICE RESERVATION - 16 rue Guillaume Fichet - 74000 ANNECY
Tél. : 04 50 10 10 10 - 04 50 10 10 11 - Fax : 04 50 10 10 12 - Email : resa.gites74@wanadoo.fr - www.gites-de-france-haute-savoie.com

| B. SAIS. HIV. | NOEL/ NOUV.AN | MOY. SAIS. HIV. | VAC. HIV. | VAC. PRINT. | HTE SAIS. ETE | VAC. SCOL. | PROMO ETE | | | | | | | | | | | | |
|---|---|---|---|---|---|---|---|---|---|---|---|---|---|---|---|---|---|---|---|
| 322 | 930 | 355 | 930 | 422 | 333 | 761 | 712 | 18 | 18 | 18 | 12 | SP | 55 | 2 | 12 | 30 | 12 | | TV |

## N° 45011    LE BOUCHET-MONT-CHARVIN    La Savattaz    1100 m    CM 89 pli 15

**NN**    4 pers.

Au pied de la chaîne des Aravis et du Mont Charvin, dans un site calme, gîte rural aménagé au rdc de la maison du propriétaire. Cuisine ouverte sur séjour (canapé BZ), Ch1 (1 lit 2 pers.), Ch2 (2 lits 1 pers.). Bains, wc, chauffage central. Jardin, garage. A proximité, itinéraire pédestre du Tour du Val Sulens. Randonnées dans les Aravis et Mont-Charvin. Domaine skiable de La Croix Fry/Manigod relié à La Clusaz 20 km. Lac d'Annecy 30 km. Ouvert toute l'année.
Victor DEPOMMIER - La Savattaz - 74230 LE BOUCHET-MONT-CHARVIN
Tél. : 04 50 27 52 55

| NOEL/ NOUV.AN | VAC. HIV. | VAC. SCOL. | | | | | | | | | |
|---|---|---|---|---|---|---|---|---|---|---|---|
| 293 | 293 | 293 | 20 | 5 | 30 | 15 | 2 | 55 | 3 | 15 | 30 | 5 |

## N° 52004    CERNEX    Sous Verzin    600 m    CM 89 pli 13

**NN**    4 pers.

bébé câlin A proximité du massif du Salève, site très calme, à 20 mn des villes de Genève et Annecy, belle maison sur jardin clos comprenant 1 gîte de plain pied et le logt des propriétaires. Cuisine (m-ondes) ouverte sur séjour (canapés), magnéto., hifi, biblio. Ch1 (1 lit 2 pers.), Ch2 (2 lits 1 pers.). Bains/douche/wc. Terrasse abritée, barbecue, jardin, salon de jardin. L'intérieur est un espace non fumeur. Complexe cinémas, casino et disco à 10mn. Ski de fond et randos au Salève 10 km, La Clusaz 40 km. Parapente à La Croisette. Possib. 2 pers. sur canapés avec supplément Ouvert toute l'année.
GITES DE FRANCE-SERVICE RESERVATION - 16 rue Guillaume Fichet - 74000 ANNECY
Tél. : 04 50 10 10 10 - 04 50 10 10 11 - Fax : 04 50 10 10 12 - Email : resa.gites74@wanadoo.fr - www.gites-de-france-haute-savoie.com

| B. SAIS. HIV. | NOEL/ NOUV.AN | MOY. SAIS. HIV. | VAC. HIV. | VAC. PRINT. | HTE SAIS. ETE | VAC. SCOL. | PROMO ETE | | | | | | | | | | | |
|---|---|---|---|---|---|---|---|---|---|---|---|---|---|---|---|---|---|---|
| 304 | 491 | 339 | 474 | 339 | 289 | 507 | 441 | 40 | 15 | 7 | 7 | 5 | 50 | 15 | 15 | 7 | TV | |

## N° 54001    CHAINAZ-LES-FRASSES    Les Frasses    560 m    CM 89 pli 15

**NN**    10 pers.

bébé câlin Entre lacs d'Annecy et du Bourget, dans le Parc Naturel Régional du Massif des Bauges, Le Clos de la Panisse est une maison de très gd confort sur un terrain. Cuisine équipée (m-ondes), grand séjour, salon. Ch1 (1 lit 140, bains), Ch2 (2 lits 1 pers. jumelables), wc. A l'ét. : mezz. ; Ch3 (1 lit 1 pers. 1 lit 120). CH4 (1 lit 2 pers. lit bébé). Bains/douche, wc. Chauf. centr. Lingerie. Belle terrasse panoramique avec barbecue, four à pain et meubles de jardin. Ping-pong. Sèche-linge. Chauf. cent. Aix-les-Bains 18 km, Annecy 18 km. Rives du Chéran 5 km. Ouvert toute l'année.
GITES DE FRANCE-SERVICE RESERVATION - 16 rue Guillaume Fichet - 74000 ANNECY
Tél. : 04 50 10 10 10 - 04 50 10 10 11 - Fax : 04 50 10 10 12 - Email : resa.gites74@wanadoo.fr - www.gites-de-france-haute-savoie.com

| B. SAIS. HIV. | NOEL/ NOUV.AN | MOY. SAIS. HIV. | VAC. HIV. | VAC. PRINT. | HTE SAIS. ETE | VAC. SCOL. | PROMO ETE | | | | | | | | | | | |
|---|---|---|---|---|---|---|---|---|---|---|---|---|---|---|---|---|---|---|
| 495 | 1195 | 595 | 1050 | 595 | 595 | 950 | 850 | 25 | 25 | 13 | 5 | 15 | 25 | 5 | 15 | 5 | TV | |

# HAUTE SAVOIE - 74

*Périodes tarifaires p. 530*

## N° 56013 CHAMONIX-ARGENTIERE — 1250 m — CM 89 pli 4

**NN 7 pers.**

Au pied de la chaîne du Mont-Blanc, ancienne maison de pays comprenant 2 gîtes ruraux. 2e gîte en rez de jardin (ambiance pierre et bois). Cuisine-salle à manger (m-ondes), salon. Ch1 (3 lits 1 pers.), Ch2 (1 lit 2 pers.), Ch3 (2 lits 1 pers. superp.). Bains, s.d'eau/wc, wc. Chauf. cent. Cellier, buanderie (congél). Ski-room. Jardin privatif clos, barbecue. Départ de randonnées et ski de fond au pied du gîte. Téléski des Chosalets sur place. Centre d'Argentière avec gare et commerces à 500 m. Chamonix à 7 km. Réserve naturelle des Aiguilles Rouges. Mer de Glace. Ouvert toute l'année.
Annie et Claudy RAVANEL - 203 chemin de la Rosière - Argentière - 74400 CHAMONIX
Tél. : 04 50 54 08 58

| B. SAIS. HIV. | NOEL/ NOUV.AN | MOY. SAIS. HIV. | VAC. HIV. | VAC. PRINT. | HTE SAIS. ETE | VAC. SCOL. | | | | | | | | | | |
|---|---|---|---|---|---|---|---|---|---|---|---|---|---|---|---|---|
| 540 | 800 | 670 | 950 | 600 | 360 | 630 | SP | 0,1 | 20 | 7 | 7 | 20 | 0,3 | 7 | 0,5 | 1 |

## N° 65002 CHAUMONT — St Jean — CM 89 pli 14

**NN 7 pers.**

Au cœur de la région viticole de Frangy, ancienne demeure vigneronne restaurée de caractère, comprenant 1 gîte et le logement des propriétaires. Accès indépendant 5 marches. Salon, coin cuis. dans s. à manger, Ch 1 (1 lit 140) avec salle d'eau, wc. A l'étage : Ch 2 (2 lits 90), Ch 3 (3 lits 90 dont 2 superp.), s.d'eau/wc. Chauffage central. Linge de maison fourni. Jardin, barbecue. Vaste propriété à 25 km d'Annecy et Genève. Proximité des ruines du château de Chaumont et château Renaissance de Clermont. 35 km des stations de ski de l'Ain. Ouvert toute l'année.
GITES DE FRANCE-SERVICE RESERVATION - 16 rue Guillaume Fichet - 74000 ANNECY
Tél. : 04 50 10 10 10 - 04 50 10 10 11 - Fax: 04 50 10 10 12 - Email : resa.gites74@wanadoo.fr - www.gites-de-france-haute-savoie.com

| B. SAIS. HIV. | NOEL/ NOUV.AN | MOY. SAIS. HIV. | VAC. HIV. | VAC. PRINT. | HTE SAIS. ETE | VAC. SCOL. | PROMO ETE | | | | | | | | | |
|---|---|---|---|---|---|---|---|---|---|---|---|---|---|---|---|---|
| 375 | 650 | 375 | 550 | 380 | 360 | 650 | 600 | 35 | 35 | 25 | 10 | 0,5 | 40 | 30 | 10 | 18 | 3 |

## N° 76002 CHOISY — 713 m — CM 89 pli 14

**NN 2 pers.**

A proximité du Pont de la Caille, entre Genève et Annecy. Dans un petit hameau, ancienne ferme rénovée comprenant 2 loc. à l'année et un gîte neuf + au 1er étage (entrée indép.), terrasse. Cuisine équipée, séjour (prise TV). 1 ch. (1 lit 160, 1 lit bébé). S. d'eau/wc. Chauffage central. Gîte situé à prox. d'une exploitation laitière. Ville d'Annecy et son lac à 16 km. Parcours de santé et promenades en forêt à 300 m. Bases de loisirs de Cruseilles 9 km et la Balme de Sillingy 5 km. Ville de Genève à 30 km. Ouvert toute l'année. Loc draps.
GITES DE FRANCE-SERVICE RESERVATION - 16 rue Guillaume Fichet - 74000 ANNECY
Tél. : 04 50 10 10 10 - 04 50 10 10 11 - Fax: 04 50 10 10 12 - Email : resa.gites74@wanadoo.fr - www.gites-de-france-haute-savoie.com

| B. SAIS. HIV. | NOEL/ NOUV.AN | MOY. SAIS. HIV. | VAC. HIV. | VAC. PRINT. | HTE SAIS. ETE | VAC. SCOL. | PROMO ETE | | | | | | | | | |
|---|---|---|---|---|---|---|---|---|---|---|---|---|---|---|---|---|
| 220 | 304 | 237 | 338 | 254 | 220 | 389 | 338 | 40 | 40 | 9 | 9 | 5 | 50 | 32 | 4 | 16 | 1,5 |

## N° 79051 LES CLEFS — Montisbrand — 830 m — CM 89 pli 14

**NN 5 pers.**

Face à la montagne du Sulens, au pied de la Tournette, 2 gîtes au 1er ét. de la maison des propriét.(accès indépendant). 2nd gîte : Cuisine intégrée (m-ondes) dans séjour, balcon-terrasse. 2 ch (2 lits 2 pers. 1 lits 1 pers.). S.d'eau, wc. Chauf. cent. Terrain, salon de jardin. Ferme des propriétaires à 4 km (poss. visite, fabricat. fromage). Vue panorama : Chaîne des Aravis, Etale et Mont Sulens (Est), Tournette et Cottagne (Ouest). Ski de piste : entre 12 et 15 km : La Clusaz, La Croix Fry, Grand-Bornand, Merdassier. Ski de fond 2 km. Tour du Val Sulens. Mitoyen au gîte n°79037. Ouvert toute l'année.
Henri TOCHON FERDOLLET - Montisbrand - 74230 LES CLEFS
Tél. : 04 50 02 98 25 - 04 50 27 59 74

| B. SAIS. HIV. | NOEL/ NOUV.AN | MOY. SAIS. HIV. | VAC. HIV. | VAC. PRINT. | HTE SAIS. ETE | VAC. SCOL. | | | | | | | | | | |
|---|---|---|---|---|---|---|---|---|---|---|---|---|---|---|---|---|
| 320 | 580 | 350 | 590 | 370 | 310 | 430 | 12 | 1,5 | 22 | 3,5 | 1 | 45 | 9 | 3,5 | 22 | 3,5 |

## N° 83022 COMBLOUX — 780 m — CM 89 pli 14

**NN 6 pers.**

Panorama sur les chaînes du Mont-Blanc, Aravis et Fiz. Au cœur d'une exploitation agricole (vaches laitières), maison rénovée + mansardes. Cuisine ouverte sur séjour. Ch1 (1 lit 2 pers.), Ch2 (2 lits 1 pers.). S. d'eau, wc, buanderie. A l'ét. : ch. non fermée, mansardée (2 lits 1 pers.). Terrasse, cour, terrain. Chauffage central. Gîte situé à côté de bâtiments de ferme. Station de ski Combloux 4 Km (liaison avec le domaine Jaillet-Megève). Saint-Gervais 8 km. Thermes 6 km, remise en forme. L'été, base de loisirs de Passy 4 km, baignade. Ouvert toute l'année. Loc. draps.
GITES DE FRANCE-SERVICE RESERVATION - 16 rue Guillaume Fichet - 74000 ANNECY
Tél. : 04 50 10 10 10 - 04 50 10 10 11 - Fax: 04 50 10 10 12 - Email : resa.gites74@wanadoo.fr - www.gites-de-france-haute-savoie.com

| B. SAIS. HIV. | NOEL/ NOUV.AN | MOY. SAIS. HIV. | VAC. HIV. | VAC. PRINT. | HTE SAIS. ETE | VAC. SCOL. | PROMO ETE | | | | | | | | | |
|---|---|---|---|---|---|---|---|---|---|---|---|---|---|---|---|---|
| 289 | 644 | 372 | 727 | 388 | 271 | 524 | 508 | 5 | 5 | 4 | 6 | 3 | 6 | 8 | 3 | 5 | 4 |

## N° 83068 COMBLOUX — 1000 m — CM 89 pli 14

**NN 3 pers.**

Panorama sur les chaînes du Mont-Blanc, Fiz et Aravis depuis le jardin. Au pied des pistes, dans un cadre champêtre, gîte + mansarde au 1er étage du chalet des propriétaires. Coin cuisine ouvert sur séjour boisé (1 lit 2 pers.), balcon. Chambre/ coin montagne (lit gigogne 2 pers.). Salle d'eau/wc. Chauf. central. Terrasse, jardin, barbecue. Location de draps. Remontée mécanique du domaine de Combloux à 200 m. Navette gratuite à 700 m. Centre de la station à 1 km, nbses animations. Nouveauté : plan d'eau. Thermes de St Gervais à 11 km. Ouvert toute l'année.
GITES DE FRANCE-SERVICE RESERVATION - 16 rue Guillaume Fichet - 74000 ANNECY
Tél. : 04 50 10 10 10 - 04 50 10 10 11 - Fax: 04 50 10 10 12 - Email : resa.gites74@wanadoo.fr - www.gites-de-france-haute-savoie.com

| B. SAIS. HIV. | NOEL/ NOUV.AN | MOY. SAIS. HIV. | VAC. HIV. | VAC. PRINT. | HTE SAIS. ETE | VAC. SCOL. | PROMO ETE | | | | | | | | | |
|---|---|---|---|---|---|---|---|---|---|---|---|---|---|---|---|---|
| 238 | 406 | 271 | 457 | 254 | 220 | 390 | 305 | 0,2 | 2,5 | 1 | 5 | 3 | 11 | 6 | 1 | 7 | 1 |

# HAUTE SAVOIE - 74

Périodes tarifaires p. 530

## N° 83069 COMBLOUX — 780 m — CM 89 pli 4
**NN — 4 pers.**

Panorama sur les chaînes du Mont-Blanc, Aravis et Fiz. A prox. d'une exploitation agricole, maison comprenant 1 gîte et 2 logements des propriétaires. Coin cuisine dans séjour (banquette lit 1 pers.), ch. (1 lit 2 pers. 1 lit 1 pers.). Prise TV. Bains, wc. Chauf. électr. Fourneau à bois (bois fourni). Terrasse, salon de jardin, pelouse, barbecue. Station de ski Combloux/Megève (la Princesse 4 km) (liaison avec le domaine Jaillet-Megève). Saint-Gervais 8 km. L'été, base de loisirs de Passy 4 km, lac de Combloux (biotope : baignade, remise en forme). Ouvert toute l'année. Loc draps.
Romain GRANDJACQUES - 1048 route de Grange Neuve - 74700 DOMANCY
Tél. : 04 50 93 66 69

| B. SAIS. HIV. | NOEL/ NOUV.AN | MOY. SAIS. HIV. | VAC. HIV. | VAC. PRINT. | HTE SAIS. ETE | VAC. SCOL. |
|---|---|---|---|---|---|---|
| 215 | 260 | 220 | 360 | 220 | 175 | 300 |

5 5 4 6 3 6 8 3 5 4

## N° 83070 COMBLOUX — 990 m — CM 89 pli 4
**NN — 5 pers.**

Combloux, la perle du Mont-Blanc, village situé à prox des sites touristiques de Megève (5 km), Chamonix (28 km), Annecy (80 km). La Ferme du Mont-BLanc, au coeur du hameau, comprend le logt des propr., 1 loc. à l'année et 1 gîte rural en rdc surélevé (4 marches). Cuis. intégrée (m-ondes) ouverte sur séjour (canapé 2 pers.). Ch1 (1 lit 2 pers.). Ch2 (3 lits 1 pers.). S. d'eau, wc. Terrasse, jardin, à côté de la petite aire naturelle de camping. Saint-Gervais 8 km. L'été, nouveauté : plan d'eau, sauna, jacuzzi. Domaine skiable de Combloux ou Megève à 4 km. Ouvert toute l'année. Loc. draps.
Solange DUCREY - 1389 route de Prairie - La Ferme du Mont-Blanc - 74920 COMBLOUX
Tél. : 04 50 58 14 16 - 06 81 85 00 35 - Fax : 04 50 91 37 61 - Email : solange.ducrey@wanadoo.fr

| B. SAIS. HIV. | NOEL/ NOUV.AN | MOY. SAIS. HIV. | VAC. HIV. | VAC. PRINT. | HTE SAIS. ETE | VAC. SCOL. | PROMO ETE |
|---|---|---|---|---|---|---|---|
| 490 | 750 | 520 | 950 | 600 | 320 | 630 | 500 |

3 3 1 4 1 7 5 1,4 7 1,4

## N° 85028 CONTAMINES-MONTJOIE — 1200 m — CM 89 pli 4
**NN — 5 pers.**

Au pied du massif de Tré la Tête, chalet indép. savoyard neuf en partie mansardé, aménagé sur jardin et terrasse privatifs, en lisière de forêt, sur terrain comprenant 1 autre chalet. Coin cuis. dans séjour (micro-ondes), prise TV. 2 ch (2 lits 2 pers.). S. d'eau, wc. Chauf. élec. Accès mezzanine par échelle de meunier (2 lits 1 pers.). Coin-salon. Expo Sud-Ouest. Sur place : départ de randos. Centre de la station 1 km, remontées mécaniques à 400 m. Parc de loisirs 1 km, station thermale 12 km. Autoroute à 15 mn. Annecy, Genève, Italie, Albertville à 1 h. Chamonix à 30 mn. Ouvert toute l'année.
Claude et Lucienne ROCH-DUPLAND - 752 chemin de la Chapelle - 74170 CONTAMINES-MONTJOIE
Tél. : 04 50 47 03 59 - Email : rochd@infonie.fr

| B. SAIS. HIV. | NOEL/ NOUV.AN | MOY. SAIS. HIV. | VAC. HIV. | VAC. PRINT. | HTE SAIS. ETE | VAC. SCOL. | PROMO ETE |
|---|---|---|---|---|---|---|---|
| 535 | 825 | 686 | 990 | 535 | 325 | 475 | 425 |

0,4 0,3 15 8 0,8 12 5 SP 12 0,4

## N° 85029 CONTAMINES-MONTJOIE — 1200 m — CM 89 pli 4
**NN — 5 pers.**

Au pied du massif de Tré la Tête, chalet indép. savoyard neuf en partie mansardé, aménagé sur jardin et terrasse privatifs, en lisière de forêt, sur terrain comprenant 1 autre chalet. Coin cuis. dans séjour (micro-ondes), prise TV. 2 ch (2 lits 2 pers. 1 lit 1 pers.). Salle d'eau, wc. Chauf. élec. Accès mezzanine par échelle de meunier (2 lits 1 pers.). Coin-salon. Expo Sud-Ouest. Sur place : départ de randos. Centre de la station 1 km, remontées mécaniques à 400 m. Parc de loisirs 1 km. Autoroute à 15 mn. Annecy, Genève, Italie, Albertville à 1 h. Chamonix à 30 mn. Rocher d'escalade. Ouvert toute l'année.
Claude et Lucienne ROCH-DUPLAND - 752 chemin de la Chapelle - 74170 CONTAMINES-MONTJOIE
Tél. : 04 50 47 03 59 - Email : rochd@infonie.fr

| B. SAIS. HIV. | NOEL/ NOUV.AN | MOY. SAIS. HIV. | VAC. HIV. | VAC. PRINT. | HTE SAIS. ETE | VAC. SCOL. | PROMO ETE |
|---|---|---|---|---|---|---|---|
| 535 | 825 | 686 | 990 | 535 | 325 | 475 | 425 |

0,4 0,3 15 8 0,8 12 5 SP 12 0,4

## N° 85030 CONTAMINES-MONTJOIE — 1100 m — CM 89 pli 4
**NN — 2 pers.**

Au pied du Massif du Mont-Blanc, à proximité du centre de la station, chalet comprenant 2 gîtes et le logement des propriétaires. 2e gîte au 1er étage (entrée indép.), donnant côté jardin. Coin cuisine (m-ondes) dans séjour, chambre (1 lit 1 pers.). Salle d'eau/wc. Chauf. central. Jardin commun, ping pong, barbecue, salon de jardin. Domaine skiable des Contamines 2 km, relié à Hauteluce. Navette ski-bus à proximité. Circuit du baroque (chapelles et églises classées), parc de loisirs 4 km. Piscine d'été 6 km. Ouvert toute l'année.
Bernard JOURNOUD - 33 sentier du Moulin - Les Carlines - 74310 CONTAMINES-MONTJOIE
Tél. : 04 50 47 04 00 - 06 74 43 62 42 - Fax : 04 50 47 04 00 - Email : Bernard.JOURNOUD@wanadoo.fr - http://perso.wanadoo.fr/bernard.JOURNOUD/

| B. SAIS. HIV. | NOEL/ NOUV.AN | MOY. SAIS. HIV. | VAC. HIV. | VAC. PRINT. | HTE SAIS. ETE | VAC. SCOL. | PROMO ETE |
|---|---|---|---|---|---|---|---|
| 250 | 390 | 320 | 490 | 300 | 250 | 340 | 270 |

2 2 3 5 6 0,2 12 7,5 5 12 1

## N° 99027 DEMI-QUARTIER — 1100 m — CM 89 pli 4
**NN — 2 pers.**

Face aux sommets de la chaîne du Mont-Blanc, à côté d'un centre équestre, gîte aménagé au rez de jardin du chalet des propriétaires. Coin cuisine/séjour, ch. (1 lit 2 pers). S.d.b. (sabot)/wc. Chauf. cent. Terrasse panoramique, jardin, barbecue, salon de jardin. Loc. de draps. Gîte bébé calin. A mi-chemin entre Megève et Combloux, à 700 m de la Télécabine de la Princesse (8 places), domaine skiable relié à Megève. Station de Combloux 4 km, sentier du Baroque. Nombreuses rando. au départ du gîte. Thermes de Saint-Gervais-les-Bains à 12 km. Ouvert toute l'année.
Marie-Pierre GROSSET-JANIN - 317 route de Feug - Le Feug - 74120 DEMI-QUARTIER
Tél. : 04 50 93 30 25

| B. SAIS. HIV. | NOEL/ NOUV.AN | MOY. SAIS. HIV. | VAC. HIV. | VAC. PRINT. | HTE SAIS. ETE | VAC. SCOL. | PROMO ETE |
|---|---|---|---|---|---|---|---|
| 244 | 322 | 285 | 504 | 244 | 172 | 310 | 236 |

0,7 2 3 3 4 12 3,5 3 10 2

# HAUTE SAVOIE - 74

Périodes tarifaires p. 530

## N° 99028 — DEMI-QUARTIER
**1100 m — CM 89 pli 4**

NN — 4 pers.

Face à la chaîne des Aravis, dans un chalet récent comprenant le logement des propriétaires, gîte unique au confort douillet, aménagé au rdc. Cuisine équipée (m-ondes, congélateur) ouverte sur séjour (lit gigogne 2 pers.), magnétosc. Chambre borgne (1 lit 160). Salle d'eau/wc, sèche-linge. Chauffage central. Terrasse, barbecue. Domaine skiable de Megève/Princesse/Mont d'Arbois à 50 m (télécabine 8 places à 300 m) ou Combloux 2 km. Ski de fond 1 km. Départ de randonnées. Base de loisirs de Combloux (plan d'eau) à 5 mn. Thermes de St Gervais 10 km. Ouvert toute l'année.
GITES DE FRANCE-SERVICE RESERVATION – 16 rue Guillaume Fichet – 74000 ANNECY
Tél. : 04 50 10 10 10 - 04 50 10 10 11 - Fax : 04 50 10 10 12 - Email : resa.gites74@wanadoo.fr - www.gites-de-france-haute-savoie.com

| B. SAIS. HIV. | NOEL/ NOUV.AN | MOY. SAIS. HIV. | VAC. HIV. | VAC. PRINT. | HTE SAIS. ETE | VAC. SCOL. | PROMO ETE | | | | | | | | | | |
|---|---|---|---|---|---|---|---|---|---|---|---|---|---|---|---|---|---|
| 254 | 508 | 339 | 592 | 372 | 237 | 440 | 372 | SP | 1 | 3 | 3 | 0,2 | 10 | 3 | 3 | 10 | 1,5 |

## N° 103013 — DOMANCY
**800 m — CM 89 pli 4**

NN — 4 pers.

Gîte en rez de jardin d'un chalet comprenant 2 gîtes. Face à la chaîne du Mont-Blanc, aux chaînes des Fiz et des Aravis. Séjour avec coin-cuisine (clic-clac 2 pers), 1 chambre (1 lit 140 cm), salle d'eau avec wc. Terrasse, jardin, chauffage électrique. Barbecue. Domaine skiable de St Gervais et Combloux à 5 km. Le Fayet et thermes à 5 km, lac à 5 km. Ouvert toute l'année. Loc. draps.
GITES DE FRANCE-SERVICE RESERVATION – 16 rue Guillaume Fichet – 74000 ANNECY
Tél. : 04 50 10 10 10 - 04 50 10 10 11 - Fax : 04 50 10 10 12 - Email : resa.gites74@wanadoo.fr - www.gites-de-france-haute-savoie.com

| B. SAIS. HIV. | NOEL/ NOUV.AN | MOY. SAIS. HIV. | VAC. HIV. | VAC. PRINT. | HTE SAIS. ETE | VAC. SCOL. | | | | | | | | |
|---|---|---|---|---|---|---|---|---|---|---|---|---|---|---|
| 220 | 366 | 266 | 405 | 255 | 203 | 339 | 6 | 6 | 5 | 6 | 5 | 6 | 20 | 6 | 6 | 3 |

## N° 103016 — DOMANCY
**610 m — CM 89 pli 4**

NN — 6 pers.

Vue panoramique : chaînes du Mont-Blanc, Fiz et Aravis. Au coeur d'une exploitation agricole (vaches laitières), ferme comprenant 1 gîte de 104 m2 d'accès indép. et plain pied et un logement des propriétaires. Véranda, cuisine, salon. Ch1 (1 lit 2 pers.), Ch2 (2 lits 1 pers.), Ch3 (1 lit 2 pers.). Bains, wc, chauf. central. Buanderie commune, sèche-linge. Belle terrasse privée. Barbecue. Terrain. À l'écart de toute circulation. Thermes de St Gervais 3 km, remise en forme, Train du Mont-Blanc (TMB), domaine skiable 5 km. Base de loisirs de Passy (baignade) 2 km. Vallée de Chamonix 20 km. Ouvert toute l'année.
GITES DE FRANCE-SERVICE RESERVATION – 16 rue Guillaume Fichet – 74000 ANNECY
Tél. : 04 50 10 10 10 - 04 50 10 10 11 - Fax : 04 50 10 10 12 - Email : resa.gites74@wanadoo.fr - www.gites-de-france-haute-savoie.com

| B. SAIS. HIV. | NOEL/ NOUV.AN | MOY. SAIS. HIV. | VAC. HIV. | VAC. PRINT. | HTE SAIS. ETE | VAC. SCOL. | PROMO ETE | | | | | | | | | |
|---|---|---|---|---|---|---|---|---|---|---|---|---|---|---|---|---|
| 339 | 677 | 411 | 652 | 377 | 271 | 516 | 491 | 5 | 5 | 2 | 3 | 2 | 3 | 20 | 3 | 3 | 1 |

## N° 103017 — DOMANCY
**610 m — CM 89 pli 4**

NN — 5 pers.

Au coeur du Pays du Mont-Blanc, panorama exceptionnel sur les différents massifs alpins, chalet neuf indép. avec mansarde aménagée à côté de la maison des propr. Accès par escalier. Cuis. (m-ondes), séjour (magnétosc.). Ch1 (3 lits 1 pers. dont 1 superposé). S.d'eau/wc A l'ét., mezzanine mansardée (1 lit 2 pers.). Terrasse, jardin, Parking. Chauf. élec. Charges comprises en été. Thermes de St Gervais 3 km, remise en forme, Train du Mont-Blanc (TMB), domaine skiable 5 km (Evasion Mont-Blanc). Base de loisirs 2 km. Chamonix 20 km. Réd. 10 % + curistes. Ouvert toute l'année.
Laurence GAUTHIER – 581 route du Cruet – 74700 DOMANCY
Tél. : 04 50 58 17 85 - Fax : 04 50 58 17 85

| B. SAIS. HIV. | NOEL/ NOUV.AN | MOY. SAIS. HIV. | VAC. HIV. | VAC. PRINT. | HTE SAIS. ETE | VAC. SCOL. | | | | | | | | |
|---|---|---|---|---|---|---|---|---|---|---|---|---|---|---|
| 422 | 810 | 555 | 810 | 511 | 400 | 677 | 5 | 5 | 2 | 3 | 2 | 3 | 20 | 3 | 3 | 1 |

## N° 124002 — FEIGERES
**575 m — CM 89 pli 13**

NN — 5 pers.

A prox. de la ville de Genève (10 km) et Lac Léman, dans un cadre préservé, maison mitoyenne isolée comprenant le logt des propriétaires et 1 gîte d'accès indép. Au 1er ét. : Cuisine ouverte sur grand séjour, Ch1 (2 lits 1 pers.). S. d'eau/wc. Au 2ème ét. : mezzanine (1 lit 1 pers. 1 lit d'appoint), Ch2 (1 lit 2 pers.). Chauf. élec. et bois. Terrasse privée, jardin, abri voiture, barbecue. Site très calme, au milieu des champs. Site d'Archamps à 5 mn. Base de loisirs 12 km. Massif du Salève 15 km et Domaine skiable des Brasses 35 km. Loc. de draps. Ouvert toute l'année.
GITES DE FRANCE-SERVICE RESERVATION – 16 rue Guillaume Fichet – 74000 ANNECY
Tél. : 04 50 10 10 10 - 04 50 10 10 11 - Fax : 04 50 10 10 12 - Email : resa.gites74@wanadoo.fr - www.gites-de-france-haute-savoie.com

| B. SAIS. HIV. | NOEL/ NOUV.AN | MOY. SAIS. HIV. | VAC. HIV. | VAC. PRINT. | HTE SAIS. ETE | VAC. SCOL. | PROMO ETE | | | | | | | | | |
|---|---|---|---|---|---|---|---|---|---|---|---|---|---|---|---|---|
| 293 | 395 | 293 | 417 | 293 | 260 | 390 | 339 | 35 | 35 | 10 | 8 | 0,5 | 50 | 15 | 0,1 | 3 | 3 |

## N° 127004 — FETERNES — Chez Portay
**800 m — CM 89 pli 2**

NN — 3 pers.

Entre Lac Léman et Portes du Soleil, au coeur du Pays de Gavot, ancienne ferme comprenant un gîte de 30 m2 au rdc et un logement des propriétaires. Coin-cuisine dans séjour (BZ 2 pers.). Ch. (2 lits 1 pers.). S. d'eau. Chauf. électr. Terrasse, cour commune, terrain avec jeux d'enfants. Garage. Hameau calme. Loc. de draps. Depuis le jardin belle vue sur les massifs montagneux. Domaine skiable de Bernex 10 km, Portes du Soleil 25 km. Lac Léman et villes thermales d'Evian et Thonon 10 km. Cité de l'Eau 10 km. Prox. de la Vallée d'Abondance. Ouvert toute l'année.
GITES DE FRANCE-SERVICE RESERVATION – 16 rue Guillaume Fichet – 74000 ANNECY
Tél. : 04 50 10 10 10 - 04 50 10 10 11 - Fax : 04 50 10 10 12 - Email : resa.gites74@wanadoo.fr - www.gites-de-france-haute-savoie.com

| B. SAIS. HIV. | NOEL/ NOUV.AN | MOY. SAIS. HIV. | VAC. HIV. | VAC. PRINT. | HTE SAIS. ETE | VAC. SCOL. | PROMO ETE | | | | | | | | | |
|---|---|---|---|---|---|---|---|---|---|---|---|---|---|---|---|---|
| 220 | 288 | 237 | 321 | 220 | 203 | 338 | 288 | 10 | 10 | 12 | 10 | 7 | 10 | 10 | 10 | 10 | 3 |

# HAUTE SAVOIE - 74

Périodes tarifaires p. 530

## N° 136009 GRAND-BORNAND — Le Nant Robert — 1020 m — CM 89 pli 14

**NN — 6 pers.**

Vue panoramique sur la chaîne des Aravis et le village traditionnel, site reposant. Sur coteau Sud, grand chalet entièrement rénové comprenant 2 gîtes avec accès indépendants. Gîte au 1er étage : Cuis. ouverte sur séjour (m-ondes). Ch1 (1 lit 2 pers.), Ch2 (1 lit 2 pers.), Ch3 (2 lits 1 pers.). S. d'eau,wc. Chauf. centr. Balcon, terrasse, barbecue, jardin. Terrain de jeux, garage. Buanderie commune. Remontées mécaniques à 1,4 km, accès par navette ski bus payante à 50 m. Pays du Reblochon, nombreux alpages. Base de loisirs au village. Domaine nordique à 1,4 km. Ouvert toute l'année.
GITES DE FRANCE-SERVICE RESERVATION — 16 rue Guillaume Fichet - 74000 ANNECY
Tél. : 04 50 10 10 10 - 04 50 10 10 11 - Fax : 04 50 10 10 12 - Email : resa.gites74@wanadoo.fr - www.gites-de-france-haute-savoie.com

| B. SAIS. HIV. | NOEL/NOUV.AN | MOY. SAIS. HIV. | VAC. HIV. | VAC. PRINT. | HTE SAIS. ETE | VAC. SCOL. | PROMO ETE | | | | | | | | | |
|---|---|---|---|---|---|---|---|---|---|---|---|---|---|---|---|---|
| 322 | 777 | 477 | 877 | 406 | 271 | 542 | 474 | 1,4 | 1,4 | 32 | 1,6 | 1 | 60 | 1,4 | 7 | 32 | 1,6 |

## N° 136064 GRAND-BORNAND — Le Nant Robert — 1020 m — CM 89 pli 14

**NN — 6 pers.**

Vue plongeante sur le village traditionnel, pays du Reblochon, à prox. de la chaîne des Aravis, exposit. sud. Grand chalet entièrement rénové comprenant 2 gîtes avec accès indépendants. Gîte au 2ème étage : Cuis. ouverte sur séjour (m-ondes). Ch1 (1 lit 2 pers.), Ch2 (1 lit 2 pers.), Ch3 (2 lits 1 pers.). Salle d'eau,wc. Chauf. centr. Balcon. Terrasse, barbecue, jardin, terrain de jeux, garage, buanderie commune. Centre de la station à 1,4 km, base de loisirs. Télécabine rejoignant Le Chinaillon à 1,4 km, navette ski-bus payante à 50 m. Domaine nordique à 1,4 km. Ouvert toute l'année.
GITES DE FRANCE-SERVICE RESERVATION — 16 rue Guillaume Fichet - 74000 ANNECY
Tél. : 04 50 10 10 10 - 04 50 10 10 11 - Fax : 04 50 10 10 12 - Email : resa.gites74@wanadoo.fr - www.gites-de-france-haute-savoie.com

| B. SAIS. HIV. | NOEL/NOUV.AN | MOY. SAIS. HIV. | VAC. HIV. | VAC. PRINT. | HTE SAIS. ETE | VAC. SCOL. | PROMO ETE | | | | | | | | | |
|---|---|---|---|---|---|---|---|---|---|---|---|---|---|---|---|---|
| 322 | 777 | 477 | 877 | 406 | 271 | 542 | 474 | 1,4 | 1,4 | 32 | 1,6 | 1 | 60 | 1,4 | 7 | 32 | 1,6 |

## N° 136118 GRAND-BORNAND — Les Plans — 1000 m — CM 89 pli 14

**NN — 3 pers.**

Au cœur de la vallée du Bouchet, sur versant ensoleillé, anc. ferme de pays restaurée comprenant 4 gîtes dont 2 reproupables (9 pers.). 3ème gîte au rdc inf. Cuisine ouverte sur séjour (banquette 1 pers.). Ch1 (1 lit 2 pers. lit bébé). Salle d'eau/wc. Lits faits. Chauf. central. Accès au jardin, exposition Sud-Ouest. Aire de jeux commune, barbecue, casier à ski, parking. Arrêt de bus à 300 m. Domaine skiable de Grand-Bornand/Chinaillon 5 km. Fond et practice de golf à 100 m. Tous commerces et activités 5 km. Ouvert toute l'année.
GITES DE FRANCE-SERVICE RESERVATION — 16 rue Guillaume Fichet - 74000 ANNECY
Tél. : 04 50 10 10 10 - 04 50 10 10 11 - Fax : 04 50 10 10 12 - Email : resa.gites74@wanadoo.fr - www.gites-de-france-haute-savoie.com

| B. SAIS. HIV. | NOEL/NOUV.AN | MOY. SAIS. HIV. | VAC. HIV. | VAC. PRINT. | HTE SAIS. ETE | VAC. SCOL. | | | | | | | | | |
|---|---|---|---|---|---|---|---|---|---|---|---|---|---|---|---|
| 222 | 455 | 228 | 422 | 216 | 167 | 322 | 5 | 0,1 | 34 | 5 | 0,1 | 50 | 5 | SP | 26 | 5 |

## N° 136119 GRAND-BORNAND — Les Plans — 1000 m — CM 89 pli 14

**NN — 5 pers.**

Face à la chaîne des Aravis, sur versant ensoleillé, anc. ferme de pays restaurée comprenant 4 gîtes. Accès indépendant. 4e gîte au rdc inf. Coin cuisine dans séjour (clic-clac). Cellier, Bains, wc. A l'étage : Ch1 communicante (1 lit 2 pers. lit bébé) avec Ch2 (2 lits 1 pers. Chauf. central. Exposition Est. Terrasse, terrain. Parking, local à skis. Location de draps. Arrêt de bus à 300 m. Domaine skiable de Grand-Bornand/Chinaillon 5 km. Fond et practice de golf à 300 m. Tous commerces et activités 5 km. Les chats ne sont pas admis. Ouvert toute l'année.
GITES DE FRANCE-SERVICE RESERVATION — 16 rue Guillaume Fichet - 74000 ANNECY
Tél. : 04 50 10 10 10 - 04 50 10 10 11 - Fax : 04 50 10 10 12 - Email : resa.gites74@wanadoo.fr - www.gites-de-france-haute-savoie.com

| B. SAIS. HIV. | NOEL/NOUV.AN | MOY. SAIS. HIV. | VAC. HIV. | VAC. PRINT. | HTE SAIS. ETE | VAC. SCOL. | PROMO ETE | | | | | | | | | |
|---|---|---|---|---|---|---|---|---|---|---|---|---|---|---|---|---|
| 271 | 508 | 372 | 541 | 338 | 237 | 406 | 372 | 5 | 0,1 | 34 | 5 | 0,1 | 50 | 5 | SP | 26 | 5 |

## N° 136120 GRAND-BORNAND — Le Chinaillon — 1000 m — CM 89 pli 14

**NN — 10 pers.**

Au cœur du vieux village du Chinaillon, site classé, face au domaine skiable, ancienne ferme indépendante de 105 m2. Cuisine ouverte sur séjour (m-ondes), salon. Ch1 (2 lits 1 pers. + 2 lits 1 pers. sup + wc). Ch2 (1 lit 2 pers.), Ch3 (1 lit 1 pers.). Bains, wc. Ch4 d'accès indép. extérieur (1 lit 2 pers. 1 lit 1 pers. salle d'eau/wc). Chauf. central. Terrasse couverte, balcon, jardin privé, parking. Vue panoramique sur le Lachat et la Tournette. Parcours d'initiation au ski de fond sur place et piste de luge. Remontées mécaniques à 1 km. Toutes activités sportives au village à 7 km. Ouvert toute l'année.
GITES DE FRANCE-SERVICE RESERVATION — 16 rue Guillaume Fichet - 74000 ANNECY
Tél. : 04 50 10 10 10 - 04 50 10 10 11 - Fax : 04 50 10 10 12 - Email : resa.gites74@wanadoo.fr - www.gites-de-france-haute-savoie.com

| B. SAIS. HIV. | NOEL/NOUV.AN | MOY. SAIS. HIV. | VAC. HIV. | VAC. PRINT. | HTE SAIS. ETE | VAC. SCOL. | PROMO ETE | | | | | | | | | |
|---|---|---|---|---|---|---|---|---|---|---|---|---|---|---|---|---|
| 728 | 1607 | 948 | 1692 | 846 | 507 | 813 | 761 | 1 | SP | 40 | 7 | 7 | 60 | 1 | SP | 30 | 0,3 |

## N° 137006 GROISY — 600 m — CM 89 pli 14

**NN — 5 pers.**

Ancien moulin, parc 3 ha clos, au bord de la rivière La Fillière, petite maison indép. de pays en pierres et bois (avec mansarde), au coeur d'une aire naturelle de camping. Rdc : cuis./s. à manger, sd'eau/wc. 1er ét. : chambre/salon (banq. clic-clac 2 pers.). 2ème ét. grande chambre mansardée séparée en deux (3 lits 1 pers.). Chauf. central. Balcon, Jardin, terrasse, garage, barbecue à disposition. Sèche-linge communs. Site très calme. Ville d'Annecy et Lac 15 km. Site historique du Plateau des Glières et ski de fond 15 km. ANC ouverte du 15/05 au 15/09. Ouvert toute l'année.
GITES DE FRANCE-SERVICE RESERVATION — 16 rue Guillaume Fichet - 74000 ANNECY
Tél. : 04 50 10 10 10 - 04 50 10 10 11 - Fax : 04 50 10 10 12 - Email : resa.gites74@wanadoo.fr - www.gites-de-france-haute-savoie.com

| B. SAIS. HIV. | NOEL/NOUV.AN | MOY. SAIS. HIV. | VAC. HIV. | VAC. PRINT. | HTE SAIS. ETE | VAC. SCOL. | | | | | | | | | |
|---|---|---|---|---|---|---|---|---|---|---|---|---|---|---|---|
| 333 | 555 | 333 | 555 | 333 | 333 | 555 | 20 | 15 | 15 | 15 | SP | 60 | 10 | 5 | 2 | 0,8 |

Pictos voir p. 12

# HAUTE SAVOIE - 74

Périodes tarifaires p. 530

## N° 160035 MANIGOD — 950 m — CM 89 pli 14

**NN — 4 pers.**

Face au Sulens et à la Tournette, maison comprenant 2 gîtes et le logement des propriétaires. 2e gîte en rez de jardin. Cuisine ouverte sur séjour (clic-clac 2 pers.), 1 ch. (2 lits 1 pers.). Bains/wc. Chauffage élec. Terrain commun avec salon jardin, barbecue. Local matériel. Gîte situé en contre-bas de la route menant au village. Location de draps. Domaine skiable de La Croix-Fry/Merdassier relié à La clusaz 7 km. Ski de fond, raquettes, ski de randonnée, sentiers pédestres. Halte garderie à 200 m. Navette payante à 100 m. Thônes 6 km (piscine, tennis, cinéma, musée). Ouvert toute l'année.

Jean et Thérèse FAVRE-REGUILLON - Chef-Lieu - 74230 MANIGOD
Tél. : 04 50 44 91 17 - 06 88 78 67 64 - Email : falio@free.fr - http://falio.free.fr

| B. SAIS. HIV. | NOEL/NOUV AN | MOY. SAIS. HIV. | VAC. HIV. | VAC. PRINT. | HTE SAIS. ETE | VAC. SCOL. | PROMO ETE | | | | | | | | | | |
|---|---|---|---|---|---|---|---|---|---|---|---|---|---|---|---|---|---|
| 225 | 340 | 240 | 400 | 240 | 195 | 325 | 295 | 7 | 7 | 25 | 6 | 0,5 | 40 | 9 | 6 | 25 | 0,2 |

## N° 160036 MANIGOD — La Combe — 980 m — CM 89 pli 14

**NN — 6 pers.**

bébé câlin Face au massif de la Tournette et Sulens, côteau Sud, ancienne ferme de pays comprenant 2 gîtes de plain pied et le logt des propriét. 2e gîte, entrée indép. Cuis. (m-ondes), séjour, magnéto. Ch1 (1 lit 2 pers.), Ch2 (1 lit 2 pers.), Ch3 (2 lits 1 pers. sup.). Bains, wc. Chauf. élec. Balcon, jardin et terrasse communs. A l'étage : Cuisine ouverte sur séjour. Gîte en bordure de route. Domaine skiable de La Croix Fry Merdassier relié à La Clusaz 7 km. Ville de Thônes 3 km, base de loisirs et toutes activités (via ferrata, Parc Aventures). Nbses randos. Loc. possible avec n°160013. Ouvert toute l'année.

GITES DE FRANCE-SERVICE RESERVATION - 16 rue Guillaume Fichet - 74000 ANNECY
Tél. : 04 50 10 10 10 - 04 50 10 10 11 - Fax : 04 50 10 10 12 - Email : resa.gites74@wanadoo.fr - www.gites-de-france-haute-savoie.com

| B. SAIS. HIV. | NOEL/NOUV AN | MOY. SAIS. HIV. | VAC. HIV. | VAC. PRINT. | HTE SAIS. ETE | VAC. SCOL. | PROMO ETE | | | | | | | | | | |
|---|---|---|---|---|---|---|---|---|---|---|---|---|---|---|---|---|---|
| 271 | 507 | 305 | 541 | 271 | 254 | 457 | 406 | 7 | 7 | 23 | 4 | 2 | 50 | 15 | 4 | 28 | 3 |

## N° 177006 MENTHONNEX-EN-BORNES — La Reculaz — 900 m — CM 89 pli 13

**NN — 6 pers.**

Au cœur du Plateau des Bornes, entre Annecy (23 km) et Genève (30 km), chalet indép. situé au milieu d'un verger. De plain pied : Ch1 (2 lits 1 pers.), Bains/wc. Salle de jeux/garage. A l'étage : Cuisine ouverte sur grand séjour (m-ondes) et balcon-terrasse. Ch2 (1 lit 2 pers.), salle d'eau. Wc. Mezzanine : clic-clac 2 pers. Chauf. central. Jardin, barbecue. Sur place, propriétaires passionnés d'équitation. Pos. venir avec cheval saison été. Etage équestre, carrière. Sentier de rando sur place. Base loisirs Cruseilles 13 km. Ville médiévale de La Roche sur Foron, foires 15 km. Ouvert toute l'année.

GITES DE FRANCE-SERVICE RESERVATION - 16 rue Guillaume Fichet - 74000 ANNECY
Tél. : 04 50 10 10 10 - 04 50 10 10 11 - Fax : 04 50 10 10 12 - Email : resa.gites74@wanadoo.fr - www.gites-de-france-haute-savoie.com

| B. SAIS. HIV. | NOEL/NOUV AN | MOY. SAIS. HIV. | VAC. HIV. | VAC. PRINT. | HTE SAIS. ETE | VAC. SCOL. | | | | | | | | | |
|---|---|---|---|---|---|---|---|---|---|---|---|---|---|---|---|
| 313 | 577 | 403 | 577 | 403 | 313 | 577 | 45 | 30 | 13 | 13 | 4 | 55 | 30 | 15 | 10 | 4 |

## N° 189005 MONT-SAXONNEX — Chamoule — 950 m — CM 89 pli 13

**NN — 5 pers.**

A prox. des Gorges du Bronze, dominant la vallée de l'Arve et les sommets du Haut-Giffre, anc. ferme de pays comprenant le logt des propr. et 1 gîte-loft (155 m2) d'accès indép. au 1er ét. Coin cuis. ds vaste pièce avec poêle à bois centr. (foyer apparent), espace détente (BZ 1 pers.). Ch1 (1 lit de 2 pers.). Mezz. haute (2 lits 1 pers.). S.d'eau, wc. Chauff. bois en sus. Terrasse, jardin, parking. Site très calme. Domaine skiable famil. du Mt Saxonnex 3 km, fond 8 km, Plateau de Solaison 10 km. Bonneville et Cluses 10 km, La Roche Sur Foron 15 km. Ouvert de mai aux vac. de la Toussaint.

GITES DE FRANCE-SERVICE RESERVATION - 16 rue Guillaume Fichet - 74000 ANNECY
Tél. : 04 50 10 10 10 - 04 50 10 10 11 - Fax : 04 50 10 10 12 - Email : resa.gites74@wanadoo.fr - www.gites-de-france-haute-savoie.com

| B. SAIS. HIV. | MOY. SAIS. HIV. | VAC. HIV. | VAC. PRINT. | HTE SAIS. ETE | VAC. SCOL. | PROMO ETE | | | | | | | | | |
|---|---|---|---|---|---|---|---|---|---|---|---|---|---|---|---|
| 254 | 287 | 406 | 271 | 236 | 423 | 390 | 3 | 6 | 10 | 10 | 3 | 40 | 6 | 3 | 10 | 3 |

## N° 190009 MORILLON — Vers Le Pont — 700 m — CM 89 pli 3

**NN — 5 pers.**

Sur le site d'un ancien moulin, au bord d'un ruisseau, ancienne maison rénovée comprenant 3 gîtes. 3e gîte au 1er étage. Cuisine ouverte sur séjour, prise TV, m-ondes. 2 ch (2 lits 2 pers. 1 lit 1 pers.). Salle d'eau/wc. Chauf. élect. Parking, terrain aménagé (barbecue, coin repas...). Loc. linge de maison, linge de toilette. Station de ski : Morillon 1 km située dans le Domaine du Grand Massif (Samoëns, Flaine, Les Carroz, Sixt). Promenades pédestres et VTT au départ du gîte. Ouvert toute l'année.

Thérèse GUERROT - Moulin de Coudrée - 189 route de la Glacière - 74140 SCIEZ
Tél. : 04 50 72 74 97 - 06 15 31 09 71 - Fax : 04 50 72 74 97

| B. SAIS. HIV. | NOEL/NOUV AN | MOY. SAIS. HIV. | VAC. HIV. | VAC. PRINT. | HTE SAIS. ETE | VAC. SCOL. | | | | | | | | | |
|---|---|---|---|---|---|---|---|---|---|---|---|---|---|---|---|
| 305 | 395 | 320 | 415 | 320 | 305 | 350 | 305 | 1 | 1 | 4 | 0,5 | 47 | 4,5 | 4 | 17 | 1 |

## N° 190010 MORILLON — Visigny — 700 m — CM 89 pli 3

**NN — 12 pers.**

Au cœur de la Vallée du Giffre, domaine skiable du Grand Massif, bâtisse tradit. de pays (1842) comprenant 1 gîte rural d'accès indép. mitoyen au gîte de séjour des prop. Rdc : hall. 1er ét : Cuisine (m-ondes) ouverte sur gd séjour (magnétosc.). Ch1 (1 lit 2 pers.) communicante avec Ch2 (2 lits 1 pers.). Bains, wc. 2e ét : Ch3 (1 lit 2 pers.), Ch4 (1 lit 2 pers.), Ch5 (4 lits 1 pers.). Salle d'eau/wc. Chauf. élec. Sèche-linge, lit bébé). Balcon, terrasse, parking. Location linge de maison. Gîte situé à prox. d'1 route départementale. Remontées méc. à 800 m. Ouvert toute l'année.

Gilles & M-Christine REY - Gîte de Visigny - Route des Miaux - 74440 MORILLON
Tél. : 04 50 90 72 45 - Fax : 04 50 90 13 02

| B. SAIS. HIV. | NOEL/NOUV AN | MOY. SAIS. HIV. | VAC. HIV. | VAC. PRINT. | HTE SAIS. ETE | VAC. SCOL. | | | | | | | | | |
|---|---|---|---|---|---|---|---|---|---|---|---|---|---|---|---|
| 430 | 1600 | 1050 | 1600 | 650 | 650 | 800 | 0,8 | 0,8 | 0,6 | 4 | 0,6 | 47 | 4,5 | 4 | 17 | 0,6 |

# HAUTE SAVOIE - 74

*Périodes tarifaires p. 530*

## N° 190011 — MORILLON — Visigny — 700 m — CM 89 pli 3
**NN — 6 pers.**

Entre Genève et Mont-Blanc, authentique ferme dans la Vallée du Haut-Giffre (1842) comprenant un gîte de séjour + 2 gîtes d'accès indép. 2e gîte en rez de jardin. Cuisine (m-ondes) ouverte sur séjour (magnétosc.), canapé (2 pers.). Ch1 (1 lit 2 pers.), Ch2 (3 lits 1 pers.), coin montagne (2 lits 1 pers.). S. d'eau, 2 wc. Chauf. élec. S.-linge, lit bébé. Terrasse, salon de jardin, parking. Gîte situé à prox. d'une route départementale. Remontées mécaniques à 800 m, domaine skiable du Grand Massif. Samoëns à 5 mn, Site du Fer à Cheval à 20 mn. Ouvert toute l'année. Loc. draps.
Gilles & M-Christine REY - Gîte de Visigny - Route des Miaux - 74440 MORILLON
Tél. : 04 50 90 72 45 - Fax : 04 50 90 13 02

| B. SAIS. HIV. | NOEL/NOUV.AN | MOY. SAIS. HIV. | VAC. PRINT. | HTE SAIS. ETE | VAC. SCOL. | | | | | | | | | | |
|---|---|---|---|---|---|---|---|---|---|---|---|---|---|---|---|
| 450 | 950 | 450 | 950 | 450 | 420 | 0,8 | 0,8 | 0,6 | 4 | 0,6 | 47 | 4,5 | 4 | 17 | 0,6 |

## N° 208013 — PASSY — 950 m — CM 89 pli 4
**NN — 2 pers.**

Vue panoramique sur le prestigieux massif du Mt-Blanc, exposition Sud au pied de l'Aiguille de Warens, mazot de 36 m2 dont 13 m2 mansardés aménagé à côté de la maison des propriétaires, avec jardin. Cuisine (m-ondes) ouverte sur séjour (clic-clac). Salle d'eau/wc. Mezzanine basse (1 lit 2 pers. 1 lit 1 pers.). Chauf. élec. Terrain, barbecue. Location de draps. Domaines skiables de Plaine Joux 5 km, St Gervais 10 km. Base de loisirs de Passy 5 km, Chamonix 20 km. Thermes du Fayet 6 km. Plateau d'Assy, station climatique 3 km. Réserve naturelle des Fiz à découvrir. Ouvert toute l'année.
GITES DE FRANCE-SERVICE RESERVATION - 16 rue Guillaume Fichet - 74000 ANNECY
Tél. : 04 50 10 10 10 - 04 50 10 10 11 - Fax : 04 50 10 10 12 - Email : resa.gites74@wanadoo.fr - www.gites-de-france-haute-savoie.com

| B. SAIS. HIV. | NOEL/NOUV.AN | MOY. SAIS. HIV. | VAC. HIV. | VAC. PRINT. | HTE SAIS. ETE | VAC. SCOL. | PROMO ETE | | | | | | | | |
|---|---|---|---|---|---|---|---|---|---|---|---|---|---|---|---|
| 255 | 474 | 289 | 507 | 322 | 289 | 507 | 433 | 5 | 5 | 5 | 5 | 1 | 6 | 5 | 0,5 | 6 | 2 |

## N° 208014 — PASSY — 700 m — CM 89 pli 4
**NN — 4 pers.**

Au pays du Mont-Blanc, entre Chamonix et Megève, chalet indép. neuf entièrement bois, belles prestations, finitions soignées. Ambiance chaleureuse assurée. Rez de jardin (accès 3 marches) : Cuisine équipée ouverte sur séjour (canapé-lit). Accès balcon-terrasse. A l'ét. : Ch1 (1 lit 2 pers.), Ch2 (2 lits 1 pers. sup.). Et. inf. : S.d'eau, wc. Chauf. cent. Petit jardin, barbecue, parking. Draps fournis, lits faits. Divers domaines skiables : Plaine Joux 8 km, St Gervais 10 km, Chamonix 16 km. Base de loisirs 4 km. Thermes 4 km ((remise en forme). Réserve naturelle. Ouvert toute l'année.
GITES DE FRANCE-SERVICE RESERVATION - 16 rue Guillaume Fichet - 74000 ANNECY
Tél. : 04 50 10 10 10 - 04 50 10 10 11 - Fax : 04 50 10 10 12 - Email : resa.gites74@wanadoo.fr - www.gites-de-france-haute-savoie.com

| B. SAIS. HIV. | NOEL/NOUV.AN | MOY. SAIS. HIV. | VAC. HIV. | VAC. PRINT. | HTE SAIS. ETE | VAC. SCOL. | | | | | | | | |
|---|---|---|---|---|---|---|---|---|---|---|---|---|---|---|
| 271 | 711 | 372 | 728 | 305 | 271 | 592 | 8 | 8 | 4 | 3 | 0,5 | 4 | 8 | 3 | 5 | 3 |

## N° 209002 — PEILLONNEX — Les Carmes — 684 m — CM 89 pli 3
**NN — 4 pers.**

Entre Genève et vallée du Giffre, gîte mitoyen aménagé ds anc. ferme de caractère comprenant 1 autre gîte et le logt des propriétaires. Entrée indép., wc/cabinet de toilette + buanderie au rdc. Au 1er : Cuis. ouverte sur séjour, m-ondes, clic-clac, Ch1 (2 lits 1 pers.), Ch 2 non fermée (1 lit 2 pers.). Salle d'eau wc. Chauf. central. Gîte traversant avec vue sur la campagne. Terrasse, barbecue, terrain. Poss. loc. avec gîte n°209001 (communicant). A 18 km de Genève. Stations de ski : Les Brasses 15 km, Sommand-Praz de Lys 27 km. Ouvert toute l'année. Loc. draps.
Guy et Marie-Chantal CARME - Les Carmes - 74250 PEILLONNEX
Tél. : 04 50 36 48 09 - 06 70 06 38 96 - Fax : 04 50 36 48 09

| B. SAIS. HIV. | NOEL/NOUV.AN | MOY. SAIS. HIV. | VAC. PRINT. | HTE SAIS. ETE | VAC. SCOL. | | | | | | | | | |
|---|---|---|---|---|---|---|---|---|---|---|---|---|---|---|
| 200 | 400 | 200 | 400 | 240 | 200 | 350 | 15 | 15 | 25 | 15 | 5 | 25 | 15 | 18 | 15 | 5 |

## N° 208012 — PLATEAU-D'ASSY — 1000 m — CM 89 pli 4
**NN — 2 pers.**

A proximité du centre de la station climatique, vue panoramique sur le Mont-Blanc, gîte aménagé au rdc du chalet des propriétaires. Cuisine (m-ondes), Ch1 (2 lits 1 pers.) et 2 petites pièces (salon) avec chacune 1 lit 1 pers. TV, magnétoscope. Salle d'eau, wc. Coin détente autour du poêle à bois, bibliothèque. Chauf. élect. Terrasse, jardin commun. Thermes de Saint-Gervais-les-Bains 9 km. Chamonix 20 Km. Vincent est guide de Haute-Montagne et moniteur de ski. Séjours à thèmes (parapente, rafting, hte montagne). Ouvert toute l'année. Loc. draps.
Karine et Vincent LEGERE - 220 rue d'Anterne - L'Aiguillette - 74480 PLATEAU-D'ASSY / PASSY
Tél. : 04 50 93 80 72 - 06 70 85 21 23 - Fax : 04 50 93 80 72 - Email : v-legere@infonie.fr - http://perso.infonie.fr/v-legere

| B. SAIS. HIV. | NOEL/NOUV.AN | MOY. SAIS. HIV. | VAC. HIV. | VAC. PRINT. | HTE SAIS. ETE | VAC. SCOL. | PROMO ETE | | | | | | | | |
|---|---|---|---|---|---|---|---|---|---|---|---|---|---|---|---|
| 229 | 473 | 260 | 503 | 260 | 214 | 412 | 366 | 6 | 6 | 7 | 9 | 7 | 0,5 | 10 | 0,5 |

## N° 270012 — SEYTHENEX — 720 m — CM 89 pli 15
**NN — 6 pers.**

Lac d'Annecy 12 km. Abbaye de Tamié 4 km. Chalet comprenant 2 gîtes et le logt des propriét, dans le parc régional des Bauges, 1er gîte, accès indépendant, rdc surélevé : coin-cuis/séjour, bains/wc. 1er ét. : hall, 2 ch (1 lit 2 pers. 4 lits 1 pers. salle d'eau/wc). Chauf. central, terrasse, jardin, jeux d'enf., salon de jardin, barbecue, parking. Location de draps. Proximité de l'Abbaye de Tamié,. Station de ski Seythenex-La Sambuy 5 km, navette payante à 300 m en hiver, ski de fond à 3,5 km. Stations des Aravis 30/35 km. Lac d'Annecy 12 km. Gîte Panda. Ouvert toute l'année.
Chantal et Pierre MOULIN - Grands Champs Sud - 74210 SEYTHENEX
Tél. : 04 50 32 50 75 - 06 12 90 50 13 - Fax : 04 50 32 23 32 - Email : 2gcs@wanadoo.fr

| B. SAIS. HIV. | NOEL/NOUV.AN | MOY. SAIS. HIV. | VAC. HIV. | VAC. PRINT. | HTE SAIS. ETE | VAC. SCOL. | PROMO ETE | | | | | | | | |
|---|---|---|---|---|---|---|---|---|---|---|---|---|---|---|---|
| 265 | 345 | 265 | 430 | 345 | 345 | 430 | 345 | 5 | 3,5 | 12 | 5 | 1 | 5 | 15 | 3,5 |

# HAUTE SAVOIE - 74

Périodes tarifaires p. 530

---

**N° 270014  SEYTHENEX**  720 m  CM 89 pli 15

NN  4 pers.

Dans le parc régional des Bauges, maison style chalet compren. 2 gîtes et le logt des propriét. 2e gîte, accès indép. R.d.c. : Coin-cuisine/séjour 1er ét.: 1 ch (1 lit 2 pers.), mezz. (2 lits 1 pers.). S d'eau/ wc. Chauf. central, terrasse, jardin, jeux d'enfants, salon de jardin, barbecue. Station de Seythenex/La Sambuy 5 km, navette payante à 300 m en hiver, ski de fond à 3,5 km. Stations des Aravis 30/35 km. Lac d'Annecy à 12 km, plage de Doussard. Grotte et cascade de Seythenex à 1,5 km. Nomb. activités sportives et de découverte. Ouvert toute l'année. Loc. draps.

Chantal et Pierre MOULIN - Grands Champs Sud – 74210 SEYTHENEX
Tél. : 04 50 32 50 75 - 06 12 90 50 13 - Fax: 04 50 32 23 32 - Email : 2gcs@wanadoo.fr

| B. SAIS. HIV. | NOEL/NOUV.AN | MOY. SAIS. HIV. | VAC. HIV. | VAC. PRINT. | HTE SAIS. ETE | VAC. SCOL. | PROMO ETE |
|---|---|---|---|---|---|---|---|
| 210 | 270 | 210 | 340 | 270 | 270 | 340 | 270 |

| | | | | | | | | | |
|---|---|---|---|---|---|---|---|---|---|
| 5 | 3,5 | 12 | 15 | 1 | 5 | 5 | 15 | 3,5 | |

---

**N° 273020  SIXT-FER-A-CHEVAL**  Le Fay  770 m  CM 89 pli 3

NN  5 pers.

A proximité du Cirque du Fer à Cheval, classé Grand Site National, de la Réserve Naturelle et de la Cascade du Rouget, maison de pays comprenant 2 gîtes et le logement des propriétaires. Au 1er étage (rdc depuis la cour). Cuisine, 2 chambres communicantes (2 lits 2 pers. 1 lit 1 pers.). Bains/wc. Chauffage central. Cour commune, parking. Local à ski. Domaine skiable de Sixt à 700 m, faisant partie du Grand Massif. Nombreuses randonnées au départ de la maison. Rafting sur le Giffre. Village de Samoëns à 10 km. Ouvert toute l'année.

Robert DENAMBRIDE - Le Fay - 74740 SIXT-FER-A-CHEVAL
Tél. : 04 50 34 43 64

| B. SAIS. HIV. | NOEL/NOUV.AN | MOY. SAIS. HIV. | VAC. HIV. | VAC. PRINT. | HTE SAIS. ETE | VAC. SCOL. |
|---|---|---|---|---|---|---|
| 245 | 350 | 310 | 426 | 290 | 215 | 275 |

| | | | | | | | | |
|---|---|---|---|---|---|---|---|---|
| 0,7 | 0,1 | 56 | 6 | 0,1 | 2 | 1 | 25 | 1 |

---

**N° 273022  SIXT-FER-A-CHEVAL**  La Glière  780 m  CM 89 pli 3

NN  2 pers.

bébé calin  Face aux sommets du Haut-Giffre, entre Cirque du Fer à cheval et cascade du Rouget, gîte unique avec mansarde, aménagé au 1er niv. de la maison des propr. Coin cuisine (m-ondes) ouvert sur séjour (banquette clic-clac), magnétoscope. S. d'eau/wc. Mezzanine haute (1 lits 2 pers.). Chauff. centr. Local matériel skis/vélo. Loc. draps. Balcon, jardin, grill de table. Nbses randos, ski de fond à 20 m, domaine skiable intégré au Grand Massif à 900 m, VTT. Navette 400 m. Prox. de la Réserve Naturelle de Sixt Fer à Cheval, randos, GR 5. Ouvert toute l'année.

GITES DE FRANCE-SERVICE RESERVATION - 16 rue Guillaume Fichet - 74000 ANNECY
Tél. : 04 50 10 10 10 - 04 50 10 10 11 - Fax : 04 50 10 10 12 - Email : resa.gites74@wanadoo.fr - www.gites-de-france-haute-savoie.com

| B. SAIS. HIV. | NOEL/NOUV.AN | MOY. SAIS. HIV. | VAC. HIV. | VAC. PRINT. | HTE SAIS. ETE | VAC. SCOL. | PROMO ETE |
|---|---|---|---|---|---|---|---|
| 233 | 366 | 255 | 377 | 255 | 211 | 400 | 311 |

| | | | | | | | | |
|---|---|---|---|---|---|---|---|---|
| 0,9 | SP | 9 | 6 | SP | 50 | 6 | 0,4 | 30 | 0,2 |

---

**N° 273023  SIXT-FER-A-CHEVAL**  Salvagny  860 m  CM 89 pli 3

NN  14 pers.

Ds un écrin de forêts, d'alpages, de torrents, Salvagny, un hameau classé, entre cascade du Rouget et Cirque du Fer à Cheval. La Maison La Cerisaie comprend le logt des propriét. et 1 gîte (accès indép.). 1er niv. : Gde cuisine prof. (m-ondes). S. à manger, salon, S.d'eau (s-linge), wc. At. : Ch1 (1 lit 140, 1 lit 90), Ch2 (3 lits 90 dont 1 superp.). Lavabo, Ch3(1 lit 140, 2 lits 90 sup., lavabo), Ch4 (4 lits 1 pers. dont 2 jumelés). 2 s.d'eau, bains, 3 wc. Chauf. cent. Terrasse, barbecue. Magnétosc, hifi, Linge de maison fourni, lits faits. Domaine skiable à 500 m, VTT. Navette. Ouvert toute l'année.

GITES DE FRANCE-SERVICE RESERVATION - 16 rue Guillaume Fichet - 74000 ANNECY
Tél. : 04 50 10 10 10 - 04 50 10 10 11 - Fax : 04 50 10 10 12 - Email : resa.gites74@wanadoo.fr - www.gites-de-france-haute-savoie.com

| B. SAIS. HIV. | NOEL/NOUV.AN | MOY. SAIS. HIV. | VAC. HIV. | VAC. PRINT. | HTE SAIS. ETE | VAC. SCOL. |
|---|---|---|---|---|---|---|
| 677 | 1861 | 1100 | 2210 | 981 | 626 | 930 |

| | | | | | | | | |
|---|---|---|---|---|---|---|---|---|
| 0,5 | 1 | 10 | 7 | 0,2 | 50 | 7 | SP | 30 | 1 |

---

**N° 236025  ST-GERVAIS-LES-BAINS**  900 m  CM 89 pli 4

NN  3 pers.

Face au panorama du massif du Mont-Blanc et de l'Aiguille de Bionnassay, au coeur d'une exploitation agricole (vaches laitières), gîte au rdc de la ferme des propriétaires. Coin cuisine ouvert sur séjour (m-ondes), clic-clac 130 cm. Chambre (1 lit 2 pers.). Salle d'eau/wc. Chauf. central. Terrasse privée. Terrain commun, parking. Location de draps. Tramway du Mont-Blanc 3 km. Télécabine du Bettex 2 km, Piste de retour le Bettex/St Gervais 300 m. Navette sur place. Centre de la station avec toutes activités 2.5 km. Patinoire 2.5 km. Thermes 6.5 km, remise en forme. Ouvert toute l'année.

GITES DE FRANCE-SERVICE RESERVATION - 16 rue Guillaume Fichet - 74000 ANNECY
Tél. : 04 50 10 10 10 - 04 50 10 10 11 - Fax : 04 50 10 10 12 - Email : resa.gites74@wanadoo.fr - www.gites-de-france-haute-savoie.com

| B. SAIS. HIV. | NOEL/NOUV.AN | MOY. SAIS. HIV. | VAC. HIV. | VAC. PRINT. | HTE SAIS. ETE | VAC. SCOL. | PROMO ETE |
|---|---|---|---|---|---|---|---|
| 237 | 389 | 254 | 420 | 254 | 220 | 350 | 310 |

| | | | | | | | | | |
|---|---|---|---|---|---|---|---|---|---|
| 2 | 4 | 10 | 2,5 | 2 | 6,5 | 5 | 2,5 | 6,6 | 2,5 |

---

**N° 236026  ST-GERVAIS-LES-BAINS**  900 m  CM 89 pli 4

NN  4 pers.

Au pied du Mont-Blanc, face au Mt d'Arbois et aux Aravis. Au rez de chaussée de la Maison du Vernay (chambres d'hôtes 3 épis), à proximité du centre-ville et des télécabines, vous succomberez au charme de ce gîte entièrement rénové. Séjour avec cuisine intégrée, confortable canapé (couchage possible). Chambre parents (1 lit 2 pers.), coin-nuit séparé. Grands placards. Salle d'eau, wc indépendant. Linge de maison fourni. Parking privé. Accès à buanderie pour l-linge commun. Possibilité de repas à emporter. Ouvert toute l'année.

Caroline MARCHAL - La Maison du Vernay - 164 route de la Mollaz - 74170 ST-GERVAIS-LES-BAINS
Tél. : 04 50 47 07 55 - 06 09 43 93 21 - Fax : 04 50 47 07 55 - Email : lamaisonduvernay@hotmail.com - www.lamaisonduvernay.com

| B. SAIS. HIV. | NOEL/NOUV.AN | MOY. SAIS. HIV. | VAC. HIV. | VAC. PRINT. | HTE SAIS. ETE | VAC. SCOL. |
|---|---|---|---|---|---|---|
| 300 | 550 | 300 | 550 | 300 | 300 | 400 |

| | | | | | | | | |
|---|---|---|---|---|---|---|---|---|
| 0,8 | 5 | 10 | 0,7 | 0,7 | 5 | 0,3 | 5 | 0,1 |

# HAUTE SAVOIE - 74

Périodes tarifaires p. 530

## N° 236027 ST-GERVAIS-LES-BAINS — 900 m — CM 89 pli 4

**NN** — 8 pers.

Au pied du massif du Mont-Blanc, sur le versant Mont d'Arbois/Le Bettex, à l'écart de la station et sur un grand terrain, ancienne ferme de pays (1798), local technique. Cuisine/s.à manger (m-ondes), salon. Ch1 (2 lits 1 pers. jumelables, lit bébé), Ch2 (2 lits 1 pers. jumelables, lavabo), Ch3 (4 lits 1 pers.). Bains/wc, douche, wc. Buanderie. Draps fournis, draps faits. Terrasse, jardin, barbecue. Coeur de la station à 1,5 km, toutes activités. Thermes et remise en forme à 4 km. Navette à 400 m. Domaine skiable Evasion Mont-Blanc à 1,5 km. A découvrir : le sentier du Baroque. Ouvert toute l'année.
GITES DE FRANCE-SERVICE RESERVATION - 16 rue Guillaume Fichet - 74000 ANNECY
Tél. : 04 50 10 10 10 - 04 50 10 10 11 - Fax : 04 50 10 10 12 - Email: resa.gites74@wanadoo.fr - www.gites-de-france-haute-savoie.com

| B. SAIS. HIV. | NOEL/ NOUV.AN | MOY. SAIS. HIV. | VAC. HIV. | VAC. PRINT. | HTE SAIS. ETE | VAC. SCOL. | | | | | | | | | | |
|---|---|---|---|---|---|---|---|---|---|---|---|---|---|---|---|---|
| 558 | 1235 | 778 | 1404 | 728 | 474 | 862 | 1,5 | 1,5 | 6 | 0,8 | 0,4 | 4 | 4 | 0,5 | 4 | 1,5 |

## N° 236028 ST-GERVAIS-LES-BAINS — Champlong — 1000 m — CM 89 pli 4

**NN** — 4 pers.

A proximité de la station, face à la chaîne des Fiz et Aravis, vue panoramique. Ancienne ferme comprenant 2 gîtes ruraux. 2e gîte de plain pied, entrée indép. Cuisine ouverte sur séjour (lit peigne 2 pers.). Ch1 (1 lit 160). S. d'eau/wc. Local technique. Chauff. élec. Terrasse privée. jardin clos. Parking, barbecue, lit bébé. Centre de la station 2,5 km. Thermes de Saint-Gervais 7,5 km. Domaine skiable du Bettex/Mont d'Arbois relié à Megève 2 km. Sentier des églises baroques au Pays du Mont-Blanc. Chamonix à 25 minutes. Loc draps.
GITES DE FRANCE-SERVICE RESERVATION - 16 rue Guillaume Fichet - 74000 ANNECY
Tél. : 04 50 10 10 10 - 04 50 10 10 11 - Fax : 04 50 10 10 12 - Email: resa.gites74@wanadoo.fr - www.gites-de-france-haute-savoie.com

| B. SAIS. HIV. | NOEL/ NOUV.AN | MOY. SAIS. HIV. | VAC. HIV. | VAC. PRINT. | HTE SAIS. ETE | VAC. SCOL. | PROMO ETE | | | | | | | | | | |
|---|---|---|---|---|---|---|---|---|---|---|---|---|---|---|---|---|---|
| 290 | 410 | 360 | 590 | 310 | 240 | 420 | 355 | 2 | 2 | 10 | 2,5 | 2 | 7,5 | 4 | 2,5 | 7,5 | 2,5 |

## N° 239034 ST-JEAN-DE-SIXT — Forgeassoud — 970 m — CM 89 pli 14

**NN** — 4 pers.

**bébé câlin** Au coeur du Massif des Aravis, vue panoramique, à proximité des stations de La CLusaz et Grand-Bornand, gîte unique aménagé en rez de jardin de la maison des propriétaires (accès par chemin en pente). Cuisine (m-ondes) ouverte sur séjour (clic-clac), magnétoscope. Ch1 (1 lit 2 pers. sd'eau/wc), Ch2 (2 lits 1 pers.). Bains/wc. Chauf. cent. Location de draps. Buanderie commune. Terrasse plein Sud, barbecue, jardin. Ski alpin débutants et fond à 400 m. Navette payante 1 km pour les stations de La CLusaz et Grand-Bornand (4 km). Maison située à l'écart de la route. Ouvert toute l'année.
GITES DE FRANCE-SERVICE RESERVATION - 16 rue Guillaume Fichet - 74000 ANNECY
Tél. : 04 50 10 10 10 - 04 50 10 10 11 - Fax : 04 50 10 10 12 - Email: resa.gites74@wanadoo.fr - www.gites-de-france-haute-savoie.com

| B. SAIS. HIV. | NOEL/ NOUV.AN | MOY. SAIS. HIV. | VAC. HIV. | VAC. PRINT. | HTE SAIS. ETE | VAC. SCOL. | PROMO ETE | | | | | | | | | |
|---|---|---|---|---|---|---|---|---|---|---|---|---|---|---|---|---|
| 254 | 474 | 271 | 541 | 237 | 237 | 423 | 372 | 4 | 0,5 | 20 | 4 | 1 | 55 | 4 | 4 | 30 | 1 |

## N° 249018 ST-PAUL-EN-CHABLAIS — Le Frénay — 970 m — CM 89 pli 2

**NN** — 2 pers.

A prox. de la station de Bernex et du lac de La Beunaz, 12 km des rives du Lac Léman et de la ville thermale d'Evian, vue panoramique, anc. ferme de pays comprenant le logt des propr, 1 loc. à l'année et 1 gîte (accès indép.). Cuis. (m-ondes) ouverte sur gd séjour (banq. Z 2 pers.). Ch (1 lit 2 pers. lit bébé). Bains, wc. Chauf. cent. Loc. de drap. Cour, terrasses, terrain, barbecue. Terrain de tennis à disposition. Centre de vacances dans le hameau. Découverte des sentiers de randonnées, (Dent d'Oche). Lac de la Beunaz à 800 m. Vallée d'Abondance à proximité. Ouvert toute l'année.
GITES DE FRANCE-SERVICE RESERVATION - 16 rue Guillaume Fichet - 74000 ANNECY
Tél. : 04 50 10 10 10 - 04 50 10 10 11 - Fax : 04 50 10 10 12 - Email: resa.gites74@wanadoo.fr - www.gites-de-france-haute-savoie.com

| B. SAIS. HIV. | NOEL/ NOUV.AN | MOY. SAIS. HIV. | VAC. HIV. | VAC. PRINT. | HTE SAIS. ETE | VAC. SCOL. | | | | | | | | |
|---|---|---|---|---|---|---|---|---|---|---|---|---|---|---|
| 220 | 355 | 237 | 389 | 237 | 203 | 406 | 2 | 2 | 0,8 | 0,8 | 0,8 | 12 | 2 | 12 | 12 | 2 |

## N° 276004 TANINGES — Hauteville — 700 m — CM 89 pli 3

**NN** — 8 pers.

**bébé câlin** Entre domaines skiables du Grand Massif et Portes du Soleil, Maison bourgeoise (XIXe) d'une anc. chocolaterie située au pied du Marcelly, vue panoramique. Accès 4 marches. Cuisine (m-ondes), séjour, hall, buanderie, wc. A l'étage : Ch1 (1 lit 2 pers.), Ch2 (2 lits 1 pers.), Ch3 (2 lits 1 pers. bains/wc), Ch4/salon (clic-clac 2 pers., lit d'appoint). Bains/wc. Terrasse et jardin clos. Poêle à bois avec foyer apparent, chauf. central. Sèche-linge. Station des Gets 12 km. Praz de Lys-Sommand 12 km, Morillon 10 km. A visiter : Chartreuse de Mélan. Ouvert la saison d'hiver.
GITES DE FRANCE-SERVICE RESERVATION - 16 rue Guillaume Fichet - 74000 ANNECY
Tél. : 04 50 10 10 10 - 04 50 10 10 11 - Fax : 04 50 10 10 12 - Email: resa.gites74@wanadoo.fr - www.gites-de-france-haute-savoie.com

| B. SAIS. HIV. | NOEL/ NOUV.AN | MOY. SAIS. HIV. | VAC. HIV. | VAC. PRINT. | | | | | | | | | |
|---|---|---|---|---|---|---|---|---|---|---|---|---|---|
| 474 | 778 | 542 | 897 | 507 | 11 | 11 | 9 | 10 | 1 | 40 | 15 | 2 | 12 | 0,5 |

## N° 282008 THORENS-GLIERES — Usillon — 800 m — CM 89 pli 14

**NN** — 6 pers.

Au pied du Plateau des Glières, entre Annecy et La Roche/Foron, ancienne ferme très fleurie comprenant 1 gîte au rdc et le logement des propriétaires. Cuisine/s.à manger(m-ondes),salon (Banquette-lit 2 pers.), Ch1 (1 lit 2 pers.), Ch2 (2 lits 1 pers.). Salle d'eau, wc. Chauffage central. Draps fournis. Véranda. Terrasse, jardin, barbecue. Garage. Site Nordique (ski fond) du Plateau des Glières, haut lieu de la Résistance. Ville d'Art et d'Histoire à Annecy 18 km. Nombreuses rando. Centre de foires et salons à La Roche/Foron 10 km. Les chats ne sont pas admis. Ouvert toute l'année.
GITES DE FRANCE-SERVICE RESERVATION - 16 rue Guillaume Fichet - 74000 ANNECY
Tél. : 04 50 10 10 10 - 04 50 10 10 11 - Fax : 04 50 10 10 12 - Email: resa.gites74@wanadoo.fr - www.gites-de-france-haute-savoie.com

| B. SAIS. HIV. | NOEL/ NOUV.AN | MOY. SAIS. HIV. | VAC. HIV. | VAC. PRINT. | HTE SAIS. ETE | VAC. SCOL. | PROMO ETE | | | | | | | | |
|---|---|---|---|---|---|---|---|---|---|---|---|---|---|---|---|
| 254 | 390 | 271 | 440 | 254 | 236 | 440 | 389 | 8 | 10 | 18 | 10 | 1 | 60 | 10 | 2 | 10 | 3 |

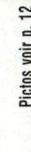

RHÔNE-ALPES

Pictos voir p. 12

# HAUTE SAVOIE - 74

Périodes tarifaires p. 530

## N° 290002 VALLORCINE — Les Plans — 1310 m — CM 89 pli 4

NN — 15 pers.

Dans un cadre montagnard préservé, au coeur du massif du Mont-Blanc, à deux pas de la Suisse, maison indépendante de pays en pierres au charme savoyard. Rdc surélevé : Vaste séjour avec salon décoré en vieux bois/pierres, mobilier savoyard ancien (magnéto). Cuis. intég. (m-ondes, congél.). Wc. 1er ét. : 4 ch (2 lits 2 pers. 1 lit 120. 3 lits 1 pers.). 2 s.d'eau, 3 wc. 2ème ét. : 2 ch (3 lits 1 pers. 2 lits 2 pers.). 2 s.d'eau, bains, 3 wc. Chauf. central, buanderie, sèche-linge. Lit bébé. Hiver uniquement. Le Tour et Grands Montets à prox. Chamonix 16 km. Ouvert de décembre à avril.
Catherine et Grisha DEPUYDT-KRAVTCHENKO – L'Anatase – Les Plans – 74660 VALLORCINE
Tél. : 04 50 54 64 06 – 06 85 27 53 07 – Fax : 04 50 54 69 41 – Email : catgrisha@aol.com – www.lanatase.com

| B. SAIS. HIV. | NOEL/NOUV.AN | MOY. SAIS. HIV. | VAC. HIV. | VAC. PRINT. |
|---|---|---|---|---|
| 2190 | 2990 | 2690 | 2990 | 2690 |

| | | | | | | | | | | |
|---|---|---|---|---|---|---|---|---|---|---|
| 3 | SP | 35 | 19 | 0,5 | 30 | 15 | 7 | 1 | 0,2 | |

## N° 308006 VINZIER — Les Clouz — 800 m — CM 89 pli 12

NN — 10 pers.

Au coeur du Pays de Gavot, dans un site calme et ensoleillé, anc. maison indép. Rdc : Ch1 (1 lit 2 pers.), salle d'eau/wc. 1er étage : cuisine (m-ondes), grand séjour/salon, magnétosc. Ch2 (1 lit 2 pers.). Bains/wc. 2ème étage : Ch3 (3 lits 1 pers.), Ch4 (3 lits 1 pers.). Chauf. central, balcon-terrasse, jardin, barbecue, parking. Sèche-linge. Lit bébé. Vue panoramique. Domaine skiable de Bernex 7 km (30 canons à neige). Domaine des Portes du Soleil à 30 mn. Lac Léman 12 km, Lac de la Beunaz 5 km. Rafting de niveau international sur la Dranse d'Abondance. Ouvert toute l'année.
GÎTES DE FRANCE-SERVICE RESERVATION – 16 rue Guillaume Fichet – 74000 ANNECY
Tél. : 04 50 10 10 10 – 04 50 10 10 11 – Fax : 04 50 10 10 12 – Email : resa.gites74@wanadoo.fr – www.gites-de-france-haute-savoie.com

| B. SAIS. HIV. | NOEL/NOUV.AN | MOY. SAIS. HIV. | VAC. HIV. | VAC. PRINT. | HTE SAIS. ETE | VAC. SCOL. | PROMO ETE |
|---|---|---|---|---|---|---|---|
| 425 | 930 | 440 | 1066 | 507 | 425 | 810 | 699 |

| | | | | | | | | | | |
|---|---|---|---|---|---|---|---|---|---|---|
| 7 | 7 | 5 | 12 | 5 | 12 | 7 | 12 | 12 | 1 | |

RHÔNE-ALPES — Pictos voir p. 12

# ILE DE LA RÉUNION

## Pour réserver, écrire ou téléphoner :

**974 - REUNION**
GITES DE FRANCE - Service Réservation
10, place Sarda Garriga
97400 SAINT-DENIS
Tél. 0 262 90 78 90 - Fax. 0 262 41 84 29

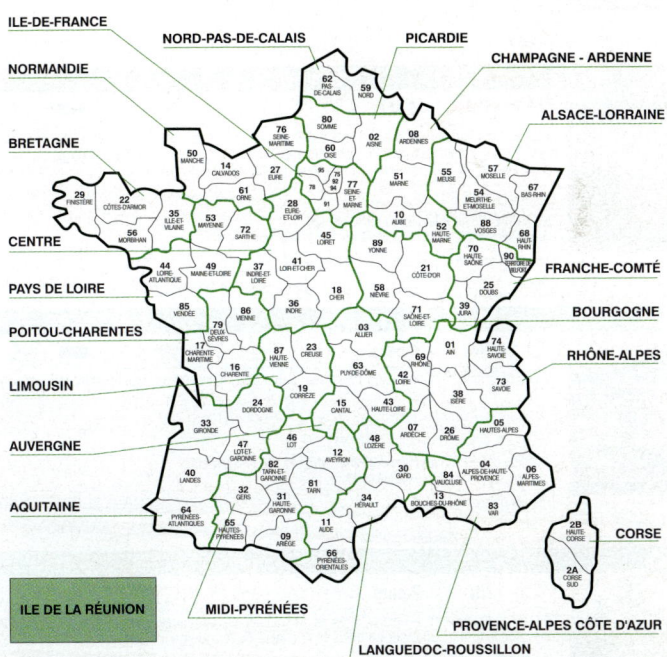

# LA RÉUNION - 974

**GITES DE FRANCE - Service Réservation**
10, place Sarda Garriga - 97400 SAINT-DENIS
Tél. 0 262 90 78 90 - Fax. 0 262 41 84 29

3615 Gîtes de France
RESA - 0,2 €/mn

## N° 23 ST-LEU — 600 m

NN — 2 pers.

Maison en rez-de-chaussée, mitoyen au n° 24, jardin clos, parking, réfrigérateur, eau chaude, four, congélateur. A proximité de la maison du propriétaire, au coeur de la végétation, petite maison créole, au calme, entièrement équipée, tout confort, clôturée, terrasse, balcon, vue sur le lagon. Rendez-vous des amoureux. Ouvert toute l'année.

Michèle HUET - 202 chemin Potier - Bras Mouton - Les Colimaçons - 97436 ST-LEU
Tél. : 02 62 54 76 70 - 06 92 67 62 54 - Fax : 02 62 54 76 70 - www.gites.saint-leu.org

| TTE L'ANNEE |
|---|
| 296 |

9 | 7 | 7

## N° 24 ST-LEU — 600 m

NN — 2 pers.

Maison en rez-de-chaussée, mitoyen au n° 23, jardin clos, parking, réfrigérateur, eau chaude, four, congélateur. A proximité de la maison du propriétaire, au coeur de la végétation, petite maison créole, au calme, entièrement équipée, tout confort, clôturée, terrasse, balcon, vue sur le lagon. Rendez-vous des amoureux. Ouvert toute l'année.

Michèle HUET - 202 chemin Potier - Bras Mouton - Les Colimaçons - 97436 ST-LEU
Tél. : 02 62 54 76 70 - 06 92 67 62 54 - Fax : 02 62 54 76 70 - www.gites.saint-leu.org

| TTE L'ANNEE |
|---|
| 296 |

9 | 7 | 7

## N° 842 ST-LEU — La Fontaine

NN — 4 pers.

Maison indépendante avec jardin clos, parking, TV couleur, réfrigérateur, congélateur, four, micro-ondes, 2 salles de bains. Gîte de style créole tout confort, avec vue imprenable. Un jardin à l'avant et un verger créole à l'arrière du gîte. 2 chambres (1 lit 160, 2 lits 90). Portique. Ouvert toute l'année. Balcon.

Inès RIVIERE - 73 rue Roland Garros - 97436 ST-LEU
Tél. : 02 62 54 82 60 - Fax : 02 62 54 71 38 - Email : riviereo@wanadoo.fr

| TTE L'ANNEE | WEEK-END |
|---|---|
| 408 | 231 |

5 | 5 | 6 | 5 | 3

## N° 26 ST-LOUIS

NN — 4 pers.

Maison indépendante en rez-de-chaussée, jardin clos, réfrigérateur, eau chaude, four, micro-ondes. Ouvert toute l'année.

Michel Paul TURPIN - 15 rue Evariste de Parny - 97421 LA RIVIERE-SAINT-LOUIS
Tél. : 02 62 39 02 12 - Fax : 02 62 39 02 12

| TTE L'ANNEE | WEEK-END |
|---|---|
| 365 | 183 |

10 | 5 | 2 | 5 | 2

## N° 302 ST-PAUL

NN — 2 pers.

Maison indépendante à l'étage, près de la maison du propriétaire, jardin clos, eau chaude, réfrigérateur, congélateur, micro-ondes, four. Gîte tout en bois, style chalet. Ouvert toute l'année.

Marcel PELTIER - 12 chemin Levêque - 97422 LA SALINE
Tél. : 02 62 33 51 34 - Fax : 02 62 33 51 34 - www.creole.org/gite/peltier/

| TTE L'ANNEE |
|---|
| 245 |

15 | 5 | 15 | 12 | 0,5

# LA RÉUNION - 974

## N° 87 ST-PAUL

**NN** — **4 pers.**

Maison de plain-pied mitoyen à la maison du propriétaire, jardin clos, réfrigérateur, eau chaude, four, micro-ondes, congélateur. Gîte avec entrée indépendante, jardin arboré et fleuri, deux terrasses avant et arrière avec vue sur océan. Ouvert toute l'année.

Claude PAGNOT - 16 impasse de la Paix - 97411 BOIS-DE-NEFLES-SAINT-PAUL
Tél. : 02 62 44 54 04 - Fax : 02 62 44 37 06 - Email : marieetclaude.pagnot@wanadoo.fr - http://legitecanelle.com

| TTE L'ANNÉE | WEEK-END |
|---|---|
| 364 | 164 |

| 8 | 15 | 8 | 10 | 8 | 3 | 7 | 2 |

## N° 960 ST-PIERRE

**NN** — **4 pers.**

Maison indépendant de plain-pied, jardin clos, terrasse, eau chaude, réfrigérateur, congélateur, four, micro-ondes, GSM à carte. Electricité en supplément : 0.15 €/kw. Ouvert toute l'année.

Patrice DEFONDAUMIERE - 87 chemin Sabrap - 97432 RAVINE-DES-CABRIS
Tél. : 02 62 57 38 07 - 06 92 69 73 21 - Fax : 02 62 57 38 07 - Email : patrice-defondaumiere@wanadoo.fr

| TTE L'ANNÉE | WEEK-END |
|---|---|
| 326 | 240 |

| 9 | 9 | 9 | 10 | 2 |

## N° 961 ST-PIERRE

**NN** — **4 pers.**

Maison indépendant de plain-pied, jardin clos, terrasse, eau chaude, réfrigérateur, congélateur, four, micro-ondes, GSM à carte. Electricité en supplément : 0.15 €/kw. Ouvert toute l'année.

Patrice DEFONDAUMIERE - 87 chemin Sabrap - 97432 RAVINE-DES-CABRIS
Tél. : 02 62 57 38 07 - 06 92 69 73 21 - Fax : 02 62 57 38 07 - Email : patrice-defondaumiere@wanadoo.fr

| TTE L'ANNÉE | WEEK-END |
|---|---|
| 326 | 240 |

| 9 | 9 | 9 | 10 | 2 |

## N° 147 LE TAMPON — Bérive — 600 m

**NN** — **3 pers.**

Maison indépendante en rez-de-chaussée, situé à côté de la maison du propriétaire avec jardin clos, parking. TV couleur, réfrigérateur, congélateur, four, micro-ondes. 1 chambre avec un grand lit et un petit lit. Ouvert toute l'année.

Estelle DAMOUR - 16 allée des Mouettes - Bérive - 97430 LE TAMPON
Tél. : 06 92 80 05 18 - 06 92 66 71 37 - Email : melodie.gite@caramail.com

| TTE L'ANNÉE | WEEK-END |
|---|---|
| 390 | 201 |

| 9 | 2 | 5 | 0,3 |

**543**

# Self-catering *gites*

Set in the countryside, by the sea or in the mountains, self-catering gîtes are apartments or self-contained houses with one or more bedrooms, a lounge/living room, kitchenette or kitchen and bathroom facilities. The Gîtes de France quality label is a guarantee that the accommodation meets specific standards and complies with the national charter. Self-catering accommodation can be rented for a few days, a weekend, or, in most cases, for a week or more, especially during school holidays. The range of self-catering gîtes featured in this guide is tourist accommodation in accordance with the Decree of 28/12/1976 (amended). The abbreviation NN (new standards) means that the accommodation is classified from 1 to 5 using the ears of corn rating system.

## THE EARS OF CORN RATING SYSTEM (NEW STANDARDS)

### 1 ear of corn
Mini-oven or rotisserie, hob unit, pressure cooker, fridge, basic household utensils and cleaning products, iron, baby chair (on request), garden furniture; a shower room and WC for up to 6 guests, a second shower room for 7 or more.

### 2 ears of corn
In addition to, or instead of, 1 ear of corn amenities: mixer, electric coffeemaker, washing machine as of 6 guests, TV aerial socket, barbecue (unless prohibited by by-laws), sheets, table and bath linen on request*.

### 3 ears of corn
In addition to, or instead of, 2 ears of corn amenities: separate entrance and private garden, oven, washing machine, dishwasher as of 5 guests, colour TV, phone; 2 WCs as of 7 guests, cleaning service on request.

### 4 ears of corn
In addition to, or instead of, 3 ears of corn amenities: house with character, prestigious setting and interior decoration, log fire or stove (unless prohibited by bylaws); microwave, fridge with freezer compartment, tumble-drier as of 6 guests.

### 5 ears of corn
In addition to, or instead of, 4 ears of corn amenities: private landscape garden or park, garage or car shelter, sports facilities (tennis court/table, swimming pool, sauna or jacuzzi); for 3 guests or more, dishwasher and tumbledrier, stereo, VCR, cordless phone.

**EC :** means that the gîte is awaiting classification

\* These services or equipment may not be available in certain establishments, in which case you will be informed of this at time of booking.

# How to use this guide book

## How to find your self-catering gîte

Self-catering gîtes in this guide are listed by region, in alphabetical order of département, and by area. To help you choose your accommodation, you will find a map on page 4 and an index on page 5.

## To book

Call or write: contact the departmental Reservation Service or the owner directly. Details are provided in each entry. They will send you a rental agreement.

By minitel: you can book your gîte for many départements using the service 3615 GITES DE FRANCE (France only, 0,2 € /min.). A symbol at the beginning of the relevant section indicates the départements covered by the service.
All accommodation can be booked through the Reservation Service acting on the owners' behalf. They will be able to offer advice and help in booking your holiday accommodation.

## Price

Prices are given in each entry and cover the overall cost of renting the gîte. These are weekly rates (from 4 p.m. on Saturday to 10 a.m. the following Saturday), or for a weekend. Sheets, household linen and a cleaning service may be supplied on request, depending on the gîte category. These services are marked by special at-a-glance symbols.

## Heating

Heating is rarely included in the cost of rental. This information should be stipulated in the rental agreement. It is advisable to ask the owner for an estimate of daily heating costs.

## "Détente" weekend breaks

From 6 p.m. on Friday to 6 p.m. on Sunday. Many départements offer special weekend packages so that you can really make the most of a short break away from it all. These packages provide:
- a fully heated gîte on your arrival
- sheets, cleaning products and essential groceries
- end-of-stay cleaning

If "détente" doesn't appear in the gîte entry, contact the owner or reservation service for arrival and departure dates and times.

## Telephone facilities

This symbol means that telephone facilities are available at the gîte. If you are a France Telecom cardholder (subscribers only), remember not to leave home without it: the cost of the call will be charged to your home phone number.

# ALLO
## Chambres d'Hôtes

**0891 16 22 22**

0,22 €/mn

*A la dernière minute réservez* votre Chambre d'Hôtes* en un clin d'œil !

*Actuellement accessible pour plus de 55 départements, ce service s'étendra progressivement partout en France.

# Die ferienunterkunft *auf dem lande*

Auf dem Land, am Meer oder im Gebirge gelegen, handelt es sich bei dieser Unterkunft um eine Wohnung oder ein einzeln stehendes Haus mit einem oder mehreren Schlafzimmern, einem Wohn/Eßzimmer, einer Küchenecke oder Küche, sowie den dazugehörigen sanitären Anlagen.
Das Qualitätgütesiegel der Gîtes de France garantiert Ihnen die Komfortnormen und die Berücksichtigung einer Nationalcharta.
Die Ferienunterkunft kann für ein paar Tage, ein Wochenende oder auch, wie es meistens der Fall ist, für eine oder mehrere Wochen, vor allem während der Schulferien, gemietet werden. Die in diesem Führer aufgezeichneten Unterkünfte sind möbliert und entsprechen der Fremdenverkehrsvorschrift vom 28.12.1976 und sind, wenn sie die Bezeichnung NN (Neue Normen) auweisen in 1 bis 5 Ähren geordnet.

## DIE ÄHREN NEUE NORMEN

### 1 Ahr
Minibackofen oder Bratrost, Schnellkochtopf, Kühlschrank, Hausgeräte und erste Reinigungsmittel, Bügeleisen, auf Anfrage Kinderstuhl, Gartenmöbel, ein Badezimmer und WC bis zu 6 Personen, ab der 7 Person ein zweites Badezimmer.

### 2 Ähren
Anstelle oder zusätzlich zu 1 Ähre: Mixgerät, elektrische Kaffeemaschine, Waschmaschine ab 6 Personen, Fernsehantenne, Barbecue (außer bei örtlichem Verbot), Bett- und Tischwasche sowie Frottiertücher werden auf Anfrage gestellt.*

### 3 Ähren
Anstelle oder zusätzlich zu 2 Ähren: Unabhängiger Eingang und eigener Garten, Backofen, Waschmaschine, Geschirrspülmaschine ab 5 Personen*, Farbfernseher*, Telefon*; 2 Toiletten ab 7 Personen, Reinigungsdienst auf Anfrage.

### 4 Ähren
Anstelle oder zusätzlich zu 3 Ähren: Haus mit persönlichem Still, Umgebung und innere Ausstattung von besonderer Qualität, Kamin oder Holzofen (außer bei örtlichem Verbot); Mikrowellenherd, Kühlschrank mit Gefrierfach, Wäschetrockenmaschine ab 6 Personen.

### 5 Ähren
Anstelle oder zusätzlich zu 4 Ähren: Privateigener Park oder Garten, Garage oder Unterstellplatz, Zurverfügungstellung von Freizeitmaterial/-ausstattungen (Tennis, Schwimmbad, Sauna oder Jakuzzi); ab 3 Personen Waschmaschine und Trockenmaschine, Stereoanlage, Videorecorder, schnurloses Telefon.

EC : bedeutet daß die Unterkunft eingestuft wird.
* Im Ausnahmefall stehen diese Ausstattungen in bestimmten Unterkünften nicht zur Verfügung oder werden nicht angeboten; in diesen Fällen wird bei Reservierung der Unterkunft darauf hingewiesen.

# Quitter la ville
### mode d'emploi

Ce premier guide pour quitter la ville rassemble les réponses aux 25 questions clés pour s'installer au vert.
Que doit-on connaître de la campagne ?
Comment se loger ?
Comment trouver un emploi ou créer sa propre entreprise ?
Comment s'intégrer ?…
Il est destiné à tous ceux qui souhaitent vivre autrement, et a pour but de faciliter leurs démarches et de leur éviter les pièges, les pertes de temps et les désillusions.
Il fournit des adresses, des contacts et des idées pour les aider à réaliser ce rêve.

Il est le tout premier guide d'investigation publié sur ce thème d'actualité et se veut un ouvrage de référence, véritable outil pour ceux qui cherchent à explorer les nouveaux chemins du possible.

Edition mai 2002. 225 pages

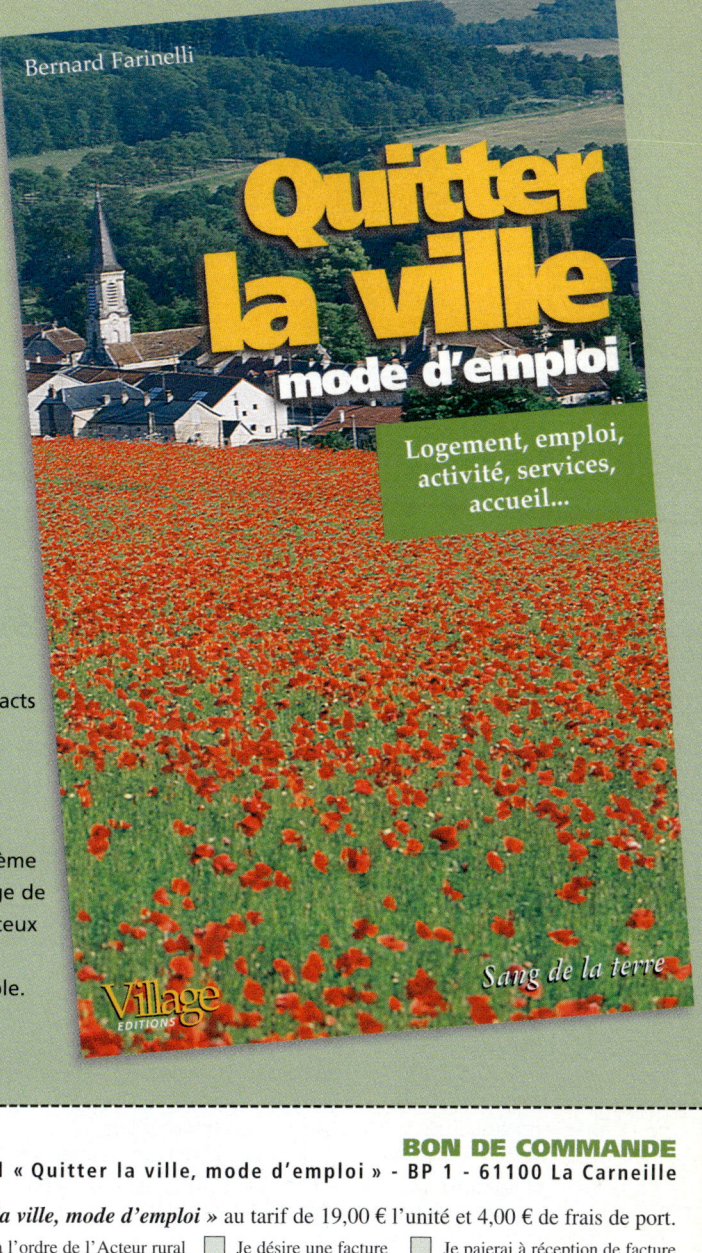

---

## BON DE COMMANDE

A retourner à : l'Acteur rural « Quitter la ville, mode d'emploi » - BP 1 - 61100 La Carneille

Je commande l'ouvrage « *Quitter la ville, mode d'emploi* » au tarif de 19,00 € l'unité et 4,00 € de frais de port.

☐ Je règle par chèque bancaire ci-joint à l'ordre de l'Acteur rural  ☐ Je désire une facture  ☐ Je paierai à réception de facture
(pour les structures uniquement)

Nom :                                            Prénom :

Organisme :

Adresse :

Code postal :                    Ville :

Tél. :                            Fax :

Signature obligatoire :

# Wie wird der führer gebraucht

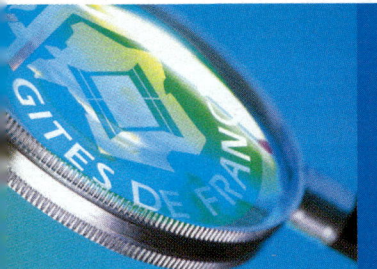

## Sie suchen Ihre Unterkunft

Die im Führer aufgezeichneten Unterkünfte sind nach Regionen geordnet, dann in alphabetischer Reihenfolge der Departements und zuletzt nach den Orten. Um Ihnen bei der Suche behilflich zu sein, steht Ihnen eine Karte (S.4) und ein Inhaltsverzeichnis (S.5) zur Verfügung.

## Um eine Unterkunft zu reservieren

Per Telefon oder schriftlich: bitte setzen Sie sich mit dem Reservierungsdienst des Departements oder direkt mit dem Besitzer in Verbindung (Adresse und Telefonnummer sind in jeder Beschreibung angegeben). Ein Mietvertrag wird Ihnen zugeschickt.
Über Minitel: In zahlreichen Departements können Sie Ihre Reservierung über die Nummer 3615 GITES DE FRANCE (0,2€/mn) vornehmen; sie sind durch ein Piktogramm zu Beginn der Liste der Departements gekennzeichnet. In allen Fällen können Sie sich an einen Reservierungsdienst wenden, der die Besitzer vertritt. Er vereinfacht die Formalitäten und wird Ihnen Hilfestellung leisten.

## Preise

Die Preise sind in jeder Beschreibung angegeben und entsprechen den globalen Kosten einer Unterkunftsmiete. Es handelt sich hierbei um einen Wochenpreis (von Samstag nachmittag 16 Uhr bis Samstag früh 10 Uhr), oder einen Wochenendpreis.
Je nach Klassifizierung kann die Zurverfügungstellung von Bett- und Hauswäsche sowie ein Reinigungsdienst in Betracht gezogen werden.
Die Piktogramme erlauben Ihnen auf einfache Weise diese Unterkünfte zu erkennen.

## Heizung

Die Heizungskosten sind selten im Mietpreis inbegriffen. Jegliche Präzision diesbezüglich muß im Mietvertrag enthalten sein.
Es wird empfohlen den Besitzer um eine Schätzung der täglichen Heizungskosten zu bitten.

## Telefon

Mit Hilfe des Piktogrammes können Sie ersehen inwieweit die Möglichkeit besteht, von Ihrer Unterkunft aus zu telefonieren. Wenn Sie eine Telefonkarte von France-Telecom besitzen, denken Sie daran sie mitzunehmen wohin Sie auch immer fahren; die Telefonkosten werden Ihnen direkt auf Ihre Telefonrechnung überschrieben.

## Das Freizeitwochenende

Von Freitag 18 Uhr bis Sonntag 18 Uhr. In vielen Departements wird diese Möglichkeit angeboten, die Ihnen erlaubt, weitgehendst von Ihrem Wochenende zu profitieren:
- die Unterkunft ist bei Ihrer Anreise vorgeheizt
- Bettwäsche, Putzmittel und Grundnahrungsmittel stehen zur Verfügung
- kein Saubermachen am Ende Ihres Wochenendes!

Wenn die Bezeichnung «Entspannung» nicht aufgeführt ist, nehmen Sie bitte mit dem Besitzer oder dem Reservierungsdienst Kontakt auf, um die An- und Abfahrstage und -stunden zu erfahren

Pour mieux répondre à vos attentes, les campings et chalets-loisirs du réseau Gîtes de France® évoluent et s'habillent d'une nouvelle marque : Pré Vert®

Au fil des mois, vous pourrez commencer à la visualiser sur nos guides, sur notre site web, puis sur les sites concernés.

Selon les départements, vous pourrez choisir entre :

▶ des campings "nature", le plus souvent à la ferme (maximum 25 emplacements),

▶ des campings de plus grande capacité avec des animations et des équipements de loisirs ; dans un cadre privilégié, ils accueillent tentes, caravanes, et vous proposent parfois des mobil-homes ou des chalets,

▶ des villages de vacances, principalement équipés de mobil-homes et de chalets, offrant à toute la famille un environnement de qualité et de nombreuses activités.

Retrouvez toutes nos adresses de campings dans le guide national 2004

Maison des Gîtes de France et du Tourisme Vert
59 rue Saint-Lazare - 75439 PARIS Cedex 09
Tél. 01 49 70 75 75 - Fax 01 42 81 28 53

www.gites-de-france.com

# Conditions générales de vente

**Reproduction des articles 95 à 103** du titre VI du décret n° 94-490 du 15 juin 1994 pris en application de la loi n° 92-645 du 13 juillet 1992 fixant les conditions d'exercice des activités relatives à l'organisation et à la vente de voyages et de séjours.

### Article 95
"Sous réserve des exclusions prévues au deuxième alinéa (a et b) de l'article 14 de la loi du 13 juillet 1992 susvisée, toute offre et toute vente de prestations de voyages ou de séjours donnent lieu à la remise de documents appropriés qui répondent aux règles définies par le présent titre. En cas de vente de titres de transport aérien ou de titres de transport sur ligne régulière non accompagnée de prestations liées à ces transports, le vendeur délivre à l'acheteur un ou plusieurs billets de passage pour la totalité du voyage émis par le transporteur ou sous sa responsabilité. Dans le cas de transport à la demande, le nom et l'adresse du transporteur, pour le compte duquel les billets sont émis, doivent être mentionnés. La facturation séparée des divers éléments d'un même forfait touristique ne soustrait pas le vendeur aux obligations qui lui sont faites par le présent titre."

### Article 96
Préalablement à la conclusion du contrat et sur la base d'un support écrit, portant sa raison sociale, son adresse et l'indication de son autorisation administrative d'exercice, le vendeur doit communiquer au consommateur les informations sur les prix, les dates et les autres éléments constitutifs des prestations fournies à l'occasion du voyage ou du séjour tels que :
1° La destination, les moyens, les caractéristiques et les catégories de transports utilisés ;
2° Le mode d'hébergement, sa situation, son niveau de confort et ses principales caractéristiques, son homologation et son classement touristique correspondant à la réglementation ou aux usages du pays d'accueil ;
3° Les repas fournis ;
4° La description de l'itinéraire lorsqu'il s'agit d'un circuit ;
5° Les formalités administratives et sanitaires à accomplir en cas, notamment, de franchissement des frontières ainsi que leurs délais d'accomplissement ;
6° Les visites, excursions et les autres services inclus dans le forfait ou éventuellement disponibles moyennant un supplément de prix ;
7° La taille minimale ou maximale du groupe permettant la réalisation du voyage ou du séjour ainsi que, si la réalisation du voyage ou du séjour est subordonnée à un nombre minimal de participants, la date limite d'information du consommateur en cas d'annulation du voyage ou du séjour ; cette date ne peut être fixée à moins de 21 jours avant le départ ;
8° Le montant ou le pourcentage du prix à verser à titre d'acompte à la conclusion du contrat ainsi que le calendrier de paiement du solde ;
9° Les modalités de révision des prix telles que prévues par le contrat en application de l'article 100 du présent décret ;
10° Les conditions d'annulation de nature contractuelle ;
11° Les conditions d'annulation définies aux articles 101, 102 et 103 ci-après ;
12° Les précisions concernant les risques couverts et le montant des garanties souscrites au titre du contrat d'assurance couvrant les conséquences de la responsabilité civile professionnelle des agences de voyage et de la responsabilité civile des associations et organismes sans but lucratif et des organismes locaux de tourisme ;
13° L'information concernant la souscription facultative d'un contrat d'assurance couvrant les conséquences de certains cas d'annulation ou d'un contrat d'assistance couvrant certains risques particuliers, notamment les frais de rapatriement en cas d'accident ou de maladie.

### Article 97
L'information préalable faite au consommateur engage le vendeur, à moins que dans celle-ci le vendeur ne se soit réservé expressément le droit d'en modifier certains éléments.
Le vendeur doit, dans ce cas, indiquer clairement dans quelle mesure cette modification peut intervenir et sur quels éléments.
En tout état de cause, les modifications apportées à l'information préalable doivent être communiquées par écrit au consommateur avant la conclusion du contrat.

### Article 98
Le contrat conclu entre le vendeur et l'acheteur doit être écrit, établi en double exemplaire dont l'un est remis à l'acheteur, et signé par les deux parties. Il doit comporter les clauses suivantes :
1° Le nom et l'adresse du vendeur, de son garant et de son assureur ainsi que le nom et l'adresse de l'organisateur ;
2° La destination ou les destinations du voyage, et, en cas de séjour fractionné, les différentes périodes et leurs dates ;
3° Les moyens, les caractéristiques et les catégories des transports utilisés, les dates, heures et lieux de départ et de retour ;
4° Le mode d'hébergement, sa situation, son niveau de confort et ses principales caractéristiques, son classement touristique en vertu des réglementations ou des usages du pays d'accueil ;

5° Le nombre de repas fournis ;
6° L'itinéraire lorsqu'il s'agit d'un circuit ;
7° Les visites, les excursions ou autres services inclus dans le prix total du voyage ou du séjour ;
8° Le prix total des prestations facturées ainsi que l'indication de toute révision éventuelle de cette facturation en vertu des dispositions de l'article 100 ci-après ;
9° L'indication s'il y a lieu, des redevances ou taxes afférentes à certains services telles que taxes d'atterrissage, de débarquement ou d'embarquement dans les ports et aéroports, taxes de séjour lorsqu'elles ne sont pas incluses dans le prix de la ou des prestations fournies ;
10° Le calendrier et les modalités de paiement du prix ; en tout état de cause, le dernier versement effectué par l'acheteur ne peut être inférieur à 30 % du prix du voyage ou du séjour et doit être effectué lors de la remise des documents permettant de réaliser le voyage ou le séjour ;
11° Les conditions particulières demandées par l'acheteur et acceptées par le vendeur ;
12° Les modalités selon lesquelles l'acheteur peut saisir le vendeur d'une réclamation pour inexécution ou mauvaise exécution du contrat, réclamation qui doit être adressée dans les meilleurs délais, par lettre recommandée avec accusé de réception au vendeur, et signalée par écrit, éventuellement, à l'organisateur du voyage et au prestataire de services concernés ;
13° La date limite d'information de l'acheteur en cas d'annulation du voyage ou du séjour par le vendeur dans le cas où la réalisation du voyage ou du séjour est liée à un nombre minimal de participants, conformément aux dispositions du 7° de l'article 96 ci-dessus ;
14° Les conditions d'annulation de nature contractuelle ;
15° Les conditions d'annulation prévues aux articles 101, 102 et 103 ci-dessous ;
16° Les précisions concernant les risques couverts et le montant des garanties au titre du contrat d'assurance couvrant les conséquences de la responsabilité civile professionnelle du vendeur ;
17° Les indications concernant le contrat d'assurance couvrant les conséquences de certains cas d'annulation souscrit par l'acheteur (numéro de police et nom de l'assureur), ainsi que celles concernant le contrat d'assistance couvrant certains risques particuliers, notamment les frais de rapatriement en cas d'accident ou de maladie ; dans ce cas, le vendeur doit remettre à l'acheteur un document précisant au minimum les risques couverts et les risques exclus ;
18° La date limite d'information du vendeur en cas de cession du contrat par l'acheteur ;
19° L'engagement de fournir, par écrit, à l'acheteur, au moins 10 jours avant la date prévue pour son départ, les informations suivantes :
a) le nom, l'adresse et le numéro de téléphone de la représentation locale du vendeur ou, à défaut, les noms et adresses et numéros de téléphone des organismes locaux susceptibles d'aider le consommateur en cas de difficulté ou, à défaut, le numéro d'appel permettant d'établir de toute urgence un contact avec le vendeur ;
b) pour les voyages et séjours de mineurs à l'étranger, un numéro de téléphone et une adresse permettant d'établir un contact direct avec l'enfant ou le responsable sur place de son séjour.

### Article 99
L'acheteur peut céder son contrat à un cessionnaire qui remplit les mêmes conditions que lui pour effectuer le voyage ou le séjour, tant que ce contrat n'a produit aucun effet. Sauf stipulation plus favorable au cédant, celui-ci est tenu d'informer le vendeur de sa décision par lettre recommandée avec accusé de réception au plus tard 7 jours avant le début du voyage. Lorsqu'il s'agit d'une croisière, ce délai est porté à 15 jours. Cette cession n'est soumise, en aucun cas, à une autorisation préalable du vendeur.

### Article 100
Lorsque le contrat comporte une possibilité expresse de révision du prix, dans les limites prévues à l'article 19 de la loi du 13 juillet 1992 susvisée, il doit mentionner les modalités précises de calcul, tant à la hausse qu'à la baisse, des variations des prix, et notamment le montant des frais de transport et taxes y afférentes, la ou les devises qui peuvent avoir une incidence sur le prix du voyage ou du séjour, la part du prix à laquelle s'applique la variation, le cours de la ou des devises retenu comme référence lors de l'établissement du prix figurant au contrat.

### Article 101
Lorsque, avant le départ de l'acheteur, le vendeur se trouve contraint d'apporter une modification à l'un des éléments essentiels du contrat, tel qu'une hausse significative du prix, l'acheteur peut, sans préjuger des recours en réparation pour dommages éventuellement subis, et après en avoir été informé par le vendeur, par lettre recommandée avec accusé de réception :
- soit résilier son contrat et obtenir sans pénalité le remboursement immédiat des sommes versées
- soit accepter la modification ou le voyage de substitution proposé par le vendeur ; un avenant au contrat précisant les modifications apportées est alors signé par les parties ; toute diminution de prix vient en déduction des sommes restant éventuellement dues par l'acheteur et, si le paiement déjà effectué par ce dernier excède le prix de la prestation modifiée, le trop-perçu sera restitué avant la date de son départ.

### Article 102
Dans le cas prévu à l'article 21 de la loi du 13 juillet 1992 susvisée, lorsque, avant le départ de l'acheteur, le vendeur annule le voyage ou le séjour, il doit informer l'acheteur par lettre recommandée avec avis de réception ; l'acheteur, sans préjuger des recours en réparation des dommages éventuellement subis, obtient auprès du vendeur le remboursement immédiat et sans pénalité des sommes versées ; l'acheteur reçoit, dans ce cas, une indemnité au moins égale à la pénalité qu'il aurait supportée si l'annulation était intervenue de son fait à cette date.
Les dispositions du présent article ne font en aucun cas obstacle à la conclusion d'un accord amiable ayant pour objet l'acceptation, par l'acheteur, d'un voyage ou séjour de substitution proposé par le vendeur.

### Article 103
Lorsque, après le départ de l'acheteur, le vendeur se trouve dans l'impossibilité de fournir une part prépondérante des services prévus au contrat, représentant un pourcentage non négligeable du prix honoré par l'acheteur, le vendeur doit immédiatement prendre les dispositions suivantes sans préjuger des recours en réparation pour dommages éventuellement subis :
- soit proposer des prestations en remplacement des prestations prévues en supportant éventuellement tout supplément de prix et, si les prestations acceptées par l'acheteur sont de qualité inférieure, le vendeur doit lui rembourser, dès son retour, la différence de prix ;
- soit, s'il ne peut proposer aucune prestation de remplacement ou si celles-ci sont refusées par l'acheteur pour des motifs valables, fournir à l'acheteur, sans supplément de prix, des titres de transport pour assurer son retour dans des conditions pouvant être jugées équivalentes vers le lieu de départ ou vers un autre lieu accepté par les deux parties."

# Liste des Centres départementaux d'information-réservation

**01 • AIN**
21, place Bernard - B.P. 198
01005 BOURG-EN-BRESSE CEDEX
Tél. 04 74 23 82 69
Rés. 04 74 23 82 66
Fax 04 74 22 65 86
e.mail : gites-de-france-ain@wanadoo.fr

**02 • AISNE**
24/28 avenue Charles de Gaulle
02007 LAON CEDEX
Tél. 03 23 27 76 76
Rés. 03 23 27 76 80
Fax 03 23 27 76 88
e.mail : stephanie.chamaux@aisne.com

**03 • ALLIER**
Pavillon des Marronniers
Parc de Bellevue - B.P. 65
03402 YZEURE CEDEX
Tél. 04 70 46 81 56/04 70 46 81 60
Fax 04 70 46 00 22
e.mail : gitesdefrance@pays-allier.com

**04 • ALPES-DE-HAUTE PROVENCE (B)**
Maison du Tourisme
Rond-Point du 11 Novembre - B.P. 201
04001 DIGNE LES BAINS CEDEX
Tél. 04 92 31 30 40
Fax 04 92 32 32 63
e.mail : infos@gites-de-france-04.fr

**05 • HAUTES-ALPES**
1, place du Champsaur
BP 55 05002 GAP cedex
Tél. 04 92 52 52 92
Rés. 04 92 52 52 94
Fax 04 92 52 52 90
e.mail : gdf05@wanadoo.fr

**06 • ALPES-MARITIMES**
C.R.T. - 55-57 promenade des Anglais
B.P. 1602
06011 NICE CEDEX 1
Tél. 04 92 15 21 30
Fax 04 93 37 48 00
e.mail : gites06@guideriviera.com

**07 • ARDECHE**
4, Cours du Palais - B.P. 402
07004 PRIVAS CEDEX
Tél. 04 75 64 70 70
Fax 04 75 64 75 40
e.mail : gites-de-france-ardeche@wanadoo.fr

**08 • ARDENNES**
6, rue Noël - B.P. 370
08106 CHARLEVILLE-MEZIERES CEDEX
Tél. 03 24 56 89 65
Fax 03 24 56 89 66
e.mail : gitardennes@wanadoo.fr

**09 • ARIEGE**
31 bis, avenue du Général de Gaulle
B.P. 143 - 09004 FOIX CEDEX
Tél. 05 61 02 30 89
Fax 05 61 65 17 34
e.mail : gites-de-france.ariege@wanadoo.fr

**10 • AUBE**
Chambre d'Agriculture
2 bis, rue Jeanne-d'Arc - B.P. 4080
10018 TROYES CEDEX
Tél. 03 25 73 00 11
Fax 03 25 73 94 85
e.mail : gites.aube@wanadoo.fr

**11 • AUDE**
78ter, rue Barbacane
11000 CARCASSONNE
Tél. 04 68 11 40 70
Fax 04 68 11 40 72
e.mail : GITESDEFRANCE.AUDE@wanadoo.fr

**12 • AVEYRON**
APATAR - Maison du Tourisme
17, rue Aristide Briand - B.P. 831
12008 RODEZ CEDEX
Tél. 05 65 75 55 60
Rés. 05 65 75 55 55
Fax 05 65 75 55 61
e.mail : gites.de.france.aveyron@wanadoo.fr

**13 • BOUCHES-DU-RHONE**
Domaine du Vergon
13370 MALLEMORT
Tél. 04 90 59 49 39
Fax 04 90 59 16 75
e.mail : gitesdefrance@visitprovence.com

**14 • CALVADOS**
6, promenade Madame-de-Sévigné
14050 CAEN CEDEX 4
Tél. 02 31 82 71 65
Fax 02 31 83 57 64
e.mail : info@gites-de-france-calvados.fr

**15 • CANTAL**
50, avenue des Pupilles de la Nation
B.P. 631 - 15006 AURILLAC CEDEX
Tél. 04 71 48 64 20
Fax 04 71 48 64 21
e.mail : GITES-DE-FRANCE-CANTAL@wanadoo.fr

**16 • CHARENTE**
27, place Bouillaud
16021 ANGOULEME CEDEX
Tél. 05 45 69 79 09
Fax 05 45 69 48 60
e.mail : gites-charente@tdi-services.fr

**17 • CHARENTE-MARITIME**
Résidence Le Platin
1, perspective de l'Océan - Les Minimes
B.P. 32 - 17002 LA ROCHELLE CEDEX 1
Tél. 05 46 50 63 63
Fax 05 46 50 54 46
e.mail : GITES.17@wanadoo.fr

**18 • CHER**
5, rue de Séraucourt
18000 BOURGES
Tél. 02 48 48 00 13
Fax 02 48 48 00 20
e.mail : tourisme.berry@cdt18.tv

**19 • CORREZE**
Immeuble Consulaire Tulle Est
Puy Pinçon - B.P.30
19001 TULLE CEDEX
Tél. 05 55 21 55 61
Fax 05 55 21 55 88
e.mail : gites-de-france@correze.chambagri.fr

**20 • CORSE**
77, Cours Napoléon - B.P. 10
20181 AJACCIO CEDEX 01
Tél. 04 95 10 06 14
Fax 04 95 10 54 38
e.mail : infos@gites-corsica.com

**21 • COTE-D'OR (B)**
15, rue de L'Arquebuse - B.P. 90452
21004 DIJON CEDEX
Tél. 03 80 45 97 15
Fax 03 80 45 97 16
e.mail : gites.de.france21@wanadoo.fr

**22 • COTES-D'ARMOR**
7, rue Saint-Benoît - B.P. 4536
22045 SAINT-BRIEUC CEDEX 2
Tél. 02 96 62 21 73
Fax 02 96 61 20 16
e.mail : gites-de-france-22@armornet.tm.fr

**23 • CREUSE**
Maison de l'Agriculture
1, rue Martinet - BP. 89
23011 GUERET CEDEX
Tél. 05 55 61 50 15
Fax 05 55 41 02 73
e.mail : gites.de.france.creuse@wanadoo.fr

**24 • DORDOGNE**
25, rue Wilson - B.P. 2063
24002 PERIGUEUX CEDEX
Tél. 05 53 35 50 24
Fax 05 53 09 51 41
e.mail : dordogne.perigord.tourisme@wanadoo.fr

**25 • DOUBS**
4 ter, Faubourg Rivotte
25000 BESANÇON
Tél. 03 81 82 80 48
Fax 03 81 82 38 72
e.mail : gites-de-france-doubs@wanadoo.fr

**26 • DROME**
42, av. des Langories - BP 169
26906 VALENCE cedex 9
Tél. 04 75 83 16 42
Rés. 04 75 83 09 23
Fax 04 75 82 90 57
e.mail : gites-de-france-drome@wanadoo.fr

**27 • EURE**
9, rue de la Petite-Cité - B.P. 882
27008 EVREUX CEDEX
Tél. 02 32 39 53 38
Fax 02 32 33 78 13
e.mail : gites@eure.chambagri.fr

**(B) : Boutique avec vente de guides nationaux et départementaux**

**Réservation par 3615 code "Gîtes de France"** 0,2 €/mn

### 28 • EURE-ET-LOIR
Maison de l'Agriculture
10, rue Dieudonné-Costes
28024 CHARTRES
Tél. 02 37 24 45 45
Fax 02 37 24 45 90

### 29 • FINISTERE
5, allée Sully
29322 QUIMPER CEDEX
Tél. 02 98 64 20 20
Fax 02 98 64 20 29
e.mail : info@gites-de-france-finistere.com

### 30 • GARD
3, place des Arènes - B.P. 59
30007 NIMES CEDEX 4
Tél. 04 66 27 94 94
Fax 04 66 27 94 95
e.mail : contacts@gites-de-france-gard.asso.fr

### 31 • HAUTE-GARONNE
14, rue Bayard - B.P. 845
31015 TOULOUSE CEDEX 06
Tél. 05 61 99 70 60
Fax 05 61 99 41 22
e.mail : info@gites-de-france-31.com

### 32 • GERS
Maison de l'Agriculture - B.P. 161
Route de Tarbes
32003 AUCH CEDEX
Tél. 05 62 61 79 00
Fax 05 62 61 79 09
e.mail : loisirs.accueil.gers@wanadoo.fr

### 33 • GIRONDE
21, cours de l'Intendance
33000 BORDEAUX
Tél. 05 56 81 54 23
Fax 05 56 51 67 13
e.mail : gites33@wanadoo.fr

### 34 • HERAULT
Maison du Tourisme
34184 MONTPELLIER CEDEX 4
Tél. 04 67 67 62 62
Fax 04 67 67 71 66
e.mail : contact@gites-de-france-herault.asso.fr

### 35 • ILLE-ET-VILAINE (B)
107, av. Henri Fréville - B.P. 70336
35203 RENNES CEDEX 2
Tél. 02 99 22 68 68
Fax 02 99 22 68 69
e.mail : sla.gitesdefrance35@wanadoo.fr

### 36 • INDRE
7, bis rue Bourdillon
36000 CHATEAUROUX
Tél. 02 54 22 91 20
Fax 02 54 27 60 00

### 37 • TOURAINE
38, rue Augustin-Fresnel - B.P. 139
37171 CHAMBRAY-LES-TOURS CEDEX
Tél. 02 47 48 37 33
Fax 02 47 48 13 39
e.mail : info@loire-valley-holidays.com

### 38 • ISERE
40, avenue Marcelin Berthelot
B.P. 2641
38036 GRENOBLE CEDEX 2
Tél. 04 76 40 79 40
Fax 04 76 40 79 99
e.mail : sirt38@wanadoo.fr

### 39 • JURA
8, rue Louis Rousseau
39000 LONS-LE-SAUNIER
Tél. 03 84 87 08 76
Fax 03 84 24 88 70
e.mail : gites.france.jura@jura-tourism.com

### 40 • LANDES
Chambre d'Agriculture
Cité Galliane - B.P. 279
40005 MONT-DE-MARSAN CEDEX
Tél. 05 58 85 44 44
Fax 05 58 85 44 45
e.mail : resa40@landes.chambagri.fr

### 41 • LOIR-ET-CHER
Association Vacances Vertes
5, rue de la Voûte du Château - B.P. 249
41001 BLOIS CEDEX
Tél. 02 54 58 81 64
Fax 02 54 56 04 13
e.mail : GITES41@wanadoo.fr

### 42 • LOIRE (B)
Cité de l'Agriculture
43, av. Albert-Raimond - B.P. 50
42272 SAINT-PRIEST-EN-JAREZ CEDEX
Tél. 04 77 79 18 49
Fax 04 77 93 93 66
e.mail : contact@gites42.com

### 43 • HAUTE-LOIRE
1, place Monseigneur de Galard B.P. 332
43012 LE-PUY-EN-VELAY
Tél. 04 71 07 41 56
Fax 04 71 07 41 66
e.mail : contact@gites42.com

### 44 • LOIRE ATLANTIQUE (B)
1, allée Baco - B.P. 93218
44032 NANTES CEDEX 1
Tél. 02 51 72 95 65
Fax 02 40 35 17 05
e.mail : info@gites-de-france-44.fr

### 45 • LOIRET
8, rue d'Escures
45000 ORLEANS
Tél. 02 38 78 04 00
Rés. 02 38 62 04 88
Fax 02 38 62 98 37
e.mail : Tourisme.Loiret@wanadoo.fr

### 46 • LOT
Maison du Tourisme
Place François Mitterrand
46000 CAHORS
Tél. 05 65 53 20 75
Fax 05 65 53 20 79
e.mail : gites.de.france.lot@wanadoo.fr

### 47 • LOT-ET-GARONNE
11, rue des Droits de l'Homme
47000 AGEN
Tél. 05 53 47 80 87
Fax 05 53 66 88 29
e.mail : Gites-de-france.47@wanadoo.fr

### 48 • LOZERE
14, bd Henri-Bourillon
48001 MENDE CEDEX
Tél. 04 66 65 60 00
Fax 04 66 49 27 96
SR : Tél. 04 66 48 48 48
SR : Fax 04 66 65 03 55
e.mail : cdt.lozere@france48.com

### 49 • MAINE-ET-LOIRE
B.P. 52425
49024 ANGERS CEDEX 02
Tél. 02 41 23 51 42
Rés. 02 41 23 51 23
Fax 02 41 88 36 77
e.mail : gites-de-france-anjou@wanadoo.fr

### 50 • MANCHE
Rond-Point de la Liberté
Maison du Département
50008 SAINT-LO CEDEX
Tél. 02 33 56 28 80
Fax 02 33 56 07 03
e.mail : mancheresa@cg50.fr

### 51 • MARNE
Chambre d'Agriculture
Route de Suippes - B.P. 525
51009 CHALONS-EN-CHAMPAGNE CEDEX
Tél. 03 26 64 95 05
Fax 03 26 64 95 06

### 52 • HAUTE-MARNE
40 bis, avenue Foch
52000 CHAUMONT
Tél. 03 25 30 39 00
Fax 03 25 30 39 09
e.mail : tourisme.hautemarne@wanadoo.fr

### 53 • MAYENNE
84, avenue Robert Buron - B.P. 2254
53022 LAVAL CEDEX 9
Tél. 02 43 53 58 78
Fax 02 43 53 58 79
e.mail : gites53@libertysurf.fr

### 54 • MEURTHE-ET-MOSELLE
5, rue de la Vologne
Chambre d'Agriculture
54524 LAXOU CEDEX
Tél. 03 83 93 34 91
Fax 03 83 93 34 90
e.mail : gites-de-france54@wanadoo.fr

### 55 • MEUSE
5, place de la République
55120 CLERMONT EN ARGONNE
Tél. 03 29 88 44 12
Fax 03 29 87 40 01
e.mail : gites-de-meuse@libertysurf.fr

# Liste des Centres départementaux d'information-réservation (suite)

### 56 • MORBIHAN
42 avenue Wilson - B.P. 30318
56403 AURAY CEDEX
Tél. 02 97 56 48 12
Fax 02 97 50 70 07
e.mail : gites-de-france.morbihan@wanadoo.fr

### 57 • MOSELLE
6, rue de l'Abattoir
57630 VIC-SUR-SEILLE
Tél. 03 87 01 18 50
Fax 03 87 01 17 09
e.mail : gitesdefrance.moselle@wanadoo.fr

### 58 • NIEVRE
3, rue du Sort
58000 NEVERS
Tél. 03 86 36 42 39
Fax 03 86 59 44 63
e.mail : gites-de-france-nievre@wanadoo.fr

### 59 • NORD (B)
89, bd. de la Liberté - B.P. 1210
59013 LILLE CEDEX
Tél. 03 20 14 93 93
Tél. 03 20 14 93 94
Fax 03 20 14 93 99
e.mail : gites.de.france.nord@wanadoo.fr

### 60 • OISE
8, bis rue Delaherche - B.P. 80822
60008 BEAUVAIS CEDEX
Tél. 03 44 06 25 85
Fax 03 44 06 25 80
e.mail : gites@oisetourisme.com

### 61 • ORNE
C.D.T. - 88, rue Saint-Blaise - B.P. 50
61002 ALENÇON CEDEX
Tél. 02 33 28 07 00
ou 02 33 28 88 71
Fax 02 33 29 01 01
e.mail : orne.tourisme@wanadoo.fr

### 62 • PAS-DE-CALAIS
La Trésorerie - Wimille - B.P. 79
62930 WIMEREUX
Tél. 03 21 10 34 80
Rés. 03 21 10 34 40
Fax 03 21 30 04 81
e.mail : gitesdefrance@pas-de-calais.com

### 63 • PUY-DE-DOME
Place de la Bourse
63038 CLERMONT-FERRAND CEDEX 1
Tél. 04 73 90 00 15
Fax 04 73 92 83 75

### 64 • PYRENEES ATLANTIQUES (B)
20, rue Gassion
64000 PAU
Tél. 05 59 11 20 64
Fax 05 59 11 20 60
e.mail : resa@gites64.com

### 65 • HAUTES-PYRENEES
22, place du Foirail
65000 TARBES
Tél. 05 62 34 31 50
Fax 05 62 34 37 95
e.mail : contact@gites-france-65.com

### 66 • PYRENEES ORIENTALES
30, rue Pierre Bretonneau
66017 PERPIGNAN CEDEX
Tél. 04 68 68 42 88
Fax 04 68 68 42 87
e.mail : gites-de-france66@msa66.msa.fr

### 67 • BAS-RHIN (B)
7, place des Meuniers
67000 STRASBOURG
Tél. 03 88 75 56 50
Fax 03 88 23 00 97
e.mail : alsace@gites67.com

### 68 • HAUT-RHIN
1, rue Schlumberger - B.P. 371
68007 COLMAR CEDEX
Tél. 03 89 20 10 68
Fax 03 89 23 33 91
e.mail : gitesdefrance68@tourisme68.asso.fr

### 69 • RHONE A.D.T.R.
1, rue Général Plessier
69002 LYON
Tél. 04 72 77 17 50
Fax 04 72 41 66 30
e.mail : gites69.adtr@wanadoo.fr

### RHONE-ALPES (B)
1, rue Général Plessier
69002 LYON
Tél. 04 72 77 17 55
Fax 04 78 38 21 15
e.mail : gites.rhone.alpes@wanadoo.fr

### 70 • HAUTE-SAONE
Maison du Tourisme
6, rue des Bains - B.P. 117
70002 VESOUL CEDEX
Tél. 03 84 97 10 70
Fax 03 84 97 10 71
e.mail : cdt70@wanadoo.fr

### 71 • SAONE-ET-LOIRE
Chambre d'Agriculture - B.P. 522
Esplanade du Breuil
71010 MACON
Tél. 03 85 29 55 60
Fax 03 85 38 61 98
e.mail : gites71@sl.chambagri.fr

### 72 • SARTHE
78, avenue du Général Leclerc
72000 LE MANS
Tél. 02 43 23 84 61
Fax 02 43 23 84 63
e.mail : gites-de-france-72@wanadoo.fr

### 73 • SAVOIE
24, bd de la Colonne
73024 CHAMBERY CEDEX
Tél. 04 79 33 22 56
Fax 04 79 85 71 32
e.mail : info@gites-de-france-savoie.com

### 74 • HAUTE-SAVOIE
16, rue Guillaume Fichet
74000 ANNECY
Tél. 04 50 10 10 10
Rés. 04 50 10 10 11
Fax 04 50 10 10 12
e.mail : gites-de-france-haute-savoie.com

### 76 • SEINE-MARITIME
Immeuble de la Chambre d'Agriculture
Chemin de la Bretèque - B.P. 59
76232 BOIS-GUILLAUME CEDEX
Tél. 02 35 60 73 34
Fax 02 35 61 69 20
e.mail : info@gitesdefrance76.com

### 77 • SEINE-ET-MARNE
Maison Départementale du Tourisme
9-11 rue Royale
77300 FONTAINEBLEAU
Tél. 01 60 39 60 53 ou 54
Fax 01 60 39 60 40
e.mail : mdt@tourisme77.net

### 78 • YVELINES
Hôtel du Département
2, place André Mignot
78012 VERSAILLES CEDEX
Tél. 01 30 21 36 73
Fax 01 39 07 88 56
e.mail : gitesdefrance@cg78.fr

### 79 • DEUX-SEVRES
15, rue Thiers - B.P. 8524
79025 NIORT CEDEX 9
Tél. 05 49 778 77
Fax 05 49 77 15 94
e.mail : gites-de-france-deux-sevres@wanadoo.fr

### 80 • SOMME
21, rue Ernest Cauvin
80000 AMIENS
Tél. 03 22 71 22 71
Fax 03 22 71 22 69
e.mail : accueil@somme-tourisme.com

### 81 • TARN
Maison des Agriculteurs La Milliasolle
B.P. 89 - 81003 ALBI CEDEX
Tél. 05 63 48 83 01
Fax 05 63 48 83 12
e.mail : gitesdutarn@free.fr

### 82 • TARN-ET-GARONNE
C.D.T. - 7, bd Midi-Pyrénées
B.P. 534
82005 MONTAUBAN CEDEX
Tél. 05 63 21 79 61
Fax 05 63 66 80 36
e.mail : cdt82@wanadoo.fr

### 83 • VAR (B)
Conseil Général Rond-Point du 4.12.74 -
B.P. 215 83006 DRAGUIGNAN CEDEX
Tél. 0820 822 828 (france)
Tél. 00 33 494509393 (étranger)
Fax 04 94 50 93 90
e.mail : reservation@gites-de-france-var.fr

**(B) : Boutique avec vente de guides nationaux et départementaux**

**Réservation par 3615 code "Gîtes de France"**
0,2 €/mn

### 84 • VAUCLUSE
B.P. 164
84008 AVIGNON CEDEX 1
Tél. 04 90 85 45 00
Fax 04 90 85 88 49
e.mail : gites.vaucluse@wanadoo.fr

### 85 • VENDEE
124, bd Aristide Briand - B.P. 735
85018 LA ROCHE-SUR-YON CEDEX
Tél. 02 51 37 87 87
Fax 02 51 62 15 19
e.mail : gites-de-france-vendee@wanadoo.fr

### 86 • VIENNE
1bis, rue Victor Hugo - B.P. 287
86007 POITIERS CEDEX
Tél. 05 49 37 48 54
Tél. (SR) 05 49 37 19 77
Fax 05 49 37 48 49
Fax (SR) 05 49 37 19 79
e.mail : info@gitesdefrance-vienne.com

### 87 • HAUTE-VIENNE
32, avenue du Général-Leclerc
87065 LIMOGES CEDEX
Tél. 05 55 77 09 57
Fax 05 55 10 92 29
e.mail : gites.de.france.87@wanadoo.fr

### 88 • VOSGES
13, rue Aristide Briand - B.P. 405
88010 EPINAL CEDEX
Tél. 03 29 35 50 34
Fax 03 29 35 68 11
e.mail : gites-88@wanadoo.fr

### 89 • YONNE
Chambre d'Agriculture
14 bis, rue Guynemer
89015 AUXERRE CEDEX
Tél. 03 86 94 22 22
Tél. (SR) 03 86 72 92 15
Fax 03 86 94 22 23
Fax (SR) 03 86 72 92 14
e.mail : gitesdefrance@yonne.chambagri.fr

### 90 • TERRITOIRE DE BELFORT
2 bis, rue Clémenceau
90000 BELFORT
Tél. 03 84 21 27 95
Fax 03 84 55 90 99

### 91 • ESSONNE
2, cours Monseigneur Roméro
91025 EVRY CEDEX
Tél. 01 64 97 23 81/Fax 01 64 97 23 70
e.mail : info@gites-de-france-essonne.com

### 95 • VAL D'OISE
Château de la Motte
Rue François de Ganay
95270 LUZARCHES
Tél. 01 30 29 51 00
Fax. 01 30 29 30 86
e.mail : gites@val-doise-tourisme.fr

### 97.1 • GUADELOUPE
5, square de la Banque
Place de la Victoire - B.P. 759
97171 POINTE-A-PITRE CEDEX
Tél. 0 590 91 64 33
Fax 0 590 91 45 40

### 97.2 • MARTINIQUE
9, bd du Général de Gaulle - B.P. 1122
97248 FORT-DE-FRANCE CEDEX
Tél. 0 596 73 74 74
Fax 0 596 63 55 92
e.mail : gites-de-france-martinique@wanadoo.fr

### 97.3 • GUYANE
12, rue Lalouette
97300 CAYENNE
Tél. 0 594 29 65 16
Fax 0 594 29 65 01
e.mail : gites@tourisme.guyane.gf

### 97.4 • ILE DE LA REUNION
10, place Sarda Garriga
97400 SAINT-DENIS
Tél. 0 262 90 78 90
Fax 0 262 41 84 29

# Fiche d'appréciation

Soucieux de la qualité de votre séjour, nous serons heureux de recevoir vos impressions par le biais de cette fiche d'appréciation. Nous serons également attentifs à toute suggestion quant à la présentation et l'utilisation de ce guide.

Cette fiche est à retourner à :

**MAISON DES GÎTES DE FRANCE ET DU TOURISME VERT**
**59 rue Saint-Lazare - 75439 PARIS Cédex 09**

Nom du propriétaire : _____

Commune : _____ Département : _____

Numéro d'hébergement :

Avez-vous été satisfait de votre séjour ?

|  | Satisfaisant | Moyen | Insuffisant |
|---|---|---|---|
| Accueil | ❏ | ❏ | ❏ |
| Confort | ❏ | ❏ | ❏ |
| Equipement | ❏ | ❏ | ❏ |
| Petit déjeuner (le cas échéant) | ❏ | ❏ | ❏ |
| Table d'hôtes (le cas échéant) | ❏ | ❏ | ❏ |
| Cadre, environnement, loisirs | ❏ | ❏ | ❏ |
| Respect des tarifs | ❏ | ❏ | ❏ |

Impression générale : _____
_____
_____
_____

Vos coordonnées : _____
_____
_____

NGR 04

# Fiche d'appréciation

Soucieux de la qualité de votre séjour, nous serons heureux de recevoir vos impressions par le biais de cette fiche d'appréciation. Nous serons également attentifs à toute suggestion quant à la présentation et l'utilisation de ce guide.

Cette fiche est à retourner à :

**MAISON DES GÎTES DE FRANCE ET DU TOURISME VERT**
**59 rue Saint-Lazare - 75439 PARIS Cédex 09**

Nom du propriétaire : _____

Commune : _____ Département : _____

Numéro d'hébergement :

Avez-vous été satisfait de votre séjour ?

|  | Satisfaisant | Moyen | Insuffisant |
|---|---|---|---|
| Accueil | ❑ | ❑ | ❑ |
| Confort | ❑ | ❑ | ❑ |
| Equipement | ❑ | ❑ | ❑ |
| Petit déjeuner (le cas échéant) | ❑ | ❑ | ❑ |
| Table d'hôtes (le cas échéant) | ❑ | ❑ | ❑ |
| Cadre, environnement, loisirs | ❑ | ❑ | ❑ |
| Respect des tarifs | ❑ | ❑ | ❑ |

Impression générale : _____
_____
_____
_____

Vos coordonnées : _____
_____
_____

NGR 04

**Aubin Imprimeur**
LIGUGÉ, POITIERS

Achevé d'imprimer en octobre 2003
N° d'impression L 65840
Dépôt légal octobre 2003
Imprimé en France